El Universo

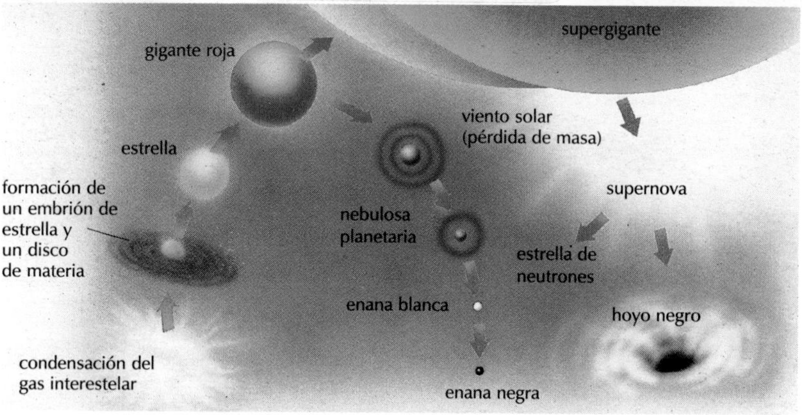

Las fases evolutivas de las estrellas

El nacimiento de una estrella ocurre en una nube molecular de hidrógeno y helio. La contracción gravitatoria de la protoestrella produce un calentamiento que inicia las reacciones de fusión nuclear del hidrógeno. Cuando el hidrógeno se acaba, la estrella se convierte en una gigante roja.
Su evolución posterior depende de su masa inicial. Puede convertirse en una enana blanca o en una supergigante, que explotará en supernova y producirá un núcleo superdenso que dará lugar a una estrella de neutrones o a un hoyo negro.

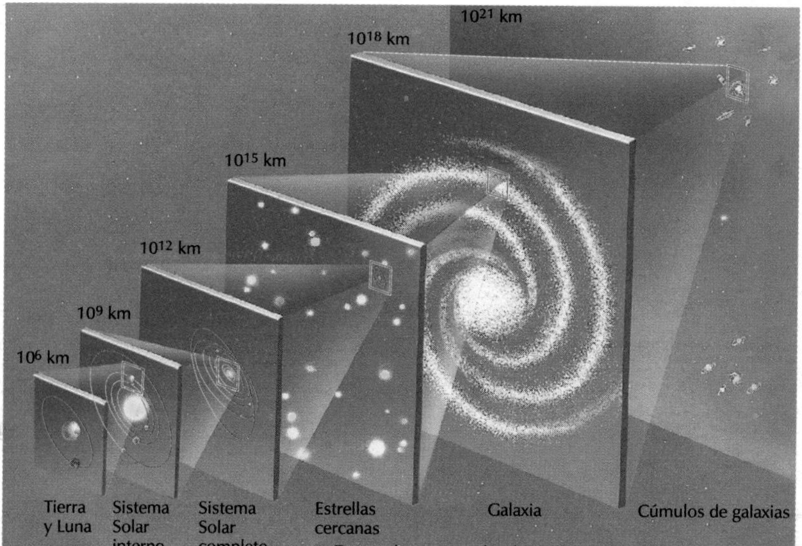

De un plano a otro, las dimensiones se multiplican mil veces.

La arquitectura del Universo

La descripción actual del Universo se parece bastante a una jerarquía de estructuras bien identificadas, cada una de las cuales es alrededor de mil veces más grande que la anterior.

Geografía

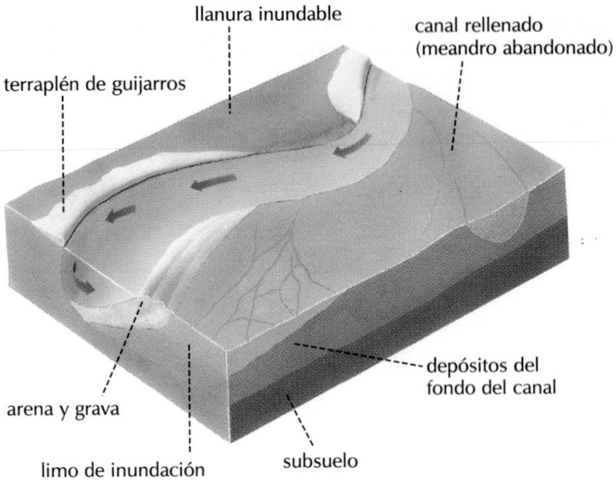

Una llanura aluvial

Un río con meandros erosiona las riberas cóncavas y deposita los aluviones en las riberas convexas. Una crecida provoca el depósito inmediato de guijarros y grava a ambos lados del canal, mientras que una inundación del fondo del valle permite la sedimentación, por decantación, de los limos finos suspendidos.

El relieve cársico

Este relieve caracteriza las llanuras y mesetas calcáreas. La acción erosiva del agua disuelve el carbonato de calcio y forma grutas, dolinas, lenares, etcétera.

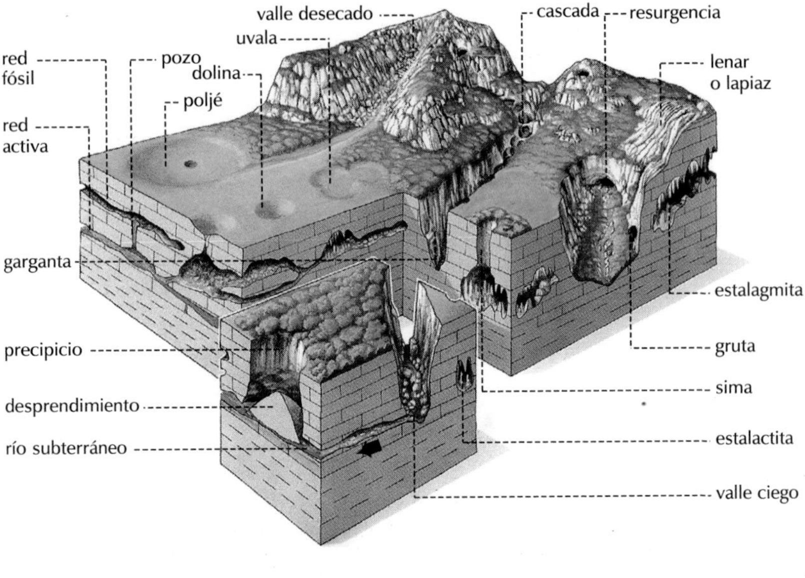

Estructura de la célula

♦ La célula vegetal

La célula vegetal se distingue de la animal porque su membrana exterior está reforzada por una pared de celulosa y tiene cloroplastos, que contienen la clorofila y realizan la fotosíntesis, entre otros aspectos.

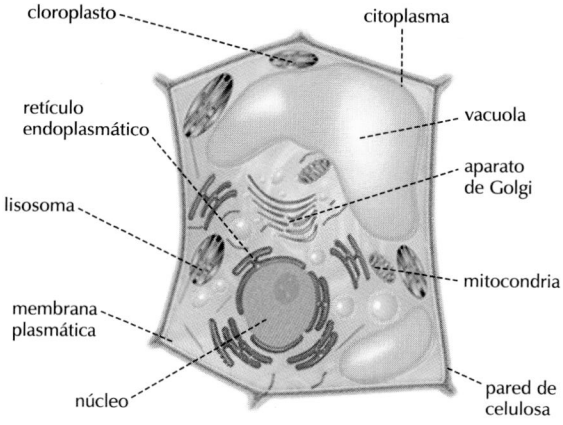

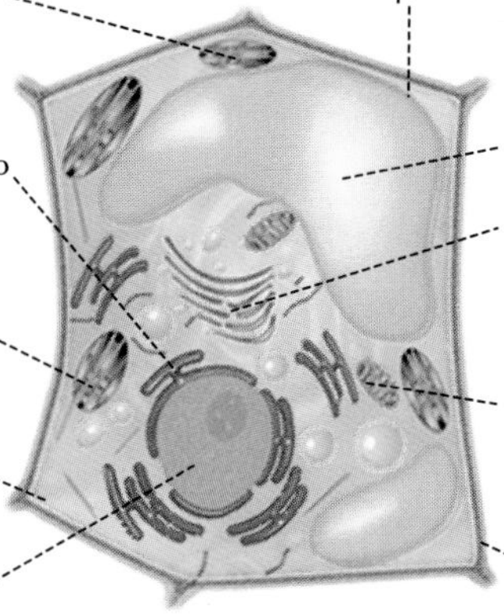

♦ La célula animal

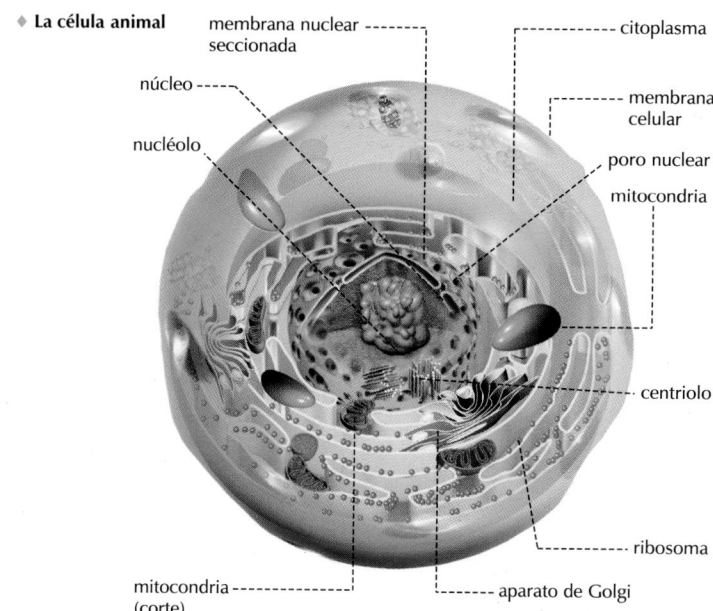

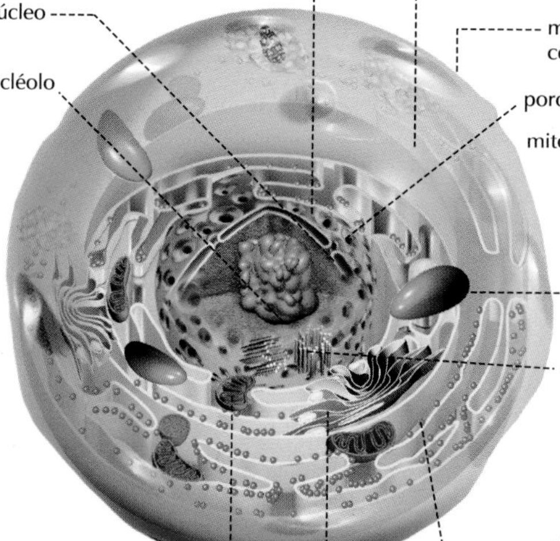

La división celular

◆ **Mitosis y meiosis**

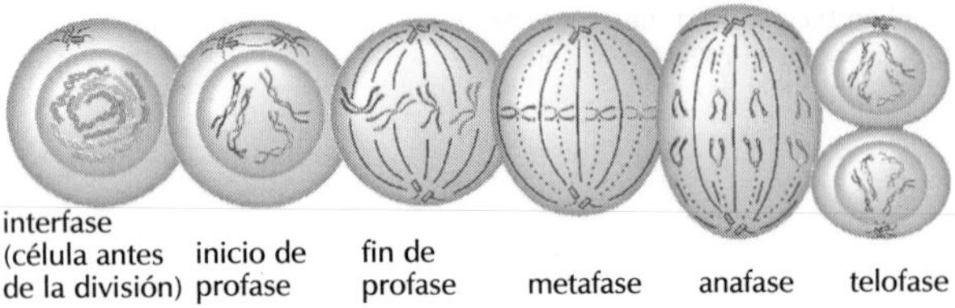

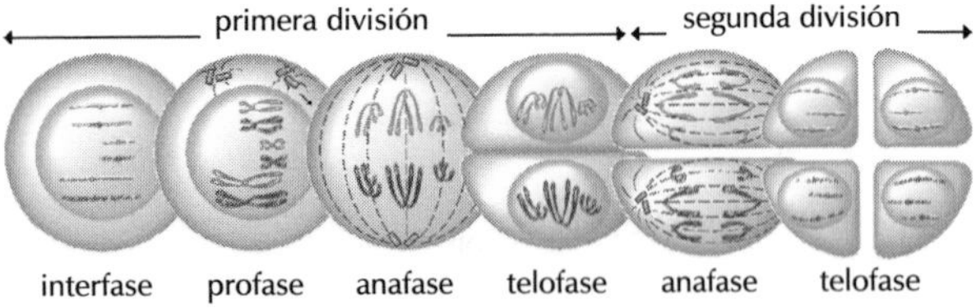

Los tipos de células

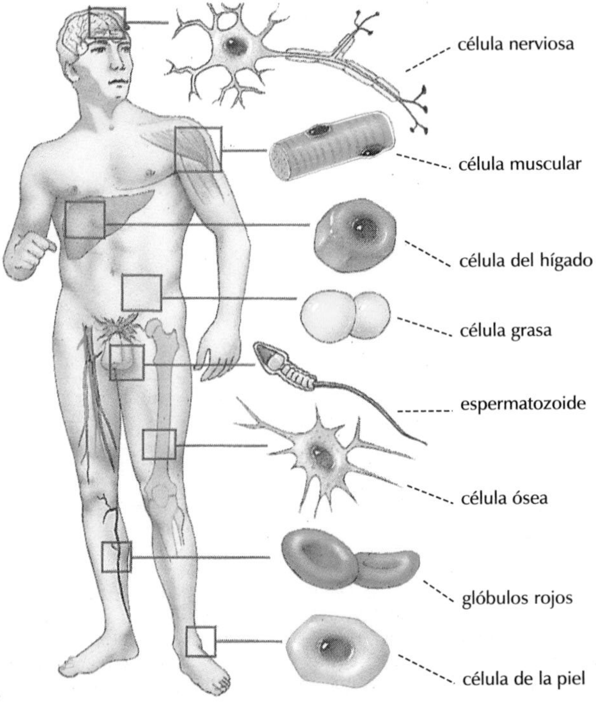

◆ **Cuerpo de una mujer encinta**

En promedio, el embarazo dura nueve meses y está acompañado por un importante aumento del tamaño del útero, que alcanza el nivel del ombligo a los cuatro meses.

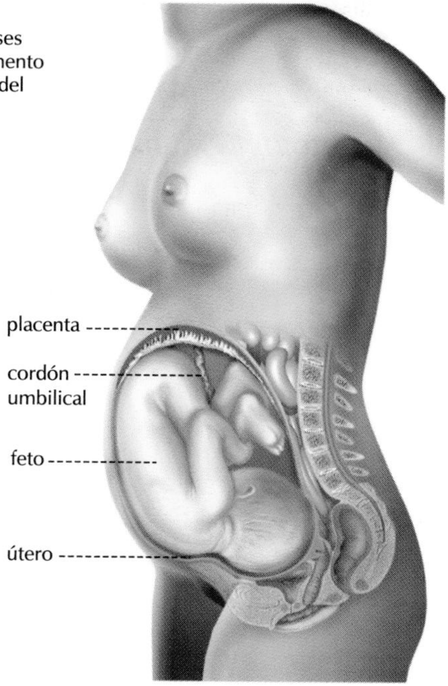

◆ **El trabajo de parto.** Se desarrolla en tres fases: la dilatación, la expulsión y el alumbramiento.

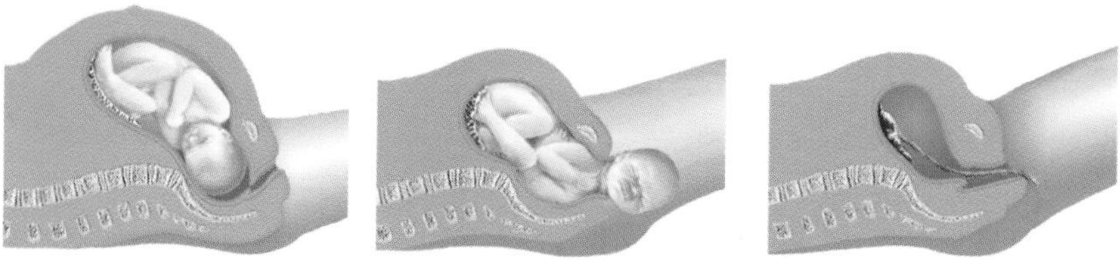

1. **La dilatación.** Dura de 2 a 20 horas y corresponde al reblandecimiento, desaparición (borramiento) y dilatación del cuello uterino (hasta 10 cm), bajo el efecto de las contracciones. La ruptura de la fuente se produce en general al inicio del trabajo.
2. **La expulsión.** Dura de dos minutos a dos horas. Los esfuerzos que la madre hace para pujar aceleran el progreso del infante, que en general, sale con la cabeza primero. En el nacimiento, el cordón umbilical se liga y se corta para, de inmediato, examinar al bebé.
3. **El alumbramiento.** Este término define la expulsión de la placenta y se produce unos 20 minutos después del nacimiento, luego de reanudarse las contracciones con una intensidad menor.

Cómo funciona internet

◆ **URL (localizador universal de recursos)**

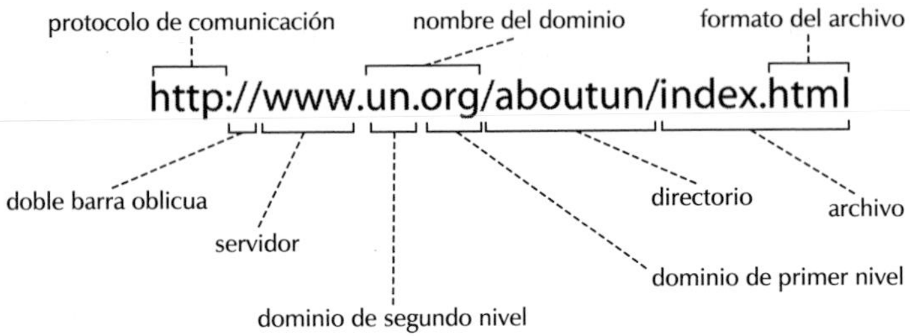

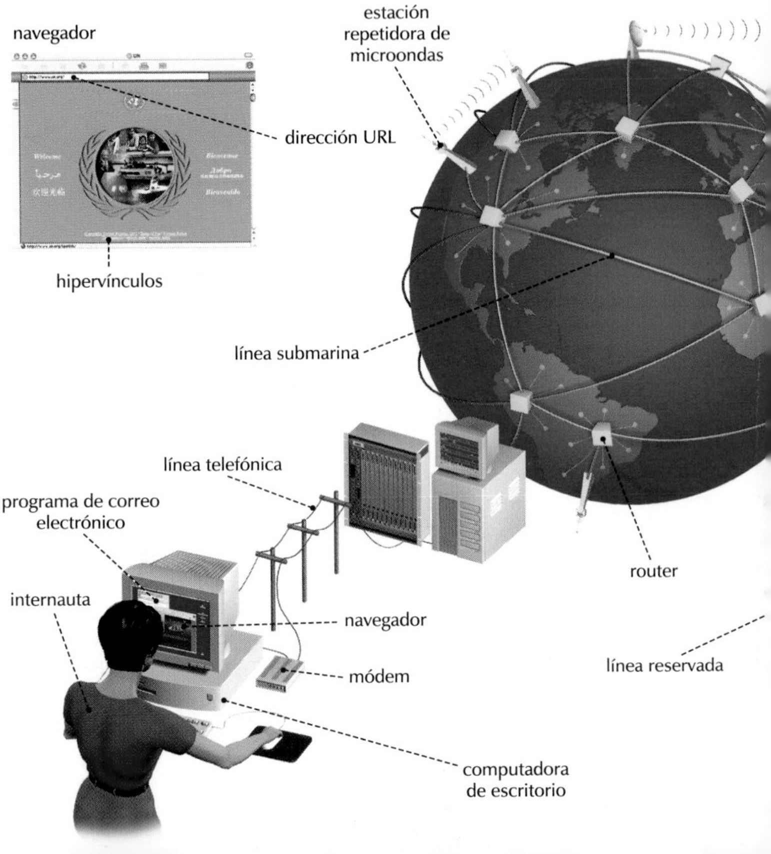

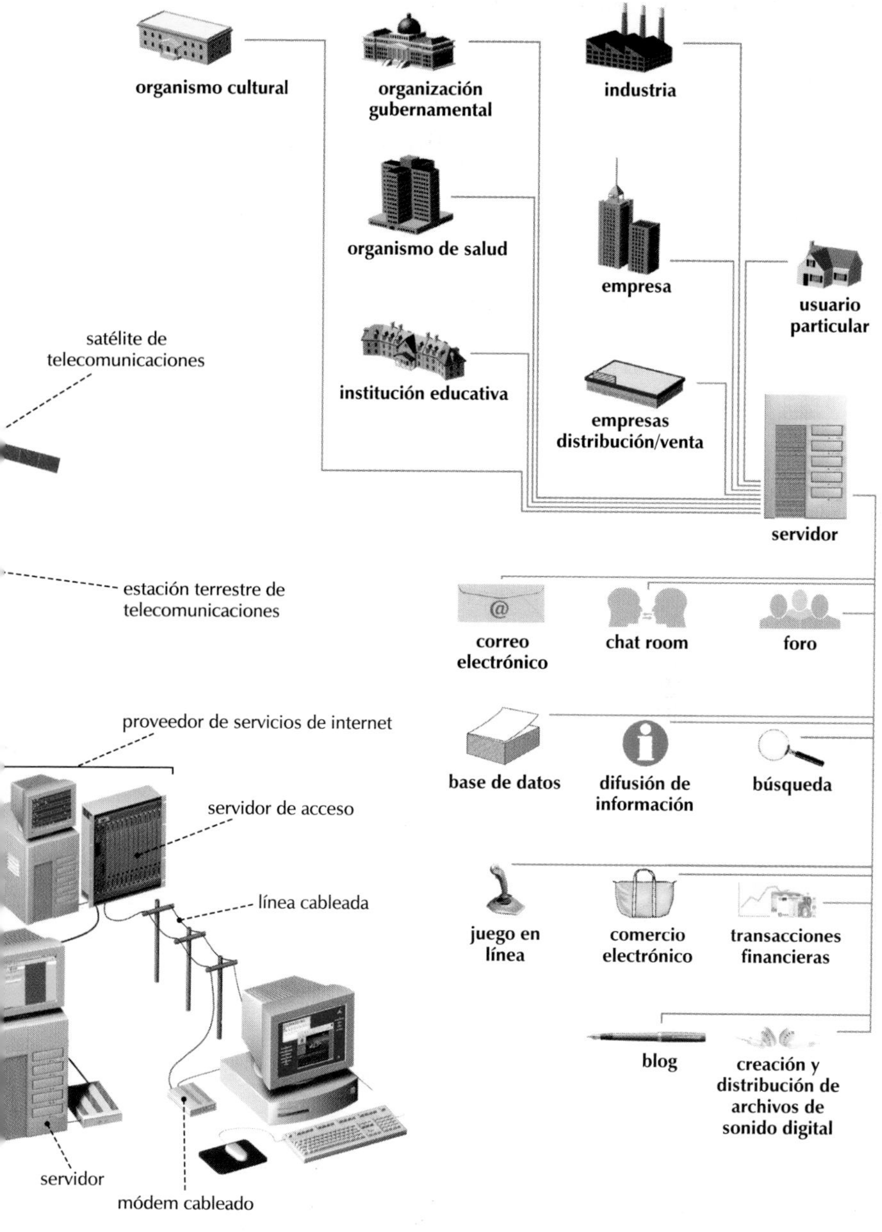
organismo cultural
organización gubernamental
industria
organismo de salud
empresa
usuario particular
satélite de telecomunicaciones
institución educativa
empresas distribución/venta
servidor
estación terrestre de telecomunicaciones
correo electrónico
chat room
foro
proveedor de servicios de internet
base de datos
difusión de información
búsqueda
servidor de acceso
línea cableada
juego en línea
comercio electrónico
transacciones financieras
blog
creación y distribución de archivos de sonido digital
servidor
módem cableado

Tabla periódica de los elementos

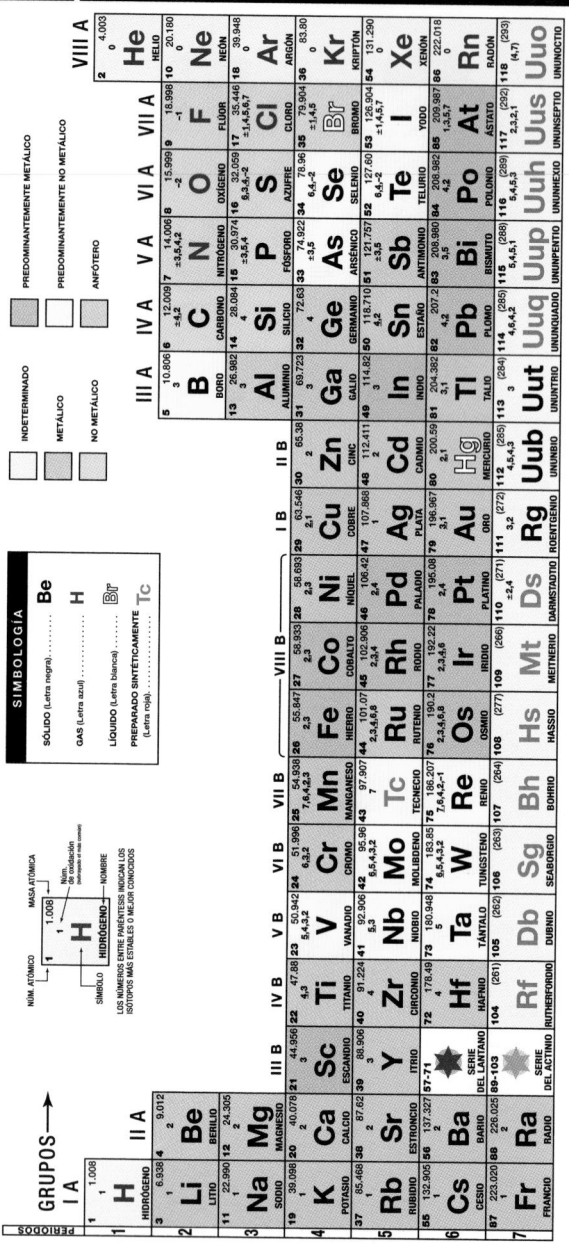

NÚM. ATÓMICO — MASA ATÓMICA — Núm. de oxidación (subrayado el más común) — SÍMBOLO — NOMBRE

1 1.008
1
H
HIDRÓGENO

LOS NÚMEROS ENTRE PARÉNTESIS INDICAN LOS ISÓTOPOS MÁS ESTABLES O MEJOR CONOCIDOS

SIMBOLOGÍA

SÓLIDO (Letra negra)	Be
GAS (Letra azul)	H
LÍQUIDO (Letra blanca)	Br
PREPARADO SINTÉTICAMENTE (Letra roja)	Tc

- INDETERMINADO
- METÁLICO
- NO METÁLICO
- PREDOMINANTEMENTE METÁLICO
- PREDOMINANTEMENTE NO METÁLICO
- ANFÓTERO

GRUPOS →

PERIODOS	I A	II A	III B	IV B	V B	VI B	VII B	VIII B	VIII B	VIII B	I B	II B	III A	IV A	V A	VI A	VII A	VIII A
1	1 H 1.008 1 HIDRÓGENO																	2 He 4.003 0 HELIO
2	3 Li 6.938 1 LITIO	4 Be 9.012 2 BERILIO											5 B 10.806 3 BORO	6 C 12.009 ±4,2 CARBONO	7 N 14.006 ±3,5,4,2 NITRÓGENO	8 O 15.999 -2 OXÍGENO	9 F 18.998 -1 FLÚOR	10 Ne 20.180 0 NEÓN
3	11 Na 22.990 1 SODIO	12 Mg 24.305 2 MAGNESIO											13 Al 26.982 3 ALUMINIO	14 Si 28.084 4 SILICIO	15 P 30.974 ±3,5,4 FÓSFORO	16 S 32.059 6,3,4,-2 AZUFRE	17 Cl 35.446 ±1,4,5,6,7 CLORO	18 Ar 39.948 0 ARGÓN
4	19 K 39.098 1 POTASIO	20 Ca 40.078 2 CALCIO	21 Sc 44.956 3 ESCANDIO	22 Ti 47.88 4,3 TITANIO	23 V 50.942 5,4,3,2 VANADIO	24 Cr 51.996 6,3,2 CROMO	25 Mn 54.938 7,6,4,2,3 MANGANESO	26 Fe 55.847 2,3 HIERRO	27 Co 58.933 2,3 COBALTO	28 Ni 58.693 2,3 NÍQUEL	29 Cu 63.546 2,1 COBRE	30 Zn 65.38 2 CINC	31 Ga 69.723 3 GALIO	32 Ge 72.63 4 GERMANIO	33 As 74.922 ±3,5 ARSÉNICO	34 Se 78.96 6,4,-2 SELENIO	35 Br 79.904 ±1,4,5 BROMO	36 Kr 83.80 0 KRIPTÓN
5	37 Rb 85.468 1 RUBIDIO	38 Sr 87.62 2 ESTRONCIO	39 Y 88.906 3 ITRIO	40 Zr 91.224 4 CIRCONIO	41 Nb 92.906 5,3 NIOBIO	42 Mo 95.96 6,5,4,3,2 MOLIBDENO	43 Tc 97.907 7 TECNECIO	44 Ru 101.07 2,3,4,6,8 RUTENIO	45 Rh 102.906 2,3,4 RODIO	46 Pd 106.42 2,4 PALADIO	47 Ag 107.868 1 PLATA	48 Cd 112.411 2 CADMIO	49 In 114.82 3 INDIO	50 Sn 118.710 4,2 ESTAÑO	51 Sb 121.757 ±3,5 ANTIMONIO	52 Te 127.60 6,4,-2 TELURIO	53 I 126.904 ±1,4,5,7 YODO	54 Xe 131.290 0 XENÓN
6	55 Cs 132.905 1 CESIO	56 Ba 137.327 2 BARIO	57-71 SERIE DEL LANTANO	72 Hf 178.49 4 HAFNIO	73 Ta 180.948 5 TÁNTALO	74 W 183.85 6,5,4,3,2 TUNGSTENO	75 Re 186.207 7,6,4,2,-1 RENIO	76 Os 190.2 2,3,4,6,8 OSMIO	77 Ir 192.22 2,3,4,6 IRIDIO	78 Pt 195.08 2,4 PLATINO	79 Au 196.967 3,1 ORO	80 Hg 200.59 2,1 MERCURIO	81 Tl 204.382 3,1 TALIO	82 Pb 207.2 4,2 PLOMO	83 Bi 208.980 3,5 BISMUTO	84 Po 208.982 4,2 POLONIO	85 At 209.987 1,3,5,7 ÁSTATO	86 Rn 222.018 0 RADÓN
7	87 Fr 223.020 1 FRANCIO	88 Ra 226.025 2 RADIO	89-103 SERIE DEL ACTINIO	104 Rf (261) RUTHERFORDIO	105 Db (262) DUBNIO	106 Sg (263) SEABORGIO	107 Bh (264) BOHRIO	108 Hs (277) HASSIO	109 Mt (266) MEITNERIO	110 Ds (271) ±2,4 DARMSTADTIO	111 Rg (272) 3,2 ROENTGENIO	112 Uub (285) 4,5,4,3 UNUNBIO	113 Uut (284) 3 UNUNTRIO	114 Uuq (285) 4,6,4,2 UNUNQUADIO	115 Uup (288) 5,4,5,1 UNUNPENTIO	116 Uuh (289) 5,4,5,3 UNUNHEXIO	117 Uus (292) 2,3,2,1 UNUNSEPTIO	118 Uuo (293) (4,7) UNUNOCTIO

6	57 La 138.906 3 LANTANO	58 Ce 140.115 3,4 CERIO	59 Pr 140.908 3,4 PRASEODIMIO	60 Nd 144.24 3 NEODIMIO	61 Pm 144.913 3 PROMETIO	62 Sm 150.36 3,2 SAMARIO	63 Eu 151.965 3,2 EUROPIO	64 Gd 157.25 3 GADOLINIO	65 Tb 158.925 3,4 TERBIO	66 Dy 162.50 3 DISPROSIO	67 Ho 164.930 3 HOLMIO	68 Er 167.26 3 ERBIO	69 Tm 168.934 3,2 TULIO	70 Yb 173.054 3,2 ITERBIO	71 Lu 174.967 3 LUTECIO
7	89 Ac 227.028 3 ACTINIO	90 Th 232.038 4 TORIO	91 Pa 231.036 5,4 PROTACTINIO	92 U 238.029 6,5,4,3 URANIO	93 Np 237.048 6,5,4,3 NEPTUNIO	94 Pu 244.064 6,5,4,3 PLUTONIO	95 Am 243.061 6,5,4,3 AMERICIO	96 Cm 247.070 3 CURIO	97 Bk 247.070 4,3 BERKELIO	98 Cf 251.080 3 CALIFORNIO	99 Es 252.083 — EINSTENIO	100 Fm 257.095 — FERMIO	101 Md 258.099 — MENDELEVIO	102 No 259.101 — NOBELIO	103 Lr 260.105 — LAURENCIO

Larousse

DICCIONARIO BÁSICO

Lengua Española

Larousse
DICCIONARIO BÁSICO
Lengua Española

LAROUSSE

México *Barcelona* *Buenos Aires* *París*

Dirección editorial
Tomás García Cerezo

Editor responsable
Jesús Garduño Lamadrid

Coordinador lexicográfico
Luis Ignacio de la Peña

Formación
Rafael Gómez Sánchez
Héctor Garduño Lamadrid

Corrección
Alfredo Rivera Ayala
Mario Ortega Díaz
Joel Serrano Calzado
María del Carmen Vega López

Diseño
Astrid Guagnelli

Asesoría pedagógica
Blanca Estela Gayosso Sánchez

Diseño de portada
Ediciones Larousse, S.A. de C.V.
con la colaboración de Cuauhtémoc Victoria

ISBN 978-607-21-0291-0

PRIMERA EDICIÓN - Séptima reimpresión

Impreso en México — Printed in Mexico

PRESENTACIÓN

En la escuela, la oficina y la casa es necesario contar con herramientas de consulta que brinden al usuario información sólida y bien documentada. Un diccionario debe ser una obra de ese tipo, con el agregado de que además le corresponde atesorar la riqueza y variedad de nuestra lengua, fruto de siglos de existencia y de una amplia gama de hablantes que se hallan asentados prácticamente en el mundo entero.

El *Diccionario Básico Lengua Española* ha sido elaborado con esa materia prima viva que es el español y hemos buscado ofrecer una obra sólida, sobria y actual, una herramienta de consulta que al mismo tiempo sea poderosa y concisa. Ante todo busca ser útil, pero también desea aportar detalles y minucias que enriquezcan la visión de los lectores. En el repertorio de palabras incluidas se hallan las voces y términos que surgen en el trabajo diario y en la escuela, así como aquellas que afloran en los usos frecuentes en la casa, en la calle y en los distintos intercambios sociales, sin olvidar las que se refieren a ciertos ámbitos especializados.

Por todo ello, tenemos la certeza de que el diccionario que tienes en tus manos te resultará de sumo provecho para llevar a cabo tus actividades escolares, laborales y cotidianas, a la vez que ayudará a enriquecer tu conocimiento de nuestra lengua, y así contribuirá a que logres una comunicación y una comprensión más fluidas.

SOBRE LOS ÚLTIMOS LINEAMIENTOS DE LA REAL ACADEMIA ESPAÑOLA

Esta nueva edición del *Diccionario Básico Escolar* ha tomado en cuenta los lineamientos que la Real Academia Española propuso a finales del 2010, que son pequeños ajustes ortográficos, de modo que ningún hispanohablante tendrá que modificar su forma de leer, escribir o hablar en nuestro idioma, al menos no en la forma tan drástica como muchos interpretaron.

En realidad, dichos cambios son la reafirmación de señalamientos que ya se habían hecho antes y la búsqueda de unificación de algunos detalles.

- En el primer caso tendríamos la "eliminación" de *ch* y *ll*, como letras.

  Estas letras sólo desaparecen del alfabeto, pero las palabras que empiezan con esos *dígrafos* (es decir, dos letras que representan un solo sonido) se integran a los repertorios de la *c* y la *l*, respectivamente.

- En cuanto a los nombres de algunas letras, los académicos han buscado unificarlos y se han propuesto algunas opciones. Sin embargo, no se ha descalificado ni considerado incorrecto el uso de los diferentes nombres tradicionalmente empleados, los cuales tienen cabida en nuestro diccionario.

- Los acentos diacríticos en el adverbio *sólo* y en los pronombres demostrativos merecen especial mención. Ya desde 1999 la Academia propuso usar el acento únicamente cuando hubiera posibilidad de confusión. En este diccionario aparecen esas palabras con su acento respectivo, justamente para facilitar la definición de cada una de ellas con la debida claridad.

- Las palabras en que se ha propuesto que cambien una *q* por una *c* son apenas unas cuantas. Dado que tal cambio no es obligatorio, provisionalmente hemos decidido conservar su ortografía tradicional, en espera de que el cambio propuesto por la Academia se asiente y arraigue en el uso cotidiano.

Tales ajustes, como bien lo explicó la propia Academia, son *propuestas* que los hablantes de la lengua "validamos", por así decirlo, en el uso cotidiano y, sin duda, con el transcurso de muchos años.

PARA SACARLE JUGO AL DICCIONARIO

1 Aprendamos a reconocer el diccionario

Si alguien nos pregunta ¿qué es un diccionario?, seguramente responderemos: es un libro donde encontramos definiciones de palabras que aparecen en orden alfabético. Pero no es sólo eso.

El "exterior" del diccionario

La tapa o portada

Por lo común, en ella encontramos el título de la obra y la editorial.

La contratapa o contraportada

En ella se comenta el contenido del texto, para orientar al lector sobre su utilidad.

El "interior" del diccionario

El orden y la información que cada diccionario nos brinda no siempre son iguales. Sin embargo, hay datos que nunca faltan en un buen diccionario. Éstos son:

Datos de edición

Los más frecuentes son: el número de edición, la dirección de la editorial, el equipo editorial responsable de la redacción y el *colofón*, que generalmente aparece en la última página y señala fecha y lugar de impresión.

El prólogo

También se puede llamar *Presentación, Introducción* o *Palabras preliminares*. Su lectura es importante, ya que nos brinda información acerca del tipo de diccionario, para quién se hizo y su finalidad.

Listado de abreviaturas

Todos los diccionarios usan abreviaturas. Por ejemplo:

adj. adjetivo

Amér. C. América Central

adv. adverbio

ant. antónimo

Amér. América

Algunos diccionarios contienen también información enciclopédica sobre temas de interés. Por ejemplo acerca de dioses de mitologías antiguas, datos del mundo, premios Nobel, banderas nacionales, etc. Aprender a "leer" toda la información del diccionario nos ayuda a resolver tareas escolares, o simplemente a ampliar nuestros conocimientos.

2 ¿Cómo encontramos las palabras?

El diccionario es un libro muy ordenado y cada palabra se encuentra en su lugar. Es como una caja que guarda dentro de ella muchas otras cajas, y para saber qué hay adentro de ellas se les pone una etiqueta. Esta etiqueta es la letra inicial, y el diccionario sigue el orden del abecedario.

Éste es nuestro abecedario, con sus letras mayúsculas y minúsculas y los nombres que reciben:

A a	*a*
B b	*be, be alta, be larga, be grande*
C c	*ce (incluye el dígrafo Ch ch, che, ce hache)*
D d	*de*
E e	*e*
F f	*efe*
G g	*ge*
H h	*hache*
I i	*i*
J j	*jota*
K k	*ka*
L l	*ele (incluye el dígrafo Ll ll, elle)*
M m	*eme*

N n	*ene*
Ñ ñ	*eñe*
O o	*o*
P p	*pe*
Q q	*cu*
R r	*erre, ere*
S s	*ese*
T t	*te*
U u	*u*
V v	*ve, uve, ve baja, ve corta, ve chica*
W w	*uve doble, ve doble, doble ve, doble u*
X x	*equis*
Y y	*i griega, ye*
Z z	*ceta, zeta*

Como puedes ver, algunas reciben varios nombres. Al mismo tiempo, hemos de señalar que la *ch* y la *ll* son dobles y se llaman *dígrafos*, lo que quiere decir que se trata de grupos inseparables de dos letras que representan un solo sonido. Para ordenarlos en listas y diccionarios, estos dígrafos se incluyen dentro de la letra *c* y de la letra *l*. Esto significa que la *ch*, y todas las palabras que empiezan con ella, se encontrarán a continuación de la secuencia *ce-* y antes de *ci-*. Del mismo modo, la *ll* se encontrará luego de la secuencia *li-* y antes de *lo-*.

3 Aprendamos a buscar las palabras en el diccionario

Mi mamá es **buena.** *Mi papá es* **bueno**.

Mis amigas son **buenas**. *Mis primos son* **buenos**.

Observemos bien estas cuatro oraciones. A primera vista percibimos que hay una palabra repetida en todas ellas: **bueno**. Mejor dicho, lo que se repite es una parte de la palabra que es la que nos transmite su significado. Por eso expresamos el mismo significado cuando decimos "mamá es buena" o "papá es bueno". A esa parte que transmite el significado la llamaremos el **nombre** de la palabra. Para consultar un diccionario, cuando queremos conocer qué quiere decir una palabra, debemos primero conocer cuál es su **nombre.**

Existen reglas que nos permiten saber cuál es el **nombre** de una palabra.

- Los nombres de los verbos siempre terminan en **-ar, -er** o **-ir.** Por eso no debemos buscar *cantan, canté* o *cantaron*, sino **cantar.** Tampoco tenemos que buscar *salieron, saliste* o *salimos*, sino **salir,** que es también la forma del infinitivo.
- Los adjetivos (como *buena, lindas, simpáticos, bonito, agradable* o *amables*) y los sustantivos (como *mesa, gatas, libro, besos, asistente* o *gerentes*) los encontraremos siempre en la forma singular. Si sabemos que se dice *un cuaderno, dos cuadernos; un lápiz, dos lápices,* al consultar el diccionario tenemos que buscar los nombres **cuaderno** y **lápiz**. Además, los nombres de los adjetivos y de los sustantivos están en masculino (muchas veces termina en **o,** otras veces en **e,** otras en consonante); el nombre de *linda, lindas, lindo* y *lindos* es **lindo.**

- No tenemos que hacerle caso a los diminutivos o a los aumentativos. Un *gatito* o un *gatazo* es siempre un *gato*; una *perrita*, unos *perritos* y un *perritito* son siempre un *perro*. Por eso, si buscamos en el diccionario, tenemos que hallar los nombres **gato** y **perro**.

4 El artículo

Cuando queremos conocer el significado de una palabra acudimos al diccionario. Allí las encontramos ordenadas alfabéticamente y destacadas en letras más gruesas y bien marcadas que llamamos **negritas.** Muchas veces aparece una sola definición que corresponde a esa palabra. Se trata de una palabra de un solo significado. Pero hay otros casos, muchos de ellos en los que la palabra tiene más de un significado y para saber cuál es el que corresponde en una oración determinada tenemos que aprender a leer el diccionario.

En primer lugar vamos a ver que a esas palabras con más de un significado les sigue un número. La numeración nos indica cuántos significados tiene una palabra. Si no figura ningún número, eso quiere decir que la palabra tiene un solo significado. Un ejemplo de palabra con más de un significado es:

> **indicar** *vb.* **1.** Dar a entender una cosa con señales, gestos. **2.** Aconsejar algo.

En algunos casos no se usan números. Para separar las acepciones se usa una doble barra (||).

La definición

La definición nos dice qué significa una palabra, nos indica qué es una cosa, a qué clase de objetos pertenece, también nos explica cuáles son sus características, cómo es y para qué sirve.

Hay palabras que se emplean con un solo sentido, por ejemplo: **bajamar,** "tiempo en el que baja la marea". Sin embargo, la mayor parte de las palabras se emplea con varios significados. Cada uno de estos significados, que llamamos *acepciones*, tiene su propia definición. Los diccionarios ordenan y numeran o dividen entre barras dobles (||) los sentidos de estas palabras.

Tomemos, por ejemplo, la palabra **pico.**

pico *m.* **1.** Órgano que se encuentra en la parte delantera de la cabeza de las aves, formado por dos mandíbulas recubiertas con dos piezas córneas. **2.** Cúspide de una montaña. **3.** Herramienta formada por una pieza puntiaguda de acero y un mango de madera.

Como podemos ver, la palabra **pico** se emplea con tres significados; por ello tiene tres definiciones diferentes encabezadas por un número.

5 La información gramatical

En un diccionario no solamente se definen palabras; también podemos encontrar más información. Algunas abreviaturas nos indican qué clase de palabra se define. Por ejemplo: **abeja** es sustantivo femenino; entonces en el diccionario aparece así: **abeja** *s. f.* Esa *s. f.* significa "sustantivo femenino". Hay otras abreviaturas; veamos cuáles son y qué significan:

adj.: adjetivo.	**lindo, da** *adj.*
adv.: adverbio.	**sí** *adv.*
art.: artículo.	**un** *art.*
conj.: conjunción.	**y** *conj.*
f.: sustantivo femenino.	**casa** *s. f.*
interj.: interjección.	**¡hola!** *interj.*
m.: sustantivo masculino.	**oro** *s. m.*
pl.: plural.	**abarrotes** *m. pl.*
prep.: preposición.	**con** *prep.*
pron.: pronombre.	**él** *pron.*
s.: sustantivo.	**perro, rra** *s.*
vb.: verbo.	**hablar** *vb.*

6 Variedades del español

El español es una lengua hablada por alrededor de 400 millones de personas en el mundo. Llegó a América traída por los españoles y aquí se nutrió de las lenguas de los pueblos que habitaban en estas tierras. Con el correr de los años, el español ha ido evolucionando y enriqueciéndose, dando lugar así a las diferentes variedades del español americano.

Actualmente en América y España se habla un mismo idioma, con variantes que no impiden comprendernos. Si viajamos a España o a otro país americano nos daremos cuenta de que a veces la gente del lugar usa palabras diferentes a las que nosotros conocemos para nombrar alguna cosa. Por ejemplo, lo que en la Argentina se llama *tiza,* en México recibe el nombre de *gis.* Pero esto no es un obstáculo para comunicarnos, sino una muestra de la riqueza de una lengua tan difundida y extendida en un gran continente.

Los diccionarios que contienen palabras, usos y expresiones de los países de América Latina y España son para todos los que hablan español. Esto significa que están escritos para que los alumnos de distintos países de habla hispana puedan encontrar un amplio vocabulario que comprende palabras que se usan en diferentes países de América y en España.

7 Sinónimos

En numerosas oportunidades tenemos que redactar un texto y nos resulta muy difícil encontrar sinónimos para evitar la repetición de palabras. Los sinónimos son vocablos que tienen la misma o muy parecida significación que otro. Muchos diccionarios incluyen en el artículo, después de la definición de una palabra, el sinónimo correspondiente y, a veces, pueden ser más de uno.

Por ejemplo:

> **guardavalla** *m. Amér. C. y Amér. Merid.* En algunos deportes por equipo, jugador que cuida la meta para evitar goles o puntos en contra. **Sin. guardameta, portero, arquero.**

Algunos diccionarios no marcan los sinónimos. No obstante, si se consulta la palabra que nos interesa hallaremos algún equivalente.

8 Antónimos

Ya habíamos visto que las palabras que significan aproximadamente lo mismo que otras reciben el nombre de *sinónimos*. Hay otro tipo de palabras, las que significan exactamente lo contrario de otras; a éstas las llamamos *antónimos*. De la misma manera que un día tiene un comienzo y un fin, las palabras que lo nombran —*comienzo* y *fin*— son antónimas entre sí. Así ocurre con *malo* y *bueno*, *arriba* y *abajo*, y tantas otras. Lo que importa recordar es que se trata de palabras que expresan ideas opuestas. Algo así como si dijéramos "este libro es lo contrario de bueno" por decir "este libro es malo".

Además, hay muchas palabras que tienen una forma muy parecida y sólo se diferencian por una pequeña partecita, un pedacito de palabra que llamamos *prefijo*. La lengua, nuestro idioma, dispone de algunos prefijos para colocarlos junto a otra palabra y evitarnos tener que decir "lo contrario de...". Por ejemplo, en vez de decir "esto es lo contrario de ***posible***" digo "esto es *imposible*".

In- o *im-*, *des-* o *de-*, son prefijos que se utilizan para formar antónimos. Nota que los escribimos con un guión (-) final porque se colocan al comienzo de la palabra. Pero atención: siempre tenemos que estar atentos al sentido de las palabras. No basta saber cómo se compone un antónimo, es necesario además saber cuándo usarlo. Por ejemplo: formo el antónimo de *prender* con *des-* y obtengo *desprender*. Puedo decir: *El hijo se prendió a su madre*; para dar la imagen contraria puedo decir: *El hijo se desprendió de los brazos de su madre*. Eso está bien. Pero lo contrario de *prender la luz* es *apagarla*.

ABREVIATURAS UTILIZADAS EN ESTE DICCIONARIO

a. C.	antes de Cristo	indef.	indefinido
adj.	adjetivo/adjetival	indet.	indeterminado
adv.	adverbio/adverbial	interj.	interjección
Amér.	América	intr.	verbo intransitivo
Amér. Merid.	América Meridional	inv.	invariable
Amér. C.	América Central	irón.	irónico
ant.	antiguo/antiguamente	kg	kilogramo
Ants.	Antillas	km	kilómetro
Arg.	Argentina	loc.	locución
art.	artículo	m.	masculino
aux.	verbo auxiliar	m	metro
Bol.	Bolivia	mg	miligramo
°C	grados centígrados	mm	milímetro
cm	centímetro	Méx.	México
Chil.	Chile	ml	mililitro
Col.	Colombia	neol.	neologismo
com.	común	Nic.	Nicaragua
conj.	conjunción/conjuntiva	onomat.	onomatopeya
contrac.	contracción	P. Rico	Puerto Rico
C. R.	Costa Rica	Pan.	Panamá
Cub.	Cuba	Per.	Perú
d. C.	después de Cristo	pl.	plural
dm	decímetro	pos.	posesivo
def.	defectivo	pr.	verbo pronominal
desp.	despectivo	prep.	preposición/prepositiva
Ecua.	Ecuador	pron.	pronombre
Esp.	España	Py.	Paraguay
f.	femenino	R. Dom.	República Dominicana
fam.	familiar	s.	sustantivo
fig.	figurado	Salv.	El Salvador
g	gramo	t.	verbo transitivo
Guat.	Guatemala	Uy.	Uruguay
Hond.	Honduras	Ven.	Venezuela
impers.	verbo impersonal	vulg.	vulgar

a

a[1] *s. f.* Primera letra del alfabeto español.
a[2] *prep.* Introduce el complemento directo cuando se trata de personas o animales o cosas personificadas. *Antes de irse, acariciaba a la perra.* || Introduce el complemento indirecto. *A ella le tocaron los chocolates.* || Indica dirección. *Se dirigían a su país natal.* || Indica lugar o posición. *La escuela queda a la derecha, no a la izquierda.* || Indica un momento. *Comemos a las tres.* || Indica el final de un intervalo. *El concierto terminó a las 7.* || Indica la manera de hacer una cosa. *Lavó el piso a baldazos.* || Indica una intención. *Fue a mirar.* || Forma parte de locuciones. *A ratos, a oscuras, a regañadientes.* || Es obligatoria después de ciertos verbos, adjetivos y sustantivos. *La preposición «a» rige el verbo acostumbrar.* || *Esp.* ***A por:*** construcción que se usa en lugar de «voy a + verbo + por». *Juan irá a por los libros.*
abacá *adj.* Planta parecida al plátano, también llamada cáñamo de Manila, de cuyo tronco se extrae una fibra para hacer muebles y enseres. *El papel Manila se hace con pulpa de abacá.*
abacería *s. f.* Tienda donde se venden productos comestibles envasados o por peso.
abacero, ra *s.* Persona que tiene o atiende una abacería.
ábaco *s. m.* Instrumento que sirve para contar. Aunque hay de diferentes tamaños, el más usual consiste en un marco cuadrado dividido en diez líneas con diez esferas en cada una. *Se cree que los chinos inventaron el ábaco.*
abad, desa *s.* Persona que está a la cabeza de una institución religiosa o abadía.
abadejo *s. m.* Pez marino alargado y de color blanco parecido al bacalao. || Pájaro pequeño de color café con una marca amarilla en la cabeza.
abadía *s. f.* Convento o monasterio dirigido por un abad o una abadesa.
abajo *adv.* Hacia, en un lugar inferior. *Construyeron otra habitación abajo.* || En enunciados exclamativos, se usa para pedir la destitución de alguien o algo. *¡Abajo el gobierno!*
abalanzarse *pr.* Lanzarse contra alguien o algo. *Los niños se abalanzaron para recoger la fruta de la piñata.*
abalaustrado, da *adj.* Que tiene balaustres colocados bajo el barandal.
abalizamiento *m.* Acción y efecto de señalar con balizas alguna pista terrestre, aérea, o una ruta navegable.
abalizar *t.* Señalar con balizas.
abalorio *s. m.* Cuenta perforada para hacer collares y otros adornos. *La joven llevaba una pulsera de abalorios.*
abanderado, da *s.* Persona que lleva la bandera en las ceremonias o desfiles.
abanderamiento *s. m.* Acción de abanderar y ceremonia en que se lleva a cabo.
abanderar *t.* Dotar de bandera a un buque, una delegación deportiva, un regimiento militar o una agrupación social.
abandonado, da *adj.* Desamparado, dejado a su suerte. *La casa abandonada se ha ido deteriorando.*
abandonamiento *s. m.* Abandono.
abandonar *t.* Dejar de hacer algo. *Carlos abandonó los estudios.* || Alejarse de un lugar. *El jugador expulsado abandonó la cancha.* || Dejar a alguien o algo desamparado o desatendido. *Alguien abandonó unos cachorros en la calle.* || *pr.* Desatender el propio cuidado. *Se abandonó y subió mucho de peso.*
abandono *s. m.* Acción de abandonar o abandonarse. || Renuncia o desinterés. *El abandono de nuestras aspiraciones nos dolió.* || Desamparo de alguien vulnerable. *Ese anciano vive en el abandono.* || Estado personal de descuido.
abanicar *s. t.* y *pr.* Producir aire moviendo algo, generalmente un abanico, de un lado a otro.
abanico *s. m.* Instrumento plegable en forma semicircular que produce aire cuando se mueve de un lado a otro. || Algo con forma de abanico. *Vio un abanico de fotografías.* || Conjunto de opciones entre las cuales se puede elegir. *La escuela ofrece un abanico de cursos.*
abaniqueo *s. m.* Acción de abanicar o abanicarse.
abaratamiento *s. m.* Acción de abaratar.
abaratar *t.* y *pr.* Bajar el precio de algo.
abarca *s. f.* Calzado rústico de cuero que se ata con cuerdas o correas.
abarcable *adj.* Que se puede abarcar de manera física o mental.
abarcado, da *adj.* Contenido, englobado. *El examen no abarca todos los temas.*
abarcador, ra *adj.* Que abarca.
abarcar *t.* Rodear con los brazos o con las manos. || Contener, incluir. || Percibir con la vista como una totalidad. *Desde aquí se abarca todo el valle.*
abarquillado, da *adj.* Que tiene forma de barquillo.
abarquillamiento *s. m.* Resultado de abarquillar.
abarquillar *t.* y *pr.* Darle a algo plano forma de barquillo. *Con la lluvia, el techo de madera se abarquilló.*
abarrotar *t.* Llenar completamente un espacio, ya sea de cosas o de personas. *La gente abarrota las calles en Navidad.* || *Amér.* Inundar el mercado con determinados productos para que bajen de precio.
abarrote *s. m.* Bulto o fardo pequeño con que se rellenan los huecos de la carga en un barco. || *pl. Amér. C. Méx.* Artículos necesarios para el consumo de una casa, como alimentos enlatados, jabón, etc. || *loc. Méx.* ***Tienda de abarrotes:*** local donde se venden abarrotes.
abarrotería *s. f. Amér. C.* Tienda donde se venden abarrotes.
abarrotero, ra *s.* Persona que es dueña o atiende una tienda de abarrotes.
abastecedor, ra *adj.* Que abastece. *La empresa abastecedora no ha recibido la materia prima necesaria.* || *s.* Persona que abastece. *El abastecedor tardó en traer los repuestos y toda la producción se retrasó.*
abastecer *t.* y *pr.* Proporcionar alimentos o todo lo necesario para que algo funcione. *La planta de luz abastece a toda la población.*
abastecimiento *s. m.* Lugar en el que se venden o almacenan víveres.
abasto *s. m.* Provisión de lo necesario, sobre todo de víveres. || *loc.* ***Dar abasto:*** ser suficiente, dar lo necesario.
abate *s. m.* Eclesiástico de órdenes menores, que solía vestir traje clerical.
abatelenguas *s. m.* Instrumento de madera utilizado para detener la lengua y revisar la boca y garganta. *El*

médico usó un abatelenguas para ver mis amígdalas inflamadas.

abatible *adj.* Que se puede abatir o doblar. *Vimos un sillón abatible con tres posiciones.*

abatido, da *adj.* Desanimado. *Tras la derrota regresó abatido el atleta.* || Humilde. || Ruin, despreciable. || Depreciado. *Las mercancías abatidas generan pocas ganancias.*

abatimiento *s. m.* Acción o efecto de abatir o abatirse. || Postración física o moral de una persona. || Humillación, afrenta o bajeza.

abatir *t.* Derribar, derrocar, echar por tierra. || Hacer que algo caiga. || Humillar.

abdicación *s. f.* Acción y efecto de abdicar.

abdicar *t.* Renunciar a una dignidad o autoridad soberana. || Renunciar a derechos, ventajas u opiniones.

abdomen *s. m.* Cavidad del cuerpo de los vertebrados donde se alojan las vísceras. || En los invertebrados, parte del cuerpo que sigue al tórax.

abdominal *adj.* Que se relaciona con el abdomen. *Para eliminar las «llantas» haz mil ejercicios abdominales por día.*

abducción *s. f.* En fisiología, alejamiento o separación de una parte del cuerpo de su línea de simetría. || En ciencia ficción, secuestro que se supone que sufren los terrestres a manos de extraterrestres. || En filosofía, formación o adopción de una hipótesis explicativa.

abductor *adj.* Capaz de realizar una abducción. *La torsión del músculo abductor lesionó al atleta.*

abecé *s. m.* Abecedario. || Conjunto de principios básicos de una actividad.

abecedario *s. m.* Conjunto de las letras de un alfabeto. *Sabiendo el abecedario podemos usar mejor un diccionario.*

abedul *s. m.* Árbol de madera y corteza blancas que puede alcanzar los 30 m de altura. *Las hojas y la savia del abedul tienen propiedades diuréticas.*

abeja *s. f.* Insecto que vive en colmenas y produce miel y cera. *En una colmena hay una abeja reina, una docena de zánganos y miles de obreras.*

abejorro *s. m.* Insecto parecido a la abeja, pero con una mancha blanca en el extremo del abdomen. *A diferencia de las abejas, los abejorros se mantienen activos a bajas temperaturas.*

aberración *s. f.* Desviación de lo normal. || En óptica, imperfección que genera una imagen defectuosa. || En astronomía, distorsión que altera la ubicación aparente de un astro.

aberrante *adj.* Que se desvía de lo normal. *Ese comportamiento aberrante lo llevará a la cárcel.*

abertura *s. f.* Acción de abrir o de abrirse algo. || Grieta, agujero o hendidura. || Diámetro de la lente de una cámara.

abeto *s. m.* Árbol de tronco recto, que llega a medir 50 m de altura. Sus hojas tienen forma de agujas y sus frutos son piñas de forma cónica. *Entre otros usos, los abetos se emplean como árboles de Navidad.*

abierto, ta *adj.* Que está comunicado con el exterior. *Dejó la ventana abierta y la lluvia mojó su habitación.* || Despejado, libre de obstáculos. *Corrió a campo abierto.* || *fig.* Se dice de la persona franca y receptiva. *El profesor es muy abierto, siempre escucha los comentarios de los alumnos.*

abietáceo, a *adj.* y *s. f.* Perteneciente a una familia de árboles resinosos, de hojas en forma de aguja y frutos como piñas leñosas, que se abren al madurar. *Los pinos, cedros y los abetos son abietáceos.*

abigarrado, da *adj.* Que tiene muchos colores que no combinan entre sí. *Los payasos usan trajes abigarrados para verse más cómicos.*

abigarrar *t.* Poner a algo colores que, por no combinar entre sí, dan un aspecto desagradable. || *pr.* Amontonarse individuos o cosas que son diferentes entre sí.

abigeato *s. m. Amér.* Robo de ganado. *El abigeato fue un delito frecuente durante el siglo XIX.*

abigeo *s. m. Amér.* Delincuente que roba ganado.

abiogénesis *s. f.* En biología, antigua teoría según la cual los seres vivos nacían de la materia inorgánica. *La abiogénesis también es conocida como la teoría de la generación espontánea.*

abiótico, ca *adj.* Se aplica al ambiente impropio para la vida. *Los otros planetas del sistema solar son abióticos, pues su atmósfera está compuesta por gases irrespirables.*

abisagrar *t.* Colocar bisagras.

abisal *adj.* Se aplica a la región del océano a una profundidad mayor a los 2 000 m. || Lo propio de esa zona. *Fauna abisal.*

abiselar *t.* Hacer biseles.

abisinio, nia *t.* Natural o relativo a Abisinia, actual Etiopía.

abismado, da *adj.* Que tiene expresión ensimismada, concentrada.

abismal *adj.* Relativo al abismo. || Muy profundo. *La diferencia entre los países ricos y los países pobres es abismal.*

abismar *t.* y *pr.* Hundir en un abismo. || Entregarse de lleno a algo. *Se abismó en el estudio.*

abismo *s. m.* Profundidad grande e imponente. || Diferencia entre personas o cosas. *Entre tú y yo hay un abismo.*

abjuración *s. f.* Acción de abjurar.

abjurar *t. intr.* Renunciar o desdecirse alguien de una idea o una creencia. *Abjuró de su religión.*

ablación *s. f.* Extirpación de un órgano del cuerpo. || En geología, erosión provocada por el viento y el agua; en el caso de un glaciar, por el calor.

ablandador, ra *adj.* y *s.* Que ablanda. || *loc. Méx.* ***Ablandador de carnes:*** sustancia que sirve para ablandar la carne. *La papaína que se extrae de la papaya se usa como ablandador de carnes.*

ablandamiento *s. m.* Acción y resultado de ablandar.

ablandar *t.* y *pr.* Lograr que una cosa se ponga blanda. || Lograr que se dulcifique el carácter de una persona. *No se ablandó ni con las lágrimas de su hija.*

ablande *s. m. Amér.* Tiempo durante el cual un vehículo nuevo debe circular a menor velocidad para que las piezas del motor se ajusten entre sí.

ablativo *s. m.* En gramática, declinación del latín que corresponde al complemento circunstancial en español.

ablución *s. f.* Acción de lavar. || En algunas religiones, acción de purificarse por medio del agua.

abnegación *s. f.* Sacrificio de los deseos o necesidades de uno mismo que se hace por amor a los demás.

abnegado, da *adj.* Que tiene o muestra abnegación.

abobar *t.* Hacer bobo o tonto a alguien.

abocado, da *adj.* Se aplica al tipo de vino que contiene una mezcla de seco y dulce.

abocamiento *m.* Acción de abocar.

abocar *t.* Verter el contenido de un recipiente en otro, aproximando las bocas de ambos. || Asir con la boca. || Acercar o dirigir hacia un lugar armas de fuego, tropas, pertrechos. || *pr. Bol. C. R. Guat. Méx. Uy.* y *Ven.* Dedicarse concentradamente a realizar algo. *Los obreros se abocaron a la reparación de los daños.*

abocardado, da *adj.* Que tienen forma semejante a la de una bocina.

abocardar *t.* Ensanchar la boca de un tubo o agujero.

abocarse *pr. Amér. Merid.* y *Méx.* Dedicarse plenamente a algo. *Luis se ha abocado a su profesión de médico.*

abochornado, da *adj.* Que experimenta bochorno por el calor excesivo. || Que se siente avergonzado.

abochornar *t.* y *pr.* Sufrir bochorno a causa del calor excesivo. || Avergonzar.

abofetear *t.* Dar bofetadas.

abogacía *s. f.* Profesión del abogado. || Grupo de abogados.

abogado, da *s.* Persona que estudió la carrera de derecho y defiende y asesora a los demás en cuestiones

jurídicas o en juicios. *Un abogado de oficio es el que se asigna a las personas que no pueden pagar uno.*
abogar *intr.* Defender a alguien en un juicio. || Hablar en favor de alguien. *La alumna abogó por su compañerito respondón.*
abolengo *s. m.* Conjunto de antepasados de una persona. || Antepasado ilustre. || Lugar de donde se es originario.
abolición *s. f.* Resultado de abolir. *La abolición de la esclavitud fue una de las banderas de la independencia.*
abolicionismo *s. m.* Conjunto de ideas que defienden la anulación de leyes y costumbres que atenten contra la libertad y la dignidad del ser humano.
abolicionista *adj.* y *s. com.* Partidario de las ideas del abolicionismo. *Los abolicionistas ganaron la Guerra de Secesión en Estados Unidos de América.*
abolir *t.* Dejar sin efecto una ley. *Para ingresar en la Unión Europea, Turquía debe abolir la pena de muerte.*
abollado, da *adj.* Hundido en la superficie, en especial en materiales como los metales. *Después del choque, el auto quedó muy abollado.*
abolladura *s. f.* Resultado de abollar algo. *En algunos países, a las abolladuras se les llama «bollos».*
abollar *t.* Causar hundimientos en una superficie. *La cacerola se abolló cuando cayó de la estufa.*
abolsado, da *adj.* Que tiene forma de bolsa.
abolsarse *pr.* Tomar algo forma de bolsa. *Ese suéter viejo se abolsó de los codos.*
abombado, da *adj.* Curvado hacia afuera. *Las paredes abombadas son signo de que hay humedad en el muro.* || *Arg.* y *Uy.* Soñoliento, confundido. *A pesar de dormir la siesta seguía abombado.*
abombamiento *s. m.* Acción y efecto de abombar o abombarse. *El abombamiento de las latas de comida indica que su contenido se ha descompuesto.*
abombar *t.* y *pr.* Curvar o curvarse algo hacia afuera. *El alfarero abombó el jarrón mientras giraba en el torno.* || Aturdir, embotar. *El calor sofocante nos abomba a todos.*
abominable *adj.* Se dice de lo que merece ser temido, detestado o condenado. *Prestarse a la corrupción es una conducta abominable.*
abominación *s. f.* Acción y efecto de abominar. || Conducta aborrecible o cosa detestable. *Me parece una abominación que discriminen a los minusválidos.*
abominar *t.* e *intr.* Condenar, rechazar. *La sociedad abomina la deshonestidad de los gobernantes.* || Detestar, aborrecer. *Abomino la mentira, por eso rompí aquella amistad.*
abonado, da[1] *adj.* Que es honesto, de fiar. || Que ha recibido abono. *Tierra abonada.*
abonado, da[2] *s.* Persona que adquiere un abono para recibir un servicio o asistir a un espectáculo. *Hubo muchos abonados en la temporada de ópera.*
abonanzar *intr.* Mejorar el tiempo o calmarse la tormenta. *Luego de que abonanzó, pudieron irse.*
abonar[1] *t.* Añadir abono a la tierra para que sea más fértil.
abonar[2] *t.* Pagar parte de una deuda. *Pedro abonó 100 pesos que nos debía.* || Pagar. *El gerente se ofreció para abonar la cuenta del desayuno en el restaurante.* || Garantizar o calificar la bondad de algo. *Lo abona su buen carácter.* || *pr.* Suscribirse a un periódico, revista o servicio. *Diana se abonó a la televisión por cable.*
abonero, ra *s. Amér.* Comerciante callejero que acepta pagos a plazos o en abonos.
abono *s. m.* Acción de abonar. || Sustancia fertilizante para abonar la tierra. || Pago parcial de una deuda. || Boleto que da derecho al disfrute repetido de un servicio. || *pl. Méx.* Forma de pago a plazos. *Vamos a comprar una televisión en abonos.*
aboquillado, da *adj.* Que tiene forma de boquilla.
aboquillar *t.* Poner boquilla a algo. || Ensanchar.
abordaje *s. m.* Acción de abordar un barco a otro con intención de ataque.
abordar *t.* Subir a un vehículo de transporte. || Tocar una embarcación a otra. || Dirigirse a alguien para tratar algún asunto. *La abordé para disculparme.* || Tratar un asunto difícil para resolverlo. *Abordó el problema en buen momento.* || *intr.* Llegar una embarcación a un muelle o desembarcadero.
aborigen *adj.* y *s. com.* Originario del lugar en donde vive. *Habla una lengua aborigen.* || *s. m. pl.* Habitantes primitivos de un lugar. *Los maoríes son los aborígenes de Nueva Zelanda.*
aborrecedor, ra *adj.* y *s.* Que aborrece.
aborrecer *t.* Sentir rechazo por algo o por alguien. *Aborrezco la impuntualidad.* || Abandonar las aves su nido, sus huevos, sus crías. *Si tocas los huevos de ese nido, la madre olerá la presencia humana y los aborrecerá.*
aborrecible *adj.* Que provoca o merece aborrecimiento.
aborrecimiento *s. m.* Rechazo fuerte hacia algo o alguien. *Su sola presencia le provocaba un fuerte aborrecimiento.*
aborregado, da *adj.* Que tiene forma de la lana del borrego. *Las nubes aborregadas no anuncian lluvia.* || Que actúa como un borrego. *Son unos aborregados que hacen todo lo que el líder les dice.*
aborregarse *pr.* Que toma la forma de la lana del borrego. || Que adquiere rasgos de los borregos, como la mansedumbre.
abortar *intr.* Interrumpir, natural o artificialmente, un embarazo. *El accidente de auto hizo que la conductora abortara.* || Fracasar una empresa. || Interrumpir bruscamente un proceso. *La nasa abortó el vuelo del transbordador por las condiciones climáticas.*
abortivo, va *adj.* Que produce un aborto.
aborto *s. m.* Expulsión antes de tiempo, de manera voluntaria o accidental, de un hijo del vientre de la madre embarazada.
aborujar *t.* y *pr.* Formar o formarse borujos en una masa.
abotagado, da *adj.* Embotado. || Se dice del cuerpo que está hinchado por la enfermedad o el calor.
abotagar *t.* y *pr.* Entorpecer la mente. *Ese calor infernal abotaga a todo el mundo.* || Hincharse el cuerpo, por lo general debido a una enfermedad.
abotonar *t.* Cerrar, unir o ajustar una prenda, introduciendo un botón en un ojal. || *intr.* En el caso de una planta, echar botones.
abovedado, da *adj.* Curvado, arqueado.
abovedar *t.* Dar forma de bóveda.
abra *s. f.* Bahía no muy extensa.
abracadabra *s. m.* Palabra cabalística que, según las creencias, podía curar algunas enfermedades. || Palabra que utilizan quienes hacen espectáculos con trucos mágicos.
abrasador, ra *adj.* Que abrasa o quema. || *fig.* y *fam.* Se aplica a la pasión o sentimiento que se siente con mucha fuerza.
abrasamiento *s. m.* Acción o efecto de abrasar o abrasarse.
abrasar *t.* Quemar o reducir a brasas con un fuego envolvente y continuo.
abrasión *s. f.* Fricción o rozamiento que producen partículas sólidas sobre una superficie.
abrasivo, va *adj.* y *s.* Se dice de un producto que desgasta o pule por medio de la fricción o roce.
abrazadera *s. f.* Dispositivo que sirve para sujetar algo.
abrazar *s. t.* y *pr.* Rodear con los brazos. || *t.* Adherirse a una religión, un partido político, una corriente de pensamiento. *Francisco Javier Mina, siendo español, abrazó la causa de la independencia de México.*
abrazo *s. m.* Acción de abrazar.
abreboca *s. m.* Bebida y comida que se toma y come antes de la comida fuerte, para abrir el apetito.
abrecartas *s. m.* Instrumento que sirve para abrir sobres de cartas.
ábrego *s. m.* Viento del suroeste.

abrelatas *s. m.* Instrumento que sirve para abrir latas. *El abrelatas se inventó mucho después que las latas.*
abrevadero *s. m.* Lugar, natural o artificial, donde bebe el ganado.
abrevar *t.* Dar de beber al ganado. || Satisfacer una necesidad intelectual. *Los escritores de la generación del 40 abrevaron en las tradiciones indígenas.*
abreviación *s. f.* Resultado de hacer breve un tiempo, un espacio. || En gramática, procedimiento que permite acortar palabras. *Los acrónimos, las abreviaturas y las siglas nos permiten tomar apuntes más rápido.*
abreviar *t.* Hacer breve, acortar. || Apresurar. *¡Abrevie su discurso, por favor, que no tenemos tiempo!* || *intr. Salv.* Acortar camino.
abreviatura *s. f.* Forma abreviada de representar una palabra. *Las abreviaturas suprimen letras finales o centrales de las palabras.*
abridor, ra *adj.* Que abre. || *s.* Se dice de quien da inició a un concierto en el que la figura principal se presentará después. || *s. m.* Instrumento metálico para destapar botellas. || Abrelatas.
abrigado, da *adj.* Protegido del frío y el viento. *En invierno debemos salir abrigados para no enfermarnos.*
abrigar *t.* y *pr.* Proteger o resguardar de las inclemencias del clima. || Tener un pensamiento, idea o deseo. *Abrigaba la esperanza de conquistar a esa mujer.*
abrigo *s. m.* Prenda de tejido grueso para protegerse del frío. || Lugar que permite resguardarse del frío, la lluvia o algún peligro.
abril *s. m.* Cuarto mes del año según el calendario gregoriano.
abrillantador *s. m.* Sustancia o instrumento para abrillantar superficies. *Los abrillantadores de muebles están hechos a base de diferentes aceites.*
abrillantar *t.* Pulir una superficie para darle brillo. || Hacer que algo luzca más. *La buena actitud del entrevistado abrillantó su personalidad.*
abrir *t.* Destapar lo que está cerrado o descubrir lo oculto. *Al abrir la caja de controles se descubrió un corto circuito.* || Accionar un mecanismo para permitir que algo pase por un conducto. *Cuando el plomero abrió de nuevo la válvula del gas, pudimos cocinar.* || Desplegar o extender. *Abre el periódico y busca la página de deportes.* || Partir o rasgar. *Abriremos ese jugoso melón.* || Iniciar labores en alguna institución o negocio. *La tienda abre a las diez de la mañana.* || Inaugurar. *Está previsto que el curso abra dentro de 15 días.* || Ser el primero en aparecer en una procesión. *Guapas bastoneras abrieron el desfile.* || *pr.* Separarse lo que estaba unido. *Se abrió una grieta en la pared.* || Separarse del capullo los pétalos de una flor *Es la época en la que las rosas se abren.* || Estar dispuesto a escuchar a otros. *El gerente se abrió a los comentarios de los trabajadores.*
abrochar *t.* y *pr.* Sujetar con broches o botones una prenda de vestir para cerrarla. || *Méx. vulg.* Obligar a alguien a hacer algo contra su voluntad o colocarlo en situación desventajosa.
abrogación *s. f.* En derecho, acción de abrogar.
abrogar *t.* En derecho, anular una ley.
abrojo *s. m.* Planta silvestre y de frutos espinosos que es dañina para los sembrados. || *pl.* Dificultades o sufrimientos. *Enfrentó los abrojos que la vida le puso.*
abrumar *t.* Agobiar con un peso físico o moral. *Las preocupaciones me abruman.* || Causar confusión por exceso de algo. *Lo abrumó tanta atención.*
abrupto, ta *adj.* Escarpado, inclinado. *Terreno escarpado.* || Áspero, rudo. *Escribe con estilo abrupto.*
absceso *s. m.* Acumulación de pus en un tejido orgánico.
abscisa *s. f.* En geometría, coordenada en un plano cartesiano rectangular que se expresa como la distancia horizontal entre un punto y el eje vertical.
abscisión *s. f.* En medicina, corte o separación de un miembro.
absentismo *s. m.* Falta de asistencia deliberada a un lugar al que se debe asistir, especialmente al trabajo.
ábside *s. m.* En arquitectura, parte trasera de un templo en donde se ubica el altar mayor o presbiterio.
absolución *s. f.* En derecho, acción de declarar a alguien no culpable. || En religión, perdón de los pecados.
absolutismo *s. m.* Sistema de gobierno en el que una sola persona detenta todo el poder. *En Francia, el absolutismo propició la Revolución de 1789.*
absolutista *adj.* y *s. com.* Partidario del absolutismo. *Casi todos los absolutistas terminaron en la guillotina.*
absoluto, ta *adj.* Que es completo. *Al atardecer hay una calma absoluta.* || Que es único. *Ella fue la ganadora absoluta de la competencia.* || Que es ilimitado. *Carlos V tenía un poder absoluto sobre sus súbditos.* || Que existe en sí mismo. *En filosofía y en religión se habla de seres absolutos.* || *loc.* **En absoluto:** de ningún modo. *El canto de los pájaros no me molesta en absoluto.*
absolutorio, ria *adj.* Que absuelve. *El fallo absolutorio permitió la libertad inmediata del acusado.*
absolver *t.* Dejar libre de obligaciones o responsabilidades a alguien. || En derecho, dejar libre de responsabilidad penal a un acusado.
absorbencia *s. f.* Capacidad de algo para absorber líquidos. *Las esponjas naturales tienen mejor absorbencia que las que venden ahora.*
absorbente *adj.* Que tiene capacidad de absorción. *Las mejores toallas son las absorbentes.* || Que ocupa todo el tiempo disponible. *La computadora es demasiado absorbente.* || Que es dominante y trata de imponer su voluntad. *Su mujer era muy absorbente, pero tuvo el valor de enfrentarla.*
absorber *t.* Atraer un cuerpo a otro hacia su interior. *La nueva aspiradora absorbe mejor el polvo que la otra.* || Ocupar por completo la atención de una persona. *Las mujeres lo absorben.* || Consumir algo totalmente. *Sus vicios absorbieron toda su herencia.* || Incorporar una empresa a otra. *La pequeña empresa fue absorbida por el monopolio.* || En física, amortiguar las radiaciones que atraviesan un cuerpo.
absorción *s. f.* Penetración de una sustancia en otra. *Las raíces de la planta realizan casi toda la absorción.* || En física, amortiguamiento de energía o fuerza por el paso de un cuerpo a otro. || Incorporación de una empresa a otra más grande. *La absorción se concretó a pesar de que la mayoría de los accionistas se oponían.*
absorto, ta *adj.* Que está muy concentrado en algo. || Que está muy asombrado.
abstemio, mia *adj.* Que no bebe vino ni otros líquidos alcohólicos.
abstención *s. f.* Acción o efecto de abstenerse.
abstencionismo *s. m.* Actitud de quien renuncia a votar en una elección.
abstencionista *s. com.* Partidario del abstencionismo.
abstenerse *pr.* Privarse de alguna cosa. || No participar en algo.
abstinencia *s. f.* Acción que consiste en privarse total o parcialmente de satisfacer los apetitos.
abstracción *s. f.* Separación mental de las cualidades de una cosa y de su realidad física para considerarlas aisladamente.
abstraccionismo *m.* Arte abstracto.
abstracto, ta *adj.* Se aplica a las cosas que expresan una idea o un concepto, que carecen de realidad tangible. *Hablar de belleza absoluta requiere conceptos abstractos.* || Se aplica al arte y a los artistas que no pretenden representar la realidad objetiva. *Su pintura abstracta recurre a los colores vivos y brillantes para expresar una pasión arrasadora.* || *loc.* **En abstracto:** dejando de lado los aspectos objetivos. *Conviene ahora tratar el tema de la democracia en abstracto.*
abstraer *t.* Separar en la mente las cualidades esenciales de una cosa y

de su realidad física para considerarlas aisladamente.
abstraído, da *adj.* Se aplica a la persona que permanece aislada de todo cuanto le rodea y está únicamente atenta a lo que hace o lo que piensa.
abstruso, sa *adj.* Muy difícil.
absuelto, ta *adj.* Libre de una deuda. || Libre de un cargo penal. *El reo quedó absuelto del cargo de homicidio.* || En religión, que ha sido perdonado de sus pecados.
absurdo, da *adj.* Sin sentido, extravagante. *¡Qué peinado tan absurdo!*
abuchear *t.* Silbar, chistar, gritar en señal de desaprobación.
abucheo *s. m.* Conjunto de silbidos, chistidos y gritos que demuestran desaprobación. *Nadie oyó sus disculpas en medio del abucheo.*
abuelo, la *s.* Padre y madre de mis padres. *Los abuelos de mis padres son mis tatarabuelos.* || Anciano. || *loc.* ***No tener abuela:*** no tener escrúpulos.
abulia *s. f.* Sin fuerza, sin voluntad.
abúlico, ca *adj.* Que no tiene fuerza física o moral.
abullonado, da *adj.* Que presenta bultos o ahuecamientos.
abullonar *t.* Formar bultos o ahuecamientos redondeados en alguna cosa, a manera de adorno.
abulón *s. m.* Molusco comestible, con concha en forma de oreja y con agujeros en la superficie para liberar agua. *El coctel de abulón tiene que ser con el de California.*
abultamiento *s. m.* Hinchazón, bulto.
abultar *t.* e *intr.* Ocupar algo determinado espacio. *Tus discos colocados así abultan mucho, mejor ponlos en una caja.* || Aumentar el volumen de alguna cosa. *Metió más relleno en la almohada para abultarla.* || Exagerar. *Abultaron tanto la mala noticia que la gente estaba asustada.*
abundancia *s. f.* Gran cantidad de algo. *En la selva tropical hay abundancia de animales y plantas.* || Riqueza, prosperidad.
abundante *adj.* En gran número o gran cantidad. *La cosecha fue abundante, tuvieron que alquilar dos camiones más para transportarla.*
abundar *intr.* Haber mucha cantidad de algo.
aburguesado, da *adj.* Se aplica al que tomó costumbres, características o comodidades de burgués.
aburguesamiento *s. m.* Acción y efecto de aburguesarse. *Una de las causas del aburguesamiento es la transformación de las áreas rurales en urbanas.*
aburguesarse *pr.* Adoptar costumbres o usos de burgués.
aburrición *s. f. fam.* Aburrimiento, fastidio. *¡Uf, qué aburrición! Quería ir al cine, pero tengo que planchar.*
aburrido, da *adj.* Que produce aburrimiento. *Ese libro es tan aburrido que a las dos páginas me duermo.* || Que siente aburrimiento. *Estoy aburrida, llevo una semana sin salir de casa.*
aburridor, da *adj.* Que causa aburrimiento. *A la mitad del aburridor discurso, muchas personas comenzaron a abandonar la sala.*
aburrimiento *s. m.* Fastidio y cansancio causados por falta de distracciones, o por hacer algo que disgusta. *Una buena manera de evitar el aburrimiento es alternar actividades.*
aburrir *t.* Causar algo o alguien, molestia o cansancio. *Aburre el trabajo en estas condiciones.* || *pr.* Fastidiarse por algo. *Ya me aburrí de esperar.*
abusado, da *adj. Guat.* y *Méx.* Que es hábil y listo. *Juanito es muy abusado, ya se sabe las tablas de multiplicar.*
abusar *intr.* Usar algo en exceso o de manera indebida. *Abusó de mi tiempo.* || Aprovecharse de manera deshonesta alguien vulnerable. *Abusar de los menores de edad es reprobable.*
abusivo, va *adj.* Que comete abuso. *Establecieron una regla abusiva que prohíbe salir de noche.*
abuso *s. m.* Acción de abusar. *Es un abuso el nuevo precio de la cebolla.*
abyección *s. f.* Bajeza o acción despreciable.
abyecto, ta *adj.* Bajo, despreciable.
acá *adv.* En o hacia la posición donde se encuentra la persona que habla. || Después de las preposiciones *«de»* o *«desde»* y una expresión de tiempo, indica el tiempo transcurrido hasta el presente. *De entonces acá las cosas han cambiado.*
acabado *adv.* Toque o detalle final de una obra o un trabajo. *Antes de entregar los muebles restaurados revisó de nuevo los acabados.*
acabado, da *adj.* Que ya no tiene fuerza, destruido. *Estaba tan acabado que ya no podía escribir más.* || Completo, perfecto. *Su último libro es una acabada novela.*
acabar *t.* Concluir, terminar algo. || *intr.* Llegar al final. *La película acabó hasta las seis.* || Destruir, agotar. *Acabó con mi paciencia.* || Haber ocurrido hace poco. *¡Alcánzalo, acaba de irse!* || Llegar el momento en que una acción tiene su desenlace. *Vas a acabar por mancharte el uniforme.* || Tener algo cierta forma en su parte final. *El cuchillo acaba en punta.* || *pr.* Consumirse. *¡Corre, se acaba el tiempo!*
acabose *s. m.* Desastre. *El hundimiento de la nave fue el acabose.*
acacia *s. f.* Árbol de madera dura y flores amarillas. *De algunas especies de acacia se extrae la goma arábiga.*
academia *s. f.* Sociedad científica, literaria o artística. *La Academia de Ciencias de la urss fue muy famosa en su época.* || Junta de académicos. *Los días de academia nadie puede interrumpir.* || Casa donde se reúnen los académicos. *La Academia Mexicana de la Lengua queda en Liverpool 76.* || Centro de enseñanza que no otorga títulos oficiales. *La academia de baile presentó un espectáculo fabuloso.*
academicismo *s. m.* Actitud de respeto y seguimiento riguroso de las normas académicas. *Peca de academicismo quien pretenda seguir al pie de la letra al drae.*
académico, ca *adj.* Que se relaciona con la academia. || Que sigue las normas de la academia. || Relativo a una institución pública de enseñanza. || *s.* Persona que pertenece a una academia.
acadio, dia *adj.* y *s.* Originario o relacionado con Acadia, antigua región de Mesopotamia. *Los acadios, al igual que los sumerios, utilizaron la escritura cuneiforme.*
acaecer *intr.* Ocurrir. *Esos hechos acaecieron hace tanto tiempo que nadie los recuerda.*
acalambrarse *pr.* Contraerse los músculos de manera brusca y dolorosa.
acallar *t.* Hacer callar. || Calmar.
acalorado, da *adj.* Que tiene calor. || Se dice de las discusiones y disputas donde afloran el arrebato y la pasión.
acaloramiento *s. m.* Sensación de calor. || Apasionamiento, vehemencia en la defensa de una idea o sentimiento.
acalorar *t.* y *pr.* Dar calor. || Sentir calor. || Apasionarse en una discusión.
acamaya *s. f.* Crustáceo de río parecido al langostino.
acampada *s. f.* Acción o efecto de acampar.
acampanar *t.* Dar a algo forma de campana.
acampar *intr.* Instalarse en un lugar al aire libre, alojándose en tiendas de campaña o barracas.
acanalado, da *adj.* De forma larga como la de las canales.
acanaladura *s. f.* Canal o estría.
acanalar *t.* Hacer uno o varios canales o estrías en algún lugar u objeto. || Dar forma de canal o de teja larga y abarquillada.
acantilado *s. m.* Costa marina formada por rocas de gran altura cortadas casi verticalmente.
acanto *s. m.* Planta de la familia de las Acantáceas, perenne, herbácea, con hojas anuales, largas, rizadas y espinosas.
acantonamiento *s. m.* Acción y efecto de acantonar. || Sitio en el que hay tropas acantonadas.
acantonar *t.* Ubicar a las tropas de un ejército en determinado lugar en espera de futuras acciones.
acantopterigio, a *adj.* y *s.* Relativo a un grupo de peces óseos con aleta dorsal espinosa, como el atún.

acaparador, ra *adj.* y *s.* Persona que acapara. *El aceite subió de precio por culpa de los acaparadores.*
acaparamiento *s. m.* Resultado de acaparar. *La crisis provocó un acaparamiento de productos básicos.*
acaparar *t.* Comprar, guardar o retener mercancías con el fin de que suban de precio o prevenir tiempos de escasez.
acápite *s. m. Amér. C.* y *Amér. Merid.* Párrafo.
acaramelado, da *adj.* Cubierto de caramelo. || Muy cariñoso.
acaramelar *t.* Bañar un alimento con caramelo. || *pr.* Dar demostraciones de amor excesivas o empalagosas.
acariciar *t.* Dar caricias. || Rozar apenas. *Las ramas del árbol se mecían acariciando el cielo.* || Tener esperanzas de que suceda algo. *Acariciaba la idea de sacarse la lotería y dar la vuelta al mundo.*
ácaro *s. m.* Arácnido microscópico que forma parte en el polvo doméstico. Se alimenta de escamas de piel. *Las alergias que producen los ácaros son difíciles de curar.*
acarrear *t.* Llevar en un carro. *Los camiones acarrearon los materiales de construcción.* || Llevar, transportar. *El mozo acarreó las botellas vacías a la bodega.* || Ocasionar o traer consecuencias. *El desempleo acarrea muchos males sociales.* || *Méx.* Llevar a personas a un mitin. *Para acarrear a más gente, el candidato prometió regalos.*
acarreo *s. m.* Actividad de acarrear.
acartonarse *pr.* Ponerse duro y seco como el cartón. *El hombre, con la edad, se ajamona o se acartona.*
acaso *adv.* Tal vez, quizá. *Acaso encontrarás tus llaves si buscas bajo la cama.*
acatamiento *s. m.* Acción y efecto de acatar. *El acatamiento de las leyes es básico para el orden social.*
acatar *t.* Obedecer una orden o seguir una norma.
acatarrado, da *adj.* Que tiene catarro, gripa o resfriado.
acatarrarse *pr.* Contraer catarro.
acaudalado, da *adj.* Que posee riquezas materiales, adinerado.
acaudalar *t.* Acumular caudal, dinero.
acaudillar *t.* Encabezar un ejército o ponerse al frente de un movimiento social.
acceder *intr.* Aceptar lo que otro quiere y consentir en realizarlo. || Penetrar a un lugar. *El público accedió por fin al museo a mediodía.* || Entrar a un sitio de internet o un programa de computación. *Si no conoces la contraseña, no podrás acceder a esa página electrónica.* || Alcanzar un cargo superior. *Por sus méritos, el juez Pérez ha accedido a la magistratura.*
accesible *adj.* Se dice del lugar al que se puede llegar con facilidad. || Amable, de buen trato. *Ese profesor es muy accesible, siempre tiene tiempo para conversar con sus alumnos.* || Que se puede entender fácilmente. *Me pareció accesible la conferencia, entendí todo.*
accesión *s. f.* Acción y efecto de acceder, obtener algo.
accésit *s. m.* En los concursos científicos, artísticos o literarios, recompensa que sigue al premio otorgado. *Juan no pudo obtener el premio, pero le concedieron un accésit.*
acceso *s. m.* Parte por donde se entra. *El acceso al museo estaba cerrado.* || Acción de llegar o entrar a un lugar. *El acceso al salón debe ser ordenado.* || Posibilidad de adquirir algo o de tener contacto con alguien. *Es un derecho el acceso a la educación.* || Manifestación repentina de un sentimiento. *Ante tantos imprevistos le dio un ataque de angustia.* || Ataque de una enfermedad. *Había polvo en el ambiente y le sobrevino un ataque de asma.*
accesoria *s. m.* Habitación con entrada desde la calle. *Hay una ferretería en la accesoria del edificio.*
accesorio *adj.* Que no es lo más importante. || *s. m.* Objeto de adorno o auxiliar de otro. *La funda es un accesorio del celular.* || *s. f.* Habitación con entrada desde la calle.
accidentado, da *adj.* Que tiene superficie irregular. *Camino accidentado.* || Que enfrenta contratiempos o incidentes, difícil. *Luego de un accidentado viaje en el que perdió las maletas, llegó a su destino.* || Que sufrió un accidente. *Los obreros accidentados en el incendio permanecen en el hospital.*
accidental *adj.* Que ocurre sin querer. *Su muerte fue accidental.* || Que no es fundamental.
accidentar *t.* y *pr.* Producir o sufrir un accidente.
accidente *s. m.* Algo que pasa inesperadamente, sin querer, y que puede causar daños. *Hubo un derrumbe y me salvé de milagro.* || Algo que sucede de manera imprevista. *Te vi por accidente.* || Irregularidad del terreno. || Variación gramatical de las palabras, como género, número, etc.
acción *s. f.* Lo que alguien hace. *Sus palabras se convirtieron en acciones.* || Producto del actuar. *Sus acciones hablan por sí solas.* || Efecto de una cosa sobre otra. *La acción del calor reblandece el plástico.* || En economía, documento que representa el valor de cada una de las partes en que se divide una empresa. *Las acciones de la compañía petrolera subieron de precio.* || Sucesión de hechos en cine, teatro o literatura. *La acción se desarrolla en una ciudad imaginaria.*
accionamiento *s. m.* Acción y efecto de accionar.
accionar *t.* Poner en movimiento un mecanismo. || *intr.* Gesticular y moverse para dar algo a entender o ejemplificar lo que se dice.
accionista *s. com.* Dueño de acciones de una empresa.
acebo *s. m.* Arbusto de hojas espinosas y fruto rojo. Su madera se emplea en ebanistería. *Las hojas de acebo con sus frutos se usan mucho en adornos navideños.*
acebollado, da *adj.* Que tiene acebolladura.
acebolladura *s. f.* Daño en la madera que consiste en que se separan las capas anuales de ésta.
acebrado, da *adj.* Que tiene rayas como las de la cebra. *Me gusta esa yegua acebrada para el paseo.*
acechanza *s. f.* Acción y resultado de acechar.
acechar *t.* Vigilar, observar, perseguir con sigilo.
acecho *s. m.* Acción y resultado de acechar. || *loc.* ***Al acecho:*** con sigilo, con precaución.
acecinar *t.* y *pr.* Salar las carnes y secarlas al aire y al humo para que se conserven.
acedar *t.* y *pr.* Poner una cosa ácida, agriar. || Causar disgusto o preocupación.
acedera *s. f.* Planta comestible de sabor ácido. *Los usos medicinales de la acedera tienen que ver con sus efectos diuréticos.*
acefalia o **acefalía** *s. f.* Situación de lo que es acéfalo. || Carencia de jefe en una comunidad.
acefalismo *s. m.* Acefalia.
acéfalo, la *adj.* Que no tiene cabeza. || Que no tiene jefe. *Al renunciar el secretario, la Secretaría quedó acéfala.* || *s. m.* Molusco sin cabeza.
aceitar *t.* Dar, untar o bañar con aceite. || *Arg. Cub. Hond.* y *Uy.* Sobornar.
aceite *s. m.* Sustancia grasa líquida animal o vegetal que se encuentra en los tejidos orgánicos y que forma las reservas de energía de los seres vivos. *El aceite de oliva es uno de los más sanos.* || Líquido graso que se encuentra en la naturaleza o que se obtiene, por destilación, de algunos minerales, y que tiene usos industriales. *Del petróleo se obtienen aceites para lubricar motores.* || *loc.* ***Aceite esencial:*** aceite volátil. || ***Aceite de hígado de bacalao:*** aceite cuyo origen indica su nombre y se emplea como tónico. || ***Aceite de ricino:*** aceite extraído de la semilla de esa planta que se usa como purgante.
aceitero, ra *adj.* Perteneciente o relativo al aceite. || *s.* Persona que vende o fabrica aceite. || *Amér.* Recipiente donde se guarda el aceite lubricante y que tiene un pico o una cánula para aplicarlo.
aceitoso, sa *adj.* Que tiene mucho aceite.

aceituna *s. f.* Fruto del olivo.
aceitunado *adj.* Del color de la aceituna.
aceitunero, ra *adj.* Relativo a la aceituna. || *s.* Persona que recoge, acarrea o vende aceitunas. || Sitio destinado para tener la aceituna desde su recolección hasta llevarla a moler.
aceleración *s. f.* Acción y efecto de acelerar o acelerarse.
acelerada *s. f.* Aceleración que se le imprime a un motor. *Dio una fuerte acelerada para huir de la balacera.*
acelerado, da *adj.* Agitado, excitado, impaciente, vehemente. *Traía el pulso acelerado al finalizar la carrera.*
acelerador *adj.* Que acelera. || *s. m.* Mecanismo para acelerar. || En química, sustancia que permite acelerar un proceso.
aceleramiento *s. m.* Aceleración.
acelerar *t.* Aumentar la velocidad. || Pisar el acelerador de un vehículo. || *pr.* Excitarse, entusiasmarse, atolondrarse.
aceleratriz *f.* Se dice de la fuerza que aumenta la velocidad de un movimiento.
acelerón *s. m. Amér.* Acelerada.
acelga *s. f.* Planta comestible de hojas grandes y verdes, y tallo blanco. *Espinacas y acelgas son plantas hortícolas.*
acémila *s. f.* Mula o burro de carga. || *fig.* Persona tonta.
acendrado, da *adj.* Limpio y puro. *Su acendrado patriotismo lo llevó a la muerte.*
acendrar *t.* Limpiar o purificar algo.
acento *s. m.* Tono más alto o intenso al pronunciar una sílaba de una palabra. || Signo gráfico que marca en una palabra la sílaba con sonido más fuerte. || Entonación particular al hablar un idioma. *El acento de los norteños es muy distinto del de los sureños.*
acentuación *s. f.* Acción y efecto de acentuar. *Aprender las reglas de acentuación facilita la escritura.*
acentuar *t.* Marcar el acento prosódico, o ponerlo ortográfico, en las palabras. || Hacer que algo destaque, resaltar. *Las nuevas cortinas acentuaron lo acogedor de la habitación.*
acepción *s. f.* Cada uno de los distintos significados de una palabra. *Este diccionario incluye modismos regionales en las acepciones.*
aceptable *adj.* Que puede ser aceptado. *Al comité le pareció aceptable nuestra propuesta.* || *Uy.* Calificación mínima para aprobar una prueba o un curso.
aceptación *s. f.* Acción de aceptar o admitir. *Los vecinos dieron su aceptación para que se construya el parque.* || Aplauso, acogida. *La aceptación de su novela ha sido enorme: ha vendido miles de ejemplares.*
aceptar *t.* Consentir en algo por propia voluntad. *Aceptó trabajar los domingos, pues necesita el dinero.* || Dar algo por bueno. *La maestra aceptó las disculpas y el niño se salvó del castigo.*
acequia *s. f.* Zanja estrecha para conducir agua. *Un uso de las acequias es distribuir el agua para regar los sembrados.*
acera *s. f.* Cada una de las dos orillas de una calle que sirven para el tránsito de peatones.
acerado, da *adj.* Hecho con acero, o parecido a este metal. *Alambre acerado.* || Muy fuerte y resistente. *El atleta mostró su acerada voluntad de triunfo.* || Incisivo, penetrante. *Una mirada de ojos acerados.*
acerar *t.* Dar al hierro propiedades del acero. || Recubrir de acero. || *pr.* Hacerse fuerte moralmente.
acerbo, ba *adj.* Duro, cruel. || Dicho de un vino, que es de sabor ácido.
acerca *prep.* Indica de qué trata algo. Se usa siempre en combinación con «de». *Mi pregunta era acerca del examen.*
acercamiento *s. m.* Acción y resultado de acercar.
acercar *t.* Poner a una distancia menor. *Acerca la silla a la mesa.* || *pr.* Estar algo próximo a suceder. *Se acerca mi cumpleaños.*
acerería o **acería** *s. f.* Lugar donde se fabrica el acero.
acero *s. m.* Metal hecho de hierro y carbono.
acérrimo, ma *adj.* Muy fuerte, con mucha decisión. *Hidalgo fue un defensor acérrimo de la independencia de México.*
acertado, da *adj.* Que está bien hecho o es correcto.
acertar *t.* Dar en el lugar que se propuso. *Si aciertas en el blanco, te daré un premio.* || Dar en lo cierto. *Acertó casi todas las preguntas del examen.* || Encontrar. *Acertamos la dirección de pura casualidad.*
acertijo *s. m.* Enigma o adivinanza que se propone como juego. || Idea difícil o mal explicada. *El documento en el que se expone la política económica es un acertijo.*
acervo *s. m.* Conjunto de bienes morales o culturales que pertenecen a una región o país.
acetato *s. m.* Sal formada por ácido acético y una base. || Material transparente en forma de lámina que se utiliza para películas o en artes gráficas.
acético, ca *adj.* Que se relaciona con el vinagre y sus derivados. || En química, que tiene un radical acetilo.
acetileno *s. m.* En química, hidrocarburo en forma de gas que se obtiene por contacto del agua con el carburo de calcio. *El acetileno se usa para iluminar y en soldaduras.*
acetona *s. f.* En química, sustancia incolora, de olor fuerte, que sirve para disolver grasas y como materia prima en plásticos. *La acetona en la orina puede indicar problemas de diabetes.*
acezante *adj.* Anhelante, ansioso.
acezar *t.* Jadear. || Sentir un anhelo muy fuerte por algo.
achacable *adj.* Susceptible de ser achacado a algo. || Imputable, atribuible.
achacar *t.* Atribuir sin fundamento una acción a alguien. *Por su mala fama, le achacaron un crimen que no cometió.*
achacoso, sa *adj.* Que padece una indisposición habitual.
achaflanar *t.* Biselar, dar forma de chaflán.
achaparrado, da *adj.* Dicho de una cosa, baja y extendida. || Dicho de una persona, gruesa y de poca estatura. || Dicho del árbol o planta, que se parece al chaparro.
achaque *s. m.* Indisposición o enfermedad habitual, especialmente las que acompañan a la vejez. || Excusa para no hacer algo.
achaquiento, ta *adj.* Achacoso.
acharolado, da *adj.* Semejante al charol.
acharolar *t.* Aplicar charol o algo que lo imite a una superficie.
achatamiento *s. m.* Acción y efecto de achatar. || En geografía, efecto que se muestra en los polos de los astros debido al movimiento de rotación.
achatar *t.* y *pr.* Hacer que algo se ponga chato. *El herrero acható los extremos de la varilla para eliminar las puntas.*
achicado, da *adj.* Que ha reducido su tamaño. || Que se le ha extraído agua. || Acobardado.
achicador, ra *adj.* Que achica. || *s. m.* Instrumento o herramienta que sirve para achicar el agua de una embarcación.
achicamiento *s. m.* Disminución del tamaño de algo.
achicar *t.* Disminuir el tamaño de algo. || Sacar el agua de una embarcación o de una mina. *¡Sigan achicando que el bote se hunde!* || *pr.* Acobardarse. *Cuando vio lo que se venía, se achicó por completo.*
achicharrado, da *adj.* Quemado en exceso.
achicharramiento *s. m.* Resultado de achicharrar o achicharrarse.
achicharrar *t.* Cocer un alimento en exceso, hasta llegar a quemarlo. || *pr.* Quemarse algo o alguien con fuego o por exposición al sol. *Las modelos no pudieron desfilar porque se achicharraron en la playa.*
achichincle *s. com. desp. Méx.* Ayudante fiel pero excesivamente servicial. *¡Yo no soy achichincle de nadie!*
achicoria *s. f.* Verdura de sabor amargo. *Con la raíz de achicoria se prepara un sustituto barato de café.*

A

achinado, da *adj.* Que tiene algún rasgo parecido a las personas originarias de China. || Descendiente de negro y mulata o de mulato y negra, o que tiene alguna de sus características.

achinar *t.* y *pr.* Poseer o adoptar rasgos chinos. *Se achinó los ojos para parecer más exótica.*

achiote *s. m.* Arbusto de cuyos frutos espinosos se extraen semillas que producen un colorante vegetal rojo también usado como condimento. *En la cocina yucateca, el achiote es imprescindible.*

achique *s. m.* Acción y efecto de achicar o achicarse. *El oportuno achique evitó que la mina se inundara.*

achiquillado, da *adj.* Que tiene aspecto de niño.

achira *s. f. Amér. Merid.* Planta herbácea, de hojas anchas y flores rojas, que se cultiva por sus usos alimenticios y medicinales. *De los rizomas de la achira se extrae harina.*

achispar *t.* y *pr.* Poner a alguien, o sentirse, un poco ebrio.

achuchar *t.* Irritar a un perro o a una persona para que ataque, azuzar. || Estrujar, apretar violentamente. || *Arg. Py.* y *Uy.* Temblar de frío, sentir escalofrío.

achura *s. f. Amér. Merid.* Víscera de res, borrego o cabra, en particular el intestino.

achurar *t. fam. Arg. Bol.* y *Uy.* Herir o matar con una daga o cuchillo.

aciago, ga *adj.* Infeliz, de mal agüero, desgraciado. *Aquel aciago día perdió casa, fortuna y familia.*

acíbar *s. m.* Planta de hojas carnosas o el jugo de éstas. || *fig.* Amargura o disgusto.

acicalado, da *adj.* Muy bien aseado, arreglado.

acicalador *s. m.* Instrumento para acicalar.

acicalador, ra *adj.* Que acicala.

acicaladura o **acicalamiento** *s. f.* Acción de acicalar.

acicalar *t.* y *pr.* Asear y arreglar. *Quedó muy guapo luego de que lo acicalaron.*

acicate *s. m.* Espuela con una sola punta. || *fig.* Estímulo. *Las buenas calificaciones son un acicate para seguir estudiando.*

acicatear *t.* Estimular.

acidez *s. f.* Cualidad de ácido. || Sensación de ardor en el estómago por exceso de ácido gástrico.

acidificar *t.* Hacer ácido algo. || En química, dar propiedades ácidas a una sustancia.

ácido, da *adj.* Que tiene un sabor parecido al vinagre o al limón. || Que es de mal carácter o poco sociable. || *s.* En química, sustancia capaz de formar sales al combinarse con un óxido metálico u otro tipo de base. *El ácido sulfúrico es muy corrosivo.* || Droga alucinógena que se obtiene del ácido derivado de los alcaloides del centeno.

acidosis *s. f.* En medicina, exceso de ácido en los tejidos.

acidular *t.* Poner más ácida una sustancia.

acientífico, ca *adj.* Contrario a lo científico o a los principios científicos. || Que no toma en cuenta los conceptos de la ciencia.

acierto *s. m.* Resultado de acertar. || Habilidad o destreza con la que se lleva a cabo una actividad. || Prudencia, tino.

ácimo o **ázimo** *adj.* Sin levadura. *Las ceremonias religiosas muy antiguas usan pan ácimo.*

acimut o **azimut** *s. m.* En astronomía, ángulo medido desde el horizonte celeste, que forman el plano y la vertical de un punto en la Tierra al establecerse como coordenadas. *El acimut depende de la posición del observador.*

acitrón *s. m.* Cidra cubierta de azúcar. || *Méx.* Tallo de la biznaga confitado.

aclamación *s. f.* Muestra de entusiasmo que se traduce en gritos y aplausos. || *loc.* ***Por aclamación:*** sin necesidad de votar. *Fue elegido por aclamación.*

aclamado, da *adj.* Vitoreado, ovacionado, reconocido.

aclamar *t.* Mostrar entusiasmo desbordado por alguien. *La multitud aclamó al cantante de moda.* || Elegir a alguien por unanimidad, sin necesidad de votar. || Llamar a las aves.

aclaración *s. f.* Explicación que disipa dudas. *Le pedí al maestro que hiciera una aclaración sobre el problema.* || Enmienda escrita que hace un juez a un documento.

aclarado, da *adj.* Que ha sufrido un proceso de aclaramiento *Con ese nuevo producto la ropa percudida queda aclarada.* || Explicado, justificado. *Todo aclarado, ya sabemos por qué Juan no llegó a tiempo.*

aclarar *t.* Hacer que algo sea más claro o transparente. || Volver menos espeso. *Aclara un poco la salsa para que no sea tan pesada.* || Eliminar parte de algo. *Aclararon el bosque con una tala moderada.* || Dicho de la voz, hacerla más comprensible. || *t.* y *pr.* Explicar, justificar. || *intr.* e *impers.* Abrirse el cielo nublado, disiparse la niebla. || Amanecer. *En esta temporada el cielo aclara a las 6 de la mañana.* || *pr.* Volverse menos turbio un líquido.

aclimatación *s. f.* Acción y efecto de aclimatarse.

aclimatar *t.* y *pr.* Hacer que algo o alguien, en especial un ser vivo, se acostumbre a un medio diferente.

acné *s. m.* Enfermedad que consiste en la inflamación de las glándulas sebáceas.

acobardado, da *adj.* Que da muestras de cobardía, pusilánime, temeroso.

acobardamiento *s. m.* Acción y efecto de acobardarse.

acobardar *t.* Provocar miedo. *La aparición de la policía acobardó a los ladrones.* || *intr.* y *pr.* Sentir miedo. *Ante la dificultad del reto, el atleta se acobardó.*

acocil *s. m. Méx.* Especie de pequeño camarón comestible de agua dulce.

acogedor, ra *adj.* Que acoge. || Agradable, tranquilo.

acogida *s. f.* Recibimiento. *La nueva ley no tuvo una buena acogida entre los obreros.* || Hospitalidad que ofrece una persona o un lugar. || *Esp.* Lugar que recibe a personas que lo necesitan. *Las escuelas de acogida proliferan en España por la cantidad de refugiados e inmigrantes.*

acogimiento *s. m.* Recibimiento.

acojinado, da *adj.* Acolchado.

acojinar *t.* Forrar un asiento u otro mueble con materiales similares a los de un cojín.

acojonar *t.* y *pr. vul.* Acobardarse. || Asombrarse mucho. *Cuando vi King Kong me acojoné.*

acolchado *s. m.* Resultado de acolchar. || *Arg. y Uy.* Edredón.

acolchado, da *adj.* Que tiene la textura de una colcha.

acolchar *t.* Forrar con materiales blandos.

acolchonar *t.* Forrar con materiales blandos y con apariencia de colchón.

acólito *s. m.* En la Iglesia católica, persona o monaguillo que, sin ser sacerdote, oficia como ayudante en el altar. || Persona que depende o sigue a otra.

acomedido, da *adj.* Servicial, solícito, amable. *Ahora que está de novia, es muy acomedida con la suegra.*

acomedirse *pr.* Prestarse de buena gana a hacer un servicio. *Los muchachos se acomidieron a limpiar la casa después de la fiesta.*

acometer *t.* Atacar, embestir. *El carnero acometió contra la puerta del auto y la abolló.* || Emprender algo. *Hoy mismo acometerá su nueva tarea.*

acometida *s. f.* Acción y efecto de acometer.

acometividad *s. f.* Propensión a embestir o atacar. *Los ciervos machos presentan gran acometividad en su época de celo.* || Empuje, determinación para emprender algo. *La acometividad es una cualidad de los buenos vendedores.*

acomodación *s. f.* Acción y efecto de acomodar o acomodarse.

acomodado, da *adj.* Colocado. *Tienen libros acomodados en la mesa.* || Se dice de quien tiene buena posición económica. *Se trata de una*

acomodada familia de comerciantes. || Conveniente, oportuno.
acomodador, ra *s.* Persona encargada de llevar a sus lugares a los asistentes a ceremonias o espectáculos públicos bajo techo.
acomodamiento *s. m.* Acción y efecto de acomodar o acomodarse. *Una de las causas de los sismos es el acomodamiento de las placas de la Tierra.* || Acuerdo o trato sobre determinado asunto.
acomodar *t.* y *pr.* Colocar a una persona o cosa en un sitio conveniente o cómodo. *Acomodaron los muebles para que ocupen menor espacio.* || Poner orden. *Acomoda tus discos, están hechos un caos.* || *pr.* Adaptarse o avenirse a algo. *Después de una semana se acomodó a su nuevo horario.* || *Arg. Bol. Hond.* y *Uy.* Utilizar influencias para colocar a alguien en un puesto.
acomodo *s. m.* Acción de acomodar o acomodarse. || Sitio adecuado para vivir. *Están en busca de un acomodo cercano a su trabajo.* || Ocupación o empleo. *Encontró acomodo como asistente administrativo.* || *Arg.* Empleo obtenido mediante influencias.
acompañado, da *adj.* Que tiene compañía.
acompañamiento *s. m.* Acción de acompañar o acompañarse. || Grupo de personas que acompañan a alguien. || En música, voces o acordes que complementan una melodía.
acompañante *s. com.* Se dice de quien acompaña.
acompañar *t.* Ir o estar en compañía de otra persona. || *fig.* y *fam.* Compartir el sentimiento de otra persona. || En música, apoyar una melodía principal con voz o con un instrumento. || Añadir algo a otra cosa.
acompasado, da *adj.* Que sigue un ritmo o compás.
acompasar *t.* Compasar.
acomplejado, da *adj.* y *s.* Que se siente inferior o menos que otros.
acomplejamiento *s. m.* Acción de acomplejar o acomplejarse.
acomplejar *t.* y *pr.* Causar que alguien, o uno mismo, se sienta inferior o menos que otros. *Es tan listo que me acompleja.*
acondicionado, da *adj.* Dicho de una cosa, que tiene o no las condiciones adecuadas. *Esta casa no está acondicionada para ser habitada.*
acondicionador, ra *s. m.* Aparato que hace más agradable la temperatura de un espacio. || Sustancia para desenredar el cabello y hacerlo más suave.
acondicionamiento *s. m.* Resultado de acondicionar. *El acondicionamiento físico forma parte del entrenamiento deportivo.*
acondicionar *t.* Preparar algo para determinado fin. *Acondicionaré este cuarto para el bebé.* || *Esp.* Climatizar.
acongojar *t.* y *pr.* Sentir angustia intensa. || Provocar angustia intensa.
aconsejable *adj.* Que se puede aconsejar.
aconsejar *t.* Dar consejo. || *pr.* Pedir consejo.
aconsonantar *t.* Utilizar rima consonante.
acontecer1 *intr.* Ocurrir un hecho.
acontecer2 *s. m.* Cosa que sucede. *El acontecer diario se puede leer en los periódicos.*
acontecimiento *s. m.* Ocurrencia de un acto importante. *La inauguración del puente fue un acontecimiento histórico para la comunidad.*
acopiamiento *s. m.* Acopio. || Almacenamiento, acumulación.
acopiar *t.* Juntar muchas cosas para prevenir tiempos de escasez o para hacer subir el precio de un producto. *El precio del aceite subió debido a que los especuladores acopiaron grandes cantidades y las escondieron en bodegas.* || *fig.* Hacer acopio de una cualidad. *El reo hizo acopio de valor para enfrentar a sus jueces.*
acoplado, da *adj.* Unido, adjunto. || Ajustado, adaptado. || Acostumbrado a una nueva situación.
acoplamiento *s. m.* Acción y efecto acoplar o acoplarse.
acoplar *t.* y *pr.* Unir dos piezas. *Hay que acoplar las patas de la silla con el asiento.* || Trabajar de manera coordinada dos o más personas. *Pablo y Memo se acoplan bien cuando construyen modelos a escala.* || Formar yuntas o parejas. || Aparear.
acoquinar *t.* Intimidar, amedrentar a alguien.
acorazado, da *adj.* Que esta protegido por una coraza. *Hubo dinosaurios acorazados que tenían formaciones óseas en la piel.* || *s. m.* Buque de guerra blindado.
acorazar *t.* Blindar, poner planchas de acero. || Proteger, poner defensas.
acordado, da *adj.* Logrado a través de un acuerdo.
acordar *t.* Establecer algo de común acuerdo *Acordé una cita con el dentista.* || Decidir. *La autoridad acordará el precio justo de los servicios bancarios.* || Conciliar. *Cociné un plato en el que acorda lo dulce y lo picante.* || En música, afinar los instrumentos para que no sean disonantes. *Antes de empezar acordaron el violín y la guitarra.* || *pr.* Recordar. *Nos acordamos de aquellos años felices.*
acorde[1] *adj.* Conforme, de acuerdo con algo. || Bien ajustado, a tono.
acorde[2] *s. m.* En música, conjunto de tres o más notas que combinan armónicamente.
acordeón *s. m.* Instrumento musical de viento que consiste en un fuelle con dos extremos en los que hay, en uno, botones y, en el otro, un teclado. || *Cub. Amér. C.* y *Méx.* Papel con apuntes para hacer trampa en un examen.
acordeonista *s. com.* Persona que toca el acordeón.
acordonado, da *adj.* Rodeado o adornado con uno o varios cordones. || Protegido por un cordón o destacamentos de bomberos, policías o militares. *La zona estaba acordonada para evitar que pasara la gente.*
acordonamiento *s. m.* Acción y resultado de acordonar.
acordonar *t.* Rodear o adornar con cordones. || Proteger o cercar un lugar con cordones o destacamentos de bomberos, policías o militares. *Los bomberos acordonaron el sitio del incendio.*
acorralamiento *s. m.* Resultado de acorralar.
acorralar *t.* Meter al ganado en un corral. || Cercar a alguien para que no pueda escapar. *Acorralaron al ladrón en el callejón sin salida.* || Vencer a alguien en una discusión.
acortar *t.* y *pr.* Cortar o reducir algo. *Acortaron la jornada de trabajo para acortar también los sueldos.* || Cortar camino. *Los excursionistas acortaron camino yendo por el bosque.*
acosado, da *adj.* Que sufre acoso, asediado.
acosar *t.* Perseguir a una persona o animal sin darle tregua. || Pedir favores sexuales aprovechando la jerarquía laboral.
acoso *s. m.* Persecución implacable de una persona o animal. || Hostigamiento que hace una persona a otra, generalmente para obtener favores sexuales.
acostar *pr.* Tenderse o tumbarse en algún lugar para dormir. || Tener relaciones sexuales. || *t.* Arrimar el costado de una embarcación. *El capitán indicó la maniobra para acostar el barco en el muelle.*
acostumbrar *t.* Repetir una acción hasta que se hace costumbre. *Acostumbraba leer antes de dormir.* || *pr.* Adaptarse a un lugar. *Todavía no se acostumbra al frío de Inglaterra.*
acotación *s. f.* Señal para delimitar un terreno. || Observación puesta en un escrito. *En un guión teatral, las acotaciones indican los movimientos y reacciones de los personajes.*
acotamiento *s. m.* Señalamiento de límites en un terreno. *La alambrada indica el acotamiento de ese rancho.* || Restricción o limitación para realizar algo o para usarlo. || *Méx.* Espacio a los lados de la carretera que la separa de la cuneta.
acotar *t.* Señalar los límites de un terreno. *Usarán mojones para acotar la finca.* || Reservar o limitar el uso o realización de algo. *Las innovaciones están acotadas en ese proyecto,*

así es que no inventen. || En matemáticas, condicionar la extensión de un conjunto. || Poner notas u observaciones en un texto. || Poner en un plano o croquis números para indicar las dimensiones de los elementos que contiene. || En informática, acomodar las magnitudes de un problema, cambiándolas de escala, para permitir que la computadora las calcule.

acracia *s. f.* Doctrina política que postula la desaparición del Estado y de sus instituciones, pues los considera innecesarios.

ácrata *adj.* y *s. com.* Perteneciente a la acracia o partidario de ella. *Según los ácratas, las acciones deben generarse por el libre pensamiento de quien las emprende.*

acre *adj.* Olor o sabor penetrante, picante y desagradable. *El olor acre de las cañerías se debe a que hay una refinería cerca.* || *fig.* Carácter poco amable o lenguaje áspero. *Me disgusta conversar con él, pues suele utilizar expresiones acres.* || *s. m.* Antigua medida inglesa de superficie. *Un acre equivale a 4 046 m2.*

acrecentamiento *s. m.* Aumento del tamaño, volumen, cantidad, valor o intensidad de algo. *La contaminación ambiental está causando el acrecentamiento del calor.*

acrecentar *t.* y *pr.* Aumentar, hacer mayor. *El matrimonio no enfrió su amor; por el contrario, lo acrecentó.*

acrecer *t., intr.* y *pr.* Acrecentar, aumentar.

acreditación *s. f.* Acción y efecto de acreditar o acreditarse. *La acreditación de ese negocio se debe a su excelente servicio.* || Documento que acredita que una persona está facultada o autorizada para hacer algo. *Ningún periodista sin acreditación podrá entrar al evento.*

acreditado, da *adj.* Que tiene buena fama o reputación. || Que tiene permiso para desempeñar una actividad o labor.

acreditar *t.* Probar algo. *Acreditó su identidad con su pasaporte.* || Demostrar con un documento el permiso de alguien para realizar una actividad o labor. *Su credencial lo acredita como diplomático.* || Dar o tener fama o reputación.

acreedor, ra *adj.* Que merece algo, bueno o malo. || *s.* Persona a la que se le debe dinero.

acribillar *t.* Hacer heridas, picaduras o agujeros en el cuerpo. || *fam.* Molestar a alguien con insistencia.

acrílico *s. m.* En química, dicho de fibras y materiales que se obtienen por la reacción del ácido acrílico.

acrimonia *s. f.* Aspereza percibida especialmente en el gusto y el olfato. || Aspereza en el trato o en la forma de ser de alguien.

acriollado, da *adj.* Propio del criollo o que se parece a él.

acriollarse *pr. Amér.* Hacer de uno las características y las costumbres de los criollos.

acrisolado, da *adj.* Que resulta mejorado después de ponerse a prueba. || Dicho de una persona, intachable.

acrisolar *t.* Limpiar los metales en el crisol. || Purificar.

acritud *s. f.* Sabor u olor desagradable que produce sensación de aspereza o picor. || Falta de amabilidad. *Sólo sabía responder con acritud.* || Endurecimiento o fragilidad de algunos metales cuando se trabajan en frío.

acroamático, ca *adj.* Que se relaciona con la enseñanza oral. *Las fábulas son un excelente medio acroamático de enseñar moral.*

acrobacia *s. f.* Ejercicio que realiza un acróbata. *El equilibrista tuvo que ensayar muchas horas para hacer sus acrobacias.* || *pl.* Ejercicio que realiza un avión en el aire. *Las acrobacias aéreas siempre tienen un factor de riesgo.*

acróbata *s. com.* Persona que realiza acrobacias.

acrobático, ca *adj.* Relativo a la acrobacia y a los acróbatas.

acromático, ca *adj.* Que carece de color. || En óptica, se dice del cristal o sistema que transmite la luz blanca sin descomponerla en colores. || En biología, se dice de un órgano celular que no se tiñe con los colores habituales.

acromegalia *s. f.* Enfermedad producida por exceso de la hormona de crecimiento, que desarrolla exageradamente manos, pies, mandíbula y otras partes del cuerpo.

acromegálico, ca *adj.* y *s.* Que padece o se relaciona con la acromegalia. || *fig.* Que es muy grande.

acrónimo *s. m.* Sigla que se pronuncia como palabra. *otan es un acrónimo de las letras iniciales de Organización del Tratado del Atlántico Norte.* || Palabra formada por dos o más elementos de otras. *Pemex es un acrónimo de Petróleos Mexicanos.*

acrópolis *s. f.* En las antiguas ciudades griegas, sitio alto y fortificado, donde además había templos. *De todas las acrópolis que hubo, la más famosa es la de Atenas.*

acróstico *s. m.* Composición poética en la que las letras iniciales, medias o finales de los versos forman una palabra.

acta *s. f.* Documento oficial en que se asienta y certifica algo. *Para el trámite, entregaron una copia de su acta de matrimonio.* || En derecho, registro de un proceso judicial.

actinio *s. m.* Elemento químico radiactivo, metal perteneciente al grupo de las tierras raras. Su número atómico es 89 y su símbolo *Ac.*

actitud *s. f.* Postura del cuerpo con la cual se expresa una cierta disposición o forma de actuar. *Los agresores adoptaron una actitud violenta.*

activación *s. f.* Acción y efecto de activar. || *loc.* ***Nivel de activación:*** en biología, grado de intensidad de excitación de la corteza cerebral que controla la atención.

activador, ra *adj.* y *s.* Que activa.

activar *t.* y *pr.* Poner en funcionamiento un aparato o mecanismo. *El paso del intruso activó la alarma.* || Hacer más vivo o intenso. *Con el aumento de la producción se activaron las exportaciones.* || En física, hacerse una sustancia radiactiva.

actividad *s. f.* Estado de lo que se mueve, actúa o se encuentra en funcionamiento. || *loc.* ***En actividad:*** que se encuentra actuando. *Hay varios volcanes en actividad en nuestro país.*

activismo *s. m.* Actitud de entrega intensa a una causa, por lo general política.

activista *s. com.* Persona que participa de manera activa en alguna organización o partido político.

activo, va *adj.* Que hace algo, que está en funcionamiento. || Que actúa con prontitud. || En física, que es un material radiactivo. || En gramática, que implica acción. || *loc.* ***En activo:*** que todavía trabaja.

activos *s. m. pl.* Conjunto de bienes de una persona o empresa.

acto *s. m.* Acción. || En una obra de teatro, cada una de las partes en que se divide. || Ceremonia pública. || *loc.* ***Acto de presencia:*** ir a un lugar por puro compromiso y retirarse en seguida. || ***Acto seguido:*** el que ocurre inmediatamente después de algo. || ***Acto sexual:*** sostener un encuentro sexual.

actor, triz *s.* Persona que interpreta un papel en una obra de teatro o en el cine. || *loc.* ***Actor*** o ***actriz de carácter:*** el que representa casi siempre los mismos papeles. || ***Actor*** o ***actriz de reparto:*** el que representa papeles secundarios.

actuación *s. f.* Resultado de actuar real o ficticiamente. *La actuación decidida de los vecinos impidió el secuestro.*

actual *adj.* Que ocurre en el momento que hablamos o en el presente. *En los tiempos actuales todo es más veloz.* || Que está actualizado o a la moda. *El conjunto que traes se ve muy actual.*

actualidad *s. f.* Tiempo presente. *En la actualidad sabemos más cosas que antes.* || Noticia fresca o de moda.

actualización *s. f.* Puesta al día respecto a una materia o profesión. *Los cursos de actualización permiten ob-*

tener ascensos. || Programa de internet con las últimas actualizaciones.

actualizar *t.* y *pr.* Renovar. || Bajar un programa de internet con las últimas actualizaciones.

actualmente *adv.* Ahora, en este momento, en esta época.

actuar *intr.* Realizar una persona o cosa acciones propias de su condición o naturaleza. *El extracto de esa planta actúa como diurético.* || Representar un papel en una dramatización. *Juan actuará como el rey en la obra de teatro.*

actuario, ria *s.* Funcionario que actúa como asistente en actos judiciales relacionados con un proceso. *Los actuarios dan fe de lo que ocurre en los procesos.* || En economía, especialista en el cálculo de probabilidades para cuestiones financieras o de seguros.

acuarela *s. f.* Técnica pictórica en la que se emplean pigmentos diluidos con agua. *La acuarela suele emplearse sobre papel o cartulina.* || Obra realizada con esta técnica. || Pintura soluble al agua para realizar esta técnica. *Una característica de las acuarelas es su transparencia.*

acuarelista *s. com.* Persona que pinta acuarelas. *Los pintores chinos de la antigüedad fueron grandes acuarelistas.*

acuario[1] *s. m.* Tanque de vidrio donde se cultivan especies acuáticas. *Un acuario doméstico contiene peces, moluscos y algas.* || Instalación donde se exhiben especies acuáticas. *La novedad en el acuario municipal es un delfín albino.*

acuario[2] *adj.* y *s. inv.* Dicho de una persona que nació bajo el signo de Acuario.

acuartelado, da *adj.* En heráldica, escudo dividido en cuarteles. *Un escudo acuartelado puede tener desde dos hasta 64 divisiones.* || Se dice de la tropa que permanece dentro de su cuartel.

acuartelamiento *s. m.* Acción y efecto de acuartelar. || Lugar donde se acuartela la tropa.

acuartelar *t.* Reunir a la tropa en un cuartel y mantenerla en él. *El general acuarteló a los soldados tres días antes del desfile.*

acuático, ca *adj.* Perteneciente o relativo al agua. *A Elba la seleccionaron para formar parte del ballet acuático.* || Que vive en el agua. *Los animales acuáticos que más me intrigan son las medusas.*

acuatizaje *s. m.* Acción y efecto de acuatizar.

acuatizar *intr.* Posarse en el agua un vehículo aéreo.

acuchillado *s. m.* Trabajo de raspar y pulir el suelo de madera para barnizarlo.

acuchillar *t.* Herir o matar con un cuchillo o con otra arma de hoja de hierro o acero. || Raspar y pulir el suelo de madera para barnizarlo.

acuciante *adj.* Que urge.

acuciar *t.* Estimular a alguien para que se apure. || Inquietar.

acuciosidad *s. f.* Cualidad de acucioso.

acucioso, sa *adj.* Que es diligente y presuroso. || Que requiere hacerse rápidamente. *Tengo unas ganas acuciosas de salir de aquí.*

acuclillarse *t.* Ponerse en cuclillas.

acudir *intr.* Ir alguien a un lugar, especialmente si ha sido llamado. || Recurrir a alguien o a algo con un propósito. *Acudieron a la directora para que los ayudara.* || Venir algo a la memoria.

acueducto *s. m.* Canal artificial para llevar agua de un lugar a otro.

acuerdo *s. m.* Cosa que se acuerda o decide entre una o varias personas. || Resolución que toma un tribunal o alguna institución. || Relación armoniosa entre las cosas. || *loc.* ***De acuerdo:*** aceptar, decir que sí. || ***De acuerdo con:*** según.

acuicultor, ra *adj.* y *s.* Se dice de la persona que se dedica a la acuicultura.

acuicultura *s. f.* Técnica que se emplea para criar artificialmente especies de plantas y animales acuáticos.

acuífero, ra *adj.* y *s.* Que se relaciona con el agua. || Que lleva agua. || Manto subterráneo de agua.

acullá *adv.* En un lugar alejado del hablante.

aculturación *s. f.* En sociología, proceso por el cual un grupo humano pierde su propia cultura y asimila otra.

acumulable *adj.* Que se puede acumular.

acumulación *s. f.* Resultado de acumular. || Amontonamiento de muchas cosas.

acumulador, ra *adj.* y *s.* Que se dedica a acumular. || *s. m.* Aparato que sirve para acumular energía.

acumulamiento *s. m.* Resultado de acumular.

acumular *t.* Juntar y amontonar poco a poco cosas, animales o personas. || Juntar una cosa a otra para sumar sus efectos.

acumulativo, va *adj.* Que es resultado de la acumulación.

acunar *t.* Mecer a un bebé en la cuna o en los brazos para que se duerma.

acuñación *s. f.* Acción y efecto de acuñar.

acuñador, ra *adj.* Que acuña.

acuñar[1] *t.* Imprimir monedas o medallas por medio de un cuño o troquel. *Acuñaron una medalla conmemorativa de la Independencia* || Fabricar monedas. *En la casa de moneda se acuña el dinero circulante.* || Crear una frase o expresión nueva. *Un actor se identificaba por la frase que acuñó: «no tiene la menor importancia».*

acuñar[2] *t.* Poner cuñas. || Encajar una cosa en otra.

acuosidad *s. f.* Calidad de acuoso.

acuoso, sa *adj.* Semejante al agua. || Que tiene mucha agua o líquido. || Se dice de la fruta que tiene mucho jugo.

acupuntura *s. f.* Técnica terapéutica de origen chino que consiste en clavar agujas en determinadas partes del cuerpo.

acupunturista *m.* Persona dedicada a la acupuntura.

acurrucarse *pr.* Encogerse con el fin de resguardarse.

acusación *s. f.* Acción de acusar. || En derecho, imputación de un delito.

acusado, da *adj.* Que destaca por algo. *Su acusada nariz siempre permitía verlo de lejos.* || *s.* Persona a la que han acusado de haber cometido un delito.

acusador *adj.* y *s.* Persona que acusa a otra.

acusar *t.* Señalar a alguien como autor de un delito. || Avisar que se recibió una comunicación. *La secretaria acusó recibo de la carta del jefe.* || En derecho, presentar los cargos y las pruebas contra un acusado.

acusativo *s. m.* En gramática, el equivalente latino del objeto directo de una oración.

acusatorio, ria *adj.* Que se relaciona con una acusación. *La parte acusatoria presentó pruebas contundentes.*

acuse *s. m.* Aviso de que se ha recibido una carta.

acústica *s. f.* Parte de la física que trata de los sonidos.

acústico, ca *adj.* Que se relaciona con la acústica. || Que se relaciona con el oído. *Después del accidente ha presentado serios problemas acústicos.* || Que permite la propagación del sonido. *El auditorio nunca tuvo buena acústica.*

acutángulo *adj.* En geometría, se dice de los triángulos que tienen los tres ángulos agudos.

acutí *s. m.* Roedor americano parecido a los conejillos de Indias.

adagio *s. m.* Proverbio, sentencia breve de la sabiduría popular. *Los adagios son anónimos y contienen alguna enseñanza moral.* || Fragmento musical que se ejecuta con tiempo lento.

adalid *s. m.* Jefe militar, caudillo. || Guía o cabeza de una escuela de pensamiento o de una causa.

adaptable *adj.* Que puede adaptarse. *Los gatos son adaptables, pueden vivir lo mismo al aire libre que en un departamento pequeño.*

adaptación *s. f.* Acción y efecto de adaptar o adaptarse. *La adaptación al medio es clave para la supervivencia de las especies.* || Versión de una obra

A

artística o literaria para ser reproducida en un medio diferente al original. *Están pasando por la radio una adaptación de las fábulas de Esopo.*

adaptador, ra *adj.* Que adapta. || *s. m.* Aparato o dispositivo para acoplar el funcionamiento de elementos de distinta capacidad o funciones. *Para conectar ese teléfono se necesita un adaptador de voltaje.*

adaptar *t.* y *pr.* Hacer lo necesario para utilizar de manera diferente una cosa con un uso determinado. *Para recibir al huésped adaptaremos el estudio como dormitorio.* || Ajustar una cosa a otra para que juntas puedan desempeñar una función. *Como es de muy baja estatura, adaptó el asiento y los pedales de su auto para conducir.* || Acomodarse a un lugar o circunstancia. *Le costará trabajo adaptarse a vivir en pareja.*

adaptativo, va *adj.* Perteneciente o relativo a la adaptación o la capacidad de adaptación.

adarga *s. f.* Escudo de cuero, por lo general de forma ovalada. *Los primeros en utilizar adargas fueron los soldados musulmanes de caballería, en la época medieval.*

adecentar *t.* y *pr.* Hacer que algo o alguien quede limpio y ordenado. *Si no quieres que me disguste, adecenta tu habitación.*

adecuación *s. f.* Acción y efecto de adecuar. *Con unas pocas adecuaciones lograremos aprovechar mejor el espacio de la cocina.*

adecuado, da *adj.* Apropiado a algo, conveniente. *Me parece adecuada tu sugerencia para mejorar mi trabajo.*

adecuar *pr.* Acomodar algo para que se ajuste a otra cosa.

adefesio *s. m.* Feo, raro.

adelantado *s. m.* Cargo que, durante la Edad Media, se otorgaba en España al jefe de una provincia fronteriza, y después, a los conquistadores en América.

adelantado, da *adj.* Que tiene aptitudes de alguien de una edad mayor. || Que lleva ventaja, avanzado. *Va muy adelantado con su tarea.* || Que se hace antes de lo previsto. *Pagar un salario adelantado.* || *loc.* ***Por adelantado:*** con antelación.

adelantar *t.* y *pr.* Mover algo o moverse uno hacia delante. *¡Ven! Adelanta el coche.* || Tener ventaja sobre algo o alguien. *México adelantó a Vietnam en la competencia.* || Anticipar, ocurrir algo antes de lo previsto. *Adelantó la fecha de su examen.* || Progresar. *Adelanté mucho con el inglés.* || Llegar antes o hacer algo antes que los demás. *Se adelantó para comprar los boletos.* || Apresurar. *No voy a salir, tengo que adelantar mi tarea.*

adelante *adv.* Hacia el frente, más allá. || Después de la preposición «en» o el adverbio «más», indica tiempo futuro. *En adelante, hay que avisar antes de salir.* || *interj.* Se usa para señalar que alguien puede entrar o continuar con algo.

adelanto *s. m.* Acción de adelantar. || Progreso o avance. *El telescopio representó un gran adelanto científico.* || Anticipo de algo, especialmente de dinero.

adelfa *s. f.* Arbusto venenoso de hojas largas o la flor de éste.

adelgazador, ra *adj.* Que adelgaza.

adelgazamiento *s. m.* Acción de adelgazar.

adelgazante *adj.* Que hace adelgazar. *Fue a buscar una crema adelgazante.* || *s. m.* Sustancia que sirve para diluir. *La trementina es un adelgazante del barniz.*

adelgazar *intr.* Perder peso. || Dejar con menor tamaño. *La cara adelgazó y se ve más larga.* || Hacer parecer más delgado. *Dicen que el color negro adelgaza.* || *Méx.* Diluir una sustancia. *Está prohibido que los productores adelgacen la leche con agua.*

ademán *s. m.* Movimiento del cuerpo, en especial de la cabeza o de las manos, que expresa una intención o un estado de ánimo. || Postura que indica un estado de ánimo. || *pl.* Modales de una persona. || *loc.* ***En ademán de:*** con una postura determinada.

además *adv.* Expresa la idea de algo más. || *loc.* ***Además de:*** aparte, encima de.

adenda *s. f.* Conjunto de notas adicionales que se ponen al final de un escrito.

adenoides *s. f. pl.* Desarrollo excesivo del tejido situado en la parte posterior de la nariz.

adenoma *s. m.* En medicina, tumor parecido a las glándulas.

adenopatía *s. f.* En medicina, enfermedad de los ganglios linfáticos.

adentrarse *pr.* Penetrar en el interior de algo.

adentro[1] *adv.* En lo interior. *Los especialistas deliberan adentro de la sala de conferencias.*

adentro[2] *s. m. pl.* Interior de una persona, en cuanto a pensamiento, ánimo y sentimientos. *En sus ojos se veía que para sus adentros no estaba arrepentida.*

adentro[3] *interj.* Se usa para invitar u ordenar a alguien que entre en un lugar. *El invitado no se movió hasta que le gritaron: ¡Adentro!* || *Arg.* y *Uy.* Voz que indica la entrada de un nuevo ritmo en un baile o una canción. || *Méx.* Se usa para expresar asombro.

adepto, ta *adj.* y *s.* Que es afín o partidario de una persona o de una cosa. || Que pertenece a una secta.

aderezado, da *adj.* Que está condimentado.

aderezar *t.* Arreglar, componer con esmero. *Aderezaron un salón para celebrar la boda.* || Guisar. *Tenía una amiga que aderezaba unos pellos rellenos exquisitos.* || Condimentar, utilizar determinado elemento para mejorar un sabor. *Aderezó con una vinagreta la ensalada.* || Preparar algo para su uso. *Con barniz aderezó la mesa el carpintero.*

aderezo *s. f.* Acción de aderezar. || Aquello con lo que se adereza. || Condimento.

adeudar *t.* Deber algo.

adeudo *s. m.* Acción y efecto de adeudar. || Deuda.

adherencia *s. f.* Cualidad de adherente || Cosa agregada. || En física, resistencia a que algo se deslice.

adherente *adj.* Que adhiere o se adhiere. || *s. m.* Adhesivo

adherir *t.* Unir algo a una cosa mediante un pegamento. *Adherirá la fotografía más reciente al álbum familiar.* || *intr.* y *pr.* Pegarse algo a otra cosa. *El parásito se adhirió a la piel del huésped.* || Estar de acuerdo con algo. *Se adhirió al grupo que protesta por la deforestación.* || Afiliarse a algún partido político. *Se anotó como miembro del partido en el poder.* || En derecho, sumarse a una causa ya abierta. *Muriel se adhirió a la acusación contra los estafadores.*

adhesión *s. f.* Acción y efecto de adherir o adherirse. || Adherencia. || En física, fuerza de atracción que une las moléculas.

adhesividad *s. f.* Cualidad de adhesivo.

adhesivo, va *adj.* Que tiene la facultad de adherirse. || *s. m.* Pegamento. || Aglutinante. || Calcomanía. || *loc.* ***Cinta adhesiva:*** listón de papel, plástico o tela con adhesivo por uno de sus lados.

adicción *s. f.* Dependencia química de un organismo por ingerir sustancias nocivas. || Afición desmedida a una actividad. *Su adicción al juego llevó a la ruina a su familia.*

adictivo *adj.* Que produce adicción.

adiestrado, da *adj.* Que sabe hacer algo muy bien. *Los capturistas adiestrados conocen al detalle la base de datos.* || Se dice del animal al que se le enseñaron determinadas conductas. *El gitano recorría las calles con un oso adiestrado.*

adiestrador, ra *adj.* Que se dedica a adiestrar.

adiestramiento *s. m.* Resultado de adiestrar. || Conjunto de técnicas y métodos para adiestrar o capacitar a alguien.

adiestrar *t.* Enseñar, capacitar a alguien. || Enseñar o domesticar un animal.

adinerado, da *adj.* Que posee mucho dinero.

adiós *interj.* Se usa para despedirse. *¡Adiós! Regreso a mi país.* || *s. m.*

Despedida, fin de algo. *Le di el adiós a los años escolares.*
adiposidad *s. f.* Acumulación de grasa en alguna parte del cuerpo.
adiposis *s. f.* Grasa excesiva en el organismo. *La adiposis debe atenderse, ya que es fuente de muchas enfermedades.*
adiposo, sa *adj.* Que contiene grasa. *El tejido adiposo del organismo sirve para almacenar energía y como aislante térmico.*
aditamento *s. m.* Elemento que se agrega a algo para modificarlo. *En la industria alimenticia se utilizan aditamentos para mejorar el sabor o color de los productos.*
aditivo, va *adj.* Que puede o debe agregarse. || En matemáticas, que va precedido por el signo + en un polinomio. || *s. m.* Sustancia que se agrega otra para mejorar sus cualidades. *Los aditivos para gasolina aumentan el rendimiento del combustible.*
adivinación *s. f.* Acción y efecto de adivinar. *La adivinación ha sido practicada desde los tiempos prehistóricos.*
adivinador, ra *adj.* y *s.* Se dice de la persona que adivina. *En la feria había una adivinadora con una esfera de cristal.*
adivinanza *s. f.* Acertijo o enigma que se dice para que alguien lo resuelva. *Por lo general, las adivinanzas van rimadas.*
adivinar *t.* Predecir el futuro. || Descubrir, mediante deducciones, algo ignorado u oculto. *Después de apretar algunas teclas un rato, adiviné cómo funcionaba el programa de computadora.* || Acertar en el resultado de un acertijo o enigma. || Alcanzar a percibir o vislumbrar algo. *Adivinó que aquel hombre sufría una pena al ver su actitud.*
adivino, na *s.* Persona que adivina.
adjetivación *s. f.* Acción de adjetivar. || En gramática, transformación en adjetivo de una palabra con otra categoría gramatical. *En la frase «es un problema muy perro», la palabra «perro» ha sufrido una adjetivación.* || Grupo de adjetivos empleados por un escritor, un estilo o una época.
adjetival *adj.* Propio del adjetivo.
adjetivar *t.* Emplear adjetivos para calificar algo o a alguien. || Hacer que una palabra que no es adjetivo, funcione como si lo fuera.
adjetivo, va *adj.* Que es secundario, que no resulta esencial. || Que califica o determina. || *s. m.* En gramática, palabra que acompaña a un sustantivo o nombre y dice algo sobre él; concuerda con él en género y número. Hay adjetivos calificativos (expresan cualidades, defectos o características que sirven para describir al sustantivo) y adjetivos determinativos (modifican al sustantivo sin describirlo).
adjudicación *s. f.* Acción de adjudicar o adjudicarse.
adjudicador, ra *adj.* y *s.* Que adjudica.
adjudicar *t.* Atribuir o asignar algo a alguien o a otra cosa. || *pr.* Apropiarse. *Se adjudicó un triunfo.*
adjudicatario, ria *s.* Persona o empresa que recibe algo, especialmente el derecho de hacer una obra o de proporcionar un servicio público.
adjuntar *t.* Mandar algo junto con otra cosa. *Adjunta la factura a la carta que estás escribiendo.*
adjunto, ta *adj.* y *s.* Que está unido a otra cosa. || Que trabaja ayudando al titular. *El profesor adjunto está de vacaciones.*
adlátere *s. com. desp.* Persona que trabaja al lado de otra, pero sin personalidad propia.
adminículo *s. m.* Objeto pequeño que se carga para ayudarse en una tarea. *Su bolsa estaba llena de adminículos electrónicos carísimos.*
administración *s. f.* Dirección y manejo de una entidad o cosa. *Todos quieren estudiar administración de empresas.* || Oficina gubernamental especializada. *La Administración de Aduanas tiene dificultades por el alto índice de corrupción.* || Despacho del administrador. *Tengo una cita en la administración.* || Suministro de un medicamento. *La administración del purgante representó un problema porque el niño se resistía.* || *loc.* ***Administración pública:*** conjunto de dependencias que se encargan de los asuntos del Estado.
administrador, ra *adj.* Que administra. *Pusieron una máquina administradora de toallas de papel.* || *s.* Persona encargada de administrar bienes ajenos. *El administrador de la hacienda fue despedido por desfalco.* || *loc.* ***Administrador de sistemas:*** responsable de mantener en funcionamiento un sistema informático.
administrar *t.* Gobernar un país. || Dirigir una institución pública o una empresa privada. || Organizar los bienes propios. || Graduar o dosificar algo para obtener mayor rendimiento. *El nadador administraba sus fuerzas para poder cruzar el Canal de la Mancha.* || En el catolicismo, dar un sacramento. *Le administraron la extremaunción.* || *pr.* Dar o aplicar un medicamento. *Se le administraron algunos analgésicos.*
administrativo, va *adj.* Que se relaciona con la administración. *Le levantaron un acta administrativa por presentarse borracho al trabajo.* || *s.* Persona que trabaja en la administración. *Los administrativos se declararon en huelga.*
admirable *adj.* Que provoca admiración.
admiración *s. f.* Emoción que causa una cosa o una persona por alguna característica extraordinaria. *Sentía tanta admiración por su padre que no dudó en seguir la misma carrera que él.* || Frase admirativa. *Expresó su asombro con una admiración.* || Signo ortográfico que se pone al principio (¡) y al final (!) de una interjección, una frase exclamativa o un enunciado que expresa sorpresa, queja o algún otro estado de ánimo.
admirado, da *adj.* Que se admira.
admirador, ra *adj.* y *s.* Que admira.
admirar *t.* Sentir admiración. *Lo admiraron tantos edificios nuevos y muy bien diseñados.* || Provocar algo sorpresa. *Cuando llegué al lugar desde donde podía verse, me admiró la imponencia de la catarata.* || Experimentar una gran estimación por algo o alguien. *Todos admiran a los que participaron en el rescate de las víctimas.* || *loc.* ***Ser de admirar:*** avalar algo digno de admiración.
admirativo, va *adj.* Que conlleva o expresa admiración.
admisible *adj.* Que puede admitirse.
admisión *s. m.* Acción y efecto de admitir. || *loc.* ***derecho de admisión:*** facultad por la que algún establecimiento público limita la entrada en él.
admitancia *s. f.* En electricidad, relación entre la corriente y la tensión en magnitud inversa a la impedancia.
admitir *t.* Dar cabida. *La sala de espectáculos admite 500 espectadores.* || Aceptar. *Es necesario admitir los propios errores.* || Permitir. *La nueva computadora admite la conexión de muchos aditamentos.* || Tomar algo que se da. *No se admiten propinas.*
admonición *s. f.* Amonestación.
admonitor, ra *s.* Persona que amonesta.
admonitorio, ria *adj.* Que amonesta.
adn *s. m.* Siglas de ácido desoxirribonucleico.
adobado, da *adj.* y *s.* Referido a cueros, que pasó por un proceso especial de curtido. || Referido a comida, que se maceró en una preparación especial.
adobar *t.* Curtir los cueros de animales con determinada preparación. || Poner la carne en adobo.
adobe *s. m.* Ladrillo artesanal hecho de barro. || *loc. Méx.* ***Descansar haciendo adobes:*** trabajar en exceso, no tomar descanso.
adobo *s. m.* Mezcla que sirve para curtir cueros. || Salsa que sirve para ablandar y condimentar las carnes. *El adobo en México tiene condimentos que no hay en otras preparaciones.*
adocenado, da *adj.* Muy común y corriente, del montón.
adocenar *t.* y *pr.* Dividir o agrupar en docenas. || Ser o volverse común y corriente, del montón.
adoctrinador, ra *adj.* Que adoctrina.
adoctrinamiento *m.* Acción y efecto de adoctrinar o enseñar.

A

adoctrinar *t.* Enseñar una doctrina, un conjunto de ideales, determinadas creencias.

adolecer *intr.* Sufrir una enfermedad recurrente o habitual. *Adolezco de migraña desde que nací.* || Tener un defecto. *Es un hombre que adolece una falta de sensibilidad.*

adolescencia *s. f.* Etapa de la vida que va del fin de la niñez al inicio de la edad adulta. *La adolescencia se extiende aproximadamente de los 12 a los 18 años.*

adolescente *s. com.* Persona que se halla en la adolescencia. *Los adolescentes suelen tener carácter inestable debido a los cambios que experimentan.*

adolorido, da *adj.* Que padece un dolor físico o emocional. *Tiene adolorida la cintura porque ayer se pasó todo el día sentado.*

adonde *adv.* Señala parte o lugar al que alguien o algo se dirige. *Ayer fuimos adonde venden cerámica.*

adónde *adv.* A qué parte o lugar. *¿Adónde pongo la nueva lámpara?*

adondequiera *adv.* A cualquier lugar. *Contigo yo voy adondequiera.*

adopción *s. f.* Acción de adoptar. *La adopción de mejores hábitos te beneficiará.* || En derecho, creación de parentesco civil entre dos personas mediante un acto jurídico. *El abogado dijo que ya están listos los papeles para la adopción del bebé.*

adoptable *adj.* Que puede ser adoptado. *Los gemelitos aún están muy pequeños, pero en tres meses más serán adoptables.*

adoptante *s. com.* Se dice de la persona que adopta.

adoptar *t.* Tomar como hijo, por medios legales, a alguien que no se engendró. || Hacer propios pensamientos, costumbres, doctrinas o métodos que provienen de otras personas. *Desde que adoptó el nuevo sistema, realiza su trabajo mucho más rápidamente.* || Aplicar un acuerdo o resolución. *Las autoridades adoptarán medidas para combatir la contaminación por ruido.* || Empezar a tener o adquirir una forma o actitud. *Los jóvenes adoptan modas sin saber de dónde vienen.*

adoptivo, va *adj.* Que es adoptado o ha sido adoptado por alguien. *Un hijo adoptivo no vive con sus padres biológicos.* || Que se considera como si fuera propio. *México es la patria adoptiva de Gabriel García Márquez.*

adoquín *s. m.* Piedra plana cortada en cuadros o rectángulos y usada para cubrir calles o pisos.

adoquinado, da *adj.* Hecho de adoquines. *Las calles adoquinadas son características de los pueblos.* || *s. m.* Acción de adoquinar. || Suelo cubierto de adoquines.

adoquinar *t.* Cubrir el suelo con adoquines.

adorable *adj.* Que inspira cariño y simpatía.

adoración *s. f.* Acción de adorar.

adorador, ra *adj.* Se aplica al que adora. || Persona que se muestra enamorada de otra. *Soy su adorador desde niño.*

adorar *t.* Venerar y mostrar respeto por algo o alguien que es considerado divino. *Los antiguos egipcios adoraban a muchos dioses.* || Gusto excesivo por algo. *Ella adora las novelas fantásticas.* || Sentir amor intenso por alguien. *Adoraba a sus hijos más que a nada.*

adoratorio *s. m.* Lugar en el que las antiguas culturas americanas adoraban o rendían culto a seres divinos.

adoratriz *adj.* Que adora.

adormecedor, ra *adj.* Que adormece.

adormecer *t.* y *pr.* Hacer que alguien se duerma. *Con el vaivén el bebé terminó por adormecerse.* || Calmar. *El tiempo hace que las penas se adormezcan.* || Quedarse medio dormido. *Este calor intenso provoca que uno se adormezca.* || Quedar insensible una parte del cuerpo. *Le aplicaron la anestesia y las piernas se le adormecieron.*

adormidera *s. f.* Planta de cuyo fruto se extrae el opio.

adormilado, da *adj.* Que se encuentra medio dormido.

adormilarse *pr.* Quedarse medio dormido. *El conductor del auto se adormiló y casi choca.*

adornamiento *s. m.* Acción y resultado de adornar.

adornar *t.* y *pr.* Llenar de adornos. *El salón para la fiesta se adornó con miles de globos.* || Servir de adorno. *Las luces de colores adornarán el árbol de Navidad.* || Adjudicar a una persona muchas cualidades. *La virtud y la modestia adornan su carácter.*

adorno *s. m.* Cosa que sirve para embellecer un lugar, una persona. *El prendedor de diamantes era su adorno predilecto.* || *loc.* ***De adorno:*** que no sirve para nada. *Está de adorno en su trabajo, porque no sabe hacer nada.*

adosado, da *adj.* Que se encuentra unido a otra cosa. || *s. m. Esp.* Casa unida a otra.

adosar *t.* Poner una cosa unida a otra, ya sea espalda con espalda o por uno de sus lados.

adquirir *t.* Obtener algo por méritos propios. *Los viajes le hicieron adquirir cultura.* || Comprar algo. *Leonora adquirirá ese departamento por una bicoca.* || En derecho, apropiarse de algo que no le pertenece a nadie. *Después de 20 años, adquirieron derecho de propiedad sobre el terreno que habían ocupado.*

adquisición *s. f.* Acción de adquirir. || Cosa adquirida.

adquisitivo, va *adj.* Que se emplea para adquirir. || *loc.* ***Poder adquisitivo:*** en economía, capacidad de adquirir bienes y servicios.

adrede *adv.* Con intención deliberada.

adrenalina *s. f.* En biología, hormona segregada por las glándulas suprarrenales que constriñe los vasos sanguíneos.

adscribir *t.* Asignar. *A Juan lo adscribieron en la oficina de nóminas.* || *pr.* Afiliarse. *Arturo se adscribió al Frente Unido.*

adscripción *s. f.* Acción de adscribir. || *Uy.* Cargo de adscripto. || Oficina del adscripto. || Conjunto de adscriptos en una institución educativa.

adscripto, ta *adj. Arg.* y *Uy.* Adscrito. || *s. Uy.* Persona encargada en las instituciones educativas de tareas administrativas y de apoyo.

adscrito, ta *adj.* Destinado, designado.

adsorbente *adj.* Que adsorbe. || *s. m.* En física, sustancia, por lo general porosa y sólida, que muestra una gran capacidad de adsorción.

adsorber *t.* En física, capacidad de atraer y retener en la superficie de un cuerpo moléculas de otro cuerpo.

adsorción *s. f.* Acción de adsorber.

aduana *s. f.* Oficina estatal que registra las mercancías que entran y salen de un país y cobra impuestos por ello. || Impuesto que se paga por sacar o traer mercancías a un país. *Como el contenedor no pagó aduana, lo detuvieron en la carretera.*

aduanal *adj.* Que se relaciona con la aduana.

aduanero, ra *adj.* Que se relaciona con la aduana. || *s.* Persona que trabaja en una aduana.

aducción *s. f.* Presentación de pruebas en un juicio. || En anatomía, acercar un miembro al eje de simetría. || *Arg. Bol. Ecua.* y *Ven.* Conducción, en especial la que se hace a través de tubos.

aducir *t.* Presentar pruebas o argumentos. *Aunque adujo inocencia, lo condenaron.*

aductor, ra *adj.* Que puede realizar una aducción. *Flexionen tres veces el músculo aductor del pulgar.* || *Arg. Bol. Ecua. y Ven.* Que conduce algo por tuberías.

adueñarse *pr.* Apoderarse una persona de algo que no le pertenece. *Se adueñó de la casa de su tía en cuanto ésta se fue de viaje.* || Apoderarse algo de una persona o cosa. *El miedo se apoderó de las calles.*

adulación *s. f.* Acto de decir algo que halague a otro, generalmente para ganarse su favor.

adulador, ra *adj.* y *s.* Que adula.

adular *t.* Halagar demasiado a alguien, generalmente para predisponerlo a nuestro favor o conseguir algo.

adulteración *s. f.* Acción y efecto de adulterar o adulterarse. *Una forma común de adulteración de la leche es agregarle agua.*
adulterador, ra *adj.* y *s.* Que adultera. *Los adulteradores echaban agua a los jugos enlatados.*
adulterar *t.* y *pr.* Alterar la composición de algo mezclándole sustancias ajenas a su naturaleza. *Unos irresponsables adulteraban licores con alcohol industrial.* || Falsear. *Adulteró los hechos y lo que ha contado es una mentira.*
adulterino, na *adj.* Relativo al adulterio. *Sostenían una relación adulterina.* || Que proviene del adulterio. *Ella tuvo un hijo adulterino.*
adulterio *s. m.* Relación sexual entre una persona casada y otra que no es su cónyuge. *El adulterio es una de las causas de divorcio más frecuentes.*
adúltero, ra *adj.* Que comete o se relaciona con el adulterio.
adultez *s. f.* Condición de adulto. || Edad adulta.
adulto, ta *adj.* Que es propio de la edad adulta. || Que ha alcanzado madurez plena. || *s.* Persona que ha llegado a su grado máximo de desarrollo físico. || Animal o planta que ha llegado a su capacidad reproductiva.
adusto, ta *adj.* Reseco, árido, ardiente e inhóspito. *Un paisaje adusto.* || Se dice de la persona de carácter rígido y seco, huraño. *Se queja de que no tiene amigos, sin ver que su actitud adusta aleja a la gente.*
advenedizo, za *adj.* Forastero, persona ajena a un lugar que llega para establecerse en él. || *desp.* Se dice de quien, sin contar con la calidad para ello, busca acceder a grupos de mayor poder o nivel social que el suyo. *Quienes ocupan altos puestos suelen estar asediados por advenedizos.*
advenimiento *s. m.* Arribo de un acontecimiento importante y esperado. *El advenimiento de la Revolución Industrial trajo muchos cambios en el mundo.* || Ocupar el trono un rey o un Papa.
advenir *intr.* Llegar o suceder. *En 1939 advino la Segunda Guerra Mundial.*
adventicio, cia *adj.* Extraño o que ocurre accidentalmente, a diferencia de lo natural. || En biología, que se desarrolla en un lugar fuera del habitual. *Las raíces adventicias permiten que la planta se extienda más rápido.*
adventismo *s. m.* Conjunto de ideas religiosas de los adventistas, protestantes que esperan la segunda llegada de Jesucristo.
adventista *adj.* Se dice del credo protestante que espera el segundo advenimiento de Cristo. || *s. com.* Persona que practica la religión adventista.
adverbial *adj.* En gramática, propio del adverbio o que funciona como adverbio.
adverbio *s. m.* En gramática, clase de palabra dentro de la oración que tiene como función modificar directamente al verbo (*Caminó mucho*), al adjetivo (*La clase estuvo muy interesante*) o a otro adverbio (*Llegó bastante lejos*). Hay adverbios de lugar, de modo, de tiempo, de cantidad, de afirmación, de negación, de duda, interrogativos y relativos.
adversario, ria *adj.* Que es enemigo o contrario en una competencia, una pelea, una guerra o en una forma de pensar. || *s. m.* Grupo de personas enemigas o contrarias.
adversativo, va *adj.* En gramática, se aplica a conjunciones (*pero, mas, sino*) que señalan una oposición o contraste de sentido entre dos términos, así como a las oraciones coordinadas que se oponen o contrastan entre ellas por su significado.
adversidad *s. m.* Cualidad de adverso. || Dificultad o desgracia. *Una enfermedad trae muchas adversidades.* || Situación difícil, contraria, de mala suerte para alguien. *Tenía todo en contra, pero hizo frente a la adversidad.*
advertencia *s. f.* Llamada de atención. *La advertencia fue clara: o trabajas o te vas.* || Nota breve donde se advierte algo al público. *En la puerta pusieron una advertencia: «Cuidado con el perro».* || Nota en una publicación donde se advierte algo al lector. *Advertencia: prohibido reproducir por cualquier medio este libro.*
advertido, da *adj.* Que es capaz, avisado. *Un observador advertido habría descubierto mucho antes el engaño.*
advertimiento *s. m.* Advertencia.
advertir *t.* Fijar la atención en algo. *El vigía advirtió tierra antes que los demás.* || Aconsejar, prevenir. *Me advirtieron que no hablara con esa señora.*
adviento *s. m.* En las religiones cristianas, las cuatro semanas anteriores a la Navidad.
advocación *s. f.* En religión, nombre que recibe un santuario, un templo, etc., dedicado a determinado santo. || En religión, nombre con que los católicos veneran a la virgen María o a otro personaje sagrado.
advocar *intr. ant.* Abogar.
advocatorio, ria *adj. Amér.* En religión, convocar, acudir a un santo. *Se reunieron para rezar un rosario advocatorio a la virgen.* || En política, que convoca.
adyacente *adj.* Que está junto o pegado a algo.
adyuvante *adj.* Que ayuda. *Una terapia adyuvante complementa y ayuda al tratamiento primario.*
aedo o **aeda** *s. m.* Poeta épico de la Grecia antigua. *Homero fue el más famoso aedo.*
aéreo, a *adj.* Perteneciente al aire. *La fuerza aérea compró nuevos aviones.* || De aire. *Hubo tanto humo que se decretó una alarma aérea.* || De poco peso. *Este material es tan aéreo que se diría que flota.* || En biología, se dice del ser vivo que vive en contacto con el aire. *Los perros son animales aéreos.* || *loc.* ***Base aérea:*** aeropuerto militar. || ***Controlador aéreo:*** persona especializada en el control, vigilancia y orientación necesarios para el despegue y aterrizaje de los aviones. || ***Fuerza aérea:*** aviación militar.
aeróbic o **aerobic** *s. m.* Técnica gimnástica que se basa en técnicas de control respiratorio, generalmente acompañada por música.
aeróbico, ca *adj.* En biología, relativo a los seres aerobios.
aerobio, bia *adj.* Se dice de los seres vivos que necesitan oxígeno para vivir.
aerodeslizador *s. m.* Vehículo que se desplaza sobre un colchón de aire que genera él mismo.
aerodinámica *s. f.* En física, rama de la mecánica que estudia el movimiento de los gases.
aerodinámico, ca *adj.* Relacionado con el movimiento de los gases. || Se dice del cuerpo cuya forma reduce la resistencia del aire.
aeródromo *s. m.* Terreno acondicionado para el aterrizaje y despegue de aviones. *En un aeródromo no hay las mismas instalaciones que en un aeropuerto.*
aeroespacial *adj.* Que se relaciona con la atmósfera y el espacio fuera de ella.
aerógrafo *s. m.* Pulverizador que proyecta pintura sobre una superficie mediante aire a presión.
aerolínea *s. f.* Compañía, privada o estatal, dedicada al transporte aéreo. *El costo de operación ha propiciado la privatización de muchas aerolíneas.*
aerolito *s. m.* Objeto que cae a la tierra desde el espacio. *Solemos llamar «estrellas fugaces» a los aerolitos.*
aeromotor *s. m.* Motor que funciona con la fuerza del aire. *Los molinos de viento son aeromotores.*
aeromóvil *s. m.* Aeronave.
aeromoza *s. f. Amér.* Mujer encargada de atender a los pasajeros, tanto en el mostrador como en el transporte en sí, ya sea autobús, avión o tren.
aeronauta *s. com.* Piloto o viajero de una aeronave.
aeronáutica *s. f.* Ciencia que se ocupa del funcionamiento, la fabricación y operación de los aparatos de navegación aérea.
aeronáutico, ca *adj.* Que se relaciona con la aeronáutica. *La ingeniería*

aeronáutica es una especialidad muy bien pagada.

aeronaval *adj.* Relacionado con la aviación y la marina conjuntamente.

aeronave *s. f.* Vehículo capaz de volar navegando por la atmósfera. *Entre las aeronaves más conocidas están los aviones, los planeadores y los helicópteros.*

aeroparque *s. m. Arg.* Aeropuerto de pequeñas dimensiones, en particular si está ubicado en una zona urbana.

aeroportuario, ria *adj.* Perteneciente o relativo a los aeropuertos. *Como parte de los servicios aeroportuarios instalaron dos nuevas salas de espera.*

aeropuerto *s. m.* Conjunto de instalaciones y pistas destinadas a controlar y dar servicio al tráfico aéreo.

aerosol *s. m.* Suspensión de partículas pequeñísimas en un líquido que se envasa a presión en un recipiente para proyectarla en forma de rocío muy fino. *Los gases que impulsan el contenido de los envases de aerosol son muy contaminantes.*

aerostática *s. f.* Parte de la física que estudia el equilibrio de los gases en estado de reposo.

aeróstato o **aerostato** *s. m.* Aeronave que navega utilizando un gas más ligero que el aire.

aeroterapia *s. f.* En medicina, método curativo a base de aire que se administra con aparatos especiales. *La aeroterapia está indicada sobre todo para algunas enfermedades respiratorias.*

aerotransportar *t.* Transportar por aire.

aerovía *s. f.* Ruta marcada en el espacio aéreo para los vuelos de aviones comerciales. *El trazo de una aerovía considera la ruta, la altura, las escalas y los factores de seguridad.*

afabilidad *s. f.* Cualidad de afable.

afable *adj.* Que es amable y agradable en el trato con los demás.

afamado, da *adj.* Que es muy conocido, muy famoso.

afamar *t.* y *pr.* Dar fama o hacerse famoso generalmente por algo bueno, positivo.

afán *s. m.* Deseo muy grande. *Porfirio Díaz tenía un gran afán de poder.* || Interés y esfuerzo para hacer algo. *Va bien en la escuela porque estudia con mucho afán.* || *pl.* Trabajo duro o penoso. *Concluyó su carrera después de muchos afanes.*

afanado, da *adj.* Que muestra mucho afán.

afanador, ra *adj.* y *s.* Que afana. || *Méx.* y *Nic.* Persona encargada de la limpieza de un lugar.

afanar *intr.* y *pr.* Poner mucho interés y esfuerzo en hacer algo con un propósito. *En la Nueva España, los frailes franciscanos se afanaron por convertir a los indígenas al cristianismo.*

afasia *s. f.* En medicina, disminución o pérdida de la capacidad de hablar o de comprender el lenguaje verbal por un daño en el cerebro.

afásico, ca *adj.* Propio de la afasia. || *s.* Persona que sufre de afasia.

afear *t.* y *pr.* Hacer o poner fea una cosa o persona. *Ese gesto le afea el semblante.*

afección *s. f.* Afecto. || Afición. *Su afección a las carreras de caballos lo llevó a la ruina.* || En medicina, enfermedad. *Padece una afección pulmonar.*

afectación *s. f.* Falta de naturalidad en la manera de hablar, de comportarse, de escribir. *Saludaba con tanta afectación que todos tenían que disimular la risa.*

afectado, da *adj.* Que carece de naturalidad. || Que está aquejado o dañado. *Afectada por la enfermedad, dejó de caminar para siempre.* || *s.* Víctima, damnificado. *Los afectados por el terremoto viven en tiendas de campaña.*

afectar *t.* Perder sencillez y naturalidad. *Todo el tiempo afectaba la voz para parecer mayor.* || Perjudicar. *Las inundaciones afectaron a cientos de personas.* || Causar determinada impresión en una persona. *Me afectó mucho la muerte de ese escritor.* || Fingir algo que no es cierto. *Afecta simpatía por los pobres, pero no hace nada por ellos.*

afectividad *s. f.* En psicología, conjunto de los sentimientos y las emociones de una persona. || En psicología, tendencia a reaccionar con emotividad.

afectivo, va *adj.* Relativo al afecto. || Que se relaciona con los demás con mucha afectividad.

afecto *s. m.* Cada uno de los sentimientos que nos dominan, en especial el de amor o cariño.

afecto, ta *adj.* Que se inclina por algo o por alguien. || Que está destinado a trabajar en determinada dependencia.

afectuosidad *s. f.* Lo que contiene afecto o es afectuoso.

afectuoso, sa *adj.* Propenso a sentir afecto.

afeitado, da *adj.* Que se ha cortado a ras el pelo de la cara u otra parte del cuerpo. || *s. m.* Acción y efecto de afeitar.

afeitar *t.* y *pr.* Arreglar, embellecer. || Cortar el pelo a ras de la piel.

afeite *s. m.* Cosa que sirve para embellecer algo. || Cosmético.

afelio *s. m.* Punto en la órbita de un planeta en el que está más alejado del Sol. *Por lo general, el 4 de julio la Tierra se encuentra en su afelio.*

afelpado, da *adj.* Que tiene similitud con la felpa.

afelpar *t.* Dar a una tela la consistencia parecida a la felpa. || Cubrir algo con felpa.

afeminación *s. f.* Acción y efecto de afeminar.

afeminado, da *adj.* Que tiene características femeninas. || *s. m.* Hombre homosexual.

afeminamiento *s. m.* Afeminación.

afeminar *t.* y *pr.* Actuar un hombre con modales de mujer.

aferencia *s. f.* Transmisión de algo de una parte del organismo a otra. *La aferencia sensorial ocurre en las lesiones por amputación.*

aferente *adj.* Que transmite algo de una parte del organismo a otra. *Las neuronas aferentes transportan impulsos nerviosos.*

aféresis *s. f.* En gramática, supresión de una o más letras al principio de una palabra. *Es una aféresis decir «zotehuela» por «azotehuela».*

aferrado, da *adj.* Que se aferra a algo fuertemente.

aferramiento *s. m.* Resultado de aferrar o aferrarse.

aferrar *t.* y *pr.* Asir algo con fuerza. || Insistir una y otra vez sobre una misma idea.

affaire *s. m.* Palabra francesa. Situación ilícita, ilegal, escandalosa. *Tuvo un «affaire» con la secretaria, y su esposa lo descubrió.*

afgano, na *adj.* y *s.* Que nació en Afganistán. || Que se relaciona con Afganistán. *Ni los ingleses, ni los rusos, ni los estadounidenses han conseguido dominar a los afganos.*

afianzador, ra *adj.* Relativo a las fianzas o que afianza.

afianzadora *s. f.* Empresa dedicada a la tramitación y venta de fianzas.

afianzamiento *s. m.* Acción y efecto de afianzar o afianzarse. *Uno de los requisitos para la firma de ese contrato es el afianzamiento de la empresa.*

afianzar *t.* y *pr.* Dar a algo firmeza y estabilidad, asegurar. *El carpintero afianzó las patas de la silla.* || Afirmar o consolidar. *La práctica ha afianzado sus conocimientos de computación.* || Expedir o adquirir un documento mediante el cual se garantiza que se cumplirá una obligación. *El exportador se afianzó para garantizar a sus clientes que si no cumple, los indemnizará.*

afiche *s. m. Amér. Merid.* Cartel, anuncio grande y llamativo que se pega en las paredes.

afición *s. f.* Gusto o apego por alguien o algo. *Su gran afición por ese pintor lo llevó a convertirse en coleccionista de su obra.* || Conjunto de personas que comparten el interés por alguna actividad. *La afición del voleibol pudo presenciar un excelente partido.*

aficionado, da *adj.* y *s.* Que siente afición por algo. *Es aficionado a dar una caminata después de comer.* || Se dice de quien, sin ser experto ni profesional en ello, practica una

actividad. *Doña Rosa es jardinera aficionada.* || Asistente asiduo a un espectáculo. *Compra con tiempo el boleto para el concierto, pues los aficionados agotan las entradas.*
aficionar *t.* y *pr.* Hacer que alguien tome gusto por algo, o adquirir ese gusto. *Desde que comenzó a hacer gimnasia se aficionó tanto, que ahora la practica diario.*
afiebrarse *pr. Amér.* Tener fiebre.
afijo *s. m.* En gramática, elemento que se coloca antes, en medio o después de la raíz de una palabra para formar sus derivados. || En matemáticas, número complejo que define la posición de un punto sobre un plano.
afilado, da *adj.* Que tiene filo o punta cortante. *La navaja está muy afilada.* || Mordaz. *Con sus comentarios hizo gala de su lengua afilada.* || Que luce demasiado delgado. *El rostro del enfermo se veía afilado.*
afilador, ra *adj.* Que afila. || *s.* Persona que trabaja afilando instrumentos cortantes. || *s. m.* Instrumento que sirve para afilar.
afiladura *s. f.* Acción de afilar.
afilalápices *s. m.* Instrumento que sirve para sacar punta a los lápices.
afilamiento *s. m.* Disminuir el grosor de la cara, la nariz o los dedos.
afilar *t.* Sacar filo a un arma cortante o a un instrumento como un lápiz. || *pr.* Disminuir el grosor de la cara, la nariz o los dedos.
afiliación *s. f.* Acción de afiliar.
afiliado, da *adj.* y *s.* Se dice de la persona que forma parte de un grupo, una organización, una corporación, un partido, etc.
afiliar *t.* y *pr.* Hacer a una persona o hacerse uno mismo miembro de una organización, una corporación, un partido, etc.
afiligranado, da *adj.* De filigrana o que se parece a ella. || Que es pequeño y delicado.
afiligranar *t.* Hacer filigrana. || Adornar algo con mucho detalle.
afín *adj.* Próximo. || Que tiene afinidad. || *s. m.* Pariente por afinidad.
afinación *s. f.* Acción y resultado de poner a tono un instrumento musical o la voz. || *Arg. Cub. Salv. Hond. Méx.* y *Uy.* Mejorar el funcionamiento del motor de un vehículo mediante la limpieza y regulación de las bujías y el carburador.
afinador, ra *adj.* Que afina. || *s.* Persona cuyo oficio es afinar instrumentos musicales. || *m.* Herramienta que sirve para afinar instrumentos de cuerda.
afinamiento *s. m.* Resultado de afinar. *Después del afinamiento, el piano se escuchó mejor.* || Lo que es fino. *La cirugía le proporcionó un afinamiento apropiado de la nariz.*
afinar *t.* Hacer que una cosa sea más precisa. *Afinar la puntería con un rifle no es tan fácil como parece.* || Hacer que una cosa sea más fina. *La letra te saldrá mejor si afinas la punta del lápiz.* || Mejorar los modales de una persona. *Si quieres ir a un restaurante de lujo, deberás afinar tus modales.* || Poner a tono un instrumento musical. *Antes del concierto afinarán otra vez el piano.*
afincado, da *adj.* Establecido en un lugar.
afincamiento *s. m. Arg. Esp.* y *Uy.* Asignación de tierras para cultivar o habitar.
afincar *intr.* y *pr.* Quedarse en un lugar para residir en él. || Residir, establecerse.
afinidad *s. f.* Parecido entre dos cosas o dos personas. || Relación de parentesco que se establece con la familia del cónyuge. *Mi cuñado, el hermano de mi esposo, es pariente por afinidad.*
afirmación *s. f.* Palabra o gesto que sirve para afirmar. *¡Sí!, gritó en señal de afirmación y además levantó el pulgar hacia arriba.* || Refuerzo de una idea. *Su lucha era por la afirmación de los derechos de la mujer.*
afirmar *t.* y *pr.* Dar firmeza a algo. *Tuvieron que usar contrafuertes para afirmar los muros.* || Asegurar, dar por cierto. *Afirmamos que lo dicho es la verdad.*
afirmativa *s. f.* Propuesta, opinión o respuesta afirmativa.
afirmativo, va *adj.* Que conlleva afirmación.
aflautado, da *adj.* De sonido similar al de la flauta. *Mabel tiene una voz aguda, muy aflautada.*
aflautar *t.* Hacer más aguda la voz.
aflicción *s. f.* Efecto de afligir o afligirse.
aflictivo, va *adj.* Que provoca aflicción.
afligimiento *s. m.* Aflicción.
afligir *t.* Causar sufrimiento o molestia física. *A su tía la aflige una enfermedad muy dolorosa.* || Provocar tristeza. *Los recuerdos de la mala experiencia lo afligen.* || *pr.* Preocuparse, inquietarse. *Se aflige sólo de pensar que mañana lo pondrán a prueba.*
aflojamiento *s. m.* Acción de aflojar o aflojarse.
aflojar *t.* y *pr.* Poner algo más flojo. || *intr.* Hacer algo con menos entusiasmo. *Aflojó en el gimnasio y subió de peso.* || *vul.* Darle el dinero a un ladrón. *El ladrón dijo: «Aflojan la pasta o los quemo», y todos accedieron.*
aflorar *intr.* Aparecer en la superficie de la tierra el filón de un mineral. || *fig.* Empezar a salir diferencias de opinión. *En la junta afloraron viejos resentimientos.*
afluencia *s. f.* Abundancia de algo. *La afluencia de vehículos y de personas hizo incontrolable la situación.*
afluir *intr.* Acudir en mucha cantidad a un lugar. || Desembocar un arroyo en un río.
aflujo *s. m.* Abundancia excesiva de algo. *El aflujo vehicular hace el tránsito pesado en las grandes ciudades.*
afonía *s. f.* Carencia transitoria de voz.
afónico, ca *adj.* Que se quedó momentáneamente sin voz. *Quedaron afónicos de tanto gritar el gol.*
aforar *t.* Calcular la cantidad de agua que lleva una corriente. || Calibrar un instrumento. || Medir la capacidad de un recipiente. || Dar fueros. || Cubrir los lados de un escenario teatral.
aforismo *s. m.* Regla enunciada brevemente que sirve de guía en una disciplina.
aforístico, ca *adj.* Perteneciente o relativo al aforismo.
aforo *s. m.* Acción y efecto de aforar. || Cantidad de personas que caben en un recinto para espectáculos.
afortunado, da *adj.* Que tiene buena suerte o fortuna. || Feliz, venturoso. *Aquella fue una ocasión afortunada.* || Acertado, oportuno. *Sus comentarios fueron muy afortunados.*
afrancesar *t.* y *pr.* Hacer que alguien o algo adquiera características francesas. *En la época de Porfirio Díaz, los mexicanos ricos afrancesaron sus casas y costumbres.* || Aficionarse, o aficionar a alguien, a lo francés.
afrenta *s. f.* Deshonra, vergüenza. *El comportamiento de ese juez era una afrenta, y lo obligaron a renunciar.* || Insulto, dicho o hecho que ofende.
afrentar *t.* y *pr.* Insultar o humillar a alguien. *El mal trato recibido lo afrentó.*
afrentoso, sa *adj.* Insultante, que causa afrenta. || *s. R. Dom.* Persona de comportamiento vergonzoso o molesto.
africado, da *adj.* En fonética, sonido de una consonante que inicia de manera oclusiva y al final es fricativo. *Di las palabras «muchos muchachos» y siente la «ch» africada.*
africanizar *t.* y *pr.* Hacer que alguien o algo adquiera características africanas. *En los últimos años algunos compositores han africanizado su música.* || Aficionarse, o aficionar a alguien, a lo africano.
africano, na *adj.* y *s.* Perteneciente o relativo a África. *Los elefantes africanos tienen las orejas más grandes que los asiáticos.*
afrikaans *s. m.* Lengua oficial de la República Sudafricana.
afrikáner *adj.* y *s. com.* Que es descendiente de los colonos holandeses de la República Sudafricana.
afro *adj.* Referido a los usos y las costumbres africanos o que se parece a ellos.
afroamericano, na *adj.* y *s.* Relativo a África y América. || Americano que es descendiente de africanos.

A

afroantillano, na *adj.* y *s.* Que tiene características africanas y antillanas.
afrocubano, na *adj.* y *s.* Relativo a África y Cuba. || Cubano que es descendiente de africanos.
afrodisiaco, ca *adj.* y *s.* Que estimula el deseo sexual.
afrontado, da *adj.* En los escudos, que tienen figuras de animales colocados uno frente a otro.
afrontamiento *s. m.* Acción de afrontar.
afrontar *t.* Poner algo o a alguien frente a otra cosa u otra persona. || No evitar una situación difícil o actuar con decisión frente a ella. *Los mexicanos afrontaron los problemas de la crisis económica.*
afrutado, da *adj.* Que tiene sabor u olor a fruta. *El sabor afrutado de un vino joven se pierde con el tiempo.*
afta *s. f.* En medicina, pequeña úlcera de color blanco que se forma en la boca o en el aparato digestivo.
aftoso, sa *adj.* Que padece de aftas. || Relacionado con las aftas. || *loc.* ***Fiebre aftosa:*** enfermedad infecciosa que afecta al ganado y se caracteriza por fiebre alta y pequeñas ampollas en la boca y entre las pezuñas.
afuera[1] *adv.* Fuera. *Puse las sillas afuera, en el patio.*
afuera[2] *interj.* Se usa para que alguien deje libre el paso o un cargo. *¡Afuera!, era el grito que más se oía cuando apareció el alcalde.*
afueras *s. f. pl.* Alrededores de una población. *Su casa está en las afueras de la capital.*
agachar *t.* y *pr.* Bajar una parte del cuerpo. || Encoger todo el cuerpo. || *Amér.* Someterse a la voluntad de otro.
agalla *s. f.* Órgano de los peces y otros animales acuáticos que les sirve para respirar. || *pl.* Valentía, coraje. *No tuvo agallas para enfrentar a su jefa.*
ágape *s. m.* Banquete para celebrar algún acontecimiento. *Aunque su origen fue religioso y modesto, ahora ágape se refiere a fiestas lujosas.*
agárico *s. m.* Nombre que reciben varios tipos de hongos que desarrollan cuerpos con sombrero como los champiñones.
agarradera *s. f.* Asa o mango para agarrar algo.
agarradero *s. m.* Agarradera.
agarrado, da *adj.* Tacaño.
agarrador *s. m.* Instrumento que sirve para agarrar. || Almohadilla para sujetar cosas calientes con la mano.
agarrador, ra *adj.* Que agarra.
agarrar *t.* Asir, tomar. *Agarra un martillo y pon el clavo.* || Sorprender. *Lo agarraron robando y salió a la carrera.* || *intr.* Arraigar una planta. *El rosal agarró bien en nuestro jardín.* || Dirigirse. *El perro agarró para el monte y no ha vuelto.* || *pr.* Sostenerse. *Agárrate del barandal para no caer de esas escaleras empinadas.* || Contraer, sufrir. *Ponte un abrigo o agarrarás un resfriado.* || Reñir. *Varios revoltosos se agarraron a golpes en la calle.* || *loc.* ***¡Agárrate!*** o ***¡agárrense!:*** expresión con la que solicita a alguien que se prepare para algo. || ***No haber por dónde agarrar:*** no hallar la solución de algo.
agarrón *s. m.* Acción de agarrar y tirar con fuerza. *Con un agarrón le arrancaron a la mujer el bolso en la calle.* || *Amér.* Riña, disputa. *Hubo un agarrón entre vecinos por el uso de las áreas comunes.*
agarrotado, da *adj.* Tieso, rígido.
agarrotamiento *s. m.* Acción y efecto de agarrotarse.
agarrotar *t.* Sujetar o tener sujeto. *Los acreedores lo agarrotan con sus demandas.* || *pr.* Quedar rígida alguna parte del cuerpo. *Se me agarrotaron las piernas con el frío.* || Atascarse una pieza mecánica. *El engrane se agarrotó porque se le rompió un diente.*
agasajado, da *adj.* Se dice de la persona que recibe un agasajo.
agasajar *t.* Tener muchas atenciones con alguien.
agasajo *s. m.* Acción de agasajar. || Obsequio.
ágata *s. f.* Piedra preciosa formada por capas de varios colores.
agave *s. m.* Planta originaria de México, de hojas gruesas y carnosas terminadas en punta. *Con el agave se hace el tequila y el mezcal.*
agencia *s. f.* Oficina de un agente. *En una agencia aduanal tramitan permisos de importación.* || Empresa que da servicios a terceros. *La agencia de colocaciones te ayuda a buscar trabajo, pero cobra caro.* || Sucursal de una empresa. *La casa matriz decidió abrir varias agencias en los estados.*
agenciar *t.* y *pr.* Buscar y proporcionar algo a alguien. || Conseguir(se) algo mañosamente. *En casa de mi padre, me agencié una botella de whisky para la fiesta.*
agenda *s. f.* Cuaderno pequeño en el que se anotan los asuntos pendientes, las citas, etc. || Conjunto de temas que se van a tratar en una junta. || Conjunto de actividades programadas.
agente *adj.* Que actúa de terminada manera. || En gramática, que realiza la acción del verbo. || *s. com.* Persona que trabaja en una agencia. || Persona que sirve en la policía.
agigantado, da *adj.* Que es mucho más grande que lo normal.
agigantar *t.* y *pr.* Tomar proporciones enormes. *La figura del líder se agiganta con cada paso que da.*
ágil *adj.* Que se mueve con rapidez.
agilidad *s. f.* Cualidad de lo que es ágil.
agilización *s. f.* Acción y efecto de agilizar. *El uso de computadoras ha contribuido a la agilización de ciertos trámites.*
agilizar *t.* y *pr.* Hacer que algo sea ágil o hacerse ágil. *Solicitarán que agilicen el proceso de registro, pues es muy tardado.*
agio *s. m.* Beneficio que se obtiene en las operaciones de cambio de moneda, o al descontar pagarés y letras. || Especulación con los precios de las mercancías o las alzas y bajas de los fondos públicos.
agiotaje *s. m.* En economía, especulación abusiva para obtener lucro con perjuicio de terceros. *El agiotaje enriquece a los intermediarios y empobrece a los productores agrícolas.*
agiotista *s. com.* Persona que se dedica al agiotaje. || *Méx.* Prestamista, usurero.
agitación *s. f.* Acción y efecto de agitar o agitarse. *Había gran agitación en el centro comercial, la gente iba y venía por todas partes.*
agitador, ra *adj.* Que agita. || *s.* Persona que públicamente incita a otros para acudir a la violencia. || *s. m.* Aparato o instrumento para revolver líquidos. *En la tienda de pinturas tienen un agitador mecánico para mezclar los pigmentos.*
agitar *t.* y *pr.* Mover alguna sustancia de un lado a otro repetidamente. || Incitar públicamente al desorden o la violencia. || Intranquilizar, quitar el sosiego. *Se agita cada vez que piensa en sus deudas.*
aglomeración *s. f.* Acción y efecto de aglomerar. *La aglomeración de partículas es lo que hace tan compacto ese material.* || Reunión de gran cantidad de personas o cosas. *En la calle había una aglomeración porque regalaban muestras de un nuevo producto.*
aglomerado *s. m.* Material de carpintería formado por partículas de madera prensadas con una mezcla de cola. *Las planchas de aglomerado se utilizan igual que las tablas.*
aglomerante *adj.* Que aglomera. || *s. m.* Material que sirve para unir fragmentos, por ejemplo el pegamento, el cemento, el lodo, etc.
aglomerar *t.* y *pr.* Amontonar, juntar sin orden cosas o personas. *Los niños se aglomeraron alrededor de la piñata.* || Juntar y unir fragmentos con un aglomerante.
aglutinación *s. f.* Acción de aglutinar.
aglutinante *adj.* Que aglutina. || *s. m.* Sustancia en la que se disuelven los tintes o pigmentos.
aglutinar *t.* y *pr.* Pegar una cosa con otra. || Reunir. *El periódico mural aglutina esfuerzos de profesores y alumnos.*
agnosticismo *s. m.* Conjunto de ideas filosóficas que declaran que los

seres humanos no pueden comprender lo sobrenatural y lo divino, especialmente la naturaleza de Dios.
agnóstico, ca *adj.* Propio del agnosticismo. || *s.* Persona que cree en el agnosticismo.
agobiante *adj.* Que agobia.
agobiar *t.* y *pr.* Causar molestia, preocupación o sufrimiento. *Se agobia por cualquier cosa.*
agobio *s. m.* Acción de agobiar. || Sensación de molestia o angustia.
agolpamiento *s. m.* Reunión repentina de muchas personas en un lugar. *La salida del metro siempre provoca agolpamientos.* || Acumulación repentina de algo. *Sintió un agolpamiento de sangre en la cara.*
agolpar *t.* y *pr.* Juntar de golpe en un lugar. *Los curiosos se agolparon para ver el accidente.* || Llegar juntas y repentinamente ciertas cosas. *Cuando caía hacia la muerte, los recuerdos de su vida se agolparon en su mente.*
agonía *s. f.* Dolor y sufrimiento que anteceden a la muerte. || Sufrimiento muy intenso.
agónico, ca *adj.* Relativo a la agonía. || Que agoniza.
agonizante *adj.* Que agoniza. || *s. com.* Persona o animal que está en trance de morir.
agonizar *intr.* Entrar en estado de agonía. *¡Ojalá que el enfermo agonice rodeado de su familia!* || Estar a punto de acabar algo. *El partido agonizó en medio de rechiflas.* || Sentir una angustia muy grande. *La heroína romántica siempre agoniza de amor.*
ágora *s. f.* Plaza pública de las antiguas ciudades griegas donde se realizaban asambleas.
agorafobia *s. f.* En psiquiatría, miedo a los espacios abiertos.
agorar *t.* Predecir el futuro. || Anunciar desgracias.
agorería *s. f.* Agüero.
agorero, ra *adj.* Se refiere a lo que o a quien presagia desgracias.
agorgojarse *pr.* Desarrollarse gorgojos en el grano.
agostadero *s. m.* Acción de agostar. || Sitio donde agosta el ganado. || Tiempo en que agosta.
agostado, da *adj.* Se dice del sitio cuya vegetación está seca por el calor.
agostador, ra *adj.* Que agosta.
agostamiento *s. m.* Acción y efecto de agostar.
agostar *t.* y *pr.* Secar el calor las plantas. || *fig.* Perder algo el vigor, marchitar.
agosto *s. m.* Octavo mes del año; tiene 31 días. || Época de la recolección. || Cosecha. || *loc.* ***Hacer (alguien) su agosto:*** sacar provecho de algo.
agotador, ra *adj.* Que agota.
agotamiento *s. m.* Acción y efecto de agotarse.
agotar *t.* y *pr.* Extraer totalmente el líquido de un lugar. || Consumir todo. *Ya se me agotó la paciencia.* || Cansarse mucho. *Se agotó con la caminata por el bosque.*
agraciado, da *adj.* Que tiene gracia. || Que es atractivo. || Que tiene suerte. *Resultaron agraciados con el premio mayor de la lotería.*
agraciar *t.* Otorgar gracia. || Otorgar atractivo. *La felicidad agraciaba su rostro.* || Otorgar un premio.
agradable *adj.* Que agrada. *A Elisa le gusta estar en agradable compañía.* || Que es muy delicado en el trato. *¡Qué maestro tan agradable!*
agradar *intr.* Gustar. *A Sonia le agrada ir al cine.*
agradecer *t.* Dar las gracias.
agradecido, da *adj.* Que sabe agradecer.
agradecimiento *s. m.* Acto y resultado de agradecer. *Como agradecimiento por su buena acción, le otorgaron una medalla.*
agrado *s. m.* Manera agradable de tratar a las personas. *Recibió con agrado a la suegra.* || Gusto por algo. *La propuesta fue recibida con agrado por los legisladores.* || *Ecua.* Regalo.
agrafía *s. f.* Situación en la que una persona no sabe escribir. || Enfermedad que impide que alguien escriba.
ágrafo, fa *adj.* y *s.* Persona que no puede o no sabe escribir.
agramatical *adj.* En lingüística, se dice de lo que no corresponde a las reglas gramaticales.
agramaticalidad *s. f.* En lingüística, carácter de las secuencias de palabras que no corresponden a las reglas de la gramática.
agrandamiento *s. m.* Acción y efecto de agrandar o agrandarse. *El agrandamiento de tu dedo se debe a que está hinchado por el golpe.*
agrandar *t.* y *pr.* Hacer algo, o hacerse, más grande. Agrandaron la ventana para que entrara más luz.
agrario, ria *adj.* Perteneciente o relativo a la agricultura o los agricultores.
agrarismo *s. m.* Pensamiento y acción política que defiende los intereses de los agricultores. *La justa distribución de la tierra es uno de los postulados del agrarismo.*
agrarista *adj.* y *s. com.* Relativo al agrarismo o que simpatiza con él.
agravamiento *s. m.* Acción y efecto de agravar o agravarse. *El agravamiento del enfermo se debe a que abandonó el tratamiento.*
agravante *adj.* Que agrava o empeora una enfermedad. || *s. m.* En derecho, circunstancia que aumenta la gravedad de algo. *La alevosía, es decir actuar a traición, es un agravante en varios delitos.*
agravar *t.* y *pr.* Empeorar algo. *No se cuidó y se agravó su enfermedad.*
agraviado, da *adj.* y *s.* Ofendido, que ha sufrido un agravio.
agraviador, ra *adj.* y *s.* Que agravia.
agraviamiento *s. m.* Acción de agraviar o agraviarse.
agraviar *t.* Ofender o faltarle el respeto a alguien.
agravio *s. m.* Ofensa o falta de respeto.
agredido, da *adj.* y *s.* Que sufrió una agresión.
agredir *t.* Atacar a alguien con palabras o con golpes.
agregación *s. f.* Acción de agregar.
agregado, da *s.* Conjunto de cosas o personas que forman un todo. *Un pan es un agregado de leche, harina y huevo.* || Funcionario que tiene a su cargo tareas especiales en una embajada. *Un agregado cultural promueve la cultura.*
agregaduría *s. f.* Puesto y oficina de un agregado, ya sea diplomático o en el ámbito académico. *Obtuvo su agregaduría por concurso.*
agregar *t.* Añadir algo a un grupo de personas o cosas. || Añadir palabras a las que ya se dijeron. *Y agregó: «No somos nada».*
agremiar *t.* y *pr.* Asociarse en un gremio. *Los obreros se agremiaron para evitar que los explotaran.*
agresión *s. f.* Ataque que se hace con la intención de provocar un daño físico a una persona.
agresividad *s. f.* Actitud que muestra una persona propensa a agredir, a reaccionar con violencia.
agresivo, va *adj.* Que tiene tendencia a actuar con violencia. *Tiene un perro agresivo que trata de atacar a todos los visitantes.* || Que ofende o ataca. *Usó expresiones agresivas para mostrar su inconformidad.*
agresor, ra *adj.* y *s.* Que ataca o es violento.
agreste *adj.* Sin cultivar, lleno de maleza. *Nos llevó horas atravesar el campo agreste.* || Que no tiene buenas maneras. *Los modales agrestes del enamorado no fueron obstáculo en su relación.*
agriado, da *adj.* Agrio. || Resentido.
agriar *t.* y *pr.* Poner agria una cosa. *El vino se agrió porque lo dejaste destapado.* || Poner agrio el carácter, una situación. *Sus comentarios mordaces sólo agriaron la discusión.*
agrícola *adj.* Que se relaciona con la agricultura.
agricultor, ra *adj.* Persona que cultiva la tierra.
agricultura *s. f.* Conjunto de actividades y técnicas para cultivar la tierra.
agridulce *adj.* Se dice de lo que tiene un sabor en el que se mezclan lo dulce y lo agrio.
agrietamiento *s. m.* Acción y efecto de agrietar.
agrietar *t.* y *pr.* Abrir o abrirse una o varias grietas.

A

agrimensor, ra *s.* Persona experta en agrimensura.
agrimensura *s. f.* Arte de medir los terrenos.
agringado, da *adj. Amér.* Que presenta aspecto o adopta costumbres de gringo.
agringarse *pr.* Adoptar costumbres o aspecto de gringo.
agrio, gria *adj.* Que produce sensación de acidez. *El vinagre hay que usarlo con moderación porque si no da un sabor agrio a la comida.* || Que se puso agrio. *Con el calor, la leche se puso agria.*
agriparse *pr. Cub. Salv.* y *Méx.* Contraer gripe.
agro *s. m.* Tierra destinada a la labranza.
agroalimentación *s. f.* Industria que procesa productos agrícolas.
agroalimentario, ria *adj.* Se dice de los productos de la tierra que han sufrido un proceso industrial. *Algunas mejoras en la industria agroalimentaria generan polémica.*
agroindustria *s. f.* Industria que procesa productos agrícolas.
agroindustrial *adj.* Que se relaciona con la agroindustria.
agronomía *s. f.* Ciencia que estudia todo lo relacionado con el cultivo de la tierra. *En agronomía intervienen la geografía, la meteorología, la biología, la economía, entre otras.*
agronómico, ca *adj.* Que se relaciona con la agronomía.
agrónomo, ma *s.* Persona especialista en agronomía.
agropecuario, ria *adj.* Relativo a la actividad agrícola y ganadera simultáneamente.
agroquímica *s. f.* Rama de la industria química que se encarga de producir sustancias aplicables a la actividad agrícola. *La agroquímica permite mejorar los cultivos con el uso de abonos y pesticidas.*
agrupación *s. f.* Acción y efecto de agrupar o agruparse. *Antes de acomodar los libros, procedieron a su agrupación por temas.* || Conjunto de personas o de cosas agrupadas. *Una constelación es una agrupación de estrellas a la que los hombres han asignado una figura.*
agrupamiento *s. m.* Acción y efecto de agrupar o agruparse. || En el ejército y la policía, unidad similar a un regimiento.
agrupar *t.* y *pr.* Reunir, formar un grupo con personas o cosas. *En la escuela se agruparon alumnos de varios grados para formar un coro.*
agrura *s. f.* Sabor ácido o acre. || *pl. Cub. Salv.* y *Méx.* Acidez estomacal. *Aunque me encantan los bizcochos, los como poco porque me producen agruras.*
agua *s. f.* Líquido incoloro, transparente, sin olor ni sabor, compuesto de hidrógeno y oxígeno. || Solución de flores, frutos o plantas, o de sus esencias, que se usa en perfumería y medicina. *El agua de rosas refresca la piel.* || Lluvia. *Nos sorprendió el agua, por eso llegamos empapados.* || *pl.* Área del mar cercana a una costa. *El derrame petrolero contaminó las aguas de California.* || *interj. Méx.* Se usa para alertar. *¡Aguas! No te metas por ahí que hay un perro bravo.* || *loc.* ***Agua oxigenada:*** líquido que contiene dos moléculas de hidrógeno y dos de oxígeno. || ***Agua corriente:*** la que, por medio de tuberías, llega a las casas y los edificios. || ***Con el agua hasta el cuello:*** se dice cuando alguien está en una situación muy apremiante. || ***Hacerse agua la boca:*** antojarse algo tanto, que produce salivación. || ***Aguas negras:*** las que, sucias a causa de la actividad humana o industrial, son vertidas a los drenajes. || *Méx.* ***Echar aguas:*** dar aviso, prevenir.
aguacate *s. m.* Fruto comestible del árbol del mismo nombre, originario de América. Su pulpa, de textura suave y sabor delicioso, es verde claro y su cáscara negra o verde oscuro; tiene una gran semilla en el interior.
aguacatillo *s. m.* Árbol sudamericano de tronco único y copa frondosa, cuyo follaje cambia a color rojo en otoño. Mide hasta 15 m de altura; sus pequeños frutos negros sirven de alimento a la fauna silvestre. Su madera se utiliza para hacer muebles.
aguacero *s. m.* Lluvia repentina y abundante, por lo general de poca duración.
aguachirle *s. f.* Bebida o caldo muy aguado, sin sabor.
aguada *s. f.* Depósito natural de agua. || Agua potable que se tiene para cuando haga falta. || En pintura, técnica en la que el color se mezcla con agua u otros ingredientes, y la pintura elaborada con esta técnica.
aguado, da *adj.* Que le falta sabor o que no es espeso porque tiene mucha agua. || *fam.* Que no tiene vigor ni entusiasmo. || Dicho de la ropa, que no queda ajustada.
aguador, ra *s.* Persona encargada de transportar agua de un lugar a otro o de venderla.
aguafiestas *s. com.* Persona aburrida, que echa a perder un momento festivo o de diversión.
aguafuerte *s.* En química, un ácido que es muy corrosivo en los metales. || Técnica de grabado en la que, con ayuda de ese ácido, se plasma una imagen en una lámina de metal. || La lámina grabada con esa técnica.
aguaje *s. m.* Lugar a donde el ganado va a beber agua. || Agitación violenta y rápida del mar. || Agua que entra o sale de los puertos en las mareas.
aguamala *s. f.* Animal marino que parece una campana o un paraguas, con cuerpo gelatinoso y largos tentáculos.
aguamanil *s. m.* Jarro con boca en forma de pico para echar agua en un recipiente. || Recipiente parecido a un lavabo pero sin desagüe que se usa para lavarse las manos.
aguamanos *s. m.* Agua para lavarse las manos. || Jarro, aguamanil.
aguamarina *s. f.* Berilo transparente que se usa en la elaboración de joyas.
aguamiel *s. f.* Agua mezclada con miel. || *Amér.* Bebida hecha de agua con caña de azúcar. || *Méx.* Jugo de maguey.
aguantador, ra *adj.* Que aguanta. || Que es capaz de soportar un dolor.
aguantar *t.* y *pr.* Sostener algo para que no se caiga. *Aguanta la estantería mientras voy por las herramientas.* || Soportar a alguien molesto, latoso. *«Aguantarás a tu suegra» debería ser también un mandamiento.* || Durar algo mucho tiempo en buen estado. *Este abrigo ya aguantó muchos inviernos.*
aguante *s. m.* Paciencia para aguantar. || Fuerza para soportar pesos, trabajos, malos tratos.
aguar *t.* y *pr.* Poner demasiada agua a algo. *Ahí no compres porque suelen aguar todas las bebidas.* || Llenarse de agua un lugar. *Con las coladeras tapadas y el chaparrón que cayó, las calles se aguaron.* || *fig.* Arruinarse algo. *Cuando el exnovio llegó a la boda, la fiesta se aguó.*
aguará *s. m. Arg.* y *Uy.* Especie de perro con pelambre rojiza y crin negra.
aguardar *t.* Esperar que suceda algo. || Dejar pasar un periodo de tiempo. || *pr.* Detenerse.
aguardentoso, sa *adj.* Que tiene aguardiente. || Que es o parece ser de aguardiente. || Se dice de la voz áspera.
aguardiente *s. m.* Bebida destilada con alto contenido de alcohol.
aguarrás *s. m.* Aceite de la trementina usado como solvente.
aguatinta *s. f.* Variedad de la técnica del grabado al aguafuerte. || Impresión obtenida con esta técnica.
aguaturma *s. f.* Planta herbácea de dos m de altura, con hojas ovales y velludas, raíz tuberosa y flores amarillas y redondas. || Rizoma de esta planta.
agudeza *s. f.* Cualidad de agudo o afilado. *Se necesita una navaja cuya agudeza permita hacer cortes muy finos.* || Perspicacia. *Gracias a su agudeza percibe detalles que muchos no captan.* || Ingenio. *La agudeza de su plática siempre asombra a todos.* || Dicho ingenioso. *Me respondió con una agudeza que al principio no en-*

tendí. || Intensidad de una enfermedad. *Tuvo un ataque de asma de una agudeza excepcional.* || *loc.* ***Agudeza visual:*** capacidad con la que el ojo distingue.

agudización *s. f.* Acción y efecto de agudizar o agudizarse.

agudizar *t.* Hacer algo agudo. || *pr.* Agravarse una enfermedad.

agudo, da *adj.* Puntiagudo, punzante, afilado. *Con una herramienta de punta aguda abrió un hoyo.* || Ingenioso. *Ante tal barbaridad sólo cabía un comentario agudo.* || Perspicaz. *Nos presumió su oído agudo identificando la fuente de todos los sonidos.* || Se dice de dolores de gran intensidad debido a enfermedades de gravedad. *Una punzada aguda en el pecho anunció el infarto.* || Se aplica a las palabras que tienen el acento prosódico en la última sílaba. *Las palabras «carbón» y «autobús» son agudas.* || En acústica se refiere a los sonidos de alta frecuencia, en contraposición con los graves. *La trompeta tiene un sonido agudo.* || *loc.* ***Ángulo agudo:*** ángulo menor a 90°. || ***Voz aguda:*** familiarmente corresponde a voz chillona, mientras que en música comprende alto y tiple.

agüero *s. m.* Adivinación por medio de la interpretación de determinadas señales. || Mala o buena fortuna. || *loc.* ***Pájaro de mal agüero:*** persona a la que le gusta anunciar malas noticias.

aguerrido, da *adj.* Que tiene experiencia en la guerra. || Que es agresivo en su profesión.

aguerrir *t.* y *pr.* Lograr que los reclutas se acostumbren a las dificultades de la guerra.

aguijón *s. m.* Órgano en punta que tienen algunos insectos en el abdomen; por lo general contiene veneno y con él pican para defenderse. || Punta de hierro de un palo que se usa para aguijonear. || Estímulo. *Usó el aumento de sueldo como aguijón para animar a sus empleados.* || Espina de una planta.

aguijonamiento *s. m.* Resultado de aguijonear.

aguijonar *t. ant.* Aguijonear.

aguijonazo *s. m.* Piquete de aguijón. || Estímulo.

aguijonear *t.* Picar con un aguijón. || Estimular. || Irritar.

águila *s. f.* Ave rapaz de pico curvo y garras fuertes. || Persona muy aguda. *Es un águila para los negocios.* || *loc. Méx.* ***Águila o sol:*** expresión equivalente a «cara o cruz», referida a las caras de una moneda.

aguileño, ña *adj.* Que se parece al pico del águila. *La nariz aguileña no se considera bella.*

aguililla *s. f.* Nombre que se da a varias especies de pequeñas aves rapaces semejantes a los halcones. || *adj. Amér.* Se refiere a un caballo que tiene paso muy veloz.

aguilón *s. m.* Brazo de la grúa. *En el extremo exterior del aguilón hay un gancho con un cable.*

aguilucho *s. m.* Cría del águila. || Ave rapaz sudamericana de cuerpo alargado, semejante a un halcón. *Algunas clases de aguiluchos tienen un disco de color claro alrededor de los ojos.*

aguinaldo *s. m.* Obsequio que se da con motivo de Navidad o Año Nuevo. || *Amér.* Gratificación o sobresueldo que las empresas dan a los empleados a fin de año.

aguja *s. f.* Barra de metal corta, delgada y puntiaguda. *Las agujas para coser tienen un ojo para pasar el hilo; las que sirven para inyectar son huecas.* || Manecilla de un reloj o un aparato indicador o medidor. *La aguja de la brújula, del barómetro.* || En botánica, hojas muy delgadas de algunas coníferas. *El suelo del bosque estaba tapizado de agujas de pino.* || Riel móvil que sirve para hacer cambios en las vías ferroviarias. || Punta metálica que, al recorrer los surcos de un disco fonográfico, reproduce los sonidos grabados en él. *La tecnología ha venido sustituyendo las agujas de los tocadiscos por rayos láser.*

agujazo *s. m.* Pinchazo con una aguja.

agujerar o **agujerear** *t.* Hacer uno o más agujeros en algo. *Agujerearon semillas para hacer un collar con ellas.*

agujero *s. m.* Orificio, abertura pequeña de forma redondeada. || *loc.* ***Agujero negro:*** en astronomía, lugar en el espacio con campo gravitatorio tan denso que absorbe cualquier objeto o radiación cercano.

agujeta *s. f. Amér.* Aguja para tejer. || *Méx.* Cordón delgado para atar los zapatos. || *pl. Esp.* Molestia dolorosa en los músculos debida al exceso de esfuerzo o ejercicio.

agusanamiento *s. m.* Acción de agusanarse.

agusanarse *pr.* Llenarse algo de gusanos o echarse a perder.

agutí *s. m.* Animal mamífero y roedor, del tamaño de un conejo, con orejas y cola pequeñas, patas largas y pelaje entre marrón y anaranjado.

aguzado, da *adj.* Que tiene forma puntiaguda. || Listo, inteligente, despierto.

aguzamiento *s. m.* Acción de aguzar.

aguzanieves *s. f.* Ave pequeña, de plumas grises y abdomen blanco, que come insectos y vive en lugares húmedos.

aguzar *t.* Aumentar la capacidad de los sentidos para percibir mejor. *Agucé el oído y logré entender lo que decían.* || Sacar punta a un arma o a otra cosa. || Preparar los animales los dientes y las garras cuando van a comer o a despedazar.

ah *interj.* Palabra que expresa diferentes reacciones, como sorpresa, entendimiento, admiración, duda, etc.

aherrojar *t.* Sujetar a alguien con algún instrumento de hierro. || Dominar a una persona quitándole su libertad.

aherrumbrar *t.* y *pr.* Dar a algo o tener algo el sabor o el color del hierro.

ahí *adv.* En ese lugar. *Estuvo ahí toda la tarde.* || A ese lugar. *Muéstrale ahí.* || *loc.* ***Por ahí:*** más o menos. *Comeremos por ahí de las tres.* || ***Por ahí:*** cerca. *La oficina está por ahí, al final del pasillo.*

ahijado, da *s.* Persona que ha recibido el bautizo, respecto a sus padrinos. || Persona protegida por un padrino.

ahijar *t.* Adoptar un hijo ajeno. || Entre algunas especies de animales, criar un hijo ajeno. || Entre algunas especies de animales, colocar a un hijo con una madre ajena. || Retoñar una planta.

ahínco *s. m.* Empeño, dedicación y entusiasmo que se pone en la realización de una tarea. || *loc.* ***Con ahínco:*** con dedicación, con empeño.

ahíto, ta *adj.* Que está lleno de comida. || Que está fastidiado o abrumado.

ahogado, da *adj.* Que casi no se oye. *Lanzó un grito ahogado cuando vio al ladrón.* || Se refiere a un sitio reducido y sin ventilación. || *Amér.* Sumergido en determinada salsa. || *s.* Persona que murió por no poder respirar. *El huracán dejó un saldo de muchos ahogados.*

ahogamiento *s. m.* Acción y resultado de ahogar o ahogarse. || Ahogo.

ahogar *t.* y *pr.* Apretarle la garganta o hundirle la cabeza en agua a una persona o a un animal para privarle la vida cortándole la respiración. || Matar a una planta poniéndole demasiada agua. || Sentir o causar una sensación de ahogo, por ejemplo, en un lugar cerrado o cuando hace mucho calor. || Apagar el fuego con algo diferente del agua. || Apagar la cal con agua. || Saturar un motor de combustible. || Reprimir un sentimiento, un grito, las lágrimas.

ahogo *s. m.* Dificultad para respirar. || Dificultad económica. || *Col.* Salsa para sumergir o cubrir un alimento.

ahondamiento *s. m.* Acción y resultado de ahondar. *El ahondamiento de las diferencias entre los novios los llevó a la ruptura.*

ahondar *t.* e *intr.* Hacer más honda una cosa. || Hacer un hoyo en un terreno. || Analizar en profundidad un asunto.

ahora[1] *adv.* En este momento. *Quiero ese documento ahora.* || Dentro de un rato. *Ahora te cuento el chisme.* || Hace poco tiempo. *Ahora recibí* *la noticia.* || *loc.* ***Ahora mismo:*** en este instante, urgentemente. *Ahora mismo te me vas a la cama.* || ***Por ahora:*** por el momento. *Por ahora te quedas, pero si vuelves a hacer lo mismo...*

ahora² *conj.* Pero, aunque. *No te conviene; ahora, si te gusta, ¡adelante!* || *loc.* ***Ahora bien:*** marca un matiz a lo dicho antes. *Puedes casarte con él; ahora bien, luego no se vale arrepentirse.*

ahorcado, da *adj. Amér.* Que tiene problemas económicos. || *s.* Persona que murió en la horca. || Persona a la que asesinaron o se suicidó por ahorcamiento.

ahorcamiento *s. m.* Acción y resultado de ahorcar.

ahorcar *t.* y *pr.* Ejecutar o asesinar a una persona colgándola de una cuerda que previamente se ató alrededor del cuello de la víctima. || Apretar el cuello una prenda de vestir. *Desabotónate la blusa que se ve que te está ahorcando.*

ahorita *adv. fam.* Ahora mismo. || *Amér. C. Ants.* y *Méx.* Después, al ratito.

ahorrado, da *adj.* y *s.* Que es ahorrador o económico.

ahorrador, ra *adj.* y *s.* Que ahorra. *Los ahorradores protestaron por los bajos intereses que perciben.*

ahorrar *t.* y *pr.* Guardar dinero para necesidades futuras. *Con tantas devaluaciones, no sé si vale la pena ahorrar.* || Evitar gastos superfluos. *Se supone que el uso de las computadoras ahorraría papel.* || Evitar dificultades. *Ahórrate tus palabras, ya me lo dijeron.*

ahorrativo, va *adj.* Que ahorra; se aplica tanto a cosas como a personas. *Ella es muy ahorrativa: evita prender la luz y usa focos ahorrativos.*

ahorrista *s. com.* Persona que ahorra y tiene una cuenta en un banco.

ahorro *s. m.* Cantidad de dinero que no se gasta y se guarda. || Gasto menor que el normal. *Nadie cree que el horario de verano sea un ahorro de energía.*

ahuecamiento *s. m.* Resultado de ahuecar.

ahuecar *t.* y *pr.* Hacer un hueco. || Hacer algo más mullido. *Por favor, ahueca el cojín, está muy duro.* || Hacer la voz más grave. *Ahuecó la voz para imitar a su papá.* || *loc.* ***Ahuecar el ala:*** irse.

ahuehuete *s. m.* Árbol originario de México. Es de tronco ancho y muy alto; tiene hojas perennes y es longevo. *El árbol del Tule, en Oaxaca, tiene unos dos mil años.*

ahuizote *s. m. Méx.* Persona que molesta todo el tiempo. *El periódico* El Hijo del Ahuizote *fue un importante medio antiporfirista.*

ahulado, da *adj.* Que tiene la consistencia del hule. || Que se impermeabilizó con una capa de hule.

ahumado, da *adj.* Lleno de humo. || Cocido con humo. *Para mi gusto, las costillas de cerdo ahumadas son muy saladas.* || Que tiene olor o sabor a humo.

ahumar *t.* y *pr.* Llenar o llenarse de humo. || Cocer un alimento con humo. || Oler o saber a humo. || Despedir humo.

ahuyentar *t.* Hacer huir a un animal. || Deshacerse de algo que molesta o angustia. *Penélope ahuyentaba a diario a los pretendientes.*

aimara o **aimará** *adj.* y *s. com.* Pueblo indígena americano que habita en Bolivia y parte de Perú. *Hoy en día, la mayor parte de los aimara habitan en los alrededores del lago Titicaca.* || *s. m.* Lengua que habla este pueblo. *El aimara está reconocido como lengua oficial paralela al español en Bolivia, Perú y Chile.*

aindiado, da *adj.* y *s. Amér.* Se dice de la persona que tiene aspecto o rasgos de indígena sin serlo.

aindiarse *pr.* Asemejarse a los indios en facciones, comportamiento y costumbres. || Adoptar la forma de vida y lengua de los indios.

airado, da *adj.* Indignado, iracundo, enfadado. *Le respondió de manera airada porque ya estaba harto de sus cuestionamientos.* || *loc.* ***Vida airada:*** la que se vive de forma desordenada.

airar *t.* y *pr.* Irritar o irritarse hasta provocar o sentir ira.

aire *s. m.* Mezcla respirable de gases que forma la atmósfera terrestre. *El aire se compone sobre todo de oxígeno y nitrógeno, con pequeñas proporciones de vapor de agua, dióxido de carbono y gases raros.* || Viento. *El aire estaba tan fuerte que voló la ropa puesta a secar.* || Aspecto que presenta una persona o cosa. *Entraron a la casa con un aire misterioso.* || Semejanza, parecido. *El niño tiene un aire a su tío materno.* || Desenvoltura y gracia al caminar o moverse. || En música, movimiento lento o rápido con que debe ejecutarse una pieza. || En música, tonada, melodía de una canción. || *fam.* Dolor súbito o resfriado provocado por un enfriamiento. *Le dio un aire y por eso le duelen las costillas.* || *loc.* ***Al aire libre:*** en el exterior, fuera de un ámbito cerrado. || ***Cambiar de aires:*** mudarse de casa o cambiar de ambiente. || ***Darse aires:*** pretender alguien más importancia de la que tiene, o ser algo que no es. || ***Quedarse en el aire:*** quedar pendiente.

aireación *s. f.* Ventilación, acción y efecto de airear o airearse.

airear *t.* Ventilar algo, ponerlo al aire. || *fig.* y *fam.* Divulgar algo. *No hables mucho con ella, pues le gusta airear la vida de sus vecinos.* || *pr.* Refrescarse, tomar aire limpio luego de estar encerrado en algún sitio.

airoso, sa *adj.* Que camina o se mueve con gracia y desenvoltura. *El airoso andar de la joven hizo que todos voltearan a verla.* || Se usa para referirse al clima o sitio donde hace mucho aire. || *loc.* ***Salir airoso:*** obtener un buen resultado en algo, particularmente una prueba o examen.

aislable *adj.* Que se puede aislar.

aislacionismo *s. m.* Preferencia de un país por mantenerse separado o no intervenir en asuntos de otros países.

aislacionista *adj.* y *s. com.* Propio del aislacionismo. || Que practica el aislacionismo.

aislado, da *adj.* Dicho de un lugar, que está incomunicado o separado, y de una persona, que no tiene trato con los demás. *No lo conozco bien, es un hombre muy aislado.* || Que no es general, sino poco común. *Hay casos aislados de gripe en esta escuela.*

aislador, ra *adj.* Que aísla.

aislamiento *s. m.* Acción de aislar.

aislante *adj.* Que aísla, aplicado a materiales que impiden el paso del calor, el frío o el sonido, o que no conducen electricidad.

aislar *t.* Separar a una persona o una cosa de otras. *Aislaron a la persona infectada para evitar un contagio.* || *pr.* Buscar estar solo, sin comunicación con otras personas. *No sé nada de él, se aisló de todos los amigos.*

ajá *interj.* Palabra con la que, en un diálogo, se afirma o confirma lo dicho por el otro. *—¿Eras tú? —¡Ajá!, era yo.* || Expresa sorpresa o disgusto. *¡Ajá! Tú fuiste quien me quitó la pluma.*

ajar¹ *s. m.* Tierra sembrada con ajos.

ajar² *t.* Maltratar. *Me devolvió la revista completamente ajada.* || *pr.* Perder gracia algo o alguien. *Con la edad, se le ajó la expresión.*

ajedrecista *s. com.* Persona que sabe jugar ajedrez.

ajedrez *s. m.* Juego de mesa racional y muy complejo en el que dos jugadores mueven 16 piezas, negras o blancas, que representan reyes, peones, etc., en un tablero de 64 cuadros o escaques.

ajenjo *s. m.* Planta medicinal con la que también se prepara una bebida alcohólica. || Bebida alcohólica de sabor anisado y amargo.

ajeno, na *adj.* Que es de otra persona. *Tomaste un reloj ajeno.* || Que no pertenece a determinado lugar. *Para variar, el cartel decía: «Se prohíbe el paso a toda persona ajena».* || Que no sabe que algo va a ocurrir. *Ajeno a los acontecimientos que se desarrollaban en la otra calle, aceleró el*

auto. || Extraño, indiferente. *No me es ajeno tu dolor.*
ajetrear *t.* Imponer una carga de trabajo excesiva. || *pr.* Fatigarse por trabajar mucho o moverse de un lado a otro haciendo algo.
ajetreo *s. m.* Actividad muy intensa, que cansa. *Había tanto ajetreo que en realidad nadie podía trabajar en paz.*
ají *s. m. Esp.* y *Amér. Merid.* Pimiento picante.
ajiaco *s. m. Amér.* Guiso que consiste en caldo con carne, papas, camote, ají y especias cuyos ingredientes varían de país a país.
ajillo *s. m.* Guiso que contiene mucho ajo. || *loc.* ***Al ajillo:*** que se prepara con mucho ajo. *Los hongos al ajillo son una delicia.*
ajo *s. m.* Planta cuyo bulbo, de color blanco, se usa como condimento. || *loc.* ***Cabeza de ajo:*** bulbo del ajo. || ***Diente de ajo:*** cada una de las partes del bulbo del ajo. || ***Estar en el ajo:*** tener conocimiento de un asunto no del todo legal. *Nadie le dijo nada a la policía porque todos estaban en el ajo.*
ajolote *s. m.* Anfibio que habita los lagos de Norteamérica y que se reproduce en estado larvario. || *Méx.* Renacuajo.
ajonjolí *s. m.* Planta herbácea de hojas pecioladas, flores acampanadas blancas o rosadas y frutos con muchas semillas oleaginosas y comestibles. || Semillas de esta planta.
ajorca *s. f.* Aro ancho, generalmente de metal, que sirve de adorno en brazos, muñecas o tobillos.
ajuar *s. m.* Conjunto de muebles y enseres de una casa. || Conjunto de muebles y enseres que la mujer aporta a la casa en su matrimonio. || Prendas de vestir de una persona. || Canastilla con ropa y cosas necesarias para un recién nacido.
ajustable *adj.* Que se puede ajustar.
ajustado, da *adj.* Justo, recto. || *s. f. Salv.* Pena, castigo.
ajustador, ra *adj.* Que ajusta. || *s. m.* Sostén, prenda interior femenina que ciñe el busto.
ajustar *t.* Hacer que dos o más cosas casen entre sí. *Ajustó el perno y las piezas embonaron.* || Arreglar, armonizar. *Si ajustas la posición de los cuadros lucirá mejor la pared.* || Pagar una deuda. *Debe ajustar cuentas pendientes.* || Acordar un precio. *Van a ajustar la tarifa de acuerdo con el número de participantes.* || *pr.* Hacer que dos cosas convengan entre sí. *El día es adecuado, pero no se ajusta a mi agenda.* || Adaptarse una persona a una situación. *Laura ya se ajustó a la vida en otro país.* || Ponerse de acuerdo en lo que es más conveniente. *Aunque había inconvenientes, se ajustaron al horario establecido.*
ajuste *s. m.* Acción o efecto de ajustar o ajustarse. *Ajuste de cuentas.* || *Col. R. Dom. Ven.* y *Cub.* Precio acordado para un trabajo a destajo. || *Salv.* Añadidura.
ajusticiado, da *adj.* y *s.* Se dice de la persona a la que se ha aplicado la pena de muerte.
ajusticiamiento *s. m.* Acción y efecto de ajusticiar.
ajusticiar *t.* Matar a alguien en nombre de la justicia.
al *prep.* y *art.* En gramática, contracción de la preposición «*a*» y el artículo «*el*». *Fuimos al campo.*
ala *s. f.* Extremidades superiores de las aves y órganos de los insectos que les permiten volar. || Cada una de las extensiones laterales de los aviones que les permiten mantenerse en el aire. || Parte del sombrero que rodea la copa. || Parte lateral de un edificio. || En algunos deportes, jugador que se mueve en los costados de la cancha. || Parte del ejército que se forma a los costados. || Alero. || *loc.* ***Arrastrar el ala:*** enamorar o enamorarse.
alabable *adj.* Que merece alabanza.
alabado, a *adj.* Que recibe o ha recibido muestras de admiración.
alabador, ra *adj.* Que le gusta alabar.
alabanza *s. f.* Palabra o frase que dice cosas buenas de alguien.
alabar *t.* Decir cosas buenas de alguien. || *pr.* Jactarse.
alabarda *s. f.* Arma antigua que consistía en un palo largo en cuya punta se ataban dos cuchillas, la horizontal en forma de media luna.
alabardero *s. m.* Soldado armado con alabarda.
alabastrino, na *adj.* Que está hecho de alabastro, o similar a éste.
alabastro *s. m.* Piedra traslúcida, compacta, de color blanco y muy fácil de tallar o esculpir. *El alabastro es parecido al mármol y desde tiempos muy antiguos se utiliza para hacer estatuas y objetos de lujo y adorno.*
álabe *s. m.* Rama de árbol que se curva hacia el suelo. || Cada una de las tablas que se encajan en las ranuras de los carros de carga para sostener su contenido. || En tecnología, parte de la rueda hidráulica, la turbina o el compresor, en la que el fluido que las mueve ejerce su presión.
alacena *s. f.* Hueco en la pared, con estanterías y puerta, para guardar alimentos u otros objetos. || Mueble para guardar alimentos envasados.
alaciarse *pr.* Ponerse lacio algo, enlaciarse. || *t.* y *pr. Amér.* Alisar o alisarse el cabello hasta quitarle lo rizado.
alacrán *s. m.* Arácnido de cuerpo alargado y cola segmentada, la cual termina en un aguijón venenoso. || *fig.* Persona que habla mal de los demás o que tiene malas intenciones.
alacranera *s. f.* Planta aromática de hojas en forma de corazón, flores amarillas y frutos que semejan la cola del alacrán. *La alacranera también es conocida como hierba del alacrán y tiene usos medicinales, aunque también es tóxica.*
alacranero *s. m. Amér.* Sitio donde abundan los alacranes o nido de alacranes. || *Col. C. R. Salv.* y *Hond.* Conjunto de personas intrigantes o de pocos escrúpulos. *Dejaré el empleo, esa oficina es un alacranero.*
alado, da *adj.* Que tiene alas. || *fig.* Veloz, ligero.
alamar *s. m.* Presilla con adornos de pasamanería que, a manera de hojal, se cose en las prendas de vestir. *Los alamares eran muy usuales en las chaquetas militares de los siglos* XVIII *y* XIX. || *Méx.* Tipo de pan dulce que tiene forma de alamar.
alambicado, da *adj.* Se dice de lo que es muy complejo y rebuscado. *Ese texto es tan alambicado que no le entendí.* || *fig.* Referido a ideas o pensamientos, ingenioso, agudo, imaginativo.
alambicamiento *s. m.* Acción y efecto de alambicar.
alambique *s. m.* Aparato utilizado para separar sustancias líquidas por medio del calor.
alambrada o **alambrado** *s.* Muro hecho de alambre asegurado a postes para delimitar un espacio o para impedir la entrada a él.
alambrar *t.* Delimitar un espacio con alambre.
alambre *s. m.* Metal en forma de hilo flexible pero resistente. || *Méx.* Guiso hecho de pedazos de carne, pollo o pescado con verduras ensartados en un palillo largo y asados.
alameda *s. f.* Terreno en donde hay álamos. || Parque o paseo de un pueblo o una ciudad en donde hay álamos.
álamo *s. m.* Árbol de tronco largo y recto, con hojas y ramas abundantes, de madera blanca y resistente.
alarde *s. m.* Ostentación, presunción de algo.
alardear *intr.* Hacer alarde o presumir de algo para llamar la atención.
alardeo *s. m.* Acción y resultado de alardear.
alargado, da *adj.* Que es más largo que ancho. *Su cuerpo proyectaba una sombra alargada.*
alargador, ra *adj.* Que alarga. || *s. m.* Dispositivo o instrumento que sirve para alargar. *Necesito un alargador para enchufar la tele.*
alargamiento *s. m.* Acción y resultado de alargar.
alargar *t.* y *pr.* Hacer una cosa más larga. *No alargues tanto el alambre porque se romperá.* || Estirarse. *Alargó el cuello para ver mejor.* || Hacer más larga una explicación o una dis-

cusión. *Los conferencistas alargaron la sesión porque no se ponían de acuerdo.*

alargue *s. m. Arg.* Cable que se añade a un aparato eléctrico para que pueda conectarse desde más lejos.

alarido *s. m.* Grito de dolor. *Cuando lo inyectaron soltó un alarido.* || Grito fuerte. *No se podía oír al cantante por los alaridos de los fans.* || *loc. fig.* ***El último alarido de la moda:*** lo que está en boga.

alarma *s. f.* Señal que avisa de un peligro. *La alarma sísmica no sonó esta vez.* || Mecanismo de un aparato que activa una señal. *La alarma de este reloj despierta a todo el edificio.* || Susto o sobresalto repentino. *El escape de gas causó la alarma de los vecinos.*

alarmante *adj.* Que produce alarma. *Del frente de guerra llegaban noticias alarmantes.*

alarmar *t.* Dar la voz de alarma. || Avisar de un peligro. || Asustar, a veces innecesariamente.

alarmismo *s. m.* Exageración de un hecho. || Propagación de cosas no ciertas.

alarmista *adj.* Que le gusta difundir noticias alarmantes. || Que provoca alarma.

alazán, zana *adj.* Se refiere a un color, algo rojo, o muy parecido al de la canela. || *s.* Un caballo o yegua que tiene el pelo color alazán.

alazor *s. m.* Cártamo.

alba *s. f.* Amanecer. || *loc.* ***Rayar*** o ***romper el alba:*** empezar a surgir la luz del amanecer.

albacea *s. com.* Persona encargada por el testador o por el juez para ejecutar una herencia.

albahaca *s. f.* Planta con tallos ramosos y velludos, hojas lampiñas y muy verdes, flores blancas, algo purpúreas y muy aromáticas; se utiliza como condimento.

albanés, nesa *adj.* y *s.* Natural de Albania.

albañal *s. m.* Canal o conducto que desaloja las aguas negras. || Sitio donde se acumulan residuos y desperdicios.

albañil *s. m.* Persona que desempeña el oficio de albañilería.

albañilería *s. f.* Arte de levantar paredes de edificios u otras obras con ladrillos, piedra, cal, arena, yeso, cemento y otros materiales.

albarda *s. f.* Pieza principal del aparejo de las caballerías de carga.

albaricoque *s. m.* Fruto casi redondo y con un surco, de color amarillento o encarnado, aterciopelado, de sabor agradable y con hueso liso.

albaricoquero *s. m.* Árbol cuyo fruto es el albaricoque.

albatros *s. m.* Pájaro marino cuyas alas, de gran envergadura, le permiten mantener el vuelo durante mucho tiempo.

albayalde *s. m.* Carbonato de plomo que se usa en pintura.

albedo *s. m.* En física, relación entre la radiación solar reflejada y la recibida.

albedrío *s. m.* Libertad de actuar según nuestra propia elección. || Antojo, capricho.

alberca *s. f. Méx.* Depósito de agua para nadar.

albergar *t.* y *pr.* Dar albergue. || Servir de albergue. || Abrigar sentimientos. || Contener algo. *El Palacio Nacional alberga las oficinas del presidente.* || Hospedarse en un lugar.

albergue *s. m.* Refugio. || Hotel pequeño. || Orfanatorio. *Construyeron el albergue de menores con donaciones.*

albinismo *s. m.* Condición caracterizada por la ausencia de pigmentación en la piel, el pelo, etc.

albino, na *adj.* Que padece albinismo. || *s.* Persona que padece albinismo.

albo, ba *adj.* De color blanco.

albóndiga *s. f.* Bola de carne o pescado revuelto con huevos y pan molido; se come cocida o frita.

albor *s. m.* Luz que aparece durante el alba. || En lenguaje poético, blancura. || *pl. fig.* Origen o inicio de alguna cosa. *En los albores de la civilización surgió la cerámica.*

alborada *s. f.* Tiempo en que amanece. || Poesía o composición musical para cantar a la mañana. || En lo militar, toque para anunciar el amanecer.

alborear *intr.* Aparecer la luz del día, despuntar la mañana. *Ya alboreaba cuando regresaron de la fiesta.*

albornoz *s. m.* Capa con capucha. *Los árabes del desierto usan albornoces para protegerse del sol y el viento.* || Bata de toalla que se usa para salir del baño.

alborotadizo, za *adj.* Inquieto, que se alborota con facilidad.

alborotado, da *adj.* Dicho del cabello, revuelto y despeinado. || Inquieto, nervioso. *Las gallinas están alborotadas, pues el coyote merodea.* || Se dice de la persona que obra de manera precipitada, sin reflexionar en sus acciones. *Por andar de alborotada con las ofertas, compró un mueble defectuoso.* || *Cub. Salv.* y *Uy. fam.* Se aplica a la persona excitada sexualmente. || *Arg. Pan.* y *Salv.* Se dice de las hembras de los animales cuando están en celo.

alborotador, ra *adj.* Que alborota a otros o perturba la tranquilidad social.

alborotar *intr.* Producir alboroto con ruido o griterío. || *t.* y *pr.* Inquietar, perturbar. *Debo estar enamorado, pues me alboroto cada vez que veo a esa mujer.* || Sublevar o amotinar. *Los obreros se alborotaron porque no les quieren aumentar el salario.*

alboroto *s. m.* Escándalo producido por gritos, risas, etc. || Desorden y confusión producidos por mucha gente. *Los alborotos callejeros alteran el orden público.*

alborozar *t.* y *pr.* Producir alborozo, alegría, placer.

alborozo *s. m.* Alegría y júbilo grandes.

albricias *interj.* Palabra con la que se expresa una gran alegría.

albufera *s. f.* Laguna de agua ligeramente salada que está separada del mar por un depósito de arena.

álbum *s. m.* Carpeta o estuche con fundas individuales en donde se pueden colocar fotografías, timbres o estampas para verlos más fácilmente.

albumen *s. m.* Clara de huevo. || En botánica, tejido que envuelve a las semillas cuando están brotando y les sirve de alimento.

albúmina *s. f.* Proteína natural que se encuentra en las plantas y los animales. *La albúmina es la sustancia principal de la clara de huevo.*

albur *s. m.* Azar, casualidad. || Pez de río también llamado mújol, de color azul en el dorso y plateado en los costados; es comestible. || *Méx.* Juego de palabras de doble sentido en el que se trata de evitar que el contrario conteste.

alcabala *s. f.* Durante la Colonia, impuesto que se pagaba en los intercambios de compraventa.

alcachofa *s. f.* Planta comestible que se siembra en huertas. Hay que raspar sus hojas carnosas, de lo contrario es muy dura y fibrosa. || Artefacto de metal con muchos agujeros por donde sale el agua de la regadera o la ducha.

alcahuete, ta *s.* Persona que promueve o encubre relaciones amorosas o sexuales ilícitas. || Chismoso. || En el teatro, telón corto.

alcahuetear *intr.* Oficiar de alcahuete. || Chismorrear.

alcahuetería *s. f.* Acción y resultado de alcahuetear. || Oficio del alcahuete.

alcaide *s. m.* Director de una cárcel. || Durante la Colonia, encargado de la administración de una alhóndiga.

alcalde, desa *s.* Persona que preside un municipio o gobierna una ciudad.

alcaldía *s. f.* Cargo de alcalde. || Territorio dentro de la jurisdicción del alcalde. || Oficina del alcalde.

álcali *s. m.* En química, óxido metálico soluble en agua. *El amoniaco es un álcali que puede dañar las vías respiratorias si se inhala.*

alcalinidad *s. f.* Lo que es alcalino. *La alcalinidad de los suelos está dada por su proporción de sodio.*

alcalino, na *adj.* Que tiene álcali.

alcalinotérreo, a *adj.* y *s.* En química, se dice del elemento que pertenece al grupo del calcio y el magnesio.
alcalización *s. m.* Acción de alcalizar.
alcalizar *t.* Dar a algo propiedades alcalinas.
alcaloide *s. m.* Cada uno de los compuestos orgánicos nitrogenados de carácter básico producidos casi exclusivamente por vegetales.
alcance *s. m.* Capacidad de recorrer un distancia. *El proyectil tiene un alcance de 50 km.* || Capacidad de obtener o abordar algo. *Las matemáticas exigen tener un alcance de abstracción considerable.* || Grado de importancia. *Esta noticia sólo tiene alcance local, pero aquella otra lo tiene nacional.* || *pl.* Inteligencia, talento; suele usarse en sentido negativo. *Quien realizó este examen tiene pocos alcances.* || *loc.* ***Al alcance:*** asequible, cercano. || ***Al alcance de la mano:*** muy cercano. || ***Dar alcance:*** atrapar, conseguir.
alcancía *s. f.* Vasija cerrada, por lo general de barro, con una hendidura para echar monedas que sólo se pueden recuperar rompiendo la vasija.
alcanfor *s. m.* Producto sólido, cristalino, blanco y de olor penetrante, que se obtiene del árbol llamado alcanforero; entre otros usos, se emplea en medicina como estimulante cardiaco.
alcanforado, da *adj.* y *s.* Se dice del líquido al que se le ha añadido alcanfor.
alcanforar *t.* Mezclar algo con alcanfor.
alcanforero *s. m.* Árbol cuyas ramas y raíces se destilan para extraer el alcanfor. *El alcanfor sirve como repelente de polillas.*
alcantarilla *s. f.* Conducto que corre por debajo de las ciudades para recoger el agua de lluvia y las residuales. || Agujero en el suelo tapado con una reja que sirve para que el agua de lluvia llegue a los conductos correspondientes. *Les ha dado por robar alcantarillas para vender el hierro.*
alcantarillado *s. m.* Red de alcantarillas. || Resultado de alcantarillar.
alcantarillar *t.* Construir o instalar alcantarillas.
alcanzar *t.* Llegar hasta donde estaba alguien o algo. *¡Ya te alcancé! ¡Corrías muy rápido!* || Tomar una cosa con la mano. *Cuando el bebé alcanzó el mantel, lo jaló...* || Obtener algo que se deseaba mucho. *Alcanzó el puesto de gerente por adulón.* || Tratar de comprender algo o a alguien. *Nunca alcanzará a comprender a las mujeres.*
alcaparra *s. f.* Arbusto de flores blancas y grandes. ||Yema de las flores de ese arbusto que se come encurtida en vinagre.
alcaraván *s. m.* Ave zancuda, nocturna, solitaria, que se alimenta de insectos.
alcatraz *s. m.* Flor de un solo pétalo blanco en forma de cono. || Ave marina parecida al pelícano. Es de color blanco con las puntas de las alas negras, y vive en colonias.
alcaucil *s. m. Arg.* y *Uy.* Alcachofa.
alcaudón *s. m.* Ave rapaz que tiene el hábito de ensartar entre espinas a sus presas para comerlas poco a poco.
alcayata *s. f.* Clavo grueso y largo cuya cabeza forma ángulo recto.
alcázar *s. m.* Fortaleza, castillo edificado con fines defensivos. || Área de un castillo donde se hallan las habitaciones del príncipe. *En el alcázar del castillo de Chapultepec vivieron Maximiliano y Carlota.*
alce *s. m.* Mamífero rumiante similar a un ciervo, pero mucho más corpulento y con cornamenta aplanada. *Los alces habitan en regiones frías como Canadá, Siberia y Escandinavia.*
alcista *adj.* Se aplica a la tendencia al alza en los precios o en la bolsa de valores. || *s. com.* Persona que, en la bolsa de valores, juega al alza.
alcoba *s. f.* Dormitorio grande y espacioso.
alcohol *s. m.* Líquido incoloro de olor penetrante y característico; es volátil e inflamable. *El alcohol es soluble en agua y menos denso que ésta.* || Licor, bebida que contiene alcohol.
alcoholemia *s. f.* Presencia de alcohol en la sangre. *Una misma dosis de alcohol puede causar diferentes niveles de alcoholemia en distintas personas.*
alcoholero, ra *adj.* De la producción y comercio de alcohol, o relativo a éstos. La industria alcoholera utiliza grandes cantidades de azúcar.
alcohólico, ca *adj.* Relativo al alcohol. *El contenido alcohólico del vino es menor que el del brandy.* || Que contiene alcohol. *Las bebidas alcohólicas deben consumirse con moderación.* || *s.* Persona con dependencia del alcohol. *Los alcohólicos requieren ayuda médica para controlar su adicción.*
alcoholímetro *s. m.* Aparato para medir la cantidad de alcohol presente en el aire espirado por una persona.
alcuzcuz *s. m.* Cuscús, platillo árabe de África del norte elaborado con sémola de trigo.
aldaba *s. f.* Pieza de metal que se fija en las puertas para llamar golpeándola. || Gancho de hierro que entra en una argolla y sirve para asegurar puertas y ventanas al cerrarlas.
aldabazo *s. m.* Golpe dado con la aldaba para llamar a la puerta. *Tres aldabazos anunciaron la inesperada visita.*
aldabón *s. m.* Aldaba. || Asa metálica de un arca o cofre.
aldabonazo *s. m.* Golpe dado con la aldaba o el aldabón. || Advertencia, llamada enérgica de atención.
aldea *s. f.* Pequeño núcleo de población sin jurisdicción propia, situado por lo general en áreas rurales. || *loc.* ***Aldea global:*** idea del mundo en que todo lo económico, político y social es compartido por todos sus habitantes, merced a los medios de comunicación masiva.
aldeano, na *adj.* Perteneciente o relativo a la aldea. *Las costumbres aldeanas y las de las grandes ciudades son diferentes.* || *fig.* Rudo, inculto. || *s.* Habitante de una aldea.
aldehído *s. m.* En química, compuesto que se obtiene de la deshidrogenación o la oxidación controlada de un alcohol primario. *Los aldehídos se utilizan en perfumería y para elaborar solventes, pinturas y plásticos.*
aleación *s. f.* Material compuesto de uno o más elementos, de los cuales al menos uno es un metal. *Las amalgamas dentales son aleaciones de mercurio con otros metales como plata, estaño o cobre.*
alear *t.* Fusionar un metal con otros elementos para producir una aleación.
aleatoriedad *s. f.* Calidad de aleatorio, que ocurre por azar. *La aleatoriedad se refleja en los resultados de la encuesta.*
aleatorio, a *adj.* Que depende de la suerte o de causas accidentales. || Relacionado con los juegos de azar.
alebrestado, da *adj.* Que está inquieto o nervioso. *El caballo está alebrestado.*
aleccionar *t.* Impartir lecciones o instrucción. || Enseñar.
alece *s. m.* Guisado de hígado de pescado del mar Mediterráneo.
aledaño, ña *adj.* Lindante, contiguo. || Terreno en la linde de una ciudad.
alegación *s. f.* Recurso en la presentación de pruebas de un juicio. || Discusión.
alegar *t.* e *intr.* Presentar una prueba en defensa de uno mismo o de alguien. *El acusado alegará en su defensa que estaba borracho.*
alegato *s. m.* Argumento a favor o en contra de algo o alguien. || En derecho, escrito que presenta un abogado a favor de su cliente. || *Méx.* Discusión verbal.
alegoría *s. m.* Representación de una idea abstracta mediante un objeto con el que tiene cierta relación, ya sea cultural o imaginada por un autor. *La manzana es una alegoría del pecado.* || Obra artística presentada en esta forma. Alicia en el país de las maravillas *es una alegoría de la sociedad de la época.*
alegórico, ca *adj.* Que se relaciona con la alegoría.

alegorización *s. f.* Resultado de alegorizar.

alegorizar *t.* Interpretar y dar significado alegórico a algo.

alegrar *t.* Dar una alegría. || Pintar o adornar con colores vivos. || *pr.* Sentirse alegre.

alegre *adj.* Que siente, muestra o proporciona alegría. || De color vivo. || *fam.* Que está algo bebido.

alegría *s. f.* Sentimiento que nos hace sentir bien y sonreír. || *Méx.* Dulce elaborado con semillas de amaranto.

alegro *adv.* Con ritmo de intensidad moderada. || *s. m.* Parte de una composición musical que debe interpretarse con ese ritmo.

alejado, da *adj.* Distante, que no está cerca. *Vive en un barrio alejado del centro de la ciudad.*

alejamiento *s. m.* Acción y efecto de alejar o alejarse. *El alejamiento de su amigo se debe a un malentendido.*

alejandrino *adj.* y *s. m.* En poesía, tipo de verso de catorce sílabas, compuesto por dos mitades de siete sílabas cada una. *Gonzalo de Berceo y el Arcipreste de Hita cultivaron los versos alejandrinos.*

alejandrino, na *adj.* y *s.* De Alejandría, ciudad de Egipto. *La antigua Biblioteca Alejandrina fue la más grande del mundo en su época.*

alejandrita *s. f.* Piedra preciosa de gran transparencia y color violáceo que cambia a verdoso, azuloso o rojizo según la luz.

alejar *t.* y *pr.* Poner algo más lejos o irse una persona más lejos del sitio en que se hallaba. *Aleja el salero para que no se caiga.* || Ahuyentar. *Aleja de ti de las tentaciones.* || Apartar. *El destino alejó a los enamorados.*

alelado, da *adj.* Embobado, ido, como lelo. *La mujer miraba alelada un carísimo vestido en el aparador.*

alelamiento *s. m.* Estado del que está como tonto o lelo.

alelar *t.* y *pr.* Quedarse como lelo o poner lelo a alguien. *Mi primo se alela cada vez que ve pasar a la chica que le gusta.*

alelí *s. m.* Alhelí.

alelo *s. m.* En biología, cada uno del par de genes que ocupan un lugar determinado en un cromosoma. *De los alelos dependen características hereditarias como el color del cabello o los ojos.*

alelomorfo, fa *adj.* Que se presenta bajo formas diversas. || *s.* Cada gen de un par que ejerce la misma función en un cromosoma.

aleluya *interj.* Se utiliza para demostrar júbilo, alegría, alborozo.

alemán, mana *adj.* y *s.* Natural de Alemania. || Perteneciente a u originario de Alemania. || Idioma de Alemania y otros países.

alentador, ra *adj.* Que infunde aliento, ánimo, fortaleza. *Los resultados de los exámenes son alentadores.*

alentar *t.* Animar, dar fuerza, aliento, vigor.

aleonado, da *adj.* De pelo color rubio oscuro, como el del león.

alerce *s. m.* Árbol conífero de hojas en forma de aguja.

alergénico, ca *adj.* Que es capaz de provocar una alergia.

alérgeno *s. m.* Cuerpo o sustancia que, introducida en el organismo, provoca reacciones alérgicas.

alergia *s. f.* Reacción de los organismos en rechazo a determinadas sustancias.

alérgico, ca *adj.* Que se relaciona con la alergia. || Que padece alergia.

alergista *s. com.* Alergólogo.

alergología *s. f.* Rama de la medicina que estudia y trata las alergias.

alergólogo, ga *s.* Médico especialista en alergias.

alero *s. m.* Borde sobresaliente en la parte inferior del tejado. *El alero sirve para desviar la lluvia de la fachada de las casas.* || Jugador de baloncesto que juega en los laterales de la cancha. *Los aleros son buenos encestadores a distancia.*

alerón *s. m.* Aleta de algunos peces. *Los peces león tienen alerones vistosos y venenosos.* || En aeronáutica, aleta móvil en los extremos de las alas de los aviones. *Los alerones sirven para inclinar o enderezar la aeronave.*

alerta *adv.* Con atención vigilante. *Hay que estar alertas por si la tormenta se convierte en huracán.* || *s. f.* Señal para indicar que se avecina un peligro. || *interj.* Exclamación para poner en guardia a alguien ante algún riesgo.

alertado, da *adj.* Que ha sido puesto sobre aviso de algo y se halla vigilante. *Los pobladores, alertados sobre una posible inundación, se fueron a los refugios.*

alertar *t.* y *pr.* Poner o ponerse alerta. *Los perros se alertaron por los ruidos en el patio trasero.*

aleta *s. f.* Apéndices que utilizan los animales acuáticos para moverse. *Los peces tienen varios tipos de aletas: caudales, dorsales, anales, entre otras.* || Cualquier cosa parecida a estos apéndices. *Lalo se compró un auto antiguo con unas aletas horribles en la parte de atrás.* || Cada uno de los bordes carnosos situados a los lados de la nariz. *El resfriado me dejó las aletas enrojecidas de tanto usar el pañuelo.*

aletargamiento *s. m.* Acción y efecto de aletargar o aletargarse. *Las actividades monótonas producen aletargamiento.*

aletargar *t.* y *pr.* Causar letargo, adormecer. *Muchos animales se aletargan cuando hace frío.* || Hacer más lento el ritmo de algo. *Las vacaciones aletargaron a la ciudad.*

aletazo *s. m.* Golpe dado con el ala o la aleta. *Con un fuerte aletazo el ave emprendió el vuelo.*

aletear *intr.* Mover repetidamente las alas o las alteas. *Los peces fuera del agua aletean con desesperación.* || Mover los brazos como si fueran alas. *Arturo aleteó aparatosamente para llamar la atención de Alicia.* || Restablecerse. *Luego de esa enfermedad tan drástica, Jaime ya aletea de nuevo.*

aleve *adj.* Alevoso.

alevín *s. m.* Cría de pez. *Llevaron alevines de trucha para repoblar el lago.* || Principiante. *Ramón es el alevín del equipo de futbol.*

alevosía *s. f.* Cautela extrema con la que actúa un delincuente para asegurarse de su fin || Traición.

alevoso, sa *adj.* Que actúa con alevosía. || Que conlleva alevosía.

alfa *s. f.* Primera letra del alfabeto griego (Α, α).

alfabético, ca *adj.* Que se relaciona con el alfabeto. *El orden alfabético facilita la consulta en los diccionarios.*

alfabetización *s. f.* Acción de enseñar a leer y escribir. || Acción de ordenar alfabéticamente algo.

alfabetizar *t.* Enseñar a leer y escribir. || Ordenar alfabéticamente.

alfabeto *s. m.* Conjunto de letras de un idioma. || Sistema de signos que sustituye a las letras, como el braile para los ciegos y el morse para los telegramas. *lsm son las siglas de Lengua de Señas Mexicana que se enseña en las escuelas para sordomudos.*

alfabeto, ta *adj.* Que sabe leer y escribir.

alfaguara *s. f.* Manantial del que brota mucha cantidad de agua.

alfajor *s. m.* Nombre de diferentes dulces en España y América. En México, es de coco; en Sudamérica son dos tapas de masa unidas con dulce de leche; en España también se llama alajú, y tiene almendras.

alfalfa *s. f.* Planta que se cultiva para alimentar al ganado.

alfalfar[1] *s. m.* Campo sembrado de alfalfa.

alfalfar[2] *t. Arg. Bol. Chil.* y *Uy.* Sembrar alfalfa.

alfanje *s. m.* Arma blanca curva y corta, con filo de un solo lado.

alfanumérico, ca *adj.* Perteneciente o relativo a una clasificación que combina letras del alfabeto y cifras. || En informática, aquello que está formado por letras, números y otros caracteres. *La mayoría de las computadoras utilizan teclados alfanuméricos.*

alfanúmero *s. m.* En informática, conjunto de letras, números y otros caracteres que se utilizan como código para expresar la información y operar un sistema computarizado. *La clave de acceso a un sitio o programa es un alfanúmero.*

alfarería *s. f.* Arte y oficio de fabricar vasijas de barro o cerámica. *El origen de la alfarería se remonta al Paleolítico.* || Taller donde se elaboran estos objetos. *En una alfarería los instrumentos principales son los tornos y el horno.* || Establecimiento donde se venden objetos de barro. *Las ciudades de Puebla, Guanajuato y Metepec, en México, son famosas por sus alfarerías.*

alfarero, ra *s.* Persona que se dedica a elaborar o vender objetos de alfarería.

alféizar *s. m.* Parte sobresaliente, tanto en el exterior como en el interior, del hueco de una puerta o ventana. *Muchas personas gustan de adornar con macetas los alféizares de las ventanas.*

alfeñique *s. m.* Pasta de azúcar cocida en forma de barras alargadas, cuya textura permite moldearla. *En la celebración mexicana de Día de Muertos se consumen calaveritas y otras figuras de alfeñique.* || *fig. fam.* Persona débil, con poca fuerza física.

alferecía *s. f.* Enfermedad infantil que se caracteriza por temblores, convulsiones y pérdida del conocimiento.

alférez *s. m.* En algunas fuerzas armadas, oficial de graduación inmediatamente inferior a la de teniente. *El grado de alférez equivale al de subteniente.* || *Amér. Merid.* Persona a la que le toca pagar los gastos de alguna fiesta o celebración.

alfil *s. m.* Pieza del juego de ajedrez que se mueve en diagonal. *Los alfiles representan funcionarios de rango medio, u oficiales del ejército.*

alfiler *s. m.* Barra de metal muy delgada y corta, con punta en un extremo y cabeza en el otro. || Pieza de joyería que se prende de la ropa como adorno o para sujetar algo. *Un alfiler de diamantes.* || *loc.* ***Prendido con alfileres:*** se dice del conocimiento o argumento que no cuenta con bases suficientes.

alfilerazo *s. m.* Pinchazo con alfiler. || *fig.* Pulla, expresión zahiriente.

alfiletero *s. m.* Estuche con cojinete para guardar alfileres y otros instrumentos de costura.

alfombra *s. f.* Tejido de lana u otros materiales que se pone sobre el piso como protección y adorno.

alfombrado *s. m.* Conjunto de alfombras instaladas en un lugar. *El alfombrado quedó precioso.*

alfombrar *t.* Acción y efecto de poner alfombras.

alfombrilla *s. f.* Alfombra pequeña, como las que se colocan en los autos o en el baño.

alforja *s. f.* Par de bolsas unidas por una tira para cargar objetos sobre el hombro o sobre las ancas de bestias de carga.

alforza *s. f.* Doblez en prendas de vestir como adorno, para acortarlas o como reserva para alargarlas.

alga *s. f.* Planta que vive y se desarrolla en el agua o cerca de ella. *Las algas marinas son ricas en nutrientes.*

algarabía *s. f.* Griterío confuso de varias personas que hablan al mismo tiempo. *Había algarabía en el salón de clases.*

algarada *s. f.* Disturbio en el que participa una turba.

algarroba *s. f.* Fruto del algarrobo. *Las algarrobas son vainas que tienen dentro semillas recubiertas por pulpa dulce.* || Planta leguminosa con flores blancas y semillas color marrón, se utiliza como alimento para el ganado. || Semilla de esta planta.

algarrobal *s. m.* Sitio donde crecen algarrobos o algarrobas.

algarrobo *s. m.* Árbol de copa extendida que alcanza hasta 10 m de altura, da frutos en forma de vainas. *Con las semillas de los frutos del algarrobo se produce un sustituto de café.*

algazara *s. f.* Ruido de voces producido por un grupo de personas que están alegres.

álgebra *s. f.* Parte de las matemáticas en la que se realizan operaciones aritméticas mediante números, letras y signos que representan cantidades. *Las operaciones de álgebra se llaman ecuaciones.*

algebraico, ca *adj.* Perteneciente o relativo al álgebra.

algidez *s. f.* En medicina, frialdad extrema que acompaña a ciertas enfermedades. *Tiene fiebre, pero presenta algidez en pies y manos.*

álgido, da *adj.* Helado, muy frío. || En medicina, síntoma acompañado de frío extremo. *Una fiebre álgida.* || Se dice del momento culminante o crítico de los procesos físicos, sociales o políticos. *La reunión llegó a su punto álgido cuando el presidente presentó su renuncia.*

algo *pron. indef.* En contraposición a nada, expresa el concepto de cosa. *Seguro traman algo, están muy silenciosos.* || Se refiere a una cantidad indeterminada. *Le darán algo de dinero.* || *adv.* Hasta cierto punto, no del todo. *Estoy algo cansado, pero terminaré el trabajo antes de ir a dormir.* || *loc.* ***Por algo:*** con razón, no en vano.

algodón *s. m.* Planta cuyo tallo verde se torna rojo al florecer, de fruto con semillas envueltas por una borra blanca. *La flor del algodón es de color amarillo.* || Esa borra. *La cosecha arrojó 300 kg de algodón.* || Forma limpia y esterilizada de esa borra. *La enfermera limpió los bordes de la herida con algodón.* || Hilado o tejido obtenido de esa borra. *La dependiente le muestra ahora una tela de algodón estampado.* || *loc.* ***Entre algodones:*** se aplica a lo que se guarda con muchos cuidados.

A

algodonal *s. m.* Plantío de algodón.

algodoncillo *s. m.* Planta americana cuyas semillas están envueltas en una borra parecida a la del algodón.

algodonero, ra *adj.* Relacionado con el algodón. || *s.* Persona que se dedica al cultivo del algodón o hace negocios con ese producto.

algodonoso, sa *adj.* Que tiene la consistencia del algodón o se parece a él.

algonquino, na *adj.* Se aplica a ciertos pueblos originarios que vivían en Canadá y Estados Unidos. || *s.* Lengua hablada por estos grupos.

algoritmia *s. f.* Ciencia del cálculo aritmético y algebraico.

algorítmico, ca *adj.* Relacionado con el algoritmo.

algoritmo *s. m.* Conjunto preciso de operaciones que resuelven un problema.

alguacil *s. com.* Oficial de justicia que cumple las órdenes de un tribunal.

alguien *pron.* Persona de la que no se dan datos precisos. || *s. m.* Persona importante. *Pedro se propuso ser alguien.*

algún *adj.* Apócope de alguno.

alguno, na *adj.* y *pron.* Lo opuesto a ninguno. *Alguno de ellos sabe bien qué pasa.* || Algo de. *Alguna cualidad debe tener.* || *loc.* ***Alguno que otro:*** pocos. *A la inauguración llegó alguno que otro despistado.*

alhaja *s. f.* Joya de mucho valor. || Persona valiosa. || *irón.* Persona de cuidado. *El hijo de mi amiga es toda una alhaja: roba, estafa, engaña.*

alhajar *t.* Adornar con alhajas. || Amueblar un lugar.

alhajero *s. m.* Caja para guardar alhajas.

alharaca *s. f.* Festejo con gestos y gritos que se hace de algo que no tiene mucha importancia.

alhelí *s. m.* Planta de jardín cuyas flores, de diferentes colores según la especie, crecen en espiga y despiden aroma agradable. || Flor de esa planta.

alhóndiga *s. f.* Lugar amplio en el que se almacenan para su venta diferentes tipos de granos. *Las cabezas de los insurgentes mexicanos se expusieron en la alhóndiga de Granaditas, Guanajuato, para disuadir a los independentistas.*

aliado, da *adj.* y *s.* Que es confiable, que está de nuestra parte. || Que en la Segunda Guerra Mundial se unió contra el nazismo. *Los aliados desembarcaron en Normandía e Italia.*

alianza *s. f.* Acuerdo de unión y cooperación entre dos naciones, instituciones o personas. || Parentesco que se contrae mediante el matrimonio. || Anillo de boda. *Esa joyería se especializa en alianzas grabadas.* || *Chil.* Coctel, mezcla de diferentes licores en un mismo vaso.

aliar *t.* Unir a una colectividad, persona o cosa con otra para un mismo fin. *El dirigente alió varios ejércitos para ganar la guerra.* || *pr.* Unirse dos o más naciones, instituciones o personas para lograr algo. *Los campesinos se aliaron para exigir créditos a la producción.*

alias *s. m.* Apodo o sobrenombre. *El alias de ese futbolista es «Pata santa» porque ha metido muchos goles.* || Por otro nombre. *José de Jesús Negrete, alias «El Tigre de Santa Julia», fue un famoso bandido mexicano.*

alicaído, da *adj.* Ave que tiene las alas caídas. *Si un ave anda alicaída, es probable que esté enferma o herida.* || *fig.* Triste, desanimado. *Está muy alicaído desde que perdió el empleo.*

aliciente *s. m.* Estímulo o atractivo que motiva a hacer algo. *Con el aliciente de un pago extra, terminaron el trabajo pronto y bien.*

alicorto, ta *adj.* Ave que tiene las alas cortas o cortadas. || *fig.* Conformista, sin aspiraciones ni visión.

alícuota *adj.* En matemáticas, que forma parte proporcional de un todo y está contenido un número entero de veces en él. *Cinco es una parte alícuota de veinte.*

alienación *s. m.* Acción y efecto de alienar o alienarse. *Las presiones y la manipulación social pueden conducir a la alienación del individuo.* || En psicología, trastorno mental caracterizado por la pérdida de identidad y separación de la realidad.

alienado, da *adj.* y *s.* Que padece alienación, sea temporal o permanente. *Hasta el siglo XIX, en muchos hospitales los alienados convivían con los demás pacientes.*

alienante *adj.* Que aliena, que trastorna la mente o la conciencia. *Las exigencias de la sociedad de consumo son alienantes.*

alienar *t.* Separar o enajenar la conciencia del mundo objetivo. *Su afición al deporte lo alienará.*

alienígena *adj.* Ser de otro planeta.

alienista *adj.* Médico especializado en enfermedades mentales.

aliento *s. m.* Exhalación por la boca después de aspirar. || Respiración. *Después de la carrera quedó sin aliento.* || Acción de alentar. *Recibió el aliento de todos sus compañeros de equipo.* || Capacidad para hacer algo que supone esfuerzo. *Ya no tiene aliento para emprender ese proyecto.* || Impulso vital. *El moribundo exhaló su último aliento.* || *loc.* ***Mal aliento:*** halitosis.

aligeramiento *s. m.* Acción y efecto de disminuir peso o carga.

aligerar *t.* Disminuir peso o carga.

alijar *t.* Descargar barcos total o parcialmente.

alijo *s. m.* Práctica de descargar barcos. *El alijo es complicado y costoso.*

alimaña *s. f.* Animal depredador pequeño, perjudicial e indeseable. || *fig.* Persona con malas intenciones.

alimentación *s. f.* Acción y efecto de ingerir alimentos.

alimentador, ra *adj.* Que alimenta. || *s. m.* Pieza o aditamento que sirve para conectar una máquina con su fuente de energía.

alimentar *t.* y *pr.* Dar alimento a un ser vivo o procurárselo éste. || Suministrar a una máquina combustible o energía para que funcione. || Fomentar un sentimiento, pasión o costumbre. *Alimentaba su amor con ilusiones.* || *intr.* Servir alguna cosa de alimento. *Las verduras alimentan, cómetelas.*

alimentario, ria *adj.* Perteneciente o relativo a la alimentación. *La disciplina alimentaria nos mantiene sanos.*

alimenticio, cia *adj.* Que, por sus propiedades, alimenta. *El huevo contiene sustancias alimenticias.*

alimento *s. m.* Sustancia nutritiva necesaria para mantener la vida de un organismo. || Cosa que sirve para mantener la existencia de algo. *La leña es el alimento de la hoguera.* || Motivación o fomento de sentimientos o pasiones. *La envidia es alimento de emociones negativas.*

alimón *loc.* **Al alimón:** En colaboración, de manera conjunta.

alindar *t.* Marcar los lindes de un terreno. || *intr.* Lindar, tener un país o territorio límites geográficos con otro.

alineación *s. f.* Acción y efecto de alinear o alinearse. || Composición de un equipo deportivo según los puestos que ocupan los jugadores.

alineado, da *adj.* Que toma partido por determinada posición ideológica o política. || Que está a favor de quien mantiene determinada posición ideológica o política. || *loc.* ***No alineados:*** grupo de países que se formó durante la llamada Guerra Fría, con el fin de mantener una posición neutral en el enfrentamiento entre Estados Unidos y la URSS.

alineamiento *s. m.* Alineación.

alinear *t.* y *pr.* Colocar cosas o personas en línea recta. *El niño alineaba los soldaditos de plomo de mayor a menor.* || Incluir a un jugador en el equipo en activo. *Para el segundo tiempo alinearán a un portero fresco.* || Vincularse política o ideológicamente. *Los vecinos se alinearon en un partido de derecha.*

aliñado, da *adj.* Aseado, bien arreglado.

aliñar *t.* Agregar a las comidas condimentos. || Arreglar o adornar con mucho cuidado algo.

aliño *s. m.* Acción de aliñar.

alioli *s. m.* Salsa que se elabora con ajos machacados y aceite.

alisar *adj.* Poner liso algo. || Pasar el peine por el cabello.

alisios *s. m. pl.* Vientos alisios; ver **viento**.

aliso *s. m.* Árbol de diez m de altura, copa redondeada con hojas alternas y flores blancas. || Madera de este árbol.

alistamiento *s. m.* Acción y efecto de alistar o alistarse.

alistar[1] *t.* Incluir a algo o a alguien en una lista. *Antes de ir al mercado, alistó los ingredientes del guiso.*

alistar[2] *t.* Dejar preparada una cosa. *Hay alarma de tormenta, alista linternas y asegura ventanas.* || *pr.* Vestirse, arreglarse. *Se alistó para la fiesta desde muy temprano.*

aliteración *s. f.* En retórica, sonido que se repite para dar expresividad a una frase. *De Góngora, «infame turba de nocturnas aves» es un buen ejemplo de aliteración.*

aliterado, da *adj.* Que contiene una o varias aliteraciones.

aliviador, ra *adj.* y *s.* Que alivia.

alivianar *t.* Aliviar. || *pr. Méx.* Calmarse. *Aliviánate, mi cuate, que la vida es corta.*

aliviar *intr.* y *t.* Hacer menos pesado. || Hacer necesidades fisiológicas. || *pr. Méx.* Dar a luz.

alivio *s. m.* Acción y resultado de aliviar o aliviarse.

aljaba *s. f.* Bolsa cilíndrica abierta por un lado que sirve para transportar flechas.

aljamía *s. f.* Texto castellano, pero escrito en alfabeto árabe.

aljamiado, da *adj.* Que se escribió en aljamía.

aljibe *s. m.* Pozo de donde se saca agua dulce. || Depósito de agua dulce.

aljófar *s. m.* Perla pequeña de forma irregular, o conjunto de éstas.

aljofarar *t.* Adornar o recubrir algo con aljófar.

allá *adv.* En un lugar lejos de aquel en que se habla. *Allá en el monte llueve muy fuerte.* || En un tiempo alejado del presente. *Allá por la época de las cruzadas no había luz eléctrica.* || *loc.* ***El más allá:*** lo que hay después de la muerte.

allanador, ra *adj.* Que allana.

allanamiento *s. m.* Acción y efecto de allanar o allanarse.

allanar *t. intr.* y *pr.* Aplanar, poner algo llano. *Para allanar el terreno quitaron algunas rocas y taparon agujeros.* || Entrar a la fuerza en una casa o propiedad. || *fig.* Superar alguna dificultad para hacer algo. *Conseguir*

ese documento y allanarse el trámite fue todo uno. || *Amér.* Entrar la policía a un domicilio, con una orden judicial, para registrarlo.
allegado, da *adj.* y *s.* Se dice de la persona que mantiene una relación estrecha con otra, sea por parentesco o por amistad. *El jefe ofreció una cena a sus allegados de la oficina.* || Se aplica a miembros de la misma familia. *Es allegado a nuestra familia por matrimonio.*
allegar *t.* Juntar, reunir. || Añadir o agregar. || *t.* y *pr.* Arrimar una cosa a otra. || *pr.* Adherirse a una opinión o modo de pensar.
allende *prep.* Más allá de alguna parte. *Allende la sierra hay cuatro lagunas.*
allí *adv.* En un lugar determinado que está alejado de quien habla. *Allí, en un extremo del patio, dejé a secar las cortinas.* || Utilizado en correlación con «*aquí*», indica un sitio indeterminado. *Aquí sabemos qué pasó; allí, quién sabe.* || Señala un momento específico. *Sufrió muchas injusticias y, a partir de allí, su conducta empeoró.*
alma *s. m.* Aquello que brinda la medida humana de los sentimientos, la moral y los ideales. *El forastero ha dado muestras de ser un alma buena.* || En algunas religiones, lo que representa el espíritu y es inmortal. || Individuo, persona. *Es un poblado pequeño, apenas tiene mil almas.* || Parte principal de algo. *El motor es el alma de los automóviles.* || Núcleo, soporte. *La construcción es fuerte, tiene alma de acero.* || Energía, ímpetu. *La bailarina puso su alma en la interpretación.* || Persona que da aliento. *El profesor de matemáticas es el alma del nuevo proyecto sobre geometría.* || *loc.* ***Arrancar el alma:*** matar. || ***Caerse el alma a los pies:*** desanimarse, sufrir una gran decepción. || ***Como alma que lleva el diablo:*** a gran velocidad. || ***Dar el alma:*** morir. || ***Echar el alma:*** dar el mayor de los esfuerzos. || ***Estar con el alma en un hilo:*** tener miedo, estar a la expectativa. || ***Llevar en el alma:*** querer mucho. || ***No tener alma:*** mostrar indiferencia, desprecio o falta de solidaridad.
almacén *s. m.* Establecimiento donde se guardan o se comercian productos.
almacenaje *s. m.* Acción y efecto de guardar productos comerciales en un lugar destinado para ello.
almacenamiento *s. m.* Guardar y acomodar bienes comerciales.
almacenar *t.* Acción y efecto de guardar productos comerciales en un almacén. || Guardar información en el disco duro de una computadora.
almacenero, ra *s.* Persona que administra o atiende almacenes. || Distribuidor de productos comerciales.
almacenista *s. m.* Propietario o responsable de uno o más almacenes.
almácigo, ga *s.* Receptáculo o área de tierra donde se siembran semillas para trasplantar sus brotes.
almadía *s. f.* Canoa rudimentaria o conjunto de maderos unidos para transportar personas y objetos.
almadraba *s. f.* Pesca de atún. || Área donde se hace. || Arreos para ejecutarla. || Establecimiento para procesarla
almagre *s. m.* Óxido natural de hierro de color rojo. *Por su vivo color, las arcillas con almagre se han utilizado en cerámica desde la época prehistórica.*
almanaque *s. m.* Calendario impreso que, además de las fechas, contiene información astronómica, de conmemoraciones cívicas y festejos religiosos.
almeja *s. f.* Molusco bivalvo que vive en las costas arenosas; es comestible. *Aunque las más conocidas son las de mar, también hay almejas de río.*
almena *s. f.* Parte de una muralla, más elevada que ésta, empleada antiguamente para resguardo de una fortaleza. *A diferencia de las torres, que pueden ser cilíndricas, las almenas suelen tener forma de prisma rectangular.*
almendra *s. f.* Fruto del almendro. || Semilla comestible de este fruto. || Semilla carnosa de los frutos como las ciruelas, los chabacanos y las cerezas, que se halla dentro de una cubierta dura.
almendrado, da *adj.* Con forma de almendra. || *s. m.* Salsa o dulce que lleva almendras como base. || *Méx.* y *Per.* Guiso hecho con salsa de almendras. *Hoy comeremos pollo almendrado.*
almendral *s. m.* Sitio plantado de almendros.
almendro *s. m.* Árbol de madera dura, flores blancas o rosadas y fruto en drupa con semilla comestible. *Los almendros son originarios de Asia y pueden medir hasta 12 m de altura.*
almíbar *s. m.* Jarabe hecho de azúcar disuelto en agua y espesado a fuego lento. || *fig.* Trato demasiado dulce y cortés. *Tanto almíbar por parte de tu hermana me inspira desconfianza, creo que algo persigue.*
almibarado, da *adj.* Empalagoso. || *fig.* Se dice del trato y lenguaje muy melosos y de la persona que los emplea. *Los novios pelearon, pero luego andaban con mimos almibarados.*
almibarar *t.* Bañar con almíbar. *Almibaré el pan hasta que esté bien embebido.* || *fig.* Aderezar un discurso para agradar al receptor y obtener lo que se busca. *Almibaró tanto sus palabras que se salió con la suya.*
almidón *s. m.* Hidrato de carbono que se encuentra sobre todo en los tubérculos y semillas de los vegetales; es de color blanco y constituye una gran reserva energética. Se usa en la alimentación y la industria.
almidonado, da *adj.* Que tiene almidón. || *fam.* Tieso. || *s.* Acción y efecto de almidonar.
almidonar *t.* Poner almidón.
alminar *s. m.* Torre de las mezquitas desde donde se convoca a los fieles.
almirantazgo *s. m.* Cargo y dignidad de almirante || Jurisdicción del almirante. || Conjunto de almirantes.
almirante *s. m.* Grado de mando más alto de la armada.
almirez *s. m.* Mortero pequeño y portátil.
almizcle *s. m.* Sustancia grasa de olor penetrante que segregan algunos mamíferos. Se utiliza en perfumería.
almizcleño, ña *adj.* Que huele a almizcle.
almizclero, ra *adj.* Que huele a almizcle. || *s.* Mamífero con una glándula que contiene almizcle. *Hay bueyes, ratas y ciervos almizcleros.*
almohada *s. f.* Saco de tela relleno con algún material blando, como plumas o algodón, que se usa para apoyar la cabeza a la hora de dormir.
almohadazo *s. m.* Golpe dado con una almohada. *En tu cumpleaños haremos una buena guerra de almohadazos.*
almohadilla *s. f.* Almohada pequeña. *Hay almohadillas para caballos, para sentarse en los estadios, para coser, para entintar.*
almohadillado, da *adj.* Que se le puso una almohadilla.
almohadillar *t.* Acolchar.
almohadón *s. m.* Almohada o cojín grande que se usa para apoyar la espalda o recostarse, e incluso sólo como adorno. Se coloca verticalmente en camas y sillones.
almoneda *s. f.* Local donde se realiza una subasta pública de bienes. || Subasta pública.
almorrana *s. f.* Tumor que se forma cerca del ano, generalmente de carácter varicoso.
almorzar *t.* e *intr.* Comer algo a la hora del almuerzo. *Almorzamos tallarines.* || Tomar el almuerzo. *En México se almuerza a las 11 y se come a las tres.*
almuerzo *s. m.* Acción de almorzar. *Durante el almuerzo escucharon su nuevo disco.* || Comida ligera que se hace a media mañana. *Los estudiantes toman su almuerzo en el recreo.* || Comida del mediodía, en algunos lugares la principal del día. *El albañil come su almuerzo a la una de la tarde.*
alocado, da *adj.* Muy rápido y movido. *El* rock and roll *es un ritmo alocado.* || De comportamiento imprudente o poco sensato. *Ese tipo*

alocado iba en su moto a más de 100 km por hora.

alocución *s. f.* Breve discurso que alguien dirige a sus gobernados subordinados. *En su alocución, el alcalde recordó la importancia de mantener limpia la ciudad.*

áloe *s. m.* Planta de tallo corto y hojas largas y carnosas con los márgenes espinosos. Su jugo tiene aplicaciones medicinales y cosméticas. *El áloe es más conocido en México como sábila.* || Jugo de esta planta. *Muchas cremas suavizantes para la piel contienen áloe.*

alófono *s. m.* En fonética, cada una de las diferentes maneras de pronunciar el mismo fonema, según la posición que éste ocupa en una palabra.

alófono, na *adj.* Que habla una lengua diferente.

alógeno, na *adj.* y *s.* Se dice del extranjero, persona de raza o nacionalidad diferente a la de los habitantes de un país.

aloja *s. f. Arg. Bol.* y *Chil.* Bebida refrescante fermentada hecha con semillas machacadas de algarroba, maíz o cacahuate. || *Esp.* Bebida compuesta de miel, agua y alguna especia como canela o pimienta.

alojamiento *s. m.* Acción de alojar o alojarse. || Lugar en el que alguien se aloja temporalmente. *Pasarán la noche en un alojamiento a las afueras de la ciudad.* || Cavidad donde se aloja alguna pieza móvil de un mecanismo.

alojar *t.* y *pr.* Servir un lugar para que se habite temporalmente en él. *Los bosques michoacanos alojan a la mariposa monarca en una etapa de su migración.* || Proporcionar espacio para que alguien lo ocupe temporalmente. *La tía nos alojó en el estudio de su casa.* || Tomar un sitio para habitarlo temporalmente. *El cansado camionero se alojó en un motel de la carretera.* || Introducirse una cosa dentro de otra provisionalmente. *Una astilla se alojó en su ojo derecho, pero el médico la hizo salir.*

alón *s. m.* Ala de ave sin las plumas. *Se comió un alón de pavo.*

alón, lona *adj. Amér.* Dicho en particular de un sombrero, que tiene el ala grande. *La gente de esa región usa sombreros alones para cubrirse bien del sol.*

alondra *s. f.* Ave canora color pardo, vientre blancuzco y cola ahorquillada, que canta al emprender el vuelo.

alópata *adj.* Médico que trata las enfermedades con sustancias contrarias a ellas. *La mayor parte de los médicos son alópatas.*

alopatía *s. f.* Método médico consistente en curar enfermedades con sustancias contrarias a ellas. *La alopatía es la corriente principal de la medicina occidental.*

alopático, ca *adj.* Relativo a la alopatía o cura de las enfermedades con sustancias contrarias a ellas.

alopecia *s. f.* Pérdida del cabello.

alopécico, ca *adj.* Que padece alopecia o pérdida del cabello.

azufre *s. m.* Elemento químico, no metal, de color amarillo pálido. Su punto de fusión es a 112.8 °C y el de ebullición 444.6 °C. Su número atómico es 16 y su símbolo es *S*.

alpaca *s. f.* Mamífero rumiante de América del Sur. || Pelo muy apreciado de ese animal. || Tela fina fabricada con pelo de ese animal. || Aleación de plata y níquel para fabricar cubiertos de mesa y joyería.

alpargata *s. f.* Calzado ajustable de tela con suela de cáñamo, hule o material sintético.

alpinismo *s. m.* Deporte consistente en escalar picos y montañas.

alpinista *s. com.* Persona que practica el alpinismo.

alpino, na *adj.* Perteneciente o relativo a los Alpes o a las altas montañas.

alpiste *s. m.* Planta gramínea de semillas comestibles, que se cultiva como alimento para pájaros. || Semilla de esta planta.

alquería *s. f.* Casa de labor o conjunto de éstas, típicas del sureste de España.

alquilar *t.* Dar o tomar una cosa, por un precio convenido y bajo determinadas condiciones, para su uso temporal. || Contratar a alguien para que haga algún trabajo o preste un servicio. *Alquilaron varios jardineros para arreglar el parque.*

alquiler *s. m.* Acción y efecto de alquilar. || Precio que se paga por alquilar algo. || *loc.* ***De alquiler:*** que se destina a ser alquilado.

alquimia *s. f.* Antigua ciencia empírica que buscaba la transmutación de los metales y la panacea universal. *La alquimia fue uno de los pilares de la química y la metalurgia modernas.*

alquímico, ca *adj.* Perteneciente o relativo a la alquimia.

alquimista *s. com.* Persona que practicaba la alquimia.

alquitrán *s. m.* Sustancia grasa y viscosa de color oscuro que se obtiene de la destilación del petróleo, la hulla o las resinas de la madera.

alquitranado, da *adj.* Que tiene alquitrán. || *s. m.* Acción de alquitranar.

alquitranar *t.* Poner alquitrán a algo.

alrededor *adv.* Se utiliza para señalar y situar lo que circunda algo. *Alrededor del castillo hay jardines muy hermosos.* || *loc.* ***Alrededor de:*** aproximadamente. *Se formó un contingente de alrededor de mil soldados.*

alrededores *s. m. pl.* Lugares situados en torno o en las cercanías a algo. *En los alrededores de las escuelas suele haber comercios de papelería.*

alta *s. f.* Declaración del fin de una enfermedad. *Los huesos fracturados del accidentado ya sanaron y obtuvo el alta.* || Autorización. *Hoy expidieron las altas para los aumentos de sueldo.* || Inscripción. *Los comercios e industrias deben obtener el alta en Hacienda.* || Documento en el que se asienta cualquiera de los sentidos anteriores. || *loc.* ***Causar alta:*** ingresar en alguna institución o en el ejército. || ***Dar de o el alta:*** a) certificar un médico el fin de una enfermedad. b) dar por inscrito a alguien o algo en alguna institución o establecimiento. || ***Darse de alta:*** inscribirse.

altamente *adv.* De manera excelente o perfecta, en extremo.

altanería *s. f.* Altivez, soberbia.

altanero, ra *adj.* Soberbio, despectivo.

altar *s. m.* Sitio con cierta elevación en el que se celebran ritos religiosos.

altavoz *s. m.* Aparato eléctrico para amplificar el sonido.

alterable *adj.* Que puede alterarse.

alteración *s. f.* Cambio en la forma o la esencia de alguien o algo. || Perturbación del orden público. || Cambio negativo en alguien o algo. || Signo que se coloca frente a una nota para alterar su entonación.

alterar *t.* Cambiar la forma o la esencia de alguien o algo. *Alteraron la circulación de la ciudad de tal manera que a veces nos perdemos.* || Perturbar el orden público. *Los secuestros seguirán alterando la vida del país.* || Enojar. *Las noticias lo alteran tanto que le sube la presión sanguínea.* || Descomponer. *El calor altera los alimentos.*

altercado *s. m.* Discusión o enfrentamiento violentos.

altercar *intr.* Discutir o enfrentarse violentamente.

alteridad *s. f.* Condición de ser otro, o distinto, o ponerse en el lugar del otro.

alternado, da *adj.* Que sucede con alternancia.

alternador *s. m.* Máquina que genera corriente alterna.

alternancia *s. f.* Resultado de alternar. || En biología, sucesión alternada de determinados caracteres. || En política, turno de cada grupo político en el poder. *Liberales y conservadores dominan la alternancia en Inglaterra.* || En lingüística, variaciones vocálicas en familias de palabras.

alternante *adj.* Que alterna.

alternar *t.* Cambiar algo en orden sucesivo. *Alternaré mis vacaciones con el trabajo a distancia.* || *intr.* Intercambiar un trabajo por turnos. *Para las mujeres con hijos, alternar es una opción viable.* || Hacer vida social. || Hacer que los clientes gasten más.

La modelo alternaba con los clientes y pedía champán del más caro.

alternativa *s. f.* Opción de elegir entre dos o más posibilidades. *Tu alternativa es seguir engordando o ponerte a dieta.*

alternativo, va *adj.* Que ocurre, se hace o se dice uno después de otro, repitiendo el orden. *Leyeron el poema con voces alternativas, unas masculinas y otras femeninas.* || Que ofrece una opción diferente de lo habitual. *La medicina alternativa incluye el uso de hierbas y masajes.*

alterne *s. m.* Acción de alternar socialmente con otras personas en un sitio de reunión.

alterno, na *adj.* Que cambia de sentido periódicamente, alternativo. *En las instalaciones eléctricas de corriente alterna es fácil reducir o aumentar el voltaje usando transformadores.* || En una planta, hojas o flores que se distribuyen a lo largo del tallo, una a una y en espiral. || En matemáticas, cada uno de los ángulos situados en distinto lado de una línea recta que corta a otras dos.

alteza *s. f.* Cualidad de lo que es excelente, sublime, elevado. *La alteza de un ideal.* || Tratamiento dado a los príncipes, a los hijos de los reyes y a los infantes de España. *Su Alteza doña Leonor.*

altillo *s. m.* Pequeño armario que se construye encima de otro o cerca del techo. || División horizontal en la parte alta de un taller o tienda para aprovechar el espacio. *Utilizan el altillo para guardar la herramienta de uso poco frecuente.* || Habitación pequeña en la parte más alta de una casa. || Cerro de poca elevación.

altimetría *s. f.* Parte de la topografía que se encarga de la medida de la altura de diferentes puntos de la superficie terrestre.

altímetro *s. m.* Instrumento para medir las diferencias de altura entre diversos puntos de la superficie terrestre.

altipampa *s. f. Arg. Bol.* y *Per.* Altiplanicie.

altiplanicie *s. f.* Meseta muy extensa que se halla a gran altitud. *La altiplanicie de México también es conocida como Mesa Central.*

altiplano *s. m.* Altiplanicie.

altisonancia *s. f.* Expresión airada, exagerada, rotunda, generalmente grosera.

altisonante *adj.* Relativo a las expresiones y personas airadas, rotundas, generalmente groseras. *Se retiró profiriendo expresiones altisonantes.*

altitud *s. f.* Elevación de un punto, cuerpo o volumen respecto a su propia base o al nivel del mar.

altivez *s. f.* Actitud que refleja soberbia, arrogancia u orgullo. *Su altivez inhibe la comunicación.*

altivo, va *adj.* Persona soberbia, orgullosa, arrogante.

alto, ta *adj.* Superior al nivel de la tierra. *Mantuvo alta la carga para pasar el río.* || Que tiene altura superior al promedio. *Juan es alto, mide más de dos metros.* || Que está más elevado. *Ese edificio es más alto que el nuestro.* || En relación con un sonido agudo. *Cuando el saxofón toca notas altas, casi rompe las ventanas.*

alto[1] *s. m.* Interrupción de un movimiento o una acción. *Hizo un alto en el camino.*

alto[2] *adv.* Con voz fuerte. *Habla alto y claro.* || Con volumen intenso. *Suena muy alto esa música.*

alto[3] *interj.* Se emplea para ordenar que algo o alguien se detenga. *¡Alto ahí! ¡No hay paso!*

altocúmulo *s. m.* Nubes de altitud media de color blanco a grisáceo, aglomeradas en masas globulares. *¡Borreguitos!, exclamó el niño, apuntando hacia el altocúmulo.*

altoparlante *s. m.* Aparato manual o eléctrico para amplificar el sonido.

altorrelieve *s. m.* Figura esculpida que sobresale notablemente de su base. *Los altorrelieves de las pirámides mayas son muy elaborados y enigmáticos.*

altozano *s. m.* Elevación de poca altura sobre un terreno plano. || Sitio más alto de una población. || *Amér.* Atrio de una iglesia.

altruismo *s. m.* Búsqueda desinteresada del bien ajeno aunque esto suponga sacrificar el propio.

altruista *adj.* Que se hace con altruismo. || *s. com.* Persona que profesa y practica el altruismo.

altura *s. f.* Distancia vertical entre una superficie dada y un punto en el espacio. *Ese avión vuela a 5 000 m de altura sobre el nivel del mar.* || Medida de un ser u objeto, considerada desde su base hasta su punto más elevado. *La altura del edificio, del suelo a la azotea, es de 40 m.* || Cumbre de un monte, o lugar elevado. || En geometría, distancia entre un lado o cara de una figura plana o un sólido y el vértice o punto más alejado en dirección perpendicular. || *fig.* Mérito, valor o excelencia. *La altura de esa sinfonía es reconocida mundialmente.* || *pl.* El cielo, como morada de lo divino. || *loc.* ***A estas alturas:*** cuando las cosas han llegado a este punto. || ***A la altura de:*** al mismo nivel, a tono con algo.

alubia *s. f. Esp.* Planta, fruto y semilla de la leguminosa llamada judía. || *Amér.* Semilla de esta planta de color blanco.

alucinación *s. f.* Acción y efecto de alucinar o alucinarse. *Algunas sustancias producen alucinaciones.* || Percepción de una imagen u objeto falso, producto de la mente, como si fuese real. *En su alucinación vio canes voladores.*

alucinado, da *adj.* Que está ido o trastornado de la razón.

alucinamiento *s. m.* Alucinación.

alucinante *adj.* Que produce alucinaciones. || Asombroso, espectacular, fantástico. *En la película que vimos hay imágenes alucinantes.*

alucinar *t.* y *pr.* Producir alucinación, o experimentar una alucinación. || Deslumbrar, asombrar. *El grupo musical alucinó al público con la escenografía de su concierto.* || *intr.* Desvariar, tener pensamientos confusos. *Alucinaron tanto con la idea de la casa embrujada, que ahora temen pasar por esa calle.* || *Arg. fam.* Desear algo con vehemencia. *Los chicos alucinan con ir al mar en vacaciones.* || *Méx. fam.* Tener una idea absurda sobre algo. *Alucinas si crees que es mi obligación planchar tus camisas.*

alucinatorio, ria *adj.* Que se relaciona con la alucinación.

alucinógeno, na *adj.* Se dice de las sustancias que provocan alucinaciones.

alud *s. f.* Desprendimiento de una gran masa de nieve que cae violentamente de una montaña. || Gran cantidad de materia que se desliza por una vertiente.

aludido, da *adj.* Se dice de la persona o cosa a la que se refiere sin mencionar. || *loc.* ***Darse por aludido:*** asumir como propio lo que afirma o niega una alusión general. || ***No darse por aludido:*** fingir alguien que no se habla de él.

aludir *t.* Mencionar, insinuar.

alumbrado *s. m.* Sistema de luces que sirve para iluminar una ciudad o un lugar.

alumbrador, ra *adj.* Que alumbra.

alumbramiento *s. m.* Acción y efecto de alumbrar. || Nacimiento, parto. || En medicina, expulsión de la placenta.

alumbrar *t.* Proyectar luz sobre un lugar. *El Sol alumbra la Tierra.* || Colocar luces en algún lugar. *Tres lámparas alumbraban la sala de espera.* || Asistir a alguien con luz. *Juan abría un hueco en la pared del sótano, Pedro alumbraba con una linterna.* || Parir, dar a luz. *Mi hermana alumbró un bebe de tres kilos y medio.*

alumbre *s. m.* Sal blanca con propiedades astringentes compuesta por alúmina, azufre y potasio.

alúmina *s. f.* Hidróxido de aluminio. En estado natural se llama bauxita. *La alúmina forma parte de feldespatos y arcillas.*

alumínico, ca *adj.* De aluminio.

aluminio *s. m.* Metal dúctil, buen conductor de la electricidad y ligero. Se encuentra en la bauxita. Su número atómico es 13 y su símbolo *Al.*

alumnado *s. m.* Conjunto de alumnos de un centro de enseñanza.
alumno, na *s.* Persona que aprende en un centro de enseñanza o con un maestro particular.
alunado, da *adj.* Loco. || *Arg.* y *Uy.* Que está de mal humor.
alunamiento *s. m.* Curva en forma de luna.
alunizaje *s. m.* Maniobra que hace un vehículo espacial para posarse en la Luna.
alunizar *intr.* Posarse un vehículo espacial en la superficie de la Luna.
alusión *s. f.* Mención de algo de manera indirecta. *Cuando hizo alusión al candidato, sólo mencionó su sobrenombre.*
alusivo, va *adj.* Que alude. *Los festejos alusivos al bicentenario tuvieron mucho brillo.*
aluvial *adj.* Que es producido por aluviones. *Las llanuras aluviales son cruzadas por ríos cuyas crecidas las inundan.*
aluvión *s. m.* Avenida repentina e impetuosa de una corriente de agua. || Sedimento que arrastran las corrientes de agua o las lluvias. || *fig.* Abundancia de personas o cosas que se agolpan en un lugar. *Un aluvión de aficionados se congregó en el estadio.*
aluzar *t.* e *intr. Amér. C. Col.* y *Méx.* Alumbrar, llenar de luz. *Aluzaron el corral para buscar al coyote.* || *P. Rico* y *R. Dom.* Poner algo al trasluz para observarlo. *Aluzaré esos huevos para ver si están buenos.*
alveolar *adj.* Relativo a los alveolos o semejante a ellos. || Se dice del fonema que se articula a la altura de los alveolos de los incisivos superiores y de la letra que lo representa. *La letra «ele» tiene sonido alveolar.*
alveolo o **alvéolo** *s. m.* Cada una de las celdillas que forman un panal. || Cavidad de los maxilares donde se encajan los dientes. || Cada uno de los pequeños saquitos en que terminan las ramificaciones de los bronquiolos. *En los alveolos pulmonares se efectúa el intercambio gaseoso entre el aire inspirado y la sangre.*
alza *s. f.* Subida, aumento o elevación. *El alza de los precios fue considerable.* || *loc.* ***Jugar al alza:*** especular en la bolsa de valores previendo que se elevarán las cotizaciones.
alzacuello *s. m.* Tira de tela endurecida o de material rígido en torno al cuello que forma parte de ciertos trajes.
alzada *s. f.* Altura de un caballo u otro cuadrúpedo. *La alzada se mide desde las patas delanteras hasta la parte más alta del lomo.*
alzado, da *adj. Amér.* Se dice de quien es insolente, altanero. || Animal que está en celo. *Mañana llega el semental para la vaca alzada.* || *Amér. Merid.* Animal doméstico que se vuelve salvaje.
alzamiento *s. m.* Acción y efecto de alzar o alzarse. || Rebelión, sublevación armada. *Antes de la Revolución Mexicana hubo varios alzamientos de campesinos y obreros.*
alzar *t.* y *pr.* Levantar, subir, dirigir algo hacia arriba. *El triunfador alzó su trofeo para mostrarlo.* || Edificar o construir. *Anunciaron que alzarán un rascacielos en ese predio.* || Recoger. *Alza la escoba, alguien puede tropezar con ella.* || Hablar en voz más fuerte. *Alza la voz, que no te entiendo.* || Sublevar, incitar a la rebelión o rebelarse. *Los pescadores se alzaron contra la especulación de las empacadoras.* || Aumentar el precio o el valor de algo. *En esa tienda alzaron otra vez el precio de la lata de atún.* || *Amér.* Escapar un animal doméstico y volverse salvaje.
amo, ma *s.* Dueño. || Cabeza de familia. || Persona que tiene control sobre otras o sobre algo. || Persona responsable de personal doméstico o de animales. *El ama de llaves de la mansión es muy severa.*
amabilidad *s. f.* Trato atento, considerado y agradable con los demás.
amable *adj.* Que merece ser amado. || Atento, cordial, afable. || Se dice del clima o ambiente agradable.
amacizar *t.* Dejar firme y seguro un objeto. *Hay que amacizar el mueble con calzas.* || *fam. Méx.* Acaparar.
amado, da *s.* Persona objeto de amor.
amadrinar *t.* Asistir y avalar como madrina a una o varias personas.
amaestrado, da *adj.* Se dice del animal entrenado en determinadas rutinas.
amaestramiento *s. m.* Acción y efecto de amaestrar o entrenar animales.
amaestrar *t.* Enseñar. || Domar o entrenar animales.
amagar *t.* Mostrar la intención de acometer una acción ofensiva contra otra u otras personas. *Lo amagó con un arma.* || En deportes, fintar para engañar al adversario.
amago *s. m.* Acción y efecto de amagar, amenaza. || Anuncio o inicio de algo que no llega a completarse. *Hubo un amago de pelea, pero luego las cosas se calmaron.*
amainar *intr.* Perder fuerza el viento o la lluvia. *El aguacero amainó y pudimos salir de casa.* || Disminuir la intensidad de una pasión o sentimiento.
amalgama *s. f.* Aleación de mercurio con otro metal. *Las amalgamas dentales se hacen con mercurio, plata, cobre, zinc y estaño.* || *fig.* Mezcla heterogénea de diferentes elementos. *Decoró su casa con una amalgama de estilos.*
amalgamar *t.* y *pr.* Alear el mercurio con otros metales. || Mezclar o unir cosas diferentes entre sí. *Ese estilo musical amalgama ritmos africanos con sonidos electrónicos.*
amamantamiento *s. m.* Acción y efecto de amamantar.
amamantar *t.* Dar de mamar una mujer a su hijo o una hembra de mamífero a su cría.
amancebarse *pr.* Vivir como esposos un hombre y una mujer sin estar casados.
amanecer[1] *impers.* Hacerse de día, aparecer la luz del sol. *En invierno amanece más tarde que en verano.* || *intr.* Hallarse alguien o algo en un estado determinado al comenzar el día. *Ciro amaneció de mal humor.*
amanecer[2] *s. m.* Momento del día en que aparece la luz del sol. *El alba precede al amanecer.* || *fig.* Inicios o primeros tiempos de algo. *En el amanecer de la civilización se inventó la alfarería.*
amanerado, da *adj.* Que adopta maneras rebuscadas y poco espontáneas. *Ese cantante es demasiado amanerado, su interpretación suena artificial.* || *adj.* y *s. m.* Afeminado.
amaneramiento *s. m.* Acción y efecto de amanerar o amanerarse. *El profesor habla con tal amaneramiento, que es difícil comprender lo que dice.*
amanerar *t.* y *pr.* Dar a una obra de arte características monótonas, rebuscadas y artificiales. *El manierismo, estilo pictórico que se dio en Europa entre el Renacimiento y el Barroco, es el mejor ejemplo de cómo los artistas amaneraban sus obras.* || *pr.* Adoptar un hombre actitudes y gestos que se consideran femeninos.
amanita *s. f.* Hongo de diversos colores, con un anillo bajo el sombrero, que puede ser comestible o venenoso.
amansado, da *adj.* Domado, que ya se volvió obediente.
amansador, ra *adj.* Que amansa.
amansamiento *s. m.* Acción y efecto de amansar.
amansar *t.* y *pr.* Hacer manso a un animal. *Antes había especialistas en amansar caballos.* || Apaciguar, amainar. *Pasada la tormenta se amansó el cielo.*
amante *adj.* Que ama. *Mírala, siempre anda presumiendo a su amante esposo.* || Se dice de la cosa que expresa amor. *Paula recibió una amante carta de un desconocido.* || *s.* Aficionado. *Los amantes del deporte acudieron sin falta al estadio.* || *pl.* Pareja de enamorados. *Él y ella se han declarado su amor y son amantes.*
amanuense *s. com.* Persona que escribe a mano siguiendo un dictado. || Empleado de oficina.

amañar *t.* Disponer algo censurable de tal manera que parezca bueno. *El abogado amañó las pruebas para conseguir el dictamen favorable.* || *pr.* Arreglárselas. *Será difícil, pero sabe que se amañará para acudir a las dos citas.*
amaño *s. m.* Chapuza, acción realizada con maña.
amapola *s. f.* Planta silvestre con flores de color rojo vivo. || Flor de esta planta.
amar *t.* Sentir amor por alguien o algo.
amaraje *s. m.* Acción de amarar.
amaranto *s. m.* Planta que genera unas semillas muy nutritivas y sin gluten. *El amaranto mezclado con miel es un dulce prehispánico.*
amarar *intr.* Posarse un vehículo en el mar. *Cuando el hidroavión amaró, salpicó a todo el mundo.*
amargar *t.* Dar a algo un sabor amargo. *El vinagre amargó la ensalada.* || *pr.* Agriarse, resentirse una persona. *Con tanta desgracia se amargó.* || *intr.* Tener algo sabor amargo.
amargo, ga *adj.* Que tiene un sabor áspero al paladar, como la hiel. || Que provoca o siente disgusto, amargura. || *s. m.* Sustancia de sabor amargo. || Licor hecho de almendras amargas. || *Arg.* y *Uy.* Mate al natural.
amargor *s. m.* Sabor amargo.
amargoso, sa *adj.* Que tiene sabor amargo. || Que provoca amargura.
amargura *s. f.* Gusto amargo. || Disgusto. *Las comisuras de los labios reflejaban claramente su amargura.*
amarillear *intr.* Ponerse amarillo. || Palidecer.
amarillecer *intr.* Ponerse amarillo.
amarillento, ta *adj.* Que se parece al amarillo. || Pálido.
amarillista *adj.* Se dice de la prensa sensacionalista y escandalosa. *Un periódico amarillista publicó que un diputado tiene contacto con extraterrestres.*
amarillo, lla *adj.* y *s.* Tercer color del espectro solar y uno de los tres básicos. *¿Quieres un ejemplo de color amarillo? Mira los pétalos de un girasol.* || Que es de ese color. || Se dice de los pueblos orientales cuya piel es de ese color.
amarizaje *s. m.* Amerizaje.
amarizar *intr.* Amerizar.
amaro *s. m.* Planta de hojas lanosas. Se usa en la industria del perfume y en medicina tradicional.
amarra *s. f.* Cuerda, cable u objeto similar que sirve para sujetar o atar algo. || En marina, cable que asegura una embarcación en el lugar donde fondea. || *pl. fam.* Apoyo, relaciones. || *loc.* ***Soltar*** o ***romper amarras:*** desligarse de alguna dependencia o apoyo que se tenía.
amarradero *s. m.* Poste, barra o argolla donde se amarra algo. *En ciudades como Ámsterdam hay amarraderos para bicicletas fuera de las estaciones del metro.* || En marina, Lugar donde se amarran las embarcaciones. *Inauguraron un amarradero para yates en el muelle oriental.*
amarrado, da *adj.* y *s.* Se aplica a lo que puede realizarse con total seguridad. || *Cub.* y *Méx.* Atado. || Se dice de la persona tacaña o mezquina.
amarradura *s. f.* Amarre.
amarraje *s. m.* Amarradura, acción y efecto de amarrar. || Pago por el derecho de amarrar un barco en un puerto. || En aeronáutica, maniobra para mantener un dirigible en el aire, pero sujeto a tierra firme amarrándolo a un mástil.
amarrar *t.* Asegurar algo con cuerdas o cadenas. || Sujetar una embarcación en un puerto o fondeadero. || Impedir alguna acción por razones morales. *Quisiera irse a otro país, pero sus responsabilidades lo amarran.* || *fig.* Garantizar que algo se llevará a cabo. *Ese contrato está amarrado.*
amarre *s. m.* Acción y efecto de amarrar o amarrarse. || En Marina, lugar en el puerto para amarrar las naves. || *Cub. Méx.* y *Per.* Hechizo para sujetar el amor y la voluntad de alguien.
amarrete, ta *adj.* y *s.* Avaro, tacaño.
amartelado, da *adj.* Persona cariñosa, efusiva, vehemente, enamorada.
amartelamiento *s. m.* Exhibición efusiva de cariño, ponerse muy cariñoso.
amartelar *t.* Mostrar cariño con vehemencia, usualmente con gestos de sujeción.
amartillar *t.* Acción de destrabar el martillo de un arma para disparar.
amasado *s. m.* Acción y efecto de amasar.
amasadura *s. f.* Harina amasada.
amasamiento *s. f.* Acción de amasar, hacer la masa.
amasandería *s. f.* Establecimiento o área donde se prepara masa. || *Chil.* Panadería.
amasar *t.* Hacer masa. || Acumular bienes, hacer fortuna. || Amalgamar.
amasiato *s. m. C. R. Méx.* y *Per.* Estado de la pareja que mantiene relaciones conyugales sin que exista matrimonio.
amasijo *s. m.* Acción y efecto de amasar. || Porción de harina amasada para elaborar pan. || Masa hecha de tierra o yeso y agua. || *fig.* y *fam.* Mezcolanza desordenada de ideas o cosas. *Mi escritorio está hecho un amasijo, no encuentro los papeles.*
amate *s. m.* Tipo de higuera, de frutos no comestibles para los humanos, que crece en las regiones cálidas de México y hasta el Amazonas. *Con la corteza del amate se elabora un tipo de papel grueso y poco flexible.*
amateur *adj.* y *s. com.* Que practica un deporte o una actividad artística por afición, de manera no profesional. *Participarán con un cortometraje en el festival de cine amateur.*
amatista *s. f.* Nombre dado a una variedad del cuarzo, transparente y de color violeta en diferentes matices.
amatorio, a *adj.* Relativo al amor o a la práctica de las relaciones sexuales. *Un libro clásico sobre artes amatorias es «El kamasutra».*
amauta *s. m. Bol.* y *Per.* Entre los quechuas, hombre respetable que hace las veces de historiador y cronista. *Los amautas registran hechos para recitarlos en las fiestas del Sol.*
amazona *s. f.* En la mitología griega, mujer guerrera de una raza legendaria que dominaba la equitación y el tiro con arco y flecha. || Mujer que domina el arte de montar a caballo.
amazónico, ca *adj.* Perteneciente o relativo al río Amazonas y a su cuenca. *Las actividades industriales han puesto en riesgo extensas regiones amazónicas.*
ambages *s. m. pl.* Rodeos para decir algo, insinuaciones. || *loc.* ***Sin ambages:*** dicho de manera directa y franca.
ámbar *s. m.* Resina fósil de la savia de las coníferas, de color amarillo oscuro o rojizo. *El ámbar es apreciado en joyería por su bello aspecto, pero es frágil, ya que arde con facilidad.*
ambarino, na *adj.* Que se parece al ámbar.
ambición *s. f.* Deseo obsesivo de tener bienes, riqueza o fama.
ambidextro, tra o **ambidiestro, tra** *adj.* Que puede utilizar las dos manos indistintamente.
ambientación *s. f.* Acción y efecto de ambientar.
ambientador, ra *s.* Persona encargada de realizar la ambientación en cine y televisión. || Sustancia que evita los malos olores en el ambiente.
ambiental *adj.* Relativo al ambiente.
ambientalismo *s. m.* Conjunto de doctrinas que pugnan por la defensa de la naturaleza.
ambientalista *s. com.* Partidario del ambientalismo o ecologismo.
ambientar *t.* y *pr.* Dar el ambiente de época a un relato. *Su novela estaba ambientada en la Edad Media.* || Decorar un lugar para una fiesta. || Adaptarse a un lugar. *Los peces tropicales tardan en ambientarse a las peceras.*
ambiente *s. m.* Lo que nos rodea. || Aire que nos rodea. *El ambiente está muy contaminado en Santiago de Chile y en la Ciudad de México.* || Lugar donde nos desenvolvemos socialmente. || Grupo social. *En el ambiente taurino, las corridas son lo máximo.* || Cuarto de una vivienda. || Diversión en una fiesta. || *loc.* ***Medio ambiente:*** lugar donde se desarrolla vida.

ambigú *s. m.* Comida, por lo general en un restaurante o en una exposición, en la que todos los platos se sirven al mismo tiempo.
ambigüedad *s. f.* Lo que no es confuso, ambiguo. *Hablar con ambigüedades no contribuye a una buena comunicación.*
ambiguo, gua *adj.* Que no es claro, que se presta a diferentes interpretaciones. *El discurso político debe ser ambiguo para conformar a todos.*
ámbito *s. m.* Espacio establecido entre límites precisos. || Área de determinadas disciplinas. *En el ámbito militar se discute la eliminación de la pena de muerte.*
ambivalencia *s. f.* Lo que se presta a interpretaciones diferentes. || Sentimiento que reúne sensaciones encontradas, como amor y odio, al mismo tiempo.
ambivalente *adj.* Que posee ambivalencia.
amblar *intr.* Mover los animales, al mismo tiempo, la pata y la mano del mismo lado.
ambo *s. m.* En la lotería de cartones, dos números que están pegados. || *Arg. Chil.* y *Uy.* Traje con pantalón y chaqueta de diferentes colores.
ambos, bas *adj.* y *pron. pl.* Tanto el uno como el otro, los dos a un tiempo. *Juan y Marcela comieron de más; ambos enfermaron del estómago.*
ambrosía *s. f.* En la mitología griega, alimento de los dioses. *Cuentan los mitos que la ambrosía daba la inmortalidad.* || *fig.* Bebida o manjar exquisito y delicado. || Cosa que deleita el espíritu.
ambulancia *s. f.* Vehículo motorizado para el transporte de heridos o enfermos.
ambulantaje *s. m. Salv. Per. Méx.* y *Uy.* Actividad de quienes ejercen el comercio ambulante.
ambulante *adj.* Que, sin tener un sitio fijo, va de un lugar a otro permaneciendo poco tiempo en cada uno de ellos. || Perteneciente o relativo a la ambulancia. *Los ambulantes procedieron a dar los primeros auxilios al herido.* || *s. com. Salv. Per. Méx.* y *Uy.* Comerciante que vende en la vía pública o yendo de un lugar a otro.
ambular *intr.* Andar de un lugar a otro.
ambulatorio, ria *adj.* Se dice del tratamiento o intervención médica que permite el movimiento del paciente. *La cirugía ambulatoria puede hacerse en el consultorio.* || *s. m.* Dispensario.
ameba o **amiba** *s. f.* Protozoo que se desplaza por medio de seudópodos. Puede vivir en agua dulce o salada y algunas especies parasitan al hombre y los animales. *Las amebas no tienen forma definida.*
amedrentador, ra *adj.* Que amedrenta. *Ese perro bravo tiene un aspecto amedrentador.*
amedrentar *t.* y *pr.* Provocar o infundir temor o miedo. *Aunque no creían en fantasmas, les amedrentó tener que cruzar el cementerio.*
amén¹ *s. m.* Voz hebrea que significa «en verdad» o «que asi sea»; se utiliza para finalizar las oraciones. || *interj.* Expresión para manifestar el deseo de que se cumpla algo que se dice.
amén² *adv.* A excepción de. *Amén de la parte donde sale el monstruo, incluye todo en el argumento de la película.* || Además de. *Ha publicado ensayos, amén de dos novelas.*
amenaza *s. f.* Advertencia, gesto o acción que se hace para dañar a otra u otras personas, su reputación o sus bienes. *La carta contenía una amenaza de muerte.* || Peligro de que algo grave puede ocurrir. *Ayer se difundió una amenaza de huracán.*
amenazador, ra *adj.* Que amenaza.
amenazante *adj.* Amenazador.
amenguar *t.* Disminuir, menoscabar.
amenidad *s. f.* Acción o cosa que agrada. *La fiesta estuvo llena de amenidades.*
amenizar *t.* Entretener en forma tranquila y agradable. *La fiesta estuvo bien amenizada.*
ameno, na *adj.* Persona o circunstancia agradable. *El profesor sabe hacer amena la clase.*
amenorrea *s. f.* Desorden fisiológico consistente en la supresión del ciclo menstrual.
ameos *s. m.* Planta aromática cuyas semillas tienen propiedades medicinales.
americana *s. f. Esp.* Chaqueta con solapas, cuyo largo llega hasta abajo de la cadera.
americana, no *adj.* Relativo al continente americano. || Persona o cosa originaria de América o perteneciente a ella.
americanismo *s. m.* Condición o carácter de americano. || Palabra o giro idiomático propios del español que se habla en América. *Muchos americanismos, como chocolate, cóndor o ñandú, han sido tomados de las lenguas indígenas americanas.*
americanista *adj.* Relativo a las cosas o asuntos de América. || *s. com.* Investigador o estudioso de lo americano. *En el Archivo General de Indias se hallan interesantes trabajos de los primeros americanistas.*
americanización *s. f.* Proceso y efecto de americanizar o americanizarse.
americanizar *t.* Dar a algo carácter americano. || *pr.* Aficionarse a lo americano.
americano, na *adj.* y *s.* De América. *Las culturas indígenas americanas son ricas en leyendas.* || De los Estados Unidos de América.
americio *s. m.* Elemento químico metálico artificial de alta radiactividad. Su número atómico es 95 y su símbolo *Am.*
amerindio, dia *adj.* y *s.* De alguno de los pueblos que habitaban América antes de la llegada de los conquistadores.
ameritado, da *adj. Amér.* Que es merecedor de algo porque ha hecho méritos.
ameritar *t. Amér.* Merecer.
amerizaje *s. m.* Acción de amerizar. *La cápsula espacial amerizó en el Atlántico.*
amerizar *intr.* Acción de posarse una aeronave sobre la superficie del agua.
amestizado, da *adj.* Que posee rasgos de mestizo o se comporta como tal.
ametrallador, ra *adj.* Que ametralla. || *s. f.* Arma automática capaz de disparar tiros de manera continua y repetida.
ametrallamiento *s. m.* Acción de ametrallar.
ametrallar *t.* Disparar metralla. || Disparar con una ametralladora.
amétrope *adj.* Que tiene ametropía.
ametropía *s. f.* En medicina, defecto de refracción del ojo que provoca que las imágenes no se formen correctamente en la retina. *Las principales ametropías son la miopía, la hipermetropía y el astigmatismo.*
amianto *s. m.* Variedad de asbesto, consiste en fibras flexibles con las que se fabrican recubrimientos y tejidos incombustibles.
amiba *s. f. Méx.* Ameba.
amida *s. f.* Tipo de compuesto orgánico derivado del amoniaco.
amigable *adj.* Que es amable, sociable, simpático. || Que no es difícil para el usuario. *Los nuevos procesadores de palabras son muy amigables.*
amígdala *s. f.* Conjunto de nódulos linfáticos en forma de almendra que se localiza en el principio de la garganta.
amigdalitis *s. f.* Inflamación de las amígdalas.
amigo, ga *adj.* y *s.* Que tiene amistad con alguien. || Que le gusta mucho algo. *Es amigo de la buena vida.* || *loc.* ***Falso amigo:*** en lingüística, traducción errónea que se hace cuando las palabras se parecen mucho en dos lenguas distintas. *«Simpaty» es un falso amigo, pues en inglés no significa «simpatía», sino «condolencias».*
amigote *s. m. desp.* El que comparte borracheras o diversiones burdas.
amiguero, ra *adj. Amér.* Que le gusta tener amigos.
amiguismo *s. m.* Práctica social que consiste en favorecer a los amigos pasando por encima de los demás.

amilanamiento *s. m.* Resultado de amilanar.

amilanar *t.* y *pr.* Intimidar, asustar. *El guardia no se amilanó ante las armas de los ladrones.* || Acobardarse.

amina *s. f.* Compuesto químico orgánico derivado del amoniaco que tiene la capacidad de sustituir sus radicales de hidrógeno.

aminoácido *s. m.* Sustancia orgánica con una función amina y una función ácido. *Los aminoácidos son la base de las proteínas.*

aminoración *s. f.* Acción y efecto de aminorar o disminuir.

aminorar *t.* Reducir, hacer algo más pequeño, disminuir. *Al deshidratarse la fruta, su peso aminorará.*

amistad *s. f.* Relación entre dos o más personas basada en el aprecio mutuo y la confianza. || *pl.* Conocidos, personas con quienes se tiene amistad.

amistar *t.* y *pr.* Unir o unirse en amistad. *Se amistaron en la secundaria y desde entonces son inseparables.* || Hacer que se reconcilien quienes se habían enemistado.

amistoso, sa *adj.* Que demuestra amistad, amable. || Se dice de la competencia deportiva no oficial. *Un partido de futbol amistoso.*

amitosis *s. f.* Tipo de reproducción asexual de la célula en que ésta se divide de manera directa. *Cada célula resultante de la amitosis será idéntica a su célula madre.*

amnesia *s. f.* Pérdida de la memoria, ya sea parcial o total.

amnésico, ca *adj.* y *s.* Que padece amnesia.

amnios *s. m.* Membrana interior en forma de saco que protege el feto de mamíferos, aves y reptiles. || Cubierta gelatinosa alrededor del saco embrionario de las semillas jóvenes.

amniótico, ca *adj.* Relativo al amnios o envoltura del feto llena de líquido. || Líquido amniótico, sustancia que transmite los nutrientes al feto.

amnistía *s. f.* Perdón a reos o a acusados, generalmente por razones políticas. || Decreto en el que se establece ese perdón.

amo, ma *s.* Dueño. || Cabeza de familia. || Persona que tiene control sobre otras o sobre algo. || Persona responsable de personal doméstico o de animales. *El ama de llaves de la mansión es muy severa.*

amodorrado, da *adj.* Persona adormecida, aletargada.

amodorramiento *s. m.* Condición de sopor, adormecimiento, modorra.

amodorrarse *pr.* Caer en sopor, adormecerse.

amolado, da *adj. Méx.* Que está en mal estado físico, económico o de ánimo. *La enfermedad lo dejó amolado.*

amolar *t.* Sacar filo con la muela. || *Méx.* Echar a perder, estropear. *Esas amistades lo van a amolar.*

amoldamiento *s. m.* Acción de amoldar.

amoldar *t.* y *pr.* Hacer que algo se ajuste a un molde. || *fig.* Ajustar o componer algo de acuerdo con una circunstancia o persona. *Amoldaron los cursos para recuperar el tiempo perdido.* || *pr.* Adaptarse a una situación o lugar.

amonedar *t.* Acuñar metal para convertirlo en moneda.

amonestación *s. f.* Acción de amonestar. || *pl.* Notificación pública, en una iglesia, de los nombres de quienes van a contraer matrimonio.

amonestador, ra *adj.* y *s.* Que amonesta o advierte.

amonestar *t.* Hacer una advertencia sobre algo. || Reprender en tono de consejo. || Publicar las amonestaciones una iglesia antes de una boda.

amoniaco o **amoníaco** *s. m.* Gas de olor muy penetrante, soluble en agua, formado por la combinación de nitrógeno e hidrógeno. *El amoniaco se emplea, entre otras cosas, para hacer líquidos limpiadores.*

amónico, ca *adj.* En química, relativo al amonio. *Algunas sales amónicas se utilizan para abonar las plantas.*

amonio *s. m.* En química, radical formado por un átomo de nitrógeno y cuatro de hidrógeno.

amonita *s. f.* Amonites.

amonites *s. m.* Molusco fósil en forma de espiral, característico de la era secundaria.

amontonamiento *s. m.* Acción y efecto de amontonar.

amontonar *t.* y *pr.* Formar un montón. *Para abrir espacio, amontonaron los muebles en un rincón.* || Acumular. *Durante la huelga de choferes la gente se amontonaba en las calles en busca de transporte.* || Juntar y mezclar sin orden. *Julio amontona sus documentos y nunca encuentra el que necesita.*

amor *s. m.* Sentimiento de afecto intenso hacia otra persona o una cosa. *Conocí a un hombre feliz que ama a su esposa, a sus hijos y todo lo que le rodea.* || Persona o cosa amada. *Su amor es una muchacha de carácter alegre.* || Interés. *En ese libro se manifiesta el amor del autor por los estudios históricos.* || Trato agradable y bienintencionado. *Su educación fue producto del amor.* || *pl.* Relaciones amorosas. || *loc.* ***Amor propio:*** percepción que se tiene de sí mismo. *Las opiniones adversas siempre lastiman el amor propio.* || ***Hacer el amor:*** a) cortejar, b) tener relaciones sexuales. || ***Por amor al arte:*** gratis, sin cobrar. || ***Requerir de amores:*** cortejar.

amoral *adj.* Que no tiene sentido moral. || Que ignora las implicaciones morales.

amoralidad *s. f.* Condición o cualidad de amoral.

amoratado, da *adj.* Que tiende al morado. *Lalo se peleó y trae un ojo amoratado.*

amoratarse *pr.* Ponerse morado.

amordazar *t.* Poner mordaza. *Los bandidos amordazaron al cautivo para no escuchar sus quejas.* || Impedir la libre expresión. *Hay países donde se amordaza a la prensa.*

amorfo, fa *adj.* Que no tiene forma definida.

amorío *s. m.* Relación amorosa pasajera.

amoroso, sa *adj.* Que se relaciona con el amor. || Que siente y demuestra amor.

amortajar *t.* Envolver con una mortaja a un difunto.

amortiguación *s. f.* Resultado de amortiguar. || Sistema que amortigua los golpes en un vehículo.

amortiguado, da *adj.* Atenuado, apagado. *La alfombra hacía que sus pasos sonaran amortiguados.*

amortiguador, ra *adj.* Que amortigua. || *s. m.* Conjunto de dispositivos que amortiguan el efecto de un choque o un movimiento brusco.

amortiguamiento *s. m.* Resultado de amortiguar. || En física, disminución progresiva de algo, por ejemplo, del movimiento de un péndulo.

amortiguar *t.* Atenuar o disminuir el efecto de un golpe. || En pintura, disminuir la viveza de los colores.

amortizable *adj.* Que puede amortizarse.

amortización *s. f.* Resultado de amortizar. || Pago de una deuda. || Recuperación del capital invertido en una empresa.

amortizar *t.* Pagar una deuda. || Recuperar parte del capital invertido en una empresa.

amoscar *pr.* Sentirse ofendido por algo y dejar ver que se está molesto.

amotinamiento *s. m.* Acción y efecto de amotinar o amotinarse.

amotinar *t.* y *pr.* Sublevarse un grupo de personas o hacer que se subleve. *Los marineros se amotinaron porque el capitán no quiso tocar tierra en ese puerto.*

amovible *adj.* Que puede moverse del lugar que ocupa.

amparar *t.* Proteger o favorecer. || *pr.* Defenderse o protegerse. *Se ampararon contra el cobro excesivo de impuestos.* || *Chil.* Cubrir los requisitos legales para la explotación de una mina.

amparo *s. m.* Acción y efecto de amparar o ampararse. || Persona o cosa que ampara. || *loc.* ***Recurso de amparo:*** acción legal que protege las garantías fundamentales de un ciudadano.

amperaje *s. m.* Cantidad de amperios que consume un aparato o sistema eléctrico.
ampere *s. m.* Amperio.
amperímetro *s. m.* Instrumento para medir la cantidad de amperios en una corriente eléctrica.
amperio *s. m.* Unidad internacional de medida de la intensidad de la corriente eléctrica.
ampicilina *s. f.* Penicilina semisintética.
ampliación *s. f.* Acción y efecto de ampliar. || Imagen que se ha realizado en un tamaño mayor a la original. *La ampliación de la fotografía mostró detalles que antes no se distinguían.* || Cosa que se añade a otra para hacerla más grande. *La ampliación de su casa consiste en otro piso con dos habitaciones.*
ampliar *t.* Hacer más amplio, aumentar el espacio de algo. *Ampliaron las oficinas porque ya no cabían los empleados.* || Extender, prolongar. *El director amplió el plazo para las inscripciones.* || Aumentar, incrementar. *Sus exitosas inversiones amplían su capital cada día.* || Agrandar, aumentar el tamaño. *Ampliaremos esta foto para hacer un cartel.*
amplificación *s. f.* Acción de amplificar o hacer crecer la magnitud, el volumen o la intensidad de un objeto o fenómeno.
amplificado, da *adj.* Que presenta amplificación.
amplificador *s. m.* Instrumento para amplificar magnitudes, volúmenes o extensiones. *Para escuchar los discos necesitamos un amplificador de sonido.*
amplificar *t.* Acción de aumentar algo por medios técnicos. *Luego de pasar por los filtros, se amplifica la señal que llega del satélite.*
amplio, plia *adj.* Que es extenso, holgado, más que suficiente. *El automóvil se internó en una amplia avenida.*
amplitud *s. f.* Extensión, cualidad de amplio. || Medida de un espacio determinado. *La sala tiene amplitud suficiente para albergar a los participantes del seminario.* || Capacidad para comprender o valorar algo. *Las escenas del siguiente programa exigen amplitud de criterio.* || En física, medida del movimiento oscilatorio.
ampolla *s. f.* Erupción en la piel consistente en una bolsa con líquido. || Vasija de vidrio con forma redonda. || Recipiente de vidrio que contiene una dosis de medicamento líquido. || Lámpara eléctrica.
ampollar *t.* Formar ampollas. *El roce excesivo ampolla la piel.*
ampolleta *s. f. Méx.* Tubo de cristal herméticamente cerrado que contiene medicamento u otro líquido. || *Chil.* Lámpara eléctrica.
ampulosidad *s. f.* Cualidad de ampuloso.
ampuloso, sa *adj.* Persona o expresión pomposa, grandilocuente, artificiosa.
amputación *s. f.* Acción y efecto de amputar.
amputado, da *adj.* Que ha sufrido una amputación.
amputar *t.* Cortar y separar del cuerpo un miembro o parte de éste. || *fig.* Quitar una parte esencial de algo. *Amputó su libro al suprimir dos capítulos.*
amuchachado, da *adj.* Que muestra características de muchacho, o parece un muchacho.
amueblado, da *adj.* Que tiene mobiliario.
amueblar *t.* Dotar una habitación o recinto con los muebles necesarios.
amuleto *s. m.* Objeto al que se atribuye la cualidad de atraer cosas benéficas para la persona que lo trae consigo.
amurallar *t.* Cercar una ciudad o un recinto con murallas.
anabaptismo *s. m.* Doctrina protestante contraria al bautismo de los niños antes de que tengan uso de razón.
anabaptista *adj.* y *s. com.* Persona que profesa el anabaptismo.
anabólico, ca *adj.* Perteneciente o relativo al anabolismo.
anabolismo *s. m.* En biología, conjunto de procesos del metabolismo que transforman moléculas sencillas en otras más complejas. *Gracias al anabolismo, nuestro cuerpo asimila las sustancias que contienen los alimentos que ingerimos.*
anabolizante *s. m.* Producto químico que estimula los procesos anabólicos.
anacardo *s. m.* Nombre dado a varios árboles americanos de fruto comestible. || Fruto de esos árboles.
anacoluto *s. m.* En gramática, inconsecuencia en la construcción sintáctica de una frase. *«Zapatos para muchachos rusos» en lugar de «zapatos rusos para muchachos».*
anaconda *s. f.* Serpiente de la familia de las boas que alcanza los 10 m de longitud y vive junto a los ríos del sur de América.
anacoreta *s. com.* Persona que vive alejada de los demás y lleva vida de contemplación y penitencia.
anacrónico, ca *adj.* Que muestra anacronismo. || Se dice de lo que ya no se usa habitualmente.
anacronismo *s. m.* Error de ubicar en una época lo que sucedió o corresponde a otra. || Persona o cosa anacrónica.
anacrusa *s. f.* En música, nota o notas débiles que preceden al tiempo fuerte.
ánade *s. m.* Pato.
anaeróbico, a *adj.* Se dice del ejercicio físico o esfuerzo muscular que se desarrolla con escaso consumo de oxígeno o sin él.
anaerobio, bia *adj.* En biología, se dice del organismo que puede vivir y desarrollarse sin oxígeno.
anafe *s. m.* Anafre.
anáfora *s. f.* Repetición a propósito de una palabra en un discurso. *Usando una anáfora, te diría: fundamental es que tengas cuidado; fundamental porque de ello depende tu vida.* || Referencia, en un enunciado, a algo que se dijo antes, por medio de pronombres o adjetivos. *Bien dice la anáfora: estos son mis lápices; ésos, los tuyos.*
anafórico, ca *adj.* Que se relaciona con la anáfora. || Que contiene una anáfora.
anafre *s. m.* Horno portátil que funciona con leña o carbón.
anagoge *s. f.* Interpretación de la Biblia.
anagrama *s. f.* Modificación del orden de las letras de una palabra para obtener otra. *Observa tres anagramas: de sal, las; de sol, los; de adiposo, piadoso.* || Logotipo de una empresa hecho de letras entrelazadas.
anal *adj.* Que se relaciona con el ano.
analectas *s. f. pl.* Selección de fragmentos literarios.
anales *s. pl.* Obra que relata lo sucedido año por año. *En los anales de la Segunda Guerra Mundial, en 1945 se relata el fin del conflicto.* || Recuento histórico. *El descubrimiento del adn quedará para siempre en los anales de la biología.* || Publicación de periodicidad anual. *El instituto da cuenta de sus trabajos en los anales que publica sin falta.*
analfabetismo *s. m.* Característica del que no sabe leer ni escribir. || Situación de un país determinada porque hay mucha gente analfabeta. || *loc.* ***Índice de analfabetismo:*** porcentaje de gente analfabeta en un país.
analfabeto, ta *adj.* y *s.* Se dice de la persona que no sabe leer ni escribir. || Ignorante, que no sabe alguna disciplina. *Sabe mucho de álgebra, pero es un analfabeto en computación.*
analgesia *s. f.* Eliminación del dolor sin pérdida de las otras sensaciones.
analgésico *adj.* Referido a la analgesia. || *s. m.* Sustancia que elimina el dolor. *La aspirina es uno de los analgésicos más comunes.*
análisis *s. m.* Proceso de examinar una cosa estudiando por separado cada una de sus partes. || En química, separación de los componentes de una sustancia para conocer sus elementos. || *loc.* ***Análisis clínicos:*** estudios detallados de las cantidades

de determinadas sustancias en el organismo.

analista *s. com.* Observador y comentarista de hechos en algún campo de la actividad humana. *Varios analistas financieros coinciden en que puede haber otra devaluación de la moneda.* || Persona que realiza análisis clínicos. || Especialista en análisis matemáticos. || Persona que lleva a cabo análisis informáticos. || Psicoanalista.

analítica *s. f.* Análisis clínicos.

analítico, ca *adj.* Perteneciente o relativo al análisis. *Tiene una mente analítica, le gusta examinar todo.* || Que se lleva a cabo mediante un análisis.

analizable *adj.* Que puede ser analizado.

analizador, ra *adj.* Que analiza. || *s. m.* Aparato para hacer análisis. *En el laboratorio tienen un analizador de gases.*

analizar *t.* Examinar las partes que componen algo para comprender cómo está hecho.

analogía *s. f.* Relación de semejanza o parecido entre dos o más cosas, seres, fenómenos, razonamientos o procedimientos. *Se puede deducir la solución de ese problema por analogía.*

analógico, ca *adj.* Que tiene semejanza o analogía con otra cosa. || Se dice del aparato o instrumento de medición no digital que usa variables continuas similares a las de origen. *Un sistema de grabación de sonido análogo convierte el sonido en impulsos magnéticos y el aparato reproductor vuelve a convertir los impulsos en sonido.*

análogo, ga *adj.* Que es semejante a otra cosa.

anamorfosis *s. f.* Propiedad de las representaciones gráficas de observarse en forma distorsionada o correcta según el ángulo de visión. || Cambio gradual de la morfología de las especies en su evolución.

ananá o **ananás** *s. f.* Planta con hojas firmes, espinosas y agudas, flores moradas y fruto carnoso en forma de piña terminada en un penacho.

anaquel *s. m.* Tabla horizontal como parte de un mueble o fijada a la pared sobre la que se colocan objetos. *Sus libros caben en un anaquel.*

anaranjado, da *adj.* y *s.* Color de la naranja y otros cítricos. Se obtiene de mezclar los colores rojo y amarillo.

anarquía *s. f.* Ausencia de gobierno. || Desorganización, desconcierto.

anárquico, ca *adj.* Relacionado con la anarquía. || Que contiene confusión y desorden.

anarquismo *s. m.* Doctrina y práctica política orientada a la supresión del Estado y de toda forma de autoridad.

anarquista *adj.* y *s. com.* Perteneciente o relativo al anarquismo. || Partidario de esta doctrina política.

anarquizante *adj.* Que anarquiza; aplicado a personas, que tiende a la anarquía.

anarquizar *t.* Causar o propagar la anarquía. || Difundir el anarquismo.

anatema *s.* Frase contundente de reprobación o rechazo. || Maldición que se lanza contra alguien.

anatematizar *t.* Pronunciar un anatema contra alguien o maldecirlo.

anatomía *s. f.* Ciencia que, mediante la observación de la disposición de los órganos, estudia la estructura de los seres vivos. || Constitución o estructura de un ser vivo, o de alguna de sus partes. *La anatomía del riñón.* || Cuerpo de una persona. *Ese atleta tiene una anatomía impresionante.*

anatómico, ca *adj.* Perteneciente o relativo a la anatomía. || Que está diseñado para que se adapte al cuerpo humano. *Un colchón anatómico propicia un mejor descanso.*

anatomista *s. com.* Persona dedicada al estudio de la anatomía.

anca *s. f.* Mitad lateral de la parte trasera de los caballos y otros animales. || *fam.* Cadera de una persona.

ancestral *adj.* Relacionado con los ancestros. || Se dice de algo muy remoto en el tiempo o que pertenece a la tradición.

ancestro *s. m.* Antepasado.

ancho, cha *adj.* Que muestra anchura, en ocasiones excesiva. *Los tablones comerciales son anchos para nuestras necesidades.* || Holgado, amplio. *Ese pantalón es tres tallas más grande y te viene ancho.* || Ufano, orgulloso. *Pablo ganó un premio y ahora anda muy ancho por ahí.* || Anchura. *Trataron de meter el mueble por la puerta, pero su ancho lo hizo imposible* || *loc.* ***Ancho de banda:*** en telecomunicaciones, segmento del espectro de frecuencias que ocupa cada tipo de transmisión (radio, televisión, telefonía). || ***A mis, tus, sus anchas:*** con entera libertad, de acuerdo con las conveniencias o gustos personales. || ***A todo lo ancho:*** en toda la anchura de lo que se trata. || ***Doble ancho:*** anchura extraordinaria.

anchoa *s. f.* Boquerón curado.

anchoveta *s. f. Chil. Méx. Pan.* y *Per.* Pez semejante a la anchoa.

anchura *s. f.* En geometría, magnitud menor de superficies y volúmenes en contraposición con la mayor, que es la longitud. *Puede obtenerse la superficie de un rectángulo multiplicando anchura por longitud.* || En los objetos, dimensión horizontal. *Una hoja de papel apaisada tiene una anchura mayor que la altura.* || Lo que mide un contorno. *La anchura de sus caderas dificulta hallar ropa adecuada para ella.* || Amplitud, capacidad. *La anchura de la caja permite colocar holgadamente la máquina.*

anchuroso, sa *adj.* Muy ancho, espacioso.

anciano, na *adj.* y *s.* Se dice la persona que tiene mucha edad.

ancla *s. f.* Instrumento pesado que, sujeto a una cadena, permite que los barcos se fijen al fondo del mar para sujetar la nave. || *loc.* ***Echar anclas:*** fondear un barco. || ***Levar anclas:*** zarpar.

anclaje *s. m.* Acción de anclar un barco. || Conjunto de elementos que se emplean para fijar algo al suelo.

anclar *intr.* Sujetar un navío por medio del ancla. *El trasatlántico ancló esta mañana en el puerto de Montevideo.* || Aferrarse a una idea o tradición. *El vecino está anclado a los pareceres de los tiempos de María Castaña.* || *t.* Fijar algo al suelo u otra parte. *Anclar tablas en la pared para tener estantes.*

áncora *s. f.* Sinónimo antiguo o poético de ancla. || En arquitectura, pieza en forma de «T» que sirve para sostener vigas.

andador, ra *adj. s.* Que anda mucho. || En una huerta, camino entre la tierra cultivada. || Especie de armazón con ruedas con la que los niños aprenden a caminar. || *Méx.* Pasillo entre dos edificios.

andadura *s. f.* Resultado de andar. || Manera de andar. *Lo reconocí a lo lejos por su andadura.*

andaluz, za *adj.* y *s.* De Andalucía, en el sur de España.

andamiaje *s. m.* Conjunto de andamios. || Estructura congruente que sostiene una filosofía, una política, una institución.

andamio *s. m.* Estructura desarmable que se fabrica de madera y aluminio para la construcción, pintura o limpieza de edificios.

andanada *s. f.* Conjunto de disparos de una batería de cañones. || Reprensión severa. *Cuando erró el penal, recibió una andanada de insultos.*

andante[1] *adj.* Que anda, que le gusta andar.

andante[2] *adv.* En música, con tiempo lento. || *s. m.* Pieza musical o parte de ella que debe tocarse con ritmo lento.

andanza *s. f.* Viaje en el que se recorren varios lugares. || *pl.* Aventuras.

andar[1] *intr.* Caminar. || Viajar. *Anduvo por toda España este verano.* || Funcionar un mecanismo. *El reloj nuevo anda muy bien.* || Poseer cierto estado de ánimo. *El político andaba entusiasmado por la actriz.* || Haber. *Andan personas con malas intenciones en esa zona.* || Hurgar en las cosas de otros. *Andaban metiendo mano en las bolsas de todos.* || Transcurrir el tiempo. *Andando los años, se casó y*

fue infeliz. || *loc.* ***Andar a los golpes:*** discutir violentamente.
andar² *s. m.* Manera de andar. Suele usarse en plural.
andariego, ga *adj.* y *s.* Que gusta de caminar mucho y por todas partes.
andarín, rina *adj.* y *s.* Andariego.
andas *s. f. pl.* Aparato formado por una tabla ancha, con una barra a cada lado, cuyos extremos sobresalen, para transportar personas u objetos. *Se necesitan cuatro personas para llevar algo en andas.*
andén *s. m.* Acera ancha a lo largo de las vías en las estaciones de ferrocarril o metro para que transiten los pasajeros. || En un puerto de mar, espacio en el muelle donde se hacen maniobras de embarque y desembarque, carga y descarga. || *Amér. C.* y *Col.* Acera, parte de la calle destinada a la circulación de peatones. || *Amér. Merid.* Terraza artificial en la ladera de un cerro que se utiliza para cultivo.
andinismo *s. m. Amér.* Deporte de escalar montañas altas, alpinismo.
andinista *s. com. Amér.* Persona que escala montañas por deporte, alpinista.
andino, na *adj.* y *s.* Perteneciente o relativo a los Andes. *El cóndor es un majestuoso buitre andino.*
andorrano, na *adj.* y *s.* Del principado europeo de Andorra.
andrajo *s. m.* Tira de tela vieja y descolorida. || *fig. desp.* Persona o cosa que merece desprecio.
andrajoso, sa *adj.* Que se viste con andrajos. *Un mendigo andrajoso.* || Prenda de vestir hecha andrajos. *Algunos jóvenes visten pantalones andrajosos para estar a la moda.*
androceo *s. m.* Parte masculina de las flores, formada por uno o más estambres.
androfobia *s. f.* Terror enfermizo al sexo masculino.
androgénesis *s. f.* Producción de hormonas que desarrollan los caracteres masculinos.
andrógeno *s. m.* Hormona masculina.
andrógino, na *s.* Persona con rasgos físicos discordantes con los de su sexo.
androide *s. m.* Robot o autómata con figura de hombre.
andropausia *s. f.* Etapa de la vida del hombre en que la producción hormonal y la capacidad sexual comienzan a declinar.
andurrial *s. m. Esp.* Lugar o paraje apartado del camino.
anécdota *s. f.* Relación de un suceso notable, divertido, extraño, curioso o interesante. *El maestro narró las anécdotas de su viaje por el desierto.* || Argumento de una obra narrativa. *Todos conocen la anécdota de las novelas de moda.* || Hecho sin importancia. *Ese resbalón será sólo otra anécdota en tu vida.*
anecdotario *s. m.* Serie de anécdotas agrupadas para formar un conjunto.
anecdótico, ca *adj.* Relativo a la anécdota, que tiene carácter de anécdota. *Las biografías se enriquecen con sucesos anecdóticos.*
anegación *s. f.* Anegamiento.
anegamiento *s. f.* Acción y efecto de anegar o anegarse. *El anegamiento de las tierras perjudicará la cosecha.*
anegar *t.* y *pr.* Inundar o inundarse. *La fuerte lluvia anegó las calles.* || *fig.* Agobiar o abrumar en extremo. *Ella tiende a anegarse en sus problemas, por eso no les encuentra solución.*
anejar *t.* y *pr. Esp.* Anexar, adjuntar.
anejo, ja *adj. Esp.* Anexo, adjunto.
anélido *adj.* y *s. m.* En zoología, tipo de gusano de cuerpo cilíndrico, con segmentos anillados. *La lombriz de tierra es el anélido más conocido.*
anemia *s. f.* Disminución de la cantidad de glóbulos rojos en la sangre o de la hemoglobina.
anémico, ca *adj.* y *s.* Perteneciente o relativo a la anemia. || Persona o animal que padece anemia.
anemómetro *s. m.* Aparato que se emplea para medir la velocidad del viento.
anémona *s. f.* Planta herbácea de flores grandes y muy vistosas que presentan diversos colores. || Flor de esta planta. || Animal marino, de la familia de los corales, que vive fijo a las rocas del fondo y tiene la boca rodeada por tentáculos que le dan el aspecto de flor.
anestesia *s. f.* Falta de sensibilidad en el cuerpo. || Acción y efecto de anestesiar. || Sustancia para anestesiar. || *loc.* ***Anestesia local:*** la que sólo afecta una parte del cuerpo. || ***Anestesia general*** o ***total:*** la que afecta al cuerpo entero.
anestesiar *t.* Suprimir de manera artificial la sensibilidad del cuerpo o de una parte de él.
anestésico, ca *adj.* y *s.* Se aplica a lo que produce insensibilidad.
anestesiología *s. f.* Parte de la medicina que se dedica al estudio y la aplicación de la anestesia.
anestesiólogo, ga *s.* Anestesista.
anestesista *s. com.* Médico especializado en anestesiología.
aneurisma *s. com.* Dilatación anormal en una sección de una vena o arteria.
anexar *t.* Unir o añadir una cosa a otra. || *Guat. Hond. Méx.* y *Ven.* Adjuntar.
anexión *s. f.* En política, incorporación pacífica o violenta de un Estado a otro. *La anexión de Chipre no fue pacífica.*
anexionar *t.* Incorporar un Estado a otro.
anexionismo *s. m.* Política expansionista que defiende la incorporación, voluntaria o no, de otros territorios a su Estado.
anexo, xa *adj.* Que está unido a algo. || *s. m.* Edificio adosado a otro, o dependiente de otro. *El anexo de la escuela de mi hijo queda a tres cuadras.*
anfetamina *s. f.* Sustancia que actúa como estimulante y altera el sistema nervioso.
anfibio, bia *adj.* y *s.* Que puede vivir en el agua o en tierra. *Los batracios como los sapos, las ranas y las salamandras son anfibios.* || En medios de transporte, que puede moverse igualmente bien en agua y en tierra. || En lenguaje militar, que ocupa fuerzas de mar y tierra.
anfibología *s. f.* Significado confuso o ambiguo. || Recurso literario que adrede busca confundir.
anfiteatro *s. m.* Conjunto de asientos o gradas en forma de semicírculo, que hay en teatros o aulas grandes. *Te espero en el anfiteatro para la conferencia.* || Edificio redondo con gradas en el que se presentaban diversos espectáculos en la antigua Roma. || Lugar donde se diseccionan cadáveres.
anfitrión, triona *s.* País, entidad o persona que recibe y atiende invitados.
ánfora *s. f.* Cántaro de cuerpo alargado y vertical, con cuello estrecho y alto y dos asas, muy usado en la antigüedad.
anfractuoso, sa *adj.* Se dice del terreno abrupto, lleno de desigualdades.
ángel *s. m.* Según algunas religiones, ser espiritual que sirve como mensajero entre Dios y los seres humanos. || *fig.* Persona con cualidades que se atribuyen a los ángeles. *Esa mujer es un ángel, su belleza y bondad son inigualables.* || Gracia y encanto especial de una persona que la hacen atractiva. *El cantante tiene poca voz pero mucho ángel, por eso ha triunfado.*
angelical *adj.* De los ángeles o relativo a ellos. || *fig.* Que, por su aspecto o su conducta, parece un ángel.
angina *s. f.* Inflamación dolorosa de las amígdalas y de la faringe. Se usa más en plural. || *pl.* Amígdalas.
angiografía *s. f.* Técnica de diagnóstico médico por la observación de la imagen de los vasos sanguíneos.
angiología *s. f.* Parte de la medicina que estudia los vasos sanguíneos y las enfermedades que los afectan.
angiólogo, ga *s.* Médico especialista en angiología.
angioma *s. m.* Tumor benigno formado por vasos sanguíneos que se desarrollaron anormalmente.
angiospermo, ma *s.* Planta con flores dotadas de órganos femeninos y

masculinos, los cuales se encuentran en un bulbo cerrado.
anglicanismo *s. m.* Rama del cristianismo preponderante en Inglaterra, formada en el siglo XVI, similar al catolicismo en doctrina y ritual, con la diferencia de que no reconoce al Papa.
anglicano, na *adj.* y *s.* Relacionado con el anglicanismo. || Que profesa el credo anglicano.
anglicismo *s. m.* Vocablo o frase basada en la lengua inglesa adaptada a otro idioma. *El verbo «checar» es un anglicismo proveniente de «to check».*
anglicista *adj.* Que emplea anglicismos.
anglo *adj.* y *s.* Se dice del pueblo de origen germano establecido en Inglaterra alrededor del siglo V d. C. || Inglés.
angloamericano, na *adj.* y *s.* De la América de habla inglesa. *Los estadounidenses son angloamericanos.*
anglófono, na *adj.* y *s.* Que habla inglés como lengua nativa.
anglohablante *adj.* y *s. com.* Que habla la lengua inglesa.
angloparlante *adj.* Anglohablante.
anglosajón, jona *adj.* y *s.* Perteneciente o relativo a los pueblos de origen y lengua inglesa. || Del pueblo germánico que, en los siglos V y VI, invadió Gran Bretaña.
angoleño, ña *adj.* y *s.* De Angola, país africano.
angora *adj.* Se dice de la cabra, conejo o gato de una raza de pelo sedoso y largo. || *s. f.* Fibra textil, parecida a la lana, elaborada de cabra o conejo de angora.
angostamiento *s. m.* Acción y efecto de angostar o angostarse.
angostar *t. intr.* y *pr.* Estrechar, hacer algo más angosto.
angosto, ta *adj.* Estrecho, de anchura menor a la normal.
angostura *s. f.* Cualidad de lo que es angosto. || Paso o faja de terreno muy estrecho. || Limitación intelectual o estrechez moral. || Árbol sudamericano con cuya corteza se prepara un licor amargo y aromático. || Licor destilado de la corteza de este árbol. *El amargo de angostura sirve para preparar cocteles y sazonar salsas.*
angström *s. m.* Unidad de medida de longitud de onda y dimensión atómica, equivalente a una diezmillonésima de milímetro.
anguila *s. f.* Pez de cuerpo muy alargado y flexible, de piel oscura y viscosa, que vive en agua dulce pero se reproduce en las desembocaduras de los ríos. Su carne es comestible.
angula *s. f.* Cría de la anguila, es blanca y mide menos de 10 cm de largo.
angular *adj.* Con forma de ángulo. || Relativo al ángulo. || *loc.* ***Gran angular:*** en fotografía, objetivo de corta distancia focal, que puede cubrir un ángulo visual de entre 70 y 180 grados.
ángulo *s. m.* En geometría, figura curva formada a partir de la intersección de dos líneas rectas || Rincón o arista. || Punto de vista. || *loc.* ***Ángulo agudo:*** el que tiene menos de 90°. || ***Ángulo oblicuo:*** el que no es recto. || ***Ángulo obtuso:*** el que es mayor de 90°. || ***Ángulo recto:*** el que tiene 90°.
anguloso, sa *adj.* Que tiene ángulos o aristas.
angustia *s. f.* Congoja, sufrimiento. || Situación apurada. ||Temor sin motivo determinado.
angustiado, da *adj.* Que expresa o provoca angustia.
angustiar *t.* Provocar angustia, congoja.
angustioso, sa *adj.* Que provoca angustia. || Que la padece.
anhelante *adj.* Que desea algo apasionadamente. || Se dice de la respiración dificultosa.
anhelar *t.* Desear algo con gran pasión, en especial cosas no materiales. *Toda su vida ha anhelado vivir en paz.* || Respirar con dificultad.
anhelo *s. m.* Deseo encendido.
anheloso, sa *adj.* Que anhela.
anhídrido *s. m.* Compuesto químico formado por un óxido y un elemento no metálico. En la actualidad se le llama «óxido». || *loc.* ***Anhídrido carbónico:*** gas que se desprende de la respiración y la combustión. Ahora se denomina «dióxido de carbono».
anhidro, dra *adj.* En química, que no tiene agua.
anidación *s. f.* Proceso por el cual un ave elabora su nido.
anidamiento *s. m.* Resultado de anidar.
anilina *s. f.* Sustancia tóxica que sirve como solvente. || Colorante.
anilla *s. f.* Anillo que sirve para colgar cortinas. || Faja de papel que se le pone a un puro para indicar su origen. || Anillo que se coloca en las aves para seguir su trayectoria. || En gimnasia, aros.
anillado, da *adj.* En forma de anillo. || Que tiene uno o varios anillos. || Que imita una sucesión de anillos. *El cuerpo anillado en rojo, amarillo y negro distingue a las corales de otras serpientes.*
anillar *t.* Dar forma de anillo. || Sujetar con anillos. || Ponerle anillas a un ave.
anillo *s. m.* Aro de tamaño pequeño. || Joya o adorno en forma de aro que se lleva en los dedos. || En astronomía, conglomerado de polvo y otros materiales que circunda a un planeta. *Júpiter, Saturno, Urano y Neptuno son planetas de nuestro sistema solar que poseen anillos.* || En zoología, cada uno de los segmentos en que se divide el cuerpo de algunos gusanos y artrópodos. *Las lombrices de tierra tienen muchos anillos.* || *loc.* ***Caer como anillo al dedo:*** llegar algo en el momento más adecuado u oportuno.
ánima *s. f.* En el catolicismo, alma de un difunto.
animación *s. f.* Acción y efecto de animar o animarse. || Viveza, expresión y agilidad en los movimientos o palabras. *La bailarina interpretó la danza con gran animación.* || En cinematografía, técnica por la cual se dota de movimiento a dibujos o imágenes fijas. *El uso de computadoras ha venido a revolucionar la animación.*
animado, da *adj.* Que tiene vida. || Que muestra entusiasmo por hacer algo. *Están muy animados porque ya casi terminan su proyecto.* || Divertido, alegre, ameno. *La fiesta estuvo muy animada.* || Se dice de lo que tiene movimiento. *Vimos una película de dibujos animados.*
animador, ra *adj.* Que anima. || *s.* Persona que se dedica a amenizar espectáculos o fiestas. || Especialista en animación cinematográfica.
animadversión *s. f.* Antipatía, enemistad o rechazo que se siente por alguien. *Su comportamiento le ganó la animadversión de sus conocidos.*
animal *adj.* Perteneciente o relativo a los animales. *La población animal de un bosque.* || Producido por animales o derivado de ellos. *Los productos lácteos son un alimento animal.* || Relativo a la parte física e instintiva del ser humano, en contraposición con lo racional y espiritual. || *s. m.* Ser vivo que se mueve por su propio impulso, se nutre de sustancias orgánicas y posee sensibilidad y percepción. || *fig.* Persona ignorante, brutal y grosera. || *Méx.* y *Per.* Bicho, insecto: *¡Mamá, hay un animal en la cortina!*
animalada *s. f.* Tontería, acción torpe o estúpida. || *Arg.* y *Chil.* Conjunto grande de animales, en particular de ganado.
animalero *s. m. Col. Salv. Guat. Hond.* y *Méx.* Conjunto grande de animales. *Los periquitos se reprodujeron demasiado y ahora hay un animalero en la casa.*
animalidad *s. f.* Condición de animal.
animalización *s. m.* Conducta animal o irracional de las personas. || Acción de representar a otras personas como animales.
animalizar *t.* y *pr.* Embrutecerse.
animar *t.* Infundir vida. *Con esos detalles la trama de la novela se animó.* || Dar ánimo. *Acudieron para animar al equipo visitante.* || Alegrar. *Si aplicas colores vivos animarás el aspecto de tu casa.* || Impulsar. *No me anima*

ganar el premio, sino el esfuerzo exigido. || *pr.* Atreverse. *Se animó a pedirle que fuera su novia.*
anímico, ca *adj.* Que tiene que ver con el ánimo y los sentimientos de las personas. *Su estado anímico no es muy bueno.*
animismo *s. m.* Creencia que atribuye fuerza de ánimo a la naturaleza y a ciertos objetos. *En África hay religiones animistas.*
animista *adj.* Relacionado con el animismo. || *s.* Persona que cree en el animismo
ánimo *s. m.* Estado psíquico relativo a los sentimientos de las personas. *Amanecí de buen ánimo.*
animosidad *s. f.* Disposición psíquica hostil o antipática hacia otros.
animoso, sa *adj.* Que tiene ánimo, buena disposición, fuerza.
aniñado, da *adj.* Persona con características físicas o psíquicas de niño no correspondientes a su edad.
aniñarse *pr.* Tener aspecto, o adoptar comportamiento como de niño.
anión *s. m.* En física, ión con carga negativa.
aniquilación *s. f.* Acción y efecto de aniquilar o aniquilarse. || En física, reacción entre una partícula atómica y su antipartícula, por la cual ambas desaparecen, convirtiéndose en partículas más ligeras.
aniquilador, ra *adj.* Que aniquila o extermina.
aniquilamiento *s. m.* Aniquilación.
aniquilar *t.* y *pr.* Arrasar, destruir algo totalmente. || *fig.* Agotar o extenuar. *Esa enfermedad tan larga lo aniquiló, su recuperación será larga y difícil.* || Derrotar al contrario de manera contundente.
anís *s. m.* Hierba aromática de unos 30 cm de altura, con flores blancas en umbela y semillas pequeñas y alargadas de color verdoso. || Semilla de esta planta. *El anís se usa para sazonar alimentos, confeccionar dulces y licores, y en medicina.* || Aguardiente endulzado hecho con anís. || *loc.* ***Anís estrella*** o ***estrellado:*** nombre popular del fruto del badián.
anisar¹ *s. m.* Terreno sembrado de anís.
anisar² *t.* Agregar o dar a algo sabor a anís.
aniversario *s. m.* Día en que se cumplen años de ocurrido un suceso. *El aniversario de la consumación de la independencia.* || Celebración para conmemorar ese día.
ano *s. m.* Orificio externo del tubo digestivo, por el cual se expelen los excrementos.
anoche *adv.* Se aplica al tiempo transcurrido en la noche entre ayer y hoy.
anochecer¹ *intr.* Estar o llegar a determinado lugar o condición al empezar la noche. *A los alpinistas les anochecerá antes de llegar a la cumbre.* || *impers.* Empezar a oscurecer, caer la noche. *Ayer anocheció muy temprano.*
anochecer² *s. m.* Tiempo en el que se pasa del día a la noche. *Ayer el anochecer pasó en un abrir y cerrar de ojos.* || *loc.* ***Al anochecer:*** al acercarse la noche.
anochecida *s. f.* Anochecer.
anodino, na *adj.* Sin interés, insignificante. || En medicina, se aplica a las sustancias que alivian el dolor.
ánodo *s. m.* Electrodo positivo.
anofeles *adj.* Se aplica a los mosquitos transmisores del paludismo.
anomalía *s. f.* Lo que se aparta de la regla o el uso. || En biología, malformación. || En astronomía, ángulo que determina la posición de un astro en su órbita a partir de su eje mayor y el sentido de su movimiento.
anómalo, la *adj.* Anormal, irregular.
anón *s. m.* Anona.
anona *s. f.* Guanábana. || Chirimoya.
anonadamiento *s. m.* Resultado de anonadar.
anonadar *t.* y *pr.* Asombrar en extremo a alguien. *Cuando le dieron la noticia, quedó anonadado.*
anonimato *s. m.* Situación en la que se reserva la identidad de una persona. *Hizo la donación en el más completo anonimato.*
anonimia *s. f.* Lo que no lleva autor o no se sabe quién es.
anónimo, ma *adj.* Que no tiene o no se sabe quién es el autor. || *s.* Carta sin firma con la que se amenaza u ofende a alguien. *El caso del detective comenzó con un anónimo.*
anorak *s. m.* Chaqueta impermeable y con capucha que se usa en invierno o para deportes invernales.
anorexia *s. f.* Enfermedad que consiste en falta de apetito.
anoréxico, ca *adj.* Que sufre de anorexia. || Que está muy delgado.
anormal *adj.* Que no es normal. || Que tiene inteligencia o desarrollo físico menores que los normales.
anormalidad *s. f.* Cualidad de lo que es anormal. || Irregularidad, anomalía. *La anormalidad en el crecimiento de esa planta se debe a que no recibe luz suficiente.*
anotación *s. f.* Acción y efecto de anotar. || Nota, mensaje breve que se pone al margen de un texto. *Lee las anotaciones que puse en tu cuento.*
anotado, da *adj.* Con anotaciones.
anotar *t.* Escribir las cosas para recordarlas. || Poner notas al margen de un texto. || Inscribir datos en un registro. || En deportes, marcar tantos. *El equipo anotó tres goles en sólo quince minutos.*
anquilosamiento *s. m.* Acción y efecto de anquilosar o anquilosarse. *El anquilosamiento de las ideas impide evolucionar.*
anquilosar *t.* y *pr.* Producir anquilosis en una articulación del cuerpo. *La falta de ejercicio anquilosó sus tobillos.* || Detenerse alguien o algo en su evolución o progreso. *Se anquilosó en sus glorias pasadas, por eso no avanza.*
anquilosis *s. f.* Disminución de la flexibilidad que dificulta o imposibilita el movimiento en una articulación del cuerpo.
ánsar *s. m.* Ganso, ave palmípeda.
ansia *s. f.* Agitación e inquietud intensas que producen malestar corporal. || Aflicción, angustia. || *loc. Méx.* ***Comer ansias:*** estar muy impaciente.
ansiar. *t.* Desear algo con gran intensidad. *Ansío verme libre de esta situación.*
ansiedad *s. f.* Estado de ánimo que se manifiesta con inquietud, zozobra y agitación. *Le produce ansiedad que los demás hagan ruido mientras él trabaja.* || En medicina, trastorno caracterizado por una sensación de inseguridad, angustia y desasosiego. *Tensión muscular constante, cansancio, insomnio e irritabilidad son algunos de los síntomas de la ansiedad.*
ansiolítico, ca *adj.* Medicamento para calmar la ansiedad.
ansioso, sa *adj.* Que manifiesta ansia, angustia o desesperación.
antagónico, ca *adj.* Que muestra oposición o representa enfrentamiento.
antagonismo *s. m.* Estado de rivalidad entre dos personas o grupos.
antagonista *adj.* Que se opone. || *s. com.* Persona o grupo que rivaliza con otro u otros.
antaño *adv.* En otro o de otro tiempo. *Los músicos nos deleitaron con canciones de antaño.*
antártico, ca *adj.* Del Polo Sur.
ante¹ *s. m.* Alce. || Piel curtida de este animal. *Existe una canción cuyo nombre es «Zapatos de ante azul».* || Cualquier piel curtida con características similares
ante² *prep.* Frente a, en presencia de. *Se presentó ante el juez.* || En comparación, respecto de. *Ante esta catástrofe, nada podrá expresar sus consecuencias.*
anteanoche *adv.* La noche anterior a la de ayer o antes de anoche.
anteanteanoche *adv.* La noche anterior a antenoche.
anteanteayer *adv.* Trasanteayer, en el día que precedió al de anteayer.
anteantier *adv.* Anteanteayer.
anteayer *adv.* En el día que precedió al de ayer.
antebrazo *s. m.* Parte del brazo que abarca del codo a la muñeca.
antecámara *s. f.* Habitación que se ubica antes de la sala principal o aquella en que se recibe a las visitas, sobre todo en un palacio o mansión.

antecedente *adj.* Que está antes, que precede o antecede. || *s. m.* Dicho, hecho, circunstancia o acción que sirve para la comprensión de otros posteriores. *Con esos antecedentes, podemos esperar que el nuevo empleado sea muy eficiente.* || En gramática, nombre, pronombre u oración al que se refiere un pronombre relativo. || *loc.* ***Poner en antecedentes:*** poner al corriente de una situación.

anteceder *t.* Preceder, estar antes en el tiempo o en una situación.

antecesor, ra *s.* Persona que ha estado en un empleo o cargo antes que otra. || *m. pl.* Antepasados, ancestros.

antedata *s. f.* Fecha falsa, anterior a la verdadera, que se pone en un documento.

antedatar *t.* Poner antedata en un documento. *La demanda no es válida, el abogado demostró que el cliente antedató el contrato.*

antedicho, cha *adj.* Dicho o mencionado antes. *El personaje antedicho dejó muchas deudas.*

antediluviano, na *adj.* Muy antiguo, anterior al diluvio.

antelación *s. f.* Espacio de tiempo anterior a algo que sucede después. *Te dije con antelación quién ganaría el partido.*

antemano *loc. adv.* **De antemano:** Con anticipación. Haz reservaciones de antemano, en esa época hay muchos turistas.

antemeridiano *adj.* Se dice de las horas que pasan entre la medianoche y el mediodía. || Anterior al mediodía.

antena *s. f.* Cada uno de los apéndices sensoriales en la cabeza de los insectos y crustáceos || Dispositivo conductor de las ondas hertzianas en aparatos emisores o reproductores.

antenoche *adv.* Anteanoche.

anteojo *s. m.* Instrumento óptico para ampliar las imágenes de objetos lejanos. || *pl.* Lentes graduadas para corregir defectos de la vista que van en una armazón que se apoya en el puente de la nariz y las orejas.

antepasado, da *adj.* Anterior a un tiempo ya pasado. *El año antepasado no hizo tanto frío.* || *s.* Ascendiente de una persona o un grupo. Se usa sobre todo en plural. *Los antepasados de Montserrat vinieron de Cataluña.*

antepecho *s. m.* Muro o barandal que se pone en sitios altos para evitar caídas. || Borde de una ventana. *Llenó el antepecho de la ventana con malvones.*

antepenúltimo, ma *adj.* Anterior al penúltimo. *Las palabras sobreesdrújulas se acentúan en la antepenúltima sílaba.*

anteponer *t.* y *pr.* Poner antes. || *fig.* Preferir a alguien sobre otra persona o interés.

anteproyecto *s. m.* Proyecto en su etapa de preparación. || Resumen o bosquejo de un proyecto. *En el anteproyecto de ley se propone la custodia compartida.*

antera *s. f.* Punta del estambre que contiene el polen de la flor.

anterior *adj.* Que está antes.

anterioridad *s. f.* Antelación, anticipación. || *loc.* ***Con anterioridad:*** lo que ocurre antes de otra cosa. *Nos avisaron con anterioridad respecto a la cancelación del concierto.*

antes *adv.* Lo que ocurre o está primero que otra cosa. *Antes de la Revolución Mexicana no había democracia.* || *adj.* Anterior. *Una noche antes, todo estaba arreglado.* || *conj.* Indica contrariedad o preferencia. *No sólo no lo negó, antes se enorgulleció de ello.*

antesala *s. f.* Habitación que está antes de la sala. || *loc.* ***Hacer antesala:*** esperar ser atendido por alguien para pedirle algo. *Hizo tres horas de antesala sólo para una firma.*

antevíspera *s. f.* Día anterior a la víspera. *En la antevíspera y la víspera de las elecciones te prometen de todo; después, nada.*

antiácido, da *adj.* Que se opone o contrarresta la acción de un ácido. || *s.* Sustancia que neutraliza la acidez en el estómago. *El bicarbonato de sodio es uno de los antiácidos más utilizados.* || Material resistente a la acción de un ácido. *En el piso del laboratorio instalaron loseta antiácida.*

antiadherente *adj.* y *s. m.* Se dice de la sustancia o material que impide la adherencia. *En el sartén antiadherente no se pegan los huevos fritos.*

antiaéreo, a *adj.* Que sirve para defenderse de los ataques de aviones militares.

antibalas *adj.* Que protege de los impactos de bala. *Venden un auto con cristales antibalas.*

antibélico, ca *adj.* Contrario a la guerra.

antibiótico, ca *adj.* y *s.* Se dice de la sustancia capaz combatir infecciones. *El primer antibiótico farmacéutico fue la penicilina.*

anticiclón *s. m.* Área de la atmósfera donde la alta presión produce tiempo despejado.

anticientífico, ca *adj.* Que es opuesto a la ciencia o al método científico.

anticipación *s. f.* Acción y efecto de anticipar o anticiparse. *Reserva tu lugar con anticipación, pues habrá mucha gente y podrías quedarte fuera.* || En economía, hipótesis basadas en el movimiento de los agentes económicos, a fin de realizar previsiones y cálculos para orientar la toma de decisiones. || En informática, técnica de organización de un sistema para prever futuras demandas de palabras en memoria por parte de la unidad central, y tenerlas ya colocadas en una memoria de acceso para cuando se requieran.

anticipado, da *adj.* Que sucede antes de lo previsto. *Las elecciones fueron anticipadas, pues se temía que el mal tiempo impidiera a la gente ir a votar.* || *loc.* ***Por anticipado:*** antes del tiempo señalado para el término de algo.

anticipar *t.* y *pr.* Hacer que algo suceda antes de lo previsto o de lo habitual. *Anticipó sus vacaciones para poder atender unos asuntos.* || Pagar un dinero que se debe antes del plazo señalado. || *pr.* Adelantarse a la realización de algo. *Se anticiparon a los cambios en la empresa y tomaron un curso de capacitación.*

anticipo *s. m.* Acción de anticipar o anticiparse. *La policía se anticipó y los sorprendió al llegar.* || Suma de dinero entregada como adelanto para obtener un bien o servicio. *Diez por ciento de anticipo es lo acostumbrado en esta tienda.*

anticlerical *adj.* Que se opone al clero. *Ese partido es de tendencia anticlerical.*

anticlericalismo *s. m.* Postura política o moral opuesta al clericalismo.

anticlímax *s. m.* Lo contrario al clímax. *Los errores que cometió entonces fueron el anticlímax de una carrera profesional brillante.* || Momento de menor intensidad en el desarrollo de una acción.

anticlinal *adj.* y *s. m.* En geología, se dice de los plegamientos de las capas de terreno a ambos lados de un eje, a los que se deben las montañas y cerros.

anticoncepción *s. f.* Conjunto de métodos para prevenir el embarazo de la mujer.

anticonceptivo, va *adj.* Que evita la fecundación. || *s. m.* Medicamento o aparato que impiden el embarazo.

anticongelante *adj.* Que impide la congelación. || *s. m.* Sustancia que impide la congelación del agua que enfría los motores.

anticonstitucional *adj.* Contrario a la constitución de un Estado. *Violar derechos humanos es un acto anticonstitucional.*

anticorrosivo, va *adj.* Sustancia que impide o retarda la corrosión de las superficies. *Los muebles que permanecen al aire libre llevan pintura anticorrosiva.*

anticuado, da *adj.* Que ya no se usa, que perteneció a un tiempo anterior o está pasado de moda.

anticuario, ria *s.* Persona que se dedica a comerciar con objetos antiguos y a estudiarlos.

anticucho *s. m. Bol. Chil.* y *Per.* Trozo pequeño de carne ensartado en un palo pequeño y asado a la parrilla.

anticuerpo *s. m.* Sustancia que segrega el sistema inmunitario del organismo para combatir las bacterias, parásitos, hongos y virus que lo infectan.

antideportivo, va *adj.* Que va contra el espíritu deportivo. *Enojarse porque se pierde una competencia es antideportivo.*

antidepresivo, va *adj.* y *s.* Sustancia o medicamento que actúa contra la depresión.

antidetonante *adj.* Que impide la detonación. || *s. m.* Producto químico que se añade a los combustibles de los motores para retardar su detonación.

antídoto *s. m.* Sustancia que anula los efectos tóxicos de otra, sea un veneno o una toxina. || *fig.* Medio con que se previene o evita un vicio o mal. *El antídoto contra tus malas calificaciones es poner más interés en el estudio.*

antier *adv.* Anteayer.

antiespasmódico, ca *adj.* y *s.* Se dice de la sustancia o medicamento que calma o alivia los espasmos.

antiestético, ca *adj.* Que va contra las normas de la estética. *Esa combinación de colores es antiestética.*

antifaz *s. m.* Máscara que cubre la parte superior de la cara y tiene aberturas para los ojos. || Pieza de la misma forma, pero sin aberturas para los ojos que se emplea para no recibir luz.

antífona *s. f.* Pasaje breve de la Biblia que se canta o reza antes o después de los salmos.

antífrasis *s. f.* Figura retórica que consiste en nombrar algo por su contrario. *Ponerle de apodo al calvo Pérez «El Peludo» es una antífrasis.*

antígeno *adj. m.* En medicina, sustancia que al introducirse en el cuerpo fomenta la creación de anticuerpos.

antigripal *adj.* y *s. m.* Se dice de los medicamentos que combaten la gripe.

antigualla *s. f.* Objeto antiguo. || Costumbre antigua. || *desp.* Cosa pasada de moda.

antigüedad *s. f.* Cualidad de antiguo. *Hay que determinar la antigüedad de los fósiles recién descubiertos.* || Tiempo muy anterior. *Los hombres de la antigüedad no tenían vehículos con motor.* || Tiempo de permanencia en un cargo o puesto. *Alcanzó la antigüedad de 30 años y se jubiló.* || *pl.* Monumentos u objetos de tiempos remotos. *Las antigüedades de los pueblos prehispánicos son muy apreciadas.* || *loc.* ***Antigüedad clásica:*** la que se refiere a Grecia y Roma antiguas. *En la Antigüedad clásica, los griegos se reunían en el ágora.*

antiguo, gua *adj.* Se dice de lo que ocurrió hace mucho tiempo. *Esa es una deuda antigua que viene arrastrando desde la juventud.* || Se aplica a lo que existió hace mucho tiempo. *Las casas antiguas tenían un gran patio central.* || Se dice de la persona que lleva mucho tiempo en un puesto o ejerciendo alguna actividad. *Nos atendió un bibliotecario antiguo que conocía muy bien la clasificación de los libros.* || Pasado de moda. *Hacer caravanas es una costumbre antigua.* || *s. pl.* Personas que vivieron en tiempos pasados. *Los antiguos mexicanos inventaron las chinampas.* || *loc.* ***A la antigua:*** como se hacía antes. || ***Chapado a la antigua:*** que tiene costumbres anticuadas.

antihéroe *s. m.* Personaje de ficción que es el protagonista de una obra, pero presenta cualidades o rasgos contrarios a los del héroe tradicional. *Los pícaros de las novelas españolas de los Siglos de Oro son antihéroes.*

antihigiénico, ca *adj.* Que no sigue las reglas de la higiene. *Es antihigiénico no lavarse las manos antes de comer.*

antihistamínico, ca *adj.* y *s.* Se dice de la sustancia que se usa para combatir las histaminas. *Algunos antihistamínicos provocan sueño.*

antillano, na *adj.* y *s.* Que es originario o se relaciona con las Antillas.

antilogaritmo *s. m.* En matemáticas, número al que corresponde un logaritmo dado.

antílope *s. m.* Mamífero rumiante de cuernos largos sin ramificaciones. *Los impalas, las gacelas y los ñus son de la familia de los antílopes.*

antimateria *s. f.* En física, materia formada por antipartículas. *El encuentro entre materia y antimateria genera energía.*

antimonio *s. m.* Elemento químico, se trata de un semimetal de color blanco azulado, brillante y quebradizo. Su número atómico es 51 y su símbolo *Sb*.

antinatural *adj.* Que no es natural.

antinomia *s. f.* Incompatibilidad o contradicción de dos preceptos legales o de dos conceptos. *El positivismo trató de resolver la antinomia individuo-sociedad.*

antinómico, ca *adj.* Que contiene o implica antinomia.

antioxidante *adj.* y *s. m.* Que evita la oxidación. *Los antioxidantes retrasan el envejecimiento.*

antipapa *s. m.* En la Iglesia católica, hombre que pretende usurpar los poderes y funciones del Papa.

antiparras *s. f. pl. fam.* Anteojos, gafas.

antipartícula *s. f.* En física, partícula elemental con la misma masa, pero con propiedades electromagnéticas opuestas a las de la partícula que le corresponde.

antipatía *s. f.* Sentimiento de rechazo hacia una persona, animal o cosa.

antipático, ca *adj.* y *s.* Que causa antipatía.

antipirético, ca *adj.* y *s. m.* Sustancia o medicamento que reduce la fiebre. *El ácido acetilsalicílico, componente de la aspirina, es antipirético.*

antipirina *s. f.* En química, sustancia orgánica sintética que se emplea como antipirético y analgésico.

antípoda *adj.* y *s.* Se dice de una persona que, con respecto a otra, habita en un lugar diametralmente opuesto de la Tierra. || Que se contrapone por completo. || *loc.* ***Estar en las antípodas:*** obrar, tener opiniones opuestas a las de otra persona.

antirrábico, ca *adj.* Aplicado a un medicamento o tratamiento, que previene o combate la rabia. *Dos veces por año se organizan campañas de vacunación antirrábica para mascotas.*

antisemita *adj.* Que profesa animadversión a las personas de origen semita y a su cultura. *El partido y el gobierno nazis fueron antisemitas.*

antisemitismo *s. m.* Conjunto de creencias hostiles a las personas de origen semita y a su cultura.

antisepsia *s. f.* Método médico para combatir y prevenir las infecciones.

antiséptico, ca *adj.* y *s.* Se dice de las sustancias para combatir y prevenir las infecciones. *El alcohol es un antiséptico.*

antisocial *adj.* Persona o grupo contrario al orden social.

antisudoral *adj.* Que reduce la secreción de sudor.

antítesis *s. f.* Lo opuesto a una tesis. *El socialismo es la antítesis del capitalismo.*

antitetánico, ca *adj.* Se dice del medicamento que previene el tétanos.

antitético, ca *adj.* Que expresa antítesis o postura opuesta a una tesis. *Su discurso fue antitético al del gobierno.*

antitoxina *s. f.* Anticuerpo generado por el propio organismo de las toxinas ya conocidas.

antivirus *adj.* y *s. m.* Que tiene efecto antiviral, sustancia o medicamento que combate los virus. || En informática, programa que detecta y elimina los virus de las computadoras.

antojadizo, za *adj.* y *s.* Que tiene antojos o caprichos frecuentemente.

antojarse *pr.* Convertirse algo en objeto de deseo, por lo general caprichoso. *Se le antojó un mango, el problema es que no es temporada de esta fruta.* || Considerarse algo como probable. *Se me antoja que el clima sea cálido y agradable.*

antojitos *s. m. pl. Méx.* Bocadillos, por lo general muy condimentados, que se toman fuera de las comidas principales, o en lugar de éstas.

antojo *s. m.* Deseo pasajero e intenso de algo. *Tengo antojo de chocola-*

tes. || Capricho por algo en lo que no se ha meditado lo suficiente. *Si sigue actuando a su antojo, cometerá muchos errores.*
antología *s. f.* Colección de piezas literarias o musicales escogidas según un criterio determinado. || *loc.* ***De antología:*** excelente, digno de ser recordado.
antológico, ca *adj.* Perteneciente o relativo a la antología. *Está recopilando un trabajo antológico sobre poemas patrios.* || Extraordinario, muy bueno, que merece destacarse. *Su interpretación fue antológica, el público se deshizo en aplausos.*
antonimia *s. f.* En gramática, cualidad de las palabras que son antónimas. *La antonimia es la relación entre las palabras cuyos significados son opuestos.*
antónimo, ma *adj.* y *s.* En gramática, se dice de la palabra cuyo significado es opuesto al de otra. *Las palabras «claridad y oscuridad» son antónimos.*
antonomasia *s. f.* En retórica, sustitución de un nombre propio por uno común que enuncia una cualidad esencial del sujeto, o viceversa. || *loc.* ***Por antonomasia:*** se refiere a lo más característico de la clase de algo.
antorcha *s. f.* Pedazo de materia combustible que se hace arder por uno de sus lados y se sostiene en la mano para iluminar.
antracita *s. f.* Carbón fósil que arde con dificultad.
ántrax *s. m.* En medicina, inflamación de los sacos sebáceos de la piel con producción de pus.
antro *s. m.* Cueva, caverna. || Casa, local comercial de muy mal aspecto o mala reputación. || *Méx.* Local en el que se bebe y baila y donde se reúnen los jóvenes.
antropocéntrico, ca *adj.* Que se relaciona con el antropocentrismo.
antropocentrismo *s. m.* Doctrina filosófica que coloca al hombre en el centro del universo.
antropofagia *s. f.* Hábito de consumir carne humana. || Acto de comer carne humana.
antropófago, ga *adj.* y *s.* Se aplica a la persona que come carne humana.
antropoide *s. m.* En zoología, se dice de los animales que tienen características externas similares a las del hombre. *Los gorilas y los chimpancés son antropoides.*
antropólogo, ga *s.* Persona que estudió la carrera de antropología y se dedica a ella.
antropología *s. f.* Ciencia que estudia los aspectos naturales y sociales del ser humano.
antropológico, ca *adj.* Que se relaciona con la antropología. *Un estudio antropológico demostró cómo usaban las manos los primates.*
antropometría *s. f.* Ciencia que estudia las medidas y las proporciones del cuerpo humano. *En medicina forense, la antropometría es muy útil para identificar restos humanos.*
antropométrico, ca *adj.* Que se relaciona con la antropometría.
antropomórfico, ca *adj.* Que se parece a la forma del ser humano. *Las figuras antropomórficas suelen dominar los cultos precristianos.*
antropomorfismo *s. m.* Religión que le atribuye a sus dioses características del ser humano. *Las religiones de griegos y romanos cultivaban el antropomorfismo.*
antropomorfo, fa *adj.* Que se parece al ser humano. || *s. m.* Mono sin cola. || *pl.* Familia de homínidos parecida o antecesora del humano actual.
anual *adj.* Que dura un año. || Que sucede cada año.
anualidad *s. f.* Pago que se hace una vez al año.
anuario *s. m.* Revista o libro que se publica una vez al año y que da cuenta de todo lo que ocurrió en el transcurso de éste. *En el anuario de la escuela pusieron las fotos de todos los alumnos.*
anudar *t.* y *pr.* Hacer nudos o unir algo con nudos. *Pedro se anudó la corbata nueva.* || Unir o juntar. *Anudaron esfuerzos para concluir pronto la obra.* || *loc.* ***Anudarse la garganta*** o ***la voz:*** quedar momentáneamente impedido para hablar. *Con la emoción se le anudó la garganta y no pudo decir nada.*
anuencia *s. f.* Conformidad, consentimiento o autorización para hacer algo.
anuente *adj.* Que da su consentimiento o autorización para que se haga algo. *Los vecinos se mostraron anuentes con el proyecto de ampliación de la avenida.*
anulación *s. f.* Acción y efecto de anular o anularse.
anular[1] *t.* y *pr.* Dejar sin validez un contrato o un acuerdo. || Suspender una reunión o ceremonia. || Perder una persona importancia, personalidad o autoridad.
anular[2] *adj.* Relativo al anillo. || Que tiene forma de anillo. *Hubo un eclipse anular de Sol.* || *s. m.* Cuarto dedo de la mano a partir del pulgar. *El anular se llama así porque en él suelen ponerse los anillos.*
anunciación *s. f.* Acción y efecto de anunciar.
anunciador, ra *adj.* Se aplica al que o lo que anuncia.
anunciante *adj.* y *s. com.* Persona o empresa que pone un anuncio en un medio de comunicación.
anunciar *t.* Dar aviso o noticia de algo. *Anunciaron que a partir de mañana volverá a funcionar el museo.* || Predecir o pronosticar. *El meteorológico anunció una tormenta tropical en las próximas horas.* || Dar a conocer un servicio o producto a través de algún medio de comunicación.
anuncio *s. m.* Acción y efecto de anunciar o anunciarse. || Conjunto de palabras e imágenes con que se anuncia algo. || Acción y efecto de pronosticar. || Señal o indicio que sirve para pronosticar. *Esos nubarrones son anuncio de tormenta.*
anuro, ra *adj.* Que no tiene cola. || *s.* En zoología, batracio que posee cuatro extremidades y en su estado adulto no tiene cola. *La rana Goliat es el anuro más grande del mundo, mide más de 30 cm.* || *pl.* Orden al que pertenecen estos batracios.
anverso *s. m.* Parte frontal o cara de los objetos. *La portada es el anverso de los libros.*
anzuelo *s. m.* Gancho metálico con punta afilada y triangular que, atado a un cordel, sirve para pescar. || *fig.* Señuelo.
añadido, da *adj.* Que se añade. *Tiene un nuevo refuerzo recién añadido.* || *s. m.* Cosa que se agrega. *Uso un añadido para reforzar el sabor de su plato.*
añadidura *s. f.* Cosa que se añade a otra. || *loc.* ***Por añadidura:*** además, encima. Por añadidura cayó enfermo.
añadir *t.* Agregar, juntar una cosa con otra. *Añadí dos cucharadas de azúcar al aderezo.* || Aumentar, acrecentar. *Eva añadió tres figuritas más a su colección de gatos de cerámica.*
añal *adj.* Anual. || Que tiene un año. || *s. pl. Amér. C.* y *Méx.* Muchos años, mucho tiempo. *Hace añales que no lo veo.*
añejado, da *adj.* Que se puso a añejar o a madurar por tiempo prolongado. *Vino añejado.* || Que se puso rancio por el transcurso del tiempo.
añejamiento *s. m.* Proceso para añejar o madurar productos. *Hay jamones que pasan por un largo añejamiento.*
añejar *t.* Hacer algo añejo. || *pr.* Madurar ciertos productos con el tiempo. *El vino se añeja en barricas de madera especial.*
añejo, ja *adj.* De uno o más años. || Producto madurado por lo menos durante un año. *Compraremos vinos añejos de la cepa de la región.* || Antiguo, de mucho tiempo. *Guarda rencores añejos contra nosotros.*
añicos *s. m. pl.* Fragmentos muy pequeños en que se rompe algo. *El jarrón cayó y se hizo añicos.*
añil *adj.* De un color que se ubica entre el azul y el violeta. *Al atardecer se ve un cielo color añil.* || *s. m.* Arbusto leguminoso de cuyas hojas y tallos se obtiene un pigmento azul. || Pasta obtenida de este arbusto, que se usa para teñir. || Sexto color del espectro solar.

año *s. m.* En astronomía, tiempo en que la Tierra da la vuelta alrededor del Sol. *El año tiene 365 días, 5 horas, 48 minutos y 46 segundos.* || Periodo de doce meses en el calendario, contando desde el primero de enero hasta el 31 de diciembre. || Periodo de doce meses, transcurridos entre dos días señalados. || Curso educativo o académico. *¡Uf, pasé de año!* || *loc.* ***Año bisiesto:*** el que, cada cuatro años, tiene un día más en el mes de febrero. || ***Año luz:*** unidad de longitud que equivale a la distancia que la luz recorre en el vacío durante un año. || ***Año nuevo:*** el que va a comenzar o acaba de hacerlo. || ***Entrado en años:*** viejo, de edad avanzada. || ***Quitarse años:*** declarar una edad menor a la que se tiene.

añoranza *s. f.* Acción de añorar.

añorar *t. e intr.* Recordar algo muy querido con melancolía. *El viejo dijo que añora sus años estudiantiles.*

añoso, sa *adj.* Que tiene muchos años.

aojar[1] *t.* Hacer mal de ojo a alguien. *Dice la superstición popular que uno aoja a otro si lo mira con envidia.* || *fig.* Malograr algo.

aojar[2] *t.* Perseguir la caza, asustándola, para dirigirla a cierto lugar.

aorta *s. f.* Arteria principal del cuerpo de los mamíferos y las aves. *La aorta nace en la base del ventrículo izquierdo del corazón y luego se ramifica en otras arterias.*

aórtico, ca *adj.* Perteneciente o relativo a la aorta o al orificio del ventrículo izquierdo del corazón donde ésta nace.

aovado, da *adj.* Ovalado, con forma de huevo.

apabullante *adj.* Que apabulla. || Arrollador.

apabullar *t.* Hacer sentir a alguien inferior por medio de la fuerza.

apacentamiento *s. m.* Acción y efecto de apacentarse. || Alimento que se da al ganado.

apacentar *t.* Cuidar o alimentar al ganado. || *pr.* Alimentarse el ganado.

apache *adj.* y *s. com.* Se dice de ciertos grupos indígenas nómadas del sur de los Estados Unidos que se caracterizaban por su belicosidad.

apachurrar *t.* Aplastar.

apacible *adj.* Suave, tranquilo, agradable.

apaciguamiento *s. m.* Acción y efecto de apaciguar.

apaciguar *t.* Sosegar, poner en paz.

apadrinamiento *s. m.* Acción y efecto de apadrinar.

apadrinar *t.* Ser el padrino de alguien en una boda, un bautizo, etc. || Ayudar a alguien en su desarrollo profesional.

apagado, da *adj.* Poco entusiasta o alegre. *Tiene un carácter apagado desde aquella tragedia.* || Sin brillo, amortiguado. *Los colores parecían apagados a la luz del atardecer.* || Extinguido. *Frente a la ciudad hay un volcán apagado.*

apagar *t.* y *pr.* Lograr que un fuego se extinga. *Los bomberos apagaron el fuego después de horas de labor.* || Desconectar un aparato eléctrico. *¡Apaga el radio ya!* || Disminuir un sentimiento. *Los años no lograron apagar su pasión.* || Lograr que un color sea menos vivo.

apagón *s. m.* Corte súbito e inesperado del suministro de energía eléctrica. *Cuando hay mucho viento, los apagones menudean.*

apaisado, da *adj.* Más ancho que alto. *Los cuadernos de caligrafía eran apaisados.*

apalabrar *t.* Llegar a un acuerdo sólo de palabra, sin documentos escritos de por medio. *Apalabraron la venta del terreno para diciembre.*

apalancar *t.* Mover algo con ayuda de una palanca. || Usar palancas para conseguir un buen puesto.

apalear *t.* Golpear con un palo fuertemente. || *Méx. fig.* Apabullar a alguien en una discusión. *Los diputados apalearon al secretario en la comparecencia.*

apaleo *s. m.* Resultado de apalear.

apantallar *t. Arg.* Mover el aire con una pantalla, instrumento semejante a un abanico. || *Col. Guat. Hond. Méx.* y *Nic.* Deslumbrar, impresionar. *Los fuegos artificiales apantallaron a los turistas.* || *Col. Guat. Hond. Méx.* y *Nic.* Hacer gala u ostentación de algo. *Andaban apantallando a los vecinos con su auto nuevo.*

apañar *t.* Abrigar. || Coger o recoger algo con la mano. *Fueron al huerto y apañaron manzanas y peras.* || Arreglar, asear o componer a una persona o cosa. || Apoderarse de algo que pertenece a otro. || *Arg. Bol. Nic.* y *Uy.* Proteger, encubrir u ocultar a alguien. || *Méx.* Arrestar, capturar. *Apañaron al ratero con las manos en la masa.* || *pr. Esp. fam.* Arreglárselas, encontrar la manera de desenvolverse. *Con todo y la carestía nos las apañamos para ir viviendo.*

apaño *s. m.* Acción y efecto de apañar. || *fam.* Remiendo o compostura. *Hicieron un apaño en la llave que goteaba, pero deberá venir el plomero.* || Maña o habilidad para hacer algo. || Relación amorosa ilícita.

apapachar *t. Hond.* y *Méx.* Mimar, dar apapachos. *La niña apapacha a su gato.*

apapacho *s. m. Hond.* y *Méx.* Manifestación de cariño, abrazo o mimo. *A los bebés les gusta el apapacho.*

aparador *s. m.* Mueble para guardar la vajilla y cristalería con que se sirve la mesa. || Escaparate, lugar de una tienda, cerrado con vidrios, donde se exhibe mercancía.

aparato *s. m.* Mecanismo compuesto por varias piezas que se mueven de manera sincronizada para cumplir un trabajo o una función determinados. || Instrumento para llevar a cabo una función específica. *El mecánico usó un aparato para detectar la falla del auto.* || Vehículo aéreo, aeronave. || Teléfono. || En biología, conjunto de órganos de un animal o una planta que, en conjunto, realizan determinada función. *El aparato vegetativo de una planta está compuesto por las raíces, tallos y hojas; las flores, frutos y semillas son el aparato reproductor.* || En medicina, dispositivo o pieza que se aplica al cuerpo con fines terapéuticos. *Un aparato para la sordera.* || *fig.* Conjunto de personas y cosas organizados para dar importancia o lucimiento a algo. *El desfile por el aniversario de la Independencia se organizó con gran aparato.*

aparatoso, sa *adj.* Muy complejo, o muy exagerado u ostentoso. *El montaje del aparatoso escenario se llevó una semana.*

aparcamiento *s. m.* Acción y efecto de aparcar un vehículo terrestre. || Lugar destinado para aparcar.

aparcar *t.* Colocar un auto o vehículo similar, de manera transitoria, en un lugar destinado para tal efecto.

apareamiento *s. m.* Acción y efecto de aparear.

aparear *t.* Juntar animales machos y hembras para criar. || Juntar dos cosas para acoplarlas.

aparecer *intr.* Mostrarse o dejarse ver súbitamente. *Cuando el vuelto disipó la niebla apareció un ciervo como salido de la nada.* || Encontrar, hallar. *Apareció el reloj que tenía perdido.* || Empezar a existir. *El lunes aparecerá el nuevo libro de historia antigua.* || Hacer acto de presencia. *Luego de años de ausencia, aparecieron los viejos compañeros de escuela.*

aparecido *s. m.* Espectro. *En todas las culturas hay cuentos de aparecidos.*

aparecimiento *s. m.* Acción y efecto de aparecer.

aparejado, da[1] *adj.* Inherente, que acompaña aquello de lo que se habla. *Con los nuevos descubrimientos científicos van aparejadas mejoras en muchos aspectos de nuestra vida.*

aparejado, da[2] *adj.* Que tiene los aparejos necesarios. || Se dice del barco listo para zarpar. || Se aplica a las bestias de carga preparadas para emprender un viaje.

aparejar *t.* Aprestar, preparar. || Colocar y disponer los aparejos en un barco o una caballería.

aparejo *s. m.* Acción de aparejar. || Conjunto de elementos para montar o cargar una bestia. || Conjunto de elementos de una embarcación. || Forma en la que se distribuye la colocación de los ladrillos. || *pl.* Herramientas para realizar un oficio.

aparentar *t.* Simular cualidades, sentimientos o ideas que no se poseen. *Aparenta estar muy enamorado.* || Parecer algo distinto a lo que se es sin proponérselo. *Aparenta menos edad de la que tiene.* || Tener cierto aspecto. *El auto de segunda mano que compró aparenta estar en buen estado.*

aparente *adj.* Que parece algo que no es, que no corresponde a la realidad. *Aceptó el regaño con aparente docilidad.* || Que puede ser percibido por la vista. *Su aparente desaliño le cierra puertas.* || Que tiene cierto aspecto. *El adorno de esa blusa consiste en pliegues aparentes.*

apareo *s. m.* Apareamiento.

aparición *s. f.* Acción y efecto de aparecer o aparecerse, dejarse ver. || Espectro o fantasma.

apariencia *s. f.* Aspecto que alguien o algo muestra a la vista. *Ese filete tiene buena apariencia.* || Probabilidad o verosimilitud. *Las apariencias indican que ese caballo ganará la carrera.* || Algo que parece lo que no es. *Bien reza el dicho que las apariencias engañan; se veía honesto, pero me timó.* || *loc.* ***Guardar*** o ***cuidar las apariencias:*** disimular, ocultar en público algo que podría dar de qué hablar.

apartado *s. m.* Parte de un escrito en el que se considera por separado algún aspecto del tema principal. || En minería, conjunto de operaciones que se realizan para separar los minerales y obtener oro o plata puros. || *loc.* ***Apartado postal o de correos:*** compartimiento privado identificado con un número, en las oficinas de correos, donde algunos destinatarios reciben su correspondencia.

apartado, da *adj.* Referido a un lugar, lejano, distante. || Que es distinto de otra cosa, o que diverge de un concepto. *Su manera de pensar está muy apartada de la realidad.* || *Salv. Hond.* y *Nic.* Huraño, poco sociable.

apartamento *s. m. Amér.* Vivienda, departamento, por lo general en un edificio. || *Esp.* Lugar pequeño, de uno o dos cuartos, para habitar, sea dentro de una casa o un edificio.

apartamiento *s. m.* Acción y efecto de apartar o apartarse. *El apartamiento de su marido ha enfriado su relación matrimonial.* || Lugar lejano o apartado. || *Amér.* Apartamento, vivienda en un edificio.

apartar *t.* y *pr.* Separar o dividir. *Apartaron las naranjas más maduras de las que estaban verdes.* || Retirar o alejar. *Últimamente se han apartado de la familia.* || Quitar algo, o desplazar a alguien de un lugar. *Apartó la mesa de la pared.* || *fig.* Hacer que alguien abandone, o abandonar éste, un cargo o actividad.

aparte *adv.* En otro lugar con relación a algo. *Pon aparte esos documentos, no los archives.* || Por separado. *Este pago lo haré aparte de los demás.* || *adj.* Manera en que se distinguen unos de otros. *Ese músico merece un lugar aparte.* || *s. m.* En una conversación entre varios, lo que uno dice a otro de manera reservada, sin que oigan los demás. || Parlamento de una representación teatral que un personaje dice como hablando para sí.

apartheid *s. m.* Política de segregación racial contra los negros establecida por la minoría blanca en la República Sudafricana. *El «apartheid», vigente desde 1948, terminó en 1996 con la nueva constitución sudafricana.*

apasionado, da *adj.* y *s.* Que siente pasión por algo o alguien. *Los apasionados del futbol llevan la camiseta de su equipo favorito.* || Que denota o implica pasión. *El pianista ejecutó apasionadas interpretaciones en su concierto.* || Que, sin ser profesional, se dedica a cierta actividad. *Pedro es aficionado a la astronomía.*

apasionamiento Acción y efecto de apasionar o apasionarse.

apasionar *t.* y *pr.* Provocar alguna pasión. *En los debates políticos los participantes se apasionan con cada discurso.* || Aficionarse de manera desmedida por algo o alguien. *A María le apasiona tanto la música que su casa está llena de discos.*

apatía *s. f.* Falta de ánimo o interés. || Indolencia, dejadez.

apátrida *adj.* y *s.* Que no tiene patria o reniega de ella.

apeadero *s. m.* Sitio donde los viajeros pueden descender del vehículo en el que vienen.

apear *adj.* y *pr.* Descender de un caballo, un carruaje, un automóvil o cualquier otro vehículo.

apechugar *intr.* y *fam.* Soportar por fuerza algo desagradable. *Tienes que apechugar con los pagos de la deuda.*

apedrear *t.* Lanzar piedras a algo o a alguien.

apegarse *pr.* Seguir algo con estricta observancia. *Apégate a las instrucciones y todo saldrá bien.* || Sentir afecto por algo o alguien. *Se apegó tanto a su mascota que ahora duerme con ella.*

apego *s. m.* Sentimiento de afecto hacia alguien o algo. || *loc.* ***Con apego a derecho:*** que sigue las reglas del derecho.

apelación *s. f.* Procedimiento en que se pide a un tribunal superior que anule una sentencia. || Pedido de ayuda.

apelar *intr.* Recurrir a alguien en busca de ayuda. || En derecho, solicitar a un tribunal superior que anule una sentencia.

apelativo, va *adj.* y *s.* Que da apellido, que califica.

apellidar *t.* y *pr.* Dar un apellido. || Llevar un apellido.

apellido *s. m.* Nombre de familia que heredamos de nuestros padres. Va después del nombre propio. *Ella se llama María y su apellido es García.*

apelmazar *t.* y *pr.* Estropear una masa que debió haber quedado blanda y esponjosa.

apelotonar *t.* y *pr.* Amontonar cosas en desorden. *Cuando el marido la dejó, apelotonó toda su ropa y la tiró por la ventana.* || Juntarse personas en desorden y apretujadas. *La muchedumbre se apelotonaba silenciosa al lado del féretro.*

apenado, da *adj.* Acongojado, apesadumbrado, consternado. || Amér. Avergonzado.

apenar *t.* y *pr.* Provocar una pena. || *Méx.* Sentir vergüenza.

apenas *adv.* Muy poco. *La tierra tembló apenas.* || Hace poco tiempo. *Apenas llegamos de la panadería.* || *conj.* En cuanto. *Apenas terminé la tarea, me puse a ver tele.*

apencar *intr.* y *fam.* Cargar forzosamente con alguna cosa ingrata, apechugar. *Se ha quedado solo porque es difícil que alguien apenque con su mal humor*

apendejar *t.* y *pr. Cub.* Amedrentar, atemorizar. || *pr. vul. Col. Hond. Méx.* y *R. Dom.* Aturdirse o comportarse de manera tonta. *Le dieron una buena oportunidad, pero se apendejó y la perdió.* || *pr. vul. Cub. Méx. Nic. Pan. R. Dom.* y *Ven.* Perder el valor, acobardarse. *El que se apendeja pierde, dijo el entrenador a los luchadores.*

apéndice *s. m.* Parte añadida a un todo con el cual se relaciona. *En el apéndice del libro vienen tablas estadísticas que complementan los textos.* || Persona que acompaña o sigue a otra de manera continua. || En zoología, parte del cuerpo de un animal que, sin contar las extremidades, sobresale de su cuerpo. *Los apéndices posteriores, o sea, las colas de los monos araña son muy largos.* || En anatomía, pequeña prolongación en la parte terminal del intestino ciego.

apendicitis *s. m.* Inflamación del apéndice. *La apendicitis aguda requiere cirugía.*

apercibimiento *s. m.* Acción y efecto de apercibir.

apercibir[1] *t.* Preparar o disponer lo necesario para realizar algo. || Advertir o amonestar. || En derecho, hacer saber a una persona las consecuencias que tendrán determinadas acciones u omisiones que cometa.

apercibir[2] *t.* y *pr.* Caer en la cuenta de algo, notar. *No se apercibió del paso del tiempo y se le hizo tarde.*

A

apergollar *t. Cub.* y *Méx.* Asir a alguien del cuello con cierta violencia. || Presionar a alguien para que ceda ante determinadas exigencias. *El casero apergolló a los inquilinos para que se deshagan de sus mascotas.* || *Méx.* Sujetar a alguien impidiéndole el movimiento. || *pr. Cub.* Endeudarse demasiado.

aperitivo, va *adj.* Que sirve para abrir el apetito. || *s. m.* Bebida por lo general alcohólica, o pequeña porción de alimento, que se ingieren antes de la comida principal.

aperlado, da *adj.* Que tiene color de perla o iridiscencia como las perlas.

apero *s. m.* Instrumento que se utiliza para las labores del campo. || *pl.* Conjunto de estos instrumentos. *Los aperos de labranza.* || *Amér. Merid.* y *P. Rico.* Guarnición de lujo para montar.

apertura *s. f.* Acción y efecto de abrir o abrirse. || Acto en el cual se inician o reinician las actividades en un congreso, asamblea o institución. *La apertura de cursos será pasado mañana.* || Actitud receptiva y favorable a las ideas o tendencias de otros, diferentes de las propias. *No hay comunicación posible sin apertura.*

apesadumbrar *t.* Causar aflicción, pesadumbre. *La enfermedad de su madre lo apesadumbró.*

apestar *t.* Despedir olor desagradable. || Transmitir la peste. || Echar a perder.

apétalo, la *adj.* Se dice de la flor sin pétalos.

apetecer *t.* Sentir ganas o deseos de algo. *¿Apetecerías un cambio de aires?*

apetecible *adj.* Que se antoja.

apetencia *s. f.* Deseo o ganas de algo.

apetente *adj.* Que tiene apetito.

apetito *s. m.* Ganas de comer. || Deseo.

apetitoso, sa *adj.* Que excita el deseo de comer. || *Apetecible.*

apiadado, da *adj.* Que siente piedad.

apiadar *t.* Provocar piedad. || *pr.* Tener piedad.

ápice *s. m.* Punta, vértice, extremidad aguda. *Observa el ápice de las hojas del árbol.* || Muy pequeño. *No se movió ni un ápice.*

apícola *adj.* Perteneciente o relativo a la apicultura.

apicultor, ra *s.* Persona que se dedica a la apicultura.

apicultura *s. f.* Cría de abejas con el objeto de aprovechar sus productos.

apilamiento *s. m.* Acción y efecto de apilar.

apilado, da *adj.* Agrupado en pilas o montones.

apilar *t.* Colocar unas cosas sobre otras formando una pila o montón.

apiñar *t.* y *pr.* Agruparse personas o agrupar cosas, de manera que quedan muy juntas. *La gente se apiñó bajo la marquesina para guarecerse de la tormenta.*

apiñonado, da *adj. Méx.* Se dice de la persona ligeramente morena.

apio *s. m.* Planta comestible de tallos blancos y carnosos, hojas verdes, largas y hendidas, y pequeñas flores blancas. *El apio es muy ligero, 100 g de la planta apenas tienen 16 calorías.*

apisonadora *s. f. Esp.* Máquina automotora, semejante a un tractor, dotada de pesados rodillos en vez de ruedas, que se usa para allanar terrenos.

apisonamiento *s. m.* Acción y efecto de apisonar. *Primero harán el apisonamiento y luego pavimentarán la carretera.*

apisonar *t.* Apretar y aplanar la tierra o el asfalto para darles compactación y firmeza.

aplacar *t.* y *pr.* Mitigar, amansar.

aplanado *s. m. Méx.* Operación de colocar un recubrimiento compacto en las paredes.

aplanador, ra *adj.* Que aplana. || *s. f. Amér.* Apisonadora.

aplanamiento *s. m.* Acción y efecto de aplanar.

aplanar *t.* Hacer que algo se vuelva plano. *Aplana las hojas de papel que se abarquillaron.* || Abrumar. *Se aplanó cuando se enteró de las malas noticias.*

aplastamiento *s. m.* Acción y efecto de aplastar.

aplastar *t.* Deformar algo aplicando una fuerza para reducir su altura o su espesor. *Hay que aplastar la ropa para que entre en una maleta pequeña.* || Abrumar física o moralmente a una persona. *La situación económica aplasta a muchos.* || Derrotar por completo al enemigo. *La intervención del ejército aplastó la sublevación.*

aplaudir *t.* Dar palmadas en señal de aprobación o entusiasmo. *El público aplaudió estruendosamente la interpretación de la pianista.* || *fam.* Aprobar, celebrar. *Todos los comentaristas aplauden la reducción de impuestos.*

aplauso *s. m.* Resultado de aplaudir. *Su brillante discurso le ganó el aplauso de todos.* || *loc.* ***Aplauso cerrado:*** aplauso unánime y estruendoso. || ***Digno de aplauso:*** admirable, plausible.

aplazamiento *s. m.* Consecuencia de aplazar.

aplazar *t.* Dejar algo para más tarde. || Reprobar un examen o un curso.

aplicable *adj.* Que puede o debe aplicarse. *La ley tiene que ser aplicable a todos por igual.*

aplicación *s. f.* Resultado de aplicar. || Adorno no habitual. || Esmero en hacer algo. || Puesta en práctica de algo. || En informática, programa que realiza una actividad específica.

aplicado, da *adj.* Que se aplica en hacer algo. || Que se relaciona con la parte práctica de una ciencia. *Las matemáticas aplicadas resuelven problemas de ingeniería.*

aplicar *t.* y *pr.* Poner algo sobre una cosa. || Adornar con materiales no habituales. || Esmerarse en hacer las cosas bien. || Poner en práctica un conocimiento. || Ejecutar un programa informático.

aplique *s. m.* Adorno que se superpone a una superficie y que es de material distinto o poco habitual. *La mesa tenía apliques de nácar.* || Lámpara de pared.

aplomo[1] *s. m.* Seriedad o serenidad para tratar un asunto. *Tomó con aplomo la noticia de la muerte de su amigo.*

aplomo[2] *s. m.* Plomada.

apnea *s. f.* Enfermedad en la que falta la respiración.

apocado, da *adj.* Muy tímido. || Cobarde.

apocalipsis *s. m.* En religión, anuncio del fin del mundo. || Final violento de algo.

apocalíptico, ca *adj.* Que se parece al apocalipsis.

apocamiento *s. m.* Actitud de timidez o humildad excesiva.

apocar *t.* y *pr.* Hacer que una persona se sienta, o sentirse ésta, humillada o medrosa.

apocopar *t.* Hacer más corta una palabra empleando el apócope.

apócope *s. f.* Figura gramatical que consiste en suprimir un fonema, o una o más sílabas de una palabra. *Moto y foto son apócopes de motocicleta y fotografía.*

apócrifo, fa *adj.* y *s.* Se dice del texto falso o que se atribuye supuestamente a un autor. *El testamento era apócrifo, pues no lo escribió el ahora difunto sino su sobrino.* || En la religión católica, se aplica al texto que, aunque habla de lo sagrado, no está reconocido por el canon de la Iglesia. *Existen muchos evangelios apócrifos.*

apodar *t.* Poner apodo a una persona. *En la escuela lo apodaron «el chino» por su cabello rizado.* || *pr.* Llamarse, o hacerse llamar, por un apodo. *Don Quijote dio en apodarse «El caballero de la triste figura».*

apoderado, da *adj.* y *s.* En derecho, se refiere a la persona que tiene poder legal para representar a otra y actuar en su nombre, ya sea para realizar trámites o comparecer en juicios.

apoderamiento *s. m.* Acción y efecto de apoderar o de apoderarse de algo. || Acto legal en que se confiere un poder a una persona. *Luego del apoderamiento, los abogados representarán a la empresa.*

apoderar *t.* y *pr.* Dar una persona poder a otra para que la represente y actúe en su nombre. || *pr.* Hacer que algo quede bajo el poder de uno, adueñarse de ello. *Durante el porfiriato, los caciques se apoderaron de muchas tierras.*

apodo *s. m.* Nombre, diferente del suyo, que suele darse a alguien para identificarlo. *Los apodos suelen hacer referencia a cualidades o defectos de las personas.*

ápodo, da *adj.* Animal carente de patas o de extremidades.

apófisis *s. f.* Protuberancia de los huesos que se articula con otro hueso o recibe a inserción de un músculo.

apogeo *s. m.* Momento o etapa culminante de una trayectoria personal, de un proceso o de una situación. *El apogeo de la civilización griega se dio en la época de Pericles.*

apolillado, da *adj.* Material carcomido por la polilla, especialmente madera y tejidos. || Viejo, anacrónico, inservible.

apolillar *t.* Penetrar y carcomer un material la polilla. *La plaga apolilló valiosos libros del siglo* XIX. || *pr.* Envejecer. *Después de todos estos años, me apolillé sin remedio.* || *intr. fam. Arg.* y *Uy.* Dormir.

apolíneo, a *adj.* Se dice de la obra de arte de gran belleza formal. *El arte griego muestra rasgos apolíneos.* || Se dice del hombre de gran belleza.

apolítico, ca *adj.* Que es indiferente a la política. *Las personas apolíticas no ayudan a la democracia.*

apologético, ca *adj.* Referido a la apología.

apología *s. f.* Discurso, escrito o expresión incondicionalmente elogioso. *Leí la «Apología de Sócrates» escrita por Platón.*

apologista *s.* El que hace apología o elogio incondicional de otras personas, hazañas o creaciones.

apoltronarse *pr.* Sentarse cómoda y relajadamente en un sofá o sillón. || Volverse holgazán y sedentario.

apoplejía *s. f.* Suspensión súbita, completa o parcial de las funciones cerebrales debido a una hemorragia o la obstrucción de una arteria del cerebro.

apopléjico, ca *adj.* Perteneciente o relativo a la apoplejía. || Que sufre apoplejía. || Que está predispuesto a la apoplejía.

apoquinar *t. vul.* Pagar, con disgusto y a la fuerza, una cantidad de dinero.

aporía *s. f.* En filosofía, contradicción irresoluble o razonamiento que entraña una paradoja.

aporreado *s. m. Cub.* Plato criollo a base de carne de ternera, bacalao o tasajo macerado, hervido, desmenuzado y sazonado con tomate, ajo y cebolla. || *Méx.* Guiso de carne o bacalao aderezado con especias.

aporreado, da *adj.* Que está físicamente maltratado o agotado. || Desafortunado, sin dinero.

aporrear *t.* y *pr.* Golpear o golpearse repetidamente con un objeto, en particular una porra. || Importunar, molestar. || *fig.* Tocar un instrumento musical sin arte ni gracia. *Aporreó la guitarra toda la tarde.*

aportación *s. f.* Acción y efecto de aportar. || Cantidad de dinero o conjunto de bienes que se dan para una causa.

aportar[1] *t.* Dar, contribuir. *Pablo aportó cinco libros para el fondo de la biblioteca ambulante.* || En derecho, exponer pruebas. *El abogado aportó datos certificados que dan fe de la inocencia del acusado.*

aportar[2] *intr.* Llegar una nave a un puerto. || *fig.* Llegar a un sitio determinado después de haber andado errante.

aporte *s. m.* Aportación, cooperación o donativo. || Acción y efecto de depositar un río, un glaciar o el viento, materiales sobre un terreno.

aposentar *t.* Albergar, hospedar. || *pr.* Alojarse.

aposento *s. m.* Habitación.

aposición *s. f.* En gramática, sustantivo o frase sustantiva que funciona como un adjetivo de otro sustantivo. *En la frase «Trajano, emperador de los romanos», la parte que dice «emperador de los romanos» es una aposición.*

apósito *s. m.* Material de curación que se aplica sobre una herida.

apostar[1] *t.* Convenir dos o más personas en que quien se equivoque queda obligado a realizar un pago de dinero o a cumplir algún tipo de castigo. || Arriesgar una cantidad de dinero a los resultados de un juego o competencia deportiva. || Depositar la confianza en alguien o algo.

apostar[2] *t.* Situar soldados en un lugar estratégico. || *pr.* Acechar.

apostasía *s. f.* Acción y efecto de apostatar.

apóstata *s. com.* Persona que comete apostasía.

apostatar *intr.* Renegar de alguna creencia, por lo general el cristianismo, de manera expresa.

apostilla *s. f.* Nota que se agrega a un texto para aclararlo o explicarlo.

apostillar *t.* Poner apostillas a un texto.

apóstol *s. m.* Persona que propaga una doctrina. || Evangelizador del cristianismo.

apostolado *s. m.* En religión, misión de un apóstol. || Dedicación a una causa.

apostólico, ca *adj.* En religión, que se relaciona con los apóstoles. || Para los católicos, relativo al Papa.

apostrofar *t.* Lanzar apóstrofes.

apóstrofe *s. amb.* Regaño o insulto en un discurso.

apóstrofo *s. m.* Signo ortográfico (') que marca la supresión de alguna letra. *En inglés y francés usan mucho los apóstrofos.*

apostura *s. f.* Aspecto o actitud de una persona. *Con su buena apostura seducía a las mujeres fácilmente.*

apotegma *s. f.* Máxima que expresa un personaje ilustre. *«El respeto al derecho ajeno es la paz», de Benito Juárez, es un apotegma muy socorrido.*

apotema *s. f.* En geometría, línea que va del centro de un polígono a cualquiera de sus lados. || En geometría, altura de las caras de una pirámide.

apoteosis *s. f.* Glorificación de un héroe. || Momento culminante de una gesta heroica o de un espectáculo.

apoteótico, ca *adj.* Relativo o perteneciente a la apoteosis. *Fue apoteótico el concierto con que ese grupo se despidió de los escenarios.*

apoyadura *s. f.* Flujo de leche que acude a las mamas de las hembras cuando están amamantando.

apoyar *t. intr.* y *pr.* Colocar una cosa sobre o contra otra para que se sostengan. || Basar o fundamentar. *La casa se apoya en pilares de concreto.* || Patrocinar, prestar ayuda o favorecer. *La institución apoyará a los desempleados.* || Sostener, confirmar una idea, una teoría. *Apoyó su hipótesis con numerosas fotografías.* || Cargar, servir de punto de apoyo. *Se tiene que apoyar en un bastón para caminar.* || En milicia, interactuar dos fuerzas para alcanzar un fin.

apoyatura *s. f.* Apoyo. || En música, nota de adorno que precede a una principal. *Las apoyaturas se escriben en caracteres más pequeños que las notas.*

apoyo *s. m.* Persona o cosa en que se sostiene alguien o algo. *Las columnas son el apoyo de ese antiguo edificio.* || Aliento, protección, ayuda. *El apoyo de sus amigos fue importante para su triunfo.* || Fundamento de una idea o teoría. *Los resultados estadísticos son el apoyo de sus propuestas.*

apozarse *pr. Chil.* y *Col.* Estancarse el agua formando encharcamientos.

apreciable *adj.* Que tiene gran intensidad y puede ser apreciado. *Fue al médico por un apreciable enrojecimiento en la piel.* || Que merece estimación y aprecio. *«Apreciables señores» es una fórmula de cortesía común en la correspondencia formal.*

apreciación *s. f.* Acción y efecto de apreciar o apreciarse.

apreciar *t.* y *pr.* Determinar el precio de lo que se vende. *Los comerciantes apreciaron una buena tarifa para el kilogramo de café.* || Aumentar de valor en el mercado de divisas una moneda. *El euro se apreció y el dólar* *se depreció.* || Evaluar y reconocer las cualidades y méritos de una persona o cosa. *Los espectadores apreciaron la muestra de artesanías.* || Sentir simpatía y afecto por alguien. *Los alumnos y su maestra se aprecian.*

aprecio *s. m.* Acción y efecto de apreciar o apreciarse. || Estimación y afecto.

aprehender *t.* Atrapar, detener a alguien que es buscado o sorprendido cometiendo una falta. || Asir un objeto. || Comprender, percibir.

aprehensión *s. f.* Acción y efecto de aprehender.

apremiante *adj.* Se dice de lo que es urgente o presiona a actuar. *Ya estamos a viernes y la tarea es apremiante.*

apremiar *t.* Urgir o apremiar. *El tiempo para terminar el examen apremia.*

apremio *s. m.* Acción y efecto de apremiar. *Tengo el apremio de llegar a tiempo.* || En derecho, mandamiento para obligar a un pago.

aprender *t.* Asimilar conocimientos mediante el estudio, la experiencia o la memoria.

aprendiz *s. com.* Principiante de un oficio, arte u otra ocupación. *Entró al taller como aprendiz de soldador.*

aprendizaje *s. m.* Acción y efecto de aprender. || Tiempo que dura aprender algo.

aprensión *s. m.* Sentimiento o sensación de recelo, desconfianza o temor hacia otra persona, cosa o situación.

aprensivo, va *adj.* y *s.* Se dice de la persona recelosa o desconfiada, con miedo irracional a sufrir algo.

apresar *t.* Agarrar, asir fuertemente un animal a su presa o una persona a otra, impidiéndole moverse. || Detener o aprisionar a alguien. *Apresaron a unos asaltantes.* || Apoderarse por la fuerza de una embarcación.

aprestar *t.* y *pr.* Preparar lo necesario para realizar una actividad. || Aplicar apresto en una tela.

apresto *s. m.* Prevención de lo necesario para realizar algo. || Acción y efecto de aprestar algún material. || Sustancia que se aplica a una piel o textil para darle consistencia o rigidez.

apresurado, da *adj.* Con prisa, que muestra apresuramiento.

apresuramiento *s. m.* Acción y efecto de apresurar o apresurarse.

apresurar *t.* y *pr.* Acelerar, aumentar la velocidad con que se hace algo. *Debemos apresurarnos para terminar el trabajo antes de que anochezca.*

apretado, da *adj.* Estrecho, que dificulta la movilidad. *Mis zapatos están muy apretados, me molestan al caminar.* || Escaso de dinero. *Está apretada, por eso comprará sólo lo indispensable.* || Muy lleno de actividades o compromisos. *Una apretada agenda.* || Se dice del resultado que se ganó por un margen estrecho. *La votación fue apretada.* || Referido a un texto, con letras pequeñas y líneas muy juntas. || *Méx.* Engreído, que se siente más que otros.

apretar *t.* Oprimir, estrechar. || Ejercer presión sobre algo para reducir su volumen. *Como pudo, apretó toda la ropa en una sola maleta.* || Cerrar fuertemente alguna parte del cuerpo. *Apretar las piernas.* || Incrementar la velocidad o el ritmo de una actividad. *Vi la hora y apreté el paso para llegar a tiempo.* || Tratar a alguien con excesivo rigor. *El maestro apretó a los alumnos a la hora del examen.* || Quedar muy ajustada una prenda de vestir. *Subió de peso y los pantalones aprietan fuertemente sus muslos.* || *intr.* Cobrar mayor intensidad. *El frío está apretando, vamos a abrigarnos.*

apretón *s. m.* Acción y efecto de apretar con fuerza. || Acción de realizar un esfuerzo extraordinario en una actividad. || Apretura ocasionada por la cantidad excesiva de gente en un lugar. || *loc.* ***Apretón de manos:*** saludo cordial y efusivo, estrechando dos personas sus manos.

apretujamiento *s. m.* Acción y efecto de apretujar o apretujarse.

apretujar *t.* Apretar con brusquedad. *Apretujó el papel y lo lanzó al cesto.* || *pr.* Oprimirse varias personas en un lugar muy estrecho. *En los vagones del metro se apretujan cientos de viajeros.*

apretujón *s. m.* Acción y efecto de apretujar.

apretura *s. f.* Acción y efecto de apretar. || Apuro. || Penuria.

aprieto *s. m.* Apuro.

aprisa *adv.* Con celeridad, con apuro.

apriscar *t.* Encerrar el ganado en un aprisco.

aprisco *s. m.* Lugar cercado donde se concentra el ganado para protegerlo.

aprisionar *t.* Meter en prisión, encerrar. || Sujetar algo otra cosa. || Impedir el movimiento.

aprobación *s. f.* Acción y efecto de aprobar.

aprobado, da *adj.* y *s.* Se dice de quien ha superado un curso o un examen.

aprobar *t.* Aceptar que algo es suficientemente bueno. || Declarar que alguien es hábil para algo. || Pasar un examen.

aprobatorio, ria *adj.* Que fue aprobado. *Apenas alcanzó una calificación aprobatoria.*

aprontar *t.* Preparar algo. *Apronta la mochila que ya nos vamos a la escuela.*

apronte *s. m. Arg.* y *Uy. fam.* Resultado de aprontar. *Los aprontes para el viaje les llevaron toda la mañana.*

apropiación *s. f.* Resultado de apropiarse de algo, en especial si es ajeno. *Los conquistadores se apropiaron por la fuerza de las tierras de los indígenas.*

apropiado, da *adj.* Que está bien, que cumple con determinadas reglas. *Cuando vayas a una fiesta, es apropiado saludar a los anfitriones.*

aprovechable *adj.* Que se puede aprovechar. *No tires eso, todavía tiene partes aprovechables.*

aprovechado, da *adj.* y *s.* Que no se desperdicia. || Que saca ventaja o se aprovecha de los demás.

aprovechamiento *s. m.* Utilización de algo que está disponible. *El aprovechamiento de las aguas residuales es prioridad máxima en lugares desérticos.*

aprovechar *t.* y *pr.* Utilizar algo al máximo. *Todavía no se aprovecha todo el potencial de la energía eólica.* || Sacar ventaja de una situación o de la ingenuidad de una persona. *Aprovechó un descuido de la vecina para robar su casa.* || Abusar de una mujer.

aprovisionamiento *s. m.* Acción y efecto de aprovisionar.

aprovisionar *t.* Abastecer, proveer de lo necesario.

aproximación *s. f.* Acción y efecto de aproximar o aproximarse. || Resultado o cifra muy cercano al correcto.

aproximado, da *adj.* Que se acerca a lo correcto o exacto.

aproximar *t.* y *pr.* Acercar, arrimar. || Obtener un resultado o cifra lo más cercano posible al exacto.

aproximativo, va *adj.* Que se acerca a algo, aproximado.

áptero, ra *adj.* Que no tiene alas. *Las hormigas, piojos y pulgas son insectos ápteros.*

aptitud *s. f.* Capacidad y disposición para llevar a cabo determinada labor o desempeñar una actividad. *Desde pequeña mostró aptitudes para la danza, y hoy es una gran bailarina.*

apto, ta *adj.* Capaz de hacer algo o adecuado para ello.

apuesta *s. f.* Acción y efecto de apostar. *Cruzaron apuestas para ver quién terminaba primero.* || Lo que se compromete en una apuesta. *La apuesta es que, quien pierda, lavará la ropa de los demás durante un mes.*

apuesto, ta *adj.* Se aplica a la persona de buena presencia, atractiva, bien plantada.

apunarse *pr.* Padecer vértigo o mal de montaña. *Los alpinistas se apunaron.*

apuntado, da *adj.* Que tiene los extremos en punta. || Que está anotado.

apuntador, ra *adj.* Que apunta. || *s.* Persona que recuerda a los actores sus parlamentos.

apuntalamiento *s. m.* Colocación de puntales para sostener una estructura. *Hay que apuntalar bien esos muros dañados.*
apuntalar *t.* Afirmar, reforzar. || Colocar puntales.
apuntar *t.* Señalar un punto. || Posicionar un arma para acertar un blanco. || Tomar nota. || Agregar en un listado. || Realizar un boceto. || Señalar a los actores los parlamentos que deben decir.
apunte *s. m.* Nota escrita breve. || Dibujo preliminar. || *pl.* Conjunto de notas tomadas durante un curso y que sirven para estudiar.
apuntillar *t.* Rematar al toro con la puntilla.
apuñalar *t.* Herir repetidamente con un puñal.
apuración *s. f.* Acción y efecto de apurar o apurarse.
apurado, da *adj.* Necesitado de dinero o recursos. || Riesgoso o lleno de dificultades. || Esmerado, meticuloso, exacto. || Que tiene prisa.
apurar *t.* Consumir algo hasta agotarlo. *De un trago apuró su café.* || *pr.* Preocuparse, sentir angustia. *Se apura por el estado de salud de su padre.* || *Amér.* Apremiar o darse prisa. *¡Apúrense, o no llegaremos a tiempo!*
apuro *s. m.* Situación comprometida y de difícil solución. || Aprieto, dificultad económica o escasez. || Urgencia por hacer algo, prisa. || Vergüenza.
aquejado, da *adj.* Afectado por una enfermedad, dolor, aflicción o angustia.
aquejar *t.* Afectar a alguien una enfermedad. || Afligir o acongojar. *Le aqueja una pena.*
aquel, lla *adj.* Se refiere a lo que está más lejos de la persona que habla y de quien la escucha. *Compró aquellos terrenos que están más allá del cerro.*
aquél, lla *pron.* Se utiliza en lugar del nombre de lo que está más lejos de la persona que habla y quien la escucha. Se escribe con acento cuando puede confundirse con el adjetivo. *Desde una orilla de la plaza le gritó a la mujer, pero aquélla no escuchó.*
aquelarre *s. m.* Reunión ritual de brujos y brujas para rendir culto al diablo.
aquende *adv.* En este lado, acá. Se usa más en poesía.
aquenio *s. m.* Fruto seco de una sola semilla, como la bellota.
aqueo, quea *adj.* Se aplica a los griegos de la antigüedad clásica.
aquese, sa, so *pron.* Ese.
aqueste, ta, to *pron.* Este.
aquí *adv.* En este lugar. *Aquí encontrarás las herramientas necesarias.* || A este lugar. *¡Vengan aquí!* || En el tiempo presente. *Hasta aquí todo va según lo planeamos.* || Entonces. *Aquí ya no pude más y mejor me fui para no discutir.* || *loc.* ***Aquí mismo:*** muy cerca de aquí. || ***De aquí para allá:*** se usa para señalar algo o a alguien que se mueve mucho. || ***Hasta aquí:*** no más, se terminó.
aquiescencia *s. f.* Consentimiento.
aquiescente *adj.* Que consiente, que está de acuerdo.
aquietar *t.* y *pr.* Apaciguar.
aquilatamiento *s. m.* Acción y efecto de aquilatar.
aquilatar *t.* Examinar oro o piedras preciosas para determinar sus quilates. || *fig.* Apreciar el mérito de algo o alguien.
ara *s. f.* Altar.
árabe *adj.* y *s.* Que nació en Arabia. || Que se relaciona con quienes hablan la lengua árabe. *Arabia Saudita, Yemen, Egipto, etc., son países árabes.* || Lengua que se habla en los países del norte de África y sudoeste de Asia.
arabesco *s. m.* Adorno que consiste en flores, follajes, cintas entrelazadas, y que decora edificios de origen musulmán. *La Alhambra es famosa por sus arabescos.*
arábico o **arábigo** *adj.* y *s.* Que se relaciona con el árabe. || Árabe. || *loc.* ***Número arábigo:*** signo perteneciente al sistema de notación de números creado por los árabes.
arabismo *s. m.* Vocablo que proviene del árabe.
arable *adj.* Que sirve para arar. *La deforestación no ayuda a extender los suelos arables.*
arácnido, da *adj.* y *s.* Se dice de los artrópodos con cuatro pares de patas. *Las arañas, los escorpiones y los ácaros, entre otros, pertenecen al grupo de los arácnidos.* || *s. m. pl.* En zoología, clase a la que pertenecen estos animales.
aracnoides *s. f.* En medicina, meninge situada entre la duramadre y la piamadre.
arado *s. m.* Instrumento que se usa en agricultura para abrir surcos en la tierra y prepararla para sembrar.
arador *s. m.* Ácaro que produce la sarna.
arador, ra *adj.* Que ara.
arahuaco, ca *adj.* y *s.* De un pueblo amerindio compuesto por numerosas tribus que se extienden desde la costa de Venezuela hasta Paraguay. || Familia lingüística sudamericana que comprende más de cien dialectos que se hablan de las Antillas a los Andes y Argentina. *Actualmente cerca de medio millón de personas hablan alguna lengua derivada del arahuaco.*
aralia *s. f.* Arbusto de la familia de las araliáceas, con hojas siempre verdes, flores blancas pequeñas y frutos oscuros; sus diferentes variedades llegan a medir de 50 cm a 20 m de alto. *Las aralias se encuentran entre las plantas favoritas para decorar interiores.*
araliáceo, a *adj.* y *s.* En botánica, se dice de la familia de plantas angiospermas dicotiledóneas de hojas alternas, tallos por lo general leñosos, flores en umbela y frutos pequeños; las hay derechas y trepadoras. *La hiedra es una araliácea.*
arancel *s. m.* Tarifa oficial de los impuestos que han de pagarse por derechos en servicios como aduanas y transportes.
arancelario, ria *adj.* Perteneciente o relativo a los aranceles.
arandela *s. f.* Pieza metálica pequeña, en forma de disco, con un orificio al centro, que sirve para asegurar el cierre hermético de una junta, mantener tornillos apretados o evitar el roce entre dos piezas.
araña *s. f.* Artrópodo de ocho patas, con cefalotórax y armado con dos apéndices bucales venenosos; junto al ano tiene los órganos que producen la seda para tejer sus telarañas. *El único lugar del mundo donde no hay arañas es la Antártida.* || Candil de varios brazos que se cuelga del techo.
arañar *t.* y *pr.* Rasgar o rasgarse la piel superficialmente, sea con las uñas o con un objeto punzante. || Rayar una superficie lisa o bruñida. || *fig.* y *fam.* Recoger de diferentes partes porciones pequeñas de lo necesario para algo. *Arañamos el gasto para pagar la escuela de los hijos.*
arañazo *s. m.* Lesión superficial en forma de línea sobre la piel. *Se puso a jugar con el gato y terminó lleno de arañazos.* || Rayón hecho con algo punzante sobre una superficie lisa. *Le dieron un arañazo a su automóvil.*
arar *t.* Hacer surcos en la tierra con un arado para preparar la siembra.
arauaco, ca *adj.* y *s.* Se dice del pueblo amerindio que se extendió por toda la costa norte y parte de las Antillas.
araucano, na *adj.* y *s.* Natural o perteneciente a la región de Arauco, Chile. || Mapuche, perteneciente al pueblo originario que habita la zona del centro y el sur de Chile desde antes de la conquista española.
araucaria *s. f.* Árbol originario de Arauco, Chile, que crece hasta 50 m, frondoso y perenne; produce una almendra dulce y alimenticia.
arbitraje *s. m.* Ejercicio de la función de árbitro en encuentros deportivos o controversias civiles de acuerdo con un reglamento. || Actividad financiera basada en las diferencias de valor entre las monedas de distintos países.
arbitral *adj.* Relacionado con el arbitraje. *Para resolver las diferencias de apreciación, se sugirió la intervención de un cuerpo arbitral.*

arbitrar *t.* Juzgar, resolver encuentros deportivos o controversias civiles de acuerdo con un reglamento.
arbitrariedad *s. f.* Abuso de autoridad, uso excesivo de la fuerza sin fundamento. *La policía cometió una arbitrariedad con los detenidos al incomunicarlos.*
arbitrario, ria *adj.* Que rompe las reglas y se excede en la aplicación de su posición, fuerza o circunstancia favorable en perjuicio de otros.
arbitrio *s. m.* Capacidad o facultad de decisión. || Ejercicio caprichoso de la voluntad || Resolución expresada por el árbitro.
árbitro *s. com.* Persona que dirime justas deportivas o controversias civiles de acuerdo con un reglamento. || Persona con autoridad reconocida en alguna especialidad.
árbol *s. m.* Planta elevada de tronco leñoso que se abre en ramas y culmina en copa. || En máquinas, barra que sostiene piezas giratorias o transmite movimiento. || Cada uno de los Maderos verticales que sostienen las velas de las embarcaciones. || *loc.* ***Árbol genealógico:*** esquema que presenta las relaciones de parentesco entre los miembros de una familia. || ***Árbol de Navidad:*** pino natural o artificial que se adorna para las fiestas de fin de año.
arbolado, da *adj.* Que está poblado de árboles. || *s. m.* Grupo de árboles.
arboladura *s. f.* Conjunto de mástiles de un barco.
arbolar *t.* Sembrar árboles en un lugar || Enarbolar.
arbolario, ria *adj.* y *s. m.* Herbolario.
arboleda *s. f.* Sitio poblado de árboles.
arbóreo, a *adj.* Relativo a los árboles. || Parecido al árbol.
arborescencia *s. f.* Calidad de arborescente.
arborescente *adj.* Que tiene forma o aspecto de árbol.
arborícola *adj.* Que vive en los árboles.
arboricultor, ra *s.* Persona que se dedica a la arboricultura.
arboricultura *s. f.* Cultivo y cuidado de los árboles. || Disciplina que trata de este cultivo, y práctica de la misma.
arboriforme *adj.* Que tiene forma de árbol, arborescente.
arbotante *s. m.* En arquitectura, elemento exterior de una construcción, con forma de medio arco, que descarga el peso de las bóvedas sobre un contrafuerte separado del muro. *Los arbotantes son un elemento característico del arte gótico.* || En Marina, palo o hierro que sobresale del casco de un buque; su función es sostener objetos. || *Méx.* Lámpara para iluminación artificial, sobre todo las que están adosadas a un muro.
arbustivo, va *adj.* Que crece como un arbusto, o tiene sus cualidades. *Toda planta leñosa que en su estado adulto no alcanza los cuatro metros de altura, es considerada arbustiva.*
arbusto *s. m.* Planta de tallo leñoso con tronco ramificado desde la base, y que mide entre uno y cuatro metros de altura. *El granado es un arbusto frutal.*
arca *s. f.* Caja grande con tapa plana y cerradura, por lo general de madera, utilizada para guardar ropa y otros objetos. || Caja para guardar dinero o joyas. || Especie de embarcación. || *pl.* Pieza destinada en las tesorerías a guardar el dinero. *Las arcas de la nación.*
arcabuz *s. m.* Antigua arma de fuego, semejante al fusil, con caja de madera y cañón de hierro. *Los arcabuces fueron el arma de los soldados de infantería entre los siglos* XV *y* XVII.
arcada[1] *s. f.* En arquitectura, serie de arcos en una construcción o un puente.
arcada[2] *s. f.* Contracción violenta del estómago previa al vómito.
arcaico, ca *adj.* Muy antiguo. || Perteneciente o relativo a los primeros tiempos de una civilización.
arcaísmo *s. m.* En lingüística, palabra o expresión que, por ser antiguos, ya no están en uso. *«Vuesarcé» es un arcaísmo que significa «vuestra merced» y equivale al actual «usted».* || Carácter de lo que es arcaico. *Es fascinante el arcaísmo de los monumentos megalíticos como Stonehenge.*
arcaizante *adj.* Que usa arcaísmos. *En América se considera arcaizante el uso del «vosotros».* || Que imita lo arcaico. *Le pusieron al armario detalles arcaizantes para que pareciera antiguo.* || Que le gusta lo arcaico.
arcángel *s. m.* En religión, ser de categoría superior que un ángel.
arcano, na *adj.* Secreto, oculto. || *s. m.* Misterio profundo.
arce *s. m.* Árbol de madera muy dura. *En la bandera de Canadá hay una hoja de arce.*
arcén *s. m.* Borde de la carretera donde hay un espacio para que transiten personas y vehículos no automotores. *El autobús se detuvo en el arcén para permitir que subiera un pasajero.*
archidiócesis o **arquidiócesis** *s. f.* En religión, territorio a cargo de un arzobispo.
archiduque, quesa *s.* Duque de la casa de los Austria. || *ant.* Duque de categoría superior.
archimandrita *s. m.* En la iglesia griega, superior de un monasterio.
archipiélago *s. m.* Conjunto de islas. *El archipiélago de las Malvinas está en disputa entre Argentina e Inglaterra.*
archivador, ra *adj.* y *s.* Persona que archiva. || Carpeta para guardar documentos. || Mueble para guardar archivos.
archivar *t.* Guardar documentos de forma ordenada en un archivero. || Guardar archivos electrónicos en la memoria de la computadora, un disco compacto o un disquete. || *fig.* Retener algo en la mente. *Archivó todo lo que vio en el museo.* || Dar un asunto por terminado. *Archivaré lo que me dijiste y no quiero que vuelvas a tocar el tema.*
archivero, ra *s.* Persona que se dedica a conservar y mantener un archivo. || *Méx.* Mueble o caja para archivar documentos.
archivista *s. com. Méx.* Persona encargada de un archivo.
archivo *s. m.* Conjunto de documentos ordenados. *Ese biólogo tiene un enorme archivo sobre peces.* || Lugar donde se guardan documentos ordenados. *En el archivo de notarías hay escrituras muy antiguas.* || Acción y efecto de archivar. || En informática, conjunto de datos etiquetados con un nombre, que pueden manejarse con una sola instrucción.
archivología *s. f.* Disciplina que trata de la historia, creación y organización de los archivos.
arcilla *s. f.* Tierra muy fina formada por silicatos de aluminio. *La arcilla, al mezclarse con agua, permite moldearla y hacer objetos.*
arcipreste *s. m.* Cargo de alta jerarquía en el cabildo de una catedral. *En tiempos antiguos, el arcipreste era el principal de los sacerdotes, después del obispo.* || Clérigo que, por nombramiento de un obispo, ejerce autoridad sobre parroquias y sacerdotes de una determinada jurisdicción.
arco *s. m.* Porción de curva comprendida entre dos puntos. || Arma para lanzar flechas, consistente en una varilla curva cuyos extremos se unen por una cuerda tensa. || En anatomía, parte del cuerpo en forma de arco. *El arco ciliar es el de las cejas.* || En arquitectura, componente que abre un espacio describiendo una o más curvas. *Los arcos moriscos también se llaman «de herradura» debido a la forma de su parte superior.* || En música, varilla de madera con cerdas tensas que, al frotarse contra las cuerdas de ciertos instrumentos, produce sonidos. *Los violines, violonchelos y contrabajos se tocan con arco.* || Portería de futbol. || *loc.* ***Arco iris:*** arco luminoso, de siete colores, que se forma por la reflexión y refracción de la luz solar en las gotas de agua suspendidas en el aire.
arcón *s. m.* Arca de tamaño grande.
arder *intr.* Estar algo encendido o quemándose. || Sentir ardor en alguna parte del cuerpo. *Le arde la espalda porque se quemó con el sol.*

|| *fig.* Estar alguien muy inquieto por algún estado de ánimo o una pasión. *Ardían en deseos de saber qué había sucedido.* || Estar un lugar agitado por algún suceso. *Las calles ardieron por los festejos.*

ardid *s. m.* Acción planeada y ejecutada con astucia para engañar y obtener ventaja de otros o de una circunstancia.

ardido, da *adj.* Se dice de la parte del cuerpo irritada por acción del calor del sol. || *Amér.* Ofendido, dolido, resentido.

ardiente *adj.* Que genera mucho calor o sensación de ardor. || Pasión encendida. || *loc.* ***Capilla ardiente:*** lugar donde se vela un cadáver.

ardilla *s.* Mamífero roedor pequeño muy ágil con cola muy grande, que habita en los árboles.

ardor *s. m.* Sensación de calor o de irritación en el cuerpo. || Entusiasmo, vehemencia. || Excitación pasional.

ardoroso, sa *adj.* Que siente ardor. || Febril. || Que siente excitación pasional.

arduo, dua *adj.* Que es laborioso, difícil, fatigoso. *Las labores del campo son arduas.*

área *s. f.* Territorio o espacio delimitado. *Allá tenemos el área deportiva.* || Territorio o espacio con características comunes. *Las áreas verdes son vitales para la renovación de la atmósfera.* || Unidad de medida equivalente a 100 m2 cuadrados.

arena *s. f.* Banco de partículas finas erosionadas de las rocas, que se acumulan en playas, riberas, lechos, desiertos y subsuelo. || Espacio donde se llevan a cabo combates deportivos. || *loc.* ***Arena movediza:*** la que contiene mucha agua y no soporta pesos.

arenal *s. m.* Terreno arenoso.

arenero *s. m.* Espacio con arena para que jueguen los niños en los parques o jardines. || Charola sanitaria para los gatos domésticos. || *Méx.* Ave zancuda que habita en parajes cenagosos.

arenga *s. f.* Discurso encendido y solemne que se dirige a una tropa o multitud para enardecerla. || *fig.* y *fam.* Discurso largo, molesto y que no viene al caso.

arengar *t.* e *intr.* Dirigir una arenga a un público. *El general arengó a la tropa.*

arenilla *s. f.* Arena muy fina y menuda. || *pl.* Partículas de sedimento que aparecen en la orina de quienes padecen litiasis (piedras en el riñón).

arenisco, ca *adj.* Que contiene mezcla de arena. || *f.* Roca sedimentaria formada por arena de cuarzo aglomerada con un cemento calcáreo o de sílice. *La arenisca suele usarse en trabajos de pavimentación y construcción.*

arenoso, sa *adj.* Que contiene arena, o que abunda en arena. || Parecido a la arena.

arenque *s. m.* Pez comestible, de carne muy apreciada, que mide entre 20 y 30 cm de longitud. Su dorso es azul verdoso y su vientre plateado. *Los arenques habitan en el Atlántico Norte.*

areola o **aréola** *s. f.* En anatomía, círculo pigmentado que rodea los pezones. || En medicina, círculo rojizo alrededor de un punto inflamado.

arepa *s. f. Col.* y *Ven.* Tipo de pan de maíz, de forma circular, que se amasa con manteca y huevos.

arete *s. m.* Aro pequeño. || *Méx.* Adorno que se coloca, sostenido por un arillo, en orificios practicados en el lóbulo de las orejas.

argamasa *s. f.* Mezcla de arena, cal y agua que se emplea en albañilería.

argelino, na *adj.* y *s.* De Argelia, país de África.

argentado, da *adj.* Bañado en plata. || De color semejante al de la plata.

argentar *t.* Bañar en plata. || Dar brillo parecido al de la plata.

argénteo, a *adj.* De plata. || Bañado en plata. || De brillo similar al de la plata.

argentífero, ra *adj.* Que tiene plata.

argentino, na[1] *adj.* Argénteo.

argentino, na[2] *adj.* y *s.* De Argentina, país de América del Sur.

argolla *s. f.* Aro grueso, por lo general de acero, que se emplea para sujetar algo por medio de un amarre. || Objeto parecido a la argolla. || *Amér.* Anillo de matrimonio.

argón *s. m.* Elemento químico gaseoso, abundante en la atmósfera. Su número atómico es 18 y su símbolo *Ar.*

argonauta *s. com.* Según la mitología griega, cada uno de los acompañantes de Jasón que fueron en busca del vellocino de oro a bordo del Argos. || Molusco marino cefalópodo cuyas hembras, de mayor tamaño que los machos, desarrollan un caparazón semejante al del nautilus, pero más delgado. || *fig.* Navegante, aventurero.

argot *s. m.* Variedad de una lengua que usan los miembros de una misma profesión. *Desde ladrones a doctores, cada cual tiene su argot.*

argucia *s. f.* Argumento falso que se presenta con visos de validez.

argüende *s. m. fam. Méx.* Chismorreo, discusión. *Esas personas siempre andan en el argüende.*

argüendear *t. y pr. Méx.* Chismosear.

argüendero, ra *adj. Méx.* Chismoso, alborotador.

argüir *t.* Presentar argumentos y razones para defender o atacar una opinión.

argumentación *s. f.* Conjunto de argumentos y razones que se presentan para defender o atacar una opinión.

argumentador, ra *adj.* Que argumenta.

argumental *adj.* Que se relaciona con el argumento. *Desde el punto de vista argumental, la película es excelente.*

argumentar *t. e intr.* Presentar argumentos para defender o atacar una opinión. *Argumentó que no había entendido bien la tesis.* || Discutir.

argumentativo, va *adj.* Que se relaciona con la argumentación.

argumentista *s. com.* Persona que escribe argumentos para cine, televisión o radio.

argumento *s. m.* Razonamiento o explicación para apoyar o contradecir una afirmación. *Lo bien basado de sus argumentos le hizo ganar el debate.* || Secuencia ordenada de lo que se narra en una obra literaria, de teatro o cinematográfica. *El argumento de la película trata de una guerra interplanetaria.*

aria *s. f.* Composición musical melódica para ser cantada por una sola voz, con acompañamiento instrumental.

aridez *s. f.* Cualidad de lo que es árido, sequedad extrema. *Incluso en la aridez del desierto brotan flores.*

árido, da *adj.* Muy seco, sin humedad. *El desierto de Atacama, en Chile, es el lugar más árido del mundo.* || Aburrido, complicado y monótono. *Esa conferencia estuvo tan árida que varias personas se durmieron.* || *s. m. pl.* Granos, legumbres y frutos secos para los que se utilizan medidas de capacidad.

aries *adj.* y *s. inv.* Se dice de la persona nacida bajo el signo de Aries.

ariete *s. m.* Máquina de guerra antigua, consistente en una larga viga rematada en uno de sus extremos por una pieza de hierro o bronce. *Los arietes eran utilizados para derribar puertas o murallas.* || Delantero centro de un equipo de futbol.

ario, ria *adj.* Perteneciente o relativo a un antiguo pueblo que habitó la India y partes de Asia Menor. || *s.* En las teorías racistas del nazismo, supuesta raza de origen nórdico de la cual descendían los alemanes.

arisco, ca *adj.* Persona o animal hostil e intratable. *Ese burro arisco muerde y cocea a quien se le acerca.*

arista *s. f.* Borde fino, y a veces afilado, de un objeto tallado. || En geometría, línea resultante del ángulo exterior de dos superficies que se intersecan. || *pl.* Complicaciones o dificultades de algo. *Ese asunto tiene muchas aristas, manéjalo con cautela.*

aristado, da *adj.* Que tiene aristas. *Los muebles aristados pueden ser peligrosos para los niños pequeños.*

aristocracia *s. f.* Grupo social pequeño y exclusivo formado por las familias y personas notables de un estado monárquico o que poseen título de nobleza.
aristócrata *s. com.* Persona que pertenece a la aristocracia o que posee título de nobleza.
aristocrático, ca *adj.* Perteneciente a la aristocracia o de estilo aristocrático.
aristotélico, ca *adj.* Que comparte o coincide con las ideas del filósofo Aristóteles.
aritmética *s. f.* Disciplina matemática que estudia los números y sus operaciones.
aritmético, ca *adj.* Que se relaciona con la aritmética. || *s.* Persona dedicada al estudio de la aritmética.
arlequín *s. m.* Personaje teatral bufo, habitualmente con máscara negra y traje colorido a cuadros o rombos.
arlequinada *s. f.* Acción o ademán bufo, como los del arlequín.
arlequinesco, ca *adj.* De apariencia o comportamiento como el del arlequín.
arma *s. f.* Instrumento o máquina de ataque y defensa. *La espada y el escudo son armas.* || Grupo de una fuerza militar. *Por el arma de infantería habló un oficial.* || Medios naturales de los animales para atacar o defenderse. *Las armas de los ciervos son los cuernos.* || Medio para conseguir algo. *Odiseo usó como arma su astucia.* || *pl.* Fuerzas armadas. *Las armas conjuntas de los dos países pacificaron la zona.* || Blasones, conjunto de emblemas y figuras alusivas a una corporación o familia. *Nos mostró su escudo de armas.* || *loc.* ***Hecho de armas:*** acción bélica.
armable *adj.* Dicho de un aparato, mueble o maquinaria, que se puede armar o montar con facilidad.
armada *s. f.* Conjunto de las fuerzas navales y aeronavales de un Estado. || Conjunto de los barcos de guerra que se emplean para una operación bélica.
armadillo *s. m.* Mamífero desdentado insectívoro, con cuerpo de entre 30 y 50 cm cubierto por un caparazón movible formado por placas óseas. *Los armadillos se hacen una bola cuando se sienten amenazados.*
armado *s. m.* Proceso de juntar y ajustar las piezas de un aparato, mueble, maquinaria o juego. *El armado de ese rompecabezas fue difícil, me llevó dos meses.*
armado, da *adj.* Provisto de armas. *En las películas de vaqueros casi todos van armados.* || Provisto con los utensilios propios para realizar una actividad. *Temprano llegaron los peones, armados con palas y picos.* || Que tiene una cubierta protectora, o un armazón de metal por dentro. *Un puente de concreto armado.*
armador, ra *adj.* y *s.* Que se dedica a armar, máquinas o aparatos.
armadura *s. f.* Estructura sobre la que se arma algo, y que lo sostiene. || Traje defensivo hecho con piezas movibles de metal, para proteger el cuerpo de los combatientes. *Las armaduras fueron características de los guerreros de los siglos* XII *al* XVI. || En música, conjunto de sostenidos o bemoles que se colocan junto a la clave para indicar el tono de un fragmento.
armamentismo *s. m.* Doctrina que pugna por la acumulación de armas para disuadir a otros de emprender acciones bélicas.
armamentista *adj.* Perteneciente o relativo al armamento o al armamentismo. || *s. com.* Partidario del armamentismo.
armamento *s. m.* Conjunto de armas y materiales de guerra de un ejército o de una persona. || Acción de armar, dotar de armas.
armar *t.* y *pr.* Dotar de armas a un ejército o una persona. || Prepararse para la guerra. || Alistar un arma para dispararla. *Armó el arco y apuntó al blanco.* || Unir y montar las piezas que conforman un aparato, mueble, maquinaria o juego. || *fig.* Disponer u organizar algo. *Van a armar una gran fiesta por su graduación.* || *fig.* y *fam.* Causar o producir algo. *Los manifestantes armaron tal jaleo, que tuvo que intervenir la policía.* || *loc. fam.* ***Armarla:*** provocar un alboroto o una discusión. || ***Armarse la gorda:*** estallar un conflicto que se veía venir.
armario *s. m.* Mueble con puertas para guardar ropa. || *loc.* ***Armario empotrado:*** el que se construye en el hueco de una pared.
armatoste *s. m.* Objeto grande y estorboso.
armazón *s. inv.* Conjunto de piezas que sostienen algo o le dan rigidez. || *Méx.* Varillas en las que se colocan las lentes que corrigen defectos de la vista.
armella *s. f.* Anillo de metal que tiene un tornillo o un clavo para fijarlo.
armenio, nia *adj.* y *s.* Se aplica a lo que es originario o relacionado con Armenia. || *s. m.* Lengua hablada en Armenia.
armería *s. f.* Tienda de armas || Arte de fabricar armas. || Museo de armas.
armero, ra *s.* Persona que vende armas. || Persona que fabrica armas.
armiño *s. m.* Mamífero carnívoro de piel suave y delicada, parda en verano y blanca en invierno. || Piel de este animal.
armisticio *s. m.* Suspensión de hostilidades pactada.
armonía *s. f.* Relación entre las cosas de un todo que lo hace agradable o bello. || Buena relación entre personas. || En música, arte de formar acordes. || En literatura, cualidad de combinar en forma agradable los sonidos de las palabras, tanto en la poesía como en la prosa.
armónica *s. f.* Instrumento musical con ranuras por las que se sopla o aspira para conseguir el sonido.
armónico *s. m.* En música, sonido agudo que se produce como resonancia de otro.
armónico, ca *adj.* Que tiene armonía o se relaciona con ella.
armonio *s. m.* Órgano pequeño que funciona dándole aire con un fuelle.
armonioso, sa *adj.* Que tiene armonía. || Agradable al oído.
armonización *s. f.* Creación de algo con armonía. || Resultado de armonizar.
armonizador, ra *adj.* y *s.* Que armoniza o sabe armonizar.
armonizar *t.* Lograr armonía en algo. || En música, escribir los acordes de una composición.
arnés *s. m.* Correa para sujetarse o sujetar algo al cuerpo. *El limpiador de ventanas en edificios altos debe usar arnés.* || *pl.* Conjunto de correas que se ponen a los caballos.
árnica *s. f.* Planta medicinal con efectos antiinflamatorios. *Cuando se pegó en la cabeza, le pusieron árnica para que no le saliera un chichón.*
aro *s. m.* Pieza de material rígido en forma de círculo. || *Amér. Merid.* Anillo de compromiso. || *loc.* ***Pasar por el aro:*** convencer a alguien de hacer algo que no quería. *No les quedó más que bajar la cabeza y pasar por el aro.*
aroma *s. m.* Olor muy agradable y perfumado. *El aroma de lavanda refresca y relaja.*
aromaterapia *s. f.* Utilización terapéutica de los aceites esenciales de plantas. *La aromaterapia actúa sobre la mente, el cuerpo y los estados emocionales.*
aromático, ca *adj.* Que tiene aroma. *Las rosas y los jazmines son flores aromáticas.* || En química, compuesto orgánico derivado del benceno, que tiene como característica principal un olor acentuado.
aromatización *s. f.* Acción y efecto de aromatizar. *Utilizaron esencia de naranja para la aromatización del pastel.*
aromatizante *s. m.* Sustancia que se agrega a otra, o se esparce en el ambiente, para proporcionar aroma agradable.
aromatizar *t.* Dar aroma a algo. *Le diré que aromatice los jabones con limón.*
arpa *s. f.* Instrumento musical de cuerda compuesto por un armazón triangular de madera y una serie de cuerdas fijadas dentro de éste. *El arpa se toca con las dos manos.*
arpegiar *intr.* Ejecutar arpegios.
arpegio *s. m.* En música, ejecución sucesiva de las notas de un acorde.

arpía *s. f.* Seres malvados de la mitología griega que tenían cabeza y torso de mujer bella y cuerpo de ave monstruosa. || *fam.* Persona codiciosa que, con intrigas, saca provecho de los demás.
arpillera *s. f.* Tejido burdo o saco para proteger y guardar objetos.
arpista *s.* Ejecutante del arpa.
arpón *s. m.* Instrumento de pesca formado por un palo o varilla larga, un cordel y una punta triangular para afianzar a la presa.
arponear *t.* Usar el arpón para pescar.
arponero *s. m.* Pescador que usa el arpón.
arquear *t.* Dar forma de arco a un objeto. || Presentar arcadas, tener náuseas.
arqueo *s. m.* Verificación contable de documentos y dinero en caja o arca.
arqueología *s. f.* Ciencia que estudia las civilizaciones antiguas a partir de sus restos arquitectónicos, humanos y utensilios domésticos.
arqueológico, ca *adj.* Relativo a la arqueología. *Emprendieron una excavación arqueológica en busca de restos.*
arqueólogo, ga *s.* Persona dedicada al estudio profesional de la arqueología.
arquería *s. f.* En arquitectura, serie de arcos de un edificio. *La arquería de un monasterio.* || *Amér.* Deporte de tirar con arco y flecha.
arquero, ra *s.* Soldado cuyo armamento eran el arco y las flechas. || Deportista que practica la arquería, tiro con arco y flechas. || En deportes como el futbol, portero o guardameta.
arquetípico, ca *adj.* Perteneciente o relativo al arquetipo.
arquetipo *s. m.* Modelo primordial de un arte, disciplina o tradición, que sirve de ejemplo para imitarlo. || En psicología, imágenes o pensamientos que tienen valor simbólico y forman parte del inconsciente colectivo. *El arquetipo del héroe invencible con un punto vulnerable está presente en muchos mitos y leyendas.*
arquitecto, ta *s.* Profesional que ejerce la arquitectura.
arquitectónico, ca *adj.* Perteneciente o relativo a la arquitectura. *Las proporciones arquitectónicas de las construcciones góticas son impresionantes.*
arquitectura *s. f.* Arte y técnica de proyectar y construir edificios, civiles o sacros, siguiendo determinados cánones. || En informática, organización de los distintos elementos que conforman un sistema. || *fig.* Forma, estructura.
arquitrabe *s. m.* En arquitectura, parte inferior del techo o parte superior de una construcción.
arrabal *s. m.* Barrio en las afueras de una población principal. *En muchas ciudades, los arrabales forman los llamados cinturones de pobreza.*
arrabalero, ra *adj.* Perteneciente o relativo al arrabal. || *fig.* y *fam.* Que tiene mala educación y maneras vulgares. || *s.* Habitante de un arrabal.
arrabio *s. m.* Producto de la fundición de los altos hornos que constituye la materia prima para producir hierro y acero.
arracada *s. f.* Arete cuyo adorno cuelga.
arracimado, da *adj.* En racimo.
arracimarse *pr.* Unirse cosas en forma de racimo.
arraigado, da *adj.* Que ha echado raíces. || Que se halla sujeto muy fuertemente en un lugar determinado. || *fig.* Que se ha aclimatado a las costumbres y usos de un lugar.
arraigar *intr.* Echar raíces. || Volverse firme una costumbre. || Establecerse en un lugar de manera permanente. || Fijar algo firmemente. || *Amér.* Evitar que alguien salga de un lugar por medio de una orden judicial.
arraigo *s. m.* Acción y efecto de arraigar.
arrancada *s. f.* Partida violenta de una persona o un animal. || Momento en el que una máquina empieza a funcionar. || Aumento repentino de la velocidad de un vehículo.
arrancar *t.* Sacar de raíz. || Sacar con violencia algo de un lugar. || Quitarle algo a alguien con brusquedad. || Conseguir algo a duras penas. || Salir a la carrera. || Iniciarse el funcionamiento de una máquina || Comenzar un vehículo a moverse. || Provenir. || Empezar a hacer algo de manera intempestiva. || *loc. Méx.* ***Arrancársele a alguien:*** retar.
arranciarse *pr.* Volverse rancio algo.
arrancón *s. m. Méx.* Arrancada de un vehículo.
arranque *s. m.* Comienzo de algo. *El arranque de la carrera fue muy parejo.* || Mecanismo para que funcione un aparato. || Rabieta. *Perdió el partido y en un arranque destrozó el lugar.*
arras *s. f. pl.* En algunas religiones, parte de la boda donde se intercambian entre los novios 13 monedas como símbolo de entrega. || Lo que se da como garantía de algo.
arrasado, da *adj.* Que se parece al raso. || Destruido totalmente. *Roma practicó la política de territorio arrasado con Cartago.*
arrasamiento *s. m.* Resultado de arrasar.
arrasar *t.* Destruir totalmente. || Emparejar una superficie con un rasero. || *pr.* Llenarse. *Los ojos se le arrasaron de lágrimas cuando recibió la mala noticia.*
arrastrado, da *adj. desp. Amér. Merid.* Que se arrastra ante los demás.
arrastrar *t.* Llevar a una persona o cosa por el suelo jalando de ella. *¡No arrastres los zapatos!* || Lograr que alguien piense de determinada manera. *En su caída, el líder religioso arrastró a sus seguidores.* || *pr.* Humillarse para conseguir algo. *Con tal de conservar el empleo, se arrastró para lamerle las botas.*
arrastre *s. m.* Acción y resultado de arrastrar. || Sacar arrastrando al toro de lidia muerto. || *loc.* ***Para el arrastre:*** en malas condiciones. *No subo más escaleras, cinco pisos y quedé para el arrastre.*
arrayán *s. m.* Arbusto muy oloroso. || Árbol también llamado *palo colorado. Se cuenta que Walt Disney se inspiró en un bosque de arrayanes, cerca de Bariloche, Argentina, para «Bambi».*
arre *interj.* Grito para hacer que caballos y otros animales vayan más rápido.
arrear[1] *t.* Apremiar a las bestias para que anden o lo hagan más rápido. *Arrearon a sus caballos para que fueran a galope.* || Apresurar a alguien para que haga algo. *Tengo que arrear a mis hijos para que arreglen su cuarto.* || Llevarse alguna cosa de manera violenta. *La policía arreó con la mercancía de los vendedores ambulantes.* || Asestar, atizar. *Le arrearon un puñetazo en el estómago.*
arrear[2] *t.* Poner los arreos o guarniciones a las caballerías.
arrebatado, da *adj.* Impetuoso e imprudente. *Es muy arrebatada, nunca piensa antes de hacer las cosas.* || Violento, sin consideración para los demás. *Su carácter arrebatado le traerá problemas.* || Se dice del rostro de color muy encendido, casi rojo.
arrebatamiento *s. m.* Acción y efecto de arrebatar o arrebatarse. || Furor, acción de enfurecerse. || Embeleso, éxtasis.
arrebatar *t.* Despojar a alguien de algo violentamente. *Un grandulón arrebató la pelota a los niños.* || Tomar o llevarse algo de manera precipitada. *El aire le arrebató la gorra.* || Fascinar, atraer poderosamente la atención. *Su personalidad arrebata.* || Embelesar, extasiar, conmover en grado sumo. *La belleza de ese cuadro arrebata a quien lo contempla.* || *pr.* Enfurecerse. *Se arrebata hasta por el vuelo de una mosca.*
arrebato *s. m.* Súbita presencia en el ánimo de alguna pasión o sentimiento. *Un arrebato de indignación.* || Repentino impulso de hacer algo. *En un arrebato, se sentó a escribir y no paró hasta terminar el primer capítulo de la novela.*
arrebol *s. m.* Color rojizo que adoptan las nubes al ser iluminadas por la luz solar. || Color sonrosado de las mejillas.
arrebolar *t.* y *pr.* Poner rojo.
arrebujar *t.* Amontonar sin orden ropas o cosas similares. *Arrebujó las*

lonas en la bodega. || *pr.* Envolverse bien con ropa. *Estaba helando, así que me arrebujé en una cobija para leer.*
arrechuchar *t.* Empujar. *Arrechucharon tanto en la fila para entrar, que tiraron a varias personas.*
arrechucho *s. m. fam.* Indisposición o malestar leve y pasajero. || Arranque, arrebato.
arreciar *t.* y *pr.* Volverse algo más intenso, más violento o más fuerte. *El huracán arreció y tiró muchas casas.*
arrecife *s. m.* Formación rocosa o coralina de poca profundidad o que apenas sobresale de la superficie.
arredrar *t.* y *pr.* Retroceder. *Las dificultades nunca lo arredraron.* || Atemorizar. *Es un perro entrenado que no se arredra ante el fuego.*
arredro *adv.* Atrás, detrás, hacia atrás.
arreglado, da *adj. Méx.* Ordenado.
arreglar *t.* Reparar algo averiado. *Pedro arregló la cafetera que no funcionaba.* || Acicalar. *Se arregló con su mejor ropa para ir a la fiesta.* || Poner en orden. *El archivista arregló los expedientes en orden cronológico.* || Zanjar en buenos términos una controversia. *Después de exponer sus argumentos arreglaron sus diferencias.* || Pulir o adaptar una composición musical. *El compositor arregló su obra para orquesta de cámara.*
arreglista *s. com.* Persona dedicada a arreglar o dar acabado a composiciones musicales.
arreglo *s. m.* Acción y efecto de arreglar. || Orden, regla. || Culminación de un trato o finalización de una controversia. || Adaptación de una obra musical.
arremangado, da *adj.* Vuelto hacia arriba.
arremangar *t.* Volver hacia arriba las mangas de la camisa.
arremeter *t.* Acción y efecto de acometer con ímpetu. *El lobo arremetió a la oveja.*
arremetida *s. f.* Acción de arremeter. *La arremetida de las olas durante el huracán destruyó el malecón.*
arremolinarse *pr.* Formar remolinos un líquido, el polvo o un gas. || *fig.* Amontonarse de forma desordenada gente o animales en movimiento. *La multitud se arremolinó a la salida del estadio.*
arrempujón *s. m. vul.* Empujón, choque violento de una persona contra otra.
arrendador, ra *adj.* y *s.* Persona o empresa que da alguna cosa en arrendamiento.
arrendamiento *s. m.* Acción y efecto de arrendar. || Contrato mediante el que se arrienda. || Precio por el que se arrienda.
arrendar *t.* Permitir que se use y aproveche alguna cosa, o se reciba un servicio, a cambio de un precio pactado mediante un contrato.
arrendatario, ria *adj.* y *s.* Persona o empresa que toma algo en arrendamiento. *La estación de radio es arrendataria de los servicios del satélite.*
arreo[1] *s. m.* Adorno o atavío especial. *El juez se puso sus arreos para presidir la corte.* || *pl.* Guarniciones que se ponen a los caballos, sea para montar o para tiro. || Conjunto de las herramientas que se utilizan en un oficio. *Los arreos del albañil.*
arreo[2] *s. m. Amér.* Acción y efecto de arrear a las bestias. || *Col.* y *Ven.* Recua, conjunto de animales de carga.
arrepanchigarse *pr.* y *fam.* Arrellanarse, acomodarse en un sofá o sillón.
arrepentida *s. f.* En la época colonial, mujer que se arrepentía de su vida licenciosa y se recogía en un convento.
arrepentimiento *s. m.* Sentimiento de pesar por haber hecho algo que produce culpabilidad.
arrepentirse *pr.* Apesadumbrarse por haber hecho algo o por no hacerlo. || Cambiar de opinión o no cumplir un compromiso.
arrestar *t.* Retener a alguien y privarlo de la libertad.
arresto *s. m.* Acción de arrestar. *El juez ordenó el arresto.* || Tener fuerza y valor para emprender algo. *Tuvo arrestos suficientes para salvar a la niña atrapada en el incendio.*
arriar *t.* Bajar una bandera o una vela que estaba izada.
arriate *s. m.* Sección estrecha de tierra en patios y jardines dedicada a plantas de ornato.
arriba[1] *adv.* En lo alto. *Arriba, más allá de las nubes, se distinguen algunas estrellas.* || En la parte alta. *Arriba se inició el incendio.* || En la parte superior en relación con un punto. *Caminamos río arriba.* || En un escrito, lo que está antes. *Los aspectos arriba mencionados refuerzan nuestra afirmación.* || En cifras o apreciaciones, lo que excede lo indicado. *Se aplica un descuento especial en pedidos de mil unidades para arriba.* || *loc.* ***De arriba:*** se utiliza para indicar que algo proviene de instancia superior. || ***De arriba abajo:*** de un extremo a otro. || *Méx.* ***Arriba de:*** encima.
arriba[2] *interj.* Se utiliza para vitorear. *¡Arriba los ganadores del torneo!*
arribar *intr.* Llegar.
arribismo *s. m.* Actitud del arribista.
arribista *s. com.* Persona que actúa sin escrúpulos en provecho propio.
arribo *s. m.* Llegada.
arriendo *s. m.* Arrendamiento. *El arriendo de estas tierras se pactó hace décadas.* || *loc.* ***No arriendo la ganancia:*** expresión que se usa para advertir a alguien de un peligro. *Si quieres, hazlo, pero no te arriendo la ganancia.*
arriero, ra *s.* Persona que transporta bestias de carga. || Persona que comercia utilizando bestias de carga.
arriesgado, da *adj.* Que se arriesga. || Que implica algún riesgo. *La venta de divisas es un negocio arriesgado.*
arrimadizo, za *adj.* Que se arrima a alguien para obtener un beneficio. || *s. m. ant.* Puntal de un edificio.
arrimado, da *s.* Persona que vive en casa ajena y depende de sus dueños.
arrimar *t.* y *pr.* Acercar una cosa a otra. *Arrima la silla a la mesa y ven a comer.* || Buscar la protección de alguien.
arrimo *s. m.* Resultado de arrimar o arrimarse. || Apoyo.
arrinconado, da *adj.* Olvidado en un rincón. || Acorralado. *El boxeador, arrinconado, trató de eludir los golpes.*
arrinconamiento *s. m.* Resultado de arrinconar.
arrinconar *t.* Poner algo en un rincón. || Dejar en sitio aparte algo que ya no se va a utilizar. || Acorralar a alguien, perseguirlo sin dejarle salida posible. || *fig.* Marginar a alguien, retirarle el favor de que disfrutaba. || *pr. fig.* y *fam.* Aislarse, eludir el trato con la gente.
arritmia *s. f.* En medicina, alteración cardiaca que produce irregularidad y desigualdad en los laidos. *Las arritmias reducen la eficiencia en el bombeo de la sangre.* || Falta de regularidad en el ritmo de algo.
arrítmico, ca *adj.* Perteneciente o relativo a la arritmia.
arroba[1] *s. f.* En informática, signo que sirve para separar el nombre del usuario de una dirección de correo electrónico y el del servidor. *El signo de arroba (@) se usaba antes de internet para identificar una medida de peso.*
arroba[2] *s. f.* Unidad de peso que se utiliza en España y en algunos países de América Meridional. *Según donde se utilice, una arroba varía entre 11.5 y 12.5 kilos.* || Unidad de volumen o capacidad; su valor es diferente según los países y regiones, o el tipo de líquido que se mida. *Una arroba de aceite son 12.5 litros; una de vino, poco más de 16 litros.*
arrobado, da *adj.* Embelesado, que siente arrobamiento. *Quedaron arrobadas con las joyas del aparador.*
arrobador, ra *adj.* Que causa arrobamiento, que embelesa. *Esa música es arrobadora, perdí la noción del tiempo escuchándola.*
arrobamiento *s. m.* Acción y efecto de arrobar o arrobarse. || Éxtasis, generalmente místico.
arrobar *t.* y *pr.* Embelesar o embelesarse. *La soprano arrobó al público con su interpretación.*

arrobo *s. m.* Estado del que se halla embelesado con algo o en éxtasis.
arrocero, ra *adj.* Perteneciente o relativo al arroz. *La cosecha arrocera.* || *s.* Persona que cultiva arroz. *Los arroceros se han organizado para distribuir directamente su producto.*
arrodillar *t.* Hacer que alguien coloque las rodillas en el suelo. *Con sus acciones autoritarias arrodilló a los contrincantes.* || *intr.* y *adj.* Ponerse de rodillas *El caballero se arrodilló ante la dama en señal de respeto.*
arrogación *s. f.* Apropiación indebida.
arrogador, ra *adj.* Que se arroga o se atribuye una cosa.
arrogancia *s. f.* Sentimiento de altivez, orgullo, soberbia, superioridad.
arrogante *adj.* Altivo, soberbio. || Gallardo, airoso.
arrogar *t.* y *pr.* Apropiarse de manera indebida.
arrojadizo, za *adj.* Que se puede arrojar o lanzar. *La lanza es un arma arrojadiza.*
arrojado, da *adj.* Que actúa con arrojo o resolución.
arrojamiento *s. m.* Arrojo.
arrojar *t.* y *pr.* Lanzar con violencia. *Arrojó la lanza contra su enemigo.* || Lanzar algo fuera del cuerpo. *En Uruguay los bebés arrojan la comida, no la vomitan.* || Echar a alguien de un lugar. || Lanzarse sobre algo para atraparlo. *El portero se arrojó sobre la pelota.* || Tirar algo. *Arroja esa fruta a la basura, ya está pasada.*
arrojo *s. m.* Atrevimiento, intrepidez, valentía.
arrollado *s. m. Arg.* Pastel cilíndrico, conocido en otras partes como brazo de gitano. || *Arg.* y *Chil.* Fiambre de carne cocida de res o cerdo envuelta en piel del mismo animal, y atada en forma de rollo.
arrollador, ra *adj.* Que arrolla, que barre con los demás. *La canción tuvo un éxito arrollador, vendió un millón de copias en un mes.*
arrollar *t.* Envolver algo en forma de rollo. || *fig.* Atropellar a alguien, sobre todo un vehículo. || *fig.* Superar o derrotar por amplio margen. || Arrasar la fuerza del viento o del agua con algo, barrerlo.
arropamiento *s. m.* Acción y efecto de arropar o arroparse. *Un buen arropamiento en invierno defiende de las enfermedades respiratorias.*
arropar *t.* y *pr.* Abrigar a alguien, o abrigarse cubriéndose con ropa.
arrostrar *t.* Enfrentar una calamidad, dificultad o peligro con valor y entereza.
arroyo *s. m.* Corriente de agua de cauce angosto y poco caudal. || Parte baja de la calle por donde corre el agua. *La acera es para los peatones, el arroyo para los automovilistas.* || *fig.* Miseria y marginación; alude a quienes viven en la calle.
arroz *s. m.* Planta herbácea anual que se cultiva en terrenos húmedos y clima cálido. Alcanza una altura de entre 80 y 180 cm, sus hojas son largas y anchas y produce espigas colgantes que dan un grano blanco y harinoso. *El arroz pertenece a la familia de las gramíneas.* || Grano de esta planta. *Una tercera parte de la población mundial tiene al arroz como base de su alimentación.*
arrozal *s. m.* Terreno sembrado de arroz. *Millones de hectáreas de cultivo del continente asiático son arrozales.*
arruga *s. f.* Pliegue en la piel, en la ropa, una tela o cualquier superficie flexible.
arrugar *t.* Hacer pliegues irregulares. || *pr. Amér.* Acobardarse. || *loc.* ***Arrugar el ceño:*** mostrar disgusto.
arruinado, da *adj.* Que se encuentra en la ruina. || Que ya no sirve o no funciona.
arruinar *t.* y *pr.* Provocar la ruina. || Dañar, destruir.
arrullar *t.* Cortejar el palomo a la paloma con arrullos. || Adormecer a un niño o a alguien con arrullos o con un sonido agradable.
arrullo *s. m.* Canturreo que emiten las palomas en celo. || Canturreo para adormecer a los niños. || Sonido agradable que provoca adormecimiento. || Palabras dulces con las que se pretende enamorar a alguien.
arrumaco *s. m.* Manifestación de amor hecha con ademanes y gestos. Suele emplearse en plural.
arrumbar *t.* Colocar algo en un lugar apartado. || Desechar.
arsenal *s. m.* Lugar donde se almacenan armas. || Conjunto de datos o informaciones.
arsénico *s. m.* Elemento químico metaloide, muy tóxico. Su número atómico es 33 y su símbolo *As.*
arte *s. m.* Habilidad para hacer algo. || Obra o actividad con la que el ser humano expresa un aspecto de la realidad o un sentimiento mediante recursos plásticos (pintura, escultura, etc.), de lenguaje (literatura), sonoros (música). || Conjunto de reglas para hacer bien algo. *El arte de la caligrafía requiere mucha habilidad.* || *loc.* ***Arte plumaria:*** cuadro hecho con plumas de colores. || ***Séptimo arte:*** el cine. || ***No tener arte ni parte:*** decirle a alguien que no puede intervenir en un asunto. || ***Por arte de magia:*** de modo inexplicable y repentino. *Obtuvo el registro por arte de magia, sin hacer muchos trámites.* || *pl.* ***Bellas Artes:*** artes cuyo objetivo es expresar belleza, como la arquitectura, la música, la escultura, la pintura. || ***Artes gráficas:*** las de imprenta.
artefacto *s. m.* Máquina o aparato hecho según ciertas reglas y con propósitos determinados. *Los alumnos del politécnico idearon un artefacto para detectar temblores.* || Carga explosiva. *Encontraron un artefacto sospechoso en las inmediaciones del metro.*
artejo *s. m.* Articulación. || Cada uno de los segmentos articulados de las patas de los artrópodos.
arteria *s. f.* Conducto o vaso sanguíneo que lleva la sangre con oxígeno desde el corazón al resto del cuerpo. *Las cornadas de los toros casi siempre perforan la arteria femoral.* || Calle o avenida principal de una ciudad. *La avenida Insurgentes es la arteria principal de la Ciudad de México.*
arterial *adj.* Que se relaciona con las arterias. *Para que no sufra un infarto, evite que suba la presión arterial.*
arterioesclerosis *s. f.* Endurecimiento y aumento de grasa en las paredes de los conductos sanguíneos. *Una dieta baja en grasas ayuda a combatir la arterioesclerosis.*
arteriola *s. f.* Arteria pequeña.
arteriosclerosis *s. f.* Arterioesclerosis.
artero, ra *adj.* Que se vale de su astucia y maña para engañar a los demás.
artesa *s. f.* Recipiente de madera de forma rectangular que se va haciendo más angosto hacia el fondo y se usa para amasar pan.
artesanado *s. m.* Conjunto de artesanos. || Obra de un artesano.
artesanal *adj.* Perteneciente o relativo a la artesanía. *Un vestido con bordados artesanales.*
artesanía *s. f.* Arte y oficio de elaborar objetos con las manos o siguiendo métodos tradicionales. *La artesanía, en muchos casos, ha sido desplazada por la industrialización.* || Objeto realizado de manera tradicional o con las manos. *Los jarros y cazuelas de barro son artesanías útiles.*
artesano, na *adj.* Perteneciente o relativo a la artesanía. *Las manos artesanas de estas indígenas producen primores.* || *s.* Persona que vive de hacer objetos artesanales. *Los artesanos de Olinalá trabajan la laca sobre madera.*
artesón *s. m.* En arquitectura, decorado a base de compartimientos poligonales huecos adornados con pinturas o molduras. *Los artesones se utilizan en los techos.* || Artesonado.
artesonado *s. m.* En arquitectura, techo adornado con artesones. *El artesonado es una de las características del estilo mudéjar.*
artesonar *t.* Decorar con artesones un techo o la parte interior de una bóveda o arco.

ártico, ca *adj.* Perteneciente o relativo al Polo Norte y regiones cercanas a él.

articulación *s. f.* Punto de unión entre dos piezas mecánicas que permite el movimiento de alguna de ellas. || Organización y unión coherente de las partes que componen un texto. || Acción y efecto de articular un sonido. *Tiene un pequeño problema de articulación, pronuncia mal las erres.* || En anatomía, punto donde se unen dos o más huesos. *La articulación de la rodilla.*

articulado *s. m.* Conjunto de los artículos que contiene una ley o reglamento.

articulado, da *adj.* Que posee una o varias articulaciones. *Nuestro equipo construyó un robot articulado.* || Pronunciado con claridad. *Leyó su discurso con palabras bien articuladas.*

articular[1] *t.* y *pr.* Unir o unirse dos o más piezas mecánicas de modo que al menos una de ellas tenga movimiento. || Organizar un texto o un proyecto de manera coherente. || Colocar los órganos vocales de cierta manera para pronunciar un determinado sonido. || Pronunciar una palabra.

articular[2] *adj.* Perteneciente o relativo a las articulaciones del cuerpo. *Su dolor articular se debe al reumatismo.*

articulista *s. com.* Escritor de artículos para periódicos o revistas.

artículo *s. m.* Objeto de comercio. || Texto breve sobre un tema específico que expresa opinión. || En derecho, norma jurídica. || En gramática, palabra que indica si el sustantivo es determinado o indeterminado. || *loc.* ***Artículo de primera necesidad:*** cosa indispensable para mantener la vida.

artífice *s. com.* Autor de una obra original. || Persona que sabe obtener lo que desea.

artificial *adj.* Creado por el hombre, no natural. || No genuino. || Que sustituye lo natural. || Engañoso, artificioso.

artificialidad *s. f.* Cualidad de artificial.

artificiero, ra *s.* Persona entrenada en el manejo de la artillería. || Técnico en explosivos. || Artesano de fuegos artificiales.

artificio *s. m.* Procedimiento para conseguir algo. || Cosa elaborada o usada para sustituir otra. || Engaño. || Falta de naturalidad.

artificiosidad *s. f.* Elaboración excesiva de algo. *Cuidó tanto el vocabulario en su carta, que la llenó de artificiosidad.* || Acto, situación carente de naturalidad. *Para quedar bien con sus parientes actúa con artificiosidad.*

artificioso, sa *adj.* Elaborado con artificio. || Disimulado, engañoso.

artillado, da *adj.* Que está pertrechado de artillería. *Se presentó un interesante diseño de vehículo artillado.*

artillar *t.* Armar de artillería tropas, vehículos o sitios.

artillería *s. f.* Arte de la construcción, mantenimiento y empleo de las armas de fuego, municiones y máquinas de guerra. || Conjunto de ingenios de guerra que comprende cañones y otras bocas de fuego, sus municiones y los vehículos para transportarlos. || Cuerpo de un ejército que emplea estos ingenios de guerra.

artillero, ra *adj.* Perteneciente o relativo a la artillería. || *s. m.* Militar que sirve en la artillería de un ejército o armada. || Militar encargado de servir y disparar los cañones y otras bocas de fuego.

artilugio *s. m. desp.* Máquina, mecanismo o aparato de funcionamiento complicado. || Trampa o ardid montado con maña.

artimaña *s. f.* Engaño o trampa. || *fam.* Maña, astucia o disimulo.

artiodáctilo, la *adj.* y *s. m.* En zoología, mamífero ungulado cuyas extremidades terminan en un par de dedos. *Los cerdos, camellos y toros son artiodáctilos.* || s. *m. pl.* Orden al que pertenecen estos mamíferos.

artista *s. com.* Persona que domina y practica alguna de las bellas artes. || Individuo dotado para practicar las bellas artes. || Intérprete que aparece en alguna obra teatral, musical, cinematográfica, o en un espectáculo. || Persona que realiza una actividad con suma perfección. *Es un artista de la jardinería.*

artístico, ca *adj.* Perteneciente o relativo al arte. *Un movimiento artístico de vanguardia.* || Hecho con arte. *La artística fachada de un edificio antiguo.*

artrítico, ca *adj.* Perteneciente o relativo a la artritis. || Que padece artritis.

artritis *s. f.* Inflamación dolorosa y crónica de una o varias articulaciones. *Si no se atiende a tiempo, la artritis deforma los huesos e impide el movimiento.*

artrópodo *adj.* y *s. m.* En zoología, animales invertebrados que poseen esqueleto externo, cuerpo dividido en anillos y patas con segmentos articulados. *Los insectos, arácnidos y crustáceos son artrópodos.*

artrosis *s. f.* En medicina, alteración degenerativa de las articulaciones que puede causar deformaciones.

arveja *s. f. Amér. Merid.* Chícharo, guisante.

arzobispado *s. m.* Dignidad de arzobispo. || Territorio a cargo de un arzobispo. || Edificio donde atiende el arzobispo.

arzobispal *adj.* Relacionado con el arzobispo.

arzobispo *s. m.* Obispo de una iglesia metropolitana.

arzón *s. m.* Pieza arqueada de madera que llevan las sillas de montar

as *s. m.* Número uno en la baraja y en el dado. *El as es la carta de mayor valor.* || Persona que sobresale en lo que hace. *Fangio fue un as del automovilismo.*

asa *s. f.* Parte, por lo general en forma de aro, que sobresale de las vasijas, maletas, ollas, cestas, etc., y que sirve para asirlas.

asadero, ra *adj.* Que puede asarse.

asado *s. m.* Carne asada || *loc.* ***Asado de tira:*** corte de carne que se saca del costillar de la res.

asado, da *adj.* Que ha sido sometido a la acción del fuego directo.

asador, ra *s.* Persona que se dedica a asar. || *m.* Varilla en la que se inserta carne para asar. || Parrilla para asar. || Restaurante donde sirven carnes hechas con alguna técnica para asar.

asadura *s. f.* Conjunto de las vísceras o entrañas de un animal.

asaetear *t.* Disparar saetas. || Herir o matar con saetas. || Molestar, importunar. *Los periodistas asaetearon con preguntas a la estrella de cine.*

asalariado, da *adj.* y *s.* Que recibe un salario por su trabajo. *Los asalariados demandaron un aumento del 10%.*

asalariar *t.* Contratar a alguien por un salario. || Asignar un salario.

asaltante *adj.* Que asalta. || *s. com.* Persona que comete un asalto. *El asaltante no dudó en matar a los guardias.*

asaltar *t.* Atacar un lugar para apoderarse de él. *El fuerte de San Juan era continuamente asaltado por los piratas.* || Atacar un lugar para robarlo. *El banco de la esquina fue asaltado dos veces esta semana.* || Ocurrir algo de pronto. *Cuando terminó el examen, me asaltó la duda de si había contestado bien la pregunta tres.* || Atacar a alguien con peticiones o preguntas. *Los mendigos, más que pedir, asaltan.*

asalto *s. m.* Ataque violento con intención de apoderarse de un lugar. || Ataque violento con intención de robar. || En algunos deportes, partes en que se dividen los encuentros. *En el primer asalto, ambos boxeadores sólo se midieron.*

asamblea *s. f.* Reunión de personas que tienen algo en común. *Los vecinos tuvieron una asamblea muy tranquila.* || Conjunto de representantes de una institución. *La asamblea del Senado no aprobó por unanimidad la ley.*

asambleísta *s. com.* Persona que forma parte de una asamblea.

asar *t.* Cocer un alimento, generalmente carnes, poniéndolo en contacto directo con el fuego, las brasas, en un horno o en una parrilla. || *pr. fig.* Sentir demasiado calor. *Me estoy asando, por favor abre la ventana.*

asaz *adv.* Bastante, suficiente, mucho, muy. Se usa más en lenguaje poético. *Asaz triste para mí es que esa dama me ignore.*

asbesto *s. m.* Mineral compuesto por fibras duras, pero flexibles, que lo hacen muy resistente a la combustión. *El asbesto tiene muchas aplicaciones industriales, pero también es tóxico.*

ascáride *s. f.* Gusano cilíndrico, de color gris claro o rojizo, que vive como parásito en el intestino humano y en el de algunos animales. *Los ascárides, más conocidos como lombrices intestinales, miden entre 10 y 25 cm de largo.*

ascendencia *s. f.* Conjunto de los ascendientes o antecesores de una persona. *Su ascendencia habla del mestizaje, pues un abuelo era huichol y el otro francés.* || Origen de algo. || Ascendiente.

ascendente *adj.* Que sube o asciende.

ascender *intr.* Pasar a un lugar más alto, subir. || Llegar una cuenta, cálculo o cantidad a un valor determinado. *Sus honorarios acumulados ascienden a treinta mil pesos.* || Pasar a un grado superior en un empleo, jerarquía o posición social. *El vendedor ascendió a gerente de ventas.* || *t.* Promover a alguien a una categoría o cargo superior. *El general ascenderá a cinco coroneles: ahora serán generales.*

ascendiente *s. com.* Persona de la que descienden otras. *Tiene ascendientes yaquis y franceses, su abuela era de Sonora y su abuelo de París.* || *s. m.* Influencia o autoridad moral que alguien tiene sobre otro o sobre una comunidad. *Su ascendiente sobre sus compañeros lo convirtió en líder del grupo.*

ascensión *s. f.* Acción y efecto de subir o elevarse. *En 1783, los hermanos Montgolfier efectuaron la primera ascensión pública de un globo aerostático.*

ascenso *s. m.* Acción y efecto de subir. *El ascenso del Éverest es considerado una hazaña debido a su dificultad y riesgos.* || *fig.* Acción de promover a un cargo o grado superior. *El ascenso de los militares será efectivo a partir de fin de mes.*

ascensor *s. m.* Dispositivo para bajar y subir personas y objetos en un edificio.

ascensorista *s.* Encargado del manejo de un ascensor.

ascesis *s. f.* Conjunto de reglas y prácticas para alcanzar virtudes de desprendimiento del mundo material.

asceta *s. com.* Persona que lleva una vida ascética, espiritual, excesivamente frugal.

ascetismo *s. m.* Doctrina para alcanzar la vida espiritual desprendida de lo material.

asco *s. m.* Reacción que incita al vómito ante algún alimento. *Sólo de pensar en carne cruda me da asco.* || Repudio o aversión a algo. *Dijo que le daba asco la manera como se comportó el acreedor.*

ascomiceto, ta *adj.* Se dice del hongo provisto de sacos donde se albergan las esporas y que se alimenta de materia orgánica descompuesta. || *s. m. pl.* Orden al que pertenecen esos hongos.

ascua *s. f.* Pedazo de materia incandescente. || *loc.* ***Quedar, tener*** o ***estar en ascuas:*** provocar impaciencia, perplejidad o desconcierto.

aseado, da *adj.* Que es o está limpio, higiénico.

asear *t.* y *pr.* Limpiarse y componerse alguien. || Limpiar y ordenar algo.

asechanza *s. f.* Trampa o engaño para dañar a alguien. Se usa más en plural. *Las asechanzas de sus enemigos hicieron que perdiera el empleo.*

asechar *t.* Intrigar o conspirar para perjudicar a alguien, armar asechanzas.

asecho *s. m.* Asechanza, intriga.

asediar *t.* Rodear un ejército una fortaleza o una plaza, impidiendo que entren o salgan de ella, para debilitarla y lograr su rendición. || *fig.* Acosar a alguien con propuestas, preguntas o peticiones.

asedio *s. m.* Acción y efecto de asediar. *Ya no sabe qué hacer para escapar del asedio de ese pretendiente.*

asegurador, ra *adj.* Que asegura. || *s.* Empresa o persona que, mediante un contrato específico y a cambio del pago de primas, asegura bienes ajenos.

asegurar *t.* Fijar algo para que quede firme. || Impedir que alguien esté en riesgo o sufra daño. || Detener a alguien, impedirle la huida. || Garantizar que algo ocurrirá. *Aseguró que pagará la próxima semana.* || *t.* y *pr.* Verificar que es verdad algo que se dice, o comprobar que es cierto un hecho. *Se aseguraron de cerrar todas las válvulas antes de comenzar las reparaciones.* || En derecho, contratar o proporcionar un seguro.

asemejar *t.* Hacer que una cosa se parezca a otra. || *intr.* y *pr.* Tener parecido o semejanza una persona o cosa con otra.

asenso *s. m.* Acción y efecto de asentir o dar consentimiento. || *loc.* ***Dar asenso:*** Dar crédito, creer en algo.

asentaderas *s. f. pl. fam.* Nalgas.

asentado, da *adj.* Sensato. *Después de mucho pensarlo llegó a una conclusión bien asentada.* || Estable. *La situación económica se considera asentada.* || Establecido. *Los hombres asentados en el valle viven de la agricultura.*

asentamiento *s. m.* Acción y efecto de asentar o asentarse. || Establecimiento, lugar donde se ha instalado algo o alguien. || Cordura.

asentar *t.* Colocar algo de tal manera que permanezca firme. || Situar, fundar una población o un edificio. || Aplanar, alisar. || Dar por cierto algo. || Dejar algo por escrito. || *pr.* Establecerse en un sitio algo o alguien. || Depositarse la partículas sólidas suspendidas en un líquido en el fondo de lo que lo contiene.

asentimiento *s. m.* Resultado de asentir. || Consentimiento.

asentir *intr.* Admitir lo que se ha dicho o propuesto.

aseo *s. m.* Acto de asear o asearse. || Cuidado que se aplica en la realización de algo. || *loc.* ***Aseo personal:*** atención y arreglo que alguien se aplica a sí mismo.

asépalo, la *adj.* Se aplica a las flores que no tienen sépalos.

asepsia *s. f.* Ausencia de gérmenes infecciosos. || En medicina, conjunto de procedimientos para lograr que sitios, materiales e instrumentos estén libres de gérmenes.

aséptico, ca *adj.* Relacionado con la asepsia. || Se dice de las actitudes que guardan distancias, frías.

asequible *adj.* Que puede alcanzarse. *El precio de esta guitarra eléctrica no es asequible para todos.*

aserción *s. f.* Enunciado en el que se afirma o da por cierto algo. *El objetivo de la aserción es la comunicación directa y clara.* || Acción en la que se afirma o da por cierto algo. || En informática, parte del proceso de diseño o comprobación de un programa.

aserradero *s. m.* Establecimiento donde se asierra madera. *El incendio consumió todo el oyamel que había en el aserradero.*

aserrado, da *adj.* y *s.* Que presenta huellas de una sierra. || Lo que se aserró.

aserrador, ra *adj.* Que asierra. || *s. m.* Hombre que se dedica a aserrar. || *s. f.* Máquina que sirve para aserrar.

aserradura *s. f.* Corte que hace una sierra. || *pl.* Restos pequeños de madera que caen cuando se sierra.

aserrar *t.* Cortar con una sierra.

aserrín *s. m.* Resto de madera que se desprende al aserrarla. *El aserrín me provoca estornudos.*

asertivo, va *adj.* Que implica aseverar o afirmar.

aserto *s. m.* Afirmación. *En matemáticas, los teoremas son asertos importantes; en informática, determinado tipo de instrucción.*

asesinar *t.* Matar a una persona tomando ventaja de su debilidad o habiendo pensado antes en hacerlo.
asesinato *s. m.* Acción y efecto de asesinar.
asesino, na *adj.* Que se utiliza para asesinar o interviene en un asesinato. *La policía dijo que el arma asesina fue un cuchillo.* || *s.* Persona que asesina a otra. *Jack «el Destripador» es uno de los asesinos más famosos de la historia.*
asesor, ra *adj.* Que asesora. || *s.* Persona que aconseja formalmente a otra. *Los asesores del empresario le advirtieron el riesgo de esa inversión.* || En derecho, abogado que ilustra o aconseja a un juez respecto a los detalles de un proceso.
asesoramiento *s. f.* Acción y efecto de asesorar o asesorarse. *Pedirá asesoramiento para hacer su tesis.*
asesorar *t.* y *pr.* Aconsejar formalmente para la realización de algo. *El profesor asesoró a sus alumnos para ese proyecto.* || Pedir consejo o dictamen de un experto acerca de algo que se va a hacer. *El arquitecto se asesorará con un historiador para rescatar ese antiguo edificio.*
asesoría *s. f.* Oficio y actividad del asesor. *Se dedica a la asesoría editorial, aconseja si un libro debe publicarse o no.* || Oficina del asesor o los asesores. *Formarán equipo para establecer una asesoría en bienes raíces.*
asestar[1] *t.* Descargar un golpe, o impactar un proyectil contra alguien o algo. *Asestaron golpes de mazo para derribar la pared.* || Dirigir un arma hacia su objetivo, apuntar. || Fijar la vista en alguien con determinada intención. *Le asestó una mirada de desprecio.*
asestar[2] *intr. Esp.* Hablando de ganado, sestear, reposar o dormir a la sombra. *Los corderillos asestaron bajo un olivo.*
aseveración *s. f.* Acción y efecto de aseverar.
aseverar *t.* Asegurar que es cierto lo que se dice, afirmar. *El guía aseveró conocer a la perfección ese bosque.*
aseverativo, va *adj.* Que asevera o afirma.
asexuado, da *adj.* Que carece de sexo. *Hay organismo asexuado que resisten condiciones extremas.*
asexual *adj.* Sin sexo, indeterminado. || En biología, se dice de la reproducción de los organismos sin intervención del sexo.
asfaltado, da *adj.* Que tiene asfalto. *Hay carretera asfaltada para ir al rancho.* || *s. m.* Acción de asfaltar. *El asfaltado de esta calle se realizará dentro de tres meses.*
asfaltar *t.* Cubrir con asfalto una superficie.
asfáltico, ca *adj.* De asfalto. || Que tiene asfalto.
asfalto *s. m.* Derivado del petróleo que se usa para cubrir e impermeabilizar superficies.
asfixia *s. f.* Muerte causada por la suspensión de la respiración. *El forense determinó que el difunto murió por asfixia al caer al mar.* || Dificultad para respirar. *Como es asmático, tuvo un conato de asfixia.* || *fig.* Agobio físico o psicológico. *Las deudas los asfixian.*
asfixiante *adj.* Que hace difícil respirar. *Con este calor estamos sufriendo una atmósfera asfixiante.*
asfixiar *t.* y *pr.* Producir asfixia, impedir la respiración. || Agobiar, abrumar psicológica o emocionalmente.
asfódelo *s. m.* Planta herbácea de raíces tuberosas y flores blancas o amarillas de seis pétalos, alcanza cerca de un metro de altura. *Los asfódelos también son conocidos como Vara de San José y gamones.*
así *adv.* De esta o de aquella manera. || Se usa en oraciones que comparan cualidades. *Según vayas ordenando las cosas, así las encontrarás más pronto.* || Combinado con la conjunción *que*, significa tanto, en tal grado, de tal modo. *Olvidó las llaves, así que no pudo entrar a su casa hasta que llegaron los demás.* || Con la conjunción *y*, introduce consecuencia. *No estudió nada y así le fue en el examen.* || En oraciones concesivas, equivale a *aunque*. *Así lo extrañe mucho, no volveré a hablarle.* || *loc.* ***Así, así:*** regular, medianamente. || ***Así como:*** tan pronto como. || ***Así como así:*** de todos modos, de cualquier manera. || ***Así mismo:*** de este modo o del mismo modo. || ***Así sea:*** fórmula final de casi todas las oraciones de la Iglesia católica, equivale al amén.
asiático, ca *adj.* Perteneciente o relativo a Asia. *Las culturas asiáticas.* || s. Nacido en Asia.
asibilación *s. f.* En fonética, acción y efecto de asibilar.
asibilar *t.* Convertir un sonido en sibilante.
asidero *s. m.* Parte por donde se ase o agarra algo. || *fig.* Pretexto, motivo o causa que se alega para hacer algo.
asiduidad *s. f.* Puntualidad, constante aplicación a algo. || Cualidad de asiduo.
asiduo, a *adj.* Perseverante, puntual o frecuente.
asiento *s. m.* Sitio o mueble para sentarse. || Parte de un mueble donde se apoyan las nalgas. *El asiento del sofá.* || Plaza en un vehículo o en un espectáculo público. *Se agotaron los asientos para la función de teatro.* || Parte inferior de las botellas o vasijas. || Situación o emplazamiento. *Un fértil valle es el asiento de esa población.* || Anotación en un libro de contabilidad o un registro. || Poso, residuo sólido que queda en el fondo de un recipiente. *El asiento del café.* || *loc.* ***Tomar asiento:*** sentarse.
asignación *s. f.* Resultado de asignar. || Salario o cantidad a pagar por algo.
asignar *t.* Señalar algo, fijarlo. || Designar, nombrar a alguien para realizar alguna tarea.
asignatura *s. f.* Materia que se imparte en un centro educativo. || *loc.* ***Asignatura pendiente:*** la que no se ha aprobado.
asilado, da *s.* Persona que es recibida en una institución de beneficencia. || Persona que a causa de sus ideas políticas se acoge a la protección de otro país.
asilar *t.* Dar asilo. || *pr.* Aceptar el asilo.
asilo *s. m.* Protección, amparo. || Institución donde se protege y cuida a las personas que necesitan asistencia. || *loc.* ***Asilo político:*** el que un país concede a ciudadanos extranjeros perseguidos por sus ideas políticas.
asimetría *s. f.* Ausencia de simetría.
asimétrico, ca *adj.* Que carece de simetría.
asimiento *s. m.* Acción de asir.
asimilable *adj.* Que puede asimilarse.
asimilación *s. f.* Resultado de asimilar. || Conjunto de procesos que convierten los alimentos en energía. || Proceso por el cual se incorpora un nuevo conocimiento. || Integración de una persona a la comunidad que le es ajena.
asimilado, da *adj.* Incorporado. || Que recibe el mismo trato. *Quienes cobran sueldos asimilados a veces no tienen prestaciones.*
asimilar *t.* Transformar el organismo los alimentos. *Los celiacos no asimilan bien el trigo.* || Incorporar un nuevo conocimiento a los que ya se tenían. *Todos asimilaron en seguida la tabla del 5.* || Integrarse a una comunidad nueva. || Recibir la misma remuneración en condiciones diferentes.
asimismo *adv.* De la misma manera *Asimismo, hay que establecer reglas claras contra la impunidad.*
asincrónico, ca *adj.* Que no tiene sincronía.
asíncrono, na *adj.* Que no ocurre en la misma frecuencia temporal.
asíndeton *s. m.* En retórica, supresión de las conjunciones para no dar por terminada una enumeración. *Viajaron por España, Portugal, Francia, Inglaterra.*
asíntota *s. f.* En geometría, línea recta prolongada al infinito que se acerca a una curva, pero sin llegar a encontrarla.
asir *t.* Tomar con fuerza algo.
asirio, ria *adj.* y *s.* Que es originario de Asiria, un antiguo pueblo del norte de Mesopotamia. *Los animales*

alados permiten reconocer el arte asirio.
asistencia *s. f.* Acción y efecto de estar presente en algún acto. *Hemos confirmado nuestra asistencia a la boda.* || Conjunto de quienes están presentes en un acto. *La asistencia a la ceremonia fue numerosa.* || Acción de socorrer o ayudar a otros. *Las autoridades organizaron la asistencia a los damnificados por la inundación.* || *loc. Esp.* y *Méx.* ***Asistencia pública:*** conjunto de recursos que el Estado destina, de manera constante y organizada, a prestar servicios sociales, particularmente a quienes carecen de recursos.
asistencial *adj.* Perteneciente o relativo a la asistencia médica, social o pública. *Los servicios asistenciales de una clínica.*
asistenta *s. f.* Sirvienta que trabaja en una casa sin pernoctar en ella.
asistente *s. com.* Persona que asiste a algún acto. *Los asistentes al concierto llegaron desde muy temprano.* || Empleado o soldado destinado a atender a alguien de jerarquía superior. *El asistente del director fue enviado a recoger el auto de su jefe al taller.*
asistido, da *adj.* Que se lleva a cabo con ayuda de medios mecánicos o artificiales. *La reproducción asistida incluye inseminación artificial y fertilización «in vitro».*
asistir *intr.* Acudir a un lugar de manera asidua. *Todos los viernes asiste a un curso de guitarra.* || Estar presente en un acto público. *Los alumnos asistieron a la ceremonia cívica.* || Servir o atender a alguien. *Jaime asiste al profesor de Español, le ayuda a preparar las clases.* || Socorrer, cuidar. *Las enfermeras geriátricas asisten a los ancianos enfermos.* || Estar el derecho o la razón del lado de alguien. *Le asiste toda la razón de enojarse porque pintarrajearon la fachada de su casa.* || *Col.* Habitar en determinado lugar. *Mariela asiste en un edificio al sur de la ciudad.*
asma *s. f.* Enfermedad de las vías respiratorias que se caracteriza por accesos de tos y sensación de ahogo. *Muchas veces, el asma se debe a reacciones alérgicas.*
asmático, ca *adj.* Perteneciente o relativo al asma. *Manifiesta síntomas asmáticos.* || Que padece asma. *Esa niña es asmática, por eso no puede correr.*
asno, na *s.* Mamífero rumiante parecido al caballo pero de cuerpo más pequeño, crines en la punta de la cola, orejas largas y pelo grisáceo o marrón. *La voz del asno se llama rebuzno.* || *adj.* y *s.* Persona de entendimiento cerrado y comportamiento rudo.
asociable *adj.* Que puede o debe asociarse a otra cosa. *Su dolor estomacal es asociable a la gastritis, dijo el médico al paciente.*
asociación *s. f.* Conjunto de personas unidas para uno o varios fines comunes. *Se integró la nueva asociación de padres de familia.*
asociado, da *adj.* Que acompaña a otra persona en alguna actividad. || Relacionado con algo. || *s.* Miembro de una asociación o sociedad.
asocial *s.* Que evita la vida en sociedad.
asociamiento *s. m.* Acción de asociarse. || Agrupación de personas con fines determinados.
asociar *t.* y *pr.* Unir a dos o más personas para conseguir fines determinados. || Relacionar dos cosas.
asociativo, va *adj.* De la asociación.
asolación *s. f.* Acción de asolar.
asolador, ra *adj.* Que asola.
asolar[1] *t.* Arrasar, devastar, destruir.
asolar[2] *t.* Estropear el calor los cultivos. || *pr.* Arruinarse los frutos con el calor.
asoleado, da *adj.* Que ha recibido los efectos de exponerse al sol. || *s. m.* Acción y efecto de asolear o asolearse.
asolear *t.* Poner algo bajo los rayos del sol durante cierto tiempo. || *pr.* Exponerse al sol hasta acalorarse o broncearse. || *Méx.* Tomar el sol.
asomar *intr.* Comenzar a mostrarse algo. || *t.* y *pr.* Mostrar o sacar algo por detrás de alguna cosa o por una abertura. || *pr.* Adquirir conocimientos superficiales sobre un tema o materia. *Asomarse a las matemáticas.*
asombrar *t.* y *pr.* Producir asombro o sentirlo.
asombro *s. m.* Sorpresa, impresión o admiración que produce algo. || Persona o cosa que causa tal impresión.
asombroso, sa *adj.* Que produce asombro.
asomo *s. m.* Señal o indicio de algo. || Acción y efecto de asomar o asomarse. || *loc.* ***Ni por asomo:*** de ninguna manera.
asonada *s. f.* Disturbio público causado por un grupo numeroso de personas, por lo general con un objetivo político.
asonancia *s. f.* Correspondencia de un sonido con otro. || En poesía, coincidencia de los sonidos vocálicos a partir de la última vocal acentuada de dos versos o más.
asonantar *intr.* En poesía, ser una palabra asonante de otra. || *t.* Emplear, en una rima, una palabra como asonante de otra.
asonante *adj.* Se dice de la palabra que tiene la misma asonancia que otra.
asonántico, ca *adj.* Que muestra asonancia.
asonar[1] *intr.* Hacer que un sonido concuerde con otro.
asonar[2] *intr.* y *pr.* Reunirse para una asonada.
asorocharse *pr.* Padecer soroche, mal de montaña.
asosegar *t.* Sosegar.
aspa *s. f.* Figura en forma de «X» de madera o metal.
aspaviento *s. m.* Demostración exagerada de sorpresa, miedo o algún otro sentimiento.
aspecto *s. m.* Apariencia de las personas o casas. *La casa tiene aspecto descuidado, hay que arreglarla.* || Parte de algo. *La película tiene algunos aspectos atrevidos, pero no exagera.* || En gramática, matiz de un verbo en cuanto al tipo de acción a que se refiere (durativa, perfectiva, reiterativa, puntual).
aspereza *s. f.* Cualidad de áspero. || Desigualdad en una superficie. || *loc.* ***Limar asperezas:*** llegar a un acuerdo, superar diferencias.
asperjar *t.* Esparcir un líquido en gotas.
áspero, ra *adj.* Burdo, irregular, rugoso. *La madera sin pulir es áspera.* || Abrupto. *El terreno es áspero.* || Grosero, descortés. *Se despidió con modos ásperos.*
aspersión *s. f.* Acción de asperjar.
aspersor *s. m.* Dispositivo para esparcir un líquido a presión. *Aplicó el pesticida con un aspersor.*
áspid *s. f.* Víbora venenosa que mide cerca de un metro; vive en Europa, Asia y África.
aspiración *s. f.* Acción de aspirar. *La llegada súbita de la tolvanera nos obligó a aspirar polvo.* || Deseo de alcanzar algo. *Su aspiración es graduarse de ingeniero.* || Pronunciación de un sonido aspirado.
aspirado, da *adj.* Se dice de la pronunciación de un sonido gutural. *La «j» se pronuncia con un sonido aspirado.*
aspirador, ra *adj.* Que aspira. || *s.* Aparato para aspirar sustancias o fluidos. *Usaré una aspiradora para recoger el polvo acumulado.*
aspirante *adj.* Que aspira. || *s. com.* Persona que aspira a lograr un título, un empleo o un cargo.
aspirar *t.* Introducir aire, gas o polvo por las vías respiratorias. || Succionar polvo o líquido con un aparato. || Desear obtener algo. || Pronunciar un sonido aspirado.
aspirina *s. f.* Ácido acetilsalicílico, analgésico de uso común para combatir fiebre, dolores e inflamaciones. || Píldora elaborada con ese analgésico.
asquear *intr.* Provocar asco, repugnancia, fastidio.
asquenazi o **azquenazí** *adj.* Se dice de los judíos oriundos de Europa central y oriental.
asquerosidad *s. f.* Inmundicia que provoca asco.
asqueroso, sa *adj.* Que provoca asco. || Propenso a sentir asco.

asta *s. f.* Palo donde se coloca una bandera. || Palo de la lanza. || Cuerno de un animal.
astabandera *s. f. Méx.* Asta.
astado, da *adj.* Que tiene astas o cuernos.
ástato *s. m.* Elemento radiactivo, el más pesado de los halógenos, que se produce a partir de la degradación de uranio y torio. Su número atómico es 85 y su símbolo *At.*
astenia *s. f.* En medicina, falta o pérdida de la fuerza.
asténico, ca *adj.* Que padece astenia.
astenosfera *s. f.* En geografía, capa viscosa situada en el interior de la Tierra, sobre la cual se encuentra la litosfera.
asterisco *s. m.* Signo ortográfico (*) que se utiliza para llamada a nota.
asteroide *s. m.* Cada uno de los miles de pequeños cuerpos celestes que giran alrededor del sol entre las órbitas de Marte y Júpiter.
astigmático, ca *adj.* Relacionado con el astigmatismo o defecto de la vista. || Que padece astigmatismo.
astigmatismo *s. m.* En medicina, defecto de la vista debido a la curvatura irregular de la córnea.
astil *s. m.* Mango del hacha o azada.
astilla *s. f.* Fragmento desprendido de algún material, especialmente de la madera.
astillable *adj.* Propenso a fragmentarse en astillas.
astillar *t.* y *pr.* Hacer astillas. *En el accidente se le astillaron dos huesos.* || Clavarse astillas. *Cuando reparé el techo me astillé la mano con una viga deteriorada.*
astillero *s. m.* Taller o fábrica donde se reparan o construyen barcos. || Lugar donde se guarda madera.
astracán *s. m.* Piel de cordero nonato o recién nacido, con el pelo rizado. || Tejido que imita las características de esa piel.
astrágalo *s. m.* Hueso del tarso articulado con la tibia y el peroné.
astral *adj.* Relativo a los astros.
astringencia *s. f.* Cualidad de astringente.
astringente *adj. com.* Que astringe. *Le recomendaron una crema astringente.*
astringir *t.* Desecar y contraer los tejidos orgánicos una sustancia.
astro *s. m.* Cuerpo celeste. *En una noche clara se ven innumerables astros.* || Artista sobresaliente en la industria del espectáculo. *Hoy nos visita un astro de la canción.*
astrofísica *s. f.* Ciencia que estudia las propiedades físicas de los cuerpos celestes.
astrofísico, ca *adj.* Relacionado con la astrofísica. || *s.* Persona dedicada al estudio de la astrofísica.
astrolabio *s. m.* Instrumento antiguo que se usaba para observar y determinar la posición de los astros.
astrología *s. f.* Conjunto de creencias y prácticas adivinatorias sobre la influencia de los astros en las personas.
astrológico, ca *adj.* Relativo a la astrología. *No creo en las predicciones astrológicas.*
astrólogo, ga *s.* Persona que practica la astrología.
astronauta *s.* Tripulante de una nave espacial.
astronáutica *s. f.* Ciencia y técnica de la navegación espacial.
astronáutico, ca *adj.* Relativo a la astronáutica.
astronave *s. f.* Vehículo o nave espacial.
astronomía *s. f.* Ciencia que estudia el universo y la formación, evolución y propiedades de los cuerpos celestes.
astronómico, ca *adj.* Relacionado con la astronomía. || Exageradamente grande, en especial cifras.
astrónomo, ma *s.* Profesional de la astronomía.
astroso, sa *adj.* Que está sucio y en mala forma.
astucia *s. f.* Habilidad e ingenio para actuar y salvar una situación, aprovecharse de ella o de otros o evitar un daño.
asturiano, na *adj.* y *s.* Oriundo de o perteneciente a la región española de Asturias. || Lengua hablada en esa región.
astuto, ta *adj.* Que actúa con astucia o ingenio para lograr o evitar algo.
asueto *s. m.* Descanso breve. *Día de asueto.*
asumir *t.* Aceptar una responsabilidad, riesgo o tarea. *Asumió la Presidencia de la República.* || Hacer propia una información o idea. *Asumió el informe presentado.*
asunción *s. f.* Acto de asumir una responsabilidad, riesgo o tarea en conciencia y con todas sus consecuencias.
asuntillo *s. m. desp.* Asunto menor.
asunto *s. m.* Tema de que se trata. *Trataron el asunto de la herencia.* || Negocio, actividad o quehacer. *El plomero solucionó el asunto de la fuga de agua.* || Aquello de que trata una obra artística. *El asunto de la novela es la soledad del hombre moderno.*
asustadizo, za *adj.* Que se asusta fácilmente.
asustar *t.* y *pr.* Provocar miedo. || Causar desagrado o escándalo.
atabal *s. m.* Timbal semiesférico de un solo parche.
atacado, da *adj.* Que es objeto de ataque. || Apretado, muy ceñido.
atacar *t.* Acometer, embestir. *Al amanecer el ejército atacó el fuerte.* || Insultar, ofender. *Lo atacaron con actitudes burlonas.* || Refutar. *El fiscal atacó todos los argumentos del abogado.* || Iniciarse los efectos de algo. *Iba a pasar la noche en vela, pero el sueño lo atacó pronto.* || En química, actuar una sustancia en otra. *El ácido fluorhídrico es el único que ataca el vidrio.*
atado *s. m.* Conjunto de cosas atadas. *Nos dejó un atado de ropa sucia.*
atadura *s. f.* Acción y efecto de atar. || Aquello con lo que se ata. || *fig.* Cosa que impide hacer algo.
atajar *intr.* Tomar un atajo o ruta más corta. || Ganar tiempo. || *t.* Interrumpir un proceso, impedir el paso de algo.
atajo *s. m.* Camino más corto para llegar a un lugar. || Proceso para acortar algo. || Conjunto de animales separados de la manada.
atalaya *s. f.* Torre de vigilancia.
atañer *intr.* Concernir, incumbir, importar. *El problema de esa deuda me atañe.*
ataque *s. m.* Acción de atacar. *El ataque de la caballería se inició al amanecer* || Crítica, impugnación. *Esbozó un ataque al imperialismo en su discurso.* || Acceso súbito de un padecimiento o un sentimiento. *Como nadie respondía sufrió un ataque de pánico.* || En deportes, jugada cuyo fin es vencer al contrario. *En un ataque fulminante anotaron un gol.*
atar *t.* Sujetar, ligar con cuerdas. *Ataron al cautivo de pies y manos.* || Impedir el movimiento. *Los compromisos lo atan a esa corriente política.* || Unir, relacionar. *Ataron sus destinos con ese matrimonio.*
atarantamiento *s. m.* Acción y efecto de atarantar. *El hambre me provocó tremendo atarantamiento.*
atarantar *t.* Aturdir.
ataraxia *s. f.* Tranquilidad, estado psíquico libre de perturbaciones emocionales.
atarazar *t. Esp.* Morder o rasgar con los dientes.
atardecer[1] *intr.* Llegar la última hora de la tarde.
atardecer[2] *s. m.* Última hora de la tarde.
atarear *t.* y *pr.* Hacer que alguien trabaje *El profesor nos tiene atareados.* || Entregarse al trabajo o la tarea. *Se atareó para dejar la casa presentable para la cena.*
atarjea *s. f.* Desagüe subterráneo de aguas negras. || Canal abierto de concreto o calicanto para conducir agua.
atarugar *t.* Asegurar un ensamble de madera con tarugos, cuñas o clavijas. || *pr.* y *fam.* Aturdir.
atascado, da *adj.* Obstruido. || Varado, inmóvil. || *Méx.* Sucio, manchado.
atascar *t.* Obstruir un conducto o lugar. *La tubería se atascó con las hojas secas.* || Detener el curso de un asunto por torpeza o mala intención. *Los opositores atascaron la aprobación del decreto.* || *pr.* Quedarse varado en una vía atascada por el lodo o por el tráfico.

ataúd *s. m.* Caja donde se coloca un cadáver para sepultarlo.
ataviar *t.* y *pr.* Vestir y adornar para una ocasión especial. *Los novios ya están ataviados para la ceremonia.*
atávico, ca *adj.* Procedente de los antepasados. *Las costumbres atávicas de los pueblos los caracterizan.*
atavío *s. m.* Vestido o atuendo y adornos que lo componen.
atavismo *s. m.* Propensión a continuar las costumbres ancestrales. || Disposición biológica a heredar los rasgos de los antepasados.
ate *s. m. Méx.* Dulce en pasta elaborado con pulpa de fruta.
ateísmo *s. m.* Doctrina que niega la existencia de Dios.
atemorizar *t.* Provocar o infundir temor.
atemperación *s. f.* Moderación de ánimo o carácter.
atemperante *adj.* Que atempera, modera, suaviza o calma. *Su intervención en la pugna resultó atemperante.*
atemperar *t.* Moderar, proporcionar. *La exposición de motivos atemperó los ánimos.*
atenazado, da *adj.* Que está sujeto con tenazas. || Que tiene forma de tenazas. || Atormentado por la pasión o el miedo.
atenazador, ra *adj.* Que atenaza.
atenazar *t.* Sujetar con tenazas o en forma de ellas. || *pr.* Paralizarse o consumirse por la pasión o el miedo.
atención *s. f.* Disposición mental para entender o asimilar algo. || Demostración de cortesía y respeto. || Respuesta considerada a una solicitud.
atender *t.* Disponer el entendimiento hacia algo. || Responder positivamente a una necesidad, solicitud o deseo. || Hacerse cargo de algo.
atendible *adj.* Digno de atención o consideración.
ateneo *s. f.* Asociación humanista, literaria y científica. *Alfonso Reyes y José Vasconcelos eran miembros del Ateneo de la Juventud.* || Lugar de reunión de la asociación.
atenerse *pr.* Hacerse dependiente de otra persona, institución o fuerza. *Los damnificados se atienen a la ayuda internacional.* || Asumir las consecuencias de algo. *Atente a lo que acarree tu decisión.*
ateniense *adj.* y *s. com.* Originario de o relacionado con Atenas. *La democracia ateniense fue la más antigua.*
atentado *s. m.* Acción violenta contra la integridad física de alguien o algo. *Hubo un atentado contra el candidato a diputado.* || Acción contra algo que se considera inviolable. *Hay quien siempre busca hallar atentados contra la moral o la ley.*
atentar *t.* Actuar contra la integridad física de una o más personas o cosas. *El 11 de septiembre se atentó contra las Torres Gemelas de Nueva York.* || Actuar contra principios y normas consideradas inviolables. *Comer con las manos en un banquete de bodas es atentar contra las buenas costumbres.*
atentatorio, ria *adj.* Que atenta contra la integridad física de las personas, la propiedad pública o privada, los valores o creencias de un grupo o la sociedad en general.
atento, ta *adj.* Que atiende algo. *Hay que estar atento en clase para aprobar el curso.* || Que es cortés y amable. *Mostró ser muy atento al ayudarme a subir los bultos.*
atenuación *s. f.* Acción y efecto de mitigar. *Con corcho en las paredes logró una atenuación del ruido.*
atenuante *adj.* Que atenúa. || *s. f.* En derecho, que aminora la gravedad de un delito.
atenuar *t.* Hacer tenue. *El pintor atenuó la intensidad de los colores vivos.* || Hacer que parezca menor la gravedad o intensidad de una cosa. *Las excelentes condiciones de la carretera atenuaron las consecuencias del accidente.*
ateo, a *adj.* y *s.* Que niega radicalmente la existencia de Dios.
aterciopelado, da *adj.* Que tiene características semejantes a las del terciopelo.
aterir *t.* y *pr.* Enfriar en exceso.
ateroma *s. m.* Acumulación de grasa, sobre todo colesterol, en los vasos sanguíneos.
aterrador, ra *adj.* Que causa terror.
aterrar *t.* Causar terror o pánico.
aterrizaje *s. m.* Acción de aterrizar. || *loc.* ***Aterrizaje forzoso:*** acción de llevar una nave aérea a tierra en condiciones anormales. || ***Tren de aterrizaje:*** sistema mecánico por medio del cual los aviones entran en contacto con la tierra.
aterrizar *t.* Posarse en tierra una aeronave. *El avión de pasajeros aterrizó a las dos en punto.* || *intr.* Llegar de manera inopinada. *Aterrizó a la hora de comer y tuvimos que invitarlo.*
aterrorizar *t.* Causar terror o pánico.
atesoramiento *s. m.* Retención de dinero o riquezas.
atesorar *t.* Acopiar y guardar dinero u objetos de valor. || Poseer cualidades buenas.
atestación *s. f.* Declaración hecha por un testigo.
atestado *s. m.* En derecho, documento oficial en el que se hace constar algo.
atestado, da *adj.* Se aplica a cosa o lugar lleno por completo. *El estadio está atestado de fanáticos del equipo local.*
atestar¹ *t.* Llenar algo al máximo. || Introducir gente en un lugar hasta el tope.
atestar² *t.* En derecho, validar o asentar un testimonio, una prueba o una diligencia
atestiguar *t.* Declarar, afirmar como testigo sobre algo. || Proporcionar indicios sobre algo que no estaba establecido.
atiborrar *t.* Llenar de cosas un recipiente o un espacio a exceso de su capacidad. *Arturo tiene un armario atiborrado de revistas viejas.* || *fig.* y *pr.* Hartarse de comida. *En el banquete nos atiborraron con una delicia tras otra.*
ático *s. m.* Último piso de un edificio.
ático, ca *adj.* Natural o perteneciente a la región griega de Ática.
atigrado, da *adj.* Que tiene dibujos o manchas que se asemejan a las de la piel del tigre.
atildado, da *adj.* Persona arreglada con esmero, generalmente con exceso.
atildar *t.* Asear, atender de manera exagerada el aspecto físico. || Poner tildes.
atinado, da *adj.* Acertado.
atinar *intr.* Encontrar lo que se busca por casualidad. || Dar en el blanco. || Acertar una respuesta gracias a un golpe de suerte.
atingencia *s. f.* Relación, conexión.
atingente *adj.* Tocante, correspondiente.
atingir *intr. Amér.* Atañer.
atípico, ca *adj.* Que se sale del tipo, del modelo o de lo normal. *Su enfermedad le hace desarrollar conductas atípicas.*
atisbar *t.* Mirar con atención y cautela algo que es poco claro. *Atisbamos indicios de gente que vivió en este sitio.* || Vislumbrar una solución.
atisbo *s. m.* Acción y efecto de atisbar. *Los estudiosos creen tener un atisbo de solución.*
atizador, ra *adj.* Que atiza. || *s. m.* Instrumento para atizar o remover el fuego.
atizar *t.* Avivar el fuego removiéndolo o añadiéndole combustible. || Provocar discordia para avivar una disputa. || Dar un golpe.
atlante *s. m.* Columna arquitectónica en forma de hombre. *Fuimos a ver los famosos atlantes de Tula.*
atlántico, ca *adj.* Relativo al océano Atlántico y a sus costas.
atlas *s. m.* Colección de mapas en forma de libro ilustrado con información básica o exhaustiva sobre un tema concreto. *Elaboraron un atlas del continente americano.* || Libro didáctico que contiene sobre todo ilustraciones. *Me regalaron un atlas de anatomía humana.* || Primera vértebra cervical que articula el cráneo con la columna vertebral y sostiene la cabeza.
atleta *s. com.* Persona que practica el atletismo. || Persona musculosa.

atlético, ca *adj.* Relacionado con el atletismo y los atletas. || Se dice del cuerpo musculoso.

atletismo *s. m.* Conjunto de prácticas, disciplinas y competencias deportivas de carrera, salto y lanzamiento.

atmósfera *s. f.* Capa gaseosa que envuelve a los cuerpos celestes. *La atmósfera de la Tierra contiene oxígeno.* || Ambiente de relaciones humanas. *Conversamos en una atmósfera cordial.* || En física, unidad de medida de presión.

atmosférico, ca *adj.* Perteneciente a o relacionado con la atmósfera. *La presión atmosférica no es igual en todo el mundo.*

atole *s. m. Amér. C.* y *Méx.* Bebida de origen prehispánico hecha generalmente de harina o masa de maíz con agua o leche. || *loc.* ***Dar atole con el dedo:*** engañar con falsas promesas. || ***Tener atole en las venas o sangre de atole:*** ser apático.

atolería *s. f. Méx.* Lugar donde se vende atole.

atolero, ra *adj.* Relacionado con el atole. || *s.* Persona que vende atole.

atolillo *s. m.* Atole más delgado que el habitual para los niños de pecho y los enfermos.

atolladero *s. m.* Obstáculo al flujo o tránsito de las cosas o de las personas. || Cosa o circunstancia que bloquea ciertos propósitos.

atolón *s. m.* Isla coralina casi plana en forma de anillo con una laguna de poca profundidad en el centro y canales estrechos hacia el océano. *En muchos de los mares de la Polinesia hay atolones.*

atolondrado, da *adj.* Aturdido, torpe. *La novia trae atolondrado a Federico.*

atolondramiento *s. m.* Acción de atolondrar.

atolondrar *t.* Causar atolondramiento. *El ruido de la calle me atolondra.* || *pr.* Cometer torpezas. *Me atolondré y perdí el camión.*

atómico, ca *adj.* Perteneciente al átomo o relacionado con él. *Hubo una conferencia sobre el núcleo atómico.* || *loc.* ***Bomba atómica:*** bomba que funciona con energía atómica. || ***Energía atómica:*** la que se obtiene de la fisión o fusión del átomo. || ***Número atómico:*** número de protones presentes en un núcleo atómico. || *Méx.* ***Pluma atómica:*** bolígrafo.

atomismo *s. m.* Doctrina filosófica que explica todo lo existente a partir de elementos diminutos e indivisibles y sus combinaciones azarosas.

atomista *s. com.* Partidario de la filosofía atomista.

atomización *s. f.* Acción y efecto de atomizar.

atomizador *s. m.* Filtro a presión para pulverizar líquidos.

atomizar *t.* Dividir una cosa en partes muy pequeñas.

átomo *s. m.* Partícula compuesta por un núcleo y un conjunto de electrones que constituye la estructura más pequeña de los elementos químicos. || Porción pequeñísima de algo.

atonal *adj.* Se dice de la música que no emplea la tonalidad tradicional.

atonalidad *s. f.* Cualidad de atonal.

atonalismo *s. m.* Tendencia musical en la que se recurre indistintamente a los intervalos cromáticos de la escala.

atonía *s. f.* Falta de tono o energía muscular. || Falta de voluntad. || Ausencia de actividad.

atónico, ca *adj.* Que padece atonía.

atónito, ta *adj.* Muy sorprendido. *Su audacia me dejó atónito.*

átono, na *adj.* Vocal, sílaba o palabra que se pronuncian o escriben sin acento.

atontado, da *adj.* Que está o actúa como tonto.

atontamiento *s. m.* Acción y efecto de atontar.

atontar *t.* Volver tonto.

atorado, da *adj.* Atascado.

atoramiento *s. m.* Acción de atorarse. *Nos enfrentamos a un atoramiento de tránsito terrible.*

atorar *t.* y *pr.* Atascar, obstruir. *La cañería de la cocina se atoró.* || Interrumpirse el discurso de alguien. *Entre una frase y otra se atoró y echó a llorar.* || Atragantarse. *Pedro se atoró con un hueso de pescado y casi se ahoga.* || *Méx.* Dejar de funcionar un aparato. *La cerradura se atoró.*

atormentado, da *adj.* Se aplica a quien padece dolor físico o psíquico. || Torturado.

atormentador, ra *adj.* y *s.* Que atormenta. *Su abuela sufre una enfermedad atormentadora.*

atormentar *t.* Causar sufrimiento o agobio. *Los celos lo atormentan.* || Torturar. *En su cautiverio lo atormentaron de mil formas.* || *pr.* Sentir afición o disgusto. *Se atormenta debido a su situación económica.*

atornillar *t.* Colocar un tornillo haciéndolo girar. || Sujetar con tornillos.

atorrante *adj.* y *s. m. Arg.* y *Uy.* Vago. || Persona desvergonzada.

atosigamiento *s. m.* Acción y efecto de atosigar.

atosigante *adj.* Que atosiga.

atosigar *t.* Presionar en exceso a otro u otros para que hagan algo. *El capataz atosiga a los obreros cuando el trabajo se retrasa.* || *pr.* Sentir inquietud. *Se atosiga con tantas preocupaciones.*

atrabiliario, ria *adj.* Que tiene carácter intempestivo y violento.

atracadero *s. m.* Instalación portuaria para que atraquen embarcaciones pequeñas.

atracar *t.* Amarrar, fondear o anclar una embarcación. || Asaltar con violencia. || *pr. fam.* Hartarse de comida.

atracción *s. f.* Acto, poder o propiedad de atraer. *Los imanes tienen atracción sobre el hierro.* || Espectáculo popular. *Llego a la ciudad un circo con muchas atracciones.*

atraco *s. m.* Acción de atracar. *El atraco del barco tomó dos horas.* || Asalto armado para robar. *El banco de la esquina sufrió un atraco.*

atracón *s. m.* Ingestión excesiva de comida.

atractivo, va *adj.* Que atrae. *La gravedad es la fuerza atractiva de la Tierra.* || Que logra ganar el interés. *Esa explicación parece muy atractiva.* || Se dice de la persona cuyos atributos físicos ganan la atención de los demás. *Ella es muy atractiva.* || *s. m.* Característica o conjunto de ellas por las que algo o alguien llama la atención. *El atractivo de ser actor radica en esa forma tan especial de usar la voz.*

atraer *t.* Ejercer la fuerza de una cosa para que otra se acerque a ella. *La Tierra atrae a la Luna.* || Atraer hacia sí la atención de otros. *El olor a sangre atrae a los tiburones.* || Provocar. *Los buenos resultados de la compañía atrajeron más inversiones.* || Dirigir hacia sí el interés o el deseo de otros. *Su belleza atrae a hombres y mujeres.*

atrancar *t.* Asegurar con tranca puertas y ventanas. *No olvides atrancar el establo.* || *pr.* Trabarse la marcha de una máquina. *Se atrancó el motor y parece que se descompuso.* || Encerrarse. *Me atranqué en mi casa para pensar en la manera de resolver el problema.* || *fam.* Hablar entrecortado. *Se atranca al hablar cuando está nervioso.*

atranco *s. m.* Impedimento, obstáculo.

atrapamoscas *s. m.* Planta herbácea americana cuyas hojas tienen pelos sensibles y atrapan insectos para digerir sus partes blandas.

atrapar *t.* Detener y sujetar algo o a alguien con fuerza y habilidad. *La policía atrapó al ladrón. El jardinero central atrapó la pelota.* || *pr.* Quedar inmóvil o encerrado por accidente. La puerta del elevador le atrapó el pantalón. || *fig.* y *fam.* Toparse con alguien que adeuda algo. *Te atrapé y no te soltaré hasta que me pagues.*

atrás[1] *adv.* Hacia la parte que se encuentra a la espalda de alguien o algo. *Atrás de ti encontrarás los libros.* || En la zona posterior a la que se toma como referencia. *Atrás de la casa hay un enorme campo arbolado.* || Parte trasera de algo. *Atrás del teatro guardan viejos telones.* || *loc.* ***Dar marcha atrás:*** retroceder. || ***Quedarse atrás:*** estar desactualizado. || ***Sin mirar atrás:*** sin considerar las consecuencias. || ***Tiempo atrás:***

hace tiempo. || ***Volver atrás:*** retomar algo que se había dejado.

atrás² *interj.* Se utiliza para expresar rechazo. *¡Atrás! ¡No quiero saber nada de ti!*

atrasado, da *adj.* Que se ha quedado más atrás de lo debido. *Perdió un año escolar y ahora es un estudiante atrasado.*

atrasar *t.* Aplazar una acción o disminuir su ritmo de ejecución. *Atrasar una cita.* || Ir hacia atrás. *Atrasó tres casillas el alfil.* || *pr.* Rezagarse en el cumplimiento de obligaciones. *Me atrasé en el pago de la renta.*

atraso *s. m.* Efecto de atrasar o atrasarse. *La función de cine sufrió atraso.* || Falta de desarrollo de una civilización o de un ser vivo. *Existen lugares atrasados en los que ni electricidad hay.* || *pl.* Compromisos vencidos y no cumplidos. *Tenemos que pagar los réditos de los atrasos.*

atravesado, da *adj.* Que está colocado en posición diagonal o transversal. *Hay un tronco atravesado en el camino.* || Que tiene mala intención. *Expresó intenciones muy atravesadas en las que no se puede confiar.*

atravesar *t.* Poner algo de tal manera que pase de un lado a otro. *A modo de puente atravesaron unos tablones sobre el río.* || Penetrar algo un cuerpo hasta salir por el otro extremo. *La flecha atravesó su corazón.* || Colocar algo en un lugar para impedir el paso. *Atravesaron una patrulla en la carretera para detener el tránsito.* || Pasar alguien de un lado a otro de un lugar. *La mujer atravesó la calle para el lado de la sombra.* || Estar o encontrarse en una situación. *El mundo atravesó por una crisis económica en 2009.*

atrayente *adj.* Que atrae.

atreverse *pr.* Decidirse a hacer o decir algo arriesgado. *¡Por fin se atrevió a cantar!* || Faltarle el respeto a alguien. *¡Cómo te atreves a llamarme así!*

atrevido, da *adj.* Se dice de algo dicho o hecho con atrevimiento. || *s.* Que se atreve.

atrevimiento *s. m.* Acción de atreverse.

atrezo *s. m.* Todas las cosas que en el teatro, el cine o la televisión se utilizan para representar objetos de la vida real.

atribución *s. f.* Acción de atribuir. || Capacidad o poder de una persona o una organización de acuerdo con el empleo o cargo que tiene. *Una atribución del gobierno es velar por la seguridad de los ciudadanos.*

atribuible *adj.* Que se puede atribuir.

atribuir *t.* y *pr.* Creer que alguien es responsable de algo. *El gobierno atribuye las muertes en Chihuahua al crimen organizado.* || Creer que algo tiene determinada cualidad. *A esa planta se le atribuyen propiedades medicinales.* || Asignar a alguien una tarea o una función. *Le atribuyeron la tarea de revisar los documentos.*

atribulado, da *adj.* Apenado, apesadumbrado.

atribular *t.* y *pr.* Causar o padecer penas.

atributo *s. m.* Rasgo o característica natural de una persona o una cosa. *El llanto es un atributo del ser humano.*

atril *s. m.* Soporte con una superficie inclinada en donde se colocan libros, partituras y otros papeles para leerlos con comodidad.

atrincheramiento *s. m.* Acción de atrincherar o atrincherarse. || Conjunto de construcciones de defensa o trincheras.

atrincherar *t.* Proteger una posición militar con trincheras. || *pr.* Ubicarse los militares en las trincheras para defenderse del enemigo.

atrio *s. m.* Espacio al aire libre y delimitado por una barda que hay en la entrada de algunos palacios o iglesias.

atrocidad *s. f.* Cualidad de atroz. || Acción cruel y violenta. || Insulto muy ofensivo.

atrofia *s. f.* En medicina, disminución en el tamaño de un órgano o un tejido.

atrofiar *t.* y *pr.* Causar o padecer atrofia.

atronador, ra *adj.* Que atruena.

atronar *t.* Perturbar con un ruido muy fuerte. || Aturdir.

atropelladamente *adv.* Con precipitación y de manera descuidada.

atropellado, da *adj.* Que actúa o habla con desorden y precipitadamente.

atropellamiento *s. m.* Atropello.

atropellar *t.* Chocar un vehículo con algo y pasarle por encima. || Ofender a alguien por medio del abuso de poder o de la fuerza. *En un fraude electoral se atropellan los derechos ciudadanos.* || *pr.* Actuar o hablar apresuradamente. *No se entiende lo que dice porque se atropella al hablar.*

atropello *s. m.* Acción de atropellar o atropellarse.

atropina *s. f.* Sustancia venenosa utilizada en medicina para dilatar las pupilas de los ojos.

atroz *adj.* Cruel e inhumano. *La tortura es una práctica atroz.* || Muy grande o intenso. *Lloraba porque el dolor era atroz.* || Malo, detestable. *Vimos una película atroz.*

atuendo *s. m.* Conjunto de prendas de vestir de una persona. || Ostentación.

atufar *t.* y *pr.* Aturdir o aturdirse con el tufo. || Enojarse o enfadarse. || *intr.* Oler mal.

atún *s. m.* Pez de dos o tres metros de largo, de dorso azul y vientre plateado; su carne rosada es comestible y muy apreciada.

atunero, ra *adj.* Relativo al atún. || *s.* Persona que se dedica a la pesca o la venta del atún.

aturdido, da *adj.* Que experimenta aturdimiento.

aturdidor, ra *adj.* Que aturde.

aturdimiento *s. m.* Perturbación física provocada por una situación tensa o un accidente. *El tráfico pesado puede causar aturdimiento.* || Alteración debida a una desgracia. *Al recibir la noticia de la muerte de su madre se sumió en un aturdimiento.* || Torpeza en las acciones.

aturdir *t.* y *pr.* Provocar aturdimiento. *Tanto ruido me aturdió.* || Pasmar. *No pudo responder nada porque la noticia lo aturdió.*

aturrullar *t.* y *pr. fam.* Provocar confusión.

atusar *t.* Arreglar el pelo con la mano o con un peine. || *pr. fam.* Arreglarse o adornarse.

audacia *s. f.* Atrevimiento, valentía para hacer algo.

audaz *adj.* Que es atrevido y valiente.

audibilidad *s. f.* Cualidad de audible.

audible *adj.* Que se puede oír.

audición *s. f.* Acción de oír. *Le hicieron algunos exámenes de audición.* || Concierto o lectura en público. *En la audición de hoy tocará un trío de jazz.* || Prueba que se realiza a un artista antes de formar parte de un espectáculo. *Tres cantantes acudieron a la audición para la comedia musical.*

audiencia *s. f.* Entrevista concedida por una autoridad. || Conjunto de espectadores que asisten a un acto público. || Conjunto de personas que ven un programa de televisión o escuchan uno de radio. || En derecho, acto en el que dos partes opuestas se presentan ante un tribunal para exponer sus argumentos.

audífono *s. m.* Aparato que se coloca en el oído y amplifica los sonidos para escucharlos mejor.

audio *s. m.* Técnica que tiene que ver con la transmisión, la reproducción y la grabación de sonidos.

audiofrecuencia *s. f.* En física, frecuencia de onda empleada en la transmisión de sonidos.

audiovisual *adj.* Que está relacionado conjuntamente con el oído y con la vista. || *s. m.* Presentación en la que se combinan imágenes y sonidos, generalmente con fines didácticos.

auditar *t.* Hacer una auditoría.

auditivo, va *adj.* Relativo al sentido del oído.

auditor, ra *adj.* y *s.* Se dice de entidad o persona que hace auditorías.

auditoría *s. f.* Revisión de las cuentas de una persona, una empresa o una institución por parte de una persona externa.

auditorio *s. m.* Conjunto de oyentes que asisten a un acto público.

El auditorio estaba feliz porque el espectáculo era divertido. || Lugar en donde se realizan actos públicos. *Fuimos al auditorio de la escuela para escuchar una conferencia.*

auge *s. m.* Momento de mayor intensidad de algo. *En la última década hubo un auge de las computadoras.* || En astronomía, apogeo.

augur *s. com.* Persona que hace vaticinios. || s. *m.* Sacerdote que en la antigua Roma practicaba la adivinación.

augurar *t.* Predecir lo que va a pasar en el futuro por una señal. *Estas lluvias auguran buenas cosechas.*

augurio *s. m.* Señal o indicio de algo futuro.

augusto, ta *adj.* Que merece respeto y admiración.

aula *s. f.* En una escuela, lugar en donde se dan clases.

áulico, ca *adj.* Relativo al palacio o a la corte.

aullador, ra *adj.* Que aúlla. || *loc.* ***Mono aullador:*** mono que habita en el sureste de México y Centroamérica. Está en peligro de extinción.

aullar *intr.* Dar aullidos los perros, lobos u otros animales.

aullido *s. m.* Sonido agudo y prolongado que emiten los perros, los lobos y otros animales. || Sonido semejante que hacen las personas o las cosas. *Se oía el aullido del viento a través de la ventana.*

aumentar *t. intr.* y *pr.* Hacer más grande la cantidad o el tamaño de algo. *Este año aumentaron los precios otra vez.* || Mejorar ciertas condiciones. *Le aumentaron el sueldo por su buen desempeño.*

aumentativo, va *adj.* Que aumenta. || En gramática, se dice de la palabra que lleva un sufijo que aumenta la magnitud del significado del vocablo, por ejemplo «*cucharón*».

aumento *s. m.* Crecimiento en el tamaño, la cantidad o la intensidad de algo. *Es probable que llueva, porque aumentó la nubosidad.* || Capacidad de una lente para hacer más grande lo que se ve. *Esa lente tiene mucho aumento.* || Cosa o cantidad aumentada. *A mi papá le dieron un aumento de sueldo.*

aun *adv.* Hasta, incluso. Siempre que tenga este significado se escribe sin acento. *Aun tú, que eres tan valiente, tuviste miedo.* || *loc.* ***Aun cuando:*** aunque.

aún *adv.* Todavía, hasta el momento en que se habla. Se usará el acento cuando exista la posibilidad de confundir su significado con el de «aun = incluso». *El maestro no ha llegado aún.*

aunar *t.* y *pr.* Unir con un propósito. *Se aunaron esfuerzos para elaborar un proyecto.* || Unificar, juntar varias cosas. *En este trabajo, se aúnan creatividad y trabajo.*

aunque *conj.* A pesar de que, aun cuando. *Aunque huele raro, lo voy a probar.* || Por lo menos. *¡Quédate! Aunque sea un ratito.*

aupar *t.* y *pr.* Levantar a una persona. *La mujer aupó al bebé para arrullarlo.* || Ayudar a alguien a conseguir una posición más elevada.

aura[1] *s. f.* Luminosidad que, de acuerdo con ciertas creencias, emana de las personas. || Impresión o sensación producida por alguien o algo. *Ese lugar tenía un aura de enigma.*

aura[2] *s. f.* Ave carroñera americana de cabeza colorada y plumaje negro.

áureo, a *adj.* De oro. || Que parece de oro o es de color dorado.

aureola *s. f.* Círculo luminoso que rodea las cabezas de las imágenes de los santos. || Fama que logra una persona por sus virtudes. || En astronomía, corona luminosa que rodea a la Luna en los eclipses de Sol.

aurícula *s. f.* Cavidad del corazón por donde entra la sangre de las venas.

auricular[1] *adj.* Relativo al oído o la oreja.

auricular[2] *s. m.* En los aparatos que trasmiten el sonido, pieza que se coloca en el oído para escuchar.

aurífero, ra *adj.* Que lleva o contiene oro.

auriga *s. m.* En las antiguas Grecia y Roma, hombre que conducía los carruajes de carrera.

aurora *s. f.* Luz rosada que hay en el cielo antes de salir el Sol.

auscultación *s. f.* Acción de auscultar.

auscultar *t.* En medicina, explorar el pecho o el vientre de un paciente para escuchar los sonidos producidos en las cavidades de esas partes del cuerpo. || Intentar averiguar lo que piensan las personas acerca de algo. *Con una encuesta se puede auscultar la opinión pública.*

ausencia *s. f.* Acción y efecto de ausentarse o estar ausente. *Su ausencia promete ser prolongada.* || Periodo que alguien está ausente. *Me concedieron un permiso de ausencia por dos semanas.* || Falta de algo. *La ausencia de reglas genera desorden.* || Pérdida momentánea de la conciencia. *El golpe en la cabeza le provocó una ausencia.* || *loc.* ***Brilla por su ausencia:*** no estar algo o alguien donde debería.

ausente *adj.* Dicho de una persona, que no está. || *s. com.* Distraído, meditabundo.

ausentismo *s. m. Méx.* Absentismo.

auspiciar *t.* Favorecer el desarrollo de algo. *La universidad auspició los cursos de actualización.* || Adivinar o predecir.

auspicio *s. m.* Ayuda que se recibe para el desarrollo de algo. *Montaron la obra con el auspicio de la escuela.* || *pl.* Señales que presagian el desenlace de algo.

austeridad *s. f.* Calidad de austero. || Mortificación que hace de lado los sentidos y los sentimientos.

austero, ra *adj.* Severo desde el punto de vista moral. || Sencillo, sin adornos y sin lujos. || Áspero al gusto

austral *adj.* Relativo al sur. || *loc.* ***Aurora austral:*** aurora polar del hemisferio sur. || ***Hemisferio austral:*** parte de la Tierra que va del Ecuador al Polo Sur.

australiano, na *adj.* y *s.* Natural de Australia o relativo a ese país.

austriaco, ca *adj.* y *s.* Natural de Austria o relativo a ese país.

autarquía *s. f.* Situación en la que una persona o un estado se basta a sí mismo.

autárquico, ca *adj.* Relativo a la autarquía.

autenticación *s. f.* Autentificación.

autenticidad *s. f.* Cualidad de auténtico.

auténtico, ca *adj.* Que es cierto, verdadero o genuino. || Dicho de una persona, que es fiel a sus convicciones.

autentificación *s. f.* Acción de confirmar la autenticidad.

autentificar *t.* Asegurar que algo es auténtico.

autismo *s. m.* En medicina, trastorno mental infantil en el que el niño se retrae y pierde contacto con la realidad.

autista *adj.* y *s. com.* Que padece autismo.

auto[1] *s. m.* En derecho, resolución de un juez. || Obra de teatro corta en la que generalmente aparecen personajes bíblicos. || *loc.* ***Auto sacramental:*** auto teatral del siglo XVII español. || ***Constar en autos:*** se dice de algo que está completamente comprobado.

auto[2] *s. m.* Forma abreviada de automóvil.

autoadhesivo, va *adj.* y *s. m.* Que tiene una sustancia para adherirse.

autoanálisis *s. m.* Análisis efectuado sobre la misma persona que lo realiza.

autoaprendizaje *s. m.* Aprendizaje llevado a cabo por uno mismo, sin la ayuda de un maestro o profesor.

autobiografía *s. f.* Relato de la vida de una persona escrito por ella misma.

autobiográfico, ca *adj.* Relativo a la autobiografía.

autobús *s. m.* Camión de transporte público.

autocar *s. m.* Autobús.

autocensura *s. f.* Crítica negativa que se hace sobre uno mismo.

autoclave *s. f.* Recipiente que, cerrado herméticamente, destruye gérmenes de instrumentos y materiales mediante vapor a presión.

autoconservación *s. f.* Conservarse por sí mismo.

autoconstrucción *s. f. Méx.* Conjunto de labores que realiza quien

construye su vivienda sin ayuda de ingenieros o arquitectos.
autoconsumo *s. m.* Consumo de la producción propia, sobre todo en lo que respecta a los agricultores.
autocontrol *s. m.* Control que uno aplica sobre sí mismo.
autocracia *s. f.* Forma de gobierno en el que una sola persona ejerce un poder sin límites.
autócrata *s. com.* Persona que ejerce la autoridad única y suprema de un Estado.
autocrático, ca *adj.* Relativo al autócrata o a la autocracia.
autocrítica *s. f.* Crítica que uno hace sobre sí mismo.
autocrítico, ca *adj.* Relativo a la autocrítica.
autóctono, na *adj.* y *s.* Que nació en el mismo país en el que vive o se encuentra.
autodefensa *s. f.* Defensa de uno mismo.
autodefinición *s. f.* Acción de autodefinirse.
autodefinirse *pr.* Definirse a sí mismo.
autodestrucción *s. f.* Destrucción de uno mismo.
autodeterminación *s. f.* Derecho de los pobladores de un territorio a decidir su régimen político.
autodiagnóstico *s. m.* Diagnosticarse a sí mismo.
autodidacto, ta *adj.* y *s.* Que se educa por sí mismo, sin un maestro o sin ir a la escuela.
autodisciplina *s. f.* Disciplina que una persona o un grupo se impone voluntariamente, y en la que no hay control exterior.
autodominio *s. m.* Dominio de sí mismo, facultad de someter a la propia voluntad los deseos impulsivos.
autódromo *s. m.* Pista para autos de carreras.
autoestima *s. f.* Valoración o aprecio de uno mismo.
autoexamen *s. m.* Examen de uno mismo.
autoexilio *s. m.* Exilio voluntario.
autofagia *s. f.* Alimentación de un organismo por el consumo de sus propias sustancias.
autógeno, na *adj.* Dicho de la soldadura de metales, que se hace fundiendo las partes que se van a unir.
autogestión *s. f.* Administración de una empresa o una colectividad por sus propios trabajadores o integrantes.
autogobierno *s. m.* Sistema de administración de los territorios que tienen autonomía.
autogol *s. m.* Gol que un jugador de futbol hace en la portería de su propio equipo.
autógrafo, fa *adj.* Que está escrito de mano de su autor. || *s. m.* Firma de una persona famosa.
autoinducción *s. f.* En física, inducción generada en un circuito por una variación de corriente que pasa por él.
autómata *s. m.* Máquina que imita los movimientos de un ser humano. || *fam.* Persona débil, que se deja manejar por otra, como una máquina.
automático, ca *adj.* Que funciona por sí mismo, sin intervención humana. *La puerta automática se abrió en cuanto pisó el primer escalón de la entrada.* || Que se hace involuntariamente, sin pensar. *El estruendo le hizo dar un salto automático.* || Que ocurre en determinadas circunstancias. *Cuando pague, la entrega de su coche será automática.* || *loc.* ***Arma automática:*** arma de fuego en la que todo el proceso (cargar, amartillar, disparar y extraer el casquillo) es mecánico. || ***Cajero automático:*** máquina que tras la introducción de una clave del usuario realiza las funciones de un cajero bancario. || ***Contestador(a) automático(a):*** aparato conectado al teléfono que reproduce un mensaje y registra las llamadas. || ***Piloto automático:*** dispositivo que controla automáticamente la dirección de aviones y barcos || ***Portero automático:*** sistema eléctrico que permite abrir la puerta exterior de un edificio desde el interior de las viviendas que hay en él.
automatismo *s. m.* Cualidad de automático. || En psicología, realización mecánica de un acto.
automatización *s. f.* Acción de automatizar.
automatizar *t.* Hacer automáticos los procesos o las máquinas de una empresa, una industria, etc. || Hacer automáticos los movimientos corporales o actos mentales.
automoción *s. f.* Condición de lo que se mueve por sí mismo. || Sector industrial del automóvil.
automotor, ra *adj.* y *s.* Se dice del aparato, especialmente un vehículo con motor, que se mueve por sí mismo, sin la intervención de una fuerza exterior.
automotriz *adj.* Se aplica a los vehículos de tracción mecánica.
automóvil[1] *adj.* Que se mueve por sí mismo.
automóvil[2] *s. m.* Vehículo que se mueve libremente por acción de un motor, por lo general el que se emplea para el transporte terrestre de personas.
automovilismo *s. m.* Conocimiento relacionado con los automóviles. || Deporte practicado con automóviles de carreras.
automovilista *adj.* y *s. com.* Persona que conduce un automóvil.
automovilístico, ca *adj.* Relativo al automóvil y al automovilismo.
autonomía *s. f.* Situación de independencia y autogobierno de una persona, una institución o un país.
autónomo, ma *adj.* Que tiene autonomía.
autopista *s. f.* Carretera de alta velocidad, con más de dos carriles, de dos sentidos y sin otros caminos que la crucen.
autopropulsado, da *adj.* Que se mueve por autopropulsión.
autopropulsión *s. f.* Acción de moverse una máquina por su propia fuerza motriz.
autopsia *s. f.* En anatomía, exploración de un cadáver, generalmente para saber la causa de la muerte.
autor, ra *s.* Persona que inventa algo o produce una obra científica o artística. *Juan Rulfo es autor de «Pedro Páramo».* || El que es causa de algo o ejecútor de una acción.
autoría *s. f.* Cualidad de autor.
autoridad *s. f.* Poder para gobernar o mandar. *Los maestros tienen autoridad sobre los alumnos.* || Persona o colectividad con ese poder. *Las autoridades inauguraron la nueva obra.* || Capacidad para ejercer ese poder. *Jaime tiene autoridad para cambiar el rumbo.* || Persona que tiene esa capacidad. *El capitán es la autoridad en este banco.* || Persona que sabe mucho de alguna materia. *Ese museógrafo es una autoridad en arte contemporáneo.*
autoritario, ria *adj.* Que impone su voluntad y hace uso excesivo de su poder.
autoritarismo *s. m.* Sistema, actitud o régimen político autoritarios.
autorización *s. f.* Acción de autorizar. || Permiso para hacer algo.
autorizado, da *adj.* Que es digno de respeto por sus cualidades.
autorizar *t.* Dar permiso para hacer algo. *La directora autorizó la salida.* || Dar por bueno o aprobar un documento.
autorregulable *adj.* Que se regula por sí mismo.
autorregulación *s. f.* Acción de autorregularse.
autorregulador, ra *adj.* Que se autorregula.
autorregularse *pr.* Regularse por sí mismo.
autorretrato *s. m.* Dibujo o pintura que alguien hace de sí mismo.
autos *s. m. pl.* En derecho, registro de un proceso judicial.
autoservicio *s. m.* Sistema de venta usado en tiendas, restaurantes y otros establecimientos en el que se ponen las mercancías al alcance del cliente para que éste seleccione lo que guste. || Comercio en donde el cliente se atiende a sí mismo.
autosuficiencia *s. f.* Situación de quien no necesita a nadie porque se basta a sí mismo.
autosuficiente *adj.* Que se basta a sí mismo.
autosugestión *s. f.* Influencia de una idea o una convicción que una perso-

na ejerce sobre sí misma, de forma que llega a creer en ello; puede ser consciente o inconsciente.
autosugestionarse *pr.* Experimentar autosugestión.
autotrófico, ca *adj.* En biología, se dice de las propiedades y procesos de los organismos autótrofos.
autótrofo, fa *adj.* Organismo capaz de elaborar la materia con la se nutre a partir de sustancias inorgánicas que toma del medio. *Los árboles son seres autótrofos.* || Forma de alimentación de esos organismos.
autovía *s. f.* Vía de circulación rápida parecida a la autopista, pero con otros caminos que la cruzan y con muchas entradas y salidas.
auxiliador, ra *adj.* y *s.* Que auxilia.
auxiliar[1] *adj.* y *s. com.* Que auxilia. || Persona que ayuda en la realización de una tarea. || Profesor que cubre las ausencias del titular. || En gramática, verbo que interviene en la formación de tiempos verbales compuestos, perífrasis y formas pasivas.
auxiliar[2] *t.* Ayudar en una situación difícil. *Un paramédico auxilia a los accidentados.*
auxilio *s. m.* Ayuda, socorro. *La Cruz Roja da auxilio a los heridos de guerra.*
auyama *s. m. Ants. C. R. Col.* y *Ven.* Hierba de flores amarillas o su fruto, que es parecido a la calabaza.
aval *s. m.* Persona que firma un escrito para responder por el pago de otra en caso de que ésta no lo haga. *Para rentar un departamento se necesita un aval.*
avalador, ra *adj.* y *s.* Que avala.
avalancha *s. f.* Considerable cantidad de nieve que se desprende violentamente de una montaña. || Aparición súbita de una gran cantidad de personas o de cosas. *Una avalancha de fanáticos entró al auditorio.*
avalar *t.* Garantizar mediante un aval. *Los bancos otorgan préstamos cuando alguien avala la solicitud.*
avance *s. m.* Acción de avanzar. *Con estas lluvias se ve un avance en la macha de humedad de la pared.* || Movimiento de alguien o algo hacia adelante. *El desplazamiento de tropas lleva un avance de 3 km.* || Adelanto, mejora. *Notarás el avance si sigues estudiando.* || Anticipo de algo. *Me dieron mil pesos como avance por el trabajo.*
avante *adv.* Adelante.
avanzada *s. f.* Tropa de soldados que se envía al frente antes que el resto para explorar el terreno.
avanzado, da *adj.* Que es novedoso, moderno o muy desarrollado para su tiempo. *La teoría de la relatividad en su momento fue muy avanzada.* || Que está muy adelantado, lejos de su comienzo. *La construcción de la carretera va muy avanzada.*
avanzar *intr.* Ir hacia delante. *La caravana avanzó por la avenida Reforma.* || Transcurrir un periodo para acercarse a su fin. *La noche avanza y no llegas aún.* || Mejorar, progresar alguien o algo. *Avanzó mucho la ciencia el siglo pasado.* || *t.* Mover algo hacia adelante. *El jugador de negras avanzó el alfil.*
avaricia *s. f.* Deseo muy grande de poseer riquezas para guardarlas sin compartirlas.
avariciar *t.* Desear con avaricia.
avaricioso, sa *adj.* y *s.* Avaro.
avariento, ta *adj.* y *s.* Avaro.
avaro, ra *adj.* y *s.* Que acumula riqueza para guardarla y no gastarla.
avasallador, ra *adj.* Que avasalla.
avasallamiento *s. m.* Acción de avasallar o avasallarse.
avasallar *t.* Actuar con los demás sin consideración para dominarlos. *La conquista avasalló a los indios.* || Imponerse sobre otros. *Tu equipo avasalló a los demás competidores.*
avatar *s. m.* Según el hinduismo, encarnación de alguna deidad en la tierra. || Representación gráfica de un usuario de las redes sociales de internet. || *pl.* Situación de cambio o transformación.
ave *s. f.* Animal vertebrado alado, con plumas y pico, que pone huevos.
avecilla *s. f.* Diminutivo de ave.
avecinar *t.* y *pr.* Acercar, estar próximo. *Se avecina una tormenta.*
avecindar *pr.* Establecerse alguien en un lugar como un vecino.
avejentar *t.* y *pr.* Hacer que alguien se vea mayor, de más edad.
avellana *s. f.* Fruto del arbusto llamado avellano. Es comestible, pequeño y con cáscara marrón, parecido a la nuez.
avellanador *s. m.* Barrena que en lugar de rosca tiene una pieza en forma de avellana que sirve para avellanar.
avellanar *t.* Hacer agujeros con la forma de un embudo, para que la cabeza de los tornillos no sobresalga de la superficie.
avellano *s. m.* Arbusto que crece en bosques de zonas templadas y cuyo fruto es la avellana. || Madera de ese arbusto.
avena *s. f.* Planta del grupo de los cereales, de semilla comestible para los humanos y el ganado. || Semilla de esa planta.
avenamiento *s. m.* Acción de avenar.
avenar *t.* Sacar el agua de un terreno, drenar.
avenencia *s. f.* Acuerdo, entendimiento. *Se logró avenencia entre las partes.*
avenida *s. f.* Vía de circulación ancha e importante en las ciudades. || Aumento repentino de agua en un río o arroyo por causa de la lluvia.
avenimiento *s. m.* Acción de avenir o avenirse.
avenir *t.* Reconciliar o ponerse de acuerdo dos o más partes. *El juez logró avenir a los cónyuges.* || *pr.* Llevarse bien una persona con otra, o armonizar una cosa con otra. *Se aviene muy bien con sus maestros.* || Adaptarse o conformarse con algo. *Se aviene a mi forma de trabajar.*
aventado, da *adj. Col. Guat. Hond. Méx.* y *Per.* Atrevido, sin miedo.
aventador, ra *adj.* Que avienta.
aventajado, da *adj.* Que destaca o aventaja a los demás en alguna actividad. *Sin haber sido nunca un alumno aventajado, llegó a presidente.*
aventajar *t.* Conceder ventaja. || *intr.* Sacar ventaja.
aventar *t.* Echar aire. || Echar al viento. || Dar aire a alguien. || Llenarse de aire algo. || *Col. Hond.* y *Méx.* Lanzarse violentamente sobre algo o alguien. *El perro se aventó contra la pierna del intruso.* || *pr. Méx.* Atreverse. *¿Te avientas a ponerle el cascabel al gato?*
aventón *s. m. C. R. Salv. Guat. Hond. Méx.* y *Pan.* Acción de llevar a alguien en un vehículo como cortesía. *Después de la fiesta, aceptó el aventón.* || Manera de viajar por carretera que consiste en levantar el brazo y extender el pulgar con el puño cerrado para que un automovilista o camionero se detenga y acepte llevar a la persona a algún lugar. || *Ecua. Guat. Hond. Méx. Nic.* y *Per.* Empujón fuerte. *No se den aventones, niños.*
aventura *s. f.* Suceso fuera de lo común. *Viajar por la selva de concreto también es una aventura.* || Suceso peligroso. *Enfrentarme a ese león fue toda una aventura.* || Relación amorosa o sexual pasajera. *La aventura con la vecina se terminó cuando llegó el marido.*
aventurado, da *adj.* Que se aventura.
aventurar *t.* Arriesgar algo o a alguien. *Después de la quiebra, los socios no aventuraron más su dinero.* || Decir una cosa atrevida. *Aventuré una opinión y eso me costó el puesto.*
aventurero, ra *adj.* y *s.* Persona a la que le gustan las aventuras. || Persona de dudosos antecedentes que trata de aprovecharse de los demás. *Era una aventurera que sólo estaba atrás de su dinero.*
avergonzado, da *adj.* Que siente vergüenza.
avergonzar *t.* Provocar vergüenza. *Su padre lo avergonzaba delante de sus amigos.* || *pr.* Sentir vergüenza. *¿Se avergonzará de sus orígenes humildes?*
avería *s. f.* Daño que sufre una mercancía al ser transportada o almacenada. || Desperfecto o daño en algún aparato o vehículo.
averiado, da *adj.* Que presenta una descompostura o desperfecto.

averiar *t.* y *pr.* Provocar un daño en algo. *Los huelguistas averiaron todas las máquinas de la fábrica.* || Estropearse algo. *Se averió la estufa y el técnico no ha llegado.*
averiguación *s. f.* Investigación que se hace de alguien. || *loc. Méx.* ***Averiguación previa:*** procedimiento judicial para determinar si hay o no delito que perseguir.
averiguar *t.* Investigar con el objetivo de saber algo con certeza. *No hace falta que averigües nada, te lo diré todo.*
averno *s. m.* En mitología, lugar donde se creía que iban las almas después de la muerte.
aversión *s. f.* Sentimiento de odio, rechazo o repugnancia hacia alguien o algo. *Le tengo aversión a las arañas.*
avestruz *s. m.* Ave africana que no puede volar. Es muy grande y sus patas largas le permiten correr a gran velocidad. *En América del Sur, el ñandú es el equivalente del avestruz.*
avezado, da *adj.* Experimentado en algo.
avezar *t.* y *pr.* Acostumbrar a alguien a hacer tareas difíciles. *Las travesías largas avezaban a los marineros en el manejo de las carabelas.*
aviación *s. f.* Transportación por medio de aviones. || Cuerpo militar cuyo medio de transporte son los aviones.
aviador, ra *s.* Persona que sabe volar un avión. || *Méx.* Persona que recibe un sueldo, pero que nunca va a trabajar.
aviar[1] *t.* Preparar las cosas que se necesitan para un viaje. || Ponerle aderezos a la comida.
aviar[2] *adj.* Relativo a las aves y a la avicultura.
avícola *adj.* Que se relaciona con la avicultura. *Las granjas avícolas suelen tener hacinadas a las gallinas ponedoras.*
avicultor, ra *s.* Persona dedicada a la avicultura. *Los avicultores reclamaron subsidios mejores para los granos.*
avicultura *s. f.* Conjunto de técnicas aplicadas a mejorar los productos derivados de las aves. *En la avicultura se aprovecha la carne, los huevos y las plumas de las aves.*
avidez *s. f.* Deseo muy fuerte de conseguir algo. *El náufrago rescatado bebió con avidez el agua dulce.*
ávido, da *adj.* Que siente avidez.
avieso, sa *adj.* Que es malo, perverso, torcido. *Su rostro traslucía sus aviesas intenciones.*
avinagrado, da *adj.* Se aplica a la persona o al carácter que es agrio. || Hecho vinagre.
avinagrar *t.* y *pr.* Tomar algo el sabor agrio del vinagre. || *fig.* Hacerse agrio el carácter de una persona.
avío *s. m.* Preparativo de algo. || Provisión de comida que se lleva en un hato. || *pl.* Utensilios o instrumentos necesarios para hacer algo.
avión *s. m.* Medio de transporte que se desplaza en el aire. Como es más pesado que éste, necesita motores y alas. *Hay aviones que transportan pasajeros, aviones que llevan mercancías, aviones de guerra...*
avioneta *s. f.* Avión pequeño. *La avioneta fumigadora planea sobre los sembradíos.*
avisado, da *adj.* Que es inteligente y capaz de prever lo que va a pasar. *El espectador avisado descubre al asesino de la película antes de que lo digan.* || Que se comporta con cautela.
avisar *t.* Informar de algo a alguien. *Avisaron que la profesora llegaría tarde.* || Dar una advertencia. *Te aviso que si sigues así te castigaré.* || Solicitar un servicio. *Avisa al veterinario que la vaca está por parir.*
aviso *s. m.* Noticia que se da de algo. *El aviso de clausura estaba pegado en la puerta.* || Advertencia. *No hizo caso de los avisos de desahucio y lo desalojaron.* || Indicio de que va a ocurrir algo. *Las gaviotas volando tierra adentro avisan que habrá tormenta en el mar.* || *Amér.* Anuncio publicitario. *Hay tantos avisos en la carretera que no dejan ver el paisaje.* || *loc.* ***Sobre aviso:*** informado, prevenido. *Sobre aviso no hay reclamo.* || ***Poner sobre aviso:*** prevenir de algún problema o peligro. *Félix puso sobre aviso a los nuevos vecinos respecto a los ladrones del barrio.* || ***Sin previo aviso:*** de pronto, de sorpresa. *Lo despidieron sin previo aviso.*
avispa *s. f.* Insecto parecido a la abeja pero más delgado y agresivo. Alimenta a sus crías con larvas de insectos. || *loc.* ***Cintura de avispa:*** la muy delgada. *Acentuaba su cintura de avispa con cinturones llamativos.*
avispado, da *adj.* Se dice de la persona viva, despierta, rápida para reaccionar.
avispar *t.* Hacer más despierta y viva a una persona.
avispero *s. m.* Panal de avispas. || Conjunto de avispas. || Alboroto provocado por personas que hacen mucho ruido. || *loc.* ***Alborotar*** o ***revolver el avispero:*** decir o hacer algo que altere a un grupo de personas.
avispón *s. m.* Insecto más grande que la avispa y de color amarillo y rojo. *Los avispones son carnívoros y se alimentan de abejas.*
avistamiento *s. m.* Acción de avistar.
avistar *t.* Ver a lo lejos. *Los centinelas se durmieron y no avistaron el barco enemigo.*
avitaminosis *s. f.* Enfermedad provocada por la carencia de vitaminas. *Para evitar la avitaminosis, no hay como una dieta adecuada.*
avituallamiento *s. m.* Abastecimiento de comida.
avituallar *t.* Abastecer de comida. *Los isleños se avituallaron antes del huracán.*
avivado, da *adj. Arg.* y *Uy.* Que se hace el vivo y se aprovecha de los demás.
avivar *t.* Hacer que el fuego arda mejor. || Dar viveza. || Hacer más brillante un color. || *pr. Arg.* y *Uy.* Aprovecharse de una situación.
avizor *s. m.* Hombre que avizora. || *loc.* ***Estar con el ojo avizor:*** estar atento.
avizorar *t.* Mirar con intensidad con el fin de encontrar algo.
avocar *t.* Atraer una autoridad judicial superior el caso de una inferior.
avutarda *s. f.* Ave zancuda de gran tamaño, plumas color café y blanco, que por su peso sólo puede hacer vuelos cortos. En el pico tiene unas plumas alargadas que parecen bigotes.
axial *adj.* Que se relaciona con un eje. || Fundamental, crucial.
axila *s. f.* Hueco que se forma en la parte de adentro de la articulación del brazo con el cuerpo. || En una planta, ángulo que forma una rama con el tallo o el tronco.
axilar *adj.* En anatomía y botánica, relativo a la axila. *Los pensamientos son flores axilares.*
axiología *s. f.* En filosofía, teoría de los valores. *Una película de vaqueros es un tratado de axiología porque transmite los valores del «cowboy»: valentía, individualismo, lealtad.*
axiológico, ca *adj.* Que se relaciona con la axiología.
axioma *s. m.* Principio, enunciado o fórmula que se admite sin necesidad de demostración. *La matemática se basa en axiomas.*
axiomático, ca *adj.* Relativo al axioma. *Un sistema axiomático, por definición, debe ser deductivo.* || Que es tan evidente como un axioma.
axis *s. m.* Segunda vértebra del cuello, que permite el movimiento de rotación de la cabeza.
axón *s. m.* En anatomía, parte alargada de una neurona que transmite los impulsos nerviosos.
ay *interj.* Indica pena, dolor. || *s. m.* Suspiro, quejido. *Estaba en un ay después de la operación.*
ayate *s. m. Méx.* Tela delgada hecha de fibra de maguey, palma, henequén. *El ayate más famoso es el que trae estampada la Virgen de Guadalupe.*
ayatola o **ayatolá** *s. m.* En religión, jefe de los musulmanes chiítas.
ayer *adv.* El día anterior al de hoy. *Ayer fui al cine.* || Hace poco tiempo. *Parece que fue ayer que cumpliste 15 años.* || *s. m.* Tiempo pasado. *Los viejos siempre recuerdan con nostalgia el ayer.*
ayo, ya *s.* Persona encargada de la crianza y educación de los niños en las casas de gente rica.

ayote *s. m. Amér. C.* y *Méx.* Calabaza redonda.
ayotera *s. f. Amér. C.* y *Méx.* Planta cuyo fruto es el ayote.
ayuda *s. f.* Colaboración que se da a alguien que la necesita. || Persona que ayuda. || Dinero o provisiones que se dan a los necesitados. || *loc.* ***Ayuda humanitaria:*** dinero, alimentos y ropa que se envía a los países en guerra o que han sufrido un desastre para ayudar a los civiles.
ayudante *adj.* Que ayuda. || *s. com.* Persona que tiene un jefe, al que asiste.
ayudar *t.* y *pr.* Brindar ayuda a alguien. || Utilizar una ayuda para conseguir algo. *Se ayudó de un bastón para fingir que estaba enferma.* || Obtener ayuda de alguien.
ayunar *intr.* Privarse total o parcialmente de alimentos.
ayunas *loc.* **En ayunas:** Sin haber comido todavía nada desde que empezó el día. || Completamente ignorante de cierta cosa.
ayuno *s. m.* Privación total o parcial de la ingesta de alimentos por motivos de salud, religiosos o políticos. *Los obreros iniciaron un ayuno en protesta por los recortes salariales.*
ayuntamiento *s. m.* Autoridad municipal formada por el alcalde y los concejales. || Edificio donde se reúnen esas autoridades. || Acto sexual.
azabache *s. m.* Variedad de carbón que se pule para hacer joyas. || *adj.* Color negro muy intenso. No se pluraliza. *Sus ojos azabache encandilaron al príncipe.*
azada *s. f.* Instrumento de labranza formado por un palo largo en el que se encaja, en ángulo agudo, una plancha de metal con filo. *La azada sirve para abrir surcos en la tierra y remover estiércol.*
azadón *s. m.* Azada con plancha o pala más larga que ancha.
azafata *s. f.* Mujer que atiende a los pasajeros de un avión. || Empleada de mostrador de una aerolínea. || Edecán en congresos, reuniones, fiestas.
azafate *s. m.* Canasto redondo de mimbre, con borde de poca altura. || *Per.* Bandeja.
azafrán *s. m.* Planta cuyos estigmas se usan como condimento. || Condimento de color amarillo anaranjado. *Paella sin azafrán no es paella.* || *adj.* Color amarillo anaranjado.
azafranado, da *adj.* Del color del azafrán.
azahar *s. m.* Flor blanca y fragante del naranjo, el limonero y el cidro. *Los azahares se utilizan en perfumería y medicina.*
azalea *s. f.* Arbusto originario de Asia, con flores de colores que varían del blanco al rojo y hojas alargadas color verde oscuro. Es muy decorativo, por lo que se usa en jardinería.
azar *s. m.* Suceso inexplicable o fortuito, casualidad. || Fatalidad o desgracia imprevista. *Los azares del destino lo llevaron a perder su fortuna.* || *loc.* ***Al azar:*** sin orden ni rumbo definidos. || ***Juego de azar:*** aquel, como los dados o los naipes, en que el triunfo no depende de la habilidad del jugador, sino de circunstancias fortuitas.
azarar *t.* y *pr.* Avergonzar, turbar o sobresaltar. *Quedó azarado cuando le abrieron de repente la puerta del sanitario.* || *pr.* Sonrojarse, quedar avergonzado sin saber qué hacer.
azaroso, sa *adj.* Que tiene sucesos imprevistos, peligros o desgracias. *La carrera de ese actor ha sido azarosa, pero logró triunfar.* || Que es consecuencia del azar.
azerbaijanés, sa *adj.* y *s.* De Azerbaiján.
ázimo *adj.* Ácimo.
azimut *s. m.* Acimut.
ázoe *s. m.* Nombre antiguo del nitrógeno. *Lavoisier llamó «ázoe» al nitrógeno, que significa «sin vida» por ser un gas tan inerte, que lo consideró irrespirable.*
azófar *s. m.* Aleación de cobre y cinc, muy maleable. *El azófar es más conocido como latón.*
azogado *s. m.* Acción y efecto de azogar, recubrir algo con azogue. *El azogado convierte a los vidrios en espejos.*
azogado, da *adj.* y *s.* Se dice de la persona intoxicada por vapores de azogue. *Los azogados sufren temblores incontrolables.*
azogar *t.* Recubrir o mezclar con azogue. *Azogan las pantallas de los faros para que brillen y reflejen la luz.* || Poner agua a la cal para apagarla, de modo que forme grumos. || *pr.* Intoxicarse con los vapores del azogue. *Cinco mineros se azogaron y tuvieron que llevarlos al hospital.*
azogue *s. m.* Nombre antiguo y vulgar del mercurio. *Al calentarse, el azogue produce vapores tóxicos y corrosivos.*
azolvamiento *s. m.* Acción y efecto de azolvar o azolvarse. *La basura tirada en las calles provoca el azolvamiento de los drenajes.*
azolvar *t.* y *pr.* Obstruir o taponar un conducto o tubería.
azolve *s. m. Méx.* Mezcla de lodo y basura que obstruye los drenajes o tuberías. *El azolve impide que fluya el agua y por eso cuando llueve hay encharcamientos.*
azor *s. m.* Ave rapaz diurna parecida a un halcón; mide unos 60 cm de longitud, con una envergadura de 1.10 m; tiene las alas, pico y lomo negros y el vientre blanco con manchas negras. *Los azores pueden ser entrenados para la cacería.*
azoramiento *s. m.* Acción y efecto de azorar o azorarse. *Todavía no se repone del azoramiento que le produjo la multa que recibió.*
azorar *t.* y *pr.* Sobresaltar, turbar, confundir, dejar sin saber cómo reaccionar. *Les azoró que, siendo sordo, ese artista pudiera cantar.*
azoro *s. m. Amér.* Azoramiento.
azotador *s. m. Méx.* Nombre popular que se da a cualquier oruga cubierta de pelillos urticantes.
azotador, ra *adj.* Que azota o golpea.
azotaina *s. f.* y *fam.* Tunda, zurra de azotes. *La madre de aquellos maldosos les dio una azotaina por romper los vidrios del vecino.*
azotar *t.* y *pr.* Dar a alguien o darse azotes. || Golpear un animal con la cola o las alas. || Chocar algo repetidamente contra otra cosa. *Las ramas del árbol azotan la ventana cuando hace viento.* || Producir un suceso o fenómeno grandes destrozos. *La guerra azotó esa región.* || *fam. Méx.* Pagar lo que se debe. *Azota ya con los 50 pesos faltantes.* || *intr.* Caer alguien al piso. *Por ir distraído, tropezó y azotó.* || *pr.* Exagerar al hablar o en determinado comportamiento. *Luis se azotó con esa explicación tan rebuscada.*
azote *s. m.* Instrumento de tortura consistente en varias tiras de cuero con puntas de metal o madera, con el que se golpeaba a los castigados. || Golpe dado con dicho instrumento. || Por extensión, golpe fuerte dado con la mano o con otra cosa. || *fig.* Lo que causa desgracia o calamidad. *El ruido es uno de los azotes de las ciudades modernas.* || Persona que acarrea calamidades o desgracias a otras. *Unos revoltosos que cometieron desmanes fueron el azote de la celebración suspendida.*
azotea *s. f.* Superficie plana y despejada en la parte más alta de una casa o edificio. || *fig.* y *fam.* Cabeza. *Le falla la azotea, cree que con sólo pensar las cosas se van a realizar.*
azteca *adj.* y *s. com.* Del pueblo amerindio que, en el siglo XIII, se instaló en el Valle de México y dominó económica, cultural y políticamente la región hasta principios del siglo XVI. *Los aztecas fundaron Tenochtitlan en 1325.*
azúcar *s. com.* Sustancia alimenticia cristalizada, de sabor dulce, que se extrae del jugo de la caña de azúcar o de la remolacha azucarera. || En química, compuesto perteneciente al grupo de los glúcidos. || *loc.* ***Azúcar morena:*** azúcar de color pardo, menos refinada y más dulce que la blanca.
azucarado, da *adj.* Que contiene azúcar. *Una bebida azucarada.* || De sabor dulce parecido al del azúcar. || *fig.* Dicho de una persona o comportamiento, muy meloso, excesivamente amable.

azucarar *t.* Endulzar o bañar con azúcar. || *fig.* Hablando de una situación, suavizarla. || *pr. Amér.* Cristalizarse el azúcar. *Dejaron la miel demasiado tiempo en el frasco y se azucaró.*
azucarero, ra *adj.* Relativo al azúcar. *La industria azucarera tuvo pérdidas este año.* || *s.* Recipiente para llevar a la mesa y servir el azúcar. || Fabricante de azúcar o dueño de un ingenio.
azucarillo *s. m.* Terrón de azúcar. *Ella toma su café con dos azucarillos.* || Pasta esponjosa y dulce que se elabora con azúcar, clara de huevo batida y jugo de limón.
azucena *s. f.* Planta liliácea de tallo alto y recto que brota de un bulbo. Sus hojas son largas y estrechas, sus flores, que salen en lo alto del tallo, son blancas, en forma de copa y muy olorosas. *Tradicionalmente, las azucenas son consideradas símbolo de la pureza.*
azufrado *s. m.* Azuframiento.
azufrado, da *adj.* Sulfuroso, que contiene azufre. || Parecido al azufre por su color.
azuframiento *s. m.* Acción y efecto de azufrar.
azufrar *t.* Acción de espolvorear las plantas con azufre para combatir plagas. *Azufraron las tomateras y las viñas.*
azufre *s. m.* Elemento químico, no metal, de color amarillo pálido. Su punto de fusión es a 112.8 °C y el de ebullición 444.6 °C. Su número atómico es 16 y su símbolo es *S.*
azul *adj.* Del color del cielo sin nubes. || *s. m.* Quinto color del espectro solar y uno de los tres básicos. || *fam. Méx.* Miembro de la policía uniformada.
azulado, da *adj.* De color azul, o parecido a éste.
azular *t.* Teñir o pintar de azul. *Durante mucho tiempo, el añil se utilizó para azular telas.*
azulear *intr.* Revelar algo el color azul que contiene, volverse azul. *El cielo comenzó a azulear como a las siete de la mañana.* ||Tirar algo a color azul. *Aunque sus ojos son grises, a veces azulean.*
azulejar *t.* Revestir una superficie con azulejos.
azulejo[1] *s. m.* Pájaro de Norteamérica que mide unos 17 cm de longitud; el plumaje de hembras y machos es pardo oscuro con visos azules y verdosos, pero el del macho se torna completamente azul en verano.
azulejo[2] *s. m.* Ladrillo plano de cerámica, con superficie vidriada, que se utiliza para revestir paredes o pisos con fines utilitarios o decorativos.
azuloso, sa *adj.* De color parecido al azul. *El enfermo tenía ojeras azulosas.*
azuzador, ra *adj.* y *s.* Que azuza.
azuzar *t.* Excitar a los perros para que ataquen. || Incitar a alguien contra otro. *La coqueta azuzó a su novio para que peleara con otro hombre.*

B b

b *s. f.* Segunda letra del alfabeto español. Se llama *be, be alta* o *be larga.*
baba *s. f.* Saliva abundante que sale de la boca. *Cuando duerme, le escurre la baba.* || Sustancia viscosa que segregan algunos animales. *Hay quienes creen que la baba de caracol es medicinal.* || *loc. fam.* ***Caerse la baba:*** admirar demasiado a alguien. *Se les caía la baba mirando jugar a la Sarapova.*
babeante *adj.* Que babea.
babear *intr.* Echar baba por la boca. || Dejar un rastro de baba. || *fam.* Admirar demasiado a alguien.
babel *s. com.* Lugar donde todo el mundo habla al mismo tiempo. *La asamblea se convirtió en una babel y no se llegó a ningún acuerdo.* || Desorden y confusión.
babeo *s. m.* Acción de babear.
babero *s. m.* Pequeño delantal que se ata al cuello de los bebés para que no manchen la ropa al comer. || Delantal. *Los escolares llevaban un babero para no mancharse con las acuarelas.*
babilla *s. f.* Rodilla de los cuadrúpedos.
babilonio, nia *adj.* y *s.* Que nació en Babilonia. || Que se relaciona con Babilonia.
babor *s. m.* Lado izquierdo de la embarcación. *¡Piratas a babor!*
babosa *s. f.* Molusco terrestre parecido al caracol pero sin concha. También deja un rastro de baba.
babosada *s. f.* Tontería. || Cosa sin valor.
babosear *intr.* Llenar de baba. || *Uy.* Cortejar o adular en exceso. *Federico babea por esa muchacha.* || Humillar. *Lo baboseó todo el tiempo, pero como era el jefe...* || *Salv.* y *Méx.* Estar distraído. *No estén baboseando, ¡a trabajar!*
baboseo *s. m.* Acción de babosear. || Atenciones o enamoramiento excesivos de un hombre hacia una mujer.
baboso, sa *adj.* Que echa mucha baba. || Adulador. || Enamoradizo. || Tonto.
babucha *s. f.* Zapato sin tacón que usan los árabes. || Zapatilla parecida a ese zapato. || *loc. Arg.* y *Uy.* ***A babuchas:*** a hombros. *Alzó a babuchas al niño para que viera el desfile.*
babuino *s. m.* Mono grande africano con pelaje color café que vive en grupos.
baca *s. m.* Rejilla que se pone arriba de un vehículo para acomodar el equipaje.
bacalao *s. m.* Pez comestible marino. *El bacalao se come mucho en Cuaresma.*
bacanal *adj.* y *s. com.* Se dice de una fiesta muy escandalosa y desenfrenada. || *s. f.* Fiesta en honor del dios Baco.
bacante *s. f.* Mujer que participaba en las bacanales. || Prostituta.
bácara *s. f.* Planta de hojas lanosas. Se usa en la industria del perfume y en medicina tradicional.
bachata *s. f. Ants.* Juerga, parranda. || *R. Dom.* Canto popular.
bache *s. m.* Hoyo en la calle o en el camino. *Los baches maltratan la suspensión de los automóviles.* || Descenso en la actividad de algo. *El equipo no sale del bache y sigue perdiendo.* || Desánimo, depresión. *Cuando tuvo que declararse en quiebra, cayó en un bache terrible.*
bachear *t.* Rellenar los baches.
bacheo *s. m.* Resultado de bachear. *El bacheo debe hacerse por la noche para no entorpecer el tránsito.*
bachiller *s. com.* Alumno de un bachillerato. || Persona que tiene el grado de bachiller.
bachillerato *s. m.* Conjunto de los estudios que se realizan después de la secundaria o liceo y antes de la universidad. *Cada país tiene diferentes modalidades de bachillerato.*
bacía *s. f. ant.* Recipiente que usaban los barberos para remojar la barba antes de la afeitada. || Vasija.
bacilo *s. m.* Bacteria en forma de bastón. *Muchos bacilos pueden combatirse con antibióticos.*
bacín *s. m. ant.* Bacinica. || Bacía.
bacinica *s. f.* Recipiente para depositar excremento. *Los niños pequeños se entrenan para ir al baño en una bacinica.*
bacteria *s. f.* Microorganismo unicelular. Ayuda en la fermentación, pero también produce enfermedades.
bacterial *adj.* Relativo a las bacterias.
bacteriano, na *adj.* Que pertenece a las bacterias.
bactericida *s. f.* Sustancia que destruye las bacterias.
bacteriología *s. f.* Ciencia que estudia a las bacterias. Es parte de la biología.
bacteriológico, ca *adj.* Que se relaciona con la bacteriología. *Los estudios bacteriológicos demostraron que la infección es resistente a la penicilina.*
báculo *s. m.* Bastón o cayado. || *fig.* Consuelo. *Espero que estos nietos sean el báculo de mi vejez, porque los otros no me hacen caso.*
badajo *s. m.* Parte semisuelta de una campana, que choca con sus paredes y la hace sonar.
badana *s. f.* Piel de oveja curtida. || Tira de tela que se pone por adentro de la copa del sombrero para que no se manche de sudor.
bádminton *s. f.* Juego de raquetas parecido al tenis, pero que se juega con una pelota emplumada llamada *volante.*
badulaque *adj.* y *s.* Tonto, necio. || *ant.* Maquillaje. || *Hond.* Informal.
bafle *s. m.* Caja con uno o varios altavoces que amplifica y da calidad al sonido.
bagaje *s. m.* Conjunto de maletas y cosas que se llevan en un viaje. || Equipo que cargan los militares. || Conjunto de los conocimientos y la experiencia que ha adquirido una persona a lo largo del tiempo.
bagatela *s. f.* Cosa sin importancia. *No se peleen por una bagatela.*
bagazo *s. m.* Lo que sobra de algo después de haberle extraído el jugo. *El bagazo de la caña de azúcar sirve para hacer papel, fibras, como combustible, alimento del ganado...*
bagre *s. m.* Pez comestible de río, de color café, con el vientre blanco y barbillas a los lados de la boca. || Mujer muy fea.
bagual, la *adj. Arg. Py.* y *Uy.* Grosero, maleducado. || *s. m. Arg.* y *Uy.* Caballo sin domar. || *s. f. Arg.* y *Uy.* Canción popular del norte de Argentina.
bah *Interj.* Expresión de desdén, desprecio o falta de interés. *¡Bah!, al fin que ni quería.*
bahía *s. f.* Entrada de mar en forma semicircular, que protege a las embarcaciones y frena el oleaje. *En la bahía de Acapulco ya no caben los veleros.*
bailable *adj.* y *s. com.* Que se puede bailar. || *s. m.* Baile que se incluye en un espectáculo. *En la escuela presentaron un bailable alusivo a la independencia.*

bailador, ra *adj.* Que le gusta bailar. *Su novia es tan bailadora que gasta un par de zapatos por baile.* || *s. Esp.* Persona que ejecuta bailes populares.

bailante *adj.* y *s.* Que baila. || Persona que participa en determinados bailes populares. *En Colombia, la indumentaria de los bailantes es muy colorida.*

bailaor, ra *adj.* y *s.* En Andalucía, bailador de baile flamenco.

bailar *t. intr.* y *pr.* Mover el cuerpo con ritmo. || Girar una cosa sobre su eje. || En algunos deportes, dominar ampliamente al contrario.

bailarín, rina *adj.* Que le gusta bailar. || *s.* Persona que se dedica a la danza como profesión.

baile *s. m.* Acción de bailar. || Fiesta en la que se baila. || *loc.* ***Baile de salón:*** baile que se realiza en un local cerrado, donde las parejas bailan ritmos tradicionales como el vals, el tango, etc.

bailotear *intr.* Bailar mal.

bailoteo *s. m.* Resultado de bailotear.

baja *s. f.* Disminución de precios. *La baja del petróleo afecta las finanzas de todo el país.* || Terminación de la relación laboral. *Aceptó la baja a cambio de una buena liquidación.* || Documento que ampara al trabajador que debe dejar su actividad temporalmente por enfermedad. *Le pidió al jefe que firmara la baja porque se iba a operar.* || Persona muerta o desaparecida en la guerra. *Hubo tantas bajas que el ejército optó por retirarse.* || *loc.* ***A la baja:*** que está bajando un precio. *La Bolsa cerró a la baja.* || ***Darse de baja:*** dejar de pertenecer al ejército.

bajada *s. f.* Camino que va hacia abajo de un lugar. || Trayecto que baja. || Baja en los precios.

bajamar *f.* Tiempo en el que baja la marea.

bajar *t. intr.* Ir a un lugar más bajo. || Salir de un vehículo. || Disminuir el valor o la intensidad de algo. *Ya le bajó la fiebre.* || Descargar un programa a través de internet.

bajedad *s. f. ant.* Bajeza.

bajel *s. m.* Cierto tipo de barco antiguo.

bajez *s. m. ant.* Bajeza.

bajeza *s. f.* Acción inmoral y malvada. *El artista aseguró que era una bajeza acusarlo de cobrar por entrevista.*

bajío *s. m.* Terreno bajo.

bajista *s. com.* Persona que toca el bajo. || Persona que juega a la baja en la Bolsa.

bajo, ja *adj.* Que no es muy alto. || Que está en un sitio de poca altura. || Que tiene poco valor. || Que no tiene recursos económicos. || Que es inmoral. *¡Qué bajo has caído con tus mentiras!* || Que mira hacia abajo. *Sus ojos bajos indicaban arrepentimiento.* || Que suena con poca intensidad. || Que sus colores se ven apagados.

bajo¹ *s. m.* Instrumento musical de cuerda, parecido al violín pero muy grande, tanto que se tiene que tocar de pie. || Parte baja de una prenda de vestir. || Voz grave, por debajo de la del barítono. || Cantor con registro de voz grave. || *pl.* En un edificio, piso que está a la altura de la calle.

bajo² *prep.* Indica que alguien o algo está debajo de otra cosa. || Indica que alguien está sometido a las órdenes de un superior. *Bajo el mando del general Morelos, la tropa salió victoriosa.*

bajón¹ *s. m.* Instrumento de viento antiguo, antecesor del fagot.

bajón² *s. m.* Decaimiento brusco del estado de ánimo o la salud de una persona.

bajonazo *s. m.* Bajón en la salud física o mental, o en aspectos económicos.

bajorrelieve *s. m.* Relieve que sobresale apenas de la superficie donde está esculpido. *En las monedas se usa la técnica del bajorrelieve para los bustos de los héroes.*

bala *s. f.* Proyectil de forma cilíndrica terminado en punta. || Bulto de mercaderías muy comprimidas. || *loc.* ***Bala perdida:*** la que pega donde no ha sido dirigida expresamente. || ***Como bala:*** a gran velocidad, con mucha presteza.

balacear *t. Amér. C. Ants.* y *Méx.* Disparar con balas.

balacera *s. f.* Momento en que se balacean dos grupos antagónicos.

balada *s. f.* En música, composición amorosa de ritmo lento.

baladí *adj.* Que tiene poca importancia.

baladista *s. com.* Persona que canta baladas.

baladrón, drona *adj.* Que presume de valiente siendo cobarde.

baladronada *s. f.* Lo que hacen o dicen los baladrones.

baladronear *intr.* Hacer o decir baladronadas.

balalaica *s. f.* Instrumento musical de cuerda, con caja en forma triangular, originario de Rusia.

balance *s. m.* Movimiento de un cuerpo de un lado hacia otro. || Comparación de los activos y pasivos de una empresa. || Contraposición de los aspectos positivos y negativos de algo. *Se hará un balance de la gestión de gobierno.*

balanceado, da *adj.* Equilibrado. || Se aplica al tipo de alimento para animales que contiene todos los nutrientes que necesita su organismo.

balancear *t.* y *pr.* Mover de un lado a otro. || Poner en equilibrio.

balanceo *s. m.* Movimiento de un lado a otro. *El balanceo del péndulo me hipnotizó.* || Ajuste o igualación del peso de las ruedas de un automóvil.

balancín *s. m.* Palo largo que usan los equilibristas para mantener el equilibrio. || Asiento cuyas patas se apoyan sobre arcos con las puntas para arriba que balancean a la persona sentada en él. || Subeibaja. || En las máquinas de vapor, biela. || Parte de algunas máquinas que transforma o regulariza un movimiento.

balandra *s. f.* Barco pequeño, de un solo palo y velas triangulares.

balandro *s. m.* Balandra pequeña que se usa para regatas.

bálano *s. m.* Extremo abultado del pene.

balanza *s. f.* Instrumento para pesar. *La justicia siempre se representa con una balanza.* || *loc.* ***Balanza comercial:*** balance que se hace de las importaciones y las exportaciones de un país. || ***Balanza de pagos:*** balance de las ventas y los cobros del exterior.

balanzón *s. m. Méx.* Vasija que usan los plateros para limpiar la plata o el oro. || Cogedor de granos de la balanza que al mismo tiempo sirve de platillo para pesar.

balar *intr.* Dar balidos las ovejas.

balata *s. f.* Parte de un automóvil que permite la fricción adecuada de los frenos.

balaustrada *s. f.* Barandilla formada por balaustros o columnas que sirve para rodear o proteger un balcón, una escalera, etc. *Julieta se apoyó en la balaustrada para esperar a Romeo.*

balaustre o **balaústre** *s. m.* Cada una de las columnas que forman una balaustrada.

balazo *s. m.* Herida provocada por una bala. || En imprenta, subtítulo que se pone encima del titular de un periódico. || *loc.* ***Ni a balazos:*** de ninguna manera. *Ni a balazos me paro en casa de mi suegra.*

balboa *s. m.* Moneda oficial de Panamá.

balbuceante o **balbuciente** *adj.* Que balbucea.

balbucear *intr.* Expresarse con dificultad, entrecortadamente. *El desconocido balbuceó una disculpa y se fue.*

balbuceo *s. m.* Articulación defectuosa o entrecortada de palabras. *El galán era tan tímido, que sólo se oía un balbuceo apagado.*

balbucir *t.* Balbucear.

balcánico, ca *adj.* Que se relaciona con los Balcanes.

balcanizar *t.* Hacer pedazos un país en territorios más pequeños y enfrentados entre sí. *A la muerte de Tito, una vez más se balcanizó la ex Yugoslavia.*

balcón *s. m.* Saliente de un edificio protegida por una barandilla. *Me gusta sentarme a leer en el balcón.* || Segundo piso de los teatros.

balconcillo *s. m.* En las plazas de toros, lugar con barandal que hay sobre la salida del toril o una puerta.

balconear *intr. Arg.* y *Uy.* Observar los acontecimientos sin participar en ellos. || *t. pr. Méx.* Poner a alguien en evidencia.
balconería *s. f.* Conjunto de balcones. || Fabricación de balcones. *En Zacatecas hay pequeñas industrias de balconería.*
balda *s. f.* Anaquel de una alacena.
baldado, da *adj.* Imposibilitado de mover algún miembro, tullido.
baldaquín o **baldaquino** *s. m.* Pieza cuadrada o rectangular de tela lujosa y adornada que se cuelga formando dosel sobre un trono, lecho, imagen, catafalco, etc.
baldar *t.* Estar impedido de movimiento alguno de los miembros del cuerpo, ya sea por enfermedad o por accidente.
balde *s. m.* Recipiente cilíndrico que se usa para transportar agua. || *loc.* ***De balde:*** en vano. *No voy a trabajar de balde, me pagas o me voy.*
baldear *t.* Echar baldes de agua en una superficie, como la cubierta de un barco o el patio de una casa. || Achicar el agua de un barco con ayuda de un balde.
baldeo *s. m.* Acción y resultado de baldear.
baldío, día *adj.* y *s.* Que está sin cultivar. *La tierra baldía se puede expropiar para entregarla a los campesinos.*
baldón *s. m.* Oprobio, injuria.
baldosa *s. f.* Ladrillo fino empleado para recubrimiento de pisos.
baldosado, da *adj.* Embaldosado.
baldosín *s. m.* Baldosa pequeña.
balear *t.* Tirotear, disparar con balas.
balénido, da *adj.* Que pertenece al grupo de los cetáceos, como la ballena.
balero *s. m. Amér.* Juguete de madera formado por una bola o barril con un agujero, que se ata a un palito terminado en punta, que debe meterse en ese agujero. || *Arg.* y *Uy. fam.* Cabeza. || *Uy. fam.* Persona muy inteligente. || *Méx.* Mecanismo de un automóvil formado por dos anillos con esferas entre ellos para minimizar la fricción. También se llama «cojinete de bolas».
balido *s. m.* Sonido que emiten el carnero, el cordero, la oveja, la cabra, el gamo y el ciervo.
balín *s. m.* Bala pequeña.
balística *s. f.* Ciencia que estudia todo lo relacionado con las balas u otros proyectiles. *El experto en balística comparó las balas y coincidieron con las del arma asesina.*
balístico, ca *adj.* Relacionado con la balística.
baliza *s. f.* Señal que se coloca en tierra o en mar para indicar un camino o un peligro. || Señal en los aeropuertos para indicar dónde está la pista.
ballena *s. f.* Mamífero cetáceo, que llega a medir 30 m y a pesar más de una ton. || Cada una de las barbas o láminas que funcionan como dientes en estos animales. *¿Se van a poner de moda otra vez los corsés con ballenas?*
ballenato *s. m.* Cría de la ballena.
ballenero, ra *adj.* y *s.* Que se relaciona con la caza y el uso industrial de las ballenas. || *s. m.* Cazador de ballenas. || Barco para cazar ballenas. || *s. f.* Lancha para acercarse a arponear a las ballenas.
ballesta *s. f.* Arco que dispara flechas con gran potencia pero, a diferencia del arco tradicional, en éste la flecha se ubica horizontalmente sobre un soporte.
ballet *s. m.* Danza clásica que se representa sobre un escenario. || Música que se compone especialmente para esa danza. || Compañía que se dedica a ese tipo de danza.
balneario *s. m.* Establecimiento con baños públicos, por lo general con aguas medicinales. || *Méx.* Lugar de recreo con albercas. || *Uy.* Playa en la costa.
balompié *s. m.* Futbol.
balón *s. m.* Pelota de material flexible rellena de aire que se usa en muchos deportes, como el futbol y el voleibol.
balonazo *s. m.* Golpe dado con un balón. *Recibió un balonazo en la cabeza que lo noqueó.* || Impulso muy fuerte que imprime el jugador al balón. *Convirtió el penal de un balonazo imparable.*
baloncesto *s. m.* Básquetbol.
balonmano *s. m.* Especie de futbol que se juega con las manos y sólo siete jugadores.
balonvolea *s. m.* Voleibol.
balotaje *s. m.* Segunda vuelta en una elección cuando el candidato ganador no obtiene la mayoría requerida. *Hay balotaje en países como Francia, Colombia, Uruguay.*
balsa[1] *s. f.* Hueco en el terreno que se llena de agua.
balsa[2] *s. f.* Conjunto de maderos atados uno al lado del otro que sirve de barco. *Los náufragos construyeron una balsa para escapar de la isla.* || Madera de un árbol del mismo nombre que es muy ligera. *Los aviones de aeromodelismo están fabricados con madera de balsa.*
balsadero *s. m.* Lugar a orillas de un río donde hay balsas para cruzarlo.
balsámico, ca *adj.* Que contiene bálsamo o alguna sustancia con sus características.
balsamina *s. f.* Planta originaria de Perú que tiene cualidades balsámicas.
bálsamo *s. m.* Resina aromática que se obtiene haciendo incisiones en determinados árboles. || En medicina, sustancia de uso tópico, aromática, que alivia o cura problemas de piel o musculares.
balsero, ra *s.* Persona que conduce una balsa. || *Amér. C.* y *Ants.* Persona que trata de entrar ilegalmente en otro país al que llega en balsa.
báltico, ca *adj.* Que se relaciona con los países situados alrededor del mar Báltico. *Los países bálticos solían formar parte de la ex Unión Soviética.*
baluarte *s. m.* Edificación que sobresale en la esquina de un fuerte. || Fuerte pentagonal. || *fig.* Defensa de una causa. *Nelson Mandela es un baluarte en la lucha contra la discriminación.*
balumba *s. f.* Montón desordenado de cosas.
balumbo *s. m.* Cosa voluminosa que es difícil de cargar.
bamba *s. f. Méx.* Canción famosa a ritmo de son jarocho. || *Amér. C.* y *Ants.* Baile que se ejecuta en parejas. || Música para ese baile.
bambalina *s. f.* Tira de lienzo o papel que cuelga a los lados del escenario. || *loc.* ***Entre bambalinas:*** atrás o al costado del escenario, fuera de la vista del público. *Las bailarinas esperaban su entrada entre bambalinas.* || *fig.* ***Tras bambalinas:*** en secreto. *En realidad, la esposa del jefe da las órdenes tras bambalinas.*
bamboleante *adj.* Que se bambolea.
bambolear *t.* Oscilar con un movimiento de vaivén. || Moverse una cosa o una persona de un lado a otro sin perder su punto de apoyo. *El borracho se bamboleaba sin perder el equilibrio.*
bamboleo *s. m.* Movimiento oscilante. *El bamboleo constante del autobús la adormeció.*
bambolla *s. f.* Burbuja. || *Col. Per.* y *Ven.* Pompa, ostentación excesiva. *Esa fiesta es pura bambolla, nomás para aparentar que tienen dinero.*
bambú *s. m.* Planta originaria de la India, con tallos muy altos y flexibles parecidos a la caña. *Me encantan las cercas de bambú.*
bambuco *s. m.* Baile popular de Colombia y Ecuador.
banal *adj.* Que es común y corriente, de poca importancia.
banalidad *s. f.* Lo que es banal. *La mejor defensa ante la banalidad de la televisión comercial es no verla.*
banalización *s. f.* Transformación progresiva de algo sustancial en banal.
banalizar *t.* Quitar importancia a algo.
banana *s. f.* Fruto del banano, de piel gruesa y amarilla que se desprende con facilidad.
bananal *s. m.* Terreno donde hay bananos.
bananero, ra *adj.* Que se refiere a los bananos o a las bananas. || Banano. || Relativo a un país que depende de las exportaciones de bananas y, por extensión, país tercermundista de América Latina. *En pleno siglo XXI aún existen las repúblicas bananeras.*

banano *s. m.* Árbol cuyo fruto es la banana.
banasta *s. f.* Cesto grande hecho de mimbre entretejido. *Por desgracia, el plástico ha sustituido al mimbre en las banastas.*
banasto *s. m.* Banasta redonda. *Las tortillas caen, calientitas, en el banasto que está en el suelo.*
banca¹ *s. f.* Conjunto de bancos y banqueros, así como las actividades que desarrollan.
banca² *s. f.* Asiento largo de madera. || *Amér.* Lugar donde se sientan los jugadores de reserva y los entrenadores.
bancada *s. f.* Banco de los remeros. || *Méx.* Conjunto de legisladores de un mismo partido. *La bancada del partido azul votó en contra de lo que proponía la bancada del tricolor.*
bancal *s. f.* Superficie horizontal que se fabrica en terrenos con declives. *Los chinos ganan terreno a las montañas construyendo bancales.*
bancar *t. Arg.* y *Uy.* Tener que soportar a alguien. *Ya no banco a mi suegra.* || Apoyar económicamente a alguien. *El patriarca banca a todos sus yernos, agradecido porque se casaron con sus feas hijas.*
bancarrota *s. f.* Estado de insolvencia económica de personas morales o físicas y gobiernos.
banco¹ *s. m.* Institución especializada en el comercio de dinero mediante depósitos, préstamos, inversiones, pagos, etc., basada en el interés de capital. *Voy a hacer un depósito en el banco de la esquina.* || Lugar donde se almacenan fluidos u órganos con fines médicos. *En el banco de sangre debe haber tipo O negativo para el transplante.*
banco² *s. m.* Asiento sin respaldo para una persona. *Ese banco es muy bajo para sentarme con comodidad.* || Mesa de trabajo artesanal. *El carpintero colocó sobre el banco sus herramientas en orden.*
banco³ *s. m.* Bajo de mares y río navegables que tiene gran extensión. *El barco encalló en un bajo de la isla.* || Conjunto de peces. *El sonar detectó un banco de atunes.*
banda *s. f.* Cualquier superficie comprendida entre dos líneas paralelas. || Trozo largo de material flexible que sirve como adorno o distintivo. *La banda presidencial tiene los colores de la bandera.* || Grupo musical. *Una banda de guerra tocó marchas en el quiosco del pueblo.* || En física, intervalo finito en el campo de variación de una magnitud. *La banda de luz visible no abarca el infrarrojo.*
bandada *s. f.* Conjunto de aves. || Grupo numeroso y bullicioso de personas.
bandazo *s. m.* Movimiento o cambio de orientación brusco de una embarcación o vehículo. *El automóvil derrapó y dio un bandazo.* || *fig.* Cambio de orientación súbito e inesperado. *Hay candidatos políticos que de pronto dan bandazos increíbles.*
bandear *t.* Oscilar de una banda a la otra o dar bandazos.
bandeja *s. f.* Recipiente cóncavo y redondo de metal u otros materiales para usos domésticos varios.
bandeo *s. m.* Acción y efecto de bandear.
bandera *s. f.* Trozo por lo general rectangular de tela estampada con figuras, colores y, en algunos casos, lemas que identifican a una nación, colectividad o agrupación.
banderazo *s. m.* Señal que se hace con una bandera.
banderilla *s. f.* Palo adornado provisto de punta metálica que los toreros clavan en la cerviz del toro para cebarlo. || Bocadillo de salchicha o queso empanizado. || *Méx.* Pieza alargada de pan dulce crocante.
banderillero *s. m.* Torero que clava las banderillas al toro.
banderín *s. m.* Bandera pequeña de forma triangular, generalmente usada como identificación de equipos deportivos.
banderola *s. f.* Bandera pequeña usada en festividades, campañas de promoción y señalizaciones.
bandidaje *s. m.* Comportamiento propio de bandidos. || Existencia prolongada de bandidos en una región.
bandido, da *adj.* Que está fuera de la ley. || *s.* Persona dedicada a cometer fechorías ilegales, generalmente robos. || Persona de malas intenciones.
bando *s. m.* Edicto o mandato solemne. || Facción o partido.
bandolera *s. f.* Cinta de cuero que cruza el pecho para portar armas o municiones.
bandolero, ra *s.* Bandido, ladrón.
bandoneón *s. m.* Instrumento musical de viento generado por un fuelle que se activa al extenderlo y cerrarlo, cuyas notas son emitidas por botones dispuestos en los tableros laterales, típico de la música popular argentina y similar al acordeón.
banjo *s. m.* Instrumento musical de cuerdas similar a la guitarra, provisto de un tambor como caja de resonancia, típico del sur y el suroeste de Estados Unidos.
banquero, ra *s.* Propietario, accionista o ejecutivo de banco.
banqueta *s. f.* Asiento largo sin respaldo. || *Guat.* y *Méx.* Camino para peatones a ambos lados de la calle.
banquete *s. m.* Comida que se sirve para muchos invitados. || Comida espléndida y abundante para celebrar un acontecimiento o fecha especial.
banquillo *s. m.* Asiento del reo ante el juez. *Lograron llevar al estafador hasta el banquillo de los acusados.*
banquisa *s. m.* Bloque o masa de hielo flotante.
bantú *adj.* De o relacionado con la familia lingüística del mismo nombre, del África Ecuatorial y Meridional. *pl. bantúes.*
bañadera *s. f.* Recipiente donde se mete una persona para bañarse. || *Uy.* Ómnibus viejo de alquiler.
bañado *s. m. Amér.* Terreno húmedo, cenagoso o inundado.
bañado, da *adj.* Que ha tomado un baño. || Que está cubierto de agua.
bañador *adj.* Que baña. || *s. m. Esp.* Traje de baño.
bañar *t.* Lavar el cuerpo. *No hay que desperdiciar agua cuando uno se baña.* || Sumergir algo en un líquido. *Bañó en ácido el anillo para evaluarlo.* || Tocar algo las aguas. *El Mediterráneo baña el norte de África.* || Cubrir algo con otra sustancia o material. *Si bañas el pan con azúcar y canela quedará mejor.* || *loc. Méx.* ***¡Vete a bañar!:*** expresión que se usa para deshacerse de alguien. *¡Ya no molestes! ¡Vete a bañar!*
bañera *s. m.* Recipiente para el baño de una persona. *La bañera del bebé es muy útil.*
bañero, ra *s. m.* Dueño o responsable de un baño público.
bañista *s.* Persona que se baña en un lugar, generalmente de recreo.
baño *s. m.* Acción y efecto de bañar. || Cuarto de baño. || Retrete. || Capa de material que cubre a otro. || *loc.* ***Baño de asiento:*** aquel en el que sólo se mojan las piernas, las caderas y las nalgas. || ***Baño de sangre:*** matanza notable. || ***Baño María:*** procedimiento que consiste en calentar algo de manera indirecta colocándolo dentro de una vasija que a su vez se coloca en un recipiente con agua sometida a la acción del fuego. || ***Baño turco:*** el que se realiza sometiéndose al vapor de agua hasta producir alta sudoración. || ***Ir al baño:*** expresión eufemística para expresar que se va satisfacer una necesidad natural. || *Méx.* ***Darse baños de pureza:*** aparentar inocencia. || ***Medio baño:*** cuarto de baño en el que sólo hay retrete y lavabo.
baobab *s. m.* Árbol africano robusto con tronco de hasta diez metros de diámetro y ramas horizontales de hasta veinte metros de largo, que da un fruto carnoso.
baptismal *adj.* Bautismal.
baptisterio *s. m.* Recinto adjunto a un templo religioso donde se administra el bautismo. || Pila bautismal.
baqueano *s. m.* Persona experta en saberes prácticos. || Persona ducha en conocimiento de caminos y veredas. *El baqueano guió las reses al corral.* || Campechano.
baquelita *s. f.* Resina sintética resistente e impermeable de amplio uso industrial como aislante, empaque y barniz.

baqueta *s. f.* Palillo para tocar percusiones. || Vara metálica para limpiar cañones de arma y retacar la pólvora.
baquetazo *s. m.* Golpe dado con una baqueta.
baqueteado, da *adj.* Experimentado o ducho en alguna actividad o negocio. || Maltratado por una situación difícil o por la vida en general.
baquetón, tona *adj. fam.* Persona floja y desvergonzada.
baquía *s. f.* Conocimiento práctico acerca del terreno de un lugar y sus elementos. || Habilidad para las obras manuales.
bar *s. m.* Expendio de bebidas alcohólicas, habitualmente provisto de una barra.
barahúnda *s. f.* Desorden, ruido y confusión grande. *El salón de clases era una barahúnda.*
baraja *s. f.* Conjunto y juego de naipes o cartas.
barajar *t.* Mezclar y alterar el orden de la baraja antes de repartirla. || *fig.* y *fam.* Considerar varias opciones.
barajustar *t.* Confundir las cosas deliberadamente con fines aviesos.
barandal *s. m.* Pieza de madera, hierro u otros materiales formada por largueros y travesaños que sirve como apoyo y ornato en escaleras, balcones, ventanas, etc.
barandilla *s. f.* Barandal. || *Méx.* Lugar de comparecencia de los detenidos y los quejosos en la agencia del ministerio público y la estación de policía.
baraña *s. m.* Montón de hojarasca, ramas, corteza y otros desprendimientos de la vegetación del monte.
barata *s. f.* Venta de artículos a bajo precio.
baratería *s. m.* Fraude o engaño en compraventa de poca monta.
baratero, ra *adj.* Comerciante que vende a precio más bajo, generalmente baratijas.
baratija *s. f.* Artículo de poco valor.
baratillo *s. m.* Conjunto de mercancías de bajo precio. || Establecimiento donde se venden.
barato *adv.* Por poco precio.
barato, ta *adj.* Se dice de la mercancía cuyo precio es más bajo que el normal o esperado. *Los zapatos baratos suelen durar poco tiempo.* || Que se consigue sin hacer esfuerzo. *Como había estudiado mucho el examen le salió barato.*
baratura *s. f.* Precio, valor o calidad ínfima de un artículo.
barba *s. f.* Parte inferior de la cara de las personas. || Pelo que nace debajo de la cara y las mejillas de los hombres y de ciertos animales. || Cada una de las láminas córneas y elásticas que tiene la ballena en la mandíbula superior. || *loc.* ***Barba cerrada:*** aquella que es muy poblada. || ***En las barbas de alguien:*** en su cara, frente a sus ojos. || ***Hacer la barba:*** adular. || ***Subirse a las barbas de alguien:*** faltarle el respeto, imponerle la voluntad ajena.
barbacoa *s. f.* Parrilla para asar carne o pescado al aire libre. || Conjunto de alimentos preparados en esa parrilla. || *Guat.* y *Méx.* Hoyo con piedras calientes y tapado con hojas vegetales grandes y tierra que se emplea como horno. || Carne de borrego o cerdo cocinada en ese horno.
barbado, da *adj.* Que tiene barba. || Planta transplantada con raíz.
barbaján, jana *adj.* y *s. Cub.* y *Méx.* Tosco, grosero, maleducado.
barbarería *s. f. ant.* Acto de barbarie, barbaridad.
barbárico, ca *adj.* Relativo a los pueblos bárbaros.
barbaridad *s. f.* Acto de barbarie, crudeza o crueldad. || Acto grosero.
barbarie *s. f.* Estado de incultura de los pueblos anterior a la civilización, caracterizado por conductas irracionales, atroces y crueles. || Oleadas de violencia en un contexto civilizado. *No puede olvidarse la barbarie nazi.*
barbarismo *s. m.* Vocablo de procedencia extranjera considerado impropio según las normas generalmente aceptadas. || Palabra o expresión impropia o erróneamente empleada según las normas generalmente aceptadas.
bárbaro, ra *adj.* Se dice de los pueblos considerados incivilizados por los griegos y los romanos de la antigüedad. || Relativo a esos pueblos. || Cruel, salvaje. *El orador sufrió una agresión bárbara por parte de un sujeto muy enojado.* || Inculto, rudo. *Comer con las manos sucias es una costumbre bárbara.* || Extraordinario, fuera de lo común. *El atleta aprovechó las condiciones y dio un salto bárbaro.* || Estupendo, magnífico. *Esa muchacha tiene una estampa bárbara.*
barbechar *t.* Preparar la tierra para sembrarla o dejarla descansar, volteándola con tractor o arado.
barbecho *s. m.* Sistema de labor agrícola basado en voltear la tierra con tractor y arado para sembrarla o dejarla descansar. || Tierra preparada con este sistema.
barbería *s. f.* Lugar donde se corta el pelo y se arregla la barba y el bigote a los caballeros. || Oficio de barbero.
barbero *s. m.* Hombre cuyo oficio es cortar el pelo y arreglar la barba y el bigote de los caballeros. || Pez comestible de piel muy áspera. || *adj.* Que hace la barba, adulador.
barbijo *s. m. Arg. Bol. Py. Salv.* y *Uy.* Cinta que sostiene un sombrero por debajo de la barbilla.
barbilampiño, ña *adj.* Que tiene poca o ninguna barba.
barbilindo *adj.* Que se precia de ser apuesto.
barbilla *s. f.* Parte de la cara que está debajo de la boca.
barbiquejo *s. m.* Ver Barbijo.
barbitúrico *s. m.* Sustancia química que se usa para tranquilizar y combatir el insomnio. *Las heroínas románticas solían suicidarse con barbitúricos.*
barbón, bona *adj.* Que tiene mucha barba.
barboquejo *s. m.* Barbijo.
barbudo, da *adj.* Barbón.
barbulla *s. f.* Barullo, vocerío.
barca *s. f.* Embarcación pequeña que se usa para navegar o pescar cerca de la costa.
barcarola *s. f.* Canción de los gondoleros de Venecia. || Canción de los marineros.
barcaza *s. f.* Barca grande que se usa para transportar mercancías.
barcino, na *adj.* De pelo blanco y pardo, a veces rojizo, referido a animales. || *Méx.* Que tiene rayas o manchas, referido a animales y plantas. || *Uy.* Atigrado, referido a gatos, perros y ganado vacuno.
barco *s. m.* Construcción flotante destinada al transporte de personas o mercancías.
barda *s. f. Arg.* Ladera acantilada. || *Méx.* Tapia que rodea o separa un terreno o construcción de otro.
bardar o **bardear** *t.* Colocar bardas o cercas alrededor de un terreno.
bardo *s. m.* Poeta de los antiguos celtas. || Poeta.
baremo *s. m.* Conjunto de normas que sirven para anotar determinadas características en un cuaderno. *Se establecerá un baremo de indemnizaciones por el daño que causó el derrame de petróleo.*
baria *s. f.* En física, unidad de presión del sistema cegesimal, que es la presión de una dina por centímetro cuadrado.
baricentro *s. m.* En física, centro de gravedad de un cuerpo. || En geometría, punto donde se cortan las medianas de un triángulo.
bario *s. m.* Elemento químico, metal alcalino de color blanco amarillento, blando, pesado. Se utiliza como medio de contraste en radiología. Su número atómico es 56 y su símbolo *Ba.*
barisfera *s. f.* Centro de la Tierra, compuesto por hierro y níquel fundidos.
barita *s. f.* Óxido de bario. *La barita se usa para blanquear papel.*
barítono *s. m.* En música, voz media, más grave que la del tenor y más aguda que la del bajo. || Hombre que tiene esa voz.
barlovento *s. m.* Parte de donde viene el viento. || *loc.* ***A barlovento:*** en la dirección del viento.
barman *s. m.* Encargado de servir las bebidas en un bar.
barniz *s. m.* Sustancia compuesta por resinas y aceites con que se pro-

tegen muebles y superficies. || Baño que se le da a la loza, la porcelana, el barro, que se vitrifica en el horno de cerámica. || *Méx.* Pintura o esmalte para uñas.
barnizado, da *adj.* Que recibió un tratamiento de barniz. || *s. m.* Recubrimiento para proteger muebles y otras superficies expuestas al sol.
barnizar *t.* Poner una capa de barniz.
barómetro *s. m.* Instrumento para medir la presión atmosférica. || Medio de valoración que aprovecha los datos estadísticos para dar opiniones a veces subjetivas. *Los índices de desempleo son un barómetro de la educación del país.*
barón, ronesa *s.* Título de nobleza ubicado por debajo del de vizconde.
barquero, ra *s.* Persona que conduce la barca.
barquilla *s. f.* Cesto grande de los globos aerostáticos donde van los tripulantes. || Molde alargado en forma de barco que se usa para hacer pasteles.
barquillo *s. m.* Masa delgada y crocante con la que se hacen galletas de forma cilíndrica y conos de helado. || Cono de helado. *Siempre pido los helados en barquillo, no en vaso.*
barra *s. f.* Pieza más larga que ancha y delgada de un material rígido, generalmente metal. || Objeto de forma alargada, más largo que ancho. *Tráeme una barra de pan de la panadería.* || Mostrador alargado de un bar donde los clientes ordenan sus bebidas. *Según el bar, en la barra hay asientos altos o los bebedores permanecen de pie.* || Elevación del fondo del mar o río por acumulación de arena, que dificulta o impide la navegación. *Cerca de la barra pusieron una boya para que los barcos no encallaran.* || Signo de ortografía representado por una barra vertical u oblicua (|), (/), (\) que sirve para separar. La barra (/) tiene más usos en computación que en un manuscrito. || En música, línea vertical que corta un pentagrama para indicar separación de compás. || En deportes, diferentes aparatos para hacer gimnasia. *La barra fija, las barras paralelas o asimétricas acapararon la atención en las Olimpiadas.* || *Arg. Bol. Col. C. R. Py.* y *Uy.* Grupo de amigos que se juntan para hacer actividades de recreación. *Me voy con la barra al cine.* || *loc. Méx.* ***Barra de abogados:*** organismo que agrupa a los abogados. || *Arg.* ***Barra brava:*** conjunto de fanáticos de futbol que se comportan como vándalos.
barrabasada *s. f.* Travesura grande. || Acción perjudicial.
barraca *s. f.* Caseta construida con materiales ligeros o de desecho. || *Amér. C.* y *Amér. Merid.* Almacén de productos. || *Chil.* Maderería. || *Uy.* Edificio destinado al depósito y venta de materiales de construcción.
barracón *s. m.* Edificio rectangular, por lo general hecho de material fácilmente desmontable o provisional, para alojar tropas. *Los trabajadores pernoctaban en un barracón sin ventanas.*
barracuda *s. f.* Pez marítimo carnívoro que llega a medir más de 3 m, cuerpo alargado y mandíbula con dientes poderosos.
barrado, da *adj.* Que tiene barras.
barranca *s. f.* Barranco.
barranco *s. m.* Quebrada profunda en una montaña, con piedras sueltas.
barrar *t.* Cubrir de barro una cosa.
barredor, ra *adj.* Que barre. || *s. f.* Máquina que sirve para barrer las calles.
barredura *s. f.* Acción de barrer. || *pl.* Desperdicios o basura.
barrena *s. f.* Herramienta para hacer agujeros en superficies duras. || Barra de hierro con una o ambas puntas cortantes para agujerear piedras o terrenos duros. || *loc.* ***Caer*** o ***entrar en barrena:*** precipitarse un avión en posición vertical y girando como trompo por pérdida de velocidad.
barrenado, da *adj. fam.* Loco.
barrenador *s. m. Amér. C.* Insecto que ataca al maíz. || *Méx.* Larva de mosca que ataca al ganado. Se usa más como adjetivo: *gusano barrenador.*
barrenar *t.* Hacer hoyos en una superficie con una barrena.
barrendero, ra *s.* Persona que barre aceras, calles, parques públicos.
barrenero *s. m.* El que fabrica o vende barrenas o barrenos. || Obrero que coloca barrenas o barrenos.
barrenillo *s. m.* Insecto que ataca la corteza y el tronco de los árboles, horadándolos y royéndolos. || Enfermedad que produce ese insecto.
barreno *s. m.* Barrena. || Agujero en una roca que se llena de pólvora para volarla. *El barrenero colocó tan mal el barreno que se hirió a sí mismo.*
barreño *s. m.* Recipiente grande, más ancho en la boca, que se usa para lavar loza, remojar los pies, bañarse incluso.
barrer *t.* Limpiar el piso con una escoba. || Desembarazar un sitio o arrasarlo. *Las palomas barrieron con todas las migajas.* || Derrotar completamente al enemigo. *El equipo local barrió al de los visitantes.*
barrera *s. f.* Obstáculo, fijo o móvil, que impide el paso. *La Sierra Madre Occidental es una barrera natural para los huracanes.* || Barra móvil, fija en uno de sus extremos, que permite o impide el paso de un vehículo. *Los barrios residenciales se protegen con barreras.* || Grupo de jugadores que se colocan hombro con hombro para impedir que pase la pelota en el cobro de una falta. *El juez tardó mucho en colocar la barrera para la ejecución del tiro libre.* || Cosa que impide o dificulta el logro de algo. *Hay que poner una barrera para frenar la corrupción.* || *loc.* ***Barrera de sonido:*** en física, resistencia que experimenta una aeronave al pasar la velocidad del sonido (340 m/s).
barreta *s. f.* Barra pequeña. || Herramienta en forma de barra larga de fierro sólido que se utiliza como pico o palanca.
barriada *s. f.* Barrio. || Parte de un barrio. *La barriada Este suele reunirse en el parque.*
barrial[1] *adj.* Relativo al barrio.
barrial[2] *s. m. Amér.* Lugar lleno de barro.
barrica *s. f.* Tonel de tamaño mediano. *Usaron las barricas de vino y cerveza como mesas.*
barricada *s. f.* Muro provisional que se construye con barricas, vehículos volcados, piedras. *Los manifestantes alzaron barricadas para defenderse de la policía.*
barrida *s. f.* Acción y resultado de barrer. *Le dio una barrida al piso porque lo habían llenado de migas.* || Despido masivo.
barrido *s. m.* Acción y resultado de barrer. || Proceso mediante el cual un dispositivo explora sistemáticamente un lugar, lo «lee» electrónicamente y transmite imágenes. *El escáner utiliza un sistema de barrido.* || *loc. Méx.* ***Entrar a lo barrido:*** entrar con confianza. || *desp.* ***Servir lo mismo para un barrido que para un fregado:*** servir para cualquier trabajo.
barriga *s. f.* Cavidad del cuerpo humano que contiene las vísceras, el aparato digestivo, el urinario y el reproductivo. || Parte abultada de una vasija. || *loc.* ***Echar barriga:*** engordar, dejar crecer la barriga. || ***Rascarse la barriga:*** no hacer nada. || ***Tener barriga:*** estar gordo, tener el vientre abultado. || ***Tener la barriga en la boca:*** estar a punto de parir.
barrigón, gona *adj.* Que tiene mucha barriga.
barrigudo, da *adj.* Barrigón.
barril *s. m.* Recipiente de madera que sirve para guardar líquidos. Se trata de varias maderas combadas, sujetas por aros de metal y con tapas redondas en cada extremo. *Los barriles de aceite pesan mucho.* || Medida del petróleo que equivale a unos 158 litros.
barrilete *s. m.* Instrumento de hierro en forma de siete con que los carpinteros aseguran sobre el banco los materiales que trabajan. || Pieza cilíndrica y móvil de un revólver en la que se ponen los cartuchos. || *Amér.* Cometa, papalote.
barrillar *s. m.* Lugar en el que hay muchas plantas de las llamadas barrillas.

B

barrio *s. m.* Zona de una ciudad o de un pueblo. || Arrabal. || *loc.* ***Barrio bajo:*** barrio popular. || ***De barrio:*** se dice de los comercios o cines pequeños que se localizan en un vecindario. || ***El otro barrio:*** el más allá. || ***Irse al otro barrio:*** morir. || ***Mandar a alguien al otro barrio:*** matarlo.
barriobajero, ra *adj.* Propio de los barrios bajos.
barritar *intr.* Dar barritos el elefante.
barrito *s. m.* Sonido que emite el elefante.
barrizal *s. m.* Lugar lleno de lodo.
barro¹ *s. m.* Lodo. || Masa de agua y arcilla que se moldea de diferentes formas y luego se hornea para endurecerla. *Las ollas de barro son típicas de la artesanía mexicana.*
barro² *s. m.* Grano rosado que sale en la cara u otra parte del cuerpo a causa de la acumulación de grasa en un poro.
barroco, ca *adj.* Que está muy adornado. || Que es muy complicado o extraño. || *s. m.* Estilo artístico del siglo XVI caracterizado por formas muy complejas y un exceso de adornos.
barroquismo *s. m.* Cualidad o tendencia a lo barroco.
barroso, sa *adj.* Que tiene barro o es del color del barro.
barrote *s. m.* Barra gruesa, de madera o metal. *El prisionero cortó los barrotes de su celda y logró escapar.*
barrueco *s. m.* Perla de forma irregular.
barrujo *s. m.* Acumulación de hojas secas de pino.
barruntar *t.* Sospechar o presentir algo por una señal.
barrunte *s. m.* Barrunto.
barrunto *s. m.* Acción de barruntar.
bartolina *s. f. Méx.* Calabozo oscuro y estrecho.
bártulos *s. m. pl.* Los utensilios que se utilizan en alguna actividad.
barullo *s. m.* Ruido, desorden.
barzón *s. m.* Tira de cuero que sirve de unión entre el yugo y el timón del arado.
basal *s. f.* Lo que se toma como punto de partida o referencia.
basáltico, ca *adj.* Hecho de basalto o con las características de ese mineral.
basalto *s. m.* Roca volcánica de color oscuro que se forma cuando el magma de los volcanes se enfría rápidamente.
basamento *s. m.* Estructura muy sólida que sirve de base a una construcción y que se eleva por encima del nivel del suelo.
basar *t. pr.* Apoyar algo sobre una base. *El arquitecto aprovechó los escalones más largos para basar las columnas.* || Tomar algo como base. *Las calificaciones se basan en el aprendizaje de los alumnos.* || Tomar como punto de partida o compartir ideas, opiniones, teorías. *Esta propuesta se basa en los nuevos descubrimientos de la genética.*
basáride *s. m.* Mamífero carnívoro parecido a un mapache, de cola muy larga con anillos oscuros.
basca *s. f.* Sensación de vomitar en el estómago.
bascosidad *s. f.* Suciedad, porquería.
báscula *s. f.* Aparato que sirve para medir el peso de las cosas o de las personas.
basculación *s. f.* Acción de bascular.
basculador *s. m. Cub.* Dispositivo mecánico que tienen algunos camiones, vagones u otros vehículos para volcar la carga.
basculante *adj.* Que bascula.
bascular *intr.* Moverse una cosa de un lado a otro, como la aguja de las básculas. || Inclinarse la caja de algunos vehículos para volcar la carga.
base *s. f.* Parte inferior en la que se sostiene algo. || Apoyo o fundamento principal de algo. *La base de una teoría es la investigación.* || Parte importante de algo. *La base de esa receta es la carne.* || Lugar en donde se concentran fuerzas militares. *La base naval estaba a un kilómetro del puerto.* || En el juego de béisbol, cada una de las cuatro esquinas del campo de juego donde hay almohadillas que deben pisar los jugadores. || En geometría, línea a partir de la cual se mide la altura de una figura plana. || *pl.* Reglas de un concurso, un sorteo, una subasta, etc.
básico, ca *adj.* Que es indispensable o que es la base o fundamento de algo. *Una buena alimentación es básica para el crecimiento de los niños.*
basilar *adj.* Relativo a la base.
basílica *s. f.* Iglesia que es muy importante por su antigüedad o por su tamaño.
basilisco *s. m.* Reptil parecido a la iguana, pero más pequeño, con dos crestas, una sobre la cabeza y otra sobre el dorso. || Animal mitológico con cuerpo de serpiente y patas de ave.
básquet *s. m.* Básquetbol.
básquetbol *s. m.* Juego que consiste en introducir un balón en la canasta del equipo contrario.
basta¹ *s. f.* Puntada larga. || Cada una de las puntadas que hay en un colchón para evitar que el relleno se mueva de lugar.
basta² *interj.* Se usa para solicitar que se ponga fin a algo. *¡Basta!, ya no me des más de comer.*
bastante *adj.* Que basta. *Hay luz bastante para leer.* || En cantidad apreciable. *Hoy debo realizar bastantes trabajos.* || *adv.* Sin sobra ni falta. *Tenemos bastante con estas tareas.* || En no poca cantidad. *Caminó bastante, por eso está muy cansado.*
bastar *intr.* Ser suficiente. *Para comprender algo, no basta con aprenderse las cosas de memoria.*
bastardía *s. f.* Cualidad de bastardo.
bastardilla *adj. s. f.* Estilo de letra inclinado a la derecha.
bastardo, da *adj.* y *s. com.* Se dice del hijo nacido fuera del matrimonio.
bastedad *s. f.* Cualidad de basto.
basteza *s. f.* Característica de lo que es tosco.
bastidor *s. m.* Estructura de madera de forma circular o cuadrada con un hueco en su interior y que sirve para sujetar una tela u otros elementos. || Lienzos pintados que, en el teatro, se sostienen con un armazón y se colocan a ambos lados del escenario. || *loc.* ***Entre bastidores:*** se dice de aquello que sucede o se dice en secreto, sin que el público se entere.
bastilla *s. f.* Dobladillo hilvanado que se hace a una tela para que no se deshile.
bastimento *s. m.* Provisiones de alimento y equipo para un ejército o una ciudad.
bastión *s. m.* Baluarte. || *Col.* y *Méx.* Idea fundamental de una doctrina.
basto, ta *adj.* Sin pulir, tosco.
bastón *s. m.* Vara de madera o de metal que sirve para apoyarse cuando se tienen dificultades para caminar. || Vara que lleva una persona en señal de su autoridad. || En anatomía, células de la retina que captan las imágenes en blanco y negro.
bastonazo *s. m.* Golpe dado con un bastón.
bastoncillo *s. m. Esp.* Palillo de plástico con algodón en sus dos extremos.
bastonear *t.* Dar golpes con un bastón.
bastonero, ra *s.* Persona que hace o vende bastones. || *Méx.* Persona que forma parte de un grupo que, con bastones en las manos, apoya y anima a un equipo deportivo. || Persona que, con un bastón, dirige una banda de música que marcha.
basura *s. f.* Todas las cosas que se tiran porque ya no son útiles, son desperdicios. || Algo de mala calidad o de poco valor.
basural *s. m. Amér.* Lugar donde se tira la basura.
basurear *t. Amér. fam.* Tratar mal a alguien.
basurero, ra *s.* Persona encargada de recoger la basura. || *s. m.* Lugar donde se arroja y acumula la basura. || *Méx.* Recipiente donde se deposita la basura.
bat *s. m.* Bate.
bata *s. f.* Prenda de vestir cómoda e informal, abierta por la parte de adelante, que se usa para estar en la casa. || Prenda de vestir que se pone sobre la ropa para que ésta no se manche. *Los médicos usan una bata blanca.*
batacazo *s. m.* Golpe ruidoso y fuerte que sufre alguien cuando cae.
batahola *s. f.* Bullicio, ruido grande.

batalla *s. f.* Combate entre dos ejércitos enemigos. *En la batalla de Trafalgar perdió la armada española.* || Cualquier lucha entre dos partes. *Hay una batalla desatada por ganar las elecciones.* || Lucha que se emprende para vencer a alguien o algo. *La batalla contra su enfermedad le hizo ganar unos meses, pero finalmente murió.*
batallador, ra *adj.* y *s.* Que batalla.
batallar *intr.* Pelear o combatir con armas. || Hacer algo con muchas dificultades, con mucho esfuerzo. *Hay que batallar mucho para conseguir un buen empleo.*
batallón *s. m.* Grupo de soldados que, en conjunto, forman una parte del ejército. || Grupo muy grande de personas.
batán *s. m.* Máquina con mazos que golpean los tejidos para limpiarlos y compactarlos.
batata *s. f.* Planta de tallo que se arrastra por la tierra, y cuyos tubérculos son comestibles. || Tubérculo de esa planta.
batazo *s. m.* Golpe que se da con el bate.
bate *s. m.* Palo cilíndrico con el que se golpea la pelota en el juego de béisbol.
batea *s. f.* Bandeja de poca altura. || Barco pequeño en forma de cajón, para el transporte de mercancías. || Vagón sin techo y con bordes muy bajos.
bateador, ra *s.* Jugador que batea la pelota en el juego de béisbol.
batear *t.* Golpear la pelota con el bate en el juego de béisbol.
bateo *s. m.* Acción de batear.
batería *s. f.* Conjunto de cañones u otras armas listos para su uso. || Aparato que almacena energía eléctrica. *Los coches necesitan una batería para funcionar.* || Instrumento musical compuesto por un conjunto de tambores, platos y otros accesorios de percusión. || *loc.* ***Batería de cocina:*** conjunto de ollas y sartenes, por lo general de metal (cobre, hierro, aluminio, acero). || ***En batería:*** forma de estacionar un carro de manera paralela a los otros.
baterista *s. com.* Persona que toca la batería.
batey *s. m.* Lugar ocupado por casas, almacenes, etc., en las fincas agrícolas de las Antillas.
batiburrillo *s. m.* Conjunto de cosas revueltas, sin orden.
batida *s. f.* En la caza, acción de batir un terreno para que los animales salgan de sus escondites. || Acción de buscar organizadamente varias personas algo a alguien. || Registro de un lugar por parte de la policía.
batidero *s. m.* Golpear continuo de una cosa con otra. || Revoltijo, mezcla desordenada de cosas.
batido *s. m.* Bebida de huevo, leche, fruta y otros ingredientes.
batidor, ra *adj.* Que bate. || *s.* Persona que, en la caza, lleva a cabo las batidas. || Persona que se adelanta para reconocer el terreno. || *s. m.* Instrumento que sirve para batir. || *s. f.* Aparato que sirve para mezclar y batir alimentos por medio de aspas que giran.
batiente *adj.* Que bate. || *s. m.* Parte del marco de las ventanas o las puertas donde éstas golpean cuando se cierran. || Hoja de una ventana o una puerta. || Lugar de la costa o dique en donde golpean las olas.
batik *s. m.* Técnica de decoración de telas que consiste en aplicar cera en las partes que no se desea teñir y en fijar el color en las zonas restantes.
batimetría *s. f.* Estudio de la profundidad de los mares y los lagos mediante el trazado de mapas en tercera dimensión.
batimétrico, ca *adj.* Relativo a la batimetría.
batímetro *s. m.* Instrumento para medir la profundidad de lagos, mares o ríos.
batir *t.* Revolver y mezclar algo blando con movimientos continuos. *Para hacer un pastel, se tienen que batir los ingredientes.* || Golpear el viento, el agua o el sol en algún lugar. *Las olas baten en las rocas.* || Golpear algo de manera continua. *Baten los tambores, marchan las tropas.* || Vencer a un adversario. *Batió a sus contrincantes en la competencia.* || Mover algo con fuerza y de manera repetida. *Las aves baten las alas para volar.* || Registrar organizadamente un lugar para llamar la atención de los animales en la caza, o para buscar a alguien por algún motivo. || *pr.* Luchar una persona con otra por un desafío. *Dos grupos se batieron a golpes.* || Ensuciarse. *El niño regresó batido de lodo.*
batiscafo *s. m.* Vehículo parecido al submarino que se sumerge a grandes profundidades y se usa para la exploración.
batista *s. f.* Tela muy fina de lino o algodón.
batracio, cia *adj.* y *s.* Se dice del animal vertebrado acuático sin pelos ni plumas y de sangre fría, que en sus primeras etapas vive en el agua, como la rana, la salamandra y el sapo.
baturro, rra *adj.* y *s.* Relativo al campesino aragonés.
batuta *s. f.* Varita que usa el director de una orquesta para indicar el compás a los músicos. || *loc.* ***Llevar la batuta:*** dirigir algo, tener la última palabra.
baúl *s. m.* Caja grande de forma rectangular, de madera u otro material, que sirve para guardar cosas. || *Arg. Col. Cub. Guat.* y *Hond.* Cajuela, maletero de un automóvil.
bautismal *adj.* Relativo al bautismo.
bautismo *s. m.* Rito de purificación en diversas religiones. || En el cristianismo, el primero de los sacramentos, por el cual se adquiere carácter cristiano.
bautisterio *s. m.* Baptisterio.
bautizar *t.* En la religión cristiana, dar el sacramento del bautismo. || Poner nombre a una persona o una cosa. *Bautizaron la calle con el nombre de Reforma.*
bautizo *s. m.* Ceremonia y fiesta del bautismo. || *loc.* ***Bautizo de fuego:*** primera vez en la que un combatiente participa en una batalla. || ***Bautizo de sangre:*** ser herido por primera vez en combate.
bauxita *s. f.* Roca de color rojizo, compuesta principalmente por óxido de aluminio; es la principal fuente de aluminio utilizada por la industria.
bávaro, ra *adj.* y *s.* Natural de Baviera o relativo a esa región de Alemania.
baya *s. f.* Nombre que se da al fruto carnoso cuya pulpa rodea las semillas. *Aunque no se parezcan entre sí, las uvas, las guayabas y los tomates son bayas.*
bayeta *s. f.* Paño hecho de tejido absorbente que se usa en menesteres domésticos. *Fregaron el mosaico con la bayeta hasta que le sacaron brillo.* || Tela de lana de tejido muy ralo y suelto.
bayetilla *s. f. Ecua.* Tela parecida a la bayeta, de tejido más tupido y fino.
bayetón *s. m. Esp.* Tela tosca y abrigadora de lana, con mucho pelo. *Una cobija de bayetón.* || *Ven.* Ruana o poncho de lana de diferente color en el derecho y en el revés.
bayo, ya *adj.* y *s.* De color marrón claro amarillento. Se dice en particular del pelaje de caballos y perros.
bayoneta *s. f.* Arma blanca muy afilada, parecida a un cuchillo, que se fija en la punta del cañón del fusil. *Hasta la Primera Guerra Mundial, la bayoneta fue muy empleada para la lucha cuerpo a cuerpo.*
bayonetazo *s. m.* Herida o golpe dado con una bayoneta.
bazar *s. m.* Mercado callejero con puestos ambulantes, propio de las ciudades del mundo árabe. || Tienda en la que se venden productos, como adornos, artesanías y antigüedades.
bazo *s. m.* Órgano de los vertebrados situado a la izquierda del estómago. *El bazo destruye glóbulos rojos viejos, mantiene una reserva de sangre y es el principal centro de actividad del sistema inmunitario.*
bazofia *s. f.* Desperdicios de comida. || Comida muy mala. || Cosa despreciable.

bazuca o **bazooka** *s. f.* Lanzagranadas antitanque portátil. *Las bazucas fueron parte destacada del armamento de la infantería en la Segunda Guerra Mundial.*

beatería *s. f.* Actitud de quien afecta ser muy devoto y virtuoso. || Conjunto de personas beatas. *La beatería pugnó por ocupar los primeros lugares en la procesión.*

beaterio *s. m.* Casa en que habitan beatas congregadas bajo alguna regla religiosa.

beatificación *s. f.* Acción de beatificar a alguien. *Para iniciar un proceso de beatificación se requiere demostrar que una persona vivió en santidad y que realizó algún milagro.*

beatificar *t.* Declarar el Papa que un difunto, por sus virtudes, puede ser objeto de culto. || Hacer algo venerable o respetable.

beatífico, ca *adj.* Sereno, plácido, que denota paz del espíritu. *Lo vimos con una expresión beatífica en el rostro.* || Perteneciente o relativo a la beatitud.

beatitud *s. f.* En el catolicismo, bienaventuranza, eterna felicidad. || Estado de paz, alegría y serenidad espiritual.

beato, ta *adj.* y *s.* Persona cuya santidad ha sido reconocida por la Iglesia católica. || Persona muy devota y piadosa. || Persona que vive en comunidad religiosa, o que lleva un hábito sin pertenecer a una orden determinada. || *irón.* Se dice de quien afecta ser muy devoto y virtuoso.

bebé *s. com.* Niño o niña pequeño que aún no anda. *La guardería tiene cupo para veinte bebés.* || *loc.* ***Bebé de probeta:*** el que es producto de una fecundación in vitro, es decir, fuera del organismo de la madre.

bebe, ba *s. Arg. Per.* y *Uy.* Bebé, niño pequeño. *La beba necesita que le cambien el pañal.*

bebedero *s. m.* Recipiente para poner agua a los animales domésticos. || Mueble con un surtidor de agua para que beban las personas en sitios públicos. *Los bebederos de la escuela están muy limpios.* || Abrevadero, sitio a donde acuden los animales a beber.

bebedero, ra *adj.* Que puede ser bebido. *El agua de limón está un poco amarga, pero todavía es bebedera.*

bebedizo *s. m.* Bebida a base de hierbas medicinales. *Le dieron un bebedizo para combatir el estreñimiento.* || Bebida venenosa. || Poción, bebida a la que se atribuyen poderes mágicos.

bebedizo, za *adj.* Que puede beberse sin riesgo para la salud.

bebedor, ra *adj.* y *s.* Que bebe. *Los becerros son grandes bebedores de leche.* || *s. f.* Persona que abusa de las bebidas alcohólicas.

beber *t.* e *intr.* Ingerir algún líquido por la boca. || *intr.* Consumir bebidas alcohólicas. || Brindar por alguien. *Bebieron a la salud de los triunfadores.* || *fig.* Obtener conocimientos de una fuente determinada. *Bebió en la antigüedad clásica para escribir ese ensayo.*

bebestible *adj.* y *s. fam.* Que se puede beber. *Sus primos llevarán los bebestibles para la fiesta.*

bebible *adj.* y *s. fam.* Que puede beberse porque no desagrada al gusto. *El café quedó aguado, pero está bebible.*

bebida *s. f.* Líquido para beber. *Una bebida de jugo de frutas.* || Bebida alcohólica. || Hábito de ingerir bebidas alcohólicas. *La bebida está afectando su vida familiar.*

bebido, da *adj.* Que, por ingerir alcohol, está casi ebrio.

beca *s. f.* Apoyo económico que otorga una institución a alguien para llevar a cabo estudios, investigaciones o trabajo artístico.

becado, da *adj.* y *s.* Se dice de la persona que goza de beca. *En la secundaria hay varios estudiantes becados.*

becar *t.* Conceder a alguien una beca.

becario, ria *s.* Persona que realiza sus estudios o investigaciones con el apoyo de una beca.

becerra *s. f.* Cría hembra de la vaca. *Se llama becerras a las crías vacunas hasta los dos años de edad.*

becerrillo *s. m.* Piel curtida de becerro. *Los guantes de becerrillo son muy suaves.*

becerro *s. m.* Cría macho de la vaca. || Piel curtida de ternero. *Venden un abrigo de becerro.* || En tauromaquia, res macho que no está domada.

bechamel o **besamel** *s. f.* Salsa blanca para guisos, elaborada con mantequilla, leche y harina.

becuadro *s. m.* En música, signo que indica que la nota o notas a que se refiere deben sonar con su tono natural.

bedel, la *s.* Persona que, en los centros de enseñanza, tiene las llaves de los diferentes departamentos y cuida el orden fuera de las aulas.

beduino, na *adj.* y *s.* Árabe de las tribus nómadas que habitan en Arabia Saudita, Siria, Iraq, el Sahara y Jordania. *La mayoría de los beduinos son musulmanes.*

befa *s. f.* Burla insultante y grosera que humilla a quien la recibe.

begonia *s. f.* Planta de ornato, originaria de América del Sur, apreciada por sus vistosas hojas y flores. *Existen más de 1500 especies de begonias.*

behaviorismo *s. m.* En psicología, conductismo.

beige o **beis** *adj.* y *s. m.* De color castaño claro. *El beige es el color del café con leche poco cargado.*

béisbol *s. m.* Juego de pelota entre dos equipos, en el que los jugadores, luego del lanzamiento de la pelota, deben recorrer ciertas bases o puestos en la cancha. *Para jugar béisbol se requieren pelotas duras, bate, manopla y caretas.*

beisbolista *s. com.* Persona que juega béisbol.

bejucal *s. m.* Sitio donde abundan los bejucos.

bejuco *s. m.* Planta trepadora, de tallos flexibles, que crece en las regiones tropicales. *Con el bejuco se pueden fabricar cestos y respaldos y asientos tejidos para sillas.*

bejuquear *t. Amér. C. Ecua.* y *P. Rico* Golpear a alguien con una vara.

bejuquillo *s. m.* Ipecacuana, planta de uso medicinal que crece en América Central y Brasil. *El bejuquillo se usa como vomitivo y expectorante.* || Cadena de oro muy delgada para adorno del cuello, que se fabricaba en China y las Filipinas. || *C. R. Méx.* y *Nic.* Serpiente color verde claro, de cabeza alargada, nariz terminada en punta y cuerpo delgado. *Los bejuquillos viven desde México hasta Costa Rica, tienen veneno levemente tóxico.*

bel *s. m.* Belio.

beldad *s. f.* Belleza, cualidad de bello. || Mujer que posee gran belleza física.

belemnita o **belemnites** *s. f.* En geología, fósil de forma cónica, proveniente de los periodos jurásico y cretácico. *La belemnita es la extremidad de la concha interna, parecida a la de los calamares, que tenían algunos cefalópodos muy antiguos.*

beleño *s. m.* Arbusto de hojas vellosas, flores amarillentas en forma de campana con listas color púrpura y frutos como cápsulas. *El beleño es una planta muy tóxica.*

belfo *s. m.* Labios del caballo y de otros animales. || En una persona, labios muy gruesos, sobre todo el inferior.

belga *adj.* Perteneciente o relativo a Bélgica. || *s. com.* Originario de Bélgica, país europeo.

beliceño, ña *adj.* y *s.* Originario de Belice, país de América Central. || Perteneciente o relativo a este país centroamericano.

belicismo *s. m.* Tendencia a buscar la solución de conflictos internacionales con acciones bélicas.

belicista *adj.* y *s. com.* Relativo al belicismo. || *s.* Partidario del belicismo.

bélico, ca *adj.* Perteneciente o relativo a la guerra.

belicosidad *s. f.* Cualidad o actitud de belicoso.

belicoso, sa *adj.* Que incita a la guerra o a la violencia. || *fig.* Agresivo, con tendencia a buscar pelea.

beligerancia *s. f.* Cualidad, actitud o estado de beligerante.

beligerante *adj.* Que está en guerra. *La palabra beligerante se usa más en* *plural, pues para que haya guerra se necesitan dos o más.*

belio *s. m.* En física, unidad relativa que se usa para expresar la relación de valores entre dos potencias, por lo general sonoras. Su símbolo es *B.*

bellaco, ca *adj.* y *s.* Pícaro, ruin. *El bellaco robó sus ahorros a la anciana modista.* || Sagaz, astuto. || *Amér.* Se dice de las caballerías que, por tener resabios, son difíciles de montar o gobernar. *Esa burra bellaca muerde si le ponen la carga pesada.*

belladona *s. f.* Arbusto muy venenoso de origen europeo, con bayas negras. *Aunque la belladona también tiene propiedades medicinales, sólo deben emplearla expertos.*

bellaquear *intr.* Comportarse como un bellaco. || *Arg.* Corcovear y agitarse una caballería para sacudirse al jinete de encima.

bellaquería *s. f.* Calidad de bellaco, rufianería. || Dicho o acción propios de un bellaco.

belleza *s. f.* Cualidad de los seres vivos y los objetos que produce deleite intelectual, espiritual o de los sentidos. *La belleza está lo mismo en la naturaleza que en las creaciones del ser humano.* || Persona que posee gran hermosura.

bello, lla *adj.* Que posee belleza, hermoso. || Que tiene buenas cualidades, sobre todo en lo moral.

bellota *s. m.* Fruto de cáscara dura del roble, el encino y árboles similares.

belvedere *s. m.* Mirador en lo alto que permite apreciar un panorama muy amplio.

bemba *s. f. Amér.* y *Ants.* Boca de labios muy gruesos y abultados.

bembo *s. m. Ants.* y *Ecua.* Labio grueso, como el característico de las personas de raza negra.

bembo, ba *adj. Salv.* Tonto, necio, falto de entendimiento. || *Méx.* Persona que tiene los labios gruesos.

bembón, bona *adj. Amér.* Se dice de la persona que tiene los labios muy gruesos.

bemol *adj.* En música, se dice de la nota de entonación un semitono más baja que su sonido natural. || *s. m.* Signo (♭) que representa ese cambio en la entonación. || *loc.* ***Con muchos bemoles:*** se refiere a una situación que presenta problemas o dificultades.

benceno *s. m.* Bencina. *El benceno es la base para fabricar muchos productos, entre ellos resinas, plásticos, fibras sintéticas y pesticidas.*

bencina *s. f.* Líquido aromático, incoloro, flamable y tóxico, obtenido principalmente del alquitrán mineral, de amplio uso industrial y medicinal. || *Chil.* Gasolina.

bendecir *t.* Invocar el favor y protección divinos para alguien o algo. || Consagrar algo al culto divino mediante un ritual. *Ayer bendijeron el nuevo altar.* || Otorgar protección o colmar de bienes la providencia. || Alabar o expresar buenos deseos a otra persona.

bendición *s. f.* Acción y efecto de bendecir. *Antes de salir de viaje, pidió la bendición a sus padres.* || Expresión para bendecir algo.

bendito, ta *adj.* Bienaventurado, santo. || Feliz, dichoso. || *s.* Persona simple y bonachona.

benefactor, ra *adj.* y *s.* Persona que beneficia a otra.

beneficencia *s. f.* Virtud de hacer el bien. || Conjunto de instituciones públicas o privadas que socorren a los necesitados.

beneficiado, da *adj.* Se dice de la persona o cosa que recibe un beneficio. *Muchos vecinos resultaron beneficiados con las obras de drenaje.*

beneficiador, ra *adj.* Que beneficia. || *s. f.* Planta industrial que trata minerales o productos agrícolas para su aprovechamiento. *Instalaron cerca de aquí una beneficiadora de café.*

beneficiar *t.* y *pr.* Hacer bien, o el bien, a alguien. *Su buena disposición lo beneficia.* || Tratar algo para que produzca fruto o sea aprovechable. || Extraer los metales puros de los minerales. || *Bol. Chil. Guat. Hond. P. Rico* y *Ven.* Descuartizar una res u otro animal para vender la carne al menudeo.

beneficiario, ria *adj.* y *s.* Se dice de la persona que resulta beneficiada o favorecida por algo. *Sus hijos son beneficiarios de su seguro social.*

beneficio *s. m.* Bien que se hace. *Donó su fortuna en beneficio de los huérfanos.* || Bien que se recibe. *Los niños recibieron el beneficio de una educación gratuita.* || Utilidad, provecho o ganancia económica que se saca de algo. || Acción y efecto de beneficiar minerales o productos agrícolas. || *Amér.* Hacienda o ingenio donde se benefician productos agrícolas. *Por allá tenemos un beneficio arrocero.* || *Ven.* Matanza y preparación de los animales para vender su carne.

beneficioso, sa *adj.* Útil, benéfico o provechoso. *El aire puro es beneficioso para la salud.*

benéfico, ca *adj.* Que hace bien o tiene buenos efectos. *El cambio de casa fue benéfico, ahora vivimos sin vecinos ruidosos.* || Perteneciente o relativo a la beneficencia pública. *Esa empresa se distingue por sus obras benéficas.*

benemérito, ta *adj.* Digno de honor por sus buenas acciones.

beneplácito *s. m.* Permiso, aprobación o conformidad para que se realice algo. *El gobierno otorgó su beneplácito a los nuevos embajadores.* || Agrado, complacencia. *Para beneplácito del público, el concertista tocó dos piezas más.*

benevolencia *s. m.* Bondad, tolerancia y buena voluntad hacia los demás.

benevolente *adj.* Tolerante, benévolo y complaciente. *La actitud benevolente del ofendido salvó de la cárcel a quienes lo agredieron.*

benévolo, la *adj.* Que actúa con buena voluntad y consideración hacia los demás.

bengala *s. f.* Artificio que se utiliza para hacer señales a la distancia. *Las bengalas nocturnas son luminosas, y las diurnas lanzan humo de diferentes colores.* || Varita con pólvora que, al encenderse, lanza chispas. || *loc.* ***Luces de Bengala:*** fuegos artificiales que se elevan y estallan en diversos colores, según la sustancia química que contengan.

benignidad *s. f.* Calidad de benigno.

benigno, na *adj.* Que tiene buen trato y es compasivo con los demás. || Dicho del clima, templado, suave, agradable. || Referido a una enfermedad o tumor, que no reviste gravedad o peligro.

benjamín, mina *s.* El hijo o hija más pequeño de una familia. || El miembro más joven de un grupo determinado.

benjuí *s. m.* Resina aromática que se extrae del tronco de varias clases de árboles asiáticos. *El benjuí se usa como antiséptico de aplicación local y en aceite para masajes.*

bentónico, ca *adj.* Perteneciente o relativo al bentos. *Los arrecifes de coral son ecosistemas bentónicos que están amenazados por la actividad humana.*

bentos *s. m.* Región biogeográfica del fondo de los mares, océanos, lagos y las áreas litorales y supralitorales de las playas.

benzina *s. f.* Bencina.

benzoato *s. m.* Sal o éster de ácido benzoico.

benzol *s. m.* Bencina.

beodo, da Persona en estado de embriaguez alcohólica.

beorí *s. m.* Tapir americano, específicamente de Brasil.

berberecho *s. m.* Molusco comestible crudo o guisado, típico de la costa norte de España.

berbiquí *s. m.* Herramienta para taladrar madera y otros materiales, provisto de una cabeza, un manubrio y una broca.

beréber o **bereber** *adj.* y *s. m.* Perteneciente a uno de los pueblos musulmanes del norte de África.

berenjena *s. f.* Planta herbácea que da un fruto comestible del mismo nombre.

berenjenal *s. m.* Sitio plantado de berenjenas. || *fig.* Lío o problema. *Aceptar esa responsabilidad fue meterse en un berenjenal.*

B

bergamota *s. f.* Variedad de pera pequeña, jugosa y aromática. || Variedad de lima jugosa y aromática, cuya esencia se usa en perfumería.
bergamoto *s. m.* Peral que produce la pera llamada bergamota. || Limero que produce la lima llamada bergamota.
bergante *s. m.* Miembro de una brigada de trabajo. || *Esp.* Individuo pícaro y sinvergüenza.
bergantín *s. m.* Embarcación ligera de vela.
beriberi *s. m.* Enfermedad causada por falta de vitamina B, que produce debilidad general, inflamación de los nervios e insuficiencia cardiaca, característica de las regiones donde se consume casi exclusivamente arroz descascarillado.
berilio *s. m.* Elemento químico, metal duro y ligero, que se utiliza en las industrias nuclear y aeroespacial. Su número atómico es 4 y su símbolo *Be*.
berilo *s. m.* Silicato de aluminio, generalmente de color verde esmeralda, pero también azul, rosa, blanco y dorado, opaco y transparente. Las variedades de color uniforme y transparente son consideradas piedras preciosas.
berimbau *s. m.* Instrumento musical brasileño que consiste en un vara de madera flexible en forma de arco y un alambre tensado, al que se agrega una calabaza como resonador.
berkelio *s. m.* Elemento químico radiactivo, metal de la serie de los actínidos. Su número atómico es 97 y su símbolo *Bk*.
berlinés, nesa *adj.* y *s.* Originario o relativo a Berlín, capital de Alemania.
berlinga *s. f.* Pértiga o varilla para remover la masa fundida en los hornos metalúrgicos.
bermejo, ja *adj.* Dícese del color rojizo o rubio oscuro.
bermellón *s. m.* Color rojo vivo, como el que resulta del mineral cinabrio pulverizado.
bermudas *s. f. pl.* Pantalón corto hasta las rodillas.
berra *s. f.* Berraza.
berraza *s. f.* Berro crecido.
berrea *s. f.* Brama del ciervo y otros cuadrúpedos. *Escuchamos la berrea a lo lejos.*
berrear *intr.* Acción y efecto de emitir berridos. *Los becerros berrean.* || *fig.* Emisión de llanto infantil fuerte.
berrendo *s. m.* Cuadrúpedo salvaje endémico color pardo y con manchas blancas, parecido al ciervo.
berreo *s. m.* Acción de berrear.
berrido *s. m.* Sonido que emiten el becerro y otros cuadrúpedos. || *fig.* Sonido desafinado al cantar.
berrinche *s. m.* Manifestación o desplante elocuente de enojo o disgusto, generalmente infantil.
berrinchudo, da *adj.* Se dice de la persona proclive a hacer berrinches.
berro *s. m.* Planta herbácea comestible que crece en terrenos con mucha agua.
berrocal *s. m.* Sitio poblado de berruecos.
berrueco *s. m.* Peñasco de granito aislado. || Perla de forma irregular.
berza *s. f.* Col.
berzotas *adj.* Ignorante y necio.
besamanos *s. m.* Acto de rendir pleitesía a una autoridad, especialmente monarcas y jerarcas religiosos. || *fig.* Concurrencia de personas a manifestar lealtad a un líder, especialmente político.
besar *t.* Tocar con los labios a alguien o algo en señal de amor, respeto o amistad. || *pr.* Darse besos dos o más personas. || *fig.* Tocarse dos cosas. || *loc.* ***Besar el suelo:*** caer boca abajo.
beso *s. m.* Acción y efecto de besar. || Ademán simbólico de dar un beso. || Choque de dos cosas. || *loc.* ***Comerse a besos:*** besar repetidamente.
bestezuela *s. f.* Bestia pequeña especialmente agresiva. || *fig.* Persona agresiva y peligrosa.
bestia *s. f.* Animal cuadrúpedo salvaje y peligroso o doméstico de carga. || *fig.* Persona violenta y desalmada.
bestial *adj.* Conducta violenta y desalmada, impropia de los seres humanos. || *fig.* De fuerza, tamaño o volumen muy superior al normal.
bestialidad *s. f.* Acción brutal, desalmada, desproporcionada y cruel.
bestiario *s. m.* Libro o colección de fábulas referidas a animales ficticios, mitológicos o quiméricos.
besucón, cona *adj.* y *s. fam.* Se dice de la persona que da muchos besos.
besugo *s. m.* Pez marino hermafrodita, muy apreciado por su carne.
besuquear *t. fam.* Dar de besos de manera intermitente y retozona.
besuqueo *s. m. fam.* Acción y efecto de besuquear.
beta *s. f.* Segunda letra del alfabeto griego (Β, β).
betabel *s. m. Méx.* Remolacha.
betarraga *s. f. Esp.* Remolacha.
betarrata *s. f.* Remolacha.
betuláceo, a *adj.* Se dice de los árboles y arbustos de la familia de los abedules.
betún *s. m.* Sustancia resinosa natural flamable y fragante. || Crema para lustrar calzado. || *Hond. Méx.* y *Salv.* Crema de azúcar y huevo para dar sabor y adornar repostería.
bezo *s. m.* Labio grueso. || Borde carnoso de las heridas.
bezudo, da *adj.* Que tiene labios gruesos. || Se dice de las cosas que son muy gruesas.
biajaiba *s. f.* Pez del Mar Caribe cuya carne es muy apreciada.
biaxial *adj.* Que tiene dos ejes.
biberón *s. m.* Botella provista de un chupón para suministrar líquidos a bebés y animales.
biblia *s. f.* Conjunto de libros canónicos de las religiones cristiana y judía. || *fig.* Libro cuyos preceptos son tomados como ideal o guía en un campo determinado. *«El Príncipe» de Maquiavelo es su biblia.*
bíblico, ca *adj.* De la Biblia o relacionado con ella. *Los relatos bíblicos son considerados sagrados.*
bibliofilia *s. f.* Amor o afición a los libros.
bibliófilo, la *s.* Persona aficionada o amante de los libros.
bibliografía *s. f.* Relación ordenada y sistemática de los títulos de libros y escritos referidos a una materia, un tema o un autor.
bibliográfico, ca *adj.* De los libros o relacionado con ellos. *El índice bibliográfico de este libro es exhaustivo.*
bibliología *s. f.* Disciplina que estudia los libros en sentido histórico y técnico.
bibliomanía *s. f.* Afición desmedida por los libros.
bibliómano, na *s.* Persona con afición desmedida por los libros.
biblioteca *s. f.* Lugar o edificio donde se conservan y acumulan libros y documentos en forma ordenada para ser leídos. *Hicimos la tarea en la biblioteca de la escuela.* || Acervo ordenado de libros y documentos de una institución o una persona. *La biblioteca de José Luis Martínez fue donada al gobierno.* || Colección editorial de libros sobre un campo, tema o autor específicos. *La Biblioteca Jorge Luis Borges está llena de sorpresas.*
bibliotecario, ria *s.* Persona encargada de la organización, el cuidado y la atención de bibliotecas.
bibliotecología *s. f.* Disciplina dedicada al estudio de la historia, evolución y funcionamiento de las bibliotecas.
bibliotecólogo, ga *s.* Profesional del estudio de las bibliotecas en todos sus aspectos.
biblioteconomía *s. f.* Disciplina dedicada a la organización y administración de bibliotecas.
bicameral *adj.* Se aplica al cuerpo político deliberativo formado por dos cámaras. *El Congreso de la Unión es un cuerpo bicameral.*
bicameralismo *s. m.* Sistema legislativo basado en dos cámaras, la de diputados y la de senadores.
bicampeón, na *adj.* Que ha sido dos veces campeón.
bicarbonato *s. m.* Sal de ácido carbónico, en especial la de sodio, de amplio uso en medicina, preparación de alimentos, industria y laboratorios químicos.
bicéfalo, la *adj.* Que tiene dos cabezas, generalmente se refiere a seres mitológicos.

bicentenario *s. m.* Fecha en que se cumplen doscientos años del nacimiento o muerte de una persona o de un suceso trascendente. || Celebración por los doscientos años del nacimiento o muerte de una persona o de algún suceso trascendente. *En el año 2010 se celebró el bicentenario de la independencia de muchos países latinoamericanos.*

bíceps *s. m. pl.* Músculos pares del brazo y del muslo que al contraerse forman protuberancias.

bicharraco *s. m. desp.* Bicho feo y repugnante.

biche *adj. Col. Pan.* Que no ha logrado su plenitud o madurez, especialmente los frutos.

bichero *s. m.* Palo largo provisto de un gancho metálico que sirve para atracar embarcaciones menores.

bicho *s. m. desp.* Animal pequeño, especialmente insecto, generalmente indeseable o dañino. || Persona malvada. || *loc.* ***Bicho raro:*** persona que sale de lo común. || *Arg.* ***Bicho bolita:*** cochinilla. || *Arg.* y *Uy.* ***Bicho de luz:*** luciérnaga.

bici *s. f. fam.* Apócope de bicicleta.

bicicleta *s. f.* Vehículo de dos ruedas, que cuenta con dos pedales y una cadena de transmisión con lo que quien la conduce transmite fuerza a una de las ruedas para moverlo.

bicoca *s. m.* Cosa de valor y estima insignificantes. *Luego de pagar sus deudas le quedó una bicoca de saldo.* || Cosa provechosa en relación con su precio muy bajo. *Esta camisa me costó una bicoca.*

bicolor *adj.* Que tiene dos colores.

biconvexo, xa *adj.* Cuerpo con dos superficies convexas opuestas. *Los lentes biconvexos se usan en observaciones ópticas.*

bicorne *adj.* y *s. com.* Que tiene dos cuernos o dos puntas.

bicromato *s. m.* Sal doble de ácido crómico, de uso en el revelado de fotografías.

bicromía *s. m.* Impresión o grabado en dos colores.

bicultural *adj.* y *s. com.* Que integra dos culturas en una sola. *Canadá es una nación bicultural porque integra las culturas anglosajona y francesa.*

biculturalidad *s. f.* Participación de dos culturas.

biculturalismo *s. m.* Conocimiento de dos culturas.

bicúspide *adj.* y *s. com.* Que termina en dos cúspides o puntas, como los premolares de algunos mamíferos.

bidé *s. m.* Recipiente provisto de un conducto de agua y un asiento para la higiene de las partes íntimas.

bidimensional *adj.* y *s. com.* Que tiene dos dimensiones.

bidireccional *adj.* Que va en dos direcciones.

bidón *s. m.* Recipiente de tapa hermética para transportar líquidos. *Fuimos a llenar el bidón de gasolina.*

biela *s. f.* Barra metálica de un aparato mecánico cuya función es transmitir movimiento o fuerza entre una parte de vaivén y otra rotatoria, como entre el pistón y el cigüeñal en los motores.

bielorruso, sa *adj.* De Bielorrusia o relacionado con este país eslavo. || *s. m.* Idioma hablado en Bielorrusia.

biempensante *adj. irón.* Persona que asume y generalmente ostenta las ideas humanistas convencionales.

bien[1] *adv.* Correcto, como es debido, de acuerdo a la razón o a las normas. *El abogado actuó bien para resolver ese conflicto.* || De manera satisfactoria o agradable. *La pasamos muy bien en ese paseo.* || Con buena salud o en buen estado. *Espero que estés bien al recibir esta carta.* || Con gusto, de buena gana. *Si pudiera, bien me iría de esta ciudad.* || Con facilidad, sin esfuerzo, inconvenientes o dificultades. || Se usa para expresar un cálculo aproximado. *Bien pudo haber recorrido cien kilómetros en ese viaje.* || Bastante, muy o mucho. *Puse hielo a la limonada para que esté bien fría.*

bien[2] *s. m.* Cosa buena, positiva, favorable, útil o agradable. *Tener salud es un bien.* || Beneficio o utilidad. *Trabajar por el bien de la comunidad.* || En economía, todo aquello que sirve para satisfacer alguna necesidad humana. *El automóvil es un bien.* || *pl.* En derecho, cosas materiales que alguien posee. *Heredó sus bienes a su sobrino.* || *loc.* ***Bienes comunes:*** aquellos con los que se beneficia una comunidad. || ***Bienes de consumo:*** los que se producen para satisfacer la demanda de los consumidores. || ***Bienes inmuebles:*** en economía, los que sólo pueden consumirse o utilizarse, como casas, fábricas, campos de cultivo, etc. || ***Bienes muebles:*** en economía, todos aquellos que se pueden mover y con los que se hacen intercambios o comercio, como alimentos, productos manufacturados, etc. || ***Bienes raíces:*** bienes inmuebles. || ***Tener a bien:*** conceder, dignarse.

bien[3] *conj.* Funciona, al repetirse, como partícula distributiva. *Podrías bien lavar el piso, bien arreglar tu cuarto, bien podar las plantas.* || *loc.* ***Bien que:*** aunque. *Expresa tu opinión, bien que a muchos no les guste.* || ***Más bien:*** se usa con función adversativa. *No me agrada ese adorno, más bien me disgusta.* || ***No bien:*** en seguida, apenas. *No bien había salido, sonó el teléfono de casa.* || ***Si bien:*** se usa como conjunción adversativa o concesiva. *Doy mi aprobación, si bien tengo dudas.*

bienal *adj.* Que sucede o se repite cada dos años. || Que dura un bienio. || *s. f.* Actividad artística o exposición que se organiza cada dos años. *En la bienal de pintura hubo muchas novedades.*

bienaventurado, da *adj.* Feliz, afortunado. || Que disfruta de la bienaventuranza. || *irón.* Demasiado ingenuo.

bienaventuranza *s. f.* Felicidad y prosperidad en lo material. || En religión, estado de los espíritus que disfrutan de Dios en el cielo.

bienestar *s. m.* Armonía y tranquilidad en lo mental, espiritual y físico. || Comodidad, holgura que permite satisfacer las necesidades y vivir a gusto.

bienhablado, da *adj.* Se dice de la persona que habla de manera correcta y con cortesía.

bienhadado, da *adj.* Que trae consigo suerte o buena fortuna.

bienhechor, ra *adj.* y *s.* Que hace el bien o que beneficia a otros. *La lluvia bienhechora salvó la cosecha.*

bienintencionado, da *adj.* Que se hace con buena intención o que actúa buena voluntad. *No te molestes, mis críticas son bienintencionadas.*

bienio *s. m.* Periodo de dos años.

bienquistar *t.* y *pr.* Conciliar, congraciar.

bienteveo o **benteveo** *s. m. Arg. Méx. P. Rico* y *Uy.* Pájaro americano de unos 20 cm de longitud, de color pardo, con el pecho y la cola amarillos; una franja blanca en la cabeza, patas y pico negros; su canto es sonoro y melodioso. || *Esp.* Candelecho, pequeña choza que se levanta sobre estacas para vigilar las viñas. || *Nic.* Nombre dado al vitíligo, enfermedad de la piel.

bienvenida *s. f.* Recibimiento alegre y cortés que se da a quien llega a un lugar.

bienvenido, da *adj.* Se aplica a la persona, cosa o suceso cuya llegada es acogida con complacencia y alegría. *Para el buen escritor siempre son bienvenidos los comentarios de los lectores.*

bienvivir *intr.* Vivir con bienestar y holgura. || Vivir con honestidad y decencia.

bies *s. m.* Tira de tela que se corta en forma sesgada respecto a los hilos de la trama. *El bies se usa para reforzar dobladillos o adornar prendas de vestir.* || *loc.* ***Al bies:*** en diagonal.

bifacial *adj.* Que tiene dos caras. *En el Paleolítico aparecieron las hachas bifaciales, o sea con filo por los dos lados, con mangos de madera.*

bifásico, ca *adj.* Se dice del sistema eléctrico con dos corrientes alternas iguales que proceden del mismo generador. *En un sistema bifásico, las fases de cada corriente se producen a un cuarto de periodo de distancia.*

B

bife *s. m. Arg. Chil.* y *Uy.* Bistec, filete o corte de carne. || *Arg. Py. Per.* y *Uy. fam.* Bofetada.
bífido, da *adj.* Dividido en dos.
bifocal *adj.* En óptica, que tiene dos focos. *Necesita lentes bifocales para corregir su visión de lejos y de cerca.*
bifronte *adj.* Que tiene dos frentes o dos caras. *En la antigua Roma se representó al dios Jano en estatuas bifrontes, es decir, con dos caras mirando cada una a un lado diferente.*
bifurcación *s. f.* Acción y efecto de bifurcarse. || Sitio donde un río o un camino se divide en dos brazos o ramales.
bifurcado, da *adj.* Que, en un punto de su extensión, se divide en dos ramas que se alejan entre sí.
bifurcarse *pr.* Dividirse algo, en particular un camino o una corriente de agua, en dos brazos o ramales.
bigamia *s. f.* Estado de la persona casada con dos mujeres, o con dos hombres, a la vez.
bígamo, ma *adj.* y *s.* Se aplica a la persona que está casada con otras dos al mismo tiempo.
bígaro *s. m.* Molusco marino parecido al caracol, de concha oscura estriada de verde y carne comestible. *En el mar Cantábrico abundan los bígaros.*
bignoniáceo, a *adj.* y *s.* En botánica, se refiere a las plantas angiospermas trepadoras o arbóreas, con hojas por lo general compuestas, cáliz de una pieza con cinco divisiones, flores de cinco pétalos y frutos en cápsula. *Un árbol bignoniáceo muy conocido es la jacaranda.* || *s. f. pl.* Familia de las plantas que tienen estas características.
bigote *s. m.* Pelo que crece sobre el labio superior de los humanos. || En ingeniería metalúrgica, abertura delantera, semicircular, que tienen los hornos de cuba para que salga la escoria fundida. || En imprenta, línea horizontal de adorno, gruesa por el medio y delgada en los extremos. || *Méx.* Pan dulce cilíndrico, cuya masa se enrosca de manera que quede más gruesa en medio y más delgada en los extremos.
bigotón, tona *adj. Méx.* Que tiene el bigote grande o abundante.
bigotudo, da *adj.* Que tiene bigote abundante.
bikini *s. m.* Biquini.
bilabiado, da *adj.* En botánica, se dice del cáliz o corola divididos en dos partes, una más grande que otra, parecidas a labios.
bilabial *adj.* y *s.* Se aplica al sonido consonántico producido con ambos labios, como el de las letras *b*, *m* y *p*.
bilateral *adj.* y *s. com.* Perteneciente o relativo a ambos aspectos o ambas partes de un acuerdo, negocio, organismo o cosa. *Hay que fomentar la política bilateral entre nuestros países.* || En derecho, se dice del contrato que establece derecho y obligaciones para ambas partes.
bilateralidad *s. f.* Situación en la que dos partes participan de las mismas normas.
bilateralismo *s. m.* Política en la que dos países acuerdan establecer intercambios.
biliar *adj.* Perteneciente o relativo a la bilis. || Se aplica a la función del hígado que evacua en el intestino delgado determinados desechos de la sangre. || *loc.* ***Vesícula biliar:*** órgano de la digestión que se halla bajo el hígado, su función es almacenar y concentrar la bilis.
biliario, ria *adj.* Biliar.
bilingüe *adj.* Que habla dos idiomas. *Xóchitl es bilingüe, habla náhuatl y español.* || Que está escrito en dos idiomas.
bilingüismo *s. m.* Utilización habitual de dos lenguas, ya sea por una misma persona o en una misma región. *El bilingüismo es frecuente en las zonas fronterizas.*
bilioso, sa *adj.* Relativo a la bilis, o abundante en ésta. *Le dio un cólico bilioso por hacer tantos corajes.* || Referido a una persona, irascible, de genio destemplado.
bilirrubina *s. f.* Pigmento de la bilis, de color amarillo oscuro.
bilis *s. f.* Jugo digestivo de color amarillo verdoso, segregado por el hígado. *Una de las funciones de la bilis es partir las grasas en gotitas minúsculas para que puedan ser digeridas.* || Enojo, cólera. *Hace muchas bilis, por eso le duele el hígado.* || *loc.* ***Tragarse la bilis:*** aguantarse la rabia.
billar *s. m.* Juego de salón que se practica sobre una mesa rectangular, en la que, con tacos, se desplazan bolas de marfil. || Conjunto de la mesa, las bolas y los tacos para practicar este juego. || Establecimiento donde se juega billar.
billarista *s. com.* Jugador de billar.
billetaje *s. m.* Conjunto de los billetes que se emiten para ser usados en un espectáculo, rifa o transporte público.
billete *s. m.* Trozo de papel impreso con caracteres e imágenes específicos por un banco, al que se le asigna determinado valor monetario. || Tarjeta impresa de cartulina, mediante la cual se puede ingresar a un transporte público o un espectáculo. || Trozo de papel impreso con determinado número, con el cual se participa en los sorteos de la lotería. || Mensaje escrito a manera de carta breve.
billetera *s. f.* Cartera de bolsillo para guardar billetes y algunas otras cosas como tarjetas de crédito.
billetero, ra *s. Ants. Méx. Pan.* y *Salv.* Persona que se dedica a vender billetes de lotería.
billón *s. m.* En matemáticas, un millón de millones. *Para escribir en números un billón, se pone la unidad seguida de doce ceros.*
billonésimo, ma *adj.* Que ocupa el número un billón en una serie. || *s. m.* Cada una del billón de partes iguales en que se divide un todo. *Un nanómetro es un billonésimo de metro.*
bilobulado, da *adj.* Que se divide en dos lóbulos.
bilocación *s. f.* Acción de bilocarse.
bilocarse *pr.* Estar una persona en dos lugares distintos al mismo tiempo. || *Arg.* Enloquecer, perder la razón.
bimano, na *adj.* y *s.* Que tiene dos manos. *Aunque muchos primates tienen dos manos, sólo la raza humana se clasifica como bimana.*
bimembre *adj.* Que tiene dos miembros o partes. *La oración bimembre consta de sujeto y predicado.*
bimensual *adj.* Que ocurre o se hace dos veces al mes.
bimestral *adj.* Que se hace o sucede cada bimestre. *Una evaluación bimestral.* || Que dura un bimestre. *El curso consta de tres módulos bimestrales.*
bimestre *s. m.* Periodo que dura dos meses. || Acción que se hace o se recibe cada dos meses. *Debo pagar el agua, ya se me acumularon dos bimestres.*
bimetal *s. m.* Dispositivo para controlar la temperatura, formado por láminas de dos metales diferentes soldadas entre sí.
bimetálico, ca *adj.* Formado por dos metales. *La diferencia entre una aleación y un objeto bimetálico es que en la primera los metales se mezclan, y en el segundo, están juntas capas delgadas de cada metal.*
bimetalismo *s. m.* Sistema monetario que se basa en el valor del oro y la plata.
bimetalista *adj.* Perteneciente o relativo al bimetalismo.
bimotor *adj.* y *s. m.* Que tiene dos motores. *Para hacer trayectos largos, volar sobre montañas o agua, los pilotos de pequeñas aeronaves prefieren los aviones bimotores.*
binario, ria *adj.* Que está compuesto de dos cifras, elementos o unidades. *En matemáticas e informática se usa el sistema binario, que está formado sólo por dos cifras, uno y cero, en múltiples combinaciones.*
bingo *s. m.* Juego de azar parecido a la lotería, en que los jugadores deben completar los números de un cartón según los dice el conductor de un sorteo. || Local donde la gente se reúne a jugar bingo. || *interj.* Exclamación que lanzan los jugadores de bingo cuando llenan su cartón.
binocular *adj.* Se dice de la visión que implica el funcionamiento de ambos ojos. || Se aplica al instrumento

óptico en el que se mira con ambos ojos al mismo tiempo. || *s. m. pl.* Anteojos con un prisma que sirven para ver objetos lejanos.
binomio *s. m.* En matemáticas, expresión que se compone de dos términos algebraicos, los cuales se unen por los signos de más o de menos. || Pareja de personas que desempeñan un papel importante en la vida artística, social o política. *El binomio Gómez-Ávila garantiza el éxito de esta elección.*
biobibliografía *s. f.* Disciplina que estudia la vida y las obras de un escritor.
biobibliográfico, ca *adj.* Perteneciente o relativo a la biobibliografía. *El investigador hace un estudio biobibliográfico sobre Cervantes.*
biocarburante *s. m.* Biocombustible.
biocenosis *s. f.* Asociación equilibrada de seres vivos en un mismo espacio vital. *La biocenosis también es llamada comunidad biótica.*
biocombustible *s. m.* Combustible no contaminante de origen biológico. *Pueden extraerse biocombustibles de los desechos de plantas y el estiércol.*
biocomunicación *s. f.* Comunicación que se da entre organismos de diferentes tipos, o entre humanos, animales y plantas, y disciplina que estudia ésta. *El intercambio de información entre las distintas células y tejidos del cuerpo humano es un ejemplo de biocomunicación.*
biodegradable *adj.* Relativo al producto industrial cuyos residuos pueden ser destruidos por bacterias, hongos u otros agentes biológicos.
biodegradación *s. f.* Proceso por el cual agentes biológicos destruyen un producto biodegradable. *La biodegradación es indispensable para el reciclaje de los elementos que conforman la biosfera.*
biodegradar *t.* Separar y descomponer los componentes de una sustancia mediante bacterias, sin dañar el ecosistema.
biodinámica *s. f.* Ciencia que estudia las fuerzas que sostienen la vida.
biodiversidad *s. f.* Variedad que las especies animales y vegetales presentan en un ambiente o región determinados. *La tala y otras actividades industriales y de explotación de recursos amenazan seriamente la biodiversidad de las selvas tropicales.*
bioelectricidad *s. f.* En biología, conjunto de fenómenos eléctricos que se dan en los organismos vivos. *Las neuronas se transmiten información unas a otras mediante bioelectricidad.*
biofísica *s. f.* Aplicación de las normas y métodos de la física al estudio de los fenómenos vitales.
biogénesis *s. f.* Origen de la vida en la Tierra. || En biología, principio según el cual todo ser vivo procede de otro ser vivo, en contraposición a las teorías de la generación espontánea.
biografía *s. f.* Historia de los sucesos de la vida de una persona. || Relato escrito de la historia de la vida de una persona. || Género literario al que pertenecen este tipo de relatos.
biografiar *t.* Estudiar y escribir la biografía de alguien.
biográfico, ca *adj.* Perteneciente o relativo a la biografía. *Descubrieron datos biográficos poco conocidos de ese músico famoso.*
biógrafo, fa *s.* Autor de una biografía.
bioindustria *s. f.* Aplicación industrial y comercial de la biotecnología.
bioingeniería *s. f.* Disciplina en la que los principios y herramientas de la ingeniería, la ciencia y la tecnología se aplican a los problemas presentados por la biología y la medicina.
biología *s. f.* Ciencia que, a través de sus numerosas ramas, estudia los seres vivos.
biológico, ca *adj.* Perteneciente o relativo a la biología. || Producto hecho exclusivamente a base de agentes naturales. *La agricultura biológica u orgánica no utiliza fertilizantes ni pesticidas químicos.* || *loc.* ***Arma biológica:*** la que usa toxinas o virus para fines destructivos.
biólogo, ga *s.* Persona que se dedica a la biología de manera profesional.
bioluminiscencia *s. f.* Facultad que algunos seres vivos tienen de emitir luz. *El caso más conocido de bioluminiscencia es el de las luciérnagas.* || Luminosidad emitida por un organismo vivo. *La bioluminiscencia de los seres marinos siempre se da en colores que van del verde al azul.*
bioma *s. m.* Unidad ecológica que se extiende por una superficie de gran amplitud que presenta iguales condiciones de clima.
biomasa *s. f.* En ecología, masa total de los organismos vivos que habitan en un ecosistema determinado. || En biología, materia orgánica que, originada en algún proceso biológico, puede utilizarse como fuente de energía.
biombo *s. m.* Mampara plegable y portátil compuesta por varios bastidores unidos entre sí por goznes, que se utiliza para dividir espacios en habitaciones.
biomecánica *s. f.* Ciencia que estudia la aplicación de los principios de la mecánica a las funciones y estructuras de los organismos vivos. *La biomecánica es útil para diseñar aparatos ortopédicos y prótesis.*
biomecánico, ca *adj.* Perteneciente o relativo a la biomecánica.
biomedicina *s. f.* Rama de la ciencia médica que se basa en los principios de las ciencias naturales. *La biomedicina se aplica en la investigación y estudio de las ciencias de la salud, por ejemplo para diseñar nuevos medicamentos.*
biomédico, ca *adj.* Perteneciente o relativo a la biomedicina.
biometría *s. f.* Estudio de los procesos biológicos desde el punto de vista de la estadística. *Una biometría hemática es un conteo de los diferentes elementos de la sangre.*
biométrico, ca *adj.* Perteneciente o relativo a la biometría.
biónica *s. f.* Estudio de la construcción de mecanismos cibernéticos artificiales a partir de la observación de los procesos biológicos. *Que la biónica perfeccione sistemas para proporcionar visión artificial a los ciegos, es una esperanza para millones de seres humanos.*
biónico, ca *adj.* Que pertenece a la biónica.
biopsia *s. f.* En medicina, muestra de tejido que se toma para analizarla y realizar un diagnóstico.
bioquímica *s. f.* Estudio de la estructura y funciones de los organismos vivos desde el punto de vista de la química. *La bioquímica permite conocer cómo interactúan las distintas sustancias que componen el cuerpo humano.*
bioquímico, ca *adj.* Perteneciente o relativo a la bioquímica. || *s.* Persona especialista en bioquímica.
biorritmo *s. m.* Ciclo periódico de niveles de energía y fenómenos fisiológicos que afectan el comportamiento de los seres vivos, en particular de las personas.
biosfera *s. f.* En biología, conjunto que forman los organismos vivos y el medio en el que se desarrollan. *Para estudiar la biosfera, los ecólogos la dividen en diferentes tipos de ecosistemas.*
biosíntesis *s. f.* Proceso de formación de una sustancia orgánica en el interior de un ser vivo. *Nuestro cuerpo transforma las sustancias que contienen los alimentos en otras, es decir, realiza la biosíntesis de las mismas.*
biosistema *s. f.* La totalidad de los organismos vivos.
biota *s. f.* En biología, conjunto que forman la fauna y la flora de un lugar determinado. *La biota de las zonas áridas comprende cactus, matorrales, reptiles, aves rapaces, algunos roedores y murciélagos.*
biotecnología *s. f.* Uso de células vivas o microorganismos para manufacturar medicamentos y químicos, crear energía, destruir materia contaminante y muchos otros usos. *La biotecnología es una de las disciplinas más productivas.*
biótico, ca *adj.* Se dice del factor ecológico ligado a la actividad de los seres vivos.
biotipo *s. m.* Grupo de organismos con genotipo u origen genético idéntico. || Ser vivo representativo de su especie.

B

biotopo *s. m.* Zona geográfica que tiene las condiciones ambientales que permiten desarrollarse a un tipo específico de seres vivos.
bióxido *s. m.* Óxido que contiene dos átomos de oxígeno.
bipartición *s. f.* División de una cosa en dos partes.
bipartidismo *s. m.* Sistema político basado en dos partidos políticos dominantes que alternan en el poder. *El sistema político de Estados Unidos se basa en bipartidismo.*
bipartidista *adj.* y *s. com.* Perteneciente o relativo al bipartidismo.
bipartito, ta *adj.* Que consta de dos partes correspondientes, una para cada miembro. *Los audífonos son bipartitas.* || Dícese de los tratados y contratos entre dos partes. *Los tratados de extradición son bipartitas.* || Que tiene dos partes iguales o casi iguales. *Esta planta tiene hojas bipartitas.*
bipedalismo *s. m.* Condición de tener dos pies o dos patas para caminar y sostenerse.
bípedo, da *adj.* Que tiene dos pies o dos patas. *El hombre es un animal bípedo.*
biplano *s. m.* Aeroplano con dos pares de alas, una arriba de la otra, en forma paralela o con la superior ligeramente hacia adelante.
biplaza *adj.* y *s. m.* Se dice del vehículo de dos plazas.
bipolar *adj.* Que tiene o está relacionado con dos polos. *El planeta Tierra es bipolar.* || Que está caracterizado por dos afirmaciones, actitudes o naturalezas opuestas. *Hay personas con mente bipolar.*
bipolaridad *s. f.* Condición de tener o estar relacionado con dos polos opuestos. *Hay personas afectadas por bipolaridad psíquica.*
biquini *s. m.* Traje de baño femenino de dos piezas, una cubre el busto y otra las caderas.
birimbao *s. m.* Instrumento musical de hierro en forma de herradura que se sujeta entre los dientes, provisto de una lengüeta de acero que se hace vibrar con el dedo índice derecho.
birlar *t.* Despojar a alguien de algo con violencia, malas artes o aprovechando un descuido. *Me distraje y me birlaron la torta.*
birlibirloque *s. m.* Ejecución como por arte de magia o juego de manos. *Me engañaron por arte de birlibirloque.*
birmano, na *adj.* Perteneciente o relacionado con Birmania, país de Asia.
birome *s. m. Arg. Py.* y *Uy.* Bolígrafo.
birreme *adj.* Embarcación de dos series de remos.
birrete *s. m.* Gorro en forma de prisma con una borla pendiente en la parte superior, usual en ceremonias gremiales y de graduación.
birria *s. f.* Persona insignificante o cosa de mala calidad o mal gusto. || *Méx.* Carne de borrego cocida en barbacoa.
bis *s. m.* Número musical fuera de programa. *Para agradecer la cerrada ovación, el pianista interpretó un bis.* || *adv.* Indica repetición del número precedente. *El artículo 11 bis del código civil fue añadido para prever una nueva hipótesis.* || En composiciones musicales indica que la parte precedente debe repetirse.
bisabuelo, la *s.* Padre o madre del abuelo o la abuela.
bisagra *s. f.* Mecanismo de metal con dos placas unidas por un eje giratorio que sirve para abrir y cerrar batientes.
bisbisear *t. fam.* Hablar quedo y tiernamente.
bisbiseo *s. m.* Pronunciación de palabras en voz baja y tierna.
bisecar *t.* Dividir en dos partes iguales.
bisección *s. f.* División de figuras geométricas, generalmente ángulos, en dos partes iguales.
bisector, triz *adj.* Que divide en dos partes iguales un plano o una recta.
bisel *s. m.* Corte oblicuo en el borde de una lámina o vidrio para darle filo, curvatura o a manera de ornato.
biselar *t.* Hacer cortes oblicuos o biseles en los bordes de láminas o vidrios.
bisexual *adj.* Que tiene ambos sexos. || Se aplica a la persona que siente atracción por ambos sexos.
bisexualidad *s. f.* Condición de bisexual.
bisiesto *adj.* y *s. m.* Se dice del día que se agrega al mes de febrero cada cuatro años.
bisilábico, ca *adj.* Bisílabo.
bisílabo, ba *adj.* Que tiene dos sílabas.
bismuto *s. m.* Elemento químico metálico pesado, de color grisáceo o plateado, más pesado que el hierro. Se usa en odontología e imprenta. Su número atómico es 83 y su símbolo *Bi*.
bisnieto, ta *s.* Hijo del nieto de una persona.
bisojo, ja *adj.* y *s.* Bizco.
bisonte *s. m.* Mamífero rumiante bóvido parecido al toro, con dos cuernos pequeños curvados hacia arriba y la cabeza y el torso muy desarrollados, con pelambre abundante color pardo oscuro que le cae como barbas.
bisoñé *s. m.* Peluca que se usa para cubrir la parte anterior de la cabeza.
bisoño, ña *adj.* Novato e inexperto en cualquier arte u oficio.
bistec *s. m.* Filete o trozo de carne que se asa, fríe o cuece.
bisturí *s. m.* Instrumento de cirugía para practicar incisiones.
bisulco, ca *adj.* Que tiene las pezuñas partidas.
bisulfito *s. m.* Sal ácida del ácido sulfuroso.
bisulfuro *s. m.* Combinación de un radical simple o compuesto con dos átomos de azufre.
bisutería *s. f.* Conjunto de adornos que imitan joyas. || Establecimiento donde se expenden este tipo de objetos.
bit *s. m.* En computación, unidad de información binaria equivalente al resultado de una posibilidad en una alternativa.
bitácora *s. f.* Libreta donde se asientan los datos relevantes diarios de alguna actividad con propósitos de monitoreo y control. *En la bitácora se asienta que el material fue descargado a las 10:00 a.m.* || En navegación, caja de madera o de metal no magnético donde se colocan la brújula y el compás. || Libreta donde se asientan los datos diarios de navegación de una embarcación.
bitonal *adj.* Que muestra bitonalidad.
bitonalidad *s. f.* Descripción gráfica o sonido de dos tonos simultáneos en una composición musical.
bitoque *s. m.* Tapón de madera de los toneles de vino. || *Col. Chil.* y *Méx.* Cánula de la jeringa. || *Méx.* Grifo de la cañería.
bituminoso, sa *adj.* Que contiene bitumen o betún natural, cuyo contenido de hidrocarburos es de uso industrial y energético.
bivalencia *s. f.* Característica de lo que tiene valor en dos sentidos.
bivalente *adj.* Se dice del elemento químico con dos valencias o dos posibilidades de combinación. || Relativo a combinaciones de dos cromosomas homólogos.
bivalvo, va *adj.* Se aplica al animal que tiene dos valvas o conchas, como algunos moluscos e invertebrados. || Se dice de la cáscara de algunos frutos que encierra la semilla entre dos valvas.
bizantinismo *s. m. desp.* Elemento discursivo, argumento o tema complicado e inútil. *La discusión se encerró en bizantinismos.*
bizantino, na *adj.* Perteneciente o relacionado con Bizancio (hoy Estambul), capital del Sacro Imperio Romano. || Argumento o discusión complicada que pierde de vista su objetivo.
bizarría *s. f.* Conducta o acción inusual por su arrojo y valentía. || Pintura colorida o adorno exagerado.
bizarro, rra *adj.* Persona, estilo o acción inusual por su arrojo y valentía.
bizco, ca *adj.* Que tiene los ojos o la mirada desviada de su foco normal. || Que padece estrabismo.
bizcochería *s. f.* Lugar donde se expenden bizcochos y comestibles relacionados.
bizcochero, ra *adj.* y *s.* Se dice de la persona que hace o vende bizcochos.

bizcocho *s. m.* Pan horneado de harina, azúcar, huevo y otros ingredientes al gusto. || Pan sin levadura cocido dos veces para su mayor conservación.
bizcochuelo *s. m. Arg.* y *Uy.* Torta horneada y esponjosa de harina, huevos y azúcar.
bizcorneto, ta *s. fam. Méx.* Bizco.
biznaga *s. f.* Planta cactácea en forma de globo y superficie estriada, cubierta de espinas largas, firmes y muy agudas, algunas de cuyas variedades son comestibles.
biznagal *s. m.* Monte de biznagas.
biznieto, ta *adj.* Bisnieto.
bizquear *intr.* Torcer los ojos o la mirada por defecto natural o en forma deliberada.
bizqueo *s. m.* Acción de bizquear.
bizquera *s. f. fam.* Defecto consistente en desviar la mirada o los ojos de su foco normal.
blanca *s. f.* Nota musical que vale la mitad de una redonda. || Moneda antigua de plata. || *loc.* ***Quedarse sin blanca:*** quedarse sin dinero.
blanco *s. m.* Objeto sobre el cual se apunta y dispara un proyectil o se fija la mirada. || Espacio entre dos cosas. || Espacio entre textos que no tiene escritura. || Meta, objetivo. || *loc.* ***Dar en el blanco:*** acertar. || ***En blanco:*** a) se dice de la hoja de papel en la que no hay nada escrito; b) sin comprender; c) sin dormir. || ***Ser el blanco de las miradas:*** llamar la atención.
blanco, ca *adj.* Que tiene el color de la leche o de la nieve. || Que es más claro o pálido en comparación con otros colores. || Se dice de la persona de piel clara del grupo racial caucásico. || *loc.* ***Blanco del ojo:*** esclerótica. || ***Blanco de la uña:*** media luna de color claro en la base de la uña. || ***En blanco y negro:*** se aplica a las imágenes que no tienen colores. || ***Parecerse en el blanco de los ojos:*** no parecerse nada.
blancor Blancura.
blancura *s. f.* Calidad de ser o parecer blanco.
blancuzco, ca *adj.* Que tiene un color aproximado al blanco, menos puro.
blandengue *adj.* y *s. com.* Se aplica a algo que tiene una blandura desagradable. || Se aplica a una persona con poca fuerza física, anímica o de carácter. || *s. m. Uy.* Guardia presidencial.
blandenguería *s. f.* Actitud timorata o irresuelta. || Debilidad física, anímica o de carácter.
blandeza *s. f.* Condición de debilidad o delicadeza, especialmente de carácter.
blandiente *adj.* Que se blande o mueve de un lado a otro con agitación. *Vimos a lo lejos los pendones blandientes.*
blandir *t.* Mover o agitar al aire un objeto, especialmente un arma o un pendón, en actitud de reto u orgullo.
blando, da *adj.* Que cede con facilidad al tacto o la presión. || Que tiene poca fuerza o carácter débil. || Que es suave o apacible.
blanducho, cha *adj. desp.* Que es débil física o anímicamente o que tiene carácter maleable.
blandura *s. f.* Condición de blando, física o anímicamente, referido a materiales o a personas. || Palabra o gesto lisonjero o halagüeño.
blanduzco, ca *adj.* Algo blando.
blanqueado, da *adj.* Blanqueo. || *s. f. fam. Cub. Méx.* y *Ven.* En béisbol, acción y efecto de dejar en cero carreras al equipo contrario.
blanqueador *adj.* y *s.* Se aplica a lo que blanquea. *Hay que poner blanqueador a los calcetines.*
blanqueamiento *s. m.* Blanqueo.
blanquear *t.* Poner algo blanco. || Pintar las paredes con cal. || Poner un alimento en agua caliente para quitarle color o ablandarlo || Poner en circulación legal dinero producto de actividades ilícitas. || *fam. Cub. Méx.* y *Ven.* En béisbol, ganar un juego sin permitir carreras al contrario. || *intr.* Tirar a blanco.
blanquecino, na *adj.* Se aplica a lo que tiene un color que tira a blanco.
blanqueo *s. m.* Acción y efecto de blanquear. || *loc.* ***Blanqueo de dinero:*** adquirir o comerciar bienes para hacer circular dinero procedente de actividades ilícitas.
blanquillo *s. m. Chil.* y *Per.* Durazno de cáscara blanca. || *Arg.* y *Uy.* Árbol de corteza blanquecina de uso en la construcción. || *Méx.* Huevo de gallina.
blasfemador, ra *adj.* Que blasfema.
blasfemar *intr.* Proferir blasfemias o improperios, especialmente contra símbolos considerados sagrados.
blasfemia *s. f.* Expresión grosera o irrespetuosa contra algo considerado sagrado. || Palabra injuriosa contra una persona.
blasfemo, ma *adj.* y *s.* Que contiene blasfemia. || Que expresa blasfemia.
blasón *s. m.* Emblema que identifica a una ciudad, un reino o un linaje, con motivos alusivos a su historia, sus características o sus proezas.
blasonado, da *adj.* Distinguido o ilustre por sus blasones.
blasonar *t.* Disponer el blasón según las reglas de la heráldica. || *desp.* Ostentar hazañas propias, reales o imaginarias.
blastodermo *s. m.* En biología, grupo de células que proceden de la división del huevo de los animales.
blástula *s. f.* En biología, etapa temprana de desarrollo del embrión en la que se forma una estructura hueca formada por una sola capa de células.
blazer *s. m.* Saco de vestir con doble botonadura y bolsillos pegados, generalmente de franela y de color oscuro.
bledo *s. m.* Planta de tallo que se arrastra por la tierra, de hojas verde oscuro y flores rojas. || Cosa que vale muy poco o nada.
blenda *s. f.* Mineral compuesto por sulfuro de cinc y que está en la naturaleza en forma de cristales brillantes.
blenorragia *s. f.* Enfermedad de transmisión sexual que se manifiesta con inflamación de las vías urinarias y genitales y con un exceso de flujo genital.
blenorrágico, ca *adj.* Relativo a la blenorragia.
blenorrea *s. f.* Blenorragia crónica.
blindado, da *adj.* Protegido por un blindaje.
blindaje *s. m.* Acción de blindar. || Recubrimiento con hojas metálicas u otro material muy resistente que se le pone algo para protegerlo. *Generalmente, las cajas fuertes tienen blindaje.*
blindar *t.* Proteger algo de agentes externos, como balas o fuego, con un recubrimiento de hojas metálicas o de otro material resistente.
blíster *s. m.* Envase para productos muy pequeños que consta de un soporte cubierto por una lámina de plástico con huecos en donde se colocan esos productos como cápsulas, comprimidos, plumas, etc.
bloc *s. m.* Conjunto de hojas de papel unidas por uno de sus lados. || Ladrillo grande.
blog *s. m.* Sitio personal de internet en donde alguien comenta de manera regular sobre temas de su interés.
blondo, da *adj.* Rubio.
bloque *s. m.* Pieza grande de piedra o de algún material macizo, duro. || Conjunto homogéneo de cosas o personas con algo en común. *La tabla periódica de elementos se divide en bloques.*
bloqueado, da *adj.* Relativo al bloqueo.
bloqueador, ra *adj.* y *s.* Que bloquea.
bloquear *t.* Interrumpir un movimiento o proceso.
bloqueo *s. m.* Acción de bloquear.
blue-jean *s. m.* Pantalón vaquero.
blues *s. m.* Género musical que se originó a principios del siglo XX entre los negros norteamericanos y que tiene un ritmo lento, un tono melancólico y un patrón repetitivo.
blusa *s. f.* Prenda de vestir, generalmente femenina, que cubre la parte superior del cuerpo.
blusón *s. m.* Blusa larga y holgada.
boa *s. f.* Serpiente grande y fuerte, no venenosa, que mata a sus presas enrollándose en ellas para asfixiarlas. || Prenda de mujer de plumas y piel en forma de serpiente que se coloca en el cuello.

boato *s. m.* Exhibición y ostentación de la riqueza o el poder propios.
bobada *s. f.* Tontería
bobalicón, cona *adj.* y *s. fam.* Muy tonto o bobo.
bobear *intr.* Decir o hacer bobadas. || Malgastar el tiempo en cosas que no son útiles.
bobera *s. f.* Bobería.
bobería *s. f.* Lo que se dice o se hace sin una base lógica, sin inteligencia.
bobina *s. f.* Cilindro o carrete en el que se enrolla alambre, hilo, papel, película cinematográfica, etc. || En un circuito eléctrico, hilo conductor enrollado repetidamente que crea y capta campos magnéticos.
bobinado *s. m.* Acción de bobinar. || Conjunto de bobinas de un circuito eléctrico.
bobinadora *s. f.* Máquina para bobinar.
bobinar *t.* Enrollar alambre, hilo, papel, película cinematográfica, etc. alrededor de una bobina o carrete.
bobo, ba *adj.* y *s.* Que es ingenuo y poco inteligente.
boca *s. f.* Abertura situada en la cabeza del hombre y de los animales por donde se ingieren los alimentos; es la primera parte del aparato digestivo. || En una persona, conjunto formado por los dos labios de la cara. || Órgano en donde se articulan los sonidos de la voz. || Entrada o salida de un lugar. || Abertura u orificio. *Los corchos sirven para tapar la boca de las botellas.* || Persona o animal que debe mantenerse. *Es una familia grande y hay cinco bocas que alimentar.* || *loc.* ***Boca de fuego:*** armas de fuego, en especial cañones. || ***Boca del estómago:*** zona central del epigastrio || ***Boca de lobo:*** lugar muy oscuro. || ***Boca floja:*** persona indiscreta. || ***Abrir boca:*** estimular el apetito con un aperitivo. || ***Andar de boca en boca:*** se dice de algo que todo el mundo sabe por rumores. || ***Andar en boca de alguien o de todos:*** ser el centro de rumores. || ***A pedir de boca:*** tal y como se desea algo. || ***Boca abajo:*** a) tendido con la boca hacia el piso; b) en posición invertida; dominado por una fuerza abusiva. || ***Boca arriba:*** tendido de espaldas. || ***Boca a boca:*** muy juntos. || ***Callar la boca:*** hacer callar. || ***Cerrar la boca:*** callar. || ***De boca en boca:*** forma de propagarse los rumores de una persona a otra. || ***Decir lo primero que viene a la boca:*** hablar de manera irreflexiva. || ***Hacerse agua la boca:*** evocar el buen sabor de algo. || ***Írsele la boca a alguien:*** hablar mucho. || ***Meterse en la boca del lobo:*** exponerse de manera premeditada a un peligro. || ***No decir esta boca es mía:*** no opinar cuando es pertinente hacerlo. || ***Quitar a alguien de la boca algo:*** anticiparse. || ***Quitárselo de la boca:*** dar a otro lo que es necesario para uno. || ***Tapar la boca:*** sobornar. || ***Torcer la boca:*** mostrar disgusto. || *Méx.* ***Hacerse de la boca chiquita:*** mostrar desdén.
bocabajo *adv.* Boca abajo.
bocacalle *s. f.* Entrada de una calle.
bocacho, cha *s. Pan.* Persona a la que le faltan uno o más dientes.
bocadillo *s. m.* Porción pequeña de alimento que se sirve antes de la comida en las fiestas o en los bares.
bocadito *s. m.* Pastel pequeño relleno de crema. || *Amér.* Porción pequeña de alimento que se toma como aperitivo.
bocado *s. m.* Porción de alimento que cabe en la boca y se ingiere de una sola vez. *Se comió el pastel en cuatro bocados.* || Cantidad leve de comida. || Parte del freno que entra en la boca del caballo. || *loc.* ***No probar bocado:*** no comer nada.
bocajarro *loc. adv.* **A bocajarro:** A quemarropa. De improviso, bruscamente.
bocal *s. m.* Jarro de boca ancha que se usa para sacar el vino de las tinajas.
bocamanga *s. f.* Parte de la manga de una prenda de vestir que está más cerca de la mano o la muñeca.
bocamina *s. f.* Entrada a una mina.
bocana *s. f.* Paso estrecho de mar por el que se llega a un puerto.
bocanada *s. f.* Porción de aire, humo o líquido que entra o sale de la boca de una sola vez.
bocata *s. m. Esp.* Bocadillo de pan con algún otro alimento dentro.
bocazas *s. com. fam.* Persona indiscreta, que habla más de la cuenta y fanfarronea.
bocetar *t.* Realizar bocetos.
boceto *s. m.* Trazos generales de una pintura, una escultura, etc., para ver cómo va a quedar.
bocha *s. f.* Bola de madera que se usa en el juego de las bochas. || *pl.* Juego que consiste en tirar unas bolas medianas para acercarlas a una bola más pequeña.
bochar *t.* En el juego de bochas, tirar una bocha para golpear otra y alejarla del lugar en que se encuentra.
bochazo *s. m.* Golpe de una bocha con otra.
boche *s. m.* Hoyo que se hace en el suelo para, en ciertos juegos, introducir algo en él; por ejemplo, canicas.
bochinche *s. m.* Situación de desorden y confusión, con barullo y alboroto.
bochinchero, ra *adj.* Persona que participa en un bochinche.
bochorno *s. m.* Aire muy caliente que sopla en el verano. || Rubor y sofocación en el rostro causados por un exceso de calor o por un sentimiento de vergüenza.
bochornoso, sa *adj.* Que produce o causa bochorno.
bocina *s. f.* Aparato en forma de cono que sirve para aumentar el sonido y que se pueda escuchar a la distancia. || Dispositivo eléctrico para amplificar la voz y los sonidos. || Parte de los teléfonos donde están los dispositivos para hablar y escuchar.
bocinazo *s. m.* Sonido fuerte producido por una bocina.
bocio *s. m.* En medicina, enfermedad que se manifiesta como una hinchazón en la parte inferior del cuello y que se debe a un aumento de tamaño de la glándula tiroides.
bocón, cona *adj. desp.* y *s. fam.* Que externa bravatas.
boda *s. f.* Ceremonia civil o religiosa de casamiento entre dos personas. || Fiesta con la que se celebra el casamiento.
bodega *s. f.* Lugar cubierto o almacén en donde se guardan cosas. || Lugar en donde se cría y se guarda el vino.
bodegón *s. m.* Pintura en la que se representan alimentos, flores y utensilios cotidianos, también llamada *naturaleza muerta.*
bodeguero, ra *s.* Persona que es dueña o está a cargo de una bodega.
bodoque *s. m. Méx.* Chichón o hinchazón en forma de bola. || Niño pequeño.
bodorrio *s. m. desp.* Boda. || *Méx.* Fiesta ruidosa y sin orden.
bodrio *s. m.* Cosa de mal gusto o de mala calidad.
bóer *adj.* y *s. com.* Habitante de Sudáfrica de origen holandés. || Colono holandés establecido en África del Sur en el siglo XVII.
bofe *s. m.* Pulmón, en especial el de la res cortada en canal. || *loc. fam.* ***Echar el bofe:*** trabajar o ejercitarse hasta el límite de las fuerzas.
bofetada *s. f.* Golpe dado con la mano abierta en la mejilla de otra persona. || Ofensa o humillación.
bofetón *s. m.* Bofetada fuerte.
bofo, fa *adj. Amér. C.* y *Méx.* Se dice de las cosas blandas, sin consistencia.
boga[1] *s. f.* Acción de bogar.
boga[2] *s. f.* Pez marino con bandas doradas a los lados. || Pez de río de color pardo con aletas blancas.
bogar *intr.* Remar dando un empuje vigoroso en el agua de adelante hacia atrás para impulsar la embarcación.
bogavante[1] *s. m.* Primer remero de las embarcaciones llamadas galeras.
bogavante[2] *s. m.* Animal marino parecido a la langosta con dos pinzas en las patas delanteras; es comestible.
bogotano, na *adj.* y *s.* Natural de Bogotá o relativo a esa ciudad de Colombia.
bohardilla *s. f.* Buhardilla.
bohemia *adj.* y *s. f.* Forma de vida informal, que no se ajusta a lo convencional, especialmente atribuida a los artistas y escritores.
bohemio, mia[1] *adj.* y *s.* Natural de Bohemia o relativo a esa ciudad de la

República Checa. || Gitano. || *s. m.* Lengua de Bohemia.
bohemio, mia² *adj.* y *s.* Se dice de lo que forma parte o vive la bohemia.
bohío *s. m.* Cabaña rústica americana sin ventanas hecha de ramas y pajas.
bohrio *s. m.* Elemento químico radiactivo que se obtiene mediante el bombardeo iónico de elementos pesados. Su número atómico es 107 y su símbolo *Bh.*
boicot *s. m.* Acción acordada contra una persona, un comercio, un país, etc., como medida de presión para obligarla a tomar en cuenta algo que se le pide. *En un boicot contra un establecimiento comercial, la gente deja de comprar productos allí.*
boicotear *t.* y *pr.* Hacer un boicot.
boicoteo *s. m.* Acción de boicotear.
boiler *s. m.* Aparato para calentar el agua en una casa o edificio.
boina *s. f.* Gorra redonda sin visera.
bol *s. m.* Recipiente redondo, sin asas, que se usa en la cocina.
bola *s. f.* Objeto con forma de esfera. || Betún para calzado. *En un tiempo libre dale bola a los zapatos.* || Rumor falso. *Se oye la bola de que habrá huelga.* || En el béisbol, tiro malo del lanzador al bateador. *Si el bateador recibe cuatro bolas va automáticamente a primera base.* || *Méx. fam.* Conjunto de cosas o de personas. *Tengo una bola de libros guardados ahí.* || Revuelta, confusión. *Se armó la bola para exigir la renuncia del alcalde.* || *pl. Amér. Merid.* Testículos. || *loc.* ***Correr la bola:*** divulgar noticias falsas. || ***Dejar correr la bola:*** dejar que algo suceda sin intervenir. || *Arg.* y *Uy.* ***Dar bola a alguien:*** prestar atención. || *Arg. Col. Uy.* y *Ven.* ***Tener bolas:*** tener agallas. || *Méx.* ***En bola:*** en montón. || ***Hacerse bolas:*** confundirse.
bolazo *s. m.* Golpe dado con una bola. || *Arg.* y *Uy.* Disparate.
bolchevique *adj.* y *s. com.* Miembro del sector más grande y radical del Partido Obrero Socialdemócrata Ruso (fundado en 1898) que apoyaba a Lenin. *Los bolcheviques tomaron el poder en 1917.*
boldo *s. m.* Arbusto de hojas siempre verdes, flores blancas y fruto comestible.
bolea *s. f.* Golpe que un jugador da a una pelota antes que ésta toque el suelo.
boleado, da *adj.* y *s. fam. Méx.* Embetunado. || *s. f.* Acción de bolear, embetunar los zapatos.
boleadoras *s. f. pl.* Instrumento para cazar animales que consiste en una serie de dos o tres bolas pesadas unidas por los extremos de una cuerda.
bolear *t. Méx.* Limpiar el calzado y darle brillo. || *Arg.* y *Uy.* Arrojar las boleadoras a los animales para cazarlos. || *pr.* Confundir.
boleo *s. m.* Acción de bolear.
bolera *s. f.* Lugar donde se juega a los bolos.
bolero *s. m.* Canción de origen antillano, de ritmo lento y temas sentimentales. || Chaquetilla corta que usan las mujeres.
bolero, ra *s. Méx.* Persona que trabaja limpiando y sacándole brillo al calzado.
boleta *s. f.* Papel en el que se registran datos oficiales y que sirve como comprobante de algo. *Una boleta de calificaciones es un comprobante de estudios.* || *Méx.* Papeleta en la que se registra el voto. || *loc.* ***Boleta de empeño:*** comprobante de una prenda empeñada.
boletaje *s. m.* Conjunto de boletos.
boletería *s. f.* Taquilla, local donde se venden boletos.
boletero, ra¹ *s. Amér.* Persona que vende boletos.
boletero, ra² *adj. Arg.* Mentiroso, engañador.
boletín *s. m.* Publicación donde una institución da a conocer asuntos de interés científico o humanístico. || Periódico que publica disposiciones gubernamentales.
boleto *s. m.* Billete para ocupar un asiento en el transporte o en un espectáculo. || Pedazo de papel con un número impreso para participar en un juego de azar. || *Arg.* Mentira. || *loc. fam. Méx.* ***No es tu boleto:*** no es de tu incumbencia. || ***Andar*** o ***ir*** o ***hacer de boleto:*** ir con prisa, hacer algo rápidamente.
boliche *s. m.* Juego de los bolos. || Local acondicionado para jugar a los bolos. || *Arg. Bol. Py.* y *Uy.* Local en el que se despachan bebidas y comida preparada. || *Arg.* y *Uy.* Discoteca.
bólido *s. f.* Vehículo automotor que alcanza velocidades extraordinarias. || En meteorología, masa cósmica de material incandescente que atraviesa la atmósfera terrestre.
bolígrafo *s. m.* Instrumento para escribir que contiene la tinta dentro de un cartucho rematado en una esferita que al rodar sobre el papel va dispensando la tinta.
bolilla *s. f. Amér. Merid.* Bola pequeña numerada que se emplea en los sorteos. *Luis sacó bolilla negra en el sorteo para el servicio militar.* || Cada uno de los temas numerados en que se divide el programa de una asignatura. *Tengo todas las bolillas de historia.*
bolillero *s. m. Amér. Merid.* Caja esférica donde se mezclan las bolillas numeradas para un sorteo.
bolillo *s. m.* Pequeño torno de madera en el que se enrolla el hilo para hacer encaje. || *Amér. Merid.* Palito rematado por una bola de goma o madera que sirve para tocar el tambor. || *Méx.* Pan blanco algo alargado, de centro abombado y extremos redondeados.
bolita *s. f. Amér. Merid.* Canica, bolita hecha de vidrio u otro material para jugar.
bolívar *s. m.* Unidad monetaria de Venezuela.
bolivarense *adj.* Perteneciente o relativo a estado, departamento y provincia. || *s. com.* Habitante nativo del estado de Bolívar, en Venezuela, o de su capital, Ciudad Bolívar. || Natural de Bolívar, departamento de Colombia. || Nativo de Bolívar, provincia de Ecuador.
bolivianismo *s. m.* Locución, frase o modo de hablar propio de Bolivia.
boliviano *s. m.* Unidad monetaria de Bolivia.
boliviano, na *adj.* y *s.* Nativo o propio de Bolivia. || Relativo o perteneciente a ese país suramericano.
bollera *s. f.* Mujer que hace y vende bollos. || Cesta donde se guardan los bollos envueltos en una servilleta.
bollo¹ *s. m.* Pan redondeado hecho de masa esponjosa de harina y agua o leche, con huevos y otros ingredientes, que se cuece en horno. || Pliegue abullonado en la ropa o para adorno de cortinas. *Están de moda los bollos en las mangas.*
bollo² *s. m. Arg.* y *Uy.* Abolladura.
bollón *s. m.* Clavo de cabeza muy grande y semiesférica, que suele usarse como adorno. || Broquelito, arete en forma de clavo cerrado por una contra.
bolo *s. m.* Trozo de madera torneado de modo que tenga un angostamiento en el tercio superior y se le deja una base plana para que se sostenga parado; con él se juega a los bolos o boliche. || En medicina, dosis de medicamento o de medio de contraste que se aplica de una sola vez. || *pl.* Juego consistente en derribar con una bola cierto número de bolos colocados a cierta distancia. || *Méx.* Tarjeta donde se participa un bautizo. || Monedas que el padrino de bautizo obsequia a los niños presentes. || *loc.* ***Bolo alimenticio:*** cantidad de alimento masticado y ensalivado que se deglute de una sola vez.
bolón *s. m. Chil.* Piedra grande que se emplea en los cimientos de las edificaciones. || *Cub.* y *Méx.* Reunión de mucha gente. *Vino un bolón de muchachos a jugar.* || Número considerable. *Juan trae un bolón de ideas nuevas.*
boloñés, ñesa *adj.* y *s.* Nativo de Bolonia. || Perteneciente o relativo a esa ciudad de Italia. || *loc.* ***Salsa boloñesa:*** la que se elabora con tomate y carne picada como elementos básicos.
bolsa *s. f.* Saco o talega para guardar o transportar algo. || Accesorio de piel, material plástico o tela resistente para llevar prendas u objetos, que se puede colgar de la espalda o

del hombro. || Doblez o añadido a las prendas de vestir para llevar objetos pequeños. || Abultamiento de la piel debajo de los ojos. || En economía, sitio donde se hacen transacciones comerciales con acciones y valores. || En deportes y sorteos, premio en efectivo para el ganador.

bolsear *t. C. R. Guat. Hond.* y *Méx.* Robar furtivamente algo de valor a alguien.

bolsería *s. f.* Oficio de hacer bolsas. || Lugar donde se fabrican bolsas. || Tienda donde se venden.

bolsillo *s. m.* Bolsa pequeña que forma parte de una prenda de vestir. *Dejé la pluma en el bolsillo de la camisa.*

bolsiquear *t. Amér. Merid.* Bolsear.

bolsista *s.* Persona cuyo oficio es realizar operaciones en la bolsa de valores.

bolso *s. m.* Bolsa de mano, generalmente provista de cierre y asa.

bolsón *s. m. Arg. Col. Guat.* y *Méx.* Cuenca entre montañas, frecuentemente de terreno plano y atravesado por un río que lo desagua. *En Mapimí hay un bolsón desértico.*

boludez *s. f. fam. Arg.* y *Uy.* Tontería, hecho o dicho tontos.

boludo, da *adj.* y *s. Arg.* y *Uy.* Tonto o que actúa como si lo fuera. *No seas boludo: estudia para el examen de mañana.* || *Méx.* Que tiene protuberancias. *Jorge traía los zapatos todos boludos.*

bomba *s. f.* Máquina o aparato que genera succión mediante la cual se hace pasar un fluido de un recipiente a otro más elevado. || Artefacto explosivo provisto de mecha o detonador para que estalle en el momento previsto. || Usado en aposición, denota que el objeto o persona al que acompaña va cargado de explosivos. *Coche bomba, suicida bomba.* || Aparato surtidor de gasolina. || *fig.* Persona, cosa o suceso extraordinarios. || *interj. Méx.* Se usa para anunciar una copla de versos populares en las festividades tradicionales de Yucatán.

bombacha *s. f. Amér. Merid.* Prenda interior femenina que cubre de la cintura al nacimiento de los muslos, con aberturas para las piernas. Suele usarse en plural. || Pantalón de perneras muy amplias y cuyos extremos inferiores se ajustan alrededor del tobillo respectivo.

bombacho *adj.* Se dice del pantalón muy ancho de arriba y pegado en la parte inferior.

bombardear *t.* Atacar con bombas desde una aeronave o con artillería terrestre. || Abrumar, acosar con algo. *La prensa lo bombardeó con preguntas.* || En física nuclear, someter un átomo al impacto de otras partículas subatómicas o de radiaciones.

bombardeo *s. m.* Acción y efecto de bombardear.

bombardero, ra *adj.* y *s.* Dicho de un avión o de un helicóptero, que es capaz de cargar y arrojar bombas. || Persona que maneja una aeronave bombardera.

bombástico, ca *adj.* Grandilocuente, exagerado, recargado en el estilo de hablar o de escribir. *Tienes un modo de hablar bombástico; ¿por qué no eres más claro y directo?*

bombazo *s. m.* Explosión e impacto de una bomba. || *fam.* Noticia inesperada que causa una gran sorpresa.

bombear *t.* Elevar un fluido por medio de una bomba mecánica o biológica. *Cambiaremos la válvula mitral para que el corazón siga bombeando.*

bombeo *s. m.* Acción y efecto de bombear. || Abombamiento.

bombero, ra *s.* Persona encargada de extinguir incendios y prestar ayuda en otras emergencias.

bombilla *s. f.* Lámpara, globo de cristal dotada de un alambre especial que se pone incandescente al pasar la corriente eléctrica y emite luz. *La sala está bien iluminada: cuenta con seis bombillas.* || *Arg.* y *Uy.* Cañita delgada de metal u otro material que se usa para sorber el mate.

bombín *s. m.* Sombrero de fieltro negro, semiesférico y con ala corta ligeramente curvada hacia arriba.

bombo *s. m.* Tambor muy grande propio de las bandas de música popular. || Caja esférica y giratoria, por lo general de alambre metálico, donde se revuelven las bolillas numeradas de un sorteo. || Elogio exagerado con que se alaba a una persona o se publica algo. *Nos anunciaron las nuevas obras públicas con mucho bombo.*

bombo, ba *adj.* Aturdido, atontado por una sensación o emoción fuertes. *Con tanto gentío me quedé bombo.*

bombón *s. m.* Figura de chocolate rellena de crema dulce o frutas secas. || *fig. fam.* Persona joven, atractiva y de buen carácter. || *Méx.* Dulce de malvavisco.

bombona *s. f.* Vasija grande y de vientre amplio que se usa para el transporte de líquidos. || Recipiente metálico, cilíndrico o acampanado, con cierre hermético usado para contener gases. *En México llamamos «tanque de gas» a la bombona de butano.*

bombonera *s. f.* Recipiente coqueto para guardar bombones. || Recinto que por su forma se parece a las antiguas bomboneras, formadas por un ovoide ancho partido por la mitad para que una de éstas sirviera de tapa.

bombonería *s. f.* Establecimiento donde se fabrican y expenden dulces, especialmente de chocolate.

bonachón, chona *adj.* De carácter apacible, afable, que no se irrita por poca cosa.

bonachonería *s. f.* Cualidad de ser bonachón.

bonaerense *adj.* y *s. com.* Nativo de Buenos Aires. || Relativo o propio de la capital de Argentina.

bonancible *adj.* y *s. com.* Tranquilo, sereno, suave. *Después del huracán, el mar quedó bonancible.*

bonanza *s. f.* Tiempo sereno, tranquilo, en el mar. || Prosperidad, auge económico.

bondad *s. f.* Cualidad o condición de bueno. || Inclinación natural a actuar bien y a hacer el bien a otros. || Acción buena. || Amabilidad o favor con que una persona trata a otra. *¿Podría tener la bondad de pasarme mi bastón, joven?*

bondadoso, sa *adj.* Que actúa con bondad. || Inclinado al bien, apacible.

bonete *s. m.* Tocado de base redonda y adornado con cuatro picos formando otras tantas esquinas en la parte superior, que usan ciertos eclesiásticos en algunas ceremonias.

bonetería *s. f.* Taller donde se fabrican y local donde venden bonetes. || *Méx.* Tienda donde se venden calcetines, camisetas y otras prendas de punto y artículos para costura y tejido.

bongó *s. m.* Instrumento caribeño de percusión consistente en un cilindro de madera en uno de cuyos extremos se tensa un cuero de chivo, sobre el cual se golpea con las manos.

bongosero *s. m.* Músico que toca el bongó en un conjunto de música afroantillana.

bonhomía *s. f.* Afabilidad, llaneza, buena crianza en el carácter y el trato con las personas.

boniato *s. m.* Planta de tallos rastreros y ramosos, flores en campanilla y tubérculos gruesos y ricos en almidón. || Tubérculo comestible de esta planta originaria de los Andes.

bonificación *s. f.* Acción y efecto de bonificar.

bonificar *t.* Tomar en cuenta y asentar una suma o cantidad en el haber. || Conceder a alguien, por algún motivo, un aumento, generalmente proporcional y reducido, a una cantidad por cobrar, o un descuento a lo que se ha de pagar.

bonito *s. m.* Pez teleósteo comestible, semejante al atún pero más pequeño.

bonito, ta *adj.* Que excede de lo común en su género. *Rafaela tiene un bonito capital en el banco.* || Agraciado, bello, lindo, atractivo.

bono *s. m.* Tarjeta o ficha que puede canjearse por artículos e incluso por dinero en efectivo. || Tarjeta de abono que da derecho al uso de un servicio por tiempo determinado. || En economía, título de deuda emitido por la tesorería o hacienda pública, o por empresa que cotice en la bolsa de valores.

bonsái *s. m.* Árbol enano obtenido por medio de las técnicas japonesas de jardinería.
bonzo *s. m.* Monje budista.
boñiga *s. f.* Excremento de ganado mayor, como el vacuno y el caballar.
boom *s. m.* Prosperidad, auge o éxito súbito e inesperado.
boomerang *s. m.* Anglicismo por bumerán.
boquear *intr.* Abrir la boca para inhalar con más fuerza y mayor cantidad de aire. || *fig.* Expirar, morir, dar las últimas boqueadas.
boquera *s. f.* Boca de piedra que se hace en el cauce del canal para irrigar la tierra. || Ventana en alto desde la cual se arroja el heno al pajar. || Excoriación en las comisuras de los labios. || En veterinaria, llaga en la boca de los animales.
boquerón *s. m.* Pez teleósteo parecido a la sardina pero más pequeño, procedente del Mediterráneo y del Atlántico; suele comerse frito como aperitivo o botana. || Abertura grande en la roca o en un muro.
boquete *s. m.* Agujero u hoyo hecho a propósito para entrar a un lugar. *Los ladrones hicieron un boquete para robar la joyería.* || Hoyo grande. *Al difunto le abrieron un boquete en el pecho con la escopeta.*
boquetear *t.* Hacer un boquete.
boquiabierto, ta *adj.* Que tiene la boca abierta. || *fig.* Admirado, embobado, pasmado ante algo que se ve o algún suceso.
boquiancho, cha *adj.* De boca ancha. *Tenía un florero boquiancho sobre la mesa.*
boquiangosto, ta *adj.* De boca estrecha. *Tengo una jarra boquiangosta que nos servirá muy bien.*
boquiblando, da *adj.* Se dice de la cabalgadura que obedece fácilmente al freno de boca.
boquiflojo, ja *adj.* y *s. Méx.* Chismoso, hablador.
boquilla *s. f.* Pieza pequeña, cónica y hueca que se adapta al tubo de algunos instrumentos de viento y sirve para apoyar los labios en ella y soplar. || Tubito de forma troncocónica en cuyo extremo más ancho se coloca el cigarrillo. || En la pipa, parte que se introduce en la boca.
boquillero, ra *adj. Cub.* y *P. Rico* Jactancioso, charlatán, exagerado.
boquirroto, ta *adj.* y *s.* De boca rasgada por herida o lesión.
boquirrubio, bia *adj.* y *s.* Deslenguado, locuaz, que habla sin necesidad ni cordura. || Inexperto, candoroso. || *s. m. fam.* Muchacho que presume de galán y conquistador de chicas.
boquitorcido, da *adj.* De boca torcida por defecto congénito o por lesión. *Boquituerto.*
bórax *s. m.* Sal blanca compuesta de ácido bórico, anhídrido de sodio (sosa) y agua, que se halla naturalmente en algunas playas y ríos, pero que mayormente se elabora en laboratorios y se emplea en limpieza, medicina e industria.
borbollar *int.* Borbotar.
borbolleo *s. m.* Borboteo.
borbollón *s. m.* Movimiento del agua que sube y baja formando como burbujas, generalmente por un incremento grande de temperatura o un descenso de la presión ambiental.
borborigmo *s. f.* Ruido en la cavidad ventral ocasionado por el tránsito de los gases en los intestinos.
borbotar o **borbotear** *intr.* Brotar el agua con mucho ímpetu o hervir haciendo mucho ruido.
borboteo *s. m.* Acción y efecto de borbotear.
borbotón *s. m.* Borbollón. || *loc.* ***Hablar a borbotones:*** hablar rápida y atropelladamente.
borceguí *s. m.* Zapato masculino que llegaba hasta más arriba del tobillo, abierto por delante y que se sujetaba por medio de agujetas o correas.
borcelana *s. f. fam. Méx.* Bacinica, por corrupción del término «porcelana», material del que estaban hechas las más caras.
borda *s. f.* Canto superior del costado de un buque u otra nave. || *loc.* ***Echar*** o ***tirar por la borda:*** deshacerse irreflexivamente de algo o de alguien.
bordado *s. m.* Acción de bordar. || Labor hecha con aguja e hilo para hacer en relieve un motivo ornamental sobre tela o cuero. || *loc.* ***Bordado a canutillo:*** el que se hace con canutos de vidrio insertados en el hilo. || ***Bordado a tambor:*** el que se hace con puntada de cadeneta y usando un bastidor en forma de aro, con aguja que posee un gancho en la punta y un remate romo en el otro extremo. || ***Bordado de realce:*** aquél en el que se ponen unas hebras de hilo debajo de las puntadas para que éstas sobresalgan más de la superficie de la tela.
bordado, da *adj.* Se dice de lo hecho por ornato con los materiales para bordar.
bordador, ra *s.* Persona cuyo oficio es bordar.
bordar *t.* e *intr.* Adornar con bordados telas o piel. || Reproducir figuras mediante el trabajo del hilo y la aguja. *Bordé una mariposa en mi suéter.* || Realizar algo con arte y primor. *Bordaron un zapateado jarocho en el jardín principal.* || Exponer un tema con elegancia y conocimiento. *La conferencista bordó sobre las relaciones entre sufíes y los místicos hebreos.*
borde *s. m.* Extremo u orilla de algo.
bordear *t.* Ir por el borde o seguir la orilla de algo. || Dicho de una fila de cosas o personas, estar dispuestas alrededor de la orilla de algo. || Aproximarse a una cifra mediante el cálculo, frisar. *Edna bordea la treintena, ¿no?* || Acercarse a cierto grado de una calidad moral o intelectual. *Esa aventura tuya bordea lo heroico.*
bordillo *s. m.* Fila de piedras o cinta de mampostería que forma el borde de la acera o banqueta, de un andén, un senderillo del jardín.
bordo *s. m.* Costado exterior de una embarcación grande. || *Hond. Méx.* y *Nic.* Terreno en declive a cada lado del cauce de un río. || Empalizada con refuerzos de sacos terreros que se coloca a los lados de un cauce fluvial para evitar que se desborde e inunde los terrenos bajos.
bordón *s. m.* Bastón de palo cuya longitud excede la estatura de un hombre, con una punta de hierro en el extremo inferior y en la parte media del superior lleva unos botones que lo adornan. || Verso quebrado que se repite al final de cada copla. || Voz o frase que se repite con insistencia y sin necesidad en el discurso. || *fig.* Persona que brinda apoyo y guía a otra.
bordona *s. f.* En instrumentos musicales de cuerdas, como la guitarra, cualquiera de las cuerdas más gruesas que producen los sonidos graves, preferentemente la sexta.
bordonear *intr.* Pulsar la bordona de la guitarra. *A la luz de la fogata, Martín Fierro empezó a bordonear.* || Ir tentando o tocando el suelo con el bordón. *Algunos ciegos caminan bordoneando el suelo con un bastón.* || Dar palos con el bordón. || Mendigar.
bordoneo *s. m.* Sonido característico del bordón de la guitarra.
boreal *adj.* En astronomía y geografía, perteneciente o relativo al norte. *John Ross encontró el polo norte magnético de la Tierra en la inhóspita región boreal.*
borgoña *s. m.* Vino tinto originario de la región francesa de Borgoña. || *Amér. Merid.* Color similar al de ese vino.
boricado *adj.* Dicho de un preparado que contiene ácido bórico, como en el alcohol boricado que utilizan los buzos para prevenir o curar la infección en los oídos.
bórico, ca *adj.* Relativo al boro. || Se dice del ácido compuesto de boro, oxígeno e hidrógeno con propiedades antisépticas, antimicóticas y antivirales leves.
boricua *adj.* y *s. com.* Natural de Puerto Rico.
borincano, na *adj.* Borinqueño.
borinqueño, ña *adj.* De Borinquén, antiguo nombre de la isla de Puerto Rico.
borla *s. f.* Conjunto de hebras o pequeños cordones unidos y sujetos en uno de sus extremos formando una bola que se emplea como adorno. *El*

gorro de Santa Claus tiene una borla en la punta.

borlote *s. m. Méx.* Tumulto, revuelta o agitación. || Vocerío o ruido considerable. || Fiesta en grande. *Habrá borlote en la fiesta de graduación.*

borne *s. m.* Botón mecánico al que va unido el cable conductor en ciertos aparatos eléctricos.

bornear *t.* Dar vuelta, revolver, torcer o ladear. || Labrar en contorno las columnas. || *pr.* Dicho de la madera, torcerse.

boro *s. m.* Elemento químico, semimetálico y sólido. Se usa para fabricar esmaltes y vidrios, como catalizador industrial, así como en medicina. Su número atómico es 5 y su símbolo *B*.

borona *s. f. Amér.* Migaja de pan.

borra *s. f.* Parte basta y grosera de la lana. || Desperdicio textil que queda después de acabado un tejido. || Pelusa polvorienta. || Sedimento. *Hay quien cree ver figuras en la borra del café.*

borrachera *s. f.* Efecto de emborracharse. || Pérdida temporal de capacidades físicas o mentales por efecto del alcohol.

borrachín, china *adj.* y *s.* Que tiene el hábito de emborracharse.

borracho, cha *adj.* y *s.* Que está muy bebido. || Que se emborracha habitualmente. || Dulce o pan empapado en una bebida alcohólica o en almíbar.

borrado, da *s.* Acción y efecto de borrar.

borrador *adj.* Que borra. || *s. m.* Objeto que sirve para borrar lo escrito. || Redacción provisional de un escrito en la que se pueden hacer correcciones antes de redactar el texto definitivo. *El texto final del discurso aún no está terminado, este es un borrador.*

borradura *s. f.* Acción y efecto de borrar con rayas lo escrito.

borraja *s. f.* Planta herbácea anual comestible muy apreciada por sus propiedades medicinales. La infusión de sus flores se usa para provocar sudor. *La borraja está contraindicada en mujeres embarazadas.*

borrar *t.* Hacer desaparecer lo escrito, trazado o pintado. *Le pidieron borrar lo que pintó.* || Hacer que desaparezca algo inmaterial. *Borraré cualquier duda.* || Eliminar los datos almacenados en una computadora. *Por error borré el escrito de la computadora.*

borrasca *s. f.* Tempestad, temporal fuerte.

borrascoso, sa *adj.* De la borrasca o relacionado con ella. || Que causa o está relacionado con las borrascas. *Los vientos de los Alpes son borrascosos.* || Se dice de la persona propensa a crear situaciones agitadas y violentas. || Se aplica a la situación agitada y violenta.

borregada *s. f.* Rebaño de borregos o corderos. || *Méx. fig.* Grupo de personas que se dejan manejar fácilmente. *El candidato acarreó la borregada al mitin.*

borrego, ga *s.* Mamífero rumiante doméstico, de aproximadamente 70 cm de altura cubierto de lana. || Persona dócil que se somete a la voluntad ajena. || *Méx.* Noticia falsa que se propaga con determinado propósito, generalmente para crear desconcierto, inestabilidad política, etc. || *s. f.* Forro de lana de borrego. || *loc.* ***Borrego cimarrón:*** carnero silvestre.

borreguil *adj.* Perteneciente o relativo al borrego.

borrico, ca *s.* Mamífero cuadrúpedo, doméstico, más pequeño que el caballo, con largas orejas y pelo áspero. || Especie de trípode de madera que sirve a los carpinteros para apoyar la tabla que trabajan. || *fig.* Necio o terco.

borriquero, ra *s.* Guarda o conductor de borricos.

borrón *s. m.* Mancha de tinta o de lápiz.

borronear Borrar mal. || Escribir sin un tema ni un propósito determinado. *Al distraído lo sorprendieron borroneando.*

borrosidad *s. f.* Cualidad de borroso. || Falta de claridad.

borroso, sa *adj.* Que no se distingue con claridad. *La fotografía salió borrosa y los rostros no se distinguen con claridad.*

boruca *s. f.* Alboroto, bulla, algazara. *Cuando el acusado fue cuestionado, para no responder, armó boruca.*

borujo *s. m.* Aglomeración que se forma al apretarse o al enredarse las partes de algo.

boscoso, sa *adj.* Que tiene bosques.

bosnio, nia *adj.* Perteneciente o relativo a Bosnia. || *s.* Natural de Bosnia.

bosque *s. m.* Sitio poblado de árboles y matas.

bosquejar *t.* Hacer un proyecto provisional. *El arquitecto presentó su bosquejo.* || Indicar vagamente, o a muy grandes rasgos, un concepto o plan. *En la junta de ayer se bosquejó la campaña publicitaria.*

bosquejo *s. m.* Plan o proyecto provisional.

bosquimano, na *adj.* y *s.* Se dice del individuo de un grupo humano de África meridional que habita en los confines del desierto del Kalahari.

bosta *s. f.* Excremento del ganado vacuno o del caballar.

bostezar *intr.* Realizar el reflejo involuntario que consiste en aspirar lentamente abriendo la boca más de lo regular, y aspirar luego ruidosa y prolongadamente, como signo de cansancio, aburrimiento o sueño. *Hay conferencias tan aburridas que hacen bostezar.*

bostezo *s. m.* Acción de bostezar.

bota *s. f.* Calzado que cubre el pie y parte de la pierna. || Recipiente de cuero que termina en un cuello en el que se contiene especialmente vino.

botadero *s. m. Hond.* y *Méx.* Lugar donde se deposita la basura. || *Méx.* Sitio desordenado. *Juan tiene su cuarto hecho un botadero.*

botado, da *adj.* Que ha sido echado de un lugar o grupo. || *Amér.* Se dice de lo que ha sido desechado sin contemplación. *Había materiales botados en la basura que podían reutilizarse.*

botador, ra *adj.* Que bota. || *Amér.* Que malgasta el dinero.

botadura *s. f.* Lanzamiento de una embarcación al agua. *Los malos augurios del* Titanic *empezaron desde la botadura.*

botafuego *adj.* Dícese del que monta en cólera fácilmente. || *s. m.* Dispositivo con el que, antiguo, se ponía fuego a las piezas de artillería.

botafumeiro *s. m.* Incensario grande. *El botafumeiro más famoso es el de la catedral de Santiago Compostela.*

botamanga *s. f. Amér.* Bocamanga.

botana *s. f. Méx.* Alimento o platillo ligero con el que se acompaña una bebida alcohólica. *En muchas cantinas sirven botanas picantes y sabrosas.* || *loc. fig.* ***Agarrar de botana:*** hacer que una persona o cosa se torne blanco de burlas. *Por decir tonterías, a Manolo lo agarraron de botana.*

botánica *s. f.* Parte de la biología que se dedica al estudio de las plantas.

botánico, ca *adj.* Que pertenece a la botánica o se relaciona con ella. *En Toluca han hecho un excelente jardín botánico.* || *s.* Persona que tiene como profesión el estudio de las plantas. *Gerardo se ha convertido en un destacado botánico.*

botar *t.* Arrojar, tirar, echar fuera. *Tiene la mala costumbre de botar basura en la calle.* || Echar a navegar una embarcación después de construido o reparado. *El «Titanic» fue botado el 31 de mayo de 1911.* || Hacer saltar un cuerpo elástico como una pelota. *Se entretenía en botar la pelota de béisbol.* || Abandonar o dejar de lado algo. *Botó el trabajo y se fue a ver el futbol.* || *Amér.* Derrochar, malgastar. *Estaba acostumbrado a botar el dinero en diversiones.*

botarate *adj.* Persona de poco juicio y que actúa de manera insensata. || *Amér.* Derrochador.

bote *s. m.* Embarcación pequeña. || Recipiente. || Salto que da un cuerpo elástico, como una pelota, al chocar con una superficie dura.

botella *s. f.* Recipiente para contener líquidos cilíndrico y de cuello angosto.

botellazo *s. m.* Golpe dado con una botella. *A Agustín Lara le cortaron la mejilla de un botellazo.*
botellero *s. m.* Mueble para colocar botellas. || Fabricante o vendedor de botellas.
botellín *s. m.* Botella pequeña.
botellón *s. m.* Recipiente para contener líquidos cilíndrico y de cuello corto.
botero, ra *s.* Persona que hace o vende botas.
botica *s. f.* Establecimiento en el que se preparan y venden medicamentos
boticario, ria *s.* Propietario o encargado de una botica.
botija *s. f.* Vasija redonda de barro de cuello corto y estrecho.
botijero, ra *s.* Persona que hace o vende botijas o botijos.
botijo *s. m.* Vasija de barro poroso que se usa para refrescar el agua.
botillería *s. f. Chil.* Establecimiento en el que se expenden bebidas embotelladas.
botillero, ra *s.* Persona que prepara mezclas de vinos y licores.
botín *s. m.* Conjunto de objetos robados. || Calzado que cubre el pie y parte de la pierna.
botiquín *s. m.* Lugar donde se guarda lo necesario para prestar los primeros auxilios médicos.
botón *s. m.* Pieza que sirve para abrochar una prenda de vestir. || En un artefacto, pieza que pone en marcha o desconecta alguno de sus mecanismos. || En una planta, brote en el que las hojas están cerradas. || Capullo todavía cerrado de una flor.
botonadura *s. f.* Conjunto de botones de una prenda de vestir.
botonazo *s. m.* Golpe dado con un botón.
botonero, ra *s.* Persona que hace o vende botones.
botones *s. m. pl.* Persona que realiza pequeños servicios en los hoteles.
botulismo *s. m.* Enfermedad causada por la toxina botulínica producida por el bacilo *Clostridium botulinum.*
boulevard *s. m.* Bulevar.
boutique *s. f.* Establecimiento comercial especializado en la venta de artículos de moda.
bóveda *s. f.* Construcción arquitectónica curva con la que se cubre un espacio comprendido entre varias paredes o columnas. *La bóveda de la Catedral de Florencia es la más espectacular de todas.*
bovedar Hacer bóvedas.
bóvido, da *adj.* Perteneciente a la familia de los mamíferos rumiantes que tienen cuernos. || *s. m. pl.* Familia que agrupa a estos mamíferos.
bovino, na *adj.* y *s.* Del toro o de la vaca.
box *s. m.* Deporte en el que dos personas luchan a puñetazos.
boxeador *s. m.* Persona que practica el box.
boxear *intr.* Luchar a puñetazos.
boxeo *s. m.* Box.
bóxer[1] *s. m.* Calzoncillo.
bóxer[2] *s. m.* Miembro de una sociedad secreta china que era contraria a la presencia extranjera en el país.
boxístico *adj.* Del boxeo o relacionado con él.
boya *s. f.* Objeto flotante sujeto al fondo del mar, de un río o de un lago que señala un sitio peligroso.
boyada *s. f.* Manada de bueyes.
boyante *adj.* Próspero.
boyar *intr.* Reflotar una embarcación que ha estado en seco.
boyero, ra *adj.* Persona que conduce y resguarda bueyes. || Corral donde se encierran bueyes. || Pájaro que se posa sobre bueyes y otros cuadrúpedos herbívoros.
bozal *s. m.* Dispositivo para inmovilizar el hocico de animales a fin de que no muerdan, no se detengan a comer mientras son usados o no mamen.
bozo *s. m.* Vello sobre el labio superior.
bracear *intr.* Mover los brazos al nadar. || Mover repetidamente los brazos para hacer señas a lo lejos. || Forcejear con los brazos para zafarse.
braceo *s. m.* Movimiento repetido de los brazos al nadar, hacer señas o intentar zafarse.
bracero *s. m.* Recipiente de metal de base cúbica y rejillas de ventilación para conservar las brasas. || Jornalero. || *Méx.* Trabajador que migra a otro país, en especial Estados Unidos.
bráctea *s. f.* Hoja del pedúnculo de la flor, cuya forma, color y consistencia son distintas de las del resto de la planta.
braga *s. f.* Pieza de ropa interior femenina que cubre de la cintura al nacimiento de las piernas. Suele usarse en plural.
bragado, da *adj. fam.* Se dice de la persona de carácter firme y enérgico. || Se aplica con el rumiante con la entrepierna trasera de diferente color al resto del cuerpo.
braguero *s. m.* Vendaje para sujetar las hernias. || Cuerda o cincho amarrada al cuerpo de cuadrúpedos para montarlos a pelo.
bragueta *s. m.* Abertura vertical delantera de pantalones y calzones para varones.
braguetero *adj. desp.* y *s. m.* Se dice del hombre lascivo. || *Méx.* Se aplica al cazafortunas que se vale de la seducción.
brahmán *s. m.* Miembro de la casta superior de la India.
brahmanismo *s. m.* Religión hindú consagrada al dios Brahma.
brahmín *s. m.* Brahmán o miembro de la casta superior de la India.
braille *adj.* y *s. m.* Sistema de lectura táctil para invidentes.
brama *s.* Estado de celo de ciertas especies cuadrúpedas. *Los toros están en brama.*
bramadero *s. m.* Poste al que se amarra el ganado para herrarlo o caparlo. || Lugar donde confluyen ciertas especies cuadrúpedas cuando están en celo.
bramante *s. m.* Cordel de cáñamo.
bramar *intr.* Emitir bramidos. *Los becerros empezaron a bramar.* || *fig.* Emitir gritos de ira o alaridos de dolor.
bramido *s. m.* Sonido gutural característico de toros, vacas y otros cuadrúpedos. || *fig.* Grito de ira o dolor humanos.
brandy *s. m.* Licor de uva similar al coñac destilado fuera de Francia.
branquia *s. m.* Órgano respiratorio de la mayoría de las especies acuáticas. *Los peces y los renacuajos tienen branquias.*
branquial *adj.* De las branquias o relacionado con ellas.
branquiópodo *adj.* y *s. m.* Crustáceo con apéndices branquiales en las patas.
branquiuro *s. m.* Crustáceo de mar o de agua dulce, parásito de los peces, de los que se alimenta con una trompa de succión.
braquial *adj.* Perteneciente o relativo al brazo.
braquicefalia *s. f.* Forma casi redonda y pequeña de la cabeza.
braquicéfalo, la *adj.* Se dice de la persona con braquicefalia.
brasa *s. f.* Residuo de leña, carbón u otro material combustible incandescente.
brasero *s. m.* Recipiente metálico generalmente portátil para cocinar o calentar alimentos o para encender el fuego.
brasier o **brassier** *s. m.* Prenda íntima femenina para sujetar y ceñir el busto.
brasileiro, ra o **brasileño, ña** *adj.* y *s.* De Brasil o relacionado con ese país.
bravata *s. f.* Amenaza ostensible con el propósito de amedrentar o presumir valor real o imaginario.
braveza *s. f.* Bravura.
bravío, vía *adj.* Se dice del animal que es indómito o feroz. *Los toros de lidia son bravíos.* || Se aplica a la persona rústica y agresiva. || Relativo o perteneciente a ambientes rústicos y agresivos.
bravo *interj.* Se utiliza para vitorear. *¡Bravo, maestro! ¡Qué interpretación!*
bravo, va *adj.* Se aplica a la persona valiente y arrojada. || Se dice del animal que es feroz. || Se dice del mar encrespado.
bravosidad *s. f.* Demostración de valentía o arrojo. || Demostración de arrogancia.
bravucón, cona *adj.* y *s.* Persona que presume valentía y bravura sin tenerlas.

B

bravuconada *s. f.* Ostentación de bravura para amedrentar.
bravuconear *intr.* Hacer alarde de falsa bravura o valor.
bravuconería *s. f.* Exhibición falsa de coraje y valentía para amedrentar.
bravura *s. f.* Determinación y arrojo para emprender acciones difíciles o arriesgadas. || Fiereza de animal indómito.
braza *s. f.* Unidad de longitud en navegación, equivalente a 1.7 m, aproximadamente. || Distancia media entre los pulgares de las manos al extender los brazos horizontalmente. || Estilo de natación boca abajo dando brazadas y moviendo las piernas como propela.
brazada *s. f.* Movimiento del brazo, sobre todo al nadar.
brazalete *s. m.* Adorno de metal u otro material que se coloca arriba de la muñeca. || Pieza de armadura que cubre el brazo.
brazo *s. m.* Extremidad superior del hombre desde el hombro hasta la mano. || Parte de la extremidad superior del hombre desde el hombro hasta el codo. || Extremidades delanteras de los cuadrúpedos. || Ramas de los árboles. || Cada una de las extensiones o ramificaciones horizontales de un eje vertical. *Los brazos del candelabro están cubiertos de cera.* || Descanso lateral de los asientos. || Parte de un mecanismo que media entre la fuerza aplicada y el objeto al que se aplica. *El brazo de la grúa logró hacer a un lado el auto volcado.* || Cada una de las extensiones de una institución o empresa. *El partido movilizó su brazo electoral.* || *loc.* ***A brazo:*** de manera manual. || ***A brazo partido:*** con denuedo, con gran empeño. || ***Brazo a brazo:*** cuerpo a cuerpo. || ***Brazo armado:*** grupo especializado en el uso de las armas. || ***Brazo derecho:*** se dice de la persona que es indispensable para algo o merece todas las confianzas. || ***Brazo de mar:*** porción angosta y larga de mar que penetra en tierra. || ***Brazo de río:*** parte de un río que se separa y corre paralela hasta integrarse más adelante de nuevo al caudal principal. || ***Con los brazos abiertos:*** con cariño, con mucho gusto. || ***Con los brazos cruzados:*** sin hacer nada. || ***Cruzarse de brazos:*** no hacer nada. || ***Dar el brazo:*** ofrecer el brazo como apoyo. || ***Dar el brazo a torcer:*** ceder. || ***Del brazo:*** indica que dos personas van con los brazos entrelazados. || ***En brazos:*** indica que alguien lleva sobre los brazos a un niño o un animal. || ***En brazos de alguien:*** confiarse a alguien. || ***No dar el brazo a torcer:*** mantenerse firme.
brazuelo *s. m.* Parte de las extremidades delanteras de los cuadrúpedos entre el codo y la rodilla.
brea *s. f.* Cualquiera de las sustancias viscosas y oscuras no solubles en agua obtenidas por destilación del alquitrán de ciertas maderas, del carbón mineral y de otras materias orgánicas. || Mezcla de esta sustancia con aceite, pez y sebo para calafatear e impermeabilizar las junturas de las embarcaciones de madera.
brear *intr.* Untar con brea. || Molestar con insistencia.
brebaje *s. m.* Bebida preparada de diversas sustancias que tiene mal aspecto o mal sabor.
brecha *s. f.* Camino rústico y estrecho. || Abertura o boquete en un muro. || *fig.* Distancia o separación entre lo real y lo ideal. *Hay que cerrar la brecha entre la pobreza y la vida decorosa.*
brécol *s. m.* Brócoli.
brecolera *s. f.* Variedad de brécol o brócoli comestible con tallos suaves rematados en una especie de flor.
brega *s. f.* Acción de esforzarse o trabajar duro. *Andamos en la brega.* || Riña, pendencia o forcejeo.
bregar *intr.* Trabajar duro en condiciones generalmente adversas. || Batallar con obstáculos difíciles de superar.
breña *s. f.* Terreno áspero y rugoso poblado de maleza entre piedras.
brete *s. m.* Situación complicada difícil de evadir. *Nos metimos en un brete.* || En la antigüedad, cepo o grillete que se ponía a los presos.
bretel *s. m. Amér.* Tira de tela generalmente elástica que sostiene desde los hombros una prenda femenina.
breva *s. f.* Fruto primerizo de la higuera, más grande, más claro y menos dulce que el higo maduro.
breve *adj.* Que tiene poca duración. || *loc.* ***En breve:*** dentro de poco.
brevedad *s. f.* Condición de corta duración de un suceso, cosa o acción.
breviario *s. m.* Libro poco extenso sobre un tema. || Libro que contiene el rezo.
brezo *s. m.* Arbusto de hasta dos metros de altura con ramas duras y hojas largas y estrechas, aprovechable para hacer carbón.
briago, ga *adj.* y *s. fam.* Persona en estado de embriaguez. || Ebrio habitual.
bribón, bona *adj.* Persona sin honradez ni vergüenza.
bribonada *s. f.* Acción propia de un bribón.
bribonería *s. f.* Vida de bribón. *Anselmo se dejó llevar por la bribonería.*
bricolaje *s. m. Esp.* Conjunto de trabajos manuales caseros para el mantenimiento y mejoramiento del hogar. *El bricolaje suele ser fuente de satisfacción y ahorro.*
brida *s. m.* Dispositivo consistente de freno, correa y riendas para controlar al caballo mientras se le monta.
bridón *s. m.* Brida pequeña que se pone a los caballos debajo del bocado. *«El acero aprestad y el bridón», dice el himno nacional mexicano.*
brigada *s. f.* Unidad militar compuesta por dos o más regimientos o batallones. || Equipo de personas organizadas para realizar una actividad determinada.
brigadier *s. m.* Grado militar inmediatamente superior al de coronel.
brigadista *s. m.* Miembro de una brigada. *Llegaron los brigadistas de salvamento.*
brillante *adj.* Que brilla e irradia luminosidad. || Que sobresale por su inteligencia. || *s. m.* Diamante tallado por todas sus caras.
brillantez *s. f.* Cualidad de brillo y luminosidad de las cosas. *La brillantez de la mañana nos animó.* || Inteligencia de las personas. || En óptica, luminosidad de un cuerpo determinada en comparación con la luminosidad de otros.
brillantina *s. f.* Sustancia cosmética para alisar y dar brillo al cabello.
brillar *intr.* Emitir brillo o luminosidad. || Destacar por inteligencia y otros atributos.
brillo *s. m.* Luz irradiada por un cuerpo. || Lucimiento de las personas por sus cualidades o atributos.
brilloso, sa *adj.* Que brilla o emite luminiscencia.
brincar *intr.* Dar de brincos o saltos. || Pasarse u obviar una etapa. || Dar muestras de sorpresa. *Brincó al oír el estruendo.*
brinco *s. m.* Movimiento súbito del cuerpo, despegando los pies del suelo. *La zorra dio un brinco para alcanzar las uvas.* || Sobresalto. *Lo asustaron y pegó un brinco.* || *loc. Méx.* ***Brincos diera*** o ***dieras:*** expresión para indicar que los deseos expresados son vanos. || ***Dejarse de brincos:*** dejar de jactarse. || ***Ponerse al brinco:*** retar.
brincoteo *s. m. Amér.* Acción de dar brincos constantemente.
brindar *intr.* Manifestar buenos deseos o congratulaciones levantando una copa u otro recipiente con licor. || Ofrecer una cosa o invitación por amabilidad sin esperar nada a cambio. || Dedicar una actuación a otra u otras personas.
brindis *s. m.* Acción de levantar una copa u otro recipiente con licor en manifestación de buenos deseos o congratulaciones. || Discurso breve y encomiástico que se pronuncia al brindar.
brío *s. m.* Energía de espíritu y seguridad al ejecutar una acción.
brioche *s. m.* Panecillo dulce, suave y ligero, de levadura, huevo y azúcar, a veces relleno de crema.
briofita, to *adj.* Se dice de la variedad de vegetales sin raíz que absorben la humedad mediante filamentos. *El*

musgo es una planta briofita. || *s. f. pl.* División a la que pertenecen estos organismos.
brioso, sa *adj.* Que tiene brío. *El caballo es brioso.* || Se dice de la persona enérgica y resuelta.
brisa *s. f.* Viento suave y agradable, a menudo húmedo.
brisura *s. f.* Pieza de blasonería que se coloca en la parte superior de los escudos de armas.
británico, ca *adj.* y *s.* De Gran Bretaña e Irlanda del Norte o relacionado con esos países.
brizna *s. f.* Filamento de plantas o frutas. || Parte muy delgada de una cosa. || Porción insignificante de algo.
broca *s. f.* Instrumento de punta cónica y filos en espiral para taladrar en forma manual o con energía eléctrica.
brocado *s. m.* Tela de seda entretejida con hilo de oro o plata. || Tela de seda decorada con dibujos.
brocal *s. m.* Guarnición de los pozos como seguro contra caídas. || Moldura de la boca de piezas de artillería.
brocha *s. f.* Escobilla formada por cerdas colocadas en uno de los extremos de un mango, usada sobre todo para pintar. || *loc.* ***De brocha gorda:*** se dice de lo que se hace de manera tosca. || *Méx.* ***Dejar a alguien colgado de la brocha:*** dejarlo en condición precaria.
brochazo *s. m.* Movimiento con la brocha al pintar una superficie. || *loc.* ***De un brochazo:*** con rapidez y descuido.
broche *s. m.* Conjunto de dos piezas que encajan una en otra para cerrar algo. *El broche de mi collar no funciona y cuando trato de ponérmelo se cae.* || Joya o adorno que se lleva prendido en la ropa. || Tenaza metálica que se utiliza para mantener unidos pliegos u hojas de papel. || *loc.* ***Cerrar con broche de oro:*** terminar de la mejor manera.
brocheta *s. f.* Comida de diversos ingredientes asados y ensartados en una varilla. || Varilla para ensartar diversos ingredientes para asar.
brócol *s. m.* brécol.
brócoli *s. m.* Variedad de col común con tallos tiernos y hojas verdes apiñadas comestibles.
brócul *s. m.* brócoli.
bróculi *s. m.* brócoli.
broma[1] *s. f.* Burla, mala pasada. || Diversión. || *loc.* ***Broma pesada:*** aquella que causa molestias. || ***Bromas aparte:*** se usa para enfatizar que se habla en serio. || ***Echar a broma:*** no tomar en serio. || ***En broma:*** por diversión, sin intenciones de molestar. || ***Fuera de broma:*** se usa para indicar que lo que sigue es muy serio. || ***Tomar a broma:*** no tomar en serio.
broma[2] *s. f.* Molusco marino que se alimenta de madera y causa daño a las embarcaciones y pilotes de este material.
bromatología *s. f.* Ciencia de los alimentos, su preparación y balance.
bromatológico, ca *adj.* Perteneciente o relacionado con la bromatología o dietética.
bromatólogo, ga *s.* Persona dedicada al estudio o ejercicio de la bromatología o dietética.
bromear *intr.* y *pr.* Hacer bromas o chanzas.
bromeliáceo, a *adj.* Se aplica a las plantas tropicales angiospermas con las hojas rígidas y afiladas apiñadas en la base, algunas de las cuales dan un fruto carnoso. *La piña es una planta bromeliácea.* || *s. f. pl.* Familia a la que pertenecen estas plantas.
bromista *adj.* Persona proclive a bromear.
bromo *s. m.* Elemento químico, líquido de color rojo parduzco y olor fuerte, abundante en las algas y aguas marinas. Se usa en la fabricación de gasolina, fármacos y tintes. Su número atómico es 35 y su símbolo *Br.*
bromuro *s. m.* Sal de ácido bromhídrico consistente de dos elementos, uno de los cuales es bromo. || Bromo de potasio, usado como fármaco para deprimir el sistema nervioso.
bronca *s. f.* Pleito o riña. || Reprensión dura. || Rechifla. || *Méx.* Dificultad. || *loc. Amér. Merid.* ***Tenerle bronca a alguien:*** tener entre ojos.
bronce *s. m.* Aleación de cobre con estaño, cinc o ambos, resistente y sonora, de amplio uso en escultura, molduras, campanas, adornos, medalla e industria. || Objeto artístico hecho de esta aleación.
bronceado, da *adj.* Que tiene el color del bronce. || De piel morena por efecto de la luz del sol o rayos artificiales.
bronceador, ra *adj.* y *s.* Que broncea. || Se dice del cosmético para facilitar el bronceado de la piel y protegerla de quemaduras.
bronceadura *s. f.* Mancha oscura de la piel por efecto de la luz solar o de rayos artificiales. || Luz o tonalidad de color entre amarillo y café.
broncear *t.* y *pr.* Dar a algo el color del bronce. || Exponer la piel a la luz del sol o de un agente artificial para que adquiera tonalidad morena.
broncíneo, a *adj.* Que tiene el color u otras características como las del bronce.
broncista *s. com.* Persona que trabaja el bronce.
bronco, ca *adj.* Tosco, áspero. || Se dice de la persona de trato difícil. || Se aplica al animal bravo sin domesticar.
broncodilatador *adj.* y *s. m.* Se aplica al medicamento que sirve para dilatar los bronquios.
broncoespasmo *s. m.* Contracción de los bronquios que causa dificultades respiratorias.
bronconeumonía *s. f.* Infección de las vías respiratorias, desde los bronquios hasta los pulmones.
bronquear *intr.* Provocar o incitar bronca o pelea.
bronquedad *s. f.* Condición de bronco.
bronquial *adj.* Perteneciente o relacionado con los bronquios. *Pedro padece asma bronquial.*
bronquio *s. m.* Cualquiera de los conductos inferiores de la tráquea, los cuales se ramifican hacia los pulmones.
bronquiolo *s. m.* Cualquiera de las ramificaciones de los bronquios en los pulmones.
bronquitis *s. f.* Inflamación severa de los bronquios.
broquel *s. m.* Escudo pequeño. || Posición de las velas y mástiles de una embarcación de cara al viento de proa. || *Méx.* Arete.
broqueta *s. f.* Vara metálica para ensartar y asar alimentos.
bróquil *s. m. Arg.* Vegetal de tallos tiernos comestibles.
brotar *intr.* Empezar a crecer, como una planta de la semilla, o una hoja, una flor o un fruto de la planta. || Manar el agua del manantial o un líquido cualquiera de su fuente. || Manifestarse erupciones cutáneas, enfermedades o epidemias. || Manifestarse principios de inconformidad o rebeldía. *La inconformidad empezó a brotar.*
brote *s. m.* Renuevo de una planta. || Manifestación inicial de una erupción cutánea, enfermedad o epidemia. || Manifestación inicial de inconformidad social o política.
brótola *s. f.* Pez de aguas profundas.
broza *s. f.* Acumulación de desprendimientos de las plantas. || *fig.* Acumulación negligente de desperdicios o cosas inútiles.
bruces *loc.* ***De bruces:*** boca abajo. || ***Irse*** o ***darse de bruces:*** caer con la cara en el suelo.
brujear *intr.* Hacer brujerías.
brujería *s. f.* Conjunto de prácticas invocatorias de supuestos espíritus malignos para causar, conjurar o evitar el mal. || Acto ritual de esta práctica.
brujístico, ca *adj. fam.* Perteneciente o referido a la brujería, generalmente en sentido festivo.
brujo, ja *s.* Persona que se cree causa diferentes efectos a distancia por manejar fuerzas ocultas. || *s. f. desp.* Mujer malhumorada, fea y vieja. *Esa secretaria es una bruja que me regaña cada vez que le pregunto algo.*
brújula *s. f.* Instrumento de orientación consistente en una aguja imantada que gira libremente sobre un eje y que invariablemente apunta en dirección norte. || *loc.* ***Perder la brújula:*** perder el tino.

B

bruma *s. f.* Niebla ligera y húmeda, especialmente la que se forma sobre la superficie del mar.
brumoso, sa *adj.* Se dice de la atmósfera o el paisaje con bruma. || *desp.* Se aplica al discurso confuso o poco claro.
bruñido, da *adj.* Acción y efecto de bruñir. || Reluciente. *El anillo es de oro bruñido.*
bruñidor, ra *adj.* Que bruñe o saca brillo, especialmente a superficies metálicas.
bruñir *t.* Dar brillo a objetos de metal o piedras.
brusco, ca *adj.* Que ocurre de súbito y con violencia. || Áspero, tosco.
brusquedad *s. f.* Cualidad de brusco. || Acción o gesto súbito y violento o poco delicado.
brutal *adj.* Conducta o acción impropia de una persona por su violencia o irracionalidad. || Que es muy grande o extraordinario.
brutalidad *s. f.* Acción desproporcionada y sin sentido.
brutalizar *t.* y *pr.* Tratar mal. *Las personas que brutalizan a los niños deberían ir a la cárcel.* || Actuar irracionalmente, embrutecerse.
bruteza *s. f.* Carencia de tacto, educación o maneras.
bruto, ta *adj.* Se dice de la persona tosca, torpe, tonta e irreflexiva, por lo general violenta. || Se aplica al producto en su estado natural. *La madera aún permanece en estado bruto.* || Se dice del peso de las cosas sin descontar el de su presentación o empaque. || Se aplica a las ganancias sin restar costos y otros gastos. *La empresa tuvo buenas ganancias en bruto.* || Animal en estado bronco, sin domesticar.
bruza *s. f.* Cepillo de cerdas resistentes para limpiar superficies muy sucias u objetos obturados.
bruzar *t.* Limpiar superficies con bruza.
buba *s. f.* Erupción cutánea con pus en las partes blandas del cuerpo; generalmente por males venéreos.
bubón *s. m.* Tumor o buba grande con pus.
bubónico, ca *adj.* Perteneciente o relativo a las bubas. *La fiebre bubónica se manifiesta en fiebre alta, debilidad general y bubas.*
buboso, sa *adj.* Que padece bubas.
bucal *adj.* Perteneciente a la boca o relacionado con ella. *La higiene bucal debe hacerse tres veces al día por lo menos.*
bucanero *s. m.* Pirata salteador de navíos españoles en los siglos XVII y XVIII.
búcaro *s. m.* Recipiente de barro o porcelana para servir agua o poner flores. || *Esp.* Arcilla para moldear estos recipientes. || *R. Dom.* Ave zancuda en vías de extinción.
buceador, ra *adj.* Que bucea o se sumerge en el agua.
bucear *t.* Sumergirse y nadar bajo el agua por trabajo, deporte o placer. || *fig.* Hurgar en papeles u objetos.
buceo *s. m.* Conjunto de prácticas relativas a la acción de bucear. *El deporte del buceo es emocionante.*
buchaca *s. f.* Bolsa, bolsillo. || *Cub.* y *Méx.* En el juego de billar, bolsa donde caen las bolas. || *fam.* Boca.
buche *s. m.* Parte del esófago donde las aves reposan y ablandan el alimento para deglutirlo. || Volumen de líquido que cabe en la boca.
bucle *s. m.* Rizo del cabello en forma de espiral.
bucodental *adj.* Relacionado con la boca y los dientes.
bucofaríngeo *adj.* Que pertenece a la boca y la faringe.
bucolabial *adj.* De la boca y los labios.
bucólico, ca *adj.* Se dice del sentimiento idealizado de la naturaleza, vista como algo idílico. *Cuando Sara se pone bucólica sueña con campos de flores.* || Referido al género literario que idealiza la naturaleza. *La novela pastoril pertenece al género bucólico.* || Se aplica al escritor que practica ese género.
bucolismo *s. m.* Tendencia a idealizar la naturaleza en la vida o en las artes.
buda *s. m.* En el budismo, nombre que se da a quienes alcanzan la sabiduría.
búdico, ca Relacionado con el budismo.
budín *s. m.* Postre elaborado con pedazos de bizcocho, miel de azúcar y otros ingredientes. || Plato no dulce de varios ingredientes mezclados y moldeados en un recipiente.
budismo *s. m.* Religión basada en las enseñanzas de Sidharta Gautama, llamado Buda.
budista *adj.* y *s. com.* Perteneciente al budismo o relacionado con él. || Que profesa el budismo.
buen *adj.* y *s. m.* Apócope de bueno.
buenaventura *s. f.* Estado de dicha por buena suerte. || Adivinación de la suerte. *Fue con las gitanas a que le echaran la buenaventura.*
buenazo, za *adj.* y *s. fam.* Persona de natural afable y buenos sentimientos.
bueno *interj. Méx.* Se utiliza para responder el teléfono.
bueno, na *adj.* Bondadoso y agradable. || Adecuado para su función. || Que guarda estado útil. || Capaz de desempeñar determinada actividad. || De buen sabor. || Que viene bien a la vida. || Con propiedades curativas. || Bastante. || *irón.* Bonachón. || *loc.* ***Bueno estaría:*** se emplea para rechazar algo de manera irónica. || ***De buenas:*** de buen humor, de manera accesible. || ***De buenas a primeras:*** a) desde el principio; b) de manera intempestiva. || ***Por la buena*** o ***por las buenas:*** de manera voluntaria.
buey *s. m.* Toro castrado que se emplea como animal de carga o tiro. || *desp. fam. Guat. Méx.* y *Nic.* Persona tonta o fácil de engañar. || *loc. Méx.* ***Sacar el buey de la barranca:*** solucionar un problema.
búfalo, la *s.* Mamífero rumiante bóvido de América del Norte con cabeza y torso robustos, melena barbada y cuernos pequeños. || Mamífero rumiante bóvido de África y Asia con cabeza y torso corpulentos, pelo escaso y grandes cuernos.
bufanda *s. f.* Prenda larga y angosta con que se abriga el cuello.
bufar *intr.* Resoplar fúrico y vigoroso de toros, caballos y otros mamíferos. || *fig.* Manifestar enojo mascullado.
bufé o **bufet** *s. m.* Comida con una diversidad de platillos para que el comensal se sirva a placer.
bufete *s. m.* Despacho de profesionistas asociados, generalmente abogados. || Mesa de escribir con cajones.
bufido *s. m.* Resoplido vigoroso de animal. || *fig.* Manifestación de ira incontenible de una persona.
bufo, fa *adj.* Referido a un personaje cómico en una representación teatral u operística. || Se dice del género teatral y musical cómico y burlesco.
bufón, na *s.* Personaje encargado de divertir a la corte. || *desp.* Farsante que intenta pasar por serio.
bufonada *s. f.* Acción o dicho propio de bufón.
bufonería *s. f.* Bufonada.
bufonesco, ca *adj.* Propio del bufón, relacionado o similar a él. *Su conducta tiene un aire bufonesco.*
buganvilla o **buganvilia** *s. f.* Arbusto trepador, muy apreciado en jardinería, de tronco leñoso, muchas ramas retorcidas con brácteas de diversos tonos llamativos, según la variedad, y hojas blancas pequeñas.
buhardilla *s. f.* Habitación en la parte alta de una casa, más pequeña que el resto de las habitaciones. || Ventana saliente del tejado de una casa.
búho *s. m.* Ave rapaz nocturna con garras y pico curvo muy fuertes, ojos redondos frontales engastados en oquedades y de cuya cabeza sobresalen plumas que semejan cuernos.
buhonero, ra *s.* Persona que vende artículos de cocina, mercería y ropa femenina en una tienda ambulante.
buitre *s. m.* Ave de rapiña de gran tamaño y hábitos diurnos que se alimenta de animales muertos. || *desp.* Persona interesada y oportunista.
bujarrón, rrona *adj. desp. Esp.* Que practica el coito anal.
buje *s. m.* Pieza cilíndrica metálica por la que pasa un eje que se apoya en ella.

bujía *s. f.* Pieza del motor de explosión que produce la chispa en los cilindros. || Vela de cera o de parafina.
bula *s. f.* Documento oficial del Vaticano autorizado por el Papa. *La Bula de Alejandro VI concedió las tierras americanas conquistadas a la Corona española.* || Sello oficial del documento del mismo nombre.
bulbar *adj.* Del bulbo raquídeo o relacionado con él.
bulbo *s. m.* Cualquiera de las estructuras anatómicas de forma ovoide o redondeada. *El bulbo raquídeo está en la base del cráneo.* || Tallo subterráneo de las plantas de forma ovoide o redondeada. *El bulbo de la cebolla es comestible.*
bulboso, sa *adj.* Que tiene forma de bulbo. || Se dice de las plantas que tienen bulbos.
buldózer *s. m.* Tractor de oruga grande y poderoso con una hoja frontal para remover y recoger materiales pesados y voluminosos.
bule *s. m. Méx.* Planta del guaje. || Fruto de la misma planta en forma de calabaza que, seco, sirve de vasija.
bulevar *s. m.* Avenida ancha en dos sentidos, guarnecida por árboles u otras plantas y con camellón en medio, también arbolado o plantado. En ocasiones se escribe con la ortografía francesa «boulevard». *El Paseo de la Reforma de la Ciudad de México es un hermoso bulevar.*
búlgaro, ra *adj.* y *s.* Que se relaciona con Bulgaria. || Persona que tiene la nacionalidad de ese país. || Lengua que se habla en Bulgaria. || *s. m. pl. Méx.* Combinación de bacterias y levaduras que sirve para hacer yogur.
bulimia *s. f.* En medicina, trastorno de la alimentación que genera unas ansias incontenibles de comer, seguidas de un sentimiento de culpa que hace que las personas se provoquen el vómito.
bulla *s. f.* Ruido que hace mucha gente reunida hablando y gritando al mismo tiempo.
bullanga *s. f.* Bullicio, bulla.
bullanguero, ra *adj.* Que le gustan la bulla y la bullanga.
bullente *adj.* y *s. com.* Que bulle.
bullicio *s. m.* Alboroto y ruido que causa mucha gente reunida. *No puede vivir en el campo, le encanta el bullicio de la ciudad.*
bullicioso, sa *adj.* Se dice de un lugar muy alegre y ruidoso porque hay mucha gente. || Que produce o que le gusta el bullicio.
bullir *intr.* Hacer burbujas un líquido que está en el fuego. *El puchero bullía a fuego lento.* || Moverse o hacer burbujas un líquido como si estuviera hirviendo. *El mar bullía de peces voladores.* || Moverse una cantidad grande de personas. *Las oficinas electorales bullen de votantes.* || Tener en la mente gran cantidad de ideas entremezcladas. *Las ideas de venganza bullían en su cabeza.*
bulo *s. m.* Noticia falsa que se propaga con determinado propósito.
bulto *s. m.* Tamaño y volumen de una cosa. *Las bolsas de víveres hacen mucho bulto.* || Cosa que se distingue vagamente. *La distancia me impedía ver quién era, sólo veía un bulto que se aproximaba.* || Abultamiento. *El bolsillo de tu camisa está lleno de bultos, ¿qué tanto traes?* || Equipaje. *Se me olvidaron los bultos en el tren.* || *loc.* ***Escurrir el bulto:*** evitar un trabajo, un compromiso. || ***Hacer bulto:*** asistir a un lugar para llenar los espacios. *Nos dieron una torta y un refresco por hacer bulto en el mitin del candidato.*
bumerán *s. m.* Arma originaria de Oceanía conformada por dos láminas de madera dispuestas formando un ángulo obtuso, que al ser lanzada gira en el aire, da en el blanco y regresa a la mano del cazador. En ocasiones se emplea la ortografía inglesa «boomerang».
bungaló o **bungalow** *s. m.* Casa de una planta, por lo general rústica, que se usa para pasar las vacaciones.
búnker *s. m.* Refugio subterráneo para protegerse de los bombardeos. *Los búnkers fueron muy populares durante la Guerra Fría.*
buñuelo *s. m.* Masa de harina, huevos, leche y polvos de hornear o levadura, que cuando se fríe en el sartén crece y se esponja. Puede llevar diferentes rellenos y espolvorearse con azúcar y canela. *De los buñuelos salados me gustan los de lechuga; de los dulces, los rellenos de manzana.* || *Méx.* Masa con los ingredientes anteriores más margarina, pero sin levadura o polvos de hornear, que se estira en forma de disco grande, se fríe y se condimenta con miel, azúcar o piloncillo. *En todas las ferias de México siempre hay buñuelos.*
buque *s. m.* Barco grande. || *loc.* ***Buque de guerra:*** el que se arma con cañones y otros pertrechos para la guerra. || ***Buque mercante:*** el que se destina al transporte de mercancías, por lo general en contenedores.
buqué *s. m.* Aroma de un vino o de un licor. || Ramillete de flores.
burbuja *s. f.* Bolsa de aire u otro gas que se forma en un líquido. || Esfera.
burbujeante *adj.* Que forma burbujas.
burbujear *t.* Producir algo burbujas.
burbujeo *s. m.* Acción de burbujear. *El burbujeo de la marmita le indicó a la bruja que la poción estaba lista.*
burdel *s. m.* Casa donde trabajan prostitutas.
burdo, da *adj.* Tosco, basto. || Mal hecho, sin sutileza.
burgo *s. m.* Población pequeña.
burgomaestre *s. m.* Alcalde de algunas ciudades de Alemania, Países Bajos, Suiza, etc. *En las películas de Frankenstein, el burgomaestre encabeza la turba que lo quiere linchar.*
burgués, guesa *adj.* y *s.* Que vive en un burgo. || Que pertenece a la burguesía. || Que pertenece a la clase media alta.
burguesía *s. f.* Clase social formada por los poseedores de fábricas, banqueros, etc., que controla la economía de un país capitalista. || *loc. desp.* ***Pequeña burguesía:*** clase media alta.
buril *s. m.* Herramienta de acero con punta en forma prismática que sirve para grabar metal.
burilador, ra *adj.* Que burila.
burilar *t.* Grabar el metal con un buril.
burla *s. f.* Lo que se dice o hace para poner en ridículo a una persona. || Engaño o estafa que perjudica a alguien. || Broma. || *loc.* ***Burla burlando:*** como quien no quiere la cosa. *Burla burlando los golpistas se quedaron con el poder a pesar de las críticas internacionales.*
burladero *s. m.* Valla que se pone en las plazas de toros para que el torero pueda refugiarse tras ella y burlar al toro.
burlador, ra *adj.* y *s.* Que burla. || *s. m.* Hombre que seduce a muchas mujeres y se vanagloria de ello.
burlar *t.* Engañar a algo o a alguien. *Los estudiantes burlaron al maestro para copiar en el examen.* || *pr.* Reírse de algo o de alguien poniéndolo en ridículo. *Se burlaron de la niña nueva porque traía la falda descosida.*
burlesco, ca *adj.* Que implica broma o burla. *El tono burlesco de sus respuestas le valió un regaño del profesor.*
burlón, lona *adj.* Que implica burla o broma.
buró *s. m.* Escritorio con cajoncitos en la parte de arriba y cortina o tapa que lo cierra. || *Méx.* Mesa de noche que se pone al lado de la cama.
burocracia *s. f.* Conjunto de trámites y papeleo que se necesitan para obtener algún tipo de permiso en una oficina de gobierno. || Conjunto de los empleados del gobierno. || Exceso de papeleo para hacer un trámite.
burócrata *s. com.* Persona que trabaja en una oficina de gobierno y forma parte de la burocracia. *Muchos burócratas aceptan bajos sueldos a cambio de un trabajo seguro.*
burocrático, ca *adj.* Que se relaciona con la burocracia. *El aparato burocrático de los Estados modernos tiende a disminuir.* || *desp.* Que pone trabas innecesarias.
burocratismo *s. m.* Predominio de la burocracia en un Estado. || Acción y resultado de burocratizar.
burocratizar *t.* y *pr.* Someter a un Estado a un conjunto de normas

administrativas que implican realizar una serie de trámites dificultosos o lentos. || Hacer que una actividad adquiera normas similares a las que rigen el sector administrativo de un Estado.

burrada *s. f.* Manada de burros. || Comentario o acción torpe o tonta.

burro, rra *s.* Mamífero rumiante parecido al caballo pero de cuerpo más pequeño, crines en la punta de la cola, orejas largas y pelo grisáceo o marrón. || *fig.* Persona necia. || *Méx.* Escalera de tijera. || *loc.* ***Como burro sin mecate:*** sin control.

bursátil *adj.* Relativo a la bolsa de valores.

bursitis *s. m.* En medicina, inflamación de las bursas, bolsitas con líquido sinovial.

burucuyá *s. f.* Maracuyá.

burujo *s. m.* Borujo. || Orujo de la aceituna.

burundanga *s. f.* Cosa inútil y sin importancia.

bus *s. m. fam.* Abreviatura de autobús.

buscabulla *s. com. Méx.* Buscapleitos, peleonero.

buscador, ra *adj.* y *s.* Que busca. || *s. m.* En informática, programa que busca datos en internet.

buscaminas *s. m. inv.* Aparato que se emplea para localizar las minas explosivas.

buscapié *s. m.* Cohete sin cola que cuando se enciende corre entre los pies de las personas.

buscapleitos *s. com. Amér.* Buscabulla, picapleitos.

buscar *t.* Hacer lo posible por encontrar a alguien o algo. || Provocar una pelea. || *loc.* ***Buscársela:*** hacer lo posible por sobrevivir.

buscavidas *s. com. fam.* Persona que le gusta meterse en la vida de los demás. || Persona hábil para sobrevivir en situaciones adversas.

buscón, cona *adj.* y *s.* Que busca. || Que se dedica a robar. || *s. m. Méx.* Pendenciero. || *s. f.* Prostituta.

buseta *s. f. Col. C. R. Ecua.* y *Ven.* Autobús pequeño.

busilis *s. m. fam.* Punto en el que se encuentra la dificultad de algo.

búsqueda *s. f.* Acción y resultado de buscar.

busto *s. m.* Parte superior del cuerpo humano. *Incline el busto hacia delante para hacer el ejercicio indicado.* || Escultura del cuerpo humano de la cabeza hasta la parte superior del tórax, sin los brazos. *El busto del prócer se veía en todos los edificios públicos.* || Pecho de la mujer. *Las operaciones de busto todavía no son cien por ciento seguras.*

bustrofedon o **bustrófedon** *s. m.* Manera de escribir alternativamente un renglón de izquierda a derecha y el otro de derecha a izquierda. *Los griegos de la Antigüedad escribían en bustrofedon a imitación de los surcos que los bueyes trazan en el campo con el arado.*

butaca *s. f.* Sillón con el respaldo reclinado hacia atrás. || Asiento con respaldo y brazos que hay en los teatros.

butacón *s. m.* Sillón más ancho que una butaca.

butano *s. m.* Hidrocarburo gaseoso, incoloro e inodoro que se obtiene del petróleo y se emplea como combustible doméstico e industrial.

butiá *s. f. Uy.* Palmera que alcanza los 8 m de altura y crece en quebradas o humedales. || Fruto de la palmera del mismo nombre, de color anaranjado. *La caña con butiá es una bebida típica de Uruguay.*

butifarra *s. f.* Embutido de carne de cerdo que se hace en algunas regiones de España y de América.

buzo, za *adj. Méx.* Vivo, listo, avispado. *Ponte buzo para que no te bolseen en el metro.* || *s. m.* Persona que usa un traje especial que le permite respirar bajo el agua, ya sea por diversión como por trabajo. *Como mecánico de barcos, Carlos tuvo que hacerse buzo.* || *Hond.* y *Uy.* Abrigo cerrado, de manga larga, por lo general tejido.

buzón *s. m.* Abertura por donde se echan las cartas en el correo. || Caja con una ranura para echar las cartas. || En informática, lugar donde se almacena el correo electrónico. || Persona que sirve de enlace entre las diferentes células de una organización clandestina.

byte *s. m.* En informática, unidad de información compuesta de ocho bits. || En música, conjunto de ocho instrumentos. || En música, composición para ocho instrumentos.

C c

c *s. f.* Tercera letra del alfabeto español. Se llama *ce.* || En el sistema numérico romano, letra que equivale a 100. || Símbolo químico del carbono.

cabal *adj.* Que es exacto o justo en su peso y medida, sin que sobre o falte algo. *Me faltan mil pesos para tener la renta cabal de este mes.* || *s. com.* Se dice de la persona que posee íntegramente y en el más alto grado las cualidades de que se trate. || *loc.* ***A carta cabal:*** que se posee por completo y sin lugar a dudas. *Es un hombre honrado a carta cabal.* || ***En sus cabales:*** en capacidad de discernir y juzgar con justeza. *Se disgustó tanto que se salió de sus cabales.*

cábala *s. f.* Conjunto de tradiciones místicas judías, de carácter esotérico, que interpretan la Biblia. || Suposición, cosa obtenida de una conjetura.

cabalgada *s. f.* Prolongada jornada a caballo. *Los caballos de la banda de* El Zarco *reventaron en la cabalgada.*

cabalgadura *s. f.* Bestia para cabalgar.

cabalgar *t.* e *intr.* Montar a caballo o en otro animal.

cabalgata *s. f.* Reunión de muchas personas que cabalgan. *La cabalgata de las Huastecas reúne cada año jinetes de Tamaulipas, San Luis Potosí, Hidalgo y Veracruz.*

cabalista *s. com.* Persona que estudia o profesa la cábala. *Abraham Abulafia fue un afamado cabalista español.*

cabalístico, ca *adj.* Relativo a la cábala. || De sentido enigmático.

caballa *s. f.* Pez marino de carne oscura.

caballada *s. f. Amér.* Manada de caballos.

caballar *adj.* Perteneciente o relativo al caballo.

caballazo *s. m.* Empujón que se da con el caballo.

caballerango *s. m. Méx.* El que cuida de los caballos.

caballeresco, ca *adj.* Relativo al caballero o propio de él.

caballería *s. f.* Cualquiera de los animales equinos que sirve de cabalgadura. || Cuerpo del ejército que usa caballos para moverse.

caballeriza *s. f.* Lugar cubierto destinado a albergar caballos.

caballerizo *s. m.* Persona encargada de la caballeriza y del cuidado de los caballos.

caballero *s. m.* Persona de buenas maneras que se comporta con cortesía y generosidad. *Siempre se ha distinguido por ser un caballero.* || Como forma de cortesía, señor. || Perteneciente a una orden militar de caballería. || *loc.* ***Caballero andante:*** el que andaba errante en busca de aventuras y fue prototipo de los personajes de las novelas de caballería. *Don Quijote quería ser caballero andante.* || ***De caballero a caballero:*** entre caballeros.

caballero, ra *adj.* Que cabalga.

caballerosidad *s. f.* Cualidad de caballeroso.

caballeroso *adj.* Propio del caballero.

caballete *s. m.* Línea horizontal y más alta de un techo, que sostiene y separa las dos aguas del tejado. || Soporte en que se coloca el lienzo para pintar.

caballista *s. com.* Persona entendida en caballos y que monta bien. *Manuel es un caballista consumado.*

caballito *s. m. Méx.* Copa alargada y sin pie en la que se toma tequila. || *pl.* Tiovivo. || *loc.* ***Caballito del diablo:*** libélula. || ***Caballito de mar:*** hipocampo.

caballo *s. m.* Mamífero de la familia de los équidos, cuadrúpedo, solípedo, de cuello y cola poblada de crines largas y abundantes, fácilmente domesticable. || Pieza del juego de ajedrez, única que puede saltar a otras piezas y se mueve en diagonal cambiando de color de escaque y dejando en medio uno de su color original. || Aparato de gimnasia. || *loc.* ***A caballo:*** a) montado a caballo o en otra cosa; b) apoyándose en dos puntos diferentes. || ***A mata caballo:*** de manera atropellada. || ***Caballo de silla:*** el que se usa para montar. || ***Caballo de fuerza o de potencia:*** unidad de potencia similar al caballo de vapor, pero ligeramente superior; se abrevia HP (de *horse power,* en inglés). || ***Caballo de vapor:*** unidad de potencia de una máquina que equivale a levantar 75 kg a 1 m de altura durante un segundo; se abrevia CV.

caballón *s. m.* Lomo entre surco y surco en la tierra arada en el que se depositan las semillas y crecen las plantas.

caballuno *adj.* Relativo al caballo o semejante a él. *Sonrío mostrando sus dientes caballunos.*

cabaña *s. f.* Casa de campo rústica.

cabaret *s. m.* Establecimiento de diversión nocturna donde suele haber un espectáculo. *El Moulin Rouge de París es el cabaret más famoso del mundo.*

cabe *prep.* Cerca de, junto a.

cabecear *intr.* Mover la cabeza de un lado a otro o hacia adelante y atrás. || Balancearse un vehículo subiendo alternativamente la parte de adelante y la de atrás. || En el futbol, golpear el balón con la cabeza.

cabeceo *s. m.* Acción y efecto de cabecear.

cabecera *s. f.* Extremo de la cama que corresponde al lado donde va la cabeza.

cabecilla *s. com.* Quien dirige un grupo de personas. *Rafael Gavilán era el cabecilla de un grupo de salteadores de caminos.*

cabellera *s. f.* El pelo de la cabeza.

cabello *s. m.* Pelo de la cabeza. || Conjunto de pelos. || Barbas de la mazorca de maíz. || *loc.* ***Cabello de ángel:*** fideo muy fino.

cabelludo, da *adj.* Que tiene mucho cabello. || *loc.* ***Cuero cabelludo:*** piel donde nace el cabello.

caber *intr.* Poder entrar una cosa en otra. *El mueble cabe por esa puerta.* || Tener espacio suficiente. *En la casa caben una docena de huéspedes.* || Ser algo posible. *Si hace buen tiempo, cabe que vayamos de paseo.* || *loc.* ***No caber en sí:*** se dice de una persona a la que desborda un sentimiento.

cabestrante o **cabestante** *s. m.* Torno de eje vertical.

cabestrillo *s. m.* Banda que se cuelga del hombro o cuello para sostener un brazo lastimado.

cabestro *s. m.* Buey que suele llevar cencerro y sirve de guía a los toros.

cabeza *s. f.* Parte superior del cuerpo humano y anterior o superior de los animales. *En el retrato se le ve con la cabeza apoyada en la pared.* || La misma parte sin considerar la cara. *Le dieron un golpe en la cabeza y le salió un chichón.* || Extremo de una cosa. *La cabeza del clavo está oxidada.* || Res, cuando se cuentan. *Ese rebaño excede las 300 cabezas.* || *fig.*

Talento, capacidad. *Su hijo tiene cabeza para las matemáticas.* || Persona que dirige o gobierna. *El gerente es la cabeza de nuestra empresa.* || *loc.* ***A la cabeza:*** delante. || ***Bajar*** o ***agachar la cabeza:*** obedecer, someterse. || ***Cabeza de chorlito:*** persona tonta. || ***Cabeza de turco:*** persona a la que se culpa de todo. || ***Calentar la cabeza:*** llenar de ideas no siempre afortunadas. || ***Dar con la cabeza en la pared:*** estar desesperado. || ***Estar mal de la cabeza:*** estar loco. || ***Irse la cabeza:*** distraerse. || ***Jugarse la cabeza:*** arriesgarse, correr peligro. || ***Levantar cabeza:*** recuperarse, repuntar. || ***Mala cabeza:*** persona que muestra mal juicio. || ***Meter en la cabeza:*** convencer, persuadir. || ***Meterse en la cabeza algo:*** empeñarse en algo. || ***Perder la cabeza:*** perder el control, desquiciarse. || ***Quebrarse la cabeza:*** meditar algo en exceso en busca de soluciones. || ***Sentar cabeza:*** volverse juicioso. || ***Traer de cabeza:*** a) fastidiar algo; b) traer enamorado. || *Méx.* ***Echar de cabeza:*** denunciar.

cabezada *s. f.* Movimiento brusco de la cabeza. || *loc.* ***Echar una cabezada:*** dormir un poco.

cabezal *s. m.* Parte delantera de un mecanismo.

cabezazo *s. m.* Golpe dado con la cabeza.

cabezón, zona *adj.* Que tiene la cabeza grande.

cabezota *s. f.* Persona necia.

cabezudo, da *adj.* Que tiene grande la cabeza.

cabida *s. f.* Espacio o capacidad que tiene una cosa para contener otra. || Superficie de un terreno.

cabildear *intr.* Gestionar ante una instancia gubernamental para que tome decisiones que beneficien a algún interés particular. *Para que se aprobara la nueva ley, los directivos de las empresas cabildearon mucho.*

cabildeo *s. m.* Acción de cabildear.

cabildo *s. m.* Ayuntamiento. *En la reunión del cabildo se aprobaron nuevos reglamentos mercantiles.* || Salón donde se reúnen los miembros del ayuntamiento. || Cuerpo colegiado de canónigos de una catedral católica.

cabina *s. f.* Cuarto o espacio pequeño y cerrado.

cabinera *s. f. Col.* y *Ecua.* Azafata de avión.

cabizbajo, ja *adj.* Con la cabeza inclinada hacia abajo, por abatimiento o preocupación. *La preocupación por las deudas lo traía cabizbajo.*

cable *s. m.* Conjunto de hilos o alambres retorcidos juntos en espiral. || *loc.* ***Cruzársele a alguien los cables:*** confundirse, cometer desaciertos.

cableado *s. m.* Acción de cablear. || Conjunto de cables de que consta una instalación. *Pronto podremos inaugurar nuestras nuevas oficinas, ya instalaron el cableado.*

cablear *t.* Instalar cables.

cabo *s. m.* Cualquiera de los extremos de una cosa. *Recorrí la calle de cabo a cabo.* || Cuerda hecha de fibras naturales o fibras sintéticas. || Punta de tierra que avanza hacia el mar. *El barco viró al norte después de pasar el cabo.* || Grado militar superior al de soldado raso e inferior al de sargento.

cabotaje *s. m.* Navegación entre diversos puntos de la costa sin perderla de vista. || Tráfico marítimo costero.

cabra *s. f.* Mamífero doméstico, artiodáctilo y rumiante de la familia de los bóvidos. Tiene cuernos nudosos y arqueados hacia atrás, barbas en el mentón y cola corta. || *loc.* ***Cabra montés:*** cabra silvestre que habita las zonas escarpadas de España. || ***Estar como una cabra:*** estar loco.

cabrahígo *s. m.* Higuera silvestre. || El fruto de ésta.

cabrales *s. m.* Queso con manchas azul verdosas que se elabora a partir de leche de vaca, cabra y oveja en Asturias.

cabrear *t.* Arrear las cabras. || *pr.* Enfadar, irritar.

cabreo *s. m.* Acción y efecto de cabrear.

cabrero *s. m.* Pastor de cabras.

cabrestante *s. m.* Dispositivo mecánico de eje vertical que se hace girar para levantar grandes pesos. *Antes de zarpar, los marineros elevaron el ancla con el cabrestante.*

cabria *s. f.* Máquina, combinación de cabrestante y poleas, para levantar grandes pesos.

cabrilla *s. f.* Pez marino color azul oscuro con cuatro franjas rojas.

cabrío *adj.* Relativo a las cabras o que se relaciona con ellas.

cabriola *s. f.* Salto cruzando varias veces los pies en el aire. *La bailarina hizo una cabriola asombrosa.*

cabriolé *s. m.* Carruaje de dos ruedas con capota tirado por un caballo.

cabritilla *s. f.* Piel curtida de cualquier animal pequeño.

cabrito *s. m.* Cría de la cabra.

cabro *s. m.* Macho de la cabra. || *Chil.* Muchacho.

cabrón, brona *s.* Persona mal intencionada, alevosa y prepotente. || Persona de mal carácter. || *s. m.* Macho de la cabra o macho cabrío. || *s. f. vul.* Persona cuya pareja le es infiel.

cabronada *s. f. vulg.* Maldad, acción intencionada que perjudica a otro.

cabruno, na *adj.* De la cabra o relacionado con ella.

caca *s. f.* Excremento, especialmente de los niños. || Cosa inmunda. || Cosa de poco valor o insignificante.

cacahuate *s. m.* Planta herbácea leguminosa originaria de América. || Fruto de esta planta que se desarrolla bajo la tierra y consiste de una vaina de cáscara dura y quebradiza.

cacahuete *s. m. Esp.* Cacahuate.

cacao *s. m.* Árbol de la familia de las esterculiáceas, de su fruto se obtiene la semilla con que se hace el chocolate.

cacaotal *s. m.* Plantación de árboles de cacao.

cacareado, da *adj.* Se dice de lo que ya se ha hablado mucho.

cacarear *intr.* Gritar las gallinas o el gallo. || Hacer aspavientos.

cacareo *s. m.* Acción de cacarear.

cacarizo, za *adj. Méx.* Persona que tiene la cara picada de pequeñas cicatrices como hoyitos, generalmente producidas por la viruela o el acné.

cacatúa *s. f.* Ave de la familia de los papagayos de plumaje blanco y grandes plumas en la cabeza.

cacería *s. f.* Excursión de caza.

cacerola *s. f.* Recipiente de forma cilíndrica y no muy alto, con asas y tapa, utilizado para cocinar.

cacerolazo *s. m.* Golpe producido con una cacerola. || Tipo de manifestación pacífica que consiste en protestar golpeando cacerolas entre sí.

cacha *s. f.* Mango de cuchillo o arma de fuego corta. || *loc.* ***Hasta las cachas:*** a más no poder.

cachaco, ca *s. Col.* Joven, elegante, servicial y galante. || *desp. Per.* Policía o militar uniformado.

cachada *s. f. Amér.* Acción y efecto de cachar. || Cornada de un animal. || Burla de la que se hace objeto a una persona.

cachafaz, za *adj. Amér.* Pícaro, sinvergüenza, descarado.

cachalote *s. m.* Cetáceo de 15 a 20 m de largo y hasta diez toneladas de peso, con la cabeza muy grande y gruesa, la cual ocupa una tercera parte de su cuerpo.

cachar *t.* Atrapar con las manos una cosa que fue lanzada. || *Amér.* En el béisbol, atrapar la pelota u ocupar la posición de receptor. || *Arg. Bol. Py.* y *Uy.* Tomarle el pelo a alguien. || *Méx.* Sorprender a alguien en una mentira.

cacharpas *s. m.* Trastos, cosas inútiles y sin valor.

cacharpaya *s. f. Arg.* y *Bol.* Celebración con que se despide el carnaval. || Fiesta con que se despide a alguien que va a emprender un viaje.

cacharrería *s. f.* Tienda donde se expenden cacharros.

cacharrero, ra *adj.* Persona que vende cacharros.

cacharro *s. m.* Vasija para la cocina. || *fam.* Vehículo o aparato viejo y destartalado.

cachaza *s. f.* Aguardiente que se obtiene como producto de la destilación de la caña de azúcar. *La cachaza es la bebida alcohólica más popular de Brasil.* || Lentitud y sosiego en la manera de actuar.

cachazudo, da *adj.* Que tiene cachaza.
cachear *t.* Registrar palpando a las personas en busca de algún arma u otro objeto. *Lo pusieron de frente a la pared y lo cachearon.*
cacheo *s. m.* Acción de cachear.
cachetada *s. f.* Golpe dado con la mano abierta en el cachete. *Verónica le dio una cachetada a Archie.*
cachete *s. m.* Parte carnosa de la cara situada debajo de los ojos y entre las orejas y la boca. || Cachetada. || *Arg.* y *Chil.* Nalga.
cachetear *t.* Dar cachetadas. *Para calmarlo, lo tuvieron que cachetear.*
cachetón, tona *adj.* Que tiene los cachetes grandes o abultados. *Quique es un niño cachetón.*
cachila *s. f.* Ave pequeña de la Argentina que anida sobre el suelo. || *Uy.* Automóvil viejo y deteriorado.
cachimba o **cachimbo** *s. cm.* Pipa para fumar. *Tzekub fuma en cachimba.*
cachipolla *s. f.* Insecto de la familia de los neurópteros que habita en las orillas de los ríos y su periodo de vida es de horas o días.
cachiporra *s. f.* Palo con un extremo abultado que se utiliza como arma contundente.
cachiporrazo *s. m.* Golpe dado con la cachiporra.
cachirulo *s. m. Méx.* Parche que se pone en los pantalones. || Trampa en el juego del dominó poniendo una ficha equivocada. *Miguelito gana porque hace cachirulo.*
cachivache *s. m.* Objeto arrumbado por inútil. *Tengo la cochera llena de cachivaches.* || Utensilio de poco valor o muy viejo.
cachivachero *s. m.* Persona que compra y vende cachivaches.
cacho *s. m.* Pedazo cortado o separado de alguna cosa. *Se cayó un cacho de la pared durante el sismo.* || *Amér.* Cuerno.
cachondear *t.* y *pr. fam. Esp.* Hacer burla. || *Méx.* Excitar el deseo sexual.
cachondeo *s. m.* Acción y efecto de cachondear.
cachondez *s. f.* Calidad de cachondo.
cachondo, da *adj.* Que tiene fuerte apetito sexual y gusta del juego erótico. || *Esp.* Burlón.
cachorro *s. m.* Cría de algunos mamíferos. *La perra tuvo cuatro cachorros.*
cachua *s. f.* Danza de los indios de Bolivia, Perú y Ecuador.
cachucha *s. f.* Gorro con visera con que se cubre la cabeza. *En el béisbol, los jugadores usan cachucha.*
cacicazgo *s. m.* Autoridad y poder de un cacique. *Gonzalo N. Santos ejerció un prolongado cacicazgo en San Luis Potosí.* || Territorio sobre el que un cacique ejerce su poder.
cacique *s. m.* Jefe de tribu entre los indios. *Diego de Mendoza Imauhyantzin fue cacique de Tlatelolco.* || Persona que ejerce una autoridad abusiva en una colectividad. *Este gobernador es un verdadero cacique.*
caciquil *adj.* Relativo al cacique. *Epifanio tiene una actitud caciquil.*
caciquismo *s. m.* Poder excesivo de los caciques. *Las Leyes de las Indias crearon un problema de caciquismo en la Nueva España.*
cacle *s. m.* Sandalia usada entre los indígenas de México y Centroamérica. || *fam. Méx.* Calzado.
caco *s. m.* Ladrón, ratero.
cacofonía *s. f.* Disonancia por la repetición inarmónica de elementos acústicos de las palabras, al repetir letras o sílabas.
cacofónico, ca *adj.* Afectado de cacofonía.
cacomite *s. m.* Planta iridácea de México de flores grandes en forma de copa, de orillas rojas y centro amarillo.
cacomiztle *s. m. Méx.* Mamífero mustélido carnívoro del tamaño de un gato, de color gris, cola larga, anillada en blanco y negro y hocico puntiagudo, que se alimenta de huevos y aves de corral.
cactácea *s. f.* Planta angiosperma dicotiledónea, pertenece a las plantas suculentas, casi exclusiva de América, de tallos gruesos y carnosos de diversas formas que constituyen la mayor parte de su cuerpo, desprovista de hojas, con espinas y estructuras coriáceas en forma de pelos y flores grandes y coloridas.
cacto *s. m.* Nombre que se da en general a la mayoría de las plantas cactáceas.
cactus *s. m. inv.* Cacto.
cacumen *s. m.* Ingenio, perspicacia.
cadalso *s. m.* Tablado que se levanta para la ejecución de un condenado a castigo o pena corporal.
cadáver *s. m.* Cuerpo muerto de animal o ser humano.
cadavérico *adj.* Perteneciente o relativo al cadáver. || Que tiene aspecto de cadáver.
cadaverina *s. f.* Sustancia que producen los cadáveres y a la cual se debe su hedor.
cadejo *s. m.* Parte del cabello muy enredada. || *Amér. C.* Ser fantástico que asusta y rapta personas.
cadena *s. f.* Objeto formado por una serie de eslabones o anillos entrelazados entre sí. || Sucesión de eventos relacionados entre sí. *La Revolución Francesa fue el antecedente de una cadena de emancipaciones políticas de las naciones.*
cadencia *s. f.* Sucesión de sonidos o movimientos que se siguen de manera rítmica. *La música de Mozart tiene mucha cadencia.*
cadencioso, sa *adj.* Que tiene cadencia.
cadeneta *s. f.* Labor de tejido en forma de cadena.
cadera *s. f.* Parte saliente que se forma a los costados del cuerpo humano y abajo de la cintura por los huesos iliacos.
caderamen *s. m.* Caderas de mujer voluminosas. *La actriz Miroslava lucía un notable caderamen.*
cadete *s. m.* Alumno de una academia militar. *Juan Melgar era cadete del Colegio Militar de México.*
cadillo *s. m.* Planta umbelífera de flores rojas y fruto erizado de espinas. || Maleza que se adhiere a las ropas.
cadmio *s. m.* Elemento químico metálico, con tonalidades azuladas, dúctil y maleable. Se usa como recubrimiento en baterías, acumuladores, fotografía e industria nuclear. Su número atómico es 48 y su símbolo *Cd.*
caducar *intr.* Perder vigencia. *El plan de estudios antiguo caducó con los avances de la ciencia.* || Perder su fuerza algún derecho, ley, costumbre, creencia, religión, moralidad, etc. *La costumbre de hacer reverencias por luto riguroso ya caducó.* || Dejar de ser apto o recomendable para el consumo un producto. *El queso que te vendieron caducará la próxima semana.* || Se dice de las hojas de los árboles que se desprenden durante una época del año. *El arce es un árbol de hoja caduca.*
caduceo *s. m.* Bastón o cetro con dos serpientes enrolladas, insignia del dios Mercurio, que se emplea como símbolo de la medicina y el comercio.
caducidad *s. m.* Acción y efecto de caducar.
caducifolio *adj.* Se dice de las plantas que pierden sus hojas durante una época del año. *El alerce es un árbol caducifolio.*
caduco, ca *adj.* Que tiene una duración limitada. *El medicamento que me dio el doctor estaba caduco.* || Muy viejo. *Con esas ideas caducas no vas a llegar muy lejos.*
caedizo, za *adj.* Que cae con facilidad.
caer *t.* Venir un cuerpo de arriba abajo por su propio peso. || Ser atrapado en una emboscada o en una trampa. *Los cuatreros cayeron en la emboscada del comisario.* || Incurrir en error, vicio, desgracia o falta. *Después de la decepción fue a caer en una gran depresión.* || Coincidir un suceso en una fecha. *Mi cumpleaños va a caer en domingo.* || Llegar a comprender, tomar conocimiento súbitamente. *Ahora caigo en lo que el maestro quiso explicar.* || Encontrarse impensadamente en alguna situación. *Sin proponérmelo, vine a caer en este oficio.* || Ir a parar a un lugar distinto al indicado. *Después de tanta vuelta,*

fuimos a caer en ese barrio. || Quedar incluido en alguna denominación o categoría. || *loc.* ***Caer bien o mal:*** ser simpático o antipático. || ***Caer gordo:*** ser antipático. || ***Caerse muerto:*** sufrir un gran susto. || ***Caer redondo:*** a) desmayarse; b) caer en una trampa sin sospecharlo.

café[1] *adj. Chil. Ecua.* y *Méx.* De color marrón.

café[2] *s. m.* Semilla del cafeto. || Bebida que se hace por infusión con la semilla del cafeto tostada. || Establecimiento comercial donde se vende esta bebida. || *loc.* ***Café turco:*** bebida muy concentrada que se prepara sin usar filtro. || *Méx.* ***Café negro:*** café puro, sin leche.

cafeína *s. f.* Alcaloide que se obtiene de las hojas y semillas del café, del té y otros vegetales. *Por las mañanas la cafeína me hace despertar.*

cafetal *s. m.* Plantación de cafetos. *En Coatepec verdean los cafetales.*

cafetalero, ra *adj.* Relativo al cafetal. || *s.* Persona propietaria de un cafetal. *Tengo una tía que es cafetalera.*

cafetear *intr.* Tomar café con tranquilidad. *Teníamos mucho que platicar y nos fuimos a cafetear.* || *Méx.* y *Pan.* Velar un difunto.

cafetera *s. f.* Vasija o aparato para preparar la bebida del café. || *fam.* Vehículo viejo que anda con dificultad. *El carro de Simón está hecho una cafetera.*

cafetería *s. f.* Establecimiento en el que se prepara y expende café.

cafetero, ra *adj.* Perteneciente o relativo al café. || *s.* Persona que gusta del café y lo toma mucho. *Mi tío es muy cafetero.* || Persona que en los cafetales cosecha el café. *Simón trabaja de cafetero en Chiapas.* || Dueño de un café. || Persona que negocia en café.

cafetín *s. m.* Cafetería pequeña.

cafeto *s. m.* Arbusto originario de Etiopía de la familia de las rubiáceas que tiene como fruto una baya roja cuya semilla es el café.

caficultor, ra *s.* Persona que se dedica al cultivo del café.

cáfila *s. f.* Multitud de gente, animales o cosas en marcha, unas tras otras. *Una cáfila de peregrinos llegaba a la basílica.*

cafre *adj.* Originario de Cafrería o relativo a esa región de África del Sur. || Bárbaro, brutal, cruel. *El chofer maneja el autobús como un cafre.*

caftán *s. m.* Túnica usada por hombres y mujeres entre árabes y turcos.

cagada *s. f. vul.* Excremento. || *fam.* Cosa repugnante. || Cosa muy mal hecha.

cagadero *s. m. vul.* Sitio en el que la gente acostumbra evacuar.

cagado, da *adj.* Se aplica a la persona que se asusta fácilmente ante cualquier peligro, dificultad o dolor. || Muerto de miedo. || Cobarde, miedoso. || *s. f.* Lo que es excretado.

cagalera *s. f.* Diarrea. || Sentimiento de miedo muy intenso.

cagar *intr.* Evacuar el vientre. *El refrán dice: «enfermo que caga y mea, el Diablo se lo crea».* || *t. vul.* Echar a perder algo. *Cagó el dibujo porque se le corrió la tinta.* || *pr.* Se emplea para demostrar enojo o desprecio. *¡Me cago en lo que más quieras! ¡Ya déjame en paz!*

cagarruta *s. f.* Bolitas de excremento del ganado menor. *Las cagarrutas de las cabras indican que no están lejos.* || Cosa mal hecha o de mala calidad.

cagatintas *s. m.* Burócrata.

cagón *adj.* Que evacúa el vientre con frecuencia. || Persona muy medrosa y cobarde.

caguama *s. m.* Tortuga marina de gran tamaño.

cagueta *adj.* y *s. com.* Se dice de la persona asustadiza con tendencia de evacuar involuntariamente el vientre.

caída *s. f.* Acción y efecto de caer. || Bajada o declive del terreno. *El camino de México al Bajío es una caída del terreno.* || Declinación o declive de alguna cosa. *La invasión de los pueblos bárbaros precipitó la caída del Imperio Romano.* || Forma en que cuelgan piezas de tela o vestimentas. *El vestido de Doris tiene buena caída.*

caído, da *adj.* Sin fuerza. || Se aplica al muerto en combate.

caimán *s. m.* Reptil anfibio americano, parecido al cocodrilo pero de menor tamaño.

caimito *s. m.* Árbol sapotáceo de las Antillas de fruto azucarado comestible del tamaño de una naranja.

cairel *s. m.* Conjunto de flecos colgantes en los extremos o bordes de algunas prendas de vestir. || Mechón de pelo largo y rizado en forma de tirabuzón. *Susana iba peinada de caireles.* || Trozos de cristal que adornan los candelabros y las lámparas de araña. *Cuando tembló, tintineaban los caireles.*

caja *s. f.* Pieza hueca cuadrangular que sirve para guardar o transportar cosas. *Para la mudanza, necesitaremos muchas cajas.* || Sitio donde se guarda el dinero y se hacen los pagos. || *Amér.* Cantidad de dinero en efectivo disponible para efectuar pagos. || Institución pública que resguarda dinero descontado de los salarios y constituye un fondo para financiar gastos de jubilación y otros servicios de bienestar social. || *loc.* ***Caja de velocidades:*** mecanismo en los vehículos de motor que permite cambiar de velocidad. || ***Caja fuerte o de caudales:*** caja de hierro grueso donde se guarda dinero, joyas o documentos valiosos. || ***Caja negra:*** aparato con sensores que llevan los aviones y registran las condiciones de vuelo. || ***Caja registradora:*** la que se usa en los comercios para anotar las ventas.

cajero, ra *s.* Persona que en tesorerías y negocios está encargada de atender la caja, y hacer y recibir pagos.

cajeta *s. f. Méx.* Dulce de leche quemada con azúcar y alguna otra sustancia saborizante, de consistencia espesa y color café claro u oscuro. || Caja de madera con tapa de encajar que se usa para echar postres y jaleas.

cajetilla *s. f.* Paquete de cigarrillos.

cajetín *s. m.* Caja que utilizan los cobradores en el transporte público. || Cada una de las divisiones internas de las cajas.

cajista *s. m.* Oficial de imprenta que junta y ordena las letras para componer el molde de lo que se va a imprimir.

cajón *s. m.* Caja grande cuadrangular, particularmente la que es de madera. || Compartimiento corredizo de los muebles destinado a guardar objetos.

cajonera *s. f.* Mueble formado por cajones.

cajuela *s. f. Méx.* Compartimiento de equipajes en un automóvil.

cakchiquel *s. m.* Etnia de la región centro occidental de Guatemala. || Idioma hablado por los integrantes de esa etnia.

cal *s. f.* Óxido de calcio, sustancia liviana, blanca, cáustica y alcalina.

cala *s. f.* Acción y efecto de calar. || Pedazo que se corta de una fruta para probarla. || Parte más baja en el interior de un buque. || Ensenada pequeña y tranquila. || Planta acuática de la familia de las aráceas.

calabacear *t. fam.* Desairar o rechazar una persona a otra que le requiere de amores.

calabacera *s. f.* Planta cucurbitácea rastrera, hojas grandes y ásperas y flores amarillas cuyo fruto es la calabaza. || Persona inepta e ignorante.

calabacín *s. f.* Pequeña calabaza cilíndrica de corteza verde y carne blanca. || Persona inepta e ignorante.

calabacita *s. f. Méx.* Calabacín.

calabaza *s. f.* Fruto de la calabacera de forma esférica u ovoidal, de gran tamaño, con cáscara dura, con muchas semillas o pepitas.

calabazar *s. m.* Sitio sembrado de calabazas.

calabazate *s. m.* Dulce de calabaza.

calabazo *s. m.* Calabaza. || Fruto grande y globoso de cáscara dura que, vaciado de su pulpa y seco, se utiliza para hacer recipientes y jícaras.

calabobos *s. m.* Lluvia menuda y continua.

calabozo *s. m.* Lugar donde se encierra a los presos.

calada *s. f.* Acción y efecto de calar. || Vuelo rápido del ave de rapiña al acometer en picada o al elevarse.
calado *s. m.* Labor de aguja en una tela, sacando hilos para imitar un encaje. || Labor que se hace perforando de parte a parte láminas formando dibujos. || Profundidad que alcanza la parte sumergida de un barco, de la línea de flotación a la quilla.
calador *s. m.* Persona que hace calados. || Barra de hierro con un extremo plano con la que se introduce la estopa en las junturas de los barcos de madera en el proceso de calafateado. || Barrena acanalada que sirve para sacar muestras de los bultos de mercancías sin abrirlos.
caladura *s. f.* Acción y efecto de calar.
calafate *s. m.* El que calafatea embarcaciones. || Carpintero que trabaja en construcción o reparación de embarcaciones.
calafateado *s. m.* Tapado e impermeabilización de las junturas de una embarcación de madera.
calafateador *s. m.* Persona cuyo oficio es calafatear naves.
calafatear *t.* Taponear las junturas de las maderas de las embarcaciones para que no entre el agua.
calafateo *s. m.* Acción de calafatear.
calamar *s. m.* Molusco cefalópodo con dos aletas triangulares en su extremo posterior, la cabeza rodeada por diez tentáculos con ventosas, que nada despidiendo hacia atrás chorros de agua por su abertura ventral y segrega una tinta negra y densa para enturbiar el agua cuando es atacado.
calambre *s. m.* Contracción muscular espasmódica dolorosa e involuntaria.
calambuco *s. m.* Árbol americano de flores blancas y perfumadas, cuya resina es el «bálsamo de María».
calambur *s. m.* Alteración del orden de las sílabas de una o más palabras que resulta en un significado totalmente diferente. *Yo lo coloco; ella lo quita, lo quita.*
calamidad *s. f.* Desgracia o infortunio. || Persona torpe que todo lo echa a perder.
calamina *s. f.* Aleación de cinc, plomo y estaño. || Chapa de cinc.
calamitoso, sa *adj.* Que causa calamidades o es propio de ellas.
cálamo *s. m.* Caña que usaban los antiguos para escribir.
calandria *s. f.* Ave de canto armonioso que tiene gran parte del cuerpo de color amarillo o anaranjado, y las alas, la cola, parte del pecho y la cabeza de color negro. *En una jaula de oro estaba la calandria cantando su dolor.* || Coche abierto tirado por un caballo. *Cuando fuimos a Guadalajara recorrimos el centro en calandria.*
calaña *s. m. desp.* Índole de una persona o cosa. *Ahora sé de qué calaña eres.* || Abanico elaborado con cañas.
calar *s. m.* Lugar donde abunda la piedra caliza. || *t.* Penetrar un líquido un cuerpo permeable. *El agua me caló hasta los huesos.* || Hundirse un cuerpo en otro. || Hacer labor de calado en telas o láminas. || Cortar trozos de una fruta para probar su calidad. *En el mercado te dan los melones calados.* || Embutirse el sombrero en la cabeza hasta muy adentro. *Se caló el sombrero antes del duelo.* || Colocar la bayoneta en el fusil. *Atacó con bayoneta calada.* || Descubrir el carácter o las intenciones de una persona. *Para comprobar si Juan sabía todo, le dí una calada.*
calato, ta *adj. Per.* Desnudo.
calavera *s. f.* Esqueleto de la cabeza, despojado de todo tejido blando. || Individuo de poco juicio o libertino. || *Méx.* Luz trasera de los automóviles. || Versos festivos a guisa de epitafio que se publican el día de los muertos.
calaverada *s. f.* Acción desconcertada, propia de persona de poco juicio. *Cometió la calaverada de vender el negocio y gastar el dinero en divertirse.*
calaverear *intr.* Hacer calaveradas.
calca *s. f.* Acción y efecto de calcar.
calcado, da *adj.* Copiado exactamente o muy semejante.
calcáneo *s. m.* Hueso que forma el talón.
calcañar *s. m.* Parte inferior del talón.
calcaño *s. m.* Calcañar.
calcar *t.* Sacar copia de un texto o un dibujo por contacto del original con el material en el que se reproduce.
calcáreo, a *adj.* Que tiene cal.
calce *s. m.* Cuña para ensanchar el espacio entre dos cuerpos. || Pieza metálica que se añade a ciertas herramientas al gastarse. || Acción de calzar, encajar o ajustar. || *Ecua. Méx.* y *P. Rico* Pie de un documento. *El decreto se emitió con la firma del presidente al calce.*
calcedonia *s. f.* Ágata de color azulado o gris.
calceta *s. f.* Prenda de vestir que cubre el pie y la pierna hasta abajo de la rodilla.
calcetería *s. f.* Oficio de fabricar medias y calcetas.
calcetero, ra *s.* Persona que hace y compone calcetas y medias.
calcetín *s. m.* Prenda de vestir de punto que cubre el pie y el tobillo o llega hasta media pantorrilla.
calchaquí *adj.* Integrante de la etnia diaguita que habitó en el Chaco argentino antes de la llegada de los españoles.
cálcico, ca *adj.* Relativo o perteneciente al calcio.
calcificación *s. f.* Acción o efecto de calcificar o calcificarse.
calcificar *t.* Producir carbonato de cal. || Incorporar calcio a un proceso bioquímico. || *pr.* Atrofiarse un tejido orgánico por acumulación de sales de calcio.
calcinación *s. f.* Acción y efecto de calcinar.
calcinado, da *adj.* Se dice de algo que ha sido expuesto al fuego hasta eliminar todos sus componentes volátiles. *El cadáver calcinado fue descubierto al extinguirse el incendio.*
calcinador, ra *adj.* Que calcina.
calcinamiento *s. f.* Acción y efecto de calcinar.
calcinar *t.* Quemar algo a temperaturas muy altas hasta reducir todas las sustancias volátiles.
calcio *s. m.* Elemento químico metálico, que se encuentra en forma de carbonato. Es de color blanco o gris, blando y muy ligero. Su peso atómico es 20 y su símbolo *Ca.*
calcita *s. f.* Carbonato de calcio.
calco *s. m.* Acción y efecto de calcar. || Copia que se obtiene calcando. || Plagio.
calcografía *s. f.* Oficio de estampar mediante láminas metálicas.
calcomanía *s. f.* Sistema que permite traspasar una figura impresa a otra superficie.
calcopirita *s. f.* Sulfuro natural de cobre y hierro, principal mena del cobre.
calculable *adj.* Que se puede calcular.
calculado, da *adj.* Que resulta de calcular.
calculador, ra *adj.* Que calcula. || *s.* Persona que anticipa cualquier tipo de circunstancia antes de realizar una acción. *Ha escalado posiciones siendo muy calculador.* || *s. f.* Máquina que realiza cálculos matemáticos.
calcular *t.* Realizar operaciones matemáticas. || Reflexionar algo con sumo cuidado.
calculista *s. com.* Persona que se dedica a elaborar cálculos.
cálculo *s. m.* Acción y efecto de calcular. || Operaciones y procedimientos matemáticos que se realizan para determinar la medida o valor de algo. *El ingeniero hizo el cálculo de la longitud del puente.* || Conjetura o análisis por anticipado de efectos que aún no se producen. *Los analistas calculan que la crisis terminará en tres meses más.* || Acumulación de sales que se solidifican en pequeñas piedras en el interior de distintos órganos. *Le detectaron un cálculo en el riñón derecho.*
caldear *t.* y *pr.* Calentar mucho. || Poner los metales al rojo para forjarlos o soldarlos unos con otros. || Hacer que se enciendan los ánimos o se pierda la calma.
caldeo *s. m.* Acción y efecto de caldear.

caldeo, a *adj.* Relativo o propio de Caldea, en la antigua Mesopotamia. || Natural de Caldea.
caldera *s. f.* Vasija metálica grande en la que se calienta agua.
calderería *s. f.* Oficio de calderero. || Lugar en el que se venden calderas.
calderero, ra *s.* Persona que hace, arregla o vende calderas.
calderilla *s. f.* Caldera pequeña. || Monedas de poco valor. || Arbusto de fruto insípido y pulposo.
caldero *s. m.* Caldera pequeña y con asas, para cocinar.
calderón *s. m.* Cetáceo grande, de la familia de los delfines, que se caracteriza por su cabeza muy abultada. || En música, símbolo que, escrito en una partitura, indica que la duración de la nota, acorde o silencio sobre el cual aparece, debe prolongarse.
caldillo *s. m.* Salsa para acompañar guisados.
caldo *s. m.* Líquido que resulta de cocer alimentos en agua.
caldoso, sa *adj.* Que tiene mucho caldo.
caldudo, da *adj.* Caldoso.
calefacción *s. f.* Acción y efecto de calentar un recinto. || Aparato o conjunto de aparatos que calientan un ambiente.
calefactor *s. m.* Aparato que sirve para calentar o calentarse.
calefón *s. m. Amér.* Aparato calentador de agua de uso doméstico.
caleidoscopio *s. m.* Instrumento óptico formado por un tubo dentro del cual hay varios espejos que multiplican simétricamente las imágenes proyectadas en su interior.
calenda *s. f.* Para los romanos antiguos, primer día del mes. || Lista que contiene las fiestas religiosas.
calendario *s. m.* Sistema de medición del tiempo, que lo divide en periodos regulares según criterios astronómicos en años, meses, semanas y días.
calendarización *s. f.* Organización de alguna tarea siguiendo un calendario.
calendarizar *t.* Organizar una actividad de acuerdo con un calendario.
caléndula *s. f.* Planta herbácea con flores anaranjadas que se emplea con fines medicinales.
calentador, ra *adj.* Que calienta. || *s. m.* Aparato que sirve para calentar.
calentamiento *s. m.* Acción y efecto de calentar.
calentano, na *adj.* Natural de tierra caliente.
calentar *t.* y *pr.* Hacer subir la temperatura. || Ejercitar los músculos antes de realizar un deporte. || *fam.* Enojar, irritar. || *vulg.* Excitar o excitarse sexualmente.
calentón *s. m.* Acto de calentar o calentarse rápida o fugazmente. || *Arg.* Persona que se enoja con frecuencia. || *Méx.* Resistencia eléctrica para calentar agua.
calentura *s. f.* Temperatura corporal superior a la normal. || *Arg.* Entusiasmo intenso. || *vul. Arg.* y *Uy.* Excitación sexual.
calenturiento, ta *adj.* Que tiene calentura.
calenturón *s. m.* Fiebre muy alta.
caleño, ña *adj.* Calizo. || Natural de Cali, Colombia.
calera *s. f.* Cantera de cal. || Horno de cal.
calesa *s. f.* Tipo de coche tirado por caballos.
calesita *s. f. Amér. Merid.* Tiovivo, carrusel.
caleta *s. f.* Ensenada pequeña.
caletre *s. m.* Tino, acierto, perspicacia, discernimiento.
calibrador *s. m.* Aparato para realizar ajustes mecánicos.
calibrar *t.* Medir y ajustar el calibre.
calibre *s. m.* Diámetro interior de objetos huecos como tubos, conductos, cañones de armas de fuego, etc. || Diámetro de los proyectiles que disparan las armas de fuego. || Tamaño, importancia. *Los conceptos expuestos por el conferencista son de alto calibre.*
calicanto *s. m.* Mampostería.
calicata *s. f.* Exploración que se hace en obras civiles para determinar los materiales empleados. || En minería, exploración de un terreno para determinar los minerales que contiene.
caliche *s. m.* Costra de cal que se desprende de una pared debido a la humedad.
caliciforme *adj.* Que tiene forma de cáliz.
calicó *s. m.* Tela delgada de algodón.
calidad[1] *adv.* Función o carácter. *Mi profesor vino a visitarme en calidad de amigo cuando estuve enfermo.*
calidad[2] *s. f.* Propiedad o conjunto de propiedades que tiene una cosa, que posibilita compararla y evaluarla. || *loc.* ***Calidad de vida:*** condiciones que hacen posible una vida agradable. || ***De calidad:*** que merece estimación. || ***En calidad de:*** con carácter de, con investidura de.
cálido *adj.* Que tiene calor en cantidad moderada. || Cariñoso.
calidoscopio *s. m.* Caleidoscopio.
caliente *adj.* Que tiene calor en cantidad más que moderada. || *s. com.* Sexualmente excitado. || *loc.* ***En caliente:*** de inmediato, sin tardanza alguna.
califa *s. m.* Título de los gobernantes sarracenos sucesores de Mahoma.
califato *s. m.* Territorio gobernado por un califa. || Tiempo de duración del reinado de un califa.
calificación *s. f.* Apreciación de las calidades, méritos o circunstancias de una persona o cosa.
calificado, da *adj.* Que llena los requisitos o la preparación necesaria.
calificador, ra *adj.* El que califica.
calificar *t.* Juzgar o evaluar algo o alguien para caracterizarlo o precisarlo.
calificativo, va *adj.* Que califica.
californiano, na *adj.* y *s.* Originario de California.
californio *s. m.* Elemento químico radioactivo del grupo de los actínidos, que se obtiene por transmutación artificial de otros elementos más ligeros. Su número atómico es 98 y su símbolo *Cf.*
calígine *s. f.* Niebla, oscuridad, tenebrosidad.
caliginoso, sa *adj.* Denso, oscuro, nebuloso.
caligrafía *s. f.* Arte de dibujar letras.
caligrafiar *t.* Escribir con letra caligráfica.
caligráfico, ca *adj.* Perteneciente o relativo a la caligrafía.
calígrafo, fa *s.* Persona que por oficio escribe a mano con letra clara y hermosa. || Perito en caligrafía.
caligrama *s. m.* Escrito en el que la disposición de las letras dibujan una figura que tiene relación con el contenido.
calina *s. f.* Niebla muy tenue que enturbia el aire.
calistenia *s. f.* Ejercicios gimnásticos que se ejecutan para calentar los músculos, antes de realizar ejercicios de mayor esfuerzo.
cáliz *s. m.* Vaso en forma de copa en el que se vierte el vino durante la celebración litúrgica católica y ortodoxa. || En botánica, cubierta exterior de ciertas flores, del mismo material de las hojas.
caliza *s. f.* Piedra compuesta principalmente por carbonato de calcio.
calizo, za *adj.* Que contiene cal.
callado, da *adj.* Que no habla, reservado.
callampa *s. m. Bol. Chil. Ecua.* y *Per.* Hongo. || *Chil.* y *Ecua.* Chabola.
callana *s. f. Amér. Merid.* Crisol para ensayar metales.
callar *intr.* y *pr.* Guardar silencio. || Dejar de hablar. || Dejar de producir el ruido que se estaba haciendo.
calle *s. f.* Camino en una población en cuyos lados se construyen las casas y por donde se transita. || *loc.* ***Calle de la amargura:*** situación difícil, angustiosa. || ***Dejar en la calle:*** dejar en la ruina, sin nada. || ***Echar a la calle:*** expulsar a alguien. || ***Llevar*** o ***llevarse de calle:*** ganar de manera contundente. || ***Poner en la calle:*** poner en venta.
calleja *s. f.* Calle angosta.
callejear *intr.* Andar en la calle sin rumbo ni necesidad.
callejeo *adj.* Acción de callejear.
callejero, ra *adj.* Perteneciente o relativo a la calle. || Que gusta de callejear.
callejón *s. m.* Calle angosta o paso estrecho que dejan dos paredes.
callejuela *s. f.* Calleja, calle angosta.

callicida *s. m.* Sustancia que sirve para curar o quitar los callos.
callista *adj.* Persona que cura los callos.
callo *s. m.* Engrosamiento y endurecimiento de áreas de la piel.
callosidad *s. f.* Dureza que se forma en la palma de las manos y en las plantas y dedos de los pies.
calloso, sa *adj.* Relativo o perteneciente al callo. || Que tiene callo.
calma *s. f.* Estado del aire cuando no hay viento y de las aguas cuando no hay olas. || Estado de ánimo que se caracteriza por ausencia de agitación o de intranquilidad. || *loc.* ***Calma chicha:*** quietud absoluta.
calmado, da *adj.* Que expresa calma, que se halla en reposo.
calmante *adj.* Que calma. || *s. m.* Medicamento con efecto narcótico o analgésico.
calmar *t. intr.* y *pr.* Quedar en calma o tender a la calma.
calmécac *s. m.* Entre los mexicas, escuela en la que estudiaban los hijos de reyes y nobles.
calmo, ma *adj.* Calmado.
calmoso, sa *adj.* Que muestra mucha calma o indolencia.
caló *s. m.* Jerga de origen popular.
calor *s. m.* Manifestación de la energía resultante de la aceleración del movimiento molecular. || Situación de hallarse caliente la atmósfera. || Sensación de estar caliente. || Buena acogida. || Entusiasmo con que se emprende algo. || Lo más intenso de una acción. || En física, forma de energía que pasa de un cuerpo a otro y equilibra la temperatura. || *loc.* ***Calor animal:*** el que se desprende de los procesos orgánicos. || ***Calor específico:*** en física, calor que necesita un kilogramo de una sustancia determinada para aumentar su temperatura un grado. || ***Al calor de:*** a) recibiendo el calor de algo; b) con la ayuda de algo. || ***Entrar en calor:*** a) recuperar la temperatura luego de ser sometido al frío; b) entrar en materia, abordar el meollo de algo.
caloría *s. f.* Unidad de medida térmica equivalente a la cantidad de calor necesario para elevar en 1 °C la temperatura de un gramo de agua.
calórico, ca *adj.* Relativo al calor y a las calorías. || *s. m.* Fluido hipotético al cual se atribuían los fenómenos del calor.
calorífero, ra *adj.* Perteneciente o relativo al calor. || Que produce o transmite el calor.
calorífico, ca. *adj.* Que produce calor. *El chocolate es calorífico, por eso nunca falta en las mochilas de los alpinistas.*
calorimetría *s. f.* Parte de la ciencia física que se ocupa de medir el calor.
calorímetro *s. m.* Instrumento para medir el calor.
calorón *s. m.* Calor muy grande.
calosfrío *s. m.* Sensación de frío repentina acompañada de temblor corporal.
calostro *s. m.* Primera leche que produce la madre que ha parido, de composición distinta que la leche definitiva. *El calostro transmite los anticuerpos de la madre al recién nacido.*
calpulli *s. m.* En el México anterior a la llegada de los españoles, territorio donde habitaba un clan.
calumnia *s. f.* Acusación falsa, hecha maliciosamente con propósito dañino.
calumniador, ra *adj.* Que calumnia.
calumniar *t.* Proferir calumnia o calumnias contra alguien.
calumnioso, sa *adj.* Que expresa calumnias.
caluroso, sa *adj.* Que causa o siente calor. || Que muestra afecto.
calva *s. f.* Parte de la cabeza que ha perdido su cabello.
calvario *s. m.* Representación de la marcha de Jesús hacia la crucifixión. || *fam.* Serie de padecimientos, adversidades y penurias.
calvero *s. m.* Claro desprovisto de árboles en el interior de un bosque.
calvicie *s. f.* Pérdida o falta de cabello en la cabeza.
calvinismo *s. m.* Doctrina religiosa creada por Juan Calvino.
calvinista *adj.* y *s. com.* Relativo al calvinismo. || Que profesa el calvinismo.
calvo, va *adj.* Persona que ha perdido el cabello. || *s. f.* Parte de la cabeza que ha perdido el cabello.
calza *s. f.* Cuña para ensanchar el espacio entre dos cuerpos. || Antigua prenda de vestir que cubría las piernas.
calzada *s. f.* Camino ancho.
calzado *s. m.* Cualquier prenda que cubre y resguarda el pie o la pierna.
calzador *s. m.* Utensilio que sirve para ayudar a calzar zapatos ajustados.
calzar *t.* Cubrir el pie o la pierna con calzado. || Dar calzado. || Llevar calzado puesto. || Poner una cuña.
calzas *s. f. pl. ant.* Prenda de vestir masculina, parecida a unas medias pero de tela gruesa, que cubría desde los pies hasta los muslos.
calzón *s. m.* Prenda interior que cubre desde la cintura o la cadera hacia abajo hasta la ingle. || *loc. fam.* ***A calzón quitado:*** sin delicadezas, de manera directa. || ***Tener bien puestos los calzones*** o ***muchos calzones:*** ser valiente.
calzonazo *s. m.* y *fam.* Hombre de carácter débil y condescendiente, que se deja dominar, particularmente por su mujer.
calzoncillo *s. m.* Prenda de vestir masculina que cubre desde la cintura o la cadera hacia abajo hasta el principio de los muslos. Suele usarse en plural.
calzonudo *adj.* Calzonazo. || *s. m.* Término despectivo con que las mujeres suelen referirse a los hombres.
cama *s. f.* Mueble formado por una base sobre la que se coloca un colchón y que sirve para acostarse.
camada *s. f.* Todas las crías que paren en un solo parto las hembras de ciertos animales. || Grupo de amigos o personas entre los cuales hay contemporaneidad.
camafeo *s. m.* Figura tallada en relieve en una piedra preciosa. || Piedra preciosa que lleva labrada una figura en relieve.
camagua *s. f. Amér. C.* Maíz que aún no termina de madurar y cuyo grano empieza a endurecerse.
camaleón *s. m.* Reptil saurio de cola prensil y lengua protráctil larga y pegajosa con la que caza insectos. Puede cambiar el color de su piel para fines de mimetismo.
camaleónico, ca *adj. fig.* Que adopta cambios con mucha frecuencia.
camalote *s. m.* Planta acuática de la familia de las pontederiáceas abundante en los grandes ríos de América del Sur de grandes hojas de color verde brillante en forma de plato y flores lilas o azules. || *Méx.* Planta poligonácea acuática de las costas de México, cuyo tallo contiene una médula con la que se hacen figuras de ornato.
camándula *s. f.* Rosario de una a tres decenas de cuentas.
cámara *s. f.* Pieza principal de una casa. || Cualquier recinto que pueda cerrarse herméticamente. || Cada uno de los cuerpos del Poder Legislativo. || Agrupación de personas de una misma actividad económica. *La Cámara de Comercio se inconformó por la presencia de vendedores ambulantes.* || Aparato para captar imágenes. || Espacio que ocupa la carga en las armas de fuego. || Pieza rellena de gas que se introduce entre el neumático y el rin para amortiguar la marcha. || Dormitorio. || *loc.* ***Cámara alta:*** cámara de senadores o equivalente. || ***Cámara baja:*** cámara de diputados o equivalente. || ***Cámara de video:*** cámara que capta imágenes en movimiento. || ***Cámara fotográfica:*** cámara que capta imágenes fijas. || ***Cámara frigorífica:*** recinto donde artificialmente se crea temperatura fría para conservar cosas que podrían descomponerse a temperatura ambiente. || ***Cámara lenta:*** en cinematografía, registrar una secuencia de imágenes a velocidad mayor para que al proyectarlas a velocidad normal den efecto de desarrollarse con lentitud.
camarada *s. com.* Compañero con quien se comparten experiencias, actividades y convicciones.
camaradería *s. f.* Relación que mantienen entre sí los camaradas.
camarero, ra *s.* Persona que sirve a los consumidores en lugares como bares, cafés, etc. || Persona que limpia y arregla los cuartos en un hotel.

C

camarilla *s. f.* Grupo de personas con intereses comunes que influyen en las decisiones de una persona con autoridad o importancia política.

camarín *s. m.* Cuarto pequeño para cambiarse de ropa. || Cuarto de maquillaje y reposo de actrices y actores.

camarista *s. com.* Servidor o servidora distinguidos de la reina, princesas e infantas. || *Arg.* y *Py.* Miembro de las cámaras de apelaciones.

camarógrafo, fa *s.* Persona que tiene por oficio el manejo de una cámara de cine, video o TV.

camarón *s. m.* Crustáceo decápodo macruro, de pocos centímetros de longitud y cuerpo ligeramente encorvado, gris, pardusco o casi transparente. Es comestible. || Crustáceo decápodo de aguas tropicales, de color muy claro, del grisáceo al azulenco, comestible. Una vez cocido, toma una tonalidad rosácea o rojiza. Llega a medir hasta 20 cm. || *Amér. C.* Propina, gratificación por el servicio recibido. || *Per.* Persona que con facilidad cambia de ideología o de actitud. || *Ven.* Siesta, sueño breve, sueñecito.

camarón, rona *adj.* y *s. Ecua.* Conductor o chofer inexperto.

camaronero, ra *adj.* Perteneciente o relativo a la explotación del camarón. || Se dice de la embarcación dedicada a la captura de camarón.

camarote *s. m.* Cada uno de los compartimientos de dimensiones reducidas donde se alojan y duermen pasajeros y tripulación de una nave.

camastro *s. m. desp.* Lecho pobre y sin ropa de cama.

cambalache *s. m. fam.* Trueque, frecuentemente hecho a propósito para causar pérdidas a uno de los negociantes. || Intercambio de objetos de poco valor.

cambalachear *t. fam.* Realizar cambalaches o trueques, generalmente de objetos de poco valor.

cámbaro *s. m.* Crustáceo marino decápodo braquiuro, más ancho que largo, con el exoesqueleto verde y pinzas en el primer par de extremidades; algunas variedades son comestibles.

cambiador, ra *adj.* Que cambia o puede hacerlo. || *s. m.* Manta de tela ahulada sobre la que se cambia el pañal al bebé. || Plataforma plegable atornillada a la pared, sobre la cual se asea y cambia el pañal al bebé. || *Chil.* y *Méx.* Guardagujas, empleado que tiene a su cargo hacer los cambios de vías en los ferrocarriles.

cambiante *adj.* Que cambia. || *s. com.* Se dice de ciertas telas que varían de viso o aguas con la luz.

cambiar *t. intr.* y *pr.* Dejar una cosa o situación por otra. *Cambié de idea, ya no estudiaré leyes sino robótica.* || Mudar o transformar algo. *Cambió los simples frijoles en un plato exquisito.* || Trocar una cosa por algo de análogo valor. *Cambié mis naranjas por cinco pesos.* || Trasladar, mover de un lugar a otro. *Julián cambió el librero a la sala.* || Quitar el pañal sucio a un bebé para ponerle otro limpio. || Devolver una compra para recibir a cambio una mercancía semejante o por el importe. || Alterar su condición moral o anímica alguien. *Lila cambió para bien.* || Modificarse la apariencia, estado o actividad de algo. *Cambió el día y se puso nublado.* || Quitarse unas prendas para vestirse otras. *Pina subió a su recámara para cambiarse.*

cambiario, ria *adj.* Perteneciente o relativo al negocio de cambio de moneda o a la letra de cambio.

cambiazo *s. m.* Cambio fraudulento y malintencionado de una cosa por otra de menor valor. || *loc.* ***Dar el cambiazo:*** engañar a uno en una transacción.

cambio *s. m.* Acción y efecto de cambiar. || Dinero fraccionario que se recibe al pagar con billete o moneda de valor superior al de lo comprado. || Valor relativo de la moneda de diferentes países. || En comercio, cantidad que se abona o cobra, según el caso, sobre el valor de una letra de cambio. || Mecanismo que permite modificar la dirección de las vías férreas para el paso de trenes, en los lugares donde convergen dos líneas ferroviarias. || *loc.* ***Cambio de velocidades:*** en mecánica, sistema que permite variar la relación entre la velocidad del motor y la del vehículo al cual impulsa.

cambista *adj.* y *s. com.* Persona que cambia moneda de unos países por las de otros cobrando una comisión por ello. || *s. m.* En la Edad Media, banquero, dueño de una mesa de cambio de moneda.

camboyano, na *adj.* y *s.* Nativo de Camboya. || Perteneciente o relativo a ese país en la península Indochina, en el sureste asiático.

cámbrico, ca *adj.* y *s.* En geología, se aplica a los seis periodos formativos en que se divide la era Paleozoica, caracterizados por la abundancia de invertebrados como los trilobites; se les dio este nombre porque los primeros hallazgos geológicos ocurrieron en Gales, Cambria en forma latinizada. || Perteneciente o relativo a dichos periodos geológicos. || Nativo de la antigua Cambria, o referente a ella.

cambujo, ja *adj.* y *s.* Dicho de un caballo o yegua, de piel negra con viso rojo. || *Méx.* Dicho de un ave que tiene el plumaje negro y la carne oscura.

camelar *t. fam.* Galantear. || Seducir con halagos y adulación. || Amar, desear, querer a alguien. || *Méx.* Observar, acechar.

camelia *s. f.* Flor inodora y muy hermosa producida por el arbusto teáceo originario de Japón y China, de hojas lustrosas de color verde oscuro; su nombre honra al botánico checo G. J. Kamel.

camélido, da *adj.* En zoología, se aplica a los rumiantes artiodáctilos, sin cuernos, con cuello largo y una callosidad debajo de los dedos, como el camello, el dromedario y la llama. || *s. m. pl.* Familia de estos animales.

camelista *adj.* y *s. com.* Persona que practica el camelo, en especial el que aparenta virtudes, conocimientos o circunstancias que no tiene.

camellero, ra *s.* Persona que cuida, alimenta y guía camellos.

camello, lla *s.* Artiodáctilo rumiante, corpulento y cubierto de abundante pelo, con el cuello largo y curvo, cabeza relativamente pequeña, largas pestañas y dos jorobas; es nativo del Asia central aunque llega a encontrarse en Mongolia. || *fig. fam. Esp.* Persona que transporta y vende drogas psicotrópicas al por menor.

camellón *s. m.* Lomo entre surco y surco de tierra arada. || *Chil.* Hierro que une el tacón a la suela del zapato para darle firmeza. || *Guat.* y *Méx.* División de escasa altura, a veces ajardinada, que separa los sentidos en una avenida o calzada. || *Amér. C.* Arcén de la carretera. || Artesa rectangular de gran tamaño para dar de beber al ganado vacuno.

camelo *s. m.* Noticia falsa. || Galimatías, discurso sin sentido a propósito. || Engaño, simulacro, fingimiento, tomadura de pelo.

camelote *s. m.* Tejido de lana, fuerte e impermeable que se usaba antiguamente.

camembert *s. m.* Queso blanco, cremoso y de sabor y olor fuertes, con una capa externa de moho; tiene origen francés.

camerino *s. m.* Habitación pequeña, individual o colectiva, donde los artistas se visten, maquillan y preparan antes de salir a escena.

camilla *s. f.* Cama estrecha y portátil, con varas para ser cargada a mano, o con ruedas, destinada al transporte de enfermos, heridos y cadáveres. || Cama para dormir vestida la persona. || Mesa pequeña y redonda, cubierta con un mantel que llega al piso; antiguamente debajo se colocaba un brasero para mantener calientes las viandas.

camillero, ra *s.* Persona encargada de transportar la camilla. || En las fuerzas armadas, soldado con adiestramiento médico básico y preparación para el traslado de heridos.

caminador, ra *adj.* Que camina mucho habitualmente. || *s. f.* Aparato

mecánico o eléctrico para ejercitarse caminando en un espacio interior.
caminante *adj.* y *s. com.* Que camina.
caminar *t.* Recorrer a pie cierta distancia. || *intr.* Andar de un lugar a otro. || Dirigirse a una meta, avanzar, seguir su curso algo. *La curación camina rápidamente.* || *loc.* ***Caminar derecho:*** actuar o proceder con rectitud.
caminata *s. f.* Recorrido breve hecho por diversión o como ejercicio físico. || *fam. irón.* Viaje o paseo largo y fatigoso.
caminero, ra *adj.* Referente al camino o propio de él.
camino *s. m.* Suelo hollado por donde se transita habitualmente. || Vía construida para ir de un lugar a otro. || Dirección que debe tomarse para ir a alguna parte. || Método, medio o arbitrio para conseguir algo. || *loc.* ***Abrir camino:*** facilitar el paso a un lugar, a una idea o a una empresa. || ***Camino de cabras:*** el angosto y empinado. || ***Camino de herradura:*** el angosto y sin pavimento, apropiado para caballos y mulas pero no para carros. || ***Camino trillado:*** modo común de actuar o pensar.
camión *s. m.* Vehículo automotor con cuatro o más ruedas destinado al transporte de carga pesada. || *Méx.* Autobús, vehículo de transporte de personas.
camionero, ra *s.* Persona que conduce o maneja un camión.
camioneta *s. f.* Automóvil de mayor tamaño y capacidad en cuanto al número de pasajeros que el convencional. || Vehículo automotor menor que el camión y destinado a la carga y distribución de mercancías.
camisa *s. f.* Prenda de vestir que cubre el torso, abotonada al frente y, generalmente, con cuello y mangas. || Prenda interior que cubría el cuerpo hasta las rodillas, generalmente con mangas largas y sujeta al cuello por medio de cordones o cintas. || Epidermis muerta de los ofidios de los que estos se desprenden en la muda. || Revestimiento interior de un artefacto o de una pieza mecánica. || Cubierta suelta de papel fuerte con que se protege un libro; lleva impreso el título o la portada completa del mismo. || *loc.* ***Camisa de fuerza:*** la de tela fuerte, abierta por detrás, con mangas cerradas y diversas correas para sujetarse, usada para contener a los dementes y a quienes padecen ataques de ira violenta. || ***Meterse en camisa de once varas:*** inmiscuirse en un asunto complicado y de mal pronóstico.
camisería *s. f.* Taller o fábrica donde se confeccionan camisas. || Tienda donde se venden estas prendas y otros artículos para caballero.
camisero, ra *adj.* Referente a la camisa. || Dicho de un vestido u otra prenda, que tiene rasgos semejantes a los de la camisa. || *s.* Persona que confecciona camisas.
camiseta *s. f.* Prenda interior o deportiva, con o sin mangas, hecha en tejido de punto. || *loc.* ***Cambiar de camiseta:*** cambiar de chaqueta, mudar de opinión política o de partido dejando en situación apurada a los excompañeros.
camisola *s. f.* Camisa fina y holgada, generalmente usada como prenda interior. || Camiseta deportiva, remera. || Camisa fina que solía ponerse sobre otra interior, con puños y cuello adornados de cintas y encajes.
camisón *s. m.* Prenda holgada, de diversos largos, con o sin mangas, usada para dormir; actualmente es de uso exclusivamente femenino. || *Amér. C.* y *Amér. Merid.* Camisa de mujer.
camita *adj.* y *s. com.* Descendiente de Cam, hijo del patriarca bíblico Noé; se aplica a ciertas poblaciones del norte y este de África.
camomila *s. f.* Planta herbácea de la familia de las compuestas, con flores aromáticas dotadas de propiedades medicinales; se usa como desinflamatorio y calmante.
camorra *s. f.* Riña, pendencia. || Mafia napolitana.
camorrear *intr. Amér.* Reñir, armar camorra.
camorrero, ra *adj.* Camorrista.
camorrista *adj.* y *s. com.* Persona que arma camorra o pendencia por causas de poca monta.
camotal *s. m. Amér.* Plantío de camotes.
camote *s. m. Amér. C. Ecua. Fi.* y *Méx.* Planta de tallos ramosos, flores acampanilladas y raíces alargadas que producen tubérculos. || Tubérculo comestible de dicha planta; los hay blancos, amarillos y morados. || *loc.* ***Dejar a alguien como camote:*** dejarlo golpeado y con muchos moretones o hematomas. || ***Poner a alguien como camote:*** ponerlo verde, avergonzarlo con una reprimenda.
camotero, ra *s.* Persona que cultiva camotes. || Persona que cuece y endulza camotes para venderlos.
camotillo *s. m. Chil. Guat.* y *Per.* Dulce de camote machacado. || *Méx.* Madera de color violáceo veteado de negro. || *Amér. C.* y *Méx.* Cúrcuma, planta de la familia de las zingiberáceas cuya raíz se usa como condimento y para dar color amarillo a los alimentos.
campal *adj. ant.* Referente al campo como escenario bélico.
campamento *s. m.* Acción de acampar. || Instalación provisional en terreno abierto para alojar personas reunidas con un fin determinado, o que hacen un alto en su viaje por tierra. || Albergues rústicos en medio del campo o el bosque, dispuestos para acoger viajeros y vacacionistas. || En las fuerzas armadas, lugar en despoblado donde se establecen temporalmente grupos militares.
campana *s. f.* Instrumento metálico con forma de copa invertida o de cilindro, que suena al ser golpeado por medio del badajo o por un martillo exterior. || Cualquier objeto cuya forma sea la de un hemiovoide. *Tapa la charola del pan con la campana de vidrio.* || *loc.* ***Campana de buzo:*** aparato dentro del cual se almacena aire, con el que descienden los buzos y trabajan bajo el agua a poca profundidad. || ***Campana de extracción*** o ***extractora:*** la metálica que sirve para aspirar y extraer el humo producido al cocinar. || ***Echar*** o ***lanzar las campanas al vuelo:*** celebrar o publicar algo con alegría, por la costumbre antigua de hacer repicar las campanas de las iglesias cuando había buenas noticias.
campanada *s. f.* Toque de campana, producido al golpearla con el badajo o con un mazo. || Sonido que produce. || Escándalo, noticia ruidosa aun cuando sea poco importante.
campanario *s. m.* Torre o espadaña donde cuelgan las campanas en las iglesias. || *loc.* ***De campanario:*** refiriéndose a ideas o actitudes morales, lo que es estrecho, limitado, poco flexible.
campanazo *s. m.* Campanada, sonido de la campana.
campanear *intr.* Tocar las campanas con insistencia. || Balancear, contonear. || Divulgar, propalar algo al instante. || Girar anormalmente un proyectil durante su trayectoria.
campaneo *s. m.* Acción y efecto de campanear un proyectil. || Repetido toque de campana. || *fam.* Contoneo.
campanero, ra *s.* Persona que fabrica campanas. || Individuo cuyo oficio es tocar las campanas.
campaniforme *adj.* Que tiene forma de campana. *Son famosas las vasijas campaniformes del neolítico europeo.*
campanil *s. m.* Torre o estructura donde se cuelgan las campanas.
campanilla *s. f.* Campana pequeña que se toca al agitarla manualmente o bien por medio de un cordoncillo atado al badajo. || Úvula, parte carnosa y colgante del fondo del paladar. || Flor de diversas plantas trepadoras, con los pétalos unidos que le dan forma de una campana pequeña. || Adorno de forma de campana usado en cortinajes, doseles, gualdrapas y aun prendas de vestir. || *loc.* ***Ser de muchas campanillas:*** ser importante o influyente socialmente.
campanillazo *s. m.* Toque fuerte de la campanilla.

campanillear *t.* Tocar insistentemente la campanilla.
campanilleo *s. m.* Acción y efecto de campanillear.
campanillero, ra *s.* Persona que por oficio toca la campanilla, generalmente en ceremonias religiosas.
campante *adj.* Que campa. || *s. com. fam.* Satisfecho, ufano. *Después de recibir su pago, la cocinera salió tan campante.*
campanudo, da *adj.* Dicho de un sonido o de la voz humana, que tiene un sonido grave y fuerte. || Dicho de la manera de hablar o de escribir: hinchado, enfático, rimbombante. || Dicho de una persona, que se expresa con voz retumbante y estilo excesivamente enfático.
campánula *s. f.* Farolillo, flor de una planta campanulácea caracterizada por su cáliz gamopétalo (con los pétalos unidos por sus bordes) en forma de campana y su fruto capsular con muchas semillas.
campaña *s. f.* Campo en una planicie. || Conjunto de acciones y actividades encaminado al logro de un fin. *Campaña de vacunación, campaña de alfabetización, campaña electoral.* || Tiempo que dura dichas acciones dirigidas a la consecución de un fin. || Periodo de operaciones de un buque de guerra o de una escuadra. || Tiempo destinado anualmente a las operaciones de guerra de un ejército. || *loc.* ***Estar, andar*** o ***hallarse en campaña:*** dedicarse a las acciones y actividades planeadas para el logro de algún fin. || ***Salir a la campaña:*** ir a la guerra.
campar *intr.* Sobresalir, aventajar a otros.
campeador *adj.* y *s. ant.* Se decía del guerrero sobresaliente por sus acciones en batalla. *El Cid, Ruy Díaz de Vivar, es el Campeador por antonomasia.*
campear *intr.* Salir el ganado doméstico a pacer o los animales silvestres a buscar su alimento. || Empezar a echar brotes la sementera. || Ir un ejército a combatir en campo raso. || Estar en campaña un cuerpo militar. || *fam. Amér.* Salir al campo a buscar alguna persona, animal o cosa.
campechana *s. f. Méx.* Pan dulce rectangular de masa hojaldrada y abrillantado con azúcar. || Bebida compuesta de varios licores y otros ingredientes mezclados. || Platillo a base de otras mezclas. *Me quedó exquisita la campechana de camarones, ostiones y jaiba con chile.*
campechanear *t. Méx.* Mezclar varias bebidas o combinar comidas.
campechanería *s. f. Méx.* Cualidad de campechano en el trato.
campechanía *s. f.* Campechanería.
campechano, na *adj.* y *s.* Cordial, sencillo, abierto en el trato, sin interés en las ceremonias y los formulismos. || Nativo de Campeche, ya sea la ciudad o el estado mexicano del mismo nombre. || Perteneciente o relativo a Campeche.
campeón, peona *s.* Persona que gana un campeonato. || Individuo que defiende y lidera una causa o ideología. || Héroe antiguo famoso por sus hechos de armas. *Aquiles era el campeón de los aqueos.*
campeonato *s. m.* En ciertos juegos y deportes, certamen o competencia en la que se disputa un premio. || Supremacía obtenida en las contiendas deportivas.
campera *s. f. Amér. Merid.* Chaqueta de uso informal o deportivo.
campero, ra *adj.* Referente al campo o propio de éste. || Expuesto en el campo a las inclemencias del tiempo. || Práctico, adiestrado y experto en las cosas del campo.
campesinado *s. m.* Conjunto de los campesinos en tanto clase social. *El campesinado votará por las mejoras para el campo.*
campesino, na *adj.* Perteneciente o relativo al campo. || Propio de las costumbres y modos de vida de los campesinos. || *s.* Persona que vive en el campo y se sustenta de trabajar la tierra.
campestre *adj.* Perteneciente o relativo al campo. || Dicho de una fiesta, comida o reunión, que se celebra en el campo. || Dicho de ciertas instalaciones, que se encuentran en despoblado y rodeadas de campo. *Club campestre, fraccionamiento campestre.*
campiña *s. f.* Tierra cultivable muy extensa. || Extensión cubierta de vegetación silvestre que se encuentra despoblada entre una ciudad y las localidades vecinas.
campirano, na *adj. Ecua. Hond.* y *Méx.* Perteneciente o relativo al campo y a quien lo trabaja.
campismo *s. m.* Actividad consistente en ir de campamento por espíritu deportivo.
campista *s. com.* Persona que practica el campismo.
campo *s. m.* Terreno extenso fuera de poblado. || Tierra cultivable. || Conjunto de árboles frutales, sembradíos y otros cultivos. || Sitio despejado que se usa para un duelo o una batalla. || Terreno de juego para algunos deportes. || Ámbito de una actividad o de un conocimiento. || En física, magnitud distribuida en el espacio mediante la cual ejercen su acción a distancia las partículas o las ondas. *Campo eléctrico, campo magnético.* || En informática, espacio destinado para una categoría específica de datos en un registro. || *loc.* ***Campo de batalla:*** lugar donde combaten dos o más ejércitos. || ***Campo de concentración:*** recinto cercado y con medidas de alta seguridad para el confinamiento de prisioneros de guerra y presos políticos. || ***Campo de refugiados:*** instalaciones acondicionadas para la residencia temporal de personas que se han visto obligadas a huir del sitio donde viven. || ***Campo semántico:*** conjunto de palabras de una lengua relacionadas entre sí por referirse a un mismo orden de ideas o de realidades. || ***Campo visual:*** espacio que abarca la vista estando inmóvil el ojo. || ***Prácticas*** o ***investigaciones de campo:*** las realizadas en el sitio donde se halla el objeto de estudio.
camposanto *s. m.* Cementerio.
campus *s. m.* Palabra tomada del latín a través del inglés y que se refiere al conjunto de edificios e instalaciones de una universidad en una localidad.
camueso *s. m. Esp.* Variedad de manzano; su fruto es la camuesa. || Hombre ignorante y necio.
camuflaje *s. m.* Disfraz que permite pasar inadvertido ante el enemigo o ante seres a quienes se observa disimuladamente; lo usan tanto las fuerzas armadas como los ecólogos, etólogos y otros científicos de la vida natural.
camuflar *t.* Disimular la presencia de tropas o material de guerra dándoles apariencia semejante al terreno en que se encuentran. || Ocultar o esconder algo haciendo que parezca otra cosa.
can *s. m.* Perro, mamífero doméstico.
cana[1] *s. m.* Cabello que se ha vuelto blanco. *Le han salido canas prematuramente.* || *loc.* ***Echar una cana al aire:*** divertirse. || ***Peinar canas:*** ser viejo || ***Sacar canas verdes a alguien:*** provocarle muchas preocupaciones o disgustos.
cana[2] *s. f. fam. Arg.* y *Uy.* Cárcel. *Lo metieron en cana por robar un banco.* || Cuerpo de policía. *Dado que hubo disturbios después del partido de futbol, vino la cana a meter orden.* || *s. com.* Miembro del cuerpo de policía. *Solicitaron que hubiera un cana en cada esquina.*
canadiense *adj.* y *s. com.* Originario de Canadá o que pertenece a ese país.
canal *s. m.* Cauce abierto artificialmente para conducir agua de un lugar a otro. *Excavaron el canal que viene de la presa.* || Cauce angosto, natural o artificial, que comunica dos mares. *Cruzó a nado el Canal de la Mancha.* || Cualquiera de los conductos por donde corre el agua en los tejados. || Res muerta y abierta, sin las tripas y demás vísceras. *Es más barata la carne en canal.* || Banda de frecuencias por la que se emiten ondas de radio y

televisión. *El debate lo transmitieron por el canal 34.*
canaladura *s. f.* Moldura hueca y cóncava en línea vertical que se le hace a las columnas u otros miembros arquitectónicos.
canaleta *s. f. Amér.* Conducto que recoge y vierte el agua de los tejados.
canalización *s. f.* Acción y efecto de canalizar.
canalizar *t.* Abrir canales. || Encauzar las aguas por medio de canales para aprovecharlas. *La región floreció con la canalización del río.* || Dirigir o encauzar actividades o iniciativas en una dirección determinada. *Con sus enseñanzas, el maestro canalizó a sus alumnos hacia la ciencia.* || En medicina, mantener permeable una vena para la extracción de muestras de sangre o para introducir en el torrente sanguíneo líquidos y medicamentos. *Ingresando al hospital lo canalizaron.*
canalla *s. com.* Gente baja, ruin y despreciable *Siempre ha sido un canalla.* || Grupo de gente baja y ruin. *Fue víctima de la canalla.*
canallada *s. f.* Acción propia del canalla. *Cometió otra de sus canalladas.*
canallesco, ca *adj.* Propio del canalla.
canalón *s. m.* Canaleta.
canana *s. f.* Cinturón con presillas para llevar cartuchos de armas de fuego. *Pancho Villa llevaba las cananas cruzadas al pecho.*
cananeo, a *adj.* y *s.* Natural de Canaán o perteneciente a esa antigua región. || Grupo de lenguas que con el arameo constituye el semítico noroccidental.
canapé *s. m.* Rebanada de pan sobre el cual se unta o se extiende una pequeña porción de alimento y se sirve como aperitivo. *En la inauguración sirvieron excelentes canapés.* || Asiento alargado y blando en el que puede sentarse o tenderse una persona. *La maja que pintó Goya está recostada en un canapé.*
canario, ria *s.* Pájaro que trina y gorjea, de plumas amarillas, anaranjadas o blancas.
canasta *s. f.* Cesto de boca ancha, generalmente tejido con materiales como el mimbre, la palma o el bejuco. || Juego de naipes en el que participan una o dos parejas con dos barajas francesas. *Jugaron canasta hasta entrada la noche.* || Aro fijo perpendicularmente a un tablero que es la meta en el juego del baloncesto. *En el deportivo pusieron canastas.* || Tanto en el baloncesto que vale uno, dos o tres puntos, según la ubicación de quien encesta. *Ganaron con una canasta anotada en el último segundo.*
canastero, ra *s.* Persona que hace o vende canastos.
canastilla *s. f.* Cestilla de mimbre donde se guardan objetos pequeños para uso doméstico.
canasto *s. m.* Canasta de boca estrecha.
cancel *s. m. Amér.* División vertical hecha en una habitación mediante un marco. || Contrapuerta para impedir el paso de las corrientes de aire en un local.
cancela *s. f.* Verja baja en la entrada de algunas casas para impedir el paso directo desde la calle al portal, al porche o al jardín.
cancelación *s. f.* Acción y efecto de cancelar.
cancelar *t.* Suspender alguna actividad previamente anunciada o concertada. || Anular una escritura pública o una obligación. || Liquidar una cuenta mediante el pago total de su importe.
cancelería *s. f.* Lugar en el que se hacen y venden canceles.
cáncer[1] *s. m.* Enfermedad que se caracteriza por la multiplicación anormal de las células de un tejido.
cáncer[2] *adj.* y *s. com.* Dicho de una persona, que nació bajo el signo de Cáncer.
cancerado, da *adj.* Afectado por el cáncer.
cancerar *intr.* Volverse cancerosa una afección de algún tejido del cuerpo.
cancerbero *s. m.* Perro de tres cabezas que, según la mitología griega, guardaba la puerta de los infiernos. || Portero o guardián severo.
canceriforme *adj.* Que tiene forma o aspecto de cáncer.
cancerígeno, na *adj.* Que provoca cáncer.
cancerología *s. f.* Especialidad de la medicina que estudia y se ocupa del cáncer.
cancerológico, ca *adj.* Perteneciente o relativo a la cancerología.
cancerólogo, ga *s.* Especialista en cancerología.
canceroso, sa *adj.* Que está afectado de cáncer.
cancha *s. f.* Terreno o instalación preparada para realizar en ella algún deporte.
canchero, ra *adj. Amér. Merid.* Ducho y experto en determinada actividad.
canciller *s. com.* Secretario de Estado o ministro que está a cargo del despacho de los asuntos de la política exterior de un país. || Jefe de gobierno en algunos países, como Alemania o Austria. || Empleado auxiliar de una embajada, consulado o legación. || En algunos países, rector o autoridad superior de la universidad.
cancillería *s. f.* Despacho desde el que se dirige la política exterior. || Oficina del Jefe de Gobierno en algunos países.
canción *s. f.* Melodía entonada por la voz humana.
cancioneril *adj.* Se dice de las poesías castellanas antiguas recopiladas en cancioneros.
cancionero, ra *s.* Persona que hace canciones. || *s. m.* Colección de canciones y poesías. *Petrarca agrupó muchas de sus poesías en un cancionero.*
cancioneta *s. f.* Canción simple y sencilla. *«Mambrú se fue a la guerra» es una cancioneta.*
cancionista *s. com.* Persona que compone o canta canciones.
candado *s. m.* Cerradura portátil, compuesta por una caja metálica en cuyo interior se encuentra un mecanismo que traba el asa y se libera mediante una combinación.
candanga *s. f. Amér. C.* El diablo. || Ocupación o situación que produce molestia o hastío. || Embrollo o situación embarazosa.
cande o **candi** *adj.* Azúcar que se purifica y cristaliza.
candeal *adj.* Dícese del trigo muy blanco de calidad superior y el pan que con él se elabora.
candela *s. f.* Vela para alumbrar. || Unidad de intensidad luminosa del Sistema Internacional de medidas equivalente a la intensidad luminosa de una superficie de 1/600 000 m^2 de un cuerpo que emite radiación a la temperatura de fusión del platino; su símbolo es *cd.* || *Cub.* Fuego, lumbre.
candelabro *s. m.* Candelero grande de varios brazos.
candelaria *s. f.* Gordolobo.
candelero, ra *s.* Quien hace o vende candelas. || *s. m.* Utensilio para sostener la vela.
candelilla *s. f.* Insecto volador que emite una luz verdosa. || Planta de tallos largos de 30 a 60 cm de alto, rectos, erectos y recubiertos de cera, que crece en regiones semidesérticas.
candente *adj.* Se aplica al cuerpo metálico enrojecido por la acción del calor. || Se aplica a la cuestión, tema o asunto que es de interés y polémico. *La discusión sobre los resultados electorales se puso candente.*
candi *adj.* Se dice del azúcar que se obtiene por evaporación lenta, en cristales grandes.
candidato, ta *s.* Persona que se propone o ha sido propuesta, para ocupar un cargo, para ingresar a un grupo o institución, o para que se le conceda un nombramiento, premio, o alguna otra distinción.
candidatura *s. f.* Propuesta que se hace de una persona, o personas, para que ocupen algún cargo, ingresen a un grupo o institución, o para que se les conceda un nombramiento, premio, o alguna otra distinción.
candidez *s. f.* Calidad de cándido. || Falta de malicia, astucia o hipocresía.

candidiasis *s. f.* Infección de las mucosas y la piel causada por hongos del género *Candida*.
cándido, da *adj.* Sencillo, ingenuo, sin dobles.
candil *s. m.* Lámpara de aceite para alumbrar, compuesto de dos recipientes metálicos superpuestos, uno interior en el que se deposita el aceite y otro exterior con un pico por donde asoma la mecha que arde.
candileja *s. f.* Recipiente interior del candil. || Luces del proscenio del teatro.
candombe *s. m. Amér.* Género musical acompañado de bailes, de raíces africanas, propio de Uruguay, Argentina y Brasil.
candombear *intr.* Ejecutar candombe.
candor *s. m.* Blancura extrema || Sinceridad, sencillez, pureza de ánimo.
candoroso, sa *adj.* Que tiene candor.
caneca *s. f.* Frasco de barro vidriado para guardar licores.
canela *s. f.* Corteza de las ramas del árbol del canelo a las que se le ha quitado la cubierta exterior, de color café rojizo, muy aromática, que se utiliza como condimento.
canelo *s. m.* Árbol lauráceo de hoja perenne, flores blancas y aromáticas, originario de Ceilán, cuya segunda corteza de sus ramas es la canela.
canelón *s. m.* Rollo de pasta de harina relleno de carne y también la pasta de forma rectangular para hacerlo.
canesú *s. m.* Pieza de la camisa, de la blusa o del vestido, donde se pegan el cuello, las mangas y el resto de la prenda.
caney *s. m. Amér.* Cobertizo grande con techo de palma o paja, sin paredes y sostenido por horcones.
cangrejal *s. m. Arg.* Terreno pantanoso o intransitable por la abundancia de ciertos pequeños cangrejos negruzcos.
cangrejo *s. m.* Crustáceo del orden de los decápodos de cuerpo ensanchado y aplanado, cubierto por un fuerte caparazón y cinco pares de patas.
canguro, ra *s. Esp.* Persona que cuida a los niños cuando salen sus padres. || *s. m.* Mamífero marsupial, el mayor de los de su especie, anda a saltos gracias a sus patas posteriores y cola muy desarrolladas; la hembra lleva a la cría en una bolsa ventral o marsupio.
caníbal *adj.* y *s. com.* Antropófago. || Que se alimenta de individuos de su misma especie.
canibalismo *s. m.* Práctica de alimentarse de miembros de la propia especie.
canica *s. m.* Pequeña esfera de vidrio, barro, madera o piedra con la que juegan los niños tirándola con el pulgar y el índice para golpear otra.
canicie *s. f.* Color cano del pelo.
canícula *s. f.* Periodo más caluroso del año. *Este año la canícula duró más que lo habitual.*
canicular *adj.* Propio de la canícula.
cánido *s. m.* Familia de mamíferos carnívoros digitígrados, cuyo tipo son el perro y el lobo.
canijo, ja *adj.* Que es mal intencionado, mala persona o astuto. *Esa muchacha es bien canija, sólo hace maldades.*
canilla *s. f.* En las máquinas de coser, carrete de la lanzadera en que se devana el hilo. || *fam. Amér. Merid.* Parte anterior de la pierna que corresponde al borde anterior de la tibia. || *Arg. Bol. Py.* y *Uy.* Grifo.
canillera *s. f.* Máquina bobinadora que sirve para rellenar canillas. || *fam. Amér. Merid.* Moldura rígida y acojinada que cubre y protege la parte anterior de la pierna.
canillita *s. f. Amér.* Vendedor callejero de periódicos. *Canillita es el personaje vendedor de periódicos en la obra de teatro del escritor uruguayo Florencio Sánchez*
canino, na *adj.* Relativo al can o al perro. || *s. m.* Diente agudo y fuerte colocado entre el último de los incisivos y la primera muela de cada lado.
canje *s. m.* Intercambio de objetos de valor semejante, sin que intervenga el dinero. *Estados Unidos y Rusia canjearon espías que estaban presos.*
canjeable *adj.* Que se puede canjear.
canjear *t.* Efectuar canjes.
cano, na *adj.* Lleno de canas.
canoa *s. f.* Embarcación pequeña y angosta de remo o pértiga.
canódromo *s. m.* Lugar para las carreras de galgos.
canoero, ra *s. m.* Persona que posee o conduce una canoa.
canola *s. f.* Colza.
canon *s. m.* Ley o precepto con que se rige la conducta o el arte, o que sirve de criterio para juzgar algo. *El canon creado por el arte de Grecia antigua continúa siendo clásico.* || En música, pieza cantada en la que distintas voces interpretan el mismo pasaje, separadas por un intervalo temporal. *El canon es un buen instrumento de enseñanza musical en los niños.* || Conjunto de normas que rigen el derecho canónico en las iglesias cristianas. || Decisión o regla establecida en algún concilio de la Iglesia.
canónico *adj.* Relacionado o de acuerdo con los cánones.
canónigo *s. m.* Eclesiástico que obtiene y desempeña una canonjía. || Sacerdote de la Iglesia católica que forma parte del cabildo de una catedral.
canonización *s. f.* Acción y efecto de canonizar.
canonizar *t.* Declarar oficialmente el Papa santa a una persona ya beatificada e incluirlo en el catálogo de santos.
canonjía *s. f.* Prebenda del canónico. || *fig.* Cargo de poco trabajo y bien remunerado. *Por ser familiar del funcionario, le dieron una canonjía.*
canope *s. m.* Vaso funerario del antiguo Egipto en el cual se depositaban las vísceras de los cadáveres momificados.
canoro, ra *adj.* Se dice del ave de canto grato y melodioso. *La calandria es un ave canora.*
canoso, sa *adj.* Que tiene muchas canas.
canotaje *s. m.* Deporte que consiste en impulsar canoas por medio de remos. *Quirino es campeón de canotaje.*
cansado, da *adj.* Que tiene cansancio. || Que provoca o causa cansancio. *El trabajo de albañil es una labor cansada.*
cansancio *s. m.* Falta de fuerza provocada por un esfuerzo o trabajo. *Los basquetbolistas quedaron exhaustos del cansancio.* || Pérdida del interés, del aprecio o la paciencia que provoca algo o alguien monótono, aburrido o molesto. *Su plática de siempre me provoca cansancio.*
cansar *t.* y *pr.* Causar cansancio. || *fig.* Molestar, enfadar.
cansino, na *adj.* Se aplica a la persona o animal cuya capacidad de trabajo está disminuida por el cansancio.
cantable *adj.* Que se puede cantar. || En música, que se debe interpretar despacio y de manera expresiva.
cantábrico, ca *adj.* y *s.* Perteneciente a Cantabria.
cantador, ra *s.* Persona que canta.
cantaleta *s. f. Amér.* Repetición molesta de un estribillo o frase. *Ya me tienes harto con tu cantaleta.*
cantante *adj.* y *s. com.* Que canta.
cantar[1] *intr.* Formar sonidos melodiosos con la voz.
cantar[2] *s. m.* Composición poética con música, hecha para ser cantada. || Género épico constituido por este tipo de composiciones. *El poema de Mio Cid es un cantar de gesta.*
cantárida *s. f.* Insecto coleóptero de color verde brillante, que contiene una sustancia tóxica que produce ampollas, usada en medicina.
cantarín, rina *adj.* Que siempre está cantando.
cántaro *s. m.* Vasija de barro de forma esférica de boca y base muy reducidos.
cantata *s. f.* Pieza musical con tema religioso para ser cantada por una o más voces acompañadas de instrumentos. *Juan Sebastian Bach fue un gran compositor de cantatas.*
cantautor, ra *s.* Persona que canta sus propias composiciones. *José Alfredo Jiménez fue un cantautor muy prolífico.*

cante *s. m.* Acción y efecto de cantar cualquier canto popular andaluz.
cantegril *s. m. Uy.* Zona donde se han construido chabolas.
cantera *s. f.* Sitio de donde se saca piedra para la construcción. *A los presidiarios los condenaban a trabajar en las canteras.* || Institución u organización que suele proveer a otras de personas preparadas y aptas en alguna actividad. *El Politécnico es la cantera de ingenieros petroleros del país.* || *Méx.* Roca sedimentaria de colores gris, rosa y verde, muy usada en construcción. *En Zacatecas existen los más bellos edificios de cantera.*
cantería *s. f.* Arte de labrar la piedra.
cantero, ra *s.* El que labra piedra.
cántico *s. m.* Canto de alabanza. *En el estadio de futbol se escucharon los cánticos de los fanáticos.*
cantidad *s. f.* Propiedad por la que algo puede ser contado o medido. || En matemáticas, número que resulta de una operación.
cantiga *s. f.* Antigua composición poética cantada.
cantil *s. m.* Formación del terreno cortada verticalmente o a plomo. || *Amér.* Borde de un precipicio. || *Guat.* y *Hond.* Serpiente venenosa de hábitos terrestres y acuáticos que llega hasta un metro de longitud, de color café rojizo en el dorso con manchas oscuras.
cantilena *s. f.* Cantinela.
cantimplora *s. f.* Recipiente aplanado revestido de material aislante que se usa para llevar agua u otra bebida.
cantina *s. f.* Establecimiento comercial en el que se sirven bebidas alcohólicas y algunos alimentos. || Mueble en el que se guardan botellas de licor.
cantinela *s. f.* Repetición molesta de alguna cosa. || Canción o copla breve.
cantinero, ra *s. m.* Persona que tiene a su cargo una cantina.
canto *s. m.* Acción de cantar. *Cuando me siento contento entono un canto.* || Arte y técnica de cantar. *En el conservatorio estudio canto.* || Composición musical para voz e instrumentos, o parte de una composición interpretada por la voz humana. *La novena sinfonía de Beethoven incluye cantos.* || Composición poética. *La Divina Comedia de Dante se compone de tres partes de 33 cantos cada una.* || Cada una de las partes en que se divide un poema épico. || Borde, filo o esquina que limita la forma de un objeto. *Tropezó y se golpeó con el canto de la mesa.* || Lado del libro opuesto al lomo. || Parte del cuchillo o sable opuesto al filo. *Para no herirse, los duelistas se dieron con el canto del sable.*
cantón *s. m.* Provincia, región o distrito que es división política y administrativa en algunos países.
cantonal *adj.* Del cantón. || Perteneciente o relativo al cantonalismo.
cantonalismo *s. m.* Sistema político que aspira a dividir el estado en cantones autónomos.
cantor, ra *adj.* Que canta. || *s.* Persona que se dedica a cantar por oficio. *Plácido Domingo es un célebre cantor de ópera.*
cantoral *s. m.* Libro de coro.
canturrear *intr.* Cantar a media voz. *Alegre canturreaba mientras trabajaba.*
canturreo *s. m.* Acción de canturrear.
cánula *s. f.* Tubo pequeño que se emplea en medicina para evacuar o introducir líquidos en el cuerpo. || Extremo de la jeringa donde se coloca la aguja. || Caña pequeña.
canutillo *s. m.* Tubito de paja o caña. || Hilo para bordar de oro o plata.
canuto *s. m.* Parte de un tallo entre dos nudos. || Tubo pequeño y estrecho generalmente abierto por los dos extremos.
caña *s. f.* Tallo de las plantas gramíneas, por lo común hueco y con nudos. *El lago de Tenochtitlan estaba poblado de cañas.* || Caña de azúcar, planta gramínea de cuyo tallo se extrae el azúcar. *En Los Mochis siembran mucha caña de azúcar.* || Parte de la bota que cubre la pierna. || Vaso cilíndrico, largo y estrecho. *Fuimos al bar a tomarnos unas cañas de cerveza.*
cañabrava *s. f.* Planta de la familia de las gramíneas, de hasta 10 m de altura que crece en las orillas de los ríos y abunda en la zona tropical.
cañada *s. f.* Depresión entre dos montes próximos entre sí.
cañadilla *s. f.* Molusco depredador y carnívoro, se alimenta de otros moluscos, de sus glándulas branquiales los antiguos extraían el tinte púrpura.
cañamazo *s. m.* Estopa de cáñamo. || Tela rala sobre la que se borda.
cáñamo *s. f.* Nombre que reciben las variedades de la planta *cannabis sativa* y la fibra que se obtiene de ellas. || Cuerda hecha de esta fibra.
cañamón *s. m.* Simiente del cáñamo.
cañaveral *s. m.* Sitio poblado de cañas.
cañazo *s. m.* Golpe dado con una caña.
cañería *s. f.* Red de tubos formada por caños por donde circula el agua de desecho de una construcción y de una ciudad.
cañero, ra *adj.* Perteneciente o relativo a la caña de azúcar. || *s.* Persona que se dedica a trabajar en sembradíos de caña de azúcar.
cañizal o **cañizar** *s. m.* Cañaveral.
cañizo *s. m.* Tejido de cañas.
caño *s. m.* Tubo por el que salen las aguas de desecho.
cañón *s. m.* Pieza de artillería, que consta de un tubo de acero de gran longitud respecto a su calibre, en el que se coloca el proyectil y la carga explosiva. *Los árabes introdujeron el invento del cañón en Europa en el siglo XI.* || Tubo por donde sale el proyectil en las armas de fuego. *El cañón Zar Pushka, de Rusia, tiene más de 5 m de longitud y un calibre de 890 mm.* || Conducto por donde sale el humo en una chimenea. || Paso estrecho o garganta profunda entre dos altas montañas. *El Cañón del Sumidero, en Chiapas, tiene acantilados de más de 1 000 m de altura.* || *loc.* ***Cañón proyector:*** aparato que proyecta una imagen en una pantalla a partir de una señal de video *La sala de proyecciones está dotada de cañón proyector.*
cañonazo *s. m.* Disparo de cañón de artillería. || Ruido producido por el disparo de un cañón. || En futbol, disparo muy fuerte realizado por un jugador contra la portería contraria. *El cañonazo del delantero produjo el único tanto del partido.* || Éxito rotundo. *La nueva película ha resultado un cañonazo.*
cañonear *t.* Disparar cañonazos contra un blanco.
cañoneo *s. m.* Acción y efecto de cañonear. *La plaza se rindió después de un intenso cañoneo.*
cañonero, ra *adj.* y *s.* Barco o lancha de guerra armado de cañones con el que se vigila y resguardan las costas.
cañutillo *s. m.* Pequeño canuto de vidrio que se emplea en trabajos de pasamanería. || Hilo de oro o plata rizado para bordar. || En encuadernación, tubo de plástico rígido que agrupa hojas sueltas con forma de libro o cuaderno.
caoba *s. f.* Árbol americano cuya madera es oscura y muy estimada en ebanistería. *Para preservar la selva húmeda, el comercio de caoba está regulado por un convenio internacional.* || Madera del mismo árbol, considerada preciosa por su calidad y resistencia. *La caoba es apreciada por ser fácil de trabajar a la vez que resistente a los insectos.* || Color rojizo oscuro, como el de esa madera.
caolín *s. m.* Especie de arcilla blanca, muy pura, que se emplea en la fabricación de porcelana y papel. *La porcelana china es de mayor calidad porque está hecha con caolín.*
caos *s. m.* Estado en el que se ha roto el equilibrio y el orden. || En física, comportamiento en apariencia errático de algunos sistemas dinámicos.
caótico, ca *adj.* Que pertenece al caos o se relaciona con él. *La gran afluencia de gente se hizo caótica.*
capa *s. f.* Prenda de vestir larga y suelta sin mangas, abierta por el frente, que se ajusta al cuello y se

C

hace más amplia conforme cae. *Lucrecia vestía una capa de seda rojo intenso.* || Sustancia diversa que se sobrepone en una cosa para cubrirla o bañarla. *La pared requirió una capa adicional de pintura.* || Porción de algunas cosas que están extendidas unas sobre otras. *La lasaña tiene cinco capas de pasta y carne.* || Estrato que forman los terrenos sedimentarios. *La montaña está formada de capas de rocas calizas.* || *loc.* ***Capa de ozono:*** ozonosfera. || ***Andar de capa caída:*** andar mal de ánimo, salud o dinero.

capacidad *s. f.* Espacio hueco que permite a una cosa contener dentro de sí otra. *La cajuela del carro tiene capacidad para las maletas de toda la familia.* || Aptitud o suficiencia para realizar una acción determinada. *Tiene la capacidad necesaria para desempeñar ese cargo.* || Talento o disposición para comprender bien las cosas. *Ha mostrado capacidad para las matemáticas complejas.*

capacitación *s. f.* Acto de capacitar a alguien o capacitarse. *La propia empresa otorga capacitación.*

capacitar *t.* Dar a alguien los conocimientos necesarios o desarrollar la habilidad que requiere, para realizar alguna actividad. *Para aumentar la eficiencia, debemos capacitar a los trabajadores.* || Dar a alguien permiso o reconocimiento para que desempeñe algún papel o algún trabajo. *El abogado actuó en su capacidad de apoderado legal.*

capar *t.* Amputar o inutilizar los órganos genitales.

caparazón *s. m.* Cubierta quitinosa de muchos crustáceos e insectos. || Coraza que protege el cuerpo de los quelonios.

capataz *s. m.* El que dirige y vigila cierto número de operarios. || Persona que tiene a su cargo la labranza y administración de una hacienda de campo.

capaz *adj.* Que tiene capacidad. || Que posee las condiciones intelectuales necesarias para el cumplimiento de una función o el desempeño de un cargo. *Contratamos a un empleado muy capaz.*

capción *s. f.* Captación.

capcioso, sa *adj.* Artificioso, engañoso. Se aplica a la pregunta o al razonamiento ambiguo que busca que el interlocutor incurra en error. *El examen incluyó varias preguntas capciosas.*

capea *s. f.* Acción de capear.

capear *t.* Hacer suertes con la capa al toro. *Joselito aprendió a capear de muy niño.* || Sortear el mal tiempo con maniobras en el mar. *El barquito logró capear la tormenta.* || Disponer las velas de la embarcación de modo que ande poco o nada. *Frente a la costa de Veragua, Colón decidió capear para esperar al resto de la flota.*

capellán *s. m.* El que atiende una capellanía. || Sacerdote que ejerce sus funciones en las Fuerzas Armadas.

capelo *s. m.* Sombrero rojo de cardenal. || *fig.* Dignidad de cardenal.

caperuza *s. f.* Capucha terminada en punta hacia atrás. *La Caperucita Roja se caló su caperuza y se fue al bosque.*

capibara *s. f.* Roedor que habita en manadas en las regiones de los ríos Orinoco, Amazonas y Paraná.

capicúa *s. f.* Número que se lee igual cualquiera que sea el sentido en que se haga. *El 2552 es un número capicúa.*

capilar *adj.* y *s. m.* Perteneciente o parecido al cabello. || En física, se dice de los fenómenos producidos por la capilaridad. || Vaso diminuto del sistema circulatorio que conecta a las arterias con las venas.

capilaridad *s. f.* En física, propiedad de los líquidos que le confiere la capacidad de subir o bajar por un tubo capilar.

capilla *s. f.* Edificio pequeño dedicado al culto religioso. || Cámara donde se vela un cadáver. || Capucha prendida al cuello de una prenda.

capirotada *s. f. Méx.* Postre elaborado con rebanadas de pan fritas, bañadas con miel, a las que suele agregarse queso, pasas de uva, cacahuates, almendras o algún otro ingrediente.

capirotazo *s. m.* Golpe que se da, generalmente en la cabeza, haciendo resbalar con violencia la uña de un dedo sobre la yema del pulgar de la misma mano.

capirote *adj.* Vaca o toro que tiene la cabeza de distinto color que el cuerpo. || *s. m.* Gorro de forma cónica forrado de tela.

capital[1] *adj.* Perteneciente a la cabeza o relativo a ella. || Principal o muy grande; de importancia, interés o consecuencias muy grandes. || *s. f.* Población principal y centro político y administrativo de un país, estado, provincia o distrito.

capital[2] *s. m.* Conjunto de bienes, patrimonio o caudal que alguien posee. || Cantidad de dinero que se presta y produce interés. || Conjunto de bienes que alguien invierte para producir mercancías o prestar algún servicio, cuya venta le dará una ganancia. *Invirtió todo su capital en ampliar el negocio.*

capitalidad *s. f.* Condición de ser una población capital de un país, estado, provincia o distrito.

capitalino, na *adj.* Que pertenece a la capital o se relaciona con ella.

capitalismo *s. m.* Sistema económico y social basado en la propiedad privada de los medios de producción, en el capital como generador de riqueza y en la asignación de los recursos mediante mecanismos de mercado.

capitalista *adj.* y *s. com.* Propio del capital o del capitalismo. || *s.* Persona acaudalada. || Persona que participa con su capital a uno o más negocios. || Persona que es propietaria de medios de producción o cambio.

capitalizable *adj.* Que se puede capitalizar.

capitalización *s. f.* Acción de convertir en capital una renta o ganancia. || Utilización en beneficio propio de una acción o situación, aunque sea ajena. *Para llegar al puesto, capitalizó los errores del gerente anterior.*

capitalizar *t.* Obtener recursos para que una empresa funcione. || Obtener frutos de algo.

capitán *s. m.* Grado militar inmediatamente superior al de teniente e inferior al de mayor. || Oficial del ejército que tiene ese rango. || Persona que dirige una nave. || Persona que tiene bajo su mando a un grupo de personas. *Hilario es el capitán del equipo de futbol.*

capitana *s. f.* Nave en que va embarcado el jefe de una flota.

capitanear *t.* Gobernar como capitán.

capitanía *s. f.* Cargo de capitán. || Oficina del capitán.

capitel *s. m.* Parte que corona una columna arquitectónica.

capitolino *adj.* Relativo al capitolio.

capitolio *s. m.* Edificio imponente. || Edificio que es la sede de la institución municipal o parlamentaria.

capitoste *s. m.* y *desp.* Persona con mucho poder, influencia y mando.

capitulación *s. f.* Acuerdo político o militar en el que se establecen las condiciones de una rendición. || Acuerdo convenido entre dos partes sobre un negocio o asunto de importancia capital. || *pl.* Convenio entre los futuros esposos en el que se estipula el régimen económico de la sociedad conyugal y legalizado en escritura pública.

capitulado *adj.* Resumido, compendiado. || Que consta de capítulos.

capitulante *adj.* Que capitula.

capitular[1] *intr.* Rendirse o rendir una posición o plaza de guerra según condiciones pactadas con el enemigo. || Abandonar una disputa por flaqueza propia o por la fuerza de los argumentos contrarios. || *t.* Pactar algo entre dos partes sobre un negocio o asunto de importancia.

capitular[2] *s. f.* Letra con la que inicia un escrito o capítulo cuando resalta en tamaño.

capítulo *s. m.* División que se hace en los libros y en cualquier escrito.

capo *s. m.* Jefe de una mafia.

capó *s. m.* Cubierta del motor de un automóvil.

capón *s. m.* Macho al que se le han quitado los testículos.
caporal *s. m. Amér.* Capataz de una hacienda o un rancho ganadero, que tiene a su cargo el cuidado del ganado y bajo su mando a un grupo de trabajadores para las labores propias del mismo.
capota *s. f.* Cubierta plegable de un coche. || Cabeza del tallo de la planta llamada cardecha.
capotazo *s. m.* Pase con el capote.
capote *s. m.* Capa con mangas. || Prenda militar de abrigo. || Capa corta bordada que se tercian los toreros sobre el hombro y brazo izquierdo para hacer el paseíllo al iniciarse la corrida. || Tela en forma de capa con que los toreros burlan al toro.
capotear *t.* Capear al toro. || *fig.* Enfrentar y evadir dificultades.
capoteo *s. m.* Acción de capotear.
capricho *s. m.* Idea o propósito que uno se forma sin razón aparente. || Antojo, deseo pasajero, y objeto de ese antojo o deseo. *El nuevo novio que trae es su nuevo capricho.* || Obra de arte que se sale de la norma. || En música, pieza compuesta de forma libre y fantasiosa. *Los caprichos musicales de Chopin son verdaderas obras maestras.*
caprichoso, sa *adj.* Que obra o está hecho por capricho.
caprichudo, da *adj.* y *s.* Que actúa por capricho.
capricornio *adj.* y *s. com.* Dicho de una persona, que nació bajo el signo de Capricornio.
caprino, na *adj.* Que pertenece a las cabras o se relaciona con ellas.
cápsula *s. m.* Envoltura de material soluble con que se recubren medicamentos que tienen muy mal sabor. *El medicamento viene en cápsulas.* || El conjunto del medicamento y la envoltura. *Debe tomar una cápsula cada ocho horas.* || Cabina cerrada y desprendible de una nave espacial en la que va la tripulación o los instrumentos. *La nave Apolo 11 fue la cápsula en la que viajaron los primeros hombres a la Luna.* || Tapa de metal o plástico con que se cierran herméticamente las botellas después de taparlas con corcho. || Información o mensaje breve que se incluye entre dos programas de radio o televisión. *La radiodifusora WABC incluye en su programación muy buenas cápsulas informativas.*
capsular *adj.* Que tiene forma de cápsula o se relaciona con ella.
captación *s. f.* Acción y efecto de captar.
captador, ra *adj.* Que capta.
captar *t.* Percibir por medio de los sentidos. *Tiene buena vista, capta todos los detalles.* || Darse cuenta, percatarse de algo. *Pronto capté lo que eran sus intenciones.* || Aprehender, entender, comprender. *Logré captar lo más importante que dijo el profesor.* || Recibir, recoger sonidos, imágenes, ondas, emisiones radiofónicas. *En esta zona se capta muy bien la estación de radio BBC.* || Tratándose de aguas, recoger las de una o más avenidas. *La presa El Oviachic capta las aguas del río Yaqui.* || Recibir o recoger una cosa algo para lo que está diseñada. *La nueva ley nos ha permitido captar mayores divisas.* || Atraer una persona hacia sí la atención, el interés, etc. *Con un buen chiste captó la atención del público.*
captor, ra *adj.* y *s.* Que captura.
captura *s. f.* Acción y efecto de capturar.
capturar *t.* Apresar o detener a una persona que se presume delincuente. *La policía logró capturar a los ladrones.* || Coger vivo algún animal. *Los pescadores atraparon muchos camarones con la red.* || Registrar un dato o conjunto de datos en una computadora. *Para hacer este diccionario se capturaron las palabras en una base de datos.*
capturista *s. com.* Persona que transcribe datos, en especial en una computadora.
capucha *s. f.* Prenda para cubrir la cabeza.
capuchino, na *adj.* y *s. m.* Bebida hecha con leche espumosa a la que se le añade café y se espolvorea con canela.
capuchón *s. m.* Capucha. *El abrigo tiene un gracioso capuchón.* || Pieza con que se cubre y protege el extremo de algunos objetos. *Se me perdió el capuchón de la pluma de escribir.*
capulín *s. m.* Árbol de la familia de las rosáceas que mide de 10 a 15 m. || Fruto de ese árbol, de color rojizo y negro, comestible y de sabor dulce.
capulina *s. f. Méx.* Araña muy venenosa, de color negro brillante con una mancha roja en la cara inferior del abdomen, lo que le da un aspecto semejante al capulín, de donde toma su nombre; también se le conoce como viuda negra.
capullo *s. m.* Envoltura sedosa en la cual se encierran las orugas para transformarse en crisálidas. || Flor cuyos pétalos aún no se abren.
caquexia *s. f.* Decoloración de las partes verdes de las plantas por falta de luz. || Estado de extrema desnutrición producido por ciertas enfermedades.
caqui *s. m.* Tela de color pardo amarillento o verdoso. || Color de esta tela. || Árbol tropical, también conocido como palo santo, de fruto, dulce y carnoso. || Fruto de ese árbol.
cara *s. f.* Parte anterior de la cabeza. || Semblante o expresión, representación de un afecto en el rostro. *Tiene cara de preocupación.* || Fachada o frente de alguna cosa. || Anverso de una moneda o medalla. || En geometría, cada uno de los planos que forman un poliedro. *El cubo consta de seis caras cuadrangulares.*
carabao *s. m.* Mamífero rumiante domesticado, es una subespecie del búfalo de agua. *El carabao es considerado el símbolo nacional de Guam.*
carabela *s. f.* Antigua embarcación de velas, muy apta para la navegación oceánica. *En su viaje de descubrimiento, Cristóbal Colón navegó en una carabela.*
carabina *s. f.* Arma de fuego portátil semejante al fusil, pero de cañón más corto.
carabinero *s. m.* Miembro del cuerpo de policía en diferentes países del mundo. || Crustáceo similar a las gambas y camarones.
cárabo *s. m.* Ave de rapiña nocturna. || Insecto coleóptero de alas verdes. || Embarcación pequeña, de vela y remo, usada por los moros.
caracol *s. m.* Cualquier molusco, marino, terrestre o de agua dulce, que tiene caparazón en espiral. || Cualquiera de esos caparazones. || Cavidad del oído formada por un conducto arrollado en espiral.
caracola *s. f.* Caparazón de un caracol marino de gran tamaño y forma cónica.
caracolear *intr.* Dar un caballo vueltas en redondo sobre sí mismo.
caracoleo *s. m.* Acción y efecto de caracolear.
caracolillo *s. m.* Planta leguminosa de flores enroscadas. || Cierta clase de café muy estimada.
carácter *s. m.* Signo de escritura. || Rasgo o conjunto de rasgos que distinguen una cosa de las demás. || Modo de ser peculiar y privativo de cada persona, de un conjunto de ellas, o de un pueblo. || Firmeza, fuerza, energía. || *pl.* Letras de la imprenta.
característica *adj.* Que presenta caracteres propios y permanentes de una persona o cosa. || *s. f.* Rasgo peculiar del carácter de una persona, fenómeno o cosa. || En matemáticas, parte entera de un logaritmo.
característico, ca *adj.* Que distingue, define o hace reconocible a alguien o algo; que le es peculiar.
caracterización *s. f.* Hecho de caracterizar o caracterizarse.
caracterizado, da *adj.* Que tiene algún rasgo que lo distingue.
caracterizador, ra *adj.* Que caracteriza. || *s.* Persona que maquilla a los actores.
caracterizar *t.* Determinar los atributos peculiares y distintivos de una persona o cosa. || Maquillarse o vestirse el actor conforme al personaje que ha de representar.

caracterología *s. f.* Parte de la biología que estudia, describe y clasifica los caracteres físicos de los seres vivos.
caracterológico *adj.* De la caracterología o relacionado con ella.
caracú *s. m. Arg.* y *Uy.* Tuétano de los huesos de los animales. || El hueso que lo contiene.
caracul *s. m.* Variedad de carnero del Asia occidental, de lana negra, rizada y lustrosa. || La piel de este animal.
caradura *s. com.* Individuo sinvergüenza y audaz.
carajada *s. m. Méx.* Acción mala e injusta.
carajillo *s. m. Esp.* Bebida que se prepara con café caliente y licor.
carajo[1] *s. m. vul.* Pene, miembro viril. || Cualquier cosa que se considere lo peor, lo más dañino, lo más despreciable. || *loc.* ***Al carajo:*** expresión de enfado. || ***Del carajo:*** expresión de rechazo. || ***Importar algo un carajo:*** no importar nada. || ***Irse al carajo:*** echarse a perder, fracasar algo. || ***Mandar al carajo:*** rechazar de manera violenta.
carajo[2] *interj.* Expresión que manifiesta enojo o sorpresa.
caramba *interj.* Expresión de sorpresa o de disgusto. *¡Caramba! Eso que hiciste no está bien.*
carámbano *s. m.* Pedazo de hielo largo y puntiagudo que cuelga de aleros y tejados.
carambola *s. f.* En el juego de billar, hacer que una bola toque a las otras dos. || Doble resultado obtenido con un solo acto. || Fruto del carambolo.
carambolear *intr.* Hacer carambolas.
carambolo *s. m.* Árbol tropical, de flores rojas, y fruto amarillo pulposo, fibroso y agridulce.
caramelizar *intr.* Bañar en caramelo líquido.
caramelo *s. m.* Azúcar derretido.
caramillo *s. m.* Pequeña flauta de sonido agudo, hecha de caña, hueso o madera.
carancho *s. m.* Ave carroñera de gran tamaño, su desplazamiento es más terrestre que aéreo.
carantoña *s. f.* Caricia y halago hecha para conseguir algo; suele usarse en plural.
carantoñero *s. m.* Persona que hace carantoñas.
caraota *s. f. Ven.* Planta leguminosa. || La semilla comestible de esta planta.
carapacho *s. m.* Caparazón de la tortuga, del cangrejo, etc.
caraqueño, ña *adj.* y *s.* Natural de la ciudad de Caracas. || Perteneciente o relativo a Caracas.
carátula *s. f.* Careta o mascarilla. || Portada de un libro, disco, estuche o cualquier impreso. || *Méx.* Parte anterior de un reloj, sobre la que giran las manecillas y en la que están las marcas que representan las horas.
caravana *s. f.* Grupo de personas que viajan para ir juntos a determinado lugar. || Forma de saludo con una flexión de medio cuerpo o inclinación de la cabeza.
caray *interj.* Expresión de enojo, molestia o extrañeza. *¡Caray! ¡Eso no me lo esperaba!*
carbohidrato *s. m.* Molécula orgánica compuesta por carbono, hidrógeno y oxígeno soluble en agua, es la forma biológica primaria de almacenamiento y consumo de energía.
carbón *s. m.* Roca sedimentaria de color negro formada principalmente por carbono.
carbonada *s. m.* Cantidad grande de carbón que se echa de una vez en la hornilla. || Platillo típico de Argentina, Chile y Perú.
carbonatado, da *adj.* En química, se aplica a toda base combinada con ácido carbónico que da carbonato.
carbonatar *t.* Añadir dióxido de carbono a una sustancia.
carbonato *s. m.* Sal o éster resultante de la combinación del ácido carbónico con un radical.
carboncillo *s. m.* Palillo de madera carbonizada que sirve para dibujar. || Hongo parásito de los cereales.
carbonera *s. f.* Lugar donde se guarda el carbón.
carbonería *s. f.* Tienda en la que se vende carbón.
carbonero, ra *adj.* Relativo al carbón. || *s.* Persona que hace o vende carbón.
carbónico, ca *adj.* Relativo al carbono o que se relaciona con él. || Compuesto de carbono y oxígeno.
carbonífero, ra *adj.* Dícese del terreno que contiene carbón mineral. || Se aplica a o relacionado el quinto periodo de la era Paleozoica.
carbonilla *s. fam.* Carbón mineral pulverizado. || Carboncillo a medio quemar que cae con la ceniza.
carbonización *s. f.* Acción y efecto de carbonizar.
carbonizado, da *adj.* Completamente reducido a carbón.
carbonizar *t.* Reducir algo a carbón mediante la acción del fuego. || *pr.* Convertirse algo o alguien en carbón por haberse quemado totalmente.
carbono *s. m.* Elemento químico presente en los seres vivos, en los minerales y la atmósfera. Se presenta en varias formas alotrópicas, como el diamante, el grafito y el carbón o hulla. Es laa base de la química orgánica o de los seres vivos. Su número atómico es 6 y su símbolo *C.*
carbunclo *s. m.* Rubí. || Carbunco. || *C. R.* y *Hond.* Insecto coleóptero, alargado y pardo, con un par de manchas verdes en el tórax que brillan en la oscuridad nocturna.
carbunco *s. m.* Enfermedad contagiosa, causada por bacterias, que afecta al ganado lanar, caprino, vacuno y caballar; es transmisible al hombre. Produce lesiones rojas y abultadas. || *C. R.* y *Hond.* Cocuyo.
carbúnculo *s. m.* Rubí.
carburación *s. f.* Proceso industrial en el que se combinan el carbono y el hierro para fabricar acero. || En química, acción y efecto de carburar.
carburador *s. m.* Aparato en el que se realiza la carburación. || En los automóviles, pieza del motor donde se mezcla el aire con los vapores de gasolina para hacer la mezcla explosiva.
carburante *s. m.* Mezcla de hidrocarburos que usan los motores de combustión interna o de explosión.
carburar *t.* En química, mezclar el aire atmosférico con los gases emanados por los carburantes para convertirlos en explosivos. || *intr. fam.* Dicho de una persona, que le funciona el cerebro, que piensa inteligentemente. *Mi compadre no carbura cuando se pone nervioso.*
carburo *s. m.* En química, combinación del carbono con un radical simple. *Carburo de tungsteno, carburo de silicio.*
carca[1] *adj.* y *s. desp.* Partidario del carlismo a fines del siglo XIX en España. || Por extensión, retrógrado, reaccionario.
carca[2] *s. f. Per.* Del quechua *karka*, olla donde se fermenta la chicha. || Mugre, suciedad del cuerpo.
carcacha *s. f. Chil. Salv. Hond. Méx.* y *Ven.* Vehículo o maquinaría vieja y maltrecha.
carcaj *s. m.* Estuche troncocónico con la boca más ancha que el fondo, generalmente hecho de cuero, donde se guardan y transportan las flechas.
carcajada *s. f.* Risa súbita, muy sonora e impetuosa.
carcajear *intr.* Reír a carcajadas. || *pr.* Mofarse o reírse de alguien o de algo.
carcajeo *s. m.* Conjunto de carcajadas.
carcamal *s. m. desp.* Persona vieja, decrépita y achacosa.
carcamán, mana *s. fam.* Individuo que presume mucho pero posee escaso mérito. || *Arg. Méx. Per.* y *Uy.* Carcamal, sujeto decrépito y achacoso.
carcañal *s. m. fam.* Calcañar, parte posterior de la planta del pie.
carcaño *s. m.* Calcaño, calcañar.
carcasa *s. f.* Esqueleto al que aún le quedan restos de piel, carne y tendones.
cárcel *s. f.* Edificio o local donde están recluidos los presos. || Ranura o hendidura por donde se deslizan los tablones de las compuertas de una presa o un dique. || En carpintería, tablón con dos salientes entre los que se colocan dos piezas de madera encoladas, que se oprimen con un tornillo para hacer que peguen parejo.
carcelario, ria *adj.* Relacionado con la cárcel o propio de ella. *La jerga*

carcelaria se adquiere en el ambiente carcelario.

carcelero, ra *adj.* Carcelario. || *s.* Persona que cuida la cárcel.

carcinógeno, na *adj.* y *s.* En patología, se dice de los genes, células, sustancias y hábitos capaces de provocar cáncer en alguna persona o animal.

carcinoma *s. m.* Tumor canceroso originado en la piel.

carcoma *s. f.* Conjunto de insectos coleópteros de diversas especies cuyo rasgo en común es tener larvas que roen la madera, a veces con un ruido perceptible. || Polvo de la madera así roída. || *fig.* Preocupación grave y continua que consume a quien la tiene.

carcomer *t.* Roer la madera la carcoma. || Consumir lentamente la hacienda, la herencia, la salud. || *pr.* Llenarse de carcoma alguna pieza de madera. *Se carcomió el cofrecito de la abuela.*

carcomido, da *adj.* Que muestra señales de carcoma.

carda *s. f.* Acción y efecto de cardar. || Cepillo con cerdas de alambre usado en la industria textil para separar y limpiar las fibras que van a hilarse.

cardado *s. m.* Acción y efecto de cardar.

cardado, da *adj.* Que ha pasado por la carda. *Tenemos un excelente paño de lana cardada.*

cardamomo *s. m.* Planta de hojas membranosas y aovadas, con flores en espiga y fruto capsular con semillas tetraédricas, de sabor aromático y algo picante; se usa en cocina y perfumería.

cardán *s. m.* Mecanismo que sirve para transmitir el movimiento de un eje a otro perpendicular al primero; recibe este nombre en honor al inventor italiano Girolamo Cardano. || Mecanismo de suspensión consistente en dos discos concéntricos cuyes ejes se cruzan a 90°, con lo cual permite mantener la orientación en el espacio de un eje de rotación aunque su soporte se mueva.

cardar *t.* Pasar las fibras de una materia textil por entre los dientes o púas de la carda a fin de extraerle pelusa y suciedad y prepararla para el hilado. || Retirar con la carda o peine el pelo suelto de paños y telas finas. || Cepillar y peinar el pelo desde la punta hacia la raíz a fin de que al alisarlo quede ligeramente ahuecado.

cardenal[1] *s. m.* En la Iglesia católica, cada uno de los prelados que componen el colegio consultivo del Papa y que durante el cónclave eligen de entre ellos al sucesor de san Pedro. || Pájaro americano con un antifaz negro y un alto copete rojo, parecido a una mitra, al cual debe su nombre; tiene cuerpo esbelto y erguido, canto sonoro y agradable.

cardenal[2] *s. m.* Moretón, mancha amoratada o negruzca en la piel, causada por un derrame o extravasación de la sangre (golpe, caída, ligadura) y que va cambiando de color al pardo, verde y amarillento hasta desvanecerse conforme pasa el tiempo.

cardenalicio, cia *adj.* Perteneciente o relativo al cardenal o al colegio de ellos.

cardenillo *s. m.* Acetato de cobre empleado como color verde en pintura. || Color semejante al del acetato de cobre.

cárdeno, na *adj.* De color morado tirando a azul o negro. *A lo lejos se veían las nubes cárdenas de la tormenta.*

cardiaco, ca *adj.* y *s.* Referente al corazón o propio de este órgano. || Que padece una enfermedad del corazón.

cardias *s. m.* En anatomía, orificio musculado entre el esófago y el estómago.

cardillo[1] *s. m.* Planta semejante al cardo pero de menor tamaño. Su flor, cocida, es comestible.

cardillo[2] *s. m. Méx.* Reflejo hiriente del sol en una superficie brillante. || *loc.* ***Echar cardillo:*** estar reluciente, de muy buen aspecto. *Mi novio traía los zapatos echando cardillo.*

cardinal *adj.* Fundamental, principal, capital. || En geografía, se dice de los rumbos espaciales, especialmente norte, sur, este y oeste. || En matemáticas, se dice de los numerales que expresan cantidad, como dos, tres, cuatro.

cardiografía *s. f.* Estudio y descripción del corazón humano.

cardiógrafo *s. m. ant.* En medicina, aparato que registraba mecánicamente la actividad del corazón.

cardiograma *s. m.* Registro de la actividad cardiaca obtenido mediante el cardiógrafo; hoy es más común el electrocardiograma, producido por el electrocardiógrafo.

cardiología *s. f.* Ciencia médica dedicada al estudio del corazón, a la prevención de sus enfermedades y al cuidado de la salud de este órgano.

cardiólogo, ga *s.* Especialista en cardiología.

cardiopatía *s. f.* Padecimiento o enfermedad del corazón.

cardiovascular *adj.* Perteneciente o relativo al sistema circulatorio compuesto por el corazón y sus vasos, las arterias y las venas.

carditis *s. f.* Inflamación patológica del músculo cardiaco.

cardo *s. m.* Planta de la familia de tallo y hojas espinosas, flores en cabezuelas azules, a menudo cubiertas de ganchitos rígidos que se adhieren a la piel o a la tela de quienes se les acercan, y pencas comestibles, crudas o cocidas.

cardón *s. m.* Cardencha, planta dipsacácea parecida al cardo. || Acción y efecto de cardar el paño o el fieltro antes de tundirlo. || *Amér.* Planta cactácea de la que hay varias especies, de tallos delgados y flores delicadas de color azul, amarillo o blanco.

cardumen *s. m.* Conjunto de peces que viven juntos y nadan en la misma dirección.

carear *t.* Poner frente a frente a una o más personas, con el objeto de confrontar las declaraciones de unas con otras y esclarecer la verdad de dichos o hechos. || Cotejar alguna cosa o documento con otras u otros. || *intr.* Dar o presentar la cara de algo hacia una parte, generalmente el frente. *Vamos a carear las piedras de la fachada para que se les vea la veta.* || *pr.* Verse dos o más personas para arreglar un negocio o para resolver un asunto desagradable.

carecer *intr.* Tener falta de algo, estar privado de alguna cosa física o moral.

carena *s. f.* Parte sumergida del casco del buque. || Reparación y arreglo que se efectúa en el casco de una nave para eliminarle grietas y vías de agua.

carenado *s. m.* Acción y efecto de carenar. || Revestimiento de fibra de vidrio u otro material que se coloca con fines ornamentales en los bólidos y las motocicletas.

carenar *t.* Reparar o componer el casco de un buque. || Agregar accesorios aerodinámicos o de adorno a los autos de carreras y las motocicletas.

carencia *s. f.* Falta o privación de algo. || En medicina, deficiencia de alguna sustancia esencial para la salud debida a una alimentación inadecuada.

carente *adj.* Que le falta algo o está privado de ello. *Ése es un chico carente de modales.*

careo *s. m.* Acción y efecto de carear o de carearse.

carero, ra *adj.* y *s. fam.* Que vende caro usualmente.

carestía *s. f.* Grave falta de algo, en especial escasez de agua y víveres. || Precio elevado de los bienes y servicios de uso común.

careta *s. f.* Máscara o mascarilla de cartón, papel maché o plástico que cubre la cara. || Cubierta de malla de alambre o plástico que usan los colmeneros para sacar la miel del panal. || En esgrima, especie de casco que cubre totalmente la cara, protegiéndola con malla fina de alambre, y parcialmente la cabeza con un material duro y acolchado para impedir lesiones graves durante las prácticas y los torneos.

careto, ta *adj.* Dicho de las reses vacunas y caballares, que tienen la cara blanca y la frente así como el resto de la cabeza de color oscuro. || *Hond. Nic.* y *Salv.* Dicho de personas, que traen sucia la cara.

carey *s. m.* Tortuga marina de aguas tropicales, de hasta un metro de longitud, con las extremidades anteriores más largas que las posteriores y un caparazón de color café rojizo con vetas claras. Se encuentra en peligro de extinción. || Materia córnea que se extrae de la parte interna del caparazón de la tortuga de carey, la cual se usaba para fabricar peines, peinetas y otros objetos de adorno.

carga *s. f.* Acción y efecto de cargar. || Lo que hace peso sobre alguna cosa. || Lo transportado sobre la espalda, en una carretilla, animal doméstico o vehículo. || Peso sostenido por una estructura o armazón. || Repuesto del depósito de un utensilio o aparato cuyo contenido se agota periódicamente. *Necesito carga nueva para el cartucho de la impresora.* || Obligación que lleva aparejado un oficio, cargo o puesto. || Cierta cantidad de productos forestales. *Llevo una carga de leña para la merienda campestre.* || Cantidad de sustancia explosiva o detonante que se pone en un arma de fuego, una bomba, o un barreno. || Número de balas o proyectiles que pueden cargarse de una vez en un arma de fuego o en una pieza de artillería. || *loc.* ***Carga eléctrica:*** cantidad de electricidad acumulada en un cuerpo. || ***Carga de profundidad:*** paquete explosivo que se arroja al agua para que estalle y destruya objetivos submarinos. || ***Volver a la carga:*** volver al ataque, intentar de nuevo una empresa.

cargada *s. f. fam. Méx.* Grupo o partido que sigue en masa y acríticamente las directrices de un líder. *Esos del sindicato se irán a la cargada en las elecciones.*

cargado, da *adj.* Espeso, fuerte, concentrado. *Usas un perfume muy cargado.* || Dicho de una hembra de mamífero, gestante y próxima a parir.

cargador, ra *adj.* Que lleva cargas o que carga. || *s.* Persona que tiene por oficio el de llevar pesos o cargas. || *s. m.* Dispositivo metálico con un muelle o resorte impulsor en el que se disponen los proyectiles para las armas automáticas. || Soldado que coloca las cargas en las piezas de artillería. || *s. m. pl. Col.* y *Hond.* Tirantes para sujetar los pantalones.

cargamento *s. m.* Conjunto de bienes o mercancías que carga un transporte terrestre, aéreo o marítimo.

cargante *adj.* Que es pesado, molesto, irritante.

cargar *t.* Poner o echar algo que pese sobre persona, bestia o vehículo. || Introducir el cartucho o el cargador en el arma de fuego. || Colocar a un aparato aquello que necesita para funcionar. *Cargar las pilas, cargar el cartucho de tóner.* || Acumular energía en un cuerpo del que puede ser extraída para utilizarla. || Imponer un gravamen u obligación. || Imputar o achacar algo a alguien. *Le cargaron el muerto.* || Registrar en las cuentas las cantidades que se deben. *Cárguelo a mi tarjeta de crédito, por favor.* || Agregar una suma adicional a otra por alguna razón. *Le cargaron el diez por ciento por atrasarse en el pago.* || En informática, almacenar en la memoria principal de la computadora uno o más programas. || *pr.* Inclinarse o echarse hacia alguna parte. || Dicho del aspecto del cielo, llenarse de nubes de tormenta. || Matar, asesinar a alguien. *Ándate con cuidado, no sea que te cargue el Negro.*

cargazón *s. f.* Pesantez experimentada en alguna parte del cuerpo. || Aglomeración de nubes tormentosas. || Abundancia de frutos en árboles y plantas.

cargo *s. m.* Acción de cargar. || Dignidad, empleo, título o titularidad en el desempeño de una función pública o privada. || Falta o delito que se imputa a alguien. || En comercio, conjunto de cantidades de las que se debe dar explicación. || Pago hecho o por hacerse que se registra en las cuentas del cliente y de la empresa. || *loc.* ***Cargo de conciencia:*** motivo de culpabilidad y arrepentimiento. || ***Hacerse cargo de algo:*** encargarse de algo, o bien, formarse una idea de alguna cosa.

cargoso, sa *adj.* Que cansa, molesta o fatiga. || *fam. Amér.* Cargante.

carguero, ra *adj.* Que lleva carga. || *s.* Transporte de carga.

cariacontecido, da *adj. fam.* Que muestra en el rostro signos de pena, dolor o sobresalto.

cariado, da *adj.* Dicho de una pieza dental, afectada de caries.

cariadura *s. f.* Daño presente en una pieza dental a causa de la caries.

cariar *t.* y *pr.* Descomponer y corroer el tejido dental, causar caries.

cariátide *s. f.* En arquitectura, columna esculpida en forma de doncella ataviada con túnica y manto, generalmente usada en el pórtico de edificios de estilo clásico griego. || Cualquier otra figura humana que sirve como columna o pilastra en un edificio.

caribe *adj.* y *s. com.* Indígena prehispánico nativo del norte de Venezuela y que ocupaba varias islas del mar Caribe. || Perteneciente o relativo a dicho pueblo. || Lengua de esos indígenas. || Cruel e inhumano, por el comportamiento atribuido a los caribes prehispánicos. || *P. Rico R. Dom.* y *Ven.* Picante al paladar. || Que pica o muerde con ferocidad. *Piraña caribe, hormiga caribe.*

caribeño, ña *adj.* y *s.* Nativo u originario del Caribe. || Referente o propio del mar Caribe o de la región que baña.

caribú *s. m.* Reno salvaje de Canadá.

caricato *s. m.* Cantante con voz de bajo que hace papeles cómicos en las óperas. || Actor cómico cuya especialidad es la imitación de personajes conocidos.

caricatura *s. f.* Dibujo en el que intencionalmente se deforman y exageran los rasgos para provocar risa o hacerlo más gracioso. || Obra de arte que satiriza o toma en broma su modelo. || *desp.* Obra o persona que no alcanza las cualidades que pretendía. *Ese artículo es una mala caricatura del buen periodismo.* || *Méx.* Serie o película de dibujos animados.

caricaturesco, ca *adj.* Perteneciente o relativo a la caricatura. || Ridículo, parecido a una caricatura o digno de ella.

caricaturista *s. com.* Dibujante de caricaturas.

caricaturización *s. f.* Acción y efecto de caricaturizar.

caricaturizar *t.* Representar a alguien o algo por medio de la caricatura. || Ridiculizar a alguien, ya sea remedando su comportamiento o satirizando sus palabras.

caricia *s. f.* Muestra de cariño que se hace rozando suavemente con la mano el cuerpo de una persona, un animal o un objeto. *El pequeñín acariciaba con ansiedad su osito de peluche.* || Demostración amorosa, muestra de afecto y aprecio.

caridad *s. f.* Virtud consistente en amar al prójimo como a uno mismo, procurándole todo el bien posible. || Limosna o ayuda que se da a los indigentes. || Ayuda que se brinda en especie o en servicio a los necesitados. || *loc.* ***Caridad con uñas:*** beneficio que se hace con intención de favorecerse uno mismo. || ***Por caridad:*** expresión usada para pedir clemencia, comprensión o benevolencia.

caries *s. f.* Infección bacteriana que corroe el esmalte dentario e incluso llega a destruir todo el diente. || En medicina, destrucción localizada de tejidos duros como el óseo.

carilampiño, ña *adj.* Que tiene la cara desprovista de barba o de otros pelos.

carilargo, ga *adj.* y *s.* Que tiene larga la cara.

carilindo, da *adj.* y *s.* Que tiene bonita cara.

carilla *s. f.* Mascarilla protectora de los colmeneros. || Página de libro, plana de cuaderno, especialmente antes de usarse.

carillón *s. m.* Conjunto de campanas instaladas en una torre, que producen sonidos armónicos para tocar melodías sencillas; suelen acompañar a un reloj y sonar cuando éste da la hora.

cariño *s. m.* Inclinación afectuosa que se experimenta por algo o alguien. || Demostración de ese sentimiento, como una caricia o una palabra afectuosa. || Añoranza, nostalgia. || Afición y esmero con que se desempeña una tarea o se trata un objeto. *Le tengo cariño a la docencia y trato con cariño mis libros.*

cariñoso, sa *adj.* Afectuoso, que manifiesta cariño. || *fam. irón. Méx.* y *Salv.* Caro, de precio excesivamente alto.

carioca *adj.* y *s. com.* Nativo de Río de Janeiro, ciudad de Brasil. || Perteneciente o relativo a esa ciudad brasileña y a su provincia.

cariocinesis *s. f.* División del núcleo de la célula durante la reproducción de ésta.

cariópside *s. f.* Fruto seco cuya única semilla está estrechamente unida al pericarpio, como el grano de maíz.

cariotipo *s. m.* Conjunto de pares de cromosomas de una célula característicos de una especie. || Composición fotográfica de esos cromosomas ordenados según un estándar.

carisma *s. m.* Don o gracia propiedad de algunas personas que las hace atractivas y fascinantes. || En la religión cristiana, don conferido por la divinidad a alguna persona que lo ejerce en beneficio de la comunidad.

carismático, ca *adj.* y *s.* Que posee carisma. || Referente al carisma o propio de él. || Perteneciente al grupo cristiano que pone mayor énfasis en la oración comunitaria como fuente de dones o gracias especiales.

caritativo, va *adj.* y *s.* Que practica la caridad. || Perteneciente o relativo a la caridad.

cariz *s. m.* Aspecto del cielo, de la atmósfera. || Aspecto de un asunto o negocio.

carlanca *s. f.* Collar de cuero, ancho, grueso y erizado de púas metálicas para proteger el cuello de los mastines contra los ataques de lobos y otras fieras. || *Ecua.* y *Hond.* Palo que cuelga del cuello de los animales para que no puedan traspasar las cercas de los sembradíos.

carlinga *s. f.* Espacio destinado a la tripulación y los pasajeros en el interior de las aeronaves. || En las embarcaciones de vela, hueco cuadrado donde se encaja la base prismática del mástil u otra pieza semejante.

carmen *s. m.* Composición poética cantable, como la copla, la canción y el lais.

carmesí *adj.* Se dice del color rojo grana obtenido del insecto quermes. || Que tiene este color.

carmín *s. m.* Materia de color rojo encendido que se obtenía de la cochinilla grana. || El color mismo. *El carmín es mi color favorito.* || En algunos países, lápiz labial. || Rosal silvestre que da flores de color rojo encendido. || Flor de este rosal.

carminativo, va *adj.* y *s.* Medicamento o remedio que expulsa los gases del tubo digestivo.

carnada *s. f.* Cebo animal, que puede ser un trozo de carne o un gusano o una mosca, que se emplea para atraer a los peces y pescarlos, o a otros animales para cazarlos. || *fig.* y *fam.* Maña, artificio o truco empleado para atraer a alguien a quien se busca perjudicar.

carnadura *s. f.* Abundancia de carnes, robustez. || Disposición de los tejidos vivos para cicatrizar.

carnal *adj.* Referente a la carne o propio de ella. || Lascivo, lujurioso, libidinoso. || Relativo a la lujuria. || Mundano, terrenal. || *s. com.* Que es familiar por consaguinidad. *Hermano carnal, primo carnal.* || *fam. Méx.* Amigo íntimo, con el que se tiene trato muy familiar.

carnalidad *s. f.* Condición y cualidad de carnal. || Excesiva inclinación por los placeres sexuales.

carnaval *s. m.* El conjunto de los tres días anteriores al inicio de la cuaresma, pues en su origen era «carnelevare» o sea quitar la carne por la abstinencia de ésta practicada en la cuaresma. || Fiesta popular con bailes y desfiles, aparte de otros excesos, que se celebra en esos días.

carnavalesco, ca *adj.* Propio del carnaval o referente a éste.

carnavalito *s. m. Amér. Merid.* Baile tradicional ligado a las festividades religiosas de Semana Santa.

carnaza *s. f.* En las pieles, cara que ha estado en contacto con la carne, opuesta a la del pelo. || Carnada, cebo. || *desp.* Víctima inocente sobre la que recae la culpa o el daño que incumbe a otro.

carne *s. f.* Parte musculosa del organismo animal. || La comestible, procedente de cualquier tipo de ganado, especialmente la destinada al abasto público. || Parte carnosa de la fruta, entre el pellejo o cáscara y el hueso o semilla. || Parte corporal y material del hombre, por oposición a la espiritual. || *loc.* ***Carne blanca:*** la de pescado común y la de las aves. || ***Carne de cañón:*** tropa expuesta en batalla por sus superiores sin considerar el excesivo riesgo de muerte y, por extensión, gente tratada sin miramientos ni respeto. || ***Carne de gallina:*** aspecto erizado que toma la piel a causa del frío o de una impresión desagradable. || ***Carne magra:*** la que tiene poca o ninguna grasa. || ***Carne roja:*** la de vacuno, caprino, ovino y porcino. || ***En carne viva:*** despojado accidentalmente de epidermis, y por extensión, muy sensible. || ***Poner toda la carne en el asador:*** arriesgarlo todo de una vez o extremar los esfuerzos para obtener algo.

carné *s. m.* Libreta donde se hacen anotaciones para recordar algo. *Mi carné de baile acababa lleno en las fiestas de graduación.* || Documento expedido en favor de una persona, con sus datos y fotografía, que le sirve para identificarse, la habilita para desempeñar ciertas funciones o la acredita como miembro de alguna institución.

carnear *t. Amér.* Matar y descuartizar las reses para aprovechar la carne. || Matar con arma blanca a alguien. || Engañar, tomarle el pelo a alguien.

carnero *s. m.* Macho adulto de la oveja, caracterizado por su corpulencia y cuernos huecos y enrollados en espiral. || *Chil. Cub.* y *Per.* Persona sin voluntad ni iniciativa propias, pelele. || *Arg. Py.* y *Uy.* Esquirol, trabajador que viola la huelga de sus compañeros obreros.

carnero, ra *adj. Arg. Chil. Py.* y *Per.* Sin voluntad ni iniciativa.

carnet *s. m.* Voz francesa de la cual deriva carné y significa lo mismo. En México se prefiere esta ortografía a la propuesta por la Real Academia Española.

carnicería *s. f.* Local donde se vende carne al menudeo. || Mortandad y gran cantidad de heridos causados por la guerra u otro acto hostil, como un ataque terrorista. || *Ecua.* Matadero, lugar donde se sacrifican las reses.

carnicero, ra *adj.* y *s.* Se dice de los animales que matan a otros para comerlos. || Sanguinario, cruel, inhumano. || Persona que vende carne.

cárnico, ca *adj.* Perteneciente o relativo a las carnes destinadas al consumo humano.

carnitas *s. f. pl. fam. Méx.* Carne de cerdo cocida y frita en su propia grasa, que generalmente se acompaña de tortillas, salsas, aguacate, cebolla picada y guarniciones como los frijoles refritos o las ensaladas de nopales o de pápalos.

carnívoro, ra *adj.* y *s.* Que se alimenta de carne casi en exclusiva. || Se aplica a ciertas plantas que atrapan y digieren insectos.

carnosidad *s. f.* Carne superflua que crece en las orillas de una llaga. || Porción de carne que sobresale de alguna parte del cuerpo. || Corpulencia u obesidad.

carnoso, sa *adj.* Que tiene carne abundante. || Rico, sustancioso, turgente. || Dicho de un órgano vegetal, que tiene parénquima grueso y blando. *La sábila presenta hojas carnosas.*

caro, ra *adj.* Que excede el precio regular y común. || De mucho precio. || De precio superior al de otra cosa tomada como referencia. || Amado, querido, apreciado. *Caro amigo, sabía que podría contar con usted en un caso apurado.*

caroteno *s. m.* Cada uno de los carbohidratos no saturados, de origen vegetal y coloración que va del amarillo al rojo, y se relaciona con la vitamina A. Es un pigmento al cual deben su color las zanahorias, las guayabas, las naranjas y otros vegetales.

carótida *s. f.* En anatomía humana, cada una de las dos arterias que, una a cada lado de la garganta, suben por el cuello para irrigar de sangre la cabeza.

carozo *s. m.* Corazón de la mazorca. || Hueso del durazno y otras frutas como el mamey, el chabacano. || Hueso de la aceituna que se sirve molido a los cerdos para favorecer la engorda.

carpa *s. f.* Pez de boca desdentada, lomo verdoso y vientre amarillento, con una sola aleta dorsal. || Gran toldo con que se cubre la arena de un circo u otro recinto amplio. || Especie de gran tienda de campaña usada para diversos fines, sobre todo para albergar espectáculos en las fiestas populares.

carpelo *s. m.* En botánica, hoja transformada en pistilo o en parte del pistilo.

carpeta *s. f.* Útil de escritorio, de forma rectangular, hecha de cartulina o plástico, que doblada en dos sirve para guardar hojas y documentos; puede ir asegurada con cintas, ligas de goma o sujetapapeles. || Carpeta grande de piel que se usa para escribir sobre ella y proteger el escritorio fino; además pueden guardarse papeles en ella. || Relación detallada de los valores y documentos públicos o comerciales, que se presenta para su cobro, canje o amortización. || Prenda bordada o tejida de ganchillo que sirve para adorno y protección de bandejas, brazos de sillones y anaqueles de vitrinas.

carpetazo *loc.* **Dar carpetazo:** a) dejar sin curso, de manera tácita y arbitraria, una solicitud, un expediente o una demanda; b) dar por concluido un asunto o desistir de proseguirlo.

carpincho *s. m. Amér.* Mamífero roedor de 1.5 m de longitud y unos 80 kg de peso, que vive junto a ríos y lagos pasando parte del tiempo semisumergido; es comestible.

carpintería *s. f.* Taller del carpintero. || Conjunto de reglas y conocimientos empíricos que conforman el oficio del carpintero. || Obra o trabajo hecho por el carpintero.

carpintero, ra *s.* Persona que tiene por oficio trabajar la madera.

carpo *s. m.* En anatomía, conjunto de huesos que forman las extremidades anteriores de batracios, reptiles y mamíferos. || En anatomía humana, conjunto de huesos que conforma la muñeca y se articula con el radio y el cúbito del antebrazo, por un lado, y por el otro con los huesos metacarpianos de la palma de la mano.

carraspear *intr.* Experimentar ardor y molestia en la garganta. || Toser leve y discretamente con el fin de despejarse la garganta.

carraspeo *s. m.* Acción y efecto de carraspear.

carraspera *s. f.* Ardor, resequedad y molestia de la garganta que obliga a toser. || Carraspeo.

carrasposo, sa *adj.* Que padece carraspera. || *Col. Hond.* y *Ven.* Áspero, rasposo.

carrazo *s. m. Méx.* Aumentativo de carro usado para ponderar el lujo, la calidad y la apariencia de un automóvil.

carrera *s. f.* Acción de cubrir cierto espacio corriendo, ya sea personas o animales. || Competición de velocidad entre personas que montan animales, guían vehículos o corren a pie. || Conjunto de estudios que habilita para desempeñar una profesión. || Profesión de las ciencias, las letras, las armas y otras. || Cada uno de los servicios que hace un vehículo de transporte público o de alquiler recorriendo una distancia por una tarifa establecida. || Trayecto señalado para una línea de transporte, un desfile, una procesión, una marcha. || Curso de la vida humana o el aparente de los astros.

carrerear *t. Méx.* Apresurar.

carrerilla *s. f.* En música, subida o bajada de una octava deteniéndose ligeramente en las notas intermedias. || *loc.* ***De carrerilla:*** de memoria, de corrido, sin detenerse mucho en lo dicho o leído.

carrero *s. m.* Hombre que solía conducir carretas.

carreta *s. f.* Carro largo, estrecho y más bajo que el común, cuyo plano se prolonga en la lanza para sujetarse al yugo donde se atan los animales de tiro; generalmente de dos ruedas. || Carro largo y cerrado en los lados, con cuatro ruedas sin herrar. || Carro grande y amplio, con costados cerrados y cuatro ruedas, provisto de una armazón para extender un toldo a modo de techo donde solían viajar por despoblado las familias en busca de un sitio donde asentarse.

carretada *s. f.* Carga que llevaba un carro o una carreta. || Medida equivalente a 1 300 kg usada en México para vender y comprar cal. || *fam.* Gran cantidad de cosas. *Regresamos de vacaciones con una carretada de chucherías.*

carrete *s. m.* Cilindro de diversos materiales, generalmente taladrado en el eje, que sirve para enrollar y mantener en orden hilos, cordeles, mangueras, cables, alambres. || Cilindro de la caña de pescar en el que se enrolla el cedal. || Cilindro de plástico en el que se enrollaba la película fotográfica. || Rollo de la antigua cinta fotográfica o de cine.

carretear *t.* Transportar algo en carro o en carreta. || Conducir un carro o una carreta. || *intr.* Recorrer la pista un avión, ya sea en el despegue o en el aterrizaje.

carretela *s. f.* Coche de caballos con cuatro asientos, caja poco profunda y toldo plegable.

carretera *s. f.* Camino público, amplio y pavimentado, propio para el tránsito de toda clase de vehículos y que pone en contacto diferentes localidades.

carretero, ra *adj.* Perteneciente o relativo a la carretera como vía de comunicación. *Hubo un grave accidente carretero. La señalización carretera es excelente.* || *s.* Fabricante de carros y carretas. || Guía de los animales que tiran de tales vehículos. || *loc.* ***Jurar como carretero:*** proferir blasfemias o insultos como solían hacer los carreteros para azuzar a las mulas o los bueyes.

carretilla *s. f.* Carro pequeño de mano, generalmente de una sola rueda, constituido por un cajón en declive y, en la parte posterior, dos varas para asir y empujar, además de dos pies rectos para descansarlo. Se usa en las obras de construcción y en minería. || Utensilio de cocina consistente en un mango al cual va sujeta una rodaja que gira; sirve para recortar la masa de empanadas y galletas; o bien, para rebanar la pizza.

carretillada *s. f.* La carga que cabe en la carretilla. *Trajeron dos carretilladas de cascajo.*

carretón *s. m.* Carro pequeño, de cajón hondo y de dos o cuatro ruedas, que puede ser arrastrado por una caballería o empujado por una o dos personas. || *Méx.* Bote cilíndrico de metal provisto de dos ruedas, un pie para descansarlo y un par de asas para sujetarlo y guiarlo que se emplea para la recolección de la basura en las calles.

carretonada *s. f.* La carga que cabe en un carretón.

carretonero, ra *adj. Cub.* Malhablado. || *s.* Conductor de carretón.

carricoche *s. m.* Carro cubierto con caja parecida a la de un coche de caballos. || *desp.* Coche viejo y en mal estado.

carril *s. m.* Huella que deja en el suelo la rueda de un carruaje. || Camino angosto que no permite el paso más que de un solo carro. || Cada una de las barras de acero que dispuestas en paralelo, sobre una capa de durmientes de madera sobre grava, conforman la vía férrea para los ferrocarriles. || Ranura que sirve de guía para que sobre ella se deslice un objeto en cierta dirección, como las puertas corredizas. || En una arteria vial o calle, cada sección longitudinal por donde circula una fila de vehículos. || En deportes como el atletismo y las carreras, tramo longitudinal de la piscina o de la pista, según el caso, que debe recorrer un competidor.

carrillera *s. f.* Mandíbula inferior de algunos animales. || Cada una de las dos correas guarnecidas con escamas metálicas que formaban el barboquejo del casco militar.

carrillo *s. m.* Parte lateral, muscular y grasa de la cara, que va del pómulo a la quijada. || Disco con una canal central por donde corre una cuerda para levantar pesos. || *loc.* ***Carrillo de monja boba*** o ***de trompetero:*** los muy abultados y algo colgantes. || ***Comer*** o ***masticar a dos carrillos:*** hacerlo con voracidad y avidez.

carrilludo, da *adj.* Que tiene grandes y gordos los carrillos.

carriola *s. f.* Cama baja o tarima con ruedas. || Carro pequeño de tres ruedas, muy engalanado y guarnecido, en que paseaban las personas de la realeza. || *Cub.* Patinete. || *Méx.* Cochecito de bebé.

carrizal *s. m.* Sitio poblado de carrizos.

carrizo *s. m.* Planta gramínea con tallos largos y huecos, hojas alargadas con venas paralelas y flores en panoja; se cría a orillas de ríos y lagos.

carro *s. m.* Vehículo consistente en una plataforma con tres o cuatro lados cubiertos, sobre dos ruedas, provista de viga para sujetar a los animales de tiro. Los había de carga y de guerra. || Armazón con ruedas con un asa para arrastrarlo; que se emplea para llevar las compras, los útiles escolares o el equipaje. || Carga contenida en un carro. *Mandé comprar un carro de arena para la construcción.* || En algunas máquinas, pieza dotada de movimiento horizontal de vaivén. || *Amér.* Automóvil. || *loc.* ***Carro de asalto:*** vehículo grande, blindado y dotado de artillería. || ***Carro de combate:*** tanque ligero con tracción de oruga. || ***Carro falcado:*** el antiguo de guerra, cuyos ejes de las ruedas iban provistos de largas cuchillas para causar estragos entre la infantería. || ***Parar el carro a alguien:*** contenerlo en su ira o en sus pretensiones.

carrocería *s. f.* Cubierta exterior de los vehículos. || Local donde se fabricaban y componían los carruajes.

carrocero, ra *adj.* y *s.* Perteneciente o relativo a la carroza o a la carrocería. || Persona que fabrica, repara y monta carrocerías.

carromato *s. m.* Carreta grande con viga dispuesta para más de un par de animales de tiro, con bolsas de cuerda para acomodar la carga y un bastidor entoldado. || Carro grande, viejo y desvencijado.

carroña *s. f.* Carne podrida, echada a perder. || Persona, objeto o idea corruptora y despreciable.

carroñero, ra *adj.* y *s.* Que se alimenta preferentemente de carroña. || Referente a la carroña o propio de ella.

carroza *s. f.* Coche de caballos diseñado para el transporte de personas acaudaladas. || *Col. Méx. Pan. Per.* y *Ven.* Coche fúnebre.

carruaje *s. m.* Vehículo conformado por un armazón de madera o hierro montado sobre cuatro ruedas, usado en general para el transporte de personas y sus equipajes.

carrusel *s. m.* Espectáculo en el que jinetes hacían evoluciones con sus caballos. || Juego mecánico consistente en una plataforma circular donde a trechos regulares se disponen postes, cada uno con un asiento en forma de caballito o de otro animal real o imaginario, todo lo cual gira al compás de música y acompañado de luces. || Bandeja redonda y giratoria donde se disponen el salero, pimentero, salseras y otros artículos para el servicio de la mesa.

cárstico, ca *adj.* Kárstico, que siendo el terreno calizo ha sufrido modificaciones por la erosión eólica y fluvial.

carta *s. f.* Escrito que una persona envía a otra para comunicarse con ella; generalmente se escribía sobre papel y se cerraba con lacre o bien se introducía en un sobre y éste se sellaba. || Cada una de las cartulinas impresas que conforman la baraja. || Menú o minuta, lista de platos que ofrece un restaurante. || Papel de gran tamaño donde están dibujados los accidentes geográficos y la información adicional que hacen posible localizar un sitio e ir a él. || *loc.* ***Carta abierta:*** la dirigida a una persona con el propósito de que sea publicada en el periódico o por otros medios de comunicación. || ***Carta astral:*** horóscopo hecho a una persona para supuestamente ponerla sobre aviso acerca de su futuro. || ***Carta Magna:*** constitución política de un estado y su ley fundamental. || ***Cartas credenciales:*** documento de acreditación que un gobierno proporciona a su embajador para que lo presente ante las autoridades del país a donde va y se le reconozca como tal. || ***Echar las cartas:*** método de supuesta adivinación del futuro mediante la manipulación de la baraja del tarot o la española. || ***Poner las cartas sobre la mesa:*** manifestar el propósito o las intenciones que uno lleva en un asunto.

cartabón *s. m.* Plantilla en forma de triángulo escaleno que se usa en dibujo. || Herramienta de carpintería consistente en dos reglas ortogonales; se usa para marcar ángulos rectos. || Instrumento constituido por un bastón sobre el que corre un prisma octogonal, empleado para dirigir visuales en ángulo recto.

cartagenero, ra *adj.* y *s.* Nativo de Cartagena, ya sea de la ciudad española en Murcia, o de la colombiana. || Perteneciente o relativo a alguna de dichas ciudades.

cartaginense *adj.* y *s. com.* Cartaginés.

cartaginés, nesa *adj.* y *s.* Natural u oriundo de la antigua Cartago, capital del Imperio púnico situada en el actual Túnez. || Nativo de Cartago, ciudad costarricense. || Perteneciente o relativo a dichas localidades.

cártamo *s. m.* Planta con ramas abundantes, hojas lanceoladas y espinosas, flores de color amarillo azafrán (usadas para teñir) y semillas blancas, ovaladas y brillantes de las que se extrae aceite comestible.

cartapacio *s. m.* Cuaderno o libreta para escribir o dibujar. || Funda de cuero u otro material resistente donde los escolares llevaban sus útiles. || Conjunto de papeles y documentos metidos en una carpeta.

cartearse *pr.* Mantener correspondencia por carta con una o más personas.

cartel *s. m.* Lámina de papel o cartulina en que se exhiben figuras y textos con fines informativos, publicitarios, de protesta, etc. || *loc.* ***En cartel:*** en cartelera, dicho de una película u otro espectáculo. || ***Tener cartel:*** contar con prestigio y fama bien asentados; proviene del mundo taurino con respecto a toreros y novilleros.

cártel *s. m.* Organización criminal dedicada al tráfico y contrabando de drogas, armas o a la trata de personas, y ligada al manejo de casinos, centros nocturnos y casas de prostitución. || Pacto entre empresas del mismo ramo para evitar la competencia mutua y controlar la producción, venta y precios de los productos en el mercado de su sector.

cartelera *s. f.* Armazón con superficie apta para portar y exhibir carteles en sitios públicos. || Cartel para anunciar funciones de toros, teatro o cine. || Sección en los diarios donde se informa de los horarios y funciones de diversos espectáculos.

carteo *s. m.* Acción y efecto de cartearse.

cárter *s. m.* En los automóviles y algunas máquinas con motor de explosión, pieza o conjunto de piezas que contiene lubricante para proteger determinados mecanismos. || En la bicicleta, pieza destinada a proteger la cadena de transmisión.

cartera *s. f.* Bolsa rectangular de piel o material similar, con divisiones internas, que sirve para llevar dinero y efectos personales pequeños. || Sobre grueso hecho de cuero o material semejante, usado para transportar papeles, documentos, libros. || Tira de tela que se sobrepone a los bolsillos de ciertas prendas, como adorno. || Empleo de ministro o secretario de gobierno. || En comercio, conjunto de valores o papeles de curso legal que pertenecen al activo de un comercio, un banco o sociedad, y por extensión, de un particular. || *Amér.* Bolso de mujer.

carterista *s. com.* Ladrón de carteras.

cartero, ra *s.* Persona que tiene por oficio el reparto de la correspondencia y paquetes enviados por correo.

cartesianismo *s. m.* Sistema filosófico creado por Descartes.

cartesiano, na *adj.* Relativo al cartesianismo o partidario de él.

cartilaginoso, sa *adj.* Que se relaciona con el cartílago. || Que se parece en consistencia o apariencia al cartílago.

cartílago *s. m.* En anatomía, tejido conectivo menos denso que los huesos y más flexible que éstos. *Los cartílagos contienen mucho colágeno.*

cartilla *s. f.* Cuaderno para enseñar las primeras letras. || Cuaderno donde se anotan determinados datos, como la del servicio militar. || *loc.* ***Leerle la cartilla a alguien:*** regañar.

cartografía *s. f.* Técnica y arte de dibujar mapas. || Ciencia que estudia la mejor manera de hacer mapas.

cartografiar *t.* Trazar cartas geográficas.

cartográfico, ca *adj.* Que se relaciona con la cartografía. *El estudio cartográfico de ese país llevó años por lo accidentado de su geografía.*

cartógrafo, fa *s.* Persona que se dedica a hacer mapas o cartas geográficas.

cartomancia *s. f.* Arte u oficio que pretende adivinar el futuro por medio de la lectura de cartas.

cartomántico, ca *adj.* Que se relaciona con la cartomancia. || *s.* Persona que practica la cartomancia.

cartón *s. m.* Lámina gruesa hecha de varias capas prensadas de papel. *Para la mudanza necesito muchas cajas de cartón.* || Recipiente hecho de ese material. *En el refrigerador hay un cartón de leche abierto.* || Paquete con diez cajetillas de cigarrillos. *Si compras los cigarrillos por cartón, te saldrán más baratos.* || En algunos juegos de mesa, como la lotería y el bingo, cartulina con números impresos. *A cada jugador le tocarán cinco cartones.* || *loc.* ***Cartón piedra:*** pasta elaborada mezclando papel, yeso y otros materiales con la que se moldean objetos. || ***Ser de cartón piedra:*** se dice de algo que es falso.

cartonaje *s. m.* Manualidad hecha con cartón.

cartoncillo *s. m. Méx.* Cartón delgado, fino y liso.

cartoné *s. m.* En imprenta, encuadernación hecha de cartón.

cartonería *s. f.* Fábrica en donde se hace cartón. ||Tienda en donde se vende cartón.

cartuchera *s. f.* Cinturón ancho con compartimientos para llevar balas. || *Arg. Uy.* y *Ven.* Estuche para llevar lápices.

cartucho *s. m.* Cilindro, por lo general metálico, que contiene una carga de pólvora. || Dispositivo intercambiable o desechable para algunos aparatos, como los de fotografía o las impresoras. *Los cartuchos de tinta para las plumas fuente siempre manchaban los bolsillos de su camisa.*

cartuja *s. f.* Orden religiosa formada por san Bruno. || Monasterio de esa orden.

cartujo *adj.* Que pertenece a la orden de la Cartuja. || *fam.* Hombre muy taciturno.

cartulina *s. f.* Cartón delgado y liso. *Para las tarjetas de presentación, usa cartulina satinada.*

carúncula *s. f.* Carnosidad roja que tienen en la cabeza o en el pico algunos animales. || *loc.* ***Carúncula lacrimal:*** abultamiento rojizo que hay en el ángulo interno del ojo, donde están las glándulas que secretan lágrimas.

casa *s. f.* Construcción en la que viven personas. En España se opone a piso; en América, a departamento o apartamento. *Mi casa tiene tres pisos y un sótano.* || Familia. *En casa nos gusta celebrar los cumpleaños de todos.* || Establecimiento comercial. *La «Casa del Tornillo» lleva años abasteciendo a mecánicos.* || Departamento o apartamento. *Mi casa está en el segundo piso de ese edificio.* || Centro cultural. *La casa de cultura presenta funciones de teatro todos los domingos.* || *loc.* ***Casa cuna:*** orfanatorio; guardería. || ***Casa de campaña:*** tienda de campaña. || ***Casa de campo:*** casa fuera de la ciudad donde hay cultivos o se cría ganado o se va de vacaciones. || ***Casa de citas:*** prostíbulo. || ***Casa de dios:*** iglesia, templo. || ***Casa de empeño:*** lugar donde prestan dinero a cambio de empeñar joyas, electrodomésticos, etc. || ***Casa de huéspedes:*** casa en la que, mediante un pago, se obtiene alojamiento o alojamiento y comida. || ***Casa de locos:*** manicomio; casa donde hay demasiado bullicio. || ***Casa de moneda:*** establecimiento donde se acuñan monedas. || ***Casa matriz:*** establecimiento comercial con sucursales. || ***Casa paterna:*** donde se nació, donde viven los padres. || ***Casa solariega:*** la más antigua de una familia. || ***De casa:*** se utiliza para referirse a lo que sólo se usa dentro de casa. || ***Las casas:*** en Argentina y Uruguay, casco de la estancia. || ***Caérsele a alguien la casa encima:*** a) estar a disgusto en ella; b) tener un problema muy grande. || ***Tirar la casa por la ventana:*** gastar mucho en una fiesta. || *Méx.* ***Casa club:*** club. || ***Casa rodante:*** caravana, remolque.

casabe *s. m. Amér.* Cazabe.

casaca *s. f.* Prenda de vestir parecida a una chaqueta muy ajustada y con faldones por atrás que llegan a las corvas. *Esos soldados de casaca roja se ven muy apuestos.*

casación *s. f.* En derecho, anulación de una sentencia. || *loc.* ***Tribunal de casación:*** tribunal que decide sobre la anulación o no de sentencias hechas por otros tribunales.

casadero, ra *adj.* Que está en edad de casarse.

casado, da *adj.* y *s.* Que contrajo matrimonio.

casamata *s. f.* Construcción militar rematada con una bóveda con aberturas donde se instala artillería.

casamentero, ra *adj.* y *s.* Persona que propone u oficia de intermediaria para concertar casamientos. *En muchas culturas, ser casamentero es una profesión muy respetada.*

casamiento *s. m.* Ceremonia, civil o religiosa, en la que se unen dos personas en matrimonio.

casanova *s. m.* Hombre que logra o presume muchas conquistas amorosas.

casar *intr.* y *pr.* Unir en matrimonio. || *t.* Unir o ajustar una cosa con otra.

casateniente *s. m. ant.* Hombre que tenía una casa en el pueblo y era también la cabeza de la familia.

cascabel *s. m.* Bola de metal hueca y agujereada, con una pieza de metal suelto en su interior, que cuando se mueve suena. *Algunos animales llevan un collar con cascabel.* || Serpiente con un conjunto de anillos en la punta de la cola que suenan cuando va a atacar. || *loc.* ***Ponerle el cascabel al gato:*** enfrentar una situación difícil. *Hay que hablar con el jefe porque es muy prepotente; pero, ¿quién le pone el cascabel al gato?*

cascabelear *intr.* Hacer sonar cascabeles. || Engañar a una persona con falsas esperanzas.

cascabeleo *s. m.* Sonido del cascabel. || Sonido claro de una voz o de una risa.

cascabelero, ra *adj.* Que tiene poco juicio y es muy alegre. || *s.* Sonajero.

cascabillo *s. m.* Cascabel. || Cascarilla que cubre el trigo y otros cereales. *En algunos lugares alimentan al ganado con cascabillo.* || Cubierta de la bellota.

cascada *s. f.* Caída de agua desde cierta altura en un río, arroyo, etc. || Seguidilla de noticias o acontecimientos. *Una cascada de derrumbes fue la consecuencia del terremoto.*

cascado, da *adj.* Que está muy gastado, que no tiene fuerza, que no suena como siempre. *Su voz sonaba cascada, así que pensé que era viejo, pero en realidad era un fumador empedernido.*
cascadura *s. f.* Acción y resultado de cascar. *La cascadura de huevo es buena para los pájaros porque aporta calcio a su dieta.*
cascajo *s. m.* Conjunto de pedazos de piedra, yeso, etc., de una obra en construcción. || *Esp.* Conjunto de frutos secos de cáscara dura.
cascanueces *s. m.* Utensilio parecido a una pinza que se usa para partir nueces y otros frutos de cáscara muy dura.
cascar *t.* Romper una cosa quebradiza. *La taza de porcelana favorita de la abuela se cascó.* || Deteriorarse o enronquecerse la voz. || Dar una paliza. *Lo cascaron porque reprobó todas las materias.*
cáscara *s. f.* Cubierta exterior quebradiza de los huevos. || Cubierta exterior dura de algunas frutas. *La cáscara de la papaya es muy fácil de pelar.*
cascarilla *s. f.* Cubierta fina y quebradiza de algunos cereales. || Corteza de algunos árboles como el quino; es amarga, aromática y medicinal. || Cáscara de cacao tostada. || *ant.* Mascarilla para el cutis hecha de cáscara de huevo.
cascarita *s. f. Méx.* Práctica informal de algún deporte, generalmente en la calle.
cascarón *s. m.* Cáscara de huevo de un ave cuando la rompe el polluelo al nacer. || *loc.* ***Salir del cascarón:*** dejar la casa paterna.
cascarrabias *s. com. fam.* Persona que se enoja a la menor provocación o sin justificación.
cascarudo, da *adj.* Que tiene gruesa la cáscara, la cubierta, el caparazón. || *s. m. fam. Uy.* Escarabajo.
casco *s. m.* Prenda protectora para la cabeza, en forma de media esfera, de material duro. *Los motociclistas no quieren usar casco y por eso hay tantos accidentes fatales.* || Envase de vidrio vacío. *Junta cascos de botella para venderlos y comprarse dulces.* || Fragmento de algo roto, como el vidrio, o pedazos de una bomba después de estallar. || Armazón de un barco o un avión. || Uña de caballos, burros, etc., donde se clava la herradura. || Conjunto de edificios que forman el centro de una ciudad. || *loc.* ***Cascos azules:*** soldado de la Organización de las Naciones Unidas que usa casco azul. *Los cascos azules son una fuerza neutral multinacional que pacifica zonas en conflicto.* || *fam.* Cabeza humana. || *loc.* ***De cascos ligeros:*** irreflexivo, voluble, casquivano. || ***Calentarse los cascos:*** estudiar o pensar mucho sobre una cosa.
cascote *s. m.* Pedazo de material que queda de una obra en construcción.
caseína *s. f.* Proteína de la leche, rica en fósforo, que con otros elementos forma la cuajada; con ella se elabora el queso.
caserío *s. m.* Conjunto pequeño de casas, que no llegan a formar un pueblo. *El caserío se veía abandonado a la hora de la siesta.*
casero, ra *adj.* y *s.* Que se hace en casa. *No hay nada tan rico como el arroz con leche casero.* || Que le gusta estar en casa. *Él es muy casero.* || Que juega en su cancha. *El equipo casero no pudo ganar a pesar del apoyo del público.* || Que está hecho a mano. *El terrorista utilizó una bomba de fabricación casera.* || Persona que posee una casa y la alquila. *La casera llega puntual por el alquiler.* || Persona que cuida una casa ajena.
caserón *s. m.* Casa muy grande.
caseta *s. f.* Especie de construcción en forma de casa, pero que no se destina a habitación. *El guardia nocturno vigilaba desde la caseta todo el lugar.*
casete *s. m.* Cajita de plástico con una cinta para grabar sonido, imágenes, información.
casi *adv.* Indica cerca de, aproximadamente, por poco. *Llegamos casi a la hora que empezaba la función.*
casida *s. f.* Composición poética de origen árabe, por lo general de tema amoroso. *«Tu vientre es una lucha de raíces», escribió García Lorca en la «Casida de la mujer tendida».*
casilla *s. f.* Cada una de las divisiones del tablero de juegos de mesa como el ajedrez y las damas. || Cada uno de los espacios del papel que quedan entre rayas horizontales y verticales. || Cada una de las divisiones de un casillero. || Cada uno de los compartimientos que se hacen en algunas cajas, estanterías o recipientes. || Apartado de correos. || *Esp.* Casa pequeña que no se usa para habitación, como la del guardagujas, la de un portero, etc. || Boletería de teatros y cines. || *loc. fam.* ***Sacar a alguien de sus casillas:*** hacer perder la paciencia a alguien. || ***Salir*** o ***salirse alguien de sus casillas:*** enojarse, perder la paciencia.
casillero *s. m.* Mueble dividido en partes, las casillas, en las que se ponen en orden muchas cosas. *En un hotel, las llaves están en el casillero detrás del mostrador de la recepción.*
casimir *s. m.* Tela hecha con pelo de cabra de Cachemira o lana merino. *Los trajes de casimir no suelen ser baratos.*
casino *s. m.* Casa de juego. *Los jugadores compulsivos no pueden abandonar el casino.* || Especie de club privado. *El casino de oficiales tiene sillones de cuero.*
casiterita *s. f.* Óxido de estaño, cuya fórmula es SnO_2, de color casi negro, que cristaliza en forma de pirámide. *De la casiterita se obtiene el estaño; también se usa como recubrimiento anticorrosivo.*
caso *s. m.* Suceso, acontecimiento, cosa que ocurre. *En este caso, consulta con el dentista.* || Posibilidad. *Llegado el caso, estaré lista.* || Asunto que se está tratando con un profesional. *Consultó el caso con un abogado penalista.* || Acontecimiento que investiga la policía o se ventila en un juicio. || Marca gramatical de las lenguas con declinación, como el latín, que indica el tipo de función que cumple la palabra en la oración. *El vocativo en gramática española es una herencia de los casos latinos.* || Cada una de las incidencias de una enfermedad. *La cantidad de casos de gripe aviar nunca fue aclarada.* || *loc.* ***Caso clínico:*** caso que discute un panel de doctores. || ***Caso cerrado:*** caso policiaco que se resolvió. || ***Caso fortuito:*** el que ocurre por azar. || ***Caso perdido:*** se aplica a personas cuyo comportamiento no tiene remedio. || ***En todo caso:*** en caso de que suceda esto. || ***Hacer al caso:*** intervenir oportunamente. || ***Hacer caso:*** prestar atención. || ***Hacer caso omiso:*** saltarse un consejo, una indicación. || ***Ir al caso:*** ir al grano, tratar el asunto principal. || ***Poner por caso:*** poner por ejemplo. || ***Ser alguien un caso:*** ser alguien que se distingue de los demás. || ***Venir al caso:*** a propósito.
casona *s. f.* Casa grande.
casorio *s. m.* Matrimonio que se hizo precipitadamente, sin reflexionar, o aquél que se festejó poco o mal.
caspa *s. f.* Escama pequeña que se forma en el cuero cabelludo. *Antes no había tantos productos para combatir la caspa.*
caspiroleta *s. f. Col. Ecua. Per.* y *Ven.* Bebida compuesta de leche caliente, huevos, canela, azúcar y con o sin alcohol, generalmente pisco. *Algunas recetas de caspiroleta separan la yema de las claras y estas últimas se baten a punto de nieve.*
cáspita *interj.* Se usa para indicar extrañeza, asombro.
casposo, sa *adj.* Que tiene caspa. *Tenía la cabellera tan casposa que parecía que le había caído nieve.*
casquete *s. m.* Prenda que consiste en una cubierta de tela o piel que se ajusta a la cabeza. *Le gustaba llevar un casquete sin visera.* || Media peluca. *Los payasos usan casquetes de colores chillones.* || *ant.* Parte de la armadura que cubría la cabeza. || *loc.* ***Casquete geométrico:*** parte de la superficie de una esfera cortada por

un plano que no pasa por el centro. || ***Casquete polar:*** en geografía, superficie de la Tierra que va del círculo polar al polo. *Dicen que los casquetes polares se están derritiendo.*

casquillo *s. m.* Cartucho de metal vacío. *En la escena del crimen no encontraron los casquillos de las balas asesinas.* || Parte metálica de un foco por la que se conecta a la electricidad. || Pieza de metal, por lo general cilíndrica, con la que se refuerza o cubre el extremo de algunas cosas. *El casquillo de su bastón retumbaba siniestro por el pasillo.* || *Amér.* Pieza que cubre la punta de una pluma o de un bolígrafo.

casquivano, na *adj.* Que es muy inconstante e informal. || Que va de pareja en pareja; en especial se aplica a mujeres.

casta *s. f.* Ascendencia de una persona o animal. || Grupo social cerrado que se diferencia de los demás por raza, religión, riqueza. *Durante la Colonia se estableció un sistema de castas, pero nunca fue tan rígido como el de la India.* || Calidad de una cosa. *Este vino es de buena casta.* || En zoología, conjunto de individuos de una especie que está especializado en una tarea social. *Las obreras son la casta más importante en una colmena.*

castaña *s. f.* Fruto del castaño, parecido a la nuez. || Castañazo, golpe. || *Esp.* Rodete. || *loc.* ***Sacar las castañas del fuego:*** resolver un apuro.

castañar *s. m.* Lugar lleno de castaños.

castañero, ra *s. Esp.* Persona que asa y vende castañas.

castañeta *s. f.* Castañuela. || Sonido que se hace tronando los dedos medio y pulgar.

castañetazo *s. m.* Golpe que se da con las castañuelas o con los dedos. || Estallido de la castaña puesta al fuego. || Chasquido fuerte que se oye de las coyunturas de los huesos después de algún movimiento fuerte.

castañetear *intr.* Tocar las castañuelas. || Entrechocar los dientes. *Le castañeteaban los dientes de frío.* || Entrechocar las rodillas al caminar. || Chasquear los dedos.

castañeteo *s. m.* Sonido de las castañuelas. || Choque de los dientes entre sí y el sonido que producen.

castaño *adj.* y *s.* Árbol de unos 20 m de altura, de copa ancha, cuyo fruto es la castaña. || Que tiene el color café oscuro de la castaña. *Su cabello castaño brillaba al sol.* || *loc. Amér. Merid.* y *Esp.* ***Pasarse algo de castaño oscuro:*** ser intolerable, grave. *El comportamiento de ese ministro ya se pasó de castaño oscuro.*

castañuela *s. f.* Instrumento musical muy popular en España, que consiste en dos mitades de madera o cualquier material duro, de forma cóncava, unidas por un cordón para sostenerlas, ya sea con el dedo pulgar o con el medio. Se hace entrechocar con los otros dedos. || *loc. Esp.* ***Estar como unas castañuelas:*** estar muy alegre.

castellanizar *t.* Dar forma castellana a una palabra proveniente de otro idioma. *La palabra náhuatl «cacahuatl» se castellanizó en «cacahuate».* || Enseñar el castellano. *Los españoles castellanizaron a toda la población de América.* || *pr.* Convertirse en hablante del castellano.

castellano, na *adj.* Que se relaciona con Castilla, España. || *s.* Señor y señora de un castillo. || *s. m.* Lengua española.

casticismo *s. m.* Gusto por todo lo que sea castizo. || Actitud de hablar o escribir que tiende a desechar todo lo que sea extranjero.

casticista *s. com.* Persona que es partidaria de o practica el casticismo.

castidad *s. f.* Renuncia al placer carnal. || Cualidad de casto. *En los ojos de la doncella se reflejaba su castidad.*

castigado, da *adj.* Que recibe un castigo.

castigador, ra *adj.* y *s.* Que castiga. || *fam.* Que enamora.

castigar *t.* y *pr.* Ponerle un castigo a alguien por un delito o porque hizo algo malo. || Hacer sufrir a alguien. || Dañar algo. *Las inundaciones castigaron a los estados del norte.* || Picar con las espuelas o pegar con el látigo a una cabalgadura para que vaya más rápido.

castigo *s. m.* Pena que se aplica por haber cometido un delito o por haber hecho algo malo. || Cosa que causa sufrimiento. *Esta vecina gritona es un castigo.*

castillo *s. m.* Fortificación compuesta por varios edificios, murallas, torres, fosos. || *loc.* ***Castillos de fuego:*** armazones de fuegos artificiales. || ***Hacer castillos en el aire:*** soñar despierto, hacerse ilusiones sin fundamento en la realidad.

castizo, za *adj.* Que es de buen origen. || Típico de un país || Puro, sin mezclas; referido a un lenguaje.

casto, ta *adj.* Que se abstiene de tener relaciones sexuales o es moderado al respecto. || Que no es provocativo.

castor *s. m.* Mamífero roedor grande, de pelo muy valioso en peletería, con la cola ancha y plana con la que construye sus viviendas parecidas a diques en arroyos y ríos.

castración *s. f.* Extirpación de los testículos. || Debilitación del carácter.

castrado, da *adj.* y *s.* Que le hicieron una castración. || *s. m. ant.* Cantante al que se quitaban los testículos para que conservara su timbre de voz agudo.

castrador, ra *adj.* Que debilita el carácter. *De madre tan castradora no puede salir nada bueno.* || *s. m.* Hombre cuya profesión es castrar animales, en especial los de engorda.

castrar *t.* Extirpar los testículos o el clítoris. || Debilitar el carácter.

castrense *adj.* Que se relaciona con lo militar. *La disciplina castrense se justifica sólo para los militares.*

castro *s. m. Esp.* Poblado fortificado en la Iberia prerromana. || Restos de esos poblados.

casual *adj.* Que sucede por casualidad. || Que se relaciona con los casos del latín.

casualidad *s. f.* Combinación de circunstancias que llevan a que ocurra determinado suceso.

casuarina *s. f.* Árbol cuyas hojas son parecidas a las plumas del casuario.

casuario *s. m.* Ave parecida al avestruz. Tiene plumaje negro, el cuello es de color azul y posee una carúncula roja, así como una gran protuberancia ósea sobre la cabeza.

casucha *s. f. desp.* Casa pequeña, fea, destartalada.

casuísitico, ca *adj.* Que se relaciona con el casuismo o con la casuística.

casuismo *s. m.* Doctrina casuística.

casuista *adj.* y *s. com.* Experto en casuística.

casuística *s. f.* Aplicación de principios morales a casos concretos de la conducta humana. || Consideración de los casos particulares que pueden ocurrir en determinada materia. *En derecho, el estudio de los casos jurídicos y sus resoluciones constituye un buen ejemplo de casuística.*

casulla *s. f.* Prenda que se pone un sacerdote cuando da misa. Va sobre todas las demás y es una especie de túnica abierta sólo por arriba, para pasar la cabeza.

cata *s. f.* Degustación de una comida o una bebida. *La cata del nuevo producto se llevó a cabo en la bodega.* || Porción de comida o bebida que se prueba.

catabólico, ca *adj.* En biología, que se relaciona con el catabolismo. *La cortisona altera el equilibrio catabólico.*

catabolismo *s. m.* En biología, conjunto de procesos metabólicos que ocurren en los seres vivos que permiten la liberación de energía. || En bioquímica, conjunto de transformaciones químicas de degradación a que se someten los alimentos.

cataclísmico, ca *adj.* Relativo a un cataclismo.

cataclismo *s. m.* Desastre natural que afecta a todo el planeta o parte de él. *Un cataclismo podría separar Baja California del continente.* || Problema muy grande. *La renuncia del ministro provocó un cataclismo en las finanzas del país.*

catacumbas *s. f. pl.* Galerías subterráneas con nichos usadas como cementerios. *En Roma y París están las catacumbas más famosas.*
catador, ra *s.* Persona que se dedica a probar comidas o bebidas y da su opinión respecto a la calidad del producto. *Para ser buen catador no basta el paladar fino: hay que tener excelente olfato.*
catadura *s. f.* Prueba de un alimento o bebida. || Aspecto de una persona. *Los tipos tenían tan mala catadura que la gente se alejaba instintivamente de ellos.*
catafalco *s. m.* Armazón o tarima muy adornado y lujoso donde se coloca el ataúd de un personaje importante para rendirle homenaje antes de su entierro.
catalán, lana *adj.* y *s.* Relativo a Cataluña, España. || *s. m.* Lengua que se habla en Cataluña.
catalejo *s. m.* Instrumento de forma cilíndrica, extensible, que sirve para ver más de cerca las cosas que están lejos. *En las películas de piratas es inevitable ver catalejos que atisban al enemigo.*
catalepsia *s. f.* En medicina, enfermedad transitoria, nerviosa, que produce rigidez en el cuerpo. *Hay muchas leyendas acerca de personas enterradas vivas que sufrían de catalepsia.*
cataléptico, ca *adj.* y *s.* Que se relaciona con la catalepsia. || Que sufre de catalepsia.
catálisis *s. f.* Modificación en la velocidad de una reacción química por la presencia de un catalizador que, al final, permanece inalterado.
catalítico, ca *adj.* Que se relaciona con la catálisis. *Un convertidor catalítico reduce los gases contaminantes que emiten los automóviles viejos.*
catalizador *s. m.* Sustancia capaz de hacer más rápida o más lenta la velocidad de una reacción química sin alterarse. || *fig.* Persona o cosa que da empuje a algo, o que atrae y aglutina a la gente a su alrededor.
catalizar *t.* Producir catálisis. || *fig.* Aglutinar, juntar, convocar. *El discurso del catedrático catalizó las opiniones en favor de más presupuesto para la universidad.*
catalogación *s. f.* Registro ordenado de tal forma que constituya un catálogo.
catalogador, ra *adj.* y *s.* Que cataloga. || Persona que elabora catálogos.
catalogar *t.* Elaborar catálogos. || Incluir algún dato nuevo en un catálogo. || Suponer que una persona tiene determinadas cualidades o defiende determinadas ideas. *Lo catalogué de anarquista, pero resultó ser ambientalista nada más.*
catálogo *s. m.* Conjunto de datos con algo en común que se escribe de manera ordenada en listas. *El catálogo de la papelería incluye los precios al contado.*
catamarán *s. m.* Barco de vela con dos cascos unidos por una plataforma. *Un catamarán da la apariencia de ser dos barcos en uno.*
catamarqueño, ña *adj.* y *s.* Que es originario o se relaciona con la región de Catamarca, Argentina.
cataplasma *s. f.* Medicamento en forma de pasta blanda que se aplica en el cuerpo para curar o calmar el dolor. *Para la picadura de hormigas, nada mejor que una cataplasma de barro.* || Persona pesada, molesta, achacosa.
cataplum *onomat.* Se usa para expresar un ruido, una explosión, un golpe fuerte.
catapulta *s. f.* Máquina de guerra antigua que servía para arrojar piedras. || Mecanismo en los portaaviones que impulsa el despegue de las aeronaves. || *fig.* Cosa que favorece e impulsa el desarrollo de otra. *Sus años como profesor actuaron como catapulta para su nombramiento como rector.*
catapultar *t.* Lanzar algo con una catapulta. || Impulsar o hacer subir a alguien rápidamente. *Su último CD lo catapultó a la fama.*
catar *t.* Degustar una comida o una bebida para verificar su calidad, sabor, aroma, etc. || *ant.* Mirar.
catarata *s. f.* Salto de agua más grande que una cascada. || Enfermedad que afecta y opaca el cristalino del ojo y puede producir ceguera. *Los médicos cubanos son famosos en América por operar gratis de cataratas.*
catarina *s. f. Méx.* Pequeño insecto de color anaranjado rojizo con puntos negros.
cátaro, ra *adj.* y *s.* Que se relaciona con un grupo religioso cristiano de los siglos XI a XII, con sede principalmente en el sur de Francia, que predicaba una vida más ascética y creía en el dualismo maniqueísta entre el bien y el mal. Fue exterminado por la Iglesia Católica que lo consideraba hereje. || Miembro de ese grupo.
catarral *adj.* Relativo al catarro.
catarrino, na *adj.* y *s.* Se aplica al grupo de simios con el tabique nasal estrecho y los orificios nasales dirigidos hacia delante.
catarro *s. m.* Enfermedad no grave que se caracteriza por la inflamación de las mucosas del aparato respiratorio, escurrimiento nasal, tos, fiebre, dolores musculares.
catarsis *s. f.* Para los antiguos griegos, purificación espiritual mediante las emociones provocadas por la contemplación de una obra de arte, en especial, la tragedia. || En religión, proceso por el cual se logra la pureza ritual. || En medicina, expulsión de alguna sustancia nociva para el organismo. || En psicología, método psicoterapéutico mediante el que se pretende que el paciente exteriorice situaciones o recuerdos traumáticos que permanecían en el inconsciente.
catártico, ca *adj.* y *s.* Que provoca catarsis o se relaciona con ella. || En medicina, medicamento purgante.
catastral *adj.* Relativo al catastro.
catastrar *intr.* Llevar a cabo un catastro.
catastro *s. m.* Censo que el Estado o el municipio hace de todo tipo de vivienda, rural o urbana, con el objeto de cobrar impuestos, tener un registro del nombre de los propietarios, hacer mejoras, etc.
catástrofe *s. f.* Suceso que altera el orden natural de las cosas. *El terremoto fue una catástrofe más que nada por la pérdida de vidas humanas.* || Cosa de mala calidad o algo que causó mala impresión. *La presentación fue una catástrofe tras otra y no me contrataron.* || Última parte de un poema dramático, con desenlace no feliz.
catastrófico, ca *adj.* Que tiene las características de una catástrofe. *Las inundaciones han sido catastróficas para la cosecha de este año.*
catastrofismo *s. m.* Teoría científica que afirma que los mayores cambios climáticos y geológicos en la Tierra se debieron a catástrofes naturales. || Actitud pesimista que lleva a que una persona prediga catástrofes todo el tiempo.
catastrofista *adj.* y *s. com.* Que defiende la teoría del catastrofismo. || Que le gusta predecir catástrofes.
catatonia o **catatonía** *s. m.* En medicina, estado mental caracterizado por melancolía, estupor, alucinaciones e incluso rigidez muscular.
catatónico, ca *adj.* Que padece catatonia.
cate *s. m.* Golpe dado en la cabeza con la mano abierta.
cateador *s. m.* En mineralogía, martillo con punta de un lado y mazo del otro para romper los minerales que se van a estudiar. || *Amér.* Hombre que busca vetas en las minas. || *Méx.* Hombre que participa en un cateo o allanamiento.
catear *t.* Buscar, espiar. || *Amér.* Explorar minas en busca de vetas. || *Méx.* Allanar un lugar.
catecismo *s. m.* Libro que enseña la doctrina cristiana en forma de preguntas y respuestas. || Obra parecida a la anterior, pero referida a cualquier materia. || Lugar donde se enseña el catecismo.
catecúmeno, na *s.* En religión, persona que recibe instrucción en la doctrina católica.
cátedra *s. f.* Materia que imparte un profesor universitario. *La cátedra de*

genética ha tenido muchos investigadores invitados. || Cargo de un profesor universitario. *En esta universidad las cátedras se obtienen por concurso.* || Asiento más elevado que ocupa un maestro para poder ver a todos los alumnos. || *loc.* ***Ex cátedra:*** expresión latina referida al modo de hablar de una persona que denota cierto cargo o posición. || ***Sentar cátedra:*** Decir algo con autoridad o irrefutable.

catedral *s. f.* Iglesia grande, donde reside el obispo o el arzobispo.

catedralicio, cia *adj.* Relativo a una catedral.

catedrático, ca *s.* Profesor que tiene una cátedra.

categoría *s. f.* Cada una de las clases de una actividad, que distingue los elementos que la componen. || Condición o nivel social de una persona. || Jerarquía en una actividad. || Buena calidad de algo o de alguien. || En filosofía aristotélica, cada una de las diez nociones abstractas y generales: sustancia, cantidad, cualidad, relación, acción, pasión, lugar, tiempo, situación y hábito. || En filosofía kantiana, cada una de las formas del entendimiento: cantidad, cualidad, relación y modalidad. || *loc.* ***De categoría:*** a) de elevada posición; b) de calidad o elegante; c) importante.

categórico, ca *adj.* Que afirma o niega rotundamente.

categorización *s. f.* Ordenamiento o clasificación por categorías.

categorizar *t.* Ordenar por categoría.

cateo *s. m. Amér.* Acción y resultado de catear.

catequesis *s. f.* Instrucción en la doctrina cristiana. || Instrucción por medio de preguntas y respuestas. || Lugar donde se imparte esa instrucción.

catequismo *s. m.* Catequesis.

catequista *s. com.* Persona que imparte catequismo.

catequización *s. f.* Acción y resultado de catequizar.

catequizador, ra *s.* Persona que catequiza.

catequizar *t.* Enseñar la doctrina católica. || Tratar de convencer a alguien reacio.

caterva *s. f. desp.* Conjunto de personas sin orden ni concierto.

catéter *s. m.* En medicina, tubo delgado, flexible, que se introduce en un conducto para explorarlo o destaparlo.

cateterismo *s. m.* Procedimiento quirúrgico que implica introducir un catéter en un conducto para dilatarlo o destaparlo.

cateto *s. m.* En geometría, cada uno de los lados que forma un ángulo recto de un triángulo rectángulo.

cateto, ta *s.* Persona que no tiene educación.

catilinaria *adj.* y *s.* Cada uno de los discursos que pronunciaba Cicerón contra Catilina. || Discurso dirigido con vehemencia contra alguna persona.

catión *s. m.* En física, ión de carga positiva. *Un catión es un ión que puede haber perdido electrones.*

catire, ra *adj. Ants. Col.* y *Ven.* De piel blanca y pelo rubio.

catirrino, na *adj.* y *s.* Catarrino.

catleya *s. f.* Género de plantas de la familia de las orquidáceas. *Las catleyas tienen un pétalo en forma de trompeta.*

catódico, ca *adj.* Relativo al cátodo.

cátodo *s. m.* Polo negativo de cualquier dispositivo eléctrico.

catolicismo *s. m.* En religión, conjunto de creencias de la Iglesia que tiene sede en el Vaticano y cuyo jefe es el Papa || Comunidad de los creyentes católicos.

católico, ca *adj.* Universal. || Que profesa la religión católica. || *fam.* Sano, perfecto. *Esa carne de pollo no se ve muy católica que digamos.*

catorce *adj.* y *s.* Diez más cuatro. || Decimocuarto. *¿Qué pasó en el año catorce de nuestra era?* || Conjunto de signos que representan esa cantidad.

catorceavo, va *adj.* Cada una de las catorce partes iguales en que se divide un todo.

catorceno, na *adj.* Decimocuarto. || Que tiene 14 años. || Que tiene 14 unidades.

catorrazo *s. m. fam. Méx.* Golpe.

catre *m.* Cama plegadiza y ligera para una persona.

catrín, trina *adj. Méx.* Elegante, bien vestido.

caucásico, ca *adj.* Que pertenece a la raza blanca, cuyo origen se creía era el Cáucaso.

cauce *s. m.* Lecho de un río, un arroyo, una acequia. || Procedimiento para llevar a cabo algo. *El trámite saldrá rápido si sigues los cauces debidos.*

cauchero, ra *adj.* y *s.* Que se relaciona con el caucho. || *s. m.* Hombre que extrae caucho. || *s. f.* Planta de la que se extrae caucho. || *Ecua.* Terreno plantado con árboles de los que se extrae caucho.

caucho *s. m.* Resina que producen algunos árboles tropicales que tiene una consistencia elástica e impermeable. || *Col. Ecua.* y *Ven.* Neumático o cubierta exterior del neumático.

caución *s. f.* Precaución o cautela. || Fianza.

caucionar *t.* Dar caución.

caudal[1] *adj.* Caudaloso. || *s. m.* Cantidad de agua que lleva una corriente. || Cantidad de dinero o posesiones de una persona. || Cantidad abundante de algo. *Un caudal de manifestantes inundaba la avenida.*

caudal[2] *adj.* Que se relaciona con la cola de los animales.

caudaloso, sa *adj.* Que lleva gran cantidad de agua. || Acaudalado, rico.

caudillaje *s. m.* Gobierno de un caudillo. || *Amér.* Caciquismo.

caudillismo *s. m.* Sistema de gobierno o forma de gobernar de un caudillo.

caudillo *s. m.* Dirigente o líder político o militar cuyo poder se basa en su carisma y don de mando y no necesariamente surge de las leyes.

causa *s. f.* Razón o motivo para hacer algo. *El niño no asistió a clases por causa de su enfermedad.* || Origen o fundamento de algo. *La causa del incendio fue un descuido humano.* || Propósito que alguien tiene o ideal que se persigue. *En el siglo xx, muchos hombres lucharon por la causa de la Revolución Mexicana.*

causahabiente *s. com.* Persona que, mediante un acto de transmisión o de sucesión, adquiere los derechos de otra, llamada causante.

causal *adj.* Relativo a la causa. *Hay una relación causal entre tabaquismo y enfermedades respiratorias.*

causalidad *s. f.* Relación entre una causa y un efecto.

causante *adj.* Que causa algo. *Un virus es el causante de la enfermedad conocida como herpes.* || *s. com.* En derecho, persona de la que proviene el derecho que otra tiene. || *Méx.* Contribuyente.

causar *t.* Producir u originar un efecto o una consecuencia. *Los huracanes causan muchos daños materiales a su paso.*

causticidad *s. f.* Cualidad de cáustico.

cáustico, ca *adj.* y *s.* Dicho de una sustancia o producto, que quema los tejidos animales. || Irónico y agresivo. *Un comentario cáustico requiere ingenio.*

cautela *s. f.* Cuidado y precaución en lo que se hace. *Después de un temblor, hay que actuar con cautela para evitar otros peligros.*

cautelar *adj.* Que se establece para prevenir algo. *Lavarse las manos es una medida cautelar para evitar contagios e infecciones.*

cauteloso, sa *adj.* Que actúa con cautela o que muestra cautela.

cauterio *s. m.* Cauterización. || En medicina, barra metálica o sustancia química con las que se queman los tejidos animales con fines curativos.

cauterización *s. f.* Acción de cauterizar.

cauterizador, ra *adj.* y *s.* Que cauteriza.

cauterizante *adj.* Cauterizador.

cauterizar *t.* En medicina, quemar o destruir los tejidos afectados para cicatrizar heridas o curar otras enfermedades.

cautín *s. m.* Instrumento usado para soldar con estaño.

cautivador, ra *adj.* Que cautiva.
cautivante *adj.* Cautivador.
cautivar *t.* Apresar al enemigo de guerra y quitarle su libertad. || Atraer de manera irresistible el amor, la simpatía o la atención de alguien. || *intr.* Ser o estar cautivo.
cautiverio *s. m.* Estado de pérdida de la libertad de animales no domésticos o de personas.
cautividad *s. m.* Cautiverio.
cautivo, va *adj.* y *s.* Que está preso, que ha perdido su libertad. || Que está dominado por algo que le resulta atractivo. *Ahora, los niños ya no son cautivos de la televisión sino de las computadoras.*
cauto, ta *adj.* Que actúa con cautela y prudencia.
cava[1] *s. f.* Bodega subterránea en donde se guarda el vino para que envejezca.
cava[2] *s. m.* Vino español blanco y espumoso, parecido a la champaña.
cavar *t.* Hacer un hoyo o una zanja en la tierra.
caverna *s. f.* Cueva o hueco profundo bajo la tierra o entre las rocas.
cavernario, ria *adj.* Propio de las cavernas o con características de ellas.
cavernícola *adj.* y *s. com.* Que habita en las cavernas.
cavernosidad *s. f.* Hueco o cueva natural en la tierra.
cavernoso, sa *adj.* Que tiene cavernas. || Relativo a las cavernas o parecido a ellas en sus cualidades. *Una voz cavernosa es grave y áspera.*
caviar *s. m.* Huevas frescas de diferentes peces, sobre todo del esturión, preparadas para su consumo.
cavidad *s. f.* Espacio hueco o vacío de un cuerpo cualquiera.
cavilación *s. f.* Acción de cavilar.
cavilar *t.* e *intr.* Pensar intencionalmente y con profundidad en algo.
caviloso, sa *adj.* Que tiene tendencia a cavilar y desconfiar.
cayado *s. m.* Bastón con mango curvo utilizado generalmente por los pastores.
cayo *s. m.* Isla muy pequeña, plana, arenosa y despoblada; es común en el mar de las Antillas y el golfo de México.
cayuco *s. m.* Embarcación pequeña, de fondo plano, parecida a una canoa.
caz *s. m.* Canal para conducir el agua de un lugar a otro.
caza[1] *s. f.* Acción de cazar. || Conjunto de animales muertos en la caza.
caza[2] *s. m.* Avión pequeño y muy veloz usado en combates aéreos.
cazabe *s. m.* Harina de la raíz de la mandioca. || Pan hecho de esa harina.
cazabombardero *s. m.* Avión de combate que puede lanzar bombas y derribar otros aviones.
cazador, ra *adj.* Que caza. || *s.* Persona que mata animales para comerlos o por diversión. || Animal que caza a otros para alimentarse.
cazadora *s. f.* Chaqueta corta y ajustada a la cintura.
cazafortunas *s. com.* Persona que se enriquece casándose con alguien que tiene mucho dinero.
cazar *t.* Perseguir animales para capturarlos o matarlos, por deporte o por necesidad. || Perseguir para capturar a alguien que escapa o que va delante. *La policía intentó cazar al delincuente.*
cazarrecompensas *s. com.* Persona que persigue y atrapa a un criminal a cambio de una suma de dinero.
cazatalentos *s. com.* Persona cuya profesión es descubrir talentos artísticos y ganar dinero representándolos. || Persona que busca personal ejecutivo para empresas.
cazcarria *s. f.* Mancha de lodo seco en la parte de la ropa que queda cerca del suelo.
cazo *s. m.* Recipiente con un mango largo y generalmente de metal que se usa para calentar alimentos.
cazoleta *s. f.* Cazo pequeño. || Pieza redondeada de metal o hierro que tienen las espadas y que se pone sobre la empuñadura para proteger la mano.
cazón *s. m.* Pez marino, de la familia de los tiburones, de boca semicircular y dientes afilados, que puede medir más de 2 m y cuya carne es comestible.
cazuela *s. f.* Recipiente redondo y más ancho que largo, hecho de barro o metal y usado para cocinar. || Guisado que se hace en ella.
cazurrería *s. m.* Cualidad de cazurro.
cazurro, rra *adj.* y *s.* Ensimismado y de pocas palabras. || Torpe y lento para comprender.
ce *s. f.* Nombre de la letra *c*.
ceba *s. f.* Comida abundante que se da al ganado de consumo humano para que engorde.
cebada *s. f.* Planta parecida al trigo, con semillas más alargadas que se usa para alimentar al ganado y para hacer cerveza.
cebadal *s. m.* Terreno sembrado con cebada.
cebado, da *adj. Amér.* Animal carnívoro que es más temible por haber comido carne humana.
cebador, ra *adj.* Que ceba. || *s. Arg.* y *Uy.* Persona que ceba la yerba mate.
cebadura *s. f.* Acción de cebar o cebarse. || *Arg.* y *Uy.* Cantidad de la yerba mate que se pone a la infusión.
cebar *t.* Alimentar a los animales para engordarlos, sobre todo cuando se va a consumir su carne. || Poner cebo en una trampa para atraer y capturar animales. || Alimentar o avivar en alguien un sentimiento. || *Arg.* y *Uy.* Preparar infusión de la yerba mate.
cebiche *s. m.* Plato preparado con trozos de pescado cocido en jugo de limón y con cebolla y especias.
cebo *s. m.* Alimento que se da a los animales para engordarlos. || Objeto o trozo de alimento que se pone en las trampas para atraer a los animales en la caza en la pesca. || Lo que se ofrece de manera engañosa para atraer a hacer algo. *Los cuerpos atléticos en los anuncios son un cebo para atraer más compradores.*
cebolla *s. f.* Planta de hojas largas y flores de color blanco. || Bulbo o tallo subterráneo de esa planta; es comestible y se emplea mucho en la cocina.
cebolleta *s. f.* Planta de tallo muy delgado y hueco con un bulbo parecido al de la cebolla. || Cebolla muy tierna.
cebollino *s. m.* Planta parecida a la cebolla, con bulbo más pequeño y de la cual se consumen también sus hojas.
cebra *s. f.* Animal mamífero parecido al burro pero con rayas verticales marrones o negras en su cuerpo.
cebú *s. m.* Animal mamífero parecido al toro, con cuernos cortos, orejas caídas y con una o dos jorobas.
ceca *s. f.* Lugar donde se fabricaba la moneda. || *loc.* ***De la ceca a la meca:*** de aquí para allá.
cecal *adj.* Relativo a la primera porción del intestino grueso.
ceceante *adj.* Que cecea cuando habla.
cecear *intr.* Pronunciar la letra *s* igual que la *c* (ante *e, i*) o la *z*.
ceceo *s. m.* Acción de cecear.
cecina *s. f.* Carne que se sala y se pone a secar al sol o con humo. *La cecina es la comida típica de Yecapixtla, Morelos.*
cedazo *s. m.* Utensilio con una tela de alambre o de plástico con muchos orificios pequeños y con un aro alrededor que sirve para colar.
cedente *adj.* y *s. com.* En derecho, quien entrega o traspasa algo.
ceder *t.* Dar voluntariamente algo a alguien. *Yo estaba de pie, y Juan me cedió su lugar para sentarme.* || *intr.* Dejar de oponerse alguien a algo. *Le insistí mucho, y al fin cedió a mi petición.* || Disminuir la fuerza de algo. *Ya cedió la lluvia, así que me voy.* || Fallar o romperse algo que está sometido a mucha fuerza. *Con el peso del agua por las lluvias, cedió el techo de mi casa.*
cedilla *s. f.* Letra formada por una «c» y un rasgo parecido a una coma abajo (ç). || Nombre de esa letra. || El signo parecido a una coma de esa letra.
cedro *s. m.* Árbol muy alto de tronco grueso, con frutos pequeños parecidos a una piña y cuyo follaje hace la forma de una pirámide. || Madera de ese árbol.
cedrón *s. m.* Planta con aroma parecido al del limón y con flores pequeñas y blancas.

C

cédula *s. f.* Documento, generalmente oficial, en el que se registra o se hace constar algo, como una deuda o una obligación. || *loc.* ***Cédula de identidad:*** en algunos países, documento oficial de identidad.
cedulario *s. m.* Conjunto de cédulas.
cefalalgia *s. f.* Cefalea.
cefalea *s. f.* Dolor intenso en la cabeza.
cefálico, ca *adj.* Relativo a la cabeza.
cefalitis *s. f.* En medicina, inflamación de la cabeza.
cefalópodo, da *adj.* y *s.* Se dice de los moluscos marinos de cabeza grande y tentáculos con ventosas para desplazarse y asir a sus presas.
cefalorraquídeo, a *adj.* Relativo a la cabeza y a la columna vertebral o del sistema nervioso que se aloja en ellas.
cefalotórax *s. m.* En zoología, parte del cuerpo de los crustáceos y los arácnidos formada por la unión de la cabeza y el tórax.
céfiro *s. m.* Viento del oeste. || *fam.* Viento apacible.
cegado *s. m.* En arquitectura, se dice del arco que tiene tapiada su luz.
cegador, ra *adj.* Que deslumbra o ciega la vista.
cegamiento *s. m.* Acción de cegar o cegarse un hueco o un conducto.
cegar *t.* Perder la vista, aunque sea por un momento. || Hacer perder el entendimiento. *Los celos me cegaron.* || Tapar algo que está abierto. || *intr.* Perder la vista por completo.
cegato, ta *adj.* y *s. fam.* Cegatón.
cegatón, tona *adj.* y *s. fam.* Dicho de una persona que ve mal.
cegesimal *adj.* Relativo al sistema que tiene por unidades el centímetro, el gramo y el segundo.
ceguera *s. f.* Pérdida de la vista, temporalmente o para siempre. || Incapacidad para entender las cosas con claridad. *Su ceguera en el oficio le ha impedido progresar.*
ceiba *s. f.* Árbol americano que alcanza 60 a 70 m de altura y su fruto da una especie de algodón.
ceibo *s. m.* Árbol leguminoso originario de Sudamérica, de 5 a 8 m de altura, de hermosas flores rojas; árbol y flor nacional de Uruguay y Argentina.
ceja *s. f.* Saliente curvilínea sobre la cuenca del ojo, cubierta de pelo corto. *Qué lindos ojos tienes debajo de esas dos cejas.* || Pelo que la cubre. || Cada uno de esos pelos. || Borde que sobresale en algunas superficies. *En mi cuaderno añadí cejas para separar las materias.* || En los instrumentos musicales de cuerda, pequeña pieza colocada entre el clavijero y el mástil, para apoyo y separación de las cuerdas. || *loc.* ***Tener entre ceja y ceja:*** mostrarle a alguien antipatía y recelo. *Después de la que me hizo, lo traigo entre ceja y ceja.*
cejar *intr.* Desistir, retroceder. *No podemos cejar en nuestro empeño de lograr una educación científica.*
cejijunto, ta *adj.* Que tiene poblado de pelo el entrecejo y las cejas casi juntas.
cejilla *s. f.* Pieza colocada transversalmente a las cuerdas de la guitarra, u otro instrumento musical de cuerdas, a manera de abrazadera sujeta al mástil, sirve para elevar el tono de sus sonidos.
cejudo, da *adj.* Que tiene las cejas muy pobladas.
celada *s. f.* Pieza de las antiguas armaduras, que cubría la cabeza. *Don Quijote de la Mancha hizo del morrión celada.* || Emboscada de gente armada para caer sobre la víctima por sorpresa. *Los rurales tendieron una celada a los fugitivos.* || Ardid o trampa tendida con artificio y disimulo. *Para sacarlo del cargo, le tendieron una celada.*
celador, ra *adj.* Que cela, que vigila. || *s.* Persona cuya labor es vigilar. *Los que robaron el almacén, primero sometieron al celador.*
celaje *s. m.* Aspecto del cielo cuando está surcado de nubes tenues y colores de distintos matices. || Conjunto de nubes. *Claude Monet pintó celajes impresionistas.*
celar *t.* Procurar con esmero el cumplimiento de las leyes y de toda clase de obligaciones y deberes. *El magistrado es celoso del cumplimiento de la Constitución.* || Observar o vigilar las acciones de una persona de quien se desconfía. *Don Julián cela a Lupita.* || Vigilar que los subordinados cumplan con sus obligaciones. *El gerente cela en exceso a los empleados.*
celda *s. f.* Aposento donde se recluye a los presos de una cárcel. *Había celdas de castigo en la cárcel de Lecumberri.* || Aposento del religioso o religiosa en un convento, o de estudiantes en un internado. *Sor Juana Inés de la Cruz escribía sus poemas en la soledad de su celda.* || Compartimiento de un cuadro estadístico, formado por una columna vertical y una línea horizontal que la corta. *La hoja de cálculo consta de miles de celdas.*
celdilla *s. f.* Compartimiento que construyen las abejas, las avispas y otros insectos en el panal. || Hueco que ocupa la semilla en el fruto.
celebérrimo, ma *adj.* Célebre en grado superlativo. *Louis Pasteur es un personaje celebérrimo de la ciencia.*
celebración *s. f.* Acción y efecto de celebrar. || Acto solemne, formal o festivo, para recordar un hecho importante o para llevarlo a cabo. *En el año 2010 se celebró del bicentenario de la Independencia de México.*
celebrante *adj.* y *s. com.* El que celebra.
celebrar *t.* Alabar, encarecer a una persona o cosa. *Celebro que te hayan dado el nombramiento.* || Festejar un acontecimiento o recordarlo con alegría. *La victoria contra el invasor se celebró con un desfile militar.* || Realizar un acto solemne. *El Senado celebrará audiencias públicas.* || Organizar un festejo en ocasión significativa. *Decidí celebrar mi cumpleaños con una barbacoa.*
célebre *adj.* Que tiene fama.
celebridad *s. f.* Renombre y fama. || Persona famosa. *Por su mérito literario se ha vuelto una celebridad.*
celentéreo, a *adj.* Dícese del animal invertebrado de simetría radiada, provisto de una cavidad digestiva central con un orificio, rodeado de tentáculos, que hace de boca y ano. || *s. m.* y *pl.* Gran grupo o tipo de estos animales. *Los pulpos y las medusas son celentéreos.*
celeridad *s. f.* Prontitud, rapidez. *La secretaria cumple sus tareas con celeridad.*
celeste *adj.* Perteneciente o relativo al cielo. *Para navegar en el mar la guía es un mapa celeste.* || Color azul pálido. *La dama vestía un sobrio conjunto celeste.*
celestial *adj.* Que pertenece al cielo, considerado como morada de las divinidades. *Guiado por el alma de Beatriz, Dante visitó la corte celestial.* || Perfecto, delicioso o muy agradable. *La música de Pergolesi suena celestial.*
celestina *s. f.* Alcahueta, por ser tal el nombre de la facilitadora de los amoríos de Calixto y Melibea en la tragicomedia conocida con ese nombre.
celíaco, ca *adj.* Perteneciente o relativo al vientre o a los intestinos. || *s.* Enfermo de celiaca. || *s. f.* Enfermedad del intestino delgado, caracterizada por una alteración estructural causada por la intolerancia a la gliadina, componente de la proteína gluten. || Arteria que lleva la sangre al vientre.
celibato *s. m.* Estado de soltería, especialmente por motivos religiosos.
célibe *adj.* y *s. com.* Soltero, practicante del celibato.
celidonia *s. f.* Hierba de medio metro de altura, hojas verdes por el anverso y amarillentas por el reverso y flores amarillas y pequeñas.
cello *s. m.* Aro con el que se sujetan las duelas de los toneles.
celo *s. m.* Cuidado, esmero, interés que alguien pone al hacer las cosas que le competen. *El arquitecto hace sus maquetas con gran celo.* || Periodo en que se despierta el apetito sexual en ciertos animales, propicio para el apareamiento. || Estado de un animal durante este periodo. *La perra entró*

en celo. || *pl.* Sospecha o inquietud ante la posibilidad de que una persona amada mude su cariño poniéndolo en otra. *Por celos infundados, Otelo mató a Desdémona.* || Sentimiento de molestia que despierta el éxito de otra persona.

celofán *s. m.* Película de celulosa transparente, flexible e impermeable, que en forma de hojas o tiras se usa para envolturas.

celosía *s. f.* Enrejado tupido de listoncillos de madera u otro material, o tablero calado, para cerrar o separar espacios, que permite ver a través de él sin ser visto. *La celosía es un elemento arquitectónico hispanoárabe.*

celoso, sa *adj.* y *s.* Que tiene o siente celos. *Otelo fue convertido por Yago en un hombre muy celoso.* || Que pone celo en el cumplimiento de su deber. *El magistrado es un celoso de la ley.*

celta *adj.* Relativo al grupo de pueblos indoeuropeos que ocuparon gran parte de Europa occidental, las islas británicas y Galacia en el Asia Menor entre los siglos IX al I antes de Cristo. *Los galos, celtíberos, britanos y gaélicos eran pueblos celtas.* || *s. com.* Persona perteneciente a uno de esos pueblos. || *s. m.* Grupo de lenguas indoeuropeas habladas por ese conjunto de pueblos.

celtibérico, ca *adj.* Perteneciente o relativo a los celtíberos o a Celtiberia.

celtíbero, ra *adj.* Relativo o perteneciente a un pueblo asentado en la Celtiberia, antigua región, prerromana, de la actual España. *Los celtíberos no son aún españoles, según el historiador Américo Castro.* || *s.* Persona perteneciente a este pueblo. || *s. m.* Lengua de ese pueblo.

céltico, ca *adj.* Perteneciente o relativo a los celtas.

célula *s. f.* Elemento, generalmente microscópico, el más simple dotado de vida propia, que es la unidad estructural y funcional del cuerpo de los seres vivos, formada por un núcleo y citoplasma rodeados por una membrana. *Las células se reproducen por división o mitosis.* || Pequeña agrupación de afiliados a una organización política, con autonomía de acción. *Los partisanos de la resistencia se organizaron en células.* || Pequeña celda, cavidad o seno. || *loc.* ***Célula fotoeléctrica:*** dispositivo que transforma la luz en energía eléctrica. || ***Célula madre:*** la que se reproduce.

celular[1] *adj.* Perteneciente o relativo a la célula.

celular[2] *s. m. Amér.* Teléfono móvil. *Llámame al celular.*

celulitis *s. f.* Acumulación de grasa en el tejido subcutáneo, que le dan a la piel aspecto de cáscara de naranja. *Es notoria su celulitis en la parte posterior de los muslos.* || En medicina, inflamación del tejido celular subcutáneo adiposo.

celuloide *s. m.* Sustancia sólida, casi transparente, inflamable y muy flexible, que se emplea en la industria fotográfica y cinematográfica. || Se le llama así a la industria cinematográfica.

celulosa *s. f.* Carbohidrato compuesto exclusivamente de moléculas de glucosa que, en un unión de la lignina, constituye el principal componente de las paredes celulares de los vegetales.

cementación *s. f.* Acción y efecto de cementar.

cementar *t.* Calentar un metal junto con otra sustancia en polvo o pasta para conferirle nuevas propiedades. *Para obtener acero se cementa el hierro con carbón.*

cementera *s. f. Méx.* Fábrica de cemento.

cementerio *s. m.* Lugar donde se entierra a los muertos. || Lugar donde van a morir algunos los animales. *Simba exploró el cementerio de elefantes.* || Lugar donde se depositan objetos inservibles o caducos. *El coche de Juan fue a parar al cementerio de carros.*

cementero, ra *adj.* Relativo al cemento.

cemento *s. m.* Material de construcción en polvo, formado de arcilla y sustancias calcáreos, sometida a cocción y muy finamente molida, que mezclada con agua se solidifica y endurece. *Para la construcción del edificio se necesitaron dos toneladas de cemento.*

cemita *s. f. Amér.* Pan, grande y con ajonjolí en la parte superior. *En el desayuno acostumbro una cemita con café.* || *Arg.* Pan hecho de harina morena, grasa y otros ingredientes.

cempasúchil *s. m. Méx.* Planta herbácea, originaria de México, de olor penetrante y flores grandes amarillas, muy usadas para adornar las tumbas el día de muertos. || La flor de esta planta. *Adornamos la ofrenda con flores de cempasúchil.*

cena *s. f.* Última comida del día que se hace en la noche. || Acción de cenar. *La cena debe ser ligera para no tener pesadillas.*

cenáculo *s. m.* La sala donde, según la religión cristiana, Jesús celebró su última cena. || *fig.* Reunión habitual y poco numerosa de personas, generalmente literatos o artistas, con ideas afines. *El Ateneo de la Juventud era un cenáculo.*

cenador, ra *s.* Que cena. || Que cena con exceso.

cenagal *s. m.* Lugar lleno de cieno. *Por la inundación, el Valle de Chalco quedó convertido en un cenagal.* || *fig.* Situación o problema difícil. *Las acciones ilegales convirtieron a las elecciones en un cenagal.*

cenagoso, sa *adj.* Lleno de cieno. *La rivera del lago estaba cenagosa.* || Parecido al cieno.

cenar *intr.* Tomar la cena. *Fuimos a cenar fuera de casa.* || *t.* Comer en la cena uno u otro alimento. *Cenamos tacos al pastor.*

cencerrear *intr.* Sonar con insistencia cencerros. || *fig.* Tocar mal un instrumento musical. *Vaya desilusión cuando el concertista empezó a cencerrear.*

cencerro *s. m.* Campana pequeña, tosca, hecha de lámina de hierro o de cobre, con los lados rectos, que se cuelga al pescuezo de las reses. *El cencerro se utiliza como instrumento de percusión en ciertos tipos de música.*

cencuate *s. m. Méx.* Culebra no venenosa, de 1 m de longitud, de muy variados colores. *Los cencuates abundan en la zona de lo que fue el lago de Texcoco.*

cenefa *s. f.* Banda sobrepuesta o tejida en los bordes de las cortinas, pañuelos, etc. || Dibujo decorativo que se pone a lo largo de muros, pisos y techos, destaca por contraste de la superficie en la que se coloca. *La pared del baño quedó adornada con una cenefa de grecas.*

cenicero *s. m.* Recipiente en el que se depositan la ceniza y las colillas de cigarro. || Sitio para depositar ceniza.

cenicienta *s. f.* Persona postergada o despreciada injustamente a quien se cargan los trabajos más penosos (a partir del personaje de un cuento del escritor francés Charles Perrault).

ceniciento, ta *adj.* De color ceniza. *Aún no se alivia, tiene la piel cenicienta.* || Cubierto de cenizas.

cenit *s. m.* Punto de la esfera celeste que corresponde verticalmente a un punto determinado de la Tierra. || Momento culminante o de apogeo. *Con su última novela, llegó al cenit de su carrera como escritor.*

cenital *adj.* Perteneciente o relativo al cenit.

ceniza *s. f.* Polvo de color gris claro, que queda después de la combustión completa de alguna cosa. || *pl. fig.* Restos mortales.

cenizo, za *adj.* Que es del color de la ceniza o semejante a ella. || *s. m.* Arbusto de altura muy variada, de unos cuantos centímetros hasta más de 2 m, sus hojas se emplean en infusión contra la fiebre.

cenobio *s. m.* Monasterio aislado donde la vida en común está sujeta a normas estrictas. || Grupo de células que, tras dividirse, no se separan.

cenobita *s. com.* Persona que profesa la vida comunitaria en un cenobio.

cenotafio *s. m.* Monumento funerario en el cual no está el cadáver de la persona a la que se dedica. *Los*

cenotafios modernos más comunes son las tumbas del soldado desconocido.
cenote *s. m.* Estanque natural de agua dulce alimentado por aguas subterráneas, a modo de pozo como consecuencia de haberse derrumbado el techo de una o varias cuevas. *El cenote sagrado de Chichén Itzá mide 60 m de diámetro.*
cenozoico, ca *adj.* Se dice de la era geológica que abarca desde aproximadamente 70 millones de años hasta la actualidad. *La era Cenozoica se caracteriza por el desarrollo de los mamíferos.*
censal *adj.* Relativo al censo.
censar *t.* Levantar un censo.
censo *s. m.* Padrón o lista de la población o elementos económicos de una nación o pueblo. *El censo poblacional se levanta cada diez años.*
censor *adj.* Que es propenso a criticar las acciones de los demás. *Más que crítico de arte, se ha convertido en censor.* || *s. m.* Magistrado romano que estaba encargado del censo y de velar por las costumbres. || Persona que ejerce la censura. || Quien lleva a cabo un censo.
censual *adj.* Perteneciente o relativo al censo.
censura *s. f.* Acción y efecto de censurar. || Restricción de la expresión de las ideas antes de su publicación, o enjuiciamiento de ellas después de haber sido publicadas. || Organismo oficial encargado de ejercer esta labor. *El Tribunal del Santo Oficio de la Inquisición fue la censura de su época.*
censurable *adj.* Digno de censura. *Aceptar sobornos es una actitud censurable.*
censurar *t.* Corregir, reprobar o notar ideas que se juzguen impropias, inmorales, etc., antes de darlas a conocer.
centauro *s. m.* Monstruo mitológico, hombre hasta la cintura y caballo el resto del cuerpo. *Giambologna esculpió la escena de Heracles matando al centauro.*
centavo *s. m.* Centésimo, cada una de las cien partes iguales de un todo. || Moneda que vale un céntimo de la unidad.
centella *s. f.* Rayo, descarga eléctrica que salta de las nubes a la tierra. || Persona que es muy veloz. *El velocista Usain Bolt es rápido como una centella.*
centellante *adj.* Que centellea.
centelleante *adj.* Que centellea.
centellear *intr.* Despedir destellos de luz intermitentes de intensidad y color variables. *Las estrellas centellean en noches oscuras.* || Brillar los ojos con intensidad. *Cuando se emociona le centellean los ojos.*
centelleo *s. m.* Acción y efecto de centellear.
centena[1] *s. f.* Conjunto de 100 unidades.
centena[2] *s. f.* Caña del centeno.
centenar *s. m.* Cien unidades.
centenario, ria *adj.* Que tiene 100 años. *En esta calle hay árboles centenarios.* || *s. m.* Conmemoración que se celebra cada 100 años. *La Revolución Mexicana vivió su primer centenario.*
centeno *s. m.* Planta gramínea, muy parecida al trigo. || Grano de esa planta.
centesimal *adj.* Se dice de cada uno de los números del 1 al 99 inclusive. || Se dice de cada una de las 100 partes iguales en que se divide un todo.
centésimo, ma *adj.* Se dice del número 100 en una serie; número ordinal de 100. || Se dice de cada una de las 100 partes iguales en que se divide un todo.
centiárea *s. f.* Medida de superficie, que tiene la centésima parte de un área, es decir, 1 m^2.
centígrado *s. m.* Escala para medir la temperatura dividida en 100 grados, que van del punto de congelación del agua a su punto de ebullición a nivel del mar. Se representa con la letra «C». *20 °C es una temperatura ambiente muy agradable.*
centigramo *s. m.* Centésima parte de un gramo.
centilitro *s. m.* Medida de capacidad equivalente a la centésima parte de un litro.
centímetro *s. m.* Medida de longitud equivalente a la centésima parte de un metro.
céntimo *s. m.* Centésimo.
centinela *s. com.* Soldado que vela apostado para vigilar y custodiar el puesto que se le confía. || Persona que vigila alguna cosa.
centolla o **centollo** *s. f.* Crustáceo decápodo marino, de caparazón redondo y repleto de espinas y protuberancias, patas largas y velludas, puede llegar a medir hasta 20 cm de diámetro. *La centolla abunda en los mares fríos de Alaska y del Cono Sur.*
centrado, da *adj.* Se aplica a aquello cuyo centro se halla en el lugar que debe ocupar. *El eje de las ruedas quedó centrado.* || Dicho de una cosa cuyo centro coincide con el de otra. *Las poleas del malacate quedaron centradas.* || Que se ocupa en un principio u objeto de interés específico. *La trama de esa novela está centrada en las aventuras de un náufrago.* || Se dice de la persona que piensa y actúa de manera sensata y sin dispersarse. *El maestro es muy centrado en sus comentarios.*
central *adj.* Perteneciente o relativo al centro. || Que está en el centro. || Que es importante o principal en un conjunto y en torno suyo. *Los estudiantes se organizaron en torno suyo, su liderato fue central en el grupo de estudio.* || *s. f.* Oficina o edificio principal de una institución o de una empresa. *Las frutas y verduras llegan del campo a la central de abastos.* || Instalación desde donde se hace funcionar un sistema. *La electricidad se genera en la central nuclear.*
centralismo *s. m.* Doctrina que defiende la concentración del poder político y las facultades administrativas de un país o de una organización en un poder central. *El centralismo es la doctrina opuesta al federalismo.*
centralista *adj.* Relativo o perteneciente al centralismo. *Las llamadas Siete Leyes de 1836 fue una constitución centralista de México.* || *s. com.* Se aplica al partidario del centralismo. *Lucas Alamán fue el ideólogo centralista más destacado de México en el siglo XIX.*
centralita *s. f.* Aparato que conecta una o varias líneas telefónicas con varios aparatos telefónicos.
centralización *s. f.* Acción y efecto de centralizar.
centralizado, da *adj.* Relativo a la centralización.
centralizador, ra *adj.* Que centraliza.
centralizar *t.* Reunir varias cosas en un centro común. *Para facilitar la distribución, los insumos se centralizaron en un solo almacén.* || Hacer que varias cosas dependan de un poder central. || Asumir el poder público facultades atribuidas a organismos locales. *El combate al crimen se centralizó en una sola Policía Nacional.*
centrar *t.* Determinar el centro de una cosa. || Colocar una cosa de modo que su centro coincida con el de otra. *Los engranes de la máquina están perfectamente centrados.* || Hacer que coincidan en un solo lugar varios elementos que actúan sobre él. *Los espejos cóncavos construidos por Arquímedes centraban los rayos del sol en las naves enemigas.*
céntrico, ca *adj.* Perteneciente o relativo al centro. || Que está en el centro de la ciudad. *En los almacenes céntricos se consiguen muchos géneros.*
centrifugación *s. f.* Acción y efecto de centrifugar.
centrifugado *s. m.* Resultado de la acción de centrifugar.
centrifugador, ra *adj.* Que centrifuga.
centrifugar *t.* Aplicar la fuerza centrífuga para separar los componentes unidos o mezclados. *La lavadora de ropa centrifuga el agua ahorrando el trabajo de exprimir con las manos.*
centrífugo, ga *adj.* Que se aleja del centro. || Se dice de la fuerza que hace que un cuerpo sometido a rotación tienda a alejarse del centro de

rotación. || *s. f.* Máquina que separa los componentes de una mezcla por acción de la fuerza centrífuga.

centrípeto, ta *adj.* Que atrae, dirige o impele hacia el centro. *La fuerza de gravedad es centrípeta.*

centrismo *s. m.* Tendencia o ideología política intermedia entre la derecha y la izquierda. *La socialdemocracia profesa el centrismo político.*

centrista *adj.* y *s. com.* Que sigue las ideas del centrismo.

centro *s. m.* Punto situado en el interior de un círculo, o de una esfera, equidistante de todos los puntos de la circunferencia, o todos los de la superficie esférica.

centroamericano, na *adj.* y *s.* Perteneciente o relativo a Centroamérica. || Originario de Centroamérica. *De Guatemala a Panamá, todos los países son centroamericanos.*

centrosoma *s. m.* Orgánulo celular que regula la mitosis, o división celular.

centuplicar *t.* Multiplicar una cantidad por 100, o hacer una cosa 100 veces mayor.

céntuplo, pla *adj.* Se dice del producto de la multiplicación de una cantidad por 100.

centuria *s. f.* Siglo. || Compañía de 100 hombres en la milicia romana bajo el mando de un centurión.

centurión *s. m.* Capitán de una centuria.

cenzontle *s. m.* Pájaro originario de Norteamérica, de canto muy armonioso y variado, que llega a imitar las voces de otras aves. *«Amo el canto del cenzontle, pájaro de cuatrocientas voces», escribió Netzahualcóyotl, tlatoani de Texcoco.*

ceñido, da *adj.* Ajustado, apretado. *Llevaba un vestido ceñido.*

ceñidor *s. m.* Faja o tira de cuero o tela con que se ciñe el cuerpo por la cintura. *Los cargadores en las mudanzas usan ceñidor.*

ceñir *t.* Rodear apretadamente a alguien o algo. *José María Morelos se ceñía la cabeza con un pañuelo.* || Reducirse en el gasto, en las palabras, etc. *Para no endeudarse hay que ceñir los gastos al ingreso.*

ceño *s. m.* Espacio entre ambas cejas, entrecejo. || Gesto de enojo o preocupación que consiste en arrugar la frente y juntar las cejas.

ceñudo, da *adj.* Se dice de la persona con el ceño fruncido, mostrando una expresión de enojo, poco amigable o preocupada.

cepa *s. f.* Parte del tallo o del tronco de las plantas que está bajo tierra unida a la raíz. || Conjunto de varios tallos unidos a una sola raíz. || Tronco de la vid, del cual brotan los sarmientos y, por extensión, toda la planta. *Este vino es de buena cepa.* || Origen o tronco de una familia o linaje. *La cepa de este linaje es de guerreros.* || En microbiología y genética, una variante genotípica de una especie propagada mediante cultivo que conserva las cualidades y propiedades específicas de un ascendiente común. *En el laboratorio lograron aislar y reproducir la cepa AH1N1 de la influenza.*

cepillado *s. m.* Resultado de la acción de cepillar. *En el anuncio muestran un cepillado perfecto con un revolucionario cepillo de dientes.*

cepilladora *s. f.* Máquina que sirve para alisar superficies.

cepilladura *s. f.* Acción y efecto de cepillar. || Viruta que se saca de la materia que se cepilla.

cepillar *t.* y *pr.* Limpiar algo usando un cepillo. || Peinar o peinarse usando un cepillo. || Alisar la superficie de un trozo de madera usando un cepillo de carpintero.

cepillo *s. m.* Utensilio para limpiar, o para desenredar o alisar el pelo, constituido por varios manojitos de cerdas, fibras, alambres, etc. || Instrumento de carpintería, que consta de una pieza en la que se inserta una navaja afilada, que sirve para pulir madera.

cepo *s. m.* Trampa para cazar animales. || Cualquier instrumento que sirve para aprisionar algo. || Instrumento de castigo que sujetaba la garganta o las piernas del reo. || Madero grueso donde se fija el yunque. || Instrumento para devanar la seda antes de torcerla.

cera *s. f.* Sustancia que segregan las abejas para formar las celdillas de sus panales. || Sustancia análoga a la anterior que producen algunas plantas. || Sustancia crasa que segregan ciertas glándulas del oído.

cerámica *s. f.* Arte de fabricar objetos de barro, loza o porcelana. || Conjunto de objetos así fabricados. || Material del que se hacen esos objetos, cuya base es la arcilla.

cerámico, ca *adj.* Perteneciente o relativo a la cerámica.

ceramista *s. com.* Persona que fabrica objetos de cerámica.

cerbatana *s. f.* Caña delgada para disparar dardos o proyectiles ligeros, soplando por uno de sus extremos. *Los aborígenes de la amazonia cazan con cerbatana.*

cerbero *s. m.* Arbusto del que hay muchas variedades, alguna venenosa.

cerca¹ *s. f.* Barda ligera o valla que circunda un terreno para limitarlo.

cerca² *adv.* Próximo en el espacio o en el tiempo. *El museo está por aquí cerca. La fecha de su cumpleaños está cerca.* || *loc.* ***Cerca de:*** a) junto a, al lado de; b) casi (cuando va acompañado de un complemento de cantidad. *La biblioteca está cerca del museo; desfilaron por ahí cerca de mil hombres.* || ***De cerca:*** a corta distancia. *De cerca se ve más bonita.*

cercado *s. m.* Lugar rodeado y limitado por una cerca. || Construcción a modo de valla o pared que rodea algo como límite.

cercado, da *adj.* Referido al espacio rodeado por una valla que lo protege o delimita.

cercanía *s. f.* Proximidad en el espacio o el tiempo. *La cercanía de la montaña permite ver los árboles.* || *pl.* Zona cercana o circundante. *Las cercanías del pueblo están pobladas de barrancas.*

cercano, na *adj.* Que se encuentra a corta distancia en el espacio, el tiempo, el valor o la medida. *Está cercano el día en que la habrás de pagar.* || Que está estrechamente relacionado con algo o alguien en el afecto, las ideas, etc. *Gabino Barreda fue discípulo cercano de Augusto Comte.*

cercar *t.* Rodear un terreno con cercas. *Para proteger el predio los debemos cercar.* || Poner cerco militar o sitio a una plaza. *El general Calleja decidió cercar Cuautla.*

cercén *adv.* Cuando se corta una cosa sin dejar nada de ella. *«Asiéndome de los cabellos hizo finta de cortarme la cabeza a cercén», relató Don Quijote.*

cercenar *t.* Cortar las extremidades de alguna cosa. *La máquina trituradora le cercenó el brazo.* || Acortar o disminuir violentamente o en una forma abusiva. *El presupuesto de este año cercenó los proyectos de investigación.*

cerceta *s. f.* Nombre común de diversas aves palmípedas del tamaño de una paloma.

cerciorar *t.* y *pr.* Asegurar alguien, mediante pruebas, la verdad de una cosa. *¿Te cercioraste de que tus cálculos estén correctos?*

cerco *s. m.* Construcción con la que se rodea un terreno o un área. *Construimos un cerco para hacer un corral.* || Aro de un tonel. || Asedio o sitio que pone una fuerza armada a una plaza. *El ejército puso cerco a la ciudad.*

cercopiteco *s. m.* Mono africano, particularmente expresivo tanto facial como vocalmente, tiende a vivir en grupos de unos 20 a 40 miembros.

cerda *s. f.* Pelo grueso y duro de ciertos animales.

cerdada *s. f.* Acción sucia e indecente.

cerdo, da *adj.* Se aplica a la persona sucia o grosera. || *desp.* Se dice de quien es muy gordo. || *s.* Mamífero doméstico adaptado para la producción de carne, crece y madura con rapidez y tiene camadas muy numerosas.

cerdoso, sa *adj.* Que le crecen muchas cerdas. || Parecido a las cerdas por su aspereza.

cereal *adj.* y *s.* Se aplica a las plantas gramíneas que dan semillas en forma de granos de las que se hacen harinas. *El trigo, el maíz, el arroz, la avena, la cebada, el sorgo, son cereales.* || *s. m.* Grano de estas plantas. || Alimento elaborado con esas semillas.
cerebelo *s. m.* Porción del encéfalo de los vertebrados que ocupa la parte posterior e inferior de la cavidad craneal.
cerebral *adj.* Perteneciente o relativo al cerebro. || Que actúa más con racionalidad que con los sentimientos.
cerebro *s. m.* Órgano más importante del sistema nervioso central situado en la parte anterior y superior de la cavidad craneal. En el ser humano es el órgano principal del pensamiento. || Persona muy inteligente. *Aurora es un cerebrito.* || Persona que concibe o dirige un plan de acción. *Miguel Hidalgo era el cerebro de la conspiración de Independencia.* || *loc.* ***Cerebro electrónico:*** dispositivo o sistema que regula automáticamente las secuencias de un proceso.
cerebroespinal *adj.* Que tiene relación con el cerebro y con la espina dorsal.
ceremonia *s. f.* Acto solemne con el que se da culto a las cosas divinas, o reverencia y honor a las profanas. *La Sociedad de Geografía e Historia realizó la ceremonia en honor a Humboldt.* || Ademán muy formal en honor de una persona o cosa. *Al maestro no le gusta que le hagan ceremonias*
ceremonial *adj.* Perteneciente o relativo a la ceremonia. || *s. m.* Conjunto de formalidades para cualquier acto público o solemne. *El encargado de la presentación conoce el ceremonial al derecho y al revés.*
ceremonioso, sa *adj.* Que gusta de cortesías y cumplidos exagerados.
céreo, a *adj.* De cera. || Relativo o semejante a la cera.
cereza *s. f.* Fruto del cerezo, de color rojo brillante, muy jugoso y de sabor dulce. || *Amér.* Fruto del cafeto maduro con cáscara de color rojo. || *loc.* ***La cereza del pastel:*** lo que es más apetecido o apreciado.
cerezal *s. m.* Sitio poblado de cerezos.
cerezo *adj.* y *s. m.* Árbol de unos 5 m cuyo fruto es la cereza. || Madera de este árbol, usada en ebanistería.
cerilla *s. f.* Vela de cera, larga y muy delgada. || Secreción del oído externo, semejante a la cera. || *Esp.* Fósforo.
cerillera *s. f.* Caja donde se guardan los cerillos.
cerillo *s. m. Méx.* Palillo fino y alargado con una punta de fósforo u otra materia inflamable, que sirve para encender fuego por frotamiento.
cerio *s. m.* Elemento químico metálico, que pertenece al grupo de las tierras raras. Es de color pardo rojizo, arde como el magnesio y algunos de sus derivados se utilizan en pirotecnia. Su número atómico es 58 y su símbolo *Ce.*
cerita *s. f.* Mineral formado por la combinación de silicatos de cerio, lantano y didimio.
cernedor, ra *s.* Persona que cierne. || *m.* Torno de cerner harina. || Coladera o cedazo.
cerner *t.* Separar la harina pasándola por un cedazo, o las partes más gruesas de las más menudas de una cosa reducida a polvo. || *pr.* Amenazar. *Sin nubes a la vista, la sequía se cernía sobre los cultivos.*
cernícalo *s. m.* Ave de rapiña, relativamente pequeña comparada con otras aves rapaces, pero más grande que la mayoría de las aves.
cernido *s. m.* Acción y efecto de cerner. || Cosa cernida.
cernidor *s. m.* Utensilio, generalmente es una especie de coladera o tamiz, que sirve para cernir.
cernir *t.* Cerner.
cero *s. m.* Número con el que se representa la ausencia absoluta de valor, en la numeración arábiga ocupa los lugares en que no ha de haber guarismo, colocada a la derecha de un número, decuplica su valor, mientras que a la izquierda de una fracción decimal, disminuye su valor en una décima parte. || Referencia a partir de la cual se mide o se cuenta una escala.
cerote *s. m.* Mezcla de trementina y cera para uso de los zapateros. || *Amér. C.* Excremento sólido.
cerquillo *s. m.* Círculo de cabello que queda después de rapar la parte superior e inferior de la cabeza. || *Cub. Ecua. Per.* y *Uy.* Fleco, flequillo.
cerrado, da *adj.* Que impide la salida o la entrada, la vista o la circulación. || Torpe o incapaz de entender. || Se aplica a la pronunciación con un acento muy característico y marcado. || Se dice del cielo muy cargado de nubes. || Se aplica de la barba muy poblada. || Se dice de la descarga hecha por un grupo de tiradores que disparan a la vez.
cerradura *s. f.* Mecanismo que se acciona con una llave y se pone en puertas, tapas de cofres, cajones, etc., para mantenerlos cerrados.
cerrajería *s. f.* Oficio de cerrajero. || Tienda o taller donde se venden, se reparan o fabrican cerraduras.
cerrajero, ra *s.* El que hace o compone cerraduras.
cerramiento *s. m.* Acción y efecto de cerrar o cerrarse.
cerrar *t.* Asegurar algo con una cerradura para que no se abra o para impedir que algo o alguien entre o salga de su interior. *Para no ser interrumpido cerró bien la puerta.* || Encajar en su marco la hoja de una puerta o ventana. *El viento cerró la ventana.* || Tapar una abertura. *El derrumbe cerró la entrada del túnel.* || Juntar las parte de ciertas cosas que se hallan separadas, como los párpados, los labios, las hojas de un libro, etc. || Poner término a una cosa. *La policía cerró la investigación del robo a la joyería.* || Terminar un plazo. *El plazo para presentar propuestas se ha cerrado.* || Ir en último lugar *Los jinetes cerraron el desfile.* || Dar por concertado un acuerdo o pacto. *Con un abrazo en Acatempan, Guerrero e Iturbide cerraron el pacto.* || Dar por finalizada la actividad de un negocio, definitivamente o a diario. *La lavandería cerró por falta de clientes.* || *intr.* y *pr.* Cicatrizar. *La herida cerrará completamente en dos semanas.* || Llegar la noche a la máxima plenitud. *Cuando salimos de la fiesta cerraba la noche.* || *pr.* Cubrirse de nubes el cielo. *Parece que va a llover, el cielo está cerrado.* || Mostrarse poco comunicativo o distante *Frente a las chicas se cierra y no habla.*
cerrazón *s. f.* Obstinación, obcecación. *Existen personas de tal cerrazón que resulta inútil cualquier discusión.* || Torpeza para comprender algo. *Juanito tiene una cerrazón para las matemáticas.*
cerrero, ra *adj.* Cerril, no domado || Salvaje, que vaga de cerro en cerro.
cerril *adj.* Se dice del terreno áspero y escabroso. || Se aplica al ganado no domado. *En esas montañas hay mulas cerriles.* || Grosero, tosco.
cerro *s. m.* Montaña pequeña y aislada que se levanta sobre una planicie. *El Cerro de la Silla es el símbolo de Monterrey.* || *fig.* Gran cantidad. *Tengo un cerro de papeles que leer.*
cerrojazo *s. m.* Echar el cerrojo bruscamente. || *loc.* ***Dar el cerrojazo:*** acción de terminar algo bruscamente. *Para evitar más críticas, los líderes le dieron cerrojazo a la asamblea.*
cerrojo *s. m.* Barra, generalmente de hierro, que corre sobre especies de armellas y se inserta en un agujero para ajustar y cerrar las puertas, ventanas, etc. || En los fusiles y otras armas ligeras, mecanismo que cierra la recámara.
certamen *s. m.* Concurso abierto para estimular con premios el cultivo de las ciencias, de las letras o de las artes. *Para conmemorar el bicentenario, se abrió un certamen sobre historia patria.*
certero, ra *adj.* Se aplica al tirador o disparo que da en el blanco. *El capitán Ramírez es un tirador muy certero.* || Que aporta respuestas o soluciones correctas a algo. *Sus comentarios sobre política siempre son certeros.*
certeza *s. f.* Conocimiento seguro, claro y evidente de que algo es cierto. || Cualidad de lo cierto.

certidumbre *s. f.* Conocimiento seguro y cierto de algo. *Estudié mucho porque requería certidumbre para exponer sobre ese tema.*
certificable *adj.* Que puede certificarse.
certificación *s. f.* Acción y efecto de certificar. || Garantía que asegura la verdad o autenticidad de algo. *La empresa cuenta con la garantía de la certificación ISO 9000.*
certificado, da *adj.* Que garantiza la verdad de alguna cosa. *El certificado de estudios avala mis calificaciones.* || Que cuenta con certificación. *La circulación del periódico está certificada.* || *s. m.* Documento oficial que indica que lo que allí está escrito es verdadero.
certificador, ra *adj.* Que certifica.
certificar *t.* Asegurar, especialmente una persona autorizada y mediante un documento oficial, que alguna cosa es cierta. || Obtener, mediante franqueo especial, la garantía de la entrega en mano de un envío postal.
certificatorio, ria *adj.* Que certifica o sirve para certificar.
certitud *s. f.* Certeza.
cerúleo, a *adj.* De color azul celeste.
cerumen *s. m.* Secreción de ciertas glándulas del oído.
cerval *adj.* Perteneciente o relativo al ciervo.
cervantino, na *adj.* Perteneciente o relativo a Miguel de Cervantes como escritor. *En Guanajuato se celebra cada año el Festival Cervantino.*
cervatillo *s. m.* Ciervo menor de seis meses.
cervato *s. m.* Cervatillo.
cervecería *s. f.* Fábrica o tienda de cerveza.
cervecero, ra *adj.* Perteneciente o relativo a la cerveza. *Para la fiesta compré tarros cerveceros.* || Se dice de la persona aficionada a beber cerveza. *En regiones muy calurosas, sus habitantes son muy cerveceros.* || *s. m.* Persona que hace cerveza o es dueño de una cervecería.
cerveza *s. m.* Bebida alcohólica refrescante, espumosa, hecha con granos germinados de cebada fermentada en agua y aromatizada con lúpulo, que le da sabor amargo.
cervical *adj.* Perteneciente o relativo a la cerviz.
cérvido *adj.* y *s.* Familia de mamíferos rumiantes, cuyos machos son los únicos mamíferos a los que les crecen astas nuevas en su cornamenta cada año; incluye a los venados, renos y alces.
cerviz *s. f.* Parte posterior del cuello.
cesación *s. f.* Acción de cesar.
cesante *adj.* Que ha cesado en sus funciones. || *s. com.* Que se ha quedado sin empleo. *Con la crisis quedó cesante.*
cesantía *s. f.* Estado de cesante. || Proporción estadística de desempleados en relación a la fuerza laboral. *El aumento de la cesantía es una manifestación de la crisis económica.*
cesar *t.* Despedir a alguien del empleo, generalmente de manera súbita y en forma brusca. || *intr.* Suspenderse o dejar de ocurrir una cosa. *¡Por fin cesó de sonar esa música estrepitosa!*
césar *s. m.* Emperador, jefe supremo del antiguo imperio romano.
cesárea *s. f.* Operación quirúrgica mediante la cual se hace nacer a un niño abriendo el útero de la madre. *La cesárea es hoy una operación casi de rutina.*
cese *s. m.* Acción y efecto de cesar. || Suspensión o finalización de una actividad. || Revocación del empleo y nota en que se hace constar. *Junto con su paga le llegó el cese.*
cesio *s. m.* Elemento químico metálico del grupo de los alcalinos. Está presente en aguas minerales y en las cenizas de algunas plantas. Se usa en la fabricación de células fotoeléctricas. Su número atómico es 55 y su símbolo *Cs.*
cesión *s. f.* Renuncia de alguna cosa, posesión, acción o derecho que una persona hace en favor de otra. *Por el Tratado de Guadalupe Hidalgo, México hizo cesión a Estados Unidos de vastos territorios.*
césped *s. m.* Hierba menuda y tupida que cubre el suelo.
céspol *s. m. Méx.* Pieza inicial de un sistema de drenaje, que consta de dos tubos acoplados en forma de «U».
cesta *s. f.* Recipiente cilíndrico más alto que ancho, tejido de mimbre, carrizo o varas, en el que se guarda ropa u otros objetos. || Recipiente en el que se echan papeles y otros desperdicios, generalmente pequeños.
cestería *s. f.* Sitio donde se hacen cestas o cestos, y tienda donde se venden.
cestero, ra *s.* Persona que hace o vende cestos o cestas.
cesto *s. m.* Cesta grande.
cestodo, da *adj.* y *s.* Se dice de los gusanos platelmintos de forma aplanada, semejante a una cinta, parásitos que generalmente viven en el intestino de los vertebrados, como la solitaria. || Orden de esos animales.
cesura *s. f.* Pausa en los versos después de los acentos métricos, que los separa en dos partes llamadas hemistiquios.
cetáceo, a *adj.* y *s.* Se dice de los mamíferos pisciformes, que tienen las extremidades anteriores transformadas en aletas, las posteriores atrofiadas y el cuerpo terminado en una aleta horizontal, y fosa nasal en lo alto de la cabeza, como las ballenas y los delfines. || *pl.* Orden de esos animales.
cetona *s. f.* Compuesto orgánico en el que el grupo carbonilo está unido a dos átomos de carbono, el más conocido es la acetona.
cetrería *s. f.* Arte de criar, domesticar y enseñar a halcones y otras aves de caza. || Caza que con ellos se hace.
cetrino, na *adj.* Se dice del color amarillo verdoso. || *fig.* Melancólico y adusto.
cetro *s. m.* Bastón adornado que usan reyes o altos dignatarios eclesiásticos como insignia de su dignidad.
ceviche *s. m. Amér.* Platillo de pescado en trozos, cocido en limón y vinagre y con ciertos condimentos.
cevichería *s. f.* Restaurante donde se preparan y sirven ceviches.
ch *s. f.* Dígrafo que representa un sonido palatal africado sordo y cuyo nombre es «che».
chabacanada *s. f.* Falta de gusto. || Grosería, vulgaridad.
chabacanería *s. f.* Chabacanada. || Dicho bajo e insustancial.
chabacano, na *adj.* Que es de mal gusto, grosero, sin arte. || *s. m. Méx.* Nombre con el que se le conoce al albaricoque, árbol frutal pequeño de la familia de las rosáceas, de corteza rojiza, flores rosadas y fruto amarillo rojizo. || Fruto de este árbol.
chabola *s. f. Esp.* Vivienda precaria construida generalmente con materiales de desecho en los suburbios sin urbanizar de las ciudades. En México se llama al sitio donde están construidas «ciudad perdida» y en Argentina «villa miseria».
chabolismo *s. m. Esp.* Presencia de chabolas en los suburbios de las ciudades. || Forma y condiciones de vida en las chabolas.
chabolista *s. com. Esp.* Habitante de una chabola.
chacal *s. m.* Mamífero carnicero, cánido, parecido al zorro y al lobo y algo más pequeño que éste, de costumbres nocturnas, se alimenta sobre todo de carroña.
chácara *s. f. Amér. Merid.* Hacienda agrícola y ganadera.
chacarera *s. f. Arg.* Danza del norte de Argentina, su música tradicional se ejecuta con guitarra, violín y bombos, se baila por grupos de parejas que danzan libremente con rondas y vueltas.
chacarero, ra *s. Amér. Merid.* Persona que se dedica a los trabajos campestres.
chachachá *s. m.* Baile y género musical originario de Cuba creado a partir del danzón.
chachalaca *s. f.* Ave de la familia de las crácidas, de diversas especies, semejante a las gallinas, cloquea o chilla fuertemente y con frecuencia a coro, originaria de México, América del sur y Centroamérica. || *fig.* Perso-

na que habla mucho o ruidosamente. *Habla como chachalaca.*
cháchara *s. f.* Charla inútil o frívola. *En vez de estudiar estaban en la cháchara.* || *Méx.* Cosa de poco valor. *Fuimos al mercado y compramos sólo cháchara*s.
chacharear *intr.* Conversar frivolidades, hablar mucho. *A ese grupito de amigas le gusta chacharear.* || *Méx.* Comerciar baratijas.
chacharero, ra *adj.* Parlanchín. || *Méx.* Que vende cháchara*s.*
chacina *s. f.* Carne desecada. || Carne de cerdo adobada para chorizos y otros embutidos. || Embutidos elaborados con esta carne.
chacinería *s. f.* Lugar donde se elabora y vende chacina.
chacinero, ra *adj.* y *s.* Persona que elabora o vende chacina.
chacona *s. f.* Antiguo baile europeo que en la península ibérica se acompañaba de castañuelas.
chacota *s. f.* Alegría que se expresa haciendo mucho ruido. || Burla que se hace sobre algo. || *loc.* ***Tomar a chacota:*** tomar a broma.
chacotear *intr.* Divertirse con burlas y dichos.
chacoteo *s. m.* Acción de chacotear.
chacotero, ra *adj.* y *s.* Inclinado a chocotear.
chacra *s. f. Amér. Merid.* Granja, casa de campo.
chacuaco *s. m. Méx.* Chimenea. *Fuma tanto que parece chacuaco.*
chacualear *intr. Méx.* Golpear ruidosamente el agua, con las manos o los pies.
chafa *adj. Méx. fam.* Se aplica a lo que está mal hecho o es de mala calidad.
chafar *t.* Aplastar. || Arrugar la ropa. || *fig.* Deslucir, maltratar, echar a perder.
chafirete *s. m. desp. Méx.* Chofer.
chaflán *s. m.* Plano que resulta de cortar la esquina que forman dos superficies planas. || Esquina de una calle cortada de esa manera.
chagra *s. com. Ecua.* Campesino.
chagual *s. m.* Planta originaria de Chile que crece en forma de roseta y de su centro nace la inflorescencia, que es una espiga de alrededor de 1 m de longitud coronada de flores.
chahuistle *s. m. Méx.* Hongo que ataca principalmente a las plantas gramíneas, tiene aspecto de polvillo negro o rojizo en las hojas y los tallos, haciendo que se marchiten y mueran. || Enfermedades relacionadas con las plantas gramíneas, o cualquier plaga muy dañina, sin importar su origen. || *loc. fig.* ***Caerle a alguien el chahuistle:*** se usa para lamentar cualquier situación inconveniente. *¡Me cayó el chahuistle! Me despidieron del trabajo y mi hijo reprobó todos los cursos.*
chaira *s. f.* Barra de acero para sacar filo del cuchillo. || Cuchilla de zapatero.
chajá *s. m.* Ave natural de América del Sur que vive en las marismas y a la orilla de los lagos y lagunas, parece un pavo pero está emparentado con los patos.
chal *s. m.* Paño de seda o lana, bastante más largo que ancho que, o de forma triangular, puesto sobre los hombros cubre parte de la espalda.
chala *s. f. Arg. Bol. Chil. Per.* y *Uy.* Hoja que envuelve la mazorca del maíz.
chalado, da *adj.* Alelado, abobado.
chaladura *s. f.* Extravagancia, locura, manía. || Enamoramiento.
chalán[1] *s. m.* Embarcación de poco calado y ancha, de fondo plano, impulsada por una pértiga o por un motor.
chalán[2] *adj.* y *s. Méx.* Ayudante, generalmente de albañil, pero también de conductor de autobús y talleres mecánicos.
chalar *t.* y *pr.* Enloquecer, chiflar, alelar. || Enamorarse.
chalchihuite *s. m. Méx.* Piedra verde, especie de esmeralda basta. || Baratija, cachivache.
chalé *s. m.* Casa de madera o estilo suizo. || Casa de recreo no muy grande.
chaleco *s. m.* Prenda de vestir sin mangas, que se lleva sobre la camisa.
chalet *s. m.* Chalé.
chalina *s. f.* Corbata larga, especie de chal angosto, de caída larga que usan las mujeres para cubrir el cuello.
chalote *s. m.* Planta liliácea muy parecida al ajo, que se usa como condimento.
chalupa *s. f.* Embarcación pequeña, angosta, que se impulsa con un solo remo y sirve para navegar por canales, acequias o lagos de aguas tranquilas. || *Méx.* Tortilla de maíz gruesa, oval y alargada, a la que se añaden frijoles, queso, hebras de carne, salsa, lechuga, etc.
chamaco, ca *s. Amér. C.* y *Méx.* Niño o adolescente. || Hijo.
chamagoso, sa *adj. Méx.* Sucio, mugriento, astroso.
chamán *s. m.* Hechicero al que se supone dotado de poderes sobrenaturales para invocar los espíritus, sanar a los enfermos, predecir el futuro, exorcizar, etc.
chamánico, ca *adj.* Relativo al chamán o al chamanismo.
chamanismo *s. m.* Culto mágico, conjunto de ritos y creencias en que el chamán hace de intermediario ante los dioses o espíritus tutelares.
chamanístico, ca *adj.* Propio del chamanismo.
chamarra *s. f.* Prenda de vestir que cubre el tronco del cuerpo, tiene mangas, y sirve para protegerse del frío. || Bozal de correas de cuero que se pone a los perros.
chamba *s. f. Méx.* Trabajo u ocupación.
chambear *intr.* Trabajar. *Tengo que levantarme temprano, voy a chambear.*
chambelán *s. m.* Camarlengo, gentilhombre de cámara. || *Méx.* Acompañante de jovencitas en actos sociales.
chambergo *s. m.* Sombrero de copa acampanada y de ala ancha.
chambón, bona *adj.* y *s.* Poco hábil en cualquier arte o facultad.
chambonada *s. f. fam.* Trabajo o tarea ejecutada con negligencia. *El plomero salió con una chambonada.* || *Esp.* Golpe de suerte.
chambonear *intr. fam.* Hacer chambonadas o malos trabajos.
chambra *s. f.* Prenda de vestir para mujer que se pone encima de la blusa. || *Méx.* Prenda de vestir para bebé tejida en estambre, que cubre desde los hombros hasta el pecho. Suele usarse en diminutivo.
chambrana *s. f.* Marco decorativo de piedra o madera que se pone alrededor de puertas y ventanas. || Travesaño de sillas y otros muebles. || *Ven.* Ruido estrepitoso.
chamicera *s. f.* Área de monte con restos de madera quemada y suelo renegrido por el mismo fuego.
chamico *s. m. Amér. Merid. Cub.* y *R. Dom.* Arbusto silvestre cuyo fruto es tóxico y se emplea en medicina y hechicería.
chamiza *s. f.* Caña silvestre que se usa en techumbres y paredes de chozas rurales.
chamizo *s. m.* Arbusto de hasta 1.5 m de alto que crece en zonas áridas y se emplea como forraje. || Choza construida con chamiza.
chamorro *s. m. Méx.* Pantorrilla del cerdo, apreciada por su sabor. || *fam.* Pierna de mujer.
champán o **champaña** *s. com.* Vino blanco espumoso de la región francesa de Champaña, muy apreciado para brindar en ocasiones especiales.
champiñón *s. m.* Hongo comestible cultivable, de consistencia suave y sabor terroso.
champú *s. m.* Sustancia jabonosa para lavar el cabello.
champurrado *s. m. Méx.* Atole de maíz con chocolate.
chamullar *intr. fam.* Hablar.
chamuscado, da *adj.* Que está quemado o a medio quemar por la parte exterior. || *fam. Méx.* Que quedó en evidencia.
chamuscar *t.* Quemar algo por la parte exterior. || *fam. Méx.* Perjudicar la imagen de alguien.
chamusquina *s. f.* Acción y efecto de chamuscar.
chance *s. m.* Oportunidad o posibilidad de lograr algo.

chancear *intr.* Hacer chanzas, burlas o bromas.
chancero, ra *adj.* Que es proclive a chancear, burlarse o bromear.
chanchada *s. f. Amér. Merid.* Acción desleal o grosera. || *Uy.* Porquería, suciedad.
chancho, cha *s. Amér. Merid.* Cerdo. || *fig.* Persona sucia. || *fam. Méx.* Persona obesa u objeto voluminoso.
chanchullar *t.* Hacer chanchullos o trampas, especialmente en juegos y competencias.
chanchullero, ra *adj.* Que comete chanchullos o trampas.
chanchullo *s. m. fam.* Acción tramposa, especialmente en juegos y competencias.
chancla *s. f.* Calzado doméstico cómodo, abierto o semicerrado, generalmente sin tacón. || Calzado doméstico mullido.
chancleta *s. f.* Chancla.
chancletazo *s. m.* Golpe dado con una chancla o chancleta.
chancletear *intr.* Andar en chancletas o en chanclas.
chancleteo *s. m.* Golpe y sonido de las chanclas o chancletas al andar con ellas.
chanclo *s. m.* Calzado grande sobrepuesto al calzado normal para protegerlo de la humedad u otros agentes.
chancro *s. m.* Úlcera causada por la sífilis.
chándal *s. m. Esp.* Traje deportivo con pantalón y camiseta o sudadera.
chaneque *s. m. Méx.* Personaje de la tradición oral maya, descrito como un enano o un hombrecito que se dedica a hacer travesuras.
chanfaina *s. f. Esp.* Guisado de vísceras y otras partes de res o cordero.
chanfle *s. m.* Efecto de curva en la trayectoria de un balón o proyectil. *Metió el gol de chanfle.*
chanflear *t.* Imprimir efecto de curva a la trayectoria de un balón.
changa *s. f. Amér. Merid.* Broma, burla.
changador, ra *adj.* y *s. Arg. Bol.* y *Uy.* Persona encargada de cargar o transportar equipaje.
changar *t.* Romper o descomponer una cosa.
changarro *s. m. fam. Méx.* Tienda pequeña de comestibles y otros artículos de consumo doméstico.
chango, ga *s. Méx.* Mamífero pequeño herbívoro con patas prensiles que vive en las ramas de los árboles y camina erguido o en cuatro patas.
chanquete *s. m.* Pez comestible pequeño de piel traslúcida y puntos negros en la cabeza, parecido al boquerón.
chantaje *s. m.* Amenaza de daño contra alguien para obtener un provecho.
chantajear *t.* Ejercer chantaje o amenaza contra alguien para obtener un provecho.
chantajista *adj.* y *s. com.* Persona que ejerce chantaje o amenaza a otros para obtener un provecho.
chantar *t. Esp.* Fijar o poner derecha una cosa. || *Chil. Ecua. Arg.* y *Per.* Poner a alguien en su sitio o decirle las cosas con claridad.
chantillí *s. f.* Crema de pastelería que se obtiene de la nata batida.
chanza *s. f.* Dicho festivo y gracioso. || Acción burlesca e ingeniosa.
chao *interj.* Adiós.
chapa *s. f.* Mecanismo de puertas y ventanas para abrirlas y cerrarlas. || Hoja o lámina de metal u otro material usada como refuerzo o adorno de objetos. || Baño de superficies metálicas. || Placa metálica distintiva de agentes del orden. || *Méx.* Mancha roja en las mejillas, natural o artificial.
chapado, da *adj.* Se dice del objeto bañado de algún otro material. *Tiene un llamativo reloj bañado en oro.* || *loc.* ***Chapado a la antigua:*** que se apega a las costumbres e ideas de sus mayores.
chapalear *intr.* Jugar en el agua, agitándola con pies y manos.
chapaleo *s. m.* Agitación del agua con pies y manos.
chapapote *s. m. Esp.* Chapopote.
chapar *t.* Cubrir o bañar objetos con una película de metal como protección o como adorno.
chaparral *s. m.* Monte poblado de chaparros o arbustos con muchas ramas duras y agresivas.
chaparreras *s. f. pl.* Piezas de cuero sobrepuestas al pantalón que usan los vaqueros para protegerse de arbustos y espinas.
chaparro *s. m.* Arbusto de roble o encina.
chaparro, rra *adj.* y *s.* Que es de baja estatura.
chaparrón *s. m.* Aguacero de poca duración.
chaparrudo, da *adj. Esp.* Achaparrado.
chapeado, da *adj.* Que está recubierto de película metálica. || *Méx.* Que tiene mejillas sonrosadas, natural o artificialmente.
chapear *t.* Chapar. || *C. R. Cub.* y *R. Dom.* Desbrozar terreno de maleza con machete.
chapería *s. f. Amér. Merid.* Taller donde se reparan las carrocerías de los autos.
chapero, ra *s. Amér. Merid.* Persona que repara carrocerías. || *s. m. Esp.* Homosexual.
chaperón, rona *s.* Acompañante asignado de una pareja de novios. || Alerón de madera para apoyar las canaletas de las construcciones.
chapete *s. m.* Mejilla sonrojada.
chapeteado, da *adj. Méx.* Que tiene chapetes o mejillas sonrosadas.
chapetón, tona *adj. ant.* Español recién arribado a América. || *s. m. Méx.* Adorno de plata de los arneses de montar.
chapetonada *s. f. ant.* Primera enfermedad de los españoles al llegar a América. || *Ecua.* Vapuleo a los novatos.
chapín, pina *adj.* Oriundo de Guatemala.
chapinada *s. f. desp.* Dicho o hecho de un chapín.
chapista *s. com.* Persona que trabaja chapas.
chapistería *s. f.* Taller donde se trabajan chapas. || Arte u oficio de trabajar chapas.
chapopote *s. m. Méx.* Alquitrán de petróleo espeso que se usa como asfalto e impermeabilizante.
chapoteadero *s. m.* Estanque para chapotear.
chapotear *intr.* Agitar el agua con pies y manos.
chapoteo *s. m.* Agitación del agua con pies y manos. || Ruido que se hace al chapotear.
chapucear *t.* Hacer chapuzas o trampas, especialmente en juegos.
chapucería *s. f.* Trampa o engaño que se hace en un trato o juego. || Cosa mal hecha o mal acabada.
chapucero, ra *adj.* Que comete chapuzas, trampas o engaños. || Que trabaja deficientemente.
chapulín *s. m. Amér. C.* y *Méx.* Insecto herbívoro voraz con alas y tres pares de patas aserradas, cuyo par posterior es muy fuerte, con el cual da saltos muy largos. En grandes grupos forma plagas muy dañinas para la agricultura.
chapullar *t.* Agitar el agua con pies y manos.
chapurrar o **chapurrear** *t. fam.* Hablar torpemente un idioma. *Dice saber inglés, pero en realidad sólo lo chapurrea.*
chapurreo *s. m.* Manera torpe de hablar un idioma.
chapuza *s. f.* Trampa o engaño para sacar ventaja de otros. || Trabajo ejecutado con negligencia. || *Méx.* Estafa.
chapuzas *s. com.* Persona que hace trampas o que trabaja con negligencia.
chapuzón *s. m.* Inmersión breve del cuerpo o la cabeza en el agua. || Baño rápido.
chaqué *s. m.* Prenda masculina de etiqueta semejante al saco, cuyas mitades se bifurcan hacia atrás.
chaqueño, ña *adj.* Perteneciente o relativo a la región sudamericana del Chaco, entre Bolivia, Paraguay y Argentina.
chaqueta *s. f.* Prenda de vestir de mangas largas y hasta la cintura o más abajo, que se pone sobre la camisa o el vestido. || *fam. Méx.* Masturbación masculina.

chaquetear *intr. desp.* Cambiar de bando u opinión por conveniencia personal.
chaqueteo *s. m.* Propensión a cambiar de bando u opinión por conveniencia personal.
chaquetero, ra *adj. desp. fam.* Que cambia de bando u opinión por conveniencia personal.
chaquetilla *s. f.* Chaqueta que cubre hasta arriba de la cintura. || Chaqueta pequeña de los toreros.
chaquetón *s. m.* Prenda de vestir más larga que la chaqueta.
chaquira *s. f.* Abalorio de cuentas de vidrio u otros materiales de diversos colores.
charada *s. f.* Acertijo de palabras a partir de indicaciones sobre su significado y de combinación de sílabas.
charal *s. m.* Pez pequeño de agua dulce, comestible, abundante en cuerpos de agua de Jalisco y Michoacán, México. || *fam. Méx.* Persona muy flaca.
charamusca *s. f.* Leña menuda. || *Hond.* y *Méx.* Dulce de azúcar derretido, cristalizado y quebradizo.
charanda *s. f.* Bebida alcohólica de caña de azúcar saborizada, típica de Michoacán, México. || Tierra rojiza con óxido de hierro de Michoacán, México.
charanga *s. f.* Banda de música popular de viento y percusiones.
charango *s. m.* Especie de guitarra pequeña de cinco cuerdas dobles con caja de caparazón de armadillo o de madera, típica de la música andina.
charanguero, ra *adj.* Que hace trampas o comete engaños.
charca *s. f.* Embalse un tanto considerable de agua.
charco *s. m.* Embalse de agua derramada o estancada sobre el terreno o el piso.
charcutería *s. f.* Expendio de embutidos, carnes secas y similares.
charcutero, ra *s.* Persona que vende productos de charcutería o embutidos.
charla *s. f.* Conversación informal entre dos o más personas. || Exposición oral más o menos libre ante una audiencia.
charlador, ra *adj.* Que habla mucho y dice poco.
charlar *intr.* Conversar por pasatiempo, sin propósito determinado. || Hablar mucho y decir poco.
charlatán, tana *adj.* Que habla mucho sin decir nada. || Que embauca a la gente con palabras. || *s.* Vendedor que anuncia su mercancía a voces.
charlatanear *intr.* Hablar sin ton ni son. || Embaucar con palabras.
charlatanería *s. f.* Estado de locuacidad. *El alcohol le provocó charlatanería.* || Afirmación o conjunto de afirmaciones falsas. *No hagas caso, es pura charlatanería.*
charlista *s. com.* Persona que imparte charlas. || Persona capaz de entretener charlando.
charlotear *intr.* Hablar o intercambiar palabras para pasar el rato, sin ton ni son.
charloteo *s. m.* Acción de charlotear.
charnela *s. f.* Mecanismo articulador de dos piezas giratorias. || Miembro articulador de las conchas bivalvas.
charol *s. m.* Barniz muy brillante que se adhiere firme y uniforme a las superficies. *Se presentó en la Corte con botas de charol.*
charola *s. f. Méx.* Recipiente casi plano para presentar y transportar alimentos, bebidas u otros objetos.
charolado, da *adj.* Que está cubierto de charol.
charolar *t.* Barnizar objetos con charol.
charque *s. m. Arg. Bol. Chil. Per.* y *Uy.* Charqui.
charqui *s. m. Arg. Bol. Chil. Per.* y *Uy.* Carne salada.
charquicán *s. m. Arg. Chil.* y *Per.* Guiso de charqui o tasajo con ingredientes varios.
charrasca *s. f.* Navaja rudimentaria. || Sable que se arrastra al caminar.
charreada *s. f.* Fiesta mexicana en la que se ejecutan suertes charras.
charrería *s. f.* Conjunto de prácticas y suertes ejecutadas por los charros.
charretera *s. f.* Insignia militar en forma de tablilla sujeta a los hombros del saco y adornada con flecos.
charro, rra *adj.* y *s.* De gusto recargado. || *Méx.* Se aplica al criador de ganado y jinete, diestro en la doma de caballos y suertes relacionadas, que viste pantalón ajustado, camisa blanca, corbata de lazo, chaleco abierto y sombrero de ala ancha y redonda.
charrúa *adj.* y *s. com.* Perteneciente o relacionado con un grupo indígena ya desaparecido de la costa norte del Río de la Plata. || De Uruguay.
chascarrillo *s. m.* Anécdota o frase graciosa, generalmente picante.
chascarro *s. m.* Chascarrillo.
chasco *s. m.* Decepción provocada por un suceso contrario al esperado. || Burla o engaño.
chasconear *t. Chil.* Enredar las cosas para burlarse o engañar a otros.
chasis *s. m.* Estructura de acero que soporta la carrocería y el motor de los automóviles.
chasque *s. m. Amér. Merid.* Chasqui.
chasquear *t.* Engañar o decepcionar. || Frustrar. || Provocar chasquidos.
chasqui *s. m. Amér. Merid.* Mensajero indio de Sudamérica.
chasquido *s. m.* Sonido seco del látigo u objeto similar al atraerlo súbita y vigorosamente en el aire. || Sonido de la lengua al separarla súbitamente del paladar. || Ruido seco de una cosa al romperse, como la madera al rajarse.
chasquilla *s. f. Chil.* Mechón de cabello recortado sobre la frente.
chat *s. m. fam.* Conversación informal por escrito en internet.
chatarra *s. f.* Metal de deshecho, principalmente de hierro. || Aparato o vehículo viejo e inservible. || *loc. Méx.* ***Comida chatarra:*** comida no nutritiva, muchas veces nociva al organismo.
chatarrería *s. f.* Establecimiento de compraventa de chatarra.
chatarrero, ra *s.* Persona que se dedica a recoger, comprar y vender chatarra.
chatear *t.* Conversar por escrito por internet. || *Esp.* Beber vino.
chateo *s. m.* Acción y efecto de chatear. *Desde que se conectó a internet no para su chateo.*
chato, ta *adj.* y *s.* Que tiene la nariz pequeña y aplastada. || Se dice de la nariz con esas características. || Plano o poco prominente en comparación con otros objetos de la misma especie. || Elemental, sin elaboración, poco significativo. || *s. m. Esp.* Vaso bajo y ancho en el que se sirven Bebidas.
chatura *s. f.* Parte de una superficie que tiene menos relieve que el resto. || Condición de pobreza intelectual.
chau *interj. Arg. Bol. Per.* y *Uy.* Expresión para decir adiós.
chaucha *s. f. Arg. Bol. Py.* y *Uy.* Vaina verde comestible del frijol, poroto o judía. || Cantidad mínima de dinero.
chauvinismo *s. m.* Chovinismo.
chauvinista *adj.* y *s. com.* Chovinista.
chaval, la *s. Esp.* Niño, persona muy joven.
chaveta *s. f.* Clavo casi totalmente hendido para asegurar, al abrir sus patas, las piezas de un instrumento o mecanismo. || *loc. fam.* ***Perder la chaveta:*** perder el juicio, enloquecer.
chavetear *intr.* Asegurar piezas con chavetas.
chavo, va *adj.* y *s. Méx.* Muchacho, persona joven.
chayote *s. m.* Fruto de la chayotera, de color verde claro y superficie espinosa, el cual se come cocido y tiene un sabor ligeramente dulce.
chayotera *s. f.* Planta trepadora cuyo fruto es el chayote.
che¹ *s. f.* Nombre del dígrafo ch.
che² *interj. Arg. Bol.* y *Uy.* Expresión para llamar o solicitar atención a alguien.
checar *t. Méx.* Comprobar la validez de algo. *Hay que checar el estado de cuenta.* || Confirmar el inicio o la terminación de una jornada o tarea. *Al iniciar la jornada hay que checar tarjeta.*
checo, ca *adj.* y *s.* Originario o relacionado con el país de Europa central llamado República Checa, antes Che-

coslovaquia. || Lengua eslava hablada en esa región.
chef *adj.* y *s. com.* Cocinero jefe de un restaurante de alta categoría.
chelín *s. m.* Antigua moneda inglesa equivalente a la vigésima parte de una libra o a 12 viejos peniques. || Unidad monetaria de Kenia, Somalia, Tanzania y Uganda.
chelista *adj.* y *s. com.* Ejecutante del chelo o violonchelo.
chelo *s. m.* Violonchelo.
cheque *s. m.* Documento equivalente a la cantidad de dinero especificada en él y amparada en una cuenta bancaria.
chequear *t.* Corroborar algo. || *pr.* Someterse a examen médico.
chequeo *s. m.* Corroboración de algo. || Examen médico exhaustivo.
chequera *s. f.* Talonario y cartera de cheques.
cherna *s. f.* Pez robusto de hasta 1 m de longitud, apreciado por el sabor y consistencia de su carne.
chévere *adj. Cub. P. Rico* y *Ven.* Que es agradable, estupendo, excelente.
chía *s. f.* Planta herbácea semejante a la salvia, cuya semilla se usa para preparar bebidas refrescantes y de la que se extrae un aceite secante.
chiapaneco, ca *adj.* Originario de o relacionado con el estado mexicano de Chiapas.
chibcha *adj.* De o relacionado con el pueblo indígena del mismo nombre, al norte de Bogotá, Colombia.
chibolo, la *adj. Amér. C. Col. Ecua.* y *Per.* Cualquier cuerpo esférico y pequeño.
chic *adj.* Que viste a la moda y toma las cosas a la ligera.
chicana *s. f. desp.* Procedimiento tramposo para sacar provecho de otros.
chicanear *intr. desp.* Emplear chicanas o trampas para sacar provecho de otros.
chicanero, ra *adj. desp.* Que emplea chicanas o hace trampas.
chicano, na *adj.* y *s.* Nacido en Estados Unidos de origen mexicano. || Relacionado con la cultura creada por los estadounidenses de origen mexicano. || Relacionado con la reivindicación de los derechos y cultura de la minoría estadounidense de origen mexicano.
chicha[1] *s. f.* Bebida alcohólica americana elaborada a partir de la fermentación del maíz.
chicha[2] *loc.* **Calma chicha:** quietud absoluta.
chícharo *s. m.* Leguminosa de unos 2 m de longitud cuyo fruto, del mismo nombre, se aloja en una vaina, es verde, casi esférico y comestible.
chicharra *s. f.* Insecto de color gris verdoso que emite un sonido metálico, estridente y monótono. || Timbre eléctrico que emite un sonido similar al del insecto del mismo nombre.
chicharrear *intr. fam.* Activar un timbre eléctrico.
chicharrón *s. m.* Residuo endurecido de la lonja y la piel rasurada de ciertos animales, especialmente del cerdo, frito en su propia grasa. || Bocadillo de maíz y grasa vegetal que imita al chicharrón de origen animal. || Carne requemada. || *loc. fam. Méx.* ***Dar chicharrón a alguien:*** matarlo.
chicharronero, ra *adj.* y *s.* Se dice de quien hace o vende chicharrones.
chiche *s. f. fam. Amér. C.* y *Méx.* Pecho de hembra humana o animal. || *Amér. Merid.* Juguete.
chichería *s. f. Amér.* Expendio donde venden chicha.
chichi *s. f. fam. Méx.* Chiche.
chichicaste o **chichicastle** *s. m. Amér. C.* y *Méx.* Arbusto silvestre cuyo tallo fibroso se usa en cordelería.
chichicuilote *s. m. Méx.* Ave parecida a la paloma que vive en zonas aledañas al mar, lagos, ríos y lagunas, domesticable y comestible.
chichimeca *adj.* De origen o relacionado con los pueblos prehispánicos seminómadas que habitaron la región centro norte de México. || *s. f. pl.* Conjunto de esos pueblos.
chicho, cha *adj. Méx.* Muy bueno, estupendo.
chichón *s. m. fam.* Inflamación causada por un golpe recibido en el cráneo.
chicle *s. m.* Goma de mascar saborizada y aromatizada. || Resina pegajosa del chicozapote con la que se elabora goma de mascar y otros productos.
chiclero, ra *adj.* Que se dedica a la extracción de resina del chicozapote, fabrica o vende chicle.
chicloso, sa *adj.* Que es espeso y pegajoso. || Golosina de leche y azúcar, espesa y pegajosa.
chico, ca *adj.* Que es pequeño o de poco tamaño. || Muy joven. || *s.* Hombre o mujer de edad no muy avanzada. || Empleado joven que hace tareas menores.
chicoria *s. f.* Achicoria.
chicotazo *s. m.* Golpe dado con un chicote.
chicote *s. m. Amér.* Látigo largo. || *Chil.* y *Uy.* Trozo de cable más o menos largo. || *Col. fam.* Cigarro puro. || *Méx.* En los vehículos automotores, cable de acero unido por uno de sus extremos al acelerador y por el otro al múltiple de admisión. || *Pan.* Trabillas en los pantalones o faldas para sujetar el cinturón.
chicotear *t. Amér.* Golpear con el chicote. || Moverse algo como un látigo, haciendo un ruido característico. *Se desprendió un cable de la luz y está chicoteando, tengan precaución.*
chicozapote *s. m. Méx.* Fruto comestible, semiesférico, de color pardo, cáscara áspera y pulpa muy dulce con grandes semillas negras y brillantes. || Árbol que produce este fruto. *El chicozapote llega a medir hasta 30 m de alto y de su tronco se saca látex.*
chicuelo, la *s.* Chico, niño de entre seis y 14 años.
chiflado, da *adj.* y *s. fam.* Maniático, que tiene la razón perturbada. || Apasionado en extremo por algo. *Está chiflado por los juegos de rol.*
chifladura *s. f.* Acción y efecto de chiflar o chiflarse. || Acción o comportamiento extravagante.
chiflar *t.* y *pr.* Hacer burla pública de alguien, por lo general con silbidos y gritos. || *fam.* Gustar algo mucho a alguien. *La chiflan los pastelillos.* || *intr.* Silbar, sobre todo para llamar la atención o burlarse de alguien. || *pr.* Perder la razón, enloquecer.
chiflido *s. m.* Silbido fuerte para llamar la atención. *No sirve el timbre, así que cuando llegues das un chiflido.* || Sonido que hacen los que chiflan a alguien para burlarse de él.
chiflón *s. m. Amér.* Corriente de aire que se cuela por una rendija o debajo de una puerta. || *Chil.* Derrumbe de piedras sueltas dentro de una mina. || *Méx.* Tubo o manguera por donde sale al agua de una bomba de riego o una fuente.
chihuahuense *adj.* y *s. com.* Perteneciente o relativo al estado mexicano de Chihuahua. || Nacido en Chihuahua.
chilacayote *s. m. Méx.* Variedad de calabaza ovalada, con pulpa blanca fibrosa y semillas negras. *El chilacayote se utiliza para preparar guisos y confeccionar dulces.*
chilango, ga *adj.* y *s. Méx.* Persona originaria de la Ciudad de México.
chilaquiles *s. m. pl. Méx.* Plato a base de tortillas cortadas, fritas y remojadas en salsa de chile; se sirve aderezado con queso, cebolla y crema.
chilatole o **chileatole** *s. m. Méx.* Guiso de atole de maíz con chile y carne de pollo o de cerdo.
chile *s. m. Amér. C.* y *Méx.* Planta herbácea anual que se cultiva por sus frutos comestibles; tiene diversas variedades. *Algunos tipos de chile son el jalapeño, el serrano, el poblano y el habanero.* || Fruto picante, por lo general de forma alargada, de esta planta. || *vul.* Pene. || *loc.* ***A medios chiles:*** medio borracho.
chilena *s. f.* En futbol, maniobra que consiste en impulsarse hacia atrás para patear la pelota dando un salto de espaldas. || Cueca, danza nacional oficial de Chile. || Género musical mexicano de la llamada Costa Chica, región entre los estados de Guerrero y Oaxaca.
chilenismo *s. m.* Palabra, giro o expresión propia del español que se habla en Chile.

chilenizar *t.* y *pr.* Dar a algo, o adquirir, carácter de chileno. || Adoptar costumbres chilenas.
chileno, na *adj.* y *s.* Perteneciente o relativo a Chile. || Natural de Chile.
chilero, ra *adj.* y *s. Guat.* y *Méx.* Persona que se dedica a cultivar chile, o a la compraventa de este producto. || *Guat.* Mentiroso, embustero.
chilindrina *s. f. Esp. fam.* Cosa de escasa importancia. || *Méx.* Pan dulce, redondo y esponjoso elaborado con huevo.
chilla[1] *s. f.* Silbato de cazadores que imita el chillido de animales como conejos, liebres o zorras. || Sonido de ese silbato, o ruido con que el cazador imita el reclamo de ciertos animales. || *Chil.* Variedad de zorra, más pequeña que la europea y de pelaje grisáceo. *Las chillas están en peligro de extinción, pues las cazan por deporte.*
chilla[2] *s. f.* En construcción, tabla delgada y de muy baja calidad, que se usa para tapar juntas o sostener elementos. || *Cub.* Pobreza, escasez de dinero. || *loc. Méx.* ***Estar en la chilla:*** carecer de dinero, estar pobre.
chilladera *s. f. Amér. fam.* Llanto continuo y molesto. *El bebé nos desveló con su chilladera.* || *desp.* Queja recurrente o actitud quejumbrosa.
chillador, dora *adj.* Que chilla. || *s. m. Per.* Pequeño instrumento de cuerda parecido al charango, de sonido agudo. Se tañe como la guitarra.
chillar *intr.* Emitir chillidos un animal o persona. || Gritar, sobre todo de manera destemplada. || Reclamar, mostrar desacuerdo o regañar a gritos. || Rechinar o chirriar algo. *Esos zapatos chillan.* || En pintura, destacar un color de manera chocante con relación a otros. || *Méx.* Llorar.
chillería *s. f.* Ruido de chillidos o voces desacompasadas. || Reprensión o regaño a gritos.
chillido *s. m.* Sonido de la voz estridente y destemplado. *Lanzó un chillido al descubrir una cucaracha sobre su escritorio.*
chillón, na *adj.* Se dice del sonido estridente y desagradable. || Que chilla mucho. *Un niño chillón.* || Color demasiado vivo, o que choca con otros por estar mal combinado. || *Méx.* Que llora por cualquier cosa. || *Méx. desp.* Miedoso, cobarde.
chilmole *s. m. Méx.* Nombre dado a varios guisos cuyo ingrediente principal es el chile seco molido, combinado con especias y tomate o frijoles.
chilmolero, ra o **chimolero, ra** *adj.* Se dice de la persona fastidiosa. || *s.* Persona que prepara o vende chilmoles.
chilpayate, ta *s.* Niño pequeño, de corta edad.
chimboracense *adj.* y *s.* Nacido en la provincia de Chimborazo, Ecuador. || *adj.* Perteneciente o relativo a dicha provincia.
chimenea *s. f.* Conducto para evacuar el humo de un horno o del fogón de una casa. || Hueco, con un conducto para evacuar el humo, construido en la pared de una habitación, para prender fuego y calentarse. || Conducto cilíndrico de gran altura, destinado a evacuar los humos resultantes de un proceso industrial. || Grieta vertical en una pared de roca o en un glaciar. || En geología, conducto que lleva hacia el exterior la lava que arroja un volcán en erupción.
chimichurri *s. m. Arg.* Salsa para condimentar la carne, elaborada a base de hierbas aromáticas, especias, ajo, vinagre y aceite.
chiminango *s. m. Col.* Árbol leguminoso que alcanza hasta 20 m de altura, cuyo follaje puede extenderse hasta 10 m. *El chiminango también es llamado payandé y, además del ornamental, tiene múltiples usos.*
chimpancé *s. m.* Simio originario de África ecuatorial, de tamaño un poco menor que el de un humano y cuerpo cubierto de pelo negro, excepto la cara, que se caracteriza por sus cejas y labios prominentes y de gran movilidad.
chimú *adj.* De un pueblo amerindio que habitaba el norte de Perú. || Perteneciente o relativo a los chimúes. *La cultura chimú floreció entre los años 1100 y 1400 de nuestra era.* || *s. m.* Lengua hablada por este pueblo.
chimuelo, la *adj.* y *s. Méx.* Persona a la que le falta uno o varios dientes.
china *s. f. Esp.* Piedra de pequeño tamaño. || Juego de manos en el que uno esconde algún objeto en una de ellas, y los demás deben adivinar dónde se halla.
chinacate *s. m. Méx.* Murciélago. || Pollo sin plumas, particularmente en su parte trasera.
chinaco *s. m. Méx.* Guerrillero de origen popular que participó en las guerras de independencia, intervención francesa y Reforma.
chinampa *s. f. Méx.* Islote flotante sobre el que se cultivan flores y hortalizas. *Xochimilco es famoso por sus chinampas.*
chinampero, ra *adj. Méx.* Se dice del producto cultivado en chinampa. || *s.* Persona que cultiva en chinampas.
chinchayote *s. m. Méx.* Raíz comestible de la planta del chayote.
chinche *s. f.* Insecto de cuerpo aplanado, que despide mal olor. Es parásito, se alimenta de la sangre de personas y animales. || Chincheta. || Persona molesta y fastidiosa. *Ese par son unas chinches, no vuelvas a invitarlos.*
chincheta *s. f.* Pequeño clavo de punta corta y aguda, con cabeza plana y circular. *Las chinchetas se clavan con sólo presionarlas con el dedo.*
chinchilla *s. f.* Mamífero roedor sudamericano parecido a una ardilla pero más grande y robusto; vive en madrigueras subterráneas. *El pelo de las chinchillas es de color gris y muy suave.* || Piel de este roedor. *La chinchilla es muy apreciada en peletería y muy cara.*
chinchín[1] *s. m. Chil.* Arbusto de follaje siempre verde, con flores en espiga de color amarillo y bayas entre amarillentas y rojizas; sus hojas nacen por pares, siendo una más grande que la otra.
chinchín[2] *interj.* Se emplea como exclamación al chocar las copas en un brindis.
chinchorro *s. m.* Red barredera para pescar. || Bote pequeño de remos que se trae a bordo de embarcaciones mayores para destinarlo a faenas de apoyo. || *Col.* y *Ven.* Hamaca anudada a manera de red.
chinchoso, sa *adj.* y *s. fam.* Se refiere a una persona impertinente, pesada y molesta. *No soporto a esa niña chinchosa.*
chinchudo, da *adj. fam. Arg.* Gruñón, malhumorado. *Vino un tipo chinchudo a reclamar.*
chinchulín *s. m. Arg. Bol.* y *Uy.* Intestino delgado de oveja o res que se come frito o asado.
chincol *s. m. Amér. Merid.* Pájaro pequeño parecido al gorrión, su canto es agradable. || *Chil. fam.* Pene, en particular el de los niños. || *fig.* Persona menuda y de baja estatura.
chinela *s. f.* Zapatilla para estar en casa, de suela delgada y flexible y por lo común sin talón.
chinga *s. f. Amér.* Mofeta. || *Arg.* Cosa muy fastidiosa o molesta. || *Arg. vul.* Acción y efecto de chingar. || *C. R.* Colilla de cigarro. || *Méx. vul.* Tunda, golpiza. || *Ven.* Borrachera.
chingada *s. f. vul. Méx.* Mujer promiscua, prostituta. || *loc.* ***A la chingada:*** se usa para enviar a paseo a alguien molesto. || ***De la chingada:*** muy mal, pésimamente. || ***Llevarse la chingada a alguien:*** estar en dificultades serias o muy enojado. || ***Mandar a alguien,*** o ***irse a la chingada:*** deshacerse de alguien fastidioso, o irse muy molesto de algún sitio.
chingadazo *s. m. vulg. Méx.* Golpe muy fuerte.
chingadera *s. f. vulg. Méx.* Cosa mal hecha. || Acciones tontas o malas.
chingado, da *adj. Méx. vul.* Que ha sufrido un daño importante, o ha sido perjudicado. || *loc.* ***¡Ah, chingado!:*** expresa sorpresa o disgusto.
chingar *t. vul. Méx.* Molestar o importunar con insistencia. || Estropear algo, echarlo a perder. || Realizar el acto sexual. || *Amér. C.* Cortarle el rabo

a un animal. || *Amér. C.* y *Méx.* Perjudicar o dañar a alguien de manera grave y alevosa. || *pr.* Frustrarse, fracasar, fallar en algo. || Tener que apechugar con circunstancias injustas o desfavorables.
chinglar *intr.* Pasar un trago de vino.
chingo, ga *adj. Amér. C.* Se dice del animal al que se ha cortado el rabo. || Se aplica al vestido que queda corto. || *Amér. C.* y *Ven.* Chato, de nariz pequeña. || *Col.* y *Cub.* Diminuto, muy pequeño. || *C. R.* Desnudo. || *Nic.* Que es de estatura baja. || *Ven.* Ávido, muy deseoso. || *s. m. Méx. vul.* Cantidad muy grande de algo. *Había un chingo de gente en el banco.* || *s. f.* Golpiza. *Lo atajaron unos asaltantes y le pusieron una chinga terrible.*
chingolo *s. m.* Pájaro de la zona del Río de la Plata de color pardo rojizo, cabeza gris, garganta blanca y pico cónico; su canto es melodioso. *Los chingolos ponen huevos de color azul claro con manchitas pardas.*
chingón, gona *adj. vulg. Méx.* Se aplica a lo que es muy bueno o está muy bien. || *s. vulg. Méx.* Persona muy hábil para hacer algo.
chinguirito *s. m. Cub.* Aguardiente de caña de baja calidad. || *Cub.* Trago de alguna bebida alcohólica fuerte.
chino, na¹ *adj.* y *s.* Se aplica a la persona nacida en China. || Perteneciente o relativo a China. || *s. m.* Lengua hablada en China. *El chino tiene muchos dialectos regionales.* || Colador de forma cónica, con agujeros finos. || *loc.* ***Engañar como a un chino:*** aprovecharse de su ingenuidad y credulidad. || ***Hablar en chino:*** decir cosas enredadas, difíciles de comprender.
chino, na² *adj.* y *s. Amér. Merid.* Persona de aspecto aindiado. || *Col.* Se dice del indio o india que no han sido civilizados. || *Cub.* Hijo o hija de una persona negra y otra mulata. || *Méx.* Se usa para referirse a personas con el cabello rizado. || *s. Per.* Mestizo, cholo. || *Amér. Merid.* Persona de clase social baja. || Sirviente o criado.
chip *s. m.* En electrónica, placa delgada y muy pequeña de silicio, que sirve de soporte a las partes activas de un circuito integrado. *Los chips miden unos pocos milímetros.*
chipá *s. m. Arg. Py.* y *Uy.* Bollo elaborado con harina de maíz o de mandioca.
chipichipi *s. m. Méx.* Llovizna ligera.
chipile *s. m. Méx.* Chipilín.
chipilín *s. m. Salv. Guat.* y *Méx.* Hierba leguminosa comestible, de agradable olor y sabor.
chipilín, lina *adj.* y *s.* Niño pequeño, chiquilín.
chipirón *s. m.* Calamar pequeño.
chipote *s. m. Amér. C.* Golpe dado con la mano. || *Guat.* y *Méx.* Chichón.
chipotle *s. Méx.* Chile jalapeño que se deja madurar hasta enrojecer, luego se seca y se somete al ahumado.
chipriota *adj.* y *s. com.* Persona nacida en Chipre. || Perteneciente o relativo a Chipre.
chiquear *t. Cub.* y *Méx.* Tratar a alguien con ternura y cariño.
chiqueo *s. m. Cub.* y *Méx.* Resultado de chiquear.
chiquero *s. m.* Cobertizo o establo para guardar los cerdos. || En tauromaquia, compartimiento del toril donde se encierra un toro antes de sacarlo a la lidia. || *fig.* Lugar muy sucio y desordenado.
chiquigüite o **chiquihuite** *s. m. Guat.* y *Méx.* Cesto sin asas, tejido con carrizo, mimbre o bejuco.
chiquilín, na *s.* Niño de corta edad.
chiquillada *s. f.* Acción o comportamiento como de chiquillo.
chiquillería *s. f. fam.* Conjunto más o menos nutrido de niños pequeños.
chiquillo, lla *adj.* y *s.* Niño o niña.
chiquitear *t. Méx.* Dar o tomar algo de a poco para que dure más.
chiquitín, na *adj.* y *s. fam.* Pequeño, niño de corta edad.
chirimbolo *s. m.* Objeto o utensilio de forma extraña al que no se sabe cómo nombrar.
chirimía *s. f.* Instrumento musical de viento, hecho de madera. *La chirimía tiene diez agujeros y boquilla con lengüeta.*
chirimoya *s. f.* Fruto del chirimoyo, de cáscara verde, pulpa suave, dulce y fragante, con semillas negras.
chirimoyo *s. m.* Árbol de América tropical que mide unos ocho metros de alto; tiene hojas elípticas y puntiagudas, su fruto es la chirimoya.
chiringuito *s. m. Esp.* Pequeño establecimiento comercial, o quiosco al aire libre, donde se vende comida ligera y bebidas.
chiripa *s. f.* En el billar, tanto conseguido de manera inesperada en un juego. || *fig.* y *fam.* Casualidad favorable. *De chiripa encontré el disco que había buscado durante meses.* || *Ven.* Cierto tipo de cucaracha.
chiripá *s. m. Amér. Merid.* Prenda de vestir típica del gaucho, consiste en un paño rectangular que se pasa entre las piernas y se sujeta a la cintura con la faja. || *Arg.* y *Uy.* Pañal que se pone a los niños.
chiripada *s. f. Méx. fam.* Suceso favorable que se da por casualidad.
chiripazo *s. m. Col. Cub.* y *Hond.* Logro o acierto que se da por casualidad.
chirla *s. f.* Molusco bivalvo comestible parecido a la almeja, pero de tamaño menor.
chirle *adj. fam.* Sin sustancia, insípido. || *Arg. Bol.* y *Uy.* Blanduzco, falto de consistencia. *Una masa chirle.* || *Arg.* y *Uy. fig.* Que carece de gracia o interés.
chirona *s. f. fam.* Prisión, cárcel.
chirriante *adj.* Que chirría o rechina. *El huevo hizo un sonido chirriante al freírse.*
chirriar *intr.* Producir algo un sonido agudo, como cuando se mete un hierro ardiendo en el agua. || Rechinar. *La puerta chirría, hay que aceitar los goznes.* || Producir los animales, en especial las aves, sonidos agudos e inarmónicos. || *fig.* y *fam.* Desentonar o desafinar cuando se canta.
chirrido *s. m.* Ruido continuo, agudo y desagradable. || Sonido agudo que hacen algunos animales como los grillos, las chicharras y ciertas aves.
chirrión *s. m.* Carro tosco, de dos ruedas que giran junto con su eje, tirado por una sola caballería. || En mecánica automotriz, cable que va del velocímetro o la caja de velocidades al motor. *Al chirrión también lo llaman chicote.* || *Amér.* Látigo de cuero con mango corto y fuerte. || *loc. Méx.* ***Voltearse el chirrión por el palito:*** salir algo al revés de lo que se esperaba.
chiscar *t.* Hacer que se produzca chispa al chocar el eslabón con el pedernal.
chisgarabís *s. m. Esp. fam.* Persona chismosa, insignificante y poco formal.
chisguetazo *s. m.* Chorro de algún líquido que sale repentinamente con potencia e intensidad.
chisguete *s. m.* Chorro violento de algún líquido.
chisguetear *t.* Soltar un chorro.
chisme *s. m.* Noticia, rumor o comentario falsos, o hecho verdadero deformado, con que alguien pretende difamar a otro, o indisponerlo con un tercero. *Se oyen chismes muy feos sobre ese actor.* || Objeto cualquiera, sin importancia. *Con el chisme nuevo el motor funcionó a la perfección.*
chismear *intr.* Chismorrear.
chismería *s. f.* Chisme (esta palabra es de poco uso).
chismografía *s. f. fam.* Ocupación de los chismosos. *La chismografía es actividad de ociosos.* || Relación que alguien hace a otro de los chismes que circulan.
chismorrear *intr. fam.* Dedicarse a contar chismes.
chismorreo *s. m. fam.* Acción y efecto de chismorrear, actividad de los chismosos. *No me preocupan los chismorreos, estoy seguro de mí mismo.*
chismorrería *s. f.* Chisme. || *fam.* Chismorreo.
chismorrero, ra *adj.* y *s.* Chismoso, correveidile.
chismoso, sa *adj.* y *s.* Persona que cuenta chismes o que gusta de chismorrear.

chispa *s. f.* Partícula incandescente que se desprende de algo que se quema o es producida por la fricción de ciertos materiales. || Descarga eléctrica luminosa que se produce al juntarse dos objetos con diferente carga. || Gota pequeña de una lluvia escasa. || Partícula o cantidad muy pequeña de algo. || En joyería, diamante muy pequeño. || *fig.* Ingenio, agudeza, gracia. || *loc.* ***Echar chispas:*** estar alguien furioso.

chisparse *pr. Méx.* Zafarse algo de donde estaba. || Escaparse de algo que atrapa o inmoviliza.

chispazo *s. m.* Acción de producirse una chispa. || Daño que hace una chispa al saltar. || *fig.* Suceso breve y aislado que precede o sigue a otros de mayor importancia. *Aquel año se dieron los primeros chispazos de la sublevación.*

chispeante *adj.* Que chispea. || *fig.* Que abunda en detalles de ingenio o agudeza. *Tiene un chispeante sentido del humor.*

chispear *intr. impers.* Lanzar chispas algo. || Destellar, brillar mucho. || Llover poco y con gotas menudas.

chispero *s. m. Arg.* y *Cub.* Encendedor. || *Cub.* Conjunto de chispas que saltan simultáneamente.

chisporrotear *intr. fam.* Despedir algo chispas de manera continua.

chisporroteo *s. m.* Acción y efecto de chisporrotear. *El chisporroteo de la hoguera se debe a que la leña está húmeda.*

chistar *intr.* Emitir algún sonido, o hacer un ademán, con intención de hablar. || *loc.* ***Sin chistar:*** sin decir palabra alguna.

chiste *s. m.* Historia breve, ya sea de doble sentido, ingeniosa o cómica que se cuenta con la intención de hacer reír. || *Col. Esp.* y *Méx.* Chispa, gracia.

chistera *s. f.* Cesta alta, ancha por debajo y de boca estrecha donde los pescadores guardan lo que van pescando. || *fig.* y *fam.* Sombrero masculino de ala angosta y copa alta que suele usarse en ocasiones solemnes. *Los prestidigitadores sacan conejos y otras cosas de sus chisteras.*

chistorra *s. f.* Embutido semejante a la longaniza, pero mucho más delgado. *La chistorra se originó en Navarra, España.*

chistoso, sa *adj.* Se aplica a la persona que acostumbra decir chistes o hacer cosas cómicas. || Se dice de un suceso hilarante o una actitud graciosa.

chita *s. f.* Hueso del tarso, astrágalo. || Juego que consiste en poner una chita en cierto sitio, y derribarla arrojándole piedritas. || *loc. Bol.* y *Chil.* ***¡Por la chita!:*** ¡caramba! || *Esp.* ***A la chita callando:*** en secreto, con disimulo.

chitón *interj. fam.* Se usa para imponer silencio. *¡Chitón, que la película va a comenzar!*

chivar *t.* y *pr. Amér.* Molestar, fastidiar. || *intr. Arg. vul.* Sudar, transpirar. || *pr. Amér. Merid.* y *Guat.* Irritarse o enojarse. || *Esp.* Delatar a alguien.

chivas *s. f. pl. fam. Méx.* Conjunto de objetos personales.

chivatazo *s. m. fam.* Delación, acción de informar algo que perjudica a alguien.

chivatear *t. Ants. Bol.* y *Col.* Delatar a alguien, hacerle al soplón. || *intr. Arg.* y *Chil.* Juguetear los niños con gran alboroto. || *Ven. fam.* Emplear artimañas para engañar a alguien.

chivato, ta *s.* Cría de chivo de entre seis meses y un año de edad. || *adj.* y *s. Col. Esp.* y *Méx.* Delator, soplón. || *s. m. Col.* Ají muy picante, del tamaño de un grano de maíz. || *Esp.* Dispositivo de alerta para hacer notar anormalidades en el funcionamiento de algo.

chivear *intr. Méx.* Huir de alguna situación por sentir miedo de enfrentarla. || *pr.* Avergonzarse, turbarse. || *Salv.* Ofenderse por algo.

chivo, va *s.* Cría de la cabra desde que se desteta hasta que llega a la edad adulta. || *Cub. Uy.* y *Ven.* Macho cabrío. || *Cub.* y *Guat.* Apunte para usarlo disimuladamente en los exámenes. || *loc.* ***Chivo expiatorio:*** persona sobre la que se hacen recaer los errores de otros.

chocador, ra *adj.* y *s.* Que choca, se impacta contra otra cosa. *Fuimos a la feria y subimos a los carritos chocadores.*

chocante *adj.* Que choca, en el sentido de sorprender desagradablemente o producir extrañeza. || *Arg. Col. C. R. Ecua. Méx.* y *Per.* Antipático, que provoca rechazo, difícil de tolerar.

chocantería *s. f. Amér. Merid. Méx.* y *Pan.* Cosa molesta y desagradable, impertinencia. || *Méx.* y *Pan.* Pedantería, presunción exagerada.

chocar *intr.* Impactarse dos cuerpos u objetos uno contra otro. || *fig.* Combatir, pelear. || *fig.* Mostrar desacuerdo, discutir. *Las opiniones chocaron y no se llegó a ningún acuerdo.* || *fig.* Causar extrañeza o desagrado. *Me choca que me dejen plantada.* || *t.* Hacer que algo contacte violentamente con otra cosa. *Lo empujaron y chocó contra la pared.* || Juntar las copas o los vasos al hacer un brindis. || *fam.* ***Chocarlas:*** unir las manos una persona con otra en señal de saludo o reconciliación.

chocarrería *s. f.* Chiste grosero. || Cualidad de chocarrero.

chocarrero, ra *adj.* Grosero, que dice chocarrerías. || *loc.* ***Espíritu chocarrero:*** fantasma burlón que hace bromas pesadas.

chocha *s. f.* Becada, ave zancuda comestible. || *Cub. vul.* Órgano genital femenino.

chochear *intr.* Estar senil, tener las facultades mentales menguadas por efecto de la vejez. || *fig.* y *fam.* Tener cariño y afición exagerados a una persona o cosa. *Está que chochea con su nueva computadora.*

chochera *s. f.* Chochez, senectud.

chochez *s. f.* Condición de chocho, senilidad. || Acción o dicho de la persona que chochea. *Mi bisabuelo hace chocheces, pero lo tolero porque lo amo.*

chocho *s. m.* Confite pequeño. || *Esp.* y *Méx. vul.* Vulva. || *Méx. fam.* Pastilla, en especial de droga.

chocho, cha *adj.* Persona que chochea. || *Arg. Per.* y *Uy.* Muy feliz y complacido.

choclo *s. m.* Chanclo, zapato de madera o de material plástico para proteger el calzado del lodo y la lluvia. || *Amér. Merid.* Mazorca tierna de maíz. || *Amér. Merid.* Humita, guiso de maíz tierno rallado. || *Arg. fig.* y *fam.* Abundancia de algo. || *loc. Arg.* ***Un choclo:*** mucho, un montón, demasiado.

chocolate *adj.* Se dice del color marrón como el del chocolate. || Que es de ese color. || *s. m.* Pasta de cacao molido y tostado con azúcar, a la que se agrega manteca de cacao y, en su caso, nueces, leche, almendras y otros ingredientes. || Bebida preparada con chocolate y agua o leche.

chocolatería *s. f.* Fábrica de chocolate. || Tienda donde se venden chocolates o se sirve chocolate. || Arte de confeccionar golosinas con chocolate.

chocolatero, ra *adj.* y *s.* Se dice de la persona que gusta mucho del chocolate. || Se aplica a la persona o industria fabricante de chocolate. || *s. f.* Jarra o vasija para servir chocolate.

chocolatín *s. m.* Barra pequeña de chocolate o bombón de chocolate.

chofer o **chófer** *s. com.* Persona que tiene por oficio conducir automóviles. La forma acentuada se emplea sólo en España.

cholga *s. f. Arg.* y *Chil.* Molusco bivalvo comestible parecido al mejillón.

cholla *s. f. fam.* Cabeza del ser humano. || Buen juicio o talento. || *Amér. C.* Pereza, flojera.

cholo, la *adj.* y *s. Amér.* Se dice del mestizo descendiente de persona blanca e indígena. || Se aplica al indígena que se ha asimilado a la sociedad urbana. || *Méx.* Nombre dado a un grupo de inmigrantes mexicanos a Estados Unidos, que se caracterizan por provenir de clase baja y formar pandillas. *Los cholos visten pantalones muy sueltos y camiseta blanca bajo una camisa grande y desabotonada.*

cholulteco, ca *adj.* y *s.* Nacido en Cholula, ciudad del estado mexicano

de Puebla. || Perteneciente o relativo a esta ciudad.
cholutecano, na *adj.* y *s.* Natural de Choluteca, departamento de Honduras. || Perteneciente o relativo a dicho departamento.
chompa o **chomba** *s. f. Amér. Merid.* Suéter, sobre todo el de lana de alpaca. || *Col.* y *Pan.* Chaqueta de abrigo que llega hasta la cadera.
chompipe *s. m. Amér. C.* Pavo, ave galliforme.
chongo *s. m. Chil.* Cuchillo que no tiene filo. || *R. Dom.* y *P. Rico* Caballo débil y malo. || *Guat.* Rizo de cabello. || *Méx.* Peinado consistente en un moño de cabello, o una trenza enrollada y recogida en la nuca. || *pl.* Postre de leche cuajada cocida en almíbar con canela.
chontal *adj.* y *s. com.* De un pueblo amerindio del sureste de México. *Los chontales pertenecen a la familia lingüística maya.* || *s. m.* Lengua de la familia maya-quiché que se habla en Tabasco. || *Amér. C. Col.* y *Ven.* Individuo rústico e inculto.
chopo *s. m.* Álamo.
choque *s. m.* Acción y efecto de chocar. *Hubo un choque de autos en la esquina.* || *fig.* Confrontación de ideas, disputa o riña. || En términos militares, enfrentamiento violento de una pequeña fuerza con el enemigo. || En medicina, estado de choque o parálisis nerviosa y circulatoria, sin pérdida de la conciencia, ocasionado por un traumatismo o una conmoción.
chorcha *s. f. Méx.* Reunión alegre de amigos que se juntan para charlar.
choricero, ra *adj.* Perteneciente o relativo al chorizo. || *s.* Persona dedicada a la elaboración o venta de chorizo. || *s. m. fam. Salv.* Agente de policía uniformado. || *fam. Cub.* Desorden, caos. || *Méx.* Sarta, fila, hilera. || *s. f.* Máquina para elaborar chorizo.
chorizada *s. f. Esp. vul.* Acción o expresión propia de un chorizo (ladrón).
chorizo *s. m.* Embutido de carne de cerdo picada, adobada y curada al humo. || Palo usado por los equilibristas, balancín. || *Arg. Bol. Py.* y *Uy.* Corte alargado de carne de lomo de res. *El bife de chorizo se saca de la carne a los lados del espinazo.*
chorizo, za *s. Esp. vul.* Ladrón, ratero.
chorlito *s. m.* Ave de patas largas, pico recto y plumaje pardomoteado de oscuro. *Los chorlitos viven en riberas o costas y fabrican su nido en el suelo.* || *loc.* ***Cabeza de chorlito:*** persona poco inteligente o muy distraída.
chorote *s. m. Col.* Vasija de barro que se usa sobre todo para servir chocolate. || *Cub.* Cualquier bebida espesa. || *Ven.* Bebida de chocolate y agua endulzada con piloncillo.
chorotega *adj.* y *s.* Pueblo amerindio, actualmente extinguido, que habitó desde Chiapas, México, hasta Nicaragua. || *adj.* Perteneciente o relativo a los chorotegas. || *s. m.* Lengua hablada por este pueblo.
chorrada *s. f. fam.* Tontería o necedad.
chorreado, da *adj. Amér.* Manchado o sucio. *Los niños regresaron muy chorreados del parque.* || *s. f. Méx.* Pan dulce de harina de trigo con trocitos fundidos de piloncillo.
chorreadura *s. f.* Chorreo, escurrimiento. || Mancha dejada por un líquido que chorreó.
chorrear *intr.* y *t.* Salir un líquido escurriendo, o formando chorro, de un objeto. || Brotar en abundancia secreciones de un ser vivo. *Luego de la carrera, chorreaba sudor.* || Manchar algo con un líquido derramado. *Tiró el café y chorreó el sofá.* || *intr. fig.* y *fam.* Aparecer personas u ocurrir cosas de manera ininterrumpida y lenta.
chorreo *s. m.* Acción y efecto de chorrear.
chorro *s. m.* Porción de líquido o gas que sale despedida violentamente por una abertura, o que cae con fuerza. || Fluir continuo de algo. *Fue echando chorros de maíz en el costal.* || *loc.* ***A chorros:*** con abundancia, copiosamente. || *Méx.* ***Un chorro:*** mucho, un montón de algo.
chorro, rra *adj. Arg.* y *Uy.* Ladrón.
choteado, da *adj.* Sin originalidad, común.
chotear *t. Cub.* y *Méx. fam.* Divertirse bromeando a costa de alguien. || Volverse corriente o vulgar algo preciado, delicado o importante por usarlo con demasiada frecuencia. *Me gustaba esa canción, pero la tocaron tanto en la radio que la chotearon.* || *Guat.* Dirigir la vista hacia alguien o algo. || *intr. Salv.* Estar de vacaciones.
choteo *s. m. fam.* Pitorreo, burla. || *Méx.* Acción de convertir en vulgar o desacreditar a una persona o producto.
choto, ta *s.* Cría de cabra durante el periodo en que se amamanta. || Ternero.
chovinismo *s. m.* Exaltación exagerada de lo nacional y desprecio agresivo de lo extranjero.
chovinista *adj.* y *s. com.* Partidario o practicante del chovinismo.
choza *s. f.* Cabaña rústica construida con varas, troncos o paja. || Vivienda urbana muy pobre, construida de manera tosca y con materiales como cartón o láminas.
chozno, na *s.* Hijo del tataranieto de alguien.
chubasco *s. m.* Lluvia copiosa, intensa y breve, por lo general acompañada de viento. || *fig.* Contratiempo, adversidad pasajera.
chubasquero *s. m.* Impermeable, prenda con capucha para protegerse de la lluvia.
chubutense *adj.* y *s. com.* Nacido en Chubut, provincia de Argentina. || Perteneciente o relativo a esa provincia.
chuchería *s. f.* Objeto de escaso valor, pero atractivo a la vista.
chucho *s. m. fam.* Perro, sobre todo el corriente.
chueco, ca *adj. Amér.* Persona que tiene las piernas arqueadas. || *Amér.* Torcido, pandeado. || *Méx. fig.* y *fam.* Deshonesto y tortuoso.
chufa *s. f.* Planta de tallo triangular de las regiones cálidas y tropicales, con cuyos tubérculos comestibles se prepara horchata.
chulada *s. f.* Chulería. || Comportamiento insolente o bravuconada. || *Guat.* y *Méx.* Persona o cosa bella y atractiva. *Ese vestido es una chulada.*
chulear *t. Méx.* Piropear, alabar la belleza de alguien. || *Esp.* Explotar alguien a una persona que ejerce la prostitución. || *intr.* Jactarse de algo, fanfarronear.
chulería *s. f.* Arrogancia, fanfarronería. || Acción o dicho insolente. || Gracia, donaire. || *Esp.* Conjunto de chulos. || Bravuconada, valentonería.
chulesco, ca *adj.* Perteneciente o relativo a los chulos.
chuleta *s. f.* Trozo de costilla con carne de res, cerdo, carnero o ternera. || *fig.* y *fam.* Bofetada. || En construcción y carpintería, pieza pequeña que se añade a algo para tapar un hueco. || *Esp. fam.* Pequeño papel doblado con apuntes que los estudiantes llevan oculto para copiar en los exámenes escritos.
chullo *s. m. Arg. Bol.* y *Per.* Gorro tejido de lana con orejeras.
chulo, la *adj. fam. Esp.* y *Méx.* Bonito, gracioso y atractivo. || *Esp.* Que actúa y habla con chulería. || Chulesco. || *s. m. Esp.* Madrileño de las clases populares. || Explotador de prostitutas.
chumacera *s. f.* Pieza de material duro en la que se apoya y gira una maquinaria. || Pieza que se coloca en los bordes de un bote para que el remo no los desgaste.
chumbera *s. f.* Planta de nopal.
chumbo, ba *adj.* Higo que es fruto de la chumbera o nopal. || *loc.* ***Higuera chumba:*** planta de nopal.
chunches *s. m. pl. Amér. C.* y *Méx.* Cosas, cachivaches.
chunga *s. f.* Broma con matiz de burla.
chunguearse *pr. fam.* Burlarse de manera festiva.
chuño *s. m. Amér.* Almidón de papa. || *Arg. Bol. Chil.* y *Per.* Papa deshidratada que conserva su valor nutritivo.
chupa *s. f. fam.* Chamarra o cazadora. || Lluvia abundante.

chupado, da *adj. fam.* Muy flaco y con aspecto no saludable. || *s. f.* Succión.
chupador, ra *adj.* y *s.* Que chupa.
chupaflor *s. m. Col. Méx.* y *Ven.* Colibrí.
chupamedias *adj.* y *s.* Servil, adulador.
chupamirto *s. m. Méx.* Colibrí.
chupar *t.* e *intr.* Succionar con los labios y con la lengua el líquido de alguna cosa. *Chupar una mandarina.* || *t.* Mojar la superficie de algo con la boca y la lengua. *Mi hijo aún se chupa el dedo.* || Mantener algo en la boca hasta que se deshaga. *Chupar pastillas con eucalipto alivia el malestar en la garganta.* || Absorber un líquido. *Esa planta chupa rápidamente la humedad.* || *intr. fam. Amér.* Tomar bebidas con alcohol. *Para celebrar, fue a chupar con sus amigos.*
chuparrosa *s. f. Méx.* Colibrí.
chupasangre *adj.* Que explota a otras personas.
chupatintas *s. com.* Oficinista del montón.
chupe *s. m. Méx. fam.* Bebida alcohólica. || *Chil. Pan.* y *Per.* Guiso de papas, queso, chile y pescado condimentados.
chupete *s. m.* Pieza de goma de forma alargada que se da a los bebés para que chupen.
chupetear *t.* e *intr.* Chupar varias veces.
chupeteo *s. m.* Acción de chupetear.
chupetín *s. m. Amér. Merid.* Paleta de caramelo duro, redonda y con un palito insertado en el centro para sostenerla.
chupetón *s. m.* Acción de chupar fuerte.
chupón, ona *adj.* Que chupa. || *s. m. Méx.* Pieza de goma de forma alargada que se da a los bebés para que chupen.
chuquiragua *s. f. Amér.* Planta de poca altura y de flores amarillas que se usa con fines medicinales; crece en los Andes.
chuquisaqueño *adj.* y *s.* Natural o relativo a Chuquisaca, Bolivia.
churrasco *s. m.* Trozo de carne asado a la parrilla.
churrasquear *intr. Arg. Bol. Py.* y *Uy.* Cocinar y comer churrascos.
churrasquería *s. f. Amér.* Lugar donde se hacen y sirven churrascos.
churrería *s. f.* Establecimiento en donde se hacen y venden churros.
churrero, ra *s.* Persona que tiene por oficio hacer o vender churros.
churrete *s. m. fam.* Mancha en partes visibles de la piel por algún alimento que se escurre.
churretear *intr. fam. Chil.* y *Nic.* Evacuar excremento blando o líquido.
churrigueresco, ca *adj.* Relativo al churriguerismo.
churriguerismo *s. m.* Estilo arquitectónico o escultórico caracterizado por una excesiva ornamentación. || *desp.* Ornamentación exagerada.
churro *s. m.* Pan dulce de forma alargada y con canales, hecho de harina y agua, frito en aceite y cubierto de azúcar. || *fam.* Cosa mal hecha, de baja calidad. || Logro casual. *Pasó el examen de churro, porque no estudió.* || *Méx.* Película mala. *Ayer fui al cine y lo que pasaron fue un churro infame.*
churro, rra *adj. Arg.* y *Uy.* Se dice la persona cuyos rasgos físicos son atractivos.
chusco, ca *adj.* Que es chistoso.
chusma *s. f. desp.* Grupo de gente vulgar.
chusmear *t. fam. Arg.* y *Uy.* Chismorrear, husmear.
chusmerío *s. m.* Acción de chusmear.
chutar *intr.* En el juego de futbol, patear con fuerza el balón. || *pr. Méx.* Aguantar. *Me chuté completa la aburrida conferencia sobre insectos.*
chute *s. m.* Acción de chutar.
chuzo *s. m.* Palo con un fierro afilado en la punta que se usa para atacar.
cian *adj.* De color azul claro brillante. || *s. m.* Nombre de ese color.
cianhídrico, ca *adj.* Se dice del ácido que resulta de la disolución de cianuro de hidrógeno en agua.
cianosis *s. f.* En medicina, color azul o negro en partes de la piel como resultado de un problema de circulación o de oxigenación de la sangre.
cianótico, ca *adj.* Relativo a la cianosis. || Que padece cianosis.
cianuro *s. m.* En química, compuesto de nitrógeno, carbono e hidrógeno muy venenoso.
ciática *s. f.* En medicina, inflamación dolorosa del nervio ciático.
ciático, ca *adj.* Relativo a la cadera. || *s. m.* Nervio ciático. || *s. f.* En medicina, dolor del nervio ciático.
cibal *adj.* Relativo a la alimentación.
cibercafé *s. m.* Establecimiento donde los clientes, al tiempo que usan computadoras de alquiler, pueden beber café y comer algún bocadillo.
ciberespacio *s. m.* Espacio artificial, virtual, con recursos de información a los que se accede por medio de red informática con una computadora.
cibernauta *s.* y *s. com.* Persona que usa el ciberespacio.
cibernética *s. f.* Ciencia que estudia los sistemas de comunicación y de control en los seres vivos y los aplica a las máquinas.
cibernético, ca *adj.* Relativo a la cibernética. || *s.* Persona experta en cibernética.
cicadáceas *s. f. pl.* En botánica, familia de plantas parecidas a las palmeras, con hojas agrupadas en forma de penacho y propias de países tropicales.
cicatear *intr. fam.* Hacer cicaterías.
cicatería *s. f.* Cualidad de cicatero. || Acción propia del cicatero.
cicatero, ra *adj.* y *s.* Que es tacaño y mezquino.
cicatriz *s. f.* Marca de una herida que queda en el tejido de un ser vivo.
cicatrización *s. f.* Acción de cicatrizar.
cicatrizante *adj.* Que cicatriza.
cicatrizar *t. intr.* y *pr.* Cerrar y curar completamente una herida.
ciclamen *s. m.* Planta de hojas verdes en forma de corazón y con flores blancas o rosadas; es venenosa para el hombre, pero no para otros animales. || Fruto de esa planta.
cíclico, ca *adj.* Relativo al ciclo.
ciclismo *s. m.* Ejercicio o deporte que se practica en la bicicleta.
ciclista *adj.* y *s. com.* Que anda en bicicleta. || Que practica el deporte del ciclismo.
ciclístico, ca *adj.* Relativo al ciclismo.
ciclo *s. m.* Periodo que se considera completo, acabado. || Conjunto de fases de un fenómeno que ocurren de manera sucesiva hasta volver a repetirse en el mismo orden. *El ciclo del agua incluye las fases de: precipitación, evaporación, condensación y transpiración.* || Conjunto de actos culturales relacionados entre sí. *Va a haber un ciclo de conferencias y de películas de terror.* || Cada una de las partes en las que se divide la enseñanza escolar. *En México, el ciclo primario de la educación va de primero a sexto grados.* || Conjunto de relatos que se refieren a un periodo de la historia o a un personaje heroico.
ciclomotor *s. m.* Bicicleta con un pequeño motor.
ciclón *s. m.* Viento intenso que gira en grandes círculos y es acompañado de tormenta. || Región de la atmósfera con muy baja presión.
ciclónico, ca *adj.* Relativo al ciclón o a la rotación de sus vientos.
cíclope *s. m.* En la mitología griega, gigante con un solo ojo en la frente.
ciclópeo, a *adj.* Relativo a los cíclopes. || Que es gigantesco, de tamaño excesivo.
ciclorama *s. m.* En un teatro, tela muy grande que se coloca en el fondo del escenario y en donde se pueden proyectar efectos del cielo u otras texturas acordes a lo representado en el escenario.
ciclotrón *s. m.* En física, aparato que, por medio de fuerzas electromagnéticas, acelera las partículas desprendidas de un átomo y las hace funcionar como proyectiles que bombardean otros átomos.
cicuta *s. f.* Planta de tallo hueco, silvestre y venenosa que crece en lugares húmedos. || Veneno extraído de esa planta.
cidra *s. f.* Fruto del árbol llamado cidro; es parecido al limón, pero más grande.

ciego, ga *adj.* y *s.* Que no puede ver. || Que está dominado por una pasión. *Ciego de ira, salió a buscarla en medio de la noche.* || Que no puede razonar con claridad. || Se dice de un sentimiento que se experimenta de manera muy intensa. *Tiene una fe ciega en su buena suerte.* || Se dice de conductos u orificios obstruidos y que por ello no pueden usarse. *Al fondo de la construcción hay un muro ciego.* || *loc.* ***A ciegas:*** sin razonar, sin consideración.

cielo *s. m.* Capa gaseosa que rodea la Tierra y en donde están las nubes. || En la religión cristiana, lugar en donde está Dios y otras figuras divinas. || Dios o la providencia. || Parte superior de alguna cosa. *Voy a pintar el cielo de la sala.* || Situación favorable o de felicidad. *La verdad, en este trabajo me siento en el cielo.* || *interj. pl.* Se emplea para expresar sorpresa. *¡Cielos! ¡No esperaba encontrarte aquí!* || *loc.* ***Cielo de la boca:*** paladar. || ***Cielo raso:*** techo que se halla en el interior de salas y habitaciones. || ***A cielo abierto:*** sin techo, sin protección. || ***Escupir al cielo:*** decir cosas que se revertirán contra quien las dijo. || ***Llovido del cielo:*** llegado en el momento más oportuno. || ***Mover cielo y tierra:*** hacer todo lo posible por alcanzar un fin.

ciempiés *s. m.* Animal con cuerpo parecido al de un gusano y dividido en 21 anillos, cada uno con dos patas; tiene dos antenas y cuatro ojos, e inyecta veneno a sus presas.

cien *adj.* Diez veces diez. || Apócope de ciento. || *s. m.* Número 100.

ciénaga *s. f.* Terreno donde hay lodo o cieno.

ciencia *s. f.* Conjunto de saberes que se obtienen por observación y razonamiento y se estructuran metódicamente para deducir principios y leyes generales. || Conjunto de conocimientos de una materia determinada. *La biología es una ciencia que estudia la variedad de la formas de vida.* || Saber o conocimiento que tiene un estudioso. *Mi tío es un hombre de mucha ciencia.* || Habilidad para hacer alguna cosa. *Esto de cambiar una llanta no requiere mucha ciencia.*

cienciología *s. f.* Secta religiosa estadounidense fundada en 1953 que cree en la inmortalidad y que enseña el conocimiento individual con fines de superación personal.

cienmilésimo, ma *adj.* y *s.* Se dice de cada una de las cien mil partes iguales en que se divide un todo.

cienmilímetro *s. m.* Centésimo fragmento de 1 mm.

cienmillonésimo, ma *adj.* y *s.* Se dice de cada una de las cien millones de partes iguales en que se divide un todo.

cienmilmillonésimo, ma *adj.* y *s.* Se dice de cada una de las cien mil millones de partes iguales en que se divide un todo.

cieno *s. m.* Lodo que se forma en el fondo del agua o en lugares húmedos.

cienoso, sa *adj.* Cenagoso.

cientificismo *s. m.* Tendencia que considera que los únicos conocimientos válidos son los de la ciencia, y muestra confianza plena en la investigación científica y en sus métodos.

cientificista *adj.* Relativo al cientificismo. || *s. com.* Partidario del cientificismo.

científico, ca *adj.* Relativo a la ciencia. || *s.* Que posee conocimientos sobre una o varias ciencias o que se dedica a estudiarlas.

ciento *adj.* Diez veces diez. || *s. m.* Número 100.

cierna *s. f.* En una flor, parte del estambre en donde está el polen.

ciernes *loc.* ***En ciernes:*** en potencia, en el inicio.

cierre *s. m.* Acción de cerrar o cerrarse. *Ayer anunciaron el cierre de la tienda.* || Mecanismo que consiste en dos tiras con dientes que embonan uno con otro para cerrar la abertura de prendas de vestir, bolsas, maletas, etc. *¡Súbete el cierre del pantalón!* || Dispositivo con que se cierra algo. *Mi coche tiene cierre automático de puertas.* || Final o término de algo. *Adelantaron el cierre del ciclo escolar.*

ciertamente *adv.* Con certeza.

cierto, ta *adj.* Verdadero, que no da lugar a la duda. *¿Es cierto que ganaste un premio con tu invento?* || Antes de un sustantivo, indica que no está determinado de manera precisa. *Cierto día, cambié el rumbo de mi caminata y te encontré.* || Que tiene conocimiento seguro de algo. *Julio está en lo cierto: ayer llegaste tarde.* || *loc.* ***Por cierto:*** a propósito, viniendo al caso.

ciervo, va *s.* Animal mamífero esbelto, de patas largas, cola muy corta, pelo color marrón y cabeza alargada, apta para el pastoreo; el macho tiene cuernos que se renuevan cada año.

cierzas *s. f. pl.* Ramos tiernos de la vid.

cierzo *s. m.* Viento frío del noroeste.

cifra *s. f.* Número, dígito. || Cada uno de los signos gráficos con que se representa un número. || Cantidad indeterminada de algo. *Hay una cifra muy alta de gente que no sabe leer.* || Escritura secreta, en clave.

cifrado, da *adj.* Que está escrito en cifra.

cifrar *t.* Escribir un mensaje en clave para proteger su contenido. || Basar o sustentar algo en una sola cosa cuando en realidad procede de varias causas. *Cifra su éxito en la cantidad de dinero que tiene.* || Valorar la cantidad de algo, especialmente pérdidas y ganancias. *El gobierno cifró las pérdidas por las lluvias en muchos millones de pesos.*

cigala *s. f.* Animal marino de unos 30 cm de largo con caparazón y de color anaranjado, abdomen alargado y cinco pares de patas, uno de los cuales termina en unas pinzas; es comestible.

cigarra *s. f.* Insecto de color gris verdoso que emite un sonido metálico, estridente y monótono.

cigarrera *s. f.* Mueble en donde se colocan los cigarros para que estén a la vista o caja en la que se guardan.

cigarrería *s. f. Amér.* Lugar en donde se venden cigarros.

cigarrero, ra *s.* Persona que elabora o vende cigarros.

cigarrillo *s. m.* Cigarro delgado y pequeño.

cigarro *s. m.* Cilindro de papel delgado relleno de tabaco desmenuzado y que se enciende por un extremo para fumarse por el otro.

cigoto *s. m.* En biología, célula que resulta de la unión de un espermatozoide y un ovulo en la reproducción sexual.

cigüeña *s. f.* Ave que mide hasta 1 m de altura, de cuello y zancas largos, pico largo y recto y cuerpo blanco.

cigüeñal *s. m.* Eje que forma parte de varias máquinas y que tiene uno o varios codos para transformar el movimiento rectilíneo en rotativo.

cilantro *s. m.* Planta aromática muy utilizada en la cocina como condimento.

ciliado, da *adj.* Que tiene cilios.

ciliar *adj.* Relativo a las cejas o a los cilios.

cilicio *s. m.* Faja con puntas de hierro ajustada al cuerpo que se usaba antes como una forma de penitencia.

cilindrada *s. f.* Cantidad de combustible que cabe en el cilindro o los cilindros de un motor de explosión medida en centímetros cúbicos.

cilindrado *s. m.* Acción de cilindrar.

cilindrar *t.* Comprimir algo con un cilindro o rodillo.

cilíndrico, ca *adj.* Que tiene forma de cilindro.

cilindro *s. m.* En geometría, cuerpo limitado por una superficie curva cerrada y con dos bases circulares y planas a cada lado que la cortan. || Cualquier objeto con esa forma. || *Méx.* Organillo.

cilio *s. m.* En biología, cada uno de los órganos en forma de hilo que tienen algunos organismos y células y que sirven para la locomoción en un medio líquido.

cima *s. f.* Parte más alta de una montaña o de un árbol. || Momento de máximo esplendor de algo o alguien. *¡Qué lástima, se retiró en la cima de su carrera!*

C

cimarrón, na *adj. Amér.* Se dice del animal doméstico que huye y se vuelve salvaje. || Se aplica a la variedad silvestre de una planta. || *s.* Esclavo que escapaba para refugiarse en las montañas en busca de la libertad.
cimate *s. m.* Raíz que se usaba en el México antiguo para la fermentación del pulque y que se usa actualmente como condimento en la cocina.
címbalo *s. m.* Instrumento musical de percusión que usaban los griegos y los romanos en algunas ceremonias, muy similar a los platillos de una batería.
cimbra *s. f.* Estructura que sirve para sostener el peso de un arco o de otro elemento curvo en el proceso de construcción.
cimbrado *s. m.* Colocación de las cimbras.
cimbrar *t.* y *pr.* Hacer vibrar con fuerza un objeto largo y flexible. || Colocar cimbras para construir un elemento curvo como un arco.
cimbreante *adj.* Que es flexible y se cimbra con facilidad.
cimbrear *t.* y *pr.* Cimbrar.
cimentación *s. f.* Acción de cimentar.
cimentado *s. m.* Afinamiento del oro pasando éste por el cimiento real.
cimentador, ra *adj.* y *s.* Que cimienta.
cimentar *t.* Colocar los cimientos de una obra de construcción. || Referido a algo no material, establecer sus bases. *Su conocimiento está cimentado en años de estudio.*
cimero, ra *adj.* Que está en la cima, en la parte superior de algo.
cimiento *s. m.* Parte de una construcción que está abajo del nivel del piso y que sostiene la edificación. || Fundamento de algo. *La educación es el cimiento de la sociedad.*
cimitarra *s. f.* Sable curvo que usan los pueblos orientales.
cinabrio *s. m.* Mineral de color rojo oscuro del que se extrae el mercurio.
cinamomo *s. m.* Árbol ornamental de madera aromática y fruto redondo parecido a la cereza.
cinc *s. m.* Elemento químico metálico, de color blanco azulado y con muchos usos industriales, entre ellos la fabricación de pilas eléctricas, o para formar aleaciones como el latón y para galvanizar el hierro y el acero. Su número atómico es 30 y su símbolo *Zn*.
cincel *s. m.* Herramienta manual de corte para labrar piedras y metales.
cincelado, da *adj.* Se dice de lo que ha sido trabajado con cincel. || *s. m.* Acción de cincelar.
cincelador, ra *adj.* Persona que cincela.
cinceladura *s. f.* Acción de cincelar.
cincelar *t.* Labrar piedras o metales con un cincel.
cincha *s. f.* Cincho.
cinchado, da *adj.* Que tiene los cinchos puestos.
cinchar *t.* Asegurar la silla de montar apretando las cintas. || Asegurar con cinchos.
cincho *s. m.* Cinta que se sujeta por debajo de la barriga de los animales de carga para asegurar la silla que va sobre ellos. || Cinta de diversos materiales que sirve para sujetar o asegurar.
cinco *adj.* Cuatro más uno. || *s. m.* Número 5.
cincuenta *adj.* Cinco veces diez. || *s. m.* Número 50.
cincuentavo, va *adj.* y *s.* Se dice de cada una de las 50 partes iguales en que se divide un todo.
cincuentena *s. f.* Conjunto de 50 unidades.
cincuentenario *s. m.* Día en que se cumplen 50 años de algún suceso. || Acto o actos con los que se celebra ese día.
cincuentón, tona *adj. fam.* Dicho de una persona, que tiene entre 50 y 59 años.
cine *s. m.* Lugar en donde se exhiben películas. || Arte, industria y técnica de la cinematografía. || Conjunto de películas que tienen algo en común. *El cine mexicano tuvo su esplendor en las décadas de 1940 y 1950.*
cineasta *s. com.* Persona que hace cine.
cineclub *s. m.* Asociación de personas que difunden el cine y la cultura del cine de calidad. || Lugar donde se exhibe ese cine y se reúnen los miembros de esa asociación.
cinefilia *s. f.* Gran afición por el cine.
cinéfilo, la *adj.* y *s.* Que tienen afición por el cine.
cinegético, ca *adj.* Relativo a la cinegética. || *s. f.* Arte de la caza.
cinema *s. f.* Cine.
cinemateca *s. f.* Filmoteca.
cinemática *s. f.* Parte de la mecánica que estudia el movimiento, independientemente de las fuerzas que lo producen.
cinematografía *s. f.* Arte y técnica de proyectar películas por medio del cinematógrafo.
cinematografiar *t.* Filmar.
cinematográfico, ca *adj.* Relativo a la cinematografía o al cine.
cinematógrafo *s. m.* Aparato que proyecta imágenes fijas de manera continuada y que, mediante el paso rápido de éstas, consigue reproducir escenas en movimiento. || Cine.
cinescopio *s. m.* Tubo de rayos catódicos utilizado en las pantallas de televisión.
cinestesia *s. f.* Percepción que le informa al organismo sobre el movimiento muscular, la posición y el peso del cuerpo en relación con el equilibrio.
cinestésico, ca *adj.* Relativo a la cinestesia.
cinético, ca *adj.* En física, relativo al movimiento. || *s. f.* Parte de la mecánica que estudia el movimiento.
cingalés, lesa *adj.* y *s.* Natural de Sri Lanka o relativo a ese país. || *s. m.* Lengua hablada en ese país.
cíngaro, ra *adj.* y *s.* Gitano.
cínico, ca *adj.* y *s.* Que muestra cinismo.
cinismo *s. m.* Descaro o desfachatez en la defensa o práctica de acciones que la mayoría de la gente ve como reprobables.
cinocéfalo *s. m.* Mamífero africano con cabeza redonda, hocico parecido al de un perro, de color gris con lomo pardo verdoso y cola larga.
cinta *s. f.* Tira larga y delgada de tela u otros materiales flexibles. *Cinta magnética, cinta métrica, cinta transportadora.* || Película de cine. *Fuimos a ver una cinta de terror.* || *Méx.* Cordón de los zapatos.
cintarazo *s. m.* Golpe fuerte dado con un cinturón.
cintarear *t. fam.* Dar cintarazos.
cintilar *t.* Brillar.
cintillo *s. m.* Cordón que se usaba en los sombreros para ajustar la copa.
cinto *s. m.* Tira, generalmente de cuero, que se usa para ajustar prendas de vestir a la cintura.
cintura *s. f.* Parte estrecha del cuerpo entre las costillas y las caderas. || Sección de una prenda de vestir que se ajusta a esa parte del cuerpo.
cinturón *s. m.* Cinta que se ajusta a la cintura para sujetar las prendas de vestir. || Conjunto de cosas que rodean a otra. *Los barrios pobres alrededor de las grandes ciudades son cinturones de miseria.*
cipote *s. m.* Mojón de piedra. || *Hond. Nic.* y *Salv.* Muchacho, chico. || *vul. Esp.* Pene.
ciprés *s. m.* Árbol muy alto, de tronco recto y ramas cortas con follaje en forma de cono y muy espeso. || Madera de ese árbol.
cipresino, na *adj.* Relativo al ciprés. || Parecido al ciprés.
circadiano, na *adj.* Se dice del ritmo biológico que regula las funciones del ser vivo y que ocurre de manera rítmica aproximadamente cada 24 horas.
circasiano, na *adj.* y *s.* Natural de Circasia o relativo a esa región del Cáucaso.
circense *adj.* Relativo al circo.
circo *s. m.* Conjunto ambulante de acróbatas, malabaristas, payasos, domadores, animales amaestrados, etc., que ofrece un espectáculo de entretenimiento. || Espectáculo que ofrece ese conjunto ambulante. || Carpa donde se ofrece ese espectáculo.
circón *s. m.* Mineral de color variable y más o menos transparente que es muy apreciado como piedra de joyería.

circonio *s. m.* Elemento químico metálico duro, resistente a la corrosión, refractario y mal conductor de electricidad. Se utiliza en lámparas incandescentes, tubos de vacío y en las industrias química, aeronáutica y nuclear. Su número atómico es 40 y su símbolo *Zr*.
circuir *t.* Rodear.
circuito *s. m.* Recorrido que termina en el punto de partida. || Ámbito en el que se desarrolla alguna actividad. *El circuito de los escritores es muy cerrado.* || Trayecto prefijado y cerrado para carreras de autos, motos, etc. || Conjunto de dispositivos conductores por donde pasa la corriente eléctrica.
circulación *s. f.* Acción de circular. || Paso de algo de un lugar a otro. *Se detuvo la circulación para que pasara una ambulancia.* || Movimiento de alguna cosa, especialmente valores o dinero, entre personas. *Ese billete ya no está en circulación.* || Recorrido de la sangre por las venas.
circulante *adj.* Que circula.
circular[1] *adj.* Relativo al círculo. || Con forma de círculo. *La trayectoria de un movimiento circular es una circunferencia.* || *s. f.* Escrito que se reparte o se coloca en un lugar visible para avisar o informar acerca de algo. *Una circular en el periódico mural avisa que mañana no hay clases.*
circular[2] *intr.* Moverse alrededor. || Ir y venir. || Pasar algo de una persona a otra.
circularidad *s. f.* Lo que reúne las características de un círculo.
circularmente *adv.* En círculo.
circulatorio, ria *adj.* Relativo a la circulación.
círculo *s. m.* Superficie plana que está dentro de una circunferencia. || Figura en forma redonda y cerrada. *Tomados de las manos, formaron un círculo alrededor del bailarín principal.* || Conjunto de personas ligadas por un interés común, por parentesco o por otro tipo de relación. *El círculo de poesía se reúne los lunes.* || Lugar donde se reúnen. || *loc.* ***Círculo vicioso:*** situación repetitiva que no lleva a ninguna mejoría
circuncidar *t.* Cortar una porción del prepucio.
circuncisión *s. f.* Acción de circuncidar.
circunciso, sa *adj.* y *s.* Dicho de un hombre, que fue circuncidado. || Judío.
circundante *adj.* Que circunda o rodea algo.
circundar *t.* Rodear.
circunferencia *s. f.* En geometría, curva cerrada cuyos puntos están a la misma distancia del punto central.
circunflejo *adj.* y *s. m.* Se dice de un tipo de acento gráfico en forma de ángulo con el vértice hacia arriba. *En lenguas como el francés, el portugués y el holandés, se usa el acento circunflejo.*
circunlocución *s. f.* En retórica, figura que consiste en decir algo con más palabras de las necesarias, pero con mayor fuerza expresiva. *«El rey de los animales» es una circunlocución que hace referencia al león.*
circunloquio *s. m.* Expresión con muchas palabras de algo que podría haberse dicho de manera más breve.
circunnavegación *s. m.* Acción de circunnavegar.
circunnavegar *t.* Navegar alrededor de un lugar.
circunscribir *t.* Trazar una figura de modo que otra quede dentro de ella tocando todos sus vértices. *Arquímedes inscribió y circunscribió figuras al círculo para calcular el número pi.* || Reducir algo o reducirse uno a quedar dentro de ciertos límites. *Le pidieron al expositor circunscribirse al tema.*
circunscripción *s. f.* Acción de circunscribir. || División electoral, administrativa, militar o eclesiástica de un territorio. *Fue electo diputado por la primera circunscripción.*
circunscrito, ta *adj.* En geometría, se aplica a la figura que inscrita dentro de otra, la toca con todos sus vértices.
circunspección *s. f.* Seriedad, prudencia, gravedad y decoro en el modo de hablar o comportarse. *El caballero se expresa y comporta con circunspección.*
circunspecto, ta *adj.* Prudente.
circunstancia *s. f.* Situación o condición que rodea, afecta o determina a alguien, una cosa o un hecho determinados. *Se convirtió en escritor llevado por las circunstancias.* || Accidente que va unido a la sustancia de algo. || Estado de una persona o cosa en un momento determinado. *Dada la circunstancia, no me quedó otra más que pagar.* || Hecho particular y de poca importancia aparente. *Descubrió el electromagnetismo circunstancialmente.* || Calidad o requisito. *Se comporta con timidez en determinadas circunstancias.*
circunstanciado, da *adj.* Detallado, prolijo, extenso, sin omitir detalles pertinentes. *La comisión redactó un informe circunstanciado del estado de la educación.*
circunstancial *adj.* Que depende de alguna circunstancia o es debido a ella, que es casual. *No lo conozco, tuve un encuentro circunstancial con él.*
circunstanciar *t.* Pormenorizar, detallar, determinar las circunstancias de algo. *El informe debe circunstanciar lo acontecido.*
circunvalar *t.* Rodear, circundar. *Un foso circunvala el castillo medieval.*
circunvecino, na *adj.* Se dice de objetos o lugares que se hallan próximos y alrededor de otro. *A la feria de San Marcos concurrió una muchedumbre de pueblos circunvecinos.*
circunvolar *t.* Volar alrededor de algo. *Amelia Earhart fue la primera mujer que intentó circunvolar el mundo.*
circunvolución *s. f.* Vuelta o pliegue formado en una cosa. *Los tubos del radiador dan circunvoluciones.*
cirílico, ca *adj.* Relativo al alfabeto usado en ruso y otras lenguas eslavas. *San Cirilo creó el alfabeto cirílico.* || *s. m.* Ese alfabeto. *El cirílico tiene 33 letras.*
cirio *s. m.* Vela de cera gruesa y alta. || Planta cactácea de tallo grueso y alto en forma erguida.
cirquero, ra *adj.* Relativo al circo. || *s. Amér.* Persona que trabaja en un circo. *Los cirqueros siempre están viajando de una ciudad a otra.*
cirro[1] *s. m.* Nube blanca y ligera, en forma de filamentos, que se forma en las regiones superiores de la atmósfera.
cirro[2] *s. m.* Tumor duro que se forma en diferentes partes del cuerpo.
cirrocúmulo *s. m.* Nubes que se forman en las capas superiores de la atmósfera en forma de cúmulos y por estar entre los seis y 12 km de altitud no producen sombra.
cirroestrato *s. m.* Nube en forma de velo.
cirrosis *s. f.* Enfermedad en la que las células características de cualquier órgano interno, en especial el hígado, son sustituidas, al morir, por un tejido de cicatrización anormal.
cirrótico, ca *adj.* Perteneciente o relativo a la cirrosis. || *adj.* y *s.* Que padece cirrosis.
ciruela *s. f.* Fruto del ciruelo, de piel lisa, pulpa jugosa y una sola semilla con un almendra de sabor amargo.
ciruelo *s. m.* Árbol rosáceo de flores blancas, cuyo fruto es la ciruela.
cirugía *s. f.* Especialidad médica, que trata de la curación de enfermedades y malformaciones por medio de intervenciones quirúrgicas. *Nació con un soplo en el corazón y lo trataron con cirugía.*
cirujano, na *s.* Médico especialista en cirugía.
cisalpino, na *adj.* Región comprendida entre los Alpes y Roma.
cisandino *adj.* Del lado oriental de los Andes.
ciscar *t. fam.* Ensuciar algo. || *pr.* Evacuar el vientre de manera involuntaria. || *Méx.* Turbarse, avergonzarse. *Cuando ella le dirige la palabra, se queda ciscado.*
cisco *s. m.* Carbón vegetal en trozos pequeños. || *fig.* Bullicio, alboroto, disputa. || Hacer polvo, destruir o romper en trozos muy pequeños.
ciscón *s. m.* Restos que quedan en los hornos de carbón después de apagados.

cisma *s. m.* División o ruptura entre los miembros de un cuerpo o comunidad que profesan una doctrina, particularmente religiosa, por un desacuerdo en ésta. *Durante el Gran Cisma, en la Iglesia católica de occidente hasta tres Papas disputaron el cargo.* || Ruptura o escisión que ocurre en el seno de una organización política,.un movimiento artístico u otra comunidad o asociación por discrepancias en las ideas acerca de temas fundamentales. *El desacuerdo sobre la estrategia electoral produjo un cisma en el Partido Democrático.*

cismático, ca *adj.* Relativo al cisma. || Se aplica a la persona que introduce cisma o desacuerdo con el dogma o la doctrina de que se trata.

cisne *s. m.* Ave palmípeda grande, de plumaje blanco, de cuello muy largo y flexible, patas cortas y alas grandes.

cisterna *s. f.* Depósito subterráneo para almacenar agua. *Para que en casa no falte el agua, construimos una cisterna grande.* || Tanque o depósito para transportar líquidos.

cisticerco *s. m.* Forma larvaria de la tenia que vive enquistada en algunos mamíferos, especialmente el cerdo, y que, si la ingiere el humano, se desarrolla en su intestino como solitaria.

cisticercosis *s. f.* Enfermedad causada por cisticercos en el hombre o el animal.

cístico *adj.* Se aplica al conducto de la vesícula biliar por el que salen sus productos.

cistitis *s. f.* Inflamación de la vejiga urinaria.

cisura *s. f.* Hendidura o abertura muy fina. *Doné sangre y aún tengo la cisura que me hicieron con la aguja.*

cita *s. f.* Asignación de día, hora y lugar para tratar algo. *Mañana tengo una cita de trabajo.*

citación *s. f.* Acción de citar. || Aviso dado a alguien para que se presente ante una autoridad.

citadino, na *adj.* De la ciudad o relacionado con ella.

citar *t.* Dar o hacer cita. || Avisar a uno señalándole día y hora para acudir a un lugar determinado. *Me citaron para una entrevista de trabajo.* || Convenir dos o más personas reunirse en tiempo y lugar determinado. *Nos citamos para tratar el negocio que queremos.* || Referir a lo dicho o escrito por otras personas en lo que uno dice o escribe. *Para dar mayor autoridad a su conferencia, citó a renombrados autores.* || Notificar a una persona el emplazamiento o llamamiento del juez. *Me citaron del juez para comparecer en el juicio.* || Provocar el torero al toro para que embista.

cítara *s. f.* Instrumento musical semejante a la lira, pero con caja de resonancia de madera. || Instrumento musical con caja de resonancia de 20 a 30 cuerdas, que se toca con púa.

citarista *s. com.* Persona que toca la cítara.

citatorio *adj.* y *s.* Se dice del aviso escrito por el que se convoca a una persona para que comparezca ante alguien. *La directora de la escuela mandó citatorios a todos los padres de familia.*

citología *s. f.* Parte de la biología que estudia la estructura y función de la célula.

citólogo, ga *s.* Especialista en citología.

citoplasma *s. m.* Componente celular de aspecto viscoso, situado entre la membrana plasmática y la nuclear, en la que se contienen diversos orgánulos.

cítrico, ca *adj.* Perteneciente o relativo al ácido cítrico y a los frutos que lo contienen. || Se aplica al ácido orgánico que se obtiene del jugo del limón. || Se dice de las plantas de la subfamilia a la que pertenecen el naranjo, limón, lima y otros. || *s. m.* y *pl.* Conjunto de frutas de sabor ácido o agridulce, como las naranjas y los limones.

citricultura *s. f.* Cultivo de cítricos.

ciudad *s. f.* Centro urbano importante habitado por gran número de personas. || Conjunto de edificios o instalaciones destinadas a una determinada actividad. *En Ciudad Universitaria hay 60 000 estudiantes* || *loc.* ***Ciudad dormitorio:*** población cuyos habitantes suelen desplazarse a diario para laborar en un núcleo urbano cercano y grande.

ciudadanía *s. f.* Condición que reconoce a una persona ciertos derechos políticos y sociales. *La ciudadanía se obtiene a partir de los 18 años.* || Conjunto de los ciudadanos. *Los candidatos invitaron a la ciudadanía a votar.*

ciudadano, na *adj.* Relativo a la ciudad. *La organización ciudadana logró que se hicieran nuevas calles para los peatones.* || *s.* Persona que habita en una ciudad. || Persona que tiene ciertos derechos y deberes por pertenecer a un país.

ciudadela *s. f.* Recinto fortificado en el interior de una ciudad, que sirve para defenderla. *Las tropas leales al gobierno se hicieron fuertes en la ciudadela.*

cívico, ca *adj.* Perteneciente o relativo al civismo. || Se aplica a la persona que actúa con civismo.

civil *adj.* Que no es militar, ni eclesiástico o religioso. *Miguel Alemán fue el primer presidente civil de México después de la Revolución.* || Se aplica a la rama del derecho que regula las relaciones e intereses privados entre las personas en cuanto a sus derechos y deberes recíprocos. || Se dice de las autoridades y sus funciones, en oposición a las de la Iglesia y los militares.

civilidad *s. f.* Civismo, sociabilidad, urbanidad. || Cualidad de la persona civilizada. || Sentido de responsabilidad política y social.

civilismo *s. m.* Doctrina política que se opone a la preponderancia de los militares en el gobierno.

civilista *adj.* Se dice de un abogado especialista en derecho civil. || *s. com.* Persona que profesa el derecho civil, o tiene en él especiales conocimientos.

civilización *s. f.* Conjunto de costumbres, ideas, creencias, arte, cultura y conocimientos científicos y técnicos que caracterizan el estado social de un grupo humano, de una época. *La civilización de la antigua Grecia, es predecesora de la civilización occidental moderna.* || Acción de civilizar.

civilizado, da *adj.* Se dice de la persona que se comporta con urbanidad y civismo. || Que es propio o característico de esta persona. *Entre maestros y estudiantes se da una relación civilizada.*

civilizador, ra *adj.* y *s.* Que civiliza.

civilizar *t.* Salir pueblos o personas del estado salvaje. *Con el descubrimiento de la agricultura, la humanidad se empezó a civilizar.* || Elevar el nivel de civilización de una sociedad. *El contacto de los romanos con los griegos los civilizó.* || Introducir en un país la civilización de otros más adelantados. *Carlomagno intentó civilizar a los pueblos bárbaros germanos.* || Convertir a una persona tosca o insociable en educada o sociable. *Robinson Crusoe civilizó a Viernes.* || *pr.* Adoptar un pueblo la civilización de otro más adelantado.

civismo *s. m.* Actitud de respeto a las instituciones e intereses de la nación, a las obligaciones y deberes de ciudadano y a las normas de convivencia de la comunidad.

cizalla *s. f.* Herramienta a modo de tijeras grandes para cortar metal. || Recorte o fragmentos de metal. || Especie de guillotina que sirve para cortar cartones y cartulinas.

cizaña *s. f.* Planta gramínea que crece en los sembradíos y los perjudica. || Cosa que, mezclándose entre las buenas, las estropea. || *fig.* Discordia, disensión. || *loc.* ***Sembrar cizaña:*** provocar recelo o discordia en las relaciones entre personas.

cizañero, ra *adj.* Se dice de la persona que suele meter o sembrar cizaña. *Lago, personaje de Shakespeare, es el más vil de los cizañeros.*

clamar *intr.* Pedir algo con intensidad. *La madre clamó justicia contra el asesino de su hijo.* || Quejarse o pedir ayuda.

clámide *s. f.* Capa corta y ligera de usada por los griegos y romanos.

clamor *s. m.* Grito colectivo. *La gente interrumpía al cantante con clamores de entusiasmo.*

clamoreo *s. m.* Clamor insistente. || Ruidos de muchas personas que claman juntas. *El orador fue celebrado por el clamoreo de la multitud.*

clamoroso, sa *adj.* Se dice del rumor producido por las voces o quejas de una multitud. *Desde el balcón se veía a la multitud clamorosa.* || Se dice de un hecho acompañado de clamor. || Que es extraordinario o espectacular. *La presentación de la soprano fue un éxito clamoroso.*

clan *s. m.* Grupo social formado por un número de familias con ascendencia común y que reconocen la autoridad de un jefe. *El clan de los Corleone reconocen como su jefe a Don Vito.* || Grupo cerrado de personas unidas por un interés o ideas comunes. *Los egresados de Harvard en el gobierno constituyen un clan.*

clandestinidad *s. f.* Cualidad o situación de clandestino. *La resistencia contra el dictador actuaba en la clandestinidad.*

clandestino, na *adj.* Que se hace de manera secreta por ilícito.

clánico *adj.* Se aplica al sentido de clan de las relaciones humanas.

claqueta *s. f.* Pizarra que se fotografía al inicio de cada toma en una filmación cinematográfica, con el número que le corresponde y otros detalles técnicos.

clara *s. f.* Sustancia que rodea la yema de los huevos de las aves. *Los huevos me gustan con la clara bien cocida.*

claraboya *s. f.* Ventana fija y con cristales en el techo o en la parte alta de la pared. || Especie de ventana circular fija con cristales en los barcos.

clarasol *s. m. Méx.* Lejía.

clarear *intr. impers.* Aparecer la claridad del día al empezar a amanecer. *Reiniciamos el viaje al clarear el día.* || Irse disipando el nublado. *Pudimos salir hasta que empezó a clarear el nublado.* || *pr.* Translucirse un cuerpo. *De raída la camisa ya clarea.* || *fig.* Descubrir alguien involuntariamente sus intenciones. *La pasión clareaba en el brillo de sus ojos.*

clareo *s. m.* Operación de desmontar un monte o bosque, cortando parte de su vegetación.

clarete *adj.* y *s. m.* Vino algo más claro que el vino tinto. || Mezcla de vino blanco y tinto. *La cena se acompañó de un excelente clarete.*

clareza *s. f.* Claridad.

claridad *s. f.* Cualidad de claro. || Efecto de la luz que hace distinguir bien los objetos. *Construimos otra ventana para que haya más claridad.* || Precisión e inteligibilidad con que, por medio de los sentidos, se perciben las sensaciones, y por medio de la inteligencia, las ideas. *Capté con claridad los conceptos expuestos en clase.* || Precisión e inteligibilidad con que se describe algo. *Expuso con claridad su concepto de relatividad.* || *loc.* ***Claridad meridiana:*** que es absolutamente claro. *Su explicación no deja lugar a dudas, es de claridad meridiana.*

claridoso, sa *adj. Amér.* Que acostumbra hablar con claridad y sin rodeos, que habla sin hipocresía. *Como claridoso que es, siempre dice lo que piensa.*

clarificación *s. f.* Acción y efecto de clarificar.

clarificador *adj.* Que clarifica. *Su explicación fue muy clarificadora.*

clarificante *adj.* Que clarifica.

clarificar *t.* Iluminar, dar luz. || Aclarar. *Después de la explicación se clarificó el tema.*

clarificativo, va *adj.* Que sirve para clarificar.

clarín *s. m.* Instrumento musical de viento metal, parecido a la trompeta, pero más pequeño, sin llaves o pistones, y de sonidos más agudos. *El clarín toca a diana a las cinco de la mañana.* || Persona que toca este instrumento. *El clarín transmitió la orden de retirada.* || *Méx.* Ave pequeña de canto bello.

clarinazo *s. m.* Toque fuerte y asilado de clarín. || Suceso sorpresivo que sirve de advertencia. *Las declaraciones del ministro fueron el clarinazo para lo que sucedió después.*

clarinete *s. m.* Instrumento musical de viento con embocadura con lengüeta de caña, tubo de madera con llaves y pabellón de clarín.

clarinetista *s. com.* Músico que toca el clarinete.

clarividencia *s. f.* Capacidad para comprender y discernir claramente las cosas. *Su clarividencia lo convirtió en certero experimentador.* || Perspicacia, penetración. || Facultad extrasensorial de percibir fenómenos por un medio distinto a los sentidos, o de adivinar hechos futuros u ocurridos en otros lugares. *La exactitud de su pronóstico fue un acto de clarividencia.*

clarividente *adj.* y *s. com.* Se dice de la persona dotada de clarividencia.

claro, ra *adj.* Que recibe o tiene mucha luz. || Que se distingue bien. *En las tardes luminosas todo se ve muy claro.* || Que está despejado, sin nubes. *Pudimos observar las estrellas, el cielo estaba claro.* || Que es límpido y transparente. *De agua corriente y clara, cerca el Danubio una isla.* || Se aplica a las cosas líquidas que son poco espesas, por tener una mayor proporción de agua. *El café que me sirvieron estaba muy claro.* || Se dice del color que se acerca más al blanco que otro de la misma tonalidad. *Las aguas del caribe son de un azul más claro.* || Que se percibe o se distingue bien. *Su buena dicción lo hace de un hablar muy claro.* || Inteligible, fácil de comprender. *Con su forma de exponer en clase, todo se hace más claro.* || Que no deja lugar a dudas. *Con el nuevo plan de estudios hay una clara mejoría.* || Se aplica al decir las cosas de manera directa, sencilla y comprensible. *Me gusta hablar claro y sin rodeos.*

claro[1] *adv.* Claramente, de manera definida o precisa, con claridad. *Me gusta hablar claro y sin rodeos.*

claro[2] *s. m.* Espacio despejado que hay entre las cosas de un conjunto, donde faltan éstas. *En un claro del bosque florecen las begonias.*

claro[3] *interj.* Se usa en expresiones exclamativas para indicar que algo ha sido comprendido. *¡Claro, era como tú decías!*

claroscuro *s. m.* Efecto resultante de una distribución conveniente de luces y sombras en una pintura, un dibujo, una fotografía, etc. *Rembrandt maneja el claroscuro con maestría.* || Dibujo o pintura en que no hay colores sino luces y sombras. || Conjunto de rasgos contradictorios de una situación, cosa o persona. *Los resultados de la política del gobierno tienen sus claroscuros.*

clase *s. f.* Conjunto de elementos con características comunes que resulta de una clasificación, cualquiera el criterio que para ésta se use. *El colibrí pertenece a la clase de las aves.* || Conjunto de características que diferencian una cosa de otras de su misma naturaleza o especie y permiten valorarla. *La caoba es madera de clase superior al pino.* || Categoría taxonómica de clasificación de los seres vivos, inferior a la de grupo y superior a la de orden. *Los paquidermos y los cetáceos pertenecen a la clase de los mamíferos.* || Conjunto de alumnos que reciben un mismo grado de enseñanza, o estudian la misma asignatura. *Juan y Adelaida van en la misma clase de inglés.* || Asignatura impartida por el maestro. *La clase de química se imparte en el laboratorio.* || Salón donde se imparten las clases. || Clasificación que se hace en la prestación de algún servicio. *Siempre viaja en autobús de primera clase.* || *loc.* ***Clase social:*** conjunto de personas que comparten el mismo nivel económico o social y se caracteriza por costumbre o intereses afines. || ***Tener clase:*** dar muestras de refinamiento o distinción.

clasicismo *s. m.* Cualidad de clásico.

clasicista *adj.* Perteneciente o relativo al clasicismo. || *s. com.* Que sigue los principios del clasicismo.

clásico, ca *adj.* y *s.* Se aplica a las manifestaciones culturales y artísticas pertenecientes a la época de mayor esplendor de una cultura, de una civilización, etc., y que se tiene por modelo a imitar. || Se aplica a autores u obras que se consideran de la mayor perfección alcanzada en el género de que se trate. *Los dramas de Esquilo y Shakespeare se tienen por clásicos.* || Se dice de la música y de otras artes. *La música clásica se estudia en los conservatorios.* || Se aplica a la persona que tiene gustos estéticos refinados. *Más que de otra, disfruta de la música clásica.* || Que es sobrio, poco llamativo y de corte tradicional. *El caballero viste clásico y elegante.* || *adj.* Típico, característico, que posee cualidades que le son propias. *Florencia es una ciudad clásica del Renacimiento.*

clasificable *adj.* Que se puede clasificar.

clasificación *s. f.* Acción y efecto de clasificar.

clasificado, ea *adj.* Que ha recibido una clasificación. || Se dice de una información o documento que se mantiene secreto o reservado. || Se aplica a la persona que ha obtenido los resultados necesarios para entrar o mantenerse en una competencia. || Se dice del anuncio por líneas o palabras en la prensa periódica.

clasificador *adj.* y *s.* Que clasifica. || *s. m.* Mueble, carpeta o cosa con separaciones para clasificar.

clasificar *t.* Ordenar un conjunto de cosas por clases. || Incluir algo en una clase determinada. *Por sus características, cae en la primera clase.* || Declarar que un documento o información es materia reservada. || *pr.* Obtener determinado lugar en una competencia. *La selección de futbol clasificó a la siguiente fase del torneo.*

clasificatorio *adj.* Que clasifica o sirve para clasificar.

clasismo *adj.* Relativo a la diferencia de clases. || *s. m.* Actitud de quienes discriminan por motivos de clase social.

clasista *adj.* Relativo a una clase social, con exclusión de las demás. || *s. com.* Se aplica a la persona que es partidaria de la diferencia de clases.

claudicación *s. f.* Acción y efecto de claudicar.

claudicante *adj.* Que claudica.

claudicar *intr.* Ceder, rendirse. || Abandonar el esfuerzo o la resistencia en una empresa. *Después de muchos años de lucha claudicó ante la adversidad.* || Faltar uno a sus deberes, principios o convicciones.

claustro *s. m.* Galería de arcos que rodea el patio interior de un convento o iglesia. || Por extensión, convento o estado monástico. *Sor Juana ingresó al claustro para gozar «el sosegado silencio de mis libros».* || Junta formada por el rector y profesores de una universidad.

claustrofobia *s. f.* Angustia o temor a permanecer en lugares cerrados.

claustrofóbico, ca *adj.* Perteneciente o relativo a la claustrofobia. || Que padece claustrofobia.

cláusula *s. f.* Cada una de las disposiciones de ciertos documentos, como un contrato, testamento u otro documento análogo. || Oración o construcción, con sentido completo, incluida dentro de una oración. *Las oraciones compuestas pueden tener dos o más cláusulas.*

clausulado *s. m.* Conjunto de cláusulas.

clausura *s. f.* Cierre, acción de clausurar. || Acto con el que se da algo por terminado, una reunión, un congreso, un ciclo escolar, etc. *En la clausura de cursos se entregaron los diplomas.* || Obligación que impone la autoridad a algún establecimiento industrial o comercial, de cerrar sus puertas y suspender actividades, a modo de sanción. *Los vecinos pidieron la clausura del bar.* || Obligación de los monjes a permanecer en su recinto, de no dejar entrar en éste a personas ajenas a él o a personas del sexo opuesto.

clausurar *t.* Cerrar, poner fin a sus trabajos, un congreso, una asamblea, etc. || Imponer el castigo de clausura. *Clausuraron el antro por violar las disposiciones oficiales.*

clavadismo *m. Méx.* Deporte que consiste en saltar y zambullirse en el agua.

clavadista *s. com. Méx.* Deportista que practica clavados.

clavado *adj.* Asegurado o fijado con clavos. *Las vigas del techo quedaron bien clavadas.* || Que está fijo o inmóvil. *Tenía la vista clavada en él.* || *Méx.* Zambullida, salto de trampolín. *A Paola le calificaron muy bien su clavado.*

clavar *t.* Introducir un clavo u otra cosa con punta en algo a fuerza de golpes. *Para colgar el cuadro, clavé un clavo en la pared.* || Asegurar con clavos una cosa en otras. *Clavaron tablas en las ventanas de la casa abandonada.* || Introducir una cosa alargada en un orificio. *Subimos a la cima y clavamos una bandera.* || Introducir una cosa puntiaguda. *Me clavé una espina en el dedo.* || *pr. Méx.* Robar. *Se clavaron mi cartera en el metro.*

clavazón *s. f.* Conjunto de clavos, particularmente los que se tienen preparados para utilizarlos en algo.

clave *s. f.* Código de signos cifrados con los que se transmiten mensajes secretos o privados. *Samuel Morse inventó la clave que lleva su nombre para transmitir mensajes.* || Aquello que hace comprensible algo que era enigmático. *La Piedra de Roseta dio la clave para descifrar los jeroglíficos egipcios.* || Signo o combinación de signos para hacer funcionar ciertos aparatos o dispositivos. *Para abrir el candado se necesita una clave.* || En aposición indica lo que resulta básico o decisivo. *La idea clave de esa novela es la imposibilidad del amor.* || En música, signo que se escribe al principio del pentagrama para indicar el nombre de las notas. *Las claves de sol y de fa son las más familiares.* || Piedra central con que se cierra un arco o una bóveda. || *m.* Clavecín.

clavecín *s. m.* Instrumento musical de cuerdas y teclado cuyas cuerdas se tañen desde abajo con picos en forma de pluma.

clavecinista *s. com.* Músico que toca el clavecín.

clavel *s. m.* Planta herbácea, de tallos nudosos, y flores muy olorosas. || Flor de esta planta.

clavelito *s. m.* Especie de clavel de tallos rectos, con multitud de flores en corimbos que despiden suave aroma por la tarde y noche.

clavellina *s. f.* Planta semejante al clavel, pero de tallos más pequeños y flores con menos pétalos.

clavera *s. f.* Molde para hacer la cabeza de los clavos.

clavero *s. m.* Árbol tropical de unos 6 m de altura, copa piramidal, flores róseas y fruto parecido a la cereza; los capullos de sus flores son los clavos de especia.

claveteado, da *adj.* Clavado. || Adornado.

clavetear *t.* Sujetar con clavos. || Adornar un objeto con algún metal precioso.

clavicémbalo *s. m.* Clavecín.

clavicordio *s. m.* Instrumento musical de cuerdas y teclado, cuyas cuerdas de alambre se hacían sonar con puntas o lengüetas de cobre y no con macillos como en los pianos modernos.

clavícula *s. f.* Cada uno de dos huesos largos transversales cerca del hombro, articulados por un extremo con el esternón y por el otro con el omoplato.

clavicular *adj.* Perteneciente o relativo a la clavícula.

clavija *s. f.* Pieza compuesta de un vástago cilíndrico o ligeramente cónico, con un extremo lateralmente comprimido y que se introduce en un orificio en cualquier pieza y con cualquier objeto. || Pieza cilíndrica o cónica y con oreja, que sirve en los instrumentos musicales para enrollar las cuerdas. || *loc.* ***Apretar*** o ***ajustar las clavijas:*** presionar a alguien para que haga lo que debe.

clavijero *s. m.* Pieza que sirve de base para las clavijas de un instrumento musical.

clavo *s. m.* Pieza de hierro larga y delgada, con cabeza y punta, que sirve para fijar o asegurar una cosa a otra. *Para asegurar las piezas usé un clavo en cada extremo.* || Capullo seco de la flor del clavero, que se usa como especia. || *fig.* Persona o cosa molesta, engorrosa. || Artículo de comercio que no se vende. || *loc.* ***Dar en el clavo:*** atinar, acertar. *Le di en el clavo con el negocio de hamburguesas.* || ***Agarrarse a un clavo ardiendo:*** recurrir a un recurso extremo para salir de una situación difícil.

claxon *s. m.* Bocina de un automóvil.

claxonazo *s. m.* Sonido intempestivo de un claxon.

clemencia *s. f.* Virtud que modera el rigor de la justicia.

clemente *adj.* Que tiene clemencia.

clementina *s. f.* Variedad de mandarina sin pepitas y más dulce que la ordinaria.

clepsidra *s. f.* Reloj de agua.

cleptomanía *s. f.* Trastorno psíquico que hace que quien la padece hurte objetos por el placer de poseerlos y ocultarlos.

cleptomaníaco *adj.* Cleptómano.

cleptómano, na *adj.* y *s.* Que padece cleptomanía.

clerecía *s. f.* Conjunto de eclesiásticos que componen el clero. || Oficio u ocupación de clérigos. || *loc.* ***Mester de clerecía:*** en literatura, escritura practicada por los monjes o las personas cultas de la Edad Media en España.

clerical *adj.* Perteneciente o relativo al clérigo. || Que está estrechamente vinculado a la Iglesia y sumiso al clero y a sus directrices.

clericalismo *s. m.* Injerencia excesiva del clero en los asuntos de un Estado. || Marcada afección y sumisión al clero y a sus directrices.

clérigo *s. m.* Hombre que ejerce funciones religiosas.

clero *s. m.* Conjunto de todos los clérigos. || Clase sacerdotal en la Iglesia católica.

clic *s. m.* Onomatopeya del sonido que hace el gatillo de un arma, el interruptor de luz, etc. || Pulsación que se hace con el ratón de la computadora.

cliché *s. m.* Plancha o grabado en metal que se usaba para imprimir. || En fotografía, imagen en negativo. || Tópico, frase común y muy repetida.

cliente *s. m.* Persona que utiliza los servicios de otra. *Hoy hemos tenido sólo tres clientes.*

clientela *s. f.* Conjunto de clientes de una persona o un establecimiento. *La atención al cliente es clave para conservar la clientela.*

clientelismo *s. m.* Práctica social y política en la que personas u organizaciones poderosas se ganan la sumisión y los servicios de las personas que se acogen a su amparo.

clientelista *adj.* Que se relaciona con el clientelismo. || *s. com.* Persona que practica el clientelismo.

clima *s. m.* Conjunto de condiciones atmosféricas propias a la que, por su ubicación geográfica, se encuentra sometida una región o localidad. *Cuernavaca tiene un clima templado casi todo el año.*

climatérico, ca *adj.* Relativo o perteneciente al climaterio. || Se aplica al tiempo que, por cualquier circunstancia, es peligroso o difícil.

climaterio *s. m.* Periodo de la vida en el que cesa la actividad reproductora.

climático, ca *adj.* Perteneciente o relativo al clima. *En toda su historia, la Tierra ha sufrido cambios climáticos.*

climatización *s. f.* Acción y efecto de climatizar.

climatizado, da *adj.* Se dice de un lugar cerrado con aire acondicionado.

climatizador, ra *adj.* Que climatiza. || *s.* Aparato para climatizar.

climatizar *t.* Dotar a un lugar cerrado de las condiciones de temperatura y humedad del aire adecuadas para el confort de quienes se encuentran en él.

climatología *s. f.* Ciencia que estudia el clima. || Conjunto de las características climáticas de un espacio geográfico.

climatológico, ca *adj.* Perteneciente o relativo a la climatología.

climatólogo, ga *s.* Especialista en climatología.

clímax *s. m.* Momento culminante de una acción o fenómeno cualquiera. || Momento culminante de un poema o de una acción dramática.

climograma *s. m.* Gráfico que representa la temperatura y las precipitaciones de un lugar.

clínex *s. m. Méx.* Pañuelo desechable de papel muy delgado.

clínica *s. f.* Enseñanza práctica de la medicina. *Los jueves tengo clínica en el Hospital de Jesús.* || Departamento donde se da esta enseñanza en los hospitales. *Al doctor lo nombraron coordinador de clínica.* || Hospital privado, regido por un médico. *Tenía un dolor agudo y lo internaron en la clínica.* || Cualquier enseñanza práctica dada en sesiones. *Jordan imparte clínica de básquetbol.*

clínico, ca *adj.* Perteneciente o relativo a la clínica. || *s.* Médico que se dedica a la medicina práctica.

clip *s. m.* Sujetador de papeles. || Sistema de pinza para sujetar a presión.

clisé *s. m.* Cliché.

clítoris *s. m.* Cuerpo pequeño, carnoso y eréctil, que sobresale en la parte más elevada de la vulva.

cloaca *s. f.* Conducto por donde van las aguas residuales o negras y las inmundicias. || Parte final, ensanchada, del intestino de las aves y otros animales, en la cual desembocan los conductos genital y urinario.

clon *s. m.* Familia de células genéticamente idénticas, obtenida de una célula precursora por división binaria. || Reproducciones idénticas de un producto industrial, casi siempre de electrónica, con otra marca de fábrica.

clonación *s. f.* Acción y efecto de clonar.

clonar *t.* Crear clones.

cloquear *intr.* Cacarear las gallinas.

cloqueo *s. m.* Cacareo de la gallina clueca.

cloración *s. f.* Acción y efecto de clorar. || Depuración del agua tratándola con cloro.

cloral *s. m.* Derivado clorado del alcohol etílico, que se usa como anestésico.

clorar *t.* Incorporar átomos de cloro en la molécula de un compuesto químico. || Añadir cloro al agua para hacerla potable.

cloratado, da *adj.* Que contiene clorato.

clorato *s. m.* Cada una de las sales del ácido clórico.

clorhidrato *s. m.* Sal del ácido clorhídrico.

clorhídrico, ca *adj.* Se dice de las sustancias compuestas de hidrógeno y cloro o relativo a ellas.

clorídeo, a *adj.* Se aplica a las plantas gramíneas con espiga.

cloro *s. m.* Elemento químico del grupo de los alógenos, que a temperatura y presión normal es un gas verde amarillento de olor picante. Es muy venenoso, altamente reactivo y se licúa con facilidad. Se utiliza para blanquear y como plaguicida, en la desinfección de aguas y en la industria de los plásticos. Su número atómico es 17 y su símbolo *Cl.*

clorofíceas *adj.* Se aplica a las algas que tienen color verde debido a la presencia de clorofila.

clorofila *s. f.* Materia colorante de las plantas que se encuentra en los cloroplastos de las partes verdes y absorbe la energía luminosa.

clorofílico, ca *adj.* Perteneciente o relativo a la clorofila.

cloroformizar *t.* Aplicar cloroformo para anestesiar.

cloroformo *s. m.* Líquido incoloro, de olor agradable y sabor azucarado y picante, que resulta de la combinación de cloro y ácido fórmico y se emplea en medicina como anestésico.

cloroplasto *s. m.* Orgánulo de las células vegetales que contiene la clorofila y en el cual se realiza la fotosíntesis.

clorosis *s. f.* Anemia propia de mujeres adolescentes por deficiencia de hierro en los glóbulos rojos de la sangre o del número de éstos. || Enfermedad de las plantas, se manifiesta por un color amarillento, debido a la falta de actividad de sus cloroplastos.

clorótico, ca *adj.* Que padece clorosis.

cloruro *s. m.* Sal de ácido clorhídrico.

clóset *s. m. Amér.* Armario empotrado.

club *s. m.* Asociación de personas con fines políticos, culturales o deportivos. || Instalaciones donde se reúnen los miembros de esta agrupación.

clueco, ca *adj.* Se dice del ave cuando empolla o cuando cuida a los polluelos.

clutch *s. m. Méx.* Embrague, pedal de los vehículos que sirve para cambiar de velocidad.

coa *s. f. Méx. Pan.* y *Venez.* Especie de pala usada para labrar.

coacción *s. f.* Fuerza o violencia que se hace para obligar a alguien a hacer una cosa. *Su confesión fue anulada porque la hizo bajo coacción.*

coaccionar *t.* Ejercer coacción.

coacervación *s. f.* Acción y efecto de coacervar.

coacervar *t.* Juntar, amontonar.

coacusado, a *adj.* y *s.* Acusado junto con otra u otras personas.

coadjutor, ra *s.* Persona que ayuda a otra en ciertas actividades. || Eclesiástico que auxilia al párroco en el ministerio de la parroquia. || Jesuita, sacerdote o no, que no hace la profesión solemne y no se obliga con voto de obediencia al Papa.

coadjutoría *s. f.* Cargo de coadjutor.

coadministrador *s. m.* El que administra junto con otro.

coadquisición *s. f.* Adquisición en común.

coadyutor *s. m.* Coadjutor.

coadyutorio, ria *adj.* Que ayuda.

coadyuvante *adj.* Que coadyuva.

coadyuvar *t.* Contribuir o ayudar a la consecución de una cosa.

coagente *adj.* Se aplica al que o a lo que ayuda o contribuye a algún fin.

coagulable *adj.* Que puede coagularse.

coagulación *s. f.* Acción y efecto de coagular.

coagulador, ra *adj.* Que coagula.

coagulante *adj.* y *s. m.* Que coagula.

coagular *t.* y *pr.* Cuajar, hacer que un líquido se convierta en sólido o pastoso, como la leche, la sangre, etc.

coágulo *s. m.* Porción de una sustancia coagulada.

coaguloso, sa *adj.* Que se coagula o está coagulado.

coahuilense *adj.* Perteneciente o relativo al estado de Coahuila, México. || *s. com.* Natural de ese estado.

coalición *s. f.* Asociación de varios países para la guerra o la defensa. || Asociación de varias organizaciones políticas para llevar a cabo una acción común. *Los partidos más disímbolos formaron una coalición electoral.*

coaligado, da *adj.* Se dice de las partes que forman parte de una coalición.

coaligar *pr.* Unirse, asociarse unos con otros para algún fin.

coartada *s. f.* Argumento de inculpabilidad del presunto autor del delito por hallarse un lugar distinto en el momento que se cometió el delito. *Su viaje era su coartada a toda prueba.*

coartar *t.* Limitar, restringir, con una fuerza no física la libertad de alguien para hacer o decir cierta cosa. *La mirada inquisitiva del maestro, coarta a los alumnos de hacer preguntas.*

coatí *s. m.* Mamífero carnicero americano, de hocico prolongado y larga cola, que trepa fácilmente los árboles.

coautor, ra *s.* Autor de algo junto con otro u otros.

coaxial *adj.* Se dice del cuerpo o figura que comparte un mismo eje de simetría o de rotación con otro. *La señal de televisión cerrada se transmite por cable coaxial.*

coba *s. f.* Adulación o lisonja fingida con el fin de obtener algo o para burlarse. *Piensa que le da coba al maestro creyendo que le ayudará.*

cobáltico, ca *adj.* Perteneciente o relativo al cobalto.

cobalto *s. m.* Elemento químico radiactivo y metálico perteneciente al primer grupo de transición. Es duro, de elevada resistencia a la tensión y no le afecta el agua ni el aire. Su número atómico es 27 y su símbolo *Co*.

cobarde *adj.* y *s.* Pusilánime, que tiene poco valor y que se deja sobrecoger por el miedo. || Se aplica a la persona que siente mucho miedo en los peligros o que no se atreve a exponerse a ellos, y, correspondientemente, a sus acciones, actitud, etc. *Lo llevas para que te proteja y es un cobarde.* || Se aplica como insulto a la persona que ataca o hace daño a otros ocultándose. *No se atreve a dar la cara, es un cobarde.*

cobardía *s. f.* Cualidad de cobarde. || Carencia de valor o entereza. *Los Infantes de Carrión sobresalían por su cobardía.*

cobaya *indef.* Mamífero roedor americano parecido al conejo, pero más pequeño, con orejas y patas cortas; se usa en experimentos de medicina y biología.

cobertizo *s. m.* Sitio rústico cubierto para resguardarse de la intemperie.

cobertor *s. m.* Manta gruesa, generalmente de lana, que sirve para taparse estando acostado en la cama y protegerse del frío.

cobertura *s. f.* Acción de cubrir, tapar o resguardar algo. || Revestimiento, cosa que cubre o recubre otra. *La manzana tiene cubierta de caramelo.* || Conjunto de prestaciones que ofrece un servicio. *El seguro del automóvil es de cobertura amplia.* || Valores que sirven de garantía en una operación financiera o mercantil. *El gobierno ofreció coberturas a créditos para la inversión.* || Cantidad o porcentaje abarcado por una cosa o una actividad. *Los servicios educativos tienen una cobertura del 90% de la población.* || Extensión territorial que abarca un servicio. *El servicio telefónico tiene cobertura nacional.* || Acción de cubrir una información algún medio de comunicación. *El Campeonato Mundial de Futbol tuvo una cobertura global.* || Encubrimiento, ficción, con la que se protege una actividad que se quiere mantener oculta. *El espía tenía una cobertura de empresario.*

cobija *s. f.* Cobertor.

cobijador, ra *adj.* y *pr.* Que cobija.

cobijadura *s. f.* Cobijamiento.

cobijamiento *s. m.* Acción de cobijar o cobijarse.

cobijar *t.* Dar cobijo o protección a alguien. *El albergue da cobijo a los indigentes.* || Amparar o consolar a alguien, dándole protección. *Se cobijó en los brazos de su madre.* || Cubrir, tapar con una cobija.

cobijo *s. m.* Amparo, protección o consuelo que una persona le da a otra. || Refugio, lugar en el que se está protegido de la intemperie u otras cosas.

cobista *s. com.* El que da coba, adulador.

cobra[1] *s. f.* Serpiente venenosa de África y Asia tropical; se caracteriza por erguirse e inflar la porción cervical del cuerpo cuando se dispone a atacar. *La cobra era un animal sagrado para los antiguos egipcios.*

cobra[2] *s. f.* Acción de buscar el perro la caza, hasta traerla al cazador.

cobrable *adj.* Que puede ser cobrado.

cobradero, ra *adj.* Cobrable.

cobrado, da *adj.* Que ha saldado la paga pendiente.

cobrador, ra *s.* Persona encargada de cobrar.

cobranza *s. f.* Acción y efecto de cobrar.

cobrar *t.* Percibir uno la cantidad que otro le debe. *Por fin pude cobrar el último embarque de sandías.* || Adquirir o sentir algún afecto o ciertos estados de ánimo. *Leer libros hace que uno cobre afición al estudio.* || Adquirir, conseguir. *Con la novela «Pedro Páramo», Juan Rulfo cobró fama.* || Recoger las piezas que se han cazado. *El perro cobró todas las liebres que cazamos.* || *pr.* Compensarse a sí mismo de un favor hecho o de un daño recibido. *Se cobró llevándose el televisor.* || Provocar víctimas. *Los terremotos recientes se han cobrado miles de vidas.*

cobre[1] *s. m.* Elemento químico metálico de color rojizo, muy dúctil y maleable, buen conductor de la

temperatura y la electricidad. Se utiliza en la industria eléctrica y forma aleaciones como el latón o el bronce. Su número atómico es 29 y su símbolo *Cu*.
cobre[2] *loc.* **Enseñar el cobre:** Dejar ver alguien, mediante un acto generalmente irreflexivo, su baja calidad moral.
cobrizo, za *adj.* Que contiene cobre. || De color parecido al del cobre.
cobro *s. m.* Cobranza. || Acción y efecto de recibir lo que se adeuda o pertenece a uno.
coca *s. f.* Arbusto originario de América del Sur, de cuyas hojas se extrae la cocaína. || La hoja de este arbusto. || Cocaína.
cocacho *s. m. Amér.* Golpe dado con los nudillos en la cabeza.
cocada *s. f. Amér.* Dulce de coco y azúcar.
cocaína *s. f.* Alcaloide que se obtiene de la hoja de coca, se usa como anestésico y como estupefaciente.
cocainomanía *s. f.* Adicción a la cocaína.
cocainómano, na *adj.* y *s.* Persona que sufre de adicción a la cocaína.
cocalero, ra *adj.* Que se dedica al cultivo y explotación de la coca.
cocción *s. f.* Acción y efecto de cocer o cocerse.
cóccix *s. m.* Conjunto de vértebras, fusionadas o no, en número de tres a cinco, que en los humanos forma la terminación de la columna vertebral.
coceador, ra *adj.* Se dice de los animales que dan muchas coces. *Entrenan al caballo para que deje de ser coceador.*
coceadura *s. f.* Acción de cocear.
cocear *intr.* Dar coces.
cocedizo *adj.* Fácil de cocer.
cocer *t.* Someter un alimento crudo a la acción de un líquido en ebullición o a la acción del vapor, hasta que sea comestible. *Puse a cocer las papas para hacer puré.* || Someter ciertas cosas o sustancias a la acción del calor de un horno para que pierdan humedad y adquieran determinadas propiedades. *En la ladrillera cuecen los ladrillos en un horno.* || *pr.* Preparar algo con sigilo. *Algo se cuece en esas reuniones tan sospechosas.*
cocha[1] *s. f.* En el beneficio de los metales, estanque separado del lavadero principal. || *Per.* y *Chil.* Manantial de aguas, a veces termales, en el desierto.
cocha[2] *s. f.* Cerda, la hembra del cerdo.
cochambre *indef.* Capa de suciedad grasienta. *Los muros de la cocina necesitan limpieza, están manchados de cochambre.*
cochambroso, sa *adj.* Que tiene cochambre. || Se dice de personas y cosas muy sucias.
coche *s. m.* Automóvil. || Carruaje de cuatro ruedas para pasajeros tirado por caballos.
cochera *s. f.* Lugar donde se guardan coches.
cochero, ra *s.* Persona que tiene por oficio conducir coches tirados por caballos.
cochinada *s. f.* Cosa sucia, porquería. || *fig.* Acción deshonesta y desleal con que se perjudica a alguien.
cochinero, ra *adj.* Se dice de los frutos que se dan a los cerdos por ser de mala calidad. || *s. m. Méx.* Cosa o lugar sucio y desordenado. *Los tachones y borrones en tu tarea son un cochinero.* || *Ven.* Lugar donde se crían cerdos.
cochinilla *s. f.* Crustáceo isópodo, pequeño, que cuando se toca se hace un bolita. || Insecto que vive sobre el nopal. Seco y reducido a polvo sirve para teñir de grana. || Materia colorante obtenida de este insecto. *Durante la Colonia, la cochinilla fue producto de exportación de Oaxaca.*
cochinillo *s. m.* Lechón, cerdo de leche.
cochino, na *adj.* Sucio, desaseado. || Indecoroso, indigno. || *s.* Cerdo. || *fig.* Persona sucia y desaliñada.
cocho *s. m.* Cerdo.
cocido *s. m.* Acción y efecto de cocer. || Plato elaborado con caldo de carne de res, elote, calabacita, papa y zanahoria.
cocido, da *adj.* Que tiene la cocción suficiente.
cociente *s. m.* Resultado de dividir una cantidad entre otra.
cocimiento *s. m.* Cocción, acción y efecto de cocer. || Líquido que resulta de cocer en él una cosa. *El agua de Jamaica es un cocimiento de flores.*
cocina *s. f.* Pieza o habitación donde se prepara la comida. || Aparato con hornillas y, a veces, horno, donde se realiza la cocción de los alimentos. || *fig.* Arte o manera de cocinar de cada país o región. *La cocina mexicana es muy apreciada en el mundo.*
cocinado *s. m.* Acción de cocinar.
cocinar *t.* Preparar alimentos. || Cocer.
cocinero, ra *s.* Persona que tiene por oficio cocinar.
cocinilla *s. f.* Cocineta, cocina pequeña. || Aparato con lamparilla de alcohol que sirve para calentar o hacer cocimientos ligeros.
cóclea *s. f.* Estructura en forma de espiral que se encuentra en el oído interno.
coco *s. m.* Cocotero. || Su fruto, de forma y tamaño de un melón, con una capa externa fibrosa y la semilla de cáscara muy dura, que tiene adherida en su interior una pulpa blanca y gustosa y deja un hueco lleno de un líquido refrigerante. || Fantasma que se figura para amedrentar a los niños. || *Méx.* Coscorrón.
cocoa *s. f.* Polvo hecho de semillas de cacao, después de ser fermentadas y tostadas. || Bebida que se hace con este polvo al que se le añade agua o leche caliente.
cocodrilo *s. m.* Saurio anfibio que vive en los ríos y en los lagos, nada y corre con rapidez y es muy voraz.
cocol *s. m. Méx.* Panecillo en forma de rombo. || *loc.* ***Estar*** o ***ir del cocol:*** salir algo muy mal. *Fuimos de vacaciones y todo estuvo del cocol.*
cócora *s.* Persona muy molesta e impertinente.
cocotero *s. m.* Palmera tropical, americana, cuyo fruto es el coco.
cóctel o **coctel** *s. m.* Bebida resultado de la mezcla de licores a la que añaden otros ingredientes. *El daiquirí es un coctel que se prepara con ron, jugo de limón y azúcar.* || Reunión en la que se consumen estas bebidas. *Organizaron un coctel para inaugurar la exposición.* || Mezcla de varias cosas. *Su confusión es un coctel de sentimientos encontrados.* || *loc.* ***Coctel de mariscos:*** plato elaborado con diversos mariscos en una salsa. || ***Coctel molotov:*** bomba incendiaria de fabricación casera.
coctelera *s. f.* Recipiente que sirve para preparar cocteles.
cocuyo *s. m.* Insecto coleóptero americano que despide una luz brillante. *«A la luz de los cocuyos» es una canción de José A. Jiménez.*
coda[1] *s. f.* Trozo triangular de madera, que sirve para reforzar las uniones que forman ángulos.
coda[2] *s. f.* En música, parte final de una composición en la que se repiten algunos de los temas anteriores. || Conjunto de versos que se añaden como remate a ciertos poemas.
codadura *s. f.* Codo de una planta que se entierra para que arraigue y produzca nueva planta.
codazo *s. m.* Golpe dado con el codo.
codear *intr.* Dar codazos. || Mover mucho los codos. || *pr.* Tratarse de igual a igual con cierta clase de personas.
codera *s. f.* Pieza de refuerzo en la manga de una chaqueta, sobre la parte que cubre el codo. || Pieza acolchonada con la que se cubren los codos para protegerlos.
códex *s. m.* Voz latina que designa al libro antiguo formado por hojas de pergamino cortadas en forma rectangular, escritas por ambos lados y unidas mediante costura en uno de los lados, todo ello guarnecido por las tapas o cubiertas, que solían ser de cuero grueso o madera. || Por extensión, cualquiera de los textos pictográficos desarrollados sobre papel amate, cutícula de maguey o cuero

de venado por los pueblos indígenas mesoamericanos.
códice *s. m.* Libro antiguo hecho a mano, anterior a la imprenta. || Libro manuscrito de más o menos antigüedad. || Textos pintados a mano sobre materiales diversos (amate, maguey, piel de venado) que suelen plegarse como biombos y cuyo contenido puede ser calendárico, histórico o ritual.
codicia *s. f.* Deseo desmedido de riquezas, honores o cualidades que no se poseen. || Apetencia vehemente de tener trato sexual con una persona.
codiciable *adj.* Apetecible, digno de ser codiciado.
codiciado, da *adj.* Que suscita codicia.
codiciar *t.* Desear o apetecer algo o a alguien con demasía y exceso.
codicioso, sa *adj.* y *s.* Que codicia algo o a alguien.
codificación *s. f.* Acción y efecto de codificar.
codificador, ra *adj.* y *s.* Que codifica o sirve para ello.
codificar *t.* En derecho, hacer y formar un cuerpo metódico y sistemático de leyes. || En comunicación, transformar la formulación de un mensaje al aplicarle las reglas de un código.
código *s. m.* Conjunto de normas legales sistematizadas que regulan una materia determinada. *Código penal, código civil.* || Recopilación sistemática de leyes. || Sistema de equivalencias entre dos conjuntos de signos para formular y descifrar mensajes secretos. || Libro (o cualquier otro sustrato) que lo contiene. || Combinación de signos alfanuméricos que tiene un valor determinado en un sistema establecido. || Conjunto de normas y preceptos que regula una actividad. *Código de honor, código militar.* || *loc.* ***Código de barras:*** conjunto de signos formado por una serie de líneas de diferente grosor y números asociados a ellas que se pone a los envases de los productos y contiene información sobre los mismos para su gestión informatizada mediante lectores específicos. || ***Código genético:*** disposición específica de la secuencia de los nucleótidos (adenina, guanina, citosina, timina y uracilo) que conforman los genes en los cromosomas de cada célula de un organismo, determinando su especie, sexo, dimensiones y todas sus características individuales. || ***Código postal:*** relación de números que son claves de zonas, distritos, poblaciones, etc., con la finalidad de facilitar la distribución del correo.
codillera *s. f.* Tumor benigno que padecen las caballerías en el codillo, por compresión del callo interno de la herradura.
codillo *s. m.* En los cuadrúpedos, coyuntura de la extremidad anterior con el pecho. || Porción comprendida entre dicha coyuntura y la rodilla.
codo *s. m.* En los seres humanos, parte posterior y prominente de la articulación del brazo con el antebrazo. || En los cuadrúpedos, articulación de la extremidad anterior. || Parte de tubo doblada en ángulo recto o en arco, que sirve para variar la dirección de una tubería. || Medida lineal antigua, de diferentes longitudes según la región y la época, equivalente a la distancia entre el codo y el extremo de la mano. || *fam. Méx.* Avaro, tacaño. || *loc. fam.* ***Codo a codo*** o ***codo con codo:*** con unión y solidad. || ***Empinar el codo:*** emborracharse, beber en exceso. || ***Hablar hasta por los codos:*** hablar demasiado. || ***Ser duro de codo:*** ser tacaño, cicatero, mezquino.
codorniz *s. f.* Ave gallinácea, de alas puntiagudas, cola corta y patas sin espolón, dorso pardo y parte inferior gris amarillenta; existe en estado silvestre pero también se domestica y cría para consumo humano.
coedición *s. f.* Edición de un libro en la que intervienen de manera conjunta dos o más editores.
coeficiencia *s. f.* Acción conjunta de dos o más causas para producir un efecto.
coeficiente *adj.* Que juntamente con otra causa produce un efecto. || *s. m.* En física y química, expresión numérica de una propiedad de un cuerpo o sustancia que regularmente se presenta como la relación entre dos magnitudes. *Coeficiente de refracción, coeficiente de acidificación.* || En matemáticas, factor constante que multiplica un término o una expresión, a cuya izquierda se sitúa. || *loc.* ***Coeficiente intelectual:*** cifra que expresa la inteligencia relativa de una persona y que se determina dividiendo su edad mental (previamente establecida mediante las respuestas a un cuestionario estandarizado) entre su edad cronológica.
coenzima *s. f.* Sustancia biológicamente activa que requiere de otra enzima para ejercer su función.
coerción *s. f.* Presión indebida ejercida sobre alguien para forzar su voluntad y su conducta. || Restricción, represión, inhibición.
coercitivo, va *adj.* Que sirve para obligar a alguien a hacer lo que no quiere. || Represivo, restrictivo, inhibitorio.
coetáneo, nea *adj.* y *s.* De la misma edad que otra persona, o que otro asunto del mismo género. || Contemporáneo.
coexistencia *s. f.* Existencia de una persona o de otro ser junto a otras u otros. *En el mundo se da la coexistencia de vicios y virtudes.* || *loc.* ***Coexistencia pacífica:*** política declarada en el último tercio del siglo xx por las dos superpotencias, Estados Unidos y la Unión Soviética, para dejar de amenazarse con la guerra nuclear y emprender relaciones menos hostiles.
coexistente *adj.* Que coexiste.
coexistir *intr.* Existir una persona u otro ser a la vez que otros.
cofa *s. f.* Plataforma en lo alto de un mástil de navío para asegurar cuerdas, maniobrar las velas altas, observar el horizonte y, llegado el caso, hacer fuego contra el enemigo.
cofia *s. f.* Prenda de tela ligera para el abrigo de la cabeza. || Prenda femenina para la cabeza que es distintiva de enfermeras, meseras, camareras, etc., como complemento del uniforme. || Gorro almohadillado y con armazón de hierro que se usaba debajo del casco o yelmo. || Cubierta membranosa de la punta de la raíz de los vegetales superiores.
cofrade *s. com.* Persona que es miembro de una cofradía.
cofradía *s. f.* Gremio, unión de personas para un fin determinado. || Hermandad formada por personas devotas, con anuencia de la autoridad religiosa competente, para dedicarse a actividades piadosas.
cofre *s. m.* Caja resistente de madera o metal con tapa, generalmente combada, y cerradura, en la cual se guarda dinero y objetos de valor. || Baúl o arca grande para guardar ropa y objetos varios. || *Méx.* Parte de la carrocería que contiene el motor del automóvil.
cofrero, ra *s.* Persona que se dedica a fabricar o a vender cofres.
coger *t.* Aferrar, agarrar, asir, tomar. || Juntar, recolectar o recoger algo. || Hallar, encontrar. *La muerte lo cogió desprevenido.* || Recibir o atrapar uno algo. *Cogí un resfriado de marca mayor.* || Descubrir un secreto o un engaño, sorprender descuidado a alguien. *Su mamá lo cogió en una mentira.* || Tomar u ocupar un sitio. *Si llega temprano podrá coger una butaca de primera fila.* || Sobrevenir. *Nos cogió de madrugada el tiroteo.* || Tomar, prender, apresar, aprehender. *Cogieron a los ladrones en pleno robo.* || Tomar, adquirir, recibir algo. *Coger fuerza, coger una costumbre, coger un vicio.* || Herir o enganchar con los cuernos el toro a alguien, o atropellar un auto a una persona. || Abordar un vehículo o un medio de transporte. *Coger el tren, coger el avión.* || Dicho de ciertas especies animales, cubrir el macho a la hembra para copular. || Encontrarse algo en cierta situación en relación con alguien. *Tu casa me coge de camino al trabajo.* || *vul. Amér.* Sostener relaciones sexuales.
cogestión *s. f.* Gestión conjunta de la administración de un negocio o de las funciones de una colectividad.

cogida *s. f.* Acto de herir, acornear o enganchar el toro al torero. || *fam.* Recolección de las cosechas. || Acto de recogerlas.
cogido *s. m.* Pliegue hecho en la ropa o en las cortinas por adorno.
cogitación *s. f.* Acción y efecto de cogitar.
cogitar *t. ant.* Pensar, reflexionar, meditar.
cogitativo, va *adj.* Que tiene la facultad de pensar, de usar el intelecto.
cognación *s. f.* Parentesco de consaguinidad por línea femenina. || Parentesco de cualquier clase.
cognición *s. f.* Acción y efecto de conocer, conocimiento.
cognitivo, va *adj.* Referente al conocimiento o propio de él.
cognocer *t. ant.* Conocer.
cognoscitivo, va *adj.* Relativo al conocimiento.
cogollo *s. m.* Parte central de las lechugas, coles, y otros vegetales semejantes, constituido por hojas más apretadas, pequeñas y tiernas, de excelente sabor. || Brotes de nuevos tallos, hojas o flores en árboles y otras plantas. || *fig.* Lo mejor y más escogido de algo.
cogote *s. m.* Porción superior y posterior del cuello.
cogotillo *s. m.* En los coches de caballos, arco de hierro detrás de la chapa de herraje del fuste delantero.
cohabitación *s. f.* Acción de cohabitar.
cohabitar *intr.* Habitar con una o más personas en una misma morada. || Vivir dos personas como marido y mujer. || Tratándose de partidos políticos, tener conjuntamente responsabilidades en el gobierno.
cohechar *t.* Sobornar o corromper a la autoridad para que contra derecho y justicia permita a uno hacer lo que se propone, o ejecute ella o deje de actuar a conveniencia de quien da el soborno.
cohecho *s. m.* Acción y efecto de cohechar. || Delito de corromper con dádivas o regalos a la autoridad. || Delito consistente en aceptar dádivas la autoridad para no actuar conforme a la ley.
coherencia *s. f.* Relación, conexión o unión de unas cosas con otras según reglas lógicas. || Conexión lógica entre una proposición y la que le sirve de antecedente. *Todos los seres humanos son mortales; tú eres humano, por lo tanto eres mortal.* || En física, fuerza que mantiene unidas las moléculas de una sustancia, cohesión. || En geometría, igualdad de ángulos entre figuras de diferentes dimensiones. || En lingüística, estado de un sistema oral o textual cuando sus componentes aparecen en conjuntos solidarios.
coherente *adj.* Que tiene o muestra coherencia.
cohesión *s. f.* Acción y efecto de unirse las cosas entre sí o los componentes de la materia de que están hechas. || Enlace, nexo, vínculo entre ideas, personas o cosas. || En física, fuerza que mantiene unidas las moléculas o los átomos de una materia. || Unión resultante de la acción de dicha fuerza.
cohesionar *tr.* Unir, proporcionar cohesión.
cohesivo, va *adj.* Que produce o causa cohesión.
cohesor *s. m.* En física, detector constituido por un tubo de sustancia dieléctrica, lleno de limaduras de hierro, que se usó en los primeros tiempos de la telegrafía inalámbrica.
cohete *s. m.* Fuego de artificio consistente en un tubo de cartón cargado de pólvora, con una mecha pegada en la parte inferior y adherido a una varilla ligera de madera o carrizo; encendida la mecha, los gases producto de la combustión, impulsan el artefacto hacia las alturas donde estalla con fuerte estampido. || Artefacto provisto de tanques separados cargados uno con comburente y el otro con combustible, que tras la ignición despide gases incandescentes que lo propulsan hacia el espacio a donde lleva naves de exploración, sondas o transbordadores. || *fam. Méx.* Pistola o cualquier otra arma corta. || Barreno, agujero relleno de explosivos. || Cartucho de dinamita. || Borrachera. || Problema, dificultad, lío.
cohetero, ra *s.* Fabricante de fuegos de artificio.
cohibición *s. f.* Acción y efecto de cohibir o de cohibirse.
cohibido, da *adj.* y *s.* Tímido, temeroso, que se avergüenza con facilidad y sin causa.
cohibir *t.* y *pr.* Reprimir, refrenar, contener.
cohombro *s. m.* Planta cucurbitácea de tallos rastreros cuyo fruto es alargado, grueso y verde, tanto la cáscara, más oscura, como la pulpa jugosa que aloja multitud de semillas blancas y alargadas. || Fruto de esa planta. || *loc.* ***Cohombro de mar:*** animal equinodermo, unisexual, de piel coriácea, cuerpo cilíndrico y tentáculos ramificados en torno a la boca.
cohorte *s. m.* Unidad táctica del antiguo ejército romano. || Conjunto, colección, número. *Vino la guerra con su cohorte de desmanes.*
coima¹ *s. f.* Concubina.
coima² *s. f.* Propina que se daba al garitero por el trabajo de prevenir lo necesario para las mesas de juego. || *Amér.* Soborno, dádiva ilegal con que se pretende corromper a alguien.
coimear *t. Amér.* Dar o recibir coima.
coimero, ra *s.* Individuo que cuidaba el garito. || Persona que da o recibe coimas.
coincidencia *s. f.* Acción y efecto de coincidir.
coincidente *adj.* Que coincide.
coincidir *intr.* Dicho de una cosa, ser conforme con ella, convenir con ella, ser adecuada o apta para ella. *Este vidrio coincide con el tamaño de tu ventana.* || Dicho de dos o más cosas o situaciones, ocurrir al mismo tiempo, concurrir en ellas las mismas circunstancias, modos u ocasiones. *Ayer coincidimos con tu hermano en el cine.* || Dicho de una figura, mapa o ángulo, ajustarse a otro, ya sea por superposición o por otro medio. || Ser de la misma opinión o parecer dos o más personas.
coito *s. m.* Cópula sexual, relación en la que se da la penetración del miembro masculino en la vagina femenina o en el recto.
cojear *intr.* Caminar inclinándose a un lado y a otro por no poder asentar los dos pies con uniformidad y regularidad. || Dicho de un mueble, tambalearse un poco por tener las patas irregulares o la base defectuosa. || *fam.* Tener algún vicio o defecto. *Los versos de este poema cojean por la rima imperfecta.*
cojín *s. m.* Especie de saco de diversas formas y materiales, relleno con material apropiado para que quede mullido; sirve para apoyar cualquier parte del cuerpo, ya sea sentándose sobre él en el suelo o para dar más comodidad al cuerpo acostado en la cama, e incluso se emplea en los asientos de sillas, sillones y otros muebles.
cojinete *s. m.* Almohadilla, pequeño cojín donde se clavan agujas de coser y alfileres. || Pieza de hierro con la que se sujetan los rieles a las traviesas de la vía férrea. || Pieza móvil de acero con cortes o muescas que sirve en las terrajas para hacer la espiral del tornillo. || Pieza o conjunto de piezas en las que se apoya para girar el eje de un mecanismo.
cojinillo *s. m. Arg. Bol.* y *Uy.* Manta pequeña de lana que se coloca sobre el lomillo de la silla de montar.
cojitranco, ca *adj.* y *s. desp.* Que camina cojeando ostensiblemente, dando pasos largos o trancos.
cojo, ja *adj.* y *s.* Que cojea, bien por falta de una pierna o pie, o por pérdida del uso normal de ellos. || Dicho de muebles, que se bambolean por no tener uniformes y bien asentadas las patas o las bases. || Dicho de ideas, argumentos, productos del intelecto, mal fundado, incompleto, defectuoso.
cojón *s. m.* Testículo.
cojonudo, da *adj. fam. Esp.* Excelente, bonísimo, estupendo.
cojudez *s. f. Amér.* Calidad de cojudo.
cojudo, da *adj.* Se dice del animal doméstico no castrado. || *fam. Amér.* Tonto, bobo, simple.

C

col *s. f.* Planta con hojas radicales anchas y redondeadas que, envueltas unas en otras, forman una especie de bola; es cultivable y comestible y existen numerosas variedades, entre ellas blanca, verde, morada.

cola[1] *s. f.* Apéndice caudal del cuerpo de ciertos animales vertebrados. || Conjunto de crines o de cerdas que poseen ciertos animales por el exterior del final de la columna vertebral, como caballos y cerdos. || Grupo de plumas que tienen las aves como remate de la parte posterior del cuerpo y que suelen emplear como timón en el vuelo. || Parte posterior, amplia y colgante de algunos ropajes ceremoniales. || Punta opuesta a la cabeza o principio de alguna cosa. *Le abollaron la cola al automóvil.* || Extensión luminosa, de gases incandescentes, que presentan los cometas cuando sus órbitas los aproximan al Sol. || Apéndice largo y estrecho que está unido a un cuerpo principal. || Fila de personas que espera su turno. || *fam. Amér.* Trasero, asentaderas. || *loc.* ***Hacer cola:*** esperar en fila las personas para comprar entradas, recibir víveres, despachar un asunto en una ventanilla, entre otras. || ***Parar alguien la cola:*** huir deprisa y subrepticiamente. || ***Traer cola un asunto:*** tener consecuencias desagradables o intenciones ocultas.

cola[2] *s. f.* Sustancia muy viscosa, translúcida y de color oscuro que se extrae por cocción de los huesos de animales y se emplea para pegar madera, papel y cuero. || *loc.* ***Cola de pescado:*** grenetina obtenida de la decocción de cabezas y colas de pescado, la cual se seca en láminas o se reduce a polvo para venderla a granel.

cola[3] *s. f.* Nuez de un árbol, propio del África ecuatorial, que se consume por sus propiedades ligeramente euforizantes, pues contiene teína y teobromina. || Sustancia estimulante extraída de esta nuez. || Bebida refrescante que se preparaba a base del extracto de la nuez de cola y que legó su nombre a ciertas bebidas no alcohólicas actuales que ya no incluyen dicho ingrediente.

colaboración *s. f.* Acción y efecto de colaborar. || Texto escrito por alguien para un diario o una revista, generalmente a cambio de una remuneración.

colaboracionismo *s. m.* Actitud y práctica de quienes durante un conflicto bélico prestan ayuda y colaboran con el enemigo.

colaboracionista *adj.* Que está de acuerdo con el colaboracionismo o se relaciona con él. || *s. com.* Persona que actúa colaborando con el enemigo de su patria.

colaborador, ra *adj.* y *s.* Que colabora. || Copartícipe en la elaboración de una obra o producto, sobre todo intelectual o artístico. || Persona que escribe habitualmente en un periódico, sin pertenecer al personal de planta; lo mismo se dice de quienes participan en programas de radio y televisión en idénticas condiciones.

colaborar *intr.* Trabajar con otra u otras personas en la realización de una obra. || Escribir habitualmente para un diario o revista o participar del mismo modo en programas de radio o televisión. || Contribuir con otras personas al logro de algún fin.

colaborativo, va *adj. neol.* Que se lleva a cabo con la colaboración de dos o más personas. || Se dice del estilo de trabajo en que un grupo reducido de personas investigan, estudian o buscan la solución de un problema, aportando las cualidades de cada quien y compartiendo dudas y resultados.

colación *s. f.* Refacción que suele tomarse por la noche antes de los días de ayuno. || Refrigerio de dulces, panecillos o bocadillos que suele ofrecerse a un visitante. || Refrigerio que se toma a media mañana y a media tarde para reducir el ayuno entre las comidas principales y forma parte del régimen de los diabéticos y otros enfermos. || *Méx.* Dulces de azúcar moldeada y saborizada con menta, anís, hierbabuena o semilla de cilantro que se regalaba en las posadas prenavideñas.

colada *s. f.* Acción y efecto de colar. || Lejía, jabón o detergente en que se deja remojar la ropa sucia. || Conjunto de ropa lavada en una sola tanda o día. || Masa de lava bastante fluida que se desliza por la ladera de un volcán. || En los altos hornos, sangría que se hace para que salga el hierro fundido.

coladera *s. f.* Cedazo fino y pequeño para licores. || *Cub.* y *Méx.* Manga de tela para colar café. || *Méx.* Sumidero con agujeros. || Utensilio de cocina para colar líquidos. || Tapa con agujeros que en las duchas y salidos de los grifos o llaves de agua se usa para dispersar el líquido en chorritos muy delgados.

coladero *s. m.* Manga, cedazo, paño, cestillo o vasija perforada en la que se cuelan líquidos. || Camino o paso estrecho en el campo. || Acción y efecto de colar un metal u otro material que fragüe, como la argamasa o mezcla.

colado, da *adj.* Que se cuela. || *fam. Méx.* Persona que entra a una fiesta sin ser invitada o se mete a un espectáculo o transporte sin pagar.

colador *s. m.* Coladero. || Operario que se encarga de colar el hierro.

coladora *s. f.* Mujer que lava ropa para ganarse el sustento.

coladura *s. f.* Acción y efecto de colar líquidos.

colágeno, na *adj.* Perteneciente o relativo a la proteína exclusiva del tejido conjuntivo o conectivo, que se transforma en grenetina por efecto de la cocción. || *s. m.* Dicha proteína, presente en huesos, ligamentos, tendones y piel.

colagogo, ga *adj.* Se dice del medicamento o la sustancia que provoca la evacuación de la vesícula biliar.

colapsar *t.* Provocar colapso. || *intr.* y *pr.* Sufrir colapso. || Desorganizarse un sistema con la consiguiente interrupción de sus funciones. || Disminuir, decaer las actividades comerciales.

colapso *s. m.* Destrucción o ruina de un sistema, organización o estructura. || Parálisis de actividades tales como el tránsito, el comercio, las comunicaciones. || Deformación destructiva y súbita de un cuerpo por la acción de una fuerza. || En medicina, estado de postración extrema y baja presión sanguínea, por insuficiencia circulatoria.

colar *t.* Hacer pasar un líquido a través de un cedazo, manta, manga, colador, para separarlo de las impurezas sólidas. || Blanquear la ropa después de lavada, metiéndola en lejía o cloro. || *intr.* y *pr.* Pasar dificultosamente por un lugar angosto. || Introducirse sin permiso y a escondidas en alguna parte.

colateral *adj.* Dicho de buques y altares: que están a uno y otro lado de uno principal. *Los retablos colaterales están dedicados a la Magdalena, el principal a san Pedro.* || *s. com.* Se dice del pariente que no lo es por línea directa. || Dicho de efectos, daños, circunstancias: accesorio, no principal.

colateralmente *adv.* De modo colateral, accesoriamente.

colcha *s. f.* Pieza hecha de tela o tejida a gancho que se usa sobre la cama para abrigo y adorno.

colchón *s. m.* Pieza de tela cuadrilonga, rellena de material blando y elástico pero con cierto grado de firmeza, sobre la cual se duerme, ya sea que se ponga encima de una cama o directamente en el piso. || *loc.* ***Colchón de agua:*** el ahulado que se rellena de agua. || ***Colchón de aire:*** a) el de material plástico e impermeable que se rellena de aire; b) capa de aire comprimido que se interpone entre dos superficies para evitar que entren en contacto.

colchonería *s. f.* Fábrica de colchones. || Tienda donde se venden colchones y bases para éstos.

colchonero, ra *adj.* Perteneciente o relativo a los colchones. || *s.* Persona que se dedica a la confección de colchones.

colchoneta *s. f.* Cojín largo y delgado que se pone sobre bancas y otros asientos. || Colchón muy delgado que se puede enrollar. || Colchón impermeable e inflable que se usa en piscinas y playas. || Colchón delgado o manta gruesa de diversos materiales sobre la que realizan sus ejercicios los deportistas.
colear *intr.* Mover la cola el animal que la tiene. || *t. Col. Méx.* y *Ven.* Sujetar a la carrera una res por la cola para derribarla. || *pr. Amér.* Derraparse o derrapar un vehículo.
colección *s. f.* Conjunto ordenado de cosas de un mismo género, reunidas por tener valor o interés especial. || Agregado de libros, láminas, estampas, publicadas por una editorial bajo un epígrafe común y las mismas características de formato y tipografía. || Gran cantidad de cosas o personas, sin orden pero con alguna característica en común. || Serie de modelos creados por un modisto o modista para exhibirse en determinada temporada. || Acumulación de una sustancia orgánica.
coleccionable *adj.* Que se puede coleccionar. || Se dice del libro o revista que se publica por entregas semanales, quincenales, etc.
coleccionador, ra *s.* Persona que colecciona.
coleccionar *t.* Reunir los elementos de una colección.
coleccionismo *s. m.* Afición a formar colecciones. || Técnica especializada que usa quien colecciona objetos.
coleccionista *s. com.* Persona que colecciona objetos.
colecistectomía *s. f.* En cirugía, ablación de la vesícula biliar y el conducto colédoco.
colecistitis *s. f.* En patología, inflamación de la vesícula biliar y el colédoco.
colecta *s. f.* Recaudación de donativos para fines de beneficencia. || Recaudación de fondos entre un grupo limitado de personas para hacer frente a un gasto inesperado.
colectar *t.* Recoger, recaudar.
colectivero *s. m. Arg. Bol. Ecua.* y *Per.* Conductor de un transporte colectivo para pasajeros, de un autobús.
colectividad *s. f.* Conjunto o grupo de personas reunidas o puestas de acuerdo con alguna finalidad.
colectivismo *s. m.* Ideología que propone suprimir la propiedad privada de los medios de producción y los bienes básicos, asignar al estado el papel de administrador y el trabajo a los individuos en razón de las necesidades colectivas, así como la forma de satisfacer éstas y las de los individuos.
colectivista *adj.* Perteneciente o relativo al colectivismo. || *s. com.* Partidario de dicha ideología.
colectivización *s. f.* Acción y efecto de colectivizar.
colectivizar *t.* Convertir en colectivo lo que era privado.
colectivo *s. m.* Grupo de personas unidas por vínculos profesionales, religiosos, políticos, de género, etc. || Vehículo para el transporte de grupos de personas, sea autobús o algo más pequeño.
colectivo, va *adj.* y *s.* Referente a una colectividad o propio de ella. || Que tiene la cualidad de agrupar o reunir.
colector, ra *adj.* Que recauda o recoge. || *s.* Recaudador del fisco. || Coleccionista. || Persona que tiene a su cargo la guarda y custodia para su estudio de libros, cartularios, títulos y otros documentos. || Caño o canal que recoge las aguas sobrantes del riego en el campo. || Conducto subterráneo de gran calibre donde descargan los drenajes y las alcantarillas.
colédoco *s. m.* En anatomía, conducto formado al unirse los ductos cístico y hepático –procedentes uno de la vesícula y el otro del hígado– y que descarga la bilis en el duodeno.
colega *s. com.* Compañero de profesión, estudios, corporación.
colegiación *s. f.* Acción y efecto de colegiar o colegiarse.
colegiadamente *adv.* En colegio, no individualmente sino como cuerpo o grupo.
colegiado, da *adj.* Dicho de una corporación: constituida en colegio.
colegial *adj.* Perteneciente o relativo a un colegio.
colegial, la *s.* Alumno o alumna de un colegio, de una escuela de las llamadas particulares o de paga para distinguirlas de las públicas y gratuitas.
colegiar *t.* Inscribir a alguien en un colegio. || *pr.* Inscribirse un individuo en un colegio, ingresar en él. || Reunirse en colegio los miembros de una misma profesión o clase.
colegiatura *s. f.* Beca o plaza de colegial o colegiala. || *Méx.* Pago del servicio escolar dividido en mensualidades, que hace el alumno, el padre de familia o el tutor a la escuela o colegio.
colegio *s. m.* Establecimiento de enseñanza para niños y adolescentes. || Edificio e instalaciones que ocupa dicho establecimiento. || Casa o convento de religiosos destinada a sus estudios. || Sociedad, agrupación o corporación de personas de la misma dignidad o profesión. || *loc.* ***Colegio electoral:*** reunión de electores reunidos legalmente para ejercer sus funciones conforme a derecho (organizar elecciones, escrutarlas, verificar resultados y publicarlos).
colegir *t.* Unir unas cosas con otras, juntarlas conectándolas. || Inferir, sacar conclusiones enlazando unas proposiciones con otras.
coleóptero, ra *adj.* y *s.* Se dice de los insectos que tienen aparato masticatorio, caparazón consistente y dos élitros duros debajo de los cuales pliegan sus alas membranosas, como los escarabajos, las catarinas o mariquitas, la cantárida y el gorgojo. || Orden de estos insectos.
cólera[1] *s. f.* Ira, enojo, furia. || Bilis (a la que se creía causa del temperamento colérico). || *loc.* ***Montar en cólera:*** encolerizarse, enojarse con exaltación y vehemencia.
cólera[2] *s. m.* Enfermedad gastrointestinal infecciosa y contagiosa que produce epidemias; se transmite a través de los alimentos contaminados con heces de enfermos.
colérico, ca *adj.* Perteneciente o relativo a la cólera. || Referente al cólera o propio de esta enfermedad. || Que sufre o padece cólera infeccioso. || Que fácilmente se trastorna por la cólera.
colero, ra[1] *adj.* y *s. Ecua.* Dicho de personas o industrias: que se dedican a la fabricación de bebidas gaseosas, especialmente las de sabor cola.
colero, ra[2] *adj.* y *s. Col. Cub. Méx.* y *Per.* Que va al último o a la cola en un campeonato, competencia o labor.
colesterol *s. m.* Lípido esencial para la constitución y funcionamiento de las células animales; se encuentra en altas concentraciones en el hígado, la médula espinal, el páncreas y el cerebro; la elevación en el colesterol circulante provoca la formación de placas grasas en las paredes de las arterias.
coleta *s. f.* Mechón de cabello que se sujeta con una cinta o liga, dejando libre el extremo. || Cola o trenza sujeta desde el cogote y envuelta en una red que usaban los toreros. || *loc.* ***Cortarse la coleta:*** se dice cuando alguien abandona una profesión, afición o actividad.
coletazo *s. m.* Golpe dado con la cola de un animal. || Movimiento espasmódico de la cola de los peces moribundos. || Última manifestación de una actividad en vías de extinguirse.
coletero *s. m.* Lazo, liga, goma o cinta usada para recoger el pelo y hacer una coleta. || Hombre que se dedicaba a hacer y vender coletos.
coletilla *s. f.* Coleta más corta que la ordinaria. || Adición breve a lo escrito o dicho, por lo común para salvar una omisión o para reforzar lo expresado.
coleto *s. m.* Prenda hecha de piel, con mangas o sin ellas, que cubre el cuerpo ciñéndolo hasta la cintura, y solía usarse como defensa contra puñaladas. || *loc.* ***Echarse algo al coleto:*** comérselo o bebérselo.
coletudo, da *adj. Col.* Descarado, desvergonzado, cínico.

colgadizo, za *adj.* Que cuelga o que sólo se usa estando colgado. *Puse una manta colgadiza para cubrir la cochera.*
colgado, da *adj. fam.* Verse una persona frustrada o burlada en sus deseos o expectativas. || Contingente, incierto, inseguro. *Está medio colgado que salgamos de viaje en estas vacaciones.* || Anhelosamente pendiente de algo o de alguien. || Drogado o enganchado en la drogadicción. || *Méx.* Ahorcado, persona muerta por colgarla del cuello con una soga desde cierta altura.
colgador *s. m.* Utensilio o adminículo para colgar ropa.
colgadura *s. f.* Tapiz o tela que se cuelga para cubrir y adornar una pared, una puerta o un balcón, comúnmente con motivo de una celebración. Se usa más en plural. *Los vecinos pusieron colgaduras para la fiesta del santo patrono.*
colgajo *s. m.* Trapo, harapo u otro pedazo de tela o material semejante, que cuelga. || Porción de piel sana que se reserva, en las intervenciones quirúrgicas, para cubrir una herida.
colgante *adj.* y *s.* Que cuelga. || Joya que pende de una cadena o de la barra de un broche.
colgar *t.* y *pr.* Suspender, poner algo o a alguien en alto de modo que no llegue al suelo su extremo o borde inferior. || Introducir programas en la computadora u ordenador, o añadir imágenes, textos o páginas a una red informatizada. || Terminar una comunicación telefónica oprimiendo el interruptor del aparato. || Imputar, atribuir achacar algo a alguien. *A Juan le colgaron la borrachera de su primo.* || Abandonar una actividad. *Colgar los libros, colgar los hábitos, colgar los tenis.* || Ahorcar a alguien. || *intr.* Se dice de las cosas que penden en el aire asidas de algo. *Las borlas cuelgan bien de la estola.* || Estar una construcción justo en el borde de una ladera o de un acantilado. || Dicho de un tapiz, del borde del vestido o de otra prenda, que pende desigualmente.
colguije *s. m. Méx.* Baratija que cuelga como adorno, ya sea de aretes, collares, pulsares, adornos para el cabello o para teléfonos móviles.
colibrí *s. m.* Pájaro americano muy pequeño, de plumaje vistoso e iridiscente (sobre todo el del macho), con pico largo y estrecho, patas diminutas casi invisibles durante el vuelo, que consiste en una agitación de las alas numerosas veces por segundo.
cólico *s. m.* Acceso doloroso localizado en los intestinos, caracterizado por violentos retortijones y a menudo acompañado de vómito, ansiedad y sudoración profusa. || Dolor abdominal causado por indigestión y que se resuelve con la evacuación del vientre. || *loc.* ***Cólico hepático:*** dolor muy violento sobre el lado derecho del abdomen, ocasionado por la contracción de la vesícula biliar para expulsar cálculos. || ***Cólico menstrual:*** intenso dolor abdominal que abarca incluso la cadera, debido a la inflamación del útero antes o durante la menstruación. || ***Cólico nefrítico:*** violento acceso doloroso que abarca abdomen y la parte posterior de la cintura, ocasionado por la expulsión de cálculos renales desde los riñones hacia los uréteres.
cólico, ca *adj.* Perteneciente al colon. *Arteria cólica, dolor cólico.*
coliflor *s. f.* Planta hortense que al llegar a su mayor desarrollo echa una pella compuesta de cabezuelas florales blancas o amarillentas, comestibles.
coligado, da *adj.* Unido, confederado para algún fin.
coligarse *pr.* Unirse una persona a otra u otras con alguna finalidad precisa, generalmente política.
colilla *s. f.* Resto del cigarro o del cigarrillo que se desecha.
colimense *adj.* Perteneciente o relativo a la ciudad o al estado mexicano de Colima. || *s. com.* Natural de ese estado.
colina *s. f.* Elevación natural del terreno, menor que un monte o montaña.
colinabo *s. m.* Col o berza de hojas sueltas, sin arrollarse unas en otras.
colindancia *s. f.* Condición de colindante.
colindante *adj.* Se dice de los espacios, campos o edificios contiguos entre sí, que comparten al menos un límite entre ellos.
colindar *intr.* Lindar entre sí dos o más edificios, fincas, y otras clases de espacios, estar contiguos, uno al lado del otro. *El museo colinda con un jardín a su derecha y con el planetario a su izquierda.*
colirio *s. m.* Líquido en el que van disueltas sustancias medicamentosas, calmantes o astringentes, que se aplica en gotas para las enfermedades de los ojos.
coliseo *s. m.* Recinto dedicado a espectáculos públicos. || *Bol. Ecua.* y *Hond.* Recinto donde se realizan campeonatos o exhibiciones de ciertos deportes y espectáculos como el boxeo y la lucha libre.
colisión *s. f.* Choque de dos cuerpos. || Oposición y pugna entre ideas, doctrinas, posturas políticas o intereses y de las personas que los representan.
colisionar *intr.* Chocar con violencia dos cuerpos, vehículos, aviones, etc. || Oponerse con vehemencia personas, ideas, doctrinas o intereses.
colista *adj.* Colero, que va a la cola o al último en una competencia o en un torneo.
colitis *s. f.* En medicina, inflamación aguda o crónica del colon.
colla *s. f.* Artefacto de pesca constituido por varias nasas dispuestas en fila. || Arnés o traílla para dos o más perros.
collado *s. m.* Loma, elevación natural del terreno, menos alta que el monte.
collage *s. m.* Palabra francesa que designa la técnica consistente en lograr obras de artes plásticas mediante el pegado de trozos de diversos materiales.
collar *s. m.* Adorno que rodea el cuello. *Si el collar ciñe el cuello se llama ahogador.* || Insignia que cuelga del cuello de algunas órdenes religiosas y militares, dignidades y magistraturas. || Franja de plumas de distinto color al resto del plumaje que presentan ciertas especies de aves. || Aro de cuero que rodea el cuello de los animales domésticos de compañía, del cual suele colgar su placa de identificación, y de donde se sujeta la correa. || Cerco de hierro que por castigo o en señal de esclavitud se ponía a ciertas personas, desde la antigüedad hasta el siglo XIX.
collarín *s. m.* Alzacuello. || Aparato ortopédico que se ajusta en torno al cuello; se usa para inmovilizar las vértebras cervicales. || Reborde del orificio de la espoleta de granadas y bombas. || En mecánica, abrazadera del embrague.
collera *s. f.* Collar de cuero o lona, relleno de borra o paja, que se pone al cuello de los animales de tiro, para protegerles el cuello. || Collar de tela áspera sujeto por detrás con un palo, que era distintivo de los esclavos en la época prehispánica.
collón, ona *adj. fam.* Cobarde, medroso.
collonería *s. f.* Cobardía.
colmado *s. m. Esp.* Fonda donde se sirven comidas típicas, especialmente de mariscos. || Tienda de comestibles.
colmado, da *adj.* Copioso, abundante.
colmar *t.* Llenar algo más allá de su capacidad, rebasando los bordes. || Llenar al máximo las trojes o graneros. || Dar con liberalidad y abundancia. *Mis abuelos me colmaron de regalos.* || *pr.* Satisfacer totalmente o ver cumplidos deseos y aspiraciones.
colmena *s. f.* Habitación natural de las abejas hecha por ellas mismas. || Enjambre que vive en ella. || Armazón construido por el hombre para que lo habiten las abejas y depositen en él la miel y la cera, entre otros productos que luego se recolectan y comercializan. || Edificio o conjunto de viviendas muy populosas, donde la gente vive hacinada.

colmenar *s. m.* Sitio donde hay varias colmenas, generalmente reunidas para facilitar su explotación.
colmenero, ra *s.* Persona encargada de cuidar y castrar las colmenas.
colmenilla *s. f.* Seta u hongo comestible con sombrero aovado, consistente y carnoso, amarillo oscuro por arriba y claro por debajo.
colmillo *s. m.* Diente largo y afilado que se encuentra enseguida de los incisivos de los mamíferos. || Cada una de las dos defensas córneas que poseen los elefantes en el maxilar superior, a los lados de la trompa. || *fig.* Astucia, experiencia, sagacidad. || *loc.* ***Enseñar los colmillos:*** hacer ostentación de fuerza para hacerse respetar o temer. || ***Escupir por el colmillo:*** fanfarronear, dárselas de bravucón. || ***Tener retorcido el colmillo*** o ***tener mucho colmillo:*** poseer astucia y sagacidad por la experiencia y así ser difícil de engañar.
colmilludo, da *adj.* Que tiene colmillos grandes. || *Méx.* y *P. Rico* Que es astuto, experimentado, difícil de engañar.
colmo *s. m.* Cantidad de material sólido o pulverizado que sobresale del continente donde se halla. || Complemento o término de algo. || Lo que en su línea o género rebasa los límites normales. || *loc.* ***Llegar algo al colmo:*** superar el límite habitual o soportable de algo. || ***Ser algo el colmo:*** haber llegado a un punto insuperable, para bien o para mal. *Esto es el colmo de la buena suerte, lo otro fue el colmo de las desgracias.*
colobo *s. m.* Mono originario de África, de cuerpo largo, delgado y negro, con cola larga y la cara blanca; vive en la selva pluviosa.
colocación *s. f.* Acción y efecto de colocar. || Situación de alguien o algo. || Empleo, puesto de trabajo, destino. *Vinieron del campo a la ciudad en busca de colocación.*
colocado, da *adj.* Que está en un sitio o lugar. || Que tiene empleo o trabajo. || *Esp.* Que se encuentra bajo los efectos del alcohol u otras drogas.
colocar *t.* Poner algo o a alguien en lugar adecuado. || Invertir dinero. || Dar empleo o medio de ganarse la vida a alguien. || Encontrar mercado o compradores para alguna mercancía. || *pr. Esp.* Ingerir bebidas alcohólicas o aplicarse drogas para provocarse un estado eufórico.
colocho, cha *s. Amér. C.* Persona de pelo rizado o crespo. || Viruta, desperdicio de madera que toma forma de tirabuzón. || Rizo, bucle. || Enredo o maraña de hierbas o de hilos.
colodión *s. m.* Preparación de celulosa nítrica disuelta en éter que se usaba en cirugía y para preparar las antiguas placas fotográficas sensibles a la luz.
colofón *s. m.* Anotación al final de un libro, la cual indica el nombre del impresor, lugar y fecha de la impresión y algunas características de ésta. || Conclusión, remate, final de un proceso o actividad.
cologaritmo *s. m.* En matemáticas, logaritmo del inverso de un número: cologaritmo de N = logaritmo de 1/N.
coloidal *adj.* Perteneciente o relativo a los coloides.
coloide *s. m.* En química, mezcla de dos sustancias en la que una se encuentra dispersa y suspendida en la otra que funciona como un medio continuo. *Las emulsiones y los aerosoles son coloides.*
coloideo, dea *adj.* Coloidal.
colombianismo *s. m.* Vocablo, giro o frase propios del habla de los colombianos.
colombiano, na *adj.* y *s.* Natural o nativo de Colombia. || Perteneciente o relativo a esa república de América del Sur. || *s. f.* Uno de los palos o variedades de baile flamenco típico del Levante español.
colombina *s. f.* Persona disfrazada de Colombina, personaje femenino (una coqueta) de la comedia del arte, estilo dramático italiano de los siglos XVII y XVIII.
colombofilia *s. f.* Técnica de la cría y cuidado de las palomas, en especial de las mensajeras. || Afición a tener, criar y adiestrar palomas.
colombófilo, la *adj.* y *s.* Perteneciente o relativo a la colombofilia. || Persona que practica la colombofilia.
colón *s. m.* Moneda de El Salvador y Costa Rica.
colon *s. m.* En anatomía, parte del intestino grueso que va de donde termina el ciego a donde comienza el recto, e incluye cuatro porciones: ascendente, transverso, descendente y sigmoides. || En gramática, parte o miembro principal del periodo. || En ortografía, signos de puntuación que permiten distinguir tales miembros, como el punto y coma (;) y los dos puntos (:).
colonato *s. m.* Régimen de explotación agraria por medio de colonos. || Conjunto de tales colonos.
colonia *s. f.* Conjunto de personas que van a vivir a un territorio distinto del de su origen. || Territorio donde se establecen dichas personas. || Territorio fuera de la potencia política que lo hizo suyo, regularmente gobernado mediante leyes especiales. *Roma conquistó el noreste español y lo convirtió en la colonia tarraconense.* || Territorio dominado y gobernado por un país extranjero. || Conjunto de personas oriundas de un país que residen en otro. *La colonia libanesa y la turca son muy activas en México.* || Grupo de animales de una misma especie que vive en un territorio limitado. *En Chalco hay una colonia de garcitas blancas.* || Animal invertebrado que por gemación u otro modo de reproducción forma un cuerpo de individuos unidos que realizan funciones específicas y necesarias para la supervivencia del conjunto. *Una colonia de corales.* || *Hond.* y *Méx.* Barrio, cada una de las porciones en que se divide una ciudad o localidad.
colonial *adj.* Perteneciente o relativo a la colonia.
colonialismo *s. m.* Doctrina política y económica que propugna la conquista y conservación de numerosas colonias de las que se beneficia su metrópoli.
colonialista *adj.* Perteneciente o relativo al colonialismo. || *s. com.* Partidario del colonialismo.
colonización *s. f.* Acción y efecto de colonizar.
colonizador, ra *adj.* y *s.* Que coloniza.
colonizar *t.* Establecer una colonia o formarla en un país. || Fijar sus moradas los cultivadores en los terrenos labrantíos o próximas a éstos.
colono, na *s.* Persona que coloniza un territorio. || Habitante de una colonia. || Agricultor que cultiva un terreno y usualmente vive en él.
colonoscopia *s. f.* En medicina, procedimiento en el que se introduce un colonoscopio vía rectal para explorar el colon.
colonoscopio *s. m.* Aparato con una cámara en el extremo de una sonda flexible, que sirve para hacer colonoscopias.
coloquial *adj.* Que se relaciona con el coloquio. || Que se relaciona con la conversación familiar o informal de los hablantes. *El lenguaje coloquial se describe, no se corrige.*
coloquio *s. m.* Discusión que se hace para tratar sobre algún tema determinado. || Conversación entre dos o más personas.
color *s. m.* Cualidad de las cosas que se distingue por la vista, gracias a la luz que reflejan. || Tono de la cara. || Sustancia que sirve para pintar.
coloración *s. f.* Acción y resultado de colorear. || Color de una cosa. || En biología, teñido de los tejidos que se quieren ver en el microscopio.
colorado, da *adj.* Que tiene color rojo. || Que se pone momentáneamente de color rojo. *Tenía la cara colorada de vergüenza.*
coloramiento *s. m.* Acción y resultado de colorar o colorarse.
colorante *adj.* y *s.* Que da color. || *s. m.* Sustancia que tiñe de color los alimentos. *En algunas etiquetas se lee: «sin colorantes artificiales».*
colorar *t.* Dar color. || Teñir una cosa.
coloratura *s.* En música, composición con muchos adornos.

colorear *t.* y *pr.* Dar color. || Tomar su color característico, que tira al colorado, algunos frutos cuando maduran. *El jitomate coloreaba el huerto con su rojo encendido.*
colorete *s. m.* Maquillaje que se usa para dar color a las mejillas. || *Col. Ecua.* y *Per.* Lápiz de labios.
colorido, da *adj.* Que tiene color. || *s.* Distribución de los colores en una obra pictórica. || Color. *El paisaje que pintaron en el restaurante tiene mucho colorido.*
colorimetría *s. f.* En química, procedimiento de análisis que determina la concentración de una sustancia en una solución por la intensidad de su color. || Disciplina que determina el color del maquillaje para cada tipo de piel.
colorín *s. m. Méx.* Árbol pequeño de flores rojas. || *Esp.* Jilguero. || *loc.* ***Colorín colorado este cuento se ha terminado:*** estribillo que se usa para terminar un cuento, por lo general, infantil.
colorinche *adj.* y *s. desp.* De muchos colores que no combinan. *Le gusta usar colorinches.*
colorir *t. def.* Colorear.
colorismo *s. m.* En pintura, tendencia a darle realce al color más que al dibujo. || En literatura, recargar los escritos de adjetivos.
colorista *adj.* Que usa bien el color. || Pintor que usa adecuadamente el color. || *s. com.* Especialista en colorimetría.
colosal *adj.* Que se relaciona con el coloso. || De dimensiones extraordinarias. || De cualidades extraordinarias. *Tenía un apetito colosal, que no se saciaba con nada.*
coloso *s. m.* Estatua enorme, de figura humana gigantesca. || Persona que destaca por alguna cualidad.
coludir *intr.* y *pr.* Hacer un acuerdo o pacto para dañar a un tercero. *Los tres países más fuertes se coludieron para invadir al más débil de la región.*
coludo, da *adj.* Que tiene mucha cola. *El colibrí coludo azul abunda en Sudamérica.* || *loc. Méx.* ***O todos coludos o todos rabones:*** que la situación o la circunstancia tiene que ser pareja para todos.
colúmbido *s. m.* Familia de aves a la que pertenecen las palomas y las tórtolas, entre otras.
columna *s. f.* Elemento arquitectónico de forma cilíndrica más alta que ancha que soporta la estructura horizontal de un edificio. || Sección vertical de una página, separada de otra por un espacio en blanco o por una línea. || Serie de números dispuestos de manera vertical. || Conjunto de cosas colocadas unas arriba de otras. || Forma alargada y vertical que toma un gas o un líquido al subir. || Conjunto de soldados en formación. || Todo lo que sirva de sostén físico o figurado de algo. || Artículo periodístico que se publica con cierta regularidad. || *loc.* ***Columna vertebral:*** espina dorsal de los vertebrados. || ***Quinta columna:*** conjunto de enemigos infiltrados.
columnata *s. f.* Conjunto de columnas que sostienen o adornan un edificio, un pórtico, etc.
columnista *s. com.* Periodista que redacta una columna específica en un periódico. *Miguel Ángel Granados Chapa es uno de los columnistas más prestigiados de México.*
columpiar *t.* y *pr.* Dar impulso a quien está en un columpio. || Mecer o mover acompasadamente algo. || Mover el cuerpo de un lado a otro al caminar.
columpio *s. m.* Asiento suspendido por una o dos cuerdas que sirve para mecerse. *Hay muchos columpios en este parque, y todos recién pintados.*
coluria *s. f.* En medicina, coloración oscura en la orina, por lo general debida al aumento de la bilirrubina, y puede ser uno de los síntomas de la hepatitis.
colusión *s. f.* Pacto o acuerdo para dañar a un tercero.
colutorio *s. m.* Enjuague bucal que se usa para eliminar bacterias, prevenir el mal aliento, etc.
colza *s. f.* Planta de cuya semilla se extrae aceite.
coma¹ *s. f.* Signo ortográfico que se utiliza para separar frases dentro de la oración, cuando se altera el orden sintáctico de ésta o para marcar pausas breves. || En algunos países, signo que separa los números enteros de los decimales. || *loc.* ***Sin faltar una coma:*** hacer algo con mucho detalle.
coma² *s. m.* Pérdida de la conciencia y el movimiento provocada por alguna enfermedad o lesión.
comadrazgo *s. m.* Afinidad y compromiso espiritual que existe entre la madre y la madrina de un niño.
comadre *s. f.* Nombre que se dan entre sí la madre y la madrina de un niño. || Partera. || Mujer que se reúne con otras para chismorrear. || Alcahueta.
comadrear *intr. fam.* Chismorrear, murmurar.
comadreja *s. f.* Mamífero carnívoro de cuerpo delgado, pelaje color café en el lomo y blanco en el vientre.
comadreo *s. m.* Chismorreo y murmuraciones entre comadres.
comadrería *s. f.* Conjunto de chismes que se intercambian entre comadres.
comadrero, ra *adj.* Que anda de casa en casa buscando y transmitiendo chismes.
comadrona *s. f.* Mujer con los conocimientos necesarios para asistir un parto (en muchos países, no tienen más capacitación que la experiencia).
comal *s. m. Amér. C.* y *Méx.* Disco de metal o de barro que sirve para calentar alimentos. *Las tortillas se calientan en el comal.* || Parte de una estufa que sirve para calentar tortillas de maíz, granos de café, etc.
comanche *adj.* y *s.* Tribu que habitaba lo que hoy es Texas y Nuevo México. || Persona que pertenecía a esa tribu. || Lengua que hablaba esa tribu.
comandancia *s. f.* Empleo del comandante. || Oficina o puesto de mando del comandante. || Territorio o jurisdicción de un comandante.
comandante *s. com.* Grado militar más alto que el de capitán y menor que el de teniente coronel. || Militar que ejerce el mando. || Oficial de la Armada que manda en un buque de guerra. || Piloto al mando de un avión.
comandar *t.* Mandar un ejército, una guerrilla, una plaza militar, un buque de guerra.
comandita *s. f.* Tipo de sociedad mercantil con dos clases de socios, unos con mayor participación en cuanto a posesión de acciones, dirección y toma de decisiones y otros que sólo obtienen utilidades. || *loc.* ***En comandita:*** en compañía.
comanditar *t.* Aportar fondos para una empresa sin participar activamente en ella.
comanditario, ria *adj.* y *s.* Que se relaciona con la comandita. || Que proporciona capital a una comandita.
comando *s. m.* Grupo militar destinado a misiones peligrosas.
comarca *s. f.* Territorio más pequeño que una región y que abarca varias poblaciones y sus respectivos municipios. *Gómez Palacio, Ciudad Lerdo y Torreón son algunos de los puntos importantes de la Comarca Lagunera.*
comarcal *adj.* Que se relaciona con la comarca.
comarcalización *s. f. Esp.* Organización o división de un territorio o región en comarcas.
comarcalizar *t.* y *pr. Esp.* Organizar o dividir un territorio o región en comarcas.
comatoso, sa *adj.* Que se relaciona con el coma. || Que se encuentra en estado de coma.
comba *s. f.* Curva que se forma en un material rígido. *La madera de la mesa hizo una comba por el peso de tantos libros.* || *Esp.* Cuerda con la que se juega sujetándola de ambos extremos y moviéndola.
combado, da *adj.* En forma de comba.
combadura *s. f.* Efecto de combar. *Se hizo una combadura que puede romper el espejo.*
combar *t.* Dar forma de comba.
combate *s. m.* Pelea o lucha entre personas o animales. || Enfrentamiento entre dos ejércitos. || Acción de combatir una enfermedad, un pro-

blema. *El combate contra la corrupción parece no tener fin.* || Serie de razonamientos para refutar o discutir con otra persona. || *loc.* ***Fuera de combate:*** quedar derrotado.
combatible *adj.* Que se puede combatir.
combatiente *adj.* Que combate. || *s. com.* Soldado que participa en una guerra. || Pez cuyo macho es muy colorido y pelea ferozmente por su territorio. También se le conoce como pez betta. || *Esp.* Ave de cuello y pico largos, que se alimenta de insectos, y con gorguera de plumas muy notable en época de celo.
combatir *t.* y *pr.* Luchar o pelear contra algo o alguien.
combatividad *s. f.* Tendencia a ser combativo. || Cualidad de combativo.
combativo, va *adj.* Que le gusta combatir. || Que posee cualidades para combatir. || Que lucha para alcanzar sus metas.
combinable *adj.* Que se puede combinar.
combinación *s. f.* Acción y resultado de combinar. || Conjunto de cosas combinadas con un fin determinado. || Bebida compuesta de varios licores mezclados. || Clave o código para abrir o hacer funcionar un mecanismo. *Nadie sabía la combinación de la caja fuerte más que el patrón.* || Unión de dos elementos químicos cuyo resultado tiene propiedades distintas de las de sus componentes. || *Esp.* Prenda de vestir femenina, de tela delgada, que se pone encima de la ropa interior y debajo del vestido.
combinado *s. m.* Conjunto de cosas o personas mezclados con determinado fin. *El combinado de los equipos de segunda y tercera división logró vencer al de primera.* || Mezcla de diverso licores.
combinar *t.* y *pr.* Unir cosas o personas con un determinado fin. || Mezclar dos sustancias para lograr un compuesto químico.
combinatoria *s. f.* Parte de las matemáticas que estudia las combinaciones, variaciones y permutaciones de los conjuntos.
combinatorio, ria *adj.* Relativo a la combinación. || Relativo a la combinatoria.
combretáceo, cea *adj.* y *s. f. pl.* Relativo a una familia de plantas leñosas, trepadoras, de hojas opuestas y flores en racimo. || Familia de esas plantas. *Las nueces de la India pertenecen a un árbol de la familia de las combretáceas.*
comburente *adj.* En física, que favorece la combustión. || *s. m.* Sustancia que activa la combustión.
combustibilidad *s. f.* Capacidad para entrar en combustión.
combustible *adj.* Que arde con facilidad. || *s. m.* Sustancia que al arder produce energía. *El carbón, la leña, el gas y el petróleo son los combustibles más usuales.*
combustión *s. f.* Acción y resultado de arder o quemar. || En biología, oxidación de los alimentos. || En química, reacción del oxígeno con un material oxidable.
comechingón, gona *adj.* y *s.* Del pueblo amerindio originario de la sierra de Córdoba, en Argentina. || Individuo y lengua de ese pueblo.
comecocos *s. com. fam.* Persona o cosa que absorbe los pensamientos o las acciones de otra.
comedero, ra *adj.* Que come mucho. || *s. m.* Recipiente donde se pone la comida de las aves enjauladas. || Lugar donde come el ganado mayor. || Comedor público.
comedia *s. f.* Obra de teatro o cine que tiene un desenlace feliz. || Actuación que se hace con el objetivo de conseguir algo. *Deja de hacer tanta comedia, no te voy a regañar.* || Suceso de la vida real que hacer reír. || *loc.* ***Comedia de costumbres:*** la que describe la vida social. || ***Comedia de enredos:*** la que tiene trama ingeniosa que busca sorprender. || ***Comedia del arte:*** la que se originó en Italia en el siglo XVI con personajes fijos –Arlequín, Pantalone, Pierrot, Colombina– que improvisaban. || ***Comedia musical:*** obra con partes bailadas y cantadas muy popular en Estados Unidos.
comediante, ta *s.* Persona que representa un papel en una obra de teatro, de cine, de radio, de televisión. || Persona que actúa o finge para conseguir un fin.
comedido, da *adj.* Que actúa con cortesía, con moderación.
comedimiento *s. m.* Cortesía, moderación, urbanidad. *Le acercó la silla con comedimiento.*
comediógrafo, fa *s.* Persona que escribe comedias.
comedir *t.* y *pr.* Moderarse, contenerse. || *Amér.* Ofrecerse o disponerse para alguna cosa.
comedirse *t.* y *pr. Esp.* Medirse, contenerse. || *Amér.* Ofrecerse para hacer algo.
comedor *s. m.* Parte de una casa donde habitualmente se come. || Conjunto de muebles que se usan para comer: mesa, sillas y muebles para guardar platos, vasos, cubiertos, manteles. || Lugar donde se sirven comidas para un público determinado. *El comedor de la fábrica sirve menús nutritivos.*
comedor, ra *adj.* Que come mucho.
comején *s. m. Amér.* Insecto que ataca la madera.
comejenera *s. m. Amér.* Lugar donde crecen comejenes.
comelón, lona *adj. Amér. C. Col. Cub. Ecua. Méx.* y *Ven.* Que come mucho.
comensal *s. com.* Cada una de las personas que comparten la mesa a la hora de la comida. || Organismo que se alimenta de otro sin causarle daño. *Todos tenemos parásitos comensales en el intestino.*
comentar *t.* Explicar o hablar de algo para entenderlo mejor. || Divulgar una información que no debería contarse.
comentario *s. m.* Observación, juicio o interpretación que se hace de algo. || Escrito que explica otro texto.
comentarista *s. com.* Persona que comenta temas en un medio de comunicación. || Escrito que explica otro texto.
comenzador *s. m. ant.* Hombre que comienza algo.
comenzar *t.* e *intr.* Dar inicio una cosa. *Comienza por poner orden en tu casa.*
comer *t.* e *intr.* Masticar el alimento y pasarlo al estómago. || Tomar la comida principal, por lo general, a mediodía. || Sentir comezón física o moral. || Corroer, consumir. || En algunos juegos, en especial los de tableros, ganar una pieza al contrario. || *pr.* Saltarse letras o sílabas al escribir o hablar. || *loc.* ***Comerse unos a los otros:*** pelearse mucho física o verbalmente, con rabia. || ***Comer vivo a uno:*** querer vengarse de alguien. || ***Comer y callar:*** obedecer sin replicar, porque conviene. || ***Sin comerla ni beberla:*** sin haber tomado parte en el asunto.
comerciable *adj.* Que se puede comerciar.
comercial *adj.* Relativo al comercio. || Que se puede vender fácil. || *s. m. Amér. Merid.* y *Méx.* Anuncio publicitario que pasa por radio o televisión.
comercialidad *s. f.* Posibilidad o cualidad de algo de ser comerciable. *La última tendencia de la moda es la comercialidad de una colección.*
comercialismo *s. m.* Anteposición del valor comercial a cualquier otro valor.
comercializable *adj.* Que se puede comercializar.
comercialización *s. f.* Venta y distribución de un producto. *La comercialización de cualquier producto depende mucho de los canales de distribución disponibles.*
comercializador, ra *adj.* Que se dedica a la comercialización.
comercializar *t.* Proporcionar a un producto las condiciones y los medios adecuados para su venta. || Vender un producto.
comerciante *adj.* Que comercia. || *s. com.* Persona que posee un comercio. || Persona que se dedica a las ventas en cualquiera de sus formas.
comerciar *t.* Comprar y vender productos para obtener ganancias. *Se hizo rico comerciando con esclavos.*

comercio *s. m.* Lugar donde se venden productos. *El comercio de la esquina no abrió hoy.* || Actividad de comerciar con productos. *El comercio minorista se queja por la baja de las ventas.* || Conjunto de comerciantes y actividades comerciales de un lugar. *Los precios de los supermercados afectan el comercio en los barrios.* || Trato o relación sexual no legal.

comestibilidad *s. f.* Cualidad de comestible. *Para analizar la comestibilidad de una planta que no conocemos hay que tomar ciertas precauciones.*

comestible *adj.* Que se puede comer sin que nos dañe. *Pon atención a la hora de escoger hongos comestibles.* || Cualquier producto que sirva para comer. || *Esp.* Que se aprovecha para cultivar productos comestibles. *Están de moda los balcones comestibles.*

cometa[1] *s. m.* Cuerpo celeste formado por rocas y hielo, con órbitas elípticas y, en algunos casos, apariciones periódicas; conforme se acerca al Sol, forma una cola de gas y polvo que lo distingue de otros cuerpos celestes.

cometa[2] *s. f.* Juguete que consiste en una armazón de material liviano, forrada con papel delgado, con cola para darle estabilidad y una cuerda para elevarla poco a poco.

cometario, ria *adj.* Relativo a los cometas.

cometer *t.* Llevar a cabo una acción que se considera delito, falta, error. *Lo multaron por cometer una infracción: se pasó la roja.*

cometido *s. m.* Trabajo del cual se es responsable. || Obligación moral.

comezón *s. f.* Sensación molesta que nos obliga a rascarnos. || Desasosiego provocado por un deseo intenso e insatisfecho.

comible *adj.* Que se deja comer. *Ese guiso te quedó comible a pesar de que lo dejaste horas en el fuego.*

cómic *s. m.* Historia que se cuenta en una serie de cuadros con ilustraciones y globos de diálogo. || Género formado por estas obras. *El cómic se renueva constantemente.* || Libro o revista con estas historias. *A mí me gustaban los cómics de Superman.*

comicial *adj.* Que se relaciona con los comicios. *La jornada comicial se caracterizó por el robo de urnas.*

comicidad *s. f.* Lo que hace reír.

comicios *s. m. pl.* Conjunto de actividades relacionadas con las elecciones para elegir representantes en los diferentes niveles de gobierno. *Se invierte demasiado dinero en los comicios.*

cómico, ca *adj.* Que se relaciona con la comedia. || Que hace reír. *Fue una caída tan cómica que hasta el accidentado se rió.* || *s.* Persona que representa papeles que hacen reír. || *loc.* ***Cómico de la legua:*** artista que va de pueblo en pueblo.

comida *s. f.* Alimento en general. *Tira esas sobras, ya no sirven para comida.* || Conjunto de alimentos que se consumen habitualmente a mediodía. *Te veo a la hora de la comida.* || Reunión de personas para compartir los alimentos. *Organizaron una comida para el sábado.* || *loc.* ***Comida chatarra:*** la que no tiene valor nutrimental. *En la escuela debería prohibirse la comida chatarra para prevenir la obesidad infantil.* || ***Comida rápida:*** la que se sirve y se consume rápidamente, en establecimientos que preparan una cantidad limitada de platos. *Las hamburguesas son las reinas de la comida rápida.* || ***Comida a la carta:*** la que se sirve en un restaurante, aparece escrita en una carta y cada plato tiene un precio diferente. || *Méx.* ***Comida corrida:*** comida completa por un precio fijo.

comidilla *s. f.* Tema de murmuración o pretexto para chismorrear. *Las declaraciones de la actriz fueron la comidilla de la semana.*

comido, da *adj.* Que comió. *Y date por buen comido porque ya no hay más.* || Carcomido, roído.

comienzo *s. m.* Origen o principio de algo. || Punto de partida.

comillas *s. f. pl.* Signo ortográfico («...») que se pone al principio y al final de una cita. *Me dijo «loca», pero luego agregó «te quiero».* || Signo ortográfico que se usa para definir otra palabra o para poner énfasis en que el significado no es el habitual. *Te dije que eso era «posible» con el sentido de «ni sueñes».*

comilón, lona *adj.* Que come mucho. || *s. f.* Comida muy abundante y con gran variedad de platos.

comino *s. m.* Planta de flores rojas o blancas y semillas aromáticas. || *loc.* ***Importar un comino:*** no importar nada.

comisaría *s. f.* Empleo del comisario. || Jurisdicción del comisario. || Oficina del comisario.

comisariato *s. m. ant.* Comisaría.

comisario, ria *s.* Persona que tiene poder o facultad de realizar una función especial. *El comisario de la ONU para la migración destacó el crecimiento de esta actividad en los últimos años.* || Oficial de policía que es la máxima autoridad en una comisaría. || Funcionario de la Unión Europea.

comiscar *t.* Comer a cada rato y poco. *Te la pasas comiscando y luego no comes a la hora de la comida.*

comisión *s. f.* Conjunto de personas que se escogió para una labor determinada. *La Comisión de Hacienda de la Cámara de Diputados no aprobó el presupuesto.* || Porcentaje del precio de un producto que el vendedor recibe como ganancia. *La comisión que ofrece esa empresa a los vendedores es muy atractiva.* || Acción de cometer un delito. *Por la comisión del delito de robo le dieron cinco años.* || Encargo o misión encomendada a alguien. *Hoy tengo la comisión de pagar los cheques de los trabajadores.* || *loc.* ***A comisión:*** mercancía que sólo se cobra si se vende; trabajo sin sueldo fijo. *Dale propina porque trabaja a comisión.* || ***Comisión de servicio:*** trabajo temporal fuera del puesto habitual. *Hay demasiados maestros en comisión de servicios.*

comisionado, da *adj.* y *s.* Encargado de una comisión. *El comisionado para la atención de desastres naturales declaró que el presupuesto era insuficiente.*

comisionar *t.* Pedirle a alguien que se encargue de una comisión.

comisionista *s. com.* Persona que trabaja por una comisión.

comisura *s. f.* En anatomía, extremo o punto de unión de una abertura del cuerpo, como los ojos y la boca. *Lucy sonreía con las comisuras hacia abajo.* || En anatomía, articulación de los huesos del cráneo, inmóvil y de sutura dentada.

comité *s. m.* Conjunto de personas que se reúnen para resolver un asunto específico. *El comité vecinal resolvió oponerse a la construcción del condominio.*

comitiva *s. f.* Conjunto de personas que acompañan a un personaje importante. *La comitiva del presidente no se redujo a pesar de la crisis.*

comiza *s. f.* Pez parecido al barbo, pero con hocico más alargado.

como[1] *adv.* Indica el modo o la manera. *Siéntate como te acomode.* || Da idea de equivalencia o semejanza. *Es como su mamá.* || Aproximadamente. *Hace como 18 años que me mudé.* || Según. *Como decía mi tía, sólo los animales no leen antes de dormir.* || Así que. *Como llegamos tarde, nos quedamos sin cenar.*

como[2] *conj.* Se usa en frases condicionales. *Como no vengas hoy, me divorcio.* || Se usa en frases causales. *Como no había agua, no me bañé.*

como[3] *prep.* En calidad de. *Vino como acompañante.*

cómo[4] *adv.* Se usa en enunciados interrogativos para expresar el modo o la manera. *¿Cómo llegaste?* || Se usa en enunciados exclamativos para expresar admiración, espanto, etc. *¡Cómo llora!* || *loc.* ***¡Cómo no!:*** por supuesto. *¿Me prestas el libro? ¡Cómo no!*

cómoda *s. f.* Mueble con cajones, de mediana altura, para guardar ropa.

comodato *s. m.* Contrato en que se da o recibe en préstamo una cosa con el compromiso de no destruirla y devolverla.

comodidad *s. f.* Cualidad de cómodo. || Cosa que proporciona bienestar. *Un departamento con todas las comodidades sale muy caro.*
comodín *s. m.* En algunos juegos de cartas, la que puede tomar diferentes valores. || Persona que sirve para cualquier tipo de trabajo.
comodín, dina *adj. Méx.* Que le gusta la comodidad.
comodino, na *adj. Méx.* Comodón.
cómodo, da *adj.* Que es confortable. *Ése es el sillón más cómodo.* || Que es muy fácil. *Tengo un trabajo tan cómodo que a veces me duermo.* || *s. m. Méx.* Recipiente que usan los enfermos para hacer sus necesidades en la cama.
comodón, ona *adj. Esp.* Comodino, comodín.
comodoro *s. m.* En algunos países, grado inferior al contraalmirante.
comoquiera *adv.* De cualquier manera, de todas formas. *Comoquiera que le digas, eso sigue siendo un robo.*
compactación *s. f.* Acción de compactar. || En geología, aplastamiento de las moléculas del suelo que disminuye los huecos ocupados por el aire. || En informática, proceso por el cual se agrupan varios archivos para ahorrar espacio de almacenamiento.
compactar *t.* Hacer compacta una cosa. || En informática, hacer que un archivo ocupe menos espacio.
compacto, ta *adj.* Que tiene una textura apretada. *La tierra no debe estar tan compacta.* || Condensado. || *s. m.* Disco óptico que se graba en forma digital, por lo que le es posible contener mucha información. *Mucha gente dice «cidí» para abreviar disco compacto.* || Aparato reproductor de discos compactos.
compadecer *t.* Sentir tristeza por lo que sufren los demás. || Compartir la tristeza de alguien.
compadraje *s. m. desp.* Acuerdo entre varias personas para ayudarse o alabarse, pero en detrimento de otros. *La corrupción y el compadraje acabaron con las instituciones del país.*
compadrazgo *s. m.* Compromiso que contrae el padrino con los padres del niño que apadrina.
compadre *s. m.* Padrino de bautizo y padre del niño bautizado.
compadrear *t.* e *intr.* Hacer amistad con alguien al punto de llamarlo compadre. || *Arg. Py.* y *Uy.* Presumir. || Amenazar.
compadreo *s. m. desp.* Compadraje.
compadrito, ta *adj.* y *s. Arg.* y *Uy.* Persona de clase baja, jactanciosa y peleonera, cuidadosa y exagerada en sus modales y manera de vestir. || Que se comporta como tal.
compaginación *s. f.* Ordenación de las páginas de una publicación, un documento. || Acción y resultado de compaginar o compaginarse.
compaginado, da *adj.* En imprenta, que las galeras compaginen.
compaginar *t.* Ordenar las páginas de una publicación. || Hacer que una cosa sea compatible con otra. *Las mujeres deben compaginar el cuidado de los niños con su trabajo.*
compaña *s. f. ant.* Compañía.
compañerismo *s. m.* Actitud de lealtad y solidaridad hacia un compañero. || Vínculo que hay entre compañeros.
compañero, ra *s.* Persona que comparte con otra estudios, trabajo, la práctica de algún deporte o cualquier otra actividad. *Mis compañeros de viaje eran muy ruidosos.* || Persona con la que se vive sin estar casada con ella. *Quiso mucho a su compañera de toda la vida.* || Persona que comparte con otra las mismas ideas políticas o que pertenece al mismo partido o sindicato. *¡Compañeros, la huelga no es la única solución!* || Cosa que forma pareja o hace juego con otra. *El compañero del zapato café estaba abajo de la cama.*
compañía *s. f.* Situación en la que acompañamos a alguien o alguien nos acompaña. *La compañía de mi familia es fundamental en las fiestas de fin de año.* || Empresa mercantil. *La compañía fabricante de escobas está perdiendo mercado frente a la de aspiradoras.* || Conjunto de personas que representan un espectáculo artístico. *La compañía de teatro tuvo un éxito glamoroso.* || Unidad militar mandada por un capitán, que forma parte de un batallón.
compañón *s. m. pl.* Testículo.
comparable *adj.* Que se puede comparar con algo o con alguien.
comparación *s. f.* Acción y resultado de comparar dos o más cosas. *Antes de hacer cualquier comparación, asegúrate de contar con todos los datos necesarios.* || Figura retórica que compara un elemento con otro para explicar mejor el primero. *Hay comparaciones muy usadas en poesía, como «labios rojos como la sangre».*
comparado, da *adj.* Que realiza un tipo de estudio basado en la comparación. *En gramática comparada se investigan las diferentes inflexiones verbales en distintas lenguas.*
comparanza *s. f.* Comparación.
comparar *t.* Analizar dos o más cosas para ver sus diferencias y similitudes. || Determinar una relación de similitud o equivalencia entre dos cosas. *No compares tus acciones con las de él, que es un santo.*
comparatismo *s. m.* En lingüística, método para establecer parentesco entre diferentes lenguas. || Mét[illegible] de investigación [illegible] rar f[illegible]
comparatista *adj.* Que se relaciona con el comparatismo. || *s. com.* Persona que se especializó en alguna de las ramas del comparatismo.
comparativo, va *adj.* Que sirve para hacer una comparación. || En gramática, adjetivo o adverbio que expresa comparación. *La expresión «más alto que» es una locución comparativa.*
comparecencia Acción de comparecer, en especial frente a una autoridad. *La comparecencia del ministro desilusionó a todos porque no respondió nada.*
comparecer *intr.* Presentarse ante una autoridad. *El acusado compareció ante el juez para declarar.*
compareciente *s. com.* En derecho, persona que comparece ante un juez, un notario o cualquier otra autoridad judicial.
comparición *s. f.* Documento emitido por un juez que invita a comparecer ante determinada autoridad.
comparsa *s. f.* Conjunto de personas que se disfrazan de manera similar en el Carnaval. || *s. com.* Conjunto de actores que acompañan, en una representación, a otros, pero en un plano secundario. || Persona que ocupa un puesto secundario. *Y ahora resulta que el que era comparsa del ministro se quedó con el cargo.*
compartido, da *adj.* Generoso. || *loc. Amér.* ***Tiempo compartido:*** sistema de propiedad en condominio en el que se disfrutan tiempos determinados.
compartimentación *s. f.* Acción y resultado de compartimentar.
compartimentar *t.* Dividir algo en partes o compartimentos.
compartimento o **compartimiento** *s. m.* División en varias partes de algo. || Cabina o parte en que está dividido un lugar o una cosa. *El compartimiento de primera clase tiene literas.*
compartir *t.* Dividir en partes una cosa para repartir. *Comparte los dulces con tus amiguitos.* || Tener la misma opinión o el mismo sentimiento que otra persona. *Los padres comparten su preocupación por la educación de los hijos.*
compás *s. m.* Instrumento para trazar círculos o arcos. Tiene dos brazos terminados en punta que pueden abrirse o cerrarse. || Instrumento de navegación compuesto de dos círculos concéntricos. El interior tiene una aguja imantada que marca el norte, y el exterior indica la dirección de la proa del barco. || Unidad de tiempo de una composición musical. || Barra vertical que divide cada unidad de tiempo de una composición m[illegible] cal. || Signo de not[illegible] deter[illegible]

compasado, da *adj.* Arreglado, moderado, mesurado. || Acompasado.

compasar o **compasear** *t.* Acompasar. || Medir con un compás. || En música, dividir el pentagrama en líneas verticales que marcan el principio y el fin de un compás.

compasión *s. f.* Sentimiento de lástima y tristeza hacia otra persona que está sufriendo.

compasivo, va *adj.* Que siente compasión.

compatibilidad *s. f.* Posibilidad que tiene una cosa de existir o coexistir con otra. || En informática, capacidad de un programa de funcionar en diferentes sistemas o computadoras sin hacer modificaciones.

compatibilización *s. f.* Acción de compatibilizar.

compatibilizar *t.* Hacer compatible algo. *Al programador no le costó trabajo compatibilizar los programas que requería.*

compatible *adj.* Que puede existir o hacerse al mismo tiempo que otra. *Escuchar música es una actividad compatible con hacer la tarea.* || Que puede funcionar en varios sistemas informáticos.

compatriota *s. com.* Persona con la que compartimos la misma patria.

compeler o **compelir** *t.* Obligar a alguien a hacer algo por la fuerza, ya sea física o moral.

compendiador, ra *adj.* y *s.* Que elabora compendios.

compendiar *t.* Resumir algo. *En este discurso compendiaré la reseña que escribí antes.*

compendio *s. m.* Resumen de algo que es muy largo de decir o escribir.

compendioso, sa *adj.* Breve, reducido, corto.

compenetración *s. f.* Entendimiento entre dos personas que sienten o piensan muy parecido. *Era tanta su compenetración que se entendían sólo con la mirada.*

compenetrarse *pr.* Penetrar unas partículas dentro de otras, y viceversa. || Influirse, identificarse en ideas y sentimientos. || *Méx.* Entender completamente.

compensación *s. f.* Acción y resultado de compensar. || Indemnización que debe pagar el autor a un herido o a los herederos de un muerto en un accidente. || En derecho, modo de extinguir total o parcialmente obligaciones entre dos personas. || En medicina, modificación de una función, órgano o tejido que sustituye una deficiencia. || En psicología, mecanismo para resolver ciertas situaciones frustrantes.

compensador, ra *adj.* Que compensa. || *s. m.* En física, instrumento que anula o neutraliza un error. || Péndulo de reloj cuya varilla está [illegible] que no varían a pesar de que cambie la temperatura.

compensar *t.* Neutralizar el efecto de una cosa con otra. *Para compensar los efectos de la inflación, no basta con subir los sueldos.* || Resarcir a alguien por el daño que ha sufrido. *El gobierno municipal compensará a los damnificados por la caída del puente.* || *loc.* ***Compensarse a sí mismo:*** obtener personalmente resarcimiento de un daño.

compensatorio, ria *adj.* Que compensa. *La cantidad compensatoria que recibieron por su pérdida fue insuficiente para pagar los daños.*

competencia[1] *s. f.* Disputa entre dos personas para obtener algo. || Empresa que fabrica algo que otra también elabora, y que rivaliza en el mercado. || *Amér.* Torneo o juego en que rivalizan dos o más personas, dos o más equipos.

competencia[2] *s. f.* Aptitud para realizar una actividad. *La educación por competencias está de moda.* || Atribución de un juez para conocer o resolver un asunto. *No se discute la competencia del juez, sino la resolución en sí.*

competente *adj.* Que es capaz o idóneo para realizar determinada actividad. || Que le corresponden determinadas responsabilidades. *La autoridad competente decidió suspender el pago de indemnizaciones.*

competer *intr.* Corresponder a una persona o institución cierta tarea. *El alumbrado público compete a las autoridades municipales.*

competición *s. f. Esp.* Competencia deportiva.

competidor, ra *adj.* y *s.* Participante en una competencia deportiva.

competir *intr.* Rivalizar una o más personas por la misma cosa.

competitividad *s. f.* Capacidad de competir ya sea en el plano económico, empresa contra empresa, ya sea en el plano deportivo, deportista contra deportista, equipo contra equipo.

competitivo, va *adj.* Que es capaz de competir.

compilación *s. f.* Acción y resultado de compilar. || Obra que reúne datos de otras obras. || En informática, traducción de un programa de un lenguaje a otro. *El sistema de compilación X es multiplataforma.*

compilador, ra *adj.* Que compila.

compilar *t.* Reunir varias obras o partes de varias en una sola. || En informática, traducir un programa de computación a otro.

compilatorio, ria *adj.* Que se relaciona con la compilación.

compinche *s. com.* Compañero, camarada. || *desp.* Amigo para hacer cosas malas.

complacedor, ra *adj.* Que complace.

complacencia *s. f.* Satisfacción que obtiene una persona de otra o de una cosa. *Sonrió con complacencia cuando lo felicitaron por su próxima boda.*

complacer *t.* Causar placer a alguien. || Hacer lo que otra persona pide. || *pr.* Sentir alegría o placer por algo.

complaciente *adj.* Que le gusta complacer. *Muchos sueñan con tener una esposa complaciente.*

complejidad *s. f.* Lo que es complejo porque tiene muchas partes. || Lo que es complejo porque es muy difícil.

complejo, ja *adj.* Que se compone de varias partes. || Que es difícil. || *s. m.* Conjunto de edificios dedicados a una misma actividad. *Un citadino distingue fácilmente un complejo industrial de un complejo habitacional.* || En psicología, conjunto de emociones reprimidas que afectan el comportamiento de un individuo. *No tiene novio porque está llena de complejos.*

complementación *s. f.* Acción y resultado de complementar

complementar *t.* Agregar a una cosa lo que le falta para que quede completa. *Hay que complementar el informe para mañana.* || En lingüística, agregar palabras como complementos de otras. *El adjetivo complementa al sustantivo.*

complementariedad *s. f.* Lo que completa o añade algo.

complementario, ria *adj.* Que sirve para complementar algo. *Los anexos complementarios impresionaron al jefe.*

complemento *s. m.* Lo que se añade a algo para completarlo o mejorarlo. *Los complementos alimenticios ayudan en el crecimiento de los niños.* || En gramática, palabra o conjunto de palabras que modifica o completa algún elemento de la oración –como el sustantivo, el adjetivo o el verbo– con la ayuda de una preposición o nexo. || En geometría, ángulo que se suma a otro para completar un ángulo recto.

completar *t.* Añadir una cosa que faltaba a algo. *Si ya completaste la tarea, puedes ver tele.* || Terminar un proceso. *Ella completó sus estudios y ejerce como dentista.*

completivo, va *adj.* Que completa. || En gramática, se aplica a la oración subordinada sustantiva introducida por la conjunción *que.* || En gramática, se dice de la conjunción que introduce este tipo de oraciones.

completo, ta *adj.* Que tiene todas las partes que debe tener. *Ya me entregaron el libro completo.* || Que se acabó o perfeccionó. *Las partes en conflicto llegaron a un completo acuerdo.* || *loc.* **Por completo:** absolutamente. *Llenaron por completo los asientos del cine.*

complexión *s. f.* Conjunto de características físicas de una persona. *El guardaespaldas es de complexión robusta.*
complicación *s. f.* Acción y resultado de complicar o complicarse. || Cosa que complica una situación. *El cirujano dijo que hubo complicaciones durante la operación.*
complicado, da *adj.* Que es difícil de entender o de explicar. || Que tiene muchas partes. || Que tiene un carácter difícil.
complicar *t.* Hacer difícil o más difícil una cosa. || Enredar a alguien en un asunto difícil. *Fueron detenidos porque los complicaron en un contrabando de drogas.*
cómplice *adj.* Que actúa con complicidad. *La mirada cómplice delató a los enamorados.* || *s. com.* Persona que colaboró con otra en la comisión de un delito. *Los cómplices tampoco se salvaron de la prisión.*
complicidad *s. f.* Colaboración de alguien en una tarea secreta. *Organizaron la fiesta sorpresa en complicidad con mis amigos.* || Participación de alguien en la comisión de un delito.
complot *s. m.* Confabulación o intriga de carácter político. *Por más complots que organizaron, nunca lograron derrocar al dictador.*
componenda *s. f.* Arreglo poco claro o ilegal de un asunto entre varias personas. *A pesar de las varias componendas que idearon, el fraude se descubrió.*
componente *adj.* y *s. m.* Que forma parte de un todo. *Los componentes químicos de la sal son el cloruro y el sodio.*
componer *t.* y *pr.* Armar una cosa de varias cosas o personas. *Seis jugadores componen un equipo de básquetbol.* || Constituir, formar. *Varias subdirecciones compondrán el nuevo organismo.* || Reparar algo. *Compuso el televisor en cuanto consiguió los repuestos.* || Crear una pieza musical, literaria o científica. *Para componer esa sinfonía se tardó seis meses.* || Ponerse más bonito. *Los pájaros son muy feos al nacer pero luego se componen.* || *Amér.* Arreglar los huesos dislocados.
comportamiento *s. m.* Manera de comportarse de una persona. || Modo en que se desempeña una cosa en determinadas condiciones.
comportar *t.* Conllevar. *Este proyecto comporta varias etapas de financiamiento.* || Conducirse de cierta manera. *Si no te comportas, no irás a la fiesta.*
composición *s. f.* Acción y resultado de componer. || Obra musical, literaria o científica. || Escrito que se le pide a un alumno para que demuestre su capacidad de redacción, análisis, etc. || En pintura, arte de agrupar los elementos de la obra para que queden armoniosos. || En gramática, procedimiento para formar palabras juntando dos sustantivos, un verbo y un sustantivo, un sustantivo y un adjetivo. *En «lavavajillas» es una composición del verbo «lavar» y el sustantivo «vajilla».* || En música, parte que enseña las reglas para componer. || Conjunto de elementos que forman parte de una sustancia. || *loc.* ***Hacerse una composición de lugar:*** analizar las circunstancias de un asunto para prever problemas. *Al nuevo ministro no le fue fácil hacerse una composición de lugar dado el desorden que había dejado su antecesor.*
composicional *adj.* Relativo a la composición.
compositivo, va *adj.* Que forma parte de una composición. || En gramática, que forma palabras compuestas.
compositor, ra *adj.* Que compone. || *s.* Persona que compone obras musicales. || *Chil.* Persona que compone dislocaciones de huesos.
composta *s. f.* Compuesto que resulta de la transformación de los desperdicios orgánicos en fertilizante. *La composta puede fabricarse en casa.*
compostaje *s. m.* Proceso de biodegradación de productos como desechos animales y basura orgánica que sirve para elaborar la composta.
compostura *s. f.* Moderación al hablar y al comportarse. *No vayas a perder la compostura.* || Reparación de una cosa descompuesta. *La compostura del auto me salió carísima.* || Aseo, adorno de algo o alguien. || Mezcla para falsificar un producto. || Convenio.
compota *s. f.* Fruta que se cuece con agua y azúcar. *La compota de manzana es la favorita de los enfermos.*
compra *s. f.* Hecho de obtener una cosa a cambio de una cantidad de dinero. || Lo adquirido a cambio de dinero.
comprable *adj.* Que se puede comprar.
comprado, da *adj.* y *s. desp.* Que se dejó comprar. *Ese dirigente sindical es un comprado, nunca defiende a sus agremiados.*
comprador, ra *adj.* Que compra. || *Amér. Merid.* Que seduce con sonrisas y gestos. *Esa sonrisa compradora enterneció a la mamá.* || *s.* Persona que compra algo. *Las compradoras se peleaban por las ofertas.*
comprante *adj. ant.* Comprador.
comprar *t.* Obtener algo a cambio de dinero. || Ofrecer dinero a alguien a cambio de algún favor.
compraventa *s. f.* Comercio de antigüedades o cosas usadas. *Ahora la compraventa de enseres domésticos de segunda mano es más fácil por internet.*
comprender *t.* Abrazar, rodear por todas partes algo. || Contener, incluir. || Tener una idea clara de lo que dic[illegible] otra persona. || Consi[illegible] nable[illegible]
comprensibilidad *s. f.* Lo que es comprensible. *La comprensibilidad de este documento mejoró gracias al corrector de estilo.*
comprensible *adj.* Que se comprende.
comprensión *s. f.* Acto o proceso por el cual asimilamos lo que nos dicen o lo que está pasando. || Actitud tolerante hacia los sentimientos y la manera de pensar o actuar de otra persona.
comprensivo, va *adj.* Que es capaz de comprender. || Que es capaz de entender los sentimientos de los demás. || Que incluye muchas cosas.
compresa *s. f.* Pedazo de gasa o tela muy fina que sirve para cubrir heridas, aplicar algún medicamento, etc. || *loc.* ***Compresa higiénica:*** tira absorbente que usan las mujeres para absorber el flujo menstrual.
compresible *adj.* Que se puede comprimir. *Los páneles están hechos de material compresible, como madera o cartón.*
compresión *s. f.* Acción y resultado de comprimir. || Someter a un cuerpo a determinada presión para que disminuya su volumen. || En informática, reducción del volumen de información en programas, archivos, imágenes, etc.
compresivo, va *adj.* Que comprime. *Le pusieron un vendaje compresivo para detener la hemorragia.*
compresor, ra *adj.* Que comprime. || *s. m.* Aparato que disminuye el volumen de los gases al aumentar la presión.
comprimible *adj.* Compresivo.
comprimido, da *adj.* Apretado, achatado. || *s. m.* Medicamento en forma de pastilla.
comprimir *t.* Disminuir el volumen de algo aplicando mayor presión. *Comprimí tanto la bolsa que explotó.*
comprobable *adj.* Que se puede comprobar.
comprobación *s. f.* Hallazgo de las pruebas de algo. || Revisión y confirmación de un descubrimiento o de una experiencia mediante la repetición de experimentos. *El descubrimiento es sensacional, pero la comprobación llevará años.*
comprobado, da *adj.* Que funciona, que está bien.
comprobante *adj.* Que comprueba. || *s. m.* Recibo que comprueba una compra, un pago, la realización de un trámite.
comprobar *t.* Encontrar pruebas de algo. *Con una cámara, comprobó que su vecino le robaba la luz.* || Verificar mediante pruebas que algo es cierto o real. *Para sacar a la venta un nue[illegible] medicamento hay [illegible] que de[illegible]*

por el cálculo [illegible]

comprometedor, ra *adj.* Que compromete. *Escondió el documento comprometedor en un compartimiento secreto.*
comprometer *t.* Poner en situación de riesgo a alguien. *Al revelar los archivos secretos, comprometió la seguridad de los agentes encubiertos.* || Obligar a alguien a hacer algo. *Te comprometerás a hacer los pagos a tiempo.* || Arreglar un negocio o compra. *No te puedo vender la casa porque ya la comprometí.* || *pr.* Obligarse en casamiento. *Ellos se comprometieron frente a toda la familia.*
comprometido, da *adj.* Que se encuentra en una situación difícil. || Que se va a casar próximamente.
compromiso *s. m.* Situación que compromete. *Me puso en el compromiso de mentirle a su madre.* || Responsabilidad u obligación. *Tengo tantos compromisos que no sé cómo voy a cumplirlos todos.* || Acuerdo de una pareja para casarse. *Hicieron la fiesta de compromiso en casa de los padres de la novia.*
compuerta *s. f.* Mecanismo formado por dos hojas que se abren o suben y bajan para dejar pasar o detener el agua de un canal o de una presa.
compuesto, ta *adj.* Que está formado por varios elementos. || *s. m.* Sustancia formada por dos o más ingredientes.
compulsa *s. f.* Cotejo de un documento para legalizarlo. || Copia legalizada de un documento.
compulsión *s. f.* Obligación de ejecutar algo por mandato de la autoridad. || Impulso incontrolable de realizar un acto contrario a la voluntad.
compulsivo, va *adj.* Que compele. || Que revela compulsión. || En psicología, que tiene impulsos incontrolables.
compulsorio, ria *adj.* Se aplica al mandato de un juez para que se compulse un documento. || Obligatorio. *En algunos países, el seguro compulsorio es de reciente aplicación.*
compungido, da *adj.* Que siente arrepentimiento. || Que se duele con el dolor de otros.
compungir *t.* y *pr.* Arrepentirse de haber hecho algo malo. || Compadecer.
computable *adj.* Que se puede computar.
computación *s. f.* Acción y resultado de computar. || Conjunto de conocimientos científicos y técnicos que tratan la información por medio de computadoras.
computador, ra *adj.* Que computa. || *s. Amér.* Máquina que es capaz de procesar datos con gran rapidez. *Una computadora para cada niño en la primaria es un lema que se hace realidad en pocos países.*
computar *t.* Determinar una cantidad [illegible] datos
computarización *s. f.* Instalación de computadoras en un lugar. || Captura y procesamiento de datos en una computadora.
computarizado, da *adj.* Que pasó o es el resultado del proceso de una computadora.
computarizar *t.* Procesar datos mediante una computadora.
cómputo *s. m.* Cálculo de cantidades. || *loc.* ***De cómputo:*** relacionado con computadoras. *Abrieron un nuevo centro de cómputo.*
comulgante *adj.* y *s.* Que comulga.
comulgar *intr.* En religión, administrar, tomar o recibir la comunión. || Estar de acuerdo con la opinión de otra persona. *Como comulgué con sus ideas, voté por él.*
común *adj.* Que pertenece a más de una persona. || Que comparte la mayoría de las personas. || Ordinario, vulgar. || Frecuente. || *loc.* ***Por lo común:*** frecuentemente.
comuna *s. f.* Organización política y económica basada en la propiedad colectiva de los bienes. *Muy pocas comunas han tenido éxito.* || División administrativa equivalente al municipio. *En Chile los municipios se llaman comunas.* || Conjunto de personas que viven al margen de la sociedad. *En la década de 1960 proliferaron las comunas «hippies».*
comunal *adj.* Que es común frente a lo privado. || *Amér.* Que se relaciona con la comuna o municipio.
comunero, ra *s.* Propietario y trabajador de tierras de propiedad común.
comunicable *adj.* Que se puede comunicar o es digno de comunicarse.
comunicación *s. f.* Proceso y efecto de comunicar o comunicarse. || Impartición e intercambio de información mediante la palabra hablada, escrita o signos. || Algo que es impartido, intercambiado o transmitido por diversos medios. || Documento o mensaje que imparte información. || Conjunto de disciplinas para el estudio de los fenómenos comunicativos. || Transporte o medios de transporte entre lugares. || Conjunto de medios para el intercambio de información, como teléfono, internet, televisión, etc. || Rutas para el transporte de personas y cosas. || Medio de contacto entre dos o más lugares. || Actividad de los organismos con potencial para modificar la conducta de otros organismos.
comunicado *adj.* Dicho de un lugar, se refiere a la calidad del acceso a él. || *s. m.* Documento breve que notifica algo al público.
comunicador, ra *adj.* Que es capaz de comunicar mensajes. || *s.* Profesional de la comunicación hablada, escrita o por signos.
comunicante *adj.* Que comunica. *Entre la prosa y la poesía hay vasos comunicantes.*
comunicar *t.* Hacer saber algo a otros. *Pedro nos comunicó que todo salió bien.* || Impartir o intercambiar información entre dos o más personas. || Tener paso común dos o más lugares o cosas. *La carretera comunica a los pueblos de la región.*
comunicatividad *s. f.* Calidad de comunicativo.
comunicativo, va *adj.* Que es inclinado a comunicarse. || Que tiene aptitud para la comunicación.
comunicología *s. f.* Conjunto de disciplinas que estudian la comunicación.
comunicólogo, ga *s.* Profesional que estudia la comunicación.
comunidad *s. f.* Grupo social cuyos miembros viven en un mismo lugar bajo un mismo gobierno y que a menudo comparten una herencia cultural e histórica. *Las comunidades indígenas de Chiapas tienen gobierno autónomo.* || Lugar habitado por tal grupo. *Hubo fiesta en la comunidad de Los Chimalapas.* || Grupo social o económico con características e intereses comunes que los distinguen de la sociedad en que existen. *La comunidad religiosa se congrega los domingos.* || Grupo de naciones con intereses o herencia cultural e histórica común. *La comunidad europea tiene su propia constitución política.* || Grupo de personas que hacen vida común según ciertas reglas. *La comunidad menonita de Chihuahua vive en zonas rurales.* || Grupos de especies que ocupan un hábitat común. *Las comunidades animales de los manglares son numerosas.*
comunión *s. f.* Unión de los que profesan una misma religión, comparten ideología política o intereses de otra índole. || Entre los cristianos, acto litúrgico de recibir la eucaristía. || Intercambio de pensamientos o emociones íntimamente sentidos. || Acto de compartir o sentir algo.
comunismo *s. m.* Teoría o doctrina económica y política que sostiene que la propiedad es común y niega la propiedad privada. || Sistema político y económico basado en tal doctrina. || Principios y prácticas de los partidos comunistas.
comunista *adj.* y *s. com.* De o relacionado con la ideología, los países y los partidos comunistas.
comunitario, ria *adj.* De la comunidad o relacionado con ella.
con *prep.* Indica relación de compañía, colaboración, reciprocidad o presencia de elementos juntos. *Hace la tarea con sus compañeros.* || Indica relación instrumental. *El baño es con agua y jabón.* || Indica relación modal. *Asiste a la escuela con gusto.* || Indica relación entre cosas. *Le gustan las tortas con crema.* || Indica relación de oposición. *Lo aguanto con todo y sus defectos.*

conato *s. m.* Acción que se frustra antes de consumarse. *Hubo conato de incendio.*

concadenar *t.* Concatenar.

concatenación *s. f.* Unión de dos o más cosas o ideas.

concatenamiento *s. m.* Concatenación

concatenar *t.* Unir dos o más cosas o ideas.

concavidad *s. f.* Parte cóncava. || Condición de cóncavo.

cóncavo, va *adj.* Se dice de la superficie o línea que presentan una cavidad. || *s.* Concavidad.

concebible *adj.* Que se puede concebir, que es creíble o imaginable.

concebimiento *s. m.* Aprehensión de una idea o conocimiento. || Hecho de concebir el producto de la unión sexual.

concebir *t.* Comprender o formarse una idea de algo. *Medité el problema hasta que concebí una solución.* || Quedar embarazada la hembra al quedar fecundado el óvulo por el espermatozoide del macho.

conceder *t.* Autorizar o permitir algo a otra persona. *El gobierno me concedió licencia para abrir mi negocio.* || Aceptar un argumento o postura del interlocutor. *Le concedo la razón en este punto.*

concejal *s. com.* Miembro electo o designado de un concejo municipal.

concejero, ra *s.* Miembro de un concejo, especialmente municipal.

concejo *s. m.* Cuerpo deliberativo de un nivel u órgano de gobierno o de una corporación pública o privada. *El concejo electoral validó los resultados de la elección.*

concentrabilidad *s. f.* Calidad de concentrable o agrupable.

concentración *s. f.* Reunión de cosas o seres similares o disímbolos. *Los soldados están concentrados en los cuarteles.* || Atención exclusiva a un objeto. *El maestro pidió concentración en el problema.* || Algo que está reunido. *Los cúmulos son concentraciones de astros.* || En una solución química, cantidad de una sustancia disuelta por unidad de volumen. *La concentración de alcohol de esta bebida es de 12 grados.*

concentrado, da *adj.* Se dice de lo que se halla reunido en algún sitio. *Los soldados están concentrados en los cuarteles.* || Muy atento en una actividad. *Está concentrado en el estudio de la filosofía.* || *s. f.* Sustancia a la que se le ha eliminado parte de su líquido para hacerla menos voluminosa. *Para esta receta necesitamos un poco de concentrado de tomate.*

concentrador, ra *adj.* Que tiene la capacidad de concentrar. *La máquina concentradora trabaja bien.*

concentrar *t.* Reunir lo que está separado. *Hay que concentrar los archivos históricos existentes.* || Eliminar líquido de una sustancia o materia. *Para hacer un concentrado de fruta hay que dejarla en agua hirviendo un tiempo.* || *pr.* Hacer que un número grande de personas confluyan a un lugar. *Los estudiantes se concentraron en la explanada.* || Fijar la atención en un objeto. *Para su tesis se concentró en una sola obra del autor seleccionado.*

concéntrico, ca *adj.* Movimiento o figura con un mismo centro. *Los planetas tienen órbitas concéntricas en torno al Sol.*

concepción *s. f.* Acto de concebir o formarse una idea de algo. *La concepción del proyecto parece correcta.* || Acto de quedar embarazada la mujer. || Conjunto de ideas acerca del mundo y la vida. *La concepción materialista subraya los motivos económicos.*

conceptismo *s. m.* Estilo literario basado en asociaciones complejas entre ideas y metáforas, que floreció en la España del siglo XVII. *El conceptismo de Quevedo es algo rebuscado pero ingenioso.*

conceptista *adj.* Que practica el conceptismo. || Se dice de la obra con elementos del conceptismo.

concepto *s. m.* Representación mental concisa de un objeto de conocimiento. *El concepto de alma es central en todas las religiones.* || Juicio que uno se forma de otros o de sí mismo. *Fulano tiene un alto concepto de sí mismo.* || Renglón de gastos o ingresos de una partida. *Los gastos por concepto de representación son muy altos.*

conceptuación *s. f.* Proceso de organización mental de varios elementos en un concepto. || Apreciación personal del valor de otras personas.

conceptual *adj.* Relacionado con conceptos. *El arte conceptual es difícil de apreciar.*

conceptualismo *s. m.* Cualquiera de las doctrinas filosóficas basadas en la supremacía de los conceptos universales como productos de la mente, a los que deben ajustarse los fenómenos del mundo sensible.

conceptualista *adj.* Que profesa o que pertenece al conceptualismo.

conceptualización *s. f.* Procedimiento intelectual que organiza datos en conceptos.

conceptualizar *t.* Organizar datos en conceptos. || Visualizar los contornos de un objeto de conocimiento. || Formarse un juicio de otros.

conceptuar *t.* Formar conceptos a partir de datos. || Formar juicio sobre una cosa, asunto o persona.

conceptuoso, sa *adj.* Que se inclina a expresarse en conceptos, prescindiendo de datos y ejemplos. *Los filósofos clásicos al[illegible] ser con[illegible]* expresarse con sentencias o frases célebres, generalmente en tono edificante.

concerniente *adj.* Que se corresponde o viene al caso.

concernir *t.* Estar relacionado, corresponder, afectar, ser objeto de preocupación o venir al caso. *La escasez de agua nos concierne a todos.*

concertación *s. f.* Arreglo o conciliación de intereses diversos u opuestos para un fin determinado. *El gobierno y los sindicatos hicieron una concertación.* || Reunión de voluntades para una acción determinada. *El robo fue producto de una concertación muy bien meditada.*

concertado, da *adj.* Acordado, pactado.

concertador, ra *adj.* Que concierta.

concertar *t.* Reunir intereses o voluntades diversas para un fin determinado. || Acordar el precio de una cosa o las condiciones de un asunto o negocio. || Concordar una cosa con otra.

concertista *s. com.* Músico solista en un concierto.

concesión *s. f.* Adjudicación de un bien, licencia o permiso para realizar algo. *El gobierno le dio una concesión para poner una gasolinera.* || Cosa, servicio o argumento así concedido. *Su cantera es una concesión.* || Espacio autorizado para realizar una actividad subsidiaria dentro de un negocio más amplio. *Fulano obtuvo concesión para poner una cafetería en el vestíbulo del cine.* || Aceptación de un argumento contrario. *Fulano afirmó que era una concesión darle la razón a mengano en ese punto.*

concesionario, ria *adj.* Persona física o moral que explota un bien o servicio en concesión.

concesivo, va *adj.* Que concede. *Papá es muy concesivo con mamá.* || En gramática, se dice oración subordinada que expresa obstáculo. *En la frase «iremos al cine aunque llueva», «aunque llueva» es una oración concesiva.*

concha *s. f.* Cubierta calcárea de ciertos moluscos. || Caparazón de las tortugas. || Lugar con forma de un cuarto de esfera en el proscenio del teatro desde donde el apuntador da instrucciones a los actores. || *fam. Amér.* Desfachatez de personas atenidas al esfuerzo de otros. || *vul. Amér. Merid.* Vulva. || *loc.* ***Meterse en su concha:*** aislarse. || ***Tener concha*** o ***mucha concha:*** ser desfachatado.

conchabamiento *s. m.* Acción y resultado de conchabar.

conchabarse *t. pr.* Acomodarse en un lugar. || *Méx.* Agenciar[illegible] no ante la in[illegible]

[illegible]dad se anh[illegible]

conchero, ra *adj.* y *s.* Depósito prehistórico de caparazones de moluscos y otros restos marinos. || Danzante y músico indígena del centro de México, que baila al son de un instrumento de cuerdas con caja hecha de caparazón o concha de armadillo.

conchífero, ra *adj.* Terreno con depósitos prehistóricos de conchas marinas.

conchudo, da *adj.* Que se atiene al esfuerzo de otros. || Indolente.

conchuela *s. f.* Fondo marino cubierto de restos de conchas.

concia *s. f.* Coto vedado dentro de un monte.

conciencia *s. f.* Facultad del ser humano de reconocerse a sí mismo y el mundo exterior. *De pronto tomé conciencia de que estaba en problemas.* || Facultad humana de conocer y juzgar moralmente los actos propios y los ajenos. *En conciencia creo que eso está mal hecho.* || Sentimiento reflexivo después de haber realizado una acción. *Mi conciencia está tranquila.* || Conjunto de principios morales que vigilan las acciones del ser humano. *Mi conciencia me dice no.* || *loc.* ***A conciencia:*** con observancia estricta del deber. *Cumplió su obligación a conciencia.* || ***Conciencia limpia:*** se dice de quien no ha cometido mal. || ***Conciencia sucia:*** se aplica a quien es responsable de algo. || ***Mala conciencia:*** sensación de remordimiento. || ***Remorder la conciencia:*** sentir aprehensión por un mal acto cometido. || ***Tener*** o ***tomar conciencia:*** percatarse de algo.

concienciación *s. f.* Concientización.

concienciar *t.* y *pr.* Concientizar.

concientización o **concienciación** *s. f.* Labor encaminada a que otro u otros se den cuenta de algo que les atañe y tomen responsabilidad por ello.

concientizador, ra *adj.* Que concientiza.

concientizar *t. Amér.* Hacer que otro tome conciencia de algo. || *pr.* Ganar conciencia.

concienzudo, da *adj.* Que actúa con aplicación y rectitud. || Que está hecho con aplicación, exhaustividad y según las reglas del caso.

concierto *s. m.* Hecho de poner de acuerdo dos o más cosas o de ponerse de acuerdo personas. || Sesión en la que se interpretan obras musicales. || Obra musical.

conciliábulo *s. m.* Junta con propósito oculto. || Concilio convocado sin autorización legítima.

conciliación *s. f.* Resultado de conciliar o armonizar voluntades o intereses. *Las partes llegaron a una conciliación.* || Resultado de cotejar partidas. *Las cuentas quedaron conciliadas.*

conciliador, ora *adj.* Que concilia o ... a conciliar.

conciliar *t.* Componer voluntades o intereses divergentes. || Armonizar ideas que parecían contrapuestas. || Cotejar cuentas de una partida. || Se usa con «sueño» con el sentido de «atraer». *Por fin concilié el sueño.*

conciliatorio, ria *adj.* Que se propone conciliar. *Las partes mostraron ánimo conciliatorio.*

concilio *s. m.* Congreso de obispos y otras jerarquías eclesiásticas. *El Vaticano celebra concilio ecuménico.*

concisión *s. f.* Calidad de brevedad y precisión de la expresión oral o escrita.

conciso, sa *adj.* Que tiene concisión.

concitación *s. f.* Acción y resultado de concitar.

concitador, ra *adj.* Que concita.

concitar *t.* Animar o instigar a otros a que hagan o asuman algo.

concitativo, va *adj.* Que concita.

conciudadano, na *s.* Cada uno de los ciudadanos de una ciudad o una nación con respecto a otros que tienen la misma condición.

cónclave *s. m.* Reunión de cardenales para elegir Papa de la Iglesia católica. || Reunión de personas no religiosas para tratar un asunto de suma importancia.

concluir *t.* Finalizar una cosa. *Concluiste tus estudios el año pasado.* || Resolver lo tratado. *El conferencista concluyó su exposición con un resumen de sus hallazgos.* || Inferir. *Lo pensé mucho y concluí que no valía la pena ese esfuerzo.*

conclusión *s. f.* Terminación de una cosa. || Resolución de lo tratado. || Deducción final de las premisas e información considerada.

conclusivo, va *adj.* Se dice del argumento que finaliza un razonamiento o una discusión.

concluyente *adj.* Decisivo, que no ofrece duda.

concomitancia *s. f.* Relación entre hechos que ocurren o actúan juntos.

concomitante *adj.* Que ocurre o actúa en coincidencia con otro hecho. *El fuego causado por el rayo fue sofocado por la lluvia concomitante.*

concomitar *intr.* Producirse algo de manera simultánea o acompañando.

concordancia *s. f.* Conformidad de una cosa con otra. || En gramática, correspondencia entre los elementos de una oración. || En música, equilibrio entre las diferentes voces que suenan al mismo tiempo.

concordante *adj.* Que concuerda o se corresponde con otra cosa.

concordanza *s. f. ant.* Concordancia.

concordar *t.* Hacer coincidir o relacionar una cosa con otra. || Lograr acuerdo entre las partes. || Conciliar los términos de una oración.

concordato *s. m.* Tratado del gobierno de un Estado con el Vaticano sobre asuntos eclesiásticos.

concordia *s. f.* Condición de conformidad o avenencia entre diversas voluntades o intereses.

concreción *s. f.* Relación evidente y determinada de una idea con la materia de que trata. *La concreción de su argumento es convincente.* || Acumulación de partículas en una masa.

concretar *t.* Basar una idea en los hechos de que trata. || Centrar una discusión en los hechos relevantes. || Lograr una meta fijada.

concretización *s. f.* Concreción.

concretizar *t.* Concretar.

concreto *s. m. Amér.* Material de construcción hecho de piedra molida, grava y agua.

concreto, ta *adj.* y *s. m.* Que tiene existencia en sí mismo, independiente de su representación mental. *El hombre concreto es el que camina por la calle.* || Que es preciso y determinado. || Que es compacto, sólido y resistente.

concubina *s. f.* Mujer que vive y mantiene relaciones sexuales con un hombre sin estar casada con él.

concubinato *s. m.* Relación marital de un hombre y una mujer sin estar casados.

conculcación *s. f.* Acción y efecto de conculcar.

conculcar *t.* Infringir una ley.

concuñado, da *s. Esp.* Concuño.

concuño, ña *s.* Pareja del cuñado o de la cuñada.

concupiscencia *s. f.* Apetito sensual desmesurado, especialmente de placer carnal.

concupiscente *adj.* Que está dominado por la concupiscencia.

concurrencia *s. f.* Ocurrencia de varios sucesos en el mismo tiempo o en el mismo lugar. || Conjunto de asistentes a un evento. || Participación de varios actores en una actividad determinada. *La economía está abierta a la libre concurrencia.*

concurrencial *adj.* Perteneciente o relacionado con la concurrencia.

concurrente *adj.* Que concurre.

concurrido, da *adj.* Dícese del lugar o espectáculo con muchos asistentes.

concurrir *intr.* Juntarse dos o más personas en un mismo lugar. || Coincidir varios sucesos. || Contribuir a un fin determinado.

concursante *adj.* y *s. com.* Que participa en un concurso.

concursar *t.* Participar en un concurso o en una licitación.

concurso *s. m.* Competencia entre dos o más participantes para obtener un honor, un premio, un puesto o una adjudicación. || Participación de varias personas físicas o morales en una actividad determinada. || Ocurrencia simultánea de varios eventos.

condado *s. m. ant.* Título nobiliario de conde. || Demarcación territorial bajo la autoridad de un conde. || Demarcación territorial en algunos países

anglosajones. *En el condado de Los Ángeles viven muchos mexicanos.*
condal *adj. ant.* Perteneciente o relativo al conde.
conde, desa *s. ant.* Título nobiliario otorgado por el soberano de un reino. || Persona que ostenta ese título.
condecoración *s. f.* Insignia o distinción otorgada a una persona en reconocimiento de sus méritos por el soberano, la autoridad de un Estado republicano o una corporación. || Acto de condecorar.
condecorar *t.* Otorgar una insignia a una persona por sus méritos.
condena *s. f.* Pena impuesta por la autoridad. || Reprobación moral por actos indebidos.
condenable *adj.* Que merece condena o reproche.
condenación *s. f.* Acto y resultado de condenar.
condenado, da *adj.* Que es objeto de condena. || Que purga una condena.
condenador, ra *adj.* Que condena o censura.
condenar *t.* Imponer un juez una condena civil, penal o administrativa. *El ladrón fue condenado a tres años de cárcel.* || Obligar a alguien a hacer algo indeseado. *El papá de María la condenó a no ir al cine durante un mes.* || Censurar las ideas o la conducta. *Durante la época colonial se condenaron los libros extranjeros.* || Cerrar los accesos a una habitación. *En el fondo de la casa hay una puerta que condenaron con tablones.* || *pr.* Culparse a sí mismo. *Raúl se condena por el accidente automovilístico.*
condenatorio, ria *adj.* Que resulta o puede resultar en condena. *El juez dictó sentencia condenatoria.*
condensable *adj.* Que puede hacerse más denso. *La leche es condensable quitándole agua.* || Que puede resumirse o sintetizarse. *La composición es condensable en una cuartilla.*
condensación *s. f.* Proceso y resultado de dar mayor densidad o compactación de un gas, líquido o cuerpo. || Abreviación de un texto.
condensado, da *adj.* Que fue reducido.
condensador, ra *adj.* Que tiene la propiedad o la capacidad de condensar. || *s. m.* Dispositivo para condensar gases en líquidos o líquidos en sólidos. || Dispositivo para interrumpir el flujo de corriente continua y permitir el flujo de corriente alterna. || Lente para concentrar los rayos luminosos en una superficie pequeña.
condensante *adj.* Que tiene la capacidad de condensar.
condensar *t.* Hacer algo más denso o compacto que su estado inicial. || Convertir un vapor en líquido. || Sintetizar o abreviar una exposición oral o escrita.
condescendencia *s. f.* Acción de condescender. || Cualidad de quien condesciende.
condescender *intr.* Adaptarse a la voluntad o gusto de otro por amabilidad
condescendiente *adj.* Que condesciende.
condición *s. f.* Modo de ser propio de una persona o de una cosa. *Fulano es de condición humanitaria.* || Situación o estado de algo. *La casa está en buenas condiciones.* || Estado de salud. *El paciente está en condición estable.* || Posición social de una persona o grupo. *No se entendieron debido a sus diferentes condiciones sociales.* || Estado o requisito para realizar una actividad. *No está en condiciones de competir.* || Circunstancia restrictiva, limitante o modificadora. *El contrato tiene condiciones difíciles de cumplir.*
condicionado, da *adj.* Que su cumplimiento está sujeto a condiciones establecidas. *El contrato está condicionado al pago de un adelanto.* || Que su comportamiento está sujeto a condiciones independientes. *El viaje se vio condicionado por el mal clima.*
condicional *adj.* Que depende de condiciones. || *s. m.* Tiempo verbal para expresar acción futura en relación con el pasado; en la terminología de Andrés Bello equivale al pospretérito. *En la frase «dijo que volvería», la última palabra está en pospretérito.*
condicionamiento *s. m.* Acto de condicionar. || Condición o requisito de algo.
condicionante *adj.* Que impone condiciones o que funciona como tal.
condicionar *t.* Hacer depender una cosa de otra. || Determinar el comportamiento de algo.
cóndilo *s. m.* Protuberancia redonda de las extremidades óseas que se articula con la concavidad de otra.
condimentación *s. m.* Acto de condimentar.
condimentar *t.* Añadir condimento a la comida para darle sazón.
condimento *s. m.* Ingrediente para dar buen sabor a la comida.
condiscípulo, la *s.* Persona que es o ha sido compañera de estudios de otra.
condolencia *s. f.* Participación del dolor ajeno por la pérdida de un ser querido.
condoler *t.* y *pr.* Sentir compasión o compadecerse por el dolor ajeno.
condolido, da *adj.* Que siente pesar por el dolor ajeno.
condominio *s. m.* Dominio de un bien propiedad por parte de dos o más personas. || Edificio de viviendas o de otros usos bajo est[illegible] propiedad
condómino *s. m.* Que es copropietario de un bien común.
condón *s. m.* Funda elástica con la que se cubre el pene para prevenir la fecundación y la transmisión de enfermedades por vía sexual.
condonación *s. f.* Perdón de deudas o penas.
condonante *s. com.* Que condona o perdona.
condonar *t.* Perdonar penas o deudas.
cóndor *s. m.* Ave rapaz carroñera de los Andes, la más grande de las aves voladoras, mide 1 m de largo y 3 m de envergadura, es de color negro con un collar banco y el cuello y la cabeza desnudos, con una cresta característica.
conducción *s. f.* Acción y resultado de conducir algo o a alguien. || Conjunto de ductos para el transporte de fluidos.
conducente *adj.* Que procede, que es pertinente o viene al caso. *Su intervención fue conducente para resolver el problema.*
conducible *adj.* Que puede ser conducido.
conducir *t.* Llevar o guiar algo o a alguien de una parte a otra. || Dirigir una actividad en equipo. || Guiar un vehículo. || Actuar como maestro de ceremonias de un evento o un programa de radio o televisión. || *pr.* Comportarse.
conducta *s. f.* Manera de actuar y comportarse. || Conjunto de reacciones humanas o animales por impulsos propios y ante estímulos del medio ambiente. || Comportamiento de los materiales ante fuerzas y agentes externos.
conductismo *s. m.* Teoría y práctica psicológica basada en la observación de las reacciones humanas y animales a estímulos del sistema nervioso.
conductista *adj.* Perteneciente al conductismo o relacionado con él. || *s. com.* Profesional de la psicología que asume o practica el conductismo.
conductividad *s. f.* Propiedad de los cuerpos de transmitir el calor y la electricidad.
conductivo, va *adj.* Que tiene capacidad de conducir.
conducto *s. m.* Tubo para transportar fluidos. *Los tubos de cobre son un buen conducto para llevar gas al laboratorio.* || Tubo o canal de los organismos vivos que sirven para realizar funciones fisiológicas. *Ha sufrido numerosas infecciones el conducto auditivo.* || Mediación, intervención de alguien para lograr algo. *Por conducto del diputado present[illegible] queja al ayunt[illegible]*

C

conductor, ra *s.* Que conduce, transporta o dirige algo o a alguien. || Persona que dirige un evento o un programa de radio o televisión. || Cuerpo transmisor de calor o electricidad.

conductual *adj.* Perteneciente o relacionado con la conducta en general.

condumio *s. m. Esp.* Comida apetitosa que se come con pan.

conectar *t.* Poner dos cosas en contacto, unir. *La nueva carretera conecta mi pueblo con la capital del país.* || Poner un aparato en contacto con la fuente de electricidad a través de un cable.

conectividad *s. f.* Capacidad de conectarse.

conectivo, va *adj.* Que conecta diversas partes de un dispositivo, especialmente electrónico.

conector, ra *adj.* Que conecta. || *s.* Dispositivo para unir circuitos eléctricos.

conejo *s. m.* Mamífero herbívoro domesticable de orejas largas, patas posteriores más largas que las anteriores y cola corta; su carne es comestible y su pelo tiene diversos usos industriales.

conexión *s. f.* Unión de dos o más cosas dentro de un sistema. || Paso de la corriente eléctrica entre dos puntos de un circuito.

conexo, xa *adj.* Que está conectado o comunicado con otro punto, generalmente dentro de un sistema. || Que está relacionado con una actividad principal. *Los servicios conexos del puerto son almacenaje, fumigación y traslado de mercancías.*

confabulación *s. f.* Maquinación entre dos o más personas para cometer un ilícito.

confabulado, da *adj.* Que se relaciona con la confabulación.

confabulador, ra *s.* Persona que participa en una confabulación.

confabularse *intr.* y *pr.* Unirse dos o más personas para maquinar y cometer un ilícito.

confección *s. f.* Hechura. || Fabricación de prendas de vestir. || Prenda de vestir u otros artículos.

confeccionado, da *adj.* Relativo a la confección. || Elaborado.

confeccionar *t.* Fabricar prendas de vestir u otros artículos. *La señora es muy buena para confeccionar.* || *fig.* Elaborar cualquier otra cosa. *Los diputados confeccionaron la ley de seguridad.*

confeccionista *adj.* y *s. com.* Que confecciona o comercia prendas de vestir.

confederación *s. f.* Unión de varios estados independientes bajo principios y fines comunes. || Unión de varias asociaciones autónomas bajo [illegible] fines comunes. *La confederación sindical demanda mayores salarios.*

confederado, da *adj.* y *s.* Que forma parte de una federación. || En la Guerra de Secesión de Estados Unidos, se refiere a los estados del sur.

confederar *t.* Crear una unión entre estados o asociaciones independientes bajo principios e intereses comunes.

confederativo, va *adj.* De o relacionado con una confederación.

conferencia *s. f.* Disertación formal sobre un tema específico ante una audiencia. || Reunión oficial de representantes de gobiernos o estados para consultar o decidir sobre asuntos de su interés. || Plática entre dos o más personas para tratar asuntos de su interés, generalmente de negocios. || Conversación telefónica o por algún otro medio a distancia entre dos o más personas para tratar asuntos de su interés.

conferenciante *s. com.* Participante en una conferencia de consulta o para tomar decisiones. *Los conferenciantes pospusieron la reunión.* || Persona que diserta sobre un tema específico ante una audiencia.

conferenciar *intr.* Deliberar entre dos o más personas o representantes oficiales para acordar sobre asuntos de interés común.

conferencista *s. com.* Expositor de un tema específico ante una audiencia.

conferir *t.* Asignar una facultad para ejercer una autoridad o cumplir una misión. *El presidente le confirió la misión de negociar con los inconformes.*

confesable *adj.* Que puede ser confesado o admitido.

confesado, da *adj.* Referente a faltas o hechos admitidos. *Su delito ha sido confesado.*

confesante *adj.* Que confiesa.

confesar *t.* Declarar sentimientos propios ante otra u otras personas. *Confesó que la ama.* || Admitir la responsabilidad propia en la comisión de actos cuya autoría era objeto de investigación. *El reo confesó su participación en los hechos imputados.* || Reconocer culpas ante un confesor.

confesión *s. f.* Admisión ante la autoridad de la comisión de actos o hechos cuya autoría era objeto de investigación. || Declaración de sentimientos o actos propios. || Credo religioso.

confesional *adj.* Perteneciente o relacionado con una confesión religiosa.

confesionalidad *s. f.* Calidad de confesional.

confeso, sa *adj.* Que ha confesado su conducta, especialmente en relación con delitos.

confesor *s. m.* En el catolicismo, sacerdote que recibe la confesión de los penitentes y les impone actos de contrición.

confeti *s. m.* Papel de diversos colores cortado en pequeños trozos que se lanza en las fiestas en señal de regocijo.

confiabilidad *s. f.* Calidad de confiable.

confiable *adj.* Que es digno de confianza.

confiado, da *adj.* Que es crédulo, ingenuo o imprevisor.

confianza *s. f.* Creencia de que una expectativa se cumplirá para bien. || Seguridad en uno mismo. || Disposición de ánimo para emprender una acción. || Familiaridad en el trato.

confianzudo, da *adj.* Que se toma excesiva confianza en el trato con otros.

confiar *t.* e *intr.* Dejar a alguien al cuidado de algo u otra cosa. *Confiamos al dibujante la realización de los planos.* || Declarar a otra persona sentimientos o pensamientos íntimos o lo que no todos deben saber. *El tesorero me ha confiado la situación económica de la empresa.* || *intr.* Esperar con seguridad el desenlace de algo. *Se confiaron en que no llovería.*

confidencia *s. f.* Revelación a otro de un secreto o intimidad.

confidencial *adj.* Que se dice o se hace en secreto bajo el supuesto de confianza recíproca.

confidencialidad *s. f.* Que tiene calidad de confidencial o de reserva.

confidente *s. com.* Persona a la que se le confía información reservada.

configuración *s. f.* Disposición de las partes de una cosa que le da sus características particulares. *Necesitamos alguien de configuración atlética y vino un hombre flaco y de baja estatura.* || En informática, conjunto de aparatos y programas que caracteriza un sistema determinado. *Tengo una computadora de escritorio con la configuración más reciente.*

configurar *t.* Disponer o arreglar las partes de un cosa en forma definida o apropiada. *Hay que configurar el programa antes de usarlo.*

confín *s. m.* Límite o terminación de un terreno, área o región. || Línea divisoria entre terrenos. || Lugar hasta donde alcanza la vista.

confinación *s. f.* Reclusión o encierro de algo en lugar apartado y seguro, *Los residuos tóxicos fueron puestos en confinación.* || Encierro de un reo.

confinado, da *adj.* Que fue castigado con confinación.

confinamiento *s. m.* Confinación. || Proceso para aislar los residuos nucleares.

confinar *t.* y *pr.* Apartar o encerrar algo o alguien por su peligrosidad o confidencialidad. || *intr.* Lindar.

confirmación *s. f.* Acción y efecto de confirmar. || Corroboración de un

suceso, decisión o declaración. || En el catolicismo, sacramento que confirma la pertenencia a esa fe. || En retórica, parte del discurso en la que se ofrecen las pruebas que demuestran la proposición.
confirmar *t.* Corroborar algo con certeza. || Ratificar algo ocurrido, decidido o resuelto, especialmente por la autoridad. || En el catolicismo, administrar un sacramento para confirmar la pertenencia a esa fe.
confirmativo, va *adj.* Que confirma.
confiscación *s. f.* Incautación de bienes como acto de autoridad. *El contrabando fue objeto de confiscación por agentes aduanales.*
confiscado, da *adj.* Se dice del bien o los bienes incautados por la autoridad.
confiscar *t.* Acción de incautación o requisa de bienes por la autoridad.
confitar *t.* Acción de cubrir ciertos comestibles con azúcar u otro endulzante. || Cocer frutas en almíbar. || Endulzar.
confite *s. m.* Dulce o golosina azucarada rellena de almendra, cacahuate, piñón o anís.
confitería *s. f.* Establecimiento donde se elaboran o venden comestibles dulces.
confitero, ra *s.* Persona que se dedica a hacer confites. || Recipiente para poner confites.
confitura *s. f.* Comestible cubierto de dulce.
conflagración *s. f.* Perturbación repentina y violenta de grandes proporciones y extensión. || Incendio.
conflictivo, va *adj.* Que provoca conflictos. || Perteneciente o relacionado con el conflicto. || Se dice del momento o la circunstancia en que hay conflicto.
conflicto *s. m.* Enfrentamiento o lucha generalmente violenta o armada entre dos o más personas, grupos o naciones. || Oposición manifiesta de ideas o intereses. || Apuro, situación de la que no existe salida fácil. || Problema que genera discusión. || En psicología, coexistencia de impulsos contradictorios en la mente.
confluencia *s. f.* Convergencia de dos o más corrientes o vías en un punto. *En la confluencia de los ríos Lerma y Santiago construyeron una presa.* || Lugar de esta convergencia. || Reunión de dos o más personas. || Coincidencia o acuerdo de ideas, posiciones o intereses.
confluente *adj.* Que confluye. *El río Pánuco es confluente con el río Tamesí.*
confluir *intr.* Coincidir en un punto, especialmente corrientes de agua y vías de comunicación. || Congregarse muchas personas en un punto. *Los manifestantes van a confluir en el zócalo.*
conformación *s. f.* Disposición o arreglo de las partes de un cosa o de los miembros de un grupo. *La conformación del contingente incluye una banda de música.*
conformador *s. m.* Molde para dar forma a objetos, especialmente sombreros.
conformar *t.* Dar forma a algo. || Hacer concordar una cosa con otra. || Integrar un grupo de personas. || *pr.* Aceptar una decisión o un estado de cosas.
conforme[1] *adj.* Se dice de las cosas que se adaptan a otras o a una situación. || *s. com.* Se aplica a la persona que se halla satisfecha con otra, con sus ideas o con una situación.
conforme[2] *conj.* Como, del mismo modo que. *Escribió todo conforme se lo dictaron.* || Indica simultaneidad. *Ellos retrocedían conforme nosotros avanzábamos.*
conformidad *s. f.* Aceptación de una decisión o un estado de cosas. || Estar de acuerdo con otros.
conformismo *s. m.* Actitud de resignación, pasividad o indiferencia ante una decisión o un estado de cosas.
conformista *adj.* y *s. com.* Que acepta con facilidad decisiones o estados de cosas adversos.
confort *s. m.* Estado de comodidad física. || Transmisión de afecto a una persona afectada por una pena.
confortabilidad *s. f.* Propiedad de las cosas y los ambientes de producir confort.
confortable *adj.* Que es cómodo y agradable. *Este sillón es confortable.*
confortar *t.* Transmitir ánimo o alivio. *El medicamento la confortó.* || Transmitir simpatía al afligido. *Sus palabras me confortaron.*
confraternidad *s. f.* Unión basada en sentimientos de hermandad. || Hermandad con propósito encomiable, generalmente de solidaridad entre sus miembros.
confraternizar *intr.* Tener lazos de unión por sentimientos de hermandad. || Tener lazos de unión por experiencias comunes.
confrontación *s. f.* Enfrentamiento verbal entre personas. || Enfrentamiento de dos grupos o competidores. || Cotejo de una cosa con otra.
confrontar *t.* Ponerse una persona frente a otra para dirimir un asunto. || Enfrentarse dos personas o equipos en una competencia. || Poner una cosa frente a otra a manera de comparación.
confucianismo *s. m.* Confucionismo.
confuciano, na *adj.* Perteneciente o relativo a la doctrina de Confucio.
confucionismo *s. m.* Doctrina moral y política basada en las enseñanzas de Confucio, filósofo chino de los siglos VI y V a.C.
confucionista *adj.* Perteneciente o relativo al confucionismo.
confuir *intr. ant.* Huir con otros.
confundido, da *adj.* Equivocado. || Desorientado.
confundimiento *s. m.* Acción y resultado de confundirse o aturdirse una persona.
confundir *t.* Tomar una cosa, una idea, un dato o una persona por otra. || Mezclar cosas o información disímbolas, provocando un embrollo. || *pr.* Aturdirse el juicio o los sentidos de una persona.
confusión *s. f.* Mezcla de cosas o datos disímbolos difícil de distinguir. || Perturbación de la mente o los sentidos. || Situación desordenada que hace difícil actuar. *En la confusión no encontramos la salida.*
confuso, sa *adj.* Que es difícil de distinguir o entender. *La exposición me pareció confusa.* || Que está turbado o indeciso. *Su ambigüedad me hace sentir confuso.* || Que es poco claro o dudoso. *La situación es confusa.*
congelación *s. f.* Acción y efecto de congelar. *El agua está en punto de congelación.*
congelado, da *adj.* Se dice del líquido que se ha solidificado por efecto de la baja temperatura. || Muy frío. || *fig.* Se aplica a aquello cuyo su curso normal está detenido. *La iniciativa de ley está congelada en el congreso.*
congelador, ra *adj.* Que congela. || *s. m.* Aparato eléctrico para congelar y preservar alimentos perecederos.
congelamiento *s. m.* Congelación.
congelar *t.* y *pr.* Convertir un líquido en hielo. || Someter un alimento o un medicamento a baja temperatura para su conservación. || Dañar el frío los tejidos externos sometidos a temperaturas bajas. || Detener un proceso. || En cine, detener el transcurso de una acción o una escena. || Sentir mucho frío.
congénere *adj.* y *s. com.* Se dice de la persona o cosa del mismo género, origen o clase que otra.
congeniar *intr.* Entenderse bien una persona con otra.
congénito, ta *adj.* Se dice de lo que ya está en alguien desde su nacimiento. *Su enfermedad es congénita.*
congestión *s. f.* Acumulación excesiva de algún fluido en alguna parte del organismo. *No asistió a clases por tener congestión nasal.* || Obstrucción del flujo normal por un ducto o vía. *Hay congestión de tráfico en la avenida.*
congestionado, da *adj.* Que sufre congestión.
congestionar *t.* Acumular fluidos en exceso en alguna parte del organismo. || Obstruir el flujo o la circulación de algo.
conglomeración *s. f.* Acción y efecto de conglomerar.

C

conglomerado *s. m.* Lo que se obtiene de la conglomeración. || Plancha de madera obtenido por conglomeración.
conglomerante *adj.* Se dice de la sustancia que une otros materiales, formando una masa compacta y homogénea con propiedades y características propias.
conglomerar *t.* Unir varios materiales o fragmentos en una masa compacta y homogénea.
conglutinar *t.* Aglutinar.
congoja *s. f.* Sentimiento de pesar o aflicción de ánimo.
congoleño, ña o **congolés, sa** *adj.* De o relacionado con el Congo, país africano.
congraciar *t.* y *pr.* Ganar el afecto o la buena voluntad de alguien.
congratulación *s. f.* Acción y efecto de congratular. *Expresamos nuestra congratulación por el nacimiento de su hija.*
congratular *t.* y *pr.* Manifestar alegría por un suceso feliz.
congratulatorio, ria *adj.* Que denota alegría o congratulación.
congregación *s. f.* Unión de personas con un fin determinado. || Unión de religiosos bajo un mando superior. || Comunidad de fieles bajo una advocación determinada.
congregante *s. com.* Miembro de una congregación.
congregar *t.* y *pr.* Juntar, reunir.
congresista *s. com.* Miembro de un congreso.
congreso *s. m.* Cuerpo deliberativo de representantes electos por voto popular, responsables de aprobar y reformar las leyes de un estado nacional. || Reunión formal de una agrupación política o social para deliberar según sus fines. || Reunión académica sobre un tema o temas específicos.
congrio *s. m.* Pez marino comestible de forma casi cilíndrica y hasta dos metros de longitud.
congruencia *s. f.* Coherencia, relación lógica.
congruente *adj.* Que muestra congruencia, acorde, lógico.
cónico, ca *adj.* Que tiene forma de cono.
conífero, ra *adj.* Árbol con follaje en forma de cono, hojas como agujas y fruto en forma de piña.
conjetura *s. f.* Opinión, juicio o teoría basada en evidencia insuficiente. || Consideración al tanteo por falta de elementos.
conjetural *adj.* Que está basado en conjeturas.
conjeturar *t.* Opinar o formarse un juicio a partir de elementos insuficientes.
conjugación *s. f.* Acción y efecto de conjugar. || En gramática, serie ordenada de las formas de un verbo en sus diferentes modos, personas y tiempos. *Si decimos «comí», ese verbo se halla en la conjugación correspondiente a tiempo pasado de la primera persona del modo subjuntivo.* || En gramática, cada uno de los grupos en que se reúnen los verbos con la misma flexión. *El verbo «comer» pertenece a la segunda conjugación, la de los verbos terminados en -er.* || En biología, unión de dos células con fines reproductivos.
conjugado, da *adj.* Coordinado, acorde.
conjugar *t.* Combinar apropiadamente varias cosas entre sí. || Enunciar en serie las formas de un verbo de acuerdo con modo, número, persona y tiempo.
conjunción *s. f.* Unión o convergencia de dos cosas en un mismo tiempo o lugar. *La conjunción de la crisis económica con un desastre natural agravó las cosas.* || En gramática, parte invariable de la oración que sirve de nexo entre dos miembros de ella o con otra oración.
conjuntamente *adv.* Que ocurre o se hace en conjunto o al mismo tiempo.
conjuntar *t.* Unir esfuerzos o cosas en forma armoniosa para un fin determinado.
conjuntiva *s. f.* Mucosa que cubre la cara anterior de la esclerótica y la cara interna de los párpados.
conjuntivitis *s. f.* Inflamación de la conjuntiva.
conjuntivo, va *adj.* Que junta o une algo con otra cosa. || En gramática, perteneciente o relativo a la conjunción. || *loc.* ***Locución conjuntiva:*** conjunto de palabras que funciona como conjunción. || ***Tejido conjuntivo:*** en anatomía, el que funciona para sostener, proteger e integrar diversas partes del organismo.
conjunto, ta *adj.* Unido a otra cosa, mezclado con ella o que ocurre al mismo tiempo que ésta. || Que se une a una causa o persona para lograr un mismo fin. || *s. m.* Agrupación de varios elementos del mismo tipo. *Un conjunto de libros.* || Totalidad de algo. *El conjunto de la sociedad.* || Grupo de intérpretes musicales. *Un conjunto de rock.* || Combinación de ropa en que las prendas que la componen armonizan y se complementan entre sí. || En matemáticas y estadística, grupo de números o elementos que tienen en común una o varias de las propiedades que los caracterizan. || *loc.* ***Teoría de conjuntos:*** parte de las matemáticas que estudia los conjuntos, sus propiedades y las operaciones que con ellos se realizan.
conjura *s. f.* Acción y efecto de conjurar. || Conspiración, acuerdo secreto para atentar contra el orden establecido o alguien en el poder.
conjuración *s. f.* Conjura.
conjurado, da *adj.* y *s.* Que forma parte de una conjuración.
conjurador, ra *s.* Persona que interviene en una conjura.
conjurar *intr.* y *pr.* Formar alianza en secreto varias personas para llevar a cabo alguna acción en contra de alguien o algo. || *t.* Invocar a un ser sobrenatural para que se manifieste. || Exorcizar a un demonio o espíritu maligno para que se aleje de algún lugar o abandone a una persona que ha poseído. || Solicitar, con cierta autoridad, algo a alguien. || *fig.* Evitar un peligro o impedir un daño.
conjuro *s. m.* Acción y efecto de conjurar o conjurarse. || Conjunto de palabras que se utilizan para conjurar a un ser sobrenatural. || Súplica, ruego encarecido.
conllevar *t.* Tener como consecuencia, llevar consigo, acarrear. *La fama conlleva muchas incomodidades y pérdida de privacidad.* || Tolerar y sufrir las impertinencias y mal carácter de otro. || Soportar resignadamente una pena o enfermedad.
conmemorable *adj.* Que es digno de conmemoración.
conmemoración *s. f.* Acción de conmemorar, en particular con una ceremonia.
conmemorar *t.* Recordar una persona o acontecimiento mediante una ceremonia solemne o varios eventos alusivos.
conmemorativo, va *adj.* Que recuerda algún suceso o persona mediante eventos u objetos especiales. *Una moneda conmemorativa de la independencia de un país.*
conmigo *pron.* Forma del pronombre personal de primera persona *mí*, precedida de la preposición *con*.
conminación *s. f.* Acción y efecto de conminar. || En derecho, exigencia de una autoridad para que alguien haga algo, con la amenaza de un castigo si no lo hace.
conminador, ra *adj.* Que conmina, que ejerce presión sobre alguien.
conminar *t.* Amenazar a alguien con un castigo o pena si no hace algo que se le requiere.
conmiseración *s. f.* Compasión que se siente por la desgracia ajena.
conmiserativo, va *adj.* Que siente conmiseración o que la manifiesta.
conmoción *s. f.* Perturbación súbita y violenta del ánimo. *Fue una conmoción para él saber que su auto se había incendiado.* || Alteración repentina y notoria de las funciones del cuerpo. *Se golpeó la nuca y sufrió una conmoción.* || Disturbio público, tumulto. || Sismo fuerte.
conmocionar *t.* y *pr.* Producir algo una conmoción, o sufrirla alguien.

conmovedor, ra *adj.* Que conmueve.
conmover *t.* Emocionar, impresionar o inquietar. || Enternecer, causar compasión. || Sacudir, mover.
conmovido, da *adj.* Apiadado, condolido.
conmuta *s. f. Amér.* Permuta, conmutación.
conmutabilidad *s. f.* Cualidad de conmutable.
conmutable *adj.* Que se puede cambiar por otra cosa.
conmutación *s. f.* Acción y efecto de conmutar. || En física, acción de cambiar de circuito una corriente eléctrica. || Operaciones que se realizan para poner en comunicación telefónica a dos personas. || En derecho, acción de cambiar una pena por otra más leve. || En informática, técnica para enviar datos entre dos computadoras conectadas por una red de transmisión.
conmutador *s. m.* Aparato que modifica sucesivamente las conexiones de varios circuitos, o que sustituye una porción de circuito por otra. || Dispositivo para establecer la conexión entre dos usuarios de comunicación telefónica. || *Amér.* Centralita telefónica de una empresa o institución.
conmutador, ra *adj.* Que conmuta.
conmutar *t.* Permutar o cambiar una cosa por otra. || En derecho, sustituir una pena por otra menos grave. || En física, cambiar el circuito de una corriente eléctrica.
conmutatividad *s. f.* Cualidad de lo conmutativo o intercambiable. *Un ejemplo de conmutatividad en matemáticas es que suma lo mismo 5 + 2, que 2 + 5.*
conmutativo, va *adj.* Que conmuta o tiene cualidad para conmutar.
conmutatriz *s. f.* En electricidad, dispositivo para convertir la corriente alterna en continua, o viceversa.
connacional *adj.* y *s. com.* Se dice de la persona que tiene la misma nacionalidad que otra.
connatural *adj.* Conforme a la naturaleza de un ser determinado y propio de él.
connivencia *s. f.* Disimulo o excesiva tolerancia de un superior ante las faltas que cometen sus subordinados.
connivente *adj.* Que muestra o actúa con connivencia. || En botánica, se dice de las partes de una planta que tienden a aproximarse unas a otras.
connotación *s. f.* Acción y efecto de connotar.
connotado, da *adj. Amér.* Distinguido, ilustre, notable.
connotar *t.* En lingüística, conllevar una palabra otro significado además del específico. *«Uniforme», en cuanto a lo militar, connota autoridad y prestigio.*
connotativo, va *adj.* En gramática, que connota.
cono *s. m.* Cuerpo geométrico limitado por una superficie cónica que termina en vértice, y un plano que constituye su base. || En anatomía, prolongación en forma de cono de ciertas células de la retina, que sirven para ver los colores. || En botánica, fruto de las coníferas. || Acumulación, en forma de cono, de las cenizas, lava y otros materiales que arroja un volcán. *En el centro del cono volcánico está la chimenea.*
conocedor, ra *adj.* Que conoce. || *s.* Muy entendido en algún tema o materia.
conocer *t.* Informarse, mediante el ejercicio del intelecto, acerca de la naturaleza y cualidades de las cosas y las relaciones que guardan entre sí. || Diferenciar unas cosas de otras. *Conoce bien las razas de perros.* || Tener comunicación y trato con alguien. *Conozco a esa persona desde hace diez años.* || Poseer información sobre algo. || Ocuparse de un asunto con legítima facultad para hacerlo. *El abogado conocerá el caso.* || *fig.* Tener relaciones sexuales con alguien. || *pr.* Tener una idea del carácter y modo de ser de una persona. *Ambos se conocen, por eso se respetan.*
conocido, da *adj.* Famoso, distinguido, ilustre. *El conocido antropólogo dará una conferencia.* || *s.* Persona con quien se tiene trato, sin llegar a amistad.
conocimiento *s. m.* Acción y efecto de conocer. || Facultad de conocer y comprender las cosas, entendimiento. || Conjunto de las facultades sensoriales del ser humano cuando están activas. *Cuando alguien se desmaya o entra en coma pierde el conocimiento.* || *pl.* Conjunto de datos, ideas o nociones que se tienen sobre determinado tema o materia.
conque *conj.* Se utiliza para anunciar una consecuencia natural de algo que se sabe o acaba de hacerse o decirse. *¿Conque no estudiaste? Pues vas a sacar mala calificación.*
conquiforme *adj.* Que tiene forma de concha.
conquista *s. f.* Acción y efecto de conquistar. || Cosa conquistada. || Persona de la que se logra su amor.
conquistable *adj.* Que se puede conquistar. || Que es fácil de lograr.
conquistador, ra *adj.* Que conquista. || *s.* Persona que logra que otras sientan atracción, deseo o amor por ella. || *s. m. pl.* Nombre genérico de los españoles que llegaron a conquistar América.
conquistar *t.* Apoderarse de una posición o territorio enemigo en una guerra. || *fig.* Lograr algo con esfuerzo, o venciendo dificultades. || Ganar la simpatía, la buena voluntad o el amor de alguien.
consabido, da *adj.* Que es sabido de antemano o que se ha expresado con anterioridad. *El banco está recurriendo al consabido acoso para cobrar a sus clientes morosos.* || Que es habitual. *Cuando le pedimos ayudar, salió con sus consabidas disculpas.*
consagración *s. f.* Acción y efecto de consagrar o consagrarse. || Rito por el cual se destina a usos sagrados una persona, edificio u objeto. || En la liturgia católica, momento de la misa en que el pan y el vino se convierten en el cuerpo y la sangre de Jesucristo.
consagrado, da *adj.* Sagrado. || Muy dedicado. || Famoso.
consagrar *t.* Hacer sagrado o dedicar al servicio de Dios, mediante un rito, a alguien o algo. || *t.* y *pr.* Conferir a alguien, o adquirir éste, fama indiscutible en determinada actividad. *Su sueño es consagrarse como escritor.* || Dedicarse con entusiasmo y pasión a una causa.
consagratorio, ria *adj.* Perteneciente o relativo a la consagración.
consanguíneo, a *adj.* y *s.* Se dice de las personas que tienen parentesco de consanguinidad. || Se aplica a los hermanos que lo son solamente de padre.
consanguinidad *s. f.* Parentesco natural de las personas que descienden de un mismo tronco familiar y tienen características hereditarias semejantes.
consciencia *s. f.* Conciencia. || Conocimiento que el humano tiene de sí mismo, sus pensamientos y sus actos. || Capacidad de los seres humanos de verse y juzgarse a sí mismos.
consciente *adj.* Que tiene conciencia, que obra con conocimiento de lo que hace. || Que está en pleno uso de sus sentidos y facultades. || En psicología, nivel de la estructura de la personalidad en que el individuo tiene conciencia de los fenómenos psíquicos.
conscripción *s. f. Arg. Bol.* y *Ecua.* Servicio militar obligatorio.
conscripto *s. m. Amér. Merid.* y *Méx.* Joven recluta que cumple con el servicio militar obligatorio.
consecución *s. f.* Acción y efecto de conseguir algo.
consecuencia *s. f.* Suceso o hecho que necesariamente resulta de otro. || Congruencia entre los principios de una persona y sus actos. || En filosofía, proposición que se deduce de otra u otras de manera rigurosa. || *loc.* ***Ser de consecuencias:*** ser importante o de consideración.
consecuente *adj.* Que se encuentra en seguida de algo. *El tres es el número consecuente de dos.* || Se dice de la persona cuyas acciones van de acuerdo a sus principios e ideas. || *s.*

Hecho que es resultado de algo, o que se deriva lógicamente de algo.

consecutivo, va *adj.* Que sigue inmediatamente de otra cosa. || *loc.* ***Oración consecutiva:*** en gramática, oración subordinada que expresa la consecuencia de lo que se expresa en la oración de la que depende.

conseguir *t.* Alcanzar, obtener lo que se pretende o se desea.

conseja *s. f.* Leyenda o patraña inverosímil o absurda que corre de boca en boca.

consejería *s. f.* Cargo y funciones de consejero. || Oficina o establecimiento donde funciona una corporación que atiende consultas de empresas o instituciones.

consejero, ra *s.* Persona que aconseja, o a la que se acude en busca de consejo. || Individuo que forma parte del consejo de una empresa o institución.

consejo *s. m.* Opinión o advertencia que alguien da a otro respecto a un asunto o su manera de proceder. || Organismo constituido por varias personas encargadas de una labor empresarial, judicial o institucional. || Reunión de trabajo celebrada por dicho organismo. || Cuerpo consultivo que informa y asesora a un gobierno sobre determinada materia.

consenso *s. m.* Acuerdo, aceptación por parte de todas las personas de una comunidad o corporación sobre determinado asunto. || Consentimiento, conformidad en algo.

consensual *adj.* Perteneciente o relativo al consenso. || En derecho, se refiere al contrato que se perfecciona por el simple consentimiento de los contratantes.

consensuar *t.* Llegar a un acuerdo dos o más asociaciones o personas. *Los diputados de todos los partidos consensuaron y aprobarán una baja en los impuestos.*

consentido, da *adj.* y *s.* Muy mimado.

consentidor, ra *adj.* Que consiente algo aunque no esté bien. || *Méx.* Se dice del padre o madre que miman demasiado a sus hijos.

consentimiento *s. m.* Acción y efecto de consentir. || En derecho, conformidad que sobre el contenido de un contrato expresan quienes lo firman.

consentir *t.* Permitir que se lleve a cabo algo, o tolerar que se haga. || Ser muy indulgente con alguien o mimarlo en exceso. || Dicho de objetos, admitir, soportar, resistir. *Esa madera consiente bien la intemperie.*

conserje *s. com.* Persona cuyo trabajo consiste en cuidar un edificio, sea público o privado.

conserjería *s. f.* Cuarto u oficina de un edificio donde se halla el conserje. || Oficio y labor del conserje.

conserva *s. f.* Alimento preparado, esterilizado y envasado herméticamente con el objeto de que se conserve un largo tiempo. || *Salv.* y *Ven.* Dulce de pulpa de fruta y piloncillo o azúcar, que se corta en trozos.

conservación *s. f.* Acción y efecto de conservar o conservarse.

conservacionismo *s. m.* Defensa de la naturaleza.

conservacionista *adj.* Que tiene la tendencia a conservar una cosa o una situación. || *s. com.* Ecologista.

conservador, ra *adj.* Que conserva. || Se dice del partidario del conservadurismo. || Se aplica al gobierno o partido político que se opone a los cambios y es favorable a los valores y estructuras tradicionales. *Al sector conservador de la sociedad se le conoce como «la derecha».* || *s.* Persona encargada de conservar los objetos que se hallan en un museo. || *s. m.* Sustancia que al agregarse a los alimentos industrializados, retarda o detiene su descomposición.

conservadorismo *s. m.* Conservadurismo.

conservaduría *s. f.* Área de un museo o archivo donde trabajan los conservadores. || Cargo de conservador en ciertas dependencias públicas.

conservadurismo *s. m.* Doctrina política opuesta a los cambios y defensora de las estructuras y valores tradicionales. || Tendencia o actitud de los conservadores.

conservante *adj.* Que conserva. || *s. m.* Sustancia que se añade a los alimentos industrializados para conservarlos.

conservar *t.* y *pr.* Mantener algo en buen estado y sin alteraciones. || Procurar la permanencia de un valor, o la práctica de una costumbre o virtud. || Guardar algo con especial cuidado. *Conserva sus recuerdos de juventud en una cajita de nácar.*

conservativo, va *adj.* Que conserva.

conservatorio, ria *adj.* Que contiene y conserva determinadas cosas. || *s. m.* Centro para la enseñanza de la música, el canto y otras artes relacionadas con éstos. *Por lo general, los conservatorios son instituciones oficiales.* || *Arg.* Academia o colegio particular.

considerable *adj.* Cuantioso, abundante o grande. *Posee una considerable fortuna.* || Importante, que es digno de consideración.

consideración *s. f.* Acción y efecto de considerar. || Respeto y buen trato hacia otros. || *loc.* ***De consideración:*** importante, que debe tenerse en cuenta. || ***Tomar en consideración:*** prestar atención a algo.

considerado, da *adj.* Que actúa con respeto y consideración hacia los demás. || Reconocido, respetado y admirado por algo que ha realizado.

considerando *s. m.* Cada uno de los párrafos que, en una ley o sentencia, expresan las razones que se tuvieron para emitirla.

considerar *t.* Reflexionar con atención sobre algo, analizarlo. || Tratar a una persona con respeto y urbanidad. || *pr.* Estimar o juzgar. *Se considera un experto en ajedrez, pero en realidad no juega tan bien.*

considerativo, va *adj.* Que considera. *El Congreso hará un análisis considerativo de la nueva ley.*

consigna *s. f.* Orden que un superior da a un subordinado. || En los partidos y organizaciones políticas, acción definida por los dirigentes que los afiliados deben cumplir. || Lugar de las estaciones de autobuses o ferrocarril donde se deposita temporalmente el equipaje.

consignación *s. f.* Acción y efecto de consignar. || Cantidad de dinero que en un presupuesto se asigna para un fin determinado. || En derecho, depósito que hace un deudor ante un juez o autoridad para pagar una obligación contraída. || Entrega de mercancías, a manera de depósito temporal, que alguien hace a una persona para que las venda. *Dejó un cuadro a consignación en una galería.* || *Méx.* En derecho, acto por el cual se pone a quien cometió un delito a disposición de las autoridades competentes.

consignador, ra *s.* Persona que pone a disposición de otra, en calidad de depósito, mercancías para que las venda.

consignar *t.* Asentar por escrito hechos, opiniones, votos o circunstancias. || Destinar en un presupuesto una cantidad para un determinado fin. || Poner algo en calidad de depósito. || Enviar o entregar mercancías a alguien para que las venda en representación del propietario. || En derecho, depositar un pago de una deuda con un juez o autoridad. || *Méx.* En derecho, poner a un delincuente a disposición de las autoridades, solicitando su orden de aprehensión.

consignatario, ria *adj.* y *s.* Persona o empresa a quien se entrega, en calidad de depósito, una mercancía para que la venda.

consigo *pron.* Forma del pronombre personal reflexivo de tercera persona, unido a la preposición *con.*

consiguiente *adj.* Que resulta o se deduce de algo. || *loc.* ***Por consiguiente:*** por consecuencia, por lo tanto.

consistencia *s. f.* Cualidad de la materia que le da solidez y resistencia a la deformación. || Coherencia de un argumento, idea u opinión que hace difícil refutarlo.

consistente *adj.* Que tiene consistencia. *El vidrio es más consistente que la gelatina.* || Que consiste en algo que se indica. *Harán una inves-*

tigación consistente en averiguar cómo afecta el ozono a las plantas.
consistir *intr.* Estar algo formado por lo que se indica. *Esa máquina consiste en una serie de engranes.* || Estar una cosa basada en otra. *El secreto de muchos logros consiste en la perseverancia.*
consola *s. f.* Mesa angosta y sin cajones adosada a una pared. || En informática, terminal o periférico de una computadora que permite comunicarse directamente con la unidad central. || *loc.* ***Consola de juegos:*** aparato electrónico que se conecta al televisor y en el que se introducen cartuchos de videojuegos.
consolación *s. f.* Acción y efecto de consolar o consolarse. || Cosa que consuela. || *loc.* ***Premio de consolación:*** el de menor importancia que se da a los concursantes que no ganaron.
consolador, ra *adj.* Que brinda consuelo.
consolar *t.* y *pr.* Aliviar el sufrimiento o la aflicción de alguien.
consolidación *s. f.* Acción y efecto de consolidar o consolidarse.
consolidada *loc.* **Deuda consolidada:** La pública de carácter perpetuo cuyos títulos producían una renta fija.
consolidar *t.* Dar solidez o firmeza a una cosa. *Los albañiles consolidarán esa barda.* || Convertir una deuda flotante en una a largo plazo. || *fig.* Hacer que algo inmaterial se afirme y tenga solidez. *Consolidó sus conocimientos investigando.*
consomé *s. m.* Caldo concentrado que queda luego de cocer algo, especialmente carne.
consonancia *s. f.* Afinidad entre dos sonidos que se emiten simultánea o sucesivamente. *La consonancia en la música produce efectos agradables.* || En poesía, coincidencia de los sonidos de las vocales y las consonantes a partir de la última vocal acentuada, en dos o más versos. || En poesía, utilización de voces consonantes muy próximas unas de otras, que son innecesarias para la rima. || *fig.* Conformidad o acuerdo armónico entre personas o cosas.
consonante *adj.* Que tiene consonancia con otra voz o sonido. || *s. f.* Sonido articulado para cuya pronunciación se cierra la boca total o parcialmente. || Letra que representa ese sonido. || *loc.* ***Acorde consonante:*** en música, aquél cuya percepción produce un efecto acústico satisfactorio.
consonántico, ca *adj.* Perteneciente o relativo a las consonantes o a la consonancia.
consonantismo *s. m.* En lingüística, sistema consonántico de una lengua.
consorcio *s. m.* Unión de varias cosas, en particular empresas, para lograr un mismo objetivo o realizar operaciones conjuntas. || Lazo de unión que se establece entre cónyuges.
consorte *s. com.* Cónyuge, marido o esposa respecto del otro miembro de un matrimonio. *La reina al fin se casó, ahora hay un príncipe consorte.* || Persona que acompaña a otra y comparte su suerte.
conspicuo, cua *adj.* Ilustre, que sobresale por algo.
conspiración *s. f.* Acción y efecto de conspirar.
conspirador, ra *s.* Persona que participa en una conspiración.
conspirar *intr.* Unirse varias personas para actuar contra alguien, en particular contra un poder establecido. || *fig.* Concurrir sucesos o cosas hacia un mismo fin, por lo general malo. *Los anuncios de comida chatarra conspiran contra mi dieta.*
constancia[1] *s. f.* Perseverancia y determinación en la realización de alguna actividad. *La constancia en sus estudios lo convirtió en un brillante profesional.*
constancia[2] *s. f.* Acción y efecto de hacer constar algo de manera fehaciente. || Escrito en el que se hace constar algo. *Le pidieron una constancia de no antecedentes penales.*
constante *adj.* Que obra con constancia. || Que dura largo tiempo sin interrumpirse. || *s. f.* Tendencia que se reitera. *Los problemas económicos son una constante de ese gobierno.* || Característica física, por ejemplo el punto de fusión, que permite identificar un elemento químico. || En matemáticas, cantidad con valor fijo en una ecuación o cálculo. || *loc.* ***Constantes vitales:*** en medicina, datos químicos y de funcionamiento del organismo que deben mantenerse dentro de ciertos límites para mantener las condiciones normales.
constar *intr.* Estar un todo formado por determinadas partes. || Encontrarse algo registrado en una lista o documento. *Su firma constaba en el contrato de compraventa.* || Saber algo cierto e irrefutable. *Nos consta que estaba enfermo, por eso no asistió.*
constatación *s. f.* Acción y efecto de constatar.
constatar *t.* Establecer que un hecho es verdadero, comprobarlo y dar constancia de ello.
constelación *s. f.* Grupo de estrellas que aparentemente, al unirse sus puntos, forman una figura determinada. || *fig.* y *fam.* Conjunto de personas o cosas. *En el evento se dio cita una constelación de celebridades.*
constelado, da *adj.* Lleno de estrellas, estrellado. || *fig.* Cubierto o sembrado de algo. *Un traje constelado de pedrería.*
constelar *t.* Cubrir la superficie de algún objeto con otros más pequeños.
consternación *s. f.* Sentimiento en el que se entremezclan pena, indignación y abatimiento. || Acción y efecto de consternar o consternarse.
consternado, da *adj.* Inquieto, alterado.
consternar *t.* y *pr.* Causar algo, o sentir alguien, una mezcla de indignación, pena y abatimiento. *La noticia del desastre consternó a la opinión pública.*
constipación *s. f.* Catarro, resfriado. || *loc.* ***Constipación de vientre:*** estreñimiento.
constipado *s. m.* Catarro o resfriado, en particular el que tapa la nariz.
constipar *t.* Apretar y cerrar los poros, impidiendo la salida del sudor. || *pr.* Acatarrarse. || Padecer estreñimiento.
constitución *s. f.* Acción y efecto de constituir o constituirse. || Manera en que algo está conformado. || Conjunto de caracteres físicos y fisiológicos de una persona, que la hacen ser diferente de las demás. *Es de constitución delgada y pálida.* || Conjunto de leyes fundamentales que establecen la forma de gobierno de un Estado y regulan la relación entre gobernantes y ciudadanos. || Forma de gobierno de un Estado. *Ese país tiene una constitución monárquica.* || Estatuto por el que se gobierna una entidad política o corporación privada.
constitucional *adj.* Perteneciente o relativo a la constitución, conjunto de leyes por las que se gobierna un Estado. *El artículo 27 constitucional.* || Que emana de la constitución de un país o se ajusta a ella. *La educación es un derecho constitucional.* || Característico o propio de la constitución física de un individuo.
constitucionalidad *s. f.* Cualidad de lo que es conforme a la constitución de un país, o se ajusta a ella.
constitucionalismo *s. m.* Doctrina política que propugna la organización de un estado mediante una constitución. || Régimen constitucional de un país. || Respeto y acato a la estructura constitucional.
constitucionalista *adj.* y *s. com.* Partidario del constitucionalismo, o que defiende la constitución vigente en un Estado. || Teórico del derecho especializado en el estudio de las constituciones políticas.
constitucionalizar *t.* Dar carácter y rango constitucional a un derecho o a una norma.
constituido, da *adj.* Que forma parte de algo.
constituir *t.* Ser parte esencial de un todo, formar parte de él. || Otorgar a alguien, o adquirir, determinada personalidad legal. *Lo constituyó en su representante ante la corte.* || *pr.* Fundar, establecer.
constitutivo, va *adj.* Que forma parte esencial de algo.

constituyente *adj.* Que forma parte de algo y lo distingue de otras cosas. || *s. com.* Perteneciente o relativo a los congresos, cortes o asambleas erigidos con el propósito de establecer una constitución política. *El Congreso Constituyente de Querétaro en 1917 dio por resultado la constitución que, con varios cambios, sigue vigente en México.* || *s. m.* En lingüística, cada uno de los elementos que forman parte de una unidad sintáctica.
constreñimiento *s. m.* Presión apremiante que se ejerce sobre alguien para obligarlo a hacer algo.
constreñir *t.* Forzar a alguien, presionándolo, para que haga algo. || Limitar, oprimir. *Sus problemas fiscales constriñen su creatividad.* || Cerrar y apretar algo oprimiéndolo. *El paramédico constriñó la herida para controlar la hemorragia.*
constricción *s. f.* Acción y efecto de constreñir.
constrictivo, va *adj.* Que constriñe u oprime.
constrictor, ra *adj.* Que ejerce constricción, que oprime. || *s. m.* En anatomía, músculo que cierra determinados orificios o canales. || En medicina, sustancia que se emplea para constreñir. || *loc.* ***Boa constrictor:*** serpiente americana de gran tamaño que mata a sus presas oprimiéndolas con los anillos de su cuerpo hasta asfixiarlas.
constrictura *s. f.* Cerramiento, estrechez, en particular de un conducto del cuerpo humano o de los animales.
construcción *s. f.* Acción y efecto de construir. || Arte, técnica y actividad de construir. || Edificación, obra concluida. *El sector sur de la ciudad se ha llenado de altas construcciones.* || En gramática, secuencia de palabras que están vinculadas entre sí. *Toda oración o frase es una construcción gramatical.*
constructivismo *s. m.* Movimiento artístico que formó parte de las vanguardias del siglo xx. Se caracterizó por emplear materiales de la era industrial y formas geométricas simplificadas. *El constructivismo surgió en Rusia, en el año 1914.*
constructivista *adj.* Relativo al constructivismo. || *s. com.* Integrante de ese movimiento.
constructivo, va *adj.* Que sirve para construir o que construye.
constructor, ra *adj.* y *s.* Que construye. || *s. f.* Empresa dedicada a la construcción de obras de ingeniería o arquitectura.
construir *t.* Realizar una obra material, edificar. || Ordenar y juntar los elementos para hacer algo inmaterial. *Construyó una hipótesis.* || En gramática, ordenar las palabras y unirlas de manera correcta en una oración o frase.
consubstanciación *s. f.* Consustanciación.
consubstancial *adj.* Consustancial.
consubstancialidad *s. f.* Consustancialidad.
consubstanciarse *pr. Arg.* y *Bol.* Consustanciarse.
consuegro, gra *s.* Suegro o suegra del hijo o la hija de alguien.
consuelo *s. m.* Alivio de una pena, dolor u otra cosa que aflige. || Acción y efecto de consolar o consolarse. || Persona o cosa que consuela. *Sus palabras fueron un consuelo.*
consuetudinario, ria *adj.* Que se mueve o rige por la costumbre.
cónsul *s. com.* Diplomático encargado de defender los derechos e intereses de sus compatriotas en otro país.
consulado *s. m.* Cargo del cónsul. || Oficina del cónsul y jurisdicción que ejerce.
consular *adj.* Perteneciente o relativo al consulado o al cónsul.
consulta *s. f.* Acción y efecto de consultar. || Examen que el médico realiza a un paciente. || Dictamen o parecer que se pide o se da acerca de un asunto. || Reunión de dos o más profesionales para analizar y resolver un tema determinado.
consultante *adj.* y *s. com.* Persona que hace una consulta.
consultar *t.* Someter una duda, caso o asunto a la consideración de otra u otras personas. || Pedir un consejo, un dictamen o deliberar antes de realizar algo. || Buscar información sobre un tema en un texto autorizado. *Consulta tu diccionario para saber el significado de las palabras.*
consultivo, va *adj.* Referido a una institución u organismo, que se ha establecido para dar parecer, consejo o asesoría en determinadas materias.
consultor, ra *adj.* y *s.* Que se presta para brindar opiniones sobre algún asunto. || Empresa que se dedica a dar consultas de manera profesional. *Una consultora de bienes raíces.* || Persona que da una consulta fundamentada.
consultoría *s. f.* Actividad del consultor. || Despacho donde trabaja el consultor.
consultorio *s. m.* Lugar establecido donde un médico recibe a sus pacientes. || Despacho donde se atienden consultas sobre materias específicas. *Un consultorio de ingeniería.* || En los medios de comunicación masiva, espacio en un periódico o programa de radio en el que se responden consultas de los lectores o público.
consumación *s. f.* Acción y efecto de consumar.
consumado, da *adj.* Que es perfecto en una actividad o posee una cualidad en su máximo grado. *Un consumado pianista.*
consumador, ra *adj.* y *s.* Que consuma, termina o completa algo.
consumar *t.* Terminar algo por completo, llevarlo a cabo totalmente.
consumible *adj.* Que se consume o puede ser consumido. || *s.* Elemento que se usa en sistemas de computación y que debe cambiarse con frecuencia. *Los cartuchos de tinta son un consumible de las impresoras.*
consumición *s. f.* Acción y efecto de consumir o consumirse. || Bebida o comida que se consume en un bar, restaurante o cafetería.
consumido, da *adj.* Muy enflaquecido, débil y demacrado. *Está consumido de tanto guardar cama.* || *fam.* Que se aflige y preocupa mucho por cualquier cosa. || *s. f. C. R.* Zambullida, clavado.
consumidor, ra *adj.* Que consume. *Ese auto es un gran consumidor de gasolina, mejor cámbialo.* || *s.* Persona que adquiere un bien o servicio de quien lo produce o expende. *Un consumidor informado hará siempre buenas compras.*
consumir *t.* Utilizar algo como combustible o materia prima. || Ingerir alimentos una persona o animal. *Una vaca lechera en alta producción consume entre 80 y 100 litros de agua por día.* || Adquirir una persona bienes, o usar servicios, para cubrir sus necesidades y satisfacer sus gustos. || Tomar una consumición en un restaurante o bar. || *pr.* Extinguir, destruir. *Los archivos se consumieron en el incendio.* || Perder el sosiego, sufrí por algo. *La envidia la consume.* || Ponerse flaco, débil y macilento a causa de una enfermedad.
consumismo *s. m.* Tendencia de las personas a adquirir bienes de consumo o contratar servicios sin necesitarlos.
consumista *adj.* y *s. com.* Perteneciente o relativo al consumismo. *Las sociedades consumistas no sólo derrochan dinero, también desperdician bienes y recursos.*
consumo *s. m.* Acción y efecto de consumir, ya sea energía, combustibles, alimentos, bienes o servicios. || Gasto de lo que se acaba o se destruye con el uso.
consustanciación *s. f.* Doctrina religiosa de los luteranos, según la cual aunque la sangre de Cristo esté presente en el pan y el vino eucarísticos, éstos no pierden su calidad intrínseca.
consustancial *adj.* Que está unido íntimamente a algo. || En religión, que es de la misma sustancia que la divinidad.
consustancialidad *s. f.* Circunstancia de ser algo consustancial a otra

cosa. *La consustancialidad entre la política y la comunicación es algo innegable.*
contabilidad *s. f.* Sistema que se adopta para llevar las cuentas de una persona, institución o empresa. || Conjunto de las cuentas y operaciones económicas de una empresa o institución pública. || Disciplina económica que estudia las cuentas y operaciones de las empresas y organismos públicos. || Cualidad de lo que puede ser contado.
contabilización *s. f.* Proceso que consiste en contar, anotar y calcular cantidades.
contabilizadora *s. f.* Máquina para establecer documentos comerciales o contables que incluyen uno o varios cálculos. *La primera contabilizadora se inventó en 1874 y funcionaba tanto con electricidad como manualmente.*
contabilizar *t.* Anotar una cantidad o una partida en un libro de cuentas.
contable *adj.* Que puede ser contado. || Perteneciente o relativo a la contabilidad. || *s. com. Esp.* Persona que se dedica a llevar la contabilidad de una empresa o una institución.
contactar *intr.* Establecer contacto con alguien, comunicarse.
contacto *s. m.* Acción y efecto de tocarse dos o más personas o cosas. || Comunicación o trato entre personas. || Conexión entre dos partes de un circuito eléctrico. || Persona que actúa como enlace con una empresa y organismo. *Dice que su contacto le ayudará a tramitar ese asunto.* || *pl.* En computación, lista de personas con las que un usuario de internet se comunica habitualmente. || *loc.* ***Lentes de contacto:*** lentes para corregir la visión que se colocan directamente sobre la córnea del ojo.
contactología *s. f.* Parte de la oftalmología que estudia los lentes de contacto, sus aplicaciones y contraindicaciones.
contactólogo, ga *s.* Oftalmólogo especializado en contactología.
contado, da *adj.* Poco, muy raro, poco frecuente. *Lo he visto contadas ocasiones.* || *loc.* ***Al contado:*** forma de pago consistente en que el comprador entrega al vendedor el importe de su compra en efectivo, de inmediato y en una sola exhibición.
contador, ra *adj.* y *s.* Que cuenta o relata. *Había un contador de cuentos en el festival.* || *s. m.* Aparato para contar y registrar ciertos efectos mecánicos o determinadas magnitudes. *El contador Geiger sirve para medir los niveles de radiactividad.* || Persona encargada de llevar la contabilidad de otra, o de una empresa o institución.
contaduría *s. f.* Profesión y actividad del contador. || Oficina donde se lleva la contabilidad de una empresa o una institución pública.
contagiar *t.* y *pr.* Transmitir alguien una enfermedad infecciosa, o adquirirla por cercanía con una persona o animal enfermo. || *fig.* Comunicar a otros, o adoptar, gustos, vicios o costumbres. *Se contagió de la moda y ahora sólo usa unos feos zapatos puntiagudos.*
contagio *s. m.* Acción y efecto de contagiar a alguien, o contagiarse. || Germen de una enfermedad infecciosa. *Los arrieros llevaron el contagio de la viruela a muchas poblaciones en la época colonial.* || *fig.* Transmisión a otros, por influencia, de una actitud o comportamiento.
contagiosidad *s. f.* Calidad de contagioso. *La contagiosidad de la gripe es alta, hay que tomar medidas preventivas.*
contagioso, sa *adj.* Referido a una enfermedad, que se transmite por contagio. || Que se propaga entre otros con facilidad, por influencia directa. *Un temor contagioso.* || Que se comunica o transmite mediante el trato con alguien. *Muchos vicios son contagiosos.*
contaminación *s. f.* Acción y efecto de contaminar o contaminarse. || En lingüística, alteración de una palabra o texto por influencia de otro.
contaminado, da *adj.* Que ha sufrido contaminación.
contaminador, ra *adj.* Que contamina. *No sólo quienes tiran basura, también los que hacen ruido son contaminadores del ambiente.*
contaminante *adj.* Que produce contaminación. *El examen del agua mostró la presencia de varios contaminantes.*
contaminar *t.* y *pr.* Alterar algo de manera negativa la composición o las condiciones normales de una cosa. || Contagiar o contagiarse de una enfermedad. || *fig.* Transmitir malas costumbres, pervertir. || En lingüística, influir una palabra o texto en otro, alterando su forma.
contante *adj.* Se dice del dinero en efectivo, particularmente en la locución «contante y sonante».
contar *t.* Asignar un número a cada elemento de un conjunto, para saber cuántos hay. || Narrar un suceso real o imaginario. || Tener por cierto algo que se sabe va a suceder. *Contamos con que aprueben el préstamo para reparar la casa.* || *t.* y *pr.* Incluir a alguien o algo, o incluirse, en una clasificación o grupo determinado. *Ellos cinco se cuentan entre los alumnos más cooperativos.* || *intr.* Decir una serie de números por orden. || Confiar en alguien. *Sé que cuento contigo, has demostrado ser un leal amigo.* || Ser algo de importancia. *Cuenta mucho tu buena voluntad.*
contemplación *s. f.* Acción de contemplar. || En teología, estado de quien se halla absorto en la consideración de lo divino o lo sagrado. || *pl.* Miramientos, atenciones.
contemplador, ra *adj.* y *s.* Contemplativo.
contemplar *t.* Fijar la atención durante largo tiempo en algo material o espiritual. *Contemplar una puesta de sol.* || Tener en cuenta, considerar. *El jefe contempla aumentarte pronto el sueldo.* || Ser condescendiente con alguien, procurar complacerlo.
contemplativo, va *adj.* Perteneciente o relativo a la contemplación. || Que es dado a contemplar. || *loc.* ***Vida contemplativa:*** la dedicada a la contemplación espiritual.
contemporáneo, a *adj.* y *s.* Que existe al mismo tiempo que otra persona o cosa. || Relativo a la época en que se vive.
contemporizador, ra *adj.* y *s.* Que contemporiza.
contemporizar *intr.* Adaptarse o transigir con la voluntad o el gusto de otro para evitar conflictos.
contención *s. f.* Acción y efecto de contener o contenerse.
contencioso, sa *adj.* Que tiene la costumbre de contradecir lo que afirman otros. || *s.* En derecho, materia o asunto que es objeto de litigio, sobre la que se contiende. || En derecho, procedimiento judicial y tribunal donde se ventilan los litigios.
contender *intr.* Luchar, competir. || Debatir, disputar sobre algún asunto.
contendiente *adj.* y *s. com.* Que contiende.
contenedor *s. m.* Recipiente de gran tamaño, por lo general metálico, para transportar mercancías a grandes distancias, o para depositar residuos diversos.
contener *t.* y *pr.* Llevar una cosa dentro de sí, o encerrar a otra. || Sujetar o impedir el movimiento o el impulso de un cuerpo. || Moderar un estado de ánimo o reprimir una pasión.
contenible *adj.* Que puede ser contenido.
contenido *s. m.* Cosa que está dentro de otra. *El contenido de un frasco.* || Argumento de una obra literaria o tema de un discurso. || En lingüística, sentido conceptual o abstracto de un enunciado o signo.
contenido, da *adj.* Se dice de la emoción o sentimiento que no se exterioriza.
contentadizo, za *adj.* Que admite con facilidad lo que se le da o propone, fácil de contentar o satisfacer.
contentamiento *s. m.* Acción y efecto de contentar o contentarse.
contentar *t.* Complacer o satisfacer a alguien. || *pr.* Quedar satisfecho o complacido.
contento *s. m.* Satisfacción, alegría.
contento, ta *adj.* Alegre y satisfecho por algo.

conteo *s. m.* Valoración o cálculo. || *Amér.* Acción y efecto de contar.
conterráneo, a *adj.* Del mismo lugar, región o país que otra persona.
contertulio, lia *s.* Persona que asiste a una tertulia.
contestación *s. f.* Acción y efecto de contestar, dar respuesta. || Rechazo, protesta u oposición.
contestador, ra *adj.* Que contesta. || *s.* Aparato electrónico para registrar llamadas y dar mensajes a quienes llaman a un número telefónico.
contestar *t.* Dar una respuesta, sea verbal o escrita, a algo que otro pregunta, escribe o propone. || Responder una llamada telefónica. || Rechazar algo y protestar contra ello, por lo general a imposiciones de las autoridades. || Objetar una orden o indicación, poner inconvenientes para llevarla a cabo.
contestatario, ria *adj.* y *s.* Que se opone lo establecido y lo rechaza.
contestón, tona *adj.* Que por sistema o costumbre responde de mal modo a las órdenes o indicaciones de sus superiores o mayores.
contexto *s. m.* Conjunto de circunstancias diversas que rodean a un hecho. || En lingüística, conjunto de elementos que preceden o suceden a un enunciado y que le dan sentido.
contextual *adj.* Perteneciente o relativo al contexto.
contextualizar *t.* Situar algo en un contexto determinado.
contextuar *t.* Acreditar algo con documentos.
contextura *s. f.* Forma en que están ubicadas y relacionadas entre sí las partes que componen un todo. || Constitución física de una persona.
contienda *s. f.* Acción y efecto de contender; lucha, combate. || Debate o discusión. || Encuentro deportivo entre dos equipos.
contigo *pron.* Forma del pronombre de segunda persona del singular, unido a la preposición *con.*
contigüidad *s. f.* Circunstancia de estar algo colocado inmediatamente junto a otra cosa.
contiguo, a *adj.* Que está junto a otra cosa, tan cerca que la toca.
continencia *s. f.* Acción y efecto de contener o contenerse. || Moderación en la satisfacción de los placeres. *Eres muy tragón, deberías tener más continencia.* || Abstinencia sexual.
continental *adj.* Perteneciente o relativo a un continente, masa de tierra. *La deriva continental es la teoría que explica el movimiento de los continentes.* || Perteneciente o relativo al conjunto de países que forman un continente.
continente *s. m.* En geografía, cada una de las grandes masas de tierra de nuestro planeta que están separadas por los océanos.
contingencia *s. f.* Posibilidad de que algo suceda. || Suceso que puede ocurrir o no, sobre todo de carácter negativo. || Situación de riesgo. *El exceso de automóviles hace que cada día sean más frecuentes las contingencias ambientales en las grandes ciudades.*
contingente *s. m.* Conjunto de tropas de un ejército. || Grupo de personas que se unen para colaborar en alguna circunstancia. *Un contingente de voluntarios.* || Parte proporcional que aporta cada quien cuando varios contribuyen a un mismo fin.
continuación *s. f.* Acción y efecto de continuar. || Cosa o parte con que se continúa otra. *Esta novela es la continuación de la anterior.* || *loc.* ***A continuación:*** inmediatamente después de lo que se expresa.
continuado, da *adj.* Continuo, que no se interrumpe.
continuador, ra *adj.* Que continúa o prosigue con algo que otra persona comenzó, sobre todo obras y doctrinas artísticas o políticas.
continuar *t.* Proseguir lo que se ha comenzado. || *intr.* Durar, permanecer. || *pr.* Extenderse algo, seguir.
continuativo, va *adj.* Que implica o da idea de continuación. *«Ahora bien» y «así que» son expresiones continuativas.*
continuidad *s. f.* Unión natural entre las partes de un todo homogéneo. || Circunstancia de suceder algo, o hacerlo alguien, sin interrupciones. || En matemáticas, cualidad de las funciones o transformaciones continuas.
continuismo *s. m.* Prolongación por tiempo indefinido, y sin indicios de cambio, del poder de un régimen, un sistema o un dirigente político.
continuista *adj.* y *s. com.* Que tiende al continuismo o es partidario de éste. *Por lo general, a los continuistas les interesa defender sus privilegios adquiridos.*
continuo, a *adj.* Que sucede o se hace sin interrupciones. || Que se repite con frecuencia. *Tiene continuos dolores de cabeza.* || Se dice de dos o más cosas que tienen unión entre sí. *Tuberías continuas.*
contlapache *s. com. Méx.* Cómplice o compinche.
contonearse *pr.* Caminar haciendo movimientos afectados con las caderas y hombros.
contoneo *s. m.* Acción de contonearse. *El contoneo de esa chica levantaba silbidos a su paso.*
contorción *s. f.* Contorsión.
contornado, da *adj.* En heráldica, se dice del animal, o de su cabeza, representado de perfil y vuelto hacia la izquierda del escudo.
contornear *t.* Trazar los contornos de una figura. || Dar vueltas alrededor de un lugar.
contorneo *s. m.* Acción y efecto de contornear.
contorno *s. m.* Línea que delimita un dibujo, una superficie o una figura. || Territorio que rodea un sitio o una población determinada. || Canto de una moneda o medalla.
contorsión *s. f.* Movimiento por el que el cuerpo adopta una posición forzada.
contorsionarse *pr.* Hacer contorsiones.
contorsionismo *s. m.* Disciplina y práctica por la cual las personas adquieren la capacidad de adoptar posturas forzadas prácticamente imposibles para los demás. *El contorsionismo requiere un cuerpo muy flexible y mucha perseverancia.*
contorsionista *s. com.* Artista que basa su espectáculo en la ejecución de contorsiones difíciles. *En el circo vimos un contorsionista que arqueaba la espalda hacia atrás y tocaba el piso con las manos.*
contra[1] *s. m.* Inconveniente, aspecto desfavorable de alguna situación. *Hay que analizar los pros y los contras antes de tomar la decisión.* || *loc. fam.* ***Dar*** o ***llevar la contra:*** oponerse sistemáticamente a lo que alguien dice o hace.
contra[2] *prep.* Se usa para indicar oposición de una persona o cosa con otra. *Están contra la destrucción de los espacios verdes en la ciudad.* || Sirve para expresar apoyo o contacto. *Recargaron una tabla contra la pared.* || A cambio de algo, o con alguna condición. *Hacer un pago contra entrega de la mercancía.*
contraafianzar *t.* En finanzas, garantizar mediante la hipoteca de inmuebles propios el pago de derechos que debe hacer un tercero.
contraalisio *adj.* y *s. m.* Viento que, en las capas altas de la atmósfera, sopla en dirección contraria al alisio.
contraalmirante o **contralmirante** *s. m.* Oficial de la armada con rango superior al capitán de navío e inferior al vicealmirante.
contraatacante *adj.* y *s. com.* Que contraataca. || Jugador que defiende atacando.
contraatacar *t.* e *intr.* Responder al ataque de alguien con otro ataque.
contraataque *s. m.* Respuesta al ataque de un enemigo o contrario.
contrabajista *s. com.* Músico que toca el contrabajo.
contrabajo *s. m.* Instrumento musical de cuerda, parecido al violín pero mucho más grande, que se toca apoyándolo en el piso. *El contrabajo da los sonidos más graves de los instrumentos de su familia.* || Voz humana masculina más grave que la del bajo. || *s. m. Esp.* Contrabajista.
contrabandear *intr.* Practicar el contrabando.

contrabandeo *s. m.* Acción y efecto de contrabandear.

contrabandismo *s. m.* Práctica de las actividades del contrabando.

contrabandista *adj.* y *s. com.* Persona que se dedica al contrabando.

contrabando *s. m.* Comercio ilegal, ya sea con productos prohibidos en un país, o importando o exportando mercancías sin pasar por la aduana. || Conjunto de mercancías que se importan o exportan ilegalmente.

contrabarrera *s. f.* En las plazas de toros, segunda fila de localidades.

contracampo *s. m.* Contraplano.

contracción *s. f.* Acción y efecto de contraer o contraerse. || Acortamiento y engrosamiento repentino de las fibras de un músculo, debido a alguna excitación. *Las contracciones son respuestas mecánicas de los músculos.* || En gramática, unión de dos palabras para formar una sola. *«Doquiera» es contracción de «donde quiera».*

contracepción *s. f.* Conjunto de métodos hormonales, mecánicos o quirúrgicos para impedir la fecundación.

contraceptivo, va *adj.* y *s.* Se dice del medicamento, método o técnica para impedir la fecundación.

contrachapado *s. m.* Superficie formada por varias láminas delgadas de madera, superpuestas y pegadas, de manera que sus fibras quedan entrecruzadas.

contrachapar *t.* Elaborar materiales contrachapados. || Ponerle chapa de madera a algo.

contraconcepción *s. f.* Contracepción.

contraconceptivo, va *adj.* y *s.* Contraceptivo.

contracorriente *s. f.* En meteorología, corriente derivada de otra que fluye en dirección contraria a ésta. || *loc.* ***A contracorriente:*** en contra de la opinión general.

contractibilidad *s. f.* Cualidad de lo que puede contraerse.

contráctil *adj.* Que se contrae o puede contraerse con facilidad. *Las pupilas son órganos contráctiles.*

contractilidad *s. f.* Contractibilidad.

contracto, ta *adj.* Contraído.

contractual *adj.* Perteneciente o relativo al contrato.

contractura *s. f.* Contracción muscular involuntaria, más o menos duradera y dolorosa.

contracultura *s. f.* Movimiento social y cultural que rechaza las ideologías, valores y tendencias establecidas. *La contracultura punk surgió en Europa a fines de los años setentas del siglo XX.*

contracultural *adj.* Perteneciente o relativo a la contracultura.

contradanza *s. f.* Baile de origen inglés ejecutado por múltiples parejas que se combinan para formar figuras.

contradecir *t.* Decir lo contrario de lo que otro dice, o que no es tal como él lo dice. *Se ha propuesto contradecir al maestro de historia.* || Hacer lo contrario de lo que dice otra persona. *Contradijo mis indicaciones.* || *pr.* Decir o hacer lo contrario de lo que uno ha dicho con anterioridad. *No sólo se desdice, sino que hasta se contradice.* || Estar en contradicción una cosa con otra. *Lo que come se contradice con la dieta que lleva.*

contradicción *s. f.* Acción y efecto de contradecir o contradecirse. || Afirmación de algo contrario a lo ya dicho o negación de lo que se da por cierto. *En su conferencia cayó en varias contradicciones.*

contradictor, ra *adj.* Se dice del que contradice.

contradictorio, ria *adj.* Que está en contradicción con otra cosa. *Las versiones de los testigos son contradictorias.* || En filosofía, cada una las dos proposiciones, de las cuales una afirma lo que la otra niega, y no pueden ser verdad o falsedad al mismo tiempo.

contraer *t.* Reducir a menor tamaño o volumen. *Para mover los miembros, los músculos se contraen.* || Adquirir. *Contrajo la infección en los baños públicos.* || Asumir compromisos, obligaciones. *Para sacar a flote el negocio contrajo muchas deudas.* || Reducir dos o más sonidos a uno solo. *La preposición «de» y el artículo «el» se contraen para formar el artículo «del».*

contraespionaje *s. m.* Actividad encaminada a contrarrestar el espionaje de otros. *Los dobles agentes hacen contraespionaje.*

contrafagot *s. m.* Instrumento musical, más grande que el fagot ordinario, y afinado una octava más grave que la de éste. || *s. com.* Persona que toca este instrumento.

contrafuero *s. m.* Quebrantamiento o infracción de un fuero.

contrafuerte *s. m.* Pilar o arco que se construye a un costado de un muro, para hacerlo más resistente a la carga que debe soportar. || Pieza con que se refuerza el calzado por la parte del talón. || Correa de la silla de montar para sujetar la cincha.

contragolpe *s. m.* Golpe o ataque dado en respuesta de otro. *Jugaron a defenderse y al contragolpe.* || En medicina, efecto de un golpe en lugar distinto de aquel en el que se recibe.

contrahecho, cha *adj.* y *s.* Que tiene el cuerpo deforme. *Quasimodo era un jorobado contrahecho.*

contrahechura *s. f.* Imitación fraudulenta de alguna cosa.

contraindicación *s. f.* Acción y efecto de contraindicar. || Indicación del riesgo o inconveniencia de consumir algún producto, en especial un medicamento, remedio, tratamiento, etc. *Los medicamentos deben tener impresas las contraindicaciones.*

contraindicado, da *adj.* Se dice del medicamento o tratamiento para el que existe contraindicación. *Muchos medicamentos están contraindicados en el embarazo.*

contraindicar *t.* Indicar como perjudicial en determinadas circunstancias un determinado medicamento, remedio, tratamiento, alimento o acción. *Debido a tu lesión, tienes contraindicado el levantamiento de pesas.*

contralmirante *s. m.* Grado inmediatamente superior al de capitán de navío e inmediatamente inferior al de vicealmirante.

contralor *s. m. Amér.* Funcionario encargado de examinar la legalidad de las cuentas oficiales.

contraloría *s. f. Amér.* Dependencia oficial encargada de examinar los gastos públicos.

contralto *s. f.* La voz femenina más grave. || *s. com.* Persona que tiene esta voz.

contraluz *s. m.* Aspecto de las cosas cuando se les mira desde el lado opuesto a la fuente de luz que las ilumina.

contramaestre *s. m.* Suboficial que dirige a los marineros, bajo las órdenes del oficial. || Jefe o vigilante de los obreros en algunos talleres o fábricas.

contramano *loc. adv.* **A contramano:** en dirección contraria a la acostumbrada o a la establecida.

contramuro *s. m.* Muro bajo que se levanta delante del muro principal.

contraofensiva *s. f.* Ofensiva para contrarrestar la del enemigo o contrincante. *La llegada de refuerzos permitió lanzar una contraofensiva.*

contraoferta *s. f.* Oferta que se hace frente a otra. *Para obtener el contrato hicimos una contraoferta mejor a la de la competencia.*

contraorden *s. f.* Orden que revoca otra anterior. *La contraorden de replegarse llegó tarde y los derrotaron.*

contraparte *s. f.* Oponente en juicio, en una partida.

contrapartida *s. f.* Algo que tiene por objeto compensar o resarcir algo o a alguien. *En el trabajo no le dieron el coche, en contrapartida le pagan taxis.* || Anotación para corregir algún error en la contabilidad por partida doble. || Asiento del haber, compensado en el debe, y viceversa. || En los tratados, concesión que compensa las ventajas otorgadas a la otra parte contratante. *Por permitir la inversión extranjera en la banca, en contrapartida se obtuvo el libre tránsito de emigrantes.*

contrapelo *loc. adv.* **A contrapelo:** a) en sentido contrario a la inclinación natural del pelo; b) en dirección opuesta a la tendencia natural, o de la tendencia general.

C

contrapeso *s. m.* Peso que compensa a otro, para conseguir un equilibrio. *Para hacer contrapeso, nos sentamos en extremos opuestos de la canoa.* || Aquello que iguala o compensa a otro para hacer disminuir o desaparecer su efecto. *Las ganancias del último trimestre contrapesan las pérdidas del año pasado.*

contraplano *s. m.* En cinematografía y televisión, paso de un plano a otro de idéntico tamaño y simétricamente opuesto.

contraponer *t.* Comparar o cotejar una cosa con otra distinta, para apreciar diferencias entre ellas. *Si contraponemos los resultados de este presupuesto y los del anterior, veremos que retrocedimos.* || Oponer una cosa a otra. *A la crecida del río le contrapusieron sacos de arena.*

contraportada *s. f.* Parte posterior a la portada de un libro o revista. || Última página de un periódico o revista. *La contraportada es un buen sitio para la publicidad.*

contraposición *s. f.* Acción y efecto de contraponer o contraponerse. *De la contraposición de los borradores de ensayo sacaremos el texto final.* || Comparación entre cosas para encontrar diferencias. || Relación entre cosas totalmente distintas u opuestas. *La historia de la filosofía ha sido la contraposición de los sistemas de Platón y Aristóteles.*

contraprestación *s. f.* Prestación o servicio que una parte contratante está obligada a pagar a otra como compensación por lo que ha recibido o debe recibir.

contraproducente *adj.* Se dice de lo que arroja efectos contrarios a los que se buscan o convienen. *Mimar demasiado a los niños resulta contraproducente.*

contraproposición *s. f.* Contrapropuesta.

contrapropuesta *s. f.* Propuesta formulada en respuesta a otra con la que no se está de acuerdo. *El grupo de oposición hizo una contrapropuesta al gobierno.*

contrapuerta *s. f.* Puerta que está detrás de otra.

contrapuesto, ta *adj.* Que se halla en oposición a otra cosa. *El alegre y el gruñón son caracteres contrapuestos.*

contrapuntear *t.* Cantar a contrapunto. || *pr.* Lanzarse puyas entre sí dos o más personas.

contrapunteo *s. m.* Acción y efecto de contrapuntear.

contrapuntístico, ca *adj.* Relativo al contrapunto.

contrapunto *s. m.* En música, concordancia en forma armoniosa de dos sonidos contrapuestos. || Técnica de composición musical que combina dos melodías distintas. *Johan Sebastian Bach fue un maestro del contrapunto.* || Contraste entre dos cosas simultáneas. *La brusquedad de su carácter es el contrapunto de la serenidad de su belleza.*

contrariar *t.* Obstaculizar o dificultar a algo o alguien. *No debes contrariar la condición de joven del estudiante.* || Oponerse a los deseos de alguien. *Contrariar sus instrucciones puede causarnos problemas.* || Causar disgusto o enfado. *Le contrarió el resultado del concurso.*

contrariedad *s. f.* Suceso imprevisto que dificulta o impide algo. *La lluvia fue una contrariedad para la realización del juego de pelota.* || Disgusto de poca importancia. *Es una contrariedad que no funcione la cafetera.*

contrario, ria *adj.* Opuesto. *El odio y el rencor son contrarios al amor.* || Que es nocivo. *Fumar es contrario a la salud.* || *s.* Persona que tiene enemistad o rivalidad con otra. *La preparación de los contrarios fue superior en la olimpiada de matemáticas.* || *loc.* ***Al contrario*** o ***por el contrario:*** al revés, de un modo opuesto. *Todo salió al contrario de lo que esperábamos.* || ***De lo contrario:*** si sucede lo opuesto a lo que se ha expresado con anterioridad. *Págame, de lo contrario tomaré medidas más drásticas.* || ***Llevar la contraria:*** oponerse a ideas u opiniones. *Por fastidiarlo, le lleva la contraria.* || ***Por el contrario:*** expresa algo opuesto a otra cosa ya dicha. *Yo creí que te iba a rechazar. Por el contrario, luego dijo que sí.* || ***Todo lo contrario:*** al contrario. *No estoy en desacuerdo sino todo lo contrario.*

contrarreforma *s. f.* Movimiento religioso, cultural y político católico en oposición a la reforma luterana. *La Compañía de Jesús fue abanderada de la contrarreforma.*

contrarreloj *adj.* y *s. f.* Se dice de la carrera que consiste en cubrir un recorrido en el menor tiempo posible. *Belém ganó la prueba contrarreloj con un tiempo récord.*

contrarréplica *s. f.* Contestación a una réplica.

contrarrestar *t.* Neutralizar una cosa haciéndole frente y resistencia. *Para llegar al cargo debió contrarrestar las críticas del oponente.*

contrarrevolución *s. f.* Movimiento que combate una revolución para restaurar el orden de cosas previo. *La restauración borbónica fue una contrarrevolución en Francia.*

contrarrevolucionario, ria *adj.* Perteneciente o relativo a la contrarrevolución. || Se dice de la persona que es partidaria de la contrarrevolución. *Talleyrand y Fouché fueron los contrarrevolucionarios más destacados de Francia.*

contrasentido *s. m.* Interpretación contraria al sentido natural o lógico de las palabras o expresiones. || Falta de correspondencia lógica o sentido en los hechos o ideas. *Es un contrasentido que quieras adelgazar y comas tantos chocolates.*

contraseña *s. f.* Seña secreta compartida entre varias personas para reconocerse o entenderse entre sí. *Tres toques, un silencio y dos toques más es la contraseña para que te dejen entrar.* || Clave secreta que permite el acceso a algo. *Mi contraseña del correo electrónico es inviolable.* || Segunda marca hecha en animales y cosas para distinguirlos mejor de otros.

contrastante *adj.* Que contrasta.

contrastar *intr.* Mostrar diferencias o condiciones opuestas dos cosas cuando se comparan entre sí. *La belleza de ella contrasta con la fealdad de él.* || Comprobar, con la marca del contraste, la exactitud, autenticidad o calidad de una cosa; generalmente se aplica a pesos y medidas, o a la ley de monedas y metales preciosos.

contraste *s. m.* Acción y efecto de contrastar. || Diferencia notable u oposición que presentan dos cosas cuando se comparan entre sí. *El contraste entre la intrepidez de él y la serenidad de ella los hace una pareja que se complementa.* || Marca que se graba en objetos de metal noble como garantía de su autenticidad. *Las joyas de oro deben tener contraste.* || Relación entre la iluminación máxima y mínima de una cosa. *El control de contraste del televisor se descompuso.* || Sustancia radiológicamente opaca, que introducida en un organismo permite su visualización mediante rayos X y otros métodos exploratorios. *Para analizar su intestino le tomaron una radiografía de contraste.*

contratación *s. f.* Acción y efecto de contratar. || Convenio en el que se pacta un trabajo a cambio de un salario u otra compensación. *Para diseñar la casa hicimos la contratación de un arquitecto.*

contratante *adj.* y *s. com.* Que contrata.

contratapa *s. f.* Contraportada.

contratar *t.* Convenir mediante un contrato recibir un servicio a cambio de una compensación, ya sea en dinero u otro medio de pago. *Para la excursión, debimos contratar un seguro contra accidentes.* || Dar empleo a alguien mediante el establecimiento de un contrato de trabajo. *En la fábrica contrataron a cinco obreros.*

contratiempo *s. m.* Suceso imprevisto que dificulta algo que se pretende. *La descompostura de la computadora es un contratiempo para cumplir con el trabajo.* || *loc.* ***A contratiempo:*** en música se aplica al sonido articulado sobre un tiempo débil o una parte débil del compás y que no se prolonga sobre un tiempo fuerte.

contratista *s. com.* Persona o empresa a quien se encarga por contrato la realización de una obra o servicio. *Las obras secundarias las otorgaremos a contratistas.*

contrato *s. m.* Acuerdo o convenio por el que dos partes se obligan a respetar y cumplir una serie de condiciones. *El contrato estipula que debemos entregar la mercancía en su almacén.* || Documento que lo acredita. *El contrato lo firmamos hace dos meses.*

contravención *s. f.* Acción y efecto de contravenir. || Falta que se comete desobedeciendo una disposición.

contraveneno *s. m.* Sustancia que contrarresta o anula la acción de un veneno.

contravenimiento *s. m.* Contravención.

contravenir *t.* e *intr.* Obrar en contra de lo que está establecido o mandado por una ley, norma o pacto. *Le clausuraron el negocio por contravenir las normas de higiene.*

contraventana *s. f.* Puerta interior o exterior a las ventanas o balcones para mayor resguardo.

contrayente *adj.* y *s. com.* Se dice de la persona que contrae un compromiso, especialmente el matrimonio. *Los contrayentes estaban nerviosos al firmar el acta de matrimonio.*

contribución *s. f.* Acción y efecto de contribuir. || Cuota o cantidad que deben pagar los ciudadanos para sostener los gastos del estado. *El gobierno volvió aumentar la tasa de contribución fiscal.* || Aportación en dinero para un fin determinado. *Su contribución permitió abrir un nuevo comedor público.* || Participación en una labor en la que colaboran varias personas. *La contribución de los alumnos permitió limpiar bien toda la escuela.*

contribuir *intr.* Pagar cada uno la cuota que le corresponde por un impuesto. *Los que más ganan deben contribuir con una tasa mayor.* || Aportar voluntariamente una cantidad de dinero u otra ayuda para determinado fin. *A mayor ganancia podemos contribuir más a la campaña de salud.* || Ayudar con otras personas o cosas al logro de algún fin. *La moderación del viento contribuyó a que la regata fuera un espectáculo.* || Ser, junto con otras personas o cosas, causa de un suceso. *Su determinación contribuyó a la victoria.*

contributivo, va *adj.* Perteneciente o relativo a las contribuciones y otros impuestos.

contribuyente *adj.* y *s. com.* Que contribuye. || Persona obligada a pagar un impuesto.

contrición *s. f.* Arrepentimiento por haber pecado y ofendido a Dios.

contrincante *s. com.* Persona que compite con otra u otras. *La victoria fue difícil, el contrincante luchó en todo momento.*

contrito *adj.* Que está arrepentido por haber cometido una falta.

control *s. m.* Comprobación o inspección para que las cosas ocurran conforme a lo esperado o programado. *Para aumentar la cosecha debemos poner control de plagas.* || Dominio o preponderancia de una persona sobre algo o alguien. *Se puso histérico pero fue puesto bajo control.* || Limitación o verificación de una acción o fenómeno. *La reducción de ganancias nos obligó a poner control de gastos.* || Sitio donde se ejecutan controles. *El piloto se comunicó a la torre de control.* || Dispositivo con que se maneja o regula el funcionamiento de algo. *El tablero de control de la central eléctrica es nuevo.* || *loc.* ***Control de calidad:*** sistema de comprobación de que un producto cumple los requisitos establecidos. || ***Control remoto:*** sistema que permite accionar o modificar a distancia el funcionamiento de un aparato.

controlable *adj.* Que se puede controlar.

controlado, da *adj.* Relativo al control.

controlador, ra *adj.* y *s.* Se dice de la persona que controla alguna cosa. || *loc.* ***Controlador aéreo:*** técnico que guía el tráfico aéreo desde la torre de un aeropuerto.

controlar *t.* Ejercer el control.

controversia *s. f.* Discusión larga y reiterada de opiniones contrapuestas entre dos o más personas. *Algunas leyes provocan gran controversia.*

controversial *adj. Amér.* Controvertido.

controvertible *adj.* Que se puede controvertir.

controvertido, da *adj.* Que provoca controversia.

controvertir *t.* e *intr.* Discutir en forma extensa y detenida sobre algún asunto desde ópticas contrapuestas. *La conferencia permitió controvertir a los partidarios del positivismo.*

contubernio *s. m.* Convivencia con otra persona. || Alianza secreta, ilícita y reprochable para hacer algo ilícito o perjudicial para otro. *Políticos desplazados entraron en contubernio contra el gobernador.* || Cohabitación de dos personas que mantienen relaciones sexuales sin estar casadas.

contumacia *s. f.* Tenacidad y obstinación de una persona que se mantiene en un error. *Se aferra con contumacia a su ideología.*

contumaz *adj.* Obstinado, tenaz en mantener un error. *Su actitud contumaz le restó partidarios.* || Se dice de las sustancias que se estiman apropiadas para conservar y propagar gérmenes infecciosos.

contumelia *s. f.* Insulto u ofensa dicha a alguien en su cara.

contundencia *s. f.* Cualidad de contundente. || Capacidad de un razonamiento o una evidencia para convencer sin dejar lugar a discusión. *La contundencia de sus argumentos dejaron sin armas a los críticos.* || Fuerza o energía con que se golpea algo. *Le golpeó con contundencia en la rodilla.*

contundente *adj.* Se dice de una cosa o un acto que produce contusión. *Sus argumentos resultaron contundentes para sostener su tesis.* || Se dice del objeto que puede producir un daño físico. *Las nuevas cachiporras de la policía son contundentes.* || Se aplica a argumentos, razones, etc., que no dejan lugar a ser discutidos.

conturbación *s. f.* Inquietud o turbación. *Su negativa a participar en el estudio me produjo conturbación.*

conturbado, da *adj.* Revuelto, intranquilo.

conturbador, ra *adj.* Que conturba.

conturbar *t.* y *pr.* Impresionar fuertemente a una persona un suceso desagradable o desgraciado. *La noticia de su fallecimiento conturbó a todos.*

conturbativo, va *adj.* Que conturba.

contusión *s. f.* Daño producido por un golpe en alguna parte del cuerpo pero que no causa herida exterior. *El golpe le produjo ligera contusión.*

contusionar *t.* y *pr.* Producir una contusión al golpear o comprimir una parte del cuerpo.

contuso, sa *adj.* y *s.* Se dice de la persona o la parte del cuerpo que ha recibido contusión. *La rudeza del juego de los contrarios lo dejó contuso.*

conuco *s. m. Amér.* Porción de tierra que los indios taínos dedicaban al cultivo. || Parcela pequeña de tierra cultivada por un campesino pobre. || *Cub.* Pedazo de tierra que los amos concedían a los esclavos para que la cultivasen por su cuenta.

conurbación *s. f.* Conjunto de centros urbanos próximos que al crecer llegan a formar una unidad funcional.

conurbado, da *adj.* Relativo a la conurbación.

convalecencia *s. f.* Acción y efecto de convalecer. || Periodo que dura. || Estado de un enfermo en proceso de recuperación. *Ya pasó lo grave de la enfermedad, ahora se encuentra en plena convalecencia.*

convalecer *intr.* Recuperar las fuerzas perdidas por enfermedad, después de curada ésta.

convaleciente *adj.* Que convalece. *No puede jugar, aún está convaleciente.*

convalidación *s. f.* Acción y efecto de convalidar. || Reconocimiento académico en un país o institución de la validez de los estudios realizados en otro país o institución. *Para ingresar a la universidad le deben otorgar la convalidación de sus estudios en Francia.*

convalidar *t.* Declarar o confirmar como válida una cosa. || Dar validez académica a los estudios realizados y aprobados por una persona en otro país, institución o facultad. *Para ingresar en esta universidad es necesario convalidar primero los estudios en otras universidades.* || Confirmar o dar validez a los actos jurídicos. *El juez convalidó la petición de la defensa.*
convección *s. f.* Forma de propagación del calor en los líquidos y gases, debida al movimiento de sus partículas producido por las diferencias de densidad. *La convección del aire hace que se incremente la temperatura en el ambiente.*
convectivo, va *adj.* Relativo a la convección.
convencer *t.* Persuadir, conseguir que una persona se decida a cierta cosa. *La solidez de su argumento logró convencer a la asamblea de votar por él.* || Gustar, agradar, satisfacer. *Sus propuestas económicas no me convencen.* || *pr.* Llegar una persona a creer o pensar cierta cosa, persuadirse. *Logró convencerse de que estaba cometiendo un error.* || Adquirir el convencimiento o seguridad de una cosa. *Regresé para convencerme de que el coche estaba cerrado.*
convencido, da *adj.* Que tiene convencimiento. || *s.* Persona firme en sus ideas.
convencimiento *s. m.* Acción y efecto de convencer. || Seguridad que tiene una persona de la certeza de lo que piensa o siente. *Tenía el convencimiento de que sería aceptado en la universidad.* || Capacidad o habilidad para convencer. *Es buen vendedor, tiene mucha capacidad de convencimiento.*
convención *s. f.* Pacto, acuerdo. || Reunión de personas para tratar un asunto. || Norma o práctica que se admite sin necesidad de explicación.
convencional *adj.* Establecido por costumbre. || Que sigue las reglas y costumbres sin proponer cambios.
convencionalismo *s. m.* Modo de pensar o actuar que se considera como norma para seguir las conveniencias sociales.
convencionista *s. com.* Persona que participa en una convención.
convenenciero, ra *adj.* Que pone por encima de lo demás sus propias conveniencias.
convenido, da *adj.* Arreglado, pactado.
conveniencia *s. f.* Conformidad entre dos cosas. || Utilidad, provecho.
conveniente *adj.* Útil, provechoso. *No es conveniente que comas sólo dulces, debes balancear tu dieta para tener buena salud.*
convenio *s. m.* Acuerdo, pacto.
convenir *t. intr.* y *pr.* Llegar a un acuerdo. || Ser de un mismo parecer. || Ser oportuno, útil.
conventillo *s. m. Amér. Merid.* Casa grande de gente humilde, que contiene muchas viviendas reducidas.
convento *s. m.* Casa donde vive una comunidad religiosa.
conventual *adj.* Relativo al convento.
convergencia *s. f.* Coincidencia, unión.
convergente *adj.* Que converge.
converger o **convergir** *intr.* Dirigirse o unirse en un mismo punto.
conversación *s. f.* Acción y efecto de hablar unas personas con otras.
conversador, ra *adj.* y *s.* Se refiere a la persona que es hábil para conversar.
conversar *intr.* Hablar unas personas con otras.
conversión *s. f.* Hecho de cambiar. || Hecho de adoptar una religión o creencia distinta a la que se tenía. || Hecho de transformar una medida expresada en unidades de un sistema, a unidades de otro sistema, como metros a pies, galones a litros, etc.
converso, sa *adj.* y *s.* convertible. || *s. m.* Tipo de automóvil al que se le puede retirar la capota para que quede al descubierto.
convertibilidad *s. f.* Cualidad de convertible. || En economía, condición de las monedas susceptibles de ser cambiadas libremente por oro o por otra moneda.
convertible *adj.* Que puede ser convertido o cambiado en la cosa que se expresa. *La empresa emitió obligaciones convertibles en acciones.* || *s. m.* Tipo de automóvil al que se le puede retirar la capota para que quede al descubierto.
convertido, da *adj.* Que se convirtió. || Que cambió de religión. || Se dice de quien se convierte a otra religión.
convertidor *adj.* y *s. m.* Se dice del aparato o sistema que transforma una cosa en otra. *En la termoeléctrica instalaron un convertidor de vapor.*
convertimiento *s. m.* Conversión.
convertir *t.* Cambiar una cosa en otra. *En el examen pidieron convertir yardas a metros.* || Hacer que una persona o cosa llegue a ser algo distinto de lo que era. *El dinero lo convirtió en una persona arrogante.* || Hacer que alguien profese ciertas creencias, particularmente religiosas. *Decidieron convertirse al catolicismo hasta que fueron adultos.*
convexidad *s. f.* Cualidad de convexo.
convexo, xa *adj.* Se dice de la superficie o línea que presenta una curvatura más prominente hacia el centro que en los bordes. *Le pulió los bordes al vidrio para hacer una lente convexa.*
convicción *s. f.* Creencia que se tiene firmemente arraigada. *Es una persona de gran convicción.* || Idea religiosa, ética o política fuertemente arraigada. *El dirigente ha dado muestras de convicciones muy arraigadas.* || Capacidad para convencer a los demás. *Su poder de convicción le atrajo seguidores.*
convicto, ta *adj.* y *s.* Se dice del reo a quien se le ha probado su delito. *Le suspendieron sus derechos políticos por ser un convicto.*
convidado, da *adj.* y *s.* Se aplica a la persona invitada a un banquete o convite. *Al igual que tú, vengo convidado por Mariana.*
convidar *t.* Invitar a una persona o personas a participar de algo, particularmente de un convite. *Debemos convidar a toda la familia a celebrar tu cumpleaños.* || Ofrecer un lugar o una circunstancia oportunidad para hacer determinada cosa. *La vista majestuosa desde la cima de la montaña convida a la reflexión.* || *pr.* Invitarse voluntariamente. *Él siempre encuentra la manera de convidarse.*
convincente *adj.* Que convence.
convite *s. m.* Acción y efecto de convidar. || Banquete fiesta o celebración a la que sólo acuden invitados. *Organizaron un convite para celebrar su graduación.*
convivencia *s. f.* Acción y efecto de convivir. || Vida en común con una o varias personas. *Su carácter apacible hace amena la convivencia.* || Reunión en la que reina el compañerismo y la fraternidad. *La excursión fue para propiciar la convivencia con los nuevos alumnos.*
convivio *s. m.* Convite.
convivir *intr.* Vivir en compañía de otro u otros.
convocante *adj.* Que convoca.
convocar *t.* Llamar o citar a una o más personas para que acudan a un lugar. *Por las nuevas condiciones de trabajo debemos convocar a huelga.* || Anunciar un concurso o una competencia para que los interesados acudan a participar.
convocatoria *s. f.* Escrito con que se llama a diferentes personas para que concurran a un lugar, a un acto o a realizar una actividad.
convolvuláceo, a *adj.* Se dice de la familia de plantas herbáceas, enredaderas y arbustivas muy comunes en las regiones tropicales del mundo, de hermosas flores de pétalos fusionados en una sola corola en forma de embudo o de campana. || *s. f. pl.* Familia de esas plantas.
convoy *s. m.* Conjunto de vehículos en formación de escolta que protege a personas o cosas que tienen que ser trasladadas de un sitio a otro, sea por mar o tierra. *Cerraron la avenida para facilitar el paso del convoy del presidente.*
convulsión *s. f.* Contracción violenta, repetida e involuntaria de los músculos del cuerpo que ordinariamente obedecen a la voluntad. *El mareo le*

provocó convulsiones. || Agitación violenta de la vida pública que destruye la tranquilidad en una sociedad. *Las protestas de los estudiantes causaron convulsión en la capital.* || Sacudida de la tierra o del mar por el efecto de un terremoto. *El terremoto produjo una convulsión que causó daños físicos a las viviendas.*

convulsionante *adj.* Causante de convulsiones.

convulsionar *t.* Producir convulsiones. *Nos asustamos cuando el epiléptico empezó a convulsionar.* || Agitar violentamente la vida pública. *Las noticias del fraude convulsionaron a la sociedad.* || Sacudir un terremoto el mar o la tierra. || *fig.* Producir o sufrir convulsiones. *La insolvencia de los bancos convulsionó a la economía global.*

convulsivo, va *adj.* Perteneciente o relativo a la convulsión. *Antes de morir se agitaba con movimientos convulsivos.*

convulso, sa *adj.* Referido al que padece convulsiones.

conyugal *adj.* Relativo a la relación que existe entre marido y mujer.

cónyuge *s. com.* Lo que es el esposo respecto de su esposa y la esposa respecto de su esposo.

coñac *s. m.* Bebida alcohólica fuerte, hecha a partir de vinos añejados en toneles de roble.

coño[1] *s. m. Esp. vulg.* Parte externa del aparato genital femenino.

coño[2] *interj. vulg.* Exclamación que denota enfado o extrañeza.

cooperación *s. f.* Acción de cooperar.

cooperador, ra *adj.* Que coopera.

cooperar *intr.* Trabajar para un mismo fin en colaboración con otros.

cooperativa *s. f.* Sociedad formada por personas con el fin de suministrar, mediante la mutua cooperación, servicios a sus asociados en condiciones beneficiosas. *En la escuela organizamos una cooperativa para proveer útiles más baratos.* || Establecimiento comercial donde se venden artículos procedentes de una asociación cooperativista. *Los padres de familia compran los útiles escolares en la cooperativa.*

cooperativismo *s. m.* Doctrina y sistema socioeconómico que promueve la asociación de productores y consumidores en cooperativas. *Se pretende mejorar la producción promoviendo el cooperativismo.* || Régimen y sistema socioeconómico de las cooperativas. *A los pescadores se les ha instruido en el cooperativismo.*

cooperativista *adj.* Perteneciente o relativo a la cooperación. || *s. com.* Persona que forma parte de una cooperativa. *Los descuentos especiales sólo son para los cooperativistas.*

cooperativo, va *adj.* Relativo a la cooperación. || *s. f.* Organismo que ofrece a sus socios artículos o servicios a precios benéficos. || Local donde se encuentra dicho organismo.

cooptación *s. f.* Acción y efecto de cooptar.

cooptar *t.* Incorporar a una persona como miembro de una agrupación, mediante el voto de los integrantes de ella. *Los estatutos laxos de la agrupación les han permitido cooptar a muchos miembros.*

coordenadas *s. f. pl.* Líneas que sirven para determinar la posición de un punto en el espacio.

coordinación *s. f.* Acción y efecto de coordinar. || Combinación de personas, medios, esfuerzos, etc., para realizar una acción común. *Organizar con éxito el concierto requirió de mucha coordinación.* || Control ordenado de los movimientos del cuerpo. *La natación artística exige gran coordinación.* || Disposición ordenada de una serie de cosas. || En gramática, relación entre palabras o grupos sintácticos del mismo nivel o función sintáctica, mediante una conjunción explícita o implícita que sirve de nexo entre ellos. *La coordinación puede ser copulativa, disyuntiva o adversativa.* || En biología, regulación de las actividades que sirven de respuesta a los cambios del medio, tanto externo como interno. *La coordinación puede ser hormonal o nerviosa.*

coordinado, da *adj.* Que se une a otros por coordinación. || En gramática, se dice del elemento lingüístico unido a otro u otros, sin que haya subordinación. *En «con calma y nos amanecemos» hay dos elementos coordinados por la conjunción «y».* || En química, se aplica al tipo de enlace covalente en el que los dos electrones del enlace son aportados por el mismo átomo.

coordinador, ra *adj.* y *s.* Que coordina.

coordinante *adj.* Se dice de la conjunción que enlaza proposiciones o elementos gramaticalmente equivalentes: *y, ni, pero*, etc.

coordinar *t.* Disponer personas, medios, esfuerzos, etc., de manera ordenada, mediante un sistema y método para una acción común. *La junta es para coordinar las prácticas en el laboratorio de química.* || Controlar de forma ordenada los movimientos del cuerpo. *El grupo de baile ya aprendió a coordinar el zapateado y la expresión graciosa del rostro.* || En gramática, relacionar dos elementos con la misma función sintáctica.

coordinativo, va *adj.* Que puede coordinar, coordinante.

copa *s. f.* Vaso para beber montado sobre un pie. *Compramos unas copas de cristal de Murano.* || Líquido que contiene, especialmente si es una bebida alcohólica. *Escandalizó cuando estaba pasado de copas.* || Trofeo de metal con forma parecida a la de este vaso, pero de tamaño mucho mayor, que se entrega al ganador de una competencia deportiva. || Competencia deportiva en la que se gana este trofeo como premio. *Los equipos sudamericanos participan en la Copa Libertadores.* || Conjunto formado por las ramas y hojas de la parte superior del árbol. *Los pájaros anidan en las copas de los árboles.* || Parte hueca del sombrero, que se encaja en la cabeza. *Llevaba sombrero de copa alta.* || Parte del sostén de mujer que cubre el seno.

copal *adj.* Se dice de la resina usada para fabricar barniz. || *s. m.* Árbol tropical del que se extrae esta resina. || *Méx.* Resina que se emplea para sahumar templos y casas.

copar *t.* Cercar, cortando la retirada, a un ejército o grupo de fuerzas enemigas. *El ejército copó a los guerrilleros en la montaña.* || Ganar en un concurso, elección o clasificación la mayor parte de las primeras posiciones. || Acaparar la atención o el tiempo de una persona. *Adriana copó a los jóvenes en el baile.*

coparticipación *s. f.* Acción de participar a la vez con otro en alguna cosa.

copartícipe *s. com.* Persona que participa con otra en alguna cosa. *Del buen desempeño escolar son copartícipes alumnos y maestros.*

copartidario, ria *adj.* Que pertenece al mismo partido político que otra persona determinada. *Benito y Roberto son copartidarios desde muy jóvenes.*

copete *s. m.* Mechón de pelo levantado sobre la frente. *El profesor se peina de copete.* || Penacho que tienen algunas aves en la cabeza. *La cacatúa tiene plumaje blanco y copete amarillo.* || Mechón de crines que cae sobre la frente del caballo. || Remate de adorno que se pone en algunos muebles en su parte superior. || Parte del helado o de la bebida que desborda un recipiente. || *fig.* Sentimiento de superioridad debido a un exceso de valoración propia. *Con ese copete que tiene, doña Prudencia es insoportable.*

copetín *s. m. Amér.* Copa de licor que se toma de aperitivo.

copetón, tona *adj.* Se dice de un ave que tiene copete. || Se aplica a la persona presumida.

copetudo, da *adj.* Que tiene copete. || *fig.* Se dice de una persona que se jacta con vanidad de su condición social.

copia *s. f.* Acción y efecto de copiar. || Reproducción de un original. *En la sala tiene copias de pinturas de Rembrandt.* || Cada ejemplar de los que se hacen iguales de un original. *Mandé sacar cien copias del escrito* ||

Parecido o analogía entre dos cosas. *Ambos hermanos parecen copia de su madre.*
copiadora *s. f.* Máquina que copia exactamente un original.
copiar *t.* Imitar un modelo y reproducirlo exactamente. *Mandé copiar un cuadro de Rafael.* || Escribir algo ya escrito, reproduciendo con exactitud el texto. *De tarea pidió copiar una página del libro de texto.* || Hacer un trabajo o un examen reproduciendo un libro, el examen de otro compañero, apuntes, etc. *Le sorprendieron copiando en el examen.* || Imitar el estilo o las obras de escritores o artistas. || Imitar o remedar a alguien.
copihue *s. m.* Planta enredadera abundante en América del Sur, de flor roja o blanca y fruto verde parecido al pimiento; es una planta muy decorativa. *La flor del copihue es la flor nacional de Chile.*
copiloto *s. com.* Piloto auxiliar, que asiste, y en ocasiones sustituye, al piloto. *El capitán le permitió al copiloto aterrizar el avión.* || Persona que va sentada al lado de la que conduce un coche. *Los niños menores no deben ir en el lugar del copiloto.*
copión, piona *adj.* y *s.* Se dice de la persona que acostumbra copiar en los exámenes, o que copia o imita obras o conductas ajenas.
copioso, sa *adj.* Abundante, cuantioso. *Este año levantaron en el valle una cosecha copiosa.*
copista *s. com.* Persona que se dedica a hacer copias de originales ajenos. *En el Museo del Prado organizaron una escuela de copistas.* || Persona que se dedicaba a copiar manuscritos cuando no existía la imprenta.
copla *s. f.* Composición poética breve, por lo general consta de cuatro versos y está escrita para ser cantada con música popular. *Editó un libro de coplas de amor.* || *pl. fam.* Versos.
coplero, ra *s.* Persona que compone, canta o vende coplas, romances y otras poesías. || Mal poeta. *Su talento no le da para ser más que coplero.*
coplista *s. com.* Coplero, mal poeta.
copo[1] *s. m.* Pequeña formación de nieve cristalizada que cae de las nubes. *Los copos de nieve tienen formas hexagonales.* || Porción redondeada de fibras de algodón, cáñamo, lino o lana que está dispuesta para hilarse.
copo[2] *s. m.* Acción de copar. || Red en forma de bolsa de ciertos aparatos de pesca. || Pesca cogida con uno de estos aparatos.
copra *s. f.* Pulpa del coco de la palma.
copretérito *s. m.* Tiempo del verbo que expresa una acción pasada que ocurrió al mismo tiempo que otra.
coproducción *s. f.* Acción de coproducir. || Realización cinematográfica o televisiva financiada por distintas entidades. *Los altos costos obligan a hacer películas en coproducción.*
coproducir *t.* Realizar una coproducción.
coproductor, ra *adj.* Se dice del que participa en una coproducción.
coprofagia *s. f.* Ingestión de excrementos.
coprófago, ga *adj.* Que come excrementos. || *s.* Insecto, como el escarabajo pelotero, que se alimenta de excrementos.
coprolalia *s. f.* Tendencia patológica a proferir obscenidades o expresiones escatológicas.
coprolito *s. m.* Excremento fósil. *Los coprolitos fueron descritos por primera vez en 1829 por William Buckland.* || Cálculo intestinal formado por excrementos endurecidos.
copropiedad *s. f.* Propiedad de algo compartida entre dos o más personas o entidades.
copropietario, ria *adj.* y *s.* Se dice de la persona que tiene propiedad sobre una cosa junto con otro u otros. *Los condóminos son copropietarios del edificio.*
copto, ta *adj.* Perteneciente o relativo a los cristianos de Egipto y Etiopía. || *s. m.* Antiguo idioma de los egipcios que se conserva en la liturgia del rito copto.
cópula *s. f.* Atadura con la que se une una cosa con otra. || En gramática, término que une el predicado con el sujeto. *Las conjunciones son cópulas.* || Acción de copular.
copulación *s. f.* Acción de copular.
copular *intr.* Realizar el acto sexual un macho y una hembra. || *ant.* Juntar o unir algo con otra cosa.
copulativo, va *adj.* Que une dos cosas. || Se aplica al verbo cuya función es unir el sujeto con un atributo. *Los verbos «ser» y «estar» son copulativos.* || Se aplica a la oración que tiene como núcleo del predicado un verbo copulativo. *«Miguel es estudioso» es una oración copulativa.* || Se aplica a la conjunción que sirve para unir dos palabras, sintagmas y proposiciones del mismo rango sintáctico y expresa la idea de adición de significados. *La conjunción «y» es copulativa.* || Se aplica a las proposiciones coordinadas que suman sus informaciones. *Se marchó y no volvimos a verla.*
coque *s. m.* Residuo que queda de la destilación de los carbones, especialmente de la hulla.
coqueta *s. f.* Mueble, generalmente una mesa con un espejo, que se usa para el peinado y el aseo personal.
coquetear *intr.* Tratar de agradar valiéndose de actitudes estudiadas. *Es tremenda, hasta en el trabajo le gusta coquetear.* || En el galanteo, dar señales sin comprometerse. || Tener una relación o implicación pasajera en alguna actividad, idea, opinión, etc., sin llegar a un compromiso serio. *En su juventud coqueteó con la poesía.*
coqueteo *s. m.* Acción y efecto de coquetear. || Intento de agradar valiéndose de actitudes estudiadas. *En la escuela le gustaba mucho el coqueteo con todos.* || Contacto superficial con alguna actividad, idea, opinión, etc.
coquetería *s. f.* Acción y efecto de coquetear. || Estudiada afectación en los modales y arreglo personal para agradar o atraer sentimentalmente a alguien. *Le gusta vestir con coquetería.* || Habilidad de una persona para arreglarse, vestirse bien o para agradar en general. || Cuidado y gusto en los modales y adornos.
coqueto, ta *adj.* y *s.* Se dice de la persona presumida, que se preocupa mucho por su arreglo personal o de gustar a los del sexo opuesto. || Se aplica a la persona que se arregla y viste bien. || Se dice de una cosa que, siendo modesta, está limpia, bien arreglada o dispuesta.
coquetón, tona *adj.* y *s.* Coqueto. || Se dice de un hombre que procura agradar a muchas mujeres. || Gracioso, atractivo, agradable. || Se aplica a un adorno o vestidura, que añade atractivo a la persona o cosa en que se pone.
coraje *s. m.* Valor, energía y voluntad con que se acomete una empresa, especialmente situaciones difíciles o adversas. *Para practicar el alpinismo hay que tener mucho coraje.* || Irritación, ira, rabia. *Le dio mucho coraje que lo dejara plantado.*
corajudo, da *adj.* Que tiene mucho valor o coraje *Es una mujer corajuda, no teme a los hombres.* || Propenso a la cólera. *Es muy corajudo y explosivo.*
coral[1] *adj.* Perteneciente o relativo al coro. || *s. m.* Composición musical polifónica para ser cantada, ajustada a un texto de carácter religioso. *Johan Sebastian Bach compuso mucha música coral.*
coral[2] *s. m.* Pequeño animal que vive en colonias alojadas en estructuras calcáreas segregadas por ellos mismos. || Sustancia dura secretada por estos animales. *El mar Caribe es rico en arrecifes de coral.* || Color de tonalidad rosada, semejante al de tales formaciones calcáreas. *Vestía una blusa linda color coral.* || *s. f.* Serpiente muy venenosa, con anillos rojos, negros y amarillos, que habitan mayormente en las regiones tropicales del continente americano. || Carúnculas rojas del cuello y cabeza del pavo.
coralero, ra *s.* Persona que trabaja en corales o comercia con ellos.
coralífero, ra *adj.* Se dice de formaciones marinas que tiene corales.

coralillo *s. m.* Serpiente muy venenosa, menor a un metro de longitud, muy delgada y con anillos rojos, amarillos y negros alternativamente. *Murió mordido por un coralillo.* || Planta trepadora silvestre, oriunda de México, con flores numerosas de color rojo claro o rosado.

coralino, na *adj.* De coral o parecido a él. || *f.* Alga de tallos semejantes a los de ciertos musgos, de color rojizo, gelatinosa y cubierta con una costra de caliza blanca que vive adherida a las rocas submarinas.

coránico, ca *adj.* Relativo al Corán, libro sagrado de los musulmanes.

coraza *s. f.* Cubierta de metal resistente compuesta de peto y espaldar que sirve para proteger el pecho y la espalda. *En el museo exponen una colección de corazas de la Edad Media.* || Blindaje de acero o hierro para proteger un vehículo. *Los disparos apenas rasguñaron la coraza.* || Cubierta dura que cubre el cuerpo de las tortugas y otros quelonios. || Cosa inmaterial que protege o sirve de defensa. *Su indiferencia es una coraza a prueba de galanteos.*

corazón *s. m.* Órgano muscular hueco de los animales vertebrados y de algunos invertebrados, cuya función es bombear la sangre a todo el cuerpo a través del sistema circulatorio. *Lo operaron del corazón.* || Ese órgano, considerado como sitio de los sentimientos o de la sensibilidad afectiva. *La amaba con todo el corazón.* || Figura o dibujo con que suele representarse este órgano. *Dibujaba corazones en su cuaderno.* || Centro o interior de una cosa. *De la sandía lo que más gusta es el corazón.* || Se usa como apelativo afectuoso. *Oye, corazón.* || *loc.* ***Abrir su corazón:*** sincerarse, confiarle sus sentimientos a alguien. *Para ganar su cariño debió abrir su corazón.* || ***A corazón abierto:*** se aplica a la técnica de cirugía en que se abren las cavidades cardíacas. *Para ponerle un marcapasos, le hicieron una operación a corazón abierto.* || ***Anunciar el corazón algo:*** presagiarlo. || ***Atravesar el corazón:*** sentir dolor intenso o penetrar de dolor a uno. || ***Blando de corazón:*** se dice de una persona benévola o compasiva. || ***Brincarle el corazón a alguien:*** estar muy emocionado por la alegría o por la impaciencia. || ***Clavarse en el corazón algo:*** causarle mucha pena o compasión. || ***Con el corazón en la mano:*** con toda franqueza y sinceridad. *Para convencerla le habló con el corazón en la mano.* || ***Con el corazón en un puño:*** indica un estado de angustia o ansiedad. *La tardanza de su hija tenía a la madre con el corazón en un puño.* || ***Del corazón:*** se dice de una publicación que recoge sucesos relativos a personas famosas, especialmente de su vida privada. *Muchas mujeres leen revistas del corazón.* || ***De corazón:*** con verdad, seguridad y afecto. || ***Duro de corazón:*** se dice de la persona insensible o sin compasión. || ***Encogerse el corazón:*** sentir compasión por una pena ajena. *Se me encogía el corazón al ver aquella miseria.* || ***Helarse el corazón:*** quedarse atónito o pasmado, por un susto o mala noticia. *Se me heló el corazón cuando me lo dijeron.* || ***Partirse el corazón:*** mover a lástima o compasión; penetrar de dolor a alguien. *Verlo tan triste me parte el corazón.* || ***No tener corazón:*** ser insensible. || ***No tener corazón para determinadas cosas:*** no tener ánimo o valor de hacerla, o no ser capaz de verla. *No presenciaré el nacimiento de mi hijo, no tengo corazón para eso.* || ***Romper corazones:*** enamorar con facilidad. *Este niño va a romper corazones cuando sea grande.* || ***Ser todo corazón:*** ser muy buena persona, generoso. || ***Tener el corazón en su sitio:*** ser valiente o ser capaz de entusiasmarse o conmoverse por algo. || ***Tener mucho corazón:*** tener nobleza y ardor en los sentimientos.

corazonada *s. f.* Presentimiento de que algo va a ocurrir, sin tener fundamento para ello. *Sus certeras corazonadas lo hacían muy eficaz.* || Impulso que mueve repentinamente a ejecutar una acción.

corbata *s. f.* Tira de tela que se anuda al cuello, dejando caer las puntas sobre el pecho. *Me compré una buena corbata de seda italiana.* || Cinta que se ata en banderas y estandartes. || En el teatro, parte del proscenio entre el borde del escenario y la línea donde suele descansar el telón.

corbatín *s. m.* Corbata corta que se ata por detrás con un broche, o por delante con un lazo sin caídas.

corbeta *s. f.* Embarcación de guerra más pequeña que la fragata.

corcel *s. m.* Caballo ligero de mucha alzada y bello porte.

corchea *s. f.* Nota musical cuyo valor es la mitad de una negra.

corchero, ra *adj.* Perteneciente o relativo al corcho y a sus aplicaciones.

corchete *s. m.* Signo de escritura con forma de paréntesis pero cuadrado, con las mismas funciones que éste. || Broche metálico compuesto de macho y hembra y sirve para abrochar algo. || De esas dos piezas, la denominada macho y que tiene un gancho. || Utensilio de madera con la que los carpinteros sujetan la pieza que trabajan.

corcho *s. m.* Tejido vegetal de gran espesor que recubre la parte exterior del tronco y las ramas de ciertos árboles y arbustos, especialmente del alcornoque; es impermeable y se emplea en la fabricación de materias aislantes, tapones, empaques, etc. || Tapón de este material que se usa para cerrar botellas. *Cuando abren la champaña el corcho sale expulsado con violencia.* || Tabla o plancha de este material. || Flotador de pesca, generalmente de corcho.

corcholata *s. f. Méx.* y *Amér. C.* Tapón metálico de las botellas.

córcholis *interj.* Expresión que indica sorpresa o admiración.

corcova *s. f.* Joroba, curvatura anómala de la columna vertebral o del pecho, o de ambos a la vez.

corcovado *adj.* y *s.* Que tiene joroba. *Quasimodo era un corcovado de nobles sentimientos.*

corcovear *intr.* Saltar algunos animales encorvando el lomo, dar corcovos.

corcoveo *intr.* Acción de saltar de algunos animales.

corcovo *s. m.* Salto que dan algunos animales arqueando el lomo.

cordado, da *adj.* Se dice de los animales que tienen un cordón central en el esqueleto o columna vertebral, como los mamíferos o los reptiles. *Todos los animales vertebrados son cordados.* || *s. m. pl.* Grupo taxonómico constituido por estos animales.

cordados *s. m. pl.* Tipo de animales que presentan un cordón esquelético dorsal.

cordaje *s. m.* Conjunto de cuerdas de un objeto, como las de un instrumento musical, una raqueta, un barco, etc.

cordel *s. m.* Cuerda delgada.

cordelería *s. f.* Oficio de cordelero. || Establecimiento en el que se hacen y venden cuerdas.

cordelero, ra *adj.* Perteneciente o relativo al cordel. || *s.* Persona que tiene por oficio hacer o vender cordeles.

cordero *s.* Cría de la oveja que no pasa de un año. || *fig.* Persona sumisa, dócil y humilde. *Los arrumacos de ella lo convierten en un manso cordero.*

cordial *adj.* Se dice de quien es afectuoso. || *s. m.* Dedo de la mano humana que está al centro de los cinco que la forman. || Bebida, generalmente alcohólica, que se toma para reconfortarse.

cordialidad *s. f.* Trato afectuoso entre las personas.

cordiforme *adj.* Que tiene forma de corazón.

cordillera *s. f.* Serie de montañas enlazadas entre sí. *Simón Bolívar cruzó con su ejército la cordillera de los Andes.*

córdoba *s. m.* Unidad monetaria de Nicaragua.

cordobán *s. m.* Piel curtida de cabra.

cordón *s. m.* Cuerda fina hecha con materiales de fibras o hilos más finos. *Abróchate los cordones de los*

C

zapatos. || Cable conductor de electricidad usado en aparatos electrodomésticos. *Se quemó el cordón de la plancha.* || Conjunto de personas o elementos colocados en fila para proteger o vigilar. *Para proteger y vigilar el desfile pusieron un cordón de policías.* || *Amér.* Borde de la acera. || Serie de cerros o montañas. || *loc.* ***Cordón sanitario:*** conjunto de medidas que se toman para impedir la propagación de una enfermedad. *Para contener la propagación del cólera se organizó un cordón sanitario.* || ***Cordón umbilical:*** conjunto de vasos que unen la placenta de la madre con el vientre del feto. *El ombligo es la cicatriz del cordón umbilical.*

cordonazo *s. m.* Golpe que se da con una cuerda.

cordura *s. f.* Característica de la persona que piensa y obra con reflexión y sensatez. *Afortunadamente, en medio de la confusión perduró la cordura.*

coreano, na *adj.* y *s.* Natural de Corea. || Perteneciente o relativo a Corea del Norte, Corea del Sur o la península de Corea. || *s. m.* Lengua propia de los coreanos.

corear *t.* Cantar, recitar o hablar varias personas a la vez. *Nos pusieron a corear la lección.* || Componer música para coros. || Acompañar una composición musical con coros. || Asentir repitiendo sumisamente lo que otro dice. *Los empleados coreaban todas las afirmaciones del gerente.*

coreografía *s. f.* Arte de componer y dirigir bailes. *Para el concurso de baile debieron crear varias coreografías.* || Conjunto de pasos y movimientos que compone una pieza de baile. *El «ballet» tiene nuevas coreografías.* || Técnica de representar en el papel los pasos de un baile por medio de signos, como se representa un canto por medio de notas.

coreografiar *t.* Hacer la coreografía de un espectáculo.

coreográfico, ca *adj.* Perteneciente o relativo a la coreografía.

coreógrafo, fa *s.* Persona que se dedica a componer o dirigir coreografías.

coriáceo, a *adj.* Perteneciente o relativo al cuero. || Parecido a él.

coriandro *s. m.* Cilantro.

coriano, na *adj.* y *s.* Natural de Coria. || Perteneciente o relativo a esta población de la provincia de Cáceres, en España. || Perteneciente o relativo a la ciudad Coro, capital del estado de Falcón, en Venezuela.

corifeo *s. m.* El que guiaba el coro en las antiguas tragedias griegas y romanas. || Por extensión, persona que asume la representación de otras, las dirige o se expresa por ellas. *Al más elocuente lo llevaron por corifeo del grupo.*

corintio, tia *adj.* y *s.* Natural de Corinto. || Perteneciente o relativo a esta ciudad de Grecia. || Estilo arquitectónico de la Grecia clásica.

corista *s. com.* Persona que canta formando parte en un coro. *En sus inicios de cantante empezó como corista.* || *s. f.* Mujer que se dedica a bailar y cantar en el coro en revistas musicales y espectáculos similares. *Las coristas del «Moulin Rouge» bailaron can-can.*

cormorán *s. m.* Ave palmípeda, del tamaño de un pato, con plumaje de color gris oscuro, alas negras y cuello blanco, habitan en lagos, ríos y mares de todo el mundo. *En Perú, el cormorán es el principal productor de guano.*

cornáceo, a *adj.* Se dice de las plantas de la familia del cornejo.

cornada *s. f.* Golpe dado por un animal con el cuerno. *El toro lanzaba cornadas feroces.* || Herida causada por la punta de un cuerno de un animal. *El torero salió con una cornada grave en el abdomen.*

cornado *s. m.* Moneda antigua de cobre con una cuarta parte de plata.

cornalina *s. f.* Ágata de color rojo oscuro.

cornamenta *s. f.* Conjunto de los cuernos de algunos cuadrúpedos como la vaca, el toro, el venado y otros. *La cornamenta de los alces es inmensa.* || *fig.* Cuernos imaginarios, símbolos de la infidelidad que lleva quien ha sido engañado por la infidelidad de su pareja. *Es tan casquivana que el marido no puede con la cornamenta.*

cornamusa *s. f.* Trompeta larga de metal que en el medio de su longitud hace una rosca muy grande y tiene muy ancho el pabellón. || Instrumento musical de viento formado por una bolsa que se llena de aire, a la que se une una flauta y otro tubo largo y grueso que produce un sonido continuo. || Pieza de metal o madera que, encorvada en sus extremos y fija por su punto medio, sirve para amarrar los cabos del barco. || Retorta de barro o vidrio.

córnea *s. f.* Tejido delgado, duro y transparente, situado en la parte anterior del globo del ojo, por delante del iris y la pupila, que sirve para enfocar las imágenes.

corneado, da *adj. ant.* Que tiene puntas.

cornear *t.* Dar cornadas.

corneja *s. f.* Ave con plumaje de color negro o negro con manchas blancas, muy parecida al cuervo, pero de menor tamaño. || Ave rapaz nocturna parecida al búho, pero mucho más pequeña; se caracteriza por tener en la cabeza dos plumas en forma de cuernecillos.

córneo, a *adj.* De cuerno, o de consistencia parecida a él.

corneta *s. f.* Instrumento musical de viento, semejante al clarín, aunque mayor y de sonidos más graves, también parecido a la trompeta, pero de menor tamaño, con el tubo doblado una vez sobre sí mismo. *La banda de la escuela tiene un conjunto de cornetas.* || *s. com.* Persona que toca este instrumento. *Cuando estuvo en el ejército era el corneta del regimiento.*

cornete *s. m.* Lámina ósea arrollada sobre sí misma que se encuentra en cada una de las fosas nasales, cuya función es la humidificación y calentamiento del aire inspirado. || Helado en cono, especialmente si está envasado.

cornetín *s. m.* Instrumento musical de viento parecido a la corneta, pero de menor tamaño y sin llaves. || *s. com.* Persona que toca este instrumento.

cornezuelo *s. m.* Hongo parásito del centeno y de otras plantas gramíneas, que vive en el ovario de las flores y destruye la planta; del que se extraen sustancias que se emplean en la curación de enfermedades psiquiátricas.

cornisa *s. f.* Conjunto de molduras que remata el borde superior de la pared de un edificio, debajo de la techumbre, de una habitación, pedestal, etc. *Las palomas anidaron en la cornisa del edificio.* || Saliente o voladizo que marca la separación entre los pisos de un edificio. || Borde saliente y rocoso de una montaña. || Zona costera de altos y largos acantilados.

corno *s. m.* Instrumento musical de viento más grande y de sonido más grave que el oboe.

cornucopia *s. f.* Cuerno lleno de frutas y flores que simbolizaba la abundancia en la antigüedad clásica. || Espejo de marco tallado con uno o más brazos para poner velas.

cornudo, da *adj.* Que tiene cuernos. || Cónyuge cuya pareja le es infiel.

cornúpeto *s. m.* Animal dotado de cuernos, principalmente el toro de lidia.

coro *s. m.* Grupo de personas que cantan de manera concertada una pieza musical. *El coro de niños interpretó «Stabat Mater», de Pergolesi.* || Composición musical compuesta para ser cantada por un grupo numeroso de voces concertadas. *«El Mesías», de Handel, tiene hermosos coros.* || En las tragedias griegas y romanas, grupo de actores que recitan la parte lírica y comentan la acción. || Lugar de una iglesia donde se junta el clero para cantar los oficios divinos. *El coro de la catedral tiene un magnífico órgano de tubos.* || Conjunto de voces que se oyen al mismo tiempo con opiniones sobre un asunto. *El aumento de impuestos levantó un coro de protestas de todos los sectores.*

|| *loc.* ***A coro:*** simultáneamente, al unísono. *Todos hicieron el saludo a coro.*
corografía *s. f.* Descripción geográfica de un país, de una región o de una provincia.
coroides *s. f.* Membrana delgada, de color pardo, situada entre la esclerótica y la retina de los ojos. Tiene una abertura posterior que da paso al nervio óptico.
corola *s. f.* Conjunto de pétalos, generalmente coloreados, situado entre el cáliz y los órganos sexuales de la flor y protegen a estos.
corolario *s. m.* Razonamiento, juicio o hecho que no necesita comprobarse, sino que es consecuencia lógica de lo demostrado antes. *Por lo antes dicho se sigue, como corolario, que hemos llegado al final de nuestra historia.* || Consecuencia de algo. *Las desacertadas políticas tuvieron como corolario el desplome de su grandeza de antaño.*
corona *s. f.* Adorno o joya en forma de aro de ramas, flores, metal generalmente precioso, etc., que se coloca en la cabeza como premio, adorno o símbolo de nobleza o dignidad. *La rica corona del rey tenía en su centro una gran esmeralda.* || Aro cubierto de flores o ramas que se coloca junto a los muertos o a los monumentos que los recuerdan. *El embajador depositó una corona de flores en el monumento a los héroes.* || Institución que representa la dignidad y el poder de una monarquía. *La unión de los reinos de Castilla y Aragón, dio origen a la Corona española.* || Círculo luminoso o aureola que se representa encima o detrás de las cabezas de las imágenes divinas o de santos en las imágenes. || Anillo luminoso que se ve en los eclipses alrededor del astro interpuesto delante del Sol. *Durante el eclipse de sol pudimos observar la corona solar.* || Superficie comprendida entre dos circunferencias concéntricas. || Parte visible y esmaltada de un diente. || Unidad de moneda de Dinamarca, Suecia, Noruega, Islandia y otros países. || Rueda pequeña que sobresale por el borde de un reloj de pulsera y que sirve para darle cuerda o mover las manecillas. || Engranaje dentado que es parte del diferencial de los automóviles.
coronación *s. f.* Ceremonia en la que se reconoce la dignidad real de una persona y en la que se le coloca una corona sobre la cabeza como símbolo de este reconocimiento. *En su coronación como emperador, Napoleón se colocó a sí mismo la corona.* || Grado superior o más alto al que puede llegar un proceso o actividad. || Culminación o remate. *Su último libro representa la coronación de su carrera como escritor.* || Adorno de un edificio en su parte superior.
coronado *s. m.* Clérigo que era tonsurado u ordenado de menores. || Planta de jardín de flores de forma de moño azuladas, rosadas o blancas.
coronamiento *s. m.* Adorno que remata un edificio.
coronar *t.* Poner una corona en la cabeza de alguien como signo de premio o distinción, y en especial a un rey o emperador como señal de que empieza a reinar. || Terminar una obra, rematarla, acabarla. || Alcanzar el punto más alto. *Los alpinistas coronaron la cima del Himalaya.* || En el juego del ajedrez, llegar con un peón a la octava fila. || En el juego de las damas, llegar con una ficha a la octava fila y convertirla en dama. || *intr.* Aparecer la cabeza del feto en el momento del parto.
coronario, ria *adj.* Perteneciente o relativo a la corona. || Se dice de cada una de las dos arterias que parten de la aorta e irrigan el corazón. *Sufrió un infarto cardiaco por obstrucción coronaria.* || Que está dispuesto en forma de corona. || *s. f.* Rueda de los relojes que rige la aguja de los segundos.
coronel *s. com.* Jefe militar que dirige un regimiento, cuyo grado es inmediatamente superior al de teniente coronel e inmediatamente inferior al de general de brigada.
coronilla *s. f.* Corte de pelo en forma de círculo rasurado que llevaban algunos religiosos en esta zona de la cabeza. || Tonsura de los clérigos. || *Arg.* y *Uy.* Árbol espinoso y de madera dura que se utiliza para postes, carbón y leña. || *loc.* ***Estar hasta la coronilla:*** estar uno cansado y harto de algo o alguien. *Sus impertinencias me tienen hasta la coronilla.*
coroto *s. m. Col.* y *Ven.* Objeto cualquiera que no se quiere mencionar o cuyo nombre se desconoce.
corozo *s. m.* Corazón de la mazorca. || *Ants. Col. Salv.* y *Ven.* Nombre de varias palmeras con revestido de fuertes espinas. || Fruto de estas palmeras.
corpachón *s. m.* Cuerpo de una persona o animal grande y fuerte.
corpiño *s. m.* Prenda de vestir femenina muy ajustada al cuerpo por debajo del pecho hasta la cintura para darle forma. || *Amér.* Sostén.
corporación *s. f.* Empresa, normalmente grande, en especial si agrupa a otras menores. || Organización compuesta por personas que, como miembros de ella, la gobiernan. || Asociación que agrupa a personas que desempeñan la misma actividad o profesión. || Grupo de empresas que actúan encaminadas a conseguir un enriquecimiento común.
corporal *adj.* Perteneciente o relativo al cuerpo, especialmente al humano.
corporalidad *s. f.* Calidad de corporal.
corporativismo *s. m.* Doctrina política y social que propugna la organización de la sociedad en corporaciones que agrupen a patronos, técnicos y obreros por profesiones y no por clases sociales. *Los regímenes de Franco y Mussolini se fundamentaron en el corporativismo.*
corporativista *adj.* Perteneciente o relativo al corporativismo. || *s. com.* Partidario del corporativismo. *Los corporativistas españoles fueron una base de apoyo al régimen de Franco.*
corporativo *adj.* Perteneciente o relativo a una corporación.
corporeidad *s. f.* Cualidad de corpóreo.
corporeizar *t.* Dar cuerpo o consistencia a una idea u otra cosa inmaterial.
corpóreo, a *adj.* Que tiene cuerpo, volumen o consistencia. || Perteneciente o relativo al cuerpo o a su condición de tal.
corporizar *t.* Corporeizar.
corpulencia *s. f.* Grandeza, robustez y magnitud de un cuerpo. *Para ser basquetbolista en la actualidad se necesita tener gran corpulencia.*
corpulento, ta *adj.* De gran corpulencia, que tiene un cuerpo de gran tamaño o volumen.
corpus *s. m.* Conjunto extenso y ordenado de datos, textos u otros materiales sobre determinada materia que sirven de base para una investigación o trabajo. *La ortodoxia escolástica compiló un inmenso corpus.* || Día en que celebra la Iglesia católica la institución de la Eucaristía. *El día de Corpus se hacen procesiones en casi todo el mundo católico.*
corpuscular *adj.* Que tiene corpúsculos o está relacionado con ellos. *Se considera que la luz tiene una naturaleza ondulatoria y corpuscular.* || Se dice de un sistema filosófico, que admite por materia elemental los corpúsculos. *La teoría corpuscular tiene su origen en el pensamiento de Demócrito.*
corpúsculo *s. m.* Nombre genérico que reciben una serie de pequeñas estructuras como las células y las moléculas.
corral *s. m.* Construcción, generalmente cercada, donde se guardan los animales domésticos.
corralón *s. m. Amér.* Depósito de maderas o materiales de construcción. || *Méx.* Terreno donde la policía guarda los vehículos retirados de la circulación.
correa *s. m.* Tira, generalmente de cuero, que sirve para atar o ceñir. || En las máquinas, tira que, unida en sus extremos, sirve para transmitir el movimiento rotativo de una rueda o polea a otra.

C

correaje *s. m.* Conjunto de correas de un arnés o de un aparejo para sujetar bultos. || Conjunto de correas que son parte del equipo individual de militares, montañistas, buzos, etc.
correazo *s. m.* Golpe dado con una correa.
correcaminos *s. m. Méx.* Ave de color pardo, alas y cola de color verde metálico, con un plumero triangular en la cabeza, típica de las zonas áridas y semiáridas.
corrección *s. f.* Acción y efecto de corregir o enmendar algo. || Cualidad de correcto. || Reprensión o castigo de una falta, de un delito o de un defecto. || Depuración de los errores presentes en el original de un escrito, de un proyecto u otra obra. || En retórica, figura consistente en añadir a una cláusula o frase otra en la que se enmienda lo expresado primeramente. *Es bella; no, mejor dicho es hermosísima.* || *loc.* ***Corrección disciplinaria:*** castigo leve que impone el superior a su subordinado. || ***Corrección fraterna*** o ***fraternal:*** reconvención discreta que se hace a alguien en privado.
correccional[1] *adj.* Que conduce o induce a la corrección.
correccional[2] *s. f.* Establecimiento gubernamental para la detención por tiempo determinado por la ley para menores infractores.
correctivo, va *adj.* y *s.* Que corrige. || Que subsana o mitiga un problema, una falla o un error. || En medicina, sustancia que se agrega al ingrediente activo para suprimir o atenuar sus efectos colaterales adversos. || Castigo o sanción.
correcto, ta *adj.* Libre de errores, sin defectos, conforme a las reglas o normas. || De conducta intachable, totalmente moral y apegada a los buenos modales.
corrector, ra *adj.* y *s.* Que corrige. || Persona cuyo oficio es corregir la ortografía y demás aspectos gramaticales, así como los de edición de un texto.
corredera *s. f.* Puerta o ventana que se desliza sobre un carril. || Ranura o carril que tienen ciertas máquinas por las que se deslizan algunas de sus piezas. || Sitio despejado en el campo donde se hace correr a los caballos. || Tabla o postigo pequeño de celosía que corre de un lado a otro para abrir o cerrar.
corredero, ra *adj.* y *s.* Que corre o se desliza sobre un surco o un carril.
corredizo, za *adj.* Que se desliza o desata con facilidad. *Puerta corrediza, lazo corredizo, nudo corredizo.*
corredor *s. m.* Pasillo, paso más o menos angosto entre las habitaciones de un inmueble. || Cada una de las galerías que corren alrededor de un patio; con balcones y ventanas hacia el mismo si son cerrados con balaustradas o barandales si son abiertos. || *loc.* ***Corredor aéreo:*** ruta obligada para comunicar por avión dos puntos o lugares. || ***Corredor vial:*** arteria vehicular de varios carriles, donde está prohibido estacionarse en un horario determinado, generalmente diurno.
corredor, ra *adj.* y *s.* Que corre mucho y bien. || Se dice de las aves de gran tamaño, picos robustos, esternón sin quilla, patas muy desarrolladas y alas atróficas, como el avestruz y el ñandú. || Persona que practica la carrera por deporte. || Comerciante acreditado que compra y vende por cuenta de otros. *Corredor de bienes raíces, corredor de bolsa.* || *loc.* ***Corredor de fondo:*** atleta que corre largas distancias, donde importa tanto la velocidad como la resistencia.
corredura *s. f.* Parte que rebosa en la medida de los líquidos.
correduría *s. f.* Oficio del corredor de bienes o valores. || Oficina, local o establecimiento dedicado al comercio de bienes y valores por cuenta de otros, a cambio de un porcentaje de lo obtenido.
corregible *adj.* Se aplica a lo que presenta un problema que puede solucionarse.
corregidor, ra *adj.* y *s.* Que corrige. || Bajo el gobierno de los Borbones y en el Imperio español, alcalde de población importante en la que presidía el ayuntamiento y ejercía algunas funciones gubernativas; su esposa era la corregidora.
corregimiento *s. m.* Cargo o puesto de corregidor. || Territorio bajo la jurisdicción del corregidor.
corregir *t.* Enmendar lo que tiene errores, quitárselos. || Advertir, reprender, regañar. || Señalar los errores en un trabajo, tarea escolar o examen, para emitir una calificación. || Aplicar un correctivo o castigo.
correhuela *s. f.* Planta poligonácea medicinal. || Hierba convolvulácea de tallos largos y rastreros que se enroscan en lo que tocan, hojas alternas y acorazonadas, flores acampanadas y raíz con jugo lechoso que se empleaba en la cura de heridas.
correlación *s. f.* Relación recíproca entre dos o más cosas, asuntos o ideas. || En matemáticas, medida de la dependencia existente entre variantes aleatorias.
correlacionar *t.* Poner juntas dos o más cosas de modo que cada una dependa o influya sobre la otra.
correlativo, va *adj.* Que tienen correspondencia o relación recíproca dos o más cosas, situaciones o circunstancias.
correlato *s. m.* En una relación recíproca, término correspondiente a otro.
correligionario, ria *adj.* y *s.* Se aplica al que tiene la misma religión o ideas políticas que otro.
correntada *s. f. ant. Amér.* Masa de agua desbordada e impetuosa.
correntino, na *adj.* y *s.* Natural o nativo de Corrientes. || Relativo a esa provincia argentina o a su capital, o propio de cualquiera de ellas.
correo *s. m.* Servicio público para el transporte y distribución de la correspondencia. || Persona cuyo oficio consiste en el transporte de la correspondencia. || Transporte que traslada la correspondencia, sea tren, avión, camioneta. || Conjunto de cartas y paquetes postales que se envían o reciben. || Edificio donde se administra el envío y reparto de la correspondencia. || *loc.* ***Correo aéreo:*** el que se transporta en avión. || ***Correo de malas nuevas:*** persona portadora de malas noticias. || ***Correo de superficie:*** correspondencia trasladada en barco o en un vehículo terrestre. || ***Correo electrónico:*** sistema de intercambio de textos por medio de computadoras u ordenadores y una red informatizada.
correoso, sa *adj.* Que se estira y dobla con facilidad sin romperse. || Dúctil, maleable. || Resistente a cortarse, romperse o reventarse, como el pan viejo. || Experimentado, hábil y resistente por la mucha experiencia.
correr *intr.* Andar moviendo velozmente las extremidades. || Hacer algo con rapidez. || Moverse los fluidos de una parte a otra, ya sea por sus conductos naturales o fuera de ellos. || Soplar el viento con alguna fuerza superior a la corriente. || Extenderse, cruzar de una parte a otra. *La sierra corre de norte a sur.* || Ir tan de prisa una persona que por instantes ambos pies dejan de tocar el suelo. || Propalarse, difundirse una noticia, un rumor. || Estar a cargo de alguien el curso de un asunto, encargo o despacho. || Ir de inmediato a poner algo en ejecución. *Corrí a avisarle a la abuela.* || *t.* Competir en velocidad o en resistencia recorriendo un trayecto determinado personas o animales como caballos y galgos. || Mover una cosa, cambiarla de sitio o disposición. *Correr la silla a un lado, correr las cortinas.* || Despedir a alguien de su empleo. || Hacer pasar el cerrojo, la tranca, la llave en la cerradura. || Efectuar un trayecto, recorrer. || Avergonzar, confundir, apenar. || Extenderse fuera de su lugar un color, una tinta o el maquillaje.
correría *s. f.* Hostilidad de un cuerpo armado que saquea e incendia territorio enemigo. || Viaje corto a varios puntos, generalmente con fines de diversión.
correspondencia *s. f.* Acción y efecto de corresponder o corresponderse. || Trato recíproco entre comerciantes. || Conjunto de cartas y mensajes intercambiados entre dos o más personas. || Correo. || Relación existente

entre los elementos de dos series o conjuntos diferentes. || Igualdad o semejanza de significado entre dos o más palabras. || Comunicación entre dos o más líneas del metro. || *loc.* ***Correspondencia biunívoca:*** la existente en una función matemática, donde a cada elemento de las ordenadas corresponde uno y solo uno de las abscisas.

corresponder *intr.* Devolver, en todo o en parte, beneficios, afectos, honores o agasajos. || Tocar o pertenecer algo. *Me correspondió un tercio de la herencia.* || Tener una cosa proporción con otra. || Tener un elemento de un conjunto relación, real o convencional, con otro de diferente conjunto. || *pr.* Tener comunicación por escrito dos o más personas. || Amarse y atenderse recíprocamente dos personas. || Comunicarse una habitación, un pasillo o una línea de metro con otra u otras.

correspondiente *adj.* Proporcionado, conveniente. || *s. com.* Que tiene correspondencia con una persona o corporación. || En matemáticas, que satisface las condiciones de una relación.

corresponsabilidad *s. f.* Responsabilidad compartida.

corresponsable *adj.* Que comparte la responsabilidad de un cargo o asunto con otra u otras personas.

corresponsal *s. com.* Persona cuyo oficio es enterarse de las noticias de actualidad (locales o extranjeras) y enviarlas a los diarios, revistas, televisoras u otros medios que se lo encarguen por una paga.

corresponsalía *s. f. Ants.* Cargo de corresponsal noticioso. || Lugar donde se lleva a cabo el trabajo de corresponsal.

corretaje *m.* Trabajo que realiza un corredor de acciones, de seguros inmobiliario. || Comisión que cobra un corredor.

corretear *intr. fam.* Correr por juego y diversión. || *t.* Hacer un recorrido por diversos comercios para realizar ventas o levantar pedidos. || *Bol. Chil. Hond. Méx. Nic.* y *Per.* Correr detrás de alguien o algo, perseguir.

correteo *s. m.* Acción y efecto de corretear.

correveidile *s. com. fam.* Persona argüendera y chismosa.

corrida *s. f.* Carrera, acción de correr el ser humano o un animal. || *loc.* ***Corrida de toros:*** espectáculo consistente en la lidia de varios toros en una plaza o un coso cerrados.

corrido *s. m. Amér. C.* y *Méx.* Canto popular que relata un suceso importante o un pasaje de la vida de alguien relevante, con metro octosílabo y generalmente rima consonante, dividido en número desigual de estrofas.

corrido, da *adj.* Que excede un poco el peso o medida de que se trate. *La pechuga pesó 1 kg corridito.* || Avergonzado. || Cosa o parte de ella continua, seguida, sin interrupción. *Ventanal corrido, una banca corrida a lo largo de la pared.* || Se dice de la persona muy experimentada, que ha corrido mucho mundo.

corriente[1] *adj.* Que corre. || Que transcurre u ocurre actualmente, en el momento en que se habla. || Admitido comúnmente, de saber general. || Que sucede con frecuencia. || Común, regular, nada extraordinario. || Vulgar, propio de la plebe.

corriente[2] *s. f.* Movimiento traslaticio continuo, permanente o eventual, de una masa de fluido, como el agua y el aire, en una dirección determinada. || Masa fluida que se mueve de este modo. || Chiflón de aire que pasa por puertas y ventanas de una casa. || Movimiento o tendencia en las ideas o en el arte. || *loc.* ***Corriente eléctrica:*** magnitud física que expresa la cantidad de electricidad que fluye en un conductor en la unidad de tiempo; se mide en amperios. || ***Dejarse llevar por la corriente:*** seguir la opinión común, aunque se sepa que no es la más acertada. || ***Llevarle a alguien la corriente:*** mostrarse conforme con sus expresiones, opiniones y gustos, sólo por complacer o por evitarse un disgusto. || ***Navegar contra la corriente:*** luchar contra la opinión o la costumbre general; esforzarse por lograr algo enfrentando muchas dificultades.

corrillo *s. m.* Grupo de personas que, en corro y apartadas de la concurrencia, discuten sobre un asunto.

corrimiento *s. m.* Acción y efecto de correr o de correrse. || Vergüenza, empacho. || Deslizamiento en dirección lateral del suelo de las capas subterráneas.

corro *s. m.* Círculo que forma la gente para hablar. || Juego infantil en que los participantes se toman de las manos y cantan y danzan en círculos.

corroboración *s. f.* Acción y efecto de corroborar.

corroborante *adj.* Que corrobora.

corroborar *t.* y *pr.* Reforzar una opinión o argumento con nuevos razonamientos o datos. || Confirmar algo.

corroborativo, va *adj.* Que corrobora o confirma.

corroer *t.* Desgastar poco a poco una cosa, como si la estuvieran royendo. || Sentir los efectos de una pena o de un remordimiento, de modo que se deterioren el semblante y la salud. || Sufrir los metales y algunos minerales los efectos de ciertos óxidos y ácidos.

corromper *t.* Alterar y deformar algo. || Dañar, depravar, prostituir. || Echar a perder, pudrir. || Sobornar o cohechar. || Estragar, viciar cosas inmateriales como el habla, las costumbres, las leyes, la religión.

corrompible *adj.* Corruptible.

corrosión *s. f.* Acción y efecto de corroer. || Destrucción gradual de los metales por acción de agentes externos.

corrosivo, va *adj.* Que corroe o puede corroer. || *fig.* Mordaz, hiriente, sarcástico.

corrugar *t.* Formar arrugas, estrías o resaltos regulares y permanentes en una superficie lisa. *Corrugar lámina, corrugar cartón.*

corrupción *s. f.* Acción y efecto de corromper. || Alteración o defecto en un escrito. || Vicio o abuso implantado en cosas no materiales. || En las organizaciones públicas, particularmente en las políticas, práctica de usar las funciones y prerrogativas del cargo en provecho propio y para perjuicio ajeno. || *loc.* ***Corrupción de menores:*** delito que comete el que promueve la prostitución de menores de edad e incapaces mentales, así como su participación en la pornografía, ya sea por la persuasión o por la fuerza.

corruptela *s. f.* Corrupción. || Abuso o torcimiento de la ley por parte de los encargados de hacerla cumplir.

corruptibilidad *s. f.* Cualidad de corruptible.

corruptible *adj.* Que puede corromperse.

corrupto, ta *adj.* y *s.* Que sufre corrupción, descomposición. || Perverso, pervertido, dañado. || Persona que se ha dejado sobornar, pervertir, prostituir.

corruptor, ra *adj.* y *s.* Que corrompe.

corruscante *adj.* Que cruje, referido a alimentos.

corsario, ria *s.* Buque o empresa dueña de él que gozaba de licencia real para atacar y saquear navíos y puertos enemigos. || Capitán y tripulantes de tales buques.

corsé *s. m.* Prenda interior femenina que se ajusta al cuerpo.

corsetería *s. f.* Lugar donde se fabrican o venden corsés y otras prendas interiores femeninas.

cortada *s. f.* Acción y efecto de cortar. || Abertura o paso entre dos montañas. || Herida producida con instrumento cortante.

cortado, da *adj.* Se dice del estilo de escribir que usa enunciados breves y separados de modo que no formen periodos completos ni redondeen la idea que se quiere expresar. || Turbado, avergonzado. || Se dice del café negro al que se le ha agregado un poco de leche.

cortador, ra *adj.* Que corta. || *s.* Sastre especializado en cortar las piezas de los trajes que se confeccionan.

cortadora *s. f.* Máquina para cortar.

cortadura *s. f.* Hendidura o separación continua producida en un cuerpo por medio de un instrumento cortan-

C

te. || Herida causada con un instrumento cortante o un objeto afilado. *Me hice una cortadura con esta hoja de papel.* || Paso entre dos montañas. || En plural, recortes o sobrantes de algo.

cortafuego o **cortafuegos** *s. m.* Vereda ancha que se hace entre los sembrados y montes para contener la propagación de un incendio. || En poblado, área que se demuele alrededor de una conflagración para limitarla y combatirla. || En arquitectura, pared gruesa de mampostería que se eleva desde la parte inferior de una construcción hasta arriba del caballete del techo, con el fin de evitar que, en caso de incendio, el fuego se comunique de un lado al otro. || En informática, programa que funciona como barrera para impedir el ingreso de ciertos virus, anuncios publicitarios y otros contactos no deseados, en el disco principal de una computadora u ordenador.

cortalápices *s. m.* Aparato manual o eléctrico para sacar punta a los lápices.

cortante *adj.* Que corta. || Se dice del modo de hablar altivo y seco, que no admite réplica.

cortapapel o **cortapapeles** *s. m. Amér.* Plegadera, instrumento de madera, metal o hueso, con forma de cuchillo, que se usa para plegar y cortar papel.

cortapicos *s. m.* Insecto ortóptero, de cuerpo alargado de unos dos centímetros, color negro y cabeza rojiza, con alas o sin ellas y abdomen terminado en dos piezas córneas, móviles, como pinzas. Causa estragos a la agricultura y los jardines.

cortapisa *s. f.* Restricción o condición con que se otorga o se tiene algo. || Dificultad, obstáculo, estorbo para actuar. || *loc.* ***Hablar sin cortapisas:*** expresarse con total libertad y sin reservas.

cortaplumas *s. m.* Navaja usada antiguamente para afilar las plumas de ave empleadas para escribir y que actualmente tiene otras aplicaciones.

cortar *t.* Abrir hendiduras en un cuerpo o separa sus partes por medio de un instrumento cortante. || Usar tijeras, navaja o cuchillo para dar forma a las piezas de tela, papel, cartón, etc., con que se va a hacer alguna cosa. || Hender un fluido. *Una lanza corta el aire; un submarino corta el agua.* || Separar o dividir algo en dos o más partes. || Atajar, impedir, obstaculizar el paso de las cosas o las personas. || Interrumpir una conversación, un discurso, una clase, un trabajo o una tarea. || En geometría, atravesar una línea un plano o un cuerpo a otro. || *intr.* Tener filo un instrumento o herramienta. || Tomar el camino más corto o un atajo. || *pr.* Herirse con un instrumento u objeto afilado. || Turbarse, avergonzarse hasta el punto de faltar palabras para responder. || Dicho de la leche y otros alimentos; agriarse y echarse a perder. || Separarse, romper relaciones amigos o novios.

cortaúñas *s. m.* Especie de alicates sin mango, con los bordes afilados y curvados hacia dentro que sirve para recortar los sobrantes de las uñas.

cortavidrio *s. m.* Herramienta con mango y una punta roma afilada en bisel, muy dura, con la que se corta el vidrio y el cristal.

cortaviento *s. m.* Aparato de forma aerodinámica que algunos vehículos automotores traen en la parte delantera.

corte[1] *s. m.* Acción y efecto de cortar. || Filo del instrumento o de la herramienta que sirve para cortar. || Herida producida por un objeto cortante. || Sección cortada de carne o embutido. || Superficie que forma cada uno de los bordes o cantos de un libro. || Arte y acción de cortar las piezas para la confección de vestuario, calzado y otros accesorios.

corte[2] *s. f.* Localidad en la que habitualmente reside el soberano en las monarquías. || Conjunto de familiares, acompañantes y servidores del rey. || Grupo de personas que rodea y sigue a una celebridad. || *Amér.* Tribunal de justicia. || *loc.* ***Hacer la corte:*** presentarse en la casa del rey o de un magnate como señal de obsequioso respeto; por extensión, galantear o cortejar a alguien con propósitos amorosos.

cortedad *s. f.* Poca extensión o tamaño de algo. || Timidez, encogimiento, pusilanimidad.

cortejador, ra *adj.* y *s.* Que corteja.

cortejante *adj.* Que corteja.

cortejar *t.* Galantear, halagar y procurar con fines amorosos a alguien. || Acompañar, agasajar y adular a alguien con miras a obtener algún provecho.

cortejo *s. m.* Acción de cortejar. || Grupo de personas que integran el acompañamiento de una ceremonia. *Cortejo nupcial, cortejo fúnebre.*

cortés[1] *adj.* Comedido, atento, afable.

cortés[2] *s. m. Hond.* Árbol de la familia de bignoniáceas, de color café claro grisáceo, flores amarillas y fruto capsular. Su madera, muy fina, se emplea en ebanistería.

cortesana *s. f.* Prostituta cara y exclusiva.

cortesanía *s. f.* Cualidad y condición del cortesano. || Atención, urbanidad, comedimiento.

cortesano, na *adj.* y *s.* Perteneciente o relativo a la corte. || Que se comporta con cortesanía o con cortesía. || Miembro de la corte que acompañaba y atendía al soberano. || Persona que se comporta servilmente con un superior.

cortesía *s. f.* Demostración de atención, respeto y afecto hacia una persona. || En las cartas, expresiones de urbanidad que se ponen antes de la firma. || Cortesanía. || Regalo, obsequio o dádiva. || Gracia o merced. || En los libros, hoja, páginas o espacio en blanco que se dejan antes de iniciar el texto, al final de éste o entre los capítulos.

corteza *s. f.* Tejido exterior y resistente de los vegetales superiores, como los árboles. || Parte exterior y dura que recubre y protege ciertos alimentos como el pan y el queso. || Capa más externa de algunos órganos corporales. *Corteza renal, corteza cerebral.* || Cubierta exterior sólida del planeta Tierra, que en gran parte se halla bajo el agua de los océanos. || Aspecto más superficial y de menos valor de las cosas no materiales.

cortical *adj.* Perteneciente o relativo a la corteza.

corticoesteroide *s. m.* Esteroide secretado por la corteza suprarrenal, como la cortisona y sus múltiples variantes.

corticoide *s. m.* Cada una de las hormonas esteroideas producidas por la corteza de las glándulas suprarrenales, que también se sintetizan en los laboratorios; las sintéticas se emplean como antiinflamatorios, pese a sus efectos colaterales adversos.

cortijo *s. m. Esp.* Finca rústica con vivienda y dependencias para las diversas tareas agropecuarias que allí se realizan; es típico del campo andaluz, en el sur de España.

cortina *s. f.* Tela que se cuelga de la parte superior de ventanas y puertas para impedir el paso de la luz o de las miradas ajenas. || Lienzo de muralla entre dos bastiones, en las antiguas fortificaciones. || Cualquier cosa que sirva para ocultar o encubrir algo. || *loc.* ***Cortina de humo:*** masa densa de humo producida a propósito para impedir la vista y confundir al enemigo. Subterfugio para distraer a alguien y que no descubra las intenciones de otro.

cortinado, da *adj. ant.* Que tiene cortinas. || *Arg.* y *Uy.* Cortinaje.

cortinaje *s. m.* Juego de cortinas.

cortinilla *s. f.* Cortina pequeña que se coloca por la parte interior de ventanas, balcones, puertas vidrieras, ventanillas de vehículos, para resguardar del sol e impedir la vista. || Par de cortinitas que se pone delante del sagrario en los templos católicos. || Cortinas cortas que se colocan en la parte delantera e inferior del teatro guiñol para ocultar las piernas de los titiriteros.

cortisona *s. f.* Hormona corticoide que regula el metabolismo de los carbohidratos. Aplicada terapéuticamente, se emplea para tratar alergias

e inflamaciones. Su uso debe ser monitoreado por el médico tratante porque tiene numerosos efectos colaterales adversos.
corto *s. m.* Cortometraje.
corto, ta *adj.* Se dice de alguna cosa que no tiene la extensión debida. || Breve, de poca duración, valor o importancia. || Que no alcanza su objetivo o destino. || Tímido, pusilánime. || *loc.* ***Corto de vista*** o ***de vista corta:*** miope.
cortocircuito *s. m.* Circuito eléctrico que se activa accidentalmente al entrar en contacto dos conductores de cargas opuestas (que deberían estar aislados) y provoca una descarga violenta que suele quemar o dañar al sistema.
cortometraje *s. m.* Filme o película cuya duración va de los 15 a los 30 minutos. De 31 a 59 se llaman mediometrajes.
corúa *s. f. Cub.* Ave palmípeda y piscívora, de pico recto y aplastado en la punta, plumaje negro verdoso con rayas blancas sobre el cuello; ojos verdes con contorno amarillo y patas negras.
corva *s. f.* Parte anatómica opuesta a la rodilla, por donde se dobla la pierna. || Tumor en la cara interna del corvejón de las caballerías.
corvadura *s. f.* Curvatura. || Parte por donde algo se dobla o tuerce. || En arquitectura, parte curva del arco o de la bóveda.
corvar *t.* Encorvar, hacer curvo algo.
corvejón *s. m.* Articulación media de cada pata posterior de los cuadrúpedos.
corvina *s. f.* Pez teleósteo marino, del orden de los acantopterigios, de lomo color pardo con manchas negras y vientre plateado, cabeza obtusa, boca con muchos dientes; posee dos aletas dorsales, una caudal con radios centrales más largos que los laterales y una aleta anal con espinas gruesas y fuertes. Es comestible.
corvino, na *adj.* Perteneciente o relativo al cuervo. || Que guarda semejanza con esa ave.
corvo, va *adj.* Arqueado, combado, curvo.
corzo, za *s.* Rumiante de la familia de los cérvidos, algo más grande que una cabra, de rabo corto, con pelaje gris rojizo. El macho presenta cuernillos pequeños, verrugosos y ahorquillados en la punta. Es oriundo de Europa.
cosa *s. f.* Ente, entidad, lo que existe, ya sea corporal o espiritual, natural o artificial, real o imaginario. || Objeto inanimado, por oposición a ser vivo. || Asunto, tema, cuestión, negocio. || En derecho, objeto de las relaciones jurídicas, por contraposición a persona o sujeto. *Para las leyes griegas, los esclavos eran cosas.* || *loc.* ***Cosa de entidad:*** asunto o negocio importante, valioso, digno de atención. || ***Cosa del otro jueves:*** suceso u objeto extraordinarios. || ***Cosa dura:*** situación difícil o intolerable. || ***Cosa juzgada:*** asunto que se da por resuelto e inútil de argüir. || ***Cosa nunca vista:*** persona, suceso u objeto sorprendente. || ***Cosa rara:*** expresión que se usa para mostrar admiración y extrañeza. || ***Ser poquita cosa:*** ser tímido, pusilánime, sin carácter.
cosaco, ca *adj.* y *s.* Miembro de una etnia seminómada que habitaba la estepa del sur de Rusia y los alrededores del mar Negro. || Perteneciente o relativo a ese pueblo de excelentes jinetes. || En la Rusia antigua, soldado de caballería ligera. || Persona de gran fuerza y resistencia, pero de conducta alocada y escandalosa.
coscacho *s. m. Bol. Chil.* y *Ecua.* Coscorrón, golpe dado en la cabeza de alguien con los nudillos de la mano de otra persona.
coscolino, na *adj.* y *s. Méx.* Enamoradizo, coqueto, fácil para las relaciones amorosas.
coscorrón *s. m.* Golpe en la cabeza, doloroso pero que no sangra. || Golpe dado en la cabeza de alguien con los nudillos de la mano cerrada, generalmente de otra persona. || *Chil.* Variedad de poroto o frijol de grano grisáceo y jaspeado.
cosecante *s. f.* En matemáticas, inversa del seno de un ángulo o de un arco.
cosecha *s. f.* Conjunto de frutos procedentes de un cultivo, que se recogen cuando llegan a su punto óptimo de desarrollo. || Conjunto de productos obtenidos de dichos frutos. *Cosecha de vino, cosecha de aceite de oliva.* || Temporada en que se recogen los frutos de la tierra. || Actividad de quienes recolectan los frutos en sazón. || Lo que uno obtiene como resultado de sus acciones, actividades o talentos. || *loc.* ***Ser algo de la cosecha de alguien:*** ser producto de su ingenio.
cosechador, ra *adj.* Que cosecha.
cosechadora *s. f.* Máquina motorizada y montada sobre ruedas que varía en diseño según la clase de planta que corta y el producto que envasa.
cosechar *intr.* y *t.* Hacer la cosecha, cortar y recoger los frutos de las plantas cultivadas. || Ganarse, obtener o concitar respuestas por lo general acordes con la conducta de uno: simpatías, odios, aplausos, éxitos, fracasos.
cosechero, ra *adj.* y *s.* Perteneciente o relativo a la cosecha. || Dueño de la cosecha.
coseno *s. m.* En matemáticas, seno del complemento de un ángulo o de un arco.
coser *t.* Unir con hilo, enhebrado en la aguja manual o de la máquina, dos o más piezas de tela, cuero u otras semejantes. || Hacer labores de aguja, como remiendos, zurcidos, bordados, encajes. || Unir con hilo y aguja quirúrgicos los labios o bordes de una herida. || Producir heridas múltiples a alguien, ya sea con arma blanca o de fuego. *Coser a puñaladas, coser a balazos.* || *loc.* ***Todo es coser y cantar:*** se dice cuando algo es muy fácil, sin obstáculos.
cosido *s. m.* Acción y efecto de coser. || Calidad de la forma de disponer las puntadas en la prenda cosida. || *loc.* ***Cosido de la cama:*** sábana de encima, cobertores y colcha hilvanados juntos para que no separen.
cosido, da *adj.* Se dice del material unido con hilo y aguja a otro.
cosificación *s. f.* Acción y efecto de cosificar.
cosificar *t.* Convertir algo en cosa, en objeto inanimado. || Tratar como cosa aquello que no lo es.
cosmética *s. f.* Cosmetología.
cosmético *s. m.* Producto para embellecer el cuerpo y más precisamente el rostro.
cosmético, ca *adj.* Que embellece el cuerpo o el rostro. || Que sirve para mejorar el aspecto o la superficie, pero sin alterar o componer de fondo. *Fue una reforma cosmética, para dar gusto al electorado.*
cosmetología *s. f.* Disciplina dedicada a la elaboración y aplicación de productos cosméticos.
cosmetólogo, ga *s.* Especialista en cosmetología.
cósmico, ca *adj.* Perteneciente o relativo al cosmos. || Dicho del orto o del ocaso de un cuerpo celeste: que coincide con la salida del sol.
cosmogonía *s. f.* Descripción mítica o mitológica del origen del mundo y del ser humano. || Parte de la astrofísica dedicada al estudio científico del origen del universo.
cosmogónico, ca *adj.* Perteneciente o relativo a la cosmogonía.
cosmografía *s. f.* Parte de la astronomía dedicada a la descripción del universo y sus componentes.
cosmográfico, ca *adj.* Perteneciente o relativo a la cosmografía.
cosmógrafo, fa *s.* Persona dedicada a la cosmografía.
cosmología *s. f.* Antiguamente, disciplina filosófica enfocada al estudio de las leyes generales del cosmos. || Parte de la astrofísica que estudia el origen, evolución y leyes generales del universo.
cosmológico, ca *adj.* Perteneciente o relativo a la cosmología.
cosmólogo, ga *s.* Persona dedicada al estudio de la cosmología.
cosmonauta *s. com.* Astronauta.
cosmonáutica *s. f.* Astronáutica.
cosmonáutico, ca *adj.* Perteneciente o relativo al cosmonauta o a la cosmonáutica.

cosmonave *s. f.* Astronave, nave espacial.

cosmópolis *s. f.* Ciudad grande en la que conviven personas y culturas de muchos países.

cosmopolita *adj.* y *s. com.* Se dice de la persona que considera al mundo entero como su patria. || Que posee elementos de diversas partes o países del mundo. || Que es común a todos los países o a la mayoría de ellos. || Se dice de las especies vegetales y animales que pueden adaptarse a todos los climas o a gran parte de ellos.

cosmopolitismo *s. m.* Doctrina que profesa que todos los seres humanos son ciudadanos del mundo, sin discriminaciones ni distingos, y la gradual desaparición de las fronteras nacionales. || Postura ideológica y modo de vida de quien viaja mucho y adquiere costumbres de las partes del mundo que visita o donde radica por temporadas.

cosmos *s. m.* Universo, conjunto de todos los seres existentes, y en particular de los cuerpos celestes y las formaciones diversas que ocupan el espacio exterior. || Espacio exterior a la Tierra. || Planta de la familia de las asteráceas, originaria de México, con flores de pétalos múltiples, delgados, a manera de brácteas; hay de color blanco, rosáceo y púrpura.

cosmovisión *s. f.* Manera de ver e interpretar el mundo que tiene cada pueblo o cultura.

coso *s. m.* Plaza o redondel cercado donde se lidian toros y se realizan otros espectáculos como el jaripeo. || Calle principal en algunas poblaciones.

cosquillas *s. f. pl.* Sensación suscitada por el toque más o menos leve de ciertas partes del cuerpo, que provoca risa involuntaria. || *loc.* ***Buscarle a alguien las cosquillas:*** probar diferentes medios para provocar el enojo o la irritación de alguien. || ***Hacerle cosquillas algo a alguien:*** no hacerle daño ni darle molestia algo peligroso o mal intencionado, o despertarle la curiosidad.

cosquilleante *adj.* Que produce cosquillas.

cosquillear *intr.* y *t.* Hacer cosquillas a alguien.

cosquilleo *s. m.* Sensación que dejan las cosquillas. || Sensación semejante a las cosquillas pero de causa distinta. *Siento un cosquilleo en la garganta por el polvo ambiental.*

cosquilloso, sa *adj.* Que es muy susceptible a las cosquillas; que se las hacen con facilidad. || Que se ofende por poca cosa.

cosquilludo, da *adj. fam. Méx.* Cosquilloso.

costa *s. f.* Costo, cantidad que se paga por algo. || *pl.* En derecho, gastos derivados de un proceso judicial. || *loc.* ***A costa de:*** con el trabajo, el sacrificio o el esfuerzo necesario para lograr algo. A expensas de, por cuenta de. *Llegó a doctorarse a costa de muchos desvelos. Ese otro vive a costa de los suegros.* || ***A toda costa:*** a cualquier precio, cueste lo que cueste. *A toda costa quiero ganar esta carrera.*

costa² *s. f.* Línea que separa el agua de la tierra en el mar y los lagos, así como los terrenos vecinos a ella.

costado *s. m.* Cada una de las dos partes laterales del torso humano, o del tronco de los vertebrados. || Lado de un edificio, del ejército, de una nave, de un recipiente, etc. || *loc.* ***Por los cuatro costados:*** por todas partes, completamente, del todo. *Soy mexicano por los cuatro costados.*

costal¹ *adj.* Perteneciente o relativo a las costillas.

costal² *s. m.* Saco grande de tela corriente y burda usado para transportar y guardar granos, semillas, azúcar y otras cosas. A veces se fabrica de fibras vegetales como el ixtle y en otras de materiales sintéticos. || *loc.* ***Estar hecho un costal de huesos:*** estar alguien delgado o flaco en extremo.

costalada *s. f.* Golpe que alguien se da al caer de espaldas o de costado.

costalazo *s. m.* Costalada. || Golpe dado con un costal lleno de algo.

costalearse *pr. Bol. Ants.* y *Chil.* Sufrir una costalada. || Llevarse un chasco, decepción o desengaño.

costanero, ra *adj.* Relativo a lo que está en una cuesta. || Referido a lo que se encuentra cerca del mar.

costar *intr.* Tener una cosa determinado precio de venta. || Adquirir algo por una suma. || Causar o provocar preocupación, desvelo, perjuicio o dificultad algo. *Me cuesta trabajo creerte.*

costarricense *adj.* y *s. com.* Nativo o natural de Costa Rica. || Perteneciente o relativo a ese país de América Central.

coste *s. m.* Costo o costa.

costeador, ra *adj.* Que costea.

costear *t.* Pagar los gastos de algo. || *pr.* Producir una cosa o negocio lo suficiente para cubrir los gastos que ocasiona y dar una ganancia razonable.

costear² *t.* Navegar sin perder de vista la costa. || Terminar el costado de una cosa. || Esquivar una dificultad o un peligro.

costeño, ña *adj.* y *s.* Nativo de la costa de un país o lugar. || Perteneciente o relativo a la costa.

costeo *s. m.* Acción y efecto de costear, pagar los gastos de algo. || Procedimiento para calcular los costes o costos de producción, administrativos o de mercadeo de un producto.

costero, ra *adj.* Perteneciente o relativo a la costa. || Lateral, situado a un costado.

costilla *s. f.* Cada uno de los huesos largos, delgados y curvos que se unen por detrás a la columna vertebral, formando la caja torácica. || Adorno o moldura resaltada en forma de costilla que se usa en arquitectura y en encuadernación para ornato del lomo de los libros. || Cuaderna, pieza curva que encaja en la quilla de una embarcación || Pliegue resaltado en ciertas plantas y frutos. *Las biznagas tienen costillas muy marcadas.* || *fam.* En una pareja de casados, la cónyuge. || *loc.* ***Costilla falsa:*** la que se une al esternón indirectamente, por medio de un cartílago. || ***Costilla flotante:*** la que tiene libre el extremo y no va pegada al cartílago que une las falsas al esternón. || ***Costilla verdadera:*** la que se une directamente al esternón.

costillaje *s. m.* Conjunto de las costillas.

costillar *s. m.* Conjunto de costillas. || Porción de cuerpo en la que están.

costilludo, da *adj. fam.* Se dice de la persona robusta y ancha de espaldas.

costo *s. m.* Cantidad que se paga por algo. || Gasto de manutención del trabajador cuando se añade al salario.

costoso, sa *adj.* Que cuesta mucho pues su precio es elevado. || Que implica mucho trabajo o esfuerzo.

costra *s. f.* Cubierta superficial que se seca y endurece sobre una cosa húmeda y blanda. || Superficie endurecida que se forma sobre la piel donde hubo herida, llaga o grano; mayormente compuesta por sangre seca, células muertas, fibrina, plaquetas y leucocitos.

costumbre *s. f.* Hábito, modo usual de hacer las cosas, establecido por la tradición o por la mera repetición de los mismos actos y que puede llegar a tener fuerza de precepto. || Lo que se hace más comúnmente, ya sea por carácter o por propensión. || *pl.* Conjunto de inclinaciones y usos que conforman el carácter distintivo de una persona, de un grupo étnico o de una nación.

costumbrismo *s. m.* Tendencia artística en literatura y pintura que pretende reflejar fielmente las costumbres populares de determinado lugar y tiempo.

costumbrista *adj.* Perteneciente o relativo al costumbrismo. || *s. com.* Pintor o escritor que retrata o describe las costumbres típicas de un grupo étnico o de un país.

costura *s. f.* Acción y efecto de coser. || Labor de aguja en proceso de terminarse. || Oficio de coser. || Serie de puntadas para unir dos piezas o los bordes de una misma. || Unión hecha con clavos o remaches en piezas de madera o metal. || *loc.* ***Alta costura:*** la fina y compleja que usan los diseñadores prestigiosos de moda.

costurar *t. Amér.* Coser.

costurera *s. f.* Mujer que se dedica por oficio a cortar y coser ropa.
costurero *s. m.* Mesita, con cajón y almohadilla, donde se guardan útiles de costura. || Habitación destinada a la costura. || Hombre que se dedica a coser en las sastrerías. || Cajita o canastilla para guardar los materiales y útiles de costura.
costurón *s. m. desp.* Costura burda, mal hecha. || Cicatriz gruesa, de mal aspecto y muy visible, de una herida o una llaga.
cota[1] *s. f.* Prenda defensiva del cuerpo que se usaba antiguamente, hecha de cuero o de malla de hierro. || Vestidura costosa que llevaba bordados los escudos nobiliarios y eran portadas por los heraldos o reyes de armas.
cota[2] *s. f.* Cuota. || Altura o nivel en una escala de valores. || En matemáticas y geografía, altura de un punto sobre un plano horizontal de referencia.
cotangente *s. f.* En matemáticas, inversa de la tangente de un ángulo o de un arco.
cotarro *s. m. fam.* Colectividad de gente inquieta o agitada. || Albergue nocturno para pobres y vagabundos. || *loc.* ***Alborotar el cotarro:*** alarmar, alterar, inquietar a un grupo de personas.
cotejar *t.* Comparar algo con otra cosa correspondiente, confrontar un texto con otro u otros, teniéndolos a la vista. *Cotejar la factura con el medidor, cotejar una cita con el original.*
cotejo *s. m.* Acción y efecto de cotejar. || *loc.* ***Cotejo de letras:*** en derecho, prueba pericial practicada cuando está en duda la autenticidad de un documento privado presentado en un juicio.
coterráneo, a *adj.* Conterráneo, paisano.
cotidianidad *s. f.* Cualidad de cotidiano.
cotidiano, na *adj.* Que sucede o se repite a diario.
cotiledón *s. m.* Primera hoja del embrión en las plantas fanerógamas, en muchas de las cuales cumple una función de reserva nutricia.
cotiledóneas *s. f. pl.* Grupo en el que antiguamente se subdividía el reino vegetal. *Entre las cotiledóneas estaban las semillas como el maíz, la lenteja y el poroto o frijol, entre otras.*
cotiledóneo, a *adj.* Perteneciente o relativo al cotiledón. || Se dice de las plantas fanerógamas cuyos embriones presentan uno o más cotiledones.
cotilla *s. f.* Antigua prenda femenina para ajustarse la cintura, hecha de lienzo o de seda y con varillas o ballenas a trechos regulares; antecedente del corsé. || Persona aficionada a los chismes y las intrigas.
cotillear *intr. fam.* Chismorrear.
cotilleo *s. m.* Acción y efecto de cotillear. Intercambiar chismes.
cotillero, ra *s.* Persona afecta a divulgar chismes.
cotinga *s. m.* Género de pájaros dentirrostros, grandes y de plumaje variado y vistoso, propios de Centro y Sudámerica, donde se alojan en las selvas tropicales.
cotizable *adj.* Que puede cotizarse.
cotización *s. f.* Acción y efecto de cotizar.
cotizado, da *adj.* Estimado o valorado favorablemente. *Es una actriz muy cotizada; el libro no era cotizado en el siglo pasado.*
cotizar *t.* Pagar una cuota. || Fijar el precio de algo. || Estimar en forma pública algo con respecto a un fin determinado. || *t.* e *intr.* Pagar una persona su parte en un gasto colectivo. || Publicar en la bolsa de valores el precio de las acciones que allí se negocian.
coto *s. m.* Terreno acotado, cercado o limitado de otro modo para que no entre allí sino quien determine el propietario. || Mojón para señalar los lindes o términos entre terrenos vecinos. || Término, límite. || *loc.* ***Poner coto:*** impedir que sigan desórdenes, desmanes o desafueros.
cotonía *s. f.* Tela blanca de algodón, usualmente bordada de cordoncillo, de origen árabe. || *Ven.* Tela burda y fuerte de lino o cáñamo. || *loc. Ven.* ***A todo lo ancho de la cotonía:*** cómodamente, holgadamente.
cotopaxense *adj.* y *s. com.* Nativo de Cotopaxi. || Perteneciente o relativo a esa provincia de Ecuador o al volcán del que toma su nombre.
cotorra *s. f.* En España, papagayo pequeño. || Ave psitácida americana de color verde, con mejillas y copete de otro color (rojo, anaranjado o amarillo son los más comunes), parecida al loro y como éste capaz de aprender y repetir palabras. || *loc.* ***Ser alguien una cotorra:*** que habla mucho y sin tino.
cotorrear *intr. fam.* Hablar mucho y ruidosamente. || *pr.* Embromar, tomar el pelo a alguien.
cotorreo *s. m. fam.* Acción y efecto de cotorrear.
cotorro, rra *adj. fam. Méx.* Bonito, atractivo, chistoso.
cotufa *s. f.* Tubérculo de la aguaturma, que se come cocido. || Golosina. || Palomita o roseta de maíz. || Chufa, tubérculo de una variedad de juncia, con la cual se prepara la horchata.
coturno *s. m.* Sandalia con suela de corcho sumamente gruesa que usaban los actores, para verse más altos e imponentes, en las tragedias representadas en los teatros de la época grecorromana || Antiguo calzado griego que cubría las pantorrillas. || *loc.* ***Calzar el coturno:*** usar un estilo elevado y solemne al escribir. || ***Ser de alto coturno:*** de mucha categoría.
coulomb *s. m.* Unidad de cantidad de electricidad y carga eléctrica, denominada así en honor al físico francés Charles de Coulomb.
covacha *s. f.* Cueva pequeña. || Vivienda o habitación pobre, pequeña e incómoda. || Cuarto o rincón donde se guardan objetos inútiles, trebejos.
covalencia *s. f.* En química, unión entre dos átomos que se establece cuando comparten electrones.
covalente *adj.* En química, se dice del enlace entre átomos al compartir pares de electrones.
coxis *s. m.* Cóccix, porción terminal de la espina dorsal.
coya *s. f.* Esposa principal del inca o soberano del imperio prehispánico asentado en Perú, Ecuador, Bolivia y partes de Chile.
coyotaje *s. m. Méx.* Acción y efecto de coyotear.
coyote *s. m. Méx.* y *Amér. C.* Especie de cánido semejante a un lobo pero de menor tamaño, de color pardo rojizo o amarillento, cuyo hábitat se extiende desde el suroeste de los Estados Unidos hasta la porción norte y central de México. Es principalmente carroñero, aunque también caza. || Persona que oficiosamente se ocupa de realizar trámites (especialmente cuando hay de por medio falta de documentos legales) a cambio de una remuneración.
coyotear *t.* e *intr. fam. Méx.* Realizar trámites oficiosamente por cuenta de otra persona y a cambio de un estipendio.
coyoteo *s. m. fam. Méx.* Coyotaje.
coyunda *s. f.* Correa o soga con que se sujetan los bueyes al yugo. || Correa para atar sandalias rústicas, huaraches o abarcas. || Sujeción o dominio que resulta difícil de llevar. || *fig.* Unión conyugal.
coyuntura *s. f.* Parte del cuerpo en que se juntan dos huesos. || *fam.* Conjunto de circunstancias que constituyen una situación determinada.
coyuntural *adj.* Que depende de la coyuntura.
coz *s. f.* Patada violenta hacia atrás tirada por un animal con una o ambas patas traseras. *Por descuido, el caballerango recibió una coz del caballo.* || Patada de ese tipo que da una persona. *Para defenderse de quienes lo rodeaban tiraba coces.* || Retroceso del arma de fuego al dispararla. || *fig.* Acción o palabra injuriosa o grosera. || Parte inferior o más gruesa de un madero.
crac *onomat.* Voz que imita el ruido que producen algunos cuerpos al romperse. || *s. m.* Quiebra financiera, caída súbita e importante del mercado de valores. *El crac más célebre es*

el de la Bolsa de Valores de Nueva York en 1929.

crack *s. m.* Droga derivada sintéticamente de la cocaína. *El «crack» apareció por primera vez en las barriadas de Los Angeles.* || Deportista de calidad o habilidad extraordinaria. *El club piensa que ganará contratando a un «crack».*

cracoviano, na *adj.* y *s.* Natural de Cracovia. || Perteneciente o relativo a esta ciudad de Polonia. || *s. f.* Danza polonesa originaria de la ciudad de Cracovia.

crampón *s. m.* Pieza metálica con picos que se usa para practicar el alpinismo, se fija a la suela de las botas para no resbalar sobre el hielo o la nieve. || Clavo grande que se utiliza en alpinismo. *No pudimos continuar escalando porque no llevamos crampones.*

craneal *adj.* Perteneciente o relativo al cráneo.

craneano *adj.* Craneal.

cráneo *s. m.* Caja ósea que forma la parte superior de la cabeza, encierra y protege el cerebro.

crápula *s. f.* Embriaguez o borrachera. || Disipación, libertinaje. || Vida de disipación y libertinaje. || *s. m.* Hombre que lleva una vida licenciosa y libertina. *Los hijos andaban al garete porque el padre era un crápula.*

crapuloso, sa *adj.* y *s.* Se dice de la persona dada a la crápula.

craquear *t.* Romper las moléculas de ciertos hidrocarburos con el fin de aumentar la proporción de las moléculas más útiles.

craqueo *s. m.* Partición de las moléculas de las fracciones más pesadas de los hidrocarburos para aumentar la proporción de hidrocarburos ligeros, gases, gasolinas, etc.

craso, sa *adj.* Se dice del error o equivocación que es tan grande que no tiene disculpa. *Craso error fue el no saludarle.* || Se aplica a las plantas de hojas carnosas y tallos gruesos que son capaces de almacenar agua, como el cactus. *El semidesierto de Baja California está sembrado de plantas crasas.* || Grueso, gordo o espeso.

cráter *s. m.* Boca de volcán, por donde arrojan al exterior materias diversas. *Subimos hasta la cima del volcán pero no bajamos al cráter.* || Agujero circular en la tierra producido por una explosión. || Depresión circular en la superficie de la Luna. *La superficie de Marte también tiene cráteres.*

crátera *s. f.* Vaso de boca ancha y con dos asas, que se usaba en la Grecia antigua para mezclar el agua y el vino.

crayola *s. f.* Lápiz hecho de cera con colorantes.

crayón *s. m.* Lápiz para dibujar.

creación *s. f.* Acción y efecto de crear alguien lo que antes no existía. *Para muchos, el mundo es una creación de Dios.* || Cosa creada de esta manera, especialmente el universo o conjunto de todas las cosas creadas. *El Génesis es un relato de la creación del mundo.* || Producción de una obra artística, intelectual o imaginativa de su autor. *La música es una creación del intelecto, la imaginación y el sentimiento.* || Obra producida de esta manera. *Beethoven fue un compositor de una creación muy intensa.* || Acción de instituir cosas nuevas. *La carrera de ingeniería física es de nueva creación en la universidad.*

creacionismo *s. m.* Doctrina según la cual la totalidad de las cosas existentes fueron creadas de la nada por Dios. || Movimiento poético para el cual el objeto en sí es el poema, en el que los signos lingüísticos se valoran por su capacidad para reflejar belleza y no por el objeto al que se refieran. *El creacionismo fue iniciado en París en 1919 por el poeta chileno Vicente Huidobro.*

creacionista *adj.* Perteneciente o relativo al creacionismo. || *s. com.* Partidario del creacionismo, ya sea la doctrina o el movimiento literario. *Los poetas creacionistas crearon una revista llamada «Creación».*

creador, ra *adj.* Que crea o es capaz de crear. || *s. m.* Dios, entendido como autor de todo cuanto existe. || *s.* Persona que crea obras artísticas, literarias o científicas.

crear *t.* Hacer que algo venga a la existencia por primera vez, en particular hacer Dios el mundo. *Dios creó al hombre a su imagen y semejanza.* || Imaginar en la mente y producir una obra con la capacidad artística o intelectual de su autor. *Con su poesía, Góngora creó el estilo culterano.* || Hacer aparecer una cosa cuya existencia depende de la existencia de otra. *La falta de oportunidades crea delincuencia y la delincuencia crea inseguridad.* || Iniciar, establecer, fundar, hacer nacer o darle vida a algo, una institución, una empresa, etc. *Manuel Ávila Camacho creó el Instituto Mexicano del Seguro Social en México.* || Caracterizar con sello particular un personaje. *El actor creó el mejor Otelo hasta la fecha.*

creatividad *s. f.* Facultad de crear. *Recrear las creaciones originales estimula la creatividad propia.*

creativo, va *adj.* Se dice de la persona que tiene creatividad o que la estimula. *El profesor es muy creativo para imaginar métodos pedagógicos.*

creatura *s. f.* Criatura.

crecer *intr.* Aumentar el tamaño o la cantidad de algo o de alguien. *Su política fiscal hizo crecer su desprestigio.* || Hablando de personas, adelantar en cualquier aspecto. *Con la paternidad, creció como persona.* || Aumentar una cosa por añadírsele nueva materia. *Las lluvias torrenciales hicieron crecer el río.* || Se dice de la Luna cuando aumenta la parte iluminada. || *pr.* Tomar más ánimo, autoridad, importancia o valor. *El boxeador se creció al castigo.*

creces *s. f. pl.* Aumento aparente que experimenta una cosa cuando se traspala de una parte a otra, como la sal, el trigo, etc. || Tanto más que debe devolver el agricultor que ha tomado grano prestado. || Posibilidad de crecer una cosa; en particular tela que se deja reservada en las costuras de una prenda para agrandarla. *Le dejó creces al saco para agrandarlo cuando cumpla 15 años.* || *loc. adv.* ***Con creces:*** en exceso, colmadamente, más de lo necesario. *Pagó con creces lo que debía.*

crecida *s. f.* Aumento del caudal de agua de un arroyo, río u otra corriente. *La crecida del río arrastró lo que encontró a su paso.*

crecido, da *adj.* Se dice de lo que se considera grande o numeroso. || Que es de un valor o cuantía alta. *Un número crecido de clientes fue defraudado.* || Se aplica a la persona que tiene el ánimo y la confianza muy alta. *Después de la victoria está crecido.* || Agrandado a causa de su crecimiento natural. *Los niños están muy crecidos.*

creciente *adj.* Se dice de lo que crece de manera progresiva en cantidad, calidad o intensidad. *Conforme más lee y estudia, sus conocimientos son crecientes.* || Se aplica a la fase de la Luna que va de luna nueva a luna llena. *La Luna creciente es el símbolo del Islam.* || Se aplica al diptongo formado por una primera vocal débil y una segunda fuerte, como en «tierra». || *s. f.* Aumento del nivel del agua del mar por efecto de la marea.

crecimiento *s. m.* Acción y efecto de crecer. || Cantidad en que ha crecido una cosa. *En el semestre la economía tuvo un crecimiento del tres por ciento.*

credencial *adj.* y *s. f.* Que acredita. *La credencial para votar acredita al ciudadano.*

credibilidad *s. f.* Cualidad de creíble. *Sus contradicciones le han restado credibilidad.*

crediticio, cia *adj.* Perteneciente o relativo al crédito. *Un buen historial crediticio es indispensable para contratar préstamos.*

crédito *s. m.* Préstamo que un prestamista otorga, debiendo el prestatario garantizar su devolución y pagar un interés por disfrutarlo. *Solicité un crédito al banco para comprar una casa.* || Confianza de la que alguien disfruta de que pagará lo que se le preste. *El ingeniero tiene buen crédito en el banco.* || Confianza que se tiene a alguien de que cumplirá el compromiso que contraiga. *Es una persona responsable, tiene todo mi crédito.* || Reconocimiento de una cosa como cierta o verdadera. *No daba crédito a lo que escuchaba.* || Reputación, buena fama. *Por sus diseños, el arquitecto goza de mucho crédito.* || Unidad de valoración de una materia universitaria. *Tengo aprobadas las materias de mayores créditos.* || *pl.* Lista de nombres de personas que han intervenido en una producción cinematográfica o televisiva, que aparece al final de su proyección; o de un libro, que aparece en la página legal. || *loc. adv.* ***A crédito:*** adquirir a plazos, sin tener que pagar al contado. || Pago diferido de la compra de mercancías o servicios. || *loc.* ***Abrir un crédito:*** autorizarlo para que pueda recibir de alguien una cantidad determinada. || ***Dar crédito:*** creer. || ***Dar dinero a crédito:*** prestarlo sin otra seguridad que la del crédito de quien lo recibe. || ***Sentar el crédito:*** establecerse y afirmarse en la buena fama y reputación del público.

credo *s. m.* Oración que enuncia los principales artículos de la fe católica. *Rezaba el credo para darse ánimos.* || Conjunto de creencias ideológicas o religiosas de un grupo. || *fig.* Doctrina o conjunto de principios de una persona. *El pintor tiene el existencialismo como credo.*

credulidad *s. f.* Cualidad de crédulo. || Facilidad excesiva para creer algo. *Su credulidad lo hace presa de abusivos.*

crédulo, la *adj.* y *s.* Se dice de la persona que cree con facilidad lo que otros dicen. *Su inocencia lo hace ser muy crédulo.*

creencia *s. f.* Convicción que alguien tiene de que algo es verdadero o seguro. *Tiene la creencia de que las cosas ocurren por azar.* || Conjunto de nociones ideológicas o religiosas compartidas por un grupo, consideradas como verdades indudables. *Profesan la creencia de la inmortalidad del alma.*

creer *t.* Tener por cierto o probable una cosa, sin llegar a tener una certeza absoluta de su veracidad. *Lo creo porque lo dices.* || Tener fe en dogmas religiosos. *Cree en la trinidad de Dios, padre, hijo y espíritu santo.* || Tener confianza en una persona. *Siempre creí en sus posibilidades de éxito.* || Pensar, juzgar, suponer algo. *Creyó que las cosas serían fáciles.* || *loc.* ***Creerse algo*** o ***alguien:*** estar alguien convencido de que es lo que no. *Se cree un galán.* || ***A creer:*** construcción equivalente a «si se cree». *A creer lo que dices, todos están locos.* || ***Dar en creer:*** creer sin fundamento cierta cosa. *Ha dado en creer que fue abducido por alienígenas.* || ***Hacer creer:*** hacer creer algo que no es verdad. *Le hizo creer que era soltero.* || ***No te creas:*** frase enfática que suele añadirse a la afirmación de algo no evidente. *No te creas, es muy inteligente.* || ***No creas que no:*** frase enfática con que se reafirma algo que se dice. *La habrás de pagar, no creas que no.* || ***¿Qué se cree?:*** interrogación exclamativa con que se comenta con desprecio, enfado o indignación una pretensión de alguien que se considera exagerada o abusiva. *¿Qué se cree ese pelado?* || ***¡Ya lo creo!:*** exclamación con que se asiente enfáticamente a algo. *¿Te gustaría un helado? –¡Ya lo creo!*

creíble *adj.* Que puede o merece ser creído sin dificultad. *Tu hipótesis es muy creíble.*

creído, da *adj.* y *s.* Se dice de la persona que se muestra en exceso convencida de su propio valor o superioridad. *Es un creído, ni le hables.*

crema[1] *s. f.* Sustancia grasa contenida en la leche. *Le pone mucha crema a sus tacos.* || Sopa espesa. *Nos sirvieron una rica crema de champiñones.* || Pasta hecha con leche, huevos, azúcar y otros ingredientes que se usa como relleno en pastelería. *Los panes estaban rellenos de crema pastelera.* || Pasta cosmética o terapéutica para el cuerpo. *Se trata el cutis con cremas humectantes.* || Pasta hecha de ceras para sacar brillo y conservar los artículos de piel, en especial el calzado. *Le puse crema a mis zapatos para sacarles brillo.* || Licor espeso y dulce. *Como aperitivo tomamos una crema de café.* || Persona o grupo de personas que representa lo más selecto de su clase. *En el coctel estaba reunida la crema y nata de la intelectualidad.* || Color de un tono entre el blanco y el amarillo. *Pintamos la fachada de color crema.*

crema[2] *s. f.* Diéresis, signo que consiste de dos puntos que se colocan encima de la «u», como en «vergüenza».

cremación *s. f.* Acción de quemar. || Aplicación de calor para reducir algo a cenizas.

cremallera *s. f.* Mecanismo de cierre y apertura de aberturas en prendas de vestir, bolsos y cosas semejantes, que consiste en dos tiras flexibles provistas de dientes que se traban o se destraban según el sentido en que se desliza una corredera. || Barra metálica con dientes que, engranando con una rueda dentada, transforma un movimiento circular en rectilíneo o viceversa. || Mecanismo que permite a un tren subir pendientes muy pronunciadas mediante un riel dentado sobre el que engrana un piñón instalado en la locomotora.

cremar *t. Méx.* Incinerar un cadáver.

crematística *s. f.* Interés pecuniario de un negocio. || Conjunto de conocimientos relacionados con el manejo del dinero.

crematístico, ca *adj.* Perteneciente o relativo a la generación de riquezas.

crematorio, ria *adj.* Perteneciente o relativo a la cremación de los cadáveres. || *s. m.* Edificio destinado a la incineración de cadáveres.

cremería *s. f. Méx.* Lugar donde se elaboran o se expenden productos lácteos.

C

crémor *s. m.* Nombre comercial del hidrogenotartrato de potasio o tartrato ácido de potasa que se halla en la uva, en el tamarindo y en otros frutos, y se usa como purgante en medicina y para fijar colores en tintorería.

cremoso, sa *adj.* Se dice de aquellos que tiene consistencia o apariencia de la crema. || Que tiene mucha crema.

crencha *s. f.* Raya que divide el cabello en dos partes. || Cada una de estas dos partes.

creosota *s. f.* Líquido aceitoso que se obtiene de la destilación del alquitrán de madera o de hulla y que se usaba para preservar de la putrefacción las carnes, las maderas, y para otros usos.

crepa *s. f.* Tortilla muy delgada hecha con harina, leche y huevo que se hace a la plancha; generalmente se sirve doblada y con un relleno dulce o salado. *De postre comimos unas crepas con cajeta.*

crepé *s. m.* Caucho esponjoso que se obtiene del látex de goma mediante la adición de ácido acético, se emplea en la fabricación de suelas para zapatos. || Tela fina y ligera de lana, seda o algodón, de superficie rugosa. || Peinado consistente en una masa de pelo muy rizado. *Doña Carmen siempre se peina con crepé.*

crepería *s. f.* Establecimiento donde se hacen y venden crepas. *Junto al cine abrieron una nueva crepería.*

crepitación *s. f.* Acción y efecto de crepitar. || Ruido que producen al rozarse los extremos de un hueso fracturado, el aire al penetrar en los pulmones, etc. *La crepitación es síntoma de un ataque de asma.*

crepitante *adj.* Se dice de lo que crepita.

crepitar *intr.* Dar chasquidos, especialmente la madera al arder. *El crepitar de la fogata produce una sensación agradable.*

crepuscular *adj.* Perteneciente o relativo al crepúsculo. || Se dice del estado semiconsciente que se produce antes o después del sueño o a consecuencia de accidentes patológicos o de anestesia general. || Se dice de los animales que, como muchos murciélagos, buscan su alimento principalmente durante el crepúsculo.

crepúsculo *s. m.* Resplandor que hay al amanecer y al atardecer *La luz del crepúsculo enrojece el cielo.*

|| Período de tiempo que dura ese resplandor. || Fase declinante de algo o alguien que se dirige a su desaparición o ruina. *El asesinato de Julio César anunció el crepúsculo de Roma.*
crescendo *s. m.* En música, aumento progresivo de la intensidad de un sonido. || Pasaje de una composición musical que se ejecuta aumentando gradualmente la intensidad. *El cuarteto para cuerdas de Beethoven tiene un* crescendo *vigoroso.* || *loc. adv.* **In crescendo:** en progresión creciente.
creso *s. m.* Hombre muy rico.
crespo, pa *adj.* Se dice del cabello rizado de forma natural. || Aplicado al lenguaje se usa para designar un estilo artificioso, retorcido o complicado. || Irritado o alterado.
crespón *s. m.* Trozo de tela, símbolo de luto. *Colocaron un crespón a la entrada del edificio.* || Tela o gasa fina de textura rugosa.
cresta *s. f.* Carnosidad roja que tienen en la cabeza algunas aves. || Conjunto de plumas levantadas que tienen algunas aves en la parte superior de la cabeza. || Cumbre de picos o peñascos agudos de una montaña. *La cresta de la sierra se recorta en el horizonte.* || Cima de una ola. *Para surfear se debe saber tomar la cresta de la ola.* || Intensidad máxima en el desarrollo de una actividad o un fenómeno. || *loc.* ***Estar en la cresta de la ola:*** estar en el mejor momento, en el apogeo. *Con un solo discurso se puso en la cresta de la ola del movimiento de protesta.* || ***Picar la cresta:*** provocar la susceptibilidad de alguien con frases sarcásticas. *Le picaba la cresta para que dijera lo que realmente piensa.*
crestado, da *adj.* Que tiene cresta.
crestomatía *s. f.* Colección de fragmentos literarios seleccionados para la enseñanza.
crestón *s. m.* Parte superior de la celada, en la cual se ponían las plumas. || Parte superior de un filón o una roca que sobresale por encima de la superficie del terreno.
crestudo, da *adj.* Que tiene mucha cresta. || Soberbio, arrogante.
creta *s. f.* Roca caliza, de color blanco, de grano muy fino, de aspecto terroso y muy absorbente.
cretáceo, a *adj.* y *s. m.* Cretácico.
cretácico, ca *adj.* y *s. m.* Se denomina así al periodo geológico que es el tercero y último de la era Mesozoica o Secundaria, sigue al periodo Jurásico. *El Cretácico comenzó hace 135 millones de años y terminó hace 65 millones de años.*
cretense *adj.* Perteneciente o relativo a esta isla del Mediterráneo. || *s. com.* Natural de Creta. || Relativo a una antigua civilización que floreció en esta isla en el segundo milenio a. C. *La civilización cretense es una cultura prehelénica de la edad de bronce.*
cretinez *s. f.* Tontería, estupidez.
cretinismo *s. m.* Enfermedad debida a la falta o insuficiencia de la glándula tiroides, caracterizada por una peculiar dificultad y gran lentitud para comprender las cosas, acompañada, por lo común, de defectos del desarrollo físico. || Estupidez, imbecilidad, idiotez.
cretino, na *adj.* y *s.* Que padece de cretinismo. || *fam.* Estúpido, necio.
creyente *adj.* y *s. com.* Que cree, especialmente en determinadas ideas religiosas. *La congregación de creyentes celebró la Semana Santa.*
cría *s. f.* Acción y efecto de criar a los humanos o a los animales recién nacidos hasta que pueden valerse por sí mismos. *Los mamíferos protegen celosamente a sus crías.* || Niño o animal mientras se está criando. *La cría del chimpancé en el zoológico es muy simpática.* || Conjunto de hijos que nacen de los animales en un solo parto o en un nido. *Las cerdas tienen, en promedio, 22 crías por año.*
criadero *s. m.* Lugar en el que se crían animales. || Lugar en el que se plantan árboles pequeños y otras especies vegetales para que crezcan. || Terreno en el que abunda un mineral o materiales de origen orgánico explotables.
criadilla *s. f.* Testículo de algunos animales de matadero descuartizados para el consumo. || *loc.* ***Criadilla de tierra:*** hongo comestible de figura redondeada, negruzco por fuera y blanquecino o pardo rojizo por dentro, que se cría bajo tierra y se emplea como condimento. || ***Criadilla de mar:*** nombre de ciertos pólipos de forma globosa.
criado, da *adj.* Se dice de la persona que ha recibido buena o mala crianza. || *s.* Persona que se emplea por un salario y manutención, especialmente en el servicio doméstico. || Nutrir y alimentar las madres a los hijos. *Sus hijos fueron criados a base de fórmulas lácteas y papillas.* || Instruir, educar a los niños. *Ellos se criaron en un ambiente de amor al prójimo.* || Dar a un vino cuidados especiales. *Este vino se cría en barricas de roble blanco.*
criador, ra *adj.* Que cría y alimenta. || *s.* Persona que se dedica a criar ciertos animales. || Persona que se dedica a elaborar vinos. || *adj.* Dios, como hacedor de todas las cosas.
crianza *s. f.* Acción y efecto de criar, que recibe un animal o bebé recién nacido hasta que puede valerse por sí mismo. *Por lo común, la crianza está a cargo de las madres y nodrizas.* || Proceso de educación, enseñanza y aprendizaje de un niño o un joven. *La buena o mala crianza se adquiere en el hogar.* || Conjunto de cuidados a los que se somete un vino para su envejecimiento, después de su fermentación. *Te daré a probar un vino de crianza.* || Alimentación y cuidado de animales destinados al consumo o a la venta. *Tomás se dedica a la crianza de perros para mascotas.*
criar *t.* Nutrir y alimentar las hembras a las crías con la leche de sus pechos, o con biberón en caso de los humanos. *La perra está criando cuatro cachorros.* || Cuidar el crecimiento material o moral de un niño. *La madre se dedica a criar a los hijos.* || Hacer que se reproduzcan, alimentar y cuidar animales; cultivar o plantar y cuidar plantas. *En el rancho del abuelo crían caballos y árboles.* || Producir, engendrar o servir de sustento a algo. *La humedad cría moho.* || Crecer, vivir o desarrollarse una persona u otro ser vivo. *Es muy ingenuo porque se crió en provincia.* || Dar a un vino cuidados especiales. *Este vino fue criado en las mejores condiciones.*
criatura *s. f.* Referido a Dios, todas la cosas existentes. *Todos somos criaturas de Dios.* || Bebé recién nacido. *Llevaba a la criatura atada a la espalda con un rebozo.* || Persona que le debe su posición a otra. *El diputado es una criatura del gobernador.* || Ser fantástico o imaginario. *Las sirenas, el minotauro y el centauro son criaturas de la mitología.*
criba *s. f.* Utensilio para cribar, consistente en un aro más o menos profundo que en un extremo tiene una lámina agujereada o una malla de alambre, que sirve para separar partículas de distinto grosor. || Selección que se efectúa para separar las cosas o personas que se consideran buenas o apropiadas para algo de las que no lo son. *Eratóstenes sometió los números a criba para encontrar los números primos.*
cribado *s. m.* Acción y efecto de cribar.
cribador *adj.* Que criba.
cribaje *s. m.* Nombre que en medicina se usa para la práctica de exámenes aleatorios a un segmento de la población para determinar la incidencia de determinados padecimientos. *Se realizó el cribaje en recién nacidos para determinar la presencia de fibrosis quística.*
cribar *t.* Hacer pasar una materia por una criba para separar las partes menudas de las gruesas. *Para preparar este pastel, primero hay que cribar la harina.* || Seleccionar o elegir lo que interesa. *Para encontrar al empleado que necesitamos, hay que cribar a los candidatos.*
cric *s. m.* Instrumento para levantar grandes pesos, consiste de una rueda dentada y una cremallera.

crimen *s. m.* Delito que consiste en matar, herir o hacer daño de gravedad a una persona. *Jack «El Destripador» cometió crímenes muy graves.* || Acción o hecho reprobable. *Explotar el trabajo infantil es un crimen.*

criminal *adj.* Perteneciente o relativo al crimen, o que de él se deriva. || Que ha cometido o intentado cometer un crimen. *Joe es un criminal incorregible.* || Se dice de la ley, institución, acción, etc., cuyo objetivo es perseguir y castigar el crimen. *En la academia de policía enseñan técnicas de investigación criminal.* || *s. com.* Persona que mata a otra de manera intencional.

criminalidad *s. f.* Circunstancia o conjunto de características que hacen que una acción tenga un determinado grado de criminal || Fenómeno de existir crímenes. || Estadística de los crímenes cometidos en un territorio y tiempo determinados. *La criminalidad ha aumentado con el desempleo.*

criminalista *adj.* Que se dedica al estudio de los crímenes y a la identificación de los criminales. || *s. com.* Abogado o especialista en derecho penal.

criminalizar *t.* Atribuir carácter criminal a alguien o algo. *La nueva ley busca criminalizar la protesta social.*

criminología *s. f.* Ciencia que se ocupa del estudio del delito.

criminológico, ca *adj.* Perteneciente o relativo a la criminología.

criminólogo, ga *s.* Especialista en criminología.

crin *s. f.* Conjunto de cerdas que tienen algunos animales en la parte superior del cuello y en la cola. || Filamento flexible y elástico que se obtiene de las hojas del esparto, agave y palmas y que se emplea en tapicería.

crinado, da *adj.* Que tiene largo el cabello.

crío, a *s.* Niño que se está criando. *Su hijo todavía es un crío.* || *desp.* Joven inmaduro que actúa de forma infantil. *Para su edad, se comporta como un crío.*

criobiología *s. f.* Disciplina que se encarga de estudiar los efectos de bajas temperaturas en células y tejidos.

criocirugía *s. f.* Técnica quirúrgica que utiliza el frío intenso y controlado, para provocar la necrosis limitada y selectiva de los tejidos. *Las verrugas se quitan con criocirugía.*

criocoagulación *s. f.* Coagulación mediante el frío.

criogenia *s. f.* Conjunto de técnicas utilizadas para enfriar un material a la temperatura de ebullición del nitrógeno o a temperaturas aún más bajas. *La criogenia se utiliza en tecnologías que dependen de la superconductividad.*

criollismo *s. m.* Cualidad o modo de ser de los criollos. || Tendencia a exaltar lo criollo. *El criollismo empezó con la obra de Bernardo de Balbuena.*

criollo, a *adj.* y *s.* Se dice de la persona que desciende de padres europeos, nacida fuera de Europa; especialmente, descendientes de españoles en la América colonial. *Los criollos independizaron a las naciones de América Latina.* || Que es característico de la cultura y la tradición distintiva de un país hispanoamericano. || Se aplica al idioma resultado de la mezcla de elementos de lenguas diferentes hasta convertirse en la lengua principal de un territorio.

crioterapia *s. f.* Tratamiento de enfermedades por medio del frío.

cripta *s. f.* Recinto subterráneo en que se acostumbraba enterrar a los muertos. *El emperador Othón III reabrió la cripta de Carlomagno.* || Piso subterráneo de una iglesia destinado al culto funerario o a la veneración de reliquias. *La exposición de arte sacro se realizó en la cripta de la catedral.*

críptico, ca *adj.* Perteneciente o relativo a la criptografía. || Enigmático, misterioso, que no es comprensible para la mayoría de las personas porque está hecho para ser entendido por unos pocos. *Los escritos de Newton sobre alquimia son crípticos.*

criptógamo, ma *adj.* Se dice de la planta carente de flor, que no tiene visible los órganos de reproducción. *Los hongos, helechos y musgos, son plantas criptógamas.* || *s. f. pl.* En la clasificación clásica de la plantas, se les consideraba un tipo de los dos que abarcaban todas las existentes, las plantas sin flores, que en la sistemática moderna no tiene categoría taxonómica.

criptografía *s. f.* Escritura cifrada.

criptográfico, ca *adj.* Perteneciente o relativo a la criptografía.

criptograma *s. m.* Documento cifrado. *El telegrama Zimmerman era un criptograma.*

criptón *s. m.* Kriptón.

crisálida *s. f.* Fase intermedia y larvaria, previa a la de adulto, en el desarrollo de los insectos lepidópteros. *A la crisálida se le conoce también por «pupa» o «ninfa».*

crisantemo *s. m.* Planta originaria de China de la familia de las compuestas, de flores abundantes de colores variados e intensos, con gran cantidad de pétalos. || Flor de esta planta. *En el jardín florecen los crisantemos.*

crisis *s. f.* Situación grave y difícil que pone en riesgo la estabilidad, la continuidad o el desarrollo de un proceso físico, histórico o espiritual. *La crisis financiera empezó por incumplimiento de los deudores.* || Cambio considerable en una enfermedad tras la cual se produce un empeoramiento o una mejoría. *El enfermo logró superar la crisis.* || Problema, conflicto, situación delicada. *La toma de rehenes desencadenó la crisis política.* || *loc.* ***Crisis económica:*** fenómeno económico consistente en la existencia de desequilibrios entre los factores de la producción y el consumo. *La crisis financiera desencadenó una crisis económica.* || ***Crisis financiera:*** parálisis de la actividad financiera resultante de la falta de dinero y la restricción de créditos. *Para enfrentar la crisis financiera refinanciaron a los bancos.*

C

crisma[1] *s. f.* Cabeza de una persona. *Se cayó de la bicicleta y se rompió la crisma.* || *s. indef.* Aceite y bálsamo mezclados consagrado para unciones sacramentales.

crisma[2] *s. f.* Tarjeta de felicitación navideña.

crisoberilo *s. m.* Aluminato de berilo que cristaliza en el sistema rómbico. || Piedra preciosa de color verde amarillento. *Los crisoberilos más valiosos son de un color brillante.*

crisol *s. m.* Recipiente de material refractario que sirve para fundir un metal a temperaturas muy altas. || Parte inferior de un alto horno en el que se deposita el metal fundido. || *fig.* Lugar en el que se mezclan grupos raciales y culturales distintos. *Estados Unidos ha sido un crisol de razas y culturas.*

crisolada *s. f.* Porción de metal derretido que cabe dentro del crisol.

crispación *s. f.* Acción y efecto de crispar. || Contracción repentina y momentánea de un músculo. *El disgusto se le reflejaba en la crispación del rostro.* || Irritación, enfurecimiento o enojo grande.

crispado, da *adj.* Nervioso, irritado.

crispante *adj.* Que provoca crispación.

crispar *t.* y *pr. fam.* Poner o ponerse nervioso alguien. || Contraer un músculo. *Ese gato es desconfiado y se crispa cuando alguien lo quiere tocar.*

cristal *s. m.* Cuerpo sólido homogéneo con una estructura interna ordenada de sus partículas reticulares, sean átomos, iones o moléculas. *Pasteur hizo un descubrimiento fundamental en los cristales del ácido paratartárico.* || Mineral formado por la solidificación de ciertas sustancias que han sido fundidas o disueltas y que toma la forma de un sólido geométrico más o menos regular. *Casi toda la materia sólida está formada por cristales.* || Vidrio endurecido, frágil, generalmente transparente, que se obtiene al fundir a elevada temperatura diversas sustancias y enfriarlas con rapidez. || Objeto de esta materia. *Los edificios modernos tienen fachadas de cristal.*

cristalera *s. f.* Cristal o conjunto de cristales que forman parte de algo, una puerta, una ventana, un invernadero, etc. || *s. com.* Persona que hace o vende cristales o vidrios. *Hay que traer al cristalero para que cambie los cristales rotos.* || *s. f.* Vitrina, armario con cristales. *Mi colección de copas la exhibo en la cristalera.*

cristalería *s. f.* Establecimiento en el que se fabrican o venden objetos de cristal. || Conjunto de estos mismos objetos. || Conjunto de piezas de cristal o vidrio que forman parte de una vajilla. *Para la boda rentaron la cristalería.*

cristalero, ra *s.* Persona que trabaja en cristal o que lo vende.

cristalino, na *adj.* De cristal o semejante a él. || Se dice de los cuerpos cuyas partículas están estructuradas en forma de cristales. *La sal que comemos todos los días es un sólido cristalino.* || *s. m.* Parte del ojo con forma de lente biconvexa, situado detrás del iris y delante del humor vítreo, su función principal es la de enfocar los objetos de la visión.

cristalizable *adj.* Que se puede cristalizar.

cristalización *s. f.* Acción y efecto de cristalizar. || Proceso por el que una sustancia adopta la forma de sólido cristalino a partir del mismo producto fundido, de su disolución, o de una fase de vapor sin pasar por el estado líquido. *La cristalización es necesaria para todo producto químico que se expende en forma de polvos o cristales.*

cristalizado, da *adj.* Referido a la sustancia que al endurecerse ha adquirido apariencia de cristal o cristales.

cristalizador *s. m.* Recipiente usado en los laboratorios, donde se vierten las disoluciones para que cristalicen.

cristalizar *intr.* Adquirir un cuerpo o sustancia la forma y estructura cristalina que es característica de su clase. || Tomar forma clara y definida las ideas, sentimientos o deseos. *Sus deseos cristalizaron al ver a sus hijos profesionistas.* || *t.* Hacer que una sustancia adquiera la forma y la estructura de cristal. *Cristalizó la sustancia porque la necesitaba pura.*

cristalografía *s. f.* Parte de la geología que estudia la forma y estructura cristalinas de los minerales. *La cristalografía se apoya en observar los patrones de difracción de rayos X.*

cristalográfico, ca *adj.* Perteneciente o relativo a la cristalografía.

cristaloide *s. m.* Sustancia que, en disolución, puede atravesar una membrana porosa, a diferencia de los coloides.

cristaloideo, a *adj.* Perteneciente o relativo a los cristaloides.

cristiandad *s. f.* Conjunto de los pueblos que tienen al cristianismo como religión mayoritaria. || Conjunto de los fieles que profesan la religión cristiana.

cristianismo *s. m.* Religión de Cristo.

cristianización *s. f.* Acción y efecto de cristianizar.

cristianizar *t.* Difundir la religión de Cristo. *La cristianización de América la hicieron los españoles.* || Convertir a alguien al cristianismo. *Los evangelizadores cristianizaron a los indígenas.* || Adaptar una cosa a la doctrina o la moral cristiana. *Los indígenas de Mesoamérica cristianizaron muchas de sus costumbres.*

cristiano, na *adj.* Perteneciente o relativo a la religión de Cristo. || *s.* Se dice de la persona que profesa la fe de Cristo. *Generalmente, los cristianos se congregan los domingos.* || Expresión indeterminada para aludir a cualquier persona. *Arremetió contra todos sin dejar cristiano sano.* || *fig.* Se dice del vino aguado mezclado con agua. || *fam. desp.* Lengua española en oposición a otra. *Para que te entienda háblame en cristiano.* || *loc.* ***Arte cristiano:*** arte propio de los cristianos primitivos. || ***Cristiano nuevo:*** en España, el que se convertía a la religión cristiana siendo antes de fe judía o musulmana. || ***Cristiano viejo:*** en España, que desciende de cristianos, sin mezcla conocida de moro, judío o gentil. || ***Hablar en cristiano:*** expresarse en términos llanos y fácilmente comprensibles, o en la lengua que todos entienden.

cristofué *s. m.* Pájaro algo mayor que la alondra, de color entre amarillo y verde, que abunda en los valles de Venezuela.

criterio *s. m.* Norma para juzgar una cosa, especialmente para conocer la verdad, formar un juicio o tomar una decisión. || Norma a la que se atiende para clasificar o seleccionar cosas. *El criterio para elegir edecanes son sus medidas corporales.* || Manera personal de juzgar las cosas. *No acepta imposiciones, se guía por su propio criterio.*

crítica *s. f.* Examen y juicio u opinión sobre alguien o algo; en particular sobre una obra literaria o artística o sobre la actuación de artistas, etc. *Su crítica fue favorable para la soprano.* || Conjunto de los juicios u opiniones públicos sobre algo. *La crítica recibió favorablemente su última novela.* || Conjunto de las personas que ejercen la crítica en una disciplina determinada. *La crítica deportiva hizo pedazos la actuación de la selección nacional de futbol.*

criticable *adj.* Que se puede criticar.

criticar *t.* Examinar y juzgar algo, fundándose en los principios de la ciencia o en las reglas del arte. || Expresar juicios negativos o desfavorables sobre una cosa. || Censurar a alguien o algo. *Todo mundo criticó la falta de respeto del conferencista.*

criticastro *s. m. desp.* Crítico que sin fundamento ni conocimientos firmes censura obras de mérito.

criticismo *s. m.* Sistema filosófico que, partiendo de una crítica del conocimiento, pretende establecer la estructura y los límites de la razón. *El criticismo fue desarrollado por Immanuel Kant.*

crítico, ca *adj.* Perteneciente o relativo a la crítica. || Se dice de la persona que se dedica a la crítica de obras de arte o del conocimiento. || Perteneciente o relativo a la crisis. || Se dice del estado, momento, punto, etc., en que ésta se produce. *Su estado de salud es crítico.* || *loc.* ***Día o momento crítico:*** aquel del que pende la decisión sobre algo de importancia, una enfermedad, un negocio, etc. || ***Edad crítica:*** en el joven, su paso de la adolescencia a la adultez; en la mujer, período de la menopausia, etc. || ***Presión crítica:*** característica de cada líquido, en la que a su temperatura crítica coexisten los estados líquido y gaseoso. || ***Punto crítico:*** momento exacto en que ocurre o es preciso hacer algo. || En cada sustancia, el estado determinado por su temperatura y presión críticas. || ***Temperatura crítica:*** temperatura por encima de la cual es imposible que un vapor se transforme en líquido, por mucho que se eleve la presión.

criticón, cona *adj.* Se dice de la persona que todo lo censura y suele criticar y hablar mal de los demás. *Se ha vuelto un criticón.*

croar *intr.* Emitir la rana su sonido característico.

croata *adj.* y *s. com.* Natural de Croacia. || Perteneciente o relativo a este país de Europa. || Lengua eslava que se habla en Croacia.

crocante *adj.* Se dice del alimento que tiene una consistencia dura y produce ruido al masticarlo. || *s.* Pasta crujiente hecha con almendra y caramelo.

croché *s. m.* Labor manual que consiste en tejer con ganchillo. || En boxeo, golpe que se da con el brazo doblado en ángulo.

crol *s. m.* Estilo de natación que consiste en un movimiento rotatorio de los brazos hacia el frente sacándolos del agua y de los pies de arriba abajo.

cromado, da *adj.* y *s. m.* Acción y efecto de cromar. || Proceso mediante el cual se cubre una superficie metálica con una película de cromo.

cromar *t.* Bañar con cromo un objeto metálico para hacerlo inoxidable.

cromático, ca *adj.* Perteneciente o relativo a los colores. || Se dice de uno de los géneros del sistema musical, cuyos sonidos proceden por semitonos. *La escala cromática contiene los doce semitonos de la escala temperada.* || Se dice del cristal o instrumento óptico que hace aparecer los objetos contorneados con los colores del arco iris.

cromatismo *s. m.* Conjunto o gama de colores. || Aplicación del sistema cromático en la composición musical.

cromatografía *s. f.* Método de análisis químico que en su origen se utilizó para separar sustancias coloreadas y, en la actualidad, para separar mezclas de gases, líquidos o sólidos en disolución.

cromatógrafo *s. m.* Aparato que sirve para realizar cromatografías.

crómlech *s. m.* Monumento megalítico, probablemente de carácter ritual o ceremonial, consistente en una serie de piedras o menhires dispuestos en círculo. *El crómlech más conocido y más importante es el de Stonehenge, Inglaterra.*

cromo[1] *s. m.* Elemento químico del grupo de los metales de transición, de color blanco plateado, brillante, duro y quebradizo. Es muy resistente a la corrosión e inoxidable. Su número atómico es 24 y su símbolo *Cr.*

cromo[2] *s. m.* Estampa de pequeño tamaño con representaciones muy diversas. *Tenía su cuarto tapizado de cromos de luchadores.*

cromosfera *s. f.* Zona exterior de la envoltura gaseosa del Sol, de color rojo y constituida principalmente por hidrógeno inflamado.

cromosoma *s. m.* Orgánulo en forma de filamento condensado de ácido desoxirribonucleico que se halla en el interior del núcleo de una célula y en los que residen los factores hereditarios. *El número de cromosomas de los individuos de la misma especie es constante.*

cromosómico, ca *adj.* Perteneciente o relativo al cromosoma.

crónica *s. f.* Relato de hechos históricos ordenados cronológicamente. || Género periodístico sobre temas de actualidad.

crónico, ca *adj.* Se dice de la enfermedad prolongada, generalmente por no tener cura, aunque sí un tratamiento que evita sus consecuencias. || Se dice de problemas o dificultades que vienen de tiempo atrás. *La deficiencia educativa se convirtió en crónica.*

cronicón *s. m.* Breve narración histórica ordenada cronológicamente.

cronista *s. com.* Historiador que se dedica a escribir crónicas. || Periodista que se dedica a escribir crónicas.

crónlech *s. m.* Crómlech.

cronógrafo *s. m.* Instrumento que sirve para registrar intervalos de tiempo sumamente pequeños. || *s. com.* Especialista en cronografía.

cronograma *s. m.* Diagrama que representa la evolución temporal de un fenómeno.

cronología *s. f.* Sistema que tiene por objeto determinar el orden y la fecha de sucesos históricos. *La cronología de occidentales, hebreos y musulmanes difiere en extremo.* || Conjunto de hechos históricos ordenados cronológicamente.

cronológico, ca *adj.* Perteneciente o relativo a la cronología.

cronometraje *s. m.* Medición del tiempo de forma exacta y precisa.

cronometrar *t.* Medir el tiempo con un cronómetro.

cronometría *s. f.* Técnica que se ocupa de la medición exacta del tiempo.

cronométrico, ca *adj.* Perteneciente o relativo a la cronometría o al cronómetro.

cronómetro *s. m.* Reloj de precisión que sirve para medir fracciones de tiempo muy pequeñas.

croqueta *s. f.* Masa de forma ovalada compuesta de distintos alimentos picados que se reboza y fríe. *En el menú tenían croquetas de atún.*

croquis *s. m.* Diseño o dibujo rápido y esquemático, hecho sin precisión ni detalles. *Para llegar a su casa me dibujó un croquis del barrio.*

crótalo *s. m.* Serpiente muy venenosa que tiene al final de la cola una serie de anillos semejantes a un cascabel. *El crótalo es conocido también como serpiente cascabel.* || Castañuela. || Instrumento musical de percusión antiguo, que consiste en dos pequeños platillos que se tocan sujetándolos a los dedos índice y pulgar.

cruasán *s. m.* Pan de hojaldre en forma de cuernos.

cruce *s. m.* Acción de cruzar. || Lugar de intersección de dos o más cosas, líneas, caminos, calles, etc. *El cruce de esas calles necesita un semáforo.* || Interferencia en un canal de comunicación. *Hubo un cruce en las llamadas telefónicas.* || Acción de cruzar animales o plantas para producir una variedad nueva. || Especie o raza creada a partir de este cruzamiento. || Combinación de dos o más palabras entre sí para formar otra.

crucero *s. m.* Viaje por mar con un itinerario turístico determinado. *De luna de miel se fueron a un crucero por el Caribe.* || Lugar en que se cruza la nave mayor de una iglesia y la que la atraviesa. *En el crucero de la iglesia se magnifica la acústica.* || Cruz de piedra que se coloca en caminos y atrios || Navío de guerra de gran velocidad, radio de acción y armamento. *El acorazado «Potemkin» era un crucero.* || Maniobra o acto de cruzar un barco por una parte estrecha.

cruceta *s. f.* Pieza de las máquinas que sirve de articulación entre el vástago del émbolo y la biela. || Llave en forma de cruz que sirve para aflojar y apretar las tuercas que sujetan las llantas de los automóviles, tiene diferentes bocas en cada uno de sus extremos, para diferentes tamaños de tuercas o tornillos.

crucial *adj.* Se dice de algo que es muy importante y decisivo para el desarrollo o solución de algo. *La respuesta que den a mi solicitud será crucial para mi futuro.*

crucífero, ra *adj.* Que tiene o lleva la insignia de la cruz. || Se dice de las plantas crucíferas o relativo a esta familia de plantas. || *s. f. pl.* Familia de plantas dicotiledóneas, de flores en racimo, de corola cruciforme y fruto en silicua o silícula. *El alhelí, el berro, la col, el nabo y la mostaza son plantas crucíferas.*

crucificar *t.* Clavar en una cruz a una persona. *Gestas, Dimas y Jesús fueron crucificados.* || *fig.* Perjudicar a una persona. *La crítica lo crucificó por su mala actuación.*

crucifijo *s. m.* Imagen o efigie de Cristo crucificado. *En su primera comunión le regalaron un crucifijo tallado.*

crucifixión *s. m.* Acción y efecto de crucificar. || Representación de la muerte de Cristo. *Todos los años montan una representación de la crucifixión de Cristo.*

cruciforme *adj.* Que tiene forma de cruz.

crucigrama *s. m.* Pasatiempo que consiste en llenar un casillero en sentido horizontal y vertical con palabras que se entrecruzan y cuyo significado se sugiere.

cruda *s. f. Méx.* Resaca, estado que sobreviene al día siguiente de haber bebido mucho alcohol y que se caracteriza por un fuerte dolor de cabeza y mucha sed.

crudeza *s. f.* Calidad de crudo. || Forma realista en extremo, refiriéndose a una escena o descripción, con que se muestra un hecho o situación. *Ese director recurre a demasiada crudeza en sus escenas.* || Estado del tiempo atmosférico que resulta difícil de soportar. *La crudeza del invierno ha paralizado las actividades cotidianas.* || Falta de delicadeza o de amabilidad en el trato. *Déjame decirlo con crudeza: ella no te quiere.*

crudo, da *adj.* Se dice del alimento que no está suficientemente cocido. *Me sirvieron la carne cruda.* || Se dice de la lana, el cuero, etc., cuando no están preparados o curados. *Su jorongo era de lana cruda.* || Se dice del tiempo muy frío e inclemente. *Éste ha sido un invierno crudo.* || Se dice de aquello que es descarnado, despiadado o muestra con excesivo realismo lo que puede resultar desagradable. *La película tiene escenas de violencia muy crudas.* || Se dice de aquello que no está refinado. *Las mayores exportaciones son de petróleo crudo.* || *Méx.* Se dice de una persona que tiene resaca después de una borrachera. *Traigo una cruda que no puedo con ella.*

cruel *adj.* Se dice de la persona que goza haciendo sufrir a otros o se complace con el sufrimiento de los demás. *Por algo le llamaban Pedro «El Cruel».* || Se aplica a cosas inanimadas, especialmente al tiempo. *Hemos padecido una canícula cruel.* || Se aplica a cualquier cosa que hace padecer. *La Primera Guerra Mundial fue muy cruel.*

crueldad *s. f.* Cualidad de cruel. || Acción cruel e inhumana. *Hacer trabajar de esa manera a los mineros es una crueldad.*

cruento, ta *adj.* Sangriento, que causa mucho derramamiento de sangre. *La Primera Guerra Mundial fue muy cruenta.*

crujía *s. f.* Pasillo o corredor largo que da acceso a las piezas que hay a los lados. *Los presos peligrosos estaban en la crujía poniente.* || Espacio que hay entre dos muros de carga o entre dos filas de pilares o columnas. || Galería de un hospital con camas a ambos lados. || Espacio que hay entre la proa y la popa de la cubierta de un barco.

crujidero, ra *adj.* Que cruje.

crujido *s. m.* Acción y efecto de crujir.

crujiente *adj.* Que cruje.

crujir *intr.* Sonido que producen algunas cosas al rozarse, romperse o estar sometidas a una tensión. *Escuché el crujir de la escalera cuando subía.*

crustáceo, a *adj.* Se dice de los animales invertebrados que tienen el cuerpo cubierto por un caparazón duro y flexible. || *s. m. pl.* Grupo taxonómico, con categoría de clase, constituido por estos animales.

cruz *s. f.* Figura formada por dos líneas que se cruzan en ángulo recto. || Objeto que tiene forma de cruz. || Reverso de una moneda.

cruza *s. f. Amér.* Cruce de animales.

cruzada *s. f.* Expedición militar hecha por los ejércitos cristianos contra los musulmanes entre los siglos XI y XIV, especialmente la que tenía como fin rescatar los santos lugares. *La Cuarta Cruzada estableció el Imperio latino en Bizancio.* || Tropa que iba a estas expediciones.

cruzado, a *adj.* y *s. m.* Participante en una cruzada. *El rey Ricardo Corazón de León era un cruzado.* || Se dice del caballero que posee la cruz de una orden militar. || Se dice del animal nacido de padres de distinta raza. || Se dice de la prenda de vestir que se abrocha al frente sobreponiendo una parte sobre otra.

cruzamiento *s. m.* Acción y efecto de cruzar.

cruzar *t.* Poner una cosa sobre otra en forma de cruz. *Cruzar las piernas es una postura descansada.* || Atravesar un camino, campo, calle, etc. *El ejército de Washington logró cruzar el río Delaware congelado.* || Aparear animales de la misma especie para que se reproduzcan. *Verónica quiso cruzar su perra con mi perro.* || Intercambiar con otra persona palabras, miradas o cualquier otro gesto. *En vez de atender la clase se cruzaban miradas.* || Aparecer o interponerse. *Tuve la fortuna de que se cruzara en mi camino.* || Pasar dos personas o más por un punto o camino en dirección opuesta. *Nos cruzamos en la calle.* || *pr.* Se dice de dos palabras o formas gramaticales generalmente sinónimas que originan otra que conserva caracteres de cada una de ellas.

cuache, cha *adj. Guat.* Mellizo.

cuaco *s. m. Amér.* Caballo.

cuadernillo *s. m.* Conjunto de cinco pliegos de papel.

cuaderno *s. m.* Conjunto de pliegos de papel unidos en forma de libro.

cuadra *s. f.* Instalación cerrada y cubierta acondicionada para la estancia de caballos u otros animales de carga. || Conjunto de caballos que pertenecen a un propietario. || *Amér.* Espacio de una calle comprendido entre dos esquinas; lado de una manzana.

cuadrado, da *adj.* y *s.* Figura geométrica de cuatro lados iguales que forman cuatro ángulos rectos. || Se utiliza para designar unidades de superficie, para indicar que equivalen a la superficie de un cuadrado. *El terreno tiene 80 m^2.* || Resultado de multiplicar un número por sí mismo. *El cuadrado de dos es cuatro.*

cuadragenario, ria *adj.* Que tiene 40 años.

cuadragesimal *adj.* Perteneciente o relativo a la cuaresma.

cuadragésimo, ma *adj.* Se dice de cada una de las 40 partes iguales en que se divide un todo. || Que ocupa el lugar número 40 en una serie ordenada.

cuadrangular *adj.* Se dice de la figura que tiene o forma cuatro ángulos. || Se dice de la competición deportiva que se disputa entre cuatro equipos.

cuadrángulo, la *adj.* y *s. m.* Se dice de la figura geométrica que tiene cuatro ángulos.

cuadrante *s. m.* Cuarta parte de un círculo o una circunferencia comprendida entre dos radios que forman un ángulo de noventa grados. || Instrumento con un dispositivo en forma de un cuarto de círculo en la que están marcados los grados y que se usa para medir ángulos. *El cuadrante es un instrumento indispensable en la navegación de altura.* || En matemáticas, cada una de las cuatro partes del plano determinadas por los ejes de coordenadas.

cuadrar *t.* Dar forma de cuadro o de cuadrado. || Hacer que coincida una cosa con otra. *Para el informe, tenía que cuadrar las cuentas.* || *intr.* Determinar o encontrar un cuadrado equivalente en superficie a una figura dada. || Elevar un número o expresión algebraica a la segunda potencia, o sea, multiplicarlo una vez por sí mismo. || *pr.* Cuadrarse, adoptar la postura de firmes.

cuadrático, ca *adj.* En matemáticas, perteneciente o relativo al cuadrado. || En matemáticas, se dice de la expresión algebraica que tiene cuadrados como potencia más alta.

cuadratura *s. f.* Acción y resultado de cuadrar una figura. || *loc.* ***Cuadratura del círculo:*** conversión de una figura plana limitada por curvas en otra plana de igual superficie limitada por líneas rectas. || Expresión que se usa para indicar la absoluta imposibilidad de algo.

cuádriceps *s. m.* Músculo que se encuentra en la parte anterior del muslo. *El cuádriceps está formado por cuatro haces o manojos de fibras musculares.*

cuadrícula *s. f.* Conjunto de cuadrados que resultan de la intersección perpendicular de dos series de rectas paralelas. *Para la clase de matemáticas necesito un cuaderno de cuadrícula.*

cuadriculación *s. f.* Acción y efecto de cuadricular.

cuadriculado, da *adj.* Referido a lo que está dividido por líneas que se cruzan formando muchos cuadrados iguales.

cuadricular *adj.* Perteneciente o relativo a la cuadrícula. *El trazado de las calles es cuadricular.* || Relativo al conjunto de cuadrados que resultan de cortarse dos series de rectas paralelas. || *t.* Hacer dos series de líneas rectas que se cruzan formando cuadrados. || Trazar líneas para formar una cuadrícula.

cuadriga *s. f.* Carro tirado por cuatro caballos. *Las cuadrigas se usaban en las carreras en el circo romano.*

cuadril *s. m.* Hueso que forma el anca o cadera de las caballerías.

cuadrilátero, ra *adj.* Que tiene cuatro lados. *El rectángulo, el cuadrado, el rombo y el trapecio son cuadriláteros.* || Tarima de forma cuadrada, limitada por cuerdas, en la que tienen lugar los combates de boxeo.

cuadrilla *s. f.* Conjunto organizado de trabajadores que realizan una tarea determinada. *La cuadrilla limpia las coladeras para evitar inundaciones.* || Conjunto de toreros que lidian los toros bajo las órdenes de un matador o un rejoneador.

cuadrillero *s. m.* Cabo de una cuadrilla.

cuadrilongo, ga *adj.* Perteneciente o relativo al rectángulo.

cuadrisílabo, ba *adj.* De cuatro sílabas.

cuadro *s. m.* Figura plana que tiene cuatro lados iguales que forman cuatro ángulos rectos. || Objeto que tiene esta forma. || Dibujo, pintura o lámina que, generalmente puesta en un marco, se cuelga en la pared. *En mi sala colgué un cuadro de Leonardo.* || Situación que causa una impresión intensa en la persona que lo presencia. *El terremoto dejó un cuadro desolador.* || Parte en que se divide un acto en una obra de teatro, señalada por un cambio de decorado. || Conjunto de datos o informaciones sobre un asunto o materia que se ordenan y relacionan con líneas o signos gráficos. *Para mayor claridad del tema elaboré un cuadro sinóptico.* || Conjunto de instrumentos e indicadores para el manejo o control de un conjunto de aparatos. *El cuadro de instrumentos de la torre de control me pareció complicado.* || Armazón de una bicicleta o de una moto. *La bicicleta es ligera porque tiene cuadro de aluminio.* || Conjunto de síntomas que presenta un enfermo o caracteriza una enfermedad. *El cuadro clínico indica que puede ser pulmonía.*

cuadrumano, na o **cuadrúmeno, na** *adj.* y *s. m.* Se dice del animal mamífero que tiene cuatro extremidades a modo de manos, como los primates.

cuadrúpedo, da *adj.* y *s.* Se aplica al animal mamífero de cuatro patas.

cuádruple *adj.* y *s. m.* Que equivale a cuatro veces una cantidad. || Se dice de la serie de cuatro cosas iguales o semejantes.

cuadruplicación *s. f.* Multiplicación por cuatro.

cuadruplicar *t.* Hacer cuatro veces mayor una cosa o multiplicar por cuatro una cantidad.

cuádruplo, pla *adj.* y *s. m.* Que es cuatro veces el número o cantidad de cierta cosa.

cuajada *s. f.* Sustancia grasa y sólida de color blanco que se separa del suero de la leche.

cuajado, da *adj. fig.* Inmóvil, paralizado por el asombro que produce alguna cosa.

cuajar[1] *t.* Hacer que una sustancia líquida se vuelva más espesa y compacta. *Para hacer dulce de leche hay que cuajarla.* || *intr.* Lograrse, tener efecto una cosa. *Finalmente cuajó el negocio que buscábamos.*

cuajar[2] *s. m.* Última de las cuatro cavidades del estómago de los rumiantes.

cuajarón *s. m.* Masa de una sustancia líquida que se ha cuajado.

cuajiote *s. m. Amér. C.* Planta que produce una goma que se usa en medicina.

cuajo *s. m.* Sustancia para cuajar la leche contenida en el estómago de las crías de los rumiantes que aún no pacen. *Para hacer queso se le añade cuajo a la leche.* || Nombre de varias enzimas de acción similar a la de los extractos del estómago de los rumiantes que se emplean en la elaboración del queso. || *loc.* ***De cuajo:*** de raíz. *El viento arrancó el árbol de cuajo.*

cual *pron.* Es palabra átona y solo tiene variación de número. || Equivale a «que», forma con el artículo el pronombre relativo compuesto *el cual, la cual, los cuales, las cuales, lo cual;* va precedido de un artículo que fija su género y número. *Expuso su teoría, la cual me parece inconsistente.* || *adv.* Como, del modo o a manera de algo. *Asustado corrió cual demonio.* || En correlación con tal, equivale al mismo sentido. *Se comportó tal cual es.* || *loc.* ***Cada cual:*** designa a una persona o animal de manera individual y diferenciada del resto. *A cada cual le correspondieron cuatro chocolates.* || *loc. adv.* ***A cual más:*** se usa para señalar que una cualidad es tanta en alguien o algunos como lo es otros. *Su destreza es cual más de los mejores.* || *loc.* y *conj.* ***Por lo cual:*** expresa que algo es consecutivo a lo ya dicho. *La calle estaba cerrada, por lo cual tuvimos que caminar.*

cuál *pron.* En expresiones interrogativas expresa un elemento diferenciado de los que pertenecen a un conjunto. *¿De las tres hermanas, cuál te parece más simpática?* || Expresa admiración o sorpresa. *¡Cuál no sería mi sorpresa al ver que llegaba a la fiesta!* || Introduce oraciones interrogativas y designa persona, hecho o cosa ya mencionado. *¿Cuáles son nuestros asientos?* || *pron. indef.* Establece una correlación entre personas o cosas. *Todos, cuál más, cuál menos, comimos de lo mismo.*

cualesquier *pron. indet. pl.* Cualquier.

cualesquiera *pron. indet. pl.* Cualquiera. *Cualesquiera que sean sus intenciones, habré de descubrirlas.*

cualidad *s. f.* Cada uno de los caracteres que distinguen a las personas o cosas. || Cualquier propiedad esencial o característica peculiar de un objeto. || Condición positiva de una persona. *Los cantantes son aficionados, pero tienen muchas cualidades.*

cualificación *s. f.* Preparación necesaria para el desempeño de una actividad, en especial de tipo profesional. *En la escuela técnica se imparte cualificación para tornero.*

cualificado *adj.* Se aplica a la persona que posee la cualificación necesaria para realizar un trabajo. *Solicitan personal cualificado en programación.* || Que posee buenas cualidades. *Es el trabajador cualificado que necesitamos.* || Que tiene autoridad en determinado tema. *Su opinión es cualificada.*

cualificar *t.* Poseer una persona preparación necesaria para que sus juicios y acciones sean reconocidos por los demás. || Poseer la preparación necesaria para realizar un trabajo que exige conocimientos y una práctica específica. || Atribuir o apreciar en una cosa cualidades específicas y distintivas.

cualitativo, va *adj.* Relativo a la cualidad.

cualquier *adj. indef.* Apócope de cualquiera. Se emplea antepuesto al nombre. *No dijo nada importante, sino cualquier cosa.*

cualquiera *pron. indef.* Designa a una persona o cosa indeterminada entre varias, sin preferencia por ninguna de ellas. *Pásame cualquiera de esas reglas.* || *s. com. desp.* Persona vulgar o poco importante. *No te puedes casar con él, es un cualquiera.* || *s. f. desp.* Prostituta o mujer de mala reputación. *Se convirtió en una cualquiera.*

cuan *adv.* Indica un sentido comparativo o de equivalencia. *Se mostró cuan es de ignorante.* || Ante adjetivo o adverbio se usa para aumentar el grado o intensidad. *Desde la cumbre, el mar apareció cuan inmenso es.*

cuán *adv.* Apócope del adverbio *cuánto,* se antepone a un adjetivo o un adverbio para ponderar el grado o intensidad. *No te imaginas cuán feliz me siento.* || En relación con *tan* establece comparaciones de equivalencias o igualdad entre dos miembros. *El beneficio será tan grande, cuán grande haya sido el esfuerzo.*

cuando *conj.* Indica el tiempo o el momento en que ocurre una acción. *Cuando llegamos al concierto ya había cantado sus mejores éxitos.* || Indica una condición. *Iremos al dentista cuando me paguen.* || Se usa con valor continuativo, de modo equivalente a «puesto que», «si» y «ya que». *Cuando todos lo creen, ha de ser erróneo.* || Se usa con valor concesivo, de modo equivalente a «aunque». *Me dieron sólo una parte, cuando tenía derecho a todo.* || En el tiempo o el momento en que ocurre una cosa. *Cómo recuerdo cuando éramos niños.* || Durante el momento que se especifica. *Cuando el terremoto, todo era confusión.* || Enlaza oraciones mediante el concepto de tiempo. *Esta es la hora cuando sale a comprar el pan.* || Hace las veces de conjugación temporal, significa «en el tiempo» o «en la ocasión en que». *Me comprenderás cuando veas lo que yo he visto.* || En caso de que, o si. *Cuando ya no hay remedio, ¿de qué sirve quejarse?* || Aunque. *No revelaría tu secreto, cuando en ello le fuera el honor.* || Puesto que. *Cuando ella lo diga, chisme será.* || *loc. adv.* ***Cuando más,*** o ***cuando mucho:*** a lo más. *Lo que ganaré será, cuando más, tres mil pesos.* || *loc.* ***Cuando***

menos: a lo menos. *Lo que ganaré será, cuando menos, tres mil pesos.* || ***Cuando no:*** de otra manera, en caso contrario. || ***De cuando en cuando,*** o ***de vez en cuando:*** algunas veces, de tiempo en tiempo. *A los compañeros de secundaria los veo de vez en cuando.* || *loc.* y *conj.* ***Cuando quiera que:*** siempre que. *Cuando quiera que pases ahí lo verás.* || ***¿De cuándo acá?:*** indica que algo está o sucede fuera de lo regular y acostumbrado. *¿De cuándo acá Enrique es un experto en literatura?*

cuándo *adv.* En qué tiempo o en qué momento ocurre algo. *No sé cuándo me pagarán.* || *s. m.* Momento en que ocurre una cosa. *Ignoro el cuándo de tales sucesos.* || En qué tiempo, en qué momento, en sentido interrogativo o exclamativo. *¿Cuándo vendrás de nuevo? ¡Cuándo aprenderás!* || *loc.* ***¿De cuándo acá?:*** denota la extrañeza con que se significa que alguna cosa está o sucede fuera de lo regular.

cuantía *s. f.* Cantidad elevada pero indeterminada. *La cuantía de las pérdidas aún está por determinarse.* || Suma de cualidades o circunstancias que enaltecen a una persona o la distinguen de las demás. *Sus aportes han sido de gran cuantía para la agrupación.*

cuántico, ca *adj.* Perteneciente o relativo a los cuantos de energía. || Se dice de la teoría formulada por el físico alemán Max Planck y de todo lo que a ella concierne. *La teoría cuántica formulada en 1900 creó una gran crisis en la física.*

cuantificable *adj.* Que se puede cuantificar o expresar numéricamente.

cuantificación *s. f.* Resultado de cuantificar.

cuantificado, da *adj.* Que es posible cuantificar, que ya se cuantificó.

cuantificador *s. m.* Notación que indica la cantidad o extensión de una proposición. || En matemáticas, símbolo antepuesto que relaciona una o más variables con una cantidad.

cuantificar *t.* Calcular el número de unidades, tamaño o proporción de una cosa. *Debemos cuantificar las pérdidas después del ciclón.*

cuantimás *adv. vul.* Cuanto más.

cuantioso, sa *adj.* Grande en cantidad o número.

cuantitativo, va *adj.* Perteneciente o relativo a la cantidad.

cuánto *adj. pron.* Expresa interrogación o admiración relacionada con cantidad, número o intensidad. *¿Cuánto más tengo que rogarte para que me digas que sí?* || *adv.* En qué grado o manera, hasta qué punto. *No sé cuánto más aguantaremos sin dinero.* || Introduce una interrogación o una exclamación que privilegia la cantidad de algo. *¿Cuántos visitantes son los que vendrán? ¡Por cuánto tiempo no nos hemos visto!* || *s. m.* Cantidad o intensidad desconocida de algo que se puede medir. *No me importa el cómo sino el cuánto debemos conseguir.*

cuanto, ta[1] *s. m.* Cantidad mínima de energía emitida, propagada o absorbida de manera discontinua por la materia. *El concepto de «cuanto» fue introducido por Max Planck en 1900.*

cuanto, ta[2] *adj.* y *pron.* Indica el conjunto o la totalidad de elementos que se expresan. *Se leyó cuantas novelas encontró en la biblioteca.* || Usado en plural y precedido por «unos» indica cantidad indeterminada. *Sólo unos cuantos serán los seleccionados para la olimpiada de matemáticas.* || Indica una cantidad que depende de otra o tiene relación con otra. *Cuanto menos hables, menos te incriminarás.* || Todo lo que. *Se leyó cuantos libros encontró sobre ese tema.* || En correlación con «tan», «tanto», o agrupado con «más», «mayor», «menor», «menos», ya sea explícito o tácito, indica gradación o intensidad, *Cuanto más se tiene, tanto más se desea.* || Hace el oficio de pronombre y significa «todos los que», «todo lo que». *Cuantos se le acercan, caen rendidos por sus encantos.* || *loc.* ***En cuanto a:*** en relación a determinado tema. *En cuanto a los etruscos, hablaremos de eso mañana.* || ***Cuanto antes:*** en un corto plazo, lo más pronto posible. *Cuanto antes le llames tienes más posibilidad de conseguir el trabajo.* || ***Cuanto más:*** expresa correlación entre lo que se ha dicho y lo que se va a decir, denotando aumento con este segundo miembro. *Si se pierden amistades añejas, cuanto más las recientes.* || ***En cuanto:*** que ocurre simultáneamente a otra cosa. *En cuanto amanezca, te llamo.* || ***Por cuanto:*** se usa como causal de algo. *No debes hacer nada al respecto, por cuanto no sabes nada de ello.*

cuarango *s. m.* Árbol del Perú, de la familia de las rubiáceas, es una de las especies de quino más apreciadas por su corteza.

cuarcita *s. f.* Roca silícea muy dura formada principalmente por cuarzo, se usa en las industrias de la construcción y la cerámica.

cuarenta *adj.* Cuatro veces diez. || Número cardinal: Treinta más diez. || Número ordinal: Que ocupa el lugar número 40 en una serie ordenada. || *s. m.* Número 40. || Guarismo del número cuarenta. || Conjunto de signos con que se representa el número cuarenta.

cuarentavo, va *adj.* Cada una de las cuarenta partes en que se puede dividir un todo.

cuarentena *s. f.* Conjunto formado por cuarenta unidades. || Aislamiento preventivo al que son sometidas las personas que pueden portar una enfermedad contagiosa. *Se enfermó de sarampión y lo pusieron en cuarentena.*

cuarentón, tona *adj.* Se dice de la persona que tiene 40 años cumplidos y no ha llegado a los 50. *Se preocupa porque ya es cuarentona.*

cuaresma *s. f.* Tiempo de la liturgia católica que dura 40 días, desde el miércoles de Ceniza hasta el domingo de Ramos.

cuarta *s. f.* Palmo, medida de longitud que representa la distancia del extremo del pulgar al meñique de la mano de un adulto. || En música, intervalo de cuatro grados en la escala diatónica. || *Arg.* y *Uy.* Cadena, barra o soga que se utiliza para tirar de un vehículo cuando se descompone o se atasca. || *Cub. Méx.* y *P. Rico* || Látigo corto de los jinetes. || *loc.* ***Estar a la cuarta pregunta:*** estar sumido en la pobreza.

cuartana *s. f.* Fiebre, generalmente de origen palúdico, que se repite cada cuatro días.

cuarteadura *f.* Rajadura, grieta.

cuarteamiento *s. m.* Acción y efecto de cuartear o cuartearse.

cuartear *t.* Partir o dividir en cuartos o en partes. || *pr.* Abrirse grietas en una superficie. *Con el temblor de tierra se cuartearon las paredes.* || *Méx.* Echarse para atrás, acobardarse.

cuartel *s. m.* Edificio o instalación donde viven los soldados cuando están de servicio. || Lugar provisional donde viven los soldados cuando están en campaña. || *loc. fig.* ***Dar cuartel:*** ofrecer buen trato a los vencidos, cuando se entregan rindiendo las armas. || *loc.* ***Sin cuartel:*** sin tregua ni descanso, sin darle un momento de tranquilidad al enemigo o adversario.

cuartelario, ria *adj.* Relacionado con los cuarteles.

cuartelazo *s. m.* Pronunciamiento militar.

cuartelero, ra *adj.* Perteneciente o relativo al cuartel. || Se dice del lenguaje que es vulgar, grosero y malsonante.

cuarteo *s. m.* Acción de cuartear o de cuartearse. || Movimiento rápido del cuerpo hacia uno u otro lado, para evitar un golpe o un atropello.

cuarteta *s. f.* Estrofa de cuatro versos octosílabos de rima consonante, que riman el primero con el tercero y el segundo con el cuarto.

cuarteto *s. m.* Conjunto de cuatro personas o cosas. *Para recorrer el museo nos dividimos en cuartetos.* || Grupo musical compuesto por cuatro voces o instrumentos. *El Cuarteto Amadeus se formó en un campo de concentración.* || Estrofa de cuatro versos endecasílabos. *El cuarteto es una combinación métrica de rima* *consonante o asonante.* || Composición musical para ser interpretada por cuatro voces o instrumentos. *Cuarteto de cuerdas en sol mayor de Beethoven.*

cuartilla *s. f.* Hoja de papel para escribir, cuyo tamaño es el de la cuarta parte de un pliego. *El maestro pidió que hiciéramos un ensayo de tres cuartillas.* || Parte de la pata de las caballerías que va desde el menudillo hasta el casco.

cuarto *s. m.* Cada una de las habitaciones o espacios delimitados por paredes de una casa. *El cuarto de los trebejos.* || Dormitorio. || Cada una de cuatro partes iguales en que se divide un todo. || Cada una de las fases de la luna. || Cada una de las cuatro partes en que se divide una hora. || *pl.* Miembros de un animal cuadrúpedo. *La yegua se alzó sobre sus cuartos traseros.* || *Esp. fig.* y *fam.* Dinero, sobre todo en efectivo.

cuarto, ta *adj.* y *s.* Que corresponde en orden al número cuatro. || Que es una de las cuatro partes iguales en que se divide algo.

cuartucho *s. m. desp.* Habitación pequeña, sucia y desagradable.

cuarzo *s. m.* Cristal de sílice muy abundante en la naturaleza. *El cuarzo puro es blanco transparente, pero según las impurezas que lo acompañen tiene diferentes colores como el violeta o el amarillo.*

cuásar *s. m.* Quásar.

cuasi *adv.* Casi.

cuate, ta *adj.* y *s. Guat.* y *Méx.* Amigo cercano, camarada. || *Méx.* Gemelo, mellizo.

cuaternario, ria *adj.* y *s.* Que está compuesto por cuatro elementos o unidades. || Perteneciente o relativo a la era geológica comprendida entre hace dos millones de años y la actualidad. *Los mamuts sobrevivieron a las glaciaciones cuaternarias.* || *s. m.* En geología, último periodo de la era Cenozoica, iniciado hace dos millones de años. *El suceso más importante del cuaternario fue la aparición de los homínidos.*

cuatrapeado, da *adj. Méx. fam.* Desordenado, alterado en su secuencia original. *Se sabía el proceso de la digestión, pero cuatrapeado; puso primero las funciones del intestino que las del estómago.*

cuatrapear *t.* y *pr. Méx. fam.* Alterar el orden o la secuencia de algo, descomponerlo. || Confundirse, enredar la estructura de un pensamiento o una expresión verbal. || En construcción, traslapar, unir dos elementos montando una parte de uno sobre el otro.

cuatrero, ra *adj.* y *s.* Ladrón que hurta caballos y ganado.

cuatrienal *adj.* Que dura cuatro años. || Que se repite cada cuatro años.

cuatrienio *s. m.* Periodo de cuatro años.

cuatrillizo, za *adj.* y *s.* Cada uno de los cuatro hermanos que nacen en un parto cuádruple.

cuatrimestral *adj.* Que dura cuatro meses. || Que ocurre o se repite cada cuatro meses.

cuatrimestre *s. m.* Periodo de tiempo que dura cuatro meses.

cuatrimotor *adj.* y *s. m.* Avión con cuatro motores.

cuatrisílabo, ba *adj.* Tetrasílabo.

cuatro *adj.* y *s. m.* Número que sigue del tres y precede al cinco. || Cifra con que se representa este número. || Que ocupa el cuarto lugar en una serie. || Se utiliza para indicar una pequeña cantidad. *En la fiesta había cuatro invitados.* || *s. m. Méx.* Trampa, engaño para perjudicar a alguien. *Ten cuidado con esa propuesta, puede ser un cuatro.* || *P. Rico* y *Ven.* Pequeña guitarra de cuatro cuerdas.

cuatrocientos, tas *adj.* y *s. m.* Cuatro veces 100. || Cifra que usa para expresar este número.

cuba *s. f.* Recipiente, que se cierra por arriba y por abajo, hecho con tablas curveadas y sostenidas por aros de metal. || Recipiente con asa que se usa para acarrear líquidos. || *loc. fam.* ***Estar como una cuba:*** ebrio, muy bebido. *Estaba como una cuba, apenas podía caminar.*

cubano, na *adj.* y *s.* Originario de la isla de Cuba. || Perteneciente o relativo a esta isla.

cubertería *s. f.* Conjunto de los cubiertos que se utilizan para servir una mesa. *La cubertería básica consta de cuchara, cuchillo y tenedor.*

cubeta *s. f.* Recipiente de base rectangular y poco profundo. || *Méx.* Recipiente de metal, plástico o madera, con una asa y abierto en su parte superior, para acarrear líquidos. || Depósito de mercurio en la parte inferior de algunos barómetros.

cubetada *s. f. Méx.* Cantidad de algo que contiene una cubeta.

cubicación *s. f.* Acción y efecto de cubicar. || Volumen que cubica un cuerpo.

cubicar *t.* Determinar el volumen o capacidad de un cuerpo a partir del conocimiento de sus dimensiones. || Tener un cuerpo determinado cubicaje. || Elevar un número al cubo.

cúbico, ca *adj.* Que tiene forma de cubo. || Perteneciente o relativo al cuerpo geométrico cubo. || En matemáticas, que es producto de tres factores iguales de un número. *Raíz cúbica.* || Se dice de las unidades del sistema métrico decimal que se emplean para medir volúmenes y que equivalen a un cubo cuya arista corresponde a determinada unidad lineal. *Un decímetro cúbico equivale a un litro.*

cubículo *s. m.* Pequeño recinto delimitado dentro de uno mayor. *En esa oficina hay varios cubículos, en cada uno trabaja una persona.*

cubierta *s. f.* Objeto que se pone encima de otro para cubrirlo, taparlo o protegerlo. || Parte exterior de un libro. *La cubierta abarca la portada y la contraportada.* || Banda de caucho muy resistente que protege al neumático de un vehículo. || En arquitectura, parte exterior de la techumbre de un edificio y armazón que la sustenta.

cubierto *s. m.* Servicio de mesa para cada comensal. *El cubierto incluye plato, vaso, cuchara, tenedor y cuchillo.* || Cada uno de los utensilios que se usan para partir, sostener y llevar a la boca los alimentos cuando se está a la mesa. || Comida integrada por determinado número de platillos, y bajo precio fijo, que se sirve en un restaurante. *En el cubierto te dan una sopa, dos guisos, ensalada y agua.*

cubierto, ta *adj.* Que está provisto de una cubierta. || Completo, ocupado, lleno. *Quedaron cubiertas todas las vacantes.* || *loc.* ***A cubierto:*** Protegido o bajo techado.

cubil *s. m.* Lugar protegido de la intemperie donde los animales, sobre todo las fieras, se recogen para dormir.

cubilete *s. m.* Recipiente de cuero, similar a un vaso, donde se mueven los dados antes de lanzarlos. || Recipiente de hojalata que se emplea como molde en pastelería y cocina. || *Amér.* Sombrero de copa.

cubismo *s. m.* Estilo de las artes plásticas caracterizado por la interpretación de la realidad a partir de figuras geométricas, sobre todo las derivadas del cubo. *El cubismo surgió a principios del siglo xx, dos de sus representantes más conocidos son Picasso y Braque.*

cubista *adj.* Perteneciente o relativo al cubismo. || *s. com.* Artista que practica el cubismo.

cúbito *s. m.* Hueso más grueso de los dos que forman el antebrazo.

cubo[1] *s. m.* Cuerpo geométrico de seis caras, con aristas y lados iguales. || En matemáticas, tercera potencia de un número, producto de multiplicarlo por sí mismo tres veces.

cubo[2] *s. m.* Balde, recipiente abierto con asa para contener o transportar líquidos. || Pieza central en la que van encajados los rayos de las ruedas de los carros y otros vehículos.

cubrecama *s. m.* Cobertor, o pieza decorativa de tela o tejida, con que se cubre la cama.

cubrimiento *s. m.* Acción y efecto de cubrir. || Cosa que sirve para cubrir un objeto.

cubrir *t.* y *pr.* Tapar u ocultar algo con otra cosa. *Cubrieron el espejo con* *una sábana.* || Extender alguna cosa sobre la superficie de otra. *Cubrirá el pastel con merengue.* || *fig.* Defender, proteger. || *fig.* Disimular, ocultar. *Cubrió con maquillaje el grano que le salió.* || *t.* Llenar una superficie de algo de modo que no quede espacio vacío. *Cubrir una pared con azulejos.* || Techar un espacio. || Ocupar una vacante, un empleo, una posición. || Pagar una deuda. *Al fin podrá cubrir sus impuestos.* || Recorrer una distancia determinada. || En lenguaje periodístico, seguir un acontecimiento para luego dar cuenta de éste en un medio de comunicación. || *pr.* Protegerse, guarecerse. || Abrigarse o ponerse un sombrero. || Tomar previsiones ante un posible riesgo. *Cubrirán la maquinaria nueva con un seguro.*

cucamonas *s. f. pl.* y *fam.* Mimos, halagos, sobre todo para conseguir algo.

cucaracha *s. f.* Insecto de cuerpo aplanado, ojos compuestos, patas espinosas y color que varía del pardo rojizo al negro, es corredor y de costumbres nocturnas. *Existen cerca de 45 mil especies de cucarachas.*

cuchara *s. f.* Utensilio de mesa compuesto de un mango y una parte cóncava que se usa para tomar los alimentos líquidos. || *Amér. C. Amér. Merid. Cub.* y *Méx.* Herramienta que usan los albañiles para poner cemento en la pared.

cucharada *s. f.* Porción de algo que cabe en una cuchara sopera.

cucharadita *s. f.* Porción de algo que cabe en una cucharilla cafetera.

cucharazo *s. m.* Golpe dado con una cuchara.

cucharear *t.* Sacar porciones de alimento de algún recipiente con una cuchara. || *intr. fam.* Mover el contenido de una olla, cazuela o taza con una cuchara. || *fig.* Andar alguien metiéndose en lo que no le incumbe.

cucharilla *s. f.* Pequeña cuchara para servir azúcar, mover líquidos en una taza o vaso, o tomar postre. || Señuelo metálico para pescar con varios anzuelos, en forma de cuchara sin mango. || Cierta enfermedad hepática de los cerdos.

cucharón *s. m.* Cuchara grande y profunda, con mango largo, que se utiliza para cocinar o servir alimentos líquidos. || *Guat.* Tucán.

cuché *adj.* Se dice del tipo de papel con un recubrimiento especial que mejora su impermeabilidad, su opacidad y la calidad de la impresión.

cucheta *s. f.* Litera en un ferrocarril o un barco.

cuchichear *intr.* Hablar en voz muy baja, o al oído de alguien.

cuchicheo *s. m.* Acción y efecto de cuchichear.

cuchilla *s. f.* Instrumento para cortar muy afilado, hecho de acero. || Hoja de un instrumento cortante o arma blanca. *La cuchilla de una espada.* || Hoja de afeitar. || Cuchillo de cocina o de carnicería, con hoja ancha y corta. || En marina, vela en forma triangular o trapezoidal de una embarcación. || *Arg. Cub. Uy.* y *Ven.* Relieve del terreno que se prolonga, y cuyas pendientes descienden suavemente para fundirse con el llano.

cuchillada *s. f.* Golpe o corte dado con un cuchillo. || Herida que resulta del corte con un cuchillo o arma semejante.

cuchillazo *s. m. Amér.* Cuchillada.

cuchillería *s. f.* Oficio de hacer cuchillos y taller donde éstos se fabrican. || Conjunto de cuchillos para el servicio de la mesa y la cocina.

cuchillero, ra *s.* Persona que fabrica o vende cuchillos. || *s. m. Amér. Merid.* y *Hond.* Hombre pendenciero que sabe manejar el cuchillo como arma.

cuchillo *s. m.* Instrumento para cortar formado por una hoja metálica afilada y un mango. || *fig.* Cualquier cosa cortada o terminada en ángulo agudo. || *loc.* ***Pasar a cuchillo:*** ajusticiar, dar muerte a una persona o personas que habían sido apresadas o vencidas.

cuchitril *s. m.* Vivienda o habitación de reducidas dimensiones, sin ventilación y desaseada. || Chiquero, pocilga.

cucho, cha *adj. Méx. fam.* Persona que tiene labio leporino. || Mal hecho, estropeado. *Cosió mal el vestido y le quedó cucho.* || *s. m. Chil.* Gato, minino. || *Salv.* Jorobado.

cuchufleta *s. f. fam.* Dicho con palabras burlescas para provocar la risa.

cuclillas *loc.* **En cuclillas:** con las piernas muy dobladas y las nalgas apoyadas en los talones.

cuclillo *s. m.* Ave común en Europa, tiene el dorso gris y el vientre blanco y emite un canto característico. *Las hembras de los cuclillos ponen sus huevos en los nidos de otras aves para que éstas los empollen.*

cuco, ca *adj.* Gracioso, coqueto y bonito. || *adj.* y *s. Esp.* Ladino, taimado. || *s. m.* Cuclillo.

cucú *s. m.* Canto del cuclillo. || Reloj de pared que tiene una ventanita por la que cada hora, media hora o cuarto de hora, aparece una figura de pájaro que imita el canto del cuclillo.

cuculí *s. m. Amér. Merid.* Tipo de paloma silvestre de cuerpo esbelto color gris cenizo, con patas rojas y una faja azul añil alrededor de cada ojo.

cucurbitáceo, a *adj.* En botánica, relativo a una familia de plantas con tallos trepadores muy resistentes y frutos jugosos de gran tamaño. || *f. pl.* Familia de estas plantas. *Entre las cucurbitáceas están los melones, sandías, pepinos y calabazas.*

cucurucho *s. m.* Envoltura de forma cónica, hecha con papel o cartón, para contener cosas que se venden a granel. || Barquillo cónico para servir helados. || Capirote alto y terminado en punta que suelen usar los penitentes en las procesiones. || *Col. C. R. R. Dom. Nic. P. Rico* y *Ven.* Cumbre, parte elevada de un terreno. || *Col. C. R. R. Dom. Nic. P. Rico* y *Ven.* Parte más alta de algo, por ejemplo de un árbol.

cucuteño, ña *adj.* y *s.* Nacido en Cúcuta, ciudad de Colombia. || Perteneciente o relativo a dicha ciudad.

cueca *s. f. Amér. Merid.* Danza de pareja que se baila suelta y agitando unos pañuelos. || *Chil.* Baile popular de ritmo vivo que se baila por parejas, es la danza nacional chilena.

cuello *s. m.* Parte del cuerpo que une a éste con la cabeza. || Parte de una prenda de vestir que rodea el cuello. || Parte superior y estrecha de una botella o vasija. || Sitio donde un órgano se hace estrecho y delgado. *El cuello de la matriz.* || En una planta, parte comprendida entre el tallo y la zona donde empieza a ramificarse.

cuenca *s. f.* Cada una de las cavidades del cráneo donde se encuentran los ojos. || Terreno rodeado de montañas, aunque menos profundo que un valle. || Región geográfica en la que todos sus cuerpos de agua confluyen al mismo río o mar. *La cuenca del Amazonas.* || Depresión extensa del fondo del océano.

cuenco *s. m.* Recipiente ancho y hondo, de tamaño mediano y forma semiesférica, sin borde.

cuenta *s. f.* Acción y efecto de contar. || Operación aritmética o cálculo. || Nota en la que se consigna en detalle el valor de lo adquirido, lo consumido, o de un servicio prestado. *El mesero les llevó la cuenta.* || Depósito de dinero en un banco. *Una cuenta de ahorros.* || Bolita, o pieza de otra forma perforada, con la que se hacen collares y otros adornos. || Razón que se da sobre algo que se hace, para satisfacer a otro. || *loc.* ***A cuenta:*** anticipo que se da en la compra de un bien o servicio. || ***Ajustar las cuentas a alguien:*** reprenderlo, obligarlo a cumplir con algo que ha omitido. || ***Caer en la cuenta:*** percatarse de algo que antes no se había notado. || ***Tener en cuenta:*** considerar a alguien o algo como importante para obtener un cierto resultado.

cuentachiles *s. com. fam.* y *pl. Méx.* Mezquino, avaro.

cuentagotas *s. m. pl.* Utensilio formado por un tubito de cristal y una cabeza de goma, para verter líquidos gota a gota. || *loc.* ***A cuentagotas:*** muy poco a poco, o con tacañería.

cuentahílos *s. m. pl.* Lupa de gran aumento montada sobre una base,

que sirve para contar los hilos de un tejido o examinar detalles en un negativo fotográfico.
cuentakilómetros *s. m. pl.* Aparato contador que, a partir de las revoluciones de las ruedas de un vehículo, registra la cantidad de kilómetros que éste recorre.
cuentarrevoluciones *s. m. inv. pl.* Instrumento para contar el número de vueltas que da un eje giratorio, o un motor, en un tiempo determinado.
cuentear *intr. Amér.* Contar chismes, comadrear. || *Méx.* Engañar a alguien contándole mentiras.
cuentero, ra *adj.* y *s.* Persona chismosa y embustera. || *Cub.* Persona que tiene por oficio escribir o narrar cuentos.
cuentista *adj.* Embustero, chismoso. || *s. com.* Persona que por oficio escribe o narra cuentos. || *fam.* Presumido, que exagera para darse a notar.
cuento *s. m.* Relato de un hecho. || Narración breve, escrita u oral, de un suceso ficticio. *Un cuento de terror.* || Género literario al que pertenecen las narraciones breves de ficción. || *fam.* Enredo, mentira que alguien dice para perjudicar a otra persona. || Chiste, breve narración humorística. *En la reunión de ayer contaron cuentos picantes.* || Cómic, cuaderno de historietas. || *loc.* ***A cuento:*** a propósito de algo. || ***Dejarse de cuentos:*** ir directamente a un asunto. || *Méx.* ***Hacerle al cuento:*** fingir lo que no se es, o acudir a subterfugios para no hacer algo, o demorarlo.
cuerazo *s. m. Amér.* Golpe dado con un látigo o cinturón. || *Méx. vul.* Persona atractiva con cuerpo muy bien formado.
cuerda *s. f.* Conjunto de hilos de alguna fibra resistente que, torcidos, forman un cuerpo largo y flexible que sirve para sujetar o atar cosas. || Hilo de tripa de carnero, nailon o seda, forrado con alambre, que al vibrar produce los distintos sonidos en determinados instrumentos musicales. *El tono que dan las cuerdas depende de su diámetro y su densidad.* || Parte que propulsa el mecanismo de un reloj. || En matemáticas, segmento por el cual se unen dos puntos de una curva dada. || *pl.* Conjunto de instrumentos musicales cuyo sonido se produce por la vibración de cuerdas, como el violín, arpa, violoncello y guitarra. || *loc.* ***Aflojar,*** o ***apretar la cuerda:*** disminuir o incrementar el rigor de una ley o disciplina. || ***Dar cuerda a alguien:*** estimularlo para que diga o haga algo a lo que se le quiere inducir. || ***Estar en la cuerda floja:*** hallarse en una situación riesgosa o crítica.
cuerdo, da *adj.* y *s.* Sano mental y emocionalmente. || Juicioso, sensato, prudente.
cuerear *t. Amér.* Azotar a alguien. *Cuerearon a ese niño por andar de maldoso.* || *Amér. Merid.* Realizar las faenas de la temporada en que se preparan cueros secos. || *Arg.* y *Uy.* Despellejar las reses. || *Arg.* y *Uy. fig.* y *fam.* Hablar mal de alguien.
cueriza *s. f. Amér.* Tunda, azotaina.
cuernavaquense *adj.* y *s. com.* Natural de Cuernavaca, ciudad capital del estado de Morelos en México. || Perteneciente o relativo a esta ciudad.
cuerno *s. m.* Cada una de las dos prolongaciones óseas y puntiagudas que tienen algunos animales sobre la frente. || Protuberancia semejante que tienen los rinocerontes en la cabeza. || Material córneo que recubre las astas de las reses. *El cuerno tiene diversas aplicaciones industriales y decorativas.* || Instrumento musical de viento hecho de un cuerno vaciado, o en forma de cuerno. || Cada una de las puntas aparentes de la Luna en sus fases de cuarto creciente o cuarto menguante. || Extremo de alguna cosa curva que termina en punta. || *pl.* Conjunto de las dos astas de los animales. || *pl. irón.* Infidelidad conyugal. || *loc.* ***Cuerno de la abundancia:*** cornucopia. || ***Importar algo un cuerno:*** tener sin cuidado. || ***Irse al cuerno algo:*** malograrse. || ***Mandar al cuerno:*** despedir a alguien, o deshacerse de algo, con enojo y de mala manera.
cuero *s. m.* Pellejo que recubre la carne de los animales. || Pellejo curtido y cosido o pegado de cabra o algún otro animal, que se utiliza para contener líquidos. || Pellejo de res, cerdo o algún otro animal, preparado para su uso industrial. || *loc.* ***Cuero cabelludo:*** piel que recubre el cráneo humano, sobre la cual brota el cabello. || ***Estar alguien en cueros:*** estar desnudo. || *Arg. fig.* y *fam.* ***Sacar el cuero:*** hablar mal de alguien.
cuerpear *intr. Arg.* y *Uy.* Esquivar, evadirse.
cuerpo *s. m.* Conjunto de los órganos que componen a un ser vivo. || Tronco, por oposición a la cabeza y extremidades. || Cadáver. || Objeto material delimitado por una forma. *Un cuerpo geométrico.* || Sustancia material. *El cloro es un cuerpo gaseoso.* || Densidad, espesor o solidez. *Un vino con cuerpo ligero.* || Complexión de una persona. || Parte principal de algo. *El cuerpo de un texto.* || Conjunto de personas que forman una asociación o comunidad, o que desempeñan la misma actividad. *Los cuerpos de policía y de bomberos participarán en el desfile.* || Conjunto de militares con formación similar que forman una parte de un ejército. *El cuerpo de zapadores.* || Conjunto de normas y principios de una doctrina. || *loc.* ***A cuerpo de rey:*** con mucha comodidad y halago. || ***Cuerpo del delito:*** evidencia material que sirve como prueba de un delito. || ***En cuerpo y alma:*** con total dedicación a algo. || *fam.* ***Hacer del cuerpo:*** defecar. || ***Tomar cuerpo algo:*** comenzar a materializarse o consolidarse.
cuerudo, da *adj. Amér.* Caballería torpe. || *Amér.* Que tiene la piel dura y gruesa. || *Col.* Lerdo, torpe, tonto. || *Guat. Nic.* y *Salv.* Desvergonzado, que no le importan las críticas.
cuervo *s. m.* Ave grande, de plumaje negro lustroso y pico muy resistente, que se alimenta de carroña, fruta y animales pequeños.
cuesco *s. m.* Hueso de algunas frutas, como el durazno o la ciruela. || *fam.* Pedo sonoro. || *Chil.* Persona enamorada. || *Chil.* Cabeza. || *Méx.* Masa grande y redondeada de mineral. || *loc.* ***Cuesco de lobo:*** hongo de forma globosa que, al madurar, arroja a presión sus esporas negruscas.
cuesta *s. f.* Terreno inclinado. || *loc.* ***A cuestas:*** sobre la espalda, o a cargo de uno. || ***Cuesta arriba:*** con mucho esfuerzo o dificultades. || ***Cuesta de enero:*** periodo de dificultades económicas que sigue a los gastos por las fiestas de fin de año. || ***Ir cuesta abajo:*** estar en decadencia, declinar.
cuestión *s. f.* Problema que se debe resolver o aspecto sobre el cual se discute. || Pregunta contenida en una encuesta o cuestionario. || Disputa, riña. || En matemáticas, problema.
cuestionable *adj.* Que puede o debe discutirse; dudoso.
cuestionamiento *s. m.* Acción y efecto de cuestionar.
cuestionar *t.* Poner en duda lo que alguien ha afirmado. || Discutir acerca de un tema o punto dudoso.
cuestionario *s. m.* Lista de preguntas o cuestiones a las que se debe dar respuesta con un fin determinado. *El cuestionario del censo.* || Lista de temas para un examen.
cuete *adj. Méx.* Borracho, ebrio. || *s. m. Méx.* Corte de carne de forma cilíndrica que se saca del muslo de la res. || *s. m. Méx. fam.* Borrachera.
cueva *s. f.* Cavidad más o menos profunda, natural o artificial, en la tierra o en la pared de una montaña. || Subterráneo, sótano.
cuidado *s. m.* Atención, interés y meticulosidad que se pone en hacer algo. || Acción y efecto de cuidar algo o a alguien. || Temor, preocupación. || Seguido de la preposición «con» y un nombre, denota enojo contra alguien o algo. || *interj.* Se emplea para advertir un riesgo, un posible error o como amenaza. || *loc.* ***Ser de cuidado:*** se refiere a la gravedad de una enfermedad, o a una persona peligrosa. || *fam.* ***Tener sin cuidado:*** no importar algo.
cuidador, ra *adj.* y *s.* Persona encargada de cuidar a otra, un lugar o

C

una cosa. || Persona que asiste a un deportista durante una competencia. || *Amér.* Entrenador, preparador deportivo.
cuidadoso, sa *adj.* Que pone cuidado en lo que hace. || Que cuida sus cosas.
cuidar *t.* e *intr.* Atender, asistir, sobre todo a alguien que está enfermo. || Tratar una cosa delicadamente para conservarla en buen estado, o guardarla con el mismo fin. || Poner esmero, dedicación y cuidado al hacer algo. || *pr.* Preocuparse por conservar la salud. || *irón.* y *fam.* Darse buena vida.
cuija *s. m. Hond.* y *Méx.* Pequeño saurio de vida nocturna, que tiene la piel de color claro, semitransparente, y hace un ruido característico.
cuis *s. m. Arg. Bol. Chil.* y *Uy.* Cobayo, conejillo de Indias.
cuita *s. f.* Aflicción, tristeza.
cuitado, da *adj.* Desventurado o afligido. || Apocado, timorato.
cuitar *t. intr.* y *pr. ant.* Afligir o poner en apuros. || *pr. ant.* Anhelar algo, o darse mucha prisa para hacerlo.
cuitlacoche *s. m. Méx.* Huitlacoche.
culantro *s. m.* Cilantro.
culata *s. f.* Parte posterior de las armas de fuego portátiles, que sirve para apoyarlas al disparar. || *fig.* Parte posterior de algo. || Anca de una caballería, o cuarto trasero de una res.
culatazo *s. m.* Golpe dado con la culata de un arma. || Retroceso que da un arma de fuego al ser disparada.
culear *intr. Chil.* y *Méx. vul.* Realizar el acto sexual. || *pr. Méx. vul.* Acobardarse, echarse para atrás.
culebra *s. f.* Serpiente, en particular las que son delgadas y carecen de veneno o de colmillos adecuados para inyectarlo.
culebreante *adj.* Que tiene forma de culebra.
culebrear *intr.* Moverse de un lado para otro formando eses o en zigzag como una culebra.
culebreo *s. m.* Movimiento que consiste en avanzar formando eses, desplazándose a un lado y otro y adelante al mismo tiempo, como las culebras.
culebrina *s. f.* Pieza de artillería, de pequeño calibre y cañón muy largo, que se usó de los siglos XV al XVIII.
culiacanense *adj.* y *s. com.* Nacido en Culiacán, capital del estado mexicano de Sinaloa. || Perteneciente o relativo a esta ciudad.
culinario, ria *adj.* Perteneciente o relativo al arte de cocinar.
culminación *s. f.* Acción y efecto de culminar. || Paso de un astro por su punto más elevado por encima del horizonte, y tiempo que éste dura.
culminante *adj.* Que llega al punto más elevado. || Que es lo más interesante o relevante de una situación o una obra.
culminar *intr.* Alcanzar un astro su punto culminante. || Llegar algo al grado más elevado posible. *El científico culminó su carrera con un descubrimiento que ha beneficiado a la humanidad.* || *t.* Concluir una obra, terminarla.
culo *s. m.* Trasero, las dos nalgas de una persona o las ancas de ciertos animales. || *fam.* Ano. || *fig.* y *fam.* Parte inferior o posterior de algo. *El culo de una botella.* || *fig.* y *fam.* Pequeña porción de un líquido que queda en el fondo de un recipiente.
culón, lona *adj.* Persona que tiene las nalgas muy abultadas.
culpa *s. f.* Falta de cierta gravedad cometida conscientemente. || Hecho de ser causante de algo dañoso. || En derecho, imputación que se hace alguien de haber cometido determinada acción dolosa o delictuosa. || En psicología, sentimiento de responsabilidad y temor que provoca el pensar que se ha causado un daño. || *loc.* ***Echar la culpa:*** atribuir a alguien una falta o delito que otro cometió.
culpabilidad *s. f.* Circunstancia de ser o sentirse culpable de algo.
culpabilizar *t.* Atribuir a alguien el haber cometido una falta o hecho un daño.
culpable *adj.* y *s. com.* Persona que tiene la culpa de algo. || En derecho, persona que ha cometido un delito o falta.
culpado, da *adj.* Que ha cometido una culpa. || Persona a quien se atribuye una falta, delito u omisión.
culpante *adj.* Culpable.
culpar *t.* y *pr.* Atribuir a alguien, o atribuirse, la culpa de algo.
culposo, sa *adj.* Se dice de la acción u omisión que, por imprudencia o negligencia, daña a otros y origina responsabilidades.
culteranismo *s. m.* Estilo literario complicado, que abusa de las metáforas, la sintaxis afectada y el uso de cultismos. *El culteranismo floreció en España entre los siglos XVI y XVII; tuvo su mayor representante en Luis de Góngora y Argote.*
culterano, na *adj.* Perteneciente o relativo al culteranismo. || Se dice del escritor que siguió el culteranismo. || Lenguaje oscuro, sofisticado y difícil de comprender.
cultismo *s. m.* Palabra, término, expresión o construcción gramatical procedente de una lengua clásica, en particular del latín o el griego.
cultivable *adj.* Que se puede cultivar. *Tierras cultivables.*
cultivado, da *adj.* Se dice de la persona que ha adquirido amplia cultura general y modales refinados.
cultivadora *s. f.* Máquina agrícola para cultivar.
cultivar *t.* Laborar la tierra para hacerla productiva. || Criar ciertos animales ya sea para su consumo, su industrialización o para fines científicos. *En la granja acuícola cultivan truchas y langostinos.* || *fig.* Hacer lo necesario para mejorar una amistad, o para potenciar una facultad que se posee. || *fig.* Ejercitar una ciencia, arte o lengua. || En biología, desarrollar microorganismos sobre medios adecuados.
cultivo *s. m.* Acción y efecto de cultivar. || Extensión de terreno donde se cultiva, o plantas ahí cultivadas. || En biología y medicina, medio para obtener células o tejidos desarrollándolos de manera controlada y en un soporte adecuado. || *loc.* ***Cultivo hidropónico:*** el que permite cultivar plantas sin suelo, mediante riego con sustancias nutritivas.
culto *s. m.* Homenaje y veneración que, dentro de alguna religión, es tributado a los seres divinos o sagrados. || Conjunto de ritos y ceremonias religiosas con que se tributa ese homenaje y veneración. || Admiración, apego y afecto con que se siguen ciertas cosas. *Rendir culto a la buena música.*
culto, ta *adj.* Que tiene cultura o conocimientos. || Que implica cultura o es propio de las personas cultas. *Un lenguaje culto.* || Se usa para referirse a las tierras y plantas cultivadas.
cultor, ra *adj.* y *s.* Que cultiva algún oficio. Se usa más como sufijo en palabras como apicultor, cunicultor, puericultora, etc. || Que venera o adora algo.
cultura *s. f.* Acción de cultivar algo, en particular las facultades humanas. || Conjunto de conocimientos adquiridos por una persona. || Conjunto de estructuras sociales y manifestaciones intelectuales y artísticas que caracterizan a la sociedad de una época determinada. *La cultura maya.* || *loc.* ***Cultura física:*** desarrollo armónico y racional del cuerpo mediante técnicas y ejercicios apropiados.
cultural *adj.* Perteneciente o relativo a la cultura.
culturismo *s. m.* Práctica de ejercicios combinados con técnicas de alimentación para desarrollar la musculatura.
culturista *adj.* y *s. com.* Persona que practica el culturismo.
culturización *s. f.* Acción y efecto de culturizar.
culturizar *t.* Educar, civilizar, dar cultura.
cumanés, nesa o **cumanagoto, ta** *adj.* y *s.* De Cumaná, ciudad venezolana.
cumbancha *s. f. Cub.* y *Méx. fam.* Parranda, juerga.
cumbia *s. f.* Ritmo y baile típicos de Colombia. *La cumbia se originó en el cumbé, una danza de Guinea ecuatorial.*
cumbre *s. f.* Parte más alta de una montaña. || Lugar más importante al

que se puede llegar cuando se desempeña una actividad. || Reunión de gobernantes y personas con poder para tratar asuntos de importancia.
cumpa *s. m. Amér. Merid. fam.* Amigo cercano, camarada. || Compadre.
cumpleaños *s. m.* Aniversario del nacimiento de una persona.
cumplido *s. m.* Muestra de cortesía o halago hecho con finura.
cumplido, da *adj.* Completo, terminado, cabal. || Puntual y exacto para hacer las cosas. || Cortés y atento, que muestra urbanidad.
cumplidor, ra *adj.* Que cumple con sus compromisos o da cumplimiento a algo.
cumplimentar *t.* Ejecutar una orden o dar cumplimiento a un trámite. || Rellenar un formulario. || Saludar o dar parabienes a alguien de acuerdo a determinadas normas.
cumplir *t.* e *intr.* Hacer algo de manera debida. || Tener un número determinado de años o meses. || Poner en práctica algo que se ha dicho. || Hacer algo sólo por quedar bien.
cúmulo *s. m.* Montón, conjunto de cosas apiladas. || Acumulación de cosas no materiales. *Tiene tal cúmulo de trabajo que ya se siente agotado.* || Concentración de estrellas en un mismo sistema galáctico. || Concentración de galaxias en algún punto del universo. || Tipo de nube blanca, densa, de base plana y contornos definidos y redondeados en su parte superior.
cumuloestratos *s. m. pl.* Estratocúmulo.
cumulonimbo *s. m.* Formación de nubes muy grandes, de color gris oscuro y gran desarrollo vertical. *Los cumulonimbos por lo general anuncian una tormenta.*
cuna *s. f.* Cama pequeña provista de barandillas, especial para bebés o infantes. || *fig.* Lugar de nacimiento de una persona u origen de una cosa. || *fig.* Linaje o estirpe.
cundido *s. m. Esp.* Sal, aceite y vinagre que se da a los pastores. || Queso, aceite, miel o mermelada que se da a los niños para que coman el pan.
cundinamarqués, quesa *adj.* y *s.* Nacido en Cundinamarca, departamento de Colombia. || Perteneciente o relativo a este departamento.
cundir *intr.* Producir algo mucho provecho, o rendir mucho. || Extenderse en todas direcciones un líquido, sobre todo el aceite. || Propagarse algo inmaterial. *Cundió el rumor de que subirán otra vez los precios.* || Progresar, avanzar en un trabajo o labor.
cuneiforme *adj.* Que tiene forma de cuña. || Se dice de la antigua escritura de los pueblos del Medio Oriente, formada por caracteres con forma de cuña. *La escritura cuneiforme fue inventada por los sumerios en el milenio IV antes de nuestra era.*
cunero *s. m. Cub. Ecua.* y *Méx.* En los hospitales, lugar donde se hallan las cunas de los recién nacidos.
cuneta *s. f.* Zanja a los lados de una carretera o un camino para recoger el agua de lluvia.
cunicultor, ra *adj.* y *s.* Persona que practica la cunicultura.
cunicultura *s. f.* Cría del conejo doméstico para aprovechar sus productos.
cuña *s. f.* Pieza de madera o metal terminada en ángulo agudo, que se usa para hender, dividir, o ajustar una cosa con otra. || *fig.* Influencia que se utiliza para lograr algún fin. || En los medios de comunicación, noticia breve para llenar espacio en una plana, o mensaje publicitario breve dentro de un programa radiofónico o de televisión. || En anatomía, cada uno de los tres huesos cuneiformes del tarso.
cuñado, da *s.* Hermano del cónyuge de alguien. || Cónyuge del hermano de alguien. || *Amér.* Fórmula afectuosa para dirigirse a los amigos cercanos.
cuño *s. m.* Troquel para sellar monedas o medallas. || Dibujo grabado que deja el sello del troquel. || *loc.* ***De nuevo cuño:*** se dice de la persona que ha aparecido recientemente en determinada actividad o círculo social.
cuota *s. f.* Parte o porción de algo que es fija o proporcional. || Cantidad fija que se paga a una asociación o institución a cambio de recibir servicios o beneficios.
cupé *s. m.* Automóvil de dos o cuatro plazas, techo fijo y dos puertas. || Carruaje cerrado de cuatro ruedas, con cupo para dos plazas y tirado por caballos. || Parte delantera de una diligencia.
cupido *s. m.* Representación, en pintura o escultura, del amor en la forma de un niño alado, vendado de los ojos y con arco y flecha. || Hombre muy galanteador y enamoradizo.
cupo *s. m.* Parte proporcional que en un impuesto, servicio o empréstito, corresponde a un pueblo o un particular. || *Col. Méx.* y *Pan.* Cabida disponible en un lugar cerrado. || *Col. Méx.* y *Pan.* Cantidad de plazas para pasajeros de un vehículo.
cupón *s. m.* Pieza de papel que, junto con otras iguales, forma parte de un conjunto del cual puede ser separada. || Cada una de las partes de un documento de deuda, o de una acción, que se van cortando para presentarlas al cobrar los intereses vencidos.
cúprico, ca *adj.* Que contiene cobre, o relativo a este metal. || En química, se dice de los compuestos de cobre divalente.
cuprífero, ra *adj.* Que contiene cobre.
cuproníquel *s. m.* Aleación de cobre y níquel. *El cuproníquel es muy utilizado para fabricar monedas.*
cúpula *s. f.* Bóveda semiesférica que en algunos edificios cubre una planta circular o poligonal. || En anatomía, nombre dado a la parte más alta de ciertos órganos. *La cúpula del paladar.*
cura[1] *s. m.* Sacerdote católico.
cura[2] *s. f.* Curación, hecho de sanar. || Conjunto de tratamientos que se aplican para sanar a un enfermo o herido. || *Chil.* Borrachera. || *loc. fam.* ***No tener cura:*** ser alguien incorregible.
curable *adj.* Que se puede curar.
curación *s. f.* Acción y efecto de curar o curarse.
curado *s. m.* Proceso y resultado de preparar algo para su conservación. *El curado hace que los quesos sean más secos, duros y de sabor más fuerte.*
curado, da *adj. Chil.* Borracho, ebrio.
curador, ra *adj.* y *s.* Persona que se encarga del cuidado de algo. *Los curadores del museo limpiarán unos antiguos cuadros.* || Persona que cura alimentos para conservarlos. || En derecho, persona designada para cuidar de los bienes de un menor de edad, de un discapacitado o de alguien que se halla ausente.
curaduría *s. f.* Oficio de conservar en buen estado, y preparar para su exhibición, las obras de arte, documentos antiguos y otros bienes artísticos. || Lugar de un museo o galería donde se tratan las obras de arte para su conservación y se preparan para su exhibición. || En derecho, cargo y función del curador de un menor, discapacitado o persona ausente.
curanderismo *s. m.* Arte del curandero y práctica del mismo.
curandero, ra *s.* Persona que, sin haber estudiado medicina de manera oficial, conoce empíricamente métodos de curación y los aplica. || *fig. desp.* Persona que, sin tener título oficial, ejerce la medicina.
curar *intr.* y *pr.* Recobrar la salud, sanar. || *Chil.* Emborracharse. || *t.* Aplicar un tratamiento a un paciente para aliviar una enfermedad o lesión. || Preparar un alimento mediante el salado, ahumado u otro método, para su conservación. || Curtir las pieles de los animales para darles uso industrial. || *t.* y *pr.* Aplicar, o aplicarse, remedios para sanar. || Extinguir una pasión o desechar una angustia emocional. || *loc.* ***Curarse en salud:*** prevenir un mal, o exculparse de las consecuencias de algo, antes de que ocurra.
curare *s. m.* Veneno muy tóxico a base de extractos vegetales, utilizado por los aborígenes del Amazonas para impregnar las puntas de sus flechas. *El curare también se usa en medicina como relajante muscular y antitetánico.*
curativo, va *adj.* Que cura o sirve para curar.

C

curato *s. m.* Cargo que dentro de la jerarquía de la Iglesia católica tiene un cura. || Territorio que abarca la jurisdicción de un cura.
cúrcuma *s. f.* Hierba originaria de la India, de cuyo rizoma se extrae una resina que se utiliza como especia y como colorante. *La raíz de la cúrcuma es semejante, en aspecto y olor, a la del jengibre, aunque más amarga.*
curda *adj.* y *s. com. Esp. fam.* Ebrio, borracho. || *s. f. Esp.* Borrachera.
curia *s. f.* En la antigua Roma, cada una de las diez subdivisiones de una tribu. || Senado romano y lugar donde éste se reunía. || Organismo de gobierno, administrativo y judicial de la Santa Sede o de una diócesis católica. || Tribunal en el que se tratan los asuntos contenciosos, en particular los canónicos. || Conjunto de los procuradores, abogados y empleados que trabajan en la administración de justicia.
curial *adj.* Perteneciente o relativo a la curia. || *s. com.* Empleado subalterno de algún tribunal de justicia.
curio *s. m.* Elemento químico radiactivo sintético. Es un metal de color y brillo semejantes a los del acero, con una elevada toxicidad. Su número atómico es 96 y su símbolo *Cm.*
curiosear *intr.* y *t.* Intentar enterarse de algo que no incumbe, fisgonear.
curioseo *s. m.* Acción y efecto de curiosear.
curiosidad *s. f.* Deseo de averiguar o saber algo. || Limpieza, aseo y meticulosidad para hacer las cosas. || Cosa o suceso extraño o poco común. || Objeto realizado manualmente con gran primor. *En los mercados de artesanías se venden muchas curiosidades.*
curioso, sa *adj.* y *s.* Que siente curiosidad. || *adj.* Que incita a la curiosidad porque llama la atención. || Ordenado, pulcro, aseado. || Se dice de la persona que hace su trabajo con meticulosidad y cuidado.
curricular *adj.* Perteneciente o relativo al currículo.
currículo *s. m.* Relación de los datos biográficos de una persona, que incluye los estudios realizados, cargos ocupados, trabajos realizados y otros datos que la califican. || Conjunto ordenado de temas y prácticas destinados a que el alumno aprenda una materia. || Método de organización de las actividades pedagógicas en función de los contenidos de una materia y técnicas didácticas aplicables a ésta.
curro *s. m. Esp. fam.* Trabajo, empleo.
curruscante *adj.* Se dice del alimento tostado que cruje. *Unas galletas curruscantes.*
currutaco, ca *adj.* y *s. fam.* Exagerado para seguir las modas. || Muy grueso de cuerpo y bajo de estatura.
curry *s. m.* Mezcla de especias pulverizadas para sazonar, propia de la comida de la India. *El curry está compuesto básicamente de azafrán, clavo, jengibre y cilantro.*
cursado, da *adj.* Versado en algo, acostumbrado a ello.
cursar *t.* Estudiar determinada materia en un centro educativo. *Actualmente cursa una licenciatura.* || Hacer que un asunto siga el proceso o trámite respectivo.
cursi *adj.* y *s. com.* Persona que, pretendiendo ser fina y elegante, cae en lo afectado y ridículo. || *adj.* Se aplica a lo que pretende ser elegante y exquisito, pero es ridículo y de mal gusto. *Una decoración cursi.*
cursilada *s. f.* Acción o dicho de un cursi. *Salió con la cursilada de llamar «entrañables» a unos que acababa de conocer.* || Cosa u objeto cursi. *El peinado que usa es una cursilada.*
cursilería *s. f.* Condición de lo que es cursi. || Acción, dicho u objeto cursi.
cursillo *s. m.* Curso de poca duración sobre cualquier materia. || Serie breve de conferencias sobre una materia o asunto. *Fueron a un cursillo sobre periodismo en medios electrónicos.*
cursilón, lona *adj. fam.* Que es demasiado cursi. *El cursilón discurso de la presidenta aburrió a todos.*
cursivo, va *adj.* y *s.* Tipo de letra de imprenta en la que los caracteres aparecen inclinados hacia la derecha. *Este ejemplo está escrito en cursiva.*
curso *s. m.* Movimiento continuo del agua que se traslada por un cauce. *El curso de un arroyo.* || Movimiento real o aparente de un astro. *El curso de la Luna durante la noche.* || Encadenamiento de sucesos en el tiempo. *En el curso del siglo xx hubo enormes cambios tecnológicos.* || Serie de estados por los que pasa un proceso o un asunto. || Tiempo destinado a la impartición de conocimientos sobre una materia. || Conjunto de enseñanzas que se imparten en un tiempo determinado. *Tomó un curso de mecanografía de seis meses.* || Conjunto de estudiantes que comparten el mismo grado de estudios. *Encontró a unos antiguos compañeros de su curso de tercero de secundaria.* || Circulación o difusión de algo, sobre todo de las monedas. || Evolución que sigue una enfermedad. || *loc.* ***Dar curso:*** tramitar un asunto. || ***En curso:*** vigente, actual.
cursor *s. m.* Pequeña pieza o barra indicadora que, en algunos aparatos o instrumentos, se desliza a lo largo de otra mayor para señalar cosas. *El cursor de una regla de cálculo.* || En informática, elemento gráfico en la pantalla de una computadora, que indica dónde y cuándo realizar acciones de escritura. *Aunque el cursor estándar es en forma de flecha, hay muchos otros de fantasía que pueden cargarse a voluntad del usuario.*
curtido *s. m.* Acción y efecto de curtir las pieles. || *pl. Amér.* Alimentos encurtidos.
curtido, da *adj.* Se aplica a las pieles preparadas para su conservación y posterior industrialización. || *fig.* Avezado, experimentado. || *Méx.* Sonrojado, avergonzado.
curtidor, ra *s.* Persona que se dedica a curtir pieles.
curtiduría *s. f.* Taller o establecimiento donde se curten las pieles.
curtiembre *s. f. Amér.* Lugar donde se curten las pieles.
curtimbre *s. f.* Resultado de curtir.
curtir *t.* Trabajar las pieles de animales para convertirlas en cuero. || *Amér.* Castigar a alguien con azotes. || *t.* y *pr. fig.* Tostar y endurecer el cutis el sol o el aire. || Acostumbrar a alguien, o acostumbrarse, a resistir situaciones difíciles con madurez y entereza.
curul *s. f.* Silla de marfil que era emblemática del cargo de ciertos magistrados en la antigua Roma. || *Col. Ecua. Salv. Méx.* y *Per.* Asiento que ocupa un parlamentario en una cámara legislativa.
curva *s. f.* Línea cuyos puntos cambian de dirección sin formar ángulos. || En los caminos, carreteras y líneas ferroviarias, tramo que se aparta de la dirección recta en forma semicircular. || Línea en una gráfica que representa las variaciones de algún fenómeno. *Una curva de natalidad.* || *pl. fam.* Redondeces acentuadas del cuerpo femenino. *Esa modelo se hizo famosa por sus curvas.*
curvado, da *adj.* Que tiene forma curva.
curvar *t.* y *pr.* Dar a algo, o tomar esto, forma curva.
curvatura *s. f.* Desvío continuo de la línea recta, sin formar ángulo. || Cualidad de lo que es curvo.
curvear *tr.* y *pr.* Curvar.
curvígrafo *s. m.* Instrumento para trazar líneas curvas.
curvilíneo, a *adj.* Que está formado por líneas curvas.
curvímetro *s. m.* Instrumento para medir la longitud de las líneas curvas. *Los curvímetros son muy útiles para la lectura de mapas.*
curvo, va *adj.* Que se aparta constantemente de la dirección recta, sin formar ángulos.
cuscatleco, ca *adj.* y *s.* Cuzcatleco.
cuscús *s. m.* Alimento típico del norte de África, que consiste en sémola de trigo cocida al vapor, acompañada de carne o verduras.
cuscuta *s. f.* Planta parásita de color amarillento o rojizo, sin raíces, ni clorofila, con tallos en forma de cordones y con hojas muy rudimentarias.

La cuscuta crece sobre cereales, alfalfa, y también ataca diferentes árboles y arbustos.

cúspide *s. f.* Cumbre de los montes de forma puntiaguda. || Remate superior, en forma de punta, de un edificio u otra cosa. || Momento o punto culminante de una situación. || En geometría, punto en el que concurren todos los vértices de los triángulos que forman las caras de una pirámide, o de las generatrices de un cono.

custodia *s. f.* Acción y efecto de custodiar. || Escolta o persona que vigila a un preso. || Objeto de la liturgia católica en el que se expone la eucaristía para ser venerada por los fieles. *Las custodias suelen confeccionarse con oro o plata.* || *Chil.* Sitio de los aeropuertos o las estaciones de transporte en que los viajeros depositan sus paquetes y equipaje temporalmente.

custodiar *t.* Vigilar, cuidar, guardar.

custodio, dia *adj.* y *s.* Que custodia. *Los ángeles custodios son más conocidos como ángeles de la guarda.*

cusuco *s. m. Amér. C.* Armadillo. || *Salv.* Dificultad, lío, problema.

cutáneo, a *adj.* Perteneciente o relativo al cutis o piel del cuerpo. *Una infección cutánea.* || Se dice de los músculos que tienen alguna de sus inserciones en la piel. *El cuello y la cara son abundantes en músculos cutáneos.*

cúter *s. m.* Instrumento para hacer cortes de precisión, formado por un mango dentro del cual se introducen cuchillas recambiables, muy afiladas, cortadas en bisel.

cutícula *s. f.* Piel o película muy delgada y delicada. *La cutícula que recubre el tallo de muchas plantas las protege de la desecación.* || En anatomía, epidermis, capa más externa de la piel, o cualquier membrana muy fina que recubre algún órgano. || En zoología, recubrimiento del cuerpo de los artrópodos compuesto de quitina.

cuticular *adj.* Perteneciente o relativo a la cutícula.

cutis *s. m.* Epidermis, piel de una persona, en particular la del rostro.

cutre *adj.* y *s. Esp.* Mezquino, miserable. || Sucio, descuidado, de mala calidad.

cuy *s. m. Amér. Merid.* Cobayo, roedor comestible.

cuyo *s. m. Méx.* Cobayo.

cuyo, ya *pron.* Pronombre relativo posesivo; equivale a «que» en función adjetiva cuando se introduce una oración subordinada. *El aviador cuya historia te conté es mi tío.*

cuzcatleco, ca *adj.* y *s.* Salvadoreño. *El gentilicio «cuzcatleco» proviene de Cuzcatlán, nombre indígena de El Salvador.* || Habitante del antiguo señorío nahua de Cuzcatlán.

cuzcuz *s. m.* Cuscús.

cuzqueño, ña *adj.* y *s.* Nativo de Cuzco, ciudad, provincia y departamento del Perú. || Perteneciente o relativo a Cuzco.

D d

d *s. f.* Cuarta letra del alfabeto español. Su nombre es «de».

dable *adj.* Que puede ser hecho o permitido.

dacrón *s. m.* Fibra de poliéster con la que se fabrica una gran variedad de tejidos.

dactilar *adj.* De los dedos o relacionado con ellos. *Le tomaron las huellas dactilares.*

dactilografía *s. f.* Técnica de escribir a máquina.

dactilográfico, ca *adj.* De o relacionado con la dactilografía.

dactilología *s. f.* Técnica de comunicación personal en la que se usa el abecedario manual. *Los sordomudos se comunican usando la dactilología.*

dactiloscopia *s. f.* Estudio de las huellas digitales como método de identificación.

dadaísmo *s. m.* Movimiento artístico surgido en Europa y Nueva York hacia 1915, caracterizado por el uso de efectos incongruentes en desafío al arte precedente y la moral predominante.

dadaísta *adj.* Del dadaísmo o relacionado con él.

dádiva *s. f.* Algo que se da como regalo.

dadivosidad *s. f.* Inclinación a hacer regalos desinteresadamente.

dadivoso, sa *adj.* Que se inclina a hacer regalos desinteresadamente.

dado *s. m.* Pieza de juego de azar en forma cúbica con números o figuras en cada cara. *Los dados están echados.* || Pieza de mecanismo giratorio que mantiene la pieza principal en equilibrio.

dador, ra *s. Esp.* Encargado de entregar una carta o un documento importante.

daga *s. f.* Arma blanca de hoja corta y empuñadura.

daguerrotipo *s. m.* Técnica fotográfica pionera en la que la imagen tomada por una cámara oscura es impresa sobre una placa de plata ionizada. || Imagen reproducida con esta técnica.

dalia *s. f.* Herbácea frondosa de hojas verde oscuro y flores de colores vistosos. || Flor de esta planta.

dálmata *adj.* y *s. com.* Perteneciente o relacionada con Dalmacia, región entre la costa adriática y los Balcanes. || Antigua lengua romance de esa región. || Raza canina cuyos ejemplares tienen el pelo blanco muy corto con manchas negras.

daltónico, ca *adj.* Que padece daltonismo.

daltonismo *s. m.* Defecto de la vista que impide distinguir ciertos colores, principalmente el rojo.

dama *s. f.* Designación caballerosa de la mujer. *Que pasen primero las damas.* || Mujer distinguida y elegante. || En el juego de damas, la pieza que es llevada a la primera fila.

damajuana *s. f.* Recipiente de vidrio o barro para contener líquidos, especialmente licores.

damasco *s. m.* Capital de Siria, la ciudad de existencia continua más antigua. || Tela fuerte de lana o seda con figuras entretejidas muy vistosas y elaboradas.

damasquinado *s. m.* Artesanía de incrustación de tela bordada en objetos metálicos.

damasquinar *t.* Hacer trabajo de damasquinado o incrustación de telas bordadas en objetos de metal.

damero *s. m.* Tablero cuadriculado para el juego de damas.

damiana *s. f. Méx.* Caléndula.

damisela *s. f.* Mujer joven que presume ser dama.

damnificado, da *adj.* y *s.* Que ha sufrido daño en su persona o bienes en un desastre colectivo.

damnificar *t.* Causar daño importante a personas o cosas.

dandi *s. m.* Individuo elegante, conquistador, generalmente afectado.

dandismo *s. m.* Estilo y conducta social del dandi.

danés, nesa *adj.* y *s.* De o relacionado con Dinamarca. || Lengua hablada en ese país. || Raza canina cuyos ejemplares tienen gran tamaño, las orejas en punta y el pelo suave. || Pan suave cubierto de azúcar cristalizada.

danta *s. m.* Mamífero herbívoro en peligro de extinción, de hasta dos metros de largo y uno de alto, parecido al cerdo, con nariz larga y voluminosa.

dantesco, ca *adj.* Que causa horror.

danza *s. f.* Movimiento rítmico del cuerpo al son de la música o de percusiones. || Disciplina artística de este movimiento.

danzado, da *s. Esp.* Movimiento del cuerpo al son de la música o de percusiones. || Conjunto de personas que ejecutan una danza.

danzante *adj.* y *s. com.* Que ejecuta una danza.

danzar *intr.* Mover el cuerpo con ritmo al son de la música o de percusiones.

danzarín, rina *s.* Que baila con destreza.

danzón *s. m.* Música de origen cubano, de ritmo lento y cadencioso. || Danza al ritmo de esta música.

dañado, da *adj.* Que ha sufrido daño. *La casa quedó dañada por el sismo.* || Que su mala conducta es incorregible. *No te preocupes por él, está dañado.*

dañar *t.* Causar daño físico o moral.

dañino, na *adj.* Que causa daño físico o moral.

daño *s. m.* Perjuicio físico o moral causado por alguien o algo.

dañoso, sa *adj.* Que causa daño o perjuicio físico o moral.

dar *t.* Ceder la posesión de algo a otro. || Poner algo en manos de otro. || Adjudicar lo correspondiente. *Le dieron el primer lugar.* || Ofrecer algo a otro. || Convidar o agasajar a otros. *Voy a dar una fiesta.* || Transmitir o comunicar algo. || Sugerir algo. *Me dio a entender que no quiere hacerlo.* || Suponer algo. *No lo des por sentado.* || Sentir o experimentar algo. *Cuando la veo me dan nervios.* || Aproximarse una hora determinada. *Ya van a dar las diez.* || Corroborar condiciones de que algo ocurra. *Las condiciones están dadas para decidir.* || Que algo adquiera su tamaño apropiado. *El pantalón me ajusta, pero va a dar de sí.* || Que algo rinda fruto. *El manzano va a dar fruto.* || Formar algo. *Le voy a dar forma a mi trabajo.* || Mantener algo en buen estado. *Le voy a dar servicio a mi computadora.* || Indicar la orientación de algo. *El edificio da al poniente.*

dardo *s. m.* Proyectil arrojadizo con la mano o con cerbatana que se usa como arma o como juguete. || *fig.* Comentario para ironizar o herir.

darmstadtio *s. m.* Elemento químico sintético, radiactivo, de apariencia desconocida y probablemente metálico. Su número atómico es 110 y su símbolo *Ds.*

dársena *s. f.* Área interior de un puerto para el movimiento de carga y descarga de los barcos.

darwanzio *s. m.* Ununbio.
darwiniano, na *adj.* Relativo al darwinismo.
darwinismo *s. m.* Corriente de pensamiento basada en la teoría de la evolución de las especies de Charles Darwin.
darwinista *adj.* y *s. com.* Que asume o se relaciona con la teoría darwinista o de la evolución de las especies.
datación *s. f.* Acción y efecto de datar o fechar.
datar *t.* Establecer la fecha de un suceso o un hallazgo. *Los restos hallados datan del siglo* XVIII. || Poner fecha a un documento. *No olvides datar la carta.*
dátil *s. m.* Fruto muy dulce, carnoso y muy alimenticio de la palmera datilera.
datilero, ra *adj.* y *s. f.* Palmera que da dátiles.
dativo *adj.* y *s. m.* Caso de declinación gramatical equivalente al objeto indirecto del verbo.
dato *s. m.* Información que sirve de base para aprender algo o resolver un problema.
datura *s. f.* Género de plantas herbáceas de uso medicinal y efectos narcotizantes.
de *prep.* Indica relación de posesión o pertenencia. *El apartamento de mi vecina.* || Indica relación de procedencia. *Viene de España.* || Indica la materia de que está hecho algo. *Su collar es de concha nácar.* || Indica la cualidad de algo o alguien. *Es una persona de cuidado.* || Indica el contenido de algo. *Compraron botellas de licor.* || Indica el asunto de que trata algo. *Nos toca clase de matemáticas.* || Indica el uso al que está destinado un objeto. *Saca la máquina de podar.* || Indica el todo al que pertenece una parte. *Ella es la menor de la familia.* || Indica el modo de una acción. *Los pusieron de patitas en la calle.* || Indica el tiempo en que sucede algo. *Toma clases de noche.*
deambulante *adj.* Que anda sin dirección ni propósito determinado.
deambular *intr.* Andar sin rumbo fijo.
deambulatorio *s. m.* Pasillo de las iglesias para penitentes.
debacle *s. f.* Situación catastrófica por causas humanas.
debajo *adv.* Indica lugar inferior.
debate *s. m.* Discusión de ideas opuestas entre dos o más personas ante una audiencia.
debatir *t.* Discutir ideas entre dos o más personas ante una audiencia. || *pr. fig.* Estar en situación límite. *El enfermo se debate entre la vida y la muerte.*
deber *t.* y *pr.* Estar obligado a realizar algo. || Tener obligación de cumplir una deuda de dinero. || Ser consecuencia. || *s. m.* Obligación de actuar de algún modo.
debido *adj.* y *s. com.* Que corresponde a lo esperado o correcto. || Que obedece a una causa.
débil *adj.* Que carece de fuerza.
debilidad *s. f.* Condición de fuerza física o moral insuficientes. || Inclinación hacia determinados placeres u objetos.
debilitación *s. f.* Acción y efecto de debilitar o debilitarse.
debilitamiento *s. m.* Acción y efecto de debilitar o debilitarse. *La dieta estricta le produjo debilitamiento.*
debilitante *adj.* Que produce debilidad. *Los desvelos tienen efecto debilitante.*
debilitar *t.* Restar o perder fuerza física o moral.
debilucho, cha *adj. desp.* Débil, esmirriado.
débito *s. m.* Obligación económica resultante de una transacción.
debut *s. m.* Primera actuación de un artista o grupo artístico ante el público.
debutante *s. com.* Que debuta o actúa por primera vez en público.
debutar *intr.* Actuar por primera vez en público.
década *s. f.* Periodo de diez años o cada decena del siglo.
decadencia *s. f.* Proceso de menoscabo de personas, instituciones, movimientos, naciones o periodos históricos. *La decadencia del Imperio romano empezó con el cristianismo.*
decadente *adj.* Que está en proceso de decadencia o ruina. || Que asume ideas o estilos anacrónicos.
decadentismo *s. m.* Estilo literario europeo de la segunda mitad del siglo XIX, caracterizado por un lenguaje artificioso, complicado y arcaizante.
decadentista *adj.* Del decadentismo o relacionado con él. || Que asume el decadentismo.
decaedro *s. m.* Cuerpo geométrico de diez caras.
decaer *intr.* Perder una persona cualidades físicas o morales. || Perder una institución, una nación o un imperio su fuerza y legitimidad.
decagonal *adj.* De la forma del decágono.
decágono *s. m.* Polígono con diez lados y diez ángulos.
decagramo *s. m.* Unidad de peso de diez gramos.
decaído, da *adj.* Que ha perdido fuerza física o anímica.
decaimiento *s. m.* Disminución de fuerza física o anímica.
decalcificación *s. m.* Pérdida de calcio.
decalcificar *intr.* Disminuir o eliminar el calcio de organismos o minerales. *Hay que decalcificar la arena antes de mezclarla.*
decalitro *s. m.* Unidad de volumen equivalente a diez litros.
decálogo *s. m.* Los diez mandamientos de Moisés, esencia del cristianismo. || Serie de diez prescripciones para el ejercicio correcto de una actividad.
decámetro *s. m.* Unidad de longitud equivalente a diez metros.
decanato *s. m.* Dignidad del decano. || Tiempo durante el cual se ejerce esta dignidad.
decano, na *adj.* y *s.* Miembro más antiguo de una corporación, especialmente de instituciones educativas, a menudo director.
decantación *s. f.* Precipitación cuidadosa de un líquido de un recipiente a otro. || Sedimentación de los sólidos de un líquido. || Toma de posición razonada sobre un asunto controvertido.
decantar *t.* Vaciar un líquido de un recipiente en otro. || *pr.* Sedimentarse los sólidos de un líquido. || Tomar posición razonada sobre un asunto controvertido.
decapitación *s. f.* Acción de decapitar.
decapitar *t.* Cortar la cabeza, separándola del cuerpo.
decápodo *adj.* y *s. com.* Crustáceo con diez patas. *La langosta es un decápodo.* || Molusco con diez tentáculos. *El calamar es un decápodo.*
decárea *s. f.* Unidad de superficie equivalente a diez áreas.
decasílabo, ba *adj.* y *s.* Que tiene diez sílabas.
decatleta *s. com.* Atleta que practica el decatlón.
decatlón *s. m.* Competencia de diez pruebas realizadas por un mismo atleta.
deceleración *s. f.* Reducción de la velocidad de un objeto en movimiento.
decembrino, na *adj.* Relativo al mes de diciembre.
decena *s. f.* Que consta de diez unidades.
decenal *adj.* Que dura o que ocurre cada diez años. *El censo de población es decenal.*
decencia *s. f.* Conducta apegada a valores morales con dignidad y decoro.
decenio *s. m.* Periodo de diez años.
decente *adj.* Que se conduce de acuerdo con valores morales.
decepción *s. f.* Pesar provocado por un desengaño.
decepcionado, da *adj.* Triste, desilusionado a causa de un desengaño.
decepcionante *adj.* Que causa decepción porque no responde a lo que se esperaba.
decepcionar *t.* Provocar pesar por incurrir en conducta inapropiada y no esperada. || *pr.* Sentirse defraudado por recibir algo inferior a lo esperado. *La película nos decepcionó.*
deceso *s. m.* Muerte de una persona.
dechado *s. m.* Conjunto de virtudes que sirve como ejemplo.
decibel o **decibelio** *s. m.* Unidad de la intensidad del sonido equivalente a la décima parte de un bel.

decidido, da *adj.* Que actúa con decisión.
decidir *t.* Tomar una determinación sobre algo que permanece en suspenso. || Elegir entre dos o más opciones. || Realizar una acción que resuelve una disputa o competencia. *El jonrón decidió el partido.*
decigramo *s. m.* Unidad de peso equivalente a la décima parte de un gramo.
decilitro *s. m.* Unidad de volumen equivalente a la décima parte de un litro.
décima *s. f.* Cada una de las diez partes en que se divide un todo. || Estrofa formada por diez versos.
decimal *adj.* Cada una de las diez partes en que se divide una cantidad. || Sistema métrico cuyas unidades son divisores o múltiplos de diez. || Sistema numérico basado en el número diez.
decímetro *s. m.* Unidad de longitud equivalente a la décima parte de un metro.
décimo *adj.* Que ocupa el lugar número diez en una escala cualquiera. || Cada una de las diez partes en que se divide un todo.
decimoctavo, va *adj.* Que ocupa el lugar número 18.
decimocuarto, ta *adj.* Que ocupa el lugar número 14.
decimonónico, ca *adj.* Perteneciente o relacionado con el siglo XIX. || *desp.* Que es anticuado.
decimonono, na *adj.* Que ocupa el lugar número 19.
decimoquinto, ta *adj.* Que ocupa el lugar número 15.
decimoséptimo, ma *adj.* Que ocupa el lugar número 17.
decimosexto, ta *adj.* Que ocupa el lugar número 16.
decimotercero, ra *adj.* Que ocupa el lugar número 13.
decir *t.* Expresar o sostener algo con palabras. || Expresar algo indirectamente. *Quiso decir que no está disponible.* || *fig.* Expresar algo sin palabras. *Su mirada me dice algo raro.* || Hablar reflexivamente con uno mismo. *Me dije: «decídete ahora».* || *s.* Conjunto de palabras que expresan una idea. *Tal es el decir de la gente.*
decisión *s. f.* Determinación sobre un asunto en suspenso. || Elección entre dos o más opciones. || Resolución al actuar.
decisivo, va *adj.* Que tiene capacidad para decidir o solucionar problemas. *Su participación fue decisiva.* || Que tiene importancia para el curso de algo. *La posición del congreso será decisiva.*
decisorio, ria *adj.* Que tiene capacidad para decidir.
declamación *s. f.* Discurso o poema pronunciado o recitado con vehemencia en público.
declamador, ra *adj.* Que declama.
declamar *intr.* Recitar parlamentos, poemas o discursos en tono grandilocuente.
declamatorio, ria *adj.* Estilo de expresión grandilocuente, generalmente insustancial.
declarable *adj.* Que puede ser declarado.
declaración *s. f.* Manifestación formal oral o escrita exigida por la ley o considerada necesaria. *Presenté mi declaración de impuestos.* || Deposición de cualquiera de las partes en juicio. *El juez tomó la declaración del acusado.* || Veredicto del juez sobre cualquiera de las etapas de un juicio. *El juez declaró terminada la audiencia.* || Veredicto del jurado en una competencia. *El jurado declaró desierto el concurso.* || Manifestación pública de una decisión de autoridad. *La autoridad electoral declaró terminado el proceso.* || Manifestación sentimental a otra persona. *Le manifestó su declaración de amor.*
declarado, da *adj.* Que es manifiesto u ostensible. *Ellos son enemigos declarados.* || Condición de cualquiera de las partes en un juicio después de su declaración. *El reo ya está declarado.*
declarante *s. com.* Que declara en público. || Que declara en juicio.
declarar *t.* Manifestar algo públicamente por voluntad propia o por requisito de ley. *El funcionario declaró abierta la licitación.* || Manifestar el juez una decisión en cualquier etapa del proceso. *El juez declaró anulada la causa.* || Deposición de cualquiera de las partes en un juicio. || Manifestación de ingresos ante el fisco o de bienes ante la aduana. || Manifestación de sentimientos a otra persona. *Le manifestó su declaración de amor.*
declarativo, va *adj.* Que está en el plano de las palabras, no en el de los hechos. *El asunto está en el nivel declarativo.* || Dícese de la sentencia en un juicio de adjudicación.
declinable *adj.* Flexibilidad de las palabras o frases de experimentar variaciones para expresar el caso. || Que puede ser rechazado.
declinación *s. f.* Rechazo de un ofrecimiento o una invitación. *El licenciado declinó la oferta.* || Proceso de decadencia. || Distancia de un astro al ecuador. || Ocultamiento de los astros celestes. || Enunciación ordenada de las formas de una palabra para su función correspondiente.
declinante *adj.* Que declina. || Plano que tiene declinación.
declinar *intr.* Inclinar la cabeza en señal de respeto u obediencia. || Perder fuerza física o de ánimo. || Empezar los astros a desparecer del firmamento. || Rechazar una invitación o una oferta con tacto. || Enunciar las formas de una palabra para su función correspondiente.
declive *s. m.* Pendiente de una superficie. || Mengua gradual de facultades.
declividad *s. f.* Pendiente, declive, inclinación.
decocción *s. f.* Proceso de cocimiento de los alimentos.
decodificación *s. f.* Acción de convertir un texto cifrado, un programa de computación o impulsos eléctricos a lenguaje inteligible.
decodificador *s. m.* Programa para convertir un texto cifrado, un programa de cómputo o impulsos eléctricos a lenguaje inteligible.
decodificar *t.* Convertir un texto cifrado, un programa de computación o impulsos eléctricos a lenguaje inteligible.
decoloración *s. f.* Pérdida o desteñimiento del color.
decolorante *s. m.* Sustancia para decolorar.
decolorar *t.* Eliminar o desteñir color.
decomisar *t.* Confiscar bienes, generalmente ilegales o de contrabando, como acto de autoridad.
decomiso *s. m.* Confiscación de bienes, generalmente ilegales o de contrabando, como acto de autoridad.
decompresión *s. f.* Descompresión.
deconstrucción *s. f.* Proceso de desmontar los elementos de un concepto para realizar su análisis.
deconstruir *t.* Analizar una estructura conceptual deshaciendo los elementos que la forman.
decoración *s. f.* Conjunto de ornamentos de un espacio interior. || Disciplina que estudia la ornamentación de espacios interiores. || Conjunto de elementos que ambientan un escenario.
decorado *s. m.* Conjunto de ornamentos de un espacio interior. *El decorado se ve lindo.*
decorador, ra *s.* Persona dedicada a la decoración.
decorar *t.* Ornamentar o ambientar un espacio interior.
decorativismo *s. m.* Tendencia, en un estilo artístico, a emplear demasiados adornos.
decorativista *adj.* Relativo al decorativismo.
decorativo, va *adj.* De la decoración o relacionado con ella. || *irón.* Elemento superfluo en un contexto.
decoro *s. m.* Conducta apropiada en las relaciones sociales, el habla, el vestido y las maneras. || Parte de la arquitectura encargada de dar a las construcciones el aspecto adecuado según sus fines.
decoroso, sa *adj.* Que actúa con decoro o lo transmite. || Que su aspecto transmite decoro.

decrecer *intr.* Disminuir algo su tamaño, intensidad o magnitud. *La economía decrecerá este año.*
decreciente *adj.* Que disminuye su tamaño, intensidad o magnitud.
decrecimiento *s. m.* Disminución del tamaño, la intensidad o la magnitud.
decrépito, ta *adj.* Persona de edad avanzada con sus facultades disminuidas. || Objeto o edificio viejo y deteriorado.
decrepitud *s. f.* Condición de las personas de edad avanzada y facultades disminuidas. || Aspecto de las edificaciones viejas y deterioradas.
decretar *t.* Publicar decretos como acto de autoridad. ||Tomar decisiones políticas o administrativas. *El Jefe de Gobierno decretó que los bares cierren a las 3:00 a.m.*
decreto *s. m.* Decisión de la autoridad de carácter obligatorio.
decúbito *s. m.* Posición horizontal del cuerpo. || Magulladura de una parte del cuerpo por presión prolongada.
decuplicar *t.* Multiplicar por diez una cantidad o aumentar diez veces una cosa.
décuplo, pla *adj.* Que es diez veces mayor.
decurso *s. m.* Transcurrir del tiempo. *Las cosas que han sucedido en el decurso de la historia.*
dedal *s. m.* Utensilio de costura para proteger el dedo índice de los pinchazos de la aguja.
dédalo *s. m.* Laberinto o situación confusa.
dedicación *s. f.* Aplicación esmerada a una actividad. || Sentimiento devocional hacia una creencia, generalmente religiosa. || Inscripción que testimonia la advocación de un templo o la memoria de un personaje o suceso.
dedicado, da *adj.* Que se aplica para realizar alguna tarea. || Dirigido, por atención u obsequio, a una persona.
dedicar *t.* Destinar una cosa a un fin determinado. || Consagrar un espacio religioso a una divinidad. *El templo está dedicado a la virgen María.* || Manifestar por escrito el vínculo sentimental o profesional a otras personas, principalmente en libros y obras de arte. || *pr.* Entregarse al desempeño esmerado de una actividad.
dedicatoria *s. f.* Testimonio escrito del vínculo afectivo hacia otra persona en libros, fotografías y obras de arte. || Testimonio oral o gestual de entrega o reconocimiento que hace el artista antes de ejecutar su número. || *fam.* Intención oculta que se supone en una acción o en palabras. *Ese discurso tiene dedicatoria.*
dedillo *loc. adv.* **Al dedillo:** Que domina una materia.
dedo *s. m.* Cualquiera de los miembros en que terminan la mano y el pie. || Unidad de medida equivalente al grosor de un dedo. || *fig.* El que delata.
deducción *s. f.* Obtención de una conclusión a partir de una premisa mediante inferencias lógicas. || Descuento de una cantidad.
deducibilidad *s. f.* Calidad de deducible, sobre todo hablando de dinero.
deducible *adj.* Que puede ser deducido o descontado. *Este gasto es deducible de impuestos.* || Impuesto aplicado en las aseguranzas. *El asegurador tiene que hacer el deducible.*
deducir *t.* Obtener una conclusión de una premisa mediante inferencias lógicas. || Restar una parte a una cantidad.
deductivo, va *adj.* Perteneciente a la deducción o relacionado con ella. || Método de razonamiento consistente en extraer conclusiones de una premisa mediante inferencias lógicas.
defecación *s. f.* Evacuación de excremento por su conducto natural.
defecar *t.* Evacuar excremento por el conducto natural.
defección *s. f.* Abandono subrepticio de filas, especialmente del ejército. || Abandono no explicado de causas o membresías, especialmente partidistas.
defeccionar *t.* Abandonar subrepticiamente filas, especialmente del ejército. || Abandonar causas o membresías sin explicación, principalmente partidistas.
defectivo, va *adj.* Verbo que no se usa en todas sus conjugaciones.
defecto *s. m.* Imperfección de una cosa, deformidad física o falla de carácter de una persona.
defectuoso, sa *adj.* Que tiene defectos.
defender *t.* Proteger una cosa, una posición o personas de peligros o amenazas. || Sostener un argumento o una idea frente a su impugnación. || Abogar por alguien, especialmente en juicios.
defendible *adj.* Que puede o es digno de ser defendido. *Su posición es defendible.*
defendido, da *adj.* Persona o causa defendida por un abogado en juicio.
defenestración *s. f.* Destitución de un funcionario de un puesto. || *fig.* Expulsión violenta de objetos o personas por la ventana.
defenestrar *t.* Destituir a un funcionario de su puesto. || *fig.* Arrojar objetos o personas por la ventana.
defensa *s. f.* Acción y efecto de defender o defenderse. || Medios diversos que se usan para protegerse en contra de un ataque, un peligro o un daño. *El punto débil de ese boxeador es su defensa.* || Obra de fortificación, instrumento o cosa que sirve para protegerse de un ataque. *Para la defensa de Siracusa, Arquímedes construyó muchos artefactos.* || Abogado defensor y su equipo que defienden al acusado en un juicio. *La defensa contestó todos los cargos de la parte acusadora.* || Conjunto de argumentos con las que se intercede por el acusado en un juicio. *El argumento de la defensa fue alegar demencia momentánea.* || Amparo, protección. *Los sectores vulnerables de la sociedad requieren que se les defienda.* || *pl.* Mecanismo natural con que los seres vivos se protegen contra agentes patógenos. *Las vacunas se aplican para generar defensas.* || Dispositivo de protección de los coches en su parte delantera y trasera. *No le pasó nada al coche, el golpe fue en la defensa.* || Aparejos que se cuelgan del costado de la embarcación para que no se dañe durante las maniobras. || Línea de jugadores encargada de defender la portería. *Jugó con una defensa de cuatro.* || *s. m.* Jugador encargado de defender la portería de su equipo. *Rafa es defensa central de su equipo.* || *loc.* **Defensa personal:** técnica de defensa, con recursos de las artes marciales. *Alicia está entrenada en defensa personal.* || ***Legítima defensa:*** circunstancia que exime de culpabilidad en ciertos delitos. *Lo hirió en legítima defensa.*
defensiva *adj.* Perteneciente o relativo a la defensa. *Su derrota se debió a errores defensivos.* || Se dice de lo que sirve para defender y resistir un ataque. *Su estrategia fue hacer un juego defensivo.* || Actitud exclusiva de defensa, renunciando al ataque. *Por la expulsión de dos jugadores, jugaron a la defensiva.* || *loc. adv.* ***A la defensiva:*** estar o ponerse en actitud de defenderse y no de atacar. *Para que no les anotaran se pusieron a la defensiva.* || Estar o ponerse en actitud recelosa y con temor de ser agredido física o moralmente. *Por lo que ya le habían hecho antes, estaba a la defensiva.*
defensivo *adj.* Que sirve para defender. || *s. m.* Defensa, resguardo.
defensor, ra *adj.* Se dice del que defiende o protege. *Desde que se hicieron amigos, ha sido su defensor.* || *s.* Abogado que se encarga de la defensa de un acusado en un juicio. *Contrató a un abogado defensor.*
defensoría *s. f. Bol. Col. Méx. Uy.* y *Ven.* Ejercicio y práctica del abogado defensor.
deferencia *s. f.* Amabilidad o atención que se tiene hacia alguien, por respeto o consideración. *Por deferencia, le cedí el asiento a un anciano.*
deferente *adj.* Amable y respetuoso hacia las personas por respeto o consideración. *Es muy deferente al conducir, siempre cede el paso a los*

peatones. || En astronomía, se aplica al círculo que se suponía describía el centro del epiciclo de un planeta alrededor de la Tierra.

deficiencia *s. f.* Defecto o imperfección, carencia de algo. *Sus huesos frágiles tienen deficiencia de calcio.*

deficiente *adj.* Imperfecto, mal hecho, que tiene algún defecto o no alcanza el nivel considerado normal. *El diseño fue deficiente y el puente se cayó.* || Persona cuya capacidad intelectual está por debajo del nivel medio general. *Luisa desarrolla pedagogías para deficientes mentales.*

déficit Faltante o escasez de cualquier cosa para que haya lo que es necesario o conveniente. *Tenemos un déficit en la producción de leche.* || Situación en la que los gastos superan a los ingresos. *Por el aumento en los gastos en útiles escolares tengo un déficit de dos mil pesos.*

deficitario *adj.* Se dice de la situación en la que existe déficit. *En ciencia y tecnología somos deficitarios.*

definible *adj.* Que se puede definir. *Tiene una mezcla de carácter difícilmente definible.*

definición *s. f.* Acción y efecto de definir. || Proposición o fórmula que describe con claridad y exactitud los caracteres genéricos y diferenciales de algo. *En el libro se expone una amplia definición de relatividad.* || Explicación del significado de cada una de las palabras en un diccionario. *Este diccionario contiene definiciones concisas.* || Nitidez con que se perciben los detalles de imágenes mediante instrumentos ópticos. *El nuevo microscopio del laboratorio es de alta definición.*

definido, da *adj.* Que tiene límites claros y precisos. *Su estilo es pintar todos los rasgos bien definidos.* || Cosa que es objeto de definición. *Su postura ante el conflicto quedó claramente definida.* || En Gramática, se aplica al artículo determinado.

definidor, ra *adj.* y *s.* Que define.

definir *t.* Explicar lo que es una cosa con una frase equivalente a la palabra que designa la cosa. *Al definir no debe incluirse lo definido en la definición.* || *pr.* Explicar una persona sin vaguedad y de manera definitiva su actitud u opinión, respecto a cierta cuestión. *Al definir su postura, ya sabemos lo que realmente piensa.* || Explicar de manera exacta y clara la naturaleza de algo a alguien. *Al definir las reglas del juego, ya sabemos a qué atenernos.*

definitivo, va *adj.* Se dice de lo que queda establecido y no sujeto a cambios. *Ésta es mi última propuesta y la definitiva.* || *loc. adv.* ***En definitiva:*** finalmente, a fin de cuentas. *En definitiva, no se llegó a nada en la negociación.*

definitorio, ria *adj.* Que sirve para definir o diferenciar.

deflación *s. f.* Descenso generalizado del nivel de precios de bienes y servicios en una economía. *La deflación es causa y efecto de la falta de circulación del dinero.*

deflacionario, ria *adj.* Perteneciente o relativo a la deflación.

deflacionista *adj.* Deflacionario. || Partidario de la deflación.

deflactar *t.* Convertir valores monetarios nominales en otros expresados en términos reales del poder adquisitivo constante.

deflagración *s. f.* Acción y efecto de deflagrar.

deflagrar *intr.* Arder súbitamente una sustancia con llama y sin explosión. *La deflagración es distinta a la detonación.*

deflector, ra *adj.* Que sirve para modificar la dirección de un fluido o una corriente eléctrica.

deflexión *s. f.* En física, cambio de dirección de un haz luminoso.

defoliación *s. f.* Caída de las hojas de los árboles y las plantas producida por enfermedad, agentes químicos o fenómenos atmosféricos. *En la guerra moderna se usa la defoliación como arma.*

defoliante *adj.* y *s. m.* Que provoca la caída de las hojas de las plantas. *El napalm es un producto químico defoliante muy potente.*

defoliar *t.* Provocar la caída prematura de las hojas de las plantas. *Decidieron defoliar los plantíos de drogas.*

deforestación *s. f.* Acción y efecto de deforestar. || Eliminación o destrucción de los árboles y plantas de un área arbolada. *La deforestación es uno de los principales problemas ambientales.*

deforestar *t.* Eliminar o destruir los árboles y plantas de un área arbolada. *La producción de papel es causa de deforestar.*

deformable *adj.* Que se deforma con facilidad.

deformación *s. f.* Acción y efecto de deformar o deformarse.

deformador, ra *adj.* y *s.* Que deforma.

deformante *adj.* Que deforma.

deformar *t.* Alterar la forma y dimensiones de un cuerpo. *La artritis le ha deformado las manos.* || Alterar la naturaleza genuina de algo. *Las decepciones deformaron su forma de ser.* || Alterar la intención o el significado de una cosa que se dice. *Las traducciones no deben deformar el significado de lo dicho.*

deforme *adj.* Que está desproporcionado, irregular o anómalo en su forma. *Con el agua, el sombrero quedó deforme.*

deformidad *s. f.* Desproporción o anormalidad en la forma de algo. *La joroba es una deformidad de la espina dorsal.*

defraudación *s. f.* Acción y efecto de defraudar.

defraudado, da *adj.* Decepcionado, frustrado.

defraudador, ra *adj.* y *s.* Que defrauda.

defraudante *adj.* Que defrauda.

defraudar *t.* Robar a alguien mediante el abuso de su confianza o incumplimiento de las obligaciones propias. *El contador defraudó a la empresa alterando la contabilidad.* || Perder la confianza o esperanza que se tenía en algo o en alguien. *No era lo que esperaba, la obra de teatro me defraudó.* || Eludir el pago de impuestos. *Declarar gastos mayores a los incurridos es defraudar al fisco.*

defunción *s. f.* Muerte de una persona. *A todos conmocionó la defunción del maestro.*

degeneración *s. f.* Acción y efecto de degenerar. || Deterioro progresivo estructural o funcional de células o tejidos. *El cáncer es una degeneración funcional de las células.* || Deterioro de las facultades mentales y psíquicas a causa de una enfermedad. *El síndrome de Alzheimer produce degeneración de las facultades mentales.*

degenerado, da *adj.* y *s.* Se dice de la persona con comportamiento mental o moral que se aparta de lo normalmente admitido, que la hacen repugnante o despreciable. *La idea de inmortalidad convirtió a Dorian Gray en un degenerado.*

degenerante *adj.* Que degenera.

degenerar *intr.* y *pr.* Pasar una cosa o un género de cosas a un estado de menor calidad de lo que era. *La feria del libro ha degenerado a pilas de libros sin orden.*

degenerativo, va *adj.* Que causa o produce degeneración. *La esclerosis múltiple es una enfermedad degenerativa.*

deglución *s. f.* Acción y efecto de deglutir.

deglutir *t.* e *intr.* Tragar los alimentos o bebidas haciéndolos pasar de la boca al esófago.

degolladero *s. m.* Lugar destinado a degollar las reses.

degollado *adj.* Escotado.

degollamiento *s. m. ant.* Degollación.

degollar *t.* Matar a una persona o animal cortándole la garganta. *En la matanza de «chivos cebados» degüellan a los animales.*

degollina *s. f. fam.* Matanza de muchas personas o animales. *La matanza de «chivos cebados» es una verdadera degollina.* || *fig.* Expurgar una lista o mutilar un escrito. *El jefe de redacción le hizo una degollina a mi reportaje.*

degradable *adj.* Que puede degradarse.

degradación *s. f.* Acción y efecto de degradar. || Estado de envilecimiento o bajeza. || Acción de hacer perder una cualidad o un estado característicos. *La degradación ambiental es resultado de la falta de desarrollo.* || Privación o rebaja de los cargos, grado y privilegios que tenía una persona. *La corte determinó la degradación del teniente.* || Disminución gradual de cualidades o características de los objetos conforme a las leyes de la perspectiva. *Los objetos lejanos se pintan en un cuadro con degradación.* || Transformación química de una sustancia mediante la cual se transforma en otras más sencillas.

degradador, ra *adj.* y *s.* Que degrada.

degradante *adj.* Humillante, que degrada.

degradar *t.* Rebajar a alguien de su cargo, grado, derechos y privilegios, por ejemplo pasándole de una categoría a otra inferior. *Por su indisciplina lo degradaron a soldado raso.* || Hacer perder progresivamente las características o cualidades de algo o alguien. *La erosión degrada la calidad del suelo.* || Transformar una sustancia compleja en otras más sencillas. || Disminuir gradualmente el tamaño y la intensidad de color de las figuras de un cuadro, para producir la sensación de alejamiento. || *pr.* Humillar, envilecer. *Su servilismo le degrada.*

degüello *s. m.* Acción de cortar el cuello a una persona o un animal. *En las bandas criminales se ha hecho común el degüello de rivales.* || Parte más delgada del dardo o de otra arma o instrumento semejante. || *loc.* ***Entrar a degüello:*** asaltar una plaza enemiga sin dar cuartel y matando a los ocupantes. *La turba entró a degüello a la alhóndiga de Granaditas.* || ***Tirar a degüello:*** hacer o decir algo procurando causar el mayor daño posible a alguien. *Esperó un error para tirársele a degüello.*

degustación *s. f.* Acción de degustar.

degustar *t.* Probar un alimento o catar una bebida para valorar su sabor. *En el viñedo nos invitaron a degustar quesos y vinos.* || Saborear, deleitarse con otras sensaciones agradables.

dehesa *s. f.* Terreno que se dedica al pasto de ganado.

deíctico, ca *adj.* Perteneciente o relativo a la deixis. || *s. m.* Elemento gramatical que realiza una deixis, se aplica a los elementos como «ese», «allí», «eso», «ahora», etc., que señalan o designan algo presente en el enunciado.

deidad *s. f.* Ser considerado divino o sobrenatural con poder sobre una parte concreta de lo existente. *Zeus es la deidad suprema entre los griegos antiguos.* || Cada uno de los dioses de las diversas religiones. *En el hinduismo hay 33 deidades.*

deificación *s. f.* Acción y efecto de deificar o deificarse.

deificar *t.* Considerar a una persona o cosa como un dios y tratarla como tal. *Los griegos deificaron al tiempo en la forma del dios Cronos.* || Ensalzar exageradamente las cualidades o virtudes de una persona o cosa. *La hipótesis ecologista Gaia deifica a la naturaleza.*

deífico, ca *adj.* Perteneciente o relativo a Dios o a un dios.

deísmo *s. m.* Doctrina religiosa que, si bien admite la existencia de Dios, rechaza las revelaciones, la intervención de éste en la vida humana y el culto externo.

dejadez *s. f.* Descuido, negligencia y abandono de sí mismo o de las cosas propias. *Ni se baña ni se peina por dejadez.*

dejado, da *adj.* Flojo, negligente, descuidado para su persona o sus cosas. *Es un dejado, tiene su cuarto desordenado.* || En tenis, pase corto y suave que bota a poca altura cerca de la red. || *s. f.* Acción y efecto de dejar. || *Méx.* Viaje, especialmente en taxi.

dejar *t.* Depositar, poner o colocar algo en un lugar. *Deja el coche en el estacionamiento.* || Olvidar algo en algún sitio. *Dejé mis lentes en alguna parte.* || Permitir, consentir que se haga una cosa o el modo de hacerla. *Me dejaron quedarme a dormir en su casa.* || Abandonar un lugar, a una persona o una actividad. *Dejaré la ciudad por tres días. Dejó al marido y a los hijos y se fue. Dejó la carrera y se puso a trabajar.* || Prestar algo a alguien durante un tiempo. *Cuando salga de vacaciones te dejaré el coche.* || Hacer que alguien o algo pase a un estado o situación determinado. *Dejó los pisos muy limpios.* || Encargar o encomendar algo o a alguien a otra persona. *Dejó al niño con la abuela.* || No molestar. Se usa en imperativo y en exclamaciones. *Deja que haga lo que quiera. ¡Déjame en paz!* || Se usa con la preposición «de». *Déjate de cuentos.* || Desentenderse o despreocuparse por algo o alguien. *Deja que digan lo que quieran.* || Heredar o legar. *En el testamento le dejó el negocio al hijo.* || Producir ganancia. *Vender películas sí deja.* || Como verbo auxiliar unido a participios, se usa para explicar una precaución o provisión de lo que el participio significa. *Dejó encargado que le compres la revista.* || Con participios y adjetivos: resultar, pasar a ser. *Lo dejó boquiabierto con su afirmación.* || *intr.* Interrumpir o detener una acción. *Deja de hacer ruido.* || Como verbo auxiliar, unido a algunos infinitivos, se usa para indicar el modo de ejecutarse lo que significa el verbo que se le une. *Su presencia se dejó sentir.* || Como verbo auxiliar, con algunos participios y adjetivos, se usa para expresar un resultado. *Dejó a todos sorprendidos con su nueva teoría.* || *loc.* ***Dejar caer:*** decir algo disimuladamente, pero con intención. *Dejó caer el reclamo como sin querer.* || ***Dejar hacer:*** permitir, tolerar. *Dejar hacer, dejar pasar, es el dogma del liberalismo.* || ***Dejarse llevar:*** dejarse influir. *Miguel se deja llevar por lo que dice Manuel.* || ***No dejar de:*** hacer de forma continua lo que se expresa. *No deja de sorprender su ingenuidad.* || ***Dejar que desear:*** estar algo por debajo de la expectativa. *Su comportamiento deja mucho que desear.* || ***Dejarse ver:*** frecuentar, visitar. *Ya no te dejas ver en las reuniones del grupo.*

D

deje o **dejo** *s. m.* Pronunciación particular y de inflexión de la voz que distingue el modo de hablar de alguien. *En su forma de hablar tiene un dejo norteño.* || Modo particular de inflexión de la voz que muestra un estado de ánimo o algo peculiar del hablante. *Se lo dijo con un dejo de ternura.* || Acento peculiar del habla de una región. *En esa región tienen un dejo cantado.* || Sabor que queda de la comida o bebida. *El cabrito tiene un deje penetrante.* || Acción y efecto de dejar.

del *contrac.* Contracción de la preposición «de» y el artículo masculino «el». *La casa del pueblo.*

delación *s. f.* Acción y efecto de delatar. || Acusación, denuncia. *Lo atraparon por una delación de su cómplice.*

delantal *s. m.* Prenda de vestir de distintas maneras y materiales que, atada al cuello y a la cintura, se coloca encima de las otras ropas y sirve para evitar que se manchen éstas.

delante *adv.* Indica que algo o alguien está en la parte anterior. *En el desfile los vehículos iban delante de la tropa.* || Enfrente. *Le digo las cosas delante de él, no a escondidas.* || En una serie o sucesión, indica lo que está más cerca del principio. *En la fila los más pequeños van delante.*

delantera *s. f.* Parte anterior de algo. *El chofer va en la parte delantera del coche.* || Conjunto de jugadores que forman la línea de ataque de un equipo. || *loc.* ***Tomar la delantera:*** ir más adelantado que otro. *Los ciclistas franceses tomaron la delantera.* || Anticiparse en hacer o conseguir algo.

delantero, ra *adj.* Se dice de aquello que está situado en la parte anterior de alguna cosa. || *s.* Jugador que forma parte de la línea de ataque de un equipo deportivo. || *s. m.* Pieza que forma la parte de delante de una prenda de vestir.

delatar *t.* Revelar a la autoridad la comisión de un delito y su autor. *Se presentó a delatar a sus cómplices* *en el robo.* || Poner de manifiesto involuntariamente algo que no se quiere dar a conocer. *Su nerviosismo e inconsistencia lo delataban.*

delator, ra *s.* Se dice de la persona o cosa que delata. *En un cuento de Edgar Allan Poe el delator es el corazón de una persona.*

deleble *adj.* Que se puede borrar con facilidad.

delectación *s. f.* Sensación producida por lo que causa placer o deleite. *Los graciosos y suaves movimientos de la bailarina son una delectación.*

delegación *s. f.* Acción de delegar. || Cesión de un poder a una persona para que lo ejerza en representación de alguien. *La delegación de los pueblos indígenas se presentó ante los diputados.* || Cargo de delegado. *Demetrio asumió la delegación.* || *Méx.* Circunscripción política y administrativa dentro de una ciudad. || Edificio que ocupan las autoridades de una delegación.

delegado, da *adj.* y *s.* Se aplica a la persona en quien se delega una facultad o jurisdicción.

delegar *t.* Transferir una persona la facultad o poder a otra para que lo ejerza en su representación.

deleitable *adj.* Que causa deleite.

deleitación *s. f.* Deleite.

deleitar *t.* Producir deleite. *Deleitó a los invitados tocando el violín.*

deleite *s. m.* Placer sensual y espiritual.

deleitoso, sa *adj.* Que causa deleite.

deletéreo, a *adj.* Mortífero, venenoso.

deletrear *t.* Decir una por una y con sus nombres cada letra de una palabra. *Antes de aprender a leer, los niños aprenden a deletrear.*

deletreo *s. m.* Acción de deletrear.

deleznable *adj.* Despreciable, vil. *Sus traiciones lo convierten en un ser deleznable.* || De poca consistencia, que se rompe o deshace fácilmente.

delfín[1] *s. m.* Mamífero acuático del orden de los cetáceos de dos o tres metros de longitud, hocico prolongado, boca con multitud de pequeños dientes cónicos, y un orificio nasal encima de los ojos; posee las extremidades anteriores modificadas en aletas y las posteriores faltan. *Los delfines son grandes nadadores y se comunican por medio de sonidos agudos.*

delfín[2] *s. m.* Título que se daba al heredero del trono de Francia. *En Francia, el delfín era el equivalente al príncipe en otras monarquías.* || Persona designada para suceder a un mandatario. *Muchos mandatarios buscan que les suceda su delfín.*

delfinario *s. m.* Instalación para mantener delfines en cautiverio, su conservación, reproducción y exhibición. *En el zoológico inauguraron un delfinario.*

delgadez *s. f.* Cualidad de delgado.

delgado, da *adj.* Flaco, que tiene poca grasa o poca carne. *El niño está creciendo muy delgado.* || Que tiene poco grosor. *El bistec que me sirvieron estaba muy delgado.*

delgaducho, cha *adj. desp.* Delgado y de apariencia débil y frágil.

deliberación *s. f.* Acción y efecto de deliberar.

deliberado, da *adj.* Se aplica al acto que se hace de forma voluntaria, intencionada y preconcebida. *Lo que hizo no fueron errores, fue deliberado.*

deliberante *adj.* Que delibera. || Se aplica al cuerpo colegiado que toma acuerdos por mayoría de votos, después de un proceso deliberativo. || Reflexionar una persona sobre un asunto.

deliberar *intr.* Intercambiar pareceres varias personas sobre algún asunto antes de tomar una resolución. *Después de deliberar, el jurado emitió su fallo.*

deliberativo, va *adj.* Perteneciente o relativo a la deliberación. *La asamblea tuvo carácter deliberativo.*

delicadez *s. f.* Delicadeza, debilidad física o de carácter. *Se le debe tratar con delicadez porque es muy frágil.*

delicadeza *s. f.* Cualidad de delicado. || Finura, suavidad o ternura. *La mariposa se posa sobre las flores con delicadeza.* || Elegancia, exquisitez, amabilidad o cortesía en el comportamiento. *La delicadeza de su trato le granjea mucho respeto.* || Fragilidad o debilidad de algo que puede estropearse o romperse con facilidad. *La delicadeza de la porcelana china la hace muy apreciada.*

delicado, da *adj.* Que es frágil, débil o quebradizo. || Que puede estropearse o romperse con facilidad. *La seda es una tela muy delicada.* || Débil, propenso a contraer enfermedades. *No debe mojarse, es un niño delicado.* || Encontrarse algo o poco enfermo. *Se quedó en casa porque estaba delicado del estómago.* || Se aplica a personas sensibles a molestias e incomodidades. *No la invitaremos a la excursión porque es muy delicada.* || Se aplica a personas propensas a sentirse lastimadas por la indelicadeza de otros. *Es muy delicada, no se le puede tocar ni con el pétalo de una rosa.* || Que es amable, atento, cortés, fino y distinguido. *Siempre se ha distinguido por su trato delicado con las damas.* || Guapo, bien parecido, agraciado. *Tiene mucha aceptación por sus facciones delicadas.* || Se aplica al asunto o situación difícil que exige mucho tacto o habilidad. *El diplomático tiene habilidad para tratar asuntos delicados.* || Se aplica a las cosas que satisfacen un gusto refinado. *El manjar era de un olor delicado.*

delicia *s. f.* Placer intenso producido por cosas materiales o inmateriales, en los sentidos o en el ánimo. *Escuchar su ejecución en el piano era una delicia.* || Aquello que produce deleite. *Los postres en ese sitio son una delicia.*

delicioso, sa *adj.* Agradable, placentero, que causa delicia. *Los helados en esta nevería son deliciosos.*

delictivo, va *adj.* Perteneciente o relativo al delito.

delicuescencia *s. f.* Cualidad de delicuescente. || Propiedad de algunos sólidos de volverse líquidos lentamente al absorber la humedad del aire.

delicuescente *adj.* Se aplica al sólido que tiene la propiedad de volverse líquido al absorber la humedad atmosférica. *La sosa cáustica es una sal delicuescente.* || Se aplica a costumbres o estilos literarios o artísticos considerados decadentes.

delimitación *s. f.* Acción y efecto de delimitar.

delimitador, ra *adj.* Que delimita.

delimitar *t.* Determinar los límites de una cosa. *Delimitaron la extensión de cada lote de manera equitativa.* || Determinar los límites entre dos cosas. *La ley delimita las atribuciones de cada función de gobierno.*

delincuencia *s. f.* Cualidad de delincuente. || Fenómeno de cometerse delitos. || Número de delitos en una determinada época o lugar. *La delincuencia relacionada con las drogas ha aumentado.* || Colectividad de delincuentes. *La delincuencia organizada es muy peligrosa.*

delincuente *adj.* y *s. com.* Se aplica a la persona que comete delitos.

delineación *s. f.* Acción y efecto de delinear.

delineador, ra *adj.* y *s.* Que delinea. || *s. m. Amér.* Tiralíneas.

delineante *s.* Persona que tiene por oficio trazar planos o proyectos ideados por el proyectista.

delinear *t.* Trazar las líneas de una figura, especialmente de un plano.

delinquir *intr.* Cometer un delito.

deliquio *s. m.* Éxtasis o desmayo placentero debido a una entrega afectiva absoluta del espíritu a un objeto.

delirante *adj.* Se dice del que delira. *Los conciertos musicales masivos producen multitudes delirantes.* || Se dice de aquello absurdo o descabellado. *Sus pinturas incluyen imágenes delirantes.*

delirar *intr.* Desvariar, tener visiones o sensaciones que no son reales, producto de un trastorno o una enfermedad. *La fiebre lo hacía delirar.* || *fig.* Decir, creer o pensar disparates o tener ilusiones insensatas. *Deliras si piensas que te harás rico sin trabajar.*

delirio *s. m.* Acción y efecto de delirar. || Estado de trastorno mental en

el que se producen excitación, alucinaciones, desorden de las ideas, hablar incoherente, etc. *Con las drogas que se mete cae en estado de delirio.* || *loc. adv.* ***Delirio de grandeza:*** actitud del que pretende tener o poder alcanzar alguna condición inalcanzable. || *loc.* ***Con delirio:*** en extremo, enormemente. *Lo quiere con delirio.*
delito *s. m.* Acción u omisión penada porque implica violación a las leyes o perjuicio de un tercero.
delta *s. f.* Letra del alfabeto griego equivalente a nuestra «d», cuyo símbolos son Δ, δ. || *s. m.* Terreno formado en la desembocadura de un río por la acumulación de los materiales arrastrados por él en el lugar de contacto con el mar. *Colón se percató que estaba ante un continente cuando vio el delta del río Orinoco.* **deltoides** *adj.* y *s. m.* Músculo triangular situado en el hombro y que sirve para levantar el brazo. *El deltoides va desde el omóplato a la clavícula y a la articulación con el húmero.*
demacrado, da *adj.* Que muestra demacración. || Que está muy delgado, pálido, ojeroso y, en general, con aspecto de persona enferma. *La anorexia produce aspecto demacrado en quien la padece.*
demacrar *t.* Ponerse demacrado.
demagogia *s. f.* Manipulación de los sentimientos elementales de los ciudadanos, especialmente mediante halagos fáciles y promesas infundadas, para utilizarla con fines políticos. *La demagogia es una degeneración de la democracia.* || En la antigua Grecia, gobierno dictatorial con el apoyo popular.
demagógico *adj.* Relativo a la demagogia o al demagogo. || Manipulador. *Su discurso demagógico le ha hecho ganar mucho dinero.*
demagogo, ga *s.* Que practica la demagogia. || En las antiguas Roma y Grecia, líder del partido popular. *Los demagogos debían estar muy entrenados en la retórica.*
demanda *s. f.* Petición o solicitud de algo, especialmente cuando se considera un derecho. *Los trabajadores demandan aumento de salario.* || Petición o reclamación judicial que se emprende contra alguien ante un juez o un tribunal. *Interpuso una demanda reclamando la custodia de sus hijos.* || Documento por el que se emprende una acción judicial contra alguien. *La demanda ya fue presentada por el abogado litigante.* || Cantidad de mercancías o servicios que los consumidores piden y están dispuestos a comprar. *Los bajos ingresos por el desempleo tienen deprimida la demanda.*
demandado, da *s. f.* Persona contra quien se actúa judicialmente, mediante demanda. *Miguel fue demandado por incumplimiento de la pensión alimenticia.*
demandante *adj.* Se aplica a la persona que demanda algo, especialmente en un juicio. || *s. com.* Persona que demanda o pide una cosa en juicio.
demandar *t.* Pedir o solicitar algo, especialmente si se considera un derecho. *Los trabajadores marcharon para demandar la reinstalación de los despedidos.* || Emprender una acción judicial para reclamar algo de alguien. *Los deudos del difunto consideran demandar al médico.* || Preguntar, inquirir por una respuesta. *Demanda que se le diga la verdad.*
demarcación *s. f.* Acción y efecto de demarcar. ||Terreno o territorio demarcado. *Fijaron la demarcación de terrenos federales en torno a la presa.* || En las divisiones territoriales, territorio a que se extiende cada jurisdicción.
demarcador, ra *adj.* Que demarca.
demarcar *t.* Establecer los límites de algo.
demás *pron. adj. indef.* Designa a los elementos no mencionados de una serie o conjunto. *Abordó la novela, el cuento y demás géneros literarios.* || *adj.* Precedido de los artículos «lo», «la», «los» y «las», significa «lo otro», «la otra», «los otros» o «los restantes», «las otras». *A mí lo mío y que se arreglen los demás.* || *pron.* Se usa para referirse a personas. *Los demás se retrasaron.* || *adv.* Además. || *loc. adv.* ***Por demás:*** inútilmente, en vano. *Está por demás discutir cuando ya tomé una determinación.* || *loc.* ***Por lo demás:*** en lo que respecta a otras cuestiones. *Tuvo algunos tropiezos, por lo demás, su actuación fue muy buena.*
demasía *s. f.* Exceso, situación en la que hay demasiado de cierta cosa. *Es diabético y comete demasías en el comer.* || Atrevimiento o insolencia, falta de respeto hacia alguien. *Sus demasías fueron demasiado lejos.* || Terreno baldío, pero no adecuado para concederlo independientemente por su insignificancia o irregularidad, que ha de adjudicarse como complemento a alguna de las concesiones aledañas. || *loc. adv.* ***En demasía:*** de manera excesiva. *Las cosas buenas en demasía pueden ser malas.*
demasiado, da *adj.* Excesivo, que supera a lo necesario o conveniente en número, cantidad, grado, etc. *Nos dejaron demasiada tarea para mañana.* || *adv.* En exceso, más de lo debido. *Hoy trabajamos demasiado.*
demediar *t.* e *intr.* Partir, dividir algo en mitades. || *t.* Estar a la mitad del transcurso de algo, sea del tiempo o distancia de recorrido o la cantidad de actividad a realizar. *Dante pudo decir: «Al demediar el camino de nuestra vida».* || Usar o gastar algo hasta la mitad de lo que era originalmente.
demencia *s. f.* Trastorno, perturbación o deterioro de las facultades mentales de una persona. *La enfermedad de Alzheimer produce demencia senil.*
demencial *adj.* Perteneciente o relativo a la demencia. || Disparatado, absurdo o incomprensible. *Sus proyectos tienen más de demencial que genial.*
demente *adj.* y *s. com.* Que padece demencia.
demeritar *t.* y *pr. Amér.* Quitar mérito. *Sus errores recientes demeritan su fama.*
demérito *s. m.* Acto o circunstancia que reduce el mérito de algo. *Escribir poesías va en demérito de su mérito como prosista.*
demeritorio *adj.* Que desmerece.
demiurgo *s. m.* Dios creador del mundo y autor del universo, en la filosofía idealista de los platónicos y en la mística de los neoplatónicos. || Alma o principio impulsor del universo, sin ser necesariamente creador de él, en la doctrina filosófica de los gnósticos.
democracia *s. f.* Sistema político y de gobierno en el que los ciudadanos eligen a los gobernantes mediante el voto. *La democracia en Occidente sustituyó a los gobiernos monárquicos absolutistas.* || Régimen que ejerce el sistema democrático. || Participación de los miembros de una colectividad en la toma de decisiones. *Los sindicatos deben regirse mediante una democracia efectiva.*
demócrata *adj.* y *s. com.* Partidario de la democracia.
democrático, ca *adj.* Perteneciente o relativo a la democracia.
democratización *s. f.* Acción y efecto de democratizar.
democratizador, ra *adj.* Que democratiza o persigue la democratización. *Los países latinoamericanos se encuentran en un proceso democratizador.*
democratizar *t.* Convertir en democrática una institución, un proceso, un país, etc. *Su mayor logro fue democratizar la elección de la sociedad de alumnos.*
demografía *s. f.* Ciencia que estudia estadísticamente la composición, estado, distribución, evolución, etc., de las poblaciones humanas, en un periodo determinado.
demográfico, ca *adj.* Perteneciente o relativo a la demografía.
demógrafo, fa *s.* Persona especializada en demografía.
demoledor, ra *adj.* Que demuele. || *fig.* Se usa en sentido figurado. *La crítica fue demoledora de su actuación.*
demoler *t.* Derribar una construcción. || Destruir o arruinar una cosa no material. *Con su crítica buscaba demoler el prestigio de su contrincante.*
demolición *s. f.* Acción y efecto de demoler.

demoniaco, ca o **demoníaco, ca** *adj.* Perteneciente o relativo al demonio.

demonial *adj.* Demoniaco. || *Méx.* Montón, número considerable. *Tengo un demonial de tarea.*

demonio *s. m.* Ser sobrenatural que en diversas creencias y religiones representa las fuerzas del mal. *Fausto le vendió su alma al demonio.* || Persona traviesa o inquieta, particularmente si es niño. *¡Este niño es un demonio!* || Persona ingeniosa, inteligente. *Juan es un demonio para las matemáticas.* || *loc. adj.* ***A demonios:*** que sabe o huele muy mal. *La medicina sabe a demonios.* || *loc.* ***¿Cómo demonios?:*** expresión interrogativa que muestra contrariedad, extrañeza o disgusto. *¿Cómo demonios fuiste a mezclar ambas sustancias?* || *loc. adv.* ***Como un demonio:*** con exceso, expresión que se usa para exagerar algo. *Esto arde como un demonio.* || *loc. adj.* ***Del demonio:*** expresión con la que se exagera una cualidad o un estado. *Hace un frío del demonio.* || *interj.* ***¡Demonio!*** o ***¡demonios!:*** Interjección de sorpresa o enfado. *¡Ya no quiero escuchar, demonios!* || *loc.* ***Llevarse a alguien el demonio*** o ***los demonios*** o ***todos los demonios:*** encolerizarse en demasía. *Cancelaron el contrato, estoy que me llevan los mil demonios.* || ***Ser el demonio*** o ***el mismísimo demonio:*** ser muy malo, travieso o hábil. *Ese muchacho travieso, ¡es el mismísimo demonio!*

demontre *s. m. fam.* Expresión que indica disgusto, enfado o sorpresa; añade intensidad a lo que se dice; equivale a las mismas expresiones con «demonio» o «diablo». *¡Qué demontres haces tan lejos de tu casa!*

demora *s. f.* Dilación, retraso en un proceso o una actividad. *El autobús llegó con una demora de más de una hora.* || Retraso en el cumplimiento de un pago u obligación. *La demora causa intereses más altos.* || Dirección o rumbo de un objeto en el mar con relación al de otro dado o conocido. *Nuestro bote tenía gran demora respecto a la isla.*

demorar *t.* Retrasar un proceso o una actividad. *Tantas paradas nos hará demorar.* || *intr. pr.* Retrasarse, detenerse o entretenerse durante un tiempo. *Tuvimos que demorar la entrega de la tarea.* || *intr.* Corresponder un objeto en el mar a un rumbo determinado en relación al lugar desde donde se observa.

demoscopia *s. f.* Técnica de estudio mediante encuestas de las opiniones, gustos y pareceres de la opinión pública. *El candidato ordenó una demoscopia de los votantes de su distrito.*

demoscópico, ca *adj.* Perteneciente o relativo a la demoscopia.

demostrable *adj.* Que se puede demostrar.

demostración *s. f.* Acción y efecto de demostrar. || Prueba o razonamiento que muestra que algo es verdadero. *Kepler hizo la demostración de que las órbitas planetarias son elípticas.* || Muestra ostensible de un sentimiento o una intención. *Le dio una demostración de cuánto la quiere.* || Ostentación o manifestación pública. *Las porristas hicieron una demostración de agilidad y equilibrio.*

demostrador, ra *adj.* Que demuestra.

demostrar *t.* Probar, sin que haya lugar a dudas, que algo es verdadero. *Le fue difícil demostrar su inocencia.* || Manifestar, declarar, ser indicio de algo. *En su trato se demuestra cómo la quiere.* || Enseñar algo de forma práctica. *El técnico nos demostró cómo usar el graficador digital.*

demostrativo, va *adj.* Que demuestra o sirve para demostrar. || *adj.* y *s. m.* Se aplica al pronombre, adjetivo o determinante que señala a personas, animales o cosas, situándolas en el espacio según la distancia a la que se encuentra del hablante. Son esencialmente tres: «este», «ese», «aquel» y sus variantes.

demudación *s. f.* Acción y efecto de demudar o demudarse.

demudado, da *adj.* Con el semblante alterado a causa de una fuerte impresión.

demudamiento *s. m.* Demudación.

demudar *t.* Mudar, variar. || Cambiar o mudar repentinamente el color o la expresión del semblante debido a una impresión. *El espanto le demudó el rostro.* || *pr.* Cambiarse repentinamente el color o la expresión de la cara por una impresión. *Su gesto se demudó por el dolor.*

denario *s. m.* Antigua moneda romana de plata.

dendrita *s. f.* Árbol fósil. || Cada una de las prolongaciones citoplasmáticas ramificadas de las neuronas. *Las dendritas son las receptoras del estímulo nervioso.* || Concreción mineral o agregado cristalino de aspecto arborescente, que rellena las fisuras o el interior de algunas rocas.

denegación *s. f.* Acción y efecto de denegar. || *loc.* ***Denegación de auxilio:*** delito que se comete desobedeciendo injustificadamente un requerimiento de la autoridad o eludiendo sin excusa legal una función o un cargo público.

denegar *t.* Responder negativamente a una petición. *Al acusado le denegaron la apelación.* || *intr.* Negarse a algo. *Ella denegó su requerimiento de amores.*

denegatorio, ria *adj.* Que incluye denegación.

dengue[1] *s. m.* Enfermedad tropical viral, transmitida por un mosquito, caracterizada por fiebre, dolor en los miembros y erupción cutánea seguida de descamación. *El dengue es una enfermedad endémica en muchas zonas tropicales.*

dengue[2] *s. m.* Remilgo, melindre excesivo en las acciones o en las palabras. *Para todo hace un dengue.* || Prenda de vestir en forma de capa corta, que se sujeta al cuello y cubre los hombros.

dengue[3] *s. m. Amér.* Planta herbácea ramosa, de flores inodoras blancas, amarillas o rojas, también llamada Don Diego. || Flor de esta planta.

denigración *s. f.* Acción y efecto de denigrar.

denigrador, ra *adj.* Que denigra.

denigrante *adj.* Que denigra. || Que ataca o daña la integridad de la persona humana. *El trato que se da a muchos inmigrantes es denigrante.*

denigrar *t.* Violentar la dignidad e integridad de la persona humana. *El acoso sexual es denigrar a la mujer.* || Insultar, injuriar, ofender o ultrajar el buen nombre de una persona.

denigratorio, ria *adj.* Perteneciente o relativo a la denigración.

denodado, da *adj.* Intrépido, esforzado, decidido. *Ha hecho denodados esfuerzos por impulsar la ciencia en el país.* || Que no se detiene por miedo ante el peligro.

denominación *s. f.* Acción de denominar. || Nombre con el que se identifica a las personas y a las cosas. || *loc.* ***Denominación de origen:*** certificación y garantía que se otorga a la calidad y lugar de procedencia de ciertos productos. *Jalisco posee la denominación de origen del tequila.*

denominador, ra *adj.* y *s.* Se dice de aquello que denomina. || *s. m.* Número que en las cantidades fraccionales indica las partes iguales en que se considera dividido un todo. Se escribe debajo del numerador y separado de éste por una raya horizontal o enseguida del signo «:» || *loc.* ***Denominador común:*** número que es múltiplo de todos los denominadores de un conjunto de fracciones. || Característica o punto en común. *El denominador común de todos ellos es que son extravagantes.*

denominar *t.* Dar un nombre específico a una persona o una cosa que los identifique. *Decidieron denominar América al nuevo continente descubierto.*

denominativo, va *adj.* Que sirve para denominar. || En gramática, se aplica a las palabras, especialmente verbos, derivadas de un nombre. *«Serruchar» de «serrucho»; «taladrar» de «taladro», etc.*

denostable *adj.* Censurable, que merece vituperio.

denostación *s. f.* Denuesto, injuria.

denostador, ra *adj.* Que denuesta, injuria o agravia.

denostar *t.* Injuriar gravemente, infamar de palabra, insultar, ofender verbalmente. *Perdió los estribos y denostaba a todos.*
denotación *s. f.* Acción y efecto de denotar. || Significado primario y básico de una palabra, su referencia a determinada realidad, común a los hablantes por estar ausente de subjetividad o connotaciones.
denotar *t.* Indicar o significar, servir una cosa para que se conozca o se sepa la existencia de otra. *Su ceño fruncido denota contrariedad.* || Tener un significado primario y básico una palabra o una expresión, significar objetivamente algo con ella. Se opone a connotativo.
denotativo, va *adj.* Que denota. *El valor denotativo de una palabra es lo que significa; el valor connotativo, lo que sugiere.*
densidad *s. f.* Cualidad de denso. || Acumulación de una determinada cantidad de elementos en un espacio determinado. || Relación entre la masa de un cuerpo y su volumen. *Los minerales tienen, por lo común, altas densidades.* || *loc.* ***Densidad de población:*** número promedio de habitantes por unidad de superficie. *Las ciudades tienen mayor densidad de población que las zonas rurales.*
densificación *s. f.* Acción y efecto de densificar.
densificar *t.* y *pr.* Hacer que algo adquiera mayor densidad.
densimetría *s. f.* Medición de la densidad de los cuerpos.
densímetro *s. m.* Instrumento que sirve para medir la densidad de los líquidos, gases y sólidos. *En clase de física nos enseñaron cómo funciona el densímetro.*
densitómetro *s. m.* Aparato utilizado para medir la densidad óptica de una sustancia.
denso, sa *adj.* Se dice de las cosas que tienen mucha materia en poco volumen. *Nos fuimos con mucha precaución debido a una niebla muy densa.* || Que está compuesto por muchos elementos que se encuentran muy próximos unos de otros. *Me encontré en una selva densa.* || Que tiene mucho contenido y puede resultar confuso. *Este libro me pareció muy denso.*
dentado, da *adj.* Que tiene dientes o puntas parecidas a dientes. *El engrane es una rueda dentada.*
dentadura *s. f.* Conjunto de piezas dentales de una persona o un animal. *Para tener una dentadura sana, debes cepillarla varias veces al día.* || Conjunto de dientes postizos. *Para dormir se quita la dentadura.*
dental[1] *s. m.* Palo donde se encaja la reja del arado. || Cada una de las piedras o cuchillas del trillo que sirve para cortar la paja.
dental[2] *s. f.* Perteneciente o relativo a los dientes. *Es recomendable una revisión dental cada seis meses.* || Se dice del sonido y fonema que se pronuncia aplicando la punta de la lengua a la cara interior de los dientes incisivos superiores. *En español, la «d» y la «t» son dentales.*
dentario, ria *adj.* Perteneciente o relativo a los dientes.
dentellada *s. f.* Mordedura hecha clavando los dientes. *Se defendió como pudo, incluso a dentelladas.* || Marca o herida hecha con los dientes. *Tenía la dentellada en donde le mordió el perro.*
dentellear *t.* Mordiscar, clavar los dientes. || Tener castañeteo de dientes.
dentellón *s. m.* Pieza de algunas cerraduras en forma de diente grande. || Parte saliente del corte de un muro en el que se dejan sobresaliendo los ladrillos, para continuar su construcción. || Dentículo.
dentera *s. f.* Sensación desagradable en los dientes que se produce al comer sustancias agrias.
dentición *s. f.* Acción y efecto de dentar. || Proceso de formación, salida y crecimiento de los dientes. *Tomar calcio es importante para la dentición.* || Tiempo que dura este proceso. || Tipo y número de dientes que caracteriza a un mamífero, según la especie a la que pertenece.
denticulación *s. f.* Conjunto de los dientecillos que presentan algunos órganos de ciertos animales.
denticulado, da *adj.* Que tiene dentículos.
denticular *adj.* Con forma de dientes.
dentículo *s. m.* Adorno de forma de paralelepípedo que se coloca, formando una serie, en la parte superior de un friso u otro elemento arquitectónico. || Órgano o parte de él que tiene forma de diente, como los de algunas hojas y los de la piel de algunos animales.
dentífrico, ca *adj.* y *s. m.* Se aplica a la sustancia que sirve para limpiar los dientes. *El dentífrico debe contener flúor para prevenir la caries.*
dentina *s. f.* Marfil que forma la mayor parte del diente y protege el nervio.
dentista *s. com.* Médico especialista en el estudio y tratamiento de las enfermedades de los dientes. *Es recomendable ir al dentista cada seis meses.*
dentro *adv.* En el interior de un espacio limitado. *La Capilla Sixtina está dentro de la Catedral de San Pedro.* || En un tiempo entre el momento inicial y el final. *Tendremos vacaciones dentro de tres semanas.* || Puede llevar antepuestas las preposiciones «hacia» o «por» sustituyendo a la preposición «de». *Mira hacia dentro y verás maravillas. La casa se ve vieja, pero por dentro es magnífica.* || *loc. adv.* ***A dentro:*** adentro. || *loc. prep.* ***Dentro de:*** indica el tiempo restante desde el presente del que habla hasta un momento futuro. *Volveré dentro de dos días.* || ***Por dentro:*** en el interior, generalmente en sentido espiritual o mental, de alguien. *Se ve bien, pero está desecha por dentro.*
denudación *s. f.* Acción y efecto de denudar o denudarse. || Desprendimiento o desaparición de la parte más externa de la corteza terrestre a causa de la erosión.
denudar *t. pr.* Producir denudación en una roca o suelo.
denuedo *s. m.* Valor, energía o decisión con que se realiza una acción. *Trabajó con denuedo para obtener la beca.*
denuesto *s. m.* Insulto y ofensa de palabra o por escrito.
denuncia *s. f.* Acción y efecto de denunciar. || Notificación que se da a una autoridad de un delito o una falta, o de su autor. *Presentó una denuncia por robo.* || Declaración pública de una situación que se considera ilegal o injusta. *Se manifestaron para hacer la denuncia de vejaciones en el trabajo.*
denunciador, ra *adj.* Que denuncia. || *s.* Denunciante.
denunciante *s. com.* Que denuncia. || Persona que interpone una denuncia ante la autoridad. *La sentencia favoreció al denunciante.*
denunciar *t.* Notificar a una autoridad de un delito o una falta, o de su autor. *Se presentó a denunciar un robo.* || Declarar públicamente sobre una situación que se considera ilegal o injusta. *La película «JFK» se propone denunciar un posible ocultamiento de los autores del crimen.* || Notificar ante la autoridad el haber descubierto un yacimiento mineral para que se registre su nombre y quede asegurado su derecho a obtener la concesión de explotación.
denunciatorio *adj.* Perteneciente o relativo a la denuncia.
deontología *s. f.* Teoría o tratado de los deberes y normas éticas.
deontológico, ca *adj.* Perteneciente o relativo a la deontología.
deparador, ra *adj.* Que depara.
deparar *t.* Proporcionar, presentar o conceder. *Espero que sea bueno lo que nos depara el destino.*
departamental *adj.* Perteneciente o relativo a un departamento. || Se dice de un establecimiento que vende bienes organizados por departamentos. *En la plaza comercial abrieron una tienda departamental.*
departamento *s. m.* Vivienda, generalmente la que forma parte de un conjunto en un edificio; particularmente a las que se reducen a una, dos o tres habitaciones y los servicios

de higiene y cocina. *Nos entregaron el departamento nuevo de dos recámaras.* || Cada una de las partes en que se divide o estructura un espacio, con compartimentos separados. || Parte de una administración, de una institución, oficina, organismo, etc. *Juan trabaja en el departamento de comunicación social.* || En las universidades, unidad de docencia e investigación, que agrupa varias cátedras afines. *La investigación la desarrolló el departamento de física del estado sólido.* || Cada una de las jurisdicciones territoriales en que se divide la administración de un país. *En América Latina muchos países se dividen en departamentos.*

departir *intr.* Conversar, charlar.

depauperación *s. f.* Acción y efecto de depauperar. || Proceso en el que algo se empobrece. *Con la crisis, la depauperación ha aumentado.*

depauperado, da *adj.* Empobrecido, falto de recursos.

depauperador, ra *adj.* Depauperante.

depauperante *adj.* Empobrecedor.

depauperar *t.* Empobrecer. *La prolongación de la crisis económica está depauperando a las familias.* || Debilitar física y moralmente. *Su enfermedad le ha depauperado paulatinamente.*

dependencia *s. f.* Subordinación de alguien o algo a alguien o algo con mayor poder. *Las colonias rompieron la dependencia a la metrópoli.* || Necesidad física o psicológica que tiene un individuo de consumir determinadas sustancias, como un medicamento o una droga. *Los medicamentos antidepresivos causan dependencia.* || Situación de una persona que no puede valerse por sí misma. *Los hijos menores dependen de los padres.* || Cada una de las secciones de una institución pública o privada, dependiente de otra superior. *El departamento de enseñanza básica es una dependencia de la Secretaría de Educación.*

depender *intr.* Estar subordinado al mando o la autoridad de una persona o una institución. *Su empleo depende de que el jefe conserve el suyo.* || Estar condicionada una cosa a otra. *Mi viaje depende de que me paguen.* || Necesitar de la ayuda y protección de otra persona o de otra cosa. *Los hijos dependen de los padres.*

dependiente, ta *adj.* Que depende. *La economía nacional depende de la venta de petróleo.* || *s.* Persona que atiende a los clientes en un negocio comercial. *El dependiente nos atendió con amabilidad.*

depilación *s. f.* Acción y efecto de depilar.

depilado, da *adj.* Que se ha sometido a una depilación.

depilador, ra *adj.* Que depila.

depilar *t.* Eliminar el vello de una parte del cuerpo.

depilatorio, ria *adj.* y *s. m.* Se dice de la sustancia que sirve para depilar.

deplorable *adj.* Que merece ser deplorado. || Que produce pena, compasión o disgusto. *Los recolectores de tomates viven en condiciones deplorables.*

deplorar *t.* Lamentar, sentir pena profundamente. || Sentir alguien un suceso que afecta a otro. *Todos deploramos tener que despedirlos del trabajo.*

deponer *t.* Dejar de usar o hacer algo, abandonar, dejar. *Cuando depuso sus críticas, se llegó a un acuerdo.* || Destituir o expulsar a alguien de su cargo, empleo o puesto. *Los militares rebelados depusieron al presidente del país.* || Bajar o quitar una cosa del lugar en que está. || Declarar ante una autoridad judicial. || *intr.* Defecar.

deportación *s. f.* Acción y efecto de deportar.

deportar *t.* Desterrar a una persona a un lugar lejano, por razones políticas o como castigo. *En el régimen de Stalin los opositores eran deportados a Siberia.* || Expulsar de un país a extranjeros que se encuentren en estado de inmigración ilegal. *La nueva ley pretende otorgar poderes para deportar a los inmigrantes ilegales.*

deporte *s. m.* Actividad o ejercicio físico ejercido como juego o competición sujeto a normas, en el que se pone a prueba la habilidad o la fuerza física. *La gimnasia es un deporte que exige mucho entrenamiento.* || Ejercicio físico que se hace por recreación, pasatiempo o diversión. *Acuden al parque a hacer deporte por las mañanas.* || *loc.* ***Por deporte:*** desinteresadamente, por propio gusto.

deportismo *s. m.* Afición a los deportes o ejercicio de ellos.

deportista *adj.* y *s. com.* Se aplica a la persona que practica algún deporte, por afición o profesionalmente. *Los deportistas desfilaron antes de iniciar las competencias.*

deportividad *s. f.* Comportamiento correcto y educado conforme a las normas establecidas en la práctica de un deporte. *En todo el torneo reinó la deportividad de los competidores.*

deportivo, va *adj.* Perteneciente o relativo al deporte. || Que se ajusta a las reglas de juego limpio que deben observarse en la práctica de un deporte. *Toda la competencia se desarrolló con un comportamiento muy deportivo.* || Se aplica a la ropa que se utiliza para hacer deporte. *La tienda tiene un departamento de ropa deportiva.* || *adj.* y *s. m.* Lugar donde se practican deportes. *Inauguraron el parque deportivo.* || Se aplica al automóvil pequeño y muy rápido. *Se compró un coche deportivo flamante.*

deposición[1] *s. f.* Acción y efecto de deponer. || Exposición o declaración que se hace de algo, especialmente ante el juez. || Abandono de un comportamiento. *La deposición de las exigencias radicales allanó el camino a un acuerdo.* || Destitución de un cargo o empleo. *Su deposición como líder era previsible.*

deposición[2] *s. f.* Expulsión del excremento. || Excremento.

depositante *adj.* y *s. com.* Que deposita. || Se dice del que realiza un depósito de dinero, valores, joyas, etc., para su custodia o como garantía de una obligación.

depositar *t.* Poner bienes u objetos de valor bajo la custodia de una persona o institución que se hace responsable de ellos. *Contrató una caja de seguridad para depositar sus joyas.* || Colocar una cosa en un lugar determinado. *Para entrar al museo tienes que depositar tu mochila en la entrada.* || Poner en algo o en alguien esperanza, confianza, ilusiones o cariño. *Depositó en él toda su confianza.* || Poner, dejar, colocar. *Depositó las monedas en un frasco.* || *pr.* ***Depositarse:*** sedimentar, caer en el fondo de un líquido una materia sólida que estaba en suspensión en él.

depositario, ria *adj.* Perteneciente o relativo al depósito. || Que contiene o encierra algo. || *s.* Persona o institución que guarda algo depositado o confiado por otros. *Nombró depositario de sus bienes a su hermano.*

depósito *s. m.* Acción y efecto de depositar. || Cosa depositada. || Lugar o recipiente donde se deposita. || Sedimento de un líquido.

depravación *s. f.* Acción y efecto de depravar.

depravado, da *adj.* y *s.* Muy viciado y malvado, inclinado a causar daño y hacer padecer.

depravador, ra *adj.* Que deprava.

depravar *t.* Corromper o dañar las costumbres; pervertir, especialmente a alguien. *Esa mala compañía le terminó por depravar.*

depreciación *s. f.* Acción de depreciar.

depreciado, da *adj.* Que ha disminuido su valor con relación al que le es habitual.

depreciar *t.* Disminuir el precio o valor material o moral de una cosa. *Para estimular las exportaciones el gobierno decidió depreciar la moneda.*

depredación *s. f.* Acción y efecto de depredar. || Caza y muerte que sufren algunas especies, por parte de otros que se los comen llamados depredadores. *La depredación es un mecanismo de la selección natural.* || Saqueo con violencia y devastación. *Los aqueos cometieron depredación en Troya.* || Malversación o exacción por abuso de autoridad o confianza. *Los* *altos sueldos de los funcionarios es una depredación del erario.*

depredador, ra *adj.* Que depreda. || Animal que se alimenta de otra especie. *Los conejos y las liebres tienen varios depredadores.*

depredar *t.* Cazar un animal a otro de distinta especie para alimentarse. *El gavilán depreda a las palomas.* || Robar con violencia y causando destrozos, especialmente en la guerra. *Las tropas del Imperio japonés depredaron Nankín en 1937.*

depresión *s. f.* Acción y efecto de deprimir o deprimirse. || Estado emocional y psicológico caracterizado por decaimiento anímico y pérdida de interés. *Se hundió en una depresión al perder el empleo.* || Hundimiento de una superficie respecto de lo que la rodea. *La depresión del Balsas es la más extensa del territorio mexicano.* || Periodo de baja actividad económica general, que se caracteriza por el descenso de la producción, deflación, desempleo masivo y bajo nivel de inversiones. *La depresión económica más aguda fue la de los años treinta del siglo XX.*

depresivo, va *adj.* Perteneciente o relativo a la depresión. || Que deprime el ánimo o produce tristeza. *Le recetaron un medicamento que es depresivo.* || Se aplica a la persona que sufre depresión o es propenso a ella. *Sus estados depresivos son muy frecuentes.*

depresor, ra *adj.* Que deprime. || *s. m.* Instrumento que se emplea para deprimir o bajar una parte del cuerpo. *Con un depresor, el médico le bajó la lengua para observar la faringe.* || Medicamento que disminuye la actividad de algunos centros nerviosos. *Algunos depresores se utilizan para tratar la ansiedad y trastornos del sueño.*

deprimente *adj.* Que deprime. *Los informes de las ventas son deprimentes.*

deprimido, da *adj.* Que padece un proceso depresivo. *Después de reprobar ha estado deprimido.* || Que está ubicado en una región más baja que las partes que la rodean. *Se formó una laguna en la parte más deprimida del valle.* || Que tiene actividad económica decaída. *El empleo aún se encuentra deprimido.*

deprimir *t.* Reducir el volumen de un cuerpo por medio de la presión. || Hundir una parte de un objeto más baja de lo que la rodea. || Producir decaimiento del ánimo y del interés. *Las noticias de violencia me hacen deprimir.* || *pr.* Aparecer una superficie o línea más baja en relación a las inmediatas. *En la lejanía, el valle parecía deprimirse.*

deprisa *adv.* Con rapidez y prontitud. *Anda deprisa, que te están esperando.*

depuesto, ta Participio irregular de deponer. *El presidente depuesto se refugió en el país vecino.*

depuración *s. f.* Acción y efecto de depurar.

depurado, da *adj.* Que está elaborado cuidadosamente, exento de tosquedad o de imperfecciones. *En sus nuevas poesías alcanzó un estilo depurado.*

depurador, ra *adj.* Que depura.

depuradora *s. f.* Aparato o instalación que sirve para depurar o limpiar algo. *En el taller instalaron un depurador del aire.*

depurar *t.* Limpiar de suciedad o impurezas una sustancia. *La contaminación obligó a tomar medidas para depurar el aire.* || Perfeccionar el lenguaje, el estilo o el gusto. *Sus múltiples viajes le han permitido depurar sus gustos.* || Expulsar de una agrupación u organización a los miembros que no siguen la doctrina, creencia o conducta de los demás miembros considerados disidentes. *El nuevo presidente se propuso depurar las filas de su partido.*

derecha *s. f.* Diestra, lado opuesto al que corresponde al corazón en el ser humano. || Tendencia política que profesa una ideología conservadora, tradicionalista y contraria a las reformas. *Los electores eligieron a un presidente de derecha.* || Conjunto de los representantes de los partidos conservadores en las asambleas legislativas. *La derecha no logró obtener mayoría en el Congreso.*

derechazo *s. m.* Golpe dado con la mano o con el puño derechos. *El campeón noqueó al retador de un derechazo.* || Pase de muleta dado por el torero con la mano derecha. *Manolete ligó espléndidos derechazos.*

derechismo *s. m.* Tendencia política que defiende los principios y doctrinas de los derechistas.

derechista *adj.* Perteneciente o relativo a la derecha política. || Partidario o seguidor de las ideas de la derecha política.

derechización *s. f.* Acción y efecto de derechizar.

derechizar *t.* y *pr.* Adoptar las ideas o posturas de la derecha política o tender hacia ellas.

derecho, cha *adj.* Se aplica a la parte del cuerpo que está situada en el lado opuesto al que ocupa el corazón en el ser humano. *Yo escribo con la mano derecha.* || Que está situado, en relación con la posición de una persona, en el lado opuesto al que ocupa el corazón en el ser humano. *Llegando a la esquina da vuelta a la derecha.* || Que es recto y no se tuerce a un lado ni a otro. *Toma esa calle y ve todo derecho.* || *s. m.* Conjunto de leyes y reglas que regulan la vida en sociedad. *Muchas normas jurídicas provienen del derecho romano.* || Prerrogativa de poder tener o exigir lo que la ley permite o establece. *Todos los individuos tienen derecho a la educación básica.* || Ciencia que estudia las leyes y su aplicación. *José estudia derecho en la universidad.* || Lado principal de una tela, un papel u otras cosas y que por ello está mejor trabajado. *Pon la cortina con el lado derecho hacia el interior de la sala.* || *s. f.* En la política, los representantes de los partidos conservadores. *El nuevo presidente es de derecha.* || Conjunto de personas que profesan ideas conservadoras. *En la asamblea estaban los principales representantes de la derecha.* || *s. m. pl.* Cantidad de dinero que se cobra por un trámite determinado. *Pagamos un dineral por derechos de vía.* || *loc.* ***Derecho administrativo:*** parte del ordenamiento jurídico que regula la administración pública. || ***Derecho al pataleo:*** última y vana actitud de protesta que adopta o puede adoptar el que ya no tienen más recursos legales. || ***Derecho canónico:*** conjunto de normas jurídicas promulgadas o reconocidas por los órganos eclesiásticos competentes que determinan la organización de la Iglesia. || ***Derecho civil:*** el que regula las relaciones privadas de los ciudadanos entre sí. || ***Derecho constitucional:*** el que deriva de la constitución. || ***Derecho de admisión:*** facultad por la que el dueño de un establecimiento abierto al público se reserva la decisión de denegar la entrada a éste. || ***Derecho de asilo:*** el que establece las normas para conceder refugio a los perseguidos. || ***Derecho de autor:*** el que la ley reconoce al autor de una obra para participar en los beneficios que produzca su publicación, ejecución o reproducción. || ***Derecho internacional:*** el que regula las relaciones entre los Estados. || ***Derecho mercantil:*** el que especialmente regula las relaciones que conciernen a las personas, los lugares, los contratos y los actos del comercio terrestre y marítimo. || ***Derecho natural:*** conjunto de primeros principios de lo justo y de lo injusto, inspirados por la naturaleza y que como ideal trata de realizar el derecho positivo. || ***Derecho penal:*** el que establece y regula la reprensión o castigo de los crímenes o delitos, por medio de la imposición de las penas. || ***Derecho político:*** el que regula el orden y funcionamiento de los poderes del Estado y sus relaciones con los ciudadanos. || *loc. pl.* ***Derechos civiles*** o ***Derechos humanos:*** los que, por ser inherentes a la dignidad humana y por resultar necesarios para el libre desarrollo de la personalidad, suelen ser recogidos por las constituciones modernas asignándoles un valor jurídico superior. || *loc. adv.* ***A derechas:*** indica que algo se hace correctamente, con acierto, con destreza, con justicia. || *loc.* ***Al derecho:*** indica que algo se hace conociéndole en todos sus detalles. *Se conoce la obra de teatro al derecho y al revés.* || ***Conforme a derecho:*** conforme a la norma aplicable. || ***¡No hay derecho!:*** expresión de protesta ante algo que se considera injusto.

derechohabiente *adj.* y *s.* Se dice de la persona que deriva su derecho de otra. *La seguridad social atiende a todos los derechohabientes.*

derechura *s. f.* Cualidad de derecho. || Verticalidad o rectitud característica de una cosa. || *loc. adv.* ***En derechura:*** por el camino más recto. || Sin detenerse ni pararse.

derelicto, ta *adj.* Buque o conjunto de objetos abandonados en el mar.

deriva *s. f.* Acción de derivar. || Desvío del rumbo de una embarcación. *Los fuertes vientos y el gran oleaje llevaron el barco a la deriva.* || Timón de dirección de una aeronave que actúa sobre su eje vertical. || *loc. adv.* ***A la deriva:*** se aplica al objeto flotante o embarcación que se mueve arrastrada por el viento, el mar o la corriente. || Sin rumbo propio, a merced de las circunstancias. *Anduvo a la deriva hasta que sentó cabeza después de conocerla.* || ***Deriva continental:*** desplazamiento de las placas continentales.

derivación *s. f.* Acción de derivar. || Hecho o acontecimiento que sigue o resulta de otro. *La cristianización de los indígenas es una derivación de la conquista.* || Separación de una parte de un todo para dirigirla a otra parte. *Este canal es una derivación del río.* || Procedimiento para formar palabras nuevas a partir de las ya existentes. *«Arboleda» es una derivación de «árbol».* || Pérdida de la intensidad de la corriente eléctrica. *La derivación se produce por la humedad.* || Circuito eléctrico que se realiza a partir de un circuito principal. || En matemáticas, operación de hallar la derivada.

derivado, da *s. f.* En una función matemática, valor límite de la relación entre el incremento del valor de una función y el incremento de la variable independiente, cuando éste tiende a cero. *La derivada expresa la variación de una función.* || *adj.* Se dice de la palabra que se ha formado por derivación. || *s. m.* Producto químico que se obtiene de otro a través de una o varias transformaciones. *Del petróleo se obtienen múltiples derivados.*

derivar *intr.* y *pr.* Proceder o tener su origen en otra cosa. *Su sabiduría deriva de sus numerosas lecturas.* || Proceder una palabra de otra. *«Anchura» se deriva de «ancho».* || Dirigir o conducir una cosa hacia otro lado. *Nuestra charla derivó en muchos temas.* || *t.* Desviarse alguien o algo de la dirección original para ir por otro camino. *Pensando que el camino iba derecho, derivé en tanta desventura.* || Desviarse una embarcación de su rumbo. *Impulsado por la tormenta, el barco derivó hacia las rocas.* || Obtener un producto químico a partir de otro. *Del ácido carbónico derivamos carbonato.* || En matemáticas, obtener la derivada de una función. *En la clase de cálculo aprendimos a derivar.*

derivativo *adj.* Relativo a la derivación o a las palabras derivadas.

dermatitis *s. f.* Inflamación de la piel.

dermatoesqueleto *s. m.* Tejido orgánico rígido que cubre el cuerpo de los artrópodos y los moluscos.

dermatología *s. f.* Parte de la medicina que se ocupa de las enfermedades de la piel.

dermatológico, ca *adj.* Perteneciente o relativo a la dermatología.

dermatólogo, ga *s.* Médico con especialidad en enfermedades de la piel.

dermatosis *s. f.* En medicina, nombre general de las enfermedades de la piel.

dérmico, ca *adj.* Relativo a la dermis o a la piel.

dermis *s. f.* Capa más gruesa de la piel, ubicada entre la epidermis y la hipodermis.

dermitis *s. f.* En medicina, inflamación de la piel.

derogación *s. f.* Acción de derogar.

derogador, ra *adj.* Que deroga.

derogar *t.* Anular o suspender una ley o norma.

derogatorio, ria *t.* Que deroga.

derrama *s. f.* Distribución de un gasto, especialmente de un impuesto, entre varias personas. || Impuesto temporal o extraordinario.

derramado, da *adj.* Que es derrochador.

derramamiento *s. m.* Acción de derramar o derramarse.

derramar *t.* Referido a un líquido, tirarlo o vaciarlo.

derrame *s. m.* Salida o desbordamiento de un líquido. || En medicina, acumulación anormal de un líquido en alguna cavidad o salida de éste al exterior.

derrapar *intr.* Dicho de un coche, patinar y perder la estabilidad.

derrape *s. m.* Acción de derrapar.

derredor *s. m.* Espacio que rodea algo. La tertulia sucede siempre en derredor de la mesa.

derrengado, da *adj.* Que está muy cansado o agotado. || Que tiene paralizadas las extremidades posteriores.

derrengar *t.* y *pr.* Lastimar o dañar el lomo o la columna vertebral de un animal o de una persona. || Inclinar hacia un lado.

derretido, da *adj. fam.* Enamorado.

derretimiento *s. m.* Acción de derretir o derretirse. || Amor muy intenso.

derretir *t.* y *pr.* Convertir un sólido en líquido por efecto del calor. || *fam.* Enamorarse. *Se derrite cada vez que volteas a verlo.*

derribado, da *adj.* Dicho del anca de una caballería, que es más baja de lo regular.

derribamiento *s. m.* Derribo.

derribar *t.* Hacer caer al suelo algo o a alguien. || Hacer que alguien pierda su cargo o su poder. *Los revolucionarios derribaron al dictador.*

derribo *s. m.* Acción de derribar. || Conjunto de escombros que quedan después de una demolición. || Lugar en el que se derriba.

derrocamiento *s. m.* Acción de derrocar.

derrocar *t.* Remover a alguien de su cargo o hacer caer un gobierno por medio de la violencia. *El presidente fue derrocado por un golpe militar.*

derrochador, ra *adj.* y *s.* Que derrocha.

derrochar *t.* Malgastar o despilfarrar dinero u otros bienes. || Manifestar con intensidad algo positivo, como la energía, la alegría, etc. *Derrochas felicidad ¿qué te pasó?*

derroche *s. m.* Acción de derrochar.

derrota *s. f.* Acción de derrotar o ser derrotado.

derrotado, da *adj.* Que no tiene ánimo y está vencido por los acontecimientos.

derrotar *t.* Vencer a alguien en un juego, una competencia, una guerra, etc.. || Vencer moralmente a alguien las contrariedades.

derrotero *s. m.* Camino seguido para lograr determinado fin. *México ha tomado un derrotero incierto.* || En marina, rumbo marcado para un barco en una carta de navegación. || Libro que contiene esos rumbos.

derrotismo *s. m.* Tendencia a ver todas las cosas de manera negativa y con pesimismo.

derrotista *adj.* y *s. com.* Que practica el derrotismo.

derrubio *s. m.* Acumulación de tierra y piedras que caen de sitios elevados por efecto de corrientes de agua, gravedad, etc.

derruir *t.* Hacer caer una construcción o un edificio.

derrumbamiento *s. m.* Acción de derrumbar.

derrumbar *t.* y *pr.* Derribar o hacer caer un edificio o parte de él. *Ayer se derrumbó la mitad del puente.* || Perder alguien el ánimo. *La noticia de la muerte de su padre lo derrumbó.* || Precipitar, tirar por una pendiente.

derrumbe *s. m.* Acción de derrumbar.

derviche *s. m.* Monje de una cofradía religiosa musulmana relacionada con el sufismo.

desabarrancar *t.* Sacar de un barranco, o desatascar del lodo. || Ayudar a alguien a salir de una dificultad en que se ha metido.
desabastecer *t. pr.* Dejar sin abastecimiento a un pueblo o a una persona.
desabastecimiento *s. m.* Ausencia de víveres y otros productos necesarios en un comercio o en una población.
desabollar *t.* Quitar las abolladuras a objetos de metal.
desaborido, da *adj.* Sin sabor. || *adj.* y *s.* Dicho de una persona, sin gracia.
desabotonar *t.* y *pr.* Separar los botones de los ojales para abrir una prenda de vestir.
desabrido, da *adj.* Dicho de los alimentos, con poco sabor. || Dicho del tiempo, inestable. || Dicho de una persona, que es desagradable en el trato.
desabrigado, da *adj.* Que no tiene puesta ropa adecuada para combatir el frío. || Desamparado.
desabrigar *t.* y *pr.* Descubrir, quitar lo que abriga.
desabrochado, da *adj.* Con los broches o corchetes sueltos o abiertos.
desabrochar *t.* y *pr.* Soltar o abrir los broches que cierran una prenda de vestir u otro objeto.
desacatamiento *s. m.* Desacato.
desacatar *t.* y *pr.* Faltar el respeto a una autoridad. || Desobedecer o no acatar una ley o una norma.
desacato *s. m.* Falta de respeto a un superior o a una autoridad en ejercicio de sus funciones.
desaceitar *t.* Quitar el aceite.
desaceleración *s. m.* Acción de desacelerar.
desacelerar *t.* e *intr.* Disminuir la velocidad.
desacertado, da *adj.* Que demuestra falta de acierto y exactitud. *Todas las respuestas en tu examen fueron desacertadas, así que reprobaste.*
desacertar *intr.* No acertar, errar.
desacierto *s. m.* Acción de desacertar. || Dicho o hecho erróneo.
desacomedido, da *adj. Amér.* Poco servicial o dispuesto a ayudar.
desacomodado, da *adj.* Desarreglado. || Dicho de una persona que no tiene los medios para mantener una posición social. || Que está sin acomodo.
desacomodar *t.* Desarreglar, quitar el orden. || Quitar a alguien o algo la comodidad.
desacomodo *s. m.* Acción de desacomodar.
desacompañar *t.* Dejar la compañía de uno.
desacompasado, da *adj.* Que ha perdido el compás o el ritmo.
desacompasar *t.* Provocar que algo pierda su compás o ritmo.
desaconsejable *adj.* y *s. com.* Que no es recomendable o conveniente. *Es desaconsejable fumar durante el embarazo por los riesgos para el feto.*
desaconsejado, da *adj.* y *s.* Que actúa de manera caprichosa, sin atender consejo.
desaconsejar *t.* Convencer a alguien de que haga lo contrario a lo que tenía previsto o de que no haga alguna cosa.
desacoplamiento *s. m.* Acción de desacoplar.
desacoplar *t.* Separar lo que estaba acoplado.
desacople *s. m.* Desacoplamiento, acción y efecto de desacoplar.
desacordar *t.* y *pr.* Desafinar o afinar un instrumento para que esté más alto o más bajo que el que da el tono. || Cantar fuera de tono.
desacorde *adj.* y *s. com.* Que no concuerda o armoniza con otra cosa. *Su comportamiento es desacorde con su personalidad.* || En música, desafinado.
desacostumbrado, da *adj.* Que es poco usual, no habitual. *Que la gente hable tan abiertamente es algo desacostumbrado en mi pueblo.*
desacostumbrar *t.* y *pr.* Hacer perder una costumbre. *Me he desacostumbrado al calor que hace aquí.*
desacralización *s. f.* Acción y efecto de desacralizar.
desacralizar *t.* Despojar a una cosa del carácter sagrado que tenía.
desacreditado, da *adj.* Que no tiene buena fama. No lo contrates, su trabajo está muy desacreditado.
desacreditador, ra *adj.* y *s.* Que desacredita.
desacreditar *t.* Quitar reputación o estimación a alguien o valor a algo. *El juez desacreditó a los testigos.*
desactivación *s. f.* Acción de desactivar.
desactivar *t.* Detener el funcionamiento de algo. *Desactivar una alarma, una bomba, un equipo de sonido, etc.* || Detener una acción o un proceso. *El nuevo ministro desactivó el programa de capacitación.*
desactualizado, da *adj.* Que no está al corriente de los avances en las más recientes tendencias o avances de un asunto o tema.
desacuerdo *s. m.* Ausencia de acuerdo.
desadaptación *s. f.* Desajuste, falta de adaptación, dificultad para adaptarse.
desafección *s. f.* Falta de afecto o aversión. *Siento desafección por las dictaduras.*
desafecto, ta *adj.* Que siente poca estima por algo. || Contrario a algo.
desaferrar *t.* y *pr.* Dicho de lo que está aferrado, soltarlo. || Dicho de una persona, disuadirla de una idea defendida firmemente.
desafiante *adj.* Que denota desafío.
desafiar *t.* Provocar a alguien para competir o para pelear. *Me desafió a contestar el examen más rápido que él.* || Hacer frente a alguien contrariando sus opiniones o sus órdenes. *Desafió a sus padres y se fue de su casa.* || Hacer frente a una situación peligrosa o difícil. *Desafiaron el mal tiempo para llegar hasta la cima.* || Oponerse o contradecir una cosa a otra. *Su actitud desafía la moral.*
desaficionar *t.* y *pr.* Hacer perder la afición a algo.
desafilado, da *adj.* Que no tiene filo.
desafilar *t.* y *pr.* Hacer romo o chato el filo de un arma o de una herramienta.
desafinación *s. f.* Acción de desafinar.
desafinado, da *adj.* Dicho de la voz o de un instrumento, que está desentonado.
desafinar *t.* y *pr.* Desentonar la voz o un instrumento.
desafío *s. m.* Acción de desafiar. || Provocación a la competencia. || Reto o tarea que es muy estimulante por su dificultad. || Oposición o contradicción.
desaforado, da *adj.* Que tiene un gran tamaño o intensidad. Hizo un esfuerzo desaforado, por eso quedó exhausto. || Que no tiene fuero.
desaforar *t.* Quitar a alguien los fueros y los privilegios por haber cometido un delito. *Un servidor público es desaforado cuando tiene negocios ilícitos.* || *pr.* Excederse en la actitud.
desaforo *m.* Acción y efecto de desaforar.
desafortunado, da *adj.* Que no tiene fortuna o suerte. || No acertado o adecuado. || Negativo.
desafuero *s. m.* Acto contrario a lo establecido, especialmente por parte de una autoridad, y que perjudica a otros. || Remoción del fuero.
desagraciado, da *adj.* Que no tiene gracia.
desagraciar *t.* Quitar la gracia.
desagradable *adj.* y *s. com.* Que desagrada o causa mala impresión a los sentidos. *Esta leche tiene un sabor muy desagradable.*
desagradar *intr.* Provocar rechazo, desagrado o disgusto.
desagradecer *t.* No corresponder a un favor o beneficio recibido.
desagradecido, da *adj.* y *s.* Que no agradece o valora un beneficio recibido.
desagradecimiento *s. m.* Acción de desagradecer.
desagrado *s. m.* Disgusto o molestia por algo. || Gesto de disgusto.
desagraviar *t.* y *pr.* Reparar o compensar una ofensa o daño. *Lo desagravió con una disculpa.*
desagravio *s. m.* Acción de desagraviar.
desagregación *s. m.* Acción de desagregar.

D

desagregar *t.* y *pr.* Separar una cosa de otra.
desaguadero *s. m.* Conducto de desagüe.
desaguar *t.* Retirar el agua de un lugar. || *intr.* Desembocar un río en el mar o en otro cuerpo de agua.
desagüe *s. m.* Acción de desaguar o desaguarse. || Conducto por donde se desagua algo.
desaguisado *s. m.* Ofensa. || Destrozo que causa desorden.
desahogado, da *adj.* Dicho de un lugar, espacioso. || Que no tiene problemas de dinero. *Mi jefe tiene una posición económica desahogada.*
desahogar *t.* y *pr.* Expresar libremente un sentimiento que provoca angustia para aliviarse. *No llores más, desahógate conmigo.* || *pr.* Liberarse de una preocupación o una responsabilidad. *Trabajó muy duro y ya se desahogó de trabajo.* || Hacer algo más fluido. *Se desahogó el tránsito.*
desahogo *s. m.* Acción de desahogar o desahogarse. || Alivio de un sentimiento angustioso o un trabajo. *A veces, llorar sirve como desahogo.*
desahuciar *t.* Declarar incurable y sin esperanza de vida a un enfermo. || Echar legalmente a una persona de un lugar arrendado.
desahucio *s. m.* Desalojo legal de una persona de un lugar que arrienda.
desairado, da *adj.* Menospreciado. *El escritor fue desairado por sus colegas.* || Que no sale airoso en lo que pretende. *Salió desairado a dar explicaciones.* || Que no tiene gracia y donaire. *Hizo una presentación desairada.*
desairar *t.* Despreciar o humillar a una persona. *Le mandé la invitación, pero me desairó no yendo a la fiesta.*
desaire *s. m.* Acción de desairar. || Falta de gracia y donaire.
desajustado, da *adj.* Que no se acomoda o no funciona bien.
desajustar *t.* Hacer que algo no funcione bien o no se ajuste a otra cosa. *Se desajustó mi reloj.*
desajuste *s. m.* Acción de desajustar o desajustarse.
desalar *t.* Quitar la sal a algo.
desalentado, da *adj.* Falto de ánimo, decaído.
desalentador, ra *adj.* Que desalienta.
desalentar *t.* y *pr.* Quitar ánimos a alguien para hacer algo. *Me desalienta que el maestro falte tanto a clases.*
desaliento *s. m.* Falta de ánimo o de ganas para hacer algo.
desalineación *s. f.* Acción de desalinear.
desalinear *t.* y *pr.* Hacer perder la línea recta a algo que estaba alineado.
desalinización *s. f.* Acción de desalinizar.
desalinizador, ra *adj.* Que elimina la sal del agua de mar.
desalinizar *t.* Eliminar la sal del agua de mar para que se pueda beber.
desaliñado, da *adj.* Que muestra poco cuidado en el aseo personal.
desaliñar *t.* y *pr.* Descomponer la compostura o el atavío.
desaliño *s. m.* Descuido en el aseo personal.
desalmado, da *adj.* y *s.* Cruel, sin compasión.
desalojar *t.* Hacer salir a una persona o algo de un lugar. *La policía desalojó a los vendedores ambulantes.* || Abandonar alguien un lugar voluntariamente. *Ayer desalojé la casa porque me voy a vivir a Europa.*
desalojo *s. m.* Acción de desalojar.
desamar *t.* Dejar de amar.
desamarrar *t.* y *pr.* Soltar las amarras de un barco. || Desatar.
desambiguación *s. f.* Acción de desambiguar.
desambiguar *t.* Hacer que pierda la ambigüedad una palabra, una frase o un texto.
desamoblar *t.* Desamueblar.
desamoldar *t.* Hacer perder a una cosa la figura que tiene de un molde.
desamor *s. m.* Falta de amor por algo o alguien.
desamortización *s. f.* Acción de desamortizar.
desamortizador, ra *adj.* Que desamortiza.
desamortizar *t.* Liberar para su venta los bienes fijos y estancados.
desamotinarse *pr.* Abandonar un motín y sujetarse a la obediencia.
desamparado, da *adj.* y *s.* Que carece de amparo y protección.
desamparador, ra *adj.* y *s.* Que desampara.
desamparar *t.* Dejar a alguien sin amparo y protección.
desamparo *s. m.* Acción de desamparar.
desamueblar *t.* Sacar los muebles de un edificio o de una habitación.
desanclar *t.* Levantar las anclas de un barco.
desandar *t.* Recorrer hacia atrás un camino ya andado.
desangelado, da *adj.* Que no tiene ángel o gracia.
desangrado, da *adj.* Que ha perdido mucha sangre o la totalidad de ella.
desangramiento *s. m.* Acción de desangrar o desangrarse.
desangrar *t.* Sacar o perder mucha sangre una persona o un animal. || Hacer perder dinero o bienes a una persona o una organización.
desanidar *intr.* Dejar el nido las aves.
desanimación *s. f.* Acción de desanimar. || Falta de animación, de concurrencia o de diversión.
desanimado, da *adj.* Dicho de una persona, que le falta ilusión o interés. || Dicho de un lugar, con poca concurrencia.
desanimar *t.* y *pr.* Quitar a alguien la ilusión o el interés de hacer algo.
desánimo *s. m.* Falta de ilusión o ánimo.
desanudar *t.* Quitar un nudo. || Aclarar lo que está enredado o confuso.
desapacible *adj.* y *s. com.* Que causa desagrado a los sentidos. || Dicho del tiempo que es desagradable por inestable.
desaparecer *t. intr.* y *pr.* Dejar de estar a la vista o de ser percibido por otros sentidos. *De pronto, el sonido extraño desapareció.* || Dejar algo de existir. *En diez años desaparecieron 24 especies de orquídeas.* || Dicho de una persona, ser detenida de manera ilegal sin que se dé a conocer su paradero.
desaparecido, da *adj.* y *s.* Persona cuyo paradero se desconoce, sin que se sepa si está viva o muerta.
desaparejar *t.* Quitar los aparejos a un animal de carga. || Quitar o maltratar el aparejo de un barco.
desaparición *s. f.* Acción de desaparecer.
desapasionado, da *adj.* Que le falta pasión.
desapegar *t.* y *pr.* Perder el apego a alguien o algo. *De todo me he desapegado menos de esta ciudad.*
desapego *s. m.* Falta de interés o de afecto por algo o alguien. *Los homicidas tienen un total desapego por la vida.*
desapercibido, da *adj.* No percibido, que no llama la atención. *No te vi, pasaste desapercibido durante la reunión.* || Desprevenido. *No te felicité por tu cumpleaños porque la fecha me tomó desapercibido.*
desapiadado, da *adj.* Despiadado.
desaplicación *s. f.* Falta de aplicación y dedicación.
desaplicado, da *adj.* y *s.* Que no pone interés ni aplicación, especialmente en el estudio.
desapolillar *t.* Quitar la polilla. || *pr. fam.* Sacar algo de un lugar o salir uno de casa después de mucho tiempo.
desaprensivo, va *adj.* Que desprecia los derechos de los demás y obra sin miramiento hacia ellos.
desaprobación *s. f.* Acción de desaprobar.
desaprobar *t.* Opinar que alguien ha actuado mal o considerar que algo está mal hecho.
desaprobatorio, ria *adj.* Que desaprueba.
desapropiación *s. f.* Acción de quitar a uno la propiedad de algo.
desapropio *s. m.* Desapropiación.
desaprovechado, da *adj.* y *s.* Dicho de una persona, que no mejora aun cuando tiene la oportunidad de hacerlo. || Dicho de una cosa, que no produce lo que podría.
desaprovechamiento *s. m.* Acción de desaprovechar.

desaprovechar *t.* No sacar el máximo provecho o utilidad de algo. || Desperdiciar la oportunidad de algo positivo.
desarbolado, da *adj.* Dicho de un terreno al cual se le han quitado los árboles o que no los tiene. || Sin gracia por falta de adorno. || Roto.
desarbolar *t.* Echar abajo los palos y velas de un barco.
desarmable *adj.* y *s. com.* Que puede desarmarse.
desarmado, da *adj.* Que no lleva armas. || Sin argumentos para opinar o actuar. *Iba a terminar con ella, pero me dio un beso y me dejó desarmado.*
desarmador *s. m. Amér.* Herramienta que sirve para quitar o poner tornillos.
desarmar *t.* Separar las partes de algo. || Quitarle el arma a alguien o hacer que la entregue. || Dejar a alguien sin respuesta y confundido.
desarme *s. m.* Acción de desarmar.
desarmonía *s. f.* Falta de armonía.
desarmonizar *t.* Hacer que algo deje de tener armonía.
desaromatizar *t.* y *pr.* Quitar el aroma, o perderlo algo.
desarraigado, da *adj.* y *s.* Dicho de una persona, que no tiene lazos afectivos ni intereses que lo unan al lugar en que se encuentra.
desarraigar *t.* y *pr.* Arrancar completo un árbol o una planta. || Separar a alguien del lugar en donde vive y de la gente por la que siente afecto. || Hacer desaparecer un sentimiento, una costumbre, un vicio, etc.
desarraigo *m.* Acción y efecto de desarraigar o desarraigarse.
desarrapado, da *adj.* Desharrapado.
desarreglado, da *adj.* Descuidado en su aspecto personal. || Sin orden. *No pude encontrar mi libro en tu escritorio porque está desarreglado.*
desarreglar *t.* y *pr.* Quitar el orden o desorganizar.
desarreglo *s. m.* Acción de desarreglar.
desarrollable *adj.* y *s. com.* Que se puede desarrollar.
desarrollado, da *adj.* Se aplica a lo que ha logrado un buen desarrollo. || Se dice de los países que han alcanzado un gran crecimiento económico.
desarrollar *t.* y *pr.* Mejorar, progresar o acrecentar. *Entre más leo, más desarrollo mi capacidad de análisis.* || *pr.* Dicho de un tema o una teoría, explicarlo en detalle. *Desarrollaste muy bien la exposición sobre tu tesis.* || Dicho de un proyecto, realizarlo. *El nuevo plan de capacitación se desarrollará en tres meses.* || Evolucionar físicamente. *Tus hijos se están desarrollando muy bien.* || Dicho de un hecho o acontecimiento, suceder. *La acción de la película se desarrolla en Nueva Zelanda.*
desarrollismo *s. m.* En economía, tendencia favorable al rápido crecimiento y desarrollo económicos que no tiene en cuenta los efectos secundarios que ello pueda acarrear. *El desarrollismo cree que el crecimiento de un país depende directamente de la cuantía de la inversión.*
desarrollista *adj.* y *s. com.* Relativo al desarrollismo. || Que practica el desarrollismo.
desarrollo *s. m.* Acción de desarrollarse. || En economía, movimiento hacia mejores niveles de vida.
desarropar *t.* Quitar la ropa. || *pr.* Quitarse la ropa. *Me voy a quitar la ropa porque hace mucho calor.*
desarrugar *t.* Quitar las arrugas, principalmente de la ropa.
desarticulación *s. f.* Desunión de huesos. *Sufrió desarticulación del omóplato.* || Desmembramiento de una organización. *El partido está en la desarticulación total.*
desarticulado, da *adj.* Que está desunido lo que estaba o debería estar unido. *La banda fue desarticulada.* || Dícese del discurso desordenado. *Sus palabras sonaron desarticuladas.*
desarticular *t.* Separar un mecanismo o una organización en sus partes.
desaseado, da *adj.* Que luce sucio.
desasear *t.* Descuidar o abandonar el aseo.
desaseo *s. m.* Descuido o abandono del aseo.
desasimilación *s. f.* Proceso del metabolismo que transforma las sustancias complejas en productos más simples para que sean excretados.
desasir *t.* y *pr.* Soltar o soltarse de lo que se tenía asido.
desasistir *t.* No prestar a alguien la ayuda que necesita.
desasociar *t.* Disolver una asociación.
desasosegar *t.* Perder el sosiego o la calma. *Su silencio me desasosiega.*
desasosiego *s. m.* Estado de inquietud.
desastrado, da *adj.* Que se encuentra en estado mísero y desaseado.
desastre *s. m.* Suceso muy destructivo. || *fig.* Dícese de las cosas de mala calidad. *El auto resultó un desastre.* || *fig.* Dícese de las personas torpes o irresponsables.
desastroso, sa *adj.* Suceso que ha provocado muy malas consecuencias. || *fig.* Aspecto ruinoso de cosas o personas.
desatacar *t.* Soltar las agujetas, botones o broches de las prendas de vestir. || *ant.* Limpiar el cañón de las armas de fuego.
desatado, ada *adj.* Que avanza sin freno.
desatar *t.* Desanudar los amarres de algo. || Resolver algo muy intrincado. *Su intervención desató el embrollo.* || Provocar una situación incontrolable. || *pr.* Hablar sin freno. *A los primeros tragos se desató hablando.*
desatascar *t.* Sacar algo de un atasco. *Hay que desatascar el auto.* || Despejar un conducto para el paso del fluido. || Permitir el trato fluido de un asunto. *Ya se desatascaron las pláticas con el sindicato.*
desatasco *s. m.* Hecho de desatascar.
desatención *s. f.* Falta de atención, amabilidad o respeto.
desatender *t.* No prestar la atención debida a algo. || Descuidar obligaciones. || Ignorar una invitación.
desatento, ta *adj.* Que no presta la atención debida. || Que es descortés o maleducado.
desatinado, da *adj.* Que comete desatinos o torpezas en su trato. || Que no da en el blanco.
desatinar *t.* Cometer desatinos o torpezas. || Fallar el blanco.
desatino *s. m.* Error o torpeza al hablar o en el trato.
desatorar *t.* Remover lo que obstruye el funcionamiento de algo.
desatornillador *s. m.* Herramienta para poner y quitar tornillos.
desatornillar *t.* Quitar o aflojar tornillos.
desatrancar *t.* Retirar la tranca de un zaguán, puerta o ventana.
desautorización *s. f.* Desaprobación de un acto o decisión por una instancia superior. || *fig.* Invalidación de una declaración por otra persona o instancia.
desautorizado, da *adj.* Que carece o ha sido despojado de autoridad. || Que está prohibido.
desautorizar *t.* Quitar autoridad por una instancia superior. || Negar validez a palabras de otros. || Prohibir una acción o práctica.
desavenencia *s. f.* Discrepancia entre dos o más personas en un asunto determinado.
desavenimiento *s. m.* Discordia, desacuerdo.
desavenir *t.* y *pr.* Entrar en desacuerdo dos o más personas en un asunto determinado.
desaventajado, da *adj.* Que está en desventaja. || Que está rezagado. *Fulano está desaventajado en el estudio.*
desaventurado, da *adj.* Que tiene mala suerte. || Que carece de gracia o atractivo.
desayunador *s. m. Méx.* Habitación pequeña contigua a la cocina que se utiliza como comedor informal. || Mesa y sillas que están en la habitación llamada «desayunador».
desayunar *intr.* Tomar la primera comida del día.
desayuno *s. m.* Primera comida del día.
desazolvar *t. Méx.* Desatascar, retirar la basura y residuos que obstruyen los drenajes.
desazolve *s. m. Méx.* Acción y efecto de desazolvar.

desazón *s. f.* Sensación de inquietud por razones poco claras. || Falta de sabor en alimentos.
desazonado, da *adj.* Que siente desazón o inquietud.
desazonar *t.* Provocar inquietud de ánimo. || *pr.* Sentirse inquieto.
desbalagar *t.* Dispersar lo ordenado o unido. *Que no se vayan a desbalagar los niños.* || *pr.* Perder rumbo.
desbancar *t.* Obtener una posición quitándola o ganándola a alguien.
desbandada *s. f.* Retirada o dispersión desordenada de un grupo.
desbandarse *t.* y *pr.* Huir o retirarse en desorden.
desbarajustado, da *adj.* Desordenado, con su orden habitual alterado.
desbarajustar *t.* Crear desorden en las cosas. *No vayas a desbarajustar la alacena.*
desbarajuste *s. m.* Situación muy desordenada. *Mira el desbarajuste que hiciste.*
desbaratado, da *adj.* Que está deshecho o arruinado. *Desarmó el reloj y lo dejó desbaratado.*
desbaratamiento *s. m.* Acción de desbaratar o descomponer algo.
desbaratar *t.* Descomponer o arruinar algo.
desbarato *s. m.* Acción y efecto de desbaratar.
desbarrancadero *s. m. Hond.* y *Méx.* Precipicio, despeñadero.
desbarrancar *t.* y *pr.* Caer o caerse por la pendiente de una barranca.
desbarrar *t.* Errar al hablar o actuar. *Esa chica me hace desbarrar.*
desbarre *s. m.* Disparate, cosa absurda.
desbastar *t.* Eliminar las partes sobrantes de un objeto a labrar. *Primero hay que desbastar la madera.*
desbaste *s. m.* Acción y efecto de desbastar.
desbloquear *t.* Levantar o quitar un bloqueo.
desbloqueo *s. m.* Hecho de quitar o levantar un bloqueo.
desbocado, da *adj.* Dícese del caballo que corre sin freno ni control. || *fig.* Situación fuera de control. *La muchedumbre estaba desbocada.*
desbocamiento *s. m.* Hecho de desbocar o desbocarse.
desbocar *t.* y *pr.* Salirse de control un caballo o una caballería. || *fig.* Proferir improperios sin ton ni son. *Fulano se desbocó en la fiesta.*
desbordamiento *s. m.* Hecho de desbordar o desbordarse.
desbordante *adj.* Que excede sus límites o la medida. *Se vivió una situación desbordante.*
desbordar *intr.* Exceder los límites o la medida.
desborde *s. m.* Hecho de exceder un líquido o fluido su recipiente o cauce. *El desborde del río ocasionó estragos.*
desbroce *s. m.* Retiro del ramaje obstructivo de alguna actividad.
desbrozar *t.* Retirar la broza o ramaje obstructivo.
descabalgar *intr.* Apear del caballo.
descabellado, da *adj.* Que habla o actúa sin elemental razón.
descabellar *t.* Matar al toro hiriéndolo en la cerviz.
descabello *s. m.* Acción y efecto de descabellar.
descabezado, da *adj.* Que se comporta sin razón. || Que le ha sido cercenada la cabeza.
descabezar *t.* Cortar la cabeza o la parte superior de algo.
descafeinado *adj.* y *s. m.* Sin o con muy poca cafeína.
descalabrado, da *adj.* Que tiene una herida en la cabeza a causa de un golpe. || Que salió mal o falló en un negocio.
descalabradura *f.* Herida que produce un golpe recibido en la cabeza y cicatriz que deja.
descalabrar *t.* Herir en la cabeza. || Causar daño o perjuicio.
descalabro *s. m.* Daño sufrido en la integridad o el patrimonio de las personas físicas o morales.
descalcificación *s. f.* Disminución de calcio de organismos y minerales. *El avance de la edad provoca descalcificación de los huesos.*
descalcificar *t.* Disminuir el calcio de organismos, minerales y materiales. *Eliminar el salitre de los muros es descalcificar.*
descalificación *s. f.* Reprobación de la capacidad u opinión de una persona. || Eliminación de un competidor por perder pruebas o cometer faltas.
descalificado, da *adj.* Que no tiene capacidad para realizar algo. || Dicho de un deportista, que ha quedado fuera de una competencia por haber infringido las reglas.
descalificar *t.* Reconvenir actos o palabras de otros. || Desestimar pruebas por el juez en un juicio. || Declarar fuera de competencia a un competidor por perder pruebas o cometer faltas.
descalificatorio, ria *adj.* Que descalifica o reprueba. *El veredicto del juez fue descalificatorio.*
descalzar *t.* y *pr.* Quitar o quitarse el calzado. || Quitar las calzas o cuñas de un objeto.
descalzo, za *adj.* Que está sin calzado.
descamación *s. f.* Pérdida de superficie cutánea en forma de escamillas. || Retiro de las escamas de un pez.
descamar *t.* Quitar las escamas de un pez. || *pr.* Retirarse las escamillas de la piel.
descaminado, da *adj.* Que anda desorientado o en malos pasos.
descaminar *t.* Influir en alguien para apartarlo del buen camino. || *pr.* Apartarse del buen camino.
descamisado, da *adj.* Que anda sin camisa o en harapos. || Seguidor de Eva Perón durante la dictadura de su esposo, Juan Domingo Perón, en Argentina, 1946-1956.
descampado *s. m.* Claro de un bosque o terreno descubierto.
descansado, da *adj.* Que ha recuperado fuerzas o tranquilidad. || Trabajo o actividad que exige poco esfuerzo.
descansar *intr.* Poner el cuerpo o la mente en reposo. || Recuperar la holgura o la tranquilidad. || Apoyar una cosa sobre otra. || *fig.* Dejar solemnemente los restos de una persona bajo una tumba. || Dejar la tierra en reposo para que adquiera nutrientes.
descansillo *s. m.* Tramo llano de una escalera entre los escalones.
descanso *s. m.* Pausa en una actividad para recuperar fuerzas. || Lo que mitiga dificultades. || Aquello en lo que se apoya un objeto. || Tramo llano entre los escalones de una escalera.
descañonar *t.* Pasar la navaja de rasurar a contrapelo. || Quitar la raíz de las plumas de las aves para cocinarlas.
descapitalización *s. f.* Pérdida o disminución del capital de una empresa.
descapitalizar *t.* y *pr.* Perder o hacer perder capital. *La empresa se descapitalizó.*
descapotable *adj.* Vehículo con capota desplegable. *Los autos convertibles son descapotables.*
descarado, da *adj.* Que habla o actúa sin recato ni respeto.
descarapelar *intr.* y *pr.* Eliminar o empezar a caerse lo que protege una cosa.
descararse *pr.* Despojarse del respeto de sí y de los otros al hablar o actuar.
descarga *s. f.* Desalojo parcial del contenido de un recipiente. || Remoción de la carga de un medio de transporte. || Disparos consecutivos de armas de fuego o de artillería. || Paso del fluido eléctrico de un cuerpo a otro.
descargado, da *adj.* Sin la carga que antes llevaba. || Liberado de culpa u obligación.
descargar *t.* Retirar la carga de un medio de transporte. || Disparar un arma de fuego. || Anular o transferir el fluido eléctrico de un cuerpo a otro. || Dar un puñetazo a otra persona. || *pr.* Desembarazarse de una preocupación, una antipatía o una responsabilidad. *Me descargué contra él.* || Exonerar a una persona de una imputación. *El juez lo descargó de las acusaciones.* || Instalar un programa o aplicación de computación desde un sitio de internet.
descargo *s. m.* Acción de descargar. || Exoneración de imputaciones a una persona.

descarnado, da *adj.* Se refiere a los asuntos desagradables y a su exposición sin miramientos.
descarnar *t.* Separar la carne del hueso de los animales comestibles.
descaro *s. m.* Actitud carente de vergüenza.
descarozar *t.* Separar el hueso o la semilla de los frutos.
descarriado, da *adj.* Que se ha apartado del camino que debe seguir. || Que no sigue la conducta adecuada.
descarriar *t.* Desviar a alguien del camino correcto. || *pr.* Apartarse del camino correcto. || Separar animales del rebaño.
descarrilamiento *s. m.* Salida de los carriles de un tren.
descarrilar *intr.* Salir del carril un tren. || *pr. fig.* Salirse una persona del camino correcto.
descarrío *s. m.* Abandono del camino moral correcto. || Apartamiento de animales del rebaño.
descartable *adj.* Que puede ser descartado, desechable.
descartar *t.* Excluir cosas, personas, posibilidades u opciones del conjunto al que pertenecen.
descarte *s. m.* Hecho de descartar o excluir. || Exclusión de cartas repartidas en el juego de naipes.
descascarado, da *adj.* y *s.* Que ha sido despojado de su cáscara o recubrimiento.
descascarar *t.* Quitar la cáscara. || *pr.* Deteriorarse o caerse la capa superficial de los objetos o la corteza de los troncos. *La pintura se descascaró.*
descascarillado, da *adj.* Que ha perdido o le ha sido retirada la cáscara.
descascarillar *t.* Quitar la cáscara o la capa superficial de un objeto.
descastado, da *adj* y *s.* Que muestra poco cariño hacia sus parientes o amigos.
descatalogar *t.* Retirar un libro, disco u otra obra de un catálogo del que formaba parte.
descendencia *s. f.* Conjunto de personas provenientes de un mismo tronco familiar.
descendente *adj.* Que desciende. || Que sigue un orden jerárquico de mayor a menor.
descender *intr.* Bajar de un lugar a otro inferior. *Descendimos por la escalinata.* || Correr de un fluido. *El río desciende de la montaña.* || Disminuir un orden de mayor a menor. || Disminuir en intensidad, calidad o cantidad. || Provenir de un tronco familiar, de una raza o de un grupo social. *Los mexicanos descienden de razas prehispánicas.*
descendiente *adj.* y *s. com.* Que desciende. || Que está emparentado en línea directa ascendente con un tronco familiar.
descensión *s. f.* Pasar de un lugar a otro inferior.
descenso *s. m.* Bajada de un lugar a otro. *Ahora iniciamos el descenso, dijo el piloto.* || Pendiente de un terreno. || Disminución o pérdida de jerarquía. || Disminución de calidad, cantidad o intensidad.
descentrado, da *adj.* Que ha perdido el centro que le corresponde. *El eje está descentrado.* || *fig.* Que ha perdido la concentración o el rumbo. *El chico anda descentrado.*
descentralización *s. f.* Transferir atribuciones del centro a otras instancias. *La descentralización administrativa es objetivo del gobierno.*
descentralizado, da *adj.* Que se ha independizado de un centro administrativo.
descentralizador, ra *adj.* Que descentraliza o distribuye funciones o atributos. *El decreto del presidente es descentralizador.*
descentralizar *t.* Desconcentrar o distribuir funciones o atributos, principalmente políticos, económicos y administrativos.
descentrar *t.* Sacar a una persona o cosa del centro que le corresponde.
desceñir *t.* Aflojar lo que está ceñido, especialmente amarres de prendas de vestir.
descerebrado, da *adj.* Que tiene inteligencia o memoria limitada. || Que es irresponsable.
descerebrar *t.* Dañar el cerebro de una persona. || Provocar la inactividad del cerebro por razones médicas. || Extirpar el cerebro de animales para experimentar.
descerrajado, da *adj.* Objeto cuya cerradura ha sido arrancada con violencia. || Que lleva una vida disoluta.
descerrajar *t.* Arrancar una cerradura con violencia. || *fig.* Disparar a quemarropa.
deschavetado, da *adj.* Que ha perdido el juicio.
deschavetarse *pr. fam.* Perder el juicio.
descifrable *adj.* Que su significado puede ser conocido.
descifrado, da *adj.* Se dice de aquello cuyo significado oculto ha sido entendido.
desciframiento *s. m.* Dilucidación o explicación de algo que está cifrado, escrito en caracteres desconocidos o embrollado.
descifrar *t.* Dilucidar o explicar algo que está cifrado, escrito en caracteres desconocidos o embrollado.
desclasificación *s. f.* Acción y efecto de desclasificar.
desclasificado, da *adj.* Que ha sido retirado de un conjunto ordenado al que pertenecía. || Que ha dejado de ser secreto.
desclasificar *t.* Quitar el secreto y hacer pública una información de estado. *El gobierno va a desclasificar los expedientes de terrorismo.* || Desordenar lo que está ordenado.
desclavar *t.* Quitar los clavos que aseguran una cosa.
descobijar *t.* Quitar la cobija o el abrigo de una persona.
descocado, da *adj.* y *s. fam.* Que se comporta con suma liberalidad y desparpajo.
descodificación *s. f.* Desciframiento de algo que está codificado.
descodificador *s. m.* Dispositivo para descodificar o descifrar.
descodificar *t.* Descifrar o interpretar algo que está codificado.
descogotado, da *adj.* Que lleva descubierto el cogote.
descogotar *t.* Matar con herida en el cogote, principalmente animales.
descolgado, da *adj.* Suelto o retirado de un lugar donde colgaba.
descolgar *t.* Quitar algo de donde pende. || Levantar el auricular del teléfono. || *pr. fam.* Dirigirse intempestivamente a un lugar o reunión. *Nos descolgamos a la fiesta.*
descollado, da *adj.* Que descuella o destaca.
descollante *adj.* Sobresaliente, que descuella.
descollar *intr.* Sobresalir por su talento. || Sobresalir en altura.
descolocado, da *adj.* Que no está en la posición que le corresponde.
descolonización *s. f.* Supresión definitiva o gradual de la condición colonial de un territorio.
descolonizar *t.* Concluir el estatus colonial de un territorio.
descoloramiento *s. m.* Pérdida o atenuación del color.
descolorar *t.* Quitar o atenuar el color.
descolorido, da *adj.* Que ha perdido color.
descombrar *t.* Retirar escombros.
descomedido, da *adj.* Que es desatento, exagerado y fuera de lugar. || Que es excesivamente grande.
descomedimiento *s. m.* Falta de respeto y cortesía.
descomedirse *pr.* Faltar al respeto y a la cortesía.
descompasado, da *adj.* Que está fuera de ritmo. || Excesivo, desmedido. || *fig.* Que está fuera de lugar.
descompensación *s. f.* Pérdida del equilibrio. || Condición disfuncional de un órgano fisiológico o del organismo en conjunto. *Sufrió una descompensación del corazón.*
descompensar *t.* Hacer perder el equilibrio. || Reducir la compensación del ingreso de un empleado. || *pr.* Perder o disminuir la función vital de un órgano o del organismo. *Al sumergirnos en el agua podemos descompensarnos.*
descomponedor, ra *adj.* Que descompone una relación.
descomponer *t.* Estropear un mecanismo. || Trastornar una situación

D

o relación. *Por celoso descompuso la relación.* || Separar los elementos de un compuesto químico. || Separar los miembros de una formulación algebraica. || *pr.* Echarse a perder alimentos. || *pr.* Perder la compostura. *Se le descompuso el rostro.*
descomposición *s. m.* Hecho de descomponer o descomponerse. || Degradación de los organismos muertos. || Degeneración de una situación o relación. *La fiesta entró en descomposición.*
descompostura *s. f.* Avería de un mecanismo. || Desaliño del aspecto físico de una persona. || Pérdida de la moderación o el decoro.
descompresión *s. f.* Pérdida o reducción de la presión de un cuerpo, mecanismo u organismo. *Por exceso de velocidad el motor sufrió descompresión.*
descomprimir *t.* Reducir o eliminar la presión de un cuerpo o mecanismo cerrado. || Abrir espacio en el disco duro de una computadora. En informática, regresar a su tamaño normal archivos que fueron comprimidos. *Hay que descomprimir los archivos.*
descompuesto, ta *adj.* En referencia a un mecanismo que está averiado. || En referencia a un producto orgánico que se corrompió. || En referencia a la persona que perdió su dignidad o su buen aspecto.
descomunal *adj.* Que es muy grande o fuera de lo común.
desconcentración *s. f.* Acción y efecto de desconcentrar o desconcentrarse.
desconcentrado, da *adj.* Que ha perdido la concentración, distraído. || *Hond.* y *Méx.* Referido a un órgano gubernamental, que tiene capacidad para tomar decisiones y actuar por sí mismo.
desconcentrar *t.* y *pr.* Quitar la concentración, perturbar. || Conceder a un órgano gubernamental capacidad para actuar por sí mismo.
desconcertado, da *adj.* Que está confundido o sorprendido.
desconcertante *adj.* Que causa desconcierto o perturbación.
desconcertar *t.* Causar desconcierto o perturbación.
desconchabar *t. fam. Amér. C. Chil.* y *Méx.* Desarticular lo que está articulado. *Se desconchabó la rodilla.*
desconchado, da *adj.* Que ha perdido su capa superficial.
desconchar *t.* y *pr.* Quitar a alguna cosa parte de su revestimiento. *Al caer, el jarrón esmaltado se desconchó.*
desconchinflado, da *adj. Méx. fam.* Estropeado, que ha sufrido una descompostura.
desconchinflar *t.* y *pr. Cub. Méx.* y *Salv.* Descomponer, estropear.
desconcierto *s. m.* Perturbación de una persona. || Situación desordenada y confusa. *El desconcierto se apoderó de la multitud.*
desconectado, da *adj.* Que no está conectado. || *fam.* Falto de relaciones o comunicación.
desconectar *t.* Interrumpir o separar la conexión entre dos o más instalaciones eléctricas. *Me voy a desconectar de internet.* || *fam.* y *fig.* Interrumpir la comunicación entre dos o más personas.
desconexión *s. f.* Interrupción o ausencia de conexión.
desconfiado, da *adj.* Que no tiene confianza en otros.
desconfianza *s. f.* Falta de confianza en otros.
desconfiar *intr.* Sentir incredulidad o recelo de otros.
descongelación *s. f.* Proceso de deshielo o pérdida de la escarcha por aumento de la temperatura.
descongelar *t.* Quitar el hielo o la escarcha por aumento de la temperatura.
descongestión *s. f.* Eliminación o mitigación del exceso de fluido en órganos corporales. || *fig.* Despeje de vehículos de una vía de comunicación.
descongestionamiento *s. m.* Descongestión.
descongestionante *adj.* y *s. m.* Que descongestiona. || Medicamento para eliminar o mitigar la congestión de órganos corporales.
descongestionar *t.* Eliminar o mitigar el exceso de fluidos en órganos corporales. || *fig.* Despejar una vía de comunicación o un lugar.
desconocedor, ra *adj.* Que desconoce.
desconocer *t.* Ignorar una o muchas cosas. || No reconocer algo conocido. *Me vio en la calle y me desconoció.* || Negar o repudiar la autoría o paternidad de algo. *El escritor desconoce ser el autor de la novela.* || Simular que no se conoce algo. *Desconoció el contrato firmado por él mismo.* || Negar la legitimidad de un acto. *El candidato perdedor desconoce la elección.*
desconocido, da *adj.* Ignorado. || Irreconocible.
desconocimiento *s. m.* Ignorancia de algo o de muchas cosas. || Repudio de algo conocido. || Repudio de la legitimidad de un acto de autoridad.
desconsideración *s. f.* Ausencia de la consideración debida.
desconsiderado, da *adj.* y *s.* Que no guarda la consideración debida.
desconsiderar *t.* No tener la consideración debida.
desconsolado, da *adj.* Que no encuentra consuelo.
desconsolador, ra *adj.* Que causa desconsuelo.
desconsolar *t.* Causar desconsuelo o dolor.
desconsuelo *s. m.* Sentimiento de dolor y pena profunda.
descontado *loc. fam.* Seguridad que se tiene o se da de algo. *Da por descontado que acudiré.*
descontaminación *s. f.* Eliminación o mitigación de la contaminación.
descontaminar *t.* Eliminar o reducir la contaminación.
descontar *t.* Rebajar una parte de una cantidad. *Si pago por adelantado me descontarán 10 por ciento.* || Abonar por anticipado una cantidad al tenedor de un documento. || *fam.* y *fig. Méx.* Golpear a una persona por sorpresa.
descontentadizo, za *adj.* Que se descontenta con facilidad.
descontentar *t.* Causar descontento.
descontento, ta *adj.* Que está insatisfecho con su situación o con otras personas. || *s.* Ambiente de insatisfacción.
descontextualización *s. f.* Acción de sacar un conjunto de hechos o palabras de su contexto, por lo que su interpretación no es la adecuada.
descontextualizar *t.* Sacar un conjunto de hechos o palabras del contexto en que se sitúan.
descontinuación *s. f.* Acción y efecto de descontinuar.
descontinuar *t.* Terminar o suspender la continuación de una cosa. || Dejar de producir un modelo comercial. *Esa refacción ya está descontinuada.*
descontinuo, nua *adj.* Que carece de continuidad o que es intermitente. *La publicación es descontinua.*
descontón *s. m. Méx. fam.* Golpe sorpresivo que derriba al adversario.
descontrol *s. m.* Pérdida de control de los actos propios.
descontrolado, da *adj.* Sin control.
descontrolar *t.* Causar pérdida de control. *Con tantas instrucciones lo vas a descontrolar.* || *pr.* Perder control de uno mismo.
desconveniencia *s. f.* Circunstancia desfavorable o incómoda.
desconvenir *t.* Discrepar en puntos de vista o intereses. || No concordar dos objetos entre sí.
descoordinación *s. f.* Falta de coordinación. *La descoordinación entre los organizadores del evento hizo que éste resultara un fiasco.*
descoordinado, da *adj.* Que no tiene coordinación.
descorazonado, da *adj.* Sin ánimo, desalentado.
descorazonador, ra *adj.* Que desanima o desalienta.
descorazonar *t.* Provocar pena, decepción o quitar esperanzas. *Su frialdad me descorazonó.* || *pr.* Desalentarse ante obstáculos o por decepción. *No te descorazones, échale ganas.*
descorchar *t.* Quitar el corcho de una botella o una barrica.
descorche *s. m.* Acción y efecto de descorchar una botella o de retirar la corteza del alcornoque.

descorrer *t.* Plegar lo que está desplegado. *Descorre la cortina para que entre la luz.* || Develar algo que está oculto. *Hay que descorrer el velo del secreto.*
descortés *adj.* Que carece de cortesía o atención.
descortesía *s. f.* Falta de cortesía o atención.
descortezador *s. m.* Instrumento para retirar la corteza de los árboles.
descortezadura *s. f.* Parte desnuda de un tronco a la que se ha retirado la corteza.
descortezamiento *s. m.* Retiro de la corteza.
descortezar *t.* Retirar la corteza de los árboles y de otras cosas.
descoser *t.* Soltar o despuntar la costura que une las partes de la tela cosida.
descosido, da *adj.* y *s.* Dícese del objeto de tela al que se le ha soltado o roto la costura. || *fam.* Que es indiscreto e irresponsable.
descoyuntado, da *adj.* Zafado de su articulación.
descoyuntamiento *s. m.* Desarticulación de lo que está articulado. *Sufrí el descoyuntamiento de un hueso.*
descoyuntar *t.* Desarticular los huesos o cualquier cosa que esté articulada.
descrédito *s. m.* Pérdida o menoscabo de la credibilidad o la buena reputación.
descreer *t.* No creer, dejar de creer o dudar de algo o alguien.
descreído, da *adj.* Que no cree, que ha dejado de hacerlo o duda.
descreimiento *s. m.* Abandono de una creencia.
descremado, da *adj.* Sustancia a la que se le ha quitado la crema o grasa.
descremar *t.* Quitar la crema o la grasa de una sustancia.
describir *t.* Explicar con lenguaje hablado o escrito todos o varios de los aspectos de una persona, cosa o situación. *Ella describió el accidente en detalle.* || Representar mediante trazos o gestos.
descripción *s. f.* Representación oral, escrita, gráfica o gestual de un objeto.
descriptivo, va *adj.* Que describe.
descrito, ta *adj.* Que está explicado.
descruzar *t.* Deshacer la forma en cruz de algo. *Ella descruzó las piernas.*
descuadernar *t.* Deshacer un cuaderno. || Causar estropicios. || *pr.* Perder el juicio.
descuadrar *intr.* Dislocar el ensamble de una estructura. *No golpees la puerta, la vas a descuadrar.* || No ajustar un estado de cuentas.
descuajeringado, da *adj.* Que está deteriorado, desecho o roto. *El juguete está descuajeringado.* || Que está desaliñado o desaseado.
descuajeringar *t.* Averiar una cosa.
descuartizamiento *s. m.* Acción y efecto de descuartizar o cortar una cosa en pedazos.
descuartizar *t.* Cortar un cuerpo en cuartos o más partes, especialmente un animal.
descubierto, ta *adj.* Que lleva el cuerpo o parte de él sin ropa o sin tocado. || Dícese del lugar que está despejado o al aire libre. || Operación mercantil sin la posesión inmediata del objeto negociado. || Que ha sido localizado o pillado. || Que sido dado a conocer.
descubridor, ra *adj.* y *s.* Que descubre algo que estaba oculto o era desconocido.
descubrimiento *s. m.* Acción y efecto de descubrir. || El objeto así descubierto.
descubrir *t.* Hallar algo oculto o desconocido. *Colón descubrió el continente americano.* || Retirar lo que cubre algo. *Descúbrete la cabeza al sentarte a la mesa.* || Hacer público algo que estaba en reserva u oculto.
descuento *s. m.* Disminución de una cantidad, generalmente del precio de algo. || Abono anticipado al tenedor de una letra de cambio.
descuidado, da *adj.* y *s.* Que es negligente en sus actividades o en su persona.
descuidar *t.* Abandonar la atención a una responsabilidad, relación personal, tarea o a la propia persona. || *pr.* Abandonar el cuidado de uno mismo.
descuido *s. m.* Falta de cuidado generalmente pequeña y reparable. || Falta de arreglo o cuidado personal.
desde *prep.* Indica origen de tiempo o lugar de la cosa narrada. *Desde ayer no la he visto.* || *loc. adv.* Indica afirmación. *Desde luego.*
desdecir *t. pr.* Negar o contradecir lo afirmado. *El testigo se desdijo.* || Contradecir o demeritar con actos la imagen propia. *Ese atuendo desdice su personalidad.*
desdén *s. m.* Actitud de indiferencia que manifiesta desprecio.
desdentado, da *adj.* Que ha perdido los dientes. || Especies animales sin dientes. *Las aves son desdentadas.*
desdentar *t.* Extraer los dientes.
desdeñable *adj.* y *s. com.* Que merece desdeño.
desdeñado, da *adj.* Rechazado, despreciado.
desdeñar *t.* Tratar a otros con desprecio o indiferencia. || Rechazar ofrecimientos, atenciones o distinciones por orgullo. *Desdeñó el empleo que le ofrecieron.*
desdeño *s. m.* Gesto de indiferencia que manifiesta desprecio.
desdeñoso, sa *adj.* Que manifiesta desdén o desprecio.
desdibujado, da *adj.* Que ha perdido definición, perfil o precisión. *Mi recuerdo está desdibujado.* || Que no sobresale por la situación en que se encuentra. *En aquel puesto me encontraba desdibujado.*
desdibujar *pr.* Perder una cosa, una idea o un sentimiento su claridad y definición. *El barco se desdibuja en la lejanía.*
desdicha *s. f.* Estado de pena y sufrimiento.
desdichado, da *adj.* y *s.* Que padece desdicha.
desdoblamiento *s. m.* Despliegue de una cosa doblada. || Anomalía de la personalidad *Sufrió un desdoblamiento de su persona.*
desdoblar *t.* Desplegar una cosa que está doblada. *Hay que desdoblar el folio.* || Formar dos cosas de una sola, separando sus partes.
desdorar *t.* Manchar la reputación de alguien. || Deslavar la chapa dorada de un objeto.
desdoro *s. m.* Mancha de la reputación, el honor o la buena fama.
desdramatizar *t.* Quitar dramatismo a la emoción. *Tienes que desdramatizar tu pena, no es para tanto.*
deseable *adj.* Que es digno de deseo.
deseador, ra *adj.* y *s.* Que desea o anhela.
desear *t.* Querer poseer una cosa, situación o persona.
desecación *s. f.* Extracción artificial o pérdida natural de la humedad.
desecador *s. m.* Que deseca.
desecamiento *s. m.* Extracción artificial o pérdida natural de la humedad.
desecante *adj.* Que deseca.
desecar *t.* Extraer la humedad.
desechable *adj.* Que puede ser desechado. || Que debe ser desechado después de usarse.
desechado, da *adj.* Apartado porque ya no se considera útil.
desechar *t.* Excluir una cosa u opción. *Voy a desechar mi ropa vieja.* || Apartar una idea de la mente. *Voy a desechar el proyecto de iniciar un negocio.*
desecho *adj.* Que está abatido. || *s. m.* Lo que queda después de escoger lo mejor. *Todo eso es material de desecho.* || Cosa vuelta inservible.
desembalar *t.* Retirar el embalaje de las mercaderías.
desembalsar *t.* Sacar el agua que ha quedado retenida en un embalse.
desembalse *s. m.* Acción y efecto de desembalsar o desaguar.
desembarazado, da *adj.* Que está libre de impedimentos.
desembarazar *t.* Dejar libre de impedimentos el campo de acción. || *pr.* Liberarse de impedimentos para actuar.
desembarazo *s. m.* Acción y efecto de desembarazarse o liberarse de algo.

desembarcadero *s. m.* Sitio para desembarcar.
desembarcar *t.* Bajar de la embarcación cosas y personas.
desembarco *s. m.* Acción y efecto de desembarcar.
desembargar *t.* Quitar el embargo de un bien. || Eliminar impedimentos.
desembargo *s. m.* Acción y efecto de desembargar.
desembarque *s. m.* Acción y efecto de desembarcar.
desembarrancar *t.* Sacar algo que está desbarrancado. || Desencallar una nave.
desembocadura *s. f.* Lugar donde desemboca cualquier flujo de agua. || *fig.* Lugar donde confluye una calle.
desembocar *intr.* Salir un río u otro flujo de agua en un lugar determinado. || Confluir una calle en un lugar determinado. || Alcanzar desenlace. *El conflicto desembocó en componenda.*
desembolsar *t.* Pagar una cantidad en dinero. || Sacar algo de la bolsa.
desembolso *s. m.* Entrega de una cantidad de dinero.
desembotar *t.* Despejar el entendimiento.
desembozar *t.* Quitar a alguien el embozo o la simulación. || Eliminar obstáculos.
desembrollar *t. fam.* Aclarar un enredo o algo que causa confusión.
desembrujar *t.* Liberar de un hechizo o brujería.
desembuchar *t. fam.* Confesar o decir alguien todo lo que tenía callado sobre un asunto.
desemejanza *s. f.* Falta de semejanza.
desemejar *intr.* No parecerse una cosa a otra de su especie.
desempacar *t.* Sacar el equipaje de las maletas.
desempachar *t.* y *pr.* Quitar la indigestión o empacho del estómago. || Perder la vergüenza o la timidez.
desempacho *s. m.* Ausencia de timidez y vergüenza al hablar o actuar.
desempalagar *t.* y *pr.* Quitar el empalago.
desempañar *t.* y *pr.* Limpiar alguna superficie que estaba empañada.
desempapelar *t.* Quitar el papel que cubre o envuelve algo.
desempaque *s. m.* Acción de desempacar.
desempaquetar *t.* Sacar algo de su paquete.
desemparejar *t.* y *pr.* Hacer desigual lo que está igual o parejo.
desempastar *t.* y *pr.* Retirar el empaste de una pieza dental. || Perder la cubierta un libro.
desempatar *t.* e. *intr.* Volver a competir dos partes que alcanzaron los mismos puntos en una competencia.
desempate *s. m.* Acción de desempatar.
desempedrar *t.* Quitar las piedras de una superficie empedrada.
desempeñar *t.* Recuperar lo que se había dado en empeño. || *pr.* Realizar un trabajo o una tarea. Mi papá se desempeña como conserje.
desempeño *s. m.* Acción de desempeñar o desempeñarse.
desempleado, da *adj.* y *s.* Que no tiene empleo.
desemplear *t.* y *pr.* Eliminar empleos. *Debido a la crisis económica, varias industrias desemplearán a gran cantidad de trabajadores.*
desempleo *s. m.* Falta de empleo.
desempolvar *t.* y *pr.* Quitar el polvo.
desempotrar *t.* Sacar algo de donde estaba empotrado.
desempozar *t.* Sacar lo que estaba empozado.
desencadenante *adj.* Que provoca una serie de circunstancias relacionadas.
desencadenar *t.* y *pr.* Quitar las cadenas de algo o de alguien. || Producir u originar como consecuencia. *Una crisis económica desencadena el desempleo.*
desencajado, da *adj.* Que se movió o fue sacado de donde encajaba. || Desfigurado, descompuesto.
desencajar *t.* y *pr.* Sacar algo de otra cosa donde estaba encajado o ajustado. || Descomponerse el rostro.
desencallar *t.* e. *intr.* Sacar una embarcación de donde estaba encallada.
desencaminar *t.* Descaminar.
desencantado, da *adj.* Decepcionado.
desencantamiento *s. m.* Desencanto. || Pérdida del encanto. *La frase «el desencantamiento del mundo» se atribuye a Max Weber.*
desencantar *t.* y *pr.* Hacer que alguien pierda la ilusión. || Hacer que alguien deje de estar encantado o embrujado. *En los cuentos de hadas, las varitas mágicas se usan para encantar o desencantar.*
desencanto *s. m.* Pérdida de la ilusión.
desencapotar *t.* y *pr.* Quitarse el capote. || Despejarse el cielo de nubes. || *fig.* Dejar de estar enojado.
desencarcelar *t.* Sacar de la cárcel a un preso.
desencerrar *t.* Sacar de un encierro. || Abrir una cerradura o algo que estaba cerrado.
desenchufar *t.* Sacar un enchufe de la máquina o dispositivo al que está conectado. || *pr. Amér.* Desconectarse del trabajo y relajarse.
desenclavar *t.* Desclavar. || Sacar a alguien de un lugar de manera violenta.
desencoger *t.* y *pr.* Estirar lo que estaba encogido. *Antes de planchar, desencoge la ropa.*
desencuadernado, da *adj.* Que carece de alguno de los elementos de la encuadernación, como el lomo o las tapas. || *s. m. Esp.* Mazo de barajas.
desencuadernar *t.* Deshacer lo que estaba encuadernado. *La tormenta desencuadernó todos los libros de la biblioteca.*
desencuadre *s. m.* Se dice de lo que no presenta el encuadre adecuado.
desencuentro *s. m.* Encuentro que no se dio. *El desencuentro se produjo porque todos entendieron mal las instrucciones para llegar.* || Desacuerdo de opiniones. *El desencuentro entre los líderes principales propició la ruptura del partido.*
desendeudar *t.* y *pr.* Liberar o liberarse de deudas.
desenfadado, da *adj.* Que muestra soltura para expresarse y actuar. || Que está despejado, libre de obstáculos.
desenfadar *t.* y *pr.* Quitar o quitarse el enfado.
desenfado *s. m.* Falta de seriedad, poca inhibición. *Respondió con tal desenfado que se ganó un castigo.*
desenfilar *t.* y *pr.* Poner a cubierto las tropas de los tiros del enemigo. *Tuvieron que desenfilar porque se cayó la muralla.*
desenfocado, da *adj.* Que presenta enfoque defectuoso.
desenfocar *t.* y *pr.* Hacer que algo quede fuera de foco en una cámara fotográfica o de cine.
desenfoque *s. m.* Enfoque defectuoso o falta de enfoque.
desenfrenado, da *adj.* Que no tiene freno o moderación. *El apetito desenfrenado es un trastorno alimenticio.*
desenfrenar *t.* Quitarle el freno a un caballo o a un vehículo automotor. || *pr.* Desmadrarse, entregarse a vicios y hacer cosas malas.
desenfreno *s. m.* Comportamiento impulsivo, sin moderación ni control. *La fiesta de cumpleaños fue pretexto para el desenfreno.*
desenfundar *t.* Quitarle la funda a una cosa. *Desenfunda la guitarra y empieza a tocar.* || Sacar un arma de su funda. *El vaquero que desenfunda más rápido sobrevive.*
desenfurecer *t.* y *pr.* Quitarle la furia a alguien o a algo. *Después del tifón las aguas parecieron desenfurecerse.*
desenganchar *t.* Soltar algo que estaba enganchado. || Dejar un mal hábito, especialmente el consumo de drogas.
desengañado, da *adj.* y *s.* Que perdió la esperanza. || Que ha sufrido tanto que no le queda ninguna esperanza de nada.
desengañador, ra *adj.* y *s.* Que desengaña. *Con ese conjuro desengañador sabrás quién te miente y quién no.*
desengañar *t.* y *pr.* Hacerle reconocer a alguien el engaño en el que está. || Quitar o quitarse la ilusión de algo. *Se desengañó pronto de su novia.*
desengaño *s. m.* Conocimiento que se tiene del error en el que se había

caído o de una verdad que no se quería aceptar. *Los políticos corruptos siempre nos producen una sensación de desengaño.* || *pl.* Conjunto de desilusiones que se han sufrido.

desengarzar *t.* Sacar una cosa de su engarce. *Desengarcé el rubí para ponerlo en el anillo de compromiso.*

desengastar *t.* Sacar algo de su engaste.

desengranar *t.* Quitar o soltar uno o varios engranes.

desengrasar *t.* Quitar la grasa de algo. || *intr. fam. Esp.* Enflaquecer.

desengrosar *intr.* Adelgazar, enflaquecer.

desenhebrar *t.* Sacar la hebra o el hilo de la aguja.

desenjaular *t.* Sacar de una jaula.

desenlace *s. m.* Final de algún acontecimiento. *No sabemos todavía cuál será el desenlace de la guerra.* || Final de una obra literaria o de una película, donde se resuelve la trama. *El desenlace de la novela casi me provoca un infarto.*

desenlazar *t.* y *pr.* Soltar lo que está atado con lazos. || *fig.* Resolver la trama de una obra o de un asunto difícil.

desenmarañar *t.* Aclarar lo que estaba enmarañado. *Para que desenmarañes el expediente deberás trabajar horas extras.*

desenmascarar *t.* y *pr.* Quitar o quitarse una máscara. *En la fiesta de disfraces, a las 12, todos se tienen que desenmascarar.* || Descubrir la verdadera identidad de una persona. *En el último capítulo, el villano casi desenmascara a Batman.* || Descubrir la verdadera personalidad o las intenciones de una persona. *Lo desenmascararon ante su novia.*

desenmohecer *t.* y *pr.* Quitar el moho. || *fig.* Moverse, ponerse en acción.

desenraizar *t. Méx.* Desarraigar, quitar de raíz.

desenredar *t.* Deshacer un enredo de cosas como hilos, cabellos, cables, etc. *La princesa usaba un peine de oro para desenredar sus cabellos.* || Solucionar un problema difícil. *El detective afirmó que desenredaría el misterio en pocos días.*

desenredo *s. m.* Acción y resultado de desenredar.

desenrollar *t.* y *pr.* Estirar lo que está enrollado. *La manguera se desenrolló sola cuando abrieron el agua.*

desenroscar *t.* y *pr.* Sacar una cosa de otra a la que se ajustó enroscándola. *Para cambiar el foco, desenrosca con cuidado el que se fundió.* || Extender o estirar algo que estaba enroscado. *La víbora se desenroscó lista para huir.*

desensamblar *t.* Separar piezas que estaban ensambladas.

desensibilizar *t.* y *pr.* Quitar o perder la sensibilidad. || Aminorar la sensibilidad de una emulsión fotográfica.

desensillar *t.* Quitarle la silla al caballo.

desentenderse *pr.* Fingir que no se entiende algo. || No participar en algún asunto. *Me desentendí del pleito porque igual me iban a quitar la herencia.*

desentendido, da *adj.* Que no entiende o finge no entender. || *loc.* ***Hacerse el desentendido:*** fingir que el asunto no es con uno. *Cuando le pregunté por el jarrón roto, se hizo el desentendido.*

desentendimiento *s. m.* Desacierto, ignorancia. || Falta de entendimiento. *El desentendimiento entre los abogados fue muy notorio y no permitió ningún acuerdo.*

desenterrador *s. m.* Hombre que se dedica a desenterrar.

desenterrar *t.* Sacar de su tumba debajo de la tierra a personas o animales. || Extraer de la memoria recuerdos muy enterrados. *No desentierres ese tema porque se va a armar.*

desentierro *s. m.* Acción y resultado de desenterrar. *La policía exigió el desentierro para probar que hubo un asesinato.*

desentonación *s. m.* Alteración de la entonación de la voz.

desentonado, da *adj.* Desafinado, discordante. || Que contrasta de manera desagradable con lo que hay a su alrededor.

desentonar *t.* No estar a tono con lo que lo rodea. *El vestido laminado desentonaba con la sobriedad de los demás.* || Alterar la voz, desafinar. || *pr.* Alzar inapropiadamente el tono de la voz.

desentono *s. m.* Salida de tono.

desentorpecer *t.* y *pr.* Quitarse de encima algo que interna o externamente entorpece los movimientos. || Volverse capaz alguien que antes era torpe.

desentrampar *t.* Liberar a alguien de los empeños o deudas que tenía. || Liberar a un animal o a alguien de una trampa.

desentrañar *t.* Sacar las entrañas. || Descubrir o resolver algo muy difícil. *Desentrañaban misterios en cada una de sus sesiones nocturnas.*

desentronizar *t.* Sacar a alguien del trono. || Sacar a alguien del lugar encumbrado en el que se encontraba.

desentumecer *t.* y *pr.* Quitar el entumecimiento. *Saldré a caminar para desentumecerme.*

desentumir *t.* y *pr.* Quitar el entumecimiento.

desenvainar *t.* Sacar de su vaina un arma. || Sacar las uñas los animales con garras.

desenvoltura *s. f.* Soltura para actuar y hablar. || Falta de inhibición. || Facilidad para expresarse.

desenvolver *t.* Quitar la envoltura de algo. || Estirar o extender algo que estaba enrollado. || *pr.* Actuar y hablar con soltura. || Desenredarse algo.

desenvolvimiento *s. m.* Acción y resultado de desenvolver. *El desenvolvimiento del conflicto sindical está llevando mucho tiempo.*

desenvuelto, ta *adj.* Que tiene o actúa con desenvoltura. *Su actitud desenvuelta le valió una felicitación.*

deseo *s. m.* Necesidad intensa de algo. || Cosa que origina la necesidad de poseerla. || Atracción sexual muy fuerte.

deseoso, sa *adj.* Que desea mucho algo. *Estaba deseoso de conocerla.*

desequilibrado, da *adj.* y *s.* Que ha perdido el equilibrio, ya sea respecto a la vertical, ya sea entre sus elementos. *La adición de sal generó un producto desequilibrado.* || Que ha perdido el equilibrio mental. *Nadie le habla porque está un poco desequilibrado.*

desequilibrar *t.* y *pr.* Quitar el equilibrio.

desequilibrio *s. m.* Falta de equilibrio. || Alteración de la conducta mental de una persona.

deserción *s. m.* Abandono del ejército sin el permiso de éste. *La deserción es una falta grave que se castiga duramente.* || Abandono de una actividad, obligación o compromiso. *La deserción escolar es un problema que afecta a toda la sociedad.*

desertar *t.* Abandonar el ejército sin permiso. *Cuando iban perdiendo, los soldados empezaron a desertar y pasarse al bando enemigo.* || Abandonar una actividad, obligación o compromiso. *El Estado no debe desertar de sus deberes hacia los niños.*

desértico, ca *adj.* Que se relaciona con el desierto. *El clima desértico se caracteriza por altas temperaturas en el día y muy bajas en la noche.* || Que parece desierto por falta de gente. *El centro comercial se veía desértico poco antes del huracán.*

desertificación *s. f.* Transformación de tierras fértiles en desierto. *La desertificación del Sahara avanza hacia el sur de África.*

desertificar *t.* Convertir en desierto tierras que antes eran aptas para el cultivo.

desertización *s. f. Esp.* Desertificación.

desertizar *t.* Desertificar.

desertor, ra *adj.* y *s.* Persona que abandona el ejército sin permiso.

desescombrar *t.* Limpiar un lugar de los escombros que dejó una construcción.

desesperación *s. f.* Pérdida de la esperanza. *Cuando murió su madre, se sumió en la desesperación.* || Pérdida de la calma, del ánimo. *La desesperación por llegar temprano hizo que chocara.*

D

desesperado, da *adj.* y *s.* Que lo domina la desesperación. *Estaba desesperada por conseguir trabajo.* || Causado por la desesperación. *Echaron mano de un recurso desesperado, pero no funcionó.* || Que no tiene remedio. *El doctor informó que se trataba de un caso desesperado.*
desesperante *adj.* Que provoca desesperación. *Es desesperante la lentitud de ese trámite.*
desesperanza *s. f.* Falta total de esperanza. *La desesperanza cundió entre los náufragos cuando llegó la noche.*
desesperanzado, da *adj.* Sin esperanza.
desesperanzador, ra *adj.* Que quita toda posibilidad de esperanza. *Las noticias sobre la inminencia de la guerra eran desesperanzadoras.*
desesperanzar *t.* Quitar la esperanza. || *pr.* Quedarse sin esperanza.
desesperar *t.* y *pr.* Desesperanzar. || Impacientarse, perder la tranquilidad.
desestabilización *s. f.* Perturbación grave de algo. *La campaña de desestabilización que promueven los medios de comunicación forzaron al presidente a intervenir.*
desestabilizador, ra *adj.* Que desestabiliza.
desestabilizar *t.* Perturbar gravemente el orden. *No podemos dejar que los grupos delictivos desestabilicen las instituciones.*
desestima o **desestimación** *s. f.* Acción y resultado de desestimar.
desestimador, ra *adj.* Que desestima, que tiene poco aprecio por algo.
desestimar *t.* Negar una solicitud. *El juez desestimó las pruebas presentadas a último momento.* || No sentir aprecio por algo o alguien. *Me choca que desestimen mis opiniones porque no tengo un título universitario.*
desestructuración *s. f.* Acción y efecto de desestructurar.
desestructurar *t.* y *pr.* Romper el orden que guardan entre sí las partes de un todo.
desfachatado, da *adj. fam.* Que actúa con desfachatez.
desfachatez *s. f. fam.* Actitud atrevida, descarada, desvergonzada. *El ladrón contó con desfachatez cómo había planificado el robo.*
desfalcador, ra *adj.* y *s.* Que se dedica a desfalcar.
desfalcar *t.* Robar los bienes que se tenían en custodia. *Cuando era gerente desfalcó al banco y ahora como contador del artista no se quedó atrás.*
desfalco *s. m.* Robo de los bienes que se tenían en custodia o que pertenecían a otra persona.
desfallecer *intr.* Perder su fuerza el cuerpo. *Desfallezco de hambre.* || Perder el ánimo. *La muerte de su amiga la hizo desfallecer.* || Desvanecerse, desmayarse. *¡Cuidado que desfallece!*
desfallecido, da *adj.* Muy débil, a punto de desmayarse.
desfalleciente *adj.* Que desfallece.
desfallecimiento *s. m.* Pérdida notoria de las fuerzas o el ánimo.
desfasado, da *adj.* y *s.* Que les falta correspondencia o ajuste entre sí. *El segundero está desfasado del minutero.* || Que está retrasado en cuanto a lo que sucede a su alrededor. *Ella anda con la moda desfasada.* || En física, lo que sucede cuando dos ondas de la misma frecuencia alcanzan valores máximos en distintos instantes.
desfasamiento *s. m.* Falta de ajuste de alguien o algo al ritmo o circunstancias de un momento determinado.
desfasar *t.* Generar una diferencia de fase. || *pr.* No adaptarse a las circunstancias o modas del momento.
desfase *s. m.* No correspondencia entre dos o más cosas. || No adecuación de algo o alguien a las corrientes y tendencias actuales. || *loc.* ***Desfase horario:*** el que se produce cuando viajamos a un lugar que implique un cambio de horario importante.
desfavor *s. m.* Desatención, desaire.
desfavorable *adj.* Que no es favorable o que es perjudicial. *Las condiciones climáticas eran desfavorables para la navegación.*
desfavorecer *t.* Dejar de favorecer a alguien. *Sus continuos errores hicieron que el jefe lo desfavoreciera.* || Dificultar una tarea. *Los fuertes vientos desfavorecieron las labores de rescate.* || Afear. *Ese vestido te desfavorece porque te hace ver gorda.*
desfavorecido, da *adj.* Desairado, que ha sufrido menoscabo.
desfibrilación *s. f.* Aplicación de descargas eléctricas para restablecer el ritmo normal del corazón.
desfibrilador *s. m.* Aparato que proporciona choques eléctricos en la región del tórax para restablecer el ritmo cardiaco. *Las ambulancias cuentan con desfibrilador para emergencias.*
desfibrilar *t.* Aplicar descargas eléctricas al corazón para lograr que recupere su ritmo normal.
desfigurar *t.* Alterar las facciones de una persona. *Quedó desfigurado por el accidente.* || Deformar la realidad mintiendo o alterando un relato sobre un suceso. || Alterarse momentáneamente las facciones por una enfermedad, un disgusto fuerte, etc. *El grito de terror desfiguró su cara.*
desfiguro *s. m. Méx.* Cosa ridícula. *Al caerse en la calle su preocupación no fue haberse lastimado, sino haber hecho un desfiguro.*
desfiladero *s. m.* Paso estrecho entre montañas.
desfilar *intr.* Marchar en fila. *Por el cajero desfilaron todos los obreros que cobraron la liquidación.* || Para los militares, marchar en formación. || Salir en orden de un lugar. *Al salir del cine, los autos desfilaron lentamente hacia la salida.* || Recorrer la pasarela una modelo.
desfile *s. m.* Paso sucesivo de personas o cosas de un lugar. *Hubo un desfile de curiosos para ver el accidente.* || Marcha de una tropa en formación. *Para el Bicentenario de la Independencia están planeando un desfile enorme.* || Paseo de una modelo por una pasarela para mostrar ropa de moda.
desflecar *t.* Hacer flecos deshilachando las orillas de una tela, una cinta, etc.
desflemar *t.* Quitar la flema. || Sacar hacia afuera la flema. || Quitar el exceso de algo, como un sabor fuerte o agua. *Para desflemar la cebolla, sumérjala en agua.*
desflorar *t.* Quitar la lozanía. || Quitar la virginidad.
desfogar *t.* Permitir la salida del fuego o del agua. *Desfogarán la presa para prevenir la inundación de la ciudad.* || Apagar la cal. || *pr.* Dar salida una pasión. || Estallar una tormenta.
desfogue *s. m.* Acción y resultado de desfogar. || Lo que ayuda a calmar un estado de ánimo.
desfondar *t.* Romper el fondo de una cosa, desde algo pequeño como un vaso hasta algo grande como un barco. || *pr. Esp.* Perder las fuerzas un deportista.
desforestar *t.* Arrasar los árboles de un lugar.
desfruncir *t.* Quitar el frunce o fruncido a algo. *¡Por fin desfrunciste el ceño y sonreíste!*
desgaire *s. m.* Descuido consciente en la manera de vestir. *Se acomodó el pañuelo con desgaire.* || Ademán de desprecio. || *loc.* ***Al desgaire:*** con descuido o displicencia. *Saludó al desgaire a la multitud que lo aclamaba.*
desgajadura *s. f.* Rotura de una rama y de parte del tronco que la sostenía.
desgajamiento *s. m.* Separación violenta de la rama de un árbol. *Los fuertes vientos produjeron desgajamientos en las palmeras de la rambla.* || Desprenderse una parte de algo que se veía muy sólido. *El desgajamiento del cerro sepultó varias casas.* || Separación en partes de un todo.
desgajar *t.* y *pr.* Arrancar violentamente la rama de un árbol. || Separarse algo de un cuerpo que se veía muy sólido. || Separar algo de un todo. *Desgajó con parsimonia la naranja.*
desgaje *s. m.* Desgajamiento.
desgalichado, da *adj. fam.* Desgarbado, desaliñado.

desgana *s. f.* Falta de ganas de comer. || Pocas ganas de hacer algo.
desganado, da *adj.* Fastidiado, sin ganas de hacer las cosas.
desgano *s. m.* Falta de apetito. *Comió por obligación, con desgano.* || Falta de ganas de hacer algo. *Hizo la tarea con desgano y por eso le salió mal.*
desgañitarse *pr.* Gritar mucho, al punto de quedarse casi sin voz.
desgarbado, da *adj.* Que no tiene gracia o garbo. *El tiro fue desgarbado, pero igual hizo el gol.*
desgarbo *s. m.* Falta de gracia o garbo.
desgarrado, da *adj.* Que está roto o rasgado. *Traía el pantalón nuevo desgarrado.* || Que demuestra con intensidad una profunda tristeza o dolor.
desgarrador, ra *adj.* Que tiene fuerza para desgarrar. || Que produce tristeza y dolor. *Su grito desgarrador resonó en todo el barrio.*
desgarradura *s. f.* Rasgadura o rotura de una tela. || Pedazo de tela producto de una desgarradura o rotura.
desgarrante *adj.* Desgarrador, estremecedor.
desgarrar *t.* Romper o rasgar algo con la mano. *En un acceso de rabia, desgarró la foto de la novia.* || Provocar una pena muy grande. *Me desgarra el corazón que tenga que irse de la casa.*
desgarre *s. m.* Acción y efecto de desgarrar o desgarrarse. || Contracción violenta de un músculo que rompe sus fibras y produce dolor intenso.
desgarriate *s. m. Méx.* Desorden o revoltijo. *Esta oficina es un desgarriate, hay que limpiarla ya.*
desgarro *s. m.* Rotura. *Se hizo un desgarro de tendón.* || Acción y resultado de desgarrar. || *Esp.* Arrojo, valentía.
desgarrón *s. m.* Rotura grande de algo. || Pedazo de lo que se desgarró.
desgastado, da *adj.* Deteriorado por el uso. || Con el prestigio o la credibilidad dañados a causa de repeticiones en una conducta negativa.
desgastamiento *s. m.* Gasto, consumo o desperdicio de una cosa por el uso.
desgastar *t.* y *pr.* Hacer que algo pierda parte de su superficie por el uso. *Las coderas no alcanzaban a disimular cómo se había desgastado su chaqueta.* || Hacer que se pierdan las fuerzas o el ánimo. *Ese trabajo lo desgastará lentamente.*
desgaste *s. m.* Acción y resultado de desgastar. *En la guerra de desgaste gana el que logra quedar en pie.*
desglosar *t.* Separar algo en sus partes para analizarlas por separado.
desglose *s. m.* Separación de algo en sus partes para analizarlas por separado. *Me entregaron el desglose de la cuenta como lo solicité.*
desgobernar *t.* No gobernar bien. *Nadie pensó que al elegirlo desgobernaría al país de esa manera.* || No dirigir bien una nave. *El timonel desgobernó el barco a tal punto que lo hizo encallar.*
desgobierno *s. m.* Desorden en un gobierno.
desgolletar *t.* Quitar el gollete o cuello a una botella.
desgracia *s. f.* Situación que causa desdicha, infelicidad. *La pobreza es una desgracia que debería eliminarse.* || Mala suerte. *Tuvo la desgracia de caer en ese pozo.* || Pérdida del cariño, de la gracia. || *loc.* ***Caer en desgracia:*** perder el afecto o la protección de alguien. *En cuanto su jefe se jubiló, cayó en desgracia.* || ***Desgracias personales:*** conjunto de personas que resultan heridas o muertas en un accidente. *«No hubo desgracias personales» es una frase que oímos demasiado seguido para mi gusto.* || ***Por desgracia:*** frase que expresa dolor, sufrimiento, mala suerte. *Por desgracia, nunca conocí a mi abuela materna.*
desgraciado, da *adj.* y *s.* Que sufre alguna desgracia. || Que tiene mala suerte. || Que inspira compasión. *Los desgraciados esperaban su limosna en medio del frío y la lluvia.* || *s. Amér.* Persona mala. *La desgraciada lo dejó en la miseria.*
desgraciar *t.* Echar a perder una cosa. || Hacer daño a una persona.
desgranado, da *adj.* y *s.* Acción y resultado de desgranar. || Que perdió uno de sus dientes una pieza como una rueda o un piñón. || Grano cuando está suelto. *El elote desgranado se prepara de diferentes maneras según los países.*
desgranar *t.* Sacar los granos de una planta. *Desgranaron el arroz.* || *pr.* Soltarse las cuentas de un collar o una pulsera. *Las perlas se desgranaron con estruendo.* || *fig.* Sucederse las horas.
desgrane *s. m.* Acción y resultado de desgranar. *Hoy recibí de Ucrania el catálogo de máquinas de desgrane por especie.*
desgrasar *t.* Quitar la grasa.
desgravación *s. f.* Medida tributaria que quita impuestos o porcentajes a algo para estimular el consumo. *El gobierno se opone a la desgravación de la importación de carne de cerdo para no afectar a los productores nacionales.*
desgravar *t.* Rebajar los impuestos o los derechos arancelarios.
desgreñado, da *adj.* Que tiene greñas en el pelo.
desgreñar *t.* Desordenar el pelo.
desguace *s. m.* Proceso que implica desmontar las piezas de aparatos que ya no sirven. || Lugar donde se desmontan aparatos inservibles o de compraventa de las distintas partes. || Producto de desguazar.
desguarnecer *t.* Quitar la guarnición que servía de adorno. || Dejar sin guarnición un lugar. || Quitarle las partes esenciales a un instrumento, a una herramienta. || Quitar las guarniciones a caballos, mulas, burros, etc.
desguarnecido, da *adj.* Despojado de las guarniciones o adornos. || Desprotegido, sin defensa.
desguazar *t.* Desmontar las piezas de un aparato o máquina que ya no sirve. || Quitar las asperezas de la madera para trabajarla.
deshabitado, da *adj.* Que no está habitado ya.
deshabitar *t.* Dejar o abandonar un lugar su población.
deshabituación *s. f.* Pérdida de un hábito.
deshabituar *t.* y *pr.* Hacer perder a una persona o a un animal un hábito o una costumbre. *Al gato le va a ser difícil deshabituarse a comer esas croquetas.*
deshacer *t.* Destruir algo. *El pastel se deshizo cuando se cayó al suelo.* || Derretir. *Con el calor, el helado se deshace.* || Dejar de tener vigencia. *El contrato se deshará por mutuo acuerdo.* || Tener ganas de hacer algo. *Se deshacía por atender a sus invitados.* || Derrotar por completo. *Quedó deshecha la retaguardia de los independentistas.* || Asesinar a alguien. *El gánster se deshizo de sus enemigos por la vía rápida.*
desharrapado, da *adj.* y *s.* Que lleva la ropa llena de harapos.
deshebrar *t.* Sacar las hebras de una tela || Hacer tiras delgadas de una cosa. *Cocina la carne, deshébrala y agrégale salsa verde.*
deshechizar *t.* Deshacer o neutralizar un hechizo.
deshecho, cha *adj.* Que está muy cansado. *Quedé deshecho después de bañar a los perros.* || *Amér. Merid.* Desaliñado, desarreglado. *Sobre la cama deshecha yacía el cadáver.*
deshelar *intr.* Aplicar calor a lo que está congelado para que se derrita.
desherbar *t.* Quitar las hierbas.
desheredado, da *adj.* y *s.* Que no tiene lo necesario para vivir. *Un día los desheredados se levantarán para reclamar sus derechos.* || Que no le correspondió nada de una herencia. *La tía solterona dejó desheredadas a todas sus sobrinas casadas.*
desheredar *t.* Dejar a alguien fuera de una herencia.
deshidratación *s. f.* Pérdida de agua de una cosa o persona. *El método de deshidratación más común es dejar al sol lo que se desea deshidratar.*
deshidratado, da *adj.* Que no tiene agua. *Los náufragos estaban tan deshidratados que ya no podían ni hablar.* || *s. m.* Deshidratación. *El*

D

deshidratado reduce la humedad de las frutas.
deshidratador, ra *adj.* Que deshidrata. *La sal funciona como agente deshidratador.*
deshidratante *adj.* y *s.* Que deshidrata. || Sustancia que elimina el agua.
deshidratar *t.* Hacer que una sustancia o ser vivo pierda agua.
deshielo *s. m.* Acción y resultado de deshelar. || Época en que suele fundirse el hielo en un lugar.
deshilachado, da *adj.* Que está raído por el uso y le cuelgan hilachas.
deshilachar *t.* Deshilar una tela por los bordes. *Para hacer los mantelitos, los deshilacharé primero.* || Quedar inservible una tela por la pérdida de hilos.
deshilado, da *adj.* Que van unos atrás de otros. || *s. m.* Labor que implica sacar hilos de una tela, dejando huecos que después se unen para formar determinadas figuras.
deshilar *t.* Sacar hilos en el borde de una tela para hacer flecos. || Sacar hilos de una tela para hacer la labor de deshilado. || Hacer hilos o hebras de algo. *Deshilar la pechuga o la carne y luego agregar los demás ingredientes.*
deshilvanado, da *adj.* Que no tiene hilván. || *fig.* Que no tiene conexión. *Dio un discurso tan deshilvanado que la gente quedó más confundida que antes.*
deshilvanar *t.* Quitar los hilvanes.
deshojado, da *adj.* Dicho de una planta, que ha perdido sus hojas o pétalos. || Dicho de un libro o cuaderno, que ha perdido páginas.
deshojar *t.* y *pr.* Quitar las hojas de una planta o los pétalos de una flor. *Deshojaba margaritas para saber si era correspondido.* || Quitar las hojas de un libro. *El libro se deshojó por la mala encuadernación.*
deshollinador, ra *adj.* y *s.* Persona que tiene por oficio deshollinar chimeneas. || *s. m.* Instrumento para deshollinar chimeneas y techos altos.
deshollinar *t.* Quitar el hollín que recubre las chimeneas.
deshonestidad *s. f.* Falta de honestidad. *Al mentir en el juicio actuó con deshonestidad.*
deshonesto, ta *adj.* Falto de honestidad, inmoral.
deshonor *s. m.* Pérdida del honor. || Ofensa.
deshonorar *t.* Quitar el honor. || Quitar la dignidad o el cargo a alguien.
deshonra *s. f.* Pérdida de la honra. || Cosa deshonrosa.
deshonrado, da *adj.* Que ha perdido la honra.
deshonrar *t.* Quitar el honor. *Con ese desfalco, deshonró a toda la familia.* || Violar a una mujer.
deshonroso, sa *adj.* Que mancha la dignidad o la reputación de una persona.
deshora *s. f.* Tiempo poco conveniente. || *loc.* ***A deshora:*** a destiempo. *Pagó el recibo a deshora y lo multaron.*
deshuesado, da *adj.* Que se le quitaron los huesos. *El pollo deshuesado y relleno es un plato laborioso.* || Que se le quitó el hueso o el carozo a la fruta. *Los duraznos deshuesados y cocidos con agua y azúcar se llaman «en almíbar».* || Acción y resultado de deshuesar.
deshuesar *t.* Quitar los huesos de un animal o una fruta.
deshumanización *s. f.* Disminución o pérdida de las características humanas. || Acción y resultado de deshumanizar.
deshumanizado, da *adj.* Que carece de humanidad, que es cruel, sin sentimientos. *El trato deshumanizado que recibían los esclavos no debe repetirse.*
deshumanizar *t.* Dejar a alguien o a algo sin sus características humanas. || *fig.* Perder alguien sus sentimientos.
deshumano, na *adj.* Que no tiene humanidad.
desiderativo, va *adj.* Que expresa deseo. *«Desearía verte feliz» es una oración desiderativa.*
desidia *s. f.* Falta de ganas de hacer algo. *Sólo por desidia no pagó los impuestos.*
desidioso, sa *adj.* Que muestra falta de ganas de hacer algo.
desierto, ta *adj.* Que no tiene gente. || Que no tiene ganador. *Declararon desierto el concurso de cuento.* || *s. m.* Región donde casi no llueve y hay poca vegetación y pocos animales. || *loc. fam.* ***Predicar en el desierto:*** tratar de convencer a alguien muy renuente.
designación *s. f.* Acción y resultado de designar. || Elección de alguien para un cargo. || Nombre con que se designa una cosa.
designado, da *adj.* Que ha sido nombrado para ejercer algún cargo.
designar *t.* Elegir a una persona para que ocupe un cargo. *Lo designaron para el cargo sin tener los méritos necesarios.* || Indicar el lugar o el momento preciso para que ocurra algo. *Mañana designarán la sede de los próximos Juegos Olímpicos.* || Llamar a una cosa con una palabra, un signo, etc. *La palabra «calamidad» designa una situación de emergencia.*
designio *s. m.* Intención o plan para realizar una cosa.
desigual *adj.* Que no es igual. *La calidad de la materia prima es desigual según el país de proveniencia.* || Que su superficie no es lisa. *La calle estaba tan desigual que todo el mundo se tropezaba.* || Que es voluble, que no es parejo en su carácter. *Un día está contento y el otro enojado, tiene un carácter muy desigual.* || Que implica falta de justicia. *Por ser pobres recibieron un trato desigual en el restaurante.*
desigualar *t.* Hacer que dos cosas o personas dejen de ser iguales. || *pr.* Adelantarse, aventajarse.
desigualdad *s. f.* Falta de igualdad entre personas o entre cosas. *La desigualdad entre los seres humanos, en razón de su raza, no debería existir.*
desilusión *s. f.* Sentimiento negativo que se experimenta cuando la realidad no corresponde a nuestras ilusiones.
desilusionado, da *adj.* Que ha sufrido una desilusión.
desilusionante *adj.* Que produce desilusión.
desilusionar Hacer que alguien pierda una ilusión. || *pr.* Desengañarse.
desincentivación *s. f.* Quitar el incentivo para hacer algo. *La falta de subsidios es una desincentivación fuerte para abandonar el campo.* || Acción y resultado de desincentivar.
desincentivador, ra *adj.* Que quita los incentivos, que desanima.
desincentivar *t.* Quitar los incentivos.
desincorporar *t.* Quitar la incorporación. *Por no cumplir los requisitos, desincorporaron la escuela.*
desindustrializar *t.* y *pr.* Quitar su carácter industrial a una actividad o territorio.
desinencia *s. f.* Letra o conjunto de letras que se agregan al final de una palabra para indicar diferentes funciones gramaticales. *La terminación «-ar» es la desinencia del infinitivo de los verbos de la primera conjugación.*
desinencial *adj.* Que se relaciona con la desinencia.
desinfección *s. f.* Eliminación de gérmenes, bacterias y virus que pueden ser nocivos para la salud.
desinfectado, da *adj.* Que ha sido sometido a una desinfección.
desinfectante *adj.* y *s. m.* Que sirve para desinfectar. *Ponle desinfectante al agua.*
desinfectar *t.* y *pr.* Eliminar o neutralizar gérmenes, bacterias o virus que pueden provocar una infección.
desinficionar *t.* y *pr.* Desinfectar.
desinflado, da *adj.* Que ha perdido el aire o gas que contenía. || *fig.* Desanimado.
desinflamar *t.* y *pr.* Quitar o bajar una inflamación. *Con una bolsa de hielo desinflamarán la hinchazón de la pierna.*
desinflar *t.* Sacar el aire de una parte del cuerpo o de un objeto. *Al silbar inflarás y desinflarás las mejillas.* || *pr.* Desanimarse. *Después del tango que armó, se desinfló por completo.*
desinformación *s. f.* Acción y resultado de desinformar. || Falta de infor-

mación. *La desinformación en temas sexuales propicia los embarazos de adolescentes.*
desinformado, da *adj.* Que no está bien informado.
desinformar *t.* Distorsionar, alterar o manipular la información. *Los malos periodistas desinforman en lugar de informar.* || Omitir información.
desinhibición *s. f.* Carencia o pérdida de la inhibición.
desinhibido, da *adj.* Que no tiene inhibición.
desinhibir *t.* y *pr.* Lograr que alguien deje a un lado sus inhibiciones y actúe con espontaneidad.
desintegración *s. f.* Acción y resultado de desintegrar. *La desintegración de la familia es uno de los subproductos de las migraciones.*
desintegrado, da adj. Que tiene los elementos o partes que lo conformaban separados entre sí.
desintegrar *t.* y *pr.* Separar los elementos de un todo. || Destruir completamente. *En la película, con un rayo láser desintegraron una ciudad entera.* || Perder cohesión.
desinterés *s. m.* Falta de interés en hacer algo. || Voluntad de ayudar sin obtener beneficios a cambio.
desinteresado, da *adj.* Que no busca el interés o el beneficio propios.
desinteresarse *pr.* Perder el interés o el entusiasmo por algo o por alguien.
desintoxicación *s. f.* Eliminación en una persona de una sustancia nociva. *El tratamiento de desintoxicación llevará varios meses.*
desintoxicar *t.* Eliminar del organismo una sustancia peligrosa o que produce adicción. || *fig.* Llevar a cabo una actividad diferente para quitarse de encima las preocupaciones o un trabajo muy estresante. *Me desintoxiqué la mente con ayuda de la meditación.*
desistimiento *s. m.* Acción y resultado de desistir. *Ayer se presentó el desistimiento de la acción legal contra el gobernador.*
desistir *intr.* Abandonar una acción que se estaba llevando a cabo. *Desistieron de la búsqueda cuando llegó la noche.* || En derecho, renunciar a un derecho o a seguir una acción judicial. *Desistió de la denuncia porque lo amenazaron.*
deslavado, da *adj.* Sin color. *Los pantalones de mezclilla deslavados están de nuevo de moda.* || *Esp.* Descarado.
deslavadura *s. f.* Acción y resultado de deslavar.
deslavamiento *s. m. ant. Esp.* Descaro.
deslavar[1] *t.* Lavar por encima. || Quitarle el color a algo.
deslavar[2] *t.* y *pr. Méx.* Desprenderse la tierra de un cerro por culpa de la lluvia.
deslave *s. m. Méx.* Acción y resultado de deslavar. || Tierra que se desprendió.
desleal *adj.* y *s. com.* Que traiciona o es deshonesto. *El ejecutivo desleal se dejó sobornar.*
deslealtad *s. f.* Falta de lealtad. *Actuó con deslealtad porque contó lo que hacían sus amigos.*
deslegalizar *t.* Quitar la legalidad.
deslegitimar *t.* Quitar la legitimidad. *El diputado deslegitimó las palabras de su oponente con argumentos sólidos.*
desleír *t.* Disolver algo en un líquido. *En la receta se indica que hay que desleír el azúcar con leche.*
deslenguado, da *adj.* Que habla con descaro y sin respeto.
deslenguar *t.* Arrancar o cortar la lengua. || *pr.* Desbocarse.
desliar *t.* y *pr.* Desatar o deshacer un lío.
desligado, da *adj.* Suelto, separado. || Independiente de algo, ajeno a ello.
desligar *t.* y *pr.* Desatar las ligaduras. || Separar, independizarse. || En derecho, dispensar de una obligación.
deslindar *t.* Marcar con claridad los límites de un terreno. || Aclarar los límites de responsabilidad, alcance, etc., de una dependencia de gobierno, de un departamento en una empresa privada. || Aclarar lo que está confuso.
deslinde *s. m.* Determinación de los límites de algo. *El topógrafo ayudó con el deslinde.*
desliz *s. m.* Error pequeño. || Infidelidad.
deslizable *adj.* Que se puede deslizar. *En esa casa todas las puertas eran deslizables.*
deslizamiento *s. m.* Acción y resultado de deslizar o deslizarse. *El deslizamiento de la patinadora fue perfecto.* || Desprendimiento de tierra y rocas de la ladera de una montaña. *Otro deslizamiento y el pueblo desaparece.*
deslizante *adj.* Que permite deslizar.
deslizar *t.* Mover suavemente una cosa sobre una superficie. *Deslizó el trapo sobre la mesa de formica.* || Introducir con disimulo en un discurso, escrito o conversación palabras intencionadas. *En el artículo deslizó varias críticas contra el sistema.* || Meter con disimulo algo en algún sitio. *El amante deslizará una carta por debajo de la puerta del cuarto de su amada.* || *pr.* Moverse suavemente sobre una superficie. *Le encanta deslizarse sobre el piso encerado.* || Moverse con disimulo. *¿Quieres que me deslice por atrás del escenario para escapar?* || Resbalarse algo. *El jarrón se deslizó entre sus dedos.*
deslomar *t.* Lastimar el lomo de un animal. || *pr.* Trabajar mucho.
deslucido, da *adj.* Sin brillo, gastado, maltratado. *Los muebles de la sala se veían deslucidos.*
deslucimiento *s. m.* Falta de lucimiento.
deslucir *t.* y *pr.* Quitar el brillo a algo. || No sacar provecho de una situación. *El discurso deslució porque el orador lo leyó con voz monótona.*
deslumbrado, da *adj.* Cegado momentáneamente por el exceso de luz. || Impresionado fuertemente por algo.
deslumbrador, ra *adj.* Que deslumbra. *Su sonrisa deslumbradora le iluminaba el rostro.*
deslumbramiento *s. m.* Alteración de la vista por efecto de una luz fuerte o repentina. || Alteración de los sentimientos o del razonamiento por una impresión fuerte. *Esa mujer le produjo un deslumbramiento tal que abrió la boca como bobo.*
deslumbrante *adj.* Que es tan brillante que afecta la vista. || Que es tan hermoso que provoca admiración.
deslumbrar *t.* Afectar la vista con una luz muy intensa. || Impresionar mucho a alguien.
desmadejado, da *adj.* Que se siente débil.
desmadejamiento *s. m.* Debilidad del cuerpo.
desmadejar *t.* y *pr.* Quedar el cuerpo débil, sin fuerzas. *La heroína romántica se desmadejó en brazos de su madre.*
desmadrado, da *adj.* Abandonado por la madre. *El perrito desmadrado aceptó las caricias del niño.* || *fam.* Sin control. *Ese grupo está muy desmadrado.*
desmadrar *t.* Destetar a un animal. || Salirse de su cauce un río, un arroyo, etc. || Salirse de control alguien. || *Méx.* Lastimar.
desmadre *s. f.* Acción y resultado de desmadrar. || *Méx.* Desorden, desgobierno, relajo.
desmagnetizar *t.* Perder algo la imantación, o hacer que la pierda.
desmalezar *t. Amér.* Quitar la maleza. *El jardinero desmaleza el jardín cada ocho días.*
desmán[1] *s. m.* Exceso, atropello. *Hicieron tantos desmanes que suspendieron el concierto.*
desmán[2] *s. m.* Mamífero de la familia de los topos, también llamado ratón almizclero o almizclera.
desmanchar[1] *t.* Quitar las manchas.
desmanchar[2] *intr.* y *pr. Amér.* Salir corriendo.
desmandado, da *adj.* Que no obedece.
desmantelado, da *adj.* Que se abandonó y se dejó sin muebles. *Cuando huyeron de la guerra desmantelaron la casa.*
desmantelamiento *s. m.* Desmontaje o vaciamiento de una construcción. *El desmantelamiento de las murallas comenzó después de la independencia.* || Liquidación o desarticulación de

una organización, actividad, empresa. *El director general de la compañía fue el responsable de su desmantelamiento.*
desmantelar *t.* Tirar abajo una construcción. || Desarticular una organización delictiva. *Las autoridades desmantelaron una red de pornografía.* || Destruir algo inmaterial. *No pudo desmantelar los planes de boda de su ex.*
desmañado, da *adj.* Que no tiene maña o habilidad.
desmaquillar *t.* y *pr.* Quitar o quitarse el maquillaje. *Desmaquillarme se ha convertido en un ritual que toma demasiado tiempo.*
desmarcar *t.* Quitar una marca. || En deportes, burlar o eludir al contrario. *«Me desmarqué rápido, pero preferí dar el pase de gol», declaró el «crack».*
desmayado, da *adj.* De color pálido. || Lánguido, sin fuerzas.
desmayar *t.* Hacer perder el sentido. *Con el primer golpe, desmayó a su oponente.* || Perder el ánimo. *¡No desmayes, sigue adelante!* || *pr.* Perder el sentido. *Todos los que iban en el vagón se desmayaron con el gas.*
desmayo *s. m.* Pérdida momentánea del conocimiento. || Decaimiento de las fuerzas, desánimo.
desmedido, da *adj.* Que no tiene medida o que la excede.
desmedirse *pr.* Excederse.
desmejora *s. f.* Deterioro de la salud de alguien.
desmejoramiento *s. m.* Acción y resultado de desmejorar.
desmejorar *t.* Hacer que algo pierda brillo o calidad. || *intr.* y *pr.* Perder la salud.
desmelenado, da *adj.* Con el cabello en desorden, desgreñado.
desmelenar *t.* Desordenar el cabello. || Perder los estribos. || Perderse por una pasión.
desmembrado, da *adj.* Dividido en sus miembros. || Separado.
desmembramiento *s. m.* Acción y resultado de desmembrar. *En la Antigüedad se usaba el desmembramiento como pena capital.*
desmembrar *t.* Dividir o separar un cuerpo en sus miembros. || Separar las partes de un organismo o institución.
desmemoria *s. f.* Falta de memoria.
desmemoriado, da *adj.* Que no tiene o perdió la memoria.
desmentido *s. m.* Acción y efecto de desmentir o negar la veracidad de algo. || Comunicado en que públicamente se desmiente algo.
desmentido, da *adj. Ecua.* Dislocado. *Traigo desmentido el tobillo.*
desmentir *t.* Decir a alguien que miente. || Sostener la falsedad de lo hecho o dicho por otro. || Disimular o desvanecer algo para que no se conozca. || Proceder una persona de modo distinto al esperable por su nacimiento, educación o estado.
desmenuzamiento *s. m.* Acción y efecto de desmenuzar.
desmenuzar *t.* e *intr.* Deshacer, desbaratar algo separándolo en partes muy pequeñas. || Analizar y examinar detalladamente algo.
desmerecedor, ra *adj.* Que desmerece algo o es indigno de ello.
desmerecer *t.* Hacer indigno de premio, aprecio o alabanza. || *intr.* Perder una cosa parte de su valor o mérito. || Ser una cosa inferior a otra con la que se compara.
desmerecimiento *s. m.* Demérito. || Acción y efecto de desmerecer.
desmesura *s. f.* Falta de mesura, descomedimiento.
desmesurado, da *adj.* Excesivo, enorme, mayor de lo común. || Desordenado, insolente, atrevido.
desmesurar *t.* Descomponer, desordenar, desarreglar. || *pr.* Excederse, insolentarse, descomedirse.
desmigajar *t.* Reducir algo a migajas, hacerlo boronas, dividirlo en fracciones muy pequeñas.
desmigar *t.* Quitar la miga al pan. || Desmigajar, hacer migajas.
desmilitarización *s. f.* Acción y efecto de desmilitarizar.
desmilitarizar *t.* Suprimir el carácter o la organización militar de una colectividad. || Reducir o cancelar la sujeción a la disciplina militar. || Retirar tropas e instalaciones militares de un territorio, según un acuerdo internacional.
desmineralización *s. f.* En medicina, pérdida anormal de los minerales que requiere el organismo para su funcionamiento, debido a lo cual éste presenta una disminución en los índices de sodio, potasio, calcio, hierro o cualquier otro de los indispensables.
desmineralizar *t.* y *pron.* Sustraer, para eliminarlos, los minerales que contiene algo.
desmirriado, da *adj. fam.* Esmirriado, flaco, delgaducho.
desmitificación *s. f.* Acción y efecto de desmitificar. || Proceso por el cual se analiza un mito y se encuentran sus elementos racionales o comprobables.
desmitificador, ra *adj.* Que desmitifica.
desmitificar *t.* Privar de atributos míticos a personajes y sucesos cuya base histórica o racional se destaca y sustituye al mito.
desmochar *t.* Quitar, cortar o arrancar la parte superior de algo, dejándolo mocho. *Vamos a desmochar el árbol para que no se enrede con los cables de luz.* || Cortar una parte de una obra artística, sobre todo literaria.
desmoche *s. f.* Acción y efecto de desmochar. || *fam.* Serie simultánea y numerosa de despidos y cesantías, denominadas recortes de personal.
desmoldar *t.* Sacar algo del molde.
desmonetizar *t.* Abolir el empleo de un metal para acuñar moneda. || Suprimir el dinero circulante en el mercado. || *Arg. Py.* y *P. Rico* Depreciar la moneda y reducir su circulación.
desmontable[1] *adj.* y *s. com.* Que se puede desmontar o desarmar.
desmontable[2] *s. m.* Herramienta en forma de barra con un extremo aplastado para hacer palanca, que se emplea para desmontar las llantas de las ruedas.
desmontado *s. m.* Soldado de caballería al que aún no se le ha asignado una montura.
desmontaje *s. m.* Acción y efecto de desmontar un arma de fuego.
desmontar[1] *t.* Talar los árboles y cortar las matas de un terreno silvestre para dedicarlo al cultivo o a la construcción. *Desmontaron la selva y la erosión destruyó el suelo.* || Rebajar un terreno, achatarlo o aplanarlo.
desmontar[2] *t.* Desarmar, separar las piezas de un objeto compuesto de ellas. || Separar los elementos de un razonamiento, discurso o sistema intelectual mediante el análisis para su mejor estudio. || Deshacer un edificio separando los elementos de su estructura. || Tirar del caballo al jinete. || Quitar la cabalgadura, o no darla, a quien le corresponde tenerla. || En algunas armas de fuego, colocar el mecanismo del disparador o gatillo de modo que no funcione. || *intr.* y *pr.* Bajar del caballo o de otro medio de transporte.
desmonte *s. m.* Acción y efecto de desmontar un terreno. || Porción desmontada de terreno. || *Amér.* Mineral pobre o escoria amontonado junto a la boca de una mina.
desmoralización *s. f.* Acción y efecto de desmoralizar.
desmoralizador, ra *adj.* y *s.* Que desmoraliza.
desmoralizante *adj.* Que desmoraliza.
desmoralizar *t.* y *pr.* Depravar las costumbres con malos ejemplos o con la difusión de ideas nocivas. || Desalentar, restar ánimos. *La resistencia enemiga desmoralizó al ejército.*
desmoronamiento *s. m.* Acción y efecto de desmoronar o desmoronarse.
desmoronar *t.* y *pr.* Arruinar o deshacer paulatinamente las edificaciones. || Desbaratar o reducir a porciones mínimas sustancias que estaban cohesionadas. || Sufrir una persona una profunda depresión o un colapso nervioso. || Decaer, venir a menos. *Todos los imperios acaban desmoronándose.*
desmotivación *s. f.* Pérdida o falta de motivación.
desmotivar *t.* Desalentar, quitar o demeritar la motivación.

desmovilización *s. f.* Acción y efecto de desmovilizar.
desmovilizar *t.* Licenciar a las tropas movilizadas. || Evitar la movilización de una organización, marcha, protesta, manifestación.
desnacionalización *s. f.* Acción y efecto de desnacionalizar.
desnacionalizar *t.* Quitar el carácter nacional a una industria, empresa, proyecto, etc., al integrarles elementos extranjeros. || Privar de su nacionalidad a alguien que la había adquirido por medios legales. || Privatizar, vender empresas nacionales a particulares.
desnatar *t.* Retirar la nata a la leche o a otro líquido que la produzca. || Escoger lo mejor de algo. || En metalurgia, quitar la escoria que sobrenada en el metal fundido al sacarlo del horno o del crisol.
desnaturalización *s. f.* Acción y efecto de desnaturalizar.
desnaturalizado, da *adj.* y *s.* Que no cumple con las obligaciones que la naturaleza impone a las personas por razón de su parentesco, como entre padres e hijos, entre hermanos.
desnaturalizar *t.* Alterar o corromper las condiciones o cualidades de algo. || Degradar una sustancia como el vino o el aceite de manera que ya no sea apta para el consumo humano.
desnivel *s. m.* Falta de nivel. || Diferencia de altura entre dos o más puntos de un mismo plano. || *loc.* ***Paso a desnivel:*** paso elevado o hundido con respecto al nivel general de la avenida.
desnivelar *t.* y *pr.* Alterar el nivel existente entre dos o más cosas. || Desequilibrar, hacer perder el balance.
desnucamiento *s. m.* Acción y efecto de desnucar o desnucarse.
desnucar *t.* y *pr.* Sacar de su lugar o romper los huesos de la nuca. || Matar mediante un golpe en la nuca.
desnuclearización *s. f.* Supresión de las armas y las instalaciones nucleares en un territorio.
desnuclearizado, da *adj.* Carente o desprovisto de arsenal nuclear.
desnuclearizar *t.* y *pr.* Desposeer de armas o instalaciones nucleares un territorio o país. || Eliminar los componentes nucleares de un arsenal o de un misil.
desnudar *t.* y *pr.* Quitar del cuerpo la vestimenta o parte de ella. || Despojar algo de lo que lo cubre o envuelve. || Desvalijar, robar, desplumar a alguien. || Desprenderse o apartarse de algo. *Desnudarse de prejuicios, de vicios y pasiones.*
desnudez *s. f.* Cualidad o condición de desnudo.
desnudismo *s. m.* Nudismo, doctrina que propugna la desnudez total como vía para alcanzar una vida saludable en lo físico y lo moral.
desnudista *adj.* y *s. com.* Nudista, practicante del nudismo.
desnudo, da *adj.* Sin ropa o vestido. || Mal vestido y con indecencia. || Falto de lo que cubre o adorna. || En la miseria, sin recursos. || Sin embozo, al descubierto, patente. *Me dijo la verdad desnuda.* || *s. m.* En las artes plásticas, figura humana sin ropa o muy poco cubierta. *En la Capilla Sixtina hay numerosos desnudos pintados por Miguel Ángel.*
desnutrición *s. f.* Estado anormal del organismo por falta de comida o por una dieta carente de nutrientes.
desnutrido, da *adj.* Mal alimentado, enflaquecido.
desnutrir *t.* y *pr.* Provocar desnutrición. || Perder el organismo sustancias que requiere para funcionar.
desnutrirse *pr.* Empobrecerse un organismo por trastorno de la nutrición.
desobedecer *t.* No hacer lo ordenado por la ley o lo mandado por persona que tiene autoridad para ello.
desobediencia *s. f.* Acción y efecto de desobedecer. || *loc.* ***Desobediencia civil:*** resistencia no violenta por parte de los ciudadanos a las exigencias o normas del gobierno.
desobediente *adj.* y *s. com.* Que no obedece. || Inclinado o propenso a desobedecer.
desobligado, da *adj.* y *s.* Que no cumple con sus obligaciones.
desobligar *t.* Liberar a alguien de sus obligaciones. || *intr. Ecua.* Perder el aprecio o gusto por algo o alguien, decepcionarse.
desobstrucción *s. f.* Acción y efecto de desobstruir.
desobstruir *t.* Remover la obstrucción. || Despejar los obstáculos.
desocupación *s. f.* Acción y efecto de desocupar. || Ociosidad, falta de ocupación. || Desempleo laboral.
desocupado, da *adj.* y *s.* Sin ocupación, ocioso, libre. || Vacío, despejado de personas o cosas. || Desempleado, parado.
desocupar *t.* Dejar un lugar vacío, sacarle el contenido. || Retirarse un ejército o fuerza armada del territorio extranjero que ocupaba. || *pr.* Liberarse de una ocupación, encargo o negocio.
desodorante *adj.* y *s. m.* Que elimina los malos olores. || Producto a base de sustancias aromáticas para suprimir o encubrir el olor corporal o el de las habitaciones.
desodorizante *adj.* y *s. com.* Que desodoriza.
desodorizar *t.* Eliminar malos olores por medio de sustancias aromatizantes.
desoír *t.* Desatender, no tomar en consideración. *No desoigas los buenos consejos.*
desolación *s. f.* Acción y efecto de desolar o desolarse.
desolado, da *adj.* Desierto, inhóspito. || Muy afligido, desconsolado.
desolador, ra *adj.* Asolador. || Que provoca extrema aflicción o dolor.
desolar *t.* Asolar, arrasar, destruir un lugar, un poblado, un país. || Causar gran pena o aflicción a alguien. || *pr.* Afligirse, angustiarse en extremo.
desoldar *t.* y *pr.* Quitar o romper la soldadura.
desollado, da *adj.* y *s. ant.* Sinvergüenza, descarado.
desollar *t.* Arrancar la piel del cuerpo o de alguna de sus partes. || Causar perjuicio grave a una persona, ya sea físico, económico o moral. || *loc.* ***Desollar vivo a alguien:*** sacarle más dinero del justo.
desopilante *adj.* y *s. com.* Divertido, festivo, que hace reír.
desopilar *t.* Quitar una obstrucción en los conductos del cuerpo.
desorbitado, da *adj.* Sacado de su órbita. || Exagerado, fuera de proporción. *Compró un sombrero a un precio desorbitado.* || Dicho de los ojos, como si fueran a salirse de sus órbitas, ya sea por asombro, admiración, dolor o espanto.
desorbitar *t.* Sacar un cuerpo de su órbita. || Exagerar, abultar, exaltar en exceso.
desorden *s. m.* Confusión, alteración del orden. || Perturbación de la disciplina de un grupo de personas. || Disturbio, alteración de la paz pública. || Exceso o abuso en un comportamiento. *Comes con mucho desorden.* || Trastorno en el funcionamiento de algún órgano, aparato o sistema. *El pobre Juan padece un desorden hepático.*
desordenado, da *adj.* y *s.* Que no tiene o sigue un orden. || Que no se ajusta a la ley o a la moral. || Que no actúa con disciplina o método ni cuida de sus cosas.
desordenar *t.* Perturbar, alterar o confundir el orden. || *pr.* Desmandarse, excederse, salirse de la norma o regla.
desorejado, da *adj.* y *s.* Sin orejas. || Desvergonzado, desfachatado. || Irresponsable, desenfrenado.
desorejar *t.* Cortar las orejas a alguien o a un animal.
desorganización *s. f.* Acción y efecto de desorganizar. || Falta de organización.
desorganizado, da *adj.* Sin organización, sin orden.
desorganizar *t.* y *pr.* Destruir el orden y las conexiones entre los elementos de un todo.
desorientación *s. f.* Acción y efecto de desorientar. || Falta de orientación.
desorientado, da *adj.* Mal orientado. || Confuso, ofuscado.
desorientar *t.* y *pr.* Hacer que alguien pierda la orientación, o perderla uno mismo, sin poder ubicarse geográfi-

ca o topográficamente. || Confundir, extraviar.
desosar *t.* Deshuesar, quitar los huesos.
desovar *t.* Soltar sus huevecillos o huevas las hembras de peces y batracios.
desove *s. m.* Acción y efecto de desovar. || Época en que desovan las hembras de peces y batracios.
desoxidación *s. f.* Acción y efecto de desoxidar.
desoxidante *adj.* y *s. m.* Que desoxida o sirve para ello. || Removedor de óxido.
desoxidar *t.* Limpiar y retirar de un metal el óxido que se le ha formado. || *pr. fam.* y *fig.* Refrescar los conocimientos adquiridos hace tiempo mediante el estudio o la práctica.
desoxigenación *s. f.* Acción y efecto de desoxigenar.
desoxigenar *t.* y *pr.* Retirar el oxígeno de una sustancia en la cual estaba mezclado o combinado.
desoxirribonucleico *adj.* y *s. m.* Se dice del ácido constituido por un biopolímero, cada una de sus unidades es un desoxirribonucleótido y constituye el material genético de la célula, contiene en su secuencia la información para la síntesis de proteínas.
desoxirribonucleótido *s. m.* Nucleótido cuyo azúcar constitutivo es la desoxirribosa.
despabilado, da *adj.* y *s.* Se dice de la vela sin pabilo o sin la pavesa de éste. || Espabilado, despierto, listo.
despabilar *t.* Espabilar, quitar el pabilo quemado a una vela. || Despachar con rapidez un asunto, tarea o encargo.
despachador, ra *adj.* y *s.* Que despacha.
despachar *t.* Abreviar y concluir un negocio o una tarea. || Tratar o resolver un asunto. || Enviar a alguien con un recado o encargo. || Mandar algo a alguna parte. *Despachar una carta, despachar un paquete.* || Vender una mercancía. *Despácheme un kilo de frijol.* || Despedir o alejar a alguien. *La novia lo despachó con malos modos.* || Atender a un cliente. || *pr. Méx.* Matar a alguien. || *Cub.* Disponer de algo sin tener autorización. *Se despachó mi café sin avisarme.*
despacho *s. m.* Acción y efecto de despachar. || Local destinado al estudio o al ejercicio de una profesión. || Mobiliario de dicho local. || Tienda o parte del establecimiento donde se realiza la venta de mercancías. || Comunicación escrita entre un gobierno y su embajador en un país extranjero.
despachurrar *t.* y *pr. fam.* Apachurrar, aplastar algo desbaratándolo. || Estropear un relato o un chiste por torpeza de quien los cuenta.
despacio *adv.* Lentamente, sin prisa, poco a poco. || Por mucho tiempo.
despacioso, sa *adj.* Lento, pausado.
despampanante *adj.* y *s. com.* Asombroso, pasmoso, impresionante, llamativo por su buena presencia.
despanzurrar *t.* y *pr. fam.* Romper la panza de un recipiente o de una persona. || Reventar algo por exceso de contenido, esparciéndose el relleno. *Se despanzurró la almohada y volaron las plumas.*
desparasitar t. y pr. Eliminar los parásitos del organismo al que están dañando.
desparpajo *s. m.* Facilidad y desenvoltura para hablar o para actuar.
desparramado, da *adj.* Esparcido sobre una superficie. || Disperso.
desparramamiento *s. m.* Acción y efecto de desparramar o desparramarse.
desparramar *t.* Esparcir, extender y separar lo que estaba junto. || Verter un líquido y dejar que se derrame por la boca del recipiente. || Malgastar los bienes, malbaratarlos, disiparlos. || *Arg. Méx. Py.* y *P. Rico* Divulgar una noticia, hacer correr un rumor.
desparramo *s. m. Amér.* Acción y efecto de desparramar. || *fam.* Desbarajuste, desorden, batahola.
despatarrado, da *adj.* fam. Con las piernas muy abiertas.
despatarrar *t.* y *pr.* Abrir uno o a otra persona exageradamente las piernas. || Llenar de miedo o susto a alguien. *Quedar o dejar despatarrado.*
despatarrarse *pr. fam.* Caer con las piernas muy abiertas, o abrirlas mucho al sentarse.
despavorido, da *adj.* Lleno de pavor. *Al ver mi pistola, el ladrón huyó despavorido.*
despavorir *t. def.* Causar pavor o gran miedo.
despechado, da *adj.* y *s.* Que sufre despecho o actúa por despecho.
despechar[1] *t.* y *pr.* Causar u ocasionar despecho a alguien.
despechar[2] *t.* Destetar a un niño.
despecho *s. m.* Sentimiento de aversión hacia alguien, que surge a causa de los desengaños o desdenes sufridos por su causa.
despechugar *t.* y *pr.* Quitar la pechuga a un ave para cocinarla. || Descubrir o descubrirse el pecho para mostrarlo.
despectivo, va *adj.* Despreciativo, que expresa o contiene desprecio. || Se dice de la palabra o del sufijo que manifiesta idea de menosprecio. *carcacha, libraco, tilico, casucha, poblacho, vejete, enanillo.*
despedazado, da *adj.* Roto en pedazos.
despedazar *t.* y *pr.* Hacer o hacerse pedazos un cuerpo. || Destruir algo no material. *Despedazar el buen nombre, despedazar una teoría.*
despedida *s. f.* Acción y efecto de despedir a alguien o despedirse uno. || En algunos cantos populares, como el corrido y el romance, copla final en que el cantor (o el autor) se despide.
despedido, da *adj.* Arrojado o expelido con fuerza. || Depuesto, privado de su empleo.
despedir *t.* Arrojar, aventar, lanzar algo. || Difundir o esparcir. *Despedir rayos de luz, despedir un aroma.* || Apartar de uno algo no material. || Privar a alguien de su empleo o cargo, prescindir de sus servicios. || Acompañar hasta la puerta o un trecho del camino a quien se va de una casa o de un pueblo. || *pr.* Decir expresiones de afecto y cortesía al separarse de alguien. || Renunciar a la expectativa de tener algo o alcanzar algo de alguien. *Se despidió de sus ilusiones de llegar a rico.*
despegar *t.* Desunir o desprender dos cosas que estaban pegadas. *No despegó los labios para decir palabra.* || Iniciar una actividad o una empresa después de prepararse para ello. *Ya despegó la nueva tienda de vinos.* || Separarse del suelo al irse elevando en el aire aviones, helicópteros y naves espaciales. || *pr.* Perder el apego o cariño que se tenía a algo o a alguien.
despego *s. m.* Desapego, falta de afecto.
despegue *s. m.* Acción y efecto de despegar un avión, helicóptero o nave espacial. || Acción y efecto de despegar una empresa, una iniciativa, campaña o actividad.
despeinado, da *adj.* Con el cabello en desorden o revuelto.
despeinar *t.* y *pr.* Deshacer el peinado. || Alborotar el pelo, desordenarlo. || *loc.* ***Sin despeinarse:*** con mucha facilidad, sin esforzarse.
despejado, da *adj.* Desenvuelto, sociable, listo en el trato social. || Inteligente, lúcido. || Espacioso, amplio, sin obstáculos. *Cielo despejado, plaza despejada.*
despejar *t.* Desocupar, vaciar un espacio. || Aclarar, eliminar lo que estorba o entorpece una situación. || En matemáticas, separar una incógnita de las variables y cantidades que la acompañan en una ecuación para poder calcular su valor y resolverla. || *intr.* Quedar el cielo libre de nubes. || *pr.* Mostrarse más desenvuelto y maduro en el trato social. || Deshacerse de una preocupación, carga o malestar, o salir un rato a descansar de ellos. *Voy a despejarme un rato, llevo estudiando toda la mañana.*
despeje *s. m.* Acción y efecto de despejar o alejar la pelota en juegos como el futbol.
despellejado, da *adj.* Sin la piel o sin parte de ella.
despellejadura *s. f.* Desolladura, pérdida de piel o pellejo en una zona del cuerpo.

despellejar *t.* y *pr.* Quitar la piel o el pellejo. || *fam.* y *fig.* Murmurar calumniosamente de alguien.
despelotarse *pr. fam.* Desnudarse, quitarse la ropa. || Desordenarse, alborotarse.
despelote *s. m. fam.* Acción y efecto de despelotarse.
despelucar *t.* y *pr. Amér.* Descomponer, despeluzar. || Desplumar, despojar mediante mañas a alguien de su dinero en juegos y loterías.
despenalización *s. f.* Acción y efecto de despenalizar.
despenalizar *t.* Dejar de considerar delito alguna conducta que estaba tipificada como tal. *Despenalizar el aborto, despenalizar la homosexualidad.*
despensa *s. f.* Lugar o mueble donde se guardan los víveres. || Provisión de comestibles. || Despensero, administrador de víveres de una comunidad o colectividad.
despensero, ra *s.* Persona que tiene a su cargo la administración de la despensa.
despeñadero *s. m.* Precipicio, barranco, sitio alto y escarpado desde donde es fácil despeñarse. || *fig.* Riesgo o peligro a que alguien se expone.
despeñadero, ra *adj.* Propicio para despeñar o despeñarse.
despeñar *t.* y *pr.* Precipitar o arrojar a alguien desde un sitio alto y escarpado; lanzarse uno mismo desde lugar semejante. || Entregarse uno a pasiones, vicios o delitos, sin reflexión ni tino.
despepitar[1] *t.* Quitar las pepitas de los frutos que las tienen, como melón, pepino, calabaza.
despepitar[2] *t.* y *pr.* Desembuchar, declarar algo que debía mantenerse confidencial o reservado. || Hablar y gritar con vehemencia y enfado. || Hablar u obrar precipitada y descomedidamente. || *fam.* Mostrar exagerada afición o gusto por algo. *Me despepito por los chocolates.*
desperdiciado, da *adj.* y *s.* Desperdiciador, que desperdicia.
desperdiciador, ra *adj.* y *s.* Que derrocha, desperdicia o malgasta.
desperdiciar *t.* Malgastar, emplear mal algo. *Desperdicias tu talento.* || Desaprovechar, dejar pasar una oportunidad. *Desperdiciar la ocasión de hacer amigos.*
desperdicio *s. m.* Derroche o gasto indebido de los bienes o de cualquier otra cosa. || Residuo o desecho no aprovechable o que se deja sin usar por descuido. || *loc.* ***No tener desperdicio:*** ser muy provechoso y útil.
desperdigado, da *adj.* Esparcido, disperso.
desperdigamiento *s. m.* Acción y efecto de desperdigar.
desperdigar *t.* y *pr.* Esparcir, desunir, separar. || Dispersar la atención o el interés, perder la concentración.
desperezarse *pr.* Estirar los miembros y todo el cuerpo para sacudirse la pereza o el entumecimiento.
desperezo *s. m.* Acción de desperezarse.
desperfecto *s. m.* Deterioro leve o superficial. || Defecto o falla que devalúa o demerita algo o a alguien.
despersonalización *s. f.* Acción y efecto de despersonalizar.
despersonalizar *t.* y *pr.* Hacer perder a alguien o quitarse uno mismo los atributos y caracteres que le dan identidad personal. || Quitar el carácter personal a un asunto, negocio o cuestión.
despertador *s. m.* Reloj dotado de alarma sonora que se ajusta a una hora para que suene al darla y despierte al usuario. || Aviso, estímulo, acicate que despierta y anima.
despertador, ra *adj.* y *s.* Que despierta a alguien o algo.
despertar[1] *t.* y *pr.* Interrumpir el sueño de quien duerme. || Recobrar la conciencia o los sentidos tras la anestesia. || Recordar algo ya olvidado. || Excitar, alentar. *Despertar la codicia, despertar el apetito.* || Volverse más experimentada, sagaz y cauta una persona que era simple o inexperta.
despertar[2] *s. m.* Despertamiento, acción y efecto de despertar o despertarse.
despiadado, da *adj.* Carente de piedad, implacable, cruel, inhumano.
despido *s. f.* Acción y efecto de despedir a alguien. || Decisión de la empresa por la que pone fin a la relación laboral con el empleado. || Liquidación, finiquito e indemnización por este concepto.
despierto, ta *adj.* Listo, avisado, sagaz, inteligente.
despilfarrado, da *adj.* Pródigo, derrochador. || *Esp.* Desharrapado, andrajoso, harapiento.
despilfarrador, ra *adj.* y *s.* Que despilfarra.
despilfarrar *t.* Gastar los bienes o el dinero en forma desordenada para la adquisición de cosas superfluas. || *pr. fam.* Gastar profusamente en alguna ocasión.
despilfarro *s. m.* Gasto excesivo y superfluo.
despintar *t.* y *pr.* Raer o disolver la pintura de un objeto pintado. || *fam. Chil. Col.* y *P. Rico* || Apartar la mirada, perder de vista.
despiporre *s. m. fam.* Desorden festivo, algazara.
despiporro *s. m. fam. Esp.* Despiporre.
despistado, da *adj.* y *s.* Desorientado, distraído, torpe. || Carente de pistas o indicios. || Se dice del avión u otro transporte que se ha salido de la pista.
despistar *t.* y *pr.* Hacer perder la pista borrando los indicios. || Desorientarse por no dar con las pistas. || Andar perdido en algún asunto o materia. || *Per.* Salirse de la pista o carretera por perder el control el conductor. || *intr.* Disimular, fingir.
despiste *s. m.* Cualidad de despistado. || Distracción, olvido, desorientación, ignorancia de un asunto.
desplacer *s. m.* Disgusto, molestia, pesar, desazón.
desplante *s. m.* Dicho o hecho lleno de arrogancia, descaro o disgusto. || En esgrima y danza, postura irregular de los pies.
desplayado *adj. Arg. Guat.* y *Uy. s. m.* Descampado, terreno sin maleza.
desplayar *intr.* Retirarse el mar de la playa.
desplazado, da *adj.* y *s.* Que no se ajusta o adapta a las circunstancias. || Persona obligada a dejar su lugar de origen o residencia por causa de la guerra, la violencia o los desastres naturales.
desplazamiento *s. m.* Acción y efecto de desplazar. || Volumen y peso del agua que desaloja un buque, equivalente al espacio que ocupa su casco en el agua hasta la línea de flotación. *La nao tenía un desplazamiento de 20 000 toneladas.*
desplazar *t.* Mover algo o a alguien del lugar en que está. || Dicho de un cuerpo en flotación: mover un volumen de agua igual al de su parte sumergida. || *pr.* Trasladarse, irse de un lugar a otro. || Desarraigarse de un lugar para escapar de las condiciones adversas.
desplegable[1] *s. m.* Folleto o publicación informativa que debe desplegarse para leerla. || Inserto doblado dentro de un libro o revista junto con la cual se vende. *Con este ejemplar obtuve el desplegable de Grecia.*
desplegable[2] *adj.* Que se despliega o puede hacerlo.
desplegado *s. m.* Inserto publicado a toda plana y aun a doble plana en un diario, que paga quien lo suscribe y suele ser de contenido político, sindical o protestatario.
desplegar *t.* y *pr.* Extender, desdoblar y alisar lo que estaba plegado. || Aclarar y hacer evidente lo oscuro y poco comprensible. || Poner en acción, ejercitar o manifestar una cualidad o una facultad. *Desplegar simpatía, desplegar fuerza.* || En informática, hacer que se muestre en la pantalla un menú, un recuadro, una ventana con un programa. || En las fuerzas armadas, hacer pasar las tropas, los buques o los aviones del orden cerrado al abierto. || *neol.* Llevar fuerzas armadas a un territorio y ponerlas en pie de guerra.
despliegue *s. m.* Acción y efecto de desplegar o desplegarse. || Exhibición, demostración.
desplomar *t.* y *pr.* Hacer que un muro o una edificación pierda la ver-

D

tical. *El sismo desplomó la pared y la dejó inclinada.* || Venirse abajo, caerse una construcción. *La torre se desplomó.* || Caer una persona desmayada o muerta. || Destruirse, arruinarse algo no material. *La moral se desplomó. Se desplomarán los precios del cobre.* || En arquitectura, construir los muros de un edificio sin seguir la vertical. *Los albañiles que no usan nivel ni plomada desploman las paredes.*

desplomarse *pr.* Caer una cosa con todo su peso. || Caer sin vida o sin conocimiento una persona.

desplome *s. m.* Acción y efecto de desplomar o desplomarse. || En arquitectura, estado del muro que no sigue la vertical de la plomada.

desplumado, da *adj.* Que se le han quitado las plumas. || *fam.* Pobre, sin recursos económicos.

desplumar *t.* Arrancar las plumas al ave, generalmente para cocinarla. || Quitar, mayormente con trampas, el dinero o los bienes a alguien.

despoblación *s. f.* Acción y efecto de despoblar.

despoblado *s. m.* Sitio no poblado, y especialmente el que en otros tiempos tuvo habitantes. || Lugar desierto, yermo, desolado. || *loc.* ***En despoblado:*** circunstancia que, en derecho, agrava el castigo por haberse cometido el delito en sitio solitario y con mayor desventaja para la víctima. *Lo asaltaron en despoblado.*

despoblamiento *s. m.* Despoblación, acción y efecto de despoblar.

despoblar *t.* y *pr.* Dejar deshabitado y yermo lo que estaba poblado. || Reducir considerablemente el tamaño de una población, diezmarla. || Despojar un sitio de aquello que lo ocupaba. *Despoblar de pájaros el bosque, despoblar de rosales el jardín.*

despojar *t.* y *pr.* Privar con violencia a alguien de lo que tiene o usa. || Quitar a algo lo que lo complementa o adorna. *Despojaron el jarrón de sus asas.* || Desnudarse, quitarse las prendas de vestir. *Despojarse de los guantes, despojarse del gabán.* || Desposeerse voluntariamente de algo. *El soldado se despojó del abrigo para cubrir al herido.*

despojo *s. m.* Acción y efecto de despojar o de despojarse. || Lo que el vencedor arrebata al vencido. || En plural, entrañas y partes no comestibles de los animales sacrificados para consumo humano. || Sobras, residuos, desechos, sobre todo si aun son utilizables para algo. || Cadáver, restos mortales de una persona. *Se llevaron sus despojos al cementerio de pobres.*

despolarización *s. f.* Acción y efecto de despolarizar.

despolarizar *t.* y *pr.* Eliminar o suspender el estado de polarización, ya sea electromagnética o política.

despolitización *s. f.* Acción y efecto de despolitizar.

despolitizar *t.* y *pr.* Quitar carácter político a un suceso o la voluntad política a una persona.

desportillado, da *adj.* Maltratado o roto de la boca u orilla.

desportilladura *s. f.* Esquirla, astilla o pedazo que por golpe accidental se separa de un objeto de madera, vidrio o cerámica. || Mella o faltante que queda en un objeto después de perder un fragmento.

desportillar *t.* y *pr.* Deteriorar algún objeto por el borde o por la boca de modo que salte un fragmento y le quede un portillo o abertura.

desposado, da *adj.* y *s.* Recién casado.

desposar *t.* Efectuar u oficiar el matrimonio de dos personas. || *intr.* Casarse, contraer matrimonio.

desposeer *t.* Privar a alguien de lo que posee. || *intr.* Privarse alguien de sus posesiones.

desposeído, da *adj.* y *s.* Pobre, desheredado, carente de medios y recursos.

desposeimiento *s. m.* Acción y efecto de desposeer o desposeerse.

desposorio *s. m.* Promesa mutua de casarse hecha por dos personas. También se usa en plural con el mismo significado.

despostillado, da *adj. Amér.* Desportillado.

despostillar *t.* y *pr. Hond.* y *Méx.* Maltratar un objeto de vidrio o cerámica de modo que se le rompa un fragmento del borde o de la boca.

déspota *s. m.* Soberano absoluto que gobierna sin sujetarse a ninguna ley y guiado por su solo parecer. || Gobernante que en los tiempos antiguos mandaba sobre alguna de las ciudades-estado de la Grecia preclásica. || *s. com.* Persona que maltrata y tiraniza a sus subordinados.

despótico, ca *adj.* Referente al déspota o propio de él.

despotismo *s. m.* Autoridad absoluta, sin los límites de la ley. || Abuso de autoridad en el trato con las personas, sobre todo las subordinadas. || *loc.* ***Despotismo ilustrado:*** doctrina política sustentada por la Ilustración del siglo XVIII que sostenía que el gobernante por derecho divino sólo respondía de sus hechos ante Dios, pero debía gobernar bien en provecho de sus súbditos y, guiado por la ciencia y la filosofía, tratar de elevarlos material y espiritualmente.

despotricar *intr. fam.* Criticar desconsiderada e irrespetuosamente a alguien o algo.

despreciable *adj.* y *s. com.* Digno de desprecio.

despreciado, da *adj.* Que no merece aprecio, estimación, respeto o atención.

despreciar *t.* Tener algo o a alguien en poco valor. || Desdeñar, desairar.

despreciativo, va *adj.* Que indica o implica desprecio.

desprecio *s. m.* Falta de aprecio o de estimación. || Desdén, desaire.

desprender *t.* Separar, desunir, desatar una cosa que estaba fija o unida a otra. *Los icebergs se desprenden de los glaciales.* || *pr.* Deshacerse, separarse o renunciar a algo que se estima, por voluntad o por necesidad. *Blas Pascal se desprendió de sus bienes para llevar una vida modesta.* || *t.* Emitir algo de sí. *Las flores desprenden aromas agradables.* || *pr.* Deducirse, inferirse, sacar una idea o consecuencia de algo. *Por lo que expusieron, se desprende que estudiaron mucho.*

desprendido, da *adj.* Desinteresado, generoso.

desprendimiento *s. m.* Acción y efecto de desprender o desprenderse. *Debido a las lluvias hubo un desprendimiento del cerro.*

despreocupación *s. f.* Condición del que no tiene preocupaciones. *Porque estudió bien, espera los exámenes con despreocupación.* || Falta de cuidado o de atención. *Por tanta despreocupación se le pasó la fecha del examen.*

despreocupado, da *adj.* Que carece de preocupaciones, de carácter tranquilo, desenfadado. *No se tensa, es despreocupado y relajado.* || Que no sigue los convencionalismos sociales, o que no le preocupa lo que digan los demás. *Vive despreocupado de lo que los demás digan de él.*

despreocuparse *pr.* Librarse de una causa que produzca intranquilidad, miedo o angustia. || Desentenderse, mantenerse al margen de un asunto o cuestión. *Despreocúpate de los mapas, nosotros los haremos.*

desprestigiado, da *adj.* Que ha perdido su buena reputación.

desprestigiar *t.* Hacer perder el prestigio o buena fama de alguien o algo. *Para atraer más clientes busca desprestigiar a la competencia.*

desprestigio *s. m.* Acción y efecto de desprestigiar o desprestigiarse. *Sus errores le han traído desprestigio.*

despresurización *s. f.* Acción y efecto de despresurizar.

despresurizar *t.* Hacer que algo pierda la presión que contiene. *Para abrir la olla de presión, primero hay que despresurizarla.*

desprevención *s. f.* Falta de prevención.

desprevenido, da *adj.* Que no está prevenido o preparado para algo. *El ciclón los tomó desprevenidos.*

desprivatización *s. f.* Acción y efecto de desprivatizar.

desprivatizar *t.* Convertir en públicos un sector o una empresa privada.

El presidente López Mateos desprivatizó el sector eléctrico.

desprogramar *t.* y *pr.* Anular la programación de un aparato.

desprolijo, ja *adj. Arg. Chil.* y *Uy.* Descuidado, superficial.

desproporción *s. f.* Falta de proporción.

desproporcionado, da *adj.* Que no tiene la proporción debida.

desproporcionar *t.* Quitar la proporción a algo.

despropósito *s. m.* Dicho o hecho inoportuno o sin sentido que se realiza en un momento, lugar o situación inadecuados. *Su ignorancia acerca del tema del que hablaban, le hizo decir sólo despropósitos.*

desproteger *t.* Quitar la protección de alguien o de algo.

desprotegido, da *adj.* Que no tiene protección. *Sin chamarra estaba desprotegido del frío.*

desproveer *t.* Privar o despojar a alguien de lo que le es necesario. *Desproveyó a los hijos de lo que necesitaban.*

desprovisto, ta *adj.* Que no tiene lo necesario.

después *adv.* Expresa posterioridad en el tiempo. *Voy a mi casa, después paso a la tuya.* || Expresa posterioridad en el espacio. *Después del semáforo das vuelta a la izquierda.* || Con la preposición «de» puede significar posterioridad de orden o categoría. *Tú sigues después de ella.* || Se usa con valor adversativo que se añade al valor temporal. *Después de todo lo que hice por él, aparenta que no me conoce.* || Precedido de nombres de tiempo, forma locuciones adverbiales que significan siguiente, posterior, etc. *Meses (días, horas, años, etc.) después, ya no quedaban rastros de lo sucedido.* || *loc. adv.* ***Después de*** (más infinitivo)**:** equivale a una oración temporal subordinada. *Partiremos después del amanecer.* || *loc. conj.* ***Después que:*** enlaza oraciones temporales subordinadas, para expresar relación de posterioridad. *Cenaremos después que anochezca.* || *loc.* ***Después de que*** o ***después que:*** equivale a desde que, cuando. *Después de que se fue me acordé de lo que debía decirle.*

despulpar *t.* Extraer la pulpa de algunos frutos.

despumar *t.* Quitar la espuma. || *intr.* Hacer espuma.

despuntar *t.* Cortar, quitar, romper o gastar la punta de una cosa. *Los lápices están todos despuntados.* || *intr.* Destacar, descollar o adelantar a otros en habilidad para cierta actividad. *Por la madurez en sus juicios empieza a despuntar como líder.* || Empezar a brotar los tallos y brotes de una planta. *Se acerca la primavera, las plantas empiezan a despuntar.* || Empezar a aparecer el día. *Despuntaba el alba con sus rayos color de rosa.*

despunte *s. m.* Acción y efecto de despuntar. || *Arg.* y *Chil.* Operación de podar en plena vegetación. || Leña de rama delgada.

desquebrajar *t.* Rajar superficialmente sin dividirlo del todo algunos cuerpos duros, como la madera, la loza, el yeso, etc.

desquiciado, da *adj.* Falto de juicio, de razón, de orden.

desquiciamiento *s. m.* Acción y efecto de desquiciar.

desquiciante adj. Que altera o trastorna.

desquiciar *t.* Trastornar algo, en cualquier sentido; especialmente exasperar a una persona. *Siento llegar tarde, el tráfico está desquiciado.* || Desencajar o sacar de su quicio una puerta o una ventana. *Perdió la llave y debieron desquiciar la puerta.*

desquicio *s. m. Amér.* Desorden, anarquía, trastorno.

desquitar *t.* Compensar a alguien de una pérdida o un contratiempo sufridos. *Con una buena cena desquitaron el tiempo que trabajaron de más.* || *pr.* Tomar revancha o vengarse de una ofensa o un perjuicio recibido. *En el próximo juego nos vamos a desquitar de la derrota de hoy.*

desquite *s. m.* Acción y efecto de desquitar. || Compensación por una pérdida o un contratiempo sufridos. *Vamos a jugar el desquite, a ver si me repongo.*

desregulación *s. f.* En economía, proceso por el cual se liberaliza la reglamentación que rige procesos comerciales.

desregular *t.* y *pr.* Liberalizar o suprimir las regulaciones o reglamentos que rigen procesos comerciales, a fin de que la oferta y la demanda funcionen libremente.

desriñonar *t.* Causar dolor en la zona de los riñones a causa de un esfuerzo físico intenso o un prolongado trabajo. *Me desriñono trabajando y ustedes ni siquiera limpian su cuarto.*

destacado, da *adj.* Que destaca o sobresale, notorio, importante. *En el presídium se sentaron las personalidades destacadas.*

destacamento *s. m.* Parte de una tropa separada del resto del ejército para realizar alguna específica.

destacar *intr.* Sobresalir, descollar, resaltar, ser más notable. *El contingente destacaba por el colorido de su vestimenta.* || *t.* Señalar o poner de relieve un aspecto o una cualidad. *El conferencista destacó los méritos del homenajeado.* || Separar del cuerpo principal de un ejército un grupo de tropa para realizar una misión. *Destacaron tropas para vigilar las carreteras.*

destajista *s. com.* Persona que hace una labor a destajo.

destajo *s. m.* Trabajo en que se paga por la labor realizada y no por un jornal. || *loc. adv.* ***A destajo:*** por una cantidad convenida. || Con empeño, sin descanso y aprisa. *Estudiaba a destajo para terminar pronto la carrera.*

destapador *s. m. Amér.* Instrumento que se emplea para quitar las tapas de las botellas.

destapar *t.* Quitar la tapa, el tapón o la cubierta de algo. *Después del trabajo destaparon unas cervezas.* || Descubrir lo que está oculto. *Destaparon otro escándalo de corrupción.* || Quitar la ropa que lo abriga o parte de ella. *Duerme muy inquieto y se destapa.* || *pr.* Mostrar aspectos o rasgos propios no manifestados antes. *En la fiesta se destapó como un buen cantante.* || *fam.* Desnudarse un actor o una actriz para dar espectáculo. *Se había destacado como buena actriz, ahora se destapó.* || *Méx.* Dar a conocer el nombre del candidato a un puesto de elección, principalmente la Presidencia de la República. *Los líderes del partido destaparon al candidato.*

destape *s. m.* Acción y efecto de destapar o destaparse. || Desnudarse los actores, especialmente en cine y otros espectáculos.

destaponar *t.* y *pr.* Quitar el tapón de algo.

destartalado, da *adj.* Desvencijado, que está mal cuidado, viejo o que funciona mal. *Juan trae su coche todo destartalado.*

destartalar *t.* Desvencijar, estropear, dañar.

destazar *t.* Partir algo en piezas o pedazos. *En el rastro destazan a las reses.*

destejer *t.* Deshacer lo tejido. *Penélope destejía por la noche lo que tejía durante el día.* || Deshacer lo que estaba tramado. *Se destejió todo el plan.*

destellar *t.* Despedir destellos o emitir rayos de luz intermitentes. *Su collar de brillantes destellaba.*

destello *s. m.* Resplandor, rayos de luz intensa, momentánea y oscilante. *A lo lejos se veían los destellos de la ciudad.* || Manifestación fugaz de alguna cualidad o actitud. *Su talento sólo aparece como destellos.*

destemplado, da *adj.* Falto de temple. || Se dice de un instrumento musical, la voz, el canto, etc., que está desafinado. *Lo de la soprano, más que canto era grito destemplado.* || Se dice de una pintura en que hay disconformidad de tonos. || Se dice del tiempo, desapacible. || *t.* Producir malestar físico. *Comer limón le destempló los dientes.*

destemplar *t.* Hacer que un instrumento musical pierda la armonía con que está templado. *La hume-*

dad del cuarto hace que el piano se destemple. || Alterar la armonía, la moderación o el buen orden de algo. *Las protestas de los inconformes destempló el evento.* || Perder el temple el acero u otros metales. || *pr.* Alterarse, perder la moderación en acciones o palabras. || Sentirse mal físicamente, especialmente cuando no hay síntomas precisos y el malestar va acompañado de frío. || *Amér.* Sentir malestar en los dientes por el ácido, el frío, etc.

destensar *t.* y *pr.* Disminuir la tensión de lo que está tenso. *Para que no se rompa la cuerda hay que destensarla.*

desteñir *t.* Disminuir la intensidad o perder los colores con los que está teñida una cosa. *El sol ha desteñido la tapicería del coche.* || Manchar una cosa a otra con su tinte. *Los jeans nuevos destiñen.*

desternillante *adj.* Se dice de lo que produce mucha risa. *Los payasos del circo tienen un espectáculo desternillante.*

desternillarse *pr. fam.* Reírse mucho sin poder contenerse.

desterrado, da *adj.* y *s.* Se aplica a la persona que sufre pena de destierro. *Garcilazo fue desterrado en una isla del río Danubio.*

desterrar *t.* Obligar la autoridad a una persona a marcharse de su país o a abandonar el lugar donde vive. *La dictadura de Pinochet en Chile desterró a miles de opositores.* || Apartar alguien de su mente un sentimiento o un pensamiento. *Debes desterrar la ilusión de que ella te corresponderá.* || Desechar, abandonar o hacer abandonar un uso o costumbre. || Quitar la tierra a las raíces de las plantas o a otras cosas. || *pr.* Salir voluntariamente del propio país por razones políticas. *En protesta por la política del gobierno él se desterró en París.*

destetar *t.* Hacer que deje de mamar un niño o la cría de un animal. *Después de destetar al niño lo inscribió en la guardería.* || Apartar a los hijos de la protección familiar para que aprendan a valerse por sí mismos. *Aprender a trabajar es parte del destete de los hijos.*

destete *s. m.* Acción y efecto de destetar o destetarse. || Momento en que se deja de dar de mamar a un niño o a otro mamífero.

destiempo *loc. adv.* Fuera de tiempo o en momento no oportuno.

destierro *s. m.* Pena que consiste en expulsar a una persona de un país o de un territorio determinado. *Los opositores fueron condenados al destierro.* || Abandono voluntario del propio país, por razones políticas. || Lugar en el que vive la persona desterrada o exiliada. *México fue el destierro de miles de españoles.* || Tiempo durante el cual vive desterrada una persona. *Su destierro duró más de treinta años.*

destilable *adj.* Que puede destilarse.

destilación *s. f.* Acción y efecto de destilar.

destilado *s. m.* Porción de líquido que se recoge después de la destilación.

destilador, ra *adj.* y *s.* Se dice de la persona que tiene por oficio destilar. || Se dice del dispositivo con el que se destila.

destilar *t.* Separar por medio del calor una sustancia volátil de otras que lo son menos y enfriar luego su vapor para licuarla de nuevo. *El whisky se destila en alambiques de cobre.* || Soltar un cuerpo un líquido que escurre gota a gota. *Los dátiles puestos al sol destilan miel.* || Mostrar o hacer notar sutilmente las acciones o palabras humanas cierta característica o sentimiento. *Sus palabras destilaban odio.*

destilería *s. f.* Fábrica o industria en que se destila algo. *La fábrica de cerveza es una gran destilería.*

destinado, da *adj.* Que se le tiene fijado un uso o fin determinado. || Con cierto destino fijado por circunstancias diversas. *Ese negocio estaba destinado al fracaso.*

destinar *t.* Determinar un uso o fin para algo o alguien. *Mi siguiente sueldo lo voy a destinar a gastos de salud.* || Designar la ocupación o el puesto en que ha de trabajar una persona o el lugar para ejercerlo. *Lo destinaron al cargo de instructor en la central eléctrica.* || Dirigir un envío a una persona o un lugar. *El embarque de tomates está destinado a Arizona.*

destinatario, ria *s.* Persona a quien se dirige o destina una cosa. *Para que la carta llegue debe tener legible el nombre del destinatario.*

destino *s. m.* Finalidad, uso o aplicación que se da a una cosa. *El destino de estos cerdos es convertirse en jamón.* || Lugar al que se dirige alguien o algo. *El avión llegó puntual a su destino en Tijuana.* || Trabajo que desempeña una persona o lugar en el que lo ejerce. *Le dieron destino de médico internista en una clínica rural.* || Situación a la que llega una persona como consecuencia del encadenamiento de sucesos. *Por la manera como fumaba, su destino era acabar con cáncer.* || Fuerza supuesta y desconocida que se cree actúa de manera inexorable sobre las personas y los acontecimientos. *En las tragedias griegas el destino es una fuerza siempre presente.*

destitución *s. f.* Acción y efecto de destituir.

destituido, da *adj.* Separado del cargo que ocupaba.

destituir *t.* Cesar a una persona del cargo que ocupa. *Destituyeron al ministro de relaciones exteriores.*

destorcer *t.* Quitar lo retorcido aflojando las vueltas o dándolas en sentido contrario a aquello que está retorcido || Enderezar lo que estaba sin la debida rectitud. || *pr.* Desviarse del rumbo una embarcación.

destornillador *s. m.* Herramienta que sirve para apretar o aflojar tornillos haciéndolos girar. || *fam.* Bebida alcohólica hecha con vodka y naranjada.

destornillar *t.* Sacar un tornillo dándole vueltas.

destrabar *t.* Soltar algo o a alguien quitando las trabas o ligaduras.

destrabazón *s. f.* Acción y efecto de destrabar.

destrenzar *t.* Deshacer la trenza o separar uno de sus cabos.

destreza *s. f.* Habilidad, agilidad, arte con que se hace una cosa. *Las artesanías son trabajos elaborados con destreza.*

destripador, ra *adj.* y *s.* Se aplica a la cosa o persona que destripa. *Jack, el de Londres, era un destripador.*

destripamiento *s. m.* Acción y efecto de destripar.

destripar *t.* Quitar o sacar las tripas. *A los animales hay que destriparlos para sacar de ellos alimento.* || Sacar el interior de una cosa sin orden ni concierto. *El aprendiz destripó el televisor.* || Despachurrar, aplastar o reventar una cosa blanda. *Las uvas quedaron destripadas por el peso de la otra fruta.*

destronado, da *adj.* Que ha sido echado del trono.

destronamiento *s. m.* Acción y efecto de destronar.

destronar *t.* Deponer y privar del trono a un rey. *Ricardo III fue destronado por una revuelta.* || Quitar a alguien su preponderancia. *El retador destronó al campeón.*

destroncar *t.* Cortar un árbol por el tronco. || Cortar o descoyuntar el cuerpo o parte de él.

destrozado, da *adj.* En pedazos, en trozos, roto. || Destruido en lo físico o en lo moral.

destrozar *t.* Hacer trozos una cosa, destruirla. *El perro travieso destrozó el pantalón a mordidas.* || Estropear o maltratar una cosa de manera que no sirva o que no se pueda usar. *Jugando al futbol destroza los zapatos.* || Causar un daño o una pena grande. *Su rechazo le destrozó el corazón.* || Derrotar al contrincante de manera aplastante. *El equipo de los Pumas fue destrozado cinco goles a cero.*

destrozo *s. m.* Acción y efecto de destrozar.

destrucción *s. f.* Acción y efecto de destruir. || Daño o pérdida muy grande en una cosa material o inmaterial casi irreparable. *El ciclón produjo una gran destrucción.*

destructividad *s. f.* Capacidad de destrucción. *La bomba atómica tiene* *una gran destructividad.* || Tendencia a la destrucción.

destructivo, va *adj.* Se dice de lo que destruye o tiene poder para destruir. *El fuego arrasó la fábrica con su poder destructivo.*

destructor, ra *adj.* Que destruye. || *s. m.* Barco de guerra rápido y ligero, armado con artillería y lanzatorpedos, que se usa para la protección de convoyes, principalmente contra los submarinos.

destruido, da *adj.* Deshecho o muy dañado.

destruir *t.* Reducir una cosa a pedazos o a cenizas u ocasionarle un grave daño. *En el terremoto se destruyeron muchos edificios.* || Hacer desaparecer o arruinar algo inmaterial. *Destruyó el amor que se tenían.*

desubicado, da *adj. Bol. Guat.* y *Ven.* Dicho de alguien, inoportuno, que no obra de acuerdo a las circunstancias. || *fam. Méx.* Desorientado, inadaptado a la sociedad.

desubicar *t. Amér.* Situar algo o a alguien fuera de lugar. || Perder la orientación y no saber dónde estar ubicado. || Comportarse de manera inconveniente.

desuello *s. m.* Acción y efecto de desollar. || Acción de quitar la piel, o parte de ella, a una persona o animal. *El cazador desuella a su presa.* || *fig.* Desvergüenza, descaro, insolencia.

desunión *s. f.* Separación de las cosas que estaban juntas y unidas. || Desavenencia, discordia, falta de armonía entre personas, grupos o cosas. *La incomprensión es causa de desunión entre personas.*

desunir *t.* Hacer que cosas que estaban unidas dejen de estarlo. || Desavenir, introducir discordia entre personas antes unidas. *Se desunieron por diferencias de opinión.*

desusado, da *adj.* Que se hace o que ocurre pocas veces, poco usual, fuera de lo común. *En él, que es rústico, la cortesía es algo desusado.* || Que ha dejado de usarse, obsoleto. *Se pone formal y recurre a expresiones desusadas.*

desusar *t.* Dejar o quedar algo en desuso.

desuso *s. m.* Condición de haber dejado de usarse. *La podadora está en desuso desde hace años.* || Falta de aplicación o inobservancia de una ley, aunque no haya sido derogada con la aprobación de una nueva.

desvaído, da *adj.* Se aplica al color que ha perdido intensidad. *La fachada de la casa tiene un color desvaído.* || Que tiene sus contornos poco claros o imprecisos. *A la distancia su figura se veía desvaída.* || Se dice de la persona alta y desgarbada. *El Quijote tiene una figura desvaída.*

desvalido, da *adj.* Se aplica a la persona desamparada, falto de ayuda y socorro. *El gobierno abrió albergues para desvalidos.*

desvalijador, ra *adj.* y *s.* Que desvalija.

desvalijar *t.* Robar el contenido de una maleta o valija. || Robar todo o gran parte de las cosas de valor de un lugar. *Mientras estaba de vacaciones, desvalijaron su casa.* || Robar o quitar a una persona todo lo que lleva. *Lo volvieron a desvalijar en el puente peatonal.*

desvalorar o desvalorizar *t.* Hacer perder el valor de una persona o una cosa. *Pese a su gran experiencia, lo tienen desvalorizado debido a su edad.* || Disminuir el valor de una moneda o de otra cosa, depreciarla.

desvalorización *s. f.* Acción y efecto de desvalorizar.

desvalorizar *t.* y *pr.* Hacer que alguien o algo pierda valor.

desván *s. m.* Parte más alta de la casa, inmediatamente debajo del tejado, donde suelen guardarse objetos viejos o en desuso.

desvanecedor, ra *adj.* Se dice de lo que desvanece. || Utensilio usado para desvanecer parte de una fotografía antes de sacar la positiva.

desvanecer *t.* Reducir gradualmente la intensidad de algo. *Para producir sensación de lejanía, los colores se desvanecen.* || Disgregar las partículas de un cuerpo en otro. *El vapor se desvanece en el aire.* || Desaparecer, borrar u olvidar una idea, una imagen o un recuerdo. *Con el tiempo se desvaneció el dolor por su muerte.* || Perder el sentido o el conocimiento momentáneamente. *Se desvaneció debido a la impresión del accidente.*

desvanecido, da *adj.* Soberbio, vanidoso, presumido.

desvanecimiento *s. m.* Acción y efecto de desvanecer. || Pérdida momentánea del sentido o del conocimiento.

desvariar *intr.* Decir disparates, incoherencias o despropósitos. *La fiebre lo hacía desvariar.*

desvarío *s. m.* Dicho o hecho disparatado, que va en contra del sentido común. *La demencia senil se manifiesta con desvaríos.* || Estado de perder la razón y delirar que acontece a algunos enfermos. || Monstruosidad, cosa que sale del orden regular y común de la naturaleza. || Anormalidad, capricho desmesurado.

desvastigar *t.* Cortar ramas de los árboles.

desvelado, da *adj.* y *s.* Que pasa parte de la noche despierto.

desvelar[1] *t.* Quitar o impedir el sueño a alguien una cosa. *Los piquetes de moscos me hicieron desvelar.* || *pr.* Desvivirse por una persona o cosa. || Poner gran cuidado y atención en lo que tiene a su cargo o desea hacer o conseguir. *Se desvela por hacer bien su trabajo.*

desvelar[2] *t.* Descubrir lo que estaba oculto. *Por fin desveló el misterio de su éxito.*

desvelo *s. m.* Acción y efecto de desvelar o desvelarse. || No dormir lo necesario o suficiente. *La preocupación le causa desvelo.* || Afán, interés y cuidado que se dedica a algo. *Mi título me costó muchos desvelos.*

desvencijado, da *adj.* Que no está en buen estado.

desvencijar *t.* Aflojar o separar las partes de una cosa o aflojar sus uniones. *No inclines la silla, la vas a desvencijar.*

D

desvendar *t.* Quitar la venda con que estaba cubierto algo.

desventaja *s. f.* Mengua o inferioridad que se nota por comparación de dos cosas, personas o situaciones. *Su menor estatura lo hacía estar en desventaja.*

desventajoso, sa *adj.* Que trae consigo desventaja. *No concertamos el negocio porque era desventajoso.*

desventura *s. f.* Desgracia, suceso adverso o funesto. *Tuvo la desventura de ser huérfano desde muy chico.*

desventurado, da *adj.* y *s.* Se dice de la persona que padece desgracias o tiene una suerte adversa. *Ha tenido una vida desventurada.* || Acompañado de desgracias o causante de ellas. *Fue un viaje muy desventurado.*

desvergonzado, da *adj.* y *s.* Carente de vergüenza en el hacer o el decir. *No tiene ningún pudor, es un desvergonzado.*

desvergonzarse *pr.* Perder la vergüenza, hablar u obrar sin vergüenza ni respeto. *Cuando entró en confianza, depuso el respeto y se desvergonzó.*

desvergüenza *s. f.* Falta de vergüenza, falta de respeto para hacer o decir cosas con descarada ostentación. *Después de injuriarla, tiene la desvergüenza de visitarla en su casa.*

desvestido, da *adj.* Que no tiene ropa, que no está vestido.

desvestir *t.* y *pr.* Quitar toda o parte de la ropa que una persona lleva puesta. *En los vestidores le dio pena desvestirse el uniforme.*

desviación *s. f.* Acción y efecto de desviar. || Cambio de dirección o rumbo en un camino. *Para llegar al rancho hay que tomar la desviación al pie de la cuesta.* || Camino provisional por el que se circula mientras está en reparación un trozo de carretera. *Están ampliando la carretera y está llena de desviaciones.* || Cambio en la posición normal de una parte del cuerpo. *Le operaron para corregirle una desviación en el tabique nasal.* || Separación de la aguja imantada del plano del meridiano magnético. *Colón interpretó correctamente el fenómeno de desviación magnética.* || Apartamiento de lo habitual o anormal en el comportamiento de alguien. *Para muchas personas la homosexualidad es una desviación.* || Diferencia entre un valor estadístico y el valor medio.

desviado, da *adj.* Que se ha apartado del camino.

desviar *t.* y *pr.* Cambiar de dirección, en sentido material o figurado. *Para construir la presa debieron desviar el cauce del río. Los cuestionamientos del público le hicieron desviar el tema de la plática.*

desvinculación *s. f.* Acción y efecto de desvincular.

desvinculado, da *adj.* Que ha anulado la relación que tenía con alguien o algo.

desvincular *t.* Romper el vínculo o relación entre las personas, instituciones, etc. *Por diferencias ideológicas se desvinculó de la agrupación.* || Anular un vínculo, liberando a algo o a alguien de un gravamen u obligación, especialmente bienes.

desvío *s. m.* Acción y efecto de desviar. || Desviación.

desvirgar *t.* Quitar la virginidad a una mujer.

desvirtuar *t.* y *pr.* Disminuir o quitar la virtud o las características esenciales de una cosa. *Las notas periodísticas desvirtuaron el sentido de sus declaraciones.*

desvivirse *pr.* Mostrar gran afecto e interés por una persona o cosa. *Se desvive atendiendo a los invitados.*

desyerbar *t.* Quitar o arrancar las hierbas perjudiciales.

detallado, da *adj.* Que contiene muchos detalles. *La comisión presentó un informe detallado de sus actividades.*

detallar *t.* Referir algo minuciosamente y con todos sus pormenores. *Fue llamado a comparecer para detallar lo que antes había declarado.*

detalle *s. m.* Parte pequeña que forma parte de otra mayor, que contribuye a formar una cosa pero no son indispensables en ella. *Relata lo esencial, no necesitamos los detalles.* || Muestra de amabilidad, delicadeza o cariño. *Regalarle un dije a la maestra fue buen detalle.* || Regalo de poca importancia que se da como muestra de afecto y consideración.

detallismo *s. m.* Cualidad de detallista.

detallista *adj.* Se dice de la persona que cuida mucho los detalles, que es minucioso, meticuloso. || *s. com.* Comerciante que vende al por menor.

detección *s. f.* Acción y efecto de detectar.

detectable *adj.* Que se puede detectar.

detectar *t.* Percibir mediante aparatos o por métodos físicos o químicos lo que no es posible directamente por los sentidos. *Por el telescopio de radio detectaron el nacimiento de una estrella.* || Percibir lo que una persona intenta ocultar. *Por la manera que le habla se detecta que la quiere.*

detective *s. com.* Persona que se dedica a hacer investigaciones privadas por encargo. *Contrató a un detective para investigar a sus deudores.*

detectivesco, ca *adj.* Perteneciente o relativo al detective o a su profesión.

detector *s. m.* Aparato que sirve para detectar fenómenos o cosas ocultas. *En las oficinas públicas instalaron detectores de metales.*

detención *s. f.* Acción y efecto de detener o detenerse. || Privación de la libertad, acción de apresar a alguien. *La policía procedió a la detención de los sospechosos.* || Atención o detenimiento que se pone al realizar una actividad. *Revisó con detención los diversos aspectos de la cuestión.*

detener *t.* Parar o interrumpir cualquier acción, impidiendo que siga adelante. *El director hizo detener la línea de producción para corregir un error.* || Privar de la libertad a una persona por orden de la autoridad competente. *El juez ordenó detener a los sospechosos.* || *pr.* Pararse a reflexionar antes de hacer alguna cosa.

detenido, da *adj.* Se dice de aquello que está parado, sin avanzar. *Mi trámite está detenido por falta de una firma.* || Se dice de aquello que se hace con detenimiento o minuciosidad. *Un examen detenido de la cuestión nos hace concluir que era correcto.* || *s.* Se dice de la persona privada provisionalmente de la libertad por orden de la autoridad competente. *Los detenidos fueron alojados en los separos de la policía.*

detenimiento *s. m.* Atención o dedicación que se pone al realizar una actividad, pensar o explicar un asunto. || *loc. adv.* ***Con detenimiento:*** con mucha atención, con cuidado y minuciosidad. *El juez analizó el caso con detenimiento antes de dar su fallo.*

detentación *s. f.* Acción y efecto de detentar.

detentador, ra *s.* En derecho, persona que retiene la posesión de lo que no es suyo.

detentar *t.* Usar o atribuirse alguien una cosa de manera ilegítima o indebida. *Detenta el título de doctor sin haber estudiado para ello.* || Ocupar ilegítimamente algún poder o cargo público. *Detenta la presidencia del país a raíz de un golpe de Estado.*

detergente *adj.* Se dice de aquello que deterge. || *s. m.* Sustancia o producto químico que tiene la propiedad de disolver la grasa o las impurezas y sirve para lavar o limpiar. *Los detergentes han sustituido a los jabones, que se elaboran de manera distinta.*

deterger *t.* Limpiar un objeto sin corroerlo. || En medicina, limpiar una úlcera o una herida.

deteriorado, da *adj.* Dañado, estropeado.

deteriorar *t.* Estropear, hacer inferior algo en calidad o valor, echarla a perder. *La ropa de los niños está ya muy deteriorada por el uso.* || *pr.* Empeorarse algo, degenerarse o hacerse peor. *Las relaciones entre ambos países se han deteriorado.*

deterioro *s. m.* Acción y efecto de deteriorar o deteriorarse. *Después de funcionar tantos años, el deterioro de la máquina es evidente.*

determinable *adj.* Que se puede determinar.

determinación *s. f.* Acción y efecto de determinar. || Resolución que alguien toma sobre un asunto. *Por fin tomó la determinación de proponerle matrimonio.* || Valor, firmeza o atrevimiento en la manera de actuar. *Decidió hacerle frente al problema con determinación.*

determinado, da *adj.* Que es uno en particular, no cualquiera, con características bien definidas. *Quedó claramente determinado lo que había que hacer.* || Señalar o fijar una cosa con precisión. *Me han determinado bien mis tareas en el trabajo.* || Se aplica al artículo gramatical que hace referencia a algo conocido por los hablantes. *Los artículos determinados son «el», «la», «lo», «los» y «las».* || Se dice de la persona que es osada y muestra valor o firmeza en la manera de actuar. *El jefe está determinado a que el pedido salga con prontitud.*

determinante *adj.* Se dice de aquello que determina. || *s. m.* Palabra que acompaña al sustantivo y limita o concreta su significado; por ejemplo, el artículo, los demostrativos o los indefinidos. *«Mi» es un determinante en la oración «mi coche».* || En matemáticas, polinomio resultante del desarrollo de una matriz cuadrada.

determinar *t.* Tomar una decisión o resolución. *La asamblea determinó ir a la huelga.* || Fijar de manera clara y exacta los términos de una cosa, lo que hay que hacer o cómo hay que hacer o tiene que ser cierta cosa. *La ley determina los derechos a que son merecedores los habitantes.* || Fijar una cosa para algún fin. *Se determinó el día y la hora de la siguiente asamblea.* || Ser causa o motivo de una cosa o de una acción. *Su situación desesperada me determinó a ayudarle.* || Sentenciar. *El juez determinó su culpabilidad.* || Definir, llegar a saber cierta cosa a partir de datos conocidos. *Mediante el estudio podremos determinar la causa de la caída de las ventas.* || Limitar o concretar la extensión significativa de un

sustantivo. *En «algunos datos», «algunos» determina a «datos».*
determinativo, va *adj.* Se dice de lo que determina. || Se dice del adjetivo que limita el significado de un nombre, como en las expresiones «bastantes libros», «este libro», «mi libro».
determinismo *s. m.* Doctrina filosófica que considera que los acontecimientos no se pueden evitar por estar determinados por las condiciones iniciales y leyes naturales de carácter causal y mecánico. *El materialismo histórico es una doctrina determinista.*
determinista *adj.* Perteneciente o relativo al determinismo. || *s. com.* Partidario del determinismo.
detestable *adj.* Que puede ser detestado, execrable, aborrecible. *Su promoción de la intolerancia es detestable.*
detestar *t.* Aborrecer, sentir aversión por alguien o algo. *Mafalda detesta la sopa.*
detonación *s. f.* Acción y efecto de detonar. || Proceso de combustión supersónica que implica un drástico proceso de transformación de la energía que contiene un material, casi siempre de naturaleza química, que se intercambia a elevadas velocidades con el medio adyacente. *Antes de la explosión se escuchó una detonación.*
detonador, ra *adj.* Que provoca o causa detonación. || *s. m.* Dispositivo que sirve para desencadenar una explosión. *En las explosiones mineras usan detonadores eléctricos.*
detonante *adj.* Que detona. || *s. m.* Se aplica a la sustancia que detona o puede hacer estallar una carga explosiva. *El incumplimiento de los deudores fue el detonante de la crisis financiera.*
detonar *intr.* Iniciar una explosión con una detonación.
detracción *s. f.* Difamación, acción de detractar.
detractar *t.* Detraer, criticar, desacreditar o difamar.
detractor, ra *adj.* y *s.* Se dice de quien se opone a una opinión o ideología y la desacredita. *Le respondió a sus detractores.*
detrás *adv.* En la parte posterior a aquella en la que se encuentra lo que se toma como punto de referencia. *Mi casa se encuentra detrás de la plaza comercial.* || *loc. adv.* ***Por detrás:*** por la parte trasera. *Para no ser abordado por la gente, salió por detrás del inmueble.*
detrimento *s. m.* Daño moral o material. *El aumento de costos va en detrimento de la ganancia.*
detrito *s. m.* Cada una de las partículas resultantes de la descomposición de una masa sólida.
detumescencia *s. f.* Disminución de la hinchazón
detumescente *adj.* y *s.* Que sirve para disminuir la hinchazón.
deuda *s. f.* Obligación en que una persona incurre de pagar o reintegrar algo, por lo común dinero. *Para ampliar su negocio debió contratar deuda.* || Cantidad que se adeuda. *Mi deuda asciende a tres mil pesos.* || Obligación moral que una persona contrae con otra. *La educación pública recibida es una deuda con la sociedad que la paga.* || *loc.* ***Deuda amortizable:*** deuda cuyo capital es reembolsable a plazo determinado. || ***Deuda consolidada:*** sustitución de una deuda amortizable por otra emisión de deuda a más largo plazo. || ***Deuda exterior:*** deuda que se paga en el extranjero con moneda extranjera. || ***Deuda flotante:*** deuda pública que no está consolidada, que puede aumentar o disminuir todos los días. || ***Deuda interior:*** deuda que se paga en el propio país con moneda nacional. || ***Deuda pública:*** deuda que el Estado tiene reconocida por medio de títulos que devengan interés.
deudo, da *s.* Pariente o familiar.
deudor, ra *adj.* y *s.* Se dice del que recibe prestado un capital de otra persona llamada acreedor.
deuterio *s. m.* Isótopo del hidrógeno, llamado también hidrógeno pesado, dos veces más pesado que éste, de símbolo *D*; es un gas inodoro, incoloro e inflamable que en combinación con el oxígeno da lugar al agua pesada. *El deuterio será uno de los combustibles de la fusión termonuclear.*
devaluación *s. f.* Acción y efecto de devaluar.
devaluado, da *adj.* Que no vale tanto como antes.
devaluar *t.* Disminuir el valor o el precio de una moneda o de otra cosa. *El rápido desarrollo tecnológico hace que las computadoras se devalúen muy rápido.*
devanar *t.* Enrollar un hilo, un alambre, una cuerda u otro material alrededor de un eje o un carrete formando un ovillo. || *loc.* ***Devanarse los sesos:*** pensar con intensidad en algo, darle vueltas insistentemente a una cuestión. *Se devanaba los sesos tratando de encontrar una explicación al problema.*
devanear *t.* y *pr.* Perder el tiempo en distracciones vanas. || Tener amoríos pasajeros.
devaneo *s. m.* Relación amorosa superficial y pasajera. *La coqueta sólo gusta de devaneos sin compromiso firme.* || Pasatiempo en el que se pierde tiempo en cosas sin importancia. *Resolver crucigramas es un devaneo.*
devastación *s. f.* Acción y efecto de devastar. || Destrucción total de un territorio o de lo que hay en él, generalmente por una catástrofe natural o por una guerra. *El ciclón produjo gran devastación.*
devastado, da *adj.* Arrasado, destruido. || Destruido en lo moral.
devastador, ra *adj.* y *s.* Que devasta. *El ciclón fue devastador.* || Irrefutable y rotundo, que no da lugar a réplica. *Sus argumentos fueron devastadores.*
devastar *t.* Destruir o arrasar un territorio o lo que hay en él. *El incendio forestal devastó los montes.*
develación *s. f.* Acción de develar.
develar *t.* Quitar o descorrer el velo que cubre alguna cosa. *En la inauguración develaron la placa conmemorativa.*
devengar *t.* Adquirir derecho a retribución por razón de trabajo, servicio, intereses, etc. *Por mi trabajo voy a devengar lo necesario para vivir medio año.*
devengo *s. m.* Cantidad devengada.
devenir *intr.* Proceso mediante el cual algo se hace o llega a ser. *Para Heráclito todo es devenir.* || *s. m.* Cambio, transformación, transcurso. *Lo que parecía una gripe devino en pulmonía.*
devoción *s. f.* Actitud de íntima dedicación, veneración y fervor religiosos. *Oye la misa y reza con devoción.* || Sentimiento de profundo respeto y admiración por una persona, una institución, una causa, etc. *Los masones sienten devoción por Benito Juárez.*
devocionario *s. m.* Libro que contiene oraciones para uso de los fieles.
devolución *s. f.* Acción y efecto de devolver.
devolver *t.* Entregar una cosa a quien la tenía antes. *Tengo que devolver los libros que me prestaron en la biblioteca.* || Hacer que algo o alguien vuelva a estar donde o como estaba antes. *El tratamiento que le dio el doctor le devolvió la salud.* || Corresponder a una acción, un favor o a un agravio. *Le devolvió la visita.* || Entregar a una tienda una cosa que se ha comprado a cambio de su importe. *La ropa interior no se puede devolver.* || *fam.* Vomitar. || *pr.* Volver al lugar de donde se partió.
devónico, ca *adj.* y *s.* Se dice del cuarto período de la era paleozoica o primaria, que sigue al periodo silúrico y precede al periodo carbonífero; abarca desde hace 408 millones de años hasta hace 360 millones de años. || Perteneciente o relativo a dicha era.
devorador, ra *adj.* y *s.* Que devora.
devorar *t.* Dicho de un animal: comer su presa. || Comer con ansia y avidez *Este muchacho no come, devora.* || Destruir el fuego una cosa por completo. *El fuego devoró el bosque.* || Consumir algo de manera excesiva o irregular. *Los niños devoran los zapatos.* || Realizar una acción con avidez.

Devoró el libro en una sentada. || Apremiar una pasión. *Lo devoran los celos.*
devoto, ta *adj.* y *s.* Que tiene devoción. *Es muy devoto, va a misa todos los días.* || Que mueve a la devoción. *El Tepeyac es un lugar devoto.* || Aficionado a una persona o cosa. *Es un devoto de «The Beatles».* || *s. m.* Objeto de la devoción de alguien. *Tomó por devoto a san Ignacio.*
dextrina *s. f.* Producto intermedio de la hidrólisis del almidón.
dextrosa *s. f.* Glucosa que se encuentra presente en algunas frutas.
deyección *s. f.* Defecación de los excrementos. || Los excrementos mismos. || *s. m.* Conjunto de materiales arrojados por un volcán o procedentes de la disgregación de las rocas.
deyectar *intr.* Expulsar el excremento.
deyecto *adj. ant.* Vil, despreciable.
día *s. m.* Tiempo que emplea la Tierra en dar una vuelta sobre su eje, aproximadamente veinticuatro horas. || Tiempo que dura la claridad del Sol sobre el horizonte. || Tiempo atmosférico referido a un día determinado. *El pronóstico del tiempo es día soleado.* || Fiesta del santo o del cumpleaños de una persona. *El día de San Rafael es de gran fiesta.* || *loc.* ***Día de fiesta:*** día en que no se trabaja por ser considerado fiesta por la Iglesia o el Estado. || ***Día laborable:*** día en que se trabaja. || ***Día lectivo:*** día en que se dan clases en los centros de enseñanza. || *pl.* ***Días:*** tiempo que dura la vida de una persona. *Pasó sus últimos días en el monasterio de Yuste.* || *loc. adv.* ***Al día:*** sin retraso o con información oportuna. *Se mantiene al día en la situación internacional.* || *loc.* ***Buenos días:*** saludo que se usa durante la mañana. || ***De día:*** mientras dura la luz del Sol. || ***De día en día:*** a diario. || ***Día y noche:*** durante todo el tiempo. || ***El día de mañana:*** el futuro, el tiempo que todavía no ha llegado. *Ahorraremos, que se ofrecerá el día de mañana.* || ***El día menos pensado:*** en cualquier momento o cuando menos se espera. *El día menos pensado paso a visitarte.* || ***En su día:*** a su debido tiempo. *Ya hablaremos de este asunto en su día.* || ***Todo el santo día:*** durante todo el tiempo. *Estuve trabajando todo el santo día.* || ***Vivir al día:*** gastar todo el dinero que se tiene sin poder ahorrar. *El salario sólo permite vivir al día.*
diabetes *s. f.* Enfermedad caracterizada por una concentración muy alta de azúcar en la sangre.
diabético, ca *adj.* y *s.* Perteneciente o relativo a la diabetes. || Que padece diabetes.
diablada *s. f.* Travesura, diablura.
diablear *t.* Hacer diabluras.
diablo, blesa *s.* Ser sobrenatural o espíritu que en diversas creencias y religiones representa las fuerzas del mal. *John Milton cantó a la rebelión del diablo.* || Persona traviesa, inquieta y atrevida, especialmente si se trata de un niño. *Daniel «el travieso» es un pequeño diablo.* || Persona astuta, sagaz. *Es un diablo para las carambolas.* || Persona malvada o de muy mal genio. *Ten cuidado con él, es un diablo de malas intenciones.* || *loc.* ***¡Al diablo!:*** indica impaciencia o enfado por parte de quien lo dice. *¡Se me van todos al diablo!* || ***Del diablo*** o ***de mil diablos*** o ***de todos los diablos:*** expresión con la que se aumenta una cualidad o un estado negativos. *Trae un humor de todos los diablos.* || ***Llevárselo el diablo*** o ***los diablos:*** enfadarse mucho. *Se lo lleva el diablo cuando le mienten.* || ***Mandar al diablo:*** enfadarse con una persona; despreciar a una persona o a una cosa. *Hartó tanto con su insistencia que lo mandaron al diablo.* || ***Pobre diablo:*** persona de poca importancia y escasa valía. *Ese chico no te conviene, no es más que un pobre diablo.* || ***Tener el diablo en el cuerpo:*** ser muy astuto o travieso.
diablura *s. f.* Travesura propia de niños. *En la fiesta, los niños se pusieron a hacer diabluras.*
diabólico, ca *adj.* Perteneciente o relativo al diablo. || Se dice de la cosa o persona que implica una maldad muy grande. *Concibió la diabólica idea de disparar contra sus compañeros.* || Se aplica a cosas muy complicadas de entender, resolver o dominar. *El profesor de matemáticas nos puso un problema diabólico.*
diábolo *s. m.* Juguete que consiste en un carrete formado por dos semiesferas huecas unidas por su parte convexa al que se le hace girar sobre una cuerda atada a dos palillos, uno en cada mano. *El diábolo es un juego inventado en China por el año 220 a. C.*
diácono *s. m.* Clérigo católico que ha recibido la segunda de las órdenes mayores, inmediatamente inferior al sacerdote. *Los diáconos no son sacerdotes y no pueden impartir los sacramentos.*
diacrítico, ca *adj.* Se aplica al signo ortográfico que da un valor gramatical distintivo a una letra. *El adverbio «sólo» que significa «únicamente» lleva acento diacrítico para distinguirlo del adjetivo «solo» que denota soledad.* || Se aplica a los síntomas que distinguen una enfermedad exactamente de otra.
diacronía *s. f.* Desarrollo o evolución de hechos a través del tiempo, especialmente de una lengua o de un fenómeno lingüístico. *El término diacronía es opuesto al de sincronía.*
diacrónico, ca *adj.* De la diacronía o relativo a ella. || Se dice de los sucesos que ocurren en momentos distintos del tiempo, en oposición a los sincrónicos.
diadema *s. f.* Ornamento de la cabeza, generalmente una cinta blanca, que llevaban los reyes alrededor de la cabeza como distintivo de autoridad real. || Corona sencilla que se usa como símbolo de autoridad. || Adorno femenino en forma de media corona abierta por detrás y se pone en la cabeza. *Peinarse con diadema es cómodo y sencillo.*
diáfano, na *adj.* Se dice de las cosas que dejan pasar la luz casi en su totalidad a su través. || Se aplica a las cosas que tienen transparencia, que están limpias, sin empañamiento o manchas. || Se dice de lo que es muy claro o fácil de entender. *Desde el principio se propuso ser diáfano con ella.*
diafragma *s. m.* Músculo que separa el tórax del abdomen en el cuerpo de los mamíferos. *Para cantar se debe aprender a usar el diafragma.* || Membrana o pieza que separa dos cavidades en diversos aparatos. || Dispositivo que regula la cantidad de luz que se deja pasar en una cámara fotográfica. || Membrana de algunos aparatos acústicos que transforma las vibraciones del sonido en impulsos eléctricos o viceversa. || Membrana de un material flexible y fino con forma de disco que se coloca en el cuello del útero como anticonceptivo.
diagnosis *s. f.* Acción y efecto de diagnosticar. || Identificación de una enfermedad mediante el examen de los signos y síntomas que la caracterizan. *La diagnosis es, quizá, la parte más importante de la medicina.*
diagnosticable *adj.* Que se puede diagnosticar.
diagnosticar *t.* Identificar una enfermedad mediante el examen de los signos y síntomas que presenta. *Temía que el médico le fuera a diagnosticar cáncer.* || Recabar y analizar datos para determinar la condición de una cosa, un hecho o una situación. *Le pidieron diagnosticar la problemática del sector turismo.*
diagnóstico *s. m.* Perteneciente o relativo a la diagnosis. || Identificación de una enfermedad mediante el examen de los de los signos y síntomas que la caracterizan. *El diagnóstico que le entregaron excluyó cáncer.* || Análisis que identifica la problemática específica de una cosa, un hecho o una situación. *Su diagnóstico de la economía fue falta de inversión en ciencia y tecnología.*
diagonal *s. f.* Línea recta que en un polígono va de uno de sus vértices a otro opuesto y no contiguo, y en un poliedro va de uno de sus vértices cualesquiera a otro no situado en la

misma cara. *La diagonal de un cuadrado de uno mide raíz cuadrada de dos.* || Calle que es oblicua a las demás. *Vive en Diagonal San Antonio.*
diágrafo *s. m.* Instrumento que con una de sus puntas siguiendo los contornos de un objeto o de un dibujo, los reproduce al mismo tiempo sobre un papel. *Con el diágrafo salieron muy bien los mapas de la tarea.*
diagrama *s. m.* Dibujo o representación gráfica en el que se muestran los componentes de alguna cosa y las relaciones que tienen entre sí. *El diagrama de los circuitos permitió conectar correctamente el alambrado.*
diagramación *s. f.* Acción y efecto de diagramar.
diagramar *t.* Organizar, planificar una secuencia de trabajos o funciones.
diaguita *adj.* y *s. com.* Se dice del individuo perteneciente al conjunto de pueblos indígenas amerindios que habitaron el noroeste de Argentina cuya lengua común era el cacán. || Perteneciente o relativo a los diaguitas.
dial *adj.* Perteneciente o relativo a un día. || *s. m.* Superficie con letras o números de los teléfonos y receptores de radio y televisión que indican el número telefónico a marcar o la emisora a sintonizar. || Superficie graduada sobre la cual se mueve un indicador que mide o señala una determinada magnitud. *El velocímetro de los coches es un dial.* || Conjunto de las emisoras de radio que se captan en un determinado territorio. || *s. m.* Libro o comentario en que se anotan los hechos diarios.
dialectal *adj.* Perteneciente o relativo a un dialecto.
dialectalismo *s. m.* Cualidad de dialectal. || Palabra o expresión propia de un dialecto.
dialéctica *s. f.* Técnica de dialogar, argumentar y discutir mediante el intercambio de razonamientos y argumentaciones. || Método de razonamiento que encadenando argumentos pretende llegar hasta las ideas generales o primeros principios de los que se originan los conceptos. *Para Sócrates la dialéctica es un método peligroso para quienes no lo dominan.*
dialéctico *adj.* Perteneciente o relativo a la dialéctica. || *s.* Persona que profesa la dialéctica. *Sócrates y Platón son los dialécticos originales.*
dialecto *s. m.* Modalidad de una lengua usada en un determinado territorio por un número de hablantes menos numerosos que el que habla la considerada principal y que no han llegado a constituir un modelo de lengua. *Los indígenas de Mesoamérica hablaban dialectos antes que el español.* || Cualquier lengua que deriva de un tronco o familia común. *Las lenguas romances fueron dialectos del latín.*
dialectología *s. f.* Rama de la lingüística dedicada al estudio de los dialectos.
dialectólogo, ga *s.* Persona que se dedica a la dialectología.
diálisis *s. f.* En química, proceso de separar las partículas coloidales de una disolución mediante la difusión selectiva a través de una membrana. || En medicina, método terapéutico artificial por el cual se elimina de la sangre el exceso de urea, cuando el riñón no puede hacerlo de manera natural. *Antes del trasplante de riñón, dependía de la diálisis en un riñón artificial.*
dialogador, ra *adj.* Que está abierto al diálogo, al entendimiento. || *s.* Persona que participa en un diálogo.
dialogante *adj.* Que tiene la disposición para discutir o negociar sin intentar que prevalezca su opinión o su criterio.
dialogar *intr.* Sostener un diálogo dos o más personas. *Sócrates y Teetetes dialogan sobre el conocimiento.* || Escribir un texto en forma de diálogo. *Toda la obra de Platón está escrita en forma de diálogos.*
dialogismo *s. m.* Figura retórica que consiste en que la persona que habla dialoga consigo mismo reproduciendo textualmente sus propios dichos o discursos o los de otras personas, o los de cosas personificadas. *«Entonces, me dijo: búscate otra tonta que te aguante», es un dialogismo.*
diálogo *s. m.* Conversación o discusión entre dos o más personas que exponen sus ideas alternativamente. *El diálogo es la forma más común de comunicación entre personas.* || Conversación o discusión en busca de un acuerdo o un acercamiento entre posturas. *Los mandatarios sostuvieron un diálogo sobre el problema de los inmigrantes.* || Género y obra literarios, en prosa o en verso, en que se finge una conversación o discusión entre dos o más personajes que exponen ideas opuestas. *El Diálogo de Mercurio y Carón fue escrito por Alfonso de Valdés.* || *loc.* ***Diálogo de sordos:*** conversación en que ninguno de los interlocutores parece escuchar al otro.
dialoguista *s. com.* Persona que escribe o compone diálogos.
diamantar *t.* Dar a algo el brillo del diamante.
diamante *s. m.* Mineral compuesto de carbono puro cristalizado en el sistema cúbico, considerado como piedra preciosa, muy apreciada por su transparencia, brillo y dureza. *El diamante ocupa el lugar más elevado en la escala de dureza.* || Palo de la baraja francesa representado por uno o varios rombos de color rojo. *Hizo flor de diamantes.* || *loc.* ***Diamante en bruto:*** persona o cosa que tiene o parece tener un gran valor, pero le falta aprendizaje o educación. *Este joven es un diamante en bruto y puede llegar a hacer grandes cosas.*
diamantífero, ra *adj.* Se dice del lugar o terreno en que existen diamantes.
diamantino, na *adj.* Perteneciente o relativo al diamante. || Que es de carácter muy duro, persistente o inquebrantable.
diametral *adj.* Perteneciente o relativo al diámetro. || Se aplica a lo que es totalmente opuesto. *Tenemos visiones diametrales sobre la verdad y la belleza.*
diamétrico, ca *adj.* Diametral.
diámetro *s. m.* Segmento de línea recta que une dos puntos opuestos de una circunferencia o de la superficie de una esfera pasando por su centro. *El diámetro tiene una proporción respecto a la circunferencia de 3.1416.*
diana *s. f.* Toque militar de la mañana, para despertar a la tropa. || Punto central de un blanco de tiro. *Acertar en la diana da el mayor puntaje.* || Blanco de tiro circular formado por varias circunferencias concéntricas.
diantre *s. m.* Eufemismo por «diablo». Se usa como exclamación de sorpresa o disgusto. || *interj.* ***¡Diantre!:*** indica sorpresa, disgusto o admiración. *¡No me van a callar! ¡Qué diantre!*
diapasón *s. m.* Instrumento formado por una barra metálica doblada en forma de U que al vibrar produce un sonido, generalmente la nota «la», que sirve de referencia para afinar o entonar instrumentos musicales o la voz. *Existen diapasones que producen la nota «do» a 256 ciclos por segundo, en vez de «la» a 440.* || Pieza de madera que cubre el mástil o palo y sobre el cual se pisan con los dedos las cuerdas de algunos instrumentos de cuerdas. || Intervalo de una octava que se utiliza para afinar el resto de los sonidos de un sistema musical. *En las orquestas sinfónicas el diapasón lo da el primer violín.* || Escala de notas que abarca una voz o un instrumento. || Intervalo musical que consta de cinco tonos, tres mayores y dos menores, y de dos semitonos mayores.
diaporama *s. m.* Técnica audiovisual que consiste en la proyección simultánea de diapositivas sobre una o varias pantallas, mediante proyectores combinados para mezclas, fundidos y sincronización con el sonido.
diapositiva *s. f.* Fotografía sacada directamente en positivo y en algún material transparente, que se proyecta sobre una pantalla.
diariero, ra *adj.* y *s. com. Amér. Merid.* De uso diario. || Vendedor de diarios.
diario, ria *adj.* Que ocurre, se hace, etc., o se repite todos los días. *Para*

D

estar informado hay que leer los diarios a diario. || *s. m.* Periódico que se publica todos los días. *Este es el diario de mayor circulación en el país.* || Cuaderno o libro en el que una persona va escribiendo día a día, o con frecuencia, hechos de su vida personal, pensamientos y sentimientos y acontecimientos de la vida a su alrededor. *El diario que tal vez ha sido más leído es el de Ana Frank.* || Gasto fijo correspondiente a lo que se consume en un hogar en un día. *El salario apenas alcanza para el diario.* || *loc. adv.* ***A diario:*** todos los días, cada día. *Tomo café a diario.* || ***De diario:*** vestimenta que se usa cotidianamente. *Tengo mis zapatos de diario y los viejitos.*

diarista *s. com.* Persona que compone o publica un diario.

diarrea *s. f.* Alteración del aparato digestivo que se manifiesta con evacuación repetida de excrementos líquidos o muy fluidos. *El cólera produce diarreas muy intensas.* || *loc. fam.* ***Diarrea mental:*** confusión de ideas. *Ha estudiado tan desordenadamente que sólo le ha producido diarrea mental.*

diartrosis *s. f.* Articulación que se mueve libremente. || Tratamiento aislado y particular que se da en escultura a cada miembro de la figura, para integrarlo después en el conjunto.

diáspora *s. f.* Dispersión de los judíos por diversos lugares del mundo. *La diáspora contribuyó a la difusión literaria de los judíos.* || Dispersión de grupos humanos que abandonan su lugar de origen. *Los toltecas y teotihuacanos desaparecieron en la diáspora.*

diástole *s. f.* Movimiento de dilatación del corazón durante el cual la sangre penetra en su cavidad.

diatomea *s. f.* Alga unicelular microscópica que a veces forma filamentos o colonias, tiene caparazón y habita en el mar y en el agua dulce. || *pl.* Grupo taxonómico, constituido por estas algas.

diatónico, ca *adj.* Sistema musical que procede según la sucesión natural de alternancia de dos tonos y un semitono, sin modificaciones cromáticas.

diatriba *s. f.* Discurso o escrito violento e injurioso contra personas o cosas. *Sus artículos son diatribas contra quienes no aceptan el liberalismo.*

dibujante *adj.* Que dibuja. || *s. com.* Persona que se dedica profesionalmente al dibujo.

dibujar *t.* Representar figuras en una superficie mediante líneas y sombreado con instrumentos adecuados, como un lápiz, una pluma, etc. *Adquirió destreza y le gustaba dibujar figuras de caballos.* || Describir algo con palabras con gran viveza y vehemencia. *Virgilio dibuja espléndidamente la batalla entre dos guerreros.* || *pr.* Mostrarse una cosa de forma vaga o en silueta. *Las montañas apenas se dibujaban en el horizonte.* || Ser perceptible, indicarse o revelarse algo que estaba oculto. *Se le dibujaba la pena en el semblante.*

dibujo *s. m.* Arte y técnica de dibujar. *Botticelli es un artista del dibujo.* || Figura dibujada. *Le hicieron un dibujo a lápiz.* || Figura formada por el tejido de un encaje, el adorno de una tela, los hierros de una reja, etc. *El tejido tiene un dibujo muy vistoso.* || *loc.* ***Dibujos animados:*** figuras dibujadas en la sucesión de las distintas fases de un movimiento que al verlas en rápida sucesión producen ilusión de movimiento.

dicción *s. f.* Manera de articular el habla. *Sus ideas son sugerentes, pero su dicción es pésima.* || Manera de pronunciar. *El maestro tiene una dicción clara y limpia.*

diccionario *s. m.* Libro en el que se recoge una serie más o menos completa de las palabras de un idioma o de una materia determinada, generalmente en orden alfabético, con su definición o traducción, y otro tipo de información léxica. *Los diccionarios son muy útiles para aprender a estudiar.*

dicha *s. f.* Sentimiento de felicidad, alegría o satisfacción. *El abuelo tuvo la dicha de ver a todos los nietos bien establecidos.* || Situación o suceso afortunado que es causa de ese estado. *Es una dicha poder disfrutar de su hermosura.*

dicharachero, ra *adj.* y *s.* Se dice de la persona que tiene una conversación amena y animada con expresiones u ocurrencias graciosas. || Propenso a prodigar dicharachos.

dicharacho *s. m.* Dicho bajo, demasiado vulgar o poco decente.

dicho, cha *adj.* Se refiere a lo mencionado antes. *Por lo antes expuesto, la dicha situación es crítica.* || *s. m.* Palabra o conjunto de palabras mediante las cuales se dice una cosa o se expresa una idea, especialmente si tiene gracia o contiene una sentencia. *Como dice el dicho, a las pruebas me remito.* || Ocurrencia chistosa y oportuna. *Siempre se le ocurre un dicho para cada circunstancia.* || Expresión insultante o desvergonzada. || *loc.* ***Dicho y hecho:*** se usa para expresar la prontitud con que se hace o se hizo algo. *Dijeron que se casarían, y dicho y hecho, en unos días eran marido y mujer.* || ***Mejor dicho:*** expresión con que se corrige lo que se dijo antes. *Quedamos de vernos a las cinco, mejor dicho a las seis.* || ***Lo dicho, dicho:*** se usa cuando alguien da a entender que se sostiene en lo que una vez dijo. *Te voy a regalar el coche, lo dicho, dicho.*

dichoso, sa *adj.* Feliz, que disfruta de dicha. *Tienen mucho tiempo de casados y se les ve dichosos.* || Que produce dicha. *Dichoso el día en que la conocí.* || Enfadoso, molesto. *No he podido resolver la dichosa ecuación.*

diciembre *s. m.* Duodécimo y último mes del año, tiene treinta y un días. *Ya va llegando diciembre con sus posadas.*

dicotiledón *adj.* Se dice de los vegetales cuyo embrión tiene dos cotiledones. || *s. f. pl.* Una de las dos clases en que, en la antigua clasificación, se dividían las plantas cotiledóneas.

dicotiledóneo, a *adj.* Se dice de los vegetales cuyo embrión tiene dos cotiledones. || *s. f. pl.* Una de las dos clases en que, en la antigua clasificación, se dividían las plantas cotiledóneas.

dicotomía *s. f.* División de una cosa o una materia en dos partes o grupos, generalmente opuestos entre sí. *La división entre ciencias físicas y sociales es una dicotomía falsa.* || Práctica condenada por la deontología, que consiste en el pago de una comisión por el médico que atiende a un paciente y el que lo ha mandado a éste. || Bifurcación de un tallo o de una rama.

dicotómico *adj.* Perteneciente o relativo a la dicotomía. || Bifurcado.

dictado *s. m.* Lectura de un texto en voz alta y a velocidad moderada para que pueda ser copiado. *El dictado no es una práctica recomendable en la educación.* || Texto que una persona ha escrito con lo que otra dijo o leyó. *Tomé el dictado casi completo.* || *pl.* Normas o preceptos de la razón o la moral. *Actuó conforme a los dictados de su conciencia.*

dictador, ra *s.* Gobernante que asume todos los poderes del Estado y los ejerce sin limitación jurídica sin someterse a control constitucional ni legislativo alguno. *Generalmente, el dictador se sostiene con el uso de la fuerza armada.* || *adj.* y *s.* Se aplica a la persona que abusa de su autoridad o es inflexible en su relación con los demás. || *s. m.* Entre los antiguos romanos, magistrado supremo y temporal que nombraban los cónsules por acuerdo del senado en tiempos de peligro para la república, el cual asumía todo el poder.

dictadura *s. f.* Régimen político en el que una sola persona o un grupo gobierna con poder total. *La doctrina marxista propuso la dictadura del proletariado como sistema de gobierno.* || País que se gobierna con este sistema político. *Bajo el gobierno de Franco, España vivió en la dictadura.* || Tiempo que dura el gobierno de un país por este sistema. *Durante la dictadura de Pinochet en Chile hubo muchos asesinatos.*

dictamen *s. m.* Opinión técnica y experta que se da sobre un hecho o una cosa. *La comisión formada para analizar la problemática emitió su dictamen.*
dictaminador, ra *adj.* Que dictamina.
dictaminar *intr.* Emitir dictamen sobre un asunto. *El forense dictaminó las causas de la muerte.*
dictar *t.* Decir o leer un texto en voz alta con las pausas necesarias o convenientes y a velocidad moderada para que otro pueda escribirlo. *El maestro prefiere dictar sus clases.* || Expedir o pronunciar leyes, fallos, normativas, etc. *Después de escuchar el fallo del jurado, el juez dictó sentencia.* || Dar, pronunciar, impartir una conferencia, una clase, etc. *El colegio lo invitó a dictar una serie de conferencias.* || Imponer, inspirar, influir. *El líder dictaba todos los actos a sus seguidores.*
dictatorial *adj.* Perteneciente o relativo al dictador o la dictadura.
dictatura *s. f.* Dictadura.
dicterio *s. m.* Dicho insultante y provocador, ofensa.
didáctica *s. f.* Arte de enseñar. || Parte de la pedagogía que se ocupa de los métodos y técnicas de la enseñanza.
didáctico, ca *adj.* Perteneciente o relativo a la enseñanza. || Que es adecuado para enseñar. *La maestra imagina ejemplos muy didácticos.*
didactismo *s. m.* Dominio de las técnicas y métodos de enseñanza. || Cualidad de didáctico.
diecinueve *adj.* y *s. m.* Diez y nueve. || Que ocupa el lugar número diecinueve en una serie ordenada.
diecinueveavo, va *adj.* y *s.* Se dice de cada una de las diecinueve partes iguales en que se divide un todo.
dieciochavo, va *adj.* y *s.* Se dice de cada una de las dieciocho partes iguales en que se divide un todo.
dieciocheno, na *adj.* Decimoctavo.
dieciochesco, ca *adj.* Perteneciente o relativo al siglo XVIII.
dieciochismo *s. m.* Carácter, modos, estilo, etc., propios del siglo XVIII.
dieciochista *adj.* Perteneciente o relativo al siglo XVIII.
dieciocho *adj.* y *s. m.* Número cardinal equivalente a diez más ocho. Se representa por el guarismo «18».
dieciochoavo, va *adj.* y *s.* Se dice de cada una de las 18 partes iguales en que se divide un todo.
dieciséis *adj.* y *s. m.* Número cardinal equivalente a diez más seis. Se representa por el guarismo «16».
dieciseisavo, va *adj.* y *s.* Numeral partitivo correspondiente a «dieciséis». || Cada una de las dieciséis partes iguales en que se divide un todo. || *loc.* ***En dieciseisavo:*** se dice de un libro, de un folleto, cuyas hojas corresponden a 16 por pliego o que mide de doce a quince centímetros de altura.
dieciseiseno *adj.* Decimosexto.
diecisiete *adj.* y *s. m.* Número cardinal equivalente a diez más siete. Se representa por el guarismo «17».
diecisieteavo, va *adj.* y *s.* Numeral partitivo correspondiente a «diecisiete». || Cada una de las diecisiete partes iguales en que se divide un todo.
diedro *s. m.* Cada una de las dos porciones que se forman al cortarse dos planos en una recta.
diente *s. m.* Cada una de las piezas duras y blancas implantadas en los huesos maxilares del hombre y algunos animales; sirve para cortar y masticar los alimentos y, en los animales, también para defenderse. *Lo mordió y le dejó marcados los dientes.* || Punta o saliente que tienen en el borde o superficie algunas cosas, en especial los que tienen ciertos instrumentos o herramientas. *A la sierra se le mellaron los dientes.* || *loc.* ***Armarse hasta los dientes:*** proveerse de armas en gran cantidad. *Los sicarios iban armados hasta los dientes.* || ***Hablar entre dientes:*** refunfuñar, renegar o hablar muy bajo y de modo que no se entienda lo que se dice. *Estaba enfadado y no hizo más que hablar entre dientes.* || ***Diente canino:*** colmillos, cada uno de los cuatro dientes situados entre los incisivos y los premolares. || ***Diente de ajo:*** cada una de las partes que componen una cabeza de ajo. *La ensalada lleva dos dientes de ajo picados.* || ***Diente de leche:*** diente que muda con la edad. *Aún no se le caen los dientes de leche.* || ***Diente de león:*** planta herbácea, de flores amarillas y pelillos blancos en el cáliz de la corola. || ***Diente incisivo:*** cada uno de los dientes de los mamíferos situados en la parte central y anterior de la boca. || ***Diente molar:*** cada una de las muelas de los mamíferos. || ***Enseñar los dientes:*** demostrar una persona a otra que es capaz de resistirle o atacarle. *En cuanto amenazaron a sus hijos, enseñó los dientes.* || ***Hincar el diente:*** empezar a comer o comer algo difícil de mascar. *Teníamos tanta hambre que le hincamos el diente a la carne dura.* || Apropiarse alguien de algo ajeno. *Se ganó su confianza y le hincó el diente a su fortuna.* || Acometer las dificultades de un asunto. *No se me dan las matemáticas pero decidí hincarle el diente.* || Murmurar de alguien, criticarlo. *Juan no desaprovecha oportunidad para hincarle el diente a Susana.* || ***Pelar el diente:*** sonreír con coquetería. *No hacía más que pelarle el diente a Diana.* || ***Tener buen diente:*** tener buen apetito. *Es un muchacho robusto, tiene buen diente.*
dientón, tona *adj.* Que tiene los dientes grandes.
dientudo *adj. Amér.* Que tiene dientes grandes y desproporcionados.
diéresis *s. f.* Signo ortográfico que consiste en dos puntos uno al lado de otro que, en el idioma español, se coloca sobre la vocal «u» de las sílabas «gue» y «gui» para indicar que debe pronunciarse. *El adjetivo «güera» lleva diéresis en la «u» para que signifique rubia.* || Pronunciación de dos vocales consecutivas en sílabas distintas, que normalmente forman diptongo. *La diéresis es una licencia poética para que el verso tenga una sílaba más.*
diésel o **diesel** *s. m.* Combustible compuesto principalmente de parafinas, que se obtiene de la destilación del petróleo o de aceites vegetales. || Motor de combustión interna por inyección y compresión de aire y combustible, que no necesita bujías. *El motor diésel se usa para autotransporte porque su combustible es más barato.*
diestra *adj.* Que está del lado derecho. *Está sentado a la diestra de Dios.*
diestro, tra *adj.* y *s.* Se dice de aquello que está del lado derecho. || Se dice de la persona que usa preferentemente la mano derecha. || Se aplica a la persona que tiene habilidad o agilidad para hacer una cosa o desarrollar una actividad. *Esos artesanos son tejedores muy diestros.* || Matador de toros. *El diestro terminó en la enfermería cornado por el toro.* || *loc. adv.* ***A diestra y siniestra:*** a todos lados, sin tino, sin orden ni miramientos.
dieta[1] *s. f.* Asamblea legislativa de algunos países. || Retribución o salario de los representantes en las asambleas legislativas. *Los diputados se aprobaron dietas muy elevadas.*
dieta[2] *s. f.* Alimentación habitual de una persona. *Engorda porque tiene una dieta muy alta en carbohidratos.* || Régimen alimenticio que se prescribe por distintas razones o para un propósito determinado. *Para bajar de peso se puso a dieta de vegetales.*
dietario *s. m.* Libro en el que se anotan los ingresos y gastos diarios de una casa o establecimiento.
dietética *s. f.* Disciplina que se ocupa de los tipos y reglas de la alimentación en estado de salud y en las enfermedades. *María eligió especializarse en dietética.*
dietético, ca *adj.* Perteneciente o relativo a la dieta o a la dietética. || Se dice del alimento que se toma como parte de una dieta. *Decidió incluir productos dietéticos en su alimentación.* || *s.* Médico especialista en dietética.
dietista *s. com.* Médico especializado en nutrición.
diez *adj.* y *s. m.* Número cardinal equivalente a nueve más uno. Se representa por el guarismo «10».

D

diezmar *t.* Separar una cosa o persona de cada diez. || Castigar a uno de cada diez cuando son muchos los delincuentes. || Pagar el diezmo. *En el imperio español todos estaban obligados a diezmar.* || *fig.* Causar gran mortandad una epidemia, la guerra o una catástrofe natural. *La peste negra diezmó a un tercio de la población de Europa.*

diezmilésimo, ma *adj.* y *s.* Se dice de cada una de las diez mil partes iguales en que se divide un todo. || Se dice del que ocupa el lugar número diez mil en una serie ordenada de elementos. *Su solicitud para ingresar a la universidad era la diezmilésima.*

diezmilímetro *s. m.* Décima parte de un milímetro.

diezmillonésimo, ma *adj.* y *s.* Se dice de cada una de las diez millones de partes iguales en que se divide un todo.

diezmilmillonésimo, ma *adj.* y *s.* Se dice de cada una de las diez mil millones de partes iguales en que se divide un todo.

diezmo *s. m.* Derecho del diez por ciento que se pagaba al rey, del valor de las mercancías que se traficaban. || Parte de la cosecha, o del lucro adquirido, generalmente la décima, que pagaban los fieles a la Iglesia. *El diezmo era la contribución con que la población sostenía a la Iglesia.*

difamación *s. f.* Acción y efecto de difamar.

difamado, da *adj.* Que ha sufrido los efectos de una difamación. *Se sintió difamado por la cobertura periodística.*

difamador, ra *adj.* y *s.* Que difama.

difamar *t.* Ofender la reputación de una persona con declaraciones o por escrito públicos, diciendo cosas relativas a su moral o su honradez que perjudican su buena fama. *Es una difamación que diga que la ley se aprobó mediante soborno a los legisladores.*

difamatorio, ria *adj.* Se dice de lo que difama. *Sus declaraciones resultan difamatorias.*

diferencia *s. f.* Característica o cualidad por la que algo difiere de otra cosa. *La mente creativa es la diferencia entre humanos y animales.* || Desacuerdo, discrepancia o incompatibilidad entre dos o más personas. *Se separaron debido a su diferencia en cómo administrar el negocio.* || Resultado de una resta. *Quince menos ocho da una diferencia de siete.* || *loc. prep.* ***A diferencia de:*** indica que algo es distinto de otra cosa por una diferencia específica que se nombra. *A diferencia de los demás, él sí estudia con rigor.*

diferenciación *s. f.* Acción y efecto de diferenciar o diferenciarse. || Determinación de aquello que hace que dos personas o cosas sean diferentes entre sí. *Entre lo vivo y lo no vivo existe una radical diferenciación.* || Operación matemática por la cual se determina la diferencial de una función.

diferenciado, da *adj.* Que muestra diferencias en relación con otras cosas.

diferenciador, ra *adj.* Que establece diferencias.

diferencial *adj.* Perteneciente o relativo a la diferencia de las cosas. || Se dice de aquello característico y distintivo que diferencia a una cosa de las demás. *Los mamíferos tienen caracteres diferenciales propios.* || *s. f.* Cantidad que es infinitamente pequeña en una variable. || *s. m.* Mecanismo que permite que las ruedas derecha e izquierda de un vehículo giren a revoluciones diferentes, según éste se encuentre tomando una curva hacia un lado o hacia el otro. *El diferencial permite obtener una mayor tracción en las curvas.*

diferenciar *t.* Hacer a alguien o algo diferente, o ser causa de que sean diferentes. *Quiso diferenciar sus pinturas por el colorido y los contrastes.* || Hacer distinción entre las cosas, averiguar su diversidad. *No sabe diferenciar calabazas de pepinos.* || *pr.* Ser diferente o distinguirse una cosa de otra. *A esos gemelos apenas se les puede diferenciar por la sonrisa.* || Hacerse alguien notable por sus acciones o cualidades. *Su personalidad lo hace diferenciarse de los demás.* || *t.* Hallar la diferencial de una cantidad variable. || Estar en desacuerdo dos personas.

diferendo *s. m. Amér.* Desacuerdo, discrepancia entre instituciones o estados. *Colombia y Venezuela tienen un diferendo por la pertenencia de las aguas del Golfo de Venezuela.*

diferente *adj.* Que es distinto del resto.

diferido, da *adj.* Aplazado, retardado. || Se aplica al programa de radio o televisión que se transmite posteriormente a su grabación. *La Hora Nacional es un programa de radio que se transmite diferido.*

diferir *t.* Retrasar o aplazar la ejecución de algo. *Tuvimos que diferir la reunión para la próxima semana.* || *intr.* Ser diferente dos o varias cosas. *Ambas teorías difieren en aspectos fundamentales.* || Estar en desacuerdo una persona con otra en algo. *Difiero de su interpretación de los resultados del experimento.*

difícil *adj.* Se dice de aquello que no es fácil de lograr, ejecutar o entender. *Nos dejaron de tarea un problema de matemáticas muy difícil.* || Que existe poca probabilidad de que ocurra. *Es difícil que ella se fije en él.* || Se aplica a la persona que es poco tratable. *Ruperto tiene un carácter muy difícil.*

dificultad *s. m.* Cualidad de difícil. || Circunstancia que obstaculiza o entorpece lograr, ejecutar o entender una cosa. *Logró ingresar a la universidad con gran dificultad.* || Argumento que se opone a la opinión de alguien. *El mecanismo de origen de la vida es una dificultad para el evolucionismo.*

dificultar *t.* Poner dificultades que impidan o hagan difícil la realización o consecución de algo. *Los fuertes vientos dificultaron el combate del incendio.*

dificultoso, sa *adj.* Se dice de aquello que presenta dificultades y requiere de mucha habilidad, inteligencia o esfuerzo. *Entender la teoría de la relatividad es algo dificultoso.*

difinición *s. f.* Definición.

difinir *t.* Definir.

difinitorio *s. m.* definitorio

difracción *s. f.* Fenómeno físico por el cual un rayo de luz se desvía al pasar de un medio menos denso a otro de mayor densidad, o al pasar por el borde de un cuerpo opaco o por una abertura estrecha. *Fermat determinó que la difracción es un fenómeno de tiempo mínimo.*

difractar *t.* Producir difracción.

difteria *s. f.* Enfermedad infecciosa epidémica de las vías respiratorias producida por un bacilo, se caracteriza por la formación de falsas membranas en mucosas, que dificultan la respiración. *Antes del descubrimiento de la vacuna la difteria era una enfermedad altamente mortal.*

difuminación *s. f.* Efecto de esfumar los trazos hechos con lápiz o carbón.

difuminado, da *adj.* Esfumado, que tiene sus contornos poco precisos.

difuminar *t.* Disminuir la intensidad, nitidez o claridad de un color, un olor o un sonido, generalmente de modo progresivo. *Los pintores y dibujantes difuminan las imágenes que se ven lejanas.* || *pr.* Hacer perder nitidez, claridad o intensidad. *Con la distancia los objetos se difuminan.*

difumino *s. m.* Utensilio de dibujo hecho con papel poroso fuertemente enrollado, que sirve para suavizar los colores y el contorno de las figuras.

difundir *t.* y *pr.* Extender, esparcir o dispersar por el espacio en todas las direcciones. *El olor de la comida se difundió por todo el salón.* || Propalar, divulgar o dar a conocer ampliamente conocimientos, noticias, doctrinas, etc. *Entre las misiones de la universidad está la de difundir.*

difunto, ta *adj.* Se dice de la persona que ha muerto. || *s. m.* Persona o animal muerto.

difusión *s. f.* Acción y efecto de difundir o difundirse. || Propagación o divulgación de algo. *La teoría del calentamiento global ha tenido mucha difusión.* || Distribución espontánea de moléculas en un medio.

difuso *adj.* Que es muy extenso, poco claro, vago e impreciso. *Su estilo de exponer es muy difuso.*
difusor, ra *adj.* Que difunde o extiende. *La universidad es difusora de la cultura.* || *s. m.* Aparato o parte de un aparato que difunde la luz, el aire, el calor, etc. *El serpentín de fierro vaciado es difusor de calor.*
digerible *adj.* Que puede ser digerido.
digerido, da *adj.* Que ha pasado por el proceso de digestión para que el organismo lo asimile.
digerir *t.* Transformar en el aparato digestivo los alimentos en sustancias asimilables por el organismo. *Las verduras son fáciles de digerir.* || Asimilar o superar un hecho desgraciado o una ofensa y sobreponerse a él. *No ha logrado digerir la muerte de su padre.* || Reflexionar, considerar o meditar cuidadosamente algo para asimilarlo. *Debemos digerir bien la propuesta antes de tomar una decisión.*
digestibilidad *s. f.* Cualidad de digestible.
digestible *adj.* Que se puede digerir.
digestión *s. f.* Acción y efecto de digerir.
digestivo, va *adj.* Perteneciente o relativo a la digestión, o a los órganos que intervienen en este proceso. *El sistema digestivo empieza y termina por un orificio del cuerpo.* || *s. m.* Se dice de aquello que ayuda a la digestión. *La crema de anís es un digestivo.*
digitación *s. f.* Técnica de adiestramiento de los dedos para tocar un instrumento. || Indicación de los dedos que deben usarse para la ejecución de cada nota musical en un instrumento. *La digitación para piano se indica con números sobre las notas del pentagrama.*
digitado, da *adj.* Se aplica a los animales mamíferos que tienen dedos en las patas.
digital *adj.* Perteneciente o relativo a los dedos. *Les tomaron la huella digital.* || Se dice del aparato o instrumento que mide cantidades y las representa por medio de números. *Me compré un reloj digital.* || Se aplica al sistema de codificación que transforma la variable física en un sistema de dígitos. || *s. f.* Planta herbácea de flores purpúreas con forma de dedal dispuestas en racimo; se utiliza en medicina para combatir la insuficiencia cardiaca. || Flor de esta planta.
digitalina *s. f.* Sustancia de color amarillo, de sabor amargo, que contienen las hojas de la digital.
digitalizar *t.* Convertir una información a un sistema de dígitos para su tratamiento informático.
digitar *t. Amér. C.* y *Amér. Merid.* Incorporar datos a la computadora utilizando el teclado.
digitiforme *adj.* Que tiene la forma de un dedo.
digitígrado, da *adj.* y *s.* Se aplica al animal mamífero que, al caminar, sólo apoya los dedos de sus cuatro patas. *El gato y el perro son digitígrados.*
dígito *s. m.* Cada una de las cifras que componen un número. *El número 222 está compuesto de tres dígitos.* || Cada una de las doce partes iguales en que se divide el diámetro aparente del Sol y el de la Luna en los cómputos de los eclipses.
dignarse *pr.* Condescender en hacer una cosa a la cual se le tiene por indigna. *El modosito por fin se dignó en buscar trabajo.*
dignatario, ria *s.* Persona que desempeña un cargo o puesto de mucho prestigio, autoridad, y honor.
dignidad *s. f.* Cualidad de digno. || Estima que una persona tiene de sí misma por la que se considera merecedora del respeto de los demás. *Por dignidad no aceptó el empleo que le propusieron.* || Cargo o puesto que da respetabilidad a la persona que lo desempeña. *Se comporta con toda la dignidad del cargo que desempeña.* || Persona que tiene este cargo. *A la ceremonia asistieron todas las dignidades del caso.*
dignificación *s. f.* Acción y efecto de dignificar.
dignificante *adj.* Que dignifica.
dignificar *t.* y *pr.* Hacer que tenga dignidad o aumentar la que tiene una persona, un grupo o cosa. *Su gestión volvió a dignificar el cargo de presidente.*
digno, na *adj.* Merecedor de algo, ya sea favorable u honroso, o adverso o denigrante. *Se ha hecho digno de desprecio.* || Se aplica a las personas y a sus actos que se corresponden a un comportamiento serio, mesurado, merecedor del respeto y la estimación de los demás y de sí mismo. *Su cortesía es propia de un caballero digno.* || Que resulta suficiente y permite mantenerse con decoro. *Los trabajadores demandan condiciones de trabajo dignas.* || De calidad aceptable. *Los actores tuvieron una actuación digna.*
dígrafo *s. m.* Signo ortográfico formado por dos letras que representa un solo sonido. *La «ch», como en «chica», y la «ll», como en «llanto», son dígrafos.*
digresión *s. f.* Desviación del tema de un discurso para tratar algo que no tiene relación directa con él. *Estaba hablando de física e hizo una larga digresión sobre la guerra.*
dije *s. m.* Joya, alhaja o adorno que se lleva colgando de una cadena o de una pulsera. *Llevaba un elegante dije en su cuello.* || *Amér. Merid.* Persona encantadora por su belleza y agradable en su trato.
dilaceración *s. f.* Acción y efecto de dilacerar.
dilacerar *t.* y *pr.* Desgarrar, despedazar las carnes de personas o animales. || Lastimar la honra, el orgullo, etc. de alguien.
dilación *s. f.* Retraso o demora de algo por algún tiempo. *Al escuchar la propuesta la acepté sin dilación.*
dilapidación *s. f.* Acción y efecto de dilapidar.
dilapidador, ra *adj.* y *s.* Que dilapida.
dilapidar *t.* Malgastar los bienes sin orden, sentido ni mesura. *En cuanto se vio en posesión de la herencia se dio a dilapidarla.*
dilatable *adj.* Que puede dilatarse.
dilatación *s. f.* Acción y efecto de dilatar o dilatarse. || Aumento de volumen de un cuerpo por la separación de sus moléculas y disminución de su densidad. *La separación dejada en los bloques de cemento de las banquetas es para asimilar su dilatación.* || Aumento del diámetro o calibre de un conducto. *El médico le provocó la dilatación de los bronquios.* || Prolongación de algo en el tiempo. *La dilatación de la entrega nos está costando mucho.*
dilatado, da *adj.* Que es extenso en el espacio o en el tiempo. *Descendimos por una dilatada cuesta.*
dilatador, ra *adj.* Que dilata o extiende. || *s. m.* Instrumento quirúrgico para mantener abiertos orificios, conductos o cavidades naturales o accidentales o para agrandarlos.
dilatar *t.* y *pr.* Extender, alargar y hacer mayor algo, o que ocupe más espacio debido a un aumento de su longitud, área o volumen. *La humedad dilata la madera.* || Diferir, prolongar o retrasar un proceso o una actividad. *No te dilates con la canasta de los cacahuates.* || Propagar o extender una cosa. *Su nueva novela va a dilatar el reconocimiento que ya tiene.* || Aumentar el diámetro de un conducto o cavidad. *El cuello del útero empezó a dilatar.*
dilatorio, ria *adj.* Que causa retraso, dilación o demora. *El abogado uso una táctica dilatoria para ganar tiempo.*
dilecto, ta *adj.* Se aplica a la persona o cosa que se ama o se aprecia con predilección a otras. *Les presento a mi amigo dilecto.*
dilema *s. m.* Problema o situación que representa una dificultad porque ofrece dos o más soluciones igualmente favorables o desfavorables. *¡Qué dilema, ambas oportunidades de empleo son muy buenas!* || Razonamiento formado por una premisa con dos términos contrapuestos que, supuestos alternativamente verdaderos, conducen a la misma conclusión.
diletante *adj.* y *s. com.* Que cultiva por afición una o varias artes o disciplinas del saber, sin capacidad o preparación suficiente para ejercitarlos seriamente. *Es un diletante, cree que por haber leído ya es un crítico.*

diletantismo *s. m.* Condición o actitud de diletante.

diligencia *s. f.* Cuidado, prontitud y eficiencia con que se lleva a cabo una cosa. *A ella le puedes asignar cualquier tarea y la hará con diligencia.* || Trámite o gestión de un asunto administrativo. *Las diligencias para obtener los permisos las realiza el abogado.* || Actuación del juez o de un secretario de un tribunal. || Documento oficial que verifica un trámite y es constancia de ello. || Coche grande tirado por caballos que se usaba para el transporte de viajeros. *Los maleantes asaltaron la diligencia.*

diligenciar *t.* Efectuar las diligencias de un asunto o proceso.

diligente *adj.* Se dice de la persona que actúa con cuidado y prontitud al hacer una cosa. *En la oficina ella es la más diligente.*

dilucidación *s. f.* Acción y efecto de dilucidar.

dilucidar *t.* Explicar o aclarar un asunto, ponerlo en claro. *Finalmente logró dilucidar las causas de la polarización de la luz.*

dilución *s. f.* Acción y efecto de diluir o diluirse

diluido, da *adj.* Que está disuelto en un líquido para aminorar su potencia o efecto.

diluir *t.* Disolver las partes de un cuerpo o una sustancia haciendo que al mezclarse con un líquido queden incorporadas. *El azúcar se diluye en el agua caliente.* || Disminuir la concentración de un líquido añadiéndole disolvente u otra sustancia. *La pintura vinílica se diluye con agua.*

diluvial *adj.* y *s. com.* Perteneciente o relativo al diluvio. || Se dice del terreno constituido por materiales arenosos que han sido arrastrados por grandes corrientes de agua. *El delta del río es un terreno diluvial.*

diluviano, na *adj.* Que tiene relación con el diluvio universal o que se compara con él.

diluviar *impers.* Llover abundantemente, a manera de diluvio.

diluvio *s. m.* Lluvia muy abundante, fuerte y de larga duración. *El diluvio de ayer provocó el desbordamiento del canal.* || Abundancia excesiva de algo. *En su cumpleaños recibió un diluvio de parabienes.* || *loc.* **Diluvio universal:** lluvia muy abundante y prolongada con que, según la Biblia, Dios inundó la tierra como castigo a los hombres en tiempo de Noé.

diluyente *adj.* y *s. com.* Que diluye.

dimanación *s. f.* Acción y resultado de dimanar.

dimanar *intr.* Manar una cosa de algún sitio. *Esta agua dimana de un manantial.* || Proceder o tener origen una cosa de otra. *Todo este lío dimana de las intrigas de ella.*

dimensión *s. f.* Cada una de las magnitudes que se consideran en el espacio para determinar la extensión de una cosa. *En la teoría de la relatividad se considera al espacio con cuatro dimensiones.* || En sentido no material, aspecto o cualidad que se puede considerar en algo. *La dimensión espiritual del ser humano.* || Importancia, magnitud o alcance que puede adquirir una cosa. *Ese fue un escándalo de grandes dimensiones.*

dimensional *adj.* Perteneciente o relativo a la dimensión.

dimes y diretes *loc. s. m. pl.* Contestaciones, altercaciones, réplicas que intercambian dos personas en una discusión insustancial. *Andaban a dimes y diretes con motivos de los novios.*

diminutivo, va *adj.* Que tiene cualidad de disminuir o hacer más pequeña o menos importante una cosa. || Se aplica a los sufijos que realizan esta modificación de significado. *El sufijo «-illo» es diminutivo, como en «chiquillo».* || *s. m.* Palabra modificada con sufijos diminutivos para que exprese pequeñez o poca importancia, poca intensidad, etc. *Marianita es diminutivo de Mariana.*

diminuto, ta *adj.* Que es de tamaño muy pequeño. *Su capacidad de concentración es diminuta.*

dimisión *s. f.* Acción y efecto de dimitir. || Renuncia a un cargo o puesto que se ocupa. *El director presentó su dimisión por razones de salud.*

dimitir *intr.* Renunciar, dejar el cargo que se desempeña. *Las circunstancias adversas le obligaron a dimitir.*

dimorfismo *s. m.* Fenómeno por el cual, en una misma especie animal o vegetal, se dan dos formas o dos aspectos anatómicos diferentes. *El dimorfismo más general es el que existe entre macho y hembra.* || Propiedad de algunos cuerpos que pueden cristalizar en dos sistemas diferentes.

dimorfo, fa *adj.* Que se presenta en dos formas distintas.

dina *s. f.* Unidad de fuerza del sistema cegesimal, de símbolo *din*, que equivale a la fuerza necesaria para comunicar a la masa de un gramo la aceleración de un centímetro por segundo. *Una dina equivale a 105 «newtons».*

dinamarqués, quesa *adj.* y *s.* Natural de Dinamarca. || Perteneciente o relativo a este país de Europa. || Lengua germánica que se habla en Dinamarca.

dinámica *s. f.* Parte de la mecánica que estudia las leyes del movimiento y las causas que lo producen. *La dinámica es una ciencia restablecida por Leibniz con el nombre de «vis viva».* || Conjunto de hechos o fuerzas que determinan el modo de producirse algo. *Su noviazgo ha entrado en una dinámica de deterioro.* || Elemento de una pieza musical que designa el modo en que ha de tocarse un fragmento o un pasaje, en cuanto a volumen, velocidad, carácter, etc. *El forte, el piano, el crescendo y el diminuendo son dinámicas.*

dinámico, ca *adj.* Perteneciente o relativo a la dinámica o al movimiento. *Se aplica a lo que produce movimiento.* || Se aplica a la persona que despliega mucha actividad, energía y diligencia en sus acciones. *Tiene capacidad de trabajo, ella es muy dinámica.* || Forma de suceder una cosa. *Primero nos explicaron la dinámica del examen.*

dinamismo *s. m.* Energía activa, vitalidad propulsora. *Como director le ha dado dinamismo a la enseñanza.* || Doctrina filosófica y científica que considera el mundo físico como constituido únicamente por fuerzas y a los fenómenos corpóreos como modos del movimiento.

dinamita *s. f.* Mezcla explosiva hecha principalmente con nitroglicerina. *Para abrir minas se usa dinamita.* || *fam.* Persona o cosa capaz de causar agitación y alboroto. *La magnitud del escándalo es dinamita pura para su reputación.*

dinamitar *t.* Volar o destruir algo usando dinamita. *Para construir el canal dinamitaron el cerro.* || *fig.* Atacar para destruir enteramente algo. *Los argumentos de los opositores han dinamitado su gestión.*

dinamitero, ra *adj.* y *s.* Se dice de la persona especializada en provocar explosiones con dinamita.

dinamizar *t.* Comenzar a funcionar una cosa o adquirir un mayor desarrollo e importancia una actividad. *La nueva directiva va a dinamizar las gestiones estancadas.*

dinamo o **dínamo** *s. f.* Máquina que transforma la energía mecánica en energía eléctrica, por inducción electromagnética. *El primer dínamo para uso industrial fue construido en 1832 por el francés Hipólito Pixii.*

dinamómetro *s. m.* Instrumento que sirve para medir fuerzas motrices.

dinastía *s. f.* Serie de monarcas de un país que pertenecen a la misma familia. *La dinastía Qing o Manchú fue la última que gobernó a China.* || Familia que va transmitiendo entre sus integrantes un poder político, económico o cultural. *El poder de la dinastía Kennedy fue eliminado a balazos.*

dinástico, ca *adj.* Perteneciente o relativo a la dinastía. || Partidario de una dinastía.

dineral *s. m.* Cantidad grande de dinero.

dinerillo *s. m. ant.* Moneda de vellón. || Cantidad pequeña de dinero.

dinero *s. m.* Conjunto de monedas y billetes que se usan como medio legal de pago. *Suele confundirse al dinero con el verdadero valor económico.* || *loc.* ***Buen dinero:*** cantidad importante de dinero. *Con este contrato ganaremos buen dinero.* || ***Dinero constante y sonante:*** dinero en efectivo. || ***Dinero de plástico:*** sistema de pago mediante tarjeta de crédito. || ***Dinero sucio:*** dinero obtenido de manera ilícita y que se oculta a la hacienda pública. *La principal fuente de dinero sucio es el narcotráfico.* || ***Estar podrido en dinero:*** ser muy rico. || ***Lavar dinero:*** introducir dinero sucio a la economía formal para legalizarlo.

dinosaurio *s. m.* Grupo de reptiles prehistóricos, generalmente de gran tamaño, que tenían la cabeza pequeña, el cuello y la cola muy largos, vivieron durante la era mesozoica. *Los dinosaurios desaparecieron de la faz de la Tierra.* || *adj.* Se dice de la persona que tiene ideas anticuadas. *Hay quienes se enorgullecen del mote de dinosaurio.*

dintel *s. m.* Elemento horizontal que es la parte superior de las puertas y ventanas y sostiene el muro que hay encima. *Cuando tiembla la tierra, la gente se para bajo el dintel de las puertas.*

diócesis *s. f.* Territorio que está bajo la jurisdicción religiosa de un prelado, como un arzobispo, un obispo, etc.

diodo *s. m.* Componente electrónico formado por dos electrodos que permite el paso de la corriente en un solo sentido, por lo que se usa como rectificador de corriente.

dionisiaco, ca *adj.* Perteneciente o relativo a Dioniso, dios griego del vino y la borrachera. || Se aplica a todo lo relativo a la dimensión instintiva o irracional del hombre. *Su inclinación a lo orgiástico lo hace un dionisiaco.*

dioptría *s. f.* Unidad de medida del poder convergente de las lentes que equivale a la potencia de una lente cuya distancia focal es de un metro. *La dioptría es la unidad de medida usada por los oculistas.* || Unidad de medida que expresa el grado de defecto visual de un ojo. *Me ha aumentado la miopía y ahora tengo cuatro dioptrías en ambos ojos.*

diorama *s. m.* Superficie pintada con figuras diferentes por ambas caras que haciendo que la luz ilumine unas veces una cara y otras veces la otra, se consigue ver en un mismo sitio dos cosas distintas y puede dar la impresión de estar en movimiento.

diorita *s. f.* Roca magmática eruptiva constituida esencialmente de feldespato, anfibolita y mica, es empleada en la construcción y como piedra ornamental.

dios *s. m.* En las religiones monoteístas, ser eterno, sobrenatural y único que ha creado el universo y controla todo lo existente. *El culto católico se centra en la figura de Dios; Alá es el dios de los musulmanes; Yahvé es el dios de los hebreos.* || *s. com.* En las religiones politeístas, ser sobrenatural que tiene poder sobre una parte concreta de lo existente y sobre el destino de los seres humanos. || *loc.* ***¡Dios!:*** expresión que indica sorpresa, admiración o enfado. *¡Dios!, ¡se me olvidó que tenía una cita!* || ***A la buena de Dios:*** sin preparación, cuidado o atención. *Se fue a la capital a la buena de Dios.* || ***Como Dios manda:*** del modo correcto y apropiado. *En este trabajo se harán las cosas como Dios manda.* || ***Dios dirá:*** expresión que se usa para indicar que se desconoce lo que sucederá en el futuro. || ***Dios mediante:*** si no hay un obstáculo o un contratiempo que lo impida. *Dios mediante, estaremos por ahí el martes.* || ***¡Dios mío!:*** expresión que sirve para significar admiración, extrañeza, dolor o sobresalto. *¡Dios mío, qué susto!* || ***¡Sabe Dios!:*** expresión que indica que no se sabe o no se está seguro de una cosa. *¡Sabe Dios cuando vendrá!* || ***Si Dios quiere:*** si no hay un obstáculo o un contratiempo que lo impida. *Nos veremos mañana, si Dios quiere.* || ***¡Válgame Dios!:*** expresión que indica el disgusto o sorpresa que causa una cosa. *¡Válgame Dios, ahora me vienes con esto!*

diosa *s. f.* Deidad de sexo femenino. *Atenea es la diosa de la sabiduría de los griegos.*

dióxido *s. m.* Compuesto químico cuya molécula contiene dos átomos de oxígeno y uno de otro elemento. || *loc.* ***Dióxido de carbono:*** gas inodoro e incoloro formado por carbono y oxígeno que se desprende en la respiración, en las combustiones y en algunas fermentaciones. *Las plantas descomponen el dióxido de carbono.*

dipétalo, la *adj.* Se dice de la flor y la corola que tiene dos pétalos.

diploma *s. m.* Documento que certifica un grado académico, un premio o un título, expedido por una universidad, una facultad, una sociedad académica, etc. *Le entregaron su diploma por haber hecho el curso de especialización.*

diplomacia *s. f.* Ciencia o disciplina dedicada al estudio y práctica de las relaciones entre Estados. || Conjunto de personas e instituciones que intervienen en las relaciones internacionales. *El diferendo ha sido una dura prueba para la diplomacia de ambas naciones.* || Habilidad y sutileza para mantener buenas relaciones. *Siempre se conduce con mucha diplomacia.*

diplomado *s. m.* Persona que ha obtenido un título o diploma por haber terminado estudios universitarios o algún curso especial. || Curso especializado que dura por lo general un año.

diplomar *t.* Otorgar a una persona un diploma que acredita la realización de determinados estudios u otras aptitudes. || *pr.* Graduarse, recibir un título.

diplomático, ca *adj.* Perteneciente o relativo a la diplomacia. *Decidió abrazar una carrera diplomática.* || *s.* Se aplica a la persona o grupo que se ocupa de las relaciones entre los Estados. *Para resolver el diferendo se reunieron los diplomáticos.* || Que es hábil, sagaz, disimulado en el trato con las personas. *Con su jefe siempre procura ser diplomático.*

dipsomanía *s. f.* Impulso irresistible al abuso de las bebidas alcohólicas.

dipsómano, na *adj.* y *s.* Que padece dipsomanía.

díptero, ra *adj.* Que tiene dos alas. || Se aplica a los insectos que poseen un par de alas membranosas voladoras y no cuatro como el resto de los insectos, el otro par está reducido a balancines que sirve para darle estabilidad al volar. *La mosca es un insecto díptero.* || Se aplica a un edificio que tiene dos costados salientes. || *s. m. pl.* Grupo taxonómico, con categoría de orden, constituido por estos insectos.

díptico *s. m.* Cuadro o bajorrelieve formado por dos tablas o dos superficies que se cierran por un costado, como las tapas de un libro. || Folleto o volante formado por una hoja de papel doblada por la mitad que se usa como propaganda o como invitación a un acto.

diptongación *s. f.* Acción y efecto de diptongar.

diptongar *t.* Pronunciar dos vocales en una sola sílaba. *Para pronunciar «pausa» hay que diptongar la «a» y la «u».* || *intr.* Transformarse una vocal en diptongo.

diptongo *s. m.* Unión de dos vocales, una fuerte y otra débil, o dos débiles, que se pronuncian en una sola sílaba. *En la palabra «quien», la «i» y la «e» forman un diptongo.* || *loc.* ***Diptongo creciente:*** diptongo que empieza por una semiconsonante (i, u) y acaba en una vocal abierta (a, e, o). || ***Diptongo decreciente:*** diptongo que empieza por una vocal abierta (a, e, o) y acaba en una semiconsonante (i, u).

diputación *s. f.* Acción y efecto de diputar. || Conjunto de diputados. *El pleno de la diputación aprobó el reglamento.* || Práctica del cargo de diputado. *Después de aspirar varias veces, por fin obtuvo la diputación.* || Duración de este cargo.

diputado, da *s.* Persona elegida para formar parte de la Cámara de Diputados. || Persona nombrada o elegida

para representar a una institución o a un grupo social.
dique *s. m.* Muro que se construye para contener las aguas, para elevar su nivel o para desviar su curso. *El agua del río sobrepasó el dique e inundó la ciudad.* || Recinto amurallado en la orilla de una dársena en donde entran los buques para su limpieza y reparación cuando el agua es extraída. || Obstáculo que se interpone para interrumpir o dificultar alguna cosa o acción. *El bloque opositor fue un dique a su reelección.*
dirección *s. f.* Acción y efecto de dirigir. || Rumbo que sigue o debe seguir en su movimiento una persona, un grupo o una cosa. *La caravana iba en dirección al norte.* || Persona o conjunto de personas que dirigen una empresa, establecimiento o sociedad. *La nueva dirección ha mejorado el desempeño de la empresa.* || Cargo o puesto de director. *Por su experiencia le han encomendado la dirección del colegio.* || Oficina o despacho del director. *Le pidieron que se presentara en la dirección.* || Domicilio de una persona o una institución. *Busqué la empresa pero no encontré la dirección.* || Mecanismo que sirve para dirigir o guiar un vehículo. *El accidente se debió a una falla en la dirección.*
direccional *adj.* Que sirve para dirigir u orientar hacia una cosa o acción o en una dirección. *La antena direccional concentra la energía radiada aumentando la potencia hacia el receptor.* || *s. f. Amér.* Luz intermitente de un automóvil. *No encendió la direccional para dar vuelta.*
directiva *s. f.* Conjunto de personas encargadas de manejar una empresa, una sociedad, etc. *Al inicio del año se instala la mesa directiva de la sociedad de alumnos.* || Normas o directrices que establecen la ejecución de una acción. *Las directivas del reglamento son muy específicas en caso de impuntualidad.* || Disposición establecida por una institución u organismo internacional que han de cumplir todos los miembros. *Las directivas de la* OMS *en caso de un brote de cólera son muy estrictas.*
directivo, va *adj.* Perteneciente o relativo a la dirección. || *s.* Que tiene la facultad y función de dirigir. *En la última asamblea quedó constituida la junta directiva.* || Junta de gobierno de una corporación o sociedad || Miembro de una junta de dirección. || Ley, norma o recomendación. *Se emitió nueva directiva para los de nuevo ingreso.*
directo, ta *adj.* Derecho o en línea recta, que no se desvía de su recorrido, camino o rumbo. *Este autobús me lleva directo a la esquina de mi casa.* || Que va de un lugar a otro sin detenerse en los puntos intermedios. *Este autobús va directo hasta la capital.* || Sin intermediario o sin intervención de nada ni de nadie. *Venta directa de fábrica.* || Que se encamina derechamente a un objetivo. || *s. m.* En el boxeo, golpe que se da extendiendo un brazo hacia delante. || *loc. adj.* ***En directo:*** dicho de un programa de radio o de televisión, que se emite a la vez que se realiza.
director, ra *adj.* Que dirige. || *s.* Persona que dirige una empresa, un negocio, grupo o una cosa. *El director de la escuela llamó a junta a los padres de familia.*
directorio *s. m.* Lista de nombres y direcciones. *Ya tiene un directorio de clientes.* || Tablero que se expone en algunos edificios para orientar sobre las diferentes oficinas y sus ocupantes. *En el directorio del edificio está indicado el número del consultorio del doctor.* || Junta directiva de una empresa, un negocio, grupo o una cosa. *En su página electrónica se encuentra el directorio de la empresa.* || Lista o índice de los ficheros almacenados en una computadora. *Busca el programa en el directorio raíz.* || *loc. Méx.* ***Directorio telefónico:*** guía de teléfonos.
directriz *s. f.* Conjunto de principios, propósitos o normas que deben seguirse en la ejecución de algo. *Las directrices del partido están expuestas en su declaración de principios.* || Línea, superficie o volumen que determina las condiciones de generación de otra línea, superficie o volumen. || *adj.* Se dice de aquello que determina las condiciones de generación de algo. *El programa de acción se elaboró siguiendo las ideas directrices del líder.*
dirigente *adj.* Que dirige. || *s. com.* Persona que dirige. *Las juventudes eligieron a su nuevo dirigente.*
dirigible *adj.* Que puede ser dirigido. || *s. m.* Globo aerostático autopropulsado dotado de un sistema de dirección. *Ferdinand von Zeppellin, general alemán, inventó el dirigible en 1900.*
dirigido, da *adj.* Que se encamina hacia un destino o fin determinado.
dirigir *t.* Hacer que algo vaya hacia un lugar o término señalado o en determinada dirección. *El guía nos dirigió hacia el poniente a lo profundo del bosque.* || Gobernar, mandar, guiar o regir un grupo de personas o una cosa. *Beatriz dirige a la agrupación con acierto.* || Dedicar o encaminar los pensamientos, esfuerzos, atención, etc., a un fin determinado. *Dirige todos sus esfuerzos a terminar su carrera.* || Orientar y guiar a una persona hacia una cosa o una acción. *El maestro dirige a Juan en su tesis de licenciatura.* || Poner a una carta, paquete postal o cualquier otro envío la dirección para indicar el destinatario. *La carta va dirigida al gerente de la empresa.* || Conducir la actuación de un coro, orquesta o espectáculo. *Plácido va a dirigir la orquesta en el festival.* || Decir algo a alguien de palabra o por escrito. *Le dirigió sus objeciones directamente al conferencista.* || Dedicar una obra o una acción a alguien. *La campaña va dirigida a las adolescentes.* || *pr.* Ir en una dirección alguien o hacia un lugar o un término. *Me la encontré cuando se dirigía a casa de su hermana.* || Hablar a una persona o a un grupo de personas determinado. *Se dirigió al grupo de amigos para anunciar su boda.*
dirimir *t.* Resolver, poner fin a un desacuerdo. *Por fin dirimieron sus diferencias.* || Deshacer, interrumpir o anular un compromiso. *Dirimieron su matrimonio ante el juez.*
discal *adj.* Perteneciente o relativo al disco intervertebral.
discapacidad *s. f.* Incapacidad física o mental para llevar a cabo ciertas actividades causada por una enfermedad o accidente, o por una lesión congénita. *Su enfermedad le ha causado discapacidad progresiva.*
discapacitado, da *adj.* y *s.* Se aplica a la persona que sufre discapacidad. *Es discapacitado para caminar, pero con una mente muy brillante.*
discar *t. Amér. Merid.* Marcar un número de teléfono.
discernible *adj.* Que se puede discernir.
discernidor, ra *adj.* y *s.* Que discierne.
discernimiento *s. m.* Acción y efecto de discernir. || Distinción entre dos o más cosas señalando la diferencia que existe entre ellas. *Para elegir carrera debió aplicar mucho discernimiento.*
discernir *t.* Distinguir y diferenciar una cosa de otra u otras, especialmente tener criterio para distinguir lo bueno de lo inconveniente, lo verdadero de lo falso, etc. *Ya creció, ahora tendrá que discernir por su cuenta lo que le conviene.* || En Derecho, conceder el juez a alguien la tutela de un menor. *El juez debe discernir hoy al tutor.* || Conceder u otorgar a alguien un honor, un cargo o distinción. *El consejo discernió el cuadro de honor.*
disciplina *s. f.* Acción y efecto de disciplinar o disciplinarse. || Conjunto de reglas o normas con las que se mantiene el orden entre los miembros de un grupo. *El reglamento establece las reglas de disciplina para todos los alumnos.* || Conjunto de reglas o normas que sigue una persona para dirigir su vida. *Para conseguir sus objetivos debió imponerse una rigurosa disciplina.* || Cada una de las ciencias

que se enseñan en un centro docente. *Le asignaron impartir una materia que no es de su disciplina.* || Modalidad de un deporte. *Practica varias disciplinas de gimnasia pero es mejor en ejercicios a manos libres.* || *pl.* Instrumento de cuerdas de cáñamo con varios ramales que acaban en nudos y se usa para azotar o como instrumento de penitencia para mortificarse. *En la procesión se azotaban con disciplinas.*

disciplinado, da *adj.* Se dice de la persona que se ajusta a normas de disciplina. *Para el estudio, Aurora es muy disciplinada.*

disciplinante *adj.* Que se disciplina. || *s. com.* Penitente que se azota públicamente en las procesiones.

disciplinar *t.* Imponer, hacer guardar las reglas o normas o la disciplina. *Lo primero fue disciplinar a los alumnos de nuevo ingreso.* || Instruir, enseñar un arte o una ciencia a alguien, dándole lecciones. || *pr.* Azotarse con disciplinas por mortificación o por castigo.

disciplinario, ria *adj.* Perteneciente o relativo a la disciplina. || Que sirve para imponer o mantener la disciplina. *A los impuntuales les aplicaron medidas disciplinarias.*

discípulo, la *s.* Persona que recibe enseñanzas de un maestro o que estudia en una escuela. *El gurú Swami Sivananda tuvo muchos discípulos.* || Persona que estudia, sigue y defiende las ideas y opiniones de una escuela o de un maestro, aun cuando viva en tiempos muy posteriores a ellos. *Marcilio Ficino fue un discípulo de Platón.*

disco *s. m.* Lámina circular de cualquier materia. || Cualquier objeto plano y circular. || Placa gruesa con forma de círculo que se lanza en una prueba atlética. *El lanzamiento del disco es una competencia muy antigua.* || Figura circular y plana que presentan el Sol, la Luna y los planetas a nuestra vista. *El disco solar quedó oculto durante el eclipse.* || *loc.* ***Disco compacto:*** disco que se usa para grabar de forma magnética u óptica sonidos, imágenes o datos que luego reproduce la computadora. *En el disco compacto grabamos la tarea con un texto, música y un video.* || ***Disco duro:*** disco rígido y magnético utilizado como almacén de datos que es parte principal de la computadora. *Compré un disco duro externo de mayor capacidad.* || ***Disco intervertebral:*** formación cartilaginosa circular que separa dos vértebras contiguas. *Lo operaron porque tenía el disco gastado.* || ***Parecer disco rayado:*** expresión con que se califica a una persona que repite continuamente lo que dice. *Ya cambia tu discurso, pareces disco rayado.*

discóbolo *s. m.* Atleta de la antigua Grecia lanzador de disco. *La escultura del discóbolo de Mirón representa un instante del movimiento.*

discografía *s. f.* Conjunto de discos de un autor, un tema, un intérprete o cualquier otra característica común. *Ismael tiene una enorme discografía de música clásica.* || Técnica e industria de grabación de discos fonográficos.

discográfico, ca *adj.* Perteneciente o relativo al disco o a la discografía. *Es ingeniero de sonido y se quiere dedicar a la industria discográfica.*

díscolo, la *adj.* y *s.* Se dice de la persona que suele ser rebelde, indócil, poco obediente.

disconforme *adj.* y *s. com.* Se aplica a la persona que no está conforme, de acuerdo o no admite una situación, decisión u opinión. *Juan es un díscolo y disconforme de toda la vida.*

disconformidad *s. f.* Falta de conformidad entre unas cosas y otras en cuanto a su forma, fin o función. *La disconformidad en sus concepciones los hace confrontarse con frecuencia.* || Falta de acuerdo entre personas sobre una situación, decisión u opinión. *Dejó en claro su disconformidad con la decisión de ir a la huelga.*

discontinuación *s. f.* Acción y efecto de discontinuar.

discontinuar *t.* Interrumpir la continuación o continuidad de algo.

discontinuidad *s. f.* Cualidad o estado de discontinuo. *Una herida representa discontinuidad de la piel.*

discontinuo, nua *adj.* Se dice de la cosa o acción que no es continua, que consta de trozos o que ocurre con intervalos.

discordancia *s. f.* Falta de acuerdo o que hay contrariedad entre dos o más personas o cosas. *Existe discordancia entre lo que dice y hace.* || En música, falta de armonía. *El movimiento estridentista hizo de la discordancia un estilo musical.*

discordante *adj.* y *s. com* Se aplica a la persona disconforme, que discrepa o no está de acuerdo con otra u otras personas o cosas. *El inconforme de siempre dio la nota discordante en la asamblea.* || Que es disonante o falto de consonancia. *La sección de violines sonaba discordante en esta sinfonía.*

discordar *intr.* No concordar o contrastar dos o más cosas. *Se compró una corbata que discordará con cualquier traje.* || No concordar o coincidir las opiniones de dos o más personas. *Su opinión siempre discuerda de las demás.* || No estar acordes las voces o los instrumentos. *Afinados en distinta tonalidad sólo discordarán.*

discorde *adj.* Discordante, disconforme, opuesto.

discordia *s. f.* Situación de enfrentamiento o disputa entre personas o grupos que están en serio desacuerdo en las opiniones o deseos. *Desde que ingresó al grupo sólo ha sembrado discordia entre los integrantes.*

discoteca *s. f.* Colección de discos musicales. *El melómano logró reunir una gran discoteca.* || Local o mueble donde se guardan los discos musicales debidamente ordenados. || Local público acondicionado para escuchar música grabada, bailar y beber. *El sábado por la noche es día de discoteca.*

D

discreción *s. f.* Sensatez para formar juicio y tacto o cautela para decir o hacer algo. *Es una señorita prudente y se comporta con mucha discreción.* || Reserva, prudencia, sensatez. *Habló con ella con gran discreción.* || *loc. adv.* ***A discreción:*** que se hace a juicio o a voluntad de alguien, sin límites establecidos. *Ordenaron disparar fuego a discreción.*

discrecional *adj.* Que se hace libremente o siguiendo el criterio propio. || No regulado con precisión, que se deja al criterio o discreción de la persona o autoridad que ha de aplicar o utilizar la cosa de que se trata. *Las autoridades le dan uso discrecional al presupuesto para cultura.*

discrecionalidad *s. f.* Cualidad de discrecional.

discrepancia *s. f.* Diferencia, desigualdad, falta de acuerdo o correspondencia que resulta de la comparación de las cosas entre sí. *La discrepancia entre lo que se cree y lo que se observa es el origen de la ciencia.* || Disentimiento o falta de acuerdo en opiniones o en conducta. *Siempre hemos tenido discrepancias en temas filosóficos.*

discrepante *adj.* y *s. com.* Que es diferente de otra cosa con la que se compara. || Que discrepa de la opinión de otro, que piensa distinto.

discrepar *intr.* Estar en desacuerdo una persona con otra. *El alumno discrepó del maestro sobre la teoría del Big Bang.* || Diferenciarse una cosa de otra, no estar algo en armonía. *Discrepa su forma de ser y de vestirse.*

discreto, ta *adj.* y *s.* Se aplica a los elementos o unidades contables que forman cantidades o conjuntos no continuos. *El mundo físico está compuesto de elementos discretos.* || Se aplica a la persona o conducta que se caracteriza por su moderación, prudencia y sensatez. *Es muy discreta, puedes confiarle cualquier secreto.* || Regular, mediocre, que no es extraordinario o no se sale de lo normal. *No tuvo una actuación destacada, sino discreta.* || Moderado, sin exceso, que no destaca. *Su forma de vestir es elegante, pero discreta.*

discriminación *s. f.* Acción y efecto de discriminar. || Ideología o compor-

tamiento social que considera inferiores a las personas por su raza, clase social, sexo, religión u otros motivos ideológicos.
discriminado, da *adj.* y *s.* Que sufre discriminación.
discriminador, ra *adj.* Que discrimina.
discriminante *adj.* Que discrimina, que hace distingos.
discriminar *t.* Separar, diferenciar una cosa de otra o seleccionar excluyendo. *Hay que discriminar las fresas, las mejores son para exportación.* || Dar trato de inferioridad a una persona o colectividad por causa de raza, origen, ideas políticas, religión, posición social o situación económica u otros motivos ideológicos. *La educación debe enseñar a no discriminar.*
discriminatorio, ria *adj.* Que discrimina.
disculpa *s. f.* Razón que se da o causa que se alega para quitarle a una acción el aspecto culpable o explicar o justificar un comportamiento, un fallo o un error. *Cometí un error, sólo me disculpa la ignorancia.* || Pedir perdón por una ofensa o una falta cometida. *Discúlpame por lo que te dije ayer.*
disculpable *adj.* Que merece disculpa. || Que tiene razones en su favor.
disculpar *t.* Dar razones o pruebas que exculpan a una persona que no ha cometido una falta o error. *Disculpó su tardanza en que se descompuso el metro.* || No tomar en cuenta, perdonar o justificar las faltas y omisiones que alguien comete. *El error era grave, pero decidió disculparlo.* || *pr.* Pedir perdón o justificarse una persona por un hecho o una acción. *Debió disculparse por insultar a las niñas.*
discurrir *intr.* Reflexionar, pensar, considerar detenidamente una cosa. *Para comprender el problema debí discurrir por largo tiempo.* || Ir de un lugar a otro, andar, correr por diversas partes y lugares. *La novela del Quijote es un discurrir de aventura en aventura.* || Fluir un río o una corriente de agua por un terreno. *En ese paraje el río discurre mansamente.* || Correr o transcurrir el tiempo. *Mientras tanto, discurrieron los años.* || Inventar, idear cosas nuevas. *Esos traviesos estarán discurriendo nuevas travesuras.*
discursear *intr.* Pronunciar discursos.
discursivo, va *adj.* Dado a discurrir, reflexivo, meditabundo. || Relativo al discurso o facultad de discurrir.
discurso *s. m.* Facultad o acción de discurrir, con que se infieren unas cosas de otras. || Acto de la facultad discursiva. || Serie de palabras y frases con coherencia lógica y gramatical. *Su discurso fue una pieza de oratoria muy bien lograda.* || Razonamiento o exposición sobre algún tema que se lee o pronuncia en público. *Pronunció un discurso ante miles de personas.* || Escrito o tratado de corta extensión en que se discurre sobre una materia. *Descartes escribió el «Discurso del método».* || Transcurso de cierta cantidad de tiempo. || En gramática, unidad lingüística superior a la oración, formada por un conjunto de palabras con sentido completo. || *fam.* Reprensión larga e insistente. *Regresó muy noche a casa y le echaron discurso.*
discusión *s. f.* Acción y efecto de discutir. || Conversación entre dos o más personas en la que se analiza o se examina un asunto o tema para solucionarlo o explicarlo. *Tuvimos una discusión sobre la situación económica del país.* || Conversación entre dos o más personas en la que se defienden opiniones o intereses opuestos. *Tuvieron una acalorada discusión sobre quién debe limpiar los baños.* || *loc. adv.* ***Sin discusión:*** con contundencia y seguridad, sin dar ocasión de objeción.
discutible *adj.* Que puede o debe ser discutido. *Tu teoría es muy discutible.*
discutido, da *adj.* Polémico, que causa controversia.
discutidor, ra *adj.* y *s.* Propenso a disputas y discusiones, o aficionado a ellas.
discutir *t.* Examinar entre dos o más personas un asunto o un tema para solucionarlo o para explicarlo. *Nos vimos en el café para discutir el negocio que queremos.* || Contender dos o más personas por opiniones o intereses opuestos en una conversación. *Todos discutían por hacer prevalecer su punto de vista.*
disecación *s. f.* Acción y efecto de disecar.
disecado *s. m.* Animal muerto que se conserva de manera que parece vivo. *En la sala de su casa tiene un búho disecado.*
disecar *t.* Preparar los animales muertos para que no se descompongan y conserven la apariencia de cuando estaban vivos. || Preparar una planta para que se conserve seca.
disección *s. f.* Acción y efecto de disectar. || Corte o división de un cadáver o una planta para examinarlos y estudiar sus partes. *En la clase de anatomía disectan cadáveres humanos.* || Examen o análisis minucioso y detallado de algo. *En su novela hace una disección de las motivaciones humanas.*
diseccionar *t.* Cortar o dividir un cadáver o una planta para examinar y estudiar sus partes. *El forense diseccionó el cuerpo de la víctima para determinar las causas de la muerte.* || Examinar o analizar algo de forma minuciosa y detallada. *El director de la película disecciona los motivos del crimen.*
diseminación *s. f.* Acción y efecto de diseminar. || Dispersión sin orden y en diferentes direcciones de algo. *El viento provocó la diseminación del polvo por todos lados.*
diseminado, da *adj.* Esparcido, extendido en una zona.
diseminador, ra *adj.* Que disemina.
diseminar *t.* Esparcir o dispersar los elementos de un conjunto sin orden y en diferentes direcciones. *El viento diseminó las hojas.* || *pr.* Extenderse sin orden y en diferentes direcciones los elementos de un conjunto. *Su familia se diseminó después de la muerte del abuelo.*
disensión *s. f.* Disentimiento, falta de acuerdo u oposición por parte de una o varias personas en los pareceres o en los propósitos. *La disensión salió a la superficie en el congreso del partido político.*
disenso *s. m.* Disentimiento.
disentería *s. f.* Enfermedad infecciosa consistente en la inflamación y ulceración del intestino grueso que se caracteriza por diarreas dolorosas con sangre y mucosidad. *La disentería hizo estragos en el ejército ateniense.*
disentimiento *s. m.* Acción y efecto de disentir.
disentir *intr.* No estar de acuerdo una persona con otra en algo. *Permíteme disentir de lo que has dicho.*
diseñador, ra *s.* Persona que se dedica al diseño.
diseñar *t.* Hacer un diseño.
diseño *s. m.* Concepción original que se hace de una cosa previa a realización. *El diseño de su experimento fue muy afortunado.* || Explicación breve y esquemática de algo. *Trazó el diseño de su plan en una servilleta.*
disépalo *adj.* Se dice de un cáliz o de una flor que tiene dos sépalos.
disertación *s. f.* Acción y efecto de disertar. || Razonamiento detenido y metódico sobre alguna materia y siguiendo un orden o un sistema para exponerlo. *Su conferencia fue una disertación sobre pintura del Renacimiento.*
disertador, ra *adj.* Aficionado a disertar.
disertante *adj.* y *s. com.* Que diserta.
disertar *intr.* Razonar, discurrir detenida y metódicamente sobre alguna materia.
disfasia *s. f.* Anomalía en el lenguaje, debida a una lesión cerebral.
disfraz *s. m.* Vestimenta y máscara que una persona se pone para no ser reconocida, especialmente el que se lleva en ciertas fiestas. *Verónica organizó una fiesta de disfraces.* || Medio que se emplea para disimular o desfigurar algo con el fin de que no sea

conocida. *Escondía su timidez bajo el disfraz de la locuacidad.*
disfrazado, da *adj.* Que tiene ropa que lo hace aparecer como otra persona.
disfrazar *t.* Vestir alguien con un disfraz. *Para la fiesta se va a disfrazar de pirata.* || Cambiar la apariencia exterior de personas o cosas para ocultar su aspecto real. || Disimular, ocultar con palabras y expresiones lo que son realmente sus sentimientos, deseos, ideas, etc. *Disfrazó su frustración con un gesto de optimismo.*
disfrutar *intr.* Sentir placer, satisfacción o alegría. *Disfruta leyendo novelas.* || Gozar o poseer cierta cosa buena o de una condición o una circunstancia favorable. *Disfruta de una salud inmejorable.* || Usar o poseer una cosa buena, útil o agradable. *Disfruta de la riqueza de su esposa.*
disfrute *s. m.* Acción y efecto de disfrutar.
disfunción *s. f.* Trastorno o alteración en el funcionamiento de algo, especialmente el de una función orgánica. *Después del infarto está sintiendo disfunción cardiaca.*
disfuncional *adj.* Perteneciente o relativo a la disfunción.
disfuncionalidad *s. f.* Trastorno, desarreglo, falta del funcionamiento adecuado.
disgregación *s. f.* Acción y efecto de disgregar.
disgregador, ra *adj.* Que disgrega.
disgregante *adj.* y *s. com.* Que provoca disgregación.
disgregar *t.* y *pr.* Dividir, separar, desunir lo que antes era unido o compacto.
disgustado, da *adj.* Enfadado, molesto, apesadumbrado. *Quedó disgustado por el mal trato que le dieron.*
disgustar *t.* Causar enfado, disgusto o molestia. *Su comportamiento grosero disgustó a su novia.* || Causar disgusto o molestia cierta cosa a una persona. *Le disgusta la música ruidosa.* || *pr.* Enfadarse, enojarse o romperse una amistad por enfados o disgustos. *Están disgustados por meros malentendidos.*
disgusto *s. m.* Sentimiento de pesadumbre e inquietud provocado por una situación desagradable o una contrariedad. *La falta de respeto le produjo disgusto.* || Estado anímico causado por lo que disgusta. *La música del vecino lo tiene disgustado.* || A veces tiene un significado más grave que corresponde a los de «padecimiento» o «desgracia». *Su hijo le da muchos disgustos.* || Disputa, riña provocada por un desacuerdo o una desavenencia. *Cada vez que discuten tienen un disgusto.* || *loc. adv.* ***A disgusto:*** contra la voluntad y gusto de una persona, de mala gana. *Aceptó cocinar pero a disgusto.*
disidencia *s. f.* Acción y efecto de disidir. || Separación de una persona de una doctrina, una creencia o una organización por no estar ya de acuerdo con sus ideas o su proceder. *El que antes era un líder se pasó a la disidencia.*
disidente *adj.* y *s. com.* Se aplica a la persona que diside o que se separa de una doctrina, una creencia o una organización por no estar ya de acuerdo con sus ideas o su proceder.
disilábico o **disílabo** *adj.* De dos sílabas.
disímbolo *adj. Méx.* Disímil, diferente, disconforme. *Se aliaron los partidos políticos más disímbolos.*
disímil *adj.* Diferente, distinto, desemejante.
disimilitud *s. f.* Desemejanza, falta de parecido o de correspondencia entre dos o más cosas.
disimulación *s. f.* Acción y efecto de disimular.
disimulado, da *adj.* Oculto para que no se note o no se vea. *Con esa ropa la gordura queda disimulada.* || Que tiene tendencia a fingir o disimular. *Nunca sabes lo que piensa porque es muy disimulado.* || *loc.* ***Hacerse el disimulado:*** fingir no enterarse o ignorancia de algo. *No te hagas el disimulado y recoge lo que tiraste.*
disimular *t.* Ocultar o disfrazar una cosa para que parezca distinta de lo que es. *Disimuló su ignorancia haciendo comentarios jocosos.* || Encubrir u ocultar algo que se siente y padece. *Para que sepan su situación de apremio disimula el hambre.* || Disculpar, tolerar o permitir algo fingiendo no conocerla o quitándole importancia. *Disimula los errores de su compañero para que no lo despidan.*
disimulo *s. m.* Artificio con que se oculta lo que se hace, se siente, se sospecha o se sabe. *Vamos a escabullirnos de la reunión, pero hazlo con disimulo.*
disipación *s. f.* Acción y efecto de disipar o disiparse. || Dispersión, desvanecimiento. *Esperemos a que la niebla se disipe.* || Conducta de una persona entregada enteramente a las diversiones y los placeres. *Lejos de su familia se entregó a la disipación.* || Derroche de bienes.
disipado, da *adj.* y *s.* Entregado a las diversiones, libertino, con gran relajamiento moral.
disipador, ra *adj.* y *s.* Que destruye o malgasta el caudal o hacienda.
disipar *t.* y *pr.* Esparcir y desvanecer o hacer desaparecer poco a poco las partes que forman un cuerpo por aglomeración. *El viento disipa las nubes.* || Hacer desaparecer, borrar de la mente u olvidar una idea, una imagen o un recuerdo. *Sus aclaraciones disiparon toda sospecha.* || Malgastar, desperdiciar los bienes y el dinero. *Disipó sus ahorros sin considerar que los necesitaría.*
dislalia *s. f.* Dificultad para articular las palabras, debida a defectos en los órganos del habla.
dislálico, ca *adj.* Perteneciente o relativo a la dislalia.
dislate *s. m.* Obra o dicho que no tiene razón ni sentido.
dislexia *s. m.* Serie de dificultades en el aprendizaje de la lectura y la escritura. *La dislexia se manifiesta por confusión de letras y sonidos.* || Incapacidad parcial o total para comprender lo que se lee causada por una lesión cerebral.
disléxico, ca *adj.* y *s.* Que padece dislexia. || Perteneciente o relativo a la dislexia.
dislocación *s. f.* Acción y efecto de dislocar. || Lesión que se produce cuando un hueso o una articulación se desplazan de su sitio. *Jugando futbol americano sufrió dislocación de la clavícula.* || Alteración del sentido de una palabra, expresión o un hecho.
dislocado, da *adj.* Referido a un hueso, que se ha salido de su articulación. || Alterado, fuera de su orden.
dislocadura *s. f.* Dislocación.
dislocar *t.* Sacar una cosa de su lugar, especialmente un hueso o una articulación. *Se dislocó la rodilla pateando una pelota.* || Torcer un argumento o razonamiento, manipularlo sacándolo de su contexto. *Estás dislocando lo que dije para ponerme en mal.*
disloque *s. m.* y *fam.* Desbarajuste, confusión y alteración del orden. *Cuando trajeron las pizzas la reunión se hizo un disloque.*
dismenorrea *s. f.* Menstruación difícil o dolorosa.
disminución *s. f.* Acción y efecto de disminuir. || Reducción de la extensión, la cantidad o la intensidad de alguna cosa. *Al aumentar la vigilancia ha habido una disminución de la inseguridad.*
disminuido, da *adj.* y *s.* Reducido algo en cantidad, tamaño, intensidad o importancia. *Con la nueva política ha disminuido el desempleo.* || Que ha perdido fuerzas o aptitudes, o las posee en menor grado a lo normal. || En música, se aplica al intervalo al que se resta un semitono.
disminuir *t.* e *intr.* Reducir algo en cantidad, tamaño, intensidad o importancia. *La abundancia de melones ha hecho disminuir su precio.*
disnea *s. f.* Dificultad para respirar, sensación de ahogo. *Tanto fumar le ha producido disnea.*
disociación *s. f.* Acción y efecto de disociar. || Separación de una cosa de otra a la que estaba unida.
disociar *t.* Separar una cosa de otra con la que estaba unida.
disoluble *adj.* Que se puede disolver.
disolución *s. f.* Acción y efecto de disolver. || Separación de las partícu-

las de un cuerpo sólido o espeso por medio de un líquido. *La disolución del azúcar en agua produce agua endulzada.* || Mezcla homogénea que resulta de disolver una sustancia en un líquido. || Ruptura de los vínculos que unen a dos o más personas. *Las diferencias resultaron en disolución de la sociedad. La disolución del matrimonio fue inevitable.* || Relajación de las costumbres. *Se entregó a una vida de vicio y disolución.*

disoluto, ta *adj.* y *s.* Se aplica a la persona que se entrega al vicio y a la diversión.

disolvencia *s. f.* Técnica narrativa cinematográfica que se utiliza para marcar cambios en el tiempo con una imagen que se desvanece y otra que la sustituye.

disolvente *adj.* y *s. m.* Que disuelve o sirve para disolver.

disolver *t.* Mezclar una sustancia líquida, llamada disolvente, a otra sustancia o cuerpo sólido de tal manera que las moléculas de este último queden incorporadas a dicho líquido de manera homogénea. *Existe un viejo adagio que dice: lo semejante disuelve lo semejante.* || Hacer que disminuya la concentración o densidad de un líquido, generalmente añadiéndole un disolvente. *Usé aguarrás para disolver la pintura de aceite.* || Deshacer un acuerdo o un contrato que liga a dos o más personas. *Decidieron disolver su matrimonio.* || Deshacer la unidad de un grupo o reunión. *La reunión se disolvió después de agotar los temas.*

disonancia *s. f.* Sonido inarmónico, falto de armonía. || Falta de concordancia, conformidad o proporción en algo que naturalmente debería tenerla. || En música, acorde no consonante. || *loc.* ***Hacer disonancia algo:*** estar o parecer algo fuera de lugar, no tener congruencia con su contexto.

disonante *adj.* Que disuena. || Que discrepa o no es coherente con lo que debería serlo.

disonar *intr.* Sonar mal o desagradablemente. || Discrepar o faltar concordancia entre cosas o entre personas o sus opiniones. || Ser una cosa extraña a la serie o al conjunto en que aparece.

dispar *adj.* y *s. com.* Que no tiene par, desigual, diferente.

disparada *s. f. Amér.* Salida súbita y veloz; partida precipitada. || Alza brusca y considerable en los precios. || *loc.* ***A la disparada:*** a todo correr, muy aprisa. || *loc.* ***De una disparada:*** al momento, de inmediato. || ***Pegar una disparada:*** huir a la carrera; ir corriendo a alguna parte.

disparado, da *adj. Cub.* y *Méx.* Excitado, ansioso, nervioso. || Veloz, rápido, apurado.

disparador *s. m.* Pieza de las armas de fuego que, una vez cargadas éstas, al moverse las dispara. || Pieza de las cámaras fotográficas que hace funcionar el obturador automático para captar la imagen.

disparador, ra *adj.* y *s.* Que dispara, especialmente con arma de fuego. || *Méx.* Generoso, que convida y comparte con los amigos.

disparar *t.* e *intr.* Tirar una persona con arma, ya sea arrojadiza o de fuego. || Descargar un arma sus proyectiles. || Lanzar, arrojar con fuerza algo. || Hacer funcionar un disparador. || En el futbol, patear con violencia la pelota hacia la meta. || *pr.* Salir algo a toda velocidad y sin guía ni orden. *Se disparó el caballo al salir de la cuadra.* || *t. Méx.* Invitar algo a los amigos, convidarlos. *Yo disparo los tacos.*

disparatado, da *adj.* Que dice o hace disparates. || Contrario a la razón o la lógica.

disparatar *intr.* Decir o hacer algo fuera de lógica y congruencia.

disparate *s. m.* Hecho o dicho disparatado.

disparejo, ja *adj.* Dispar. || Que no es o no está parejo.

disparidad *s. f.* Diferencia y desigualdad de una cosa con respecto a otra u otras. || Cualidad de dispar.

disparo *s. m.* Detonación de un arma.

dispendio *s. m.* Gasto excesivo o superfluo. || Uso inmoderado de recursos, tiempo o dinero.

dispendioso, sa *adj.* Costoso, que gasta o cuesta más de lo debido.

dispensa *s. f.* Privilegio o excepción a lo dispuesto por las leyes, especialmente las canónicas de la Iglesia católica. *Los reyes pedían dispensa papal para poder casarse con sus consanguíneas.*

dispensabilidad *s. f.* Cualidad de dispensable.

dispensable *adj.* y *s. com.* Que se puede dispensar.

dispensador, ra *adj.* y *s.* Que dispensa. || Que distribuye.

dispensar *t.* Dar, conceder, distribuir. || Expender, vender, despachar. || Absolver o perdonar una falta leve o algo que pudiera considerarse como tal. || *t.* y *pr.* Eximir o eximirse de una obligación.

dispensario *s. m.* Establecimiento que da asistencia médica y farmacéutica, generalmente gratuita, a pacientes externos.

dispepsia *s. f.* Mala digestión crónica. || Indigestión.

dispéptico, ca *adj.* y *s.* Perteneciente o relativo a la dispepsia. || Enfermo de dispepsia.

dispersante *s. m.* Sustancia que se utiliza para lograr que un soluto se distribuya y disperse en un solvente.

dispersar *t.* y *pr.* Separar, esparcir, diseminar. || Perder o hacer perder la concentración, dividir el esfuerzo o la actividad. || Derrotar al enemigo y obligarlo a huir en desbandada. || Desplegarse una fuerza en orden abierto para cubrir más terreno.

dispersión *s. f.* Acción y efecto de dispersar. || En física, separación de los colores del espectro luminoso al atravesar un prisma cristalino u otro medio con propiedades semejantes. || En física y química, estado en que se encuentra una sustancia dividida en partículas finas dentro de otra homogénea con la cual está mezclada. || En matemáticas, distribución estadística de un conjunto de valores. || En química, fluido en cuya masa está mezclado uniformemente un cuerpo en suspensión o en forma de coloide.

disperso, sa *adj.* y *s.* Que ha sido dispersado. || Se dice del militar que por fuerza mayor queda separado e incomunicado del agrupamiento al que pertenece. || Se dice del discurso mal hilado, incongruente y que salta de un asunto a otro sin seguir orden ni razonamiento.

dispersor, ra *adj.* y *s.* Que dispersa.

displasia *s. f.* Anomalía en la formación, crecimiento o diferenciación de las células epiteliales de un órgano en el cuerpo humano o en el animal.

displásico, ca *adj.* Displástico.

displástico, ca *adj.* Perteneciente o relativo a la displasia.

display *s. m.* Despliegue, exhibición. || Dispositivo en forma de pequeña pantalla para mostrar información en ciertos aparatos electrónicos. || Soporte exhibidor de productos para hacerles publicidad.

displicencia *s. f.* Desdén e indiferencia en el trato con otras personas. || Falta de entusiasmo al ejecutar una acción o actividad por dudarse de su eficacia.

displicente *adj.* Desagradable, que desplace o disgusta. || *s. com.* Desdeñoso, indiferente.

disponer *t.* y *pr.* Colocar, poner en orden y condición conveniente para algo. *Me dispongo a salir de viaje.* || Deliberar, decidir, determinar, mandar lo que va a hacerse. *Dile a la señora que disponga qué hago de cenar.* || Preparar, prevenir las cosas para un fin. *Dispongan los carteles para la exposición oral.* || Valerse de alguien o usar algo para servicio de uno. *Puedes disponer de mí el lunes para acompañarte.* || Ejercer sobre algo facultades de dominio. *Dispongo de un terreno que puedo alquilar.*

disponibilidad *s. f.* Cualidad o condición de disponible. || En funcionarios o militares, estar en situación de disponible. || Conjunto de fondos o recursos disponibles en un momento dado. *De momento no hay disponibilidad de ese modelo de automóvil.*

disponible *adj.* Que se puede usar libremente una cosa o que está lista para usarse. || Se dice del funcionario público y del militar que están en activo pero sin destino o función, y que pueden emplearse de inmediato. || Persona que está en condiciones de prestar sus servicios sin impedimentos ni obstáculos.

disposición *s. f.* Acción y efecto de disponer. || Aptitud, competencia para realizar algo. *Ese niño tiene excelente disposición para las matemáticas.* || Precepto reglamentario, ley, orden, mandato, procedente de la autoridad competente. *Por disposición del tesorero, las cuotas se pagarán en efectivo.* || Estado de salud o de ánimo. || Apostura y gallardía de una persona. || Medio usado para alcanzar un objetivo o para atajar un mal. || Distribución y orden de las partes de un edificio o de una habitación. || *loc.* ***Última disposición:*** testamento. || ***Estar a la disposición de alguien:*** estar listo para servirlo.

dispositivo *s. m.* Mecanismo o aparato diseñado para producir un efecto o una acción determinados. || Organización para emprender una acción.

disprosio *s. m.* Elemento químico metálico de las tierras raras, escaso en la naturaleza. Sus sales son de color amarillo verdoso y se utiliza en la industria nuclear. Su número atómico es 66 y su símbolo *Dy.*

dispuesto, ta *adj.* Gallardo, apuesto, bizarro. || Inteligente, listo, hábil, despejado. || *loc.* ***Bien dispuesto:*** con buena salud; con ánimo favorable. || ***Mal dispuesto:*** indispuesto, con mala salud; con ánimo adverso.

disputa *s. f.* Acción y efecto de disputar.

disputable *adj.* y *s. com.* Problemático, controvertible, que puede ser disputado.

disputar *t.* Debatir. || *t.* e *intr.* Discutir o argüir acaloradamente. || Ejercitarse un estudiante discutiendo. || *t.* y *pr.* Rivalizar, contender, competir.

disquete *s. m.* Derivado del francés «disquette», «disquito», en informática es un disco magnético portátil (dentro de un estuche cuadrado de plástico) que se introduce en la computadora para grabarlo o para leerlo. Ya está obsoleto.

disquetera *s. f.* Dispositivo para la grabación y lectura de disquetes. Ya no se usa mayormente.

disquisición *s. f.* Examen y análisis riguroso de una cuestión o de un asunto. || Divagación, digresión.

disruptivo, va *adj.* Que rompe bruscamente un razonamiento, un asunto o una situación.

distancia *s. f.* Intervalo de tiempo o espacio que media entre dos sucesos o dos lugares. || Diferencia grande entre una cosa y otra. *Hay mucha distancia entre tener talento y ser un genio.* || Alejamiento y desafecto entre dos personas. || En geometría, longitud del segmento de recta comprendido entre dos puntos del espacio. || *loc.* ***Distancia angular:*** en astronomía, ángulo formado por las visuales a dos astros próximos en la esfera celeste.

distanciamiento *s. m.* Acción y efecto de distanciar. || Enfriamiento en la relación amistosa y disminución en el trato. || Alejamiento afectivo, moral o intelectual de una persona con respecto a opiniones, ideas, creencias o conductas de otras. || En el teatro y otras artes, recurso mediante el cual se distancia psicológicamente el espectador de las emociones representadas y adopta una actitud reflexiva y crítica.

distanciar *t.* y *pr.* Poner distancia entre cosas o personas, separarlas, desunirlas o apartarlas.

distanciarse *pron.* Apartarse, alejarse, dejar de verse con frecuencia dos personas. *Desde que salieron de la universidad, las amigas se han distanciado porque sus trabajos no les dejan mucho tiempo libre.*

distante *adj.* y *s. com.* Que dista. || Apartado, lejano. || Hosco, frío, huraño.

distar *intr.* Estar una cosa apartada de otra, ya sea por lugar o por tiempo. || Diferenciarse una cosa notablemente de otra.

distender *t.* y *pr.* Aflojar, disminuir la tensión. || En medicina, provocar o causar una violenta tensión en tejidos y órganos. *La gastritis distiende el estómago.*

distensible *adj.* y *s. com.* Que se puede distender.

distensión *s. f.* Acción y efecto de distender.

distinción *s. f.* Acción y efecto de distinguir o de distinguirse. || Diferencia que permite distinguir una cosa de otra. || Prerrogativa, privilegio, honor o premio concedido a alguien. || Objeto representativo o simbólico de tal honor, como medalla, distintivo, trofeo. || Elegancia en el vestir y en la conducta. || Consideración y respeto hacia alguien. *Tratar con distinción al huésped.*

distingo *s. m.* Restricción o limitación que se usa en contra de ciertas personas o grupos. *Aquí vienen a estudiar sin distingo de sexos.* || En filosofía, reconocimiento de que una proposición tiene dos sentidos, uno de los cuales se concede o acepta y el otro se niega.

distinguible *adj.* Que se puede distinguir.

distinguido, da *adj.* Que posee distinción.

distinguir *t.* Percibir la diferencia entre una cosa y otra. || Singularizar o hacer diferente una cosa por medio de una marca, señal o divisa. || Caracterizar a alguien o a algo. *La sinceridad distingue al buen amigo.* || Expresar la diferencia existente entre una cosa y otra con la cual se puede confundir. || Mostrar particular atención o afecto a una persona sobre otras. || Conceder a alguien una distinción por sus méritos o cualidades. || *pr.* Sobresalir, descollar, señalarse por su comportamiento.

distintivo *s. m.* Insignia, medalla, condecoración; pequeño objeto simbólico que se da en señal de distinción.

distintivo, va *adj.* Que tiene la propiedad de distinguir. || Que distingue o caracteriza algo.

distinto, ta *adj.* Diferente, que no es igual ni lo mismo que otra cosa. || Desemejante, no parecido a otro u otros. || Inteligible, claro, evidente.

distorsión *s. f.* Torsión, torcedura. || Deformación de sonidos o imágenes al ser transmitidos o reproducidos. || Acción de torcer o deformar la disposición de una figura o cuerpo. || Interpretar torcidamente hechos, dichos o intenciones.

distorsionar *t.* y *pr.* Causar distorsión.

distracción *s. f.* Acción y efecto de distraer. || Cosa que atrae la atención y la aparta de otras. || Espectáculo, juego o pasatiempo.

distraer *t.* y *pr.* Alejar, apartar, desviar, divertir a una persona o grupo de donde pretendía ir o de lo que intentaba hacer. || Entretener, recrear, procurar diversión. || Apartar la atención, desconcentrarse. || Desviar a alguien de la vida honrada y recta. || Malversar fondos.

distraído, da *adj.* y *s.* Aturdido, descuidado, falto de atención en lo que hace o dice.

distribución *s. f.* Acción y efecto de distribuir. || Reparto de un producto a los locales donde se vende al menudeo o a los domicilios particulares. || En economía, asignación del valor del producto entre los distintos factores de la producción. || En matemáticas, función que representa las probabilidades que definen una variable aleatoria o un fenómeno aleatorio.

distribuido, da *adj.* Que se reparte entre varias personas.

distribuidor *s. m.* Pasillo que da acceso a diversas habitaciones en una casa, o en una planta o piso donde hay varios departamentos. || Pieza del sistema eléctrico de los motores de explosión encargada de enviar uniformemente la corriente a los diferentes puntos de ignición.

distribuidor, ra *adj.* y *s.* Que distribuye.

distribuidora *s. f.* Máquina agrícola que esparce el abono en el campo. || Empresa dedicada a la distribución de productos comerciales.

distribuir *t.* y *pr.* Dividir equitativamente algo entre varias personas, según regla, conveniencia o derecho.

D

|| Dar a algo su colocación debida o el destino que más convenga. || Entregar la mercancía a los comerciantes y consumidores.

distributivo, va *adj.* Perteneciente o relativo a la distribución.

distrito *s. m.* Cada una de las demarcaciones en que se divide un territorio para organizar y distribuir el ejercicio de los derechos ciudadanos, las funciones y los servicios de la administración pública.

distrofia *s. f.* Patología que afecta a un tejido dificultando su nutrición y crecimiento.

distrófico, ca *adj.* Perteneciente o relativo a la distrofia.

disturbar *t.* Perturbar, alterar, alborotar.

disturbio *s. m.* Perturbación o alteración de la paz pública.

disuadir *t.* Convencer a alguien, usando razones, de cambiar de parecer o de desistir de un propósito, acción o deseo.

disuasión *s. f.* Acción y efecto de disuadir.

disuasivo, va *adj.* Que disuade o tiene la capacidad de disuadir.

disuasorio, ria *adj.* Disuasivo.

disuelto, ta *adj.* Se dice de la sustancia sólida dividida en partículas que se deslíen en un líquido. *Jabón disuelto en agua, tableta disuelta en leche.*

disyunción *s. f.* Acción y efecto de separar y desunir. || En filosofía, separación de dos realidades opuestas y vinculadas intrínsecamente como vida-muerte, luz-oscuridad, masculino-femenino.

disyuntiva *s. f.* Alternativa entre dos opciones por una de las cuales debe decidirse.

disyuntivo, va *adj.* Que posee la característica de desunir o separar.

ditirambo *s. m.* En Grecia, durante la antigüedad, poema en alabanza de Dioniso, dios del vino y el éxtasis. || Poema de carácter laudatorio compuesto a la manera del griego. || Por extensión, cualquier alabanza exagerada y excesiva.

diuresis *s. f.* Excreción de la orina. || En medicina, cantidad de orina excretada en un tiempo determinado.

diurético *s. m.* Medicamento cuyo efecto consiste en incrementar la excreción de orina.

diurético, ca *adj.* y *s.* Que aumenta la excreción de orina.

diurno, na *adj.* Perteneciente o relativo al día o parte iluminada del ciclo terrestre de 24 horas. || Se dice de las plantas que sólo de día mantienen abiertas sus flores. || Se dice de los animales que sólo de día realizan la mayor parte de sus funciones y descansan de noche.

divagación *s. f.* Acción y efecto de divagar.

divagador, ra *adj.* y *s.* Que divaga.

divagar *intr.* Vagar, andar ocioso y errante. || Salirse del tema o asunto del que se trata. || Hablar o escribir sin propósito determinado y sin ilación lógica.

divalente *adj.* En química, se dice del átomo, molécula o radical que funciona con dos valencias.

diván *s. m.* Asiento alargado y acojinado con un respaldo lateral o descansabrazos, que usaban para tenderse de costado los musulmanes y luego se adoptó en el resto del mundo. || Colección de poemas en lengua árabe, persa o turca. || En el Imperio otomano, consejo supremo que determinaba los asuntos de política y justicia. || Sala en que se reunía ese consejo.

divergencia *s. f.* Acción y efecto de divergir. || Diversidad y oposición de pareceres u opiniones.

divergente *adj.* y *s. com.* Que diverge.

divergir *intr.* Separarse gradual y constantemente dos líneas o dos planos. || Discordar, discrepar.

diversidad *s. f.* Variedad. || Abundancia de cosas distintas.

diversificación *s. f.* Acción y efecto de diversificar.

diversificar *t.* y *pr.* Volver múltiple y variado lo que era único y uniforme.

diversiforme *adj.* y *s. com.* Que presenta diversidad de formas. *Los peces son animales diversiformes.*

diversión *s. f.* Acción y efecto de divertir. || Recreación, entretenimiento, pasatiempo, solaz. || En las fuerzas armadas, acción que desvía la atención del enemigo y lo hace vulnerable.

diverso, sa *adj.* Variado, diferente, distinto. || En plural, muchos, varios.

divertículo *s. m.* Invaginación en la pared de algún tramo del tubo digestivo, que se inflama, duele, sangra y llega a infectarse; generalmente se presentan en grupos y pueden ser malformaciones congénitas o resultado de alguna enfermedad. Los más comunes se localizan en esófago y colon.

divertido, da *adj.* Que divierte. || Alegre, festivo, de buen humor.

divertimento *s. m.* Divertimiento, diversión. || Obra artística o literaria cuyo único fin es divertir, entretener. || En música, obra compuesta para orquesta de cámara o para pocos instrumentos, con carácter libre y breve.

divertimiento *s. m.* Diversión, acción de divertir. || Entretenimiento, pasatiempo. || Distracción pasajera de la atención.

divertir *t.* y *pr.* Entretener, recrear. || Apartar, alejar, desviar. || En las fuerzas armadas, dirigir la atención del enemigo a otra parte, para dividirlo y debilitarlo. || En medicina, dirigir un líquido corporal hacia una parte distinta de aquella por donde suele correr o hallarse.

dividendo *s. m.* Cantidad que va a dividirse entre otra. || *loc.* ***Dividendo activo:*** cuota que toca a cada acción al repartir las utilidades una compañía mercantil. || ***Dividendo pasivo:*** cada una de las cantidades parciales que se compromete a pagar el poseedor de una acción de serle requerida por la empresa emisora de ella.

dividir *t.* y *pr.* Partir, separar en partes. || Repartir, distribuir algo. || Dividir los ánimos o las opiniones, introducir la discordia. || En matemáticas, averiguar cuántas veces cabe el divisor en el dividendo.

divieso *s. m.* Tumefacción o grano que se forma al obstruirse con sebo un poro de la piel, que se inflama e infecta, terminando por supurar hasta que se desprende, ya seco el contenido seboso del grano.

divinidad *s. f.* Naturaleza y esencia de Dios. || Deidad, cualquiera de los dioses de las diversas religiones pasadas y modernas. || Preciosidad, persona o cosa dotada de belleza y gracia.

divinización *s. f.* Acción y efecto de divinizar.

divinizar *t.* Dar a alguien o a algo la categoría de dios y rendirle el culto y los honores correspondientes. *Los antiguos romanos divinizaban a sus emperadores.* || Santificar, hacer sagrado algo. || Alabar o ensalzar exageradamente.

divino, na *adj.* Perteneciente o relativo a Dios o a las deidades de las religiones politeístas. || Excelente, supremamente hermoso. || *loc.* ***Su Divina Majestad:*** frase que se aplica a Dios en tanto rey del universo.

divisa *s. f.* Señal exterior para distinguir personas, grados u otras cosas. || Expresión verbal que refiere un ideal, pensamiento o norma de conducta que una persona o grupo toma para sí como regla para distinguirse. *«Vencer o morir» era la divisa del caballero andante.* || En economía, moneda extranjera que sirve de referencia para los intercambios comerciales entre varios países.

divisable *adj.* y *s. com.* Que se puede divisar.

divisar *t.* Ver o percibir imprecisamente un objeto lejano.

divisibilidad *s. f.* Cualidad de divisible. || En física, propiedad de los cuerpos por la cual pueden dividirse o fraccionarse.

divisible *adj.* y *s. com.* Que puede dividirse. || En matemáticas, se dice de la cantidad que dividida entre otra arroja un cociente entero, sin fracciones ni decimales. *90 es divisible entre 45, 30, 15, 10, 9, 5, 3 y 1.*

división *s. f.* Acción y efecto de dividir. || Discordia, desunión. || Operación matemática de dividir. || Operación mental de analizar conceptos complejos para estudiar sus componentes lógicos. || En la milicia, gran unidad formada por dos o más brigadas o regimientos homogéneos y sus servicios auxiliares. *División de tanques, división de infantería.*

divisionario, ria *adj.* Perteneciente o relativo a la división.

divisionismo *s. m.* En pintura, técnica que consiste en usar numerosos puntos de colores que vistos desde cierta distancia parecen fundirse en matices de variadas gradaciones para representar el volumen, la distancia, las sombras, etc., de los objetos pintados. || *Amér.* Tendencia política que promueve escisiones en partidos y grupos sociales.

divisionista *adj.* y *s. com.* Partidario del divisionismo. || Puntillista.

divisor *s. m.* Cantidad entre la cual se divide otra llamada dividendo. || *loc.* ***Máximo común divisor:*** el mayor de los divisores comunes a dos o más cantidades.

divisor, ra *adj.* y *s.* Que divide. || Submúltiplo.

divisoria *s. f.* Línea en lo alto del relieve montañoso a partir de la cual las aguas escurren o corren en direcciones opuestas.

divisorio, ria *adj.* Que sirve para dividir o separar. *Muro divisorio, reja divisoria.*

divo, va *s.* Derivado del latín «divus», «diva», que significa dios y diosa, celebridad del mundo del espectáculo que goza de mucha fama y cuya vida y desplantes se comentan en los medios masivos de comunicación.

divorciado, da *adj.* y *s.* Persona cuyo vínculo matrimonial ha sido disuelto jurídicamente.

divorciar *t.* Disolver el juez por sentencia el vínculo matrimonial. || Separar o desunir lo que debiera estar o permanecer unido. || *pr.* Llevar a cabo una persona los trámites legales para romper su matrimonio con su cónyuge.

divorcio *s. m.* Acción y efecto de divorciar o divorciarse.

divulgable *adj.* Que puede divulgarse.

divulgación *s. f.* Acción y efecto de divulgar.

divulgador, ra *adj.* y *s.* Que divulga. || Persona dedicada a escribir textos para divulgar las ciencias.

divulgar *t.* y *pr.* Publicar, hacer algo del conocimiento del público. || Explicar o expresar en términos claros y comprensibles para el público los temas o hallazgos recientes en las diversas ciencias.

divulgativo, va *adj.* Divulgador, que divulga. || Perteneciente o relativo a la divulgación.

dizque *adv. Amér.* Presuntamente, supuestamente, al parecer.

do[1] *s. m.* Primera nota de la escala musical.

do[2] *adv.* Contracción de donde, de uso exclusivo en poesía.

dóberman *s. com.* Nombre de la raza alemana de perros obtenida a partir de la del «rottweiler».

dobladillo *s. m.* Bastilla, doblez cosido en el borde inferior de las prendas de vestir.

doblado, da *adj.* Se dice de la persona robusta de cuerpo y extremidades cortas. || Que habla o actúa con intenciones ocultas, o al contrario de lo que piensa.

doblador, ra *s.* Persona que dobla materiales como tela o papel. || Máquina o aparato para doblar.

dobladura *s. f.* Parte por donde se ha doblado o plegado algo. || Señal que queda por donde algo se dobló.

doblaje *s. m.* En el cine y la televisión, operación en que se sustituyen los diálogos de la lengua original por su traducción a otro idioma.

doblar *t.* y *pr.* Aumentar algo al doble, duplicarlo. || Tener el doble de edad de alguien o algo. *Juan me dobla los años.* || Aplicar una sobre otra dos partes de algo flexible, como tela, papel, tejido. || Torcer algo que estaba derecho hasta dejarlo curvo. || Pasar una embarcación al otro lado de un cabo, una punta, un promontorio. || Pasar a otro lado de una esquina, cerro, etc., cambiando de dirección. *Al doblar la esquina vi que venía un autobús.* || En cine y televisión, hacer un doblaje. || Tocar las campanas lenta y acompasadamente en memoria de un difunto. || Ceder a la fuerza, la violencia, la intimidación o el dolor físico.

doble[1] *adj.* y *s. com.* Que contiene dos veces una cantidad o dos tantos de una cosa. || Par de cosas que juntas sirven para un mismo fin. || Dicho de algunas cosas, que tienen más entidad, volumen o componentes. *Clavel doble, lana doble.* || Disimulado, artificioso, insincero. || Toque de campanas por los muertos. || Persona que tiene gran semejanza con otra. || Persona que sustituye a un actor de cine o de televisión en las escenas peligrosas.

doble[2] *adv.* Dos veces. *Mi hermana comió una rebanada de tarta, pero yo comí doble porque me gusta mucho.*

doblegable *adj.* Que puede torcerse, doblarse, manejarse, manipularse o someterse.

doblegamiento *s. m.* Acción y efecto de doblegar.

doblegar *t.* y *pr.* Hacer que alguien desista de un propósito y se preste a otro. || Doblar o torcer algo que estaba derecho. || Contener las pasiones propias o los deseos y propósitos.

doblete *s. m.* Piedra falsa hecha con dos pedazos de cristal pegados para imitar brillantes, rubíes, esmeraldas, etc. || Jugada de billar en la que se hace que la bola en juego realice trayectorias perpendiculares a la banda que toca. || En física, pareja de líneas del espectro separadas pero muy próximas. || En física, dipolo. || En lingüística, pareja de palabras con una misma etimología y distinta evolución fonética. *Cadera y cátedra, oreja y aurícula, clavija y clavícula son ejemplos de dobletes.*

doblez *s. m.* Parte que dobla o pliega de una cosa flexible. || Señal que queda en la parte por donde se dobló. || Hipocresía, malicia, astucia.

doblón *s. m.* Moneda de oro en uso en España con diferente valor según la época.

doce *adj.* y *s. m.* Número cardinal que sigue al once. || Duodécimo, ordinal que sigue a undécimo. *El doce de diciembre, el año doce de la revolución, el libro doce.* || Par de signos que representan este número.

doceavo, va *adj.* y *s.* Cada una de las doce partes en que se ha dividido un todo.

docena *s. f.* Conjunto de doce elementos. || *loc.* ***Docena del fraile:*** colección de trece elementos o piezas. || ***No entrar alguien en docena con otros:*** no ser parecido o igual a ellos.

docencia *s. f.* Práctica y servicio del docente.

doceno, na *adj.* Duodécimo.

docente *adj.* y *s. com.* Que enseña o da clases. || Perteneciente o relativo a la enseñanza o a la docencia.

dócil *adj.* y *s. com.* Que recibe fácilmente la enseñanza por su carácter suave y apacible. || Obediente. || Fácil de labrar o trabajar, dicho de la piedra o el metal. El oro puro es demasiado dócil y por eso se le liga con otros metales más resistentes.

docilidad *s. f.* Cualidad de dócil.

docto, ta *adj.* y *s.* Sabio, experto en una disciplina o en una ciencia. *Es un teólogo muy docto, Mi colega es docta en pedagogía.*

doctor, ra *s.* Persona que ha cursado los estudios necesarios y ha recibido el título más elevado en las especialidades científicas y humanísticas, por parte de una universidad. || *fam.* Persona dedicada a la enseñanza de una ciencia o arte. || *fam. Méx.* Médico, aunque posea sólo el grado de licenciado en medicina. || *loc.* ***Doctor honoris causa:*** título honorífico concedido por una universidad a una persona como reconocimiento a sus méritos.

doctorado *s. f.* Grado de doctor. || Estudios requeridos para obtener dicho grado. || Conocimiento pleno y profundo de una materia o ciencia.

doctoral *adj.* y *s. com.* Perteneciente o relativo al doctor o al doctorado. *El maestro habló con tono doctoral; presentaré mi tesis doctoral.*

doctorando, da *s.* Persona que está a punto de recibir el grado de doctor.

doctorar *t.* y *pr.* Otorgar a alguien el grado de doctor. || Recibir el grado de doctor.

D

doctrina *s. f.* Enseñanza que se imparte para instrucción o educación de alguien. || Ciencia o sabiduría. || Conjunto de ideas, opiniones y creencias religiosas, filosóficas, políticas, económicas, etc., sustentadas por una persona o grupo y que determina sus decisiones y conducta. || Plática en la que se enseña y explica la fe cristiana. *Los niños van a la doctrina el sábado.* || *ant. Amér.* Pueblo de indios recién convertidos en el que aún no se había establecido un curato o una parroquia.

doctrinal[1] *adj.* Referente a la doctrina o propio de ella.

doctrinal[2] *s. m.* Libro en el que está contenida la doctrina de una religión o de una filosofía.

doctrinario, ria *adj.* Perteneciente o relativo a una doctrina en particular, sea religiosa, política, filosófica o de otro tipo. || *ant.* Se dice de un sistema político y sus adeptos: ecléctico, pragmático y de transacción en cuanto a la soberanía mediante pacto entre el pueblo y el rey.

documentación *s. f.* Acción y efecto de documentar. || Conjunto de documentos de carácter oficial.

documentado, da *adj.* Se dice de la solicitud o cualquier otro recurso al que acompaña la documentación necesaria. || Se dice de la persona que posee información y pruebas sobre un asunto. || Se dice de la investigación cuyos datos y afirmaciones se apoyan en documentos verificables y comprobados.

documental[1] *adj.* Que se fundamenta en documentos. || Referente a los documentos o propio de ellos.

documental[2] *s. m.* En cine y televisión, filmación de hechos, escenas, experimentos, reconstrucciones, etc., tomados de la vida real con propósitos informativos y aun didácticos.

documentalista *s. com.* Persona dedicada a reunir y recopilar información de fuentes escritas y gráficas sobre determinado asunto o materia. || Persona que realiza documentales para cine o televisión.

documentar *t.* Probar de la veracidad de algo mostrando los documentos pertinentes o sus copias acreditadas. || Instruir a alguien sobre la información y pruebas que atañen a un asunto. || *pr.* Informarse uno sobre alguna cuestión en libros y documentos pertinentes y que hacen al caso.

documento *s. m.* Escrito que registra datos y contiene información, principalmente histórica. *Las cartas y los códices son documentos medievales.* || Texto en que constan datos fidedignos, susceptibles de usarse como pruebas. || *loc.* ***Documento auténtico:*** el que ha sido cotejado y legalizado por la autoridad competente.

dodecaedro *s. m.* Sólido o cuerpo geométrico regular conformado por doce caras iguales con forma de pentágono.

dodecafonía *s. f.* En música, sistema atonal en el que se emplean los doce intervalos en que se divide la escala cromática.

dodecafónico, ca *adj.* Perteneciente o relativo a la dodecafonía.

dodecágono *s. m.* Polígono que tiene doce ángulos y doce lados.

dodecasílabo, ba *adj.* Que tiene doce sílabas; generalmente se aplica a los versos de esa medida.

dodo *s. m.* Ave corredora del orden de las columbiformes, palomas que dejaron de volar al adaptarse a un medio ambiente sin depredadores; medía más o menos un metro de altura y pesaba unos 13 kilogramos. Era endémica de las islas Mauricio y se extinguió en el siglo XVII por la caza excesiva de que fue objeto, así como por la introducción de depredadores (ratas, gatos, perros) en el hábitat.

dogma *s. m.* Proposición que se da por verdadera sin necesidad de demostración, como principio básico de una ciencia. || Principios fundamentales de una religión en los que debe creer cualquiera que se tenga por miembro de ella. *La Trinidad es un dogma cristiano; la existencia del Nirvana es un dogma budista.* || Conceptos centrales que estructuran un sistema ideológico, científico, moral, político, religioso, artístico, etc.

dogmático, ca *adj.* Perteneciente o relativo a los dogmas. || Inflexible, pertinaz en sus opiniones. || Que se basa en proposiciones tomadas como verdades absolutas y no en razonamientos.

dogmatismo *s. m.* Suposición de quienes creen que su doctrina o sus afirmaciones son verdades irrefutables. || Conjunto de proposiciones que funcionan como principios evidentes en una ciencia. || Colección de los dogmas de una religión. || Postura filosófica opuesta al escepticismo; sostiene que la razón humana tiene la facultad de poder llegar a conocer la verdad en el campo de conocimiento al que se aplique.

dogmatizar *t.* Afirmar como irrefutables proposiciones que en realidad están sujetas a examen para aceptarlas o refutarlas. || Enseñar los dogmas, especialmente los religiosos.

dogo *s. m.* Raza canina caracterizada por su tamaño y fuerza, de cuerpo robusto, cuello corto y grueso, morro casi cuadrado, belfos colgantes, orejas cortas y puntiagudas, rabo recortado y pelaje generalmente de color leonado. Se emplea como perro guardián y de caza.

dólar *s. m.* Nombre derivado del alemán «daller», de la unidad monetaria de Estados Unidos, Canadá y otros países.

dolencia *s. f.* Enfermedad, indisposición, padecimiento.

doler *intr.* Padecer dolor en una parte del cuerpo. || Causar una cosa pesar o pena. || *pr.* Arrepentirse de algo. *Me dolió dejar la carrera a medias.* || Compadecerse del mal que alguien sufre. *La bondadosa dama se duele de los huérfanos.* || Quejarse uno de sus males. *Se dolía la amiga con su confidente.*

dolicocefalia *s. f.* Cualidad o condición del dolicocéfalo.

dolicocéfalo, la *adj.* y *s.* Se dice de la persona cuyo cráneo es estrecho y ovalado, porque su diámetro mayor excede en una cuarta parte al menor.

dolido, da *adj.* Mortificado o afligido por un desaire o una ofensa.

doliente *adj.* y *s. com.* Que duele o se duele. || Parientes y allegados de un difunto que asisten al velorio y al entierro.

dolmen *s. m.* Monumento prehistórico megalítico consistente en dos o tres piedras verticales sobre las cuales descansa una horizontal.

dolo *s. m.* Engaño. simulación, mala intención. || En derecho, voluntad deliberada de cometer un delito o un crimen, con conciencia de estar obrando ilícitamente.

dolor *s. m.* Sensación molesta en una parte del cuerpo. || Sentimiento de congoja, pena y aflicción. || *loc.* ***Dolor de corazón:*** sufrimiento por haber ofendido a Dios. || ***Dolor de costado:*** antiguamente, pleuresía. || ***Dolor nefrítico:*** el causado por cálculos en los riñones o en los uréteres. || ***Dolor sordo:*** el que no es agudo, pero muy molesto y persistente.

dolorido, da *adj.* Adolorido, que padece dolor físico o moral.

doloroso, sa *adj.* Que ocasiona o conlleva dolor.

doloso, sa *adj.* Engañoso, malintencionado, malicioso.

doma *s. f.* Acción y efecto de domar.

domador, ra *s.* Que doma. || Persona cuyo oficio es domar animales.

domar *t.* Amansar, sujetar y hacer dócil a un animal. || Reprimir y contener las pasiones o sentimientos exagerados. || Dar flexibilidad y holgura a algo que no las tiene por ser nuevo. *Domar unos zapatos.*

domeñar *t.* Someter, sujetar, rendir.

domesticable *adj.* Que puede ser domesticado.

domesticación *s. f.* Acción y efecto de domesticar.

domesticado, da *adj.* Se dice del animal al que se ha acostumbrado a vivir en compañía del ser humano. || *fig.* Se aplica a la persona cuyo carácter áspero se ha moderado.

domesticar *t.* Hacer que un animal salvaje se vuelva dócil y pueda con-

vivir con los seres humanos. || *t. pr. fig.* Suavizar el carácter áspero o rebelde de una persona, hacerse ésta tratable.
domesticidad *s. f.* Cualidad de lo que es doméstico.
doméstico, ca *adj.* Perteneciente o relativo a la casa o al hogar. || Se dice del animal domesticado. || *adj.* y *s.* Persona cuyo oficio es servir en una casa. || *s. m.* Miembro de un equipo de ciclistas cuya labor es ayudar al corredor principal.
domiciliación *s. f. Esp.* Autorización para efectuar cobros o pagos con cargo a una cuenta bancaria.
domiciliar *t.* Autorizar que se realicen pagos o cobros con cargo a una cuenta bancaria. || *pr.* Establecerse alguien en un lugar determinado, fijando un domicilio.
domiciliario, ria *adj.* Perteneciente o relativo al domicilio. || Que se lleva a cabo en el domicilio del interesado. || *s.* Persona que tiene su domicilio en determinado lugar.
domicilio *s. m.* Casa o vivienda donde habita o se hospeda una persona de manera fija y permanente. || *loc.* ***A domicilio:*** que se lleva al sitio donde habita el interesado. || ***Domicilio conyugal:*** el de la casa donde habitan en común los esposos. || ***Domicilio legal:*** el que se proporciona para ser localizado en el caso de trámites y otras acciones de la ley. || ***Domicilio social:*** el de la casa matriz de una empresa.
dominación *s. f.* Acción de dominar, sobre todo un rey sobre su pueblo o una nación sobre otra. || *pl.* En el catolicismo, término con que san Pablo denomina una de las jerarquías angélicas.
dominador, ra *adj.* y *s.* Que domina o tiende a dominar.
dominante *adj.* Que domina. || Se dice de la persona que pretende dominar a quienes le rodean y no acepta contradicciones. || Que prevalece o sobresale entre otras cosas de su mismo género. *La vegetación dominante en este sitio son los helechos.* || En genética, carácter hereditario que se manifiesta en el fenotipo. || En música, quinto grado de la escala y una de las tres notas generatrices. || *loc.* ***Especie dominante:*** la que es más frecuente en una región o asociación.
dominar *t.* Tener dominio sobre personas, cosas o situaciones. || *fig.* Conocer a fondo una ciencia, arte o idioma. || Divisar algo de manera panorámica desde una gran altura. || *t.* y *pr.* Reprimir, contener o controlar una emoción, pasión o sentimiento. || *t.* e *intr.* Ser alguna cosa más alta entre las que la rodean, resaltar o ser más perceptible que éstas.
dómine *s. m.* Maestro de gramática latina. || Profesor que emplea métodos anticuados. || *desp.* Persona que, sin tener conocimientos ni cualidades para ello, pretende dar lecciones a otras.
domingo *s. m.* Séptimo día de la semana civil y primero de la semana litúrgica. || *Méx. fam.* Cantidad de dinero que se da a los niños, generalmente los domingos, para que la gasten.
dominguero, ra *adj. fam.* Que se hace, sucede o suele usarse en domingo. || *adj.* y *s. desp.* Se dice de quien sólo sale a divertirse los domingos o días festivos. || *s. desp.* Conductor que sólo saca el auto los domingos para salir de la ciudad, y que por lo tanto es inexperto.
dominical *adj.* Perteneciente o relativo al domingo.
dominicano, na *adj.* y *s.* Originario de la República Dominicana, país de las Antillas.
dominio *s. m.* Acción y efecto de dominar o dominarse. || Autoridad y poder que alguien tiene sobre alguna persona o cosa. || Lugar donde alguien tiene la máxima autoridad. *Los dominios de los aztecas se extendieron hasta Centroamérica.* || *fig.* Campo específico de una ciencia, un arte o una actividad intelectual. *El dominio de las matemáticas.* || Atributos que la ley reconoce al propietario de algo, para que pueda disponer plenamente de ello. || En informática, parte de una dirección electrónica que identifica a un sitio de internet por el tipo de empresa u organización a que pertenece, o por el país donde está registrado. || En lingüística, territorio donde se habla una lengua o dialecto. || *loc.* ***Del dominio público*** o ***común:*** se dice de las obras artísticas y literarias que, pasado un tiempo de la muerte de su autor, pueden reproducirse y venderse en todo el mundo sin derechos de autor.
dominó *s. m.* Juego de mesa compuesto por 28 fichas rectangulares, divididas en dos partes iguales, en cada una de las cuales hay entre 0 y 6 puntos. *Un partido de dominó se juega con un máximo de cuatro jugadores.* || Conjunto de las fichas que se utilizan para este juego. || Traje talar negro, con capucha, que se usa para disfrazarse. || *loc.* ***Hacer dominó:*** ganar uno de los jugadores el partido de este juego al quedarse sin fichas.
domo *s. m.* En arquitectura, cúpula o bóveda de forma semiesférica. || En geografía, relieve de forma similar a la semiesférica. || En tecnología, depósito esférico que remata una caldera.
don¹ *s. m.* Regalo material o inmaterial, sobre todo el concedido por un ser superior. || Cualidad o talento que alguien posee. || *loc.* ***Don de gentes:*** habilidad para atraer la simpatía de las personas a base de buen trato.
don² *s. m.* Tratamiento de respeto y cortesía que se antepone al nombre de un varón. *Don Ramiro celebrará sus bodas de plata como profesor.* || *irón.* Se utiliza para resaltar las pretendidas virtudes, o defectos, de una persona. *Don distraído, don quejoso.* || *Amér.* Se usa para dirigirse a un hombre cuyo nombre se desconoce. *Oiga, don, le vendo una grabadora.* || *loc.* ***Don nadie:*** persona que es poco conocida o carece de poder o influencia.
dona *s. f. Amér. C. Méx.* y *P. Rico* Rosquilla esponjosa de masa de trigo, frita y recubierta con azúcar o chocolate.
donación *s. f.* Acción y resultado de donar. || Cantidad de dinero o cosa que se ha donado. || En medicina, acción de ofrecer una persona alguno de sus órganos para que le sea trasplantado a otra, o para fines de investigación.
donado, da *s.* Persona que, habiendo ingresado en una orden o congregación religiosa, pero sin dejar de ser seglar, asiste a ella y usa un hábito especial. || Seglar que ingresa a un convento, ya sea por devoción, por formación espiritual o por otra causa. *Antiguamente, muchas personas se convirtieron en donados para proteger su integridad personal refugiándose en un monasterio.*
donador, ra *adj.* y *s.* Donante.
donaire *s. m.* Agilidad, ingenio y gracia para expresarse verbalmente. || Ocurrencia graciosa o chiste ingenioso. || Soltura y garbo al andar, danzar o hacer otros movimientos corporales.
donante *adj.* y *s. com.* Persona que realiza una donación, sea de dinero, de bienes o de uno de sus órganos o tejidos. || *loc.* ***Donante universal:*** persona que, por pertenecer al grupo 0, puede donar sangre a otras que pertenezcan a cualquier grupo sanguíneo.
donar *t.* Dar algo voluntariamente, sobre todo con fines altruistas.
donatario, ria *s.* En derecho, persona física o moral que recibe una donación.
donativo *s. m.* Dádiva, regalo o cesión de bienes, en particular con fines altruistas.
doncel *s. m.* Joven de sexo masculino que está en la adolescencia. || Joven que aún no ha iniciado su vida sexual. || Durante los siglos XIV y XV, en Castilla, joven de la nobleza antes de ser armado caballero.
doncella *s. f.* Mujer adolescente o joven, en particular la que aún no ha iniciado su vida sexual. || Sirvienta que realiza diversas tareas en un hogar, excepto cocinar.
donde *adv.* En el lugar en que está algo o alguien o sucede alguna cosa.

D

|| *fam.* A casa de alguien, o al sitio en que se encuentra. *Vamos donde tu tío.* || Adonde. || *pron.* Como pronombre relativo, introduce oraciones subordinadas adjetivas. *La calle donde lo conocí.* || Acompañado de las preposiciones «de» y «por», indica consecuencia o deducción. *El agua está contaminada, de donde se desprenden las mutaciones en los peces.*

dónde *adv.* Indica interrogación acerca de dónde está o sucede algo o se encuentra alguien. || *loc.* ***Por dónde:*** por qué causa, razón o motivo.

dondequiera *adv.* En cualquier parte.

donjuán *s. m.* Hombre galante, con habilidad para conquistar y seducir a las mujeres.

donjuanismo *s. m.* Conjunto de características propias de don Juan Tenorio, personaje literario. || Conducta y características propias del donjuán.

donosidad *s. f.* Garbo, gracia.

donoso, sa *adj.* Que tiene gracia y donaire.

donosura *s. f.* Gracia, garbo, donaire.

doña *s. f.* Tratamiento de respeto y cortesía que se antepone al nombre de una mujer. || *irón.* Se antepone a una pretendida cualidad, o un defecto, para motejar a una mujer. *Doña perfecta, doña apuraciones.* || *Amér.* Se utiliza para dirigirse a una mujer cuyo nombre se desconoce. *Vino una doña y preguntó si la casa estaba en venta.*

dopado, da *adj.* Que está bajo los efectos de alguna droga.

dopaje *s. m.* Acción y efecto de dopar o doparse.

dopar *t.* y *pr.* En deportes, administrar a un atleta, o consumir éste, fármacos o sustancias estimulantes para aumentar su rendimiento. || *t.* En electrónica, añadir impurezas a un monocristal.

doquier o doquiera *adv.* Dondequiera.

dorada *s. f.* Pez comestible de carne muy apreciada que habita en aguas del Atlántico y el Mediterráneo; su piel es de color gris metálico, con franjas y una mancha en la cabeza de color dorado.

dorado *s. m.* Acción y efecto de dorar, recubrir de oro o metal semejante; doradura. || Arte de aplicar estampaciones de oro fino a los grabados de las cubiertas de los libros. || *Arg. Py.* y *Uy.* Pez de río muy apreciado en la pesca deportiva por ofrecer gran resistencia a ser sacado del agua. *Un dorado mide unos 70 cm, su piel es dorada con el vientre plateado.* || *pl.* Conjunto de adornos dorados o de objetos de latón bruñido.

dorado, da *adj.* De color amarillo metálico brillante como el del oro. || Que está recubierto de una capa fina de oro u otro metal de color de oro. || *fig.* Feliz, esplendoroso, en auge. *La época dorada del cine.* || *Chil.* y *Cub.* Se dice del caballo con pelaje color melado.

dorador, ra *s.* Persona cuyo oficio es dorar.

dorar *t.* Recubrir con una capa fina de oro o de un metal semejante un objeto. || Dar a algo el color o características del oro. || *t.* y *pr.* Freír ligeramente un alimento hasta que tome color dorado, o cubrir un manjar con una capa ligera de yema de huevo. || *pr.* Tomar algo color dorado. || *loc.* ***Dorar la píldora:*** presentar algún hecho desagradable de manera disfrazada para hacerlo más agradable.

dórico *s. m.* Dialecto del griego antiguo que se hablaba en la región de la Dórida. || Orden de la arquitectura griega, caracterizado por columnas acanaladas de aristas vivas, sin basa, capitel sin molduras y entablamento que alterna triglifos y metopas. *El dórico es el más antiguo de los órdenes arquitectónicos griegos.* || En música, el modo clásico griego más importante.

dórico, ca *adj.* y *s.* Natural de la Dórida, región de Grecia comprendida entre los montes Eta y Parnaso. || Perteneciente o relativo a la Dórida.

dormida *s. f.* Acción y efecto de dormir. || *Amér. Merid.* Sitio donde se pernocta.

dormido, da *adj.* Que duerme. || *fig.* Que está latente, que no se ha manifestado. || *fig.* Dicho de un lugar o ambiente, que carece de animación o actividad.

dormilón, lona *adj.* y *s. fam.* Que duerme mucho, o se duerme fácilmente.

dormir *intr.* y *pr.* Entrar, o estar, en el estado de reposo periódico durante el cual se inactivan los movimientos voluntarios y los sentidos. || Hacer que alguien entre en tal estado. || *intr.* Pernoctar en algún sitio. || *t.* Anestesiar. || *pr. fig.* Postergar un asunto. || *pr. fig.* Descuidarse, tomar algo a la ligera. || *pr. fig.* Quedar temporalmente algún miembro del cuerpo con sensación de hormigueo y poca sensibilidad.

dormitar *intr.* Dormir con sueño ligero, o estar medio dormido.

dormitorio *s. m.* Habitación destinada para dormir. || Mobiliario que compone esta habitación.

dorsal *adj.* Perteneciente o relativo al dorso o al lomo. || En fonética, fonema que se articula poniendo en contacto el dorso de la lengua con el paladar. || *s. m.* Número que los deportistas llevan pegado a la espalda durante una competencia para permitir su identificación. || *s. f.* Cordillera, terrestre o submarina, con una línea continua de montañas. || *loc.* ***Dorsal barométrica:*** línea continua de altas presiones.

dorso *s. m.* Parte posterior de algo. || Parte posterior o superior del tronco de los seres humanos que va desde los hombros hasta la pelvis. || En zoología, parte superior o posterior del tronco de los vertebrados.

dorsoventral *adj.* Perteneciente o relativo a la espalda y el vientre en conjunto. *El médico le dijo que su dolor dorsoventral se debe a que está sentado mucho tiempo.*

dos *adj.* y *s.* Resultado de sumar uno más uno. || Número ordinal que indica el segundo de una serie o lista. || *loc.* ***Cada dos por tres:*** con mucha frecuencia. || ***Dos por cuatro:*** en música, medida de dos tiempos; su unidad es la blanca. || ***Dos por dieciséis:*** en música, medida de dos tiempos; su unidad es la corchea. || ***Dos por ocho:*** en música, medida a dos tiempos, poco utilizada, cuya unidad de medida es la negra.

doscientos, tas *adj.* y *s.* Número cardinal que indica dos veces cien. || Número ordinal que indica el lugar doscientos en una serie o lista.

dosel *s. m.* Mueble o elemento que resguarda, a cierta altura, un trono, lecho, altar o sitial. || Especie de toldo que, sostenido por cuatro varas, resguarda a un personaje o a una imagen religiosa en los desfiles y procesiones. || Parte alta de los bosques tropicales, formada por las copas de los árboles.

dosificación *s. f.* En medicina, determinación de la dosis de medicamento que debe administrarse a un paciente. || Graduación de la cantidad o proporción de algo inmaterial que ha de darse.

dosificador, ra *adj.* y *s.* Que dosifica o sirve para dosificar. *El jarabe trae una copita dosificadora.* || *s. m.* Aparato o utensilio para dosificar. *Instalaron un dosificador de cloro en la alberca.*

dosificar *t.* Establecer la dosis de algo, sobre todo de un medicamento. || *fig.* Realizar algo de manera sistemática y poco a poco.

dosis *s. f.* Cantidad determinada de un medicamento que se prescribe y administra para lograr un efecto deseado. || *fig.* Porción o cantidad de algo. *Esa novela contiene una gran dosis de violencia.*

dossier *s. m.* Expediente o sumario. || Conjunto de datos o documentos referentes a una persona o tema.

dotación *s. f.* Acción y efecto de dotar. || Conjunto de cosas con lo que alguien o algo está dotado. || Personal de una oficina o taller. || Tripulación de un buque.

dotado, da *adj.* Que tiene aptitudes o condiciones particulares para algo. *Esa joven está dotada para las ciencias.*

dotar *t.* Otorgar una dote a la mujer que va a contraer matrimonio o va a

ingresar a una congregación religiosa. || *fig.* Añadir a una persona o cosa alguna cualidad adicional, o una característica especial, para mejorarla. || Proveer de personal o de recursos.
dote *s. f.* Dinero o bienes que aporta una mujer, cuando se casa, al matrimonio. || Aportación en dinero o bienes que entregaba una monja profesa cuando ingresaba al convento o una orden religiosa. || *s. f. pl.* Conjunto de cualidades de una persona o cosa que la hacen adecuada para determinada actividad o función.
dovela *s. f.* Piedra labrada en forma de cuña que se utiliza yuxtapuesta con otras para formar bóvedas, arcos o molduras, cornisas y doseles en las construcciones. || Piedra que forma un saliente en medio de un dintel o sobre el plano de una arcada. || Elemento de construcción prefabricado, sea de metal o de hormigón, que se ensambla con otros para formar el revestimiento de un túnel.
dozavo, va *adj.* Doceavo, que es la duodécima parte de un todo.
draba *s. f.* Planta herbácea de la familia de las crucíferas que mide entre 40 y 50 cm de altura, abunda en los sitios húmedos; da pequeñas flores blancas y frutos en forma de vainas delgadas. *Un uso tradicional de la draba es para combatir el escorbuto.*
draconiano, na *adj.* Relativo a Dracón, legislador de la antigua Atenas que emitió leyes muy estrictas. *El código draconiano.* || *fig.* Se dice de las normas, leyes o medidas muy severas.
draga *s. f.* Máquina excavadora que sirve para extraer materiales y escombros del fondo de los ríos, canales y otros cuerpos de agua. || Barco que lleva esta maquinaria.
dragado *s. m.* Acción y efecto de dragar. || Operación para extraer o destruir las minas que se hallen en una zona del mar.
dragaminas *s. m.* Barco de guerra de pequeño tamaño, equipado para dragar minas y dotado con armamento antiaéreo o antisubmarino.
dragar *t.* Excavar con maquinaria especial, para limpiarlos, el fondo de los canales, ríos o puertos marítimos.
dragón *s. m.* Animal fantástico con cuerpo de reptil, larga cola, garras y alas, que echa fuego por la boca. || Reptil parecido al lagarto, pero más robusto. *El dragón de Komodo.* || Pez marino de cuerpo alargado, cabeza grande, plana y ancha, con los ojos en el dorso de ésta, y aletas dorsales muy llamativas, sobre todo las de los machos. || Soldado de caballería. *El primer cuerpo de dragones fue creado en el siglo* XVI *en Francia.*
drama *s. m.* Obra teatral escrita para ser representada en un escenario. || Obra cinematográfica o teatral de asunto que, aunque trata de cosas desgraciadas o tristes, no alcanza el nivel de la tragedia. || Género literario al que pertenecen las obras escritas para ser representadas. || *fig.* Situación de la vida real en que ocurren desgracias y hay personas que las sufren. *La pobreza es un drama cotidiano en muchos países.*
dramático, ca *adj.* Perteneciente o relativo al teatro. || *fig.* Que conmueve y emociona. || *adj.* y *s.* Se dice del autor de dramas o del actor que los interpreta.
dramatismo *s. m.* Cualidad o condición de dramático.
dramatizable *adj.* Que puede dramatizarse. *Esa novela es dramatizable, tiene muy buenos diálogos.*
dramatización *s. f.* Acción y efecto de dramatizar.
dramatizar *t.* Dar a un texto literario la forma y condiciones necesarias para ser representado. || *fig.* Exagerar un sentimiento, o las emociones alrededor de una situación o suceso, con el fin de conmover a otros.
dramaturgia *s. f.* Arte de componer obras dramáticas. || Conjunto de las obras dramáticas de una época o un autor. || Concepto escénico para representar un texto dramático.
dramaturgo, ga *s.* Autor que se especializa en escribir obras dramáticas.
dramón *s. m.* Obra literaria, teatral o cinematográfica en que se exageran los efectos dramáticos.
drapeado *s. m.* Acción y efecto de drapear.
drapear *t.* Disponer y colocar los pliegues de los paños de un vestido o cortinaje, para darles la caída conveniente.
drástico, ca *adj.* Que es enérgico y de gran severidad. *La inconsciencia de la gente obligó a tomar medidas drásticas contra el ruido en esa ciudad.* || Que actúa de manera violenta y rápida. *Si tomas ese purgante mejor no salgas, sus efectos son drásticos.*
dravídico, ca *adj.* y *s.* Perteneciente o relativo a los drávidas, pueblos que se extienden desde el sur de la India y Sri Lanka hasta Birmania. || Se dice de la lengua común a estos pueblos. || *s. m.* Estilo arquitectónico medieval de la India, caracterizado por gopuras o torres monumentales en la entrada de los templos y recintos sagrados.
drenaje *s. m.* Acción y efecto de drenar. || *Méx.* Conjunto de tuberías e instalaciones que sirven para desalojar las aguas negras de un edificio o ciudad. || En medicina, evacuación, mediante una cánula, de las secreciones acumuladas en un órgano, un absceso o una herida. || *loc.* ***Drenaje linfático:*** masaje terapéutico para estimular la circulación linfática.
drenar *t.* Sacar el agua excesiva de un lugar por medio de cañerías o zanjas. || En medicina, evacuar los líquidos que se han acumulado en una cavidad, herida o absceso.
driblar *t.* e *intr. Esp.* y *Méx.* En deportes como el futbol, hacer un movimiento engañoso para desconcertar al contrario y esquivarlo.
dril *s. m.* Tela resistente de hilo o de algodón crudo.
droga *s. f.* Nombre genérico de las sustancias que tienen efectos estimulantes, estupefacientes, depresores o alucinógenos. || Sustancia de uso médico; fármaco, en particular los barbitúricos. || *Amér. Merid.* y *Méx.* Deuda cuantiosa, sobre todo la que no se puede pagar. || *Col.* Persona o cosa desagradable o molesta. || *Uy.* Cosa de mala calidad o asunto tedioso y aburrido.
drogadicción *s. f.* Adicción por alguna droga.
drogadicto, ta *adj.* y *s.* Que es adicto a las drogas.
drogado, da *adj.* Que se encuentra bajo los efectos de alguna droga. || *s. m.* Acción y efecto de drogar o drogarse.
drogar *t.* Administrar drogas a alguien. || *pr.* Tomar una droga, o consumir drogas habitualmente.
drogodependencia *s. f.* Adicción a las drogas.
drogodependiente *adj.* y *s. com.* Drogadicto.
droguería *s. f. Amér. C.* Tienda en la que se venden medicamentos. || *Esp.* Establecimiento donde se venden pinturas y artículos para la limpieza del hogar. || *Esp.* Comercio en este tipo de productos.
droguero, ra *adj. Amér.* y *Méx.* Tramposo, que pide prestado y no paga. || *s. Esp.* Persona que comercia con productos de droguería.
droguista *s. com. Col.* y *Ecua.* Boticario, empleado de farmacia. || *Esp.* Comerciante en artículos de droguería, droguero.
dromedario *s. m.* Mamífero rumiante parecido al camello, pero con una sola joroba y con cuerpo más esbelto.
druida, desa *s.* Entre los antiguos celtas, sacerdote o sacerdotisa. *Además de sus funciones religiosas, los druidas eran la clase intelectual de su sociedad.*
druídico, ca *adj.* Perteneciente o relativo a los druidas. *Los saberes druídicos incluían la filosofía, la astronomía, la magia y la medicina.*
druidismo *s. m.* Religión de los antiguos celtas.
drupa *s. f.* En botánica, fruto carnoso de forma redondeada con endocarpio que forma hueso. *Las ciruelas, cerezas y capulines son drupas.*
dual *adj.* Que reúne en sí dos caracteres o fenómenos distintos. || Que tiene una relación de reciprocidad o interacción.

dualidad *s. f.* Cualidad de lo que es dual. || Coexistencia de dos caracteres o fenómenos distintos, sean opuestos o complementarios, en una misma persona o cosa.
dualismo *s. m.* Pensamiento filosófico o religioso que admite dos principios opuestos desde sus orígenes, como el bien y el mal. || Dualidad.
dualista *adj.* y *s. com.* Perteneciente o relativo al dualismo. || Que profesa o es partidario del dualismo.
dualístico, ca *adj.* Dualista.
dubitación *s. f.* Duda, indecisión sobre lo que se ha de hacer o decir.
dubitativo, va *adj.* Que denota o implica duda.
dubnio *s. m.* Elemento químico radiactivo que posee siete isótopos con una vida media comprendida entre 1.5 y 35 segundos. Se obtiene mediante bombardeo iónico de elementos pesados. Su número atómico es 105 y su símbolo *Db*.
ducado *s. m.* Dignidad y título nobiliario de duque. || Territorio sobre el que ejercía su autoridad un duque. || Moneda de oro, de valor variable, que se usó en varios países europeos hasta el siglo XVI.
ducal *adj.* Perteneciente o relativo al duque.
ducentésimo, ma *adj.* y *s.* Número ordinal que corresponde al doscientos de una serie o lista. || *adj.* y *s. m.* Cada una de las fracciones que resultan de dividir un todo en doscientas partes iguales.
ducha *s. f.* Acción y efecto de duchar o ducharse. || Aplicación de agua en forma de lluvia, o de múltiples chorros sobre el cuerpo o una parte de éste. || Instalación para ducharse. || Aparato para ducharse.
duchar *t.* y *pr.* Dar una ducha a alguien, o tomar una ducha.
duchazo *s. m.* Amér. Acción y efecto de ducharse.
ducho, cha *adj.* Que es muy hábil o diestro para determinada actividad.
dúctil *adj.* Se dice del metal que puede ser extendido en alambres muy finos por medios mecánicos sin romperse. *El oro, la plata y el cobre son muy dúctiles.* || Que cambia de forma con facilidad. || *fig.* Se usa para referirse a una persona dócil y condescendiente.
ductilidad *s. f.* Cualidad de lo que es dúctil.
ducto *s. m.* *Amér.* Tubería, canal o conducto.
duda *s. f.* Indecisión o vacilación entre dos posibilidades, acciones o juicios. || Cuestión que se propone para resolverla. *La duda es si seguir construyendo edificios en la ciudad o ya no.* || Falta de fe o convicción en una creencia religiosa. || *loc.* ***Sin duda*** o ***sin lugar a dudas:*** seguramente, con certeza.
dudable *adj.* Que se debe o puede dudar.
dudar *intr.* Tener duda sobre algo que se va a hacer o decir. || *t.* Desconfiar, dar poco crédito a algo. *Dijo que hoy pagaría, pero lo dudo.*
dudoso, sa *adj.* Que denota o implica duda. *Su conducta es muy dudosa, algo debe ocultar.* || Que tiene dudas. *Está dudoso entre estudiar biología o medicina.* || Que es poco probable.
duela *s. f.* Cada una de las tablas planas y curveadas que forman el cuerpo de los barriles y toneles. || Gusano plano, de unos 3 cm de longitud, que parasita el intestino de personas y animales causando varias enfermedades. || *Méx.* Cada una de las tablas largas y angostas que forman un piso de madera o un entarimado.
duelista *s. m.* Cada uno de los dos hombres que se baten en un duelo. || Hombre que conoce y observa las leyes del duelo. || Hombre que al menor pretexto desafía a otros.
duelo¹ *s. m.* Combate, de acuerdo a reglas establecidas y con determinadas armas, entre dos adversarios. *En siglos pasados los hombres solían batirse en duelo para reparar cuestiones de honor.* || Encuentro deportivo entre dos equipos o jugadores. || Discusión o debate entre dos personas sobre una determinada cuestión.
duelo² *s. m.* Dolor por la muerte de alguien. || Reunión de personas con motivo de los funerales de alguien.
duende *s. m.* Espíritu que, según las creencias populares, habita en algunas casas, causando transtornos y asustando a las personas. || Ser fantástico representado con aspecto humanoide y pequeño tamaño, que tiene ciertos poderes para alterar positiva o negativamente las circunstancias. *En muchas leyendas y cuentos de hadas, los protagonistas son duendes.* || *Esp.* Encanto y magnetismo especial de una persona o cosa.
dueño, ña *s. m.* Hombre que posee una propiedad u otra cosa. || Jefe o amo de una casa respecto de sus sirvientes. || *loc.* ***Hacerse dueño de algo:*** disponer de ello, imponer la propia voluntad con o sin consentimiento de los demás. || ***Ser dueño de sí mismo:*** saber actuar con reflexión y serenidad dominando sus impulsos. || *s. f.* Mujer que tiene el dominio de una propiedad o de otra cosa. || Antiguamente, monja o beata que era mujer principal y vivía en comunidad. || Viuda que en las casas de las personas pudientes hacía las funciones de ama de llaves.
duermevela *s. m.* *fam.* Sueño inquieto, ligero y con frecuentes interrupciones.
dueto *s. m.* Pieza musical para dos instrumentos o dos voces. || Conjunto de dos voces o dos instrumentos.
dulce *adj.* Se dice del sabor que causa una sensación agradable, como el del azúcar o la miel. || Que, comparado con otras cosas de la misma especie, no es agrio, amargo ni salado. *Naranjas dulces.* || *fig.* Agradable, suave, grato. || *fig.* Dicho del carácter de alguien, afable y afectuoso. || En metalurgia, se dice del metal suave, dúctil y maleable. || *s. m.* Alimento que tiene el azúcar como ingrediente principal. || Cualquier fruta cocida con almíbar. || *Amér.* Azúcar mascabado, chancaca. || *Méx.* Caramelo u otra golosina dulce. || *loc. Arg.* y *Uy.* ***Dulce de leche:*** pasta dulce y espesa, de color marrón claro, que se prepara cociendo a fuego lento leche con azúcar.
dulcera *s. f.* Recipiente más o menos hondo, ordinariamente de cristal, en que se sirve la fruta en almíbar.
dulcería *s. f.* Establecimiento donde se venden dulces.
dulcero, ra *s.* Persona cuyo oficio es confeccionar dulces y golosinas. || *adj. fam.* Persona muy aficionada a comer azúcar o dulces.
dulcificación *s. f.* Acción y efecto de dulcificar o dulcificarse.
dulcificar *t.* y *pr.* Hacer que algo sea dulce. || Suavizar, mitigar lo acre o desagradable de alguna cosa material o inmaterial.
dulzón, zona *adj.* Que es dulce en exceso, hasta resultar desagradable.
dulzor *s. m.* Cualidad de lo que es dulce. || Sabor dulce.
dulzura *s. f.* Dulzor. || *fig.* Suavidad, bondad y afabilidad de carácter. || *pl.* Expresiones o palabras cariñosas.
dumping *s. m.* Práctica comercial consistente en vender un país una mercancía en un mercado extranjero a un precio inferior al del mercado nacional, o menor que el precio de costo de los competidores extranjeros.
duna *s. f.* Colina que se forma en el desierto por efecto de la acumulación de arena arrastrada por el viento.
dúo *s. m.* Pieza musical para dos instrumentos o voces. || Conjunto de dos voces o dos instrumentos musicales. || *loc.* ***A dúo:*** entre dos personas.
duodecimal *adj.* En matemáticas, se dice del sistema numeral que tiene como base el número doce. || Duodécimo.
duodécimo, ma *adj.* y *s.* Número ordinal que corresponde al doce en una serie o lista. || *adj.* y *s. m.* Cada una de las doce partes iguales en que se divide un todo.
duodécuplo, pla *adj.* Que contiene un número exactamente doce veces.
duodenal *adj.* Perteneciente o relativo al duodeno.
duodenitis *s. f.* Inflamación del duodeno.

duodeno *s. m.* Primer segmento del intestino que sigue inmediatamente del estómago. *En el duodeno desembocan el colédoco y el canal pancreático.*

dúplex *adj.* y *s. m.* Vivienda integrada por dos plantas que se unen por una escalera interior. || Enlace eléctrico o radioeléctrico entre dos puntos que puede utilizarse simultáneamente en ambos sentidos.

duplicación *s. f.* Acción y efecto de duplicar o duplicarse. || En biología, fenómeno por el que cualquier estructura orgánica existe con carácter doble. || En genética, aberración por la que un segmento cromosómico se repite en el mismo cromosoma o la misma serie cromosómica. || En telecomunicaciones, acción y efecto de realizar un enlace dúplex.

duplicado *s. m.* Copia idéntica de un documento que se hace para usarla en caso de que se pierda o dañe el original. || Ejemplar doble o repetido de una obra. || Acción y efecto de sacar una copia exacta de algo. *El duplicado de una obra de arte es un proceso complejo que requiere destreza y conocimientos.*

duplicar *t.* y *pr.* Multiplicar por dos una cantidad. || Hacer o hacerse una cosa dos veces mayor. || *t.* Ser dos veces mayor una cantidad, o una cosa, que otra. || Sacar una copia exacta de un documento u otra cosa. || En derecho, contestar el demandado la réplica del actor. || En telecomunicaciones, instalar un enlace en dúplex.

duplicidad *s. f.* Cualidad de doble. || Falsedad, doblez.

duplo *s. m.* Un número que es el doble de otro. *El duplo de cinco es diez.*

duque *s. m.* Título nobiliario europeo superior al de marqués y conde e inferior al de príncipe. || Primera dignidad de la jerarquía señorial en la organización feudal. || Título que antiguamente poseía el soberano de un ducado. || Antiguo carruaje de lujo de dos plazas, cuatro ruedas y un asiento atrás para los sirvientes.

duquesa *s. f.* Mujer que posee un título nobiliario ducal. || Esposa del duque. || *Méx.* Dulce elaborado a base de oblea con coco rallado, enrollada y rellena de merengue.

durabilidad *s. f.* Cualidad de durable.

durable *adj.* Que dura o puede durar mucho tiempo.

duración *s. f.* Tiempo que dura alguna cosa, o que transcurre entre el inicio y el final de algo. || En música, tiempo que debe mantenerse un sonido, un silencio o una nota; varía según el movimiento y el compás de cada fragmento musical.

duradero, ra *adj.* Que dura mucho tiempo o puede durar mucho.

durador, ra *adj.* Que dura o permanece. Esta palabra es de poco uso.

duraluminio *s. m.* Nombre comercial de una aleación de aluminio con cobre, magnesio y silicio. *El duraluminio se emplea en la industria aeronáutica.*

duramadre *s. f.* En anatomía, la más externa y resistente de las tres meninges.

duramen *s. m.* Madera compacta y seca de la parte central del tronco y las ramas gruesas de los árboles.

duranguense *adj.* Perteneciente o relativo al estado mexicano de Durango. || *s. com.* Originario de Durango.

durangueño, ña *adj.* y *s.* Duranguense.

durangués, guesa *adj.* Perteneciente o relativo a esa provincia española de Vizcaya. || *s. com.* Nacido en esa provincia.

durante *prep.* Indica un espacio de tiempo en el que algo sucede. *Muchas personas toman vacaciones durante el verano.*

durar *intr.* Estar ocurriendo o existir algo en un espacio de tiempo determinado. *El curso dura tres meses.* || Aguantar, conservarse, persistir.

durativo, va *adj.* En lingüística, se dice de la forma verbal que considera una acción mientras se desarrolla y dura.

duraznero *s. m.* Árbol originario de China, con hojas lanceoladas y flores rosadas de cinco pétalos; su fruto es el durazno o melocotón.

durazno *s. m.* Duraznero. || Fruto del duraznero. Es una drupa fragante con piel aterciopelada, semilla rugosa y carne amarilla.

dureza *s. f.* Cualidad de lo que es duro. || En medicina, callosidad. || En mineralogía, resistencia que opone un mineral a ser rayado por otro. *El diamante es una piedra de gran dureza.* || En química, contenido de sales en el agua, sobre todo sulfatos de calcio y magnesio. || *fig.* Se dice de lo que es áspero, difícil o riguroso. *La dureza de su carácter hace que no tenga amigos.*

durmiente *adj.* Que duerme. || *s. m.* Madero colocado horizontalmente sobre el suelo, sobre el cual se apoyan otros o un riel, para distribuir la carga. *Los durmientes de una vía ferroviaria.*

duro, ra *adj.* Se dice del cuerpo que ofrece resistencia a la presión, a ser rayado, penetrado o partido. || *fig.* Difícil, arduo, penoso. || *fig.* Insensible, cruel, despiadado, intolerante. || *fig.* Obstinado, inflexible, terco. || *fig.* Crudo, violento, dramático. || *s. m. Esp.* Moneda que valía cinco pesetas. || *adv.* Con fuerza o con violencia. || *loc. Arg. Chil. Col. Méx. Py. Per.* y *Uy.* ***Duro y parejo:*** con fuerza o entusiasmo y de manera constante.

E e

e[1] *s. f.* Quinta letra del alfabeto español moderno y segunda de sus vocales. || Nombre de la letra *e*. || En música, en la notación inglesa y alemana, nota *mi*.
e[2] *conj.* Conjunción copulativa que se usa, en vez de *y*, para evitar repetición de sonidos antes de palabras que comiencen por *i* o *hi*. *Agustín e Hilda*.
ebanista *s. com.* Persona cuyo oficio es trabajar las maderas finas para hacer muebles.
ebanistería *s. f.* Arte, oficio y taller del ebanista. || Conjunto de muebles u ornatos hechos con maderas finas.
ébano *s. m.* Árbol frondoso del sudeste asiático que proporciona la madera del mismo nombre. || Madera de este árbol. *El ébano es duro, pesado y de color negro.*
ébola *s. m.* Infección viral muy contagiosa que provoca fiebres hemorrágicas, dolores musculares y pérdida de apetito, seguido de vómitos y diarrea, hasta causar la muerte en un periodo corto de tiempo.
ebriedad *s. f.* Estado del ebrio.
ebrio, bria *adj.* y *s.* Se aplica a la persona cuyas facultades físicas y mentales están alteradas a causa de consumo excesivo de alcohol. || *fig.* Que está trastornado y ofuscado por una pasión.
ebullición *s. f.* Estado del líquido que forma burbujas de vapor al hervir. || Estado del líquido o sustancia que burbujea a causa de la fermentación o la efervescencia.
ebúrneo, a *adj.* Perteneciente o relativo al marfil. || Que tiene características semejantes a las del marfil.
eccema *s. m.* Enfermedad inflamatoria de la piel que se manifiesta por enrojecimiento y aparición de vesículas que al secarse producen costras y escamas.
eccematoso, sa *adj.* Perteneciente o relativo al eccema. *La alergia le produjo síntomas eccematosos.*
ecepto *prep.* Excepto. Esta forma es desusada.
eceptuar *t.* Exceptuar. Esta forma es desusada.
echada *s. f.* Acción y efecto de echar o echarse. || *Méx. fam.* Fanfarronada, bravuconada.
echado, da *adj.* y *s. C. R. Hond.* y *Nic.* Persona perezosa, indolente.
echador, ra *adj.* y *s. Cub. Méx.* y *Ven.* Hablador, fanfarrón, bravucón. || *loc.* ***Echador de cartas:*** cartomanciano.
echar *t.* Arrojar algo hacia alguna parte. || Despedir o emitir algo un líquido, vapor, etc. *Ese auto echa mucho humo.* || Agregar algo a otra cosa, o dejarlo caer en ella. *Le echaste demasiada sal a la sopa.* || Aplicar o poner algo sobre otra cosa. *Se echó alcohol en la herida.* || Expulsar a alguien de un lugar, sobre todo de mala manera. || Despedir del empleo o destituir de un cargo. || Producir un organismo vivo algo que nace y forma parte de él. *Estás echando barriga, necesitas hacer ejercicio.* || Dar a algún mecanismo el movimiento que lo cierra. *Recuerden echar la llave cuando salgan.* || Jugar una partida de algún juego. *Vamos a echar un dominó.* || Decir algo, pronunciar ciertas palabras o un discurso. *Echó piropos a una chica.* || Hacer cálculos, suponer o conjeturar. || Dar, entregar o repartir. *Échale de comer al perico.* || *t.* e *intr.* Dar una planta frutos, hojas o flores. || *t.* y *pr.* Mover el cuerpo o una parte de él en alguna dirección. *Echó las piernas arriba del sofá.* || Con la preposición *a* y un verbo en infinitivo, ser causa o motivo de la acción que expresa dicho verbo. *Echar a volar una cometa.* || Poner o ponerse una prenda, sobre todo de abrigo, sobre el cuerpo. *Voy a echarme un cobertor en las piernas, tengo frío.* || *intr.* Tomar una dirección determinada. *Echaron cuesta arriba.* || *intr.* y *pr.* Seguido de la preposición *a* y un verbo en infinitivo, comenzar a hacer lo que indica dicho verbo. *Se echaron a gritar cuando vieron el bicho en su cuarto.* || *pr.* Precipitarse, arrojarse. *La gata se echó por la ventana, por fortuna no se lastimó.* || Tenderse, acostarse. || Colocarse un ave sobre sus huevos y permanecer ahí para empollarlos. || Dedicarse a algo o adoptar una conducta. *Ese hombre se echó a la perdición.* || Comenzar a tener trato o relaciones con alguien. *Desde que se echó novio ya no sale con los amigos.* || *loc.* ***Echar abajo:*** demoler, derribar. || ***Echar algo a cara*** o ***cruz:*** confiarlo a la suerte. || ***Echar a perder:*** descomponer, deteriorar; malograr a alguien o algo. || ***Echar de menos:*** sentir pena por la falta o ausencia de una persona. || *fig.* ***Echarse encima:*** estar muy próximo, o ser inminente un suceso. || *fam.* ***Echarse para atrás:*** desistir de algo, eludir un compromiso o desdecirse.
echarpe *s. m.* Chal, prenda femenina para cubrir hombros y cuello.
eclampsia *s. f.* Serie de trastornos, o crisis convulsiva que sufren algunas mujeres embarazadas a causa de hipertensión o por cambios fisiológicos exagerados durante su gravidez.
eclecticismo *s. m.* Método filosófico que selecciona, entre diversos sistemas, las tesis que parecen más aceptables a fin de formar una doctrina con ellas. || Doctrina que se formó a partir de tal método. || Tendencia artística o decorativa que pretende crear un estilo nuevo a base de conciliar y reunir elementos del pasado. || Actitud de quien adopta una posición indefinida en su forma de pensar o actuar.
ecléctico, ca *adj.* y *s.* Perteneciente o relativo al eclecticismo. || Que profesa el eclecticismo o es partidario de éste. || Se dice de la persona que no tiene una posición definida en su manera de pensar o de actuar.
eclesial *adj.* Perteneciente o relativo a la Iglesia.
eclesiástico, ca *adj.* Eclesial. || *s. m.* Sacerdote católico, clérigo.
eclipsar *t.* y *pr.* Producir un eclipse. || *fig.* Hacer que, al compararla con otra, una persona parezca menos importante o valiosa. || *pr.* Ausentarse o evadirse de una reunión o campo de actividad. *Aquel brillante periodista se eclipsó, pero luego reapareció como escritor.*
eclipse *s. m.* En astronomía, desaparición aparente y temporal de un astro, producida por la interposición de otro cuerpo entre éste y el ojo del observador, o entre el astro en cuestión y el sol que lo ilumina. *Un eclipse es total si un astro desaparece de la vista por completo, y parcial si sólo deja de verse una parte de él.*
eclíptica *s. f.* En astronomía, círculo máximo descrito por el Sol en la esfera celeste durante su movimiento propio aparente, o por la Tierra en su movimiento real alrededor del Sol. || Plano determinado por este círculo.
eclíptico, ca *adj.* Perteneciente o relativo al eclipse o a la eclíptica.

eclosión *s. f.* Acción y efecto de eclosionar. || Brote o aparición súbita de un fenómeno cultural o social.
eclosionar *t.* Abrirse el capullo de una flor. || Romperse un huevo, o una crisálida, para permitir que salga el animal que contiene.
eco *s. m.* Repetición de un sonido causada por la reflexión de las ondas sonoras al chocar contra un obstáculo. || Sonido que, de manera débil y confusa, se escucha a lo lejos. || Onda electromagnética emitida por un radar que, después de reflejarse en un obstáculo, regresa al punto de partida. || Imagen de televisión alterada, que se perturba a causa de una onda indirecta que ha recorrido un trayecto más largo que una onda directa. || En informática, método de comparación para detectar errores de transmisión entre una señal emitida y la recibida; consiste en reemitir la señal recibida hacia el emisor de origen. || Difusión que alcanza un suceso. || *fig.* Noticia no verificada, rumor. || *fig.* Influencia de alguien o algo. || *loc.* ***Hacer eco:*** darse a notar alguien o algo y hacerse digno de atención y reflexión. || ***Hacerse eco:*** aceptar alguna cosa y contribuir a que se difunda.
ecografía *s. f.* En medicina, método para explorar el interior del cuerpo mediante la reflexión o eco de ultrasonidos en los órganos. || Imagen que se obtiene al aplicar este método.
ecolalia *s. f.* En psiquiatría, alteración del habla que se manifiesta en la repetición, por parte del enfermo, de palabras que escuchó o él mismo dijo.
ecolocación *s. f.* Modo de orientarse basado en el eco. *Los murciélagos y las ballenas tienen ecolocación natural; el ser humano la aplica técnicamente en los radares.*
ecología *s. f.* Ciencia que estudia las relaciones entre los seres vivos y su medio ambiente. || Defensa y protección del medio ambiente.
ecológico, ca *adj.* Perteneciente o relativo a la ecología. || Se dice de los productos que, por su tipo de elaboración, no dañan al medio ambiente.
ecologismo *s. m.* Transferencia o aplicación de los principios de la ecología a las cuestiones políticas y sociales.
ecologista *adj.* Perteneciente o relativo al ecologismo. || *s. com.* Que propugna la necesidad de preservar la naturaleza y trata de formar en otros conciencia sobre ello.
ecólogo, ga *s.* Persona especializada en la ecología.
econometría *s. f.* Investigación económica que se basa en la estadística y los análisis matemáticos.
econométrico, ca *adj.* Perteneciente o relativo a la econometría.
economía *s. f.* Administración razonable y organizada de los bienes. || Conjunto de las actividades productivas y de consumo de una colectividad humana. || Conjunto de actividades y bienes que integran la riqueza de una nación o individuo. || Sistema económico de un país, una empresa o una institución. || Adecuada distribución del tiempo, o de otra cosa inmaterial. || Ahorro, reducción del gasto en un presupuesto. || *loc.* ***Economía de mercado:*** sistema económico que regula los precios en razón de la oferta y la demanda. || ***Economía doméstica*** o ***privada:*** administración del dinero que posee una familia. || ***Economía mixta:*** sistema económico que permite la colaboración entre organismos públicos e iniciativa privada.
economicismo *s. m.* Doctrina que da más importancia a los problemas económicos que a los de otro tipo. *El economicismo considera que todo, incluidas las personas, debe estar subordinado al sistema económico.*
economicista[1] *adj.* Se dice de la doctrina o persona que analiza los problemas sociales desde el punto de vista de los factores económicos.
economicista[2] *s. com.* Partidario del economicismo.
económico, ca *adj.* Perteneciente o relativo a la economía. || De precio accesible, que cuesta poco. || Dicho de una máquina, que gasta poco o requiere poco esfuerzo para funcionar.
economista *adj.* y *s. com.* Especialista en economía.
economizador, ra *adj.* Que economiza o ayuda a economizar. || *s. m.* Aparato que contribuye a que un proceso sea más económico.
economizar *t.* Ahorrar, administrar dinero o bienes de manera que se pueda guardar una parte del gasto ordinario. || *fig.* Evitar un esfuerzo, trabajo, etc., que no son indispensables, o eludir enfrentar un riesgo o dificultad innecesarios.
ecónomo *s. m.* Clérigo encargado de administrar los bienes de una diócesis bajo la autoridad del obispo. || Clérigo suplente en una parroquia vacante, o cuando el titular de ésta tiene algún impedimento para desempeñar sus funciones.
ecosistema *s. m.* Unidad básica de estudio de la ecología, constituida por una comunidad de seres vivos, su hábitat y los fenómenos atmosféricos y del clima que le afectan.
ectodérmico, ca *adj.* Perteneciente o relativo al ectodermo.
ectodermo *s. m.* Capa externa del embrión, a partir de la cual se forman la piel, pelo, uñas y el sistema nervioso.
ectoparásito, ta *adj.* y *s.* En biología, se dice del parásito, como los piojos, pulgas o chinches, que vive en la superficie de un organismo.
ectopia *s. f.* En medicina, anomalía congénita que consiste en que un órgano, especialmente alguna víscera, no está en el lugar ni la posición que le corresponde.
ectópico, ca *adj.* Perteneciente o relativo a la ectopia. || En medicina, que se produce en un lugar que no es el propio. *Un embarazo ectópico es cuando un feto se desarrolla fuera del útero, por ejemplo en una de las trompas de Falopio.*
ectoplasma *s. m.* En microbiología, zona superficial del citoplasma de ciertos protozoos. || Emanación surgida del cuerpo de un médium en trance, que puede tomar forma de seres vivos u objetos.
ecuación *s. f.* En astronomía, diferencia entre el lugar que ocupa un astro, o su movimiento medio, y su lugar verdadero, o su movimiento real o aparente. || En matemáticas, igualdad entre dos expresiones algebraicas que contiene una o más incógnitas. || En química, expresión gráfica, a partir de números y símbolos, de una reacción química determinada.
ecuador *s. m.* Círculo imaginario en la parte más ancha de la Tierra, perpendicular al eje del planeta y paralelo a los polos. || En matemáticas, paralela de radio máximo de una superficie de revolución.
ecualización *s. f.* Acción y efecto de ecualizar.
ecualizador *s. m.* Red electrónica que, mediante una bobina especial que funciona como autotransformador, corrige las tensiones y las respuestas de la amplitud y frecuencia, o de fase y frecuencia.
ecualizar *t.* Ajustar las frecuencias de reproducción de un sonido dentro de determinados valores, para hacerlo lo más semejante posible a su emisión original.
ecuánime *adj.* Que posee ecuanimidad o se comporta de acuerdo a ella.
ecuanimidad *s. f.* Imparcialidad, neutralidad al hacer juicios. || Serenidad, tranquilidad de ánimo.
ecuatorial *adj.* Perteneciente o relativo al ecuador. || *loc.* ***Clima ecuatorial:*** el de las regiones cercanas al ecuador; se caracteriza por ser cálido y con lluvias abundantes y regulares.
ecuatorianismo *s. m.* Palabra, expresión o giro del idioma propios del español que se habla en Ecuador. *Una jaba de panas es un ecuatorianismo que significa «un montón de amigos».*
ecuatoriano, na *adj.* y *s.* Nacido en Ecuador, país sudamericano. || Perteneciente o relativo a este país. || *s. m.* Variedad del español que se habla en Ecuador.
ecuestre *adj.* Relativo a los caballos. || Perteneciente o relativo a la caballería y a los caballeros. || En artes plásti-

E

cas, representación de un personaje a caballo.

ecuménico, ca *adj.* Que se extiende a todo el mundo, universal. || *loc.* ***Concilio ecuménico:*** en la Iglesia católica, el que preside el Papa o su representante y al que asisten obispos de todo el mundo.

ecumenismo *s. m.* Doctrina y movimiento religioso que propugna la unidad de todas las Iglesias cristianas en una sola.

eczema *s. m.* Eccema.

eczematoso, sa *adj.* Eccematoso.

edad *s. f.* Tiempo que, a partir de su nacimiento, ha vivido un ser humano u otro ser vivo. || Cada etapa en la que ocurren cambios en el desarrollo de un ser humano. *La alimentación y el ejercicio deben ser de acuerdo a la edad.* || Época, periodo de tiempo determinado. *Niños y jóvenes en edad escolar.* || División empleada para periodizar la prehistoria o la historia. *La edad de los metales, la edad moderna.* || *loc.* ***De edad:*** se dice de la persona cercana a la vejez. || ***Edad de oro:*** periodo de esplendor de un arte u otra actividad. || ***Edad escolar:*** periodo de la vida de los niños y adolescentes en que deben asistir a la escuela. || ***Edad mental:*** nivel de desarrollo intelectual de un individuo. || ***Tercera edad:*** periodo posterior a la edad adulta en que cesan las actividades laborales.

edáfico, ca *adj.* Perteneciente o relativo al suelo y los factores bióticos relacionados con éste.

edafología *s. f.* Estudio científico de las características físicas, biológicas y químicas de los suelos.

edafológico, ca *adj.* Perteneciente o relativo a la edafología.

edafólogo, ga *s.* Especialista en edafología.

edecán *s. m.* En la milicia antigua, ayudante de campo. || *irón.* Acompañante o correveidile de alguien. || *s. com. Méx.* Persona que en las reuniones oficiales o actos públicos bajo techo atiende a los participantes e invitados.

edema *s. m.* Hinchazón patológica del tejido subcutáneo, o de algún órgano como los pulmones. *El edema es ocasionado por la infiltración de líquido seroso a un órgano o tejido.*

edematoso, sa *adj.* Perteneciente o relativo al edema.

edén *s. m.* Paraíso terrenal, según el Antiguo Testamento. || Lugar de hermoso paisaje, ameno y agradable.

edénico, ca *adj.* Perteneciente o relativo al edén.

edición *s. f.* Proceso de preparación de una obra literaria, musical o audiovisual para su publicación o emisión. || Conjunto de los ejemplares de una obra que se imprimieron de una sola vez a partir de una matriz. || *fig.* Cada ocasión en que se celebra un acto con cierta periodicidad. || En informática, preparación de datos para realizar con ellos alguna operación posterior, o impresión en forma de texto de documentos generados en una computadora. || *loc.* ***Edición crítica:*** la que establece el estado original de una obra cotejando los textos originales que de la misma se conserven.

edicto *s. m.* Decreto o mandato publicado por una autoridad competente.

edificabilidad *s. f.* Cualidad de edificable. || Posibilidad, de acuerdo a las normas de urbanización, de edificar sobre un determinado terreno.

edificable *adj.* Se dice del terreno que resulta apropiado para edificar.

edificación *s. f.* Acción y efecto de edificar, erigir un edificio. || Construcción, edificio. || Conjunto de edificios en una zona determinada. || Acción y efecto de edificar, infundir virtudes y despertar sentimientos piadosos.

edificador, ra *adj.* Que construye o edifica. || Edificante.

edificante *adj.* Que infunde virtudes y sentimientos piadosos.

edificar *t.* Construir un edificio. || *fig.* Fundar, establecer. || *fig.* Infundir en otro sentimientos de virtud y piedad. *El ejemplo de ese hombre altruista los edificó.*

edificio *s. m.* Construcción hecha en un lugar con materiales resistentes para garantizar su duración. *Los antiguos edificios de esa ciudad le dan su carácter peculiar.*

edil, la *s.* Miembro de un ayuntamiento. || En la antigua Roma, magistrado encargado de la administración municipal.

edilicio, cia *adj.* Perteneciente o relativo a las funciones del edil. || *Arg. Bol. Col. Py. R. Dom.* y *Uy.* Perteneciente o relativo a las obras municipales, en particular las de edificación.

editar *t.* Preparar un texto impreso, una película o un programa de radio o televisión para su publicación o difusión. || En informática, procesar los resultados de las operaciones realizadas en una computadora para darles una forma y soporte que faciliten su utilización.

editor, ra *adj.* y *s.* Empresa que edita libros, publicaciones impresas, obras musicales, etc. || *s.* Persona cuyo oficio consiste en editar textos, obras musicales, películas u obras audiovisuales. || Filólogo encargado de realizar la edición crítica de una obra. || *s. m.* En informática, programa que hace posible redactar, corregir, modificar, reorganizar y archivar textos.

editorial *adj.* Perteneciente o relativo a la edición o los editores. || *s. m.* En un periódico o revista, artículo que recoge la opinión de la dirección del mismo sobre un tema determinado. *Los editoriales aparecen sin firma y en una parte destacada de la publicación.* || *s. f.* Empresa dedicada a editar o a preparar textos, obras musicales o audiovisuales para su publicación o difusión.

editorialista *s. com.* Persona encargada de escribir los editoriales de un periódico o revista.

editorializar *intr.* Escribir editoriales para un periódico o revista.

edredón *s. m.* Plumón de cierto tipo de pato marino que, por sus propiedades aislantes, se utiliza para confeccionar cobertores y prendas de abrigo. || Cobertor confeccionado en forma de funda, relleno de plumón o de algún material sintético.

educable *adj.* Que es capaz de recibir educación.

educación *s. f.* Conjunto de técnicas y acciones para desarrollar en una persona su capacidad intelectual, su carácter, o determinadas habilidades. || Conocimiento de las buenas costumbres sociales y la urbanidad. *Es falta de educación masticar ruidosamente con la boca abierta.* || *loc.* ***Educación a distancia:*** enseñanza que se realiza mediante el correo o a través de un medio audiovisual, sin necesidad de que el alumno asista a clases. || ***Educación especial:*** la que está enfocada a los niños con capacidades diferentes, sean minusválidos o superdotados, o que muestran inadaptación social. || ***Educación física:*** conjunto de ejercicios destinados a mejorar la condición y cualidades corporales. || ***Educación social:*** conjunto de acciones de educación no formal dirigidas a comunidades marginadas.

educacional *adj.* Perteneciente o relativo a la educación. || *Amér.* Educativo, didáctico.

educado, da *adj.* Se dice de la persona que respeta las buenas costumbres y se comporta con urbanidad.

educador, ra *adj.* y *s.* Persona que educa a otras. || *Méx.* Maestro o maestra de preescolar. || *loc.* ***Educador social:*** persona que se dedica a la educación social de manera profesional.

educando, da *adj.* y *s.* Que está recibiendo educación.

educar *t.* Formar a una persona o instruirla. || Desarrollar el conocimiento, las facultades intelectuales y las habilidades para un fin determinado. || Perfeccionar el funcionamiento físico, o incrementar el rendimiento, mediante el ejercicio. || Desarrollar los sentidos o las aptitudes mediante técnicas de enseñanza y disciplina.

educativo, va *adj.* Perteneciente o relativo a la educación. *El sistema educativo de un país.* || Que enseña o sirve para enseñar.

edulcoración *s. f.* Acción y efecto de edulcorar.
edulcorado, da *adj.* Que tiene edulcorante. || Se aplica a lo que se expone de manera atenuada por ser muy duro o desagradable. || Perfeccionado falsamente.
edulcorante *adj.* Que edulcora. || *s. m.* Sustancia que sirve para edulcorar alimentos o medicamentos.
edulcorar *t.* Añadir azúcar u otra sustancia edulcorante a un alimento o medicamento para hacerlo de sabor dulce.
efe *s. f.* Nombre de la letra *f.* || *pl.* Aberturas que tienen a ambos lados del puente ciertos instrumentos musicales, como los violines.
efebo *s. m.* Adolescente del sexo masculino, sobre todo el que tiene atractivo físico.
efectismo *s. m.* Recurso o truco empleado para impresionar el ánimo de los espectadores. || Calidad de efectista.
efectista *adj.* Acción o recurso que busca llamar la atención, impresionar o causar mucho efecto. *Esa película es efectista, pero el argumento no vale la pena.*
efectividad *s. f.* Capacidad para lograr un fin u objetivo buscado. *Gracias a la efectividad de la organización de la gente, se pudo contener el desborde del río.* || Validez o realidad de algo. *La efectividad de ese medicamento está comprobada.*
efectivo, va *adj.* Que produce el efecto buscado o deseado. || Real, verdadero, que existe. || Válido, vigente. || *s. m.* Dinero en monedas o billetes. || En estadística, cantidad de elementos de una serie estadística o de una población. || *pl.* Cantidad de individuos que componen una unidad del ejército o de la policía. || *loc.* ***En efectivo:*** pago que se realiza con billetes y monedas. || ***Hacer efectivo:*** realizar algo que se ha planeado, o pagar o cobrar algo.
efecto *s. m.* Resultado de una acción. || Cosa que resulta de otra. || Fin que se persigue al hacer algo. || Impresión que alguna cosa o situación causa en el ánimo. || Documento con valor mercantil. || En física, química y otras ciencias, fenómeno particular. || Movimiento rotatorio que se imprime al lanzar con la mano un objeto para modificar su trayectoria. || *pl.* Bienes u objetos que alguien posee. *Deje ahí sus efectos personales.* || *loc.* ***A efecto de:*** con la finalidad o el objetivo de. || ***Efecto invernadero:*** elevación de la temperatura en las capas atmosféricas próximas a la superficie terrestre, ocasionada por la presencia de óxidos de carbono provenientes de las combustiones industriales, los cuales impiden la disipación del calor. || ***Efectos especiales:*** conjunto de trucos que se utilizan en teatro y cine para lograr que ciertas situaciones fantásticas parezcan reales y cobren gran espectacularidad. || ***En efecto:*** sí; así es. || ***Surtir efecto:*** producir algo el resultado que se buscaba.
efectuar *t.* y *pr.* Realizar, llevar a cabo. || Hacerse efectivo, cumplirse.
efelio *s. m.* Ununseptio.
efeméride *s. f.* Hecho importante del pasado pero ocurrido en la misma fecha en que se está. || Conmemoración de dicho aniversario. *El 6 de junio es la efeméride del Día D.*
efemérides *s. f. pl.* Hechos importantes ocurridos en un mismo día, pero en años diferentes. || Libro o comentario en que se refieren los hechos de cada día. || *loc.* ***Efemérides astronómicas:*** tablas que contienen las posiciones diarias de los astros en la esfera celeste.
eferencia *s. f.* Transmisión de sangre, linfa, otras sustancias o un impulso energético, desde una parte del organismo a otra que con respecto a ella se considera periférica.
eferente *adj.* Que lleva de dentro hacia afuera. || Se aplica a la formación anatómica que lleva algo desde el interior del cuerpo hacia su parte exterior, como los vasos y conductos que transportan alguna sustancia originada en el interior (sangre, linfa, secreciones) o las fibras nerviosas que transmiten impulsos desde el sistema nervioso central.
efervescencia *s. f.* Escape de gas en forma de burbujas en una solución líquida. *El bicarbonato de sodio en agua produce efervescencia.* || Agitación o excitación grandes, acaloramiento de los ánimos. *Cuando presentó su propuesta a la asamblea se produjo gran efervescencia.*
efervescente *adj.* Se dice de lo que está o puede producir efervescencia. *Esta medicina viene en tabletas efervescentes.* || Que presenta agitación o excitación grandes. *La discusión del aumento de impuestos se puso efervescente.*
eficacia *s. f.* Capacidad para obrar o para lograr el efecto deseado, ser eficaz. *Éste es un método de ventas que te garantiza eficacia.*
eficaz *adj.* Se dice de aquello que produce el efecto deseado o esperado. *Éste es un medicamento muy eficaz contra la gripe.*
eficiencia *s. f.* Capacidad para realizar o cumplir una función empleando los mejores medios posibles. *Con las modificaciones que le hicieron, la máquina aumentó su eficiencia.*
eficiente *adj.* Se aplica a lo que realiza o cumple adecuadamente la función a que está destinado. *Ella es una secretaria muy eficiente.*
efigie *s. f.* Representación en imagen de una persona en relieve, pintura o escultura. *En las monedas aparece la efigie de algún héroe.* || Representación de alguna cosa abstracta o inmaterial por medio de rasgos que se consideran propios de las personas. *La escultura «Laocoonte y sus hijos» es la efigie del dolor.*
efímera *s. f.* Insecto que vive apenas un día, en la orilla del agua.
efímero, ra *adj.* Que dura poco tiempo. *La amapola es una flor efímera.*
efluvio *s. m.* Emisión de vapores o de partículas pequeñísimas que se desprenden de una cosa. *Los olores son efluvios de las cosas.* || Irradiación o emanación de algo inmaterial. *Su belleza armoniosa era un efluvio de serenidad.*
efusión *s. fam.* Derramamiento de un líquido, más comúnmente de la sangre. || Expresión viva e intensa de sentimientos de alegría y afecto. *Sus amigos lo recibieron con efusión tras su larga ausencia.*
efusividad *s. f.* Manera expresiva de mostrar sentimientos de afecto y alegría. *Lo felicitaron con gran efusividad por ganar el certamen.*
efusivo, va *adj.* Que se manifiesta con efusión. *La saludó con un efusivo abrazo.*
égida *s. f.* Originalmente es una coraza de piel de cabra que, en la mitología griega, Hefesto labró para Zeus. || Por extensión, significa escudo, protección, defensa. *Siempre ha estado bajo la égida de poderosos intereses políticos.*
egipcio, cia *adj.* Persona que es de Egipto. || Perteneciente o relativo a este país del norte de África. || Idioma que hablan los habitantes de ese país. *La civilización egipcia es de las más antiguas.*
egiptología *s. f.* Disciplina que estudia la civilización del antiguo Egipto.
egiptólogo, ga *s.* Especialista en egiptología.
égloga *s. f.* Composición poética del género bucólico en que pastores idealizados dialogan acerca de sus amores o de la vida campestre. *La égloga de Salicio y Nemoroso es el dulce lamentar de dos pastores.*
ego *s. m.* Valoración excesiva de sí mismo. *Su ego le impide reconocer sus errores.* || En Psicología, instancia psíquica que se reconoce como *yo*, se ocupa de la realización de las actividades psíquicas y del control de los impulsos del *ello* para adecuarlos a las posibilidades de la realidad del mundo exterior.
egocéntrico, ca *adj.* Se dice de la persona que se considera el centro de todo, que piensa que es muy importante y que todo el mundo ha de

E

conocerlo como tal. || Perteneciente o relativo a esta actitud. *Su talento como pintor lo llevó a ser un egocéntrico.*

egocentrismo *s. m.* Tendencia a considerar la propia persona el centro de toda la atención y actividad. *Su egocentrismo resulta insoportable.*

egocentrista *adj.* y *s. com. Amér.* Que padece egocentrismo. || Persona egocéntrica.

egoísmo *s. m.* Amor excesivo hacia uno mismo, que lleva a atender desmedidamente a su propio interés, sin preocuparse de los demás. *Su egoísmo le ha privado de la verdadera amistad.*

egoísta *adj.* Se aplica a la persona que sólo se preocupa de sí misma. || Perteneciente o relativo a esta actitud.

ególatra *adj.* Se aplica a la persona que se estima a sí misma de manera excesiva.

egolatría *s. f.* Aprecio excesivo a la propia persona.

egotismo *s. m.* Actitud de hablar y ocuparse de sí mismo.

egotista *adj.* Perteneciente o relativo al egotismo.

egregio, gia *adj.* Se aplica a la persona ilustre por sus méritos o que es excepcional por su categoría. *Los discípulos homenajearon al egregio maestro.*

egresado, da *s. Amér.* Persona que sale de una institución educativa después de haber terminado sus estudios. *El ingeniero es egresado del Instituto Politécnico.*

egresar *intr.* Salir de alguna parte. || *Amér.* Salir de una institución académica tras haber terminado los estudios.

egreso *s. m.* Gasto, partida de descargo en una cuenta. *Nuestros egresos superan los ingresos.* || *Amér.* Acción de graduarse.

eh *interj.* Expresión que se utiliza para llamar la atención de alguien o para preguntar, llamar, reprender o advertir. *Tienes que lavar los platos ¡eh!*

eidético, a *adj.* Perteneciente o relativo al eidetismo.

eidetismo *s. m.* Capacidad de retener las imágenes visuales y reproducirlas mentalmente con gran exactitud.

einstenio *s. m.* Elemento químico del grupo de los actínidos que se obtiene artificialmente irradiando plutonio en un reactor nuclear. Su número atómico es 99 y su símbolo *Es.*

eje *s. m.* Barra o varilla cilíndrica que atraviesa un cuerpo giratorio y lo sostiene en su movimiento. *Las ruedas del coche giran en torno a un eje.* || Línea imaginaria que atraviesa una figura o un cuerpo por su centro. *La Tierra gira en torno a su eje.* || Recta alrededor de la cual se supone que gira un punto que engendra una línea, una línea que engendra una superficie o una superficie que engendra un sólido. || Cosa o persona que es el elemento central de algo. *Las exportaciones son el eje de la economía.* || Idea fundamental, asunto primordial, pilar básico de algo. *El eje de su conferencia fue el fenómeno de la evolución.* || *loc.* ***Eje de coordenadas:*** en geometría, cada una de las dos rectas indefinidas que se cortan en un punto de un plano, y que se toman como referencia para situar los demás puntos del mismo. || ***Eje de abscisas:*** eje *x* horizontal en un sistema de coordenadas cartesianas. || ***Eje de ordenadas:*** eje *y* vertical en un sistema de coordenadas cartesianas. || ***Eje cristalográfico:*** eje coordenado imaginario, situado en un cristal y respecto al cual el cristal coincide consigo mismo dos o más veces en una vuelta. || ***Eje de simetría:*** recta que, al ser tomada como eje de giro de una figura o cuerpo, hace que se superpongan todos los puntos análogos.

ejecución *s. f.* Acción y efecto de ejecutar. || Realización de una acción. *La ejecución de las instrucciones fue impecable.* || Manera de interpretar una obra musical o realización de algo que requiere especial talento. *La ejecución de la obra civil va en el tiempo especificado. La ejecución del cuarteto de Haydn fue aceptable.* || Acto de dar muerte a un condenado. *La ejecución fue al amanecer.* || Embargo judicial para saldar una deuda. *Los actuarios procedieron a la ejecución del inmueble.*

ejecutable *adj.* Que se puede hacer o ejecutar.

ejecutante *com.* Persona que ejecuta o interpreta una obra musical. *Einstein, además de científico, era un extraordinario ejecutante del violín.* || Que ejecuta judicialmente a otro por la paga de una deuda.

ejecutar *t.* Hacer, realizar una cosa o dar cumplimiento a un proyecto, encargo u orden. *Ejecutó las instrucciones al pie de la letra.* || Ajusticiar, dar muerte a una persona condenada a ella. *Lo van a ejecutar con una inyección letal.* || Interpretar, especialmente algo artístico, como una pieza musical o un baile. *El coro va a ejecutar El Mesías de Haendel.* || Hacer cumplir una orden o disposición judicial. *Mañana van a ejecutar el embargo.*

ejecutivo, va *adj.* Se aplica al organismo que tiene el poder de ejecutar o hacer cumplir una cosa. *El poder ejecutivo recae en la Presidencia de la República.* || Se dice de lo que ha de ser ejecutado sin dilación. *Nos ha llegado una orden ejecutiva para proceder al embargo.* || *s.* Persona que ocupa un cargo directivo o de responsabilidad en una empresa. *Por su desempeño fue ascendido a un puesto ejecutivo.* || Junta directiva de una entidad o institución. *Quedó constituido el comité ejecutivo del partido.*

ejecutor, ra *adj.* Que ejecuta o lleva algo a cabo. *El director es el brazo ejecutor de los dueños de la fábrica.*

ejecutoria *s. f.* Sentencia inapelable, o que alcanzó la firmeza de cosa juzgada.

ejecutoriar *t.* Dar firmeza de cosa juzgada a un fallo o pronunciamiento judicial.

ejecutorio, a *adj.* Sentencia firme e inapelable, y documento comprobante de ella.

ejemplar *adj.* Que da buen ejemplo y sirve o puede servir de modelo a seguir. *En sus Novelas Ejemplares, Cervantes presenta modelos de nobleza de carácter.* || Que sirve o puede servir de escarmiento. *Para que no se repita les dieron un castigo ejemplar.* || *s. m.* Cada una de las copias reproducidas de un mismo original o modelo. *El tiraje del libro fue de mil ejemplares.* || Cada uno de los individuos de una especie o de un género. *En el zoológico exhiben un ejemplar de tigre blanco.*

ejemplaridad *s. f.* Carácter o cualidad de ejemplar que posee alguien o algo por ser modélico o por servir de escarmiento.

ejemplarizante *adj.* Que ejemplariza. *Su comportamiento es ejemplarizante.*

ejemplarizar *t.* Dar ejemplo.

ejemplificación *s. f.* Acción y efecto de ejemplificar.

ejemplificar *t.* Demostrar o ilustrar con ejemplos. *El maestro ejemplificó la idea de campo con un imán.*

ejemplo *s. m.* Aquello que sirve de modelo de lo que debe imitarse o evitarse. *Debes seguir su ejemplo, él sí estudia.* || Hecho, acción o texto que se usa para explicar una cosa o aclararla. *Como ilustración, el maestro expuso varios ejemplos.* || *loc.* ***Dar ejemplo:*** actuar de modo que incite a la imitación. *Debes dar ejemplo a tu hermano menor.* || *prep.* ***Por ejemplo:*** expresión que se usa para introducir una prueba o aclaración, o para ilustrar o autorizar lo que antes se ha dicho.

ejercer *t.* Realizar las funciones propias de una profesión o un oficio. *Recién graduado empezó a ejercer en un despacho de abogados.* || Realizar una acción o influjo. *Los padres ejercen influencia sobre los hijos.* || Hacer uso de un derecho o de un privilegio. *Los ciudadanos deben ejercer el derecho a votar.*

ejercicio *s. m.* Acción de ejercitar o ejercitarse. || Acción y efecto de ejercer. || Actividad física que se hace para mantenerse saludable y en forma, o para entrenar en algún deporte. *Caminar es un buen ejercicio.* || Actividad encaminada a adquirir conocimientos o desarrollar una habilidad. *Redactar es buen ejercicio para aprender a escribir bien.* || Dedicación a una actividad, arte u oficio. *Se dedica al ejercicio de las leyes.* || Cada una de las pruebas de que consta un examen. *El examen era solo desarrollar tres ejercicios.* || Uso que se hace de un derecho o privilegio. *Protestaron en ejercicio del derecho a la libre expresión.* || Tiempo durante el cual rige una ley de presupuestos. *El ejercicio presupuestal de este año es muy limitado.* || Periodo de tiempo en que una institución o empresa divide su actividad. *En este ejercicio, la fábrica ha tenido buen desempeño.* || *pl.* Movimientos y maniobras con que los soldados se ejercitan y adiestran. *Realizaron ejercicios conjuntos el ejército y la marina.* || *loc.* **Ejercicios espirituales:** los que se practican mediante la oración y la penitencia. *Se congregaron en un retiro para hacer ejercicios espirituales.* || *adv.* **En ejercicio:** que ejerce su profesión o cargo. *Pese a su edad, el doctor se mantiene en ejercicio.*

ejercido, a *adj. ant.* Hollado, frecuentado.

ejercitación *s. f.* Dedicación a una actividad o práctica continuada de ella.

ejercitador *adj.* Que ejerce o ejercita un ministerio u oficio.

ejercitante *adj.* Que ejercita. || *s. com.* Persona que hace algunos de los ejercicios de una oposición, o los ejercicios espirituales.

ejercitar *t.* Realizar las funciones propias de una profesión, arte u oficio. *En cuanto se gradúe empezará a ejercitar.* || Practicar de forma continuada una actividad para adquirir destreza en ella. *Para tocar el violín se debe ejercitar mucho.* || Hacer que uno aprenda algo mediante la enseñanza y la práctica. *Para tener una escritura legible hay que ejercitar la caligrafía.*

ejército *s. m.* Conjunto de todas las fuerzas armadas de un país. *Las potencias tienen ejércitos muy bien armados.* || Es el nombre específico que se da a las fuerzas armadas terrestres o aéreas de un país. || Grupo numeroso de soldados y sus armas bajo la dirección de un jefe militar. *Zaragoza comandaba el Ejército de Oriente.* || Grupo numeroso de personas organizadas o agrupadas para un fin. *Construyeron los caminos rurales con ejércitos de jornaleros.*

ejidal *adj.* Relativo al ejido.

ejidatario, ria *s. Méx.* Usufructuario de un ejido.

ejido *s. m.* Terreno comunal a las afueras de un pueblo que se labora en común en actividades agrícolas, ganaderas, forestales o de otra índole.

ejote *s. m. Amér.* Vaina de frijol, poroto o judía que todavía es tierna y comestible.

el *art.* Artículo determinado del género masculino y número singular. || Se antepone a un sustantivo para señalar que es conocido por los interlocutores. *El traje nuevo del emperador.* || Se utiliza ante algunos nombres propios geográficos. *El Bajío es una extensa planicie muy fértil.* || Se utiliza ante nombres no contables cuando son sujetos de la oración *El azúcar está muy caro.* || Ante un nombre contable establece generalizaciones. *El tucán es un ave de muchos colores.* || Se utiliza delante de infinitivo para nominalizarlo. *El trabajar de noche desequilibra el organismo.* || Se utiliza también como determinante de sustantivos femeninos en singular que empiezan por *a* o *ha* tónicas. *Se llevó el agua y el hacha para traer leña.*

él *pron.* Pronombre personal de primera persona de singular. || Designa a una tercera persona distinta de la que habla y del interlocutor. *Él creyó que aprobaría el examen sin estudiar.*

elaborable *adj.* Que se puede elaborar.

elaboración *s. f.* Acción y efecto de elaborar.

elaborado, da *adj.* Se dice de aquello que ha sido pensado, preparado o dispuesto para un fin. *Nos presentó un elaborado plan para organizar la kermés.* || Se aplica al producto que ha sufrido un proceso de elaboración.

elaborador, ra *adj.* Que elabora.

elaborar *t.* Preparar un producto a partir de la combinación de sus componentes, mediante el tratamiento adecuado. *Para la fiesta elaboró un pastel riquísimo.* || Idear o inventar una teoría o proyecto. *Los investigadores elaboraron un nuevo experimento.*

elasticidad *s. f.* Propiedad de un cuerpo sólido para recuperar su forma cuando cesa la fuerza que la altera. || Capacidad de adaptarse a distintas circunstancias.

elástico, ca *adj.* Se dice de un cuerpo que puede recuperar su forma cuando cesa la fuerza que lo altera. || Acomodaticio, que puede ajustarse a distintas circunstancias. || Que admite diversas interpretaciones. *Su teoría sobre el precio justo es muy elástica.* || *s. m.* Cinta de goma o de tejido con elasticidad, especialmente la que se coloca en una prenda de vestir para ajustarla al cuerpo. *A los calcetines se le venció el elástico.*

elección *s. f.* Acción y efecto de elegir. || Designación, generalmente por votación, de una o más personas para ocupar un cargo en una comisión, consejo u organismo semejante. *Se realizó la elección por voto libre de los comisionados.* || Selección de una cosa para un fin en función de una preferencia. *De acuerdo a sus inclinaciones, la elección de esa carrera fue la más acertada.* || *pl.* Votación que se hace para designar funcionarios o dirigentes. *Las elecciones se desarrollaron de manera ordenada.*

electivo, va *adj.* Que se hace o se da por elección. *El de diputado es un cargo electivo.*

electo, ta *adj.* y *s.* Se aplica a la persona que ha sido elegida por votación para un cargo, pero que todavía no ha tomado posesión. *El presidente electo nombró a su equipo de transición.*

elector, ra *adj.* y *s.* Se aplica a la persona que elige o tiene derecho a elegir, especialmente en unas elecciones políticas. *Los electores están registrados en un padrón.*

electorado *s. m.* Conjunto de los electores.

electoral *adj.* Perteneciente o relativo a electores o a elecciones. *Quedaron instalados los comités electorales.*

electoralismo *s. m.* Preponderancia de las motivaciones puramente electorales en el ejercicio de la política. *Sin un programa, los partidos están sumergidos en el electoralismo.*

electoralista *adj.* Que tiene fines evidentes de propaganda electoral. *Los promocionales del gobierno son electoralistas.*

electorero, ra *adj.* Perteneciente o relativo a maniobras electorales. *Los programas de asistencia se manejan con fines electoreros.*

electricidad *s. f.* Forma de energía que se deriva de la existencia en la materia de electrones, con carga negativa, o protones, con carga positiva. *La electricidad ha sido uno de los descubrimientos más trascendentes.*

electricista *adj.* y *s. com.* Persona especializada en instalaciones eléctricas.

eléctrico, ca *adj.* Perteneciente o relativo a la electricidad. || Se dice de todo aquello que funciona con electricidad o la produce. *La economía requiere la construcción de nuevas centrales eléctricas.*

electrificación *s. f.* Acción y efecto de electrificar. || Suministro de energía eléctrica para un lugar. *La electrificación rural fue un plan del Estado.*

electrificado, da. *adj.* Dotado de electricidad.

electrificar *t.* Proveer de electricidad a un país, a una zona, etc. *Aún hay zonas sin electrificar.* || Hacer que una máquina, un tren o una fábrica funcione con electricidad. *El sistema de ferrocarriles se debe electrificar.*

E

electrizable *adj.* Susceptible de adquirir las propiedades eléctricas.
electrización *s. f.* Acción y efecto de electrizar o electrizarse.
electrizado, da *adj.* Que tiene electricidad.
electrizador *adj.* Que electriza.
electrizante *adj.* Se dice de aquello que produce un cierto estado de excitación o entusiasmo. *Hay música que es electrizante.*
electrizar *t.* Producir electricidad en un cuerpo o comunicársela. *La lana se electriza cuando se frota.* || Producir cierto estado de entusiasmo o excitación. *La banda musical logró electrizar al auditorio.*
electrocardiógrafo *s. m.* Aparato que registra las corrientes eléctricas producidas en el corazón por su actividad muscular.
electrocardiograma *s. m.* Gráfico en que se registran las corrientes eléctricas de los movimientos del corazón obtenido por el electrocardiógrafo. *La revisión médica anual debe incluir un electrocardiograma.*
electrochoque *s. m.* Tratamiento de ciertas enfermedades mentales mediante la aplicación de descargas de corrientes eléctricas en el cerebro.
electrocución *s. f.* Acción y efecto de electrocutar. || Muerte provocada por una corriente o descarga eléctrica. *Ejecutaron al reo mediante electrocución.*
electrocutar *t.* Provocar la muerte mediante descargas eléctricas. *Trabajar con alta tensión conlleva el riesgo de electrocutar.*
electrodinámica *s. f.* Parte de la electricidad que estudia las cargas eléctricas en constante movimiento.
electrodo *s. m.* Cualquiera de los dos extremos o polos entre los cuales circula una corriente eléctrica que pasa a través de un medio, ya sea una disolución electrolítica, un sólido, un gas o el vacío. *Las lámparas de gas en forma de tubo funcionan con electrodos.*
electrodoméstico *s. m.* Aparato eléctrico que se usa en el hogar y que funciona con electricidad. *La licuadora, el refrigerador y la plancha son electrodomésticos.*
electroencefalógrafo *s. m.* Aparato que registra las descargas eléctricas emitidas por las células de la corteza cerebral.
electroencefalograma *s. m.* Gráfico de la actividad del cerebro obtenido por el electroencefalógrafo.
electrófilo *s. m.* Molécula que contiene un átomo deficiente en electrones con carga positiva parcial o completa.
electrófilo, la *adj.* Que es capaz de aceptar pares de electrones.
electroforesis *s. f.* Migración de las partículas cargadas cuando se someten a la acción de un campo eléctrico. *La electroforesis es una técnica para separar moléculas según su movilidad en un campo eléctrico.*
electrógeno, na *adj.* Que genera electricidad.
electroimán *s. m.* Imán artificial que consiste de un núcleo de hierro dulce rodeado por una bobina por la que se hace pasar una corriente eléctrica. *En el deshuesadero levantan los coches con un electroimán.*
electrólisis *s. f.* Método de separación de las moléculas de un compuesto químico que está fundido o en disolución, mediante el paso de la corriente eléctrica a través de ésta. *La electrólisis fue descubierta por William Nicholson en 1800.*
electrolítico *adj.* Perteneciente o relativo a la electrolisis.
electrolito o **electrólito** *s. m.* Compuesto químico que, en estado líquido o en disolución, conduce la corriente eléctrica y cuyos componentes pueden ser separados por la acción de ésta.
electrolización *s. f.* Acción y efecto de electrolizar.
electrolizar *t.* Descomponer una sustancia en disolución haciendo pasar por ella una corriente eléctrica.
electromagnético *adj.* Se dice de todo fenómeno en el que los campos eléctricos y los magnéticos se interrelacionan. *El fenómeno electromagnético fue descubierto por Christian Oersted en 1820.*
electromagnetismo *s. m.* Parte de la física que estudia los fenómenos electromagnéticos.
electromecánico, ca *adj.* Se aplica al dispositivo o aparato mecánico que funciona mediante la aplicación de corriente eléctrica. || *s. f.* Técnica de los aparatos o dispositivos mecánicos que funcionan eléctricamente. || *s.* Persona cuya especialidad es la electromecánica.
electrómetro *s. m.* Instrumento para medir cargas eléctricas.
electromotor, ra *adj.* y *s.* Se aplica a la máquina o aparato que transforma la energía eléctrica en mecánica. *La lavadora y la licuadora son máquinas electromotoras.*
electrón *s. m.* Partícula elemental del átomo que se mueve a gran velocidad alrededor del núcleo y que tiene la mínima carga posible de electricidad negativa. *El electrón fue descubierto por Joseph John Thomson en 1897.*
electrónica *s. f.* Parte de la física que estudia y emplea sistemas cuyo funcionamiento se basa en la conducción y el control del flujo microscópico de los electrones u otras partículas cargadas eléctricamente. *La electrónica comenzó con el diodo de vacío inventado por J. A. Fleming en 1904.* || Técnica que aplica los conocimientos de esta parte de la física a la industria. *La electrónica ha hecho posible las computadoras, la telefonía celular y el internet.*
electrónico, ca *adj.* Perteneciente o relativo a la electrónica.
electropositivo, va *adj.* Se dice del átomo, molécula, etc., que, por haber cedido electrones está cargado positivamente.
electroquímica *s. f.* Parte de la química que estudia la obtención de electricidad por reacciones químicas y su influencia en la composición de los cuerpos.
electroquímico, ca *adj.* Perteneciente o relativo a la electroquímica. || *s. f.* Rama de la química que estudia los modos de generar electricidad mediante reacciones químicas y la influencia de la electricidad en la composición de los cuerpos.
electroscopio *s. m.* Instrumento que sirve para detectar cargas eléctricas en un cuerpo y determinar su signo.
electroshock *s. m.* Electrochoque.
electrostática *s. f.* Parte de la física que estudia los fenómenos producidos por las cargas eléctricas en reposo.
electrostático, ca *adj.* Perteneciente o relativo a la electrostática.
electrotecnia *s. f.* Estudio de las aplicaciones técnicas de la electricidad.
elefante, ta *s.* Mamífero de gran tamaño, el más grande de todos los que viven en la tierra, con la piel gruesa de color gris oscuro y sin pelo, orejas grandes y colgantes, nariz en forma de trompa que le sirve de mano y dos colmillos muy largos que son sus defensas. || *loc. Amér. Merid.* y *Méx.* ***Elefante blanco:*** cosa que cuesta mucho mantener y que no produce utilidad. || ***Elefante marino:*** mamífero marino similar a la foca pero de mayor tamaño, con las extremidades terminadas en aletas. *La morsa es un elefante marino.*
elefantiasis *s. f.* Enfermedad caracterizada por el engrosamiento crónico hipertrófico de las extremidades inferiores debido a la inflamación y obstrucción de los capilares linfáticos y del tejido conjuntivo subcutáneo.
elefantino *adj.* Perteneciente o relativo al elefante.
elegancia *s. f.* Distinción, buen gusto, estilo, donaire. *Al maestro no sólo le gusta vestir con elegancia, sino hablar con elegancia.*
elegante *adj.* Se dice de la persona tiene buen gusto y distinción para vestir y que actúa y habla con donaire. *Grace es una dama muy elegante.* || Se aplica a los objetos que están bien hechos, son de calidad y de buen gusto. *Joaquín siempre viste trajes muy elegantes.* || Se aplica al establecimiento que es refinado, decorado con buen gusto y cuyos clien-

tes son distinguidos. *Fuimos a cenar a un restaurante muy elegante.*
elegía *s. f.* Composición en prosa o poesía en la que se lamenta un hecho digno de ser llorado, especialmente por la muerte de una persona. *En la elegía a Juan Boscán, Garcilazo lamenta sus desventuras.*
elegiaco o **elegíaco** *adj.* Perteneciente o relativo a la elegía.
elegibilidad *s. f.* Calidad de elegible.
elegible *adj.* Que se puede elegir, o tiene capacidad legal para ser elegido.
elegido, da *s.* Más estimado o más querido que otros. || Se aplica a quienes se consideran predestinados o escogidos por Dios para lograr la gloria. *A Evariste Galois le llamaron el elegido de los dioses.*
elegir *t.* Escoger o preferir algo entre varias opciones. *Ella lo quería más, él eligió a la hermana.* || Designar o nombrar, generalmente por votación, a alguien para ocupar un puesto. *En las democracias los votantes eligen a los gobernantes.*
elemental *adj.* Perteneciente o relativo a un elemento. || Que es muy sencillo y se puede entender con facilidad. *Es elemental, mi querido Watson.* || Que es fundamental o lo más importante y necesario. *Alimentación, vestido y vivienda es lo más elemental en un hogar.* || Se dice de aquello que hace de fundamento de una ciencia o arte. *En secundaria se imparte sólo lo elemental de física y química.*
elemento *s. m.* Cada una de las partes constitutivas de una cosa que pueden distinguirse separadamente. *Esta máquina consta de diversos elementos.* || Sustancia o materia constituida por átomos iguales entre sí o químicamente simple que no se puede descomponer en otra más simple. *Dimitri Mendeleyev descubrió el principio ordenador de los elementos.* || *pl.* Fundamentos o principios básicos de una ciencia o arte. *Necesito un libro de elementos de química orgánica.* || Medio en el que habita y se desarrolla un ser vivo. *El agua es el elemento de los peces.* || Cada uno de los cuatro principios fundamentales que, en la filosofía natural antigua, se consideraban como fundamentales y constitutivos de toda la naturaleza: tierra, agua, aire y fuego. || Designa personas como componentes de un conjunto. *La policía cuenta con ochenta elementos nuevos capacitados.* || Individuo con alguna valoración, positiva o negativa. *Carlos es un elemento nocivo dentro del grupo.* || En matemáticas, componente de un conjunto. *El universo es el conjunto de todos los elementos.* || *pl.* Fuerzas de la naturaleza capaces de hacer daño o destruir. *Con la tempestad parecían desatados los elementos de la naturaleza.* || Medios o recursos para hacer algo. *No cuento con todos los elementos para sacar alguna conclusión.* || *loc.* ***Elemento compositivo:*** morfema no flexivo que forma palabras compuestas, anteponiéndose o posponiéndose a otro. || ***Está en su elemento:*** encontrarse alguien en la situación que más se adapta a sus gustos e inclinaciones. *Hablando de literatura está en su elemento.*
elenco *s. m.* Conjunto de personas que intervienen en un espectáculo, especialmente en el teatro. *Montaron la Tragedia de Hamlet con un elenco joven.* || Conjunto de personas que constituyen un grupo representativo.
elevación *s. f.* Acción y efecto de elevar o elevarse. || Aumento de la cantidad, de la intensidad o del valor de una cosa. *El avión está a punto de empezar su elevación.* || Parte de una cosa que está más arriba que las otras. *El rancho está situado en una elevación del terreno.* || Característica de una persona con grandes cualidades morales o espirituales. *Tiene ideas de gran elevación.*
elevado, da *adj.* Que está a una altura mayor que otras cosas. *La bandera está elevada a toda asta.* || Que tiene un valor o grado grande o mayor de lo normal. *Toda la noche tuvo fiebre elevada.* || Que muestra grandes cualidades morales o espirituales. *Tiene una elevada caridad.* || Efectuar o calcular la potencia de un número. *Multiplicar un número por sí mismo una vez, es elevar al cuadrado.*
elevador, ra *adj.* Se aplica al aparato que sirve para subir, bajar o transportar mercancías y personas. *En la construcción instalaron un elevador muy grande.* || *s. m.* Aparato transformador de voltaje. || *Amér.* Ascensor.
elevamiento *s. m.* Elevación.
elevar *t.* Llevar algo o a alguien a un lugar más alto, hacer que esté más arriba. *Con las grúas modernas se pueden elevar contenedores cargados. A Domingo lo elevaron al cargo de coordinador.* || Hacer que una cosa tenga un grado de intensidad mayor, o tenga más valor. *Los distribuidores elevaron el precio de la gasolina.* || En matemáticas, multiplicar un número por sí mismo cierta cantidad de veces. *Debes elevar esta cantidad a la doble potencia.*
elfo, fina *s.* Espíritu o genio de la mitología escandinava con figura de enano y poderes mágicos que es el espíritu del aire. *El Rey de los Elfos es uno de los poemas perfectos de Goethe.*
elidir *t.* Frustrar, debilitar, desvanecer una cosa. || Suprimir la vocal con que acaba una palabra cuando la siguiente empieza con vocal. *En la contracción «del» por «de el» se ha elidido la vocal de la preposición.* || Suprimir una palabra de una oración cuando se sobrentiende.
eliminación *s. f.* Acción y efecto de eliminar.
eliminador *adj.* Que elimina.
eliminar *t.* Hacer desaparecer, suprimir o separar. *Este compuesto de carbono elimina las manchas.* || Excluir a una persona o cosa de un grupo o asunto. *Eliminó las calabazas de la lista del mandado.* || Dejar fuera de una competición o de un concurso. *Lo eliminaron en la primera ronda.* || Expulsar del organismo una sustancia. *Con la orina se eliminan sustancias tóxicas como la urea.* || Matar a una persona o a un animal. *Los insecticidas eliminan a los mosquitos.* || Hacer desaparecer una incógnita de una ecuación mediante el cálculo. *Para despejar una ecuación usa el método de eliminación.*
eliminatorio, ria *adj.* Que elimina o sirve para eliminar. || *s. f.* En competiciones o concursos, prueba que se hace para seleccionar a los participantes. *En la olimpiada de matemáticas pasó la fase eliminatoria.*
elipse *s. f.* Curva cerrada que resulta de cortar un cono por un plano oblicuo, que tiene dos focos y en la que la suma de las distancias de cualquier punto a los focos es constante. *Kepler descubrió que los planetas giran en torno al sol en órbitas en forma de elipse.*
elipsis *s. f.* Supresión de una o más palabras de una frase sin alterar su sentido. *Simón llegó a la misma conclusión que Laura (llegó o sacó).*
elipsoidal *adj.* Que tiene forma de elipsoide o parecido a él.
elipsoide *s. m.* Superficie curva cerrada cuyas tres secciones ortogonales principales son elípticas. || *loc.* ***Elipsoide de revolución:*** elipsoide generado por la rotación de una elipse alrededor de un diámetro principal.
elíptico, ca *adj.* Perteneciente o relativo a la elipse. || Perteneciente o relativo a la elipsis.
elisión *s. f.* Acción y efecto de elidir.
elite o **élite** *s. f.* Minoría selecta en un ámbito social o en una actividad.
elitismo *s. m.* Sistema que favorece a una élite o la aparición y el desarrollo de élites en perjuicio de otros grupos sociales.
elitista *adj.* Perteneciente o relativo a la élite o al elitismo. || *s. com.* Se aplica a la persona que pertenece a una élite o que es partidaria del elitismo.
élitro *s. m.* Cada una de las dos alas anteriores endurecidas de ciertos insectos, como los coleópteros, que cuando están en reposo protegen las posteriores, más finas y flexibles, con las que vuelan. *Las mariquitas tienen élitros.*

E

elixir *s. m.* Líquido compuesto de sustancias medicinales, generalmente disueltas en alcohol. || Medicamento o remedio con supuestos poderes maravillosos. *La búsqueda del elixir de la eterna juventud fue una pretensión alquimista.* || En alquimia, piedra filosofal o sustancia esencial de un cuerpo.

ella *pron.* Pronombre personal de tercera persona femenina del singular. *Mi amor es para ella.*

elle *s. f.* Nombre del dígrafo *ll* o doble ele.

ello *pron.* Pronombre de la tercera persona en género neutro y número singular que desempeña la función de sujeto, de predicado nominal o de complemento precedido de preposición. *No quiero hablar de ello.* || Pronombre personal de tercera persona en el género neutro para el nominativo. Se usa en los casos oblicuos precedido de preposición. || Con el verbo ser y ciertos adverbios u otras expresiones de tiempo, tiene la misma significación que ella en iguales casos. *Allí fue ello.* || En la teoría psicoanalítica, la instancia en la estructura de la personalidad que contiene la totalidad de los instintos reprimidos y se rige solo por el principio del placer. || *loc. adv.* ***¡A ello!:*** exclamación con que se incita a hacer algo.

ellos *pron.* Pronombre personal de tercera persona de plural. *Ellos se fueron en el coche de él.*

elocución *s. f.* Manera de hablar característica de una persona. || Modo de elegir y distribuir las palabras y los pensamientos en el discurso.

elocuencia *s. f.* Facultad de decir las cosas, sean habladas o escritas, de manera correcta y efectiva, y especialmente para persuadir a oyentes o lectores. *Cicerón fue un virtuoso de la elocuencia.* || Eficacia para convencer o conmover que tienen las palabras, gestos, ademanes, imágenes o cualquier cosa capaz de comunicar algo. *A favor de mi argumento está la elocuencia de las cifras.*

elocuente *adj.* Que explica muy bien las cosas, que convence a las personas que lo escuchan. *El discurso en la ceremonia de graduación fue muy elocuente.* || Se dice de algo que significa o da a entender una cosa. *Su silencio fue más elocuente que mil palabras.*

elocutivo, va *adj.* Perteneciente o relativo a la elocución.

elogiable *adj.* Digno de elogio.

elogiador *adj.* Que elogia.

elogiar *t.* Alabar o hacer elogios por una persona o cosa. *Su forma de cantar recibió muchos elogios.*

elogio *s. m.* Reconocimiento con alabanzas de los méritos o virtudes de una persona o de una cosa. *Es digno de elogio que haya exentado todas las materias.*

elogioso, sa *adj.* Que contiene elogios.

elongación *s. f.* Alargamiento de una pieza sometida a tracción. || Distancia angular entre dos astros medida desde la Tierra, especialmente entre un planeta y el Sol. || Distancia que, en cada instante, separa a una partícula sometida a oscilación de su posición de equilibrio.

elote *s. m. Amér. C.* y *Méx.* Mazorca de maíz tierno. *Se comió un elote con chile y limón.*

elucidación *s. f.* Aclaración o explicación.

elucidar *t.* Explicar o aclarar un problema.

elucubración *s. f.* Acción y efecto de elucubrar.

elucubrador, ra *adj.* Se dice de la persona que hace elucubraciones.

elucubrar *intr.* Estudiar o pensar con intensidad, especialmente velando, sobre un determinado problema para sacar conclusiones y llegar a soluciones. *Einstein debió elucubrar mucho para realizar sus descubrimientos.* || Especular o imaginar construcciones intelectuales laboriosas sin tener mucho fundamento. *Einstein no debió elucubrar demasiado para solucionar problemas complejos.*

eludible *adj.* Que se puede eludir.

eludir *t.* Evitar o soslayar una dificultad o una obligación. *Con elegancia consiguió eludir los cuestionamientos de los críticos.*

elusión *s. f.* Acción y efecto de eludir.

elusivo, va *adj.* Que elude.

emaciación *s. f.* Adelgazamiento patológico. *La anorexia es una emaciación.*

email *s. m.* Correo electrónico.

emanación *s. f.* Acción y efecto de emanar.

emanar *intr.* Proceder una cosa de otra, tener su origen. *Las leyes emanan del poder legislativo.* || Salir o desprenderse un olor, un vapor o una radiación de un cuerpo o de un objeto. *De los cuerpos calientes emana calor.* || Emitir, desprender algo de sí. *De su serena belleza emana un encanto.*

emancipación *s. f.* Acción y efecto de emancipar o emanciparse.

emancipador *adj.* Que emancipa. *Simón Bolívar fue un emancipador.*

emancipar *t.* Liberar de un poder, una autoridad, una tutela o cualquier otro tipo de subordinación o dependencia. *A raíz de la Revolución Americana otras naciones buscaron emanciparse.*

emasculación *s. f.* Acción y efecto de emascular.

emascular *t.* Extirpar o inutilizar los órganos genitales.

embadurnado, da *adj.* Manchado, embarrado.

embadurnamiento *s. m.* Hecho de untar o ensuciar.

embadurnar *t.* Untar, embarrar, manchar o pintarrajear una sustancia espesa o pegajosa sobre una superficie. *Se embadurnó la crema de aguacate en la cara.*

embajada *s. f.* Lugar que es la sede de la representación del gobierno de un país en otro. *Se manifestaron frente a la embajada de Estados Unidos.* || Comunicación o mensaje importante que se envía por medio de alguien. *Llevaba la embajada cuando lo detuvieron los enemigos.*

embajador, ra *s.* Agente diplomático que representa oficialmente, en un país extranjero, al Estado, al jefe del mismo y al Gobierno. *El embajador de Suecia presentó sus cartas credenciales al gobierno de Portugal.* || Persona enviada para llevar un mensaje o tratar un asunto.

embalado, da *adj.* Envuelto y protegido, empacado. || Metido de lleno en una actividad. || *s. m.* Embalaje.

embalador, ra *s.* Persona que tiene por oficio embalar.

embaladura *s. f. Chil.* y *Per.* Embalaje.

embalaje *s. m.* Acción y efecto de embalar. || Envoltura con que se protege un objeto que se va a transportar. || Empaquetado o colocación de un objeto dentro de una caja para transportarlo con seguridad. *Las computadoras necesitan un buen embalaje para su protección.*

embalar[1] *t.* Envolver convenientemente un objeto o ponerlo en una caja para transportarlo con seguridad.

embalar[2] *t.* Adquirir gran velocidad. *Bajó la colina en la bicicleta y se embaló cuesta abajo.* || Animarse una persona a hablar y decir muchas cosas sin parar. *Una vez embalado nadie lo puede callar.*

embaldosado *s. m.* Acción de embaldosar. || Pavimento cubierto con baldosas.

embaldosar *t.* Cubrir el suelo o las paredes de una habitación o de un recinto con baldosas. *Embaldosaron la calle convertida en pasaje de peatones.*

embalsamado, da *adj.* Se aplica al cadáver preparado con determinadas sustancias para evitar su descomposición. || Perfumado.

embalsamador, ra *adj.* y *s.* Que embalsama.

embalsamamiento *s. m.* Acción y efecto de embalsamar.

embalsamar *t.* Tratar un cadáver con determinadas sustancias o realizando en él diversas operaciones para evitar su descomposición. *Las momias egipcias son cadáveres embalsamados.*

embalsar *t.* Retener el agua en un embalse o en un hueco del terreno. *Hacer una presa implica embalsar el agua.*

embalse *s. m.* Acción y efecto de embalsar. || Depósito artificial de agua construido generalmente cerrando la boca de un cañón mediante un dique o una presa que retiene las aguas de un río o de la lluvia.
embancarse *pr.* Se dice de una embarcación que se vara en un banco de arena. *Colón estuvo en riesgo de embancarse varias veces en el Caribe.* || *Chil. Ecua.* Cegarse un río, lago, etc., por los terrenos de aluvión. || *Méx.* En la fundición de metales, pegarse a las paredes del horno los materiales escoriados, con pérdida de toda la operación.
embanderar *t.* Adornar con banderas. || *pr. Arg.* y *Uy.* Adherirse a un partido o a una idea política.
embarazado, da *adj.* Turbado, molesto, incómodo. || Se dice de la mujer preñada. *Tiene cuatro meses de embarazada.*
embarazador, ra *adj.* Que embaraza.
embarazar *t.* Dejar un hombre embarazada a una mujer. || Hacer que alguien se sienta incómodo, entorpecido o confundido. *Con sus comentarios logró embarazar a la clase.* || Impedir o estorbar el movimiento o la actividad. *Los puestos de comercio ambulante embarazan el paso.*
embarazo *s. m.* Periodo comprendido entre la fecundación del óvulo y el parto, durante el cual tiene lugar el desarrollo embrionario. *El embarazo tiene diferentes periodos de duración en las diferentes especies.* || Estado en que se encuentra la hembra preñada. *Tuvo un embarazo sin complicaciones.* || Sensación de incomodidad o turbación que experimenta una persona en determinada una situación. *Siente un gran embarazo cuando le tiene que hablar a las chicas.* || Impedimento, dificultad, obstáculo. *Su retiro supuso un embarazo para la empresa.*
embarazoso, sa *adj.* Que es incómodo o turbador.
embarcación *s. f.* Acción y efecto de embarcar. || Construcción capaz de flotar y navegar, movida por diferentes medios y sirve para transportar personas y cosas por el agua.
embarcadero *s. m.* Lugar acondicionado para embarcar y desembarcar mercancías o gente.
embarcador, ra *s.* Persona que embarca algo.
embarcar *t.* Subir o introducir personas o mercancías en un medio de transporte para viajar. || Hacer que alguien participe o entre en una empresa difícil o peligrosa. *Se han embarcado en desarrollar un negocio sin el capital suficiente.*
embarco *s. m.* Acción y efecto de embarcar o embarcarse.
embargado *adj. ant.* Ahíto, que padece indigestión o empacho. || Cansado o fastidiado de alguien o algo.
embargador *adj. ant.* Que estorba o entorpece. || Que embarga o secuestra.
embargante *adj.* Que dificulta o impide. || Que embarga.
embargar *t.* Retener un bien por mandamiento administrativo o judicial, con el fin de responder de una deuda o de la responsabilidad de un delito. *No pagó sus deudas y procedieron a embargar.* || Apoderarse de una persona un sentimiento o una sensación de tal manera que no puede actuar o pensar con claridad. *Embargada de emoción, no acertaba que decir.* || Dificultar, impedir, detener.
embargo *s. m.* Retención de bienes por mandamiento administrativo o judicial. *Logró evitar el embargo de su casa mediante un convenio con los acreedores.* || Prohibición del comercio y transporte de determinadas mercancías. *Decretaron el embargo a las exportaciones de atún para proteger a los delfines.* || *loc.* ***Sin embargo:*** expresión con valor adversativo, equivalente a «no obstante», sin que sirva de impedimento. *Acabo de comer, sin embargo, probaré tu guisado.*
embarnecer *intr.* Hacerse más grueso o robusto. *Ya es un joven y empezó a embarnecer.*
embarque *s. m.* Acción y resultado de embarcar o embarcarse || Subida o ingreso de personas o mercancías en un medio de transporte. *Estamos esperando el embarque para surtir a los clientes.*
embarrada *s. f. Amér.* Disparate, desacierto, error grande.
embarrado *s. m.* Untamiento de barro o tierra en paredes, muros o tapias.
embarradura *s. f.* Acción y efecto de embarrar.
embarrancar *intr.* y *pr.* Atascarse una cosa en un barranco o atolladero. *Había mucho lodo y el coche se quedó embarrancado.* || Encallar una embarcación en el fondo. || *fig.* Atascarse en una dificultad. *El plan embarrancó en la falta de preparación de los ejecutantes.*
embarrar *t.* Untar, manchar o cubrir de barro u otra sustancia la superficie de una cosa. *Hay quienes se dicen pintores y solo embarran la pintura.* || *Amér.* Echar a perder una cosa. *Le encargaron una tarea y sólo la embarró.* || Calumniar, desacreditar a alguien. || Complicar a alguien en un asunto ilícito. *Salió todo embarrado del negocio.*
embarullar *t.* Confundir o mezclar desordenadamente unas cosas con otras. *Buscando las pólizas embarulló todo el archivo.* || Hacer que un asunto o una situación sea o resulte más complicado de lo normal. *Creyendo que podía aclarar el malentendido embarulló todo el asunto.* || Hablar de manera poco clara, mezclando las palabras o dejando las cosas a medio decir o hacer que alguien se confunda. *No había estudiado suficiente y embarulló toda la explicación.*
embate *s. m.* Golpe fuerte o acometida impetuosa. *La embarcación resistió el embate de la tormenta.* || Ataque violento, especialmente de las pasiones y estados de ánimo. *Sucumbió al embate de los celos.*
embaucador, ra *adj.* Que embauca.
embaucamiento *s. m.* Acción y efecto de embaucar.
embaucar *t.* Engañar a alguien aprovechándose de la falta de experiencia o la ingenuidad del engañado. *Con tales encantos es capaz de embaucar al más pintado.*
embaular *t.* Meter cosas dentro de un baúl.
embeber *t.* Absorber un cuerpo sólido algún líquido. *La esponja embebe el agua.* || *pr.* Meterse de lleno en lo que se está haciendo, quedarse absorto. *Está embebido haciendo la maqueta de su futura casa.*
embebido, da *adj.* Abstraído, inmerso, enfrascado, sumido.
embelecador, ra *adj.* Que embeleca.
embelecamiento *s. m.* Acción y efecto de embelecar.
embelecar *t.* Engañar o engatusar con artimañas y falsas apariencias.
embeleco *s. m.* Zalamería o halago con que uno engaña a otro. *No consiguió nada con todo y sus embelecos.* || *fig.* Persona o cosa fútil, molesta, enfadosa o empalagosa. *Ya lo tenía hastiado con sus embelecos.*
embelesamiento *s. m.* Estado de embeleso.
embelesar *t.* Causar tal placer, admiración o sorpresa que hagan olvidar todo lo demás. *Su forma de caminar embelesó a todos los presentes.* || *pr.* Arrebatar, cautivar, suspender los sentidos.
embeleso *s. m.* Efecto de embelesar. || Estado de arrobamiento que la persona no puede apartar la atención de aquello que lo produce.
embellecedor *adj.* Que embellece.
embellecer *t.* Hacer que una persona o cosa sea bella o más bella. *Antes de salir se tiene que embellecer.*
embellecimiento *s. m.* Acción y efecto de embellecer.
emberrenchinarse *pr.* Emberrincharse. || Se dice especialmente de un niño, enfadarse demasiado, encolerizarse.
embestida *s. f.* Acción y efecto de embestir. || Acometida, ataque violento. *Las ventanas no resistieron la embestida del viento.*
embestir *t.* Acometer o arremeter con ímpetu. *El tren alcanzó a embestir al autobús.*

embetunar *t.* Cubrir algo con betún. *Sólo le falta embetunar el pastel.*
emblanquecer *t.* y *pr.* Blanquear. || Volverse blanco algo de otro color.
emblema *s. m.* Figura o símbolo acompañado de un lema que declara el concepto o moralidad que encierra y que representa a una persona, un grupo o una institución. *Al calce de la carta aparecía el emblema de la Logia Zoroastro 89.* || Objeto que se usa para representar una noción abstracta, o para representar una colectividad o una persona o personaje. *El emblema de México es un águila devorando una serpiente.* || Representación simbólica de alguna cosa. *El pez es el emblema de la era de piscis.*
emblemático, ca *adj.* Perteneciente o relativo al emblema, o que lo incluye. || Se aplica a la cosa que es característica de un lugar o de un grupo de personas. *El mariachi es emblemático de Jalisco.*
emblematizar *t.* Simbolizar.
embobamiento *s. m.* Estado de embeleso de la persona que se ha quedado embobada.
embobar *t.* Entretener a alguien, tenerlo suspenso y admirado. *Los dichos del merolico tenían embobado al público.* || *pr.* Quedarse uno suspenso, absorto y admirado. *Los aparadores con aparatos electrónicos lo tenían embobado.*
embobinar *t.* Bobinar.
embocado, da *adj.* Abocado. || Se dice del vino, especialmente de una clase de jerez, que contiene mezcla de vino seco y dulce.
embocadura *s. f.* Lugar por donde los buques pueden penetrar en un río, en un puerto o en un canal que desaguan en el mar. *Hernán Cortés llegó a la embocadura del Río Grijalva.* || Entrada, espacio por donde se entra o se introduce algo. || Boquilla de un instrumento musical de viento. || Gusto o sabor de un vino. *Este vino tiene una embocadura vigorosa.* || En el teatro, abertura por la cual se ve la escena cuando se levanta el telón. || *loc.* ***Tener buena embocadura:*** tocar con suavidad, sin que se perciba el soplido, cualquier instrumento de viento. || ***Tomar la embocadura:*** comenzar a tocar con suavidad y afinación un instrumento de viento. || Vencer las primeras dificultades en el aprendizaje o en la ejecución de algo.
embocar *t.* Meter una cosa por la boca. *Cuando se concentra emboca su pluma.* || Aplicar los labios a la boquilla de un instrumento de viento. || *intr.* Entrar una cosa o una persona por un paso estrecho. *La bola embocó en la buchaca.*
embodegar *t.* Meter y guardar en la bodega algo.
embolia *s. f.* Obstrucción de un vaso sanguíneo por un coágulo, que impide la circulación de la sangre en otro vaso menor. *Sufrió una embolia que le produjo hemiplejía.*
émbolo *s. m.* Pieza que se mueve alternativamente en el interior de un cilindro o una bomba impulsando un fluido o recibiendo su impulso. *Las jeringas tienen un émbolo que hace entrar y salir el líquido.* || Coágulo, burbuja de aire u otro cuerpo extraño que, introducido en el torrente sanguíneo, produce la embolia.
embolsar *t.* y *pr.* Ganar dinero, especialmente de un juego o negocio. *Con la venta de equipos al gobierno se ha embolsado una fortuna.* || Guardar algo, especialmente dinero, en la bolsa.
embonar *t.* Acomodar, ajustar, empalmar dos cosas.
emboque *s. m.* Paso de la bola por el aro, o de otra cosa por una parte estrecha. || Embocadura del vino.
emboquillado *adj.* Se dice del cigarro provisto de boquilla o con filtro.
emboquillar *t.* Poner una boquilla a un cigarrillo.
emborrachar *t.* Poner borracho o causar embriaguez. *El tequila emborracha mucho.* || Empapar o mojar bien un pan en licor. *Vamos a emborrachar este pastel.* || *pr.* Beber una bebida alcohólica hasta trastornarse los sentidos.
emborronado, da *adj.* Con borrones, manchado o descuidado.
emborronar *t.* Llenar un papel de borrones o garabatos. *Emborronó todo su examen.* || Escribir de prisa y mal o con poca meditación. *Antes de escribir emborrono las ideas.*
emborucarse *pr. Méx.* Confundirse.
emboscada *s. f.* Ocultación de una o varias personas para atacar por sorpresa a otra u otras. *Sin percatarse caminaban directo a la emboscada.* || Intriga, maquinación o trampa para perjudicar a alguien. *La amistad que le fingieron era, en realidad, una emboscada.*
emboscado, da *adj.* y *s.* Se dice del que está escondido para atacar por sorpresa.
emboscadura *s. f.* Acción de emboscar o emboscarse. || Lugar para la emboscada.
emboscar *t.* Esconder a una o varias personas en un lugar para que ataquen por sorpresa.
embotado, da *adj.* Entorpecido, debilitado.
embotador *adj.* Que embota.
embotamiento *s. m.* Acción y efecto de embotar. || Atontamiento o debilitamiento de los sentidos o la inteligencia. *Estar tanto tiempo ante la computadora me produce embotamiento.*
embotar *t.* Debilitar o entorpecer los sentidos o la inteligencia.
embotellado *s. m.* Acción y efecto de embotellar. || Introducción de un líquido en una botella.
embotellador, ra *adj.* y *s. f.* Se aplica a la máquina que se utiliza para embotellar. || *s.* Persona que se dedica a embotellar.
embotellamiento *s. m.* Acción y efecto de embotellar. || *fig.* Congestión de vehículos. *La lluvia produjo un gran embotellamiento.*
embotellar *t.* Introducir un líquido en botellas. || Congestionar el tráfico un lugar.
embovedar *t.* Abovedar, cubrir con una bóveda. || Poner algo en una bóveda.
embozado, da *adj.* Cubierto del rostro, oculto, enmascarado.
embozar *t.* Cubrir el rostro por la parte inferior hasta la nariz o hasta debajo de los ojos. *Los manifestantes embozaron su rostro para no ser reconocidos.* || Encubrir o disimular una cosa con palabras o acciones. *Sus palabras embozaban una amenaza.*
embozo *s. m.* Doblez que se hace en la sábana superior de la cama por la parte que toca al rostro. || Parte de la capa, bufanda, velo, etc., con que uno se cubre la cara. || Cautela o disimulo con que se hace o se dice algo.
embragar *t.* Hacer que dos árboles o ejes en rotación puedan acoplarse o desacoplarse, estando en movimiento relativo entre sí. || Accionar el embrague. *Para que el vehículo avance hay que embragar.* || Rodear un objeto con bragas o cuerdas.
embrague *s. m.* Mecanismo que permite acoplar o separar el eje del cambio de velocidades de un vehículo al movimiento del motor. || Pedal que permite accionar este mecanismo. *El pedal del embrague se ubica a la izquierda del conductor.*
embravecer *intr.* Irritar, enfurecer a uno. || *pr.* Alterarse fuertemente los elementos. *Cuando zarpamos, el mar estaba embravecido.*
embravecido, da *adj.* Se aplica al mar enfurecido, muy agitado.
embrear *t.* Untar con brea una cosa.
embriagado, da *adj.* Borracho.
embriagador, ra *adj.* Que embriaga.
embriagante *adj.* Embriagador.
embriagar *t.* Causar embriaguez, emborrachar. *Se embriaga con un sorbo de licor.* || Producir una sensación de placer o embelesar, especialmente un aroma o una música. *El triple concierto para violín, piano y cello de Beethoven embriaga.* || Causar un estado de gran excitación o alegría. *El éxito y la fama embriagan.*
embriaguez *s. f.* Estado en el que se pierde el control por el exceso de alcohol ingerido. *Es muy riesgoso*

manejar en estado de embriaguez. || Estado de excitación o enajenamiento causado por algo placentero.
embriología *s. f.* Ciencia que estudia la formación y desarrollo de los embriones.
embriológico, ca *adj.* Que se relaciona con la embriología. || Que se relaciona con el embrión.
embriólogo, ga *s.* Persona que se especializa en embriología.
embrión *s. m.* Primera etapa de desarrollo de un ser vivo. || En el ser humano, etapa que va de la concepción a los tres meses. || Comienzo de algo del que no se tiene todavía una idea definida.
embrionario, ria *adj.* Que se relaciona con el embrión.
embrocar[1] *t.* Vaciar una vasija en otra, volteándola boca abajo. || *Amér. C.* Dejar caer algo. || Cometer o hacer que otro cometa un error.
embrocar[2] *t.* Asegurar con brocas las suelas de los zapatos. || En tauromaquia, atrapar al lidiador entre las astas.
embrollado, da *adj.* Complicado, enredado.
embrollador, ra *adj.* Que embrolla.
embrollar *t.* Complicar un asunto. || *pr.* Expresarse de manera poco clara. || *Chil. Py.* y *Uy.* Engañar a alguien para apropiarse de algo.
embrollo *s. m.* Asunto enredado, difícil. || Situación de la que es difícil zafarse. *Me he metido en un embrollo con la vecina.*
embromar *t.* Hacer bromas. || *Amér. Merid.* Fastidiar. || Perjudicar a alguien.
embrujado, da *adj.* Encantado, hechizado.
embrujador, ra *adj.* Que embruja.
embrujar *t.* Estar bajo la influencia de un embrujo.
embrujo *s. m.* Acción y resultado de embrujar. || Fascinación irresistible que alguien ejerce sobre otra persona.
embrutecedor, ra *adj.* Que embrutece.
embrutecer *t.* y *pr.* Hacer que una persona se convierta en alguien violento, bruto. || Volverse violento, sin capacidad para razonar. *Las condiciones de trabajo de la mina no hacen sino embrutecer a los trabajadores.*
embrutecido, da *adj.* Que se ha convertido en un bruto. *Embrutecido por el alcohol, golpeó a su mujer y a sus hijos.*
embrutecimiento *s. m.* Acción y efecto de embrutecer.
embudo *s. m.* Utensilio en forma de cono con un tubo en la punta que se usa para rellenar botellas. *Vació el vino de la garrafa a las botellas con ayuda de un embudo.* || Agujero en la tierra que tiene esa forma. *La bomba dejó un embudo de 3 m de diámetro.* || Paso estrecho. *Se hizo un embudo en la autopista por los derrumbes.*
emburujar *t.* Llenar de burujos o borujos. || *Amér. C. Méx.* Arrebujarse.
embuste *s. m.* Mentira disfrazada. *Los embustes de los políticos alejan a los ciudadanos.* || Baratijas.
embustero, ra *adj.* y *s.* Que dice o idea embustes o mentiras.
embutido *s. m.* Acción y resultado de embutir. || Tripa rellena, por lo general de carne de res o de cerdo molida. *El chorizo es uno de los embutidos más populares.* || Taracea. || *Amér.* Bordado de encaje.
embutir *t.* y *pr.* Llenar un recipiente con algo y comprimirlo. || Llenar una tripa con carne de res o de cerdo molida y condimentada. ||Tragar, engullir. *Se embutió un huevo duro entero y casi se ahoga.*
eme[1] *s. f.* Nombre de la letra *m.*
eme[2] *s. f.* Mierda. || *loc.* ***Mandar a alguien a la m:*** mandarlo a la mierda.
emergencia *s. f.* Acción y resultado de emerger. || Situación imprevista que requiere una solución inmediata. *Tuvo que salir por una emergencia.* || *loc.* **De emergencia:** que sirve para salir de un peligro. *Los aviones tienen puertas de emergencia.*
emergente *adj.* y *s.* Que emerge. || *Cub. Méx. Ven.* En béisbol, que sustituye a otro jugador.
emerger *intr.* Brotar, salir a la superficie. *El submarino emergió de repente y asustó a los tripulantes del barco.*
emergido, da *adj.* Que ha salido de algún lado.
emérito, ta *s.* Persona jubilada que ha recibido un premio por sus servicios. || Profesor universitario jubilado que sigue dando clases en reconocimiento a su calidad.
emersión *s. f.* Acción y resultado de emerger. || En astronomía, reaparición de un astro después de un eclipse. || En geología, acción de emerger un terreno sobre el nivel del mar.
emético, ca *adj.* y *s.* Que sirve para provocar el vómito. || Medicamento que se usa para provocar el vómito.
emétrope *adj.* Que tiene la visión normal.
emigración *s. f.* Desplazamiento de personas de su país de origen a otro por razones económicas, políticas, etc. || Viaje periódico que hacen aves, peces, insectos u otro tipo de animales por razones de clima, reproducción, alimentación.
emigrado, da *adj.* y *s.* Que vive en un país distinto de su patria.
emigrante *adj.* y *s.* Que emigra. || Que se traslada a un país de manera temporal.
emigrar *t.* Salir de su país de origen para ir a vivir a otro. || Salir de su país de origen para ir a trabajar a otro temporalmente. || Viajar periódicamente aves, peces, insectos y otros animales por razones de clima, de reproducción o de alimentación.
eminencia *s. f.* Elevación en un terreno. || Inteligencia excepcional. || Persona eminente. || *loc.* ***Eminencia gris:*** persona que atrás del telón mueve los hilos de una trama, inspira las acciones de un político, etc. || ***Su eminencia:*** trato que se le da a los cardenales de la iglesia católica.
eminente *adj.* Que destaca por su altura. || Que destaca por su inteligencia y méritos.
emir *s. m.* Jefe político militar en provincias de países árabes o de todo un país árabe.
emirato *s. m.* Territorio que gobierna un emir. || Cargo de emir. || Tiempo que dura el cargo de emir.
emisario, ria *s.* Persona que sirve de mensajera para una tarea importante, una reunión diplomática, una junta secreta. || Canal que sirve para desaguar, por lo general, aguas residuales de una población hacia el mar o hacia una planta depuradora.
emisión *s. m.* Acción y resultado de emitir. || Expulsar hacia afuera. || Títulos y valores emitidos por la banca cuando están en circulación. || Programa que se emite por radio o televisión. || En lingüística, acto de habla.
emisor, ra *adj.* y *s.* Que emite. || Persona que emite un mensaje. || *s. m.* Aparato que sirve para transmitir mensajes.
emisora *s. f.* Aparato que sirve para transmitir ondas hertzianas. || Compañía que se dedica a emitir programas de radio o de televisión.
emitir *t.* Arrojar hacia afuera. || Elaborar y hacer circular papel moneda. || Transmitir una señal, en especial la de radio o televisión. || Dar a conocer una opinión.
emoción *s. f.* Sentimiento afectivo relacionado con amor, alegría, tristeza, dolor. || Interés muy fuerte que despierta una situación.
emocionado, da *adj.* Agitado, conmovido.
emocional *adj.* Que se relaciona con las emociones. || Que se deja llevar por las emociones.
emocionante *adj.* Que emociona.
emocionar *t.* Generar una emoción. *La ceremonia emocionó sólo a los parientes de la novia.* || *pr.* Sentir una emoción. *Se emocionó hasta las lágrimas.*
emoliente *adj.* y *s.* Que sirve para ablandar un tumor. *En medicina naturista, hay tés emolientes para los cálculos renales.* || Que sirve para desaparecer inflamaciones o granos de la piel. *Las cremas emolientes prometen hacer desaparecer forúnculos.*
emolumento *s. m.* Remuneración adicional en cargos altos. *Los ejecutivos de Google recibieron «peque-*

E

ños» emolumentos de más de un millón de dólares.

emotividad *s. f.* Capacidad de una persona para sentir emociones. *Su emotividad está siempre a flor de piel.* || Capacidad de una cosa para hacernos sentir emociones. *La ceremonia de toma de posesión generó emotividades contradictorias.*

emotivo, va *adj.* Que se relaciona con la emoción. || Que provoca emoción. || Que se emociona con facilidad.

empacado *s. m.* Operación de empacar.

empacador, ra *adj.* y *s.* Que empaca. || *s. f.* Máquina que empaca. || Establecimiento industrial que empaca productos.

empacar[1] *t.* Envolver, hacer paquetes. || *Amér.* Hacer las maletas.

empacar[2] *t.* Enojarse, hacer berrinche, emperrarse.

empachar *t.* y *pr.* Causar indigestión. *Los chocolates empachan si exageras.* || Sufrir indigestión. *Me empaché por comer demasiados capulines.* || Avergonzarse. *Se empacha sólo de pensar en que tiene que hablar ante todos.*

empacho *s. m.* Indigestión. *Se supone que el aceite de oliva en ayunas cura el empacho.* || Vergüenza. *No tuvo empacho en pedir un aumento de sueldo aunque llegaba todos los días tarde.*

empadronado, da *adj.* Inscrito en un censo o padrón.

empadronador, ra *s.* Persona que forma los padrones o libros de asiento. || Persona que inscribe a otras en un padrón.

empadronamiento *s. m.* Inscripción de las personas en un censo o padrón. || Lista de los habitantes de un lugar.

empadronar *t.* y *pr.* Inscribir a una persona en un padrón. *Los requisitos para empadronar a los contribuyentes estaban afuera de su ventanilla.* || Inscribirse en un padrón. *Si quiero votar, debo empadronarme.*

empalagamiento *s. m.* Acción y resultado de empalagar.

empalagar *t.* Causar hastío una comida, en especial la que es dulce. || Causar hastío una persona.

empalagoso, sa *adj.* Que empalaga.

empalar *t.* Atravesar a un animal o a una persona con un palo que se introduce por el ano. *Antiguamente se empalaba a los prisioneros de guerra.*

empalidecer *t.* Palidecer.

empalizada *t.* Cercar un lugar con una empalizada.

empalmar *t.* Unir los extremos de dos cosas. *Empalma los cables para conectar la luz.* || En cinematografía, unir dos trozos de película. || Ligar una idea con otra. *El final de la guerra debe empalmarse con conversaciones de paz.* || *intr.* Hacer una conexión dos trenes. || Sucederse una cosa tras otra sin interrupción. *Empalmaron la ida al cine con el horario de salida de la escuela.* || *pr.* Esconder una navaja entre la palma de la mano y la manga. *Para sorprender a su rival, se empalmó la navaja y esperó en la oscuridad.* || *vul.* Excitarse sexualmente el macho con una erección del pene.

empalme *s. m.* Acción y resultado de empalmar. || Lugar donde se une una cosa con otra. || Cosa que se une con otra.

empanada *s. f.* Masa de harina y grasa, en forma de disco, rellena con carne molida, pescado, etc., que se dobla en dos y se repulga para freír o cocinar en el horno. *Las empanadas de carne pueden llevar aceitunas, pasitas, huevo duro, morrón, etc.*

empanadilla *s. f.* Empanada pequeña. *Las empanadas y las empanadillas pueden tener rellenos dulces.*

empanado, da *adj. Esp.* Cubierto de pan molido y huevo.

empanar *t. Esp.* Cubrir con pan molido y huevo batido un alimento que luego se va a freír. *A mí me gusta empanar a la francesa: pan molido, huevo, pan molido.*

empanizado, da *adj.* y *s.* Cubierto con pan rallado o molido. *El empanizado queda más rico si le agregas pimienta.*

empanizar *t.* Cubrir con pan molido o rallado y huevo batido un alimento que se va a freír. *Empanicé poco antes de freír, porque si no se moja mucho el pan.*

empantanar *t.* y *pr.* Llenar de agua un lugar. || Meterse en un pantano. || *fig.* Poner obstáculos a un asunto. *Las negociaciones se empantanaron porque una de las partes no dio el brazo a torcer.*

empañamiento *s. m.* Acción y resultado de empañar.

empañar *t.* y *pr.* Quitarle el brillo a algo. *El vapor de agua empaña vidrios, espejos, cucharas, etc.* || Cubrirse los ojos de lágrimas. *Se le empañaron los ojos recordando su primer amor.* || Perder sonoridad la voz. *Cuando quiso agradecer las atenciones recibidas, no pudo porque se le empañó la voz.* || Quitarle méritos a alguien. *El escándalo empañará la buena fama de ese doctor.*

empapado, da *adj.* Mojado, calado. || *fam.* Instruido, conocedor de una materia.

empapamiento *s. m.* Acción y resultado de empapar.

empapar *t.* y *pr.* Mojar o mojarse hasta adentro. || Absorber un líquido. || Estar enterado muy bien de un asunto.

empapelado *s. m.* Acción y resultado de empapelar. || Papel, por lo general pintado, que se usa para empapelar.

empapelador, ra *s.* Persona que se dedica a empapelar.

empapelar *t.* Cubrir una pared u otra superficie con papel. || Envolver con papel.

empaque[1] *s. m.* Acción y resultado de empacar. || Conjunto de elementos que se usan para hacer paquetes. *El empaque incluía papel china, forro de plástico, moño de seda y tarjeta.* || Empaquetadura. *Ponle silicón al empaque de la llave de agua porque si no se va a escurrir.*

empaque[2] *s. m.* Acción y resultado de empacar.

empaquetador, ra *s.* Persona que empaqueta. *Los empaquetadores del súper no reciben sueldo, sólo propinas.*

empaquetadura *s. f.* Protección que se pone en partes de máquinas para que no se salgan los líquidos.

empaquetar *t.* Hacer paquetes. || Acomodar paquetes. || *Amér. Merid.* Acicalarse, quedar paquete.

emparedado, da *adj.* Que quedó atrapado en una pared o entre dos paredes. || *s. m. Esp.* Sándwich.

emparedamiento *s. m.* Acción y resultado de emparedar.

emparedar *t.* Encerrar entre paredes. || Esconder algo en una pared.

emparejado, da *adj.* Relativo a emparejar.

emparejamiento *s. m.* Acción y resultado de emparejar.

emparejar *t.* y *pr.* Juntar dos animales o dos personas para formar una pareja. || Juntar o acercar las partes de una puerta o de una ventana con sus marcos pero sin cerrarlas del todo. || Nivelar la tierra. || Nivelar dos cosas para que queden a la misma altura. || *fig.* Ponerse a la misma altura que otra persona física o intelectualmente.

emparentar *t.* Adquirir relaciones de parentesco mediante el matrimonio. || *loc.* ***Estar muy bien emparentado:*** relacionarse con familias ilustres o adineradas.

emparrado *s. m.* Conjunto de parras que forman un techo porque se les hace crecer sobre una armazón de madera o metal. || Armazón sobre la que crece una parra o alguna otra planta trepadora. || *fam.* Peinado de los calvos, que consiste en poner parte del pelo de los lados de la cabeza sobre la calva.

emparrar *t.* Instalar un emparrado.

empastador, ra *adj.* y *s.* Que empasta. || *s. m.* Pincel para empastar. || *Amér.* Encuadernador.

empastadura *s. f.* Pasta con la que se rellena una caries. || Encuadernado. || Acción y resultado de empastar.

empastar *t.* Cubrir algo con pasta. || Rellenar con pasta una caries. ||

Encuadernar. || En pintura, tapar un dibujo anterior.
empaste *s. m.* Empastadura.
empastelamiento *s. m.* En imprenta, mezcla de letras o de párrafos que dificultan la comprensión del texto.
empastelar *t.* En imprenta, mezclar letras o párrafos en una impresión.
empatar *t.* Obtener el mismo número de votos, de puntos o de goles en una votación o en un partido.
empate *s. m.* Logro del mismo número de votos, de puntos o de goles.
empatía *s. f.* Capacidad de sentir o pensar como otra persona. *La frase «ponerse en los zapatos del otro» resume muy bien qué es empatía.*
empavesar *t.* Cubrir con paveses.
empavonar *t.* Poner pavón en objetos de acero para mejorar su aspecto y evitar que se oxiden. *En las películas de vaqueros, los cañones de los revólveres brillan en los duelos porque se empavonaron.*
empecinado, da *adj.* Obstinado, terco.
empecinamiento *s. m.* Obstinación en defender una idea sin considerar otras posibilidades.
empecinarse *pr.* Obstinarse, encapricharse.
empedernido, da *adj.* Que tiene un vicio o una costumbre muy arraigada. *Los fumadores empedernidos sufren con las nuevas leyes antitabaco.* || Cruel. *El asesino empedernido no tiene límites.*
empedrado *s. m.* Pavimento constituido por piedras.
empedrar *t.* Pavimentar una calle con piedras.
empeine *s. m.* Parte superior del pie desde la unión con la pierna hasta donde empiezan los dedos. *Me tengo que probar muchos zapatos porque tengo el empeine alto.* || Sección de un zapato o de una bota que cubre esa parte.
empellón *s. m.* Empujón fuerte que se da con el cuerpo. || *loc.* ***A empellones:*** bruscamente. *Sacaron a empellones al borracho del bar.*
empelotarse *pr. Esp.* Enredarse, confundirse. || *Amér.* Quedarse en pelotas.
empeñado, da *adj.* Que se cambió por dinero y se puede recuperar al devolverlo. *Las joyas empeñadas tenían más bien un valor sentimental.* || Que tiene muchas deudas. *Estoy empeñado hasta las orejas.* || Que está decidido a hacer algo. *No tiene oído musical y está empeñado en ser guitarrista.*
empeñar *t.* y *pr.* Cambiar una cosa de valor por dinero. *Empeñé la tele para pagar el alquiler.* || Dar su palabra de honor. *Empeñaré mi reputación en la defensa del acusado.* || Obstinarse en conseguir algo casi imposible. *Se empeñaba en ser rico.* || Meterse en una pelea o en una discusión. *Pasaron toda la tarde empeñados en discutir sobre política.*
empeño *s. m.* Acción y resultado de empeñar o empeñarse. || Obligación que se contrae al empeñar una cosa. || Cosa que se empeña. || Deseo de conseguir algo. || Constancia y tesón para lograr algo. || Objeto u objetivo que se desea conseguir. || Palabra de honor que se da para cumplir algo. || *loc.* ***Con empeño:*** con ahínco.
empeñoso, sa *adj.* Que pone mucho empeño en hacer algo.
empeoramiento *s. m.* Cambio para peor.
empeorar *t.* y *pr.* Hacer que lo que ya estaba mal se ponga peor.
empequeñecer *t.* y *pr.* Hacer o hacerse más pequeño. || Perder importancia o valor.
empequeñecimiento *s. m.* Reducción del tamaño de algo. || Disminución de la importancia de algo.
emperador, triz *s.* Persona que gobierna un imperio.
emperejilar *t.* y *pr. fam.* y *desp.* Arreglarse en exceso. *Estuvo horas emperejilándose, sólo para que se rieran de ella en la fiesta.*
emperifollado, da *adj.* Adornado en exceso, muy acicalado.
emperifollar *t.* y *pr. fam.* y *desp.* Emperejilar.
empero *conj.* Se usa como sinónimo culto de *pero* y de *sin embargo,* para introducir una frase que va a decir algo contrario a la inmediatamente anterior. *Habló con parsimonia, empero nadie le entendió.*
emperramiento *s. m.* Obstinación. *No salía de su emperramiento.*
emperrarse *pr.* Obstinarse.
empezar *t.* Dar inicio a algo. || Comenzar a comer algo. *¿Empezaste el paquete de galletas?* || *loc.* ***Por algo se empieza:*** que un principio tal vez poco importante puede hacerse grande. || ***¡Ya empezamos!:*** expresión que indica enojo ante la insistencia de alguien o de algo.
empinado, da *adj.* Muy alto. || Que tiene una cuesta muy pronunciada. || Estirado, engreído.
empinar *t.* Levantar en alto. || Inclinar un recipiente para beber. || Beber demasiado alcohol. || *pr.* Ponerse en puntas de pie y estirarse. || Hacerse algo más inclinado. || Alcanzar una gran altura una cosa. || *loc.* ***Empinar el codo:*** beber mucho alcohol. *Su pasatiempo favorito es empinar el codo.*
empingorotado, da *adj.* Que presume de una elevada posición social.
empingorotar *t.* Presumir de una elevada posición social.
empíreo, rea *adj.* Celestial.
empírico, ca *adj.* y *s.* Que se relaciona con la experiencia. || Que se relaciona con el empirismo. || Que actúa basado en la experiencia.
empírico, ca *s.* En filosofía, partidario del empirismo.
empirismo *s. m.* Corriente filosófica según la cual el conocimiento proviene de la experiencia.
empirista *adj.* y *s.* Relativo al empirismo. || Partidario del empirismo.
empitonar *t.* Tocar o herir el toro al torero con los pitones.
emplastar *t.* y *pr.* Colocar emplastos.
emplasto *s. m.* Medicamento tópico, de consistencia pastosa y pegajosa. *Le pusieron un emplasto en la quemadura.* || *fig.* Comida que se pegó. *El arroz quedó hecho un emplasto.*
emplazamiento[1] *s. m.* Lugar, situación de una cosa.
emplazamiento[2] *s. m.* Aviso de una cita obligatoria para presentarse ante la autoridad a fin de realizar un trámite, una diligencia judicial, etc.
emplazar[1] *t.* Situar una cosa en determinado lugar. *Emplazarán el nuevo edificio de la Cámara de Diputados en un lugar céntrico.*
emplazar[2] *t.* Citar, en especial la autoridad judicial, a una persona para que se presente a cumplir con un trámite o una diligencia judicial. *Es inaudito que el juez emplace a los testigos tan pronto.*
empleado, da *adj.* Que se usa en un trabajo o tarea. || *s.* Persona que trabaja en un lugar y recibe un sueldo por su tarea.
empleador, ra *s.* Persona o empresa que da empleo a otras personas.
emplear *t.* Usar algo para un fin determinado. *No emplees gasolina para limpiar porque el olor es muy fuerte.* || Gastar, consumir. *Empleamos demasiado tiempo en transporte.* || Dar trabajo. *En mi nueva fábrica emplearé a 500 personas.* || *pr.* Dedicarse con ahínco a algo. *Se emplea en ayudar a los pobres.* || *loc.* ***Estar bien empleado:*** merecer una persona las consecuencias de sus malos actos. *Le estuvo bien empleado ese castigo, por tramposo.*
empleo *s. m.* Utilización de una cosa. *El empleo excesivo de plaguicidas puede dañar la cosecha.* || Trabajo, ocupación, oficio. *Mi empleo de esta semana fue divertido mientras duró.*
emplomado *s. m.* Armazón de plomo que sostiene los vitrales.
emplomadura *s. f.* Cubierta de plomo o parte del armazón de plomo que sostiene algo. || *Arg. Py.* y *Uy.* Empaste de un diente o muela.
emplomar *t.* Cubrir, soldar o enmarcar con plomo. || *Arg. Py.* y *Uy.* Empastar un diente.
emplumar *t.* Poner plumas en una cosa. *Emplumó tanto el sombrero, que ya no se veía su color.* || Cubrir el cuerpo con plumas como castigo o burla. *Después de la Segunda Guerra Mundial, emplumaron a muchos*

E

colaboracionistas. || Echar plumas las aves.
empobrecer *t.* y *pr.* Hacer o hacerse más pobre.
empobrecimiento *s. m.* Proceso cuyo resultado es una persona o cosa más pobre. *El empobrecimiento de las comunidades rurales ha sido progresivo.*
empollar *t.* Darle las aves calor a sus huevos para lograr sus crías, los pollos. || *Esp.* Estudiar mucho.
empolvado, da *adj.* Cubierto de polvo. || Con polvos. || Maquillado con polvos de tocador.
empolvar *t.* y *pr.* Ponerse polvos en la cara. || Llenarse de polvo un lugar o una cosa.
emponzoñado, da *adj.* Envenenado. || *fam.* Envilecido, echado a perder.
emponzoñar *t.* Darle ponzoña a alguien. || *fig.* Azuzar a alguien en contra de otra persona.
emporcar *t.* y *pr.* Llenar de porquería un lugar.
emporio *s. m.* Ciudad de gran riqueza comercial o cultural. || *Amér.* Tienda grande que tiene de todo.
empotrado, da *adj.* Embutido, encajado en el hueco de un muro o del suelo.
empotrar *t.* Meter algo en una pared y rodearlo de cemento o yeso. *Empotraron muchos adornos en la chimenea.* || Incrustarse una cosa en otra. *El conductor ebrio empotró el auto en la cerca.*
emprendedor, ra *adj.* y *s.* Que es capaz de tener iniciativa propia para hacer algo. *La gente emprendedora forma una nueva categoría laboral, los emprendedores, tema de muchos libros de negocios.*
emprender *t.* Empezar a hacer algo con mucho entusiasmo. *Emprendió la tarea desde la madrugada.* || *fam.* Atacar físicamente a alguien. *La emprendió a golpes con el vecino.*
empresa *s. f.* Unidad económica dedicada a actividades de fabricación, comercio, servicio. || Actividad que implica esfuerzo. || *loc.* ***Empresa pública:*** la que maneja el gobierno. || ***Empresa privada:*** la que posee o maneja un individuo o sociedades mercantiles.
empresariado *s. m.* Conjunto de empresas o empresarios. *El empresariado del país se manifestó contrario a la suba de impuestos.*
empresarial *adj.* Que se relaciona con las empresas o con los empresarios.
empresario, ria *s.* Persona que posee o dirige una empresa. *Aunque hay pocas empresarias, las que hay son muy ricas.* || Persona que presenta un espectáculo público. *El empresario del circo por lo general se viste de frac.*
empréstito *s. m.* Préstamo que los particulares otorgan a Estado. || Cantidad que se presta en ese tipo de modalidad.
empringar *t. vul.* Pringar.
empujar *t.* y *pr.* Ejercer una fuerza contra algo para moverlo. || *fig.* Presionar a alguien para que haga algo. *Su actitud la empujó al suicidio.*
empuje *s. m.* Fuerza que se ejerce contra algo para moverlo. || Fuerza hacia arriba que ejerce un líquido sobre algo que está en la superficie. || *fig.* Presión que se ejerce sobre una persona para que haga algo. || Valor para hacer algo.
empujón *s. m.* Golpe que se da a algo o a alguien para moverlo. *Le dio un empujón tan fuerte que la tiró.* || *loc.* ***A empujones:*** con dificultad. *Terminó la carrera a empujones y ahora quiere cobrar como si hubiera sido el mejor de la clase.*
empuñadura *s. f.* Puño de una espada, de un paraguas, de un bastón. *Mi tío colecciona bastones con empuñadura labrada.*
empuñar *t.* Tomar con el puño un arma, un paraguas, un bastón. *Cuando la situación lo merece, no hay más remedio que empuñar las armas.*
emú *s. m.* Ave corredora, no voladora, parecida al avestruz, pero más pequeña. Tiene pelaje gris. *Los emúes viven en Australia.*
emulación *s. f.* Imitación de lo que hace otra persona, con el deseo honesto y laudable de superarla. || En los países socialistas, método de estimulación cuyo fin era elevar la producción y crear al hombre nuevo. || En informática, utilización de determinado tipo de computadora como si fuera de otro tipo.
emulador, ra *adj.* y *s.* Que emula. || En informática, programa que logra que una computadora haga cosas que hacen computadoras de otro tipo.
emular *t.* Imitar lo que hacen otros con el fin de superarlos. || En los países socialistas, premiar la productividad y las actitudes hacia la construcción del hombre nuevo.
émulo, la *adj.* y *s.* Que trata de parecerse a otra persona. *Ese boxeador novato es un émulo de Salvador Sánchez.*
emulsión *s. f.* En física y en química, líquido en cuyo interior hay otro, pero sin mezclar. *Por más que revuelvas no se van a mezclar: el agua y el aceite forman una emulsión.* || En fotografía, suspensión de sales de plata en gel que forma la capa sensible a la luz del material fotográfico.
emulsionante *adj.* Que emulsiona o sirve para emulsionar. *La clara de huevo, la gelatina, la leche son emulsionantes naturales.*
emulsionar *t.* Hacer una emulsión. *Al hacer mayonesa, emulsionamos ingredientes que de otra manera permanecerían separados.*
en *prep.* Indica posición o lugar. *Está en la mesa.* || Indica el tiempo en que sucede una cosa. *La guerra empezó en 1914.* || Indica modo o manera. *Escribió en letra cursiva.* || Indica la profesión o a lo que se dedica una persona. *Es bueno en matemáticas.* || En combinación con la preposición *de,* indica sucesión. *El detective fue de casa en casa para conseguir testigos.*
enagua *s. f.* Prenda de vestir femenina que va debajo de la falda. || *Méx.* Falda amplia. || *loc.* ***Pegado a las enaguas:*** que depende de las decisiones de las mujeres que lo rodean: madre, hermanas, esposa, etc.
enajenable *adj.* Que se puede enajenar.
enajenación *s. f.* Transmisión de la propiedad de un bien a otra persona. || Distracción, embobamiento. || *loc.* ***Enajenación mental:*** locura.
enajenado, da *adj.* y *s.* Que ha perdido la razón.
enajenador, ra *adj.* Que enajena.
enajenante *adj.* Que enajena.
enajenar *t.* y *pr.* Transmitir la propiedad de un bien a otra persona. || Perder los estribos. || Extasiarse, embobarse. || Privarse de algo.
enaltecedor, ra *adj.* Que enaltece.
enaltecer *t.* Otorgar valor y honor a algo o a alguien.
enaltecido, da *adj.* Alabado, elogiado.
enaltecimiento *s. m.* Engrandecimiento o alabanza a una persona o cosa.
enamoradizo, za *adj.* Que se enamora a cada rato.
enamorado, da *adj.* y *s.* Que siente mucho amor. || Enamoradizo. || Que siente pasión por alguna actividad.
enamorador, ra *adj.* Que le gusta enamorar. || Que enamora.
enamoramiento *s. m.* Situación en la que se encuentra una persona enamorada.
enamorar *t.* Tratar de conseguir el amor de una persona. || Sentir entusiasmo por una actividad. || *pr.* Empezar a sentir amor por una persona. || Aficionarse a una cosa.
enamoricarse *pr.* Enamorarse apenas de una persona.
enanchar *t. fam.* Ensanchar.
enanismo *s. m.* Alteración del crecimiento que se caracteriza porque los individuos no alcanzan las medidas que se consideran normales para su especie.
enano, na *adj.* Que es muy pequeño. || *s.* Persona que padece enanismo. || Persona muy pequeña. || Personaje de los cuentos infantiles que tiene poca estatura. || *fam.* Niño. || *loc.* ***Enano mental:*** tonto, de poco entendimiento. || ***Como enano:*** mucho. *Me divertí como enano en la fiesta, dijo Michael Jordan.*

enarbolado *s. m.* Conjunto de las partes de madera ensambladas que se usan para construir una torre.
enarbolar *t.* Levantar en algo una bandera o un estandarte. *En el desfile, enarbolaron la bandera nacional con orgullo.* || Levantar en alto un arma para amenazar a alguien. *El caballero enarboló su espada para atacar a los molinos de viento.* || *fig.* Defender una idea. *Las feministas enarbolan las ideas de igualdad.*
enarcar *t.* Dar forma de arco.
enardecedor, ra *adj.* Que enardece.
enardecer *t.* Avivar una pasión. || Estar caliente una parte del cuerpo por alguna inflamación.
enardecido, da *adj.* Excitado, que tiene el ánimo avivado.
enardecimiento *s. m.* Acción y resultado de enardecer.
enarenar *t.* y *pr.* Llenar o llenarse de arena. || Encallar un barco.
encabalgamiento *s. m.* Superposición de una cosa sobre otra. || En poesía, ruptura de una unidad sintáctica porque una palabra no cabe en un verso y hay que ponerla en el de abajo. || Cureña para llevar armamento.
encabalgar *t.* e *intr.* Proporcionar caballos. || Superponer una cosa sobre otra. || En poesía, romper la unidad sintáctica porque una palabra no cabe en un verso.
encabestrar *t.* Poner el cabestro a un animal. || *fig.* Seducir, convencer a una persona.
encabezado *s. f. Arg. Ecua. Guat. Hond. Méx.* y *Uy.* Titular de un periódico.
encabezamiento *s. m.* Fórmula con que comienzan algunos textos. *En los cuentos para niños, la frase «había una vez» suele ser el encabezamiento.* || Encabezado.
encabezar *t.* Estar al principio de una lista. || Poner el encabezamiento en un texto. || Dirigir un movimiento, estar al frente de algo. || *Arg. Ecua. Guat. Hond. Méx.* y *Uy.* Poner las cabezas o los encabezados en un periódico.
encabritarse *pr.* Hacer que un caballo levante las manos apoyándose sólo en las patas traseras. || Hacer que un barco, un avión o un automóvil levante bruscamente la parte delantera hacia arriba.
encabronar *t.* y *pr. vul. Méx.* Enojar o enojarse mucho. *Me encabrona que no me escuches cuando te hablo.*
encadenado, da *adj.* y *s.* Atado con cadenas. *Los huelguistas se encadenaron a las puertas de la casa de gobierno.* || En poesía, verso que empieza con la misma palabra que termina el anterior. || *Esp.* En cinematografía, desaparición paulatina de una imagen mientras va apareciendo otra.
encadenamiento *s. m.* Acción y resultado de encadenar. || En morfología, decir sucesivamente los derivados de una palabra.
encadenar *t.* Atar con cadenas || Unir una idea con otra. || Privar de movimiento o posibilidad de actuar.
encajar *t.* Poner una cosa dentro de otra haciéndola ajustar bien. *Ese tapón encajará perfecto en esa botella.* || Unir una cosa con otra sin que se superponga algo entre ellas. *Encajó a la perfección todas las piezas del rompecabezas.* || *fam.* Engañar a alguien dándole algo que no sirve. *En el banco le encajaron un billete falso.* || Decir algo por lo general poco oportuno. *En medio del discurso solemne encajó un chiste del que nadie se rió.* || Dar o recibir un golpe. *Le encajó un puñetazo en la mandíbula que decidió la pelea.* || Recibir puntos o goles en contra. *A la selección femenil le encajaron nueve goles en un solo partido.* || En cinematografía, ajustar en un doblaje los movimientos de los labios con el sonido. || *pr.* Meterse en un lugar estrecho. *Encájate entre esos dos para pasar rápido.* || Ponerse una prenda de vestir. *Al ver que llovía, se encajó el impermeable.* || Meterse donde no lo llaman. *Quiso encajar en el grupo, pero todos le dieron la espalda.*
encaje *s. m.* Acción de encajar una cosa en la otra. || Tejido o tela que tiene muchos calados. || Cantidad de dinero que los bancos tienen en caja.
encajero, ra *s.* Persona que se dedica a hacer encajes.
encajonado, da *adj.* Metido en un cajón. || Atrapado entre dos cosas.
encajonamiento *s. m.* Acción y resultado de encajonar.
encajonar *t.* y *pr.* Meter cosas en un cajón. || Meter o meterse en un lugar muy estrecho. || Construir cimientos en cajones o zanjas abiertas. || Correr un río o un arroyo por un lugar muy estrecho.
encajoso, sa *adj. Méx.* Que molesta por pedigüeño o confianzudo.
encalado *s. m.* Blanqueo que se hace con cal.
encalador, ra *adj.* Que encala o sirve para encalar. || *s. m.* En las tenerías, recipiente donde se ponen las pieles para pelarlas con cal.
encalambrarse *pr. Col.* y *P. Rico* Acalambrarse. || *Ven.* Sufrir de calambres.
encalamocar *t.* e *intr. Col.* Poner o ponerse calamocano, es decir, medio borracho. || *Ven.* Confundirse, turbarse.
encalar *t.* Blanquear una pared con cal. || Meter algo en cal. || Agregar cal a la tierra.
encalladura *s. f.* Tropiezo de un barco con arena o piedras.
encallar *intr.* y *pr.* Tropezar o atorarse una embarcación en un banco de arena o en piedras. || *fig.* Quedar trabado un negocio.
encallecer *t.* e *intr.* Formar callos. || Adquirir o tener mucha experiencia en una profesión. || Hacerse duro e insensible por un vicio.
encallecimiento *s. m.* Formación de un callo, dureza. || Endurecimiento mental.
encaminamiento *s. m.* Acción y resultado de encaminar.
encaminar *t.* Poner en el camino correcto. || *pr.* Dirigirse a algún lugar. || *fig.* Guiar a alguien en el camino de la vida.
encampanar *t.* y *pr. Méx.* Entusiasmar o entusiasmarse por una empresa dudosa. || Dejar en la estacada. || *Col. P. Rico R. Dom.* y *Ven.* Elevar, encumbrar. || *Pan.* Abandonar lo que se estaba haciendo. || *Col.* Enamorarse.
encanallamiento *s. m.* Proceso mediante el cual una persona va adquiriendo las costumbres y los vicios de un canalla.
encanallar *t.* y *pr.* Hacer que alguien adquiera las costumbres de un canalla.
encandilado, da *adj.* Que está deslumbrado, ya sea literalmente por una luz, ya sea figuradamente por otra persona.
encandilador, ra *adj.* Que encandila. || *s. f.* Alcahueta.
encandilar *t.* y *pr.* Deslumbrar con una luz muy intensa. || Deslumbrar a alguien con apariencias. || Despertar amor o deseo sexual en otra persona.
encanecer *intr.* y *pr.* Llenarse de canas el pelo de una persona. || Envejecer.
encanecimiento *s. m.* Resultado de encanecer.
encanijar *t.* y *pr.* Adelgazar mucho, en especial los niños. || *Méx.* Enojarse mucho.
encantado, da *adj.* Distraído, embobado. || *s. m. pl. Méx.* Juego en que los niños que persiguen y tocan a otro dejándolo «encantado» (no puede moverse de allí) y donde hay una base en la que los perseguidos están libres de «encantamiento». || *loc.* **¡Encantado!:** fórmula de saludo que se usa cuando nos presentan a una persona.
encantador, ra *adj.* y *s.* Que resulta muy simpático. || Persona que se dedica a hacer encantamientos.
encantamiento *s. m.* Emisión de un conjunto de palabras que se supone que tienen un poder mágico. || Atracción que ejerce alguien muy amable, muy simpático.
encantar *t.* Pronunciar un conjunto de palabras a las que se les atribuye un poder mágico. || Gustar mucho una persona. || Atraer la atención de alguien.
encante *s. m.* Lugar donde se lleva a cabo una subasta pública. || Venta en una subasta pública.
encanto *s. m.* Encantamiento. || Atracción o gracia que posee una

persona. || Persona que atrae, embelesa.

encantorio *s. fam.* Encantamiento.

encañonado, da *adj.* Que corre con fuerza por lugares estrechos, referido al humo y al viento. || Que está bajo amenaza del cañón de un arma.

encañonar *t.* Hacer que algo corra por un lugar estrecho. || Encauzar el agua de un río por un cañón o por una tubería. || Apuntar con un arma de fuego. || Planchar haciendo cañones o pliegues. || Encajar un pliego dentro de otro. || Echar cañones un ave cuando le salen las plumas.

encapotamiento *s. m.* Nubosidad, borrasca, negrura. *El encapotamiento del cielo anunciaba lluvia.* || Ceño, seriedad, enojo.

encapotar *t.* Cubrir con el capote. || *pr.* Cubrirse de nubes el cielo. || Enojarse, ponerse ceñudo.

encapricharse *pr.* Tratar de conseguir a toda costa un capricho. || Enamoriscarse.

encapsular *t.* Poner algo en cápsulas.

encapuchar *t.* y *pr.* Poner o ponerse una capucha.

encaramar *t.* y *pr.* Subir a un lugar de difícil acceso. || *fig* y *fam.* Encumbrar a alguien.

encarar *t.* y *pr.* Hacer frente a una situación. || Ponerse frente a la cara de otro. || Apuntar con un arma.

encarcelación *s. f.* Acción y resultado de encarcelar.

encarcelado, da *adj.* Recluido en prisión.

encarcelar *t.* Meter a alguien a la cárcel. || En una construcción, poner yeso o cemento alrededor de un armazón de madera o de hierro.

encarecedor, ra *adj.* Que encarece.

encarecer *t.* Hacer que algo suba de precio. || Alabar mucho a alguien. || Recomendar mucho a alguien.

encarecimiento *s. m.* Aumento del precio de una cosa. || Alabanza que se hace de alguien. || Recomendación.

encargado, da *adj.* y *s.* Que está a cargo de algo. || *loc.* ***Encargado de negocios:*** diplomático a las órdenes del embajador o que lo suple en el área correspondiente.

encargar *t.* y *pr.* Poner algo al cuidado de alguien. || Solicitar un producto que no está disponible. || Recomendar a alguien. || Tener una obligación. || *Cub. Uy.* y *Ven.* Embarazarse una mujer.

encargo *s. m.* Acción y resultado de encargar. || Cosa que se encarga. || *loc. Méx.* ***Agarrar a alguien de encargo:*** burlarse todo el tiempo de alguien. || *Méx.* y *Uy.* ***Estar de encargo:*** estar embarazada.

encariñar *t.* Despertar o sentir cariño por alguien.

encarnación *s. f.* Aparición de un ser inmaterial en forma material. || Representación de un concepto abstracto. || Persona que representa una idea.

encarnado, da *adj.* De color carne. || Enrojecido.

encarnadura *s. f.* Capacidad que tienen los tejidos del cuerpo para cicatrizar.

encarnar *t.* Personificar una idea. || Representar a un personaje en una obra de teatro, en cine, etc. || *intr.* Tomar forma corporal un ser inmaterial. || Crecer la carne alrededor de una herida. || Meterse la uña en la carne que la rodea. || Pintar una escultura con color carne.

encarnizado, da *adj.* Que es muy violento o sangriento. *La lucha encarnizada entre las dos facciones terminó en un baño de sangre.*

encarnizamiento *s. m.* Crueldad a la hora de hacerle daño a otra persona.

encarnizarse *t.* y *pr.* Enfurecerse. || Perseguir a alguien con crueldad. || Pelear con ferocidad dos tropas enemigas.

encarpetar *t.* Poner en una carpeta. || *Arg. Bol. Chil. Ecua. Nic.* y *Per.* Dar carpetazo a un asunto.

encarrerarse *pr. Méx.* Acelerar el paso. || Encarrilarse o dirigir un vehículo para que siga el camino debido.

encarrilar *t.* Corregir la dirección en la que va un vehículo para que vaya por el carril correcto. || Poner sobre los carriles un vehículo descarrilado. || *fig.* Enderezar un asunto, un negocio, para que vaya por buen camino.

encartar *t.* Colocar un encarte en una publicación. || *pr.* Llenarse un jugador de cartas que no puede descartar.

encarte *s. m.* Hoja suelta, por lo general de propaganda, que se incluye en un libro, una revista, un periódico.

encasillado *s. m.* Conjunto de casillas.

encasillar *t.* Poner en casillas. *Después de que encasille el correo, repartiré las cartas.* || Clasificar a alguien con criterios simplistas. *Por una vez que vino sin corbata lo encasillaron como rebelde.* || *pr.* Limitarse a sí mismo. *Ese autor se encasilló con los mismos personajes.*

encasquetado, da *adj.* Se aplica a lo que está bien metido en la cabeza.

encasquetar *t.* y *pr.* Encajar o encajarse en la cabeza un casco, una gorra, un sombrero, etc. || *fig.* Meter o metérsele a alguien una idea en la cabeza.

encasquillar *t.* y *pr.* Poner casquillos o cartuchos metálicos en algún objeto. || Atascarse un arma de fuego con el casquillo de la bala al disparar.

encastrar *t.* Encajar una cosa dentro de la otra.

encausar *t.* Entablar una causa judicial contra otra persona.

encauzamiento *s. m.* Acción de hacer que un río siga su cauce. || Acción de encauzar o dirigir un asunto, un negocio, por buen camino.

encauzar *t.* Hacer que un río vaya por su cauce. || *fig.* Hacer que un asunto, un negocio, vaya por buen camino.

encebollado, da *adj.* Que tiene mucha cebolla. *El hígado encebollado es delicioso.*

encebollar *t.* Poner mucha cebolla a una comida.

encefálico, ca *adj.* Que se relaciona con el encéfalo.

encefalitis *s. f.* En medicina, inflamación del encéfalo.

encéfalo *s. m.* En anatomía, parte central del sistema nervioso, encerrada en la cavidad craneal. *El encéfalo comprende el cerebro, el cerebelo y el bulbo.*

encefalografía *s. f.* Radiografía del cráneo.

encefalograma *s. m.* Gráfica que se obtiene de la actividad eléctrica del cerebro. También se le lama electroencefalograma.

encefalorraquídeo *adj.* Se dice del líquido que baña el cerebro, las meninges, la médula y los nervios espinales.

enceguecer *t.* y *pr.* Quitar la vista. || Ofuscarse. || *intr.* Perder la vista.

encelamiento *s. m.* Acción y resultado de encelar.

encelar *t.* y *pr.* Dar celos. || Sentir celos. || Entrar en celo los animales.

encenagarse *pr.* Meterse en el cieno o ensuciarse con cieno. || *fig.* Caer en una vida viciosa, envilecerse.

encendedor, ra *adj.* Que enciende. || *s. m.* Aparato pequeño para encender fuego que produce llama o chispa y tiene combustible líquido o gaseoso.

encender *t.* Prender fuego, incendiar. || Conectar un circuito eléctrico para activarlo. || *t.* y *pr.* Producir una pasión o un sentimiento en alguien. || *fig.* Provocar enfrentamientos. || *fig.* Irritar, disgustar. || *fig.* Excitar, entusiasmar. || *fig.* Enrojecer el rostro, sonrojarse.

encendido, da *adj.* De color rojo muy intenso. || Dicho de un circuito eléctrico, aparato o maquinaria que está en funcionamiento. || *s. m.* Acción y efecto de encender. || Inflamación, mediante una chispa, de la mezcla gaseosa en un motor de explosión. || Dispositivo con el que se produce esa chispa en el motor.

encerado *s. m.* Acción y efecto de encerar. || Capa ligera de cera con que se cubren los muebles de madera y los pisos. || Lienzo preparado con cera u otra materia para hacerlo impermeable. || *Esp.* Cuadro de madera, hule u otro material, para escribir sobre él con tiza.

encerador, ra *s.* Persona que por oficio se dedica a encerar.

encerar *t.* Aplicar una capa de cera sobre algo.

encerrado, da *adj.* Metido en un lugar cerrado. || *fam.* Contenido, re-

sumido. || Se aplica a las palabras o letras puestas entre signos. || Recluido voluntariamente.
encerrar *t.* Recluir a una persona o animal en un sitio del que no pueda salir. || Guardar algo metiéndolo en un lugar cerrado. || *fig.* Llevar implícita una cosa, contener. *Aunque es amable contigo, sus palabras encierran rencor.* || *fig.* Poner textos entre los signos de puntuación para distinguirlos del resto de un escrito. *Encerrar entre admiraciones.* || *fig.* En los juegos de tablero, rodear con las propias las fichas del contrario para impedirle el movimiento. || *pr.* Recluirse por propia voluntad en un lugar cerrado para aislarse de los demás.
encerrona *s. f. fam.* Emboscada, celada. || En el dominó, cierre del juego cuando quedan muchas fichas en manos de los jugadores. || Lidia de toros o novillos que se hace en privado. || *Guat. Méx.* y *Nic.* Reunión secreta en la que se conciertan acuerdos políticos.
encestar *t.* Meter algo en una cesta. || En el baloncesto, anotar metiendo el balón en el cesto.
enceste *s. m.* En el baloncesto, punto o tanto que se consigue al encestar el balón.
encharcado, da *adj.* Que está lleno de agua o de líquido. || Se dice del terreno cubierto de agua.
encharcamiento *s. m.* Acción y efecto de encharcar o encharcarse.
encharcar *t.* y *pr.* Cubrir el agua un terreno formando charcos. || *fig.* Causar malestar estomacal el exceso de bebida. || *pr.* Llenarse de líquido un órgano del cuerpo, en particular los pulmones. || *Col. Cub.* y *Pan.* Empaparse los zapatos con la lluvia. || *Cub. Salv.* y *Ven.* Mojarse una persona o cosa con agua o con lodo. || *Pan.* Involucrarse en una situación o acción riesgosa.
enchilada *s. f. Guat. Méx.* y *Nic.* Tortilla de maíz rellena de carne o verduras y bañada en salsa de chile.
enchilado *s. m. Cub.* Guiso de pescado o mariscos con salsa de tomate, vino y especias. *Aunque se llama enchilado, este platillo no lleva picante.*
enchilado, da *adj.* Se aplica a los alimentos cubiertos o con salsa de chile. *Comí unos camarones enchilados buenísimos en casa de Rubén.* || *fam. Méx.* Se aplica a la persona que tiene ardor en la boca por comer algo picante. || Molesto, enojado.
enchilar *t. Amér. C.* y *Méx.* Agregar chile a algún platillo para aderezarlo. || *t.* y *pr. Méx.* y *Nic. fig.* Fastidiar a alguien hasta irritarlo, o exasperarse una persona.
enchinar *t.* Empedrar con chinas o guijarros. || *t.* y *pr. Méx.* Rizar el cabello o las pestañas. || *loc. Méx.* ***Enchinarse el cuero:*** ponerse la carne de gallina.
enchinchar *t. Guat.* y *Méx.* Fastidiar, molestar a alguien. || *pr. Amér.* Irritarse, enojarse, embroncarse.
enchiquerar *t.* Encerrar los toros en el chiquero. || *fig.* y *fam.* Meter a alguien a la cárcel.
enchironar *t. fam.* Meter a alguien en prisión.
enchuecar *t.* y *pr. Chil.* y *Méx. fam.* Torcer o encorvar algo, o torcerse alguna cosa.
enchufado, da *s. Esp.* Persona que ha obtenido un cargo o empleo por enchufe.
enchufar *t.* Empalmar dos tubos o piezas semejantes, introduciendo un extremo de una de ellas en el de la otra. || En electricidad, hacer que encajen ambas piezas de un enchufe para establecer una conexión. || *t.* y *pr. Esp. fig.* y *fam.* Otorgar, u obtener, un empleo o cargo ventajosos recurriendo al enchufe.
enchufe *s. m.* Acción y efecto de enchufar. || Dispositivo para conectar un aparato a la corriente eléctrica. *Un enchufe consta de dos piezas que encajan una en la otra.* || *Esp. fig.* y *fam.* Recomendación o uso de influencias para obtener un empleo o cargo ventajoso.
encía *s. f.* Mucosa, abundante en vasos sanguíneos, que rodea la base de los dientes.
encíclica *s. f.* En la Iglesia católica, carta solemne que para adoctrinar sobre algún tema en particular dirige el Papa a los obispos y los fieles.
enciclopedia *s. f.* Conjunto de todas las ciencias, o de todas las partes de una ciencia. || Obra de divulgación en la que se exponen, de forma metódica, los conocimientos humanos o los referentes a una ciencia en particular. || Enciclopedismo. || Diccionario enciclopédico.
enciclopédico, ca *adj.* Perteneciente o relativo a la enciclopedia.
enciclopedismo *s. m.* Movimiento filosófico y pedagógico generado por la *Enciclopedia* publicada en Francia a mediados del siglo XVIII por Denise Diderot y sus colaboradores. *El enciclopedismo se nutrió con la ideología de pensadores como D' Alembert, Montesquieu, Voltaire y Jean-Jacques Rousseau.*
enciclopedista *adj.* Perteneciente o relativo a la enciclopedia o al enciclopedismo. || *adj.* y *s.* Colaborador o seguidor de la *Enciclopedia* de Diderot.
encierro *s. m.* Acción y efecto de encerrar o encerrarse. || Sitio donde se encierra a alguien, o donde alguien se mantiene recluido voluntariamente. || Situación de aislamiento en que se mantiene una persona, sea por su voluntad o por causas ajenas a ella. || En tauromaquia, conducción de los toros al toril antes de una corrida, y sitio donde se les encierra hasta el momento de la lidia.
encima *adv.* Indica que una cosa está sobre otra, en la misma vertical, ya sea que estén o no en contacto. || *fig.* En situación superior o más elevada. *La calidad de esta tela está por encima de las otras que vimos.* || De manera que cubre u oculta algo. *Se echó encima una capa.* || Se usa para expresar una carga o peso que está sobre alguien o algo. || *fig.* Indica que se acepta y admite un trabajo, responsabilidad, pena o culpa. *Traen encima la urgencia de terminar ese informe.* || Consigo, sobre sí. || Muy pronto, de manera inminente. *El vencimiento del plazo está encima.* || Por añadidura, además de. *Encima de que me regañó, me azotó la puerta en las narices.* || *loc.* ***Por encima:*** de pasada, superficial o someramente. || ***Por encima de:*** a pesar de alguien o algo.
encimar *t.* e *intr.* Poner a alguien o algo en un sitio alto o sobre otra persona o cosa. || En el juego del tresillo, aumentar la apuesta. || *Bol.* y *Col.* Añadir algo a alguna cosa, dar por encima de lo estipulado. || *pr.* Elevarse o levantarse una persona o cosa a mayor altura que otra. || Echarse una persona sobre otra o acosarla. || *Méx.* Apiñarse, amontonarse unas personas sobre otras en una multitud.
encimero, ra *adj.* Que está o se pone encima de otra cosa. || *s. f. Arg.* Pieza de cuero con ojales o argollas en los extremos, que se coloca sobre la silla de montar y se sujeta a la cincha.
encimoso, sa *adj.* y *s. Méx. fam.* Se aplica a la persona que molesta a otra por su constante cercanía o por la invasión de su espacio físico.
encino, na *s.* Árbol de tronco grueso, con ramas numerosas y hoja perenne; su fruto es la bellota. || *s. m.* Madera de este árbol. *El encino es pesado y resistente, se usa para la construcción y la elaboración de pisos y muebles.*
encinar o **encinal** *s. m.* Lugar poblado de encinas.
encinta *adj.* Mujer que está embarazada.
encintado *s. m.* Acción y efecto de encintar. || Hilera de piedra o de cemento que forma el borde de la acera o de un andén. || Adorno hecho con cintas.
encintar *t.* Poner el borde de una acera o andén. || Adornar con cintas.
encizañar *t.* Provocar la discordia o el recelo entre personas o grupos.
enclaustramiento *s. m.* Acción y efecto de enclaustrar o enclaustrarse. || Encierro, voluntario o no, de una persona.
enclaustrar *t.* y *pr.* Encerrar a alguien en un convento o claustro. || *pr.* Retirarse de la vida social para dedicarse

E

a algo que requiere mucha atención o concentración.

enclavado, da *adj.* Se dice del sitio que está encerrado dentro del área de otro. || Se dice del objeto que está encajado en otro. || En arquitectura, tipo de entramado en que las ensambladuras están encajadas unas en otras. || En heráldica, escudo partido que enclava dos o más piezas en otra de las particiones. || En medicina, estructura que tiene bloqueadas sus posibilidades de movimiento, o bien hueso fracturado al que se ha puesto un clavo para rehabilitarlo.

enclavar *t.* Clavar, asegurar o fijar con clavos. || En medicina, colocar un clavo para tratar la fractura de un hueso largo. || *fig.* Atravesar, traspasar algo de parte a parte. || *pr.* Estar un pueblo, paraje, etc., situado en un lugar determinado.

enclave *s. m.* Territorio o lugar rodeado por otro y distinto a éste. || Sitio o región donde se enclava un lugar o territorio. || Grupo social, étnico, político o lingüístico que está inserto en otro de características diferentes y convive con él.

enclenque *adj.* y *s. com.* Flacucho, débil y enfermizo.

enclisis *s. f.* En gramática, unión de una o más palabras con otra que les precede, de modo que forman una sola.

enclítico, ca *adj.* Que participa de la enclisis, es decir, que se liga con el vocablo que le precede, formando una sola palabra.

encobijar *t.* y *pr.* Cobijar, abrigar o abrigarse con una cobija.

encocorar *t. fam.* Fastidiar, molestar a alguien hasta causarle mucho enojo. || *pr.* Irritarse en sumo grado a causa de las molestias que otro produce.

encofrado *s. m.* Bastidor de madera o metal que sirve para moldear el hormigón. || Revestimiento de madera para sostener la tierra en el interior de las minas. || Revestimiento de madera para contener los materiales de construcción en una obra hasta que éstos fraguan por completo.

encofrar *t.* Formar un encofrado, o colocarlo.

encoger *t. intr.* y *pr.* Disminuir algo su volumen o extensión. || *t.* y *pr.* Contraer el cuerpo o una parte de él para retirarse de algo. *Si no hubiera encogido la mano, se quema con la sartén.* || *fig.* Acobardarse, dejarse dominar.

encogido, da *adj.* Que ha disminuido su volumen o extensión. || *fig.* Tímido, apocado, pusilánime.

encogimiento *s. m.* Acción y efecto de encoger o encogerse. || *fig.* Timidez, apocamiento, cortedad de ánimo.

encolado, da *adj. Chil.* Muy acicalado y arreglado. || *Chil.* y *Méx. fig.* Vanidoso, presumido. || *s. m.* Acción y efecto de encolar.

encolar *t.* Untar algo con cola para pegarlo. || Aprestar la pasta de papel con cola. || Cubrir con varias capas de cola un lienzo u otra superficie para pintar al temple. || Clarificar el vino con clara de huevo o gelatina. || En la industria textil, aprestar una tela o impregnar la urdimbre con cola.

encolerizado, da *adj.* Preso de la ira, furioso.

encolerizar *t.* y *pr.* Hacer que alguien se ponga colérico, enfurecer. || Ser presa de la ira, ponerse colérico.

encomendado *s. m.* En las órdenes militares, dependiente del comendador. || En la época de la Colonia, indígena que formaba parte de una encomienda.

encomendar *t.* Encargar a alguien que cuide de una persona o cosa, o que cumpla con una comisión. *Te encomiendo que durante mi ausencia alimentes al canario.* || Hacer comendador a alguien, darle encomienda. || *intr.* Llegar a tener una encomienda en una orden militar. || En la época de la Colonia, dar a alguien un grupo de indígenas en encomienda. || *pr.* Confiarse al amparo de un santo, o de una persona.

encomendero, ra *s.* Persona que lleva encargos de otra, a la cual debe rendirle cuentas de su desempeño. || *Cub.* Persona que se dedica a abastecer de carne a una ciudad. || *Per.* Dueño o encargado de una tienda de comestibles. || *s. m.* En la época de la Colonia, hombre que, por una concesión de la autoridad, recibía indígenas en encomienda.

encomiador, ra *adj.* Que hace encomios, que alaba o adula.

encomiar *t.* Alabar con entusiasmo, ensalzar.

encomiasta *s. com.* Panegirista, persona que alaba a otra.

encomiástico, ca *adj.* Que ensalza, alaba o contiene alabanza. *Un discurso encomiástico.*

encomienda *s. f.* Encargo que se hace a otra persona para que cuide de alguien o algo, o para que cumpla alguna comisión. || Dignidad de comendador en una orden militar o civil, y jurisdicción que se da a quien la ostenta. *La encomienda de Valencia de la Orden del Temple.* || Cruz que como distintivo llevan los caballeros de las órdenes militares. || Institución jurídica implantada por la Corona española en América, para reglamentar las relaciones entre conquistadores e indígenas. *La encomienda nació en 1503; en ella, el encomendero explotaba el trabajo de los encomendados a cambio de evangelizarlos y educarlos.*

encomio *s. m.* Alabanza vehemente que se hace de alguien o algo.

encomioso, sa *adj. Chil.* y *Guat.* Encomiástico.

enconado, da *adj.* Violento, encarnizado y tenaz. || *ant.* Manchado o teñido. || *Ecua.* y *Méx.* Se dice de la herida que se ha infectado o tiene supuración.

enconamiento *s. m.* Inflamación o infección de una herida o llaga. || *fig.* Encono.

enconar *t.* y *pr.* Inflamarse o infectarse una llaga o herida. || *fig.* Excitar o irritar con exceso a los contendientes de una batalla o una discusión, o irritarse éstos. || *pr.* Cobrar intensidad un resentimiento u odio.

enconcharse *pr. Amér.* Retraerse, encerrarse una persona en sí misma. || *Arg. vul.* Enamorarse mucho de alguien, sobre todo en el aspecto sexual.

encono *s. m.* Rencor, odio violento. || *Col.* Llaga infectada con supuración.

encontradizo, za *adj.* Que se encuentra con alguien. || *loc.* ***Hacerse el encontradizo:*** buscar coincidir con una persona en un lugar, procurando que el encuentro intencionado parezca casual.

encontrado, da *adj.* Que es contrario u opuesto a otra cosa. *Lo ocurrido le produjo sentimientos encontrados.*

encontrar *t.* y *pr.* Dar con algo que se ha estado buscando. || Hallar a alguien o algo sin buscarlo. || Coincidir en un lugar, o entrar en contacto, una persona o cosa con otra. || *t.* Formar una opinión o juicio sobre algo. *No encuentro interés en lo que dijo.* || *pr.* Enfrentarse u oponerse una persona o cosa con otra. || Reunirse dos personas en un lugar determinado.

encontrón *s. m.* Encontronazo, choque

encontronazo *s. m.* Choque accidental entre dos cuerpos, uno estático y otro en movimiento. || Enfrentamiento verbal o discusión agria entre dos personas.

encopetado, da *adj.* De alta categoría social. || Que presume demasiado de su linaje o cualidades, pagado de sí mismo. || En arquitectura, cualquiera de los catetos verticales de los cartabones en las armaduras de un tejado.

encopetar *t.* y *pr.* Subir, elevar en alto o formar copete. || *pr. fig.* Presumir de sí mismo, vanagloriarse.

encorajinar *t.* y *pr. fam.* Fastidiar a alguien hasta irritarlo, o encolerizarse una persona.

encordado *s. m. Amér.* Armazón de las cuerdas de una raqueta.

encordadura *s. f.* Conjunto de las cuerdas que pose un instrumento musical

encordar *t.* Poner las cuerdas a un instrumento musical. || Ceñir, rodear con varias vueltas de cuerda. || *pr.* En alpinismo, atarse el montañista a la cuerda de seguridad.

encordelar *t.* Poner cordeles o atar con cordeles. || Forrar con cordel una pieza de madera u otro material.
encornadura *s. f.* Cuerna, cornamenta. || Forma que presentan los cuernos de un animal astado.
encorsetar *t.* y *pr.* Poner o ponerse un corsé. || *fam.* Someter a alguien a normas muy rígidas o imponérselas uno mismo.
encortinar *t.* Colgar cortinas para cubrir una ventana o para decorar con ellas.
encorvadura *s. f.* Acción y efecto de encorvar o encorvarse.
encorvamiento *s. m.* Encorvadura.
encorvar *t.* y *pr.* Hacer que algo tome forma curva, o tomarla una cosa. || *pr.* Doblarse una persona curvando la espalda, sea por la edad, por enfermedad o por algún agobio.
encostalar *t.* Meter algo en costales.
encrespado *s. m.* Acción y efecto de encrespar, rizar el cabello.
encrespamiento *s. m.* Acción y efecto de encrespar o encresparse.
encrespar *t.* y *pr.* Ensortijar el cabello con rizos pequeños. || Erizarse el pelo o plumaje de un animal. || Enfurecer a una persona o animal, o enfurecerse ésta. || *fig.* Picarse el mar produciendo olas fuertes. || *fig.* Tornarse complicado un asunto.
encrestado, da *adj.* Orgulloso, ensoberbecido.
encriptar *t.* En informática, ocultar datos mediante una clave.
encristalar *t.* Colocar vidrios o cristales en una ventana, aparador, fachada o mueble.
encrucijada *s. m.* Sitio donde se cruzan dos caminos o dos calles. || *fig.* Situación complicada en la que, habiendo varias vías de solución, no se sabe por cuál optar.
encuadernación *s. f.* Acción y efecto de encuadernar. || Arte y oficio de encuadernar libros, y taller donde se encuaderna. || Cubierta o forro de cartón u otro material que se pone a los libros para proteger sus hojas y darles buena presentación.
encuadernador, ra *s.* Persona cuyo oficio es encuadernar. || *s. m.* Pasador o pinza de metal que se usa para sujetar varias hojas de papel en forma de cuaderno.
encuadernar *t.* Unir de manera ordenada y coser o pegar varios pliegos u hojas, poniéndoles tapas, para formar un libro.
encuadrado, da *adj.* Que está dentro de un cuadro o marco. || Que está dentro de un límite o contexto.
encuadrar *t.* Poner una cosa dentro de un marco o cuadro. || *fig.* Ajustar o encajar alguna cosa dentro de otra. || En fotografía y cine, hacer un encuadre. || En televisión, ajustar la imagen de un televisor para fijar la imagen en la pantalla. || *t.* y *pr.* Incorporar personas, o incorporarse éstas, a una determinada organización política, social o militar.
encuadre *s. m.* Acción y efecto de encuadrar. || Porción de espacio que capta una cámara fotográfica o de cine. || Plano obtenido a través del visor de una cámara. || Ajuste de la imagen en la pantalla de un televisor.
encubierto, ta *adj.* Que no se manifiesta, que se oculta. *Dicen que ese funcionario es un espía encubierto.*
encubridor, ra *adj.* Que encubre. || *s.* Alcahuete o cómplice.
encubrimiento *s. m.* Acción y efecto de encubrir. || En derecho, ocultamiento deliberado de un delito o un delincuente para evadir la acción de la justicia.
encubrir *t.* Ocultar algo dejando de manifestarlo. || Realizar maniobras o acudir a argucias para impedir que algo llegue a saberse. || En derecho, incurrir en el delito de encubrimiento.
encuentro *s. m.* Hecho de coincidir o reunirse dos o más personas o cosas en el mismo lugar. || Reunión entre dos o más personas para conversar o tratar algún asunto. || Competencia deportiva. *Un encuentro de natación, de box.* || Discusión o riña. *Tuvo un encuentro con su jefe y ahora teme que la despidan.* || Choque inesperado entre dos ejércitos enemigos. || *loc.* ***Ir al encuentro de alguien:*** ir a buscarlo en un sitio al que se sabe concurre. || ***Salir al encuentro de alguien:*** recibirlo al llegar a un lugar, pero también oponérsele haciéndole frente.
encuerado, da *adj. Col. Cub. R. Dom. Méx.* y *Per.* Que está desnudo, en cueros.
encuerar *t.* y *pr. Méx.* Desnudar a alguien, o desnudarse.
encuesta *s. f.* Serie de preguntas ordenadas que se hace a un grupo de personas para obtener datos o recabar sus opiniones sobre un tema. || Pesquisa, investigación.
encuestado, da *adj.* y *s.* Persona que ha sido interrogada para una encuesta.
encuestador, ra *s.* Persona que realiza encuestas.
encuestar *t.* Someter algún tema o asunto a encuesta. || *intr.* Hacer encuestas.
encuevar *t.* y *pr.* Meter o encerrar, o meterse, en una cueva o un hueco. || Guardar en lugar cerrado. || Encerrar a alguien obligándolo a ocultarse.
encumbrado, da *adj.* Alto, elevado. || *fig.* Dicho de una persona por su posición o desempeños, influyente, importante.
encumbramiento *s. m.* Acción y efecto de encumbrar o encumbrarse. || Elevación o altura. || *fig.* Ascenso, enaltecimiento, exaltación de alguien.
encumbrar *t.* y *pr.* Levantar algo en alto. || Llegar a la cumbre de una montaña. || *fig.* Colocar a una persona, o colocarse ésta, en una posición social, política o laboral elevada. || *pr.* Ser una montaña o algo similar de mucha altura. || *fig.* Ensoberbecerse, envanecerse.
encurtido *s. m.* Verdura, fruto o legumbre que se ha conservado encurtiéndola. || Técnica y procedimiento de encurtir.
encurtir *t.* Sumergir o cocer en una mezcla de vinagre, sal y especias, verduras, frutos o legumbres para conservarlos.
ende *adv. ant.* De allí, de aquí o de esto. || *loc.* ***Por ende:*** por lo tanto.
endeble *adj.* Frágil, que tiene poca resistencia. || *fig.* Que tiene un escaso valor. *Los poemas de esa mujer son endebles porque carece de vocabulario.*
endecágono, na *adj.* Se dice de la figura geométrica que tiene once ángulos y once lados.
endecasilábico, ca *adj.* Que tiene once sílabas.
endecasílabo, ba *adj.* Endecasilábico. || *s.* Verso compuesto de once sílabas. *La acentuación de los endecasílabos es variable, pueden llevar acento en las sílabas cuarta, sexta, séptima y octava.*
endecha *s. m.* Composición poética de tema triste, luctuoso, o que expresa un lamento. *Las endechas suelen tener cuatro versos de cinco, seis o siete sílabas.* || *loc.* ***Endecha real:*** endecha de tono solemne que tiene varias cuartetas compuestas por tres versos heptasílabos y uno endecasílabo que hace asonancia con el segundo.
endemia *s. f.* Enfermedad que de forma habitual o en determinadas épocas afecta a un país o región definida.
endémico, ca *adj.* Referido a una enfermedad, que afecta de manera habitual a un país o región determinados. || *fig.* Se dice de los sucesos o acciones que se repiten con frecuencia en un país. *Crisis económica endémica.* || Dicho de especies vegetales y animales, se refiere a las que viven en un área restringida, son oriundas del país o región en que se encuentran, y sólo pueden vivir ahí.
endemismo *s. m.* Cualidad de endémico. || Distribución de una especie vegetal o animal limitada a un país o región.
endemoniado, da *adj.* y *s.* Que está poseído por un demonio. || Perverso, malo. || *adj.* Que es muy molesto, pesado o difícil. || Muy desagradable o de muy mala calidad.
endemoniar *t.* Meter demonios en el cuerpo de alguien. || *fam.* Encolerizar a alguien, irritarlo al máximo.
endentar *t.* Encajar una cosa en otra, por ejemplo los dientes de los engra-

E

nes. || Poner dientes a una rueda o engrane.

enderezado, da *adj.* A propósito para algo, favorable. *Todo está enderezado para lograr éxito en esas ventas.*

enderezamiento *s. m.* Acción y efecto de enderezar o enderezarse.

enderezar *t.* y *pr.* Poner derecho lo que está torcido. || Poner en posición vertical lo que está tendido o inclinado. || *fig.* Corregir o enmendar una conducta. || *fig.* Orientar o dirigir algo hacia un objetivo o dirección determinados. || *fig.* Hacer ajustes en algo que no va bien para que funcione mejor. *Enderezar un negocio.*

enderezo *s. m.* Acción y efecto de enderezar.

endeudado, da *adj.* Se aplica a la persona que tiene muchas deudas o debe favores.

endeudamiento *s. m.* Acción y efecto de endeudarse. || Conjunto de deudas que contrae una persona, empresa o nación.

endeudarse *pr.* Contraer deudas.

endiablado, da *adj.* Desproporcionado y muy feo. || *fam.* Perverso, nocivo, malo. || *Méx.* Se dice del platillo o alimento sazonado con especias picantes. *Se me antojó un pan con jamón endiablado.*

endibia o **endivia** *s. f.* Planta herbácea comestible de hojas largas, semejante a una lechuga pequeña, de sabor ligeramente amargo. *Las endibias se cultivan protegiéndolas de luz para hacerlas más tiernas.*

endilgar *t.* y *fam.* Obligar a alguien a recibir, soportar o hacerse cargo de algo molesto o desagradable. *Le endilgaron trabajo para las vacaciones.*

endiosamiento *s. m.* Acción y efecto de endiosar o endiosarse.

endiosar *t.* Considerar a alguien como una deidad y tratarlo como tal. *Los antiguos romanos endiosaban a los césares.* || Ensalzar a alguien de manera desmesurada. || *pr. fig.* Ensoberbecerse, vanagloriarse en extremo.

endocardio *s. m.* Membrana que recubre la parte interna de las cavidades del corazón.

endocarditis *s. f.* Inflamación del endocardio. *Si no se trata, la endocarditis puede afectar a las válvulas cardiacas.*

endocarpio *s. m.* Parte más interna del pericarpio de un fruto. *El endocarpio está pegado a la semilla.*

endocrino, na *adj.* En anatomía, se dice de la glándula que produce secreciones que se vierten directamente en la sangre. *La tiroides, los ovarios, la hipófisis, los testículos y las suprarrenales son glándulas endocrinas.*

endocrinología *s. f.* Parte de la biología y la medicina que estudia las glándulas endocrinas, su desarrollo y enfermedades.

endocrinológico, ca *adj.* Perteneciente o relativo a la endocrinología.

endocrinólogo, ga *s.* Especialista en endocrinología.

endocrinopatía *s. m.* En medicina, alteración o enfermedad que se produce en el sistema endocrino.

endodérmico, ca *adj.* Perteneciente o relativo al endodermo.

endodermo *s. m.* En biología, la capa más interna de las tres en que se disponen las células del blastodermo después de segmentarse *El endodermo da origen a los aparatos digestivo, respiratorio y urinario del embrión.*

endodoncia *s. f.* Parte de la odontología que estudia la pulpa y la raíz dentaria y sus enfermedades. ||Técnica de tratamiento de las enfermedades de la pulpa y raíz de los dientes.

endoesqueleto *s. m.* En anatomía, estructura de soporte interno de un animal, que protege el sistema nervioso, permite la fijación de los músculos y tendones, y hace posible el movimiento. *Los humanos tenemos endoesqueleto.*

endogamia *s. f.* En biología, régimen de reproducción entre individuos que tienen parentesco biológico. || En etnología, obligación que tiene un individuo de contraer matrimonio únicamente con personas de su propio grupo.

endogámico, ca *adj.* Perteneciente o relativo a la endogamia.

endogénesis *s. f.* En biología, división de una célula cuya envoltura o cubierta resistente impide que se separen las células hijas.

endógeno, na *adj.* Que nace o se origina en el interior de algo. || Que tiene su origen debido a causas internas. || En geología, se dice de las rocas que se forman en el interior de la Tierra. *Las rocas volcánicas, metamórficas y plutónicas son endógenas.*

endolinfa *s. f.* En anatomía, líquido acuoso que se halla en el laberinto del oído de los animales vertebrados.

endometrio *s. m.* Membrana mucosa que recubre el interior del útero.

endometriosis *s. f.* Enfermedad ginecológica que se caracteriza por la formación de endometrio normal fuera de la cavidad uterina.

endometritis *s. f.* Inflamación del endometrio.

endomingado, da *adj.* Que se atavía con sus mejores galas para el domingo o alguna ocasión especial.

endomingarse *pr.* Vestirse alguien con sus mejores ropas.

endoparásito, ta *adj.* y *s.* En biología, se dice del tipo de parásitos que habitan dentro del cuerpo de su huésped, como las lombrices intestinales.

endoplasma *s. m.* Parte interna de una célula.

endorfina *s. f.* Sustancia producida en el encéfalo que bloquea las sensaciones de dolor y tiene relación con las respuestas placenteras.

endorreico, ca *adj.* Perteneciente o relativo al endorreísmo.

endorreísmo *s. m.* En geografía, fenómeno en que las aguas de una región afluyen hacia el interior de ésta, sin que desagüen en el mar.

endosar *t.* Ceder un cheque u otro documento de crédito a otra persona, haciendo constar esto con una firma al dorso. || *fig.* Traspasar a alguien una responsabilidad, un trabajo o una carga molesta.

endoscopia *s. f.* Examen visual de una cavidad interna del cuerpo mediante un endoscopio.

endoscopio *s. m.* Instrumento médico a base de fibras ópticas que permite ver el interior del cuerpo humano. *El endoscopio se compone básicamente de un tubo flexible con una cámara y un sistema de iluminación en uno de sus extremos.*

endosfera *s. f.* Núcleo central de la esfera terrestre.

endoso *s. m.* Acción y efecto de endosar. || Firma y datos mediante los cuales el propietario de un documento comercial lo transfiere a otra persona.

endospermo o **endosperma** *s. m.* En botánica, tejido propio de las plantas gimnospermas que asegura la nutrición del embrión al madurar la semilla.

endotelial *adj.* Perteneciente o relativo al endotelio.

endotelio *s. m.* En anatomía, tejido formado por células planas, dispuestas en una capa única, que reviste el interior de algunos órganos, cavidades y vasos.

endotermia *s. f.* Capacidad que poseen algunos animales de regular su temperatura corporal mediante acciones como jadear o tiritar.

endotérmico, ca *adj.* Perteneciente o relativo a la endotermia. || En física y química, se dice del proceso o transformación que va acompañado de la absorción de calor.

endovenoso, sa *adj.* Intravenoso.

endriago *s. m.* Ser fantástico que tiene torso y facciones humanas, cuerpo de dragón y miembros de varias fieras.

endrina *s. f.* Fruto del endrino, parecido a una ciruela pequeña de color azuloso y sabor áspero.

endrino *s. m.* Ciruelo silvestre de ramas espinosas y hojas lanceoladas; su fruto es la endrina.

endrino, na *adj.* y *s.* Color negro azulado, como el de la cáscara de la endrina. || Que es de este color.

endrogarse *pr. Chil. Méx.* y *Per.* Contraer deudas. || *R. Dom.* y *P. Rico* || Drogarse, consumir drogas.

endulzar *t.* y *pr.* Hacer que una cosa tome sabor dulce. || *fig.* Suavizar o atenuar algo desagradable para hacerlo llevadero.
endurecedor, ra *adj.* y *s.* Que endurece. || *s. m.* Sustancia que sirve para endurecer algo.
endurecer *t.* y *pr.* Poner dura alguna cosa. || *fig.* Hacer a una persona, o hacerse ésta, más fuerte y resistente a la fatiga. || *fig.* Volverse alguien inflexible y severo.
endurecido, da *adj.* Que se ha puesto duro. || Curtido o insensible.
endurecimiento *s. m.* Acción y efecto de endurecer o endurecerse. || En tecnología, modificación de las propiedades de un material para hacerlo más duro o resistente. || *fig.* Dureza, obstinación. || *fig.* Deshumanización, insensibilización.
ene *s. f.* Nombre de la letra *n.* || En álgebra, nombre del signo potencial indeterminado. || *adj.* Se usa para expresar una cantidad indeterminada. *Tendrás que ensayar ene veces antes de dominar ese baile.*
eneágono *s. m.* Polígono que tiene nueve ángulos y nueve lados.
eneasílabo, ba *adj.* y *s.* Se dice del verso que tiene nueve sílabas.
enebrina *s. f.* Fruto del enebro, es una baya de color azuloso. *Las enebrinas se usan para aromatizar la ginebra.*
enebro *s. m.* Arbusto de copa espesa y tronco ramoso que puede alcanzar hasta 6 metros de altura. Su madera es fuerte, resinosa y olorosa; su fruto es la enebrina.
eneldo *s. m.* Hierba umbelífera aromática con tallo ramoso, hojas filiformes y flores amarillas. Su olor es parecido al del hinojo. *El eneldo se utiliza para perfumar guisos.*
enema *s. m.* Inyección, con fines terapéuticos, de una cantidad de líquido por el ano. || Utensilio con que se aplica un enema.
enemigar *t. ant.* Enemistar. || Aborrecer, sentir aversión por alguien o algo.
enemigo, ga *adj.* Que es opuesto o contrario a alguien o algo. *Ser enemigo de las mentiras.* || Que, por tener mala voluntad a otro, le desea y hace mal. || Rival, adversario. || *loc.* ***El enemigo malo:*** el diablo.
enemistad *s. f.* Relación de rechazo u odio entre dos personas, aversión.
enemistar *t.* y *pr.* Hacer que dos personas se vuelvan enemigas, o volverse éstas enemigas. || Provocar que se pierda la amistad entre dos o más personas.
energético, ca *adj.* Perteneciente o relativo a la energía. || Que produce energía. *Los hidrocarburos son energéticos.* || *s. f.* En física, estudio de la energía y sus aplicaciones.
energía *s. f.* Potencia de un organismo que le permite actuar y moverse. || Vigor, fuerza, vivacidad. || Capacidad para obrar o para producir un efecto determinado. || En física, capacidad de un sistema para realizar un trabajo. *La energía se mide en julios.* || Tesón, fuerza de voluntad. || *loc.* ***Energía renovable:*** aquella cuyo consumo no agota las fuentes que la producen, por ejemplo las radiaciones solares.
enérgico, ca *adj.* Que tiene y proyecta energía o vigor.
energizar *intr.* y *pr. Col.* Actuar con vigor o con vehemencia. || *Col.* Estimular, animar. || *t.* En física, suministrar corriente eléctrica a una línea o equipo.
energúmeno, na *s.* Persona poseída por un demonio. || *fig.* Persona furiosa que actúa violentamente.
enero *s. m.* Primer mes del año. *Enero tiene 31 días.*
enervación *s. f.* Acción y efecto de enervar o enervarse. || Suplicio de la época medieval por el cual se quemaban los tendones de las rodillas y las corvas. || En medicina, corte de un grupo de nervios, sea por trauma o por una intervención quirúrgica.
enervamiento *s. m.* Acción y efecto de enervar o enervarse.
enervante[1] *adj.* Que debilita o quita las fuerzas. || Que altera poniendo nervioso o excita demasiado los nervios.
enervante[2] *s. m.* Droga estimulante.
enervar *t.* y *pr.* Debilitar, despojar a alguien de su fuerza física o mental, o perderla. || Alterar los nervios, poner nervioso. *El volumen a que ese vecino pone la música me enerva.* || En medicina, practicar una enervación.
enésimo, ma *adj.* Indica que algo se dirá una vez más, aparte de las muchas en que ya se ha dicho anteriormente. *Por enésima vez te pido que limpies la mesa después de comer.* || En matemáticas, se dice de algo que ocupa un lugar indeterminado en una serie o sucesión.
enfadar *t.* y *pr.* Producir, o sentir, molestia y enojo.
enfado *s. m.* Enojo, fastidio. || *Esp.* Impresión desagradable y molesta.
enfadoso, sa *adj.* Que causa enfado, molesto.
enfangar *t.* y *pr.* Cubrir con fango, ensuciar o ensuciarse con fango. || *Méx.* Desprestigiar a alguien. || *fig.* y *fam.* Involucrarse en negocios sucios o asuntos vergonzosos.
enfardar *t.* Hacer fardos. *Enfardar la ropa sucia para llevarla a la lavandería.* || Empaquetar mercancía formando fardos.
enfardelar *t.* Enfardar. || *Esp.* Preparar fardeles.
énfasis *s. m.* Expresión o entonación con que se hace notar la importancia de algo que se dice o se lee en voz alta. || Tono de voz, o gesto particular, con el que se da una intención determinada a lo que se expresa.
enfático, ca *adj.* Que denota énfasis. || Que se ha dicho con énfasis. || Referido a una persona, que habla o escribe con énfasis. || En gramática, se dice de las expresiones o partículas que se intercalan en un discurso para acentuar la intención de éste.
enfatizar *t.* Dar énfasis a algo que se hace. || Poner énfasis en algo que se dice.
enfermar *intr.* y *pr.* Contraer una enfermedad. || Causar enfermedad.
enfermedad *s. f.* Trastorno o anormalidad en el funcionamiento del organismo de un ser vivo. *La enfermedad puede ser causada por factores externos o internos.* || *fig.* Alteración perjudicial del desempeño, o del estado normal de alguien o algo. *La enfermedad de esa empresa es la desorganización.*
enfermería *s. f.* En algunos establecimientos, lugar destinado a la atención médica de enfermos, heridos o lesionados. *La enfermería de una fábrica.* || Profesión y actividad de las personas que se dedican a cuidar enfermos y heridos, así como a otras labores sanitarias. *Una gran vocación y espíritu de servicio son requisitos de la enfermería.*
enfermero, ra *s.* Persona que se dedica a cuidar y asistir a los enfermos o heridos.
enfermizo, za *adj.* De salud frágil, propenso a enfermar con frecuencia. || Que es propio de una persona enferma. *Su delgadez es enfermiza.*
enfermo, ma *adj.* y *s.* Que padece una enfermedad.
enfervorecer *t.* Enfervorizar.
enfervorizar *t.* y *pr.* Infundir en alguien fervor o intenso entusiasmo, o sentirlo.
enfeudar *t.* Dar en feudo un territorio o un reino.
enfilado, da *adj.* En heráldica, se dice de las cosas huecas como anillos o coronas que aparecen ensartadas en una lanza, palo o faja. || *s. m.* Arte y técnica de ensartar cuentas o abalorios para elaborar bisutería.
enfilar *t.* Poner varias cosas formando fila. || Dirigir la orientación de un instrumento óptico, o de un ingenio de artillería, hacia un punto determinado. || Comenzar a recorrer un camino o ruta. *Enfilaron hacia las afueras del pueblo.* || Ensartar, hacer pasar un hilo o alambre por los orificios de varias cosas.
enfisema *s. m.* Hinchazón producida en el tejido celular, los pulmones o la piel, debido a la acumulación de aire o gas. || *loc.* ***Enfisema pulmonar:*** dilatación permanente y excesiva de los alveolos pulmonares que produce ruptura de los tabiques interalveolares.

enflacar *intr.* Enflaquecer, ponerse flaco.
enflaquecer *t. intr.* y *pr.* Adelgazar, poner o ponerse flaco. || Debilitar, restar fuerzas. || *intr. fig.* Desfallecer, perder el ánimo.
enflaquecimiento *s. m.* Acción y efecto de enflaquecer.
enfocar *t.* Dirigir un haz de luz sobre un punto determinado. || Hacer que la imagen de un objeto que se produce en una lente sea nítida y destaque claramente sobre un plano. || Centrar un objetivo en el visor de la cámara fotográfica. || *fig.* Examinar un asunto para tener una visión clara de lo que trata y resolverlo de manera adecuada.
enfoque *s. m.* Acción y efecto de enfocar. || Punto de vista desde el que se parte para tratar una cuestión.
enfrascar *t.* Meter algo en frascos. || *pr.* Dedicarse una persona a alguna actividad de manera tan intensa, que se sustrae de lo que ocurre a su alrededor.
enfrenar *t.* Colocar el freno a una caballería. || *fig.* Reprimir, refrenar.
enfrenón *s. m. Méx.* Parada brusca de un movimiento o una actividad.
enfrentamiento *s. m.* Acción y efecto de enfrentar o enfrentarse.
enfrentar *t.* y *pr.* Poner o ponerse dos personas o cosas frente a frente, sea en comparación, lucha o competencia. || Afrontar un peligro, adversidad o dificultad.
enfrente *adv.* Delante de alguien o algo, en dirección opuesta y a cierta distancia. *Enfrente de su casa hay una tienda.* || En pugna con alguien, o en su contra. *Tiene enfrente muchos problemas por resolver.*
enfriador *s. m.* Sitio o aparato para enfriar.
enfriador, ra *adj.* Que enfría.
enfriamiento *s. m.* Acción y efecto de enfriar o enfriarse. || Resfriado, catarro.
enfriar *t. intr.* y *pr.* Hacer que algo pierda temperatura, o perderla esto, hasta ponerse frío. || *t.* y *pr. fig.* Amortiguar, hacer que pierda intensidad una situación o sentimiento. || *t. Méx. fam.* Liquidar, asesinar. || *pr.* Resfriarse, acatarrarse. || *pr. Méx. fam.* Morir, fallecer.
enfundar *t.* Introducir una cosa dentro de su funda. || Cubrir algo con una funda para protegerlo. || *pr. fig.* Ponerse una prenda de vestir. *Se enfundó en sus pantalones.*
enfurecer *t.* y *pr.* Irritar a alguien hasta hacer que se ponga furioso, o ponerse alguien furioso. || *pr. fig.* Agitarse sobremanera el viento o el mar.
enfurecido, da *adj.* Enojado, irritado.
enfurecimiento *s. m.* Acción y efecto de enfurecer o enfurecerse.
enfurruñamiento *s. m.* Acción y efecto de enfurruñarse.
enfurruñarse *pr. fam.* Ponerse de mal humor, enojarse. || *fam.* Nublarse, encapotarse el cielo.
engalanar *t.* y *pr.* Arreglarse, acicalarse y vestir sus galas alguien, o adornar algo. *Engalanaron la plaza para la fiesta del pueblo.*
engallado, da *adj.* Derecho, erguido. || Soberbio, altanero.
engallar *t.* y *pr.* Erguir la cabeza del caballo haciendo uso del freno. || *pr.* Ensoberbecerse, envalentonarse, engreírse.
enganchado, da *adj.* Sujeto por un gancho. || *C. R.* y *Hond.* Que está enamorado.
enganchador, ra *adj.* Que engancha. || *s.* Persona que recluta a otras para algo, sobre todo para algún fin delictivo o deshonesto. *Un enganchador de braceros.*
enganchamiento *s. m.* Enganche, acción y efecto de enganchar o engancharse.
enganchar *t. intr.* y *pr.* Sujetar o agarrar algo con un gancho o cosa similar. || *t. fig.* y *fam.* Atraer a alguien, conquistarlo. || Alistar a alguien para servir como soldado. || Acoplar los vagones que constituyen un tren. || *t.* e *intr.* Amarrar las caballerías a un carruaje o un arado para que puedan tirar de él. || Captar algo de manera absorbente la atención de alguien. || *pr.* Atorarse alguien la ropa en un gancho o clavo. || Adquirir una adicción. *Engancharse en la droga.* || *C. R.* Enamorarse, quedar prendado de alguien.
enganche *s. m.* Acción y efecto de enganchar o engancharse. || Objeto o dispositivo que sirve para enganchar. || Acto de alistarse voluntariamente en un ejército. || *Méx.* Cantidad de dinero que se da como anticipo del pago en una compra a plazos.
engañabobos *s. m.* Cosa cuya apariencia engaña o defrauda. || *fam.* Farsante, persona que con su labia intenta engañar a otros.
engañador, ra *adj.* Que engaña. || *adj.* y *s.* Que con palabras dulces atrae el cariño de otros.
engañar *t.* Hacer creer a otro algo que es falso. || Estafar o defraudar. || En una relación amorosa, ser infiel a la pareja. || Engatusar, ganarse a alguien con mentiras o adulaciones. || *t.* y *pr.* Producir o producirse una ilusión óptica. || Hacer que algo se vea mayor o mejor de lo que es. *La publicidad de ese producto engaña.* || *pr.* Negarse a admitir una verdad, por resultar más grato permanecer en el error.
engañifa *s. f. fam.* Engaño comercial que presenta algo de baja calidad como si fuera útil o muy bueno.
engaño *s. m.* Acción y efecto de engañar o engañarse. || Cebo o trampa para pescar. || En tauromaquia, muleta que se utiliza para engañar al toro. || *loc.* ***Llamarse a engaño:*** pretender alguien que se deshaga un trato alegando haber sido engañado.
engañoso, sa *adj.* Que engaña o induce a engañarse. *Apariencia engañosa.*
engarce *s. m.* Acción y efecto de engarzar. || Pieza de metal en que se engarza algo. *El engarce de un anillo.*
engarfiar *intr.* Garfear, arrojar los garfios para asir algo.
engargolado *s. m.* Ranura por la que se hace deslizar una puerta corrediza. || Ensambladura formada por lengüeta y ranura que une dos piezas de carpintería. || *Méx.* Acción y efecto de engargolar un documento o libro.
engargolar *t.* Ajustar y ensamblar piezas de carpintería que tienen ranuras y lengüetas. || *Méx.* Encuadernar documentos o libros pasando una espiral de metal o plástico a través de orificios practicados en sus hojas para ese fin.
engarrotar *t.* Agarrotar. || *t.* y *pr.* Entumecerse las extremidades por el frío, o debido a alguna enfermedad.
engarzado, da *adj.* Que está colocado en un engarce. *Mahoma utilizaba una cornalina engarzada en un anillo de plata.*
engarzador, ra *adj.* y *s.* Persona que engarza gemas en las joyas.
engarzadura *s. f.* Engarce.
engarzar *t.* Enganchar cosas entre sí para formar una cadena. || Engastar, hacer encajar algo en un objeto de metal. || *fig.* Relacionar o enlazar cosas entre sí. *Fue engarzando las palabras hasta que terminó su poema.*
engastado *s. m.* Arte y técnica de sujetar piedras preciosas a las joyas.
engastar *t.* Embutir o encajar una cosa en otra. || En joyería, sujetar las piedras preciosas a las joyas usando partes del mismo metal del soporte.
engaste *s. m.* Acción y efecto de engastar. || Guarnición de metal que sujeta una gema a una joya. || En joyería, perla que por un lado es plana y por el otro redondeada.
engatusamiento *s. m.* Acción y efecto de engatusar.
engatusar *t. fam.* Engañar a alguien ganándose su voluntad con adulaciones.
engendrador, ra *adj.* Que engendra, produce o cría. *Un proyecto social engendrador de progreso.* || *s. m. ant.* Padre, progenitor.
engendramiento *s. m.* Acción y efecto de engendrar.
engendrar *t.* Procrear descendencia un animal superior por medio de la fecundación. || En geometría, formar un cuerpo haciendo girar una figura plana alrededor de un eje. *Un cilindro es engendrado cuando un rectángulo rota sobre uno de sus lados.* || *fig.* Producir algo o causarlo. *La violencia engendra más violencia.*

engendro *s. m.* Ser deforme o que resulta repulsivo. || Feto. || *fig.* Obra artística o literaria, plan o proyecto, que resultan absurdos por su defectuosa concepción.
engentarse *pr. Méx.* Aturdirse y ponerse de mal humor por estar entre mucha gente.
englobar *t.* Incluir varias cosas dentro de un todo.
engolado, da *adj.* Que lleva gola. || En heráldica, se dice de la banda, cruz u otra pieza cuyo extremo penetra en la boca de un animal. || *fig.* Presuntuoso y afectado, sobre todo en la forma de expresarse. || *fig.* Se dice del tono de voz impostado, enfático y afectado. || *Méx.* Acicalado con exageración.
engolamiento *s. m.* Acción y efecto de engolar la voz. || Énfasis exagerado en la manera de expresarse.
engolar *t.* Colocar la voz de manera que se oiga grave y resonante.
engolosinador, ra *adj.* Que engolosina.
engolosinar *t.* Estimular el deseo o el antojo de alguien con algo atractivo. || *pr.* Tomarle el gusto a algo y aficionarse a ello.
engomado, da *adj.* Que está recubierto en una de sus caras por una capa de goma o pegamento. *Etiquetas engomadas.* || *Chil.* Acicalado, emperifollado. || *s. m.* Acción y efecto de engomar.
engomar *t.* Untar con goma o pegamento. || Impregnar un tejido con goma desleída para darle consistencia y brillo. || Mezclar con goma alguna sustancia.
engorda *s. f. Chil.* y *Méx.* Ceba o engorde del ganado. || *Chil.* y *Méx.* Conjunto de animales que se engordan para la matanza.
engordador, ra *adj.* y *s.* Que hace engordar.
engordar *intr.* y *pr.* Aumentar una persona o animal de peso y volumen, ponerse gordo. || *fig.* y *fam.* Hacerse de bienes, enriquecer. || *t.* Dar al ganado o las aves comida abundante para que engorden.
engorde *s. m.* Acción y efecto de engordar al ganado y otros animales domésticos para matarlos y consumirlos.
engorro *s. m.* Obstáculo que impide realizar algo; dificultad, molestia.
engorroso, sa *adj.* Molesto, pesado, dificultoso.
engrampadora *s. f. Bol. Guat. Per.* y *Uy.* Aparato que sirve para unir papeles por medio de una grapa, grampa o broche.
engranaje *s. m.* Acción y efecto de engranar, transmitir movimiento mediante piñones o ruedas dentadas. || Cilindro dentado que transmite movimiento rotatorio entre dos ejes o árboles. || Conjunto de ruedas dentadas que se engranan. *El engranaje de una maquinaria.* || *fig.* Encadenamiento de ideas, acciones o circunstancias que confluyen a un fin.
engranar *intr.* y *t.* Encajar entre sí dos o más ruedas dentadas. || *fig.* Enlazar y complementar ideas, frases, acciones o circunstancias.
engrandecer *t.* Hacer algo grande o más grande. || *t.* y *pr. fig.* Elevar a alguien, o elevarse éste, a una categoría, posición o dignidad superior.
engrandecimiento *s. m.* Acción y efecto de engrandecer o engrandecerse.
engrane *s. m. Méx.* Cada una de las ruedas dentadas de un engranaje.
engrapado *s. m.* Acción y efecto de engrapar.
engrapadora *s. f. Amér. C. Bol. Méx. Per.* y *Ven.* Máquina o aparato para unir papeles por medio de grapas o broches.
engrapar *t.* Unir y sujetar papeles con grapas.
engrasante *adj.* y *s. m.* Sustancia que sirve para engrasar.
engrasar *t.* Untar o lubricar con grasa. || *t.* y *pr.* Manchar o mancharse con grasa, pringar. || *pr. Méx.* Enfermar de saturnismo.
engrase *s. m.* Acción y efecto de engrasar o engrasarse. || Engrasante, sustancia para lubricar.
engreído, da *adj.* y *s.* Se aplica a la persona que se considera superior a los demás, por sus méritos y cualidades. *Ingresó a una escuela de paga y se volvió un engreído.*
engreimiento *s. m.* Acción y efecto de engreír o engreírse.
engreír *t.* Tener un comportamiento altivo con un sentimiento de orgullo y superioridad frente a los demás, y los trate de un modo despectivo y desconsiderado. *Ahora que tienes buen trabajo no te vayas a engreír.*
engrilletar *t.* Unir o asegurar con un grillete dos trozos de cadena, una cadena y una argolla, etc. *Cristóbal Colón regresó a España engrilletado.*
engrosamiento *s. m.* Acción y efecto de engrosar. *Con la publicidad, ha habido un engrosamiento de la cartera de clientes.*
engrosar *t.* Aumentar las cosas o personas su anchura o grosor. || Crecer o hacer crecer en tamaño o número.
engrudo *s. m.* Masa espesa y pegajosa hecha de harina o almidón cocidos en agua y que sirve para pegar papel, tela y otros materiales ligeros. *A Juan se le hizo bolas el engrudo.*
engrupir *t. Arg. Chil.* y *Uy.* Hacer creer una mentira.
enguantado *adj.* Que lleva guantes. *Con este frío hay que traer las manos enguantadas.*
enguirnaldar *t.* Adornar con guirnaldas.
engullir *t.* Tragar la comida con precipitación y casi sin masticar. *Las serpientes engullen a sus presas completas.*
enharinar *t.* Cubrir o espolvorear con harina la superficie de algo, manchar de harina. *Hay que enharinar el pescado antes de freírlo.*
enhebrar *t.* Pasar el hilo a través del ojo de la aguja, o por el agujero de las cuentas, perlas, etc. *Ayúdame a enhebrar la aguja que no veo bien.* || Decir seguidas muchas palabras o frases de manera torpe o desordenada. *Sólo logró enhebrar cuando le preguntaron la clase.*
enhiesto, ta *adj.* Levantado, derecho, erguido. *Enhiesto escuchaba la reprimenda que le dieron.*
enhilar *t.* Enhebrar. || *fig.* Ordenar las ideas de un escrito o discurso. || Dirigir, encaminar una cosa hacia un fin.
enhorabuena[1] *s. f.* Felicitación.
enhorabuena[2] *adv.* En buena hora, para bien. *Si has decidido mudarte, que sea enhorabuena.*
enhoramala *adv.* En hora mala; se usa para demostrar disgusto, enfado o desaprobación.
enigma *s. m.* Frase o pregunta de significado oculto para que sea difícil de entender o interpretarlo. *El último teorema de Fermat es un enigma.* || Cosa que se conoce pero que resulta incomprensible, para la que no se halla una explicación o interpretación. *La desaparición del pueblo de Teotihuacan sigue siendo un enigma.*
enigmático, ca *adj.* Que encierra un enigma o que es difícil de entender o resolver. *Algunos cuentos de E. A. Poe son enigmáticos.*
enjabonado, da *s.* Acción y efecto de enjabonar.
enjabonadura *s. f.* Acción y resultado de jabonar. || Espuma que se forma al jabonar. *Bañar al perro produce mucha enjabonadura.*
enjabonar *t.* Frotar algo con jabón para producir jabonadura. || Poner algo en solución de jabón ablandarlo y limpiarlo. *Antes de lavar puse la ropa a enjabonar.*
enjaezado, da *adj.* Se aplica al caballo ensillado y dispuesto para montar.
enjaezar *t.* Adornar con cintas las crines del caballo, poner los jaeces a las caballerías.
enjalbegado *s. m.* Acción y efecto de enjalbegar.
enjalbegador *adj.* Que enjalbega.
enjalbegadura *s. f.* Acción y efecto de enjalbegar.
enjalbegar *t.* Blanquear una pared, especialmente con cal o yeso.
enjalmar *t.* Poner la enjalma o especie de aparejo a una bestia de carga.
enjambre *s. m.* Multitud de abejas, avispas y otros insectos voladores que vuelan en grupo. *Al caer la noche apareció un enjambre de mosquitos*

E

que nos picotearon. || Conjunto numeroso de personas, animales o cosas. *Al terminar el concierto lo rodeó un enjambre de admiradores.*

enjaretado *s. m.* Tablero formado de tablillas que forman enrejado.

enjaretar *t.* Hacer pasar por la jareta de una prenda de vestir un cordón, cinta o cuerda. || Hacer algo de prisa y generalmente con descuido. *Para ir a ver a la novia, nomás enjaretó el quehacer.* || Hacer o decir algo atropelladamente o de mala manera. *Les enjaretó una reprimenda que a todos molestó.* || *fam.* Pasar a una persona un trabajo u otra cosa que resulta pesada o molesta. *Odia las tareas del hogar y se las enjareta a su hermana.* || Propinar un golpe. *Le enjaretó un bofetón al atrevido.*

enjaular *t.* Encerrar en una jaula. || *fam.* Encarcelar a una persona. *Conducía ebrio y lo tuvieron que enjaular.*

enjoyado *t.* y *pr.* Adornado con joyas.

enjoyar *t.* Adornar con joyas.

enjuagar *t.* Lavar o limpiar con agua una cosa enjabonada o que se requiere lavar ligeramente. *Ya están lavados los platos, sólo falta enjuagar.* || Limpiar la boca y dentadura con agua u otro líquido. *Después de cepillar es necesario enjuagar la boca y los dientes.*

enjuagatorio *s. m.* Líquido para enjuagar o enjuagarse. || Vaso para enjuagarse.

enjuague *s. m.* Acción de enjuagar o enjuagarse. || Líquido que sirve para enjuagarse la boca. *Me pidió que compre enjuague sin alcohol.* || *fam.* Negocio poco limpio, oculto o fraudulento. *Al encargado del almacén le descubrieron su enjuague.*

enjugar *t.* Quitar la humedad o el líquido que hay en una superficie o cosa. || Limpiar los líquidos que exuda el cuerpo. *Con discreción enjugó las lágrimas que corrían por sus mejillas.*

enjuiciamiento *s. m.* Acción y resultado de enjuiciar. || Instrucción o sustanciación legal de los asuntos judiciales.

enjuiciar *t.* Someter algo a examen, discusión y juicio. *Para tomar una decisión primero debemos enjuiciar la cuestión.* || Instruir un procedimiento judicial. || Someter a alguien a un proceso legal ante un juez o un tribunal. *El fiscal decidió enjuiciar a los que hicieron desmanes en la calle.*

enjundia *s. f.* Conjunto de cualidades morales estimables de una persona, como carácter, sensatez o formalidad. *Acometieron la discusión con gran enjundia.* || Parte más sustanciosa e importante contenida en una cosa, como un libro, un discurso o una teoría. || Gordura que las aves tienen en los ovarios.

enjundioso, sa *adj.* Que tiene mucha enjundia. || Vigoroso. || Sustancioso, importante.

enjuto, ta *adj.* Delgado, muy flaco, seco o de pocas carnes. *El Quijote es alto, flaco, enjuto de rostro.* || Que no tiene agua o humedad. *La sequía ha dejado enjuto el campo.*

enlace *s. m.* Acción y resultado de enlazar o enlazarse. || Unión, conexión de una cosa con otra. || Cosa que sirve para enlazar. *Los electrones constituyen los enlaces químicos.* || Casamiento. *Ante el juez firmaron su enlace matrimonial.* || Persona que sirve de intermediario o contacto, especialmente dentro de alguna organización. *El teniente es el enlace con el estado mayor.* || *loc.* ***Enlace iónico:*** el que tiene lugar entre átomos por cesión y captura de electrones. || ***Enlace múltiple:*** el que tiene lugar entre átomos cuando comparten dos o tres pares de electrones. || ***Enlace sencillo:*** el que tiene lugar entre átomos cuando comparten un solo par de electrones.

enladrillado *s. m.* Pavimento hecho de ladrillos.

enladrillar *t.* Poner ladrillos.

enlatado, da *s. m.* Acción y efecto de enlatar. || *adj.* Se aplica a aquello que se deposita y conserva dentro de una lata. *Para ahorrarme trabajo utilicé frijol enlatado.*

enlatadora *s. f.* Industria donde se mete algún producto en latas.

enlatar *t.* Envasar en latas. *En la granja aprendimos a enlatar conservas.*

enlazable *adj.* Que puede enlazarse.

enlazado, da *adj.* Que está sujeto con un lazo. || Se aplica a las cosas que están unidas entre sí, conectadas o relacionadas.

enlazador, ra *adj.* Que enlaza.

enlazamiento *s. m.* Enlace.

enlazar *t.* Unir o atar con lazos. || Unir unas cosas con otras, como ideas, palabras, pensamientos, etc. *Debes enlazar bien todos los resultados de los experimentos.* || Aprisionar un animal arrojándole el lazo. *En el jaripeo enlazaron caballos por las patas delanteras.* || *intr.* Unirse dos cosas cruzándose entre sí. *Esta línea de metro enlaza con el metrobús.* || Unirse dos iones o átomos para formar una molécula. || Casarse, contraer matrimonio. || Se aplica a dos o más familias. *Los López y los Méndez se enlazaron por el matrimonio de Inés y Juan.*

enlistar *t. Méx.* Inscribir en listas.

enlistonado *s. m.* Conjunto de listones.

enlistonar *t.* Hacer un tablado con listones.

enlodar *t.* y *pr.* Cubrir o manchar con lodo. *No te metas a esa calle te vas a enlodar los zapatos.* || Manchar, infamar, envilecer. *Aunque era inocente su nombre quedó enlodado por el escándalo.*

enloquecedor *adj.* Que hace enloquecer. *Su belleza es enloquecedora.*

enloquecer *intr.* Volverse loca una persona, perder el juicio o la razón. *Juana la Loca enloqueció de celos.* || Gustar o encantar algo en gran medida. *Le enloquece ir de excursión.* || *t.* Volver loca o hacer perder el juicio o la razón a alguien. *El crimen de su madre enloqueció a Hamlet.*

enloquecido, da *adj.* Que actúa como loco. || Entusiasmado por algo.

enloquecimiento *s. m.* Acción y efecto de enloquecer.

enlosado *s. m.* Suelo cubierto con losas. *El enlosado de la cochera quedó muy vistoso.*

enlosador *s. m.* Encargado de enlosar.

enlosar *t.* Cubrir un área con losas.

enlucido, da *adj.* Blanqueado para luzca buen aspecto. || *s. m.* Capa de yeso, estuco, etc., que se aplica a las paredes.

enlucimiento *s. m.* Acción y efecto de enlucir.

enlucir *t.* Cubrir una pared con una capa de yeso, estuco, cemento u otro material para dar un acabado fino. *La casa quedó terminada, sólo falta enlucir la fachada.* || Limpiar y sacar brillo a una superficie, especialmente si es metálica. *Para la fiesta enlucieron la platería.*

enlutado *adj.* Cubierto de luto, entristecido, afligido.

enlutar *t.* Vestir o cubrir de luto una persona o a una cosa en señal de duelo. *Como voluntad postrera pidió a sus hijos no enlutar por su muerte.*

enmadejar *t. Bol. Chil.* y *Méx.* Hacer madejas.

enmaderar *t.* Cubrir con madera una superficie. || Construir el maderamen de un edificio.

enmarañado, da *adj.* Se aplica a la cosa o asunto enredado.

enmarañamiento *t.* Acción y efecto de enmarañar o enmarañarse.

enmarañar *t.* Enredar o revolver una cosa. *Se enmarañaron los hilos dentro de la caja.* || Complicar y dificultar un asunto. *Las nuevas disposiciones no hicieron sino enmarañar el pago de impuesto.*

enmarcar *t.* Poner algo dentro de un marco, una fotografía, pintura, etc. *Mandó enmarcar las fotografías familiares.* || Situar algo dentro de determinadas características o condiciones. *La colonización se enmarca en la hegemonía de los cristianos viejos.*

enmascarado, da *adj.* y *s.* Que lleva la cara cubierta con una máscara o un antifaz. *El Zorro es un justiciero enmascarado.*

enmascaramiento *s. m.* Acción y efecto de enmascarar o encubrir. || Encubrimiento, ocultación.

enmascarar *t.* Cubrir la cara con una máscara o un antifaz. || Encubrir o disfrazar una cosa con una mentira, una apariencia o un fingimiento. *El gobierno trata de enmascarar su fracaso con una cascada de cifras.*
enmelar *t.* Untar con miel. *Enmiela demasiado el pan tostado.* || Endulzar, suavizar, hacer algo agradable. *Le enmelaba el oído con palabras melosas.* || Producir miel las abejas.
enmendado, da *adj.* Corregido, reparado.
enmendadura *s. f.* Acción y efecto de enmendar defectos.
enmendar *t.* Corregir un error o defecto. *Por más que hagas no podrás enmendar el error que cometiste.* || Modificar una ley u otro texto legal. *Los diputados quieren enmendar la Constitución.*
enmicar *t. Méx.* Proteger papeles o documentos con una funda plástica.
enmienda *s. f.* Acción y efecto de enmendar. || Corrección de un error o defecto. || Propuesta para modificar una ley u otro texto legal, de un proyecto, dictamen, informe o documento análogo. *El consejo le hizo enmiendas a su proyecto.*
enmohecer *t.* Cubrir de moho una cosa. *Abandonó la podadora y se empezó a enmohecer.* || *pr.* Inutilizarse algo, caer en desuso, como el utensilio o máquina que se cubre de moho.
enmohecimiento *s. m.* Acción y efecto de enmohecer o enmohecerse.
enmudecer *intr.* Dejar de hablar. *De pronto el público enmudeció.* || Dejar de hacer ruido o de producir un sonido. *El ajetreo enmudeció al caer la noche.* || Hacer callar. *El miedo los hizo enmudecer.*
enmudecimiento *s. m.* Acción y efecto de enmudecer.
enmugrar *t. Bol. Chil. Col.* y *Méx.* Cubrir de mugre.
enmugrecer *t.* Cubrir de mugre.
ennegrecer *t.* Poner o teñir de un color más oscuro o negro. || Enturbiar, turbar, oscurecer. *Las declaraciones del ministro ennegrecieron el panorama político.* || *intr.* Ponerse negro o negruzco. *El desvelo le ha ennegrecido las ojeras.* || Ponerse muy oscuro, nublarse. *Antes de la tormenta el cielo ennegreció.*
ennegrecido, da *adj.* Que se ha puesto negro.
ennegrecimiento *s. m.* Acción y efecto de ennegrecer.
ennoblecedor *adj.* Que ennoblece.
ennoblecer *t.* Hacer noble a alguien. *El arte debe ennoblecer el carácter de los pueblos.* || Dar mayor valor, dignidad, grandeza o distinción a algo.
ennoblecimiento *s. m.* Acción y efecto de ennoblecer.
ennoviarse *pr. fam.* Establecer noviazgo. *Sandra y Antonio se ennoviaron la semana pasada y ya piensan en casarse.*
enófilo, la *adj.* y *s.* Se dice del experto en el vino y su cultura.
enojado, da *adj.* Molesto, enfadado.
enojar *t.* Causar enojo. *Las imprudencias de su amigo le hacen enojar.*
enojo *s. m.* Sentimiento de ira o enfado. *Los contratiempos le causan mucho enojo.*
enojón, na *adj. Bol. Chil.* y *Méx.* Que se enoja con facilidad. *Es buen maestro pero muy enojón.*
enojoso, sa *adj.* Que causa enojo o enfado. *Es una situación enojosa que no hayas hecho el depósito.*
enología *s. f.* Conjunto de conocimientos relativos al vino, a sus características y su elaboración. *En la universidad abrieron un curso de enología.*
enológico *adj.* Perteneciente o relativo a la enología.
enólogo, ga *s.* Persona que es entendida en enología.
enorgullecedor *adj.* Que enorgullece.
enorgullecer *t.* y *pr.* Hacer que una persona sienta orgullo. *El abuelo se enorgullece del éxito profesional de sus nietos.*
enorgullecimiento *s. m.* Acción de enorgullecer o enorgullecerse.
enorme *adj.* Que es muy grande, desmedido o excesivo, que supera en tamaño, cantidad, calidad, etc., a lo considerado normal. *Debió hacer un esfuerzo enorme para entender esa teoría.*
enormidad *s. f.* Cualidad de una cosa enorme, muy grande o de tamaño desmedido. *La energía que emana del Sol es una enormidad.*
enotecnia *s. f.* Arte de elaborar los vinos.
enotécnico *adj.* Perteneciente o relativo a la enotecnia.
enquistado, da *adj.* Con forma de quiste o parecido a él. || Se aplica al cuerpo extraño o a la lesión que permanece en el organismo rodeado de tejido conjuntivo. || *fig.* Metido dentro, embutido, encajado. *La indolencia es un problema enquistado en la cultura.* || Se aplica a un proceso que ha caído en estancamiento o paralización. *La falta de aprovechamiento se ha enquistado en el sistema educativo.*
enquistamiento *s. m.* Acción y efecto de enquistarse.
enquistarse *pr.* Formarse un quiste. || Convertirse en crónico y permanente un problema que se ha estancado o paralizado.
enrabiar *t.* y *pr.* Encolerizar, poner rabioso.
enracimarse *pr.* Se dice de varias cosas que se unen o juntan en forma de racimo.
enraizado *adj.* Que ha echado raíces o arraigado. *El festival de primavera ha enraizado en el gusto popular.*
enraizar *intr.* Echar raíces, arraigar. *El árbol que plantamos ya enraizó.* || *t.* Hacer o hacerse firme y duradero un sentimiento o una costumbre. *En Corea del Sur enraizó la costumbre de estudiar muy duro.*
enramada *s. f.* Ramaje espeso y entrelazado. || Cobertizo hecho con ramas. *La enramada del jardín produce buena sombra.*
enramar *t.* Cubrir con ramas para adornar o para hacer sombra. || *intr.* Echar ramas un árbol. || *pr.* Ocultarse entre las ramas.
enranciar *t.* Poner o hacer rancia una cosa.
enrarecer *t.* Disminución de la densidad de un gas. || Contaminar el aire o hacerlo menos respirable. *Se enrarecía el aire con el humo de la fundición.* || Hacer que una relación, personal o del ámbito público, se deteriore o se dificulte. *Se enrareció la relación entre ambos por malentendidos.*
enrarecido, da *adj.* Se aplica al aire contaminado o falto de oxígeno. || Tenso, incómodo.
enrarecimiento *s. m.* Acción y efecto de enrarecer o enrarecerse.
enredadera *adj.* Se dice de las plantas de tallo flexible y trepador, que se enreda en otros objetos. *La madreselva es una enredadera muy frondosa.*
enredar *t.* Entrelazar, enmarañar de manera desordenada una cosa con otra. *Extiende bien los hilos de lo contrario se van a enredar.* || Complicar y dificultar la solución o la comprensión de un asunto. *Su intervención vino a enredar toda la situación.* || Hacer que una persona participe en un negocio o asunto, especialmente si es poco lícito o ilegal. *Su cuñado lo quiso enredar en el negocio turbio que lo llevó a la cárcel.* || *pr.* Equivocarse haciendo o diciendo una cosa, o hacerlo de manera atropellada y torpe. *Se puso nervioso y se enredó en su explicación.* || Amancebarse, mantener una relación amorosa o sexual. *Empezaron jugando y terminaron enredándose.*
enredijo *s. m.* Enredo, maraña.
enredo *s. m.* Maraña que resulta de entrelazarse desordenadamente hilos u otras cosas parecidas, que no pueden separarse fácilmente. *Con esto hilos ya se hizo todo un enredo.* || Engaño o mentira que ocasiona confusión, líos y pleitos. *Con sus chismes provocó un enredo.* || Asunto o negocio poco lícito o ilegal. *Por sus enredos casi termina en la cárcel.* || Relación amorosa o sexual superficial que no implica compromiso. *A Don Juan le encantan los enredos amorosos.*
enredoso, sa *adj.* Se aplica al asunto o situación que está llena de enredos, que es confusa o complicada. *La explicación del maestro me pareció muy enredosa.*

enrejado *s. m.* Reja, especialmente grande, o conjunto de rejas. *El enrejado del patio le da un aspecto señorial.*
enrejar *t.* Poner rejas. || *fig.* Meter a alguien en la cárcel.
enrevesado, da *adj.* Que es confuso, complicado, y difícil de comprender. *La trama de la película está muy enrevesada.*
enriquecedor, ra *adj.* Que enriquece.
enriquecer *t.* Hacer rica o más rica a una persona, comarca, nación, fábrica, industria u otra cosa. *La educación debe enriquecer la cultura.*
enriquecido, da *adj.* Mejorado en condición o imagen. || Que ha prosperado o aumentado su capital.
enriquecimiento *s. m.* Acción y efecto de enriquecer.
enriscado, da *adj.* Lleno de riscos.
enriscamiento *s. m.* Acción de enriscarse.
enriscar *t.* y *fig.* Levantar, elevar. || *pr.* Guarecerse, meterse entre riscos.
enrocar *t.* e *intr.* En el juego del ajedrez, mover en una misma jugada el rey y una torre.
enrojecer *t.* Poner una cosa de color rojo o rojizo. *El crepúsculo enrojece el cielo.* || *intr.* Ruborizar. *Enrojeció su rostro por la vergüenza.*
enrojecido, da *adj.* De color rojo. || Ruborizado.
enrojecimiento *s. m.* Acción y efecto de enrojecer o enrojecerse.
enrolamiento *s. m.* Acción y efecto de enrolar o enrolarse.
enrolar *t.* Alistar, reclutar a una persona en el ejército, una tripulación o en alguna organización. *Para tener un empleo se enroló en la marina.*
enrollado, da *adj.* Que está superpuesta una superficie encima de otra en forma de rollo. *Pásame ese cable que está enrollado.*
enrollar *t.* Dar a una cosa flexible vueltas sobre sí misma o alrededor de otra en forma de rollo. || *pr.* y *fam.* Extenderse demasiado al hablar o al escribir. || *t.* y *fam.* Convencer a alguien para que haga algo, liar. *Enrolló a su hermano para que le prestara el carro.*
enronquecer *t.* Poner ronca a una persona. *Enronqueció de tanto gritar.*
enronquecimiento *s. m.* Afección de la laringe, que cambia el timbre de la voz haciéndolo grave y poco sonoro.
enroque En el juego del ajedrez, jugada que consiste en mover el rey y una torre del mismo bando cambiando simultáneamente su posición. *Hizo un enroque y le dio un vuelco a la partida de ajedrez.*
enroscado, da *adj.* Que tiene forma de aro o espiral. || Se aplica a lo que está metido a vuelta de rosca.
enroscamiento *s. m.* Acción y efecto de enroscar.
enroscar *t.* Dar a una cosa flexible y larga vueltas sobre sí misma o alrededor de otra en forma de rosca. *La serpiente se enroscó en su pierna.* || Ajustar una pieza con rosca dentro de otra dándole vueltas. *Ahora hay que enroscar y apretar los tornillos y nos vamos.*
enrular *t. Amér. Merid.* Hacer rizos.
ensacar *t.* Meter algo en un saco. *En el ingenio ensacan el azúcar.*
ensaimada *s. f.* Pan de hojaldre en forma de espiral.
ensalada *s. f.* Comida fría que se hace mezclando diversas hortalizas crudas condimentadas con aderezo. *Para la cena hay ensalada de pollo con papas y zanahorias.* || Mezcla confusa de muchas cosas sin conexión. *Su conferencia resultó una ensalada de muchos temas.* || Composición lírica en que se emplean a voluntad metros diferentes. || Composición poética en la cual se incluyen versos de otras poesías.
ensaladera *s. f.* Recipiente ancho y profundo que sirve para preparar y servir ensaladas.
ensaladilla *s. f.* Comida fría en la que se mezclan diferentes alimentos con mayonesa.
ensalivar *t.* y *pr.* Llenar o empapar de saliva. *Al pitcher lo sancionaron por ensalivar la pelota.*
ensalmo *s. m.* Modo de curar con rezos y aplicación empírica de medicamentos. || *loc. adv.* ***Por ensalmo:*** con gran rapidez y de modo desconocido.
ensalzamiento *s. m.* Acción y efecto de ensalzar.
ensalzar *t.* Elogiar, alabar, exaltar.
ensamblado *s. m.* Obra de ensamblaje. *Los tramos del puente ya vienen ensamblados.*
ensamblado, da *adj.* Se aplica a lo que está unido en sus diferentes partes.
ensamblador *s. m.* Persona que ensambla. || En Informática, programa que traduce los lenguajes simbólicos al propio de la máquina.
ensambladura *s. f.* Acción y efecto de ensamblar. || Unión o acoplamiento de dos o más piezas.
ensamblaje *s. m.* Ensambladura. || Unión de dos piezas que forman parte de una estructura y que están diseñadas para que ajusten entre sí perfectamente. || Parte de una estructura donde se hallan dos piezas ensambladas.
ensamblar *t.* Unir dos piezas que forman parte de una estructura que han sido diseñadas para que ajusten entre sí perfectamente. *Su pasatiempo es ensamblar juguetes a escala.*
ensamble *s. m.* Ensambladura.
ensanchado, da *adj.* Ampliado, dilatado.
ensanchamiento *s. m.* Acción y efecto de ensanchar o ensancharse.
ensanchar *t.* Aumentar la anchura de una cosa. *Debido al aumento del tráfico ensancharon la avenida.*
ensanche *s. m.* Acción y efecto de ensanchar. || Franja de tela que se deja en exceso en una costura para que se pueda ensanchar la prenda. *Debido a que has engordado, vamos a utilizar el ensanche.*
ensangrentar *t.* Manchar de sangre. || Provocar derramamiento de sangre. *La guerra ensangrentó el país.*
ensañado, da *adj.* Valeroso. || Empeñado en causar daño o dolor al indefenso. *Estaba ensañado con hacer sufrir a sus hijos.*
ensañamiento *s. m.* Acción y efecto de ensañarse. || Circunstancia agravante que consiste en aumentar deliberadamente el mal del delito. *La cantidad de golpes mostraban el ensañamiento del agresor.*
ensañarse *pr.* Enfurecer, irritar. || Gozarse en causar daño o dolor a quien ya no puede defenderse.
ensartar *t.* Pasar un hilo, una cuerda o un alambre a través del agujero de un objeto. *La artesana ensartaba cuentas con gran habilidad.* || Atravesar un cuerpo con un objeto alargado y puntiagudo. *Al pescador se le ensartó el arpón en un pie.* || Unir palabras o frases de manera torpe o desordenada. *En su presentación fue ensartando dichos populares.*
ensayado *s. m.* Moneda imaginaria que se tomaba como unidad para apreciar las barras de plata. || Haber realizado el acto de ensayar. *Llevaba su discurso bien ensayado.*
ensayar *t.* Ejecutar varias veces partes o la totalidad de un espectáculo o actividad para perfeccionar su ejecución antes de su presentación en público. *Debemos ensayar la obra de teatro si queremos presentarla.* || Hacer pruebas de una de cosa para determinar su calidad. *Mandamos las muestras del mineral al laboratorio de ensayo.*
ensayista *s. com.* Escritor de ensayos. *Octavio Paz, además de poeta, fue un ensayista.*
ensayístico, ca *adj.* Perteneciente o relativo al ensayo o al ensayismo.
ensayo *s. m.* Acción y efecto de ensayar. || Ejecución de partes o la totalidad de un espectáculo o actividad para perfeccionar su ejecución antes de su presentación en público. *Conseguimos entradas para el ensayo general de la ópera.* || Pruebas que se hace de una de cosa para determinar su calidad. *El motor con sus nuevos componentes ya fue ensayado.* || Examen por el cual se averigua el metal o metales que contiene una muestra mineral, y la proporción en que cada uno está con el peso de

ella. *El ensayo muestra que esa es una veta de plata muy rica.* || Escrito de carácter didáctico, en el que un autor reflexiona sobre determinado tema sin exponer sus conocimientos especializados sobre la materia. *Reeditaron sus ensayos sobre educación.*

ensebado *adj.* Que está untado de sebo o grasa. *En la feria pusieron el juego del palo ensebado.*

ensebar *t.* Untar con sebo.

enseguida *adv.* Inmediatamente después en el tiempo o en el espacio. *Recojo mis libros y enseguida los alcanzo.*

ensenada *adj.* Dispuesto a manera o en forma de seno. || *s. f.* Entrada de mar en la tierra formando un seno entre dos salientes o cabos. *Para protegerse de la tormenta fondearon el barco en la ensenada.*

enseña *s. f.* Insignia o estandarte. *La bandera de México es una insignia tricolor.*

enseñante *s. com.* Persona que enseña.

enseñanza *s. f.* Acción y efecto de enseñar. || Sistema y método para enseñar. *En la escuela normal se enseñan métodos de enseñanza.* || Cosa que una persona enseña a otra. *Seguía al pie de la letra sus enseñanzas.*

enseñar *t.* Hacer que alguien adquiera un conocimiento. *En esta escuela te van a enseñar inglés.* || Dar ejemplo, escarmiento o advertencia. *Que te sirva de enseñanza.* || Mostrar o exponer algo la vista de alguien. *Tuve que enseñar mi identificación para que viera que soy mayor de edad.* || Indicar, dar señas de una cosa. *Nos enseñó el camino.* || Dejar ver algo involuntariamente. *Con su conducta enseñó el cobre.*

enseñorear *t.* Dominar algo. *Se enseñoreó de la competencia.*

enseres *s. m. pl.* Utensilios, muebles, instrumentos necesarios o convenientes en una casa o para el ejercicio de una profesión. *Con la paga pudimos renovar los enseres domésticos.*

ensilar *t.* Depositar los granos y semillas en un silo. *Levantada la cosecha hay que ensilarla para conservarla.*

ensilladura *s. f.* Acción y resultado de ensillar. || Parte donde se pone la silla a una bestia de montar. || Entrante de la columna vertebral en la región lumbar.

ensillar *t.* Poner la silla de montar a una montura. *El forajido no alcanzó a ensillar su caballo cuando lo atraparon.*

ensimismamiento *s. m.* Acción y efecto de ensimismarse. || Concentración en lo que se hace o se piensa hasta abstraerse del mundo exterior.

ensimismarse *pr.* Concentrar toda la atención en lo que se hace o piensa hasta llegar a abstraerse del mundo exterior. *Se concentra en el estudio hasta ensimismarse.*

ensoberbecer *t.* y *pr.* Causar soberbia en alguien. *El éxito la ha ensoberbecido.* || Agitarse, alterarse, encresparse el mar.

ensoberbecimiento *s. m.* Acción y efecto de ensoberbecer o ensoberbecerse.

ensombrecer *t.* Cubrir de sombras, oscurecer. || Causar pena o tristeza. *La tragedia del terremoto ensombreció a muchos hogares.*

ensombrecimiento *s. m.* Acción y efecto de ensombrecer.

ensoñación *s. f.* Acción y efecto de ensoñar. *Contemplando el paisaje cayó en estado de ensoñación.*

ensoñar *intr.* Tener ensueños. || Imaginar como reales o posibles cosas que no lo son.

ensopado, da *adj. Amér. Merid.* Mojado, empapado.

ensopar *t.* Hacer sopas con el pan, empapándolo en un líquido. *Le gusta ensopar el pan en el chocolate.* || *Amér.* Empapar, calar la humedad hasta los huesos. *Los pescó la lluvia y terminaron ensopados.*

ensordecedor, ra *adj.* Que ensordece. || Se aplica al sonido o ruido que es muy intenso y no permite oír nada más. *El vecino pone una música ensordecedora.*

ensordecer *t.* e *intr.* Perder el sentido del oído, causar sordera. *La calcificación de los huesos del oído le ha hecho ensordecer.* || Aturdir a alguien un sonido o ruido muy intenso. *Poner la música con volumen muy alto ensordece.* || Aminorar la intensidad de un sonido. *El silenciador ensordece el sonido del disparo.* || Convertir en sorda una consonante sonora.

ensordecimiento *s. m.* Acción y efecto de ensordecer.

ensortijado, da *adj.* Rizado.

ensortijamiento *s. m.* Acción y efecto de ensortijar. || Conjunto de rizos formados en el cabello. *Se cuida mucho su cabello ensortijado.*

ensortijar *t.* Formar rizos en el pelo. || *pr. fam.* *Ponerse joyas o sortijas. Para su fiesta de cumpleaños se ensortijó el cabello y el cuello.*

ensuciar *t.* Poner sucia una cosa, hacer que una cosa deje de estar limpia. *No puede comer sin ensuciar la camisa.* || Manchar la dignidad, la estima, el prestigio, el honor, etc. *Las acusaciones de fraude han ensuciado su prestigio.*

ensueño *s. m.* Imagen mental irreal fruto de la imaginación o la fantasía. *No pone los pies sobre la tierra, vive en el ensueño.* || Cosa que se sueña.

entabicar *t. Amér. C.* y *Méx.* Colocar un tabique o un muro ligero.

entablado *s. m.* Entarimado, armazón y suelo de tablas. *En la plaza colocaron un entablado para presentar espectáculos.*

entablamento *s. m.* Elementos horizontales, generalmente sostenidos por columnas o pilares, que rematan una estructura arquitectónica. *El entablamento está formado por el arquitrabe, el friso y la cornisa.*

entablar *t.* Cubrir con tablas una cosa. || Dar comienzo a algo como una conversación, amistad, lucha, etc. *Entablaron una animada charla.* || Colocar las piezas en las casillas de un tablero.

entablillado *s. m.* Sujeción de un hueso roto con tablillas y vendas.

entablillado, da *adj.* Vendado e inmovilizado.

entablillar *t.* Sujetar con tablillas y vendaje un miembro para inmovilizarlo. *Se luxó el codo y le entablillaron el brazo.*

entalegar *t.* Meter algo en talegas o talegos. || Atesorar dinero, ahorrar.

entallado, da *adj.* Ajustado al cuerpo.

entallar[1] *t.* Hacer que una prenda de vestir se ajuste al talle o cintura. || Hacer que una prenda de vestir se ajuste a cuerpo. *Los pantalones le quedan muy entallados.* || Hacer o formar el talle de un vestido.

entallar[2] *t.* Tallar, esculpir o grabar figuras. *Fidias era capaz de entallar el movimiento mediante figuras.* || Hacer una incisión en la corteza de algunos árboles para extraer la resina. || Hacer cortes en una pieza de madera para ensamblarla con otra.

entallecer *intr.* y *pr.* Echar tallos las plantas y los árboles. *En primavera los árboles empiezan a entallecer.*

entarimado *s. m.* Suelo hecho con tablas de madera. *Montaron un entarimado para presentar obras de teatro.*

entarimar *t.* Cubrir el suelo con tablas.

ente *s. m.* Lo que es, existe o puede existir. *El estudio del ente o ser, es el objeto de la ontología.* || Asociación u organismo. *La promotora de comercio exterior es un ente público.* || *fig.* Sujeto ridículo o extravagante. || *loc.* ***Ente de razón:*** el que no tiene existencia material y sólo existe en la mente.

enteco, ca *adj.* Se aplica a la persona o animal que es enfermizo y tiene un aspecto flaco y débil. *Rocinante, el caballo del Quijote, es enteco.*

entelequia *s. f.* En la filosofía de Aristóteles, cosa que lleva en sí el principio de su acción y que tiende por sí misma a su fin propio. *La hermosura es la entelequia de la belleza.* || *irón.* Cosa irreal que solamente existe en la mente de la persona que la imagina. *Tu idea de bondad del alma es sólo una entelequia.*

E

entelerido, da *adj.* Sobrecogido de frío o de pavor. || *Amér.* Enteco, flaco, enclenque.
entenado, da *s.* Hijastro.
entendederas *s. f. pl.* Entendimiento. *Es de cortas entendederas.* || Se usa en sentido irónico denotando escasez o torpeza de entendimiento.
entendedor, ra *adj.* y *s.* Que entiende. *A buen entendedor, pocas palabras.*
entender *t.* Comprender, tener idea clara del sentido de las cosas. *Finalmente logramos entender la teoría de la evolución.* || Conocer o penetrar el sentido de los actos o intención de alguien. *Entiendo tus motivos pero no creo que sea lo adecuado.* || Discurrir, inferir, deducir, formar juicio a partir de datos. *Por la hora que es, entiendo que no partiremos hoy.* || Conocer la personalidad y el temperamento de una persona y el modo en que hay que tratarla. *Déjame hablar con él, yo lo entiendo bien.* || Tener conocimientos sobre una materia determinada. *Entiende mucho de computación.* || *pr.* Llevarse bien con una persona. *Esos amigos se entienden bien.* || Llegar a un acuerdo con una o varias personas. *Finalmente se entendieron en el precio.* || Mantener relaciones amorosas o sexuales ocultas. *Esos dos se entienden.* || Seguido de la preposición *de*, conocer alguna materia. *Entiende de computación.* || Seguido de la preposición *en*, ocuparse de algo. *Ese tribunal sólo entiende en casos penales.* || *loc.* ***Dar a entender:*** insinuar, sugerir, decir indirectamente. *Su impaciencia daba a entender que no le interesa lo que decías.* || ***Entendérselas:*** saber controlar una situación. *Si quieres hazlo de esa manera, pero allá tú te las entiendes.*
entendido, da *adj.* y *s.* Sabio, docto, perito, diestro, conocedor de una materia. *Pregúntale a él que es el entendido.* || *loc. interj.* ***¡Entendido!:*** indica que algo se ha comprendido. || ***No darse por entendido:*** aparentar que no se ha enterado de algo que le atañe. *Por más que le dices que no haga eso, se hace el desentendido.*
entendimiento *s. m.* Facultad humana para formar ideas o representaciones de la realidad en la mente y juzgar y comparar las cosas, relacionándolas entre sí. *La especie humana es la única con facultad de entendimiento.* || Alma, en cuanto discurre y raciocina. || Acuerdo, relación amistosa. *Siempre hemos tenido buen entendimiento entre nosotros.*
entenebrecer *t.* y *pr.* Oscurecer, llenar de tinieblas.
enterado, da *adj.* y *s.* Se aplica a la persona que conoce y entiende bien una materia. || Se dice de la persona que se mantiene informado de los acontecimientos corrientes. *Es un periodista muy enterado.*
enterar *t.* Informar una persona acerca de algo. *Cuéntame, que no me llegué a enterar de eso.* || *Amér.* Entregar dinero, pagar. *Con el último pago enteró la cantidad debida.*
entercarse *pr.* Ponerse terco, obstinarse.
entereza *s. f.* Integridad, capacidad para afrontar problemas, dificultades o desgracias con serenidad y fortaleza. *Asumió la muerte de su padre con mucha entereza.* || Firmeza para mantener las ideas, juicios o decisiones propias. *Las críticas de la mayoría no quebrantaron su entereza.* || Rectitud, irreprochabilidad en el desempeño de las funciones de un cargo. *Siempre ha desempeñado su cargo con total entereza.*
entérico *adj.* Perteneciente o relativo a los intestinos. *El medicamento viene cubierto por una capa entérica.*
enteritis *s. f.* Inflamación del intestino.
enternecedor, ra *adj.* Que enternece, que produce ternura. *El relato de Anna Frank es enternecedor.*
enternecer *t.* Mover a ternura, por compasión u otro motivo. *Sus ruegos lograron enternecer a su padre.* || Poner blanda o tierna una cosa. *La papaína es un ablandador que enternece la carne.*
enternecido, da *adj.* Lleno de ternura.
enternecimiento *s. m.* Acción de enternecer o enternecerse.
entero, ra *adj.* Que está completo; que no le falta ninguna parte. *Jugué a la lotería, me compré un entero.* || Firme de carácter. *Se mostró entero ante la adversidad.* || Se aplica a la persona que tiene buenas condiciones físicas. *Pese a su edad avanzada está todavía entero.* || Se aplica al número formado por una o varias unidades completas, a diferencia de los números decimales y fraccionales. *El 2 y el -2 son números enteros.* || *loc. adv.* ***Por entero:*** por completo.
enterocolitis *s. f.* Inflamación del intestino delgado y el colon.
enterrador, ra *s.* Persona que entierra a los muertos.
enterramiento *s. m.* Acción y efecto de enterrar.
enterrar *t.* Poner bajo de tierra. *Los piratas enterraron el tesoro.* || Sepultar un cadáver. *Pasó el cortejo fúnebre, ya lo llevan a enterrar.* || Sobrevivir a alguien. *Es el mayor de los hermanos pero los va a enterrar a todos.* || Hacer desaparecer una cosa debajo de otra u otras. *El expediente quedó enterrado bajo una montaña de papeles.* || Olvidar una cosa para no volver a pensar en ella. *La realidad le hizo enterrar sus ilusiones.* || *Amér.* Clavar un instrumento punzante. *Se le enterró una espina en el dedo.*
entibiar *t.* Poner tibia una cosa. *Te voy a entibiar la cama.* || Hacer menos intenso un sentimiento. *El amor se entibia con los años.*
entidad *s. f.* Ente o ser. || En filosofía, la esencia o propiedad de ser, lo que hace que una cosa sea. || Colectividad considerada como unidad y tomada como persona jurídica. *Un banco es una entidad financiera.*
entierro *s. m.* Acción y efecto de enterrar. || Ceremonia fúnebre en la que se lleva a enterrar un cadáver. *Ponte ropa oscura que vamos al entierro de tu tío.*
entintado *s. m.* Acción y efecto de entintar.
entintar *t.* Cubrir o empapar de tinta. *Los pantalones desteñidos los tuve que entintar.*
entoldado *s. m.* Acción de entoldar. || Toldo o conjunto de toldos colocados para producir sombra. || Lugar cubierto con toldos. *En la boda dispusieron un entoldado para la ceremonia.*
entoldar *s. m.* Cubrir con un toldo o entoldado.
entomología *s. f.* Parte de la zoología que estudia los insectos.
entomológico, ca *adj.* Perteneciente o relativo a la entomología.
entomólogo, ga *s.* Especialista en entomología.
entonación *s. fam.* Acción y efecto de entonar. || Modulación del tono de la voz según el sentido o la intención de lo que dice. *El orador adquirió en ese pasaje una entonación de gravedad.* || Línea melódica definida por la sucesión de tonos que, en una palabra, oración, etc., contribuye a determinar su significado. || Adecuación del canto al tono adecuado. *El tenor nunca pudo ponerse en la entonación correcta.*
entonado, da *adj.* Se dice de la persona que tiene un sentido de la entonación.
entonamiento *s. m.* Acción y efecto de entonar.
entonar *intr.* Cantar o hablar con voz afinada. *Finalmente logró entonar después de tanto intentarlo.* || Cantar una canción, cántico o himno. *El público entonó el himno nacional.* || Dar las primeras notas de una canción para que otra u otras personas la canten con la misma entonación. *Antes de la presentación, el director entonó las voces del coro.* || Combinar bien los tonos o colores de varias cosas para obtener un efecto armónico. *Logró entonar bien el color de las cortinas con el de los muebles.* || Darle al cuerpo o a una parte de él buena forma y plenitud de funciones. *El ejercicio entona los músculos.*
entonces *adv.* En un tiempo u ocasión. *Entonces estaba muy joven y no sabía lo que hacía.* || En ese momento o instante. *Entonces yo le contesté lo pertinente.* || En tal caso,

siendo así. *Si no entramos a la ópera, entonces vamos al teatro.*

entontecer *t.* Poner tonto a alguien. || *intr.* y *pr.* Volverse tonto. *El abuso de videojuegos hace entontecer.*

entontecimiento *s. m.* Acción y efecto de entontecer o entontecerse.

entorchado *s. m.* Cuerda o hilo de seda, cubierto con otro hilo de seda o de metal y retorcido a su alrededor para darle firmeza. *El entorchado se usa para hacer cuerdas de los instrumentos musicales.* || Bordado de oro o plata que llevan en las mangas del uniforme los suboficiales, oficiales y jefes del ejército y determinadas autoridades.

entorchar *t.* Retorcer varias velas y formar con ellas antorchas. || Cubrir una cuerda o hilo enroscándole otro de seda o de metal.

entornar *t.* Entrecerrar una puerta, una ventana o los ojos. *Para coquetear le gusta entornar los ojos.* || Inclinar o ladear. *Se entornó el sartén y se derramó el guisado.*

entorno *s. m.* Ambiente, lo que rodea a alguien o algo. *Tiene en su entorno a los amigos que lo apoyan.* || En matemáticas, conjunto de puntos en la vecindad de otro.

entorpecedor, ra *adj.* Que entorpece.

entorpecer *t.* Poner obstáculos al desarrollo normal de una actividad o proceso. *Los puestos del comercio ambulante entorpecen la circulación por las aceras.* || *pr.* Perder agilidad, destreza o facilidad para hacer una cosa. *Con los años se han entorpecido sus movimientos.*

entorpecimiento *s. m.* Acción y resultado de entorpecer. *Las manifestaciones callejeras producen entorpecimiento del tráfico.*

entrada *s. f.* Paso de un lugar a otro, generalmente, de un lugar exterior a otro interior. *Pusieron guardias para controlar la entrada del edificio.* || Acción de entrar en alguna parte. *El libertador hizo su entrada triunfal en la capital.* || Billete que sirve para entrar en un teatro, un estadio o en otro sitio. *Ya compré las entradas para el concierto.* || Conjunto de personas que asisten a un espectáculo. *En el estreno hubo una gran entrada.* || Cantidad de dinero recaudada en un espectáculo. *Una parte de la entrada se donará a causas benéficas.* || Cantidad de dinero que entra en una caja registradora. *En el restaurante tuvimos hoy buena entrada.* || Parte frontal superior de la cabeza de una persona, en la que se ha caído el pelo. *En poco tiempo le han crecido las entradas.* || Plato que se toma al principio de una comida. *Como entrada nos sirvieron una ensalada.* || En un diccionario o enciclopedia, cada una de las palabras o términos que se definen o traducen. *La entrada está diferenciada del resto por el tipo de letra.* || Texto breve que, en una noticia de un periódico, contiene los datos de mayor interés. || Primeras horas o primeros días de un periodo de tiempo amplio. *Celebraron la entrada de la primavera con adoraciones al sol.* || En música, momento en que cada voz o instrumento ha de entrar a tomar parte en la ejecución de una pieza. *El director es el que marca las entradas.* || Señal del momento en que ha de empezar una persona su intervención en un espectáculo o en un acto público. *En el teatro, el apuntador es el que marca las entradas.* || En algunos deportes, acción de acercarse a un jugador contrario con la intención de arrebatarle la pelota. *Rafa hizo una entrada muy violenta.* || En el béisbol, cada una de las divisiones del juego, que consta de un turno de batear para cada uno de los dos equipos. *El juego se decidió hasta la novena entrada.* || *loc.* ***Entrada general:*** asientos de la parte alta de un teatro, un estadio, etc. || ***Entrada por salida:*** partida que se anota a la vez en el *debe* y en el *haber* de una cuenta. || Visita breve. || *adv.* ***De entrada:*** para empezar.

entrador, ra *adj. Amér.* Atrevido, animoso. || Enamoradizo. || *Chil.* Entrometido.

entramado *s. m.* Armazón de madera o metal que sirve de soporte al hacer una pared o suelo, una vez rellenados los huecos con cemento. *El edificio quedó muy macizo porque le pusieron entramado de acero.* || Conjunto de cosas relacionadas entre sí que forman un todo. *Las redes del narcotráfico son un entramado muy intrincado.* || Conjunto de tiras entrecruzadas de un material flexible. || Conjunto de ideas o situaciones que se entrecruzan en un texto. *La novela Rayuela tiene un entramado difícil de seguir.*

entramar *t.* Armar un entramado.

entrambos, bas *ant.* y *pron. pl.* Ambos.

entrampar *t.* Hacer caer en una trampa. *Quedó entrampado en sus propias intrigas.* || *pr.* Contraer deudas. *Se entrampó por falta de clientes.*

entrante *adj.* Que entra. *Hubo muchas esperanzas en la administración entrante.* || Que está próximo en el tiempo. *Las vacaciones empezarán el mes entrante.*

entraña *s. f.* Cada uno de los órganos contenidos en el interior del cuerpo humano y de los animales. *A Prometeo un águila le devora las entrañas.* || Parte más íntima o esencial de una cosa o asunto. *El estudio era muy útil pero no iba a la entraña del problema.* || Parte más interior, oculta y de difícil acceso de un lugar. *Los mineros arrancan sus tesoros de las entrañas de la tierra.* || Sentimientos de una persona. *Es un hombre sin entrañas, abandonó a sus hijos.* || *loc.* ***Arrancarle las entrañas:*** producirle un dolor muy profundo. *La muerte de su hijo era como arrancarle las entrañas.* || ***No tener entrañas:*** ser cruel, desalmado.

entrañable *adj.* Que es muy íntimo y afectuoso. *Mantiene una relación entrañable con sus condiscípulos.*

entrañar *t.* Introducir en lo más hondo. || Contener, llevar dentro de sí. *Este asunto entraña complicaciones.* || *pr.* Unirse, estrecharse íntimamente, de todo corazón, con alguien. *Se hicieron entrañables amigos.*

entrar *intr.* Pasar de fuera adentro. *Su hermano es gerente de un cine, y lo dejan entrar sin pagar.* || Penetrar o meter una cosa en otra. *La bala le entró por un costado.* || Empezar a formar parte de un grupo, sociedad o empresa. *Entró como ayudante, ahora es gerente de producción.* || Participar en un concurso, sorteo o tomar parte en alguna cosa. *Le voy a entrar a la quiniela con una apuesta pequeña.* || Empezar o tener principio, una estación o un periodo amplio de tiempo. *El clima está agradable, está entrando la primavera.* || Empezar una persona su intervención en un espectáculo o en un acto público. *Casi le toca entrar a escena y aún no está maquillado.* || Ser admitido o tener entrada en alguna parte. *Consiguió entrar a la carrera universitaria que quería.* || Caber cierto número de cosas en algo. *En el carro solo entran seis personas.* || Formar parte de la composición de ciertas cosas. *Estos son los ingredientes que entran en esta mezcla.* || Agradar, ser simpático. *Su cuñado sí le entra.* || Empezar a tener conocimiento o práctica de algo. *Decidió entrarle en serio al estudio de la filosofía.* || Necesitarse un número de cosas para un fin. *A este piso le entran veinte paquetes de loseta.* || *t.* Empezar a tener una sensación o un sentimiento que va creciendo. *Cada vez nos entraba más miedo.* || En algunos deportes, aproximarse a un jugador contrario con la intención de arrebatarle la pelota. *Estaba cerrada la defensa y no los dejaban entrar.* || Acometer o ejercer influencia en una persona. *Déjame hablar con él, yo sé por dónde se le debe entrar.* || Empezar a cantar o tocar en el momento preciso. *La sección de tenores entran retrasados.* || *loc.* ***No entrarle a uno algo*** o ***alguien:*** repugnarle o no ser de su aprobación. *No más no le entra el brócoli.* || No poder aprender o comprender algo. *Las matemáticas no me entran.* || ***Entrarle a algo:*** acometer una empresa. *A ese negocio yo sí le entro.* || ***Entrar en razón:*** reflexionar sobre la conducta propia para corregirla.

entre *prep.* Indica la situación o estado intermedia de dos o más cosas, personas o acciones. *Su situación era como estar entre Escila y Caribdis.* || Indica un periodo de tiempo del que se señalan el principio y el fin. *Entre ahora y el mes de julio descansaré.* || Indica participación o colaboración. *La maqueta la hicimos entre los tres.* || Indica pertenencia de una persona o cosa a un grupo o colectividad. *Entre gitanos no nos leemos la mano.* || Se utiliza en matemáticas para indicar que un número está dividido por otro. *Doce entre tres son cuatro.* || Dentro de, en lo interior. *Chanfalla puso la paga «entre las telas del corazón».* || Indica estado intermedio. *Tiene un sabor entre dulce y amargo.* || Indica idea de reciprocidad. *Se lo repartieron entre ellos.*

entreabierto, ta *adj.* Abierto un poco o a medias.

entreabrir *t.* Abrir un poco o a medias. *Estaba tan dormido que apenas entreabrió los ojos.*

entreacto *s. m.* Intermedio en una representación teatral o de otro espectáculo.

entrecalle *s. f.* Separación o intervalo hueco entre dos molduras.

entrecano, na *adj.* Se aplica al cabello o barba a medio encanecer. || Se dice de la persona que tiene así el cabello. *Es un hombre maduro con el pelo entrecano.*

entrecejo *s. m.* Espacio que hay entre las cejas. *Cuando está preocupado frunce el entrecejo.*

entrecerrar *t.* Cerrar un poco o a medias. *Para ver de lejos tiene que entrecerrar los ojos.*

entrechocar *t.* Chocar entre sí dos o más cosas. *Brindaron y entrechocaron sus copas.*

entrecomillado *s. m.* Acción o efecto de entrecomillar. || Palabra o palabras escritas entre comillas.

entrecomillar *t.* Poner entre comillas una o varias palabras.

entrecortado, da *adj.* Se dice de la voz o el sonido que se emite con intermitencias. *Por el llanto sólo podía hablar entrecortado.*

entrecortar *t.* Cortar una cosa sin acabar de separar sus partes. || Hacer entrecortado algo, en especial hablar, respirar o emitir un sonido. *En su primera vez que habló en público, el nerviosismo entrecortaba sus palabras.*

entrecot *s. m.* Filete de carne sacado de entre costilla y costilla de la res.

entrecruzamiento *s. m.* Acción y efecto de entrecruzar.

entrecruzar *t.* Colocar una cosa sobre otra a manera de una cruz. || *pr.* Pasar por un punto o momento dos personas, animales o cosas en dirección diferente. *Las voces se entrecruzan de manera armoniosa.*

entredicho *s. m.* Duda sobre la honradez, veracidad, capacidad, calidad, etc. de alguien o algo. *Hasta ahora lo ha hecho bien, pero su capacidad aún está en entredicho.* || Censura eclesiástica que prohíbe ciertas prácticas religiosas.

entrega *s. f.* Acción y efecto de entregar. || Cantidad de cosas que se entregan de una vez. *Llegó la entrega que estábamos esperando.* || Cada una de las partes en que se divide y vende un libro seriado, o cada libro o fascículo de una serie coleccionable. *Harry Potter fue un libro por entregas de mucho éxito.* || Dedicación y esfuerzo a una actividad o labor. *La entrega de Sócrates a la filosofía fue total.* || Parte de un sillar o madero introducido en la pared.

entregado, da *adj.* Que ha sido puesto en poder o en manos de otro. || Dedicado a algo.

entregar *t.* Dar o poner en poder de una persona una cosa. *Voy a entregar el libro a la biblioteca.* || *pr.* Ponerse en manos o a disposición de alguien. *Se entregó a la policía.* || Dedicarse enteramente a una cosa. *Se entregó por completo al estudio.* || Dejarse dominar por una pasión, un vicio o una mala costumbre. *Se entregó al juego y perdió una fortuna.*

entreguerras *adj.* Se aplica al periodo de paz entre dos guerras consecutivas. *Al periodo entre la Primera y la Segunda Guerra Mundial se le conoce como entreguerras.*

entreguismo *s. m.* Debilidad del carácter que induce a darse por vencido antes de que la derrota sea cierta. || *Amér.* Tendencia a favorecer a intereses extranjeros por encima de los de la patria. *El entreguismo de ciertos liberales es incondicional.*

entreguista *adj.* Que implica entrega o abandono y renuncia a la lucha.

entrejuntar *t.* Juntar y enlazar los entrepaños con los travesaños.

entrelazado *s. m.* Acción de entrelazar.

entrelazado, da *adj.* Se aplica a las cosas ligadas entre sí.

entrelazamiento *s. m.* Acción y efecto de entrelazar.

entrelazar *t.* Unir o enlazar una cosa con otra cruzándolas entre sí. *Entrelazaron sus manos en muestra de cariño.*

entrelínea *s. f.* Lo escrito entre dos líneas. || *fig.* Aquello no expresado de manera explícita. *Este análisis hay que leerlo entrelíneas.*

entrelinear *t.* Escribir algo intercalado entre dos líneas. || *fig.* Implicar algo que no está expresado directamente.

entremedias *adv.* Que ocurre entre un tiempo y otro.

entremés *s. m.* Alimentos ligeros, generalmente fríos, que se ponen en la mesa para picar antes de servir la comida. *De entremés dieron queso, paté y aceitunas.* || Plato frío compuesto de embutidos y fiambres. || Pieza teatral breve, burlesca o cómica y de un solo acto, que se representaba entre acto y acto de una obra teatral más extensa. *El Retablo de las maravillas es un entremés de Cervantes.*

entremeter *t.* Meter una cosa entre otras. *Entremetió un billete en un libro y luego no pudo encontrarlo.* || *pr.* Meterse o inmiscuirse alguien en asuntos o temas que no le conciernen o no le corresponden. *No te entremetas en asuntos que no deben importarte.*

entremetido, da *adj.* y *s.* Se aplica a la persona que tiene costumbre de meterse en asuntos que no le conciernen.

entremetimiento *s. m.* Acción y efecto de entremeter o entremeterse.

entremezcladura *s. f.* Acción y efecto de entremezclar.

entremezclar *t.* Mezclar unas cosas con otras.

entrenador, ra *s.* Persona que se dedica a entrenar a otras personas o a animales, generalmente para la práctica de un deporte.

entrenamiento *s. m.* Acción y efecto de entrenar.

entrenar *t.* Preparar o adiestrar física, técnica y psíquicamente a personas o animales para mejorar el dominio de un deporte. *Para ser campeona, Ana Gabriela debió entrenar mucho por muchos años.*

entreoír *t.* Oír algo sin percibirlo bien o entenderlo del todo. *Entreoyó que hablaban de ella pero no supo qué.*

entrepaño *s. m.* Parte de pared comprendida entre dos pilares, columnas o huecos. || Tabla horizontal de un estante o de un mueble. *Al closet le quedaron los entrepaños muy juntos.* || Cualquiera de las tablas que componen el armazón de puertas y ventanas.

entrepierna *s. f.* Parte interior de los muslos. || Parte de las prendas de vestir que corresponde a esta parte del cuerpo. *Se le gastaron los pantalones de la entrepierna.* || *fam.* Órganos genitales de las personas. *Le dieron una patada en la entrepierna.* || *loc. vul.* ***Pasarse*** (algo) ***por la entrepierna:*** desestimar o tener en menos algo. *Lo que pueda decir de mí me lo paso por la entrepierna.*

entrepiso *s. m.* Piso que se construye quitando parte de la altura de uno y queda entre éste y el superior.

entresacar *t.* Sacar algo de entre el conjunto del que forma parte. *Para hacer su tarea entresacó citas de ese libro.* || Cortar una parte del cabello o algunos árboles de un monte. *No se cortó el cabello, sólo se lo entresacó.*

entresijo *s. m.* Cosa oculta, que está en el interior de algo, escondida. || Pliegue membranoso del peritoneo, que une el estómago y el intestino con las paredes del abdomen. || *loc.* || ***Tener muchos entresijos:*** que presenta muchas dificultades o complicaciones. *La teoría de la mecánica cuántica tiene muchos entresijos.* || Tener una persona mucha reserva, cautela y disimulo en lo que hace o discurre. *No es fácil entender lo que dice porque tiene muchos entresijos.*

entresuelo *s. m.* Piso situado sobre el sótano que sobresale un poco sobre el nivel de la calle.

entresueño *s. m.* Estado intermedio entre la vigilia y el sueño, que se caracteriza por la disminución de lucidez de la conciencia. *Cuando me hablaste estaba en entresueño y no te entendí nada.*

entretanto *adv.* Mientras tanto, a la vez o en el mismo tiempo durante el ocurre o se hace una cosa. *Los piratas bajaron a la playa, entretanto Peter cortaba las ligaduras.*

entretecho *s. m.* Desván, buhardilla, ático.

entretejer *t.* Meter o mezclar hilos diferentes para formar un dibujo o motivo o para que hagan distinta labor. || Entremezclar dos o más cosas entre sí. *El novelista logró entretejer una trama divertida.*

entretela *s. f.* Tejido que se coloca entre la tela y el forro de las prendas de vestir para reforzarlas o darles forma. || *pl.* Los sentimientos más ocultos e íntimos de una persona. *El analista logró llegar a las entretelas de su paciente.*

entretener *t.* Divertir, hacer pasar el tiempo de manera agradable. *Hay muchas personas que sólo se dedican a entretener.* || Distraer a alguien impidiéndole la realización o continuación de una acción. *Tengo que hacer tarea y tú sólo vienes a entretener.* || Dar largas, retardar, demorar. *Entretuvieron el dictamen por motivos políticos.* || Hacer que algo sea menos molesto y más llevadero. *Muchos niños de la calle entretienen el hambre drogándose.*

entretenido, da *adj.* Chistoso, divertido, que hace pasar el tiempo de manera agradable. *La comedia estuvo muy entretenida.* || Que requiere dedicación o mucho trabajo. *Armar juguetes a escala es un pasatiempo entretenido.*

entretenimiento *s. m.* Acción y efecto de entretener o entretenerse. *Para A. Hitchcock la función del cine es el entretenimiento.* || Actividad o espectáculo que hace pasar el tiempo de manera agradable. *El entretenimiento es toda una industria que emplea a cientos de miles.*

entretiempo *s. m.* Periodo de tiempo de la primavera o del otoño próximo al verano y tiene temperatura agradable.

entrever *t.* Ver algo confusamente o con poca claridad. *No supe quién era, apenas lo alcancé a entrever.* || Sospechar, intuir o conjeturar algo. *Se entrevén mayores dificultades económicas en el futuro.*

entreverado, da *adj.* Que tiene intercaladas cosas varias y diferentes. *El mármol que pusimos en el piso tiene un entreverado muy vistoso.*

entreverar *t.* Mezclar, intercalar, introducir una cosa entre otras.

entrevero *s. m. Amér. Merid.* Acción y efecto de entreverarse. || *Arg. Chil.* y *Uy.* Confusión, desorden, pelea, disputa.

entrevía *s. f.* Espacio que queda entre los dos rieles de una vía de ferrocarril.

entrevista *s. f.* Acción y efecto de entrevistar o entrevistarse. || Reunión de dos o más personas para tratar un asunto determinado, generalmente profesional o de negocios. *Vengo de una entrevista de trabajo.* || Conversación de un periodista con otra persona que contesta preguntas y da su opinión sobre diversos temas. *La entrevista Díaz-Creelman tuvo grandes consecuencias.*

entrevistado, da *s.* Persona a la que se hace una entrevista.

entrevistador, ra *s.* Persona que hace entrevistas. *Jacobo es un ameno entrevistador.*

entrevistar *t.* Realizar una entrevista. || *pr.* Reunirse dos o más personas para tratar o resolver algún asunto o cuestión. *Se entrevistarán los mandatarios para tratar temas de interés mutuo.*

entrevisto, ta *adj.* Que ha sido visto con dificultad.

entripado, da *adj.* Que está, toca o molesta en las tripas. *Traigo un aire entripado.* || Se dice de un animal muerto al que no se le han sacado las tripas.

entripar *t. Méx.* Meter algo, especialmente carne, dentro de una tripa. *Para hacer chorizo hay que entripar la carne.*

entristecedor, ra *adj.* Que entristece. *Aquella devastación era entristecedora.*

entristecer *t.* Causar pena o tristeza. *La ausencia de su hijo la entristece.* || Dar a algo un aspecto triste. *La falta de cuidado del jardín lo hace entristecer.*

entristecido, da *adj.* Que se ha puesto triste.

entristecimiento *s. m.* Acción y efecto de entristecer o entristecerse.

entrometer *t.* Meter una cosa entre otras. *Entrometió un billete en un libro y luego no pudo encontrarlo.* || *pr.* Meterse o inmiscuirse alguien en asuntos o temas que no le conciernen o no le corresponden. *No te entrometas en asuntos que no deben importarte.*

entrometerse *pr.* Meterse alguien donde no le llaman.

entrometido, da *adj.* y *s.* Se aplica a la persona que tiene la costumbre de meterse en asuntos que no le conciernen. *Ni le hables, es un entrometido.*

entrón, trona *adj. Méx.* Aventado, audaz. *Vamos a llevar a José, ese es muy entrón.*

entroncamiento *s. m.* Acción y efecto de entroncar.

entroncar *intr.* Tener o contraer una relación de parentesco con una familia o linaje. *Los Sánchez y los Navarro entroncaron y formaron un linaje de caciques.* || Establecer o reconocer una relación, dependencia o correspondencia entre dos o más cosas, personas o ideas entre varias personas, ideas, acciones, etc. *Entroncaron el humanismo y el platonismo para producir un renacimiento cultural.* || *Amér.* Empalmar dos líneas de transporte.

entronización *s. f.* Acción y efecto de entronizar o entronizarse.

entronizar *t.* Colocar a alguien en el trono como símbolo de poder y autoridad. *Juana de Arco logró entronizar al Delfín de Francia.* || Dar a una persona o cosa un valor e importancia muy superior a las demás. *Sus discípulos lo entronizaron como el mayor crítico del país.* || *pr.* Engreírse, envanecerse, ensoberbecerse. *En cuanto tuvo el poder, el caudillo se entronizó.*

entronque *s. m.* Relación de parentesco entre personas que tienen un ascendiente común. || Empalme de caminos, ferrocarriles, etcétera. *En el siguiente entronque das vuelta a la derecha y casi llegas.*

entropía *s. f.* Función termodinámica que es una medida de la parte no utilizable de la energía contenida en un sistema. *Para muchos físicos la entropía conduce a la muerte térmica del universo.* || Medida del desorden de un sistema físico.

entrópico, ca *adj.* De la entropía.

entubación *s. f.* Acción y efecto de entubar.

entubar *t.* Poner tubos en alguna cosa. || Introducir tubos en el organismo de una persona o animal por razones médicas. *Tenía neumonía y lo tuvieron que entubar para ayudarle a respirar.*

entuerto *s. m.* Injusticia, daño o agravio que se causa a una persona. *Don Quijote se dedicó a la caballería andante para deshacer entuertos.*

entumecer *t.* y *pr.* Entorpecer el movimiento de un miembro, quedando rígido o torpe de movimientos.

E

entumecido, da *adj.* Se aplica a los miembros que se quedan rígidos o torpes de movimientos.
entumecimiento *s. m.* Acción y efecto de entumecer o entumecerse.
entumido, da *adj.* Afectado por la paralización momentánea un miembro o un músculo.
entumirse *pr.* Entorpecerse un miembro o músculo por haber estado encogido o sin movimiento, o por compresión de algún nervio.
enturbiamiento *s. m.* Acción y efecto de enturbiar.
enturbiar *t.* Quitar claridad o transparencia a una cosa, generalmente un líquido, poniéndola turbia. *El pescador enturbió el arroyo para atrapar a la trucha.* || Turbar o hacer perder el orden o la tranquilidad. *La sospecha enturbió la confianza que se tenían.* || Ensombrecer, oscurecer, lo que estaba claro y bien dispuesto. *La quiebra de los bancos enturbió el horizonte económico.*
entusiasmado, da *adj.* Que tiene o siente entusiasmo.
entusiasmar *t.* y *pr.* Causar entusiasmo, interés o admiración. *Logró entusiasmar a sus amigos para emprender un negocio.* || Gustar mucho una cosa a alguien. *Su interpretación de Lady Macbeth logró entusiasmar al público.*
entusiasmo *s. m.* Exaltación y excitación del ánimo por algo que causa admiración o placer. *Su proyecto de traducciones de autores clásicos despertó el entusiasmo de sus amigos.* || Interés y esfuerzo que se dedica con empeño al logro de un propósito. *Puso gran entusiasmo en su proyecto y animó a sus amigos.*
entusiasta *adj.* y *s. com.* Se aplica a la persona que siente entusiasmo por alguien o algo, o es propenso a entusiasmarse. *Siempre ha sido un entusiasta impulsor de la educación de los jóvenes.*
entusiástico, ca *adj.* Perteneciente o relativo al entusiasmo; que lo denota o expresa.
enumeración *s. f.* Acción y efecto de enumerar. || Exposición sucesiva y ordenada de las partes que forman un conjunto o un todo. *Hizo una enumeración detallada de las bondades de su plan.* || Cómputo, cuenta numeral o suma de las cosas. *Hizo una enumeración de sus lecturas sobre el tema.* || Figura retórica que consiste en enumerar una serie de cosas que guardan relación entre sí. *Enumeró las diversas variantes que se han producido de esa teoría.*
enumerar *t.* Exponer sucesiva y ordenadamente las partes que forman un conjunto o un todo.
enumerativo, va *adj.* Que contiene una enumeración.
enunciación *s. f.* Acción y efecto de enunciar. || Exposición verbal breve y sencilla de una idea. || Exposición sucinta de un conjunto de datos que permiten comprender un problema.
enunciado *s. m.* Acto locativo mínimo, normalmente realizado mediante una oración o una expresión sintáctica más pequeña que una oración. *«Dormí bien» es un enunciado.* || Exposición de un conjunto de datos que forman parte de un problema y facilitan su comprensión y resolución.
enunciar *t.* Expresar de forma oral o por escrito.
enunciativo, va *adj.* Que enuncia o contiene enunciación. || Se aplica a la frase u oración que afirma o niega alguna cosa. *Las oraciones enunciativas se oponen a las interrogativas, exhortativas, exclamativas, etc.*
enuresis *s. f.* Micción involuntaria o incontinencia urinaria.
envainar *t.* Meter en la vaina o funda, generalmente, un arma blanca. || Envolver, enfundar una cosa en otra a manera de vaina. || *Amér.* Meter en problemas o dificultades a alguien.
envalentonamiento *s. m.* Acción y efecto de envalentonar o envalentonarse.
envalentonar *t.* Infundir valentía o más bien arrogancia. || *pr.* Echárselas de valiente o mostrarse alguien atrevido, bravucón y desafiante. *Se tomó tres copas y se envalentonó.*
envalijar *t.* Meter en la valija algo.
envanecer *t.* y *pr.* Provocar o infundir vanidad o soberbia a alguno. *Los halagos a su inteligencia lo envanecieron.*
envanecimiento *s. m.* Acción y efecto de envanecer o envanecerse.
envaramiento *s. m.* Acción y efecto de envarar o envararse.
envarar *t.* Dejar sin movilidad, especialmente una parte del cuerpo. || *pr.* Adoptar una actitud orgullosa, arrogante y soberbia.
envasado *s. m.* Acción y efecto de envasar. || Operación mediante la cual se envasa un producto. *En las grandes fábricas el envasado es automático.* || Producto que se vende en un envase. *La industria del envasado comprende muchos procesos.*
envasador, ra *adj.* y *s.* Que envasa. || *s. m.* Embudo por el cual se echan los líquidos en envases.
envasar *t.* Meter un producto en un envase.
envase *s. m.* Acción y efecto de envasar. || Recipiente en que se conservan y transportan ciertos géneros. *El envase tetrapac ha sido una innovación benéfica.*
envejecer *t.* y *pr.* Hacerse vieja una persona. *Los excesos lo han hecho envejecer muy pronto.* || Hacerse vieja o antigua una cosa. *La infraestructura económica envejece con el uso.* || Conservar el vino o el licor en toneles o barricas durante un periodo de tiempo largo. *El vino ha envejecido hasta adquirir nobleza.*
envejecido *adj.* Que ha permanecido por mucho tiempo.
envejecimiento *s. m.* Acción y efecto de envejecer.
envenenador, ra *adj.* Que envenena.
envenenamiento *s. m.* Acción y efecto de envenenar.
envenenar *t.* Intoxicar o matar a un ser vivo con un veneno. *Julieta fingió su envenenamiento con funestas consecuencias.* || Poner veneno en una cosa. *La asistente de Gaby la quiso envenenar poniendo amonio en su comida.* || Hacer que las relaciones humanas se deterioren o degraden. *La desconfianza mutua envenenó su amistad.*
envergadura *s. f.* Distancia entre las dos puntas de las alas completamente extendidas de un ave o de un avión. *El cóndor es el ave americana de mayor envergadura.* || Distancia entre las puntas de los dedos cuando se tienen los brazos completamente extendidos en cruz. || Importancia, alcance o trascendencia de una cosa. *La transferencia de agua de una región a otra será una obra de gran envergadura.*
envés *s. m.* Cara opuesta al haz de una cosa plana y delgada. *En el envés de una tela estampada las figuras se ven difusas.* || Cara opuesta al haz o inferior de la hoja. *En el envés de las hojas se encuentran las estomas por donde transpiran las plantas.*
enviado, da *s.* Persona que lleva un mensaje o comisión por mandato de otro. *El diplomático llegó como enviado especial de su gobierno.* || *loc.* ***Enviado especial:*** periodista destacado para cubrir un evento específico, a diferencia del corresponsal. *El enviado especial ha hecho una cobertura muy puntual del conflicto en Irak.* || ***Enviado extraordinario:*** diplomático con poderes equivalentes a los del ministro plenipotenciario.
enviar *t.* Hacer ir a una persona a alguna parte. *El gobierno envió becarios a estudiar al extranjero.* || Mandar, remitir o hacer llegar una cosa a un lugar. *Me pidió que le enviara su acta de nacimiento por correo.*
enviciar *t.* Hacer que una persona adquiera un vicio. *Sus amigos le enviciaron en los videojuegos.* || *pr.* Adquirir uno un vicio. *Si no te quieres enviciar no empieces a fumar.*
envidia *s. f.* Sentimiento de frustración o irritación causado en una persona por el deseo de lo que otra persona posee. *Tiene envidia de su amigo porque tiene mayor aceptación de las chicas.* || Deseo de emular alguna cualidad o algún bien que otro posee. *Me da envidia la gran cantidad de conocimientos que él tiene.*

envidiable *adj.* Que es digno de envidia; deseado y apetecido. *A su edad tiene un vigor envidiable.*

envidiar *t.* Sentir envidia, lamentar el bien ajeno. *De tanto envidiar, Yago empezó a odiar a Otelo.* || Desear para sí lo que otro tiene. *Envidio la suerte que éste tiene.* || *loc.* ***No tener nada que envidiar:*** no ser inferior a los demás. *Tu capacidad intelectual no tiene nada que envidiar a la de los demás.*

envidioso, sa *adj.* Que tiene envidia.

envilecedor, ra *adj.* Que envilece.

envilecer *intr.* Convertir en vil y despreciable a alguien o algo. *Su frustración terminó por envilecer su alma.* || *pr.* Rebajarse, perder la estimación que se tenía.

envilecido, da *adj.* Que se ha hecho vil.

envilecimiento *s. m.* Acción y efecto de envilecer.

envinado, da *adj. Méx.* Se dice de panes, pastelillos y otros dulces a los que se añade vino.

envinar *t.* Mezclar vino con agua. || *Méx.* Añadir vino a pasteles y dulces.

envío *adj.* y *s. m.* Acción y efecto de enviar. || Remesa.

envión *s. m.* Empujón, aventón. || En halterofilia, acción de levantar las pesas alzando los brazos sobre la cabeza.

enviudar *intr.* Quedar viudo.

envoltorio *s. m.* cosa o cosas envueltas. || Envoltura, cubierta con la que se tapa y envuelve algo.

envoltura *s. f.* Acción de envolver. || Capa exterior que cubre algo natural o artificialmente. || Apariencia o aspecto.

envolvente *adj.* y *s. com.* Que envuelve o rodea.

envolver *t.* y *pr.* Cubrir o recubrir una cosa o una persona, ciñéndola toda o en parte de tela, papel o cosa análoga. *Envolver un regalo, envolver la cabeza, envolver a un niño.* || Rodear algo o a alguien por todas sus partes. || Enrollar o arrollar hilos, cintas o tiras de lienzo. || En una disputa o en un debate, usar argumentos para confundir o acorralar al oponente. || Involucrar a alguien en un asunto o negocio, generalmente para su daño. || En los ejércitos terrestres, rebasar por uno de sus extremos la línea enemiga colocando en su flanco y en la retaguardia fuerzas que la ataquen combinadas con las que la acometen de frente.

envuelto *s. m. Méx.* Tortilla de maíz aderezada con salsa y doblada en cuatro.

enyerbado, da *adj. Hond.* y *Méx.* Intoxicado con un bebedizo hecho a base de yerbas narcóticas, alucinógenas o venenosas.

enyerbar *t. Méx.* Administrar un bebedizo o poción de yerbas con fines dañinos para quien lo beba.

enyesado *s. m.* Acción y efecto de enyesar. || Operación de colocar vendas con yeso en un miembro fracturado. || Operación de añadir yeso a los vinos para aumentar su fuerza y facilitar su conservación.

enyesadura *s. f.* Acción y efecto de enyesar.

enyesar *t.* Tapar o pegar algo con yeso. || Poner una capa lisa de yeso sobre pisos o paredes. || Agregar yeso a algo. || Inmovilizar con vendas untadas con yeso fresco algún miembro fracturado.

enzarzar *t.* y *pr.* Cubrir o rodear algo con zarzas. || Enredar a varios en discordias y disensiones. || Involucrarse en negocios trabajos y de difícil solución. || Reñir, pelearse.

enzima *s. f.* Sustancia proteínica producida por el organismo para catalizar específicamente una de las reacciones del metabolismo.

enzimático, ca *adj.* Perteneciente o relativo a las enzimas.

enzimología *s. f.* Parte de la bioquímica que estudia las enzimas.

eñe *s. f.* Nombre de la letra *ñ*.

eoceno *s. m.* Nombre de la segunda época del periodo terciario de la época cuaternaria, que abarca de hace 58 millones de años hasta hace 37 millones de años, caracterizada por el desarrollo del hombre de *Cro-Magnon* y el declive de los *neanderthales*.

eoceno, na *adj.* Perteneciente o relativo a la segunda época del periodo terciario.

eólico, ca *adj.* Perteneciente o relativo a los eolios o a su región, la Eólide, en la Grecia antigua. || Referente a Eolo, dios griego del viento en la mitología clásica. || Perteneciente o relativo al viento. || Causado o producido por el viento. *Erosión eólica, energía eólica.*

eón *s. m.* Periodo de tiempo muy largo e indefinido. || Según el gnosticismo, cada una de las inteligencias eternas emanadas de la divinidad y mediadoras entre ésta y las realidades materiales. || En geología, unidad de tiempo equivalente a mil millones de años.

epatante *adj.* y *s. com.* Galicismo, proveniente del francés «épatant»: causar asombro, admiración o pasmo.

epatar *t.* Derivado del verbo francés «épater»: pretender asombrar, o por lo menos irritar por medio de una conducta inusual o una vestimenta estrafalaria.

epazote *s. m.* Del náhuatl «epázotl», planta herbácea anual de la familia de las quenopodiáceas, con tallo ramoso casi desde la raíz, hojas lanceoladas y lobuladas o dentadas de color verde oscuro con vetas moradas, flores aglomeradas en racimos y semillas muy pequeñas. Es muy olorosa y se usa como condimento, también tiene aplicaciones medicinales.

epéntesis *s. f.* Figura de dicción consistente en añadir algún sonido o fonema dentro de un vocablo, como en «felice» por feliz.

epentético, ca *adj.* Relativo o perteneciente a la epéntesis. || Que se añade por epéntesis.

épica *s. f.* Literatura de género narrativo constituida por poemas antiguos que relatan las hazañas de héroes guerreros; generalmente están en verso y tienen considerable extensión.

epicardio *s. m.* Membrana serosa que recubre el corazón en los animales vertebrados.

epicarpio *s. m.* Capa más externa de los frutos, cáscara.

epiceno *s. m.* En gramática, género que corresponde a los sustantivos que con una sola terminación designan a los animales de uno y otro sexo, como hormiga, rana, sapo, a los cuales hay que agregar la palabra macho o hembra para especificar el sexo.

epicentro *s. m.* Centro superficial del área donde se registra un sismo, localizado exactamente sobre el foco o hipocentro.

épico, ca *adj.* Perteneciente o relativo a los poemas narrativos conocidos como epopeyas. *La Ilíada, La Odisea, Beowulf, el Poema de Gilgamesh son obras épicas.* || Se dice del poeta, bardo o rapsoda, autor de poemas heroicos, tanto los antiguos como los creados después a semejanza de aquellos. || Heroico, elevado, noble, grandioso, apropiado para ser tema de una epopeya. || Por extensión, lo que requiere mucho esfuerzo y valor.

epicureísmo *s. m.* Doctrina filosófica expuesta por Epicuro, pensador griego del siglo IV a.C., según la cual la finalidad de la vida está en alcanzar la felicidad por medio del placer honesto y razonable, que por lo mismo no acarree consecuencias desagradables.

epicúreo, rea *adj.* y *s.* Perteneciente o relativo al epicureísmo. || Seguidor o partidario de la filosofía de Epicuro. || Persona entregada a los placeres sensuales.

epidemia *s. f.* Enfermedad contagiosa que ataca simultáneamente a un elevado porcentaje de la población de una ciudad, una región, uno o más países.

epidémico, ca *adj.* Perteneciente o relativo a la epidemia.

epidemiología *s. f.* Parte de la medicina que estudia las epidemias. || Tratado sobre las epidemias.

epidemiológico, ca *adj.* Perteneciente o relativo a la epidemiología.

epidemiólogo, ga *s.* Especialista en epidemiología.

epidérmico, ca *adj.* Perteneciente o relativo a la epidermis.

epidermis *s. f.* Tejido epitelial que conforma la capa más externa de la piel o envoltura exterior de los animales, incluido el ser humano. || En botánica, membrana formada por una sola capa de células que recubre el tallo y las hojas de las pteridofitas como los helechos, y las plantas superiores herbáceas.
epidídimo *s. m.* En el hombre, órgano con aspecto de ovillo o madeja situado sobre cada uno de los testículos, conformado por el conjunto de los vasos seminíferos.
epifanía *s. f.* Manifestación o aparición de carácter divino o celestial. || Festividad que conmemora la adoración de los reyes magos al niño Jesús, y que las iglesias católica y ortodoxa celebran en distinta fecha.
epífisis *s. f.* Glándula endocrina situada bajo el cuerpo calloso del cerebro, cuyas hormonas intervienen en la regulación del ciclo circadiano y del estro.
epífito, ta *adj.* y *s.* Se dice de la planta que vive encima de otro vegetal, por lo regular un árbol, sin ser parásita del mismo.
epifoco *s. m.* Epicentro.
epigástrico, ca *adj.* Perteneciente o relativo al epigastrio.
epigastrio *s. m.* Región abdominal que se extiende desde la punta del esternón hasta casi el ombligo, limitada a cada lado por las costillas falsas.
epiglotis *s. f.* Lámina cartilaginosa sujeta a la parte posterior de la lengua de los mamíferos y que tapa o cierra la glotis en el momento de la deglución.
epígono *s. m.* Hombre que sigue los pasos, ideales o maneras de otro, especialmente el que sigue una escuela o un estilo anteriores a su propia época. *Hoy en China hay millones de epígonos de Confucio.*
epígrafe *s. m.* Resumen que precede a cada uno de los capítulos u otras divisiones de una obra científica o literaria expositiva. || Cita que suele colocarse al principio de una obra científica o literaria, o a la cabeza de cada capítulo.
epigrafía *s. f.* Disciplina encargada de descifrar e interpretar las inscripciones en monumentos y objetos antiguos.
epigrama *s. m.* Inscripción en piedra, metal o materia semejante. || Poema breve de carácter irónico o satírico que generalmente alude a una persona pública o a un suceso político.
epigramático, ca *adj.* Perteneciente o relativo al epigrama. || Que tiene algunas de las características del epigrama. || Que compone o escribe epigramas.
epigramista *s. com.* Persona que escribe epigramas.
epilepsia *s. f.* Enfermedad del sistema nervioso central caracterizada por accesos repentinos o ataques, con pérdida de la conciencia y convulsiones.
epiléptico, ca *adj.* y *s.* Perteneciente o relativo a la epilepsia. || Que padece epilepsia.
epilogar *t.* Resumir o compendiar el contenido de un libro. || Escribir el epílogo de un texto.
epílogo *s. m.* Parte final de un discurso o un escrito donde se recapitula lo esencial y se ofrecen las conclusiones. || Última sección, parte o capítulo de una obra literaria narrativa donde se exponen las consecuencias de las acciones contenidas en las partes anteriores.
episcopado *s. m.* Dignidad y cargo del obispo. || Duración del ejercicio de un obispo en su diócesis. || Conjunto de obispos de un país, de una región o del mundo católico.
episcopal¹ *adj.* y *s. com.* Perteneciente o relativo al obispo.
episcopal² *s. m.* Libro que contiene las ceremonias y oficios propios del obispo.
episódico, ca *adj.* Perteneciente o relativo al episodio.
episodio *s. m.* En una obra narrativa o en una dramática, acción secundaria pero conectada con la principal a la que enriquece y añade variedad. || Cada una de las partes integrantes de una acción principal. || Incidente, suceso enlazado con otros que forma un conjunto o secuela. || *loc. Méx.* ***Hacerla*** o ***hacérsela a alguien de episodios:*** complicar un relato con incidentes para demorar la conclusión; alargar la resolución de un asunto o negocio dando pretextos poco verosímiles.
epistemología *s. f.* Disciplina filosófica dedicada al estudio de los fundamentos, alcances y condiciones del conocimiento humano.
epistemológico, ca *adj.* Perteneciente o relativo a la epistemología.
epístola *s. f.* Carta escrita a alguien. || Parte de la misa católica en la que se lee o canta un pasaje de las cartas apostólicas incluidas en el Nuevo Testamento. || Poema en que el autor se dirige a una persona como si le estuviera escribiendo una carta.
epistolar *adj.* y *s. com.* Perteneciente o relativo a la epístola.
epistolario *s. m.* Compilación de cartas de uno o más autores y libro en el que se publica. || Libro que contiene las epístolas del Nuevo Testamento divididas en los fragmentos que se leen en la misa de cada día en la Iglesia católica.
epitafio *s. m.* Inscripción que se graba o pinta en la lápida de un sepulcro, para memoria y honra del difunto.
epitalámico, ca *adj.* Perteneciente o relativo al epitalamio.
epitalamio *s. m.* Composición poética en honor de una boda.
epitelial *adj.* y *s. com.* Perteneciente o relativo al epitelio. || *fig.* y *fam.* Superficial, sin consecuencias duraderas. *La suya era una relación puramente epitelial.*
epitelio *s. m.* En biología, tejido animal formado por una o más capas de células estrechamente unidas, que recubre la superficie, las cavidades y conductos del organismo. || *loc.* ***Epitelio de revestimiento:*** el que forma la epidermis y la capa externa de las mucosas. || ***Epitelio glandular:*** el que forma la parte secretora de las glándulas. || ***Epitelio pigmentario:*** el que contiene melanina para oscurecer la piel.
epíteto *s. m.* Adjetivo que expresa una cualidad característica del nombre al que acompaña. *Juárez el impasible, Alejandro Magno, Catalina la Grande.*
epítome *s. m.* Resumen, compendio de una obra extensa que contiene los conceptos fundamentales de la materia tratada en ésta. || Por extensión, lo esencial de algo hasta llegar a ser el modelo de su género. *Felipe II es el epítome de la autoridad personal y la ostentación monárquica.*
epizootia *s. f.* En veterinaria, enfermedad que afecta a una o más especies animales, atacando a gran número de individuos en una zona amplia.
época *s. f.* Fecha de un suceso a partir del cual se empiezan a contar los años || Periodo de tiempo que se distingue por los acontecimientos históricos ocurridos en él y por la forma de vida. *La época de las cruzadas, la época del romanticismo, la época de las revoluciones liberales.* || Espacio indeterminado de tiempo. *En esa época de mi vida viajé a Palenque.* || Temporada de considerable duración. || *loc.* ***De época:*** dichos, trajes y costumbres, pertenecientes a tiempos pasados. || ***Hacer época algo:*** dejar honda huella o larga memoria un suceso, una obra, un espectáculo.
epónimo *s. m.* Adjetivo constituido por el nombre de una persona y con el que se denomina un pueblo o ciudad, una época, una enfermedad, un órgano anatómico, una unidad. *Ciudad Juárez, la era de Augusto, síndrome de Cushing, trompas de Falopio, grado Celsius.*
epopeya *s. f.* Poema narrativo antiguo en el que se relatan las hazañas de héroes y dioses, mezclando hechos más o menos reales con otros sobrenaturales y fantásticos. || Conjunto de hechos gloriosos dignos de ser tema de un poema épico. *La epopeya del 5 de mayo en Puebla, la epopeya de Leningrado.*

épsilon *s. f.* Quinta letra del alfabeto griego (Ε, ϵ), correspondiente a la «e» del abecedario latino.
equiángulo, la *adj.* En geometría, se dice del polígono o del sólido cuyos ángulos son iguales entre sí.
equidad *s. f.* Igualdad de ánimo, equilibrio. || Propensión a actuar o a juzgar guiándose por la conciencia del bien y el sentimiento del deber más que por las leyes o la justicia rigurosa. || Justicia natural, como opuesta a la ley positiva escrita. || Moderación en el precio exigido por las cosas o en las condiciones de los contratos. || Disposición a dar a cada uno lo que merece.
equidistancia *s. f.* Igualdad de distancia entre varios puntos u objetos.
equidistante *adj.* y *s. com.* Que equidista, real o figuradamente.
equidistar *intr.* Hallarse un punto, una línea, un plano o un cuerpo a igual distancia de otro previamente determinado.
equidna *s. m.* Mamífero monotrema de cabeza pequeña, hocico alargado, lengua larga y extensible (como corresponde a un insectívoro), patas muy cortas, cuerpo rechoncho y cubierto de pelaje similar a espinas. Es exclusivo de Australia. || En la mitología griega, monstruo femenino con cara de mujer y cuerpo de serpiente que dio a luz, entre otros, a Quimera, Ladón, Cerbero.
équido, da *adj.* y *s.* En zoología, se dice de los mamíferos perisodáctilos cuyas extremidades terminan en un solo dedo protegido por el casco, como el caballo, el asno y el onagro.
equilátero, ra *adj.* En geometría, se dice de la figura que tiene iguales todos sus lados.
equilibrado, da *adj.* Que está en equilibrio. || Sensato, cuerdo, ecuánime.
equilibrador, ra *adj.* Que equilibra.
equilibrar *t.* y *pr.* Hacer que algo se mantenga en equilibrio, sea físico o mental. || Disponer de tal manera una cosa que no exceda ni supere a otra, conservando la igualdad de proporción.
equilibrio *s. m.* Estado de un cuerpo cuando las fuerzas opuestas que operan en él se encuentran compensadas y por ende se anulan o cancelan recíprocamente. || Situación de un cuerpo con poca base pero que se mantiene sin caer. || Peso que es igual a otro y lo contrarresta. || Armonía y balance entre cosas diversas. || Cordura, sensatez, ecuanimidad.
equilibrismo *s. m.* Conjunto de ejercicios y pruebas que realizan los equilibristas como forma de espectáculo, sólo o integrado en el programa de circo.
equilibrista *s. com.* Persona diestra y hábil para mantener el equilibrio en las más diversas posturas y movimientos.
equimosis *s. f.* Mancha amoratada, lívida, que con el paso de los días cambia de color al verde y al amarillo, resultante de salida de la sangre de los vasos capilares u otros, ocasionada por un golpe, caída, ligadura fuerte u otras causas.
equino, na *adj.* y *s.* Perteneciente o relativo al caballo. || Individuo o ejemplar de la especie equina.
equinoccial[1] *adj.* Perteneciente o relativo al equinoccio.
equinoccial[2] *s. f.* Línea que marca el ecuador terrestre.
equinoccio *s. m.* Momento del año en que, por caer los rayos solares perpendicularmente al ecuador terrestre, es igual la duración del día y la noche. *Hay dos equinoccios: de primavera y de otoño.*
equinodermo, ma *adj.* y *s.* Animales pluricelulares marinos de simetría radial, con un exoesqueleto constituido por la piel gruesa y entreverada de gránulos calcáreos, a veces complementado con largas espinas, como las estrellas de mar y los erizos marinos, que por su parte inferior poseen infinidad de pies ambulacrales, apéndices con los que se desplazan arrastrándose por el lecho del mar.
equipaje *s. m.* Conjunto de prendas, accesorios y adminículos que se llevan en los viajes, generalmente empacados en maleta, bolsos y mochilas. || Conjunto de maletas o bolsas y mochilas cargadas con esas prendas.
equipal *s. m.* Del náhuatl «icpalli», asiento con respaldo curvo hecho de carrizos y madera, forrado con una piel o cuero tenso.
equipamiento *s. m.* Acción y efecto de equipar. || Conjunto de servicios necesarios en urbanizaciones, industrias, ejércitos.
equipar *t.* y *pr.* Proveer a alguien o proveerse uno de lo necesario para su uso particular, en especial de prendas de vestir. || Proporcionar a una nave de lo que requiere para sus funciones y defensa. || Proveer del equipo necesario a personas y establecimientos para desempeñar su trabajo o función.
equiparable *adj.* y *s. com.* Que puede equipararse.
equiparación *s. f.* Acción y efecto de equiparar.
equiparar *t.* y *pr.* Considerar a dos personas o dos cosas iguales o equivalentes al compararlas. || Compararse uno con alguien y considerarse su igual en cualidades.
equipo *s. m.* Acción y efecto de equipar. || Grupo de personas organizadas para desarrollar una tarea, un servicio o una investigación. || En ciertos deportes, cada uno de los grupos que se disputan el triunfo. || Conjunto de ropas, accesorios y otras cosas para el uso particular de una persona, según lo requiera su profesión o circunstancia. *Equipo de novia, equipo de soldado, equipo de alpinista.* || Conjunto de útiles, instrumentos, herramientas y aparatos destinados a un fin determinado. *Equipo médico, equipo militar, equipo quirúrgico.* || En informática, conjunto de máquina computadora u ordenador y dispositivos para procesar la información y plasmar los resultados.
equis *s. f.* Nombre de la letra *x*. || Nombre de la primera incógnita en los cálculos algebraicos. || *adj.* Cantidad o cosa indeterminada. *Trajeron equis número de detenidos; compré un vestido de equis marca.*
equiseto *s. m.* En botánica, nombre genérico de las plantas pertenecientes a la familia de las equisetáceas, plantas gimnospermas pteridofitas, cuyo tipo es la cola de caballo.
equitación *s. f.* Arte de montar y manejar bien el caballo. || Práctica de montar a caballo. || En los deportes olímpicos, conjunto de pruebas de obediencia, agilidad y destreza del caballo y de dominio por parte de su jinete.
equitativo, va *adj.* Que tiene equidad.
equivalencia *s. f.* Igualdad en el valor, poder o eficacia de dos o más cosas. || En geometría, igualdad de áreas entre figuras planas de distintas formas, o de áreas y volúmenes entre sólidos distintos.
equivalente *adj.* y *s. com.* Que equivale a otra cosa. || Se dice de la figura plana que tiene la misma área de otra distinta, o del sólido cuyo volumen es idéntico al de otro de diferente forma. || En química, peso mínimo necesario de una sustancia para que al unirse con otra haya una verdadera combinación.
equivaler *intr.* Ser igual una cosa a otra en algún aspecto como valor, poder, eficacia o estimación. || Tener iguales áreas dos figuras planas diferentes o dos volúmenes idénticos dos sólidos de distinta forma.
equivocación *s. f.* Acción y efecto de equivocar o equivocarse.
equivocado, da *adj.* Que contiene un error o produce un efecto contrario al esperado o debido. || Se aplica a la persona que se equivoca.
equivocar *t.* y *pr.* Tomar una cosa por otra, confundir algo, y en consecuencia juzgar o actuar sin acierto. *Equivocar el camino, equivocarse de profesión.* || Parecerse tanto dos cosas que puedan fácilmente ser tomadas una por la otra. *Esa mula se equivoca con un asno.*
equívoco *s. m.* Palabra con varios significados como *cura, vela, cara.* || En retórica, figura consistente en hacer juegos de palabras usando vo-

E

cablos con más de un significado. || Acción y efecto de equivocar.

equívoco, ca *adj.* Que puede interpretarse o entenderse en más de un sentido.

era[1] *s. f.* Suceso o fecha fija a partir de la cual comienzan a contarse los años. *La era cristiana se cuenta a partir del nacimiento de Jesús, la era musulmana comienza con la huida de Mahoma a Yatrib.* || Periodo histórico de gran extensión caracterizado por la innovación en las costumbres y la cultura. || Cada uno de los periodos geológicos, con duración variable de millones de años. || *loc.* ***Era común, cristiana*** o ***vulgar:*** la que está vigente en la mayor parte del mundo y tiene como punto de partida el cómputo hecho por Dionisio el Exiguo que calculó el nacimiento de Cristo como ocurrido en el 753 de la fundación de Roma, aunque se cree que el hecho sucedió unos seis años antes.

era[2] *s. f.* Espacio de tierra limpia y apisonada, e incluso empedrada, donde se trillan las espigas de los cereales para separar el grano. || Parcela cuadrada y pequeña para el cultivo de hortalizas o de flores. || Espacio de tierra firme donde se muele el yeso y se prepara el mortero o mezcla.

erario *s. m.* Hacienda pública. || Lugar donde se custodia.

erario, ria *adj.* Contribuyente, tributario.

erasmismo *s. m.* Variedad de humanismo encabezada por Desiderio Erasmo de Rotterdam, polígrafo del siglo XV.

erasmista *adj.* y *s.* Seguidor o partidario de las doctrinas de Erasmo de Rotterdam. || Perteneciente o relativo al erasmismo.

erbio *s. m.* Elemento químico perteneciente a las tierras raras. Es de color gris oscuro, sus sales son rojas y se utiliza para fabricar filamentos de lámparas incandescentes. Su número atómico es 68 y su símbolo *Er.*

ere *s. f.* Nombre de la letra *r* cuando tiene sonido suave como en: *ara, cera, iris, oro.*

erebo *s. m.* Nombre que daban los antiguos griegos al infierno o inframundo.

erección *s. f.* Acción y efecto de erguir o erguirse, levantar o levantarse, enderezarse y ponerse rígido algo. *Erección de la cresta del gallo, erección de una lápida, erección del miembro viril.* || Fundación, institución, instauración. *La erección de la Academia en Atenas.* || Tensión de un cuerpo sometido a fuerzas contrarias.

eréctil *adj.* y *s. com.* Que tiene la facultad o poder de levantarse, enderezarse o ponerse turgente y rígido.

erecto, ta *adj.* Erguido, levantado, enderezado. *Los homínidos adoptaron la postura erecta hace millones de años.*

eremita *s. m.* Ermitaño, religioso que vivía en solitario.

erg *s. m.* Ergio.

ergio *s. m.* En física, unidad de trabajo en el sistema Cegesimal, equivalente al realizado por una dina de fuerza sobre un recorrido de un centímetro. Su símbolo es *Erg.*

ergo *conj.* Por lo tanto, en consecuencia. *Dudo, ergo pienso; pienso, ergo existo.*

ergometría *s. f.* Medida del esfuerzo realizado por determinados músculos al realizar una tarea, o del organismo en su conjunto.

ergonomía *s. f.* Disciplina que estudia la mutua y óptima adaptación entre hombres y máquinas o mobiliario, sobre la base de datos biológicos, tecnológicos, de materiales y diseño.

ergonómico, ca *adj.* Perteneciente o relativo a la ergonomía. || Dicho de una máquina, aparato o mueble: que está diseñado para optimizar el rendimiento del usuario al reducirle molestias y movimientos innecesarios.

erguido, da *adj.* Que está en posición vertical y derecho.

erguir *t.* y *pr.* Levantar y poner derecho algo, especialmente el cuello, la cabeza y la espalda. || Enderezarse, levantarse, ponerse derecho. || Ensoberbecerse, envanecerse.

erial *s. m.* Campo sin cultivar, generalmente por ser estéril o poco productivo.

erigir *t.* Edificar, fundar o establecer. *Erigir un edificio, erigir una ciudad, erigir una escuela.* || Elevar de categoría a algo o a alguien. *Erigir una población en capital provincial, erigir un vicario en párroco.* || *pr.* Darse alguien o algo, o tomarse una categoría o carácter que antes no se tenía. *El emperador se erigió en juez y verdugo del pueblo.*

erisipela *s. f.* Infección microbiana de la dermis, que adquiere un tono rojizo, acompañada de inflamación y fiebre.

eritema *s. m.* Inflamación cutánea caracterizada por manchas rojizas. Acompaña a diversas enfermedades.

eritrocito *s. m.* Glóbulo rojo de la sangre.

eritropoyesis *s. f.* En biología, proceso de formación de los glóbulos rojos en la médula ósea.

erizado, da *adj.* Cubierto de espinas o púas como el erizo o el puerco espín.

erizamiento *s. m.* Acción y efecto de erizar o de erizarse.

erizar *t.* y *pr.* Levantar, enderezar, poner erguido y rígido algo, en particular el pelo o el vello, como las púas del erizo. || Rodear tupidamente algo de obstáculos, defensas, asperezas, inconvenientes. || Inquietarse, azorarse, amedrentarse.

erizo *s. m.* Mamífero insectívoro con el cuerpo cubierto de púas. || *loc.* ***Erizo de mar:*** equinodermo marino cubierto de espinas.

ermita *s. f.* Capilla pequeña por lo común situada en sitio despoblado y que tiene culto sólo en días señalados.

ermitaño, ña *s.* Persona que elige la vida solitaria y en un lugar apartado, generalmente por motivos religiosos. || Persona que vive junto a una ermita y cuida de ella.

erogación *s. f.* Acción y efecto de erogar.

erogar *t.* Distribuir o repartir bienes o dinero. || *Méx.* y *Ven.* Gastar dinero, sobre todo el público.

erogatorio *s. m.* Caño por donde se distribuye el líquido contenido en un recipiente o depósito.

erogatorio, ria *adj.* Perteneciente o relativo a la erogación o gasto público.

erógeno, na *adj.* Que produce excitación sexual o es sensible a ella.

erosión *s. f.* Desgaste producido en la superficie de un cuerpo por la fricción continua o violenta de otro. || Desgate de la superficie terrestre ocasionado por los elementos, como la lluvia, el viento, los glaciares, las mareas. || Lesión leve que levanta la epidermis, producida por un agente externo. || Degradación o deformación del ánima de un arma de fuego ocasionada por la desigual calidad del metal, por deficiencia del proyectil o de la caja, o por uso excesivo y el consiguiente sobrecalentamiento. || Pérdida o disminución de prestigio, influencia, afecto, que puede sufrir una persona o una institución.

erosionable *adj.* y *s. com.* Que puede erosionarse.

erosionar *t.* y *pr.* Producir o causar erosión, en sentido estricto o figurado. || Disminuir o deslustrar el prestigio, la influencia, etc., de una persona o de una institución.

erosivo, va *adj.* Perteneciente o relativo a la erosión.

erótica *s. f.* Conjunto de las obras literarias, especialmente las poéticas, dedicadas al amor. || Intensa atracción, parecida a la sexual, que se experimenta por el poder, la fama, el dinero.

erótico, ca *adj.* Perteneciente o relativo al amor sensual. || Que excita el apetito sexual. || Se dice de la poesía amatoria o amorosa, dedicada al amor.

erotismo *s. m.* Amor sensual, carnal, disfrute sexual. || Carácter de lo que incita y excita al amor sensual. || Exaltación del amor sexual en el arte.

erotización *s. f.* Acción y efecto de erotizar.

erotizar *t.* y *pr.* Producir excitación sexual. || Otorgar a algo carácter erótico.
errabundo, da *adj.* Que va de un lado a otro sin reposo.
erradicación *s. f.* Acción y efecto de erradicar.
erradicar *t.* Arrancar de raíz, en sentido estricto o figurado. *Erradicar la maleza, erradicar una enfermedad.*
errante *adj.* y *s.* Que vaga o anda de una parte a otra sin quedarse definitivamente en ninguna.
errar *t.* e *intr.* No acertar o no atinar. *Errar la vocación, errar en la salida.* || Vagar, ir de una parte a otra sin asentarse. || Divagar, no fijar la atención o traer libre y suelta la imaginación, la fantasía o el pensamiento.
errata *s. f.* Error o equivocación material en lo escrito o en lo impreso.
errático, ca *adj.* Vagabundo, ambulante. || Que no tiene lugar fijo ni punto de reposo. Mirada errática, dolor errático.
errátil *adj.* y *s. com.* Errante, vagabundo, variable.
erre *s. f.* Nombre de la letra *r* cuando tiene sonido fuerte. || *loc.* ***erre con erre:*** tercamente, porfiadamente.
erristeneo *s. m.* Ununquadio.
erróneo, nea *adj.* Que contiene error o equivocación.
error *s. m.* Concepto o juicio equivocados o falsos. || Acción desacertada o desatinada. || En derecho, vicio del consentimiento causado por equivocación de buena fe, no obstante lo cual anula el acto jurídico o su objeto. || En matemáticas, diferencia entre el valor calculado y el real.
eructar *intr.* Despedir ruidosamente por la boca los gases de la digestión acumulados en el estómago.
eructo *s. m.* Acción y efecto de eructar.
erudición *s. f.* Saber amplio y profundo de una o más materias. || Conocimiento de los documentos pertenecientes a una ciencia o un arte. || Lectura variada, docta y bien asimilada.
erudito, ta *adj.* y *s.* Que posee erudición. || Persona docta y muy instruida en una ciencia o arte y conocedora de los documentos pertinentes a su ramo del saber. || *loc.* ***Erudito a la violeta:*** el que tiene sólo un conocimiento superficial pero quiere parecer un sabio auténtico.
erupción *s. f.* Aparición en la piel o en las mucosas de ronchas, granos, manchas y vesículas o vejiguillas. || Grano o roncha de la piel. || En geología, emisión violenta de lava, gases y piedras por aberturas de la corteza terrestre llamadas volcanes. Cuando es lenta y continua, la abertura se llama solfatara. || En odontología, brote o aparición de los dientes, ya sean los deciduos o los permanentes.
erupcionar *intr. Col.* Hacer erupción un volcán.
eruptivo, va *adj.* Perteneciente a la erupción o proveniente de ella.
esbeltez *s. f.* Cualidad de esbelto.
esbelto, ta *adj.* Alto, delgado, bien proporcionado.
esbirro *s. m.* Oficial inferior de justicia. || Hombre que tiene por oficio detener o arrestar a las personas. || Secuaz a sueldo o movido por algún otro interés.
esbozar *t.* Bosquejar, hacer el esbozo de alguna obra. || Insinuar un gesto facial.
esbozo *s. m.* Acción y efecto de esbozar. || En artes plásticas, bosquejo inacabado y sin perfilar. || Aquello que puede desarrollarse hasta alcanzar su perfección. || En biología, tejido, órgano o aparato embrionarios que aún no tienen forma y estructura definitivas.
escabechar *t.* Poner en escabeche. || *pr. fam.* Matar airadamente y con arma blanca. *Escabecharse a alguien a cuchilladas.*
escabeche *s. m.* Aderezo que se prepara con vinagre, aceite, hojas de laurel y otros ingredientes. || Alimento marinado en esta salsa que ejerce un efecto conservador. || *Arg. Bol. Chil.* y *Nic.* Encurtido. || *loc.* ***Escabeche oriental:*** guiso yucateco en frío de pollo o de pollo y puerco con ajo, cebolla morada y chile habanero en aceite y vinagre.
escabechina *s. f.* Destrozo, estrago. || Matazón, matanza de varios individuos. || Por extensión, abundancia de asignaturas no aprobadas por un alumno, o exceso de alumnos reprobados en una asignatura.
escabel *s. m.* Banquito que se pone enfrente de un asiento para descansar los pies. || Asiento pequeño sin respaldo, todo hecho de tablas.
escabrosidad *s. f.* Cualidad o condición de escabroso.
escabroso, sa *adj.* Se dice del terreno desigual, lleno de hoyos, montículos, tropiezos y estorbos. || Difícil, áspero, duro, inconveniente, arduo. || Peligroso para ciertas personas porque bordea lo inconveniente o lo inmoral.
escabullir *intr.* Salir de un encierro o de un riesgo. || *pr.* Irse o escaparse de las manos alguna cosa. || Alejarse subrepticiamente una persona de las otras en cuya compañía estaba. *Los novios se escabulleron en medio de la fiesta.* || Huir con sagacidad y sutileza de una dificultad. *Con un ardid, se escabulló de la denuncia.* || Eludir la contundencia de las razones contrarias.
escacharrar *t.* y *pr.* Romper un cacharro. || Estropear, echar a perder algo.
escafandra *s. f.* Equipo antiguo de buceo compuesto por una vestidura impermeable y un casco hermético, conectado por medio de mangueras a una bomba renovadora del aire, colocada externamente en una embarcación.
escafoides *s. m.* En anatomía humana, el hueso más externo y voluminoso de la fila primera del carpo, pues sirve de apoyo al dedo pulgar.
escala *s. f.* Escalera de mano hecha de madera o de cuerdas. || Sucesión ordenada de valores distintos de una misma cualidad. *Escala de colores, escala de temperaturas.* || Línea recta dividida en segmentos iguales que representa unidades de longitud (centímetros, metros, kilómetros) y sirve para la elaboración de dibujos y mapas que representan en un plano menor un objeto de mayor tamaño. || Tamaño de un dibujo, mapa, maqueta, etc., según la proporción a que se ajusta en referencia al objeto representado. || Tamaño o proporción en que se desarrolla una idea. || Graduación empleada en instrumentos para medir una magnitud. || Lugar que tocan y hacen parada trenes, aviones y barcos. *Viaje a París con escala en Madrid y Barcelona.* || En música, sucesión diatónica o cromática de las notas musicales. || *loc.* ***Escala técnica:*** la que efectúa el barco o la aeronave por necesidades de la navegación, como recargar combustible. || ***A escala:*** se dice de las reproducciones hechas ajustándose a una proporción predeterminada. || ***Hacer escala:*** detenerse la nave o el avión en algún punto antes de su destino.
escalable *adj.* y *s. com.* Que puede ser escalado. || En informática, se dice del equipo o *hardware* que cuya capacidad y funciones pueden ampliarse y aumentarse hasta alcanzar las de uno más moderno o complejo.
escalada *s. f.* Acción y efecto de escalar, trepar por una pendiente o subir a una elevación del terreno. || Aumento rápido y alarmante de algo, como precios, delitos, gastos, armas.
escalador, ra *adj.* y *s.* Que escala. || Obrero portuario que descarga el pescado de los navíos de pesca. || Ladrón que realiza los robos usando una escala de cuerdas.
escalafón *s. m.* Lista de los individuos de una corporación, clasificados según su grado, antigüedad, méritos; se usa en las fuerzas armadas y en las diversas ramas del servicio público.
escalar *t.* Entrar en un lugar amurallado valiéndose de escalas. || Trepar, subir por una pendiente o a algún sitio elevado. || Elevarse, no siempre por méritos y a veces por malas artes, a altas dignidades. || Entrar en

E

alguna parte rompiendo la pared, el piso o el tejado, generalmente para robar u otros fines ilícitos.
escaldado, da *adj.* Receloso, suspicaz, escarmentado.
escaldadura *s. f.* Acción y efecto de escaldar o de escaldarse.
escaldar *t.* Introducir algo brevemente en agua hirviendo o en otro líquido muy caliente. || Poner algo al fuego vivo hasta que se enrojezca, como el hierro. || *pr.* Escocerse la piel por roce o por quemadura leve.
escaleno, na *adj.* Dícese del triángulo con los tres lados desiguales. || Cono o pirámide cuyo eje no es perpendicular a la base.
escalera *s. f.* Estructura fija de escalones y pasamanos para subir y bajar edificios. || Estructura portátil compuesta de dos largueros y una serie de travesaños.
escalerilla *s. f.* Escalera portátil pequeña de uso doméstico. || Escalera deslizable sobre ruedas para subir y bajar pasajeros.
escalfado, da *adj.* Se aplica al huevo cocido sin cáscara.
escalfar *t.* Cocer huevos sin cascarón en agua hirviendo.
escalímetro *s. m.* Regla especial que consiste en un prisma triangular con sus lados longitudinales graduados a escala.
escalinata *s. f.* Escalera principal amplia y generalmente elegante en el vestíbulo o exterior de edificios.
escalofriante *adj. inv.* Que provoca escalofrío, miedo o pavor. *Las acciones del crimen organizado son escalofriantes.*
escalofrío *s. m.* Sensación de frío provocada por la fiebre o el miedo.
escalón *s. m.* Cada uno de los peldaños de una escalera. || *fig.* Cada uno de los grados de ascenso en un empleo o carrera.
escalonado, da *adj.* Que tiene forma de escalón, generalmente como metáfora de un sistema de ascensos en el empleo.
escalonamiento *s. m.* Acción y efecto de escalonar.
escalonar *t.* Distribuir personas, acciones o cosas en serie ascendente o descendente o en el tiempo.
escalope *s. m.* Trozo delgado de carne roja.
escalpar *t.* Arrancar el cuero cabelludo.
escalpelo *s. m.* Instrumento quirúrgico para hacer disecciones anatómicas.
escama *s. f.* Cada una de las laminillas dérmicas que cubren el cuerpo de animales, especialmente peces y reptiles. || Cada una de las laminillas formadas por células muertas de la piel.
escamado, da *adj. fig.* Que siente recelo o desconfianza. || Labor de orfebrería consistente en crear superficies en forma de escamas.
escamar *t.* Retirar las escamas de peces o reptiles. || Dar forma de escamas a superficies de objetos de orfebrería. || *fig.* Provocar recelo o desconfianza.
escamoso, sa *adj.* Que tiene la piel cubierta de escamas.
escamotear *t.* Birlar con astucia algún bien, posición o derecho. || Sustraer de la vista con astucia algún objeto, especialmente en juego de naipes.
escamoteo *s. m.* Acción y efecto de escamotear o birlar.
escampada *s. f.* Momento de interrupción o terminación de la lluvia.
escampar *t.* Cesar la lluvia o despejarse el cielo nublado.
escanciador, ra *s.* Persona que sirve el vino.
escanciar *t.* Servir el vino, especialmente en banquetes.
escandalera *s. fam.* Situación de escándalo o de gran alboroto.
escandalizado, da *adj.* Alborotado, perturbado.
escandalizar *t.* Provocar escándalo, alboroto o indignación. || *pr.* Manifestar indignación real o fingida por una acción ajena.
escándalo *s. m.* Reacción de indignación ante acciones reprobables. || Acción que provoca reacción de indignación. || Situación de alboroto o tumulto.
escandaloso, sa *adj.* Que provoca escándalo. || Que causa ruido o estruendo.
escandinavo, va *adj.* De Escandinavia o relacionado con ella.
escandio *s. m.* Elemento químico presente en algunos minerales, de estructura sólida y color gris plateado con tintes rosáceos. Sus sales son incoloras y su óxido tiene las mismas propiedades que los de las tierras raras. Su número atómico es 21 y su símbolo *Sc.*
escandir *t.* Medir versos contando sílabas, subrayando acentos e identificando otros elementos retóricos.
escaneado, da *adj.* y *s. m.* Que se ha pasado por un escáner. || Acción de escanear.
escanear *t.* Pasar algo por el escáner.
escáner *s. m.* Dispositivo electrónico para incorporar imágenes a una computadora.
escaño *s. m.* Cada uno de los asientos ocupados por los miembros de un parlamento. || Por extensión, cada una de las representaciones de un parlamento.
escapada *s. f.* Salida furtiva de una situación o compromiso. || Abandono momentáneo y furtivo de una situación o responsabilidad, generalmente por diversión.
escapar *t.* Salir furtivamente de un encierro. *Los reos escaparon de la prisión.* || Salirse un líquido o gas de su recipiente. *Se está escapando el gas.* || Abandonar furtivamente una situación, tarea o compromiso. *Me escapé de la junta para ver a mi novia.* || Omitir tareas o pasos de una actividad por descuido. *Se me escaparon algunas faltas de ortografía.* || Quedar fuera un asunto de las atribuciones de uno. *Esa decisión escapa a mi competencia.*
escaparate *s. m.* Vitrina grande para exponer mercancías.
escaparatista *s. com.* Persona encargada de disponer los artículos en un escaparate.
escapatoria *s. f.* Recurso para librarse de una situación o compromiso.
escape *s. m.* Acción y efecto de escapar. || Salida de un líquido o gas de su recipiente. || Vía de salida a una situación embarazosa o peligrosa.
escapismo *s. m.* Tendencia a evadir problemas o a fugarse de la realidad. || Espectáculo y habilidad circense consistente en librarse de sujeciones.
escapo *s. m.* Tallo herbáceo sin hojas y con una flor en la punta. || En arquitectura, fuste de columna.
escápula *s. f.* Cada uno de los huesos que dan forma a los hombros.
escapular *t.* En navegación, circunvenir un bajío o algún otro obstáculo.
escapulario *s. m.* Cinta de tela que se cuelga de pecho y espalda para sostener un objeto o imagen religiosa.
escaque *s. m.* Cada una de las casillas del tablero de ajedrez o del juego de damas.
escaqueado, ada *adj.* Dícese de las obras de orfebrería o prendas que lucen como tablero de ajedrez.
escaquear *t.* Dividir una superficie en escaques o cuadrículas.
escara *s. f.* Costra de color oscuro por gangrena o quemadura.
escarabajo *s. m.* Insecto coleóptero de cuerpo ovalado, patas cortas y antenas que se reproduce en el estiércol.
escaramujo *s. m.* Rosal silvestre de tallo liso y leñoso. || Flor y fruto de la planta del mismo nombre.
escaramuza *s. f.* Riña aparatosa sin consecuencias graves. || En algunos deportes, disputa caótica por el balón. || Conjunto de suertes charras femeninas.
escarapela *s. f.* Insignia metálica o de tela en sombreros, gorras o sacos. || Riña, especialmente entre mujeres.
escarbadientes *s. m.* Palillo de madera para sacar los restos de comida entre los dientes.
escarbador, ra *adj.* Que escarba.

escarbar *t.* Remover la tierra, cavando en ella. || Hurgar con los dedos o instrumentos orificios del cuerpo. || *fig.* Indagar minuciosamente algo.
escarcear *t. Salv.* Escoger en un sembradío de papas las más gordas.
escarcela *s. f. ant.* Bolsa sujeta a la cintura que llega hasta las rodillas.
escarceo *s. m.* Actividad preliminar al iniciar una acción. || Actividad inicial de un romance.
escarcha *s. f.* Capa de rocío helado sobre la superficie de las cosas a la intemperie. || Adorno navideño que simula la escarcha real. || Hielo raspado para preparar bebidas.
escarchado, da *adj.* Que está cubierto de escarcha. || Dícese de los postres cubiertos de azúcar.
escarchar *t.* Cristalizarse el rocío en la superficie de la cosas. || Rociar postres con azúcar. || Rociar bebidas con hielo raspado.
escardar *t.* Arrancar y separar las malas hierbas de los sembradíos.
escarlata *s. inv.* Color rojo encendido.
escarlatina *s. f.* Enfermedad contagiosa, reconocible por la aparición de manchas rojas en la piel.
escarmentado, da *adj.* Que obtiene una enseñanza por fracaso. *El fracaso lo dejó escarmentado.*
escarmentar *t.* Aprender de los fracasos. || Aplicar sanciones como lección de vida.
escarmiento *s. m.* Lección de vida por chasco o fracaso. *Me llevé un buen escarmiento.* || Castigo para corregir conductas impropias. *Su mamá le puso un buen escarmiento.*
escarnecedor, ra *adj.* Que hace escarnio de los otros, especialmente de los más débiles.
escarnecer *t.* Hacer escarnio o mofa de los otros, especialmente de los más débiles.
escarnio *s. m.* Humillación o burla descarnada de los otros.
escarola *s. f.* Especie de lechuga de hojas rizadas y amargas.
escarolado, da *adj.* Que está rizado, como las hojas de escarola. *Ella vestía una blusa escarolada.*
escarolar *t.* Dar a objetos forma de escarola o rizada.
escarpa *s. f.* Desnivel áspero y saliente del terreno.
escarpado, da *adj.* Pendiente áspera y accidentada del terreno.
escarpe *s. m.* Pendiente áspera y accidentada del terreno.
escarpia *s. f.* Clavo con cabeza grande para colgar objetos.
escarpín *s. m.* Calzado doméstico ligero de una sola pieza. || Calzado de estambre de una sola pieza.
escasear *t.* Hacer falta o disponer de algo en poca cantidad, especialmente en el mercado.
escasez *s. f.* Poca disponibilidad o existencia de cosas necesarias.
escaso, sa *adj.* Que es insuficiente en cantidad. *La economía se ocupa de los bienes escasos.*
escatimar *t.* Restringir un bien en cualquier acto de intercambio. || Restringir el esfuerzo necesario en una tarea. || Restringir la demostración de sentimientos en una relación personal.
escatología *s. f.* Conjunto de creencias sobre la vida en el más allá. || Estudio de los excrementos.
escatológico, ca *adj.* Referente a la creencia en la vida en el más allá. || Referente al estudio de los excrementos. || Que es muy grosero, vulgar y desagradable.
escayola *s. f.* Cubierta de yeso o estuco en las construcciones. || Soporte de yeso para restablecer huesos fracturados.
escayolar *t.* Cubrir con yeso el armazón y el vendaje de una férula para endurecerla.
escena *s. f.* Cada una de las partes de una representación dramática. || Lugar donde se desarrolla la representación dramática. || Paisaje agradable a los sentidos. || Lugar de un suceso impactante de la vida real. *La policía acordonó la escena del crimen.* || Acción escandalosa real o fingida. *Terminé mi relación con ella porque me hacía escenas.*
escenario *s. m.* Parte del teatro donde se desarrolla la representación dramática. || Lugar donde ocurren sucesos reales impactantes. *El escenario del crimen era horroroso.* || En probabilística, conjunto de circunstancias y sucesos futuros probables.
escénico, ca *adj.* Relativo a la escena. || Paisaje agradable a la vista. *Recorrimos la carretera escénica.*
escenificable *adj. inv.* Que puede ser representado en la escena. *Esa historia es escenificable.*
escenificación *s. f.* Representación de una acción en el escenario. || Reproducción de un suceso para estudiar sus pormenores.
escenificar *t.* Representar una acción o historia en el escenario.
escenografía *s. f.* Conjunto de decorados de la representación dramática. || Arte de la decoración para la representación dramática.
escenográfico, ca *adj.* Perteneciente o relativo a la escenografía.
escenógrafo, fa *s.* Persona dedicada a la escenografía.
escepticismo *s. m.* Filosofía que afirma que la verdad no existe o que es incognoscible. || Estado de incredulidad o duda radical de la verdad, las creencias o la utilidad de la acción.
escéptico, ca *adj.* Que profesa el escepticismo. || Persona incrédula de las creencias y las acciones humanas.
escindir *t.* Separar o dividir algo. *La organización se escindió en dos corrientes.* || En física, división de los átomos en varias partes para liberar su energía potencial.
escisión *s. f.* Separación o división de una cosa u organización en dos o más partes.
esclarecedor, ra *adj.* Que aclara algo que está confuso o que es incomprendido. *Su intervención fue esclarecedora.*
esclarecer *t.* Aclarar algo que está confuso o que es incomprendido.
esclarecido, da *adj.* Persona de mente clara e ilustrada.
esclarecimiento *s. m.* Acción y efecto de esclarecer.
esclava *s. f.* Pulsera formada por eslabones, sin adornos, y que no se abre fácilmente.
esclavina *s. f.* Prenda de vestir a manera de capa pequeña que cubre los hombros.
esclavismo *s. m.* Régimen que se basa en la esclavitud o la defiende.
esclavista *adj.* y *s. com.* Perteneciente o relativo al esclavismo. || Que practica la esclavitud o la defiende.
esclavitud *s. f.* Estado de la persona sometida a un régimen que la priva de la libertad y la obliga a desempeñar determinados trabajos sin salario, a cambio sólo de techo y manutención. || *fig.* Excesiva dependencia de alguien o de algo material. || *fig.* Excesiva dependencia de una pasión o sentimiento.
esclavización *s. f.* Acción de esclavizar.
esclavizante *adj.* Que esclaviza.
esclavizar *t.* Convertir a alguien en esclavo. || Explotar, hacer que alguien trabaje como esclavo, sin dar debida remuneración a su esfuerzo.
esclavo, va *adj.* y *s.* Persona privada de su libertad y sometida al dominio de otra que la ha capturado o comprado para explotar su trabajo. || *fig.* Que se halla sometido de manera rigurosa a alguien o algo. *Esclavo de su avaricia.*
esclerosado, da *adj.* En medicina, tejido u órgano afectado por esclerosis. || *fig.* Endurecido y rígido. *Un criterio esclerosado.*
esclerosar *t.* En medicina, producir esclerosis artificialmente como método terapéutico. *Esclerosar las várices.* || *pr.* Alterarse un tejido u órgano a causa de la esclerosis.
esclerosis *s. f.* En medicina, endurecimiento patológico de un tejido u órgano. *La esclerosis se debe al aumento anormal de la cantidad de células en el tejido conjuntivo.*
escleroso, sa *adj.* Perteneciente o relativo a la esclerosis. || *adj.* y *s.* Afectado por esclerosis; que padece esta enfermedad.
esclerótica *s. f.* Membrana externa del globo ocular; está formada por tejido conjuntivo y es resistente. *La esclerótica es el blanco del ojo.*

E

esclerotizar *t.* y *pr.* Endurecer o endurecerse un tejido u órgano. || *fig.* Detener algo su progreso.
esclusa *s. f.* Obra de ingeniería hidráulica consistente en un depósito de agua con compuertas de entrada y salida, que permiten llenarlo o vaciarlo según se requiera. || Cada una de las compuertas de esa obra.
escoba *s. f.* Utensilio para barrer, formado por un palo largo y un manojo de ramas flexibles o filamentos plásticos. || Arbusto de ramas verdes y desnudas que se utilizan para hacer escobas. || Juego con la baraja española en el que los jugadores tratan de sumar 15 puntos en cada turno. || *Col.* y *Hond.* Cierta planta malvácea que tiene hojas mucilaginosas. || *loc.* ***Camión escoba:*** en las competencias de ciclismo, vehículo que sigue al grupo de competidores para recoger a los que por fatiga u otra causa dejan de participar.
escobada *s. f.* Cada uno de los movimientos que, al barrer, se hacen con la escoba.
escobajo *s. m.* Residuo de ramitas que queda de un racimo luego de haberle quitado las uvas. || *desp.* Escoba vieja.
escobazo *s. m.* Golpe dado con una escoba. || *Arg.* y *Chil.* Barrida ligera o superficial. || *loc.* ***Echar*** o ***correr a escobazos:*** despedir a alguien de mala manera.
escobeta *s. f. Méx.* Escobilla corta y recia hecha con raíz de zacatón o fibras plásticas atadas apretadamente.
escobetear *t. Méx.* Fregar algo con una escobeta.
escobilla *s. f.* Escoba pequeña hecha con cerdas o alambre. || En electricidad, pieza conductora cuya función es garantizar el contacto entre una parte fija y una móvil.
escobillado *adj.* En tauromaquia, se dice del toro que tiene astillada la punta de los pitones. || *s. m. Amér.* En ciertos bailes populares, acción y efecto de escobillar.
escobillar *t.* Cepillar, limpiar con la escobilla. || *Méx.* En algunos bailes populares, restregar el piso rápidamente con los pies. || *intr. Amér.* En ciertos bailes tradicionales, zapatear suavemente. || *pr.* En tauromaquia, abrirse la punta del cuerno de un toro, por haber éste corneado en superficies duras.
escobilleo *s. m. Amér.* Acción y efecto de escobillar.
escobillón *s. m.* Cepillo unido a un palo largo que sirve para barrer. || Utensilio para limpiar los cañones de las armas de fuego, consistente en un mango rodeado en uno de sus extremos por un cepillo cilíndrico. || Pequeño instrumento quirúrgico que se usa para limpiar o drenar una cavidad natural.
escocedura *s. f.* Acción y efecto de escocer o escocerse.
escocer *intr.* y *pr.* Provocar algo ardor, o sentirlo alguien. || *fig.* Causar desagrado, molestia o aflicción. *Le escoció que le dijera sus verdades.* || *pr.* Inflamarse, enrojecerse y arder alguna parte del cuerpo. *Me escuecen las manos, el detergente tenía mucha sosa.* || *fig.* Sentirse alguien dolido por algo.
escocés, cesa *adj.* y *s.* Originario de Escocia, Gran Bretaña, país de Europa. || *s. m.* Se dice del tejido de líneas entrelazadas que forman cuadros de diversos colores. || Lengua céltica que se habla en Escocia.
escocimiento *s. m.* Escozor.
escofina *s. f.* Lima de dientes triangulares y gruesos que se usa para desbastar.
escofinar *t.* Desbastar algo con la escofina.
escoger *t.* Elegir o seleccionar a una persona o cosa entre otras.
escogido, da *adj.* Selecto.
escolapio, pia *adj.* Perteneciente o relativo a la orden de las escuelas pías. || *s.* Estudiante que recibía enseñanza en dichas escuelas. || *s. m.* Clérigo regular de las escuelas pías. || *s. f.* Religiosa de las escuelas pías.
escolar *adj.* Relativo a la escuela o al estudiante. || *s. com.* Estudiante que asiste a la escuela.
escolaridad *s. f.* Tiempo en que se asiste a cursos en la escuela. || Grado de conocimientos correspondiente a ese tiempo. *La escolaridad promedio en ese país es de sexto de primaria.*
escolarización *s. f.* Acción y efecto de escolarizar.
escolarizar *t.* Impartir enseñanza a la población mediante la escuela.
escolástica *s. f.* Filosofía cristiana, basada en la grecolatina, que se enseñaba en las escuelas medievales. *La escolástica formó una tradición filosófica que persiste hasta la actualidad.* || Enseñanza de las artes liberales en las escuelas conventuales del medievo.
escolástico, ca *adj.* Perteneciente o relativo a la escolástica, o partidario de dicha doctrina filosófica. || Se dice de cualquier doctrina considerada dogmática.
escoliar *t.* Insertar escolios en un texto.
escolio *s. m.* Nota que se pone en un texto para explicarlo.
escoliosis *s. f.* Deformación de la columna vertebral en que ésta se curva hacia un lado.
escollar *intr.* Tropezar una embarcación con un escollo. || *Arg.* y *Chil.* Malograrse un proyecto.
escollera *s. f.* Conjunto que piedras que, formando obra, se colocan en el fondo marino, sea como cimiento de un muelle o como dique para contener el oleaje.
escollo *s. m.* Roca difícil de distinguir que se halla sumergida en aguas poco profundas. *Los escollos son un peligro para la navegación.* || *fig.* Dificultad, peligro o riesgo que implica la realización de algo.
escolopendra *s. f.* Artrópodo venenoso parecido a un ciempiés, con 21 pares de patas, uno de ellos modificado para sostener sus presas; éste se halla en la parte trasera de su cuerpo alargado y plano.
escolta *s. f.* Conjunto de personas que acompañan a otra para honrarla o para salvaguardarla. || Formación militar terrestre, aérea o militar, cuya misión es escoltar. || Conjunto de personas que acompañan al abanderado en las ceremonias militares o civiles.
escoltar *t.* Acompañar a alguien un grupo de personas para honrarlo o para protegerlo.
escombrar *t.* Retirar los escombros de un sitio para despejarlo y dejarlo plano. || Limpiar, desembarazar un lugar de cosas inservibles. || Quitar las pasas pequeñas o dañadas de los racimos.
escombrera *s. f.* Conjunto de escombros o desechos de una obra de albañilería. || Lugar donde se amontonan los escombros.
escombro *s. m.* Conjunto de los materiales de desecho que se acumulan en una demolición, una obra de albañilería o una mina. Suele usarse en plural. || *loc. Arg. fam.* ***Hacer escombro:*** magnificar un hecho o la manera de realizarlo.
esconder *t.* y *pr.* Poner, o ponerse, alguien o algo en un sitio secreto u oculto para que no pueda ser encontrado con facilidad. || *fig.* Contener algo una cosa que no resulta evidente para todos. *Esas palabras esconden una revelación.*
escondidas *s. f. pl. Amér.* Juego del escondite. || *loc.* ***A escondidas:*** de manera oculta o sigilosa.
escondidillas *s. f. pl. Méx.* Juego del escondite.
escondido, da *adj.* Oculto, difícil de encontrar.
escondite *s. m.* Escondrijo, lugar para esconderse. || Juego infantil en el que uno de los participantes ha de encontrar a los demás que se escondieron.
escondrijo *s. m.* Lugar oculto o retirado que resulta apropiado para esconderse o esconder algo.
escopeta *s. f.* Arma de fuego portátil que se compone de dos cañones montados en una caja. || Término general con que, entre los siglos XV y XVIII, se designaron las armas de fuego portátiles.
escopetazo *s. m.* Disparo de escopeta. || Herida hecha por la bala de

una escopeta. || *fig.* Suceso inesperado o noticia súbita.
escoplo *s. m.* Herramienta de carpintería consistente en una barra de hierro acerado sujeta a un mango de madera y con la boca terminada en bisel.
escora *s. f.* Inclinación que toma una embarcación por la fuerza del viento o el peso de su carga. || Puntal en el que sostiene una embarcación mientras se construye o repara.
escorar *intr.* Inclinarse una embarcación hacia un lado. || *t.* Apuntalar con escoras una embarcación que está fuera del agua.
escorbuto *s. m.* Enfermedad que se caracteriza por hemorragias musculares, en las uñas y en las encías, así como aflojamiento de los dientes. *El escorbuto se debe a la carencia de vitamina C en la dieta.*
escorchar *t.* Quitar la corteza o la piel a algo. || *intr. Arg.* y *Uy. fam.* Molestar a alguien, fastidiar.
escordio *s. m.* Hierba de la familia de las labiadas, de tallos muy flexibles, hojas semejantes a la hierbabuena pero cubiertas de vellosidades y flores pequeñas de color azuloso o purpúreo, tiene usos medicinales.
escoria *s. f.* Sustancia compuesta por impurezas que se forma en la superficie del metal fundido. || Materia que suelta el hierro candente al ser golpeado. || Residuo o subproducto de una fundición o proceso metalúrgico. || Lava porosa que arrojan los volcanes. || *fig.* Cosa o persona despreciable y vil.
escoriación *s. f.* Excoriación, rozadura o irritación dolorosa de la piel producida por el roce continuo de algo.
escoriar *t.* Producir escoriación.
escorpio *s. inv.* Octavo signo del zodiaco occidental, abarca del 24 de octubre al 22 de noviembre. || *adj.* y *s. inv.* Se dice de la persona nacida bajo este signo.
escorpión *s. m.* Artrópodo venenoso con pinzas delanteras, ocho patas y cuerpo alargado, cuyo abdomen móvil termina en un aguijón. *La picadura de algunos escorpiones es mortal.* || *adj.* y *s. inv.* Signo zodiacal de Escorpio o persona nacida bajo él. || *loc.* ***Escorpión de mar:*** pez de cuerpo semicilíndrico y cabeza muy grande que mide entre 15 y 30 centímetros y está cubierto de espinas y aguijones.
escorzar *t.* Dibujar, acortándolas según las leyes de la perspectiva, figuras que se extienden de forma perpendicular u oblicua con respecto al plano.
escorzo *s. m.* Acción y efecto de escorzar un dibujo. || Representación de una figura, sobre todo humana, con una parte de ella en giro con respecto al resto.
escotado, da *adj.* En heráldica, se dice del escudo que tiene una escotadura o división en forma de ángulo.
escotadura *s. f.* Escote, corte en la parte del cuello de una prenda de vestir. || Incisura o depresión en el borde de un hueso u otra estructura anatómica. || En heráldica, ángulo que marca la división de un cantón o pieza de honor.
escotar[1] *t.* Hacer el escote en una prenda de vestir.
escotar[2] *t.* Pagar el escote que a uno corresponde.
escote[1] *s. m.* Abertura en la parte del cuello o pecho de una prenda de vestir. || Parte del busto que deja a la vista el escote. || Curvas de una prenda de vestir donde se insertan las mangas.
escote[2] *s. m.* Parte proporcional que toca pagar a cada una de las personas que hacen un gasto en común.
escotilla *s. f.* Abertura en la cubierta de un barco que permite acceder a los compartimientos interiores.
escotillón *s. m.* Trampa cerradiza en el suelo. || En teatro, parte del piso del escenario que puede abrirse para que por ella desaparezcan o aparezcan personas o cosas.
escozor *s. m.* Sensación de ardor en la piel semejante a la que produce una quemadura. || Sentimiento o resentimiento producido por una actitud desconsiderada, un reproche o un desaire.
escriba *s. m.* En distintos pueblos de la antigüedad, escribano, copista o secretario. *Los escribas egipcios eran hombres bien educados que conocían la escritura jeroglífica y los documentos legales.* || Entre los antiguos hebreos, doctor o intérprete de la ley.
escribanía *s. f.* Escritorio, mueble para escribir y guardar papeles. || Juego de utensilios para escribir compuesto de una carpeta, tintero, pluma y secante. || Oficio y oficina del escribano. || Empleo y oficina del secretario judicial en los juzgados de instrucción y de primera instancia. || *Arg. C. R. Ecua. Py.* y *Uy.* Notaría.
escribano, na *s. m.* Hombre autorizado legalmente para dar fe de las escrituras y otros documentos que pasan ante él. || Coleóptero acuático cuyo segundo y tercer par de patas, con forma de barquilla, le sirven para impulsarse. || Ave de unos 20 cm de longitud, con alas redondeadas y pico corto, cónico y fuerte, que habita en las praderas y jardines. || *s. f.* Mujer del escribano. || *Arg. Py.* y *Uy.* Notaria, mujer que ejerce la escribanía.
escribiente *s. com.* Oficinista que escribe lo que le dictan o copia documentos.
escribir *t.* Representar ideas, sonidos o expresiones mediante letras o signos convencionales. || Representar los sonidos musicales por medio de notas y otros signos. || *t.* e *intr.* Componer textos literarios o científicos, u obras musicales. || Comunicar a alguien alguna cosa por escrito.
escrito *s. m.* Documento manuscrito, mecanografiado o impreso en un papel. || Obra literaria o científica. *Los escritos de Cervantes.* || En derecho, oficio, petición o alegato que se mete por escrito en un juicio. || *loc.* ***Estar escrito:*** ser algo inevitable, estar predestinado.
escritor, ra *s.* Persona que por oficio escribe obras para ser impresas y difundidas.
escritorio *s. m.* Mueble para escribir, formado por una superficie plana y cajones o compartimientos para guardar papeles e instrumentos de escritura. || Aposento en el que tienen su despacho los comerciantes y otros hombres de negocios. || *loc. Méx.* ***Escritorio público:*** establecimiento en el que se elaboran y fotocopian escritos y documentos para diversos trámites oficiales.
escritura *s. f.* Representación de las ideas mediante signos gráficos convencionales. || Conjunto y sistema de esos signos. *La escritura asiria tenía signos cuneiformes.* || Acción y efecto de escribir. || Documento escrito. || En derecho, documento suscrito por las partes que intervienen en una negociación, particularmente la compraventa de bienes inmuebles. || *loc.* ***Sagradas escrituras:*** conjunto de los libros que componen la Biblia.
escrituración *s. f.* Acción de escriturar.
escriturar *t.* Hacer constar en escritura pública un contrato, un hecho o una cesión de propiedad con el fin de dar mayor seguridad jurídica a dicho acto.
escriturario, ria *adj.* En derecho, que consta en una escritura pública.
escrófula *s. f.* Proceso infeccioso con inflamación y absceso en los ganglios linfáticos del cuello. *La escrófula suele ser de origen tuberculoso.*
escrofulismo *s. m.* En medicina, enfermedad caracterizada por la aparición de escrófulas.
escrofuloso, sa *adj.* y *s.* Perteneciente o relativo a la escrófula. || Que padece escrofulismo.
escroto *s. m.* Bolsa de piel muy elástica que cubre y protege los testículos.
escrúpulo *s. m.* Recelo o duda que inquieta la conciencia. || Aprensión ante la posibilidad de contaminarse por suciedad o enfermar por consumo de algún alimento. || Escrupulosidad, esmero. || *loc.* ***Sin escrúpulos:*** sin preocuparse de obrar con justicia o con honradez.
escrupulosidad *s. f.* Esmero, minuciosidad, aplicación y exactitud que una persona pone en lo que hace.

escrupuloso, sa *adj.* y *s.* Se dice de la persona que tiene escrúpulos de conciencia. || Se refiere a quien siente aprensión por algo. || Se dice de la persona que actúa o trabaja con escrupulosidad. || Que se lleva a cabo con escrupulosidad.
escrutador, ra *adj.* Que examina las cosas con detenimiento. || *s.* Cada una de las personas que contabilizan los votos en unas elecciones.
escrutar *t.* Examinar, analizar o explorar algo con detenimiento. || Validar y contabilizar los sufragios emitidos en una votación.
escrutinio *s. m.* Acción y efecto de escrutar. || Conjunto de operaciones de cómputo, validación y contabilización de los votos en una elección. || En estadística, operación para repartir por tipos de unidades estadísticas los sucesivos valores de caracteres distintivos y completar así las unidades de cada tipo.
escuadra *s. f.* Instrumento para dibujo con figura de triángulo rectángulo, o formado por dos reglas que hacen ángulo recto entre sí. || Instrumento, formado por dos piezas ajustadas a 90 grados, para verificar y trazar ángulos rectos || En carpintería, herrería y otros oficios, pieza metálica que forma ángulo recto. || Conjunto de buques de guerra mandados por un vicealmirante. || Pequeña unidad militar, de entre cuatro y doce soldados, bajo las órdenes de un cabo. || En heráldica, figura compuesta por medio palo y media faja formando ángulo, cuyos extremos pegan en el borde del escudo. || *Amér.* Revólver automático con forma de escuadra. || *loc.* ***A escuadra:*** formando un ángulo recto.
escuadrar *t.* Colocar o fijar un objeto de manera que sus caras planas formen ángulos rectos entre sí.
escuadrilla *s. f.* Grupo de aviones que, bajo el mando de un jefe, realizan una misión o un vuelo. || Escuadra de buques ligeros.
escuadrón *s. m.* Unidad táctica y administrativa del arma de caballería bajo el mando de un capitán. *El escuadrón es la división básica del regimiento.* || Unidad táctica y administrativa de la fuerza aérea compuesta por aeronaves de guerra.
escualidez *s. f.* Condición de quien está escuálido, flacura.
escuálido, da *adj.* Muy flaco, macilento. || *s. m.* Relativo a una familia de peces selacios con hendiduras branquiales a los lados de la parte posterior de la cabeza y cuerpo alargado, como los tiburones.
escualo *adj.* y *s. m.* Relativo a los peces selacios del suborden de los escuálidos.
escucha *s. f.* Acción de escuchar. || Intervención de comunicaciones o llamadas telefónicas para controlarlas. || En lenguaje militar, detección de la presencia y actividad del enemigo mediante el sonido. || *s. m.* Soldado que, de noche, se acerca a las posiciones enemigas para observar sus movimientos. || *loc.* ***A la escucha:*** listo y dispuesto para escuchar algo.
escuchar *t.* Poner especial atención a algo que se oye. || Acercar el oído a algo para oírlo mejor. || Atender a lo que otro dice. *Los alumnos escucharon la clase en total silencio.* || *Méx.* Oír. *No te escucho, habla más fuerte.*
escuchimizado, da *adj.* Que está demasiado flaco y débil.
escudado *s. m.* Soldado que va armado con un escudo. Es término desusado.
escudar *t.* y *pr.* Proteger o protegerse con el escudo. || *t. fig.* Resguardar y defender a alguien, o a uno mismo, de algún peligro. || *pr. fig.* Utilizar algo como pretexto.
escudería *s. f.* En las carreras de autos, conjunto del personal técnico y corredores adscritos a una marca o un club automovilístico. || Empleo del escudero y servicios que éste brindaba al caballero.
escudero *s. m.* Paje que acompañaba a un caballero.
escudete *s. m.* Objeto semejante en su forma a un escudo pequeño. || Plancha de metal que guarnece la boca de una cerradura. || Trozo de tela en forma de escudo que sirve para reforzar las costuras de la ropa blanca.
escudilla *s. f.* Vasija semiesférica, más o menos honda, para servir el caldo o la sopa.
escudo *s. m.* Arma defensiva que se sujeta con el brazo para proteger a quien la porta de los golpes de armas ofensivas. *Los escudos se hacen con láminas de metal o cuero endurecido y, en la actualidad, con plástico muy resistente.* || Placa blindada de las piezas de artillería que sirve para proteger a los soldados que las manejan. || *fig.* Defensa, protección o amparo. || Mampara o encofrado que se pone en las obras de construcción para proteger tanto el frente de trabajo, como a los peatones que pasan cerca de éste. || Parte córnea que cubre el cuerpo, o parte de éste, de ciertos animales. || Antigua moneda de oro o plata que en una de sus caras llevaba grabado un escudo de armas. || En geología, superficie extensa constituida por terrenos muy antiguos que han sido nivelados por la erosión. || En heráldica, campo plano en forma de escudo sobre el cual se pintan los blasones.
escudriñador, ra *adj.* y *s.* Persona que siente gran curiosidad por conocer cosas ocultas o secretas.
escudriñamiento *s. m.* Acción y efecto de escudriñar.
escudriñar *t.* Intentar averiguar los detalles de algo oculto o secreto. || Observar a alguien o algo atentamente con la intención de descubrir alguna cosa.
escudriño *s. m.* Acción y efecto de escudriñar. Es palabra desusada.
escuela *s. m.* Establecimiento educativo donde se imparte la primera enseñanza. || Institución pública o privada donde se imparte algún tipo de enseñanza. *Escuela de artesanías.* || Establecimiento educativo donde se imparte alguna carrera profesional. *La escuela de odontología.* || Edificio que alberga alguna institución educativa. || Conjunto de personas que comparten una doctrina científica, filosófica, o un estilo artístico. || Conjunto de los seguidores de un maestro. *La escuela de Platón.* || Sistema o método de enseñanza. || Enseñanza que se imparte o se adquiere. *Tiene la escuela de los buenos locutores.* || *loc.* **Alta escuela:** práctica académica y preciosista de la equitación. || ***Escuela normal:*** en México y otros países, centro de enseñanza donde se cursan estudios para titularse como maestro de primera enseñanza. || ***Escuela técnica superior:*** centro de nivel universitario donde se enseña ingeniería y arquitectura. || ***Escuelas pías:*** orden religiosa fundada en 1597 por san José de Calasanz, con el fin de educar en la fe y las letras a los niños pobres o abandonados.
escueto, ta *adj.* Dicho de un mensaje o forma de comunicarse, directo, sin rodeos. || Dicho de un provecho u otra cosa material, pequeño, apenas suficiente. || Que no tiene adornos ni detalles superfluos.
escuincle, cla o **escuintle, tla** *s. Méx. fam.* Niño de corta edad, chiquillo.
esculcar *t.* Registrar a alguien o algo para encontrar una cosa oculta. || Espiar, andar averiguando, inquirir.
esculpir *t.* Dar determinada forma a un material duro mediante el uso de herramientas para desbastarlo. || Grabar figuras o caracteres en relieve o en hueco sobre una superficie dura.
escultismo o **escutismo** *s. m.* Organización internacional cuyo objeto es organizar a niños y adolescentes de uno y otro sexo en grupos jerarquizados para desarrollar sus cualidades morales y deportivas. *El escultismo fue creado por Robert Baden-Powell en 1909.*
escultor, ra *s.* Artista plástico que se dedica a la escultura.
escultórico, ca *adj.* Perteneciente o relativo a la escultura.
escultura *s. f.* Arte de esculpir. || Obra de un escultor. || Conjunto de obras escultóricas pertenecientes a una época o un autor determinados.

escultural *adj.* Que tiene las proporciones, o las características, requeridos para la belleza de una estatua.
escupidera *s. f.* Recipiente que se usa para escupir en él. || *Arg. Chil. Ecua.* y *Ven.* Bacín u orinal.
escupir *intr.* Arrojar saliva, flemas o sangre por la boca. || *fig.* Decir cosas con violencia. || Despedir alguna cosa a la superficie algo que estaba en su interior o formaba parte de ella. *El volcán escupió lava.* || En tauromaquia, expulsar un toro el estoque que le habían clavado.
escupitajo *s. m.* Cantidad de saliva, flemas o sangre que se arroja por la boca de una sola vez, sobre todo cuando se arroja a cierta distancia.
escupitina *s. f.* Escupitajo, esputo.
escurreplatos *s. m.* Escurridor para los platos y otros trastos.
escurridizo, za *adj.* Que tiene facilidad para escurrirse o escaparse. *Los hurones son animales escurridizos.* || Que por sus características hace que la gente o las cosas se deslicen. *Cuidado, el mosaico enjabonado es muy escurridizo.* || Que evita comprometerse.
escurrido *s. m.* Acción y efecto de escurrir, escurrimiento. || En tecnología, operación que consiste en extraer, mediante fuerza centrífuga o por presión, el líquido que empapa algún poroducto o material.
escurrido, da *adj.* Delgado y sin musculatura marcada ni curvas anatómicas. || *Méx.* y *P. Rico fig.* Avergonzado o confuso. *Después del pleito, los vecinos pasan todos escurridos frente a ellos.*
escurridor *s. m.* Escurridero, utensilio para escurrir trastos. || Colador para escurrir la verduras y otros alimentos después de lavados o cocidos.
escurridura *s. f.* Pequeño resto de un líquido que ha quedado dentro de un vaso o recipiente.
escurrimiento *s. m.* Acción y efecto de escurrir o escurrirse.
escurrir *t.* y *pr.* Soltar una cosa mojada, o hacer que lo suelte, el líquido que contiene. || *intr.* y *pr.* Caer poco a poco el líquido que contiene un recipiente. || Correr o resbalar algo por encima de otra cosa. || *t.* Empinar un vaso, botella u otro recipiente para apurar las últimas gotas de su contenido. || *pr.* Deslizarse algo de entre las manos.
escusa *s. f.* Privilegio o provecho de que disfruta una persona en algún lugar según pacto preestablecido. || Derecho que, como parte de una retribución convenida, da el dueño de una ganadería a los pastores para que puedan apacentar en sus terrenos, sin pagar renta, una pequeña cantidad de ganado de su propiedad. || Cantidad de cabezas de ganado a la que se aplica ese derecho. || Acción y efecto de ocultar o esconder.
escusado *s. m.* Retrete, excusado.
escusado, da *adj.* Que está reservado o separado del uso común.
escusar *t. ant.* Ocultar, esconder.
esdrújulo, la *adj.* y *s.* Se dice de la palabra que lleva el acento en la antepenúltima sílaba. || *loc.* ***Verso esdrújulo:*** verso que termina en una palabra esdrújula.
ese[1] *s. f.* Nombre de la letra *s.* || Gancho en forma de S de una cadena, o grapa de acero de la misma forma. || *pl.* Aberturas en forma de S que tienen a los lados del puente ciertos instrumentos de cuerda. || *loc. fam.* ***Hacer eses:*** balancearse alguien ebrio de un lado a otro al caminar.
ése[2] *pron.* Junto con *ésa, ésos, ésas,* demostrativos que reemplazan al nombre de una persona o cosa que se encuentra cerca de la persona que escucha.
esencia *s. f.* Naturaleza propia de cada ser que le da sus características distintivas. || *fig.* Lo más puro y acendrado que contiene algo. || Perfume líquido que tiene gran concentración de las sustancias aromáticas. || En química, sustancia muy volátil, de olor penetrante, que se obtiene de flores y vegetales o de algún hidrocarburo.
esencial *adj.* Perteneciente o relativo a la esencia. || Que es principal, sustancial o necesario.
esencialidad *s. f.* Cualidad de esencial o imprescindible.
esencialismo *s. m.* Teoría filosófica que postula que la esencia tiene prioridad sobre la existencia.
esfenoides *adj.* y *s. m.* Hueso impar de la cabeza situado en la parte media de la base del cráneo.
esfera *s. f.* Cuerpo geométrico delimitado por una superficie curva, la totalidad de cuyos puntos equidistan del centro. || Ámbito al que se extiende la acción o influencia de una persona o cosa. || *fig.* Condición social o rango de una persona. || Círculo en el que giran las manecillas de un reloj. || *loc.* ***Esfera celeste:*** en astronomía, esfera imaginaria de radio indeterminado que tiene como centro el ojo del observador; sirve para definir la dirección de los astros independientemente de la distancia a que éstos se hallen. || ***Esfera de influencia:*** región de la Tierra en la que se reconocen, tácitamente o de hecho, derechos de intervención particulares a una gran potencia. || ***Esfera terráquea:*** la Tierra considerada en su totalidad como planeta.
esférico, ca *adj.* Perteneciente o relativo a la esfera. || Que tiene forma de esfera. || *s. m.* En algunos deportes como el futbol, balón.
esferográfica *s. f. Col.* y *Ecua.* Bolígrafo.
esferográfico *s. m. Amér. Merid.* Bolígrafo.
esferoide *s. m.* En geometría, elipsoide de revolución achatado por sus partes superior e inferior. *El planeta Tierra es un esferoide.*
esfinge *s. f.* Monstruo mitológico con busto humano, cuerpo de león y a veces alado. *La esfinge pasó del antiguo Egipto a Grecia, donde protagonizó el mito de Edipo.* || *fig.* Persona impenetrable y enigmática que no deja traslucir sus pensamientos o emociones. || En zoología, nombre vulgar de diversos lepidópteros de la familia esfíngidos.
esfínter *s. m.* Músculo de forma anular que sirve para cerrar o abrir un conducto natural del cuerpo.
esforzado, da *adj.* Valiente, decidido, animado.
esforzar *t.* Obligar a alguien o algo a realizar un esfuerzo mayor que el normal. *Esfuerza la vista para leer esas letras tan pequeñas.* || *pr.* Realizar un gran esfuerzo intelectual o físico para lograr algo.
esfuerzo *s. m.* Utilización enérgica de la fuerza física, intelectual o moral para lograr alguna cosa. || En física, fuerza que al actuar sobre un material tiende a deformarlo ya sea por compresión, torsión, flexión o corte.
esfumado *s. m.* En pintura, acción y efecto de esfumar, difuminar los contornos.
esfumar *t.* Esfuminar, extender o difuminar los trazos de un dibujo a lápiz con el esfumino. || Rebajar los tonos de los contornos de una pintura. || *pr. fig.* Desvanecerse, disiparse algo. || *fig.* y *fam.* Desaparecer, salir de un lugar rápida y disimuladamente.
esfuminar *t.* Difuminar con el esfumino, esfumar.
esfumino *s. m.* Rollito compacto de piel o papel esponjoso, terminado en punta, que se utiliza para difuminar los contornos de los dibujos.
esgrafiado *s. m.* Técnica de artes plásticas que consiste en estofar una superficie y luego hacer saltar capas del recubrimiento con el grafito o algo afilado, de manera que se vean las capas inferiores o la superficie original. || Técnica similar que se aplica a las fachadas de los edificios, en ésta se aplica revoque de diferentes colores y se va quitando en ciertas zonas según el diseño preestablecido.
esgrafiar *t.* Decorar una superficie o un muro con esgrafiado.
esgrima *s. f.* Arte de manejar el florete, el sable y la espada. || Deporte en el que dos personas se enfrentan empleando alguna de estas armas.
esgrimir *t.* Manejar una espada u otro tipo de arma blanca. || *fig.* Utilizar algo como ataque o defensa. *Esgrimió razonamientos que convencieron a todos.*

E

esgrimista *s. com. Arg. Chil. Ecua. Méx. Per.* y *Ven.* Esgrimidor, persona que practica la esgrima.
esguince *s. m.* Distensión dolorosa de uno o varios de los ligamentos de una articulación. || Movimiento rápido del cuerpo para evitar una caída o un golpe.
eslabón *s. m.* Cada una de las piezas que, enlazadas unas con otras, forman una cadena. || *fig.* Elemento indispensable para enlazar una sucesión de hechos, ideas o argumentos. || Pieza de acero con la que se golpea el pedernal para que produzca chispa. || *pl.* En el golf, conjunto de hoyos de un terreno, o recorrido total de una prueba de este deporte.
eslabonado, da *adj.* Se aplica a las ideas, cosas o acontecimientos que se presentan en serie, relacionados entre sí.
eslabonamiento *s. m.* Acción y efecto de eslabonar.
eslabonar *t.* Unir unos eslabones con otros para formar una cadena. || *t.* y *pr. fig.* Relacionar entre sí una serie de ideas, hechos, motivos o argumentos.
eslavo, va *adj.* y *s.* Perteneciente o relativo a un grupo de pueblos indoeuropeos que ocupa gran parte de Europa central y oriental y habla lenguas del mismo origen. || *s. m.* Grupo de lenguas habladas por estos pueblos. *Los idiomas ruso, búlgaro, checo, bosnio, polaco y ucraniano, entre otros, forman parte del eslavo.*
eslogan o **slogan** *s. m.* Lema publicitario o frase propagandística breve y contundente.
eslora *s. f.* Longitud total de una embarcación desde la proa hasta la popa. || En marina, tablón o pieza longitudinal que forma el borde de las escotillas o de otra abertura de la cubierta de un barco.
eslovaco, ca *adj.* y *s.* Originario de Eslovaquia, o perteneciente a este país. || *s. m.* Lengua eslava que se habla en Eslovaquia.
esloveno, na *adj.* y *s.* Originario de Eslovenia o perteneciente a ese país. || De la rama más occidental de los eslavos del sur, que habitan en Eslovenia.
esmaltado *s. m.* Acción y efecto de esmaltar. || Técnica y operación de recubrir piezas cerámicas o metálicas con una capa de esmalte. || En fotografía, barnizado brillante de las copias fotográficas.
esmaltado, da *adj.* Que está recubierto por una capa de esmalte o que tiene la naturaleza del esmalte.
esmaltador, ra *s.* Persona cuyo oficio consiste en esmaltar piezas metálicas o de cerámica.
esmaltar *t.* Cubrir algo con esmalte. || *fig.* Ilustrar con adornos o adornar.
esmalte *s. m.* Sustancia vítrea con la que se recubren algunos materiales para darles color o brillo permanentes. *El esmalte está compuesto por arena silicosa, óxidos metálicos colorantes y una mezcla de potasa y sosa.* || Trabajo realizado con el esmalte. || Objeto recubierto o adornado con esmalte. || Sustancia blanca, dura y de brillo vítreo que recubre los dientes de los humanos y algunos animales. || En heráldica, nombre de los colores de los blasones. *Esmalte sinople significa color verde.* || *loc.* ***Esmalte de uñas:*** barniz resistente que sirve para proteger y dar color a las uñas. || ***Pintura al esmalte:*** la que en lugar de aceite lleva un barniz como vehículo.
esmerado, da *adj.* Que realiza las cosas con dedicación y cuidado.
esmeralda *s. f.* Piedra preciosa transparente o traslúcida, de color verde brillante. *Las esmeraldas están compuestas por un silicato doble de berilio y aluminio.* || *adj.* y *s. m.* Color verde semejante al de la esmeralda. || Se dice de los objetos que son de este color.
esmeraldino, na *adj.* Se dice del color semejante al de la esmeralda. || *s. f.* Gema sintética de color verde amarillento.
esmerar *t.* Limpiar o pulir algo. || *pr.* Poner especial cuidado en algo que se hace. || Lucirse, obrar con acierto innegable.
esmeril *s. m.* Material de consistencia arenosa compuesta por cuarzo o mica, corindón, oligisto y magnetita, que se usa para pulir metales y piedras preciosas. || Cristal esmerilado.
esmerilar *t.* Pulir algo con esmeril. || Deslustrar el vidrio con esmeril u otra sustancia.
esmero *s. m.* Dedicación y cuidado especial que se pone al hacer algo.
esmirriado, da o **desmirriado, da** *adj. fam.* Muy flaco, raquítico, consumido.
esmog o **smog** *s. m.* Mezcla de niebla y humo contaminada por las emanaciones de vehículos y fábricas, así como por otros tipos de gases, que cubre las grandes ciudades.
esmoquin o **smoking** *s. m.* Traje de etiqueta masculino que tiene solapas de seda. *El esmoquin se lleva con faja y corbata de moño.*
esnifar *t.* e *intr. Esp.* Inhalar por la nariz cocaína u otra droga en polvo.
esnob o **snob** *adj.* y *s. com.* Se usa de la persona que imita modas y comportamientos que considera elegantes o distinguidos. || Que es propio de un esnob.
esnobismo *s. m.* Cualidad o actitud de snob, afectación.
eso *pron.* Pronombre demostrativo neutro que señala, sin nombrarlos, situaciones u objetos a los que se hizo alusión anteriormente.
esófago *s. m.* Primera parte del tubo digestivo, abarca desde la faringe hasta el cardias del estómago.
esotérico, ca *adj.* Se dice del conocimiento o doctrina que sólo se transmite a los iniciados. *En la antigüedad, las enseñanzas esotéricas se transmitían verbalmente de maestro a discípulo.* || Dicho de obras escritas, que sólo son comprensibles para los que han sido iniciados. || Oculto, reservado, enigmático.
esoterismo *s. m.* Conjunto de doctrinas que requieren un cierto grado de iniciación para acceder a ellas. || Estudio y práctica de dichas doctrinas. || Parte de la filosofía pitagórica, cabalista o análoga, que sólo podía ser conocida por los iniciados.
esotro, tra *adj.* y *pron.* Pronombre demostrativo formado por la contracción de *ese, esa* o *eso* y *otro.*
espabilado, da *adj.* Que no tiene sueño. || *s.* Persona aguda, lista, perspicaz.
espabilar *t.* y *pr.* Dejar de estar dormido o adormilado, o hacer que alguien deje de estarlo. || *t.* Quitar el pabilo quemado a una vela para que arda con limpieza. || *intr.* y *pr. fig.* Terminar algo con prontitud y rapidez.
espachurrar *t.* y *pr.* Despachurrar.
espaciado *s. m.* En artes gráficas, conjunto de espacios, y características de los mismos, que se ponen en una composición de imprenta.
espaciador *s. m.* Barra de un teclado de máquina de escribir o computadora que sirve para marcar los espacios que han de quedar en blanco.
espacial *adj.* Perteneciente o relativo al espacio exterior. *La realización de viajes espaciales fue uno de los grandes logros del siglo XX.*
espacialidad *s. f.* Espacio medido. || En arquitectura, cualidad de la posición de los objetos materiales en el mundo. || En geografía, conjunto de condiciones y prácticas de la vida individual y social que están ligadas a la posición relativa de los individuos y los grupos, unos con otros.
espaciamiento *s. m.* Acción y efecto de espaciar. || *ant.* Dilatación, esparcimiento.
espaciar *t.* y *pr.* Dejar espacios entre dos o más cosas, sea en el tiempo o en un sitio determinado. *Sus llamadas se fueron espaciando cada vez más, hasta que dejó de buscarlo.* || En artes gráficas, poner espacios entre las letras, palabras o renglones de una composición tipográfica. || *pr.* Extenderse en algo que se escribe o se dice.
espacio *s. m.* Medio en el que se sitúan las cosas existentes. || Sitio que ocupa un objeto material. || Distancia entre dos o más cosas. || Periodo de tiempo determinado. *Conversaron por espacio de tres horas.* || Cada

una de las secciones que integran un programa radiofónico o de televisión. || En imprenta, pequeña pieza de metal, más baja que los tipos, para separar las palabras. || En matemáticas, extensión indefinida de tres dimensiones que estudia la geometría clásica o geometría del espacio. || En matemáticas, conjunto de estructuras algebraicas, geométricas o topológicas. || En música, separación entre las rayas del pentagrama. || *loc.* ***Espacio aéreo:*** zona que delimita en la atmósfera el área de soberanía de un Estado; abarca el territorio y las aguas jurisdiccionales de éste. || ***Espacio exterior:*** región del cosmos ubicada más allá de la atmósfera terrestre. || ***Espacio verde:*** superficie que en una zona urbana se reserva para los parques y jardines. || ***Espacio vital:*** área mínima necesaria para que viva una población dada.

espaciosidad *s. f.* Amplitud, cualidad de lo que es espacioso.

espacioso, sa *adj.* Amplio, que tiene mucho espacio disponible o mayor espacio que otros recintos de su misma clase.

espada *s. m.* Arma blanca de hoja larga, recta, cortante y punta aguda, que tiene empuñadura y guarnición. || Cualquiera de las cartas del palo de espadas en los naipes. || Ejercicio de esgrima en el que se utiliza la espada. || *s.* Persona diestra en el manejo de la espada. || En tauromaquia, diestro que mata al toro con el estoque. || *loc.* ***Entre la espada y la pared:*** se dice cuando una persona se encuentra en un dilema sin escapatoria. || ***Espada de Damocles:*** amenaza constante de un peligro o riesgo. || ***Espada de dos filos:*** medio, procedimiento o argumento que, al ser empleado, puede producir dos efectos contrarios, uno positivo y otro adverso.

espadachín, china *s.* Persona que es muy diestra en el manejo de la espada.

espadaña *s. f.* Campanario vertical de una sola pared con huecos para colocar las campanas. || Planta herbácea parecida a una caña, con flores que forman una espiga compacta, que crece junto al agua estancada. *Las espadañas también son conocidas como totoras y su espiga parece una salchicha.*

espadazo *s. m.* Golpe dado con una espada.

espadín *s. m.* Espada de hoja angosta de forma triangular y con empuñadura adornada. || Espada de hoja recta y angosta, con empuñadura en cruz, que usan los cadetes como prenda de gala. || Pez de mar de costumbres gregarias y carne comestible que en las épocas de frío penetra a las desembocaduras de los ríos.

espadón *s. m.* Espada pesada, ancha y grande, que se utilizó entre los siglos XV y XVII. *El espadón se empuñaba con ambas manos.*

espadrapo *s. m.* Esparadrapo.

espagueti *s. m.* Pasta alimenticia de harina de trigo en forma de cordones largos y más gruesos que los fideos.

espalda *s. f.* Parte posterior del cuerpo de los humanos y de algunos animales que se extiende desde los hombros hasta la región lumbar. || Envés, parte posterior de alguna cosa. || *loc.* ***A espaldas de alguien:*** en su ausencia o sin que se entere. || ***Caerse*** o ***irse de espaldas:*** sorprenderse sobremanera por algo. || ***Dar la espalda:*** ignorar, desatender o negar la ayuda a alguien. || *Méx.* ***Espalda mojada:*** persona que cruza ilegalmente de México a Estados Unidos cruzando el río Bravo. || ***Guardar*** o ***cubrir las espaldas:*** protegér a alguien de algún peligro o riesgo. || ***Por la espalda:*** de modo traicionero.

espaldar *s. m.* Espalda, parte posterior del cuerpo. || Parte de un asiento en que descansa la espalda, respaldo. || Conjunto de árboles plantados junto a un muro de modo que sus ramas se apoyen en éste. || Enrejado que se sobrepone a una pared para que por él trepen las enredaderas. || Pieza de la coraza y del coselete de una armadura que cubría la espalda.

espaldarazo *s. m.* Reconocimiento que un superior hace de la capacidad de alguien en alguna actividad. || Golpe que con el plano de la espada se daba a alguien en la espalda como parte de las ceremonias para armarlo caballero.

espaldera *s. m.* Enrejado sobrepuesto a una pared, espaldar. || Conjunto de árboles frutales alineados al aire libre sobre hilos de hierro o sobre una tela. || *pl.* Aparato para gimnasia que consiste en una armazón alta de barras de madera fijada en la pared.

espaldilla *s. f.* Cuarto delantero de las reses. || Omóplato de los animales. || *Méx.* Brazuelo del cerdo.

espantable *adj.* Terrible, que causa espanto.

espantada *s. f.* Abandono repentino de algo, o huida precipitada ocasionada por el miedo. || Huida súbita de un animal.

espantadizo, za *adj.* Que se asusta o espanta con facilidad.

espantado, da *adj.* Que está asustado o tiene miedo.

espantajo *s. m.* Objeto o monigote que se pone en los campos de cultivo para espantar a las aves, espantapájaros. || *fig.* Persona que por su aspecto causa temor infundado. || Persona muy fea o que va vestida de modo ridículo.

espantapájaros *s. m.* Espantajo, muñeco que se pone en los campos de cultivo para espantar a las aves.

espantar *t.* Echar de un lugar, ahuyentar. || *t.* y *pr.* Causar espanto o infundir miedo a alguien, o sentirlo éste.

espanto *s. m.* Miedo, terror. *Ese relato nos causó mucho espanto.* || *Méx.* Alma en pena, fantasma o coco. || *loc.* ***De espanto:*** muy intenso.

espantoso, sa *adj.* Que causa miedo o espanto. || *fig.* Grotesco o muy feo. *Llegó a la fiesta con un vestido espantoso.* || Desmesurado. *Traigo una sed espantosa.*

español, la *adj.* y *s.* Originario de España. || Perteneciente o relativo a España. || *s. m.* Lengua que se habla en España, en los países hispanoamericanos y en algunos territorios que recibieron influencia de la cultura española.

españolismo *s. m.* Palabra, expresión o giro idiomático propios del español que se habla en España. || Admiración o estima a las cosas propias de España. || Carácter español genuino.

españolización *s. f.* Acción y efecto de españolizar o españolizarse.

españolizar *t.* y *pr.* Dar a algo carácter español. || Adaptar una palabra o expresión procedente de otro idioma para darle forma española.

esparadrapo *s. m.* Tira de tela, papel o plástico que tiene una de sus caras recubierta por una sustancia adherente; se usa para sujetar vendajes o gasas en las curaciones de heridas.

esparaván *s. m.* Gavilán, ave de rapiña. || En veterinaria, tumor óseo en la parte interna del corvejón de caballos, burros y mulas.

esparcido, da *adj.* Diseminado, extendido sobre una superficie. || Que es alegre, divertido y festivo.

esparcidor, ra *adj.* Que esparce. || *s. f.* Maquinaria agrícola para esparcir el abono.

esparcimiento *s. m.* Acción y efecto de esparcir. || Conjunto de actividades en que se ocupa el tiempo libre. || Recreo, diversión.

esparcir *t.* y *pr.* Extender, desparramar algo que estaba muy junto o amontonado. || Derramar algo extendiéndolo. *Esparció azúcar sobre los bizcochos.* || Difundir, divulgar algo, sobre todo una noticia o un rumor. || Recrear, divertir.

esparragal *s. m.* Sitio donde se cultivan espárragos.

espárrago *s. m.* Yema tierna y comestible que brota de la raíz de la esparraguera. || Tornillo o perno metálico sin cabeza, con rosca en ambos extremos, que se usa para unir y asegurar dos piezas entre sí. || *loc.* ***Mandar*** o ***enviar a freír espárragos:*** rechazar o despedir a alguien de manera tajante.

esparraguera *s. f.* Hortaliza de tallo recto y hojas en forma de aguja

E

agrupadas en haces, sus flores son pequeñas, de color blanco verdoso; su fruto es una baya roja y los brotes tiernos de su raíz, los espárragos, son comestibles.

espartano, na *adj.* y *s.* Originario de Esparta. || Perteneciente o relativo a Esparta. || De carácter sobrio, firme y severo.

esparto *s. m.* Planta herbácea cuyas hojas producen fibras que se utilizan para confeccionar cuerdas, tejidos bastos y papel. || Fibras obtenidas de las hojas de esta planta.

espasmo *s. m.* Contracción involuntaria, repentina y por lo general dolorosa de las fibras musculares, sobre todo de la musculatura lisa.

espasmódico, ca *adj.* Perteneciente o relativo al espasmo. || Que va acompañado de espasmos. *Un cólico espasmódico.*

espata *s. f.* Bráctea amplia en forma de cono invertido que rodea las inflorescencias de ciertas plantas como los alcatraces.

espatarrarse *pr. fam.* Despatarrarse.

espato *s. m.* Nombre genérico de los minerales que tienen estructura laminar. || *loc.* ***Espato de Islandia:*** variedad de calcita cristalizada transparente y birrefringente que se emplea para fabricar lentes para instrumentos ópticos.

espátula *s. m.* Utensilio en forma de paleta plana. *Las espátulas se hacen de metal, madera o plástico.* || Parte delantera y curvada del esquí. || Ave zancuda semejante a una garza pero de pico ancho, que anida en los cañaverales y las costas.

especia *s. f.* Cualquier planta o sustancia aromática de origen vegetal que se use para sazonar alimentos. *Algunas de las especias más conocidas son la pimienta, el clavo, el azafrán y la nuez moscada.*

especiación *s. f.* En biología, proceso de formación de las especies.

especial *adj.* Particular o singular, en contraposición a general u ordinario. || Que resulta muy apropiado para algún fin o efecto. *Crema especial para combatir las arrugas.* || *loc.* ***En especial:*** de manera particular.

especialidad *s. f.* Parte de una ciencia o arte cuyo cuerpo doctrinario es suficiente para ser ejercida de manera independiente. *Médico con especialidad en gastroenterología.* || Actividad particular a la que alguien que es muy competente en ella se dedica con cierta exclusividad. *Un pintor con especialidad en retratos.* || Producto o platillo en cuya elaboración sobresale una persona, establecimiento o localidad. || Carácter especial, o circunstancia de ser especial. || *loc. fam.* ***Especialidad farmacéutica:*** medicamento.

especialista *adj.* y *s. com.* Persona que se dedica a una especialidad, o que sobresale en ella. || En cinematografía, doble, persona que sustituye al actor principal de una película en las escenas de riesgo o que requieren alguna destreza particular.

especialización *s. f.* Acción y efecto de especializar o especializarse. || En lingüística, fenómeno semántico por el que una palabra restringe el área de su significado.

especializado, da *adj.* Se aplica a la persona que tiene conocimientos especiales en determinada habilidad o rama del saber.

especializar *t.* y *pr.* Adquirir conocimientos especializados en una rama de una ciencia o arte. || *t.* Restringir la potencialidad de alguien o algo para dedicarlo a determinado fin.

especiar *t.* Poner especias a un alimento para sazonarlo.

especie *s. f.* Conjunto de cosas que son semejantes entre sí por poseer caracteres comunes. || Grupo de animales o plantas que tienen aspecto semejante, un tipo particular de hábitat y que son fecundos entre sí pero por lo general estériles con individuos de otras especies. || Clase o tipo de algo. *Calzaba una especie de botas.* || Noticia de un suceso. || Pretexto. *Salió con la especie de que tenía gripe y no quiso salir conmigo.* || *loc.* ***En especie:*** pago que se hace con un género, obra o producto, pero no con dinero. || ***Especie química:*** elemento o sustancia pura.

especiería *s. f.* Establecimiento donde se venden especias. || Conjunto de especias.

especiero, ra *adj.* y *s.* Persona que comercia con especias. || *s. m.* Frasco o recipiente para guardar especias.

especificación *s. f.* Acción y efecto de especificar. || Modo particular de administrar, consumir o utilizar una sustancia o producto.

especificado, da *adj.* Determinado con detalles o datos precisos.

especificar *t.* Precisar o determinar algo basándose en su aspecto característico o distintivo.

especificativo, va *adj.* Que especifica. || En gramática, adjetivo que expresa una cualidad que limita la aplicación de un nombre a determinados objetos de los que designa. || *loc.* ***Oración especificativa:*** la que determina o limita algún elemento de la oración principal.

especificidad *s. f.* Cualidad de específico.

específico, ca *adj.* Propio de una especie, o de una cosa con exclusión de otras. || *s. m.* Medicamento para tratar una enfermedad determinada. || Medicamento fabricado por un laboratorio al por mayor que se expende al público bajo una marca registrada.

espécimen *s. m.* Ejemplar característico de una especie animal o vegetal. || Modelo o muestra de alguna cosa.

especioso, sa *adj.* Dicho de un sabor, que tiene perfume o dejo de especias; se dice sobre todo de los vinos. || *fig.* Engañoso. || Perfecto o precioso.

espectacular *adj.* Que llama mucho la atención o impresiona por ser muy vistoso o fuera de lo común.

espectacularidad *s. f.* Cualidad de espectacular.

espectáculo *s. m.* Acción que se ejecuta en público para recrear o divertir. || Conjunto de las actividades del teatro, el circo y otras diversiones colectivas. || Cosa o acción muy llamativa y vistosa. || *irón.* Acción inconveniente, extravagante o escandalosa que se realiza ante otros.

espectador, ra *adj.* y *s.* Persona que asiste a un espectáculo. || Persona que mira atentamente algo que ocurre.

espectral *adj.* Relativo al espectro.

espectro *s. m.* Fantasma, figura irreal y espantosa que alguien ve o se imagina que ha visto. || *fam.* Persona muy delgada, de aspecto cadavérico. || *fig.* Conjunto de elementos, actividades, aplicaciones o efectos de que algo consta. || En física, conjunto de las líneas cromáticas resultantes de la descomposición de una luz compleja. || En física, distribución de la intensidad de un haz de partículas o de una onda electromagnética o acústica, en función de la energía o la frecuencia. || En medicina, conjunto de bacterias sobre las que actúa un antibiótico. || *loc.* ***Espectro acústico:*** distribución de la intensidad acústica en función de la frecuencia. || ***Espectro atómico*** o ***molecular:*** el que produce la radiación emitida por la excitación de los átomos o de las moléculas. || ***Espectro magnético*** o ***eléctrico:*** figura formada por limaduras de hierro o partículas conductoras colocadas sobre una superficie, que materializa las líneas de fuerza de un campo magnético o eléctrico.

espectrografía *s. f.* Estudio de los espectros por medio del espectrógrafo.

espectrógrafo *s. m.* Aparato para registrar los espectros luminosos en una placa fotográfica. || *loc.* ***Espectrógrafo de masas:*** aparato para separar los átomos de uno o varios cuerpos según sus respectivas masas.

espectrograma *s. m.* Imagen, ya sea fotografía o diagrama, de un espectro.

espectroscopia *s. f.* En física, estudio de los espectros. || *loc.* ***Espectroscopia de radiofrecuencias*** o ***herciana:*** conjunto de los estudios que se realizan sobre los fenómenos de interacción resonante, en especial de resonancia magnética entre átomos, moléculas y ondas hercianas. || ***Espectroscopia nuclear:*** estudio, según su energía, de la distribución de las radiaciones electromagnéticas y de las partículas emitidas por un núcleo atómico excitado.

espectroscopio *s. m.* Instrumento que se usa para observar los espectros luminosos.

especulación *s. f.* Acción y efecto de especular. || Adquisición a precio de oportunidad de mercancías, efectos públicos o valores para obtener lucro en su reventa. || En filosofía, conocimiento teórico que no persigue otro interés que la contemplación del objeto.

especulador, ra *adj.* y *s.* Que especula.

especular[1] *t.* e *intr.* Reflexionar, meditar sobre algo. || *intr.* Negociar o comerciar, sobre todo en condición ventajosa para obtener ganancias o provecho. || Realizar operaciones financieras a fin de obtener ganancias a partir de las variaciones de los precios de los tipos de cambio o las acciones de la bolsa. || *intr.* y *pr.* Hacer suposiciones o hipótesis sin base real.

especular[2] *adj.* Perteneciente o relativo a un espejo. *Imagen especular.* || Se dice de los minerales compuestos por hojas brillantes, como la mica. || *loc.* ***Alucinación especular:*** tipo de alucinación en que el sujeto ve su propia imagen como si se reflejara en un espejo. || ***Pulido especular:*** pulido perfecto de una pieza mecánica. || ***Simetría especular:*** en física y matemáticas, simetría respecto a un plano.

especulativo, va *adj.* Perteneciente o relativo a la especulación. *Prácticas comerciales especulativas.* || Que es dado a la especulación. *Su carácter especulativo lo lleva a pensar mucho y hacer poco.* || Que tiene aptitud para especular.

espéculo *s. m.* Instrumento médico que se utiliza para examinar determinadas cavidades del cuerpo por reflexión de la luz.

espejear *intr.* Relucir como un espejo. *La superficie del lago espejeaba con la luz del Sol.* || *Méx.* Utilizar los espejos laterales y el retrovisor al conducir un vehículo.

espejeo *s. m.* Espejismo. || Acción y efecto de espejear.

espejismo *s. m.* Fenómeno óptico en el que se ve la imagen invertida de objetos lejanos, cual si se reflejaran en la superficie del agua. *Los espejismos son producidos por la reflexión total de la luz cuando atraviesa capas de aire que tienen distinta densidad.* || *fig.* Apariencia seductora y engañosa de algo.

espejo *s. m.* Superficie lisa y pulida que puede reflejar las cosas. || Vidrio recubierto de azogue u otro material por su parte posterior, de manera que ofrece una cara que refleja la luz y las imágenes de los objetos. || *fig.* Persona o cosa que representa a otra. *La conducta de ese joven es el espejo de los vicios de su padre.* || *fig.* Persona o cosa digna de ser imitada. || *loc.* ***Espejo de Venus:*** orquídea silvestre de forma mimética con la del abejorro que la poliniza; también se le llama orquídea abeja espejo. || ***Espejo ustorio:*** espejo cóncavo que, al concentrar los rayos solares en su foco, puede inflamar materiales.

espejuelo *s. m.* Reflejo que se produce en ciertas maderas que han sido cortadas a lo largo de los radios medulares. || Utensilio de caza que sirve para atraer a las alondras. || En mineralogía, nombre que se da al yeso cristalizado en láminas brillantes. || *pl.* Lentes, cristales de las gafas o anteojos.

espeleología *s. f.* Ciencia que estudia las cavernas. || Deporte que consiste en explorar las cavernas.

espeleológico, ca *adj.* Perteneciente o relativo a la espeleología.

espeléologo, ga *s.* Persona que se dedica a la espeleología.

espeluznante *adj.* Horroroso, que pone los pelos de punta, que espeluzna.

espeluznar *t.* y *pr.* Causar, o sentir, un miedo tan intenso que se ponen los pelos de punta.

espera *s. f.* Acción y efecto de esperar. || Paciencia, calma, facultad de saber contenerse y no obrar de manera irreflexiva. || En derecho, plazo que señala un juez para presentar documentos o ejecutar algo. || *loc.* ***A la espera,*** o ***en espera de:*** con la esperanza de que algo suceda o se lleve a cabo. || ***Circuito de espera:*** sobrevuelo que hacen las aeronaves en los alrededores de un aeropuerto mientras esperan su turno de aterrizar.

esperable *adj.* Que se puede esperar, que es de esperarse.

esperado, da *adj.* Deseado, querido.

esperanto *s. m.* Idioma basado en la máxima internacionalidad de las raíces de las palabras y la invariabilidad de los elementos léxicos. *El esperanto fue creado en 1887 por el oftalmólogo ruso Lázaro Zamenhof.*

esperanza *s. f.* Estado de ánimo en que pensamos posible lo que deseamos. || En matemáticas, valor medio de una variable aleatoria o de una distribución de posibilidad. || En la religión cristiana, virtud teologal por la que se espera la salvación y bienes que Dios ha prometido. || *loc.* ***Esperanza de vida:*** años que se espera que un individuo pueda llegar a vivir comparando su edad con el promedio obtenido para su especie y hábitat.

esperanzado, da *adj.* Que tiene esperanzas de lograr o conseguir algo.

esperanzador, ra *adj.* Que inspira o infunde esperanza.

esperanzar *t.* Infundir o dar esperanza a alguien.

esperar *t.* Tener esperanza de obtener lo que se desea. || Creer que va a ocurrir algo, en particular si es favorable o positivo. || Mantenerse en un sitio donde se presume que ha de llegar alguien u ocurrir algo. || *intr.* Suspender la ejecución de algo hasta que ocurra otra cosa. *Esperaba que dieran las doce para empezar a comer.* || Ser inminente o inmediata una cosa. *Una gran victoria nos espera.* || Poner en alguien la confianza de que hará algún bien que se desea. *Espero en Dios que la operación sea un éxito.*

esperma *s. m.* Semen, secreción de las glándulas sexuales masculinas. || Sustancia grasa que se extraía de las cavidades craneales del cachalote para emplearse en la fabricación de velas y medicamentos untables hasta que la caza del cetáceo fue vedada.

espermaceti *s. m.* Sustancia grasa, cristalizable a 6 °C, que produce el cachalote y se aloja en su principal y masiva cavidad frontal del cráneo. Le sirve como balastro, para controlar la flotabilidad y además protege el cerebro de las altas presiones y bajas temperaturas de las profundidades oceánicas. Se usó como material lubricante para instrumentos de precisión, como excipiente en farmacia y para fabricar velas.

espermafito, ta *adj.* y *s.* Fanerógamo, planta superior con flores generalmente hermafroditas.

espermático, ca *adj.* Perteneciente o relativo al esperma.

espermatogénesis *s. f.* Proceso de formación de los espermatozoides o gametos masculinos en el testículo.

espermatozoario *s. m.* Espermatozoide de los animales irracionales.

espermatozoide *s. m.* Célula pequeña y móvil, haploide, que transporta el material genético masculino; gameto o célula sexual masculina.

espermatozoo *s. m.* Espermatozoario.

espermicida *adj.* y *s. m.* Sustancia inhibidora de la actividad de los espermatozoides, usada como anticonceptivo.

esperpéntico, ca *adj.* Perteneciente o relativo al esperpento. || Se dice del lenguaje, del estilo y otras características propias de los esperpentos. || *fam.* Feo, espantoso, estrafalario.

esperpento *s. m.* Hecho grotesco, desatinado. || Género literario en cuyas obras se deforma la realidad exagerando sus rasgos grotescos y empleando de manera creativa y algo disparatada el lenguaje coloquial. Es creación de Ramón del Valle-Inclán, escritor de la generación española del 98. || *fam.* Persona o cosa de notable fealdad y desaliño.

espesamiento *s. m.* Acción y efecto de espesar.

espesante *adj.* y *s. com.* Que espesa o da más cuerpo a una sustancia líquida o semilíquida. *La harina de maíz se usa como espesante de salsas.*

espesar *t.* Volver más densa alguna cosa. || Hacer algo más compacto y tupido, apretándolo, como se hace con los textiles. || *pr.* Juntarse dos o más cosas y apretarse unas con otras, como hacen las plantas y árboles silvestres.

espeso, sa *adj.* Que tiene mucha densidad o condensación una sustancia líquida o gaseosa. *Humo espeso, crema espesa.* || Que dos o más cosas están muy juntas y apretadas. *Arboleda espesa, ramo espeso de flores.* || Grueso, corpulento, macizo. *Muro espeso, tela espesa.* || *fam. Arg. Per.* y *Ven.* Pesado, impertinente, molesto.

espesor *s. m.* Grosor de un cuerpo. || Densidad o condensación de un fluido o de una masa.

espesura *s. f.* Cualidad de espeso. || Sitio muy arbolado con sotobosque y malezas.

espetar *t.* Atravesar con el asador o con el espetón u otro hierro puntiagudo una carne, un ave, pescado, etc., para colocarlos sobre el fuego y asarlos. || Atravesar un cuerpo con un instrumento puntiagudo o clavarlo en él. || *fam.* Decir a alguien, de palabra o por escrito, algo fuerte y desagradable que le cause sorpresa o molestia. || *pr.* Ponerse rígido y erguido, simulando seriedad y dándose aires majestuosos.

espetón *s. m.* Fierro largo y delgado con al menos un extremo puntiagudo, como el asador. || Instrumento largo de hierro provisto de un gancho para atizar el fuego de leña. || Alfiler de cabeza, largo y grande.

espía *adj.* y *s. com.* Persona o dispositivo electrónico que con secreto y disimulo observa y escucha lo que se le indica, y pasa la información a quien está interesado en ella. *El espía industrial, la espía informática, el satélite espía.* || Persona (o dispositivo) al servicio de una potencia extranjera que vigila los movimientos y averigua la información reservada, generalmente de carácter militar, de un país enemigo.

espiar *t.* Acechar y observar con disimulo a alguien. || Hacerse con informaciones secretas sobre un país o una empresa.

espichar *t.* Punzar con un objeto puntiagudo. || *intr.* Morir, llegar al término de su vida una persona.

espiche *s. m.* Arma o instrumento puntiagudo. || Estaca pequeña que se usa para cerrar un agujero, como en las cubas de vino o en los botes o lanchas para que no les entre agua.

espiga *s. f.* Inflorescencia formada por flores hermafroditas, generalmente opuestas y alternas, que se asientan a lo largo de un eje. || Fructificación de esa inflorescencia. || Grano de los cereales a excepción del maíz. || Parte de una herramienta o de otro objeto, delgada para introducirla en el mango. || Parte de la espada donde se asegura la guarnición. || Parte desbastada de un madero para ajustarla a otro con el que debe ensamblar. || Parte más angosta del escalón de caracol por donde se une al eje de la escalera. || Clavo de madera con que se unen dos o más tablas. || Clavo de hierro, pequeño y sin cabeza. || Badajo de la campana. || Espoleta de las granadas explosivas.

espigado, da *adj.* Se dice de la planta anual que ha llegado a su completa madurez y producido la semilla. || Se dice del árbol de tronco delgado y alto. || Dicho de una persona: esbelta y alta. || Que tiene forma de espiga.

espigador, ra *s.* Persona que recoge las espigas que quedan o han caído en la siega. || En carpintería, máquina para labrar las espigas para ensamblaje.

espigar *t.* Recoger las espigas de los cereales domesticados, que quedan entre el rastrojo. || Recolectar datos en varias fuentes, reuniendo información. || *intr.* Dicho de los cereales comestibles, empezar a echar sus espigas.

espigón *s. m.* Punta de palo que sirve para aguijar a las bestias. || Espiga o punta de un clavo o de un instrumento agudo. || Cerro alto, pelado y puntiagudo. || Borde saliente construido en las márgenes de un río o en la costa marina. || Eje o columna de una escalera de caracol.

espiguilla *s. f.* Cinta angosta, en zigzag o con flecos que sirve para guarniciones. || Cada una de las pequeñas espigas que forman la principal en algunos cereales como la avena y el arroz. || En textiles y tejidos de punto, dibujo formado por una línea como eje y otras laterales decrecientes y paralelas entre sí además de oblicuas al eje.

espín *s. m.* En física, momento intrínseco de rotación de una partícula elemental o de un núcleo atómico.

espina *s. f.* Púa que nace del tejido leñoso, y más raramente del vascular, de algunas plantas. || Astillita de madera, esparto u otra materia áspera. || Cada una de las piezas alargadas y puntiagudas que salen de la espina dorsal de los peces, o forman parte de las aletas. || En los animales vertebrados, espinazo, columna vertebral. || *fig.* Pesar íntimo y persistente. || *loc.* ***Espina bífida:*** malformación del extremo inferior de la espina dorsal que ocasiona la profusión de la médula y consiguientes trastornos neurológicos y musculares. || ***Dar mala espina:*** provocar recelo, preocupación o duda. || ***Sacar*** o ***sacarse la espina:*** acabar con un problema o desarraigar algo malo o perjudicial.

espinaca *s. f.* Planta hortense, comestible, anual, de la familia de las quenopodiáceas, con hojas radicales, estrechas y suaves, que se consumen crudas o guisadas.

espinal *adj.* y *s. com.* Perteneciente o relativo a la espina.

espinar *t.* y *pr.* Punzar o herir con un objeto puntiagudo, clavarse una espina. || Poner espinos o plantas espinosas alrededor de un lugar para evitar el paso de gente y bestias.

espinazo *s. m.* Columna vertebral de los animales irracionales. || En arquitectura, clave de una bóveda o de un arco. || *loc.* ***Doblar el espinazo:*** humillarse, obedecer servilmente.

espinela *s. f.* Piedra fina parecida al rubí por su color rojo.

espineta *s. f.* Clavicordio pequeño de una sola cuerda en cada orden.

espinilla *s. f.* Parte anterior de la canilla de la pierna, entre el tobillo y la rodilla. || Comedón, obstrucción de un poro por exceso de secreción de la glándula sebácea correspondiente.

espinillera *s. f.* Pieza protectora para la espinilla, usada en algunos deportes y trabajos. || Parte de la armadura antigua que defendía la espinilla.

espino *s. m.* Arbusto europeo de la familia de las rosáceas con ramas espinosas, hojas lampiñas y de borde aserrado, flores blancas, olorosas y en corimbo, con fruto ovoide revestido de una piel delgada y rojiza, y pulpa dulce con dos semillas casi esféricas. || *Arg.* Arbusto de las leguminosas de hojas divididas, flores perfumadas dispuestas en inflorescencias esféricas y fruto seco e indehiscente. || *Cub.* Arbusto silvestre de la familia de las rubiáceas muy ramoso y espinoso.

espinoso, sa *adj.* Que tiene espinas. || Arduo, difícil, inconveniente.

espinudo, da *adj. Amér.* Que tiene espinas.

espionaje *s. m.* Acción y efecto de espiar. || Actividad secreta dirigida a la obtención de datos reservados de un país, sobre campos como el militar y el económico. || Actividad ilegal consistente en obtener datos de importancia industrial, científica, económica. || Organización dedicada a espiar.

espira *s. f.* Cada una de las vueltas de una espiral o de un hélice. || En arquitectura clásica, parte de la basa de la columna que está encima del plinto.
espiración *s. f.* Acción y efecto de espirar.
espiráculo *s. m.* Orificio respiratorio de muchos artrópodos terrestres y algunos vertebrados acuáticos.
espiral *s. f.* Curva plana que da vueltas indefinidamente alrededor de un punto, alejándose más de él en cada una de ellas. || Hélice. || Sucesión creciente de hechos. *Espiral inflacionaria, espiral de crímenes.*
espirar *t.* e *intr.* Exhalar un cuerpo buen o mal olor. || Tomar aliento, alentar. || Expeler al aire aspirado.
espirilo *s. m.* Bacteria flagelada con forma de espiral.
espiritismo *s. m.* Doctrina que supone que hay maneras para comunicar a los vivos con los espíritus de los muertos.
espiritista *adj.* y *s. com.* Perteneciente o relativo al espiritismo. || Partidario o seguidor de esa doctrina.
espiritoso, sa *adj.* Vivo, animoso, eficaz, que está lleno de espíritu. || Dicho de los licores, que exhalan vapores etílicos.
espíritu *s. m.* Ser inmaterial dotado de razón, como ángeles y demonios. || Alma racional del ser humano. || Don especial que Dios otorga a algunas personas. *Espíritu de servicio, espíritu de profecía.* || Principio generador, carácter íntimo o esencia de algo. *Espíritu de la ley, espíritu de la historia.* || Principio vital de los cuerpos animados. || Ánimo, valor, brío. || Vapor etílico muy sutil que emana de los vinos y licores.
espiritual *adj.* y *s. com.* Perteneciente o relativo al espíritu. || Muy religiosa y poco apegada a lo material.
espiritualidad *s. f.* Naturaleza y condición de espiritual. || Cualidad de las cosas espiritualizadas o reducidas a la condición eclesiástica. || Obra o cosa espiritual. || Conjunto de ideas referentes a la vida espiritual.
espiritualismo *s. m.* Doctrina filosófica que reconoce la existencia de seres espirituales además de la de los materiales. || Sistema filosófico que sostiene la esencia espiritual y la inmortalidad del alma, oponiéndose al materialismo.
espiritualista *adj.* y *s. com.* Partidario o seguidor del espiritualismo. || Que sustenta alguna idea u opinión particular sobre la espiritualidad.
espiritualización *s. f.* Acción y efecto de espiritualizar.
espiritualizar *t.* y *pr.* Hacer espiritual a alguien por medio de la gracia divina y el espíritu de piedad. || Considerar espiritual lo que de suyo es corpóreo. || Convertir la autoridad legítima algunos bienes en eclesiásticos, de modo que su dueño pueda ordenarse y servirse de ellos para fines canónicos. || Sutilizar, adelgazar, atenuar.
espirituoso, sa *adj.* Espiritoso.
espirometría *s. f.* En medicina, medición de la capacidad respiratoria de los pulmones.
espirómetro *s. m.* Aparato usado en medicina para realizar espirometrías.
espiroqueta *s. f.* En microbiología, bacteria que se caracteriza por tener el cuerpo en forma de hélice; forma un taxón al cual pertenecen numerosas especies patógenas para el hombre como el treponema.
espita *s. f.* Medida lineal de un palmo. || Canuto o tubito que se introduce en el agujero de la cuba para que por él salga el licor o el vino que ésta contiene. || Dispositivo semejante para vaciar los fluidos de un recipiente.
espitar *t.* Poner espita a un recipiente.
esplendente *adj.* Que esplende.
esplender *intr.* Resplandecer, brillar, despedir luz.
esplendidez *s. f.* Cualidad de espléndido.
espléndido, da *adj.* Magnífico, excelente. || Generoso, liberal.
esplendor *s. m.* Resplandor, lustre, luminosidad. || Nobleza, grandiosidad. || Apogeo, auge.
esplendoroso, sa *adj.* Muy brillante, resplandeciente. || Impresionante por su hermosura o grandeza.
espliego *s. f.* Planta de la familia de las labiadas, con tallos leñosos, hojas elípticas y flores azules o lila en espiga, semillas elipsoidales de color gris. Toda la planta es muy aromática. Se extrae aceite esencial usado en perfumería.
esplín *s. m.* Tedio melancólico.
espolear *t.* Picar con la espuela a la cabalgadura para que obedezca o para que ande a más velocidad. || Estimular, incitar a alguien para que haga algo.
espoleta *s. f.* Dispositivo que se coloca en las granadas, bombas o torpedos para iniciar la explosión correspondiente.
espolón *s. m.* Apófisis ósea en forma de cuernito que tienen las aves en la parte posterior de los tarsos. || Bordo construido en la playa o en las orillas de los ríos y barrancos para impedir el paso de las aguas o el deslave del terreno. || Pieza de hierro aguda y afilada que sobresalía en las ruedas de los carros de guerra o en la proa de las antiguas naves de combate. || Ramal corto y escarpado que parte de una sierra en dirección casi perpendicular a ella. || En medicina, crecimiento calcáreo anómalo que forma una protuberancia en la parte plantar del hueso calcáneo.
espolvorear *t.* Esparcir sobre algo una materia reducida a polvo.
espóndilo *s. m.* En anatomía, cada una de las vértebras de la espina dorsal.
espongiario *s. m.* Animal metazoario acuático, generalmente marino, cuyo cuerpo informe tiene un endoesqueleto calcáreo o silicoso y numerosos poros. Forma colonias adheridas al lecho marino. Su tipo es la esponja.
espongiario, ria *adj.* Perteneciente o relativo al grupo animal que incluye a las esponjas.
esponja *s. f.* Ejemplar de espongiario. || Esqueleto de espongiario que se usa como útil de aseo corporal. || Pieza de hule espuma u otro material similar y poroso con que se sustituye a bajo costo el esqueleto del espongiario.
esponjado *s. m.* Porción de masa esponjosa hecha de azúcar cocido, clara de huevo y jugo de limón que se deshace en agua fría para endulzarla y darle sabor.
esponjado, da *adj. Méx.* Esponjoso.
esponjamiento *s. m. Arg. Bol.* y *Nic.* Acción y efecto de esponjar o esponjarse.
esponjar *t.* y *pr.* Ahuecar o hacer más poroso un cuerpo. || Envanecerse, ensoberbecerse una persona. || *Méx.* Dar un baño de esponja.
esponjosidad *s. f.* Cualidad de esponjoso.
esponjoso, sa *adj.* Poroso, hueco y de menor peso de lo que corresponde al volumen de un cuerpo.
esponsales *s. m. pl.* Mutua promesa de casarse que hacen el varón y la mujer. || Promesa de matrimonio hecha con las formalidades de la ley y cuya ruptura o incumplimiento acarrea sanciones.
espontaneidad *s. f.* Cualidad de espontáneo. || Expresión fácil y natural del pensamiento.
espontáneo, nea *adj.* Voluntario, por propio deseo o impulso. || Que se produce sin cultivo ni cuidado del hombre. || Que se produce o manifiesta sin causa aparente. *Se probó la falsedad de la generación espontánea de las moscas.*
espora *s. f.* Célula reproductiva de las criptógamas.
esporádico, ca *adj.* Ocasional, sin enlace visible con antecedentes o consecuentes.
esporangio *s. m.* Órgano vegetal consistente en una cavidad donde se originan, se alojan y maduran las esporas.
esposado, da *adj.* y *s.* Desposado. || Sujeto con esposas o manillas.
esposar *t.* Sujetar las manos con esposas o manillas.
esposas *s. f. pl.* Pareja de manillas o aros metálicos unidos por eslabones, con que se sujetan y aprisionan las manos de una persona.
esposo, sa *s.* Persona casada. || Persona que ha celebrado esponsales conforme a las leyes.

E

espray *s. m.* Aerosol compuesto de un líquido adhesivo y un gas propelente. || *loc.* ***En espray:*** presentado en forma de aerosol enlatado.
esprea *s. f. Méx.* Tapa o mecanismo que deja pasar la nafta o gasolina del depósito al motor del automóvil.
espuela *s. f.* Espiga de metal con una rodaja o estrella de puntas, la cual sale de un semicírculo metálico que se ajusta al talón del calzado y se sujeta al pie con correas. Sirve para picar los ijares del caballo. || Estímulo, incentivo. || *loc.* ***Picar espuelas:*** clavarlas en los ijares de la cabalgadura para acelerar el paso; por extensión y figuradamente, darse prisa en una actividad o asunto.
espulgar *t.* y *pr.* Limpiar de pulgas o piojos el cuerpo, la ropa o las coberturas de cama. || Registrar o revisar algo analizándolo minuciosamente.
espuma *s. f.* Conjunto de burbujas que se forman en los líquidos y se adhieren unas a otras con más o menos consistencia. || Coloide formado por la mezcla de aire con un líquido, cuando éste es agitado con fuerza o elevada su temperatura. || *loc.* ***Subir como espuma:*** elevarse de condición o aumentar la fortuna rápidamente.
espumadera *s. f.* Cuchara o paleta con perforaciones con que se retira la espuma de caldos y guisados. También sirve para sacar del aceite caliente lo que se ha frito y escurrirlo.
espumajo *s. m.* Espumarajo.
espumante *adj.* Referido a lo que hace espuma, en especial algunos tipos de vinos.
espumar *t.* Quitar la espuma a algo líquido, como el caldo o la cerveza. || *intr.* Hacer espuma, al agitar o batir un líquido.
espumarajo *s. m.* Saliva espesa y espumosa arrojada en gran cantidad por la boca, generalmente a consecuencia de un estado patológico o de un acceso epiléptico. || *loc.* ***Echar alguien espumarajos por la boca:*** estar descompuesto por la cólera o la ira.
espumear *intr. Méx.* Espumar, hacer espuma.
espumoso, sa *adj.* Que tiene o produce mucha espuma. *El espumoso mar, un vaso de leche espumosa.* || Que se convierte en espuma. *Vino espumoso.*
espurio, ria *adj.* Bastardo, degenerado, impuro. *Sus aspiraciones eran espurias.* || Falso, engañoso o producto del engaño. *Al cura le colgaban un hijo que resultó espurio.*
esputar *t.* Arrojar esputo los enfermos.
esputo *s. m.* Mezcla de saliva, flemas y sangre que arroja por la boca quien se encuentra enfermo de afecciones pulmonares como bronquitis, asma, tuberculosis y cáncer del pulmón.
esquejar *t.* Plantar esquejes, colocarlos en la tierra de cultivo.
esqueje *s. m.* Tallo o cogollo que se planta en tierra para reproducir vegetativa y asexualmente una planta.
esquela *s. f.* Carta breve que antes solía cerrar en forma triangular. || Papel impreso o litografiado en el que se comunican invitaciones, se participan decesos o ceremonias religiosas. || Aviso del deceso de alguien, que se publica dentro de un marco de luto en el diario o periódico, indicando fecha y hora del velatorio y el entierro. || *loc.* ***Tamaño esquela:*** en papeles y cuadernos, el de media carta.
esquelético, ca *adj.* Perteneciente o relativo al esqueleto. || *fig.* y *fam.* Muy flaco.
esqueleto *s. m.* Conjunto de piezas duras y rígidas llamadas huesos, articuladas en ciertas partes, que constituye la armazón de los animales vertebrados. En el hombre está formado por entre 206 y 212 huesos, contando los osículos auriculares, además de los sesamoideos y los wormianos, cuyo número es variable. || Cubierta resistente, que integra gránulos calcáreos y silíceos y recubre el cuerpo de muchos invertebrados. || Persona muy flaca. || Armazón o estructura de algo. || En botánica, planta disecada. || *Amér.* Machote, formulario o modelo impreso con blancos para llenar a mano con la información pertinente.
esquema *s. f.* Representación gráfica de objetos, procesos, organizaciones, ideas, etc. *Dibujar el esquema de una flor, hacer el esquema de un motor, presentar el esquema de unas elecciones.* || Resumen de un texto donde se enumeran sus rasgos principales y más generales. *Escribí el esquema de mi próximo discurso; hice un esquema del capítulo para el examen.* || Idea o concepto que dentro de un campo del saber o del quehacer humano condiciona la actuación, el comportamiento y aun el tipo de pensamiento dentro de los mismos. *Kuhne afirma que la ciencia progresa a través de la ruptura de esquemas.* || *loc.* ***Romper alguien los esquemas:*** salirse de lo comúnmente aceptado. || ***Romperle a alguien los esquemas:*** dejarlo desconcertado, desorientado, sin saber qué hacer.
esquemático, ca *adj.* Perteneciente o relativo al esquema. || *desp.* Que se concentra en las líneas generales, pero no repara en detalles ni matices.
esquematismo *s. m.* Procedimiento esquemático para la exposición de ideas, proyectos y doctrinas. || Conjunto de esquemas empleados por un autor con el propósito didáctico de hacer más entendibles sus ideas.
esquematización *s. f.* Acción y efecto de esquematizar.
esquematizar *t.* Representar algo por medio de esquemas. || Describir o exponer algo por sus rasgos esenciales, sin dar detalles.
esquí *s. m.* Patín muy largo, hecho de material ligero y flexible, que se usa en cada pie para deslizarse por la nieve, el hielo o sobre el agua. || Deporte practicado con esquíes o esquís. || *loc.* ***Esquí acuático:*** el que se practica remolcado por una lancha con motor fuera de borda. || ***Esquí alpino:*** el que se practica sobre nieve y en parajes montañosos, valorándose la velocidad, la destreza para sortear curvas y obstáculos, y la limpieza del descenso a gran velocidad.
esquiador, ra *s.* Persona que esquía, especialmente por deporte.
esquife *s. m.* Bote que se lleva en el navío para saltar a tierra y algunos otros usos. || En arquitectura, cañón cilíndrico de bóveda.
esquila *s. f.* Campanita usada como cencerro del ganado menor, como ovejas y cabras. || Campana de poco tamaño para convocar a los actos de comunidad en los conventos y otras casas de religiosos.
esquilado, da *adj.* Se aplica a los animales que tienen el pelo cortado o rapado.
esquilador, ra *adj.* y *s.* Que esquila o sirve para ello. || Persona cuyo oficio es esquilar. || Máquina que realiza la esquila automática.
esquilar *t.* Cortar el pelo, vellón o lana de las ovejas y otros ganados.
esquileo *s. m.* Acción y efecto de esquilar.
esquilmado, da *adj.* Infecundo, estéril. || Empobrecido, despojado, arruinado.
esquilmar *t.* Recoger el producto de haciendas, heredades o ganados. || Absorber excesivamente la planta el nutrimento de la tierra. || Agotar una fuente de riqueza al extraerle mayor provecho del debido.
esquilmo *s. m.* Conjunto de frutos y provechos que se obtiene de las tierras y ganados propiedad de alguien. || *Hond.* y *Méx.* Provecho accesorio de poca cuantía que se obtiene de la agricultura o la ganadería, aparte del principal.
esquimal *adj.* y *s.* Se dice del pueblo de estirpe mongola que habita en grupos dispersos el margen ártico de Norteamérica, Groenlandia y Siberia. Se encuentra dividido no sólo por la geografía sino por otros rasgos por lo que culturalmente constituye un conjunto de etnias. || Individuo perteneciente a dicho grupo humano. || Perteneciente o relativo a quienes viven en esa zona, a su lengua o a sus costumbres.
esquina *s. f.* Arista, parte donde convergen o se unen dos lados de una cosa, o dos planos que forman ángu-

lo. || En el boxeo y otros deportes y espectáculos, cada uno de los cuatro ángulos del *ring*, en dos opuestos están los asistentes y médicos de los contrincantes. || *loc.* ***Doblar la esquina:*** pasar de una calle a la transversal. || ***Hacer esquina un edificio:*** hallarse situado en la esquina de la manzana o del grupo de construcciones del que forma parte. || ***Pedir esquina:*** solicitar al conductor del transporte público que pare en la esquina de la cuadra para que uno descienda. Por referencia al boxeo, darse por vencido, declararse derrotado.

esquinado, da *adj.* Oblicuo. || *fig.* Se dice de la persona de trato difícil.

esquinar *t.* Hacer esquina. || Poner algo en esquina. || Escuadrar, pone en ángulo recto una tabla o listón de madera. || Indisponer una persona con otra.

esquinazo *s. m. fam.* Esquina de un edificio. || *Méx.* Chocar con una esquina o frente a ella. || *loc.* ***Dar esquinazo a alguien:*** rehuir o evitar a alguien en la calle, doblando la esquina o variando la dirección de la marcha. Dejar plantado a alguien.

esquinera *s. f. Amér.* Rinconera, mueble que está diseñado para acomodarse a la esquina de una habitación. || Pieza que se coloca en las esquinas. || Prostituta que ejerce su oficio apostada en un esquina de la calle.

esquinero *s. m. Arg. Hond. Méx.* y *Uy.* Poste que hace esquina en corrales, potreros o alambradas.

esquirla *s. f.* Astilla desprendida de un hueso por fractura o por enfermedad ósea. || Fragmento irregular y de bordes cortantes desprendido por choque o explosión de un cristal, de un metal o un artefacto.

esquirol *adj.* y *s.* Persona que se alquila para sustituir a un huelguista en su puesto de trabajo, volviendo ineficaz la huelga. || *desp.* Operario que no se adhiere a una huelga.

esquisto *s. m.* Roca de color negro azuloso que se fragmenta con facilidad en forma de hojas.

esquite *s. m. Méx.* Del náhuatl *izquitl*, rosetas o palomitas de maíz. || Guiso preparado con elote desgranado y cocido en agua con epazote y tequesquite, que se adereza con sal y chile seco molido.

esquivar *t.* Evitar, rehusar, rehuir. || *pr.* Retraerse, excusarse.

esquivez *s. f.* Cualidad de esquivo.

esquivo, va *adj.* Huraño, desdeñoso.

esquizofrenia *s. f.* En psiquiatría, grupo de enfermedades mentales caracterizadas por la disociación de las funciones psíquicas y la incapacidad de establecer una relación constante con la realidad. Se les supone un origen deficitario de ciertos neurotransmisores. Sin la medicación correspondiente, desembocan en la demencia.

esquizofrénico, ca *adj.* y *s.* Que presenta características de la esquizofrenia o semejantes a ella. || Perteneciente o relativo a la esquizofrenia. || Que la padece.

esquizoide *adj.* Que propende a la esquizofrenia.

estabilidad *s. f.* Cualidad de estable.

estabilización *s. f.* Acción y efecto de estabilizar.

estabilizador *s. m.* Dispositivo añadido a una aeronave o a un automóvil para incrementar su estabilidad.

estabilizador, ra *adj.* Que estabiliza.

estabilizar *t.* Dar estabilidad.

estable *adj.* y *s. com.* Que se mantiene firme, sin peligro de caer, cambiar o desaparecer. || Que permanece en un mismo sitio durante mucho tiempo. || Que conserva el equilibrio, y si lo pierde, lo recupera pronto.

establecedor, ra *adj.* y *s.* Que establece.

establecer *t.* Fundar, instituir. *Establecer una colonia, establecer un fideicomiso.* || Mandar, ordenar que se haga algo. *El código establece pena corporal para el infractor.* || Demostrar, probar una ley, principio, hipótesis o teoría. *Newton estableció que a toda acción corresponde una reacción de igual fuerza pero de sentido opuesto.* || *pr.* Fijar la residencia de uno en un lugar, avecindarse. *La aristocracia se estableció en la traza de la ciudad.* || Abrir uno por su cuenta un negocio industrial, comercial o de servicios. *El abuelo se estableció como banquero y los nietos siguen en el ramo.*

establecido, da *adj.* Determinado, fijado o fundado. || *loc.* ***Orden establecido:*** organización social, política, económica o ideológica vigente en una comunidad.

establecimiento *s. m.* acción y efecto de establecer o de establecerse. || Institución, erección o fundación. || Cosa fundada, instituida o erigida. || Lugar donde de manera permanente se ejerce una industria o una profesión. *Un establecimiento tabacalero, un establecimiento médico.* || Local comercial.

establero *s. m.* Hombre que cuida y se encarga de un establo.

establo *s. m.* Lugar techado y con ventilación donde se guarece el ganado para su descanso y alimentación.

estabulación *s. f.* Acción y efecto de estabular.

estabular *t.* Guardar y criar el ganado en establos.

estaca *s. f.* Palo derecho con un extremo afilado para clavarlo. || Rama verde cortada y plantada en tierra para que eche raíces y se haga árbol. || Palo largo y resistente que puede usarse como bastón. || Clavo de fierro, de treinta a cuarenta centímetros de longitud, usado para clavar vigas y maderos. || *loc.* ***Estar alguien a la estaca:*** hallarse escaso de recursos, facultades o libertad. || ***No dejar estaca en pared:*** destruir todo, arrasarlo.

estacada *s. f.* Obra defensiva hecha con estacas clavadas muy juntas en la tierra. || Plantío de estacas para que se hagan árboles. || Obra militar hecha con estacas separadas a intervalos regulares de cinco centímetros y unidas con listones horizontales de madera para resguardo de las trincheras, las cunetas de los caminos y otros sitios. Dejó de usarse con el advenimiento de las armas modernas. || *loc.* ***Dejar a alguien en la estacada:*** abandonar a alguien en malas circunstancias o en situación comprometida.

estacado *s. m.* Empalado. || Vallado para cercar un terreno dedicado a la crianza de ganado o a la agricultura.

estacar *t.* Clavar en tierra una estaca, generalmente para dejar sujeta a ella una bestia. || Marcar un terreno rodeándolo de estacas clavadas en el suelo. || *Amér.* Clavar al suelo con estaquitas los cueros estirados que se han de curtir. || Sujetar a alguien a una estaca para torturarlo.

estacazo *s. m.* Golpe dado con una estaca. || Golpe fuerte, choque de mucha intensidad.

estación *s. f.* Cada una de las cuatro partes en que se divide el año: primavera, verano, otoño e invierno. || Tiempo, temporada. *La estación de caza del faisán, la estación calurosa.* || Sitio donde paran ferrocarriles, autobuses foráneos, el tren metropolitano. || Edificios y dependencias donde se alojan las oficinas de dichas paradas establecidas. || Instalaciones y oficinas de policía y bomberos. || Punto donde se reciben y despachan mensajes de telecomunicaciones. || Cada uno de los altares, cruces o imágenes que indican las partes en que se divide el via crucis y donde por devoción se rezan ciertas oraciones los jueves y viernes de la Semana Santa. || En astronomía, detención aparente de los planetas en sus órbitas, a causa de la combinación de los movimientos propios de estos cuerpos celestes y los de la Tierra. || En telecomunicaciones, emisora de ondas radiales o televisivas.

estacionado, da *adj.* Se aplica al vehículo que está detenido y acomodado en un lugar. || Estancado.

estacional *adj.* y *s. com.* Que tiene estacionalidad. || Perteneciente o relativo a las estaciones del año.

estacionalidad *s. f.* Relación de dependencia con una estación del año. *Gripe estacional, migración estacional.*

E

estacionamiento *s. m.* Acción y efecto de estacionar o de estacionarse. || Área o recinto para estacionar vehículos. || Sitio en la calle donde puede estacionarse un automóvil. || Cuartel, alojamiento o campamento donde se encuentre estacionada la tropa.

estacionar *t.* y *pr.* Situar en un lugar, colocar; pararse o ponerse en un sitio. || Dejar parado un vehículo en un lugar por un lapso corto de tiempo. || Estancarse, permanecer estacionario, no avanzar en propósitos, logros, metas, proyectos o planes.

estacionario, ria *adj.* Que se mantiene en el mismo estado, lugar o situación. || En física, se dice del fenómeno que se repite de manera idéntica a lo largo del tiempo.

estacón *s. m.* Estaca grande y pesada.

estada *s. f.* Permanencia o demora en un sitio.

estadía *s. f.* Estancia, permanencia en un lugar. || Tiempo que permanece una persona posando como modelo para un pintor o escultor. || En comercio, cada uno de los días que transcurren después del plazo convenido para cargar o descargar un buque mercante, por los cuales se debe pagar indemnización a la naviera propietaria de la nave.

estadígrafo, fa *s.* Persona encargada de elaborar estadísticas.

estadio *s. m.* Recinto circular u oval con graderías en todo su perímetro para el público asistente a competiciones deportivas. || Lugar público de 125 pasos geométricos de longitud en su eje mayor, donde se ejercitaban los caballos de carreras y los hombres en diversas especialidades deportivas como la carrera y la lucha. || Antigua medida lineal equivalente a 125 pasos geométricos, es decir, unos 185 metros. || Etapa o fase de un proceso. *Estadio prenatal del desarrollo encefálico, estadio final de una enfermedad.*

estadista *s. com.* Persona con gran saber y experiencia en los asuntos de gobierno. || Antiguamente, encargado de describir la población, riqueza y civilización de un poblado, provincia o nación.

estadística *s. f.* Estudio de los datos cuantitativos de la población, los recursos naturales, la producción, el comercio interno y externo, así como las demás manifestaciones sociales susceptibles de cuantificarse. || Conjunto de estos datos. || Rama de las matemáticas dedicada al manejo de grandes volúmenes de datos con el fin de obtener inferencias probabilísticas acerca del fenómeno objeto de estudio.

estadístico, ca *adj.* y *s.* Perteneciente o relativo a la estadística. || Persona cuya especialidad es la estadística.

estado *s. m.* Situación o condición en que se halla algo o alguien. || Cada uno de los estamentos o clases en que se dividía la sociedad: la nobleza, el clero y el tercer estado formado por los plebeyos. || Conjunto de territorio, población y gobierno de un país. || Conjunto de los cuerpos y órganos de gobierno de un país soberano. || Cada una de las divisiones territoriales y políticas en que se divide una federación política. || En física, cada una de las formas de mayor o menor agregación en que se presenta la materia: sólido, líquido, gaseoso, plasma, cada uno con sus propiedades físicas. || *loc.* ***Estado civil:*** condición legal del individuo en relación con sus derechos y obligaciones civiles. || ***Estado de ánimo:*** coloración afectiva que para el individuo determina su modo de percibir el entorno. || ***Estado de bienestar:*** sistema de organización social en el que se procura compensar las deficiencias e injusticias de la economía de mercado a través de prestaciones, subsidios y exenciones especiales para los menos favorecidos. || ***Estado de excepción:*** situación de grave alteración pública en la que las autoridades declaran la suspensión de ciertos derechos y garantías constitucionales para proteger al estado. || ***Estado de guerra:*** aquél en el que por estar en conflicto bélico un país, sus autoridades civiles pasan sus facultades a las militares, y tanto personas como bienes quedan a disposición de las fuerzas armadas.

estadounidense *adj.* y *s.* Oriundo de los Estados Unidos de América. || Perteneciente o relativo a dicho país.

estafa *s. f.* Acción y efecto de estafar. || Delito consistente en causar a alguien un perjuicio o daño patrimonial mediante el engaño, por ánimo de lucro.

estafador, ra *s.* Persona dedicada a la estafa.

estafar *t.* Solicitar con maña dinero o cosas de valor a sabiendas de que no se reintegrarán al propietario. || Cometer alguno de los delitos tipificados por el lucro como finalidad y el engaño como medio.

estafeta *s. f.* Oficina postal. || Sucursal del correo donde se recolecta la correspondencia que se envía a la casa central de envíos postales. || Correo especial para el servicio diplomático. || Correo ordinario que iba a caballo de una población a otra en un itinerario. || En las carreras deportivas de relevos, rollo de madera pintado con los colores del equipo, que cada corredor entrega al que ha de correr la siguiente etapa.

estafilococo *s. m.* Cada una de las bacterias grampositivas con cuerpo esférico que suelen formar colonias en racimo.

estalactita *s. f.* Formación calcárea cónica y con la punta hacia abajo, formada en las cavernas por la filtración de agua con carbonato de calcio disuelto.

estalagmita *s. f.* Formación calcárea cónica con la punta hacia arriba, formada en las cavernas por la filtración de agua carbonatada que cae de las estalactitas.

estallar *intr.* Reventar de golpe una cosa produciendo estruendo o chasquido. || Sobrevenir, ocurrir violentamente. *Estallar un incendio, estallar un motín.* || Sentir violenta y repentinamente una persona alguna pasión o afecto. *Estallar de alegría, estallar de ira.*

estallido *s. m.* Acción y efecto de estallar.

estambre *s. m.* Parte del vellón que se compone de hebras más largas que el resto. || Hilo grueso formado de multitud de filamentos más delgados y retorcidos juntos, de lana o fibra acrílica, que sirve para tejer prendas de punto. || En botánica, órgano masculino en las flores de las fanerógamas, formado por la antera cargada de polen y un filamento que la sostiene.

estamental *adj.* y *s. com.* Perteneciente o relativo al estamento. || Conformado o estructurado en estamentos.

estamento *s. m.* Estrato o sector de la sociedad definido por un estilo común de vida y semejante función social. *Estamento burgués, estamento militar, estamento obrero.*

estameña *s. f.* Tela sencilla y ordinaria, tejida de lana burda. *Los hábitos de las monjas solían ser de estameña.*

estampa *s. f.* Reproducción de una imagen (cuyo original puede ser fotografía, litografía, xilografía, dibujo u otros) trasladada e impresa en papel. || Papel o tarjeta con esta reproducción. || Por antonomasia, hojita o tarjeta con una imagen religiosa. || Figura total de una persona o animal. || Impresión de un texto, tenga o no ilustraciones. *Dar un libro a la estampa.* || *loc.* ***Maldita sea (mi, tu, su) estampa:*** expresión para insultar o maldecir a alguien o renegar de la situación de una persona.

estampación *s. f.* Acción y efecto de estampar.

estampado *s. m.* Acción y efecto de estampar.

estampado, da *adj.* Se dice de la tela o tapiz adornado con motivos, dibujos o diseños impresos, por lo general mecánicamente, en ellos, aunque existen técnicas manuales y artesanales. || Se dice del objeto fabricado por presión o percusión del material en un molde. *Medalla estampada, friso estampado.*

estampador, ra *adj.* y *s.* Que estampa. || Persona cuyo oficio es estampar.

estampadora *s. f.* Máquina para efectuar el estampado en metales, madera o barro. || Máquina que estampa telas.

estampar *t.* Imprimir, hacer estampas o producirlas con molde. || Dar forma a una plancha metálica entre dos matrices que se comprimen por percusión. || Hacer marca o huella por compresión o golpe en un material blando. *Estampar la mano en la mejilla de alguien.* || *t.* y *pr.* Arrojar a alguien contra algo haciéndolo chocar o colisionar uno con alguna cosa. *Se estampó en un poste, lo estamparon en la pared.*

estampida *s. f.* Resonancia. || Huida impetuosa y desordenada de una persona o animal, y particularmente de un conjunto de ellos.

estampido *s. m.* Ruido fuerte, seco y ensordecedor como el producido por un trueno o el disparo de un cañón.

estampilla *s. f.* Especie de sello que contiene en facsímile la firma y rúbrica de una persona o un letrero para estampar en ciertos documentos. || Sello de correos o fiscal.

estampillado, da *adj.* Acción y efecto de estampillar. || Que porta las estampillas de ley.

estampillar *t. Esp.* Marcar o sellar algo con estampilla.

estancado, da *adj.* Dicho de un líquido, especialmente del agua, que ha detenido su curso y se encuentra acumulado en algún lugar. || *fig.* Se dice del asunto, negocio o proceso que está suspendido o detenido.

estancamiento *s. m.* Acción y efecto de estancar o estancarse.

estancar *t.* y *pr.* Detener o detenerse el curso de un fluido, especialmente el agua. || Obstruir o suspender el curso de un trámite, negocio, asunto o proceso. || *t.* Haber prohibición para el comercio de cierto producto o mercancía, convirtiéndose ésta en monopolio del Estado o de alguna entidad.

estancia *s. f.* Permanencia en un lugar determinado. || Parte de una casa que se utiliza para la convivencia familiar y para recibir visitas. || *Arg. Chil. Per.* y *Uy.* Hacienda ganadera y agrícola. || *Cub. R. Dom.* y *Ven.* Casa de campo con huerta, próxima a la zona urbana de una ciudad. || En poesía, estrofa formada por versos heptasílabos y endecasílabos, con rima libre, y composición poética hecha a base de dichas estrofas.

estanciero, ra *s.* Dueño de una estancia o finca campestre, o persona que se ocupa de su mantenimiento.

estanco *s. m. Esp.* Establecimiento donde se venden mercancías controladas, en particular tabaco, cigarros y fósforos. || Monopolio para la producción o venta de una mercancía que concede el Estado, ya sea en arrendamiento o administrado directamente por él.

estanco, ca *adj.* Que está completamente cerrado. || *loc.* ***Compartimiento estanco:*** cosa que es totalmente independiente de otro.

estándar o **standard** *adj.* Hecho conforme a una norma de fabricación, un tipo o un modelo. || Que es aceptado o utilizado comúnmente. || *s. m.* Norma que se establece en una empresa para la fabricación de un producto, un método de trabajo, un nivel de calidad. *Este producto fue hecho bajo estrictos estándares.* || *loc.* ***Desviación estándar:*** en estadística, desviación tipo. || ***Estándar de vida:*** nivel de vida. || ***Precio estándar:*** el que se establece para todos los costos de una empresa con el fin de obtener resultados contables independientes de la variación en los precios.

estandardización *s. f.* Estandarización.

estandardizar *t.* Estandarizar.

estandarización *s. f.* Acción y efecto de estandarizar. || En sociología, proceso por el cual un patrón común moldea las ideas, actitudes y gustos de la sociedad.

estandarizado, da *adj.* Se dice de lo que tiene características estándar, que se adapta a una norma, modelo o tipo.

estandarizar *t.* Uniformar, simplificar o normalizar algo para establecer un estándar. || *pr.* Perder algo sus características distintivas o cualidades originales. *Un efecto notorio de la globalización es que estandariza las costumbres sociales.*

estandarte *s. m.* Bandera o insignia de un cuerpo militar montado, una corporación de aviación o una agrupación civil o religiosa. *Los estandartes son banderas cortas, por lo general en forma cuadrilonga, que penden de una vara perpendicular a un asta portátil.* || En botánica, pétalo superior de la corola de las flores de las plantas papilonáceas. || En ornitología, conjunto de las barbas y barbillas de una pluma de ave.

estanque *s. m.* Depósito artificial que se construye para recoger agua y conservarla estancada.

estanquero *s. m.* Dueño de un estanque, o trabajador encargado de darle mantenimiento.

estanquillo *s. m.* Establecimiento donde se venden géneros estancados. || *Ecua.* Taberna. || *Méx.* Tienda pequeña donde se expenden al menudeo diversas mercancías empacadas.

estante *s. m.* Tabla horizontal adosada a la pared, o que forma parte de un mueble, para colocar cosas encima de ella. || *Amér.* Pilar de madera muy resistente que, en las regiones tropicales, sirve de sostén al armazón de las casas.

estantería *s. f.* Mueble formado por estantes.

estantigua *s. f.* Fantasma espantoso, o visión que empavorece. || Procesión nocturna de fantasmas vestidos de monjes. || *fig.* y *fam.* Persona muy alta y delgada, fea y mal vestida.

estañado *s. m.* Acción y efecto de estañar.

estañado, da *adj.* Se dice de la pieza metálica que ha sido recubierta con estaño.

estañador, ra *s.* Persona cuyo oficio consiste en estañar. || *adj.* Que sirve para estañar.

estañar *t.* Recubrir con estaño una pieza u objeto de otro metal. || Soldar algo con estaño.

estaño *s. m.* Elemento químico metálico, de color blanco brillante, como la plata, duro, dúctil y maleable. Entre otras de sus aplicaciones, se emplea en el envasado de alimentos y se aplica en soldaduras y en odontología. En aleación con el cobre, da origen al bronce. Su número atómico es 50 y su símbolo *Sn.*

estar *intr.* y *pr.* Hallarse una persona o cosa en determinado lugar o situación. *Tus calcetines están en el tendedero.* || Permanecer estable temporalmente en cierto lugar o circunstancia. *Está haciendo el doctorado.* || Encontrarse dispuesto para algo. *La mesa está servida.* || Vivir o trabajar con alguien. || Acudir a un sitio o entrevistarse con alguien para un asunto. *Mañana estará con su editor para hablar de su nuevo libro.* || Ser causa o motivo de algo. *El error está en que no consideran todos los aspectos del tema.* || Alcanzar algo un precio determinado en un mercado. *Esos zapatos están a doscientos pesos.* || Atravesar por determinada emoción o mostrar cierta actitud. *El jefe está enojadísimo, mejor ni te le acerques.* || *loc.* ***Estar de más:*** sobrar, estorbar o ser inútil. || ***Estar en todo:*** ser capaz de atender con diligencia y eficacia varias cosas a un tiempo. || *Méx.* ***Estar en veremos:*** hallarse estancado un trabajo, plan o proyecto, sin que sea posible saber cuándo va a realizarse. || ***Estar por verse:*** ser dudoso que algo suceda o se lleve a cabo.

estarcido *s. m.* Dibujo o decorado hecho con la técnica de estarcir, y la técnica misma.

estarcir *t.* Estampar figuras pasando una brocha con pigmento, o aplicando pintura en rocío, sobre plantillas en las que se ha calado el motivo deseado.

estárter *s. m.* Dispositivo que facilita el arranque de los motores de explosión mediante el enriquecimiento de la mezcla carburante. || Cepa inicial de bacterias con que se inicia un proceso biológico, sea por sinergia de

E

éstas con otras o por su multiplicación, por ejemplo para fabricar yogur.
estatal *adj.* Perteneciente o relativo al Estado.
estatalización *s. f.* Estatización, acción de convertir una empresa privada en empresa estatal.
estatalizar *t.* Estatizar, transferir servicios, empresas o instituciones que eran privadas a la propiedad, o bajo la administración, del Estado.
estática *s. m.* Parte de la mecánica que estudia el equilibrio de los sistemas de fuerzas y las leyes respectivas.
estático, ca *adj.* Perteneciente o relativo a la estática. || Que permanece en un mismo estado, sin moverse ni cambiar. || *fig.* Que se ha quedado paralizado por la emoción o el asombro.
estatificación *s. f.* Acción y efecto de estatificar.
estatificar *t.* Poner un Estado bajo su intervención servicios, empresas o instituciones que eran de propiedad privada.
estatismo[1] *s. m.* Cualidad de lo estático.
estatismo[2] *s. m.* Sistema político en que el gobierno tiene intervención directa en los campos económico y social.
estátor *s. m.* En tecnología, parte fija de un generador o motor eléctrico.
estatua *s. f.* Escultura que representa una figura humana o animal a imitación del natural. || *loc.* ***Estatua ecuestre:*** la que representa algún personaje a caballo.
estatuaria *s. f.* Arte de esculpir estatuas.
estatuario, ria *adj.* Perteneciente o relativo a las estatuas o a la estatuaria. || Que resulta adecuado para hacer una estatua. || Semejante a una estatua por sus proporciones o belleza.
estatuir *t.* Determinar y establecer aquello que debe regir a personas o actividades. || Demostrar y dejar sentado como verdad un hecho o una doctrina.
estatura *s. f.* Medida de la altura de una persona de los pies a la cabeza.
estatus *s. m.* Posición social. *Esa familia elevó su estatus cuando su hija se casó con un empresario rico.*
estatutario, ria *adj.* Relativo a los estatutos o que se halla estipulado en ellos.
estatuto *s. m.* Conjunto de normas que rigen la vida y la organización de una comunidad.
éste *pron.* Pronombre demostrativo que, al igual que *ésta, éstos, éstas* y *esto,* señalan algo que está muy cercano a la persona que habla.
este[1] *s. m.* Oriente, punto cardinal por donde sale el Sol. || Lugar o región situados en dirección a ese punto. || *adj.* y *s.* Se dice del viento que sopla desde dicho punto.
este[2] *adj.* Adjetivo demostrativo que al igual que *esta, estas, estos,* expresa proximidad de algo, en espacio y tiempo, a la persona que habla.
estela[1] *s. f.* Franja de turbulencia que deja tras de sí un cuerpo que se desplaza en un fluido, por ejemplo una lancha de motor sobre un lago. || Rastro o señal que deja en el aire un cuerpo en movimiento. *La estela de humo de un avión.*
estela[2] *s. f.* Monumento monolítico semejante a una columna o a una lápida que se coloca en posición vertical sobre el suelo. *Las estelas son por lo general monumentos conmemorativos.*
estelado *s. m.* Tipo de cardo de hojas y raíz comestibles; tiene tallos espinosos, flores azuladas y frutos en aquenio que, al madurar, se desprenden y son arrastrados por el viento.
estelar *adj.* Perteneciente o relativo a las estrellas. || *fig.* Principal, de gran importancia o categoría. *Mi actor favorito hará el papel estelar en la nueva película.* || *loc.* ***Ganglio estelar:*** ganglio cervical del sistema simpático cuyas ramificaciones tienen forma de estrella.
esteliforme *adj.* Que tiene forma de estela o lápida.
estenografía *s. f.* Taquigrafía.
estenografiar *t.* Escribir en taquigrafía.
estenográfico, ca *adj.* Perteneciente o relativo a la estenografía.
estenógrafo, fa *s.* Persona que domina y practica la estenografía.
estenordeste *s. m.* Estenoreste, punto del horizonte que se halla equidistante entre el este y el noreste. Se abrevia ENE.
estenosis *s. f.* En medicina, estrechamiento de un orificio o de un conducto del cuerpo.
estenotipia *s. f.* Máquina con un reducido número de teclas que, mediante combinaciones de éstas, logra obtener palabras o sílabas completas en cada pulsación para poder escribir a la misma velocidad en que se habla. || Técnica de escribir en una de estas máquinas.
estentóreo, rea *adj.* Se dice de la voz o sonido muy ruidoso, fuerte y que retumba.
estepa *s. f.* Ecosistema semiárido, propio de climas extremosos, formado por terrenos llanos y extensos, con escasa vegetación en la que predominan las hierbas bajas y los matorrales.
estepario, ria *adj.* Relativo a la estepa o propio de ella.
éster *s. m.* Compuesto químico orgánico, resultante de la acción de un ácido carboxílico sobre un alcohol con eliminación de agua. *Algunos ésteres tienen aromas semejantes a los de frutas como la frambuesa, la piña o el plátano.*
estera *s. f.* Tejido de fibras vegetales, de textura gruesa, que se utiliza generalmente como alfombra.
estercolero *s. m.* Sitio donde se acumula el estiércol para su fermentación y posterior empleo como abono orgánico. || *fig.* Lugar muy sucio y maloliente.
estéreo *adj.* Apócope de estereofónico. || *s. m.* Estereofonía.
estereofonía *s. f.* Técnica de reproducción de sonidos grabados o radiodifundidos que se caracteriza por la reconstitución espacial de las fuentes sonoras.
estereofónico, ca *adj.* Perteneciente o relativo a la estereofonía. *Un sonido estereofónico es registrado de manera simultánea desde dos o más puntos, de manera que al ser reproducido, da sensación de envolver al escucha.*
estereografía *s. f.* Técnica para representar los sólidos mediante proyecciones sobre un plano.
estereográfico, ca *adj.* Relativo a la estereografía, o realizado con esta técnica.
estereoscopio *s. m.* Instrumento óptico que, al superponer dos imágenes planas, da la impresión de que éstas forman una sola imagen en relieve. *El estereoscopio fue inventado por sir Charles Wheatstone en 1840.*
estereotipar *t.* En imprenta, fundir en una plancha, mediante el vaciado, la composición completa de un molde integrado por caracteres movibles. || Imprimir utilizando estas planchas. || *fig.* Repetir, sin variación alguna y de manera recurrente, un gesto, comportamiento, fórmula o manera de expresarse.
estereotipia *s. f.* En artes gráficas, procedimiento de imprimir composiciones tipográficas realizadas sobre planchas fundidas. || Máquina para estereotipar. || En psicología, repetición involuntaria, sistemática y recurrente de alguna expresión, comportamiento, gesto o palabra, que caracteriza algunas enfermedades mentales.
estereotipo *s. m.* En artes gráficas, cliché que se obtiene al colar el plomo fundido. || Concepción o imagen simplista de algún aspecto o personaje que es comúnmente aceptada por un grupo social. *La publicidad recurre a numerosos estereotipos.*
estéril *adj.* Que no produce fruto, o que no puede producir nada. || Que está libre de microbios. || En biología, se dice del animal incapaz de reproducirse por medios naturales. || *s. m.* Roca que no contiene minerales aprovechables.
esterilidad *s. f.* Cualidad de lo estéril. || En biología, incapacidad de un ma-

cho para fecundar o de una hembra para concebir.

esterilización *s. f.* Acción y efecto de esterilizar. || Operación quirúrgica que se practica a una persona o animal para eliminar su capacidad reproductiva.

esterilizado, da *adj.* Que se ha vuelto estéril. || Que está libre de gérmenes.

esterilizador, ra *adj.* Que esteriliza. || *s. m.* Aparato para esterilizar instrumentos quirúrgicos o utensilios.

esterilizar *t.* y *pr.* Volver, o volverse algo, estéril. || *t.* En medicina y bacteriología, destruir los microorganismos que, al hallarse en un medio determinado, podrían provocar una infección. || Practicar a una persona o animal una intervención quirúrgica para eliminar su capacidad reproductiva.

esterilla *s. f.* Tela basta tejida con hilos gruesos bastante separados entre sí. || *Arg. Chil. C. R. Ecua.* y *Uy.* Tejido ralo cuya trama es parecida a la del cañamazo. || *Arg.* y *Ecua.* Rejilla para confeccionar asientos.

esternocleidomastoideo *adj.* y *s. m.* Músculo largo y fuerte que se inserta en el esternón, la clavícula y la apófisis mastoides.

esternón *s. m.* Hueso plano, situado en la parte anterior de la caja torácica, en el que, en el ser humano, se insertan las diez primeras costillas.

estero *s. m.* Zona de un litoral que se inunda durante la pleamar. || *Amér.* Brazo formado por afluentes que comunican unos ríos con otros. || *Bol. Col.* y *Ven.* Terreno cenagoso, humedal. || *Chil.* Arroyo o riachuelo.

esteroide *adj.* y *s. m.* Compuesto químico orgánico de origen animal o vegetal; posee una cadena carbonada con cuatro núcleos cíclicos enlazados. *De los esteroides se derivan compuestos como hormonas y ácidos biliares.*

estertor *s. m.* Respiración difícil y sibilante, semejante a un ronquido, característica de la agonía y el estado de coma. || En medicina, ruido burbujeante que, al auscultar, se percibe en las vías respiratorias congestionadas de un paciente.

esteta *s. com.* Persona inclinada al aprecio de la belleza del arte, que antepone ésta a cualquier otro valor. || Especialista en estética.

estética *s. f.* Teoría filosófica que trata de la belleza de la forma y la emoción que ésta despierta en el ser humano. || Teoría que trata de la belleza en el arte. || Aspecto exterior de alguien o algo desde el punto de vista de la belleza de la forma. *Compraron un sofá de dudosa estética.* || *loc.* ***Estética industrial:*** rama del diseño que aúna los criterios estéticos a la utilidad de los objetos producidos.

esteticismo *s. m.* Doctrina, o actitud, que da primordial importancia a los valores estéticos, en particular en el arte y la literatura.

esteticista *adj.* Perteneciente o relativo al esteticismo. || *s. com.* Persona cuyo oficio es embellecer o cuidar el cuerpo humano a base de cosméticos o tratamientos de belleza.

estético, ca *adj.* Perteneciente o relativo a la estética. || Se dice de lo que es bello en su forma o artístico. || *s. f. Méx.* Establecimiento donde se brindan tratamientos de belleza, cortes de cabello y otros servicios similares. || *loc.* ***Cirugía estética:*** rama de la cirugía plástica cuyo objeto es mejorar o embellecer el aspecto externo de alguna parte del cuerpo.

estetoscopio *s. m.* Instrumento médico para auscultar mediante la ampliación de los sonidos del pecho y otras partes del cuerpo. *Un estetoscopio consta de un disco de metal unido a un tubo flexible que se bifurca y dos auriculares en los extremos de éste.*

estiaje *s. m.* Caudal mínimo, o nivel más bajo de un curso de agua que se da en determinada época del año. || Periodo que dura tal condición.

estiba *s. f.* Acción y efecto de estibar. || En marina, conveniente colocación de las mercancías en un barco.

estibador, ra *s.* Persona que por oficio estiba mercancías en los muelles.

estibar *t.* Acomodar materiales o cosas sueltas apretándolos, para que ocupen el menor espacio posible. || Cargar y descargar mercancías en los muelles. || En marina, distribuir la carga de un barco de manera conveniente.

estiércol *s. m.* Excremento de animal. || Abono natural compuesto por excrementos animales, detritos vegetales y otras materias orgánicas en descomposición.

estigma *s. m.* Marca que se hacía con hierro candente sobre alguna parte del cuerpo de alguien, como signo de esclavitud o como castigo. || *fig.* Señal de bajeza moral, de infamia o deshonra. *El estigma de la corrupción.* || En botánica, parte superior del pistilo. || En medicina, señal que aparece en el cuerpo a causa de algún proceso patológico. || En zoología, orificio respiratorio de las tráqueas de los arácnidos e insectos. || *pl.* Llagas similares a las de Jesucristo que se manifiestan en ciertos místicos católicos.

estigmatización *s. f.* Acción y efecto de estigmatizar.

estigmatizador, ra *adj.* y *s.* Que estigmatiza.

estigmatizar *t.* Marcar a alguien con un hierro candente. || Desacreditar o ultrajar a alguien públicamente.

estilar *intr.* Practicar, tener por costumbre, usar. *Aunque ya no se estile el sombrero para las mujeres, sigue siendo una prenda muy elegante.* || *t.* Extender un documento oficial de acuerdo al formulario correspondiente.

estilete *s. m.* Puñal de hoja angosta y afilada. || Instrumento quirúrgico que sirve para ver la dirección y profundidad de una herida.

estilismo *s. m.* Tendencia de quienes producen obras literarias a cuidar más la forma que el contenido. || Profesión y actividad del estilista.

estilista *s. com.* Escritor u orador que sobresale por lo esmerado de su estilo. || Persona cuya profesión consiste en cuidar y mejorar el estilo y la imagen de otras.

estilística *s. f.* En lingüística, estudio científico del estilo con base en criterios léxicos, fonéticos, sintácticos y retóricos.

estilístico, ca *adj.* Perteneciente o relativo al estilo.

estilización *s. f.* Acción y efecto de estilizar o estilizarse.

estilizado, da *adj.* Se aplica a los objetos resaltados en sus elementos más característicos. *Las pinturas del Greco están muy estilizadas, altera su forma y proporciones y las hace parecer sobrenaturales.* || Fino, esbelto. *Desde que David hace ejercicio su figura está más estilizada.*

estilizar *t.* Representar alguna cosa destacando de manera selectiva sus rasgos más característicos, según el efecto que se quiera lograr. || *t.* y *pr.* Hacer o hacerse más esbelto.

estilo *s. m.* Manera peculiar de pensar, actuar o vivir. || Conjunto de características o rasgos que particularizan a alguien o algo. || Modo peculiar de crear o interpretar obras artísticas, musicales o literarias distintivo de una época. || Punzón metálico que se empleaba para escribir sobre tarjetas de cera. || *Arg.* y *Uy.* Canción típica que se acompaña con guitarra. *El estilo tiene una parte lenta en compás binario y otra rápida en compás ternario.* || En botánica, región media del pistilo que se halla entre el ovario y el estigma. || *loc.* ***Por el estilo:*** se usa para indicar que algo tiene una leve similitud con otra cosa. || ***Tener estilo:*** tener personalidad y ser elegante.

estilográfico, ca *adj.* y *s.* Instrumento para escribir que tiene un depósito de tinta líquida en el mango.

estima *s. f.* Valoración o consideración que se hace de alguien o algo. || Estimación, cariño o afecto que se siente por alguien o algo. || En marina, cálculo de la situación de un barco basada en los rumbos que ha seguido y las distancias que ha navegado.

estimable *adj.* Que es digno de aprecio y estima.

estimación *s. f.* Acción y efecto de estimar, calcular algo. || Aprecio y consideración hacia alguien o algo. || En estadística, busca de uno o varios parámetros característicos de una población en la que se ha efectuado un muestreo.

estimador, ra *adj.* y *s.* Que estima.

estimar *t. intr.* y *pr.* Atribuir un valor a algo. || *t.* y *pr.* Sentir cariño o afecto por alguien o algo. || Creer, juzgar, suponer. || En estadística, realizar una estimación.

estimativo, va *adj.* Que es una estimación, un cálculo aproximado.

estimulación *s. f.* Acción y efecto de estimular.

estimulador, ra *adj.* Que estimula.

estimulante *adj.* Estimulador, que estimula. || *s. m.* Sustancia o medicamento que promueve, facilita o aumenta la actividad de un órgano o una función del organismo.

estimular *t.* Provocar que alguien sienta un intenso deseo de hacer algo. || Hacer que algo, sobre todo una función orgánica, se active.

estímulo *s. f.* Incitación, motivación para hacer algo. || En biología, agente físico, químico o mecánico que desencadena una reacción o activa las funciones de un organismo.

estío *s. m.* Verano.

estipendiar *t.* Dar estipendio a alguien.

estipendiario, ria *s.* Persona que cobra o recibe estipendio. || *ant.* Tributario, persona obligada a pagar impuestos a un rey.

estipendio *s. m.* Remuneración que se paga a una persona a cambio de su trabajo o servicios.

estípite *s. m.* En arquitectura, columna en forma de pirámide truncada cuya base menor está hacia abajo. *Junto con las columnas salomónicas, los estípites fueron característica sobresaliente de la arquitectura barroca.* || En botánica, tronco simple, no ramificado, que termina en un penacho de hojas, como el de las palmeras.

estipulación *s. f.* Pacto o convenio, en particular si se hace verbalmente. || Cláusula contenida en un contrato o documento similar.

estipular *t.* Acordar o convenir algo. || En derecho, determinar de manera verbal las condiciones de un contrato.

estirado *s. m.* Operación industrial para obtener mayor longitud y menor grosor de un tubo o una barra. || En la elaboración de hilados, operación para adelgazar las tiras de fibras textiles. || En la industria vidriera, procedimiento continuo para fabricar vidrio plano a partir de la masa vítrea blanda.

estirado, da *adj.* Se dice de la persona orgullosa que se muestra distante en su trato con los demás.

estiramiento *s. m.* Acción y efecto de estirar o estirarse. || *s. f.* Ensoberbecimiento, orgullo arrogante.

estirar *t.* y *pr.* Aplicar fuerzas opuestas en ambos extremos de algo para alargarlo. || Poner o ponerse tenso y tirante. || Mover o desplegar brazos y piernas lentamente para desperezarse o desentumecerse. || *pr.* Crecer rápidamente un niño o un adolescente. || *t.* En tecnología, realizar el estirado de una pieza metálica o de fibra textil. || *fig.* Administrar el dinero o los recursos a fin de que alcancen para cubrir el mayor número de necesidades posible. || *intr.* Hacer fuerza sujetando el extremo de algo para tensarlo.

estireno *s. m.* Hidrocarburo bencénico de olor penetrante que se utiliza como materia prima para elaborar resinas sintéticas y plásticos.

estirón *s. m.* Acción de estirar algo con un tirón brusco. || Aumento rápido en la estatura de un niño o adolescente.

estirpe *s. f.* Linaje, línea de ancestros de la que proviene una persona.

estival *adj.* Perteneciente o relativo al estío. *Clima estival.*

esto *pron.* Pronombre demostrativo neutro; se utiliza para referirse a objetos o situaciones que se han aludido anteriormente, a los que señala sin nombrarlos.

estocada *s. f.* Acción de clavar el estoque. || Lesión producida por el pinchazo del estoque.

estocástico, ca *adj.* Que está sujeto al azar, impredecible. || *s. f.* En matemáticas, teoría estadística de los procesos que son aleatorios en el tiempo, como la secuencia de tiradas de un dado.

estofa *s. f.* Tela de lana o seda con figuras formadas por su propio tejido, como el brocado. || *fig.* Clase, calidad, calaña. || *loc.* ***De baja estofa:*** se dice de la gente ruin, despreciable y grosera.

estofado[1] *s. m.* Cocimiento a fuego lento de la carne en un recipiente con tapa y acompañada por verduras y sazonadores. || Guiso elaborado con este procedimiento.

estofado[2] *s. m.* Acción y efecto de estofar una tela. || Acción y efecto de adornar las partes doradas de una escultura con motivos similares a una tela estofada.

estofador, ra *s.* Persona cuyo oficio consiste en estofar.

estofar[1] *t.* Cocer a fuego lento y en un recipiente bien tapado, carne y otros alimentos.

estofar[2] *t.* Raspar con una punta el color que se ha aplicado sobre algunas partes del dorado de una escultura en madera, para que el oro quede al descubierto. || Pintar al temple y en relieve sobre oro bruñido. || Acolchar una tela.

estoicismo *s. m.* Doctrina filosófica de la antigüedad que acepta al universo como un todo regido por la razón y predica que deben aceptarse el destino, el dolor y la muerte. || Fortaleza ante las adversidades y austeridad en el modo de vida.

estoico, ca *adj.* Perteneciente o relativo al estoicismo, o partidario de esta doctrina. || *fig.* Que se muestra indiferente tanto al placer, como al dolor. || *fig.* Que se comporta con entereza ante la adversidad.

estola *s. f.* Prenda de abrigo femenina en forma de una tira larga y ancha. *Las estolas sirven para cubrir el cuello y los hombros.* || Ornamento litúrgico de los clérigos que consiste en una tira de tela que se ensancha en los extremos. || Prenda de vestir semejante a una túnica pero ceñida por la cintura que utilizaban los antiguos griegos y romanos.

estolidez *s. f.* Falta de raciocinio, estupidez.

estólido, da *adj.* y *s.* Persona que carece de raciocinio, estúpido.

estolón *s. m.* En botánica, tallo rastrero terminado en una yema, que cada cierto trecho echa raíces de las que nace una nueva planta. *La fresa tiene estolones aéreos y la menta, subterráneos.*

estoma *s. m.* Abertura microscópica en la superficie de las hojas o tallos de las plantas verdes. *Los estomas son fundamentales para la función de la fotosíntesis.*

estomacal *adj.* Perteneciente o relativo al estómago. || Licor o medicamento que, al tonificar al estómago, favorece la digestión.

estomagante *adj.* Antipático, desagradable.

estomagar *t.* y *pr.* Causar algo indigestión o sufrirla alguien.

estómago *s. m.* Parte del tubo digestivo situada entre el esófago y el intestino delgado. *El estómago tiene forma de bolsa y en él se produce el jugo gástrico.* || *loc.* ***Revolverse el estómago:*** sentir náuseas. || ***Tener buen estómago:*** ser inescrupuloso.

estomatitis *s. f.* Inflamación de la mucosa de la boca.

estomatología *s. f.* Parte de la medicina que estudia y trata las enfermedades de la boca.

estomatológico, ca *adj.* Perteneciente o relativo a la estomatología.

estomatólogo, ga *s.* Médico especialista en estomatología.

estonio, nia *adj.* y *s.* Nacido en Estonia. || Perteneciente o relativo a Estonia. || *s. m.* Lengua ugrofinesa que se habla en Estonia.

estopa *s. f.* Residuo de las operaciones textiles de elaboración de fibras de lino y cáñamo. || Tela tosca que se teje con la hilaza de la estopa. ||

Cuerda o cáñamo sin retorcer que se usa para hacer juntas. || En marina, jarcia deshilada que se emplea para calafatear.

estoperol *s. m. Amér.* Especie de tachuela de cabeza vistosa con dos o más patas en forma de grapa, que se fija a las prendas de vestir para adornarlas.

estoque *s. m.* Espada de hoja estrecha que sólo puede herir con la punta. *Los estoques se utilizaron en los siglos XV y XVI.* || Daga puntiaguda que se lleva oculta en un bastón. || En tauromaquia, espada con la que se mata al toro.

estoquear *t.* Herir con la punta del estoque o la espada.

estorbar *t.* Impedir u obstaculizar que se haga alguna cosa. || *fig.* Molestar, hacer que alguien se sienta incómodo.

estorbo *s. m.* Persona o cosa que estorba.

estorboso, sa *adj.* Que estorba.

estornino *s. m.* Pájaro de unos 20 cm de largo, plumaje oscuro con manchas blancas y pico amarillo de forma cónica; se alimenta de insectos y frutos.

estornudar *intr.* Emitir un estornudo.

estornudo *s. m.* Acción de expulsar bruscamente aire por la boca y nariz debido a una contracción súbita de los músculos respiratorios.

estrábico, ca *adj.* Del estrabismo. || *s.* Persona bizca.

estrabismo *s. m.* Defecto de los músculos oculares que provoca que éstos se desvíen uno del otro.

estrado *s. m.* Lugar de honor en un salón de actos, más elevado que el piso y separado de los asientos destinados al público en general. || Tarima cubierta con alfombra o tapete sobre la que se coloca el trono de un rey o la mesa de un presidente en un acto público.

estrafalario, ria *adj. fam.* Desaliñado, que viste de manera ridícula. || Que tiene pensamientos o acciones extravagantes.

estragar *t.* Causar algo estragos, dañar a gran escala. || *t.* y *pr.* Estropear la sensibilidad o corromper el sentido de algo.

estrago *s. m.* Destrucción o daño a gran escala causado por un desastre natural o una guerra. || Perjuicio o daño moral. *Le causó estragos enterarse de que lo despidieron por una calumnia.*

estragón *s. m.* Hierba aromática, de sabor ligeramente picante y olor anisado, que se emplea como condimento.

estrambote *s. m.* Versos que se añaden al final de un soneto, por lo general con fines humorísticos.

estrambótico, ca *adj. fam.* Que choca con lo considerado normal o de buen gusto, extravagante.

estramonio *s. m.* Planta herbácea de grandes flores blancas y fruto espinoso; es venenosa, aunque tiene ciertos usos medicinales.

estrangulación *s. f.* Estrangulamiento, acción y efecto de estrangular.

estrangulado, da *adj.* Ahogado, ahorcado.

estrangulador, ra *adj.* Que estrangula. || *s. m.* Dispositivo para regular el ingreso o salida de aire de un carburador, y válvula que se encuentra a la entrada de éste.

estrangulamiento *s. m.* Estrangulación. || Estrechamiento, ya sea natural o artificial, de un conducto de paso.

estrangular *t.* y *pr.* Oprimir el cuello de alguien para impedirle respirar. || Estrechar un conducto por alguno de sus puntos. || Impedir que se lleve a cabo algún plan o proyecto.

estraperlear *t. Esp.* Traficar con mercancías de estraperlo.

estraperlista *adj.* y *s. com. Esp.* Persona que se dedica al comercio de estraperlo, acaparador.

estraperlo *s. m. Esp.* Mercado negro, comercio clandestino e ilegal de artículos sujetos a tasas por parte del Estado, sobre todo artículos de primera necesidad en épocas de escasez. || Mercancías y artículos con los que se realiza el estraperlo.

estratagema *s. f.* Ardid estratégico para vencer al enemigo en una guerra. || Engaño ingenioso, fingimiento.

estratega *s. m.* Militar especializado en estrategia. || En la antigua Atenas, magistrado principal o jefe de un ejército.

estrategia *s. f.* Arte de planificar y dirigir las operaciones militares. || Arte de eslabonar un conjunto de acciones para alcanzar un objetivo.

estratégico, ca *adj.* Perteneciente o relativo a la estrategia.

estratificación *s. f.* Disposición de algo en capas superpuestas. || En geología, disposición de los sedimentos o rocas sedimentarias en capas superpuestas. || En sociología, división de una sociedad en capas o estratos según su nivel cultural, sus estudios, su profesión, su riqueza o pobreza, etc.

estratificado, da *adj.* Dispuesto o colocado en capas o estratos.

estratificar *t.* Acomodar algo disponiéndolo en capas superpuestas. || *t.* y *pr.* Disponer o disponerse en estratos.

estratigrafía *s. f.* Parte de la geología que estudias las capas que integran la corteza terrestre. || En arqueología, método de investigación que consiste en excavar y aislar por capas el contenido de un sitio.

estratigráfico, ca *adj.* Perteneciente o relativo a la estratigrafía. || *loc.* ***Escala estratigráfica:*** cronología de acontecimientos sucedidos en la superficie de la Tierra a lo largo de los periodos geológicos.

estrato *s. m.* Cada una de las capas superpuestas que conforman un terreno, sobre todo uno sedimentario. || Tipo de nube baja, paralela al horizonte, densa y de color gris. *Vistos a cierta distancia, los estratos semejan una capa de niebla espesa.* || Referido a una encuesta, cada una de las subdivisiones de una muestra en conjuntos homogéneos.

estratocúmulo *s. m.* Conjunto de bancos de nubes de regular espesor, cuya forma es más plana y extendida que la del altocúmulo.

estratosfera *s. f.* Capa de la atmósfera ubicada entre la troposfera y la mesosfera, en la que la temperatura es constante. *La estratosfera tiene un espesor de unos 30 km y se ubica entre los 12 y los 100 km de altura.*

estratosférico, ca *adj.* Perteneciente o relativo a la estratosfera. || *fam.* Dicho de un costo o precio, demasiado elevado.

estraza *s. f.* Desecho de ropa tosca, trapo. || *loc.* ***Papel de estraza:*** tipo de papel de tina áspero, de color marrón y sin encolar.

estrechamiento *s. m.* Acción y efecto de estrechar o estrecharse.

estrechar *t.* Hacer algo estrecho, o más estrecho. || *fig.* Compeler a alguien para que diga o haga algo, obligarlo a ello. || *t.* y *pr.* Abrazar o apretar a alguien o algo. || Aumentar la intimidad o la cercanía de una relación. || *pr.* Apretarse los que se hallan en un sitio para que quepa más gente. || Disminuir los gastos para que alcance un presupuesto. || En tauromaquia, arrimarse al toro al ejecutar las suertes.

estrechez *s. f.* Estrechura, cualidad de estrecho. || *fig.* Escasez de recursos económicos, pobreza. (Se usa más en plural). || *fig.* Limitación intelectual, en el criterio o en la moralidad.

estrecho *s. m.* Sitio donde el mar, limitado por dos porciones de tierra, forma un paso angosto.

estrecho, cha *adj.* Que tiene poca anchura, o que es menos ancho que otras cosas de su misma clase. || Muy ajustado o ceñido. *Los pantalones le vienen muy estrechos.* || *fig.* Íntimo, cercano. || *adj.* y *s. fam. desp.* Persona cuyas convicciones morales son demasiado estrictas, o que no accede fácilmente a tener relaciones sexuales.

estrechura *s. f.* Estrechez, angostura.

estregar *t.* y *pr.* Frotar fuertemente una cosa sobre otra, restregar.

estrella *s. f.* Astro que está dotado con luz propia. *Aunque el Sol es una estrella mediana, es más brillante* *que la mayoría de las de nuestra galaxia.* || Exceptuando el Sol y la Luna, cualquiera de los objetos que brillan en el cielo nocturno. || Objeto o adorno en forma de estrella, o formado por líneas que irradian de un punto central. || Símbolo de ciertas categorías militares, que se prende como divisa en los uniformes. *Un quepis con estrellas de coronel.* || Signo en forma de estrella de cinco puntas que indica la calificación de los servicios, y el precio, de restaurantes y hoteles. || *f.* Persona que por su desempeño sobresale en su profesión o actividad. *El jugador estrella de un equipo.* || *fig.* Artista de cine o de televisión, en particular los famosos. || Insignia que llevan algunas condecoraciones. || Destino, influencia que se atribuye a los astros sobre las personas. *Nació con buena estrella, por eso tiene éxito en todo.* || *loc.* ***Estrella de David:*** la de seis puntas, símbolo del judaísmo. || ***Estrella de mar:*** equinodermo cuyo cuerpo radiado semeja una estrella. || ***Estrella enana:*** la que tiene densidad media muy alta y luminosidad relativamente débil. || ***Estrella errante*** o ***errática:*** cuerpo celeste opaco, planeta. || ***Estrella fugaz:*** fenómeno luminoso provocado por la fricción contra las capas de la atmósfera, e incandescencia, de un corpúsculo sólido que se desplaza a gran velocidad en el espacio. || ***Estrella gigante:*** la que tiene poca densidad y mucha luminosidad. || ***Estrella nova*** o ***temporaria:*** estrella joven, caracterizada por sus cambios bruscos y breves de brillo y espectro. || ***Estrella polar:*** la que se encuentra en el extremo de la lanza de la constelación Osa Menor y se toma como referencia para la navegación. || *loc.* ***Estrella variable:*** la que está sometida a variaciones de brillo importantes. || *loc.* ***Tener estrella*** o ***nacer con estrella:*** tener buena suerte. || *loc. fam.* ***Ver las estrellas:*** sentir un dolor físico tan intenso que aturde, como el producido por un golpe.

estrellado, da *adj.* Con forma de estrella. || Lleno de estrellas. *Firmamento estrellado.* || *loc.* ***Bóveda estrellada:*** en arquitectura, aquella cuyos nervios y motivos decorativos están dispuestos de modo que forman una estrella.

estrellamiento *s. m. Amér.* Choque, colisión de un vehículo terrestre o aéreo contra un obstáculo o contra el suelo. || *ant.* Porción de cielo, con su respectivo conjunto de estrellas, que corresponde a una región de la Tierra.

estrellar *t.* y *pr. fam.* Arrojar algo violentamente contra una superficie dura para hacerlo pedazos. || *t.* Freír huevos vaciándolos directamente en la sartén. || *pr.* Chocar algo contra un obstáculo, o caer con fuerza sobre una superficie dura, sufriendo daños. || *fig.* Fracasar un asunto a causa de una dificultad que no se pudo superar.

estrellato *s. m.* Condición de estrella, nivel del artista de la farándula que ha alcanzado éxito y fama.

estremecedor, ra *adj.* Que estremece, que causa un fuerte impacto emocional.

estremecer *t.* Hacer que tiemble algo. || *fig.* Producir sobresalto, o un fuerte impacto emocional, algún suceso imprevisto o extraordinario. || *pr.* Temblar alguien con movimiento agitado. *Se estremecía por la fiebre.* || *fig.* Sobresaltarse, sentir una agitación repentina. *Creyó ver un fantasma y se estremeció.*

estremecimiento *s. m.* Acción y efecto de estremecer o estremecerse.

estrenar *t.* Usar algo nuevo por primera vez. || Representar por primera vez un espectáculo, o proyectar por primera vez una película en un cine. || *pr.* Comenzar a ejercer un empleo u oficio. || Hacer un comerciante su primera transacción del día.

estreno *s. m.* Acción de estrenar algo, o estrenarse en una actividad. || Primera presentación ante el público de una obra teatral, una película o un espectáculo.

estreñido, da *adj.* Que padece estreñimiento. || Avaro, mezquino, tacaño.

estreñimiento *s. m.* Trastorno digestivo que produce evacuación dificultosa, infrecuente y escasa de heces duras y secas.

estreñir *t.* y *pr.* Producir algo estreñimiento, o padecerlo alguien.

estrépito *s. m.* Estruendo, ruido fuerte. || *fig.* Exageración u ostentación en la forma de hacer algo.

estrepitoso, sa *adj.* Que produce estrépito. || Desmedido, aparatoso.

estreptococo *s. m.* Bacteria de forma esférica que se agrupa en pares o cadenas y causa enfermedades infecciosas graves.

estreptomicina *s. f.* Antibiótico que se emplea para combatir el bacilo de la tuberculosis y otras bacterias. *La estreptomicina se aisló por primera vez en el año 1943 y procede de bacterias que viven en la tierra.*

estrés o **stress** *s. m.* Tensión exagerada producida por exceso de trabajo, de responsabilidad, de preocupaciones o de actividad. *El estrés se manifiesta con diversos trastornos físicos y psicológicos.*

estresado, da *adj.* Persona o animal afectado por el estrés.

estresante *adj.* Se dice de la situación o actividad que produce estrés.

estresar *t.* y *pr.* Causar estrés, o sentirlo.

estría *s. f.* Cada una de las ranuras longitudinales que se ponen en las columnas y pilastras. || Línea fina en la superficie de una roca u otro objeto. || *pl.* Cicatrices lineales que aparecen en la piel a causa de la distensión excesiva de la dermis.

estriación *s. f.* En zoología, conjunto de rayas transversales que tienen las fibras musculares de los artrópodos. || En zoología, conjunto de estrías que forman parte del miocardio y de los músculos de contracción voluntaria de los animales vertebrados.

estriado, da *adj.* Que tiene estrías.

estriar *t.* y *pr.* Formar o formarse estrías en una superficie o en la piel.

estribación *s. f.* Ramal corto de montaña que deriva de una cordillera.

estribadura *s. f. ant.* Acción de estribar.

estribar *intr.* Estar basado o apoyado algo inmaterial en otra cosa. || Descansar alguna cosa sobre otra firme y sólida. || *Arg.* Calzar un jinete los pies en los estribos de la montura.

estribillo *s. m.* Verso, o conjunto de versos, que se repite al final de cada estrofa, y a veces al principio, de una composición poética. || En una composición musical, parte de instrumentos o voces que se repite con regularidad a lo largo de ésta. || Frase o palabra que alguien repite con frecuencia al hablar.

estribo *s. m.* Cada uno de los dos aros de metal suspendidos de una correa que se hallan a los lados de la silla de montar para que el jinete apoye los pies. || Plataforma a manera de escalón que tienen algunos vehículos para facilitar el abordarlos. || En arquitectura, macizo de fábrica que sirve para sostener una bóveda y contrarrestar su empuje, o contrafuerte de un muro. || Chapa de hierro doblada en ángulo recto por ambos extremos que asegura la unión de ciertas piezas. || Escala de cuerdas con metal ligero que emplean los alpinistas para la escalada artificial. || En anatomía, huesecillo que se halla en la parte media del oído. || En tauromaquia, saliente de madera que se extiende alrededor de la barrera de las plazas de toros para servir de apoyo al torero cuando salta al callejón. || *loc. Arg. Méx.* y *Uy.* ***La del estribo:*** última copa que bebe alguien antes de irse de un bar o una reunión.

estribor *s. m.* Costado derecho del barco, mirando de la popa a la proa.

estricnina *s. f.* Alcaloide muy venenoso que se extrae de la nuez vómica.

estricto, ta *adj.* Riguroso y exacto, que no admite ninguna otra interpretación o aplicación. || *loc.* ***Desigualdad estricta:*** en matemáticas, desigualdad que excluye la igualdad.

estridencia *s. f.* Cualidad de lo estridente. || Sonido estridente. || Exageración molesta al hablar o actuar.
estridente *adj.* Dicho de un sonido, que es agudo y chirriante. || Se dice de los colores que desentonan por ser chillantes y mal contrastados.
estro *s. m.* Inspiración de los artistas que les permite realizar sus obras. || Tipo de moscardón cuyas larvas viven como parásitos internos del ganado. || Periodo de celo de los mamíferos.
estroboscopia *s. f.* Método para observar movimientos periódicos muy rápidos mediante destellos regulares que tienen frecuencia próxima a la del movimiento en cuestión.
estroboscopio *s. m.* Aparato para observar mediante estroboscopia.
estrofa *s. f.* Conjunto de versos que forman una unidad y se ordenan en una composición poética de manera que tengan correspondencia métrica con otros semejantes. || Primera de las tres partes líricas que canta el coro de una tragedia griega.
estrógeno *s. m.* Hormona secretada por los ovarios; es básica para la formación, funciones y mantenimiento de las mamas y órganos reproductores de la mujer.
estroncio *s. m.* Elemento químico metálico alcalinotérreo, de color blanco brillante, blando. Sus derivados se utilizan en pirotecnia para dar color rojo, y en las industrias cerámica y del vidrio. Su número atómico es 38 y su símbolo *Sr.*
estropajear *t.* Limpiar en seco las paredes enlucidas de una obra o, si están polvosas, con un estropajo mojado, para dejarlas tersas.
estropajeo *s. m.* Acción y efecto de estropajear.
estropajo *s. m.* Planta cucurbitácea; el interior desecado de sus frutos se usa como objeto para fregar. || Trozo de un fruto de esta planta, o madeja de fibras vegetales, de plástico u otro material que se utilizan para fregar.
estropajoso, sa *adj. fam.* Se dice de la manera de hablar torpe y confusa, difícil de entender. *Su hablar estropajoso delató que había bebido de más.* || *fig.* y *fam.* Aplicado a una persona, que anda andrajosa y desaseada. || *fig.* y *fam.* Se dice del alimento fibroso y reseco, difícil de masticar y deglutir.
estropeado, da *adj.* Maltratado, deteriorado, que se ha echado a perder.
estropear *t.* y *pr.* Arruinar, poner algo en mal estado o peor de lo que estaba, dejar inservible. || Malograr, hacer que fracase un plan o proyecto.
estropicio *s. m.* Rotura o destrozo ruidoso, pero poco importante, de objetos. *El perro hizo un estropicio en el patio, rompió cinco macetas.* || Actividad ruidosa, jaleo algo molesto.
estructura *s. f.* Forma en que están conectadas o relacionadas entre sí las diferentes partes que integran un conjunto, sea éste concreto o abstracto. || Esqueleto o armadura que es el sostén de algo. || En economía, y por oposición a *coyuntura*, conjunto de características relativamente estables de un sistema económico durante un determinado periodo. || En filosofía, conjunto autónomo y ordenado de elementos interdependientes entre sí, cuyas relaciones se regulan por leyes. || En geología, disposición de capas geológicas que están relacionadas unas con otras. || En matemáticas, carácter de un conjunto que resulta de las operaciones que en él se definen, así como de las propiedades de éstas. || En química, disposición que adoptan en el espacio las moléculas o los iones en los diferentes estados de los distintos elementos. || *loc.* ***Estructura de una roca:*** disposición e interrelación de los minerales que conforman una roca.
estructuración *s. f.* Acción y efecto de estructurar o estructurarse.
estructurado, da *adj.* Ordenado, distribuido. || En informática, se aplica al lenguaje de programación que en su codificación usa una estructura jerárquica de procedimientos y funciones.
estructural *adj.* Perteneciente o relativo a la estructura o al estructuralismo. || *loc.* ***Causalidad estructural:*** en filosofía, producción de efectos de una estructura sobre los elementos que la conforman, según el lugar que ocupen en ella. || ***Geología estructural:*** parte de la geología que estudia la estructura de la corteza terrestre. || ***Ingeniería estructural:*** rama de la ingeniería que estudia el proyecto de estructuras y calcula su equilibrio y resistencia. || ***Superficie estructural:*** la constituida por la parte superior de una capa dura que ha quedado al descubierto por la erosión de una capa blanda que tenía encima.
estructuralismo *s. m.* Teoría lingüística que considera la lengua como un conjunto autónomo y estructurado en el que los términos de los diferentes niveles, como fonemas, morfemas o frases, están definidos por sus relaciones. || Teoría y método común a diversas ciencias que intenta definir los hechos humanos en función de conjuntos organizados y dar cuenta de éstos con modelos matemáticos.
estructuralista *adj.* Perteneciente o relativo al estructuralismo. || *s.* Seguidor del estructuralismo científico.
estructurar *t.* y *pr.* Ordenar o distribuir algo para darle estructura.
estruendo *s. m.* Ruido muy fuerte.
estruendoso, sa *adj.* Ruidoso en extremo, que produce estruendo.
estrujamiento *s. m.* Acción y efecto de estrujar.
estrujar *t.* Apretar algo para exprimirlo. || Apretar algo con fuerza aplastándolo, arrugándolo o deformándolo. || Abrazar a alguien con mucha fuerza y emotividad. || *fig.* y *fam.* Sacar el mayor provecho posible de algo.
estrujón *s. m.* Acción y efecto de estrujar.
estuario *s. m.* Desembocadura de un río muy ancha y de gran caudal, por la que, al subir la marea, penetra el agua del mar.
estucado *s. m.* Acción y efecto de estucar un muro. || Operación de recubrir papel o cartón con varias capas de estucado líquido, a fin de blanquearlo y darle mejor calidad para la impresión.
estucador, ra *s.* Estuquista, persona que tiene por oficio estucar.
estucar *t.* Recubrir la superficie de algo con estuco. || Adherir a un muro piezas de estuco previamente moldeadas.
estuche *s. m.* Caja o funda rígida para contener objetos y protegerlos del maltrato. || Conjunto de objetos que se guardan en dicha caja o funda. *Le regalaron un estuche de belleza con pinceles, brochas y maquillaje.*
estuco *s. m.* Masa de yeso pulverizado, polvo de mármol, creta, agua y cola que se usa para enlucir paredes. || Revestimiento decorativo de una pared que se realiza con este material.
estudiado, da *adj.* Se dice del comportamiento o acto que es fingido o afectado.
estudiantado *s. m.* Alumnado, conjunto de los estudiantes que asisten a un centro de enseñanza.
estudiante *s. com.* Persona que cursa estudios en un centro de enseñanza, sobre todo de nivel medio o superior.
estudiantil *adj. fam.* Perteneciente o relativo a los estudiantes.
estudiantina *s. f.* Conjunto musical integrado por estudiantes universitarios que tocan instrumentos de cuerdas y cantan. *Los jóvenes de las estudiantinas suelen ir ataviados con trajes antiguos y capas adornadas con listones.*
estudiar *t.* Ejercitar el entendimiento a fin de comprender o conocer algo. || Reflexionar detenidamente sobre un asunto para resolverlo de la mejor manera. || *t.* e *intr.* Acudir a un centro docente para recibir los conocimientos que en él se imparten.
estudio *s. m.* Aplicación del entendimiento para comprender o conocer algo. || Cultivo y conocimiento de un arte o ciencia. || Trabajo escrito en el que un autor expone con detalle los resultados de una investigación. || Fragmento de música compuesto para que los ejecutantes se ejerciten y logren dominar determinadas

dificultades técnicas. || Dibujo, pintura o escultura que se realizan en preparación de la obra definitiva. || Conjunto de trabajos previos a la realización de un proyecto. *Un estudio de mercadotecnia para lanzar un nuevo producto.* || Habitación en la que un intelectual o un artista hace su trabajo. || Vivienda pequeña compuesta por baño, cocina y una sola habitación de usos múltiples. || *fig.* Afectación, cuidado extremo en lo que se dice o hace. || *pl.* Conjunto de cursos que integran una carrera o un ciclo académico. *Concluyó sus estudios de antropología.* || Edificio espacioso, con diferentes locales, donde se graban y transmiten programas de radio o de televisión, o se filman y procesan películas. || *Amér. Merid.* Bufete donde despacha el abogado. || *loc.* ***En estudio:*** se dice de lo que está siendo objeto de análisis. || ***Estudio clínico:*** investigación médica en la que participan voluntarios, para probar la efectividad y efectos secundarios de un medicamento antes de lanzarlo al mercado. || ***Sala de estudios:*** en un centro docente, sala donde los alumnos pueden estudiar fuera del horario de clases. || ***Tener estudios:*** tener un título académico, en particular universitario.

estudioso, sa *adj.* Se dice de quien estudia mucho y con dedicación. || *s.* Persona que se dedica al estudio de alguna materia y posee sobre ésta un conocimiento amplio y profundo.

estufa *s. f.* Aparato que sirve para calentar lugares cerrados. || Sitio, en un baño termal, destinado a producir sudor copioso en los enfermos. || Entre avicultores, calefactor para la cría de pollitos. || Aparato que se usa en los laboratorios microbiológicos para mantener los cultivos a temperatura constante. || Aparato para secar industrialmente ciertos productos. || Cámara para desecar la madera artificialmente. || *Méx.* Cocina, mueble con hornillas para cocer los alimentos. || *loc. fam.* ***Criar en estufa:*** sobreproteger, criar a un niño con cuidados excesivos.

estufilla *s. f.* Manguito, pieza en forma de cilindro hueco, hecha de piel, para calentar las manos en invierno. || Brasero pequeño para calentar los pies.

estulticia *s. f.* Cualidad de estulto, necedad.

estulto, ta *adj.* Necio, estúpido.

estupefacción *s. f.* Estupor, asombro tan intenso que deja pasmado, sin saber qué hacer.

estupefaciente *adj.* Que produce estupefacción. || *s. m.* Sustancia sedante potencialmente adictiva, ya que inhibe el dolor y causa sensación de bienestar.

estupefacto, ta *adj.* Atónito, que ha quedado pasmado por el asombro.

estupendo, da *adj.* Muy bueno, muy atractivo o que sorprende gratamente.

estupidez *s. f.* Condición del estúpido. || Dicho o hecho propios de un estúpido.

estúpido, da *adj.* y *s.* Persona que es lenta y torpe para entender. || Que es propio de alguien torpe para entender. *Una decisión estúpida.*

estupor *s. m.* Asombro muy grande que impide reaccionar. || En psiquiatría, estado en el que se inhiben las funciones intelectuales y físicas, así como la respuesta a los estímulos externos.

estupro *s. m.* Delito consistente en tener relaciones sexuales con un menor valiéndose de engaños o de la superioridad que sobre él se tiene.

esturión *s. m.* Pez marino de cuerpo alargado y estrecho, con varias series de escudos óseos, boca ventral con cuatro barbas y sin dientes en los adultos; llega al estado adulto en los estuarios, donde se reproduce, y luego pasa al mar. *La hueva del esturión procesada es el caviar.*

esvástica o **svástica** *s. f.* Cruz cuyos brazos se prolongan en forma de ángulo recto.

eta *s. f.* Nombre de la séptima letra del alfabeto griego (Η, η); su sonido corresponde al de una *e* larga.

etano *s. m.* Hidrocarburo saturado compuesto de dos átomos de carbono y seis de hidrógeno; en condiciones normales es gaseoso.

etanol *s. m.* Alcohol etílico.

etapa *s. f.* Punto determinado que en un recorrido se establece como lugar de parada. || Distancia comprendida entre dos puntos que se recorre de una sola vez. || *fig.* Parte de un proceso o acción diferenciada de la otras. || *loc.* ***Etapa propulsora:*** parte autónoma y separable, dotada de medios de propulsión, de un vehículo espacial.

etcétera *s. m.* Expresión para indicar, al final de una enumeración, que en ésta aún hay otros elementos que no se mencionaron. *Etcétera viene del latín* et cetera, *que significa «y las demás cosas».*

éter *s. m.* Fluido invisible, imponderable y elástico que, según una antigua teoría, llenaba el espacio y era agente de transmisión de la luz. || En poesía, nombre dado a la bóveda celeste. || En química, óxido de etilo; es muy volátil e inflamable y buen disolvente. *El éter solía ser empleado por los cirujanos como anestésico general.*

etéreo, a *adj.* Perteneciente o relativo al éter. || *fig.* Que es vago, sutil, intangible o sublime. Se usa sobre todo en poesía.

eternidad *s. f.* Tiempo que no tiene principio ni fin. || Vida interminable del espíritu después de la muerte. || *fig.* Espacio de tiempo muy largo. *Pasó una eternidad para que pudiéramos cambiarnos de casa.*

eternizar *t.* y *pr.* Hacer que algo dure, o durar esto, un tiempo muy largo. || *t.* Hacer que se perpetúe alguna cosa. || *pr.* Tardarse demasiado en hacer algo. *Se eterniza en su arreglo personal.*

eterno, na *adj.* Que no tiene principio ni fin. || Que no tendrá fin. *Una pasión eterna.* || Que resulta válido en cualquier época. *La honestidad y la lealtad son valores eternos.* || Que dura demasiado. *Después de una espera eterna, al fin nos atendieron.* || Que se repite frecuentemente o con insistencia. *Salió con la eterna cantaleta de que no olvidemos las llaves.*

ética *s. f.* Parte de la filosofía que estudia los actos humanos desde el punto de vista de su valoración moral. || Conjunto de los principios y normas morales por las cuales se rigen las actividades humanas.

ético, ca *adj.* Perteneciente o relativo a la ética. || Que es conforme a la moral.

etileno *s. m.* Hidrocarburo formado por dos átomos de carbón unidos por un doble enlace; es gaseoso y ligeramente oloroso. *Al ser la base de muchas síntesis, el etileno es un producto básico en la industria química.*

etílico, ca *adj.* Alcohol que se obtiene por destilación de productos de fermentación de sustancias azucaradas como la uva, melaza, remolacha y patata. Es un líquido incoloro e inflamable que es el principal producto de las bebidas alcohólicas como el vino, la cerveza o los licores. *Al alcohol etílico también se le conoce como etanol.*

etilo *s. m.* Radical del etano, formado por dos átomos de carbono y cinco de hidrógeno, resultado de la pérdida de un hidrógeno del etano.

étimo *s. m.* Palabra o raíz de la que proceden otras.

etimología *s. f.* Origen de las palabras, de su significado y de su forma. || Parte de la lingüística que estudia el origen de las palabras, de su significado y de su forma. *En su origen, el vocablo etimología significa «la verdad de la palabra».*

etimológico, ca *adj.* Perteneciente o relativo a la etimología.

etiología *s. f.* Estudio sobre las causas de las cosas. || Parte de la medicina que estudia las causas de las enfermedades. *Pasteur demostró que la etiología de determinadas enfermedades eran los microbios.*

etiológico, ca *adj.* Perteneciente o relativo a la etiología.

etiope o **etíope** *adj.* De Etiopía, país de África antes llamado Abisinia. || Perteneciente o relativo a este país de África. || Combinación de azufre y mercurio que sirve para fabricar el pigmento color bermellón.

etiqueta *s. f.* Trozo de papel, cartulina u otro material semejante sujeto o adherido a alguna cosa en la que se indica su identificación, precio, contenido, etc. *Las camisas con etiqueta roja tienen descuento.* || Ceremonial o conjunto de reglas y formalidades que se observan en los actos solemnes u oficiales. *Las monarquías se distinguen por su pomposa etiqueta.* || Calificación que se aplica a una persona por su forma de pensar, de comportarse o de ser, o que la relaciona con una determinada ideología. *Le colgaron la etiqueta de extremista político sin serlo.* || *loc.* ***De etiqueta:*** de gala, elegante, sobre todo referido al vestido apropiado para los actos solemnes. *Para la recepción en la embajada pidieron ir de etiqueta.*

etiquetado *s. m.* Acción y efecto de etiquetar. || Colocación de etiquetas en un producto o en un conjunto de ellos. *Para una buena presentación, el producto debe ir etiquetado.*

etiquetar *t.* Colocar la etiqueta a una cosa. || Poner una etiqueta o calificativo a alguien. *Antes de etiquetar a alguien es mejor conocerla bien.*

etmoides *s. m.* Hueso de la cabeza que forma parte de la base del cráneo, de las órbitas y de las fosas nasales.

etnia *s. f.* Comunidad de personas con afinidades de raza y que comparten la misma lengua y creencias y costumbres religiosas y culturales. *Benito Juárez era de la etnia zapoteca.*

étnico, ca *adj.* Relacionado o perteneciente a una etnia. *Este país tiene una pluralidad étnica muy variada.*

etnocéntrico, ca *adj.* Del etnocentrismo o relativo a él. *El indigenismo es una ideología etnocéntrica.*

etnocentrismo *s. m.* Ideología y actitud que atribuye superioridad a la cultura y la raza propia sobre las demás. *Ese movimiento insurgente desarrolló una ideología basada en el etnocentrismo.*

etnografía *s. f.* Rama de la antropología que estudia y describe las costumbres y las tradiciones de los pueblos. *En la universidad abrieron la carrera de etnografía.*

etnográfico, ca *adj.* Referente o relativo a la etnografía. *El gobierno ordenó un estudio etnográfico del país.*

etnógrafo, fa *s.* Persona que se dedica a la etnografía. *Llegó una delegación de etnógrafos franceses.*

etnolingüística *s. f.* Rama de la lingüística que estudia las lenguas y los contextos socioculturales en que se hablan, atendiendo a criterios etnográficos.

etnología *s. f.* Rama de la antropología que se ocupa de realizar estudios comparados de las etnias y las culturas de los pueblos.

etnológico, ca *adj.* Perteneciente o relativo a la etnología.

etnólogo, ga *s.* Persona que se dedica o profesa la etnología.

etología *s. f.* Ciencia que se ocupa del estudio científico del carácter y de los modos de comportamiento del hombre. || Rama de la biología que estudia el comportamiento animal.

etológico, ca *adj.* Perteneciente o relativo a la etología.

etólogo, ga *s.* Persona especialista en etología. *El etólogo ha dedicado su vida al estudio de las hormigas.*

etrusco, ca *adj.* De Etruria o relativo a esta antigua región del centro-norte de Italia. || Natural de Etruria. *El pueblo etrusco fue sometido y desaparecido por los romanos.* || Lengua hablada por el pueblo que habitó esa región. *La lengua etrusca no ha sido descifrada aún en su totalidad.*

eucalipto *s. m.* Árbol con el tronco recto y copa cónica que alcanza gran altura, las hojas duras y olorosas con propiedades medicinales, su corteza se utiliza en el curtido de pieles y con su madera se fabrica papel. || Madera de este árbol. || Extracto que se obtiene de las hojas de este árbol. *La miel de abeja con extracto de eucalipto sirve para calmar la tos.*

eucariota *s. m.* Organismo unicelular cuyo núcleo está separado del citoplasma por una membrana.

eucaristía *s. f.* Sacramento de la Iglesia católica según el cual el pan y el vino son convertidos en el cuerpo y la sangre de Cristo, por medio de la consagración. || Ceremonia en la cual se celebra este sacramento. *La Eucaristía celebra la muerte y resurrección de Cristo.*

eucarístico, ca *adj.* De la Eucaristía o relativo a este sacramento. *El congreso eucarístico se celebró en la catedral.*

euclidiano, na *adj.* De Euclides o relativo al método de este matemático griego del siglo III a. C. *En la actualidad aún se enseña la geometría euclidiana.*

eufemismo *s. m.* Palabra o expresión más suave o decorosa con que se sustituye otra más grosera, impertinente, violenta o que se considera tabú. *Excretar es un eufemismo para cagar.*

eufemístico, ca *adj.* Perteneciente o relativo al eufemismo.

eufonía *s. f.* Sonoridad agradable que resulta de la combinación de sonidos en una palabra o frase. *«Verme morir entre memorias tristes» es una oración con eufonía.*

eufónico, ca *adj.* Que tiene eufonía.

euforbio *s. m.* Planta africana con un tallo carnoso, de más de un metro de altura, espinas cónicas y muy duras, sin hojas, y de la cual se extrae un zumo que al secarse da una sustancia resinosa usada en medicina como purgante. *Una cucharada de euforbio te curará el estreñimiento.*

euforia *s. f.* Manifestación de una sensación intensa de alegría o de bienestar. || Estado anímico que es síntoma en algunas intoxicaciones y en ciertas enfermedades del sistema nervioso. *Se tomó tres copas que le causaron euforia.*

eufórico, ca *adj.* Perteneciente o relativo a la euforia. || Se aplica a la persona que manifiesta una alegría intensa. *Estaba eufórico porque obtuvo la más alta calificación de la clase.*

euforizante *adj.* Se aplica a la sustancia que produce euforia.

eugenesia *s. f.* Parte de la biología que estudia la aplicación de las leyes de la herencia al perfeccionamiento de la especie humana. *El surgimiento de la eugenesia tuvo un trasfondo racista.*

eugenésico, ca *adj.* Perteneciente o relativo a la eugenesia.

eunuco *s. m.* Hombre castrado, especialmente el que cuidaba de las mujeres de un harén. || *desp.* Hombre poco viril, afeminado.

eurasiático, ca *adj.* Perteneciente o relativo a Europa y Asia, consideradas como un todo geográfico. || Se aplica a la persona mestiza de europeo y asiático, especialmente el de la India, Sri Lanka, Indochina, etc.

eureka *interj.* Cuando se descubre algo que se busca con ahínco.

euritmia *s. f.* Buena disposición y armonía entre las diversas partes de una obra de arte. || *fig.* Equilibrio de las facultades. || Regularidad del pulso. || Combinación acertada de sonidos musicales.

eurítmico, ca *adj.* Perteneciente o relativo a la euritmia.

euro *s. m.* Unidad monetaria de la mayoría de los países de la Unión Europea. *La idea de que el euro sustituiría al dólar como moneda de reserva fracasó.* || Uno de los cuatro vientos cardinales, que sopla del este. || ***euro:*** prefijo que entra en la composición de diversas palabras y que significa «europeo» o «relativo a Europa». *En vacaciones viajamos en el eurotren.*

euroasiático, ca *adj.* Perteneciente o relativo a Europa y Asia, consideradas como un todo geográfico. || Se aplica a la persona mestiza de europeo y asiático, especialmente el de la India, Sri Lanka, Indochina, etc.

eurocentrismo *s. m.* Tendencia a considerar los valores de la civilización europea como modelos universales. *El eurocentrismo ha prevalecido desde el Renacimiento.*

europeísmo *s. m.* Movimiento y conjunto de ideologías que promueve la unificación política, económica y cultural de los países de Europa. || Predilección por las cosas de Europa.

europeización *s. f.* Acción y efecto de europeizar. *La europeización tiene* *sus raíces en el imperio de Carlomagno.*

europeizante *adj.* y *s. com.* Se aplica a la persona que europeíza o se europeíza.

europeizar *t.* Dar carácter europeo a lo que no lo tenía. *El colonialismo británico europeizó a India.* || *pr.* Adoptar este carácter. *La cultura de América Latina se europeizó en el siglo XIX.*

europeo, a *adj.* Persona que es de Europa. || De Europa o relativo a este continente.

europio *s. m.* Elemento químico metálico que pertenece al grupo de las tierras raras. Algunos de sus derivados tienen color y se utilizan en las industrias electrónica y nuclear. Su número atómico es 63 y su símbolo *Eu.*

eurovisión *s. f.* Asociación europea de emisoras nacionales de televisión que intercambia programas, comunicaciones e informaciones entre los países europeos asociados. *Las sesiones del Parlamento Europeo se transmitieron por Eurovisión.*

eutanasia *s. f.* Acción de provocar la muerte a un enfermo incurable para evitarle mayores sufrimientos físicos y psíquicos. *La eutanasia conlleva un ahorro de costos.*

evacuación *s. f.* Acción y efecto de evacuar. *En el simulacro de terremoto ordenaron la evacuación del edificio.* || Expulsión de excrementos del cuerpo. *Tuvo una evacuación con moco y sangre.*

evacuado, da *adj.* Que ha sido obligado a abandonar un territorio por razones militares, políticas, sanitarias, etc. *A los evacuados los instalaron en un albergue provisional.*

evacuante *adj.* Que evacua. || Sustancia que estimula la evacuación. *El médico le recetó un evacuante.*

evacuar *t.* Desocupar, abandonar un sitio las personas que lo habitan o se encuentran en él. *Ante la amenaza de inundación ordenaron evacuar la parte baja del poblado.* || Desocupar, abandonar una tropa una plaza, una ciudad, una fortaleza, etc. *La ofensiva logró evacuar al enemigo de la colina.* || *intr.* Expulsar los excrementos del organismo.

evacuativo, va *s. m.* Sustancia que facilita la evacuación de excrementos.

evacuatorio, ria *s. m.* Retrete o urinario público.

evadir *t.* Eludir o evitar una dificultad, un compromiso, un daño o un peligro. *No puedes evadir la responsabilidad de estudiar.* || *pr.* Fugarse o escaparse de una prisión o encierro. *Los reos lograron evadirse de la justicia.*

evaluación *s. f.* Acción y efecto de evaluar. || Valoración de algo. *Le aplicaron en examen de evaluación de su dominio del idioma.*

evaluador, ra *adj.* Que evalúa.

evaluar *t.* Analizar para determinar o estimar el valor, el precio, importancia o trascendencia de algo. *Hicieron un análisis para evaluar el impacto de las inversiones.* || Estimar el grado de conocimientos, aptitudes y rendimiento de los alumnos. *Aplicaron un examen para evaluar la enseñanza en nivel de primaria.*

evanescencia *s. f.* Acción y resultado de evanescerse o disiparse algo. || Cualidad o característica de lo que se esfuma o evanesce.

evanescente *adj.* Que se desvanece o esfuma. *Este perfume es evanescente.* || *fig.* Que no dura, que desaparece pronto.

evangélico, ca *adj.* Perteneciente o relativo al Evangelio. || Se aplica a las iglesias surgidas de la Reforma protestante, como la luterana, la calvinista, etc. *Los evangélicos creen en Cristo pero rechazan el culto a las imágenes.*

evangelio *s. m.* Relato sobre la vida, doctrina y milagros de Jesucristo, contenido en los escritos de los cuatro evangelistas que forman parte del Nuevo Testamento. *Los evangelios fueron escritos por san Mateo, san Marcos, san Lucas y san Juan.* || Fragmento de uno de estos libros que se lee y comenta en la misa católica. *El sacerdote comentó un pasaje del Evangelio según San Juan.* || Enseñanzas de Jesucristo que constituyen la religión cristiana. *Los evangelizadores predicaron el evangelio.* || *fam.* Verdad indiscutible. *Lo dicho por su líder era para ellos el Evangelio.*

evangelismo *s. m.* Acto de compartir las creencias evangélicas o de anunciar el Evangelio cristiano.

evangelista *s. m.* Cada uno de los cuatro discípulos de Jesús que escribieron un Evangelio. *Los evangelistas fueron san Mateo, san Marcos, san Lucas y san Juan.* || *com.* Persona que canta el Evangelio en las iglesias. || Persona que predica el Evangelio.

evangelización *s. f.* Acción y efecto de evangelizar. || Enseñanza y propagación del evangelio y de la fe cristiana. *La evangelización de la Nueva España fue iniciada por doce frailes.*

evangelizador, ra *adj.* Que evangeliza. || *s.* Predicador, misionero, religioso que divulga las enseñanzas cristianas. *Fray Toribio de Benavente fue evangelizador de los indios.*

evangelizar *t.* Predicar el Evangelio o dar a conocer la doctrina cristiana. *Los misioneros fueron enviados a evangelizar a los indios.*

evaporable *adj.* Que se puede evaporar.

evaporación *s. f.* Acción y efecto de evaporar o evaporarse. || Transformación de un líquido en gas. *La evaporación del agua se considera los cien grados centígrados de calor.*

evaporador, ra *adj.* Que evapora. || *s. m.* Aparato que sirve para concentrar disoluciones por evaporación de sustancias volátiles.

evaporar *t.* Convertir en vapor o en gas un líquido. *Para cristalizar esta sustancia primero la tenemos que evaporar.* || Hacer que se disipe o desaparezca una cosa material o inmaterial. *Su rechazo hizo evaporar sus ilusiones.* || Desaparecerse algo o alguien. *Más tardo en ganar el salario que en evaporarse.*

evaporización *s. f.* Acción y efecto de evaporizar.

evaporizar *t.* Evaporar.

evasión *s. f.* Acción y efecto de evadir o evadirse. *La evasión fiscal es un gran problema en las finanzas públicas.* || Recurso para eludir o evadir una dificultad o responsabilidad. *El contador siempre encuentra una manera de evasión del fisco.* || Fuga, huida. *La evasión de los reos fue espectacular.* || *loc.* ***Evasión fiscal:*** fraude con el fin de eludir el pago de impuestos.

evasiva *s. f.* Excusa o pretexto que se da para no hacer algo.

evasivo, va *adj.* Que permite eludir una responsabilidad, una dificultad o un peligro.

evasor, ra *adj.* Que evade o se evade. || *s.* Persona que comete evasión de impuestos o de capitales. *Los principales evasores de impuestos son las grandes empresas.*

evento *s. m.* Acontecimiento, suceso. *El evento ocurrió a altas horas de la noche.* || *Amér.* Acto programado, de índole social, académica, artística o deportiva. *Entregaron los premios en evento solemne.*

eventual *adj.* Que no es fijo ni regular, sino sujeto a las circunstancias o contingencias. *Me la encuentro en la universidad de manera eventual.* || Se aplica al trabajador temporal que no forma parte de la planta de trabajadores. *Los trabajadores eventuales no tienen derecho a la sindicalización.*

eventualidad *s. f.* Cualidad de eventual. || Hecho que puede suceder pero no es previsible. *Tengo ahorros para alguna eventualidad.*

evicción *s. f.* Privación de un derecho por sentencia, con el fin de proteger un derecho preexistente.

evidencia *s. f.* Certeza tan clara y manifiesta que resulta indudable o innegable. *El fiscal presentó la evidencia del crimen.* || *loc. adv.* ***En evidencia:*** estar o quedar en ridículo o en una situación comprometida. *La crítica puso en evidencia la inconsistencia de su teoría.*

evidenciar *t.* Hacer que algo sea claro, evidente y manifiesto. *El periodista se propuso evidenciar los fraudes electorales.*

evidente *adj.* Que es cierto, tan claro y manifiesto que resulta indudable o innegable. *El enriquecimiento se le empezó hacer evidente.* || *adv.* Se usa como expresión de asentimiento: por supuesto, sí.
eviscerar *t.* Extraer las vísceras.
evitable *adj.* Que puede ser evitado. *Los accidentes son evitables con medidas de prevención.*
evitar *t.* Impedir que ocurra algo. *Para evitar enfermedades se debe lavar las manos.* || Rehuir a alguien o algo. *No dice lo que piensa para evitar discusiones.*
evocable *adj.* Que se puede evocar.
evocación *s. f.* Recuerdo o descripción de cosas pasadas.
evocador, ra *adj.* Que evoca algo o despierta un sentimiento. *Las fotografías fueron evocadoras de su infancia.*
evocar *t.* Traer alguna cosa a la memoria o a la imaginación. *Esa música le hizo evocar su juventud.* || Llamar a los espíritus y a los muertos para que se manifiesten. *La hechicera pretendió evocar a sus antepasados.*
evocativo *adj. Méx.* Evocador.
evolución *s. f.* Acción y efecto de evolucionar. || Transformación gradual de algo. *La civilización ha sido un largo proceso de evolución.* || *pl.* Movimiento de alguien o algo que se desplaza describiendo curvas. *Los patinadores hicieron evoluciones acrobáticas.* || *loc.* ***Evolución biológica:*** proceso gradual y continuo de cambio en los seres vivos mediante el cual se ha producido la enorme variedad de especies vegetales o animales, actuales y extintas.
evolucionar *intr.* Desarrollarse o transformarse gradualmente algo, pasando de un estado a otro. *Las especies tenían que evolucionar o perecer.* || Desplazarse describiendo curvas alguien o algo. *Los bailarines empezaron a evolucionar con gracia.*
evolucionismo *s. m.* Teoría basada en la idea de que todos los seres vivos proceden, por evolución, de un solo material genético. *Darwin hizo avanzar la teoría del evolucionismo.*
evolucionista *adj.* Perteneciente o relativo a la evolución o al evolucionismo. || *s. com.* Partidario del evolucionismo.
evolutivo, va *adj.* Perteneciente o relativo a la evolución. *Todo está, o debería estar, sujeto a un proceso evolutivo.*
ex *pref.* Se utiliza antepuesto a un sustantivo o un adjetivo para indicar que algo fue y ha dejado de ser. *Los exalumnos formaron una asociación que ayudará a la escuela.* || *s. com. fam.* Persona que fue cónyuge o pareja sentimental de otra. *No voy a la fiesta porque no me quiero encontrar con mi ex.* || ***Ex-:*** prefijo que significa «fuera» o «más allá» con relación al tiempo, como en extemporáneo; o al espacio, como en extranjero; o «privación», como en exánime. A veces no añade significado especial, como en exclamar.
exabrupto *s. m.* Dicho, gesto o ademán brusco e inesperado que se expresa como descortesía o insolencia. *Estaba enojado y a todo respondía con exabruptos.*
exacción *s. f.* Acción y efecto de exigir impuestos, multas, deudas, etc. || Cobro injusto y perentorio. *Las nuevas disposiciones fiscales son una exacción.*
exacerbación *s. f.* Acción y efecto de exacerbar.
exacerbado, da *adj.* Irritado, enojado. || Se aplica a la enfermedad agravada o a los síntomas que se agudizan. *Su psicosis se vio exacerbada por las circunstancias adversas.* || Intensificado, acrecentado, exagerado.
exacerbamiento *s. m.* Exacerbación.
exacerbar *t.* Exasperar, irritar, causar un enojo grande. *Su tardanza exacerba mi nerviosismo.* || Hacer más fuerte un sentimiento; agravar un dolor, una enfermedad, etc. *La falta de cuidados exacerbó su enfermedad.*
exactitud *s. f.* Precisión de una medida, dato, etc., o ajuste perfecto de una cosa con otra. *Al maestro le desagradan las vaguedades, exige exactitud.*
exacto, ta *adj.* Que es preciso o que se ajusta perfectamente a algo. *Para la construcción del puente se requieren cálculos exactos.* || *adv.* Se usa para responder afirmativamente a una pregunta o para indicar que se está de acuerdo con una afirmación. *¿Está correcta la fecha? Exacto.*
exageración *s. f.* Acción y efecto de exagerar. || Dicho, hecho o cosa que sobrepasa los límites de lo justo, razonable o verdadero. *Lo que ha comido es una exageración.*
exagerado, da *adj.* Excesivo, que sobrepasa los límites de lo justo, razonable o verdadero. *En su comisión se ha tomado atribuciones exageradas.* || *s.* Se aplica a la persona que exagera. *Este Juan es un exagerado.*
exagerar *t.* Hacer que algo parezca más grande o importante de lo que es. *La prensa exageró la noticia.* || Hacer que algo sobrepase los límites de lo justo, razonable o verdadero. *Exageró la cantidad de maquillaje que se puso.*
exágono o **hexágono** *s. m.* Polígono de seis lados. *El ring de lucha libre ahora es un exágono.*
exaltación *s. f.* Acción y efecto de exaltar o exaltarse. || Excitación, nerviosismo. *Estaba enojado, presa de gran exaltación.* || Gloria que resulta de una acción notable. *Por su gesta lo exaltaron como héroe nacional.*
exaltado, da *adj.* Muy intenso o excitado. *Durante la riña estaba muy exaltado, no lo podían calmar.* || *s.* Que se exalta o excita con facilidad, fanático o extremista en sus actos y opiniones. *Durante la manifestación un grupo de exaltados hicieron actos de provocación.*
exaltador, ra *adj.* Que exalta.
exaltamiento *s. m.* Acción y efecto de exaltar o exaltarse.
exaltante *adj.* Que realza las cualidades de algo o alguien. || Que hace enojar. || Que aviva un sentimiento.
exaltar *t.* Elevar a alguien o algo a una mayor dignidad, honor o categoría. *Lo exaltaron como benemérito de la Américas.* || *pr.* Emocionarse en extremo o perder la moderación o la calma. *Se exaltaron los ánimos al exponer su crítica.*
examen *s. m.* Análisis y estudio que se hace de algo para conocer sus características o cualidades, o para determinar su estado. *Se sometió a un examen general para conocer su estado de salud.* || Prueba que se hace para valorar los conocimientos o la capacidad de una persona. *Hoy tengo examen de matemáticas.*
examinación *s. f.* Examen.
examinado, da *adj.* Que se ha sometido a examen.
examinador, ra *s.* Persona que examina.
examinando, da *s.* Persona que se presenta a examen.
examinante *adj.* Que examina.
examinar *t.* Estudiar y analizar algo para conocer sus características o cualidades, o para determinar su estado. *Le contrataron para examinar el desempeño económico del gobierno.* || Someter a alguien a un examen para valorar sus conocimientos o capacidad. *La maestra de química examinará a sus alumnos el lunes.* || Observar atentamente una cosa. *Examinó el firmamento hasta encontrar la estrella polar.*
exangüe *adj.* Que ha perdido toda o gran parte de la sangre. *Donó sangre varias veces y quedó exangüe.* || Que está muy debilitado, sin fuerzas o agotado. *Después de la caminata se le veía exangüe.* || Muerto.
exánime *adj.* Sin señal de vida o sin vida. || Muy débil, sin aliento. *Tras la operación permaneció exánime muchos días.*
exantema *s. m.* Erupción rojiza de la piel, que aparece en enfermedades como el sarampión, la rubeola, etc.
exasperación *s. f.* Acción y efecto de exasperar. || Irritación o enfurecimiento grandes.
exasperado, da *adj.* Que está muy enojado e inquieto, llegando a perder la paciencia. *Estela está exasperada porque no la dejaron entrar al concierto con el billete que compró, pues al parecer era falso.*

exasperar *t.* Causar gran irritación o enfado. *Sus comentarios tontos me hacen exasperar.*
excarcelación *s. f.* Acción y efecto de excarcelar.
excarcelar *t.* Liberar a un preso por mandato judicial. *El juez ordenó excarcelar a Raúl después de varios años de prisión.*
excavación *s. f.* Acción y efecto de excavar. || Perforación, hoyo o agujero hecho en un terreno. *Encontraron restos humanos antiguos en una excavación.*
excavador, ra *adj.* Que excava. || *s. f.* Máquina provista de una gran pala utilizada para excavar. *Para cimentar el edificio usaron una excavadora para remover la tierra.*
excavar *t.* Hacer un hoyo en el suelo extrayendo tierra. *Para cimentar el edificio tuvieron que excavar profundo.*
excedencia *s. f.* Condición de excedente referida al funcionario que no ejerce su cargo, o al trabajador que no ocupa su puesto de trabajo durante un tiempo determinado, y salario a que éste tiene derecho.
excedente *adj.* Que excede o sobra. *Después de saldar los gastos tuvimos un excedente.* || Se aplica a la persona que está temporalmente sin ejercer su cargo. || *s. m.* Mercancías que sobran después de satisfecha la demanda. *Habrá liquidación de excedentes.*
exceder *t.* Sobrepasar un límite o algo que se considera normal o razonable. *No te puedes exceder en los gastos presupuestados.* || Superar una persona o cosa a otra en alguna cualidad. *Este precio excede lo que esperábamos.* || *intr.* y *pr.* Propasarse, pasarse de los límites. *Te has excedido con tu menosprecio.*
excelencia *s. f.* Calidad o bondad superior de una persona o una cosa que las hace dignas de estimación y aprecio. *En el viñedo degustamos vinos de excelencia.* || Tratamiento de cortesía que se da a determinadas personas por su dignidad o su cargo. *La ceremonia fue presidida por su Excelencia el embajador de Dinamarca.* || *loc. adv.* ***Por excelencia:*** expresión que indica que a algo o alguien le corresponde un calificativo más que a ningún otro. *Casanova y Don Juan son los seductores por excelencia.*
excelente *adj.* Magnífico, sobresaliente, que es muy bueno. *Para su tesis, Apolonio hizo una investigación excelente.*
excelentísimo, ma *adj.* Tratamiento y cortesía con que se habla a la persona a quien corresponde el de excelencia.
excelsitud *s. f.* Cualidad de excelso.
excelso, sa *adj.* Excelente, muy elevado en importancia, dignidad o categoría. *Goethe llegó a ser un poeta excelso.* || Elevado, muy alto. *Desde estos excelsos montes os contemplaré a mis pies.*
excentricidad *s. f.* Cualidad de excéntrico. || Extravagancia, rareza. *Le gusta vestirse con excentricidad.* || Distancia que media entre el centro de la elipse y uno de sus focos. *La excentricidad de la orbita de la Tierra es pequeña.*
excéntrico, ca *adj.* y *s.* Raro, extravagante, fuera de lo normal. *A Salvador Dalí le gustaba aparecer como un excéntrico.* || Que está fuera o apartado del centro, o que tiene un centro diferente.
excepción *s. f.* Acción y efecto de exceptuar. || Cosa que se aparta de la regla común o de la generalidad. *Todos reprobaron el examen a excepción de dos alumnos.* || *loc.* ***A*** o ***con excepción de:*** indica que la persona o cosa de que se trata constituye una excepción a lo expresado. *Todos tuvieron una actuación destacada a excepción del portero.* || ***De excepción:*** excepcional, muy bueno o extraordinario.
excepcional *adj.* Que es muy bueno o extraordinario, algo poco común o que ocurre rara vez. *El talento de Miguel de Cervantes para la ironía es excepcional.*
excepcionalidad *s. f.* Calidad de excepcional.
excepto *prep.* Indica que lo que se expresa a continuación constituye una excepción a lo expresado. || A excepción de, fuera de, menos, salvo. *A la excursión fuimos todos excepto Isabel que estaba enferma.* || *loc.* ***Excepto que:*** introduce una oración o frase subordinada que expresa una situación, circunstancia, hecho, etc., que constituye una excepción a lo expresado en la oración principal. *Tolera cualquier cosa, excepto que le mientan.*
exceptuación *s. f.* Acción y efecto de exceptuar.
exceptuar *t.* Excluir a alguien o algo de la generalidad o de la regla común. *Tenemos clase de matemáticas todos los días exceptuando el martes.*
excesivo, va *adj.* Que excede o sobrepasa los límites de lo que se considera normal o razonable. *Lo que pides por tu coche me parece excesivo.*
exceso *s. m.* Hecho de exceder o sobrepasar los límites de lo que se considera normal o razonable. *El accidente se produjo porque iba a exceso de velocidad.* || Cantidad en que una cosa excede a otra.
excipiente *s. m.* Sustancia neutra o químicamente inactiva que se mezcla con los medicamentos para darles la consistencia, forma, sabor, etc. *El excipiente de este antiácido tiene sabor a menta.*
excitabilidad *s. f.* Calidad de excitable o capacidad de un organismo para responder a determinados estímulos.
excitable *adj.* Que puede ser excitado. || Que se excita con facilidad. *Descubrir cosas nuevas o desconocidas le produce gran excitación.*
excitación *s. f.* Hecho de provocar una actividad o de hacer que algo se ponga en actividad.
excitado, da *adj.* Estimulado, agitado, incitado. || Entusiasmado, alterado por la alegría o el enojo.
excitador, ra *adj.* Que produce excitación. || *s. m.* Aparato que sirve para producir una descarga eléctrica entre dos polos de diferente potencial. || Pequeño generador que suministra la corriente necesaria para la excitación del generador principal.
excitante *adj.* Que excita. || Descubrir cosas nuevas resulta excitante. || *s. m.* Sustancia o medicamento estimulante. *No tomo café en la noche porque es un excitante.*
excitar *t.* y *pr.* Estimular o provocar algún sentimiento o pasión. *Su belleza excita el deseo de los hombres.* || Despertar el deseo sexual. *Su andar sensual excita a casi todos.* || Hacer que un sentimiento, estado de ánimo o actividad se intensifiquen o se produzcan. *Jugar videojuegos excita su imaginación.* || Activar la secreción de un órgano. *Tocando una campana, Pavlov excitaba la salivación de los perros.*
exclamación *s. f.* Voz, grito o frase exclamativa con que se expresa una emoción o un sentimiento, como sorpresa, admiración o temor. *Se rompió un tobillo y daba exclamaciones de dolor.* || Signo ortográfico que se coloca al principio (¡) y al final (!) de una palabra o frase que lo demanda. *¡Sorpresa!*
exclamar *t.* Expresar palabras en voz alta o vehemencia dar intensidad o viveza a lo que se dice. *¡Socorro! ¡Auxilio! ¡Me matan!*
exclamativo, va *adj.* Que denota exclamación. *El orador imprimió un tono exclamativo a sus palabras.*
exclamatorio, ria *adj.* Propio de la exclamación.
exclaustración *s. f.* Acción y efecto de exclaustrar.
exclaustrar *t.* Permitir u ordenar a un religioso que abandone el claustro.
excluible *adj.* Que puede ser excluido.
excluido, da *adj.* Que ha sido eliminado o descartado.
excluir *t.* Quitar o echar a alguien o algo fuera del lugar que ocupaba. *Por resultar incómodo lo que piensa lo excluyeron de la discusión.* || Descartar, rechazar o no tener en cuenta una

posibilidad. *La situación actual excluye la posibilidad de ir de vacaciones.* || *pr.* Ser incompatibles dos o más cosas. *Ambas opciones se excluyen.*
exclusión *s. f.* Acción y efecto de excluir. *Decidieron su exclusión del grupo.*
exclusiva *s. f.* Derecho o privilegio por el que alguien es la única autorizada para realizar algo legalmente prohibido a otros. *Le otorgaron la distribución exclusiva de esos productos de belleza.*
exclusive *adv.* Indica que no se tiene en cuenta lo que se nombra. *Sácame copias de la página seis a la 24 exclusive.*
exclusividad *s. f.* Cualidad de exclusivo. *La cantante firmó un contrato de exclusividad con la disquera.* || Inexistencia de algo igual. *Los zapatos de la señora son un modelo exclusivo.*
exclusivismo *s. m.* Adhesión obstinada a una persona, una cosa o una idea con exclusión de otras que debían tenerse en cuenta. *Su exclusivismo los hace ser un grupo político marginal.* || Deseo de excluir de un grupo a determinadas personas. *El club de inversionistas aplica un rígido exclusivismo.*
exclusivista *adj.* Perteneciente o relativo al exclusivismo. || *s. com.* Se aplica a la persona que practica el exclusivismo. *Desde que ingresó al grupo de animadoras se volvió exclusivista.*
exclusivo, va *adj.* Que es único o pertenece a alguien o algo. *La señora vestía un modelo exclusivo de Paco Rabane.* || Que está reservado para alguien o algo. *Destinaron vagones para uso exclusivo de mujeres y niños.* || *s. f.* Privilegio o derecho para hacer algo prohibido a los demás. *Vendió la exclusiva de su boda a una revista del corazón.*
excluyente *adj.* Que excluye. *Es un grupo excluyente de los disidentes.*
excomulgado, da *s.* Persona que ha sido excluida de la comunidad de fieles de la iglesia católica y se le ha prohibido participar en los sacramentos. *Fray Juan declaró excomulgados a todos los funcionarios civiles.*
excomulgar *t.* Determinar la negación de la comunión y el uso de los sacramentos a los fieles. *Excomulgar era el arma política más poderosa en siglos pasados.* || *fam.* Declarar a una persona fuera de una comunidad. *Lo excomulgaron del partido por sus críticas a los líderes.*
excomunión *s. f.* Acción y efecto de excomulgar. || Expulsión de un fiel de la iglesia católica por parte de la autoridad eclesiástica, por la cual queda excluido de la comunidad y del derecho a recibir los sacramentos. *Sus ideas fueron consideradas heréticas y le fulminaron la excomunión.*
excoriación *s. f.* Lesión superficial en la piel. *Se cayó y se produjo excoriación en las rodillas.*
excoriar *t.* Causar excoriación. || *pr.* Levantar o arrancar la capa más superficial de la piel dejando la carne al descubierto.
excrecencia *s. f.* Abultamiento o protuberancia anormal que crece en la piel de un animal o en la superficie de un vegetal.
excreción *s. f.* Acción y efecto de excretar. || Expulsión de excrementos. || Sustancia excretada por un organismo.
excrementicio, cia *adj.* Perteneciente o relativo a la excreción y a las sustancias excretadas.
excremento *s. m.* Residuos de alimento que elimina el organismo por el ano después de la digestión. *La acera está llena de excremento de perro.*
excrescencia *s. f.* Excrecencia.
excretar *intr.* Expulsar del organismo el excremento. *Está estreñido y no puede excretar con facilidad.* || Expulsar sustancias que son residuos metabólicos, como la orina.
excretor, ra *adj.* Se aplica al órgano, aparato o conducto que sirven para excretar. *Los riñones y la vejiga forman parte del aparato excretor.*
exculpación *s. f.* Acción y efecto de exculpar. || Hecho o circunstancia que libera de culpa o de responsabilidad. *La defensa consiguió la exculpación del acusado.*
exculpar *t.* y *pr.* Descargar a una persona de culpa o de responsabilidad. *Presentó pruebas por las que fue exculpado.*
exculpatorio, ria *adj.* Que exculpa.
excursión *s. f.* Viaje corto que se realiza como diversión, recreo, deporte o para hacer algún estudio. *Fuimos de excursión a las antiguas minas de plata.*
excursionismo *s. m.* Ejercicio y práctica de las excursiones como deporte, como actividad de recreo o estudio. *En la escuela se promueve el excursionismo cultural con visitas a museos.*
excursionista *s. com.* Persona que hace excursiones. *Esta zona está llena de excursionistas durante el verano.*
excusa *s. f.* Motivo o pretexto con que se justifica un determinado comportamiento, fallo o error. *La carga de trabajo me sirvió de excusa para no acompañarlos al bar.* || Motivo o pretexto para eludir una obligación o disculpar una omisión. *Eres más bueno para inventar excusas que para hacer el trabajo.* || ***Pedir*** o ***presentar excusas:*** pedir perdón por haber causado una molestia o un perjuicio. *Pidió excusas por llegar tarde a clase.*
excusable *adj.* Que puede ser excusado o disculpado. *Su retardo es excusable porque vive muy lejos.* || Que se puede omitir o evitar.
excusado[1] *s. m.* Escusado, retrete.
excusado[2] *adj.* Que resulta innecesario o superfluo o lo que no hay necesidad de decir. *Excusado es decir que ahí estaré.* || Que tiene disculpa. *Hoy está excusado de trabajar porque está enfermo.* || Que por privilegio está libre de pagar impuestos.
excusador, ra *adj.* Que excusa. || *s. m.* El que exime y excusa a otro de una carga o un servicio sirviéndolo por él.
excusar *t.* Encontrar y alegar razones o motivos para justificar que alguna cosa hecha por alguien no constituya una culpa o falta. *Haber sido hospitalizado es más que una excusa para no asistir a clases.* || Librar a alguien de una obligación o un compromiso, o de un trabajo o molestia. *Le tocó bola blanca en el sorteo y lo excusaron de prestar el servicio militar.* || Evitar, impedir que ocurra cierta cosa perjudicial o desagradable. *Mejor ni nos metemos, así excusamos cualquier pleito.* || Dar explicaciones o pedir perdón o disculpas a una persona por causar alguna molestia. *Se excusó por obstruir la entrada de su cochera.*
execrable *adj.* Que es digno de condena o rechazo. *Su promoción del racismo es execrable.*
execración *s. f.* Acción y efecto de execrar. || Expresión con que se execra. || Profanación del carácter sagrado de un lugar.
execrador, ra *adj.* Que execra.
execrar *t.* Condenar y maldecir a una persona o cosa, especialmente una autoridad sacerdotal. *La autoridad papal execró las tesis de Martín Lutero.* || Aborrecer, sentir aversión moral intensa por algo o alguien. *Los estatutos de pureza de sangre son execrables.*
exégesis *s. f.* Explicación o interpretación de un texto, especialmente de los libros de la Biblia. *Santo Tomás de Aquino hizo una exégesis muy extensa de las Sagradas Escrituras.*
exegeta o **exégeta** *s. com.* Intérprete de textos antiguos, especialmente de la Biblia. *Alberto Magno fue un exégeta de la Biblia.*
exegético, ca *adj.* Perteneciente o relativo a la exégesis. || Se aplica al método interpretativo de las leyes que se apoya en el sentido literal de las palabras de éstas.
exención *s. f.* Acción y efecto de eximir o eximirse. || Privilegio que alguien tiene por el que deja de cumplir alguna obligación. *La asociación civil obtuvo la exención de impuestos.* || ***Exención fiscal:*** beneficio por el que un contribuyente es exonerado del

pago total o parcial de impuestos. *El gobierno otorgó exención fiscal a las inversiones en investigación científica.*

exentar *t.* y *pr.* Eximir, dejar exento. *Los que aprueben todos los exámenes parciales podrán exentar el examen final.*

exento, ta *adj.* Que está libre de cargas u obligaciones. *Hizo todas sus tareas y quedó exento de presentar examen.* || Que está libre de algo perjudicial o molesto. *La rica herencia del abuelo lo dejó exento de preocupaciones.* || Se aplica a la construcción que está aislada o independiente de otra construcción. *La hacienda tiene cabañas exentas.*

exequias *s. f. pl.* Honras fúnebres. *Las exequias de Justo Sierra fueron espectaculares.*

exfoliación *s. f.* Acción y efecto de exfoliar. || Pérdida de la corteza de un árbol. || Pérdida o desprendimiento de la epidermis en escamas.

exfoliador, ra *adj. Amér.* Se aplica al bloc o cuaderno cuyas hojas se desprenden fácilmente. || Tratamiento cosmético para eliminar las células muertas de la piel. *Le recomendaron una crema exfoliadora muy efectiva.*

exfoliante *adj.* Se aplica a los productos cosméticos que eliminan las células muertas de la piel.

exfoliar *t.* y *pr.* Dividir o separar una cosa en escamas o láminas. || Eliminar de la piel las células muertas.

exhalación *s. f.* Acción y efecto de exhalar o exhalarse. || Emisión de un gas, vapor u olor. *El jardín tiene una exhalación de frescura.* || Emisión de suspiros, quejas, lamentos, etc. *Se escuchaba a lo lejos la exhalación de un lamento.* || Bólido o estrella fugaz. || *loc.* ***Como una exhalación:*** muy rápido. *Pasó Juan en el coche, iba como una exhalación.*

exhalador, ra *adj.* Que exhala.

exhalar *t.* Despedir gases, vapores u olores. *Las gardenias exhalan un intenso y agradable olor.* || Lanzar quejas o suspiros. *El enamorado exhalaba suspiros de amor.*

exhaustividad *s. f.* Cualidad de exhaustivo. || Profundidad al hacer algo. *Investigó el tema con exhaustividad.*

exhaustivo, va *adj.* Que agota, que se hace con profundidad. *Realizó una investigación exhaustiva de la historia de la Nueva España.*

exhausto, ta *adj.* Que está agotado o muy cansado, débil o sin fuerzas. *Estudió toda la noche y terminó exhausto.* || Que está agotado o tiene poco de lo que debería tener. *Para obtener ingresos, dejaron exhaustas las reservas de petróleo.*

exhibición *s. f.* Acción y efecto de exhibir o exhibirse. *El desfile militar fue una exhibición de disciplina.* || Demostración en público de algo. *Los alumnos hicieron una exhibición de experimentos de física.*

exhibicionismo *s. m.* Deseo o afán excesivo de exhibirse. *Por exhibicionismo hace cosas estrafalarias.* || Tendencia patológica a mostrar los órganos genitales en público. *Ese loco está afectado de exhibicionismo.*

exhibicionista *adj.* y *s. com.* Persona que practica el exhibicionismo. *No sé cómo sales con Pedro, si es un exhibicionista.*

exhibidor, ra *adj.* Que exhibe. || *s.* Persona que se dedica a la explotación comercial o gestión de las salas de cine.

exhibir *t.* Mostrar o exponer algo a la vista del público. *Exhibe sus esculturas en el Jardín del Arte.* || Mostrar o enseñar alguien algo de lo que se siente orgullosa. *Exhibía su destreza y dominio del piano.* || *pr.* Mostrarse en público para llamar la atención. *Se exhibió por todo el pueblo paseando en su nueva moto.* || Presentar o mostrar escrituras, documentos, etc., que sirven para probar algo. *Exhibió los títulos que lo acreditan como propietario legítimo del predio.*

exhortación *s. f.* Acción de exhortar. || Discurso o plática por el cual se pretende persuadir a actuar de determinada manera. *En su alocución hizo una exhortación a la concordia.* || Plática o sermón breve. *El maestro dirigió una exhortación a los alumnos a que estudien.*

exhortador, ra *adj.* Que exhorta.

exhortar *t.* Incitar a actuar de cierta manera. *El director exhortó a los alumnos a estudiar con ahínco.*

exhortativo, va *adj.* Que exhorta o anima para hacer algo. *Su escrito dirigido al gobierno tenía un tono exhortativo.* || Se aplica a la oración o frase que expresa mandato o ruego.

exhorto *s. m.* Despacho que libra un juez a otro para que mande dar cumplimiento a lo que le pide. *El juez de lo penal emitió un exhorto al de lo civil para que se dé cumplimiento a lo mandado.*

exhumación *s. f.* Acción de exhumar.

exhumar *t.* Desenterrar un cadáver o restos humanos. *El juez ordenó exhumar el cadáver para realizar mayores estudios.* || Recordar, recuperar o sacar a la luz lo olvidado. *Los impulsores de la Ilustración exhumaron la doctrina de Guillermo de Occam.*

exigencia *s. f.* Acción y efecto de exigir. || Petición de algo con energía. *La exigencia de los trabajadores paristas es la reinstalación de los despedidos.* || Cosa que se requiere como imprescindible o necesaria para que se produzca algo. *La devolución de las instalaciones fue una exigencia para discutir la reinstalación de los despedidos.* || *pl.* Pretensión caprichosa o excesiva. *No es posible acceder a tales exigencias.*

exigente *adj.* y *s. com.* Se aplica a la persona que exige demasiado, especialmente si lo hace de manera abusiva o caprichosa. *El de física es un maestro muy exigente.*

exigible *adj.* Que puede o debe ser exigido. *El cumplimiento de los derechos es exigible.*

exigir *t.* Pedir una cosa de forma imperiosa o enérgica la persona que tiene derecho a ella. *Está en su derecho al exigir una atención médica competente.* || Demandar enérgicamente a alguien que haga o dé cierta cosa. *Debes exigir el pago íntegro de tu salario.* || Necesitar una cosa de otra para llevarse a cabo. *Aprobar el curso exige estudio continuo.* || *intr.* Ser o mostrarse exigente. *Esta carrera exige mucha dedicación.*

exigüidad *s. f.* Cualidad de exiguo. || Escasez. *Siempre han vivido en la exigüidad de recursos.*

exiguo, gua *adj.* Que es insuficiente, pequeño o escaso. *Sus logros son meritorios considerando sus exiguos recursos.*

exilado, da *adj.* y *s.* Exiliado.

exilar *t.* y *pr.* Exiliar.

exiliado, da *adj.* y *s.* Se aplica a la persona obligada a abandonar su país, generalmente por razones políticas. *A México llegaron muchos exiliados de América del Sur durante las dictaduras.* || *pr.* Expatriarse voluntariamente, generalmente por motivos políticos. *Desencantado de la política decidió exiliarse en París.*

exiliar *t.* Obligar a alguien a abandonar su país o el lugar donde vive. *Las dictaduras buscan exiliar a los opositores.* || *pr.* Abandonar alguien voluntariamente su patria, generalmente obligado por razones políticas. *Decidió exiliarse en desacuerdo con la política del gobierno.*

exilio *s. m.* Destierro, expulsión de alguien de su patria, generalmente por motivos políticos. *Durante la dictadura de Pinochet en Chile muchos salieron al exilio.* || Lugar donde reside el exiliado y tiempo que pasa en él. *Durante el exilio procuró estudiar los problemas de su país.*

eximente *adj.* Que exime de una carga, culpa u obligación. *El desconocimiento de la ley no es eximente.*

eximio, mia *adj.* Excelente, sobresaliente, ilustre, excelso. *Muchos lo consideran un escritor eximio.*

eximir *t.* Liberar a alguien de una carga, obligación, compromiso, culpa, etc. *El juez le eximió de toda culpa.*

existencia *s. f.* Hecho o circunstancia de existir. *No tenía idea de la existencia de esa parte de la familia.* || Vida del ser humano. *En toda su existencia veló por la aplicación de la justicia.* || *pl.* Conjunto de mercancías almacenadas que aún no se han vendido. *Déjeme ver si aún tenemos ese modelo en existencias.* || *loc.* ***Complicar la existencia:*** buscar o causar problemas a una persona. *Contradecir al maestro es complicarse la existencia.*

existencial *adj.* De la existencia o relativo a ella. *Es un tipo complicado, todo lo ve como problema existencial.*

existencialismo *s. m.* Corriente filosófica que concede prioridad a la existencia del ser humano y trata de fundar el conocimiento de toda realidad sobre la experiencia inmediata de la existencia propia. *Los inspiradores del existencialismo fueron Kierkegaard y Heidegger.*

existencialista *adj.* Perteneciente o relativo al existencialismo. || *s. com.* Partidario o seguidor del existencialismo. *Jean Paul Sartre fue un escritor existencialista.*

existente *adj.* Que existe en el momento de que se trata. *La revolución terminó con el orden de cosas existente.*

existir *intr.* Tener una cosa realidad física o metafísica. *Antes de existir materialmente, muchas cosas existen en la mente como ideas.* || Tener vida. *Antes de nosotros, existieron miles de generaciones y millones de individuos.* || Haber, estar, hallarse cierta cosa en un lugar o situación determinados. *En esta zona existen restos de otra civilización.*

éxito *s. m.* Resultado feliz o muy bueno de algo. *Estrenaron la obra de teatro con gran éxito.* || Buena acogida que tiene una persona o cosa entre el público. *La nueva línea de ropa ha sido un éxito de mercado.*

exitoso, sa *adj.* Que tiene éxito.

exocrino, na *adj.* Se aplica a la glándula que secreta al tubo digestivo o al exterior del organismo. *Las glándulas sudoríparas son exocrinas.* || Se aplica a la secreción de dicha glándula. *La saliva es una secreción exocrina.*

éxodo *s. m.* Emigración en masa de un pueblo del lugar en el que estaba para establecerse en otra región. *El éxodo del pueblo judío de Egipto fue dirigido por Moisés.* || Libro de la Biblia en el que se narra la salida de los israelitas de Egipto. *Moisés condujo el éxodo hacia la Tierra Prometida.*

exoesqueleto *s. m.* Piel muy dura que recubre como concha, caparazón o escamas el cuerpo de ciertos animales como peces, reptiles, etc.

exogamia *s. f.* Costumbre u regla social que obliga a contraer matrimonio con personas de distinta tribu o ascendencia, o procedente de otra localidad o comarca. *Existen tribus en la que la exogamia es una obligación.* || Cruce entre individuos de distinta raza para diversificar la descendencia.

exogámico, ca *adj.* Perteneciente o relativo a la exogamia.

exógeno, na *adj.* Que se forma o nace en el exterior de un organismo. || Que se origina por causas externas. *La crisis económica del país es exógena.*

exoneración *s. f.* Acción y efecto de exonerar.

exonerar *t.* Liberar de una pena, carga u obligación. *El juez lo exoneró de todo cargo.* || Destituir a alguien de un empleo o dignidad. *Lo exoneraron del cargo.*

exorbitante *adj.* Excesivo, fuera de la medida normal. *Los viajes de turismo espacial tienen un precio exorbitante.*

exorcismo *s. m.* Conjuro para expulsar un espíritu maligno de una persona o cosa. *La acusaron de poseída del demonio y le practicaron un exorcismo.*

exorcista *s. com.* Persona que realiza exorcismos. || *s. m.* Sacerdote católico que tiene potestad para exorcizar. *Ese sacerdote tiene fama de exorcista.*

exorcizar *t.* Usar exorcismos para expulsar al demonio de una persona o de un lugar que se cree poseído por él.

exordio *s. m.* Introducción, preámbulo, palabras con que se comienza una obra hablada o escrita, para llamar la atención sobre ella o preparar el ánimo de los oyentes o lectores. *Este libro contiene un exordio muy sintético.* || Preámbulo de un razonamiento o de una conversación. *Te extendiste demasiado en el exordio, ahora entremos en materia.*

exosfera *s. f.* Región atmosférica más distante de la superficie terrestre; su límite inferior se localiza a una altitud de entre 600 y 700 km, aproximadamente, su límite con el espacio llega en promedio a los 10,000 km. *El transbordador espacial no llega al límite inferior de la exosfera.*

exotérico, ca *adj.* Que es común, accesible o comprensible para la mayoría de personas, en oposición a esotérico.

exótico, ca *adj.* Se aplica a lo que procede de un lugar o país que es lejano y muy distinto al propio. *En Europa las especias de oriente eran productos exóticos.* || Se aplica a lo que resulta extraño o extravagante. *El cabaret está presentando bailarinas exóticas de oriente.*

exotismo *s. m.* Cualidad de exótico. || Gusto por lo exótico. *Su vestido hindú era un exotismo en la fiesta.*

expandido, da *adj.* Extendido, dilatado.

expandir *t.* Extender, dilatar, difundir, hacer que algo ocupe más espacio o tenga más alcance. *Aplicando calor se expande un gas para que aumente su presión.*

expansibilidad *s. f.* Propiedad que tiene un cuerpo de expandirse.

expansible *adj.* Que se puede expandir.

expansión *s. f.* Acción y efecto de expandir. *La expansión del vapor empuja el émbolo de la máquina.* || Ampliación o dilatación de algo. *Necesitamos una expansión del espacio disponible porque ya no cabemos.* || Aumento de la capacidad de producción de una cosa. *Emprendimos un proceso de expansión para satisfacer la demanda.*

expansionar *t.* Expandir, dilatar, ensanchar.

expansionismo *s. m.* Tendencia de un país a extender el dominio político y económico más allá de sus fronteras. *En cuanto se consolidó en el poder, Hitler emprendió una política de expansionismo.* || Tendencia de una empresa o entidad a extender su dominio o influencia sobre otras. *Las empresas trasnacionales se caracterizan por un expansionismo agresivo.*

expansionista *adj.* Perteneciente o relativo al expansionismo. || Partidario del expansionismo. *Japón tuvo una política expansionista en la primera mitad del siglo XX.*

expansivo, va *adj.* Que se expande o tiende a expandirse. *Estos juguetes están hechos de un material expansivo que crece con el agua.*

expatriación *s. f.* Acción y efecto de expatriarse o ser expatriado. || Expulsión de alguien fuera de su patria. *Los disidentes salieron expatriados.*

expatriado, da *s.* Persona que vive fuera de su patria. *En Estados Unidos viven millones de mexicanos expatriados.*

expatriar *t.* Hacer que alguien abandone su patria. || *pr.* Abandonar voluntariamente el propio país. *Se expatrió porque en su país no hay suficientes oportunidades de empleo.*

expectación *s. f.* Tensión o curiosidad con que se espera algo. *Había gran expectación por la llegada de las personalidades.*

expectante *adj.* Se aplica a la persona que espera con curiosidad y tensión un acontecimiento. *Estaba expectante de los resultados del examen de admisión.*

expectativa *s. f.* Situación de la persona que espera obtener o conseguir algo. *Se mantiene a la expectativa de recibir su paga.* || Posibilidad razonable de que algo suceda. *Existe la expectativa de un cambio de política económica.* || *loc. adv.* ***A la expectativa:*** a la espera de algo sin actuar hasta ver qué sucede. *Estoy a la expectativa de que me otorguen ese empleo.*

expectoración *s. f.* Acción y efecto de expectorar. || Desprendimiento y expulsión mediante la tos de las

secreciones que se acumulan en las vías respiratorias. || Lo que se expectora. *Me recetaron un jarabe que facilita la expectoración.*
expectorante *adj.* y *s.* Que hace expectorar. *Salió al mercado un nuevo expectorante muy efectivo.*
expectorar *t.* Expulsar por la boca los mocos o flemas que se forman en la garganta o en los pulmones.
expedición *s. f.* Acción y efecto de expedir. *No podía empezar a construir hasta la expedición del permiso correspondiente.* || Viaje colectivo que se realiza con un fin determinado, especialmente científico, militar o deportivo. *Se organizó una expedición científica a la Antártida.* || Grupo de personas que realizan ese viaje. *La expedición la componen científicos de varias ramas.* || Envío de una carta, una mercancía o algo semejante a un lugar determinado. *Ponme que se pueda leer la fecha de expedición.*
expedicionario, ria *adj.* y *s.* Que forma parte de una expedición. *Alejandro de Humboldt fue un expedicionario muy audaz.*
expedido, da *adj.* Expédito.
expedidor, ra *s.* Persona que expide.
expedientar *t.* Formar o instruir expediente. || Someter a expediente a alguien.
expediente *s. m.* Conjunto de todos los documentos y gestiones correspondientes a un asunto o negocio. *El expediente de la investigación estaba ya muy abultado.* || Procedimiento administrativo por el que se juzga la actuación o comportamiento de un funcionario, un empleado, un estudiante o una empresa. *Le abrieron expediente por violar las disposiciones internas de la universidad.* || Historial de incidencias de un estudiante, de un profesional, etc. *En la secretaría llevan los expedientes académicos de todos los alumnos.* || *loc.* ***Cubrir el expediente:*** hacer lo mínimo indispensable para cumplir con una obligación. *Estudia solo para cubrir el expediente de sacar una calificación aprobatoria.*
expedir *t.* Extender un documento, en especial con carácter oficial o legal. *Ya me van a expedir mi pasaporte.* || Remitir, enviar. *Tengo que expedir esta carta por correo.*
expeditar *t. Amér.* Concluir un asunto. || *Cub. Hond.* y *Méx.* Acelerar la solución de un asunto. *Exigió una solución expedita a su asunto.*
expeditivo, va *adj.* Que despacha un asunto con rapidez, sin trámites burocráticos.
expedito, ta *adj.* Que está libre de obstáculos. *Dejó expedito el camino para su sucesor.* || Que es muy expeditivo. *La secretaria de mi jefe es muy expedita.*
expeler *t.* Lanzar con fuerza hacia afuera. *Le dio una palmada en la espalda para que expeliera el dulce.*
expendedor, ra *adj.* y *s.* Que expende. || Persona o máquina que vende mercancías al por menor. *La máquina expendedora de refrescos se atoró otra vez.*
expender *t.* Gastar. || Vender al menudeo. || Vender boletos para espectáculos.
expendio *s. m.* Comercio de venta al por menor || *Méx.* Estanquillo.
expensas *s. f. pl.* Gastos. || *loc.* ***A expensas de:*** a costa de otros. *Vive a expensas de su mujer.*
experiencia *s. f.* Conocimiento de algo que se adquirió por haberlo vivido. *Tiene experiencia en ventas porque trabajó un tiempo en la tienda de su padre.* || Conocimiento de la vida por haberla vivido durante mucho tiempo. *Los viejos tienen mucha experiencia, pero nadie les hace caso.* || Situación que vivió una persona. *Perdernos en el boque no fue una experiencia agradable.* || *Amér. Merid.* Experimento.
experimentación *s. f.* Acción y efecto de experimentar. || Método científico que recrea en el laboratorio situaciones similares a los fenómenos naturales o sociales que desea verificar.
experimentado, da *adj.* Que tiene mucha experiencia. *Es un piloto tan experimentado que dice que puede volar con los ojos cerrados.*
experimentador, ra *adj.* y *s.* Que experimenta o le gusta hacer experimentos.
experimental *adj.* y *s. com.* Que se apoya en la experiencia. || Que sirve de experimento. || Que busca nuevas formas de expresarse. *En el siglo xx, casi no hubo ninguna forma de arte que no fuera experimental.*
experimentalismo *s. m.* Empirismo. || Tendencia artística que busca nuevas formas de expresarse.
experimentar *t.* Llevar a cabo experimentos con algo o alguien. *Los alumnos experimentarán con ranas.* || Someter a alguien a algún tipo de experimento. *Experimentaron con los soldados que venían del frente de batalla.* || Sentir algo. *Experimenté mucha alegría cuando lo volví a ver.* || Hacer que una persona o cosa se transforme. *El bebé experimentó un cambio impresionante en dos meses.*
experimento *s. m.* Reproducción de situaciones o fenómenos con el fin de estudiarlas. || Examen que se realiza para probar las cualidades de algo. || *Amér. Merid.* Experiencia.
experto, ta *adj.* y *s.* Que es muy hábil en alguna actividad. || Que tiene muchos conocimientos de una materia. || Que está autorizado a dar una opinión relacionada con su materia.
expiación *s. f.* Acción y resultado de expiar.
expiar *t.* Tratar de lavar las culpas. || Sufrir un delincuente la pena que le impone la justicia. || Sufrir a causa de errores cometidos. || Purificar algo profanado, como un templo.
expiatorio, ria *adj.* Que sirve para expiar.
expiración *s. f.* Acción y resultado de expirar.
expirar *intr.* Acabar la vida. *El herido expiró pasada la medianoche.* || Acabar un plazo. *El plazo para pagar la renta expirará en dos días.*
explanada *s. f.* Lugar donde el terreno fue aplanado. || *Amér.* Sitio abierto delante de los edificios públicos.
explanar *t.* Poner un terreno llano. || Dar a un terreno la nivelación necesaria.
explayar *t.* y *pr.* Extender, ampliar. *A pedido del público, se explayó un poco más sobre el tema.* || Dilatar mucho un discurso. *Se explayaba tanto que todo el mundo terminaba bostezando.* || Confiar un secreto a una persona. *Con su amiga pudo explayarse a gusto sobre lo que le dijo su novio.* || Divertirse. *Fueron a la montaña a explayarse.*
expletivo, va *adj.* En gramática, que redondea o hace más expresiva una frase.
explicable *adj.* y *s. com.* Que es posible explicar.
explicación *s. f.* Exposición que sirve para aclarar algún tema. *El maestro dio una explicación clara y breve.* || Justificación de una acción. *Las explicaciones del novio no convencieron a la despechada.*
explicaderas *s. f. pl. fam.* Manera de explicar o explicarse que tiene cada quien.
explicar *t.* Expresar algo en forma clara. || Enseñar una materia. || Dar una justificación. || *pr.* Expresar un sentimiento, lo que se sabe. || Llegar a comprender algo.
explicativo, va *adj.* Que sirve para explicar algo. || En gramática, adjetivo que no agrega nada nuevo al sustantivo. *El adjetivo explicativo se antepone al sustantivo, por ejemplo, «enorme gigante».* || En gramática, frase que se pone entre comas para complementar a un sustantivo.
explicitar *t.* Decir expresamente algo, hacerlo explícito.
explícito, ta *adj.* Que expresa con claridad algo.
exploración *s. m.* Viaje que se hace con la finalidad de descubrir o conocer más un lugar. || Análisis de una situación determinada con el fin de solucionar un problema. || Examen o revisión inicial que hace un médico de un paciente para descubrir qué mal lo aqueja.

explorado, da *adj.* Se aplica al lugar que ha sido recorrido para conocerlo. || Observado o examinado.
explorador, ra *adj.* y *s.* Que explora. || Persona que explora un lugar para conocerlo o descubrir cosas nuevas. || Escáner.
explorar *t.* Recorrer un lugar para conocerlo o descubrir cosas nuevas. || Analizar una situación para encontrar soluciones. || Revisar un médico a un paciente para hacer un diagnóstico inicial.
exploratorio, ria *adj.* y *s.* Que sirve para explorar. || *s. m.* En medicina, instrumento que sirve para explorar cavidades del cuerpo.
explosión *s. f.* Liberación brusca de energía que hace que un cuerpo reviente y haga mucho ruido. || Expresión efusiva de un sentimiento. || Expansión rápida de algún fenómeno. *La explosión demográfica no se detuvo ni con los anticonceptivos.* || En fonética, salida repentina del aire al terminar la oclusión en algunas consonantes oclusivas como /p/, /t/, /k/. || *loc.* ***Explosión atómica:*** la que provocan las bombas atómicas. || ***Explosión termonuclear:*** la que generan las bombas termonucleares.
explosionar *t.* e *intr. Esp.* Explotar.
explosivo, va *adj.* y *s.* Que sirve para hacer explotar algo. || Que explota fácilmente. || En fonética, que hay una expulsión de aire después de la pronunciación de consonantes oclusivas como /p/, /t/, /k/. || *s. m.* Producto químico que sirve para provocar explosiones.
explotable *adj.* y *s. com.* Que sirve para explotar.
explotación *s. f.* Acción de extraer de una mina los minerales que contiene. || Conjunto de elementos que se dedican a una industria o a la ganadería. || Abuso de una persona a la que se le hace trabajar mucho y se le paga poco.
explotado, da *adj.* Aprovechado, utilizado. || Se aplica a la persona de la que abusan en el trabajo para sacar beneficio propio. || Que ha estallado.
explotador, ra *adj.* y *s.* Que explota. || Persona que abusa de otras en cuanto a hacerlas trabajar mucho y pagarles poco.
explotar[1] *t.* Extraer de una mina los minerales que contiene. || Sacar provecho de una industria o de una instalación agrícola o ganadera. || Abusar de las personas haciéndolas trabajar mucho y pagándoles poco.
explotar[2] *intr.* Hacer explosión algo. || *t.* Provocar una explosión.
expoliación *s. f.* Despojo violento y abusivo.
expoliador, ra *adj.* y *s.* Que expolia o está a favor de la expoliación.
expoliar *t.* Despojar con violencia y de forma abusiva o ilegal. *Durante siglos los colonizadores expoliaron a los indígenas.*
exponencial *adj.* y *s. com.* Que su ritmo aumenta rápidamente. *El crecimiento exponencial de las importaciones empobrece a un país.*
exponente *adj.* y *s. com.* Que expone. || Que es representativo de un tipo de personas o cosas. || *s. m.* Número que se coloca en la parte superior a la derecha de otro, llamado base, para expresar el número de veces que esta última debe multiplicarse por sí misma. *En 10^{30}, el número 30 es el exponente.*
exponer *t.* y *pr.* Colocar algo para que sea visto en público. *Cuando expongas tus cuadros, asegúrate de invitarme.* || Explicar una idea a alguien. *La mamá expuso con sencillez la situación de la familia.* || Poner algo al aire libre para que reciba la acción de un agente como el sol. *Se expusieron sólo un rato al sol.* || Poner a alguien en una situación de peligro. *Si sales hoy a la calle, expondrás a tus hijos a la multitud.* || Poner una placa fotográfica a la luz para revelarla.
exportable *adj.* y *s. com.* Que es susceptible de exportar.
exportación *s. f.* Venta de mercancías a otro país. || Conjunto de cosas que se venden a otro país. || En informática, envío de archivos o programas entre diferentes sistemas.
exportador, ra *adj.* y *s.* Que exporta. *México es un país exportador de petróleo.*
exportar *t.* Vender mercancías a otro país. || En informática, enviar archivos o programas a sistemas diferentes al de origen.
exposición *s. f.* Presentación al público de algo, en especial de obras de arte. || Presentación de ideas ante un maestro o un público. || Presentación de mercancías o productos para promoverlos. || Colocación de algo para que sufra la acción de agentes como el sol o el aire. || Colocación de una placa fotográfica en la luz para que se revele. || Situación de un objeto respecto a los puntos cardinales. || En música, parte inicial de una obra donde se expone el tema.
exposímetro *s. m.* Aparato que se usa en fotografía para medir la intensidad de la luz y calcular el tiempo de exposición de la película.
expositivo, va *adj.* Que expone.
expósito, ta *adj.* y *s.* Que se abandona o expone para que se haga cargo de él un organismo público. *El bebé expósito fue acogido en el orfanato.*
expositor, ra *adj.* y *s.* Que expone. || Persona que da una conferencia. || Persona que va a una exposición a presentar sus mercancías.
exprés *adj.* y *s. com.* Que utiliza vapor a presión para hacer las cosas más rápidas. *Conviene hacer los frijoles en la olla exprés.* || Que realiza un servicio más rápido de lo normal. *Manda ese paquete por mensajería exprés.* || Que es un café que se hizo en una máquina que utiliza vapor. *El café exprés queda más fuerte que el americano.*
expresado, da *adj.* Mostrado, representado. || Enunciado, declarado.
expresar *t.* y *pr.* Decir con palabras o gestos lo que se quiere comunicar. || Traslucir una cosa cierto sentimiento. *La música de esa canción expresa alegría.* || En matemáticas, conjunto de términos que representan una cantidad.
expresión *s. f.* Hecho de manifestar o expresar lo que se piensa o se siente. *La risa es la expresión de la alegría.* || Palabra o frase. *Cuando hablamos debemos aprender a utilizar las expresiones correctas.* || Gesto o aspecto del rostro que muestra un sentimiento. *Esa máscara tiene una expresión de enojo.*
expresionismo *s. m.* Movimiento artístico surgido a principios del siglo XX en Alemania como reacción al impresionismo. Propugnaba la expresión del yo interior a costa de distorsionar la realidad.
expresionista *adj.* y *s. com.* Que se relaciona con el expresionismo. || Partidario del expresionismo.
expresividad *s. f.* Cualidad de poder expresar, sobre todo con gestos, sentimientos y pensamientos.
expresivo, va *adj.* Que se relaciona con la expresión. || Que posee expresividad. || Característico, típico. || En lingüística, función que se centra en el emisor y su expresión subjetiva.
expreso, sa *adj.* Que es claro. || *s. m.* Correo extraordinario. || Tren, autobús o cualquier otro tipo de transporte público que no tiene paradas intermedias con el fin de ir más rápido. *Tomó el expreso de la medianoche.* || Tipo de café muy concentrado.
exprimidor *s. m.* Aparato, manual o eléctrico, que sirve para exprimir el jugo de frutas y verduras.
exprimir *t.* Apretar mucho una cosa para sacarle el jugo. || Explotar a un trabajador. || Expresar.
expropiación *s. f.* Apropiación legal que hace el Estado de una propiedad perteneciente a un particular, al que se le da una compensación o indemnización.
expropiador, ra *adj.* Que expropia.
expropiar *t.* Apropiarse legalmente el Estado de una propiedad perteneciente a un particular, por lo general alegando interés público. *Expropiaron esos terrenos para construir una carretera.*
expropiatorio, ria *adj.* Que se relaciona con la expropiación. *Dieron a conocer el decreto expropiatorio de las fábricas de cemento.*

E

expuesto, ta *adj.* Que es peligroso o arriesgado.
expugnable *adj.* y *s. com.* Que se puede expugnar.
expugnación *s. f.* Acción y resultado de expugnar.
expugnar *t.* Conquistar con la ayuda de las armas una fortaleza, una ciudad, etc.
expulsar *s. t.* Sacar a alguien de un lugar, generalmente por mal comportamiento. *Lo expulsaron del bar por iniciar una pelea.* || Sacar con fuerza algo del organismo.
expulsión *s. f.* Acción y resultado de expulsar. *Después de la expulsión, ya no quiso regresar a la escuela.*
expulsivo, va *adj.* Que ayuda a expulsar. *Dale ese medicamento expulsivo para que saque todo el veneno del estómago.*
expulsor, ra *adj.* Que expulsa. *Los países centroamericanos son expulsores de mano de obra no calificada.* || *s. m.* En las armas de fuego que lo tienen, mecanismo para expulsar los cartuchos vacíos.
expurgación *s. f.* Acción y resultado de expurgar.
expurgar *t.* Limpiar, purificar. || En algunos países, suprimir o censurar la autoridad partes de libros o de cualquier tipo de impresos que considere subversivos.
exquisitez *s. f.* Lo que es exquisito. || Cosa que es exquisita.
exquisito, ta *adj.* Que es de calidad extraordinaria.
extasiarse *prnl.* Sentir el gozo de la belleza.
éxtasis *s. m.* Estado de ánimo en el que predomina un sentimiento de alegría. || En religión, arrobamiento ante la divinidad.
extático, ca *adj.* Que está en éxtasis.
extemporal *adj.* y *s. com.* Que está fuera de tiempo.
extemporaneidad *s. f.* Lo que es extemporáneo. *Al realizar el trámite con extemporaneidad, anularon toda posibilidad de éxito.*
extemporáneo, nea *adj.* Que está o sucede fuera de tiempo. || Inoportuno, fuera de lugar.
extender *t.* Hacer que algo ocupe más espacio del que tenía. *Ella extiende los brazos hacia el techo.* || Desparramar lo que está amontonado. *Extiende las lentejas en el plato para buscar piedritas.* || Desenrollar lo que estaba enrollado. *Extendieron la alfombra roja para la visita del rey.* || Ampliar el alcance de una ley, una jurisdicción, un plazo, etc. *Extenderán el plazo hasta el 31.* || Poner por escrito algo de acuerdo con determinadas reglas. *Extiende el cheque a nombre de mi esposo.* || *pr.* Ocupar determinado espacio. *La escuela se extendía por toda la manzana.* || Dar una explicación demasiado detallada. *Se extendió en tonterías que a nadie le importaban.* || Difundirse algo donde antes no existía. *La peste se extendió gracias a la guerra.*
extendido, da *adj.* Desdoblado, desplegado, abierto. || Propagado, esparcido, que ocupa mucho espacio. || Expandido, dilatado. || Generalizado, difundido.
extensible *adj.* y *s. com.* Que se puede extender. || *s. m. Méx.* Correa para el reloj que se puede extender.
extensión *s. f.* Acción y resultado de extender. || Superficie que ocupa una cosa. || En geometría, capacidad de un cuerpo de ocupar un espacio. || Línea de teléfono secundaria. || En semántica, aplicación de un concepto extendiendo su significado a otro. || *Cub.* y *Méx.* Alargador. || En informática, un punto y tres letras al final de un archivo que indican el tipo de programa que se usó o el tipo de información que contiene. || *loc.* ***Por extensión:*** que abarca más de lo que la palabra sugiere. || ***En toda la extensión de la palabra:*** literalmente.
extensivo, va *adj.* Que puede extenderse. *Hizo extensiva la invitación a toda la familia.* || Que se hace por extensión del área productiva, con poca inversión de capital. *La ganadería extensiva se da donde es fácil alimentar al ganado.*
extenso, sa *adj.* Que tiene mucha extensión. *Las llanuras extensas caracterizan gran parte del territorio africano.* || Que contiene muchas cosas. *La extensa bibliografía al respecto llevará muchas horas de lectura.* || *loc.* ***Por extenso:*** con mucho detalle.
extensor, ra *adj.* Que se puede extender o facilita la extensión. || *s. m.* Músculo cuya función es extender alguna parte del cuerpo.
extenuación *s. f.* Debilitamiento extremo de las fuerzas. *Los esclavos trabajaban hasta la extenuación.*
extenuado, da *adj.* Se aplica al que se encuentra sin fuerzas por el cansancio.
extenuante *adj.* Que extenúa.
extenuar *t.* y *pr.* Cansar mucho a alguien.
exterior[1] *adj.* y *s. com.* Que está por la parte de afuera. || Que se refiere a otros países. || Que tiene vista a la calle.
exterior[2] *s. m.* Parte de afuera de algo. *El baño está en el exterior de la casa.* || Aspecto de una persona o cosa. *El exterior se veía derruido.* || *pl.* Lugares donde se filman películas. || Escenas que se filmaron fuera de los estudios de cine o de televisión.
exterioridad *s. f.* Parte exterior de una cosa. || Apariencia de las cosas. || Conducta de las personas, en especial de las que quieren aparentar lo que no sienten.
exteriorización *s. f.* Expresión de un sentimiento, de un estado de ánimo. || Manifestación externa de una enfermedad. || Acción de sacar algo al exterior de sí mismo.
exteriorizar *t.* y *pr.* Expresar un sentimiento, un estado de ánimo, una opinión.
exterminación *s. f.* Acción y resultado de exterminar.
exterminador, ra *adj.* y *s.* Que extermina. *El exterminador de ratas parece extraterrestre.*
exterminar *t.* Acabar del todo con una especie animal o vegetal. *Los plaguicidas no sólo exterminaron la plaga, también acabaron con las plantas comestibles.* || Destruir en la guerra poblaciones completas. *En la Segunda Guerra Mundial, los alemanes exterminaban a todos los pueblos que se encontraban a su paso.*
exterminio *s. m.* Destrucción total de animales o plantas. *Es alarmante el exterminio de especies en la Amazonia.* || Destrucción total de poblaciones en una guerra. *Lo que hicieron los romanos con los cartagineses fue una operación de exterminio.*
externado *s. m.* Centro educativo que recibe alumnos externos.
externar *t. Hond. Méx.* y *Salv.* Manifestar o expresar una opinión.
externo, na *adj.* Que está por la parte de afuera de una cosa. *La membrana externa de las bacterias también se llama «pared celular».* || Que se queda en la escuela un determinado número de horas. *Los alumnos externos no comen en la escuela.*
extinción *s. f.* Acción y resultado de extinguir. || Dejar de existir algo. *La extinción de las especies animales no debe ser una preocupación exclusiva de los ecologistas.*
extinguible *adj.* y *s. com.* Que se puede extinguir.
extinguir *t.* y *pr.* Hacer que se apague una vela, un fuego. *Los helicópteros extinguirán el fuego del bosque.* || Hacer que desaparezca poco a poco algo. *La vida del pintor se fue extinguiendo poco a poco.* || Desaparecer algo por completo. *Todavía es un misterio por qué se extinguieron los dinosaurios.* || Terminar un plazo judicial. *El plazo se extinguirá pasado mañana.*
extinto, ta *adj.* y *s.* Muerto, fallecido. || Que ya no tiene actividad. *El volcán que se creía extinto hizo erupción anoche.*
extintor, ra *adj.* Que extingue. || *s. m.* Aparato portátil que sirve para apagar un fuego.
extirpación *s. f.* Acción y resultado de extirpar.
extirpar *t.* Sacar de raíz. || Acabar del todo con algo que constituye un problema o un vicio. *Hay que extirpar la corrupción.* || En medicina, sacar un órgano o parte de un órgano por medio de la cirugía.

extorsión *s. f.* Amenaza o presión que se ejerce sobre alguien para desprestigiarlo o sacarle dinero.

extorsionador, ra *adj.* Que extorsiona. || Persona que se dedica a la extorsión.

extorsionar *t.* Presionar y amenazar a una persona para conseguir dinero o dañarla.

extorsionista *adj.* y *s. com.* Que extorsiona.

extra *adj.* y *s. com.* Que es extraordinario. *Tuve que trabajar horas extra.* || Que es de calidad superior. *El aceite extra virgen cuesta más caro.* || Que se da en ocasiones especiales. *Recibirán un sueldo extra en Navidad.* || *s.* En cinematografía, persona que aparece en escena como relleno, sin ningún papel especial. *Le pagaron muy bien para hacer de extra.*

extracción *s. f.* Acción de extraer. || Cosa que se extrae. || Condición social de una persona por su origen. *De extracción humilde, llegó a ocupar la presidencia.* || En medicina y odontología, operación que extrae algo del cuerpo.

extractado, da *adj.* Resumido, abreviado.

extractador, ra *adj.* y *s.* Que extracta.

extractar *t.* Hacer un extracto o resumen de un libro, de una película, etc.

extracto *s. m.* Conjunto de puntos esenciales de un libro, una película, etc. || Producto muy concentrado que se extrae de una sustancia. *En herbología se recurre mucho a los extractos de plantas medicinales.*

extractor, ra *adj.* Que extrae. || *s. m.* Aparato que se usa para extraer malos olores o humo de un lugar. || Aparato que se usa para extraer los jugos de frutas o verduras.

extracurricular *adj.* y *s. com.* Que no está incluido en las materias obligatorias.

extradición *s. f.* Acción de entregar un país a alguien que está requerido en su país de origen, por lo general por tratarse de un delincuente que debe ser juzgado o cumplir una pena ya impuesta. *Muchos países tienen tratados de extradición.*

extraditado, da *adj.* Que le aplicaron la extradición.

extraditar *t.* Conceder un gobierno la extradición.

extraer *t.* Sacar algo del lugar donde estaba. *Extrajo un pañuelo de su bolsillo.* || Exprimir el jugo de una fruta o verdura. *La receta indicaba que había que extraer el jugo de tres naranjas.* || Calcular la raíz de un número. *«Extraigan la raíz cuadrada de 16», pidió la maestra.*

extraescolar *adj.* y *s. com.* Que se realiza fuera del horario escolar o fuera de las instalaciones de la escuela.

extrahumano, na *adj.* Se aplica a lo que está fuera de lo humano o lo supera.

extrajudicial *adj.* y *s. com.* Que se hace fuera del ámbito judicial. *Antes del juicio, llegaron a un acuerdo monetario extrajudicial.*

extralaboral *adj.* Que se hace fuera del trabajo.

extralegal *adj.* Que no está regulado o sancionado por la ley.

extralimitación *s. f.* Acción y resultado de extralimitarse.

extralimitarse *pr.* Pasar el límite de las atribuciones que se poseen. || Tratar a alguien con excesiva confianza y falta de respeto.

extramuros *adv.* Indica un lugar fuera del área específica de una ciudad o de una institución. *Cuando las ciudades estaban rodeadas de murallas, «extramuros» tenía un significado literal.*

extranjería *s. f.* Situación de un extranjero en otro país. || Conjunto de leyes y norman que rigen las condiciones y los intereses de los extranjeros cuando están en otro país.

extranjerismo *s. m.* Afición a lo extranjero. || Palabra que proviene de otra lengua. *¿Para qué usar «casual», que es un extranjerismo, si tenemos «informal»?*

extranjerización *s. f.* Introducción y asimilación de lo extranjero.

extranjerizante *adj.* Que extranjeriza.

extranjerizar *t.* y *pr.* Introducir, adoptar y mezclar costumbres extranjeras.

extranjero, ra *adj.* y *s.* Que proviene de otro país. || Persona que no nació en el país en que vive. || Conjunto de países distintos del de origen.

extrañamiento *s. m.* Acción y resultado de extrañar.

extrañar *t.* Echar a alguien de un país. || Causar algo extrañeza. || Echar de menos algo o a alguien. || *pr.* Sentir sorpresa por algo.

extrañeza *s. f.* Admiración o sorpresa provocadas por algo. || Cosa rara o extraña.

extraño, ña *adj.* y *s.* Que no pertenece al mismo grupo de quien habla. || Raro, extravagante. || Que no tomó parte de algo. || *loc.* ***Ser algo extraño a alguien:*** que no le es propio. *Haberse ausentado de la fiesta tan pronto es extraño en ella.*

extraoficial *adj.* y *s. com.* Que no es oficial. *La funcionaria prefirió hacer declaraciones extraoficiales para no comprometerse.*

extraordinario, ria *adj.* Que es algo fuera de lo común. || Que es excelente. || Que ocurre pocas veces. || Extra.

extraparlamentario, ria *adj.* Que es ajeno a la labor parlamentaria.

extraplano, na *adj.* Que es más plano que los objetos que se le parecen. *Compró un televisor extraplano.*

extrapolación *s. f.* Acción y resultado de extrapolar.

extrapolar *t.* Aplicar los métodos o las conclusiones de una materia en otra. *Si se extrapolan las cifras obtenidas en este pueblito a toda la República, tal vez podamos adivinar los resultados electorales.*

extrarradio *s. m.* Zona que rodea una población.

extrasensorial *adj.* y *s. com.* Que ocurre sin la intervención de los sentidos. *En parapsicología, la percepción extrasensorial es una rama muy importante.*

extraterrestre *adj.* y *s.* Que no pertenece a la Tierra. || Ser que supuestamente vive o proviene de un planeta diferente de la Tierra.

extraterritorial *adj.* y *s. com.* Que no pertenece a determinado distrito territorial.

extraterritorialidad *s. f.* Derecho que tienen los extranjeros de considerar las sedes diplomáticas o sus buques de guerra como territorio de su país, por lo que rigen en ellos las leyes correspondientes.

extravagancia *s. f.* Característica de alguien que se sale de la norma. || Acción o cosa correspondiente a una persona extravagante.

extravagante *adj.* y *s. com.* Que se sale de la norma, que es raro. || Que se comporta o se viste de forma rara y poco común.

extraversión *s. f.* Rasgo de personalidad de quienes son extravertidos, es decir, sociables, comunicativos.

extravertido, da *adj.* y *s.* Extrovertido.

extraviado, da *adj.* De costumbres desordenadas. || Que está apartado. *Su casa quedaba en un camino extraviado en la montaña.* || Perdido.

extraviar *t.* y *pr.* Perder o hacer perder el camino. || Perder una cosa. || No fijar la mirada.

extravío *s. m.* Acción y resultado de extraviar o extraviarse.

extremado, da *adj.* Que es exageradamente bueno o exageradamente malo. || Que es exagerado.

extremar *t.* Llevar una cosa al extremo. || *pr.* Esmerarse mucho en hacer algo.

extremaunción *s. f.* En la religión católica, ceremonia que consiste en ungir con óleos sagrados a alguien que está por morir.

extremidad *s. f.* Parte final o extrema de algo. || Parte móvil del cuerpo por lo general dedicada a la locomoción. || En los animales, cabeza, pies, manos y cola. || En el ser humano, piernas y brazos.

extremismo *s. m.* Tendencia a tomar opiniones extremas y a actuar en consecuencia. *El anarquismo es una forma de extremismo.*

extremista *adj.* y *s. com.* Que apoya las ideas extremistas.

extremo, ma *adj.* Que está muy alejado. || Que se da en un grado máximo. || Que sobrepasa los límites normales. || *s. m.* Lugar opuesto al que se toma como referencia. || Principio o final de una cosa. || *loc.* ***En extremo:*** mucho. || ***De extremo a extremo:*** de principio a fin. || ***En último extremo:*** si no hay más remedio.

extremoso, sa *adj.* Que llega al extremo.

extrínseco, ca *adj.* Que no es propio o esencial de algo sino externo o ajeno a su sustancia.

extrusión *s. f.* Proceso por el que se obliga a una masa metálica o plástica a pasar por un molde para darle forma. || Salida de la lava por una fisura del suelo y que se solidifica en la superficie.

extrusivo, va *adj.* Se aplica a la roca que se forma cuando se enfría y solidifica el magma en la superficie terrestre.

exuberancia *s. f.* Abundancia excesiva o desarrollo exagerado de algo.

exuberante *adj.* Se refiere a lo que es muy abundante o que se ha desarrollado en exceso.

exudación *s. f.* Salida de un líquido por los poros o grietas del cuerpo o recipiente que lo contiene.

exudado *s. m.* En medicina, líquido que resulta de la exudación, particularmente la salida de la sangre por los tejidos de una inflamación.

exudar *t.* e *intr.* Salir un líquido fuera de su recipiente, conducto o glándula.

exultación *s. f.* Muestra de júbilo o una gran alegría.

exultante *adj.* Que exulta.

exultar *intr.* Mostrar júbilo o una gran alegría con mucha excitación.

eyaculación *s. f.* Emisión rápida y violenta de un líquido.

eyacular *t.* Lanzar con fuerza un líquido que se encontraba dentro de un órgano o glándula, de manera especial el semen a través del pene.

eyección *s. f.* Lanzamiento con fuerza hacia fuera.

eyectar *t.* y *prnl.* Expulsar o lanzar fuertemente hacia fuera.

eyector *s. m.* Dispositivo que expulsa los cartuchos vacíos en algunas armas de fuego.

f

f *s. f.* Sexta letra del alfabeto español y cuarta de sus consonantes. || En la notación musical inglesa y alemana, nota *fa*.
fa *s. m.* Cuarta nota de la escala musical.
fabada *s. f. Esp.* Potaje típico de la cocina asturiana que se prepara con alubias, tocino y morcilla o chorizo.
fábrica *s. f.* Establecimiento industrial con las instalaciones y maquinaria adecuadas para transformar materias primas o manufacturar productos. || Fabricación, elaboración. *El control de calidad busca evitar los defectos de fábrica.* || Edificio, construcción hecha con ladrillo o piedra y argamasa. || Trama de una historia o invención de mentiras. || *loc.* ***Precio de fábrica:*** precio al que un fabricante vende sus productos al comerciante.
fabricación *s. f.* Acción y efecto de fabricar. || Proceso de elaboración de un producto determinado.
fabricante *adj.* Que fabrica algo. *Una empresa fabricante de paraguas.* || *s. com.* Industrial, dueño de una fábrica. *Los fabricantes de muebles tuvieron su junta anual.*
fabricar *t.* Manufacturar productos industriales por medios mecánicos. || Producir o elaborar. || Construir una pared, un edificio o algo similar. || *fig.* Inventar un producto del intelecto. *Ese hombre fabrica cuentos en verso.*
fabril *adj.* Perteneciente o relativo a la fábrica y sus operarios.
fábula *s. f.* Narración corta, por lo común en verso, que contiene una enseñanza o moraleja. *Los personajes de las fábulas suelen ser animales que actúan como humanos.* || Objeto de habladurías y rumores. || Mentira, relato falso con que se pretende disimular la verdad. || *loc.* ***De fábula:*** muy bien o muy bueno, extraordinario, estupendo.
fabulación *s. f.* Acción y efecto de fabular. || En psiquiatría, tendencia de un enfermo mental a inventar cosas o dar falsas explicaciones.
fabulador, ra *s.* Fabulista, escritor de fábulas. || Persona que fabula.
fabular *t.* Inventar argumentos o tramas. || Imaginar cosas fabulosas.
fabulario *s. m.* Colección de fábulas. *El fabulario de Esopo consta de 365 fábulas.*
fabulista *s. com.* Escritor de fábulas.
fabuloso, sa *adj.* Se dice de lo que es imaginario o producto de una invención. || Dicho de un relato, que es fantástico y maravilloso. || Que resulta extraordinario por su calidad o cantidad.
faca *s. f.* Cuchillo de forma curva. || Cuchillo grande, con punta.
facción *s. f.* Grupo de gente que se rebela contra algo. || Bando, conjunto de personas que, perteneciendo a un grupo o partido, asume una forma propia de pensar y actuar. || *pl.* Conjunto de los rasgos que caracterizan un rostro humano.
faccioso, sa *adj.* y *s.* Persona que perturba la paz pública, revoltoso. || Persona que pertenece a un bando o facción.
faceta *s. f.* Cada una de las caras de una piedra preciosa tallada en forma de poliedro. || *fig.* Cada uno de los diferentes aspectos que presenta un asunto. || En zoología, superficie de cada uno de los ocelos que forman el ojo compuesto de los artrópodos.
facetado, da *adj.* Lleno de facetas. || Dícese de un asunto que tiene varias facetas.
facha *s. f. fam.* Aspecto o figura que presenta alguien o algo. || *fam. desp.* Persona o cosa ridícula, extravagante o muy fea. || *loc. Méx.* ***Estar en fachas:*** andar desarreglado y con ropa vieja o demasiado informal.
fachada *s. m.* Parte exterior de un edificio donde se halla la entrada principal. || Aspecto externo de algo. || Apariencia de alguien o algo que oculta una realidad. *Detrás de su fachada altruista se oculta la mezquindad.*
facho, cha *adj. desp.* Fascista.
fachoso, sa *adj. fam.* Que tiene mala facha o viste de manera ridícula. || *Chil. Ecua.* y *Méx.* Presuntuoso, jactancioso. || *Méx.* Desarreglado, que viste de manera inadecuada.
fachudo, da *adj.* Que tiene mala facha. || *Méx.* y *Uy.* Que viste de manera ridícula.
facial *adj.* Perteneciente o relativo al rostro.
facies *s. f.* Aspecto que presenta el rostro, en particular en cuanto a revelar alguna enfermedad o alteración del organismo. || Caracteres externos de alguna cosa. || En botánica, características que presenta una asociación vegetal en determinado lugar. || En geografía, conjunto de las características de un terreno desde el punto de vista de su formación. || Conjunto de rasgos que integran un aspecto particular de un periodo cultural de la prehistoria.
fácil *adj.* Que no presenta dificultades u obstáculos ni requiere de gran esfuerzo para realizarlo. || Dicho del carácter de alguien, sociable, dócil. || Que es probable o posible que suceda. *Es fácil que llueva, está muy nublado.* || *desp.* Se dice de la mujer que no pone obstáculos para sostener relaciones sexuales con quien se lo pida. || *adv.* Con facilidad.
facilidad *s. f.* Capacidad o destreza para hacer algo. *Tiene facilidad para el canto.* || Circunstancia o condición que es propicia o favorable. || *pl.* Condiciones o medios que facilitan algo. *El banco dará facilidades para quienes solicitan créditos.*
facilitación *s. f.* Acción y efecto de facilitar.
facilitar *t.* Hacer que algo sea fácil o posible. || Proporcionar algo a alguien. *Facilitar información.*
facineroso, sa *adj.* y *s.* Malviviente, malhechor habitual.
facistol *s. m.* Atril grande que se pone en las iglesias para que lean quienes van a cantar. || *Ants.* y *Ven.* Persona vanidosa y pedante.
facón *s. m. Arg. Bol.* y *Uy.* Cuchillo grande, recto y puntiagudo usado por los hombres de campo.
facsímil o **facsímile** *s. m.* Reproducción exacta de un documento, dibujo, pintura o firma.
facsimilar *adj.* Se dice de la reproducción de un documento u otra cosa hecha en facsímil.
factibilidad *s. f.* Cualidad o condición de lo que es factible.
factible *adj.* Que puede suceder o se puede realizar.
fáctico, ca *adj.* Perteneciente o relativo a los hechos. || Basado en hechos.
facto *s. m.* El hecho, en contraste con lo que se pensó o se dijo. Es palabra desusada. || *loc.* ***De facto:*** en derecho, algo que es realidad o un hecho. || ***Ipso facto:*** inmediatamente, en el acto.

factor *s. m.* Elemento que contribuye a que se produzca un efecto determinado. || En biología, agente hereditario que determina cierto carácter en la descendencia. || Trabajador de ferrocarriles que se encarga de vigilar la entrega y recepción de equipajes y mercancías en una estación. || En matemáticas, cada uno de los números que se multiplican para obtener un producto, submúltiplo. || *pl. Cub.* Representantes de los órganos directivos de una institución o empresa. || *loc.* ***Factores de producción:*** conjunto de elementos que concurren en la producción de bienes o servicios.

factoraje *s. m.* Técnica financiera que consiste en transferir créditos comerciales por parte de un titular a un intermediario financiero, o factor, que garantiza y gestiona el cobro.

factoría *s. f.* Fábrica, establecimiento industrial. || Establecimiento comercial o industrial fundado en el extranjero por una nación o por particulares. || Empleo y oficina del factor. || *Amér.* Campamento en la Antártida que establecen las expediciones balleneras.

factorial *adj.* En psicología y estadística, se dice del test elegido en función de resultados de análisis que se consideran buenos indicadores de determinados factores. || *loc.* ***Análisis factorial:*** método estadístico para encontrar factores comunes en un conjunto de variables que están fuertemente relacionadas entre sí.

factótum *s. com. fam.* Persona de toda la confianza de otra, en nombre de la cual desempeña sus funciones.

factual *adj.* Relativo a los hechos.

factura *s. f.* Documento en que se hace constar la cantidad y precio de las mercancías vendidas o los servicios prestados a una persona. || Hechura, ejecución, manera de hacer algo. || *Arg.* y *Uy.* Pan dulce que se elabora y expende en las panaderías. || *Cub.* Conjunto de artículos de primera necesidad que se adquieren de una sola vez para consumirse en un tiempo determinado.

facturación *s. f.* Acción y efecto de facturar. || Conjunto de operaciones contables que incluyen desde el registro de pedidos, hasta el control estadístico de las facturas. || Departamento o sección de una empresa donde se llevan a cabo esas operaciones.

facturar *t.* Extender facturas. || Registrar equipajes o mercancías en estaciones de ferrocarril o aeropuertos para que se remitan a su destino. || Ganar una empresa o persona la cantidad de dinero registrada en sus facturas. *El año pasado la tienda facturó por un millón de pesos.*

facultad *s. f.* Capacidad para ejercer una actividad. || Derecho y autoridad que se tiene para hacer algo. || División universitaria encargada de la enseñanza de una determinada rama del saber y sus carreras afines. *La Facultad de Ingeniería.* || *loc.* ***Facultades mentales:*** conjunto de las funciones psíquicas de una persona.

facultar *t.* Conceder a alguien facultades para hacer algo, autorizar.

facultativo, va *adj.* Perteneciente o relativo a una facultad. || Referido a una labor o trabajo, no obligatorio, voluntario. || *s. Esp.* Médico o cirujano.

facundia *s. f.* Facilidad de palabra, o exceso en el hablar.

facundo, da *adj.* Locuaz, que tiene facundia.

fado *s. m.* Canción popular portuguesa, de tono melancólico.

faena *s. f.* Trabajo que se realiza con esfuerzo corporal. *Las faenas de limpieza.* || *fig.* Trabajo intelectual. || *fam.* Jugarreta, mala pasada. || *Chil.* Trabajo duro de realizar. || *Chil.* Grupo de trabajadores que realizan una tarea común y lugar donde se concentran para llevarla a cabo. || *Guat.* Trabajo que se hace fuera de horario en una hacienda. || En tauromaquia, conjunto de suertes que se hacen en la lidia de un toro, desde el inicio de ésta hasta la muerte del animal.

faenar *t.* Desempeñar un trabajo, laborar. || Matar y descuartizar las reses para el consumo.

faenero, ra *s. m. Chil.* Trabajador del campo.

fagocitar *t.* Destruir una célula a otra por fagocitosis.

fagocito *s. m.* Célula de un organismo que fagocita, por ejemplo los leucocitos.

fagocitosis *s. f.* Proceso biológico por el que algunas células fagocitan, es decir, capturan con sus seudópodos y absorben a otros microorganismos, sea para alimentarse o para defenderse.

fagot *s. m.* Instrumento musical de viento, con cuerpo de madera y lengüeta doble. *El fagot es el bajo de la familia de los oboes.* || *s. com.* Fagotista.

fagotista *s. com.* Músico que toca el fagot.

fainá *s. f. Arg.* y *Uy.* Masa fina de harina de garbanzos cocida al horno.

faisán *s. m.* Ave galliforme poco mayor de tamaño que un gallo, con plumaje muy vistoso y larga cola en los machos, la cual puede alcanzar los 2 m de largo; su carne es muy apreciada.

faja *s. f.* Tira de tela o de otro material con que se ciñe una persona o cosa. || Prenda elástica interior que rodea el tórax y el abdomen con fines terapéuticos o estéticos. || Banda de determinados colores que los eclesiásticos y otros dignatarios usan en la cintura como parte de sus insignias. || Porción de un terreno más larga que ancha. || En arquitectura, moldura ancha y de poco espesor. || En heráldica, pieza colocada horizontalmente en la mitad del escudo; ocupa la tercera parte de éste.

fajado, da *adj.* Dicho de una persona que ha sido azotada. || *Méx.* Que lleva puesta una faja, prenda interior. *Andaba tan fajada que apenas podía sentarse.* || *s. m.* En ingeniería, madero o tablón que se emplea en las minas para formar el piso.

fajador, ra *adj.* y *s.* Se dice del boxeador que tiene gran resistencia a los golpes. || Se aplica a la persona con entereza para afrontar las contrariedades. || *Arg.* y *Uy.* Se dice del que cobra de manera abusiva. || *Cub.* Animal doméstico que acostumbra embestir a las personas. || *Cub.* y *Per.* Dicho de un boxeador que golpea al contrario de manera insistente.

fajar[1] *t.* y *pr.* Ceñir con una faja. || *t. Arg. fig.* y *fam.* Cobrar excesivamente por un producto o servicio. || *C. R. R. Dom. Méx.* y *P. Rico* || Emprender y desempeñar con ahínco y tesón un estudio o trabajo. || *Cub.* y *Méx.* Seducir a una mujer, cortejarla con propósitos deshonestos. || *R. Dom.* y *P. Rico* || Pedir dinero prestado. || *Méx. vul.* Acariciar a alguien con lascivia para excitarse y excitarlo sexualmente.

fajar[2] *t.* y *pr. Amér. Merid. C. R.* y *Cub.* Pegarle a alguien, azotarlo. || *pr. C. R. Cub.* y *R. Dom.* Liarse a golpes.

fajín *s. m.* Faja de seda, de colores determinados, que usan los militares y dignatarios civiles como parte de sus insignias distintivas.

fajina *s. f.* Leña ligera para encender. || Conjunto de los haces de mies que se ponen en las eras. || Haz de ramas muy apretadas que se utilizan para revestimiento en las fortificaciones. || Toque militar de formación para la comida. || *Méx.* Comida del mediodía que hacen los campesinos que están trabajando en el campo.

fajo *s. m.* Atado, haz o paquete de algo. *Un fajo de billetes.* || *Méx. vul.* Golpe o cintarazo. || *Méx. vul.* Trago grande de un licor fuerte. || *pl.* Prendas con que se viste a los recién nacidos.

falacia *s. f.* Cualidad de falaz. || Mentira, argumento falso para engañar a otros o inducirlos a error.

falange *s. f.* Cada uno de los huesos alargados y articulados de un dedo. || Conjunto numeroso de tropas. || Cuerpo de infantería pesada de la Grecia clásica. *Las falanges formaban masas compactas protegidas por escudos; los soldados iban armados con largas lanzas.* || Organización política paramilitar de tendencia derechista.

falangeta *s. f.* Tercera falange de los dedos, donde se halla la uña.
falangina *s. f.* Segunda falange, o intermedia, del dedo.
falansterio *s. m.* Sistema autónomo de producción en que los trabajadores vivían en comunidad. *El falansterio fue ideado por Charles Fourier, socialista utópico francés de principios del siglo XIX.* || Edificio en el que, según Fourier, habitaba cada falange de aquellas en que había dividido a la sociedad. || Vivienda o alojamiento colectivo para mucha gente.
falaz *adj.* Engañoso o falso.
falcónido, da *adj.* Perteneciente o relativo a la familia de aves que comprende a la mayor parte de las rapaces diurnas. *Entre las falcónidas están el halcón, el milano y el águila.*
falda *s. f.* Prenda de vestir, o parte del vestido, que cubre de la cintura hacia abajo. || Regazo. *El gato se acomodó en su falda.* || Parte de la res descuartizada que comprende la región baja de las paredes abdominales. || Parte de la armadura que protegía de la cintura hacia abajo. || En geografía, área baja de una vertiente montañosa. || *pl.* Mujer o mujeres, en contraposición a «pantalones» para designar a los hombres.
faldear *t.* Caminar por la falda de una montaña.
faldellín *s. m.* Falda corta y con vuelo. || *Cub.* y *Ven.* Ropón de bautizo.
faldeo *s. m. Arg. Chil.* y *Cub.* Falda de una montaña.
faldero, ra *adj.* Perteneciente o relativo a la falda. || Se dice de los perros de compañía cuyo pequeño tamaño les permite dormir en el regazo de sus dueños. || *fig.* Dicho de un hombre, mujeriego.
faldeta *s. f.* Lienzo que se añade en la parte inferior a los telones de los teatros para que no quede resquicio entre éstos y el piso.
faldón *s. m.* Parte de una prenda de vestir que cae suelta desde la cintura. *Los faldones de un frac.* || Parte inferior de una prenda de vestir o una colgadura. || En construcción, vertiente triangular de un tejado, o bien conjunto de los dos lienzos y el dintel que forman la boca de una chimenea. || En equitación, parte de la silla en la que el jinete apoya las piernas.
faldriquera *s. f.* Faltriquera.
falena *s. f.* Nombre común de varios tipos de mariposas nocturnas de alas grandes y anchas cuyas orugas se mimetizan con las ramas de los árboles. || *fig.* Mujer de la vida galante.
falibilidad *s. f.* Cualidad de falible. || Riesgo de fallar o equivocarse.
falible *adj.* Que puede engañarse o equivocarse. || Que puede fallar.
fálico, ca *adj.* Perteneciente o relativo al falo. *Una escultura de forma fálica.* || *loc.* ***Estadio fálico:*** en psicoanálisis, fase de la sexualidad infantil, entre los 3 y los 6 años, en que las pulsiones giran en torno al falo.
falla[1] *s. f.* Defecto en una cosa material. || Falta u omisión de una obligación o error en el desempeño de alguien. || *Amér.* Deficiencia en el funcionamiento de algo. *Ese motor tiene una falla.*
falla[2] *s. f.* Fractura de una capa geológica que va acompañada de un desplazamiento de los bloques que la conforman, ya sea horizontal u oblicuo.
fallar[1] *intr.* No dar algo el resultado que se esperaba, fracasar. || Equivocarse, cometer un error. || Hablando de cosas, descomponerse, romperse, dejar de servir.
fallar[2] *t.* Decidir un jurado o un tribunal. *El juez fallará su sentencia mañana.*
falleba *s. f.* Varilla de hierro con los extremos acodillados que sirve para cerrar puertas o ventanas.
fallecer *intr.* Morir una persona.
fallecido, da *adj.* Difunto, persona muerta.
fallecimiento *s. m.* Acción y efecto de fallecer.
fallido, da *adj.* Que no alcanzó lo que se pretendía o esperaba de ello. || Se dice de la deuda o cantidad que no se puede cobrar.
fallo[1] *s. m. Esp.* Defecto o deficiencia, falla. || Error o falta.
fallo[2] *s. m.* Decisión que una autoridad competente toma sobre un asunto. || En derecho, sentencia dictada por un juez o tribunal.
falluto, ta *adj. vul. Arg.* y *Uy.* Hipócrita, dos caras.
falo *s. m.* Pene, órgano sexual masculino.
falsario, ria *adj.* y *s.* Calumniador, que inventa mentiras para perjudicar a otros.
falseador, ra *adj.* Que falsea o falsifica alguna cosa.
falseamiento *s. m.* Acción y efecto de falsear.
falsear *t.* Corromper la esencia de algo para hacerlo diferente de la verdad o la exactitud. || En arquitectura, desviar ligeramente un corte de la perpendicular. || *intr.* Perder alguna cosa su resistencia y firmeza. || Disonar una cuerda de un instrumento musical.
falsedad *s. f.* Cualidad de lo que es falso. || Dicho o hecho falso.
falsete *s. m.* Voz colocada artificialmente que resulta más aguda que la natural.
falsificación *s. f.* Acción y efecto de falsificar.
falsificado, da *adj.* Relativo a la falsificación.
falsificador, ra *adj.* y *s.* Que falsifica.
falsificar *t.* Hacer una cosa falsa, imitar algo de manera fraudulenta.
falso, sa *adj.* Que no es auténtico o verdadero, que no corresponde a la verdad. || Aparente, que no es real. || Fingido, engañoso. || Hipócrita, traicionero. || En arquitectura, pieza que suple la fuerza o la falta de dimensiones. *Una pared falsa.* || *m.* Pieza de la misma tela que se pone por dentro de un vestido donde la costura hace más fuerza, o bien ruedo del vestido. || *loc.* ***De, en*** o ***sobre falso:*** con intenciones contrarias a lo que se quiere dar a entender. || ***Falso testimonio:*** en derecho, delito consistente en que un testigo o perito falta a la verdad de manera maliciosa durante un proceso civil o criminal.
falta *s. f.* Privación o carencia de algo que es necesario o útil. *Falta de dinero.* || Acto que resulta contrario al deber o a la moral. *Falta de respeto.* || Ausencia de una persona de un lugar donde debía haber estado. || Falla o circunstancia que resta perfección a alguna cosa. || Equivocación, error. || En deportes, infracción al reglamento de una disciplina determinada. || En derecho, acto ilícito que se sanciona con una pena leve. || En fisiología, suspensión de la menstruación, sobre todo durante el embarazo. || *loc.* ***A falta de:*** en sustitución de. || ***Echar en falta:*** notar o sentir que falta algo o alguien. || ***Hacer falta:*** ser algo necesario o preciso para lograr un fin. || ***Sin falta:*** con seguridad, puntualmente.
faltar *intr.* No haber de algo, o haber menos de lo que se necesita. || No estar una persona o cosa donde debería estar || No presentarse una circunstancia, o no tener alguien o algo una cualidad que debiera existir. || Quedar una acción por realizar o un tiempo por transcurrir. || Dejar de acudir a un sitio a donde se debía ir. || No cumplir alguien con lo que se esperaba de él. *Faltó a su palabra.* || Dejar de existir o morir. *Faltan los buenos programas que antes había en la radio.* || Dejar de tratar a alguien con el respeto y consideración debidos. *No toleraremos que le falten a sus profesores.* || Cometer adulterio alguno de los cónyuges. || *loc.* ***Faltar poco para algo:*** estar, o haber estado, a punto de ocurrir.
faltista *adj.* y *s. com. Salv. Hond.* y *Méx.* Persona irresponsable que falta con frecuencia a su trabajo o a la escuela.
falto, ta *adj.* Que carece de algo y lo necesita.
faltón, tona *adj. fam.* Que falta frecuentemente a sus citas u obligaciones. || Que comete faltas de respeto o se comporta de manera ofensiva hacia otros.
faltriquera *s. f.* Bolsa pequeña que se ata a la cintura y cuelga por debajo del vestido o delantal. || Bolsillo inferior de una prenda de vestir.

falúa *s. f.* Pequeña embarcación para uso de las autoridades de marina en los puertos. || Embarcación ligera con vela latina.

fama *s. f.* Reconocimiento público de las cualidades extraordinarias de alguien o algo. || Opinión que se tiene de alguien en determinado ambiente.

famélico, ca *adj.* Que tiene mucha hambre, muy hambriento.

familia *s. f.* Grupo de personas emparentadas entre sí que viven juntas, en particular padre, madre e hijos. || Conjunto de personas que tienen parentesco sanguíneo o legal entre ellas. || Estirpe, linaje del que alguien proviene. || Descendencia, prole. || Conjunto de personas o cosas relacionadas entre sí por factores en común. *Una familia de lenguas.* || En biología, unidad sistemática de clasificación de los seres vivos que contiene cierto número de géneros. *La familia se ubica entre el orden y el género, y puede tener subfamilias o superfamilias.* || *Chil.* Enjambre de abejas. || *loc.* ***De buena familia:*** se dice de quien pertenece a una familia con buena posición social y económica. || ***En familia:*** en la intimidad, sin injerencia de extraños. || ***Familia de palabras*** o ***léxica:*** grupo de palabras que proceden de una raíz común. || ***Familia de vectores:*** en matemáticas, conjunto integrado por un número determinado de vectores. || ***Familia extendida:*** parentela, grupo familiar compuesto por los parientes de distintas generaciones. || ***Familia nuclear:*** en antropología, conjunto que forman el padre, la madre y los hijos.

familiar *adj.* Perteneciente o relativo a la familia. || Se dice del trato o ambiente sencillo y sin formalidades. || Que resulta conocido. *Esta situación me es familiar.* || En lingüística, se dice de una palabra o giro característico de la lengua coloquial. || De tamaño mayor que el normal, propio para ser utilizado por una familia. *Compraron mermelada en envase familiar.* || *s. m.* Pariente. *Invitó a todos sus familiares a su graduación.* || Demonio que se supone tiene trato con una bruja o hechicero, a los cuales sirve y acompaña.

familiaridad *s. f.* Confianza y sencillez en el trato. || Desenvoltura, naturalidad al moverse en un medio o ambiente. || *pl.* Actitudes impropias de confianza excesiva en el trato con alguien.

familiarizar *t.* Hacer algo común o familiar. *Lo están familiarizando con sus nuevas labores.* || *pr.* Adquirir trato familiar con alguien. || Acostumbrarse o adaptarse a alguien o algo. *Una vez que te familiarices con ese programa, te será sencillo manejarlo.*

famoso, sa *adj.* Que tiene fama, sea ésta buena o mala. || *fam.* Se dice de la persona o cosa de la que se habla mucho. *De nuevo sacó a relucir sus famosas anécdotas.*

fámulo, la *s. fam.* Sirviente, criado.

fan *s. com.* Voz inglesa para designar al seguidor o admirador ferviente de una persona o moda.

fanal *s. m.* Farol de luz intensa que se coloca en los faros de los puertos y en las popas de los buques. || Campana de cristal transparente que se usa para evitar que se apague una luz, o para matizarla. || Campana de cristal para proteger algún objeto del polvo. || Farol de una locomotora. || *Méx.* Cada uno de los dos faros delanteros de un automóvil.

fanático, ca *adj.* y *s.* Persona que sigue o defiende con pasión desmedida una creencia, una causa o un partido. || Persona que es muy aficionada a algo. *Es fanático del ajedrez.*

fanatismo *s. m.* Apasionamiento excesivo a favor de algo.

fanatizar *t.* y *pr.* Inducir al fanatismo, o provocarlo. || Dejarse llevar por el fanatismo.

fandango *s. m.* Baile español en el que se cantan coplas y se ejecuta con acompañamiento de castañuelas. || *fig.* y *fam.* Jaleo, bullicio.

fandanguero, ra *adj.* y *s.* Aficionado a bailar fandango. || Aficionado a andar en fiestas y bailes.

fandanguillo *s. m.* Baile popular parecido al fandango andaluz.

fanega *s. f. Esp.* Medida de capacidad para áridos; varía según las regiones. *En promedio, una fanega equivale a 55 y medio litros.* || *Esp.* Porción de algún árido que cabe en una fanega. || *loc. Esp.* ***Fanega de tierra:*** medida agraria de superficie; varía según las regiones.

fanerógamo, ma *adj.* y *s. f.* Perteneciente o relativo a un tipo de plantas que se reproducen mediante flores y semillas.

fanfarria *s. f.* Banda de música compuesta sobre todo por instrumentos de metal. || Música interpretada por esa banda. || Fanfarronada.

fanfarrón, rrona *adj.* y *s.* Jactancioso, persona que presume ostentosamente de sus cualidades, en particular de valentía, o de sus hazañas y posesiones.

fanfarronada *s. f.* Dicho o hecho propios de un fanfarrón.

fanfarronear *intr.* Decir o hacer fanfarronadas; jactarse de lo que no se es.

fanfarronería *s. f.* Modo de comportarse del fanfarrón. || Fanfarronada.

fangal *s. m.* Terreno cubierto por el fango.

fango *s. m.* Tierra mezclada con agua que se acumula en los lugares donde hay encharcamientos. || *fig.* Estado indigno y deshonroso en el que vive o cae una persona.

fangosidad *s. f.* Cualidad de fangoso. *La fangosidad del terreno hizo que se atascaran las ruedas del auto.*

fangoso, sa *adj.* Que está lleno de fango. || Semejante al fango por su textura y viscosidad.

fantaseador, ra *adj.* Persona que fantasea.

fantasear *intr.* Dejar correr la imaginación o la fantasía. || Soñar con algo que no se es o no se posee y preciarse de ello. *Fantasea con heredar una mansión.* || *t.* Imaginar algo empleando la fantasía. *Fantaseó un buen cuento, ahora va a escribirlo.*

fantaseo *s. m.* Resultado de fantasear.

fantasía *s. f.* Facultad que tiene la mente para representar cosas que no existen. || Producto intelectual creado por la imaginación. || En música, obra instrumental que en el s. XVIII tenía una estructura muy libre, y que a partir del s. XIX se tornó en una yuxtaposición de episodios de carácter improvisado. *Una fantasía para cuerdas.* || *pl.* Invenciones de la mente que no tienen fundamento real. *En sus fantasías se ve a sí mismo como rico y poderoso.* || *loc.* ***De fantasía:*** referido a joyas o adornos, hecho de bisutería; también se dice de las prendas de vestir, peinados u objetos muy vistosos y adornados de manera poco común.

fantasioso, sa *adj.* Que imagina cosas o situaciones sin fundamento. *Es tan fantasioso que sueña con ganar el Nobel de Medicina sin ser médico.* || Presuntuoso en extremo, vanidoso.

fantasma *s. m.* Imagen o aparición de algo irreal o inmaterial. *Los fantasmas más populares son los espectros de los difuntos.* || Imagen o recuerdo fijados en la fantasía. *Lo persigue el fantasma de los ojos verdes de su primera novia.* || Espantajo, coco, ser imaginario o cosa que infunde temor. *El fantasma del hambre.* || *s. Esp. fam.* Presuntuoso, fanfarrón. || Se dice de la situación poco clara, dudosa o inexistente. *Un contrato fantasma.*

fantasmagoría *s. f.* Arte y técnica de representar figuras utilizando ilusiones ópticas. || *fig.* Fantasía, producto de la imaginación, sobre todo aquél que es iluso o carente de fundamento.

fantasmagórico, ca *adj.* Perteneciente o relativo a la fantasmagoría. || Que se produce por una ilusión de los sentidos.

fantasmal *adj.* Perteneciente o relativo a los fantasmas. *Soñó con seres fantasmales y ahora tiene miedo de dormir.* || Que es, o parece, irreal.

fantástico, ca *adj.* Irreal, que es producto de la fantasía y la imaginación.

El pegaso, el unicornio, el dragón y la sirena son seres fantásticos. || Perteneciente o relativo a la fantasía. || Increíble. *Cuenta unas anécdotas fantásticas.* || Magnífico, maravilloso, sensacional. || El circo trae un espectáculo fantástico.

fantochada *s. f.* Acción propia del fantoche. *No me vengas con fantochadas.*

fantoche *s. m.* Muñeco grotesco, frecuentemente movido por medio de hilos o metiendo la mano en su interior, por debajo del vestido. *Los alumnos montaron un espectáculo de fantoches.* || *desp.* Persona de aspecto ridículo, grotesco y desdeñable. *Ese cholo tiene aspecto de fantoche.* || Persona que es considerada insignificante en el aspecto físico o moral. || Persona muy presumida. *Juan es un fantoche, presume de todo.*

faquir *s. m.* Santón, asceta de la India y de la religión musulmana que lleva una vida de oración y gran austeridad. *El faquir pasa días enteros en oración y sin comer.* || Artista de circo que realiza un espectáculo con pruebas que causan dolor sin hacerse daño aparente. *El faquir se acostó en una cama de clavos sin lastimarse.*

faradio *s. m.* Unidad de capacidad eléctrica en el Sistema Internacional, de símbolo *F.* Equivale a la capacidad de un condensador eléctrico cargado con un culombio y con una diferencia de potencial de un voltio.

farallón *s. m.* Roca alta y afilada que sobresale en el mar y alguna vez en tierra firme. *Las gaviotas se posan en gran número sobre el farallón.*

faramalla *s. f. fam.* Charla con fingimiento encaminada a engañar. *Le pidieron dar la clase y sólo hizo faramalla.* || Cosa que sólo es de apariencia. *Los montajes escénicos son faramallas.* || *s. com.* Persona faramallera, enredadora y chapucera. *No le creas a Juan, es pura faramalla.*

faramallero, ra *adj.* Hablador, chapucero, presuntuoso. *Pretende que sabe mucho, pero es un faramallero.* || Que aparenta ser muy elegante o lujoso.

farándula *s. f.* Profesión y ambiente de los actores. *Alicia se deslumbró por el mundo de la farándula.* || Compañía antigua de actores ambulantes. *Pepita Envil formaba parte de una farándula.*

farandulear *intr.* Presumir, encandilar.

farandulero, ra *adj.* Se aplica a la persona que habla mucho y tiende a confundir y engañar. *Ese vendedor de baratijas es un farandulero.* || *s.* Actor que se dedicaba a representar obras de teatro, especialmente comedias. *Los faranduleros iban de pueblo en pueblo.*

faraón *s. m.* Soberano del antiguo Egipto.

faraónico, ca *adj.* Relativo a los faraones. || *fig.* Enorme, grandioso.

fardo *s. m.* Paquete o bulto grande atado de manera muy apretada. *A la lavandería llegan fardos de sábanas del hotel.* || *loc.* ***Cargar el fardo:*** hacerse responsable de algo o alguien. *A la muerte de su hermana cargó el fardo de los sobrinos.* || ***Echar el fardo:*** trasladar la responsabilidad de hacer algo o echar la culpa de algo a alguien. *El padre le echa el fardo de la crianza de los hijos a la madre.*

farfolla *s. f.* Hojas que forman la envoltura de las mazorcas de maíz. *Con las farfollas envolvió los tamales.* || *fig. desp.* Cosa de mucha apariencia y poca importancia. *Su discurso resultó en mera farfolla.*

farfullar *t.* Hablar muy de prisa, con atropello y confusión. Estaba tan nervioso que sólo alcanzó a farfullar unas palabras. || Por extensión, hacer algo de manera atropellada. *Pon atención al hacer la tarea, no vayas a farfullar.*

farináceo, a *adj.* De consistencia harinosa.

faringe *s. f.* Conducto musculoso que comunica la boca con la laringe, el esófago y las fosas nasales. *Tiene inflamada la laringe.*

faríngeo, a *adj.* Perteneciente o relativo a la faringe. *Las amígdalas son órganos faríngeos.*

faringitis *s. f.* Inflamación de la faringe. *No asistió a clases porque tiene faringitis.*

fariña *s. f. Amér. Merid.* Harina burda de mandioca.

farisaico, ca *adj.* Propio o característico de los fariseos. || Que actúa con hipocresía.

fariseísmo *s. m.* Costumbres o forma de ser de los fariseos. || *fig.* Hipocresía.

fariseo, a *adj.* y *s.* Miembro de una antigua secta judía observante rigorista de la Ley de Moisés, que en realidad eludía su espíritu religioso. *Jesús criticó la hipocresía de los fariseos.* || Hipócrita que finge una moral o creencia religiosa a la que no se ajusta. *El fariseo pone cargas pesadas en los hombros de los hombres, pero no levanta un dedo para moverlas.*

farmacéutico, ca *adj.* y *s.* Perteneciente o relativo a la farmacia. *María entró a trabajar en un laboratorio farmacéutico.* || Persona que ejerce la farmacia. *El farmacéutico me recomendó esta pomada.*

farmacia *s. f.* Ciencia que enseña la preparación de medicamentos y el estudio de las propiedades de sus componentes. *Rosita quiere estudiar farmacia en la universidad.* || Establecimiento donde se elaboran y venden medicamentos. *Ve a la farmacia a traer estas medicinas.*

fármaco *s. m.* Sustancia que sirve para curar o prevenir enfermedades. *El médico debe conocer los componentes del fármaco.*

farmacodependencia *s. f.* Estado de quien experimenta una necesidad intensa por ingerir, cada determinado tiempo, alguna sustancia química, como ciertos medicamentos.

farmacología *s. f.* Parte de la medicina que trata de los medicamentos, sus propiedades y su composición.

farmacológico, ca *adj.* Perteneciente o relativo a la farmacología.

farmacólogo, ga *s.* Especialista en farmacología.

farmacopea *s. f.* Libro oficial que recoge los medicamentos aprobados con todos los aspectos relacionados de su prescripción, uso, efectos, etc., y que actúa como norma legal.

faro *s. m.* Torre alta en las costas que emite una luz potente a intervalos para orientar de noche a los navegantes. *Pronto llegaremos al puerto, ya se ve la luz del faro.* || Cada uno de los focos que llevan los vehículos automotores en la parte delantera para iluminar el camino. || Persona o cosa que da luz en un asunto y sirve de guía o modelo de conducta. *A los Estados Unidos se le conoció como faro de la libertad.* || *loc. Méx.* ***Apagarle un farol:*** herirle o dañarle un ojo a alguien. *Le dieron un pelotazo y le apagaron un faro.*

farol *s. m.* Caja hecha de material transparente, dentro de la cual va una luz.

farola *s. f.* Farol grande para alumbrar las calles, plazas y paseos públicos, colocado sobre un poste o sujeto a las paredes de los edificios.

farolazo *s. m.* Golpe dado con un farol. || *Amér. C.* y *Méx.* Trago de bebida alcohólica. *Fueron a la cantina y se echaron unos farolazos.*

farolear *intr. fam.* Fanfarronear, presumir.

farolero, ra *adj.* Se aplica a la persona que dice mentiras o exageraciones. *No le creas mucho, es un farolero.* || *s.* Persona que se encargaba del encendido y apagado de las farolas de las calles. || Fabricante o vendedor de faroles.

farolillo *s. m.* Farol pequeño de papel, celofán o plástico de colores que se cuelga como adorno. *El restaurante chino está adornado con farolillos.* || Planta trepadora de jardín con hojas vellosas y ramilletes de flores azules o blancas en forma de campanilla.

farra[1] *s. f. fam.* Parranda, juerga o diversión. *Se fueron de farra toda la noche.*

farra[2] *s. f.* Pez de agua dulce, parecido al salmón, de carne muy sabrosa.

fárrago *s. m.* Mezcla de cosas o ideas desordenadas, inconexas o superfluas.

farragoso, sa *adj.* Se dice del texto o discurso lleno de ideas desordena-

das y confusas, y generalmente con exceso de palabras. *Me costó mucho trabajo leer su larga carta farragosa.*
farrear *intr. Amér.* Andar de farra o parranda.
farrista *s. com. Amér. Merid.* Que le gusta la farra.
farsa *s. f.* Obra de teatro burlesca breve, sin mayor pretensión que hacer reír. *Para el festival, el grupo de teatro escolar preparó una farsa.* || Acción montada con la pretensión de engañar u ocultar algo. *La elección de comités vecinales es una farsa.*
farsante *adj.* y *s. com.* Persona que representaba farsas. || Se aplica a la persona que finge lo que no siente o se hace pasar por lo que no es para conseguir algo. *El vendedor de remedios milagrosos es un farsante.*
farsantería *s. f.* Cualidad de la persona que pretende pasar por lo que no es.
fascículo *s. m.* Partes de un libro o de una colección que se publican sucesivamente en forma de folleto. *Publicaron la historia de la música en forma de fascículos. Haz de fibras musculares o nerviosas.*
fascinación *s. f.* Acción y efecto de fascinar. || Atracción irresistible que siente alguien hacia alguien o algo. *La inmensidad de los cielos ha ejercido fascinación en todas las épocas.*
fascinador, ra *adj.* Que fascina.
fascinante *adj.* Que es muy atractivo. *La cultura de la Grecia antigua es fascinante.*
fascinar *t.* Atraer irresistiblemente. *Se dejó fascinar por sus encantos.*
fascismo *s. m.* Movimiento político y social de carácter nacionalista, totalitario, militarista y corporativista implantado por Benito Mussolini en Italia después de la Primera Guerra Mundial. *El fascismo fue el causante de la Segunda Guerra Mundial.* || Doctrina de este movimiento y otros similares. *El fascismo fue una doctrina muy difundida en los años 30.*
fascista *adj.* Perteneciente o relativo al fascismo. || *s. com.* Partidario del fascismo. *Prohibieron la manifestación de fascistas profesos.*
fase *s. f.* Cada uno de los estados diferenciados en el desarrollo de algo. *Ahora entramos en la fase operativa de nuestro plan.* || Cada uno de los aspectos que muestra un cuerpo celeste, según lo ilumina el sol. *La Luna presenta cuatro fases: luna nueva, cuarto creciente, luna llena y cuarto menguante.* || Cada una de las corrientes eléctricas alternas monofásicas que constituyen la corriente alterna polifásica. *Para proteger el equipo hicimos una instalación eléctrica de dos fases.* || Cada una de las partes que componen un sistema y que tienen las mismas propiedades físicas y químicas.
fastidiar *t.* Molestar, disgustar o enfadar algo a una persona. *Nada más vienes a fastidiar.* || Ocasionar daño. *No juegues con la televisión, la vas a fastidiar.*
fastidio *s. m.* Disgusto o molestia. *Es un fastidio oírle la misma plática de siempre.* || Enfado, cansancio, aburrimiento, tedio. *Es un fastidio no tener nada que hacer.*
fastidioso, sa *adj.* Que causa fastidio. *La rutina siempre resulta fastidiosa.*
fasto, ta *adj.* Se aplica a un tiempo feliz o venturoso. *A diferencia de los nefastos días pasados, hoy fue un día fasto.* || *s. m.* Esplendor, lujo. *En la lujosa mansión, vivían con gran fasto.*
fastuosidad *s. f.* Cualidad de fastuoso. || Lujo extraordinario, derroche de riqueza. *El espectáculo fue de una fastuosidad impresionante.*
fastuoso, sa *adj.* Ostentoso, con derroche de lujo y riqueza. *El estreno de la ópera Aída fue un espectáculo fastuoso.*
fatal *adj.* Se dice de aquello que es muy malo, perjudicial o muy desgraciado. *El accidente fue de consecuencias fatales.* || Que ha ido muy mal. *He tenido un día fatal.* || Inevitable o determinado por el destino. *Aquel fin era fatal.* || Se dice de la mujer muy bella, seductora y despótica con los hombres. *Marlene tenía fama de ser mujer fatal.* || Se dice de un plazo que es improrrogable. *Se acerca la fecha fatal.* || *adv.* Muy mal. *Tuvo una actuación fatal.*
fatalidad *s. f.* Cualidad de lo que resulta fatal. || Suceso o circunstancia desgraciado. *Tuvo la fatalidad de que le cayera un rayo.* || Destino en cuanto causa de desgracias. *Así lo dispuso la fatalidad.*
fatalismo *s. m.* Creencia según la cual los acontecimientos no se pueden evitar por estar regidos el destino. || Actitud de la persona que acepta todo lo que sucede sin posibilidad de cambiar el curso de los acontecimientos por considerarlos predestinados. *Su fatalismo lo hace ser un resignado a la adversidad.*
fatalista *adj.* Perteneciente o relativo al fatalismo. || *s. com.* Persona que adopta las actitudes propias del fatalismo.
fatídico, ca *adj.* Muy desgraciado, funesto. *Murió en un fatídico accidente.* || Se dice de la persona que pronostica el porvenir y, sobre todo, las desgracias. *Casandra, la hija de Príamo, tenía visiones fatídicas.*
fatiga *s. f.* Cansancio o molestia ocasionado por un esfuerzo y que se manifiesta en dificultad al respirar. *Subir escaleras le fatiga.* || *fam. pl.* Sufrimiento o penalidad en la vida de una persona. *Ha pasado muchas fatigas para sacar adelante a sus hijos.* || Pérdida de resistencia de un material al ser sometido a un esfuerzo continuo. *Se derrumbó el puente por fatiga de sus pilotes.*
fatigado, da *adj.* Muy cansado.
fatigante *adj.* Que causa fatiga. *Es una subida fatigante.*
fatigar *t.* Causar fatiga. *Este trabajo me llega a fatigar.*
fatigoso, sa *adj.* Que causa fatiga. *Este es un trabajo fatigoso.* || Que muestra fatiga o dificultad al respirar. *De tanto fumar tiene respiración fatigosa.*
fatuidad *s. f.* Necedad, falta de razón o de entendimiento. *Su fatuidad le hace aparecer ridículo.* || Dicho o hecho necio o presuntuoso. || Presunción, vanidad infundada y ridícula. *Su fatuidad lo hace insoportable.*
fatuo, tua *adj.* y *s.* Necio, falto de razón o de entendimiento. || Engreído, lleno de presunción o vanidad infundada. *Se cree el más guapo de la clase, es un fatuo.*
fauces *s. f. pl.* Parte posterior de la boca de los mamíferos, desde el velo del paladar hasta el principio del esófago. *El domador metió su cabeza en las fauces del león.*
fauna *s. f.* Conjunto de animales de un determinado periodo, país o zona. *El Golfo de California posee una rica fauna marina.* || Obra que enumera y describe este conjunto. || *desp.* Conjunto de personas que tienen un comportamiento común y frecuentan el mismo ambiente. *En la glorieta se reúne la mayor fauna de emos.*
fauno *s. m.* Semidiós de la mitología romana encargado de velar por la fecundidad de la naturaleza. *El fauno se representaba con patas y cuernos de macho cabrío, semejante al sátiro griego.* || Hombre lascivo.
fáustico, ca *adj.* Perteneciente o relativo al *Fausto* de Goethe y a la actitud espiritual que el protagonista de esta obra representa. *Hizo un pacto fáustico para tener éxito y dinero.*
fausto *s. m.* Ostentación de riqueza, lujo extraordinario. *Celebró su boda con gran fausto y esplendor.*
fausto, ta *adj.* Que causa alegría y felicidad. *La boda fue un fausto acontecimiento para los familiares.*
favela *s. f.* Choza característica de zonas suburbanas de Brasil. *Las favelas brasileñas están dominadas por la delincuencia.*
favor *s. m.* Acción que se realiza para ayudar a alguien. *Me hizo el favor de prestarme dinero.* || Privilegio que se recibe de una autoridad. *Sor Juana gozaba del favor de la virreina, condesa de Paredes.* || Apoyo, confianza. *El artista goza del favor del público.* || *pl.* Consentimiento en las relaciones amorosas. *Aurora concedió sus favores a Aurelio.* || *loc. prep.* ***A favor de:*** a beneficio de la persona o cosa que

se expresa. *Vota a favor de nuestro candidato.* || Aprovechando la cosa que se expresa. *Navegaba a favor del viento.* || ***Hacer el favor de:*** se usa para pedir algo, generalmente de forma imperativa. *¡Haz el favor de callarte!* || *Méx.* ***Hágame el favor:*** se usa para expresar extrañeza. *Sólo eso me faltaba ¡hágame el favor!* || *loc. interj.* ***Por favor:*** fórmula de cortesía para pedir algo. *¿Puedes venir, por favor?*

favorable *adj.* Que favorece o es propicio. *La votación fue favorable a nuestro candidato.* || Se aplica a la persona que está en buena disposición para hacer algo o para conceder lo que se le pide. *El ánimo del ministro es favorable a nuestro proyecto.* || Que implica una mejora o avance. *El ambiente económico es favorable a la inversión.*

favorecedor, ra *adj.* Que favorece.

favorecer *t.* Ayudar, apoyar a alguien o algo. *La salida del sol favoreció las labores de rescate.* || Tratar a unas personas mejor que a otras sin considerar lo que es justo. *Las acciones del gobierno buscan favorecer a sus partidarios.* || Mejorar el aspecto o la apariencia de una persona o cosa. *Ese peinado le favorece.* || *pr.* Aprovecharse de una situación o cargo. *Se favorece del cargo de director.*

favorecido, da *adj.* Que recibió favores. || Mejorado en su apariencia.

favoritismo *s. m.* Preferencia que no considera lo que es justo, que se basa en el favor. *Concedieron las licitaciones por favoritismo.*

favorito, ta *adj.* Predilecto, preferido sobre otros. *La menor es su hija favorita.* || Que tiene mayores posibilidades de ganar en una competencia. *El campeón llega como favorito antes de la pelea.* || *s.* Persona que goza de la confianza de otra persona con autoridad. *Dejó las tareas del gobierno en manos de sus favoritos.*

fax *s. m.* Sistema que permite enviar y recibir información impresa a través de una línea telefónica. || Aparato que, conectado a una línea telefónica, sirve para enviar y recibir información impresa. || Documento que se envía o recibe mediante ese sistema. *Recibimos por fax el pedido de compra.*

fayuca *s. f. Méx.* Contrabando. *Decomisaron en la aduana un gran cargamento de fayuca.*

faz *s. f.* Cara de una persona. *La preocupación se le reflejaba en la faz.* || Superficie, o lado principal de algo. *Lo buscó por toda la faz de la tierra.* || Anverso de algo, como de las monedas y medallas. *En la faz tiene grabado el escudo nacional.*

fe *s. f.* Creencia en alguien o algo sin necesidad de que sus cualidades hayan sido demostradas por la experiencia o la razón. *Tiene fe en la inmortalidad del alma.* || Virtud teologal del cristianismo que consiste en el asentimiento a la revelación de Dios y creer en la palabra de Dios y en la doctrina de la Iglesia. *Las virtudes teologales son tres: fe, esperanza y caridad.* || Conjunto de creencias de una religión. *La religión con mayores adeptos es la fe cristiana.* || Creencia o confianza en la eficacia, bondad, valor o verdad de algo o de alguien. *Los padres tienen depositada toda su fe en sus hijos.* || Testimonio, aseveración de que algo es cierto. *El notario público da fe de la legalidad de sus actos.* || Documento que certifica la verdad de un hecho o circunstancia. || Intención de una persona al hablar o actuar. *Es cierto que te perjudicó, pero lo hizo de buena fe.* || *loc.* ***Buena fe:*** rectitud, honradez, buena intención. || ***Fe de erratas:*** lista que se añade en un libro para indicar y corregir los errores que se han percibido cuando ya está terminada la impresión. || ***Fe pública:*** autoridad legítima de notarios, cónsules, tribunales y otras instancias oficiales para que los documentos que autorizan sean considerados como auténticos y lo contenido en ellos sea tenido por verdadero. || ***Mala fe:*** alevosía, o malicia con que se hace algo. || *loc. adv.* ***A fe:*** en verdad. || ***Dar fe:*** dicho de la autoridad investida de fe pública. || Asegurar algo que se ha visto.

fealdad *s. f.* Calidad de feo, carencia de belleza y hermosura. *No sólo es feo de rostro, la fealdad la lleva en el alma.*

febrero *s. m.* Segundo mes del año, tiene 28 días y en los años bisiestos 29.

febrífugo, ga *adj.* y *s. m.* Sustancia o medicamento que reduce o elimina la fiebre.

febril *adj.* Perteneciente o relativo a la fiebre. *Por la infección cayó en estado febril.* || Que tiene fiebre. *Está febril por la gripe.* || Que es muy intenso, apasionado o ardoroso. *La música alcanzó un ritmo febril.*

febrilidad *s. f.* Actuación ansiosa, febril.

fecal *adj.* Relativo a las heces o los excrementos. *El agua estaba contaminada con materia fecal.*

fecha *s. f.* Tiempo, momento en que se hace u ocurre una cosa. *Los documentos de valor oficial deben llevar la fecha de elaboración.* || Tiempo o momento actual. *Hasta la fecha no lo he vuelto a ver.*

fechador *s. m.* Sello con que se imprime la fecha en documentos.

fechar *t.* Poner la fecha en un escrito. *No olvides fechar bien las cartas.* || Determinar la fecha de algo, como un objeto, un escrito, un acontecimiento, etc. *Los investigadores fecharon los fósiles con la prueba del carbono 14.*

fechoría *s. f.* Acción mala de cierta importancia. *El detenido había cometido varias fechorías.*

fécula *s. f.* Hidrato de carbono parecido al almidón que se halla en las semillas, tubérculos y raíces de ciertas plantas. *Este platillo lleva fécula de maíz para que espese.*

feculento, ta *adj.* Que contiene fécula.

fecundable *adj.* Susceptible de fecundación.

fecundación *s. f.* Acción y efecto de fecundar. || Unión de los gametos o células sexuales masculina y femenina para formar un huevo o cigoto. *Las abejas ayudan a la fecundación de las plantas de las que se alimentan.* || *loc.* ***Fecundación artificial:*** procedimiento que hace llegar de forma no natural el semen al óvulo. || ***Fecundación in vitro:*** la que se realiza fuera del organismo. *La fecundación* in vitro *se realiza en un laboratorio.*

fecundador, ra *adj.* Que fecunda.

fecundante *adj.* Que fecunda. || Capaz de fecundar.

fecundar *t.* Unir un gameto masculino a otro femenino para dar origen a un nuevo ser. *El macho fecunda a la hembra.* || Hacer fecunda o productiva una cosa. *El fertilizante fecunda la tierra.*

fecundidad *s. f.* Fertilidad, capacidad reproductora de un ser vivo. *Los cerdos tienen una fecundidad muy alta.* || Abundancia en la producción de algo. *Jorge Luis Borges fue un poeta y escritor de gran fecundidad.*

fecundización *s. f.* Acción y efecto de fecundizar.

fecundizar *t.* Hacer fecunda o productiva una cosa. *Aplicar abonos es una técnica para fecundizar la tierra.*

fecundo, da *adj.* Que puede fecundar o ser fecundado. *Los análisis mostraron que la pareja es fecunda.* || Que se reproduce o procrea gran cantidad con facilidad. *Los conejos son una especie fecunda.* || Se aplica al terreno que produce en abundancia. *El valle de la Mesopotamia es muy fecundo.* || Lleno, con abundancia. *El Renacimiento fue una época muy fecunda en el arte.* || Que genera obras abundantes o produce buenos resultados. *El platonismo es una filosofía fecunda.*

fedatario *s. m.* Notario u otro funcionario que da fe pública.

federación *s. f.* Acción de federar. || Unión o asociación de Estados, partidos o agrupaciones que reconocen una misma autoridad pero que mantienen un gobierno interior autónomo. *Suiza es una federación de cantones muy antigua.* || Poder central de dicha asociación. *La mayor parte de los impuestos se recaban para la federación.* || Organismo que establece la reglamentación y el con-

F

trol de un determinado deporte. *Su título lo reconoce la federación de boxeo.*

federado, da *adj.* Relativo a la federación.

federal *adj.* Relativo a la federación. || Norma de aplicación general en una federación. *El secuestro es un delito federal.* || Autoridad encargada de su aplicación. *La policía federal tiene jurisdicción en todo el territorio nacional.*

federalismo *s. m.* Sistema político en el que el poder se reparte entre un Estado central y el de los Estados asociados. *El federalismo intenta evitar un poder central absoluto que absorba todas las funciones.*

federalista *adj.* Relativo al federalismo. || *s. com.* Partidario del federalismo. *Alexander Hamilton fue un gran impulsor del federalismo.*

federalización *s. f.* Conversión de un Estado en federación.

federalizar *t.* Transformar un Estado en federación. || Pasar a formar parte de una federación.

federar *t.* Unir por alianza, liga, unión o pacto varios estados, organizaciones o sociedades para formar una federación. || Federaron sus agrupaciones para sumar fuerzas.

federativo, va *adj.* Perteneciente o relativo a la federación. || Se dice del sistema en el que varios Estados que, rigiéndose cada uno por leyes propias, están sujetos en muchas áreas y aspectos a las decisiones de un Gobierno central. || *s.* Directivo de una federación, especialmente deportiva.

feérico *adj.* Perteneciente o relativo a las hadas.

fehaciente *adj.* Fidedigno, que muestra algo de forma clara e indudable. *La defensa presentó pruebas fehacientes de la inocencia del acusado.*

feldespato *s. m.* Mineral compuesto de silicatos de aluminio, es el mineral más abundante de la corteza terrestre y se emplea en la fabricación de vidrio y cerámica.

felicidad *s. f.* Estado de ánimo de quien se encuentra plenamente satisfecho al disfrutar lo que desea. *Una motivación de la conducta es la búsqueda de la felicidad.*

felicitación *s. f.* Acción y efecto de felicitar. || Manifestación de alegría y contento que se hace a una persona con motivo de algún suceso favorable para ella. *Recibió muchas felicitaciones por el nacimiento de su primer hijo.* || Escrito o tarjeta con los que se felicita a una persona. *Siempre envía felicitaciones de Navidad.*

felicitar *t.* Manifestar a una persona alegría y contento con motivo de algún suceso favorable para ella. *Te quiero felicitar por el nuevo cargo que te han asignado.*

félido, da *adj.* Se aplica a la familia de mamíferos carnívoros de cabeza redondeada, hocico corto y ancho, digitígrados, patas anteriores con cinco dedos y posteriores con cuatro de lengua escamosa y uñas retráctiles. *El gato, el tigre y el lince son félidos.* || *s. m. pl.* Grupo taxonómico, con categoría de familia, constituido por estos mamíferos.

feligrés, gresa *s.* Persona que pertenece a una parroquia determinada. *Los feligreses organizaron una posada.*

feligresía *s. f.* Conjunto de feligreses de una parroquia. *El párroco hizo un llamado a toda la feligresía.* || Territorio que está bajo la jurisdicción de un párroco. *Esta parroquia tiene una feligresía muy extensa.*

felino, na *adj.* Perteneciente o relativo al gato. || Que tiene algún parecido al gato. *La bailarina interpretó un baile con movimientos felinos.* || Se aplica al animal perteneciente a la familia de los félidos. *El leopardo es un felino.*

feliz *adj.* Que siente o tiene felicidad. *Estaba feliz de estar con toda la familia reunida.* || Que causa felicidad. *Recibí la feliz noticia del pleno restablecimiento de tu salud.* || Que es acertado o eficaz. *Tuvo la feliz idea de consultar a su padre antes de decidir.* || Que ocurre o sucede sin contratiempos. *Que tengas una feliz estancia en la ciudad.*

felón, lona *adj.* y *s.* Que comete felonía.

felonía *s. f.* Traición o acción desleal. *Cometió la felonía de pasarse al bando contrario.*

felpa *s. f.* Tejido que tiene pelo por uno de sus lados, que se usa principalmente en la confección de prendas de abrigo y de muñecos de peluche. *En invierno son muy útiles las sábanas de felpa.*

felpudo, da *adj.* Tejido afelpado.

femenil *adj.* Perteneciente o relativo a la mujer.

femenino, na *adj.* Se aplica al ser vivo dotado de órganos para ser fecundado. || Perteneciente o relativo a este ser. *Las flores femeninas son fecundadas por el polen producido por las masculinas.* || Relativo o propio de la mujer. || En gramática se aplica al género al que pertenecen las hembras y algunas cosas inanimadas. *La letra «a» es la terminación habitual de palabras del género femenino.*

fementido, da *adj.* Que carece de fe y de palabra. || Falso, engañoso.

fémina *s. f.* Mujer.

femineidad o **feminidad** *s. f.* Cualidad de femenino. *La mujer debe vivir plenamente su feminidad.*

feminismo *s. m.* Doctrina y movimiento social que propugna la igualdad de derechos entre la mujer y el hombre. *El feminismo ha conseguido igualdad de derechos para la mujer.* || Actitud propia de la persona que defiende esta doctrina.

feminista *adj.* y *s. com.* Perteneciente o relativo al feminismo. || Partidaria del feminismo.

feminización *s. f.* Aparición y desarrollo de los caracteres sexuales femeninos en la mujer normal, en el tiempo de la pubertad. *La feminización en la mujer es un proceso natural normal.* || Aparición de caracteres femeninos en el hombre, debido a trastornos hormonales o inducidos intencionalmente. *La feminización en el hombre es un trastorno del orden natural.* || Acción de dar forma femenina a un nombre que no la tiene.

femoral *adj.* Perteneciente o relativo al fémur. || Se aplica a la arteria y vena que recorren el muslo. *La arteria femoral es la que es cortada con frecuencia a los toreros por cornadas del toro.*

fémur *s. m.* Hueso del muslo, el más largo y fuerte del cuerpo humano, articulado con el hueso ilíaco por su extremo superior y con la tibia y el peroné por el inferior.

fénec *s. m.* Pequeño zorro del desierto del norte africano.

fenecer *intr.* Morir, expirar, fallecer. *La enfermedad que padecía lo hizo fenecer.* || Acabarse algo, terminarse o tener fin.

fenecimiento *s. m.* Acción y efecto de fenecer.

fenicio, cia *adj.* y *s.* Natural de Fenicia, antiguo país asiático. || Perteneciente o relativo a este país del Asia antigua. || Lengua semítica antigua hablada por los fenicios. || *fam. desp.* Se aplica a la persona a la que le gusta hacer negocios sacando el máximo beneficio. *El fenicio fue un pueblo de navegantes y mercaderes.*

fénix *s. m.* Ave mitológica, semejante a un águila, que según los antiguos creyeron que era única y moría quemándose y renacía de sus cenizas. || Se utiliza para designar a la persona que se recupera después de muchas desgracias. || Se utiliza para designar a una persona o cosa exquisita o única en su especie. *A Lope de Vega le denominaron el fénix de los ingenios.*

fenol *s. m.* Compuesto orgánico que se obtiene por destilación del alquitrán de hulla, utilizado como antiséptico en medicina y en la obtención de resinas.

fenomenal *adj.* Perteneciente o relativo al fenómeno. || Que es muy grande, muy fuerte o muy intenso. *Leonel hizo una jugada y metió un gol fenomenal.* || Estupendo, admirable, muy bueno. *Es que Leonel es un jugador fenomenal.* || *adv.* Muy bien. *Pasamos unas vacaciones fenomenales.*

fenómeno *adj.* Muy bueno, magnífico, sensacional. *Es un papá fenómeno.* || *s. m.* Toda manifestación o apariencia de una actividad que se produce en la naturaleza y puede percibirse a través de los sentidos o a través del intelecto. *El cambio es un fenómeno.* || Cosa extraordinaria y sorprendente. *Presenciaron un fenómeno inexplicable.* || Persona sobresaliente, fenomenal. *Rafa es un fenómeno del tenis.* || Persona o animal deforme. *El muchacho es un fenómeno cubierto todo de pelo.*
fenomenología *s. f.* Escuela filosófica que da una explicación del ser a partir del análisis de los fenómenos o de lo que aparece a la conciencia. *La fenomenología es un método desarrollado por Edmund Husserl.* || Conjunto de fenómenos que caracterizan un proceso o una cosa. *Debemos distinguir entre la fenomenología y la esencia de este problema.*
fenotipo *s. m.* Conjunto de caracteres observables de un organismo determinados por la interacción entre su genotipo y su ambiente. *Los rasgos fenotípicos incluyen rasgos tanto físicos como conductuales.*
feo, a *adj.* Que carece de belleza y hermosura. *Con la edad se le acentuaron los rasgos y ahora está feo.* || De aspecto malo o desfavorable. *La situación económica se está poniendo fea.* || Que ocasiona disgusto o desagrado. *Estábamos en su casa y nos dio un trato muy feo.* || Se aplica a la acción que se considera mala o contraria a la moral o la justicia. *Robar es algo feo.* || *s. m.* Desaire o desprecio hacia una persona. *Él tan atento que es y ella le hace el feo.* || *loc. fam.* ***Bailar con la más fea:*** tener que asumir la parte más ingrata o desagradable de un asunto.
feracidad *s. f.* Fertilidad, fecundidad de los campos. *Las planicies de Norteamérica tienen gran feracidad.*
feral *adj.* Cruel, sangriento.
feraz *adj.* Que es muy fértil, la tierra. *Los colonos encontraron una tierra feraz.*
féretro *s. m.* Caja en la que se deposita el cadáver que se va a enterrar. *Todos lloraron cuando depositaron el féretro en la tumba.*
feria *s. f.* Mercado ocasional que se celebra en un lugar público y en determinadas fechas. *La Feria del Caballo se celebra cada año en Texcoco.* || Instalación en la que se exhiben cada cierto tiempo productos de un determinado ramo. *La reunión se celebró en el auditorio de la feria ganadera.* || Fiesta popular que se celebra en una localidad cada año en las mismas fechas. *La feria de san Marcos es muy tradicional.* || Conjunto de instalaciones recreativas y puestos de venta con ocasión de estas fiestas. *Fuimos a la feria y nos subimos a la rueda de la fortuna.* || *Méx.* Dinero suelto, cambio. *El amante de Martina ni por la feria volvió.* || *loc. Méx.* ***Irle como en feria:*** irle muy mal a alguien.
feriado *s. m. Amér.* Día festivo. *Harán puente porque el feriado cae en jueves.*
feriante *adj.* y *s. com.* Concurrente a una feria para comprar o vender.
feriar *t.* Comprar en la feria. || Vender, comprar o permutar. || *Méx.* Cambiar billetes por monedas. *En la tienda no me quisieron feriar el billete.* || *intr.* Suspender el trabajo por uno o varios días, haciéndolos como feriados o de fiesta.
fermentación *s. f.* Acción y efecto de fermentar. || Proceso químico por el que se transforma un sustrato orgánico mediante la acción de enzimas de bacterias, levaduras u hongos. *Louis Pasteur descubrió que la fermentación es producida por organismos vivos.*
fermentado, da *adj.* Que ha sufrido el proceso de la fermentación.
fermentador, ra *adj.* Que fermenta o hace fermentar.
fermentar *intr.* Transformarse químicamente una sustancia orgánica en otra, por la acción de un fermento. *La cerveza resulta de fermentar granos de cebada.*
fermento *s. m.* Sustancia orgánica que produce fermentación de otra sustancia. *La levadura es un fermento.* || Cosa que es origen o estímulo de otra. *Sus ideas fueron un fermento de agitación revolucionaria.*
fermi *s. m.* Unidad de longitud utilizada en física nuclear, equivalente a 10^{-15} metros cuyo símbolo es *fm*.
fermio *s. m.* Elemento químico radiactivo artificial. Fue descubierto en 1952 en los restos de la explosión de la primera bomba de hidrógeno o termonuclear. Su número atómico es 100 y su símbolo *Fm*.
ferocidad *s. f.* Fiereza, crueldad, agresividad o violencia propias de ciertos animales y que también manifiestan ciertas personas o cosas en sus acciones. *Los vientos del huracán azotaron con ferocidad la costa.* || Dicho o hecho feroz, brutal o cruel. *Sus críticas eran de una ferocidad inusitada.*
feromona *s. f.* Sustancia que secretan los insectos y otros animales para atraer a los de su misma especie y poder reproducirse.
feroz *adj.* Se aplica al animal carnívoro que es fiero, que ataca con mucha agresividad y furia. *El lobo feroz se quiso comer a los tres cochinitos.* || Que es brutal, agresivo, cruel o despiadado. *Su crítica fue un ataque feroz a las ideas contenidas en el libro.* || Que es enorme, muy intenso y causa daño o destrozo. *Aquel ciclón era una tormenta feroz.* || *fam.* Que es muy grande o intenso. *Dame de comer que traigo un hambre feroz.*
ferozmente *adv.* Con ferocidad.
férreo, a *adj.* Que es de hierro o que tiene sus propiedades. *Para que pase el ferrocarril, tendieron la vía férrea.* || Que es muy firme, tenaz o persistente. *Para llegar a campeón debió tener una disciplina férrea.*
ferrería *s. f.* Establecimiento industrial o taller donde se beneficia el mineral de hierro, reduciéndolo a metal.
ferretería *s. f.* Establecimiento en el que se venden herramientas y otros objetos y utensilios de metal. *Ve a la ferretería y trae tornillos de media pulgada de rosca fina.*
ferretero, ra *s.* Propietario o dependiente de una ferretería.
férrico, ca *adj.* Se aplica al compuesto en el que el hierro tiene una valencia superior a dos, es decir, es trivalente o actúa con valencia 3.
ferrita *s. f.* Término genérico que se aplica a una gran variedad de materiales compuestos por óxido de hierro y se utilizan como material magnético. *Todas las ferritas están compuestas por óxido de hierro y un metal.*
ferrocarril *s. m.* Medio de transporte que consiste en una serie de vagones arrastrados por una locomotora y que circulan por rieles. *La invención del ferrocarril fue parte de la revolución industrial del siglo XIX.* || Conjunto de instalaciones, equipos, vehículos y empleados propios de este medio de transporte.
ferrocarrilero, ra *adj. Amér.* Perteneciente o relativo a las vías férreas. || *s.* Empleado de ferrocarriles.
ferromagnético, ca *adj.* Perteneciente o relativo al ferromagnetismo. || Se aplica al mineral que tiene poder magnético.
ferromagnetismo *s. m.* Propiedad de permeabilidad magnética que poseen, en condiciones normales, ciertos materiales como el hierro, níquel, cobalto, etc., que se imantan y pueden llegar a la saturación.
ferroso, sa *adj.* Que es de hierro o lo contiene. *Los compuestos ferrosos contienen hierro que actúa con valencia dos.* || Se aplica al compuesto químico que está combinado con el hierro en proporción mínima.
ferroviario, ria *adj.* Perteneciente o relativo al ferrocarril.
ferruginoso, sa *adj.* Se aplica al mineral que contiene hierro o compuestos de hierro. Se dice del agua mineral que contiene alguna sal de hierro. || Se aplica al color pardo rojizo.
ferry *s. m.* Embarcación de gran tamaño que comunica dos puertos, en la que se transportan pasajeros, vehículos y cargas pesadas.
fértil *adj.* Se dice del organismo que es capaz de reproducirse por medios

naturales. *La perra es fértil.* || Que produce en abundancia. *El terreno de la huerta es muy fértil.* || Que produce o crea gran cantidad de algo. *Tiene una mente muy fértil, siempre se le ocurre alguna idea.*

fertilidad *s. f.* Cualidad de fértil. || Capacidad de reproducirse de un organismo.

fertilización *s. f.* Acción y efecto de fertilizar. || Preparación de la tierra añadiendo abono o las sustancias apropiadas con el fin de aumentar o restablecer la fertilidad de un suelo.

fertilizador, ra *adj.* Que fertiliza.

fertilizante *adj.* Que fertiliza. || *s. m.* Sustancia o mezcla química, natural o sintética, que sirve para enriquecer el suelo y favorecer el crecimiento vegetal. *El descubrimiento de fertilizantes sintéticos aumentó la productividad agrícola.*

fertilizar *t.* Abonar, preparar la tierra añadiendo las sustancias que mejoran su calidad y facilitan el crecimiento de las plantas. || Hacer que una célula sexual masculina se una a otra femenina para dar origen a un nuevo ser. || Hacer que una hembra quede embarazada o una planta quede en condiciones de reproducirse.

férula *s. f.* Tablilla que sirve para mantener inmóvil un hueso roto o fisurado y se emplea en el tratamiento de las fracturas. *Le inmovilizaron la pierna fracturada con una férula.* || Dominio o poder despótico de una persona sobre otra. *Los fanáticos estaban bajo la férula de su líder.*

ferviente *adj.* Fervoroso, que muestra entusiasmo o admiración. *Era su más ferviente admirador.*

fervor *s. m.* Devoción, intensidad en el sentimiento religioso. *Los peregrinos rezaban con fervor a la virgen.* || Entusiasmo, ardor y dedicación con que se hace algo. *Se dedica con gran fervor a su trabajo.* || Entusiasmo, admiración o adoración por alguien o algo. *Sigue las instrucciones del líder con fervor.*

fervoroso, sa *adj.* Se aplica a la persona que muestra fervor. *Es un admirador fervoroso de esa cantante.* || Que denota o implica fervor. *Un fervoroso llamado a la renovación cultural.*

festejar *t.* Hacer fiesta para celebrar o conmemorar algo. *Vamos a festejar el triunfo en el Ángel de la Independencia.* || Agasajar, hacer fiesta en honor u obsequio de alguien. *Festejaron el éxito de la exposición con una buena cena.* || Hacer la corte una persona a otra para enamorarla. *Festeja a esa chica para conquistarla.*

festejo *s. m.* Acción y efecto de festejar. || Fiesta que se hace para celebrar algo o a alguien. *En el festejo del Día del Niño organizaron una excursión.* || *pl.* Conjunto de actos públicos con que se celebran las fiestas populares. *La conmemoración del bicentenario de la Independencia incluyó un amplio programa de festejos.*

festín *s. m.* Banquete espléndido. *Nos dimos un festín con helados de todos los sabores.*

festival *s. m.* Conjunto de actuaciones o representaciones dedicadas a un arte o a un artista. *El Festival Cervantino de este año está dedicado al arte moderno.*

festividad *s. f.* Día en que se celebra una fiesta, especialmente la de un santo o un hecho sagrado. *Organizaron una feria para la festividad de san Rafael.* || Fiesta o acto solemne con que se celebra algo. *La festividad de la Independencia estuvo muy lucida.*

festivo, va *adj.* y *s.* Se aplica al día que no es laborable. *Por ley los días festivos se trasladan a los lunes.* || *adj.* Que es alegre, propio de una fiesta. *En carnaval el ambiente festivo se contagia a toda la ciudad.* || Chistoso, alegre. *Su trato es siempre muy festivo.*

festón *s. m.* Bordado con puntadas muy juntas en el borde de una tela de modo que formen un nudo en la parte exterior y pueda recortarse la tela sobrante sin que se deshile. *El mantel estaba rematado con festones.* || Bordado en forma de ondas o de puntas que adorna la orilla o borde de una cosa. *El cuello de la blusa va rematado con festones.* || Adorno arquitectónico que consiste en una tira o guirnalda de flores, frutas u hojas formando una curva suspendida de dos puntos. *La fachada del templo tiene festones de hojas debajo de las ventanas.*

festonear *t.* Adornar con festón. *Festoneó los manteles.* || Bordar festones.

feta *s. f. Arg.* y *Uy.* Rebanada delgada de jamón o de otros embutidos.

fetal *adj.* Perteneciente o relativo al feto. *Duerme en posición fetal.*

fetén *adj. fam.* Estupendo o excelente. || Sincero, auténtico, verdadero.

fetiche *s. m.* Objeto material al que se atribuyen cualidades mágicas o sobrenaturales y al que se adora y rinde culto supersticioso como ídolo. *Los tótems son fetiches de algunos pueblos de Norteamérica.* || Objeto que se cree da buena suerte. *Tiene su consultorio adornado con pirámides que son fetiches.*

fetichismo *s. m.* Culto y adoración a los fetiches. *El fetichismo es una práctica muy extendida.* || Admiración, idolatría o veneración excesiva hacia una persona o una cosa. *Los admiradores de Elvis Presley llegan al fetichismo.* || Conducta sexual que consiste en excitarse con objetos, especialmente prendas de vestir, o partes no sexuales del cuerpo de la persona amada. *Su fetichismo le lleva a robar ropa íntima de mujer.*

fetichista *adj.* Perteneciente o relativo al fetichismo. || *s. com.* Se aplica a la persona que rinde culto a fetiches. *Ese fetichista duerme dentro de una pirámide para absorber energía cósmica.*

fetidez *s. f.* Hedor, mal olor, hediondez. *La fetidez del canal de aguas negras es insoportable.*

fétido, da *adj.* Hediondo, que despide un olor muy desagradable. *A su paso, el vagabundo deja un rastro fétido.*

feto *s. m.* Embrión de los mamíferos desde que termina el periodo embrionario hasta el momento del parto. *Con las nuevas técnicas de ultrasonido se puede ver el feto en el interior de la madre.* || *fam. desp.* Persona muy fea.

feudal *adj.* Perteneciente o relativo al feudo. || Perteneciente o relativo al sistema de organización política y social en el que los campesinos estaban reducidos a servidumbre.

feudalismo *s. m.* Sistema de organización económica, social y política basado en el feudo. || Periodo en que estuvo vigente este sistema. *El feudalismo fue la forma de organización de la Edad Media.*

feudo *s. m.* Contrato o pacto por el que un soberano o gran señor cedía a un noble una tierra o derechos de explotación a cambio de su fidelidad y este obligaba al siervo a laborar a cambio de protección. *El feudo obligaba a los vasallos a ser fieles a los señores feudales.* || Tierra, bien o derecho concedidos por el rey o gran señor a su vasallo. || Territorio en el que se ejerce una influencia o un poder exclusivos. *El poblado se ha convertido en el feudo del cacique.*

fez *s. m.* Gorro de fieltro rojo en forma de cono trunco que se usa en países como Turquía, Egipto y Marruecos.

fi *s. f.* Vigésima primera letra del alfabeto griego; se escribe Φ, φ y se transcribe como *f* o *ph*.

fiabilidad *s. f.* Confianza o cualidad de fiable. *Sus diagnósticos son de gran fiabilidad.* || Probabilidad de que una cosa funcione correctamente o sea segura. *La conectividad de la fibra óptica es de gran fiabilidad.*

fiable *adj.* Que es digno de confianza o que la inspira. *La guardería de mis hijos es muy fiable.* || Que inspira seguridad y ofrece buenos resultados. *Vayamos en la camioneta que es más fiable que el auto.* || Creíble, fidedigno, sin error. *Su método de levantar encuestas no es muy fiable.*

fiaca *s. f. fam. Arg. Chil. Méx.* y *Uy.* Pereza.

fiado, da *adj. ant.* Seguro y digno de confianza. || *loc.* ***Al fiado:*** forma de vender o comprar en que no se cobra o paga inmediatamente el importe de lo vendido o comprado. *En la tienda me dan fiado y pago cada quincena.*

fiador, ra *s.* Persona que responde por otra en el caso de que esta no cumpla la obligación de pago que ha contraído. *No he podido rentar un local porque nadie quiere ser mi fiador.* || Persona que vende sin exigir que se pague al contado. *La fiadora vende alhajas.*

fiambre *s. m.* Carne preparada para que se conserve mucho tiempo que se come fría. *El jamón serrano es un fiambre delicioso.* || *fam.* Cadáver de una persona.

fiambrera *s. f.* Recipiente con una tapa hermética que sirve para llevar comida. *Lleva comida al trabajo en una fiambrera.*

fiambrería *s. f. Amér. Merid.* Tienda donde se venden o preparan fiambres.

fianza *s. f.* Cantidad de dinero u objeto de valor que se da en garantía para asegurar el cumplimiento de un pago u otra obligación. *Para alquilar el departamento me pidieron una fianza.* || Cantidad de dinero que se paga por la libertad de un individuo pendiente de juicio o sentencia. *Por la gravedad del delito le exigieron una fianza muy elevada.* || Compromiso que una persona contrae de responder por otra. *Antonio aceptó una libra de carne de su cuerpo como fianza por la deuda de Bassanio.*

fiar *t.* Vender sin cobrar en el momento en que se hace la venta. *Me retrasé en el pago y ya no me quisieron fiar.* || Asegurar uno que cumplirá la obligación contraída por otro. *Antonio aceptó fiar a Bassanio ante Shylock.* || Confiar en alguien. *Puedes fiar en ella, es muy responsable.* || *loc.* ***Ser de fiar:*** que es digno de confianza. *Le puedes contar todo, ella es de fiar.*

fiasco *s. m.* Desengaño o decepción que causa un suceso contrario a lo que se esperaba. *La película produjo gran expectación y resultó un fiasco.*

fibra *s. f.* Filamento que constituye el tejido orgánico, animal o vegetal. *Por un tirón se desgarró sus fibras musculares.* || Cada uno de los filamentos que presentan en su textura algunos minerales. || Filamento natural, artificial o sintético obtenido por procedimientos químicos o mecánicos que se emplea para confeccionar tejidos. *Abrieron una nueva fábrica de fibras sintéticas.* || Vigor o energía para actuar. *Es un empleado con mucha fibra.* || *loc.* ***Fibra de vidrio:*** filamento de vidrio fundido muy fino que se emplea en la fabricación de materiales aislantes. *Confeccionamos con fibra de vidrio una casita para el perro.* || ***Fibra óptica:*** filamento de vidrio o de material muy transparente por el que se transmiten impulsos luminosos. *La fibra óptica permite hacer comunicaciones a gran velocidad y distancia.* || ***Tocar la fibra sensible:*** emocionar o conmover a alguien. *Siempre obtiene lo que quiere de su mamá porque le toca la fibra sensible.*

fibrilación *s. f.* Contracción repentina e incontrolada de las fibras del corazón.

fibrilar[1] *adj.* De la fibra o relativo a ella.

fibrilar[2] *intr.* Contraerse de forma repentina e incontrolada el corazón.

fibroma *s. m.* Tumor benigno formado por tejido fibroso. *Los tumores que tenía en el seno eran sólo fibromas.*

fibrosis *s. f.* Formación anormal de tejido fibroso en un órgano.

fibroso, sa *adj.* Que está constituido por fibras. *Su tumor no era canceroso, era tejido fibroso.* || Que contiene mucha fibra. *Para ayudar a la digestión como alimentos fibrosos.*

fíbula *s. f.* Hebilla o broche que usaron griegos y romanos.

ficción *s. f.* Acción y efecto de fingir. *Todas sus dolencias eran una ficción.* || Cosa o hecho inventado o imaginado. || Hechos y seres que son inventados. *Los poderes de la varita mágica son una ficción.* || Género literario que narra sucesos o historias inventados. *Julio Verne fue precursor del género de ciencia ficción.*

ficha *s. f.* Pieza pequeña, generalmente plana y delgada, de plástico, madera u otro material a la que se le asigna un valor convencional y se le da usos diversos. *Las fichas se usan en juegos de mesa, en casinos como moneda, etc.* || Tarjeta de cartón o papel grueso donde se consignan datos para catalogar, clasificar o archivar. *Para sacar libros de la biblioteca hay que llenar una ficha.* || Informe o conjunto de datos sobre una persona o una cosa. *El servicio de inteligencia le abrió su ficha como agitador.* || Contrato de un jugador o técnico deportivo. || Persona peligrosa; bribón. *Ese bribón es toda una ficha.*

fichaje *s. m.* Contrato que realiza una empresa o club deportivo a alguien. *El goleador obtuvo un fichaje millonario.*

fichar *t.* Anotar en fichas datos que interesan. || *fam.* Poner a una persona entre las que no inspiran confianza y someterla a vigilancia. *Por encabezar la manifestación lo ficharon en la policía.* || Contratar una empresa o un club deportivo a alguien. *Ficharon a dos jugadores extranjeros.* || *intr.* Marcar en una ficha la hora de entrada y salida del trabajo. *Algo bueno de este trabajo es que no es necesario fichar.*

fichero *s. m.* Conjunto de fichas ordenadas y mueble o lugar que sirve para guardarlas. || Conjunto de información organizado y grabado en un soporte informático de almacenamiento.

ficticio, cia *adj.* Que es falso o fingido. *El amor que le juró era ficticio.* || Convencional, que resulta de una convención. *El valor del papel moneda es ficticio.*

ficus *s. m.* Árbol de origen tropical, de hojas grandes, fuertes, ovaladas y color brillante.

fidedigno, na *adj.* Que es digno de fe y confianza. *La noticia proviene de fuentes fidedignas.*

fideicomisario *adj.* Persona a quien se destina un fideicomiso. *La fundación es el fideicomisario de su herencia.* || Perteneciente o relativo al fideicomiso.

fideicomiso *s. m.* Disposición testamentaria por la que se encomienda una herencia a alguien para que haga con ella lo que se le encargue. *Dispuso que su herencia quede en fideicomiso hasta la mayoría de edad de sus hijos.*

fideicomitente *s. com.* Persona que ordena el fideicomiso.

fidelidad *s. f.* Lealtad, firmeza y constancia en los afectos, ideas y obligaciones. *Los enamorados prometen guardarse fidelidad.* || Exactitud o veracidad. *El testigo relató los hechos con la mayor fidelidad posible.* || *loc.* ***Alta fidelidad:*** grabación y reproducción de sonidos con poca o nula distorsión. *La grabación de esta ópera es de alta fidelidad.*

fideo *s. m.* Pasta de harina en forma de hilo. *Sirven una sopa de fideos con menudencias muy rica.* || *fam.* Persona que está muy delgada. *Ese niño está hecho un fideo.*

fiducia *s. f.* Confianza.

fiduciario, ria *adj.* Que depende del crédito y confianza que merezca. *La moneda en forma de billetes de papel tiene valor fiduciario.* || *s.* Legatario a quien el testador encarga un fideicomiso. *El abuelo dejó a su nieto como fiduciario de sus bienes.*

fiebre *s. f.* Aumento de la temperatura del cuerpo por encima de lo normal. *La fiebre es un síntoma de alguna infección.* || Excitación y entusiasmo que provoca una actividad. *El desplome de los valores estuvo precedido de una fiebre especulativa.*

fiel *adj.* Se dice de la persona que es firme y constante en sus afectos, ideas y obligaciones. *En la adversidad se sabe quiénes son los amigos fieles.* || Que es exacto o conforme a la verdad. *El retratista hizo una copia fiel del original.* || Que cumple de manera exacta la función a que se destina. || *s. com.* Creyente en una doctrina, en especial religiosa; miembro de una iglesia. *Los fieles se congregan en el templo para la ceremonia religiosa.* ||

Aguja de una balanza. || Pequeño eje que une las hojas de las tijeras.

fieltro *s. m.* Paño de lana o pelo prensados sin tejer. *Llevaba un sombrero de fieltro.*

fiera *s. f.* Animal salvaje, sobre todo el que se alimenta de otros animales a los que ataca con ferocidad. *El oso es una fiera muy fuerte.* || Persona de carácter violento. *Hay que tener cuidado con ella, es una fiera.* || *s. com. fam.* Persona que hace muy bien algo. *Es una fiera para las matemáticas.* || *loc.* ***Hecho una fiera*** o ***como una fiera:*** que está muy enojado, encolerizado. *Qué le habrán hecho, iba hecho una fiera.*

fiereza *s. f.* Cualidad de fiero, violencia o agresividad. *En el circo todos se asustaron cuando el león rugió con fiereza.*

fiero, ra *adj.* Perteneciente o relativo a las fieras. || Se dice del animal o persona que muestra fiereza. *En el almacén vigilan dos fieros perros guardianes.* || Feo. *Nunca había visto alguien más fiero.*

fierro *s. m. Amér.* Hierro. *En las ventanas pusieron rejas de fierro.* || Arma blanca o de fuego. *Lo amenazó con un fierro.* || *Méx.* Dinero. *No traigo ni un fierro.*

fiesta *s. f.* Reunión de varias personas para celebrar o para divertirse. *Para el cumpleaños de mamá haremos una fiesta.* || Día en que se celebra una conmemoración civil y que oficialmente no se labora. *El aniversario de la Independencia es día de fiesta.* || Día en que la Iglesia católica celebra la memoria de un santo o de un acontecimiento religioso. *En ese pueblo celebran la fiesta del día de san Ignacio el 31 de julio.* || *pl.* Periodo festivo en que se conmemora algo. *Iremos a visitar a la familia en estas fiestas navideñas.* || Muestra de afecto o de alegría. *El perro nos hace fiestas cuando nos ve llegar.* || *loc.* ***Fiesta de guardar:*** día en que la Iglesia católica considera obligatorio oír misa. || ***Fiesta nacional:*** conmemoración oficial. || ***Aguar la fiesta:*** estropear una diversión o un momento de alegría. *Vino a aguar la fiesta con su carácter agrio.* || ***Estar de fiesta:*** estar muy alegre. || ***Guardar la fiesta:*** ocupar un día de fiesta en actos religiosos y no trabajar. || ***No estar para fiestas:*** estar malhumorado. || ***Tener la fiesta en paz:*** se usa para indicar que una discusión debe terminar antes de que dé motivo de disturbio o reyerta. *Ya no discutamos, más vale que tengamos la fiesta en paz.*

fiestear *intr. Amér. Merid.* Andar de fiesta, divertirse.

fiestero, ra *adj.* Amigo de fiestas. *En cuanto pudo salir por su cuenta se volvió fiestero.*

figura *s. f.* Forma o aspecto exterior de un cuerpo. *Hace mucho ejercicio para mantener la figura.* || Representación dibujada o esculpida de un cuerpo. *Dibujaba muy bien la figura de los caballos.* || Espacio geométrico delimitado por líneas o superficies. *El cono es una figura un poco compleja.* || Ilustración o representación gráfica que ejemplifica lo que se dice en un texto. *En la figura 2 se observa el diagrama de flujo de la corriente eléctrica.* || Cosa que representa o simboliza otra. *La paloma es la figura de la paz.* || Signo musical que representa una nota o un silencio. *La corchea, la negra y la blanca son figuras.* || Alteración en el modo de hablar con una finalidad expresiva o estética. *El orador tiene un gran repertorio de figuras retóricas.* || Serie de variaciones en la danza, el patinaje artístico, etc. *Los patinadores hicieron figuras muy graciosas y complejas.* || Persona que destaca en determinada actividad. *Don Pedro es una figura de la canción romántica.* || Cualquiera de los tres naipes de cada palo que representan personas, y se llaman rey, caballo y sota. || *loc.* ***Figura decorativa:*** persona que ocupa un cargo sin ejercer las funciones de este, o asiste a un acto solemne sin tomar en él parte activa. || ***Hacer figuras:*** hacer movimientos o ademanes ridículos.

figurable *adj.* Que se puede figurar.

figuración *s. f.* Acción de figurar o figurarse. || Invención o imaginación de algo. *No hay nada de eso, son puras figuraciones tuyas.*

figurado, da *adj.* Se dice del sentido en que se toman las palabras para que signifiquen algo distinto de su significado literal. *Ese comediante usa mucho el lenguaje figurado para hacer reír al público.*

figurante, ta *s.* Comparsa, que desempeña una función meramente decorativa en un asunto o ambiente. || *desp.* Persona que tiene poca importancia dentro de un grupo.

figurar *t.* Delinear la figura de una cosa. || Aparentar, fingir. || *intr.* Formar parte de un número de personas o cosas. *Figuraba entre los asistentes.* || Tener autoridad o representación. *Figura en el consejo directivo de la empresa.* || *pr.* Imaginarse o suponer uno algo que desconoce. *Me figuré que cometerías ese error.*

figurativo, va *adj.* Que representa o figura algo. || Se aplica al arte o al artista que representa lo real de forma fiel o semejante, en oposición a los abstractos.

figurilla *s. com. fam.* Persona pequeña y ridícula.

figurín *s. m.* Dibujo o figura en papel que sirve de modelo para hacer una prenda de vestir. *La revista de costura incluye el figurín para confeccionar las prendas.* || *fam.* Persona que se arregla y cuida con exageración la forma de vestir. *Siempre va hecho un figurín.*

figurón *s. m.* Persona a la que le gusta presumir y aparentar más de lo que es y ser el centro de atención. *Como siempre, estaba de figurón en la fiesta.* || Protagonista de la comedia del teatro español del siglo XVII, llamada de figurón.

fijación *s. f.* Acción de fijar o fijarse. *Acordaron la fijación de las reglas del concurso.* || Idea, palabra o imagen que se repite en la mente de una persona sin poder evitarla. *La impresión del accidente me quedó como una fijación.* || Estado de reposo a que se reduce una sustancia después de una operación química. || Proceso químico por el que algunos seres vivos asimilan algún elemento químico. *Las plantas fijan el carbono para constituir su estructura.*

fijado, da *adj. Méx.* Que observa o nota muchas cosas. *No me gusta platicar con él porque es un fijado.* || *s. m.* Acción y efecto de fijar. *El maderamen de la casa quedó bien fijado.*

fijador, ra *adj.* Que fija. || Utensilio que sirve para fijar cosas. || Sustancia que sirve para fijar el cabello. *Para conservar el peinado se puso fijador.* || Líquido para fijar un dibujo, una fotografía, etc. *Para evitar que el dibujo se manche le puso fijador.*

fijar *t.* Hacer que una cosa quede fija. *Hay que fijar el cartel con nuestras ofertas.* || Hacer algo estable o fijo. *Fijaron la tarifa eléctrica a la inflación.* || Determinar una fecha o algo de forma precisa. *Fijaron la fecha de la boda.* || Dirigir o centrar la atención o la mirada en algo o alguien. *Fijó su mirada en ella.* || Hacer que una imagen fotográfica quede inalterable a la acción de la luz. || Hacer que una sustancia química quede incorporada a otra. || *pr.* Percibir o darse cuenta de algo. *Me fijé que habías dejado olvidado el paraguas.* || Poner atención o cuidado. *Fíjate bien para que aprendas a hacerlo.*

fijeza *s. f.* Cualidad de fijo. || Persistencia. *La miraba con fijeza.*

fijo, ja *adj.* Que está sujeto o asegurado. *El cuadro quedó bien fijo a la pared.* || Que es permanente o estable. *Conseguí un trabajo fijo.* || Que está establecido o no está expuesto a cambios. *Invertí mis ahorros a plazos fijos.* || Que está fijado en un punto determinado. *Se quedó con la mirada fija en el vacío.* || *loc. adv.* ***De fijo:*** con toda seguridad, sin duda. *No te preocupes, de fijo viene.*

fila *s. f.* Serie de personas o cosas colocadas una tras otra en línea. *En las cajas del supermercado siempre se hace una fila larga.* || Conjunto de cosas colocadas una al lado de otra formando una línea. *En el teatro nos tocó sentarnos en la última fila.* || Línea que los soldados forman de frente, hombro con hombro. *El sargento dio la orden de romper filas.* || Milicia, fuerzas militares. *Cundió el desorden en las filas enemigas.* || *pl.* Agrupación, especialmente si es de carácter político. *Desde hace mucho milita en las filas de la oposición.* || *loc.* ***Fila india:*** la que forman varias personas una tras otra. || ***Cerrar filas:*** ir en la última posición de una fila o grupo de personas. *En el desfile, los jinetes cerraban filas.* || *loc. adv.* ***En fila:*** disponer cosas en línea recta. || ***En filas:*** en servicio activo en el ejército.

filamento *s. m.* Cuerpo en forma de hilo muy fino.

filantropía *s. f.* Amor desinteresado por el género humano. *Ya de viejo y con recursos en exceso se dedicó a la filantropía.*

filantrópico, ca *adj.* Perteneciente o relativo a la filantropía.

filantropismo *s. m.* Filantropía.

filántropo, pa *adj.* y *s.* Persona que ama a sus semejantes y los ayuda de forma desinteresada. *El filántropo dispuso su fortuna para dar becas a niños pobres.*

filarmonía *s. f.* Pasión o amor a la música.

filarmónico, ca *adj.* Se aplica a la persona que siente pasión y entusiasmo por la música. || Se aplica a algunas orquestas de música clásica o de ciertas organizaciones de amantes de la música. *Fuimos al concierto de la filarmónica de Filadelfia.*

filatelia *s. f.* Afición por el estudio y la colección de sellos postales.

filatélico, ca *adj.* Perteneciente o relativo a la filatelia. || *s.* Coleccionista de sellos postales.

filatelista *s. com.* Persona aficionada a coleccionar sellos postales.

filete *s. m.* Trozo alargado, ancho y de poco grosor de carne, pescado o ave sin huesos o espinas. *Nos sirvieron filete de pescado al mojo de ajo.* || Rodaja de solomillo de res o ternera. *El filete miñón es exquisito.* || Componente de una moldura en forma de banda larga y angosta. *El marco tiene un filete dorado.* || Línea larga y fina que sirve de adorno en las encuadernaciones. *Esta es la edición de lujo con filetes dorados.*

fileteado *s. m. Méx.* Trozo de carne cortado en filetes. *Pedí pechugas de pollo fileteadas.* || Operación mecánica que forma una rosca. || *Arg.* y *Uy.* Artesanía que consiste en pintar filetes para ornamentación.

filetear *t. Méx.* Cortar en filetes la carne. || Adornar con filetes. || Dar la forma de rosca a algo.

filiación *s. f.* Acción y efecto de filiar. || Procedencia de los hijos de padres determinados. *El análisis de* ADN *para casos de filiación dudosa.* || Datos personales de uno. *Llena esta solicitud con tu filiación.* || Dependencia de unas cosas con respecto a otras. *Las lenguas romances tienen filiación latina.* || Hecho de estar afiliado a una organización o de ser seguidor de una doctrina determinada. *El nuevo ministro es de filiación liberal.*

filial *adj.* Perteneciente o relativo al hijo. || Se aplica a la empresa cuya actividad depende de otra. *Esta empresa es filial del grupo financiero.*

filibustero *s. m.* Pirata que en el siglo XVII actuaba en el mar de las Antillas. || Hombre extranjero que buscaba la emancipación de las colonias ultramarinas de España.

filicida *adj.* y *s. com.* Persona que mata a un hijo.

filicidio *s. m.* Muerte que un padre o una madre da a su hijo. *Sobre Felipe II pesa la acusación de filicidio.*

filiforme *adj.* Que tiene forma o apariencia de hilo.

filigrana *s. f.* Obra o trabajo de orfebrería hecho con hilos de oro o plata unidos y soldados con mucha perfección y delicadeza. *Los plateros de Taxco hacen filigranas.* || Acción que requiere mucha habilidad, delicadeza y esfuerzo. *Para solucionar este conflicto los diplomáticos habrán de tejer filigrana.* || Marca o dibujo transparente hecho en el papel durante su fabricación y que sólo es visible al trasluz. *Los nuevos billetes de banco incluyen filigranas.*

filípica *s. f.* Reprensión, invectiva, censura acre. *Le echaron una filípica por llegar tarde.*

filipina *s. f. Cub.* y *Méx.* Chaqueta de dril, sin solapas, que visten los hombres.

filipino, na *adj.* Natural de Filipinas. || Perteneciente o relativo a este país de Asia. || Perteneciente o relativo a Felipe II, rey de España o a sus inmediatos sucesores.

filisteo, a *adj.* Relativo a un pueblo antiguo que habitó el sudoeste de Palestina hasta el siglo VII antes de Cristo. || *s.* Persona perteneciente a este pueblo. || Se aplica a la persona que es vulgar, de escasos conocimientos y carece de sensibilidad artística o literaria.

film *s. m.* Filme.

filmación *s. f.* Acción y efecto de filmar. || Registro de imágenes en movimiento.

filmar *t.* Registrar o fotografiar con una cámara imágenes en movimiento.

filme *s. m.* Película cinematográfica.

fílmico *adj.* Perteneciente o relativo al filme.

filmina *s. f.* Fotografía obtenida directamente en positivo y en película u otro material transparente.

filmografía *s. f.* Relación de películas cinematográficas de un mismo actor o director, de un género, de una época determinada, etc.

filmoteca *s. f.* Lugar donde se guarda, se conserva, se exhibe y se estudia material cinematográfico. || Conjunto o colección de filmes. *Organizó una filmoteca de películas premiadas.*

filo[1] *s. m.* Borde agudo de un instrumento o de un arma. || Línea que divide en dos una cosa. || *loc.* ***Al filo de:*** alrededor de. *La batalla empezó al filo de las cinco de la tarde.*

filo[2] *s. m.* En biología, categoría taxonómica fundamental de clasificación, que agrupa los organismos de ascendencia común y que responden a un mismo modelo de organización.

F

filogenético, ca *adj.* Que se relaciona con la filogenia.

filogenia *s. f.* En biología, parte que estudia el origen, desarrollo y parentesco entre los seres vivos.

filología *s. f.* En lingüística, parte que estudia la historia de las lenguas. || Técnica para reconstruir textos antiguos.

filológico, ca *adj.* Que se relaciona con la filología.

filólogo, ga *s.* Especialista en filología.

filón *s. m.* Mineral precioso que se encuentra rodeado de rocas. || Negocio que puede ser provechoso.

filoso, sa *adj.* Que tiene mucho filo.

filosofal *adj.* Que se relaciona con la filosofía.

filosofar *t.* Analizar un asunto con razonamientos tomados de la filosofía. || *fam.* Meditar, pensar.

filosofastro, tra *adj. desp.* Persona que pretende ser filósofa.

filosofía *s. f.* Conjunto de conocimientos y razonamientos que intentan explicar las leyes que rigen la existencia del ser humano y del universo. || Sistema filosófico propuesto por determinado filósofo. || Manera de pensar o de encarar la vida que caracteriza a un individuo o a una comunidad. || Conjunto de reglas y principios de una materia en particular. || Fortaleza de ánimo para soportar dificultades.

filosófico, ca *adj.* Relativo a la filosofía.

filósofo, fa *s.* Persona que se dedica a la filosofía. || Persona que crea un sistema filosófico.

filoxera *s. f.* Insecto parecido a un pulgón que afecta las vides.

filtración *s. f.* Acción y resultado de filtrar o filtrarse. || Información que se da a conocer por debajo del agua.

filtrado *s. m.* Colado de un líquido a través de un filtro. || Líquido que pasó por un filtro.

filtrante *adj.* y *s. com.* Que sirve para filtrar.

filtrar *t. pr.* Hacer pasar un líquido por un filtro. || Hacer que un líquido pase por los poros de un cuerpo sólido. || Hacer que una información confidencial o secreta llegue al público. || Pasar inadvertido. *Se infiltró en la manifestación para detectar a los provocadores.*

filtro¹ *s. m.* Material poroso que sirve para limpiar de impurezas un líquido, colar una infusión, etc. *Los filtros pueden ser de papel, tela, carbón, etc.* || Dispositivo electrónico que sirve para filtrar ruidos molestos en una grabación. || Pantalla que filtra colores. || Procedimiento de selección que filtra elementos no deseables.

filtro² *s. m.* Bebida a la que se le atribuyen poderes mágicos.

filudo, da *adj.* Filoso.

fimosis *s. f.* En medicina, estrechez del prepucio que impide la salida del glande.

fin *s. m.* Término de algo. || Límite de algo. || Objetivo de algo. || *loc.* ***Fin de fiesta:*** espectáculo que remata una fiesta o función. || ***Fin de semana:*** días de asueto, por lo general sábado y domingo. || ***Fin último:*** objetivo principal de algo. || ***Con el fin de:*** con el objetivo de, para. || ***A fin de cuentas:*** en resumen. || ***A fin de que:*** con la finalidad de, con objeto de. || ***A fin de, a fines de:*** en la parte final de un periodo. || ***Al fin, por fin:*** después de vencer muchos obstáculos. || ***Al fin del mundo:*** a un lugar muy apartado. || ***Dar fin:*** terminar, morir. || ***En fin:*** finalmente, por último. || ***Llegar a fin de mes:*** tener o alcanzar el dinero para todo el mes. || ***Sin fin:*** que puede girar continuamente, como una cadena, una correa.

finado, da *s.* Persona muerta.

final *adj.* y *s. com.* Que es el último. *Le propuso una oferta final.* || Fin de una cosa. *No le gustó el final del libro.* || Último enfrentamiento en una competencia, del que sale un ganador. *La final será entre los ganadores del primero y cuarto grupos.* || En gramática, oración que expresa finalidad. || *loc. adv.* ***A finales de:*** indica fin de un tiempo. *A finales de mes me pagarán el sueldo.*

finalidad *s. f.* Objetivo o fin por el que se lleva a cabo algo. *Llamó con la finalidad de confirmar la cita.*

finalista *s. com.* Participante de una competencia que llega a la final.

finalización *s. f.* Acción y resultado de finalizar.

finalizar *t.* Hacer que una cosa llegue a su fin. || *intr.* Acabarse o consumirse una cosa.

financiación *s. f.* Obtención de fondos para que una empresa funcione.

financiamiento *s. m.* Acción y resultado de financiar.

financiar *t.* Otorgar fondos para que una empresa funcione.

financiero, ra *adj.* Que se relaciona con las finanzas, ya sean públicas o privadas. || *s.* Persona que se especializa en finanzas.

financista *s. com. Amér.* Persona que aporta dinero a una empresa. || Persona que se especializa en finanzas.

finanzas *s. pl.* Conjunto de actividades que se relacionan con dinero, ya sea público o privado. || Cantidad de dinero que posee una persona o su situación económica.

finar *intr.* Fallecer, morir.

finca *s. f.* Propiedad inmueble, por lo general en el campo.

fincar *t.* y *pr.* Comprar una finca. || Instalarse en un lugar. || *Méx.* Adjudicar un delito a una persona.

finés *adj.* y *s.* Finlandés.

fineza *s. f.* Palabra de cariño. || Acción o actitud que denota buena educación. || Regalo delicado.

fingido, da *adj.* Que es simulado o falso. || Que es una persona engañosa o falsa.

fingimiento *s. m.* Simulación o engaño que se hace con la finalidad de convencer a alguien.

fingir *t.* y *pr.* Hacer creer a alguien algo que no es cierto. *Cuando finjas tristeza, trata de no reírte.*

finiquitar *t.* Pagar por completo una deuda. || *fam.* Terminar algo.

finiquito *s. m.* Terminación de una cuenta o de una deuda. || Pago que se da cuando se cancela un contrato con un trabajador.

finisecular *adj.* y *s. com.* Que se relaciona con el fin de un siglo.

finito, ta *adj.* Que tiene un fin, un término, un lapso determinado.

finlandés *adj.* y *s.* Que se relaciona con Finlandia, país del norte de Europa. || Que se relaciona con la lengua que se habla en ese país. || Persona que nació en Finlandia.

fino, na *adj.* Que es poco grueso, delicado. *Había una fina capa de polvo.* || Que tiene buenos modales. *Es una persona muy fina.* || Que hace bien las cosas. *Es un carpintero muy fino.* || Que está hecho con calidad. *Es un escritorio muy fino.* || Que es capaz de percibir las cosas con profundidad y detalle. || Que tiene un comportamiento excepcional, pero del que hay que cuidarse. *Ese vendedor de autos usados es fino para las mentiras.*

finquero, ra *s.* Persona que trabaja o posee una finca.

finta *s. f.* Gesto o maniobra con el cuerpo que se hace para engañar a otro. *El jugador hizo una finta con la cadera para eludir al contrario.*

fintar *t.* Hacer una finta.

finura *s. f.* Lo que es fino y delgado. || Urbanidad, buena educación. || Delicadeza y buena calidad.

fiordo *s. m.* Golfo estrecho y profundo de origen glaciar.

firma *s. f.* Nombre de una persona o rúbrica que la caracteriza. || Acto legal en el que varias personas firman un documento. || Nombre o razón social de una compañía.

firmado, da *adj.* Con la firma necesaria.

firmamento *s. m.* Bóveda celeste.

firmante *adj.* y *s. com.* Que firma. || *loc.* ***Los abajo firmantes:*** las personas que firman un documento.

firmar *t.* Poner la firma en una carta o documento.

firme *adj.* y *s. com.* Que está tan bien sostenido que no se mueve ni se cae. *Las firmes paredes de la casa resistieron el temblor.* || Que es fuerte y constante. *Durante la adolescencia solemos tener amistades firmes.* || Que es definitivo. *La respuesta del padre fue firme: no tenía permiso de fumar.* || *loc.* ***En firme:*** seguro, sin marcha atrás. *El compromiso de venta de la casa se hizo en firme.* || ***¡Firmes!:*** orden que obliga a los soldados a ponerse derechos, bien parados.

firmeza *s. f.* Propiedad de las cosas que las hace mantenerse estables, bien apoyadas, resistentes. || Lo que es seguro, que permanece sin cambios. || Actitud de las personas que demuestran fortaleza de carácter.

firulete *s. m. Amér. Merid.* Adorno ridículo y exagerado.

fiscal *adj.* y *s. com.* Que se relaciona con las finanzas públicas y los impuestos. || Persona que representa al ministerio público en los tribunales.

fiscalía *s. f.* Cargo o puesto de fiscal. || Oficina del fiscal.

fiscalidad *s. f.* Conjunto de impuestos que hay que pagar a las autoridades locales y estatales.

fiscalización *s. f.* Acción y resultado de fiscalizar.

fiscalizador, ra *adj.* y *s.* Que fiscaliza.

fiscalizar *t.* Practicar una inspección fiscal a algo o a alguien. || *fig.* Controlar o criticar las acciones de los demás.

fisco *s. m.* Tesoro público. || Conjunto de las oficinas de gobierno que se encargan de la recaudación de impuestos. *Tuvo problemas con el fisco.*

fisgar *t.* e *intr.* Husmear con el olfato. || Tratar de enterarse de los asuntos ajenos o meterse en los asuntos de los demás.

fisgón, gona *adj.* y *s.* Que le gusta fisgar.

fisgonear *t.* Curiosear lo que hacen los demás.

fisgoneo *s. m.* Acción de fisgonear.

fisiatra *s. com.* Médico especializado en la rehabilitación física de pacientes con problemas motores.

fisiatría *s. f.* En medicina, rama que se dedica a la rehabilitación de personas con problemas motores.

fisiátrico, ca *adj.* Que se relaciona con la fisiatría.

fisible *adj.* En física, que se puede partir o escindir.

física *s. f.* Ciencia que estudia las características de la materia y establece las leyes de su funcionamiento.
físico, ca *adj.* Que se relaciona con la física. || *s.* Persona que se dedica a la física. || *s. m.* Aspecto exterior de una persona.
fisicoquímica *s. f.* Ciencia que estudia los fenómenos que son comunes a la física y a la química.
fisicoquímico, ca *adj.* Que se relaciona con la fisicoquímica. || *s.* Persona que se dedica o se especializa en fisicoquímica.
fisiología *s. f.* En biología, rama que estudia el funcionamiento de los órganos de los seres vivos.
fisiológico, ca *adj.* Que se relaciona con la fisiología.
fisiólogo, ga *s.* Especialista en fisiología.
fisión *s. f.* En física, ruptura del núcleo de un átomo pesado que produce reacciones en cadena, así como la liberación de grandes cantidades de energía. *La fisión, junto con la fusión, forma parte del principio de la energía atómica.*
fisionable *adj.* Que se puede fisionar. *Las centrales nucleares necesitan materiales fisionables.*
fisionar *t.* Lograr una fisión.
fisionomía *s. f.* Fisonomía.
fisioterapeuta *s. com.* Persona que practica la fisioterapia.
fisioterapia *s. f.* Tratamiento para enfermedades basado en medios físicos, como el calor, el agua, los masajes.
fisioterapista *s. com.* Fisioterapeuta.
fisonomía *s. f.* Conjunto de rasgos de la cara de las personas. *Su fisonomía era tan siniestra que todo el mundo desviaba la mirada.* || Aspecto externo de una cosa. *Desde que llegué, hace unos 30 años, la fisonomía de la ciudad ha cambiado.*
fisonómico, ca *adj.* Que se relaciona con la fisonomía.
fisonomista *adj.* y *s. com.* Que es capaz de recordar caras.
fistol *s. m.* Alfiler grande rematado con alguna joya que se usa bajo el nudo de la corbata como adorno.
fístula *s. f.* Conducto no natural que comunica un órgano del cuerpo con otro o con el exterior. *Tuvieron que operarle una fístula.*
fisura *s. f.* Ruptura muy delgada en algo, que no llega a romperlo.
fisurar *t.* Producir o provocar una fisura.
fitófago, ga *adj.* Que come plantas.
fitopatología *s. f.* En agronomía, estudio de las enfermedades de las plantas e investigación para combatirlas.
fitoplancton *s. m.* Conjunto de microorganismos vegetales que forma parte del plancton.
fitosanitario, ria *adj.* Que se relaciona con la prevención y el cuidado de las enfermedades de las plantas.
fitotecnia *s. f.* Conjunto de conocimientos y tecnologías relacionadas con la mejora de las plantas y la producción agrícola.
fitoterapia *s. f.* En medicina, tratamiento de enfermedades mediante el uso de plantas o derivados de ellas.
fláccido, da *adj.* Que tiene el cuerpo flojo, sin consistencia.
flacidez *s. m.* Condición de blandura corporal.
flácido, da *adj.* Que tiene el cuerpo flojo, sin consistencia.
flaco, ca *adj.* Que está delgado, con poca carne. || Que es débil.
flacuchento, ta *adj.* Que está flaco, con poca carne.
flacucho, cha *adj.* Que está flaco, con poca carne.
flacura *s. f.* Condición de delgadez.
flagelación *s. f.* Maltrato con azotes.
flagelado, da *adj.* Dícese de los microorganismos provistos de flagelos o extremidades para desplazarse.
flagelador, ra *adj.* El que flagela o maltrata con azotes.
flagelante *adj.* El que azota o se azota. || Que expía sus culpas azotándose o maltratando su cuerpo.
flagelar *t.* Maltratar el cuerpo con flagelos o azotes.
flagelo *s. m.* Instrumento para azotar provisto de mango de madera y tiras de cuero, parecido al látigo. || Cualquiera de las extremidades de los microorganismos llamados flagelados. || *fig.* Calamidad pública. *Les cayó el flagelo de la influenza.*
flagrancia *s. f.* Condición de flagrante o acción que se descubre en el momento de su ejecución. *El ladrón fue sorprendido en flagrancia.*
flagrante *adj.* Que se está ejecutando actualmente. || Dícese de la acción que es descubierta en el momento de su ejecución.
flama *s. f.* Halo de la llama. || Calor intenso.
flamante *adj.* De aspecto resplandeciente por ser nuevo, recién estrenado o moderno. *Mi automóvil está flamante.*
flamboyán *s. m.* Árbol de la familia de las leguminosas, oriundo de la India, que en el verano echa flores de color rojo anaranjado en ramillete.
flamear *intr.* Despedir resplandor las llamas. || Ondear banderas o velas por acción del viento. || Aplicar fuego a la superficie de objetos a manera de acabado. || Encender fugazmente platillos para dorarlos o humearlos. *Los plátanos flameados me encantan.*
flamenco, ca *adj.* De o relacionado con Flandes, antigua región de Bélgica. *Los pintores flamencos son muy admirados.* || Variedad lingüística hablada en Flandes y otras regiones de Bélgica. || Danza andaluza de influencia gitana. || *s. m.* Ave zancuda de pico enorme y curvo, cuello delgado y largo, de plumaje blanco, rosado o rojo, que habita en las marismas tropicales.
flamígero, ra *adj.* Que arroja llamas. || *fig.* Dícese del discurso emotivo y condenatorio.
flan *s. m.* Dulce elaborado con huevo, leche, azúcar y saborizante, cocinado al horno o en baño María. || *fig. fam.* Dícese de las personas de carácter dulce.
flanco *s. m.* Cada uno de los dos lados de un cuerpo visto de frente. || Cada uno de los costados de una embarcación. || Cada uno de los lados de una formación militar.
flanera *s. f.* Recipiente para cuajar el flan.
flanqueado, da *adj.* Dícese del objeto o persona con resguardo por ambos lados. *El presidente iba flanqueado por guardias.* || Dícese de la posición de ataque o defensa de un formación por uno o ambos flancos. *El enemigo los flanqueó por la izquierda y acabó con ellos.*
flanquear *t.* Colocarse a los lados de un objeto o persona. || Colocarse en posición de ataque o defensa a un lado o por ambos lados de una formación. || Proteger los flancos propios de una formación militar.
flaquear *intr.* Perder fuerza física o anímica. *No vamos a flaquear ante los obstáculos.*
flaqueza *s. f.* Condición menguante de la carne. || Debilidad de ánimo o espíritu. || Falta cometida por esta debilidad.
flash *s. m.* Dispositivo fotográfico de iluminación. || Resplandor intenso y fugaz emitido por este dispositivo. || *fig.* Avance noticioso breve.
flashazo *s. m.* Destello que produce el flash de una cámara fotográfica.
flato *s. m.* Gas intestinal producido por la acción bacteriana de la ingesta alimenticia.
flatulencia *s. f.* Acumulación de gas intestinal o su expulsión por los orificios relacionados. || Indisposición del organismo por esta acumulación.
flatulento, ta *adj.* Que padece flatulencia.
flauta *s. f.* Instrumento musical de viento consistente en un tubo con embocadura y agujeros, los cuales, al ser tapados y destapados con los dedos, emiten notas.
flautín *s. m.* Flauta pequeña que emite un sonido agudo.
flautista *s. com.* Ejecutante de la flauta.
flebitis *s. f.* Inflamación de las venas, comúnmente de las piernas.
flebotomía *s. f.* Operación quirúrgica para drenar venas.
flecha *s. f.* Proyectil arrojadizo con arco, consistente en una vara, una

F

punta y una cabeza. || Símbolo que indica dirección.
flechado, da *adj.* Herido por flechas. || Enamorado.
flechador, ra *adj.* Que arroja flechas.
flechadura *s. f.* Conjunto de cordeles horizontales que sirven de peldaños en las embarcaciones de vela.
flechar *t.* Arrojar flechas con el arco. || Dar en el blanco con flecha. || Enamorar a primera vista.
flechazo *s. m.* Disparo con flecha. || Herida producida por flecha. || *fig.* Enamoramiento súbito.
flechero *s. m.* Que usa arco y flechas. || Que fabrica flechas.
fleco *s. m.* Mechón de corte recto que se deja caer sobre la frente. || Adorno consistente de hilos o cordones colgantes.
flejar *t.* Amarrar paquetes con tiras de material resistente.
fleje *s. m.* Tira de material resistente para amarrar paquetes o cajas.
flema *s. f.* Mucosidad de las vías respiratorias que se expulsa por la boca. || Condición de ánimo impasible o frío.
flemático, ca *adj.* Que actúa con flema o impasibilidad.
flemón *s. m.* Inflamación infecciosa del tejido celular, comúnmente de las encías.
flequillo *s. m.* Mechón recortado que se deja caer sobre la frente.
fletar *t.* Arrendar un medio de transporte de carga o de personas. *Tuvimos que fletar un camión para la mudanza.* || Embarcar carga o personas para su transporte.
flete *s. m.* Costo del alquiler de un medio de transporte de cosas o personas. *Salió caro el flete.* || Costo del transporte de mercancía. || Carga de un medio de transporte.
fletero, ra *adj.* Persona dedicada al transporte de mercancía mediante alquiler. || Medio para transportar carga o personas mediante alquiler.
flexibilidad *s. f.* Propiedad de los materiales de doblarse sin romperse. || Capacidad de las personas de adaptarse a las circunstancias sin ceder principios. *Resultó un gobernante flexible.*
flexibilizar *t.* Hacer dúctil un material. *Para hacer artículos de piel hay que flexibilizar el cuero.* || Adaptar una postura a las circunstancias. *El gobierno flexibilizó su posición.*
flexible *adj.* Que es maleable, especialmente un material. || Que es razonable. *Papá es flexible.*
flexión *s. f.* Hecho de doblar o doblarse. || Alteración de las voces que se conjugan y declinan con el cambio de terminaciones.
flexionado, da *adj.* Resultado de la flexibilidad o de la flexibilización.
flexionar *t.* Doblar miembros del cuerpo. *Hay que flexionar las rodillas antes de correr.*
flexor, ra *adj.* Músculo cuya función es flexionar un miembro. || Algo que hace que una cosa se flexione.
flirt *s. m. loc.* Coqueteo o juego amoroso sin establecer compromiso.
flirtear *intr.* Coquetear o hacer juegos amorosos preliminares.
flirteo *s. m.* Coquetería o juego amoroso preliminar.
floema *s. m.* Tejido vascular de las plantas por donde fluye el alimento.
flogisto *s. m. ant.* Elemento químico imaginario que se suponía liberado por la combustión de los cuerpos.
flojear *intr.* Desatender obligaciones por desgano o pereza. || Perder fuerza física.
flojedad *s. f.* Desgano al actuar.
flojera *s. f.* Actitud desganada, negligente o indolente al actuar.
flojo, ja *adj.* Que es perezoso o indolente al actuar. || Que está mal ajustado o amarrado.
flor *s. f.* Parte que contiene los órganos reproductores de las plantas, a menudo de vivos colores, la cual se usa como ornato o con fines medicinales. || Lo mejor de un conjunto. *Asistió la flor de la intelectualidad.* || Halago a los dones físicos o espirituales de una persona. || Periodo de mayor plenitud física. *Está en la flor de la edad.* || Lo que está en la superficie de algo o es evidente a la observación. *Su sentimiento está a flor de piel.*
flora *s. f.* Vegetación de una región, era o medio ambiente específico. || Conjunto de microorganismos de un medio particular. *Hay que mantener equilibrada la flora intestinal.*
floración *s. f.* Eclosión del capullo en forma de flor. || Época de florecimiento de las plantas. || Duración de la flor de las plantas.
floral *adj.* Perteneciente o relativo a las flores.
floreado, da *adj.* Que está adornado o estampado con flores.
florear *t.* Echar flores las plantas. || Adornar con flores. || Alabar la belleza de alguien. || Supurar una herida o una infección cutánea. || Tocar las cuerdas de la guitarra en forma punteada. || *Méx.* Hacer suertes de charrería con el lazo.
florecer *intr.* Echar flores las plantas. || Crecer en riqueza material o espiritual, especialmente las naciones, instituciones, culturas o periodos de la historia. || *fig.* Crecer el amor entre dos personas.
florecido, da *adj.* Que está poblado de flores.
floreciente *adj.* En referencia a las plantas, que está echando flores. || Que está en pleno desarrollo.
florecimiento *s. m.* Acción y efecto de florecer. || Auge en el desarrollo de algo, especialmente naciones, culturas, instituciones o periodos históricos.
floreo *s. m.* Expresión o conversación vana cuya finalidad es mostrar ingenio verbal. || Vibración de la punta del florete. || Toque puntuado de la guitarra.
florería *s. f.* Expendio de flores, arreglos florales y otros ornatos.
florero *s. m.* Recipiente de flores de ornato.
florescencia *s. f.* Eclosión del capullo en forma de flor. || Época de florecimiento de las plantas.
florescer *intr. ant.* Echar flores las plantas.
floresta *s. f.* Terreno frondoso y agradable.
florete *s. m.* Espada delgada, flexible y sin filo para practicar esgrima.
floricultor, ra *s.* Persona dedicada al cultivo de flores o floricultura.
floricultura *s. f.* Disciplina y práctica del cultivo de las flores.
florido, da *adj.* Que tiene flores. || Expresión o discurso adornado con palabras vanas.
florilegio *s. m.* Colección de fragmentos literarios de estilo amatorio.
floripondio *s. m.* Planta de hojas muy grandes y flores blancas como embudos, muy aromáticas. || Arreglo floral de mal gusto.
florista *s. com.* Persona que hace o vende arreglos florales.
floristería *s. f.* Expendio de flores, arreglos florales y otros ornatos.
floritura *s. f.* Adorno superfluo de la expresión oral, escrita o musical.
flota *s. f.* Conjunto de barcos de una misma empresa, actividad o bandera. || Conjunto de aviones o vehículos terrestres de una misma empresa, actividad o bandera.
flotabilidad *s. f.* Propiedad de los cuerpos de permanecer en la superficie del agua sin hundirse.
flotación *s. f.* Acción y efecto de flotar.
flotador *s. m.* Pieza flotante para medir el volumen líquido de recipientes o activar y desactivar válvulas. || Pieza flotante ajustable al cuerpo de personas o cosas para evitar que se hundan.
flotante *adj.* Que flota.
flotar *intr.* Mantenerse los cuerpos sobre la superficie de líquidos. || Mantenerse algo en suspensión en un medio gaseoso. *Flotaba el humo del tabaco.* || *fig.* Referencia a la sensación de algo inmaterial en el ambiente. *Flotaba la tensión en la reunión.*
flote *s. m.* Acción y efecto de flotar. || *loc. adv.* ***A flote:*** manteniéndose sobre el agua. *Pese a las averías, el barco se mantuvo a flote.* || Se aplica a negocios o asuntos que marchan satisfactoriamente. *Sin mayor preocupación, el negocio se mantiene a flote.* || *loc.* ***Salir a flote:*** salir de una dificultad, recuperarse. *Con muchas dificultades pero logramos salir a flote.*

|| Descubrirse, hacerse público. *Salieron a flote todos sus fraudes.*

flotilla *s. f.* Flota compuesta de pocos vehículos ya sean barcos, aviones o automotores. *Para la distribución de gasolina compró una flotilla de auto tanques.*

fluctuación *s. f.* Acción y efecto de fluctuar. || Variación alternativa, oscilación en el valor o medida de una cosa. *Al abandonar la paridad fija, el valor de la moneda se dejó a la libre fluctuación.* || Indeterminación o duda, vacilar sin tomar una resolución.

fluctuante *adj.* Que fluctúa. *Los precios de las verduras están muy fluctuantes.*

fluctuar *intr.* Experimentar algo una variación de aumento y disminución alternativa de valor o medida. *La inflación fluctúa en torno al cinco por ciento.* || Moverse un cuerpo al vaivén de las olas. *La botella con el mensaje fluctuaba con las olas.* || Experimentar un sentimiento o estado del ánimo, una variación de intensidad o cualidad. *Fluctuaba entre el asombro y la incredulidad.* || Dudar o vacilar en la resolución de una cosa. *Fluctuaba entre ir o quedarse.*

fluidez *s. f.* Cualidad de fluido. *El agua corre con fluidez.* || Facilidad para hacer algo. *Habla el inglés con fluidez.*

fluidificación *s. f.* Acción y efecto de fluidificar.

fluidificar *t.* y *pr.* Hacer fluido algo. *Fluidificaron más el aceite añadiéndole un solvente.*

fluidización *s. f.* Proceso por el que algunos se comportan como fluidos al mantenerlos en movimiento en una corriente gaseosa o líquida.

fluido, da *adj.* Se aplica a las sustancias que se desplazan libremente debido a la poca cohesión de sus moléculas y adoptan la forma del recipiente que los contiene. *Los fluidos son gases y líquidos.* || Que circula, marcha o se desarrolla sin interrupciones. *Llegamos rápido porque el tráfico está muy fluido.* || Se aplica al lenguaje o el estilo fácil, suelto y bien estructurado. *Sus conferencias son muy amenas porque tiene un estilo fluido.* || *s. m.* Corriente eléctrica. *El huracán interrumpió el fluido eléctrico.*

fluir *intr.* Correr un líquido o un gas por algún sitio o brotar de un lugar. *En el géiser, el vapor fluye de las entrañas de la Tierra.* || Marchar o desarrollarse algo con facilidad, sin obstáculos. *El tráfico fluye con normalidad.* || Salir o surgir de la mente o de la boca ideas, palabras, etc., con facilidad y en abundancia. *Cuando se siente contento, las ideas le fluyen con facilidad.*

flujo *s. m.* Acción y efecto de fluir. *En el estiaje disminuye el flujo de agua.* || Movimiento de un fluido por un lugar. || Secreción orgánica normal o patológica. *La gripe le produjo abundante flujo nasal.* || Tránsito de personas o cosas de un lugar a otro. *En la frontera el flujo migratorio es incesante.* || Movimiento de ascenso de la marea. *Debemos rodear el cabo con el flujo de la marea.* || Sustancia que se emplea para fundir y aislar metales.

fluminense *adj.* y *s. com.* Natural de Rio de Janeiro. || De Rio de Janeiro o relativo a esta ciudad brasileña.

flúor *s. m.* Elemento químico del grupo de los halógenos. Es un gas de olor desagradable, tóxico, de color amarillo verdoso. Se utiliza para obtener fluoruros metálicos, que se añaden al agua potable y a los productos dentífricos. Su número atómico es 9 y su símbolo *F.*

fluorescencia *s. f.* Propiedad de algunas sustancias de emitir luz después de recibir una radiación. || Luz emitida por estas sustancias. *La fluorescencia del neón es muy útil para hacer anuncios luminosos.*

fluorescente *adj.* Perteneciente o relativo a la fluorescencia. || Se aplica al cuerpo o sustancia que tiene fluorescencia. || Se aplica a la luz producida por fluorescencia. *Para ahorrar energía pusimos focos fluorescentes.*

fluorhídrico, ca *adj.* Se aplica al compuesto de flúor e hidrógeno. *En el laboratorio de la escuela produjimos ácido fluorhídrico.*

fluorita *s. f.* Mineral compuesto de flúor y calcio. *La fluorita se utiliza como fundente y en el grabado del cristal.*

fluvial *adj.* Perteneciente o relativo al río. *El transporte fluvial es muy seguro y barato.*

flux *s. m. Col.* y *Ven.* Traje completo de hombre.

fluxión *s. f.* Acumulación anormal de líquidos en un órgano por enfermedad.

fobia *s. f.* Aversión o temor irracional, obsesivo y angustioso hacia situaciones determinadas, personas o cosas. *No tomó el elevador porque padece claustrofobia.* || Aversión u odio obsesivo hacia alguien o algo. *El antisemitismo es una manifestación de xenofobia.* || ***-fobia:*** sufijo que significa aversión o miedo. *Forma palabras compuestas como «claustrofobia», «hidrofobia»,* etc.

fóbico, ca *adj.* Perteneciente o relativo a la fobia. || Que padece una fobia. *No tolera los lugares cerrados porque es fóbico.*

foca *s. f.* Nombre común de diversos mamíferos adaptados a la vida acuática, propios de mares fríos, de cuerpo rechoncho dotado de aletas y cubierto de pelo; bajo la piel tiene capas de grasa que constituyen su protección natural al frío. *En el circo presentaron focas que cantan y aplauden.* || *fam. desp.* Persona muy gorda. *Ese gordo está hecho una foca.*

focal *adj.* Perteneciente o relativo al foco. *Kepler determinó la distancia focal de los planetas.*

focalización *s. f.* Acción y efecto de focalizar.

focalizar *t.* Hacer converger en un punto una radiación. *Con una lupa focalizó los rayos del sol y encendió un fuego.* || Centrar o dirigir el interés o los esfuerzos en un punto o aspecto determinados. *Está focalizado en determinar las causas del atraso cultural.*

foco *s. m.* Punto en donde convergen cosas de distintas procedencias. *En cuanto entró, se convirtió en el foco de todas las miradas.* || Punto de donde sale algo propagándose en distintas direcciones. *Grecia fue el foco de la civilización occidental.* || Lámpara que emite una luz potente y concentrada en una dirección. *Le puse focos de halógeno al coche.* || Punto donde convergen los rayos de luz, calor, etc., reflejados por un espejo cóncavo o refractados por una lente. || Punto situado en el plano y fuera de la curva de una cónica u otra curva, cuyas distancias a cualquiera de los de la curva se pueden expresar por una ecuación y tiene valor constante. || *Amér.* Bombilla eléctrica. *Cuando te vayas a acostar, apaga el foco.*

fofo, fa *adj.* Que está blando y tiene poca consistencia. *El que era musculoso se puso todo fofo debido a los esteroides.*

fogata *s. f.* Fuego que hace mucha llama. *Acampamos en el monte e hicimos una fogata.* || Barreno poco profundo que se carga con escasa porción de pólvora, con el que se remueven obstáculos de poca resistencia en la nivelación de terrenos.

fogón *s. m.* Sitio de la cocina donde se hace el fuego para guisar. *El fogón es un sitio agradable en el invierno.* || Parte de la caldera donde se quema el combustible. *El fogonero alimenta el fogón con carbón para que la locomotora se mueva.* || *Amér. Merid.* Fuego, fogata.

fogonazo *s. m.* Llamarada o luz intensa y momentánea que producen al inflamarse algunas materias como la pólvora, el magnesio, etc. *Cuando disparó el rifle en la oscuridad sólo se vio el fogonazo.* || *Méx.* Trago de bebida alcohólica. *Para empezar les sirvieron unos fogonazos.*

fogonero, ra *s. m. fam.* Persona que alimenta los fogones de una máquina de vapor. *Su abuelo fue fogonero en el antiguo ferrocarril.*

fogosidad *s. f.* Apasionamiento y viveza con que se hace una cosa. *Cuando dice discursos los hace con gran fogosidad.*

fogoso, sa *adj.* Que es impetuoso, demasiado vivo y apasionado. *Cuando discute se pone fogoso.*

foguear *t.* Acostumbrar a los soldados y a los caballos al fuego de combate. || Acostumbrar a alguien a afrontar los esfuerzos o responsabilidades de un trabajo u ocupación. *El instructor lo quiso foguear durante los primeros días en su empleo.*

fogueo *s. m.* Acción y efecto de foguear. || Costumbre que va adquiriendo una persona a realizar una actividad, trabajo u ocupación. || *loc. adv.* ***De fogueo:*** se aplica a la munición que sólo lleva pólvora. *Durante el servicio militar practicaron con cartuchos de fogueo.* || Se aplica al disparo que se realiza con esa munición. *Los conscriptos sólo hicieron disparos de fogueo.*

foja *s. f.* Página de un documento legal.

folclor o **folclore** *s. m.* Conjunto de creencias, costumbres, artesanías, manifestaciones culturales, etc., tradicionales, de origen popular de un país o una región. *Cada país tiene su folclore muy particular.* || Ciencia que estudia esas manifestaciones. || *fam.* Jaleo, juerga. *Se fueron de fiesta y armaron todo un folclore.*

folclórico, ca *adj.* Perteneciente o relativo al folclore. || *s. m. fam.* Persona que interpreta cantos o bailes tradicionales. *Todos los domingos presentan en la plaza bailes y cantos folclóricos.*

folclorista *s. com.* Persona experta en el folclore.

fólder *s. m. Amér.* Carpeta para guardar documentos.

foliáceo, a *adj.* Relativo o parecido a las hojas.

foliación *s. f.* Acción y efecto de foliar. || Numeración de los folios de un impreso. *Los recibos fiscales deben llevar foliación.* || Aparición de las hojas de una planta. *En primavera los árboles entran en foliación.* || Disposición de las hojas en una planta.

foliado, da *adj.* Que tiene folios.

foliador, ra *adj.* y *s.* Que sirve para foliar. || Se aplica al aparato que numera sucesivamente los folios.

foliar[1] *t.* Numerar las páginas de un escrito o impreso. *Los alumnos deben foliar su cuaderno de tareas.*

foliar[2] *adj.* Relativo a las hojas de una planta.

folicular *adj.* En forma de folículo. *La piel tiene cavidades foliculares.*

folículo *s. m.* Órgano pequeño en forma de saco situado en la piel o en las mucosas. *El folículo piloso hace crecer el cabello formando nuevas células en la base de la raíz.* || Fruto seco que se abre por una línea central y tiene una sola cavidad, generalmente con varias semillas.

folio *s. m.* Hoja numerada de un escrito, un libro, un cuaderno, etc. *El tratado consta de más de cien folios.* || Hoja de papel cuyo tamaño equivale a dos cuartillas y que resulta de cortar por la mitad un pliego. *Un folio mide 31.5 cm de largo y 21.5 cm de ancho.*

folíolo o **foliolo** *s. m.* Cada división de una hoja compuesta.

folklore *s. m.* Folclore.

folklórico, ca *adj.* Folclórico.

follaje *s. m.* Conjunto de las hojas de los árboles y otras plantas. *El árbol de la India tiene un denso follaje.* || *fig.* Adorno complicado, superfluo y de mal gusto. || Palabrería, adorno superfluo en el discurso. *La conferencia resultó de mucho follaje y poco contenido.*

follar *intr. vul.* Tener relaciones sexuales.

folletín *s. m.* Relato, novela o cuento que se publica por entregas en un periódico, revista, etc. *Las aventuras de «El Zarco» se publicaron como folletín.* || Obra literaria de tono melodramático y argumento emocionante propio de las novelas por entregas y poco verosímil. || Suceso o situación de la vida real que es tan inverosímil que parece propio de estas obras. *Siempre le ocurren cosas propias de folletín.*

folletinesco, ca *adj.* Perteneciente o relativo al folletín. *Su obra no tiene profundidad, es más bien folletinesca.* || Se aplica a la situación o hecho de la vida real propio de los folletines.

folleto *s. m.* Impreso de corta extensión destinado a informar sobre algo o para hacer publicidad de un producto. *Dejó unos folletos con el catálogo de los zapatos que vende.*

folletón *s. m.* Folletín.

follón[1] *adj.* Flojo, perezoso y negligente. || Vano, arrogante, cobarde, canalla. *«No fulláis follón», es expresión característica del Quijote.*

follón[2] *s. m.* Alboroto, riña, discusión, situación confusa o desordenada. || Discusión por algún asunto problemático, enredado o incómodo. || Cohete que se dispara sin trueno.

fomentador, ra *adj.* Que fomenta.

fomentar *t.* Impulsar, promover, favorecer. *Las ediciones populares buscan fomentar la lectura.* || Aplicar paños empapados en un líquido.

fomento *s. m.* Impulso o estímulo para desarrollar o aumentar la intensidad de una actividad. *El país necesita una política de fomento de la ciencia.* || *pl.* Paño o compresa empapada en un líquido o medicamento que se aplica sobre una parte del cuerpo para calmar un dolor. *Para la infección en los ojos le aplicaron fomentos de manzanilla.*

fonación *s. f.* Emisión de la voz humana o de la palabra. *Le recomendaron lectura en voz alta para mejorar la fonación.*

fonador, ra *adj.* Se aplica al órgano que interviene en la fonación. *Las cuerdas vocales y la lengua son órganos fonadores.*

fonda *s. f.* Establecimiento público donde se sirven comidas. *Fuimos a comer a la fonda de la esquina.*

fondeadero *s. m.* Lugar con aguas de profundidad suficiente para que la embarcación pueda fondear. *La bahía le sirvió de fondeadero.*

fondeado, da *adj.* Anclado. *El barco estaba fondeado en el puerto.* || *Amér.* Rico, acaudalado, que tiene fondos.

fondear *intr.* Hacer que una embarcación quede asegurada por medio de anclas. *En aquel paraje fondeamos la lancha.* || *t.* Reconocer el fondo del agua. *Iban fondeando para evitar encallar en los bancos de arena.* || Registrar la carga de una embarcación para comprobar si trae mercancía de contrabando. || *pr. Amér.* Procurar o conseguir fondos para un negocio.

fondeo *s. m.* Acción de fondear, asegurar una embarcación por medio de anclas. || Acción de fondear, registrar una embarcación en busca de contrabando. || Acción de fondear, reconocer el fondo del agua. || Acción de fondear, procurarse fondos para un negocio.

fondista[1] *s. com.* Atleta que participa en carreras de fondo.

fondista[2] *s. com.* Persona que es propietaria o tiene a su cargo una fonda.

fondo *s. m.* Parte inferior de una cosa hueca o cóncava. *Tómate la bebida hasta que se vea el fondo del vaso.* || Superficie sobre la cual está el agua del mar, un río, un lago, etc. *En el Caribe el agua es tan cristalina que se puede ver el fondo del mar.* || Distancia entre esta parte y un punto tomado como referencia a una altura determinada. *Aquí el agua tiene un fondo suficiente para ser puerto de altura.* || Parte más alejada a la entrada de un lugar o al lugar del que alguien está ubicado. *El baño está al fondo a la derecha.* || Dimensión de delante atrás de un terreno o edificación. *El terreno tiene 10 m de frente y 20 de fondo.* || Parte principal o lo esencial de cualquier cosa, que está debajo de las apariencias. *En el fondo, sus diferencias son una lucha por el poder.* || Parte íntima, carácter o índole de una persona que existe al margen de las apariencias. *En el fondo es una buena persona.* || Parte de un cuadro u otra superficie que es más uniforme que el resto y sobre la cual resaltan las figuras, dibujos u otros colores. *Rembrandt pinta fondos oscuros para resaltar la luz en otro plano.* || Plano de una imagen que queda tras los elementos que ocupan el primer plano. *En la fotografía, en el fondo se aprecia la extensión del valle.* || Sonido continuo que se percibe en un segundo plano. *Bach usa como fondo un bajo continuo.* || Ambiente o atmósfera que rodea a algo o alguien. *Su novela tiene como fondo la vida de la clase media de la colonia Roma.* || Conjunto de libros o documentos de una biblioteca o de libros publicados por una editorial. *La editorial Cultura tenía un fondo muy amplio.* || Cantidad de dinero que se reserva para un fin determinado. *El sindicato constituyó un fondo para construcción de vivienda.* || Resistencia que tiene un atleta para realizar un esfuerzo físico prolongado. *El entrenamiento en la montaña le ha dado un gran fondo.* || Carrera de largo recorrido basada en esta capacidad de resistencia. *El maratón es una carrera de fondo.* || Prenda de vestir que las mujeres llevan debajo de la falda. *Se compró un fondo adornado con encajes.* || Espacio en que se forman las hileras y ocupan los soldados pecho con espalda. *El sargento ordenó una formación de dos en fondo.* || *loc.* ***Fondo de inversión:*** el que agrupa los capitales de un grupo de personas destinado a la inversión. *Con sus ahorros compró participación en un fondo de inversión.* || ***Fondo de pensiones:*** el que agrupa aportaciones de un conjunto de planes de pensiones. || ***Fondo mutual:*** el que en una mutua de seguros se constituye para responder de los riesgos asegurados. || ***Bajos fondos:*** barrio o zona de una ciudad donde hay muchos delincuentes. || ***A fondo:*** enteramente, con profundidad, de manera exhaustiva o con todo detalle. *En su libro trató a fondo la vida y obra de Sor Juana.* || ***En el fondo:*** en realidad, indica lo que por encima de las apariencias es esencial en algo. *En el fondo, es buena persona.* || ***Tocar fondo:*** llegar al límite de una situación desfavorable. *Nos quedamos sin recursos, ahora sí tocamos fondo.*

fondue *s. m.* Platillo a base de queso que se funde y se prepara con una cazuela especial en el momento en que se va a comer. || Por extensión, platillos que se preparan de manera semejante. || Conjunto de utensilios para preparar esta comida. *Preparamos un fondue de chocolate exquisito.*

fonema *s. m.* Unidad fonológica mínima que puede diferenciar significados. *En las palabras «rato», «gato» y «dato», el fonema es la consonante inicial.*

fonética *s. f.* Parte de la lingüística que estudia los sonidos del lenguaje hablado. || Conjunto de los sonidos del lenguaje que se articulan o pronuncian en una lengua determinada.

fonético, ca *adj.* Perteneciente o relativo a los sonidos del lenguaje. || Se aplica al alfabeto o escritura cuyos signos representan los sonidos del lenguaje. *En los alfabetos fonéticos, cada signo representa un sonido.* || *s. f.* Conjunto de los sonidos de una lengua. *La fonética del inglés y el español son muy diferentes.* || Rama de la lingüística que estudia los sonidos de las lenguas.

fonetista *s. com.* Persona experta en fonética.

foniatra *s. com.* Especialista en foniatría.

foniatría *s. f.* Rama de la medicina que se ocupa de los defectos del lenguaje hablado, de las enfermedades que afectan a los órganos de fonación y su tratamiento.

fónico, ca *adj.* Perteneciente o relativo a la voz o al sonido. *Dieron un taller sobre los recursos fónicos en el lenguaje poético.*

fonocaptor *s. m.* Aparato que permite reproducir eléctricamente las vibraciones inscritas en el disco y convertirlas en sonido.

fonográfico, ca *adj.* Perteneciente o relativo al fonógrafo.

fonógrafo *s. m.* Aparato que registra las vibraciones del sonido, y las reproduce. *El fonógrafo fue inventado por Tomás A. Edison en 1877.*

fonograma *s. m.* Símbolo que representa un sonido o fonema. *Las letras del alfabeto son fonogramas.*

fonología *s. f.* Parte de la lingüística que estudia los elementos fónicos no de manera descriptiva como hace la fonética, sino atendiendo a su valor distintivo y a la función que desempeñan dentro de una lengua.

fonológico, ca *adj.* Perteneciente o relativo a la fonología o a los fonemas.

fonólogo, ga *s.* Persona que se dedica a la fonología.

fonometría *s. f.* Medición de la intensidad de los sonidos.

fonoteca *s. f.* Conjunto o colección de registros o documentos sonoros. || Lugar donde se conservan documentos sonoros. *En la fonoteca tienen un programa para aprender a escuchar música con «La Flauta Mágica».*

fontana *s. f.* Fuente, manantial que brota de la tierra. || Aparato por el que sale o se hace salir agua.

fontanela *s. f.* Espacio membranoso que hay en el cráneo antes de su completa osificación. *Las fontanelas le dan flexibilidad al cráneo.*

fontanería *s. f.* Oficio y técnica de hacer pasar el agua por caños y conductos. || Conjunto de conductos por donde se dirige y distribuye el agua. *Al edificio le metieron fontanería de plástico.* || Establecimiento y taller del fontanero. *Abrieron una nueva fontanería en el barrio.*

fontanero, ra *s.* Persona que se dedica a instalar o reparar cañerías y servicios sanitarios. *Para reparar la fuga necesitamos llamar al fontanero.*

forajido, da *adj.* y *s.* Se aplica al delincuente que anda alejado de lugares poblados, huyendo de la justicia. *«El Zarco» era un forajido.*

foral *adj.* Perteneciente o relativo al fuero. || Se aplica a la comunidad o territorio que tiene fueros propios.

foráneo, a *adj.* Que proviene de otro lugar. *Por la escasez local, debimos traer productos foráneos.*

forastero, ra *adj.* Se aplica a la persona que proviene de fuera del lugar. *Después de una larga ausencia, regresó como si fuera forastero.*

F

forcejear *intr.* Hacer fuerza o esfuerzos físicos o mentales para vencer un obstáculo. *Tuvo que forcejear entre la multitud para llegar hasta las primeras filas.* || Oponerse, llevar la contraria. *Para convencerlo siempre hay que forcejear con él.*

forcejeo *s. m.* Pelea con fuerza. *Hubo un breve forcejeo y el policía logró desarmar al ladrón.*

fórceps *s. m.* Instrumento en forma de pinza que se utiliza para ayudar a nacer al bebé en los partos difíciles. *La doctora debió usar fórceps para hacerlo nacer.* || Instrumento en forma de tenaza usado para la extracción de dientes. *Cuando vio los fórceps del dentista le dio miedo.*

forense *adj.* Perteneciente o relativo al foro o a los tribunales de justicia. || *s. com.* Se aplica al médico adscrito a un juzgado encargado de determinar el origen de las lesiones sufridas por un herido, o, especialmente, de determinar las causas de la muerte de las personas. *Le fue practicada la autopsia por el médico forense.*

forestación *s. f.* Acción de poblar un terreno con árboles.

forestal *adj.* Perteneciente o relativo a los bosques. *El aserradero es una explotación forestal.*

forestar *t.* Poblar un terreno con árboles. *La empresa está obligada a forestar de nuevo el área que explota.*

forja *s. f.* Acción y resultado de forjar. || Trabajo de un metal dándole una forma cuando está caliente por medio de golpes o por presión. *La industria nuclear requiere de trabajos de forja pesada.* || Taller donde se realiza este trabajo. || Mezcla de cal, arena y agua que se usa en la construcción. || Creación o formación de algo, generalmente de algo inmaterial. *Con su asesinato empezó la forja de su leyenda.*

forjador, ra *s.* Persona que tiene por oficio forjar metales. || Artífice o creador de algo.

forjar *t.* Dar forma a un metal, especialmente el hierro, cuando está caliente por medio de golpes o por presión. || *pr.* Crear o formar algo. *Con mucho esfuerzo se forjó una carrera.* || Imaginar o inventar algo. *Forjó una leyenda.*

forma *s. f.* Figura exterior de un cuerpo o una cosa. *Los copos de nieve tienen forma de hexágono.* || Modo de ser o hacer una cosa, o proceder en algo. *Tiene una forma de hablar muy peculiar.* || Modo de aparecer o manifestarse una cosa. *Existen diversas formas de energía.* || *pl.* Modales o maneras de comportarse en público, siguiendo ciertas reglas. *Es toda una dama que sabe guardar las formas.* || Estilo o modo de expresar las ideas, especialmente el literario, a diferencia de lo que constituye el fondo. *Pese a su contenido profundo, el tratado está escrito con formas poéticas.* || Pan ácimo a manera de hoja redonda y fina que, en el rito católico, sirve para la celebración de la eucaristía y la comunión de los fieles. *El sacerdote consagró la forma sagrada.* || Configuración o aspecto que tiene una palabra o unidad lingüística con un determinado significado gramatical. *En vez de hablar en primera persona del singular, habla en la forma del plural.* || Condición física. *Se mantiene en buena forma.* || Requisitos externos o fórmulas de expresión en los actos jurídicos. *La solicitud de amparo se presentó en tiempo y forma.* || Cuestiones o fórmulas procesales en contraposición al fondo del pleito o causa. *El amparo le fue negado por vicio de forma.* || *pl.* Contorno del cuerpo humano, especialmente el de la mujer. *La bella tiene unas formas esculturales.* || *loc.* ***Dar forma:*** precisar algo, formularlo con exactitud. *Todavía falta dar forma detallada al plan.* || *loc. conj.* ***De forma que:*** enlace gramatical entre dos oraciones que indica consecuencia y resultado de lo que se ha dicho en la primera. *Lo dijo con tal convicción, de forma que todos le creyeron.* || ***De todas formas:*** indica que algo que se ha dicho antes o que se sabe, no impide lo que se dice a continuación. *No importa que se enoje, de todas formas lo vamos a hacer.* || *loc. adv.* ***En forma:*** estar en buenas condiciones físicas o mentales. *Pese a su edad, se mantiene en forma.* || Como es debido, con formalidad. *Se lo había dicho antes, pero ahora se lo pedí en forma.* || *loc.* ***Guardar las formas:*** comportarse según ciertas normas sociales. *Cuando estemos en la cena no olvides guardar las formas.*

formación *s. f.* Acción y efecto de formar o formarse. || Configuración o manera de estar dispuesto el aspecto exterior de algo. *El monte tiene una formación rocosa.* || Conjunto de rocas o materiales geológicos que presentan características semejantes. *La caverna tiene una formación calcárea.* || Educación o instrucción intelectual o profesional. *Adquirió su formación científica en el extranjero.* || Conjunto ordenado de personas o cosas, especialmente de tropas o de barcos de guerra. *Los barcos surcaron el golfo en formación de guerra.*

formado, da *adj.* Resultado de formar.

formal *adj.* Perteneciente o relativo a la forma, por contraposición a esencial. || Que tiene formalidad, serio y responsable. *Es un chico muy educado y formal.* || Que cumple con los requisitos y las condiciones establecidas para llevarse a cabo. *Hizo la presentación formal de su proyecto ante el consejo directivo.* || Preciso, determinado. *La chica tiene novio formal.*

formalidad *s. f.* Exactitud y seriedad en las acciones, responsabilidad. *Presentó su trabajo con toda la formalidad del caso.* || Requisito necesario o condición establecida para que se realice o se cumpla una cosa. *Para darle entrada a su solicitud debe cumplir con todas las formalidades.* || Seriedad, corrección y compostura en el comportamiento. *Se condujo con toda formalidad en el acto de homenaje a su padre.*

formalismo *s. m.* Aplicación y observación rigurosa de las formas o normas. *Su formalismo es una cubierta para su timidez.* || Observación y aplicación rigurosa de las fórmulas de ciertas escuelas, disciplinas, teorías, corrientes de pensamiento, etc. *El formalismo lógico pretendió reducir los fenómenos físicos a fórmulas matemáticas.*

formalista *adj.* y *s. com.* Perteneciente o relativo al formalismo. || Partidario de esta tendencia. *B. Russell fue un matemático formalista.* || Se aplica a la persona que se apega de manera estricta a las normas o formas. *No puede tener espontaneidad porque es un formalista.*

formalización *s. f.* Resultado de formalizar.

formalizar *t.* Hacer formal o serio algo. *Los novios formalizaron su compromiso.* || Hacer que una cosa cumpla los requisitos legales o las condiciones reglamentarias para llevarla a cabo. *Firmaron ambas partes para formalizar el contrato de compraventa.* || Concretar, precisar. *Finalmente formalizaron la entrevista.* || *pr.* Hacerse serio y responsable alguien que no lo era. *Conforme han crecido sus responsabilidades se ha ido formalizando.*

formar *t.* y *pr.* Hacer o darle forma a algo. *Los alumnos formaron un periódico mural.* || Constituir o crear algo. *Formaron un movimiento intelectual.* || Educar, criar, desarrollar. *Con cursos y mucho estudio formaron cuadros políticos.* || *Méx.* Preparar las planas de un texto y dejarlas listas para imprimir. *Esta noche debemos formar la revista.* || *intr.* Colocarse en filas, en una formación o en determinado orden una o varias personas. *Los alumnos formaron un círculo en torno al maestro.* || Disponer las tropas de forma ordenada. *El sargento mandó formar al pelotón.* || *pr.* Adquirir aptitud o habilidad en lo físico o en lo moral. *Se formó en el trabajo desde muy pequeño.*

formativo *adj.* Se aplica a lo que forma o da la forma. *Trabajar en la juventud es muy formativo.*

formato *s. m.* Forma y tamaño de un libro, un impreso, una fotografía, un documento digital, etc. *La película está en formato* DVD.

fórmico, ca *adj.* Relativo al ácido orgánico que se encuentra en ortigas, hormigas, orugas, etc.

formidable *adj.* Que destaca por su calidad o capacidad. *Tiene una fonoteca formidable.* || Enorme, magnífico, estupendo. *La inauguración de los Juegos Olímpicos fue un espectáculo formidable.*

formol *s. m.* Solución acuosa de formaldehído, líquido incoloro y de olor fuerte que se usa para conservar tejidos orgánicos.

formón *s. m.* Instrumento de carpintería de filo muy cortante que se usa para sacar bocados.

fórmula *s. f.* Expresión matemática que se representa con símbolos mediante la cual se describe un problema físico, químico o geométrico espacial y su solución, o la explicación de un proceso. *La fórmula es la representación matemática aproximada de un proceso físico real.* || Ecuación o procedimiento que relaciona objetos matemáticos o cantidades. *La fórmula del teorema de Pitágoras es a2+b2=c2.* || Combinación de símbolos que expresa la composición química de una molécula. *La fórmula del cloruro de sodio es ClNa.* || Escrito en el que se indican los componentes de un medicamento e instrucciones para su preparación. *La receta del médico contiene una fórmula que sólo el farmacéutico puede descifrar.* || Expresión con que se manifiesta atención o respeto a alguien. *En la recepción debió de usar todo tipo de fórmulas de cortesía.* || Categorías en que se clasifican las competencias de automovilismo según la potencia del motor y el peso del vehículo. *En el velódromo hubo una carrera de fórmula uno.*

formulación *s. f.* Acción y efecto de formular. || Expresión de algo con claridad y exactitud. *Logró hacer la formulación del problema de manera concisa.* || Expresión de una ley física, un principio matemático o una composición química mediante una fórmula. *Newton logró la formulación de la ley de gravitación universal.*

formular *t.* Expresar una ley física, un principio matemático o una composición química mediante una fórmula. *Lavoisier fue el primero en formular la ley de la conservación de la materia.* || Expresar algo con claridad y exactitud. *Planck logró formular el problema de la discontinuidad de la energía.* || Expresar mediante signos matemáticos las relaciones entre magnitudes. *Están aprendiendo a formular ecuaciones.* || Representar mediante símbolos la composición química de una sustancia o de las sustancias que se combinan para formar otras. *El maestro les enseñó a formular reacciones químicas.*

formulario, ria *adj.* Perteneciente o relativo a las fórmulas o al formulismo. *La práctica y el lenguaje jurídico contienen un gran formulario.* || Que se hace por fórmula, cortesía o compromiso. || *s. m.* Escrito que contiene un conjunto de fórmulas. *El maestro les dejó aprenderse todo un formulario.* || Escrito en el que se solicita anotar los datos o responder preguntas. *Para que le dieran atención médica tuvo que llenar un formulario.*

formulismo *s. m.* Tendencia al uso excesivo de las fórmulas en el planteamiento o resolución de cualquier asunto. *El formulismo excesivo sofoca la iniciativa y la creatividad.*

fornicación *s. f.* Acción de fornicar.

fornicar *intr.* Tener relaciones sexuales extramaritales.

fornido, da *adj.* Se aplica a la persona robusta, fuerte o de gran corpulencia. *El trabajo rudo lo hizo ponerse fornido.*

foro *s. m.* Plaza, en las ciudades de la Roma antigua, donde se trataban los asuntos públicos y se celebraban los juicios. *En la ciudad de Roma aún se conservan las ruinas del foro.* || Lugar donde actúan los tribunales que administran justicia. || Reunión de personas en la que se discute un asunto de interés ante un público que también puede expresar su opinión. *El Senado organizó un foro sobre la reforma energética.* || Fondo del escenario de un teatro. *La heroína de la obra hizo su aparición por el foro.* || Lo que pertenece al ejercicio de la abogacía y a la práctica de los tribunales. *Tiene pasión por el foro.*

forrado, da *adj.* Resultado de forrar.

forraje *s. m.* Hierba fresca, pasto seco o cereales con que alimenta al ganado. *Sembraron sorgo para forraje.*

forrajero, ra *adj.* Se aplica a la planta que sirve como alimento para el ganado. *El heno formado de plantas secas es un alimento forrajero.*

forrar *t.* Cubrir un objeto con un forro para protegerlo o conservarlo. *A los alumnos les pidieron forrar los libros.* || Poner una pieza de tela en el interior de una prenda de vestir. *El forro de mi traje ya está roto.* || *pr. fam.* Ganar gran cantidad de dinero.

forro *s. m.* Pieza con que se cubre un objeto para protegerlo o conservarlo. *Le puso a sus libros forro de plástico.* || Pieza de tela con que se reviste la superficie interior de una prenda de vestir. *El saco tiene un forro de satín.* || *Méx. fam.* Mujer atractiva.

fortachón, chona *adj. fam.* Se aplica a la persona robusta, fuerte o fornida. *Traía como guardias a un par de fortachones.*

fortalecer *t.* y *pr.* Hacer fuerte o más fuerte a una persona o cosa. *Se ha fortalecido levantando pesas.*

fortalecimiento *s. m.* Acción y efecto de fortalecer. || Aumento de la fuerza de una persona o cosa. *La transferencia de recursos busca el fortalecimiento municipal.*

fortaleza *s. f.* Fuerza, vigor. *Con el deporte el joven ha adquirido fortaleza.* || Fuerza moral o firmeza de ánimo para soportar problemas y adversidades. *Ha enfrentado la adversidad con gran fortaleza.* || Recinto fortificado o protegido con murallas. *El puerto tiene una fortaleza que sirvió para resistir cualquier asalto por mar.*

fortificación *s. f.* Acción de fortificar. || Construcción que sirve para proteger y defender un lugar. *Leonardo da Vinci diseñó varias obras de fortificación.* || Aumento de la fuerza, fortalecimiento. *Resolver problemas juntos ha servido de fortificación a nuestra amistad.*

fortificado, da *adj.* Resultado de fortificar. || Que está protegido por una fortificación.

fortificar *t.* Dar fuerza o hacer más fuerte, física o moralmente, a una persona. *Las críticas no hacen sino fortificar su convicción.* || Proteger un lugar con fortificaciones o construcciones defensivas. *Los colonos decidieron fortificar su asentamiento.*

fortín *s. m.* Fortaleza pequeña. *Desde el fortín se podía vigilar el paso de las montañas.*

fortuito, ta *adj.* Que sucede de manera casual, no programado. *No lo teníamos planeado, todo sucedió de manera fortuita.*

fortuna *s. f.* Causa indeterminada a la que se atribuye que algo suceda, ya sea favorable o desfavorable. *Tuvo la mala fortuna de toparse con los delincuentes.* || Suerte favorable o desfavorable. *Quiso probar fortuna en la ruleta y perdió dinero.* || Capital, bienes o riqueza que posee una persona. *Empezó vendiendo pan e hizo una fortuna.* || Éxito, buena aceptación de una cosa. *Hizo su debut con poca fortuna.* || *loc.* ***Por fortuna:*** afortunadamente, por suerte. *Por fortuna no hubo desgracias que lamentar.* || ***Probar fortuna:*** intentar hacer o conseguir una cosa difícil. *Se expatrió para probar fortuna en el extranjero.*

forúnculo *s. m.* Furúnculo. || Inflamación purulenta en la piel causada por la infección bacteriana de un folículo piloso. *La falta de higiene hace que le salgan forúnculos en las piernas.*

forzado, da *adj.* Obligado por fuerza. *Me vi forzado a aceptar la invitación a comer.* || Falto de espontaneidad, falso. *Se notaba que su sonrisa era forzada.*

forzar *t.* Obligar a alguien a que haga algo que no quiere hacer. *Lo fuerzan a estudiar piano y el prefiere el violín.* || Hacer fuerza o violencia física para conseguir algo. *Forzaron la cerradura para poder entrar a la casa.* || Hacer que algo suceda a la fuerza. *Produjo molestia al querer forzar la situación.* || Abusar sexualmente de una persona. *El abusivo forzó a la indefensa muchacha.* || Hacer que alguien o algo trabaje o funcione al máximo. *El coche se atascó y tuvo que forzar el motor.*

forzoso, sa *adj.* Se aplica a lo que es obligatorio y no se puede evitar. *La ley impone un ahorro forzoso a los trabajadores.* || Obligado por las circunstancias. *El piloto debió hacer un aterrizaje forzoso.*

forzudo, da *adj.* y *s.* Se aplica a la persona que tiene mucha fuerza.

fosa *s. f.* Hoyo que se hace en la tierra, especialmente para enterrar a los muertos. *Mozart fue enterrado en una fosa común.* || Excavación profunda alrededor de una fortaleza. *La caballería no pudo traspasar la fosa.* || Cavidad del cuerpo humano y de los animales. *El esfuerzo le dilató las fosas nasales.* || Terreno hundido con respecto a las zonas limítrofes. *La planicie se interrumpe en una fosa tectónica.* || *loc.* ***Fosa común:*** lugar donde se entierra a los muertos que no pueden enterrarse en sepultura propia. || ***Fosa séptica:*** instalación doméstica en la que se depositan y tratan excrementos y otros desperdicios.

fosfato *s. m.* Sal formada a partir del ácido fosfórico, que se emplea a menudo como fertilizante.

fosforecer *intr.* Manifestar fosforescencia o luminiscencia.

fosforescencia *s. f.* Propiedad que tienen ciertas sustancias de absorber radiaciones lumínicas y luego emitirlas.

fosforescente *adj.* Se aplica a la sustancia que emite luz después de haber estado expuestas a una fuente luminosa. *El uniforme de los trabajadores nocturnos tiene material fosforescente.*

fosfórico, ca *adj.* Perteneciente o relativo al fósforo.

fósforo *s. m.* Elemento químico sólido, muy inflamable y luminoso en la oscuridad. Está presente en los huesos, dientes y tejidos vivos, y se utiliza en la industria fosforera, en la pirotecnia, en la síntesis de compuestos orgánicos y como parte de la composición de fertilizantes agrícolas y detergentes. Su número atómico es 15 y su símbolo *P.* || Palillo de madera, de papel encerado u otro material combustible, con una cabeza de fósforo y azufre en un extremo, que se enciende al frotarlo en una superficie rugosa. || *Méx.* Cerillo.

fósil *s. m.* Resto petrificado de un ser orgánico muerto. *Encontraron fósiles de caracoles en la montaña.* || *adj. fam.* Persona o cosa que es vieja o anticuada. *Las computadoras convirtieron en fósiles a las máquinas de escribir.* || *Méx.* Estudiante rezagado. *En la escuela formaron un grupo especial para los fósiles.*

fosilización *s. f.* Acción y efecto de fosilizarse. || Proceso de petrificación de los restos de un organismo. *La fosilización es un proceso que requiere millones de años.* || *fam.* Estancamiento, falta de evolución o desarrollo. *Los planes de estudio se han fosilizado.*

fosilizarse *intr. pr.* Convertirse un organismo en fósil o sustancia petrificada. || Anquilosarse, quedarse estancado, sin evolucionar. *Es un burócrata, se ha fosilizado detrás del escritorio.*

foso *s. m.* Hoyo profundo en un terreno. *Aquel bache se había convertido en verdadero foso.* || Excavación profunda que rodea un castillo, una fortaleza u otra construcción similar. *El foso en torno al castillo estaba lleno de agua.* || Espacio que está debajo del escenario, y entre este y la platea, en un teatro. *En el foso se coloca la orquesta.* || Excavación rectangular abierta en el suelo de un taller mecánico que permite examinar y arreglar los vehículos por la parte de abajo. *En el taller, además de un elevador hidráulico tienen un foso.* || Lugar con arena en el que caen los atletas saltadores de longitud al efectuar su salto. *Al foso de los saltadores le pusieron una arena muy fina.*

foto *s. f.* Abreviación de fotografía o imagen obtenida fotográficamente. *Sobre su escritorio tiene las fotos de sus hijos.* || **foto-:** prefijo que significa «luz». *Se usa en palabras compuestas como «fotosíntesis», «fotocopia», etc.*

fotocomposición *s. f.* Técnica de formación de textos para su impresión que se hace mediante un proceso fotográfico en lugar de tipos.

fotocopia *s. f.* Reproducción fotográfica instantánea obtenida directamente sobre papel. *Me pidieron fotocopia del acta de nacimiento.*

fotocopiadora *s. f.* Máquina para fotocopiar.

fotocopiar *t.* Hacer fotocopia. *Mandé fotocopiar los documentos.*

fotoeléctrico, ca *adj.* Perteneciente o relativo a la fotoelectricidad. || Se aplica al fenómeno de emisión de electrones por un cuerpo o sustancia cuando se le ilumina con radiación electromagnética. *El efecto fotoeléctrico fue descubierto y descrito por Heinrich Hertz en 1887.* || Se aplica al aparato que produce una corriente eléctrica por la acción de la radiación luminosa. *Instalaron una celda fotoeléctrica que enciende los focos cuando oscurece.*

fotofobia *s. f.* Intolerancia patológica a la luz.

fotogénico, ca *adj.* Que favorece la acción química de la luz. || Que se ve mejor en fotografía. *La chica es muy fotogénica, se ve mejor en fotografía que en persona.*

fotograbado *s. m.* Procedimiento para grabar, mediante técnicas químico-mecánicas, un negativo fotográfico en planchas metálicas. || Grabado hecho por este procedimiento.

fotografía *s. f.* Técnica para obtener imágenes sobre una superficie convenientemente preparada mediante la acción química de la luz. *Asiste a una escuela de fotografía.* || Imagen obtenida mediante esta técnica. *Tiene un álbum con las fotografía de su niñez.* || Taller en que se ejerce ese oficio o profesión. *Después de trabajar como ayudante abrió su propia fotografía.* || Descripción o representación de mucha exactitud o precisión de algo o alguien. *Sus narraciones son una fotografía del estado de terror ante lo desconocido.*

fotografiar *t.* Hacer fotografías. *Gabriel Figueroa depuró el arte de fotografiar.* || Describir por escrito en términos precisos y claros cosas, sucesos o personas: *En su novela se propuso fotografiar el alma humana.*

fotográfico, ca *adj.* Perteneciente o relativo a la fotografía. *El reportaje incluye material fotográfico excepcional.*

fotógrafo, fa *s.* Persona que se dedica a la fotografía.

fotograma *s. m.* Cada una de las imágenes sucesivas de una película cinematográfica consideradas de forma aislada. *Cuando ves una película, pasan por delante de tus ojos 24 fotogramas por segundo.*

fotometría *s. f.* Parte de la óptica que se ocupa de las leyes concernientes a la intensidad de la luz y de los métodos para medirla.

fotómetro *s. m.* Aparato que sirve para medir la intensidad de la luz.

fotomontaje *s. m.* Composición fotográfica que combina varias fotografías para crear una nueva composición.

fotón *s. m.* Partícula elemental responsable de las manifestaciones cuánticas del fenómeno electromagnético, portadora de todas las formas de radiación electromagnética. *El concepto moderno de fotón fue desarrollado por Albert Einstein entre 1905 y 1917.*

fotoquímica *s. f.* Parte de la química que estudia las interacciones entre átomos, moléculas pequeñas y la radiación electromagnética o luz. *La fotosíntesis es una reacción fotoquímica.*

fotosfera *s. f.* Superficie luminosa que delimita el contorno aparente del Sol y de las estrellas.

fotosíntesis *s. f.* Proceso de conversión de energía luminosa en energía química estable, que se realiza en las células con clorofila. *La vida en el planeta Tierra se mantiene gracias a la fotosíntesis.*

fototeca *s. f.* Archivo donde se guardan fotografías.

fototropismo *s. m.* Reacción de movimiento de las plantas en respuesta a la luz. *El movimiento de la flor de girasol que siempre apunta al sol, es fototropismo.*

fóvea *s. f.* Depresión pequeña de la retina que constituye el punto de máxima agudeza visual.

frac *s. m.* Traje masculino de etiqueta, cuya chaqueta llega a la cintura por delante y acaba por detrás en dos faldones largos. *Alquiló un frac para su boda.*

fracasado, da *adj.* Que no tiene éxito y a causa de ello está desprestigiado. *Nadie le da crédito a lo que diga porque lo consideran un fracasado.*

fracasar *intr.* No tener éxito, salir mal una cosa o un proyecto. *Pese al riesgo de fracasar emprendieron ese negocio arriesgado.*

fracaso *s. m.* Resultado adverso o falta de éxito en una cosa que se esperaba que saliera bien. *El proyecto de negocio ha sido un fracaso.*

fracción *s. f.* División de algo en partes. || Cada una de las partes de un todo considerada por separado. *Todo pasó en una fracción de segundo.* || Expresión que representa una división formada por dos números; el primero (o numerador) indica el número de partes que se considera y el segundo (o denominador) representa el número de partes iguales en que se divide una cantidad. *Tres cuartos es una fracción en la que se consideran tres de cuatro partes iguales.* || Grupo de personas que participan en un partido u organización y que tiene opiniones distintas de las del resto en determinados asuntos. *La* *fracción moderada del partido se impuso en la votación.* || *loc.* ***Fracción impropia:*** fracción cuyo numerador es mayor que el denominador, y por consiguiente es mayor que la unidad. || ***Fracción propia:*** fracción que tiene el numerador menor que el denominador, y por consiguiente es menor que la unidad.

fraccionable *adj.* Que puede fraccionarse.

fraccionado, da *adj.* Dividido en fracciones.

fraccionadora *s. f. Méx.* Agencia que se ocupa de la venta de casas.

fraccionamiento *s. m.* Acción y efecto de fraccionar. || *Méx.* Núcleo residencial urbanizado.

fraccionar *t.* Dividir en partes un todo. *Para vender el terreno decidieron primero fraccionarlo.*

fraccionario, ria *adj.* Perteneciente o relativo a la fracción de un todo. || *s. m.* Número quebrado.

fractal *s. f.* Configuración geométrica plana o espacial que tiene la propiedad de que su aspecto y distribución no cambian cualquiera que sea la escala con que se observe. *Las fractales describen objetos y fenómenos irregulares inexplicables para las teorías clásicas.*

fractura *s. f.* Acción y efecto de fracturar. || Rotura violenta de algo sólido, especialmente de un hueso. *Se cayó del árbol y se fracturó una costilla.* || Grieta o rotura que se produce en un terreno. *El temblor de tierra fue tan intenso que produjo una fractura en el suelo.*

fracturar *t.* Romper o quebrar violentamente algo sólido, especialmente un hueso del cuerpo. *El portero se fracturó la clavícula.*

fragancia *s. f.* Olor suave y muy agradable. *La fragancia de las gardenias se esparció por el jardín.*

fragante *adj.* Se aplica al olor que es suave y muy agradable. *Puso en el jarrón un ramo de fragantes rosas.*

fragata *s. f.* Barco de guerra más pequeño que un destructor, ligero y rápido. *La fragata dio alcance a los barcos que violaron el mar territorial.* || Barco antiguo, con tres palos y velas cuadradas. *Los corsarios se apoderaron de la fragata que protegía al convoy.*

frágil *adj.* Que se rompe o quiebra con facilidad. *Pedí que a mi envío le pusieran la etiqueta de frágil.* || Débil, que tiene poca fuerza o resistencia. *Este niño tiene una salud muy frágil.*

fragilidad *s. f.* Delicadeza, poca resistencia que hace que las cosas se rompan con facilidad.

fragmentación *s. f.* Acción y efecto de fragmentar. || División de un todo en partes o fragmentos. *Las diferencias llevaron a una fragmentación del partido.*

fragmentar *t.* Dividir en partes o fragmentos. *Fragmentó en lotes el terreno grande.*

fragmentario, ria *adj.* Que está formado por fragmentos. || Que no está completo o acabado. *Los libros accesibles por internet son fragmentarios.*

fragmento *s. m.* Trozo de algo roto o partido. *Fragmentos de cristal quedaron regados por el suelo.* || Parte, generalmente breve o pequeña, de una obra literaria o musical. *De la obra de Heráclito sólo se conservan fragmentos.*

fragor *s. m.* Ruido, estrépito, estruendo. *El fragor de las turbinas era ensordecedor.*

fragoroso, sa *adj.* Ruidoso, estruendoso, estrepitoso.

fragoso, sa *adj.* Áspero, intrincado, lleno de maleza.

fragua *s. f.* Fogón en el que se calientan metales para forjarlos. || Taller donde se forjan los metales. *Los mineros llevaban sus herramientas a afilar en la fragua.*

fraguado *s. m.* Endurecimiento de algunos materiales que se usan en construcción. *Hay que esperar el fraguado del concreto de las columnas.*

fraguar *t.* Trabajar un metal y darle una forma cuando está caliente por medio de golpes o por presión. *Mandé fraguar rejas para las ventanas.* || Idear o planear la realización de algo. *Fraguó grandes planes que nunca se realizaron.* || *intr.* Endurecerse el cemento u otra sustancia parecida en una obra de construcción. *Echado el concreto de la loza, ahora tiene que fraguar bien.*

fraile *s. m.* Hombre que pertenece a una orden religiosa. *Los frailes del monasterio se dedican a traducir textos latinos.*

frailecillo *s. m.* Ave palmípeda del ártico, de plumaje blanco y negro, cola y patas cortas, y pico corto, ancho y de vivos colores.

framboyán *s. m.* Árbol de zonas cálidas, de tronco grueso, copa frondosa y flores rojas.

frambuesa *s. f.* Fruto del frambueso, comestible, de color rojo más oscuro que el de la fresa, olor suave y sabor agridulce. *Le gusta ponerle mermelada de frambuesa al cereal.* || *adj.* y *s. m.* Color rojo como el de este fruto.

frambueso *s. m.* Árbol parecido a la zarzamora, cuyo fruto es la frambuesa.

francachela *s. f.* Reunión de varias personas para comer, beber y divertirse desordenadamente. *Cada quincena se pone cada francachela con sus amigos.*

francés, cesa *adj.* y *s.* Natural de Francia. || Perteneciente o relativo a este país de Europa. || Lengua que se habla en Francia.

franchute, ta *s. desp.* Francés.

francio *s. m.* Elemento químico, metal alcalino muy radiactivo, que fue descubierto en los residuos de la desintegración natural del actinio. Posee el equivalente químico más elevado de todos los elementos y todos sus isótopos son inestables. Su número atómico es 87 y su símbolo *Fr.*

francmasón, sona *s.* Persona que pertenece a la francmasonería.

francmasonería *s. f.* Sociedad secreta internacional de personas que profesa principios de fraternidad entre sus miembros, los cuales se agrupan en logias.

franco, ca *adj.* Se aplica a la persona que es abierta y comunicativa, y habla y se expresa sin fingimiento. *Es un amigo muy franco.* || Que es tan claro y evidente que no deja lugar a dudas. *Retiraron su propuesta porque estaban en franca minoría.* || Sin impedimento o que está libre de obstáculos. *Dejaron la avenida franca para el paso de los bomberos.* || Que está libre o exento de impuestos. *La sala internacional del aeropuerto es una zona franca.* || Se aplica al pueblo germánico que conquistó la Galia Transalpina de los romanos y fundó en ella un reino que es el origen de la actual Francia. *Carlomagno transformó el reino de los francos en Imperio carolingio.* || Se aplica a la lengua hablada por este pueblo. || Que está exento de servicio, libre de obligación o trabajo en deberes de carácter militar. *Hoy viene mi tío el teniente porque está franco.* || *s. m.* Unidad monetaria de Francia y otros países, hasta su sustitución por el euro en el año 2002.

francófilo, la *adj.* y *s.* Que siente simpatía, aprecio o gusto hacia lo francés o los franceses.

francófobo *adj.* Que siente aversión por lo francés o lo rechaza.

francófono, na *adj.* Que tiene el francés como lengua materna. Se aplica al territorio que está habitado por población de habla francesa. *En África hay varios países francófonos.*

francotirador, ra *s.* Persona aislada que dispara con un arma desde un lugar oculto y alejado. *A John F. Kennedy le disparó un francotirador desde una ventana.* || Persona que actúa aisladamente y por su cuenta en cualquier actividad sin observar la disciplina del grupo.

franela *s. f.* Tejido fino de lana o algodón, ligeramente cardado por una o ambas caras. *Para el invierno me compré unas camisas de franela.*

franja *s. f.* Tira sobre una superficie, de la cual se distingue por el contraste de color. *El uniforme del equipo es de franjas rojas y azules.* || Parte alargada de una cosa. *A los lados de la vía del tren dejan una franja de terreno de reserva.*

franqueable *adj.* Que se puede franquear.
franqueado, da *adj. ant.* Se decía del zapato recortado y desvirado pulidamente.
franqueamiento *s. m.* Acción y efecto de franquear el paso o la libertad.
franquear *t.* Quitar los obstáculos o impedimentos para abrir camino. *La avanzada de la comitiva va franqueando el paso.* || Pasar de un lado a otro o a través de algo. *En cuanto franqueó la puerta se supo que traía malas noticias.* || Pagar en sellos el porte del correo. || *pr.* Hablar sincera y abiertamente con alguien. *Se franqueó con su amigo.*
franqueo *s. m.* Acción y resultado de franquear o franquearse. || Porte que se paga en sellos para enviar algo por correo. *El franqueo para el envío de la publicación fue muy alto.*
franqueza *s. f.* Sinceridad y claridad al hablar. *Para conocer tu problema, debes hablar con franqueza.*
franquicia *s. f.* Privilegio de no pagar impuestos por el uso de un servicio público o por determinadas actividades comerciales. *Conseguimos una franquicia postal para nuestros envíos de suscripciones.* || Concesión de derechos de explotación de un producto, actividad o nombre comercial, otorgada por una empresa a una o varias personas mediante un contrato y bajo determinadas condiciones. *Adquirió la franquicia de una conocida pizzería.* || Establecimiento sujeto a las condiciones de dicho contrato. *En ese centro comercial han abierto varias franquicias.*
frasco *s. m.* Recipiente pequeño, generalmente de cristal, que tiene el cuello estrecho. *Este es un perfume muy caro en un frasco muy pequeño.*
frase *s. f.* Conjunto de palabras que tienen un sentido, sin llegar a constituir una oración. *Un sujeto y un predicado forman una frase.* || *loc.* ***Frase hecha:*** frase que tiene un significado convencional y que se reproduce siempre de la misma manera sin alterar el orden de las palabras ni cambiar ninguna de ellas. *«como pez en el agua» es una frase hecha.* || ***Frase musical:*** sección breve de una composición, con sentido propio.
frasear *t.* Formar o entonar la frases. || Cantar o ejecutar una pieza musical, expresando con nitidez las frases. *Para pulir la ejecución de la canción el maestro lo puso a frasear.*
fraseo *s. m.* Acción y efecto de frasear. || Ejecución del conjunto de frases musicales de una composición.
fraseología *s. f.* Conjunto de expresiones y construcciones lingüísticas peculiares de una lengua, grupo, época, actividad o de un autor. *Su manera de hablar incorpora la fraseología legal.* || Conjunto de palabras o expresiones intrincadas, pretenciosas o falaces. *Fue demasiada palabrería la que el conferencista arrojó al público.* || Conjunto de frases hechas, locuciones figuradas, modismos, refranes, etc., de una lengua. *Este diccionario incluye fraseología.*
fraseológico, ca *adj.* Perteneciente o relativo a la fraseología.
fraternal *adj.* Relativo al afecto y la confianza entre hermanos, o que es propio de la relación entre hermanos. *Son tan amigos, casi hermanos, que los une un amor fraternal.*
fraternidad *s. f.* Relación de afecto entre personas que se considera propia de hermanos. *Ese grupo de amigos constituye más bien una fraternidad.*
fraternizar *intr.* Tener una relación amistosa y fraternal con otra u otras. *Los participantes en el torneo tuvieron ocasión de fraternizar.*
fraterno, na *adj.* Perteneciente o relativo a los hermanos.
fratricida *adj.* y *s. com.* Se aplica a la persona que mata a su hermano. *El más famoso de los fratricidas es Caín.*
fratricidio *s. m.* Asesinato de un hermano.
fraude *s. m.* Engaño que se hace violando disposiciones legales con el fin de sacar provecho o beneficio. *Cometieron un fraude en el otorgamiento de los contratos de obras públicas.*
fraudulento, ta *adj.* Que implica o contiene fraude. *Hizo un ejercicio fraudulento del presupuesto.*
fray *s. m.* Apócope de fraile.
frazada *s. f.* Manta que se echa sobre la cama.
freático, ca *adj.* Se aplica al agua que se acumula en el subsuelo, sobre una capa de tierra impermeable. *Las aguas freáticas se extraen mediante pozos.* || Se aplica a la capa del subsuelo que no permite filtrar el agua y la contiene.
frecuencia *s. f.* Repetición habitual de un acto o suceso. *Nos reunimos con frecuencia para conversar.* || Número de veces que se repite un suceso determinado en un intervalo de tiempo. *El estudio de mercado incluye la frecuencia de emisión de avisos de publicidad.* || Número de oscilaciones, vibraciones, ondas o ciclos por unidad de tiempo.
frecuentación *s. f.* Acción de frecuentar.
frecuentador, ra *adj.* Que frecuenta.
frecuentar *t.* Acudir con frecuencia a un lugar. *Con sus amigos frecuenta los cafés de esta zona.* || Tratar a una persona con frecuencia. *Ambas familias se frecuentan.*
frecuente *adj.* Que ocurre o se repite a menudo. *Hace frecuentes viajes fuera del país.* || Que es común o habitual. *Es muy frecuente que se ausente.*
fregada *adj. Amér. C.* y *Méx.* Se aplica a lo que está o va de mal en peor. *Con este nuevo aumento de impuestos ahora sí nos cargó la fregada.* || Se aplica a lo que aparece como muy difícil. *La situación está de la fregada.* || Que está pobre, arruinado física, económica o moralmente. *La gente está muy fregada.* || *loc. adv. vul. Méx.* ***A la fregada:*** mandar a alguien de paseo o manifestar desagrado o desaprobación por lo que alguien propone, dice o hace. *¡Váyanse a la fregada!* || ***De la fregada:*** que algo está muy mal o difícil. || *loc. Amér.* ***Estar fregada:*** estar en malas condiciones de salud y, sobre todo, de dinero. *Su hermana está muy fregada.* || *loc. vul. Méx.* ***Llevárselo la fregada:*** que está muy enojado. *No le pagaron y se lo llevaba la fregada.*
fregadazo *s. m. Méx.* Golpe fuerte.
fregadera *s. f. Méx.* Acción o molestia excesiva.
fregadero *s. m.* Pila que se usa para lavar la vajilla y los utensilios de cocina. *Se tapó de nuevo el fregadero.*
fregado, da *s. m.* Acción y resultado de fregar. || Limpieza de algo frotando con un estropajo u otro utensilio empapados en agua y jabón o cualquier producto de limpieza. *Se empleó en un restaurante en el fregado de platos.* || *Amér.* Mala persona. *Este es un maldito fregado.*
fregador, ra *adj.* Que friega. || *s. m.* Fregadero.
fregar *t.* Limpiar una cosa restregándola con un estropajo u otro utensilio empapados en agua y jabón o cualquier producto de limpieza. *Tengo que fregar los platos.* || *Amér.* Molestar, fastidiar. *El hermano no hace sino fregar a la hermana.* || *loc. Méx. vul.* ***Ya la fregamos:*** se usa para indicar que algo resultó mal. || ***Ya ni la friegas:*** se usa para indicar a alguien que está siendo muy molesto.
fregón, gona *adj. Amér. C.* y *Méx.* Que produce molestias, que fastidia. *Ya no aguanto a mi hermano, es un fregón.* || *vul. Méx.* Destacado o competente en lo suyo. *Es un maestro bien fregón.*
fregona *s. f.* Utensilio para fregar el suelo de pie, y que está formado por un mango largo con un manojo de tiras de tejido absorbente en un extremo. || *desp.* Criada que se dedica a fregar y limpiar. || Mujer ordinaria. || *adj. Amér. C.* y *Méx.* Que molesta o fastidia. || *vul. Méx.* Destacada o competente en lo suyo. *Es una corredora de fondo muy fregona.*
freidor, ra *s.* Electrodoméstico que sirve para freír. *Compramos una freidora.*
freidura *s. f.* Acción y resultado de freír.

freír *t.* Cocinar un alimento en aceite hirviendo. *No sabe ni freír un huevo.* || *fam.* Molestar, importunar. *Me trae frito con sus impertinencias.* || *pr.* Pasar mucho calor. *Prende el ventilador, que me estoy friendo.*
fréjol *s. m.* Frijol.
frenada *s. m.* Disminución de la marcha de un vehículo.
frenado *s. m.* Acción y efecto de frenar. || Disminución de la marcha de un vehículo.
frenar *t.* Moderar o detener con el freno la marcha de una máquina, un vehículo, etc. *Debes frenar en cada alto.* || Contener, retener. *Ese noviazgo te frena en tu carrera.* || Moderar los ímpetus, hacer que alguien o algo se detenga. *La tuvo que frenar para que no cacheteara al atrevido.*
frenazo *s. m.* Acción de frenar brusca, súbita y violentamente un vehículo o una máquina. *Dio un frenazo y su acompañante se golpeó contra el cristal.*
frenesí *s. m.* Exaltación violenta de una pasión o sentimiento. *La amaba con frenesí.* || Locura, delirio. *Las drogas le producían accesos de frenesí.*
frenético, ca *adj.* Que muestra una exaltación violenta. *Se puso frenético cuando le negaron la entrada al concierto.* || Furioso, rabioso. *La lentitud del tráfico lo pone frenético.*
frenillo *s. m.* Membrana que sujeta la lengua por debajo.
freno *s. m.* Mecanismo que sirve para disminuir o detener el movimiento de un vehículo o una máquina. *Cuando el carro esté detenido debes poner el freno de mano.* || Palanca o pedal que acciona ese mecanismo. *El pedal del freno es el que está entre el acelerador y el cloche.* || Instrumento de hierro donde se atan las riendas y que, introducido en la boca de las caballerías, sirve para sujetarlas y dirigirlas. || Cosa que modera o disminuye un proceso. *La falta de inversión ha sido un freno para la economía.* || Sujeción, moderación. *Puso freno a sus parrandas.*
frenología *s. f.* Hipótesis fisiológica que pretendía estudiar las diversas facultades psíquicas e intelectuales basándose en la conformación externa del cráneo.
frenológico, ca *adj.* Perteneciente o relativo a la frenología.
frenólogo *s. m.* Persona que profesaba la frenología.
frenópata *s. com.* Persona que profesaba la frenopatía.
frenopatía *s. f.* Antigua denominación de la psiquiatría. || Enfermedad mental.
frentazo *s. m. Méx.* Chasco, decepción. || *loc.* ***Darse un frentazo:*** llevarse un chasco. || Tropezar con un obstáculo.
frente *s. f.* Parte superior de la cara, desde las cejas hasta el nacimiento del cuero cabelludo y entre las sienes. *Tiene la frente ancha.* || *s. m.* Parte delantera de algo. *No vi quién era, no estaba de frente.* || Coalición de partidos políticos, organizaciones, etc. *Las organizaciones políticas constituyeron un frente opositor.* || Zona o línea territorial en la que se enfrentan los ejércitos en una batalla o guerra. *Trajeron a los heridos del frente de batalla.* || Zona de contacto entre dos masas de aire de distinta temperatura y humedad. *Se aproxima un frente frío.* || *adv.* En contra. *Se inconformaron frente a la arbitrariedad del gerente.* || *loc. adv.* ***Al frente:*** delante, al mando o encabezando algo. *León de la Barra quedó al frente del gobierno.* || Indica dirección hacia adelante. *Ordenaron dar dos pasos al frente.* || ***Con la frente alta:*** con orgullo y dignidad. *Pese a los cuestionamientos, salió con la frente en alto.* || ***De frente:*** que algo se ha de hacer con decisión y sin rodeos. *A esta situación hay que entrarle de frente.* || Indica dirección hacia adelante. *Sigue de frente y lo encontrarás.* || ***En frente:*** enfrente, que está delante de algo. *Me la encontré enfrente del correo.* || ***Frente a frente:*** que dos personas están situadas cara a cara. *Los pugilistas se pusieron frente a frente.* || ***Hacer frente:*** enfrentar, resistir. *Los defensores se preparan para hacerle frente al invasor.* || *loc.* ***Ponerse al frente:*** asumir el mando o la dirección. *El líder se puso al frente de la protesta.* || ***Traerlo escrito en la frente:*** no poder ocultar su condición personal, o lo que le está sucediendo, manifestándolo en el semblante y en otras acciones visibles. || *Méx.* ***Segundo frente:*** amante. *No es su esposa, es su segundo frente.*
freón *s. m.* Cada uno de los derivados del metano o etano con átomos de flúor y cloro que sustituyen a los átomos de hidrógeno, se usa como fluido en las instalaciones de refrigeración y como propulsor de aerosoles.
fresa[1] *s. f.* Planta rosácea de tallos rastreros, con hojas dispuestas en grupos de tres y flores blancas o amarillentas. || Fruto comestible de esa planta, carnoso y azucarado, de color rojo con pequeñas semillas en la superficie. *Me preparé un licuado de fresa bien espeso.* || *adj.* y *s. m.* Color rojo intenso, como el de este fruto.
fresa[2] *s. f.* Herramienta de movimiento giratorio, constituida por una serie de buriles o cuchillas que trabajan uno después de otro que se emplea para labrar metales, por arranque de viruta, en una fresadora.
fresado *s. m.* Acción y efecto de fresar. || Operación mecánica, realizada por una fresadora, consistente en labrar metales. *La pieza no era la exacta y la mandé al fresado a que la rebajen.*
fresadora *s. f.* Máquina provista de fresas para abrir agujeros o labrar metales.
fresal *s. m.* Terreno plantado de fresas.
fresar *t.* Abrir agujeros o labrar metales con la fresa.
fresca *s. f.* Temperatura moderadamente fría, pero que no es desagradable. *El agua del arroyo está bastante fresca.* || *fam.* Expresión desagradable y desvergonzada.
frescales *s. com.* Persona descarada, desvergonzada.
fresco, ca *adj.* Que tiene una temperatura moderadamente fría. *En verano son ansiadas las noches frescas.* || Reciente, que acaba de ocurrir, de hacerse o de obtenerse. *Hay que ir a ese restaurante donde tienen el pescado fresco.* || Descansado, que no da muestras de fatiga. *Caminamos muchísimo y se veía tan fresco.* || Que se mantiene o es joven y sana. *Es una chica simpática y muy fresca.* || Que está tranquilo o no muestra preocupación. *Todo mundo se asustó, y él tan fresco.* || Se aplica a la tela y prenda de vestir que son ligeras y no producen calor. *Las prendas de lino son frescas, propias para el verano.* || Que no se ha secado. *Se sentó en la banca recién pintada y todavía estaba fresca.* || Pintura que se hace con colores disueltos en agua de cal sobre un muro con un emplaste de cal aún húmedo. *Los murales de Rafael en la Estancia de la Signatura son frescos.* || *fam. desp.* Se aplica a la persona desvergonzada. *Ahora sí que estás fresco con tu petición.*
frescor *s. m.* Temperatura fría, pero que no es desagradable. *Salgo a trabajar con el frescor de las mañanas.*
frescura *s. f.* Cualidad de fresco, algo que es espontáneo o natural. *Tiene una frescura en su voz muy agradable.* || Propiedad de los alimentos recién obtenidos o que no están procesados. *Tiene la frescura de una lechuga.* || Amenidad de un sitio agradable y lleno de verdor. *La huerta da una sensación de frescura.* || Desvergüenza, descaro, insolencia. *Con frescura venía a pedirme prestados más libros.*
fresero, ra *s.* Vendedor de fresas.
fresno *s. m.* Árbol de tronco grueso de 15 a 20 m de altura, madera clara y corteza gris, con la copa espesa. *La madera del fresno se usa para hacer mangos de herramientas y bates de béisbol.* || Madera de este árbol, de color blanco y muy apreciada por su elasticidad. *Con la madera del fresno se fabrican objetos que requieren dureza y resistencia.*
fresón *s. m.* Variedad de la planta fresa de tamaño mayor que la común. || Fruto de esta planta, comestible,

más grande que la fresa, de color rojo amarillento y sabor más ácido. *Me vendieron fresones por fresas.*

fresquera *s. f.* Lugar o mueble que sirve para conservar frescos los alimentos.

freudiano, na *adj.* Perteneciente o relativo a Sigmund Freud o a su obra. *El psicoanálisis freudiano fue una teoría muy difundida.* || Partidario de la doctrina de Freud.

frialdad *s. f.* Sensación de frío o de falta de calor. *Había una frialdad en el ambiente.* || Indiferencia o falta de interés o de sentimientos hacia alguien o algo. *Ella lo trata con frialdad.* || Dominio de los nervios. *Enfrentó la situación con gran frialdad.*

fricación *s. f.* Acción y efecto de fricar. || Fricción del aire en la boca cuando se emite un sonido fricativo. *La pronunciación de la «f» se hace con fricación.*

fricandó *s. m.* Guisado de la cocina francesa, regularmente de ternera, con salsa y setas secas.

fricasé *s. m.* Guisado de la cocina francesa, cuya salsa se bate con huevos.

fricativo, va *adj.* Se aplica al sonido en cuya articulación el aire emitido produce cierta fricción en los órganos bucales. *En el español, los de la «f», «s», «z», «j», etc., son sonidos fricativos.*

fricción *s. f.* Acción y efecto de friccionar. || Roce de dos cuerpos cuando al menos uno de ellos está en movimiento. *La fricción ha desgastado la suela de los zapatos.* || Frotación que se aplica a una parte del cuerpo. *Se dio fricciones con alcohol en la espalda para quitarse el dolor.* || Desacuerdo, desavenencia entre dos o más personas. *De un tiempo acá ha habido fricción entre el director y los maestros.*

friccionar *t.* Frotar una parte del cuerpo, especialmente con las manos, para dar calor o aliviar una dolencia.

friega *s. f.* Remedio consistente en frotar alguna parte del cuerpo con algún paño o con las manos, generalmente usando un linimento o un ungüento. || *fam. Amér.* Tunda, maltrato físico, tanda de golpes. || Grave perjuicio económico o moral hecho a otra persona. || Molestia, enfado.

frigidez *s. f.* Cualidad de frígido o frío. || En medicina, ausencia anormal de apetito sexual o de la culminación orgásmica del coito en la mujer.

frígido, da *adj.* y *s.* Que padece frigidez. || En poesía, frío.

frigio, gia *adj.* y *s.* Nativo u oriundo de Frigia, antiguo país de Asia Menor. || Perteneciente o relativo a ese país o a sus habitantes. || *loc.* ***Gorro frigio:*** gorro cónico de tela roja con dos tiras colgantes, una a cada lado de la cara, que usaban los sacerdotes frigios de la diosa Cibeles; posteriormente lo llevaban puesto los libertos romanos para señalar que habían dejado sus días de esclavitud y lo retomaron los revolucionarios franceses en 1789. Es el símbolo de la libertad.

frigorífico, ca *adj.* y *s.* Que produce artificialmente descenso controlado de la temperatura. || Dicho de un aparato o de una cámara, enfriado artificialmente para conservar adentro alimentos perecederos, o medicamentos que requieren bajas temperaturas para mantener su efectividad. || Aparato electrodoméstico para refrigerar alimentos y bebidas.

frijol o **fríjol** *s. m. Amér.* Planta papilionácea de tallos trepadores, raíces llenas de nódulos fijadores de nitrógeno, flores pálidas amarillas o rosáceas, fruto en vaina con semillas de forma arriñonada y diversos colores. Existen muchas subespecies y variedades. || Semilla o grano comestible de dicha planta. || *loc. fam.* ***Buscarse*** o ***ganarse los frijoles:*** ganarse la vida.

frío *s. m.* Sensación que se experimenta ante un descenso de temperatura.

frío, fría *adj.* Se dice del cuerpo cuya temperatura es muy inferior a la del ambiente. || Se dice del medio cuya temperatura produce manifestaciones físicas tales como escarcha, nieve, hielo, congelación de lagos, y es propio de las regiones circumpolares, las alturas montañosas y los inviernos de las zonas templadas. || Se dice de la gama de colores sedantes, como el azul o el verde. || Indiferente, desapegado, dicho de una persona con respecto a otras. || Sin gracia, de poca agudeza o atractivo.

friolento, ta *adj.* Muy sensible al frío.

friolera *s. f.* Cosa de poca importancia o monta, insignificancia. Se usa en sentido irónico. *Me gasté la friolera de medio millón.*

friso *s. m.* Adorno en forma de faja horizontal que puede colocarse en la parte superior o en la base de las paredes. || En arquitectura, parte del cornisamento que media entre el arquitrabe y la cornisa, donde suelen ponerse diversos adornos como follaje, guirnaldas, medallones. || Franja horizontal de papel con ilustraciones didácticas que se pegan en las paredes de las aulas.

fritada *s. f. Amér.* Conjunto de alimentos fritos o frituras. || Fiesta en la que es el platillo central. || Guarnición consistente en tomates, pimientos, cebollas y otras verduras picados y fritos. || *Ecua.* Plato típico a base de carne de cerdo.

fritanga *s. f.* Fritada, especialmente la abundante en grasa. || *desp. Méx.* Platos populares hechos con mucha grasa, generalmente en puestos callejeros, y acompañados de salsas muy picantes y otras guarniciones.

fritar *t. Bol. Col.* y *Uy.* Freír.

frito *s. m.* Platillo a base de frituras de carne. || *loc.* ***Dejar a alguien frito:*** matarlo.

frito, ta *adj.* Se dice del alimento cocinado en aceite caliente.

fritura *s. f.* Conjunto de cosas fritas, y cada una de ellas por separado. || *Cub.* Plato preparado con masa de harina y huevo, combinada con productos diversos como sesos, calabaza, pescado, etc., sazonados con sal o rociados con azúcar y fritos en manteca de cerdo.

frivolidad *s. f.* Cualidad de frívolo.

frívolo, la *adj.* y *s.* Ligero, veleidoso, insustancial. || Se dice de los espectáculos ligeros y sensuales, así como de sus componentes e intérpretes. *Teatro frívolo, cancionista frívola.* || Dicho de una publicación, que trata temas ligeros con predominio de lo sensual y aun sexual.

fronda *s. f.* Hoja de una planta. || En botánica, follaje de los helechos. || Conjunto de ramas y hojas que forman espesura.

frondosidad *s. f.* Cualidad de frondoso.

frondoso, sa *adj.* Abundante en hojas y ramas. || Abundante en árboles que crecen apretadamente. || Rico en cualidades físicas, morales o intelectuales.

frontal *adj.* y *s. com.* Perteneciente o relativo a la parte delantera de una cosa. || Directo, de frente, categórico, dicho de oposición, ataque o resistencia. || En anatomía, perteneciente o relativo a la frente o parte superior de la cara.

frontal² *s. m.* Paramento de tela fina o de metal repujado que adorna la parte delantera de la mesa del altar en los templos católicos. || En anatomía, hueso convexo que forma la parte superior de la cara y la delantera del cráneo.

frontenis *s. m.* Deporte que se juega en un frontón y en el que se usan raquetas similares a las del tenis. La pelota es compacta y lisa, de un tamaño semejante a las de tenis.

frontera *s. f.* Límite oficial entre estados, países, provincias, territorios. || Límite, tope. *La codicia no tiene frontera.*

fronterizo, za *adj.* Perteneciente o relativo a la frontera. || Que está en la frontera o junto a ella.

frontero, ra *adj.* Puesto o colocado enfrente. *El parque frontero a la plaza la embellece.*

frontis *s. m.* Fachada o frontispicio de una edificación.

frontispicio *s. m.* Fachada o parte delantera de un edificio o mueble del tipo de los armarios y las vitrinas que eran obra de ebanistería. || Página al inicio de un libro en que aparecen el título y algún grabado o viñeta. || Frontón, remate triangular de la fachada de un edificio de estilo clásico grecolatino o neoclásico.

frontón *s. m.* Remate triangular de una fachada, pórtico, puerta o ventana, usado por primera vez por los arquitectos de la Grecia antigua. || Parte escarpada y en declive de una costa. || Edificio o cancha cerrada de forma rectangular, una de cuyas paredes angostas es más alta que las restantes y en ella los jugadores hacen rebotar una pelota. || Juego que se desarrolla en dicho edificio.

frotación *s. f.* Acción y efecto de frotar.

frotador, ra *adj.* y *s.* Que frota. || Que sirve para frotar.

frotadura *s. f.* Frotación.

frotamiento *s. m.* Acción y efecto de frotar.

frotar *t.* y *pr.* Sobar, friccionar, pasar con más o menos fuerza una cosa sobre otra.

frote *s. m.* Frotamiento, frotación, frotadura.

frotis *s. m.* En patología y biología, preparación microscópica de un tejido cuya muestra se ha obtenido frotándolo con un hisopo para desprender unas cuantas células que son las que se observan al microscopio. *Frotis bucal, frotis vaginal.*

fructífero, ra *adj.* Que produce fruto, ganancia o rendimiento.

fructificar *intr.* Dar fruto una planta o un árbol. || Producir ganancia o utilidad una cosa, actividad o negocio.

fructosa *s. f.* Azúcar monosacárido obtenido de la fruta; unido a la glucosa, produce la sacarosa.

fructuoso, sa *adj.* Que da fruto o ganancia.

frufrú *s. m.* Onomatopeya del roce o frotamiento de las telas finas al moverse la persona que las viste. *Su falda de tafetán producía un frufrú insinuante.*

frugal *adj.* y *s. com.* Parco, moderado en el comer y beber. || Se dice de la cosa o aspecto en que esa moderación o parquedad se pone de manifiesto. *Comida frugal, vida frugal.*

frugalidad *s. f.* Cualidad de frugal. || Templanza, moderación, parquedad en el comer y el beber y en otras costumbres.

frugívoro, ra *adj.* y *s.* Que se alimenta de frutas solamente.

fruición *s. f.* Goce, complacencia.

fruir *intr.* Gozar.

frunce *s. m.* Arruga, pliegue o plisado menudo que se hace en tela o papel.

fruncido *s. m.* Frunce. || *fam.* Acción y efecto de fruncir o fruncirse.

fruncido, da *adj. Esp.* Afectado, receloso, disgustado o colérico. || *fam. Méx.* Amolado, perjudicado, afligido. *Salió de la cárcel todo fruncido.*

fruncidor, ra *adj.* y *s.* Que frunce o sirve para ello.

fruncimiento *s. m.* Acción y efecto de fruncir.

fruncir *t.* Arrugar las cejas y la frente en señal de disgusto o de cólera. || Hacer arrugas en una tela, ya sea a mano o introduciéndole un hilo y haciendo hilvanes sobre los cuales la tela se va recogiendo. || Replegar algo para reducir su tamaño o extensión. *Fruncir los labios, fruncir los ojos.* || *Méx.* Perjudicar o dañar a alguien, física o moralmente. || *pr.* Aparentar o fingir compostura, modestia y recogimiento. *Me ve llegar y se frunce la muy hipócrita.* || *Méx.* Afligirse, apocarse, amilanarse. *¡Uy!, pobre, se frunció cuando vio al policía.*

fruslería *s. f.* Cosa de poco valor o importancia. || Dicho o hecho insustancial.

frustración *s. f.* Acción y efecto de frustrar.

frustráneo, a *adj.* Que no produce o alcanza el efecto deseado.

frustrante *adj.* y *s. com.* Que frustra.

frustrar *t.* y *pr.* Privar a alguien de lo que esperaba o impedirle conseguirlo. || Malograr, echar a perder una cosa, asunto o negocio. || Dejar sin efecto o malograr un intento. || Impedir que se realice algo contra la voluntad de quien lo pretendía hacer. *Frustrar un secuestro.*

fruta *s. f.* Fruto comestible de algunas plantas. || *loc.* ***Fruta cristalizada:*** la cocida y escarchada en azúcar y ceniza. || ***Fruta de horno:*** panes y pasteles. || ***Fruta de sartén:*** galletas y buñuelos cuya pasta se fríe en aceite en vez de cocerse en horno. || ***Fruta seca:*** la que por condición de su cáscara, como las nueces, o por haber sido deshidratada, se conserva comestible todo el año.

frutal *adj.* y *s. com.* Perteneciente o relativo a las frutas y los frutos. || Se dice del árbol productor de frutas.

frutecer *def.* e *intr.* Dar fruta una planta o árbol.

frutería *s. f.* Tienda o local donde se vende fruta.

frutero *s. m.* Recipiente por lo general con base y pie que sirve para contener fruta y ponerla en la mesa.

frutero, ra *adj.* y *s.* Que sirve para llevar o contener fruta. *arpilla frutera, buque frutero.* || Persona dedicada al comercio de la fruta.

frutícola *adj.* y *s. com.* Perteneciente o relativo a la fruticultura.

fruticultor, ra *s.* Persona que se dedica a cultivar fruta.

fruticultura *s. f.* Cultivo de las plantas que producen fruta. || Parte de la agronomía dedicada al estudio del cultivo y mejoramiento de las plantas frutales.

frutificar *intr.* Fructificar.

frutilla *s. f.* Cuentecilla de las Indias Occidentales para hacer rosarios. || *Arg. Chil.* y *Uy.* Fresa o fresón.

frutillar *s. m.* Plantío de fresas o frutillas.

fruto *s. m.* Producto del desarrollo del ovario de la flor, el cual contiene la simiente, semilla o germen del que se desarrolla el embrión de la nueva planta. || Hijo, con relación a la mujer o a la pareja que lo procrea. || Producto del trabajo o del ingenio humano. || Producción de las plantas cultivadas con la que se hace cosecha. || Ganancia, utilidad, provecho, rendimiento de algo. || *loc.* ***Fruto prohibido:*** por alusión al bíblico, cosa que no está permitido usar o hacer.

fuchi *interj.* Se usa para expresar repugnancia o desagrado.

fucsia[1] *s. f.* Arbusto de la familia de las oenoteráceas, ramoso y de hojas ovaladas, agudas y dentadas, con flores pendulares con pedúnculos largos, de color rosa encendido y oscuro, con diversos matices.

fucsia[2] *adj.* y *s. m.* De color rojo violáceo.

fuego *s. m.* Calor y luz producto de la combustión. || Materia encendida en brasa o llama. || Incendio. || Hogar, sitio donde se enciende el fuego dentro de la vivienda. || Ardor y excitación que causan ciertas pasiones como el amor, la ira, la soberbia. || *fam.* Vejiguilla producida por el herpes simple en los labios. || *loc.* ***Fuego de san Telmo:*** fenómeno ígneo producido por la electricidad atmosférica y observable en lo alto de los mástiles de las embarcaciones de vela. || ***Fuego fatuo:*** fenómeno luminoso producido por el fósforo y el azufre presente en la cercanía de las tumbas. || ***Fuego griego:*** mezcla de asfalto, brea y azufre, entre otros ingredientes, que formando bolas en ignición se arrojaban a los buques enemigos, sin que el agua pudiera apagarla. Inventada por Arquímedes, según la leyenda, y usado ampliamente por los bizantinos. || ***Fuegos artificiales:*** cohetes y otros artefactos de pólvora mezclada con otros minerales que le dan color al estallar; se usan en espectáculos públicos para la diversión.

fueguino, na *adj.* y *s.* Nativo de Tierra del Fuego, Provincia de la Antártida e islas del Atlántico Sur en Argentina. || Natural de Tierra del Fuego, provincia de la República de Chile. || Perteneciente o relativo a cualquiera de las dos partes de Tierra del Fuego.

fuel *s. m. neol.* Combustible líquido derivado del petróleo usado para la calefacción.

fuelle *s. m.* Bolsa de cuero plegable y montada en un armazón de madera, que succiona aire y luego lo expulsa en la dirección deseada; se usa en

F

las fraguas artesanales para avivar el fuego. || Bolsa de cuero de la gaita gallega. || Conjunto de pliegues en una bolsa abierta por los extremos donde se ajusta a las partes de los instrumentos musicales a los que da aire para sonar, como el órgano, el acordeón, el bandoneón. || Pliegue de la vestimenta que sirve para dar más amplitud a ciertas partes como las axilas o la cintura. || Pliegue parchado a los costados de bolsas y carteras para aumentar su capacidad. || Toldo plegable de los vehículos. || *fam.* Pulmón, capacidad respiratoria.

fuente *s. f.* Manantial, sitio donde brota agua de la tierra. || Aparato por donde se hace salir y distribuye el agua en plazas y jardines, trayéndola entubada desde manantiales o depósitos como las presas. || Plato grande y más o menos hondo para llevar las viandas a la mesa. || Origen, principio o fundamento de algo. *La curiosidad es fuente de conocimiento.* || Material que brinda información a quien investiga, o inspiración a un artista. || En medicina, llaga abierta que supura. || *loc.* ***Fuentes de información:*** declaraciones, confidencias o documentos que se emplean para elaborar noticias, artículos o reportajes periodísticos. Personas de las que proceden las declaraciones y confidencias.

fuera *adv.* En la parte exterior de algo. || *loc.* ***De fuera:*** exteriormente. || ***Fuera de:*** en lugar distinto. Excepto, salvo. Aparte, además. *Cenar fuera de casa. Fuera de eso, te doy lo que quieras. Fuera de mi maleta, nada llevo.* || ***Fuera de sí:*** alterado el ánimo por la ira, la indignación o sentimiento parecido.

fuereño, ña *adj.* y *s. Col. C. R. Guat. Hond.* y *Méx.* Forastero, que llega de fuera.

fuero *s. m.* En la era feudal, norma especial dada por los reyes para una ciudad o una jurisdicción determinada. || Jurisdicción, privilegio y poder de un estamento. *Fuero eclesiástico, fuero militar.* || Prerrogativa o derecho moral que se reconoce a ciertas actividades, principios, virtudes, por su propia naturaleza. *La justicia posee fueros en todo el mundo civilizado.* || Competencia jurisdiccional que corresponde a ciertas personas por razón de su cargo. *fuero parlamentario, fuero legislativo.* || *loc.* ***Fuero interno:*** conciencia moral, capacidad de aprobar los hechos buenos y reprobar los malos.

fuerte[1] *s. m.* Construcción reforzada con aditamentos especiales para facilitar su defensa, generalmente situada en un punto geográfico que dificulte atacarla y desde el cual pueda proteger una zona o camino importantes.

fuerte[2] *adj.* y *s. com.* Que tiene gran resistencia, fuerza y reciedumbre. || Robusto, corpulento, dotado de gran energía y fuerzas. || De carácter firme, arrojado y animoso. || Duro, resistente. || Intenso de color, olor, sabor o sonido. || Terrible, grave, excesivo. *Se llevó un fuerte susto.* || Se dice de la moneda o la divisa que por tener un buen respaldo económico inspira confianza internacional.

fuerza *s. f.* Vigor, energía, robustez para realizar una actividad, mover algo que pese u ofrezca resistencia, impulsar algo, oprimir algo. || Poder físico o moral. || Capacidad para soportar un peso o resistir un empuje. || Acto de obligar a alguien a que consienta algo o lo haga. *Por la fuerza le sacó la firma del divorcio.* || Estado más vigoroso de algo. *La fuerza de la juventud, la fuerza de la justicia.* || Violencia que se hace a alguien para gozarlo sexualmente. || En física, causa capaz de modificar el estado de movimiento o de reposo de un cuerpo, o de deformarlo. || *loc.* ***Fuerza bruta:*** la material y física, por oposición a la que da la razón y el derecho. || ***Fuerza de voluntad:*** capacidad de una persona para perseverar en un propósito o designio, superando obstáculos, para cumplir con sus deberes y obligaciones. || ***Fuerza pública:*** los organismos policiacos que mantienen el orden y protegen a la población contra la delincuencia. || ***Fuerzas armadas:*** gente de guerra que conforma los ejércitos de tierra, aire y mar de un país. || ***Fuerzas vivas:*** clases sociales y grupos de interés impulsores de la actividad y la prosperidad de una sociedad. || ***Sacar alguien fuerzas de flaqueza:*** hacer un esfuerzo extraordinario para llevar a cabo para lo que uno se considera débil o incapaz.

fuete *s. m. Méx.* Especie de látigo corto con mango o empuñadura larga, que se usa para espolear a las cabalgaduras.

fuga *s. f.* Huida, abandono precipitado de un lugar. || Escape de agua, gas u otro fluido por una grieta accidental de la cañería correspondiente. || En música, composición que se desarrolla alrededor de un tema y su contrapunto, repetidos con arte en varios tonos, muy usual en los siglos XVII y XVIII. || *loc.* ***Fuga de cerebros:*** emigración de personas con educación superior, destacadas en ciencias o en artes, para buscar en el extranjero mejores oportunidades de trabajo.

fugacidad *s. f.* Cualidad o condición de fugaz.

fugar *t. ant.* Poner en fuga, hacer huir a alguien o algo. || *pr.* Huir, escapar.

fugaz *adj.* y *s. com.* Que desaparece con velocidad. || De muy escasa duración.

fugitivo, va *adj.* y *s.* Que anda huyendo y escondiéndose. || Que sucede muy aprisa y como huyendo. *Le lanzó una mirada fugitiva.* || Caduco, perecedero; de corta duración y fácil desaparición. *Más que cuerpos, somos sombras fugitivas.*

fulano, na *s.* Persona indeterminada, alguien cuyo nombre se ignora o no se desea mencionar.

fulcro *s. m.* Punto de apoyo de la palanca.

fulero, ra *adj.* Falso embustero. || Charlatán, mentecato, sin juicio. || Chapucero, mal hecho poco útil, inaceptable. *Esa compostura de la pared te quedó muy fulera.*

fulgente *adj.* y *s. com.* Brillante, esplendente, resplandeciente.

fúlgido, da *adj.* Que tiene brillo, esplendor o resplandor.

fulgir *intr.* Resplandecer, despedir luz y brillo. *El diamante fulge sobre el terciopelo negro.*

fulgor *s. m.* Resplandor, brillo, esplendor.

fulguración *s. f.* Acción y efecto de fulgurar. || Accidente ocasionado por la caída del rayo u otra descarga eléctrica potente. || En medicina, procedimiento para destruir tejido por medio de una corriente eléctrica controlada.

fulgurante *adj.* y *s. com.* Que fulgura.

fulgurar *intr.* Despedir rayos de luz, resplandecer, brillar. || Destacar por su brillantez. || En medicina, emplear corriente eléctrica para destruir la parte enferma un tejido, excrecencias, lunares, verrugas.

fuliginoso, sa *adj.* Oscurecido, ennegrecido. *En los fuliginosos callejones de Londres actuaba Jack «El Destripador».*

fullería *s. f.* Trampa que se comete en el juego de cartas o de dados. || Astucia, maña y cautela para engañar.

fullero, ra *adj.* y *s.* Tramposo, mañoso, engañoso. || Que hace fullerías.

fulminación *s. f.* Acción y efecto de fulminar.

fulminante *adj.* Que fulmina. || Dicho de un material o de un dispositivo, capaz de hacer estallar cargas explosivas. || Súbito, rápido, inesperado. *Tuvo un infarto fulminante.*

fulminar *t.* Lanzar descargas eléctricas en forma de rayos. || Dar muerte un rayo a una persona o a un animal. || Dañar o destruir un rayo o una descarga eléctrica producida artificialmente un árbol, un edificio, un vehículo. || Dicho de algunas cosas, en sentido figurado, matar con ellas. *Me fulminó con la mirada.* || Herir o dañar la luz algo o a alguien. || Causar muerte repentina una enfermedad o afección. || Desahogar la ira contra otra persona, verbalmente o por escrito con palabras duras y humillantes || Dictar de manera violenta y con efectos graves una sentencia, un anatema, una excomunión, una ruptura de relaciones, una declaración de guerra.

fumable *adj.* Que se puede fumar.

fumada *s. f.* Porción de humo que se toma de una vez fumando un cigarro.

fumadero *s. m.* Local cerrado donde en camas, catres o esteras se tendían las personas a fumar el opio en pipas. || Sección destinada a los fumadores en un local.

fumador, ra *adj.* y *s.* Que fuma y tiene costumbre o hábito de ello. || *loc.* ***Fumador pasivo:*** persona que, sin fumar, aspira el humo del tabaco de los fumadores que la rodean. || ***Salón fumador:*** salita o compartimiento que en locales públicos se destinaba a quienes fumaban.

fumar *intr.* Expeler el humo tras haberlo inhalado, del tabaco, opio, hachís, mariguana, anís.

fumarola *s. f.* Emisión de gases y vapores procedentes de un cráter volcánico o de un flujo de lava. || Grieta en el suelo por donde brotan gases procedentes del subsuelo por haber una conexión con el magma volcánico o con un punto caliente.

fumífero, ra *adj.* Que echa humo.

fumífugo, ga *adj.* Que extingue o disipa el humo.

fumigación *s. f.* Acción y efecto de fumigar.

fumigador, ra *adj.* y *s.* Que fumiga. || Persona dedicada a la fumigación. || Máquina o aparato empleado para la fumigación.

fumigar *t.* Matar plagas por medio de humos, polvos o gases esparcidos dentro de una habitación, edificio, etc., previamente cerrados. || Desinfectar habitaciones por medio de humos, vapores o pulverizaciones adecuados.

funambulesco, ca *adj.* Perteneciente o relativo al funámbulo. || Extravagante, vistoso, llamativo, grotesco, como propio del circo. || Hábil para maniobrar entre tendencias u opiniones opuestas.

funambulismo *s. m.* Arte del funámbulo. || Conjunto de ejercicios y suertes de este género de acrobacia.

funámbulo, la *s.* Acróbata que realiza su actuación sobre la cuerda floja o el alambre. || Persona diestra para la vida social y política.

función *s. f.* Aptitud de actuar y llevar a cabo procesos propios de los seres vivos y sus órganos. || Capacidad de moverse y llevar a cabo procesos previamente planeados, propia de las máquinas y los aparatos. || Tarea que debe realizar una institución, sus dependencias y las personas que para ella laboran. || Acto solemne y público, especialmente el religioso. || Cada representación de una obra teatral representada y cada proyección de una película de cine. || Papel que en la estructura gramatical de la oración desempeña cada elemento fonético, morfológico, léxico y sintáctico. || En matemáticas, relación entre los elementos de dos conjuntos de tal manera que a cada elemento del primero le corresponde otro del segundo. || *loc.* ***En función de:*** dependiendo de, según. || ***Estar en funciones:*** hallarse en el ejercicio del cargo.

funcional *adj.* Perteneciente o relativo a la función. || Útil, práctico y cómodo simultáneamente. || Adecuado a su objetivo o finalidad. || Referente a las funciones biológicas.

funcionalidad *s. f.* Cualidad o condición de funcional.

funcionalismo *s. m.* Tendencia de la arquitectura del siglo XX que da preferencia a la adecuación y a los fines sobre la belleza o el equilibrio estético. || Escuela lingüística de los funcionalistas.

funcionalista *adj.* y *s. com.* Que profesa el funcionalismo arquitectónico o es producto del mismo. *Organización funcionalista del espacio, edificio funcionalista.* || Que pertenece a la escuela lingüística que se sustenta sobre la interpretación funcional de la lengua.

funcionamiento *s. m.* Acción y efecto de funcionar.

funcionar *intr.* Ejecutar las funciones que le son propias o le han sido asignadas: las personas, las máquinas, las instituciones, etc. || Marchar o resultar como se había previsto. *El plan funciona muy bien.*

funcionario, ria *s.* Persona que desempeña un empleo en la administración pública. || *Arg. Ecua.* y *Uy.* Empleado jerárquico, en particular el estatal.

funda *s. f.* Cubierta o envoltura con que se protege algo.

fundación *s. f.* Acción y efecto de fundar. || Origen, principio y establecimiento de algo. *La fundación de Tenochtitlan. La fundación de una escuela.* || Persona moral o jurídica dedicada a la beneficencia o a patrocinar la ciencia, el arte, las artesanías, la educación, etc., en cumplimento de la voluntad de la persona que la erigió y dotó financieramente.

fundacional *adj.* y *s. com.* Perteneciente o relativo a la fundación.

fundador, ra *adj.* y *s.* Que funda.

fundamentación *s. f.* Conjunto de argumentos que sirven de base para defender una tesis.

fundamental *adj.* Que es el fundamento o principio de algo.

fundamentalismo *s. m.* Movimiento religioso y político que propone reinstaurar la pureza de la fe mediante la aplicación estricta de los mandamientos y prescripciones de esa religión. Se aplica principalmente a cierta corriente musulmana que desea llevar la ley coránica a la categoría de norma jurídica de toda la sociedad islámica. || Tendencia de las iglesias cristianas a interpretar al pie de la letra la Biblia, surgida en Estados Unidos donde tiene connotaciones sociales y políticas derechistas. || Intransigencia en materia de creencias, doctrinas o prácticas establecidas a las que se pretende obligar a someterse. *Fundamentalismo económico, fundamentalismo feminista.*

fundamentalista *adj.* y *s. com.* Defensor de las ideas del fundamentalismo.

fundamentalista *adj.* y *s. com.* Perteneciente o relativo al fundamentalismo. || Partidario del fundamentalismo.

F

fundamentar *t.* Poner los fundamentos o cimientos de un edificio. || Establecer y hacer firme algo. || Exponer razonadamente los principios, causas o motivos para hacer tal o cual afirmación.

fundamento *s. m.* Cimiento y principio en que se apoya la construcción de un edificio u otra cosa. || Razón esencial, causa o motivo que sirve de base firme para asegurar o aseverar algo. || Origen o raíz o principio en que estriba y consiste algo no material. *La ley es fundamento de la armonía social.*

fundar *t.* y *pr.* Edificar y organizar materialmente una casa, una ciudad, una construcción cualquiera. || Apoyar o colocar una cosa material sobre otra que le sirve de base. || Instituir o erigir una obra de beneficencia, un fideicomiso, un establecimiento educativo o cultural. || Establecer, crear. *Fundar un reino, fundar una empresa comercial.* || Exponer los argumentos y razones que sirven de base para afirmaciones o declaraciones. *Fundar un discurso, fundar una tesis.*

fundente[1] *adj.* y *s. com.* Que facilita la fundición de metales u otros minerales.

fundente[2] *s. m.* En química, sustancia que mezclada con otra facilita la fusión de ésta. || En medicina antigua, medicamento que supuestamente disolvía tumores e infartos.

fundible *adj.* y *s. com.* Que puede fundirse.

fundición *s. f.* Acción y efecto de fundir o de fundirse. || Fábrica donde se llevan a fundir los metales.

fundido *s. m.* En cine y televisión, transición gradual de un plano a otro en la proyección, o de un sonido a otro en la pista sonora. || Mezcla de las últimas imágenes o sonidos de una secuencia cinematográfica o televisiva con los primeros de la siguiente.

fundidor, ra *adj.* y *s.* Persona cuyo oficio es fundir metales. || Que funde o sirve para ello. || Máquina para fundir metales.

fundillo *s. m. Amér.* Trasero, nalgas. || Fondo o parte inferior de vaso o de botella. || Parte trasera de calzones y pantalones.

fundir *t.* Derretir, licuar los metales y otros minerales a fuerza de calentarlos a altas temperaturas. || Dar forma al metal licuado vertiéndolo en moldes. || *t.* y *pr.* Descomponerse un aparato eléctrico por haberse hecho un cortocircuito. || Unirse dos cosas, materiales o no, para formar una sola. *Fundir estaño y cobre para hacer bronce, fundirse dos partidos.* || Derretir con calor materias grasas como la manteca, la mantequilla, el chocolate. || Mezclar las últimas imágenes y sonidos de una secuencia de cine, televisión o video con los primeros de la siguiente. || *Amér.* Quedar arruinado económica o moralmente. || Descomponerse un aparato o un motor.

fundo *s. m.* Terreno propiedad de alguien, heredad, finca rústica.

fúnebre *adj.* y *s. com.* Perteneciente o relativo a los muertos. Honras fúnebres, pompas fúnebres. || Muy triste, luctuoso. *Color fúnebre, semblante fúnebre.*

funeral *s. m.* Ceremonias solemnes con que se vela y entierra un cadáver o cualquier otro modo digno de disponer de él.

funerala *loc. adv.* **A la:** modo de llevar los militares las armas con la boca hacia abajo en señal de duelo en las honras fúnebres castrenses. || *loc.* ***Ojo a la funerala:*** morado casi negro e hinchado por un golpe, generalmente recibido en una pelea.

funeraria *s. f.* Empresa dedicada de proveer ataúdes (o urnas, en su caso), coches fúnebres y demás accesorios, además de arreglar el cadáver para el funeral.

funerario, ria *adj.* Perteneciente o relativo al entierro o a las honras fúnebres.

funesto, ta *adj.* Que es origen de pesar y ruina. || Triste, infeliz, desgraciado.

fungi *s. m.* En biología, reino que agrupa a los hongos.

fungible *adj.* Que se agota con el uso.

fungicida *adj.* y *s. com.* Que sirve para destruir o matar los hongos.

fungiforme *adj.* Que tiene forma de hongo o seta.

fungir *intr.* Desempeñar un cargo o empleo. || *Ven.* Ejercer una función, a veces sin el nombramiento oficial correspondiente.

funicular *s. m.* Vehículo en forma de caja o vagón suspendido de cables o cuerdas que se hace subir o bajar por la acción de un motor. Se usa para el traslado de personas en sitios montañosos o con grandes desniveles.

furgón *s. m.* Vagón de tren destinado al transporte de carga ligera como correspondencia, equipaje y algunas mercancías. || *ant.* Carruaje cerrado de cuatro ruedas, con pescante cubierto, que se usaba como transporte entre poblaciones. || Coche cerrado completamente excepto por una portezuela trasera, sin ventanas, usado para el traslado de detenidos y presos.

furgoneta *s. f.* Vehículo automotor más pequeño que el camión y mayor que la camioneta, destinado al reparto de mercancías. || Vehículo automóvil grande y de interior muy espacioso, diseñado para el transporte de personas.

furia *s. f.* Ira excesiva y exaltada. || Acceso o ataque de locura violenta. || Cada una de las tres criaturas mitológicas que vivían en el Hades o infierno y tenían a su cargo el castigo de los culpables, ejerciendo contra ellos considerable violencia. Personificaban la venganza y el remordimiento. || Persona muy irritada y colérica. || Agitación violenta de las cosas inanimadas. *La furia del huracán, la furia del fuego.*

furibundo, da *adj.* Lleno de furia, airado, colérico. || Que denota furor. *Palabras furibundas, grito furibundo.* || Partidario apasionado y entusiasta de algo o alguien. *Es un furibundo seguidor de la música ranchera.*

fúrico, ca *adj. Méx.* Furioso, muy alterado.

furioso, sa *adj.* Embargado de furia. || Se dice del demente de comportamiento violento. || Arrebatado, terrible, tremebundo.

furor *s. m.* Ira desbordada e incontenible. || Momento de mayor difusión y aceptación de una moda o costumbre. || Actividad violenta de las fuerzas naturales. || *loc.* ***Hacer furor:*** ponerse algo muy de moda.

furris *adj.* y *s. com. fam. Méx.* y *Nic.* Corriente, de mala calidad. || Ridículo, estrafalario.

furtivo, va *adj.* Que se hace ocultamente, a escondidas. || Ilegal, contra el derecho de propiedad o en perjuicio de las leyes protectoras de especies en peligro de extinción; se dice de cazadores, pescadores y recolectores de ciertos vegetales como los cactos.

furúnculo *s. m. ant.* Forúnculo, inflamación con pus producida por la infección bacteriana de un folículo piloso.

fusa *s. f.* En música, nota musical cuya duración es la mitad de una semicorchea, o sea la treintaidosava de la redonda o completa.

fusca *s. f. fam. Méx.* Pistola, o cualquier arma corta de fuego. *Sacó la fusca que llevaba al cinto y disparó.* || *Esp.* Maleza, hojarasca.

fusco, ca *adj.* De color oscuro casi negro.

fuselaje *s. m.* Parte del avión donde se alojan los pasajeros y las mercancías.

fusibilidad *s. f.* Cualidad o condición de fusible.

fusible[1] *s. m.* Alambre o chapita metálica de fácil fusión, que colocado en diversas partes de una instalación eléctrica o de un aparato, se funden cuando una descarga excesiva la interrumpe, impidiendo que dañe la instalación o el aparato así protegidos.

fusible[2] *adj.* Que puede fundirse.

fusiforme *adj.* y *s. com.* Que tiene forma de huso, esto es: más grueso o ancho en el centro y angosto en los extremos.

fusil *s. m.* Arma de fuego portátil, consistente en un cañón de 80 a 100 cm de longitud, el mecanismo de disparo, cargador y la caja o culata. Son automáticos o semiautomáticos. Por su relativa ligereza ha sido el arma reglamentaria de la infantería.

fusilamiento *s. m.* Acción y efecto de fusilar. || Modo de ejecución consistente en colocar al sentenciado delante de una pared y frente a él, a cierta distancia, un pelotón de soldados armados con fusiles, unos cargados con balas de salva, que disparan al dárseles la orden. Si lo anterior no priva de la vida al fusilado, se le remata con el tiro de gracia, dado en el cráneo.

fusilar *t.* Ejecutar a alguien con disparos de fusiles. || Plagiar la obra de otro, copiándola y dándola a conocer con el nombre de uno y sin dar crédito al autor.

fusilería *s. f.* Conjunto de fusiles. || Fuego de fusiles, disparos hechos simultáneamente.

fusilero, ra *adj.* y *s.* Perteneciente o relativo al fusil. || Soldado de infantería armado con fusil.

fusión *s. f.* Acción y efecto de fundir o de fundirse. || Unión de empresas, partidos, grupos o intereses. || *loc.* ***Fusión nuclear:*** en física, reacción que produce la unión de dos núcleos ligeros para formar uno pesado, con gran generación de energía.

fusionar *t.* y *pr.* Unir dos o más cosas formando una sola.

fusta *s. f.* Látigo corto hecho con una trencilla de correa, empleado para estimular el paso de la cabalgadura.

fustán *s. m.* Tela ligera de algodón que se vende aderezada con almidón. || *Amér.* Enagua que se usa como fondo para el vestido.

fuste *s. m.* Tronco de los árboles, recubierto por la corteza. || Vara o palo largo y delgado, usualmente flexible. || Palo de la lanza. || Vástago, conjunto de tallo y hojas de la planta nueva. || Armazón de la silla de montar. *Al que no le guste el fuste, que lo tire y monte a pelo.* || Fundamento, esencia o eje de algo no material, como un

discurso, un escrito, un pensamiento. || En arquitectura, parte media de la columna clásica; puede ser lisa o estriada.
fustigación *s. f.* Acción y efecto de fustigar.
fustigador, ra *adj.* y *s.* Que fustiga.
fustigante *adj.* Que fustiga.
fustigar *t.* Azotar a alguien o a un animal. || Recriminar, censurar o vituperar acremente.
futbol o **fútbol** *s. m.* Deporte de competencia por equipos, cada uno integrado por 11 jugadores que se disputan el balón en una cancha rectangular, tratando de meterlo en el marco o meta para anotar un tanto o gol. || *loc.* ***Futbol americano:*** deporte parecido al rugby, en el que dos equipos u oncenas se disputan un balón de forma ovoidal sobre una cancha en forma de parrilla. || ***Futbol rápido:*** el que se juega en cancha pequeña y sin pasto, dentro de un recinto sin gradería, y en el que cada equipo cuenta con sólo cinco jugadores.
futbolero, ra *adj.* y *s. fam.* Perteneciente o relativo al futbol. || Aficionado o seguidor de este deporte.
futbolín *s. m.* Juego en el que sobre una mesa hay varillas en las cuales van montados figurines de futbolistas, que al ser manipuladas por los usuarios ponen en juego la pelota y remedan un partido de futbol.
futbolista *s. com.* Jugador o jugadora de futbol.
futbolístico, ca *adj.* Perteneciente o relativo al futbol.
futbolito *s. m. Amér.* Futbolín.
fútil *adj.* y *s. com.* De poco valor, importancia o utilidad.
futilidad *s. f.* Cualidad de fútil. || Cosa, dicho o hecho inútil y sin importancia.
futón *s. m.* Colchón estilo japonés que se tiende sobre una tarima y puede guardarse enrollado.
futurismo *s. m.* Orientación mental hacia el futuro, que se refleja en el arte, la literatura, la política. || Movimiento poético de inicios del siglo xx en Italia, liderado por Filippo Marinetti. || *Méx.* Actitud política de quien se esfuerza en prever cuál candidato será el ganador en una elección todavía muy distante en el tiempo.
futurista *adj.* y *s. com.* Perteneciente o relativo al futurismo. || Partidario del futurismo.
futuro *s. m.* Porvenir, tiempo adelante del presente. || En gramática, tiempo verbal en que se expresan acciones o estados posteriores al momento en que se habla.
futuro, ra *adj.* Que está por venir.
futurología *s. f.* Estudios que tienen como propósito predecir el futuro por medio de la ciencia.
futurólogo, ga *s.* Quien cultiva o profesa la futurología.

g

g *s. f.* Octava letra del alfabeto español.
gabacho, cha *adj. s. desp. fam.* De o relacionado con los Estados Unidos de América.
gabán *s. m.* Prenda de vestir amplia, de tela gruesa y abertura en medio, similar al capote. || Por extensión, abrigo.
gabardina *s. f.* Abrigo largo, ligero e impermeable para protegerse de la lluvia. || Tela de tejido diagonal fuerte para fabricar prendas de vestir.
gabarra *s. f.* Embarcación de vela y remo para cargas pequeñas y travesías cortas.
gabela *s. f. ant.* Impuesto que se paga al estado.
gabinete *s. m.* Conjunto de ministros de un gobierno. || Despacho para la atención de asuntos profesionales. || Estudio o sala para recibir visitas. || Mueble de estudio de usos varios.
gacela *s. f.* Antílope herbívoro que se desplaza a grandes saltos, de lomo color dorado pardo, vientre blanco y cuernos encorvados, oriundo de África y Medio Oriente.
gaceta *s. f.* Publicación periódica noticiosa, generalmente especializada o institucional.
gacetilla *s. f.* Sección de periódico de noticias breves.
gacetillero, ra *s. adj.* Redactor de notas breves. || *desp.* Periodista sensacionalista y poco ético.
gacha *s. f.* Cualquier masa blanda, casi líquida. || Platillo de harina cocida, sal y algún otro ingrediente.
gachapazo *s. m. Esp.* Caída violenta.
gacho, cha *adj. fam.* Que está inclinado hacia adelante y hacia abajo. *Lo vi caminar con la cabeza gacha.* || Que es feo y de mala calidad. *Ese sombrero está gacho.* || Que es de mala fe. *Es un tipo gacho.*
gachumbo *s. m. Amér.* Corteza dura de frutos grandes con la que se fabrican utensilios domésticos e instrumentos musicales.
gachupín, pina *adj. fam. desp.* Que es español.
gadolinio *s. m.* Elemento químico metálico raro, color blanco plateado, que está presente en algunos minerales. De aspecto similar al acero, su obtención es una de las más costosas de todos los elementos. Se utiliza en la industria nuclear y algunos de sus derivados se usan como catalizador. Su número atómico es 64 y su símbolo *Gd.*
gaélico, ca *s.* Lengua de origen celta de Escocia e Irlanda.
gafa *s. m. Esp.* Pieza de metal para sujetar dos cosas.
gafar *t. Esp.* Desprender algo con un instrumento curvo.
gafas *s. f.* Accesorio visual compuesto por un par de lentes, graduados o no, y un armazón que se coloca sobre la nariz y se sujeta sobre o tras las orejas.
gafe *adj.* y *s. com. Esp.* Que es aguafiestas.
gafete *s. m.* Tarjeta de identificación sujeta a la ropa o colgada del cuello.
gag *s. m. fam.* Actuación cómica en una representación. || Gesto cómico en una representación. *Ese cómico hace buenos* gags.
gagá *adj.* Que es tonto y torpe a causa de la edad.
gaita *s. f.* Instrumento musical de viento formado por una bolsa de cuero y tres tubos con agujeros para producir el sonido.
gaitero, ra *s.* Músico ejecutante de la gaita.
gaje *s. m. fam.* Inconveniente o falla común del ejercicio de un oficio. *Esos son gajes del oficio.*
gajo *s. m.* Cada una de las partes de la pulpa de un fruto, especialmente los cítricos.
gala *s. com.* Vestido o traje elegante y lujoso. *Fuimos vestidos de gala.* || Fiesta, ceremonia o espectáculo en la que se porta este vestuario. *Fuimos invitados a la función de gala.*
galáctico, ca *adj.* Perteneciente a las galaxias o relacionado con ellas.
galaico, ca *adj.* Perteneciente o relacionado con la región española de Galicia.
galaicoportugués, guesa *adj.* Lengua romance hablada en la Edad Media en la región noroeste de la península ibérica. || De o relacionado con esa región.
galán *s. m.* Hombre apuesto proclive a la conquista amorosa. || Pretendiente de una mujer. || Protagonista de representaciones románticas.
galano, na *adj.* De buena postura, bien vestido, aseado y agradable. || Dícese del estilo oral o escrito pulcro cuya intención es agradar.
galante *adj.* Que es obsequioso y cortés, sobre todo con las damas. || Dícese de las mujeres de vida licenciosa. || Estilo literario de tema amoroso tratado con cierta picardía.
galanteador, ra *adj.* Dícese de las personas que galantean.
galantear *t.* Halagar a una mujer o a varias con intención seductora.
galanteo *s. m.* Acción de galantear. || Lance o conjunto de acciones con intención seductora.
galantería *s. f.* Conducta, gesto o expresión obsequiosa con intención seductora.
galanura *s. f.* Gracia y gentileza en el comportamiento y la apariencia.
galápago *s. m.* Reptil quelonio anfibio de larga vida, muy parecido a la tortuga, que se alimenta de algas marinas y hierbas terrestres.
galardón *s. m.* Premio o recompensa por victoria en competencia, méritos o servicios.
galardonar *t.* Premiar el desempeño, valor, servicio o mérito de una persona o un equipo.
galaxia *s. f.* Sistema de astros, polvo interestelar, gas y partículas que gravitan en torno a un núcleo.
galena *s. f.* Mineral de azufre y plomo color gris brillante.
galeno *s. m. fam.* Profesional de la medicina.
galeón *s. m.* Embarcación de vela grande con tres o cuatro mástiles en cruz.
galeote *s. m.* Reo condenado a remar en las antiguas galeras.
galera *s. f.* Embarcación antigua de vela y remos. || Antiguamente, celda grande para encerrar a muchos presos. || *desp.* Cualquier espacio para alojar muchas personas, generalmente trabajadores temporales. || Antiguamente, tira de papel impreso para formar columnas o páginas.
galerada *s. f.* En impresión anterior a la computadora, pruebas de los textos para corregirlos antes de imprimirlos.
galería *s. f.* Corredor largo y estrecho que sirve como descanso, iluminador y distribuidor de las casas grandes. || Recinto para exponer obras de arte. || Colección de obras de arte. || Pasaje interior de edificios grandes para establecimientos comerciales. || Sección alta de asientos en salas

de espectáculos. || Pasaje subterráneo para transporte y maniobras en las minas.
galerna *s. f.* Viento característico de la costa norte de España.
galerón *s. m.* Canto popular de los llanos de Colombia y Venezuela. || *Méx.* Construcción espaciosa de usos varios.
galés, lesa *adj.* De Gales o relacionado con esa región de Inglaterra. || Idioma de origen celta que se habla en Gales.
galgo, ga *adj.* Perro alto, delgado y de piernas largas que se caracteriza por su gran velocidad.
galgódromo *s. m.* Pista especial para carreras de perros, en especial las de galgos.
galicismo *s. m.* Cualquier palabra de origen francés utilizada en otras lenguas.
galicista *adj.* y *s. com.* Dícese de las personas que utilizan galicismos frecuentemente.
gálico, ga *adj.* Perteneciente o relacionado con las Galias o antigua Francia. || *s.* Enfermedad venérea.
galimatías *s. m.* Discurso hablado o escrito ininteligible o muy enredado.
galio *s. m.* Elemento químico metálico, resistente y fácilmente fundible, de amplio uso en prótesis dentales. Se utiliza también en la fabricación de semiconductores, termómetros de cuarzo y de lámparas de arco. Su número atómico es 31 y su símbolo *Ga*.
gallardete *s. m.* Trofeo para el triunfador en torneos deportivos. || Banderín triangular que se coloca en los mástiles de las embarcaciones.
gallardía *s. f.* Valor, entereza y elegancia al actuar. || Elegancia y resolución en el movimiento del cuerpo.
gallardo, da *adj.* Que actúa con valor y decisión. || Que tiene porte elegante y desenvuelto.
gallareta *s. f.* Ave nadadora de agua dulce, color negro grisáceo.
gallear *intr.* Ostentar hombría con gestos amenazantes y palabras altisonantes.
gallego, ga *adj.* De Galicia o relacionado con esa región de España. || *s.* Lengua romance hablada en esa región de España.
gallegoportugués, guesa *s. m.* Lengua romance medieval de Galicia y el norte de Portugal.
gallera *s. f.* Criadero de gallos de pelea y jaula para transportarlos.
gallero *s. m.* Criador de gallos de pelea.
galleta *s. f.* Pasta seca de harina y otros ingredientes cocida al horno.
galletería *s. f.* Fábrica de galletas.
galletero *s. m.* Recipiente para guardar y conservar galletas.
galliforme *adj.* y *s. com.* Cualquiera de las especies de aves no voladoras parecidas a las gallinas.
gallina *s. f.* Ave doméstica no voladora proveedora de huevos para la alimentación humana. || *adj. desp.* Que es tímido y asustadizo.
gallináceas *s. f. pl.* Uno de los órdenes o grupos en los que están clasificadas las aves. *Las gallináceas no vuelan.*
gallináceo, a *adj.* De o relacionado con alguna de las especies gallináceas.
gallinazo *s. m.* Ave carroñera americana parecida al zopilote, de cabeza roja y pico amarillo.
gallinero *s. m.* Corral de gallinas. || Jaula para transportar gallinas. || *fam.* Lugar donde hay algarabía. || *desp.* En algunas salas de espectáculos, la galería.
gallineta *s. f.* Ave nadadora de agua dulce, de color negro grisáceo.
gallipavo *s. m.* Ave doméstica comestible con plumaje de diversos colores, cabeza implume y un apéndice carnoso que le cuelga de la montadura del pico. || *Esp.* Nota falsa al cantar.
gallito *adj.* y *s. m.* Dícese de los hombres jactanciosos y agresivos.
gallo *s. m.* Ave doméstica de plumaje brillante, cresta roja enconada y grandes espolones. || Persona que presume valentía. || Nota falsa al cantar. || Serenata bajo el balcón. || Mucosidad que se expele por la boca.
gallón *s. m.* Pared o cerca de barro mezclado con varas o pasto seco. || Adorno de molduras en construcciones.
galo, la *adj.* Perteneciente o relacionado con las Galias o antigua Francia. || *s.* Antigua lengua de esta región.
galón *s. m.* Unidad de capacidad equivalente a aproximadamente 4.5 litros. || Adorno de prendas de vestir, generalmente de miembros de organizaciones jerarquizadas.
galopante *adj.* Que corre al galope, especialmente caballos. || Proceso que avanza rápidamente, especialmente enfermedades.
galopar *intr.* Correr el cuadrúpedo, especialmente el caballo, a galope. || Ir a caballo al galope.
galope *s. m.* Modo de correr del caballo u otro cuadrúpedo más rápido que el trote, mas no a toda velocidad.
galopín, pina *s.* Ayudante de cocina en un restaurante. || *Esp.* Persona sucia y andrajosa.
galpón *s. m.* Cobertizo grande y precario.
galvánico, ca *adj.* De o relacionado con el galvanismo.
galvanismo *s. m.* Electricidad producida por dos metales diferentes sumergidos en agua. || Propiedad de la electricidad de producir movimientos de músculos y nervios. || Antiguamente, rama de la física que estudiaba estas propiedades.
galvanización *s. f.* Baño de metales generalmente con cinc para impedir su oxidación. || Utilización de la electricidad galvánica para diagnosticar y tratar enfermedades. || *fig.* Refuerzo de la energía humana. *Con la nueva disciplina el equipo quedó galvanizado.*
galvanizado, da *adj.* Dícese de los metales protegidos contra la oxidación por un capa de otro metal, generalmente cinc. || *fig.* Dícese de las personas cuyas capacidades están reforzadas por algún régimen especial o liderato fuerte.
galvanizar *t.* Producir electricidad con dos metales distintos separados y sumergidos en agua. || Proteger metales contra la oxidación con una capa de otro metal, generalmente cinc. || *fig.* Reforzar las capacidades de las personas.
galvanómetro *s. m.* Aparato para medir el voltaje y el sentido de una corriente eléctrica producida por galvanización.
galvanoplastia *s. f.* Técnica para cubrir metales con una capa de otro metal, generalmente cinc, mediante galvanización.
gama *s. f.* Gradación de colores. || Escala musical. || Conjunto de cosas diversas que sirven a un mismo fin.
gamada *adj.* Relativo a la cruz de cuatro brazos iguales doblados en forma de codo.
gamba *s. f.* Crustáceo marino comestible parecido al langostino.
gamberrada *s. f.* Acción innoble propia del gamberro o pandillero.
gamberrear *intr.* Actuar como gamberro.
gamberrismo *s. m.* Conducta de gamberro.
gamberro, rra *adj.* y *s.* Que es libertino. || Que es incivil, mal educado. || *f. Esp.* Prostituta.
gambeta *s. f. Arg.* y *Uy.* Movimiento con el que un futbolista hace ademán de ir para un lado y luego va para otro, con el fin de burlar al contrario.
gambetear *t. Arg.* y *Uy.* Hacer gambetas.
gambeteo *s. m. Arg.* y *Uy.* Juego de piernas con el que se hacen gambetas.
gambito *s. m.* En ajedrez, movida que implica sacrificar una pieza para conseguir una ventaja temprana. *En un gambito, sacrificó a un peón.*
gambusino *s. m. Méx.* Buscador de oro.
gameto *s. m.* Cada una de las dos células, femenina y masculina, que intervienen en la fecundación. *El óvulo y el espermatozoide son los gametos que al unirse forman un nuevo ser.*
gamín *s. m. Col.* Niño de la calle.
gamma *s. f.* Tercera letra del alfabeto griego (Γ, γ) que corresponde a la

G

g del latino. || Millonésima parte de un gramo. || *loc.* ***Rayos gamma:*** radiación electromagnética, de mayor frecuencia que la de los rayos X, que se emite en la desintegración de núcleos radiactivos.
gamo, ma *s.* Mamífero de la familia de los Cérvidos. Tiene pelaje rojizo con manchitas blancas y cuernos en forma de pala.
gamón *s. m.* Planta de la familia de las Liláceas, con hojas en forma de espada y flores blancas.
gamonal *s. m.* Terreno lleno de gamones. || *Amér.* Cacique.
gamosépalo, la *adj.* Que tiene los sépalos soldados entre sí. *Gamosépalo se usa tanto para referirse al cáliz como a toda la flor.*
gampétalo, la *adj.* Que tiene los pétalos soldados entre sí. *Gampétalo se usa tanto para referirse a la corola como a toda la flor.*
gamuza *s. f.* Mamífero parecido a una cabra, con cuernos que en la punta forman un gancho hacia atrás. || Piel de este animal, que una vez curtida, es muy suave. || Cualquier tipo de tela que tenga la textura de la original.
gana *s. f.* Disposición o deseo de hacer algo. *Tengo ganas de ir al cine.* || Capricho. *Se le dio la gana de bailar con todas.* || *loc.* ***Hacer lo que se le pega la gana:*** hacer su capricho. || *fam.* ***Traerle ganas a algo:*** desear hacer algo. || ***Traerle ganas a alguien:*** si es a un hombre, querer pegarle; si es una mujer, querer enamorarla. || ***Con ganas:*** en gran medida. *Ese ladrón es tonto con ganas: robó dos veces seguidas en el mismo lugar.*
ganadería *s. f.* Conjunto del ganado de un país. || Conjunto de ganado de un particular. || Lugar donde se cría ganado con fines económicos. || Raza especial de ganado.
ganadero, ra *adj.* y *s.* Que se relaciona con la ganadería. || Persona que se dedica a criar ganado con fines económicos.
ganado *s. m.* Conjunto de animales de cuatro patas, de varias especies, que se crían para sacar beneficio económico de su carne (ganado de engorda), de su leche (ganado lechero) del cuero, etc. || *loc.* ***Ganado mayor:*** el de animales grandes, como vacas, mulas, bueyes, etc. || ***Ganado menor:*** el de animales pequeños, como ovejas y cabras.
ganador, ra *adj.* Que tiene posibilidades de ganar un premio, una competencia, etc. || Que ganó un premio, una competencia, etc.
ganancia *s. f.* Provecho o beneficio que se saca de algo. || Total de ingresos de una empresa después de descontar los gastos. || Mejoría en algo. *Ya es ganancia que te hayan puesto la computadora.*
ganancial *adj.* y *s. com.* Que se relaciona con la ganancia. || *loc.* ***Bienes gananciales:*** los que adquieren los cónyuges, que se pueden dividir en caso de divorcio.
ganancioso, sa *adj.* Que produce ganancias. || Que obtiene ganancias. *Salió ganancioso del trato.*
ganapán *s. m.* Hombre que se gana la vida haciendo mandados o tareas rudas. || Hombre tosco, rudo.
ganar *t.* Lograr obtener dinero con trabajo, en un sorteo, etc. || Vencer a alguien en una competencia. || Cobrar dinero por trabajar. || Alcanzar un lugar remoto o difícil. || Captar adeptos. || *loc.* ***Ganar terreno:*** ocupar una cosa el lugar de otra. || ***Ganar tiempo:*** conseguir más tiempo para hacer algo.
ganchillo *s. m.* Gancho para hacer labores de punto. || Labor de punto que se hace con ese instrumento.
gancho *s. m.* Instrumento de material duro y flexible, como metal o plástico, que tiene una parte curva que sirve para colgar. || Aguja larga con un extremo curvo que sirve para hacer labores de punto. || Cómplice de un estafador que sirve de distracción. *Usó de gancho a su novia para robarle la billetera al parroquiano.* || Objeto que sirve de señuelo.
ganchudo, da *adj.* Que tiene forma de gancho. *La van a operar porque tiene la nariz ganchuda.*
gandaya *adj.* y *s. com.* Pícaro.
gandul, la *adj.* Que no quiere trabajar.
gandulear *intr.* Llevar una vida de gandul.
gandulería *s. f.* Comportamiento de las personas que no quieren trabajar ni hacer nada.
ganga¹ *s. f.* Ave parecida a la paloma, con alas y cola puntiaguda, y plumas grises y blancas. || Cosa de calidad que se consigue a bajo precio.
ganga² *s. f.* Materia inútil que rodea y que hay que separar del mineral valioso.
ganglio *s. m.* Abultamiento en un nervio. || *loc.* ***Ganglio linfático:*** estructura nodular que forma parte del sistema linfático y desempeña un papel importante de defensa del organismo ante infecciones.
ganglionar *adj.* y *s. com.* Que se relaciona con los ganglios. || Que está compuesto de ganglios.
gangosidad *s. f.* Lo que es gangoso.
gangoso, sa *adj.* y *s.* Que tiene una voz nasal, ya sea por padecer un resfrío o por algún defecto en la nariz.
gangrena *s. f.* Muerte o putrefacción del tejido por falta de irrigación sanguínea. *Cuando hay gangrena suele amputarse el miembro afectado.*
gangrenado, da *adj.* Relativo al tejido del cuerpo que se pudre por falta de circulación.
gangrenarse *pr.* Sufrir de gangrena.
gangrenoso, sa *adj.* Que tiene gangrena.
gángster *s. m.* Miembro de una banda que se dedica a actividades contra la ley.
ganguear *intr.* Hablar con voz gangosa.
gangueo *s. m.* Voz nasal.
ganón, nona *adj.* y *s. fam. Méx.* Se aplica a la persona que se beneficia de alguna situación.
ganoso, sa *adj.* Que tiene gana de algo.
gansada *s. f. fam.* Manera de comportarse o hablar de una persona tonta.
gansear *intr. fam.* Hacer o decir gansadas.
ganso, sa *adj.* y *s.* Ave de cuello largo y patas cortas con pico color naranja. *El paté de hígado de ganso es muy apreciado en gastronomía.* || Persona que dice tonterías.
gánster *s. m.* Hombre que pertenece a una banda delictiva.
ganzúa *s. m.* Especie de gancho de alambre que usan los ladrones para abrir una cerradura de la que no tienen la llave.
gañán *s. m.* Hombre rudo, tosco. || Muchacho que trabaja en el campo a las órdenes de otra persona.
gañido *s. m.* Aullido de un perro, en especial cuando lo maltratan. || Quejido de otros animales.
gañir *intr.* Aullar de dolor un perro u otro animal. || Graznar un ave. *El cuervo, el ganso o el pato gañan frente al peligro.* || Respirar haciendo ruido una persona.
gañote *s. m.* Parte superior de la tráquea. || *loc. Ven.* ***Refrescar el gañote:*** tomar bebidas alcohólicas.
garabatear *t.* Hacer garabatos.
garabateo *s. m.* Acción y resultado de garabatear.
garabato *s. m.* Letra o dibujo mal trazado. *Hacer garabatos ayuda cuando la clase es aburrida.*
garage o **garaje** *s. m.* Lugar donde se guardan automóviles. || Taller mecánico.
garambullo *s. m. Méx.* Planta de la familia de las cactáceas. || Fruto de esa planta, de color rojo oscuro. *Con el garambullo se hace mermelada.*
garante *adj.* y *s. com.* Que garantiza. || Persona que respalda o avala a alguien.
garantía *s. f.* Seguridad de que algo va a realizarse. || Compromiso que un fabricante da por escrito de que reparará o reemplazará al comprador un aparato en caso de que no funcione. || Papel en el que consta ese compromiso. || Cantidad de dinero o su equivalente en un objeto que se da como respaldo de una obligación. || *loc.* ***Garantías constitucionales:*** derechos que la Constitución de un país otorga a todos sus ciudadanos.

garantir *def. t.* Garantizar.
garantizar *t.* Dar garantía.
garañón *s. m.* Asno o caballo que se usa de semental. || Hombre sexualmente muy potente.
garapiña *s. f.* Líquido que al solidificarse forma grumos.
garapiñado, da o **garrapiñado, da** *adj.* Se refiere a la fruta o semilla bañada en caramelo.
garapiñar o **garrapiñar** *s. f.* Poner algo en estado de garapiña. || Bañar dulces o frutos secos con un almíbar que al solidificarse forma grumos.
garbanzal *s. m.* Terreno sembrado de garbanzos.
garbanzo *s. m.* Planta leguminosa cuya semilla, redonda y rugosa, de color amarillento, con una protuberancia característica, y muy dura, es comestible. *Con garbanzos se prepara la pancita, el cocido, muchas comidas de la India y el humus de los árabes.* || *loc.* ***Garbanzo de a libra:*** cosa extraordinaria. *Este alumno es un garbanzo de a libra.*
garbo *s. m.* Gracia con que se mueve un animal o una persona.
garboso, sa *adj.* Que muestra garbo en la manera de moverse, de comportarse.
garceta *s. f.* Garza pequeña con un par de plumas muy largas en la nuca, pico largo, negro y plumaje blanco. *La garceta se alimenta de peces pequeños, ranas, insectos.*
gardenia *s. f.* Planta ornamental de tallos espinosos y flores blancas muy olorosas.
garduña *s. f.* Mamífero carnicero parecido a la marta; tiene patas cortas, cola larga y garguero blanco.
garduño *s. m. Esp.* Ratero mañoso y astuto.
garete *loc.* **Ir al garete:** no tener un rumbo fijo. || *fam. Amér.* Fracasar.
garfio *s. m.* Gancho de hierro. *Los más famosos son los garfios de los piratas.* || *Arg.* y *Uy.* Dedo de la mano. *¡Sácame tus garfios de encima!*
gargajiento, ta *adj.* Que está lleno de gargajos.
gargajo *s. m. fam.* Mucosidad que se escupe violentamente por la boca.
garganta *s. f.* Parte de adelante del cuello. || Parte que va desde el velo del paladar hasta el esófago. *La laringe y la faringe son parte de la garganta.* || Voz de un cantante. *En el concierto, muchas gargantas desafinaron.* || Lugar estrecho entre montañas. || *loc.* ***Tener a alguien atravesado en la garganta:*** no tragar a alguien, es decir, tenerle antipatía.
gargantilla *s. f.* Collar corto que se pone en el cuello, pegado a la garganta.
gárgara *s. f. pl.* Acción que consiste en poner un líquido en la garganta, con la cabeza echada hacia atrás y hacer pasar aire despacio, de tal manera que se formen burbujas y se oiga como agua hirviendo. *Me mandaron a hacer gárgaras con bicarbonato.*
gargarear *intr. Amér.* Hacer gárgaras.
gargarismo *s. m.* Acción de hacer gárgaras. || Licor que se usa para hacer gárgaras.
gargarizar *intr. Esp.* Hacer gárgaras.
gárgola *s. f.* En arquitectura, elemento en forma de caño o canal, que sobresale de una pared y sirve para desaguar el agua de los techos. En la punta está rematado por una figura, por lo general monstruosa.
garguero o **gargüero** *s. m.* Parte superior de la tráquea. || Toda la tráquea.
garigoleado, da *adj. Méx.* Adornado en exceso.
garita *s. f.* Caseta, por lo general de madera, que sirve para que alguien vigile un edificio, un cruce de vía férrea, etc. || *Méx.* Entrada de la ciudad, donde por lo general se cobra peaje.
garito *s. m.* Casa clandestina de juego. || Lugar de diversión legal, pero con mala reputación.
garlito *s. m.* Especie de red doble, en la que un pez queda atrapado sin posibilidad de salir. || *fam.* Trampa. || *loc.* ***Caer en el garlito:*** caer en una trampa.
garlopa *s. f.* En carpintería, cepillo largo con mango, que sirve para pulir e igualar junturas.
garlopín *s. m.* Cepillo pequeño de carpintero.
garnacha[1] *s. f.* Especie de toga con mangas y sobrecuello grande.
garnacha[2] *s. f. Méx.* Tortilla de maíz gruesa, con el borde levantado, que lleva salsa picosa y otros ingredientes como frijoles, queso, crema, carne.
garnacha[3] *s. f.* Uva roja y dulce con la que se fabrica vino. || *loc.* ***Vino garnacha:*** vino dulce que se prepara con esa uva y que se usa por lo general en repostería.
garra *s. f.* Mano de un animal con uñas largas y afiladas. *Los leones y las águilas tienen garras filosas.* || Cada una de las uñas. || *fig.* Mano del hombre. || *Amér.* Harapo. || *Uy.* Prenda de mala calidad. || Entusiasmo por hacer algo. || *loc.* ***Caer en las garras de alguien:*** ser atrapado por alguien que nos va a hacer daño.
garrafa *s. f.* Recipiente de cuerpo redondo o ancho y cuello largo. || *Amér. Merid.* Recipiente para gas. || *loc.* ***De garrafa:*** se dice de la bebida alcohólica de mala calidad que se vende en garrafa o garrafón.
garrafal *adj.* Que se trata de un error muy grande.
garrafón *s. m.* Garrafa grande.
garrapata *s. f.* Ácaro que se adhiere a la piel de animales y personas para chupar la sangre.
garrapatear *t.* Hacer garrapatos.
garrapiñado, da *adj.* y *s.* Bañado con almíbar que hace grumos al enfriarse. || *m. Arg.* y *Uy.* Maní cuando está garrapiñado.
garrido, da *adj.* Que es una persona gallarda, robusta, lozana.
garrocha *s. f.* Vara para practicar salto de altura. || Vara larga para picar a los toros.
garrochazo *s. m.* Golpe que se da con una garrocha. || Herida hecha con la punta de la garrocha.
garrochista *s. com.* Persona que practica el salto con garrocha. || Persona que hiere con una garrocha.
garronear *t. fam. Arg.* y *Uy.* Sacarle dinero a alguien como si fuera un préstamo pero sin intención de devolverlo.
garronero, ra *adj. fam. Arg.* y *Uy.* Referido a la persona que pide prestado con insistencia.
garrotazo *s. m.* Golpe que se da con un garrote.
garrote *s. m.* Palo grueso y fuerte que puede usarse como bastón o para golpear con él. || *Esp.* Instrumento para ejecutar condenados a muerte, consistente en un palo grueso al que se ata la cabeza del condenado y un aro de hierro que se va apretando hasta ahorcarlo. *En España, durante casi todo el siglo xx se aplicó el garrote, también llamado «garrote vil», tanto a delincuentes comunes como a presos políticos.*
garrotear *t.* Dar golpes con un garrote.
garrotero, ra *s. Méx.* En los trenes, el encargado del manejo de los frenos, del cambio de vías, etc. || En los restaurantes, ayudante del mesero que limpia las mesas, las acomoda, etc.
garrotillo *s. m.* En medicina, difteria grave que lleva a la muerte por obstrucción de las vías respiratorias.
garrucha *s. m.* Polea.
garrulería *s. f.* Charla del gárrulo.
gárrulo, la *adj.* Que canta mucho, dicho de un ave. || Que habla mucho y dice puras tonterías, referido a una persona. || *fig.* Que hace un ruido continuo, como una caída de agua.
garúa *s. f. Arg.* y *Uy.* Lluvia muy fina y tranquila.
garuar *intr.* e *impers.* Llover ligeramente.
garufa *s. f. fam. Arg.* y *Uy.* Diversión, farra.
garza *s. f.* Ave acuática que vive a la orilla de lagos y ríos; es zancuda y su cuello largo y sinuoso está rematado por un pico cónico.
garzo, za *adj.* De color azulado. *Sus ojos garzos la encandilaron.*
gas *s. m.* Estado de la materia en el que las moléculas están muy separadas entre sí. || Combustible en ese estado. || *pl.* Aire que se acumula en el aparato digestivo. || *fam.* Fuerza, ímpetu. || *loc.* ***Gas mostaza:***

gas tóxico que se usa en la guerra. || ***Gas natural:*** gas que se acumula en el interior de la Tierra. || ***Gas hilarante:*** óxido nitroso, que se utiliza para anestesiar. || ***Gas lacrimógeno:*** el que provoca escurrimiento de lágrimas. || ***Gas noble:*** cada uno de los elementos químicos de un grupo que forman el helio, neón, argón, criptón, xenón y radón; se encuentran en el aire y por su estructura atómica son químicamente inactivos. || ***A todo gas:*** a toda velocidad.

gasa *s. f.* Tejido de seda o hilo muy delgado y costoso. || Tejido muy abierto, hecho con material esterilizado, que se usa en curaciones.

gasear *t.* Añadir gas a un líquido, en especial dióxido de carbono. *Los refrescos también se llaman «gaseosas» porque fueron gaseados.* || Echar gas tóxico, lacrimógeno, a las personas. *Los manifestantes fueron gaseados.*

gaseiforme *adj.* En estado de gas. *Del laboratorio salía una nube verde gaseiforme.*

gaseoducto *s. m.* Gasoducto.

gaseosa *s. f. Arg.* y *Uy.* Bebida refrescante dulce y con burbujas.

gaseoso, sa *adj.* Que se encuentra en estado de gas. || Que desprende gases, como un refresco.

gasificación *s. f.* Acción y resultado de gasificar.

gasificar *t.* Transformar un líquido o un sólido en gas. || Introducir gas en un líquido.

gasoducto *s. m.* Tubería de grandes dimensiones y extensión que sirve para transportar gas natural de donde se extrae y procesa hasta las ciudades.

gasógeno *s. m.* Aparato que sirve para transformar en gas combustible sustancias líquidas mezcladas con oxígeno.

gasoil o **gasóleo** *s. m.* Combustible líquido resultante de la destilación del petróleo.

gasolina *s. f.* Combustible líquido derivado del petróleo que se utiliza para hacer funcionar motores.

gasolinera *s. f.* Local donde se vende gasolina. || *Esp.* Lancha que funciona con motor a gasolina.

gasolinería *s. f. Méx.* Lugar donde se vende gasolina.

gastadero, ra *s.* Lugar, acción en que se gasta dinero u otra cosa.

gastado, da *adj.* Que está viejo o sin brillo por exceso de uso. *Traía arrastrando sus gastadas sandalias.* || Que está viejo, cansado, debilitado. *El abuelo se veía gastado por la enfermedad.*

gastador, ra *adj.* y *s.* Que le gusta gastar dinero.

gastar *t.* Utilizar el dinero en algo. *Decidieron gastar la herencia en viajes.* || Deteriorar o deteriorarse algo con el uso. *Le pusieron rodilleras a los pantalones porque los gastó al gatear.* || Consumir. *Gastó toda su energía en la carrera, pero perdió.* || *Esp.* Usar o poseer algo. *Sólo gasta tecnología de última generación.*

gasterópodo *adj.* y *s. m.* Se dice del molusco que se arrastra, tiene cabeza con tentáculos y concha en forma de espiral. *El caracol es un gasterópodo.*

gasto *s. m.* Acción de gastar. || Cantidad que se gasta. || En física, cantidad de fluido (líquido o gas) que pasa por un orificio en un tiempo determinado. || *loc.* ***Gasto público:*** el que realiza la administración pública. || ***Gastos de representación:*** asignación que se da a ciertos cargos, generalmente muy altos, para actividades sociales. || ***Correr alguien con los gastos:*** hacerse cargo de una cuenta, pagar una fiesta, etc. || ***Cubrir los gastos:*** obtener apenas ganancias para resarcir el costo de algo.

gástrico, ca *adj.* En medicina, que se relaciona con el estómago.

gastritis *s. f.* Inflamación del estómago producida por un exceso de ácidos.

gastroenteritis *s. f.* Inflamación de las mucosas gástrica e intestinal, por lo general causada por una infección o por una intoxicación.

gastroenterología *s. f.* En medicina, rama que atiende, investiga y cura enfermedades relacionadas el aparato digestivo.

gastroenterólogo, ga *s.* Médico especialista en gastroenterología.

gastrointestinal *adj.* Que se relaciona o afecta al mismo tiempo el estómago y los intestinos.

gastronomía *s. f.* Arte de cocinar buena comida. || Arte de saber saborear la buena comida.

gastronómico, ca *adj.* Que se relaciona con la gastronomía.

gastrónomo, ma *s.* Especialista en gastronomía. || Persona a la que le gusta el buen comer.

gástrula *s. f.* En biología, etapa del desarrollo del embrión, que sigue a la blástula, en la que están presentes, según el animal, el ectodermo, el endodermo y el mesodermo.

gata *s. f.* Hembra del gato. || Gatuña. || *fam. desp. Méx.* Sirvienta.

gateado, da *adj.* Que se parece en algún aspecto al gato. || Que tiene vetas parecidas a las de los gatos de algalia. || *s. m.* Madera muy veteada que usan los ebanistas en la fabricación de muebles de lujo.

gatear *intr.* Andar en cuatro patas como los gatos. || Trepar un árbol o un mástil como los gatos, usando manos y pies.

gatera *s. f.* Agujero en una puerta del tamaño justo para que puedan entrar y salir los gatos de la casa. || Sitio para que duerman los gatos o canasta con asa para transportarlos.

gatillazo *s. m.* Golpe que da el gatillo, en especial cuando no sale el tiro.

gatillo *s. m.* Mecanismo en un arma de fuego que activa la palanca de disparo. || Mecanismo en muchos aparatos que activan su funcionamiento.

gato[1] *s. m.* Mamífero doméstico, carnívoro, de la familia de los félidos, con patas cortas y uñas retráctiles, pelo suave y espeso. *El gato es un excelente animal de compañía, por no hablar de que nos libra de los ratones.* || *loc.* ***Gato de algalia:*** mamífero carnívoro de cuerpo alargado y flexible, pelaje gris con rayas y cola larga. Cerca del ano tiene una bolsa en la que segrega algalia, una sustancia que se usa en perfumería. || ***Gato de Angora:*** gato de pelo muy largo que procede de Angora, en Irán. También se le conoce como gato persa. || ***Gato montés:*** gato salvaje, de color amarillento con rayas negras que forman anillos en la cola. || ***Gato siamés:*** gato de pelo muy corto y de color o amarillento o gris, más oscuro en la cara, las orejas y la cola. || ***A gatas:*** manera de andar apoyando las manos y las rodillas. || *fam.* ***Defenderse como gato panza arriba:*** actitud que opta por atacar para defenderse de una agresión. || ***Cuatro gatos (locos):*** muy poca cantidad de gente. || ***Dar gato por liebre:*** engañar haciendo pasar una cosa de muy poco valor por otra parecida, pero de más valor y calidad. || ***Haber gato encerrado:*** que en una situación o asunto hay algo oculto o secreto.

gato[2] *s. m.* Utensilio de carpintería que sirve para sujetar fuertemente a un banco la pieza de madera que se trabaja. || Instrumento mecánico que sirve para levantar pesos de abajo arriba. || *Arg.* y *Uy.* Baile de movimientos rápidos y «relaciones», es decir, versos con intención ya sea burlesca, ya sea para coquetear con la pareja.

gatuno, na *adj.* Que se relaciona con los gatos o con alguna de sus características. *Las modelos de pasarela tienen andares gatunos.*

gatuperio *s. m.* Mezcla de diferentes sustancias cuyo resultado no sirve o llega a ser incluso dañino. || Embrollo, lío.

gauchada *s. f. Arg.* y *Uy.* Acción que hace un gaucho. || *fam.* Favor muy grande. *Hacéme la gauchada: decíle al jefe que estoy tan enfermo que no puedo ni hablar por teléfono.*

gauchaje *s. m. Arg.* y *Uy.* Conjunto de gauchos.

gauchesco, ca *adj. Arg.* y *Uy.* Que se relaciona con los gauchos. *La poesía gauchesca no la escribieron los gauchos, pero se refiere a ellos.*

gaucho, cha *adj. Arg.* y *Uy.* Que se relaciona con los gauchos. || Que tiene, buenas cualidades: valiente, noble, simpático. || *s. f.* Hombre que trabaja en el campo en actividades de ganadería.

gaveta *s. f.* Cajón corredizo que hay en muchos escritorios. || Mueble que tiene muchos de esos cajones.

gavia[1] *s. f.* Zanja que se cava para deslindar propiedades. || Vela que se coloca en el mastelero mayor de las naves.

gavia[2] *s. f.* Gaviota.

gavial *s. m.* Reptil parecido al cocodrilo, pero con hocico muy largo y delgado. Mide unos 8 m de largo y habita en los ríos de la India.

gaviero *s. f.* Marinero que está a cargo de la gavia[1].

gavilán *s. m.* Ave rapaz de unos 30 cm de longitud, de plumaje gris azulado en la parte superior y con bandas, que se diferencia de otras rapaces por tener las alas cortas. La hembra es más grande y de plumaje más claro. || Rasgo que se hace al final de algunas letras. || Cada uno de los dos hierros que sobresalen de la guarnición de la espada, forma la cruz y sirven para defender la mano y la cabeza de los golpes del contrario. || Flor del cardo. || Composición musical popular, típica de Venezuela y Colombia.

gavilla *s. f.* Conjunto de ramas o mieses más pequeño que el haz y más grande que el manojo. || Conjunto de personas de baja estofa.

gavillero *s. m.* Lugar donde se amontonan las gavillas.

gaviota *s. f.* Ave marina de alas largas, plumaje blanco y pico anaranjado con una curva hacia abajo. Se alimenta de peces. *Cuando las gaviotas vuelan tierra adentro, va a haber tormenta.*

gavota *s. f. ant.* Baile muy alegre que se ejecutaba con pasos y saltos. || Música de este baile.

gay *adj.* Que se relaciona con la homosexualidad. || Hombre homosexual.

gayola *s. f.* Jaula. || *fam.* Cárcel.

gazapera *s. f.* Madriguera de conejos.

gazapo[1] *s. m.* Cría del conejo.

gazapo[2] *s. m.* Error que se comete al hablar o al escribir.

gazmoñería *s. f.* Simulación de humildad, devoción, escrúpulos.

gazmoño, ña *adj.* y *s.* Que finge ser virtuoso.

gaznápiro, ra *adj.* y *s.* Que es tonto, torpe.

gaznate *s. m.* Parte inferior de la garganta. || Cono de galleta relleno de merengue.

gazpacho *s. m. Esp.* Sopa fría que se hace con pedazos de pan, se condimenta con aceite, vinagre, sal, ajo, cebolla, y a la que se le agrega, según la región, jitomate, pepinos, etc.

ge Nombre de la letra *g.* || Símbolo químico del germanio.

gea *s. f.* Conjunto de los minerales de un país.

geco *s. m.* Pequeño lagarto de ojos saltones, piel de colores claros y dedos que tienen cojincillos adhesivos para trepar.

géiser *s. m.* Fuente de agua caliente y vapor, que lanza chorros regular o intermitentemente. Es de origen volcánico.

geisha *s. f.* En Japón, muchacha que aprendió música, danza, la ceremonia del té, con el fin de entretener a los hombres.

gel *s. m.* Estado intermedio entre el sólido y el líquido. || Producto que tiene la consistencia de la gelatina. || Jabón líquido que se usa para asear las manos o el cuerpo.

gelatina *s. f.* Sustancia sólida, incolora, transparente, que se obtiene de la cocción de los huesos de animales. || Postre blando y dulce que se hace con esa sustancia, a la que se le agregan frutas, azúcar o saborizantes.

gelatinoso, sa *adj.* Que tiene mucha gelatina. || Que tiene la consistencia de la gelatina.

gélido, da *adj.* Helado, extremamente frío. *En los polos el clima es gélido.* || Poco afectuoso. *Su rival le dirigió una sonrisa gélida.*

gema *s. f.* Piedra preciosa. || Brote de una planta.

gemación *s. m.* Tipo de reproducción asexual que se inicia con la formación de yemas que se separan de la célula madre para formar nuevos individuos. || División celular en la que el citoplasma se divide en dos partes desiguales, la menor de las cuales se denomina yema.

gemebundo, da *adj.* Que gime profundamente.

gemelo *s. m.* Músculo de la pantorrilla. || *pl.* Instrumento que sirve para ver de lejos, con dos tubos, uno para cada ojo, que contienen un juego de prismas. || Adorno que se usa en los puños de las camisas.

gemelo, la *adj.* y *s.* Que nacieron en el mismo parto y son idénticos. *«Gemelo» y «mellizo» no son sinónimos perfectos, porque los gemelos provienen de un solo óvulo, y los mellizos de dos, por lo que pueden no ser idénticos.* || Que es una cosa idéntica a otra. *La caída de las Torres Gemelas aún es noticia.*

gemido *s. m.* Sonido de voz que expresa dolor, pena, placer.

geminación *s. f.* Duplicación, repetición. || En lingüística, repetición seguida del mismo elemento como un sonido, una sílaba, una palabra.

geminado, da *adj.* Dividido en dos partes o que forma pares. || Que se duplica y se pronuncia en dos tiempos. *En la palabra «ennegrecido» las enes son geminadas.*

geminar *t.* Duplicar, repetir. || Pronunciarse un sonido en dos tiempos, duplicarse las vocales o las consonantes.

géminis *adj.* y *s. com.* Que nació bajo el signo zodiacal llamado Géminis, entre el 22 de mayo y el 21 de junio. *Géminis está representado por los gemelos Cástor y Pólux.*

gemir *intr.* Emitir gemidos que expresan dolor, pena, placer. || Aullar un animal. || Sonar las cosas como el gemido humano. *El viento hacía gemir las ventanas.*

gemología *s. f.* Ciencia que se dedica a identificar, clasificar y estudiar las propiedades de las gemas o piedras preciosas.

gemológico, ca *adj.* Que se relaciona con la gemología. *Los cursos gemológicos me enseñarán a tasar joyas.*

gemólogo, ga *s.* Especialista en gemología.

gen *s. m.* Unidad del material genético hereditario que se corresponde con un segmento determinado de ADN; en los organismos eucariotas, se ubica en los cromosomas. *El lugar que ocupa cada gen en el cromosoma se denomina «locus».*

genciana *s. f.* Planta herbácea que llega a medir 1 m de altura, con grandes hojas y flores amarillas. || *loc.* ***Violeta de genciana:*** medicamento tópico que se prepara con las raíces de esta planta y que se usa como fungicida. *Que no te caiga una gota de violeta de genciana porque la mancha no se quita.*

gendarme *s. m.* Agente de policía en algunos países.

gendarmería *s. f.* Conjunto de gendarmes. || Cuartel de gendarmes.

gene *s. m.* Gen.

genealogía *s. f.* Conjunto de los antepasados de una persona. || Escrito donde consta la lista de antepasados. || Por extensión, antepasados y documentos sobre éstos respecto de un animal. || Ciencia que estudia esta disciplina.

genealógico, ca *adj.* Que se relaciona con la genealogía.

genealogista *s. com.* Especialista en genealogía.

generable *adj.* Que se puede generar.

generación *s. f.* Acción y resultado de engendrar. || Acción y efecto de generar. *La generación de empleo parece ser el gran problema de nuestro tiempo.* || Conjunto de personas que nacieron en una misma época. || Espacio de 30 años que se considera la duración media de cada generación. *En un mismo siglo suelen convivir tres generaciones.* || Conjunto de artistas que comparten características

G

comunes además de haber nacido en la misma época. *La Generación del 98 lloró la pérdida de Cuba.* || Conjunto de aparatos que comparten determinadas características y son de la misma época. *¿Serán las* tablets *la última generación de computadoras portátiles?* || *loc.* ***Generación espontánea:*** teoría antigua que creía que los seres podían generarse a partir de materia inerte. *Los microscopios ayudaron a derribar la teoría de la generación espontánea.*

generacional *adj.* Que se relaciona con la generación. *Los conflictos generacionales entre padres e hijos adolescentes suelen resolverse cuando estos últimos crecen.*

generador, ra *adj.* Que genera. || Que genera una figura geométrica con su movimiento, y se dice de una línea o una superficie. *El triángulo equilátero es generador de un cono.* || *s. m.* Aparato que produce energía eléctrica a partir de otro tipo de energía.

general *adj.* Que es común a todos. *El reglamento general de la empresa lo cumplen desde el director hasta el empleado de menor categoría.* || Que no entra en detalles. *En general, el trabajo está bien.* || Que es muy habitual o común. *Se trata de un hábito muy general, difícil de erradicar.* || *s. m.* Militar de la categoría más alta. || *loc.* ***General de brigada:*** militar que tiene categoría superior a la de coronel e inferior a la de general de división; está al mando de una brigada. || ***General de división:*** militar que tiene categoría superior a la de general de brigada e inferior a la de teniente general; está al mando de una división. || ***General en jefe:*** general que manda todo un ejército.

generalidad *s. f.* Lo que es general. || Vaguedad, imprecisión. || *loc.* ***Generalidades:*** conocimientos básicos de una ciencia o de una materia.

generalísimo *s. m.* En algunos ejércitos, general que tiene el mando de todas las fuerzas armadas de un Estado.

generalizable *adj.* Que se puede generalizar.

generalización *s. f.* Acción y resultado de generalizar.

generalizador, ra *adj.* Que generaliza. *No me gusta ese libro, es demasiado generalizador.*

generalizar *t. intr.* y *pr.* Hacer común una cosa. *A finales del siglo xx se generalizó el uso de los celulares.* || Abstraer de un conjunto aparentemente heterogéneo sus rasgos generales para lograr un concepto que lo sintetice.

generar *t.* Engendrar, crear producir algo.

generativo, va *adj.* Que tiene la posibilidad de generar.

generatriz *adj.* y *s.* En geometría, que es capaz de generar, con movimiento, una figura o un sólido. Se dice de las líneas o de las figuras. || En física, que puede generar energía eléctrica a partir de la energía mecánica.

genérico, ca *adj.* Que se refiere a varias especies. || Que se refiere al género. || Que se menciona con el nombre de su principio activo. *Los medicamentos genéricos son más baratos que los de marca.*

género *s. m.* Conjunto de personas, animales o cosas que comparten determinadas características. || En comercio, mercancía en general. || Tela o tejido. || Categoría o clase en que pueden clasificarse los diversos géneros de un mismo arte. *La narrativa es un género de la literatura.* || En biología, categoría que clasifica a los seres vivos; va después de la familia y antes que la especie. *El nopal es de la familia de las Cactáceas, del género opuntia.* || En gramática, accidente gramatical que indica si los sustantivos, los adjetivos, los artículos y los pronombres son masculinos, femeninos o neutros.

generosidad *s. m.* Cualidad de quien da todo sin esperar nada a cambio.

generoso, sa *adj.* Que ayuda a los demás sin esperar nada a cambio. || Que denota generosidad. || Que es amplio o abundante.

genésico, ca *adj.* Que se relaciona con la generación.

génesis *s. f.* Origen de algo. || Conjunto de sucesos o factores que dan origen a algo. || *m.* En religión, primer libro del Antiguo Testamento de la Biblia en el que se explican las creencias acerca del origen del mundo. *En el Génesis aparece la historia de Adán y Eva.*

genética *s. f.* En biología, rama que estudia los mecanismos que regulan la herencia. || En psicología, rama que estudia las diferentes etapas de desarrollo por las que pasa el niño antes de ser adulto.

genético, ca *adj.* Que se relaciona con la genética. || Que se relaciona con la génesis. || *s.* Genetista.

genetista *s. com.* Persona especialista en genética.

genial *adj.* Que es característico de un genio. || Extraordinario, fuera de lo común. || *fam.* Muy bueno.

genialidad *s. f.* Inteligencia excepcional de una persona que le permite inventar, crear, y lo hace sobresalir sobre los demás. || Rareza con la que se conduce una persona para llamar la atención.

génico, ca *adj.* En biología, que se relaciona con los genes.

genio *s. m.* Carácter de una persona. || Persona muy inteligente y creativa. || Inteligencia extraordinaria y creativa. || Personaje en cuentos y leyendas que tiene poderes mágicos.

genital *adj.* Que sirve para la reproducción.

genitales *s. m. pl.* Órganos sexuales externos, tanto masculinos como femeninos.

genitivo, va *adj.* Que es capaz de engendrar. || En gramática, en algunas lenguas declinación que indica posesión, materia de que está hecha una cosa. *El genitivo no se expresa con una declinación en nuestra lengua, sino que es un complemento precedido de la preposición «de».*

genitor, ra *adj.* Que engendra. *Genitor significa también padre, creador.*

genitourinario, ria *adj.* Que se relaciona con los órganos y las vías genitales y urinarias.

geniudo, da *adj.* Que tiene mal genio, mal carácter.

genízaro, ra *adj.* y *s.* Jenízaro.

genocida *adj.* y *s. com.* Que se relaciona con el genocidio. || Persona que comete genocidio.

genocidio *s. m.* Exterminio sistemático de una población por motivos políticos, económicos, raciales. *El genocidio de rusos, judíos y gitanos en la Segunda Guerra Mundial fue comparable al que los españoles hicieron en América con la población indígena.*

genoma *s. m.* Conjunto de cromosomas de una célula. || Por extensión, conjunto de cromosomas de una especie. *El mapa del genoma humano es un proyecto que se está desarrollando en varios países.*

genotípico, ca *adj.* Que se relaciona con el genotipo.

genotipo *s. m.* Conjunto de genes que posee un individuo.

gente *s. f.* Conjunto de personas. *El centro comercial estaba lleno de gente.* || Grupo de personas de una misma clase social. || Familia. *Voy a salir de vacaciones con mi gente.* || Personas subordinadas a un jefe. *Mi gente puede hacer ese trabajo en menos tiempo.* || Persona. || *loc.* ***Mala gente:*** mala persona. || ***Buena gente:*** buena persona. || ***Gente bien:*** de buena posición económica. || ***Gente menuda:*** niños. || ***Ser alguien muy buena gente:*** ser persona de bien.

gentil *adj.* y *s. com.* En religión, para los judíos o cristianos, el que no es judío ni cristiano. || Amable, cortés, agradable. || *pl. Per.* Habitante de Perú antes de la llegada de los españoles.

gentileza *s. f.* Cualidad que describe la manera de actuar de una persona amable, cortés, agradable. || Regalo que ofrecen algunos establecimientos comerciales y hoteles a sus clientes.

gentilhombre *s. m. ant.* Buen mozo. || Caballero de la nobleza. || Hombre

de la nobleza que servía en las casas reales o importantes.
gentilicio *s. m.* Que se refiere a las personas o a las naciones. || Que se refiere al linaje. || *loc.* ***Adjetivo gentilicio:*** el que indica la procedencia o la nacionalidad de una persona. *En español, a diferencia del inglés y otros idiomas, los gentilicios no se escriben con mayúscula.*
gentilidad *s. f.* En religión, para los judíos y los cristianos, conjunto de los gentiles y su religión.
gentío *s. m.* Gran cantidad de gente reunida en un lugar. *Había un gentío en el Zócalo.*
gentuza *s. f. desp.* Gente de baja estofa.
genuflexión *s. f.* Movimiento que implica flexionar las rodillas, en algunos casos hasta hincarse, para demostrar respeto a alguien de la nobleza o para rezar.
genuflexo, xa *adj.* Arrodillado.
genuino, na *adj.* Que es auténtico. *Este diamante no es genuino.* || Característico. *«Los Beatles» son genuinos representantes de la década de 1960.*
geocéntrico, ca *adj.* Que se refiere al centro de la Tierra. || Que considera que la Tierra es el centro del universo. *Sostener la teoría contraria a la geocéntrica era peligroso en épocas de la Inquisición.*
geocentrismo *s. m.* Teoría astronómica que sostenía que la Tierra era el centro del universo.
geoda *s. f.* Conjunto de minerales cristalizados en el hueco de una piedra o de una roca.
geodesia *s. f.* Ciencia que estudia las dimensiones de la Tierra.
geodésico, ca *adj.* Que se relaciona con la geodesia. *La carpa geodésica es una cúpula semiesférica que representa, mediante triángulos, hexágonos y pentágonos, la forma de la Tierra.*
geodinámica *s. f.* En geología, rama que estudia los cambios y los movimientos en la corteza terrestre.
geoestacionario, ria *adj.* Relativo a los satélites artificiales que, ubicados sobre el ecuador, describen una órbita alrededor de la Tierra, sincronizados a su rotación.
geofísico, ca *adj.* y *s.* Que se relaciona con la geofísica. || Persona que se especializa en geofísica.
geografía *s. f.* Ciencia que estudia tanto los aspectos físicos de la Tierra como las poblaciones que la habitan. || Conjunto de características físicas y humanas de un territorio. || Territorio. *Las inundaciones alteraron la geografía de Veracruz.*
geográfico, ca *adj.* Que se relaciona con la geografía.
geógrafo, fa *s.* Persona que se dedica a estudiar los diferentes aspectos de la superficie de la Tierra.
geoide *s. m.* Forma de la Tierra que no es una esfera perfecta porque está aplastada por los polos.
geología *s. f.* Ciencia que estudia características, formación, estructura, etc., de la Tierra. *La orogenia es la parte de la geología que estudia la formación de las montañas.*
geológico, ca *adj.* Que se relaciona con la geología. *Las eras geológicas abarcan millones de años.*
geólogo, ga *s.* Persona especializada en geología.
geomagnético, ca *adj.* Que se relaciona con el magnetismo que genera la Tierra.
geomagnetismo *s. m.* En geología, estudio del magnetismo terrestre y los fenómenos derivados de éste. *La brújula funciona gracias a los campos magnéticos, que estudia el geomagnetismo.*
geómetra *s. com.* Persona especializada en geometría.
geometría *s. f.* En matemáticas, rama que estudia espacios, líneas, puntos, superficies, ángulos, figuras, y la manera de medirlos. || *loc.* ***Geometría analítica:*** la que estudia las figuras geométricas con un sistema de coordenadas y métodos algebraicos. || ***Geometría del espacio:*** la que estudia las figuras cuyos puntos no están todos en un mismo plano. || ***Geometría plana:*** la que estudia las figuras cuyos puntos están todos en un mismo plano.
geométrico, ca *adj.* Que se relaciona con la geometría.
geomorfología *s. f.* En geología, rama que estudia las formas del relieve terrestre.
geonomía *s. f.* Ciencia que estudia las propiedades de la tierra vegetal. || Ciencia que estudia la distribución de las especies en la Tierra.
geonómico, ca *adj.* Que se relaciona con la geonomía.
geoplano *s. m.* Lámina cuadrada de madera o plástico con clavos o postes en los que se colocan cordeles o bandas elásticas para estudiar superficies geométricas.
geopolítica *s. f.* Rama de la geografía, muy cargada ideológicamente hablando, que relaciona la historia de un pueblo con las características del espacio geográfico que ocupa.
geopolítico, ca *adj.* Que se relaciona con la geopolítica. *La globalización forma parte de la geopolítica imperialista.*
geoquímica *s. f.* Ciencia que combina la geografía y la química para analizar los elementos que componen la Tierra.
geoquímico, ca *adj.* y *s.* Que se relaciona con la geoquímica. || Persona que se especializa en geoquímica.
georgiano, na *adj.* y *s.* Originario de Georgia, república rusa.
geórgica *s. f.* Obra literaria que se relaciona con la agricultura y el campo. *Virgilio es el autor de «Las Geórgicas».*
geórgico, ca *adj.* Que se relaciona con el campo. || Que se relaciona con las geórgicas.
geosfera *s. f.* Parte de la Tierra en la que se da la vida.
geotermia *s. f.* En geología, rama que estudia el calor que genera la Tierra desde su interior.
geotropismo *s. m.* Tropismo que se produce por efecto de la gravedad. *Las raíces de las plantas crecen hacia abajo por geotropismo.*
geranio *s. m.* Planta ornamental que se cultiva por los colores vivos de sus flores. *Hay geranios rojos, lilas o blancos.*
gerbo *s. m.* Jerbo.
gerencia *s. f.* Puesto de gerente. || Tarea propia del gerente. || Oficina del gerente. || Duración del puesto de gerente.
gerente, ta *s.* Persona que dirige y administra una empresa.
geriatra *s. com.* Médico especializado en geriatría. *La geriatra decidió hospitalizar al abuelo.*
geriatría *s. f.* En medicina, rama que estudia y trata las enfermedades de la vejez.
geriátrico, ca *adj.* Que se relaciona con la geriatría. || *s. m.* Lugar donde se atiende a ancianos enfermos o que ya no pueden valerse por sí mismos.
gerifalte *s. m.* Halcón grande. *¿Todavía se valdrán de los gerifaltes en cetrería?* || *desp.* Persona que sobresale en una actividad o es importante.
germanía *s. f. Esp.* Jerga de delincuentes.
germánico, ca *adj.* Que se relaciona con los germanos. || Que se relaciona con Alemania. || Que se relaciona con la lengua indoeuropea que dio origen al anglosajón, al frisón, al alemán.
germanio *s. m.* Elemento químico, metal semiconductor muy raro, que está presente en los residuos de la metalurgia del cinc y en las cenizas de algunos carbones. De color gris, brillante y frágil, se usa para dar dureza al aluminio y para fabricar transistores y detectores de radiación. Su número atómico es 32 y su símbolo *Ge.*
germanismo *s. m.* Palabra proveniente del germano o del alemán que usamos en español. || Modismo de esas lenguas.
germanista *s. com.* Persona especializada en el germano o en el alemán, tanto en lengua como en literatura.
germano, na *adj.* y *s.* Natural de Germania, antigua región del centro de Europa, o relativo a ella. || De un pueblo indoeuropeo que en el primer milenio a. C. emigró de Escandinavia

meridional hacia la zona comprendida entre los ríos Vístula y Rin. || Alemán.
germen *s. m.* Estado rudimentario del que deriva toda forma de vida. || Primer tallo que brota de una semilla. || Origen o causa de alguna cosa. || En medicina, cualquier microorganismo patógeno, es decir, que causa enfermedades.
germicida *adj.* y *s. m.* Sustancia que sirve para matar gérmenes.
germinación *s. f.* Inicio del desarrollo del germen contenido en una semilla.
germinado, da *adj.* Se dice de un grano que tiene un brote tierno.
germinador, ra *adj.* Que hace germinar. || Espacio acondicionado para que germinen las semillas.
germinal *adj.* Perteneciente o relativo al germen. || *s. m.* Nombre del séptimo mes en el calendario republicano francés. *Germinal se iniciaba el 21 de marzo y terminaba el 19 de abril.*
germinar *intr.* Desarrollarse el germen de una semilla o de una planta. || *fig.* Comenzar a desarrollarse algo. *La idea de esa obra musical germinó durante una plática de amigos.*
germinativo, va *adj.* Que es capaz de germinar o de provocar la germinación. || *loc.* ***Facultad germinativa*** o ***poder germinativo:*** capacidad de una semilla que aún está viva para germinar cuando se halla en las condiciones adecuadas para ello.
gerontocracia *s. f.* Sistema de gobierno en que el poder es ejercido por los ancianos.
gerontología *s. f.* Estudio integral de la vejez y los fenómenos del envejecimiento. *La gerontología abarca aspectos físicos, sociales, médicos y psicológicos.*
gerontólogo, ga *s.* Especialista en gerontología.
gerundio *s. m.* Forma no personal de un verbo en español que realiza funciones adjetivas o adverbiales. *Durmiendo es el gerundio de dormir.* || Forma verbal del latín que da una especie de flexión al infinitivo.
gesta *s. f.* Conjunto de hazañas memorables de un personaje o un pueblo.
gestación *s. f.* Proceso de desarrollo del embrión de una hembra vivípara. *La gestación abarca desde la concepción hasta el parto.* ||Tiempo que dura dicho proceso. *La zarigüeya tiene una gestación de 12 o 13 días; la del elefante dura 640 días.* || Embarazo de la mujer. || *fig.* Periodo durante el cual se prepara o elabora algo.
gestante *adj.* Que gesta; se aplica sobre todo a las mujeres embarazadas.
gestar *t.* Estar una hembra en período de gestación. || *t.* y *pr.* Preparar o desarrollar una obra, o irse conformando un hecho.
gestatorio, ria *adj.* Que ha de llevarse en brazos. *Las sillas gestatorias eran usadas para transportar a los altos dignatarios y los papas.*
gesticulación *s. f.* Acción y efecto de gesticular.
gesticulador, ra *adj.* Que gesticula, que hace gestos. *Un mimo debe ser muy buen gesticulador.*
gesticulante *adj.* Que gesticula. *Su actitud gesticulante lo traicionó y así descubrieron que mentía.*
gesticular *intr.* Hacer gestos, sobre todo de manera repetitiva y exagerada.
gestión *s. f.* Acción y efecto de gestionar, tramitar asuntos. || Administración de un funcionario y tiempo que dura. *Durante la gestión de ese alcalde se hicieron muchas mejoras a la ciudad.* || *loc.* ***Gestión de negocios ajenos:*** intervención voluntaria de una persona en los negocios e intereses de otra, sin que exista oposición por parte de ésta. || ***Gestión presupuestaria:*** sistema financiero en el cual se aplican todos los gastos e ingresos al presupuesto del año en que se produjeron, sin tomar en cuenta el año en que se adoptaron.
gestionar *t.* Llevar a cabo diligencias o trámites para obtener algo o resolver un asunto. || Administrar una empresa o institución.
gesto *s. m.* Expresión del rostro que refleja determinado estado de ánimo. || Movimiento corporal con el que se expresa algo. || Acción que demuestra un sentimiento, sobre todo generosidad o amabilidad. *Fue un buen gesto de su parte donar cobijas a los damnificados.* || *loc.* ***Hacer un mal gesto:*** realizar un mal movimiento que produce dolor muscular. || ***Torcer el gesto:*** poner expresión de disgusto o enojo.
gestor, ra *adj.* y *s.* Persona que gestiona. || Persona cuyo oficio es gestionar para realizar trámites y resolver asuntos de otras en las oficinas públicas.
gestoría *s. f.* Actividad y oficina del gestor.
gestual *adj.* Perteneciente o relativo al gesto. || *loc.* ***Pintura gestual:*** técnica pictórica que da fundamental importancia a la velocidad con que se ejecuta la obra y la espontaneidad del gesto; es propia del expresionismo abstracto y la abstracción lírica.
gestualidad *s. f.* Conjunto de gestos con que se expresan las emociones y sentimientos.
giba *s. f.* Joroba, protuberancia en el tórax o la columna vertebral.
gibado, da *adj.* Que tiene giba; jorobado, corcovado.
gibón *s. m.* Simio de brazos muy largos, pelaje largo y voz potente que habita en las selvas tropicales y subtropicales de la India y Malasia. *La mayoría de las especies de gibones se hallan en peligro por pérdida de su hábitat.*
gibosidad *s. f.* En medicina, deformidad de la columna vertebral en la que uno de sus sectores presenta una curvatura exagerada.
giboso, sa *adj.* y *s.* Gibado, que tiene giba.
giga *s. f.* Instrumento musical de cuerdas frotadas, tapa armónica ovalada y mango corto, que fue de gran importancia entre los siglos XII y XVI. || Antigua danza popular originaria de Gran Bretaña, de ritmo ternario y movimiento vivo, con la que por lo general terminaba la suite. || Música con que se acompaña esta danza.
gigabait o **gigabyte** *s. m.* En informática, unidad de almacenamiento de datos que equivale a mil millones de bytes, o 1 024 megabytes.
gigante *adj.* Extremadamente grande. || *fig.* Persona que destaca notablemente en alguna actividad.
gigante, ta *s.* Ser fabuloso, de enorme estatura y gran fuerza, que aparece en numerosas leyendas y cuentos. || Persona cuya estatura es muy superior a la que se considera normal. || Animal o planta cuyo tamaño es mucho mayor que el de otros de su especie. || Gigantón, figura de gran tamaño elaborada con cartón y madera que se utiliza en algunos festejos populares.
gigantesco, ca *adj.* Muy grande, enorme. || Perteneciente o relativo a los gigantes. || *fig.* Que es muy sobresaliente en su línea o que resulta excesivo.
gigantismo *s. m.* Desarrollo excesivo del cuerpo o de alguna de sus partes. || Excesivo desarrollo de alguna cosa. *El gigantismo de las ciudades capitales.*
gigantón, tona *s.* Figura vistosa de gran tamaño que se emplea en algunas fiestas populares.
gigoló *s. m.* Hombre joven que se hace amante de una mujer madura y rica para que ésta lo mantenga y sufrague sus gastos.
gil, la *adj. Arg. Chil.* y *Uy.* Papanatas, tonto, incauto.
gilipollas *adj.* y *s. com. Esp.* Persona tonta o estúpida.
gilipollez *s. f. Esp. fam.* Dicho o hecho propio de un gilipollas, estupidez.
gimnasia *s. f.* Conjunto de ejercicios físicos para desarrollar y mantener el cuerpo fuerte y ágil. || Conjunto de ejercicios para desarrollar alguna facultad intelectual. || *loc.* ***Gimnasia artística*** o ***deportiva:*** disciplina gimnástica de competencia que se practica con aparatos como el potro o las barras asimétricas. || ***Gimnasia correctiva:*** la que está destinada a corregir algunas malformaciones y

anomalías musculares. || ***Gimnasia rítmica:*** disciplina de gimnasia femenina que se practica con acompañamiento musical, en la que se emplean complementos diversos como cintas, aros, pelotas, etc.

gimnasio *s. m.* Establecimiento especializado con instalaciones para la práctica de disciplinas de gimnasia y otros ejercicios físicos. || En Alemania, Suiza y otros países, centro de enseñanza media. || En la antigua Grecia, tipo de edificio público que en un principio fue dedicado a la práctica de ejercicios físicos y luego fue centro de actividades intelectuales.

gimnasta *s. com.* Persona que practica la gimnasia como deporte.

gimnástico, ca *adj.* Perteneciente o relativo a la gimnasia. || *loc.* ***Paso gimnástico:*** paso lento de carrera.

gimnospermo, ma *adj.* y *s.* Relativo a una subdivisión de plantas fanerógamas arbóreas cuya semilla se presenta en frutos abiertos. *Las coníferas, como los pinos y cipreses, son fanerógamas.* || *s. f. pl.* Subdivisión a la que pertenecen estas plantas.

gimotear *intr. fam.* Quejarse, llorar o gemir sin causa justificada. || Hacer gestos de llanto, pero sin llegar a llorar.

gimoteo *s. m.* Acción de gimotear.

ginebra *s. f.* Aguardiente elaborado a base de cebada malteada y cereales fermentados, que se aromatiza con bayas de enebro.

gineceo *s. m.* En la antigüedad griega, lugar de las casas que estaba reservado a las mujeres. || En botánica, verticilo de las flores que está formado por los pistilos.

ginecología *s. f.* Rama de la medicina que estudia y trata las enfermedades propias de la mujer.

ginecológico, ca *adj.* Perteneciente o relativo a la ginecología.

ginecólogo, ga *s.* Médico especializado en ginecología.

gingival *adj.* Perteneciente o relativo a las encías.

gingivitis *s. f.* Inflamación de las encías.

ginseng *s. m.* Hierba de flores amarillas, cuya raíz se usa para hacer tónicos.

gira *s. f.* Serie de actuaciones que un grupo artístico, o un artista, realiza por diferentes poblaciones. || Excursión o viaje que realiza un grupo de personas por varios lugares, para volver al punto de partida.

giralda *s. f.* Veleta con forma humana o animal instalada en lo alto de una torre.

girándula *s. f.* Candelabro para sobremesa que tiene varios brazos y está adornado con colgantes de cristal. || Dispositivo giratorio que se coloca en una fuente para que lance varios chorros de agua a la vez. || Rueda de fuegos artificiales que gira en sentido horizontal.

girar *intr.* Realizar algo un movimiento circular alrededor de su eje o de un punto determinado. || Variar o desviar su dirección una persona o cosa. *Giró en la esquina.* || *fig.* Versar una conversación, un trato o negocio, en torno a un tema determinado. || *t.* Expedir un documento de pago, como un cheque o una letra de cambio. || Enviar a alguien una cantidad de dinero a través del correo o del telégrafo. || *loc. Méx.* ***Girarla:*** dedicarse a determinada actividad o función.

girasol *s. m.* Planta herbácea de tallo vertical, con flores grandes y amarillas, cuyo centro oscuro está lleno de semillas comestibles de las cuales se extrae aceite. || Flor de esta planta. || Variedad de ópalo lechoso con matices azulados.

giratorio, ria *adj.* Que gira o puede girar.

giro *s. m.* Acción y efecto de girar. *El giro de una hélice.* || Movimiento circular. || Dirección, matiz o aspecto que toma una conversación o un asunto. || Manera particular en que se ordenan las palabras para formar una frase o expresar un concepto. || Transferencia de dinero mediante una letra o un documento postal o telegráfico, y ese mismo documento.

giro, ra *adj.* y *s. Amér.* Gallo que tiene plumaje de color amarillo en el cuello y las alas. || *Arg. Chil.* y *Col.* Se dice del gallo o gallina que tiene plumaje entremezclado de colores rojo, amarillo y negro.

giroscopio *s. m.* Aparato consistente en un rotor que hace girar un disco; puede ser desplazado de cualquier forma sin que se modifique su eje de rotación. *Foucault ideó el giroscopio en 1852 para demostrar la rotación de la Tierra.*

gis *s. m. Méx.* Tiza. || *loc. Méx. fam.* ***Andar gis:*** estar borracho.

gitanería *s. f.* Cualidad de lo que es gitano. || Gitanada, dicho o hecho propio de gitanos. || Conjunto de gitanos.

gitano, na *adj.* y *s.* Perteneciente a un pueblo nómada procedente de la India que en diferentes épocas se estableció en el norte de África, Europa, América y Australia. || *fig.* Gracioso, simpático, que sabe ganarse la voluntad de otros. || *fig. desp.* Que actúa engañando a los demás. || *s. m.* Romaní.

glaciación *s. f.* Cada una de las etapas de intenso frío, permanente disminución de la temperatura y expansión de los hielos que, en diferentes épocas geológicas, se han presentado en grandes extensiones de la superficie de la Tierra.

glacial *adj.* Muy frío, helado. || Que hace helar o helarse. || *fig.* Impasible, indiferente, que demuestra frialdad en el trato. || En química, sustancia o compuesto que cristaliza o puede cristalizar en formas que tienen aspecto de hielo. || *loc.* ***Periodo glacial:*** periodo geológico que se caracteriza por el desarrollo de los glaciares.

glaciar *s. m.* Gran acumulación de nieve transformada en hielo que cubre vastas zonas en las regiones polares y avanza de manera lenta y continua. || *adj.* Perteneciente o relativo a los glaciares. || *loc.* ***Erosión glaciar:*** desgaste del suelo, transporte y acumulación de materiales que se produce por efecto del avance de los glaciares de montaña. || ***Régimen glaciar:*** el de un curso de agua que se caracteriza por que las aguas suben en verano, con la fusión de los glaciares, y descienden en invierno, al ser retenidas por éstos en forma de hielo y nieve.

gladiador *s. m.* Hombre que, en el circo romano, combatía con espada contra otros hombres o contra animales.

gladiolo o **gladíolo** *s. m.* Planta herbácea de tallos gruesos, raíces bulbosas, hojas alargadas y estrechas y flores vistosas dispuestas en forma de grandes espigas.

glamoroso, sa *adj.* Que tiene glamour.

glamour *s. m.* Atractivo, encanto sensual y sofisticado de una persona, sobre todo si está relacionada con el espectáculo o la moda.

glande *s. m.* Extremidad abultada del pene donde se encuentra el orificio de la uretra.

glándula *s. f.* Órgano del cuerpo que produce secreciones que contribuyen a que se realicen diversas funciones. || Órgano de los vegetales que secreta sustancias que producen diversos efectos, por ejemplo, el aroma de las flores.

glandular *adj.* Perteneciente o relativo a las glándulas.

glasé *s. m.* Tela de seda de acabado muy brillante. || Mezcla de azúcar, clara de huevo y jugo de limón para recubrir y decorar productos de repostería.

glaseado, da *adj.* Lustroso, brillante.

glasear *t.* Hacer que quede brillante la tela, el papel u otra superficie. || Recubrir un producto de repostería con una mezcla de azúcar, clara de huevo y jugo de limón, o con almíbar.

glasto *s. m.* Planta herbácea de pequeñas flores amarillas; sus hojas proporcionan un tinte semejante al azul índigo.

glauco, ca *adj.* De color verde claro.

glaucoma *s. m.* Enfermedad ocular que se caracteriza por el aumento de la presión interna del ojo; produce dolor agudo y, si no se atiende, puede provocar ceguera.

gleba *s. f.* Porción de tierra que se levanta al arar. || Tierra de cultivo. || Históricamente, terreno al que se hallaban adscritos determinados colonos y, posteriormente, los siervos.

glicérido *s. m.* Lípido resultante de la esterificación de la glicerina por los ácidos grasos.

glicerina *s. f.* Alcohol triple líquido, incoloro y de consistencia viscosa que se extrae de las grasas al saponificarlas. *La glicerina tiene propiedades emolientes y lubricantes.*

glicina *s. f.* Aminoácido que contienen diversas proteínas. *La glicina actúa como neurotransmisor en el sistema nervioso central; el propio cuerpo se encarga de sintetizarla.*

glicol *s. m.* Dialcohol que se utiliza como anticongelante. *El glicol es el principal componente de los líquidos para frenos.*

glicólisis *s. f.* Conjunto de las reacciones químicas que degradan los azúcares en el interior de la célula para transformarlos en energía.

glifo *s. m.* Canal vertical poco profundo en sección angular. || En arquitectura, acanaladura en forma de cruz, por lo general vertical, que decora un miembro arquitectónico. || Signo grabado, pintado o escrito que expresa una palabra o idea gráficamente. *Entre los glifos más conocidos están los de los mayas y los antiguos egipcios.*

global *adj.* Que hace referencia a todos los elementos de un conjunto, total. || Relativo a todo el planeta, mundial.

globalización *s. f.* Acción y efecto de globalizar. || Proceso por el cual se internacionalizan y se hacen interdependientes la política, la economía, el comercio y las relaciones financieras entre países.

globalizador, ra *adj.* Que globaliza.

globalizar *t.* e *intr.* Reunir diferentes elementos en un conjunto, o plantear algo de manera global. || Realizar acciones tendientes a la internacionalización e interdependencia de factores políticos, económicos y sociales.

globo *s. m.* Espacio limitado por una superficie curva, esfera. || El mundo, el planeta Tierra. || Bolsa de material elástico que, al llenarse de gas o aire, forma un cuerpo semiesférico o de otra forma. || Pieza esferoidal de vidrio o algún otro material que cubre una luz para hacerla más tenue y difusa. || Vehículo aeronáutico formado por una bolsa de material impermeable que se llena con un gas más ligero que el aire para que pueda volar, y lleva una canastilla para transportar pasajeros. || *loc.* ***Globo celeste:*** el que representa la esfera celeste con un sistema de coordenadas horizontales. || ***Globo ocular:*** el ojo en su totalidad. || ***Globo sonda:*** el destinado a volar en las capas altas de la atmósfera para su exploración por medio de aparatos registradores. || ***Globo terráqueo*** o ***terrestre:*** el planeta Tierra, o una representación esférica de éste.

globular *adj.* Que tiene forma de glóbulo. || Que está compuesto por glóbulos. || Perteneciente o relativo a los glóbulos rojos de la sangre. || En biología, se dice del organismo u órgano que tiene forma de globo.

globulina *s. f.* Proteína que se encuentra principalmente en la sangre y en la leche.

glóbulo *s. m.* Cuerpo muy pequeño de forma esférica. || Elemento que se halla en suspensión en diversos líquidos orgánicos, particularmente en la sangre. || *loc.* ***Glóbulo blanco:*** leucocito. || ***Glóbulo rojo:*** hematíe.

globuloso, sa *adj.* Que está compuesto por glóbulos.

gloria *s. f.* Fama que se consigue por haber realizado algo meritorio, celebridad. || Acción, persona o cosa que proporciona esa fama. || Persona o cosa que produce orgullo. || Cosa muy placentera. || En pintura, representación del cielo poblado de ángeles y santos que se plasma en el interior de una cúpula. || En la religión católica, el paraíso, lugar al que van las almas de los justos y que pueblan los ángeles y los bienaventurados. || *m.* Canto litúrgico de alabanza que comienza con las palabras *Gloria in excelsis deo.* || *loc.* ***Estar en la gloria:*** hallarse en una situación de gran bienestar y placer. || ***Que en gloria esté:*** fórmula de respeto y buenos deseos que se usa para referirse a los difuntos. || ***Saber algo a gloria:*** estar delicioso en extremo, saber muy bien.

glorieta *s. f.* Espacio de convivencia, generalmente de forma redonda y cercado por árboles o plantas trepadoras, que suele haber en los jardines. || Plazoleta en un jardín donde suele haber un cenador. || Plaza de forma circular a la que confluyen varias calles.

glorificable *adj.* Que es digno de ser glorificado.

glorificación *s. f.* Acción y efecto de glorificar o glorificarse.

glorificar *t.* Conferir alguna acción la gloria a alguien. *Su hazaña lo glorificó.* || Alabar a una persona o cosa para ensalzarla. || *pr.* Vanagloriarse, preciarse en extremo de algo.

glorioso, sa *adj.* Que es digno de fama y gloria. || Perteneciente o relativo a la bienaventuranza celestial.

glosa *s. f.* Comentario o explicación que se hace de un texto de difícil comprensión, en particular los que se escriben en el mismo texto. || Composición poética que explica o desarrolla, en formas estróficas no fijas, los versos que forman el texto o letra. || En música, variación que ejecuta el intérprete sobre unas mismas notas, pero sin sujetarse estrictamente a ellas.

glosador, ra *adj.* y *s.* Que hace glosas, o que las reúne.

glosar *t.* Hacer glosas o añadirlas a un texto. || Comentar algo para explicarlo.

glosario *s. m.* Lista de palabras de un texto, con su explicación, que lo acompañan para que se comprenda mejor. || Conjunto de glosas.

glosolalia *s. f.* Lenguaje con sintaxis deformada que inventan algunos enfermos mentales. || En la religión católica, don de lenguas, capacidad espontánea de expresarse en otros idiomas.

glotis *s. f.* Orificio de la laringe que rodean las dos cuerdas vocales inferiores.

glotón *s. m.* Mamífero carnívoro y carroñero del norte de Europa y de América, semejante a la marta. *Si no hay carne, los glotones también comen huevos, insectos, pescado y frutos.*

glotón, tona *adj.* Se dice de quien come en exceso y con gran avidez.

glotonear *intr.* Comer de manera glotona.

glotonería *s. f.* Acción de comer vorazmente y en exceso. || Cualidad de glotón.

glucemia o **glicemia** *s. f.* Índice de la presencia de glucosa en la sangre. *La tasa normal de glucemia es de un gramo de glucosa por litro de sangre.*

glúcido *s. m.* Sustancia orgánica que desempeña funciones energéticas en el organismo. *Los glúcidos son más conocidos como hidratos de carbono.*

glucógeno *s. m.* Glúcido complejo que se almacena como reserva de glucosa en el hígado y los músculos.

glucosa *s. f.* Glúcido de sabor dulce que se encuentra en las frutas y entra en la composición de casi todos los demás glúcidos. *La glucosa tiene un papel fundamental en las funciones del metabolismo.*

glutamato *s. m.* Sal o éster del ácido glutámico que se utiliza como aditivo en numerosos alimentos procesados. *El glutamato también es producido por el cuerpo y es uno de los 20 aminoácidos que forman las proteínas.*

gluten *s. m.* Sustancia albuminoide viscosa y pegajosa que se encuentra en la harina de algunos cereales, como el trigo, la cebada y la avena.

glúteo, a *adj.* Perteneciente o relativo a la nalga. || *s. m.* En anatomía, cada uno de los tres músculos que forman la nalga y que son mayor, mediano y menor.

glutinoso, sa *adj.* Pegajoso, que puede pegar una cosa con otra.

gneis o **neis** *s. m.* Tipo de roca metamórfica formada por cristales de mica, cuarzo y feldespato, dispuestos en lechos.

gnomo o **nomo** *s. m.* Ser fantástico que, según los mitos y leyendas de diversos países, vive bajo la tierra y salvaguarda las riquezas minerales. || Ser fantástico de los cuentos infantiles que tiene aspecto de un enano barbado.

gnoseología o **noseología** *s. f.* Parte de la filosofía que se dedica a estudiar el conocimiento.

gnosis o **nosis** *s. f.* Escuela de pensamiento basada en la búsqueda del conocimiento absoluto y trascendental, en particular de las cosas del espíritu y los misterios de la vida. *La gnosis abarca cuatro aspectos del saber humano: ciencia, filosofía, arte y mística.*

gnosticismo o **nosticismo** *s. m.* Sistema filosófico y religioso de los primeros siglos del cristianismo, que buscaba obtener un conocimiento intuitivo y esotérico de las cuestiones divinas.

gnóstico, ca o **nóstico, ca** *adj.* y *s.* Perteneciente o relativo al gnosticismo. || Persona que profesa el gnosticismo o que es partidaria de él.

gobernación *s. f.* Acción y efecto de gobernar. || Ejercicio del gobierno. || En la época de la colonia española en América, demarcación administrativa dentro de un virreinato o capitanía general.

gobernador, ra *adj.* y *s.* Que gobierna. || Funcionario encargado del gobierno de una entidad federativa, estado o provincia dentro de un país. || Funcionario que dirige la administración de una colonia y representa a la metrópoli. || Director de ciertas instituciones públicas. *El gobernador de un banco.* || *s. f.* Esposa del gobernador.

gobernalle *s. m.* Timón de un barco.

gobernante *s. com.* Persona que gobierna un país, o que forma parte de un gobierno.

gobernar *t. intr.* y *pr.* Tener el mando y administración de un territorio o colectividad. || *t.* y *pr.* Dirigir, conducir o guiar algo. || *intr.* En marina, obedecer una embarcación al timón. || *pr.* Manejarse, administrarse. || Actuar o comportarse de acuerdo con una guía o norma.

gobierno *s. m.* Acción y efecto de gobernar, administrar o dirigir. || Constitución política de un país. *Ese gobierno es una república democrática.* || Conjunto de instituciones, organismos y personas que, en un Estado, ejercen el poder. || Edificio en que reside un gobernador o las oficinas de un gobierno. || *loc.* ***Acto político de gobierno:*** acción emanada de una autoridad administrativa que, por razones políticas, escapa al control jurisdiccional.

gobio *s. m.* Género de peces fluviales de cuerpo alargado que puede alcanzar hasta unos 15 cm de longitud, con aletas ventrales que les permiten adherirse a las superficies y un par de barbas bajo la boca.

goce *s. m.* Acción y efecto de gozar, deleite.

godo, da *adj.* y *s.* De un pueblo originario de Escandinavia que se estableció en el siglo I a. C. en el bajo Vístula, Germania. || *Amér. Merid. desp.* Mote dado a los españoles durante las guerras de independencia.

gofio *s. m.* Harina gruesa de maíz, cebada o trigo tostado. || *Ants. Cub.* y *P. Rico* || Platillo que se elabora con harina muy fina de maíz tostado y azúcar. || *Arg. Bol. Cub. Ecua.* y *P. Rico* || Golosina confeccionada con harina gruesa de maíz, cebada o trigo tostados y azúcar. || *C. R. Nic.* y *Ven.* Alfajor de harina de maíz o de cazabe y papelón.

gol *s. m.* En deportes de equipo como el futbol, introducción de la pelota en la portería del adversario. || Tanto que se consigue al meter la pelota en la portería del contrario. || *loc.* ***Línea de gol:*** línea que, en la cancha, separa el área de juego de la de gol.

gola *s. f.* Parte anterior del cuello, garganta. || Adorno para el cuello consistente en un círculo de tejido fino plegado que, durante los siglos XVI y XVII, usaban hombres y mujeres de las clases acomodadas. || Pieza metálica de la armadura que protegía la garganta. || Placa metálica sujeta de una cadena que llevan al cuello los militares de ciertas armas y ejército para indicar que se hallan cumpliendo algún servicio de armas. || En arquitectura, moldura con perfil en forma de «S». || En geografía, canal natural de entrada a un puerto o un río.

goleada *s. f.* Abundante cantidad de goles con que un equipo de futbol o deporte similar vence a su adversario.

goleador, ra *s.* En un equipo deportivo, persona que mete goles.

golear *intr.* Anotar un equipo de futbol o deporte similar una cantidad de goles muy superior a la de su adversario.

goleta *s. f.* Embarcación ligera y pequeña, generalmente tiene dos palos.

golf *s. m.* Deporte consistente en introducir una pequeña pelota en dieciocho hoyos que se encuentran distribuidos en un amplio campo vasto, con ayuda de unos palos y dando el menor número posible de golpes a ésta.

golfear *intr.* Vivir en la vagancia.

golfista *s. com.* Persona que practica el golf.

golfo *s. m.* Parte extensa de mar que entra en la tierra y está situada entre dos cabos.

golfo, fa *adj.* y *s.* Vagabundo, holgazán. || Persona inescrupulosa y desvergonzada. || *f.* Prostituta.

golilla *s. f.* Adorno del atuendo masculino, consistente en una tira de tela blanca almidonada sobre una tira de tela negra, que se llevaba alrededor del cuello. *Las golillas solían ser llevadas por los ministros togados.* || Rodete que tiene en su extremo cada una de las piezas de un cuerpo de bomba para asegurarlas por medio de tornillos y tuercas. || En construcción, trozo corto de tubo que sirve para empalmar unos con otros los caños de barro. || *Arg.* y *Uy.* Pañuelo que los campesinos llevan alrededor del cuello. || *Bol.* Chalina utilizada por los gauchos. || *Chil.* Aro de hierro en el eje del carro, que se coloca entre un clavo de sujeción y la rueda, rondana.

gollete *s. m.* Parte por donde la garganta se une a la cabeza. || Cuello estrecho de las botellas y otros recipientes.

golondrina *s. f.* Ave paseriforme migratoria de lomo negro, vientre blanco y cola bifurcada, se alimenta de insectos que caza al vuelo, con el pico muy abierto. *Las golondrinas vuelan a los trópicos en otoño y, en primavera, a las zonas templadas.* || *Esp. fam.* Embarcación de motor para el transporte de pasajeros en el interior de un puerto. || *loc.* ***Golondrina de mar:*** ave palmípeda de tamaño menor que la gaviota.

golondrino *s. m. fam.* Inflamación dolorosa de las glándulas sudoríparas de la axila. || Polluelo de la golondrina.

golosina *s. f.* Alimento que se come para dar gusto al paladar, más que para nutrirse. *Los dulces y bombones son golosinas favoritas de muchas personas.* || *fig.* Cosa apetecible o agradable, pero de poca utilidad.

goloso, sa *adj.* y *s.* Muy aficionado a comer golosinas. || Que siente afición o deseo por algo. *Su novio es un goloso, quiere que lo esté besando todo el tiempo.* || *adj.* Apetitoso, que se antoja.

golpazo *s. m.* Golpe muy fuerte, ruidoso o violento.

golpe s. m. Encuentro brusco y violento de un cuerpo en movimiento contra otro. || Desgracia repentina o infortunio que afecta de manera grave. || Abundancia de una cosa o de personas. *Un golpe de agua inundó el rancho.* || Latido del corazón. || *fig.* Asalto, robo, sobre todo si el botín es cuantioso. || Ocurrencia oportuna y graciosa. || En ciertos juegos, como el billar, jugada. || Tipo de pestillo que se encaja al cerrar la puerta con fuerza. || *Méx.* Instrumento parecido a un

G

mazo. || *loc.* ***A golpes:*** a porrazos; de manera intermitente; distribuido de forma discontinua en grupos no homogéneos. || ***Dar (el) golpe:*** causar algo admiración o sorpresa. || ***De golpe:*** repentinamente. || ***De golpe y porrazo:*** de manera precipitada, sin reflexionar la acción. || ***De un (solo) golpe:*** en una sola acción, de una vez. || ***Golpe bajo:*** en el boxeo, falta cometida por golpear bajo la cintura; en sentido figurado, acción malintencionada para perjudicar a alguien. || ***Golpe de Estado:*** acción rápida y violenta por la que fuerzas militares o grupos opositores se apoderan del gobierno de un país. || ***Golpe de gracia:*** el que se da para rematar a un herido moribundo; en sentido figurado, revés o agravio con que se consuma la desgracia o descrédito de alguien. || ***Golpe de mano:*** asalto brusco, rápido e inesperado, o acción militar local llevada a cabo sorpresivamente para apoderarse de una plaza u obtener información del enemigo. || ***Golpe de mar:*** ola de gran volumen y fuerza que se estrella contra una nave. || ***Golpe de pecho:*** Señal externa de contrición o dolor. || ***Golpe de suerte:*** Suceso favorable que ocurre de manera inesperada y cambia la situación de alguien. || ***Golpe de viento:*** ráfaga intensa y breve de viento. || ***Golpe de vista:*** apreciación rápida y sagaz de algo. || ***Golpe doble:*** en esgrima, golpe que se da y se recibe al mismo tiempo por parte de cada uno de ambos adversarios. || ***Golpe franco:*** en futbol, penalización con que se sanciona cualquier infracción del reglamento que obstruya el desarrollo del juego en las proximidades del área de penalti. || ***No dar golpe:*** no realizar un trabajo que se debe hacer; no trabajar en nada. || ***Parar el golpe:*** evitar un fracaso o sortear un contratiempo que amenazaba. || *Méx.* ***A golpe de calcetín:*** caminando, a pie. || ***Darle el golpe al cigarro:*** aspirar el humo introduciéndolo a los pulmones.

golpeador, ra *adj.* y *s.* Referido a la persona que pega a los otros.

golpear *t.* e *intr.* Dar un golpe, o golpes repetidos.

golpetear *t.* e *intr.* Golpear de manera continua, pero sin mucha fuerza.

golpeteo *s. m.* Acción y efecto de golpetear.

golpismo *s. m.* Actitud de algunos sectores de la sociedad, sobre todo los militares, favorable a los golpes de Estado.

golpista *adj.* y *s. com.* Perteneciente o relativo al golpismo. || Persona que apoya un golpe de Estado o participa en él.

golpiza *s. f. Amér.* Tunda, zurra, paliza.

goma *s. f.* Banda o tira elástica. || Caucho. || *fam.* Preservativo, condón. || *Amér. C.* Resaca, malestar por haber bebido mucho el día anterior. || *Arg.* Neumático. || *Col.* Afición o manía por algo. || En botánica, sustancia viscosa que exudan ciertos árboles. || En medicina, lesión nodular de origen infeccioso que se presenta en la sífilis y la tuberculosis cutánea. || *loc.* ***Goma arábiga:*** la que se obtiene de las acacias; se usa en farmacia y como pegamento, se le da este nombre por haberse recogido por primera vez en Arabia. || ***Goma de borrar:*** goma elástica hecha a base de caucho que sirve para borrar el lápiz o la tinta de la superficie de un papel. || ***Goma de mascar:*** chicle. || ***Goma laca:*** sustancia resinosa, producida por un tipo de cochinilla, que se utiliza para fabricar barnices. || *loc. Méx.* ***Mandar a alguien a la goma:*** mandarlo a paseo, a freír espárragos.

gomero *adj. Amér. Merid.* Se dice del árbol que produce goma.

gomina *s. f.* Fijador para el cabello de consistencia viscosa; al secar endurece.

gomoso, sa *adj.* Parecido a la goma o que contiene goma.

gónada *s. f.* Glándula sexual que secreta hormonas y produce gametos. *Los testículos son las gónadas masculinas y los ovarios las femeninas.*

gonadotropina *s. f.* Hormona que estimula la actividad de las gónadas.

góndola *s. f.* Embarcación típica veneciana; es larga y plana y se impulsa con un solo remo. || Mueble largo con estanterías para exhibir las mercancías en los supermercados.

gondolero *s. m.* Remero cuyo oficio es gobernar una góndola.

gong *s. m.* Instrumento de percusión consistente en un disco metálico suspendido de un soporte que, al ser golpeado, vibra y produce un sonido característico.

gongorino, na *adj.* y *s.* Perteneciente o relativo a Góngora. || Que sigue o imita el estilo literario de Góngora.

gongorismo *s. m.* Manifestación del culteranismo que consiste en la complicación de conceptos y el recargamiento ornamental y sensorial en una pieza literaria. *El gongorismo se inició en España a principios del siglo* XVII *con la poesía de Luis de Góngora.* || Imitación del estilo literario de Góngora.

gonococo *s. m.* Bacteria patógena que causa la gonorrea o blenorragia.

gonorrea *s. f.* Infección de transmisión sexual que se caracteriza por secreciones purulentas en los órganos genitales, inflamación de la pelvis y molestias al orinar.

gordinflón, flona *adj. fam.* Persona que está muy gorda y fofa.

gordita *s. f. Méx.* Torta gruesa de maíz rellena de chicharrón, carne, queso u otros ingredientes y cocida en un comal.

gordo, da *adj.* Persona o animal que tiene una cantidad excesiva de grasa corporal. || Que es más grueso o voluminoso que otros de su clase. *En ese cuaderno gordo tengo los apuntes de química.* || Mantecoso, craso, pingüe. *Le tocó carne gorda en el caldo.* || *fig.* Importante, considerable o de gravedad. *Por andar de indiscreto se metió en un lío gordo.* || *s. m.* Porción de grasa que se halla adherida a un corte de carne. || *fig.* Premio mayor de un sorteo de la lotería. || *Arg. Chil.* y *Méx.* Apelativo cariñoso con que algunas personas se dirigen a sus seres queridos. || *loc.* ***Dedo gordo:*** pulgar de la mano, o dedo mayor del pie.

gordolobo *s. m.* Planta herbácea con tallos cubiertos de borra cenicienta y flores amarillentas y algodonosas; tradicionalmente se le ha dado uso medicinal para afecciones bronquiales.

gordura *s. f.* Abundancia de grasa en el cuerpo de personas o animales. || Cualidad de gordo. || Tejido adiposo que se deposita alrededor de las vísceras.

gorgojo *s. m.* Insecto coleóptero de cuerpo ovalado color marrón oscuro y cabeza rematada por una probóscide curva. *Algunos gorgojos son perjudiciales para la agricultura, pero otros se utilizan para el control biológico de plagas.*

gorgona *s. f.* Cada una de las tres monstruosas deidades femeninas de la mitología griega que tenían serpientes en vez de cabello y petrificaban a los hombres que enfrentaban su mirada.

gorgorear *intr.* Hacer, cuando se está cantando, quiebros de la voz en la garganta.

gorgorito *s. m.* Quiebro de tono agudo que se hace con la voz al cantar.

gorgoteante *adj.* Que gorgotea.

gorgotear *intr.* Hacer burbujas. || Producir ruido al burbujear un líquido que está encerrado en una cavidad o recipiente.

gorgoteo *s. m.* Ruido que produce un líquido que se agita o hierve dentro de un recipiente, cavidad o conducto. || Ruido producido por un gas que se desprende en burbujas de la superficie de un líquido.

gorguera *s. f.* Adorno de tela fina plegada o rizada que se ponía alrededor del cuello. *Las gorgueras fueron utilizadas por hombres y mujeres entre los siglos* XV *y* XVII.

gorila *s. m.* Simio antropoide del África ecuatorial, de cuerpo fornido y pelaje negro o pardo oscuro. Se alimenta de plantas y frutas y suele ser apacible, aunque si se le provoca muestra ferocidad. *Un gorila macho adulto puede medir hasta 2 m y pesar 250 kg.*

gorjeador, ra *adj.* Que gorjea.
gorjear *intr.* Hacer los pájaros o las personas quiebros con la voz en la garganta. || *Amér.* Hacer burla de alguien.
gorjeo *s. m.* Canto o voz de algunos pájaros, emitida en sonidos cortos, agudos y repetidos. || Quiebro de la voz que se hace en la garganta, gorgorito. || Balbuceo, articulación imperfecta de un niño que comienza a hablar.
gorra *s. f.* Prenda en forma de media esfera, sin alas ni copa y con visera, para cubrir la cabeza. || Gorro. || *loc. fam.* ***De gorra:*** gratis o a costa ajena. || *loc.* ***Gorra de plato:*** gorra militar con visera cuya parte superior es plana y más ancha que la cabeza de quien la porta.
gorrear *intr.* Vivir sin pagar los gastos propios, procurando que otros los paguen.
gorrino, na *s.* Cerdo pequeño que no llega a los cuatro meses de edad. || *adj.* y *s. fig.* Persona desaseada, o que tiene mal comportamiento social.
gorrión, rriona *s.* Pequeña ave paseriforme de plumaje pardo con manchas negras y rojizas; su pico es corto, cónico y fuerte. *Los gorriones son pájaros muy adaptados a la vida en ambientes urbanos.*
gorro *s. m.* Prenda redonda sin visera ni ala para abrigar la cabeza. || Prenda infantil, por lo general tejida o de tela, para abrigar la cabeza; suele anudarse bajo la barbilla con cintas. || *loc. fig.* y *fam.* ***Estar hasta el gorro:*** estar harto de algo, haber perdido la paciencia. En México, estar muy borracho. || *loc. Chil.* ***Poner el gorro a alguien:*** serle infiel. || *loc. Méx. fam.* ***Valerle gorro algo a alguien:*** tenerlo sin cuidado, no importarle.
gorrón, rrona *adj.* y *s.* Persona abusiva que se invita sola o se hace invitar a una fiesta, o que no paga lo que consume o utiliza dejando que otros lo hagan por ella.
gorronear *t.* e *intr.* Hacer algo de gorra, a costa ajena para que salga gratis; gorrear.
gorronería *s. f.* Actitud del gorrón o acción de gorronear.
gota *s. f.* Porción muy pequeña y de forma esférica de cualquier líquido. || Cantidad pequeña de alguna cosa. || *Col.* Enfermedad, causada por un hongo, de plantas como la papa. || En arquitectura, cada uno de los pequeños conos que rodean la parte inferior de las cornisas, bajo los triglifos del entablamento dórico. || En medicina, enfermedad provocada por el aumento del ácido úrico, que se caracteriza por inflamación muy dolorosa y enrojecimiento de las articulaciones, en particular del dedo gordo del pie. || En meteorología, masa de aire que se halla aislada de su región de origen y rodeada por otras masas más cálidas o más frías. || *loc.* ***Cuatro gotas:*** se dice de la lluvia breve y escasa. || ***Gota a gota:*** método de administración de sueros o transfusiones de manera lenta, por gotas muy espaciadas entre sí. || ***Ni gota:*** nada.
goteado, da *adj.* Manchado con gotas. *A Diego le gustó la tela verde goteada de amarillo para que le haga un pantalón.*
gotear *intr.* Caer un líquido gota a gota. || *fig.* Dar, o recibir, alguna cosa en pequeñas cantidades muy espaciadas. || *impers.* Comenzar a llover con gotas espaciadas.
goteo *s. m.* Acción y efecto de gotear. || *loc.* ***Riego por goteo:*** sistema de irrigación para cultivos en zonas áridas, consistente en infiltrar directamente las raíces de las plantas mediante un sistema de tuberías con emisores o goteros instalados en determinados tramos.
gotera *s. f.* Filtración continua de agua a través de un techo o pared. || Grieta o sitio por donde se filtra esa agua. || Mancha que deja la filtración de agua. || *fig.* Enfermedad o achaque habitual. || *pl. Amér.* Cercanías o alrededores de una población.
gotero *s. m. Amér.* Cuentagotas, utensilio para verter líquidos gota a gota.
goterón *s. m.* Gota de lluvia de gran tamaño. || En arquitectura, surco o canal practicado en la cara inferior de la corona de una cornisa o voladizo.
gótico, ca *adj.* Perteneciente o relativo a los godos. || *s. m.* Perteneciente o relativo al arte europeo que sucedió al románico y floreció entre el siglo XII y el Renacimiento. *La catedral de Notre Dame en París es uno de los edificios góticos más conocidos.* || En lingüística, se dice de la lengua en que, a mediados del siglo IV, empleó el obispo Ulfilas para traducir la Biblia y hacerla accesible a una comunidad cristiana germánica. || *s. f.* Tipo de letra con rasgos rectos y angulosos, que en Europa se utilizó en la copia de libros manuscritos entre los siglos XII y XV. || *loc.* ***Novela gótica:*** tipo de novela cultivado principalmente por los autores ingleses prerrománticos, en que tramas de misterio y terror se desarrollan en castillos medievales.
gotoso, sa *adj.* Enfermo de gota. *Mi papá está gotoso, le duele tanto un pie que no puede caminar.*
gourmet *s. com.* Persona que, por sus conocimientos de gastronomía, sabe apreciar la buena comida y los buenos vinos.
gozar *t. intr.* y *pr.* Sentir gozo o placer. || Tener una persona una relación sexual con otra. || Poseer algo ventajoso, útil o agradable, y disfrutar de ello. || *loc.* ***Gozarla:*** pasarla muy bien, disfrutar de algo o de la compañía de alguien.
gozne *s. m.* Bisagra compuesta de dos piezas metálicas articuladas, cuyo movimiento permite que las puertas se abran y cierren.
gozo *s. m.* Placer, alegría y bienestar ocasionados por algo satisfactorio o apetecible. || *pl.* Composición poética en alabanza de la Virgen o los santos, en la que al final de cada copla se repite el mismo estribillo.
gozoso, sa *adj.* Que siente gozo o que lo produce. *Un encuentro gozoso.*
grabación *s. f.* Acción y efecto de grabar imágenes o sonidos. || Imagen o sonido que ha sido grabado.
grabado *s. m.* Arte de grabar y procedimiento para realizarlo. || Imagen fija o figura obtenida después de haberla grabado sobre metal, madera u otro soporte, del cual se transferirá al papel. || *loc.* ***Grabado rupestre:*** el realizado sobre roca en la época prehistórica, empleando un instrumento cortante de piedra o de metal.
grabador, ra *adj.* Que graba. || *s.* Persona cuyo oficio es hacer grabados. *José Guadalupe Posada fue un ameritado grabador mexicano.* || *m. Arg. Bol.* y *Ven.* Grabadora, aparato para grabar y reproducir sonido.
grabadora *s. f.* Aparato electromecánico que registra y graba sonidos para posteriormente reproducirlos.
grabar *t.* y *pr.* Hacer incisiones o rayados en una superficie para labrar en ella, en hueco o en relieve, inscripciones, dibujos o figuras. || Fijar o fijarse en la mente un recuerdo, un sentimiento o un concepto. || *intr.* Registrar sonidos o imágenes en un disco fonográfico, una cinta magnética u otro soporte electrónico para reproducirlos posteriormente. || En informática, registrar información en un soporte magnético, como un disco compacto o una cinta.
gracejo *s. m.* Gracia y desenvoltura festiva al hablar o al escribir.
gracia *s. f.* Conjunto de cualidades o cualidad particular que hacen que quien las posee resulte agradable a los demás. || Cualidad para hacer reír y divertir. || Dicho o acción divertido o que provoca hilaridad. || Atractivo que posee alguien o algo, independientemente de su aspecto. || Arte o habilidad para realizar algo. || Beneficio que se concede de manera gratuita. || Disposición protectora, amistosa o afable de alguien hacia otra persona. || Perdón que la autoridad concede a un condenado, indulto. || *irón.* Dicho o acción molesto o incómodo. *Salió con otra de sus gracias, pues perdió las llaves del auto.* || En lenguaje muy afectado, se usa para referirse al nombre de la persona. *¿Cuál es su gracia? La mía es Evaristo.* || En la re-

G

ligión católica, don o ayuda que Dios concede a las personas para que logren salvarse. || *loc.* ***Caer en gracia:*** resultar simpático, agradar. || ***Dar las gracias:*** manifestar agradecimiento. En forma irónica, se usa para indicar que se piensa despedir a alguien de un empleo. || ***Gracias a:*** por causa de algo o mediación de alguien. || ***Hacer gracia:*** resultar algo gracioso o divertido. || ***No tener gracia algo:*** ser incómodo o molesto. || ***Sí que tiene gracia:*** se usa para referirse a algo irritante, chocante o absurdo.

gracias *interj.* Se usa para expresar agradecimiento.

grácil *adj.* Delicado, ligero, menudo o sutil. || Esbelto, delgado. *Un talle grácil.*

gracioso, sa *adj.* Que tiene gracia. || Que se da gratis, de balde. || *s. m.* Personaje cómico de los dramas del Siglo de Oro español. || *s.* Actor o actriz de teatro que representa papeles cómicos. || *loc.* ***Su graciosa majestad:*** tratamiento de dignidad que se da a los reyes de Gran Bretaña.

grada *s. f.* Peldaño de una escalera, sobre todo la que conduce a un altar o trono. || Asiento corrido a manera de escalón, como los de los estadios. || Conjunto de dichos asientos en los estadios, teatros al aire libre y otros sitios públicos. || En marina, plano inclinado a la orilla de un mar o río donde se construyen o reparan los buques. || *pl.* Conjunto de escalones que suelen tener en la entrada principal los edificios grandes y majestuosos.

gradación *s. f.* Serie de cosas ordenadas de manera gradual. || En música, progresión, sea ascendente o descendente, de periodos armónicos relacionados entre sí. || En pintura, paso imperceptible de una tonalidad a otra. || En retórica, figura de dicción consistente en la repetición de palabras.

gradería *s. f.* Conjunto o serie de gradas.

graderío *s. m.* Gradería.

gradiente *s. m.* Tasa de variación de un elemento meteorológico en función de la distancia. || En biología, variación progresivamente decreciente a partir de un punto máximo, de la concentración de una sustancia o de una propiedad fisiológica en un biotopo, un organismo o una célula. || *s. f. Chil. Ecua. Nic.* y *Per.* Declive o pendiente. || *loc.* ***Gradiente de potencial:*** en electricidad, variación, en la dirección del campo, del potencial entre dos puntos. || ***Gradiente de una función:*** en matemáticas, vector cuyas componentes son las derivadas parciales de la función respecto de una de las coordenadas.

grado *s. m.* Cada uno de los diversos estados, calidades o valores, de mayor a menor, que algo puede tener. || Cada una de las divisiones que tiene la escala de un aparato de medición. || Puesto o escalón dentro de una organización jerárquica, como el ejército. *Fue ascendido al grado de teniente coronel.* || Nivel de estudios. || Serie de estudios que conducen a la titulación de alguien. || Cada uno de los títulos que se obtienen al superar los diferentes niveles en que se divide la enseñanza media o superior. *Para ese empleo requieren personas con grado de licenciatura.* || En derecho, cada una de las generaciones que marcan el parentesco entre personas, o cada una de las diferentes instancias que puede tener un pleito. || En geometría, cada una de las 360 (si es grado sexagesimal) o 400 (grado centesimal) partes iguales en que puede dividirse una circunferencia o un círculo, y que se emplean como unidad de medida de ángulos y arcos de circunferencia. || En gramática, modo de significar la intensidad relativa de los adjetivos y adverbios. *Grado superlativo.* || En música, cada uno de los sonidos de la escala musical. || En petroquímica, calidad de un aceite lubricante. || *loc.* ***Grado alcohométrico centesimal:*** unidad de graduación de contenido alcohólico que equivale al grado de la escala centesimal de Gay-Lussac, en la que el agua pura representa 0 y el alcohol absoluto 100. Su símbolo es °GL. || ***Grado Baumé:*** unidad de medida de la concentración de una solución a partir de su densidad. || ***Grado Celsius, centígrado*** o ***centesimal:*** unidad de medida de temperatura que corresponde a una división del termómetro centesimal; su símbolo es °C. || ***Grado de dureza:*** cualidad por la que un aglomerante retiene los granos de abrasivo en una muela. || ***Grado de una ecuación entera,*** o ***de un polinomio:*** grado del monomio componente que lo tenga mayor. || ***Grado de una quemadura:*** profundidad de la lesión producida. El primer grado es simple enrojecimiento, el segundo, cuando hay vesículas llenas de líquido; el tercero, cuando las lesiones llegan más profundo que la dermis con destrucción de tejidos. || ***Grado de un monomio entero con relación a una variable:*** exponente de la potencia a que se halla elevada esta variable en el monomio. || ***Grado de un monomio fraccionario:*** diferencia de los grados del numerador y el denominador. || ***Grado Farenheit:*** unidad de medida de temperatura que equivale a la ciento ochentava parte de la diferencia entre la temperatura de fusión del hielo (0 °C son 32 °F) y la temperatura de ebullición del agua a la presión atmosférica (100 °C son 212 °F).

graduable *adj.* Que puede graduarse.

graduación *s. f.* Acción y efecto de graduar. || Control y medición del grado que corresponde a la intensidad, densidad, temperatura u otra constante de algo. || Cantidad proporcional de alcohol que contiene una bebida espirituosa. || Jerarquía de un militar. || Obtención de un grado académico y ceremonia con que esto se festeja.

graduado, da *adj.* Que está dividido en grados. || *s.* Se dice de la persona que ha alcanzado un título o grado académico, en particular universitario.

gradual *adj.* Que se presenta por grados, o que va de grado en grado. || *s. m.* En la liturgia católica, versículos que durante la misa se recitan o cantan entre la epístola y el evangelio.

graduar *t.* Dar a algo el grado, temperatura, calidad o intensidad que le corresponde. || Medir la calidad o el grado de algo. || Señalar los grados en que algo se divide. || Dividir una cosa y ordenarla según una serie de grados o estados correlativos. || *pr.* Obtener un grado o título académico.

grafema *s. m.* En lingüística, elemento abstracto de un sistema de escritura que es susceptible de realizarse en varias formas distintas.

grafía *s. f.* Signo, o conjunto de signos, con que se representa por escrito un sonido del lenguaje hablado.

gráfica *s. f.* Representación de datos numéricos por medio de líneas, barras o figuras. También se usa esta palabra en masculino.

gráfico, ca *adj.* Perteneciente o relativo a la escritura. || Que representa algo por medio del dibujo o imágenes. || *fig.* Dicho de un modo de hablar, que expone las cosas muy claramente, como si estuvieran dibujadas. || *s. m.* Se dice de las operaciones, descripciones y demostraciones que se representan por medio de signos o figuras. || *loc.* ***Artes gráficas:*** conjunto de las actividades que están relacionadas con la imprenta, como el diseño y la tipografía.

grafismo *s. m.* Manera en que se hace un trazo o se dibuja. || Arte de proyectar y realizar, en su aspecto material, ediciones como libros, folletos o carteles.

grafista *s. com.* Especialista en diseño gráfico.

grafito *s. m.* Forma alotrópica del carbono, de color negro con brillo metálico, que cristaliza en el sistema hexagonal. *El grafito tiene múltiples usos en la industria; sirve para hacer lápices, crisoles, electrodos y como lubricante sólido.*

grafología *s. f.* Estudio de la personalidad de los individuos mediante la interpretación de los rasgos de su escritura.

grafológico, ca *adj.* Perteneciente o relativo a la grafología.

grafólogo, ga *s.* Especialista en grafología.

grafomanía *s. f.* Manía por escribir.

grafómano, na *adj.* y *s.* Que tiene grafomanía. *Los blogs de internet son el paraíso para muchos grafómanos.*

gragea *s. f.* Confite muy menudo de forma esférica. || Presentación de un medicamento que consiste en una pequeña pastilla redondeada cubierta por una capa de sabor dulce.

grajo *s. m.* Ave paseriforme de unos 45 cm de longitud, parecida a un cuervo, con plumaje negro reluciente; su pico y patas son de color claro. || *Ants. Col. Ecua.* y *Per.* Olor rancio y desagradable del sudor en personas desaseadas. || *Cub.* Planta mirtácea de hojas ovaladas y olor fétido, que proporciona madera muy dura de color rojizo.

grama *s. f.* Planta gramínea muy común, que da flores en espigas filiformes que salen en grupos de tres o cinco en la punta de sus tallos. *La grama tiene usos medicinales, por ejemplo como diurético, para reducir la presión arterial y controlar el acné.*

gramaje *s. m.* Peso del papel o del cartón expresado en gramos por metro cuadrado.

gramalote *s. m. Col. Ecua.* y *Per.* Hierba gramínea, semejante al pasto pero de hojas gruesas, que se utiliza como forraje.

gramática *s. f.* Estudio, descripción y aplicación de las estructuras morfológicas, sintácticas y fonéticas de una lengua. || Libro en el cual se enseña metódicamente dicho estudio. || En informática, descripción de las reglas que hacen posible generar, a partir de un vocabulario terminal (conjunto de símbolos), las cadenas o series ordenadas de símbolos que conforman las frases autorizadas en el lenguaje correspondiente. || *loc. fam.* ***Gramática parda:*** habilidad para manejarse, natural o adquirida, que tienen algunas personas.

gramatical *adj.* Perteneciente o relativo a la gramática. || Que se ajusta a las reglas de la gramática.

gramaticalidad *s. f.* En lingüística, propiedad por la que una frase es conforme a las reglas de la gramática de una lengua.

gramático, ca *s.* Especialista en gramática. || *adj.* Gramatical.

gramema *s. m.* Elemento lingüístico que se pospone a un lexema para indicar accidentes gramaticales de género y número. *Un gramema, por ejemplo, es la «s» que se agrega al final de una palabra para ponerla en plural.*

gramilla *s. f. Amér. Merid.* Nombre que se da diversas clases de gramíneas forrajeras.

gramíneo, a *adj.* y *s. f.* Relativo a una familia de plantas monocotiledóneas de tallo herbáceo que tienen flores poco vistosas distribuidas en espiga y frutos harinosos en forma de grano. *Los cereales son gramíneas.*

gramo *s. m.* Unidad de masa del sistema cegesimal; equivale a la masa de 1 cm^3 de agua pura a 4 °C y su símbolo es g. || Cantidad de alguna materia cuya masa es 1 g. *Un gramo de sal.*

gramófono *s. m.* Aparato para reproducir vibraciones sonoras grabadas en un disco, el cual se apoya sobre un plato giratorio impulsado por un mecanismo de muelle o electromotor. *El gramófono fue antecesor del tocadiscos.*

gramola *s. f.* Marca registrada de un tipo de gramófonos con bocina interior; los hubo portátiles y en forma de mueble.

grampa *s. f.* Grapa.

gran *adj.* Apócope de *grande.* Es invariable y se usa antepuesto a un sustantivo en singular.

grana *s. f.* Excrecencia que la hembra globosa de un quermésido deposita sobre los arbustos de coscoja, la cual, exprimida, da un tinte rojo. || Color rojo, o grana, obtenido de dicha excrecencia. || Cochinilla parásita del nopal que produce un tinte de color carmín, y dicho tinte.

granada *s. f.* Fruto del granado. Su cáscara es amarilla o roja y en su interior, protegidos por membranas blancas y amargas, hay muchos granos rojos o rosados llenos de jugo agridulce. || En lenguaje militar, proyectil explosivo ligero que puede ser lanzado con la mano, con un fusil o con un mortero. || *loc.* ***Granada submarina:*** la que ha sido diseñada para atacar submarinos.

granadero *s. m.* Soldado que se encarga de lanzar granadas al enemigo. || En historia, soldado, por lo general de gran estatura, que formaba parte de la compañía que encabezaba un regimiento. || *Méx.* Elemento de la policía antimotines.

granadina *s. f.* Jarabe muy dulce de zumo de granada con el cual se elaboran refrescos y cocteles.

granadino *s. m.* Los granadinos son de un color rojo brillante, incluso en el cáliz.

granado *s. m.* Árbol originario de los países mediterráneos, que mide de 5 a 8 m de altura y da vistosas flores rojas, cuyo fruto es la granada.

granar *intr.* Producir grano una planta. || *t.* Reducir algo a grano, granear.

granate *s. m.* Silicato doble de metales como el hierro o el aluminio que cristaliza en forma de dodecaedro o trapezoedro y se halla en rocas metamórficas; es color rojo oscuro o púrpura, aunque también hay amarillos, anaranjados y casi negros. *Algunas variedades de granate se usan como abrasivos y otras son piedras preciosas.* || *adj.* y *s.* Color rojo oscuro. || Que es de ese color.

grande *adj.* Que es de mayor tamaño que las otras cosas normales de su misma clase. || *fam.* Persona adulta. || Muy intenso y notorio en sus manifestaciones. *Su amor por ella es grande, lo demuestra con su tolerancia.* || *fig.* Noble, de moral elevada. || *fig.* Dicho de alguien, importante, singular, famoso por sus méritos. || *fig.* y *fam. irón.* Que resulta ilógico o contradictorio. || Epíteto que se añade a algunos títulos nobiliarios. *Los grandes duques.* || *s. m.* Prócer, persona de indiscutible jerarquía. || *loc.* ***A lo grande:*** con mucho lujo y boato. || ***En grande:*** muy bien o en cantidad abundante. || ***Grande de España:*** título que, dentro de la nobleza española, representa la jerarquía superior. || *loc. fam.* ***Venir grande:*** sobrepasar algo la capacidad real o el mérito de alguien.

grandeza *s. f.* Cualidad de lo grande. || Magnitud, extensión, en particular la de gran tamaño. || Poderío, majestad. || Nobleza, humanismo, espíritu elevado. || Dignidad de grande de España y conjunto de los nobles que la ostentan.

grandilocuencia *s. m.* Elocuencia muy rica y elevada, que recurre a cultismos y figuras rebuscadas buscando convencer o impresiona.

grandilocuente *adj.* Persona que habla o escribe con grandilocuencia.

grandiosidad *s. f.* Cualidad de lo grandioso.

grandioso, sa *adj.* Que causa asombro y admiración por su gran tamaño, su majestuosidad o alguna otra de sus cualidades.

grandor *s. m.* Tamaño de alguna cosa. *El grandor de esos muebles hace imposible colocarlos en ese espacio.*

grandullón, llona o **grandulón, lona** *adj. Arg.* y *Méx. fam.* Se dice del adolescente que está muy crecido para su edad. A veces, esta palabra se usa en forma despectiva.

graneado, da *adj.* Que está salpicado de pequeñas motas o pintas. || *s. m.* Acción y efecto de reducir a grano algún material. || Acción y efecto de hacer ligeramente rugosa la superficie de algo para darle textura o facilitar un trabajo ulterior. || *loc.* ***Fuego graneado:*** fuego a discreción.

granear *t.* Esparcir el grano o semilla en un terreno. || Hacer rugosa una superficie lisa. || Reducir a grano algún material.

granel *loc.* **A granel:** Modo de venta de productos sin empacarlos o en-

G

vasarlos. || Producto que se vende o compra de ese modo. || De manera abundante.

granero *s. m.* Lugar o construcción donde se almacena el grano. || *fig.* Región muy fértil que produce grandes cantidades de grano y abastece a otras.

granítico, ca *adj.* Perteneciente o relativo al granito, o con aspecto semejante al de este mineral.

granito *s. m.* Roca ígnea plutónica constituida principalmente por cuarzo, feldespato y mica; forma la mayor parte de la corteza continental. *Desde la época prehistórica, el granito se ha utilizado en la construcción.*

granívoro, ra *adj.* y *s.* Animal que se alimenta de granos.

granizada *s. f.* Tormenta de granizo. || *fig.* Gran cantidad de cosas que caen o fluyen de manera continua. || *Chil.* Granizado.

granizado *s. m.* Refresco elaborado con un jarabe, esencia o bebida alcohólica vertida sobre hielo finamente picado.

granizar *intr.* Llover granizo. || *intr.* y *t. fig.* Caer algo, o arrojarlo, de manera intensa y continua.

granizo *s. m.* Agua congelada en forma de granos, que se precipita de las nubes violentamente. || Granizada.

granja *s. f.* Finca rural cercada que consta de una casa y áreas para los animales. || Establecimiento rural para la cría de aves, peces, conejos o ganado.

granjeable *adj.* Que se puede granjear.

granjear *t.* Obtener, conseguir algo. || *t.* y *pr.* Atraer, captar, lograr.

granjeo *s. m.* Acción y efecto de granjear o granjearse.

granjero, ra *s.* Dueño de una granja. || Encargado del mantenimiento de las tierras y animales de una granja.

grano *s. m.* Semilla y fruto de los cereales. || Semilla pequeña de diversas plantas, como el café, la mostaza o el anís. || Baya de pequeño tamaño. || Porción muy pequeña de algo. *Un grano de sal.* || Bulto pequeño y rojizo que aparece en la piel, por lo general con un punto de pus en el centro. || Rugosidad, textura desigual en la superficie de una piedra, o de la cerámica, cuero, tela y otros materiales. || En fotografía, partícula que forma la emulsión. || *pl.* Cereales. || *loc. fig.* ***Grano,*** o ***granito, de arena:*** pequeña aportación con que alguien contribuye a una causa o fin determinado. || ***Ir al grano:*** atender lo esencial, dejando a un lado lo superfluo. || ***No ser algo un grano de anís:*** no ser despreciable.

granuja *s. com.* Pilluelo, golfo. || Persona que, para atender su propio provecho, se dedica a cometer fraudes, timar y engañar a otros.

granujiento, ta *adj.* Que tiene granos en la piel, sobre todo en el rostro.

granulación *s. f.* Aglomeración de algún material en pequeños granos. || En medicina, lesión formada por pequeños tumores que afecta un órgano, una mucosa o una llaga. || En tecnología, fragmentación de un producto fundido que se somete a la acción de un fuerte chorro de agua, de modo que al solidificarse forma pequeños granos. || *loc.* ***Granulación solar:*** red conformada por el conjunto de gránulos que se observan en las regiones tranquilas de la fotosfera del Sol.

granulado *s. m.* Medicamento o preparado farmacéutico que se presenta en forma de gránulos. *Un granulado está compuesto de una sustancia activa y un excipiente azucarado.* || Acción y efecto de granear las pieles para darles textura.

granulado, da *adj.* Que forma granos o tiene granulaciones.

granuladora *s. f.* Máquina para triturar piedra.

granular[1] *adj.* Que está compuesto por pequeños granos.

granular[2] *t.* Reducir algo a granos muy pequeños o gránulos. || *pr.* Cubrirse la piel de granos.

gránulo *s. f.* Grano pequeño de alguna materia. || Elemento efímero y brillante, de forma poligonal irregular, que puede observarse en la fotosfera solar. *Un gránulo solar dura aproximadamente ocho minutos y mide alrededor de 1 000 km.* || En farmacia, píldora pequeña y azucarada que contiene una dosis ínfima de alguna sustancia muy activa.

granuloso, sa *adj.* Que tiene gránulos. *Una pieza de cerámica con superficie granulosa.*

granza *s. f.* Carbón mineral lavado y triturado. || *Arg.* Ladrillo triturado que se utiliza en la construcción de edificios y carreteras.

grapa *s. f.* Pequeña pieza de metal que, al doblarse por los extremos, sirve para sujetar papeles, telas o tejidos orgánicos. || En arquitectura, gancho metálico que liga dos bases de piedra, o que fija los paneles de revestimiento al muro de una fachada. También se llama así a la argolla de hierro que sirve para fijar un postigo o puerta a su parte superior, y al ornamento en forma de consola o mascarón esculpido en la parte alta de una arcada de puerta o ventana para sujetar las molduras. || En tecnología, alambre con los extremos doblados que se utiliza para el ensamble mecánico de ciertos tipos de embalajes ligeros. || En veterinaria, llaga que se forma en el pliegue del corvejón de los equinos.

grapadora *s. f.* Aparato que sirve para colocar grapas.

grapar *t.* Colocar grapas mediante el aparato adecuado.

grasa *s. f.* Sustancia orgánica, sólida a temperatura ambiente, compuesta por ácidos grasos y glicerina; presente en numerosos tejidos tanto de vegetales como de animales. || Manteca, unto o sebo de los animales. || Lubricante inorgánico derivado de los hidrocarburos.

grasera *s. f.* Recipiente para guardar la grasa en la cocina.

grasiento, ta *adj.* Untado o cubierto y chorreante de grasa.

graso, sa *adj.* Pingüe, mantecoso. || Adiposo. || Que tiene naturaleza untuosa. || Que exuda o secreta grasa en exceso.

grasoso, sa *adj.* Que tiene mucha grasa o está impregnado de ella.

gratén *loc. adv.* **Al gratén:** al gratín.

gratificación *s. f.* Acción y efecto de gratificar. || Recompensa pecuniaria por un servicio eventual. || Cantidad en dinero o en especie que se otorga al trabajador al final del año. || Propina. || Goce o placer.

gratificador, ra *adj.* y *s.* Que gratifica. *Masaje gratificador, mirada gratificadora.*

gratificante *adj.* Que proporciona satisfacción física o espiritual.

gratificar *t.* Recompensar o galardonar con una suma pecuniaria. || Dar gusto, complacer, satisfacer.

gratín *loc. adv.* **Al gratín:** Dicho de un alimento, metido al horno después de cubrirlo de crema y queso rallado para que éste se funda y forme una costra suave.

gratinado, da *adj.* Tostado en el horno.

gratinador *s. m.* Mecanismo del horno que está en la parte superior de éste y sirve para gratinar.

gratinar *t. def.* Poner al horno un platillo previamente cubierto de una preparación de crema y queso rallado con la finalidad de que éste se derrita y forme una costra suave sobre el guiso.

gratis[1] *adj.* Sin costo, de balde. *Entrada gratis, pastel gratis.*

gratis[2] *adv.* Gratuitamente. *Entró gratis al cine; comí gratis en la escuela.*

gratitud *s. f.* Sentimiento que nos impulsa a reconocer el beneficio que se nos ha hecho y a compensarlo de alguna manera.

grato, ta *adj.* Agradable, gustoso, placentero.

gratuidad *s. f.* Condición o cualidad de gratuito.

gratuitamente *adv.* Gratis, que no cuesta. || Sin fundamento, bases ni motivo. *La insultó gratuitamente.*

gratuito, ta *adj.* De balde, gratis, de gracia. || Arbitrario, sin fundamento. *Odio gratuito, esperanza gratuita.*

grava *s. f.* Conjunto de piedras pequeñas que se usan para cubrir y

alisar los caminos o para preparar mortero o mezcla de construcción.
gravamen *s. m.* Impuesto, carga fiscal.
gravar *t.* Cargar o pesar sobre algo o alguien. || Imponer un gravamen.
grave *adj.* Que tiene peso, porque es atraído por la gravitación. || Importante, relevante o muy grande. || Se dice de la enfermedad muy delicada o de quien la padece. || Serio, circunspecto, que causa mucho respeto. || Arduo, difícil, complicado. || Molesto, enfadoso. || En acústica, sonido con vibraciones de baja frecuencia. || Se aplica a la palabra cuyo acento recae en la penúltima sílaba.
gravedad *s. f.* Compostura y circunspección de la persona. || Importancia o gran tamaño de las cosas, asuntos o negocios. || Agudeza de una enfermedad o padecimiento. || Cualidad de grave en un sonido. || En física, fuerza de atracción que hacia su centro ejerce la Tierra sobre todos los cuerpos. || Atracción de los cuerpos en razón de su masa.
gravidez *s. f.* Cualidad de grávido. || Embarazo o preñez de la mujer.
grávido, da *adj.* Que pesa, que tiene peso. || Embarazada o preñada. || En poesía, cargado, pleno, abundante.
gravilla *s. f.* Piedra machada en granos pequeños, de no más de 25 mm.
gravimetría *s. f.* Estudio y medición de la fuerza gravitatoria y de sus variaciones en distintos lugares. || Separación por medios mecánicos de los minerales y la ganga o escoria a causa de la diferencia de pesos. || En física y química, análisis cuantitativo de las sustancias por medio de pesarlas en básculas idóneas.
gravitación *s. f.* Acción y efecto de gravitar. || Atracción recíproca que se ejerce entre los cuerpos, siendo más notoria la producida entre los celestes.
gravitacional *adj.* Gravitatorio.
gravitante *adj.* Que gravita.
gravitar *intr.* Moverse un cuerpo alrededor de otro por la atracción gravitatoria. || Reposar un cuerpo sobre otro o apoyarse en él. *Su cabeza gravitaba inerte sobre el pecho.* || Recaer sobre alguien o algo un peso, carga o responsabilidad. *Sobre el general gravitaba la defensa del bastión.*
gravitatorio, ria *adj.* Perteneciente o relativo a la gravitación.
gravoso, sa *adj.* Se dice de lo que es molesto o pesado. || Que ocasiona mucho gasto.
graznar *intr.* Emitir su voz algunas aves. || Hablar con aspereza, fuerza e irritación alguna persona.
graznido *s. m.* Grito de algunas aves como el cuervo, la urraca, el ganso, el grajo. || Canto desigual y como gritando que molesta al oído y en cierta forma imita la voz del ganso.
greca *s. f.* Nombre derivado de «griega», por ser usada esta franja con motivos simétricos y repetidos, con ángulos rectos, en los vestidos, capas, frisos y cerámica del pueblo griego.
greco, ca *adj.* Perteneciente o relativo a Grecia.
grecolatino, na *adj.* Perteneciente o relativo a griegos y latinos simultáneamente. *Cultura grecolatina, comercio grecolatino.* || Que está escrito en griego y en latín, o que se refiere a ambos idiomas.
grecorromano, na *adj.* Grecolatino.
greda *s. f.* Arcilla arenosa, generalmente de color blanco azuloso, usada para desengrasar los paños de lana y quitar las manchas. || Bloque o lápiz hecho de esa arcilla (coloreada o al natural), que usan los sastres y costureras para marcar los cortes sobre las telas.
gregario, ria *adj.* Se dice de los animales que viven en grupo o en manada. || Se dice de quien vive con otros sin distinción, como el soldado o el monje. || Se dice de la persona que sigue ciegamente las opiniones, ideas u órdenes de otra u otras.
gregarismo *s. m.* Cualidad o condición de gregario. || Tendencia de ciertas especies animales a vivir en grupos. || Actitud del que sigue las propuestas, ideas o iniciativas de otros.
gregoriano, na *adj.* Se dice del canto llano, modalidad impuesta en la liturgia de Occidente por el papa Gregorio I el Magno. || Se dice de la corrección del calendario ordenada por el papa Gregorio XVII y puesta en vigor a partir del 15 de octubre de 1582.
greguería *s. f.* Gritería. || Imagen en prosa que presenta una visión personal, sorprendente y a veces humorística de algún aspecto de la realidad, creada por el escritor español Ramón Gómez de la Serna. Generalmente consta de una sola frase en una sola línea. *«Lo más importante de la vida es no haber muerto» ejemplifica la greguería.*
gremial *adj.* Perteneciente o relativo al gremio.
gremialismo *s. m.* Doctrina que propugna la formación de gremios y el predominio de éstos en el gobierno y la vida social.
gremialista *adj.* y *s. com.* Perteneciente o relativo al gremialismo. || Partidario de dicha postura.
gremio *s. m.* Corporación formada por los maestros, oficiales y aprendices de un mismo oficio. || Conjunto de personas que tienen una misma actividad profesional o laboral.
greña *s. f.* Cabellera desordenada y mal compuesta. || Madeja de cosas entretejidas y que no puede deshacerse fácilmente. || *loc.* ***Andar a la greña:*** andar de pleito, pelear. || *loc. Méx.* ***En greña:*** en rama, sin beneficiar ni limpiar. Sin seleccionar la parte útil de algo.
greñudo, da *adj.* y *s.* Que trae greñas, y anda con el pelo largo, revuelto y sin peinar. || Caballo o yegua recelador en las paradas o desfiles.
gres *s. m.* Mezcla de arcilla figulina y arena cuarzosa que en alfarería se emplea para fabricar objetos que, cocidos en hornos de alta temperatura, resultan resistentes, impermeables y refractarios.
gresca *s. f.* Bulla, ruido, algazara. || Pelea, riña, bronca.
grey *s. f.* Rebaño de ovejas o de cabras, es decir, de ganado menor. || Conjunto de fieles cristianos agrupados en el gobierno de uno de sus legítimos pastores. || Grupo de individuos que comparten una característica natural o cultural. *La grey de los abajeños, la grey de los amantes del jazz.*
griego *s. m.* Lengua indoeuropea hablada en Grecia continental y las islas diseminadas por el Egeo y hasta en partes de Anatolia. || *fig. fam.* Galimatías, jerigonza, idioma incomprensible y extraño. *Estar en griego, hablar en griego.* || *loc.* ***Griego científico:*** el empleado en la nomenclatura y terminología modernas de ciertas ciencias, como la biología y la medicina. *Malacología y psitacosis derivan del griego.* || ***Griego cristiano:*** el de los términos que marcaron la organización de la primitiva iglesia cristiana, como diácono, episcopal, presbítero, y demás. || ***Griego moderno:*** el usado actualmente en Grecia, y partes de Chipre, Turquía y algunas áreas vecinas.
griego, ga *adj.* y *s.* Nativo de Grecia. || Perteneciente o relativo a esta nación del sur de Europa. || Referente a la lengua hablada en Grecia desde la antigüedad.
grieta *s. f.* Hendidura alargada que se hace en el suelo, las paredes de edificaciones y en cualquier cuerpo sólido frangible. || Abertura alargada y de forma irregular que se forma en la piel de cualquier parte del cuerpo o en las mucosas, por causas diversas como hongos, alergias, frío, etc. || Dificultad o desacuerdo que separa y rompe la unidad de un grupo, institución o comunidad.
grifa *s. f.* Herramienta consistente en una llave regulable, semejante a la inglesa pero de cabeza recta, usada en fontanería o plomería. || *fam.* Mariguana o marihuana.
grifería *s. f.* Conjunto de llaves para regular el paso de un fluido.
grifo *s. m.* Animal mitológico, con la mitad superior del cuerpo de águila y la inferior de león. || Llave de metal que se pone en las bocas de las cañerías o tuberías para controlar el flujo del agua o de otros líquidos.

grifo, fa *adj.* y *s.* De cabello muy crespo, rizado o enmarañado. || Dicho de una persona de pelo ensortijado, que revela ascendencia negra. || *Amér. C.* y *Méx.* Intoxicado con mariguana o marihuana. || *Cub.* Se dice de las volátiles domésticas con plumaje encrespado.
grill *s. m.* Derivado del inglés de igual ortografía y significa «parrilla de hierro». || Restaurante donde se ofrecen platillos a la parrilla.
grilla *s. f. fam. Méx.* Actividad política, en especial la que se vale de intrigas. || Discusión en torno a asuntos políticos.
grillar *t. fam. Méx.* Hacer política, en especial a base de intrigas. || Remover o quitar a alguien de su puesto en el trabajo valiéndose de intrigas políticas.
grillete *s. m.* Arco metálico con una perforación en cada extremo; en uno, se fija una cadena, en el otro una persona con la chaveta para cerrarla. Se colocaba en los tobillos de los presos y los cautivos, para impedirles huir e incluso para sujetarlos a la pared de la cárcel. || En los buques antiguos, cada uno de los tramos de cadena de unos 25 cm que, unidos unos a otros mediante el sistema de argolla y perno, sujetaban el ancla.
grillo *s. m.* Insecto ortóptero de cuerpo alargado (difiere de color según la variedad), alas rectas que pliega contra el dorso cuando no está volando, cabeza redonda, ojos grandes, quijadas poderosas. En temporada de apareamiento, el macho estridula, es decir, frota los élitros y las patas produciendo un sonido continuo y monótono para atraer a las hembras.
grillo, lla *adj.* y *s. fam. Méx.* Se refiere a la persona que se dedica a las actividades políticas.
grima *s. f.* Desazón, disgusto, desagrado. || Sensación desagradable que queda en los dientes tras degustar alguna fruta inmadura y muy ácida o muy amarga.
grimorio *s. m.* Libro de fórmulas y encantamientos de magia negra usado por los hechiceros y nigromantes. Son famosos los apócrifamente atribuidos a san Cipriano de Antioquía y al papa Honorio.
gringada *s. f. fam. Arg. Hond. Méx.* y *Nic.* Conjunto de gringos. || Dicho, hecho o costumbre propia de los gringos o imputados a ellos.
gringo, ga *adj. s. fam. Amér.* Estadounidense. || Extranjero, especialmente de habla inglesa.
gripa *s. f. Col.* y *Méx.* Gripe.
gripal *adj.* Perteneciente o relativo a la gripe o gripa. *Tener un cuadro gripal, un síntoma gripal.*
gripe *s. f.* Enfermedad viral contagiosa aguda, acompañada de fiebre, catarro, malestar general y que tiende a presentarse como epidemia.
griposo, sa *adj.* y *s.* Que padece gripe. || Semejante a la gripe por sus síntomas. *Hay alergias griposas.*
gris *adj.* y *s.* Se dice del color resultante de la mezcla de blanco y negro. || Que carece de atractivo, originalidad o relevancia. *Es un texto gris, muy aburrido.* || Dicho del día o del cielo, nublado. || *loc.* ***Gris marengo:*** el muy oscuro, casi negro. || ***Gris oxford:*** el oscuro con un tono algo menos intenso que el marengo. || ***Gris perla:*** el muy claro.
grisáceo, a *adj.* De color parecido al gris o que tira a éste.
grisalla *s. f.* En artes plásticas, pintura realizada con diferentes tonos de gris, blanco y negro para representar los volúmenes, generalmente imitando relieves escultóricos o molduras arquitectónicas.
grisú *s. m.* Gas metano emanado de la hulla que al mezclarse con el aire dentro de la mina se hace explosivo.
gritadera *s. f. Amér.* Gritería.
gritar *intr.* y *t.* Alzar la voz más de lo ordinario. || Dar un grito o varios. || Reprender. u ordenar algo a gritos.
griterío o **gritería** *s.* Armar escándalo con voces fuertes y alteradas.
grito *s. m.* Voz muy fuerte y elevada. || Expresión proferida de este modo. || Manifestación exaltada de un sentimiento general. || Crujido de los hielos polares al resquebrajarse. || *loc.* ***A grito herido, limpio*** o ***pelado:*** con voces altas y destempladas. || ***Estar en un grito:*** quejarse en voz muy alta por causa de un dolor agudo y continuo. || ***Pedir a gritos algo:*** necesitarlo mucho y demandarlo con vehemencia. || ***Poner el grito en el cielo:*** quejarse o escandalizarse mucho de algo. || ***Último grito:*** novedad muy sonada en la moda o en otro contexto.
gritón, tona *adj.* y *s.* Que grita mucho y con frecuencia.
gritonear *intr. Amér.* Hablar a gritos. || Reprender a uno o reclamar algo a gritos.
groenlandés, desa *adj.* y *s.* Originario de Groenlandia.
grogui *adj.* En el boxeo, aturdido, tambaleante a causa de un golpe recibido. || Atontado, confundido, ya sea por cansancio o por otras causas. || Muy somnoliento, casi dormido.
grosella *s. f.* Fruto del grosellero, baya carnosa de color rojo, blanco o negro, jugosa y de sabor agridulce.
grosellero *s. m.* Arbusto de la familia de las saxifragáceas, con tronco ramoso, hojas alternas y pecioladas y divididas en lóbulos, flores verdosas en racimos y por fruto la baya llamada grosella.
grosería *s. f.* Falta de respeto y de cortesía. || Rudeza, falta de finura, tosquedad en las labores manuales. || Ignorancia, falta de educación y urbanidad.
grosero, ra *adj.* y *s.* Burdo, basto, ordinario. *Tela grosera, trabajo grosero.* || Descortés, maleducado, que no conoce las reglas del trato social o no las aplica.
grosor *s. m.* Grueso de un cuerpo.
grosso modo *loc. adv.* A grandes rasgos, sin entrar en detalles; aproximadamente, más o menos.
grotesco, ca *adj.* Ridículo, estrafalario, extravagante. || Irregular, burdo y de mal gusto. || Referente a la gruta artificial o propio de ella. || En artes plásticas, adorno caprichoso con figuras que mezclan follajes, monstruos hechos de varias partes animales, sabandijas y figuras fantásticas.
grúa *s. f.* Máquina compuesta de una estructura montada en un eje vertical giratorio y con una o más poleas, dotada cuando menos una de un gancho, que sirve para levantar objetos pesados y moverlos de lugar. || Vehículo dotado en su parte trasera de una grúa para remolcar automóviles u otras cosas. || Máquina militar que antiguamente se empleaba para atacar fortificaciones amuralladas. || En cine y televisión, soporte que lleva una plataforma sobre la que se colocan la cámara y el asiento del operador.
gruesa *s. f.* Conjunto de doce unidades. *Gruesa de naranjas, gruesa de huevos.*
grueso *s. m.* La tercera dimensión de los sólidos. || Espesor de un cuerpo. || Parte principal, central y más fuerte de algo. *El grueso de la armada atacará mañana.*
grueso, sa *adj.* y *s.* Corpulento, que hace mucho bulto. || Fuerte, duro, resistente. || Que sobrepasa de lo ordinario. *Esa broma estuvo gruesa.* || Grosero, majadero, malsonante. *Palabras gruesas.*
grulla *s. f.* Ave zancuda migratoria, de hasta 30 cm de altura, con pico cónico y largo, cuello esbelto y negro, cabeza con algunos pelos rojizos, plumaje general de color gris.
grumete *s. m.* Joven que aprende el oficio de marinero ayudando a la tripulación en las faenas.
grumo *s. m.* Porción de una sustancia que se coagula o cuaja. || Conjunto de cosas apiñadas y apretadas. *Grumo de coliflor.* || Yema o cogollo de un árbol.
grumoso, sa *adj.* Que tiene grumos.
gruñido *s. m.* Voz del cerdo y otros suidos, como el jabalí. || Especie de ladrido ronco del perro y otros cánidos cuando amenazan. || Sonido grave e inarticulado que emite una persona en señal de enojo o descontento.
gruñir *intr.* Emitir gruñidos. || Murmurar entre dientes como demostración de disgusto y desacuerdo. || Crujir o chirriar las cosas.

gruñón, ñona *adj.* y *s.* Que gruñe con frecuencia. || Malhumorado, hosco.

grupa *s. f.* Ancas de caballos, asnos y mulas.

grupal *adj.* Perteneciente o relativo al grupo.

grupo *s. m.* Colección de seres que forma un conjunto, material o intelectual. || En artes plásticas, diversas figuras pintadas o esculpidas formando una escena. || En matemáticas, conjunto dotado de una operación asociativa, con un elemento neutro y el resto relacionados de tal modo que para cada uno haya otro simétrico. || En química, conjunto de elementos de propiedades semejantes y que en la tabla periódica se hallan dispuestos en una misma columna. || Conjunto de alumnos del mismo grado que toman clases en la misma aula. || *loc.* ***Grupo sanguíneo:*** cada uno de los conjuntos diferenciados por factores de hemoaglutinación y que determinan la factibilidad de una transfusión. Los grupos usuales son A, B, O y AB, pudiendo cada uno ser Rh positivo o Rh negativo, lo que da un total de ocho tipos en esta clasificación.

grupúsculo *s. m. desp.* Grupo formado por escasas personas pero que defiende activamente su opinión frente a grupos mayores.

gruta *s. f.* Caverna natural o artificial. || Estancia subterránea artificial que imita el aspecto de una cueva natural.

gruyer *s. m.* Derivado de «Gruyére», región suiza: queso de leche de vaca, maduro, suave y con el interior lleno de agujeros producidos durante la fermentación.

guabina *s. f. Ants. Col. Hond. Salv.* y *Ven.* Pez de río, de cuerpo cilíndrico y cabeza achatada, comestible y de sabor muy apreciado. || Ritmo musical popular en las montañas colombianas. || Persona que con frecuencia y por puro interés, cambia de partido o de opinión. || Persona tímida y cobarde. || *loc.* ***Ser más resbaloso que la guabina:*** hábil para salir airoso de cualquier aprieto.

guabirá *s. m. Amér. Merid.* Árbol de la familia de las mirtáceas, de tronco robusto, recto y ramificado a bastante altura del suelo, con hojas ovaladas e inflorescencias en un eje donde las flores se disponen en forma alterna y opuesta. Produce unas bayas amarillas de pulpa dulce y agradable. Es nativo de la Amazonia.

guabiyú *s. m. Arg. Py.* y *Uy.* Árbol nativo de Brasil, se da silvestre en el este del cono sur. Pertenece a la familia de las mirtáceas, mide unos 10 m de altura, produce flores blanquecinas y frutos globosos en baya de color morado cuando están maduras, comestibles. Se cultiva actualmente por su fruta en Suramérica y Asia.

guaca *s. f. Bol.* y *Per.* Sepultura de las culturas prehispánicas preincaicas, en las que además de la momia o el fardo funerario suelen hallarse cerámica y joyas, lo que ha dado lugar al saqueo. Los nativos veneran las huacas como sepulcros de sus antepasados y sedes de sus espíritus. || *Amér. C.* y *Ants.* Por extensión, tesoro enterrado u oculto. || Hoya donde se guardan frutas verdes para que maduren. || Alcancía, hucha. || Dinero ahorrado que se guarda escondido en casa. || Escondite.

guacal *s. m. Amér. C.* y *Méx.* Huacal. || Árbol de la familia de las bignonáceas que da frutos grandes y redondos, de cáscara leñosa; una vez extraída la pulpa comestible, las cáscaras se emplean como recipientes. || Recipiente hecho de esta manera.

guácala *interj. fam. Méx.* Expresión de asco.

guacamayo o **guacamaya** *s. Amér.* Ave de la América tropical, de la familia de las psitácidas a la que pertenecen los loros. Como éstos, tiene un pico grande y curvo, garras prensiles y alimentación granívora y frugívora. Su plumaje es muy colorido, con un tono dominando el conjunto: rojo, verde, azul, etc. Por exceso de caza y disminución de su hábitat son especies en peligro de extinción.

guacamole *s. m. Amér. C.* y *Méx.* Salsa espesa que se prepara a base de aguacates molidos o picados, cebolla, tomate (jitomate), cebolla y chile verde, sazonados con sal y limón o aceite.

guachafa *adj. fam. Per.* Que es de mal gusto.

guácharo *s. m.* Cría de un animal. || Pájaro suramericano de color café rojizo, con manchas blancas perfiladas de negro, ojos grandes y pico largo y ganchudo. Mide 5 dm de longitud y diez de envergadura. Es de hábitos nocturnos y habita en cavernas, donde se orienta por el oído.

guácharo, ra *adj.* Enfermizo, hidrópico y abotagado. || Huérfano, que no tiene padres.

guachinango *s. m. Cub.* y *Méx.* Pez de la familia de los *Lutjanidae,* con el lomo y las aletas rojizas, el resto blanco o rosado. Es marino y suele habitar en profundidades de diez metros. Por su sabor exquisito se le ha pescado en exceso, por lo que está prohibido hacerlo con redes en el Golfo de México.

guacho, cha *adj. Amér.* Se dice de la cría que ha perdido a la madre. || Huérfano. || No reconocido por el padre, tratándose de hijos naturales. || Incompleto, descabalado.

guácima *s. f. Amér.* Árbol de la familia de las esterculiáceas, con hojas pubescentes de color verde oscuro, flores en panícula, con largos filamentos, frutos capsulares leñosos llenos de semillas y mucílago.

guaco *s. m. Amér.* Planta trepadora de la familia de las compuestas, de tallos múltiples y ramosos, hojas grandes, anchas y acorazonadas, flores blancas con forma de campanilla y fuerte olor nauseabundo. Es un bejuco de la zona intertropical considerado medicinal. || Ave nocturna que forma colonias en terrenos palustres. Tiene el pico negro y las patas amarillas, su plumaje es blancuzco con el dorso negro. || Ave falconiforme de cuerpo negro y vientre blanco.

guadaña *s. f.* Implemento agrícola que consta de una hoja metálica, afilada y curva, rematada en punta por un extremo y por el otro sujeta a un mango largo. Se usa para segar cereales.

guadañar *t.* Segar usando a dos manos la guadaña.

guagua[1] *s. f. Ants.* Cosa menuda y sin importancia. || Autobús. || Plaga de insectos hemípteros que ataca a los cítricos.

guagua[2] *s. Amér. Merid.* Niño pequeño.

guaicurú *adj.* y *s. com.* Se dice de los miembros de un complejo étnico que incluía a pueblos como los abipones, mocovíes y los tobas, los cuales habitaban el Chaco y la zona irrigada por los ríos Paraguay y Paraná antes de la conquista española. Actualmente subsisten alrededor del río Pilcomayo. || Perteneciente o relativo a estos indígenas suramericanos. || Se dice del individuo indígena que no ha entrado en contacto con la civilización derivada de la europea.

guaira *s. f. Amér. Merid.* Horno pequeño de barro en el que los indígenas del Perú fundían la plata. || En la navegación sin motor, vela triangular que se sujeta al mástil y a veces también a un mastelerillo dependiente de éste. || Instrumento musical indígena compuesto de varias flautas.

guairo *s. m. Col.* y *Ven.* Embarcación pequeña de dos guairas, usada para la navegación de cabotaje.

guaje *s. m. Amér. C.* y *Méx.* Planta de la familia de las cucurbitáceas con hojas verdes acorazonadas, de envés pubescente, flores amarillas de gran tamaño y frutos amarillentos de cáscara coriácea, que se cortan, vacían y secan para usarse como vasijas. || Fruto de dicha planta y recipiente que se hace con él. || Muchacho, jovencito. || Bobo, tonto.

guajiro, ra[1] *adj. s. Cub.* Campesino, persona que vive y trabaja en el campo. || Rústico, inculto, ignorante.

guajiro, ra[2] *adj.* y *s. Col.* y *Ven.* Nativo de La Guajira. || Perteneciente o relativo a ese departamento de Colombia. || Se dice del indígena oriundo de La Guajira, península al noroeste de Venezuela. || Se dice de la lengua de estos indígenas.

guajolote *s. m.* Ave gallinácea originaria de América del Norte, con plumaje pardo, café rojizo o grisáceo, con la cabeza cubierta por una piel entre roja y azul, verrugosa, que remata en una carnosidad (llamada moco) que cuelga sobre el pico, y en carúculas a los lados del cuello. Existe en estado silvestre, pero mayormente es ave domesticada desde tiempos prehispánicos. La hembra se denomina pípila o cócona. || *fig.* y *fam.* Persona tonta o bobalicona.

gualda *s. f.* Hierba de la familia de las rosedáceas, con altos tallos ramosos, hojas lanceoladas, flores amarillas en espigas compactas y fruto capsular con semillas arriñonadas. Abunda en estado silvestre, pero se cultiva para teñir de amarillo dorado por cocimiento de las flores.

gualdo, da *adj.* Amarillo intenso como el de la flor gualda.

gualdrapa *s. f.* Cubierta larga de lana o de seda que cubre y adorna las ancas del caballo o de la mula.

gualicho *s. m. Arg.* y *Uy.* Hechizo, encantamiento. || Objeto usado para hechizar. || Diablo, demonio.

guamazo *s. m. Méx.* Golpe, especialmente el dado o recibido en una riña a mano limpia.

guampa *s. f. Arg.* y *Uy.* Cuerno, prolongación ósea del cráneo de ciertos animales. || Infidelidad matrimonial.

guamúchil *s. m. Méx.* Derivado del náhuatl «cuauhmóchitl», árbol corpulento de la familia de las leguminosas, de madera dura, pesada y resistente. || Fruto comestible de este árbol, que es una vaina en forma de aro, con pulpa blanca y semillas negras, grandes y brillantes.

guanábana *s. f. Amér.* Fruto enorme del guanábano, de cáscara verde y escamosa, pulpa blanca, jugosa, aromática y dulce, y numerosas semillas ovaladas y negras con un reborde marfileño.

guanábano *s. m. Amér.* árbol de origen antillano, de la familia de las anonáceas, con tronco recto y corteza de color gris oscuro, copa frondosa de hojas lanceoladas, lustrosas de color verde intenso por el haz y blanquecinas por el envés, flores grandes de coloración blanca amarillenta y fruto comestible de forma acorazonada.

guanacaste *s. m. Amér. C.* y *Méx.* Derivado del náhuatl «cuahuitl», árbol, y «nacastli», oreja; árbol tropical de la familia de las mimosáceas, de fruto no comestible en forma de oreja humana, con pericarpio coriáceo de color café oscuro y lustroso, mesocarpio blanquecino y mucilaginoso en el que se alojan las semillas, pequeñas y muy duras. La madera se emplea en ebanistería y por ello la especie está en riesgo de extinción.

guanaco *s. m. Amér.* Del quechua «wanaku», camélido andino, rumiante, de unos 130 cm de altura hasta la cruz, con cabeza pequeña de largas orejas puntiagudas, cuello largo, erguido, cuerpo esbelto y patas largas, todo cubierto de una espesa lana. Es una especie silvestre.

guanajada *s. f. Cub.* Tontería, hecho o dicho propio de los tontos o bobos.

guanajo, ja *adj.* y *s. Cub.* Guajolote. || *fig.* y *fam.* Tonto, bobo.

guanajuatense *adj.* y *s. com.* Natural o nativo del estado mexicano de Guanajuato o de su capital. || Perteneciente o relativo a ese estado, a su ciudad capital o a sus nativos.

guango, ga *adj. Méx.* Holgado, flojo. || *loc.* ***Venirle guango algo a alguien:*** no importarle.

guangoche *s. m. Amér. C.* y *Méx.* Tela burda como la arpillera, usada para embalajes.

guano[1] *s. m. Amér.* Materia excrementicia de las aves, depositada mayormente en las islas costaneras, que por su riqueza en nitratos y fosfatos se usa como abono.

guano[2] *s. m. Amér.* Nombre genérico de palmas de tronco redondo, cuyas hojas se emplean para techar las chozas. Los troncos se utilizan para hacer estacas y postes.

guantada *s. f.* Golpe dado con el guante. || Golpe dado con la mano.

guantazo *s. m. fam.* Manotazo, bofetada. *Sara le dio un guantazo a Simón porque la estaba molestando.*

guante *s. m.* Prenda para cubrir la mano, teniendo una funda para cada dedo; se confecciona en diversos materiales flexibles y elásticos. || Protección acojinada para cada puño del pugilista. || Manopla, protección especial para la mano del receptor en béisbol. || *loc.* ***Colgar los guantes:*** darse por vencido, morirse. || ***Con guante blanco:*** con diplomacia y buenas maneras. || ***Echar el guante a alguien:*** atraparlo, prenderlo, aprehenderlo. || ***Recoger el guante:*** aceptar un desafío.

guantear *t. Amér.* Dar guantadas.

guantelete *s. m.* Pieza de la antigua armadura metálica del caballero, con que se protegía la mano.

guantera *s. f.* En los vehículos automotores, caja donde se guardan los guantes y otros objetos, generalmente empotrada a un lado del tablero.

guantero, ra *adj.* y *s.* Que hace guantes. || Persona que teje o vende guantes.

guapear *intr. fam.* Alardear de valor ante los peligros. || Hacer alarde de gusto y elegancia en los vestidos. || Fanfarronear, dárselas de valiente.

guapetón, tona *adj.* y *s.* Muy bien parecido, atractivo. || Atrevido, osado, valentón.

guapo, pa *adj.* y *s.* Bien parecido, gallardo. || Animoso, valiente. || Ostentoso y galano en el modo de vestir y presentarse.

guapura *s. f.* Cualidad de guapo.

guaraca *s. f. Amér.* Cuerda que se arrolla al trompo o peonza para hacerlo girar.

guaracha *s. f. Ants.* Baile afroantillano por parejas. || Música o canción con que se acompaña este baile.

guarache *s. m. Méx.* Del purépecha «kuarache», calzado compuesto por una suela de cuero o fibras vegetales y correas para sujetarla al pie; algunos son muy sencillos, otros cubren también el empeine y se parecen a los zapatos.

guaraná *s. f. Amér.* Arbusto de la familia de las sapindáceas con tallos sarmentosos muy largos, hojas persistentes y alternas, flores blancas y fruto capsular trilocular, cada lóbulo con una semilla del tamaño de un chícharo o guisante, que se usa para preparar una bebida refrescante. || Pasta hecha con semillas tostadas de esta planta, cacao y tapioca.

guarango *s. m. Amér.* Aromo silvestre.

guarango, ga *adj. Amér.* Inculto, desmañado, sin gracia.

guaraní *adj.* y *s. com.* Se dice del individuo de una etnia que ocupaba desde el Amazonas hasta el Río de la Plata. || Perteneciente o relativo a este pueblo. || Lengua indígena hablada actualmente en Paraguay y regiones colindantes.

guarapeta *s. f. fam. Cub.* y *Méx.* Borrachera, embriaguez.

guarapo *s. f. Amér.* Jugo de la caña dulce, que por evaporación produce el azúcar. || Bebida fermentada, y por tanto alcohólica, hecha a base de ese jugo.

guarda[1] *s. com.* Persona que tiene a su cargo la seguridad y conservación de algo. || Cada una de las dos hojas de papel blanco que ponen los encuadernadores al principio y al final del libro. || Tutela. || Acción y efecto de guardar o conservar algo.

guarda[2] *interj. fam. Arg.* y *Uy.* Se usa para llamar la atención.

guardabarrera *s. com.* Persona que vigila y custodia un paso a nivel de una línea ferroviaria, cuidando que las barreras estén abiertas o cerradas, según el reglamento.

guardabarros *s. m.* Cada una de las piezas de la carrocería de un vehículo automotor que van sobre las ruedas y evitan las salpicaduras.

guardabosque o **guardabosques** *s. com.* Persona dedicada a la vigilancia y cuidado de las áreas forestales, en especial de las reservadas para la conservación de la vida silvestre.

guardacostas *s. com.* Barco rápido destinado a la vigilancia de las costas y la persecución del contrabando. || Buque acorazado para la defensa costera.
guardado, da *adj.* Reservado, cauteloso. || Comedido, circunspecto.
guardador, ra *adj.* y *s.* Que guarda o tiene cuidado de algo.
guardaespaldas *s. com.* Persona que tiene a su cargo la seguridad personal de alguien.
guardagujas *s. com.* Empleado que tiene el encargo de manejar los cambios de vía de los ferrocarriles.
guardameta *s. com.* En el futbol, quien defiende la portería.
guardamonte *s. m. Arg.* y *Bol.* Cada una de las piezas de cuero que cuelgan de la parte delantera de la montura para proteger las piernas del jinete.
guardapelo *s. m.* Joya en forma de caja oval y plana en la que se guarda un mechón de cabello y a veces un retrato en miniatura. Se usaba colgado del cuello con una cinta.
guardapolvo *s. m.* Protección generalmente hecha de tela, plástico o materiales semejantes, que sirve para impedir la acumulación del polvo sobre diferentes objetos. || Bata de tela que se usa sobre el traje o vestido para preservarlos de polvo y manchas.
guardar *t.* Tener cuidado de algo, vigilarlo, defenderlo. || Poner algo donde esté seguro. || Observar o cumplir aquello a lo que se está obligado. *Guardar la ley, guardar la etiqueta, guardar el secreto.* || Mantener, observar. *Guardar silencio, guardar distancia.* || Preservar algo del daño que puede sobrevenirle. *Guardar la inocencia.* || *pr.* Precaverse de un riesgo. *Guardarse de los accidentes, guardarse de los chismosos.*
guardarropa *s. m.* Habitación o armario grande donde depositan sus prendas de abrigo quienes asisten a lugares públicos. || Conjunto de prendas de vestir de una persona. || Armario o clóset donde se guarda la ropa. || En castillos y mansiones, gran habitación donde se custodiaban las ropas y demás efectos de los propietarios.
guardarropía *s. f.* Conjunto de vestidos y accesorios que usan los actores y actrices en una representación. || Habitación donde se custodian estos vestidos y accesorios.
guardavalla *s. com. Amér. Merid.* Arquero, portero.
guardavía *s. m.* Trabajador ferrocarrilero encargado de vigilar un tramo de vía férrea.
guardería *s. f.* Ocupación y oficio del guarda. || *loc.* ***Guardería infantil:*** lugar donde se cuida y atiende a niños de corta edad.
guardia[1] *s. f.* Acción y efecto de guardar. || Conjunto de militares o gente de armas que asegura la defensa de un lugar. || En algunas profesiones, servicio que se presta fuera del horario normal de labores. || En boxeo y esgrima, postura de los brazos para defenderse del ataque del contrario. || *loc.* ***Guardia de honor:*** la que se pone a las personas por su dignidad o cargo. || ***Guardia de seguridad:*** persona armada destinada a proteger las ciudades, establecimientos y hasta los domicilios privados. || ***Guardia pretoriana:*** la que protegía al emperador romano; por extensión, la que hoy protege a un político, gobernante o personaje destacado. || ***Bajar la guardia:*** descuidar la vigilancia.
guardia[2] *s. com.* Miembro de un grupo armado que asegura la vigilancia y defensa de un lugar.
guardiamarina *s. com.* Alumno de la escuela naval militar. || Egresado de dicha institución antes de recibir ascensos.
guardián, diana *s.* Persona que vigila y custodia algo. || En la orden religiosa de san Francisco, prelado ordinario de cada convento. || En la marina de guerra, oficial o contramaestre subalterno especialmente encargado de embarcaciones menores así como de cables y amarras.
guarecer *t.* Acoger a alguien, para protegerlo de la intemperie o de peligros y persecuciones. || Poner en seguro algo. || *pr.* Ponerse a salvo, refugiarse de alguna molestia, daño o peligro. *Guarecerse del sol, guarecerse de la lluvia, guarecerse de las balas.*
guarecimiento *s. m. ant.* Guarda, cumplimiento, observancia.
guarida *s. f.* Cueva o hueco en la espesura donde se guarecen los animales. || Refugio donde uno se ampara. || Lugar que se frecuenta y en que regularmente se encuentra con alguien.
guarismo *s. m.* Cada uno de los signos arábigos empleados para expresar una cantidad. || Expresión de cantidad compuesta de dos o más cifras.
guarnecer *t.* Poner guarnición a algo. || Adornar, revestir, poner colgaduras a algo. || Equipar, proveer, dotar. || En arquitectura, poner el revoque, aplanado o acabado a las paredes.
guarnecido *s. m.* En arquitectura, revoque o aplanado con que se recubren por dentro y por fuera las paredes de una edificación.
guarnición *s. f.* Adorno que se pone en las prendas de vestir, colgaduras y objetos. || Porción de verduras, legumbres, hortalizas, etc., que acompaña en el plato a la carne o al pescado. || Engaste de metal fino (oro, plata, platino) en que se ponen las piedras preciosas. || Defensa y adorno que se pone en las armas blancas junto al puño. || Tropa que protege y defiende una ciudad, pueblo, fortificación o buque de guerra. || En plural, conjunto de correas y demás efectos que se ponen a las cabalgaduras para montarlas o a las bestias de tiro para que puedan arrastrar la carga.
guarnicionar *t. ant.* Poner guarnición de tropa en sitio fortificado.
guaro *s. m. Amér. C.* Aguardiente de caña.
guarrada *s. f.* Suciedad, inmundicia, porquería. || Acción indecente y vil.
guarrear *intr.* Gruñir el jabalí u otros animales. || Aullar el lobo. || Berrear un niño. || Hacer guarrerías.
guarrería *s. f.* Porquería.
guarro *s. m. fam.* Cerdo, animal doméstico artiodáctilo. || *fig.* y *fam.* Hombre desaseado y mal vestido. || Individuo grosero y de malos modales. || Persona despreciable y de mala conducta.
guarumo *s. m. Amér. C. Col. Ecua. Méx.* y *Ven.* Árbol de la familia de las cecropiáceas, de tronco recto y hueco, copa en forma de sombrilla, hojas lustrosas por el haz y vellosas por el envés, de floración dioica con espigas masculinas y femeninas. Tiene usos en medicina tradicional.
guarura[1] *s. f. Ven.* Caracol marino de hasta 35 cm de longitud, cuya concha suele usarse como bocina.
guarura[2] *s. com. Méx.* Del rarámuri «huaruri», guardaespaldas.
guasa *s. f.* Burla, chanza, broma. || *loc.* ***Estar de guasa:*** hablar en broma, andar de muy buen humor.
guasca *s. f. Amér.* Trozo de correa o de soga que se usa como rienda o como látigo. || Hierba aromática de la familia de las compuestas que se emplea para perfumar el ajiaco.
guasearse *pr.* Bromear, chancearse.
guaso, sa *adj.* y *s. Amér. Merid.* Grosero, majadero. || Tímido, vergonzoso. || Campesino, agricultor. || Rústico, retraído, huraño.
guasón, sona *adj.* y *s.* Bromista, burlón.
guata *s. f.* Algodón en rama en forma de lámina, generalmente engomada por ambas caras, que se utiliza para acolchonar o rellenar. *La colchoneta era de guata.*
guatemalteco, ca *adj.* Natural de Guatemala. || Perteneciente o relativo a este país de América Central o a su capital.
guateque *s. m.* Fiesta casera en la que se come, se bebe y se baila. *Se puso bueno el guateque de anoche en casa de Juan.*
guau *s. m.* Onomatopeya con que se representa el ladrido del perro. || *fam.* Expresión que indica asombro y admiración. *¡Guau, qué guapa estás!*
guay *adj.* Estupendo, que gusta, que es muy bueno. || *adv.* Muy bien.

guayaba *s. f.* Fruto del guayabo, en forma ovalada, con una carne blanca o amarilla de sabor dulce y llena de semillas pequeñas. || *fam. Amér. Merid.* Embuste, exageración o mentira. *No andes diciendo esas guayabas sobre la maestra.*

guayabal *s. m.* Campo poblado de guayabos. *El guayabal se llena de aroma cuando llueve.*

guayabate *s. m.* Dulce de conserva de guayaba. *El guayabate con queso es muy rico.*

guayabera *s. f.* Camisa de hombre de tela ligera adornada con alforzas verticales, y, a veces, con bordados, lleva bolsillos en la pechera y en los faldones, es suelta y se lleva por fuera del pantalón. *Los del grupo de música yucateca vestían guayabera.*

guayabo *s. m.* Árbol de la América tropical, de unos 5 m de altura, con tronco torcido y ramoso, hojas ovaladas verde oscuro y cuyo fruto es la guayaba. || *fam. Amér.* Muchacha muy joven y atractiva. *Su novia es un guayabo.* || *Col.* Resaca, malestar por haber bebido en exceso. *La bebida de anoche me produjo un guayabo fuerte.*

guayaca *s. f. Arg.* Bolsa o talega pequeña para guardar monedas o las cosas de fumar. || Amuleto al que se atribuye virtud sobrenatural contra un daño.

guayacán *s. m.* Árbol de América tropical de hasta 12 m de altura, con el tronco grande y ramoso, la corteza dura y pardusca, hojas elípticas y flores de color blanco azulado. || Madera de este árbol, de color amarillo verdoso oscuro y gran dureza. *El guayacán es una madera apreciada en ebanistería.*

guayanés, nesa *adj.* Natural de Guayana. || Perteneciente o relativo a este territorio de América de América del Sur.

guayule *s. m.* Arbusto del suroeste de Estados Unidos y México cuya savia se consideró una fuente potencial de caucho natural durante la Segunda Guerra Mundial.

guazubirá *s. m. Arg.* y *Uy.* Venado que vive oculto en la espesura de montes y matorrales, de cuerpo gracioso y esbelto de unos 70 cm de alzada, con la piel color canela manchada de pequeños medallones blancos.

gubernamental *adj.* Perteneciente o relativo al gobierno del Estado. || Partidario del gobierno o que está a favor de él. *Juan siempre está justificando la política gubernamental.*

gubernativo, va *adj.* Perteneciente o relativo al gobierno, especialmente a lo que es o concierne al poder ejecutivo.

gubia *s. f.* Herramienta de carpintería similar al formón, con filo curvo que sirve para labrar superficies curvas.

guedeja *s. f.* Mechón de una cabellera larga. || Melena larga. *Usa la melena sucia y se le abre en guedejas.*

güemul *s. m.* Huemul.

guepardo *s. m.* Mamífero felino carnívoro, de cuerpo esbelto y largo, cabeza pequeña y pelaje manchado similar al del leopardo; es muy veloz; vive en sabanas y desiertos de África y Asia. *Al guepardo también se le conoce como chita.*

güero, ra *adj. Méx.* Rubio. *Lo vi pasar con una güera.*

guerra *s. f.* Enfrentamiento armado entre dos o más naciones o entre bandos distintos de un mismo país. *La independencia política se logró después de una guerra prolongada.* || Pugna o enfrentamiento entre personas por desacuerdos. *Los usuarios están en guerra por el mejor uso del agua.* || Pugna o enfrentamiento, aunque sea en sentido moral. *Los intelectuales están en guerra por la interpretación de la historia.* || *loc.* ***Guerra a muerte:*** aquella en que los contendientes luchan hasta morir. || Lucha, ataque continuo, sin mengua de intensidad. || ***Guerra civil:*** la que libran los habitantes de un mismo pueblo o nación. || ***Guerra de nervios:*** guerra psicológica. || ***Guerra de precios:*** competencia entre varias empresas o establecimientos por ofrecer los precios más bajos a sus clientes. *Los grandes almacenes tienen una guerra de precios.* || ***Guerra fría:*** hostilidad entre dos o más naciones sin llegar al empleo declarado de las armas. *Los bloques socialista y capitalista protagonizaron una prolongada guerra fría.* || ***Guerra santa:*** la que se hace por motivos religiosos. || ***Guerra sin cuartel:*** guerra a muerte. || ***Guerra sucia:*** conjunto de acciones que se sitúan al margen de la ley y combaten a un determinado grupo social o político. *La Junta Militar hizo una guerra sucia contra los opositores.* || *loc.* ***Dar guerra:*** molestar, no dejar tranquilo a alguien. *Estos niños no hacen más que dar guerra.* || ***Tener la guerra declarada:*** contradecir una persona a otra o perseguirla continuamente o por sistema. *Eran hermanos pero se tenían la guerra declarada.*

guerrear *intr.* Hacer la guerra, enfrentarse dos ejércitos o grupos armados. *Guerrearon hasta casi el último hombre.* || Resistir, rebatir o contradecir. *Guerreó hasta conseguir que le revalidaran sus materias.*

guerrera *s. f.* Chaqueta ajustada y abrochada hasta el cuello que forma parte de algunos uniformes militares.

guerrerense *adj.* y *s. com.* Natural de Guerrero. || Perteneciente o relativo a este Estado de México.

guerrero, ra *adj.* Perteneciente o relativo a la guerra. || *s.* Persona que combate en una guerra. *Pasó la prueba del valor y lo nombraron guerrero.* || Belicoso, que es inclinado a la guerra, a discutir o pelear. *Siempre se pone muy guerrero.* || *adj.* Que es muy travieso, inquieto y molesta a los demás. *Este niño ha estado guerrero toda la noche.*

guerrilla *s. f.* Grupo de personas armadas que hacen la guerra de manera irregular, mediante ataques por sorpresa, emboscadas y tácticas similares. || Este sistema de lucha armada. *El pueblo de Vietnam hizo guerra de guerrillas a los Estados Unidos.*

guerrillero, ra *adj.* Perteneciente o relativo a la guerrilla. || *s.* Miembro combatiente de una guerrilla. *Ernesto «Che» Guevara murió siendo guerrillero.*

gueto *s. m.* Barrio cerrado o aislado en que vivían o eran obligados a vivir los judíos. *Desde la Edad Media los judíos eran confinados a vivir en guetos.* || Situación de marginación y segregación de una comunidad por motivos religiosos, raciales, políticos o culturales. *Moisés Mendelssohn conminó a la comunidad judía a salir del gueto.* || Barrio o parte de una ciudad en que vive esta comunidad. *Harlem es el gueto negro de la ciudad de Nueva York.*

guía *s. com.* Persona que enseña, conduce, dirige u orienta a otras. *Sor Filotea obedeció a su guía espiritual.* || Persona que acompaña y conduce a otras en un recorrido o viaje porque conoce bien el camino y la zona. *Nos internamos en el bosque conducidos por un guía.* || Persona que muestra a los visitantes las cosas notables de una ciudad, de un lugar, un museo o una exposición. *Recorrimos el museo y escuchamos las explicaciones del guía.* || *s. m.* Soldado que sirve de referencia para alinear la tropa. || Jinete que en los juegos y ejercicios conduce una cuadrilla. *Los jinetes de Jalisco traían como guía a una joven.* || *s. f.* Cosa que ayuda a encontrar el camino para ir a un lugar. *Antes de salir de viaje, trazamos la ruta en la guía de carreteras.* || Libro donde se puede encontrar información para conocer un país, una ciudad o una zona geográfica. *Al llegar conseguimos una guía turística.* || Libro donde se puede encontrar información acerca de un servicio. *Encontré tu dirección en la guía telefónica.* || Escrito en que se dan preceptos o consejos, ya espirituales o abstractos, ya puramente mecánicos para dirigir o hacer cosas. *Compré una guía del fotógrafo aficionado.* || Documento en que se asientan los datos de un envío o un embarque y que llevan los transportistas. *Te daré el número de guía para que recojas el paquete.* || Carril o ranura de un mecanismo para que se deslice otra pieza del mismo mecanismo u otra cosa, impidiendo que se desvíe. *Le puse ruedas a la guía de los cajones.* || Sarmiento o vara que se deja sin podar en las cepas y en los árboles. *Hay que colocar las guías para que la enredadera cubra la pared.* || Tallo o rama principal de las coníferas y otros árboles que guía o dirige su crecimiento. *Si cortas la guía a un árbol ya no crece en altura.* || Poste o pilar que se coloca de trecho en trecho, a los lados de un camino de montaña, para señalar su dirección.

guiado, da *adj.* Que se lleva con guía o póliza.

guiar *t.* Mostrar o indicar el camino a seguir. *Nos perdimos porque Juan quiso guiar al grupo.* || Dirigir, aconsejar u orientar a una persona en una decisión o en su actitud o conducta. *Durante su adolescencia y juventud temprana se dejó guiar por su padre.* || Conducir o manejar una máquina, en especial un automóvil. *Guiaba con cuidado debido a la lluvia.* || Dirigir el crecimiento de las plantas colocándoles guías. *El jardinero logró guiar a la enredadera a donde quería.* || *pr.* Dejarse llevar o dirigir por una persona o una cosa que ayuda a orientarse. *Logró encontrar el camino guiándose por la posición del sol.*

guija *s. f.* Guijarro. || Planta leguminosa de tallo ramoso y flores blancas o azules, originaria de España. || Semilla de esta planta, comestible, de forma semejante a una muela.

guijarral *s. m.* Terreno abundante en guijarros.

guijarro *s. m.* Piedra pequeña, redondeada y lisa por erosión del agua.

guillotina *s. f.* Mecanismo consistente en una cuchilla muy afilada que cae deslizándose por un armazón de madera, que decapita al condenado a muerte que está arrodillado o tumbado ante ella. *El rey Luis XVI de Francia murió en la guillotina.* || Instrumento para cortar papel, formado de una cuchilla vertical. *En la imprenta compraron una guillotina nueva.*

guillotinar *t.* Decapitar a una persona con una guillotina. || Cortar papel con la guillotina.

guinche *s. m. Arg.* y *Uy.* Grúa, máquina con un brazo giratorio para levantar, desplazar y depositar cosas pesadas.

guinda[1] *s. f.* Fruto del guindo, similar a la cereza pero de sabor ácido, más redondo y de color rojo oscuro. || *s. m. Bol. Méx.* y *Per.* Color rojo de tonalidad oscura, similar al de esta fruta. *En su sombrero llevaba una pluma guinda.*

guinda[2] *s. f.* Detalle que hace de remate o culminación de algo. *Esa escena final es la guinda de la película.* || Altura total de la arboladura de un barco.

guindar *t.* y *pr.* Subir algo que ha de quedar colgada en lo alto. || *fam.* Ahorcarse. || Ganar, robar o quitar una cosa a otros. *Se levantó al baño y le guindaron el asiento.* || *pr.* Descolgarse de alguna parte por medio de una cuerda, una soga u otro medio.

guindilla *s. f.* Fruto del guindillo de Indias. || Variedad de pimiento pequeño, alargado y rojo muy picante.

guindo *s. m.* Árbol de la familia de las rosáceas, parecido al cerezo, de hojas ovaladas y dentadas, flores blancas y cuyo fruto es la guinda.

guineano, na *adj.* De Guinea Ecuatorial, Guinea Bissau o Guinea Conakry. || Perteneciente o relativo a alguno de estos países de África.

guineo, a *adj.* De Guinea. || *s. m.* Variedad de plátano pequeño, dulce y aromático. || Música y baile de movimientos violentos y gestos cómicos.

guiñada *s. f.* Acción de guiñar. || Desvío de la proa del buque hacia un lado u otro del rumbo a que se navega. *En medio de la tormenta la proa hacía guiñadas violentas.*

guiñapo[1] *s. m.* Trapo o prenda de vestir rota, sucia o estropeada. *Aquella pobre gente estaba en guiñapos.* || Persona que viste con harapos. *El indigente está hecho un guiñapo.* || Persona débil, enfermiza o muy decaída moralmente. || *loc. adj.* ***Hecho un guiñapo:*** abatido física o moralmente. *Al salir del hospital no era más que un guiñapo.*

guiñapo[2] *s. m. Amér. Merid.* Harina de maíz germinado, que se utiliza para hacer una bebida alcohólica.

guiñar *t.* Cerrar y abrir un ojo dejando el otro abierto, generalmente a manera de señal. *Estás bromeando, vi que le guiñaste un ojo a Juan.* || Cerrar un poco los ojos por efecto de la luz o por mala visión. *Para ver de lejos tiene que guiñar los ojos.* || *intr.* Dar guiñadas un buque por mal gobierno, marejada u otra causa. *Por el oleaje el barco daba guiñadas violentas.*

guiño *s. m.* Acción de guiñar. || Gesto que consiste en cerrar y abrir un ojo dejando el otro abierto, generalmente a manera de señal. || Mensaje implícito o disimulado que se expresa mediante algún tipo de señal. *Para entenderse entre ellos han ideado una serie de guiños.*

guiñol *s. m.* Representación teatral que se hace con títeres movidos con las manos. *Los alumnos de tercero montaron una función a teatro guiñol.*

guión *s. m.* Esquema escrito de un discurso o tema, que contiene los puntos más importantes que se quieren exponer o desarrollar. *Para su discurso llevaba un guión preparado.* || Texto que contiene los diálogos y anotaciones necesarios para la realización de una película cinematográfica o un programa de televisión. *El guión de la película lo escribió el autor de la novela en que se basa.* || Signo de puntuación que consiste en una raya corta que se utiliza para separar dos parte de una palabra a final de un renglón, unir dos elementos de una palabra compuesta, indicar en los diálogos cuándo habla cada interlocutor, etc. *La palabra espacio-tiempo lleva un guión.* || Ave delantera de las bandadas migratorias. *Los patos formaban una «V» detrás del guión.*

guionista *s. com.* Persona que escribe guiones de cine, radio o televisión. *Es un guionista reconocido, ha ganado varios premios.*

güipil *s. m.* Huipil.

güira *s. f.* Árbol tropical de hasta 5 m de altura, de tronco torcido y copa clara, hojas grandes, flores blanquecinas de mal olor y fruto globoso o alargado de diversos tamaños, según las subespecies. || Fruto de este árbol, de pulpa blanca con semillas negras, de cuya corteza dura y blanquecina se hacen vasijas.

guirigay *s. m.* Griterío y confusión que resulta cuando varias personas hablan a la vez y sin orden. *El maestro pidió la opinión de los alumnos y estos hicieron un guirigay.* || *fam.* Lenguaje incomprensible o difícil de entender. *Su explicación me pareció un guirigay incomprensible.*

guirnalda *s. f.* Corona abierta, tejida de flores, hierbas o ramas, con que se adorna la cabeza. *Dante Alighieri aparece con la cabeza coronada de guirnalda.* || Tira tejida de flores y ramas. *Para la boda colocaron guirnaldas a la entrada del templo.*

güiro *s. m.* Instrumento musical de percusión, consiste de una calabaza hueca de forma alargada y con estrías horizontales que se toca rascándolo con un palo pequeño, una varilla metálica o una baqueta. *Los güiros también se hacen en forma de cilindros metálicos.* || *Amér. C. Ants. Col.* y *Méx.* Planta que da por fruto una calabaza de corteza dura y amarilla cuando se seca.

guisa *s. f. fam.* Modo o manera de hacer o arreglar una cosa. *Pusieron una sábana a guisa de cortina.*

guisado, da *s. m.* Guiso de carne o pescado en trozos, cocidos con una salsa. *Hice un guisado de res con papas.*

guisante *s. m.* Planta leguminosa de tallo trepador, flores blancas y fruto en vaina con semillas verdes dispuestas en hilera. || Semilla comestible de esta planta, de forma redonda y color verde oscuro. *Preparé arroz con guisantes.*

guisar *t.* Cocinar alimentos sometiéndolo a la acción del fuego. *A María le gusta mucho guisar.* || *fam.*

Preparar u organizar una cosa de manera secreta. *Los diputados están guisando un acuerdo.*

guiso *s. m.* Comida que se prepara con carne o pescado en trozos, verduras, papas y otros ingredientes, y cocidos en salsa. *El estofado es un guiso de res y papas.*

güisqui *s. m.* Licor alcohólico que se obtiene por la destilación de cereales fermentados.

guita *s. m.* Cuerda delgada hecha con fibras de cáñamo. || *fam.* Dinero contante.

guitarra *s. f.* Instrumento musical de cuerda formado por una caja de resonancia de madera de formas redondeadas con un agujero central, unida a un mástil que se divide en diferentes partes o trastes, con seis cuerdas que se pulsan con los dedos de una mano, mientras que los de la otra las pisan en el mástil. *La guitarra es un instrumento musical muy popular.* || Instrumento para quebrar y moler el yeso. || *s. com.* Persona que toca ese instrumento en un conjunto musical. *Pancho es una de las guitarras del trío.* || *loc.* ***Guitarra eléctrica:*** la dotada de un sistema que transmite sus vibraciones a un amplificador electrónico.

guitarrazo *s. m.* Golpe dado con la guitarra.

guitarreo *s. m.* Toque de guitarra repetido, monótono o cansado.

guitarrero, ra *s.* Persona que toca la guitarra. || Persona que hace o vende guitarras.

guitarrista *s. com.* Músico que toca la guitarra.

guitarrón *s. m.* Guitarra grande y con cuerdas más gruesas que las de la guitarra con la que se toca el bajo.

gula *s. f.* Tendencia a comer y beber con desorden y en exceso, sin tener hambre. *No más comes por pura gula.*

gules *s. m. pl.* En heráldica, color rojo muy vivo.

gurbio, bia *adj.* Se aplica al instrumento de metal que tiene alguna curvatura. || *s. f.* Formón que usan los carpinteros y otros artífices para labrar superficies curvas.

gurí, risa *s. Arg.* y *Uy.* Niño o muchacho indio o mestizo.

gurú *s. com.* Maestro, guía espiritual o jefe religioso en el hinduismo. *Buda es uno de los gurús más reverenciados.* || Persona respetada y reconocida a quien se considera maestro o guía espiritual, o a quien se le reconoce autoridad intelectual. *Los sectarios seguían a su líder como a un gurú.*

gusanera *s. f.* Sitio donde se crían gusanos.

gusanillo *s. m.* Cualquier alambre, plástico o hilo enrollado en espiral. *Encuaderné mi trabajo con gusanillo de alambre.* || Hilo de oro, plata, seda, etc., ensortijado para ciertas labores. || Tejido de labor menuda que se hace en los lienzos y otras telas. || *fam.* Inquietud o curiosidad por una afición o por conocer algo. *Siempre ha tenido el gusanillo de la poesía.* || *loc.* ***Matar el gusanillo:*** saciar el hambre momentáneamente. *Cómete unas frituras para matar el gusanillo.*

gusano *s. m.* Nombre común que se utiliza para designar en diversos animales invertebrados de cuerpo blando, cilíndrico y alargado, que se mueven encogiendo y estirando el cuerpo. *La lombriz es un gusano.* || Larva de algunos insectos u oruga de las mariposas. *Las moscas nacen de larvas que son gusanos.* || *fam. desp.* Persona insignificante, vil o despreciable. || *loc.* ***Gusano de la conciencia:*** remordimiento. || ***Gusano de seda:*** oruga de una especie de mariposa que teje el capullo con hilo de seda. *Los gusanos de seda se alimentan de las hojas de la morera.*

gusarapo, pa *s.* Cualquiera de los animales de forma de gusano, que se cría en los líquidos.

gustar *intr.* Sentir y percibir el sabor de las cosas. || Producir satisfacción, placer o una sensación agradable. *Prueba este pastel, te va a gustar.* || Atraer, agradar o parecer bien una persona. *Ella es muy simpática y le gusta a los chicos.* || Sentir agrado o afición por una cosa. *Gusta de ir al teatro.* || *loc.* ***¿Gusta?:*** expresión que se usa como fórmula de cortesía con la que una persona invita a otra a degustar lo que come o bebe.

gustativo, va *adj.* Perteneciente o relativo al sentido del gusto. *Comió tantos cítricos que se le irritaron las papilas gustativas.*

gustazo *s. m. fam.* Gusto grande, placer o satisfacción, que una persona se da excepcionalmente. *Vamos a darnos el gustazo de comer en ese restaurante elegante.*

gustillo *s. m.* Dejo o saborcillo que dejan en el paladar algunas sustancias. *Este café tiene un gustillo un poco ácido.*

gusto *s. m.* Sentido corporal localizado en la lengua, mediante el cual se perciben y se reconocen los sabores. *El gusto es uno de los cinco sentidos corporales.* || Sensación experimentada con ese sentido. *El gusto puede ser dulce, salado, ácido o amargo.* || Satisfacción, placer o deleite que produce una cosa. *Me da gusto saludarte de nuevo.* || Voluntad propia, determinación o arbitrio. *Vino por su gusto.* || Cosa que resulta un placer y se desea tener, aunque sea innecesaria. *Me compré el coche por puro gusto.* || Manera o forma propia que tiene cada persona de apreciar una cosa. *En gustos se rompen géneros.* || Facultad o capacidad de apreciar lo bello y lo que no lo es. *Esta chica tiene muy buen gusto para vestir.* || Inclinación o interés que muestra una persona hacia una cosa que valora como buena o satisfactoria. *Tiene gusto por las matemáticas.* || Capricho, antojo. *De vez en cuando hay que darse un gusto.* || *loc. adv.* ***A gusto:*** cómodamente, que agrada. *Platicando contigo me siento a gusto.* || ***Al gusto:*** se usa para indicar la manera de condimentar un alimento. *La receta dice: poner sal al gusto.* || *loc.* ***Coger el gusto:*** aficionarse a una cosa. *Le cogí el gusto a la lectura.* || ***Con mucho gusto:*** expresión de cortesía para indicar que alguien accede a algo que se le pide. *Ahora te atiendo, con mucho gusto.* || ***Dar gusto:*** producir satisfacción o admiración, una cosa. *Da gusto trabajar en este ambiente de camaradería.* || Hacer aquello que agrada a una persona o complacerla. *Acepté ir a ver esa película sólo para darle gusto a ella.* || ***Despacharse a su gusto:*** hacer o decir lo que le place. *Estuvo hablando de historia que se despachó a su gusto.* || ***Encontrarle gusto:*** aficionarse a algo. *Le encontró gusto al golf.* || ***Relamerse de gusto:*** encontrar mucha satisfacción en algo. *Platicando con ella se relamía de gusto.* || *loc. adv.* ***El gusto es mío:*** expresión de cortesía con que se responde a una persona cuando se le presenta a otra. || ***Mucho gusto*** o ***tanto gusto:*** expresión de cortesía con que se responde a una persona cuando se le presenta a otra. || ***Que da gusto, que es*** o ***que era un gusto:*** se usa para ponderar la intensidad con que sucede algo. *Estudiaban que era un gusto verlos.*

gustoso, sa *adj.* Que hace algo con gusto o placer. *Te ayudaré gustoso a estudiar biología.* || Se aplica al alimento o la bebida que tiene buen sabor al paladar. *Este es un vino gustoso.*

gutapercha *s. f.* Goma natural, semejante al caucho, traslúcida, sólida e insoluble en el agua, que se obtiene a partir de ciertos árboles sapotáceos. || Tela barnizada con esta sustancia.

gutural *adj.* Perteneciente o relativo a la garganta. || Se aplica al sonido consonántico que se articula en la parte posterior de la boca o en la garganta. *La «g» de «Gerardo» es un sonido gutural.* || *s. f.* Letra que representa este sonido. *La «g» es una gutural.*

guyanés, nesa *adj.* y *s.* Originario de Guyana, país de América del Sur.

guzgo, ga *adj.* Glotón, que come con exceso y con ansia. || *s. m.* Animal carnívoro ártico, del tamaño de un zorro grande.

h

h *s. f.* Novena letra del abecedario español y séptima de sus consonantes. Su nombre es «hache», no representa sonido alguno y sólo tiene carácter ortográfico. Suele aspirarse en la dicción de algunas zonas españolas y americanas y en determinadas voces de origen extranjero.
haba *s. f.* Planta herbácea leguminosa de flores blancas o rosadas con manchas negras y fruto en vaina de hasta 12 cm, con cinco o seis semillas de forma de riñón. || Fruto y semilla comestible de esta planta. *El menú incluye sopa de habas.* || Semilla de ciertos frutos, como el café o el cacao. || *loc.* ***En todas partes se cuecen habas:*** indica que cierta dificultad o inconveniente no es exclusivo de un lugar o persona, sino que afecta a todo el mundo. *No te quejes de tus hijos que en todas partes se cuecen habas.*
habanera *s. f.* Canción o música originaria de Cuba, de compás de dos por cuatro y de movimiento lento. || Baile al ritmo de esta música.
habanero, ra *adj.* Perteneciente o relativo a esa capital. || *s.* Natural de La Habana, capital de Cuba.
habano, na *adj.* y *s. m.* Se aplica al cigarro puro de Cuba. *Para festejar el nacimiento de su hijo varón regaló habanos.* || De color de tabaco claro.
habar *s. m.* Campo sembrado de habas.
haber[1] *aux.* Se usa para formar los tiempos compuestos e indica que la acción expresada por el verbo ha terminado. *Para cuando yo llegue tú habrás terminado tu tarea.* || Seguido de la preposición «de» e *infinitivo*, tiene significado obligativo. *Habrás de estudiar lo que fuere necesario para aprobar esa materia.* || Seguido de la conjunción «que» e «infinitivo», significa «ser necesario o conveniente» lo que expresa el infinitivo. *Habrá que ajustarse a lo que hay.* || *intr. impers.* Existir o estar. *Hay comida hecha en la estufa.* || Suceder, ocurrir algo. *Hubo un prolongado apagón y no terminé la tarea.* || Verificarse, celebrarse o efectuarse algo. *Mañana habrá junta de padres de familia.* || *loc.* ***Haber de:*** estar obligado a una cosa. *Todos hemos de ser vacunados.* || ***Haber que:*** ser necesaria una cosa. *Habrá que tomar medidas drásticas.* || ***Haberlas, haberlo,*** o ***habérselas:*** enfrentarse con una persona o situación. *En la vida adulta todos tienen que habérselas con el trabajo.* || ***No haber de qué:*** no existir razón o motivo para algo. || ***No hay de qué:*** fórmula de cortesía usada para responder a un agradecimiento. || ***No haber más que pedir:*** ser perfecto algo, no faltarle nada. *A esta comida no hay nada más que pedirle.* || ***No haber tal:*** no ser cierto, carecer de fundamento. *Dicen que es muy mentiroso, pero no hay tal.* || *loc. s.* ***Habido y por haber:*** toda clase de cosas imaginables. *Hace negocios con lo habido y por haber.*
haber[2] *s. m.* Conjunto de bienes, dinero o cosas que posee una persona o una entidad. *Con cada venta se le incrementan sus haberes.* || Cantidad que se devenga periódicamente por la realización de un trabajo o un servicio. *Hay que pagarle sus haberes al contador.* || Una de las dos partes en que se dividen las cuentas corrientes, la que corresponde a los ingresos que se acreditan o abonan al titular. *El debe no debe ser mayor que el haber.* || Conjunto de méritos y cualidades positivas que se consideran en alguien o algo. *Ese investigador tiene en su haber varias patentes importantes.*
habichuela *s. f.* Planta herbácea leguminosa de tallo delgado y en espiral, hojas grandes, flores blancas o amarillas y fruto en vaina. *Le compramos a los niños el libro de «Las habichuelas mágicas».* || Fruto y semilla comestible de esta planta.
hábil *adj.* Que es capaz y puede hacer una cosa fácilmente y bien. *El licenciado es un negociador muy hábil.* || Que es apto legalmente para algo. *Lo declararon hábil para trabajar.* || Se aplica al periodo de tiempo en el que una oficina o establecimiento se mantiene abierto al público. *Los días hábiles en oficinas gubernamentales abarcan de lunes a viernes.*
habilidad *s. f.* Cualidad de hábil. || Capacidad de una persona para hacer una cosa bien y fácilmente. || Cada una de las cosas ejecutadas con gracia o destreza. *El artesano tiene gran habilidad para labrar la plata.*
habilidoso, sa *adj.* Se refiere a la persona que hace bien las cosas.
habilitación *s. f.* Acción y efecto de habilitar. || Adaptación o adecuación de una cosa para que desempeñe una función que hasta ese momento no ha tenido. *Se debe habilitar la dársena para que funcione como puerto de altura.* || Autorización legal que se otorga a alguien para hacer una cosa. *Se le otorgó la habilitación al abogado para representar a los acusados.* || Dotación de una cantidad de dinero por la administración pública para la realización de un proyecto. *Las obras están aprobadas, sólo falta su habilitación para realizarlas.*
habilitado, da *s.* Persona que cobra cantidades gestionadas ante la administración pública y paga a los implicados en la actividad de que se trate. *El líder de la comunidad fue habilitado como intermediario para la obra.*
habilitador, ra *adj.* Que habilita a alguien.
habilitar *t.* Adaptar o adecuar una cosa para que desempeñe una función que no es la que tiene por lo común. *Habilitaron la escuela como albergue para los damnificados.* || Otorgar capacidad legal a una persona para hacer una cosa. *Habilitaron al líder de la comunidad para que haga las gestiones necesarias.* || Conceder a la administración pública el capital necesario para la realización de un proyecto. *Ahora sí ¡a trabajar!, ya habilitaron el proyecto.* || Dar aptitud o posibilidad legal a las cosas. *El juez habilitó al testigo para comparecer en el juicio.*
habiloso, sa *adj. Chil. Ecua.* y *Per.* Que tiene habilidad.
habitabilidad *s. f.* Cualidad de ser habitado un inmueble de acuerdo con ciertas normas y condiciones. *Después del terremoto, muchos edificios carecen de habitabilidad.*
habitable *adj.* Que puede habitarse por reunir las condiciones adecuadas para ello. *Con las reparaciones que le hicieron, el edificio quedó habitable.*
habitación *s. f.* Acción y efecto de habitar. || Cualquier sitio habitado por personas o animales. *Los castores construyen madrigueras como habitación.* || Sitio donde se cría naturalmente una especie vegetal o animal. *Los castores construyen diques para retener el agua que requieren para su habitación.* || Parte del espacio de

una casa o edificio separado de los demás por paredes y destinada a dormir, comer, etc. *La cocina y el baño no se consideran habitaciones.*

habitacional *adj.* De la habitación o sitio en que habitan personas.

habitáculo *s. m.* Habitación, sitio destinado a ser habitado. *Al tío le acondicionaron un habitáculo en la azotea.* || Espacio destinado para los ocupantes de un vehículo. *El coche tiene un habitáculo confortable.*

habitante *s. com.* Persona o animal que habita en un lugar determinado y forma parte de la población de un barrio, ciudad, provincia, nación o colonia, manada, etc. *Aquella era una comunidad con muy pocos habitantes.*

habitar *t.* Vivir, morar, ocupar habitualmente un lugar o casa. *Los afectados por el terremoto pasaron a habitar sus nuevas viviendas.* || *intr.* Desarrollarse un ser vivo o un grupo de personas en un hábitat, clima o lugar determinado. *Los esquimales habitan las zonas heladas del Polo Norte.*

hábitat *s. m.* Medio físico o geográfico en el que vive naturalmente un organismo, especie o comunidad animal o vegetal. *El mar es el hábitat de los tiburones, el de las bacterias casi cualquier medio.*

hábito *s. m.* Costumbre o manera de actuar adquirida, que consiste en repetir con frecuencia una misma acción o el uso reiterado y regular de una cosa. *Adquirió el hábito de estudiar todos los días.* || Habilidad o destreza para hacer algo, que se adquiere con la práctica. *Tiene el hábito del estudio.* || Vestimenta de los miembros de una orden religiosa. *Colón vestía el hábito de los franciscanos.* || Dependencia física o mental respecto de una sustancia. *Desde muy joven adquirió el hábito de fumar.* || *loc.* ***Colgar los hábitos:*** abandonar la carrera eclesiástica. || ***Tomar los hábitos:*** ingresar en una orden religiosa. || *loc. adv.* ***El hábito no hace al monje:*** refrán que enseña que, a menudo, las apariencias engañan y que el hecho de que una persona sea de una profesión no significa que tenga capacidad para ello.

habituación *s. f.* Acción y efecto de habituar o habituarse.

habitual *adj.* Que se hace a menudo, por hábito, uso o costumbre. *Es habitual que el señor se ausente por las noches.* || Asiduo, usual, se aplica a la persona que va a menudo a un establecimiento. *En la tienda ya lo conocen porque es un cliente habitual.*

habituar *t.* y *pr.* Acostumbrar o hacer que alguien adquiera un hábito. *Habituó a sus hijos a ahorrar desde pequeños.*

habla *s. f.* Facultad de hablar. *Pasado el susto, recobró el habla.* || Acción de hablar. *Se puso al habla en el teléfono.* || Manera peculiar o personal de hablar. *Tiene un habla muy pausada.* || Realización específica o concreta de la lengua por parte de los hablantes, por oposición a la lengua como sistema. || Variedad lingüística restringida a una comarca, localidad o colectividad, que se caracteriza por ciertos rasgos distintivos dentro de otro sistema más extenso. *El habla yucateca tiene un cierto cantar en sus terminaciones.* || Lengua o idioma que hablan los habitantes en un territorio determinado. *La mayoría de los ponentes del congreso eran de habla inglesa.* || *loc. adv.* ***Al habla:*** se usa como contestación telefónica, indica que la persona con la que se quiere hablar ya está a la escucha. *El sargento Godínez al habla, mi comandante.* || En contacto o en comunicación por teléfono u otro sistema semejante. *Yo me mantendré al habla con él.* || ***Negar el habla:*** no hablarle a alguna persona por estar disgustado con ella. *Desde que le robó al novio, le ha negado el habla.* || ***Quedarse sin habla:*** asombrarse o asustarse al grado de no poder hablar. *Fue tal la sorpresa de volver a verla que se quedó sin habla.* || ***Quitar el habla:*** asombrarlo o asustarlo al grado que no pueda hablar. *Fue tan contundente su respuesta, que le quitó el habla.* || Negar una persona el habla a otra.

hablada *s. f. Méx.* Chisme, decir que pretende dañar a alguien. *No le hagas caso a lo que dicen, son puras habladas.* || Fanfarronada. *No va hacer nada, es pura hablada la de Juan.*

habladera *s. f. Amér.* Habladuría. || *Amér. C.* Acción de hablar mucho. *Se encontraron y les agarró una habladera.*

hablado, da *part. de hablar. No te olvides, quedamos en lo hablado.* || *adj.* Precedido de los adverbios *bien* o *mal*, que usa un lenguaje correcto o descomedido. *Ofendía el escucharlo por lo mal hablado que es.* || *loc. adj.* ***Bien hablado:*** que habla correctamente y con propiedad. || ***Mal hablado:*** descomedido en el hablar.

hablador, ra *adj.* y *s.* Que habla demasiado. *Cervantes escribió un entremés titulado «Los habladores».* || Que por imprudencia o indiscreción cuenta todo lo que ve y oye. *Ya no digas más delante de Juan, que es un hablador.* || *Méx.* Fanfarrón, mentiroso. *No le creas lo que dice, es un hablador.*

habladuría *s. f.* Chisme, rumor falso o sin fundamento que corre de voz en voz. *No creas lo que te dice, son puras habladurías.*

hablante *adj.* y *s. com.* El que habla. *La opinión del hablante fue contundente.* || Que habla una lengua específica o materna. *Las poblaciones de América Latina se hicieron hispanohablantes.*

hablar *intr.* Emitir o articular palabras para comunicarse. *El niño empezó a hablar al año cumplido.* || Comunicarse o conversar dos o más personas. *No deja de hablar por teléfono con su amiga.* || Pronunciar un discurso, disertación, conferencia, etc. *Mañana el maestro va hablar sobre la Grecia clásica.* || Comunicarse mediante algún medio distinto de la palabra. *Los sordomudos hablan mediante un lenguaje de signos con las manos.* || Murmurar sobre un asunto o una persona o criticarla. *Ya supe que andas hablando de mí.* || Expresarse de uno u otro modo, que se especifica. *Sus clases son muy concurridas porque habla de manera apasionada.* || Manifestar opiniones favorables o adversas sobre alguien o algo. *Lo hubieras oído, hablaba pestes de ti.* || Tratar de un asunto o tema entre dos o más personas. *Este aspecto es para hablarlo con más calma.* || Interceder por alguien. *Habló por mí con el maestro.* || Dar a entender algo de la manera que sea. *En la naturaleza todo habla de armonía.* || Imitar las aves palabras del habla humana. *El cuervo pareció hablar, y dijo: «nunca más».* || *t.* Conocer y emplear uno u otro idioma para expresarse o comunicarse. *Escuchando óperas de Verdi aprendió a hablar italiano.* || *pr.* Tratarse o relacionarse de palabra dos o más personas. *Nos hablamos desde hace mucho tiempo.* || ***¡Así se habla!:*** exclamación con que se aprueba lo que otro acaba de decir. || *loc.* ***Dar que hablar:*** dar motivo para que la gente murmure. *Ese noviazgo dará que hablar.* || ***Hablar bien:*** alabar o encomiar a alguien o algo. || ***Hablar claro:*** decir las cosas de manera directa, sin rodeos. || ***Hablar consigo mismo:*** meditar o discurrir sin llegar a pronunciar lo que medita o discurre. || ***Hablar hasta por los codos:*** hablar en exceso. *No hay quien la aguante, habla hasta por los codos.* || ***Hablar por hablar:*** decir cosas sin reflexionar, inútiles, sin sentido o sin objeto. *No sabes lo que dices, sólo hablas por hablar.* || ***Hablarlo todo:*** no tener discreción para callar lo que se debe callar. || *loc. adv.* ***De eso ni hablar:*** nada más que decir sobre algo. *Dejémos el tema en paz, de eso ni hablar.* || *loc. fam.* ***¡Ni hablar!:*** expresión que indica negación completa. *En cuanto a que te preste el coche ¡ni hablar!* || ***Sólo le falta hablar:*** se usa para elogiar la perfección de una imagen humana. *A las estatuas de la Grecia clásica sólo les falta hablar.*

hablilla *s. f.* Habladuría, rumor, cuento, mentira que corre entre la gente. *Lo que se dice de tales medicamentos maravillosos son sólo hablillas.*

hacedero, ra *adj.* Que puede hacerse, o es fácil de hacer.

hacedor, ra *s.* Que hace o causa una cosa. || Se aplica especialmente a Dios. *Cada religión o culto considera como Hacedora a la divinidad.*

hacendado, da *adj.* Que tiene hacienda o muchos bienes en forma de tierras y fincas. || *s. Amér.* Dueño de una hacienda. *En México, el hacendado fue el que concentró por siglos la propiedad de la tierra.*

hacendero, ra *adj.* Se aplica a la persona que procura con ahínco adelantos en su casa y bienes.

hacendoso, sa *adj.* Que hace con cuidado y esmero las tareas de la casa. *Tiene la suerte de tener un marido hacendoso.*

hacer *t.* Crear o causar una cosa, darle existencia. *Beethoven hizo una obra maestra.* || Construir o fabricar una cosa material. *Hizo su casa en Acapulco.* || Transformar, convertir. *Las decepciones le han hecho desconfiado.* || Preparar una cosa. *Llegó la hora de hacer la comida.* || Ejecutar una acción o trabajo. *No olvides hacer el aseo.* || Causar o producir. *Este árbol hace buena sombra.* || Conseguir o ganar una cosa. *Con la venta de hamburguesas ha hecho mucho dinero.* || Creer o suponer una cosa. *Como no viniste, te hacía enfermo.* || Ejercitar los miembros o los músculos del cuerpo para estimular su desarrollo. *Levanta pesas para hacer músculos.* || Actuar una persona de determinada manera. *Le encanta hacerse el vivo.* || Obligar a realizar una acción o a que se produzca lo que indica el verbo de la oración subordinada. *Nos hizo pasar por ella cuando podía irse por su cuenta.* || Dar una cosa un determinado aspecto a una persona. *La TV hace que uno se vea más gordo.* || Dar un vehículo cierto rendimiento. *Este coche hace 16 km por litro de gasolina.* || Recorrer una distancia o un camino. *Hice la ruta de Cortés en vacaciones.* || Caber, contener o equivaler a una cantidad. *Dos medios hacen un entero.* || Junto con algunos nombres, significa la acción de los verbos que se forman de la misma raíz que tales nombres. *Hacer enemigo, es enemistarse; hacer burla, burlarse.* || Fingir, simular. *Hace como que estudia.* || *intr.* Representar a un personaje o una obra teatral, cinematográfica, etc. *La compañía de teatro hizo «Hamlet».* || Obrar, actuar, proceder. *Hizo bien en no venir.* || *aux.* Sustituye a un verbo aparecido anteriormente e indica que se ejecuta la acción señalada por él. *Necesito dormir pero no puedo hacerlo.* || *impers.* Estar el tiempo atmosférico de una determinada forma. *Empieza el otoño y hace un poco de frío.* || Transcurrir un cierto periodo de tiempo. *Hace tres años que fuimos de vacaciones.* || *pr.* Convertirse una persona o cosa en algo distinto de lo que era. *Nos hemos hecho viejos juntos.* || Conseguir o alcanzar un objeto o fin. *Este equipo finalmente se hizo con el campeonato.* || Tener una persona una impresión sobre algo. *Esta vez la subida se me hizo más pesada.* || Apartarse o retirarse una persona de un sitio. *Él se hizo a un lado para que ella se sentara.* || Aparentar o fingir. Se usa generalmente seguido de adverbio. *Cuando él llegó, se hizo la dormida.* || *loc.* ***A medio hacer:*** interrumpir algo que se está haciendo sin terminarlo. *Este muchacho siempre deja las cosas a medio hacer.* || ***Haberla hecho buena:*** hacer algo perjudicial o contrario a lo esperado. *Al descomponer el coche, hora sí que la hicimos buena.* || ***Hacer buena una cantidad:*** abonarla. || ***Hacer bueno algo:*** aprobar o justificar. *Tenía algunos errores en la respuesta, pero el maestro se la hizo buena.* || ***Hacer de las suyas:*** actuar conforme al carácter y costumbres propias. *En la fiesta de anoche, Juan volvió hacer de las suyas.* || ***Hacer de menos:*** menospreciar, tener en menos. *Por ser humilde sus compañeras la quieren hacer de menos.* || ***Hacer perdedizo:*** ocultar algo. || ***Hacer por hacer:*** que se hace algo sin necesidad o sin utilidad. *Cuando está aburrido hace por hacer cosas.* || ***Hacerse del rogar:*** no acceder a lo que otro pide con insistencia. *Vamos a visitarla, no te hagas del rogar* || ***Hacerse fuerte:*** fortificarse en algún lugar para defenderse de una violencia o riesgo. || ***Hacerse presente:*** ponerse delante de otra persona para algún fin. *En el inicio de campaña se hicieron presentes todos los líderes del partido.* || ***Hacer sudar:*** se aplica a aquello que resulta difícil o cuesta trabajo llevarlo a cabo. *Ahora sí que esta tarea me hizo sudar.* || ***Hacer ver:*** demostrar algo de modo que no quede duda. *Le hice ver que estaba equivocado.* || ***Hacer y deshacer:*** actuar al arbitrio de uno sin consultar con los demás interesados en la cosa que se trate. *Pensó que era el jefe y quiso hacer y deshacer.* || ***¿Qué le vamos,*** o ***qué le vas,*** o ***qué se le va a hacer?:*** expresión que indica resignación. *El golpe ya está dado, ¿qué se le va hacer?*

hacha[1] *s. f.* Herramienta para cortar madera compuesta por una hoja de metal plana, ancha, gruesa y afilada, insertada en un mango de madera. *Pásame el hacha que voy a cortar leña.* || *loc.* ***Desenterrar el hacha de guerra:*** iniciar un enfrentamiento, hostilidad o enemistad. || ***Ser un hacha:*** ser diestro o sobresalir en alguna actividad. *Juan es un hacha para las matemáticas.*

hacha[2] *s. f.* Vela de cera, grande y gruesa, con cuatro pabilos. || Mecha de esparto y alquitrán, para que resista al viento sin apagarse.

hachar o **hachear** *t.* Cortar con hacha.

hachazo *s. m.* Golpe dado con un hacha. *Se dio un hachazo cortando leña.*

hache *s. f.* Nombre de la letra «h». *En español la hache es muda.*

hachero *s. m.* Candelero que sirve para poner el hacha de cera.

hachís *s. m.* Droga elaborada a partir de las hojas y flores secas del cáñamo índico, se fuma mezclada con tabaco y marihuana. *El hachís fue una droga muy popular entre los hippies.*

hachón *s. m.* Vela de cera grande y gruesa. || Brasero alto, fijo sobre un pie, en que se encienden materias inflamables en determinadas celebraciones.

hacia *prep.* Indica dirección respecto a un destino. *La manifestación se dirigía hacia el centro de la ciudad.* || Indica tiempo o lugar aproximado. *Se piensa que los etruscos llegaron a Italia hacia el siglo XIII a. C.*

hacienda *s. f.* Finca agrícola o ganadera de gran extensión, generalmente una explotación de carácter latifundista, con un núcleo de viviendas. *La hacienda es de origen andaluz, trasplantada a la América colonial.* || Conjunto de bienes y riquezas que tiene una persona. *Don Julián logró acumular una hacienda considerable.* || Ministerio que se encarga de administrar los bienes de un estado, elaborar los presupuestos generales, recaudar los ingresos y controlar los gastos gubernamentales. *La Secretaría de Hacienda es uno de los pilares de cualquier gobierno.*

hacina *s. f.* Conjunto de haces acomodados muy juntos y ordenadamente unos encima de otros. || Montón, cúmulo de cosas sin orden unas encima de otras.

hacinación *s. f.* Hacinamiento.

hacinamiento *s. m.* Acción de hacinar o hacinarse. || Amontonamiento, aglomeración excesiva en un mismo lugar de un número de personas o animales. *Los jornaleros rurales viven en hacinamiento en barracas insalubres.*

hacinar *t.* Amontonar o juntar sin orden y con estrechez personas, animales o cosas. *Aquellos inmigrantes viajaban hacinados en vagones de ferrocarril.* || Poner haces unos sobre otros formando hacina.

hada *s. f.* Ser fantástico representado por una mujer y dotado de poderes mágicos. *El hada convirtió una calabaza en un elegante carruaje.*

hado *s. m.* Según la mitología griega y romana, fuerza desconocida que rige ineludiblemente el destino de los hombres y los dioses. *El destino no está en el hado, sino en nosotros mismos.* || Encadenamiento fatal de los sucesos, sean favorables o desfavorables. *El hado la puso en su camino.*

hafnio *s. m.* Elemento químico metálico brillante, que es raro y se obtiene de los mismos minerales en que se encuentra el circonio. Es dúctil, brillante y de excelentes cualidades mecánicas. Se utiliza para fabricar barras de control de las reacciones nucleares. Su número atómico es 72 y su símbolo *Hf.*

hagiografía *s. f.* Historia de las vidas de los santos.

haitiano, na *adj.* Perteneciente o relativo a este país del Caribe americano. || *s.* Persona nacida en Haití.

hala *interj.* Se utiliza para apresurar a una persona o para infundir ánimo. *¡Hala! o te dejamos.* || Se utiliza para mostrar sorpresa o para indicar que una cosa es exagerada o desmedida.

halagador, ra *adj.* Que halaga.

halagar *t.* Dar a alguien muestras de admiración y afecto que le agraden. *Halagaba a la maestra cada vez que podía.* || Causar una cosa satisfacción al orgullo de una persona. *Le halagó el comentario que la maestra hizo de él.*

halago *s. m.* Lo que se dice para agradar a otro poniendo en alta estima sus virtudes.

halagüeño, ña *adj.* Se aplica a la cosa que halaga. *Se refirió a mi examen en términos halagüeños.* || Se aplica a la cosa que promete cosas favorables. *La situación económica se ve poco halagüeña.*

halar *t. Amér.* Tirar hacia sí de una cosa. *La haló del brazo para que no se fuera.*

halcón *s. m.* Ave rapaz diurna falconiforme de 20 a 50 cm de alto, alas largas y puntiagudas y pico fuerte y curvo; se alimenta de roedores y otros animales. || Persona partidaria de medidas políticas intransigentes y del recurso a la fuerza para solucionar un conflicto.

halconero, ra *s.* Persona que se encarga de cuidar halcones. || *s. f.* Lugar donde se guardan y tienen los halcones.

hale *interj.* Hala.

hálito *s. m.* Aliento. *En su último hálito de vida se arrepintió de sus errores.* || Vapor que sale de algo. *Su figura destacaba contra el hálito de la niebla.*

halitosis *s. f.* Mal olor del aliento de una persona. *El doctor le recetó un enjuague contra la halitosis.*

hall *s. m.* Vestíbulo. *Nos vemos en el «hall» de tu hotel.*

hallaca *s. f. Ven.* Pastel de harina de maíz relleno de un guiso de pescado o varios tipos de carne, que, envuelto en hojas de plátano, se prepara en Navidad.

hallado, da *adj.* Acción y efecto de hallar. || Con los adverbios «tan», «bien» o «mal», significa bienvenida.

hallar *t.* Encontrar a una persona o cosa casualmente o buscándola. *Finalmente hallé el libro que necesitaba.* || Descubrir o inventar lo que hasta entonces es desconocido. *Tomás A. Edison halló la manera de producir luz con electricidad.* || Tener una valoración determinada respecto de una persona o cosa. *El jefe halló satisfactoria su excusa por llegar tarde.* || *pr.* Estar una persona o cosa en un lugar determinado o de cierta manera. *Se hallaba ausente cuando ocurrió el robo.* || Estar en ciertas circunstancias o en un sitio con naturalidad o comodidad. *Me hallo muy bien con mis amigos.*

hallazgo *s. m.* Acción y efecto de hallar. *Los investigadores hicieron un hallazgo prometedor.* || Cosa hallada o descubierta, especialmente si es de gran valor. *El descubrimiento de la Piedra de Roseta fue un hallazgo.*

halo *s. m.* Círculo luminoso debido al efecto óptico causado por partículas de hielo en suspensión en la troposfera que refractan la luz haciendo un espectro de colores alrededor de la Luna o el Sol. || Cerco de luz difusa que rodea un cuerpo luminoso. *Por la niebla se forma un halo en torno a las lámparas del alumbrado.* || Círculo de luz que rodea la cabeza o figura de los santos en la imaginería religiosa. *El halo en las imágenes se pinta como símbolo de la gracia de Dios.* || Características o condiciones que en ocasiones rodean o envuelven a una persona o cosa. *La historia de los Templarios está envuelta en un halo de misterio.*

halófilo, la *adj.* Se dice de las plantas que se desarrollan en suelos con concentración de sales. *El manglar está compuesto de plantas halófilas.*

halofito, ta *adj.* Se dice de los vegetales que crecen en lugares donde la tierra es salada.

halógeno, na *adj.* Se aplica al elemento químico no metal electronegativo que forma sales haloideas al combinarse con un metal. *El flúor, el cloro, el bromo, el yodo y el ástato son elementos halógenos.* || Se aplica al foco eléctrico que, por medio de alguno de estos elementos, produce una luz clara y brillante. *Le puse faros halógenos al carro.*

haloideo, a *adj.* Se aplica a la sal formada de la combinación de un metal con un metaloide sin ningún otro elemento. *La sal común es un compuesto haloideo.*

haltera *s. f.* Aparato que consta de una barra con dos bolas o discos en sus extremos y que se usa en ejercicios gimnásticos.

halterofilia *s. f.* Deporte olímpico de levantamiento de peso o de pesas. *Soraya ganó medalla de oro en halterofilia en las olimpiadas del año 2000.*

halterófilo, la *adj.* Perteneciente o relativo a la halterofilia. || *s.* Persona que practica este deporte.

hamaca *s. f.* Tejido en forma de red o tela resistente que, colgada por los extremos, se usa de cama y columpio. *En los veranos calurosos duermen en hamacas colgadas en el jardín.* || Asiento consistente en una lona que sirve de asiento y respaldo sujeta en una armadura de tijera y sirve para echarse. *En torno a la piscina del hotel había unas hamacas muy cómodas.* || *Arg.* y *Uy.* Mecedora. || Columpio.

hamacar *t.* Mecer en hamaca.

hamaquear *t.* Mecer en una hamaca.

hambre *s. f.* Sensación que indica la necesidad de comer. *Acabo de comer y ya tengo hambre de nuevo.* || Escasez de alimentos básicos. *El hambre se extiende por toda la región.* || Deseo intenso de algo. *Tiene hambre de gloria.* || *loc.* ***Hambre canina:*** deseo o necesidad de comer exagerado, insaciable. *Después de caminar diez kilómetros regresó con un hambre canina.* || *loc. fam.* ***Juntarse el hambre con las ganas de comer:*** se usa para indicar los defectos, faltas o deseos de dos o más personas. *Ella estaba triste y yo deprimido, así que se juntaron el hambre con las ganas de comer.* || ***Matar de hambre:*** dar poco de comer, extenuar. *Danos algo de comer, ¿nos quieres matar de hambre?* || ***Matar el hambre:*** comer algo ligero para paliar el deseo de comer en forma. *Come estas galletas para matar el hambre.* || ***Muerto de hambre:*** que pasa la vida en la penuria y miseria. *Es un presumido siendo un muerto de hambre.* || ***Morir*** o ***morirse de hambre:*** tener o padecer mucha penuria. *Cuando nos quedamos sin empleo nos moríamos de hambre.*

hambreador, ra *s.* Explotador.

hambrear *t.* Hacer padecer hambre a alguien. *A este patrón le gusta hambrear a sus trabajadores.*

hambriento, ta *adj.* Que tiene mucha hambre o necesidad de comer. *Los niños llegan hambrientos de la escuela.* || Se aplica a la persona que tiene un deseo intenso de una cosa. *Paola es una clavadista hambrienta de triunfos.*

hambruna *s. f.* Escasez generalizada de alimentos. *En la gran peste, las epidemias se juntaron con la hambruna.* || *Amér.* Hambre muy intensa.

hamburguesa *s. f.* Mujer natural de Hamburgo. || Perteneciente o relativo a esta ciudad de Alemania. || Torta de carne picada, frita o asada. || Platillo que se hace con un pan redondo relleno con esta torta y otros ingredientes, como queso lechuga y tomate. *La venta de hamburguesas se convirtió en un negocio multinacional.*

hampa *s. f.* Conjunto de personas que se dedican a cometer delitos y viven al margen de la ley. *Losraterillos del barrio se convirtieron en un hampa de temer.* || En singular, va precedido de los determinantes masculinos «el», «un», «algún» o «ningún». *El hampa se apoderó de la reventa de boletos.*

hampón, pona *adj.* y *s.* Persona que vive cometiendo acciones delictivas de manera habitual. *Al Capone es el hampón más famoso.*

hámster *s. m.* Mamífero roedor parecido al ratón pero de pelo más largo y suave y orejas, patas y cola más cortas. *Los hámsteres se usan como animales de laboratorio y como mascotas.*

handicap *s. m.* Obstáculo o circunstancia desfavorable o desventajosa. || Competencia hípica en la que se imponen desventajas a los mejores participantes para nivelar las condiciones de competición y las probabilidades de ganar para todos.

hangar *s. m.* Cobertizo grande cubierto que se usa para guardar o reparar aviones. *Los invitados llegaron al hangar presidencial.*

haploide *adj.* Se aplica a la célula o al organismo que contiene un solo juego de cromosomas o la mitad del número normal de cromosomas en células diploides. *Las células reproductoras, como los óvulos y los espermatozoides, son haploides.*

haragán, gana *adj.* y *s.* Se aplica a la persona que rehúye al trabajo. *Lo reprobaron y se lo merece, por haragán.*

haraganear *intr.* Pasar una persona el tiempo rehuyendo al trabajo. *Ni vas a la escuela, ni trabajas, sólo te dedicas a haraganear.*

haraganería *s. f.* Holgazanería, falta de afición al trabajo. *Que no quieras hacer tu tarea es pura haraganería.*

harakiri *s. m.* Suicidio ritual japonés que por razones de honor se practica abriéndose el vientre con un arma blanca. *El general Yamamoto se hizo el harakiri después de la derrota.*

harapiento, ta *adj.* y *s.* Que viste ropas llenas de harapos.

harapo *s. m.* Pedazo de tela muy vieja, gastada, rota o sucia. *El indigente vestía puros harapos.* || Último aguardiente que sale del alambique con muy baja graduación. *Reservó los harapos para consumo propio.*

hardware *s. m.* Conjunto de elementos materiales que forman el soporte físico de una computadora. *El procesador, el teclado, el monitor son el hardware.*

harén o **harem** *s. m.* Departamento de las casas de los musulmanes en que viven las mujeres. || Conjunto de mujeres que viven en un harén, bajo la dependencia de un jefe de familia. *Solimán el Magnífico pretendió secuestrar a la bella Julia Gonzaga para su harén.*

harina *s. f.* Polvo que se obtiene de moler granos de trigo o de otros cereales. *En el norte se acostumbra comer tortillas de harina de trigo.* || Polvo que se obtiene de ciertas materias sólidas al ser trituradas, machacadas o molidas. *En la crianza de pollos usan la harina de pescado como alimento.* || *loc.* ***Estar metido en harina:*** estar completamente inmerso en una actividad o tarea. *Siempre que vienes lo encuentras metido en harina.* || ***Ser harina de otro costal:*** ser un asunto completamente diferente a otro del que se trata. *Yo te acompaño, pero que además pague, eso ya es harina de otro costal.*

harinado *s. m.* Harina disuelta en agua.

harinear *intr. Amér. Merid.* Llover con gotas muy menudas.

harinero, ra *adj.* Perteneciente o relativo a la harina. *Para agregar valor al trigo, los productores pusieron un molino harinero.* || *s.* Persona que se dedica a fabricar harina o comerciar con ella. || *s. m.* Sitio donde se guarda la harina.

harinoso, sa *adj.* Que tiene mucha harina. || Que tiene el aspecto, la consistencia o la textura de la harina.

harmonía *s. f.* Armonía.

harmónico, ca *adj.* Armónico.

harmonio *s. f.* Armonio. || Órgano pequeño, con la forma exterior del piano, al cual se da el aire mediante un fuelle que se mueve con los pies.

harmonioso, sa *adj.* Armonioso. || Sonoro y agradable al oído. || Que tiene armonía o correspondencia entre sus partes.

harmonizable *adj.* Armonizable, que se puede armonizar.

harmonización *s. f.* Armonización. || Acción y efecto de armonizar.

harmonizar *t.* Armonizar. Poner en armonía, o hacer que sean acordes dos o más partes de un todo. || Elegir y escribir los acordes correspondientes a una melodía. || *intr.* Estar en armonía.

harpa *s. f.* Arpa. Instrumento musical de cuerda de gran tamaño formado por un marco de forma triangular pero con uno de sus lados curvo, con cuerdas verticales que se hacen vibrar con los dedos de ambas manos.

harpía *s. f.* Arpía. Ser mitológico con cabeza de mujer y cuerpo de ave de rapiña. || *desp.* Mujer mala y perversa.

harpillera *s. f.* Arpillera. Tejido fuerte y áspero que se usa sobre todo para hacer sacos y para embalar.

hartar *t.* y *pr.* Saciar con exceso el apetito de comer o beber. *Estaba tan hambriento que comió hasta hartarse.* || Satisfacer el deseo de algo. *En vacaciones me harté de descansar.* || *fam.* Molestar, cansar o fastidiar. *Me hartas con tus tonterías.* || Dar o recibir en abundancia. *Estaba tan contenta de verlo que lo hartó de besos.*

hartazgo *s. m.* Acción y efecto de hartar o hartarse. || Sensación de malestar producida por saciedad excesiva de algo. *Su zalamería ya me produjo hartazgo.* || *loc.* ***Darse un hartazgo:*** comer con exceso. *En la boda había tanto que comer que nos dimos un hartazgo.*

harto, ta *adj.* Que está satisfecho, lleno o saciado. *Ya no quiero más de comer, estoy harto.* || Molesto, cansado o fastidiado. *La mujer estaba harta de aguantarle sus groserías.* || *adv.* Bastante, muy o demasiado. *Volverla a ver lo puso harto contento.*

hartura *s. f.* Hartazgo. || Logro total y cumplido de un deseo o apetito. || Abundancia en exceso.

hassio *s. m.* Elemento químico transuránico que se obtiene por bombardeo de plomo con iones de hierro. Su vida media es tan corta que se mide en milisegundos. Su número atómico es 108 y su símbolo *Hs*.

hasta *prep.* Indica el término o el límite de tiempo, lugar, acciones, cantidades, etc. *Ese autobús me lleva hasta la estación del tren.* || *adv.* Incluso. *Para vacaciones vino toda la familia, hasta una vecina.* || *conj.* Indica inclusión, seguida de cuándo o gerundio. *Habla hasta durmiendo.* || *loc.* ***Hasta después, hasta la vista, hasta luego:*** fórmulas de despedida a quien se espera volver a ver pronto. *Nos vemos en la escuela, hasta luego.* || ***Hasta nunca:*** expresa enfado o enojo del que se despide de alguien a quien no quiere volver a ver. || ***Hasta que:*** indica el límite o momento en que acaba la acción expresada por el verbo principal. *En la fiesta de esta noche bailaré hasta que me canse.*

hastiar *t.* y *pr.* Causar hastío.

hastío *s. m.* Sensación de aburrimiento o cansancio por una cosa que ya no satisface. *El hastío acabó con su noviazgo.*

hatajo *s. m.* Grupo pequeño de ganado. || *s. com. desp.* Grupo de personas o conjunto de cosas. *Vaya hatajo de gandules que tienes por amigos.*

hatillo *s. m.* Paquete o envoltorio pequeño que se hace liando ropas u objetos personales. *Llevaba por equipaje sólo un hatillo al hombro.*

hato *s. m.* Conjunto de cabezas de ganado. *En la hacienda compraron un hato de vacas lecheras.* || Paquete

H

o envoltorio que se hace liando ropa y otros objetos personales. || *s. com. desp.* Grupo de personas malvadas o despreciables. *Más que bufete jurídico, es un hato de pillos.* || *loc.* ***Hato y garabato:*** todo el caudal que se posee. || ***Andar con el hato a cuestas:*** mudar con frecuencia de habitación, o andar de un lugar a otro sin domicilio fijo. || ***Liar el hato:*** prepararse para marchar.

haya *s. f.* Árbol que crece hasta 40 m de altura, tronco grueso, liso y de color grisáceo, ramas horizontales muy altas y hojas elípticas de color verde esmeralda; es común en Europa. || Madera de este árbol, ligera y resistente.

hayuco *s. m.* Fruto de la haya.

haz[1] *s. m.* Conjunto de hierba, mies, leña u otras cosas alargadas, están atadas con una cuerda por el centro. || Conjunto de partículas o de radiación electromagnética que proceden de una misma fuente y que se propagan sin dispersión. *Un haz de luz caía sobre el escenario.* || Fascículo o conjunto de varias fibras musculares o nerviosas. || Conjunto de rectas que pasan por un punto o de planos que concurren en una misma recta.

haz[2] *s. f.* Cara anterior de la hoja de una planta, normalmente más brillante y lisa, y de nervadura menos patente que el envés. || Cara principal de una tela u otra cosa plana. *El haz de la tela es la cara que queda a la vista.*

hazaña *s. f.* Proeza, acción heroica o importante que exige un gran esfuerzo o valor. *Consiguió la proeza de cruzar a nado el Canal de la Mancha.*

hazmerreír *s. m.* Persona que provoca la risa o la burla de los demás debido a su aspecto o a su comportamiento. *Con ese saco tan ridículo serás el hazmerreír de la fiesta.*

he *adv.* Adverbio que, junto con «aquí», «allí» y «ahí», o unido a los pronombres «me», «te», «la», «las» y «los», sirve para señalar.

hebdomadario, ria *adj.* Publicación semanal.

hebilla *s. f.* Pieza generalmente de material rígido que sujeta la correa o cinta que pasa a través de ella gracias a un clavillo. *En su cinturón traía una hebilla en forma de herradura.*

hebra *s. f.* Porción de hilo que se mete por el agujero de la aguja. *Ponme la hebra en la aguja que yo no veo.* || Filamento de las fibras textiles que se usa para confeccionar tejidos. *La blusa estaba adornada con hebras plateadas.* || Fibra de la carne. *Preparé un platillo con carne deshebrada.* || Hilo que forman las materias viscosas. *Al sacar el queso fundido sale hecho hebras.* || En la madera, dirección de la fibra. *Para cepillar la madera hay que hacerlo siguiendo la hebra.* || *loc.* ***Estar de buena hebra:*** estar fuerte y robusto. || ***Meter hebra para sacar hilo:*** inducir algún tema de conversación para que le digan a uno lo que quiere saber. *El chismoso siempre anda metiendo hebra para sacar hilo.*

hebraico, ca *adj.* Relativo a los hebreos.

hebraísmo *s. m.* Religión monoteísta de los judíos, fundada por el profeta Moisés, que tiene como dios a Yahvé y se basa en las leyes de la Torá. *Para el hebraísmo, a diferencia del cristianismo, el Mesías aún no ha llegado.* || Giro o modo de expresión propio de la lengua hebrea usado en otro idioma.

hebraísta *s. com.* Estudioso de la lengua, la literatura y la cultura hebreas.

hebraizante *adj.* Que hebraíza.

hebraizar *intr.* Usar palabras o construcciones propias de la lengua hebrea.

hebreo, brea *adj.* Relativo al antiguo pueblo semítico que habitó en Mesopotamia y en el s. XIII a. C. emigró a las tierras de Canaán. *Al pueblo hebreo también se le conoce como judío o israelita.* || Persona perteneciente a este pueblo. || Lengua semítica hablada por este pueblo. *El hebreo es la lengua oficial de Israel.* || Del hebraísmo o relativo a él. *En la sinagoga se celebran los ritos hebreos.* || Se aplica a la persona que practica la ley de Moisés.

hebroso, sa o **hebrudo, da** *adj.* Se refiere al material que tiene muchas fibras.

hecatombe *s. f.* Catástrofe o desastre que produce grandes destrozos y un gran número de víctimas. *El estallido de la bomba atómica produjo una hecatombe en Hiroshima.* || Sacrificio de cien víctimas que ofrecían antiguamente algunos pueblos a los dioses. || Sacrificio de animales que hacían los antiguos a sus dioses. *En la hecatombe se sacrificaban cien reses.*

hechicería *s. f.* Conjunto de ritos, conocimientos y poderes sobrenaturales con los que se pretende dominar la voluntad de las personas o el curso de los acontecimientos. *En ese mercado se vende todo lo que se requiere para la hechicería.*

hechicero, ra *adj.* Que atrae y cautiva de una forma irresistible por su belleza o cualidades. *La gitana tenía una mirada hechicera.* || *s.* Que practica la hechicería.

hechizado, da *adj.* Embrujado, encantado, subyugado. || Maravillado, fascinado, cautivado, embelesado, seducido.

hechizante *adj.* Que hechiza.

hechizar *t.* Ejercer un maleficio sobre alguien por medio de un hechizo o poderes y prácticas mágicas. *La bruja quiso hechizar a la princesa.* || Atraer, embelesar, cautivar una persona o cosa a alguien de una forma irresistible, por su belleza, misterio, profundidad, etc. *El misterio que la rodeaba hechizaba a los que la conocían.*

hechizo, za *s. m.* Acto u objeto maléfico para dominar la voluntad de una persona o controlar el curso de los acontecimientos. *La bruja Maléfica convirtió al príncipe en un sapo con un hechizo.* || Atracción o seducción irresistible que produce una persona o cosa. || *Méx.* Producto que ha sido hecho de modo artesanal o manual, o de mala manera y no industrialmente. *El cautín era hechizo y no de marca.*

hecho, cha *part. irreg. del verbo hacer* || *adj.* Que está acabado, terminado. *Una vez hecha la tarea, puedes ver televisión.* || Se aplica a lo que ya ha alcanzado su desarrollo pleno, su madurez o el punto debido. *Este joven es un hombre hecho.* || Que está acostumbrado a una cosa o familiarizado con ella. *Es una persona hecha a los retos y las adversidades.* || Precedido de los adverbios «bien» o «mal», se aplica a la persona o animal que está proporcionado o desproporcionado de cuerpo. *Las muchachas del equipo de natación están bien hechas.* || Seguido de ciertos sustantivos precedidos de «un» expresa que la persona o cosa a la que se refiere tiene el aspecto o está convertida en lo que estos sustantivos expresan. *Cuando volví a verla estaba hecha una mujer.* || *interj.* Se usa exclamativamente como aceptación de algo que otra persona propone. *¿Vamos al cine esta noche? ¡Hecho!* || *s. m.* Cosa que se produce o que sucede. *Cuando llegamos, la comida ya estaba hecha.* || Suceso, acontecimiento. *Los testigos relataron los hechos de manera distinta cada uno.* || Asunto o materia sobre la que se trata. || El hecho que nos reúne hoy es tratar sobre la luz en la pintura. || *loc.* ***Hecho consumado:*** acción que se ha realizado antes de que otra cosa pueda impedirla. *Las calificaciones ya están dadas, su reprobación es un hecho consumado.* || ***De hecho:*** verdaderamente, efectivamente. *Me sorprendió que sacara diez en el examen, aunque de hecho lo esperaba.* || Que se hace sin ajustarse a una norma legal preexistente. *Las acciones imputadas fueron de hecho, no de derecho.* || ***De hecho y de derecho:*** que, además de existir o proceder, existe o procede legalmente. *Estalló la huelga de hecho y de derecho.* || ***Eso está hecho:*** indica que algo se considera tan seguro como si ya se hubiera realizado. || ***Hecho y derecho:*** se aplica a la persona que ya es adulta, cabal o madura. *Mis sobrinos ya son unos hombres hechos y derechos.* || ***Ya está hecho:*** expresa conformidad con algo que no se considera bueno, pero que es ya irremediable. *Lo hecho ya está hecho, ahora criaremos un nieto.*

hechura *s. f.* Acción y efecto de hacer. || Cualquier cosa respecto de quien la ha hecho o formado. *Su carrera política es una hechura de quien ha sido su jefe.* || Confección de una prenda de vestir. *Este traje es de buena hechura.* || Figura o forma exterior que tiene una cosa. *La decoración de su sala es de una hechura exquisita.* || Forma y proporción que tiene el cuerpo de una persona o de un animal. *Este caballo tiene hechura de campeón.*

hectárea *s. f.* Medida de superficie, de símbolo *ha,* equivale a un cuadrado de un hectómetro, o cien metros, de lado.

hectogramo *s. m.* Medida de masa, de símbolo *hg,* que es igual a 100 gramos.

hectolitro *s. m.* Medida de capacidad o volumen, de símbolo *hl,* que es igual a 100 litros.

hectómetro *s. m.* Medida de longitud, de símbolo *hm,* que es igual a 100 metros.

heder *intr.* Despedir un mal olor desagradable, intenso y penetrante. *Los chiqueros de la granja hedían.* || Ser insoportable o intolerable. *Todo este asunto hiede.*

hediondez *s. f.* Cosa hedionda. *Su creencia en el racismo es una hediondez.* || Hedor, mal olor.

hediondo, da *adj.* Que despide hedor. *El barrio se inundó de agua hedionda.* || Que resulta moralmente repugnante u ofensivo. *Su creencia en la superioridad racial es hedionda.* || Molesto, enfadoso. *Su manera de hacer dinero mediante fraudes es hedionda.* || *s. m.* Arbusto leguminoso originario de España que despide un olor desagradable, de flores amarillas en racimo y frutos en vainillas negras.

hedonismo *s. m.* Doctrina ética y filosófica que identifica el bien con el placer, por lo que considera la búsqueda del placer y la supresión del dolor como fin más importante de la vida. *El hedonismo se ha vuelto predominante en la vida moderna.*

hedonista *adj.* Perteneciente o relativo al hedonismo. || Se aplica a la persona partidaria o seguidora del hedonismo. || Que busca el placer.

hedor *s. m.* Mal olor. *El hedor de las aguas negras era insoportable.*

hegemonía *s. f.* Supremacía que ejerce un estado o pueblo sobre otro. *Estados Unidos afianzó su hegemonía en Occidente durante la Guerra Fría.* || Superioridad o supremacía de cualquier tipo. *En ciertos deportes se va perfilando la hegemonía de los atletas chinos.*

hegemónico, ca *adj.* Perteneciente o relativo a la hegemonía.

hégira o **héjira** *s. f.* Era musulmana, que empieza el día en que Mahoma huyó de La Meca a Medina, fechado el 15 de julio de 622 de la era cristiana. *La hégira se compone de años lunares de 354 días.*

helada *s. f.* Fenómeno atmosférico en el agua de la lluvia o el rocío que lo convierte en hielo debido a un descenso de la temperatura ambiental por debajo de los cero grados centígrados. *La helada arruinó los cultivos de maíz en casi todo el país.*

heladera *s. f. Amér. Merid.* Refrigerador, aparato electrodoméstico para conservar fríos los alimentos.

heladería *s. f.* Establecimiento donde se elaboran y venden helados.

heladero, ra *s.* Persona que elabora o vende helados. *Se oye la música del carro del heladero.*

helado, da *adj.* Que está muy frío. *No salgas, está soplando un viento helado.* || Que se ha convertido en hielo. *Patinaban en un estanque helado.* || Que se queda paralizado por la sorpresa o la impresión del miedo. *Cuando recibí la noticia, me quedé helado.* || Esquivo, desdeñoso. *Me recibió con un saludo helado.* || *s. m.* Golosina o postre dulce que se elabora con leche, azúcar y sustancias saborizantes y se somete a congelación. *Nos tomamos un helado de pistache muy sabroso.*

helar *t.* y *pr.* Hacer que un líquido pase a estado sólido por la acción del frío. *El agua de la cubeta se heló durante la madrugada.* || Dejar a alguien suspenso y pasmado. *El ambiente tenebroso del panteón helaba la sangre.* || Desalentar, acobardar. *Tus comentarios helaron el ánimo de todos.* || *impers.* Caer heladas por darse una temperatura inferior a cero grados centígrados. *Por el frío que está haciendo, parece que helará esta madrugada.* || *pr.* Tener una persona mucho frío. *Arrímate un poco más que me estoy helando.* || Secarse las plantas o frutos, por la congelación de sus componentes húmedos. *Se han helado los cultivos.*

helecho *s. m.* Nombre común de un grupo de plantas sin flor ni semilla que se reproducen por esporas, de grandes hojas perennes. *Los helechos se reproducen en zonas húmedas y de poca luz.*

helénico, ca *adj.* Perteneciente o relativo a Grecia, especialmente a la Grecia clásica. Perteneciente o relativo a la Hélade o a los antiguos helenos. *Homero reseña las hazañas de algunos héroes helénicos.*

helenio *s. m.* Planta de la familia de las Compuestas, de ocho a doce decímetros de altura, flores amarillas, fruto capsular casi cilíndrico, y raíz amarga y aromática.

helenismo *s. m.* Periodo de la historia y la cultura griegas que abarca desde la muerte de Alejandro Magno hasta el inicio de la dominación romana. || Influencia ejercida por la cultura y civilización de la Grecia clásica en otras culturas. *El helenismo se difundió en los dominios del Imperio romano.* || Giro o modo de expresión propio de la lengua griega usado en otro idioma. *«Geometría», «geografía», «biología» son helenismos.*

helenista *s. com.* Especialista en la lengua, cultura y literatura de la Grecia clásica. || Judío que hablaba la lengua y observaba las costumbre de los griegos. *Saulo o Pablo de Tarso era helenista cuando se convirtió camino a Damasco.*

helenización *s. f.* Acción y efecto de helenizar. || Adopción de los rasgos culturales de la Grecia clásica.

helenizante *adj.* Que heleniza.

helenizar *t.* Introducir en otro país la cultura, costumbres y lengua griegas. *Los padres de la Iglesia helenizaron el cristianismo.* || *pr.* Adoptar la cultura, costumbres y lengua griegas.

heleno, na *adj.* Natural de Grecia. || Perteneciente o relativo a este país de Europa. || *s.* Individuo perteneciente a cualquiera de los pueblos que dieron inicio a la civilización de la Hélade o Grecia antigua o relacionado con ellos. *Según Homero, los habitantes de Grecia se llamaban a sí mismos helenos.*

hélice *s. f.* Conjunto de aletas helicoidales que al girar alrededor de un eje mueven un fluido y dan impulso a un vehículo. *Las hélices de un barco impulsan al agua hacia atrás y al barco hacia adelante.* || Curva trazada sobre la superficie de un cilindro o de un cono, que forma un ángulo constante con sus generatrices.

helicoidal *adj.* Que tiene forma de hélice. *El* ADN *es una macromolécula que se estructura en forma helicoidal.*

helicoide *s. m.* Superficie engendrada por una recta que se mueve apoyándose en una hélice y en el eje del cilindro que la contiene, con el cual forma un ángulo constante.

helicóptero *s. m.* Aeronave propulsado por una hélice horizontal de dos aspas muy largas situadas en su parte superior y central que, al girar rápidamente, le permiten ascender y descender verticalmente, así como mantenerse inmóvil en el aire. *La ayuda a los damnificados llegó por helicóptero.*

helio *s. m.* Elemento químico, gas noble muy abundante, sin olor ni color y más ligero que el aire. Se encuentra en el Sol y en otras estrellas, en el aire atmosférico y en algunos yacimientos de gas natural. Se utiliza para llenar lámparas incandescentes y globos aerostáticos, y como diluyente de algunos gases medicinales. Su número atómico es 2 y su símbolo *He*.

helio- Prefijo que significa «sol».

heliocéntrico, ca *adj.* Perteneciente o relativo al heliocentrismo, o que tiene el Sol como centro. || Se aplica a medida o lugar astronómicos que toman el Sol como centro de referencia. *La primera teoría heliocéntrica fue la del pitagórico Aristarco.*

heliocentrismo *s. m.* Sistema que considera al Sol como centro del universo o como el astro alrededor del cual ocurre la rotación de los planetas.

heliogábalo *s. m.* Hombre dominado por la gula.

heliograbado *s. m.* Procedimiento para obtener, mediante la acción de la luz solar, grabados sobre planchas adecuadas. || Estampa obtenida por este procedimiento.

heliografía *s. f.* Descripción y fotografía del Sol. || Método de transmisión de señales por medio del heliógrafo.

helioscopio *s. m.* Instrumento que tiene lentes especiales que permiten examinar al Sol.

helioterapia *s. f.* Tratamiento de ciertas enfermedades mediante la acción de los rayos solares. *Los rayos luminosos que se aplican en helioterapia pueden ser infrarrojos, ultravioleta, láser.*

heliotropismo *s. m.* Movimiento de los vegetales como respuesta al estímulo de la luz solar. *El movimiento de la flor del girasol, que siempre apunta al sol, es heliotropismo.*

heliotropo *s. m.* Planta herbácea originaria de Perú, que tiene las hojas de color verde oscuro y las flores pequeñas, agrupadas en ramilletes, de color blanco o violeta y de olor semejante a la vainilla. || Ágata de color verde oscuro y manchas rojizas. || Helióstato en que el espejo es movido a mano mediante tornillos, para seguir el movimiento del Sol.

helipuerto *s. m.* Lugar destinado al despegue y aterrizaje de helicópteros. *En lo alto del edificio construyeron un helipuerto.*

helminto *s. m.* Gusano, especialmente los parásitos del tracto digestivo del hombre y de otros vertebrados.

helor *s. m.* Frío muy penetrante.

helvético, ca *adj.* Natural de Helvecia, hoy Suiza. || Perteneciente o relativo a este país de Europa.

hemático, ca *adj.* Perteneciente o relativo a la sangre. *El doctor me ordenó un conteo hemático.*

hematíe *s. m.* Cada uno de los glóbulos rojos de la sangre; contienen la hemoglobina a la que deben el color rojo de la sangre.

hematina *s. f.* Sustancia que da el color rojo a la sangre.

hematites *s. f.* Mineral de óxido de hierro, cuyo color varía del rojo al negro, que se emplea para fabricar pigmentos y que por su dureza sirve para bruñir metales.

hematófago, ga *adj.* Se aplica al animal que se alimenta de sangre. *Los moscos son hematófagos.*

hematología *s. f.* Parte de la biología y de la medicina que se ocupa del estudio histológico, funcional y patológico de la sangre, los órganos que la producen y las enfermedades relacionadas con ella.

hematológico, ca *adj.* Perteneciente o relativo a la hematología.

hematólogo, ga *s.* Especialista en hematología.

hematoma *s. m.* Acumulación de sangre en un tejido debida a un derrame por rotura de un vaso sanguíneo. *Afortunadamente, del accidente sólo sacó hematomas.*

hematopoyesis *s. f.* Proceso de formación de las células que forman parte de la sangre. *La hematopoyesis proviene de un precursor común e indiferenciado conocido como célula madre.*

hematosis *s. f.* Proceso mediante el cual la sangre de las venas recibe oxígeno y se transforma en sangre fresca que circula por las arterias.

hembra *s. f.* Animal de sexo femenino. *Entre los leones, las hembras son las que cazan.* || Mujer, persona de sexo femenino. || En las plantas que presentan distintos sexos, el ejemplar que da frutos. *Las palmeras hembra dan los dátiles.* || En los objetos formados de dos piezas que encajan, pieza que tiene un hueco o agujero en donde la otra se introduce o encaja. *Necesito un enchufe con entrada hembra.*

hemeroteca *s. f.* Lugar en el que se guardan y clasifican publicaciones periódicas para que el público pueda consultarlas. *Para nuestra investigación, debemos ir a la hemeroteca.*

hemiciclo *s. m.* La mitad de un círculo. *Al benemérito le hicieron un monumento que es un hemiciclo.* || Recinto que está provisto de asientos colocados en filas escalonadas y dispuestas en forma de medio círculo, orientadas en dirección a una tribuna. *La sesión se celebró en el hemiciclo de la facultad.*

hemiplejia o **hemiplejía** *s. f.* Parálisis del lado izquierdo o derecho del cuerpo, debida a diversas lesiones en los centros motores. *Las trombosis y embolias son causas frecuentes de hemiplejias.*

hemipléjico, ca *adj.* Perteneciente o relativo a la hemiplejía. || Se aplica a la persona que padece hemiplejía. *Sufrió una embolia y quedó hemipléjico.*

hemíptero, ra *adj.* y *s.* Se aplica al insecto provisto de pico o trompa chupadora. || *s. m. pl.* Grupo taxonómico, con categoría de orden, constituido por estos insectos.

hemisférico, ca *adj.* Que tiene forma de media esfera. || Perteneciente o relativo a un hemisferio.

hemisferio *s. m.* Cada una de las dos mitades de una esfera que resulta de dividirla por un plano que pasa por su centro. || Mitad de la superficie de la esfera terrestre dividida por el Ecuador o un meridiano. *Antes del viaje de Colón, el hemisferio occidental de la Tierra no había sido explorado.* || Cada una de las dos mitades del cerebro, separadas por el cuerpo calloso.

hemistiquio *s. m.* Cada una de las dos partes en que la cesura divide un verso.

hemodiálisis *s. f.* Técnica terapéutica de depuración artificial de la sangre que consiste en hacerla pasar por membranas semipermeables para liberarla de productos nocivos de bajo peso molecular, como la urea, y que se aplica a la persona cuyo riñón no realiza esta función.

hemofilia *s. f.* Enfermedad hereditaria ligada al cromosoma X, caracterizada por la deficiencia de coagulación de la sangre y padecida exclusivamente por los hombres. *La hemofilia se transmite por vía materna, pero la padecen los varones.*

hemofílico, ca *adj.* De o relacionado con la hemofilia. || Persona que padece hemofilia.

hemoglobina *s. f.* Pigmento del plasma sanguíneo que transporta oxígeno a los tejidos y da a la sangre su color característico.

hemopatía *s. f.* Enfermedad de la sangre.

hemorragia *s. f.* Descarga profusa de sangre. || *fig.* Pérdida abundante y continua de activos económicos. *El banco central sufrió una hemorragia de divisas.*

hemorrágico, ca *adj.* Perteneciente a la hemorragia o relacionado con ella. *El gobierno previene el dengue hemorrágico.*

hemorroide *s. f.* Tumor sanguíneo del ano por inflamación de las venas.

henar *s. m.* Lugar donde se guarda el heno para el forraje.

henchido, da *adj.* Repleto, muy lleno.

henchimiento *s. m.* Acción y efecto de henchir o henchirse, como la madera cuando absorbe agua.

henchir *t.* Llenar con algo un espacio vacío. *La madera se va a henchir con el agua.* || *pr.* Llenarse de orgullo. *Tiene el pecho henchido de orgullo.*

hendedura *s. f.* Abertura o fractura en un cuerpo sólido.

hender *t.* Fracturar un cuerpo sólido sin dividirlo del todo. *El trabajador hendió la cuña en el concreto.*
hendido, da *adj.* Que está abierto o dividido pero no partido. *Ella tiene el mentón hendido.* || Dícese de la pezuña dividida en dos de ciertos animales.
hendidura *s. f.* Abertura o fractura de un cuerpo sólido.
hendija *s. f.* Hendidura estrecha en un cuerpo.
hendimiento *s. m.* Acción y efecto de hendir o hender.
hendir *t.* Fracturar un cuerpo sólido sin dividirlo del todo.
henequén *s. m.* Cactácea similar al maguey, de cuyas hojas se extrae la fibra del mismo nombre, de uso industrial.
henequenero, ra *adj.* Del henequén o relacionado con él. *La industria henequenera está en crisis.* || *s.* Persona dedicada al cultivo del henequén.
henna *s. f.* Arbusto de Arabia, del cual se saca un tinte de color rojizo.
heno *s. m.* Gramínea herbácea que sirve de alimento al ganado.
hepática *s. f.* Planta parecida al musgo, que crece sobre la tierra, sobre las rocas o adherida a los árboles.
hepático, ca *adj.* Perteneciente al hígado o relacionado con él. || Que padece del hígado. *El alcohol provoca cirrosis hepática.*
hepatitis *s. f.* Inflamación del hígado causada por virus o toxinas.
heptaedro *s. m.* Cuerpo con siete caras.
heptagonal *adj.* Que tiene forma de heptágono o siete lados.
heptágono *s. m.* Polígono con siete lados y siete ángulos.
heptámetro *s. m.* Verso de siete pies métricos.
heptasilábico, ca *adj.* Del heptasílabo o relacionado con él.
heptasílabo *s. m.* Verso o frase de siete sílabas.
heptatlón *s. m.* Competencia de atletismo femenino que incluye siete pruebas.
heráldica *s. f.* Disciplina que estudia los escudos de armas.
heráldico *adj.* De la heráldica o relacionado con ella.
heraldo *s. m.* En la antigüedad, mensajero de las cortes. || El que anuncia la inminencia de algo.
herbáceo, a *adj.* Perteneciente o relacionado con las hierbas.
herbal *adj.* Dícese de las plantas herbáceas y sus frutos.
herbario *s. m.* Colección de plantas secas, generalmente para su estudio.
herbazal *s. m.* Terreno poblado de hierbas.
herbicida *s. m.* Cualquier sustancia química para eliminar hierbas o impedir su reproducción.
herbívoro, ra *adj.* Animal que se alimenta de plantas, especialmente hierbas.
herbolaria *s. f.* Estudio de las características y propiedades de las hierbas y plantas.
herbolario *s. m.* Tratado de las plantas, especialmente hierbas. || Colección de plantas, especialmente hierbas. || Establecimiento comercial de plantas y hierbas. || Persona dedicada al cultivo o comercialización de hierbas, generalmente con fines médicos.
herboristería *s. f.* Establecimiento comercial de plantas medicinales.
herciano, na *adj.* Perteneciente o relacionado con las ondas electromagnéticas.
hercio *s. m.* Unidad de frecuencia de una vibración por segundo.
hercúleo, a *adj.* De Hércules o relacionado con él. || Persona muy fuerte o esfuerzo muy grande.
heredable *adj.* Que puede ser heredado.
heredad *s. f. Esp.* Porción de terreno cultivable de una misma propiedad.
heredado, da *adj.* Dícese del bien dejado en herencia. *Esta casa es heredada.* || *s. Esp.* Propietario de bienes raíces del campo. || Persona que hereda.
heredar *t.* Dejar o recibir bienes por sucesión testamentaria o por ley. *Su padre le heredó el terreno.* || *fig.* Recibir del predecesor o predecesores en el cargo una situación determinada. *El nuevo gobierno heredó los problemas del anterior.* || Recibir caracteres biológicos por vía genética.
heredero, ra *adj.* Que recibe o tiene derecho a recibir una herencia. || El que recibe o tiene derecho a recibir un cargo o un título en las monarquías. *Él es el príncipe heredero.*
hereditario, ria *adj.* De la herencia o relacionado con ella. *Sus bienes son hereditarios.* || Dícese de los caracteres biológicos transmitidos por vía genética.
hereje *s. com.* Creyente que se aparta de los dogmas de su religión. || *fig.* Persona que proclama ideas o creencias abiertamente contrarias a las de su grupo social o público en general.
herejía *s. f.* Creencia manifiesta que se aparta de la religión a la que pertenece. || *fig.* Postura que se aparta radicalmente de su núcleo original en la ciencia, la política o el arte.
herencia *s. f.* Conjunto de bienes y derechos dejados a otros por sucesión testamentaria o por ley. || Derecho a dejar bienes y derechos propios a otras personas. || Transmisión de caracteres biológicos por descendencia directa.
heresiarca *s. com.* Líder de una secta herética.
herético, ca *adj.* De la herejía o relacionado con ella. || Que comete o cometió herejía.
herida *s. f.* Corte o traumatismo que generalmente rompe el tejido o la membrana mucosa y provoca sangrado. || *fig.* Pena sentimental causada por ofensa.
herido, da *adj.* Que sufre corte o traumatismo en alguna parte del cuerpo por violencia mecánica externa. || Que sufre pena sentimental por ofensa.
herir *t.* Dañar a seres vivos con violencia causándoles generalmente traumatismo sangrante. || Causar pena por ofensa. || Provocar efecto desagradable a los sentidos o malos recuerdos. *Ésa no porque me hiere.*
hermafrodita *adj.* y *s. com.* Ser vivo con los órganos reproductores de ambos sexos. || Planta cuya flor reúne estambres y pistilo. || Persona con aspecto de ambos sexos, generalmente por tener ambos órganos reproductores. || Deidad de la antigua Grecia.
hermafroditismo *s. m.* Presencia de órganos reproductores de ambos sexos en seres vivos. || Aspecto andrógino de las personas, generalmente por tener órganos reproductores de ambos sexos.
hermanado, da *adj.* Que tiene vínculos estrechos con otra persona sin ser necesariamente familiar ni pareja sentimental. *Se identifican tanto que están hermanados.* || Que es igual en todo a otra cosa.
hermanamiento *s. m.* Acción y efecto de hermanar o hermanarse.
hermanar *t.* Vincular una cosa con otra. *Hay que hermanar la teoría con la práctica.* || *pr.* Hacerse hermano de otra persona por identificación espiritual. || Institucionalizar los vínculos de fraternidad entre dos ciudades, declarándolas ciudades hermanas.
hermanastro, tra *s.* Medio hermano de otro por ser hijo de uno de sus padres.
hermandad *s. f.* Vínculo consanguíneo entre los hijos de una pareja o de uno de sus miembros. || Relación de afecto e identificación por vínculos espirituales o sentimentales. || Comunidad de personas juramentadas que persiguen los mismos fines. || *irón.* Grupo de personas juramentadas para delinquir.
hermano, na *s.* Persona que tiene los mismos padres o uno solo respecto de otra. || Miembro de una comunidad religiosa sin tener necesariamente las órdenes clericales. || Miembro de una hermandad por motivos espirituales. || *fam.* Amigo con lazos de solidaridad y confianza profundos.
hermeneuta *s. com.* Persona dedicada a la hermenéutica o disciplina de la interpretación de textos.

hermenéutico, ca *adj.* Perteneciente a la hermenéutica o relacionado con ella. || *s. f.* Disciplina de la interpretación de los textos para establecer su sentido.

hermético, ca *adj.* Que está bien cerrado para impedir su violación, salida o paso de agentes externos. || Persona cerrada, enigmática o muy reservada. || Cosa cuyo significado sólo pueden descifrar los iniciados.

hermetismo *s. m.* Condición de impenetrabilidad o de difícil comprensión. || Conjunto de prácticas propiciatorias, generalmente malignas, exclusivas de iniciados.

hermoseamiento *s. m.* Acción y efecto de hermosear o de hermosearse.

hermosear *t.* Poner hermosa a una persona o cosa. || Halagar la belleza de una persona.

hermoso, sa *adj.* Que halaga el sentido de la vista o al oído. *¡Qué hermosa nena!* || Que es noble, gallardo y agraciado en su aspecto. || Que es sano y robusto. || Referido a un ambiente o paisaje, que está despejado, limpio y luminoso.

hermosura *s. f.* Conjunto de cualidades bellas y agradables.

hernia *s. f.* Protuberancia del cuerpo causada por la salida de una parte blanda interna de su cavidad.

herniado, da *adj.* Que presenta hernia.

herniarse *pr.* Salirle a uno o provocarse una hernia. *Por levantar objetos pesados se hernió.*

héroe *s. m.* Persona admirada por acciones de gran valor y entrega. || Protagonista positivo de una narración u obra dramática. || En la antigua Grecia, hijo de una deidad y un humano.

heroicidad *s. f.* Atributo principal del acto heroico, caracterizado por su valor, su determinación y su altruismo.

heroico, ca *adj.* Relativo a las personas y sus proezas de valor, determinación y altruismo. || Género poético que canta las hazañas de los héroes. *La Ilíada es un poema heroico.*

heroína *s. f.* Femenino de héroe. *Juana de Arco fue una heroína.* || Droga opiácea con propiedades calmantes y fuertemente adictiva.

heroinómano, na *adj.* y *s.* Que es adicto a la heroína.

heroísmo *s. m.* Conjunto de virtudes del héroe. || Valor y altruismo extraordinarios.

herpes *s. m.* Erupción cutánea causada por virus con diversos grados de peligrosidad. *El herpes genital es muy peligroso.*

herpetología *s. f.* Rama de la zoología que estudia los reptiles y los anfibios.

herpetólogo, ga *s. com.* Persona dedicada a la herpetología o estudio de los reptiles y anfibios.

herradero *s. m.* Lugar donde se herra o marca a los animales, especialmente ganado. || Operación consistente en herrar o marcar a los animales.

herrado, da *adj.* Dícese de los animales marcados. || Operación consistente en herrar o marcar a los animales. || Que está reforzado con hierro.

herrador *s. m.* Persona dedicada a herrar o marcar animales.

herradura *s. f.* Objeto de hierro que protege los cascos de los animales de carga y montura.

herraje *s. m.* Conjunto de piezas de hierro o acero con que se protegen objetos. *El herraje de las puertas es muy resistente.*

herramienta *s. f.* Cualquier instrumento con que se realizan trabajos manuales. || Por extensión, cualquier método, técnica o aplicación informática para realizar trabajos intelectuales. *Este programa de computación es una herramienta muy útil.*

herrar *t.* Marcar animales con hierro candente. || Poner herraduras a las bestias de montura o carga. || Guarnecer objetos con hierro o acero.

herrería *s. f.* Taller donde se funde y forja hierro. || Oficio del herrero.

herrero *s. m.* Persona dedicada a fundir y forjar hierro.

herrumbrar *t.* y *pr.* Cubrirse de óxido los objetos metálicos en la intemperie.

herrumbre *s. f.* Capa de óxido que adquieren los objetos metálicos a la intemperie.

herrumbroso, sa *adj.* Que está cubierto de herrumbre.

hertz *s. m.* Unidad de frecuencia equivalente a una vibración por segundo.

hertziano, na *adj.* Perteneciente o relativo a los hertz u ondas electromagnéticas de la comunicación radiofónica.

hervidero *s. m. fam.* Conjunto copioso y pululante de personas o animales. *La plaza es un hervidero de gente.*

hervido *s. m.* Acción y efecto de hervir.

hervidor *s. m.* Recipiente alto y por lo general cilíndrico y con tapa, donde se hierve la leche. || En los termosifones, caja cerrada de palastro que recibe la acción del fuego directo, por adentro de la cual pasa el agua.

hervir *intr.* Entrar en ebullición un líquido por efecto de la temperatura. || Producir burbujas un líquido o una masa semilíquida por efecto de la fermentación. || Ponerse el mar agitado y con mucho oleaje. || Abundar en algo. *La tienda hervía de clientes.* || Excitarse o exaltarse por un sentimiento o una pasión. *Hervir de cólera, hervir de celos.* || *t.* Poner a hervir un líquido. || Someter algo a la acción de agua en ebullición.

hervor *s. m.* Acción y efecto de hervir. || Fogosidad, ardor, agitación propios de la juventud. || *loc.* ***Dar un hervor:*** hervir por pocos minutos.

hesitación *s. f.* Duda.

hesitar *intr.* Vacilar.

hesperidio *s. m.* En botánica, tipo de fruto esférico u ovoide de cáscara gruesa y porosa, recubierta en su interior por una membrana esponjosa y blanca, con pulpa jugosa dividida en compartimentos llamados gajos, como la toronja, la naranja y demás cítricos.

hetaira *s. f.* En la antigua Grecia, dama libre y muy educada que era invitada a los banquetes para entretener con su conversación a los convidados. || Prostituta cara.

heteroclamídeo, a *adj.* En botánica, se dice de las flores que tienen un periantio doble, formado por sépalos y pétalos.

heteróclito, ta *adj.* Irregular, fuera de orden, extraño.

heterodino *s. m.* En electrónica, receptor que produce ondas de frecuencia diferente a la de las ondas recibidas, para producir una frecuencia inferior fija que se emplea para recibir las señales.

heterodoxia *s. f.* Creencia que se aparta de la sustentada por la autoridad competente y aceptada por la mayoría.

heterodoxo, xa *adj.* y *s.* Perteneciente o relativo a la heterodoxia. || Partidario o seguidor de la heterodoxia.

heterogeneidad *s. f.* Cualidad de heterogéneo. || Mezcla de partes de diversa naturaleza.

heterogéneo, nea *adj.* Que tiene partes de distinto origen. || Compuesto de partes de distinto género o tipo.

heteronimia *s. f.* Fenómeno lingüístico consistente en que dos palabras corresponden a dos términos gramaticales en oposición procedentes de distinta raíz, como hombre y mujer, toro y vaca, caballo y yegua.

heterónimo *s. m.* Seudónimo. || En lingüística, cada uno de los términos que forma una heteronimia.

heterosexual *adj.* y *s.* Perteneciente o relativo a la heterosexualidad. || Se dice de la relación erótica entre individuos de diferente sexo. || Persona que practica la heterosexualidad.

heterosexualidad *s. f.* Inclinación sexual hacia individuos del sexo opuesto. || Práctica de relaciones sexuales entre individuos de distinto sexo.

heterótrofo, fa *adj.* Se dice de los organismos vivientes que, por no poder sintetizar nutrientes por sí mismos, los obtienen matando a otros seres vivos. *Son heterótrofos los animales y los hongos.*

hético, ca *adj.* y *s.* Tuberculoso, que padece tuberculosis. || Perteneciente o relativo a dicha enfermedad. || Flaco, esquelético.
heurística *s. f.* Técnica de la indagación y el descubrimiento de soluciones por medio de hipótesis que se ponen a prueba para validarse o refutarse. || Investigación en documentos o búsqueda en fuentes históricas. || En algunas ciencias, modo de encontrar soluciones mediante el empleo de métodos informales como el tanteo.
heurístico, ca *adj.* Perteneciente o relativo a la heurística.
hevea *s. f.* Árbol del caucho, de la familia de las euforbiáceas, con altura de hasta 30 m, en cuya corteza se hacen incisiones para extraer el látex que coagulado se llama caucho. Es propio de la selva tropical.
hexaedro *s. m.* Poliedro de seis caras.
hexagonal *adj.* Perteneciente o relativo al hexágono.
hexágono *s. m.* Polígono de seis lados y seis ángulos internos.
hexámetro *s. m.* Verso griego y latino caracterizado por constar de seis pies o sílabas tónicas distribuidas en la línea.
hexápodo, da *adj.* y *s.* Se dice del animal que posee seis patas o extremidades para la locomoción.
hexasílabo, ba *adj.* y *s.* Que tiene seis sílabas. || Se dice del verso cuyo metro es de seis sílabas.
hez *s. f.* En las preparaciones líquidas, poso o sedimento que se precipita al fondo de los recipientes. || Lo más bajo y despreciable de cualquier tipo. *La hez de la delincuencia.* || En plural, excremento.
hialino, na *adj.* Diáfano, transparente. *Humor hialino, tejido hialino.* || De cristal o semejante a éste.
hialografía *s. f.* Arte de dibujar sobre el vidrio.
hialoideo, a *adj.* Que se parece al vidrio o presenta sus cualidades. *Sales hialoideas.*
hiato *s. m.* Interrupción o separación en el tiempo o en el espacio. || Abertura, grieta, tramo faltante en un cuerpo longilíneo. || En anatomía, fisura en el tejido óseo o en el cartílago. || En lingüística, encuentro de dos vocales que se pronuncian en sílabas distintas. *«Recreo» tiene tres sílabas por el hiato: re-cre-o.* || En poesía, disolución de una sinalefa para dar una sílaba más a un verso y emparejar el metro de una estrofa.
hibernación *s. f.* Estado fisiológico que presentan ciertos mamíferos en respuesta a una disminución drástica de la temperatura ambiental, quizás como adaptación a los inviernos rigurosos. Disminuye su frecuencia cardiaca y respiratoria, su metabolismo se mantiene en el mínimo y se encuentran como dormidos. || Sueño invernal de muchos animales vertebrados e invertebrados que viven en latitudes altas. || Estado de sueño profundo artificialmente inducido en las personas, por medio de anestésicos o de sedantes, con fines quirúrgicos o terapéuticos. || En informática, estado de bajo consumo de energía y cesación aparente de las funciones de un ordenador o computadora sin que se desconecte o apague por completo.
hibernal *adj.* Invernal.
hibernar *intr.* Entrar en hibernación. || Pasar el invierno.
hibisco *s. m.* Arbusto de la familia de las malváceas, muy ramoso, con hojas alternas de bordes lobulados o dentados y grandes flores con un pistilo esbélto y sobresaliente en forma de columna, alrededor del cual se disponen los estambres. Los hay de diversos colores: rosa, rojo, amarillo, morado, blanco. También se le llama tulipán tropical y obelisco. Con sus capullos se prepara una infusión o tisana muy reconfortante y aromática.
hibridación *s. f.* Acción y efecto de hibridar. || Producción de seres híbridos. || Fusión de gametos, cada uno procedente de una especie distinta aunque próxima, que da por resultado un ser mixto. *Las mulas son resultado de la hibridación de un caballo y una burra.*
hibridar *t.* Producir híbridos. || *intr.* Realizar hibridaciones.
híbrido, da *adj.* y *s.* Procreado por dos animales o dos vegetales de distinta especie. || Producido con elementos de diferente naturaleza, origen o tipo. *Los autos híbridos son los que consumen gasolina y energía eléctrica.*
hidalgo, ga *adj.* y *s.* Se dice de la persona que por su sangre se le considera noble y distinguida, por oposición a la plebeya o villana. En España constituía una especie de baja nobleza, no muy rica en bienes pero sí muy orgullosa y guerrera. || De ánimo valiente, generoso y lleno de nobleza. || Referente a la persona con esas cualidades o propio de ella.
hidalguense *adj.* Perteneciente o relativo a ese estado mexicano y a sus habitantes. || *s. com.* Nativo u oriundo de Hidalgo, en México.
hidalguía *s. f.* Calidad de hidalgo. || Estado y condición civil del hidalgo, como miembro de un estamento social aparte de los plebeyos. || Magnanimidad y largueza en la conducta.
hidra *s. f.* Culebra marina venenosa propia del Viejo Mundo, con lomo negro y vientre blanco amarillento, con la cola comprimida lateralmente para emplearla como timón. || Animal invertebrado del grupo de los cnidarios o pólipos. Tiene cuerpo cilíndrico y tentáculos alrededor del orificio bucal. Es acuático y se alimenta de protozoarios y larvas. || En la mitología griega, monstruo con cuerpo de dragón y tres cabezas que vivía junto al lago de Lerna. Su peculiaridad consistía en que si le cortaban una testa del corte le brotaban otras tres. Heracles (o Hércules, según los latinos) la mató cortándole todas de un solo y fenomenal tajo.
hidrácido *s. m.* Ácido compuesto de hidrógeno y un elemento formador de sales como el cloro, el azufre, el carbono, etc.
hidratación *s. f.* Acción y efecto de hidratar.
hidratado, da *adj.* Relativo a lo que está mezclado con agua.
hidratante *adj.* y *s. m.* Que hidrata.
hidratar *t.* y *pr.* Combinar una sustancia con agua. *Hidratar la arcilla para hacer barro.* || Reponer el agua perdida por los tejidos o por el organismo para recuperar su nivel normal de humedad. *Hidratar la piel, hidratarse después del ejercicio.*
hidrato *s. m.* Combinación de una sustancia con el agua. || *loc.* ***Hidrato de carbono:*** sustancia orgánica constituida por carbono combinado con hidrógeno y oxígeno; el número de átomos de carbono enlazados entre sí determina el tipo de hidrato: glucosa, sacarosa, fructosa, almidón, etc.
hidráulica *s. f.* En física, rama de la mecánica que estudia el movimiento y el equilibrio de los fluidos.
hidráulico, ca *adj.* perteneciente o relativo a la ciencia hidráulica. || Que debe su movimiento a la energía generada por el agua u otro fluido. || Se dice de la energía generada por el movimiento del agua. || Se dice de los materiales de construcción, como la cal y el cemento, que se endurecen y fraguan con el agua.
hídrico, ca *adj.* Perteneciente o relativo al agua.
hidroavión *s. m.* Avión pequeño y ligero que se posa sobre el agua (acuatiza), usando para ello los flotadores que tiene en vez de ruedas.
hidrobiología *s. f.* Parte de la biología que se dedica al estudio de los seres vivos propios de medios acuáticos, ya sea el mar, los lagos y ríos, los humedales, etc.
hidrocálido, da *adj.* y *s.* Aguascalentense, nativo del estado mexicano de Aguascalientes o de su capital homónima, o perteneciente o relativo a uno o a otra.
hidrocarburo *s. m.* Compuesto orgánico resultante de la combinación del carbono con el hidrógeno.
hidrocefalia *s. f.* Anomalía consistente en la dilatación anormal de los ventrículos encefálicos por acumulación de líquido cefalorraquídeo.

hidrocéfalo, la *adj.* Afectado por hidrocefalia.

hidrodinámica *s. f.* Parte de la hidráulica que estudia sólo el movimiento de los fluidos.

hidrodinámico, ca *adj.* Perteneciente o relativo a la hidrodinámica. || Se dice de las formas de los cuerpos adaptadas a moverse en el agua, como las de los peces, los botes, barcos y demás.

hidroelectricidad *s. f.* Electricidad generada por el paso del agua de un río a través de las turbinas de una presa adecuada para ello.

hidroeléctrico, ca *adj.* y *s.* Perteneciente o relativo a la hidroelectricidad.

hidrófilo, la *adj.* Se dice de la materia que absorbe agua con suma facilidad. || En química, se dice de las moléculas que establecen enlaces con las del agua.

hidrofobia *s. f.* Aversión al agua que manifiestan quienes padecen rabia. || Rabia, enfermedad viral que ataca a perros, gatos y murciélagos y es transmisible al hombre. || En química, repulsión o rechazo de una molécula a tocar a otra de agua.

hidrófobo, ba *adj.* Que padece hidrofobia. || Se dice de la molécula o del radical químico incompatible con el agua.

hidrófugo, ga *adj.* y *s.* Se dice de la sustancia que impide, sellándolas, las filtraciones de agua o evita la humedad.

hidrogenación *s. f.* Proceso por el cual se añade hidrógeno a compuestos orgánicos no saturados.

hidrogenar *t.* y *pr.* Añadir hidrógeno a una sustancia o combinarse ésta con aquél.

hidrógeno *s. m.* Elemento químico, el más abundante de la corteza terrestre y del Universo. Normalmente se encuentra en su forma molecular H_2, universotas inflamable, incoloro e inodoro. Es el más ligero de los elementos y, combinado con el oxígeno, forma el agua. Se utiliza como combustible y en la industria química. Tiene dos isótopos naturales: el protio y el deuterio, y uno artificial, el tritio. Su número atómico es 1 y su símbolo *H*.

hidrografía *s. f.* Parte de la geografía destinada a la descripción de las aguas del planeta Tierra. || Conjunto de aguas de un país o una región.

hidrográfico, ca *adj.* Perteneciente o relativo a la hidrografía.

hidrólisis *s. f.* Descomposición de un compuesto orgánico por acción del agua o de un ácido.

hidrología *s. f.* Disciplina que estudia las aguas de la Tierra. || *loc.* ***Hidrología médica:*** estudio de las aguas en relación con las enfermedades y sus curaciones.

hidromasaje *s. m.* Masaje corporal a base de chorros o corrientes de agua caliente.

hidromecánico, ca *adj.* Se dice de aparatos o mecanismos en los que el agua provee la energía motriz.

hidrometría *s. f.* Determinación cuantitativa, por análisis químico de la dureza o alcalinidad de las aguas.

hidromiel *s. m.* Bebida hecha a base de agua endulzada con miel.

hidropesía *s. f.* Acumulación anormal de líquido seroso en el cuerpo humano, a causa de una circulación deficiente, ya sea sanguínea o linfática.

hidrópico, ca *adj.* y *s.* Que padece hidropesía, particularmente en la cavidad abdominal. || Insaciable, que no puede apagar la sed. || Anormalmente sediento.

hidroplano *s. m.* Embarcación de motor, provista de aletas inclinadas, que al avanzar sostienen gran parte del peso del aparato, con lo cual resultan más veloces. Se usan en marjales y pantanos. || Hidroavión.

hidroponia o **hidroponía** *s. f.* Técnica de cultivo de plantas terrestres en un medio nutritivo líquido, con un soporte de grava o arena, en condiciones controladas de iluminación y temperatura.

hidropónico, ca *adj.* Perteneciente o relativo a la hidroponia o hidroponía.

hidrosfera *s. f.* Conjunto de las partes líquidas del planeta Tierra.

hidrosoluble *adj.* Soluble en agua.

hidrostática *s. f.* Parte de la hidráulica que estudia los fluidos en equilibrio y reposo.

hidrostático, ca *adj.* Perteneciente o relativo a la hidrostática.

hidroterapia *s. f.* Técnicas de curación y rehabilitación por medio de inmersiones en el agua, o aplicaciones en chorros fríos o calientes.

hidrotermal *adj.* Se dice de los procesos en los que interviene el agua calentada a temperatura superior a la normal en el cuerpo humano.

hidrotórax *s. m.* Exceso de líquido en la cavidad pleural o en el mediastino.

hidróxido *s. m.* Compuesto formado por la unión de un elemento o un radical y el anión *OH-*.

hidroxilo *s. m.* Radical químico formado por un átomo de hidrógeno y otro de oxígeno, lo que le da carga negativa. Se simboliza *-OH*.

hidruro *s. m.* Compuesto de hidrógeno y otro elemento, principalmente un metal.

hiedra *s. f.* Planta trepadora perenne de la familia de las araliáceas, de cuyas ramas sarmentosas brotan raíces adventicias con las que trepa por paredes y troncos. Las hojas tienen cinco lóbulos, entre las que brotan las flores marfileñas en umbela que producen fruto en baya de color negro con una sola semilla. || *loc.* ***Hiedra terrestre:*** planta rastrera y vivaz de la familia de las labiadas, con hojas acorazonadas, festoneadas y verdinegras, flores axilares de color azul y fruto en baya con muchas semillas. En medicina tradicional su decocción se usa como expectorante. || ***Hiedra venenosa:*** muy semejante al zumaque y a la hiedra común, la «Rhus toxicodendron» ocasiona dermatitis de contacto e ingerida provoca una intoxicación generalizada muy grave.

hiel *s. f.* Bilis, secreción del hígado que se guarda en la vesícula biliar. || Amargura, desabrimiento.

hielo *s. m.* Agua congelada por el descenso de la temperatura por debajo de los 0 °C. || Acción y efecto de helar o helarse. || *loc.* ***Hielo seco:*** anhídrido carbónico sólido que al sublimarse a la presión atmosférica mantiene la temperatura de 78.5 °C bajo cero.

hiena *s. f.* Mamífero carroñero, de cuerpo rechoncho, grupa caída, pelaje gris sucio, con o sin manchas, hocico poderoso y una voz que suena a carcajada humana. Es animal pestilente, vive en familia o manada pequeña, prosperando sobre todo en el este de África y partes de Asia. || Persona cruel, desalmada y de bajos instintos.

hierático, ca *adj.* Solemne, envarado, ampuloso, aunque el caso no lo amerite. || Perteneciente o relativo a las cosas sagradas o a los sacerdotes de las religiones antiguas. || Se dice de la escritura y de los signos empleados por los escribas egipcios en reemplazo de los jeroglíficos. || Se dice de la pintura y la escultura religiosas de formas tradicionales y poco naturalistas.

hieratismo *s. m.* Cualidad de hierático en ademanes, gestos, estilo de escribir o hablar, en las pinturas y otras obras de arte.

hierba *s. f.* Planta anual o bianual, de tallo suave y flexible, desprovisto de corteza. || Conjunto de muchas hierbas que nacen en un terreno. || Por eufemismo, mariguana o marijuana o marihuana. || *loc.* ***Crecer como la mala hierba:*** cundir, extenderse mucho y rápido.

hierbabuena *s. f.* Planta herbácea vivaz de la familia de las labiadas, con tallos erguidos, hojas vellosas, elípticas, agudas y aserradas, flores rojizas en grupos axilares y frutos secos con cuatro semillas. Se emplea como condimento y, en infusión, como estomacal.

hierbero, ra *s.* Persona cuyo oficio es el cultivo y venta de hierbas, sobre todo las medicinales.

hierofante *s. m.* Sacerdote de Eleusis que presidía los misterios sagrados de la antigua Grecia. || Maestro de ocultismo.

hierra *s. f. Amér.* Acción de marcar con hierro al rojo vivo a los ganados. || Temporada en que se marca al ganado. || Fiesta campirana que se hace con ese motivo.

hierro *s. m.* Elemento químico metálico, muy abundante en la corteza terrestre. De color negro lustroso o gris azulado, dúctil, maleable y muy tenaz, se oxida al contacto con el aire y tiene propiedades ferromagnéticas. Es el metal más empleado en la industria; aleado con el carbono forma aceros y fundiciones. Su número atómico es 26 y su símbolo *Fe*. || Herramienta de ese metal con que se marcaba al ganado. || Marca con hierro candente que identifica al propietario y se pone al ganado nuevo. || Punta de este metal que se coloca en el extremo de flechas, saetas, lanzas, jabalinas, etc.

higadillo *s. m.* Hígado de los animales pequeños, en particular de las aves.

hígado *s. m.* Víscera de gran tamaño, de color castaño rojizo, situada en el lado derecho de la cavidad abdominal, justo por debajo del diafragma. Secreta las sales biliares, libera glucagón para la actividad muscular en la respuesta adrenérgica, sintetiza diversas proteínas y depura la sangre, entre otras funciones. || *loc.* ***Caer alguien*** o ***algo como un hígado a alguien:*** no simpatizarle lo más mínimo. || ***Echar alguien los hígados por algo:*** desearlo con vehemencia y esforzarse para obtenerlo. || ***Tener hígados alguien:*** ser animoso, valiente, esforzado.

higiene *s. f.* Parte de la medicina cuyo objeto es la prevención de enfermedades y la conservación de la salud. || Limpieza, aseo, pulcritud. || *loc.* ***Higiene pública:*** la general de la población, regulada y mantenida por las autoridades.

higiénico, ca *adj.* Perteneciente o relativo a la higiene.

higienista *adj.* y *s.* Que estudia o trabaja en el ramo de la higiene y la salud pública.

higienización *s. f.* Acción y efecto de higienizar.

higienizar *t.* Disponer algo, lugar, utensilios, alimentos, etc., conforme a las normas higiénicas.

higo *s. m.* Fruto segundo o tardío de la higuera, de forma cónica y algo globosa, cáscara delgada de color blanco, verdoso, morado o negro según la variedad, interior blanquecino con el centro rojizo lleno de semillas muy menudas. Es dulce y jugoso. || *loc.* ***Higo chumbo:*** tuna, fruto del nopal. || ***No valer algo un higo:*** carecer de valor e importancia.

higrometría *s. f.* Disciplina que es parte de la física y se dedica al estudio de las causas y variaciones de la humedad atmosférica.

higrométrico, ca *adj.* Perteneciente o relativo a la higrometría. || Que varía en sus condiciones según el grado de humedad atmosférica.

higrómetro *s. m.* Instrumento para medir la humedad de la atmósfera.

higuera *s. f.* Árbol de la familia de las moráceas, de mediana altura, madera blanca y endeble, hojas grandes y lobuladas que penden de largos pedúnculos, verdes por el haz y ásperas y grisáceas por el envés, flores unisexuales encerradas en receptáculos carnosos de las que procede la infrutescencia llamada higo.

higuerilla *s. f.* Planta de ricino.

hijastro, tra *s.* Hijo o hija de uno solo de los cónyuges con respecto al otro consorte.

hijo, ja *s.* Individuo, humano o animal, con respecto a sus progenitores. || Persona con respecto al país, comarca, región o lugar donde nació, o de la escuela donde cursó completo un nivel educativo. || Escrito o cualquier otra obra del ingenio humano respecto de su autor. *El hijo más famoso de Cervantes es «Don Quijote».* || Brote, vástago, por el que se reproducen ciertas plantas. || *loc.* ***Hijo adoptivo:*** el que lo es por adopción conforme a las leyes. || ***Hijo de familia:*** el que por su edad y condiciones económicas vive bajo la tutela paterna, o el que habiendo llegado a la mayoría sigue viviendo en la casa familiar.

híjole *interj. fam. Méx.* Se usa para expresar sorpresa o admiración.

hijuelo *s. m.* Retoño de planta.

hijuelo, la *s.* Hijos de corta edad. || Crías de los animales.

hila *s. f.* Acción de convertir en hilo las fibras textiles. || Arreglo de cosas o de personas dispuestas una detrás de otra.

hilacha *s. f.* Pedazo de hilo que se desprende o cuelga de la tela. || Porción diminuta de algo. || Resto, residuo. || *loc. Méx.* ***Darle vuelo a la hilacha:*** divertirse ruidosamente, parrandear. || ***Estar hecho una hilacha:*** verse en la pobreza o muy disminuido por la enfermedad.

hilacho *s. m.* Hilacha, pedazo de hilo desprendido o colgando de la tela.

hilada *s. f.* Formación en fila. || Serie horizontal de ladrillos o de sillares que forma parte de la pared de una edificación.

hilado *s. f.* Acción y efecto de hilar. || Porción de fibra textil convertida en hilo.

hilador, ra *s.* Persona que hila, principalmente seda. || Máquina o aparato para hilar.

hilandería *s. f.* Arte de hilar. || Fábrica de hilados.

hilandero *s. m.* Local o habitación donde se hila.

hilandero, ra *s.* Persona cuyo oficio es hilar.

hilar *t.* Convertir en hilo las fibras textiles como la lana, el algodón, el lino, la seda, etc. || Secretar su hilo y tejer con él sus redes y capullos ciertos insectos como las mariposas y arácnidos como las arañas. || Discurrir, razonar, sacar conclusiones a partir de algunos datos. || *loc.* ***Hilar delgado*** o ***fino:*** pensar con sutileza, cuidado y exactitud.

hilarante *adj.* Que causa hilaridad, alegra, hace reír.

hilaridad *s. f.* Expresión plácida y tranquila de gozo y alegría. || Risa y bullicio que produce lo que se ve y oye en una reunión.

hilatura *s. f.* Arte de hilar. || Industria y comercio del hilado. || Fábrica de hilados.

hilaza *s. f.* Hilado, porción de fibra textil convertida en hilo. || Contextura o tejido. || Hilo grueso y desigual, de inferior calidad, o el que sale así por la naturaleza del material, como el de yute, de rami, de ixtle. || Hila, venda de algodón para cubrir las heridas.

hilera *s. f.* Formación en línea o fila de personas o de cosas. || Instrumento de los orfebres y plateros para convertir en hilo los metales. || Formación de soldados uno detrás de otro. || En una cuadrícula, renglones o líneas horizontales, por oposición a columna o disposición vertical. || Apéndices dispuestos alrededor del ano de la araña que sostienen las glándulas productoras del líquido que al secarse se convierte en hilo.

hilo *s. m.* Hebra larga y delgada hecha de fibra textil, especialmente la empleada para coser. || Alambre muy delgado que se hace de metal. || Hebra que forman las arañas, los gusanos de seda y otros invertebrados. || Chorro muy delgado de agua o de otro líquido. *Hilo de saliva, hilo de sangre.* || *loc.* ***Hilo bramante:*** cordel delgado de cáñamo. || ***Hilo de la vida:*** curso de la existencia humana. || ***Hilo de perlas:*** conjunto de perlas perforadas y enhebradas en un hilo. || ***Pender de un hilo algo:*** estar en gran riesgo o peligro de perderse o arruinarse. || ***Perder el hilo:*** olvidar algo en el discurso o la conversación, divagar, no recordar lo que estaba tratándose.

hilván *s. m.* Costura hecha con puntadas largas con la que se junta y prepara lo que después va a coserse de manera más firme. || Cada una de esas puntadas.

hilvanado *s. m.* Acción y efecto de hilvanar.

hilvanar *t.* Unir dos piezas de tela cosiéndolas con hilvanes. || Ordenar, enlazar y coordinar bien las ideas y las frases quien habla o escribe.

himen *s. m.* Repliegue membranoso que obstruye parcialmente el orificio de la vagina mientras conserva su integridad. Es característico de la especie humana, aunque en muchas mujeres no existe de nacimiento y sólo en poquísimos casos la obstrucción es total. En los demás primates desaparece durante el desarrollo fetal, por lo que en los humanos se considera un rasgo neoténico.

himenóptero *adj.* y *s. m.* Se dice de los insectos dotados de cuatro alas membranosas, con bocas provistas de quijadas y una lengüeta, metamorfosis complejas, y que usualmente viven en sociedades jerarquizadas, con una sola hembra fértil (la reina), algunos machos, y la gran mayoría compuesta por hembras estériles, dotadas de aguijón y glándula venenosa, encargadas de la recolección y preparación de alimentos y las demás tareas del colectivo.

himno *s. m.* Composición poética y musical de tono solemne y elevado, en alabanza de los dioses y los héroes de la antigüedad grecolatina. || Composición poética y musical religiosa en alabanza de Dios y los santos. || Poema de tono exaltado cuyo objeto es enaltecer el recuerdo de una persona, una victoria, una batalla, un país. || Música que acompaña a esos poemas y los hace cantables. || Composición emblemática de una colectividad, que la identifica y pretende unir entre sí a quienes la interpretan juntos.

hincapié *s. m.* Acción de hincar o afirmar el pie para sostenerse o para hacer fuerza. || *loc.* ***Hacer hincapié en algo:*** insistir en ello, recalcarlo.

hincar *t.* Clavar o introducir algo en alguna materia conveniente. *Hincar un clavo en la madera.* || *pr.* Arrodillarse.

hincha *s. com. Amér. Merid.* Partidario de un equipo deportivo. || Seguidor entusiasta de una celebridad destacada en alguna actividad.

hinchada *s. f. Amér. Merid.* Grupo de hinchas deportivos. || Multitud de fanáticos de una celebridad.

hinchado, da *adj.* Vano, vanidoso, presumido. || Se dice del lenguaje o el comportamiento de estilo ampuloso, rebuscado e hiperbólico o exagerado.

hinchar *t.* y *pr.* Aumentar de volumen un objeto al llenarlo o llenarse de aire u otra cosa. || Incrementar el caudal de un río, arroyo o cuerpo acuático. || Exagerar una noticia o el relato de un suceso. || Inflamarse un órgano u otra parte del cuerpo por enfermedad o golpe. || Envanecerse, creerse mucho.

hinchazón *s. f.* Efecto de hincharse. || Vicio o defecto del estilo hinchado. || Vanidad, soberbia.

hindi *s. m.* Lengua derivada del sánscrito, oficial en India junto con el inglés.

hindú *adj.* y *s. com.* Nativo de la India. || Perteneciente o relativo a este país asiático. || Referente al hinduismo o propio de esta religión. || Adepto, creyente, del hinduismo.

hinduismo *s. m.* Religión politeísta vigente en India y otras partes del Asia meridional; deriva del brahmanismo antiguo.

hinduista *adj.* y *s. com.* Perteneciente o relativo al hinduismo. || Seguidor de este sistema religioso.

hinojo *s. m.* Planta herbácea de la familia de las umbelíferas, de tallos erguidos y ramosos, hojas partidas en lacinias largas y filiformes, flores amarillas en umbelas terminales y fruto oblongo, es muy aromática y se usa como condimento. || *loc.* ***Hinojo marino:*** hierba de la familia de las umbelíferas, con tallos largos y gruesos, hojas carnosas partidas en segmentos lanceolados, florecitas blancas y semillas discoidales. Crece entre las rocas, tiene sabor un tanto salado y por su aroma se usa como condimento. || *loc. adv.* ***De hinojos:*** De rodillas.

hioides *s. m.* En anatomía humana, hueso que carece de articulación con otros, localizado frente a la parte superior de la laringe. Tiene forma de «U» y su función es la de anclar la base del músculo de la lengua.

hipálage *s. f.* En retórica, figura consistente en referir un complemento o un modificador a una palabra distinta a la que lógicamente debería referirse. *Las mariposas volaban a refugiarse entre los árboles vigilantes.*

hipar *intr.* Padecer hipo. || Resollar el perro cuando corre tras la presa. || Llorar con sollozos parecidos al hipo.

hiperactividad *s. f.* Actividad excesiva. || Trastorno de la conducta que conlleva inquietud, agitación física, dificultad para concentrarse, agresividad, entre otras características.

hiperactivo, va *adj.* y *s.* Excesivamente activo. || Perteneciente o relativo a la hiperactividad patológica. || Que padece hiperactividad.

hipérbaton *s. m.* En retórica, figura del lenguaje consistente en la alteración violenta del orden lógico de la oración, ya sea para acomodar la rima de un verso o para dar un mayor efecto al enunciado.

hipérbola *s. f.* Lugar geométrico que contiene todos los puntos de un plano cuya diferencia de distancia a los dos focos es constante. Resulta de cortar un cono circular por un plano que encuentra a todas las generatrices a ambos lados del vértice. || Curva conoide, siempre simétrica, que delimita ese lugar geométrico.

hipérbole *s. f.* En retórica, figura consistente en exagerar (ya sea para aumentar o bien para disminuir) los rasgos de aquello que se describe o relata. || Exageración extrema de una circunstancia, noticia, relato.

hiperbólico, ca *adj.* Perteneciente o relativo a la hipérbola. || Con forma de hipérbola o semejante a ella. || Perteneciente o relativo a la hipérbole. || Se dice del discurso o del texto que contiene una hipérbole o más.

hiperbolizar *intr.* Usar hipérboles en el discurso o en lo escrito.

hiperbóreo, a *adj.* Se dice de las regiones que están muy al norte, así como de sus habitantes, flora y fauna.

hiperespacio *s. m. neol.* Espacio situado más allá de los confines de un sistema planetario. || En matemáticas, espacio con más de tres dimensiones.

hiperestesia *s. f.* Sensibilidad excesiva hasta resultar dolorosa, en ciertas partes del cuerpo o diseminada. || Sensibilidad extrema, en lo emocional o afectivo.

hiperestesiar *t.* y *pr.* Causar hiperestesia.

hiperestésico, ca *adj.* y *s.* Perteneciente o relativo a la hiperestesia. || Que padece o presenta hiperestesia.

hiperglucemia *s. f.* Nivel anormalmente alto de glucosa en la sangre.

hiperlipidemia *s. f.* Nivel anormalmente alto de lípidos en la sangre, especialmente triglicéridos y colesterol.

hipermenorrea *s. f.* Menstruación excesiva, ya sea en cuanto a cantidad de menstruo evacuado o en cuanto a la duración.

hipermercado *s. m. neol.* Gran supermercado que ocupa una extensión considerable, con una amplia variedad de mercancías que por economía de escala puede ofrecer a precios relativamente bajos.

hipermétrope *adj.* y *s. com.* Que padece hipermetropía.

hipermetropía *s. f.* Defecto de la visión consistente en no poder ver con claridad los objetos cercanos, por formarse la imagen más allá de la retina, generalmente en las personas de edad cuyo cristalino ha perdido elasticidad.

hiperrealismo *s. m.* En las artes plásticas, movimiento iniciado a finales del siglo XX y que se caracteriza por dar un realismo exagerado a sus obras.

hipersensibilidad *s. f.* Cualidad de hipersensible.

hipersensible *adj.* y *s. com.* Que está afectado de hipersensibilidad.

hipertensión *s. f.* Tensión arterial excesivamente alta.

hipertenso, sa *adj.* Que padece hipertensión.

hipertermia *s. f.* Aumento patológico de la temperatura del cuerpo.
hipertexto *s. m.* En informática, texto que contiene elementos a través de los cuales se puede acceder a otra información, ya sea en otras páginas, en cuadros emergentes, cintillos, ligas, etc.
hipertiroidismo *s. m.* Actividad excesiva de la glándula tiroides que origina trastornos como taquicardia, pérdida de peso, excitabilidad nerviosa, ansiedad, entre otras.
hipertrofia *s. f.* Desarrollo o crecimiento excesivo de algo. || Aumento anómalo del volumen de un órgano.
hipertrofiarse *pr.* Crecer excesivamente algo, en especial algún órgano del cuerpo.
hipertrófico, ca *adj.* Perteneciente o relativo a la hipertrofia.
hiperventilación *s. f.* Aumento de la frecuencia respiratoria que desemboca en un incremento de la cantidad de oxígeno en la sangre.
hípico, ca *adj.* Perteneciente o relativo al caballo en cuanto animal de monta.
hipido *s. m.* Acción y efecto de hipar.
hipismo *s. m.* Arte de la crianza y educación del caballo. || Deporte consistente en carreras de caballos, con o sin vallas, saltos de obstáculos, doma y adiestramiento.
hipnosis *s. f.* Estado producido mediante hipnotismo.
hipnótico *s. m.* Sustancia natural o artificial que induce el sueño.
hipnótico, ca *adj.* Perteneciente o relativo a la hipnosis o al hipnotismo. || Que hipnotiza.
hipnotismo *s. m.* Técnica para producir un sueño artificial mediante la sugestión personal o el empleo de aparatos adecuados.
hipnotización *s. f.* Acción y efecto de hipnotizar.
hipnotizador, ra *adj.* y *s.* Dicho de una persona, que hipnotiza.
hipnotizante *adj.* Que hipnotiza.
hipnotizar *t.* Producir hipnosis. || Fascinar, asombrar.
hipo *s. m.* Movimiento convulsivo del diafragma que entrecorta la respiración y produce un ruido característico. || *loc.* ***Quitar el hipo:*** sorprender alguien o algo por su belleza y cualidades.
hipoalergénico, ca *adj.* Hipoalérgico.
hipoalérgico, ca *adj.* Se dice de las sustancias que producen poca o nula reacción alérgica.
hipocalórico, ca *adj.* Bajo en calorías.
hipocampo *s. m.* Pez teleósteo de pequeño tamaño, cuerpo que recuerda al caballo del juego del ajedrez, rematado en una cola larga y prensil que le sirve para anclarse a las algas entre las que vive. El macho posee una bolsa ventral donde incuba los huevos. || Estructura alargada que se aloja en el lóbulo temporal del prosencéfalo; se encarga de procesar la memoria y de otras funciones superiores.
hipocentro *s. m.* Punto dentro de la corteza terrestre donde se generan los sismos telúricos; también se llama foco; se localiza bajo el epicentro.
hipocondria o **hipocondría** *s. f.* Padecimiento caracterizado por la sensibilidad aumentada del sistema nervioso, depresión y obsesión angustiosa por la salud.
hipocondriaco, ca o **hipocondríaco, ca** *adj.* Perteneciente o relativo a la hipocondria o hipocondría. || *s.* Persona que la padece. || Referente a los hipocondrios o propio de ellos.
hipocondrio *s. m.* Cada una de las dos partes laterales de la región epigástrica, situada debajo de las costillas falsas.
hipocorístico, ca *adj.* y *s.* Se dice del nombre propio que en forma infantil, abreviada o diminutiva, se usa familiarmente como una expresión de cariño y cercanía. *Paco, Toña, Lalo y Yoya son nombres hipocorísticos.*
hipocrático, ca *adj.* y *s.* Perteneciente o relativo al médico griego Hipócrates, quien vivió en el siglo V a.C., o a sus doctrinas curativas. || Adepto de la medicina y el régimen de vida preconizado por Hipócrates.
hipocresía *s. f.* Falsedad y fingimiento usados para expresar ideas y sentimientos diversos y aun contrarios a los que realmente se experimentan.
hipócrita *adj.* y *s. com.* Que actúa con hipocresía. || Fingido, falso, simulado. *Sonrisa hipócrita, saludo hipócrita.*
hipodérmico, ca *adj.* Que se ubica o se pone debajo de la piel. *Para las inyecciones, necesito jeringas hipodérmicas.*
hipodermis *s. f.* Capa más profunda de la piel. *La hipodermis es la capa subcutánea de la piel.*
hipódromo *s. m.* Lugar en el que se realizan carreras de caballos.
hipófisis *s. f.* Glándula de secreción interna situada en la base del cráneo, que se encarga de regular la actividad de otras glándulas mediante la producción de diversas hormonas que regulan el crecimiento del organismo, el desarrollo sexual, etc. *A la hipófisis se le conoció como «directora de orquesta» de las otras glándulas.*
hipogástrico, ca *adj.* Perteneciente o relativo al hipogastrio.
hipogastrio *s. m.* Región media anterior e inferior del abdomen, entre las dos fosas ilíacas.
hipogeo, a *adj.* Se dice de la planta o de alguno de sus órganos que se desarrolla bajo tierra. *El betabel y la papa son tubérculos hipogeos.* || *s. m.* Bóveda o galería subterránea usada como sepulcro en algunas civilizaciones antiguas. *En el Valle de los Reyes en Egipto existen suntuosos hipogeos.* || Capilla o edificio subterráneo.
hipoglucemia *s. f.* Disminución de la cantidad normal de azúcar contenida en la sangre. *Comí dos chocolates para contrarrestar la hipoglucemia.*
hipogrifo *s. m.* Animal fabuloso con cabeza, alas y patas delanteras de águila, torso de león y cuerpo y patas traseras de caballo. *En la película, Harry Potter monta un hipogrifo.*
hipopótamo *s. m.* Mamífero paquidermo, de cuerpo muy grueso, que llega a alcanzar los 3.50 m de longitud y un peso de 1 a 4 ton; tiene la piel gruesa y negruzca, las patas robustas y cortas, la boca muy grande y las orejas pequeñas, los ojos y los orificios nasales situados en la parte de arriba, lo que les permite respirar cuando están dentro del agua. *Los hipopótamos habitan en algunos ríos de África.*
hiposulfito *s. m.* Sal formada por la combinación del ácido hiposulfuroso con una base.
hipotálamo *s. m.* Región del encéfalo situada en la base cerebral, unida por un tallo nervioso a la hipófisis, a la que regula parcialmente y, por lo tanto, a todo el sistema endocrino. *El hipotálamo regula el hambre, el sueño, la actividad sexual, etc.*
hipotaxis *s. f.* Relación gramatical de subordinación que une dos elementos sintácticos en la que uno es dependiente del otro. *En la hipotaxis no se pueden cambiar de lugar los elementos sin que el significado cambie.*
hipoteca *s. f.* Derecho de propiedad sobre bienes inmuebles que se otorga como aval o garantía del cumplimiento de una obligación o deuda. || Monto que constituye esta deuda garantizada por un bien. *Todavía me falta mucho por pagar de mi hipoteca.*
hipotecable *adj.* Que se puede hipotecar.
hipotecar *t.* Poner la propiedad de un bien inmueble como aval o garantía al cumplimiento de una obligación o pago de una deuda. *Para pagar la universidad de los hijos tendremos que hipotecar la casa.* || Poner en riesgo la seguridad o la existencia de algo. *Contratar mayores deudas es hipotecar a las generaciones futuras.*
hipotecario, ria *adj.* Perteneciente o relativo a la hipoteca. || Que se asegura con hipoteca. *Contraté con el banco un crédito hipotecario.*
hipotecnia *s. f.* Estudio de la crianza, mejora y explotación del caballo.
hipotensión *s. f.* Disminución de la tensión o presión arterial por debajo de los niveles normales. *La*

H

hipotensión arterial produce sensación de fatiga, mareo y falta de tono muscular.

hipotenso, sa *adj.* Que padece hipotensión. *El hipotenso suele desmayarse con frecuencia.*

hipotenusa *s. f.* Lado opuesto al ángulo recto de un triángulo rectángulo. *El cuadrado de la hipotenusa es igual a la suma de los cuadrados de los catetos.*

hipotermia *s. f.* Descenso de la temperatura del cuerpo de un organismo por debajo de la normal. *Los alpinistas extraviados en la montaña sufrieron hipotermia.*

hipotérmico *adj.* Que produce un descenso en la temperatura del cuerpo.

hipótesis *s. f.* Suposición que se toma como base de un razonamiento. *La física de Newton se basa en la hipótesis de que el espacio y el tiempo son absolutos.* || *loc.* ***Hipótesis de trabajo:*** la que se formula como base para una investigación que debe demostrarla o negarla. *La hipótesis de trabajo de Kepler fue que las partes del universo deben manifestar armonía.*

hipotético, ca *adj.* Perteneciente o relativo a la hipótesis o que se fundamenta en ella. *La idea del espacio y el tiempo uniforme es hipotética.*

hipotiroidismo *s. m.* Disfunción de la glándula tiroides que disminuye su actividad secretora. *El hipotiroidismo puede provocar discapacidad física y mental.*

hipotonía *s. f.* Tono muscular inferior al normal.

hipotónico, ca *adj.* Que padece hipotonía.

hipovitaminosis *s. f.* Déficit de una o varias vitaminas en el organismo.

hipovolemia *s. f.* Disminución del volumen de la sangre circulante en el cuerpo por debajo del normal.

hiriente *adj.* Que hiere, ofensivo. *Sus comentarios resultaron hirientes a su orgullo.* || Que produce daño físico. *El viento helado era hiriente a su rostro.*

hirsutismo *s. m.* Brote anormal de vello fuerte y duro en lugares de la piel normalmente lampiños.

hirsuto, ta *adj.* Se aplica al pelo que es áspero y duro. || Que está cubierto de este tipo de pelo o de púas o espinas. || De carácter áspero.

hirviente *adj.* Se refiere al líquido que está tan caliente que hace pompas o burbujas.

hisopo *s. m.* Planta aromática de la familia de las labiadas, de tallo leñoso, hojas pequeñas en forma de punta de lanza y flores en espiga, y fruto en forma de nuez casi lisas. || Utensilio formado por una bola hueca agujereada y provista de un mango que usan los sacerdotes para esparcir agua bendita. *El sacerdote bendijo a los fieles con el hisopo.* || Manojo de ramas de hisopo usadas para este mismo fin. || Utensilio formado por un palillo recubierto de algodón en sus puntas, que se usa para la higiene personal y en curaciones. *Limpió los oídos del niño con un hisopo.*

hispánico, ca *adj.* Perteneciente o relativo a España. || Perteneciente o relativo a la Hispania en la época prerromana, y provincia del Imperio romano, o a los pueblos que formaron parte de ella y a los pueblos que nacieron de estos en época posterior. *Celtas, íberos y celtíberos eran pueblos hispánicos.* || Perteneciente o relativo a la lengua y la cultura españolas.

hispanidad *s. f.* Conjunto y comunidad de pueblos de lengua y cultura hispanas. || Conjunto de características culturales comunes a estos países o pueblos.

hispanismo *s. m.* Estudio de la lengua y la cultura hispánicas. || Giro o vocablo propio de la lengua española y que se emplea en otra.

hispanista *s. com.* Persona especializada en el estudio de la lengua y la cultura hispánicas.

hispanizar *t.* Dar a una persona o cosa características que se consideran propias de la cultura española. *El mestizaje americano resultó de hispanizar a los pueblos nativos.*

hispano, na *adj.* Perteneciente o relativo a la Hispania antigua. || De España o relativo a este país europeo. || De los países americanos de habla hispana. || Perteneciente o relativo a la población de origen hispanoamericano que vive en los Estados Unidos de América. || *s.* Persona que es de Hispanoamérica. || Persona que es de origen hispanoamericano y reside en Estados Unidos. *La población hispana es la minoría más numerosa en Estados Unidos.*

hispanoamericanismo *s. m.* Doctrina que tiende a la unión espiritual de todos los pueblos hispanoamericanos y a la revalorización de lo que tienen en común España e Hispanoamérica.

hispanoamericano, na *adj.* Perteneciente o relativo a españoles y americanos. || Que es español y americano, compuesto de elementos propios de ambos pueblos. || Perteneciente o relativo a los países de América en que se habla el español. || Se aplica a las personas de habla española nacidas o naturalizadas en esos países.

hispanoárabe *adj.* Perteneciente o relativo a la España musulmana. || *s. com.* Natural de la España musulmana. || Que es español y árabe.

hispanófilo, la *adj.* y *s.* Que admira o defiende lo español.

hispanohablante *adj.* y *s. com.* Que tiene el español como lengua materna o propia. *Hay más hispanohablantes mexicanos que españoles.*

hispanojudío *adj.* Perteneciente o relativo a la España judía.

hispanomusulmán, mana *adj.* Hispanoárabe

hispanoparlante *adj.* y *s. com.* Hispanohablante.

hispanorromano, mana *adj.* Natural de la Hispania romana. || Perteneciente o relativo a este territorio del Imperio romano.

histamina *s. f.* Compuesto orgánico que es liberada por distintos tipos de células durante las reacciones inmunológicas, como la alergias. *El médico me dio medicamento para contrarrestar la histamina.*

histerectomía *s. f.* Extirpación total o parcial del útero. *Tenía un tumor canceroso, le practicaron una histerectomía.*

histeria *s. f.* Trastorno nervioso caracterizado por fuerte ansiedad y una gran variedad de síntomas, principalmente funcionales, y a veces en forma de síntomas físicos, como parálisis o convulsiones. || Estado pasajero de intensa excitación nerviosa, caracterizado por manifestaciones de sentimientos o emociones en forma exagerada o descontrolada. *Cuando en el salón gritaron ¡fuego!, cundió la histeria.* || *loc.* **Histeria colectiva:** comportamiento irracional de un grupo o multitud resultante de una excitación.

histérico, ca *adj.* Relativo a la histeria. *La señora daba gritos histéricos.* || Que padece histeria. || Muy nervioso, excitado o alterado. *Se puso histérico cuando le chocaron el coche.*

histerismo *s. m.* Histeria.

histograma *s. m.* Gráfico con el que se representa la distribución de frecuencias de datos estadísticos, agrupados en intervalos, en forma de barras. *Incluimos un histograma de la distribución de la población por edades.*

histología *s. f.* Parte de la biología que estudia la estructura y características de los tejidos orgánicos.

histológico, ca *adj.* Perteneciente o relativo a la histología.

histólogo, ga *s.* Persona que se dedica a la histología.

historia *s. f.* Conjunto de todos los hechos pasados. *El propio planeta Tierra tiene una historia geológica.* || Ciencia que estudia los hechos del pasado, ya sean de la humanidad, de sus pueblos, las civilizaciones, sus instituciones, ciencias, artes etc. *La historia enseña qué fue lo que sucedió en el pasado para que existiera el momento actual.* || Narración de hechos y acontecimientos particulares de un suceso cualquiera o de un aspecto de la historia general. *Tucídides escribió la historia de la* *guerra del Peloponeso.* || Obra histórica compuesta por un escritor. *Tito Livio escribió «Décadas de la historia romana».* || Conjunto de sucesos ocurridos a una persona a lo largo de su vida o en un periodo de ella. *Batallar por la educación ha sido la historia de su vida.* || Narración o relación de cualquier suceso. *Cuéntanos la historia de cómo se conocieron.* || Fábula, cuento, o narración inventada. *Cervantes inventó la historia de cómo Sancho Panza llegó a ser gobernador.* || Mentira, chisme, enredo, asunto o tema de poca importancia. *No me vengas con historias, dime la verdad.* || *loc.* ***Historia clínica:*** relación de los datos de importancia médica de un paciente referentes a los síntomas, el tratamiento aplicado y a la evolución de su enfermedad. *En la escuela de medicina una de las primeras prácticas es elaborar historias clínicas.* || ***Historia natural:*** conjunto de las ciencias de la naturaleza; particularmente, la mineralogía, la geología, la botánica y la zoología. *El desarrollo de las especialidades hizo caer en desuso a la historia natural.* || ***Historia sacra*** o ***sagrada:*** conjunto de narraciones históricas contenidas en la Biblia. || ***Historia universal:*** la de todos los tiempos y pueblos del mundo. || ***Dejarse de historias:*** omitir rodeos e ir a lo esencial de un asunto. *Déjate de historias y cuéntame qué pasó en tu cita.* || ***Hacer historia:*** realizar un acto o actos de importancia como para ser recordados. *Si ganamos el campeonato vamos a hacer historia.* || Escribir historias. || ***Pasar a la historia:*** adquirir gran relevancia o trascendencia, un hecho o una persona. *El prócer de la independencia pasó a la historia por sus actos y su pensamiento.* || Perder su actualidad. *La teoría del éter que llena todos los espacios pasó a la historia.*

historiable *adj.* Que se puede historiar. *Para algunos, hecho historiable y narración son dos cosas distintas.*

historiado, da *adj.* Se aplica a la obra artística que representa escenas relativas al suceso o personajes que representa. || Se aplica a lo que está muy ornamentado o recargado de colores.

historiador, ra *s.* Persona que se dedica al estudio de la historia y a escribir sobre ella. *Los historiadores elaboran las más diversas explicaciones sobre los hechos que estudian.*

historial *s. m.* Conjunto pormenorizado de datos e informaciones sobre la actividad y los antecedentes de una persona o una entidad. *Juan tiene un historial académico impecable.*

historiar *t.* Narrar y analizar la historia de un suceso con sus antecedentes, vicisitudes y consecuencias. *Aún falta por historiar muchos aspectos del pasado.* || *Amér.* Complicar, confundir, enmarañar.

historicidad *s. f.* Cualidad de histórico. *La historicidad de la carta de Toscanelli a Colón se ha puesto en duda.*

historicismo *s. m.* Doctrina de pensamiento según la cual los fenómenos humanos se pueden explicar como resultantes de un proceso histórico. *El historicismo considera toda la realidad como el producto de un devenir histórico.*

historicista *adj.* Perteneciente o relativo al historicismo. || Partidario de esta tendencia.

histórico, ca *adj.* Perteneciente o relativo a la historia. *Hacen falta más estudios históricos del siglo* XVII. || Se aplica al hecho comprobado, que ha ocurrido o existido realmente. *Las narraciones de Homero mezclan hechos históricos y legendarios.* || Se aplica al hecho de gran importancia o trascendencia que merece figurar en la historia. *La navegación de Magallanes alrededor del mundo fue un hecho histórico.* || Se aplica a la obra literaria o cinematográfica que está ambientada en un tiempo pasado y combina ficción con acontecimientos y personajes reales de la historia. *Se ha impuesto el estilo fácil de novelas históricas.*

historieta *s. f.* Historia breve narrada mediante una secuencia de dibujos. *Una de las historietas más populares es la de «Mafalda».* || Relato breve y entretenido sobre un asunto de poca importancia.

historiografía *s. f.* Conjunto de métodos utilizados en el estudio de la historia. || Estudio crítico de textos que tratan temas históricos, que consiste en analizar las fuentes utilizadas por los autores y el método que han seguido en su trabajo. *La historiografía es un campo de mucha polémica.*

historiográfico, ca *adj.* Perteneciente o relativo a la historiografía.

historiógrafo, fa *s.* Persona que se dedica al estudio de la historia o la historiografía.

histrión *s. m.* Actor de las comedias y tragedias de la antigua Grecia, que representaba su personaje disfrazado con una máscara. || Actor de teatro. || *desp.* Persona que se expresa con gestos exagerados y marcando excesivamente su expresión, con la afectación propia de un actor teatral. *Muchos políticos muestran verdaderas dotes de histrión.*

histriónico, ca *adj.* Perteneciente o relativo al histrión.

histrionismo *s. m.* Exageración en la expresión y gesticulación al hablar o actuar.

hito *s. m.* Mojón o señal de piedra que marca el límite de un territorio o indica la dirección un camino. || Acontecimiento importante que significa un cambio en el desarrollo de un proceso y constituye un punto de referencia en la historia o en la vida de algo o alguien. *La aparición de la imprenta significó un hito en la historia de la cultura.* || *loc.* ***Mirar de hito en hito:*** fijar la vista con gran atención en algo, sin distraerla a otra parte y sin perder detalle.

hobby *s. m.* Actividad u ocupación que se realiza durante el tiempo libre, por afición, entretenimiento o por placer. *Su «hobby» es leer historias y biografías.*

hocico *s. m.* Parte saliente y prolongada de la cabeza de algunos animales en donde tienen la boca y la nariz. *El perro echaba espuma por el hocico.* || *fam.* Boca de una persona, especialmente cuando la tiene prominente. *¡Te voy a reventar el hocico!* || *loc.* ***Caer de hocico:*** caer golpeándose la cara contra el suelo o dar con la cara contra una cosa. *No pudo ni meter las manos y cayó de hocico.* || ***Meter el hocico:*** entrometerse con indiscreción en asuntos que no son de su incumbencia. *¡Ve a meter tu hocico a otra parte!*

H

hocicón, cona *adj.* Se dice de la persona que tiene jeta o boca saliente. || Se aplica al animal con mucho hocico. || *Méx.* Se aplica a la persona que es impertinente o grosera al hablar o que dice mentiras a sabiendas. *No digas esas mentiras ¡eres un hocicón!*

hocicudo, da *adj.* Hocicón.

hockey *s. m.* Deporte que se juega entre dos equipos y consiste en meter un disco o una pelota pequeños en la portería contraria golpeado con palo o bastón largo curvo en su parte inferior en forma de L. *El «hockey» se juega sobre pasto o con patines sobre hielo o en una cancha dura.*

hogaño *adv.* En este año o en esta época. *«Hogaño» es lo contrario de «antaño».*

hogar *s. m.* Casa o lugar donde vive una persona. *Esta no es una casa propia, pero es nuestro hogar.* || Lugar de una casa donde se hace fuego, como la chimenea o la cocina. || Familia o grupo de personas emparentadas, que vive junta bajo un mismo techo. *Mis padres y mi hermana son mi hogar.*

hogareño, ña *adj.* Relativo a la casa o al hogar. || Que gusta estar en casa y disfruta del hogar y de la vida en familia. *Mi papá es tranquilo y muy hogareño.*

hogaza *s. f.* Pan grande de forma redondeada.

hoguera *s. f.* Fuego con mucha llama que se hace en el suelo al aire libre con leña u otro material. *Juana de Arco murió en la hoguera.*

hoja *s. f.* Órgano de las plantas que crece en las ramas o el tallo, generalmente de color verde, ligera, plana y delgada, en el que se realiza la fotosíntesis. *En el otoño e invierno muchos árboles se quedan sin hojas.* || Cada uno de los pétalos que forman la corola de una flor. *Arrancaba las hojas de una flor de margarita.* || Lámina delgada de cualquier material. *¿Tienes hojas de papel cuadriculadas?* || En los libros, cuadernos, revistas u otros objetos encuadernados, cada una de las partes que resultan de doblar el papel para formar el pliego. *Necesito un cuaderno de cien hojas.* || En las puertas o ventanas, cada una de las partes que se abren o cierran. *Las ventanas son de hojas corredizas.* || Cuchilla de las armas blancas y herramientas. *La hoja de esta navaja es de acero templado.* || *loc.* ***Hoja de afeitar:*** lámina muy delgada de acero, con filo, que sirve para afeitar. || ***Hoja de cálculo:*** programa informático que opera con tablas formadas por filas y columnas de celdas que contienen información y fórmulas numéricas, capaz de realizar operaciones matemáticas con rapidez. || ***Hoja de lata:*** hojalata. || ***Hoja de ruta:*** documento para el transporte de mercancías, en que consta el itinerario, la carga y otras informaciones. || ***Hoja de servicios:*** documento en que consta la información profesional de un funcionario público. || ***De hoja caduca:*** se dice del árbol que pierde sus hojas en el otoño. || ***De hoja perenne:*** se dice del árbol que renueva sus hojas de manera gradual manteniendo siempre su follaje. || ***Dar vuelta a la hoja:*** olvidar o dejar algo en el pasado, para poner la atención en algo diferente.

hojalata *s. f.* Lámina delgada y lisa de hierro o acero cubierta por una capa fina de estaño. *La salsa viene en envase de hojalata.*

hojalatería *s. f.* Establecimiento donde se hacen o venden piezas de hojalata.

hojalatero, ra *s.* Persona que hace, vende o arregla piezas de hojalata.

hojaldra *s. f.* Hojaldre.

hojaldrado, da *adj.* Que está hecho de hojaldre o de aspecto o consistencia parecida. *Las empanadas hojaldradas de atún estaban ricas.*

hojaldrar *t.* Dar a la masa forma y consistencia de hojaldre estirándola con un rodillo sobre una superficie, doblándola y volviéndola a estirar repetidas veces.

hojaldre *s. m.* Masa de harina que, al cocerse en el horno, forma muchas hojas muy delgadas y superpuestas unas a otras. || Dulce hecho con esta masa.

hojarasca *s. f.* Conjunto de hojas que han caído de los árboles. *Prendimos un fuego con hojarasca que recogimos en el bosque.* || Cosa inútil y de poca sustancia, especialmente en un discurso o texto que no aportan significado. *Ésta es una novela con mucha hojarasca.*

hojear *t.* Pasar las hojas de un periódico, una revista o un libro de manera rápida, observando o leyendo su contenido de modo superficial. *No he leído el libro, sólo lo alcancé a hojear.*

hojuela *s. f.* Dulce que se elabora con una hoja fina de masa de harina frita en aceite, y se suele comer con azúcar o miel. *Todo este negocio ha sido como miel sobre hojuelas.* || Cada una de las hojas que forman parte de otra compuesta.

hola *interj.* Expresión que se usa como saludo. *¡Hola, como te va!* || Expresión que indica sorpresa o extrañeza. *¡Hola, mira lo que acabo de encontrar!*

holán *s. m.* Adorno compuesto de una tira de tela, que rodea los vestidos, enaguas femeninos, cortinas, etc., que va plegado y cosido por la parte superior, y suelto o al aire por la inferior. *Su blusa lleva holanes en las mangas.*

holanda *s. f.* Lienzo muy fino empleado principalmente en lencería.

holandés, desa *adj.* Perteneciente o relativo a esta región de los Países Bajos. || *s. m.* Idioma hablado en Holanda. || *s.* Persona que es de Holanda.

holding *s. m.* Forma de organización empresarial en la que una compañía financiera posee la mayoría de las acciones de otras empresas, a las que controla.

holgado, da *adj.* Ancho, amplio y sobrado para lo que ha de contener. *Me gustan estos pantalones porque son holgados.* || Que tiene una ventaja amplia, superior a la necesaria. *El candidato obtuvo un triunfo holgado en las elecciones.* || Se aplica a la situación económica que permite vivir con desahogo o bienestar aunque sin riqueza. *Lleva una vida sin lujos, pero holgada.*

holganza *s. f.* Descanso, reposo, ociosidad. *Después del trabajo, disfruto de la holganza.* || Carencia de trabajo.

holgar *intr.* Estar ocioso, porque no tiene trabajo o porque ya lo ha concluido. *Algunos fines de semana se dedican a sólo holgar.* || Ser una cosa innecesaria o estar de sobra. *El asunto está muy claro, huelgan los comentarios.* || *pr.* Divertirse, entretenerse con gusto o alegrarse de algo. *Se fue a un balneario a holgarse con su familia.*

holgazán, zana *adj.* y *s.* Se aplica a la persona que no le gusta trabajar, que es perezosa y ociosa. *Aunque sea limpia tu cuarto, ahí estás de holgazán.*

holgazanear *intr.* Pasar una persona el tiempo ocioso por pereza o falta de atención e interés. *No hiciste tu tarea, te dedicaste a holgazanear todo el fin de semana.*

holgazanería *s. f.* Ociosidad, haraganería, pereza, falta de ganas de trabajar. *¡Basta de holgazanería, vamos todos a trabajar!*

holgorio *s. m.* Jolgorio, fiesta bulliciosa.

holgura *s. f.* Amplitud o anchura de una cosa, con espacio suficiente para que algo o alguien quepa en ella con espacio de sobra. *Viajamos en el autobús con holgura.* || Espacio que queda entre dos cosas que están encajadas una dentro de la otra. *Para que aprieten las patas de la silla no deben tener holgura.* || Desahogo o bienestar económico, condiciones suficientes para vivir bien. *Logró ahorrar lo suficiente para vivir con holgura sus últimos años.*

hollar *t.* Pisar dejando marcada la huella. *Neil Armstrong fue el primer hombre en hollar la superficie de la Luna.* || Humillar, despreciar, abatir.

hollejo *s. m.* Piel delgada que cubre algunas frutas, legumbres y tubérculos.

hollín *s. m.* Polvo negro, fino y grasiento que deposita el humo en una superficie. *Hay que limpiar las paredes de la cocina, están llenas de hollín.*

holmio *s. m.* Elemento químico metálico del grupo de los lantánidos, relativamente dúctil y maleable. De brillo metálico, tiene propiedades eléctricas y magnéticas peculiares. Su número atómico es 67 y su símbolo *Ho.*

holocausto *s. m.* Ceremonia religiosa antigua de los judíos que consistía en la cremación total de un animal. *Al final de la jornada ofrecieron en holocausto a una cabra.* || Exterminio sistemático y deliberado de los judíos por los nazis durante la Segunda Guerra Mundial. *El Holocausto fue la Solución Final ideada por los nazis a la cuestión judía.* || Sacrificio que hace una persona por el beneficio de otras. *Se entregó en holocausto para que los demás se salvaran.*

holoceno, na *adj.* Se aplica a la época geológica que es la última, y actual, del periodo Cuaternario de la era Cenozoica. || Perteneciente o relativo a dicha época. *Holoceno significa «reciente» y comprende los últimos diez mil años.*

holografía *s. f.* Técnica fotográfica que permite formar la imagen tridimensional de un objeto mediante el efecto óptico provocado por la luz coherente de un rayo láser.

holográfico, ca *adj.* Perteneciente o relativo a la holografía.

hológrafo, fa *adj.* Se aplica al testamento o memoria testamentaria escrito de puño y letra por el testador. || Escrito de puño y letra del autor.

holograma *s. m.* Placa fotográfica producida mediante holografía. || Imagen obtenida mediante la técnica holográfica.

holoturia *s. f.* Nombre común de diversos equinodermos marinos, animal invertebrado de cuerpo alargado y cilíndrico, en forma de pepino, que vive en el fondo del mar y se alimenta de materia en descomposición.

holotúrido *adj.* Se aplica a los animales equinodermos de cuerpo alargado con boca y ano en los extremos opuestos del cuerpo y tentáculos retráctiles alrededor de la boca. || *s. m. pl.* Clase de estos animales.

hombrada *s. f.* Acción propia de un hombre generoso, esforzado o de carácter. *A pesar de su condición, hizo la hombrada de criar a sus sobrinos.*

hombre *s. m.* Ser racional, varón o mujer, perteneciente al género humano, caracterizado por su inteligencia y lenguaje articulado, el único capaz de modificar el medio ambiente en el que vive y aumentar voluntariamente su población. *Todos los hombres nacemos con potencial de ser creativos.* || Persona de sexo masculino. *Por lo general, al hombre le crece la barba y le sale pelo en el pecho.* || Varón adulto. *El muchacho ya es un hombre.* || *fam.* Pareja sentimental de una mujer. *Siempre quiere tener a su hombre a su lado.* || Unido con algunos sustantivos por medio de la preposición «de», el que posee las cualidades o cosas significadas por los sustantivos. *Además de hombre de valor, lo es de honor y de trabajo.* || *interj.* ***¡Hombre!:*** indica admiración, sorpresa, extrañeza o disgusto. *¡Hombre, que gusto verte de nuevo!* || *loc.* ***Hombre de bien:*** el que es honesto y cumplidor. || ***Hombre de la calle:*** persona indeterminada, representativa de las opiniones y gustos de la mayoría. *El hombre de la calle lee muy poco.* || ***Hombre de Estado:*** estadista, que participa activamente en los asuntos de gobierno. *En la conferencia hablaron varios hombres de Estado.* || ***Hombre de guerra:*** el que sigue la carrera de las armas o profesión militar. || ***Hombre de letras:*** el que cultiva la literatura o las humanidades. || ***Hombre de paja:*** el que actúa por orden de otro que no quiere aparecer en primer plano. *Escúchalo a sabiendas de que es el hombre de paja del gobernador.* || ***Hombre de palabra:*** el que cumple lo que promete. *Debes confiar en lo que te dice, es un hombre de palabra.* || ***Hombre de pelo en pecho:*** el que es adulto, fuerte y valiente. *Tu hijo está hecho todo un hombre de pelo en pecho.* || ***Hombre fuerte:*** el que tiene mayor poder e influencia dentro de un grupo. *El general Noriega era el hombre fuerte de Panamá.* || ***Hombre hecho y derecho:*** el que ha llegado a la edad adulta. *Tu hijo ya es todo un hombre hecho y derecho.* || ***Hombre público:*** el que participa en la vida pública. *Como hombre público cuida mucho su imagen.* || ***Hombre orquesta:*** el que cumple muchas funciones a la vez, en una institución, una empresa, etc. *No hubiéramos tenido tales logros sin nuestro hombre orquesta.* || *loc. adv.* ***Como un solo hombre:*** expresa la unanimidad y solidaridad con que actúa un grupo de personas. *Para obtener tales logros, el equipo trabajó como un solo hombre.* || ***De hombre a hombre:*** expresión que indica que dos hombres hablan entre sí con confianza y franqueza. *Este asunto tenemos que hablarlo entre tú y yo, pero de hombre a hombre.* || ***Hacerse hombre:*** llegar a madurar y ser responsable. *Trabajó desde joven y pronto se hizo hombre.* || ***Ser muy hombre:*** ser valiente y viril. *Te tengo una mala noticia, pero tienes que ser muy hombre.* || ***Ser otro hombre:*** haber cambiado radicalmente. *Desde que dejó de beber es otro hombre.* || ***Ser poco hombre:*** ser cobarde. *Que poco hombre eres que le pegas a tu mujer.* || ***Ser todo un hombre:*** ser viril, firme y valeroso. *Se comportó como todo un hombre ante las adversidades.*

hombrecillo *s. m.* Diminutivo de hombre.

hombrera *s. f.* Especie de almohadilla que se coloca bajo la tela de una prenda de vestir en la parte correspondiente a los hombros para realzar su forma. || Pieza de tela o cordón que, sobrepuesto a los hombros en el uniforme militar, sirve de defensa y para la sujeción de correas y cordones del vestuario, y a veces como insignia del personal jerárquico. || Pieza del equipo deportivo que cubre y protege los hombros. *Los jugadores de futbol americano usan hombreras para protegerse de los golpes.* || Tira de tela que pasa por los hombros para sujetar algunas prendas de vestir.

hombría *s. f.* Conjunto de cualidades morales que se consideran propias de un hombre. *Ante las vejaciones no podía menos que actuar con hombría.*

hombro *s. m.* Parte superior y lateral del tronco del ser humano, a uno y otro lado de la cabeza, que corresponde a su unión con el brazo. *Cargaba a su hijo sobre los hombros para que viera el desfile.* || Parte de una prenda de vestir que cubre esta parte del cuerpo. *Esta camisa me queda caída de hombros.* || *loc. adv.* ***A hombros:*** llevar sobre los hombros. Tratándose de personas, suele hacerse en señal de triunfo. *El torero dio una vuelta al ruedo cargado a hombros.* || *loc.* ***Al hombro:*** sobre el hombro o colgado de él. *Por equipaje llevaba una mochila al hombro.* || ***Arrimar el hombro:*** ayudar en un trabajo. *Si todos arrimamos el hombro, terminaremos más pronto.* || *loc. adj.* ***Cargado de hombros:*** que tiene más curvada de lo normal la columna vertebral. || ***Echarse alguien al hombro algo:*** hacerse responsable de ello. *Cuando murió su padre, el hermano mayor se echó a la familia al hombro.* || ***Encogerse de hombros:*** levantarlos como de indiferencia a lo que oye o ve, o por no saber o no querer responder a una pregunta. *Por toda respuesta, se encogió de hombros.* || *loc. adv.* ***Hombro con hombro:*** unir esfuerzos, actuar en conjunto. *Para salir adelante tendremos que trabajar hombro con hombro.* || ***Meter el hombro:*** ayudar una persona a otra. *Juan me metió el hombro para conseguir este trabajo.* || ***Mirar por encima del hombro:*** despreciar o desdeñar por considerarse superior. *Desde que tiene dinero mira a los parientes por encima del hombro.*

hombruno, na *adj.* Se dice de la mujer que tiene características consideradas masculinas.

homenaje *s. m.* Demostración de respeto, admiración o veneración hacia una persona. *El festival se llama «Cervantino» en homenaje a Miguel de Cervantes.* || Acto o serie de actos que se celebran en honor de una persona. *Celebraron una tertulia literaria en homenaje al decano de los maestros.*

homenajeado, da *adj.* Que recibe un homenaje. *Recibamos con un aplauso a nuestro homenajeado.*

homenajear *t.* Rendir homenaje a una persona o a su memoria. *Homenajearon el escritor por obtener el Premio Nobel.*

homeópata *adj.* Se aplica al médico especialista en homeopatía. *Me recomendaron a un homeópata.*

homeopatía *s. f.* Técnica de tratamiento de enfermedades basada en el principio de que lo semejante se cura con lo semejante, y consiste en suministrar pequeñas dosis de sustancias que, aplicadas en mayores cantidades, producirían el mismo mal que el que padece el enfermo. *La homeopatía fue desarrollada por el médico Samuel Hahnemann a principios del siglo XIX.*

homeopático, ca *adj.* Perteneciente o relativo a la homeopatía.

homeostasis *s. f.* Tendencia de un sistema biológico a mantener un equilibrio dinámico mediante mecanismos de autorregulación.

homeóstasis *s. f.* Homeostasis.

homeostático, ca *adj.* Perteneciente o relativo a la homeostasis.

homeotermia *s. f.* Capacidad de los seres vivos para mantener constante la temperatura del cuerpo independientemente de cuál sea la temperatura ambiental.

homeotérmico, ca *adj.* Perteneciente o relativo a la homeotermia. || Que tiene homeotermia.

homeotermo, ma *adj.* Se aplica al animal capaz de mantener constante la temperatura de su cuerpo para mantenerla constante independientemente de cuál sea la temperatura ambiental.

homérico, ca *adj.* De Homero, relacionado con él o con características semejantes a las de este poeta griego. *La épica homérica es difícilmente superable.*

homicida *adj.* y *s. com* Se aplica a la persona que ha dado muerte a otra. *Lo juzgaron por homicida.* || Se aplica a la cosa causante de la muerte a una persona. *La policía encontró el arma homicida en un basurero.*

homicidio *s. m.* Muerte que una persona causa a otra. *Lo acusaron de homicidio en primer grado.*

homilía *s. f.* Razonamiento o comentario que hace el sacerdote en la misa tras la lectura de los textos bíblicos y orientar a los feligreses sobre temas morales y religiosos. *La homilía versó sobre la carta de San Pablo a los Corintios.*

homínido *adj.* Se aplica al mamífero del orden de los primates superiores, que anda sobre dos pies en posición erguida, con gran desarrollo cerebral, gran inteligencia y capacidad racional. *El ser humano es el único homínido existente en la actualidad.* || *s. m. pl.* Familia, constituida por estos mamíferos, a la que pertenecen el hombre y los australopitecos.

homoclamídeo, a *adj.* Se dice de la flor que no tiene una clara distinción entre el cáliz y la corola.

homofobia *s. f.* Rechazo hacia los homosexuales.

homofonía *s. f.* Cualidad de homófono. || Igualdad en la pronunciación de dos o más palabras que tienen significados diferentes. *Hay homofonía en «¡Vaya con la yegua baya que brincó la valla para comer las bayas!»*

homófono, na *adj.* Se aplica a la palabra que suena igual que otra pero tiene distinto significado. *«botar» y «votar», son palabras homófonas.*

homogeneidad *s. f.* Cualidad de homogéneo. || Uniformidad o igualdad en la composición y la estructura de una sustancia o una mezcla. *La homogeneidad de criterios es algo que no es posible alcanzar.*

homogeneización *s. f.* Hacer que los elementos que componen una cosa sean iguales o uniformes. *Batir la leche, la harina y los huevos hasta la homogeneización de la mezcla.*

homogéneo, nea *adj.* Que está compuesto por elementos que son del mismo género o comparten la misma naturaleza. *Estos planes de estudio buscan un desarrollo homogéneo de los alumnos.* || Se aplica a la mezcla de sustancias cuya composición y estructura es uniformes. *El agua endulzada es una mezcla homogénea.*

homografía *s. f.* Cualidad de homógrafo. || Igualdad en la escritura y en la pronunciación de dos palabras que tienen distinto significado. *«Me pidieron que cosa con hilo negro esta cosa que es blanca», tiene homografía en «cosa».*

homógrafo, fa *adj.* Se aplica a la palabra que se escribe igual que otra pero tiene distinto significado. *En «el camino es largo, por eso camino lento», «camino» como sustantivo y como verbo son homógrafos.*

homologable *adj.* Que puede homologarse.

homologación *s. f.* Acción y efecto de homologar.

homologar *t.* Poner en relación de igualdad dos cosas o en correspondencia por tener características comunes o ejercer la misma función. *Se deben homologar los planes de estudio para hacerlos equivalentes.* || Verificar una autoridad oficial que las características y calidad de una cosa, como un producto comercial, cumplen determinadas especificaciones. || Registrar y confirmar un organismo autorizado el resultado de una prueba deportiva de acuerdo con la normativa vigente.

homología *s. f.* Equivalencia o semejanza entre dos o más cosas.

homólogo, ga *adj.* Se aplica a la cosa que se corresponde con otra, por ser semejantes o iguales entre sí. *El embajador ante la* ONU *se reunió con sus homólogos de otras naciones.* || Se aplica al término que significa lo mismo que otro. *«Crepúsculo», «orto» y «ocaso» son voces homólogas.* || Que desempeñan la misma función o presentan el mismo comportamiento. *Los medicamentos de marca y los genéricos son homólogos.* || Se aplica a los apéndices u órganos de especies diferentes, que han evolucionado de la misma estructura de un ancestro común. *La aleta de la ballena y la mano de un primate son estructuras homólogas.*

homonimia *s. f.* Cualidad de homónimo.

homónimo, ma *adj.* Se aplica a la palabra que tiene la misma escritura o pronunciación que otra, pero tiene distinto significado. *En «vino hasta mi casa para probar el vino que traje de Burdeos», «vino» es homónimo.* || Se aplica a la persona o cosa que tiene el mismo nombre que otra. *La película se basa en la novela homónima de García Márquez.*

homosexual *adj.* Perteneciente o relativo a la homosexualidad. *La Asamblea Legislativa legalizó los matrimonios homosexuales.* || *s. com.* Persona que siente atracción sexual hacia personas de su mismo sexo o que mantiene relaciones sexuales con ellas. *Miles de homosexuales desfilaron con atuendos grotescos.*

homosexualidad *s. f.* Atracción sexual que siente una persona por otra del mismo sexo. || Práctica de relaciones sexuales entre personas del mismo sexo.

homúnculo *s. m.* Despectivo de hombre. || Ser con características humanas que, según una antigua creencia, podía ser fabricado artificialmente.

honda *s. f.* Tira de cuero u otro material flexible que, doblada y atada a dos correas, se hace girar para lanzar piedras. *El pequeño David derrotó al gigante Goliat tirándole piedras con una honda.*

hondero *adj.* y *s. m.* Persona que usaba la honda como arma de combate.

hondo, da *adj.* Que tiene profundidad o mucha distancia desde la superficie o parte superior hasta el fondo. *Se pueden meter al agua pero no se vayan a lo hondo.* || Se dice de una parte que está más baja que lo circundante. *Cuando llueve se hace una laguna en el hondo valle.* || Profundo, recóndito. *Se internaron en lo más hondo de la selva.* || Se aplica a la sensación o el sentimiento que es intenso o vivo. *Sus alumnos le dieron una honda decepción.*

hondonada *s. f.* Parte de un terreno más honda que las zonas que la circundan. *Las cabras pastaban en la hondonada donde hay más humedad.*

hondura *s. f.* Distancia que hay desde la superficie o la parte superior de una cosa hasta el fondo. *El cañón tiene en esta parte su mayor hondura.* || Intensidad de una sensación o un sentimiento. *La amaba con gran hondura.* || *loc.* ***Meterse en honduras:*** tratar de cosas complicadas, sin tener el conocimiento suficiente de ellas. *En la tesis, desarrolla estos cinco temas y no te metas en honduras.*

hondureño, ña *adj.* Perteneciente o relativo a este país de América Central. || *s.* Persona que es de Honduras.

honestidad *s. f.* Cualidad de honesto.

honesto, ta *adj.* Se aplica a la persona que actúa conforme a las normas morales, que es honrado, recto, incapaz de engañar, defraudar o apropiarse de lo ajeno. *Juan podrá equivocarse, pero es muy honesto en sus juicios.* || Que es razonable, justo. *Renunciar* *a sus exigencias fue lo más honesto que se podía esperar.*

hongo *s. m.* Planta que carece de clorofila, crece generalmente en lugares húmedos; carece de clorofila, se reproduce por lo general de forma asexual, por esporas; suele ser parásito o vive sobre materias orgánicas en descomposición. *El champiñón es un hongo.* || Sombrero de fieltro de copa baja y redondeada. || *loc. adv.* ***Como hongos:*** que se reproduce en abundancia y con facilidad. *Los restaurantes de comida rápida crecieron como hongos.*

honor *s. m.* Cualidad moral de la persona que actúa de acuerdo con las normas establecidas que se consideran apropiadas y que, por su conducta, es merecedora de consideración y respeto. *Los cursos de civismo y ética procuran formar personas de honor.* || Respeto y buena reputación que tiene una persona por sus virtudes y buenas cualidades morales. *Ayudar a estudiantes pobres aumentó el honor que ya tenía.* || Cosa por la que alguien se siente muy halagada o enaltecida. *El reconocimiento que me confieren es un honor para mí.* || *s. m. pl.* Manifestación pública de respeto, admiración y estima que se ofrece a una persona o a un símbolo. *Antes de entrar a clase hicieron honores a la bandera.* || *loc. adv.* ***De honor:*** cargo o lugar destacado que se otorga a una persona o cosa. *Todos los meses Juan aparece en el cuadro de honor por su desempeño en la escuela.* || *loc.* ***En honor:*** acto con el que se honra a una persona, en señal de respeto y estima. *Organizaron conferencias en honor a su labor de investigador.* || ***Hacer honor:*** demostrar ser digno de algo. *Hizo honor a su nombre.* || ***Tener el honor:*** satisfacción de hacer una cosa que honra o hace sentirse orgulloso. *Tuve el honor de dar el discurso principal en su homenaje.*

honorabilidad *s. f.* Cualidad de la persona honorable.

honorable *adj.* Se aplica a la persona que actúa con honradez, que es digna de ser honrado. *Don José es una persona honorable.* || Se aplica al hecho o la acción de conservar la dignidad, el respeto y la buena opinión de una persona. *La renuncia al cargo era la única salida honorable que le quedaba.* || Tratamiento honorífico que se da a determinados cargos o dignidades. *Se dirigió con toda solemnidad al honorable Congreso de la Unión.*

honorar *t.* Honrar, ensalzar.

honorario, ria *adj.* Honorífico, que sirve para honrar a alguien. || Se aplica al cargo o empleo que posee los honores inherentes, pero no recibe beneficios económicos porque no lo tiene en propiedad. *Lo nombraron presidente honorario de la Cruz Roja.* || *s. m. pl.* Sueldo o cantidad de dinero que se cobra en algunas profesiones liberales. *Los honorarios de este dentista son muy elevados.*

honorificación *s. f. ant.* Acción y efecto de honorificar.

honorificar *t.* Honrar, dar honor.

honorífico, ca *adj.* Se aplica al cargo o título que se otorga a una persona como muestra de respeto, admiración y estima, pero que no da derecho a ejercerlo.

honra *s. f.* Estima y respeto de la dignidad propia. *Ante sus detractores defendió su honra.* || Buena reputación, ser intachable por su conducta conforme a las normas morales. || Demostración de respeto, admiración y estima hacia una persona. *La honra de pertenecer al gremio compensa los esfuerzos.* || Según la moral tradicional, pudor, recato de la mujer, especialmente en materia sexual. *Quiso borrar la mancha a la honra de su hija exigiéndole casarse con ella.* || *pl.* Oficio que se celebra por los difuntos. *Celebraron las honras fúnebres del abuelo en la catedral.* || *loc. adv.* ***A mucha honra:*** expresión con la que se muestra satisfacción y orgullo por una condición. *Soy egresado de la universidad pública, a mucha honra.*

honrable *adj. ant.* Digno de ser honrado.

honradez *s. f.* Cualidad de la persona honrada, que actúa con integridad y rectitud, conforme a las normas morales que se consideran adecuadas. *La honradez no te dará mucho dinero pero sí dignidad personal.*

honrado, da *adj.* Que actúa con honradez y se comporta conforme a las normas morales, siendo justa. *Él es muy honrado, nunca te mentirá.* || Que se lleva a cabo con honradez. *Es muy trabajador, pobre, pero honrado.*

honramiento *s. m.* Acción y efecto de honrar.

honrar *t.* Mostrar respeto y estima hacia una persona. *En el curso de civismo enseñan a honrar a los mayores.* || Reconocer o premiar los méritos de una persona. *Este diploma honra tus esfuerzos.* || Dar honor. *Sus buenas acciones le honran.* || En fórmulas de cortesía, honor que se recibe por la asistencia o adhesión de una persona. *Hoy nos honra con su asistencia el insigne doctor.* || *pr.* Sentirse orgulloso de ser o hacer alguna cosa. *Se honra de ser de los pioneros de ese movimiento cultural.*

honroso, sa *adj.* Que da honra, estimación o buena reputación. *Logró el honroso lugar de quedar como finalista en el concurso.*

hontanar *s. m.* Lugar donde brotan manantiales y fuentes.

hora *s. f.* Medida de tiempo que resulta de dividir el día solar en 24 partes iguales. || Momento oportuno para hacer una cosa. *Es tarde, es hora de dormir.* || *pl.* Momento desacostumbrado o inoportuno. *¿Qué horas son éstas de llegar?* || Periodo de tiempo o momento indeterminado. *Estuve horas esperando.* || *loc.* ***Hora pico:*** aquella en que hay más demanda de algo. *Para el sistema eléctrico la hora pico del año es las 11 de la noche del 24 de diciembre.* || Momento en que se produce mayor aglomeración de vehículos en las vías de transporte. *Tengo que salir de mi casa muy temprano para evitar la hora pico.* || *loc. adv.* ***A buena hora:*** expresión que indica que algo sucede cuando es demasiado tarde. *A buena hora me avisas.* || ***A primera hora:*** al principio del día. *Paso por ti a primera hora.* || ***A todas horas:*** continuamente. || ***A última hora:*** al final del día o al final del tiempo disponible para algo. *Todo lo dejas para última hora.* || ***En mala hora:*** se emplea para mostrar disgusto o desaprobación. *No me la quería encontrar, y en mala hora fui a pasar por la cafetería.* || ***Entre horas:*** entre las horas de las comidas; referido a comer o beber durante ese tiempo. *No tendrás hambre a la hora del almuerzo si comes entre horas.* || ***La hora de la verdad:*** momento decisivo. *Mañana tendremos el examen final, llegó la hora de la verdad.* || ***No ver la hora:*** desear que llegue un determinado momento. *Ya no veo la hora de regresar a casa.* || ***Por horas:*** tomando como unidad de pago la hora para alguna actividad. *La maestra de matemáticas cobra cien pesos por hora de clase.* || ***Ya era hora:*** expresión que indica que algo que ocurre en ese momento ya tendría que haber sucedido antes. *Ya era hora de que llegaras.* || ***Tener muchas horas de vuelo:*** tener mucha experiencia en una actividad. *Ya tengo muchas horas de vuelo para que me den atole con el dedo.* || ***Tener las horas contadas:*** estar próximo a la muerte. *Está muy enfermo en el hospital, tiene las horas contadas.*

horadable *adj.* Que se puede horadar.

horadación *s. f.* Acción de horadar.

horadado, da *adj.* Que tiene agujeros.

horadar *t.* Hacer un agujero en una cosa atravesándola de parte a parte.

horario, ria *adj.* Perteneciente o relativo a las horas. *El huso horario nuestro es el del centro.* || *s. m.* Manecilla de reloj que señala las horas, y es más corta que el minutero. || Distribución de las horas en que se presta un servicio o se debe realizar una actividad o un trabajo. *En la escuela me dieron el horario matutino.*

H

horca *s. f.* Maderamen del que cuelga una soga que sirve para ejecutar a una persona colgándola por el cuello hasta que muere. *Saddam Husein fue ejecutado en la horca.* || Palo terminado en dos puntas que sirve para sostener las ramas de los árboles. || Instrumento de labranza formado por un palo largo terminado en dos o más puntas que se usa para mover hierba o paja y para otros usos. *Acerca la paja a los animales con la horca.* || *loc.* ***Tener horca y cuchillo:*** tener derecho y jurisdicción para castigar hasta con pena capital. || Mandar como dueño y con gran autoridad. *Los capataces de las haciendas eran hombres de horca y cuchillo.*

horcadura *s. f.* Punto del tronco de un árbol en el que crecen las ramas. *Para podar un árbol hay que cortar las ramas desde la horcadura.*

horcajadas *loc. adv.* **A horcajadas:** Sentarse echando cada pierna a cada lado de aquello en lo que se está sentado.

horchata *s. f.* Bebida azucarada que dependiendo de los productos utilizados para su elaboración puede ser de arroz de chufa o ajonjolí. *Con este calor se antoja una horchata de arroz.*

horchatería *s. f.* Establecimiento donde se elabora o se vende horchata.

horcón *s. m. Amér.* Madero vertical que en las casas rústicas sirve para sostener vigas. || Horca grande de los labradores.

horda *s. f.* Comunidad nómada sin domicilio estable, de vida primitiva. *La horda fue el primer tipo de organización que tuvieron los humanos.* || Grupo de gente armada que no pertenece a un ejército regular y que actúa sin disciplina ni moderación. *Las hordas de Alarico saquearon Roma en el año 410 d. C.* || Grupo de personas que actúan sin disciplina y con violencia. *Los fanáticos ingleses del futbol se comportan seguido como hordas.*

horizontal *adj.* Perteneciente o relativo al horizonte. || Que es paralelo a la línea imaginaria del horizonte. || Se aplica a la línea, escritura, dibujo, etc. que está trazado de izquierda a derecha o viceversa. || Que es perpendicular a la vertical.

horizontalidad *s. f.* Cualidad de horizontal.

horizonte *s. m.* Línea aparente que separa el cielo y la tierra cuando se observa desde una perspectiva alejada. *El sol se asoma por el horizonte.* || Espacio circular limitado por esa línea. *Hay nubes en el horizonte.* || Límite, frontera. *Dante ensanchó el horizonte de la cultura.* || Periodo de tiempo a que se ajusta algo. *El estudio se limita a un horizonte de tres años.* || Conjunto de posibilidades o perspectivas. *La crisis económica nos pone frente a un horizonte sombrío.*

horma *s. f.* Molde con que se fabrica o se da forma a una cosa, especialmente el calzado. || Forma del interior de un zapato. *Necesito zapatos de horma ancha.* || Instrumento que se utiliza para evitar que el calzado se deforme o para ensancharlo. || *loc.* ***Encontrar la horma de su zapato:*** encontrar una persona lo que más le conviene o acomoda. || Dar con alguien o con algo que se le oponga a sus pretensiones. *Con esta chica sí encontró la horma de sus zapatos.*

hormiga *s. f.* Nombre común de diversas especies de insectos, de cuerpo pequeño y alargado de color oscuro o rojizo y dotado de antenas y fuertes mandíbulas, que vive formando grandes colonias en galerías subterráneas o en los árboles y come todo tipo de alimentos.

hormigón *s. m.* Material de construcción formado por una mezcla de grava, arena, agua y cal o cemento, muy resistente cuando se endurece.

hormigonera *s. f.* Máquina con que se mezclan los materiales con los que se hace el hormigón.

hormiguear *t.* Experimentar en alguna parte del cuerpo una sensación parecida a como si estuviera recorrida por hormigas. *Se me durmió el brazo y me hormiguean los dedos.* || Bullir, moverse una multitud con rapidez y en todas direcciones. *En el centro de la ciudad una multitud hormiguea por todas las calles.*

hormigueo *s. m.* Sensación en una parte del cuerpo, como si corrieran hormigas por ella. *Siento un hormigueo en el párpado derecho.* || Movimiento de una multitud con rapidez y en todas direcciones. || Acción y efecto de hormiguear.

hormiguero *s. m.* Perteneciente o relativo a la hormiga. || Lugar donde se crían y viven las hormigas. || Colonia de hormigas que viven en este lugar. || Lugar en que hay mucha gente en movimiento.

hormona *s. f.* Sustancia que segregan ciertas glándulas animales y vegetales y que sirve para regular las funciones de otros órganos. *La adrenalina es una hormona que acelera el ritmo cardiaco.*

hormonal *adj.* Perteneciente o relativo a las hormonas. *Le dieron un tratamiento hormonal para regularizar su ciclo menstrual.*

hormonoterapia *s. f.* Tratamiento de las enfermedades mediante hormonas.

hornacina *s. f.* Hueco en forma de arco, practicado en un muro, para colocar una estatua o un elemento decorativo.

hornada *s. f.* Cantidad de cosas que se cuecen a la vez en un horno. *El bolillo saldrá en la siguiente hornada.* || Conjunto de personas que han realizado alguna actividad al mismo tiempo y constituyen una promoción o generación. *La nueva hornada de médicos está saliendo más preparada que las anteriores.*

hornalla *s. f.* Pieza de una estufa por donde se difunde el calor y sobre la que se ponen las cazuelas.

hornear *t.* Cocer o asar una cosa dentro de un horno. *El pastel se debe hornear a 180 °C durante cuarenta minutos.*

hornero, ra *s.* Persona que tiene por oficio operar un horno. || *s. m.* Pájaro de plumaje de color canela y con el cuello blanco, que hace el nido con barro y en forma de horno.

hornilla *s. f.* Hueco donde se colocan brasas o leña, con un respiradero lateral y una rejilla superior. || *Amér.* Cada uno de los quemadores de la estufa.

hornillo *s. m.* Horno pequeño y portátil, que sirve para cocinar o dar calor. || Parrilla pequeña y portátil, para cocinar o calentar alimentos.

horno *s. m.* Construcción, generalmente abovedada, provista de respiradero o chimenea y de una o varias bocas, que se calienta con leña, electricidad, gas u otra fuente de energía y sirve para cocer las cosas que se colocan en su interior. *En la cocina del rancho tenían un horno hecho de barro.* || Aparato electrodoméstico en forma de una caja que funciona con electricidad o gas y sirve para cocer, calentar o dorar alimentos. *Los pasteles ya están en el horno.* || *fam.* Lugar en el que hace mucho calor. *Prende la refrigeración que este cuarto es un horno.* || *loc.* ***Horno crematorio:*** el destinado a incinerar cadáveres. || ***Horno de microondas:*** el provisto de un sistema generador de ondas electromagnéticas de alta frecuencia, sirve para cocinar y especialmente para calentar con gran rapidez los alimentos. || ***Alto horno:*** construcción vertical de forma cilíndrica y gran altura, que se emplea en siderurgia para reducir los minerales de hierro. || ***No estar el horno para bollos:*** se refiere a la situación en la que algo resulta inoportuno o no es la apropiada para ello. *Ni le digas nada ahora, que no está el horno para bollos.*

horóscopo *s. m.* Predicción del futuro, que hace una persona a partir de la posición de los planetas del sistema solar y de los signos del zodiaco. *Walter se dedica a hacer horóscopos.* || Escrito que recoge esta predicción. || Signo del zodiaco al que pertenece una persona..

horqueta *s. f.* Parte de un árbol donde se juntan formando un ángulo agudo el tronco y una rama gruesa o dos ramas. *De niños arrojábamos piedras con un tirador hecho con una horqueta.*

horquilla *s. f.* Pieza pequeña de alambre doblada por la mitad y con ambas partes muy juntas que se usa para sujetar el pelo. || Pieza u objeto que tiene forma de «Y» y sirve generalmente para sujetar o sostener. || Pieza de la bicicleta que va a la rueda delantera y a los manubrios.
horrendo, da *adj.* Que causa horror o un miedo muy intenso. *El incendio del almacén de madera fue horrendo.* || *fam.* Que es muy feo. *Su poesía es en verdad horrenda.* || Que es muy grande o intenso. *Hacía un tráfico y un calor horrendos.*
hórreo *s. m.* Construcción de madera sostenida por columnas que sirve para aislar de la humedad el grano y otros productos agrícolas que se guardan en ella.
horrible *adj.* Que causa horror o un miedo muy intenso. *Vieron un accidente horrible en la carretera.* || *fam.* Que es muy feo. *La música que le gusta es horrible.* || Que es muy grande o intenso. *Tengo un dolor de cabeza horrible.*
hórrido, da *adj.* Horroroso, que causa horror.
horrífico, ca *adj.* Horroroso, que causa horror.
horripilación *s. f.* Acción y efecto de horripilar. || Estremecimiento de frío en ciertas enfermedades con erizamiento del pelo o vello.
horripilante *adj.* Que causa horror o un miedo muy intenso. *La película tenía unas escenas horripilantes.* || Que es muy feo o desagradable. *Vive en un edificio horripilante.*
horripilar *t.* Producir una cosa horror y espanto. || Hacer que se ericen los cabellos.
horrísono, na *adj.* Que causa horror y espanto con su sonido. *El león dio un rugido horrísono.*
horror *s. m.* Miedo muy intenso. *Le tiene horror a las arañas.* || Sentimiento de aversión o repulsión hacia una cosa o una acción que se considera atroz y repugna a los sentidos o a la moral. *Los actos de los nazis fueron un horror contra la dignidad humana.* || *loc.* ***Horrores*** o ***un horror:*** muchísimo, enormidad o en gran cantidad. *Las fresas con crema le gustan horrores.*
horrorizar *t.* Producir una cosa horror y espanto. *Le horrorizan las serpientes.* || *pr.* Tener horror o espanto ante algo. *La maestra se horrorizó de ver tantos alumnos reprobados.*
horroroso, sa *adj.* Que causa horror o un miedo muy intenso. *Tenía una herida horrorosa en la cabeza.* || *fam.* Que es muy feo. *Para la fiesta se puso un vestido horroroso.* || Que es muy grande o intenso. *Traigo un cansancio horroroso.*
hortaliza *s. f.* Verduras y demás plantas comestibles que se cultivan en un huerto. *Para ingerir vitaminas hay que comer frutas y hortalizas.*
hortelano, na *adj.* Perteneciente o relativo a las huertas. || *s.* Persona que cultiva y cuida una huerta.
hortense *adj.* Perteneciente o relativo a las huertas.
hortensia *s. f.* Arbusto de origen japonés de hasta varios metros de altura, de flores olorosas de color rosado o azulado. || Flor de esta planta.
hortera *adj.* y *s. com.* Vulgar, ordinario y de mal gusto.
hortícola *adj.* Perteneciente o relativo a la horticultura.
horticultor, ra *s.* Persona que se dedica a la horticultura.
horticultura *s. f.* Cultivo de las huertas y los huertos. || Técnicas de cultivar las huertas y los huertos.
hosco, ca *adj.* Que tiene malos modos o es poco amable en el trato con los demás. *Además de torpe es bastante hosco.* || Se aplica al lugar, ambiente o tiempo atmosférico que resulta desagradable, poco acogedor o amenazador. *En esa zona árida el ambiente es muy hosco.*
hospedaje *s. m.* Alojamiento que se da a una persona. *Tú vente, en mi casa tienes hospedaje.* || Cantidad que se paga por este alojamiento. *En el costo del boleto de avión incluyen dos noches de hospedaje.*
hospedar *t.* Proporcionar alojamiento a una persona. *Cuando vengas a la ciudad te puedes hospedar con mi tía.* || *pr.* Estar alojado en un lugar. *Estoy hospedado en el hotel frente al parque.*
hospedería *s. f.* Establecimiento público donde se da alojamiento a personas que pagan por ello.
hospedero, ra *s.* Dueño o encargado de una hospedería.
hospicio *s. m.* Establecimiento de beneficencia en que se da alojamiento, manutención y educación a niños pobres, abandonados o huérfanos. *Destinó parte de su herencia a sostener un hospicio.*
hospital *s. m.* Establecimiento público o privado en que se atienden y curan enfermos. *Construyeron un nuevo hospital de especialidades.*
hospitalario, ria *adj.* Perteneciente o relativo al hospital. *Con la nueva administración mejoraron los servicios hospitalarios.* || Se aplica a la persona, comunidad o institución que recibe y acoge con agrado a los foráneos y necesitados. *En aquel pueblo sus habitantes son muy hospitalarios.* || Se aplica a las órdenes religiosas que tienen por norma el hospedaje. || Se aplica al lugar que resulta agradable y acogedor.
hospitalidad *s. f.* Amabilidad y atención con que se recibe y acoge a los visitantes. *La hospitalidad era una de las virtudes de los griegos de los tiempos homéricos.*
hospitalización *s. f.* Acción y efecto de hospitalizar. *Su enfermedad era grave y requirió hospitalización.*
hospitalizar *t.* Internar a un enfermo en un hospital o clínica.
hosquedad *s. f.* Cualidad de hosco. || Aspereza de trato, falta de cortesía y de amabilidad. *En esa oficina tratan a la gente con hosquedad.*
hostal *s. m.* Establecimiento de menor categoría que un hotel donde se proporciona alojamiento y comida por una paga. *Nos hospedaremos en hostales porque son más baratos que el hotel.*
hostelería *s. f.* Actividad económica que consiste en ofrecer alojamiento, comida y otros servicios, mediante pago. *La hostería es una actividad relevante del sector turismo.* || Conjunto de establecimientos que ofrecen este tipo de servicios.
hostelero, ra *adj.* Perteneciente o relativo a la hostelería. || *s.* Persona que es dueña o tiene a su cargo un establecimiento de hostelería.
hostería *s. f.* Casa donde se da alojamiento y comida por un pago.
hostia *s. f.* Hoja redonda y delgada hecha de una masa de harina y agua, que se consagra en la misa y con la que se comulga. *La hostia consagrada simboliza el cuerpo de Cristo.*
hostigador, ra *adj.* y *s.* Que hostiga.
hostigamiento *s. m.* Acción y efecto de hostigar. || Acoso o molestia al que se somete a una persona de manera continuada, con la intención de presionarla para lograr un fin. *El más fuerte de la clase hostiga a los demás para que le ayuden con las tareas.*
hostigar *t.* Acosar o molestar a una persona de manera continuada, con la intención de presionarla para lograr un fin. *El gerente hostiga a las secretarias para obtener sus favores.* || Molestar un ejército o grupo armado al enemigo con ataques continuados de baja intensidad para inquietarlo y hacerlo vulnerable. || Azotar a una caballería con una vara o fusta para que camine o acelere el paso.
hostil *adj.* Que es contrario por enemistad o aversión hacia alguien o algo. *Carolina siempre mantiene una actitud hostil hacia los adultos.* || Se aplica al medio natural difícil o adverso para la supervivencia. *La Antártida es uno de los medios más hostiles del planeta.*
hostilidad *s. f.* Cualidad de hostil. || Enemistad, antipatía, aversión, actitud hostil. *No me explico su hostilidad si siempre soy amable con ella.* || Enfrentamiento armado entre pueblos o ejércitos. *Pactaron una tregua y cesaron las hostilidades.* || *loc.* ***Romper las hostilidades:*** iniciar un conflicto armado atacando al enemigo. *Después de fracasar las*

H

negociaciones de paz rompieron las hostilidades.

hostilizar *t.* Atacar al enemigo. *El general ordenó hostilizar a los invasores.* || Hostigar, acosar o molestar con insistencia a una persona. *Los del barrio vecino no dejan de hostilizar a mis amigos.*

hot dog *s. m.* Comida rápida consistente de un pan con una salchicha, untados de mostaza y otros ingredientes. *Fuimos al béisbol y comimos «hot dogs».*

hotel *s. m.* Establecimiento público en el que se hospeda a las personas que pagan por ello y otros servicios. *Nos hospedamos en un hotel frente al mar.*

hotelería *s. f.* Actividad económica que consiste en ofrecer alojamiento, comida y otros servicios, mediante pago. *La hotelería es una actividad relevante del sector turismo.* || Conjunto de establecimientos que ofrecen este tipo de servicios.

hotelero, ra *adj.* Perteneciente o relativo al hotel. *Esta avenida se convirtió en el sector hotelero de la ciudad.* || *s.* Persona que es dueña o dirige un hotel. *El señor Hilton se convirtió en un hotelero millonario.*

hoy *adv.* En el día actual. *No lo quiero para mañana, lo quiero hoy.* || En la actualidad o en el momento presente. *Las comunicaciones de hoy se hacen a velocidad de la luz.* || *loc. adv.* ***De hoy a mañana:*** que algo es inminente, que sucederá pronto, en breve plazo de tiempo. *De hoy a mañana será aprobado el nuevo presupuesto.* || ***Hoy en día:*** en esta época, en la actualidad. *Hoy en día podemos conversar a grandes distancias.* || ***De hoy en adelante:*** a partir de ahora, desde este día. || *De hoy en adelante empezaré a hacer mi tarea más temprano.* || ***Hoy por hoy:*** en el presente, aunque en el futuro pueda ser diferente. *Hoy por hoy no se ha demostrado el principio de la vida.* || ***Hoy por ti, mañana por mí:*** indica que un favor hecho a una persona puede ser correspondido por ella en el futuro. *Yo te presto el dinero que te falta, hoy por ti, mañana por mí.* || ***Que es para hoy:*** se utiliza para indicar que algo se haga deprisa por otra persona. *¡Vete por los tacos, que es para hoy!*

hoya *s. f.* Concavidad u hondura grande en la tierra. || Hoyo para sepultar un cadáver. || Llano extenso rodeado de montañas.

hoyanca *s. f.* Fosa común en los cementerios. *Debido a que era desconocido, su cadáver fue sepultado en la hoyanca.*

hoyanco *s. m. Méx.* Hoyo en el pavimento.

hoyar *intr.* Hacer hoyos en la tierra.

hoyo *s. m.* Concavidad u hondura hecho en una superficie, especialmente la tierra, de manera natural o artificial. *Para plantar árboles cavaron hoyos en la ladera de la colina.* || Concavidad que como defecto tienen algunas superficies. *Dejaste la pared llena de hoyos.* || Agujero pequeño y circular que hay en un campo de golf, en el que hay que meter la pelota.

hoyuelo *s. m.* Concavidad pequeña en el centro de la barbilla o el que se forma en la mejilla de algunas personas cuando se ríen. *Cuando ríe se le forman unos hoyuelos muy graciosos en las mejillas.*

hoz[1] *s. f.* Herramienta curva y muy afilada en su parte cóncava, unida a un mango de madera, que sirve para segar.

hoz[2] *s. f.* Paso estrecho o angostura de un valle, o de un río, entre dos sierras.

hozar *t.* Escarbar un animal con el hocico en la tierra. *Los cerdos hozaban el lodo lleno de inmundicias.*

huaca *s. f. Bol.* y *Per.* Sepulcro de los antiguos indios de la región de los Andes. *Los arqueólogos encontraron nuevas huacas cerca de Lima.*

huacal *s. m. Amér.* Especie de jaula hecha con varillas de madera que se usa para transportar cosas. || *Amér. C.* Árbol cuyos frutos, partidos por la mitad y vaciados, se usan como vasijas. || Vasija que se hace con este fruto. || *loc.* ***Salirse del huacal:*** desobedecer o insubordinarse.

huachafería *s. f. Per.* Cursilería.

huachafo *adj. Bol.* y *Per.* Cursi.

huachinango, ga *adj. Amér.* Astuto, zalamero. || Burlón. || *s. m. Méx.* Pez marino de cuerpo y aletas de color rojizo, con el vientre y los costados rosados y los ojos rojo vivo.

huaino *s. m. Amér.* Canto y baile tradicionales de la región andina.

huapango *s. m. Méx.* Baile cadencioso que se ejecuta taconeando. || Música y canto que acompañan este baile.

huarache *s. m. Méx.* Sandalia tosca de cuero.

huasca *s. f. Amér.* Borrachera. || Correa de cuero que sirve de rienda o látigo.

huasipungo *s. m. Ecua.* y *Per.* Terreno de una hacienda donde los peones siembran sus propios alimentos.

huaso, sa *s. Amér. Merid.* Campesino. || Grosero, maleducado, de malos modales.

huauzontle *s. m. Méx.* Hierba comestible, sus racimos de flores pequeñas se guisan como alimento con queso y salsa.

hucha *s. f.* Recipiente cerrado con una ranura estrecha para guardar dinero y ahorrar. || Dinero que se tiene ahorrado y guardado.

hueco, ca *adj.* Que está vacío en su interior. *A ese edificio le hicieron paredes huecas.* || Que está vacío de contenido, que es superficial. *El lenguaje de su ensayo es hueco.* || Se aplica al sonido profundo, que retumba. *Este paquete ha de estar vacío, suena hueco.* || *s. m.* Agujero o abertura en una superficie. *Antes de pintar la pared, hay que tapar los huecos.* || Espacio vacío. || Intervalo de tiempo libre en las actividades de una persona. *Hago un hueco en el trabajo y nos vemos para platicar.* || Puesto o lugar que queda por ocupar. *Lo contrataron para llenar el hueco en el departamento de ventas.* || Falta o ausencia. *Con su retiro dejará un hueco difícil de llenar.* || *loc.* ***Abrir un hueco:*** desplazar algo o alguien para que otro tenga sitio. *Déjame ver cómo abro un hueco para darte empleo.* || ***Llenar un hueco:*** ocupar un puesto que estaba vacante. *Su amistad vino a llenar el hueco dejado por la muerte de su hermano.*

huecograbado *s. m.* Procedimiento de impresión que utiliza planchas o cilindros grabados en hueco, los cuales luego se colocan en una máquina rotativa para transferir la tinta al papel. || Estampa o producto impreso utilizando este procedimiento.

huehuenche *s. m. Méx.* Hombre de edad madura que dirige a los danzantes que, disfrazados de mujeres o ancianos, bailan por las calles en los carnavales populares.

huelga *s. f.* Suspensión colectiva de la actividad laboral en una empresa o institución, con el fin de obtener reivindicaciones para los trabajadores. || Tiempo en que se está sin trabajar. || *loc. Esp.* ***Huelga de celo:*** manifestación de descontento laboral que consiste en realizar el trabajo de manera excesivamente minuciosa y lenta. || *loc.* ***Huelga de hambre:*** abstinencia total y pública de alimentos que, para protestar o buscar una reivindicación, hace una persona o grupo de personas. || ***Huelga general:*** la que se realiza de manera simultánea en todas las actividades de una región o país. || ***Huelga salvaje:*** suspensión brusca y súbita del trabajo, sin que haya consignas sindicales.

huelguista *s. com.* Persona que participa en una huelga.

huella *s. f.* Señal dejada en un lugar por la pisada de una persona o animal, las ruedas de un vehículo o cosa similar. || Vestigio que queda de algo. *Su rostro muestra huellas de cansancio.* || *fig.* Impresión que deja en alguien un suceso o una persona. || Plano horizontal de los peldaños de una escalera. || Profundidad de un escalón. || *Amér. Merid.* Camino que se hace por el paso de personas, animales y vehículos. || *Arg.* y *Uy.* Baile campesino por parejas, de paso suave y cadencioso, acompañado por coplas en seguidilla y guitarra. || *loc.* ***Huellas dactilares:*** marcas que dejan sobre una superficie los surcos de la piel de la yema de los dedos.

huemul *s. m.* Cérvido de las estepas y bosques abiertos de los Andes australes, de cuerpo robusto, cola corta con la parte inferior blanca, orejas largas y pelaje marrón, corto y áspero.

huerco *s. m.* Persona triste y poco sociable, que pasa el tiempo llorando. || Según los antiguos romanos, orco, lugar al que iban las almas de los muertos. || *s. Méx.* Niño algo crecido o adolescente. || *ant.* Infierno, sitio donde caían las almas de los condenados.

huérfano, na *adj.* y *s.* Persona menor de edad a la que se le ha muerto el padre o la madre, o ambos. || *adj. fig.* Que carece de algo, sobre todo de protección y amparo. || *Amér.* Expósito.

huero, ra *adj.* Vacío, hueco. || *fig.* Que es insustancial o vano. *Argumentos hueros.*

huerta *s. f.* Terreno amplio, de tamaño mayor que el huerto, destinado al cultivo de árboles frutales, legumbres y hortalizas. || En ciertas regiones, tierra de regadío. || *Arg.* En el norte argentino, terreno cultivado en el que predominan las matas de sandía.

huerto *s. m.* Terreno de pequeña extensión donde se cultivan árboles frutales, hortalizas y legumbres.

huesa *s. f.* Hoyo que se hace para enterrar un cadáver, sepultura.

huesero, ra *s. Méx.* Persona que compone huesos, quiropráctico.

hueso *s. m.* Cada una de las partes sólidas y duras que forman el esqueleto de un animal vertebrado. || Envoltura de consistencia leñosa de las semillas de algunas frutas. *Un hueso de ciruela.* || *Esp. fig.* Cosa muy dificultosa o molesta. || *Esp. fig.* y *fam.* Persona muy exigente y severa. || *Méx. fig.* Cargo político que alguien consigue manejando sus influencias. || *pl.* Restos mortales. || *pl. fam.* Cuerpo de una persona. *Tropezó y fue a dar con sus huesos al piso.* || *loc.* ***A otro perro con ese hueso:*** se usa para descalificar a quien cuenta un embuste o pretende hacer creer algo falso. || ***Estar alguien en los huesos:*** estar muy flaco. || *loc. Esp.* ***Estar por los huesos de alguien:*** estar muy enamorado de esa persona. || ***Hueso de santo:*** pasta de repostería a base de harina y huevo que se fríe en aceite.

huésped, da *s.* Persona que se aloja gratuitamente en la casa de otra. || Persona que, a cambio de un pago, se aloja en un hotel o una pensión. || Anfitrión, persona que aloja en su casa a otras que ha invitado. || *s. m.* Organismo vivo a cuyas expensas vive un parásito.

hueste *s. f.* Conjunto de partidarios de una causa o persona. || Multitud, muchedumbre. || Conjunto de las tropas de un ejército que participan en una campaña o acción militar. || Durante la Edad Media, servicio militar consistente en realizar alguna expedición, al que los señores obligaban a sus vasallos.

huesudo, da *adj.* Dicho de una persona, que tiene los huesos muy salientes y marcados. || *loc. Méx.* y *Salv.* ***La huesuda:*** la muerte, representada como un esqueleto humano.

hueva *s. f.* Masa ovalada recubierta por una membrana que forman los huevos de los peces en el interior de sus cuerpos. || *Chil. vul.* Testículos. || *Méx. vul.* Flojera, pereza.

huevada *s. f.* Conjunto de huevos de ave. || *Arg. Bol. Ecua.* y *Chil. vul.* Acto estúpido, tontería. || *Per.* Cosa inservible o sin importancia.

huevear *intr. Arg.* y *Chil. vul.* Fastidiar, molestar. || *Chil. vul.* Hacerse el tonto, perder el tiempo.

huevera *s. f.* Recipiente o bandeja para guardar o transportar huevos. || Copa pequeña para servir los huevos tibios o pasados por agua. || En zoología, conducto membranoso de las aves, que va desde los ovarios hasta el ano, en el cual se forman la clara y la cáscara de los huevos.

huevería *s. f.* Establecimiento donde se venden huevos.

huevero, ra *s.* Persona que vende huevos. || Lugar donde se ponen los huevos para conservarlos o para transportarlos. || Copa pequeña en la que se sirven los huevos cocidos.

huevo *s. m.* Célula resultante de la fecundación que, tras sucesivas subdivisiones, da origen a un nuevo ser. || Cuerpo esférico u ovalado, protegido por un cascarón duro o una membrana fuerte, que ponen las aves, reptiles y peces; dentro se hallan el embrión y las sustancias de reserva con que éste se alimenta. || Gameto femenino maduro sin fecundar. || *pl. vulg.* Testículos. || *loc. Méx. vulg.* ***A huevo:*** por supuesto, claro que sí; o de manera obligada o forzada. || *loc. vul.* ***Costar algo un huevo:*** ser muy difícil o muy caro. || *loc. Chil.* ***Huevo a la copa:*** huevo tibio o pasado por agua. || ***Huevo a la paila:*** huevo frito. || *loc. fig.* ***Huevo de Colón,*** o ***de Juanelo:*** asunto que aparenta complejidad y dificultad y en realidad es sencillo y fácil. || *loc.* ***Huevo duro:*** huevo cocido con todo y cáscara en agua hirviendo, hasta que se cuajan por completo la yema y la clara. || ***Huevo escalfado:*** el que, sacado del cascarón, se sumerge en agua muy caliente con un poco de vinagre para que se cueza hasta adquirir cierta firmeza. || ***Huevo frito*** o ***estrellado:*** el que se fríe completo, abriendo el cascarón y vertiéndolo al sartén. || ***Huevo pasado por agua:*** huevo que se cuece ligeramente en agua hirviendo, con todo y cáscara. || ***Huevos al plato:*** los que se cuecen con un poco de aceite o mantequilla en el mismo recipiente en que habrán de servirse. || ***Huevos hilados:*** mezcla de huevos y azúcar que forma hebras. || ***Huevos moles:*** yemas de huevo batidas con azúcar. || *loc. Col.* ***Huevos pericos:*** huevos revueltos. || ***Huevos revueltos:*** los que se revuelven mientras se fríen. || *loc. Amér. C. Ecua. Méx.* y *Per.* ***Huevo tibio:*** huevo pasado por agua.

huevón, vona o **güevón, vona** *adj. Méx. vul.* Haragán, perezoso, flojo y lento. || *Nic.* Valiente, animoso. || *adj.* y *s. Amér. vul.* Bobalicón, ingenuo, lento de entendederas. || *Amér. Merid.* y *Méx. vul.* Imbécil, estúpido.

huevonear *intr. vulg. Méx.* Holgazanear, haraganear.

huichol, la *adj.* y *s.* Se dice de la persona nacida en un pueblo indígena que habita en Jalisco, Nayarit y Durango, en México.

huida *s. f.* Acción y efecto de huir.

huidizo, za *adj.* Dicho de una persona o animal, que huye o que tiende a huir. || Breve, fugaz.

huipil *s. m. Guat. Hond.* y *Méx.* Blusa suelta corta, cerrada y sin mangas para mujer. || *Guat.* y *Méx.* Prenda de vestir femenina de origen indígena, a manera de túnica larga sin mangas, que se usa sobre una falda. *Algunos huipiles son tejidos en telar de cintura y otros se adornan con bordados.*

huir *intr.* Escapar, alejarse de un lugar para evitar un daño o peligro. || Alejarse velozmente de algo o alguien que amenaza. || *fig.* Transcurrir el tiempo rápidamente. || *intr.* y *t.* Evitar toparse con alguien o apartarse de algo molesto o perjudicial.

huitlacoche o **cuitlacoche** *s. m. Méx.* Hongo comestible que crece parásito en las mazorcas tiernas del maíz; es de color blanco grisáceo con el interior negro.

huizache *s. m. Méx.* Árbol de corteza delgada y ramas espinosas; su fruto son unas vainas largas de color oscuro de las que se saca una sustancia negruzca que sirve para hacer tinta.

hule *s. m.* Caucho. || *Amér.* Goma. || *Méx.* Árbol de unos 25 m de altura y hojas alargadas y ásperas que se cultiva en regiones cálidas y húmedas; de su tronco se extrae el caucho. || *Méx. fam.* Tela recubierta de caucho o plástico por uno de sus lados para hacerla impermeable. || *loc. fam.* ***Haber hule:*** haber peleas o riñas en un lugar u ocasión determinada.

hulero, ra *adj.* Perteneciente o relativo al hule. *La industria hulera.* || *s. Amér.* Persona cuyo oficio consiste en recoger el hule o goma elástica.

H

hulla *s. f.* Combustible fósil mineral sólido, de color negro, rico en carbono. *La hulla es un tipo de carbón que proviene de restos vegetales de los periodos Carbonífero y Pérmico.* || *loc.* ***Hulla blanca:*** energía que se obtiene a partir de los saltos de agua.

hullero, ra *adj.* Perteneciente o relativo a la hulla. || *loc.* ***Periodo hullero:*** nombre dado en geología al periodo Carbonífero.

humanidad *s. f.* Conjunto de todos los seres humanos que habitan nuestro planeta. || Naturaleza humana, condición de humano. || *fam.* Compasión, amor y bondad hacia los otros. || *fam.* Corpulencia, gordura. || *fam.* Muchedumbre. || *pl.* Conjunto de conocimientos y estudios relacionados con las ciencias humanas. *Las humanidades comprenden la historia, el arte, la filosofía y el derecho, entre otras disciplinas.*

humanismo *s. m.* Conjunto de las tendencias intelectuales y filosóficas que buscan el desarrollo de las cualidades esenciales del ser humano. || Movimiento intelectual cuyo método y filosofía estaban basados en el estudio de los textos antiguos. *El humanismo nació en Italia, en el siglo XIV, y se extendió por toda Europa durante los dos siglos siguientes.*

humanista *s. com.* Persona versada en las humanidades. || Intelectual o escritor que durante los siglos XIV y XV se dedicó a revalorar las obras de la antigüedad clásica. || Filósofo cuyo pensamiento se basa en el desarrollo de las cualidades fundamentales del ser humano. || *adj.* Humanístico.

humanístico, ca *adj.* Perteneciente o relativo al humanismo o a las humanidades.

humanitario, ria *adj.* Solidario, caritativo con los demás, particularmente cuando ha ocurrido una guerra o un desastre.

humanitarismo *s. m.* Actitud en la que predominan los sentimientos y acciones humanitarias.

humanización *s. f.* Acción y efecto de humanizar o humanizarse.

humanizar *t.* y *pr.* Hacer a alguien, o algo, más humano, menos duro o cruel.

humano, na *adj.* Perteneciente o relativo al hombre y a la mujer como individuos, o a la humanidad. || Propio de las personas como seres imperfectos. *Es humano sentir envidia, pero hay que aprender a domeñarla.* || *fig.* Compasivo, solidario o benévolo con los demás. || *s. m.* Individuo de la especie humana, persona.

humanoide *adj.* Que tiene rasgos o características semejantes a las del ser humano. || *s. com.* Ser o robot parecido a un ser humano. *Muchos relatos de ciencia ficción hablan de extraterrestres humanoides.*

humareda *s. f.* Emisión abundante de humo.

humeante *adj.* Que hecha humo. || Que arroja vapor o vaho.

humear *intr.* y *pr.* Desprender humo alguna cosa. || Desprender algo vapor o vaho. || *fig.* Quedar resabios de algo pasado, como una enemistad o una riña. || *t. Amér.* Fumigar.

humectación *s. f.* Acción y efecto de humectar o humedecer.

humectante *adj.* Que humecta o humedece. || *s. m.* Sustancia que estabiliza el contenido de agua de un material, o de la piel humana.

humectar *t.* Producir o causar humedad.

humedad *s. f.* Cualidad de húmedo. || Cantidad de un líquido que impregna un cuerpo o material. || Cantidad de vapor de agua que está presente en el ambiente o en un lugar. || *loc.* ***Humedad absoluta:*** cantidad de gramos de vapor de agua que contiene un metro cúbico de aire. || ***Humedad relativa:*** relación entre la presión efectiva del vapor de agua y la presión máxima.

humedal *s. m.* Terreno muy húmedo y pantanoso.

humedecer *t.* y *pr.* Mojar algo ligeramente.

húmedo, da *adj.* Que está ligeramente mojado. || Que está cargado de vapor de agua. || Se dice del clima o territorio en el que llueve mucho o el aire contiene gran cantidad de vapor de agua.

húmero *s. m.* Hueso largo del brazo, que se articula en el hombro por la escápula y en el codo con el cúbito y el radio.

humidificación *s. m.* Acción y efecto de humidificar.

humidificador *s. m.* Aparato para aumentar la humedad en el aire de un recinto.

humidificar *t.* Transmitir humedad al ambiente por medios artificiales.

humildad *s. f.* Ausencia de orgullo y presunción; conocimiento de las propias debilidades y limitaciones. || Sumisión voluntaria a algo o alguien. || Condición social modesta o baja.

humilde *adj.* Que se comporta con humildad. || Se dice de la persona que pertenece a una clase social baja, o que es pobre.

humillación *s. f.* Acción y efecto de humillar o humillarse.

humillado, da *adj.* Avergonzado, ofendido, agraviado. || Doblegado, sometido, deshonrado.

humillante *adj.* Que humilla. || Que es degradante u ofensivo.

humillar *t.* Inclinar o bajar la cabeza o la rodilla como señal de sumisión. || *fig.* Menoscabar la dignidad o el orgullo de alguien, o hacer que los pierda. || *pr.* Adoptar alguien una actitud de inferioridad ante otra persona.

humillo *s. m.* Altanería, presunción, vanidad. Se usa más en plural. || Enfermedad debida a la mala calidad de la leche de sus madres que ataca a los lechones.

humita *s. f. Amér. Merid.* Guiso de maíz rallado y hervido al que se le añade una salsa de ají, tomate y cebolla fritas. *La humita suele servirse envuelta en hojas de maíz.* || *Arg. Chil.* y *Per.* Guiso preparado con maíz tierno.

humo *s. m.* Conjunto de los gases y minúsculas partículas sólidas que se desprenden de los materiales en combustión. || Vapor que exhala cualquier cosa que esté hirviendo o en fermentación. || *pl. fig.* Orgullo, vanidad, soberbia. || *loc. fam.* ***Bajar los humos a alguien:*** humillarlo. || *loc.* ***Cortina de humo:*** conjunto de hechos con que se pretende desviar la atención para ocultar la realidad. || *loc. Arg.* y *Uy.* ***Irse,*** o ***venirse al humo:*** dirigirse rápida y directamente hacia alguien, generalmente con fines agresivos.

humor *s. m.* Particular disposición del ánimo, ya sea habitual o pasajera. || Jovialidad, buena disposición. || Facultad para apreciar y manifestar los aspectos cómicos o ridículos de la realidad cotidiana. || *ant.* Cada uno de los diferentes líquidos del interior de un organismo vivo. || *loc.* ***Humor acuoso:*** líquido transparente que se halla delante del cristalino del ojo, cuya función es nutrir y oxigenar la córnea y el propio cristalino. || ***Humor de todos los diablos,*** o ***de perros:*** mal humor muy acentuado. || ***Humor gráfico:*** medio de expresión en el que, mediante dibujos o imágenes y con o sin palabras, se manejan situaciones humorísticas, generalmente desde un punto de vista satírico o irónico. || ***Humor negro:*** género humorístico que se desarrolla a partir de situaciones desgraciadas, trágicas o desagradables. || ***Humor vítreo:*** líquido transparente de consistencia gelatinosa que rellena el espacio ocular comprendido entre la cara posterior del cristalino y la superficie interna de la retina.

humorada *s. f.* Dicho o acción caprichosa o extravagante.

humoral *adj.* Perteneciente o relativo a los humores o líquidos orgánicos.

humorismo *s. m.* Manifestación y captación de los aspectos cómicos, ridículos o irónicos de la realidad cotidiana.

humorista *s. com.* Persona cuyo oficio consiste en provocar la risa del público, sea en presentaciones personales, por escrito o por medios gráficos.

humorístico, ca *adj.* Perteneciente o relativo al humorismo. || Que está hecho con humor.

Vida sana

Aprende a cuidar y desarrollar tu cuerpo con Larousse

Texto: Alejandra Jiménez Aguilar, Instituto Nacional de Salud Pública, México, de acuerdo con la Norma Oficial Mexicana NOM-043-SSA2-2005.

La adolescencia: una etapa mágica y de grandes retos

Conozco mi cuerpo y cómo éste va cambiando

La Organización Mundial de la Salud (OMS) define la adolescencia como la etapa que va de los 10 a los 19 años de edad. En ésta sucede una serie de cambios fisiológicos, psicológicos y sociales de gran importancia que favorecen en ti la transformación de niño en adulto.

Los cambios fisiológicos de la adolescencia inician con el proceso de la **pubertad**, la cual consiste en el desarrollo de las características sexuales secundarias; éstas te permitirán alcanzar la madurez sexual necesaria para poder reproducirte, es decir, tener hijos. Asimismo, la pubertad va acompañada de un rápido crecimiento en la estatura, en el incremento del peso y en la ganancia y distribución de la grasa corporal, observándose marcadas diferencias entre hombres y mujeres.

En las mujeres, la pubertad comienza aproximadamente a los 10 años. Ésta inicia con un incremento en la secreción de **estrógenos**, los cuales favorecen una mayor acumulación de **tejido adiposo** o grasa corporal en caderas y senos. El desarrollo de los senos sucede aproximadamente un año antes del **estirón de la adolescencia**, y aproximadamente un año después de éste se presenta la **menarquia**; es entonces cuando las mujeres alcanzan prácticamente la estatura que tendrán en la edad adulta.

En los hombres, la pubertad suele comenzar dos años después que en las mujeres. Ésta inicia con un incremento en la secreción de **testosterona**, la cual favorece el desarrollo de hombros más anchos y de mayor masa muscular. El crecimiento de los **genitales masculinos** sucede aproximadamente un año antes del estirón de la adolescencia, y un año después de éste desarrollan la voz de adulto y gran parte de su crecimiento lineal.

glosario

Pubertad: periodo caracterizado por la actividad de las glándulas reproductoras y la manifestación de los caracteres sexuales secundarios.

Estrógeno: hormona sexual femenina.

Tejido adiposo: conjunto organizado de células adiposas o de grasa corporal.

Estirón de la adolescencia: o punto de velocidad máxima (PVM), es el rápido crecimiento del esqueleto que se manifiesta por un aumento rápido de la talla o crecimiento lineal; en la mujer es de aproximadamente 8 cm y de unos 10 cm en el varón.

Menarquia: primer sangrado menstrual de la mujer.

Testosterona: hormona sexual masculina.

Genitales masculinos: partes externas del aparto reproductor masculino (testículos y pene).

glosario

Alimentos chatarra: término popular dado a los alimentos caracterizados por un alto contenido de kilocalorías, provenientes de grasas y azúcares simples. Su aporte de vitaminas y minerales es muy bajo.

Estado de nutrición: condición física de los individuos que refleja el consumo, asimilación y aprovechamiento de los diferentes elementos nutritivos por el organismo.

Anorexia: enfermedad que se caracteriza por dietas restrictivas que limitan o eliminan ciertos alimentos de manera voluntaria, o por ayunos prolongados. Hay pérdida de peso excesiva.

Bulimia: enfermedad que se caracteriza por ciclos de comer compulsivamente, seguidos de métodos compensatorios como el vómito autoinducido, o purgas con diuréticos, laxantes o ejercicio excesivo.

Comer compulsivamente: enfermedad que se caracteriza por la ingesta de alimentos en grandes cantidades (atracones), comer de manera rápida a pesar de estar satisfecho, sin seleccionar lo que se ingiere, acompañado por un sentimiento de pérdida de control y de culpa.

Letal: situación o condición que ocasiona la muerte.

Amenorrea: falta de sangrado menstrual.

Comidas irregulares y comidas rápidas

Las comidas irregulares y rápidas que incluyen los llamados "**alimentos chatarra**" pueden poner en riesgo tu **estado de nutrición**. Este tipo de alimentos son altamente energéticos, favoreciendo con esto el desarrollo de obesidad; además, tienen un bajo contenido de hierro, calcio y vitaminas, los cuales son elementos indispensables para tu crecimiento y desarrollo.

Obesidad

La obesidad es una enfermedad que se caracteriza por un exceso de tejido adiposo; a su vez, ésta puede favorecer el desarrollo de enfermedades crónicas no transmisibles como diabetes tipo 2, hipertensión arterial, diferentes tipos de cáncer y enfermedades del corazón. Algunos datos de la Encuesta Nacional de Salud y Nutrición más reciente (ENSANUT-2006) revelan que en México, uno de cada tres adolescentes tiene exceso de peso, situación que resulta alarmante.

Trastornos de la alimentación

Los trastornos de la alimentación son manifestaciones extremas de una variedad de preocupaciones por el peso y la comida, les ocurre tanto a hombres como a mujeres. Entre estas manifestaciones se encuentran la **anorexia**, la **bulimia** y **comer compulsivamente**; generalmente no se presenta una sola, sino combinadas. La anorexia y la bulimia pueden tener consecuencias fisiológicas y psicológicas irreparables, incluso **letales**: desnutrición, deshidratación, **amenorrea**, depresión, y en situaciones drásticas, insuficiencia cardiaca y muerte.

Conoce tu estado de nutrición

Conserva un estado de nutrición sano identificando primero cuál es tu estado de nutrición personal. Esto va más allá de la apariencia física, pues te ayuda a saber cómo está tu salud, y si hay o no un equilibrio energético entre lo que comes y gastas. Para conocer tu estado de nutrición calcula tu Índice de Masa Corporal (IMC): divide tu peso en kilogramos (kg) entre el cuadrado de tu estatura en metros (m^2). Por ejemplo, si pesas 40 kg y mides 1.52 m, la operación se haría así:

$$\text{IMC} = \text{kg/m}^2$$
$$\text{IMC} = 40 / (1.52 \times 1.52)$$
$$\text{IMC} = 40/2.3$$
$$\text{IMC} = 17.4 \text{ kg/m}^2$$

Una vez obtenido tu IMC, identifica cuál es tu estado de nutrición personal en la tabla que aparece a continuación; relaciónalo con tu edad y sexo.

Estado de nutrición en hombres y mujeres según IMC en cada edad

Edad (años)	Hombres				Mujeres			
	Bajo peso	Peso normal	Riesgo de obesidad	Obesidad	Bajo peso	Peso normal	Riesgo de obesidad	Obesidad
10	<14.6	14.6-19.4	>19.4-22.1	>22.1	<14.6	14.6-19.9	>19.9-22.9	>22.9
11	<15.0	15.0-20.2	>20.2-23.2	>23.2	<14.9	14.9-20.8	>20.8-24.1	>24.1
12	<15.4	15.4-21.0	>21.0-24.2	>24.2	<15.4	15.4-21.8	>21.8-25.2	>25.2
13	<16.0	16.0-21.8	>21.8-25.1	>25.1	<15.9	15.9-22.5	>22.5-26.3	>26.3
14	<16.5	16.5-22.6	>22.6-26.0	>26.0	<16.4	16.4-23.3	>23.3-27.3	>27.3
15	<17.2	17.2-23.4	>23.4-26.8	>26.8	<16.9	16.9-24.0	>24.0-28.1	>28.1
16	<17.7	17.7-24.2	>24.2-27.5	>27.5	<17.4	17.4-24.7	>24.7-28.9	>28.9
17	<18.3	18.3-24.9	>24.9-28.2	>28.2	<17.8	17.8-25.2	>25.2-29.6	>29.6
18	<18.9	18.9-25.6	>25.6-29.0	>29.0	<18.2	18.2-25.6	>25.6-30.3	>30.3

Fuente: (Centers for Disease Control / National Center for Health Statistics CDC/NCHS)

< Menor que >Mayor que

¿Cuál es tu estado de nutrición? ______________________________

Si detectas que tu peso es bajo o que tienes sobrepeso, pon mucha atención al siguiente paso, y busca orientación nutricional en tu clínica o centro de salud con el apoyo de tu familia.

Aliméntate de forma correcta

Los nutrimentos son sustancias químicas presentes en los diferentes alimentos, los cuales son necesarios para el mantenimiento, crecimiento, reproducción y función celular de todo ser vivo. Éstos se encuentran en diferentes cantidades en lo que comemos, y se clasifican en tres grandes grupos de acuerdo con su contenido nutrimental:

1) Verduras y frutas: son ricas en vitaminas, minerales y antioxidantes necesarios para proteger tu salud y prevenir enfermedades cardiovasculares y algunos tipos de cáncer. Su fibra ayuda a reducir el **colesterol** y **glucosa** en sangre.
2) Cereales: son necesarios por su buen aporte de carbohidratos que te proporcionan energía. Lo mejor es elegir los de grano entero por su fibra.
3) Leguminosas y alimentos de origen animal: son ricos en proteínas, las cuales favorecen el crecimiento y desarrollo de huesos, músculos y tejidos, además contienen hierro que ayuda a prevenir la anemia, principalmente en las mujeres que ya han comenzado con la menstruación. Lo mejor es consumirla sin piel y con poca grasa.

Glosario

Colesterol: grasa de origen animal. Se encuentra en todas las células de la sangre. Se produce y almacena en el hígado.
Glucosa: unidad fundamental de prácticamente todos los carbohidratos. Su sabor es dulce.
Ilícito: algo prohibido por las leyes. Ilegal.

Fuente: NOM-043-SSA2-2005.

Haz actividad física de forma regular

La actividad física se refiere a realizar, de forma voluntaria, cualquier movimiento que gaste energía. La actividad física que incluya movimientos activos te ayudará a consumir más energía, y por lo tanto a mantener un peso saludable. Asimismo, ésta te ayudará a que tus músculos y huesos estén más fuertes, y a tener una buena percepción de la imagen corporal, lo cual hará que tu autoestima esté sana y te sientas más seguro de ti y de tus capacidades. Además, favorece que socialices con chicos de tu edad, dentro de ambientes saludables. Todo esto hará que goces de buena salud, mejores tu capacidad de movimiento y coordinación, rindas más en la escuela, y estés menos propenso al consumo de alcohol, tabaco y drogas **ilícitas** (cocaína y marihuana). Por eso, toma nota de estas recomendaciones:

Pirámide de actividad física

ACTIVIDADES NO ACTIVAS

Ver televisión, jugar videojuegos, usar computadora, hablar por teléfono, entre otras.

Evita realizar estas actividadeso destínales menos de 2 h al día.

ACTIVIDADES DE FLEXIBILIDAD

Estiramiento, gimnasia.

ACTIVIDADES DE FUERZA

Trepar, artes marciales, jalar la cuerda, entre otras.

2 o 3 veces por semana

ACTIVIDADES DE RESISTENCIA

Correr, saltar, andar en bicicleta, nadar, patinar, entre otras.

3 a 6 veces por semana

ACTIVIDADES FÍSICAS DE LA VIDA DIARIA

Caminar, tareas domésticas, subir y bajar escaleras, entre otras.

TODOS LOS DÍAS

Instituto Nacional de Salud Pública-DIF Estado de México

Construye una imagen corporal saludable y valora tu cuerpo

En este momento estás formando tu propia percepción del cuerpo y de tu imagen corporal, y es muy fácil que tu apreciación tenga como referentes los medios de comunicación (televisión, radio, revistas, etc.), así como los comentarios de familiares y amigos. Sin embargo, recuerda que muchas veces sólo se trata de seguir estándares de belleza que promueven la delgadez extrema, sin percatarse de que ésta no necesariamente es la más saludable ni adecuada para ti. Toma en cuenta los siguientes puntos.

¿Te ha ocurrido esto con frecuencia?

1. Me preocupa engordar.
2. En ocasiones he comido demasiado, me he "atascado" de comida.
3. He perdido el control sobre lo que como (tengo la sensación de no poder parar de comer).
4. He vomitado después de comer para tratar de bajar de peso.
5. He hecho ayunos (dejar de comer por 12 horas o más) para tratar de bajar de peso.
6. Para tratar de bajar de peso he dejado de comer, o he hecho ejercicio en exceso, o he ingerido pastillas.
7. He tomado diuréticos (sustancias para perder agua) para tratar de bajar de peso.
8. He tomado laxantes (sustancias para facilitar la evacuación) para tratar de bajar de peso.

Si te han ocurrido con frecuencia, **pide ayuda de inmediato a tus padres o maestros.**

La Galaxia

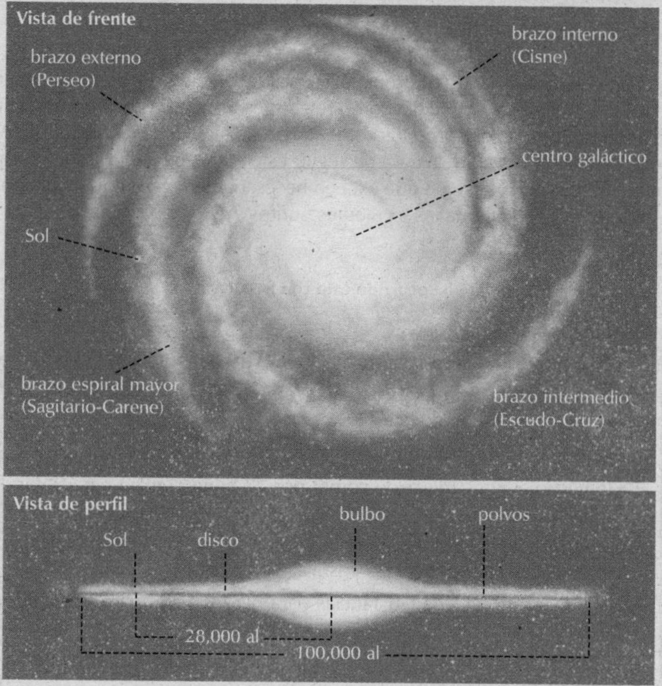
Vista de frente
brazo externo
(Perseo)
brazo interno
(Cisne)
centro galáctico
Sol
brazo espiral mayor
(Sagitario-Carene)
brazo intermedio
(Escudo-Cruz)
Vista de perfil
bulbo
polvos
Sol
disco
28,000 al
100,000 al

Binaria con hoyo negro

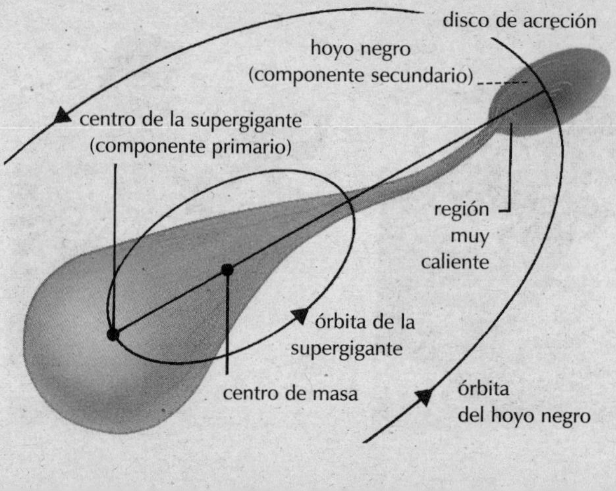
disco de acreción
hoyo negro
(componente secundario)
centro de la supergigante
(componente primario)
región
muy
caliente
órbita de la
supergigante
centro de masa
órbita
del hoyo negro

Estructura de la Tierra y la atmósfera

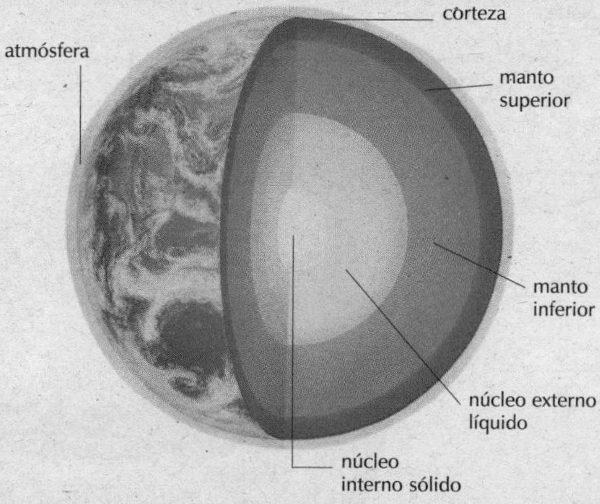
corteza
atmósfera
manto superior
manto inferior
núcleo externo líquido
núcleo interno sólido

Estructura de la atmósfera

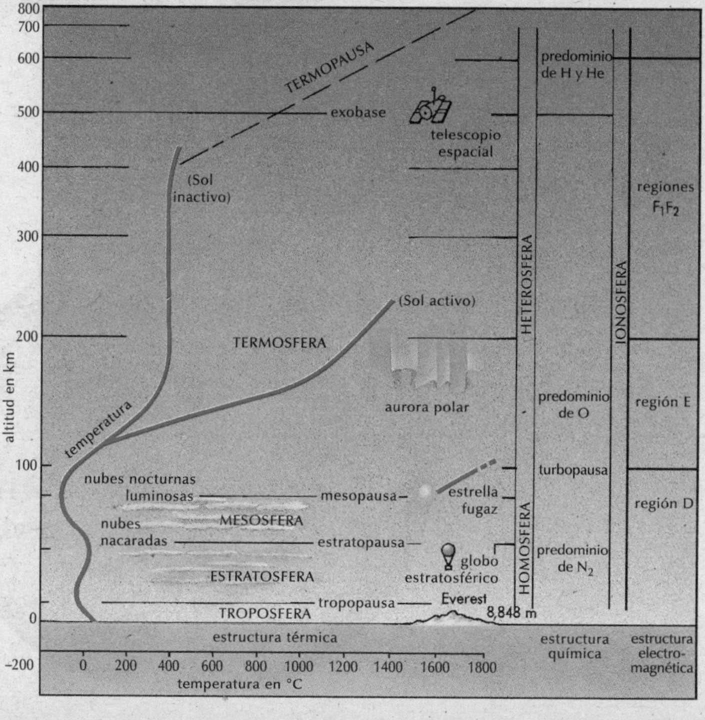
800
700
600
500
400
300
200
100
0
-200
altitud en km
TERMOPAUSA
exobase
telescopio espacial
(Sol inactivo)
(Sol activo)
TERMOSFERA
aurora polar
temperatura
nubes nocturnas luminosas
mesopausa
estrella fugaz
MESOSFERA
nubes nacaradas
estratopausa
globo estratosférico
ESTRATOSFERA
tropopausa
Everest
8,848 m
TROPOSFERA
estructura térmica
0 200 400 600 800 1000 1200 1400 1600 1800
temperatura en °C
HETEROSFERA
HOMOSFERA
predominio de H y He
predominio de O
turbopausa
predominio de N_2
estructura química
IONOSFERA
regiones F_1F_2
región E
región D
estructura electro-magnética

Paralelos y meridianos

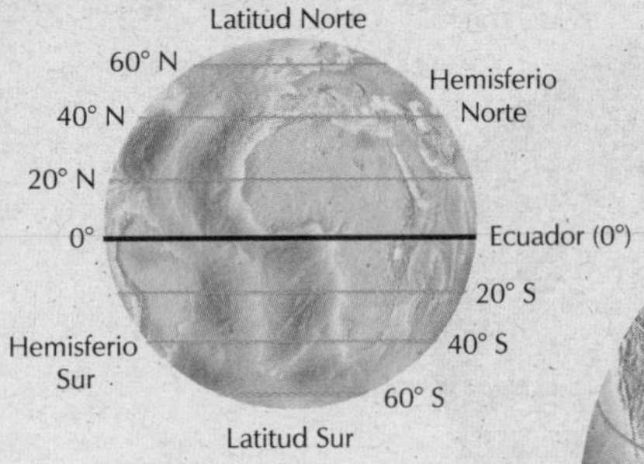

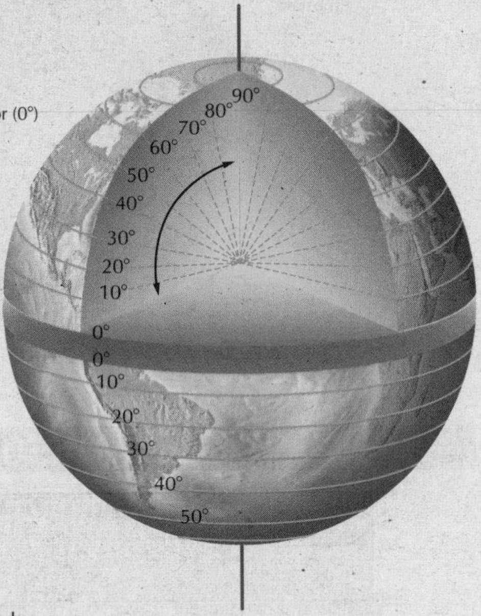

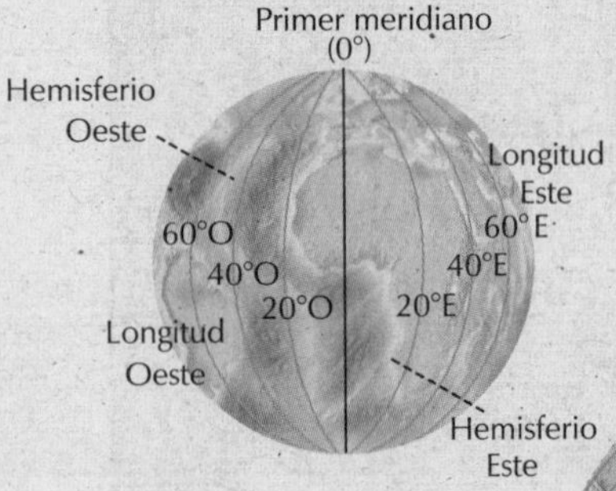

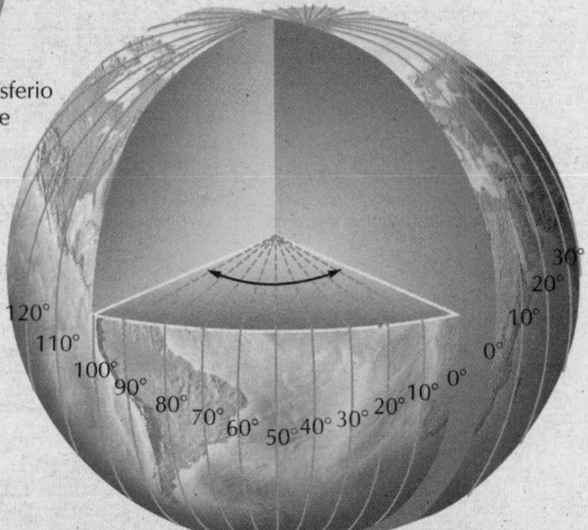

Línea del tiempo, siglos XIX - XX

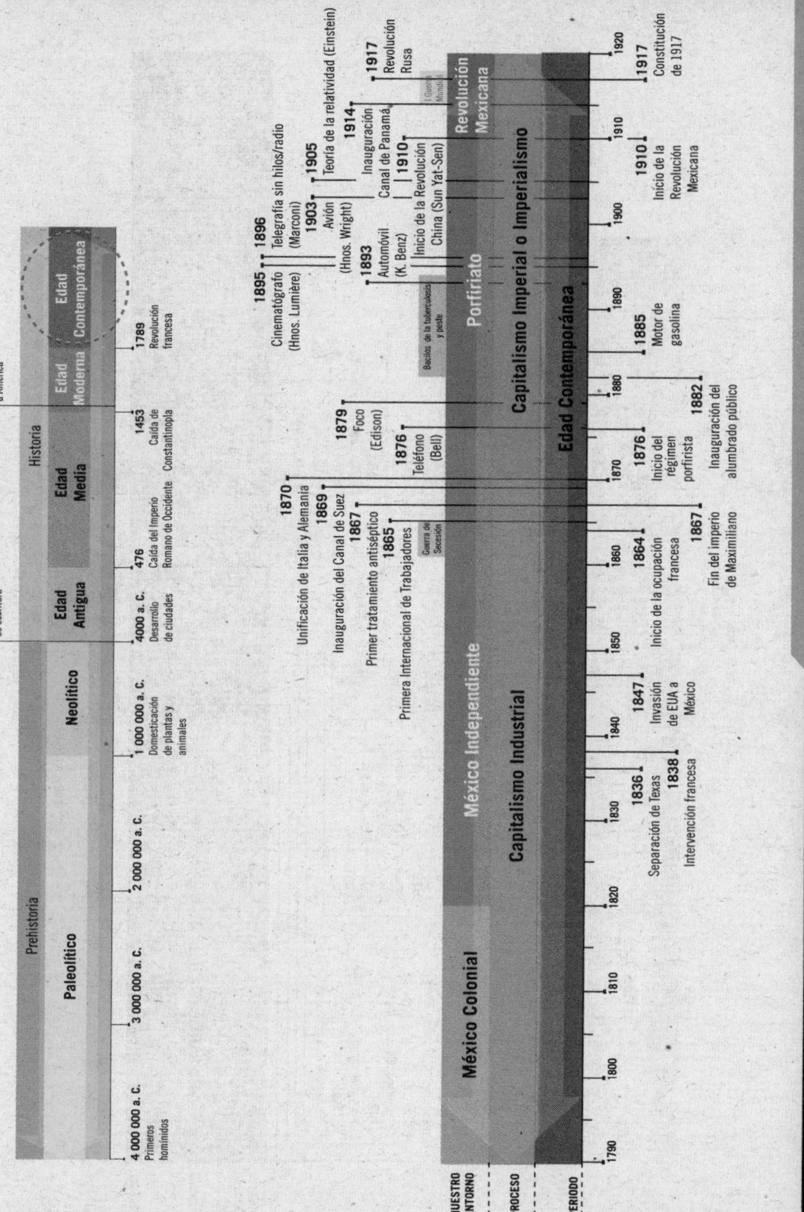

Línea del tiempo, 1920 - 1960

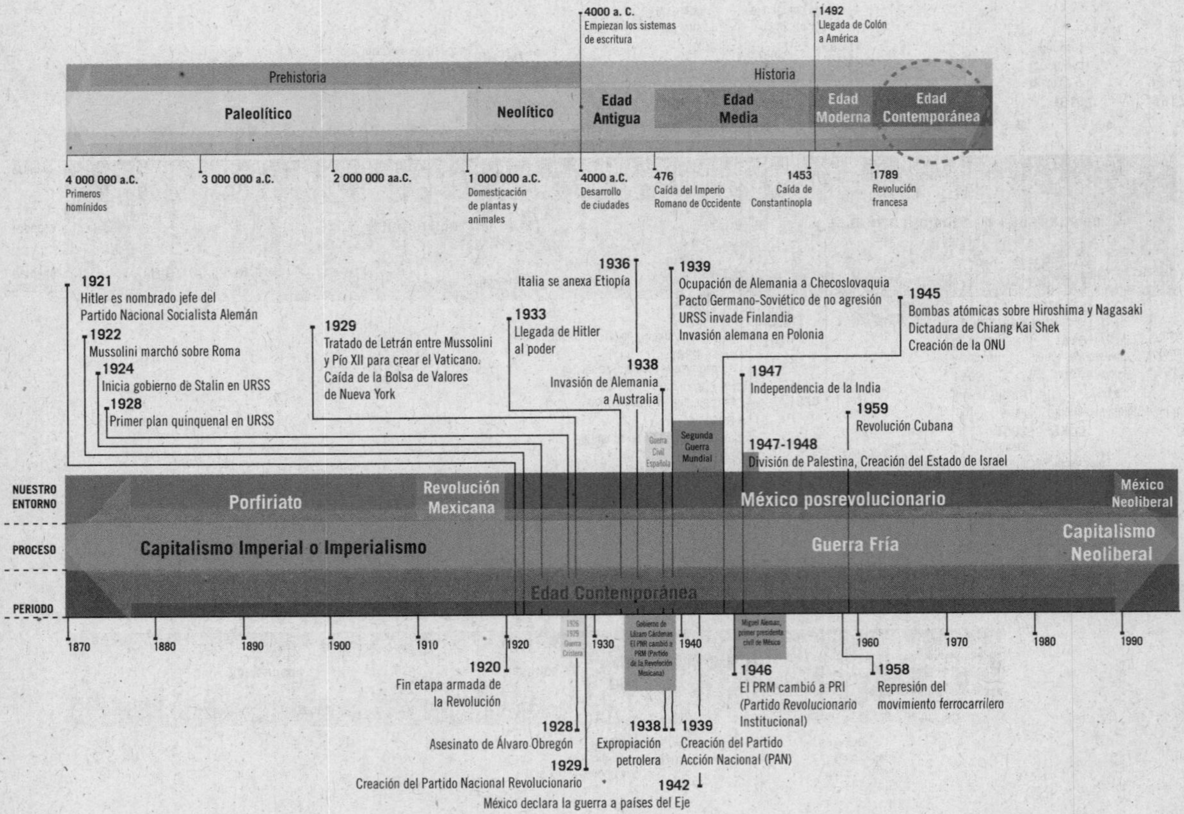

Línea del tiempo, 1945 - 2010

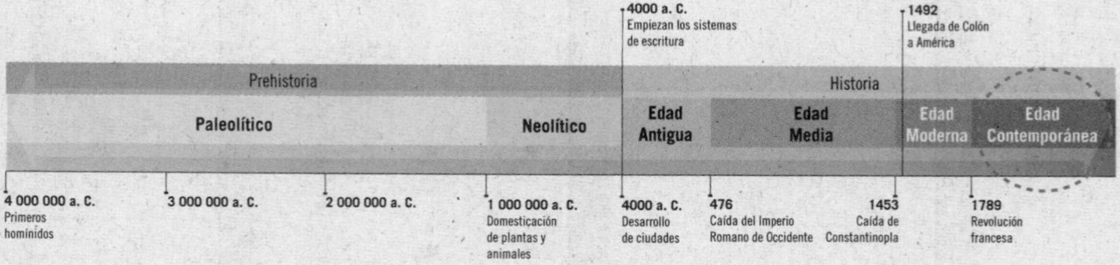
Prehistoria
Historia
Paleolítico
Neolítico
Edad Antigua
Edad Media
Edad Moderna
Edad Contemporánea
4000 a. C. Empiezan los sistemas de escritura
1492 Llegada de Colón a América
4 000 000 a. C. Primeros homínidos
3 000 000 a. C.
2 000 000 a. C.
1 000 000 a. C. Domesticación de plantas y animales
4000 a. C. Desarrollo de ciudades
476 Caída del Imperio Romano de Occidente
1453 Caída de Constantinopla
1789 Revolución francesa

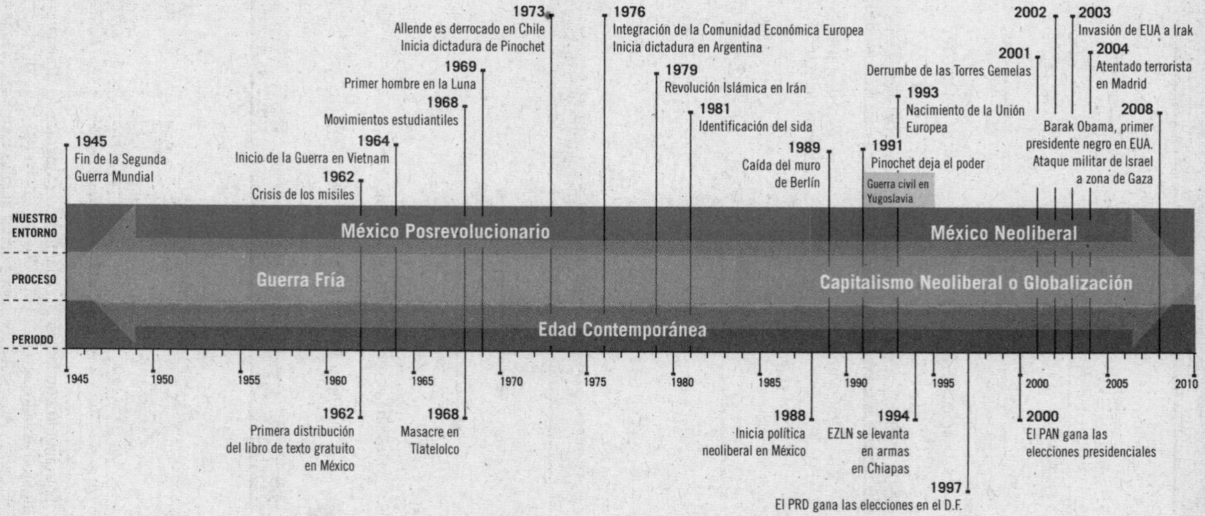
1945 Fin de la Segunda Guerra Mundial
1962 Crisis de los misiles
1964 Inicio de la Guerra en Vietnam
1968 Movimientos estudiantiles
1969 Primer hombre en la Luna
1973 Allende es derrocado en Chile
Inicia dictadura de Pinochet
1976 Integración de la Comunidad Económica Europea
Inicia dictadura en Argentina
1979 Revolución Islámica en Irán
1981 Identificación del sida
1989 Caída del muro de Berlín
1991 Pinochet deja el poder
Guerra civil en Yugoslavia
1993 Nacimiento de la Unión Europea
2001 Derrumbe de las Torres Gemelas
2002
2003 Invasión de EUA a Irak
2004 Atentado terrorista en Madrid
2008 Barak Obama, primer presidente negro en EUA.
Ataque militar de Israel a zona de Gaza
NUESTRO ENTORNO
PROCESO
PERIODO
México Posrevolucionario
México Neoliberal
Guerra Fría
Capitalismo Neoliberal o Globalización
Edad Contemporánea
1945
1950
1955
1960
1965
1970
1975
1980
1985
1990
1995
2000
2005
2010
1962 Primera distribución del libro de texto gratuito en México
1968 Masacre en Tlatelolco
1988 Inicia política neoliberal en México
1994 EZLN se levanta en armas en Chiapas
1997 El PRD gana las elecciones en el D.F.
2000 El PAN gana las elecciones presidenciales

Líneas y triángulos

Ángulo agudo

Mide más de 0° y menos de 90°

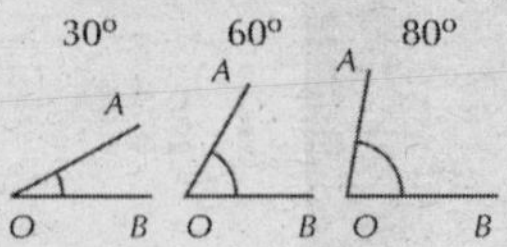

$\measuredangle AOB$ ES AGUDO

Ángulo recto

Mide 90° y posee líneas perpendiculares

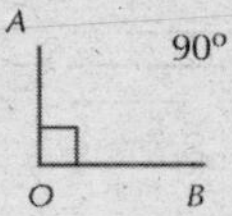

$\measuredangle AOB$ ES RECTO

Ángulo obtuso

Mide más de 90° y menos de 180°

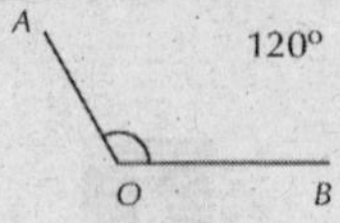

$\measuredangle AOB$ ES OBTUSO

Ángulo extendido

Mide 180°

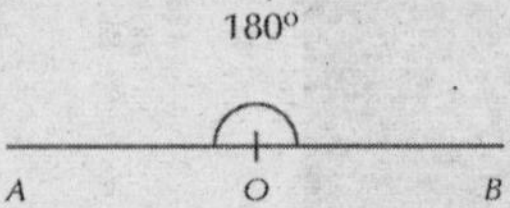

$\measuredangle AOB$ ES LLANO

Ángulo convexo

Mide más de 180° y menos de 360°

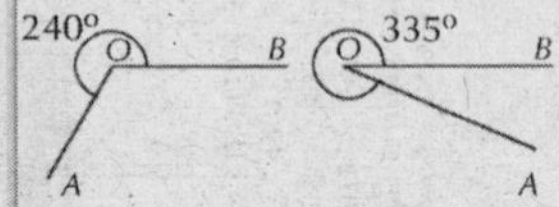

$\measuredangle AOB$ ES CONVEXO

Ángulo completo

Mide 360°

Líneas paralelas

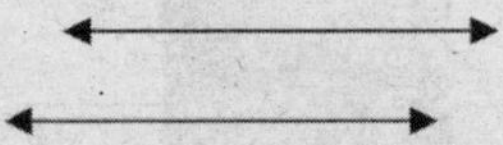

Dos líneas son paralelas si, y solamente si ellas se encuentran en el mismo plano y no se intersecan.

Líneas perpendiculares

Dos líneas son perpendiculares si, y solamente si ellas se intersecan para formar un ángulo recto.

Triángulos

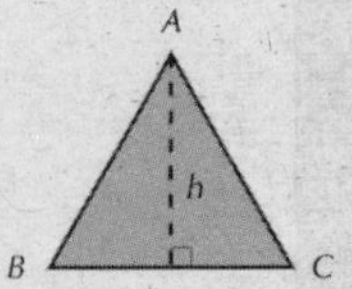

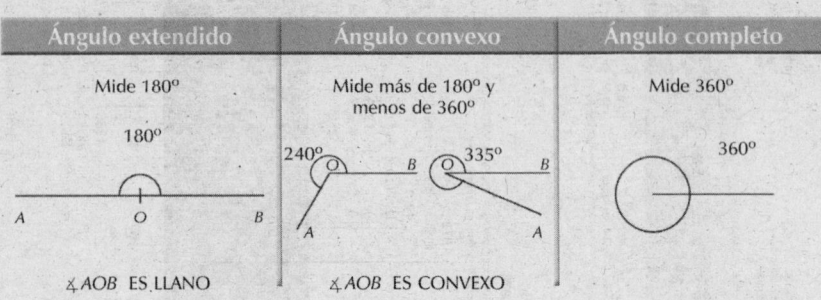

El triángulo equilátero tiene tres lados iguales. $AB = AC = BC$

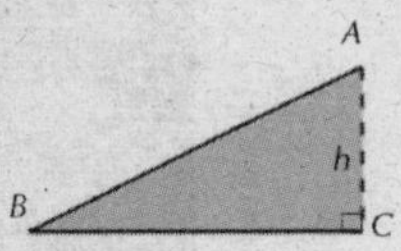

Triángulo rectángulo: dos de sus lados forman un ángulo recto.

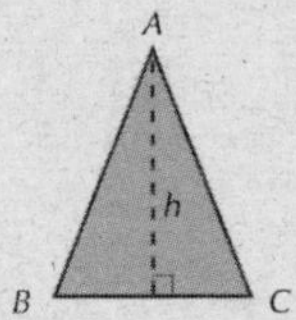

Triángulo isósceles: dos lados iguales. $AB = AC$

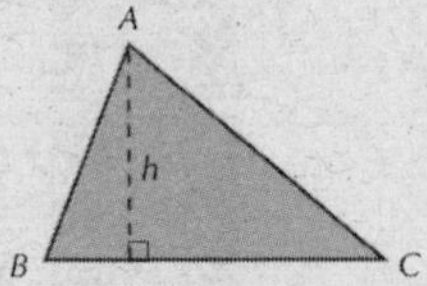

Triángulo escaleno: ningún lado es igual, no se forma un ángulo recto.

Figuras del plano

Figura	Fórmulas	Esquema
círculo	Diámetro: $d = 2 \times r$ Perímetro: $P = 2 \times \pi \times r$ Área: $A = \pi \times r^2$	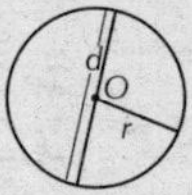
circunferencia	Diámetro: $d = 2 \times r$ Longitud: $L = 2 \times \pi \times r$	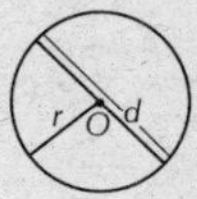
cuadrado	Ángulo central: $\beta = 90°$ Ángulo interior: $\alpha = 90°$ Perímetro: $P = 4 \times \ell$ Área: $A = 2\ \ell$ Suma de los ángulos interiores: $S_\alpha = 360°$	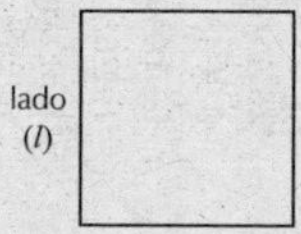
dodecágono	Ángulo central: $\beta = 30°$ Ángulo interior: $\alpha = 150°$ Área: $A = 6 \times a \times \ell$ Perímetro: $P = 12 \times \ell$ Suma de los ángulos interiores: $S = 1\,800°$	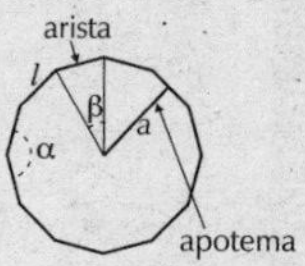
polígono regular	Ángulo central: $\beta = \frac{360°}{n}$ Ángulo interior: $\alpha = \frac{180°(n-2)}{n}$ Área: $A = \frac{n}{2}\, a \times \ell$ Perímetro: $P = n \times \ell$ Radio: $r = \sqrt{a^2 + \frac{\ell^2}{4}}$ Suma de los ángulos interiores: $S_\alpha = 180° (n - 2)$	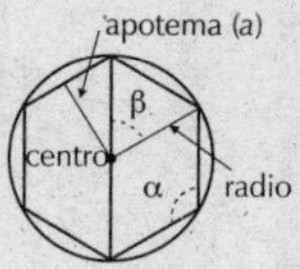
rectángulo	Perímetro: $P = 2 \times (a + b)$ Área: $A = a \times b$	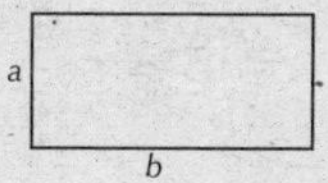
sector circular	Área: $A = \frac{\pi \times r^2 \times \alpha}{360}$ (si α en grados) Área: $A = \frac{\alpha \times r^2}{2}$ (si α en radianes)	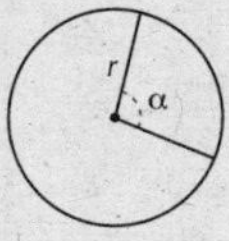
triángulo	Perímetro: $P = a + b + c$ Área: $A = \frac{b \times h}{2}$ $A = \sqrt{p\,(p-a)\,(p-b)\,(p-c)}$ $A = \frac{1}{2}\, a \times b \times sen\ C$	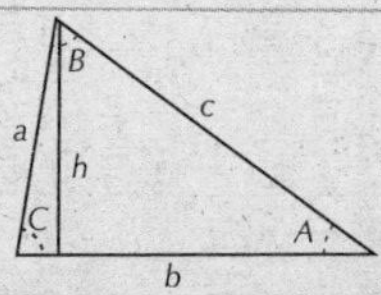

Unidades de medida anglosajonas

NOMBRE EN INGLÉS	SÍMBOLO	NOMBRE EN ESPAÑOL	VALOR	OBSERVACIONES
LONGITUD				
inch	in (o ″)	pulgada	25.4 mm	
foot	ft (o ′)	pie	0.3048 m	equivale a 12 in
yard	yd	yarda	0.9144 m	equivale a 3 ft
fathom	fm	braza	1.8288 m	equivale a 2 yd
statute mile	m (o mile)	milla inglesa	1 609 m	equivale a 1 760 yd
nautical mile		milla náutica	1 853.18 m	equivale a 6 080 ft
international nautical mile		milla marina internacional	1 852 m	
MASA - AVOIRDUPOIS (COMERCIO)				
ounce	oz	onza	28.349 g	
pound	lb	libra	453.592 g	equivale a 16 oz
CAPACIDAD				
US liquid pint	liq pt	pinta estadounidense	0.473 ℓ	
pint	UK pt	pinta británica	0.568 ℓ	
US gallon	US gal	galón estadounidense	3.785 ℓ	equivale a 8 liq pt
imperial gallon	UK gal	galón británico	4.546 ℓ	equivale a 8 UK pt
US bushel	US bu	celamín estadounidense	35.239 ℓ	
bushel	bu	celamín británico	36.369 ℓ	equivale a 8 UK gal
US barrel (petróleo)	US bbl	barril estadounidense	158.987 ℓ	equivale a 42 US gal
FUERZA				
poundal	pdl		0.1382 N	
POTENCIA				
horsepower	hp	caballo de vapor británico	745.7 W	
CALOR, ENERGÍA, TRABAJO				
British thermal unit	Btu		1 05506 J	
TEMPERATURA				
Fahrenheit degree	°F	grado Fahrenheit	t grados Fahrenheit corresponden a $\frac{5}{9}(t-32)$ grados Celsius	

Volúmenes

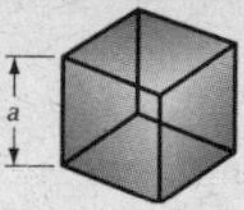

$V = a^3$

Cubo

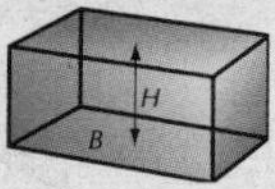

$V = BH$

Paralelepípedo

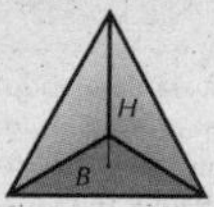

$V = \frac{1}{3}BH$

Tetraedro

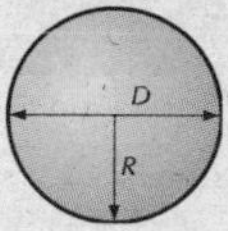

$V = \frac{4}{3}\pi R^3 \quad \text{o} \quad \frac{1}{6}\pi D^2$

Esfera

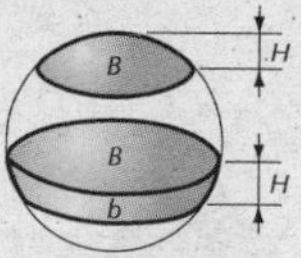

$V = \frac{1}{6}\pi H^3 \quad \text{o} \quad \frac{b + B}{2}H$

Segmento esférico

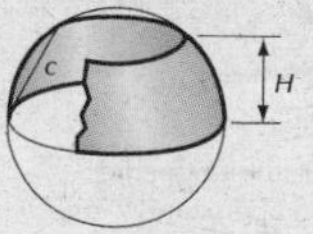

$V = \frac{1}{6}\pi c^2 H$

Anillo esférico

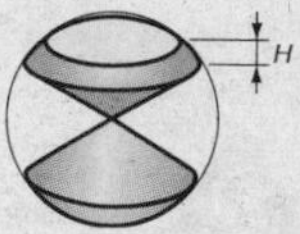

$V = \frac{2}{3}\pi R^2 H$

Sector esférico

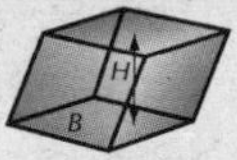

$V = BH$

Romboedro

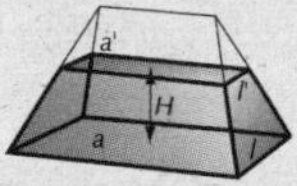

$V = \frac{H}{6}[l(2a + a') + l'(2a' + a)]$

Cubo de arena

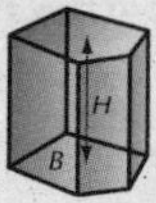

$V = BH$

Prisma recto

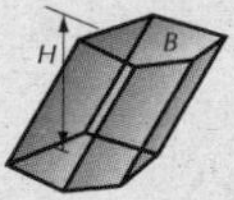

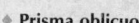

Prisma oblicuo

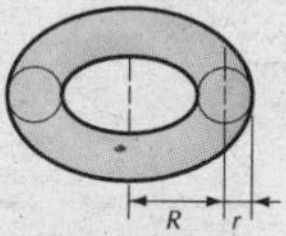

$A = 4\pi^2 Rr$

Toro

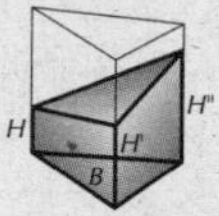

$V = B\,\frac{H + H' + H''}{3}$

Prisma truncado

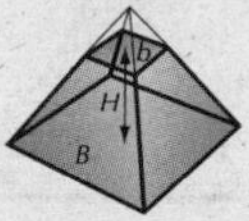

$V = \frac{H}{3}(B + b + \sqrt{Bb})$

Pirámide truncada

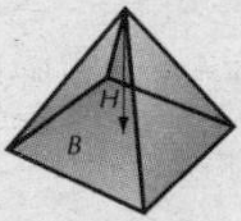

$V = \frac{1}{3}BH$

Pirámide regular

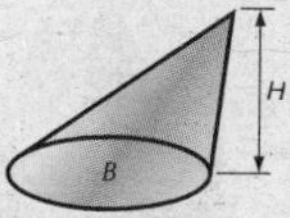

$V = \frac{1}{3}BH$

Cono oblicuo

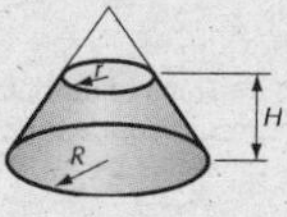

$V = \frac{\pi H}{3}(R^2 + r^2 + Rr)$

Cono truncado

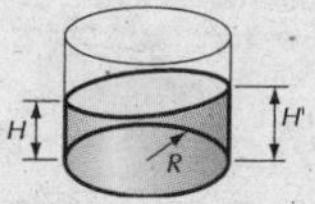

$V = \pi R^2 \frac{H + H'}{3}$

Cilindro truncado

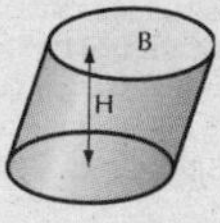

$V = BH$

Cilindro oblicuo

Nota: V = volumen; B, b = área de la base; H = altura; D, d = diámetro; R, r = radio; a = lado, arista; c = cuerda; l = ancho

Normas de seguridad en el laboratorio

Usa bata de algodón abotonada para proteger tu ropa y evitar quemaduras. Procura que la bata sea de mangas largas.

Sigue las instrucciones de los experimentos con cuidado y sin distraerte.

Mantén siempre el equipo limpio y seco.

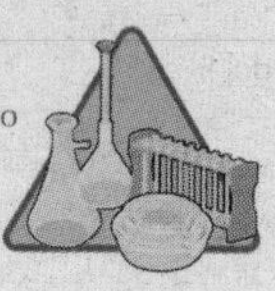

Recoge cualquier objeto que se caiga.

No huelas ni inhales directamente las sustancias, sino abanicando los vapores con la mano para evitar una intoxicación.

Nunca pruebes los productos, a menos que lo indique el profesor, ni comas mientras haces los experimentos.

Mantén los productos etiquetados. Si es posible, tápalos para evitar que se derramen.

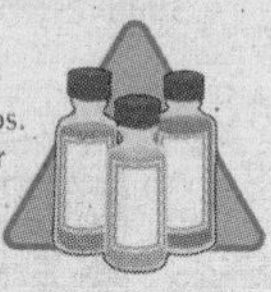

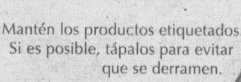

Ten cuidado con el calor y la electricidad.

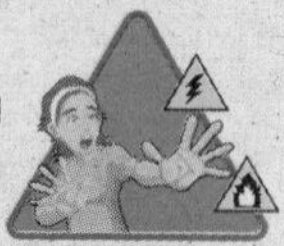

No toques los tubos calientes sin usar pinzas especiales.

Al calentar un tubo de ensayo, inclínalo y dirige la flama sobre la pared del mismo para evitar la expulsión del contenido. Dirige la boca del tubo hacia la pared; así evitarás posibles quemaduras.

Cierra bien las llaves del gas para evitar fugas que pueden causar intoxicaciones o una explosión.

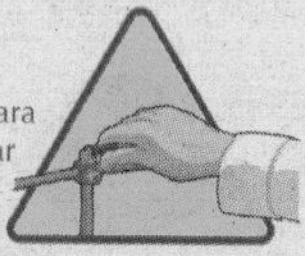

Lava muy bien tus manos después de hacer los experimentos.

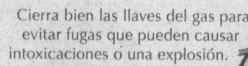

Mantén las manos alejadas de los ojos.

En los experimentos con corriente eléctrica, NO TOQUES los cables que están unidos a la fuente de poder o las pilas, ya que podrías recibir una descarga.

Los ácidos son sustancias corrosivas, evita tocarlos. Si te cae alguno, absorbe lo más que puedas con una servilleta y lávate inmediatamente con abundante agua, durante cinco minutos.

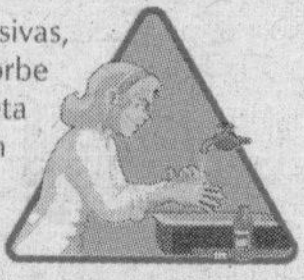

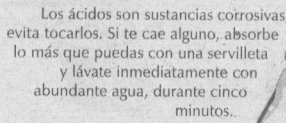

Toma notas detalladas de los resultados de los experimentos.

Cuando trabajes con ácidos, agrega un poco de bicarbonato de sodio a los tubos o vasos, hasta que ya no se produzcan burbujas, para asegurarte de neutralizar e inactivar los residuos de ácido. Sólo entonces tira los desechos al drenaje.

Máquinas simples

Palancas

De acuerdo con la posición de la "fuerza" y de la "resistencia" con respecto al "punto de apoyo", se consideran tres clases de palancas, que son:

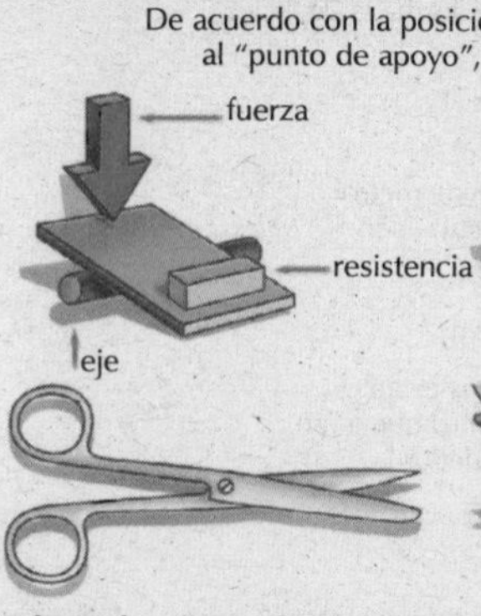

Palanca de primera clase

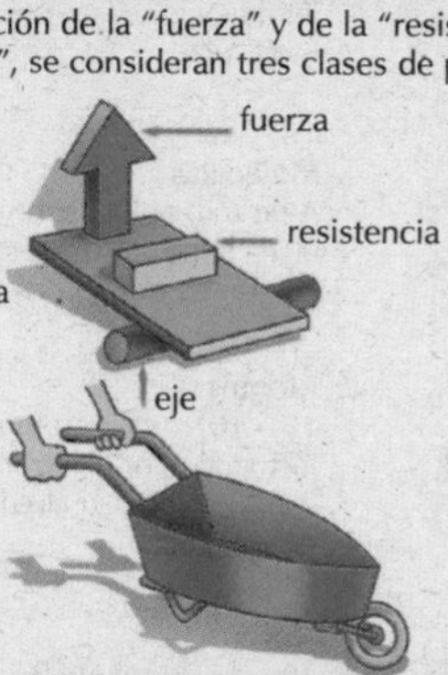

Palanca de segunda clase

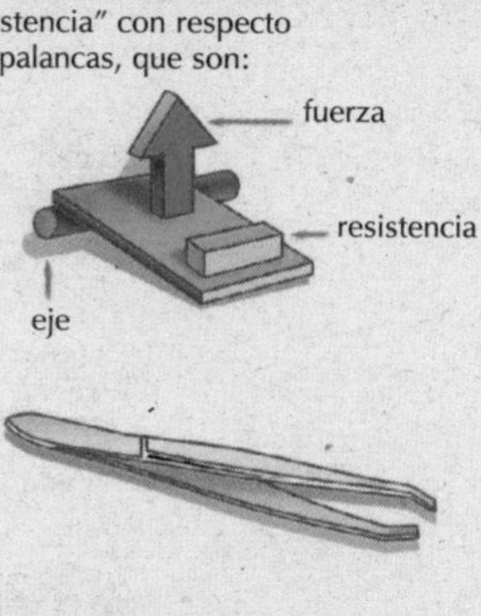

Palanca de tercera clase

Poleas

Polea simple y fija
Es necesario jalar tan fuerte como lo exige la carga opuesta.

Polea doble y móvil
La carga se divide en dos, pero debemos jalar la cuerda dos veces más.

Aparejo
Se puede dividir la resistencia a voluntad multiplicando el número de poleas, pero lo que se gana en fuerza se pierde en desplazamiento.

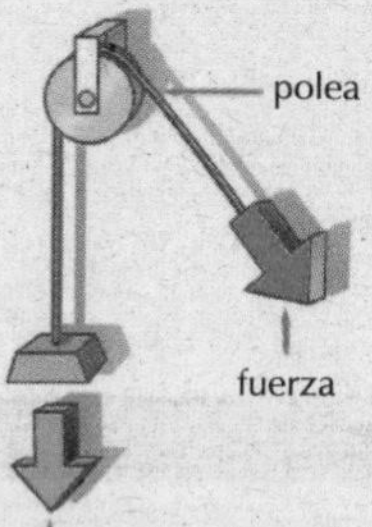

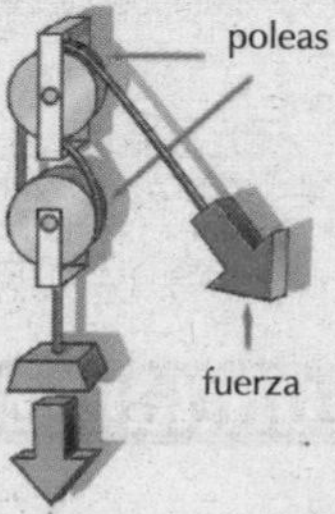

Plano inclinado

Una superficie plana, que tiene un extremo elevado a cierta altura, forma lo que se conoce como plano inclinado o rampa. Esta máquina simple permite subir o bajar objetos deslizándolos a través de ella, reduciendo el esfuerzo que implica levantar un objeto en forma vertical.

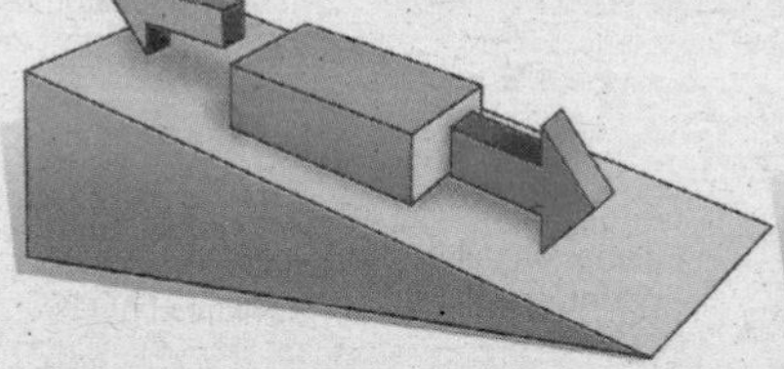

Estructura de la materia

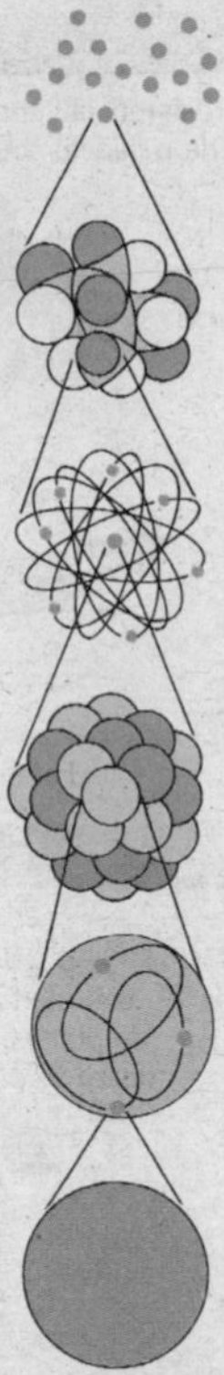

Materia
Vista al microscopio, la materia sólida, líquida y gaseosa está formada de moléculas.

Moléculas
A un mil millonésimo de metro (10 – 9 m), las moléculas son conjuntos de átomos.

Átomos
10 – 10 m: los átomos están formados por electrones que giran a gran velocidad alrededor de un núcleo.

Núcleo
10 – 14 m: el núcleo atómico está compuesto de protones y neutrones, partículas mucho más pesadas que el electrón.

Quarks
10 – 15 m: los protones, neutrones y otras partículas pesadas resultan compuestas de quarks.

¿Estructura de los quarks?
10 – 18 m: ¿el quark posee a su vez una estructura? Por ahora esta pregunta no tiene respuesta.

Cuatro fuerzas fundamentales

Cuatro fuerzas fundamentales bastan para explicar todos los fenómenos naturales. La interacción fuerte da cuenta de la cohesión del núcleo atómico, y la interacción débil da cuenta de su desintegración radiactiva. Mientras que estas fuerzas tienen un alcance muy corto, el electromagnetismo (que mantiene los electrones alrededor del núcleo atómico) y la gravitación (que mantiene los planetas en órbita alrededor del Sol) tienen un alcance infinito.

gravitación: Sistema Solar

la fuerza electromagnética sostiene el átomo

interacción débil: desintegración radiactiva

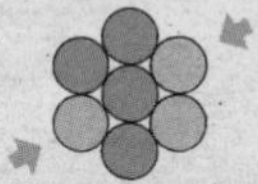

la interacción fuerte sostiene el núcleo

Elementos de una onda

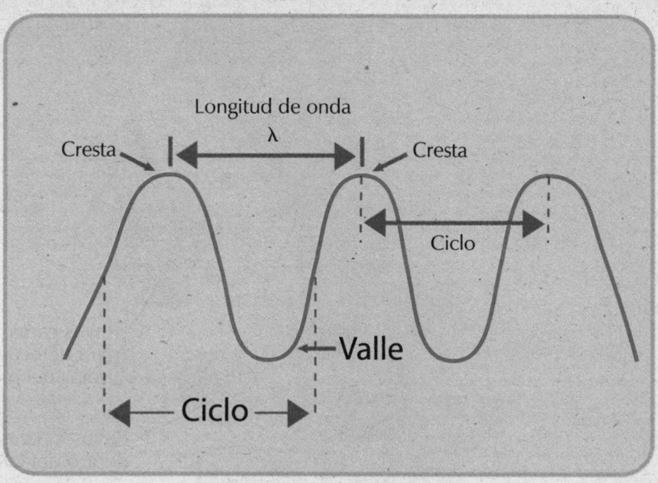

Cambios de estado de la materia

La energía es proporcionada a la materia cuando el cambio de estado es en esta dirección.

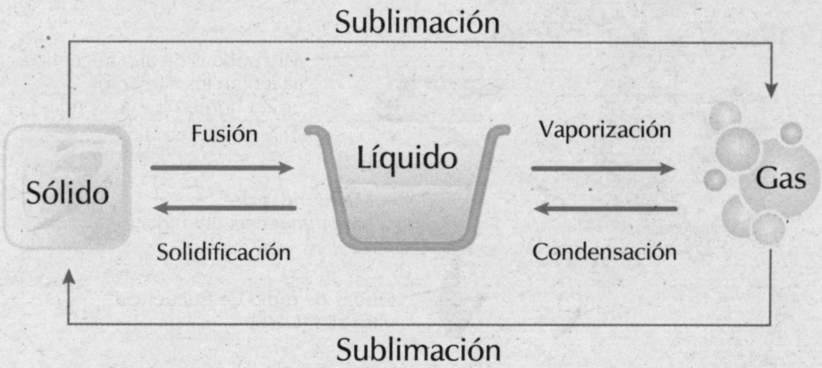

La energía es liberada por la materia cuando el cambio de estado es en esta dirección.

Espectro electromagnético y sus aplicaciones

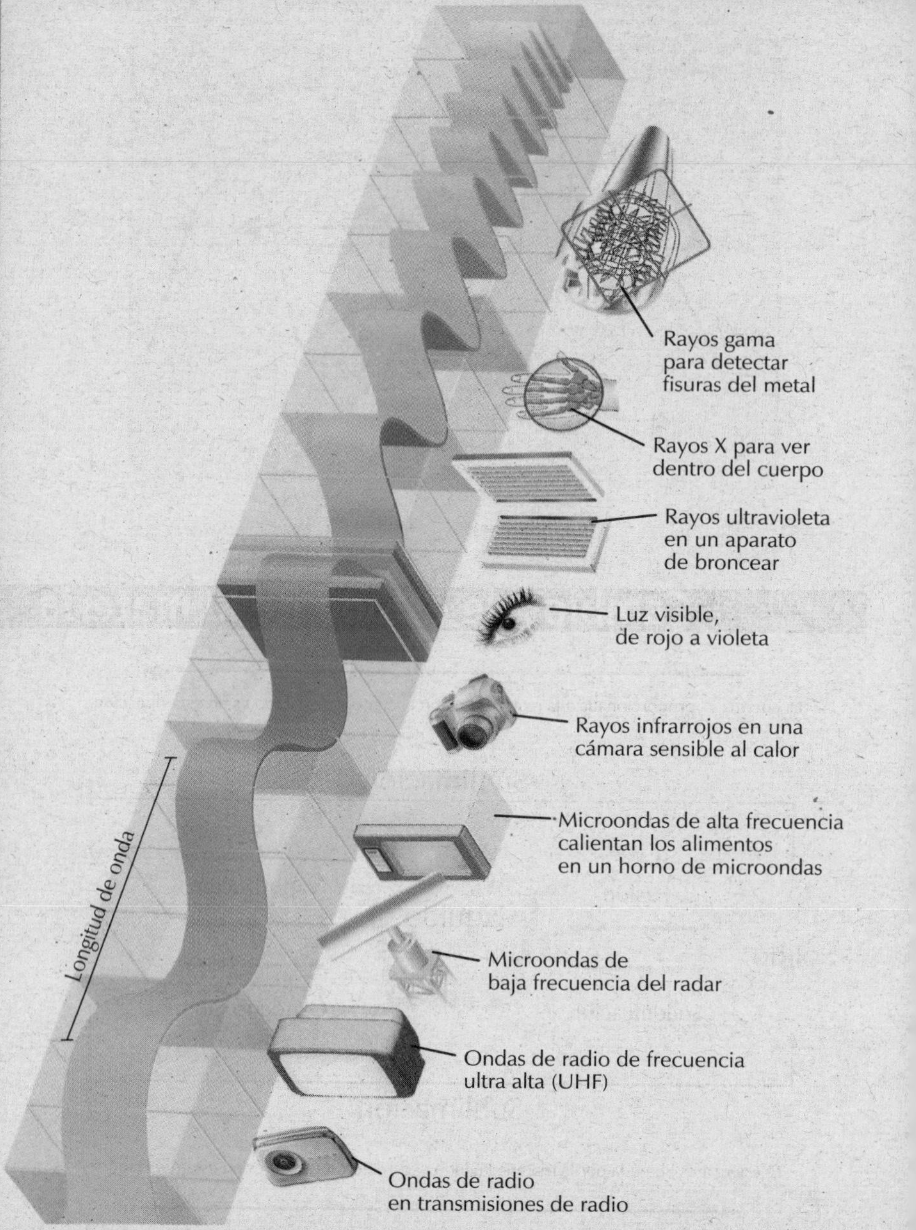

Tabla de electronegatividad

Escala de electronegatividades de Pauling

	1	2	3	4	5	6	7	8	9	10	11	12	13	14	15	16	17	18
1	H 2.1																	He *
2	Li 1.0	Be 1.5											B 2.0	C 2.5	N 3.0	O 3.5	F 4.0	Ne *
3	Na 0.9	Mg 1.2											Al 1.6	Si 1.9	P 2.1	S 2.5	Cl 3.0	Ar *
4	K 0.8	Ca 1.0	Sc 1.3	Ti 1.5	V 1.6	Cr 1.6	Mn 1.5	Fe 1.8	Co 1.8	Ni 1.9	Cu 1.9	Zn 1.6	Ga 1.8	Ge 2.0	As 2.0	Se 2.4	Br 2.8	Kr **
5	Rb 0.8	Sr 1.0	Y 1.2	Zr 1.4	Nb 1.6	Mo 1.8	Tc 1.9	Ru 2.2	Rh 2.2	Pd 2.2	Ag 1.9	Cd 1.7	In 2.0	Sn 1.8	Sb 1.9	Te 2.1	I 2.5	Xe **
6	Cs 0.8	Ba 0.9	Lu 1.2	Hf 1.3	Ta 1.5	W 1.7	Re 1.9	Os 2.2	Ir 2.2	Pt 2.2	Au 2.4	Hg 1.9	Tl 1.8	Pb 1.8	Bi 1.9	Po 2.0	At 2.2	Rn *
7	Fr 0.7	Ra 0.9	Lr 1.3	Rf ---	Db ---	Sg ---	Bh ---	Hs ---	Mt ---	Ds ---	Rg ---	Uub ---	Uut ---	Uuq ---	Uup ---	Uuh ---	Uus ---	Uuo ---

La 1.1	Ce 1.1	Pr 1.1	Nd 1.1	Pm 1.1	Sm 1.2	Eu 1.2	Gd 1.2	Tb 1.2	Dy 1.2	Ho 1.2	Er 1.2	Tm 1.2	Yb 1.1
Ac 1.1	Th 1.3	Pa 1.5	U 1.7	Np 1.3	Pu 1.3	Am 1.3	Cm 1.3	Bk 1.3	Cf 1.3	Es 1.3	Fm 1.3	Md 1.3	No 1.3

--- No tienen electronegatividad medida   * No forman enlaces   ** Forman pocos enlaces

Tabla de cationes y aniones

Cationes				Aniones	
Na^{1+}	Sodio	Co^{3+}	Cobalto (III)	ClO^{1-}	Hipoclorito
Li^{1+}	Litio	Ni^{2+}	Níquel (II)	ClO_2^{1-}	Clorito
K^{1+}	Potasio	Ni^{3+}	Níquel (III)	ClO_3^{1-}	Clorato
Ag^{1+}	Plata	Cr^{2+}	Cromo (II)	ClO_4^{1-}	Perclorato
NH_4^{1+}	Amonio	Cr^{3+}	Cromo (III)	NO_2^{1-}	Nitrito
Be^{2+}	Berilio	Cu^{1+}	Cobre (I)	NO_3^{1-}	Nitrato
Mg^{2+}	Magnesio	Cu^{2+}	Cobre (II)	MnO_4^{1-}	Permanganato
Ca^{2+}	Calcio	Hg_2^{1+}	Mercurio (I)	OH^{1-}	Hidróxido
Sr^{2+}	Estroncio	Hg^{2+}	Mercurio (II)	HCO_3^{1-}	Carbonato ácido
Ba^{2+}	Bario	Ti^{4+}	Titanio (IV)	O^{2-}	Óxido
Zn^{2+}	Cinc	V^{5+}	Vanadio (V)	CO_3^{2-}	Carbonato
Cd^{2+}	Cadmio	Pt^{2+}	Platino (II)	SO_3^{2-}	Sulfito
Al^{3+}	Aluminio	Pt^{4+}	Platino (IV)	SO_4^{2-}	Sulfato
Ga^{3+}	Galio	Au^{1+}	Oro (I)	MnO_4^{2-}	Manganato
In^{3+}	Indio	Au^{3+}	Oro (III)	CrO_4^{2-}	Cromato
Tl^{1+}	Talio (I)	Mn^{2+}	Manganeso (II)	$Cr_2O_7^{2-}$	Dicromato
Tl^{3+}	Talio (III)	Mn^{4+}	Manganeso (IV)	PO_3^{3-}	Fosfito
Bi^{3+}	Bismuto (III)	Mn^{7+}	Manganeso (VII)	PO_4^{3-}	Fosfato
Bi^{5+}	Bismuto (V)	Pb^{2+}	Plomo (II)	F^{1-}	Fluoruro
Fe^{2+}	Hierro (II)	Pb^{4+}	Plomo (IV)	Cl^{1-}	Cloruro
Fe^{3+}	Hierro (III)	Sn^{2+}	Estaño (II)	Br^{1-}	Bromuro
Co^{2+}	Cobalto (II)	Sn^{4+}	Estaño (IV)	I^{1-}	Yoduro

Análisis de objeto técnico

Los objetos o procesos técnicos son comprendidos mejor si se analiza qué necesidades satisfacen, con qué fines fueron creados, los problemas que les dieron origen, sus antecedentes teóricos y prácticos, las circunstancias sociales e históricas que motivaron su fabricación, sus fundamentos científicos, así como su estructura física y funcionamiento.

Hay tres aspectos fundamentales que definen el análisis de objetos y procesos técnicos: funcionalidad, estructura y funcionamiento.

Análisis	Características
Funcionalidad 	Este aspecto del análisis está relacionado con la necesidad que se busca satisfacer por medio del objeto técnico, con sus ventajas y desventajas, con sus costos y con otras alternativas para satisfacer la misma necesidad en forma más eficaz. Se establece a partir de preguntas como: ¿qué tipo de objeto es?, ¿qué necesidad motivó su construcción?, ¿qué ventajas presenta?, ¿cuáles son sus desventajas?, ¿representa una ventaja económica?, ¿cómo puede ser sustituido con mayor eficacia?, etcétera.
Estructura 	El análisis de la estructura busca describir cada una de las partes que conforman el objeto técnico, los materiales que lo constituyen, así como su proceso de fabricación. Implica la realización de representaciones gráficas del objeto total y de cada una de sus partes, donde se indica la forma como se encuentran unidas, los movimientos que realizan y demás características. Se incluye también la descripción de las cualidades y del origen de cada material, así como los sistemas o módulos de que consta el objeto técnico.
Funcionamiento 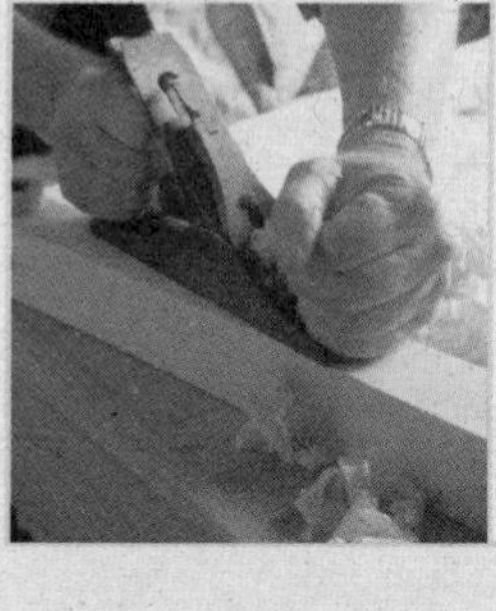	Esta fase del análisis pretende comprender la forma como interactúan las partes del objeto técnico durante su accionamiento; los principios científicos que sustentan su funcionamiento, y la descripción de las secuencias y los movimientos que se realizan en él. A este respecto podemos plantear preguntas como: ¿qué tipo de energía lo hace funcionar?, ¿cuál es el papel que desempeña cada parte, módulo o sistema del objeto?, ¿cómo realiza su función cada sección?, ¿cómo es el procedimiento de manejo y control del objeto técnico?, etcétera.

Informática. Perspectiva histórica

Si bien las computadoras son el elemento distintivo de la vida actual, los esfuerzos por crearlas se remontan a muchos siglos atrás. La siguiente línea del tiempo es un panorama general de la evolución histórica de la informática.

1642

El filósofo y matemático francés Blaise Pascal concibió y construyó la máquina aritmética, un artefacto capaz de realizar cálculos, con la que pretendía ayudar a su padre, quien trabajaba como recaudador de impuestos.

1679

El filósofo alemán Gottfried Wilhem Leibniz perfeccionó el sistema de numeración binario (con base en el número 2) y construyó una calculadora mecánica.

1835

El matemático inglés Charles Babbage concibió la máquina analítica, primera computadora mecánica de la historia, con la que pretendía realizar operaciones aritméticas a base de tarjetas perforadas, almacenar información numérica y controlar secuencias de datos, entre otras aplicaciones.

1854

El matemático inglés George Boole publicó la obra *Investigación de las leyes del pensamiento,* con la que dio origen al método matemático de análisis formal, conocido como álgebra de Boole, fundamento teórico de la moderna informática.

1890

El norteamericano Herman Hollerith inventó una máquina para procesar información estadística de los censos de su país a partir de tarjetas perforadas; las "tarjetas Hollerith" se utilizaron hasta la década de 1970 como dispositivos de entrada y salida. Hollerith fundó una empresa que más tarde se convertiría en la IBM.

1943

La armada de Estados Unidos contrató a la Universidad de Pensilvania para iniciar la primera generación de computadoras electrónicas de la historia, con la Electronic Numerical Integrator and Computer (ENIAC), que funcionaba con bulbos.

1947

Físicos de la Bell Telephone Laboratories, en Estados Unidos, inventaron el transistor, un dispositivo electrónico para ampliar, controlar y generar señales eléctricas, que sustituyó a los bulbos y permitió aumentar la rapidez de las operaciones, lo cual dio paso a la segunda generación de computadoras.

1965

La incorporación de los circuitos impresos dio lugar a una tercera generación de computadoras cada vez más rápidas.

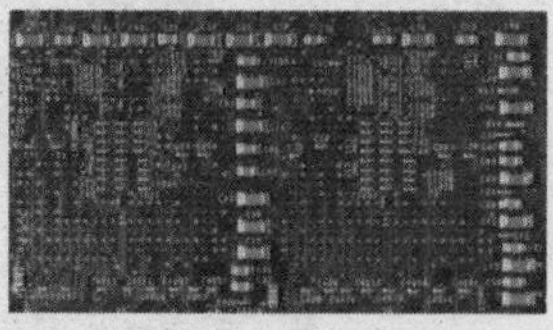

1970

El desarrollo de los circuitos integrados miniaturizados (microprocesadores) permitió la aparición de las computadoras de la cuarta generación.

1980

La quinta generación de computadoras dio a la luz aparatos preparados para desarrollar actividades intelectuales similares a las de los seres humanos; fueron capaces, relativamente, de reproducir los procesos del pensamiento humano.

1990

Las aplicaciones de la informática fueron incorporadas a los procesos de diseño y producción de todo tipo de artículos; su uso se combinó con los sistemas robóticos, capaces de automatizar la producción y de tomar decisiones acertadas ante ciertas contingencias. Surgieron también las técnicas de realidad virtual, que hicieron posible los sistemas de simulación con gran realismo, así como el trabajo a distancia en entornos peligrosos (plantas nucleares) o inaccesibles (microcirugía).

2000

La informática personal tuvo un crecimiento significativo gracias al progresivo abaratamiento de los costos de los equipos y a la diversificación de sus aplicaciones, pues el número de computadoras de uso doméstico creció notablemente. Destaca el concepto de aplicación multimedia, que combina texto, datos, gráficos, fotografías, animaciones, video y sonido, con un sistema de administración único. Otro aspecto importante es la informática móvil, basada en el uso de computadoras portátiles y, con ello, el desarrollo de las redes informáticas (internet) de alcance mundial. Debe mencionarse, por último, el crecimiento de empresas dedicadas a producir programas y servicios para computadoras personales.

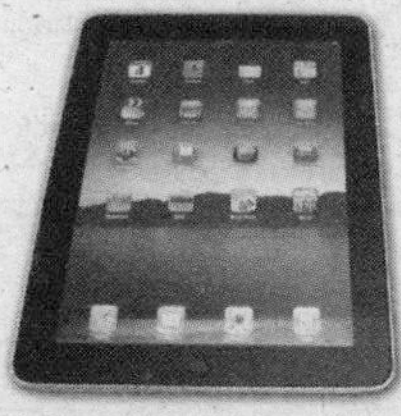

2010

Esta década se define por la innovación de los dispositivos de cómputo portátiles, que se distinguen por ser cada vez más pequeños e integrar la posibilidad de combinarlos con herramientas de comunicación, como la videoconferencia. Cuentan con capacidad de procesamiento y de almacenamiento suficientes para funcionar como reproductores de contenido en diversos formatos (multimedia) y como procesadores de datos.

Análisis de objeto técnico

◆ **Sección de un automóvil**

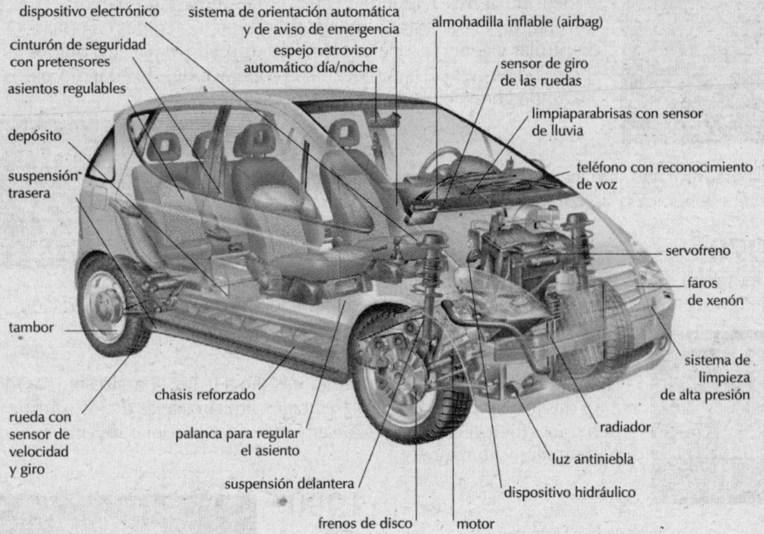
dispositivo electrónico
sistema de orientación automática y de aviso de emergencia
almohadilla inflable (airbag)
cinturón de seguridad con pretensores
espejo retrovisor automático día/noche
sensor de giro de las ruedas
asientos regulables
limpiaparabrisas con sensor de lluvia
depósito
teléfono con reconocimiento de voz
suspensión trasera
servofreno
faros de xenón
tambor
sistema de limpieza de alta presión
chasis reforzado
radiador
rueda con sensor de velocidad y giro
palanca para regular el asiento
luz antiniebla
suspensión delantera
dispositivo hidráulico
frenos de disco
motor

◆ **Tren de gran velocidad**

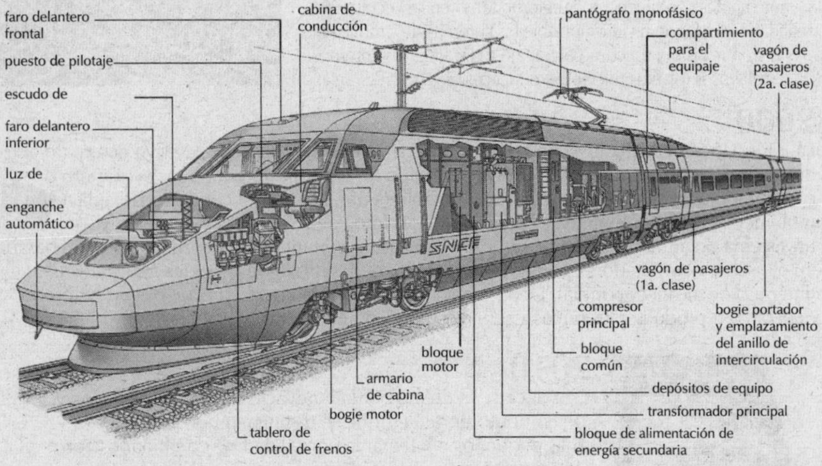
faro delantero frontal
cabina de conducción
pantógrafo monofásico
compartimiento para el equipaje
vagón de pasajeros (2a. clase)
puesto de pilotaje
escudo de
faro delantero inferior
luz de
enganche automático
SNCF
vagón de pasajeros (1a. clase)
compresor principal
bogie portador y emplazamiento del anillo de intercirculación
bloque motor
bloque común
armario de cabina
depósitos de equipo
bogie motor
transformador principal
tablero de control de frenos
bloque de alimentación de energía secundaria

Banderas

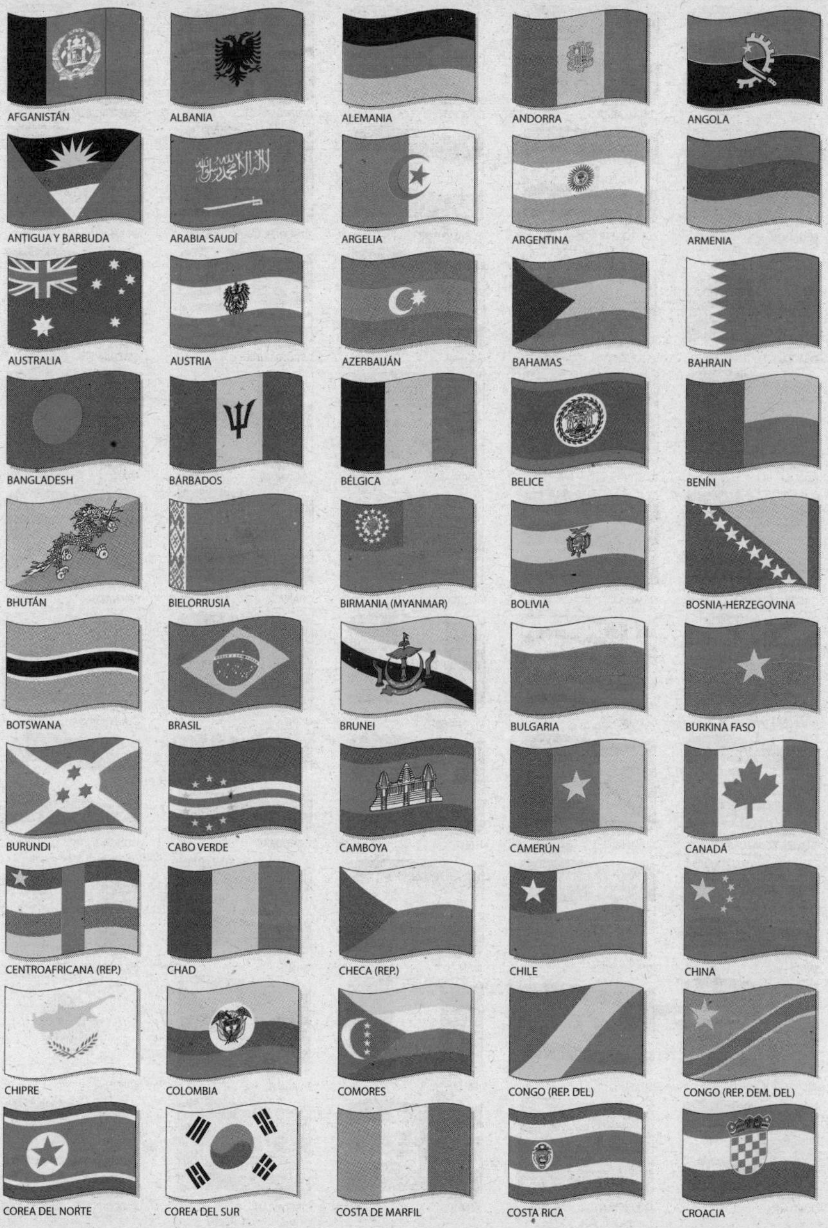
AFGANISTÁN
ALBANIA
ALEMANIA
ANDORRA
ANGOLA
ANTIGUA Y BARBUDA
ARABIA SAUDÍ
ARGELIA
ARGENTINA
ARMENIA
AUSTRALIA
AUSTRIA
AZERBAIJÁN
BAHAMAS
BAHRAIN
BANGLADESH
BARBADOS
BÉLGICA
BELICE
BENÍN
BHUTÁN
BIELORRUSIA
BIRMANIA (MYANMAR)
BOLIVIA
BOSNIA-HERZEGOVINA
BOTSWANA
BRASIL
BRUNEI
BULGARIA
BURKINA FASO
BURUNDI
CABO VERDE
CAMBOYA
CAMERÚN
CANADÁ
CENTROAFRICANA (REP.)
CHAD
CHECA (REP.)
CHILE
CHINA
CHIPRE
COLOMBIA
COMORES
CONGO (REP. DEL)
CONGO (REP. DEM. DEL)
COREA DEL NORTE
COREA DEL SUR
COSTA DE MARFIL
COSTA RICA
CROACIA

Banderas

CUBA · DINAMARCA · DJIBOUTI · DOMINICA · DOMINICANA (REP.)

ECUADOR · EGIPTO · EL SALVADOR · EMIRATOS ÁRABES UNIDOS · ERITREA

ESLOVAQUIA · ESLOVENIA · ESPAÑA · ESTADOS UNIDOS · ESTONIA

ETIOPÍA · FIDJI · FILIPINAS · FINLANDIA · FRANCIA

GABÓN · GAMBIA · GEORGIA · GHANA · GRANADA

GRAN BRETAÑA · GRECIA · GUATEMALA · GUINEA · GUINEA-BISSAU

GUINEA ECUATORIAL · GUYANA · HAITÍ · HONDURAS · HUNGRÍA

INDIA · INDONESIA · IRÁN · IRAQ · IRLANDA

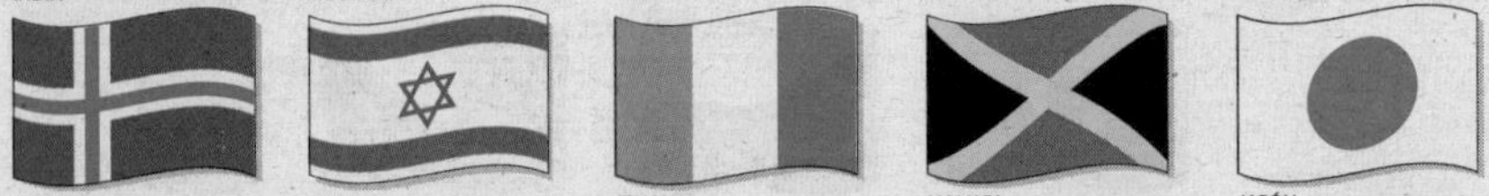

ISLANDIA · ISRAEL · ITALIA · JAMAICA · JAPÓN

JORDANIA · KAZAJSTÁN · KENYA · KIRGUISTÁN · KIRIBATI

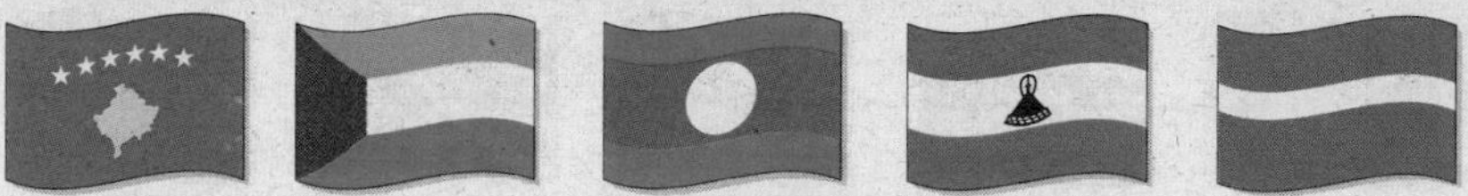

KOSOVO · KUWAIT · LAOS · LESOTHO · LETONIA

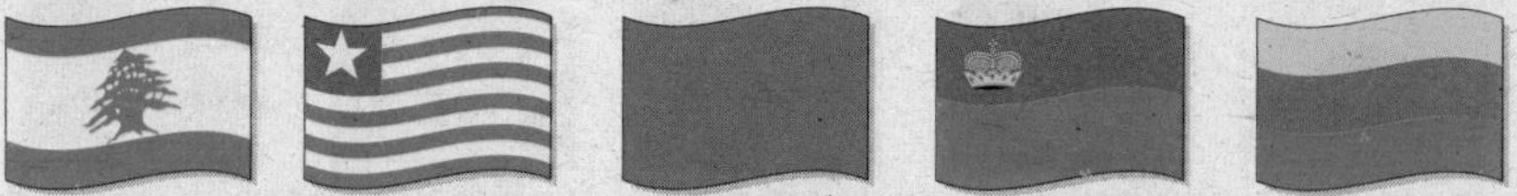

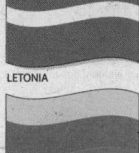

LÍBANO · LIBERIA · LIBIA · LIECHTENSTEIN · LITUANIA

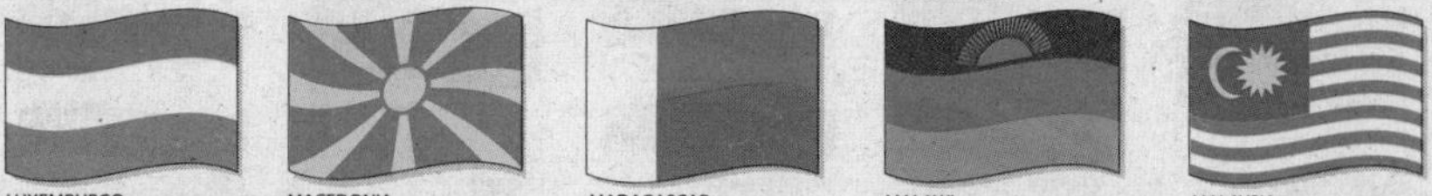

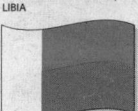

LUXEMBURGO · MACEDONIA · MADAGASCAR · MALAWI · MALAYSIA

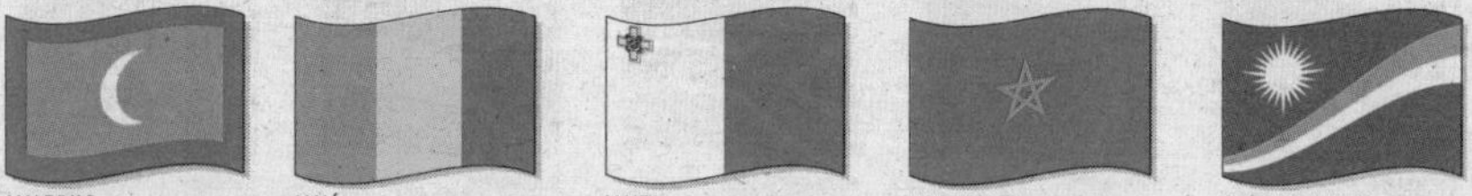

MALDIVAS · MALÍ · MALTA · MARRUECOS · MARSHALL, ISLAS

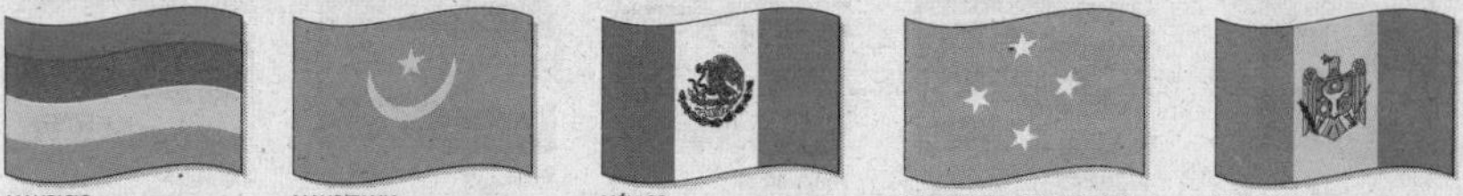

MAURICIO · MAURITANIA · MÉXICO · MICRONESIA (EST. FED. DE) · MOLDAVIA

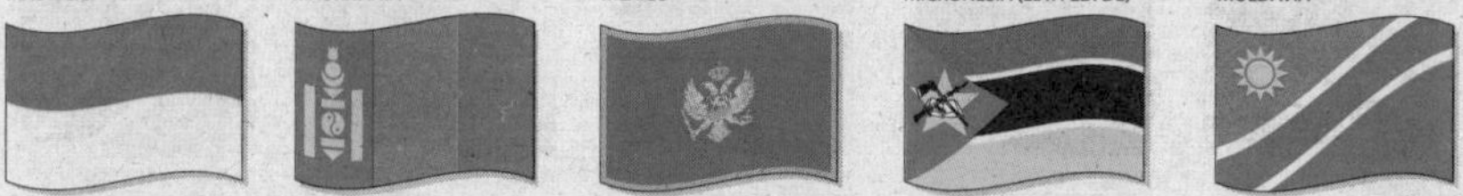

MÓNACO · MONGOLIA · MONTENEGRO · MOZAMBIQUE · NAMIBIA

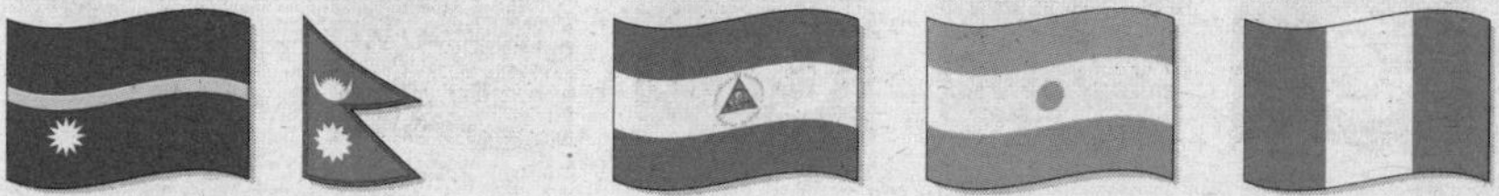

NAURU · NEPAL · NICARAGUA · NÍGER · NIGERIA

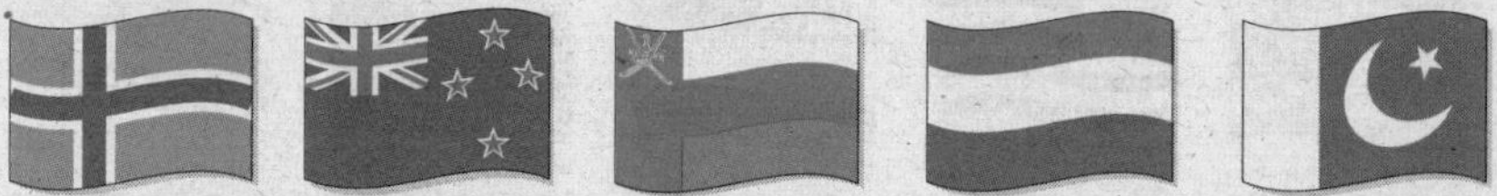

NORUEGA · NUEVA ZELANDA · OMÁN · PAÍSES BAJOS · PAKISTÁN

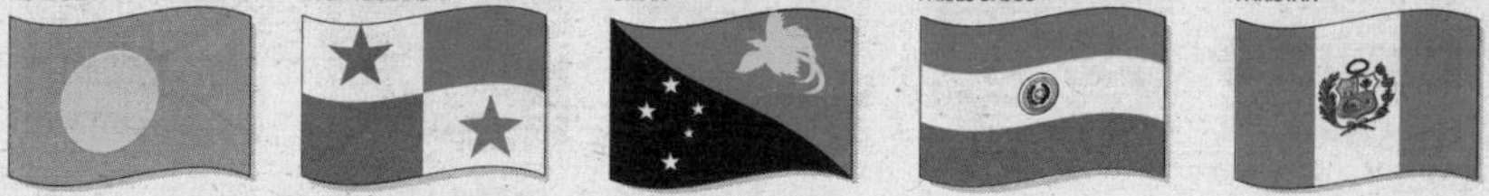

PALAUS · PANAMÁ · PAPÚA Y NUEVA GUINEA · PARAGUAY · PERÚ

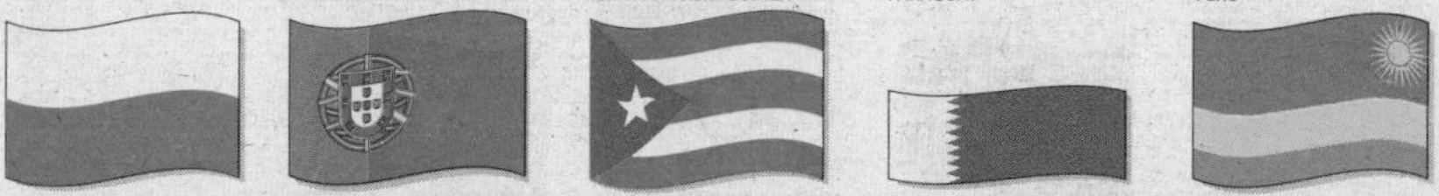

POLONIA · PORTUGAL · PUERTO RICO · QATAR · RUANDA

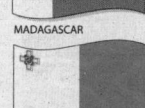

Banderas

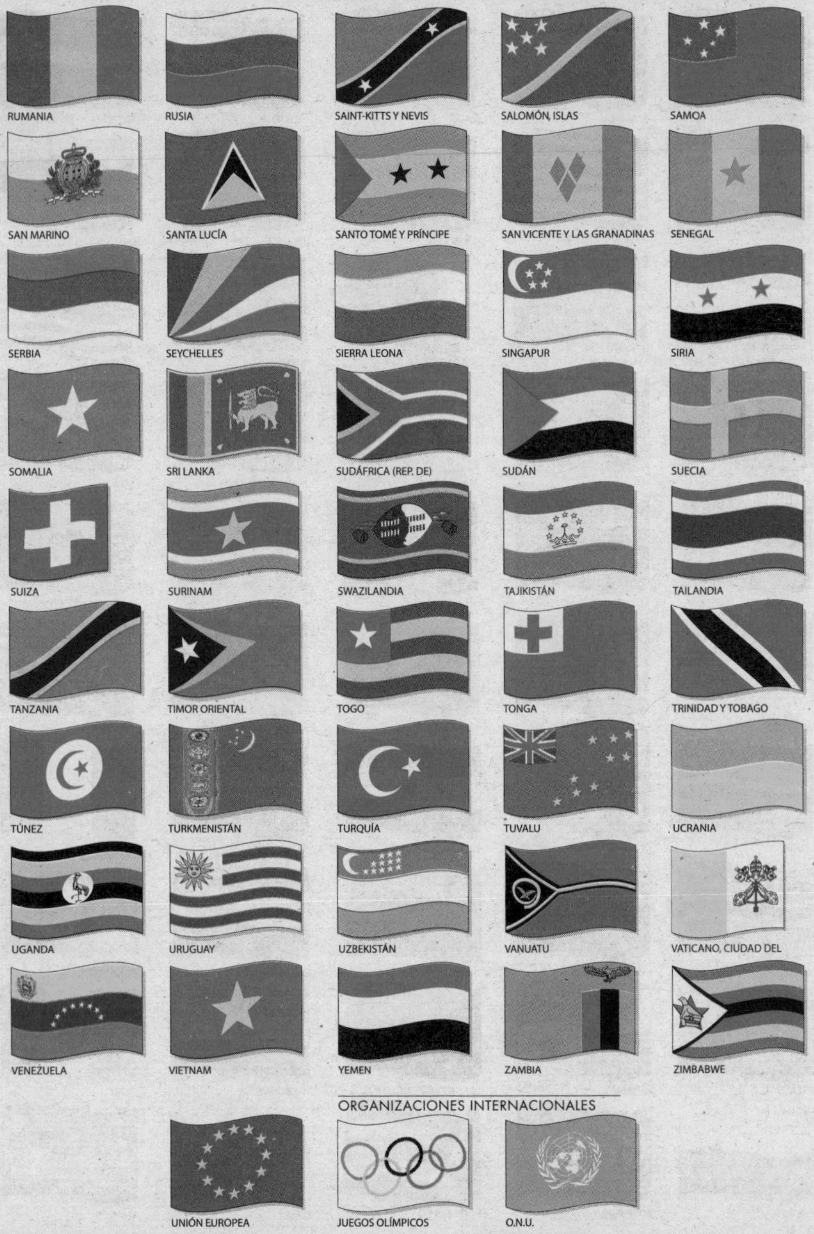

RUMANIA
RUSIA
SAINT-KITTS Y NEVIS
SALOMÓN, ISLAS
SAMOA
SAN MARINO
SANTA LUCÍA
SANTO TOMÉ Y PRÍNCIPE
SAN VICENTE Y LAS GRANADINAS
SENEGAL
SERBIA
SEYCHELLES
SIERRA LEONA
SINGAPUR
SIRIA
SOMALIA
SRI LANKA
SUDÁFRICA (REP. DE)
SUDÁN
SUECIA
SUIZA
SURINAM
SWAZILANDIA
TAJIKISTÁN
TAILANDIA
TANZANIA
TIMOR ORIENTAL
TOGO
TONGA
TRINIDAD Y TOBAGO
TÚNEZ
TURKMENISTÁN
TURQUÍA
TUVALU
UCRANIA
UGANDA
URUGUAY
UZBEKISTÁN
VANUATU
VATICANO, CIUDAD DEL
VENEZUELA
VIETNAM
YEMEN
ZAMBIA
ZIMBABWE
ORGANIZACIONES INTERNACIONALES
UNIÓN EUROPEA
JUEGOS OLÍMPICOS
O.N.U.

humus *s. m.* Componente del suelo que resulta de la descomposición parcial de residuos animales o vegetales realizada por microorganismos. *El humus es de color negruzco debido a que contiene gran cantidad de carbono.*

hundido, da *adj.* Derruido, sumergido, hincado, deshecho. || Abatido, apabullado, confundido.

hundimiento *s. m.* Acción y efecto de hundir o hundirse. || En medicina, tipo de fractura en el que se presenta una depresión del fragmento roto sobre planos inferiores.

hundir *t.* y *pr.* Sumergir, introducir algo por completo en un líquido. || Introducir o introducirse algo de manera total en una masa o materia. || Derrumbar o derrumbarse una construcción o edificio. || Hacer que algo descienda de la superficie en la que se apoya. *Hundir las manos en una bandeja de agua.* || *fig.* Arruinar a alguien o perjudicarlo mucho. || *fig.* Provocar que algo fracase. || *t. fig.* Derrotar a alguien en una discusión o una lucha. || *pr. fig.* Producirse mucho ruido y alboroto en un lugar.

húngaro, ra *adj.* y *s.* Originario de Hungría. || *s. m.* Magiar, lengua ugrofinesa que se habla principalmente en Hungría.

huno, na *adj.* y *s.* De un pueblo nómada asiático, pastor y guerrero, probablemente de origen mongol. *Los hunos invadieron Roma en los siglos IV y V.*

huracán *s. m.* Tempestad muy violenta con fuertes golpes de viento. *Durante un huracán, el viento puede alcanzar más de 117 kilómetros por hora.* || Viento muy fuerte. || *fig.* Cosa o persona de gran fuerza e ímpetu que trastorna todo lo que encuentra a su paso.

huracanado, da *adj.* Que tiene la fuerza o las características de un huracán.

huraño, ña *adj.* Persona que rehúye el trato y la conversación con las demás.

hurgar *t.* y *pr.* Remover con insistencia un hueco o el interior de algo. || *t. fig.* Andar fisgando en los asuntos ajenos.

hurgón *s. m.* Utensilio para atizar la lumbre y remover las brasas.

hurí *s. f.* Según el Corán, cada una de las vírgenes que se hallan en el paraíso y que están destinadas a la compañía y solaz de los fieles. *Las huríes poseen, además de gran belleza, el don de la eterna juventud.*

hurón, na *s.* Pequeño mamífero de la familia de los mustélidos, de cuerpo alargado y esbelto, patas cortas y pelaje suave; se utiliza para la caza de conejos o como mascota. || *s.* y *adj. fig.* y *fam.* Persona huraña e intratable. || *fig.* y *fam.* Persona que gusta de curiosear o fisgar en las vidas y asuntos ajenos.

huronear *intr.* Cazar utilizando hurones. || *fig.* y *fam.* Curiosear o fisgar procurando enterarse de las vidas o asuntos ajenos.

hurra *interj.* Expresa alegría y entusiasmo o aprobación. || En la marina de algunos países, grito reglamentario que lanza la tripulación de un buque para homenajear a los visitantes distinguidos.

hurtadillas *loc.* **A hurtadillas:** De manera disimulada o furtiva. *Los niños entraron a hurtadillas a la cocina y se comieron el pan.*

hurtar *t.* Cometer un hurto. || Escatimar un comerciante, en perjuicio del cliente, la medida o peso de una mercancía. || *t.* y *pr.* Ocultar algo, o desviarlo y apartarlo de su trayectoria.

hurto *s. m.* Robo que se comete furtivamente, sin violencia ni intimidación. || Producto de este tipo de robo.

húsar *s. m.* Militar de un cuerpo de caballería ligera creado en Francia en el siglo XVII. *Los primeros uniformes de los húsares fueron copiados de los de la caballería húngara.*

husmear *t.* Rastrear algo con el olfato. || *fig.* y *fam.* Tratar alguien de enterarse de asuntos que no le conciernen.

huso *s. m.* Instrumento en forma de cilindro para torcer y enrollar el hilo en el hilado a mano. || En biología, conjunto de filamentos que aparecen durante la división celular. *Los husos siguen a los cromosomas durante su ascenso a cada esfera que los atrae.* || En geometría, parte de una superficie de revolución comprendida entre dos semiplanos que pasan por el eje de dicha superficie y están limitados por ésta. || En la industria textil, instrumento cónico alrededor del cual se enrollan los hilos. || *loc.* ***Huso esférico:*** porción de la superficie de una esfera comprendida entre dos semicírculos máximos. || ***Huso horario:*** cada uno de los 24 husos geométricos convencionales en que se divide la superficie de la Tierra, y cuyos puntos tienen la misma hora legal.

huy *interj.* Exclamación que indica dolor físico agudo, extrañeza o asombro.

i

i *s. f.* Novena letra del alfabeto español y tercera de sus vocales. || En matemáticas, dentro de la teoría de los números complejos, unidad llamada *imaginaria*, cuyo cuadrado es igual a -1. || En la numeración romana, signo que equivale al uno. || *loc.* ***Poner los puntos sobre las íes:*** expresarse de forma clara y definida, puntualizar.

iatrogénico, ca *adj.* Se dice de la enfermedad provocada por la acción de un medicamento.

ibérico, ca *adj.* Ibero. || Relativo a España y Portugal en conjunto.

ibero, ra o **íbero, ra** *adj.* y *s.* De los pueblos prerromanos que habitaron las zonas mediterránea y meridional de la península ibérica. || *s. m.* Lengua preindoeuropea que hablaban los iberos.

iberoamericano, na *adj.* y *s.* De las naciones que forman parte de Iberoamérica. || *adj.* De dichas naciones, y de España y Portugal a la vez.

íbice *s. m.* Especie de cabra montesa que vive en los Alpes. *Los íbices tienen cuernos.*

ibídem *adv.* De allí mismo, o en el mismo lugar. Se abrevia *ibíd.* o *ibid.*

ibirapitá *s. f. Amér. C.* y *Amér. Merid.* Árbol tropical muy alto, de tronco grueso y madera dura y rojiza, útil para la construcción de casas y techos.

ibis *s. m.* Ave zancuda, de tamaño mediano, que se caracteriza por su largo pico curvado hacia abajo. *Los antiguos egipcios veneraban a una clase de ibis con plumaje blanco y negro, pues los consideraban encarnación del dios Thot.*

iceberg *s. m.* Bloque enorme de hielo desprendido de los glaciares, que flota en las regiones polares del océano. *La porción emergida de un iceberg puede medir 200 m de altura, pero representa apenas una quinta parte de su masa total.*

icónico, ca *adj.* Perteneciente o relativo al icono. || Relativo a la imagen, sobre todo la que representa un signo.

icono o **ícono** *s. m.* Imagen de Cristo, de la Virgen o de algún santo característica de las iglesias de oriente de la tradición bizantina. *Los iconos son pinturas de caballete sobre madera cubierta en determinados sitios con metal calado.* || Signo que identifica un objeto determinado mediante su semejanza con él. || En informática, símbolo gráfico que corresponde a la ejecución de alguna función y que aparece en la pantalla de la computadora. || En lingüística, signo en el que se da una relación de analogía con la realidad exterior.

iconoclasia o **iconoclastia** *s. f.* Doctrina del imperio bizantino que consideraba como idolatría, y prohibía, la representación y veneración de las imágenes de Cristo y los santos. *La iconoclasia fue proclamada como oficial por los emperadores León III el Isáurico, Constantino V Coprónimo y León V el Armenio.*

iconoclasta *adj.* y *s. com.* Perteneciente o relativo a la iconoclasia, o partidario de dicha doctrina. || Por extensión, se dice de la persona enemiga de signos y emblemas, ya sean religiosos, politicos o deportivos. || Persona que rechaza cualquier valor establecido.

iconografía *s. f.* Estudio descriptivo de las diferentes representaciones plásticas y gráficas de que ha sido objeto un sujeto determinado. *La iconografía mariana.* || Conjunto clasificado de las imágenes correspondientes a dicho estudio. || Colección de retratos de un personaje.

iconográfico, ca *adj.* Perteneciente o relativo a la iconografía.

icosaedro *s. m.* Cuerpo geométrico que tiene veinte caras planas; las del regular son triángulos equiláteros iguales.

icoságono *adj.* y *s. m.* Figura geométrica de 20 lados.

ictericia *s. f.* Enfermedad que se caracteriza por la coloración amarilla de la piel, ocasionada por la presencia de pigmentos biliares en la sangre y en los tejidos.

ictérico, ca *adj.* Perteneciente o relativo a la ictericia. || *s.* Que padece esta enfermedad.

ictiófago, ga *adj.* y *s.* Que se alimenta de peces.

ictiología *s. f.* Parte de la zoología que estudia y describe los peces.

ictiológico, ca *adj.* Perteneciente o relativo a la ictiología.

ictiólogo, ga *s.* Especialista en ictiología.

ida *s. f.* Acción y efecto de ir o irse. *Planean una ida a las montañas.* || *loc.* ***Encuentro de ida:*** en deportes, primer encuentro de una eliminatoria que se disputa a doble partido.

idea *s. f.* Representación mental de una cosa, sea ésta real o imaginaria. || Noción o concepción elemental de algo. || Propósito de realizar alguna actividad. *Contempla la idea de convertir la terraza en un huerto hidropónico.* || Ocurrencia o hallazgo. || Manera en que algo se interpreta. *Tiene la idea de que su prima lo mira feo, pero en realidad ella es bizca.* || Ingenio, inventiva o maña para realizar cosas. || Parte sustancial de una doctrina o razonamiento. || Proyecto, esquema o boceto de algo. || *pl.* Creencia o ideología política o religiosa. || *loc.* ***Idea fuerza:*** eje de un razonamiento y germen de acción; idea principal de un proyecto.

ideación *s. f.* Génesis y proceso de la formación de las ideas.

ideal *adj.* Perteneciente o relativo a la idea o las ideas. || Que sólo existe en la imaginación. || Que es modelo de excelencia, o perfecto en su clase. || *s. m.* Perfección que imagina el espíritu sin poder alcanzarla por completo. || Cosa a la que se aspira o se pretende. || Ideas o doctrina que alguien profesa de manera apasionada, haciéndolas motor de su existencia. || En matemáticas, tratándose de un anillo conmutativo en que las operaciones definidas son la suma y el producto, aditivo estable respecto de la multiplicación, tal que el producto de un elemento cualquiera del subgrupo por un elemento cualquiera del anillo, está contenido en el subgrupo.

idealismo *s. m.* Tendencia a idealizar las cosas. || Filosofía que reduce la realidad al ser, y el ser al pensamiento.

idealista *adj.* y *s. com.* Perteneciente o relativo al idealismo. || Partidario de dicha doctrina filosófica. || Se dice de la persona que es propensa a idealizar las cosas.

idealización *s. f.* Acción y efecto de idealizar. || En psicoanálisis, proceso por el que el objeto del deseo de alguien aumenta, en la imaginación de éste, sus cualidades, o es investido de atributos que en la realidad no posee.

idealizador, ra *adj.* Que idealiza.

idealizar *t.* Considerar a una persona o una cosa como perfectas, o modelos dignos de ser imitados.

idear *t.* Discurrir, pensar. || Inventar, proyectar, trazar.
ideario *s. m.* Colección de las ideas principales de un autor, personaje histórico, escuela de pensamiento, etc.
ideático, ca *adj. Bol. Chil. Col. Méx.* y *Ven.* Se aplica a la persona que se obsesiona con una idea. || *Hond.* Se aplica a la persona que tiene muchas ideas para resolver las cosas.
ídem *pron.* Procedente del pronombre latino *ídem*, significa *el mismo* o *lo mismo*; se usa para evitar repeticiones, por ejemplo cuando en un texto se cita varias veces la obra de un autor. Se abrevia *íd.* o *id.*
idéntico, ca *adj.* Que es completamente igual a otro de su clase, o muy parecido.
identidad *s. f.* Cualidad de idéntico. || Conjunto de características y circunstancias que llevan al reconocimiento de alguien o algo sin posibilidad de que se confunda con otro. || Hecho de ser una persona, efectivamente, quien dice ser. || En matemáticas, igualdad en la que ambos miembros toman valores numéricos iguales para todo el sistema de valores atribuido a las variables. || *loc. Amér.* ***Cédula*** o ***carnet de identidad:*** documento oficial emitido por una autoridad competente, para la identificación personal de los ciudadanos. || *loc.* ***Identidad social:*** en psicología, conciencia que tiene una persona de pertenecer a uno o varios grupos sociales o a un territorio, y significación emocional y valorativa que da a dicha circunstancia. || ***Placa de identidad:*** placa metálica que llevan los militares colgada de una cadena en el cuello cuando participan en alguna operación. || ***Principio de identidad:*** principio fundamental de la lógica tradicional, según el cual toda cosa es igual a sí misma.
identificable *adj.* Que puede ser identificado.
identificación *s. f.* Acción y efecto de identificar o identificarse. || En psicoanálisis, proceso psíquico por el cual un sujeto se asimila a otra persona o a un objeto afectivo. || Documento oficial con la fotografía y los datos de una persona, el cual permite identificarla.
identificar *t.* Reconocer que una persona, animal o cosa es la misma que se supone o se busca. || *t.* y *pr.* Considerar dos o más cosas como idénticas. || *pr.* Solidarizarse con alguien o con alguna causa. || Acreditar alguien su identidad para ser reconocido.
ideografía *s. f.* Representación directa, mediante símbolos gráficos, del sentido de las palabras.
ideográfico, ca *adj.* Perteneciente o relativo a la ideografía. *Los jeroglíficos y los «emoticonos» de internet son escritura ideográfica.*
ideograma *s. m.* En lingüística, signo gráfico que representa el sentido de una palabra y no sus sonidos. *Las escrituras china y japonesa son a base de ideogramas.*
ideología *s. f.* Conjunto de ideas características de una persona, un movimiento social o político o una época. || Según el marxismo, representación de la realidad propia de una clase social, la cual depende del sitio que dicha clase ocupa en el modo de producción y del papel que desempeña en la lucha de clases.
ideológico, ca *adj.* Perteneciente o relativo a la ideología.
ideologización *s. f.* Acción y efecto de ideologizar o ideologizarse.
ideologizar *t.* y *pr.* Imbuir en alguien una ideología determinada, o adoptarla una persona o grupo.
ideólogo, ga *s.* Persona que crea ideas, o que, por entregarse a las ideas abstractas, se desentiende de la realidad. || Filósofo que, durante los siglos XVIII y XIX, analizaba el origen de las ideas.
ideoso, sa *adj. Guat.* y *Méx.* Se aplica a la persona que tiene muchas ideas para resolver las cosas.
idílico, ca *adj.* Perteneciente o relativo al idilio. || Que es muy agradable y placentero.
idilio *s. m.* Episodio amoroso, aventura romántica. || Composición poética cuyo tema versa sobre los amoríos de los pastores.
idiocia *s. f.* En medicina, déficit intelectual profundo en el que el cociente intelectual no pasa de 20, lo cual, entre otras cosas, impide que quien lo padece pueda adquirir el lenguaje. *La idiocia puede tener causas orgánicas o psíquicas.*
idiolecto *s. m.* En lingüística, conjunto de las variantes de un idioma que son propias de una persona en un momento determinado.
idioma *s. m.* Sistema de comunicación o lengua, y signos que la representan, que utiliza un grupo humano para comunicarse. || *loc.* ***Idioma oficial:*** el que un Estado adopta para sus comunicaciones y actos o documentos políticos.
idiomático, ca *adj.* Perteneciente o relativo al idioma.
idiosincrasia *s. f.* Manera de ser y temperamento que son característicos de una comunidad humana o una persona.
idiosincrásico, ca *adj.* Perteneciente o relativo a la idiosincrasia.
idiota *adj.* y *s. com.* Dicho de una persona, que es poco inteligente e ignorante. || Persona que padece idiocia.
idiotez *s. f.* Dicho o hecho propio de un idiota, tontería. || Idiocia.
idiotismo *s. m.* Ignorancia. || En lingüística, expresión o construcción peculiar de una lengua que no se ajusta a las reglas gramaticales, o al significado de las palabras, de la misma. *Las frases «dos que tres» y «golpes de pecho» son idiotismos.*
idiotizar *t.* y *pr.* Volver o volverse idiota.
ido, da *adj. fam.* Que es muy distraído. || Que padece algún tipo de trastorno mental.
idólatra *adj.* y *s. com.* Que idolatra.
idolatrar *t.* Adorar ídolos. || *fig.* Amar en exceso a una persona o cosa.
idolatría *s. f.* Cualidad de idólatra. || Adoración a los ídolos, acción y efecto de idolatrar. || Amor excesivo hacia una persona o cosa.
ídolo *s. m.* Objeto inanimado, por lo general una escultura, al que se considera una deidad y se le rinde culto. || *fig.* Persona o cosa que se admira o ama en exceso.
idoneidad *s. f.* Cualidad de idóneo.
idóneo, a *adj.* Que resulta adecuado, suficiente o apropiado para realizar algo.
igarapé *s. m. Col. Ecuad.* y *Per.* Canal estrecho de gran extensión que atraviesa la selva amazónica.
iglesia *s. m.* Conjunto de las personas que profesan la religión católica. En esta acepción, se escribe con mayúscula. || Conjunto del clero y los fieles de la religión católica en un país. || Estado eclesiástico que comprende a todos quienes han recibido las órdenes religiosas. || Gobierno general eclesiástico, encabezado por el Papa, del cual forman parte los concilios y los prelados. || Cualquiera de las comunidades de extracción cristiana que se definen a sí mismas como iglesias. *La Iglesia protestante, la Iglesia bautista.* || Templo católico, edificio donde se reúnen los fieles para los oficios de culto.
iglú *s. m.* Construcción de bloques de hielo, en forma de media esfera y con una entrada pequeña, que en los climas polares sirve para refugiarse del frío y las tormentas o pasar el invierno.
ignaro, ra *adj.* Ignorante, que no tiene conocimientos.
ígneo, a *adj.* Perteneciente o relativo al fuego, o que tiene alguna de sus propiedades.
ignición *s. f.* Acción y efecto de estar ardiendo un material combustible. || Acción y efecto de estar al rojo vivo a causa de una muy alta temperatura un material incombustible. || Operación de encendido de los propulsores de un cohete espacial.
ignífero, ra *adj.* Que contiene fuego, o arroja fuego. Esta palabra se usa en lenguaje poético.
ignífugo, ga *adj.* Dicho de un tejido o material, que resiste a la combustión

y por lo tanto protege del fuego. || *s. m.* Sustancia para hacer que los objetos o materiales combustibles sean ininflamables.
ignominia *s. f.* Deshonra, situación de la persona que por sus acciones ha perdido por completo el respeto y consideración de los demás. || Motivo que causó dicha situación. || Afrenta o mala acción perpetrada contra alguien.
ignominioso, sa *adj.* Que es causa u ocasión de ignominia.
ignorancia *s. f.* Falta de conocimientos y cultura en general. || Desconocimiento de una materia en particular, o de una situación o circunstancia.
ignorante *adj.* y *s. com.* Que no tiene instrucción, cultura ni conocimientos. || Que no está enterado de un tema o asunto determinado.
ignorar *t.* No saber, desconocer algo. || *fig.* No prestar atención a alguien o algo de forma deliberada.
ignoto, ta *adj.* Que no es conocido o no ha sido descubierto.
igual *adj.* Que tiene la misma forma, peso, valor, tamaño, calidad, etc., que otra persona o cosa, o que comparte las cualidades de ésta. || Dicho de una superficie o terreno, que es lisa y sin desniveles. || Proporcionado con relación a otra cosa. *El reconocimiento debe ser igual a los méritos reales.* || Constante, sin variaciones. || En geometría, se dice de las figuras que, al superponerse, se confunden en su totalidad. || *s. com.* Dicho de una persona, que es de la misma clase social, profesión, religión o condición que otra. || Signo matemático compuesto por dos guiones paralelos (=) que indica igualdad entre dos expresiones. || *adv.* De la misma manera que otro. || Tal vez, posiblemente, quizá. *Igual y después de la función de teatro vamos a cenar.* || *Arg. Chil.* y *Uy.* A pesar de todo, así y todo. || *loc.* ***Sin igual:*** extraordinario, fuera de lo común, singular.
iguala *s. f.* Igualación. || Pacto o ajuste por el que se contratan los servicios de alguien y cantidad que se paga por dicho ajuste. *El jardinero recibirá una iguala mensual por venir cada semana a podar el césped.* || *Esp.* Convenio por el cual un cliente paga al médico una determinada cantidad anual a cambio de sus servicios.
igualación *s. f.* Acción y efecto de igualar o igualarse.
igualado, da *adj. Guat.* y *Méx.* Dicho de una persona, que pretende igualarse con otras de clase social superior. || *Méx.* Persona mal educada, grosera y confianzuda.
igualador, ra *adj.* y *s.* Que iguala.
igualamiento *s. m.* Acción y efecto de igualar.
igualar *t.* y *pr.* Hacer que dos o más personas o cosas sean iguales. || Contratar los servicios de alguien a cambio de una iguala. || En tauromaquia, hacer que el toro coloque sus cuatro patas perpendiculares y paralelas entre sí. || Allanar, reducir algo al mismo nivel. || En los juegos de azar, hacer una apuesta igual a la que ha hecho otro jugador. || *intr.* y *pr.* Ser una persona o cosa igual a otra. || Tratar alguien a otros como si fueran de la misma condición que él.
igualatorio, ria *adj.* Que tiende a establecer igualdad. || *Esp.* Convenio entre médicos y clientes en los que estos últimos, mediante el pago de una iguala, reciben atención médica y algunos servicios complementarios.
igualdad *s. f.* Cualidad de lo que es igual a otra cosa. || Constancia en el comportamiento de algo que se mantiene invariable. || *loc.* ***Igualdad algebraica:*** conjunto de dos expresiones algebraicas relacionadas entre sí mediante el signo de igual.
igualitario, ria *adj.* Que contiene igualdad, o que tiende a que la haya. || Que busca y propugna la igualdad social.
igualitarismo *s. m.* Corriente de pensamiento social que persigue la desaparición de las diferencias sociales.
iguana *s. f.* Reptil saurio de las regiones tropicales de América, que se caracteriza por tener una gran papada, cresta dorsal y cola muy larga. *Las iguanas ponen sus huevos bajo la tierra, son muy buenas trepadoras y su alimentación es herbívora.*
ijada *s. f.* Ijar, parte del cuerpo humano y de algunos animales comprendida entre los huesos de la cadera y las falsas costillas. || Parte ventral del cuerpo de los peces.
ijar *s. m.* Ijada.
ilación *s. f.* Relación que guardan entre sí las ideas de un razonamiento o un discurso.
ilativo, va *adj.* Que establece ilación. || Perteneciente o relativo a la ilación. || *loc.* ***Conjunción,*** u ***oración ilativa:*** conjunción u oración consecutiva.
ilegal *adj.* Contrario a las leyes, que no es legal.
ilegalidad *s. m.* Cualidad de ilegal, circunstancia de estar fuera de la ley. || Acto ilegal.
ilegalización *s. f.* Acción y efecto de ilegalizar.
ilegalizar *t.* Decretar una autoridad que pase a ser ilegal algo que antes no lo era.
ilegalmente *adv.* Sin legalidad, de manera ilegal. || Contra la ley.
ilegibilidad *s. f.* Cualidad de ilegible.
ilegible *adj.* Que no puede leerse. *La carta se mojó y quedó ilegible.* || Que no debe leerse.
ilegitimar *t.* Privar a alguien o algo de su legitimidad. || Desconocer a quien se tenía por legítimo, o hacer que quien lo es, deje de serlo.
ilegítimo, ma *adj.* Que no cumple con las condiciones requeridas por la ley. *Una propiedad ilegítima.*
íleo *s. m.* En medicina, oclusión intestinal, obstrucción del intestino que produce cólicos agudos.
ileocecal *adj.* Perteneciente o relativo al colon y al ciego simultáneamente.
íleon *s. m.* Tercera parte del intestino delgado. *El íleon se halla entre el yeyuno y el intestino grueso.*
ileso, sa *adj.* Que no ha recibido daño ni heridas en algún percance o accidente.
iletrado, da *adj.* y *s.* Que no ha recibido instrucción, analfabeta. || Que no tiene cultura.
iliaco, ca o **ilíaco, ca** *adj.* y *s.* Perteneciente o relativo a las paredes laterales de la pelvis y al íleon. || *loc.* ***Fosa iliaca:*** región lateral e inferior de la cavidad abdominal. || ***Hueso iliaco:*** cada uno de los dos huesos que forman la cavidad pélvica.
ilícito, ta *adj.* Que está prohibido por las leyes o la moral.
ilimitable *adj.* Que no puede ser limitado.
ilimitado, da *adj.* Que no tiene límites, o que no los presenta.
ilion *s. m.* Porción superior del hueso iliaco o coxal, de forma plana y ancha, que forma el saliente de la cadera.
ilocalizable *adj.* Que no puede ser localizado.
ilógico, ca *adj.* Que no tiene lógica, o que va contra la lógica.
iluminación *s. f.* Acción y efecto de iluminar o iluminarse. || Conjunto de luces que se colocan para iluminar o decorar calles, sitios públicos o recintos cerrados. *La iluminación del museo.* || Conjunto de luces que se utilizan para realzar una representación teatral, u otro espectáculo. || Cantidad de luz que entra por las ventanas o que hay en algún lugar. || Ilustración y decoración en colores de un manuscrito. || Inspiración, idea que llega súbitamente. || Esclarecimiento sobre alguna cuestión mística que llega mediante el raciocinio o una experiencia extraordinaria.
iluminado, da *adj.* Que cuenta con luz suficiente. *Una habitación bien iluminada.* || Dicho de una persona, que tiene visiones místicas o revelaciones que le han llevado a modificar su manera de ver la vida. || *s. m. pl.* Miembros de diferentes sectas religiosas de los siglos XVI al XVIII, que pretendían ser iluminados por Dios directamente, sin recurrir a los sacramentos. || Nombre dado a los miembros de algunas antiguas sociedades masónicas.
iluminador, ra *adj.* Que ilumina, ya sea en el sentido material o espiritual. *Buda tuvo una experiencia iluminado-*

ra que cambió su vida. || *s.* Artista que ilustra manuscritos, en particular los que lo hacían en el medievo. || Persona cuya profesión es iluminar los escenarios para representaciones teatrales o filmaciones.
iluminar *t.* Dar luz, alumbrar, hacer que lo que estaba oscuro deje de estarlo. || Decorar con luces un recinto o un escenario. || Decorar un manuscrito con iluminaciones. || *t.* y *pr. fig.* Recibir alguien una revelación mística o un conocimiento proveniente de la divinidad. || Hacer feliz a alguien con algo, o alegrarse una persona ostensiblemente.
iluminismo *s. m.* Doctrina seguida por algunos movimientos religiosos marginales, según la cual Dios da directamente revelaciones o inspiraciones para iluminar a los hombres.
ilusión *s. f.* Percepción de un objeto o una imagen de manera diferente a como es en realidad. || Efecto de prestidigitación, sobre todo los que resultan espectaculares. || Sentimiento de alegría y expectación producido por la esperanza de realizar un deseo. || Deseo y esperanza poco fundados de llegar a realizar algo. *Su ilusión es llegar a ser estrella de la ópera, pero hasta ahora no ha tomado ni una clase de canto.* || *loc.* ***Hacerse,*** o ***forjarse ilusiones:*** esperar, sin fundamento real, que se realice determinado deseo. || ***Ilusión óptica:*** error de la vista relativo a la forma, dimensiones, color o movimiento de los objetos. || ***Ilusión óptico-geométrica:*** error en la percepción visual de figuras geométricas, consistente en subestimar o sobreestimar sistemáticamente su longitud, superficie, curvatura de sus ángulos, dirección o vertical.
ilusionado, da *adj.* Que siente o provoca ilusión.
ilusionar *t.* y *pr.* Causar algo ilusión, o sentirla alguien. || Hacer que alguien alimente ilusiones o esperanzas.
ilusionismo *s. m.* Arte de producir, empleando artificios, fenómenos espectaculares que aparentemente contradicen las leyes naturales.
ilusionista *adj.* y *s. com.* Persona que se dedica profesionalmente a realizar ejercicios de ilusionismo.
iluso, sa *adj.* y *s.* Se dice de la persona que está engañada con una ilusión, o que tiende a ilusionarse fácilmente por cosas poco reales.
ilusorio, ria *adj.* Que es pura ilusión, que no tiene fundamento ni valor real.
ilustración *s. f.* Acción y efecto de ilustrar. || Dibujo, grabado o fotografía que ilustra un texto para complementarlo. || Instrucción, cultura. || Movimiento cultural que se dio en Europa y sus colonias americanas comprendido entre la segunda revolución inglesa de 1688 y la Revolución Francesa. En este sentido, se escribe con mayúscula. *La Ilustración propugnaba una moral sin ambiciones totalizadoras para lograr la felicidad general mediante el progreso, la educación, el combate a la superstición y el rechazo a la religiosidad tradicional, unidos al interés por las matemáticas y las ciencias naturales.*
ilustrado, da *adj.* Instruido, culto, docto. || Libro o documento cuyos textos se complementan o adornan con dibujos, grabados o fotografías. || *s.* Perteneciente o relativo a la Ilustración, o persona adscrita a ese movimiento intelectual.
ilustrador, ra *s.* Persona que se dedica profesionalmente a hacer ilustraciones.
ilustrar *t.* y *pr.* Proporcionar, o adquirir alguien, conocimientos o cultura. || Aclarar un punto o una materia. || Complementar un texto con imágenes alusivas a su contenido.
ilustrativo, va *adj.* Que ilustra, que proporciona o amplía conocimientos.
ilustre *adj.* Que proviene de un linaje noble o un origen distinguido. || Que por sus méritos ha sobresalido de manera extraordinaria en una actividad determinada. || Título de dignidad que se da a personas o instituciones de méritos sobresalientes.
imagen *s. f.* Representación de algo por medios gráficos, plásticos o audiovisuales. || Representación impresa de un personaje. *La única imagen conocida de ese prócer es una foto de cuando era joven.* || Reflejo de una persona o un objeto producido por la superficie del agua, un espejo o un instrumento óptico. *Según el mito, Narciso se enamoró de su imagen.* || Representación mental de un ser o un objeto. || Parecido de una persona o cosa con otra, o lo que la imita o reproduce. || Expresión corporal o gesto que refleja una pasión o sentimiento. *Ese tipo era la imagen viva de la codicia.* || Palabra o expresión que sugiere alguna cosa con la cual tiene relación o guarda analogía. || En matemáticas, refiriéndose a una aplicación de un conjunto C en un conjunto C', elemento de C que corresponde a un elemento dado de C'. || *loc.* ***A imagen (y semejanza) de:*** de manera parecida o igual. || ***Derecho a la propia imagen:*** derecho que toda persona tiene sobre su propia representación externa. || ***Frecuencia de imagen:*** número de imágenes completas que un determinado sistema de televisión transmite por segundo.
imaginable *adj.* Que puede ser imaginado.
imaginación *s. f.* Facultad de la mente para reproducir rastros de impresiones sensoriales, o producir imágenes reales o irreales. || Capacidad para crear, concebir ideas o inventar. || Sospecha sin fundamento o idea falsa. || *loc. fam.* ***Ni por imaginación:*** sin que siquiera se haya imaginado de lo que se trata algo.
imaginar *t.* y *pr.* Representar una cosa, real o ficticia, en la mente. || Suponer, pensar, creer. *Imagino que estuvo muy ocupado el fin de semana y por eso no llamó.*
imaginaria *s. f.* Guardia militar que se dispone para prestar servicio en caso de ser necesario. || *s. m.* Cada uno de los soldados que, por turno, velan durante la noche en los dormitorios de un cuartel.
imaginario, ria *adj.* Que sólo existe en la imaginación. || En matemáticas, se dice de la parte de un número complejo que resulta del producto de un número real por *i*. || *s. m.* Concepción colectiva y popular que se tiene sobre la realidad cultural, social y política de una determinada comunidad, tenga o no fundamentos reales.
imaginativa *s. f.* Capacidad para representar cosas en la mente.
imaginativo, va *adj.* Se dice de la persona que tiene mucha imaginación, o en la que ésta predomina sobre otras facultades. || Perteneciente o relativo a la imaginación.
imaginería *s. f.* Arte y oficio de los imagineros. || Conjunto de imágenes sagradas. || Conjunto de imágenes o expresiones utilizadas por un autor, una escuela, o propias de una época.
imaginero, ra *s.* Artista cuyo oficio consiste en esculpir imágenes religiosas.
imago *s. m.* Insecto adulto que ha alcanzado su desarrollo completo.
imán *s. m.* Óxido natural de hierro que, por sus propiedades magnéticas, atrae a éste y otros metales. || Barra de acero que, por medios artificiales, ha adquirido propiedades magnéticas. || *fig.* Cualidad de una persona que la hace atractiva a otras.
imán o **imám** *s. m.* Jefe religioso musulmán que dirige la oración colectiva. || Título dado a ciertos jurisconsultos o dirigentes políticos musulmanes.
imanación *s. f.* Imantación.
imanar *t.* y *pr.* Imantar.
imantación *s. f.* Acción y efecto de imantar o imanar.
imantar *t.* y *pr.* Comunicar a un cuerpo, o adquirir éste, las propiedades del imán.
imbatible *adj.* Que no puede ser batido o derrotado.
imbatido, da *adj.* Que no ha sido derrotado o vencido, en especial en una competencia deportiva.
imbécil *adj.* y *s. com.* Estúpido, tonto, poco inteligente. || En medicina, se dice de la persona que padece imbecilidad o retraso mental.

imbecilidad *s. f.* Cualidad o estado del imbécil. || Dicho o hecho propio de un imbécil, tontería grande. || En medicina, retraso mental profundo, en el que el cociente intelectual alcanza entre 20 y 50 y la edad mental en el adulto afectado corresponde a la de un niño entre dos y siete años.
imberbe *adj.* Se dice del varón que todavía no tiene barba.
imborrable *adj.* Que no puede borrarse, indeleble.
imbricación *s. f.* Acción y efecto de imbricar o imbricarse. || En arquitectura, adorno de elementos sobrepuestos a la manera de las escamas de los peces, como las tejas.
imbricado, da *adj.* Que está compuesto por elementos que se sobreponen unos a otros parcialmente, como las escamas de los peces.
imbricar *t.* y *pr.* Sobreponer a una cosa parte de otra, imitando la disposición de las escamas de los peces.
imbuir *t.* y *pr.* Inculcar en alguien ciertas ideas, creencias o pensamientos, o adoptarlos.
imitable *adj.* Que puede ser imitado. || Que es digno de ser imitado.
imitación *s. f.* Acción y efecto de imitar. || Acto u objeto que se realiza imitando a otro. || Producto industrial o artesanal que imita otro más valioso. *Una joya de imitación.* || En música, término para designar una escritura que se basa en la repetición de un corto motivo tratado en el estilo contrapuntístico.
imitador, ra *adj.* y *s.* Que imita.
imitar *t.* Hacer algo que se asemeja a otra persona o cosa. || Reproducir de manera exacta, o muy parecida, algún objeto o un rasgo característico de alguien.
imitativo, va *adj.* Perteneciente o relativo a la imitación. *Los niños pequeños suelen tener conductas imitativas.*
impaciencia *s. f.* Cualidad de impaciente. || Irritación causada por algo que molesta, exasperación.
impacientar *t.* y *pr.* Hacer que alguien pierda la paciencia, o perderla.
impaciente *adj.* Que carece de paciencia. || Que tiene gran deseo de saber algo, o de que algo ocurra. || Preocupado, desasosegado, intranquilo.
impactar *t.* y *pr.* Chocar una persona, animal o cosa con otra de manera violenta. || Impresionar sobremanera, causando desconcierto, una noticia o suceso.
impacto *s. m.* Choque de un proyectil contra el blanco, y señal que deja. || Choque violento de una persona, animal u objeto contra otro. || *fig.* Efecto intenso y desconcertante que produce un suceso o noticia. || *loc.* ***Impacto ambiental:*** consecuencias que producen en el medio ambiente las perturbaciones o modificaciones parciales o totales de éste. || ***Punto de impacto:*** punto donde la trayectoria de un proyectil encuentra su objetivo.
impagable *adj.* Acción que, por su muy alto valor, no puede ser pagada o devuelta. || Que no se puede pagar. *La deuda acumuló tantos intereses que se volvió impagable.*
impagado, da *adj.* y *s. m.* Dicho de una deuda o recibo, que no han sido pagados.
impago *s. m.* Situación en la que se encuentra lo que todavía no se ha pagado. || Omisión del pago de una deuda cuyo plazo se ha vencido.
impala *s. m.* Antílope del sur y el oriente de África, cuyo macho tiene cornamenta en forma de lira. *Los impalas viven en manadas y son muy ágiles.*
impalpable *adj.* Que es tan fino y de poca densidad, que casi no produce sensación al tacto. || Muy sutil, casi imperceptible. || *loc. Arg. Bol. Ecua. Py. Per.* y *Uy.* ***Azúcar impalpable:*** azúcar molido hasta el grado de polvo muy fino, al que se le agrega un poco de almidón; azúcar glas.
impar *adj.* Se dice del número entero que no puede dividirse entre dos. || Dicho de una persona o cosa, que no tiene igual o par. || *s. m.* Que está expresado por una cifra impar. *Los números impares terminan en 1, 3, 5, 7 y 9.* || Una de las suertes más sencillas de la ruleta, que comprende los números impares del 1 al 35. || *loc.* ***Función impar:*** en matemáticas, función que cambia de signo al mismo tiempo que la variable. || ***Órgano impar:*** en anatomía, órgano que no es simétrico en sus mitades derecha de izquierda, como el hígado o el estómago.
imparable *adj.* Que no puede pararse o detenerse.
imparcial *adj.* y *s. com.* Equitativo, que procede o juzga sin apasionamientos ni parcialidades.
imparcialidad *s. f.* Cualidad de imparcial. || Forma de obrar equitativa e imparcial.
impartición *s. f.* Acción y efecto de impartir.
impartir *t.* Repartir a otros un conocimiento que se posee. *Impartirá clases de literatura.* || *loc.* ***Impartir el auxilio:*** en derecho, acto de prestar una autoridad o jurisdicción a otra la colaboración que le solicite.
impasibilidad *s. f.* Cualidad o actitud de impasible.
impasible *adj.* Dicho de una persona, que no se altera, o que no muestra emoción ante sucesos perturbadores.
impavidez *s. f.* Cualidad de impávido.
impávido, da *adj.* Que enfrenta el peligro sin miedo. || Impasible, imperturbable. || *Amér.* Descarado, cínico, fresco.
impecabilidad *s. f.* Cualidad de impecable, perfección.
impecable *adj.* Que no tiene tacha, perfecto. || Que es incapaz de pecar.
impedancia *s. f.* En física, relación entre la magnitud de una acción periódica y la intensidad de la respuesta que se produce en un sistema físico. || En electricidad, relación entre la tensión alterna que se aplica a un circuito y la intensidad de la corriente que ésta produce.
impedido, da *adj.* y *s.* Dicho de una persona, que tiene una incapacidad física que le impide el movimiento de alguna parte del cuerpo.
impedimento *s. m.* Estorbo u obstáculo para realizar algo. || En derecho, circunstancia que impide la celebración de un matrimonio.
impedir *t.* Hacer que sea difícil o imposible la realización de alguna cosa.
impeditivo, va *adj.* Se dice de aquello que constituye un impedimento.
impelente *adj.* Que impele o impulsa. || *loc.* ***Bomba impelente:*** bomba que eleva el agua mediante la presión ejercida sobre el líquido.
impeler *t.* Dar empuje o impulso a algo para producir movimiento. || *fig.* Estimular, incitar.
impenetrabilidad *s. f.* Cualidad de impenetrable. || Propiedad física por la cual dos cuerpos no pueden ocupar el mismo lugar en el espacio de manera simultánea.
impenetrable *adj.* Que no puede ser penetrado. || *fig.* Misterioso, oculto, que no puede ser descubierto o conocido.
impenitencia *s. f.* Obstinación en cometer pecados y falta de arrepentimiento.
impenitente *adj.* y *s. com.* Que manifiesta impenitencia. || *fig.* y *fam.* Que no es capaz de corregirse o escarmentar.
impensable *adj.* Que resulta absurdo, que no cabe en el pensamiento racional. || Imposible de realizar, o muy difícil.
impensado, da *adj.* Que no estaba contemplado o previsto.
imperante *adj.* Que impera o domina.
imperar *intr.* Dominar, mandar, preponderar algo sobre otras cosas. || Ejercer un gobernante la dignidad imperial.
imperativo, va *adj.* Que ordena, impera o manda. || En lingüística, perteneciente al modo imperativo. || *s. m.* En lingüística, se dice del modo del verbo que expresa mandato, exhorto, invitación o ruego. || Necesidad de realizar algo de manera absoluta e impostergable. *Es imperativo que te ejercites, tus articulaciones se están endureciendo.* || *loc.* ***Imperativo categórico:*** según los conceptos de

la ética de Kant, mandamiento moral autónomo e incondicionado que conlleva su propio fin. || ***Imperativo hipotético:*** mandamiento que está condicionado a una acción moral posible, con vistas a un fin.
imperceptible *adj.* Que no puede, o casi no puede, percibirse.
imperdible *s. m.* Alfiler de seguridad cuya punta se atora en una caperuza metálica, de tal manera que no puede abrirse fácilmente.
imperdonable *adj.* Que no puede, o no debe, ser perdonado.
imperecedero, ra *adj.* Inmortal, que no perece, perdurable.
imperfección *s. f.* Cualidad de lo que es imperfecto. || Falla o defecto que impide que algo sea perfecto.
imperfectivo, va *adj.* y *s. m.* En lingüística, se dice de ciertos verbos y sus tiempos que indican el desarrollo de un ciclo incompleto de acción con una duración limitada.
imperfecto, ta *adj.* Que no es perfecto, que tiene alguna falla o defecto. || *s. m.* En lingüística, denominación dada por la Real Academia Española a cinco tiempos simples de la conjugación verbal, que son: *pretérito imperfecto de indicativo, futuro imperfecto de indicativo, potencial simple o imperfecto, pretérito imperfecto de subjuntivo y futuro imperfecto de subjuntivo.*
imperial *adj.* Perteneciente o relativo al emperador o al imperio. || *s. m. Cub.* Cigarro puro de buena calidad y gran tamaño. || *pl.* Nombre que se dio a los soldados del Imperio germánico del siglo XV a principios del XIX. || *s. f.* Cubierta o tejadillo de las carrozas. || En un carruaje, autobús, tranvía o vehículo similar, nivel superior con asientos. || *pl.* En numismática, denominación de las monedas que se acuñaron por orden de los emperadores romanos.
imperialismo *s. m.* Política de expansión y dominación que un Estado ejerce sobre otros más débiles. || Según las teorías marxistas, estadio supremo del capitalismo, que se caracteriza por el desarrollo de sociedades multinacionales, el predominio de los monopolios y la multiplicación de formas de la guerra. || Tendencia de una persona a dominar moralmente su propio entorno.
imperialista *adj.* y *s. com.* Perteneciente o relativo al imperialismo. || Estado o persona que propugnan el imperialismo.
impericia *s. f.* Falta de pericia.
imperio *s. m.* Acción de imperar. || Estado donde reina un emperador. || Lapso que dura el mandato de un emperador. || Época histórica caracterizada por el dominio de un Estado sobre otros. *Durante la época del Imperio Romano se extendió el uso de latín.* || Estilo artístico que se dio en Francia y en el resto de Europa durante el reinado de Napoleón Bonaparte. || Empresa o conjunto de empresas de las que es dueño una sola persona o un consorcio. *El imperio de Ford, el fabricante de automóviles, ha durado muchos años.* || Dominio que ejerce una cosa sobre alguien. *Actuó bajo el imperio del deseo.*
imperioso, sa *adj.* Que es absolutamente necesario. *Es imperioso que me pagues lo que me debes hoy mismo.* || Que manda con autoritarismo. *Con voz imperiosa ordenó que lo abanicaran.*
imperito, ta *adj.* Que no tiene pericia.
impermeabilidad *s. f.* Lo que es impermeable.
impermeabilización *s. f.* Revestimiento que se pone en paredes y azoteas para no permitir la filtración de agua. || Acción y resultado de impermeabilizar.
impermeabilizador, ra *adj.* y *s. m.* Impermeabilizante.
impermeabilizante *adj.* y *s.* Que logra, al aplicarse sobre una superficie, que ésta quede impermeable.
impermeabilizar *t.* Aplicar una o diferentes sustancias por diferentes procedimientos sobre una superficie para que ésta quede impermeable. *En mi azotea pusieron una especie de tejido empapado en una sustancia un poco pegajosa.*
impermeable[1] *adj.* y *s. com.* Que no permite el paso del agua. || *fig.* Que no permite que lo afecten hechos externos.
impermeable[2] *s. m.* Prenda de vestir que se pone sobre las demás confeccionada con una tela especial que no permite pasar el agua.
impermutable *adj.* Que no se puede permutar.
impersonal *adj.* y *s. com.* Que no tiene nada original ni personal. || Que no se aplica a nadie en particular. || En gramática, oración que no tiene sujeto o del que no se explicita el sujeto. *Llover, nevar, relampaguear son ejemplos de verbos impersonales.*
impersonalizar *t.* En gramática, usar como impersonal un verbo que normalmente no lo es.
impertérrito, ta *adj.* Que no se intimida fácilmente. *Permaneció impertérrito ante la andanada de insultos.*
impertinencia *s. f.* Dicho fuera de lugar.
impertinente *adj.* y *s. com.* Que no viene al caso.
impertinentes *s. m. pl.* Anteojos que en lugar de sujetarse atrás de las orejas tienen un mango largo que se sostiene con la mano.
imperturbabilidad *s. f.* Lo que es imperturbable. *Los ingleses son los campeones en imperturbabilidad.*
imperturbable *adj.* y *s. com.* Que no se altera ni demuestra ninguna emoción.
impetración *s. f.* Acción y resultado de impetrar.
impetrar *s. f.* Conseguir, mediante ruegos, una gracia que se ha solicitado. *Para las personas religiosas, el rezo es la forma mejor de impetrar.*
ímpetu *s. m.* Impulso. || Fuerza muy intensa con que se mueve algo o alguien. || Energía que domina la manera de actuar de una persona. *Defendía con tanto ímpetu sus ideales que contagiaba a los demás.*
impetuosidad *s. f.* Ímpetu.
impetuoso, sa *adj.* Que tiene ímpetu. || Que se mueve con violencia. *El río, impetuoso, avanzó implacable sobre el poblado.* || Ardiente, fogoso, irreflexivo.
impiedad *s. f.* Falta de piedad. || Falta de religión. || Hostilidad hacia la religión.
impío, pía *adj.* Que no tiene piedad. || Que no tiene religión o la desprecia.
implacable *adj.* y *s. com.* Que no se puede aplacar. *La furia implacable del mar echó a pique la embarcación.* || Que es demasiado riguroso. *La condena fue implacable.*
implantación *s. f.* Colocación o entrada en funcionamiento de un sistema o aparato novedoso. *La implantación de la cartilla nacional de vacunación ha sido un avance en la prevención de enfermedades.* || En biología, colocación en un cuerpo de un órgano, o parte de él, que puede consistir en tejido orgánico, material inerte, un aparato. *Le implantaron una válvula en el corazón.* || En biología, procedimiento de fertilización que consiste en colocar uno o más óvulos fecundados en el útero.
implantar *t.* Plantar, injertar. || Poner en funcionamiento nuevos sistemas, nuevos aparatos, etc. || En medicina, hacer un implante.
implante *s. m.* Implantación. || En medicina, aparato o sustancia que se pone en el cuerpo para mejorar su funcionamiento o su apariencia. *Le hicieron un implante de cabello porque se estaba quedando calva.*
implementación *s. f.* Resultado de implementar.
implementar *t.* Implantar.
implemento *s. m.* Utensilio. *Los implementos de labranza son imprescindibles para el campesino.*
implicación *s. f.* Hecho que es consecuencia de otro. *El derrame de petróleo en el Golfo de México en el 2010 tendrá graves implicaciones por años.* || Participación en algo, en especial en un delito. *Su implicación en el robo quedó registrada en las cámaras de seguridad de la joyería.*

implicancia *s. f.* Implicación. || En derecho, complicidad.
implicar *t.* Generar como consecuencia directa. *Inscribirte en ese curso implica que asistas a todas las clases.* || Compromenter a alguien en un asunto. *Debes implicarte más en la administración del edificio.* || Acusar a alguien de haber participado en un delito. *Su cómplice lo implicó en el asesinato del empresario.*
implicatorio, ria *adj.* Que contiene una implicación.
implícito, ta *adj.* Que está incluido sin que se diga explícitamente. *Quedó implícito en el pacto que todo era secreto.*
imploración *s. f.* Ruego insistente.
implorante *adj.* y *s. com.* Que implora.
implorar *t.* Pedir algo con ruegos y lágrimas, tratando de provocar compasión. *Antes de morir, la víctima imploró por su vida.*
implosión *s. f.* Rompimiento brusco y hacia dentro de algo. || En astronomía, disminución del tamaño de un astro. || En fonología, momento en que se forma la oclusión para la pronunciación de consonantes oclusivas. *En español, hay implosión al pronunciar /p/, /t/, /k/ y /b/, /d/, /g/.*
implosivo, va *adj.* En fonología, se dice de la consonante que está al final de una sílaba.
implume *adj.* Que no tiene plumas.
impoluto, ta *adj.* Que no tiene manchas. *El caballero lucía siempre una corbata impoluta.*
imponderable *adj.* Que no se puede pesar. || Que tiene un valor incalculable. || *s. m.* Circunstancia que no se puede prever o medir, pero que puede alterar algo. *Los imponderables del proyecto de construcción de ese puente lo hacen inviable.*
imponente *adj.* Que impone. || Que causa admiración, respeto o miedo por su tamaño. *La imponente montaña se alzaba ante los alpinistas.*
imponer *t.* Obligar a cumplir algo. *Le impusieron un castigo ejemplar.* || Causar admiración, respeto o miedo. *Las torres gemelas de Nueva York imponían.* || Poner nombre. *Le impusieron el nombre de su abuelo.* || Otorgar una condecoración. *A pesar de haber perdido la guerra, les impondrán una medalla al valor.* || *pr.* Hacerse obedecer o respetar. *Se impuso a los demás a fuerza de gritos.* || Vencer a alguien en una competencia deportiva. *Ana Gabriela Guevara no logró imponerse a la jamaiquina.* || Hacerse popular una costumbre o una moda. *En la década de 1990 se impusieron las computadoras personales.* || Ser imprescindible una acción. *Después de las inundaciones, se impone revisar la política respecto a los permisos de construcción.*
impopular *adj.* Que no le gusta al pueblo. *Subir los impuestos siempre es una medida impopular.*
impopularidad *s. f.* Falta de popularidad entre el público. *La rechifla que recibieron fue una medida de su impopularidad.*
importación *s. f.* Acción de importar objetos, costumbres, expresiones de otro país. || Mercancía que se importa.
importado, da *adj.* Que viene del extranjero.
importador, ra *adj.* y *s.* Que se dedica a la importación de mercancías.
importador, ra *s.* País, sociedad o persona que compra productos extranjeros para venderlos en el mercado nacional.
importancia *s. f.* Lo que hace que una persona o una cosa sea importante o tenga una gran dimensión. || Categoría social de una persona. || *loc.* ***Dar (o quitar) importancia:*** hacer que algo sea más o menos importante de lo que es. || ***Darse importancia:*** presumir de ser mejor que los demás.
importante *adj.* Que importa. || Que tiene importancia.
importar *intr.* Tener algo o alguien valor o interés para otra persona. *Me importas mucho.* || *t.* Traer mercancías de otros países. || Costar determinada cantidad de dinero.
importe *s. m.* Cantidad de dinero que se tiene que pagar.
importunar *t.* Molestar a una persona haciéndole perder tiempo. *No me importunes a cada ratito con tonterías, por favor.*
importunidad *s. f.* Molestia que nos causa otra persona.
importuno, na *adj.* Inoportuno. || Molesto, latoso.
imposibilidad *s. f.* Falta de oportunidad para que una cosa exista o suceda. || *loc.* ***Imposibilidad física:*** enfermedad o defecto físico que no permite realizar alguna actividad.
imposibilitado, da *adj.* y *s.* Que tiene una discapacidad o un impedimento que no le permite moverse parcial o totalmente.
imposibilitar *t.* Quitar la posibilidad para hacer algo. *Los continuos cortes de luz imposibilitan el funcionamiento de las empresas.* || Producir a una persona una discapacidad o un problema físico que no le permitan moverse parcial o totalmente. *Los accidentes de tránsito imposibilitan a muchos jóvenes.*
imposible *adj.* Que no puede existir o llevarse a cabo. || Que tiene un carácter insoportable. || *fam.* Que está en mal estado. || *s. m.* Cosa difícil de hacer o de conseguir. || *loc.* ***Hacer hasta lo imposible:*** hacer todo lo necesario para lograr algo.
imposición *s. f.* Exigencia desmedida que se le quiere imponer a alguien. || Otorgamiento y colocación de una medalla a alguien. || Obligación de pagar impuestos al Estado o a una autoridad municipal.
impositivo, va *adj.* Que impone. || Que se relaciona con los impuestos.
impostación *s. f.* Emisión de la voz que requiere un entrenamiento especial porque se necesita, por ejemplo, respirar adecuadamente.
impostado, da *adj.* Que se colocó de tal manera que le da un sonido más pleno a la voz.
impostar *t.* En música, controlar la voz para emitirla con fuerza, sin temblores.
impostergable *adj.* Que no se puede postergar.
impostor, ra *adj.* y *s.* Se aplica a la persona que se hace pasar por alguien que no es.
impostura *s. f.* Engaño que consiste en hacerse pasar por otra persona. || Mentira que se dice para engañar a alguien.
impotencia *s. f.* Falta de fuerza o de posibilidades para hacer algo. || Imposibilidad del hombre para realizar el acto sexual.
impotente *adj.* y *s. com.* Que no tiene fuerza o poder para hacer algo. || Que no puede llevara a cabo el acto sexual.
impracticable *adj.* Que no se puede llevar a la práctica. *La propuesta es impracticable porque para hacer eso se necesita mucho dinero.* || Que es poco transitable. *Se llega a las ruinas por una serie de caminos impracticables.*
impráctico, ca *adj.* Poco práctico. || Irrealizable.
imprecación *s. f.* Palabra o conjunto de palabras que se dirigen a otra persona y expresan de parte del emisor el deseo intenso de que le pase algo malo a aquélla.
imprecar *t.* Lanzar imprecaciones. *El público imprecó al árbitro por expulsar a su ídolo del juego.*
imprecatorio, ria *adj.* Que contiene una imprecación.
imprecisión *s. f.* Que no tiene precisión. *El escrito contenía una serie de imprecisiones que hubo que corregir.*
impreciso, sa *adj.* Que no es preciso, que es muy vago.
impredecible *adj.* Que no se puede predecir. *El cambio de dirección de un huracán es impredecible.*
impregnación *s. f.* Acción y resultado de impregnar. || Técnica que consiste en cubrir un material con alguna sustancia para protegerlo del medio ambiente. || Influencia grande. || En biología, impronta.
impregnar *t.* y *pr.* Mojar la superficie de un cuerpo con una sustancia pegajosa. || Mojar de tal manera que penetre al interior de un cuerpo. ||

Introducirse las moléculas de un cuerpo en otro, pero sin mezclarse. || Influir mucho en alguien.
impremeditado, da *adj.* No premeditado. || Irreflexivo.
imprenta *s. f.* Técnica para imprimir textos y dibujos sobre papel. || Lugar donde se imprime. || Impresión. || Publicación impresa.
imprescindible *adj.* Que es tan necesario que no se puede prescindir de él. || Obligatorio.
imprescriptible *adj.* Que no prescribe. *Los crímenes como el genocidio son imprescriptibles.*
impresentable *adj.* Que no es posible presentarlo al público. || Que no tiene educación o modales para ser presentado a los demás.
impresión *s. f.* Reproducción de textos y dibujos en papel. || Marca que deja algo en una cosa. *En el barro quedó una impresión de mis pies.* || Efecto que tiene un acontecimiento o algo sobre alguien. *Se llevó una impresión espantosa cuando vio llegar a su hijo herido.* || Opinión general sobre algo. *Antes de hacer el reportaje, intercambié impresiones con mis colegas.* || *loc.* ***Tener la impresión:*** intuir, imaginar. *Tuve la impresión de que no le caí bien al entrevistador.*
impresionable *adj.* Que es muy sensible o se asusta con facilidad. *Era tan impresionable, que cuando había que darle una mala noticia todo el mundo quería zafarse.*
impresionado, da *adj.* Que registró una impresión.
impresionante *adj.* Que causa admiración, asombro, sorpresa. || *fam.* Muy grande.
impresionar *t.* y *pr.* Dejar una marca impresa en un papel, una placa fotográfica, etc. || Producir una impresión profunda en alguien.
impresionismo *s. m.* Movimiento artístico que surgió en Francia a finales del siglo XIX. Proponía dar preponderancia a las impresiones sobre las descripciones fieles. Los efectos de luz son su característica en pintura. *Manet, Monet, Degas son algunos de los pintores impresionistas; en música, destaca Debussy.*
impresionista *adj.* y *s. com.* Que se relaciona con el impresionismo. || Artista que practica el impresionismo.
impreso *s. m.* Hoja suelta o cualquier publicación que tenga texto, imágenes o ambos. || *Esp.* Formulario con espacios en blanco para rellenar.
impreso, sa *adj.* Que tiene texto o imágenes reproducidos por imprenta.
impresor, ra *adj.* y *s.* Que se dedica a imprimir textos o dibujos. || Persona que posee o dirige una imprenta.
impresora *s. f.* Máquina considerada un periférico de la computadora, que imprime lo que hay en la pantalla.
imprevisible *adj.* Que no se puede prever.
imprevisión *s. m.* Falta de previsión.
imprevisor, ra *adj.* Que no prevé.
imprevisto, ta *adj.* y *s.* Que no se prevé, que no está planeado. *Tuvo que hacer viaje imprevisto para ver a su padre.* || *pl.* Gasto que no estaba calculado en el presupuesto inicial. *Los imprevistos rebasaron largamente la cantidad destinada a desastres.*
imprimir *t.* Reproducir en papel un texto o un dibujo. || Editar una obra impresa. || Dejar una marca en algo. || Dejar una impresión en la manera de sentir o de pensar de alguien. || Dar impulso.
improbabilidad *s. f.* Falta de probabilidad.
improbable *adj.* Que es dudoso o difícil que exista o suceda.
ímprobo, ba *adj.* Que no tiene probidad, malo. || Con relación a un trabajo, que es muy pesado y excesivo.
improcedencia *s. f.* Carencia de oportunidad, de fundamento, de derecho. *Declararon la improcedencia de la medida un año después del decreto.*
improcedente *adj.* Que no es oportuno ni adecuado || Que no se hizo conforme a derecho.
improductividad *s. f.* Falta o disminución de la productividad.
improductivo, va *adj.* Que no produce la ganancia o el resultado deseados. *No siembres ahí, es un terreno improductivo.*
improlongable *adj.* Que no se puede prolongar. *El plazo para pagar el arrendamiento es improlongable.*
impromptu *s. m.* Ejecución improvisada y composición musical que se improvisa.
impronta *s. f.* Reproducción de una imagen, tanto en hueco como en relieve, en un material blando. || Influencia que ejerce sobre una persona el conjunto de características socioculturales del contexto en que se mueve. *La impronta que dejaron los exiliados españoles en México se refleja, por ejemplo, en las actividades de El Colegio de México.* || En biología, proceso de aprendizaje que implica imitar un modelo, que puede ser su propia madre, un humano, un muñeco. *La impronta fue estudiada por el biólogo Lorentz.*
impronunciable *adj.* Que no se puede pronunciar. || Que no debe decirse porque ofende a la moral. *«Palabra impronunciable» es sinónimo de «mala palabra».* || Que no se puede explicar con palabras.
improperio *s. m.* Palabra o conjunto de palabras con que se insulta a alguien. *Al final del juicio, los sentenciados gritaron improperios al jurado.*
impropiedad *s. f.* Lo que es impropio. || Falta de propiedad a la hora de usar el lenguaje.
impropio, pia *adj.* Que no es adecuado u oportuno. || Que no corresponde a las características de la persona.
improrrogable *adj.* Que no se puede prorrogar.
improvisación *s. f.* Acción de llevar a cabo algo que no se tenía previsto. || Música, poema, discurso, canción que se improvisa.
improvisado, da *adj.* Resultado de improvisar.
improvisador, ra *adj.* y *s.* Que improvisa. || Que compone en el momento una canción, un discurso, una pieza musical.
improvisar *t.* Hacer algo sin tener la formación necesaria ni los materiales adecuados. *Con un palo de escoba improvisó una muleta.* || Crear un poema, un discurso, una canción, una música, etc., sin haberla preparado antes.
improviso, sa *adj.* Que no se prevé. || *loc.* ***De improviso:*** de manera repentina, inesperada. *El maestro apareció de improviso y nos cachó copiando.*
imprudencia *s. f.* Falta de prudencia, de sensatez, de juicio para hacer algo. || Acción o hecho imprudente. || En derecho, culpa.
imprudente *adj.* y *s. com.* Que actúa con imprudencia.
impúber *adj.* y *s. com.* Que no ha llegado a la pubertad.
impudicia *s. f.* Falta de recato y pudor. *La impudicia reina en ese manicomio.*
impúdico, ca *adj.* Que no tiene recato ni pudor. *Suele acusarse a las cantantes de música pop de impúdicas.*
impuesto *s. m.* Cantidad de dinero que se debe pagar al Estado o al municipio para los gastos públicos. || *loc.* ***Impuesto directo:*** el que se cobra sobre los ingresos de las personas. *El impuesto sobre la renta (ISR) es un impuesto directo.* || ***Impuesto indirecto:*** el que se cobra en las cosas que se consumen o que se usan. *El impuesto al valor agregado (IVA) es el más importante de los impuestos indirectos.* || ***Impuesto revolucionario:*** el que cobran a la fuerza los grupos insurgentes. *A Pancho Villa no le gustaba cobrar el impuesto revolucionario porque sabía el costo político que tenía.*
impugnable *adj.* Que se puede impugnar.
impugnación *s. f.* Cuestionar legalmente la validez de una decisión judicial, electoral, etc. *Después de las elecciones, los perdedores presentaron una impugnación ante las autoridades electorales.*
impugnador, ra *adj.* y *s.* Que impugna.
impugnante *adj.* Que impugna.
impugnar *t.* Combatir, refutar. || Presentar un recurso contra una reso-

lución tomada por una autoridad del Poder Judicial.
impulsar *t.* y *pr.* Dar empuje para producir movimiento. || Aumentar la actividad de algo.
impulsión *s. f.* Impulso. || Compulsión.
impulsividad *s. f.* Lo que es impulsivo. *Cuando le pegó una bofetada, se dio cuenta de que había actuado con impulsividad.*
impulsivo, va *adj.* y *s.* Que es capaz de impulsar. || Que se deja llevar por las emociones y los impulsos sin tomar en cuenta las consecuencias.
impulso *s. m.* Empujón que se da a una cosa para que se mueva. || Fuerza que tiene una cosa en movimiento. || Apoyo o estímulo que se da a una actividad. || Deseo repentino e incontrolable de hacer algo. || *loc.* ***Tomar impulso:*** correr para tener la fuerza necesaria y hacer un lanzamiento o un salto.
impulsor, ra *adj.* y *s.* Que impulsa.
impune *adj.* Que queda sin castigo. *«No quedará impune el asesinato de su padre», aseguró el inspector.*
impunidad *s. f.* Falta de castigo. *La impunidad es una de las causas del crecimiento de los delitos.*
impuntual *adj.* Que no es puntual. *Las mujeres tienen fama de llegar siempre tarde a todos lados, es decir, de ser impuntuales.*
impuntualidad *s. f.* Falta de puntualidad.
impureza *s. f.* Sustancia que contamina a la que la contiene. || Falta de pureza en el sentido de castidad.
impuro, ra *adj.* Que no es puro. *Beber agua impura puede ocasionar enfermedades gastrointestinales.* || Deshonesto, impúdico.
imputabilidad *s. f.* Capacidad psíquica de ser imputable de un delito.
imputable *adj.* Que puede ser imputado o atribuido. *Declararon a acusado imputable del delito y, por lo tanto, se le someterá a juicio.*
imputación *s. f.* Atribución de una cosa a una persona.
imputar *t.* Atribuir a alguien la comisión de un delito o de una falta. || Atribuir a una cosa el fracaso de algo. *Los políticos imputan a la crisis global su impericia en materia de economía.*
inabarcable *adj.* Que es tan grande o complicado que no se puede abarcar.
inabordable *adj.* Que es difícil de abordar. *No trates de acercarte a la jefa, es inabordable.*
inacabable *adj.* Que no se acaba nunca, que dura mucho. *El presidente dio un discurso inacabable.*
inacabado, da *adj.* Que no se acabó o completó. *Se han descubierto más películas inacabadas de Greta Garbo.*
inaccesibilidad *s. f.* Imposibilidad o dificultad para acceder a una persona o cosa. *Los archivos secretos se distinguían por su inaccesibilidad.*
inaccesible *adj.* Que no es de fácil acceso. *Las murallas hacían inaccesible el castillo.* || Que es muy difícil de alcanzar. *No insistas, el mayordomo es inaccesible.* || Que no puede conseguirse. *Tus deseos de comprar esa casa tan lujosa son inaccesibles, busca otra cosa.*
inacción *s. f.* Falta de actividad o movimiento. *No vas a conseguir trabajo con tanta inacción.*
inaceptable *adj.* Que no puede aceptarse. *Es inaceptable que a los 40 años sigas viviendo con tu mamá.*
inactividad *s. f.* Falta de actividad. *La inactividad que genera estar sentados muchas horas ante la computadora propicia problemas de salud.*
inactivo, va *adj.* Que no está en activo. *La inactividad laboral puede propiciar el alcoholismo.* || Que no se mueve, que no hace ejercicio. *¡Tanta inactividad te va a matar!* || Que está extinguido o tiene poca actividad. *Por suerte, el volcán que está cerca de mi ciudad ha permanecido inactivo por más de 100 años.*
inadaptabilidad *s. f.* Incapacidad de una persona para adaptarse a una situación.
inadaptable *adj.* Que no se puede adaptar.
inadaptación *s. f.* Incapacidad de adaptarse a un lugar.
inadaptado, da *adj.* Que no se adapta a las condiciones ambientales o sociales que lo rodean. || Que no acata las reglas de la sociedad.
inadecuación *s. f.* Falta de adecuación.
inadecuado, da *adj.* Que no es adecuado u oportuno.
inadmisible *adj.* Que no se puede admitir. *Es inadmisible que pretendan quitarle derechos a los trabajadores.*
inadvertencia *s. f.* Situación en la que no se nota algo o se le da poca atención. *Muchos papás por inadvertencia no se dan cuenta de las dificultades de sus hijos en la escuela.*
inadvertido, da *adj.* Que nadie lo ve o lo nota. *Pasó inadvertido entre la multitud.* || Que no presta atención a las cosas que debería.
inagotable *adj.* Que no se agota. *Las maestras suelen tener una paciencia inagotable.*
inaguantable *adj.* Que es difícil de aguantar. *Su migraña era inaguantable.* || Que molesta o disgusta. *Las personas que despotrican contra todo son inaguantables.*
inalámbrico, ca *adj.* Que no usa hilos o cables. *Quiero tener un ratón inalámbrico.*
inalcanzable *adj.* Que no se puede alcanzar. *El tarro de mermelada está en un estante inalcanzable.* || Que está muy lejos de nuestras posibilidades. *Tus sueños de viajar por todo el mundo son inalcanzables porque no tienes dinero.*
inalienable *adj.* Que no se puede enajenar. *Los derechos humanos son inalienables.*
inalterabilidad *s. f.* Lo que es inalterable.
inalterable *adj.* Que no se altera.
inalterado, da Que no sufrió ninguna alteración. *El paquete estaba inalterado y no había huellas.*
inamovible *adj.* Que no puede ser movido o cambiado. *Le habían asegurado que una vez en el cargo, era inamovible.*
inamovilidad *s. f.* Imposibilidad de ser movido.
inane *adj.* Vano, inútil. || *s. com.* Que padece inanición.
inanición *s. f.* Debilidad extrema producida por falta de alimentos. *Dejaron que los prisioneros se murieran de inanición.*
inanimado, da *adj.* Que no tiene vida. *Las piedras son cosas inanimadas.* || Que no da señales de vida. *El cuerpo inanimado yacía al fondo del acantilado. ¿Habría sobrevivido?*
inánime *adj.* Que no tiene vida o no da señales de ella. *Su cuerpo inánime fue llevado por la corriente.*
inapelable *adj.* Que no puede ser apelada. *La sentencia fue inapelable, nada se pudo hacer para evitarle la cárcel.* || Que no se puede remediar o evitar. *El resultado del partido fue inapelable: nos eliminaron.*
inapetencia *s. f.* Falta de apetito o de ganas de comer. *Debido a su inapetencia, bajó 30 kilos.*
inapetente *adj.* Que no tiene apetito o ganas de comer. *Se preocupó cuando el gato desdeñaba la comida, inapetente.*
inaplazable *adj.* Que no se puede aplazar o retrasar. *La reunión es inaplazable porque el problema debe solucionarse ya.*
inaplicable *adj.* Que no se puede aplicar. *Para detener al meteorito que amenazaba la Tierra, presentó un plan inaplicable.*
inapreciable *adj.* Que tiene un valor tan grande que es imposible ponerle precio o apreciarlo. *La Cruz Roja aporta un trabajo inapreciable en bien de la sociedad.* || Que es tan pequeño que no se puede ver. *Este bicho es inapreciable a simple vista, trae el microscopio.*
inaprensible *adj.* Que no se puede asir. *El sapo era inaprensible por pegajoso.* || Que no se puede comprender. *Presentó un escrito inaprensible, pero sonaba tan bien que para no parecer ignorantes, los profesores lo aprobaron.*
inapropiado, da *adj.* Se aplica a lo que no resulta conveniente para algo.

inarmónico, ca *adj.* Falto de unión, proporción y concordancia.
inarticulado, da *adj.* Que produce sonidos sin formar palabras. *Por el susto, de su boca sólo salían sonidos inarticulados.*
inasequible *adj.* Que es imposible de alcanzar.
inasible *adj.* Que no se puede asir. || Que no se puede comprender.
inasistencia *s. f.* Falta de asistencia. *El acto se suspendió por inasistencia del público.*
inastillable *adj.* Que no se puede astillar. || Que no se divide en astillas cortantes cuando se rompe. *En las ventanas de los autos ponen vidrios inastillables para que, en caso de accidente, no haya daños mayores.*
inatacable *adj.* Que no se puede atacar. *Una sentencia definitiva e inatacable no se puede impugnar.*
inaudible *adj.* Que no se alcanza a oír. *El sonido inaudible de la orquesta hizo imposible bailar.*
inaudito, ta *adj.* Que es tan extraordinario o inusual que cuando ocurre provoca asombro. *Hubo una asistencia inaudita de público a la exposición sobre la tortura.* || Que es inadmisible. *Es inaudito que vengas a pedirme perdón después de lo que hiciste.*
inauguración *s. f.* Momento en que principia una actividad. *Adelantaron la inauguración de la biblioteca y todavía no estaba terminada.* || Ceremonia que inicia un acto. *Hubo muchísima gente en la inauguración porque fue el presidente.*
inaugural *adj.* Que se relaciona con una inauguración. *El discurso inaugural estuvo aburrido.*
inaugurar *t.* Empezar una actividad con una ceremonia. *Hoy se inauguraron los cursos en la nueva universidad.* || Abrir con una ceremonia un establecimiento público. *Para inaugurar su nuevo restaurante contrataron mariachis.*
inca *adj.* Que se relaciona con el pueblo prehispánico cuyo imperio iba de Ecuador hasta Chile. Su capital era Cuzco. || *s. com.* Persona que pertenece a este pueblo. || Nombre que se daba al soberano.
incaico, ca *adj.* Que se relaciona con los incas. *Aún hay mucho por descubrir de la cultura incaica.*
incalculable *adj.* Que no se puede calcular. *Son incalculables los daños que provocó el último huracán.*
incandescencia *s. f.* En física, estado en el que un cuerpo despide luminosidad por aumento en la temperatura.
incandescente *adj.* Que se pone rojo o blanco por acción del calor. *Para forjar una espada, el metal debe estar incandescente.*
incansable *adj.* Que no se cansa.
incapacidad *s. f.* Falta de aptitudes o conocimientos para desempeñar una actividad. *Su incapacidad no le permitía conservar sus trabajos.* || Falta de salud física o mental para ejercer todos sus derechos y obligaciones. *Para demostrar que no pudo ir a votar, debió llevar su comprobante de incapacidad.* || *loc.* ***Incapacidad laboral:*** falta de salud física o mental para cumplir con su trabajo, ya sea temporal o permanentemente. *Pidió licencia por incapacidad.*
incapacitación *s. f.* Acción y resultado de incapacitar.
incapacitado, da *adj.* Que no tiene aptitudes o conocimientos para hacer algo. || Que no tiene condiciones físicas o mentales para desempeñar cualquier actividad. || En derecho, que ha sido inhabilitado para ejercer sus derechos.
incapacitar *t.* Quitarle a alguien la capacidad de hacer algo. *El accidente lo incapacitó de por vida.* || En derecho, declarar incapaz a alguien.
incapaz *adj.* Que no tiene capacidad o conocimientos para desarrollar determinada actividad. *La despidieron por incapaz.* || Que no tiene la capacidad necesaria para dar cabida a algo. || *s. com.* En derecho, que no tiene capacidad legal. || *desp.* Tonto, idiota.
incario *s. m.* Periodo que duró el imperio inca. || Organización política y social de los incas.
incásico, ca *adj. Ecua.* Incaico.
incautación *s. f.* Confiscación de bienes. *La ley dispone la incautación de los bienes mal habidos.*
incautado, da *adj.* Relativo al objeto del que se apropió la justicia. || Relativo al objeto del que alguien se apropió ilegalmente.
incautarse *pr.* Apropiarse la autoridad de los bienes de personas que se hicieron de ellos de mala manera. *La policía se incautó del dinero robado.* En México es más común el uso de la forma transitiva del verbo. *La policía incautó el dinero robado.* || Apropiarse arbitrariamente de algo. *En la entrada del estadio me incautaron la trompeta.*
incauto, ta *adj.* Que no tiene cautela. || Que no tiene malicia.
incendiar *t.* y *pr.* Prender o prenderse fuego algo. *El rayo incendió el sembradío.*
incendiario, ria *adj.* Que provoca un incendio. || Que sirve para provocar incendios. *Las bombas Molotov son artefactos incendiarios muy sencillos.* || *fig.* Que incita a la violencia. *En la cima de la barricada pronunció un discurso incendiario.*
incendio *s. m.* Fuego de grandes proporciones que suele destruir algo que no estaba destinado a quemarse. || *fig.* Pasión, desde amor hasta odio, que se siente con mucha intensidad.
incensar *t.* Quemar incienso o resinas aromáticas.
incensario *s. m.* Brasero usado para quemar el incienso o las resinas aromáticas.
incentivación *s. f.* Estímulo que se da a alguien para que mejore en su desempeño.
incentivar *t.* Dar fuerza a una actividad para que se desarrolle. *Incentivarán el trabajo en el campo con más tecnología.* || Otorgar estímulos a los trabajadores para que mejoren su trabajo. *La compañía incentiva a sus empleados con un bono extra.*
incentivo *adj.* Que impulsa o estimula a hacer una cosa. || *s. m.* Premio o pago que se le da a un trabajador para estimular su productividad.
incertidumbre *s. f.* Falta de certidumbre, duda. *Los familiares de los accidentados permanecían en la incertidumbre respecto a si estaban o no vivos.*
incesante *adj.* Que no cesa. *La lluvia incesante empezaba a inundar el pueblo otra vez.* || Que se repite con frecuencia. *En mi niñez, los ataques de asma eran incesantes.*
incesto *s. m.* Relación sexual prohibida por producirse entre padres e hijos.
incestuoso, sa *adj.* Que se relaciona con el incesto. || Que comete incesto.
incidencia *s. f.* Influencia que tiene una cosa sobre otra. || Acontecimiento secundario que influye de alguna manera en un asunto. || Proporción de casos ocurridos. *La incidencia de gripe disminuyó este año.* || En geometría, encuentro entre un punto, una línea, un plano con otro punto, otra línea, otro plano. || *loc.* ***Por incidencia:*** accidentalmente.
incidental *adj.* Que sucede de manera inesperada y puede afectar el desarrollo de un suceso. || Que no tiene importancia.
incidente *adj.* y *s. m.* Que interrumpe momentáneamente algo. || Enfrentamiento grave entre dos o más personas. *Los jugadores protagonizaron un incidente después del penal.* || En óptica, se dice del rayo que choca con una superficie reflectora.
incidir¹ *intr.* Cometer una falta. || Ocurrir. || Repercutir. || Insistir. || Caer una cosa sobre una superficie.
incidir² *t.* Hacer un corte o incisión. || Grabar.
incienso *s. m.* Resina de color claro que se extrae de algunos árboles por su aroma al arder. *En muchas ceremonias religiosas se quema incienso.* || Mezcla de sustancias resinosas que despiden un aroma penetrante al arder.
incierto, ta *adj.* Que no es verdadero. *Su clase tenía encanto a pesar de sus enunciados inciertos.* || Que no

es seguro. *El resultado de los análisis es incierto.* || Que no se conoce. *Lo único incierto es el futuro.*
incineración *s. f.* Acción y resultado de reducir a cenizas algo mediante la acción del fuego. || Cremación de un cadáver.
incinerador, ra *adj.* y *s.* Que incinera. || Aparato o instalación para incinerar.
incinerar *s. f.* Reducir a cenizas algo por la acción del fuego. *En las grandes ciudades ya no se permite incinerar la basura porque contamina.* || Cremar un cadáver. *Por falta de espacio, los cementerios modernos prefieren cremar los cuerpos y poner las cenizas en urnas.*
incipiente *adj.* Que empieza. *Su calvicie incipiente era hereditaria.*
incisión *s. f.* Corte poco profundo que se hace con algún instrumento cortante. *Haz incisiones en el borde de la costilla, del lado de la grasa, para que no se enrolle al freírla.* || Cesura.
incisivo, va *adj.* Que sirve para cortar. *El emblema de los cirujanos debería ser el incisivo bisturí.* || Que es agudo o mordaz. *Sus comentarios incisivos hacían reír a la concurrencia.* || *s. m.* Diente que sirve para cortar los alimentos. *Los roedores tienen los incisivos grandes.*
inciso *adj.* y *s. m.* Que tiene incisiones. || Que escribe con frases cortas o estilo cortado. || Comentario que se intercala en una oración principal y suele distinguirse porque se pone entre comas, entre paréntesis, etc.
incitación *s. f.* Estímulo que motiva a una persona o a un animal a hacer algo. *El perro no necesitó demasiada incitación para atacar.*
incitador, ra *adj.* y *s.* Que incita.
incitante *adj.* Que incita o estimula. || Que provoca deseo sexual.
incitar *t.* Estimular a una persona o a un animal para que haga algo determinado. *El cura Hidalgo incitó al pueblo de Dolores a tomar las armas contra los españoles.* || Excitar sexualmente. *El «striper» se contrata para fiestas de mujeres con el fin de incitarlas.*
incitativo, va *adj.* Que incita o tiene la capacidad de incitar.
incivilizado, da *adj.* Que no tiene civilidad. || Mal educado.
inclasificable *adj.* Que no se puede clasificar. *De tan extravagante, era inclasificable.*
inclemencia *s. f.* Falta de compasión. || Clima muy difícil de soportar, en especial el frío.
inclemente *adj.* Que no tiene compasión o clemencia. || Que es muy duro de soportar.
inclinación *s. f.* Desviación de la posición vertical. *La inclinación de algunos edificios de la ciudad de México se debe a que están construidos en zona lacustre.* || Tendencia que una persona o cosa tiene hacia algo. *Siente una inclinación muy marcada hacia la física.* || Cariño especial. *Siente una clara inclinación por su hijo mayor.* || Gesto con el que se inclina la cabeza o el cuerpo en señal de saludo o de respeto. *Ante el monarca, hizo una inclinación tan pronunciada que casi toca la frente con el suelo.*
inclinado, da *adj.* Desviado, oblicuo, sesgado. || Partidario, adicto, devoto. || Propenso, proclive.
inclinar *t. pr.* Apartar de la vertical una cosa. || Convencer a alguien de hacer algo sobre lo que tenía dudas. || Bajar el tronco o la cabeza hacia delante. || Hacer una reverencia. || Propender a hacer algo. || Sentir cariño especial hacia alguien.
ínclito, ta *adj.* Ilustre, famoso.
incluir *t.* Poner algo dentro de una cosa. *En la caja, por favor, incluya un estuche.* || Estar implícito. *Sé que la propuesta de trabajo incluye gastos médicos.*
inclusión *s. f.* Introducción de una cosa dentro de otra. || Proceso durante el cual una persona pasa a ser parte de un grupo.
inclusive *adv.* Indica que incluye al último objeto nombrado. *Los postulantes deben tener secundaria y preparatoria inclusive.*
inclusivo, va *adj.* Que incluye o es capaz de incluir algo.
incluso[1] *adj.* Contenido dentro de una cosa, o que está implícito.
incluso[2] *adv.* Con inclusión, agregando algo. *Compré manzanas, mangos e incluso tunas.*
incluso[3] *prep.* y *conj.* Hasta, aun. *Incluso a sus peores enemigos amó.*
incoación *s. f.* Acción de incoar.
incoar *t.* Llevar a cabo los primeros trámites de un proceso, un pleito.
incoativo, va *adj.* Que implica el comienzo de una cosa o de una acción. || *loc.* ***Verbo incoativo:*** que indica el comienzo de una acción. *«Florecer» es un verbo incoativo.*
incobrable *adj.* Que no se puede cobrar. *La deuda externa de los países pobres es incobrable.*
incógnita *s. f.* En matemáticas, cantidad desconocida en una ecuación o en un problema que hay que descubrir para resolver. || Causa oculta de algo. *Es una incógnita por qué el asesino se comportó como lo hizo.*
incógnito, ta *adj.* No conocido. || *s. m.* Situación en que un personaje público actúa como privado. *De vacaciones, el rey quiso conservar el incógnito para que no lo molestaran los reporteros.* || *loc.* ***De incógnito:*** sin que nadie conozca su identidad o su cargo. *Se disfrazó de mercader para pasear entre el pueblo de incógnito.*
incognoscible *adj.* Que no se puede conocer.
incoherencia *s. f.* Falta de coherencia. || Cosa que no tiene relación lógica con la anterior. *El borracho decía puras incoherencias.*
incoherente *adj.* Que no tiene coherencia.
incoloro, ra *adj.* Que no tiene color. *El agua potable debe ser incolora.*
incólume *adj.* Que no presenta ningún daño o salió ileso después de haber sufrido un accidente.
incombustible *adj.* Que no se puede quemar.
incomestible *adj.* Que no se puede comer porque puede dañarnos. *¡Cuidado, estos hongos son incomestibles!*
incomible *adj.* Que no se puede comer porque está mal preparado. *El guisado tenía tanta sal que era incomible.*
incomodado, da *adj.* Fastidiado, molesto.
incomodar *t.* y *pr.* Provocar incomodidad. *Sus declaraciones incomodaron a las autoridades.* || Molestar. *No incomodes a tu abuelita con tantas preguntas.*
incomodidad *s. f.* Falta de comodidad. || Molestia. || Enojo.
incómodo, da *adj.* Que no tiene comodidad. *Esta silla es muy incómoda.* || Que incomoda. *Hay muchos «hermanos incómodos» en el ambiente político mexicano.* || Que no se siente a gusto. *Se notaba en la manera de hablar que estaba incómodo.*
incomparable *adj.* Que no se puede comparar. || Que no admite comparación.
incomparado, da *adj.* Que no tiene comparación.
incompatibilidad *s. f.* Repugnancia que tiene una cosa o una persona para unirse con otra. || Impedimento legal para ejercer una función determinada, o para ejercer dos o más cargos a la vez.
incompatible *adj.* Que no es compatible con algo o con alguien.
incompensable *adj.* Que no se compensa.
incompetencia *s. f.* Falta de competencia. || Falta de jurisdicción. *Rechazaron el amparo por incompetencia del juez que lo emitió.*
incompetente *adj.* Que no es competente. *Lo despidieron otra vez por incompetente.* || Que no tiene jurisdicción. *El juez se declaró incompetente para resolver el caso.*
incompleto, ta *adj.* Que no está completo. *Presentó un informe tan incompleto que se lo devolvieron.*
incomprendido, da *adj.* Que no es comprendido. || Que no es apreciado en su justo valor.
incomprensibilidad *s. f.* Lo que es incomprensible. *En filosofía y en religión se discute la incomprensibilidad de Dios.*

incomprensible *adj.* Que no se puede comprender. *Los nuevos formularios fiscales son incomprensibles.*
incomprensión *s. f.* Falta de comprensión. *Los adolescentes sufren de incomprensión.*
incomprensivo, va *adj.* Que se niega a conocer los sentimientos de los demás.
incompresible *adj.* Que no se puede comprimir.
incomunicabilidad *s. f.* Lo que es incomunicable. *La soledad nace de la incomunicabilidad de la experiencia de las personas.*
incomunicable *s.* Que no es comunicable. *La intimidad de una pareja es incomunicable.*
incomunicación *s. f.* Situación en la que no es posible comunicarse. || En derecho, aislamiento de acusados o testigos decretado por la autoridad competente.
incomunicado, da *adj.* Se dice del que está aislado y no tiene contacto hablado o físico con otras personas.
incomunicar *t.* Quitarle la comunicación a algo o a alguien. *Las inundaciones incomunicaron a los barrios más pobres.* || *pr.* Dejar de tener trato con otras personas, aislarse.
inconcebible *adj.* Que no puede comprenderse. *Es inconcebible que todavía no hayas pagado la renta.*
inconciliable *adj.* Que no se puede conciliar. *Para los fanáticos, su religión es inconciliable con cualquier otra.*
inconcluso, sa *adj.* Que no está terminado.
incondicionado, da *adj.* Que no depende de ninguna condición.
incondicional *adj.* Sin ninguna restricción. || Adepto a una persona o a una ideología sin poner condiciones. *Cree que siendo incondicional al jefe lo van a ascender.*
inconexo, xa *adj.* Que no tiene conexión. *Una serie de frases inconexas no van a ayudar a tu causa.*
inconfesable *adj.* Que no puede confesarse porque es demasiado vergonzoso, inmoral o ilegal. *Cometió delitos inconfesables.*
inconfesado, da *adj.* Que no se quiere confesar.
inconfeso, sa *adj.* Que no confiesa el delito del que se le acusa. *El estafador inconfeso fue condenado por la abrumadora cantidad de pruebas en su contra.*
inconfidencia *s. f.* Desconfianza.
inconforme *adj.* y *s. com.* Que no está conforme con algo. *El abogado no quedó conforme con el veredicto.* || Que es contrario al orden y a las leyes establecidas. *Los inconformes arrojaron piedras al edificio del Parlamento.*
inconformidad *s. f.* Lo que es inconforme o inconformista. *Expresó su inconformidad con lo sucedido por medio de un escrito.*
inconformismo *s. m.* Actitud o doctrina que adoptan o defienden los inconformes.
inconformista *adj.* y *s. com.* Que es partidario del inconformismo.
inconfundible *adj.* Que no es posible confundir. *Su inconfundible mirada me tranquilizó.*
incongruencia *s. f.* Falta de congruencia. || Falta de lógica.
incongruente *adj.* Que no es congruente. *Las acciones de ese político son incongruentes con las ideas que predica.* || Que no es lógico.
inconmensurable *adj.* Que es difícil de medir. || Enorme.
inconmovible *adj.* Que no se conmueve. *A pesar de los ruegos, el director permaneció inconmovible.*
inconmutable *adj.* Que no se puede cambiar. || Que no se puede conmutar. *Los términos de la resta son inconmutables.*
inconquistable *adj.* Que no puede conquistarse. || *s. com.* Que no se deja ablandar por lágrimas ni súplicas.
inconsciencia *s. f.* Estado de quien es o está inconsciente. || Falta o pérdida de la conciencia. || Dicho o hecho irreflexivos, desconsiderados o imprudentes.
inconsciente[1] *adj.* y *s. com.* Irreflexivo, que no se da cuenta de las consecuencias de sus actos. || Que está sin sentido o conciencia.
inconsciente[2] *s. m.* En psicología, sistema de impulsos activos que no pasan por la conciencia pero sí se ve reflejado en el comportamiento. || *loc.* ***Inconsciente colectivo:*** según Carl Jung, representaciones simbólicas comunes a toda la especie humana.
inconsecuencia *s. f.* Falta de consecuencia o congruencia en lo que se dice o hace. || Dicho o hecho carente de consecuencia o coherencia.
inconsecuente *adj.* y *s. com.* Que actúa con inconsecuencia. || Que no se deduce de algo o no tiene conexión lógica con su antecedente.
inconsiderado, da Sin meditar ni reflexionar. || Que no reflexiona ni pondera las cosas.
inconsistencia *s. f.* Falta de consistencia.
inconsistente *adj.* y *s. com.* Carente de consistencia.
inconsolable *adj.* Que no puede ser consolado. || Que es difícil de consolar.
inconstancia *s. f.* Falta de permanencia o de estabilidad. || Facilidad para cambiar de opinión, gusto o idea, de sentimientos, amigos, etc.
inconstante *adj.* y *s. com.* Inestable, transitorio. || Que con facilidad cambia de opinión, objetivos, afectos, etc.
inconstitucional *adj.* y *s. com.* Que no se apega a la constitución política de un país o no está contenido en su articulado. || Contrario u opuesto a la constitución política de un país.
inconstitucionalidad *s. f.* Cualidad de inconstitucional. || Oposición de una ley, precepto, acto o proyecto a lo dispuesto de la constitución política de un país.
incontable *adj.* Que no puede ser contado de tan numeroso que es. Incontables recursos, incontables estrellas del cielo.
incontaminado, da *adj.* Puro, sin mezcla ni contaminación alguna.
incontenible *adj.* Se dice del impulso o del movimiento que no puede ser contenido. || Se dice de la pasión o apetito que no puede reprimirse.
incontestable *adj.* Que no puede ser puesto en duda ni impugnado con razones o pruebas.
incontinencia *s. f.* Falta de continencia o comedimiento, de moderación, sobre todo en el beber y el comer. || Desenfreno de las pasiones y deseos carnales. || *loc.* ***Incontinencia urinaria:*** incapacidad física para contener la orina y expelerla a voluntad.
incontinente *adj.* y *s. com.* Descomedido e inmoderado en la satisfacción de sus deseos carnales. || En medicina, que padece incontinencia urinaria.
incontrastable *adj.* Que no puede contrastarse. || Que no puede ser vencido o conquistado. || Que no se deja persuadir o convencer.
incontrolable *adj.* Que no puede ser controlado.
incontrolado, da *adj.* y *s.* Que actúa o funciona sin sujeción, disciplina ni control.
incontrovertible *adj.* Que no se puede controvertir, pues no admite disputa ni duda.
inconveniencia *s. f.* Incomodidad, molestia, obstáculo. || Despropósito, disparate, grosería. || Imposibilidad lógica de algo.
inconveniente *adj.* Que no conviene. || *s. m.* Dificultad, obstáculo o molestia que estorba para hacer algo. || Daño y perjuicio que es consecuencia de llevar a cabo algo que no convenía.
incordia *s. f. Col.* Antipatía, aversión, ojeriza.
incordiar *t.* Molestar, fastidiar, importunar.
incordio *s. m.* Buba o bubón producido por la sífilis. || Buba de otro origen. || *fam.* Persona o cosa molesta, agobiante, incómoda.
incorporación *s. f.* Acción y efecto de incorporar o de incorporarse.
incorporar *t.* y *pr.* Agregar, unir, ligar dos cosas para formar una sola. || Enderezar o levantar el cuerpo que estaba recostado o tendido. || Agregarse

uno a otras personas que ya forman una corporación. || Presentarse al lugar donde empezará a trabajar o a prestar servicio.

incorpóreo, a *adj.* No corpóreo.

incorrección *s. f.* Cualidad de incorrecto. || Dicho o acción o comportamiento carentes de corrección.

incorrecto, ta *adj.* Que no es correcto.

incorregible *adj.* y *s. com.* Que no puede corregirse. || Que no quiere o no admite enmendarse, por terquedad o irreflexión.

incorruptible *adj.* y *s. com.* Que no se corrompe o pudre siguiendo el proceso natural de descomposición. || Que no se corrompe moralmente, ni por dádivas ni por amenazas.

incorrupto, ta *adj.* Que no está podrido ni descompuesto. *Hallaron el cuerpo incorrupto de una momia inca.* || Se dice de la persona virgen. *Se mantuvo incorrupto hasta el matrimonio.* || No dañado ni pervertido. *Es una funcionaria incorrupta.*

increado, da *adj.* No creado, existente por sí mismo. *Intelecto increado, sabiduría increada.*

incredibilidad *s. f.* Falta de credibilidad. || Dificultad para que algo sea creído.

incredulidad *s. f.* Repugnancia, aversión o imposibilidad de creer algo. || Falta de fe religiosa.

incrédulo, la *adj.* y *s.* Que no cree a la ligera y sin pruebas lo que se le propone. || Que no tiene fe religiosa.

increíble *adj.* Que resulta difícil o imposible de creer.

incrementar *t.* y *pr.* Aumentar, acrecentar.

incremento *s. m.* Aumento. || Acción y efecto de incrementar.

increpación *s. f.* Reprensión, reclamación airada, regaño severo y acre. || Acción y efecto de increpar.

increpador, ra *adj.* y *s.* Que increpa.

increpar *t.* Reprender, reclamar o regañar con severidad y dureza.

incriminación *s. f.* Acción y efecto de incriminar.

incriminar *t.* y *pr.* Acusar de un crimen o un delito. || Imputar a alguien ante la autoridad competente de un delito o falta grave. || Presentar como crimen alguna falta, exagerándola y abultándola.

incruento, ta *adj.* Se dice del sacrificio no sangriento hecho a Dios o a los dioses. *La ofrenda incruenta de flores y frutos era para Quetzalcóatl.* || En la misa católica, el sacrificio no sangriento de la hostia. || En cirugía, se dice de una intervención en la que no se derrama sangre o muy poca.

incrustación *s. f.* Acción de incrustar. *Fue difícil hacer la incrustación.* || Materia u objeto incrustado. *Incrustación de ébano, incrustación de concha nácar.*

incrustado, da *adj.* Que está lleno de incrustaciones. || Resultado de incrustar.

incrustar *t.* Embutir, hacer entrar a presión en una materia dura y lisa fragmentos de piedra, madera, coral, concha nácar, lapislázuli... a los que previamente se ha dado forma y cortado en láminas delgadas. || *pr.* Hacer que un objeto duro y rígido penetre violentamente en otro. *Incrustó el lápiz en la pared en un arranque de rabia. Se le incrustó una astilla.* || Fijarse firmemente una idea en la mente.

incubación *s. f.* Acción y efecto de incubar o de incubarse.

incubadora *s. f.* Aparato o local que sirve para la incubación artificial, sobre todo de aves comestibles. || Urna transparente y dotada de todo lo necesario para sostener el desarrollo de los niños nacidos prematuramente o en condiciones anómalas.

incubar *t.* Calentar un ave con su cuerpo los huevos puestos hasta que hagan eclosión los pollos. || Cuidar los huevos hasta el nacimiento de los individuos, en algunas especies de reptiles y de peces. || *pr.* Desarrollarse los gérmenes patógenos desde que penetran en el organismo huésped hasta que presentan síntomas como fiebre, erupciones, vómito, etc. || Iniciar el desarrollo de ideas, movimientos, corrientes, modas, etc., hasta sus manifestaciones visibles.

íncubo *adj.* y *s. m.* Se dice de los demonios que, bajo la apariencia de hombres, tenían relaciones sexuales con mujeres, mayormente brujas, según la superstición.

incuestionable *adj.* Que no puede cuestionarse.

inculcación *s. f.* Acción y efecto de inculcar.

inculcar *t.* Repetir empeñosamente muchas veces algo a alguien, con ánimo de que lo aprenda. || Infundir con la palabra y el ejemplo, ideas, proyectos, ideologías, etc.

inculpación *s. f.* Acción y efecto de inculpar.

inculpado, da *adj.* y *s.* Acusado en un proceso penal o de sanción administrativa.

inculpar *t.* Acusar, culpar. || Dirigir una acusación contra una persona física o moral en un proceso judicial, ya sea penal o administrativo.

inculpatorio, ria *adj.* Que culpa.

incultivado, da *adj.* Se dice del terreno que no está cultivado ni tiene labor.

inculto, ta *adj.* y *s.* Incultivado. || De escasa o nula instrucción o educación. || Sin pulimento ni refinamientos propios del estilo cultivado y erudito.

incultura *s. f.* Falta de cultura o de educación. || Falta de cultivo de la tierra.

incumbencia *s. f.* Obligación y responsabilidad de hacer algo.

incumbir *intr.* Estar una cosa, asunto o negocio a cargo de alguien.

incumplido, da *adj.* Que no cumple sus promesas o sus obligaciones.

incumplimiento *s. m.* Falta de cumplimiento.

incumplir *t.* No cumplir la palabra o el compromiso, no llevar a cabo lo prometido o no efectuar aquello de lo que uno era responsable.

incunable *adj.* y *s. com.* Se dice de toda publicación editada desde la invención de la imprenta hasta principios del siglo XVI. *Libro incunable, edición incunable, un incunable español de 1502.*

incurable *adj.* Que no tiene curación o que no puede sanar. || Que no tiene remedio o enmienda. *Siente una pasión incurable por los libros.*

incuria *s. f.* Negligencia, falta de cuidado.

incurrir *intr.* Cometer una falta. || Atraer o causar un sentimiento negativo. *Incurrir en el desagrado de alguien, incurrir en el odio de alguno.*

incursión *s. f.* Acción y efecto de incurrir. || Intromisión en una actividad ajena a la habitual de uno. || Acción menor de guerra en territorio enemigo.

incursionar *intr.* Efectuar una incursión guerrera. || Realizar una actividad distinta de la habitual.

indagación *s. f.* Acción y efecto de indagar.

indagador, ra *adj. s.* Que indaga.

indagar *t.* Averiguar, inquirir, investigar, ya sea mediante el razonamiento o por medio de entrevistas con personas que puedan arrojar luz en el asunto.

indagatoria *s. f.* Declaración del presunto delincuente en torno al asunto en averiguación; antes de tomarle juramento. || *Méx.* Averiguación, investigación, pesquisa.

indebido, da *adj.* Que no es exigible ni obligatorio. || Ilícito, ilegal. || Injusto, inequitativo.

indecencia *s. f.* Falta de decoro o de pudor. || Dicho o hecho vergonzoso, vituperable, carente de decencia.

indecente *adj.* y *s. com.* Que no tiene decencia, decoro o vergüenza.

indecible *adj.* Que no puede decirse o explicarse. *Siento una alegría indecible.*

indecisión *s. f.* Falta de determinación o de decisión.

indeciso, sa *adj.* y *s.* Se dice de una cosa sobre la cual aún no se ha decidido la solución. || Se dice de la persona perpleja, irresoluta, que padece dificultades para tomar decisiones.

indeclinable *adj.* Que no se puede rechazar o rehusar.

indecoroso, sa *adj.* Que carece de decoro, de decencia. *El compadre de Julia es un borracho indecoroso.* ||

Que ofende el decoro. *Es indecoroso usar abrigo de piel de jaguar.*

indefectible *adj.* Aplicado a lo que no puede faltar o dejar de ser u ocurrir. *El pago de impuestos es indefectible: hay que hacerlo para evitar una sanción.*

indefendible *adj.* Que no puede tomarse su defensa, ni ser defendido real o metafóricamente.

indefensión *s. f.* Estado de las personas o de las cosas que no pueden defenderse, que están inermes. || Situación en que queda a quien se le impide ejercer su derecho a contar con un defensor en un juicio penal, civil o administrativo.

indefenso, sa *adj.* Que está falto de defensa, que carece de ella.

indefinible *adj.* Que no puede definirse.

indefinido, da *adj.* No definido. || Sin límites o términos reconocidos. *Un territorio indefinido, una dehesa indefinida.*

indeformable *adj.* Que no puede deformarse por la acción de fuerzas físicas. *Zapato indeformable, plástico indeformable.*

indeleble *adj.* Que no puede borrarse o quitarse. *Pintura indeleble, recuerdo indeleble.*

indelegable *adj.* Que no puede delegarse.

indeliberado, da *adj.* Que fue hecho sin previa deliberación, intención o reflexión.

indelicadeza *s. f.* Falta de cortesía, de delicadeza en el trato social. || Dicho o hecho carentes de delicadeza.

indelicado, da *adj.* Carente de delicadeza.

indemne *adj.* Sin daño, exento de perjuicios. *La casa salió indemne del sismo; el chico quedó indemne de la caída.*

indemnización *s. f.* Acción y efecto de indemnizar. || Pago u otra cosa con que se indemniza.

indemnizar *t.* y *pr.* Resarcir o compensar de un daño o perjuicio.

indemostrable *adj.* Que no puede demostrarse o no necesita demostración. *Es indemostrable que la cajera robara; un axioma es indemostrable.*

independencia *s. f.* Cualidad o condición de independiente. || Libertad para determinarse y proponerse metas sin sujeción a otro u otros. || Capacidad de las naciones y estados para autodeterminarse y gobernarse. || Autonomía y entereza de carácter.

independentismo *s. m.* Movimiento político que propugna y reclama la independencia de un territorio que depende de una metrópoli.

independentista *adj.* y *s. com.* Perteneciente o relativo al independentismo. || Partidario y seguidor de esa postura política.

independiente *adj.* y *s. com.* Que no depende de nadie o de nada. *Periodismo independiente, cuarto con entrada independiente.* || Que se gobierna y determina por sí mismo, autónomo. || Que en materia de opiniones, mantiene las suyas sin ceder a sobornos o amenazas.

independización *s. f.* Liberación de algo.

independizar *t.* y *pr.* Hacer o hacerse independiente un país. || Emanciparse una persona, corriendo con sus gastos y haciéndose responsable de sus actos.

indescifrable *adj.* Que no puede descifrarse.

indescriptible *adj.* Que no se puede describir.

indeseable *adj.* y *s. com.* Indigno de ser deseado. *Es indeseable truncar una carrera académica.* || Se dice de la persona cuyo trato no es recomendable. *Los falsos amigos son indeseables.* || Se dice de la persona cuya residencia en un país las autoridades de éste consideran dañina o peligrosa. *Lo expulsaron por indeseable.* || Por extensión, se dice del individuo que las autoridades de una institución o establecimiento consideran perjudicial para sus intereses y por tanto piensan expulsar.

indeseado, da *adj.* y *s.* Que no es deseado debido a su condición o a las condiciones. *Inflación indeseada, hijo indeseado.*

indestructible *adj.* Que no puede destruirse.

indeterminable *adj.* Que no se puede determinar.

indeterminación *s. f.* Falta de determinación en algo o de resolución en alguien.

indeterminado, da *adj.* Que no implica ni denota alguna determinación. *Artículo indeterminado, denominación indeterminada.* || Que no está definido ni es concreto. *Tenía un indeterminado deseo de ser artista, pero no se decidía por ninguna de las artes.* || De carácter vacilante e irresoluto.

indeterminismo *s. m.* Postura filosófica que postula la inexistencia de los determinismos y las causalidades estrictas, concediendo un amplio campo de acción al azar en la existencia.

índex *s. m. ant.* Del latín «index», índice de un libro, de una biblioteca, o bien de instrumentos tales como relojes, barómetros, higrómetros, etc.

indexación *s. f.* Acción y efecto de indexar.

indexar *t.* Hacer índices de algo. || Registrar ordenadamente datos para elaborar con ellos un índice. || En economía, ligar las tarifas, impuestos, cobros, alquileres, etc., a las fluctuaciones en el índice general de inflación de precios.

indiana *s. f.* Tela de algodón o de lino, o de una mezcla de ambos, estampada por una sola cara, de la que solían hacerse vestidos caseros, cortinas y otras prendas de uso diario.

indianismo *s. m.* Tendencia a exaltar lo indio americano.

indianista *adj.* y *s. com.* Se dice del autor y de la obra artística o literaria que exalta lo indio. || Persona que investiga y divulga las diversas culturas indígenas del periodo precolombino en América y sus manifestaciones actuales.

indiano, na *adj.* y *s.* Nacido en América y nativo de ella pero no originario de este continente. || Perteneciente o relativo a las Indias Occidentales, América. || Se dice del español pobre que viene a hacer dinero en América y regresa rico a su tierra.

indicación *s. f.* Acción y efecto de indicar. || Señal o letrero que indica. || *loc.* ***Indicación de marca:*** forma de propiedad industrial que distingue, como derecho privativo, los productos de determinada localidad, zona o región.

indicado, da *adj.* Dicho de una persona: idónea, apta para la tarea que se le asigna.

indicador, ra *adj.* y *s.* Que indica o sirve para indicar.

indicar *t.* Mostrar, señalar o significar algo por medio de indicios y señales. *Indicar el camino, indicar en el mapa, indicar disgusto.* || Recetar el médico los medicamentos y el tratamiento.

indicativo, va *adj.* Que indica o se usa para indicar. *Indicativo de bienestar, indicativa de asombro.* || *loc.* ***Modo indicativo:*** en gramática, el que emplea el verbo para expresar acciones, estados o pasiones como reales.

índice *s. m.* Indicio, marca o señal de algo. || En libros y publicaciones, lista ordenada de su contenido y de las páginas donde aparece. || En archivos, bibliotecas y repositorios documentales, catálogo de las obras ahí guardadas. || En instrumentos de medición, agujas, manecillas u otros indicadores. || Gnomon de un cuadrante o reloj solar. || Expresión numérica de la relación entre dos cantidades. || Segundo dedo de la mano humana, entre el pulgar y cordial, que se emplea para señalar e indicar. || En matemáticas, número que se coloca en la abertura del radical para indicar el grado de la raíz. || *loc.* ***Índice expurgatorio:*** lista de los libros que la Iglesia católica mandaba corregir o destruir por contener afirmaciones contrarias a su doctrina o por su interpretación del texto; también llamado índice negro. || ***Índice negro:*** índice expurgatorio.

indiciado, da *adj.* y *s.* Que existe sospecha contra él de haber participado en un delito.

indiciar *t.* Dar indicios algo de donde pueda inferirse conocimiento de ello. || Sospechar de algo o contar con indicios para ello. || Dan a entender algo a alguien.
indicio *s. m.* Hecho que permite deducir de él la existencia de otro no conocido o percibido. El olor a gas fue el indicio de la fuga en la tubería. || Cantidad diminuta de algo que permite presumir la presencia de algo mayor. Había indicios de pólvora en su mano.
indicioso, sa *adj.* Que sospecha o causa desconfianza.
índico, ca *adj.* Relativo a lo que es de las Indias Orientales.
indiferencia *s. f.* Estado emotivo en que no se siente inclinación ni aversión hacia alguna persona, asunto o cosa.
indiferenciado, da *adj.* Que no posee rasgos o características diferenciados. *Tejido indiferenciado, célula indiferenciada.*
indiferente *adj.* Que no se inclina más hacia una cosa que hacia otra. || Que no importa cómo se haga, ya sea de una forma u otra da lo mismo. || Que no suscita interés, pasión ni afecto.
indígena *adj.* y *s. com.* Originario, nativo u oriundo del país, región o pueblo del que se trate. || *Amér.* Descendiente actual de los pueblos prehispánicos, cuyas tradiciones y costumbres conserva.
indigencia *s. f.* Miseria, pobreza extrema, privación de medios para subsistir.
indigenismo *s. m.* Movimiento social, político y artístico que exalta lo indio en América.
indigenista *adj.* y *s. com.* Perteneciente o relativo al indigenismo. || Partidario o seguidor del indigenismo.
indigente *adj.* y *s. com.* Que padece indigencia.
indigerible *adj.* Que no se puede digerir o es muy difícil hacerlo.
indigerido, da *adj.* No digerido o mal digerido.
indigestarse *pr.* Digerir mal o no poder digerir un alimento o bebida. || Sentar mal algo a alguien, especialmente libros, estudios, juegos, etc. *Se indigestó con la novela que le prestaste.* || Caerle mal una persona, no simpatizar con ella.
indigestión *s. f.* Mala digestión. || Trastorno que se padece por esa causa.
indigesto, ta *adj.* Que se digiere mal o con mucha dificultad. || Que está sin digerir. || Se dice del discurso o del texto confuso, desordenado y prolijo. || Áspero en el trato, huraño.
indignación *s. f.* Enojo, ira, cólera contra una persona, contra sus actos o contra sus productos.
indignado, da *adj.* Lleno de indignación.
indignante *adj.* Que despierta o causa indignación.
indignar *t.* y *pr.* Enojar, enfadar o irritar intensamente a alguien o a uno mismo.
indignidad *s. f.* Cualidad de indigno. || Acción vil y reprobable.
indigno, na *adj.* y *s.* Que carece de mérito o de aptitud para algo. *Soy indigna de tanta bondad.* || Que es inferior a la calidad y mérito de alguien o no corresponde a sus circunstancias. *Esto es indigno de un muchacho bien educado como tú.*
índigo *s. m.* Añil, planta tintórea de la familia de las papilionáceas de la cual se extrae tinte color azul oscuro. || Pasta que se obtiene de tallos y hojas de esta planta. || Color azul oscuro semejante al del añil. || Sexto color en el espectro luminoso, entre el rojo y el violeta.
indio *s. m.* Elemento químico, escaso en la corteza terrestre. Se encuentra en la blenda y otros minerales de hierro, plomo, cobre y estaño. Es dúctil, blando y maleable; sus derivados producen a la llama un intenso color índigo. Se utiliza en la fabricación de rodamientos y semiconductores. Su número atómico es 49 y su símbolo *In.*
indio, dia *adj.* y *s.* Nativo o natural de India. || Perteneciente o relativo a este país del Asia meridional. || Indígena de América, tras el contacto con los europeos en el siglo XV. || Perteneciente o relativo a estos habitantes de América.
indirecta *s. f.* Dicho o gesto con el que se da a entender algo sin aludirlo directamente.
indirecto, ta *adj.* Que no va derecho a un objetivo aunque se encamine a él.
indiscernible *adj.* Que no puede discernirse.
indisciplina *s. f.* Falta de disciplina.
indisciplinado, da *adj.* y *s.* Que no se somete a la disciplina establecida. || Alborotador, inquieto, levantisco.
indisciplinarse *pr.* Quebrantar la disciplina.
indiscreción *s. f.* Falta de discreción y de sensatez. || Dicho o hecho carentes de discreción.
indiscreto, ta *adj.* y *s.* Que actúa sin tacto ni pudor. || Que se hace sin discreción.
indiscriminado, da *adj.* No discriminado ni seleccionado previamente. *Golpes indiscriminados, multas indiscriminadas.*
indiscutible *adj.* Evidente, obvio, que no hay para qué discutirlo.
indisociable *adj.* Que puede disociarse o separarse.
indisoluble *adj.* Que no puede disolverse. || Que no puede anularse, cancelarse ni dejarse sin efecto.
indispensable *adj.* Que es muy necesario para un fin o tarea determinados.
indisponer *t.* y *pr.* Quitar la disposición, el orden o la conveniencia a algo. || Enemistar a las personas. || Ponerse mal, padecer un leve trastorno de la salud.
indisponibilidad *s. f.* Calidad de lo que no está disponible.
indisponible *adj.* No disponible.
indisposición *s. f.* Acción y efecto de indisponer. || Trastorno leve y pasajero de la salud.
indispuesto, ta *adj.* Que padece alguna indisposición o trastorno leve.
indisputable *adj.* Que no admite ni requiere disputa.
indistinto, ta *adj.* Que no se distingue de otra cosa, que se puede confundir con ella. || Que no se percibe claramente, que su aspecto no es nítido.
individual *adj.* Propio del individuo o referente a él. || Peculiar y característico de algo o de alguien.
individualidad *s. f.* Cualidad que singulariza y destaca a algo o a alguien, haciéndolo diferente de todos los de su especie.
individualismo *s. m.* Teoría que postula la supremacía del individuo y sus intereses por sobre la conveniencia colectiva e incluso el bien común y del estado. || Práctica de anteponer los gustos e intereses propios a los de cualquier otra persona o colectivo.
individualista *adj.* y *s. com.* Perteneciente o relativo al individualismo. || Defensor y adepto del individualismo.
individualizar *t.* Especificar algo, detallándolo para destacar su individualidad. || Determinar individuos incluidos en una especie. *Individualicé mi cartera bordándole mi nombre.*
individuo *s. m.* Cada uno de los seres de una especie vegetal o animal, tomado aisladamente. || Persona que pertenece a determinada clase o corporación. *Individuo de la Real Academia, individuo del Consejo de Pediatría.* || Persona, abstracción hecha de las demás así como de sus particularidades. *El individuo debe esforzarse para superar los obstáculos de la vida.*
individuo, dua *adj.* Que no puede dividirse sin que pierda su esencia y función. || Individual. || *s. fam.* Persona cuyo nombre se omite porque se ignora o no se quiere declarar.
indivisibilidad *s. f.* Cualidad de indivisible.
indivisible *adj.* Que no puede dividirse. || *s. m.* En matemáticas, se dice del número que dividido entre otro deja un residuo diferente de cero.
indiviso, sa *adj.* y *s.* No dividido en parte. Herencia indivisa, terreno indiviso.
indización *s. f.* Indexación, acción y efecto de indexar.
indizar *t.* Indexar.

indoblegable *adj.* Que no se doblega. || Que persiste en su opinión, actitud, intención o propósito a pesar de los obstáculos.
indochino, na *adj.* y *s.* Nativo de Indochina, península en el sureste de Asia. || Perteneciente o relativo a esa zona, que fue colonia francesa, y actualmente abarca los países de Camboya, Laos y Vietnam.
indócil *adj.* Carente o falto de docilidad. *Cabello indócil.* || Rebelde, desobediente, levantisco. *Niño indócil, multitud indócil.*
indocto, ta *adj.* y *s.* Inculto, poco instruido, en general o en un tema en particular.
indocumentado, da *adj.* y *s.* Que no consta en documentos. *El lugar donde nació Colón está indocumentado.* || Que no cuenta con documentos que lo identifiquen o acrediten su calidad, especialmente la migratoria. || Persona que migra a un país extranjero sin tener los documentos legales para ello ni los que le permitan residir en el lugar de acogida.
indoeuropeo, a *adj.* y *s.* Se dice de las lenguas europeas cuyas raíces demuestran derivar de otra muy antigua que les sirvió de origen común. || Se dice de la hipotética lengua primitiva que dio origen al gran tronco lingüístico de idiomas europeos que abarca todas las lenguas habladas actualmente en Europa menos el eúzcaro y el finés o finlandés. || Se aplica al pueblo supuestamente creador de dicha lengua original y de los que actualmente hablan idiomas del tronco común al sánscrito de India, el persa o farsi antiguo, las lenguas germánicas, el griego, el latín, las romances o románicas, entre otras.
índole *s. f.* Condición y cualidad peculiares de cada persona. || Naturaleza, condición, forma de ser de las cosas.
indolencia *s. f.* Cualidad de indolente.
indolente *adj.* y *s. com.* Que nada lo afecta o conmueve. || Que todo le da flojera.
indología *s. f.* Disciplina científica que estudia la historia, pueblos, costumbres, lenguas, religiones y demás aspectos de India en el pasado y en la actualidad.
indólogo, ga *adj.* y *s.* Especialista en indología.
indoloro, ra *adj.* Que no duele, que no provoca dolor.
indomable *adj.* Que no se puede domar o no permite hacerlo.
indomado, da *adj.* No domado.
indómito, ta *adj.* y *s.* Indomado. || Indomable. || Arduo de sujetar o de reprimir. *Pasión indómita, orgullo indómito.*
indonesio, sia *adj.* y *s.* Nativo de Indonesia. || Perteneciente o relativo a ese país insular del sureste asiático. || Lengua del tronco malayo-polinesio hablada en ese país. || Perteneciente o relativo a dicha lengua.
indostano, na *adj.* y *s.* Nativo u originario de Indostán, región de Asia meridional. || Perteneciente a esa región que abarca Afganistán, Bangladesh, India, Pakistán y Sri Lanka.
indubitable *adj.* Que no puede ser puesto en duda.
indubitado, da *adj.* Que no admite duda.
inducción *s. f.* Acción y efecto de inducir. || *loc.* ***Inducción electromagnética:*** producción de fuerza electromotriz en un elemento conductor por influencia de un campo magnético. || ***Inducción laboral:*** proceso por el cual un nuevo empleado recibe instrucción que le permite adecuarse a las tareas que va a desempeñar en la empresa.
inducido *s. m.* En física, circuito que gira dentro del campo magnético de un dínamo o de un alternador, y en el que se desarrolla una corriente por efecto de la rotación.
inducir *t.* Persuadir, convencer, incitar a alguien a hacer algo. || Causar, ocasionar. || En lógica formal, extraer conclusiones generales a partir de ciertos datos o premisas particulares pero numerosas en los que aquéllas estaban implícitas. || En física, producir a distancia fenómenos electromagnéticos en determinados cuerpos.
inductancia *s. f.* En física, relación entre la fuerza electromotriz producida en una bobina y la variación de la corriente. Su unidad de medida es el henrio.
inductivo, va *adj.* Perteneciente o relativo a la inducción. || Se aplica al razonamiento que a partir de la observación de los fenómenos o hechos de la realidad asciende lógicamente a la ley universal de la que son manifestación. *El origen del método lógico inductivo se asocia a Francis Bacon.*
inductor, ra *adj.* Se aplica a la persona que induce a otra a actuar de determinada manera, especialmente si es negativo. *El inductor del crimen fue el mayordomo.* || *s. m.* En un motor eléctrico, circuito que genera el campo magnético que origina la corriente en el inducido.
indudable *adj.* Que no puede ponerse en duda, por ser tan claro y evidente. *Es indudable que el sol sale por la mañana.*
indulgencia *s. f.* Disposición para perdonar las faltas o para conceder gracias. *La justicia debe incluir a la indulgencia.* || Perdón que otorga la Iglesia católica de la pena temporal debida por los pecados ya perdonados. *La protesta por compra y venta de indulgencias derivó en la Reforma de Martín Lutero.*
indulgente *adj.* Se aplica a la persona que tiende a juzgar con benevolencia y castigar sin demasiado rigor. *Siempre es indulgente con los demás y severo consigo mismo.*
indultar *t.* Otorgar un indulto a una persona. *El gobernador se negó a indultar la pena de muerte al condenado.*
indulto *s. m.* Perdón total o parcial por parte de la autoridad de una pena o conmutación de la misma. *El último recurso de los condenados es que les otorguen un indulto.*
indumentaria *adj.* Perteneciente o relativo al vestido. || *s. f.* Conjunto de las prendas de vestir que se tienen o se llevan puestas. *Para llamar la atención usa indumentarias estrafalarias.* || Estudio histórico de la prendas de vestir. *La exposición incluye muestras de la indumentaria del siglo XIX.*
indumento *s. m.* Prenda de vestir.
industria *s. f.* Conjunto de operaciones materiales y técnicas que se ejecutan para obtener, transportar y transformar materias primas. *Para el desarrollo económico es indispensable la industria siderúrgica.* || Instalación fabril destinada a estas operaciones. *En el pueblo instalaron una nueva industria de textiles.* || Conjunto de fábricas o empresas del mismo o de varios ramos. *El desarrollo de la industria petroquímica se encuentra rezagado.* || Habilidad o destreza para hacer una cosa. *Tuvo que aplicar toda su industria para terminar su casa.*
industrial *adj.* Perteneciente o relativo a la industria. *Monterrey se desarrolló como una ciudad industrial.* || *s. com.* Persona que se dedica a la industria como empresario. *Don Jorge se ha destacado como un industrial del sector del calzado.*
industrialismo *s. m.* Tendencia a conferirle importancia excesiva a los intereses industriales.
industrialista *adj.* y *s. com.* Partidario del industrialismo.
industrialización *s. f.* Acción y efecto de industrializar.
industrializar *t.* Aplicar procesos mecanizados a la transformación de productos primarios o materias primas. *Los productores invirtieron para industrializar los productos del campo.* || Desarrollar la actividad industrial en un lugar, creando industrias nuevas o desarrollando las existentes. *Se requiere industrializar más la minería para exportar productos terminados.*
industrioso, sa *adj.* Que tiene habilidad, destreza y se dedica con ahínco al trabajo. *La región tiene una población muy industriosa.*
inédito, ta *adj.* Se aplica a la obra que no ha sido publicada. || Que es

I

desconocido del público porque no se ha dado a conocer. || Que no se ha hecho antes, que es nuevo y desconocido. *Presentaremos un espectáculo inédito.*
inefable *adj.* Que no se puede explicar o describir con palabras. *Los inefables motivos de la conducta humana.*
ineficacia *s. f.* Falta de eficacia. *La ineficacia del medicamento es evidente.*
ineficaz *adj.* Que no es eficaz, que no produce el resultado esperado. *Las medidas resultaron ineficaces para superar la crisis.*
ineficiencia *s. f.* Falta de eficiencia. *La ineficiencia del personal es intolerable.*
ineficiente *adj.* Que no es eficiente, que no produce lo que se espera de él. *El nuevo operador de la máquina resultó ineficiente.*
inelegible *adj.* Que no se puede elegir. *Él no puede ser candidato porque es inelegible.*
ineluctable *adj.* Ineludible, que es inevitable. *Después de ese escándalo, la renuncia del secretario era ineluctable.*
ineludible *adj.* Que no puede se puede eludir o rehuir. *El pago de impuestos es ineludible.*
inenarrable *adj.* Que no se puede describir con palabras, por ser asombroso o increíble. *El escándalo que se armó es inenarrable.*
inepcia *s. f.* Incapacidad, inutilidad. *La inepcia de esos funcionarios es inenarrable.*
ineptitud *s. f.* Falta de aptitud o de capacidad para desempeñar alguna función o actividad. *Tenían que despedirlo, su ineptitud es mayúscula.*
inepto, ta *adj.* y *s.* Que no posee las aptitudes, la preparación o capacidad para desarrollar una actividad. *No sé cómo está en ese cargo, si es un inepto.*
inequívoco, ca *adj.* Que es tan claro que no puede dar lugar a duda, confusión o equivocación. *Su gesto de desacuerdo fue inequívoco.*
inercia *s. f.* Resistencia de los cuerpos a cambiar su estado de reposo o movimiento. || Desidia, falta de energía física o moral para alterar un comportamiento. *Toda su vida es tan rutinaria que se deja llevar por su inercia.*
inercial *adj.* Perteneciente o relativo a la inercia.
inerme *adj.* Desprovisto de medios o de armas para defenderse. *Inerme, estaba a merced de sus adversarios.*
inerte *adj.* Carente de vida por naturaleza. *Los procesos vivos se nutren de materia inerte.* || Carente de vida por haberla perdido. *Sobre la cama yacía el cuerpo inerte del fallecido.* || Se aplica a la sustancia o materia incapaces de provocar reacciones químicas. *Los gases nobles son inertes.*
inervación *s. f.* Distribución de los nervios en una parte, órgano o región del cuerpo. || Acción del sistema nervioso sobre los demás órganos del cuerpo.
inervador, ra *adj.* Que produce la inervación.
inescrupuloso, sa *adj.* y *s.* Que carece de escrúpulos. *Ese abogado es un inescrupuloso que no se detiene ante nada.*
inescrutable *adj.* Que no puede saberse ni averiguarse. *Los designios de Dios son inescrutables.*
inescudriñable *adj.* Inescrutable, que no se puede escudriñar.
inesperado, da *adj.* Que ocurre imprevisto o sin esperarse. *La muerte de la maestra fue inesperada.*
inestabilidad *s. f.* Falta de estabilidad. *La creciente violencia amenaza con crear inestabilidad política.*
inestable *adj.* No estable, sin firmeza o seguridad; que sufre continuas o frecuentes alteraciones de sus condiciones y características. *Su tendencia a encolerizarse lo hace de un carácter inestable.* || Se aplica a los compuestos químicos que se descomponen fácilmente.
inestimable *adj.* Se aplica a lo que tiene un valor tan grande, que es no posible estimarlo o valorarlo. *Cuando estuvimos en apuros los vecinos nos dieron una ayuda inestimable.*
inestimado, da *adj.* Que no ha sido apreciado o valorado. || Que no se estima lo suficiente. *Pese a que ha sido eficiente, su labor permanece inestimada.*
inevitable *adj.* Que no se puede evitar. *La ruptura del compromiso fue inevitable.*
inexactitud *s. f.* Falta de precisión o exactitud. || Dicho o afirmación que no se ajusta a la verdad. *Su descripción de los hechos estuvo llena de inexactitudes.*
inexacto, ta *adj.* Falto de exactitud.
inexcusable *adj.* Se aplica a lo que es ineludible o no puede dejar de hacerse o ser evitado. *Asistir a la junta de mañana es inexcusable.* || Se aplica a lo que no se puede o no se debe disculpar. *Con su experiencia, su error es inexcusable.*
inexequible *adj.* Que no se puede hacer o conseguir.
inexistencia *s. f.* Falta de existencia. *No podía creer la inexistencia de Santa Claus.*
inexistente *adj.* Que carece de existencia. *Los dragones son inexistentes.*
inexorabilidad *s. f.* Cualidad de inexorable.
inexorable *adj.* Que no puede ser evitado, eludido o detenido. *El envejecimiento es inexorable.* || Se aplica a las personas que no se dejan ablandar por ruegos y súplicas. *El juez se mostró inexorable en su sentencia.*
inexperiencia *s. f.* Falta de experiencia. *La inexperiencia es una condición de la juventud.*
inexperto, ta *adj.* y *s.* Que tiene poca experiencia. *Cuando empezó a trabajar era un inexperto.*
inexpiable *adj.* Que no se puede expiar.
inexplicable *adj.* Que no tiene explicación. *El fenómeno de la vida es aún inexplicable.*
inexplicado, da *adj.* Falto de explicación. *Sus motivos aún están inexplicados.*
inexplorado, da *adj.* No explorado. *Esa selva tiene zonas inexploradas.*
inexpresable *adj.* Que no se puede expresar. *Sentí un terror inexpresable.*
inexpresividad *s. f.* Carencia de expresividad.
inexpresivo, va *adj.* Sin expresión. *Mantuvo siempre un rostro inexpresivo.* || Incapaz de expresarse. *Tiene unos poemas inexpresivos.*
inexpugnable *adj.* Que no se puede tomar o conquistar por la fuerza. *La fortaleza estaba tan bien construida que era inexpugnable.* || Se aplica a personas que no se dejan convencer o persuadir.
inextinguible *adj.* Que no puede extinguirse. *La curiosidad del hombre por conocer es inextinguible.* || *fam.* De muy larga duración. *Se profesaban una amistad inextinguible.*
inextricable *adj.* Que es muy intrincado y confuso. *Su explicación era inextricable.*
infalibilidad *s. f.* Cualidad de infalible.
infalible *adj.* Se aplica a la persona que no puede fallar o equivocarse. *Su fama de infalible se derrumbó cuando se demostró que estaba equivocado.* || Se aplica a la cosa que nunca falla y siempre proporciona el resultado deseado. *Tómate estas pastillas, son un remedio infalible para el insomnio.*
infalsificable *adj.* Que no se puede falsificar. *El Banco Central elaboró billetes infalsificables.*
infaltable *adj.* Que no puede faltar.
infamación *s. f.* Acción y efecto de infamar.
infamante *adj.* Que causa deshonra. *Sus acusaciones contra aquel inocente eran infamantes.*
infamar *t.* Desacreditar la buena fama, el honor y la estimación de una persona. *Ese intrigante no tiene escrúpulos para infamar al que se le antoja.*
infame *adj.* Se aplica a la persona carente de buena fama, prestigio y estima. || Se aplica a la persona que actúa o es capaz de actuar con maldad o vileza, así como a sus acciones. *La*

muy infame, se fue y nos dejó con toda la deuda. || Se aplica a cosas o a nombres de agentes que son muy malos. *Es un recitador de poemas infame.*

infamia *s. f.* Descrédito, deshonra. *La infamia ha caído sobre su nombre.* || Acción mala, vil y despreciable. *Ese intrigante ha ascendido en base a infamias contra los demás.*

infancia *s. f.* Periodo de la vida humana desde el nacimiento hasta la pubertad. *El carácter de la persona se forja en la infancia.* || Conjunto de niños que se hallan en este periodo. *La vacunación es una medida de protección para la infancia.*

infante, ta *s.* Niño menor de siete años. || Hijo de un rey que no es el príncipe o princesa. *En esta foto están el rey, la princesa y los infantes.* || Título que un rey concede a un miembro de su familia. || *s. m.* Soldado de infantería. *Las labores de rescate las hicieron los infantes de marina.*

infantería *s. f.* Tropa formada por soldados que sirven a pie. *La infantería entró en combate después del ataque de artillería.*

infanticida *adj.* y *s. com.* Persona que mata a un niño.

infanticidio *s. m.* Muerte dada violentamente a un niño, especialmente al de corta edad. *El infanticidio es uno de los crímenes más infames.*

infantil *adj.* Perteneciente o relativo a la infancia. *La maestra les enseñó rondas infantiles.* || Inocente, cándido, que es característico del comportamiento propio de un niño. *Fue infantil tu reclamo porque no te reconocieron el esfuerzo.*

infantilidad *s. f.* Cualidad de infantil.

infantilismo *s. m.* Persistencia en un adolescente o adulto de características físicas y mentales propias de la infancia. *Al muchacho le falta madurar, aún tiene muy marcado el infantilismo.*

infartar *t. pr.* Provocar un infarto. *No hagas tanto esfuerzo, te vas a infartar.*

infarto *s. m.* Lesión producida en un órgano que queda privado de su riego sanguíneo, por obstrucción de la arteria correspondiente. *El alto contenido de colesterol en su sangre le produjo un infarto.* || Aumento de tamaño de un órgano enfermo.

infatigable *adj.* Que no se cansa o que muy difícilmente se cansa. *Ha sido un promotor infatigable de la cultura.*

infatuación *s. f.* Acción y efecto de infatuar o infatuarse.

infatuado, da *adj.* Lleno de infatuación.

infatuar *t.* y *pr.* Volver a alguien fatuo, engreído.

infausto, ta *adj.* Se aplica a lo que es o trae desgracia, o la anuncia o evoca. *Aquel fue un día infausto que ya no quiero recordar.*

infección *s. f.* Acción y efecto de infectar o infectarse. || Penetración y desarrollo en el organismo de gérmenes patógenos. || Enfermedad producida por estos gérmenes. *Tengo fiebre y diarrea, yo creo que es una infección.*

infeccioso, sa *adj.* Que causa infección. *Una bacteria es el agente infeccioso del cólera.* || Provocado por infección. *El cólera es una enfermedad intestinal infecciosa.*

infectado, da *adj.* Se dice de lo que tiene microbios, bacterias o virus.

infectar *t.* Ingresar un agente patógeno en un organismo y multiplicarse en él. *Déjame curarte esa herida, se te puede infectar.* || *pr.* Contraer una enfermedad por contacto con el microorganismo patógeno que la causa. || En informática, ingresar un virus en un sistema y dañarlo. *No abras ese archivo porque vas a infectar tu sistema operativo.*

infecto, ta *adj.* Contagiado, infectado. *Esta herida ya está infecta.* || Sucio, pestilente, corrompido. *La colonia se inundó con aguas infectas del drenaje.* || Que está corrompido por influencias nocivas. *Su alma infecta lo llevó a la corrupción extrema.*

infectología *s. f.* Parte de la medicina que estudia las enfermedades infecciosas y su tratamiento.

infectólogo, ga *s.* Médico especialista en infectología.

infecundidad *s. f.* Falta de fecundidad.

infecundo, da *adj.* No fecundo.

infelicidad *s. f.* Suerte adversa o falta de felicidad.

infeliz *adj.* Se aplica a la persona que sufre, que no es feliz. *Desde que lo dejó su mujer ha sido muy infeliz.* || Se aplica a la cosa que es desafortunada o desacertada. *Nuestras vacaciones fueron una infeliz aventura.* || Se aplica a la persona que es apocado, confiado, que se deja engañar con facilidad. *Todos se burlan de ese infeliz hombre.* || *s. com. Amér.* Malvado, mala persona. *Ni te le acerques a ese infeliz desgraciado.*

inferencia *s. f.* Acción y efecto de inferir. || Deducción de una cosa a partir de otra, conclusión.

inferior *adj.* y *s.* Que está debajo de una cosa o más bajo que ella. *Las piernas son las extremidades inferiores del cuerpo.* || Que es menor en cantidad, calidad o importancia. *En la escala de sueldos estoy en un nivel inferior.* || Se aplica a la persona que está sujeta o subordinada a las órdenes de otra. *Su puesto en la dependencia es inferior al de director.*

inferioridad *s. f.* Cualidad de inferior. || Situación de algo que está más bajo que otra cosa o debajo de ella.

inferir *t.* Sacar una conclusión o deducir una cosa de otra. *Su nerviosismo me llevó a inferir que estaba mintiendo.* || Causar un daño u ofensa. *El grandulón infirió contusiones al pequeñín.*

infernal *adj.* Perteneciente o relativo al infierno. || Que es muy malo o perjudicial. *La epidemia de cólera se puso infernal.* || Que es muy desagradable o molesto. *Con este calor y había un tráfico infernal.*

infértil *adj.* Que no es fértil.

infertilidad *s. f.* Incapacidad de retener el producto de una concepción.

infestación *s. f.* Acción y efecto de infestar o infestarse.

infestado, da *adj.* Resultado de infestar.

infestar *s. f.* Invadir organismos patógenos un ser vivo y multiplicarse en él. *Tenía el intestino infestado de lombrices.* || Invadir un lugar una epidemia o plaga. *Pasamos de largo porque la ciudad estaba infestada de cólera.* || Invadir o llenar por completo un lugar animales o plantas dañinas. *La cocina está infestada de cucarachas.* || Abarrotar un sitio con exceso de personas o cosas. *Los candidatos infestaron las calles de propaganda.* || Corromper moralmente. *La codicia ha infestado sus relaciones con otras personas.*

infibulación *s. f.* Acción y efecto de infibular. || Operación quirúrgica que se practica a las mujeres de determinadas etnias, con el fin de impedir las relaciones sexuales.

infibular *t.* Colocar un anillo u otro obstáculo en los órganos genitales de un animal para evitar la copulación.

infición *s. f.* Infección.

inficionar *t. pr.* Infectar, causar infección. || Corromper moralmente.

infidelidad *s. f.* Falta de fidelidad. || Engaño que consiste en tener relaciones sexuales con otra persona distinta de la pareja legítima. *La infidelidad es causa frecuente de la ruptura de los matrimonios.*

infidencia *s. f.* Falta a la confianza y fe debida a alguien.

infidente *adj.* Que comete infidencia.

infiel *adj.* Se aplica a la persona que no guarda fidelidad, que es desleal. *El marido le es infiel desde que eran novios.* || Que es inexacto. *Las réplicas de sus pinturas resultaron bastante infieles.* || *s. com.* Que no profesa la fe considerada verdadera. *En una guerra religiosa el enemigo es siempre el infiel.*

infiernillo *s. m.* Horno pequeño portátil que se utiliza principalmente para calentar alimentos. || Aparato metálico con lámpara de alcohol que sirve para calentar.

infierno *s. m.* Lugar donde las almas de los condenados sufren eterno castigo, en la religión cristiana. *Dante*

I

hace una descripción dramática del infierno. || Lugar al que va el espíritu de los difuntos, en diversas mitologías y religiones no cristianas. *En la mitología griega, el inframundo equivalente al infierno se llama Hades.* || *fam.* Lugar en el que reina el alboroto y a la discordia. *Cuando se junta toda la familia, la casa se convierte en un infierno.* || *loc. adv.* ***¡Al infierno!:*** expresión que indica el enfado o desesperación que provoca algo o alguien. *¡Al infierno con la dieta, estos chocolates están riquísimos!* || *loc.* ***El quinto infierno:*** lugar muy remoto o muy lejano. *Juan nos invitó a su casa, pero está hasta el quinto infierno.* || ***Irse al infierno:*** fracasar un proyecto o un asunto. || ***Mandar al infierno:*** poner fin a una situación que molesta o causa disgusto. *Este novio celoso me tiene harta, lo voy a mandar al infierno.* || ***¡Vete al infierno!:*** expresión de enfado contra quien molesta e importuna. *Ya estoy harta de tus celos, ¡vete al infierno!*

infijo, ja *adj.* y *s. m.* Elemento que se introduce en el interior de una palabra. *El elemento «ar» en «polvareda» y «ec» en «enrojecer» son infijos.*

infiltración *s. f.* Acción y efecto de infiltrar o infiltrarse.

infiltrado, da *adj.* y *s.* Se aplica a la persona que se introduce subrepticiamente o de manera encubierta en un lugar o un grupo u organización para llevar a cabo una misión secreta. *Descubrieron que el nuevo adepto era un infiltrado.*

infiltrar *t.* y *pr.* Introducir un líquido por los poros o ranuras de un cuerpo sólido. *Debemos impermeabilizar el techo porque el agua empieza a filtrarse.* || Introducirse una persona secretamente en un lugar o en una organización, especialmente con fines encubiertos. *La policía logró infiltrar a un agente en la banda de ladrones.* || Penetrar en un organismo agentes patógenos. || Infundir ideas o doctrinas en la mente de alguien, especialmente si se hace de manera subrepticia. *Con gran astucia le estaba infiltrando ideas subversivas al sobrino.*

ínfimo, ma *adj.* Superlativo de inferior. || Se dice de la cosa que es última y menos que las demás. *El nivel de aprovechamiento de los alumnos es ínfimo.* || Se dice de lo más vil y despreciable.

infinidad *s. f.* Número o cantidad muy grande de cosas o personas. *Su redacción tiene infinidad de errores.*

infinitesimal *adj.* Se aplica a la cantidad infinitamente pequeña o muy próxima a cero. || Perteneciente o relativo a las cantidades infinitamente pequeñas. *Leibniz creó el cálculo infinitesimal.*

infinitivo *s. m.* Forma impersonal del verbo que no expresa número ni persona ni tiempo determinados. *En español, los infinitivos pueden hacer funciones de sustantivo, y terminan en «ar», «er» o «ir».* || *loc.* ***Infinitivo compuesto:*** se forma con el infinitivo del verbo haber y el participio del verbo que se conjuga. *«Haber ganado», es un infinitivo compuesto.*

infinito, ta *adj.* Que no tiene ni puede tener límites ni fin. *La serie de números reales es infinita.* || Que es muy numeroso o muy grande. *Se piensa que el universo es infinito.* || *s. m.* Lugar lejano e indeterminado del espacio. *Su mirada estaba posada en el infinito.* || Signo en forma de un ocho acostado que expresa un valor mayor que cualquier cantidad asignable. *En el resultado de tu operación te faltó poner el signo de infinito.* || *adv.* Excesivo, muchísimo. *Me da infinito gusto que estés bien.*

infinitud *s. f.* Cualidad de infinito. *Me impresiona la aparente infinitud del cielo nocturno.*

inflable *adj.* Que se puede inflar.

inflación *s. f.* Acción y efecto de inflar. || Aumento general de precios de los productos y servicios que trae aparejada la depreciación de la moneda. *La función principal del banco central es controlar la inflación.*

inflacionario, ria *adj.* Perteneciente o relativo a la inflación monetaria. *La política económica busca evitar medidas inflacionarias.*

inflacionista *adj.* Inflacionario.

inflado, da *adj.* Resultado de inflar. || Vanidoso.

inflamable *adj.* Que arde con facilidad.

inflamación *s. f.* Acción y efecto de inflamar o inflamarse. || Alteración anormal de una parte del organismo, caracterizada por el enrojecimiento de la zona, el aumento de su volumen y calor, y dolor. *El piquete de abeja me produjo inflamación.*

inflamador, ra *adj.* Que inflama.

inflamar *t.* y *pr.* Encender y hacer arder con llamas súbitas una materia o una sustancia. *Cuidado con ese solvente que se puede inflamar.* || Acalorar, enardecer los ánimos, los deseos o las pasiones. *Su discurso iba dirigido a inflamar el sentimiento patriótico.* || Producirse una inflamación. *Ese golpe se te va a inflamar.*

inflamatorio, ria *adj.* Que causa inflamación o que procede de la inflamación.

inflar *t.* Aumentar el tamaño o volumen de un cuerpo llenando su interior con un gas. *Antes de irnos a jugar, tenemos que inflar el balón.* || Exagerar o abultar la importancia o el valor de una cosa. *Para quedar bien pensó en inflar las cifras.* || *pr.* Ensoberbecer, engreír. *Cada vez que obtiene buena calificación se infla.*

inflexibilidad *s. f.* Cualidad de inflexible. || Constancia y firmeza de ánimo para no conmoverse ni doblegarse. *Ante sus ruegos mostró una inflexibilidad extrema y no le perdonó.* || Incapacidad de una cosa para doblarse o torcerse.

inflexible *adj.* Que no se aparta de su punto de vista, no se conmueve ni se doblega, ni desiste de su propósito. *Ante los ruegos de su hija se mantuvo inflexible y no le dio permiso de salir.* || Que no puede ser doblado o torcido. *El mármol es un material inflexible.*

inflexión *s. f.* Cambio de dirección de una cosa. *La flotación de la moneda fue el punto de inflexión de la crisis.* || Doblamiento de una línea o una cosa lineal en un punto. *En el fenómeno de reflexión se produce una inflexión de la luz.* || Punto en que una curva cambia de sentido. || Cada uno de los cambios de tono de la voz que da un carácter particular a la entonación. *La forma de hablar del maestro sin inflexiones resulta monótona.* || Cada uno de los cambios morfológicos que sufren las palabras sujetas a flexión.

infligir *t.* Causar o producir daño. || Imponer o aplicar un castigo. *En muchas familias infligen castigos físicos a los hijos.*

inflorescencia *s. f.* Conjunto de flores que nacen agrupadas de una misma rama. *La hortensia da sus flores en inflorescencia.*

influencia *s. f.* Acción y efecto de influir. || Efecto o repercusión que produce una cosa en otra. *La independencia política de las naciones se debió a la influencia de las ideas liberales.* || Capacidad que tiene una persona de alterar la forma de pensar o de actuar de otra. *La influencia del asesor sobre el ministro es determinante en sus decisiones.* || *pl.* Relaciones de amistad o interés con alguien capaz de conseguir ciertos favores. *Le dieron un crédito porque tiene influencias con el gerente del banco.*

influenciable *adj.* Que se deja influir fácilmente.

influenciar *t.* Influir.

influenza *s. f.* Gripe.

influir *intr.* Producir una cosa sobre otra ciertos efectos. *El magnetismo de la Tierra influye sobre una aguja imantada.* || Determinar o alterar una persona la forma de pensar o de actuar de otra. *Aplica tu propio criterio, no te dejes influir.*

influjo *s. m.* Acción y efecto de influir. *Por la mañana estaba todavía bajo el influjo del alcohol.*

influyente *adj.* Que influye o que tiene influencia. *Su papá es muy influyente en el gobierno.*

infolio *s. m.* Libro en formato de folio.
información *s. f.* Acción y resultado de informar o informarse. || Conjunto de datos sobre una materia determinada. *Consiguió toda la información disponible sobre el tema.* || Noticia o conjunto de noticias que se comunica o se conoce. *Este noticiero tiene mucha información económica.*
informado, da *adj.* Que ha recibido información. || Que está al tanto de las noticias de actualidad.
informador, ra *adj.* Que informa. || *s.* Profesional de los medios de comunicación que se dedica a la difusión de información.
informal *adj.* Que no tiene seriedad e incumple sus compromisos. *No se puede confiar en que Juan llegará porque es muy informal.* || Que no se ajusta a normas legales, sino que se fundamenta en la confianza entre las personas. *Como son muy amigos, el acuerdo de compra-venta lo hicieron informal.* || Que no está sujeto a reglas protocolarias. *Vamos así como andas, es una cena informal entre familia.* || Se aplica a la ropa que se viste más por comodidad que por elegancia. *Juan siempre anda vestido informal.* || Sector de la economía que no está sujeta a las normas legales. *Con la crisis de desempleo, el comercio informal ha crecido una enormidad.*
informalidad *s. f.* Cualidad de informal. || Falta de seriedad y responsabilidad en el cumplimiento de las obligaciones y compromisos. *Lo más dañino para un negocio es la informalidad.*
informante *adj.* y *s. com.* Que informa. *La policía creó una amplia red de informantes.*
informar *t.* Dar noticia de algo, enterar. *Debo informar a la oficina del resultado de la reunión.* || En filosofía, dar forma sustancial a algo.
informática *s. f.* Conjunto de conocimientos científicos y técnicos que posibilitan el procesamiento automático de la información por medio de computadoras.
informático, ca *adj.* Perteneciente o relativo a la informática. || *s.* Persona que se dedica a la informática.
informativo, va *adj.* Que informa o sirve para dar noticia de algo. *Juan es director del boletín informativo.* || Que informa o da forma a algo. || *s. m.* Publicación o programa de radio o televisión que publica o transmite noticias. *Enciende la radio que ya va a empezar el informativo vespertino.*
informatización *s. f.* Acción y efecto de informatizar.
informatizar *t.* Implantar o aplicar sistemas y equipos informáticos al desarrollo de una actividad o trabajo. *La escuela informatizó su sistema de guías y apuntes de las materias.*
informe *adj.* Que no tiene la forma que le corresponde. *La artritis le ha dejado las manos informes.* || Que no tiene una forma determinada. *La gelatina no cuajó y se hizo una masa informe.* || *s. m.* Comunicación escrita u oral en la que se dan informaciones, explicaciones y opiniones sobre una persona, suceso o asunto. || Acción y efecto de informar. *El documento contiene un informe detallado de todas las actividades desarrolladas.*
informidad *s. f.* Cualidad de informe.
informulable *adj.* Que no se puede formular o expresar.
infortunado, da *adj.* Sin fortuna, desafortunado. || Se aplica a la cosa o situación que causa un gran dolor o infelicidad. *Perdió a su hermana en un infortunado accidente.* || Se aplica a la persona que no tiene suerte o fortuna. *Es muy infortunado en el amor.*
infortunio *s. m.* Fortuna adversa. *Parecía que le perseguía el infortunio.* || Estado desgraciado o situación desafortunada. *Al morir el padre quedó la familia en el infortunio.* || Hecho desgraciado que causa un gran dolor e infelicidad. *Tuvo el infortunio de quedar huérfano cuando era niño.*
infracción *s. f.* Transgresión de una ley o de una norma moral, lógica o doctrinal, o de un pacto o un tratado. *No me di cuenta y cometí una infracción de tránsito.*
infraccionar *t. Méx.* Multar.
infractor, ra *adj.* y *s.* Que comete infracción.
infraestructura *s. f.* Conjunto de instalaciones físicas, medios técnicos y servicios necesarios para el desarrollo de una actividad, especialmente económica. *Para desarrollar el comercio se requiere infraestructura de comunicaciones.* || Parte de una construcción que está bajo el nivel del suelo.
infraganti o **in fraganti** *loc. adv.* En el momento preciso en que se está cometiendo un delito o una falta. *Atraparon al ladrón in fraganti.*
infrahumano, na *adj.* Inferior a lo que se considera humano. *Esa pobre gente vive en condiciones infrahumanas.*
infranqueable *adj.* Imposible o difícil de pasar. *La seguridad que custodiaba a la cantante era realmente infranqueable.*
infrarrojo, ja *adj.* Se aplica al tipo de radiación que es de una longitud de onda mayor a la del rojo visible, no es visible por el ojo humano; tiene efectos térmicos, pero no luminosos ni químicos. *Los rayos infrarrojos tienen alto poder calorífico.*
infrasonido *s. m.* Onda sonora de frecuencia inferior al límite del perceptible por el oído humano.
infravaloración *s. f.* Acción y efecto de infravalorar.
infravalorar *t.* Atribuir a una cosa o a una persona un valor inferior al que tiene. *En su trabajo tienen infravalorado su talento.*
infrecuente *adj.* Que no ocurre de manera frecuente. *El acercamiento entre la Tierra y Marte es infrecuente.*
infringir *t.* Quebrantar o violar una ley, orden o norma. *Infringe las leyes de tránsito por distraída.*
infructuoso, sa *adj.* Ineficaz, inútil, que no produce frutos o resultado apreciable. *Tratar de convencer al testarudo es un esfuerzo infructuoso.*
ínfula *s. f.* Adorno de lana blanca ceñido a la cabeza, a la manera de venda, y con dos tiras colgantes a los lados, que vestían algunos sacerdotes gentiles y algunos reyes. || Cada una de las dos cintas anchas que penden por la parte posterior de la mitra episcopal. || *pl.* Presunción, vanidad. *Si es tan feo, ¿cómo se da ínfulas de galán?*
infumable *adj.* Se aplica al tabaco que es de mala calidad. || *fam.* Que es de mala calidad, pésimo y sin provecho posible. *Nos salimos a media función porque la película era infumable.*
infundado, da *adj.* Que carece de fundamento. *Las acusaciones que se le hicieron eran infundadas.*
infundio *s. m.* Mentira o noticia falsa que se difunde generalmente con un fin. *Su aclaración dejó en claro que lo que se dijo era un infundio.*
infundioso, sa *adj.* Mentiroso, que suele propalar infundios.
infundir *t.* Despertar un sentimiento o un impulso moral o afectivo en una persona. *La amplitud de conocimientos del maestro infundía curiosidad a los alumnos.*
infusión *s. f.* Acción y efecto de infundir. || Acción de introducir en agua muy caliente algunas partes de una planta para extraer los principios activos. *Para que se te pase la impresión del susto, ahora te preparo una infusión de flores de azahar.* || Líquido así obtenido. *Tómate la infusión de manzanilla y te sentirás mejor.* || Acción de echar el agua sobre el que se bautiza.
infuso, sa *adj.* Se usa solo para calificar al don infundido por Dios o por otro poder sobrenatural en el alma.
infusorio *s. m.* Célula o microorganismo ciliado que emplea sus cilios para moverse en un líquido.
ingeniar *t.* Idear o inventar algo con ingenio. *Los inventores se las ingeniaron para utilizar la electricidad.* || Encontrar con ingenio la manera de conseguir algo. *Nos las ingeniamos como pudimos, pero entramos al concierto.*
ingeniería *s. f.* Conjunto de conocimientos técnicos que permiten aplicar el saber científico al uso de

la materia y la energía, mediante la invención de artefactos o construcciones. *La ingeniería desarrolla la tecnología que aplica de manera práctica los descubrimientos científicos.*

ingeniero, ra *s.* Persona que ejerce la ingeniería. *El país requiere de ingenieros metalúrgicos.*

ingenio *s. m.* Facultad humana para imaginar o inventar. *Leonardo da Vinci fue un inventor de mucho ingenio.* || Persona dotada de esta facultad. *Cervantes describió y analizó la sociedad de su tiempo con mucho ingenio.* || Habilidad para conseguir lo que se desea. *No se cómo se las ingenia, pero él siempre está en todas las fiestas.* || Talento y gracia para mostrar con prontitud el aspecto gracioso de las cosas. *En la fiesta, Juan mostró su ingenio para contar chistes.* || Máquina o artefacto mecánico. || Fábrica de azúcar. *En la región, toda la vida giraba en torno al ingenio azucarero.*

ingenioso, sa *adj.* Se aplica a la persona que tiene ingenio. || Se aplica a la cosa hecha o dicha con ingenio. *El comediante tiene unos chistes muy ingeniosos.*

ingénito, ta *adj.* No engendrado. || Connatural y como nacido con uno.

ingente *adj.* Muy grande, enorme. *La presa monumental se ha llevado ingentes recursos en su construcción.*

ingenuidad *s. f.* Inocencia, falta de malicia. *Los timadores cuentan con la ingenuidad de la gente para engañarla.* || Hecho o dicho que demuestra falta de malicia. *Fue una ingenuidad darle tu dirección a ese desconocido.*

ingenuo, a *adj.* y *s.* Inocente, falto de malicia, candoroso, fácil de engañar. *No puedes ser tan ingenuo, sólo te busca por tu dinero.*

ingerencia *s. f.* Acción y resultado de ingerir. No confundir con *injerencia.*

ingerir *t.* Hacer pasar desde la boca al estómago alimentos, bebidas o medicamentos. *Ingiere con calma no te vayas atragantar.*

ingesta *s. f.* Acción y resultado de ingerir. || Conjunto de cosas que se ingieren. *Le recomendaron una ingesta baja en grasas.*

ingestión *s. f.* Ingesta, acción de ingerir.

ingle *s. f.* Parte del cuerpo en la que se une el muslo con el vientre. *Se estiró demasiado y se desgarró la ingle.*

inglés, glesa *adj.* Natural de Inglaterra. || Perteneciente o relativo a esta nación de Europa. || *s.* Lengua del grupo germánico que se habla en Gran Bretaña, Estados Unidos, Australia y otros países.

ingobernabilidad *s. f.* Cualidad de ingobernable. *La violencia creciente puede llevar a la ingobernabilidad.*

ingobernable *adj.* Que no se puede gobernar. *El caos político llegó a ser ingobernable.*

ingratitud *s. f.* Falta de agradecimiento o gratitud por los favores, servicios o beneficios recibidos. *Después de 30 años de servicio lo trataron con gran ingratitud.*

ingrato, ta *adj.* y *s.* Malagradecido, que no reconoce los beneficios recibidos. *Con frecuencia, los hijos suelen ser ingratos con los padres.* || Que satisface o gratifica poco en relación al esfuerzo que se le dedica, especialmente referido a una actividad. *Limpiar baños es una tarea muy ingrata.* || Que es desapacible, desagradable. *Nos tocó un tiempo muy ingrato durante las vacaciones.*

ingravidez *s. f.* Cualidad de ingrávido. || Estado en que cesan los efectos de la fuerza de gravedad. *La ingravidez causa pérdida de masa muscular y de densidad de los huesos.*

ingrávido, da *adj.* Que no está sometido a la fuerza de gravedad. *Los astronautas flotan ingrávidos en el espacio exterior.* || Liviano, ligero o que tiene muy poco peso.

ingrediente *s. m.* Cualquiera de los componentes de una mezcla. *Ya compré todos los ingredientes para hornear el pastel de zanahoria.*

ingresar *intr.* Entrar en algún lugar. *El presidente ingresó por la puerta lateral del recinto.* || Entrar en un centro hospitalario para recibir tratamiento médico. *Se puso grave y lo ingresaron al hospital en la madrugada.* || Entrar a formar parte de un grupo u organización. *Finalmente logró ingresar a la universidad.*

ingreso *s. m.* Acción de ingresar. *El director habló en especial con los alumnos de nuevo ingreso.* || Entrada en un centro hospitalario para recibir tratamiento médico. || Acto de ser admitido en un grupo o una organización. *Todos presentaron examen de ingreso a la universidad.* || Cantidad de dinero que se percibe de manera periódica y regular por algún concepto. *Con el trabajo de su esposa aumentaron su ingreso quincenal.*

íngrimo, ma *adj. Amér. C. Col. Ecua.* y *Ven.* Solitario, abandonado, sin compañía.

inguinal *adj.* Perteneciente o relativo a las ingles.

inguinario, ria *adj.* Inguinal.

ingurgitación *s. f.* Acción y efecto de ingurgitar.

ingurgitar *t.* Engullir.

inhábil *adj.* Que no tiene habilidad; inepto, incapaz, incompetente. *Es bastante inhábil para la geometría.* || *s. com.* Que por falta de algún requisito, o por malos antecedentes no puede ocupar un cargo, empleo o dignidad. || Se aplica al periodo de tiempo festivo o no laborable.

inhabilidad *s. f.* Falta de habilidad. || Falta de conocimiento, preparación o medios para realizar una acción o una función. || Impedimento para ocupar un cargo o empleo.

inhabilitación *s. f.* Acción y efecto de inhabilitar. || Incapacitación para una función específica. *Después del accidente le dieron inhabilitación laboral.* || Pena que suspende el ejercicio de algunos derechos. *Le dictaron pena de inhabilitación para ocupar cargos públicos.*

inhabilitar *t.* Privar legalmente a alguien del derecho de desempeñar un cargo público o de ejercitar derechos civiles o políticos. || Imposibilitar para algo. *Su enfermedad le inhabilitó para continuar escalando montañas.* || Impedir que una cosa ocurra, funcione o pueda realizarse. *La tormenta eléctrica inhabilitó la red eléctrica.*

inhabitable *adj.* Que carece de las condiciones necesarias para ser habitado. *El deterioro con el paso del tiempo dejó la casa inhabitable.*

inhabitado, da *adj.* No habitado. *El viejo pueblo minero quedó inhabitado.*

inhalación *s. f.* Acción de inhalar.

inhalador *s. m.* Aparato que sirve para hacer inhalaciones. *El asma le obliga a llevar siempre un inhalador.*

inhalar *t.* Aspirar una persona o animal un gas, un vapor o una sustancia pulverizada. *El aire puro del bosque invita a inhalar profundo.*

inherencia *s. f.* Cualidad de inherente. || Unión inseparable por naturaleza o separable sólo mentalmente y por abstracción. *La inherencia entre el cuerpo y el alma ha ocupado a los filósofos.*

inherente *adj.* Que por su naturaleza está inseparablemente unido a algo. *La creatividad es inherente al hombre.*

inhibición *s. f.* Acción y efecto de inhibir o inhibirse. || Componente de los sistemas de regulación psicológicos o fisiológicos que actúan en los seres vivos.

inhibidor *adj.* Que inhibe.

inhibir *t.* Impedir, prohibir, estorbar. *La presencia de los padres inhibe a los niños en las ceremonias públicas.* || Impedir que un juez prosiga en el conocimiento de una causa. *La defensa intentó inhibir al juez por considerarlo prejuicioso.* || Disminuir o suspender transitoriamente alguna función orgánica normal. *Los somníferos inhiben las funciones de integración superior del sistema nervioso central.* || Impedir o ralentizar una reacción química. || *pr.* Abstenerse o dejar de actuar en un asunto o en una actividad.

inhibitorio, ria *adj.* Que inhibe. || Se aplica al documento que inhibe al juez.

inhiesto, ta *adj.* Enhiesto, levantado, derecho.

inhospitalario, ria *adj.* Falto de hospitalidad. || Se dice de la persona poco humana o acogedora. || Se aplica al lugar que es inhabitable o desagradable para habitarlo o que no ofrece seguridad o abrigo.
inhospitalidad *s. f.* Falta de hospitalidad.
inhóspito, ta *adj.* Se aplica al lugar que es incómodo, poco acogedor, inseguro, inhospitalario. *Cuando los colonos llegaron ese era un lugar inhóspito.*
inhumación *s. f.* Acción y efecto de inhumar. *Cada vez se prefiere más la incineración a la inhumación.*
inhumanidad *s. f.* Cualidad de inhumano.
inhumano, na *adj.* Que es falto de humanidad, cruel y despiadado. *El trabajo infantil es inhumano.*
inhumar *t.* Enterrar un cadáver. *Lo van a inhumar en el Panteón Francés.*
iniciación *s. f.* Acción y efecto de iniciar o iniciarse. || Comienzo, inicio o principio de una faceta de la vida o actividad que se desconoce. *Su iniciación como ingeniero fue en la construcción de una carretera.* || Ritual al que se somete una persona que ingresa en un grupo, secta o sociedad secreta. *En la ceremonia de iniciación participaron los Grandes Maestros.*
iniciado, da *adj.* Se dice de la persona que conoce y participa en alguna actividad secreta. *El papá de Juan es un iniciado en la masonería.* || *s. m.* Miembro de una sociedad secreta.
iniciador, ra *adj.* Que inicia.
inicial *adj.* Perteneciente o relativo al principio u origen de una cosa. || Se aplica a la letra que es la primera de una palabra. *En su firma se pueden apreciar las iniciales de su nombre.*
inicializar *t.* Activar un sistema, trabajo o programa; en particular, establecer los valores iniciales para la ejecución de un programa. *Se congeló mi computadora y la tuve que inicializar de nuevo.*
iniciar *t.* Comenzar, dar principio a algo. *Se me borró mi trabajo y tuve que iniciar de nuevo.* || Instruir a alguien en los primeros conocimientos de una faceta de la vida o actividad. *El maestro inició a todo un grupo en aritmética superior.* || Introducir o instruir a una persona en un grupo, secta o sociedad secreta mediante una serie de pruebas. *Fue su novia quien le inició en la santería.*
iniciático, ca *adj.* Perteneciente o relativo a la iniciación en un rito, un culto, una sociedad secreta, etc. *Los ritos iniciáticos de aquella secta eran un espectáculo de fuego y humo.*
iniciativa *s. f.* Que da comienzo a algo o que emprende. *Lo hicimos entre todos, pero la iniciativa fue de Susana.* || Capacidad personal para idear y emprender cosas. *Es una chica con mucha iniciativa.* || *loc.* ***Tomar la iniciativa:*** adelantarse a los demás en la realización de algo.
inicio *s. m.* Principio u origen de una cosa. *En el inicio de clases todos están entusiasmados.*
inicuo, cua *adj.* Injusto, no equitativo. || Malvado, cruel o injusto.
inidentificable *adj.* Que no se puede identificar.
inigualable *adj.* Que no puede ser igualado. *El salto de Yelena de más de 5 m con garrocha parece inigualable.*
inigualado, da *adj.* Que no tiene igual.
inimaginable *adj.* Que no puede ser imaginado. *La velocidad de las comunicaciones actuales era inimaginable hasta hace poco.*
inimitable *adj.* Que no puede ser imitado. *Su estilo de pintura es inimitable.*
inimputable *adj.* Se dice de la persona eximida de responsabilidad penal por no poder comprender la ilicitud de un hecho punible.
ininteligibilidad *adj.* Cualidad de ininteligible.
ininteligible *adj.* Que no se puede entender o comprender. *La poesía culterana de Luis de Góngora es ininteligible para profanos.*
ininterrumpido, da *adj.* Continuo, sin interrupción. *Organizaron un festival ininterrumpido de tres días para recabar fondos.*
iniquidad *s. f.* Cualidad de inicuo. || Injusticia grande o maldad.
injerencia *s. f.* Intervención o intromisión en asuntos ajenos o en cuestiones que no son de su incumbencia. *El canciller protestó por la injerencia del país vecino en asuntos internos.*
injerir *t.* Introducir una cosa en otra. || Injertar plantas. || Insertar texto en un escrito. || *pr.* Entrometerse o intervenir en asuntos ajenos.
injertar *t.* Implantar un injerto. || Introducir en la rama o tronco de una planta parte de otra con alguna yema para que brote. *En el guayabo injertamos una rama de naranjo.* || Implantar tejido vivo tomado de una parte del cuerpo en otra distinta. *Le injertaron piel del muslo en la zona quemada en la cara.*
injerto *s. m.* Acción y resultado de injertar. || Unión de un trozo de planta provisto de yemas a la rama de otra. || Planta injertada. || Parte de tejido vivo de una parte del cuerpo implantado en otra distinta. *Le hicieron un injerto de piel en la parte quemada de la espalda.*
injuria *s. f.* Agravio, ultraje contra la dignidad o el honor de una persona. || Daño o perjuicio que causa una cosa. *El funcionario demandó por injurias al periodista.*
injuriante *adj.* y *s.* Que injuria.
injuriar *t.* Ultrajar o agraviar la dignidad o el honor de una persona. *Ese exaltado más que argumentar se dedica a injuriar a los adversarios.*
injurioso, sa *adj.* Que injuria.
injusticia *s. f.* Acción contraria a la justicia. || Falta de justicia. *En la selección de los participantes, espero no cometer injusticia.*
injustificable *adj.* Que no se puede justificar. *Tiene muchas faltas a clase injustificables.*
injustificado, da *adj.* Sin justificar. *Sus faltas a clase son injustificadas.*
injusto, ta *adj.* Que no es justo. *La calificación que le pusieron en su examen es injusta.*
inmaculado, da *adj.* Que está completamente limpio o no tiene ninguna mancha. *Se esmera por presentar sus tareas inmaculadas.*
inmadurez *s. f.* Falta de madurez. *Sus berrinches son signo de inmadurez.*
inmaduro, ra *adj.* Que no ha alcanzado la madurez. *Sus actitudes infantiles lo hacen ver como inmaduro.*
inmanejable *adj.* Que no se puede manejar.
inmanencia *s. f.* Cualidad de inmanente. || Unión en un ser de cosas inseparables por naturaleza.
inmanente *adj.* Inherente a algún ser o unido de manera inseparable por formar parte de su naturaleza. *El amor al prójimo es inmanente en el cristiano.*
inmanentismo *s. m.* Doctrina filosófica que sostiene la exclusividad de la experiencia interna o lo representado como contenido de la conciencia, como criterio de verdad.
inmarcesible *adj.* Que no puede marchitarse.
inmaterial *adj.* Desprovisto de materia. *Las ideas son inmateriales.*
inmaterialidad *s. f.* Cualidad de inmaterial.
inmediación *s. f.* Proximidad a un lugar. || *pl.* Territorio o terrenos en los alrededores de un lugar. *Crearon parques industriales en las inmediaciones de la ciudad.*
inmediaciones *s. f. pl.* Alrededores.
inmediatez *s. f.* Cualidad de inmediato. || Proximidad en el espacio o en el tiempo. *Esas políticas buscan enfrentar sólo la inmediatez de la crisis.*
inmediato, ta *adj.* Que está muy cerca o contiguo a una cosa, sin nada en medio. *Ella vive en el edificio inmediato al mío.* || Que ocurre en seguida, sin dilación, justo después de otra cosa. *Dio una respuesta inmediata a sus demandas.* || *loc. adv.* ***De inmediato:*** indica que algo sucede al momento, al instante. *Se puso a mis órdenes de inmediato.*

I

inmejorable *adj.* Que no puede ser mejorado. *Este es un tiempo inmejorable para excursión.*
inmemorable *adj.* Inmemorial, de cuyo comienzo no hay memoria.
inmemorial *adj.* Que es tan antiguo que se desconoce cuándo comenzó.
inmensidad *s. f.* Extensión o tamaño muy grande que resulta ilimitada. *Es impresionante la inmensidad del océano.* || Cantidad muy grande. *El cielo nocturno tiene una inmensidad de estrellas.*
inmenso, sa *adj.* Que es tan grande en tamaño, número o intensidad que resulta muy difícil de medir. *El cariño que tiene por sus hijos es inmenso.*
inmensurable *adj.* Que no puede medirse. *El círculo es inmensurable con la recta.*
inmerecido, da *adj.* Que no se merece. *El premio que le otorgaron es inmerecido.*
inmersión *s. f.* Introducción de algo en un líquido. *La inmersión del submarino hizo que ya no se viera.* || Introducción total en una situación, en un ambiente o en una actividad. *La inmersión en la sociedad en que se habla una lengua es la mejor manera de aprenderla.* || Entrada de un astro en el cono de sombra que otro proyecta.
inmerso, sa *adj.* Que está sumergido en un líquido. || Absorto, que tiene la atención concentrada en algo, con descuido de lo demás. *Estaba inmerso en sus pensamientos.*
inmigración *s. f.* Movimiento de población que consiste en la llegada de personas a un país o región para establecerse en él. *La inmigración de mexicanos a Estados Unidos es muy grande.*
inmigrante *s. com.* Persona que llega a un país o región diferente de su lugar de origen para establecerse en él. *Llegó a Estados Unidos como inmigrante ilegal.*
inmigrar *intr.* Establecerse en un país o región diferente del lugar de origen. *La falta de empleo ha forzado a los mexicanos a inmigrar.*
inmigratorio, ria *adj.* Perteneciente o relativo a la inmigración.
inminencia *s. f.* Proximidad de un suceso, especialmente de un peligro. *Algunos animales sienten la inminencia de un temblor de tierra.*
inminente *adj.* Que está próximo a ocurrir. *La renuncia de ese funcionario es inminente.*
inmiscuir *t.* Poner una sustancia en otra para que resulte una mezcla. || *pr.* Entrometerse en un asunto o negocio cuando no hay razón para ello.
inmisericorde *adj.* Incapaz de sentir misericordia o compasión.
inmobiliario, ria *adj.* Perteneciente o relativo a cosas inmuebles. || Empresa o sociedad que se dedica a construir, alquilar, vender y administrar viviendas.
inmoderado, da *adj.* Sin moderación.
inmodestia *s. f.* Falta de modestia.
inmodesto, ta *adj.* Carente de modestia.
inmódico, ca *adj.* Excesivo, inmoderado.
inmodificable *adj.* Que no se puede modificar.
inmolación *s. f.* Acción y efecto de inmolar o inmolarse.
inmolar *t.* Hacer sacrificios o sacrificar una víctima a la divinidad. || *pr. fig.* Sacrificarse alguien por el bien ajeno.
inmoral *adj.* Que es contrario a los principios de la moral.
inmoralidad *s. f.* Cualidad de inmoral. || Acción que va contra la moral.
inmortal *adj.* Imperecedero, eterno. || *fig.* Se dice de lo que dura un tiempo indefinido. || *s. f.* Nombre dado a varios tipos de plantas cuyas flores duran mucho tiempo. || *Ecua.* y *P. Rico* Siempreviva, planta perenne suculenta.
inmortalidad *s. f.* Cualidad de inmortal.
inmortalizar *t.* Hacer inmortal. || *t.* y *pr.* Hacer que algo perdure en la memoria de las personas.
inmotivado, da *adj.* Sin motivo.
inmóvil *adj.* Que no se mueve, sin movimiento. || Invariable, firme.
inmovilidad *s. f.* Estado de lo inmóvil.
inmovilismo *s. m.* Tendencia a mantener lo establecido sin cambios, u oposición a las innovaciones en lo político, religioso o social.
inmovilización *s. f.* Acción y efecto de inmovilizar o inmovilizarse. || En medicina, método terapéutico para impedir temporal o permanentemente el movimiento de un miembro. || En los deportes de combate, sobre todo luchas y judo, acción por la que se domina al adversario tirándolo al suelo e impidiéndole el movimiento.
inmovilizado, da *adj.* Incapaz de moverse porque algo se lo impide. || En el ajedrez, se dice de la pieza que no puede cambiar de lugar porque ello produciría un jaque contra su propio rey.
inmovilizar *t.* Hacer que alguien o algo quede inmóvil. || *pr.* Quedarse o permanecer inmóvil.
inmueble *adj.* y *s. m.* Propiedad que no puede separarse del lugar que ocupa. || Casa o edificio, en especial el de varias plantas. || *loc.* ***Bien inmueble:*** en derecho, bien raíz, o el considerado no mueble por la ley, como tierras, edificios, construcciones, y algunos artefactos y adornos.
inmundicia *s. f.* Condición y estado de lo inmundo. || Basura, suciedad. || *fig.* Ambiente corrupto o asunto inmoral.
inmundo, da *adj.* Que es muy sucio y repugnante. || *loc.* ***Espíritu inmundo:*** uno de los nombres dados al demonio.
inmune *adj.* Que está exento de un servicio, cargo o penalidad determinados. || En biología, se dice del organismo vivo cuyo estado es adecuado y suficiente para resistir los ataques de microorganismos patógenos.
inmunidad *s. f.* Cualidad de inmune. || En biología, cualidad natural o adquirida de un organismo a los agentes infecciosos o tóxicos. || En derecho, privilegio que permite beneficiarse de la derogación, sea personal o estamental, de una ley. || *loc.* ***Inmunidad diplomática:*** privilegio de los funcionarios diplomáticos, por el cual no pueden ser sujetos a la jurisdicción del Estado en el que prestan sus servicios. || ***Inmunidad parlamentaria:*** privilegio de que disfrutan los parlamentarios, por el cual, si cometieren alguna falta, no pueden ser procesados sin la autorización del parlamento.
inmunitario, ria *adj.* Perteneciente o relativo a la inmunidad. || *loc.* ***Sistema inmunitario:*** en biología, sistema que poseen todos los animales vertebrados para defender su organismo de los agentes infecciosos.
inmunización *s. f.* Acción y efecto de inmunizar o inmunizarse.
inmunizador, ra *adj.* Que inmuniza.
inmunizante *adj.* En biología, que provoca inmunidad.
inmunizar *t.* y *pr.* Hacer o hacerse un organismo inmune.
inmunodeficiencia *s. f.* Condición clínica en la que quien la padece es muy susceptible a las infecciones, las enfermedades autoinmunes o las neoplasias.
inmunodeficiente *adj.* y *s. com.* Persona o animal que padece inmunodeficiencia.
inmunodepresor, ra *adj.* y *s.* Agente físico, o sustancia, que disminuye la capacidad de reacción del sistema inmunitario. *Algunos tratamientos médicos, como los que son a base de radiaciones o corticoides, tienen efectos inmunodepresores.*
inmunoglobulina *s. f.* Globulina plasmática que contiene anticuerpos y, por lo tanto, propiedades inmunitarias.
inmunología *s. f.* Rama de la medicina y la biología que estudia los fenómenos relacionados con la inmunidad.
inmunológico, ca *adj.* Perteneciente o relativo a la inmunología.
inmunólogo, ga *s.* Médico o biólogo especializado en inmunología.
inmunoterapia *s. f.* Tratamiento médico basado en provocar o en aumentar la inmunidad del organismo.
inmutabilidad *s. f.* Cualidad de inmutable, imperturbabilidad.

inmutable *adj.* Que no cambia o no puede ser cambiado. || Que permanece sin inmutarse, o es poco propenso a alterarse.
inmutar *t.* Mudar, variar, cambiar alguna cosa. || *t.* y *pr. fig.* Alterar o alterarse notoriamente el ánimo de alguien, impresionarlo.
innatismo *s. m.* Doctrina filosófica que se funda en la creencia en las ideas innatas, es decir las que se forman antes de la experiencia y sin necesidad de que alguien las imbuya.
innato, ta *adj.* Se dice de aquello que forman parte de la naturaleza de un ser desde su nacimiento u origen.
innatural *adj.* Que no es natural.
innavegable *adj.* Dicho de un cauce o cuerpo de agua, que no permite la navegación. || Se dice de la embarcación que no se halla en condiciones de navegar.
innecesario, ria *adj.* Que no es necesario, superfluo.
innegable *adj.* Que no puede o no debe negarse.
innegociable *adj.* Que no se puede negociar.
innoble *adj.* Que no es noble. || Abyecto, vil, ruin.
innocuo, cua *adj.* Inocuo.
innominado, da *adj.* Que no tiene un nombre en particular. || *loc.* ***Hueso innominado:*** en anatomía, el coxal o iliaco formado por el ilion, el isquion y el pubis y que, junto con el sacro y el coxis, conforma la pelvis.
innovación *s. f.* Acción y efecto de innovar. || Cosa que innova, que modifica lo establecido.
innovador, ra *adj.* Que innova, que introduce novedades en algo.
innovar *t.* Cambiar algo introduciendo novedades o reformas.
innumerable *adj.* Que es tan numeroso que no se puede contar o numerar.
innúmero, ra *adj.* Innumerable.
inobjetable *adj.* Que no se puede objetar.
inobservancia *s. f.* Falta de observancia a las leyes y reglamentos, desobediencia. *La inobservancia del reglamento causará sanciones.*
inobservante *adj.* Que no observa las leyes o reglas.
inocencia *s. f.* Cualidad y estado de inocente. || Condición de quien está libre de culpa. || Pureza, castidad. || En la religión católica, estado del ser humano antes del pecado original, en el que estaba exento de pecado y carecía de inclinación al mal.
inocentada *s. f. fam.* Broma o engaño que se hace alguien por diversión, particularmente en el día de los Santos Inocentes. || Dicho o hecho ingenuo o simple.
inocente *adj.* y *s. com.* Que está libre de culpa. || Que no tiene malicia ni picardía. || Niño pequeño que aún no tiene capacidad de juicio.
inocentón, tona *adj. fam.* Ingenuo, cándido, muy inocente y bonachón.
inocuidad *s. f.* Cualidad de inocuo.
inoculación *s. f.* Acción y efecto de inocular.
inoculador, ra *adj.* y *s.* Que inocula.
inocular *t.* y *pr.* Introducir en el organismo deliberadamente agentes patógenos, o entrar éstos accidentalmente. *Las inoculaciones voluntarias se llevan a cabo con fines terapéuticos o experimentales.* || *fig.* Imbuir a una persona con ideas nocivas, o pervertirla con el mal ejemplo.
inocultable *adj.* Que no se puede ocultar.
inocuo, cua *adj.* Dicho de una sustancia o medicamento, que no causa daño alguno. || Soso, anodino.
inodoro, ra *adj.* Que no tiene olor. || *adj.* y *s. m.* Recipiente de retrete provisto de sifón que impide el paso de los malos olores.
inofensivo, va *adj.* Que no es capaz de ofender. || Inocuo; que no causa, o no puede causar, daño ni molestias.
inolvidable *adj.* Que no puede o no debe olvidarse.
inoperable *adj.* Que no se puede operar.
inoperancia *s. f.* Falta de capacidad o efectividad para la consecución de un fin o un propósito.
inoperante *adj.* Que no funciona, que no produce el efecto esperado.
inopia *s. f.* Necesidad extrema, pobreza, escasez. || *loc. fam.* ***Estar en la inopia:*** estar muy distraído, no darse cuenta de lo que pasa.
inopinado, da *adj.* Se dice de algo que sucede inesperadamente o sin haberse pensado.
inoportuno, na *adj.* Que está fuera de tiempo o de propósito.
inorgánico, ca *adj.* Se dice del cuerpo que no tiene procesos metabólicos vitales, como los minerales. *Los cuerpos inorgánicos sólo pueden crecer por yuxtaposición.* || *fig.* Dicho de un conjunto, que está mal organizado o desordenado. || *loc.* ***Química inorgánica:*** parte de la química que estudia los metales, los no metales y las combinaciones entre éstos.
inoxidable *adj.* Que no puede oxidarse. || Dicho de un metal o una aleación, que es resistente a la oxidación.
inquebrantable *adj.* Irrompible, que no puede quebrantarse o romperse. || Inflexible, que persiste en un propósito sin sufrir quebranto.
inquietante *adj.* Que provoca inquietud.
inquietar *t.* y *pr.* Provocar inquietud, desasosegar.
inquieto, ta *adj.* Que no puede estar quieto; muy activo, bullicioso. || Que ha perdido el sosiego debido a una preocupación o una duda. || Se dice de la persona que gusta de hacer cosas nuevas o promover cambios. || *Hond.* Propenso a algo, que siente inclinación por ello.
inquietud *s. f.* Cualidad o estado de inquieto. || *pl.* Inclinaciones de tipo intelectual o artístico.
inquilinaje *s. m. Chil.* Tipo de relación laboral en el que un campesino cultiva una parcela en beneficio del patrón, a cambio de vivienda, elementos de subsistencia y herramientas. || *Chil.* Inquilinato. || *Chil.* Conjunto de inquilinos.
inquilinato *s. m. Arg. Col.* y *Uy.* Casa de vecindad. || *Chil.* Inquilinaje, sistema de explotación de fincas agrícolas por medio de inquilinos. || En derecho, contrato de arrendamiento de una casa o parte de ella.
inquilino, na *s.* Persona que toma en alquiler un departamento, una casa o parte de ésta para habitar en ella. || *Chil.* Campesino que labora sometido al inquilinaje.
inquina *s. f.* Animadversión, antipatía, enemistad.
inquirir *t.* Preguntar o indagar para obtener determinada información.
inquisición *s. f.* Acción y efecto de inquirir. || Cárcel destinada a los reos condenados por el tribunal de la Inquisición. || *loc.* ***Santa Inquisición:*** tribunal eclesiástico que desde la Edad Media hasta el Renacimiento, por órdenes papales, estaba encargado de combatir la herejía.
inquisidor, ra *adj.* Inquisitivo. || *s. m.* Miembro de un tribunal de la Inquisición.
inquisitivo, va *adj.* Perteneciente o relativo a la averiguación o indagación. || Dicho de una persona, que inquiere, pregunta y averigua las cosas con cuidado e insistencia.
inquisitorial *adj.* Perteneciente o relativo a la Inquisición o al inquisidor. || *fig.* Dicho de un procedimiento jurídico, que es muy duro o muy severo.
insabible *adj.* Que no se puede saber ni averiguar. Esta palabra es de poco uso.
insaciabilidad *s. f.* Cualidad de insaciable.
insaciable *adj.* Que no se puede saciar ni ser satisfecho a causa de sus apetitos desmedidos.
insaculación *s. f.* Acción y efecto de insacular.
insaculador, ra *s.* Persona que insacula.
insacular *t.* Poner dentro de un saco, urna u otro recipiente papeles que contienen nombres o números, para luego irlos sacando por sorteo.
insalivación *s. f.* Acción y efecto de insalivar. *La masticación y la insalivación son la etapa inicial de la digestión.*
insalivar *t.* Mezclar los alimentos con la saliva en el interior de la boca.

insalubre *adj.* Que es perjudicial para la salud.
insalubridad *s. f.* Conjunto de circunstancias que hacen un ambiente dañino para la salud.
insalvable *adj.* Que no se puede salvar o superar. *La falta de comunicación está creando diferencias insalvables en ese equipo.*
insania *s. f.* Carencia de juicio, locura.
insano, na *adj.* Presa de locura, en especial si es furiosa. || Insalubre, antihigiénico.
insatisfacción *s. f.* Falta de satisfacción, estado de quien se siente insatisfecho.
insatisfactorio, ria *adj.* Que no satisface.
insatisfecho, cha *adj.* Que no está satisfecho. || Inconforme, descontento.
insaturado, da *adj.* Se dice de la estructura química que tiene uno o varios enlaces covalentes múltiples.
inscribir *t.* Grabar algo sobre una piedra, placa metálica u otro soporte duradero. *El participio de* inscribir *es* inscrito. || En matemáticas, dibujar una figura geométrica dentro de otra de manera que todos los vértices de la interior toquen el perímetro de la exterior, o sean tangentes a todos los lados de ésta. || *t.* y *pr.* Anotar en una lista, para un fin determinado, el nombre de una persona.
inscripción *s. f.* Acción y efecto de inscribir o inscribirse. || Escrito o dibujo grabado sobre una piedra, una moneda u otra superficie. || En derecho, acción de inscribir un asiento en un libro de un registro público, a fin de que surta un determinado efecto jurídico. || *loc.* ***Inscripción marítima:*** registro que las autoridades llevan de todas las personas, civiles y militares, dedicadas a la navegación y las industrias relacionadas con el mar.
inscripto, ta *adj. Arg.* y *Uy.* Inscrito.
inscrito, ta *adj.* Se dice de la persona cuyo nombre se halla en una lista de inscripciones. || En geometría, se dice del polígono cuyos vértices están sobre una curva dada, de una curva que es tangente a todos los lados de un polígono dado. || *loc.* ***Ángulo inscrito:*** ángulo cuyo vértice se halla sobre una circunferencia, y cuyos lados la cortan.
insecticida *adj.* y *s. m.* Sustancia o producto que sirve para matar insectos.
insectívoro, ra *adj.* Se dice del animal que se alimenta exclusiva o principalmente de insectos. || *s. m.* Perteneciente o relativo a un orden de pequeños mamíferos con numerosos dientes, puntiagudos y menudos, que se alimentan de insectos. *Los topos y los erizos son insectívoros.*
insecto *adj.* y *s. m.* Relativo a la clase de animales invertebrados, del tipo artrópodos, cuyo cuerpo se divide en cabeza, tórax y abdomen. *Los insectos tienen ojos compuestos y seis patas.* || *loc.* ***Insecto hoja:*** el que tiene una morfología tal, que su cuerpo se confunde con las hojas de las plantas. || ***Insecto palo:*** insecto de las regiones cálidas, de cuerpo muy delgado y alargado, cuyo aspecto se confunde con las ramas o tallos sobre los que habita. || ***Insectos sociales:*** especies que, como las hormigas, abejas y termitas, viven en grupos numerosos y organizados en castas.
inseguridad *s. f.* Cualidad de inseguro. || Falta de seguridad.
inseguro, ra *adj.* Que carece de seguridad.
inseminación *s. f.* Arribo del semen del macho al óvulo de la hembra para iniciar la fecundación. || *loc.* ***Inseminación artificial:*** técnica de inseminación asistida por la cual se deposita directamente en los órganos genitales de la hembra el semen previamente extraído del macho.
inseminar *t.* Llegar el semen al óvulo de manera natural, o hacer que llegue mediante algún artificio.
insensatez *s. f.* Cualidad de insensato, falta de juicio y prudencia. || *fig.* Dicho o hecho insensatos.
insensato, ta *adj.* y *s.* Imprudente, que carece de sensatez.
insensibilidad *s. f.* Cualidad de insensible, falta de sensibilidad.
insensibilización *s. f.* Acción y efecto de insensibilizar o insensibilizarse.
insensibilizar *t.* y *pr.* Quitar la sensibilidad de alguna parte del cuerpo. || *pr.* Perder la capacidad de experimentar sentimientos.
insensible *adj.* Que carece de sensibilidad, sea física o emocional. || Imperceptible.
inseparable *adj.* Que no se puede separar, o es muy difícil de separar. || *s. com. fig.* Dicho de una persona que está estrechamente unida a otra por vínculos de amor o amistad.
insepulto, ta *adj.* Que no ha sido sepultado; se dice en particular de los cadáveres.
inserción *s. f.* Acción y efecto de insertar. || Punto donde una cosa se inserta en otra.
insertar *t.* Incluir o introducir una cosa en otra. || Publicar un texto o un anuncio en una publicación periódica impresa.
inserto, ta *adj.* Que está incluido en algo. || En una película o página de un medio impreso, recuadro que aparece sobrepuesto al contenido principal para explicar alguna cosa.
inservible *adj.* Que no se encuentra en estado de servir para su función, o de ser aprovechado.
insidia *s. f.* Asechanza, engaño. || Intriga, acción o palabras malintencionadas para perjudicar a alguien.
insidioso, sa *adj.* y *s.* Que emplea asechanzas o engaños. || Que implica insidia. || En medicina, se dice de la enfermedad progresiva de comienzo imperceptible, cuyos síntomas aparecen hasta que ya está avanzada.
insigne *adj.* Famoso, ilustre, célebre por sus méritos.
insignia *s. f.* Distintivo o señal para indicar grados o dignidades. *Las insignias de un capitán.* || Imagen, bandera, medalla o estandarte de una asociación o hermandad. || En la milicia y la marina militar, bandera especial que distingue las graduaciones y mandos de los oficiales que comandan buques, escuadras, divisiones o flotas. || *loc.* ***Buque insignia:*** aquél en que se arbola la insignia del que manda una división o escuadra naval.
insignificancia *s. f.* Cualidad de insignificante. || Cosa insignificante.
insignificante *adj.* Que no merece ser tomado en cuenta por su pequeñez o falta de importancia.
insinceridad *s. f.* Cualidad de insincero.
insincero, ra *adj.* Que carece de sinceridad; hipócrita, simulado.
insinuación *s. f.* Acción y efecto de insinuar o insinuarse.
insinuante *adj.* Que insinúa algo.
insinuar *t.* Dar a entender algo sin expresarlo directamente, de manera sutil. || *pr.* Manifestar de manera indirecta y sutil el deseo e intención de mantener relaciones sexuales o amorosas. || Comenzar algo de manera apenas perceptible. *En su cuerpo juvenil se insinuaba una poderosa musculatura.* || *fig.* Introducirse en el ánimo sutilmente una virtud, un afecto, un vicio o un sentimiento.
insípido, da *adj.* Que no tiene sabor, o tiene muy poco. || *fig.* Soso, que carece de interés y gracia.
insipiente *adj.* Que le falta sabiduría. No confundir con *incipiente.*
insistencia *s. f.* Porfía, acción de insistir.
insistente *adj.* Que insiste, que toma un asunto o cuestión de manera reiterada.
insistir *intr.* Repetir de manera continua una petición o acción con el fin de lograr algo que se persigue.
insobornable *adj.* Incorruptible, que no puede ser sobornado. || Que no se deja llevar por las influencias externas.
insociabilidad *s. f.* Falta de capacidad, o de voluntad, para establecer relaciones sociales con los demás.
insociable *adj.* Dicho de una persona, que rehúye el trato social con otras.
insolación *s. f.* Acción y efecto de insolar. || En medicina, estado pató-

gico provocado por exponerse de manera excesiva a los rayos solares. *La insolación se caracteriza por ardor de la piel, dolor de cabeza, sopor, náuseas y vómitos.* || En meteorología, tiempo durante el cual, ha brillado el sol en un lugar determinado.
insolar *t.* Poner alguna cosa bajo los rayos solares. || En fotografía y artes gráficas, exponer a la luz una preparación fotosensible.
insolencia *s. f.* Cualidad de insolente; descaro. || Dicho o hecho insolente.
insolentar *t.* Hacer que alguien se insolente, se comporte de forma atrevida y grosera. || Comportarse alguien con insolencia.
insolente *adj.* y *s. com.* Se dice de quien trata a los demás de manera irrespetuosa o descortés. || Dicho de una actitud, desafiante o despectiva.
insólito, ta *adj.* Extraordinario, fuera de lo común, desacostumbrado.
insoluble *adj.* Dicho de una sustancia, que no puede disolverse ni diluirse. || Se dice de un asunto o problema que no tiene solución.
insoluto, ta *adj.* Parte de una deuda que no se ha pagado.
insolvencia *s. f.* Incapacidad para pagar una deuda; condición de insolvente.
insolvente *adj.* y *s. com.* Se dice de la persona que carece del dinero para pagar una deuda, o que es incapaz de hacerse cargo de una obligación. || Que no ofrece garantías para encomendarle un cargo o misión.
insomne *adj.* Perteneciente o relativo al insomnio. || Que padece de insomnio.
insomnio *s. m.* Dificultad o incapacidad para conciliar el sueño, o para dormir el tiempo suficiente.
insondable *adj.* Que es tan profundo que no se puede sondear. || *fig.* Que no se puede saber, o comprender totalmente, por ser desconocido o muy complejo.
insonoridad *s. f.* Cualidad de insonoro.
insonorización *s. f.* Acción y efecto de insonorizar.
insonorizar *t.* Aplicar técnicas y dispositivos adecuados para aislar un recinto cerrado de los ruidos exteriores, o para atenuar los que se producen en su interior.
insonoro, ra *adj.* Que no tiene sonoridad; que no produce ruido. || Que no transmite sonidos.
insoportable *adj.* Que no se puede soportar. || Demasiado incómodo y molesto. *Ese vecino hace un ruido insoportable.*
insoslayable *adj.* Que no puede evitarse o eludirse.
insospechable *adj.* Que no puede ser imaginado ni sospechado. *Es insospechable la cantidad de tonterías que a veces puede uno hacer.*
insospechado, da *adj.* Inesperado, que no se sospechaba ni esperaba. *Esa película termina de modo insospechado, si te la cuento pierde el chiste.*
insostenible *adj.* Que no se puede seguir sosteniendo. || Dicho de una idea o argumento, que no se puede sostener con razones.
inspección *s. f.* Acción de inspeccionar. || Empleo de una persona consistente en inspeccionar. *La inspección de control de calidad está a cargo de tres trabajadores.* || Jurisdicción, oficina y organización que dependen de un inspector.
inspeccionar *t.* Observar con atención y detenimiento a algo o alguien para determinar su calidad o su estado.
inspector, ra *adj.* y *s.* Que inspecciona o examina. || Persona encargada de vigilar y controlar las actividades de otras para garantizar que cumplan con las leyes, reglamentos u órdenes recibidas. || *s. m.* En el ámbito militar, oficial general encargado de la inspección o vigilancia de determinados servicios. || *loc.* ***Inspector de policía:*** funcionario de la policía que se encarga de investigar delitos y detener a los presuntos infractores de la ley.
inspiración *s. f.* Acción y efecto de inspirar. || *fig.* Repentino estímulo intelectual que lleva a la creación de una obra, sobre todo artística o literaria. || *fig.* Influencia de una cosa sobre otra. *Un vestido de inspiración oriental.* || En fisiología, acción de entrar el aire en los pulmones. || En la teología católica, acción que Dios ejerce sobre la inteligencia humana.
inspirado, da *adj.* Se aplica a quien está bajo la influencia de una inspiración.
inspirador, ra *adj.* Que promueve la inspiración, actividad intelectual. || En anatomía, se dice del músculo que sirve para la función de inspirar.
inspirar *t.* Aspirar, hacer que el aire u otra mezcla gaseosa entre a los pulmones. || Provocar que alguien experimente determinados sentimientos o conciba ideas. || *fig.* Sugerir ideas que conducen a la creación de algo. || *fig.* En la teología católica, iluminar Dios el entendimiento de alguien y mover su voluntad. || *pr. fig.* Sentir alguien inspiración creadora. || *fig.* Con la preposición *en,* tomar algo como objeto de inspiración. *Inspirarse en la arquitectura griega para diseñar un edificio.*
instalación *s. f.* Acción y efecto de instalar o instalarse. || Conjunto de cosas instaladas. *Una instalación hidráulica.* || Género de arte contemporáneo en el que una serie de objetos se relacionan y, en su caso, interactúan entre sí para generar un concepto unitario.
instalador, ra *adj.* y *s.* Persona que instala o coloca cosas con un fin utilitario.
instalar *t.* Colocar o disponer algo en el sitio y la forma que le corresponde según la función que va a desempeñar. || Poner en un establecimiento el mobiliario, aparatos y accesorios que se requieren para que entre en actividad. *Instalar una cafetería.* || *pr.* Establecer algo o establecerse; acomodar, poner en su lugar. *Ayer terminaron de instalarse en su nueva casa.*
instancia *s. f.* Acción de instar. || Grupo de poder, esfera o institución. *Las instancias oficiales.* || En derecho, conjunto de acciones que se llevan a cabo desde el inicio de un litigio hasta la sentencia definitiva. También cada uno de los grados jurisdiccionales que la ley establece para dilucidar y sentenciar juicios. || En psicoanálisis, término genérico que designa una estructura del aparato psíquico. || *loc.* ***De primera instancia:*** en primer lugar o por primera vez; de un golpe, al primer ímpetu. || ***En última instancia:*** se dice para indicar que algo se hará si no hay otra opción.
instantáneo, a *adj.* Que dura tan sólo un instante. || Que se produce en un instante. || Se dice del alimento deshidratado y pulverizado que se prepara disolviéndolo en agua o leche. *Puré de papas instantáneo.* || *s. f.* Negativo o copia fotográfica obtenidos por fotografía instantánea.
instante *s. m.* Lapso sin extensión definida que une dos espacios de tiempo. || *fig.* Periodo de tiempo muy breve. || *loc.* ***Al instante:*** de inmediato, muy rápidamente. || ***A cada instante:*** repetidamente, con frecuencia. || ***Por instantes:*** de modo rápido y progresivo.
instar *t.* e *intr.* Insistir en una petición o súplica. || Urgir para que una cosa se ejecute pronto.
instauración *s. f.* Acción y efecto de instaurar.
instaurador, ra *adj.* y *s.* Que instaura, fundador.
instaurar *t.* Establecer o fundar.
instigación *s. f.* Acción y efecto de instigar.
instigador, ra *adj.* y *s.* Que instiga.
instigar *t.* Provocar o inducir a alguien para que haga una cosa determinada, incitar.
instilar *t.* Echar un líquido gota a gota, o verterlo muy lentamente. || *fig.* Ir infundiendo algo en el ánimo de manera imperceptible.
instintivo, va *adj.* Que se produce por instinto, o que actúa por instinto.
instinto *s. m.* Impulso natural y espontáneo que mueve a hacer algo sin que intervenga la razón. || Determinante hereditaria e innata del comportamiento de una especie animal

que contribuye a su preservación. || Capacidad para apreciar, valorar o desarrollar ciertas cosas. *Tener instinto para los negocios.* || *loc.* ***Por instinto:*** por un sentimiento o impulso espontáneo.

institución *s. f.* Acción y efecto de instituir. || Cosa fundada o instituida. || Cada uno de los órganos político-administrativos en que se fundamenta un Estado, un gobierno o una sociedad. || Cada una de las materias y figuras principales del derecho o de sus ramas. || *pl.* Colección metódica de los elementos o principios de una ciencia o arte. || *loc.* ***Ser una institución:*** ser alguien muy respetado y admirado en una comunidad, sea por sus méritos o por su antigüedad en ésta.

institucional *adj.* Perteneciente o relativo a la institución o las instituciones.

institucionalidad *s. f.* Cualidad de institucional.

institucionalización *s. f.* Acción y efecto de institucionalizar. || Acción y efecto de legalizar, legalización.

institucionalizar *t.* y *pr.* Convertir algo en institucional, o darle el carácter de institución.

instituir *t.* Establecer o fundar algo. || Designar por testamento.

instituto *s. m.* Institución dedicada a la investigación científica o a la enseñanza. || Corporación u organismo especializado en actividades científicas, tecnológicas, artísticas o literarias. || En la religión católica, título que se da a una congregación de laicos o de religiosos que no son clérigos. || *loc.* ***Instituto de belleza:*** establecimiento donde se imparten enseñanzas sobre el embellecimiento físico y los alumnos dan servicios al público como parte de su práctica. || ***Instituto politécnico:*** centro docente de formación profesional que coordina y orienta los centros que le están adscritos.

institutor *s. m. Col.* Maestro, profesor.

instrucción *s. f.* Acción y efecto de instruir o instruirse. || Conjunto de los conocimientos que se han adquirido. || En informática, orden codificada cuya interpretación en una computadora desencadena la ejecución de una operación elemental determinada. *Un programa está conformado por una serie de instrucciones.* || *pl.* Conjunto de reglas o normas que se dan para la ejecución o la utilización de algo. || *loc.* ***Instrucción del sumario:*** en derecho, fase preparatoria de un juicio penal, en el curso de la cual un juez instructor recoge y materializa los elementos que puedan resultar de interés para el proceso. || ***Instrucción militar:*** adiestramiento que se imparte a los militares, en particular a los reclutas.

instructivo, va *adj.* Que instruye o sirve para instruir. || *s. m.* Folleto o libelo que contiene las instrucciones para armar algo, o para poner en funcionamiento un aparato.

instructor, ra *adj.* y *s.* Persona que instruye. || *s. m.* En un ejército, oficial o suboficial encargado de la instrucción de los reclutas.

instruido, da *adj.* Se dice de la persona que tiene instrucción.

instruir *t.* e *intr.* Proporcionar a otro conocimientos o habilidades. || En derecho, formalizar un proceso o un expediente conforme a las reglas de derecho. || *pr.* Adquirir conocimientos o habilidades.

instrumentación *s. f.* Acción y efecto de instrumentar.

instrumental *adj.* Perteneciente o relativo a los instrumentos. || Que sirve como instrumento. || *s. m.* En lingüística, se dice de un caso de la declinación de algunas lenguas que indica el instrumento de la acción. || Conjunto de instrumentos que se requieren para alguna actividad. || *loc.* ***Prueba instrumental:*** en derecho, prueba documental. || ***Testigo instrumental:*** en derecho, testigo que asiste a una declaración de voluntad y puede dar fe de ella.

instrumentalizar *t.* Transformar algo en instrumento para un fin determinado. || Utilizar a alguien para lograr un fin; manipular.

instrumentar *t.* Adecuar una partitura a todos y cada uno de los instrumentos musicales que intervendrán en su interpretación. || *fig.* Organizar y preparar una acción en la que habrán de intervenir diversos elementos, asignando a cada uno de ellos su función específica dentro de ésta. || *fig.* En tauromaquia, ejecutar las diversas suertes de la lidia.

instrumentista *s. com.* Músico que toca un instrumento. || Músico que instrumenta partituras. || Fabricante o vendedor de instrumentos musicales, quirúrgicos, etc. || En medicina, persona que, durante una intervención quirúrgica, actúa como auxiliar del cirujano.

instrumento *s. m.* Objeto fabricado, formado por una pieza o varias combinadas, que sirve para realizar un trabajo manual o técnico específico. || Aparato que sirve para medir o controlar. || *fig.* Cosa o persona que alguien utiliza para obtener un resultado o lograr un objetivo. || En derecho, documento escrito en el que se hace constar un hecho o acto que deba surtir efectos jurídicos. || *loc.* ***Instrumento musical:*** objeto de metal, madera u otro material, formado por una o varias piezas, que se utiliza para producir música.

insubordinación *s. f.* Rebeldía, falta de subordinación.

insubordinado, da *adj.* y *s.* Que se niega a subordinarse, que está en rebeldía.

insubordinar *t.* Provocar que alguien adopte una actitud de desobediencia o rebeldía hacia un superior. || *pr.* Rebelarse contra un superior, adoptar una actitud de rebeldía o desobediencia.

insuficiencia *s. f.* Condición de insuficiente, o circunstancia de resultar algo insuficiente. || Falta de inteligencia o de suficiencia para desempeñar alguna actividad. || En medicina, disminución, parcial o total, de la capacidad de un órgano para realizar sus funciones.

insuficiente *adj.* Que no es suficiente. || *s. m.* Valoración negativa respecto del aprovechamiento de un alumno en los cursos escolares o en la enseñanza de una disciplina.

insuflación *s. f.* Acción y efecto de insuflar.

insuflar *t.* En medicina, introducir con la ayuda de un aparato especial un vapor o un gas en alguna cavidad del cuerpo.

insufrible *adj.* Que no se puede aguantar o sufrir, intolerable.

ínsula *s. f.* Isla, porción de tierra rodeada de agua por todas partes. || En anatomía, estructura del cerebro humano que separa las cortezas temporal y parietal inferior; también se le conoce como corteza insular. || *fig.* Pequeño dominio o coto de poder, feudo.

insular *adj.* Perteneciente o relativo a una isla. || Isleño, nativo de una isla.

insularidad *s. f.* Cualidad de insular. || Conjunto de los fenómenos geográficos que son propios de las islas.

insulina *s. f.* Hormona secretada por los islotes de Langerhans del páncreas que regula el contenido de glucosa en la sangre. *La insulina es básica en el tratamiento de la diabetes.*

insulso, sa *adj.* Que carece de sabor, insípido. || *fig.* Carente de interés o gracia.

insultante *adj.* Ofensivo, que insulta o se emplea para insultar.

insultar *t.* Dirigir a alguien palabras o gestos ofensivos. || *pr. Cub.* Irritarse, encolerizarse.

insulto *s. m.* Acción y efecto de insultar. || Palabra o expresión que se emplea para insultar.

insumergible *adj.* Que no puede sumergirse.

insumisión *s. f.* Cualidad, estado o conducta del insumiso.

insumiso, sa *adj.* Rebelde, que no está sometido. || *s.* Se dice del que se niega a realizar el servicio militar o social a que obligan las leyes de un Estado.

insumo *s. m.* En economía, conjunto de los bienes que se emplean para producir otros bienes.

insuperable *adj.* Que no puede ser superado, impracticable. || Óptimo, inmejorable.
insurgente *adj.* y *s. com.* Insurrecto, que se ha sublevado contra la autoridad.
insurrección *s. f.* Sublevación de un grupo, de un pueblo o nación; rebelión.
insurreccionar *t.* y *pr.* Hacer que la gente se subleve contra las autoridades, o sublevarse ésta.
insurrecto, ta *adj.* y *s.* Sublevado, insurgente.
insustancial o **insubstancial** *adj.* Que no tiene sustancia, o que tiene muy poca.
insustancialidad o **insubstancialidad** *s. f.* Cualidad de insustancial. || Cosa insustancial. *Un discurso lleno de insustancialidades.*
insustituible o **insubstituible** *adj.* Que no se puede sustituir, único.
intachable *adj.* Que no tiene tacha o defecto, ni admite reproche alguno.
intacto, ta *adj.* Que no ha sido tocado ni palpado. || *fig.* Que no ha sido alterado, ni sufrido deterioro o menoscabo. *Pese a las intrigas, su reputación quedó intacta.*
intangibilidad *s. f.* Cualidad de intangible.
intangible *adj.* Que no puede o no debe tocarse.
integración *s. f.* Acción y efecto de integrar o integrarse. || En fisiología, coordinación que realizan diversos centros nerviosos para que los órganos del cuerpo funcionen armoniosamente. || En matemáticas, cálculo de la integral de una diferencial o de una ecuación diferencial. || *loc.* ***Integración económica empresarial:*** reunión, bajo una misma dirección, de empresas que se complementan mutuamente, de modo que el producto de una es insumo de la otra. || ***Integración racial:*** ideología y tendencia que propugna la igualdad de derechos para personas de diferentes orígenes, razas y religiones que habitan en un mismo país.
integrado, da *adj.* Se dice del aparato que, en una sola pieza, reúne varios aparatos que podrían existir de manera independiente. || Dicho de una empresa, que abarca varios campos de producción de un bien o servicio. || *loc.* ***Comercio integrado:*** conjunto de formas de distribución por el que se reagrupan todas las funciones al por mayor y al detalle.
integrador, ra *adj.* Integrante, que integra. || *s. m.* Aparato que totaliza indicaciones continuas.
integral *adj.* Que comprende todas las partes, aspectos y funciones de lo que se trata. || En matemáticas, perteneciente o relativo a las integrales. || *s. f.* Función matemática que es la solución de una diferencial o de una ecuación diferencial. || *loc.* ***Casco integral:*** el que usan los motociclistas, que protege el cráneo, los ojos, la nariz y las mandíbulas.
integrante *adj.* Que integra, integrador. || En filosofía, se dice de la parte que, sin ser esencial, integra un todo. || *s. com.* Se dice de cada uno de los miembros que forman parte de un conjunto o asociación.
integrar *t.* y *pr.* Utilizar partes diversas para componer un todo. || Incorporar a una persona, o incorporarse ésta a un grupo para formar parte de él. || Incorporar una cosa a un conjunto. || Reintegrar. || En matemáticas, determinar la integral de una función.
integridad *s. f.* Cualidad y estado de una cosa que tiene completas todas sus partes, o que no ha sufrido alteraciones. || Cualidad de una persona que es recta, justa y honesta.
integrismo *s. m.* Actitud contraria a cualquier desviación, o cambio en las prácticas consideradas esenciales, de las doctrinas religiosas o los sistemas ideológicos.
integrista *adj.* y *s. com.* Perteneciente o relativo al integrismo. || Partidario del integrismo.
íntegro, gra *adj.* Que está completo, que tiene todas sus partes. *La versión íntegra de una novela.* || *fig.* Que actúa con justicia, rectitud y honestidad.
intelectivo, va *adj.* Perteneciente o relativo al intelecto o a la facultad de entender. *Las facultades intelectivas.* || Que es capaz de entender.
intelecto *s. m.* Entendimiento, facultad de pensar y entender.
intelectual *adj.* Perteneciente o relativo al entendimiento o a los intelectuales. || *s. com.* Persona que se dedica de manera predominante a las actividades en que se emplea el intelecto.
intelectualidad *s. f.* Entendimiento, intelecto. || Conjunto de los intelectuales de una región, país o época. *La intelectualidad francesa de mediados del siglo XX.*
intelectualismo *s. m.* Doctrina filosófica que sostiene la preeminencia de los fenómenos intelectuales sobre los emotivos y los volitivos. || Carácter de un arte, o de una obra, en que predomina lo intelectual.
intelectualista *adj.* y *s. com.* Perteneciente o relativo al intelectualismo.
intelectualización *s. f.* Resultado de intelectualizar.
intelectualizar *t.* Interpretar algo desde el punto de vista intelectual, o darle carácter intelectual.
inteligencia *s. f.* Facultad de entender y comprender lo que se percibe. || Capacidad para resolver problemas o enfrentar situaciones de manera adecuada. || Inteligibilidad, cualidad de inteligible. || Acuerdo, entendimiento entre dos o más personas. || *loc.* ***Inteligencia artificial:*** conjunto de programas informáticos que se introducen en una computadora para que pueda realizar funciones de aprendizaje y autocorrección.
inteligente *adj.* Que está dotado de inteligencia y es capaz de entender y comprender. || Que implica inteligencia. *Una inteligente solución a un problema.* || Se dice de las máquinas, edificios o sistemas de control que, mediante su conexión a redes informáticas, pueden actuar de manera automática para adaptarse a diferentes situaciones. || *s. com.* Que posee mucha inteligencia, capacidad para aprender y aplicar los conocimientos adquiridos.
inteligibilidad *s. f.* Cualidad o carácter de inteligible.
inteligible *adj.* Que se puede entender o comprender con facilidad. || En filosofía, se dice de lo que sólo es conocido por el entendimiento.
intemperado, da *adj.* Excesivo, inmoderado. Esta palabra es de poco uso.
intemperancia *s. f.* Falta de moderación, exceso.
intemperante *adj.* Que muestra intemperancia o se comporta sin templanza, inmoderado.
intemperie *s. f.* Desigualdad o destemplanza de las condiciones climatológicas. || *loc.* ***A la intemperie:*** al aire libre, sin un techo que cubra.
intempestivo, va *adj.* Que ocurre o se hace fuera del tiempo conveniente para ello. *Una llamada intempestiva lo despertó en la madrugada.*
intemporal *adj.* Que es independiente del transcurrir del tiempo. || En lingüística, se dice de la forma verbal que no expresa un tiempo.
intemporalidad *s. f.* Condición de lo intemporal.
intención *s. f.* Propósito de llevar a cabo alguna acción o conseguir un objetivo. || Finalidad que se persigue al adoptar cierto comportamiento o realizar cierta acción. || En la liturgia católica, fin con que se celebra una misa. || *loc. fam.* ***De primera intención:*** en el primer momento. || ***Doble*** o ***segunda intención:*** modo de proceder doble y solapado.
intencionado, da *adj.* Se dice de quien tiene una intención, o lo que se hace con intención. *Un comentario intencionado.* || Que es voluntario o deliberado. *El adorno parece fuera de lugar, pero lo puso ahí de manera intencionada.* || *loc.* ***Bien*** o ***mal intencionado:*** que tiene buenas o malas intenciones.
intencional *adj.* Hecho con intención, deliberado.
intencionalidad *s. f.* Cualidad de intencional. || En la filosofía fenomeno-

I

lógica, orientación del espíritu hacia un objeto real o imaginario, o a ser consciente de cualquier cosa.

intendencia *s. f.* Cuidado, administración y gobierno de algo. || Cargo, jurisdicción y oficina del intendente. || *loc.* ***Intendencia militar:*** cuerpo de los ejércitos de tierra que se encarga de proporcionar los elementos necesarios para la vida de las tropas, y oficina que pertenece a este servicio.

intendente *s. m.* Jefe de una oficina administrativa o empresa dependiente del Estado. || Jefe superior de la administración en el ejército, la marina o la policía.

intensidad *s. f.* Grado de energía con que se realiza una acción o se manifiesta un fenómeno, una cualidad, una emoción, etc. || En física, expresión del valor numérico de una magnitud, generalmente vectorial. || *loc.* ***Intensidad de una corriente eléctrica:*** cantidad de electricidad que circula por un conductor eléctrico durante un tiempo determinado. || ***Intensidad luminosa:*** flujo luminoso emitido por una fuente en un ángulo sólido unitario.

intensificación *s. f.* Acción y efecto de intensificar.

intensificar *t.* y *pr.* Aumentar la energía o frecuencia de algo. || Aumentarse la energía o frecuencia de algo.

intensivo, va *adj.* Se dice de lo que se realiza intencionalmente de manera más intensa, activa o enérgica que de costumbre. *Un entrenamiento intensivo.* || En física, que tiene el carácter de la intensidad. || *loc.* ***Cultivo intensivo:*** el que se realiza sobre una superficie limitada, con gran inversión en abonos e implementos, y cuyo rendimiento bruto por unidad es muy elevado.

intenso, sa *adj.* Que se manifiesta, o se lleva a cabo, con mucha intensidad. || Muy activo, a un ritmo muy vivo.

intentar *t.* Esforzarse para iniciar algo, o trabajar para lograrlo. || Procurar o pretender alguna cosa. *Intenta estudiar acupuntura, pero su empleo no se lo ha permitido.*

intento *s. m.* Acción de intentar algo. || Cosa que se intenta.

intentona *s. f. fam.* Intento temerario, particularmente si se frustra. *Una intentona de sabotaje.*

interacción *s. f.* Acción o influencia que se ejerce de manera recíproca entre dos fuerzas, agentes, personas u objetos. || En física, acción recíproca que las partículas elementales ejercen entre sí. || *loc.* ***Interacción hombre-máquina:*** conjunto de teorías y técnicas relativas a la comunicación entre una persona y una máquina informática o automática.

interaccionar *intr.* Ejercer una interacción, formar parte de ella.

interactividad *s. f.* Cualidad o característica que permite un intercambio o diálogo.

interactivo, va *adj.* Relativo a los fenómenos que reaccionan unos sobre otros. || Dicho de un sistema o programa informático, que permite la interacción entre la computadora y el usuario, de modo que éste dialoga con los programas de la máquina mediante una terminal de entrada y salida. || Se dice del soporte de comunicación que favorece una interacción con el público. *Un programa de radio interactivo.*

intercalación *s. f.* Acción y efecto de intercalar o intercalarse.

intercaladura *s. f.* Intercalación.

intercalar *t.* y *pr.* Colocar algo entre otras cosas. *Intercaló algunos versos en su discurso.*

intercambiable *adj.* Se dice de las piezas o refacciones pertenecientes a objetos semejantes, que pueden ser utilizadas en uno u otro sin complicaciones ni necesidad de modificación.

intercambiar *t.* y *pr.* Llevar a cabo un cambio o un intercambio.

intercambio *s. f.* Trueque entre personas, grupos o cosas. || En biología, circulación y paso de sustancias entre una célula y el medio exterior. *En la fotosíntesis se lleva a cabo un intercambio gaseoso.* || *loc.* ***Intercambios internacionales:*** en economía, transferencias comerciales que se realizan entre naciones.

interceder *intr.* Intervenir alguien en favor de otra persona.

intercelular *adj.* En los seres pluricelulares, se dice de los espacios comprendidos entre las células. || Se dice de los espacios que ocupa la sustancia intersticial en los tejidos animales de tipo conjuntivo.

interceptación *s. f.* Acción y efecto de interceptar. || En términos militares, acción de, tras haber detectado aparatos o misiles enemigos, dirigir hacia ellos formaciones de caza o misiles tierra-aire para destruirlos.

interceptar *t.* Salir al encuentro de algo para apoderarse de ello, o detenerlo, antes de que llegue a su destino. || Obstruir o intervenir una vía o un medio de comunicación. || En matemáticas, cortar una línea o una superficie a otra.

interceptor *s. m.* Avión de caza concebido y equipado para destruir aparatos o proyectiles enemigos que intentan incursionar en un área determinada.

intercesión *s. f.* Acción y efecto de interceder.

intercesor, ra *adj.* y *s.* Persona que intercede.

intercomunicación *s. f.* Comunicación recíproca. *Las embajadas del gobierno se mantienen en intercomunicación permanente.* || Comunicación telefónica entre distintos lugares de un mismo edificio o recinto. *Instalaron intercomunicación entre los distintos pisos del edificio.*

intercomunicador *s. m.* Aparato que permite la intercomunicación interna dentro de un recinto. *No te molestes en subir, dame el recado por el intercomunicador.*

interconectado, da *adj.* Que estableció interconexión.

interconectar *t.* Unir, establecer una interconexión, poner en contacto una cosa con otra. *Finalmente lograron interconectar el sistema de distribución de electricidad.* || Poner en relación una personas con otras. *Lograron interconectarse para hacer la tarea en conjunto.*

interconexión *s. f.* Conexión recíproca. *Con el puente se logró la interconexión entre ambas ciudades.*

intercontinental *adj.* Que está entre dos continentes o los relaciona. *El primer cable intercontinental submarino entre Europa y América se construyó en 1858.*

intercostal *adj.* Que está situado entre las costillas. *La bala penetró por el quinto espacio intercostal.*

interdental *adj.* Se aplica a la consonante que se pronuncia poniendo la punta de la lengua entre los dientes incisivos superiores e inferiores.

interdependencia *s. f.* Dependencia recíproca. *La economía en ambos lados de la frontera se desarrolla en interdependencia.*

interdependiente *adj.* Que tiene interdependencia.

interdicción *s. f.* Privación, veto o prohibición.

interdicto *s. m.* Mandato de la autoridad judicial de que no se haga cierta cosa. || Juicio breve o sumario para dictaminar una resolución provisional. *El hermano menor recurrió a un interdicto para suspender la ejecución del testamento.* || Censura eclesiástica que prohíbe el uso de ciertos sacramentos u oficios divinos.

interdigital *adj.* Que está situado entre los dedos. *Los patos desarrollaron membranas interdigitales.*

interdisciplinario, ria *adj.* Que se realiza con la colaboración de varias disciplinas. *El proyecto espacial es resultado de una colaboración interdisciplinaria.*

interés *s. m.* Circunstancia por la que una cosa o persona tiene importancia, utilidad o valor para alguien específico o en general. *Me dijo Juan que tiene interés en conocerte.* || Valor o utilidad que tiene una cosa en sí. *La nueva ley de comunicaciones es de interés nacional.* || Atracción o inclinación de alguien hacia algo. *Tiene interés en la historia de las matemáticas.* || Conveniencia o beneficio de una persona o de una colectividad. *Los padres buscan el interés de sus hijos.* || Ganancia que genera cada cierto tiempo el capital invertido o prestado. *Lo que gano de interés por la inversión, lo pago por el interés del préstamo.* || *pl.* Bienes que se poseen. *Juan administra los intereses de la familia.* || *loc.* ***Interés compuesto:*** renta de un capital al que se van acumulando sus réditos para que produzcan otros. || ***Intereses creados:*** ventajas, no siempre legítimas, que se disfrutan, y por las cuales se busca que prevalezca la situación que las genera. || ***Interés simple:*** el que genera un capital sin agregarle los réditos.

interesado, da *adj.* Que tiene interés en algo. *Estoy interesado en tu coche, déjame probarlo.* || Que se deja llevar por el interés propio o solo se mueve por él. *Es un interesado por eso te busca tanto.*

interesante *adj.* Que interesa o es digno de interés. *El tema de la clase de hoy resultó muy interesante.* || *loc.* ***Hacerse el interesante:*** comportarse con afectación y fingimiento para suscitar el interés de los demás.

interesar *t.* Atraer, gustar o producir interés. *Lee este libro, te va a interesar.* || Importar. *Me interesa tu salud.* || Inspirar interés o afecto a una persona. *A Juan le interesa Juanita.* || Dar o hacer tomar parte en un negocio o interés ajeno, como si fuese propio. *El maestro logró despertar el interés por la biología en sus alumnos.* || Producir daño en un órgano del cuerpo. *La cuchillada interesó los órganos internos.* || *pr.* Tener interés por algo o por alguien. *Se interesó por la suerte de sus sobrinos.*

interestatal *adj.* Que afecta o relaciona a varios Estados. *Tomamos la carretera interestatal número ocho.*

interestelar *adj.* Que está situado entre dos o más astros. *La radiación cósmica llena el espacio interestelar.*

interfaz *s. f.* Dispositivo que permite conectar dos aparatos o circuitos eléctricos. || Dispositivo electrónico que transforma las señales generadas por un aparato en señales comprensibles por otro.

interfecto, ta *adj.* y *s.* Se aplica a la persona muerta de forma violenta, en especial si ha sido víctima de una acción delictiva. || Persona de la que se habla. *El interfecto actuó en defensa propia.*

interferencia *s. f.* Acción y efecto de interferir. || Alteración del desarrollo de una cosa mediante la interposición de un obstáculo. *Las críticas significaron una interferencia a los planes de gobierno.* || Acción recíproca de las ondas de la que resulta aumento, disminución o anulación del movimiento ondulatorio. *El color gris de las sombras resulta de la interferencia de las ondas luminosas.*

interferir *t.* y *pr.* Interponerse o cruzarse algo en el camino de una cosa, o en una acción. *La renuncia del gobernador vino a interferir nuestros planes.* || Entrometerse una persona en un asunto ajeno. *Ni te atrevas a interferir en mis asuntos.* || Causar interferencia o cruzarse una onda con otra, sumándose o anulándose. *La señal de radio interfiere la recepción de televisión y no se escucha bien.*

interferómetro *s. m.* Aparato que produce y mide interferencias. *Interferómetros de gran precisión han permitido detectar planetas fuera del sistema solar.*

interferón *s. m.* Proteína producidas por el sistema inmunológico como respuesta a agentes extraños como los virus o células cancerígenas, que inhibe la multiplicación de éstos. *La terapia con interferón se usa en el tratamiento del cáncer.*

interfono *s. m.* Red y aparato para comunicaciones telefónicas internas de un mismo edificio. *Al interfono le añadieron una cámara de video, así se puede ver a la persona con la que se habla.*

intergaláctico, ca *adj.* Que se encuentra en el espacio entre dos o más galaxias. *El viaje intergaláctico es tema de ciencia ficción.*

intergubernamental *adj.* Relativo a dos o más gobiernos. *Firmaron un acuerdo intergubernamental de seguridad pública.*

ínterin *s. m.* Intervalo de tiempo entre dos eventos. *En el ínterin pasamos a ver algunos equipos.* || *adv.* Entretanto. || *s. m.* Interinidad, duración interino de un cargo.

interinato *s. m.* Tiempo que dura el desempeño interino de un cargo. || Cargo o empleo interino. *La maestra cubre interinatos en varias escuelas.*

interino, na *adj.* Que desempeña un cargo o una función por un tiempo determinado en sustitución de otra, sin tener el puesto en propiedad. *Por enfermedad del profesor, tenemos una maestra interina.* || *s. m.* Se aplica a la persona que ocupa un puesto o empleo por ausencia o falta del titular. *Fungirá como gobernador interino hasta la celebración de las elecciones.*

interior *adj.* Que está en la parte de adentro. *Debemos lavar el tinaco del agua por su interior.* || Se aplica a lo que pertenece al espíritu o a los pensamientos o sentimientos íntimos de la persona. *Después de una reflexión profunda alcanzó una paz interior.* || Se aplica a la vivienda o habitación que no tiene vista a la calle. *Mi departamento es muy tranquilo porque es interior.* || Perteneciente o relativo al país del que se habla. *La política interior se ha puesto acorde a principios internacionales.* || *s. m.* Parte de dentro de una cosa. *La manzana tenía podrido el interior.* || Parte central de un país, sin contacto con la costa o la frontera. *La industria se ha concentrado en el interior del país.* || *Amér.* Todo lo que no es la capital ni las ciudades principales de un país. *Las ciudades del interior son más tranquilas.* || Ropa íntima. *Necesito comprar ropa interior.*

interioridad *s. f.* Cualidad de interior. || Parte o aspecto privativo de las personas, familias o agrupaciones.

interiorismo *s. m.* Técnica de decorar y acondicionar el interior de edificios.

interiorización *s. f.* Acción y efecto de interiorizar. || Proceso de asimilación del conocimiento de las cosas. *Apenas me estoy interiorizando en ese tema.*

interiorizado, da *adj.* Vuelto hacia el interior. *Tiene muy interiorizado ese método de composición literaria.*

interiorizar *t.* Hacer propio o asimilar profundamente e íntima a la propia manera de ser, de pensar y de sentir, ideas o pensamientos ajenos. *En su forma de ser, interiorizó las máximas de Kant.*

interjección *s. f.* Expresión exclamativa que expresa por sí sola un estado de ánimo o que se emplea para atraer la atención. *«¡Caray!», «¡caramba!», «¡cáspita!», etc., son interjecciones.*

interlínea *s. f.* Espacio entre dos líneas de un escrito. *Hay que saber leer entrelíneas.*

interlineado *s. m.* Espacio entre las líneas de un escrito. *La tarea debe tener un interlineado de cuatro puntos.*

interlineal *adj.* Que está entre dos líneas escritas o renglones.

interlocución *s. f.* Diálogo.

interlocutor, ra *s.* Cada una de las personas que toman parte en una conversación. *Cuando se investigan cuestiones desconocidas es importante tener interlocutores.*

interlocutorio, ria *adj.* Se aplica al auto o sentencia que se emite para decidir cuestiones secundarias, antes de la definitiva.

interludio *s. m.* Composición musical breve que se ejecuta a manera de intermedio entre dos piezas de mayor duración.

interlunio *s. m.* Tiempo en que no se ve la Luna, debido a su conjunción con la Tierra y el Sol.

intermediación *s. f.* Acción y efecto de intermediar.

intermediado, da *adj. ant.* Que está en medio de dos.

intermediar *intr.* Hablar ante alguien a favor de otra persona. || Intervenir en una discusión o en un conflicto entre dos partes para encontrar una solución. *Tuve que intermediar*

I

entre ellos porque no se ponían de acuerdo.

intermediario, ria *adj.* y *s.* Que media entre dos o más personas. || Se aplica a la persona que en la comercialización de mercancías media entre el productor y el consumidor. *Todo comerciante es un intermediario.*

intermedio, dia *adj.* Que está en medio de dos o más cosas o equidistante de dos extremos. *El rosa es un color intermedio entre el rojo y el blanco.* || *s. m.* Periodo de tiempo que hay entre dos acciones o dos momentos. || Periodo de tiempo durante el que se interrumpe un espectáculo, una competencia deportiva o una programación. *En el intermedio nos compramos unas palomitas.*

interminable *adj.* Que no tiene término o fin, o que parece no tenerlo. *Para comprar los boletos había una cola interminable.*

interministerial *adj.* Que se refiere a varios ministerios o que los relaciona entre sí. *Firmaron un convenio interministerial para agilizar los trámites.*

intermisión *s. f.* Interrupción de una actividad durante un tiempo determinado.

intermitencia *s. f.* Cualidad de intermitente. || Interrupción y continuación a intervalos regulares. *No se puede estudiar bien si se hace con intermitencia.*

intermitente *adj.* Que se interrumpe y prosigue en intervalos regulares. *Las luces laterales del coche para marcar las vueltas son intermitentes.*

intermitir *t.* Interrumpir o suspender por algún tiempo la continuación de algo.

intermuscular *adj.* Que está situado entre los músculos.

internación *s. f.* Acción y efecto de internar o internarse.

internacional *adj.* Perteneciente o relativo a dos o más naciones. *Añadir yodo a la sal es una convención internacional.* || *s. f.* Organización formada por personas de la clase obrera, políticos y sindicalistas de varios países del mundo, de ideología comunista, socialista o anarquista. *La Primera Internacional se fundó en Londres en 1864.* || Organización política que agrupa a partidos de varias naciones con una ideología afín. *La Internacional Demócrata del Centro se fundó en 1961.* || Himno de los socialistas y comunistas. *Cantaron la Internacional con gran fervor.* || Que ha trascendido las fronteras de su país. *Rolando Villazón es un cantante de talla internacional.*

internacionalismo *s. m.* Actitud o doctrina que antepone los intereses internacionales a los particulares de cada nación. || Movimiento sociopolítico que busca la unión internacional de la clase obrera para luchar por sus derechos y reivindicaciones.

internacionalista *adj.* y *s. com.* Partidario del internacionalismo. || Especialista en derecho internacional.

internacionalización *s. f.* Acción y efecto de internacionalizar.

internacionalizar *t.* Someter a la autoridad conjunta de varias naciones, o de un organismo que las represente, asuntos que dependían de la autoridad de un solo Estado. || Implicar a otras naciones en un asunto que en principio les era ajeno.

internado *s. m.* Estado y régimen de personas que viven internas. *Lo van a mandar a un internado en el extranjero.* || Conjunto de alumnos internos de un centro educativo. *El internado preparó el programa cultural de la ceremonia.* || Edificio donde residen personas internas, especialmente estudiantes. *Los horarios del internado son muy estrictos.*

internado, da *adj.* Relativo a quien está encerrado en un lugar del que no se puede salir sin permiso de una autoridad. || *s.* Persona que está internada en una institución educativa, en un hospital, manicomio o cárcel.

internamiento *s. m.* Acción y efecto de internar o internarse.

internar *t.* Hacer ingresar a alguien en un establecimiento, como un internado, hospital, una prisión, etc. *Internaron al abuelo en un asilo de ancianos.* || Trasladar o llevar al interior de un lugar. *Se internaron demasiado en el bosque y se perdieron.* || *pr.* Profundizar en un asunto o materia. *Se internó en la investigación de la historia de la Nueva España.*

internauta *s. com.* Persona que utiliza la red de internet.

internet *s. m.* Sistema de computación que, entre otras cosas, favorece el estudio, la investigación, el entretenimiento, y que además permite a los usuarios comunicarse entre sí desde cualquier parte del mundo.

internista *adj.* y *s. com.* Especialista en el estudio y tratamiento de las enfermedades que afectan a los órganos internos del cuerpo humano.

interno, na *adj.* Que está, queda u ocurre dentro. *Este asunto es interno, no tiene que trascender al público.* || Relativo al espíritu, a los pensamientos o a los sentimientos íntimos de la persona. *En lo interno, él sabe que está en lo correcto.* || Perteneciente o relativo al país de que se trata. *La política interna tenía una orientación autoritaria.* || Que reside en un internado o se encuentra recluido en alguna institución. *Los internos del colegio pueden salir a pasear los fines de semana.* || Se aplica a la parte de la medicina que se ocupa del estudio de las enfermedades que afectan a los órganos interiores. *Le gustaría especializarse en medicina interna.* || Se aplica al estudiante de medicina que realiza su especialización o sus prácticas en un hospital. *Todavía es un interno, no se ha titulado de médico.*

interoceánico, ca *adj.* Que comunica a dos océanos. *El canal interoceánico Atrato-Truandó es sólo un proyecto.*

interparlamentario, ria *adj.* Que enlaza o relaciona parlamentos de distintos países. *La reunión interparlamentaria de América Latina discutirá problemas migratorios.*

interpelación *s. f.* Acción y efecto de interpelar. *En la comparecencia del ministro no se permitió la interpelación.*

interpelar *t.* Requerir explicaciones, especialmente si se hace con autoridad o con derecho. *El diputado interpeló al presidente durante su informe de gobierno.* || Plantear un diputado o un senador una discusión ajena a los proyectos de ley y a las proposiciones. || Implorar o solicitar auxilio o protección.

interpersonal *adj.* Se aplica a las relaciones entre personas. *En esa empresa se restringen las relaciones interpersonales.*

interplanetario, ria *adj.* Se aplica al espacio que se encuentra entre dos o más planetas. || Se aplica al vehículo que viaja por ese espacio. *Aún no se diseñan y construyen naves interplanetarias tripuladas.*

interpolación *s. f.* Acción y resultado de interpolar. || Palabras o fragmentos en un texto intercaladas a un texto ajeno.

interpolar *t.* Poner una cosa entre otras. || Intercalar palabras o frases en el texto de escritos ajenos. || Interrumpir o hacer una breve pausa en la realización de una actividad, y volver luego a proseguirlo. || Calcular el valor de una magnitud en un intervalo a partir de valores conocidos de uno y otro lado de dicho intervalo.

interponer *t.* Poner algo entre dos o más personas o cosas. *Hemos interpuesto plantas entre el público y los conferencistas.* || Formalizar un recurso legal que se presenta ante el juez. *Ella interpuso una demanda de divorcio.*

interposición *s. f.* Acción y resultado de interponer o interponerse.

interpretable *adj.* Que se puede interpretar.

interpretación *s. f.* Acción y efecto de interpretar. || Explicación del significado de algo. *Champollion logró hacer la interpretación de los jeroglíficos egipcios.* || Representación de un personaje o de un texto dramático. *La representación del Rey Lear es una de las más difíciles.* || Ejecución de una pieza musical o de un baile. *La interpretación del tenor fue excelente.* || Traducción de una lengua a otra.

En el congreso hubo interpretación simultánea. || Concepción o expresión personal de algo. *La pintura abstracta se presta a la interpretación arbitraria.*

interpretar *t.* Explicar el significado o sentido de algo. *Los abogados interpretan el sentido de las leyes.* || Concebir o expresar la realidad de un modo determinado. *El analista interpreta a su manera los hechos políticos.* || Representar un papel o un texto dramático. *Interpretar a Hamlet es un desafío para cualquier actor.* || Ejecutar una pieza musical o un baile. *Cecilia Bartoli interpreta música barroca.* || Traducir de una lengua a otra.

interpretativo, va *adj.* Perteneciente o relativo a la interpretación. *Ese actor tiene fuerza interpretativa.*

intérprete *s. com.* Persona que interpreta. || Persona que se dedica a traducir de una lengua a otra. *En su gira al extranjero el presidente lleva varios intérpretes.* || Persona que interpreta papeles dramáticos, piezas musicales o de baile. *José Alfredo es un intérprete de música popular.* || Persona que da a algo un significado. *La gitana quiromántica interpreta las líneas de las manos.*

interprofesional *adj.* Se aplica a lo que afecta a diversas profesiones.

interpuesto, ta *adj.* Participio irregular de *interponer.*

interracial *adj.* Que se produce entre razas diferentes. *Estados Unidos tiene una larga historia de problemas interraciales.*

interregional *adj.* Se aplica a lo que afecta a varias regiones o que las relaciona.

interregno *s. m.* Tiempo durante el cual un estado está sin rey. || Tiempo durante el cual permanecen suspendidas las funciones gubernamentales de un estado.

interrelación *s. f.* Relación entre personas, animales o fenómenos, que se influyen mutuamente. *Los fenómenos eléctricos y magnéticos están en interrelación inseparable.*

interrelacionado, da *adj.* Relacionado estrechamente con otra persona, cosa, institución o fenómeno.

interrelacionar *intr.* y *pr.* Relacionar con personas, cosas, instituciones o fenómenos.

interrogación *s. f.* Acción de interrogar o preguntar con el propósito de conocer algo u obtener una información. || Signo de ortografía que se pone al principio (¿) y al final (?) de una palabra o cláusula interrogativa.

interrogador, ra *adj.* Que interroga.

interrogante *adj.* Que interroga. || *s. amb.* Pregunta, interrogación; enunciado interrogativo que se hace para conocer algo u obtener una información. *El conferencista dejó sin contestar las interrogantes más difíciles.* || Cuestión que se desconoce, es una incógnita o que sigue generando dudas. *Los viajes interplanetarios tripulados siguen siendo una gran interrogante.* || *s. m.* Signo de ortografía que se pone al principio (¿) y al final (?) de una palabra o cláusula interrogativa.

interrogar *t.* Preguntar, inquirir. || Realizar una serie de preguntas buscando esclarecer un asunto o una cuestión. *La policía interrogó a los sospechosos.*

interrogativo, va *adj.* Que indica o expresa interrogación. || Se aplica a la oración que expresa una pregunta. || Se aplica al pronombre, determinante o adverbio que introduce una oración interrogativa.

interrogatorio *s. m.* Serie de preguntas que se formulan a una persona para aclarar un hecho o sus circunstancias. *La policía sometió a un extenso interrogatorio al principal sospechoso.* || Acto de interrogar a quien ha de contestar esas preguntas. *El sospechoso estuvo acompañado de su abogado durante el interrogatorio.*

interrumpir *t.* Detener la continuidad de una acción. *Interrumpimos el estudio para cenar unas pizzas.* || Hacer callar al que habla al tomar la palabra otra persona. *No me interrumpas hasta que termine de hablar.*

interrupción *s. f.* Acción y efecto de interrumpir.

interruptor *adj.* Que interrumpe. || *s. m.* Aparato que abre y cierra un circuito eléctrico. *En mi casa pusimos interruptores eléctricos nuevos.*

intersección *s. m.* En geometría, encuentro de dos líneas, dos superficies o dos sólidos que se cortan recíprocamente. *La intersección de dos líneas es un punto.* || En matemáticas, conjunto integrado por los elementos comunes a dos o más conjuntos. || Cruce de dos caminos, calles, vías de ferrocarril, etc.

intersideral *adj.* Relativo al espacio situado entre dos astros.

intersticial *adj.* Se aplica a lo que ocupa los intersticios que existen en un cuerpo.

intersticio *s. m.* Hendidura o espacio pequeño entre dos cuerpos o entre dos partes de un mismo cuerpo.

intertropical *adj.* Perteneciente o relativo a la zona comprendida entre los dos trópicos. *En la zona intertropical se encuentran las selvas del planeta.*

interurbano, na *adj.* Se aplica a la relación o al servicio que comunica a poblaciones distintas. *En la zona metropolitana construyeron un tren interurbano.*

intervalo *s. m.* Espacio o distancia que hay entre dos momentos o entre dos lugares. *Hicimos la cabalgata a intervalos de ocho a diez kilómetros.* || Conjunto de valores que toma una magnitud entre dos límites determinados. *La población se renueva por intervalos de generaciones.* || Diferencia de tono que existe entre dos notas musicales. *Entre re y fa hay un intervalo de tercera.*

intervención *s. f.* Acción y resultado de intervenir. *Los patriotas lucharon contra la intervención extranjera.* || Participación en un asunto o situación. *Gracias a la intervención del maestro pudimos hacer una revista.* || Operación quirúrgica. *Tuvieron que hacerle una intervención de urgencia.* || Escucha que se hace de la comunicación privada de alguien. *Los espías montaron la intervención de teléfonos del gobierno.* || Requisar por parte de una autoridad una mercancía o una propiedad. *El juez ordenó la intervención de sus cuentas bancarias.*

intervencionismo *s. m.* Tendencia política a la intervención de un país en los asuntos internos de otros. *Durante la Guerra Fría se agudizó el intervencionismo de las superpotencias.* || Doctrina que defiende la intervención del estado en la economía. *El desarrollo de la ciencia y la tecnología requiere del intervencionismo del Estado.*

intervencionista *adj.* Perteneciente o relativo al intervencionismo. || *s. com.* Se aplica a la persona que es partidaria del intervencionismo.

intervenir *intr.* Tomar parte en un asunto o situación. *A su mamá le gusta intervenir en todos sus asuntos.* || Interceder o mediar. *Mi tío intervino para que me dieran el trabajo.* || *t.* Operar quirúrgicamente. *Lo tuvieron que intervenir de urgencia.* || Espiar la comunicación privada de alguien. *La policía intervino los teléfonos de los sospechosos.* || Requisar una autoridad una mercancía ilegal. *En la aduana intervinieron un cargamento de contrabando.* || Controlar o disponer de una cuenta bancaria por mandato legal. *A los acusados de fraude les intervinieron las cuentas bancarias.* || Dirigir, limitar o suspender una autoridad el libre ejercicio de actividades o funciones. *El estado intervino para integrar la producción de energía eléctrica en un solo sistema.* || Injerir una nación en los asuntos interiores de otra. *Los Estados Unidos intervinieron en Colombia para la creación de Panamá.* || Interponerse entre dos o más que riñen. *Tuvo que intervenir para que aquellos no se acuchillaran.*

interventor, ra *adj.* Que interviene. || *s.* Funcionario que supervisa y fiscaliza determinadas actividades u operaciones. *La celebración de sorteos se hace en presencia de un interventor.*

intervocálico, ca *adj.* Se aplica a la consonante que se halla entre dos vocales.

I

intestado, da *adj.* Que muere sin hacer testamento válido. || Caudal sucesorio sin disposiciones testamentarias. *Los hermanos andan en pleito porque el padre murió intestado.*
intestar *intr.* Encajar una cosa en otra.
intestinal *adj.* Perteneciente o relativo a los intestinos.
intestino, na *adj.* Interior, interno. *El partido está fracturado debido a las luchas intestinas.* || *s. m.* Conducto membranoso que forma parte del aparato digestivo y que va del estómago hasta el ano, en el que se completa la digestión y se absorben las sustancias digeridas. || *loc.* ***Intestino ciego:*** parte del intestino grueso comprendida entre el final del intestino delgado y el colon. || ***Intestino delgado:*** parte menos ancha y más larga de este conducto que comienza en el estómago y acaba en el intestino grueso. || ***Intestino grueso:*** parte más ancha y menos larga de este conducto que comienza en el intestino delgado y termina en el ano.
intimación *s. f.* Acción y efecto de intimar.
intimar *t.* Establecer una relación estrecha con una persona. *Antes no nos conocíamos pero intimamos en la escuela.* || Requerir o exigir el cumplimiento de algo, especialmente las autoridades. *La oficina fiscal está intimando a los contribuyentes remisos a pagar sus impuestos.* || *pr.* Introducirse un cuerpo o sustancia entre los poros o huecos de otro.
intimidación *s. f.* Acción y efecto de intimidar. || Provocación o inspiración de miedo. *El fortachón intimidaba a sus compañeros para que le ayudaran con la tarea.*
intimidad *s. f.* Cualidad de íntimo. *Las parejas matrimoniales son muy celosas de su intimidad.* || Privacidad, vida privada. *Disfrutan de su amor en la intimidad.* || Amistad muy estrecha o íntima. *Luego se entendieron y ahora tienen mucha intimidad.* || Carácter privado o reservado. || *pl.* Pensamientos y sentimientos más íntimos de una persona. *Juan es muy reservado, no cuenta a nadie sus intimidades.* || Órganos sexuales externos de una persona.
intimidar *t.* Infundir o provocar miedo. *Intentaron intimidarlos con que los iban a expulsar de la escuela.* || *pr.* Entrarle a alguien miedo. *Se intimida con la oscuridad.*
intimismo *s. m.* Tendencia artística que privilegia los temas privados y personales.
intimista *adj.* Perteneciente o relativo al intimismo. || Se aplica a la obra artística que se inspira en sentimientos íntimos o representa temas de la vida familiar. || *s. com.* Se aplica al artista cuya obra cultiva el intimismo.
íntimo, ma *adj.* Que es privado, interior o reservado. *Los pensamientos propios que nadie más conoce son íntimos.* || Se aplica al amigo y a la amistad que es muy estrecha. *¡Claro que lo conozco, somos amigos íntimos!* || Perteneciente o relativo a la intimidad.
intitular *t.* Titular un libro o escrito. || *intr.* Dar a alguien o algo un título particular. *Al líder de los trabajadores de limpia le intitularon el «rey de la basura».*
intocable *adj.* Que no se puede tocar. *Las piezas en los museos son intocables.* || *s. com.* Se aplica a la persona que por tener poder no es alcanzado por la justicia. *Aquellos delincuentes se creían intocables.*
intocado, da *adj.* Que nunca fue tocado.
intolerable *adj.* Que no se puede tolerar. *Cuando se levanta de mal humor está intolerable.*
intolerancia *s. f.* Falta de tolerancia. *Las nuevas leyes van dirigidas a disminuir la intolerancia.* || Incapacidad de aceptar las opiniones, ideas o creencias de los demás que no coinciden con las propias. *Los judíos fueron víctimas de la intolerancia racial de los nazis.* || Incapacidad del organismo para tolerar determinadas sustancias. *Juan tiene intolerancia a la lactosa.*
intolerante *adj.* y *s. com.* Que no tiene tolerancia. || Que es incapaz de aceptar las opiniones, ideas o creencias de los demás que no coinciden con las propias. *Los que son muy católicos tienden a ser intolerantes.*
intoxicación *s. f.* Acción y efecto de intoxicar. || Enfermedad causada por una sustancia, en mal estado o por un veneno. *Esos camarones me provocaron una intoxicación.*
intoxicado, da *adj.* Envenenado con alguna sustancia tóxica. || Drogado con alguna sustancia prohibida.
intoxicante *adj.* Que intoxica.
intoxicar *t.* Enfermar por ingerir o aspirar una sustancia tóxica, en mal estado o por un veneno. *En el autobús se intoxicaron por respirar monóxido de carbono.*
intracelular *adj.* Que se sitúa u ocurre dentro de la célula.
intradérmico, ca *adj.* Que está o se pone en el espesor de la dermis. *Le recetaron inyecciones intradérmicas de insulina.*
intraducible *adj.* Que no se puede traducir o interpretar. *La mayoría de la poesía es intraducible de un idioma a otro.*
intrahistoria *s. f.* Vida tradicional del pueblo, que subyace a la historia cambiante y visible.
intrahistórico, ca *adj.* Perteneciente o relativo a la intrahistoria.
intramuros *adv.* Dentro de una ciudad, villa o de un lugar.
intramuscular *adj.* Que está o se pone en el interior de un músculo. *La presentación del medicamento es en inyecciones intramusculares.*
intranquilidad *s. f.* Falta de tranquilidad. || Estado de inquietud, preocupación o nervios. *Mientras sus hijos están fuera, la mamá sufre intranquilidad.*
intranquilizador, ra *adj.* Que intranquiliza.
intranquilizar *t.* y *pr.* Quitar la tranquilidad o poner intranquilo. *No tener noticias y escuchar solo rumores de ellos nos intranquilizaba.*
intranquilo, la *adj.* Que tiene inquietud, preocupación, impaciencia o nervios. *Estoy intranquilo porque mi hija ya debería haber llegado hace horas.*
intransferible *adj.* Que no puede ser transferido. *El pasaporte es intransferible.*
intransigencia *s. f.* Falta de transigencia. || Condición de quien no transige o no cede. *Se frustró el acuerdo por la intransigencia de ambas partes.*
intransigente *adj.* y *s. com.* Que no transige o no cede. *La postura de trabajadores y patrones es intransigente.*
intransitable *adj.* Que no se puede transitar. *Las torrenciales lluvias dejaron intransitables los caminos.*
intransitividad *s. f.* Cualidad de intransitivo.
intransitivo, va *adj.* No transitivo; se aplica al verbo cuya acción no tiene un complemento directo. *En la frase «sin saber para dónde, nos echamos a andar», «andar» es intransitivo.*
intrascendencia *s. f.* Cualidad de intrascendente. || Carencia de importancia. *Sus novelas de aventuras son de una intrascendencia total.*
intrascendente *adj.* Que no es trascendente. || Que carece de importancia o interés. *No nos detengamos en cuestiones intrascendentes.*
intrasmisible *adj.* Que no se puede trasmitir.
intratable *adj.* Que no se le puede tratar o que es muy difícil de tratar. *Lo que tiene es un cáncer intratable.* || Se aplica a la persona que es difícil tratar porque tiene mal genio. *Cuando está preocupado es intratable.*
intrauterino, na *adj.* Que se está situado o sucede dentro del útero. *El médico le colocó un dispositivo intrauterino.*
intravenoso, sa *adj.* Que está o se pone en el interior de una vena. *En el hospital le pusieron suero por vía intravenosa.*
intrepidez *s. f.* Cualidad de intrépido. || Arrojo, valor, audacia ante el peligro o los desafíos. *Lo que le valía en el combate era su intrepidez.*
intrépido, da *adj.* Se aplica a la persona que es valiente, que no teme a los peligros.

intriga *s. f.* Acción y resultado de intrigar. || Acción o plan que se ejecuta con astucia y de manera oculta, generalmente malintencionado, para conseguir un fin. *Urdió todo una intriga para poder ser diputado.* || Curiosidad intensa que produce la espera o el interés por conocer algo. *Me intriga saber en qué va a ir a parar todo este lío.* || Enredo o embrollo.

intrigado, da *adj.* Se refiere a quien siente curiosidad o se encuentra maravillado por algo.

intrigante *adj.* Que intriga. *Debes tener cuidado con él, es un intrigante.* || Que despierta curiosidad o expectación.

intrigar *intr.* Actuar con astucia y de manera oculta para conseguir un fin. || *t.* Despertar la curiosidad o el interés de alguien. *Con sus insinuaciones y misterios logró intrigar a todos.*

intrincado, da *adj.* Complicado, confuso o enredado. *Su explicación es demasiado intrincada para algo tan sencillo.*

intrincamiento *s. m.* Acción y efecto de intrincar.

intrincar *t. pr.* Complicar, enredar o enmarañar las cosas. *Esta situación está ya muy intrincada.*

intríngulis *s. m.* Intención o motivo oculto y último de algo. || Dificultad o complicación que tiene una cosa.

intrínseco, ca *adj.* Que es característico o esencial de una cosa por sí misma y no por causas exteriores. *La creatividad es intrínseca a lo humano.*

introducción *s. f.* Acción y efecto de introducir o introducirse. || Colocación en el interior de algo. *El servicio de aduanas vigila que no haya introducción de mercancías ilegales.* || Todo aquello que se escribe, se dice o se hace al comienzo de un escrito, un discurso o una obra musical. *La introducción de este libro es muy concisa.* || Preparación para una acción más a fondo. *El estudio de algunas obras de Bach es buena introducción al mundo de la música.* || Aceptación de una persona en una sociedad o comunidad. *Los nuevos vecinos ofrecieron una cena de introducción al vecindario.*

introducir *t.* Meter o hacer entrar una cosa. || Colocar en el interior de algo. *No podía introducir la llave en la cerradura.* || Hacer que una persona entre al interior de un lugar. *Ella introdujo a sus invitados al salón.* || Hacer que alguien sea admitido o entre a formar parte de una sociedad o grupo. *Su suegro lo introdujo en su círculo de amistades.* || Poner en uso algo nuevo o que no se conocía. *La diseñadora Mary Quant introdujo la moda de la minifalda.* || Hacer figurar o hablar a un personaje en una obra. *El guionista introdujo un personaje extraño en esta serie de TV.* || *pr.* Meterse en un sitio. *Se introdujo a la casa por la ventana.* || Ocasionar. *Todo iba bien hasta que Juan introdujo el desorden.*

introductor, ra *adj.* Que introduce. *Él fue su introductor al mundo de la moda.*

introductorio, ria *adj.* Que sirve de introducción. *En la ceremonia tú das el mensaje introductorio.*

intromisión *s. f.* Acción y efecto de entrometer o entrometerse. *No tolera la intromisión en sus asuntos.*

introspección *s. f.* Examen que una persona hace de sus propios actos, ideas, pensamientos y sentimientos. *Después de una profunda introspección, decidió cambiar de vida.*

introspectivo, va *adj.* Perteneciente o relativo a la introspección. *Antes de aceptar ese nuevo empleo debo hacer un análisis introspectivo.*

introversión *s. f.* Actitud o tendencia a encerrarse en el propio mundo interior. *El divorcio lo sumió en la introversión.*

introvertido, da *adj.* y *s.* Que no suele manifestar sus sentimientos y se relaciona poco con los demás. *Parece ser muy aplicado en el estudio, pero en realidad es introvertido.*

intrusión *s. f.* Acción de introducirse en un, lugar, asunto o actividad sin tener derecho o autorización para ello. *Presentarse sin invitación a ese evento fue una intrusión.*

intrusismo *s. m.* Ejercicio de una profesión sin estar legalmente autorizado para ello. *El intrusismo puede ser un delito grave.*

intruso, sa *adj.* Se aplica a la persona que se ha introducido en un lugar, asunto o actividad sin tener derecho o autorización para ello. *Llamó a la policía porque vio a unos intrusos en el edificio.*

intubación *s. f.* Acción y efecto de intubar.

intubar *t.* Introducir un tubo en un conducto del organismo, especialmente en la tráquea para permitir la entrada de aire en los pulmones. *Llegó muy grave al hospital y lo tuvieron que intubar.*

intuición *s. f.* Facultad de percibir clara e inmediata de una idea o situación, sin necesidad de razonamiento lógico. *La intuición me dice que así debe ser necesariamente.*

intuir *t.* Percibir clara e inmediatamente una idea o situación, sin necesidad de razonamiento lógico.

intuitivo, va *adj.* Perteneciente o relativo a la intuición. || Que actúa movido más por la intuición que por el análisis. *Él es un líder muy intuitivo pese a que no estudió demasiado.*

intumescencia *s. f.* Hinchazón.

intumescente *adj.* Que se va hinchando.

inuit *adj.* y *s. com.* Esquimal.

inundación *s. f.* Acción y efecto de inundar. || Cubrimiento de un lugar con agua. *En la zona baja, todos los años hay inundación de viviendas.* || Abundancia excesiva de algo. *Lanzaron una campaña publicitaria como para causar una inundación.*

inundado *s. m.* Acción y efecto de inundar.

inundar *t.* Cubrir el agua u otro líquido un lugar. *Si se desborda el río se va a inundar toda la parte baja de la ciudad.* || *fig.* Saturar, llenar algo completamente un lugar. *Las playas están inundadas de vacacionistas.*

inusado *adj.* Inusitado.

inusitado, da *adj.* Que es poco frecuente, no habitual, raro. *La nevada en esta región fue algo inusitado.*

inusual *adj.* Que no es usual, infrecuente. *Es inusual que responda con una majadería.*

inútil *adj.* Que no es útil, inservible o sirve para nada. *Es inútil que te disculpes, no te voy a perdonar.* || *s. com.* Se aplica a la persona que no puede trabajar o moverse por impedimento físico. *Le dieron un balazo en la cabeza y quedó inútil.* || Se aplica a la persona que hace mal una cosa que es fácil. *Es un inútil, no sabe ni freír un huevo.*

inutilidad *s. f.* Cualidad de inútil. || Cosa inútil. || Persona inútil o torpe. *Es una inutilidad, no sabe hacer nada.*

inutilización *s. f.* Acción y resultado de inutilizar.

inutilizado, da *adj.* Referido a lo que no se usa o ha perdido su utilidad.

inutilizar *t.* Hacer que una cosa quede inutilizable. *En vez de arreglar la TV la inutilizaste.*

invadir *t.* Entrar por la fuerza en un lugar para ocuparlo. *Los precaristas invadieron el predio.* || Llenar un lugar una cosa de manera anormal o irregular y que resulta perjudicial o molesta. *Los perros callejeros han invadido las calles.* || Penetrar y multiplicarse agentes patógenos en un órgano u organismo. *El cáncer había invadido totalmente sus órganos internos.* || Introducirse sin derecho en el campo o las atribuciones ajenas. *Los paparazzi invaden la vida privada de los famosos.* || Ser dominado por un estado de ánimo. *Al morir su esposa le invadió la tristeza.*

invaginación *s. f.* Acción y efecto de invaginar. || Formación de una bolsa o pliegue hacia el interior de una membrana, hoja blastodérmica o capa de tejido. || Introducción anormal de una porción del intestino en la que le precede o sigue. || Operación quirúrgica que consiste en introducir uno en otro los dos extremos del intestino dividido.

invaginar *t.* Doblar hacia dentro los bordes de la boca de una cosa. || En cirugía, introducir uno en otro los dos extremos del intestino dividido, para restablecer la continuidad del tubo digestivo.

invalidación *s. f.* Acción y efecto de invalidar.

invalidar *t.* Dejar sin validez o efecto una cosa. *Por las irregularidades invalidaron la elección.*

invalidez *s. f.* Cualidad de inválido. || Incapacidad para realizar determinadas actividades. *Le dieron la invalidez debido a su enfermedad.*

inválido, da *adj.* y *s.* Se aplica a la persona que tiene alguna deficiencia física o mental que le impide o dificulta alguna de sus actividades. *Quedó inválido de una pierna después que lo atropelló un carro.* || Que carece de validez por no cumplir las condiciones que exigen las leyes, normativas, etc. *Declararon inválido el convenio que habían suscrito.* || Que carece de solidez y rigor en el razonamiento. *Tus argumentos son inválidos por inconsistentes.*

invaluable *adj.* Inestimable, inapreciable. *Tu ayuda ha sido invaluable en este proyecto.*

invariabilidad *s. f.* Cualidad de invariable.

invariable *adj.* Que no cambia o varía. *Su rutina ha permanecido invariable desde su jubilación.*

invariancia *s. f.* Calidad de invariante. || Propiedad de una cantidad o ley física de no variar.

invariante *adj.* Se aplica a la magnitud o relación que no varía en una transformación. || *s. f.* Elemento que se transforma en sí mismo, o función que toma el mismo valor para cualquier elemento arbitrario. || Magnitud o expresión matemática que no cambia de valor al sufrir determinadas transformaciones.

invasión *s. f.* Acción y efecto de invadir.

invasivo, va *adj.* Que invade.

invasor, ra *adj.* Que invade. *Las fuerzas invasoras llegaron hasta la capital casi sin resistencia.*

invectiva *s. f.* Discurso o escrito crítico y agresivo contra alguien o algo. *Los medios desataron una ola de invectivas contra el gobierno.*

invencible *adj.* Que no puede ser vencido. *Aquiles era un guerrero casi invencible.*

invención *s. f.* Acción y resultado de inventar. || Lo inventado. *La invención del generador eléctrico transformó la vida del hombre.* || Engaño, ficción. *Lo de mi enfermedad fue una invención, quería descansar.*

invendible *adj.* Que no puede venderse.

inventado, da *adj.* Que se inventó. || *Méx.* Imaginario, irreal. *Me dio unos pretextos inventados que ni ella misma creía.*

inventar *s. f.* Crear o diseñar una cosa nueva o no conocida. *El hombre siempre soñó con inventar como volar.* || Crear una historia falsa para engañar a alguien. *Tendremos que inventar algo para justificar la tardanza.* || Levantar embustes.

inventariar *t.* Hacer inventario.

inventario *s. m.* Lista ordenada y detallada de los bienes de una persona, a una empresa o a una asociación. *Esta sección de la tienda está cerrada porque están haciendo inventario.* || Documento en el que está escrita esta lista.

inventiva *s. f.* Capacidad y facilidad para inventar. *Tomás A. Edison fue una persona con una inventiva excepcional.*

inventivo, va *adj.* Que tiene disposición para inventar.

invento *s. m.* Acción y resultado de inventar. || Cosa inventada. *La imprenta fue un invento que revolucionó la cultura.*

inventor, ra *adj.* Que inventa. *Edison fue el inventor de la bombilla eléctrica.*

inverecundia *s. f.* Desvergüenza, desfachatez.

inverecundo, da *adj.* Desvergonzado.

invernáculo *s. m.* Invernadero, lugar cubierto donde se cultivan plantas.

invernada *s. f.* Estación de invierno. || Estancia o permanencia en un lugar durante el invierno. || Invernadero o campo y tiempo destinado a la engorda del ganado.

invernadero *s. m.* Lugar en el que se crea artificialmente un clima propicio para el cultivo de plantas. *En el vivero construyeron un invernadero para cultivar plantas de ornato.* || Lugar adecuado para pasar el invierno. || Lugar destinado a que paste el ganado en invierno.

invernal *adj.* Perteneciente o relativo al invierno.

invernar *intr.* Pasar el invierno en algún lugar. *Muchas aves emigran para invernar en zonas cálidas.* || *Arg.* y *Chil.* Pastar el ganado en los invernaderos.

inverosímil *adj.* Que no es verosímil, que no tiene apariencia de verdad o es muy difícil de creer. *Se reunían a contar historias inverosímiles.*

inverosimilitud *s. f.* Cualidad de inverosímil.

inversión *s. f.* Acción y efecto de invertir. || Cambio del orden, la dirección o la posición de algo por sus opuestos. *Para calcular la curvatura de superficies Gauss desarrolló el método de inversión.* || Empleo de un monto de dinero en una cosa para conseguir ganancias. *Coloqué mis ahorros en un fondo de inversión.* || Colocación de las notas de un acorde musical de manera que los intervalos se sigan en dirección contraria a la original.

inversionista *adj.* y *s. com.* Se aplica a la persona física o moral que hace una inversión de dinero. *La caída de la bolsa de valores ha puesto muy nerviosos a los inversionistas.*

inverso, sa *adj.* Que es opuesto o contrario en el orden, la dirección o el sentido. *No vamos de sur a norte, sino a la inversa.* || Número cuyo producto es igual a la unidad. *3 es el inverso de 1/3 porque su producto es 1.* || *loc. adv.* ***A la inversa:*** al contrario, de forma totalmente opuesta.

inversor, ra *adj.* Que invierte, inversionista.

invertebrado, da *adj.* Se aplica al animal que carece de columna vertebral. *Los gusanos son invertebrados.* || Carente de vertebración, desestructurado. *Con la renuncia de sus dirigentes, la agrupación quedó invertebrada.*

invertido *adj. desp.* Que siente atracción sexual por individuos de su mismo sexo.

invertir *t.* Cambiar el orden, la dirección o la posición de algo por sus contrarios. *Tienes que invertir el sentido de la corriente.* || Emplear una cantidad de dinero en una cosa para conseguir ganancias. *Estoy pensando en invertir mis ahorros en un negocio.* || Emplear tiempo o esfuerzo en algo. *Invertí los mejores años de mi vida en desarrollar este negocio.*

investidura *s. f.* Acción y efecto de investir. *La ceremonia de investidura del nuevo presidente se celebró a puerta cerrada.* || Carácter que se adquiere con el desempeño de ciertos cargos o dignidades. *Se desenvuelve acorde a su investidura de embajador.*

investigación *s. f.* Acción y efecto de investigar. || Estudio o indagación a fondo de alguna materia o asunto. *Estoy haciendo la investigación de la vida de la Nueva España en el siglo* XVII.

investigador, ra *adj.* Se aplica a la persona que investiga. *El país carece de suficientes investigadores en ciencia.*

investigar *t.* Indagar tratando de descubrir algo que se desconoce. *Falta mucho por investigar sobre el efecto de la ingravidez en los organismos vivos.* || Estudiar a fondo una materia o ciencia para aumentar los conocimientos sobre ella. *Falta mucho por investigar sobre la historia.*

investir *t.* Conferir una dignidad o cargo importante. Se construye con las preposiciones *con* o *de*. *La invistieron con el título de presidenta honoraria de la asociación.*

inveterado, da *adj.* Muy antiguo o arraigado. *En esa comunidad invocar a los muertos es una costumbre inveterada.*

inviabilidad *s. f.* Cualidad de inviable, imposibilidad de ser llevado a cabo. *Cuando analizaron los detalles del proyecto su inviabilidad se hizo evidente.*
inviable *adj.* Que no puede llevarse a cabo. *La estrategia que había pensado resultó inviable.*
invicto, ta *adj.* Que no ha sido vencido. *Ya está avanzado el torneo y ese equipo sigue invicto.*
invidencia *s. f.* Falta de vista.
invidente *adj.* y *s. com.* Ciego, que está privado de la vista. *Pese a ser invidente va y viene por toda la ciudad.*
invierno *s. m.* Una de las cuatro estaciones del año comprendida entre el otoño y la primavera; en el hemisferio norte, transcurre entre el 22 de diciembre y el 21 de marzo, y en el hemisferio sur, entre el 22 de junio y el 23 de septiembre. *En invierno en el hemisferio norte el sol sale y se oculta más hacia el sur.*
inviolabilidad *s. f.* Cualidad de inviolable. *La ley protege la inviolabilidad del domicilio particular.*
inviolable *adj.* Que no debe o no puede ser violado. *La ley establece que la correspondencia es inviolable.*
invisibilidad *s. f.* Cualidad de invisible.
invisible *adj.* Que no puede ser visto. *La fuerza de gravedad es invisible.*
invitación *s. f.* Acción y efecto de invitar o ser invitado. || Petición que se hace a una persona para que asista a un determinado lugar en donde se realizará algún evento. *Recibió la invitación para asistir a la fiesta en el casino del club.* || Incitación a hacer algo. *Dejar abierto el carro es una invitación a que lo roben.* || Tarjeta o carta con que se invita. *Ya repartimos las invitaciones a la boda.*
invitado, da *s.* Persona que ha recibido invitación.
invitador, ra *adj.* y *s.* Que invita.
invitar *t.* Pedir a una persona que asista a un determinado lugar en donde se realizará algún evento. *Nos invitaron a exponer en la reunión de arquitectos.* || Convidar, pagar lo que otra persona consume. *Me invitó un helado.* || Pedir cortésmente a una persona que haga una cosa. *El guardia nos invitó a abandonar el recinto.* || Incitar o animar a una persona para que haga una cosa. *Este calor invita a ir a la playa.*
invocación *s. f.* Acción y efecto de invocar. || Apelación que se hace a un ser sobrenatural, especialmente a una divinidad o espíritu. *La médium empezó su invocación con una oración.* || Mención que se hace de algo, especialmente una ley, costumbre o razón, para justificar una petición o una acción. *El abogado invocó al articulado de la Constitución para apoyar sus dichos.* || Palabra o conjunto de palabras con que se invoca. *El poeta elevó una invocación a las musas con palabras sonoras.*
invocador, ra *adj.* Que invoca.
invocar *t.* Llamar o dirigirse a un ser sobrenatural, especialmente a una divinidad o espíritu. *El brujo invocaba a los espíritus para curar al enfermo.* || Alegar o acogerse a una ley, costumbre o razón, para apoyar una petición o justificar una acción. *Para ingresar al país invocó el derecho de asilo.* || Llamar a algo o a alguien en demanda de ayuda. *Los desvalidos invocaron la misericordia de aquellos viajeros.*
involución *s. f.* Acción y efecto de involucionar. || Detención y retroceso de un proceso evolutivo. *Las prácticas fraudulentas es una involución en la vida democrática.*
involucionar *intr.* Retroceder, volver atrás en un proceso evolutivo.
involucrado, da *adj.* y *s.* Referido a la persona que está complicada en un asunto o se interesa de manera especial por algo.
involucrar *t.* Hacer participar a alguien en un asunto, comprometiéndole en él. *Lo quisieron involucrar en la estafa que estaban fraguando.* || Incluir, abarcar, comprender. *Impulsar el desarrollo nacional involucra gran cantidad de cuestiones.*
involuntariedad *s. f.* Cualidad de involuntario.
involuntario, ria *adj.* Que no se hace de manera voluntaria.
involutivo, va *adj.* Perteneciente o relativo a la involución.
invulnerabilidad *s. f.* Imposibilidad de ser vulnerado.
invulnerable *adj.* Que no puede ser dañado o herido. *Después de todo lo que le han dicho, es ya invulnerable a las críticas.*
inyección *s. f.* Acción y efecto de inyectar. || Introducción a presión de una sustancia, especialmente de un gas o un líquido, en el interior de un cuerpo. *No gusta de ir al médico porque le recetan inyecciones.* || Sustancia inyectada. || Aportación de algo que puede servir de estímulo. *Sus palabras fueron una inyección de entusiasmo.*
inyectable *adj.* Se aplica a la sustancia preparada para ser inyectada.
inyectado, da *adj.* Se aplica a los ojos cuando están enrojecidos por la afluencia de sangre.
inyectar *t.* Introducir a presión un fluido en el interior de un cuerpo o de una cavidad. *Inyectaron concreto en la ranura para tapar la fuga de agua.* || Aportar algo que puede servir de estímulo. *Debemos inyectar optimismo en nuestros simpatizantes.*
inyector *s. m.* Dispositivo que permite inyectar fluidos. *Este motor tiene inyectores de combustible.*
ion o **ión** *s. m.* Átomo o grupo de átomos con carga eléctrica debida a la pérdida o ganancia de electrones. || En la electrólisis, partícula que se dirige hacia uno u otro polo, como resultado de la descomposición del electrólito.
iónico, ca *adj.* Perteneciente o relativo al ion o a los iones.
ionización *s. f.* Acción y resultado de ionizar. || Proceso mediante el cual un átomo o molécula neutra se convierte en ion.
ionizar *t.* Convertir los átomos neutros en átomos cargados eléctricamente.
ionosfera *s. f.* Capa de la atmósfera terrestre en la que abundan los iones, que se extiende entre los 80 y los 500 km de altitud aproximadamente. *La acción la de radiación ultravioleta es la que crea la ionosfera.*
iota *s. f.* Novena letra del alfabeto griego (Ι, ι), que se corresponde con nuestra i.
ipecacuana *s. f.* Planta originaria de América Meridional, de la familia de las rubiáceas, muy usada en medicina como tónica y purgante. || Raíz de esta planta.
ípsilon *s. f.* Vigésima letra del alfabeto griego (Υ, υ), que se corresponde con nuestra y.
ir *intr.* Moverse de un sitio a otro. *Tenemos que ir hasta el sur de la ciudad.* || Asistir, concurrir a un lugar. *No puedo ir al cine con ustedes.* || Andar, circular. *Creo que vas muy rápido.* || Dirigirse hacia, llevar a, conducir. *Este autobús va hasta tu casa.* || Actuar o desenvolverse. *¿Cómo te va en el negocio?* || Vestir, llevar puesto. *A la escuela tengo que ir de uniforme.* || Sentar, combinar o armonizar una cosa con algo o con alguien. *Esa corbata no va con el traje.* || Importar o concernir. *Esta va por ti.* || Extenderse desde un punto a otro, en el tiempo o en el espacio. *En Italia el Renacimiento va de 1430 a 1550 aproximadamente.* || Con los gerundios de algunos verbos, denota la acción de ellos y da a entender que la acción que significan se está ejecutando. *¡Ahora sí nos vamos entendiendo!* || En forma negativa, indica temor o extrañeza. *¡No irás a dejarme plantado!* || Junto con el participio de los verbos transitivos, significa experimentar su acción, y con el de los reflexivos, encontrarse en el estado producido por ella. *Me pasé de la estación por ir dormido.* || Disponerse para la acción del verbo con que se acompaña. *Vamos a estudiar.* || Tener o llevar algo. *Íbamos con cuidado al subir por la montaña.* || Perseguir. *Decidió ir tras ella.* || Sentir y pensar al contrario. *Copérnico fue contra la creencia de todos.* || Estar condicionado o depender de algo. *En acertar con este análisis le va su prestigio.* || Avanzar en la realización

de una acción, por un lugar, tiempo o situación determinados: *Vamos por el parque, ya casi llegamos.* || Andar tras alguien o algo. *La policía va tras la pista.* || *pr.* Abandonar un lugar, marcharse. *Estaban aburridos y decidieron irse.* || Desaparecer o borrarse. *Esta mancha de grasa no se va con nada.* || Morirse o estarse muriendo. *Me puse tan grave que pensé que me iba.* || Gastarse o consumirse. *Se me va el dinero sin saber en qué.* || Caer, deslizarse, perder el equilibrio. *Se fue de bruces.* || Escaparse. *El pez se me fue de las manos.* || *loc. adv.* ***A eso voy:*** expresión de quien le recuerdan algo que debía hablar, y de lo cual parece haberse olvidado. *Tenme paciencia, que a eso voy en un momento.* || ***Ahí te va:*** se usa al arrojar algo que puede caer sobre quien esté debajo o cerca. || Se usa cuando se le dice algo a alguien de manera repentina y que ha de dolerle o disgustarle. *No te lo quería decir, pero ahí te va.* || ***¿Cuánto vas?:*** se usa como fórmula de apostar a que algo que se sospecha sucederá. *Juan no va a venir ¿cuánto vas?* || *loc.* ***Ir a lo mío, tuyo, suyo, nuestro,*** etc.: ocuparse solo de los asuntos o intereses propios. *Yo no me meto en lo de los demás, yo voy a lo mío.* || ***Ir adelante:*** no detenerse, proseguir en lo que se va tratando. *No nos queda otra más que tratar de ir adelante.* || ***Ir a más:*** prosperar, crecer, enriquecerse. *Espero que el negocio ahora sí vaya a más.* || ***Ir a menos:*** decaer, decrecer, empobrecerse. || ***Ir a parar:*** terminar en algún lugar, o haciendo algo distinto de lo que pensaba hacer, quería o hacía. *Pensando que el camino iba derecho, vine a parar en tanta desventura.* || ***Ir a una:*** procurar de común acuerdo la consecución de un mismo fin, dos o más personas. || ***Ir bien:*** desarrollarse satisfactoriamente una cosa o un asunto. *Las cosas van bien con los hijos.* || ***Ir con uno:*** ser de la misma opinión o estar de parte de alguien. *En esta discusión yo voy contigo.* || ***Ir demasiado lejos:*** excederse o propasarse más allá de lo razonable. *Esta vez fuiste demasiado lejos con tus bromitas.* || ***Ir para largo:*** que algo se tardará en terminar o verificarse. *Ya vámonos que este discurso parece que va para largo.* || ***Irle:*** agradarle, cuadrarle algo a alguien. *En el béisbol yo le voy a los Yankees.* || ***Ir mal:*** que algo se desarrolla insatisfactoriamente. *Las cosas van mal en el negocio.* || ***Ir pasando:*** mantenerse en el mismo estado, sin adelanto o mejoría considerable. *Este negocio nos da solo para irla pasando.* || ***Irse abajo:*** arruinarse o frustrase algo. *El negocio se nos fue abajo.* || ***Írsele,*** o ***írsele por alto,*** a alguien algo: no entenderlo o no advertirlo. *No te sabría decir que dijo, se me fue.* || ***Ir y venir:*** movimiento incesante y en varias direcciones. *En lugar de trabajar solo va y viene.* || ***Ni le va ni le viene:*** no importarle, tenerle sin cuidado. *Mira, lo que a ti te pase, ni me va ni me viene.* || ***Qué va:*** expresión que se usa para negar. *¡No, hombre! ¡Qué va! A mí ni me importa eso.* || *loc. adv.* ***Sin ir más lejos:*** no ser necesario buscar más explicación que la que está a la vista. *Para no ir más lejos, sólo te diré lo siguiente:* || ***Vamos despacio:*** se usa para pedir calma o para examinar algo detenidamente. *Te explicaré lo que pasó, pero vamos despacio.* || ***Ve tú a saber:*** se usa para expresar duda o incertidumbre y, a veces, sospecha. *Ve tú a saber en dónde se mete cuando dice que va a trabajar de noche.*

ira *s. f.* Enfado grande y violento, que causa indignación y enojo. *En un arranque de ira casi golpea a su compadre.* || Furia o violencia de los elementos de la naturaleza. *La ira del viento azotaba con toda su fuerza.*

iracundia *s. f.* Propensión a la ira.

iracundo, da *adj.* Se aplica a la persona que es propenso a la ira o que está dominada por ella. *Se puso iracundo cuando vio lo que habían hecho sus trabajadores.*

iraní *adj.* Perteneciente o relativo a este país de Asia. || *s. com.* Natural de Irán.

iranio, nia *adj.* Perteneciente o relativo al Irán antiguo. || Natural del Irán antiguo. || Se aplica al grupo o familia de lenguas indoiranias del Afganistán e Irán, entre las que destaca el persa.

iraquí *adj.* Perteneciente o relativo a este país de Asia. || *s. com.* Natural de Iraq.

irascibilidad *s. f.* Cualidad de irascible.

irascible *adj.* Propenso a irritarse o enfadarse. *Conforme envejece se ha hace más irascible.*

iridio *s. m.* Elemento químico, metal escaso en la corteza terrestre. Se encuentra nativo, unido al platino y al rodio, y en minerales de níquel, hierro y cobre. De color blanco amarillento, quebradizo, pesado, difícilmente fusible y muy resistente a la corrosión. Aleado con platino u osmio, se utiliza en joyería y en materiales especiales. Su número atómico es 77 y su símbolo *Ir.*

iridiscencia *s. f.* Reflejo de los colores del arco iris.

iridiscente *adj.* Que refleja la luz descomponiéndola en los colores del arco iris. || Que brilla o produce destellos.

iris *s. m.* Disco muscular situado en la parte anterior y central del ojo que puede tener distintas coloraciones y en cuyo centro está la pupila. *El iris regula la cantidad de luz que entra en el ojo.*

irisación *s. f.* Acción y efecto de irisar. || Reflejo de luz con algunos o todos los colores del arco iris.

irisado, da *adj.* Que brilla o destella con colores semejantes a los del arco iris.

irisar *intr.* Tener una cosa reflejos o tonos irisados.

irlandés, desa *adj.* Natural de Irlanda. || Perteneciente o relativo a este país de Europa. || Lengua del grupo gaélico hablada en Irlanda y que, en la República de Irlanda, es oficial, junto con el inglés.

ironía *s. f.* Figura retórica que consiste en decir lo contrario de lo que se quiere dar a entender, empleando un tono o palabras que insinúan la interpretación que debe dársele a lo dicho. || Burla sutil y disimulada. || Tono burlón que se utiliza en este modo de expresión. || Situación o hecho inesperado, opuesto o muy diferente al que se esperaba y que parece una burla del destino.

irónico, ca *adj.* De la ironía o relativo a ella. || Que denota, expresa o implica ironía.

ironista *adj.* y *s. com.* Que se expresa con ironía, especialmente los escritores. *Oscar Wilde es un escritor ironista.*

ironizar *intr.* Usar las palabras de manera ambigua o contradictoria para burlarse sutilmente. *No ironices, que es doloroso.*

irracional *adj.* Expresión o conducta contraria a la razón.

irracionalidad *s. f.* Cualidad de algo que carece de racionalidad.

irracionalismo *s. m.* Corriente filosófica o artística opuesta al pensamiento racional. *El irracionalismo moderno es una reacción a la Ilustración.*

irracionalista *adj.* Que asume la corriente filosófica o artística del irracionalismo. || Perteneciente o relacionado con el irracionalismo.

irradiación *s. f.* Emisión y difusión de cualquier forma de energía. || Tratamiento de enfermedades con cualquier forma de energía. || Crecimiento aparente de los objetos vistos contra un trasfondo oscuro. || Recepción de cualquier forma de energía. *Fuimos irradiados por la luz del Sol.* || *fig.* Emisión y difusión de ideas o sentimientos. *La Ilustración irradió en la Europa del siglo XVIII.*

irradiador, ra *adj.* Que irradia o emite y difunde alguna forma de energía.

irradiar *t.* Emitir y difundir cualquier forma de energía. || Tratar enfermedades con cualquier forma de energía. || Propagar ideas influyentes. || Emitir encanto o sentimientos de felicidad.

irrazonable *adj.* Que carece de razón.

irreal *adj.* Que carece de sustento en la realidad.

irrealidad *s. f.* Ausencia de realidad.
irrealizable *adj.* Que no se puede realizar.
irrebatible *adj.* Que no se puede rebatir o refutar.
irrecobrable *adj.* Que no se puede recobrar.
irreconciliable *adj.* Que no se puede conciliar con otra idea o postura. *Las ideas de los candidatos son irreconciliables.* || Dícese de las diferencias definitivas entre las personas, especialmente de sentimientos y caracteres.
irreconocible *adj.* Que es imposible o difícil de reconocer. *Desde que se enriqueció se volvió irreconocible.*
irrecuperable *adj.* Que no se puede recuperar.
irrecusable *adj.* Que no se puede recusar o rebatir.
irredento, ta *adj.* Que no tiene redención. || Dícese de bienes irrecuperables, especialmente deudas.
irredimible *adj.* Que no se puede redimir o corregir. *Este muchacho es irredimible.* || Dícese de los bienes irrecuperables, especialmente deudas.
irreducible o **irreductible** *adj.* Que no se puede reducir. *Esta sustancia es irreductible.* || Dícese del carácter o de la posición intransigente.
irreflexión *s. f.* Falta o ausencia de reflexión.
irreflexivo, va *adj.* Que no reflexiona al hablar o actuar.
irrefrenable *adj.* Que no se puede frenar o contener. *Cuando bebe es irrefrenable.*
irrefutable *adj.* Que no se puede refutar o rebatir.
irregular *adj.* Que carece de regularidad. || Que se sale de la ley o de un patrón aceptado. || Que ocurre inesperadamente.
irregularidad *s. f.* Condición de ser irregular. || Rompimiento de la norma o la costumbre. || Imperfección de algo regular.
irreivindicable *adj.* Que no se puede reivindicar o exigir.
irrelevancia *s. f.* Falta de relevancia o importancia.
irrelevante *adj.* Que carece de relevancia o importancia.
irreligioso, sa *adj.* Que carece de religión. || Que es contrario a la religión.
irremediable *adj.* Que no tiene remedio.
irremisible *adj.* Que no se puede redimir o perdonar.
irremplazable *adj.* Que no se puede reemplazar.
irreparable *adj.* Que no tiene reparación.
irrepetible *adj.* Que no se puede repetir.
irreprensible *adj.* Que no se puede o no se debe reprender.
irreprimible *adj.* Imposible de reprimir, especialmente una fuerza.
irreprochable *adj.* Que no se puede reprochar.
irreproducible *adj.* Que no se puede reproducir.
irresistible *adj.* Que ejerce una atracción arrolladora.
irresoluble *adj.* Que no tiene solución.
irresolución *s. f.* Falta de resolución.
irresoluto, ta *adj.* Que no se decide o le cuesta trabajo decidirse.
irrespetar *t.* Faltar al respeto.
irrespetuoso, sa *adj.* Que falta al respeto.
irrespirable *adj.* Dícese de las atmósferas y los ambientes sofocantes. *La fiesta era irrespirable.*
irresponsabilidad *s. f.* Falta de responsabilidad. || Acto irresponsable.
irresponsable *adj.* Que carece de responsabilidad. || Que actúa sin calcular las consecuencias.
irrestricto, ta *adj.* Que no tiene restricción.
irreverencia *s. f.* Falta de reverencia o respeto, especialmente a la autoridad o a creencias tenidas por sagradas. || Acción o gesto irrespetuoso, especialmente a la autoridad o a creencias tenidas por sagradas.
irreverenciar *t.* Faltar al debido respeto, especialmente a símbolos tenidos por sagrados.
irreverente *adj.* Que falta al debido respeto.
irreversibilidad *s. f.* Condición de las cosas o procesos cuando no pueden dar marcha atrás.
irreversible *adj.* Que no tiene regreso.
irrevocable *adj.* Que no se puede revocar o cambiar. *La sentencia de la corte es irrevocable.*
irrigación *s. f.* Aplicación de agua a un terreno para producir cultivos. || Lavado de cavidades intestinales. || Flujo de sangre hacia los tejidos del cuerpo.
irrigador *s. m.* Dispositivo para irrigar. *La válvula de aspersión es un irrigador.*
irrigar *t.* Aplicar agua a un terreno para producir cultivos. || Pasar la sangre de los vasos sanguíneos a los tejidos del cuerpo. || Suministro de líquido a las cavidades intestinales.
irrisión *s. f.* Burla que provoca risa a costa de otra persona.
irrisorio, ria *adj.* Que provoca risa. || Que es insignificante. *Me pagaron una suma irrisoria.*
irritabilidad *s. f.* Propensión a irritarse o molestarse. || Susceptibilidad de la piel ante agentes irritantes.
irritable *adj.* y *s. m.* Que se irrita o enoja con facilidad. || Condición susceptible de la piel ante agentes irritantes.
irritación *s. f.* Estado de ira o enojo. || Escozor de la piel.
irritado, da *adj.* Se dice de quien está enojado. || Referido a la parte del cuerpo que pica, está roja o se encuentra inflamada.
irritamiento *s. m.* Acción y efecto de irritarse o enojarse.
irritante *adj.* Que provoca irritación o enojo. || Dícese de los alimentos y bebidas que provocan malestar gástrico.
irritar *t.* Provocar ira o enojo. || Provocar escozor en la piel o malestar gástrico.
irrogar *t.* Causar daño o perjuicio.
irrompible *adj.* Que no se puede romper.
irrumpir *intr.* Ingresar con ímpetu a un lugar. *Los manifestantes irrumpieron en la sala.* || Aparecer algo con fuerza. *En los años sesenta irrumpió la minifalda.*
irrupción *s. f.* Ingreso impetuoso en un lugar. || Ocurrencia súbita de un acontecimiento o un fenómeno.
irruptor, ra *adj.* Que irrumpe.
isla *s. f.* Porción de tierra rodeada de agua por todas partes.
islam *s. m.* Conjunto de países y pueblos que tienen por religión el islamismo.
islámico, ca *adj.* Perteneciente al islam o relacionado con él.
islamismo *s. m.* Religión fundada por Mahoma, practicada por los pueblos del islam, y cuyo libro sagrado es el Corán.
islamita *adj.* y *s. com.* Que practica el islam o que está relacionado con él.
islamizar *t.* Propagar la religión del islam. *Muchos pueblos de África están islamizados.* || *pr.* Convertirse a la religión del islam.
islandés, desa *adj.* Perteneciente o relacionado con Islandia. || *s.* Lengua germánica hablada en ese país.
isleño, ña *adj.* Perteneciente a una isla o relacionado con ella.
isleta *s. f.* Zona amplia en una calle para facilitar la vuelta de los vehículos. || Isla pequeña. || *Arg.* Conjunto de árboles aislados en una llanura.
islote *s. m.* Isla pequeña despoblada.
isobara *s. f.* Línea que une los puntos de la tierra con la misma presión atmosférica en un mapa meteorológico.
isobárico, ca *adj.* De las líneas que representan lugares con la misma presión atmosférica en un mapa meteorológico.
isocronismo *s. m.* Condición de movimientos de igual duración de un cuerpo.
isócrono, na *adj.* Dícese del movimiento de un cuerpo de igual duración a otro.
isoglosa *s. f.* Límite imaginario de un fenómeno lingüístico en un mapa o atlas.
isómero, ra *adj.* y *s.* Referido a la sustancia que tiene la misma compo-

I

sición química que otra, pero distintas propiedades físicas.
isomorfismo *s. m.* En matemáticas, relación de uno a uno entre dos conjuntos que preservan las relaciones existentes entre los elementos de sus respectivos dominios.
isomorfo, fa *adj.* En mineralogía, cuerpo que tiene igual forma cristalina que otro, aunque distinta composición química.
isópodos *s. m. pl.* Nombre bajo el que se agrupan los crustáceos pequeños que tienen el cuerpo chato y ancho.
isósceles *adj.* Forma geométrica con sólo dos lados iguales. *Este triángulo es isósceles.*
isotérmico, ca *adj.* Dícese de los procesos cuya temperatura es constante.
isotermo, ma *adj.* Que tiene temperatura constante. || En un mapa meteorológico, línea que une los puntos con la misma temperatura media anual.
isótopo *s. m.* Átomo con el mismo número y distinta masa atómica que otro y que, por lo tanto, ambos pertenecen al mismo elemento. *Esta clínica suministra isótopos radiactivos.*
isquemia *s. f.* Deficiencia de flujo sanguíneo en una parte del organismo por atrofia de las arterias que la irrigan.
isquémico, ca *adj.* Que padece isquemia o insuficiencia de flujo sanguíneo en alguna parte del organismo.
isquion *s. m.* Cada uno de los dos huesos que forman la parte inferior de la pelvis.
israelí *adj.* y *s. com.* Perteneciente a Israel o relacionado con él.
israelita *adj.* y *s. com.* Natural de Israel. || Que profesa la relación judía. || Del antiguo reino de Israel.
istmeño, ña *adj.* y *s.* Nativo u originario de un istmo. *Son hermosos los trajes de las istmeñas de Tehuantepec.* || Perteneciente o relativo a un istmo. *Los vientos istmeños son peligrosos para las comunicaciones.*
ístmico, ca *adj.* Referente a un istmo o propio de él. *Juegos ístmicos, corrientes ístmicas.*
istmo *s. m.* Lugar donde se estrecha o vuelve más angosto un continente o la unión de éste con una península. *Istmo de Tehuantepec, istmo de Corinto.* || *loc.* ***Istmo del encéfalo:*** porción inferior y media del encéfalo, donde se unen el cerebro y el cerebelo.
itacate *s. m.* Derivado del náhuatl «itacatl», provisión de comida generalmente envuelta en una servilleta, que se lleva para el almuerzo fuera del hogar.
italiano, na *adj.* y *s.* Nativo de Italia. || Perteneciente o relativo a este país que ocupa una península en el sur de Europa. || Se dice de la lengua romance derivada del toscano que es el idioma oficial del país. || Perteneciente o relativo a dicho idioma.
itálica *s. f.* Letra bastardilla o cursiva, muy inclinada hacia la derecha con respecto a la letra normal o regular. *Este ejemplo está escrito en itálica.*
itálico, ca *adj.* Perteneciente o relativo a la Italia antigua, designación que se vuelve inaplicable a partir de la constitución del reino (ahora república) de Italia, en el siglo XIX. || Natural de la antigua Italia. *Los oscos eran un pueblo itálico.* || Nativo o propio de Itálica, ciudad romana construida en España.
ítem *adv.* En los textos jurídicos se usa para señalar la adición de una condición, especificación, artículo, etc. || *s. m.* Cada uno de los párrafos o artículos añadidos a un texto legal y precedidos por la palabra «ítem». || Adición, añadidura. || Cada una de las partes, preguntas o secciones de que se compone un cuestionario, prueba, reactivo, ya sea escolar, psicológico, laboral, etc. || En informática, cada uno de los elementos que forma parte de un dato.
iteración *s. f. neol.* Acción y efecto de iterar.
iterar *t. neol.* Repetir. Se usa sobre todo en informática.
iterativo, va *adj. neol.* Que itera.
iterbio *s. m.* Elemento químico, metal de las tierras raras, muy escaso en la corteza terrestre. Sus sales son incoloras y su conductividad eléctrica depende de la presión. Algunos de sus derivados se utilizan en la industria electrónica, del vidrio y como catalizadores. Su número atómico es 70 y su símbolo *Yb.*
itinerante *adj.* y *s. com.* Ambulante, que se desplaza de un lugar a otro con algún propósito. || Que se sujeta a un itinerario en sus desplazamientos.
itinerario *s. m.* Descripción pormenorizada de un camino o ruta y su dirección.
itrio *s. m.* Elemento químico, metal de las tierras raras, escaso en la corteza terrestre. Es de color gris de hierro y fácilmente oxidable. Se utiliza en la fabricación de componentes electrónicos. Su número atómico es 39 y su símbolo *Y.*
ivernar *intr.* Invernar.
ixtle *s. m. Méx.* Fibra textil áspera que se extrae de las pencas de los agaves.
izado *s. m.* Acción y efecto de izar.
izamiento *s. m.* Izado, acción y efecto de izar.
izar *t.* y *pr.* Alzar, levantar, jalar algo tirando de la cuerda de la cual pende o cuelga.
izote *s. m.* Arbusto de la familia de las liliáceas con ramas que rematan en penachos de hojas fuertes y triangulares, como pencas de agave, terminadas en una púa, con inflorescencias en ramo cuyas flores blancas y fragantes son comestibles. Se reproduce por esqueje. Es propio de México y América Central en sus partes más áridas.
izquierda *s. f.* Mano contraria a la diestra. || Dirección correspondiente al lado izquierdo del cuerpo. || Partido o conjunto de agrupaciones políticas contrarios a los de derecha y al centrismo. || Conjunto de personas de ideas favorables a los trabajadores, los derechos humanos y reformadoras en general, por oposición a los conservadores.
izquierdazo *s. m.* Golpe dado con la mano izquierda.
izquierdismo *s. m.* Política contraria al derechismo o conservadurismo.
izquierdista *adj.* y *s. com.* Perteneciente o relativo a la izquierda política. || Partidario o seguidor de las ideas y políticas de izquierda.
izquierdo, da *adj.* Se dice de la parte del cuerpo situada del lado del corazón. || Que está situado del lado del corazón del observador. || En las cosas que se mueven, se dice de lo que hay o cae hacia la mano izquierda de quien lo observa parado de cara hacia donde avanzan. *La orilla izquierda del río, la margen izquierda de la corriente.* || *s.* Se dice de quien usa con preferencia y como mano dominante la izquierda.

J

j *s. f.* Décima letra del abecedario español. Su nombre es *jota*.

jabalí *s. m.* Mamífero paquidermo silvestre emparentado con el cerdo doméstico, del que parece una versión esbelta y musculosa. El macho posee colmillos muy largos y, en algunas variedades, enrollados. Es veloz, habita en el sotobosque y, acorralado, ataca ferozmente. A la hembra se le llama jabalina.

jabalina *s. f.* Arma arrojadiza compuesta por una punta metálica afilada y un astil recto de madera fuerte. Las más primitivas eran un mero palo afilado. Las actuales se usan en un deporte olímpico consistente en arrojarla lo más lejos posible.

jabato *s. m.* Cría del jabalí.

jabón *s. m.* Combinación de grasas y aceites grasos esterificados y saponificados que por alcalinización corta la mugre, hace espuma y limpia. Puede presentarse en pastilla, crema, escamas, gel o líquido. Se usa tanto para el cuerpo como para la ropa y otros efectos.

jabonada *s. f.* Acción y efecto de jabonar.

jabonado, da *adj.* Acción y efecto de jabonar. || Conjunto de ropa blanca que se ha jabonado o se va a jabonar.

jabonadura *s. f.* Acción y efecto de jabonar. || En plural, mezcla de jabón y su espuma en agua. || Espuma que se forma al jabonar.

jabonar *t.* y *pr.* Lavar el cuerpo o parte de él restregándolo con jabón y agua. || Lavar la ropa y otros objetos con agua y jabón.

jaboncillo *s. m.* Pastilla de jabón de tocador. || Árbol de la América tropical, de la familia de las sapindáceas, de gran copa, hojas divididas en hojuelas enteras, flores de cuatro pétalos de color amarillento y fruto carnoso parecido a una cereza, pero de sabor amargo. La pulpa del fruto se usa como jabón para lavar la ropa y el cabello. || En Cuba, planta de la familia de las amarantáceas, usada como condimento. || Greda de los sastres. || Esteatita, roca metamórfica apta para ser esculpida y grabada por ser bastante blanda.

jabonera *s. f.* Recipiente donde se coloca y guarda el jabón en uso.

jabonería *s. f.* Fábrica de jabón. || Tienda especializada en la venta de jabones.

jabonero, ra *adj.* y *s.* Perteneciente o relativo al jabón. || Persona que fabrica o vende jabón.

jabonoso, sa *adj.* Que contiene jabón, es de esta sustancia o parecida a ella.

jaborandi *s. m.* Arbusto de origen brasileño, de la familia de las rutáceas, con hojas compuestas de hojuelas, flores en racimos delgados y largos, fruto capsular de cinco carpelos. Las hojas se asemejan en olor y sabor a las del naranjo.

jaca *s. f.* Caballo cuya alzada no llega al metro y medio. || Yegua.

jacal *s. m. Méx.* Derivado del náhuatl «xacalli», vivienda de una sola habitación, construida con adobe, madera o bajareque (mezcla de carrizo y lodo).

jacalón *s. m. Méx.* Habitación grande y alta, generalmente con techo de lámina, destinada a usos como el almacenamiento de víveres, aperos, herramientas, etc., o usada como taller para diferentes oficios.

jácara *s. f.* Romance alegre en que comúnmente se contaban hechos de la vida del hampa. || Canción de tonada alegre y ritmo vivaz al son de la cual se danza; es propia del sur de España. || Junta de gente alegre que anda por las noches cantando y causando alboroto sin malicia. || Mentira, patraña.

jacaranda o **jacarandá** *s. f.* Árbol ornamental de la familia de las bignoniáceas, con hojas divididas en hojuelas múltiples, cadizas, flores tubulares de color azul o violeta y fruto dehiscente leñoso. Es originario de América.

jacarandoso, sa *adj.* Alegre, desenvuelto, bullicioso.

jacarear *intr.* Cantar y bailar jácaras. || Andar en la calle con alegría y bullicio.

jacarero, ra *s.* Persona que canta o baila jácaras. || Gente bulliciosa y alegre que anda de noche en la calle, cantando y bailando.

jacinto *s. m.* Planta anual de la familia de las liliáceas, con hojas radicales, enhiestas, largas, acanaladas, lustrosas y crasas; flores olorosas blancas, azules, rosadas o amarillas cuyas inflorescencias se presentan en espiga, fruto capsular con tres divisiones y varias semillas negras; originaria de Asia Menor. || En joyería, circón de color rojo violáceo.

jaco *s. m.* Cota de malla de manga corta, que llegaba a la cintura. || Jubón áspero hecho de pelo de cabra que en la Edad Media usaban los soldados de a pie.

jacobino, na *adj.* y *s.* Se dice de los partidos políticos extremistas y que piden reformas radicales, señalándose por su anticlericalismo. || Miembro de tales partidos o seguidor de ideas semejantes.

jactancia *s. f.* Alabanza propia, presunción, fanfarronería.

jactancioso, sa *adj.* y *s.* Que se jacta o se comporta con jactancia. || Se dice de los gestos, palabras y actitudes que denotan jactancia.

jactarse *pr.* Envanecerse, presumir, alardear, alabarse uno por sus acciones o sus méritos, reales o no, de cualquier género que sean.

jaculatoria *s. f.* Oración breve y fervorosa en la que se pide el auxilio o la protección divina o de algún santo, o de una entidad sobrenatural, según las diversas religiones.

jacuzzi *s. m.* Derivado de una marca registrada inglesa, el término designa una bañera para hidromasaje.

jade *s. m.* Piedra semipreciosa también conocida como nefrita, cristalina, translúcida, dura, tenaz y quebradiza, de color, que va del verde azuloso, al blanco, rojizo y morado, considerada de enorme valor por el antiguo pueblo chino y por las culturas mesoamericanas.

jadeante *adj.* Que jadea.

jadear *intr.* Respirar agitadamente, inhalando con profundidad, como es normal después de hacer un ejercicio vigoroso. Es patológico cuando se presenta en estado de reposo o de actividad muy moderada.

jadeo *s. m.* Acción y efecto de jadear.

jaez *s. m.* Adorno de cintas o listones con que por adorno se trenzan las crines del caballo. || Cualidad o propiedad de algo. *Me respondió con chistes, gracejadas y cosas de ese jaez.*

jagua *s. f. Amér.* Árbol de la familia de las rubiáceas, propio de las zonas intertropicales, con tronco recto de corteza gris, ramas casi horizontales, hojas grandes, opuestas, lanceoladas y de color verde claro, flores aromáticas en racimos, fruto aovado de pulpa agridulce, blanquecina. || Fruto de este árbol, el cual contiene numerosas semillas duras y negras.

jaguar *s. m.* Gran felino de las pluviselvas americanas, de hasta 2 m de longitud y unos 80 cm de alzada, de piel moteada con fondo amarillo leonado y rosetas negras, con el vientre y la garganta blanquecinos.

jaguareté *s. m. Arg.* y *Uy.* Jaguar.

jagüey *s. m. Amér.* Nombre común de varios árboles americanos de la familia de las moráceas. || Hondonada donde se almacena el agua de lluvia para dar de beber al ganado en tiempo de secas.

jaiba *s. f. Amér.* Nombre vulgar dado a ciertas variedades de cangrejos y algunos decápodos.

jaibol *s. m.* Castellanización del inglés «highball», suele ser una mezcla de aguardiente, agua mineral u otra bebida no alcohólica, que se sirve con hielo en un vaso alto.

jalado, da *adj.* y *s. Amér.* En Cuba, ebrio, borracho. || En México, atrevido, extravagante; mentiroso, fantasioso; caprichoso. || En Nicaragua, pálido, descolorido.

jalador *s. m. Méx.* Implemento de limpieza constituido por una varilla horizontal a la que se ajusta una banda oblicua de hule, y por el mango largo que permite emplearla para recoger el agua del piso, lavar los vidrios, limpiar espejos, etc.

jalador, ra *adj.* y *s. Amér.* En Venezuela, adulador, lambiscón. || En México, se dice de quien se suma con prontitud a cualquier proyecto o causa común, y en especial a las actividades festivas.

jalapa *s. f. Méx.* Derivado de Xalapa, ciudad capital del estado mexicano de Veracruz, raíz negruzca por fuera y blanquecina por dentro, de una planta vivaz silvestre. El jugo resinoso de la raíz se usa como purgante.

jalapeño, ña *adj.* y *s.* Nativo u oriundo de Jalapa o Xalapa. || Perteneciente o relativo a la capital del estado mexicano de Veracruz. . || *s. m. Méx.* Variedad de chile, muy picante y oloroso, originario de Veracruz. El cuerpo cilíndrico remata en una punta redondeada, y está lleno de semillas discoidales. Se consume verde (principalmente encurtido) y maduro, cuando adquiere un color rojo intenso.

jalar *t. fam.* Halar, atraer hacia uno algo. || Tirar de una cuerda, cabo o cordel. || *pr. Méx.* Dirigirse apresuradamente a alguna parte. *¡Jálenle para la escuela, chamacos!*

jalea *s. f.* Dulce hecho de frutas molidas y hervidas con azúcar hasta darles el punto en que quedan suaves pero menos espesas que una mermelada. || En medicina, excipiente de consistencia pastosa y sabor dulce. || En medicina, medicamento lubricante o humectante para diversos usos.

jalear *t. fam. Esp.* Animar a alguien con palmadas y voces, generalmente cuando canta o baila. || Llamar a voces a los perros para que persigan a la presa.

jaleo *s. m. fam.* Acción y efecto de jalear. || Diversión bulliciosa. || Alboroto, pendencia, riña.

jalón[1] *s. m. Amér.* Tirón. || *loc.* ***De un jalón:*** de un tirón, de una sola vez.

jalón[2] *s. m.* Vara con regatón de fierro que se clava en la tierra y marca puntos fijos que sirven de referencia para levantar el plano del terreno. || Hito, marca o señal sobresaliente del terreno que indica los linderos. || Hito, persona o suceso que marca un punto importante en la época, en su género o en su actividad.

jalonamiento *s. m.* Acción y efecto de jalonar.

jalonar *t.* Establecer o marcar jalones o hitos.

jalonear *t.* y *pr. Amér.* Tironear, dar o darse jalones de manera repetitiva.

jaloneo *s. m.* Serie de jalones bruscos.

jamaicano, na o **jamaiquino, na** *adj.* y *s.* Natural de Jamaica. || Perteneciente o relativo a este país insular del Caribe.

jamar *t.* y *pr.* Comer, sobre todo si se hace con prisa y de manera descuidada.

jamás *adv.* Nunca, en ningún tiempo.

jamba *s. f.* Cada una de las dos partes verticales que juntas sostienen el dintel o parte superior del vano de puertas y ventanas.

jamelgo *s. m.* Caballo flaco, viejo y de mala estampa.

jamón *s. m.* Pierna trasera de cerdo preparada en embutido, ya sea curada, ahumada o cocida. || Por extensión, embutido de lomo u otras partes del cerdo, a los que se da forma con un molde. || Carne rebanada de estos embutidos.

jamona *adj.* y *s. fam. ant.* Mujer de edad madura y rolliza, regordeta o francamente rechoncha.

jamoncillo *s. m. Méx.* Dulce preparado a base de leche y azúcar cocidas durante largo rato a fuego bajo para que se forme una pasta espesa a la que se suele añadir canela o vainilla, frutos secos molidos (nuez, almendra, cacahuate, avellana, piñón) y jerez. La pasta se pone a secar dentro de un molde con forro de papel encerado. || Dulce preparado a base de leche y pepita de calabaza pelada y molida a la que se añade azúcar, cuya pasta se mete en moldes rectangulares y se tiñe la superficie con color rosa intenso.

jangada *s. f.* Balsa, embarcación plana hecha de troncos. || Dicho necio e inoportuno. || Trastada, travesura, mala acción.

japonés, nesa *adj.* y *s.* Natural u originario de Japón. || Perteneciente o relativo a esa nación insular asiática. || Se dice de la lengua y la escritura empleadas en Japón.

jaque *s. m.* Jugada en el ajedrez, en la cual con una pieza se amenaza al rey del oponente, y por extensión a la reina. || Amenaza, ataque, acción que perturba los planes o propósitos de alguien. *Dar jaque, poner a alguien en jaque.* || *loc.* ***Jaque mate:*** jugada con que el vencedor pone fin a una partida de ajedrez.

jaqueca *s. f.* Fuerte dolor de cabeza, especialmente el que afecta una mitad del cráneo.

jara *s. f.* Arbusto de hoja perenne, de la familia de las cistáceas, con ramas de color pardo rojizo, hojas lanceoladas, viscosas y de envés pubescente, con flores pentámeras blancas con una mancha púrpura en la base de cada pétalo; fruto capsular y numerosas semillas; es silvestre y muy común en el sur de Europa. || Palo delgado y agudo que se usa como arma arrojadiza, en especial como flecha.

jarabe *s. m.* Preparación hecha de agua y azúcar que se hierve hasta espesarse, a la cual se añaden saborizantes para preparar bebidas refrescantes o medicinales. || *Méx.* Danza popular en pareja, y música que la acompaña (generalmente ejecutada por el mariachi) característica de los estados de Jalisco, Michoacán y otros del centro del país. || *loc.* ***Jarabe de palo:*** paliza, tunda, golpiza. || ***Jarabe de pico:*** promesas que no cumplirá quien las hace.

jaral *s. m.* Lugar donde crecen jaras. || Algo intrincado, enmarañado y difícil de resolver.

jaramago *s. m.* Planta herbácea y silvestre de la familia de las crucíferas, con vistosas florecitas amarillas, que suele hallarse en terrenos perturbados y entre los escombros.

jarana *s. f.* Diversión bulliciosa y alborotada. || Riña colectiva, pendencia. || *Méx.* Instrumento de cuerda consistente en una guitarra pequeña. Se emplea en la música popular sobre todo del sureste del país. || Danza popular originaria de Yucatán, música y canción que la acompaña. Se baila en parejas, que hacen pausas para lanzar «bombas», coplas improvisadas de carácter jocoso; lo común es que la danza sea parte de una fiesta popular.

jaranear *intr.* Andar de jarana, participar en ella.

jaraneo *s. m.* Juerga. || Diversión bulliciosa. || Engaño, trampa, burla.

jaranero, ra *adj.* y *s.* Aficionado a la jarana, fiesta bulliciosa. || Que suele meterse en jaranas o pendencias. || *Méx.* Se dice del que baila la jarana yucateca. || Músico que toca la jarana.

jarcha *s. f.* Canción popular propia de la Edad Media española, escrita en romance aljamiado, esto es en castellano pero con caracteres hebreos o arábigos, puesta como coda o final de las moaxajas por los poetas andalusíes, es decir, de la parte musulmana de la España medieval.

jarcias *s. f. pl.* Aparejos y cabos (cuerdas) de una embarcación de vela. || Conjunto de redes y útiles para pescar. || *Hond.* y *Méx.* Conjunto de objetos hechos de fibra vegetal, como mecates, escobetas, lazos, zacates, estropajos, etc., que se venden junto con otras cosas propias para hacer la limpieza doméstica.

jarciería *s. f. Méx.* Conjunto de objetos de uso doméstico hechos con fibras como escobas, escobetas, sogas, estropajos, etc., y establecimiento especializado donde se venden.

jardín *s. m.* Terreno público o privado, abierto o cercado, poblado de plantas ornamentales, principalmente las que dan flores. || Campos o zonas de coloración dispareja en una esmeralda, que reducen el valor de la piedra. || *loc.* ***Jardín botánico:*** terreno donde se cultivan plantas destinadas al estudio científico de los vegetales y sus propiedades. || ***Jardín de infancia*** o ***jardín de niños:*** escuela especial para párvulos, niños en edad preescolar.

jardinera *s. f.* Obra de mampostería o mueble destinado a contener plantas de ornato, ya sea directamente en tierra o dentro de macetas.

jardinería *s. f.* Arte del cultivo y cuidado de los jardines. || Oficio del jardinero.

jardinero, ra *s.* Persona cuyo oficio consiste en cultivar y cuidar jardines.

jareta *s. f.* Dobladillo hecho en una prenda, a través del cual se hace pasar un cordón, cinta o elástico para fruncir la tela y ajustarla al cuerpo. || Doblez hecho e hilvanado a una prenda a manera de adorno.

jaripeo *s. m. Amér. C.* y *Méx.* Rodeo, fiesta a caballo en la que se ejecutan diversas suertes montando a pelo en las cabalgaduras y en reses vacunas.

jarocho, cha *adj.* y *s. fam. Méx.* Natural de la ciudad y puerto de Veracruz. || Perteneciente o relativo a dicha localidad portuaria y a sus habitantes.

jarra *s. f.* Vasija con una o dos asas, cuello y boca anchos, generalmente con un pico para verter mejor los líquidos. || Líquido contenido en dicho recipiente. || *loc.* ***En jarras:*** dicho del cuerpo: con las manos puestas en la cintura.

jarrete *s. m.* Corva de la pierna humana. || Corvejón de los cuadrúpedos. || Parte alta y más ancha de la pantorrilla.

jarretera *s. f.* Liga con hebilla usada antiguamente para sujetar la media o la parte baja del calzón al jarrete.

jarro *s. m.* Vasija con una sola asa, semejante a la jarra pero de tamaño mucho menor pues se usan para beber. Los más comunes son de barro y tienen una capacidad aproximada de 200 ml.

jarrón *s. m.* Recipiente de vidrio, porcelana u otro material impermeable, generalmente usado para contener flores en agua, a modo de adorno. || En arquitectura, pieza ornamental semejante a una jarra con que se decoran remates de edificios, escaleras, tejados, etc., generalmente sobre un pedestal.

jaspe *s. m.* Piedra de sílice, de textura fina y homogénea, opaca y de colores variados según la composición de las impurezas que contenga. || Mármol con vetas de diferentes tonalidades.

jaspeado, da *adj.* Con vetas de colores semejantes a las que presenta el jaspe.

jaspear *t.* Pintar algo dándole la apariencia veteada del jaspe.

jato *s. m.* Becerro o ternero, cría de las reses vacunas.

jauja *s. f.* Por alusión a la localidad peruana de Jauja y sus ricas minas, abundancia, riqueza, bonanza. || *loc.* ***Estar en jauja:*** pasar por un periodo de excepcional bonanza.

jaula *s. f.* Caja hecha de barrotes metálicos o listones de madera destinada a mantener cautivos animales. || Caja hecha de tablones separados entre sí que sirve para el embalaje. || Cárcel o prisión. || Caja de varillas metálicas y movida por poleas, cables y motor, que se emplea en las minas como ascensor para el personal.

jauría *s. f.* Conjunto de cánidos, como perros, lobos, coyotes. || Grupo de perros que sigue al mismo perrero en las cacerías. || Conjunto de personas que persiguen con insistencia y saña a otra u otras.

jayán, yana *s.* Persona robusta, alta y muy fuerte. || *Amér. C.* Persona vulgar y de malos modales.

jazmín *s. m.* Arbusto de la familia de las oleáceas, de tallos largos, flexibles, trepadores, con hojas alternas y compuestas de hojuelas lanceoladas y enteras en número impar, flores pedunculadas blancas, pentámeras, muy fragantes, con fruto en baya esférica negra. || Flor de este arbusto.

jazz *s. m.* Género musical originario de Estados Unidos, basado en la música afroamericana y sus ritmos sincopados.

jazzista *s. com.* Músico que toca o canta jazz.

je *onomat.* Se usa repetida para indicar risa.

jeans *s. m. pl.* Pantalón de mezclilla de algodón, generalmente de color azul, inspirado en el de los vaqueros estadounidenses del siglo XIX.

jeep *s. m.* Automóvil muy resistente que puede andar por toda clase de terreno.

jefatura *s. f.* Dignidad o cargo de jefe. || Puesto de policías o de guardias a cargo de un jefe.

jefe, fa *s.* Superior o dirigente de una corporación, partido, oficio, taller u oficina. || Militar con grado de comandante, teniente coronel o coronel del ejército, o capitán de corbeta, capitán de fragata o capitán de navío, en la marina de guerra. || *loc.* ***Jefe de Estado:*** autoridad suprema de un país. || ***Jefe de Gobierno:*** presidente del Consejo de Ministros o del Gabinete.

jején *s. m.* Insecto díptero muy pequeño cuya picadura es muy irritante; abunda en las costas tropicales de América.

jengibre *s. m.* Planta originaria de India, de la familia de las cingiberáceas, con hojas radicales, lanceoladas, flores en espiga de color púrpura encendido sobre un escapo de hasta 60 cm de altura, fruto capsular pulposo y lleno de semillas. || Rizoma de esta planta, que es nudoso, con corteza parda, interior amarillo intenso, aromático y de sabor agradable, por lo que se usa como especia, crudo o pulverizado.

jenízaro, ra *adj. ant.* Se decía del hijo de padres de nacionalidad diversa, como de inglés y rusa. || Mezclado de dos géneros de cosas. || *s. m.* Soldado de infantería de un cuerpo especial del ejército otomano, que usualmente se reclutaba secuestrándolo de niño entre los habitantes cristianos del Imperio turco. || *Méx.* Descendiente de cambujo y china o de chino y cambuja, en el sistema colonial de castas. || Miembro del cuerpo de policía de a pie.

jeque *s. m.* Entre los pueblos musulmanes del Oriente y los del norte de África, jefe que gobierna un territorio o provincia, generalmente habitados por gente de su misma tribu o clan, ya sea como soberano o como feudatario.

jerarca *s. com.* Persona de elevada categoría en una organización, empresa, iglesia, institución política, etc. || En su origen, religioso revestido de gran autoridad dentro de la iglesia cristiana, incluso después de su división en católica y ortodoxa.

jerarquía *s. f.* Organización en grados de personas, valores, conceptos, dignidades o poderes. || Originalmente, disposición en grados de mando

y jurisdicción de la primitiva iglesia cristiana.
jerárquico, ca *adj.* perteneciente o relativo a la jerarquía.
jerarquización *s. f.* Acción y efecto de jerarquizar.
jerarquizar *t.* Organizar algo en forma jerárquica.
jerbo *s. m.* Mamífero roedor originario del norte de África, de tamaño y aspecto parecido a los de la rata, pero con ojos grandes y mejillas redondas, lomo color amarillo leonado y vientre blanco, extremidades anteriores muy cortas y posteriores muy desarrolladas por lo que salta con facilidad; la cola es muy larga y remata en un mechón de pelos.
jeremiada *s. f.* De Jeremías, el profeta bíblico: lamentación o queja exagerada.
jeremiquear *intr.* Lloriquear, gimotear.
jerez *s. m.* Vino que se produce en los términos municipales españoles de Jerez de la Frontera, Puerto de Santa María y Sanlúcar de Barrameda.
jerga[1] *s. f.* Tela gruesa y burda. || Colchón de paja o de hierba.
jerga[2] *s. f.* Lenguaje específico de ciertos sectores sociales, oficios y profesiones. *Jerga estudiantil, jerga de albañiles, jerga de abogados.* || Jerigonza, lenguaje incomprensible o de difícil interpretación.
jergón *s. m.* Colchón de tela tosca, relleno de paja o hierba, y sin hilvanes. || Persona gorda y perezosa.
jeribeques *s. m. pl.* Guiños, contorsiones, dengues.
jerigonza *s. f.* Lenguaje que usan entre sí los miembros de algunos gremios, como el de los antiguos constructores de catedrales. || Lenguaje oscuro, complicado y difícil de entender.
jeringa *s. f.* Instrumento compuesto por un cilindro que remata en su parte anterior en un tubito o caño corto, y un émbolo que entra y sale para hacer succión primero y después expeler un líquido. || Aparato semejante al anterior pero con una boquilla dispuesta para eyectar o inyectar materias semilíquidas o pastosas como la crema, el betún, etc., usada en pastelería y confitería. || Molestia, estorbo, pejiguera. || *loc.* ***Jeringa hipodérmica:*** la que está provista de un bitoque que asegura una aguja hueca y con filo oblicuo, destinada a poner inyecciones medicamentosas bajo la piel.
jeringar *t.* Poner líquido por medio de la jeringa en la parte donde se requiere. || Colocar una inyección con la hipodérmica. || Molestar, fastidiar.
jeringonza *s. f.* Jerigonza.
jeringuilla *s. f.* Jeringa hipodérmica.
jeroglífico *s. m.* Cada uno de los caracteres que conforman la escritura en que por medio de figuras se representan ideas, objetos y sonidos para conformar palabras y oraciones. *Jeroglíficos egipcios, jeroglíficos mayas.* || Conjunto de signos y figuras con que se expresa una frase por pasatiempo. || Cuadro, escritura, dibujo, etc., difícil de interpretar. || Mote, sentencia breve que requiere explicación. *«Tanto monta, monta tanto» es un jeroglífico.*
jeroglífico, ca *adj.* Se dice de la escritura compuesta por símbolos figurativos y no fonéticos. || Perteneciente o relativo a dicha escritura y a sus signos.
jersey *s. m.* Suéter, prenda tejida de punto, cerrada y con mangas, que cubre del cuello a la cintura.
jesuita *adj.* y *s. m.* Se dice del religioso o miembro de la Compañía de Jesús, orden religiosa fundada por san Ignacio de Loyola. || Perteneciente o relativo a dicha orden.
jet *s. m.* Avión propulsado por turbinas o motores de reacción.
jeta *s. f.* Boca protuberante por su forma o por tener los labios muy abultados. || Hocico del cerdo. || *desp.* Boca, hocico. || *loc.* ***Tener*** o ***poner tamaña jeta:*** expresar fastidio, disgusto o enojo con el gesto facial.
jetón, tona *adj.* Que tiene jeta, boca grande y abultada.
ji[1] *onomat.* Voz para indicar risa malévola o traviesa.
ji[2] *s. f.* Vigésima segunda letra del alfabeto griego (Ψ, ψ).
jíbaro, ra *adj.* y *s.* Se dice del miembro de una etnia asentada en la Amazonia, cercana a la frontera con Ecuador. || Perteneciente o relativo a dicha etnia. || *Amér.* Campesino, rústico. || Descendiente de albarazada y calpamulato o viceversa, en el sistema colonial de castas de la Nueva España.
jibia *s. f.* Invertebrado cefalópodo marino de cuerpo oval; de los diez tentáculos dos son más largos y están provistos de ventosas en el extremo y los otros a todo lo largo. El dorso tiene bajo la piel una concha ligera y calcárea. Mide unos 30 cm, abunda en los mares templados y es comestible. Su concha se da de comer a ciertas aves en cautiverio. || Concha de este animal.
jícama *s. f.* Planta herbácea, trepadora o rastrera, de la familia de las leguminosas. Produce un tubérculo grande y globoso, con una cutícula amarillenta; el interior, comestible, es blanco, ligeramente dulce y a veces jugoso. Se come en ensaladas, aderezado con chile y limón, o frita en mantequilla, sustituyendo a la castaña de agua en la cocina china.
jícara *s. f. Amér. C.* y *Méx.* Derivado del náhuatl «xicalli», vasija hecha con el fondo del fruto enorme de una cucurbitácea, que luego de vaciado se deja secar, se le aplica una base y después se pinta con vistosos motivos, generalmente vegetales y aves. || Vasija de poca hondura usada para diversos menesteres. || En la época colonial, recipiente especial para tomar chocolate.
jicarazo *s. m. Méx.* Golpe dado con una jícara. || Contenido líquido de la jícara que se vierte por encima de alguien. *Bañarse a jicarazos.*
jicote *s. m. Amér. C.* y *Méx.* Derivado del náhuatl «xicotli», abejorro.
jicotea *s. f. Amér.* Tortuga terrestre de unos 30 cm de longitud, con el caparazón de color café o pardo. Suele enterrarse por largas temporadas en las orillas de ríos y arroyos, donde vive.
jicotera *s. f. Amér. C.* y *Méx.* Nido de jicotes o avispas.
jicotillo *s. m. Méx.* Jicote, avispón.
jilguero *s. m.* Pájaro europeo, de unos 12 cm de longitud y 23 cm de envergadura; pico cónico y delgado de color oscuro. El plumaje es pardo en el dorso y blanco con una mancha roja en la cara y otra negra en la cabeza, collar blanco, alas y cola negras con puntos blancos. Es domesticable y se le enjaula por su voz potente y armoniosa.
jilote *s. m. Amér. C.* y *Méx.* Derivado del náhuatl «xilotli», es la flor femenina del maíz. || Mazorca de elote que aún no está en sazón. || Hebras o pelos que tiene la mazorca y son los pistilos secos de las flores antes de madurar el grano.
jilotear *intr. Amér. C.* y *Méx.* Echar jilotes las plantas de maíz en la milpa.
jineta *s. f.* Mamífero vivérrido carnicero europeo, de cuerpo alargado de unos 45 cm sin contar la cola que es larga y recubierta de pelos de colores alternos formando anillos. La cabeza es pequeña y redondeada, con ojos grandes y vivos, hocico pequeño y dientes muy afilados. El pelaje general es pardo con franjas longitudinales más oscuras a los costados. Vive en zonas altas y boscosas.
jinetada *s. f. ant.* Acto vanidoso o jactancioso impropio de quien lo ejecuta.
jinete *s. m.* Hombre que sabe montar a caballo. || Antiguamente, soldado de caballería.
jinetear *t. Amér.* Domar caballos cerriles. || Montar potros luciendo las destrezas del jinete. || Andar a caballo por los sitios públicos para hacer alarde de la habilidad hípica. || *Méx.* Dilatar el pago de algo para sacar provecho extra del dinero.
jiote *s. m. Amér. C.* y *Méx.* Derivado del náhuatl «xiotl», mancha rojiza o lívida y escamosa en la piel, debida a una deficiencia en la nutrición. Es más común en la infancia.
jipijapa *s. f. Amér.* Tira vegetal fina, flexible (mientras está húmeda) y

tenaz que se corta de las hojas del bombonaje y se usa para tejer sombreros, bolsos, petacas y otros objetos. || *s. m.* Sombrero hecho de este material, muy apropiado para los sitios calurosos.
jira *s. f.* Merienda o almuerzo campestre, que se hace entre amigos y familiares con alegría y fiesta.
jirafa *s. f.* Mamífero rumiante oriundo de África, de cuerpo esbelto y musculoso, cuello larguísimo, cabeza longilínea rematada por un par de cuernos romos, piel amarillenta con grandes manchas casi cuadrilongas de color más oscuro. Las patas traseras son más cortas que las delanteras.
jirón *s. m.* Tira de tela desgarrada de una prenda. || Pendón o guión que remata en punta. || Parte o porción pequeña de un todo. *Un jirón de nubes.*
jitomate *s. m. Méx.* Derivado del náhuatl «xictomatl», planta solanácea que da un fruto globular en drupa, de color rojo, aromático, fragante, jugoso y lleno en su interior de pepitas amarillas.
jiu-jitsu *s. m.* Arte marcial japonés en el que se lucha sin armas, con llaves y movimientos corporales.
jobo *s. m.* Árbol americano de la familia de las anacardiáceas con hojas alternas, compuestas de un número impar de hojuelas ovaladas, puntiagudas y lustrosas, flores hermafroditas en panoja, fruto amarillo en drupa, parecido a la ciruela.
jockey *s. m.* Jinete de caballo de carreras. || *loc.* ***Disc jockey:*** en salas de baile, persona que elige la secuencia de melodías entre la música pregrabada en discos o en cintas, mezclándolas y generando efectos sonoros peculiares.
jocoque *s. m. Méx.* Derivado del náhuatl «xococ», agrio: preparación de consistencia cremosa a base de leche agriada de vaca, a la que puede añadirse otros ingredientes para variar su sabor.
jocosidad *s. f.* Cualidad de jocoso. || Chiste o dicho ingenioso.
jocoso, sa *adj.* Gracioso, chistoso, festivo.
jocote *s. m. Amér. C.* y *Méx.* Derivado del náhuatl «xocotl», árbol de la familia de las anacardiáceas, de fruto comestible rojo o purpúreo, naranja o amarillo, de 3 a 3.5 cm de longitud, de forma elipsoidal u oval.
jocundidad *s. f.* Alegría apacible y tranquila.
jocundo, da *adj.* y *s.* Plácido, alegre, agradable.
joda *s. f. fam. Méx.* Molestia o incomodidad debida principalmente al exceso de trabajo. *Es una joda tener que trabajar en domingo.* || *Arg.* y *Uy.* Acción de fastidiar o molestar.
joder *t.* e *intr. vul.* Follar, tener relaciones sexuales, practicar el coito. || Molestar, fastidiar, maltratar. || Echar a perder, destrozar, arruinar.
jodido, da *adj. fam.* Que es desfavorable, desagradable o perjudicial. || Que fastidia o molesta. || Que es difícil de conseguir, hacer o entender. || Que está estropeado o deteriorado. || Que está enfermo o en mal estado.
jodienda *s. f. vul.* Realización del acto sexual. || Molestia, inconveniente, complicación.
jodón, dona *adj. fam. Méx.* Se aplica a la persona que molesta mucho.
jofaina *s. f.* Vasija en forma de taza, con gran diámetro y poca profundidad, usada para el aseo de las personas.
jojoba *s. f.* Arbusto xerófito originario del desierto de Sonora, México, perteneciente a la familia de las simmondsiáceas, con hojas lanceoladas y lisas, flores inconspicuas de cuyos frutos oleosos se extrae un aceite usado en farmacia y cosmética, entre otras aplicaciones.
jojoto, ta *adj. Cub.* Se dice del boniato u otro tubérculo, picado por un insecto y que empieza a podrirse. || *Ven.* Se dice del fruto que todavía no ha madurado. || Mazorca de maíz tierno.
jolgorio *s. m.* Regocijo, fiesta, diversión bulliciosa.
jolín, lina *adj. Méx.* Rabón.
jolote *s. m. Amér. C.* Guajolote, pavo doméstico.
jónico, ca *adj.* Perteneciente o relativo a Jonia, región de la actual costa turca, antiguamente poblada y dominada por pueblos de ascendencia griega.
jonio, nia *s. m.* y *f.* Nativo de Jonia. || Perteneciente o relativo a Jonia.
jonuco *s. m. Méx.* Hueco debajo de la escalera donde suelen guardarse objetos inservibles o de poco uso.
jopo *s. m.* Cola de mucho pelo. || *Arg.* y *Uy.* Copete.
jordano, na *adj.* y *s.* Originario de Jordania, país del Cercano Oriente.
jornada *s. f.* Periodo de tiempo equivalente a 24 horas. || Parte del día durante la cual se trabaja. || Distancia que se recorre a pie en un día. || Viaje, aunque su duración exceda de las 24 horas.
jornal *s. m.* Estipendio que gana al día el trabajador.
jornalear *t.* e *intr.* Contratar a alguien por un jornal. || Trabajar una persona a jornal.
jornaleo *s. m.* Trabajo por jornal.
jornalero, ra *s. m.* y *f.* Persona que trabaja por un jornal, sobre todo en la agricultura.
joroba *s. f.* Giba, corcova, chepa. Convexidad formada en la espalda o el pecho, o en ambos, por malformación de la columna vertebral. || Convexidad considerable de algo. *Una joroba en el terreno.* || Molestia que enfada e irrita. *Este trabajo es una joroba.*
jorobado, da *adj.* y *s.* Que tiene joroba.
jorobar *t.* y *pr. fam.* Molestar, incomodar, fastidiar.
jorongo *s. m. Méx.* Poncho de lana, de forma rectangular con una abertura para pasar la cabeza, con que se abrigan los campesinos. || *m. Méx.* Sarape, colcha de lana para cubrir camas.
joropear *intr. Col.* y *Ven.* Bailar el joropo. || *Col.* y *Ven.* Divertirse.
joropo *s. m.* Baile popular venezolano de movimiento vivo y rápido. *El joropo tiene una leve referencia al vals e incluye un zapateado vistoso.* || *Ven.* Fiesta familiar que se lleva a cabo en una casa.
josefino, na *adj.* y *s.* Originario de San José, capital de Costa Rica.
jota *s. f.* Nombre de la letra *j.* || *loc.* ***No saber,*** o ***entender, ni jota:*** no saber ni entender nada.
jote *s. m. Arg. Bol. Chil.* y *Per.* Buitre americano de plumaje negruzco con la cabeza roja, negra o amarilla según la especie. || *Chil.* Cometa grande de forma cuadrangular. || *Chil. fam.* Bebida de vino tinto con refresco de cola. || *Chil. fig.* y *desp.* Nombre dado a los clérigos que visten sotana negra.
jotería *s. f.* Comportamiento exageradamente amanerado de algunos homosexuales.
joto *s. m. Col.* Bulto o paquete pequeño. || *m. desp. Hond.* y *Méx.* Hombre homosexual.
joule *s. m.* Nombre del *julio*, unidad de medida de trabajo, en la nomenclatura internacional. *El «joule» se llama así en honor al físico británico James Prescott Joule, quien hizo investigaciones sobre electricidad y termodinámica.* || *loc.* ***Efecto joule:*** desprendimiento de calor en un conductor homogéneo durante el paso de una corriente eléctrica.
joven *adj.* y *s. com.* Persona que está viviendo el periodo de la juventud. || Se dice de los seres y cosas que tienen poca edad o se hallan en una etapa temprana de su existencia o desarrollo. || *fig.* Que posee características propias de la juventud.
jovial *adj.* Que tiene buen humor y trato amable. || Contento, risueño, alegre.
jovialidad *s. f.* Cualidad de jovial.
joya *s. f.* Objeto para el adorno personal hecho con algún metal precioso y gemas o piedras finas. || *fig.* Persona que tiene grandes cualidades, que vale mucho. || *fig.* Cosa que tiene un alto valor porque es única, muy rara o difícil de encontrar.
joyel *s. m.* Joya de pequeño tamaño.
joyería *s. f.* Arte y oficio de fabricar o reparar joyas. || Establecimiento

J

donde se fabrican, se reparan y se venden joyas. || Compra y venta de joyas. || Conjunto de joyas.

joyero, ra *s.* Persona que por oficio fabrica, repara o vende joyas. || *s. m.* Caja o cofrecillo para guardar joyas.

juanete *s. m.* Prominencia ósea que crece de manera anormal en el borde interno del pie, donde se unen el primer metatarsiano y la primera falange del dedo gordo. || En marina, nombre de las velas que, en los grandes veleros, van sobre la gavia y el velacho; también se llaman así las vergas en que se afirman. || En veterinaria, crecimiento óseo muy doloroso que se forma en la cara inferior de la última falange, o tejuelo, de las caballerías. || *pl. Col.* Nalgas, trasero. || *Hond.* Caderas.

jubilación *s. f.* Acción y efecto de jubilar o jubilarse. || Estado de la persona que ha sido jubilada. || Pensión que recibe la persona jubilada.

jubilado, da *adj.* Se dice de la persona que ha sido jubilada. || *s.* Persona que por haber laborado determinado tiempo, deja de trabajar y percibe una pensión.

jubilar *t.* Retirar a una persona de la actividad laboral por haber cumplido cierto tiempo en el trabajo, por edad o por enfermedad, otorgándole una pensión vitalicia. || *fig.* y *fam.* Dejar de usar una cosa porque está vieja, estropeada o resulta inútil. || *pr.* Obtener la jubilación. || *Col.* Perder la razón, enloquecer. || *Guat.* y *Ven.* Ausentarse de clases, o del trabajo, sin causa justificada; hacer novillos.

jubileo *s. m.* En el judaísmo, año santo que se celebra cada 50 años. || En el catolicismo, año privilegiado en el que los peregrinos que van a Roma pueden beneficiarse de una indulgencia plenaria. || Dicha indulgencia. || Celebración por el cincuentenario de una institución, reinado u otra cosa. || *fig.* Concurrencia frecuente de una gran cantidad de personas en algún lugar. || *fig.* y *fam.* Bodas de oro de algún dignatario.

júbilo *s. m.* Regocijo, alegría muy intensa que se manifiesta de manera ostensible.

jubiloso, sa *adj.* Gozoso, que está lleno de júbilo.

jubón *s. m.* Prenda de vestir ajustada al cuerpo, con cuello alto y botonadura, que cubre de los hombros a la cintura.

judaico, ca *adj.* Perteneciente o relativo a la religión judía o a los judíos.

judaísmo *s. m.* Conjunto de las ideas e instituciones religiosas del pueblo judío.

judas *s. m.* Hombre traidor y alevoso. || Mirilla en la puerta de las celdas de las prisiones. || *Méx.* Figura de cartón y papel con armazón de varas, con cohetes colocados en determinados sitios, que se quema el sábado de gloria.

judeocristiano, na *adj.* Perteneciente o relativo al cristianismo, en cuanto a sus raíces judías y las tradiciones que comparte con el judaísmo.

judeoespañol, la *s. m.* Ladino, dialecto del castellano hablado por los judíos sefardíes que fueron expulsados de España en 1492 y por sus descendientes.

judería *s. f.* En las ciudades medievales de España, barrio en que habitaban los judíos.

judía *s. f. Esp.* Planta anual, originaria de América, de frutos comestibles en forma de vaina y semillas ricas en carbohidratos. || *Esp.* Fruto tierno de esta planta. || *Esp.* Semilla de esta planta, que se come seca.

judicatura *s. f.* Ejercicio de juzgar según las leyes. || Cargo de juez y tiempo que dura. || Cuerpo formado por el conjunto de jueces de un país.

judicial *adj.* Perteneciente o relativo a la organización, administración y ejercicio de la justicia. || *loc.* ***Poder Judicial:*** órgano gubernamental encargado de la administración de justicia.

judicialización *s. f.* Acción y efecto de judicializar.

judicializar *t.* Llevar a la vía judicial un asunto que podría seguirse por otra, generalmente política.

judiciario, ria *adj. ant.* Judicial.

judío, a *adj.* y *s.* Perteneciente o relativo a una comunidad étnica, cultural e histórica originaria de la antigua Palestina, cuyos integrantes se hallan dispersos por todo el mundo. || Se dice de quien profesa el judaísmo. || Natural de Judea.

judo o **yudo** *s. m.* Arte marcial japonés derivado del jiu-jitsu, que se basa en utilizar la fuerza del adversario para desequilibrarlo e inmovilizarlo. *La elasticidad y la velocidad son básicas para la práctica del judo.*

judoka o **yudoka** *s. com.* Persona que practica el judo.

juego *s. m.* Actividad con el objeto de divertirse que se organiza a partir de determinadas reglas. || Conjunto de los objetos que se requieren para jugar un juego determinado. || Fichas, cartas u otros elementos que tiene cada jugador. || Conjunto de objetos que se complementan entre sí para determinada función. *Un juego de cubiertos.* || Actividad recreativa en la que se hacen apuestas de dinero. || En algunos juegos, cada una de las partes en que se divide una partida. || En el tenis, cada división de un set. || En la pelota vasca y valenciana, tanto. || Combinaciones o cambios sucesivos que resultan de disponer de manera particular algunas cosas. *El juego de luces de un árbol navideño.* || Punto donde se unen dos o más cosas articuladas. || Movimiento que pueden realizar las cosas articuladas. || *fig.* Maquinación, intriga o artimaña para lograr algo. || *pl.* Fiestas o espectáculos públicos que en la antigüedad se celebraban en Grecia y Roma y que incluían competencias deportivas. || *loc.* ***Entrar en juego:*** intervenir. || ***Estar en juego:*** depender algo de otra cosa. || ***Hacer*** o ***seguir el juego a alguien:*** secundarlo para hacer algo o lograr un fin. || *loc. Esp.* y *Méx.* ***Hacer juego algo:*** combinar, adecuarse una cosa con otra; en juegos de azar, depositar las apuestas. || *loc.* ***Juego de azar*** o ***de suerte:*** aquel cuyo resultado depende casi exclusivamente del azar y en el que se hacen apuestas. || ***Juego de manos:*** ejercicio de prestidigitación. || *loc. fig.* ***Juego de niños:*** se dice de lo que es muy fácil o se hace sin darle demasiada importancia. || *loc.* ***Juego de órgano:*** en música, serie de tubos de este instrumento que corresponden a un mismo timbre. || ***Juego de palabras:*** figura del lenguaje en que se usan palabras con sentido equívoco, o en sus diferentes acepciones, o bien cambiándoles alguna letra. || ***Juego de pelota:*** en arqueología, nombre dado a ciertas estructuras, que se hallan sobre todo en México y Guatemala, donde se jugaba pelota ritual. || ***Juego de rol:*** aquel en que cada uno de los participantes representa el papel de uno de los personajes de una aventura. || ***Juego electrónico:*** el que aplica la electrónica a un juego tradicional, por ejemplo un laberinto. || ***Juego limpio:*** manera leal de obrar, sin engaños ni trampas. || ***Juego sucio:*** maniobra dolosa para perjudicar a alguien. || ***Juegos florales:*** nombre dado a ciertos concursos de poesía. || ***Poner algo en juego:*** exponerlo, arriesgarlo a la busca de lograr determinado objetivo. || ***Teoría de juegos:*** conjunto de métodos matemáticos que permiten resolver problemas en los que intervienen nociones abstractas de táctica y estrategia y reglas de decisión.

juerga *s. f.* Diversión nocturna, bulliciosa y con ingestión de bebidas alcohólicas, en la que participan varias personas.

juerguista *adj.* y *s. com.* Persona muy aficionada a la juerga y la jarana, o participante en una juerga.

jueves *s. m.* Cuarto día de la semana, situado entre el miércoles y el viernes. || *loc.* ***Jueves santo:*** en la religión católica, jueves de la semana santa. || ***No ser algo cosa del otro jueves:*** ser ordinario, no ser digno de llamar la atención.

juez, za *s.* Persona que, a partir de su autoridad y potestad para juzgar y sentenciar, aplica las leyes. *En muchos lugares se acostumbra más decir* *la juez, que la jueza.* || Persona autorizada para calificar a los participantes en un concurso público y hacer que se cumplan las reglas que lo rigen. || Persona que se designa para resolver una duda o discusión. || En deportes, persona encargada de hacer que se cumpla el reglamento, resolver dudas, dirimir diferencias y sentenciar el resultado de una competencia. || *s. m.* Jefe militar provisional de alguna de las tribus de Israel, encargado de preservar su patrimonio religioso y velar por sus compatriotas. || *loc.* ***Juez árbitro:*** el que es letrado pero no juez oficial, que es designado por las partes litigantes para fallar en un pleito conforme a derecho. || ***Juez de línea:*** árbitro auxiliar que, desde las líneas de banda, ayuda al árbitro principal en el futbol y otros deportes. || ***Juez de paz:*** el que escuchaba a las partes antes de permitir que litigaran, procurando conciliarlas. || ***Juez de primera instancia (y de instrucción):*** juez ordinario de un partido o distrito que conoce en primera instancia cuestiones no sometidas por la ley a los jueces municipales, y que en materia criminal dirige la instrucción de los juicios sumarios. || *loc. Arg.* ***Juez de raya:*** encargado de fallar sobre el orden de llegada de los competidores en las carreras de caballos. || *loc.* ***Juez ordinario:*** el que conoce en primera instancia las causas y pleitos.

jugada *s. f.* Cada una de las intervenciones que hacen los jugadores en un juego. || Lance en un juego de azar. || *fig.* Acción malintencionada e inesperada para perjudicar a alguien.

jugado, da *adj. C. R.* y *Salv.* Se dice de la persona que tiene mucha experiencia. || *C. R.* Astuto y audaz. || *Salv.* Se dice de la persona distraída, que habla o actúa sin estar consciente de ello.

jugador, ra *adj.* y *s.* Que juega, que participa en un juego. || Se dice de quien tiene el vicio de apostar en los juegos de azar. || *loc.* ***Jugador de ventaja:*** tramposo, fullero.

jugar *intr.* Realizar alguna actividad con el fin de divertirse. || Participar en un juego organizado o en un deporte de equipo. || Tomar parte en un juego de azar o un sorteo. || Intervenir un jugador en un juego durante su respectivo turno, o cuando corresponde. || Combinar unas cosas con otras para producir un efecto determinado. *Una decoración que juega con lo tradicional y lo vanguardista.* || Tomar parte en un negocio o asunto. || Tomar a alguien, o algo, con falta de seriedad o responsabilidad. || *intr.* y *t.* Moverse las piezas de que consta un artefacto u otra cosa. || *t.* Disputar un encuentro deportivo o una partida de juego de mesa o de azar. || Utilizar alguna carta o ficha de un juego. || *t.* y *pr.* Arriesgar en el juego, apostar. || *fig.* Exponerse a una pérdida si se realiza cierta acción. || *loc.* ***Jugarla*** o ***jugársela a alguien:*** hacer algo con intención de perjudicarlo, hacerle una mala pasada.

jugarreta *s. f. fam.* Treta, engaño, mala pasada.

juglar, resa *s.* Persona errante que, en la Europa medieval, cantaba, declamaba y brindaba entretenimiento a la gente a cambio de dinero. || Persona que, a cambio de una remuneración o de dádivas, cantaba o recitaba en las cortes poesías propias de los trovadores.

juglaresco, ca *adj.* Perteneciente o relativo a los juglares o al mester de juglaría.

juglaría *s. f.* Actividad propia de los juglares. || Oficio del juglar. || *loc.* ***Mester de juglaría:*** conjunto de la poesía popular épica o lírica que, durante la Edad Media, difundieron los juglares por Europa.

jugo *s. m.* Líquido que contienen las sustancias vegetales y animales. || Salsa más bien líquida de ciertos guisos. || *fig.* Utilidad, ventaja o provecho que se saca de algún asunto o circunstancia. || En fisiología, líquido orgánico secretado por alguna glándula u órgano.

jugosidad *s. f.* Cualidad de jugoso.

jugoso, sa *adj.* Que tiene bastante jugo. *Una sandía jugosa.* || *fig.* Provechoso, sustancioso. *Hizo un jugoso negocio.*

juguete *s. m.* Objeto que sirve para jugar. || *fig.* Persona o cosa dominada por una fuerza superior, sea material o moral. *Durante la tormenta varios barcos fueron juguete del oleaje.* || Obra teatral cómica breve, de uno o dos actos, con partes cantables.

juguetear *intr.* Traer algo entre las manos, o tocarlo y moverlo sin más propósito que entretenerse.

jugueteo *s. m.* Acción de juguetear.

juguetería *s. f.* Industria de la fabricación de juguetes. || Tienda donde se venden juguetes.

juguetero, ra *adj.* Perteneciente o relativo a los juguetes. || *s.* Persona o industria que fabrica juguetes. || Persona que tiene una tienda donde se venden juguetes. || Mueble para guardar juguetes.

juguetón, tona *adj.* Se dice de la persona o animal que es alegre y gusta de jugar y saltar.

juicio *s. m.* Facultad del intelecto por la que es posible conocer para comparar. || Ejercicio de dicha facultad. || Por oposición a delirio o locura, estado de la razón sana, cordura. || *fig.* Ecuanimidad, prudencia. || *fig.* Criterio u opinión sobre alguna cosa. || En derecho, seguimiento y tramitación de una causa o un pleito ante un juez o tribunal, y su resultado. || *loc.* ***Juicio contencioso:*** el que se sigue ante un juez por derechos o cosas que varias partes en discordia litigan entre sí. || ***Juicio de desahucio:*** el sumario cuyo objeto es el lanzamiento de un arrendatario, de un dependiente o de un precarista que ocupa un bien inmueble ajeno sin pagar el arrendamiento correspondiente. || ***Juicio de Dios:*** el que, durante la Edad Media, se practicaba invocando el testimonio divino para determinar la verdad de una cuestión. || ***Juicio Final:*** el que según las religiones cristianas hará Cristo para juzgar a la humanidad el día del fin del mundo. || ***Juicio sumario:*** juicio en el que se procede de manera breve, prescindiendo de algunos de los trámites y formalidades de un juicio ordinario. || ***Muela del juicio:*** nombre que se da popularmente al último de los molares inferiores, que suele aparecer en la juventud. || *loc.* ***Perder el juicio:*** enloquecer, perder la razón.

juicioso, sa *adj.* y *s.* Dicho de una persona, que piensa, habla y actúa razonablemente, con buen juicio. || Hecho con juicio.

julepe *s. m.* Cierto juego de naipes que se juega con baraja de 40 cartas. || Mezcla de jarabe, agua destilada y materias medicamentosas. || *fig.* y *fam.* Castigo, reprimenda. || *Amér. Merid.* y *P. Rico fig.* y *fam.* Miedo, susto. || *P. Rico fig.* Desorden, barahúnda, lío.

julepear *intr.* Jugar al julepe. || *t. Col.* Apresurar, apremiar. || *Col.* Atosigar, molestar, irritar. || *P. Rico* Embromar a alguien. || *t.* y *pr. Amér. Merid.* Asustar, infundir miedo.

juliana *s. f.* Planta crucífera de aromáticas flores blancas, multicolores o púrpuras, apreciada en jardinería. || Técnica culinaria que consiste en cortar las verduras en tiras muy delgadas de no más de seis centímetros de largo, para luego guisarlas.

juliano, na *adj.* Relativo a Julio César, emperador romano. || *loc.* ***Año juliano:*** año de 365.25 días. || ***Calendario juliano:*** el que fue reformado por Julio César en el año 46 a. C. || ***Era juliana:*** espacio de 7 890 años que se utiliza para establecer la cronología de los fenómenos astronómicos; su origen se fijó a las 12 horas del tiempo universal, el primero de enero del año 4713 a. C.

julio[1] *s. m.* Séptimo mes del año; tiene 31 días.

julio[2] *s. m.* Unidad de medida de trabajo, energía y cantidad de calor que equivale al trabajo producido por una fuerza de un newton cuyo punto de aplicación se desplaza 1 m en la dirección de la fuerza. Su símbolo es *J*.

jumento, ta *s.* Asno, burro, pollino.

J

jumil *s. m. Méx.* Especie comestible de chinche de árbol que tiene un aroma ligeramente picante. *Los jumiles pueden comerse vivos, o secos y tostados.*

juncal *adj.* Perteneciente o relativo al junco. || *fig.* Esbelto, airoso y gallardo. || *s. m.* Juncar, sitio poblado de juncos.

juncia *s. f.* Planta herbácea de tallos trigonales, hojas largas y estrechas con bordes ásperos, flores verdosas en espigas terminales y rizoma robusto. *Aunque la juncia se considera una plaga para ciertos cultivos, también tiene usos medicinales.*

junco[1] *s. m.* Planta herbácea de tallo recto y flexible de unos 90 cm de altura que crece formando conglomerados en el agua o en lugares muy húmedos. *Los tallos de los juncos se usan para hacer cestos.*

junco[2] *s. m.* Embarcación utilizada en Extremo Oriente, con velas de tela o estera cosidas sobre listones horizontales de bambú que las mantienen tiesas.

jungla *s. f.* Formación vegetal característica de la India, formada por árboles, palmeras, helechos y plantas herbáceas, con variada fauna de la cual el tigre es el animal más representativo. || *fig.* Lugar donde impera la ley del más fuerte o hay una fuerte competitividad.

junio *s. m.* Sexto mes del año; tiene 30 días.

júnior o **junior** *adj.* Pospuesto al nombre propio o al apellido de una persona, indica que ésta es hija de otra de igual nombre. Se abrevia *jr. En Latinoamérica es más común usar la palabra junior sin acento.* || *adj.* y *s. com.* En deportes, se dice de la categoría en la que se engloban los deportistas de edad inmediatamente inferior a la de los séniors; también se refiere al deportista de esta categoría. || *Méx. desp.* Hijo o hija de personas adineradas que se aprovecha de su posición para llevar una vida ociosa y una conducta abusiva.

junípero *s. m.* Enebro.

junquera *s. f.* Junco, planta que crece en sitios húmedos.

junquillo *s. m.* Planta herbácea de hojas parecidas a las del junco, que se cultiva para extraer el perfume, parecido al de azahar, de sus flores amarillas. || En arquitectura, moldura convexa más delgada que el bocel.

junta *s. f.* Parte por donde se unen dos o más cosas, juntura. || Reunión de personas para tratar asuntos o temas que a ellas y su actividad conciernen. || Cada una de estas reuniones. || Conjunto de personas que son nombradas para dirigir una empresa o asociación. || Nombre adoptado por algunos gobiernos surgidos de un golpe de Estado militar. || Denominación del consejo de gobierno de las comunidades autónomas españolas de Andalucía, Castilla-La Mancha, Castilla y León, Extremadura y Galicia. || Pieza de caucho, cartón u otra materia compresible colocada en la unión de dos tubos o de partes de una máquina, para hacer que sea hermética e impedir que escape el fluido que contienen. || En construcción, espacio entre dos elementos que generalmente se rellena con argamasa o mortero. || *loc.* ***Junta de culata:*** junta de estanqueidad que, en un motor de combustión interna, se interpone entre el bloque del cilindro y la culata. || ***Junta de dilatación:*** dispositivo que, en función de la temperatura, permite la libre dilatación o contracción entre las partes de una estructura. || ***Junta electoral:*** órgano encargado de velar por la limpieza de los procesos electorales. || *Esp.* Órganos deliberativos y consultivos de participación del pueblo de Álava, Güipúzcoa y el señorío de Vizcaya, a través de sus municipios, en el gobierno provincial; su función es fiscalizar la gestión del órgano administrativo y ejecutivo que es la diputación foral.

juntar *t.* Colocar unas cosas tan cerca de otras, que se tocan. || Poner personas o cosas formando parte de un conjunto, o en el mismo lugar. || Reunir una determinada cantidad de algo. *Juntará dinero para pintar su casa.* || Ocurrir, pensar o imaginar diversos sucesos al mismo tiempo. *Se le juntó el trabajo con otros compromisos.* || Entornar las puertas o las ventanas. || *t.* y *pr.* Reunir o agrupar. *Van a juntar a los parientes para hacer una fiesta.* || *pr.* Estar o ir en compañía de alguien, acompañarse. || Vivir en concubinato, amancebarse.

juntillas *loc.* **A pie juntillas:** con los pies juntos. || *fig.* Con firmeza y estrictamente. *Quiere que sigan sus indicaciones a pie juntillas.*

junto, ta *adj.* Muy cercano, unido. || En compañía uno de otro. *Viven juntos desde hace un año.* || *adv.* Seguido de la preposición *a*, cerca o al cabo de. *Dejó su mochila junto a una banca.*

juntura *s. f.* Junta, lugar o parte donde se unen dos o más cosas.

jura *s. f.* Acto solemne en el que se jura obediencia, respeto y fidelidad a las leyes de un país, a un símbolo patrio, a un soberano, etc.

jurado *s. m.* Grupo de personas constituido en tribunal examinador y calificador en exposiciones y concursos. || Cada una de las personas que forma parte de ese grupo. || En derecho, tribunal que se forma por sorteo entre ciudadanos para determinar el hecho justiciable o la culpabilidad de un acusado, si la hubiere, dejando a los magistrados la imposición de la pena respectiva. || Persona que forma parte de dicho tribunal.

jurado, da *adj.* Se dice de la declaración o el escrito que se hace bajo juramento. || *s. Méx.* Dicho de una persona, que ha hecho un juramento ante Dios, la Virgen o un santo por el que se compromete a no ingerir bebidas alcohólicas durante determinado tiempo.

juramentar *t.* Tomar juramento a alguien. || *pr.* Obligarse mediante juramento a hacer algo, o cumplirlo.

juramento *s. m.* Solemne afirmación que alguien hace para asegurar que algo es verdadero. || Blasfemia.

jurar *t.* Prometer algo, o afirmarlo, tomando algo que se considera sagrado por testigo. || Reconocer la soberanía de un monarca o de una institución de gobierno y someterse a sus leyes. *Ayer juraron los nuevos ministros de la Corte.* || *intr.* Renegar, blasfemar. || *loc.* ***Jurar en falso:*** hacer un juramento a sabiendas de que lo que se afirma o promete no es verdad. || *loc. fam.* ***Jurársela,*** o ***jurárselas:*** jurar una persona que se vengará de otra.

jurásico, ca *adj.* Perteneciente o relativo al Jura, cadena montañosa al norte de los Alpes; al departamento francés o al cantón suizo del mismo nombre. || *s. m.* Periodo geológico de la era Secundaria que se distingue por la sedimentación de gruesas capas calcáreas, principalmente en la región del Jura. *El jurásico se ubica entre el Triásico y Cretácico; durante este periodo hubo gran actividad volcánica y vivieron los dinosaurios.* || *loc.* **Relieve jurásico:** el desarrollado en una estructura sedimentaria plegada regularmente, con capas resistentes y blandas alternadas, en la que la topografía refleja directamente la estructura.

jurel *s. m.* Nombre dado a diversos tipos de peces teleósteos comestibles, de color azul por el lomo y blanco por el vientre, de entre 20 y 70 cm de longitud, según la especie. *La carne del jurel puede consumirse fresca o en conserva, y sirve para hacer harina de pescado y surimi.*

jurídico, ca *adj.* Perteneciente o relativo a la justicia, a las formas judiciales, a las leyes que regulan las relaciones entre ciudadanos, o al derecho en general.

jurisconsulto, ta *s.* Persona especializada en la teoría del derecho y su aplicación. || Persona dedicada profesionalmente a cuestiones jurídicas.

jurisdicción *s. f.* Autoridad o poder para gobernar y hacer que las leyes se ejecuten. || Potestad, autoridad o dominio que se tiene sobre otros. || En derecho, conjunto de atribuciones que en material judicial corresponden a un órgano en un territorio

determinado, así como el territorio en que un juez o tribunal ejercen sus funciones.
jurisdiccional *adj.* Perteneciente o relativo a la jurisdicción.
jurispericia *s. f.* Ciencia y conocimiento del derecho.
jurisperito, ta *s.* Jurista. Es una palabra de poco uso.
jurisprudencia *s. f.* Ciencia del derecho. || Conjunto de enseñanzas y doctrinas que dimana de los fallos de las autoridades gubernativas o judiciales. || Norma de juicio fundada en la práctica seguida en casos semejantes, por la cual se suplen las omisiones de la ley. || Interpretación que de la ley hacen los jueces. || Conjunto de sentencias que sientan precedente y determinan criterios sobre determinada cuestión jurídica. || Interpretación reiterada de una ley por el tribunal supremo. || Práctica judicial constante.
jurisprudente *s. com.* Persona que conoce la ciencia del derecho, jurisconsulto. Es una palabra de poco uso.
jurista *s. com.* Persona que estudia la teoría y aplicación del derecho, o que lo ejerce como profesión.
justa *s. f.* Certamen literario. || Históricamente, combate individual a caballo entre dos caballeros, en que el arma principal era la lanza. *Las justas se realizaban como entrenamiento para la guerra, o para realzar festejos.*
justamente *adv.* Con justicia. || De manera exacta, precisamente.
justedad *s. f.* Cualidad de justo. || Igualdad, correspondencia exacta de algo.
justeza *s. f.* Justedad.
justicia *s. f.* Concepción que en cada época o civilización se tiene del bien común. || Justeza, cualidad de justo. || Trato o comportamiento justo. || Conjunto de tribunales y magistrados de un país. || Representante de la ley. || Examen de las reclamaciones de alguien para resolver lo que sea justo. || Acción por la que se reconoce o declara lo que se debe a alguien. || Jurisdicción. *La justicia penal.* || El poder judicial. || En la religión católica, atributo de Dios por el que premia o castiga a cada quien según sus acciones. || *loc.* ***Alta justicia:*** la que, en tiempos antiguos, concedía a los señores el derecho de pronunciar penas capitales. || ***Baja justicia:*** históricamente, la que sólo se aplicaba a asuntos de poca importancia. || ***Hacer justicia:*** dar a alguien aquello de lo que se cree que es merecedor. || ***Justicia de Aragón:*** en la comunidad autónoma de Aragón, defensor del pueblo. || ***Justicia militar:*** régimen jurídico que corresponde a las fuerzas armadas y conjunto de jueces y jurisdicciones que lo aplican.
justiciero, ra *adj.* Que cumple la justicia y la hace cumplir. || Que aplica rigurosamente la justicia en el castigo.
justificable *adj.* Que se puede justificar.
justificación *s. m.* Acción y efecto de justificar o justificarse. || Palabras o escrito con que alguien se justifica a sí mismo, o una acción que realizó. || En artes gráficas, longitud de un renglón lleno dentro de una composición tipográfica determinada. || En la teología cristiana, acto por el cual Dios hace pasar un alma del estado de pecado al de gracia. || *loc.* ***Justificación de tirada:*** en imprenta, fórmula que indica la cantidad de ejemplares de un libro impreso en diferentes clases de papel.
justificado, da *adj.* Que es o se realiza de acuerdo con la razón y la justicia. || Dicho de un texto impreso, que tiene alineados los principios y finales de las líneas dentro de determinados márgenes.
justificador, ra *adj.* Justificante, que justifica. || *s. m.* Cristo como el que santifica, el santificador.
justificante *adj.* Que justifica. || *s. m.* Documento con el que se justifica algo. *Deberá presentar un justificante para explicar por qué faltó ayer.*
justificar *t.* y *pr.* Exponer razones para demostrar por qué algo no es censurable. || Ser alguna circunstancia la razón de que algo que parece censurable o inadecuado, no lo sea. || En artes gráficas, establecer la longitud máxima que tendrá una línea impresa según los márgenes determinados. || En la teología cristiana, poner Dios a alguien entre los justos.
justificativo, va *adj.* Que sirve para justificar. *Una serie de argumentos justificativos.*
justipreciación *s. f.* Acción de justipreciar.
justipreciar *t.* Valorar, apreciar o tasar algo rigurosamente.
justiprecio *s. m.* Valoración, tasación o evaluación de alguna cosa. || Valor o precio justo de algo. || Valor de una cosa que se estima y fija en una evaluación pericial.
justo, ta *adj.* y *s.* Que actúa con justicia. || Que respeta totalmente los preceptos de la religión. || Bienaventurado, que disfruta de la gracia eterna. || *adj.* Que está de acuerdo con los principios de la justicia. || Que es conforme a la razón y la verdad. || Lícito, que tiene fundamento. || Adecuado, preciso, exacto. || Que tiene la capacidad o medida exacta para cumplir con su función. *Tenemos el azúcar justa para preparar ese postre.* || Apretado, entallado, estrecho. || *adv.* Justamente, precisamente. *Justo ayer terminé esa tarea.* || *loc.* ***Justa causa:*** en derecho, causa lícita o justificativa. || ***Justo precio:*** expresión que utilizaban los escolásticos para designar el precio por el que debían intercambiarse los bienes para no incurrir en una falta moral.
jutía *s. f. Cub.* y *R. Dom.* Mamífero roedor vegetariano de pelaje pardo, gris o castaño, que vive en las oquedades de los árboles. Según la especie, puede tener cola muy pequeña o prensil. *Actualmente, la mitad de las 20 especies de jutías conocidas están en peligro de extinción.*
juvenil *adj.* Perteneciente o relativo a la juventud. || *s. m.* Categoría deportiva que incluye a los atletas de entre 15 y 18 años de edad. || *s. com.* Deportista comprendido en esa categoría.
juventud *s. f.* Edad comprendida entre la infancia y la madurez. || Periodo de la vida de un organismo, comprendido entre su nacimiento y su total madurez. || Conjunto de jóvenes, hablando genéricamente. *La juventud actual es muy dependiente de la tecnología.* || Cualidad de joven. *Su juventud le impide comprender plenamente ciertas cosas.* || Vigor, energía. || Primeros tiempos de algo, inicios. *En su juventud, la medicina tenía mucho de magia.* || *pl.* Dentro de un partido político, organización conformada por jóvenes.
juzgado *s. m.* Tribunal de un solo juez. || Lugar donde se administra justicia. || Conjunto de jueces que conforman un tribunal. || Territorio que abarca la jurisdicción de un juez. || Dignidad y empleo de juez, judicatura. || *loc.* ***Juzgado de Indias:*** organismo dependiente de la casa de contratación de Sevilla que fue fundado en Cádiz en 1545.
juzgado, da *adj.* Que ha sido resuelto por un juez.
juzgador, ra *adj.* y *s.* Que juzga.
juzgar *t.* Deliberar sobre un asunto y emitir sentencia sobre éste en calidad de juez. || Considerar, opinar, creer, ser del parecer de algo. || En filosofía, afirmar, después de hacer comparaciones entre dos o más ideas, las relaciones que entre ellas existen.

J

K k

k *s. f.* Undécima letra del alfabeto español y su octava consonante. *La «k» tiene sonido de «c» o «qu» y en nuestro idioma sólo se usa para escribir palabras cultas o de origen extranjero.*

ka *s. f.* Nombre de la letra «k».

kabuki *s. m.* Género del teatro japonés en el que los diálogos alternan con partes cantadas o salmodiadas, y que tiene intermedios dancísticos. *El maquillaje de los actores del kabuki es muy elaborado y espectacular.*

kacharpaya *s. f.* Canción ritual de los indígenas de Bolivia.

kafkiano, na *adj.* Perteneciente o relativo a Franz Kafka, escritor nacido en Praga. || Dicho de una situación, que resulta inquietante por carecer de lógica o ser absurda, de manera semejante a la atmósfera de las novelas de Kafka.

káiser *s. m.* Título dado a los tres emperadores del II Reich alemán, en particular a Guillermo II.

kakemono *s. m.* Pintura o caligrafía japonesa en papel o seda, montada sobre tela de brocado sujeta por delgados rodillos de madera, que se desenrolla verticalmente.

kaki *s. m.* Caqui.

kamikaze *s. m.* Piloto voluntario japonés que, durante la Segunda Guerra Mundial, realizaba misiones suicidas como estrellar su avión cargado de explosivos sobre un objetivo. || Avión tripulado por dicho piloto. || *s. com.* Por extensión, persona que actúa de manera temeraria arriesgando hasta su propia vida.

kan, khan o **can** *s. m.* Título de los altos jefes militares o gobernantes mongoles de la época medieval. || Uno de los títulos de los sultanes turcos otomanos. || En Persia, gobernador de una provincia.

kappa o **cappa** *s. f.* Nombre de la décima letra del alfabeto griego; (Κ, κ) corresponde a la «k» del español.

karakul o **caracul** *adj.* y *s. m.* Variedad de ovejas originaria de Asia central, que tienen vellón largo y rizado. *De la piel de los karakules recién nacidos o nonatos se saca el astracán.* || Vellón del cordero de esta variedad de ovejas.

karaoke *s. m.* Restaurante o bar donde los clientes cantan acompañados de música pregrabada. || Aparato amplificador y reproductor de música pregrabada, conectado a un monitor en el que se puede leer la letra de las canciones para que la gente cante.

karate o **kárate** *s. m.* Arte marcial japonés en el que la modalidad de combate consiste en golpes secos dados con el canto de la mano, de los pies, o con los codos.

karateca o **karateka** *s. com.* Persona que practica el karate.

karma *s. m.* Principio fundamental de las religiones de la India, que concibe la existencia como eslabón de una cadena de vidas llamada *samsara*, en la que a cada persona se le retribuyen los actos de su existencia anterior.

karst *s. m.* Carso, región de relieve cársico.

kárstico, ca, cársico, ca o **cárstico, ca** *adj.* Se dice del relieve de las regiones con piedra calcárea, particularmente las del subsuelo, en las que el agua ha disuelto el carbonato de calcio originando grutas y otras formaciones. || Perteneciente o relativo a este tipo de relieve.

kart *s. m.* Pequeño vehículo automotor para competencias que no tiene carrocería, suspensión ni caja de velocidades; su embrague es automático.

karting *s. m.* Deporte de carreras que se practica con karts.

kasbah *s. f.* Ciudadela de algunas ciudades del norte de África.

katiuska *s. f. Esp.* Bota de caucho para proteger los pies del agua.

katún *s. m.* En el calendario maya, periodo de 20 años, de 360 días cada uno.

kayak *s. m.* Tipo de piragua, típica de los esquimales, fabricada con piel de foca extendida sobre una armazón de madera. || Embarcación ligera de lona engrasada o embreada que se utiliza en deportes fluviales.

kéfir *s. m.* Bebida a base de leche fermentada de cabra, oveja o vaca.

kelvin *s. m.* Unidad de medida de temperatura termodinámica en el Sistema Internacional. Su símbolo es *K* y equivale a 1/273.16 de la temperatura termodinámica del punto triple del agua.

kendo *s. m.* Arte marcial japonés que se practica con sables de bambú, casco con careta y armadura. *El peso total del equipo de un practicante de kendo es cercano a los 5 kg.*

keniano, na o **keniata** *adj.* y *s.* De Kenia, país de África oriental.

keniata *adj.* Perteneciente o relativo a este país africano. || *s. com.* Persona originaria de Kenia.

kepis *s. m.* Quepis, tipo de gorra militar.

kermes *s. m.* Quermés.

kermés, kermesse o **quermés** *s. f.* Fiesta pública al aire libre en la que hay rifas, juegos y se venden golosinas. *Generalmente las kermeses son organizadas con fines de beneficencia.* || Feria anual, o fiesta parroquial, que se celebra en Flandes y los Países Bajos.

kerosén, kerosene o **keroseno** *s. m.* Queroseno, destilado del petróleo que se utiliza como combustible.

ketchup *s. m.* Catsup, salsa de puré de tomate, sal, especias, vinagre y endulzantes, que se usa como condimento.

kevlar *s. m.* Marca registrada de una fibra sintética muy resistente y ligera, empleada en la fabricación de chalecos antibalas.

khan *s. m.* Kan.

kibbutz o **kibutz** *s. m.* Voz hebrea que designa un tipo de producción agrícola colectiva para consumo comunitario característica de Israel.

kif *s. m. Esp.* Quif, hachís.

kilo- o **kili-** Prefijo que, colocado delante de una unidad de medida, la multiplica por 1 000. Se abrevia *k;* a veces también se usa la forma *quilo.*

kilo *s. m.* Abreviatura de kilogramo. || *fam.* Cantidad grande de algo. *Había como un kilo de pelusas bajo ese sofá.*

kilobyte *s. m.* En informática, unidad de medida de la capacidad de memoria de una computadora que equivale a 1 024 bytes.

kilocaloría *s. f.* Unidad de energía térmica que equivale a 1 000 calorías; su símbolo es *kcal.*

kilociclo *s. m.* En física, medida de frecuencia equivalente a 1 000 ciclos.

kilográmetro *s. m.* En física, unidad de medida de energía o de trabajo equivalente al trabajo de una fuerza de un kilogramo-fuerza cuyo punto de aplicación se desplaza 1 m en la dirección de la fuerza.

kilogramo *s. m.* Unidad de medida de masa que equivale a la masa del prototipo de platino iridiado que adoptó la Conferencia de Pesas y Medidas celebrada en 1889 en París. Su símbolo es *kg*, se abrevia *kilo* y hay quien lo escribe *quilogramo*. *El prototipo del kilogramo de conserva en la Oficina Internacional de Pesas y Medidas.*
kilohercio *s. m.* Kilohertz, medida de frecuencia equivalente a 1 000 ciclos u oscilaciones (hercios) por segundo. Se abrevia *kHz*.
kilojulio *s. m.* Medida oficial de la energía contenida en los alimentos. Se abrevia *kJ*. *Una kilocaloría contiene 4.184 kilojulios.*
kilolitro *s. m.* Medida de capacidad para líquidos y áridos que equivale a 1 000 litros o 1 m^3. Se abrevia *kl*.
kilometraje *s. m.* Distancia expresada en kilómetros. || Cantidad de kilómetros que ha recorrido un vehículo automotor.
kilometrar *t.* Colocar señales en una carretera para marcar las distancias kilométricas.
kilométrico, ca *adj.* Perteneciente o relativo al kilómetro. || Que se mide en kilómetros. || *fig.* Que es demasiado largo. *Un texto kilométrico.*
kilómetro *s. m.* Medida de longitud que equivale a 1 000 m. Se abrevia *km*. Algunas personas lo escriben *quilómetro*. || *loc.* ***Kilómetro por hora:*** unidad de medida de velocidad que equivale a la velocidad de un cuerpo animado por un movimiento uniforme, que recorre 1 km en una hora. Se abrevia *km/h*.
kilopondio *s. m.* En física, antigua unidad de medida de fuerza equivalente a la fuerza con que una masa de 1 kg es atraída por la Tierra. *El «newton» ha sustituido al kilopondio en la actualidad.*
kilotón *s. m.* Unidad de medida de la potencia de las bombas o cargas nucleares. Equivale a la energía producida por la explosión de 1 000 toneladas de TNT (trinitrotolueno).
kilovatio *s. m.* Medida de potencia equivalente a 1 000 vatios. Se abrevia *kW*.
kilovoltio *s. m.* Medida de tensión eléctrica equivalente a 1 000 voltios. Se abrevia *kV*.
kilowatio *s. m.* Kilovatio.
kilt *s. m.* Falda masculina, larga hasta la rodilla, confeccionada con lana a cuadros, que forma parte de la indumentaria tradicional de los escoceses.
kimono *s. m.* Quimono, vestimenta tradicional japonesa.
kínder *s. m.* Escuela donde los niños de 4 a 6 años aprenden a realizar diversas actividades.
kindergarten *s. m. Chil.* y *Méx.* Parvulario, escuela para niños en edad preescolar.
kinesiología *s. f.* Quinesiología, conocimiento científico y aplicación de procedimientos terapéuticos dirigidos a restablecer el movimiento normal de alguna parte del cuerpo.
kinesiólogo, ga *s.* Especialista en kinesiología, quinesiólogo.
kinesioterapia o **kinesiterapia** *s. f.* Método terapéutico que, basado en la kinesiología, consiste en provocar determinados movimientos del cuerpo o de alguna de sus partes. *La kinesioterapia es fundamental para los procesos de rehabilitación musculoesquelética.*
kinesioterápico, ca *adj.* Perteneciente o relativo a la kinesioterapia. *Un tratamiento kinesioterápico para rehabilitar la rodilla.*
kinestesia *s. f.* Estudio de las reacciones musculares y del método adecuado para educarlas. || Sensación o percepción del movimiento. || Sensación que un individuo tiene de su cuerpo y, en especial, de los movimientos que éste realiza.
kiosco *s. m.* Quiosco.
kirguiz *adj.* De un pueblo musulmán de lengua turca que habita sobre todo en Kirguizistán y China. || *s. m.* Variedad del turco que habla este pueblo.
kirsch *s. m.* Aguardiente que se extrae de la fermentación de las cerezas.
kit *s. m.* Conjunto de piezas sueltas y un instructivo para acoplarlas a fin de formar un aparato u objeto. || Juego de herramientas, repuestos, instrumentos, etc., que tiene una utilidad definida. *Un kit para exploración bucal.*
kivi o **kiwi**[1] *s. m.* Arbusto trepador originario de China, domesticado a principios del siglo XX en Nueva Zelanda; sus flores son color blanco cremoso y su fruto de forma oval, con cáscara pilosa y pulpa verde y jugosa. || Fruto comestible de este arbusto. *Los kivis son buena fuente de vitamina C y fibra.*
kivi o **kiwi**[2] *s. m.* Ave corredora endémica de Nueva Zelanda, con plumaje pardo, alas atrofiadas y largo y delgado pico rodeado de cerdas. *Los kiwis tienen hábitos nocturnos, son omnívoros y tienen muy buen olfato.*
knock-out *s. m.* Voz inglesa que, en los combates de boxeo, se usa para indicar la caída de un púgil por un intervalo mayor a los diez segundos. Se abrevia *KO*. || *adj.* Se dice del que está fuera de combate. || *loc.* ***Knock-out técnico:*** derrota declarada por el árbitro de un combate de box, ante la evidente inferioridad de uno de los contrincantes.
know-how *s. m.* Voz inglesa para denominar el conjunto de conocimientos técnicos y administrativos, no protegidos por una patente, que resultan imprescindibles para desarrollar determinada actividad.
koala *s. m.* Mamífero marsupial trepador de Australia oriental, con pelaje gris, orejas redondas y hocico corto, con la nariz de característica forma. Mide alrededor de 80 cm. *Los koalas se alimentan de hojas de eucalipto.*
koljós o **koljoz** *s. m.* Tipo de cooperativa agrícola que estuvo vigente en la Unión Soviética, basado en la disposición gratuita y a perpetuidad de las tierras del Estado y en la propiedad colectiva de los medios de producción.
kosher *adj.* Según las leyes religiosas hebreas, alimento que, por su pureza, es apto para su consumo por los practicantes del judaísmo.
koto *s. m.* Instrumento musical de cuerda japonés, de origen chino, consistente en una caja de resonancia plana y rectangular sobre la que se extienden las cuerdas, cada una de las cuales tiene su propio puente. *Para pulsarlo, el koto se coloca horizontalmente.*
krill *s. m.* Orden de pequeños crustáceos marinos, semejantes a camarones pero translúcidos, que constituye un eslabón alimenticio básico en las redes tróficas de las regiones antárticas.
kriptón *s. m.* Elemento químico, gas noble que se encuentra en los gases volcánicos y en algunas aguas termales. Se emplea en la fabricación de lámparas de fluorescencia. Su número atómico es 36 y su símbolo *Kr*.
kulak *s. m.* Campesino adinerado ruso de fines del siglo XIX y principios del XX. *A principios de la década de 1930 Stalin liquidó a los kulaks, que quedaron convertidos en campesinos medianos.*
kungfu *s. m.* Arte marcial chino en el cual los movimientos de ataque y defensa están basados en los de diferentes animales.
kurdo, da o **curdo, da** *adj.* y *s.* De un pueblo ganadero y agricultor que habita en Turquía, Irán, Iraq, Siria y Transcaucasia. *Se calcula que en la actualidad existen unos 25 millones de kurdos.* || *s. m.* Lengua de la familia irania hablada por los kurdos.
kuwaití *adj.* Perteneciente o relativo a ese país asiático. || *s. com.* Persona originaria de Kuwait.

L l

l *s. f.* Duodécima letra del alfabeto español y novena de sus consonantes. *El sonido de la «ele» es lateral, fricativo y alveolar.* || Escrita con mayúscula (**L**), representa la cifra romana para expresar el número 50.

la[1] *art.* Artículo determinado femenino singular, su masculino es *el.*

la[2] *pron.* Pronombre personal acusativo de la tercera persona del femenino singular; su masculino es *lo.*

la[3] *s. m.* Nota musical que ocupa el sexto grado de la escala de *do mayor.*

lábaro *s. m.* Estandarte militar de los emperadores romanos. *Cuando Constantino se convirtió al cristianismo, después de la batalla de Magencio en el año 312, puso en su lábaro una cruz y el monograma de Cristo.* || El monograma de Cristo, o la cruz. || Por extensión, bandera de un país o estandarte de una corporación.

laberíntico, ca *adj.* Perteneciente o relativo al laberinto. || Semejante a un laberinto, intrincado, confuso.

laberinto *s. m.* Construcción horizontal en espiral, o cuadrangular, con gran número de pasillos y muros que se interceptan entre sí, de manera que recorrerla y salir de ella resulta muy complicado. || Cosa compleja por tener muchos elementos entremezclados. || Lugar donde se entrecruzan caminos de modos que es difícil orientarse. || En anatomía, estructura del oído interno formada por estructuras semicirculares y terminada en espiral. || En arquitectura, diseño que forma parte del pavimento de algunas catedrales de la Edad Media, realizado en forma de meandros, para llegar al centro los fieles debían recorrer de rodillas dichos meandros.

labia *s. f.* Elocuencia, facilidad para hablar de manera convincente.

labiado, da *adj.* En botánica, se dice de la corola gamopétala y con un solo plano de simetría, con borde recortado en dos lóbulos principales opuestos entre sí. || *s f.* Perteneciente o relativo a una familia de plantas dicotiledóneas con flores zigomorfas, generalmente perfumadas. *La albahaca, el tomillo, el espliego y la menta son labiadas.*

labial *adj.* Perteneciente o relativo a los labios. || *s. f.* En fonética, se dice del fonema en cuya articulación intervienen los labios. *Los fonemas labiales son «b», «p» y «m».*

labialización *s. f.* Acción y efecto de labializar.

labializar *t.* Articular un sonido con los labios.

lábil *adj.* Que se desliza o resbala con facilidad. || Cambiante, inestable, precario. || Endeble, débil, delicado. || Se dice de los compuestos químicos inestables frente al calor, como ciertas proteínas y vitaminas. || En psicología, se dice del humor cambiante.

labilidad *s. f.* Cualidad de lábil. || Característica de los compuestos químicos lábiles. || En psicología, carácter de quien tiene el humor lábil.

labio *s. m.* Cada una de las dos partes carnosas, superior e inferior, que rodean la abertura de la boca y cubren los dientes. || En anatomía, cada uno de los cuatro repliegues membranosos de la vulva. || En botánica, lóbulo de ciertas clases de flores. || En entomología, cada una de las piezas horizontales de los insectos, situadas una dorsalmente y otra ventralmente respecto a su abertura bucal. || En medicina, borde de una llaga. || *pl. fig.* La boca, como órgano de la palabra. *De sus labios no salió ni un quejido.* || *loc.* ***Cerrar los labios:*** guardar silencio, callar. || ***Labio leporino:*** en medicina, malformación del labio superior, debida al defecto congénito en la soldadura de los arcos maxilares y el brote medio intermaxilar. || ***Morderse los labios:*** reprimirse para no reír o hablar en un momento inadecuado. || *loc. fam.* ***No despegar*** o ***descoser los labios:*** mantenerse callado o sin responder a algo. || *loc.* ***Sellar los labios:*** impedir que alguien diga algo.

labiodental *adj.* y *s. f.* En fonética, se dice del fonema que se articula aproximando el labio inferior a los incisivos superiores, como el de la consonante *f.*

labor *s. f.* Acción de trabajar, trabajo. || Obra realizada por alguien en un ámbito determinado. || Trabajo, a mano o a máquina, hecho con tela, hilo y materiales parecidos. *Va avanzada su labor de tejido, pronto estrenará bufanda.* || Labranza u operación agrícola destinada al cultivo de las tierras. || Cava o vuelta de arado que se da a la tierra de cultivo. || Conjunto de productos que se elaboran en una fábrica de tabaco. || Simiente del gusano de seda. || *loc.* ***De labor:*** se dice de los aperos o animales utilizados en las faenas del campo. || ***Día de labor:*** el que es laborable. || ***Labor de zapa:*** actividades ocultas y malintencionadas que alguien realiza para lograr algún fin.

laborable *adj.* Se dice de cada uno de los días en que se trabaja. || Dicho de un terreno, que es cultivable.

laboral *adj.* Perteneciente o relativo al trabajo en cuanto a actividad que se realiza a cambio de un salario. *La huelga estalló porque había conflictos laborales en la empresa.*

laborar *t.* Labrar la tierra. || *intr.* Trabajar esforzadamente para obtener algo.

laboratorio *s. m.* Local habilitado y dotado de instrumentos para realizar investigaciones, experimentos científicos, análisis biológicos, pruebas industriales o trabajos fotográficos. || *loc.* ***Laboratorio de idiomas:*** aula insonorizada, en la que con métodos audiovisuales se practica oralmente una lengua extranjera.

laboratorista *s. com. Amér.* Persona encargada de realizar análisis clínicos en un laboratorio.

laborear *t.* Labrar la tierra. || Realizar excavaciones en una mina. || *intr.* En marina, pasar y correr un cabo por la roldana de un motón.

laboriosidad *s. f.* Cualidad de laborioso.

laborioso, sa *adj.* Que es muy trabajador y aplicado en el trabajo. || Dicho de alguna obra o labor, que exige o cuesta mucho trabajo y dedicación.

labrado, da *adj.* Se dice del tejido que tiene dibujos en relieve. || Campo labrado (se usa más en plural). || Acción y efecto de labrar piedras, madera y otros materiales.

labrador, ra *adj.* Que labra la tierra. || *s.* Labriego, persona que vive en el campo y trabaja la tierra. || *Cub. R. Dom.* y *Py.* Persona cuyo oficio consiste en labrar la madera quitando la corteza a los árboles para convertirlos en rollizos. || *s. m.* Raza de perros de gran tamaño, con orejas caídas y pelo corto que puede ser negro, marrón o rubio.

labrantío, tía *adj.* y *s. m.* Se dice de la tierra de labor.

labranza *s. f.* Cultivo del campo.

labrar *t.* Cultivar la tierra. || Arar un terreno. || Bordar o coser, hacer labores de costura. || Trabajar un material para darle una forma determinada. *Labrar piedras semipreciosas.* || *t.* y *pr. fig.* Hacer cosas de manera progresiva para lograr un fin o conseguir algo.

labrero, ra *adj.* Se dice de las redes que forman parte del aparejo para pescar cazones.

labriego, ga *s.* Persona que trabaja la tierra, labrador.

laburar *intr. Arg.* y *Uy. fam.* Trabajar.

laburo *s. m. Arg.* y *Uy. fam.* Trabajo, empleo.

laca *s. f.* Resina de color rojo oscuro que se forma en las ramas de varias plantas de Medio Oriente a causa de la picadura de insectos parecidos a la cochinilla que viven adheridos a ellas. || Barniz de color negro o rojo que se prepara con dicha resina. *En China, la laca se ha usado desde unos 200 años antes de nuestra era.* || Objeto grabado, pintado o esculpido barnizado con numerosas capas de laca. || Producto para fijar el peinado que se vaporiza sobre el cabello. || Sustancia albuminosa coloreada que se utiliza en pintura.

lacado, da *adj.* Objeto cuya superficie está recubierta de laca. || *s. m.* Laqueado, proceso de aplicar laca. || Mecanismo por el que se produce una liberación de hemoglobina en la sangre. || *loc.* ***Sangre lacada:*** sangre que ha liberado hemoglobina debido a la desintegración de una cantidad de hematíes.

lacandón *s. m.* Pueblo amerindio de lengua maya que habita en el noreste de Guatemala y el este del estado mexicano de Chiapas.

lacar *t.* Laquear.

lacayo *s. m.* Criado de librea que servía de acompañante a su amo. || *fig.* Persona servil.

lacayuno, na *adj.* Que es propio del lacayo. || *fig.* Servil, rastrero, despreciable.

lacear *t.* Atar o adornar con lazos. || Disponer la caza para que se ponga a tiro, evitando ser descubierto. || *Esp.* Cazar empleando lazo.

laceración *s. f.* Acción y efecto de lacerar o lacerarse.

lacerado, da *adj.* Que ha sufrido una laceración. || Desdichado, infeliz. || *ant.* Roñoso, miserable, mezquino.

lacerador *s. m. ant.* Hombre curtido, acostumbrado a resistir el trabajo pesado.

lacerante *adj.* Hiriente, que lastima y duele. || Que produce un sufrimiento moral intenso.

lacerar *t.* Producir un daño en el cuerpo, herir, lastimar. || *fig.* Causar un sufrimiento moral. || *intr.* Pasar penalidades, padecer.

laceria *s. f.* Miseria, pobreza extrema. || Molestia, fatiga. Esta palabra, en ambas acepciones, es de poco uso.

lacería *s. f.* En las bellas artes, ornamentación formada por líneas, cintas o motivos vegetales estilizados que se entrelazan siguiendo un patrón geométrico.

lacio, cia *adj.* Ajado, marchito. || Débil, sin fuerza ni vigor. || Se dice del cabello completamente liso, que no forma rizos ni ondas.

lacónico, ca *adj.* Conciso y breve. || Que habla o escribe con brevedad y concisión.

laconismo *s. m.* Cualidad de lacónico.

lacra *s. f.* Vicio o defecto en alguien o algo. || Señal que deja un daño físico o una enfermedad. || *s. com. Cub. Méx. Uy.* y *Ven.* Persona depravada, de malas costumbres. || *s. f. Ven.* Llaga, úlcera.

lacrar[1] *t.* y *pr.* Dañar la salud de alguien. || *fig.* Perjudicar los intereses de alguien.

lacrar[2] *t.* Sellar una carta u otra cosa con lacre para cerrarla.

lacre *adj. fig. Amér.* Se dice de lo que es de color rojo. || *s. m.* Pasta elaborada con goma laca y trementina, coloreada de rojo, que se derrite con fuego y sirve para sellar y cerrar cartas.

lacrimal *adj.* Perteneciente o relativo a las lágrimas.

lacrimógeno, na *adj.* Que provoca la secreción de lágrimas. || Que por su carácter emotivo induce al llanto. || *s. m.* Compuesto químico de baja toxicidad que hace que los ojos ardan y lloren e irrita el sistema respiratorio. Suele usarse en forma de gas para controlar disturbios públicos.

lacrimoso, sa *adj.* Que llora o secreta lágrimas. *Ojos lacrimosos por la gripe.* || Que, por su carácter emotivo, induce al llanto. || Se dice de la persona que es propensa a las lamentaciones.

lactación *s. f.* Acción y efecto de lactar.

lactancia *s. f.* Periodo de la vida de los mamíferos en que se alimentan fundamentalmente de leche. || Forma de alimentación durante este periodo.

lactante *adj.* y *s. com.* Se dice del mamífero que se halla en periodo de lactancia. || Se dice de la mujer o hembra que amamanta.

lactar *t.* Amamantar, o criar con leche. || *intr.* Alimentarse con leche.

lácteo, a *adj.* Perteneciente o relativo a la leche, o que tiene alguna de sus características. || Se dice de los productos derivados de la leche.

lactescencia *s. f.* Cualidad de lactescente.

lactescente *adj.* Que tiene aspecto semejante al de la leche.

láctico, ca *adj.* Relativo a la leche. *Fermentación láctica.* || En química, ácido alcohol que se forma durante la fermentación de las hexosas (glúcidos simples) por la acción de las bacterias lácticas, así como en la descomposición del glucógeno durante la contracción muscular.

lactosa *s. f.* Azúcar que se encuentra en la leche, formada por una molécula de glucosa y una de galactosa.

lacustre *adj.* Perteneciente o relativo a los lagos. || Que habita en un lago o en sus orillas.

ladeado, da *adj.* En botánica, se dice de los órganos de una planta cuando están orientados a un mismo lado. || En tauromaquia, estocada que penetra a un lado del hoyo de las agujas o cruz del toro.

ladear *t.* y *pr.* Inclinar algo, o torcerlo hacia un lado. || Evitar o esquivar a alguien o algo. || *intr. fig.* Desviarse de un camino derecho. || Caminar por la ladera de una montaña. || *pr. fig.* Sentir inclinación o afición por alguien o algo. || *fig.* y *fam. Chil.* Enamorarse, prendarse de alguien.

ladeo *s. m.* Acción y efecto de ladear o ladearse.

ladera *s. f.* Declive de una montaña o un cerro.

ladilla *s. f.* Insecto parásito sin alas, semejante a un piojo pero de cuerpo redondeado, que infesta el pubis y otras partes vellosas del cuerpo humano. Mide alrededor de 2 mm. || Cebada cuyos granos son chatos y pesados. || *Arg. Chil. Méx.* y *Uy. fam.* Persona impertinente y molesta.

ladino, na *adj.* Persona que actúa taimadamente para lograr sus fines. || Durante la época medieval, se decía de la lengua romance por oposición al árabe. || *Amér. C.* Mestizo que sólo habla español. || *Méx.* Indígena o mestizo que reniega de las costumbres de su comunidad, o que se aprovecha de sus congéneres que no hablan español. || *s. m.* En lingüística, variedad del castellano que hablaban los judíos de España en el medioevo y que actualmente hablan en Oriente los judeoespañoles. || Retorrománico, conjunto de dialectos romances que se hablaban en la antigua Retia, hoy Suiza, y en parte de Italia.

lado *s. m.* Parte de algo que se contrapone a la otra. || Sitio o lugar, en particular con referencia a otro. || Parte de algo próxima a sus bordes, en contraposición al centro. || Costado del cuerpo humano, o de un animal. || Cada una de las dos superficies de un cuerpo laminar, cara. *Ambos lados de la moneda.* || En geometría, cada una de las líneas que limitan un ángulo o un polígono, o bien, cada una de las superficies que limitan un poliedro. || Parte del contorno de alguna cosa que se diferencia de las demás por alguna característica especial. *Saliendo del pueblo, por el* *lado de los cerros, hay una laguna.* || *fig.* Aspecto que reviste algo, punto de vista o enfoque. || *fig.* Rama de un parentesco. *Por el lado de su padre, varios tíos tienen ojos verdes.* || *fig.* Camino o medio para hacer algo. || *loc.* ***Al lado de:*** muy cerca de una persona o cosa, o tocándola. || *loc. fam.* ***Dar de lado a alguien:*** apartarse de su compañía o de su trato. || *loc. Méx. fam.* ***Darle a alguien por su lado:*** fingir que se está de acuerdo con él para evitar discusiones. || *loc.* ***Dejar de lado*** o ***a un lado:*** prescindir de alguien o algo; no tomarlo en cuenta, ignorarlo. || ***Estar alguien del otro lado:*** ser opuesto a otro en cuanto a ideas o manera de pensar. || ***Hacerse a un lado:*** apartarse de algún asunto o cuestión. || *loc. fam.* ***Mirar de lado:*** mirar despectivamente. || *loc.* ***Ser del otro lado:*** ser alguien homosexual.

ladrador, ra *adj.* Dicho de un perro, que ladra mucho.

ladrar *intr.* Dar ladridos un perro. || *fig.* y *fam.* Amenazar sin atacar. || *fig.* y *fam.* Insultar a alguien a voces y con violencia o criticarlo ásperamente.

ladrido *s. m.* Voz que emiten los perros. || *fig.* y *fam.* Grito proferido para insultar o crítica áspera.

ladrillado *s. m.* Pavimento o construcción hecho con ladrillos, enladrillado.

ladrillar *t.* Pavimentar con ladrillos, enladrillar.

ladrillar o **ladrillal** *s. m.* Lugar donde se fabrican ladrillos.

ladrillazo *s. m.* Golpe dado con un ladrillo.

ladrillero, ra *adj.* Perteneciente o relativo al ladrillo. || *s.* Persona cuyo oficio es fabricar o vender ladrillos.

ladrillo *s. m.* Pieza de arcilla en forma de paralelepípedo rectangular, que se cuece en un horno para darle dureza y sirve para construir muros o pavimentar.

ladrón, drona *adj.* y *s.* Persona que hurta o roba. || *s. m.* Cualquier dispositivo para desviar o sustraer el caudal de un fluido, por ejemplo la energía eléctrica. || Clavija con dos o más salidas para la corriente eléctrica.

ladronería *s. f.* Latrocinio, robo.

ladronesco, ca *adj.* Relativo a los ladrones, o propio de ellos.

ladronzuelo, la *s.* Ratero, ladrón que comete robos o hurtos de poca importancia.

lady *s. f.* Tratamiento que se da a las señoras de la nobleza en Gran Bretaña.

lagaña *s. f. Amér.* Legaña.

lagañoso, sa *adj. Méx.* Que tiene lagañas, legañoso.

lagar *s. m.* Recipiente en el que se pisa la uva, o se prensa la manzana o la aceituna para obtener su jugo. || Edificio donde se halla ese recipiente. || Olivar en el que hay un molino de aceite.

lagartera *s. f.* Madriguera de lagartos.

lagartija *s. f.* Reptil saurio parecido al lagarto, pero de menor tamaño. || *C. R. Méx.* y *Uy.* Ejercicio gimnástico que se practica con el cuerpo paralelo al piso, sosteniéndose con las manos y las puntas de los pies, flexionando y estirando los brazos para subir y bajar.

lagarto, ta *s.* Reptil de cuerpo alargado cubierto de escamas, con cuatro patas y larga cola, que vive en sitios cálidos y secos. *Existen cerca de 5000 especies de lagartos; pueden medir desde unos pocos centímetros hasta 3 m.* || *s. m.* Piel curtida de este reptil. *Un cinturón de lagarto.* || *Méx.* Caimán. || *fig.* y *fam.* Lagartón.

lagartón, tona *adj.* y *s. Esp. fam.* Persona astuta y taimada. || *s. f. Esp. fig.* y *fam.* Prostituta.

lago *s. m.* Gran cantidad de agua depositada en depresiones del terreno.

lagomorfo, fa *adj.* y *s.* Relativo a un suborden de mamíferos herbívoros semejantes a los roedores, pero con dos pares de incisivos superiores, como las liebres y los conejos.

lágrima *s. f.* Líquido salado que secretan las glándulas situadas bajo los párpados, encima de los globos oculares, que humedece la conjuntiva y penetra en las fosas nasales por las carúnculas lacrimales. En esta acepción, suele usarse en plural. || Gota del jugo que destilan los tallos de algunas plantas después de la poda o de un corte. || Pequeña esfera de cristal coloreado que a veces desluce la transparencia de un objeto de vidrio. || *pl. fig.* Sufrimiento, adversidades que alguien padece. || *loc.* ***Lágrimas artificiales:*** preparación farmacéutica para suplir las lágrimas naturales en los casos de sequedad de ojos o deficiencia de los lagrimales. || *loc. fig.* ***Lágrimas de cocodrilo:*** arrepentimiento, o pesar, falsos. || *loc.* ***Lágrimas de David, de Job*** o ***de San Pedro:*** planta ornamental de jardín, con tallos de caña y semillas en forma de lágrima. || ***Llorar a lágrima viva:*** llorar mucho y con grandes sollozos. || ***Saltársele a alguien las lágrimas:*** echar a llorar súbitamente a causa de alguna emoción. || ***Vino de lágrima:*** el que destila de la cuba o el lagar antes de haber sido prensada la uva.

lagrimal *adj.* Se dice del órgano de secreción y excreción de las lágrimas. || *s. m.* Parte del ojo que se halla en el ángulo próximo a la nariz.

lagrimear *intr.* Segregar lágrimas los ojos. || Llorar alguien con frecuencia o con facilidad.

lagrimeo *s. m.* Acción y efecto de lagrimear.

lagrimón *s. m. irón.* Aumentativo de lágrima.

laguna *s. f.* Extensión natural de agua, menor que el lago.

lagunero, ra *adj.* Que se relaciona con una laguna. || *Méx.* Que se relaciona con la Comarca Lagunera en los estados mexicanos de Coahuila y Durango.

laicismo *s. m.* Doctrina que defiende la independencia del individuo, la sociedad o el Estado de cualquier religión. *Gracias al laicismo, la escuela pública mantiene un gran respeto por los diferentes cultos.*

laicización *s. f.* Conversión de un Estado o una institución de religiosa en laica. *En América, la laicización de la enseñanza se perfiló desde el siglo XIX.*

laicizar *t.* Independizar de toda influencia religiosa.

laico, ca *adj.* Que es independiente de toda influencia religiosa. *La enseñanza laica es un logro de la República.*

laísmo *s. m.* Error gramatical que consiste en usar las formas «la» y «las» del pronombre personal de complemento indirecto, en lugar de «le» y «les». *«La dijo sus verdades» es laísmo por «Le dijo sus verdades».*

laísta *adj.* y *s. com.* Que comete laísmo.

laja *s. f.* Piedra plana, lisa, no muy ancha. Se usa laja para revestir pisos o decorar paredes.

lama[1] *s. f.* Lodo blando y oscuro que se encuentra en el fondo de corrientes de agua y lagos y lagunas. || Alga que crece en charcos. || *Bol. Col.* y *Méx.* Moho. || *Chil. Col. Hond. Méx.* y *P. Rico* || Musgo.

lama[2] *s. f.* Tela hecha de hilos de oro y plata.

lama[3] *s. m.* Monje budista del Tibet.

lamaísmo *s. m.* Rama del budismo que predomina en el Tibet.

lamasería *s. m.* Templo o monasterio de lamas.

lambda *s. f.* Undécima letra del alfabeto griego (Λ, λ), que corresponde a la «l» del latino.

lambetear *t. Amér. C.* y *Amér. Merid.* Lamer.

lambiche *adj. fam. Méx.* Adulador.

lambiscón, cona *adj. fam. Salv. Hond.* y *Méx.* Adulador, barbero.

lambisconear *t. fam. Salv. Hond.* y *Méx.* Adular a alguien para obtener algún favor.

lambisconería *s. f. fam. Salv. Hond.* y *Méx.* Adulación.

lamé *s. m.* Tela tejida con hilos brillantes, en especial de color oro o plata.

lameculos *adj.* y *s. com. vul.* Persona aduladora, servil.

lamedor, ra *adj.* Que lame. || Adulador. || *s. m.* Jarabe.

lamelibranquio *adj.* y *s. m.* Molusco y familia de moluscos con simetría bi-

lateral, pie ventral en forma de hacha y conchas bivalvas. *Los mejillones son lamelibranquios.*
lamentable *adj.* Que merece lamentarse. *Es lamentable la muerte de tantas mujeres a manos de sus parejas.* || Que presenta un aspecto feo, descuidado, maltrecho. *Después de caerse en el lodo, presentaba un aspecto lamentable.* || Que provoca tristeza u horror.
lamentación *s. f.* Expresión de pena muy fuerte. || Forma de expresar la pena mediante llantos, suspiros, etc.
lamentar *intr.* y *pr.* Sentir y expresar pena con llantos, gritos o cualquier otra forma. || Sentir pena o arrepentimiento por algo. *Lamento haber roto el jarrón.*
lamento *s. m.* Queja que se expresa con llantos, gritos, etc.
lameplatos *s. com. fam.* Persona golosa. || Persona que se alimenta de sobras. || *Méx.* Persona aduladora.
lamer *t.* Pasar la lengua por una superficie. *El gatito lame la leche.* || Rozar apenas una cosa. *El mar lame la orilla arenosa.*
lametear *t.* Lamer repetidamente.
lametón *s. m.* Cada movimiento de la lengua al lamer, en especial los rápidos y fuertes.
lamido, da *adj.* Que es una persona flaca. || Que es afectado en sus maneras.
lámina *s. f.* Plancha delgada de metal, madera o cualquier material duro y flexible. || Plancha de metal con un dibujo grabado para estampar. || Figura impresa en papel. || Pintura hecha en cobre. || En botánica, parte ancha de hojas, pétalos y sépalos. || En zoología, parte ancha y plana de los huesos.
laminación *s. f.* Proceso de laminar. || Laminado.
laminado *s. m.* Operación de laminar.
laminado, da *adj.* Protegido con láminas de metal.
laminador, ra *adj.* Que lamina. || *s.* Persona que hace láminas. || *s. f.* Máquina que hace láminas.
laminar[1] *adj.* Que tiene forma de lámina. || Que tiene una estructura parecida a láminas superpuestas.
laminar[2] *t.* Hacer láminas con una laminadora. || Cubrir una cosa con láminas.
laminoso, sa *adj.* Que tiene textura laminar.
lampa *s. f. C. R.* y *Amér. Merid.* Azada.
lámpara *s. f.* Cualquier utensilio o aparato para hacer luz. || Bombilla eléctrica. || Mueble que sirve de soporte para una o varias bombillas. || Mancha grande de grasa.
lamparilla *s. f.* Lámpara pequeña que suele ponerse en mesas que hay al lado de las camas. || Vela que flota en agua.
lamparón *s. m.* Mancha muy grande de grasa en la ropa. *Traía la camiseta llena de lamparones.*
lampazo *s. m.* Planta de tallo grueso, flores púrpuras y cáliz lleno de espinas. || *Cub. Uy.* y *Ven.* Utensilio para limpiar el piso, que consta de una barra horizontal de hule y un palo vertical para asirlo.
lampear *t. C. R.* y *Amér. Merid.* Remover la tierra con la lampa.
lampiño, ña *adj.* Que no tiene barba. || Que tiene poco pelo. || En botánica, se dice de la planta que no tiene pelos.
lamprea *s. f.* Pez de forma cilíndrica, de piel lisa y viscosa, que vive asido por la boca a las rocas. Su carne es muy apreciada.
lamprear *t.* Guisar una carne primero friéndola o asándola y luego cociéndola en vino o agua endulzada.
lana *s. f.* Pelo de las ovejas y otros animales que se hila y sirve para tejer. || Hilo elaborado con este pelo. || Tela elaborada con este hilo. || *Méx.* Dinero. || *loc.* ***Soltar la lana:*** pagar. || ***Lana de vidrio:*** conjunto de filamentos de vidrio que se usan como aislante. || ***Ir por lana y salir trasquilado:*** tratar de sacar provecho de algo y salir perdiendo.
lanar *adj.* Que tiene lana. *El ganado lanar se cría mejor en climas fríos.* || Que se relaciona con la lana.
lance *s. m.* Acción y resultado de lanzar. || Acción de echar una red para pescar. || Pesca que se saca de una vez. || Situación crítica. || Jugada. || Riña. || *loc.* ***Lance de fortuna:*** casualidad. || ***Lance de honor:*** desafío por cuestiones de honor.
lanceado, da *adj.* Que tiene forma semejante a la punta de una lanza, es decir, elíptica con puntas en los dos extremos. *En botánica, se habla de hojas lanceadas.*
lancear *t.* Herir con una lanza.
lanceolado, da *adj.* Lanceado.
lancero *s. m.* Soldado que pelea con lanza. || Fabricante de lanzas.
lanceta *s. f.* Instrumento de doble filo y punta muy fina que se usa en cirugías y para vacunar. También se emplea en trabajos de precisión en artes gráficas.
lancetazo *s. f.* Herida que se hace con una lanceta.
lancha[1] *s. f.* Laja.
lancha[2] *s. f.* Bote grande que hace viajes cortos entre la costa y buques grandes. || Bote que llevan los buques grandes. || Barca que se utiliza para transporte de pasajeros en ríos, etc.
lanchero *s. m.* Patrón o conductor de una lancha.
lanchón *s. m.* Lancha grande.
landa *s. f.* Llanura arenosa con poca vegetación. *En las landas sólo hay matorrales y hierbas.*
lanero, ra *adj.* y *s.* Que se relaciona con la lana. || Persona que trata con lanas. || Bodega donde se guarda lana.
langosta *s. f.* Crustáceo marino cuyo abdomen es muy apreciado como alimento. En la cabeza tiene ojos protuberantes y antenas muy largas. || Insecto parecido a un saltamontes que periódicamente se convierte en plaga de campos cultivados y áreas verdes.
langostero, ra *adj.* y *s.* Que se dedica a la pesca de langosta, y se refiere tanto a las embarcaciones como a las personas.
langostino *s. m.* Camarón.
languidecer *intr.* Sufrir de languidez.
languidez *s. f.* Debilidad, falta de energía, decaimiento.
lánguido, da *adj.* Que sufre de languidez.
lanífero, ra *adj.* Que tiene lana.
lanificación *s. f.* Arte de tejer la lana. || Obra hecha de lana.
lanilla *s. f.* Pelusa que queda en la cara superior de un tejido. || Tejido de lana fina.
lanolina *s. f.* Grasa que se extrae de la lana. *Con lanolina se hacen ungüentos efectivos.*
lanoso, sa *adj.* Que tiene mucha lana o vello.
lantánido *adj.* y *s. m. pl.* En química, cada uno de los elementos que forman el grupo del mismo nombre, también denominado de tierras raras, cuyos números atómicos van del 57 al 71.
lantano *s. m.* Elemento químico, metal lantánido de las tierras raras, escaso en la corteza terrestre. Se encuentra disperso en algunos minerales junto con otros lantánidos. Es de color blanco grisáceo, maleable y arde fácilmente. Algunos de sus derivados se utilizan en metalurgia, óptica y cerámica. Su número atómico es 57 y su símbolo *La.*
lanudo, da *adj.* Que tiene mucha lana o vello.
lanza *s. f.* Arma compuesta por un asta rematada con una pieza de hierro afilada y cortante. || *s. com. Méx.* Persona que no es digna de confianza. || *loc.* ***Ser alguien una lanza:*** muy listo o astuto. || ***Lanza en ristre:*** preparado para atacar.
lanzacohetes *s. m.* Arma portátil que tiene forma de tubo abierto por los dos extremos, se apoya sobre el hombro y dispara proyectiles de gran calibre. || Plataforma provista de varios tubos para lanzar cohetes.
lanzada[1] *s. m.* Golpe que se da con una lanza. || Herida que se hace con una lanza.
lanzada[2] *s. f. Uy.* Acción y resultado de vomitar.
lanzadera *s. f.* Instrumento manual o parte de una máquina tejedora, hue-

L

ca y alargada, que coloca las hiladas transversales a través de la urdimbre. || Pieza abarquillada de las máquinas de coser.

lanzado, da *adj.* y *s.* Muy veloz. || Muy animoso. || Impetuoso, fogoso.

lanzador, ra *adj.* y *s.* Que lanza. || *Ants. Méx.* y *Nic.* En béisbol, jugador que lanza la pelota.

lanzagranadas *s. m.* Arma portátil que dispara granadas. *Usaron un lanzagranadas para abrir el camión blindado.*

lanzallamas *s. f.* Arma portátil que consiste en un tubo que lanza fuego por uno de sus extremos.

lanzamiento *s. m.* Acción que consiste en lanzar algo. *El lanzamiento de cohetes o proyectiles necesita algún sistema de propulsión.* || En algunos juegos, castigo que consiste en lanzar la pelota sin que los jugadores del equipo contrario la intercepten. || En algunas pruebas de atletismo como disco, jabalina o martillo, proyección lo más lejos posible. || Presentación de un nuevo producto. *El lanzamiento de la última generación de computadoras portátiles fue sensacional.*

lanzamisiles *s. m.* Plataforma de donde se lanzan misiles.

lanzar *t.* Arrojar algo con fuerza. || Hacer que salga con fuerza, de su base o de su plataforma, un arma, un cohete, una aeronave. || Quitar por la fuerza del domicilio que se ocupaba. *Lanzaron a toda la familia a la calle.* || Proferir. *Lanzó exclamaciones de asombro al ver los fuegos artificiales.* || *pr.* Emprender con entusiasmo alguna acción. *Los aventureros se lanzaron a la conquista del Polo Sur.* || *Uy.* Vomitar.

lanzatorpedos *s. m.* Dispositivo que en buques de guerra y submarinos sirve para lanzar torpedos.

lanzazo *s. m.* Lanzada.

laña *s. f.* Grapa. *Con lañas uní las hojas del informe.*

laosiano, na *adj.* y *s.* De Laos, país del Sureste de Asia.

lapa *s. f.* Telilla que algunos vegetales forman en la superficie de los líquidos. || Molusco comestible que vive en las costas y se adhiere fuertemente a las rocas. || Lampazo. || *Col.* y *Ven.* Paca. || *fig.* Persona pegajosa, inoportuna.

lapacho *s. m.* Árbol cuya madera, muy dura e incorruptible, se usa en ebanistería y construcción. *Dicen que la corteza del lapacho sirve contra el cáncer, pero no es algo comprobado.* || Madera de ese árbol.

laparascopio *s. m.* Instrumento que permite ver por dentro un órgano, en especial el aparato digestivo. *El laparoscopio consta de una luz y una cámara.*

laparoscopia o **laparascopía** *s. f.* Procedimiento de exploración en el que se usa un laparoscopio.

laparotomía *s. f.* En medicina, operación que consiste en hacer incisiones pequeñas en el abdomen para que pueda entrar el laparoscopio. *Gracias a la laparotomía, los ricos ya no tienen cicatrices grandes.*

lapicera *s. f. Arg. Bol.* y *Uy.* Portaplumas. || *Arg.* y *Uy.* Estilográfica. || *Uy.* Bolígrafo.

lapicero *s. m.* Instrumento en el que se pone el lápiz o la barra de grafito. || *C. R. Guat.* y *Hond.* Bolígrafo. || *Méx.* Portaminas.

lápida *s. f.* Piedra plana en la que se pone una inscripción. Puede estar horizontal sobre la tumba o a modo de cabecera. *En la lápida quiero que pongan: «No supo cómo vivir más».*

lapidación *s. f.* Asesinato o ejecución a pedradas. *Aún hoy, algunos países musulmanes practican la lapidación como castigo.*

lapidar *t.* Matar a pedradas. || Labrar piedras preciosas.

lapidario, ria *adj.* Que se relaciona con las piedras preciosas. || Que se relaciona con el estilo de las lápidas: breve y conciso. || *s.* Persona que labra o vende piedras preciosas. || Persona que labra o vende lápidas.

lapislázuli *s. m.* Piedra preciosa de color azul brillante.

lápiz *s. m.* Barrita de grafito envuelta en madera o cualquier otro material duro. || *loc.* ***Lápiz labial:*** barrita de color para pintarse los labios.

lapón *adj.* De Laponia, región del norte de Europa. || *s. m.* Lengua hablada en ese lugar.

lapso *s. m.* Intervalo de tiempo. *Decir «lapso de tiempo» es un error, porque «tiempo» está incluido en la definición.*

lapsus *s. m.* Error inconsciente al hablar o al escribir.

laqueado *s. m.* Acción de lacar o recubrir la laca.

laqueado, da *adj.* Barnizado con laca.

laquear *t.* Barnizar con laca.

laquista *s. com.* Persona que barniza con laca.

lar *s. m.* Cada uno de los dioses romanos protectores del hogar. || Hogar. || *pl.* Casa propia, lugar donde vivimos. *Por estos lares no se acostumbra comer antes de las dos de la tarde.*

lardo *s. m.* Grasa de los animales. || Parte gorda del tocino.

larga *adj.* Largo. || *s. f.* El más largo de los tacos de billar. || *loc.* ***A la larga:*** poco a poco, finalmente. || ***Dar largas:*** dilatar o retrasar.

largar *t.* y *pr.* Soltar, dejar libre. || Aflojar, ir soltando poco a poco. || *fam.* Marcharse.

largo[1] *s. m.* Longitud.

largo[2] *adv.* Mucho. || *loc.* ***A lo largo de:*** durante.

largo, ga *adj.* Que tiene longitud, o mucha longitud. || Que dura mucho tiempo. *Fue un discurso tan largo, que me dormí.* || Extenso. *El actor tenía una larga experiencia en los escenarios.* || *s. m.* En música, movimiento que equivale a lento.

largometraje *s. m.* Película que dura más de una hora.

largor *s. m.* Longitud.

larguero *s. m.* Palo que se pone a lo largo de una pieza de carpintería, como una ventana, una puerta, etc. || Palo horizontal que une los postes de una meta. *La pelota pegó en el larguero.* || Almohada larga.

largueza *s. f.* Longitud. || Generosidad. *«Si rescatas a la princesa, te recompensaré con largueza», dijo el rey.*

larguilucho, cha *adj.* Que es una persona muy alta o una cosa muy larga.

largura *s. f.* Largueza.

laringe *s. f.* Órgano de fonación situado entre la faringe y la tráquea. Contiene las cuerdas vocales.

laringitis *s. f.* Inflamación de la faringe. *Como le dio laringitis, no podía hablar.*

laringología *s. f.* En medicina, rama que estudia las enfermedades de la laringe.

laringólogo, ga *s.* Especialista en laringología.

laringoscopia o **laringoscopía** *s. f.* Procedimiento de exploración de la laringe en el que se usa un laringoscopio.

laringoscopio *s. m.* Instrumento o aparato que permite ver por dentro la garganta.

laringotomía *s. f.* Operación quirúrgica que consiste en abrir la garganta con el fin de extraer tumores, bultos, etc.

larva *s. f.* Fase de desarrollo de algunos animales, que va de la salida del huevo hasta el estado adulto. || Animal en esa fase.

larvado, da *adj.* En medicina, se dice de los síntomas que ocultan la verdadera enfermedad.

larval *adj.* Larvario.

larvario, ria *adj.* Que se relaciona con las larvas.

lasaña *s. f.* Pasta de origen italiano que se prepara intercalando capas de masa delgada, cortada en cuadrados o rectángulos, con rellenos varios, como carne molida, espinacas, etc. Se puede bañar con salsa blanca o boloñesa y queso parmesano rallado.

lasca *s. f.* Trozo pequeño que se desprende de una roca.

lascivia *s. f.* Inclinación a la lujuria, al deseo sexual.

lascivo, va *adj.* Que está dominado por el deseo sexual.

láser *s. m.* Fuente de luz que la concentra, lo que le da más potencia y

permite, por ejemplo, hacer cirugías con bisturí. *La palabra láser es un acrónimo de Light Amplification by Stimulated Emission of Radiation.*
lasitud *s. f.* Cansancio, falta de fuerza.
laso, sa *adj.* Que está cansado, que no tiene fuerza.
lástima *s. f.* Sentimiento de compasión. *Sentí lástima por él.* || Lamento por algo que causa pena o disgusto. *¡Qué lástima que no te dejaron entrar en el teatro!*
lastimada *s. f. Cub.* y *Méx.* Lastimadura.
lastimador, ra *adj.* Que lastima. *¡No me pongo más esos zapatos lastimadores!*
lastimadura *s. f.* Acción y resultado de lastimar. || Herida pequeña, raspón.
lastimar *t.* y *pr.* Herir o hacer daño. *Me lastimé la muñeca.* || Compadecer. || Ofender. *Los gritos de la multitud lastimaron su orgullo.* || Quejarse, dar muestras de dolor.
lastimero, ra *adj.* Que expresa dolor e inspira lástima.
lastimoso, sa *adj.* Que inspira lástima. *Después de la pelea, presentaba un estado lastimoso.*
lastrar *t.* Ponerle lastre a una embarcación. || Poner lastre a alguna cosa para sostenerla.
lastre *s. m.* Peso que se pone en una embarcación. || Estorbo, molestia. *No puedo ir a la fiesta porque traigo a mi primito de lastre.*
lata *s. f.* Lámina delgada de metal. || Envase hecho de hojalata. || Discurso molesto, fastidioso. || *loc.* ***Dar la lata:*** fastidiar, molestar.
latencia *s. f.* Estado de lo que permanece oculto, o estado de reposo. *Algunas semillas pueden permanecer años en estado de latencia.*
latente *adj.* Que existe pero no se ve. *Algunas enfermedades graves, como el sida o la hepatitis C, permanecen latentes por décadas.* || Que es constante, pero leve.
lateral *adj.* Que está situado a un lado, no en el centro de algo. || Que no es tan importante. || Que no es pariente directo. || *s. m.* Que juega cubriendo un lado del campo. *El lateral izquierdo fue expulsado por juego peligroso.* || *s. f.* Consonante que al articularse el aire sale por los costados de la lengua. *A los puertorriqueños les gustan mucho las laterales.*
lateralidad *s. f.* Predominio de una parte del cuerpo sobre otra. *Los zurdos tienen una lateralidad definida por el cerebro, pero antes se creía que era un defecto.*
lateralización *s. f.* Acción y resultado de lateralizar.
lateralizar *t.* En fonética, convertir en lateral una consonante que no lo es. *En Puerto Rico lateralizan la «r».*
lateralmente *adv.* De lado.
latería *s. f.* Conjunto de latas.
látex *s. m.* Jugo vegetal de aspecto lechoso, proveniente de los vasos laticíferos de algunas plantas, que se coagula con el aire y se usa para fabricar gomas y resinas. *Si uso guantes de látex para lavar, no me estropeo las manos.*
latido *s. m.* Movimiento rítmico del corazón producido por la alternancia de contracciones y dilataciones. || Sensación intermitente de dolor.
latifundio *s. m.* Propiedad rural de gran extensión, poco aprovechada y que pertenece a un solo dueño. *Los latifundios se acaban con reformas agrarias que aprovechen mejor los recursos del campo.*
latifundismo *s. m.* Distribución y régimen de propiedad que favorece las grandes extensiones de tierra en manos de pocas personas. || Doctrina que defiende esta manera de explotar la tierra.
latifundista *adj.* Que se relaciona con el latifundio y el latifundismo. || *s. com.* Dueño de uno o varios latifundios.
latigazo *s. m.* Golpe que se da con un látigo. || Sonido que produce un látigo en acción. || Dolor fuerte, punzante y breve. || Regaño fuerte e inesperado. || *fam.* Trago de un solo golpe de una bebida alcohólica. *Para entrar en el antro debías aceptar un latigazo de tequila.*
látigo *s. m.* Mango, por lo general de madera, del que se ata una cuerda que se usa para castigar o para avivar a las caballerías. || Juego mecánico que al girar bruscamente hace el efecto de este instrumento. || *loc. fig.* y *fam.* ***Usar el látigo:*** castigar con severidad.
latiguear *intr.* Producir chasquidos con el látigo.
latín *s. m.* Lengua hablada por los antiguos romanos, de la cual derivan las lenguas romances, incluido el español.
latinajo *s. m. desp.* Latín mal usado. || Frase de latín usada en español. *Me salió con unos latinajos para apantallarme.*
latinidad *s. f.* Característica de lo latino. || Lengua latina. || Tradición cultural latina. || En Estados Unidos, latinoamericanismo.
latinismo *s. m.* Palabra o frase propia del latín.
latinista *adj.* y *s. com.* Que se relaciona con el latín. || Persona especialista en latín.
latinización *s. f.* Proceso mediante el cual un pueblo asimila la lengua y la cultura de los antiguos romanos.
latinizar *t.* Extender o asimilar la lengua y la cultura latinas. || Dar forma latina a una palabra que no lo es.
latino, na *adj.* y *s.* Que se relaciona con el Lacio, región donde surgió Roma y su imperio. || Que se relaciona con el latín. || Que se relaciona con las lenguas romances y la cultura derivadas del latín. || En Estados Unidos, todo lo que tiene origen latinoamericano.
latinoamericano, na *adj.* y *s.* Que se relaciona con los pueblos de América conquistados por pueblos de origen latino como España, Portugal y Francia. || Persona que nació en Latinoamérica.
latir *intr.* Dar latidos. || *loc. Amér.* ***Latirle algo a alguien:*** tener un presentimiento.
latitud *s. f.* Distancia de un lugar al ecuador. || Extensión de un espacio geográfico. || Anchura.
latitudinal *adj.* Que se extiende a lo ancho. || Que se relaciona con la latitud.
lato, ta *adj.* Extendido. || Se dice del sentido que se le da a las palabras por extensión, opuesto al sentido estricto.
latón *s. m.* Aleación de cobre y zinc.
latonería *s. f.* Taller donde se hacen piezas de latón. || Tienda donde se venden piezas de latón.
latonero, ra *adj.* y *s.* Que hace o vende cosas de latón.
latoso, sa *adj.* Molesto, pesado.
latrocinio *s. m.* Forma de robo o estafa que afecta los bienes públicos.
latvio, via *adj.* y *s.* De Latvia o Letonia.
laucha *s. m. Arg. Chil.* y *Uy.* Ratón de poco tamaño.
laúd *s. m.* Instrumento musical antiguo de cuerda, con una caja de resonancia ovalada y abombada por la parte trasera, seis pares de cuerdas, y clavijero que forma un ángulo muy pronunciado con el mango. || Embarcación pequeña del Mediterráneo, con un palo y vela latina. || Tortuga marina con siete líneas salientes a lo largo del carapacho, que se asemejan a las cuerdas del instrumento musical.
laudable *adj.* Que es digno de alabanza.
láudano *s. m.* Extracto de opio.
laudar *t.* Fallar o dictar sentencia en términos amigables.
laudatorio, ria *adj.* Que alaba.
laudo *s. m.* Decisión de los árbitros amigables.
lauráceo, a *adj.* y *s.* Que se parece al laurel. || En botánica, conjunto de plantas de hojas coriáceas y persistentes con flores dispuestas en panoja, y frutos en bayas o drupas de una sola semilla. *El laurel común, el árbol de la canela, el alcanforero y el aguacate son lauráceas.*
laureado, da *adj.* Que fue colmado de honores. *Ayer falleció un laureado escritor.*

L

laurear *t.* Coronar con laurel. *El campeón fue laureado en el pódium.* || Premiar.
laurel *s. m.* Árbol siempre verde, de tronco liso, hojas duras y lanceoladas de color verde oscuro, brillantes y de olor agradable, y fruto pequeño y redondo de color negro. || Hoja de laurel. *El laurel se usa como condimento.* || Recompensa, premio o fama que se obtiene por ganar una competencia, escribir libros, obras musicales, etc. || *loc.* ***Dormirse en los laureles:*** dejar de esforzarse después de haber obtenido algún logro.
laurencio *s. m.* Lawrencio.
laurente *s. m.* En los molinos de papel, oficial que tiene por cargo principal asistir a las tinas con las formas y hacer los pliegos.
lauro *s. m.* Laurel. || Gloria, triunfo.
lava[1] *s. f.* Material derretido e incandescente, de origen magmático, que emite un volcán en erupción.
lava[2] *s. f.* Operación de lavado de metales.
lavable *adj.* Que se puede lavar. || Que no se encoge ni pierde color al lavarlo. *Mi suéter nuevo es lavable, pero la etiqueta indica que es preferible hacerlo a mano.*
lavabo *s. m.* Pila fija, de porcelana o de cerámica, con uno o más grifos, que suele estar en el cuarto de baño y se usa sobre todo para lavarse las manos, la cara y los dientes. || Habitación donde, además de esa pila, está el wáter, la ducha y, en algunos países, el bidé.
lavacoches *s. com.* Empleado que en garajes o talleres mecánicos está encargado de lavar los coches. || *Méx.* Persona que en las calles se ofrece para lavar los coches.
lavada *s. f.* Lavado.
lavadero *s. m.* Lugar donde se lava la ropa. || *fig.* Lugar donde se lava o blanquea dinero. *Muchos bancos, sin saberlo, se han convertido en lavaderos.*
lavado, da *s. m.* Acción y resultado de lavar. || *s. f. Uy.* Conjunto de ropa que un cliente da a una lavandera o lleva a la lavandería.
lavador, ra *adj.* y *s.* Que lava.
lavadora *s. f.* Máquina para lavar la ropa.
lavafrutas *s. m.* Recipiente individual, con agua, que se pone en la mesa para lavar las frutas que se tienen que pelar o para limpiarse los dedos.
lavamanos *s. m.* Lavabo. || Mueble de madera o de hierro, que se ubica en el dormitorio, con una palangana donde se pone agua para asearse.
lavanda *s. f.* Arbusto de flores moradas que se usan en perfumería.
lavandería *s. f.* Establecimiento dedicado al lavado de ropa.
lavandero, ra *s.* Persona que se dedica a lavar ropa.
lavandina *s. f. Arg. Bol. Py.* y *Uy.* Lejía.
lavaojos *s. m.* Copa pequeña, con el borde adaptado al tamaño del ojo para poder aplicar medicamentos ópticos.
lavaplatos *s. com.* Persona que en los restaurantes lava los platos. || Lavavajillas.
lavar *t.* Limpiar algo con agua. || Purificar algo, quitar una mancha. || Borrar un defecto. || Hacer que el dinero de procedencia ilícita se «lave» o «blanquee», haciéndolo pasar por varias empresas, legales o «fantasma», para que se considere dinero lícito.
lavativa *s. f.* Procedimiento terapéutico para ayudar a evacuar que consiste en introducir líquido por el ano. || Instrumento que sirve para hacer este procedimiento. *La lavativa es una especie de pera de goma.*
lavativo, va *adj.* Que lava.
lavatorio *s. m.* Acción de lavar. || Lavamanos.
lavavajillas *s. m.* Máquina que sirve para lavar platos y enseres de cocina.
lavazas *s. f. pl.* Agua que no está limpia o está mezclada con la suciedad de lo que se lavó con ella.
lavotear *t. fam. Esp.* Lavar mucho y mal. || *pr.* Lavarse muchas veces y con esmero una persona.
lawrencio *s. m.* Elemento químico transuránico que pertenece a la serie de los actínidos. Es un metal muy radiactivo que se obtiene artificialmente por bombardeo de californio con iones de boro. Su vida media es de ocho segundos. Su número atómico es 103 y su símbolo *Lr.*
laxación *s. f.* Acción y resultado de laxar.
laxante *adj.* Que laxa. || *s. m.* Medicamento que ayuda a evacuar el vientre.
laxar *t.* Aflojar, ablandar, disminuir la tensión de una cosa. || Aflojar el vientre para evacuar.
laxativo, va *adj.* Que laxa o sirve para laxar.
laxo, xa *adj.* Que está flojo o no tiene la tensión que debería. || Que no sigue preceptos morales rígidos.
lay *s. m.* Composición poética de versos cortos, que floreció en Francia y Alemania entre los siglos XIII y XIV, que relataba una leyenda o una historia de amor. *Originalmente, «Tristán e Isolda» era un lay.*
laya[1] *s. f.* Pala de hierro con el mango de madera con la que se remueve la tierra en labores del campo.
laya[2] *s. f. desp.* Condición social de una persona.
lazada *s. f.* Nudo que se deshace al jalar una de sus puntas. || Lazo.
lazar *t.* Sujetar una cosa con un lazo. || *Méx.* Enlazar.
lazareto *s. m.* Hospital de leprosos. || Hospital que atiende a personas con enfermedades contagiosas o pacientes en cuarentena.
lazarillo *s. m.* Persona o animal que guía o ayuda a un ciego.
lazo *s. m.* Nudo que se deshace fácilmente jalando una de las puntas. || Adorno de cinta que imita este nudo. || Metal, masa de hojaldre, adorno, arreglo floral u otra cosa que imita la forma de este nudo. || Relación de una persona con otra, o con una cosa. *Los lazos que me unen a México son muy fuertes.* || Ardid o trampa. *Al amparo de la noche, sus enemigos le tendieron un lazo.* || *loc.* ***Echar el lazo:*** atrapar. *Primero le echó el lazo la policía y, al salir de la cárcel, su novia.*
le *pron.* Forma del pronombre de tercera persona para el objeto indirecto. *En «Le compraré un regalo a mi hija», el objeto indirecto está dos veces: en «a mi hija», y en forma de pronombre, «le».*
leal *adj.* Que merece confianza. *Nunca tuve un amigo tan leal como él.* || Que guarda fidelidad a una institución. *Si el jefe del ejército permanece leal al presidente, no habrá golpe de Estado.* || Que es fiel a su amo. *Algunos animales son tan leales a sus amos que al morir éstos, los acompañan a la tumba.*
lealtad *s. f.* Cualidad que caracteriza a alguien que es capaz de ser leal. || Comportamiento de una persona o animal que refleja fidelidad.
lebrato *s. m.* Cría de liebre o liebre joven.
lebrel *s. m.* Perro que sabe cazar liebres, alto y ágil.
lebrillo *s. m.* Vasija más ancha por el borde que por la base que se usa para lavar. *¿Habrá todavía lebrillos de barro o de plata? Yo sólo conozco los de plástico.*
lebrón *s. m.* Hombre tímido y cobarde. *La palabra «lebrón» se usa más como apellido que como sustantivo común.*
lección *s. f.* Conjunto de conocimientos que transmite un maestro a sus alumnos. *Las lecciones del maestro de civismo son aburridas.* || Partes en que se divide un libro de texto. *Nos dejaron estudiar de la lección 4 a la 8.* || Ejemplo que sirve de enseñanza o para castigar a alguien. *Nos dio una lección de paciencia que nunca olvidaremos.* || ***Dar una lección:*** hacer comprender a alguien que ha cometido un error o que tiene un defecto. *Para que se le quite lo avaro un día de éstos le voy a dar una lección.*
lechada *s. f.* Mezcla líquida de cal, yeso o argamasa.
lechal *adj.* y *s. m.* Que todavía toma leche de la teta de la madre. *La carne de ternera lechal es muy tierna.*
leche *s. f.* Sustancia líquida de color blanco que secretan las mamas de

las hembras de los mamíferos, y sirve para alimentar a sus hijos; la de algunos animales, como la de la vaca y la cabra, se destina al consumo humano. *Con leche de vaca se elaboran quesos, mantequilla, yogur.* || Líquido blanco que segregan algunos vegetales. || Líquido concentrado que se obtiene machacando determinadas semillas en agua. *La leche de almendras se usa en cosmética* || Cosmético líquido de color blanco que se utiliza como cosmético. *De noche uso leche hidratante.* || *loc. vul.* Semen. || *loc.* ***Leche condensada:*** líquido blanco y espeso que se obtiene evaporando leche y azúcar. || ***Leche entera:*** la que conserva todas sus sustancias nutritivas, incluidas las grasas. *Antes la leche entera traía más nata.* || *Esp.* ***Leche frita:*** postre que se prepara con una masa de leche, harina y azúcar, y se reboza con harina y huevo antes de freírlo. || ***Leche merengada:*** especie de refresco que se prepara con leche, huevo, azúcar y canela. || ***¡Leche!:*** expresa asombro o fastidio. *¡Leche!, ya me he olvidado otra vez de su cumpleaños.* || *fam.* ***Mala leche:*** mala intención. *Le dijo que no la amaba con toda la mala leche del mundo.*

lechera *s. f.* Vasija para guardar, hervir o servir leche.

lechería *s. f.* Tienda donde sólo se vende leche, o leche y sus derivados.

lechero, ra *adj.* Que contiene leche. || Que produce leche. || *s.* Persona que vende leche.

lecho *s. m.* Cama. *En su lecho de muerte confesó su amor.* || Cama que se improvisa en el suelo para que duerma en ella un animal o un acampante. *Hicieron un lecho de hojas para dormir más cómodos.* || Cauce de un río. *Cometieron el error de construir su casa en el lecho seco de un río.* || Fondo de un lago o del mar. *El submarino descansaba en el lecho cercano a la costa enemiga.* || Estrato geológico. || Capa de una cosa sobre la que se extiende otra. *Sobre un lecho de cantos rodados pusieron ramas de eucalipto.*

lechón *s. m.* Cerdo o puerco sin destetar. || Cerdo de cualquier edad.

lechosa *s. f. R. Dom.* y *Ven.* Fruto del papayo, hueco y con semillas negruzcas en su interior, de pulpa dulce amarilla o anaranjada.

lechoso, sa *adj.* Que tiene la apariencia de la leche. || Que secreta jugo de apariencia lechosa. *La horchata tiene un color lechoso.*

lechuga *s. f.* Planta de hojas grandes y verdes que se comen en ensalada. || *loc.* ***Más fresco que una lechuga:*** con mucha energía a pesar de haber hecho algo cansado. || *fam.* ***Ser fresco como una lechuga:*** atrevido, descarado.

lechuguilla *s. f.* Lechuga silvestre. || *Esp.* Puño de camisa muy almidonado y con varias capas semejantes a la lechuga que se usó hace mucho tiempo.

lechuguino *s. m.* Lechuga pequeña. || *Esp.* Muchacho que pretende aparentar más edad de la que tiene y que se arregla excesivamente.

lechuza *s. f.* Ave nocturna más pequeña que el búho, de cara redonda, pico corto y curvo, y plumaje blanco salpicado de manchas pardas; se alimenta de ratones.

lectivo, va *adj.* Que se relaciona con los días que se imparte clase en las escuelas. *Algunos creen que alargando el año lectivo mejorará la calidad de la educación.*

lector, ra *adj.* y *s.* Que lee o que le gusta mucho leer. || Persona que lee textos de una editorial para decidir sobre su publicación. || *Esp.* Profesor invitado a una universidad o de lengua materna en el extranjero. || *s. m.* Aparato electrónico que lee y reproduce discos magnéticos. || *loc.* ***Lector óptico:*** aparato que lee e interpreta información gráfica, como los códigos de barras.

lectura *s. f.* Actividad de leer. || Cosa que se lee. || Interpretación del sentido del texto. || Interpretación del sentido de cualquier tipo de signo. *Si eres buen psicólogo, la lectura de cartas puede ser un negocio muy lucrativo.* || Extracción de la información de una computadora. || *Esp.* Cultura de una persona.

leer *t.* Pasar la vista por un texto escrito y comprender su significado. || Decir en voz alta un texto escrito. || Interpretar el significado de cualquier tipo de signo. || Dar un significado especial a un texto. || Interpretar los sentimientos o pensamientos de alguien, descifrando sus gestos, su rostro.

legación *s. f.* Cargo del diplomático que representa a su gobierno en el extranjero. || Edificio donde reside esa representación. || Duración del cargo. || Conjunto de personas que representan a su gobierno en el extranjero. || Personal que el legado tiene a su cargo.

legado[1] *s. m.* Diplomático que representa a su gobierno en el extranjero.

legado[2] *s. m.* Disposición que deja alguien en su testamento.

legador *s. m.* Hombre que sostiene y ata las extremidades de las ovejas a la hora de la esquila.

legajo *s. m.* Conjunto de papeles que tratan de un mismo asunto y vienen atados o en una carpeta.

legal *adj.* Que se relaciona con la ley. || Se hace de acuerdo con la ley. || *fam.* Que merece confianza.

legalidad *s. f.* Lo que es legal. || Sistema de leyes que rige en un país o Estado.

legalismo *s. m.* Interés o tendencia a cumplir con minuciosidad las leyes y sus formalidades.

legalista *adj.* Que antepone todo al estricto cumplimiento de la ley.

legalizable *adj.* Que se puede legalizar.

legalización *s. f.* Acción que legaliza una cosa. *Todavía se discute la legalización del aborto.* || Firma o sello que autentifica un documento.

legalizar *t.* Hacer legal una cosa. || Autentificar un documento.

légamo *s. m.* Lodo pegajoso.

legamoso, sa *adj.* Que tiene légamo.

legaña *s. f.* Secreción de las glándulas sebáceas de los párpados que se concentra en sus comisuras.

legañoso, sa *adj.* Que tiene muchas legañas. || *fig.* Dormilón.

legar *t.* Dejar disposiciones en un testamento. || Transmitir una cultura, un saber, una tradición. || Mandar a alguien en representación de un gobierno.

legatario, ria *s.* Persona que recibe un legado.

legendario, ria *adj.* Que se relaciona con las leyendas. || Que es muy famoso.

legible *adj.* Que se puede leer.

legión *s. f.* En la antigua Roma, tropa formada por infantería y caballería. || Cuerpo del ejército formado por extranjeros o voluntarios. || Muchedumbre.

legionario, ria *adj.* Que se relaciona con una legión. || *s.* En los ejércitos modernos, soldado de algún cuerpo que tiene nombre de legión. || *s. m.* Soldado que servía en la legión romana.

legislable *adj.* Que es posible legislar o que debe legislarse. *El tema de la violencia contra la mujer es perfectamente legislable.*

legislación *s. f.* Conjunto de leyes que rigen un país.

legislador, ra *s.* Persona que tiene que ver con la legislación y con legislar.

legislar *t.* Elaborar leyes y ver que se apliquen.

legislativo, va *adj.* y *s.* Que tiene relación con la facultad de hacer leyes. || Que se relaciona con los legisladores.

legislatura *s. f.* Periodo que dura el cuerpo legislativo de un Estado. || Conjunto de órganos legislativos que funcionan durante ese periodo. || Conjunto de legisladores elegidos para ejercer la función legislativa.

legisperito *s. m.* Jurista.

legista *s. com.* Persona que sabe de leyes.

legítima *s. f.* En derecho, porción de una herencia de la que el testador no puede disponer libremente porque la ley la asigna a determinados herederos.

legitimación *s. f.* Adquisición de la condición de legítimo. *El tribunal electoral decide acerca de la legitimación de las elecciones.* || Certificación de la autenticidad de un documento, o de que algo cumple las condiciones que indica la ley. || Capacitación legal para que una persona ejerza un cargo. || Reconocimiento de un hijo natural como legítimo.

legitimador, ra *adj.* Que legitima. *Más que una acción legitimadora, fue un acto de fe democrática.*

legitimar *t.* Convertir en legítima una persona o cosa. *El Parlamento se encargará de legitimar o no las acciones del ministro.* || Confirmar o certificar la autenticidad de un documento, o de que una cosa cumple las condiciones que indica la ley. *Con la firma del notario se legitimó la compraventa de la casa.* || Capacitar legalmente a una persona para ejercer un cargo. || Reconocer como legítimo a un hijo natural. *Antes de morir, el patriarca legitimó a los hijos que había tenido con su sirvienta.*

legitimario, ria *adj.* Que se relaciona con lo legítimo.

legitimidad *s. f.* Condición de legítimo. *La legitimidad de los primeros gobernantes de los países que se independizaron de España en el siglo XIX era muy discutible.*

legítimo, ma *adj.* Que se hace de acuerdo con la ley. || Que es cierto, auténtico. *Cómpralo, es oro legítimo.*

lego, ga *adj.* En religión, que no pertenece a ninguna orden religiosa. || Que desconoce determinada materia.

legrado *s. m.* Raspado de un hueso o de la membrana que recubre el útero. *Después de perder el bebé le tuvieron que hacer un legrado.*

legua *s. f.* Medida de longitud terrestre que equivale a 5.57 km. || Medida de longitud marina que equivale a 5.55 km. || *loc.* ***A la legua:*** de lejos. *Se nota a la legua que es un farsante.*

leguleyo, ya *adj. desp.* Que trata de leyes sin conocerlas.

legumbre *s. f.* Cualquier planta que se cultiva en una huerta. || Planta cuyo fruto se da en vaina. *Los chícharos son legumbres.*

leguminoso, sa *adj.* y *s. f.* Que tiene frutos en vaina. || Nombre de la familia de plantas que tiene frutos en vaina, entre otras características.

leíble *adj.* Legible.

leído, da *adj.* Culto.

leísmo *s. m.* Incorrección gramatical que consiste en usar las formas «le» y «les» en función de complemento directo, en lugar de *la, lo, las, los. En la telenovela el galán dijo: «Le quiero mucho, María Juanita», y eso es un ejemplo de leísmo. Debió decir «La quiero mucho...»*

leísta *adj.* Que incurre en el leísmo.

leitmotiv *s. m.* Tema musical dominante en una composición. || Motivo central que se repite, por ejemplo, en un discurso, una obra literaria, una exposición de pintura, etc.

lejanía *s. f.* Cualidad de lejano en el espacio o en el tiempo. *Se veían las montañas en la lejanía.* || Parte de una zona o lugar que está remoto o distante. *El barco se fue perdiendo en la lejanía.* || Distancia muy grande entre dos puntos. *La lejanía entre nuestras casas hace que no nos frecuentemos.*

lejano, na *adj.* Que está lejos en el espacio o en el tiempo. *En un pasado muy lejano, el hombre habitó en cuevas.* || Se aplica al parentesco o semejanza que no tiene vínculos directos o firmes. *Ayer conocí a unos parientes lejanos de mi papá.*

lejía *s. f.* Solución acuosa de hipoclorito de sodio, de olor fuerte, y que se usa como blanqueador de telas y como desinfectante. *En su uso doméstico la lejía se conoce como cloro.*

lejos *adv.* A gran distancia en el espacio o en el tiempo. *La pelota llega muy lejos cuando la tira Pedro.* || *s. m.* Semejanza, apariencia. *La chica tiene buen lejos, de cerca no es tan atractiva.* || *loc. adv.* ***A lo lejos, de lejos, desde lejos:*** a mucha distancia en el espacio o en el tiempo. *El rancho se miraba a lo lejos.* || Claramente, evidentemente. *De lejos se ve que está mintiendo.* || *loc.* ***Ir*** o ***llegar demasiado lejos:*** sobrepasar los límites de lo lícito o lo tolerable. *Hacerle esa broma al maestro sería ir demasiado lejos.* || *loc. adv.* ***Lejos de:*** se usa para indicar que lo que sucede o lo que se hace es todo lo contrario a lo que se expresa. *Lejos de mejorar, con ese maestro empeoraron los alumnos.* || ***Sin ir más lejos:*** se utiliza para indicar que algo puede servir como ejemplo o prueba de lo que se está hablando. *Sin ir más lejos, te pongo el siguiente ejemplo.*

lelo, la *adj.* Bobo, atontado, pasmado. *No pone atención en clase porque Laura lo tiene lelo.*

lema *s. m.* Frase que expresa un pensamiento que identifica la conducta o el propósito de una persona o comunidad. *«Por mi raza hablará el espíritu», es el lema de la universidad.* || Frase que se pone en los emblemas y empresas para su mejor identificación. *«La chispa de la vida», fue el lema de una empresa refresquera.* || Palabras que a manera de contraseña identifica al autor de una obra que se presenta a concurso, y cuya identidad se hace pública hasta después del fallo del jurado. *Presentó su ensayo con el lema «El búho que canta» y resultó ser un aficionado.* || Resumen o explicación muy breve del asunto de que se trata y que precede a una parte de una obra literaria. *«El Cid entra en el reino moro de Toledo», es el lema 22 del Poema de Mío Cid.* || Tema de un discurso o de una reunión. *«Objetivos de desarrollo del milenio» fue el lema de la cumbre de la ONU en el año 2000.* || Palabra que es la entrada de un artículo del diccionario o la enciclopedia, y que es la que se define. *El lema siempre va resaltado con un tipo de letra distinto.* || Proposición que hay que demostrar antes de establecer un teorema matemático.

lemming *s. m.* Roedor de orejas y cola muy cortas y pelo espeso, parecido a una rata, que habita en las regiones árticas, donde emigra en grandes grupos. *Existe el mito de que los lemmings se suicidan en masa arrojándose al mar.*

lémur *s. m.* Nombre de diversos mamíferos primates arborícolas que se caracterizan por su larga cola, sus cuatro extremidades terminadas en manos, con el hocico prominente y ojos saltones, propios de Madagascar. || *pl.* Genios maléficos mitológicos de la antigua Roma. || Fantasmas o duendes.

lencería *s. f.* Ropa interior y para dormir femenina. || Establecimiento en el que se hace o se vende este tipo de ropa. *Se surtió de lencería para su luna de miel.*

lengua *s. f.* Órgano muscular blando, carnoso y movible que se encuentra situado en la cavidad de la boca de los vertebrados y que sirve para gustar, deglutir y articular los sonidos. *Se lamía con la lengua el chocolate que le quedaba en los labios.* || Por extensión, cualquier cosa estrecha y larga, de forma parecida a la de este órgano. *Cuando baja la marea, la isla se conecta a tierra firme por una lengua de tierra.* || Sistema de comunicación verbal y casi siempre escrito, que utiliza una comunidad de hablantes para comunicarse. *La lengua es uno de los elementos que cohesionan a los pueblos.* || Sistema lingüístico considerado en su estructura. *Cada lengua tiene formas gramaticales peculiares.* || Vocabulario y gramática peculiares de una época, de un escritor o de un grupo social. *A la lengua de Quevedo se le conoce como conceptista.* || Badajo de una campana, que cuelga en su interior y hace que aquélla suene. || *loc.* ***Lengua de agua:*** parte del agua del mar, de un río, etc., que entra en forma alargada tierra adentro. *Pescamos en un paraje que era una lengua de agua.* || ***Lengua de estropajo:*** persona balbuciente, o que habla y pronuncia mal. || ***Lengua de fuego:*** cada una de las llamas que se levantan en una hoguera o en un incendio. *El edificio incendiado arrojaba lenguas de fuego por las ventanas.* || ***Lengua de tierra:*** pedazo de tierra largo y estrecho que entra en el mar, en un río, etc. || ***Lengua de trapo:*** forma de hablar de los niños cuando todavía no hablan bien. || ***Lengua extranjera:*** que no es propia del país del hablante. *El sistema educativo debe enseñar lenguas extranjeras.* || ***Lengua franca:*** la que es mezcla de dos o más, y con la cual se entienden los integrantes de pueblos distintos. *En Mesoamérica antes de la llegada de los españoles la lengua franca fue el náhuatl.* || ***Lengua madre:*** de cuyo tronco derivan otras. *El latín es la lengua madre de las lenguas románicas.* || ***Lengua materna:*** la que se habla en el país en que ha nacido el hablante y la aprende en su entorno familiar y mediante la cual se comunica normalmente. || ***Lengua viperina:*** se aplica a las personas aficionadas a criticar y a hablar mal de los demás. *Le dio un repaso a todos con su lengua viperina.* || ***Lengua larga:*** chismoso. || ***Mala lengua:*** persona murmuradora o maldiciente. || ***Malas lenguas:*** se dice de los murmuradores sobre las vidas y acciones ajenas. *Dicen las malas lenguas que se andan divorciando.* || *loc. adv.* ***Con la lengua de fuera:*** con gran cansancio y apresurado. *Nos mudamos, y de tanto cargar terminamos con la lengua de fuera.* || *loc.* ***No tener pelos en la lengua:*** decir uno lo que piensa o siente sin miramientos ni reparos. *Le dijo lo que pensaba de él sin pelos en la lengua.* || ***Darle a la lengua:*** hablar mucho. || ***Írsele la lengua:*** hablar más de lo debido o revelar algo inconscientemente. || ***Morderse la lengua:*** contenerse en hablar, callando con alguna violencia lo que quisiera decir. || Criticar a alguien del mismo defecto que uno padece. || ***Sacar la lengua:*** gesto que consiste en sacar la lengua para burlarse de alguien. || ***Soltar la lengua:*** que habla lo que debería callar. || ***Tener en la punta de la lengua:*** querer acordarse de algo, sin poder hacerlo. || Estar a punto de decir eso de lo que no se acuerda. || ***Tener mala lengua:*** decir palabras groseras, ser blasfemo, murmurador o maldiciente. || ***Tener mucha lengua:*** ser demasiado hablador. || ***Trabarse la lengua:*** verse impedido de hablar por la dificultad de pronunciación de ciertas palabras o combinaciones de palabras.

lenguado *s. m.* Pez marino de cuerpo ovalado y casi plano, con los dos ojos en uno de los lados de la cara, y de carne comestible muy fina. *Nos despachamos un rico filete de lenguado.*

lenguaje *s. m.* Capacidad propia del ser humano de emitir sonidos articulados con que expresa lo que piensa o siente. *La adquisición de un lenguaje apropiado para expresar conceptos es tarea ardua.* || Sistema de signos utilizado por el ser humano para el desarrollo de esta capacidad. *Aprender a redactar es indispensable para el buen uso del lenguaje escrito.* || Lengua o idioma hablado por un pueblo o una comunidad. *El que hablaban era un lenguaje totalmente desconocido para mí.* || Manera de hablar o de expresarse característica de una persona o de un grupo. *Háblanos en lenguaje corriente para que te entendamos.* || Medio que sirve para transmitir algo, especialmente una idea o un sentimiento. *Existen sentimientos y emociones que se expresan más adecuadamente con el lenguaje de la música.* || Manera de expresarse. *Ese orador usa un lenguaje muy florido.* || Conjunto de caracteres y reglas de combinación de estos, con los que se programa un sistema informático. *La computadora sólo entiende un lenguaje consistente en ceros y unos.*

lenguaraz *adj.* Que habla con atrevimiento, descaro e insolencia.

lengüeta *s. f.* Objeto, mecanismo o instrumento cuya forma, delgada y alargada recuerda a una lengua. || Tira de piel que tienen algunos zapatos, que sirve para atarlos sin dañar el pie y para reforzar el empeine. || Lámina pequeña de caña o metal, situada en la embocadura de algunos instrumentos musicales de viento que, al vibrar, produce el sonido.

lengüetada *s. f.* Acción de lamer alguna cosa con la lengua. *Se comió medio helado de tres lengüetadas.*

lengüetazo *s. m.* Movimiento hecho con la lengua al lamer o al coger algo con ella. *El camaleón caza insectos a lengüetazos.*

lengüetear *intr.* Dar lengüetazos.

lengüilargo, ga *adj.* Lenguaraz.

lenidad *s. f.* Blandura, falta de severidad en exigir el cumplimiento de un deber o en castigar una falta. *La lenidad de los padres hizo a los hijos muy libertinos.*

lenificar *t.* Suavizar, ablandar o hacer más moderado. *Le puso aceite para lenificar la piel del bebé.* || Aliviar o mitigar un padecimiento.

lenitivo, va *adj.* Se aplica al medicamento o remedio que ablanda y suaviza o que alivia una irritación. *Le aplica al bebé una crema lenitiva contra las rozaduras.* || Que sirve para aliviar un sufrimiento o una pena. *Escucha buena música como lenitivo de sus penas.*

lenocinio *s. m.* Acción de servir de intermediario para hacer posibles relaciones amorosas o sexuales. || Oficio de alcahuete. *La Celestina comete un acto de lenocinio.*

lenón *s. m.* Alcahuete, hombre que concierta una relación amorosa. || Hombre que trafica prostitutas.

lente *s. amb.* Objeto transparente, generalmente de vidrio, con las caras cóncavas o convexas, que se usa en instrumentos ópticos para producir imágenes. *En Japón pulieron la lente más grande del mundo para un telescopio.* || *pl.* Par de cristales colocados en una montura, que se apoya en la nariz y se sujeta detrás de las orejas, y que sirve para corregir algún defecto de la vista. *Mandé graduar mis lentes oscuros para sol.* || *loc.* ***Lente de contacto:*** lente muy pequeña y delgada, de plástico o de cristal, que se fija directamente sobre la córnea para corregir los vicios de refracción del ojo.

lenteja *s. f.* Planta leguminosa de tallos ramosos, cuya semilla, en forma de disco pequeño y de color marrón, es comestible. *El cultivo de la lenteja se hace desde hace más de 8000 años.* || Semilla de esta planta. *La lenteja es muy rica en hierro.*

lentejuela *s. f.* Laminilla redonda y de material brillante, que se usa como adorno en los bordados de ciertos vestidos. *La cantante salió al escenario con un vestido negro bordado de lentejuelas.*

lenticular *adj.* Que tiene forma parecida a la semilla de la lenteja. || *s. m.* Pequeña apófisis del yunque, mediante la cual este huesecillo del oído se articula con el estribo.

lentilla *s. f.* Lente de contacto.

lentisco *s. m.* Arbusto de hojas perennes, flores pequeñas de color amarillento a rojo oscuro, fruto esférico primero rojo y luego negro, y madera rojiza utilizada en ebanistería.

lentitud *s. f.* Cualidad de lento. || Tardanza o calma con que ocurre o se ejecuta una cosa. *Su lentitud para hablar es desesperante.*

lento, ta *adj.* Que va o que ocurre despacio, con poca velocidad. *Aquel es un lugar tranquilo donde el tiempo transcurre lento.* || Poco vigoroso, poco intenso. *Hay que sazonar este platillo a fuego lento.* || Se aplica a la persona que es lerda para comprender o que hace las cosas con lentitud. *Explícale con calma, que es un poco lento.* || *s. m.* Tiempo musical que se ejecuta despacio. || Composición o parte de una composición que tiene este tiempo. || *adv.* Lentamente. *Habla más lento, que no te entiendo.*

leña *s. f.* Conjunto de troncos, ramas y trozos de madera seca que sirven para hacer fuego. *Echa más leña a la chimenea que se siente el frío.* || *fam.* Golpes o palos que se dan como castigo. *En la riña, repartió leña para todos lados.* || *loc.* ***Echar leña al fuego:*** hacer que una situación conflictiva lo sea todavía más. *¡Ya no digas nada,* *no le eches más leña al fuego!* || ***Hacer leña del árbol caído:*** alegrarse de las dificultades de alguna persona, o sacar provecho de ello. *Una vez que renunció, varios quisieron hacer leña del árbol caído.* || ***Llevar leña al monte:*** dar a alguien algo que tiene en abundancia y no necesita.

leñador, ra *s.* Persona que se dedica a cortar o vender leña.

leñar *t. Arg.* Hacer o cortar leña.

leñazo *s. m.* Golpe dado con un leño. || *fam.* Por extensión, cualquier golpe violento o muy fuerte. *Íbamos distraídos y nos dimos un leñazo con un cartel.*

leño *s. m.* Trozo grueso de árbol, cortado y sin ramas. *Mete esos leños en la fogata, que el fuego se apaga.* || Parte sólida y consistente del tronco de los árboles, debajo de la corteza. || *fam.* Persona de poco talento y torpe. *Este Juan es un leño, no pesca ni una.*

leñoso, sa *adj.* Se aplica a la parte más consistente de las plantas, que es dura como la madera. || Se aplica al arbusto, planta o fruto que tiene la dureza y consistencia propias de la madera.

leo *adj.* y *s.* Se dice de los nacidos bajo el signo zodiacal de Leo.

león, leona *s.* Mamífero felino, carnívoro, corpulento, que puede alcanzar hasta 3 m de longitud, de cabeza grande y pelo marrón rojizo; el macho tiene una larga melena de la que carece la hembra. *El león es el rey de la selva.* || *fam.* Persona valiente, audaz, atrevida y decidida. *Si le tocan a sus hijos se convierte en una leona.* || *loc.* ***León marino:*** nombre común de diversos mamíferos pinnípedos marinos de unos 3 m de longitud, con una especie de cresta carnosa y móvil en la cabeza y las patas traseras transformadas en aletas.

leonado, da *adj.* Que tiene un tono parecido al de la melena del león, marrón rojizo.

leonera *s. f.* Lugar en que se tienen encerrados los leones. *En el zoológico construyeron unas nuevas leoneras.* || *fam.* Habitación o lugar muy desordenado, en la que las cosas se arrinconan o amontonan. *Arregla tu cuarto, que está hecho una leonera.* || *Méx.* Casa donde se celebran jolgorios u orgías.

leonino, na *adj.* Perteneciente o relativo al león. *Esa chica se arregló una melena leonina.* || Se aplica al contrato que es ventajoso solamente para una de las partes. *No podemos aceptar un contrato tan leonino.*

leontina *s. f.* Cinta o cadena colgante del reloj de bolsillo.

leopardo *s. m.* Mamífero felino, carnívoro, de pelo amarillento lleno de manchas negras redondas, y el vientre claro; cuerpo estilizado y muy ágil, que vive en los bosques de Asia y África. *El leopardo trepa con facilidad a los árboles.*

leotardo *s. m.* Prenda de vestir femenina, tejida de punto de lana o algodón, que es muy ajustada, pero cubre las piernas desde los pies hasta la cintura. *En invierno, Ema gusta vestir leotardos debajo de los pantalones.* || Prenda de vestir de tejido muy delgado y elástico, que se ajusta mucho al cuerpo. *El bailarín llevaba unos leotardos blancos.*

leperada *s. f. Amér. C.* y *Méx.* Acción propia del lépero. || Dicho o expresión grosera. *A Juan lo llamaron a la dirección porque les dijo leperadas a las niñas.*

lépero, ra *adj. Amér. C.* y *Méx.* Se aplica a la persona que es ordinaria, soez o poco decente. || *Ecua.* Que es muy pobre, sin recursos.

lepidóptero, ra *adj.* Se aplica a los insectos que tienen aparato bucal chupador y dos pares de alas membranosas cubiertas de escamas; tienen metamorfosis completa, y en el estado de larva reciben el nombre de oruga. *Las mariposas y las polillas son lepidópteros.* || *s. m. pl.* Orden de estos insectos.

leporino, na *adj.* Perteneciente o relativo a la liebre. || Se aplica al labio hendido que, por malformación congénita, se asemeja al de una liebre.

lepra *s. f.* Enfermedad infecciosa crónica, caracterizada por lesiones en la piel, nervios y vísceras. *Se sabe que la lepra afecta a la humanidad desde al menos el año 600 a.C.*

leprosería *s. f.* Hospital de leprosos.

leproso, sa *adj.* y *s.* Que padece lepra. *Hasta hace poco, a los leprosos se les segregaba.*

lerdo, da *adj.* Lento y torpe para hacer o comprender una cosa. *«Viejo, mi querido viejo, ahora ya camina lerdo...»* || Se aplica a la bestia de paso lento y torpe.

les *pron.* Forma átona del pronombre de tercera persona, en género masculino y femenino y en número plural. *Les mandó decir que no lo esperaran.* || Se escribe unido al verbo cuando se pospone a él. *Muéstrales tu nuevo celular.*

lesbiana *s. f.* Se aplica a la mujer homosexual.

lesbianismo *s. m.* Atracción sexual que siente una mujer por otra. || Homosexualidad femenina.

lésbico, ca *adj.* Del lesbianismo o relativo a esta tendencia sexual.

lesear *intr. Chil.* Hacer o decir tonterías.

lesera *s. f. Chil.* Dicho o hecho tonto. || Asunto sin importancia.

lesión *s. f.* Daño físico causado por un golpe, herida o enfermedad. *En el accidente sufrió lesiones en el cráneo.* || Cualquier perjuicio, ofensa o daño moral. *Las condiciones de trabajo las consideraron una lesión a sus derechos.*

lesionar *t.* Causar lesión. *Se lesionó la rodilla jugando futbol.* || Perjudicar o producir un daño moral. *La nueva ley lesiona la dignidad de un sector de la población.*

lesivo, va *adj.* Que causa o puede causar lesión, daño o perjuicio. *Esa forma de calcular el salario es lesiva para los intereses de los empleados.*

lesna *s. f.* Lezna, instrumento punzante que usan los zapateros y otros artesanos para agujerear, coser y pespuntar.

leso, sa *adj.* Agraviado, lastimado, ofendido; se aplica principalmente a la persona o institución que ha sido dañada o agraviada. *Lo juzgaron por crímenes de lesa humanidad.* || *Chil.* Tonto, necio, de pocos alcances.

letal *adj.* Que causa o puede causar la muerte. *La cantidad de somníferos que tomó resultó letal.*

letanía *s. f.* Serie de plegarias, cada una de las cuales es recitada o cantada por una persona y repetida, contestada o completada por otras. *En la procesión iban cantando letanías a la Virgen.* || *fam.* Serie, lista larga y aburrida o retahíla de palabras o frases. *Ya vas a empezar con tu letanía de siempre.*

letárgico, ca *adj.* Que padece letargo. || Perteneciente o relativo a esta enfermedad.

letargo *s. m.* Síntoma de varias enfermedades nerviosas, tóxicas, etc., caracterizado por un estado de somnolencia profunda y prolongada. || Estado de reposo e inactividad absoluta en que caen algunos animales durante ciertas épocas. *En el invierno, las víboras entran en letargo.* || Somnolencia, torpeza, inactividad o sopor muy profundo. *Tienes que trabajar, ya sal de ese letargo.*

letón, tona *adj.* Perteneciente o relativo a Letonia, país de Europa. || *s.* Persona que es de ese país. || *s. m.* Lengua del grupo báltico hablada en Letonia.

letra *s. f.* Cada uno de los signos gráficos con los que se representan en la escritura los sonidos o fonemas y que componen el alfabeto de un idioma. *La palabra «letra» tiene cinco letras.* || Esos mismos sonidos o articulaciones. || Forma o estilo de escritura propio de una persona, época o lugar. *La maestra tiene una letra manuscrita muy elegante.* || Texto escrito de una pieza musical cantada. *A media canción se le olvidó la letra.* || Sentido exacto y literal de las palabras de un texto. *Los textualistas se ciñen al sentido literal y a la letra de las palabras.* || Documento por el que una persona se compromete a pagar una cantidad de dinero en una fecha determinada. *Si no confías en* *que te pagaré, te firmaré letras.* || *pl.* Conjunto de las ciencias humanísticas que se distinguen de las exactas, físicas y naturales. *Juan quiere estudiar la carrera de letras inglesas.* || *loc.* ***Letra de cambio:*** documento mercantil por el que alguien, llamado librador, da orden a otro, denominado librado, de que pague a un tercero, o tenedor, una cantidad de dinero en una fecha determinada. || *loc. adv.* ***A la letra:*** de forma cabal y fiel. *Si te lo prometió, él te lo va a cumplir a la letra.* || ***Al pie de la letra:*** literal, exactamente, con total fidelidad a lo escrito o lo dicho. *Hay que seguir las instrucciones al pie de la letra.* || ***Primeras letras:*** primera enseñanza. *La especialidad de la maestra son las primeras letras.* || ***Letra por letra:*** enteramente, sin quitar ni añadir nada.

letrado, da *s.* Abogado.

letrado, da *adj.* Que es culto o instruido. *Don Juan es un hombre muy letrado.* || *s.* Persona legalmente autorizada para defender a sus clientes en juicio, representarlos o aconsejarlos.

letrero *s. m.* Palabra o conjunto de palabras escritas para notificar o dar aviso o noticia de un lugar o de una cosa. *Para llamar más la atención pusieron en la tienda un letrero luminoso.*

letrilla *s. f.* Composición poética de versos cortos, de tono generalmente satírico.

letrina *s. f.* Lugar destinado a la defecación. *En la feria colocaron letrinas para el público.* || Lugar sucio y repugnante. *El patio de la vecindad era una letrina.*

letrista *s. com.* Persona que escribe letras para canciones.

leucemia *s. f.* Nombre común para un grupo de enfermedades de la médula ósea que provocan un aumento incontrolado de los glóbulos blancos o leucocitos. *La leucemia es el cáncer más frecuente en niños.*

leucémico, ca *adj.* Perteneciente o relativo a la leucemia. *Las enfermedades leucémicas se tratan con trasplantes de médula ósea.* || Que padece leucemia.

leucocito *s. m.* Célula de la sangre de los vertebrados, blanca o incolora y esférica, que forma parte del sistema inmunológico.

leudar *t.* Dar fermento a la masa con la levadura.

leva *s. f.* Pieza que al girar alrededor de un punto que no es su centro, transforma su movimiento rotatorio en movimiento rectilíneo alternativo. *El árbol de leva acciona las válvulas de la cámara de combustión en un motor de combustión interna.* || Reclutamiento para el servicio militar o para servir en el ejército. || Salida de las embarcaciones del puerto.

levadizo, za *adj.* Que se levanta o puede levantarse por medio de algún mecanismo que lo levanta y lo vuelve a poner en un lugar. *El castillo tiene un puente levadizo sobre un río.*

levadura *s. f.* Nombre común de los diversos hongos microscópicos unicelulares que provocan la fermentación alcohólica de los hidratos de carbono. *Louis Pasteur descubrió que las levaduras producían la fermentación.* || Cualquier masa constituida por esos hongos que hace fermentar los cuerpos con los que se mezcla. *Para que esponje, vamos a ponerle levadura a la masa del pastel.*

levantado, da *adj.* Que tiene cualidades morales elevadas o sublimes. || Acción de levantarse o dejar la cama quien estaba acostado. *Cuando me hablaste, ya estaba levantado.*

levantamiento *s. m.* Acción y efecto de levantar o levantarse. *El deporte que le gusta es el levantamiento de pesas.* || Sedición, rebelión de un grupo de personas contra una autoridad. *Aquel levantamiento popular se nutrió al grito de «¡Mueran los gachupines!».* || Sublimidad, elevación. *Santa Teresa buscó un levantamiento espiritual mediante el ejercicio de la caridad.* || Construcción de una obra, especialmente de un edificio. *Hicieron el levantamiento del edificio en un tiempo récord.* || Suspensión de una pena o castigo. *El juez dictaminó el levantamiento de su condena.* || Acto por el que un juez se hace cargo de un cadáver en el mismo lugar en el que éste ha sido encontrado, tras la determinación de un médico forense. *Después del levantamiento del cadáver lo trasladaron a la morgue.*

levantar *t.* Mover algo de abajo hacia arriba. *Soraya levantó más de 225 kg de peso para ganar la medalla de oro en las olimpiadas.* || Poner algo en un lugar más alto. *Para cambiar la llanta hay que levantar el coche.* || Poner derecha o en posición vertical una cosa que estaba caída, inclinada o en posición horizontal. *Ayúdame a levantar la escalera.* || Dirigir hacia arriba algo, especialmente la vista, la mirada, o los ojos. *El cielo nocturno invita a levantar la vista para contemplar las estrellas.* || Recoger, quitar o desmontar una cosa de donde está. *Levantaron el campamento y prosiguieron su excursión por la mañana.* || Edificar, construir, erigir un edificio, un monumento u otra obra de construcción. *Levantaron el edificio en poco más de un año.* || Aumentar la intensidad o el volumen de la voz. *¡No me levantes la voz, que soy tu madre!* || Hacer que se separe una cosa de una superficie. *Las raíces del árbol levantaron la banqueta.* || Hacer que un animal salga del sitio en que estaba para cazarlo. *Los perros levantaron a las perdices.* || Fortalecer, animar o dar vigor a una cosa. *¡Levanta ese ánimo!, verás que lo vamos a lograr.* || Producir o causar algo. *Sus declaraciones levantaron controversia.* || Hacer que un negocio o empresa funcione. *Entre todos los hermanos levantaron el negocio.* || Poner fin a penas, castigos o prohibiciones. *Por fin levantaron el embargo a la exportación de atún.* || Redactar un acta que da fe de algo. *El notario levantó el acta de la asamblea.* || Dar por concluida una reunión de personas. *El presidente de la asamblea levantó la sesión.* || Atribuir algo falso a alguien. *Me gustaría saber quién levantó semejantes infundios contra ella.* || Realizar un plano de una población, una construcción, etc. *Levantaron el plano topográfico de toda la región.* || Provocar una rebelión o sublevación. *Con su llamado, el cura logró levantar al pueblo por la independencia.* || *pr.* Ponerse de pie. *Juan se levantó para darle el asiento a la señora.* || Dejar la cama el que estaba acostado. *Juan se levanta muy temprano para ir a la escuela.* || Sobresalir algo sobre una superficie. *A un lado del pueblo se levantan las montañas majestuosas.* || Empezar a soplar el viento o agitarse el mar. *Se ha levantado un viento del norte.* || Aparecer un cuerpo celeste por el horizonte. *Mira la Luna, se está levantando con gran tamaño.*

levante *s. m.* Oriente, este, punto por donde sale o se levanta el Sol. *Colón también navegó a Levante.* || Viento en el mar Mediterráneo procedente del oriente. || Países de la parte oriental del Mediterráneo. *Todas las Cruzadas fueron a Levante.*

levantisco, ca *adj.* Se aplica a la persona o grupo de carácter inquieto y turbulento, que no se somete al poder establecido y tiende a la rebelión. *Los apaches fueron una tribu levantisca.*

levar *t.* Levantar el ancla para hacerse a la mar un barco. *El capitán dio la orden de levar anclas.* || *ant.* Hacer levas o levantar gente para la guerra.

leve *adj.* Que tiene poca importancia, intensidad o gravedad. *Sólo sufrió heridas leves en el accidente.* || Ligero, que pesa poco. || Fino, delicado, suave y sutil. *Este vino tiene un leve sabor a frutas.*

levedad *s. f.* Cualidad de leve. *La levedad de la brisa era reconfortante.* || Poca importancia o escasa gravedad. *La levedad de su falta sólo mereció una reprimenda.* || Suavidad, delicadeza. *Siente la levedad de esta seda.*

levita[1] *s. m.* Israelita de la tribu de Leví, dedicado especialmente al culto religioso. *El levita es un ayudante de la liturgia.* || Eclesiástico de grado inferior al sacerdote.

L

levita² *s. f.* Prenda masculina de etiqueta, más larga y amplia que el frac, entallada y con faldones cruzados que llegan hasta la rodilla. *En la corte japonesa el protocolo dicta vestir de levita.*

levitación *s. f.* Acción y efecto de levitar. *En Shangai funciona un tren de levitación magnética.*

levitar *intr.* Elevarse o mantenerse en el aire una persona o cosa sin que intervenga ningún agente físico conocido. *El mago dice que puede levitar.*

lexema *s. m.* Unidad léxica mínima que carece de morfemas, como luz o sol, o resulta de haber prescindido de ellos, como «liber» en «liberación», y que generalmente se mantiene invariable en todas las palabras de una misma familia.

lexicalización *s. f.* Acción y efecto de lexicalizar. || Conversión en una unidad léxica de una interjección, una onomatopeya o un sintagma, que funciona como una palabra. *En la frase «¡guau, qué carrazo!» se ha producido una lexicalización.*

lexicalizar *t.* Convertir en uso léxico general una interjección, una onomatopeya o un sintagma que funciona como una palabra. *El sintagma «legítima defensa» se ha lexicalizado, mientras que el sintagma «defensa legítima» no.*

léxico, ca *adj.* Perteneciente o relativo al vocabulario. *Jorge Luis Borges tiene un léxico muy amplio.* || *s. m.* Vocabulario, conjunto de las palabras de una lengua, de una región, de una actividad, de un periodo determinado, o de una persona. *Góngora tiene un léxico muy culto, pero rebuscado.* || Diccionario, libro en que se recogen y definen las palabras.

lexicografía *s. f.* Arte y técnica de elaborar léxicos o diccionarios. || Parte de la lingüística que se ocupa de los principios teóricos para la elaboración de diccionarios.

lexicográfico, ca *adj.* Perteneciente o relativo a la lexicografía.

lexicógrafo, fa *s.* Persona que recopila o selecciona los vocablos que han de entrar en un léxico o diccionario. || Persona experta en lexicografía. *Los lexicógrafos seleccionaron un lemario muy extenso.*

lexicología *s. f.* Parte de la lingüística que estudia las unidades léxicas de una lengua y las relaciones entre ellas.

lexicológico, ca *adj.* Perteneciente o relativo a la lexicología.

lexicólogo, ga *s.* Persona experta en lexicología.

lexicón *s. m.* Conjunto de las palabras y lexemas de una lengua y libro en que se contienen. || Conjunto abstracto no ordenado de entradas léxicas que se definen de acuerdo con sus rasgos fónicos y gramaticales.

ley¹ *s. f.* Cada una de las normas o preceptos establecidos por una autoridad superior para mandar, prohibir o regular alguna cosa, generalmente en consonancia con la justicia y la ética, y cuyo acatamiento es obligado. *Para el bien de los gobernados es que se ha instituido la ley.* || En un régimen constitucional, disposición votada por un órgano legislativo y sancionada por el jefe del ejecutivo. *El Congreso aprobó la ley de ingresos con nuevos impuestos especiales.* || Conjunto de todas las leyes o normas que rigen la vida social, política y económica de un país o una comunidad. *La ley está hecha para todos y se debe respetar.* || Estatuto, estipulación o condición que rige una actividad particular. *Se debe respetar la ley del juego limpio.* || Línea de conducta que regula alguna actividad social y que no ha sido impuesta por ningún legislador. *Esta comunidad se rige por los usos y costumbres, que son ley.* || Religión, especialmente lo que concierne a las reglas o normas morales y a los principios de conducta. *Los judíos siguen la ley mosaica.* || *loc.* ***Ley del talión:*** la que castiga a la persona que ha causado un daño con el mismo daño que ella provocó. *La ley del talión establece que «ojo por ojo, diente por diente».* || ***Ley marcial:*** la que rige durante el estado de guerra. *La ley marcial suspende diversas garantías de la ley civil.* || ***Ley orgánica:*** la que se deriva directamente de la Constitución y que necesita la aprobación de una mayoría especial, determinada por cada Constitución. *La enseñanza pública se rige por una ley orgánica.* || ***Ley seca:*** la que prohíbe consumir bebidas alcohólicas y comerciar con ellas. *Decretaron la ley seca para los días de las fiestas patrias.* || ***Ley de la ventaja:*** la que, en una competencia deportiva, no impone un castigo que pueda resultar favorable al equipo que comete la falta. || ***Ley del embudo:*** se aplica al empleo que se hace de la ley con desigualdad, siendo muy estricta con unas personas y muy permisiva con otras. *El gerente aplicaba la ley del embudo para favorecer a sus allegados.* || ***Ley del más fuerte:*** que no tiene en cuenta los intereses de los débiles. *Entre los animales rige la ley del más fuerte.* || *loc. adv.* ***A toda ley:*** con estricta sujeción a lo justo o debido. *La competencia se realizó a toda ley.* || *loc.* ***Con todas las de la ley:*** sin omisión de todos los requisitos necesarios. *Ni que alegar, ganaron con todas las de la ley.* || ***De buena** (o **mala**) **ley:*** de buena (o mala) calidad material o espiritual. || ***De ley:*** que es buena, honrada, como debe ser. *Es un amigo de ley.* || Expresa el carácter de normalidad de un hecho. *Es de ley cederles el paso a los peatones.*

ley² *s. f.* Regla invariable, universal y necesaria, que rige las relaciones entre los diversos fenómenos de la naturaleza. *Isaac Newton descubrió la ley de la gravitación universal.*

ley³ *s. f.* Cantidad de metal puro contenido en una mena. *La veta que encontramos en la mina es de muy buena ley.* || Calidad, peso o medida que, una vez hecha la aleación, se exige a los metales que se utilizan en monedas y joyas. || *loc.* ***Bajar de ley:*** disminuir la parte de metal más valioso respecto al volumen o al peso. *Con la reforma monetaria bajaron de ley a las monedas.* || *loc. adj.* ***Bajo de ley:*** que tiene mayor cantidad de otros metales que la permitida. *Compramos una pulsera que resultó baja de ley.* || *loc. adv.* ***De ley:*** que tiene la cantidad de metal precioso que, según unas normas oficiales, debe tener. *Le compramos una pulsera de oro de ley.* || *loc.* ***Subir de ley:*** aumentar la parte de metal precioso respecto al volumen o al peso en una aleación.

leyenda *s. f.* Relato que tiene más de fantástico que de histórico o verdadero. *Mi leyenda favorita es la de la espada Excalibur del Rey Arturo.* || Composición literaria en que se narran historias populares de este tipo. *Gustavo Adolfo Bécquer es autor de «Rimas y leyendas».* || Inscripción hecha en monedas, medallas, lápidas, escudos, etc. *Las monedas del dólar tienen la leyenda más popular de todas.* || Texto explicativo de un dibujo, lámina, mapa, foto, etc. donde aparecen los símbolos, colores y sombreados que explican su contenido. *En la leyenda ve qué significa este símbolo.* || Persona convertida en ídolo, cuyas hazañas se consideran irrepetibles e inalcanzables. *«El Cid Campeador» es un personaje real pero se le tiene más como leyenda.* || *loc.* ***Leyenda negra:*** opinión negativa que se tiene de algo o alguien, basada en una serie de hechos que se dan por ciertos, aunque puedan no serlo. *La leyenda negra sobre la colonización española de América tiene mucho de cierto.*

lezna *s. f.* Instrumento que usan los zapateros, semejante a un picahielos, que sirve para perforar o coser el cuero. *El zapatero le hizo hoyos adicionales a mi cinturón con una lezna.*

lía *s. f.* Soga trenzada de esparto machacado.

liana *s. f.* Nombre común de diversas plantas trepadoras de la selva tropical, de tallo largo y leñoso, que crece verticalmente sujetándose a los árboles. *Tarzán viaja por la selva de liana en liana.*

liar *t.* Atar y asegurar un fardo o una carga con cuerdas o lías. *Solo lió su ropa y se mudó.* || Envolver una cosa y atarla. *Hay que liar este paquete para llevarlo al correo.* || Hacer un cigarrillo envolviendo el tabaco picado en el papel de fumar. *Juan prefiere liar sus cigarrillos a comprarlos hechos.* || Hacer que un asunto o una situación se compliquen o enreden más de lo normal. *Nada más viniste a liar más las cosas.* || Engañar o confundir a alguien y enredarlo en un compromiso. *Sus amigos lo liaron para que él consiga el material para la maqueta.* || Mezclar de manera desordenada o enredar una cosa. *Los hilos de pescar estaban todos liados.* || *pr.* Pelearse a golpes. *Se liaron a bofetadas.* || Hablar mucho dando explicaciones innecesarias. || *fam.* Tener relaciones amorosas o sexuales sin estar casados. *Se liaron durante la excursión del verano pasado.*

libación *s. f.* Acción de libar. || Prueba o degustación de una bebida, generalmente vino o licor. *Después de la libación de vinos se pusieron muy alegres.* || Antigua ceremonia religiosa, consistente en derramar el líquido contenido en el vaso ceremonial después de probarlo. *Patroclo hizo libaciones a los dioses antes de la batalla.*

libanés, nesa *adj.* Perteneciente o relativo a este país de Asia occidental. || *s.* Natural del Líbano.

libar *t.* Chupar el néctar de las flores, o el jugo de una cosa. *El colibrí liba el néctar de las flores.* || Probar o degustar una bebida, especialmente vino o licor. *En la feria del vino libamos a placer.* || Hacer la libación ceremonial en ofrenda a los dioses.

libelo *s. m.* Escrito en que se calumnia o denigra a personas, ideas o cosas. *Las Cartas provinciales de Pascal fueron consideradas libelos por los jesuitas.*

libélula *s. f.* Nombre común de diversos insectos del orden de los Odonatos, de abdomen alargado, ojos muy grandes y con cuatro alas largas transparentes, de colores llamativos, y cuyas larvas viven en corrientes de agua. *Las libélulas son depredadoras voraces de mosquitos y otros insectos.*

líber *s. m.* Conducto de las plantas por el que se transportan de las sustancias sintetizadas en la fotosíntesis para su distribución a todos los órganos de la planta.

liberación *s. f.* Acción de poner en libertad. *La policía logró la liberación de los secuestrados.* || Cancelación de las hipotecas y gravámenes de un inmueble. *Finalmente logró la liberación de la hipoteca de la casa.*

liberado, da *adj.* Se aplica a la persona que ha quedado libre de un compromiso, trabajo o castigo. || Que no actúa de acuerdo con las imposiciones sociales o morales.

liberador, ra *adj.* Que libera o liberta. *Esas noticias son liberadoras de mi preocupación.*

liberal *adj.* Inclinado a la libertad, tolerante, indulgente, que actúa con liberalidad, generoso. || Relativo a la doctrina política del liberalismo. *El Partido Liberal postuló candidatos jóvenes.* || Se aplica a la persona que es partidaria de esta doctrina política. *Siempre ha votado por candidatos liberales.* || Se aplica a la persona que es abierta y respetuosa con otras opiniones, que tiene costumbres e ideas libres y sin prejuicios y favorece las libertades individuales. || Se aplica a la persona que da con generosidad lo que tiene. *Es más liberal con su cariño que con su dinero.* || Se aplica a lo que se hace con liberalidad. *Hizo una donación liberal a la Sociedad Protectora de Animales.* || Se aplica a la profesión que es intelectual y puede ejercerse por cuenta propia. *La medicina y la abogacía son profesiones liberales.*

liberalidad *s. f.* Cualidad que consiste en dar con generosidad y desprendimiento, sin esperar recompensa. *El funcionario repartía con liberalidad lo que no era suyo.* || Respeto y tolerancia por las opiniones ajenas. *Asume con liberalidad todas las cuestiones controversiales.*

liberalismo *s. m.* Doctrina política, económica y social que otorga primacía de la libertad individual y rechaza la intervención del Estado en asuntos civiles. *El liberalismo se desarrolló a partir de finales del siglo XVIII.* || Actitud que propugna la libertad y la tolerancia en las relaciones humanas.

liberalización *s. f.* Acción y efecto de liberalizar. *Con la liberalización de los precios se inició una tendencia a la inflación.*

liberalizar *t.* Hacer que una persona, un sistema o una cosa actúe o funcione con mayor libertad. *El cambio de rumbo del país consistió en liberalizar la economía.*

liberar *t.* Poner en libertad a alguien o algo. *Ambos países firmaron un tratado para liberar de regulaciones el comercio exterior.* || Eximir o quitar a alguien de una obligación o compromiso. *Ella lo liberó de su compromiso de casarse.* || Hacer que un país o un territorio deje de estar dominado u ocupado militarmente. *Bajo el liderato de Juárez, los patriotas liberaron el territorio ocupado.* || Dejar escapar o producir. *Las plantas liberan oxígeno.* || *pr.* Superar o eludir una norma moral o social que se consideraba un obstáculo. *Desde que se liberó aparenta ser más adulta.*

liberiano, na *adj.* Perteneciente o relativo a este país de África. || *s.* Natural de Liberia.

libérrimo, ma *adj.* Superlativo de libre.

libertad *s. f.* Facultad que tiene el ser humano de actuar según su propio deseo. *La libertad ha sido una aspiración permanente del hombre.* || Estado o condición de quien no está sujeto a esclavitud. *En Estados Unidos se libró una guerra civil por la libertad de los esclavos.* || Estado de quien no está preso ni sometido a la voluntad de otro. *Para proteger a la sociedad, a los asesinos se les priva de la libertad.* || Derecho que tienen las personas de hacer una cosa sin que intervenga una autoridad. *La libertad de pensamiento es un derecho irrenunciable.* || Falta de coacción u obligación para hacer una cosa. *En las preparatorias públicas los alumnos están en libertad de no asistir a clases.* || Desenvoltura o naturalidad en los movimientos. *En la tesitura media, el cantante se mueve con gran libertad.* || Confianza, franqueza en el trato entre personas. *Puedes contármelo con toda libertad.* || *loc.* ***Libertad condicional:*** beneficio de abandonar la prisión que se concede a los prisioneros en la última parte de la condena, y que está sometido a la posterior observancia de buena conducta. || ***Libertad provisional:*** beneficio del que gozan los procesados de no ingresar en prisión en tanto dura la causa o juicio. || ***Tomarse la libertad:*** hacer algo sin un consentimiento previo. *Me he tomado la libertad de escribirle esta propuesta.* || ***Tomarse libertades:*** comportarse con una familiaridad excesiva. *Cada vez se toma mayores libertades con el jefe.*

libertador, ra *adj.* Que liberta, libertador. *Moisés es considerado como libertador del pueblo de Israel.*

libertar *t.* Poner en libertad.

libertario, ria *adj.* Que defiende la libertad absoluta del individuo y la desaparición del Estado y las leyes. *En las últimas décadas se ha llamado libertario al anarcocapitalismo o «anarquismo libertario».*

libertinaje *s. m.* Abuso de libertad, desenfreno. *No se debe igualar libertad con el libertinaje.* || Comportamiento inmoral y vicioso. *El libertinaje suele atentar contra la libertad y los derechos de otros.*

libertino, na *adj.* Que actúa con libertinaje. *Los vecinos libertinos hacen demasiado escándalo.*

liberto, ta *s.* Esclavo liberado, de la antigua Roma. || Por extensión, persona libre que antes fue esclava.

libidinoso, sa *adj.* Lujurioso, lascivo, propenso al deseo sexual de manera exagerada. *Juan es muy dado a pláticas libidinosas.* || Se aplica a la persona que tiene una inclinación exagerada al deseo sexual. *Es un*

L

libidinoso que anda asomándose al interior de las casas.

libido *s. f.* Deseo o impulso sexual. *Para Freud la libido era la fuerza creadora humana.*

libio, bia *adj.* y *s.* De Libia, país de África, junto al Mediterráneo.

libra *s. f.* Unidad monetaria del Reino Unido y otros países. *Convertí parte de mis ahorros a libras esterlinas.* || Medida de peso que equivale aproximadamente a 500 gramos. || Uno de los signos del Zodiaco. || *s. com.* Se aplica a la persona que ha nacido bajo el signo zodiacal de ese nombre.

libraco *s. m. desp.* Libro, por lo general de contenido de baja calidad.

librado, da *s.* Persona o entidad contra la que se gira una letra de cambio. || *loc.* ***Salir bien*** o ***mal librado:*** salir de una situación difícil o peligrosa beneficiado o perjudicado. *Afortunadamente salí bien librado de todo ese lío.*

libramiento *s. m.* Acción y efecto de librar. || Orden que se da por escrito para que alguien pague una cantidad de dinero u otro género. || *Méx.* Carretera o camino secundario que circunda una ciudad y evita pasar por ella para proseguir camino adelante. *El nuevo libramiento le ahorra a uno muy buen tiempo.*

libranza *s. f.* Orden de pago que se da por escrito a alguien para que pague cierta cantidad de dinero con los fondos del que la dicta.

librar *t.* Dejar libre a alguien de un trabajo, un problema, un peligro, una molestia, etc. *Me debes una por librarte de ese chico molesto.* || Expedir letras de cambio, cheques u otro documento de orden de pago. *En lugar de pagar efectivo, el patrón libró cheques a los empleados.* || Emitir decretos, sentencias, órdenes, etc. *El juez libró una sentencia condenatoria.* || Eximir de una obligación. *Fue librado de su compromiso por la novia.* || Sostener una lucha. *Los ejércitos libraron una batalla decisiva.* || *loc.* ***Librar bien:*** que un asunto o negocio ha sido favorable. || ***Librar mal:*** que un asunto o negocio ha sido desfavorable.

libre *adj.* Que tiene la facultad de elegir una forma de actuar o de pensar, o el derecho de hacer y decir cualquier cosa. *Cada quien es libre de pensar lo que quiera.* || Que vive en libertad, que no es esclavo, ni está preso o encerrado. *En ese zoológico, incluso las fieras andan libres.* || Que no está sujeto ni sometido. *La nación se constituyó como un país libre y soberano.* || Exento, dispensado de cargas y obligaciones. *Esa maquinaria se puede importar libre de impuestos.* || Se aplica al espacio o lugar que no está ocupado. *Busquemos un taxi libre.* || Que es gratuito, que no tiene impedimentos. *Vamos al concierto, es entrada libre.* || Se aplica al tiempo de descanso o de ocio, que no se dedica al trabajo. *En mi tiempo libre me gusta leer sobre historia.* || Se aplica a la persona que no está comprometida, soltera. *Esta chica no sólo es guapa, sino que está libre.* || Que no tiene obstáculos, impedimentos, etc. *La carretera ya está libre después del accidente.* || Que no se ciñe a reglas, normas o imposiciones. *Su estilo de componer poesías es muy libre.* || Se aplica a la traducción que no se ciñe rigurosamente al texto original. *Esta es una traducción de Shakespeare demasiado libre.* || *loc.* ***Caída libre:*** descenso de un cuerpo por acción de la gravedad. *Galileo estudió el movimiento de los cuerpos en caída libre.* || *loc. adv.* ***Por la libre:*** sin tener en cuenta o someterse a la opinión o la costumbre de los demás. *Juan siempre actúa por la libre sin consultar con los demás.*

librea *s. f.* Uniforme de gala que usan algunos trabajadores. *Los príncipes y aristócratas tienen criados de librea.* || Pelaje de ciertos animales, como los venados.

librepensador, ra *adj.* Partidario del librepensamiento.

librepensamiento *s. m.* Doctrina que reclama la independencia absoluta de la razón frente al pensamiento dogmático y religioso. *Pese a ser muy religioso, Blas Pascal era un librepensador.*

librería *s. f.* Establecimiento donde se venden libros. *Voy a la librería a buscar los libros que necesito.* || Ejercicio o profesión de librero. *La librería es el oficio que más le gusta.*

librero, ra *s.* Persona que se dedica a comerciar libros. || Estantería para poner libros. *Para tener más visibles mis libros, mandé hacer más libreros.*

libresco, ca *adj.* Perteneciente o relativo al libro. || Que se basa en lo que dicen los libros, con desapego de la realidad. *Tiene una gran cultura, pero es libresca.*

libreta *s. f.* Cuaderno pequeño que se usa para escribir anotaciones. *Si se le ocurre una idea la escribe en una libreta que trae consigo.* || Cartilla o documento donde se anotan las operaciones de una cuenta bancaria. *Al abrir su cuenta bancaria le dieron una libreta de ahorros.*

libretista *s. com.* Persona que escribe los libretos para obras musicales.

libreto *s. m.* Obra dramática escrita para una obra musical, como la ópera o la zarzuela. *Emmanuel Schikaneder escribió el libreto de la ópera «La flauta mágica de Mozart».* || *Amér.* Este texto, utilizado por el apuntador durante la representación de una obra, con o sin música.

librillo *s. m.* Diminutivo de libro. || Conjunto de hojas de papel de fumar enlazadas entre sí. || Parte del estómago de los rumiantes, en el que se absorben los líquidos.

libro *s. m.* Conjunto de hojas impresas o escritas colocadas en el orden en que se han de leer, que, cosidas o encuadernadas, forman un volumen. *El mejor amigo del hombre no es el perro, es el libro.* || Obra científica, literaria o de cualquier otra índole de bastante extensión para formar un volumen. *El material que tengo sobre este tema ya forma un libro.* || Cada una de las partes en que suelen dividirse las obras científicas o literarias y los códigos o leyes de gran extensión. *En el libro V de Armonía mundi, Kepler expone la ley de los periodos planetarios.* || Tercera de las cuatro cavidades en que se divide el estómago de los rumiantes. || *loc.* ***Libro blanco:*** el que contiene un informe completo o una serie de propuestas sobre el estado de alguna cuestión o materia. *El gobierno editó el libro blanco del sector energético del país.* || ***Libro de bolsillo:*** el que es ligero, pequeño y generalmente de precio bajo. *Las narraciones de aventuras suelen editarse como libros de bolsillo.* || ***Libro de cabecera:*** el preferido por una persona o en el que se basa su manera de pensar. *Disquisiciones aritméticas de Gauss, era el libro de cabecera de Dirichlet.* || ***Libro de contabilidad:*** el que por obligación llevan las empresas para anotar la entrada y salida del dinero. || ***Libro de texto:*** el que se utiliza en las escuelas como guía de estudio de una materia. *En el inicio de cursos hay que gastar mucho en la compra de libros de texto.* || *loc. adv.* ***Como un libro abierto:*** actitud de quien se comporta con sinceridad y sin ocultar nada. *Ya sabes que para ti yo soy como un libro abierto.* || *loc.* ***Llevar los libros:*** encargarse de la contabilidad de una empresa. *Este contador lleva los libros de varias empresas.*

licantropía *s. f.* Transformación de un hombre en lobo, según la creencia popular. || Trastorno mental que consiste en imaginar que uno se ha convertido en lobo. *La licantropía es un tema frecuente en la cinematografía.*

licántropo *s. m.* Hombre lobo. || Persona que padece licantropía.

licaón *s. m.* Mamífero carnívoro cánido, semejante al chacal, de pelaje moteado de varios colores, que habita en jaurías en ciertas zonas de África al sur del Sahara.

licencia *s. f.* Permiso para hacer algo. *Se ausentó del trabajo con licencia.* || Autorización legal para hacer o utilizar algo. || Documento en que consta este permiso. *Mostró su licencia* *para cazar.* || Permiso para conducir automóviles. *Lo multaron por manejar sin licencia.* || Abuso de libertad. *Ella se toma muchas licencias con los demás.* || *loc.* ***Licencia poética:*** infracción de la norma del lenguaje que se usa en poesía por motivos estilísticos. *En sus poesías se permite ciertas licencias que resultan características de su estilo.*

licenciado, da *s.* Persona que ha obtenido el título universitario que le habilita para ejercer su profesión. *Es licenciada en Letras Hispánicas y ahora está haciendo la maestría.* || Persona que ha cumplido el servicio militar y ha obtenido la licencia absoluta. *Los licenciados del servicio militar pasan a formar parte de la reserva.* || Tratamiento que se da a los abogados. *Para responder esta demanda judicial tendremos que contratar a un licenciado.*

licenciamiento *s. m.* Acción y efecto de licenciar. || Acto en el que se recibe el grado de licenciado.

licenciar *t.* Dar o conferir el título de licenciado una facultad universitaria. *Esta facultad está licenciando buenos prospectos de investigador.* || Dar autorización a un soldado para abandonar definitivamente el cuartel. *Licenciaron al cabo por indisciplina.*

licenciatura *s. f.* Grado de licenciado o título académico que se obtiene al terminar una carrera universitaria. *Consiguió la licenciatura pese a sus graves problemas económicos.* || Acto de recibirlo. || Conjunto de estudios necesarios para conseguir este grado. *La licenciatura en Matemáticas consta de 28 asignaturas que se cursan en cuatro años.* || Tiempo durante el cual se estudian.

licencioso, sa *adj.* Que tiene un comportamiento atrevido, disoluto, inmoral, especialmente en lo relacionado con la moral sexual. *Antes de casarse se dio cuenta que aquel hombre era licencioso.*

liceo *s. m.* Escuela de Aristóteles. || Centro de enseñanza media de algunos países, como Francia e Italia. *Hizo su preparatoria en el liceo francés de su ciudad.* || Sociedad o institución literaria o artística.

licitación *s. f.* Acción y efecto de licitar. || Oferta que se hace en una subasta o en un concurso público, para obtener un contrato. *Publicaron las bases de la licitación para construir el acueducto.*

licitador, ra *s.* Persona o entidad que licita en una subasta o concurso. *Todos los licitadores tenían buen respaldo financiero.*

licitar *t.* Ofrecer dinero por un objeto en una subasta o precio para obtener un contrato.

lícito, ta *adj.* Que está permitido por la ley, legal. *Esta empresa nunca ha hecho nada que no sea lícito.* || Justo, permitido, aceptable. *Es lícito oponerse a la arbitrariedad.*

licitud *s. f.* Cualidad de lícito. || Concordancia o conformidad con la ley o la moral.

licopodio *s. m.* Nombre común de diversos helechos típicos que crecen en terrenos húmedos y sombríos. *De las esporas del licopodio se extrae azufre vegetal para uso medicinal.*

licor *s. m.* Bebida alcohólica obtenida por destilación. *El coñac y el whisky son licores.*

licorera *s. f.* Botella, generalmente decorada, para guardar y servir licor. || Mueble o lugar donde se guardan licores y otras bebidas. || Utensilio de mesa en el que se colocan las botellas de licor y las copas.

licorería *s. f.* Fábrica de licores. || Establecimiento en el que se venden licores y vinos.

licuación *s. f.* Acción y efecto de licuar. || Cambio del estado sólido o gaseoso a líquido. *En el puerto construyeron una planta de licuación de gas natural.*

licuado *s. m. Amér.* Bebida que se prepara a base de frutas licuadas con leche o con agua. *Tómate tu licuado antes de irte a la escuela.*

licuadora *s. f.* Aparato electrodoméstico que sirve para licuar frutas u otros alimentos. *No pude hacer el puré de tomate porque se descompuso la licuadora.*

licuar *t.* Convertir en líquido una sustancia sólida o un gas. *Para transportar el gas natural primero se licúa.*

licuefacción *s. f.* Acción y efecto de licuar. || Licuación.

licuefacer *t.* Licuar.

lid *s. f.* Lucha, combate o pelea. *Los luchadores calentaban preparándose para la lid.* || *pl.* Actividad que requiere determinada habilidad o conocimiento. *Hay que llevar a Juan, él es experto en esas lides.* || *loc. adv.* ***En buena lid:*** de manera legal, sin hacer trampas. *El otro equipo ganó en buena lid.*

líder *s. com.* Dirigente político, religioso, o de un grupo o sociedad. *Todos la respetan porque es una líder natural.* || Persona o grupo de personas que ocupa el primer lugar en una clasificación o competencia. *El equipo Boca Junior es el líder del torneo.*

liderar *t.* Encabezar y dirigir un grupo o colectividad. *Nunca pensó que llegaría a liderar tantas empresas.* || Ir a la cabeza de una competencia. *Si ganamos este juego pasaremos a liderar el torneo.*

liderato *s. m.* Condición de líder o ejercicio de sus actividades. *Quien ejerce el liderato real en el partido es el presidente de la República.*

liderazgo *s. m.* Liderato. || Condición de líder. *El director hizo valer su liderazgo ante su gente.* || Primer lugar en una clasificación o competencia. *A la mitad del torneo, ese equipo conserva el liderazgo.*

lidia *s. f.* Acción de lidiar. || Lucha, pelea. || Corrida de toros. *Cada vez son más los que se oponen a la lidia de toros.*

lidiar *t.* Torear, incitar al toro a las diversas acciones y faenas de la lidia. *Este torero aprendió a lidiar desde muy pequeño.* || *intr.* Hacer frente con habilidad a alguien para conseguir algo. *Lidió con su amigo borracho hasta que lo calmó.* || Combatir, batallar, pelear. *Los papás siempre andan lidiando con los niños para que se bañen.*

liebre *s. f.* Mamífero roedor parecido al conejo pero más grande, con las orejas más largas, de color pardo, las patas traseras mucho más largas que las delanteras y la cola corta; es muy veloz y vive en las llanuras sin hacer madrigueras. *La liebre es una de las presas favoritas de las aves rapaces.* || Atleta que en las carreras de velocidad corre muy rápido y se pone a la cabeza de la competencia para favorecer a otro corredor. *Los corredores liebre no compiten por ganar.* || *fam.* Hombre tímido y cobarde. || *loc.* ***Saltar la liebre:*** surgir algo de manera imprevista. *Por donde menos te lo esperas, salta la liebre.*

liendre *s. f.* Huevo del piojo.

lienzo *s. m.* Tela que se fabrica de lino, cáñamo o algodón. || Tela preparada para pintar sobre ella. *Los domingos, en el Jardín del Arte venden lienzos.* || Pintura hecha sobre esta tela. *Los domingos, en el Jardín del Arte exponen y venden lienzos.*

liga *s. f.* Cinta o banda elástica que sujeta la media al muslo o el calcetín a la pantorrilla e impide que se caiga. *La novia bailó la danza de la liga.* Banda de caucho elástico que sirve para sujetar papeles, billetes, etc. || Competencia deportiva en la que participan equipos de una misma categoría y en la que cada equipo debe enfrentarse con todos los demás. *Organizó un equipo para participar en la liga infantil de béisbol.* || Acuerdo entre dos o más Estados para defenderse de sus enemigos o para ofenderlos o para conseguir algo en común. *La Liga de Esmalcalda unió a los príncipes protestantes contra el emperador Carlos V.* || Asociación o conjunto de personas u organismos unidos por unos mismos intereses. *Los grupos ecologistas formaron una liga en defensa del ambiente.* || Mezcla de dos o más sustancias, especialmente dos metales que se funden para formar una aleación. || Metal inferior que se mezcla con el oro o la

L

plata para hacer alhajas o monedas. || *loc.* ***Hacer buena liga:*** congeniar una persona con otra. *Ambas chicas hacen una buena liga.*

ligado *s. m.* Unión o enlace de las letras en la escritura. || Modo de ejecutar una serie de notas diferentes sin interrupción de sonido entre unas y otras.

ligadura *s. f.* Atadura que ciñe o sujeta con una cuerda u otra cosa. *El escapista se zafó de las ligaduras en menos de un minuto.* || Cuerda o correa que sirve para sujetar o unir una cosa a otra. *Ata fuerte las ligaduras para que no escape.* || Vínculo o impedimento moral que dificulta la ejecución de una cosa. *Hasta que consiga independencia económica romperá sus ligaduras paternas.* || Operación quirúrgica que consiste en cerrar un vaso, un conducto o un órgano hueco mediante un hilo de sutura o un nudo. *Se sometió a una ligadura de trompas para no tener más hijos.* || Signo que se coloca sobre dos o más notas musicales en un pentagrama para indicar que todas ellas deben ejecutarse ligadas, sin pausas ni interrupciones.

ligamento *s. m.* Acción y efecto de ligar o ligarse. || Cordón fibroso muy resistente, de tejido conjuntivo, que une los huesos de las articulaciones. *Jugando futbol sufrió una rotura de ligamentos de la rodilla.* || Pliegue membranoso que mantiene en su sitio a un órgano del cuerpo de un animal.

ligamentoso, sa *adj.* Que tiene ligamentos.

ligamiento *s. m.* Acción y efecto de ligar o atar.

ligar *t.* Atar, sujetar. || Unir, enlazar, poner en relación dos o más cosas o personas. *Los liga una relación de parentesco.* || Unir o mezclar diversas sustancias hasta que formen una sola homogénea. *Añadió fécula de maíz para ligar la salsa gravy.* || Mezclar dos o más metales fundidos para hacer una aleación. *Para hacer bronce hay que ligar cobre y estaño.* || Obligar o comprometer, mediante un contrato legal o un compromiso moral. *Su futuro quedó ligado a una promesa.* || Unir la duración de dos o más notas musicales. *En estos compases, debes ligar todas las notas.* || Ejecutar los pases o suertes del toreo sin interrupción aparente. || En ciertos juegos de naipes, reunir las cartas adecuadas para ganar. *Por fin pude ligar una flor de diamantes.* || Conquistar a alguien para entablar una relación amorosa, por lo general pasajera. *Se lo ligó en un concierto.* || *pr.* Aliarse, confederarse, unirse para algún fin. *Se ligaron para ascender juntos en la estructura de gobierno.*

ligazón *s. f.* Unión estrecha entre dos o más cosas. *Existe una ligazón evidente entre España y las naciones de la América española.* || Cada uno de los maderos que arrancan de la quilla y componen las cuadernas del casco de un buque.

ligereza *s. f.* Cualidad de la cosa que pesa poco. *Pese a su ligereza, el aire tiene un peso considerable y medible.* || Agilidad, rapidez, presteza, en el movimiento. *Es asombrosa la ligereza con la que hace sus movimientos esa bailarina.* || Irresponsabilidad, imprudencia, falta de seriedad, en la manera de actuar. *Esos juicios fueron hechos con tamaña ligereza.*

ligero, ra *adj.* Que pesa poco. *El globo se elevó porque está lleno de helio, que es más ligero que el aire.* || Que es rápido, veloz y ágil. *El caballo «Tiro al blanco», de Woody, es ligero como el viento.* || Que es poco fuerte, poco intenso. *Tengo el sueño muy ligero, aun si tengo un resfriado ligero.* || Que es de poca importancia o profundidad. *Su poca profundidad lo hace escribir comedias ligeras.* || Se aplica al alimento que es fácil de digerir. *Para no tener pesadillas hay que cenar ligero.* || Se aplica a la prenda de vestir que abriga poco. *Llamaba la atención de los hombres por sus ropas tan ligeras.* || Que no es serio ni formal. *Ni te ilusiones con ella, es una chica muy ligera.* || *loc. adv.* ***A la ligera:*** que se hace de manera irreflexiva o superficial. *Me parece que tus juicios están hechos a la ligera.* || ***Ligero de:*** con poca cantidad de lo que se expresa. *Se fueron a la aventura ligeros de equipaje.* || ***Ligero*** o ***ligera de cascos:*** casquivano, promiscuo. *Es una buena chica, aunque un poco ligera de cascos.*

lignícola *adj.* Se aplica a los organismos que viven en la madera.

lignificación *s. f.* Acción y efecto de lignificar o lignificarse.

lignificar *t.* Dar contextura de madera. || *pr.* Tomar una planta aspecto leñoso o consistencia de madera en su desarrollo. *Muchas plantas se lignifican al pasar de la consistencia herbácea a la leñosa.*

lignito *s. m.* Carbón procedente de la madera, de color negro o pardusco. *El lignito es poco compacto y con poco valor calorífero.*

ligue *s. m.* Acción y efecto de ligar. || *fam.* Relación amorosa o escarceo sexual pasajero. *No quiere compromisos, por eso solo busca los ligues de fin de semana.* || Persona con la que se establece esta relación. *Lo vi anoche en la fiesta con su nuevo ligue.*

liguilla *s. f.* Competencia deportiva semejante a la liga, en la que participan pocos equipos y en la que cada uno debe enfrentarse a todos los demás. *Los equipos con mejor porcentaje se disputan el campeonato en una liguilla.*

ligustro *s. m.* Alheña, arbusto.

lija *s. f.* Papel con partículas de vidrio, arena o esmeril adheridas en una de sus caras y que sirve para pulir madera o metales. *Antes de pintar hay que pulir esa madera con lija.* || Pez marino comestible de la familia de los escualos, de cuerpo alargado y la piel sin escamas, pero muy áspera. *La piel seca de la lija se empleaba para pulir.* || *loc.* ***Dar lija:*** adular, dorar la píldora a alguien. *Se la pasa dando lija al jefe.* || ***Ser lija:*** gastar la ropa, los zapatos, etc. muy rápidamente. *Este niño es lija para los zapatos, ya los trae todos rotos.*

lijado *s. m.* Operación de lijar.

lijadora *s. f.* Máquina para lijar. *Es mejor usar la lijadora que lijar a mano.*

lijadura *s. f.* Lesión o imperfección de una parte del cuerpo.

lijar *t.* Pulir con lija una superficie. *Tenemos que lijar el coche antes de pintarlo.*

lila *s. f.* Arbusto de la familia de las oleáceas, de flores en racimos, olorosas y de color morado claro. *Las lilas florecen en primavera y durante todo el verano.* || Flor de este arbusto, de color morado claro, olor intenso y agradable. *El perfume de las lilas invade todo el jardín.* || Color morado claro, como el de esta flor. *Vestía un elegante vestido lila con vivos blancos.*

liliáceo, a *adj.* Se aplica a la planta monocotiledónea con bulbo y fruto con forma de cápsula, como el ajo, la cebolla, el lirio o el tulipán. || *pl.* Familia de estas plantas.

liliputiense *adj.* y *s. com.* Que es extremadamente pequeño o endeble. *Ante su figura agigantada, sus críticos eran de talla liliputiense.*

lima[1] *s. f.* Herramienta de acero, con la superficie finamente estriada, que se usa para desgastar o alisar materias duras, como el metal o la madera. *Para que embone, hay que rebajar esa pieza con la lima.* || Pequeña barra de acero o esmeril, granulada o estriada, que se usa para pulir y arreglar las uñas. *Mientras va en el transporte, se arregla las uñas con una lima.* || Corrección o pulimento de una obra artística o intelectual. *Ya tengo escrito el libro pero le falta una buena lima.*

lima[2] *s. f.* Fruto del limero, de forma esferoidal aplanada, de corteza lisa y amarilla, pulpa verdosa, dividida en gajos, comestible, jugosa y de sabor algo dulce. *La forma de la lima se parece a la de la naranja, pero más pequeña y aplanada.* || Limero, árbol de la lima de tronco liso y flores blancas y olorosas.

lima[3] *s. f.* Ángulo formado por las dos aguas o vertientes de un techo. || Madero colocado en este ángulo.

limado *s. m.* Acción de limar. || Que ha sido rebajado con una lima. || Se aplica a una obra escrita muy pulida.
limadura *s. f.* Acción y efecto de limar. || *pl.* Fragmentos que se desprenden de un material duro al limarlo.
limar *t.* Rebajar, desgastar o pulir algo con una lima. *Después de cortar las uñas es conveniente limarlas.* || Corregir o pulir una obra intelectual. *Todavía falta mucho que limar a estos poemas.* || Suavizar o hacer más agradable algo inmaterial. *Ella tendrá que trabajar mucho para limar los modales de él.*
limaza *s. f.* Molusco gasterópodo terrestre, sin concha, que cuando se arrastra deja un rastro de baba.
limbo *s. m.* Lugar donde, según la doctrina cristiana, iban las almas de los que, antes del uso de la razón, morían sin haber sido bautizados. *El Vaticano llegó a la conclusión de que el limbo no existe.* || Parte más ancha y aplanada de las hojas de las plantas. || Círculo brillante que se ve a veces alrededor de un astro. || Borde de una cosa, especialmente de las vestiduras. || En los instrumentos para medición de ángulos, placa que lleva grabada una escala. || *loc.* ***Estar en el limbo:*** estar distraído, como alelado y no enterarse de lo que ocurre alrededor. *No entendió ni jota de la clase, estaba en el limbo.*
limeño, ña *adj.* Perteneciente o relativo a esta ciudad o provincia. || *s.* Natural de Lima, capital del Perú, o de su provincia.
limero *s. m.* Árbol de tronco liso y ramoso, de flores blancas y olorosas, cuyo fruto es la lima. *El limero es originario de Persia.*
liminar *adj.* Perteneciente o relativo al umbral o a la entrada. || Que está al principio, que sirve de prólogo o proemio.
limitación *s. f.* Acción de establecer o fijar límites. || Circunstancia o condición que reduce las posibilidades o la amplitud de algo. *El acceso limitado a los libros es, a su vez, una limitación al desarrollo intelectual.*
limitado, da *adj.* Que tiene límites o es escaso. *El acceso a internet es todavía limitado.* || Poco inteligente, que tiene corto entendimiento. *Su apego al razonamiento lógico lo hace ser muy limitado.*
limitador, ra *adj.* Que pone límites. *La ley en cuestión es limitadora de la iniciativa individual.*
limitar *t.* Poner límites. *La dietista le limitó la cantidad de pastas que puede comer.* || Reducir, acortar, estableciendo unos límites. *Sus papás le limitaron las horas de ver televisión.* || *intr.* Lindar, estar contiguos, tener un límite o frontera común dos o más territorios. *Mi rancho limita con el de mi compadre en aquellas colinas.* || Fijar la extensión que pueden tener la jurisdicción, la autoridad o los derechos y facultades de uno. *Los derechos de los demás limita la libertad de uno mismo.* || *pr.* Imponerse límites, atenerse o ajustarse en sus acciones. *Como no quería polemizar, se limitó a escuchar.*
limitativo, va *adj.* Que limita, reduce o acorta. || Se aplica a los derechos reales que limitan la plenitud de los derechos abstractos.
límite *s. m.* Línea real o imaginaria que separa dos o más territorios. *Este río es el límite norte de este país y el límite sur del vecino.* || Fin, tope o grado máximo de una cosa que no se puede o no se debe superar. *Esto va más allá del límite de mi paciencia.* || Magnitud fija a la cual se acercan cada vez más los términos de una secuencia infinita de magnitudes.
limítrofe *adj.* Que es colindante, contiguo, que está al lado de otro o que limita con otro lugar. *Los municipios limítrofes acordaron un uso común más racional de agua.*
limnología *s. f.* Rama de la ecología que estudia los ecosistemas acuáticos continentales. *La limnología estudia la interacción de organismos y el ambiente en lagos, ríos, estuarios, etc.*
limo *s. m.* Lodo, cieno que se deposita en el fondo de las aguas.
limón *s. m.* Fruto del limonero, de forma esférica, color verde, comestible y de sabor muy ácido. || Árbol que da este fruto. || Color verde como el de este fruto.
limonada *s. f.* Bebida compuesta de agua, azúcar y jugo de limón.
limonado, da *adj.* De color de limón.
limonar *s. m.* Lugar plantado de limoneros.
limonera *s. f.* Perteneciente o relativo al limón.
limonero, ra *s. m.* Perteneciente o relativo al limón. || Árbol de tronco liso y ramoso, hojas de color verde brillante y flores olorosas de color blanco y rosa, cuyo fruto, comestible, es el limón. || Persona que vende limones.
limosna *s. f.* Cosa que se da para socorrer al necesitado, generalmente dinero. *Cada vez hay más gente en las calles que pide limosna.*
limosnear *intr.* Pedir limosna, generalmente en forma de dinero o alimentos. *Esos niños limosnean en el transporte público.*
limosnero, ra *adj.* Caritativo, afecto a dar limosna con frecuencia. || *Amér.* Mendigo, pordiosero, que pide limosna. || *s.* Persona que se encarga de recoger y distribuir limosnas. *Antiguamente, los reyes tenían limosneros oficiales.*
limoso, sa *adj.* Que tiene limo, lodoso.
limpia *s. f.* Limpieza enérgica de una cosa. || Purga de elementos que se consideran indeseables, en especial por motivos políticos. *El nuevo dirigente del partido hizo una limpia de opositores en los cargos directivos.* || Acto ritual que realizan los brujos o curanderos mientras murmuran oraciones o conjuros con el fin de librar a una persona o cosa de influencias perjudiciales. *Se practicó una limpia para ahuyentar la mala suerte.*
limpiabotas *s. com.* Persona que se dedica a limpiar y dar brillo al calzado de otras personas. || *desp.* Persona que sirve a otra de manera abyecta. *El gobernador lo hizo diputado porque es su limpiabotas.*
limpiador, ra *adj.* Que limpia. || Se aplica al producto químico o al instrumento que sirve para limpiar. *Ve a la tienda, tráeme un limpiador para pisos.* || *s.* Persona que se dedica a limpiar. *La cuadrilla de limpiadores recogió la basura después del concierto.*
limpiaparabrisas *s. m.* Mecanismo provisto de una goma instalado en la parte exterior del parabrisas que sirve para limpiar la lluvia o la nieve que cae sobre él.
limpiar *t.* Quitar o eliminar la suciedad. *Te toca limpiar la cocina.* || Quitar o eliminar lo que estorba o no sirve. *Limpiamos el terreno de malas hierbas.* || Quitar o eliminar las manchas morales. *Confesó sus culpas para limpiar su conciencia.* || Hacer que un lugar quede libre de lo que se considera perjudicial. *Vamos a limpiar a la policía de elementos corruptos.* || *fam.* Dejar sin dinero a una persona. *Lo asaltaron y lo dejaron limpio.* || En algunos juegos de apuestas, hacer perder el dinero a los demás. *Traía una suerte endemoniada y limpió a todos.*
limpidez *s. f.* Cualidad de limpio. || Pureza, transparencia, limpieza extrema.
límpido, da *adj.* Que es limpio, puro, sin mancha. *Aquella tarde de otoño era de un cielo límpido.*
limpieza *s. f.* Cualidad de limpio. || Acción y efecto de limpiar. *Los padres de familia participaron haciendo una limpieza general de la escuela.* || Integridad, honradez, nobleza con que se comporta o actúa una persona. *Se ha ganado el respeto de los demás porque siempre ha actuado con limpieza.* || Acción de excluir a los miembros de una colectividad que se consideran molestos o perjudiciales. *El nuevo líder hizo una limpieza de simpatizantes de su contrincante.* || Destreza, precisión y habilidad con que se realizan ciertas cosas. *El jinete y su caballo esquivaron todos los obstáculos con limpieza.* || En los

L

juegos, respeto estricto a las reglas. || Compitió y ganó con absoluta limpieza. || *fam.* En los juegos de azar, acción que consiste en dejar a una persona sin dinero. *Cada vez que va al casino, le hacen una limpieza total.* || *loc.* ***Limpieza de corazón:*** bondad, rectitud. *Era un alma de Dios con gran limpieza de corazón.* || ***Limpieza de manos:*** integridad y honestidad en los negocios. || ***Limpieza de sangre:*** creencia del cristiano viejo español en la pureza del linaje por no tener mezcla de sangre morisca o judía. *Durante siglos, en España la limpieza de sangre era condición para ocupar diversos cargos.* || ***Limpieza en seco:*** procedimiento para limpiar tejidos o ropa en que no se utiliza agua. *Este traje sólo se puede lavar con limpieza en seco.*

limpio, pia *adj.* Que no tiene mancha o suciedad. *Ahora nos vamos, sólo me pongo una camisa limpia.* || Que está libre de lo superfluo y no tiene mezcla de otra cosa. *Pon a cocer el frijol, ya está limpio.* || Que no tiene mezclas consideradas dañinas, puro. *En el bosque en las mañanas se respira un aire limpio.* || Que tiene el hábito del aseo y la pulcritud. *Llegado a la juventud se volvió una persona limpia.* || Se aplica a la persona buena y honrada. *Te puedo asegurar que Juan es una persona limpia, incapaz de engañar.* || Que está dentro de la legalidad, que es inocente y no tiene culpa. *Después de purgar su condena quedó limpio.* || Claro, no confuso, bien delimitado. *Para ser periodista tiene un estilo de escribir limpio.* || Se aplica al ingreso neto, que resulta una vez restados los gastos o los impuestos. *Por ese contrato le quedarán 100 mil pesos limpios.* || *fam.* Que se ha quedado sin dinero. *Apostó a los caballos y se quedó limpio.* || Se emplea para dar énfasis a la acción expresada por el sustantivo al que acompaña. *Se abrió paso entre la multitud a codazo limpio.* || *adv.* Con limpieza, limpiamente, de manera honesta y sin trampas. *El árbitro los conminó a jugar limpio.* || *loc. adv.* ***En limpio:*** sin errores, sin manchas y bien presentado. *Pasé mi tarea en limpio.* || *loc.* ***Sacar en limpio:*** obtener una idea clara o una conclusión concreta. *Aunque leí varios libros no saqué mucho en limpio.*

limusina *s. f.* Automóvil de lujo y de gran tamaño. *Para la boda rentaron una limusina.* || Antiguo carruaje con carrocería posterior cerrada, y abierta para el asiento del conductor.

lináceo, a *adj.* Se aplica a las hierbas, matas o arbustos angiospermos dicotiledóneos de hojas alternas, flores regulares pentámeras y fruto seco, capsular, como el lino. || *s. f. pl.* Familia de estas plantas.

linaje *s. m.* Línea de antepasados y descendientes de una persona o de una familia. *Se siente muy orgulloso de su linaje.*

linajudo, da *adj.* Que es o presume de ser de noble linaje.

linar *s. m.* Lugar donde se siembra lino.

linaza *s. f.* Semilla del lino, de la que se obtiene una harina de uso medicinal y se extrae un aceite empleado en la fabricación de pinturas y barnices.

lince *s. m.* Mamífero carnívoro felino parecido al gato, pero de mayor tamaño, de color pardo, con pelos largos en las puntas de las orejas y con fuertes uñas que usa para cazar animales. *Al lince se le atribuye una vista muy penetrante.* || Persona muy astuta, inteligente y sagaz. *El papá de Toño es un lince para los negocios.* || Persona que tiene la vista aguda. *Toño tiene una vista de lince.*

linchamiento *s. m.* Acción de linchar. *La llegada oportuna de la policía evitó el linchamiento del violador.*

linchar *t.* Castigar o ejecutar una muchedumbre enfurecida e incontrolada a una persona sospechosa de algún crimen sin juicio previo. *Los vecinos querían linchar al abusador de mujeres.*

lindante *adj.* Que linda, contiguo, colindante.

lindar *intr.* Estar contiguos dos o más territorios, terrenos, etc. *La casa de mis papás linda con la de mis abuelos y tíos.* || Estar algo muy cerca de lo que se expresa. *Tus palabras lindan con la majadería.*

linde *s. m.* Límite de un territorio o terreno contiguo. *Los campesinos marcaron el linde de sus tierras con hileras de nopales.*

lindero, ra *adj.* Que linda o limita con algo. *Cuando trota llega hasta los linderos del bosque.* || Linde de un terreno. *Marcó el lindero de su terreno con piedras.*

lindeza *s. f.* Cualidad de lindo. *Las porcelanas y sedas chinas son de gran lindeza.* || Belleza, hermosura. *Desde el acantilado se ve un paisaje de gran lindeza.* || Hecho, dicho o detalle gracioso y halagador. *Él no siempre agradece las lindezas de su novia.* || *irón.* Dicho desagradable u ofensivo, insultos o improperios. *Me dijo hasta de lo que me iba a morir y otras lindezas.*

lindo, da *adj.* Bello, bonito y agradable. *Con esmero y cuidados ha cultivado un lindo jardín.* || *s. m.* Hombre afeminado, que se piensa hermoso y cuida demasiado de su aspecto. || *loc.* ***De lo lindo:*** mucho o en exceso. *Fuimos al lago y nos divertimos de lo lindo.*

lindura *s. f.* Cualidad de lindo. *Esa mujer es una lindura.*

línea *s. f.* Extensión considerada sólo en su longitud. || Sucesión continua de puntos en el espacio. || Raya, traza fina y delgada en un cuerpo cualquiera. *La gitana le leía las líneas de la mano.* || Serie de letras dispuestas horizontalmente en una página. *El formato debe ser de 20 líneas por página.* || Raya real o imaginaria que delimita una cosa. *En el mar, la línea del horizonte se ve más lejana.* || Silueta, contorno. *Logró una arquitectura de líneas armoniosas.* || Figura esbelta y armoniosa de una persona. *Se cuida mucho para mantener la línea.* || Personas enlazadas por parentesco. *Es mi tío por línea paterna.* || Serie de personas o de cosas colocadas en hilera una tras de otra. *Fórmense haciendo una sola línea.* || Ruta o servicio regular de transporte terrestre, marítimo o aéreo. *Están construyendo la línea 12 del Metro.* || Serie de productos con características iguales o parecidas. *Salieron los nuevos productos de la línea de electrodomésticos.* || Tendencia, orientación, estilo o carácter propio de una cosa. *Sus pinturas siguen una línea clásica.* || Conducta o comportamiento con una dirección que sigue una cosa. *En su discurso quedó marcada la línea a seguir por la empresa.* || En algunos deportes, conjunto de jugadores que ocupan una posición semejante y desempeñan una función igual o semejante. *Tenemos que reforzar nuestra línea defensiva.* || Formación de tropas militares. *A unos cuantos kilómetros están las líneas enemigas.* || Frente, franja de territorio en que se libra combate. *El general mandó la reserva a la línea de combate.* || Conjunto de cables conductores de electricidad o de la comunicación telefónica o telegráfica. *La línea de alta tensión pasa muy cerca de mi casa.* || Comunicación por medio del teléfono o del telégrafo. *Descuelga el teléfono para saber si hay línea.* || *loc.* ***Línea curva:*** la que no es recta. || ***Línea defensiva:*** en diversos deportes, la formada por los jugadores que protegen a su equipo de los ataques del contrario. || ***Línea de flotación:*** la que separa la parte sumergida del casco de un buque de la que no lo está. || ***Línea de fuego:*** frente, franja de territorio en que se libra combate. || ***Línea delantera:*** en diversos deportes, la formada por los jugadores que deben atacar al equipo contrario. || ***Línea directa:*** la constituida por el grado o la serie de grados entre personas que descienden unas de otras. || ***Línea eléctrica:*** conjunto de cables y otras instalaciones para conducir la energía eléctrica. || ***Línea horizontal:*** la que yace en un plano horizontal. || ***Primera línea:*** frente, franja de territorio en que se libra combate. || *loc.*

adj. ***De primera línea:*** de muy buena calidad, de lo mejor en su especie. || *loc. adv.* ***En líneas generales:*** en general, de forma esquemática, sin entrar en detalles. || *loc.* ***En su línea:*** entre los de igual clase. || ***En toda la línea:*** completamente, por entero. || ***Leer entre líneas:*** deducir o suponer algo que no está dicho por escrito o explícitamente.

lineal *adj.* Perteneciente o relativo a la línea. *La longitud es una dimensión lineal.* || Se aplica al dibujo que está hecho de líneas geométricas. || Que sigue un desarrollo constante, sin alteraciones. *Ese investigador tiene un pensamiento demasiado lineal y sin sorpresas.*

linealidad *s. f.* Cualidad de lineal. *Ese relato basado sólo en la linealidad cronológica me parece aburrido.* || Disposición lineal o sucesión constante de algo que avanza o se desarrolla. *Adelantando algo que sucederá se puede romper la linealidad temporal en un relato.*

lineamento *s. m.* Delineación o dibujo de un cuerpo, por el cual se distingue y conoce su figura.

linfa *s. f.* Líquido incoloro cuya composición es similar a la de la sangre, pero que sólo contiene glóbulos blancos, que forma parte del plasma sanguíneo.

linfático, ca *adj.* Perteneciente o relativo a la linfa. *Las amígdalas son parte del sistema linfático que protege contra la entrada de gérmenes patógenos.*

linfocito *s. m.* Leucocito de pequeño tamaño, de gran núcleo y escaso citoplasma, que se halla en la linfa y en la sangre y cuya función es reconocer a los antígenos y sintetizar anticuerpos. *Los linfocitos destruyen a las células extrañas o las que detectan infectadas.*

lingote *s. m.* Barra o trozo de metal en bruto fundido. *Las reservas de oro del país se encuentran en lingotes.*

lingual *adj.* Perteneciente o relativo a la lengua. || Se aplica a la consonante que se pronuncia con intervención de la lengua. *La «l» es una consonante lingual.*

lingüista *s. com.* Especialista en lingüística. *Panini fue un lingüista hindú que estudió el sánscrito.*

lingüística *s. f.* Ciencia que estudia el lenguaje en general y las lenguas en particular. *La lingüística diacrónica estudia la lengua de épocas antiguas.*

lingüístico, ca *adj.* Perteneciente o relativo a la lingüística o a las lenguas. *Los antropólogos hicieron un estudio lingüístico de los dialectos de la región.* || Perteneciente o relativo al lenguaje. || Ciencia que estudia el lenguaje y las lenguas.

linimento o **linimiento** *s. m.* Medicamento en forma de líquido viscoso hecho a base de aceite y extractos vegetales, que se aplica con fricciones como analgésico y desinflamante. *Se lesionó el tobillo y le aplicaron linimento.*

link *s. m.* Enlace a un sitio de internet.

lino *s. m.* Planta herbácea de flores azules, de cuyo tallo, recto y hueco, se saca una fibra textil y de su semilla se elabora harina y se extrae aceite de linaza. *El lino es un cultivo muy antiguo originario de la región de los ríos Nilo, Éufrates y Tigris.* || Fibra que se saca de los tallos de esta planta. || Tejido hecho con esta fibra. *Las prendas de lino son frescas en verano y cálidas en invierno.*

linóleo *s. m.* Material fuerte e impermeable que se usa para recubrir pisos, fabricado a partir de aceite de lino solidificado mezclado con aserrín de madera o polvo de corcho sobre un tejido de yute. *Pusimos linóleo en las recámaras.*

linterna *s. f.* Aparato manual y portátil, provisto de una pequeña bombilla, que sirve para proyectar luz y que funciona con pilas eléctricas. *Siempre tengo una linterna a la mano, por si se va la luz.* || Farol o lámpara portátil. || Faro.

linyera *s. f. Arg.* y *Uy.* Atado en que el vagabundo guarda su ropa y efectos personales. || *s. com. Arg.* y *Uy.* Vagabundo.

lío *s. m.* Complicación, problema difícil de resolver. *Con el embarazo de su novia, ahora sí que está en un lío.* || Confusión, enredo, desorden, jaleo. *Vaya lío que se va a armar cuando esto se sepa.* || Conjunto de cosas atadas, especialmente de ropa. *Haz un lío con tus cosas y nos mudaremos a vivir juntos.* || Relación amorosa o sexual fuera del matrimonio.

liofilizar *t.* Deshidratar un alimento u otra sustancia para asegurar su conservación.

lioso, sa *adj.* Se aplica a la situación o cosa que es confusa, complicada y difícil. *El problema que el maestro nos dejó de tarea estaba lioso.* || *fam.* Se aplica a la persona que hace que las cosas resulten más complicadas de lo que son.

lipemia *s. f.* Cantidad de grasa que se encuentra en el plasma sanguíneo.

lípido *s. m.* Cada una de las sustancias orgánicas que resultan de la esterificación de alcoholes con ácidos grasos, se caracterizan por ser solubles en disolventes orgánicos e insolubles en agua y constituyen las reservas de energía de los seres vivos. *El colesterol es un lípido.*

lipoideo, a *adj.* Se aplica a la sustancia que tiene aspecto de grasa.

lipoma *s. m.* Tumor formado de tejido adiposo. *El lipoma es indoloro, benigno y encapsulado.*

lipoproteína *s. f.* Proteína conjugada cuyos componentes no proteínicos son lípidos.

liposoluble *adj.* Se dice de las sustancias que se disuelven en aceite o en grasa.

liposoma *s. m.* Partícula del interior de la célula donde se almacenan alimentos para ésta.

liposucción *s. f.* Técnica de cirugía estética para la extracción de la grasa corporal mediante succión. *Cada año se hace una liposucción.*

lipotimia *s. f.* Desmayo repentino y pasajero. *La lipotimia se produce cuando no llega sangre suficiente al cerebro.*

liquen *s. m.* Organismo formado por la simbiosis de hongos y algas unicelulares, que crece en lugares húmedos, sobre las rocas o los troncos de los árboles. *En un liquen, el alga proporciona los productos de la clorofila.*

liquidación *s. f.* Acción y efecto de liquidar. *El dinero de su liquidación lo usó para la liquidación de deudas.* || Venta por menor, y con rebaja de precios, que hace un establecimiento comercial. *Vamos a la tienda de ropa, ya empezó la liquidación de temporada.* || Pago completo de una deuda o de una cuenta. *Por fin pude hacer la liquidación de la hipoteca.* || Dinero que se paga a un trabajador cuando deja de prestar sus servicios a una empresa. *A todos los despedidos les pagaron su liquidación.* || Finalización definitiva de una cosa o asunto. *Procedamos a la liquidación de este asunto, pero ya.*

L

liquidámbar *s. m.* Árbol del ámbar u ocozol, llega a medir hasta 40 m de altura, de hojas caducas que, en otoño, ofrecen una de las más vistosas tonalidades de color que va del amarillo al rojo y al burdeo. || Bálsamo de color amarillo rojizo, aromático y de sabor acre, procedente del ocozol.

liquidar *t.* Pagar completamente una deuda o una cuenta. *Liquidé lo que debía a mis acreedores.* || Dar por terminada una cosa, asunto o un estado de cosas. *Ese asunto ya quedó liquidado, pasemos ahora a lo que sigue.* || Hacer el ajuste final de cuentas para cerrar o cancelar un negocio. *Tuvieron que liquidar el negocio.* || Vender mercancías a un precio muy bajo. *Las tiendas liquidan sus existencias al final de temporada.* || Despedir trabajadores con la debida indemnización. *Debido a la crisis, debieron liquidar a varios trabajadores.* || Gastar completamente una cantidad de dinero. *En una semana liquidó el sueldo de la quincena.* || Hacer líquida una cosa sólida o gaseosa. || *fam.* Matar, asesinar. *Contrataron sicarios para liquidar a la competencia.*

liquidez *s. f.* Cualidad de líquido. *Dejó evaporar un poco el guisado para que perdiera liquidez.* || Oferta monetaria o casi monetaria global. *Aplicaron la política del corto para retirar liquidez de la economía.* || Cualidad que tiene un activo para convertirse fácilmente en dinero. *Estas acciones ofrecen una gran liquidez.* || Capacidad para hacer frente a las obligaciones financieras en un momento dado y de manera inmediata. *Debió negociar mayores plazos de sus deudas por falta de liquidez.* || Relación entre el dinero en caja y de bienes fácilmente convertibles en dinero, y el total del activo, de un banco u otra entidad. *Tiene muchos bienes muebles e inmuebles, pero una liquidez muy escasa.*

líquido, da *adj.* Se aplica al estado de la materia en el que sus moléculas tienen tan poca cohesión que se adapta a la forma del recipiente que la contiene. *El agua se encuentra en estado líquido entre los 0 y 100 °C.* || Se aplica al saldo positivo de una cuenta entre el debe y el haber. *Nuestra cuenta bancaria se quedó sin líquido disponible.* || Se aplica al activo financiero fácilmente transformable en dinero. *Estas acciones son bastantes líquidas.* || Se dice de las consonantes que pueden formar sílaba con otra consonante que las precede y una vocal posterior, como en «gloria», «grito», «plomo», «precio», etc. *En español, sólo son líquidas la «l» y la «r».* || Se aplica a las consonantes que, en posición inicial de palabra, va seguida de otra consonante con la que no forma sílaba. *En inglés y en italiano existen muchas palabras que empiezan con consonante líquida, en español no.*

lira[1] *s. f.* Instrumento musical antiguo, compuesto de una caja de resonancia de la cual salen unos brazos unidos por un travesaño, y varias cuerdas tensadas que se pulsaban con ambas manos. *Dicen que Nerón tocaba la lira mientras contemplaba el incendio de Roma.* || Combinación métrica de cinco versos, heptasílabos el primero, el tercero y el cuarto, y endecasílabos el segundo y el quinto, que riman el primero con el tercero y el segundo con el cuarto y el quinto.

lira[2] *s. f.* Unidad de moneda de Italia y de Turquía. *La lira italiana fue sustituida por el euro en 2002.*

lírica *s. f.* Género poético en el que el autor busca transmitir ideas, sentimientos, emociones o sensaciones respecto a una persona, objeto o situación.

lírico, ca *adj.* Perteneciente o relativo a la lira o a la poesía propia para el canto en la que predominan los sentimientos y emociones del autor. || Se aplica a uno de los tres géneros en que se dividía la poesía y, por extensión, a la poesía en general. *La poesía se dividía antiguamente en épica, lírica y dramática.* || Se aplica al poeta que cultiva el género de la lírica. || Se aplica a la obra de teatro cantada parcial o totalmente. || Relativo a este tipo de obra teatral.

lirio *s. m.* Planta herbácea, vivaz, de la familia de las iridáceas, con rizoma bulboso, hojas radicales, erguidas, duras y envainadoras, tallo central ramoso de 50 a 60 cm de altura, flores terminales grandes, hexámeras con tres pétalos vueltos hacia arriba y tres doblados hacia abajo, de diversos colores del blanco al morado, con fruto en cápsula con numerosas semillas. || Nombre vulgar dado a las azucenas, que también son bulbosas, hexámeras, pero pertenecen a la familia de las liliáceas, y tienen variedades muy aromáticas. || *loc.* ***Lirio acuático:*** planta hidrófila de la familia de las pontederiáceas, con un tallo largo y envolvente, una estípula donde se inserta la flor de color morado. Se reproduce en aguas eutróficas, ricas en nitrógeno, y constituye una plaga en lagos y canales. || ***Lirio de agua:*** cala blanca o alcatraz.

lirismo *s. m.* Cualidad o condición de lírico. || Uso del lenguaje figurado y poético en textos que no son propiamente líricos. || Abuso de las características de la poesía lírica o empleo indebido de las mismas en textos de índole no poética.

lirón *s. m.* Pequeño mamífero silvestre de los bosques templados de Europa, donde se alimenta de bayas y bellotas. Es roedor, mide unos 15 cm de longitud y otro tanto su cola espesa y peluda, el pelaje es gris oscuro en la parte dorsal y blanco en la inferior. Entra en hibernación a finales del otoño y despierta bien entrada la primavera. || *loc.* ***Dormir como un lirón:*** dormir mucho e imperturbablemente.

lis *s. amb.* Lirio. || En heráldica, diseño conformado por un pétalo completo al centro, flanqueado por dos a la mitad y curvados hacia abajo. Bajo el central aparece una barra y un botón. La de color dorado sobre azul ultramarino era característica de la corona real francesa.

lisa *s. f.* Pez teleósteo fluvial, fisóstomo, de 5 a 6 cm de longitud y de carne insípida. || Pez teleósteo marino, de 40 a 60 cm de longitud, comestible y de carne muy apreciada, que se cría en el Golfo de México y en las costas occidentales del trópico americano.

lisboeta *adj.* Perteneciente o relativo a la capital de Portugal. || *s. com.* Nativo de Lisboa.

lisiado, da *adj.* y *s.* Que tiene una lesión permanente en las extremidades.

lisiar *t.* y *pr.* Producir una lesión permanente en alguna parte del cuerpo, especialmente en los brazos y las piernas.

lisina *s. f.* Aminoácido esencial para el metabolismo, subsistencia y salud del organismo humano. Por lo tanto, no se sintetiza y debe obtenerse de fuentes externas, como las leguminosas y las nueces, en las que abunda. Participa en casi toda la síntesis de las proteínas del cuerpo humano.

liso, sa *adj.* Carente de arrugas, asperezas, estrías o cualquier otra alteración de la superficie. || Que no tiene adornos, realces o variedad de colores. || Dicho de una prenda, de una tela, de una pared, etc., de un solo color. || *loc.* ***Liso y llano:*** directo, sin rebuscamiento ni dificultad. *Me dijo la verdad lisa y llana.*

lisonja *s. f.* Halago, alabanza, elogio, con el fin de obtener algo de la persona a quien se dirige.

lisonjear *t. ant.* Halagar, adular. || Dar motivo de envanecimiento o presunción.

lisonjero, ra *adj.* Que dice lisonjas. || Que agrada o produce deleite.

lista *s. f.* Tira de tela, cuero, papel o material semejante, en especial la que se corta verticalmente. || Línea de otro color u otro material que se forma en la tela para adornarla. || Enumeración, especialmente la hecha en forma de columna, de personas, cosas o cantidades, hecha con algún objetivo. || *loc.* ***Lista negra:*** relación o registro secreto que se hace de personas, entidades o cosas consideradas odiosas, execrables o peligrosas, contra las cuales hay que precaverse.

listado *s. m. Méx.* Lista, enumeración en columna de personas o cosas.

listado, da *adj.* Que tiene listas o líneas, ya sea verticales u horizontales, de adorno. *Compré unas cortinas listadas.* || Asentado, registrado o inscrito en una lista.

listar *t.* Escribir una lista, hacer una lista. || Registrar a alguien en una lista.

listeza *s. f.* Cualidad o condición de listo, inteligente.

listín *s. m.* Lista breve de por sí o extractada de otra más larga. || Publicación donde aparecen en orden alfabético el nombre, domicilio y número telefónico de los abonados.

listo, ta *adj.* Diligente, rápido, expedito. || Preparado, apercibido, dispuesto. || Sagaz, inteligente, despierto. || *loc.* ***Pasarse de listo:*** intentar algo creyéndose en condiciones de lograrlo y estar equivocado.

listón *s. m.* Cinta de seda u otra tela brillante, que se usa para adornar. || Componente rectilíneo de una moldura. || Pedazo de tabla angosto y delgado. || Moldura de madera, de sección cuadrada y poco saliente. || Barra muy ligera colocada horizontalmente sobre dos soportes que indica la altura a la que debe saltar en competidor en ciertos deportes, como el salto de garrocha.

lisura *s. f.* Igualdad y tersura de una superficie. *La lisura del espejo.* || *Per.* Gracia, donaire. || Palabra atrevida, vulgar y baja.

litchi *s. m.* Árbol originario de Asia oriental y Filipinas y su fruto, de carne blanca, dulce y perfumada.

litera *s. f.* Transporte antiguo consistente en una especie de cama con dosel y cortinas, provista de argollas a los lados, por donde pasaban unas varas que era por donde los esclavos o servidores la sujetaban e izaban para llevarla de un lado a otro. Las había para hasta cuatro personas cómodamente acostadas. || Cada una de las camas angostas y sencillas que, por economía de espacio, se sobreponen generalmente hasta tres, y se usan en dormitorios colectivos, barcos y trenes.

literal *adj.* Conforme a la letra del texto, en su sentido directo, no figurado. || Que traduce fielmente y en orden las palabras de un texto escrito en otro idioma. || Que reproduce palabra por palabra lo escrito o dicho en otra parte. || En matemáticas, se dice del concepto o de la magnitud que se expresa con letras, como en el álgebra.

literalidad *s. f.* Cualidad de literal.

literario, ria *adj.* Perteneciente o relativo a la literatura.

literato, ta *adj.* y *s.* Versado en literatura. || Persona que conoce de literatura o se dedica a ella.

literatura *s. f.* Arte que utiliza una lengua como medio de expresión. || Conjunto de las obras literarias de una nación o de una época o de un estilo. *Literatura griega, literatura medieval, literatura romántica.* || Conjunto de obras escritas sobre una ciencia, un arte, un tema. *Literatura médica, literatura filosófica, literatura forense.* || Disciplina y conjunto de conocimientos sobre la comunicación escrita. || Tratado o manual donde se exponen esos conocimientos.

lítico, ca *adj.* Perteneciente o relativo a la piedra.

litigación *s. f.* Acción y efecto de litigar.

litigante *adj.* y *s. com.* Que litiga.

litigar *t.* e *intr.* Disputar en juicio sobre algo. || Pleitear por algo, especialmente ante los tribunales.

litigio *s. m.* Pleito, contienda, disputa en juicio.

litigioso, sa *adj.* Que está en litigio. || Que está en duda y se disputa sobre ello. || Propenso a promover litigios y pleitos en los tribunales.

litio *s. m.* Elemento químico metálico, escaso en la corteza terrestre. Se encuentra disperso en ciertas rocas y es muy poco denso. Se utiliza en la fabricación de aleaciones especiales y acumuladores eléctricos. Su número atómico es 3 y su símbolo *Li.*

litografía *s. f.* Arte de reproducir mediante impresión lo dibujado y grabado en una piedra preparada para ese propósito. || Cada una de las reproducciones impresas de esa manera. || Taller en que se lleva a cabo este trabajo.

litografiar *t.* Dibujar y grabar sobre piedra acondicionada para ello. || Reproducir mediante presión lo grabado previamente en la piedra.

litográfico, ca *adj.* Perteneciente o relativo a la litografía.

litógrafo, fa *s.* Persona dedicada al arte de la litografía.

litología *s. f.* Rama de la geología dedicada al estudio de las rocas.

litológico, ca *adj.* Perteneciente o relativo a la litología.

litólogo, ga *s.* Persona dedicada a la ciencia litológica.

litoral *s. m.* Límite entre la tierra y el mar o el océano. || *Arg.* y *Uy.* Margen o ribera de los ríos.

litosfera *s. f.* Capa o corteza exterior sólida, constituida de roca, del planeta Tierra.

litote o **litotes** *s. f.* En retórica, figura consistente en no dar a entender todo lo que se quiere, sino dejándolo sobreentendido. *No soy tan tonto como para meterme en ese lío.*

litro *s. m.* Unidad de medida de capacidad en el Sistema Métrico Decimal, equivalente a 1 decímetro cúbico. || Cantidad de líquido que cabe en tal medida. *Un litro de leche, un litro de jugo.*

lituano, na *adj.* y *s.* Natural u oriundo de Lituania o Latvia. || Perteneciente o relativo a esa nación del Báltico. || Se dice de la lengua hablada por los habitantes de dicho país.

liturgia *s. f.* Orden y manera en que se llevan a cabo las ceremonias y ritos de cada una de las religiones. || Conjunto de actos solemnes y ceremoniales no religiosos. *Liturgia cívica, liturgia masónica.*

litúrgico, ca *adj.* Perteneciente o relativo a la liturgia.

liviandad *s. f.* Cualidad o condición de liviano. || Acción irreflexiva, impúdica y provocativa.

liviano, na *adj.* De escaso peso. || Inconstante, que cambia con facilidad de ideas, gustos u opiniones. || De poca importancia. || Informal, ligero, coqueto. || Lascivo, lúbrico, incontinente.

lividecer *intr.* Ponerse lívido, amoratarse. || Palidecer intensamente.

lividez *s. f.* Cualidad de lívido.

lívido, da *adj.* Amoratado. *Tenía una mancha lívida alrededor del ojo golpeado.* || Intensamente pálido. *Al oír la mala noticia se puso lívido.*

lixiviación *s. f.* Acción y efecto de lixiviar.

lixiviar *t.* Separar las partes solubles de las insolubles de una sustancia mediante el agregado de un disolvente.

liza *s. f.* Campo o terreno dispuesto para que combatan dos o más personas. || Combate, pelea. || *loc.* ***Entrar en liza:*** entrar en batalla, iniciarla o participar en ella, aunque sea en sentido figurado.

ll *s. f.* Dígrafo que por representar un fonema consonántico fue considerado la decimocuarta letra del alfabeto español con el nombre de «elle». Tiene al menos dos pronunciaciones distintas, tanto en España como en los demás países hispanoparlantes: como «ll» y como «y». Fue sacada del orden alfabético junto con la «ch».

llaga *s. f.* Lesión abierta, de bordes que no cicatrizan y por los cuales suele escurrir una secreción serosa o francamente purulenta. || Huella impresa sobrenaturalmente en la carne de una persona, especialmente si recuerda las heridas de la pasión de Cristo. || Daño o desgracia que causa gran pesar y desconsuelo.

llagar *t.* y *pr.* Producir, causar o hacer llagas.

llama[1] *s. f.* Masa de gas incandescente de variado color que se desprende de un cuerpo en combustión. || Fuerza de una pasión o de un deseo vehemente. *Lo consumía la llama de la envidia.*

llama[2] *s. f.* Mamífero rumiante camélido originario de la parte andina de América del Sur, parecido al guanaco silvestre, aunque más corpulento y con las orejas colgantes. Domesticado desde hace siglos, se emplea como bestia de carga y se aprovecha su lana.

llamada *s. f.* Acción y efecto de llamar. || Señal que en manuscritos e impresos se emplea para indicar al lector que debe ir a una cita de pie de página, otro párrafo, otro capítulo, una nota aclaratoria, etc. || Ademán o movimiento corporal con el que se atrae la atención de alguien con el fin de engañarlo, distraerlo de un objetivo, etc., como se hace con el enemigo. || Invitación para inmigrar, dirigida al futuro migrante con pago del viaje y envío del billete o boleto correspondiente. || En el ejército, toque de corneta para que se forme la tropa. || En plural, desfile típico del carnaval montevideano realizado por negros o gente ataviada al modo de los antiguos esclavos y acompañados por tambores y tamboriles. Se considera patrimonio cultural de Uruguay.

L

llamado *s. m.* Acción de llamar. || *Hond.* y *Uy.* Convocatoria para la elección de un cargo público.
llamador *s. m.* Aldaba con que se golpea la puerta de entrada para que abran. || Botón del timbre eléctrico que suena para indicar que hay alguien a la puerta. || Cuerno o bocina con que los cazadores imitan el bramido de ciertas presas, como ciervos, venados, renos y alces, para atraerlas y ponerlas a tiro.
llamador, ra *adj.* y *s.* Que llama o quien llama.
llamamiento *s. m.* Acción de llamar. || Vocación que responde a un sentimiento religioso. || En derecho, designación legítima de una persona o varias para una sucesión, una donación testamentaria, o un encargo como tutor, patrono.
llamar *t.* Gritar, dar voces, hacer ademanes para hacer que alguien atienda y se acerque, o para advertirle algo. || Invocar, impetrar, pedir auxilio oral o mentalmente. || Convocar, citar, invitar o exigir a alguien que se presente. || Nombrar, decir el nombre de alguien para hacerlo ir a donde se requiere o a hacer lo pedido. || Dar nombre, designar algo o alguien con una palabra. || *intr.* Telefonear, hablar a alguien por teléfono. || Hacer sonar la aldaba, el timbre, tocar con los nudillos el batiente, etc., para que alguien abra la puerta o acuda a ésta a recibir algo. || Tocar una campanilla para que la servidumbre se presente en la habitación donde se le requiere. || *pr.* Tener tal o cual nombre o apellido.
llamarada *s. f.* Llama que se eleva mucho y se apaga pronto. || Enrojecimiento y calor repentinos del rostro. || Movimiento súbito del ánimo o del humor, de corta duración. || *loc. Méx.* ***Llamarada de petate:*** la violenta y brevísima; se aplica a cosas que prometen salir muy bien pero resultan en nada.
llamativo, va *adj.* Que llama mucho la atención, ya sea por sus cualidades o sus exagerados defectos.
llameante *adj.* Que llamea, que produce llamas o llamaradas.
llamear *intr.* Producir, echar llamas.
llana *s. f.* Herramienta compuesta de una plancha de fierro y un mango o una asa, empleada por los albañiles para extender y alisar la mezcla o el yeso. || Cada una de las dos caras de una hoja de papel.
llanca *s. m. Chil.* Mineral de cobre de color verde azulado, generalmente sulfato cúprico. || Cuentas de este mineral con que los indios mapuches hacen collares, pulseras y adornos para sus trajes ceremoniales.
llanear *intr.* Viajar a pie o a caballo por lo llano, evitando declives, pendientes y hoyos.
llanero, ra *adj.* y *s.* Natural o nativo de los Llanos Orientales, región de Colombia. || Oriundo de Los Llanos, región de Colombia y Venezuela. || Perteneciente o relativo a cualquiera de estas regiones. || Habitantes de las llanuras suramericanas y sus costumbres, folclor, música, etc.
llaneza *s. f.* Sencillez, familiaridad e igualdad en el trato. || Falta intencional de adorno y artificio en el estilo, al hablar o al escribir.
llano *s. m.* Campo extenso en el que no se aprecian desigualdades en el terreno, ni eminencias ni hondonadas.
llano, na *adj.* Parejo, igual, sin eminencias ni depresiones. || Allanado, conforme. || Accesible, tratable, libre de presunciones. || Libre, franco. || Sencillo, sin adornos ni rebuscamiento. || En gramática, se dice de la palabra o el vocablo que llevan el acento en la penúltima sílaba, ya sea gráfico o prosódico. *Mano, cárcel, escuela son palabras llanas o graves.*
llanta *s. f.* Cerco metálico exterior de las ruedas de madera de los coches de caballos. || Pieza metálica central sobre la que se monta el neumático en los actuales vehículos. || *Amér.* Neumático, pieza de materiales sintéticos que recubre la rueda metálica y va rellena de aire para suavizar el rodamiento del vehículo sobre el camino. || Pliegue de piel y gordura que se forma en ciertas partes del cuerpo.
llantén *s. m.* Planta herbácea y vivaz de la familia de las plantagináceas, con hojas radicales gruesas y anchas, flores en espiga sobre un escapo, pequeñas y verdosas, tubulares al principio y luego divididas en cuatro pétalos, fruto capsular y semillas elipsoides. Silvestre, se mezcla con los pastos en las praderas.
llantera *s. f. Amér.* Fábrica de neumáticos o tienda donde se venden. || En Ecuador, taller donde reparan los pinchazos o ponchaduras de los neumáticos.
llanto *s. m.* Efusión de lágrimas, a menudo acompañada de sollozos y lamentos.
llanura *s. f.* Igualdad en la superficie de algo. || Campo llano y extenso, por lo común poblado de pastos y con árboles escasos y dispersos.
llapa *s. f. Amér. Merid.* Añadidura, añadido.
llapar *t. Amér. Merid.* Añadir.
llareta *s. f. Chil.* Planta herbácea de la familia de las umbelíferas, de hojas sencillas, enteras y oblongas. De su tallo destila una resina incolora y aromática, empleada como estomacal.
llave *s. f.* Instrumento metálico que se introduce en el ojo de la cerradura para activar el mecanismo que la abre y cierra. || Herramienta que sirve para apretar o aflojar tuercas. || Grifo, dispositivo que controla el paso de los líquidos por la tubería y hacia el exterior. || Mecanismo que en los instrumentos musicales de viento regula el flujo de aire y por consiguiente las notas emitidas. || En lógica, matemáticas y otras disciplinas, signo parecido al paréntesis y al corchete, que sirve para agrupar. || En la lucha, el pancracio y otros deportes semejantes, forma de sujetar alguna parte del cuerpo del contrario para inmovilizarlo o derribarlo. || Principio, concepto o medio para facilitar el conocimiento de alguna cuestión. || En música, clave del pentagrama. *Llave de sol, llave de fa, llave de re.* || *loc.* ***Llave maestra:*** la que está hecha de tal modo que abre y cierra todas las puertas de una casa o de un edificio.
llavero *s. m.* Utensilio en forma de anillo o de carterilla con ganchos, en el que se llevan las llaves.
llavín *s. m.* Llave pequeña.
llegada *s. f.* Acción y efecto de llegar.
llegado, da *adj.* y *s. ant.* Cercano, conocido.
llegar *intr.* Alcanzar el final de un desplazamiento. || Durar hasta época o tiempo determinado. || Venir una cosa por su orden o tocar a alguien su turno. || Alcanzar un grado, dignidad o puesto. || Tocar o alcanzar algo. *La corbata le llegaba a la cintura.* || Venir el tiempo de hacer algo. *Llegó la primavera.* || En las competiciones deportivas, alcanzar la línea de meta. || *pr.* Acercarse una persona o cosa a otra, apoyarse una en otra. *Juan se llegó al gendarme para solicitarle ayuda.*
llenado *s. m.* Acción y efecto de llenar.
llenador, ra *adj.* Que llena o satisface en abundancia. Se dice de la comida. || *Uy.* Que aburre, fastidia o harta.
llenar *t.* y *pr.* Ocupar totalmente con algo un espacio vacío. || Ocupar las personas enteramente un recinto, plaza o cualquier otro lugar. || Colmar, dar en exceso. *Llenar de dulces, llenar de besos.* || Hartarse de comida o bebida.
llenazón *s. f. Cub.* y *Méx.* Acción y efecto de llenarse de comida o bebida.
lleno *s. m.* Concurrencia que ocupa todas las localidades de un estadio, teatro, circo, etc.
lleno, na *adj.* Ocupado o henchido de otra cosa. || Se dice de la persona pasada de peso. || Excedido en la comida o la bebida.
llenura *s. f.* Abundancia, plenitud. || *Salv.* Pesantez de estómago.
llevadero, ra *adj.* Fácil de sufrir, tolerable, que se puede sobrellevar.
llevar *t.* Desplazar algo de un lugar a otro. || Tener flor o fruto un terreno, una planta, un árbol. || Cortar o separar violentamente una cosa de otra. *De un cañonazo le llevaron la torre a la iglesia.* || Guiar, conducir, dirigir hacia un lugar. || Tolerar, soportar. *Llé-*

valo con paciencia. || Traer puesta la ropa. || Introducir a alguien en el trato de otra persona. *Llevé a Pérez con el director del club.* || Manejar las cuentas de un establecimiento. *Llevar la administración, llevar la contabilidad.* || Pasar un periodo de tiempo en una misma situación. *Lleva meses enfermo, llevaba mucho desempleado.* || Exceder en algo a alguien. *Mi niña le lleva a la tuya ocho años.* || Seguir el ritmo, el paso o el compás de la música. || *pr.* Quitar algo a alguien, generalmente con arrebato y violencia. || Tener trato bueno o malo con otra persona. *Llevarse bien, llevarse mal.*

liclla *s. f. Per.* Manteleta bordada en colores vistosos y diferentes de los de la falda, que usan las indígenas de la vertiente oriental de los Andes.

llorar *intr.* Derramar lágrimas. || Brotar de los ojos alguna otra secreción. *Le lloran los ojos por la alergia.* || Lamentar una pérdida grave u otra desgracia.

llorica *s. com. fam.* Persona que llora a menudo y sin causa real.

lloriquear *intr.* Llorar sin fuerza ni demasiada causa.

lloriqueo *s. m.* Llanto débil. *Con lloriqueos el niño intentaba convencer a su madre de que le comprara un juguete.*

lloro *s. m.* Acción de llorar.

llorón, rona *adj.* y *s.* Que llora con fuerza y frecuencia.

llorona *s. f.* Plañidera, mujer que llora por paga en los funerales. || *Méx.* Fantasma femenino que acecha a los hombres y se roba a los niños de corta edad.

lloroso, sa *adj.* Que tiene huellas o indicios de haber llorado. || Se dice de las cosas que causan tristeza y llanto.

llovedizo, za *adj.* Se dice del techo, bóveda o tejado que por estar defectuoso o medio derruido deja entrar parte de la lluvia.

llover *impers.* Caer a tierra agua de las nubes. || Caer sobre alguien dones, alegrías, desgracias, problemas, etc. || *loc.* ***Llover sobre mojado:*** sobrevenir males adicionales a los que ya había.

llovida *s. f. Méx.* Acción de llover.

llovido *s. m. ant.* Hombre que se embarca clandestinamente y sin pagar.

llovizna *s. f.* Lluvia menuda y pertinaz, pero de corta duración.

lloviznar *intr. impers.* Caer llovizna.

lluvia *s. f.* Fenómeno natural meteorológico consistente en la conversión del vapor de agua condensado en las nubes en gotas de líquido que se precipitan a tierra. Se presenta por la elevación del aire en contacto con los estratos nubosos. || *loc.* ***Lluvia ácida:*** contaminación de la precipitación pluvial al atravesar capas de gases producto de la combustión, con los que se combina y produce ácidos como el sulfhídrico, el sulfúrico, el carbónico, etc., tóxicos y corrosivos, que dañan la vegetación, la piel de las personas y animales. || ***Lluvia atómica:*** la producida al estallar en la atmósfera una bomba nuclear o una planta nucleoeléctrica, cuyos desechos caen lentamente sobre una extensa área contaminándola con radiactividad. || ***Lluvia de estrellas:*** meteoro consistente en la aparición de estrellas fugaces o meteoritos sobre una región celeste determinada.

lluvioso, sa *adj.* Se dice del tiempo o del lugar en que son frecuentes las lluvias.

lo[1] *art.* Artículo determinado de género neutro. *Lo duro, lo blanco, lo ardiente.*

lo[2] *pron.* Pronombre personal de género neutro y número singular que hace las funciones de genitivo (cuando va acompañado de un posesivo o de un complemento adnominal) y de acusativo. *Lo mío, lo de Juan; lo vi en la calle; me lo compré.*

loa *s. f.* Acción y efecto de loar. || Drama barroco en verso en el cual se celebran mediante alegorías las virtudes y cualidades de alguien o de un suceso significativo. || En el teatro del Siglo de Oro, breve prólogo, discurso o diálogo para elogiar a la persona a la que iba dedicada la pieza dramática, para encarecer a los actores o para otros fines.

loable *adj.* Digno de loa o alabanza.

loar *t.* Alabar, encarecer, enaltecer los méritos reales o supuestos.

lobato *s. m.* Cría de lobo.

lobatón *s. m.* En el lenguaje de la vieja hampa, ladrón de ovejas o de carneros.

lobby *s. f.* Voz inglesa; vestíbulo de edificio público como hoteles, restaurantes, salas de teatro y cine, etc. || Grupo de individuos influyentes que se organiza para ejercer presión en el gobierno a favor de ciertos intereses.

lobera *s. f.* Madriguera o guarida de lobos en el monte.

lobezno *s. m.* Cría de lobo.

lobisón *s. m.* Hombre lobo, según la leyenda popular.

lobo, ba *s.* Mamífero cánido salvaje, carnicero, del tamaño de un perro pastor, de color negro con gris o blanco, aunque los americanos son pardos. Vive en zonas de templadas a frías, con preferencia en áreas boscosas. En algunas partes se ha extinguido, en tanto en otros sitios se le ha reintroducido en la vida salvaje. Forma manadas con funciones jerárquicas, comandada por un macho alfa o dominante. || Garfio con cuatro puntas que se arrojaba a las murallas de los castillos sitiados para asegurar las escalas y que los atacantes subieran por ellas. || *loc.* ***Lobo de mar:*** marinero viejo y muy diestro.

lobotomía *s. f.* Sección de algunas fibras nerviosas del lóbulo frontal del cerebro. Se practicaba en el tratamiento de ciertas enfermedades mentales.

lóbrego, ga *adj.* Oscuro, tenebroso, lúgubre.

lobreguez *s. f.* Oscuridad, tiniebla. || Densidad muy sombría de un bosque o de otro sitio abigarrado.

lobulado, da *adj.* Que tiene lóbulos o está dividido en ellos.

lobular *adj.* Perteneciente o relativo al lóbulo.

lóbulo *s. m.* Cada una de las particiones a manera de ondas que sobresalen del borde de una cosa. || En biología, porción redondeada y saliente de un órgano.

lobuno, na *adj.* Perteneciente o relativo al lobo. || Semejante al lobo o propio de él. *Sonrisa lobuna, gesto lobuno.*

locación *s. f.* En cine, lugares escogidos para filmar o rodar escenas fuera del estudio. || En derecho, arrendamiento o acción de arrendar.

local[1] *adj.* Perteneciente o relativo al lugar. || Perteneciente o relativo a una comarca, región o país. || Municipal o provincial por oposición a estatal o nacional. || Que sólo afecta a una parte del cuerpo. *Edema local, anestesia local.*

local[2] *s. m.* Habitación con o sin dependencias accesorias que generalmente se dedica al comercio o a la oferta de algún servicio. || Sitio cerrado y cubierto enteramente o sólo en parte, generalmente para ser ocupado por la concurrencia a un espectáculo, ceremonia, actos públicos, etc.

localidad *s. f.* Cualidad de permanecer en un lugar fijo. || Lugar poblado. || Cada uno de los asientos de los edificios destinados a espectáculos públicos. || Billete, boleto que se compra para poder ocupar un asiento en los espectáculos públicos.

localismo *s. m.* Cualidad de local, de pertenecer a un lugar. || Exaltación de lo propio de un lugar y rechazo a lo nacional o a lo cosmopolita. || Palabra o frase que surge y se usa sólo en un determinado lugar, comarca o región. *«Tonchi», que significa gato, es un localismo de los Altos de Jalisco.*

localista *adj.* y *s. com.* Perteneciente o relativo al localismo. || Se dice del que aprecia los paisajes, costumbres y formas de hablar de su localidad y lo expresa en sus obras, ya sean pinturas, esculturas, escritos, etc.

localización *s. f.* Acción y efecto de localizar.

localizado, da *adj.* Ubicado, situado. || Hallado, encontrado. || Definido, delimitado. || Limitado, circunscrito, encerrado, restringido, ceñido, confinado. || Emplazado, instalado, orientado.
localizador, ra *adj.* Se aplica a lo que localiza o sirve para localizar.
localizar *t.* y *pr.* Determinar o fijar los límites de un lugar. || Hallarse algo en determinado lugar. || Averiguar el lugar donde se encuentra algo o alguien. || Indicar el emplazamiento que debe tener algo o alguien. || Señalar o buscar en un mapa la representación gráfica de un lugar dado.
locatario, ria *s.* Dueño o arrendatario de un local. || *Méx.* Propietario de un puesto en un mercado fijo.
locativo, va *adj.* y *s.* Relativo o perteneciente al contrato de locación o alquiler. || En gramática, se dice de la palabra que está en un caso de la declinación especial para indicar el lugar donde ocurre la acción del verbo o donde se encuentra alguno de los complementos. || Que expresa lugar. *Complemento locativo, adverbio locativo.*
loción *s. f.* En medicina y cosmética, acción y efecto de lavar. || Preparación para el aseo del cabello o del cuerpo. || Producto hecho a base de agua, alcohol desnaturalizado y fragancia, destinado a refrescar y perfumar después del baño.
loco, ca *adj.* y *s.* Que ha perdido el juicio o la razón. || Insensato, disparatado, de poco sentido común. || Se dice del aparato que funciona descontroladamente. *La impresora se ha vuelto loca.* || Se dice de la persona que se muestra informal y voluble en sus relaciones sentimentales. || *loc.* ***A tontas y a locas:*** sin reflexión ni cuidado. *Armaron la máquina a tontas y a locas, por eso falla.*
locomoción *s. f.* Desplazamiento, traslación de un lugar a otro.
locomotor, ra *adj.* Perteneciente o relativo a la locomoción.
locomotora *s. f.* En un ferrocarril, máquina montada sobre ruedas que crea la fuerza para arrastrar el tren de vagones. Las primeras fueron de vapor, ahora las hay eléctricas y de diésel.
locomotriz *adj.* Que genera locomoción o es apropiada para ella. *Fuerza locomotriz, energía locomotriz.*
locro *s. m. Amér. Merid.* Platillo hecho con carne, papas o patatas, maíz, ají rocoto y otros ingredientes, que se prepara y consume en Perú, Ecuador, Bolivia y Colombia, entre otros países.
locuacidad *s. f.* Cualidad de locuaz.
locuaz *adj.* Que habla mucho y con vivacidad.
locución *s. f.* Acto de hablar. || Modo de hablar. || Grupo de palabras con sentido. || Combinación fija de varias palabras que funciona como una determinada clase de vocablos. *«De repente», «a ciegas», «de chuparse los dedos», son locuciones.*
locura *s. f.* Privación o carencia del uso de las facultades intelectuales, o confusión de éstas con las emociones lo que lleva a juicios erróneos sobre la realidad. || Acción irreflexiva, desatino. || Acción sorprendente por su carácter inusitado. || Pérdida del control personal debida a una situación afectiva o emocional. || *loc.* ***Con locura:*** muchísimo, intensamente. || ***De locura:*** fuera de lo común, extraordinario, magnífico.
locutor, ra *s.* Persona que habla por medio del micrófono para dar noticias, conducir programas, leer avisos, etc., en las estaciones radiodifusoras. || Persona que toma el micrófono para hacer las presentaciones y dar los avisos en las ceremonias tanto privadas como públicas.
locutorio *s. m.* Habitación o sala que en los conventos de clausura y en las cárceles permite hablar, a través de una barrera (reja, rejilla, panel de cristal), con los visitantes. || Local con compartimientos especiales para el uso individual del teléfono.
lodazal *s. m.* Sitio lleno de lodo.
lodo *s. m.* Mezcla de tierra del suelo con agua, comúnmente de lluvia.
lodoso, sa *adj.* Lleno de lodo. || De la apariencia o la consistencia del lodo.
logarítmico, ca *adj.* Perteneciente o relativo a los logaritmos.
logaritmo *s. m.* En matemáticas, exponente al que se eleva una cantidad positiva para obtener un número determinado; se usa en cálculo trigonométrico, entre otras aplicaciones. || *loc.* ***Logaritmo decimal:*** el que tiene por base el número 10. || ***Logaritmo neperiano:*** el que tiene por base el número *e*, igual a 2.7182.
logia *s. f.* Asamblea de una organización de masones o francmasones. || Local donde se reúne. || En arquitectura, galería abierta por uno de sus lados largos, sostenido por columnas y arcos.
lógica *s. f.* Disciplina a caballo entre la filosofía y las matemáticas, dedicada al estudio de las leyes que rigen el razonamiento y los modos de validar el conocimiento científico. || Tratado, manual o libro de texto sobre esta disciplina. || *loc.* ***Lógica formal:*** la que atiende los aspectos estructurales del razonamiento y no su contenido conceptual. || ***Lógica matemática:*** la que estudia y desarrolla los planteamientos matemáticos, como la teoría de conjuntos, el álgebra booleana, la teoría de juegos y la teoría del caos. || ***Lógica natural:*** aquella de la que está dotado el cerebro humano normal para razonar sobre la base de los datos aportados por la experiencia común.
lógico, ca *adj.* Perteneciente o relativo a la lógica. || Sujeto o conforme a las leyes de la lógica. || *s.* Se dice de la persona que estudia o sabe esta disciplina. || Se dice del efecto o de la consecuencia que se siguen natural y legítimamente de su causa.
logística *s. f.* Parte de la ciencia militar que atiende al movimiento y sustento de las tropas en campaña. || Conjunto de medios y métodos planeados para garantizar el éxito de una empresa.
logístico, ca *adj.* Perteneciente o relativo a la logística.
logogrifo *s. m.* Acertijo que consiste en hacer distintas combinaciones con las letras de una palabra de modo que resulten otros vocablos cuyo significado, además del principal, conlleva alguna oscuridad o enigma.
logos *s. m.* En filosofía, discurso explicativo de las causas de las cosas. || Razón, principio de la existencia y ser del universo. || En la teología cristiana, el Verbo encarnado, Cristo, Hijo de Dios.
logotipo *s. m.* Distintivo formado por letras, símbolos, abreviaturas, etc., propio de una empresa, conmemoración, sociedad, institución, marca o producto. || En las antiguas imprentas que trabajaban con tipos de plomo, grupo de letras, signos, símbolos, etc., fundido en un solo bloque para facilitar la composición tipográfica.
logrado, da *adj.* Que está bien hecho o que ha salido bien. *La función abrió con una versión muy lograda de «Antígona».*
lograr *t.* Alcanzar u obtener lo que se desea o se intenta. || *pr.* Llegar alguien, una cosa o una acción a su madurez o perfección. *Se les logró el bebé; la cosecha se logrará; va a lograrse la elección.*
logrero, ra *s.* Persona que presta dinero para obtener ganancias. || Persona que acapara ciertos géneros o mercancías para luego venderlos a precio excesivo. || Individuo que procura ganancias por cualquier medio.
logro *s. m.* Acción y efecto de lograr. || Ganancia, lucro. || Usura, ganancia abusiva.
loísmo *s. m.* En gramática, defecto consistente en usar las formas «lo» y «los» del pronombre «él» en función de complemento indirecto en una oración.
loísta *adj.* y *s.* Perteneciente o relativo al loísmo. || *s. com.* Que incurre en el defecto del loísmo.
loma *s. f.* Elevación alargada y de poca altura.
lombarda *s. f. ant.* Cañón de gran calibre, fundido en bronce y transportado en un carro tirado por mulas. || Bala esférica de piedra arrojada por ese cañón. || Variedad de col de color rojo casi púrpura.

lombardo *s. m. ant.* Especie de banco de crédito donde se daba un anticipo contra la venta de la cosecha o de la manufactura obtenida por el recipiendario del préstamo. || En la Edad Media, prestamista de la Lombardía, que era judío necesariamente porque los cristianos tenían prohibida la usura. || Por extensión, banquero.

lombardo, da *adj.* y *s.* Nativo de Lombardía. || Perteneciente o relativo a esa región de Italia. || Descendiente del pueblo bárbaro de los longobardos.

lombriciento, ta *adj.* y *s. Amér.* Aquejado de lombrices intestinales. || Flaco, consumido.

lombriz *s. f.* Gusano anélido de cuerpo largo, cilíndrico y segmentado, llevando en cada segmento un par de apéndices locomotores llamados quetos. La cabeza por ser el extremo más angosto del cuerpo, en tanto el opuesto es redondeado. Es hermafrodita, puede reproducirse sexual o asexualmente. Los hay terrestres y marinos, estos últimos con una anatomía más compleja. || *loc.* ***Lombriz de tierra:*** gusano poliqueto de color rosado o rojizo, que vive en la tierra en la que excava túneles en busca de huevecillos o larvas de insectos. Contribuye a airear la tierra de cultivo y mantenerla fértil y libre de parásitos. || ***Lombriz intestinal:*** nematelminto parásito del hombre, en cuyo intestino delgado se aloja fijándose a las paredes y succionando nutrientes a través de ellas.

lomerío *s. m.* Conjunto de montañas de poca altura.

lomo *s. m.* Parte central y baja de la espalda. Se usa también en plural con el mismo significado que en singular. *Me duele la espalda. / Me fui de espaldas.* || Espinazo completo de los cuadrúpedos. || Cada una de las dos piezas de carne de cerdo o de res vacuna, que se hallan junto al espinazo y bajo las costillas. || Parte del libro opuesta al corte de las hojas. || Tierra levantada que queda entre dos surcos. || En los instrumentos cortantes, parte opuesta al filo. || *loc.* ***Agachar el lomo:*** humillarse, doblegarse. || ***Sobarse*** o ***tallarse el lomo:*** trabajar dura y fatigosamente.

lona *s. f.* Tela gruesa y fuerte, de algodón o de cáñamo, usada para velas de barco, toldos, tiendas de campaña, entre otras aplicaciones. || Tela fuerte que mediante anillas y cuerdas se mantiene tensa entre cuatro postes equidistantes o «esquinas», y sobre la cual se llevan a cabo los entrenamientos y encuentros deportivos de boxeo, lucha libre y pancracio.

loncha *s. f.* Piedra plana y delgada. || Rebanada delgada y larga de otras materias. *Loncha de carne, loncha de tomate.*

lonchería *s. f. Méx.* Fonda donde se sirven bocadillos, antojitos, comidas ligeras y almuerzos.

londinense *adj.* Perteneciente o relativo a esa urbe, capital del Reino Unido de la Gran Bretaña e Irlanda del Norte. || *s. com.* Nativo u oriundo de la ciudad de Londres.

loneta *s. f. Amér.* Lona delgada.

longanimidad *s. f.* Fortaleza de ánimo frente a las adversidades. || Benevolencia, generosidad.

longánimo, ma *adj.* Que posee longanimidad o actúa conforme a ella.

longaniza *s. f.* Embutido largo y estrecho, hecho de carne de cerdo aderezada para su conservación.

longevidad *s. f.* Cualidad de longevo. || Vida más larga que el promedio de la especie.

longevo, va *adj.* Muy anciano, de muy larga vida, rico en años.

longitud *s. f.* Magnitud física que expresa la distancia entre dos puntos. || La mayor de las dimensiones lineales de una superficie plana. || En astronomía, arco de la eclíptica, medido de occidente a oriente y comprendido entre el punto equinoccial de la constelación de Aries y el círculo perpendicular a ella. || En geografía, distancia medida en grados entre el meridiano de un lugar y otro tomado como referencia en el ecuador terrestre. || *loc.* ***Longitud de onda:*** en electromagnetismo, distancia entre dos puntos correspondientes a una misma fase en dos ondas consecutivas.

longitudinal *adj.* Perteneciente o relativo a la longitud. || Dispuesto en la dirección de la longitud del objeto de que se trate.

lonja[1] *s. f.* Cosa larga, ancha y algo gruesa que se corta o separa de otra. || *Amér. fam.* Llanta, pliegue de piel y grasa en alguna parte del cuerpo.

lonja[2] *s. f.* Edificio público donde se reúnen los comerciantes para realizar sus transacciones. || Tienda donde se vendían azúcar, cacao, tabaco, alcohol y otros productos administrados directamente por la Hacienda Real, en tiempos de las colonias españolas.

lontananza *s. f.* Lo más lejano que se alcanza a ver en la distancia. || En pintura, dentro de un paisaje o escena, el fondo, lo más distante del primer plano. || *loc.* ***En lontananza:*** a lo lejos, en la lejanía.

loor *s. m.* Elogio, alabanza.

loquear *intr.* Decir y hacer locuras. || Divertirse con demasiado alboroto y bulla.

loquera *s. f. fam. Amér.* Locura.

loquero *s. m.* Barullo, bullicio, alboroto festivo.

loquero, ra *s. ant.* Persona que antiguamente custodiaba y cuidaba a quienes padecían enfermedades mentales.

lord *s. m.* Voz inglesa equivalente a «señor»; es un título de nobleza dado en el Reino Unido de la Gran Bretaña e Irlanda del Norte. Su femenino es «lady».

lordosis *s. f.* Curvatura anómala de la columna vertebral, que forma una pronunciada convexidad generalmente a la altura de las dorsales.

loro *s. m.* Ave del grupo de las psitácidas, con grandes patas prensoras, pico curvo y algo ganchudo, generalmente de color básico verde con plumas de otros colores (rojo, amarillo, azul, entre ellos) en partes de la cabeza, las mejillas, el cuello, las puntas de las alas y de la cola. Tiene lengua gruesa y azulosa. Es muy inteligente y capaz de aprender a decir palabras y aun oraciones completas, así como de identificar figuras planas como cuadrado, círculo, triángulo. Existen muchas variedades en América y Oceanía. || Persona muy parlanchina, platicadora.

los[1] *art. m. pl.* Plural del artículo «el».

los[2] *pron. m. pl.* Pronombre personal de género masculino y número plural que se usa como complemento directo en la oración. *Los vi, los compré, me los llevé.*

losa *s. f.* Piedra plana y de poco espesor obtenida por corte y pulido de la roca. || Lápida, y por extensión, sepulcro. *Fue a llorarlo junto a la losa en el cementerio.* || *Méx.* Techo colado de cemento que forma una sola pieza sobre la cual puede construirse otra habitación, a la que servirá de piso.

loseta *s. f.* Cada una de las piezas cuadradas o rectangulares con las que se recubre el suelo formando un piso. Pueden ser de piedra, cerámica, laminado sintético, etc.

lote *s. m.* Conjunto de casas habitación similares. || Cada una de las partes en que se divide un terreno. || Conjunto de bienes de un mismo género, generalmente agrupados para su venta. *Compré un lote de libros baratos.*

lotear *t.* Dividir un terreno en superficies pequeñas, generalmente para su venta.

loteo *s. m.* Acción y efecto de lotear o fraccionar un terreno.

lotería *s. f.* Juego de azar cuyos números premiados son sacados de una urna o tómbola. || Juego de cartas cuyo ganador resulta quien llene primero las casillas según las cartas correspondientes van siendo anunciadas por un pregonero. || *fig.* Cualquier asunto en que intervenga la casualidad en favor de alguien.

loto *s. m.* Planta acuática de grandes hojas y flor bulbosa que crece en aguas estancadas, emblemática de dinastías orientales.

loza *s. f.* Barro fino que, cocido y barnizado, sirve para fabricar vajilla.

L

|| Conjunto de utensilios domésticos hechos de este material.
lozanía *s. f.* Aspecto saludable y juvenil de las personas.
lozano, na *adj.* Que tiene aspecto saludable y juvenil. *Ella tiene el cutis lozano.*
lubina *s. f.* Pez marino de carne muy apreciada, que se reproduce en ambientes rocosos.
lubricación *s. f.* Acción y efecto de lubricar o aceitar las partes de un mecanismo o los miembros de un movimiento acoplado.
lubricador, ra *adj.* Que lubrica o aceita las partes de un mecanismo o los miembros de un movimiento acoplado.
lubricante *adj.* y *s. m.* Se dice de la sustancia que sirve para lubricar.
lubricar *t.* Aplicar una sustancia aceitosa a las partes de un mecanismo o a miembros del cuerpo para suavizar la fricción.
lubricidad *s. f.* Propiedad suavizante de sustancias aplicables a mecanismos de fricción o a partes del cuerpo.
lúbrico, ca *adj.* Que tiene propiedad resbaladiza o suavizante, como el aceite. || Dícese de las personas lujuriosas.
lubrificación *s. f.* Acción y efecto de lubricar.
lubrificante *adj.* Que lubrifica o lubrica.
lubrificar *t.* Aplicar una sustancia lubricante a un mecanismo o a miembros del cuerpo.
lucerna *s. f.* Lámpara grande en forma de araña. || Cubo para ventilar e iluminar una habitación.
lucero *s. m.* Astro grande y luminoso en el firmamento. *Partimos con el lucero de la mañana.*
lucha *s. f.* Combate entre dos o más personas con armas o sin ellas. || Disciplina deportiva que se practica entre dos contendientes. || Actividad o conjunto de actividades para la consecución de un fin determinado. *Hay que prepararse para la lucha por la vida.* || Disputa ideológica o política con fines de poder.
luchador, ra *adj.* y *s.* Deportista que practica alguna o varias formas de lucha. || Persona que no se arredra ante las dificultades de la vida.
luchar *t.* Pelear entre dos o más personas por deporte o por motivos de poder, con armas o sin ellas. || Batallar para conseguir determinados fines en la vida.
lucidez *s. f.* Cualidad de claridad mental.
lucido, da *adj.* Que presenta muy buen aspecto o plenitud. *La fiesta estuvo muy lucida.* || Que ostenta su buena apariencia.
lúcido, da *adj.* Que tiene claridad mental.
lucidor, ra *adj.* Que luce o se ve muy bien. *Ella vestía un atuendo muy lucidor.*
luciente *adj.* Que brilla o da luz. || Que se ve muy bien.
luciérnaga *s. f.* Insecto coleóptero cuya característica singular es despedir una luz fosforescente verdosa.
lucífugo, ga *adj.* Que huye de la luz, especialmente las aves nocturnas.
lucimiento *s. m.* Exhibición de atributos o buena apariencia. || Desempeño destacado en cualquier actividad. || Brillo o resplandor de cualquier cuerpo.
lucio *s. m.* Pez de agua dulce que se alimenta de otros peces y batracios.
lucir *intr.* Destacar por buena apariencia, especialmente con fines de ostentación. || Emitir luz o resplandor. *Los adornos decembrinos lucen bien.* || Causar buena impresión por buen desempeño o talante.
lucrar *t.* Obtener beneficios legítimos o ilegítimos de cualquier actividad o situación.
lucrativo, va *adj.* Que rinde buenas ganancias.
lucro *s. m.* Beneficio obtenido de cualquier actividad o situación, legítima o ilegítima.
luctuoso, sa *adj.* Perteneciente al luto o relacionado con él.
lucubración *s. f.* Conjetura al tanteo, sin mucho fundamento.
lucubrar *t.* Aventurar conjeturas sin mucho fundamento.
lúcuma *s. f.* Fruto del lúcumo, parecido a una manzana pequeña.
lúcumo *s. m.* Árbol de Chile y Perú que produce el fruto comestible lúcuma.
ludibrio *s. m.* Burla cruel a expensas de otros.
lúdico, ca *adj.* Perteneciente al juego o relacionado con él.
ludópata *s. com.* Que padece adicción enfermiza al juego.
ludopatía *s. f.* Adicción enfermiza al juego.
ludoteca *s. f.* Lugar donde se conservan juegos y juguetes para su uso.
luego *adv.* Adverbio que denota tiempo posterior. || Conjunción para enlazar un orden consecutivo. *«Pienso, luego existo», dijo Descartes.* || Expresión para manifestar aprobación. *Desde luego, ahí estaré.* || Expresión para denotar que algo ocurrirá en breve.
luengo, ga *adj.* Que es largo o prolongado. *Nos contaron luengas historias.*
lugar *s. m.* Cualquier espacio ocupado o desocupado. || Cualquier paraje de un espacio más amplio. || Espacio pequeño habitado. || Posición determinada en una serie. *Nuestro equipo obtuvo el primer lugar.*
lugareño, ña *adj.* y *s.* Que habita en un pueblo pequeño o es originario de él.
lugarteniente *s. m.* Segundo en mando en una jerarquía, con atribuciones delegadas por el mando principal.
lúgubre *adj.* Relacionado con la muerte o con ambientes siniestros. || De aspecto triste o melancólico.
luido, da *adj.* Que está desgastado por el uso o la fricción. *Mi saco está luido.*
luir *t.* y *pr.* Desgastarse por el uso, especialmente prendas de vestir.
lujo *s. m.* Propiedad de ornamentos y placeres sofisticados en exceso de lo necesario. || Ostentación de bienes, tiempo y placeres superiores a lo normal.
lujoso, sa *adj.* Que abunda en riqueza, ornamentos caros u ocio afluente.
lujuria *s. f.* Actividad y deseo sexual inmoderados.
lujurioso, sa *adj.* Que es movido por el deseo sexual inmoderado.
lumbago *s. m.* Dolor crónico o recurrente en la región lumbar.
lumbalgia *s. f.* Dolor en la región lumbar.
lumbar *adj.* De la zona del cuerpo en la parte baja de la espalda.
lumbre *s. f.* Combustible encendido, generalmente para cocinar o para calentar. || *fig.* Manifestación de enojo o ira. *Papá está que echa lumbre.*
lumbrera *s. f.* Entrada de luz o ventilación en habitaciones y galerías. || *fam.* Persona muy inteligente.
lumen *s. m.* Unidad de flujo luminoso.
luminancia *s. f.* En fotometría, densidad angular y superficial de flujo luminoso en una dirección determinada.
luminaria *s. f.* Persona famosa del mundo del espectáculo. || Llama permanente del Santísimo Sacramento en el altar.
lumínico, ca *adj.* Perteneciente o relativo a la luz.
luminiscencia *s. f.* Emisión de luz débil, como la de las luciérnagas.
luminiscente *adj.* Que emite una luz débil. *Las luciérnagas son luminiscentes.*
luminosidad *s. f.* Abundancia de luz. || Claridad o brillantez de un ambiente cualquiera.
luminoso, sa *adj.* Que despide o absorbe luz abundante, natural o artificial. || Dícese de las personas y las ideas claridosas.
luminotecnia *s. f.* Técnica de la iluminación.
luminotécnico, ca *adj.* De o relacionado con la luminotecnia o técnica de la iluminación. || *s.* Persona especializada en iluminación.
lumpen *s. m.* Grupo social urbano sin los medios indispensables de vida.
lumpenproletariado *s. m.* Clase trabajadora con ínfimas condiciones de

vida, característica de la época de la Revolución Industrial del siglo XIX.

luna *s. f.* Satélite natural que gira alrededor de la Tierra y refleja la luz del Sol. || Cualquier satélite natural que gira alrededor de cualquier planeta. || Periodo comprendido entre una conjunción de la Luna con el Sol y la siguiente. || Espejo de tocador. || Mancha blanquecina de la parte inferior de la uña.

lunación *s. f.* Periodo comprendido entre una conjunción de la Luna con el Sol y la siguiente.

lunada *s. f.* Convivio a la luz de la Luna.

lunar *adj.* Perteneciente a la luna o relacionado con ella. || *s. m.* Mancha oscura en la piel.

lunático, ca *adj.* y *s.* Dícese de las personas que experimentan cambios bruscos de carácter o ataques de locura.

lunch *s. m.* Comida ligera entre el desayuno y la comida.

lunes *s. m.* Primer día de la semana.

luneta *s. f.* Sección de asientos preferentes en una sala de espectáculos. || Cristal de la ventana posterior de un automóvil.

lunfardo *s. m.* Jerga de los barrios bajos de Argentina y Uruguay.

lúnula *s. f.* Mancha natural blanca, en forma de media luna, situada en la base de las uñas.

lupa *s. f.* Lente de aumento, generalmente provisto de un mango.

lupanar *s. m.* Prostíbulo, burdel.

lúpulo *s. m.* Planta herbácea cuyo fruto aporta el sabor amargo a la cerveza.

lupus *s. m.* Forma de tuberculosis de la piel que se manifiesta en manchas oscuras que al sanar dejan cicatriz.

lusitano, na *adj.* Perteneciente o relacionado con Lusitania, antigua región entre los ríos Duero y Tajo de Portugal y las provincias de Cáceres y Badajoz en España. || Perteneciente o relativo a Portugal. || *s.* Originario de Portugal.

lustrabotas *s. m.* Persona dedicada a lustrar calzado.

lustrado *s. m.* Operación de pulir o dar lustre a algo.

lustrador, ra *s.* Persona dedicada a lustrar calzado. || Sustancia grasosa para lustrar objetos.

lustrar *t.* Dar brillo a objetos.

lustre *s. m.* Brillo de los objetos por frotación con paño y alguna sustancia grasosa. || Prestigio o distinción de las personas.

lustro *s. m.* Periodo de cinco años.

lustroso, sa *adj.* Que despide lustre o brillo. || Dícese de las reuniones sociales y de las personas de alta distinción.

lutecio *s. m.* Elemento químico, metal de las tierras raras, muy escaso en la corteza terrestre. Se encuentra muy disperso y acompañando al itrio. Sus óxidos se utilizan en las industrias electrónica y del vidrio. Su número atómico es 71 y su símbolo *Lu.*

luteranismo *s. m.* Conjunto de Iglesias protestantes que se unieron al religioso alemán Martín Lutero en el siglo XVI.

luterano, na *adj.* Relativo al luteranismo o que lo profesa.

luto *s. m.* Tristeza causada por la pérdida de seres queridos. || Periodo que dura ese estado de tristeza. || Signo exterior de ese estado, generalmente ropa de color negro.

lux *s. f.* Unidad de iluminación.

luxación *s. f.* Dislocación de huesos.

luxar *t.* Dislocar un hueso.

luxemburgués, guesa *adj.* Perteneciente o relativo al país Luxemburgo o a la ciudad del mismo nombre. || *s. m.* Antigua lengua germánica de este país.

luz *s. f.* Radiación electromagnética ante la cual reacciona el ojo, produciéndose los fenómenos de iluminación, visión y calor. || Sensación producida por estimulación de los órganos de la vista. || Cualquier agente de iluminación. || Estado de visibilidad o de exposición a la atención de otros. *Sus manejos salieron a la luz.* || Clarificación de algún problema. *El maestro arrojó luz sobre el asunto.* || Símbolo o señal a seguir para encontrar una salida. *Vimos la luz al final del túnel.* || Abertura en las construcciones para iluminar. || Modelo de vida recta. *«Que la luz del Espíritu Santo os ilumine.»*

m

m *s. f.* Decimotercera letra del alfabeto español y décima de sus consonantes. || Cifra romana que vale mil.
mabí *s. m.* Bebida embriagante de las Antillas.
mabinga *s. f. Cub.* y *Méx.* Estiércol.
maca *s. f.* Mancha de la fruta por un golpe u otro motivo. || Pequeño deterioro que tienen algunas cosas. || *fig.* Defecto moral.
macabeo, a *adj.* y *s.* De Macas, capital provincial de Morona de Santiago, en Ecuador.
macabro, bra *adj.* Que está relacionado con lo más repulsivo o desagradable de la muerte. || Que se siente atraído por lo macabro.
macaco, ca *adj.* Feo, mal hecho. || *s. m.* Mono de Asia parecido a los cercopitecos que mide de 50 a 60 cm. || *fig.* y *fam.* Hombre muy feo.
macadam *s. m.* Macadán.
macadán *s. m.* Pavimento hecho con piedra machacada y arena aglomeradas con una apisonadora.
macagüa *s. f.* Ave rapaz diurna de América. || Árbol silvestre de Cuba. || Serpiente venenosa de Venezuela.
macal *s. m. Méx.* Aráceas de rizoma comestible. || Ñame.
macana *s. f.* Arma semejante a una maza de madera, utilizada por algunos pueblos precolombinos. || *Amér.* Garrote grueso de madera dura y pesada. || *fig. Arg. Per.* y *Uy.* Desatino, embuste. || *loc. Arg.* ***¡Qué macana!:*** expresión de contrariedad.
macanazo *s. m. Amér.* Golpe dado con la macana. || *fam.* Disparate enorme.
macaneador, ra *adj. Arg.* Amigo de macanear, embustero.
macanear *t. Méx.* y *P. Rico.* Golpear con la macana. || *intr. fig. Arg. Bol. Py.* y *Uy.* Mentir, decir disparates o embustes.
macaneo *s. m. Arg.* Acción de macanear.
macanero, ra *adj. Arg.* Macaneador.
macanudo, da *adj.* Chocante por lo grande, gracioso, extraordinario, etc. || Muy bueno, magnífico o excelente.
macarrón *s. m.* Pastel crujiente redondo de pasta de almendra y azúcar. || *pl.* Pasta de harina de trigo, recortada en canutos largos.
macarrónico, ca *adj.* Se dice del lenguaje y estilo incorrectos o faltos de elegancia.
macarse *pr.* Empezar a pudrirse las frutas por los golpes recibidos.
macaurel *s. f.* Serpiente no venenosa, originaria de Venezuela.
macazúchil o **mecaxóchitl** *s. m. Méx.* Planta piperácea, cuyo fruto se empleaba para perfumar el chocolate.
macear *t.* Golpear con mazo.
macedón, dona *adj.* y *s.* Macedonio.
macedonio, nia *adj.* y *s.* De Macedonia. || *s. f.* Ensalada de frutas o de verduras.
macehual *s. m. Méx.* Sirviente, peón.
maceo *s. m.* Golpes dados con un mazo.
maceración *s. f.* Operación consistente en dejar remojar cuerpos en un líquido para sacar los productos solubles que contienen o, si se trata de alimentos, para aromatizarlos o conservarlos. || *fig.* Mortificación.
maceramiento *s. m.* Maceración.
macerar *t.* Poner a remojar una cosa en un líquido. *Macerar frutas en alcohol.* || *pr.* Mortificarse el cuerpo por penitencia.
macero *s. m.* El que lleva la maza en algunas ceremonias.
maceta *s. f.* Recipiente, generalmente de barro cocido y con un agujero en su base que, lleno de tierra, sirve para cultivar plantas.
macetero *s. m.* Soporte o recipiente para colocar macetas con plantas.
macetón *s. m.* Maceta grande.
machaca *s. f. Méx.* Carne seca de res.
machacador, ra *adj.* y *s.* Que machaca o muele. || *s. f.* Máquina trituradora de materias duras.
machacante *s. m. fam.* Antigua moneda española que valía cinco pesetas.
machacar *t.* Triturar, deshacer o aplastar una sustancia sólida mediante golpes. || *fig.* Destrozar algo o a alguien. || *t.* e *intr. fig.* y *fam.* Estudiar con insistencia y tenacidad una materia. || Importunar a alguien insistiéndole sobre algo. || *loc.* ***Machacar los oídos:*** repetir algo insistentemente.
machacón, cona *adj.* y *s.* Pesado, que repite mucho las cosas.
machaconería *s. f.* Insistencia, repetición pesada.
machada *s. f.* Hato de machos de cabrío. || *fig.* y *fam.* Necedad, estupidez. || Acción propia de un hombre, hombrada.
machaleño, ña *adj.* y *s.* De Machala, ciudad de Ecuador.
machamartillo *loc.* ***A machamartillo:*** Sólidamente, firmemente. *Creer a machamartillo.* || Insistentemente. *Repetir a machamartillo.*
machango, ga *adj. Cub.* Grosero. || *s. f. Cub.* Mujer hombruna.
machaquear *t.* Machacar.
machaqueo *s. m.* Trituración. || Molido. || *fig.* Repetición.
machaquería *s. f.* Machaconería.
machear *intr.* Engendrar los animales más machos que hembras. || *fig.* Dárselas de hombre.
machetazo *s. m.* Golpe de machete. *Se abría paso a machetazos.*
machete *s. m.* Arma blanca, corta, de hoja ancha y un solo filo. || Cuchillo grande que se utiliza para cortar caña, desmontar y abrirse paso entre la maleza.
machetear *t.* Dar machetazos. || Golpear con el machete. || *Méx.* Trabajar con tesón. *Macheteó toda la noche y terminó el informe.*
machetero, ra *s.* Persona que en los ingenios azucareros corta la caña de azúcar. || Persona que abre camino con el machete a través de la maleza. || *Méx.* Se dice del estudiante que se dedica con esmero a sus labores escolares.
machiega *adj.* y *s. f.* Aplícase a la abeja reina.
machigua *s. f. Amér. C.* Agua con residuos triturados de maíz.
machihembrado *s. m.* Ensamblaje a caja y espiga o a ranura y lengüeta.
machihembrar *t.* Ensamblar dos piezas de madera a caja y espiga o a ranura y lengüeta.
machincuepa *s. f. Méx.* Voltereta que se da poniendo la cabeza en el suelo y dejándose caer sobre la espalda.
machismo *s. m.* Comportamiento y manera de pensar basados en la superioridad del hombre respecto a la mujer y en la exaltación de las supuestas cualidades viriles, como la fuerza.
machista *adj.* Relativo al machismo || *s. com.* Partidario del machismo o persona que se comporta con machismo.
macho *s. m.* En los seres vivos con órganos de reproducción masculinos y femeninos en distinto individuo, el que tiene los masculinos.

machorra *s. f.* Hembra estéril. || *fam.* Marimacho.
machote¹ *adj.* y *s. m. fam.* Se dice del hombre que tiene cualidades consideradas tradicionalmente masculinas. || *fig.* Se dice del animal macho que es estéril.
machote² *s. m. Amér. C.* Borrador, modelo. || *Méx.* Formulario con espacios en blanco para rellenar.
machucadura o **machucamiento** *s. m.* Golpe, magulladura.
machucar *t.* Herir, golpear a alguien causándole contusiones o magullamientos. || Machacar, destrozar algo.
machucón *s. m.* Machucadura.
macilento, ta *adj.* Pálido, descolorido. *Salió del hospital con rostro macilento.*
macillo *s. m.* Pieza del piano que golpea la cuerda.
macizo, za *adj.* Grueso. *Éste es un mueble macizo.* || Ni chapado ni hueco. *La pulsera es de oro macizo.* || *fig.* De peso. *Se necesitan argumentos macizos para convencerme.* || *m.* Lienzo de pared entre dos vanos. || Grupo de alturas generalmente montañosas. || Conjunto de edificios apiñados. || Combinación de plantas que decoran los cuadros de los jardines.
macla *s. f.* Asociación de dos o más cristales homogéneos en un mismo cuerpo cristalino según leyes geométricas precisas.
macolla *s. f.* Conjunto de tallos que nacen de un mismo pie.
macondo *s. m. Col.* Árbol de gran porte.
macrocéfalo, la *adj.* y *s.* De cabeza voluminosa.
macrocosmos *s. m.* En filosofía, el universo, considerado como una totalidad de estructura compleja.
macroeconomía *s. f.* Rama de las ciencias económicas que estudia las magnitudes, colectivas y globales, y su interrelación.
macrofotografía *s. f.* Fotografía de objetos pequeños que es directamente ampliada por el objetivo de la cámara.
macromolécula *s. f.* Molécula muy grande, generalmente formada por polimerización.
macromolecular *adj.* Aplícase a una sustancia química de masa molecular elevada.
macrópodo *adj.* y *s. m.* De pies grandes. || *s. m.* Pez muy coloreado de los ríos de Indochina. || *pl.* Suborden de marsupiales al cual pertenecen los canguros.
macroscópico, ca *adj.* Que puede verse sin auxilio del microscopio.
macruro, ra *adj.* Aplícase al crustáceo de abdomen alargado a modo de cola, como el cangrejo de río. || *s. m. pl.* Suborden de estos animales.
macuco, ca o **macucón, cona** *adj. Arg. Chil.* y *Per.* Macanudo. || *fam. Chil.* Astuto, taimado. || *Arg. Bol.* y *Col.* Grandullón.
macular *t.* Manchar.
macuto *s. m.* Mochila.
madeja *s. f.* Hilo de seda o de lana recogido en varias vueltas iguales. || *fig.* Mata de pelo. || Hombre sin vigor.
madera *s. f.* Sustancia compacta del interior de los árboles. || Pieza de madera labrada. || *fig.* y *fam.* Talento y disposición de las personas para determinada actividad. *Tiene madera de artista.* || En música, ciertos instrumentos de viento.
maderable *adj.* Que da madera útil para construcciones.
maderada *s. f.* Conjunto de maderos que se transportan flotando por un río formando armadías.
maderaje *s. f.* o **maderamen** *s. m.* Conjunto de las piezas de madera que sostienen una construcción.
maderero, ra *adj.* De la madera. || *s. m.* Comerciante en maderas. || Hombre que conduce las maderadas. || Carpintero.
madero *s. m.* Pieza larga de madera en rollo o escuadrada. || *fig.* Necio, zoquete.
madona *s. f.* Nombre que se da a las representaciones de la Virgen. *Las madonas de Fra Angélico son pinturas con una belleza extraordinaria.*
madrastra *s. f.* Mujer del padre respecto de los hijos que éste tiene de un matrimonio anterior. || *fig.* Madre mala.
madre *s. f.* Mujer o animal hembra que ha tenido uno o más hijos o crías. || *fam.* Mujer anciana. || *fig.* Causa u origen de una cosa. || Cauce de un río o arroyo. || Título que se da a las abadesas y superioras de conventos. || En anatomía, matriz en que se desarrolla el feto. || *loc.* ***Lengua madre:*** la de la cual se han derivado otras lenguas. || ***Madre patria:*** país que ha fundado una colonia. || ***Madre política:*** suegra; madrastra. || *fig.* ***Sacar de madre:*** exasperar, irritar.
madreperla *s. f.* Concha bivalva donde se suelen encontrar las perlas.
madrépora *s. f.* Pólipo de los mares intertropicales que forma un polipero calcáreo y arborescente. || Este polipero, que llega a formar en algunas partes escollos y atolones.
madrepórico, ca *adj.* Perteneciente o relativo a la madrépora.
madreselva *s. f.* Planta trepadora caprifoliácea muy olorosa.
madrigal *s. m.* Composición poética corta, delicada y galante.
madrigalesco, ca *adj.* Del madrigal. || *fig.* Delicado, fino.
madriguera *s. f.* Pequeña cueva, estrecha y profunda, en que habitan ciertos animales, especialmente los mamíferos. || *fig.* Lugar donde se refugian o esconden maleantes.
madrileño, ña *adj.* y *s.* De la ciudad de Madrid, capital de España.
madrina *s. f.* Mujer que presenta o asiste al que recibe un sacramento (bautizo, comunión, boda), por lo que contrae con él un parentesco espiritual. || *fig.* Mujer que ayuda o protege a alguien, especialmente en su actividad profesional.
madrinazgo *s. m.* Condición de madrina.
madroñal *s. m.* o **madroñera** *s. f.* Terreno plantado de madroños.
madroño *s. m.* Arbusto ericáceo, de fruto parecido a una cereza. *Madrid es la villa del oso y del madroño.* || Su fruto. || Borlita redonda.
madrugada *s. f.* Alba, amanecer. || Acción de levantarse temprano.
madrugador, ra *adj.* y *s.* Que acostumbra madrugar.
madrugar *intr.* Levantarse temprano. || *fig.* Ganar tiempo. || *loc.* ***No por mucho madrugar amanece más temprano:*** significa que las cosas hay que hacerlas en su debido tiempo.
madrugón, gona *adj.* Madrugador. || *s. m. fam.* Madrugada muy temprana. *Ayer hubo un madrugón.*
maduración *s. f.* Conjunto de fenómenos que se producen hasta que una fruta esté madura.
maduradero *s. m.* Lugar donde se ponen a madurar las frutas.
madurar *t.* Poner maduro. || Reflexionar sobre algo para preparar su ejecución. || *intr.* y *pr.* Volverse maduros los frutos. || Crecer en edad, juicio y prudencia. || En botánica, transformarse el ovario en fruto.
madurez *s. f.* Cualidad o estado de maduro. || Sensatez, buen juicio o prudencia. || En biología, periodo de la vida del adulto, comprendido entre la juventud y la vejez, variable según el individuo.
maduro, ra *adj.* Que está en el estado adecuado para ser comido. *La fruta ya está madura.* || *fig.* Preparado para determinado fin. *Una idea madura convertida en realidad.* || Que ya ha superado la juventud pero no ha llegado a la vejez. *Eduardo es ya un señor maduro.* || Juicioso, prudente.
madveded *s. m.* Darmstadtio.
maelstrom *s. m.* Gran remolino de agua.
maese, sa *s. ant.* Maestro. *El maese Pedro enseñó a mi abuelo.*
maestoso *adv.* Voz italiana que indica un movimiento musical majestuoso, lento y solemne.
maestrante *s. m.* Miembro de una maestranza.
maestranza *s. f.* Sociedad de equitación. || Talleres donde se componen y construyen los montajes de las piezas de artillería. || Conjunto de empleados que trabajan en esos talleres.

maestrazgo *s. m.* Dignidad de maestre de una orden militar y territorio de su jurisdicción.
maestre *s. m.* Superior de las órdenes militares.
maestría *s. f.* Arte, destreza. *Picasso pintó con maestría.* || Título o dignidad de maestro.
maestril *s. m.* Celdilla donde termina su metamorfosis la abeja reina.
maestro, tra *adj.* Excelente o perfecto en su clase. *«La Gioconda» o «Mona Lisa» es una verdadera obra maestra.* || Principal. *La viga maestra pesa casi una tonelada.* || *s.* Persona que tiene por oficio enseñar. || Persona que instruye, alecciona o enseña personalmente o a través de su obra. || Persona de gran sabiduría o habilidad en una ciencia o arte. *Sergio es un maestro en su oficio.* || Persona que dirige el personal o las operaciones de un servicio. *El maestro del taller es un hombre muy experimentado.* || Cosa que instruye, alecciona o enseña. *La experiencia es una gran maestra.* || *s. m.* Tratamiento popular afectuoso. || En bellas artes, título que se exigía para ejercer el arte por cuenta propia || En bellas artes, nombre con que se designa a un artista anónimo. *El maestro de Becerril.* || Compositor o intérprete. || *loc.* ***Maestro de ceremonias:*** persona que dirige el ceremonial de un acto público. || ***Maestro de obras:*** profesional que dirige a los albañiles y peones.
mafia *s. f.* Organización clandestina de criminales. || *fam.* y *desp.* Grupo de personas que se apoyan mutuamente y monopolizan ciertos ámbitos y actividades.
mafioso, sa *adj.* Relativo a la mafia || *s.* Miembro de esta organización.
magallánico, ca *adj.* Del estrecho de Magallanes. || De Magallanes, provincia de Chile.
magaya *s. f. Amér. C.* Colilla.
magazine *s. m.* Revista destinada al gran público.
magdalena *s. f.* Bollo pequeño de forma ligeramente ovalada. || *fig.* Mujer arrepentida.
magdalenense *adj.* y *s. com.* De Magdalena, departamento de Colombia.
magdaleniense *adj.* y *s. com.* Aplícase al último periodo del paleolítico, del que provienen los frescos de las cuevas de Altamira (España) y Lascaux (Francia).
magenta *adj.* y *s. m.* Se dice del color rojo oscuro que resulta de una mezcla de rojo y azul.
maghrebí, bina o **maghrebino, na** *adj.* y *s.* Del Maghreb.
magia *s. f.* Creencia de que existen poderes ocultos en la naturaleza que pueden conciliarse o conjurar para conseguir un beneficio o provocar una desgracia. || Trucos y habilidades con los que se hacen juegos de manos y cosas sorprendentes y extraordinarias. || *fig.* Atractivo o encanto de alguien o algo.
magiar *adj.* y *s. com.* Húngaro. || *s. m.* Pueblo uraloaltaico que se estableció en Hungría en el siglo IX.
mágico, ca *adj.* Relativo a la magia. || Que sorprende o fascina. *El espectáculo que presenciamos fue mágico de principio a fin.* || *s.* Persona que profesa o ejerce la magia. || Que encanta o hace encantamientos.
magín *s. m. fam.* Imaginación. *Lo sacó de su magín.* || Buen sentido. *Duro de magín.*
magister *s. m. fam.* Maestro.
magisterio *s. m.* Enseñanza dada por el maestro. || Profesión de maestro. || Título o grado de maestro. || Conjunto de maestros. || *fig.* Gravedad afectada.
magistrado *s. m.* Superior en el orden civil. || Dignidad o empleo de juez. || Miembro de un tribunal de justicia.
magistral *adj.* Relativo al maestro o al magisterio. || Hecho con maestría. *Aquel fue un discurso magistral.* || Imperioso.
magistratura *s. f.* Dignidad o cargo de magistrado. || Tiempo durante el cual se ejerce este cargo. || Corporación de los magistrados.
magma *s. m.* En geología, líquido que se forma en el interior de la Tierra por la fusión de la corteza o del manto y que, al enfriarse, da origen a una roca eruptiva.
magnanimidad *s. f.* Grandeza de ánimo, generosidad.
magnánimo, ma *adj.* Generoso, que perdona fácilmente. *El maestro se mostró magnánimo con mi calificación.* || Noble, elevado.
magnate *s. m.* En Polonia y Hungría, antiguo grande del reino. || Persona importante. *Un magnate de la industria vitivinícola.*
magnesia *s. f.* Óxido de magnesio, sustancia blanca empleada como antiácido, laxante y purgante.
magnésico, ca *adj.* En química, relativo al magnesio.
magnesio *s. m.* Elemento químico muy abundante en la corteza terrestre, presente en la magnesita, el talco, la serpentina y, en forma de cloruro, en el agua de mar. Entra en la composición de sustancias importantes en los vegetales, como las clorofilas. Maleable y poco tenaz, arde con luz clara y brillante y se utiliza en metalurgia, pirotecnia y medicina, así como en la fabricación de acumuladores eléctricos. Su número atómico es 12 y su símbolo *Mg.*
magnético, ca *adj.* Relativo al imán. || De propiedades análogas a las del imán. || Referente al magnetismo animal. || *fig.* Que tiene un poder de atracción y una influencia misteriosos.
magnetismo *s. m.* Fuerza atractiva del imán. || Parte de la física que estudia las propiedades de los imanes. || *fig.* Poder de atracción que tiene una persona sobre otra. || *loc.* ***Magnetismo animal:*** influencia que puede ejercer una persona sobre otra mediante ciertas prácticas como el hipnotismo. || ***Magnetismo terrestre:*** conjunto de los fenómenos magnéticos que se producen en el globo terráqueo.
magnetita *s. f.* Óxido natural de hierro magnético.
magnetización *s. f.* Acción y efecto de magnetizar.
magnetizador, ra *adj.* y *s.* Que magnetiza.
magnetizar *t.* Comunicar a un cuerpo las propiedades del imán. || Comunicar a una persona magnetismo animal. || Hipnotizar. || *fig.* Ejercer una atracción muy fuerte y misteriosa.
magneto *s. f.* Generador eléctrico en el cual la inducción es producida por un imán permanente.
magnetoeléctrico, ca *adj.* En física, relativo al magnetismo y a la electricidad.
magnetofónico, ca *adj.* Relativo al magnetófono.
magnetófono *s. m.* Aparato que registra los sonidos por imantación, de un hilo o una cinta magnéticos y que dispone también de circuitos amplificadores para restituirlos.
magnetómetro *s. m.* En física, aparato para comparar la intensidad de los campos y de los momentos magnéticos.
magnetosfera *s. f.* Parte externa de la envoltura de un planeta dotado de campo magnético.
magnicida *adj.* y *s. com.* Que comete magnicidio.
magnicidio *s. m.* Asesinato de un jefe de Estado o de una persona relevante del gobierno.
magnificar *t.* Dar a un hecho mayor dimensión de la que tiene. || *t.* y *pr.* Engrandecer, enaltecer, alabar.
magnificencia *s. f.* Liberalidad en los gastos. || Esplendor, lujo.
magnífico, ca *adj.* Espléndido, muy hermoso. || Excelente. || Título de honor. || Muy generoso.
magnitud *s. f.* Tamaño de un cuerpo. || Cantidad que caracteriza el brillo aparente de las estrellas. || *fig.* Importancia. *Potencia nuclear de primera magnitud.* || Cantidad.
magno, na *adj.* Grande, importante. || *loc.* ***Aula magna:*** aula de mayor capacidad en una universidad o facultad, destinada a discursos, reuniones, etc.

magnolia *s. f.* Árbol o arbusto originarios de Asia y de América, de hojas lustrosas, y flores grandes del mismo nombre. || Fruto de esta planta.
magnoliácea *s. f. pl.* Familia de plantas dicotiledóneas angiospermas, como la magnolia.
mago, ga *adj.* y *s.* Se dice de la persona que practica la magia. || Se aplica a la persona versada en las ciencias ocultas.
magrear *t. fam.* Sobar a una persona.
magrebí, bina o **magrebino, na** *adj.* y *s.* Maghrebí, maghrebino.
magro, gra *adj.* Delgado, flaco. || *s. m.* Carne sin grasa. || *fam.* Lomo de cerdo.
maguer o **magüer** *conj.* Aunque. || *ant.* A pesar.
maguey *s. m. Amér.* Agave.
magueyero *s. m. Méx.* Pájaro de la familia de los fringílidos.
magulladura *s. f.* o **magullamiento** *s. m.* Contusión o cardenal producido en la piel por un golpe. || Parte dañada de una fruta producida por un choque.
magullar *t.* y *pr.* Causar daño o contusiones a un tejido orgánico, pero sin producir herida. || Dañar la fruta golpeándola contra algo.
magullón *s. m. Arg. Chil. Cub. Ecua. Méx. Nic. Per.* y *Uy.* Magulladura.
maguntino, na *adj.* y *s.* De Maguncia.
magyar *adj.* y *s.* Magiar.
maharajá *s. m.* Título que significa «gran rey» y se aplica hoy a los príncipes feudatarios de la India. Su femenino es «maharaní».
mahatma *s. m.* Personalidad espiritual de gran importancia en la India. *El mahatma Gandhi fue el líder espiritual de toda una nación.*
mahometano, na *adj.* y *s.* Seguidor de la religión de Mahoma.
mahometismo *s. m.* Religión de Mahoma, islamismo.
mahón *s. m.* Tela fuerte de algodón.
mahonés, nesa *adj.* y *s.* De Mahón. || *s. f.* Mayonesa.
maicena *s. f.* Harina fina de maíz.
maicería *s. f. Amér.* Casa que vende maíz.
maicero, ra *adj. Amér.* Relativo al maíz.
maimón *s. m.* Mico, mono. || *pl.* Especie de sopa con aceite y trozos de pan que se hace en Andalucía.
maíz *s. m.* Cereal de tallo fuerte, mazorca ancha en la que se encuentran los granos en filas apretadas, que se cultiva en todo el mundo para la alimentación humana (granos) y para la animal (granos o planta entera).
maizal *s. m.* Terreno sembrado de maíz.
maja *s. f.* Mujer joven y apuesta.
majada *s. f.* Aprisco, lugar donde se recoge de noche el ganado. || Estiércol de los animales. || *Arg. Chil.* y *Uy.* Manada de ganado lanar.
majadal *s. m.* Sitio de pasto para el ganado menor. || Majada.
majaderear *t. Amér.* Importunar, molestar.
majadería *s. f.* Cualidad de majadero. || Dicho o hecho necio, imprudente o molesto.
majadero, ra *adj.* y *s.* Insensato o inoportuno.
majado *s. m.* Lo que se ha molido o machacado.
majagua *s. f.* Árbol americano de la familia de las malváceas.
majal *s. m.* Banco de peces.
majar *t.* Machacar, moler. *Mi mamá me pidió que majara la pimienta.* || *fig.* y *fam.* Molestar, importunar. || Pegar. *Lo majaron a palos y llegó al hospital.* || Aplastar, destruir. *Majaron a todo un ejército y se retiraron.*
majareta *adj.* y *s. fam. Esp.* Loco.
maje *s. m. C. R. Hond. Méx. Nic.* y *Salv.* Tonto. *No seas maje, te cobraron de más.* || *loc.* ***Hacerse maje:*** hacerse tonto.
majestad *s. f.* Título que se da a Dios y a los soberanos. || Suma grandeza. *La majestad de su porte.*
majestuosidad *s. f.* Belleza llena de grandeza.
majeza *s. f.* Calidad de majo.
majo, ja *adj.* Que ostenta elegancia y guapeza propia de la gente del pueblo. *Los majos fueron representados por Goya.* || *fam.* Compuesto. *Ir muy majo.* || Bonito, mono, hermoso. *¡Qué majo es este niño!* || Simpático.
mal *adj.* Apócope de «malo». *Lucio es un mal alumno.* || *s. m.* Conjunto de las cosas que son malas porque dañan o son contrarias a la moral. *Distinguir entre el bien y el mal.* || Daño moral o material. *No haber hecho mal a nadie.* || Desgracia, calamidad. *Trajo el mal a esta casa.* || Enfermedad, dolor. *Padece un mal incurable.* || *adv.* Desacertadamente. *Andrés actuó mal y le fue peor.* || Contrario a lo que se apetece o requiere, de manera impropia e inadecuada para un fin. *Pateó mal la pelota y no pudo anotar.* || Poco, insuficientemente. *Oír mal.* || *loc.* ***De mal en peor:*** expresión que denota un empeoramiento progresivo de algo.
malabar *adj.* y *s.* De la costa de Malabar. || *s. m.* Lengua de los malabares. || *loc.* ***Juegos malabares:*** ejercicios de destreza, agilidad y equilibrio.
malabárico, ca *adj.* y *s.* Malabar.
malabarismo *s. m.* Juegos malabares. || *fig.* Habilidad, destreza.
malabarista *s. com.* Persona que se dedica a hacer juegos malabares, equilibrista. || *fig.* Persona muy hábil.
malacate *s. m.* Máquina que consta de un árbol vertical provisto de una o varias palancas horizontales en cuyo extremo se enganchan las caballerías, que dan vueltas en torno al árbol.
malacitano, na *adj.* y *s.* Malagueño.
malacología *s. f.* Parte de la zoología que estudia los moluscos.
malaconsejado, da *adj.* y *s.* Que obra desatinadamente, dejándose guiar por malos consejos.
malacopterigio, gia *adj.* y *s.* Aplícase a los peces de aletas blandas o flexibles y con el esqueleto óseo, como el salmón, el congrio y el bacalao. || *pl.* Orden de estos peces.
malacostumbrado, da *adj.* De malas costumbres. || Mal criado. || Muy mimado.
malagueño, ña *adj.* y *s.* De Málaga. || *s. f.* Aire popular y baile de la provincia española de Málaga, parecido al fandango.
malambo *s. m. Arg.* y *Uy.* Baile rápido de zapateo, acompañado de guitarra, sin otros movimientos que los de las piernas y pies.
malanga *s. f. Amér. C.* y *Ants.* Tubérculo comestible.
malangar *s. m.* Plantío de malangas.
malapata *s. com. fam.* Persona de mala suerte. || *s. f. fam.* Mala suerte. *Teobaldo tiene muy mala pata.*
malaquita *s. f.* Carbonato hidratado natural de cobre, de color verde, que se utiliza en joyería.
malar *adj.* Relativo a la mejilla. || *s. m.* Pómulo.
malaria *s. f.* Paludismo.
malasangre *adj.* Que tiene malas intenciones.
malasio, sia *adj.* y *s.* De Malasia.
malasombra *s. com. fam.* Persona con poca gracia. || *s. f. fam.* Mala suerte. || Falta de gracia.
malavenido, da *adj.* En desacuerdo.
malaventura *s. f.* Desventura.
malaventurado, da *adj.* y *s.* Desgraciado.
malaventuranza *s. f.* Desgracia.
malaxación *s. f.* Amasado.
malaxador, ra *adj.* y *s.* Que malaxa. || *s. m.* Amasadora.
malaxar *t.* Amasar una sustancia para ablandarla o una parte del cuerpo.
malayo, ya *adj.* y *s.* De Malasia (ant. Insulindia). || *s. m.* Lengua malaya.
malbaratar *t.* Vender a bajo precio una mercancía. || Despilfarrar, malgastar.
malcarado, da *adj.* De mala cara, hosco.
malcasado, da *adj.* Que falta a los deberes del matrimonio. || Casado con una persona de clase o condición inferior.
malcasar *t.* Casar a uno con una persona mal escogida o de condición inferior.
malcomer *intr.* Comer poco y no muy bien.
malcomido, da *adj.* Poco o mal alimentado.
malconsiderado, da *adj.* Desconsiderado, despreciado.

malcontento, ta *adj.* Descontento, que no está satisfecho.
malcriadeza *s. f. Amér.* Mala educación.
malcriado, da *adj.* y *s.* Grosero, descortés, mal educado.
malcriar *t.* Educar mal a los hijos por exceso de condescendencia.
maldad *s. f.* Propensión a obrar mal. *¡Hay que ver la maldad de este niño!* || Acción mala. *Carlos comete muchas maldades.* || *Méx.* Travesura.
maldecido, da *adj.* y *s.* Malo. || Maldito.
maldecidor, ra *adj.* y *s.* Calumniador.
maldecir *t.* Echar maldiciones. *Maldijo a su hijo y murió.* || *intr.* Hablar mal, calumniar.
maldiciente *adj.* y *s. com.* Que habla mal de la gente.
maldición *s. f.* Imprecación contra una persona o cosa.
maldispuesto, ta *adj.* Indispuesto. || Poco dispuesto o sin ánimo para hacer algo.
maldito, ta *adj.* Muy malo. *¡Maldito asesino!* || Odioso. || Condenado por la justicia divina. || *fam.* Ninguno, nada. *No supe maldita la cosa de todo el examen.*
maldivo, va *adj.* y *s.* De las Islas Maldivas.
maldonadense *adj.* y *s.* De Maldonado, departamento de Uruguay.
maldoso, sa *adj. C. R. Cub. Méx.* y *Nic.* Que gusta de hacer maldades o travesuras.
maleabilidad *s. f.* Calidad de maleable.
maleable *adj.* Se dice del metal que puede batirse y extenderse en planchas o láminas. || *s. com.* Que se deja influir o formar.
maleado, da *adj.* Viciado, pervertido, corrompido.
maleador, ra *adj.* y *s.* Que malea a los otros.
maleante *adj.* Que malea. || Perverso, malo. || Maligno. || *s. com.* Malhechor.
malear *t.* Echar a perder. || *fig.* Pervertir, corromper.
malecón *s. m.* Muralla o terraplén para defensa contra las aguas. || Terraplén que se construye para elevar el nivel de la vía del ferrocarril.
maledicencia *s. f.* Acción de maldecir, murmuración, denigración.
malediciente *adj.* y *s. com.* Maldiciente.
maleficiar *t.* Causar daño. || Estropear una cosa. || Hechizar.
maleficio *s. m.* Sortilegio por el cual se pretende perjudicar a los hombres, animales, etc.
maléfico, ca *adj.* Que perjudica con maleficios. || Que tiene una influencia sobrenatural mala. *Hay un poder maléfico en esa casa.* || *s.* Hechicero.
malentendido *s. m.* Equívoco, mal entendimiento.
maleolar *adj.* De los maléolos.
maléolo *s. m.* Cada una de las dos protuberancias huesudas que forman el tobillo.
malestar *s. m.* Sensación de incomodidad causada por un ligero trastorno fisiológico. || *fig.* Inquietud moral, desasosiego. || Desazón.
maleta[1] *s. f.* Caja de piel, lona u otro material, con asas y cerradura, que se usa como equipaje. || *loc.* ***Hacer la maleta:*** preparar lo necesario para hacer un viaje.
maleta[2] *s. com. fam.* Persona que practica con torpeza y desacierto su profesión, especialmente toreros, jugadores o deportistas.
maletero, ra *s.* Persona que tiene por oficio hacer o vender maletas. || Mozo que transporta equipajes. || *s. m.* Compartimiento de un vehículo donde se pone el equipaje.
maletilla *s. m. fam.* Aprendiz de torero.
maletín *s. m.* Maleta pequeña.
maletón *s. m.* Maleta grande.
malevo, va *adj.* y *s. Arg.* y *Bol.* De hábitos vulgares, arrabalero. || *Arg. Bol. Py.* y *Uy.* Persona pendenciera, de mal vivir.
malevo, va *adj.* y *s. Arg. Bol.* y *Uy.* Se dice del malhechor.
malevolencia *s. f.* Mala voluntad.
malévolo, la *adj.* y *s.* Inclinado a hacer mal.
maleza *s. f.* Abundancia de malas hierbas en los sembradíos. || Espesura de arbustos silvestres y de zarzas.
malezal *s. m. Amér.* Tierra cubierta de maleza.
malformación *s. f.* En medicina, alteración morfológica congénita de un tejido o un órgano.
malgache *adj.* y *s. com.* De Madagascar.
malgastador, ra *adj.* y *s.* Que malgasta.
malgastar *t.* Gastar dinero, tiempo, etc., en cosas inútiles o que no lo merecen.
malgenioso, sa *adj. Amér.* Iracundo.
malhablado, da *adj.* y *s.* Que acostumbra decir expresiones soeces o inconvenientes.
malhadado, da *adj.* Desdichado, desafortunado.
malhechor, ra *adj.* y *s.* Que comete delitos habitualmente.
malherir *t.* Herir gravemente.
malhora o **malora** *s. com. fam. Méx.* Persona que acostumbra hacer travesuras o maldades.
malhumor *s. m.* Mal humor.
malhumorado, da *adj.* Que está de mal humor o tiene malhumor.
malhumorar *t.* Poner de mal humor.
malí *adj.* y *s.* De Malí.
malicia *s. f.* Maldad, inclinación a lo malo. *Tiene mucha malicia a tan corta edad.* || Afición a gastar bromas más o menos pesadas. || Perversidad. || Agudeza, astucia, sutileza. || *fam.* Sospecha, recelo. *Tiene malicia de lo que pasará en la escuela.*
maliciable *adj.* Que puede maliciarse.
maliciar *t.* Sospechar, recelar. *Se malició de lo que le diría su suegra.* || Malear, pervertir, corromper.
malicioso, sa *adj.* y *s.* Que tiene malicia o perversidad. || Astuto, ingenioso.
malignidad *s. f.* Calidad de maligno.
maligno, na *adj.* Propenso a lo malo y perverso. || Pernicioso. *A mi tío le diagnosticaron un tumor maligno.*
malinchismo *s. m. Méx.* Desprecio de lo hecho en el país por favorecer lo extranjero.
malinchista *adj.* y *s. com. Méx.* Se dice de la persona que profesa el malinchismo.
malintencionado, da *adj.* y *s.* Que tiene mala intención, malévolo.
malla *s. f.* Cada uno de los cuadriláteros que forman el tejido de la red. || Red. || Tejido de anillos de hierro o acero con que se hacían las cotas y otras armaduras y cada uno de estos anillos. || *Amér.* Bañador. || Camiseta de deportista.
mallorquín, quina *adj.* y *s.* De Mallorca. || *s. m.* Dialecto que se habla en las Islas Baleares.
malmaridada *adj.* y *s. f.* Aplícase a la mujer que falta a los deberes conyugales.
malmirado, da *adj.* Mal considerado. || Descortés, grosero.
malnutrición *s. f.* Estado físico provocado por una dieta inadecuada o por una mala asimilación de los alimentos.
malnutrido, da *adj.* Que sufre malnutrición.
malo, la *adj.* Que no es bueno. *Comida mala; mala acción.* || Inclinado al mal. *Es malo con su familia y bueno con los demás.* || Perjudicial. *El alcohol es malo para la salud.* || Sin talento o habilidad. *Fue un cómico malo; es malo para las matemáticas.* || Desagradable. *Sabor malo; pasar un momento muy malo.* || Difícil. *Malo de entender.* || Peligroso. *Una carretera muy mala; las malas compañías.* || Enfermo. *Estar malo.* || Muy travieso o desobediente. *Niños malos y rebeldes.* || Funesto. *Hoy fue un día muy malo.* || Insuficiente. *Una mala cosecha.* || *loc.* ***A malas:*** enemistado. || ***De malas:*** que no tiene suerte; de mal humor; de mala intención. || ***Lo malo:*** la dificultad, el inconveniente. || ***Más vale malo conocido que bueno por conocer:*** suele ser preferible conservar una cosa medianamente buena que cambiarla por otra desconocida.
maloca *s. f.* Malón. || *Amér.* Incursión de blancos efectuada en tierra de indios.

malogrado, da *adj.* Aplícase al escritor, artista, etc., muerto antes de haber dado de sí todo lo que podía esperarse.
malograr *t.* Perder, desaprovechar algo. || *t.* y *pr.* Echarse a perder a alguien o algo. *Se malogró la cosecha por las torrenciales lluvias.* || *Amér.* Estropear.
maloja *s. m. Amér.* Planta de maíz que sólo sirve para pastos.
maloliente *adj.* Que huele mal.
malón *s. m. Amér.* Correría de indios. || Mala jugada.
malpaís *s. m.* Paisaje accidentado de suelo calcáreo con grietas y picos agudos.
malparado, da *adj.* En mala situación o estado. *Salió malparado por una mala decisión.*
malparar *t.* Maltratar.
malpensado, da *adj.* y *s.* Que tiene un espíritu avieso.
malquerencia *s. f.* Mala voluntad, malevolencia. || Antipatía.
malquerer *t.* Tener mala voluntad.
malquistar *t.* Enemistar o poner en desacuerdo una persona con otra u otras.
malquisto, ta *adj.* Enemistado, enfadado.
malsano, na *adj.* Nocivo para la salud. || Enfermizo.
malsonante *adj.* Que suena mal. || Contrario al decoro y a la decencia. *Dijo algunas frases malsonantes y se fue muy enojado.*
malta *s. f.* Cebada germinada para fabricar cerveza y, a veces, para hacer café.
maltasa *s. f.* Diastasa del jugo intestinal que convierte la maltosa en glucosa.
malteado, da *adj.* Mezclado con malta.
maltear *t.* Transformar la cebada en malta.
maltés, tesa *adj.* y *s.* De Malta.
maltosa *s. f.* Azúcar obtenido por sacarificación incompleta del almidón con malta.
maltraer *t.* Maltratar.
maltratamiento *s. m.* Acción y efecto de maltratar.
maltratar *t.* Tratar duramente, con violencia.
maltrato *s. m.* Maltratamiento.
maltrecho, cha *adj.* En mal estado, malparado. *Dejó maltrecho su cuarto y se fue sin avisar.*
maltusianismo *s. m.* Limitación voluntaria de la natalidad. || Disminución voluntaria de la producción. *El maltusianismo económico pugna por el control de la natalidad.*
maltusiano, na *adj.* y *s.* Partidario de las teorías del inglés Thomas Malthus. || Que está opuesto a la expansión económica.
malva *adj. inv.* Violeta pálido. || *s. m.* Color malva. || *s. f.* Planta de la familia de las malváceas, de flores moradas. || *loc. fam.* ***Criar malvas:*** estar muerto. || ***Malva loca:*** la que es más alta que la común y se cultiva en los jardines. || *fig.* ***Ser como una malva:*** ser sumamente dócil y bueno.
malváceo, a *adj.* y *s.* Dícese de las plantas angiospermas dicotiledóneas, como la malva, el algodonero y la majagua. || *s. f. pl.* Familia que forman estas plantas.
malvado, da *adj.* y *s.* Perverso.
malvarrosa *s. f.* Malva loca.
malvasía *s. f.* Uva muy dulce y vino que se hace con ella.
malvavisco *s. m.* Planta malvácea cuya raíz es un emoliente. || *Méx.* Golosina esponjosa hecha de la raíz de la planta de ese nombre.
malvender *t.* Vender con pérdida.
malversación *s. f.* Acción y resultado de malversar.
malversador, ra *adj.* y *s.* Que malversa.
malversar *t.* Sustraer caudales públicos. || Gastar indebidamente los fondos públicos el que está encargado de administrarlos.
malvivir *intr.* Vivir mal.
malvón *s. m. Arg. Méx. Py.* y *Uy.* Planta ornamental con hojas afelpadas y flores rojas o blancas.
mama *s. f.* Teta.
mamá *s. f. fam.* Madre.
mamacona *s. f. Amér.* Virgen anciana que estaba al servicio de los templos incaicos.
mamada *s. f.* Acción y efecto de mamar. || *vulg.* Felación. || *fig.* y *vulg. Arg. Per.* y *Uy.* Embriaguez, borrachera. || *vulg. Méx.* Cosa, hecho o dicho absurdo, disparatado o ridículo.
mamadera *s. f. Amér.* Biberón. || *Cub.* y *P. Rico.* Tetilla del biberón. || *Ven.* Tomadura de pelo.
mamado, da *adj. vulg. Arg. Per.* y *Uy.* Ebrio, borracho.
mamar *t.* Succionar la leche de las mamas. || Adquirir alguien una costumbre o cualidad por su nacimiento o el ambiente en que se ha criado. || *vulg.* Hacer una felación.
mamario, ria *adj.* De las mamas. *Glándulas mamarias.*
mamarrachada *s. f. fam.* Conjunto de mamarrachos. || Tontería.
mamarracho *s. m. fam.* Imbécil, tonto. || Fantoche. || Obra artística sin valor. *Esta película es un mamarracho.*
mamarse *pr.* Emborracharse.
mambís, bisa *adj.* y *s.* Dícese del cubano que se rebeló contra la dominación española en 1868.
mambiseño, ña *adj.* De los mambises. *Rebelión mambiseña.*
mambo *s. m.* Baile cubano.
mamboretá *s. m. Arg. Py.* y *Uy.* Insecto de color verde claro que se alimenta de otros insectos.
mamelón *s. m.* Eminencia de forma redondeada. || En medicina, pequeña eminencia carnosa semejante a un pezoncillo en el tejido cicatrizal de heridas y úlceras.
mameluco *s. m. Amér.* Prenda de vestir enteriza, especial para niños, que cubre el tronco y las extremidades. || *Amér. Merid.* y *Ants.* Prenda de vestir usada por los obreros, de una sola pieza, que cubre todo el cuerpo.
mamey *s. m.* Árbol americano que mide 15 m, con flores blancas olorosas y fruto del mismo nombre casi redondo, de pulpa amarilla, aromática y sabrosa. || Árbol de hasta 30 m, con hojas lanceoladas, flores de color blanco rojizo y fruto del mismo nombre, ovoide, de pulpa roja, dulce y muy suave.
mameyero *s. m. Amér. Merid.* Mamey.
mamífero *adj.* y *s. m.* Dícese de los animales vertebrados cuyas hembras alimentan a sus crías con la leche de sus mamas.
mamila *s. f.* Mama de la hembra, exceptuando el pezón. || *Méx.* Biberón.
mamón, mona *adj.* y *s.* Que sigue mamando. || Que mama demasiado. || *s. m. Amér.* Árbol de la familia de las sapindáceas. || Fruto de este árbol.
mamotreto *s. m.* Librito de apuntes. || *fam.* Libro o legajo muy voluminoso. || Cosa que abulta mucho.
mampara *s. f.* Cancel movible para limitar una habitación, cubrir puertas, etc.
mamparo *s. m.* Tabique que divide el interior de un barco.
mamporro *s. m. fam.* Golpe dado con la mano o con una cosa cualquiera. || Golpe que se recibe al caer o tropezar. *Se dio un mamporro mientras hacía malabares.*
mampostería *s. f.* Obra hecha de piedras pequeñas unidas con argamasa.
mamúa *s. f. vulg. Arg.* y *Uy.* Borrachera.
mamut *s. m.* Elefante fósil de la era Cuaternaria que vivió en Europa y África. Tenía grandes colmillos y medía unos 3.50 m de altura.
maná *s. m.* Alimento milagroso que, según la Biblia, envió Dios a los israelitas en el desierto. || *fig.* Alimento abundante y poco costoso.
manabita *adj.* y *s.* De Manabí, provincia de Ecuador.
manada *s. f.* Hato o rebaño. || Bandada de animales. || Puñado. *Una manada de trigo.* || *fig.* y *fam.* Grupo de personas. || *loc.* ***A manadas:*** en tropel; en gran cantidad.
managua *adj.* y *s. com.* Managüense.
managüense *adj.* y *s. com.* De Managua, capital de Nicaragua.
manantial *adj.* Que mana. *Agua manantial.* || *s. m.* Sitio donde las aguas salen de la tierra.
manar *intr.* Brotar.
manatí *s. m.* Mamífero herbívoro, de cuerpo macizo, que alcanza los 3 m de longitud y pesa hasta 500 kg.

M

manaza *s. f.* Mano grande.
mançar *t.* Lisiar, estropear las manos u otros miembros.
manceba *s. f.* Concubina.
mancebía *s. f.* Prostíbulo.
mancebo *s. m.* Chico joven. || Hombre soltero. || Dependiente, empleado en una tienda. || Auxiliar de farmacia.
mancha *s. f.* Marca dejada en una cosa por un cuerpo sucio. *Tienes una mancha de vino en la falda.* || Parte de una cosa de distinto color que el resto de ella. *Era un animal de pelo negro con manchas blancas.* || *fig.* Lo que empaña la reputación, desdoro. *Manchó su honra y debe pagar por ello.*
manchar *t.* Ensuciar, hacer una o varias manchas en una cosa. || *fig.* Desacreditar.
manchego, ga *adj.* y *s.* De La Mancha, comunidad autónoma en España. || *s. m.* Queso muy apreciado fabricado en La Mancha.
mancilla *s. f. fig.* Mancha.
mancillar *t.* Manchar.
manco, ca *adj.* y *s.* Que ha perdido un brazo o una mano o tiene lisiados estos miembros. || *fig.* Imperfecto, incompleto. *Escribiste un texto manco.* || *loc. fig.* y *fam.* ***No ser manco:*** ser muy hábil.
mancomunar *t.* Unir. *Mancomunaron fuerzas y derrotaron al enemigo común.* || En derecho, obligar a varias personas de mancomún a la ejecución de una cosa. || *pr.* Asociarse, aliarse. *Mancomunarse dos partidos fue la clave para el triunfo de la oposición.*
mancomunidad *s. f.* Unión, asociación. || Corporación constituida por la agrupación de municipios o provincias.
mancuerna *s. f.* Pareja de animales o cosas mancornadas. || *Méx.* Pareja de aliados. || *pl. Amér. C. Méx.* y *Ven.* Gemelos de los puños de la camisa.
mancuernillas *s. f. pl. Méx.* Mancuernas, gemelos.
manda *s. f.* Donación que se hace en un testamento. || *fig. Arg.* y *Méx.* Voto o promesa hecha a Dios, a la Virgen o a un santo.
mandadero, ra *s.* Recadero. *Le envió el mandadero.*
mandado, da *s.* Persona que ejecuta una comisión por encargo o mandato ajeno. || *s. m.* Comisión, encargo. || Mandato, orden. || *Arg.* y *Méx.* Compra de lo necesario para la comida. || *loc. fam. Méx.* ***Comerle a alguien el mandado:*** ganarle la partida en algo, conseguir para uno alguna cosa que otro deseaba.
mandamás[1] *adj.* y *s. com. fam.* Se dice de la persona que tiene la máxima autoridad o una autoridad superior. || Mandón, que tiene una exagerada tendencia a mandar.
mandamás[2] *s. m. inv. fam.* Jefe. *Era el mandamás de la rebelión y fue apresado.* || Personaje influyente y poderoso. *Es mandamás del pueblo sólo porque tiene mucho dinero.* || Personaje importante, sobre todo en la esfera intelectual. *Es un mandamás muy respetado en la universidad.*
mandamiento *s. m.* Cada uno de los preceptos del Decálogo y de la Iglesia católica. || Orden judicial. *La juez local emitió un mandamiento de arresto contra el funcionario.*
mandanga *s. f. fam.* Pachorra. || Cocaína.
mandar *t.* Ordenar. *Me mandó a limpiar todo.* || Enviar. *Mandé una carta y no ha llegado.* || Legar por testamento. || Encargar. || Confiar. || *fam.* ***Mandar a paseo*** o ***mandar con viento fresco:*** despedir de mala manera. || *t.* e *intr.* Gobernar, dirigir. *Mandaron un ejército sin armamento.* || Ejercer su autoridad. *Aquí no manda más que él.* || *Amér.* ***Mande:*** interjección usada para hacer repetir algo que no se ha oído.
mandarín *s. m.* Título que daban los europeos a los altos funcionarios chinos. || *fig.* Persona muy influyente. || Autoridad intelectual arbitraria e insoportable. || Dialecto mayoritario e idioma oficial de la República Popular China.
mandarina *adj.* y *s. f.* Fruto del mandarinero, parecido a una naranja pequeña.
mandarinato *s. m.* Dignidad de mandarín.
mandarinero *s. m.* Mandarino.
mandarino *s. m.* Arbusto parecido al naranjo cuyos frutos, comestibles, son las mandarinas.
mandatario, ria *s.* Titular de un mandato político. || *loc.* ***Primer mandatario:*** jefe del Estado.
mandato *s. m.* Acción y efecto de mandar. || Ejercicio del mando por una autoridad. || Representación que los electores confieren a las personas elegidas para ocupar un cargo.
mandato *s. m.* Orden. || En derecho, poderes que da una persona a otra para que actúe en su nombre. || Funciones delegadas por el pueblo o por una clase de ciudadanos. *El mandato de diputado dura tres años.* || Soberanía temporal ejercida por un país en un territorio en nombre de la Sociedad de Naciones y que la Organización de las Naciones Unidas ha sustituido por la «tutela».
mandíbula *s. f.* Cada una de las dos piezas que limitan la boca de los animales vertebrados y en las cuales están los dientes.
mandibular *adj.* De las mandíbulas.
mandil *s. m.* Prenda de cuero o tela fuerte, que se usa para proteger la ropa desde el pecho hasta debajo de las rodillas. || Delantal.
mandinga *s. m. Amér. fam.* El diablo. || *Arg. fig.* y *fam.* Muchacho travieso. || *Arg.* Encantamiento, brujería.
mandioca *s. f.* Planta que se cultiva en los países tropicales cuya raíz, en tubérculo, proporciona una fécula de la que se extrae la tapioca.
mando *s. m.* Autoridad, poder. *Estuve al mando de un superior antes de ser ascendido.* || Empleado de alto rango. *Los mandos de un país.* || Dispositivo que sirve para poner en marcha, regular, gobernar y detener el funcionamiento de un aparato, una máquina, un vehículo, etc. || *loc.* ***Mando a distancia:*** accionamiento a distancia de un mecanismo, máquina, vehículo, etc.
mandoble *s. m.* Golpe dado esgrimiendo la espada con ambas manos. || Espada grande que se esgrimía con ambas manos. || *fig.* Reprensión muy severa. || Golpe, porrazo.
mandolina *s. f.* Instrumento de cuerdas punteadas, de dorso abombado como el laúd.
mandón, dona *adj.* y *s. fam.* Que tiene una tendencia exagerada a mandar.
mandrágora *s. f.* Planta solanácea cuya raíz se asemeja algo al cuerpo humano, y acerca de la cual corrieron en la antigüedad muchas fábulas.
mandril *s. m.* Mono cinocéfalo muy peligroso de África occidental. || Vástago metálico que se introduce en ciertos instrumentos quirúrgicos huecos. || Dispositivo con que se asegura en una máquina herramienta la pieza que se ha de labrar.
mandriladora *s. f.* Máquina de calibrar.
mandrilar *t.* Calibrar un tubo, un agujero, etc.
manduca *s. f. fam.* Comida.
manducación *s. f. fam.* Comida, alimento.
manducar *t.* e *intr. fam.* Comer.
manducatoria *s. f. fam.* Comida.
manecilla *s. f.* Aguja que señala la hora en la esfera de un reloj.
manejable *adj.* Fácil de manejar. *Era un aparato manejable pero se descompuso.*
manejar *t.* Usar, utilizar, emplear algo o servirse adecuadamente de ello, especialmente con las manos. || Regir, dirigir. || Tener dominio sobre alguien. || *Amér.* Guiar un automóvil. || *pr. fig.* Actuar con desenvoltura.
manejo *s. m.* Acción de manejar, de servir de algo. || Arte de gobernar los caballos. || Funcionamiento. *Las instrucciones de manejo son muy claras.* || *fig.* Dirección de un negocio. || Maquinación, intriga. || *Amér.* Conducción de un automóvil.
manera *s. f.* Modo particular de ser, de hacer o de suceder algo. || Porte, modales. *Tenía buenas maneras, pero al parecer las olvidó.* || *loc.* ***De cualquier manera:*** sin cuidado ni interés. || ***De ninguna manera*** o ***en manera alguna:*** se usa para reforzar una negación.

manga *s. f.* Parte del vestido que cubre el brazo. || Tubo largo de lona o de cuero que se adapta a las bombas o bocas de riego. || Parte del eje del carruaje que entra en el cubo de la rueda. || Pequeña red en forma de bolsa para pescar o cazar. || Adorno cilíndrico de tela que cubre la vara de la cruz parroquial. || Bolsa de fieltro, de forma cónica que sirve para colar. || Variedad del mango y su fruto. || Tubo de ventilación de un barco. || Ancho del buque. || Partida de gente armada. || En los juegos, una de las pruebas que se ha convenido jugar. || Tubo de tela que sirve para indicar la dirección del viento. *La manga de aire indicaba que el viento iba en dirección norte.* || *loc.* ***Ser de manga ancha*** o ***tener manga ancha:*** ser demasiado indulgente.
manganato *s. m.* Sal del ácido mangánico.
manganesa *s. f.* Peróxido de manganeso natural.
manganeso *s. m.* Elemento químico metálico de color grisáceo. Es quebradizo, pesado y muy refractario. Aleado con el hierro se utiliza para fabricar acero. Su número atómico es 25 y su símbolo *Mn.*
manganoso, sa *adj.* y *s. m.* Dícese del óxido de manganeso.
manglar *s. m.* Formación vegetal en la que predomina el mangle, característica de las regiones litorales de la región tropical. || Terreno poblado por esta formación vegetal.
mangle *s. m.* Árbol con ramas descendentes que llegan al suelo y arraigan en él, cuyas hojas y frutos se utilizan en tenería.
mango *s. m.* Parte estrecha y larga de un instrumento o utensilio, por donde se agarra o sostiene. || *fam. Arg.* Dinero. || Árbol de las regiones tropicales, de fruto del mismo nombre, aromático y comestible.
mangonear *intr. fam.* Asumir oficiosamente el mando, para imponerse con arbitrariedad y persistencia sobre los demás. || Manejar a alguien.
mangoneo *s. m. fam.* Acción y efecto de mangonear.
mangosta *s. f.* Mamífero carnívoro de Asia y África, parecido a la civeta, que ataca a los reptiles.
manguera *s. f.* Manga de riego.
maní *s. m.* Planta tropical cuyas semillas, del mismo nombre, se consumen una vez tostadas y producen un aceite utilizado en cocina y jabonería. || Fruto de esta planta.
manía *s. f.* Forma de locura, dominada por una idea fija. *Es un hombre lleno de manías.* || Extravagancia, capricho, ridiculez. || Afecto o deseo desordenado. *Tiene manía por las modas.* || *fam.* Ojeriza. *Tenerle manía a uno.* || *loc.* ***Manía persecutoria:*** obsesión de ser objeto de la mala voluntad de los demás.
maniabierto, ta *adj.* y *s.* Generoso, dadivoso.
maniaco, ca *adj.* Enajenado, que padece manía. || Propio de la manía.
maniatar *t.* Atar de manos.
maniático, ca *adj.* Que tiene manías.
manicomio *s. m.* Hospital para enfermos mentales. || Casa de locos.
manicurista *s. com.* Persona especializada en el arreglo y cuidado de las manos.
manicuro, ra *s. com.* Persona que se dedica a cuidar las manos, uñas, etc. || *s. f.* Cuidado de las manos, uñas, etc.
manido, da *adj.* Aplícase a la carne o pescado que empieza a oler. *El atún manido puede causar malestares.* || *fig.* Sobado, manoseado. *Ése es un tema manido; mejor evitémoslo.*
manierismo *s. m.* Forma del arte que se manifestó en Italia en el siglo XVI, caracterizada por su falta de naturalidad y su afectación.
manifestación *s. f.* Acción de manifestar o manifestarse. *La risa es una manifestación de alegría.* || Expresión pública de un sentimiento o de una opinión política. *Hizo una manifestación y sólo así atendieron su petición de asilo.*
manifestante *s. com.* Persona que toma parte en una manifestación.
manifestar *t.* Declarar, dar a conocer. *Manifestó su opinión y la escuchamos con respeto.* || Descubrir, poner a la vista. || Exponer públicamente el Santísimo Sacramento. || *intr.* Hacer una demostración colectiva pública. || *pr.* Darse a conocer. || Tomar parte en una manifestación.
manifiesto, ta *adj.* Evidente, cierto. || *s. m.* Declaración escrita por la cual un partido, un grupo de escritores o de artistas, etc., define sus opiniones, su programa, o justifica su acción pasada. || Obra que equivale a tal declaración. || *loc.* ***Poner de manifiesto:*** manifestar algo, darlo a conocer.
manigua *s. f. Cub.* Terreno cubierto de malezas. || Selva. || *fig.* Desorden, confusión.
manigüero, ra *adj. Ants.* Mambí, habitante de la manigua.
manija *s. f.* Mango, puño o manubrio. || Maniota, traba. || Abrazadera de metal. || Trenza o cordón para atar el látigo a la muñeca.
manilargo, ga *adj.* De manos largas. || *fig.* Largo de manos. || Liberal, dadivoso.
manillar *s. m. Esp.* y *Uy.* Manubrio de la bicicleta o motocicleta.
maniobra *s. f.* Cualquier operación material que se ejecuta con las manos. || *fig.* Artificio, manejo, intriga. || Arte de gobernar una embarcación. || Conjunto de cabos y aparejos. || Evolución o ejercicio de la tropa. || *pl.* Operaciones que se hacen en las estaciones para la formación de los trenes. || Operaciones hechas con otros vehículos para cambiar su rumbo.
maniobrar *intr.* Ejecutar maniobras.
maniobrero, ra *adj.* Que maniobra. *Era parte de una tropa maniobrera.*
maniota *s. f.* Cuerda o cadena para atar las manos de un animal.
manipulación *s. f.* Acción y efecto de manipular.
manipulado *s. m.* Manipulación.
manipulador, ra *adj.* y *s.* Que manipula. || *s. m.* Aparato empleado en telegrafía para transmitir señales con arreglo al alfabeto Morse.
manipular *t.* Operar con las manos. || Manejar mercancías para su empaquetado y transporte. || *fig.* y *fam.* Manejar un negocio.
maniqueísmo *s. m.* Doctrina de Manes o Maniqueo que admitía dos principios creadores, uno para el bien y el otro para el mal.
maniqueo, a *adj.* y *s.* Que profesa la doctrina predicada por Manes o Maniqueo.
maniquí *s. m.* Figura de madera articulada, para uso de pintores y escultores. || Armazón de madera o de mimbre que sirve a los sastres y costureras para probar los vestidos. || Mujer que presenta los modelos de una casa de costura. || *fig.* Hombre sin carácter.
manir *t.* Dejar ablandarse y sazonarse las carnes antes de guisarlas. || Sobar.
manirroto, ta *adj.* y *s.* Muy dadivoso, despilfarrador.
manis *s. m. fam. Méx.* Mano, amigo, compañero.
manisero, ra *s.* Vendedor de maní.
manito, ta *s. Méx.* Hermano, amigo. || Tratamiento de confianza.
manitú *s. m.* Divinidad de los indios de América del Norte. || *fig.* y *fam.* Personaje poderoso.
manivela *s. f.* Palanca acodada que sirve para imprimir un movimiento de rotación continua al árbol giratorio al que se halla fijado. || Órgano mecánico destinado a transformar un movimiento rectilíneo alternativo en movimiento giratorio continuo.
manizaleño, ña *adj.* y *s.* De Manizales, ciudad de Colombia.
manjar *s. m.* Cualquier comestible. || *fig.* Recreo, deleite.
mano *s. f.* Parte del cuerpo humano que va desde la muñeca hasta la punta de los dedos. || En algunos animales, extremidad cuyo dedo pulgar se opone a los demás. || En los cuadrúpedos, cada una de las patas delanteras. || Cada uno de los dos lados, derecho e izquierdo, respecto del que habla. || Habilidad, destreza. || Capa de pintura o barniz. *Esta pared tiene dos manos de blanco y una de color.* || Cada jugada parcial de una

partida en la que se gana o pierde algún tanto. || En ciertas expresiones, mujer que se pretende formalmente por esposa. *Petición de mano; pedir la mano.* || Majador que se usa para moler o desmenuzar. *La mano del mortero.* || Manecilla o aguja del reloj. || En futbol, falta que se comete cuando un jugador toca el balón con la mano o con el brazo. || *loc.* ***A mano:*** a) sin máquinas. *Es un tejido hecho a mano.* b) en lugar fácilmente asequible. *Tenía a mano el teléfono.* || ***Con las manos en la masa:*** en el mismo momento de estar cometiendo una falta o delito. || ***De segunda mano:*** a) después de haberlo tenido o usado otro. b) no directamente, a través de otro. || ***Echar una mano:*** Ayudar. || *Méx.* ***Estar*** o ***quedar a mano:*** quedar en igualdad de condiciones sin que haya deuda alguna. || *s. m. fam. Amér.* Amigo, compañero.

manojo *s. m.* Conjunto de objetos que se pueden coger con la mano. *Compras un manojo de rabanitos en el mercado.* || *loc.* ***A manojos:*** en abundancia. || *fig.* ***Estar hecho un manojo de nervios:*** ser muy nervioso.

manómetro *s. m.* Instrumento utilizado para medir la presión de un fluido.

manopla *s. f.* Guante con una sola separación para el pulgar. || Guante para lavarse. || Guante que utilizan ciertos obreros, como los zapateros, para protegerse las manos. || Pieza de la armadura que cubría la mano. || Látigo corto. || Arma contundente para dar puñetazos violentos.

manoseador, ra *adj.* y *s.* Que manosea.

manosear *t.* y *pr.* Tocar repetidamente una cosa con las manos. || *fig.* Insistir demasiado en un asunto o utilizar algo reiterativamente.

manoseo *s. m.* Acción y efecto de manosear.

manotazo *s. m.* Golpe dado con la mano.

manotear *t.* Pegar con las manos. || *intr.* Mover mucho las manos al hablar.

manoteo *s. m.* Acción y efecto de manotear.

manquedad o **manquera** *s. f.* Falta de mano o brazo.

mansalva *loc.* **A mansalva:** en gran cantidad.

mansarda *s. f.* Galicismo por «buhardilla».

mansedumbre *s. f.* Apacibilidad, dulzura. || *fig.* Suavidad, benignidad. *La mansedumbre del tiempo.*

mansión *s. f.* Morada, sitio donde vive uno. *Es una mansión señorial.*

manso, sa *adj.* Apacible, muy bueno. *Es manso como un cordero.* || Domesticado, que no es salvaje. *El toro es manso pero de todos modos cuídate.* || Tranquilo. *Las aguas mansas del riachuelo.* || *s. m.* En un rebaño, macho que sirve de guía.

mansurrón, rrona *adj.* Extremadamente manso.

manta[1] *s. f.* Pieza de lana o algodón grueso, de forma rectangular, que sirve para abrigarse, especialmente en la cama. || Tela ordinaria de algodón, que se fabrica y usa en México.

manta[2] *s. f.* Pez de cuerpo aplanado, parecido a la raya, que puede alcanzar una envergadura de 8 m.

manteador, ra *adj.* Que mantea.

manteamiento *s. m.* Acción y efecto de mantear.

mantear *t.* Hacer saltar a uno en una manta para mofarse de él o humillarle.

manteca *s. f.* Grasa de los animales. || Grasa del cuerpo humano cuando es excesiva. || *Arg.* y *Uy.* Mantequilla.

mantecado *s. m.* Bollo amasado con manteca de cerdo. || Helado de leche, huevos y azúcar.

mantecoso, sa *adj.* Que tiene manteca. || Untuoso como la manteca. *Es un chocolate mantecoso y amargo.*

mantel *s. m.* Paño que se pone encima de la mesa para comer. || Lienzo que cubre el altar. || *loc.* ***Mantel individual:*** el de tela o papel que se coloca para el uso de una sola persona.

mantelería *s. f.* Conjunto de manteles y servilletas.

mantelito *s. m. Chil. Esp. Méx.* y *Ven.* Mantel individual.

mantenedor *s. m.* El encargado de mantener un torneo, justa, juegos florales, etc. || Hombre que mantiene a una o varias personas. *Mauricio es mantenedor de una gran familia.*

mantenencia *s. f.* Acción y efecto de mantener o de sostener. || Cuidado. || Alimento, sustento.

mantener *t.* Proveer a uno del alimento. || Proveer de todo lo necesario. *Mantuvo a su familia hasta que murió.* || Sostener. *Los puntales mantienen el muro.* || Proseguir lo que se está haciendo. *Mantén la conversación mientras preparo el té.* || Sostener un torneo, justa, juegos florales, etc. || *fig.* Afirmar, sostener, defender. *Mantuvo su opinión a pesar de las del resto.* || Conservar, guardar. *Mantuvo su rango hasta que lo degradaron.* || Hacer durar. *Mantén la paz con tus vecinos.* || Conservar en buen estado. || No renunciar a algo. *Mantenía su candidatura pese al rechazo generalizado.* || Tener, celebrar. *Mantuvo un cambio de impresiones muy positivo.* || En derecho, amparar en la posesión de algo. || *loc.* ***Mantener a distancia*** o ***a raya:*** guardar las distancias, impedir toda confianza. || *pr.* Alimentarse. || Satisfacer sus necesidades. *Se mantiene con su trabajo.* || Perseverar en una opinión. || Permanecer en el mismo estado. *«Mantente derecho», me ordenó el capitán.* || Durar. *Nuestro trato se mantendrá a pesar de todo.* || *loc. fig.* y *fam.* ***Mantenerse en sus trece:*** no renunciar a una idea u opinión.

mantenimiento *s. m.* Subsistencia. || Alimento, sustento. || Conservación, cuidado. *El mantenimiento de una carretera.* || Conservación. *El mantenimiento del orden es una prioridad.*

manteo *s. m.* Capa larga de los eclesiásticos y en otro tiempo de los estudiantes. || Especie de falda antigua. || Manteamiento.

mantequera *s. f.* Recipiente en que se sirve la mantequilla. || Aparato con el que se hace la mantequilla.

mantequería *s. f.* Fábrica de mantequilla. || Tienda donde se vende manteca o mantequilla.

mantequero, ra *adj.* Relativo a la manteca o mantequilla. || *s. m.* El que hace o vende mantequilla. || Mantequera, recipiente.

mantequilla *s. f.* Sustancia grasa, de color amarillo claro, que se obtiene de la crema de leche de vaca batiéndola o agitándola.

mantequillero, ra *s. m. Amér.* Mantequero.

mantilla *s. f.* Prenda de encaje que usan las mujeres para cubrirse la cabeza. || Pieza de lana en que se envuelve al niño. || Manta con que se cubre el lomo de las caballerías. || En las prensas de mano, pedazo de bayeta que se pone sobre el tímpano, debajo del papel, para facilitar la impresión. || *loc. fig.* ***En mantillas:*** en sus principios.

mantillo *s. m.* Capa superior del terreno, formada por la descomposición de materias orgánicas. || Abono que resulta de la descomposición del estiércol.

mantisa *s. f.* En matemáticas, parte decimal siempre positiva de un logaritmo decimal.

manto *s. m.* Ropa suelta a modo de capa que llevan las mujeres encima del vestido. || Mantilla grande, chal. || Capa que llevan algunos religiosos. || Ropa talar para ciertas ceremonias. || Revestimiento del frente de una chimenea. || Repliegue cutáneo que envuelve el cuerpo de los moluscos y de algunos gusanos. || *fig.* Lo que encubre una cosa. *El manto de la indiferencia es cruel.* || Veta mineral delgada y horizontal.

mantón *s. m.* Pañuelo grande que abriga los hombros y la espalda.

mantuano, na *adj.* y *s.* De Mantua, ciudad de Italia.

manual *adj.* Que se ejecuta con las manos. || Manejable. || *s. m.* Libro que contiene las nociones esenciales de un arte o ciencia. *Un manual de literatura castellana.* || *s. m.* Libro en que se inscriben las operaciones a medida que se van haciendo.

manualidad *s. f.* Labor que se realiza con las manos. || *pl.* Trabajos que llevan a cabo los escolares.
manubrio *s. m.* Manivela.
manufactura *s. f.* Establecimiento industrial. || Fabricación en gran cantidad de un producto industrial. || Este producto.
manufacturado, da *adj.* Fabricado, producido.
manufacturar *t.* Fabricar.
manufacturero, ra *adj.* Relativo a la fabricación. || Que se dedica a la manufactura.
manumisión *s. f.* Liberación legal de un esclavo.
manumiso, sa *adj.* Libre.
manumitir *t.* Dar libertad a un esclavo.
manuscrito, ta *adj.* Escrito a mano. || *s. m.* Cualquier obra escrita a mano. || Original de un libro. *Mandó el manuscrito al editor y al poco tiempo lo imprimieron.*
manutención *s. f.* Manipulación de mercancías. || Mantenimiento y cuidado. || Conservación.
manzana *s. f.* Fruto del manzano. || Grupo de casas delimitado por calles. || Pomo de espada. || *Amér.* Nuez de la garganta.
manzanar *s. m.* Terreno plantado de manzanos.
manzanilla *s. f.* Planta compuesta, cuyas flores amarillas se usan en infusión como remedio para el dolor estomacal. || Esta infusión. || Fruto del manzanillo. || Vino blanco andaluz. || Especie de aceituna pequeña.
manzanillo *s. m.* Árbol euforbiáceo de América ecuatorial, cuyo jugo y fruto son venenosos. || Olivo cuyo fruto es la manzanilla.
manzano *s. m.* Árbol rosáceo cuyo fruto es la manzana.
maña *s. f.* Destreza, habilidad. *Tiene maña para peinarse.* || Ardid, astucia. *Emplea todas sus mañas para convencerlo.* || Mala costumbre, resabio. *Le quedaron muchas mañas que aprendió en prisión.* || *loc.* ***Darse maña:*** ingeniarse para hacer algo con habilidad.
mañana[1] *adv.* En el día que seguirá inmediatamente al de hoy. || *fig.* En tiempo futuro. || *loc.* ***De mañana:*** al amanecer, en las primeras horas del día. || ***Pasado mañana:*** en el día que seguirá inmediatamente al de mañana.
mañana[2] *s. f.* Parte del día que transcurre desde el amanecer hasta el mediodía. || Madrugada, horas que siguen a la medianoche hasta que sale el sol. *Se acostó a las tres de la mañana haciendo su tarea.* || *s. m.* Tiempo futuro, pero indeterminado.
mañanero, ra *adj.* Madrugador.
mañoco *s. m.* Tapioca.
mañoso, sa *adj.* Que tiene maña, hábil, diestro. || Astuto.
maorí *adj.* y *s. com.* Indígena de Nueva Zelanda.
mapa *s. m.* Representación convencional de alguna parte de la Tierra o del cielo. *En la escuela me pidieron llevar el mapa de Europa.* || *loc. fig.* y *fam.* ***No estar en el mapa:*** ser desconocido.
mapache o **mapachín** *s. m.* Mamífero carnicero de América del Norte y Central parecido al tejón.
mapamundi *s. m.* Mapa que representa la superficie entera de la Tierra. || *fam.* Posaderas, nalgas.
mapanare *s. f.* Culebra de Venezuela, muy venenosa.
mapasúchil *s. m. Méx.* Planta de la familia de las esterculiáceas.
mapuche *adj.* y *s. com.* Araucano.
mapuey *s. m.* Ñame, planta.
maque *s. m.* Laca. || Charol.
maquear *t.* Dar laca o barniz. || *pr. fam.* Arreglarse.
maqueta *s. f.* Representación a escala reducida de una construcción, máquina, decoración de teatro, etc. || Boceto de ilustración y presentación de un libro que permite hacer la compaginación.
maquetista *s. com.* Persona que se dedica a hacer maquetas.
maquiavélico, ca *adj.* Relativo al maquiavelismo. || Maquiavelista.
maquiavelismo *s. m.* Doctrina política de Maquiavelo. || *fig.* Política falta de lealtad. || Perfidia y falta de escrúpulos.
maquila *s. f.* Porción de grano, harina o aceite que percibe el molinero por cada molienda. || *Amér. C.* y *Méx.* Acción y efecto de maquilar.
maquiladora *adj.* y *s. f. Méx.* Se dice del taller donde se maquilan ciertos productos. *Instalarán una fábrica maquiladora de ropa en mi ciudad.*
maquilar *t. Méx.* Realizar para una fábrica los pasos que requieren trabajo manual o unitario.
maquillador, ra *adj.* y *s.* Que maquilla.
maquillaje *s. m.* Acción y efecto de maquillar o maquillarse.
maquillar *t.* Pintar la cara con productos de belleza para hacer resaltar sus cualidades estéticas o tapar sus imperfecciones. || *fig.* Alterar, falsificar.
máquina *s. f.* Aparato o conjunto de aparatos capaces de efectuar un trabajo o de llevar a cabo una función, ya sea dirigida por un operador, o de forma autónoma. || Tramoya del teatro. || Bicicleta, motocicleta o automóvil de carreras. || Locomotora. || *loc.* ***A toda máquina:*** con la máxima velocidad. || ***Máquina de coser:*** la que permite hacer mecánicamente la mayoría de los puntos de costura y bordado. || ***Máquina de escribir:*** la que permite escribir muy rápidamente por medio de un teclado. || ***Máquina de vapor:*** aquella en que se utiliza la fuerza de expansión del vapor. || ***Máquina eléctrica:*** la que transforma un trabajo mecánico en energía eléctrica. || ***Máquina herramienta:*** la que efectúa cualquier trabajo habitualmente manual. || ***Máquina hidráulica:*** la que es accionada por la fuerza del agua. || ***Máquina neumática:*** la que produce el vacío en un recipiente.
maquinación *s. f.* Intrigas secretas para realizar malos designios.
maquinador, ra *adj.* y *s.* Que trama maquinaciones.
maquinal *adj.* Instintivo.
maquinar *t.* Preparar en secreto alguna cosa mala.
maquinaria *s. f.* Mecanismo que da movimiento a un artefacto. *La maquinaria de un coche.* || Conjunto de máquinas. *La maquinaria facilita el trabajo agrícola.* || *fig.* Conjunto de órganos destinados a un mismo fin.
maquinilla *s. f.* Artefacto pequeño. *Una nueva maquinilla de afeitar.*
maquinismo *s. m.* Predominio de las máquinas en la industria.
maquinista *s. m.* El que vigila o dirige o conduce una máquina. || El que monta y desmonta los decorados de teatro y cine.
maquinizar *t.* Emplear en la producción máquinas que sustituyen o mejoran el trabajo del hombre.
mar *s. inv.* Masa de agua salada que cubre la mayor parte de la superficie de la Tierra. || *fig.* Abundancia extraordinaria de algo. *Se debate en un mar de dudas.* || *loc.* ***Alta mar:*** zona del mar que está alejada de la costa y tiene profundidad. || ***Brazo de mar:*** parte del mar que corre entre dos tierras cercanas una de otra. || ***Hacerse a la mar:*** alejarse el barco de la costa. || ***La mar:*** a) Mucho. *La mar de gente, de trabajo.* b) Muy. *Es la mar de simpático.* || ***Mar de fondo:*** ola grande que se alza súbitamente del fondo del mar; agitación profunda y latente. || ***Mar patrimonial:*** el que se extiende hasta las 200 millas marinas desde la costa, sobre el cual se reconoce a los Estados costeros derechos de explotación y conservación de los recursos naturales. || ***Mar territorial:*** en derecho, zona del mar adyacente a la costa de un Estado, en la que éste ejerce su soberanía.
marabú *s. m.* Ave zancuda de África y Asia, con pico fuerte y cuello desnudo. || Plumas de marabú usadas como adorno.
marabunta *s. f.* Plaga de hormigas. || *fig.* Muchedumbre.
maraca *s. f.* Instrumento musical hecho con una calabaza seca en cuyo interior se introducen semillas secas u otros objetos que entrechocan al agitarlo. Actualmente se fabrica con otros materiales como plástico o metal. || *Ants.* Sonajero.

maracaibero, ra o **maracayero, ra** *adj.* y *s.* De Maracaibo, ciudad de Venezuela.
maracucho, cha *adj.* y *s.* De Maracay, ciudad de Venezuela.
maracure *s. m.* Bejuco de Venezuela, del cual se extrae el curare.
maranta *s. f.* Planta marantácea de América del Sur, de cuyo tubérculo se saca el arrurruz.
marantáceo, a *adj.* y *s.* Dícese de la familia de plantas angiospermas monocotiledóneas cuyo tipo es la maranta.
maraña *s. f.* Maleza, zarzales. || Coscoja, especie de encina. || *fig.* Cosa enmarañada. *Su cabeza era una maraña de pelos.* || Asunto complicado. *¡Qué maraña!*
maraquero, ra *adj.* y *s. Amér.* Persona que toca las maracas.
marasmo *s. m.* Extremado enflaquecimiento del cuerpo humano. *El marasmo senil es común en la gente mayor.* || *fig.* Apatía. || Disminución de la actividad económica o comercial que produce un malestar. *En esta época los negocios están en el mayor marasmo.*
maratón *s. m.* Carrera pedestre de los Juegos Olímpicos sobre un recorrido de 42 195 km.
maravedí *s. m.* Antigua moneda española de diferentes valores.
maravilla *s. f.* Cosa que suscita la admiración. *Este coche es una maravilla.* || Admiración, asombro. *Causó maravilla entre la concurrencia.* || Planta compuesta con flores anaranjadas. || Especie de enredadera de América. || Dondiego de noche. || *loc.* ***A las mil maravillas*** o ***de maravilla:*** muy bien, maravillosamente. || ***Maravilla del mundo:*** cada una de las siete obras de arte más famosas de la antigüedad.
maravillar *t.* Asombrar, sorprender. *Me maravilla su fracaso.* || Provocar la admiración. *Este cuadro me maravilla.* || *pr.* Asombrarse. || Admirarse.
maravilloso, sa *adj.* Sorprendente y admirable.
marbete *s. m.* Etiqueta, cédula que se pega a las mercancías para indicar su contenido, precio, marca de fábrica, etc. || Orilla, filete.
marca *s. f.* Señal que se pone a una cosa para reconocerla. *Se marca a las reses con un hierro candente.* || Acción de marcar. *Marca con rojo las respuestas correctas.* || Distintivo de un fabricante o comerciante. || Casa productora. *Las grandes marcas de coñac.* || Instrumento para medir la estatura de las personas o la alzada de los caballos. || En deportes, récord y resultado. *Venció una marca y se llevó el premio.* || Punto fijo de la costa que sirve de orientación para los marinos. || Provincia o distrito fronterizo. *La Marca Hispánica, de Brandeburgo.* || Galicismo por «cicatriz». || *loc.* ***De marca:*** excelente, sobresaliente. || *fig.* y *fam.* ***De marca mayor:*** muy excelente; muy grande. *Una tontería de marca mayor.* || ***Marca de agua:*** marca transparente que llevan algunos papeles, billetes, acciones, etc. || ***Marca de fábrica:*** distintivo que el fabricante pone a sus productos. || ***Marca registrada:*** la reconocida legalmente para su uso exclusivo.
marcado *s. m.* Operación consistente en ondular el cabello, después de lavarlo. || Acción y efecto de poner una marca.
marcador, ra *adj.* Que marca. || *s. m.* Obrero que coloca los pliegos en la máquina impresora. || Tablero para anotar los puntos de un jugador o un equipo. || Tablero para apuntar el número de votos en una elección. || Instrumento que usan los sastres para marcar la ropa.
marcaje *s. m.* En deportes, acción de marcar.
marcar *t.* Poner una marca. *Marcar la ropa es sencillo; lo difícil es clasificarla.* || En deportes, conseguir un gol, un tanto, un ensayo. || Contrarrestar un jugador el juego de su contrario por medio de una gran vigilancia. || *fig.* Dejar una señal. || Ajustar el pliego a los tacones. || Apuntar, tomar nota. *Marcaste una dirección equivocada.* || Señalar el reloj la hora o indicar cualquier otro aparato un número, precio, peso, etc. || Formar un número de teléfono. || Ondular el cabello.
marcasita *s. f.* Sulfuro de hierro brillante de color de oro.
marcescible *adj.* Que se puede marchitar.
marcha *s. f.* Acción de andar. || Movimiento regular de un mecanismo, de un móvil; funcionamiento. *Puso en marcha el vehículo y se fue.* || Grado de velocidad media. *La marcha de un motor.* || Salida. || *fig.* Curso. *La marcha del tiempo es inexorable.* || Toque de clarín para que marchen los soldados. || Pieza musical para regularizar el desfile de una tropa o comitiva. *Es una hermosa marcha fúnebre.* || Ejercicio atlético. || *loc.* ***A toda marcha:*** rápidamente. || ***Marcha forzada:*** jornada más larga que las normales. || ***Marcha real:*** himno nacional español adoptado en 1870. Se atribuye a Federico II El Grande, rey de Prusia, quien lo ofreció a Carlos III de España en 1770 como marcha militar. || ***Sobre la marcha:*** en el acto.
marchamar *t.* Poner marchamo. *Marchamé los fardos que me indicaron.*
marchamo *s. m.* Señal, sello, precinto que los aduaneros ponen en las mercancías o fardos que pasan por ahí. || *fig.* Marca distintiva. *Un marchamo de elegancia.*
marchante *s. com.* Persona que tiene por oficio comprar y vender. || Persona que comercia con cuadros y otras obras de arte.
marchar *intr.* Caminar, ir de un sitio a otro andando. || Funcionar. *Este reloj no marcha bien.* || *fig.* Progresar. *El negocio marcha regularmente.* || Desenvolverse, desarrollarse. || *pr.* Irse.
marchitamiento *s. m.* Ajamiento.
marchitar *t.* Ajar, mustiar las plantas. *Las flores se marchitan con el sol.* || *fig.* Hacer perder lozanía.
marchito, ta *adj.* Ajado.
marcial *adj.* Del dios Marte. || Relativo a la guerra. *Entró en vigor la ley marcial.* || De aspecto bélico o muy varonil. *Posee un porte marcial.* || Que contiene hierro. *La pirita es un medicamento marcial.*
marcialidad *s. f.* Aspecto marcial.
marciano, na *adj.* Del planeta Marte. || *s.* Supuesto habitante del planeta Marte.
marco *s. m.* Cerco de madera u otro material que rodea algunas cosas. *El marco del cuadro le da realce a la pintura.* || Antigua unidad monetaria alemana. || Peso de 230 g que se usaba para el oro y la plata. || Patrón para las pesas y medidas. || *fig.* Ámbito. *En el marco de la economía.*
marea *s. f.* Movimiento periódico y alternativo de ascenso y descenso de las aguas del mar debido a la combinación de las atracciones lunar y solar. || Viento suave del mar. || *fig.* Cantidad considerable. *Volvió a la ciudad una marea de vacacionistas.* || *loc.* ***Marea negra:*** llegada a la costa de capas de petróleo procedentes de un navío.
marear *t.* Gobernar o dirigir una embarcación. || *fig.* y *fam.* Molestar, fastidiar. *Lo marearon con tantas preguntas.* || Causar mareo. *El movimiento del barco me mareó.* || *pr.* Tener náuseas.
marejada *s. f.* Agitación de las olas. || *fig.* Agitación, efervescencia. || Rumor, murmuración.
maremagno o **mare mágnum** *s. m. fig.* y *fam.* Gran cantidad confusa de cosas. || Muchedumbre, multitud, abundancia de personas.
maremoto *s. m.* Agitación violenta y brusca del mar provocada por un terremoto o una erupción volcánica submarina.
marengo *adj.* Aplícase al color gris oscuro.
mareo *s. m.* Turbación de la cabeza y del estómago producida por el movimiento de vehículos como el barco, el avión, el automóvil, etc. || *fig.* y *fam.* Molestia, fastidio. *¡Qué mareo este niño!*
mareógrafo *s. m.* Aparato para registrar la altura de las mareas.
mareomotor, triz *adj.* Accionado por la fuerza de las mareas. *Allá está la central eléctrica mareomotriz.*

marfil *s. m.* Materia dura, rica en sales de calcio, de que están principalmente formados los dientes de los vertebrados, en particular los colmillos de los elefantes. || Objeto esculpido en esta materia. || Suma blancura. || *loc.* ***Marfil vegetal:*** corojo.
marfileño, ña *adj.* De marfil.
marga *s. f.* Roca compuesta de carbonato de cal y arcilla.
margal *s. m.* Terreno donde abunda la marga.
margarina *s. f.* Sustancia grasa comestible similar a la mantequilla, elaborada con diversos aceites y grasas vegetales.
margarita *s. f.* Planta compuesta de flores blancas con corazón amarillo. || Caracol marino pequeño. || Perla de las conchas.
margay *s. m.* Felino sudamericano.
margen *s. inv.* Extremidad u orilla de una cosa. *Me esperan en el margen del río.* || Espacio en blanco a los lados de una página manuscrita o impresa. || *fig.* Diferencia tolerada o previsible entre el cálculo de cierta cosa y su aproximación. || *fig.* Ocasión, motivo, oportunidad. *Me dio margen para decidir.* || *loc.* ***Al margen:*** apartado de un asunto o que no interviene en él.
marginación *s. f.* Acción y efecto de marginar.
marginado, da *adj.* y *s.* Se dice de la persona que vive al margen de una sociedad organizada.
marginador, ra *adj.* y *s.* Que sirve para marginar.
marginal *adj.* Relativo al margen. || Que está al margen. || *fig.* No sustancial, sin importancia.
marginalismo *s. m.* Teoría económica según la cual el valor de cambio de un producto está determinado por la utilidad de la última unidad disponible de este producto.
marginalista *adj.* y *s. com.* Adepto del marginalismo.
marginar *t.* Apartar de la sociedad o un sector de ella a una o varias personas, evitando su trato, relación o compañía. || Prescindir, hacer caso omiso, no tener en cuenta. || Dejar márgenes en el papel al escribir.
margoso, sa *adj.* Que contiene marga. *Es un terreno margoso.*
mariachi *s. m.* Música mexicana de carácter alegre, originaria del estado de Jalisco. || Orquesta o músico que la interpreta.
marica *s. m. fig.* y *fam.* Hombre afeminado.
maricastaña *loc.* ***En tiempos de Maricastaña:*** En tiempos lejanos.
maricón *s. m. fam.* Marica.
mariconada *s. f.* Acción propia del maricón. || *fig.* y *fam.* Acción malintencionada, mala pasada.
maridaje *s. m.* Unión y conformidad de los casados. || *fig.* Unión, armonía con que unas cosas se enlazan o corresponden entre sí. *Es un maridaje de dos colores.*
maridar *t. fig.* Armonizar. || *intr.* Casarse. || Hacer vida de matrimonio.
marido *s. m.* Hombre unido a una mujer por los lazos del matrimonio.
mariguana, marihuana o **marijuana** *s. f.* Cáñamo cuyas hojas producen efecto narcótico al que las fuma.
marimacho *s. m. fam.* Mujer de aspecto o modales masculinos.
marimandona *s. f.* Mujer autoritaria, que impone su voluntad.
marimba *s. f.* Instrumento musical parecido al tambor, usado en algunas partes de África. || *Amér.* Xilófono provisto de un resonador debajo de cada una de las tablas de madera que lo componen.
marimorena *s. f. fam.* Riña, pelea. || Tumulto.
marina *s. f.* Arte de la navegación marítima. || Conjunto de los buques de una nación. || Servicio de los barcos. *Entró en la marina hace tres años.* || Conjunto de las personas que sirven en la armada. || Cuadro que representa una vista marítima. || *loc.* ***Marina de guerra:*** fuerzas navales de un Estado, armada. || ***Marina mercante:*** conjunto de buques de comercio.
marinar *t.* Poner en escabeche el pescado. || Tripular una embarcación.
marinera *s. f. Ecua.* y *Per.* Baile popular.
marinería *s. f.* Oficio de marinero. || Tripulación de un barco, de una escuadra.
marinero, ra *adj.* Que navega bien. || De la marina y los marineros. || *s. m.* El que se ocupa del servicio de los barcos.
marino, na *adj.* Relativo o perteneciente al mar. *La ballena es un animal marino.* || *s. m.* El que sirve en la marina.
marioneta *s. f.* Títere movido por medio de hilos.
mariposa *s. f.* Insecto lepidóptero, diurno o nocturno, provisto de cuatro alas cubiertas de escamas microscópicas. || Pájaro de Cuba. || Llave de cañería. || Lamparilla flotante en un vaso con aceite. || Tuerca para ajustar tornillos. || *loc.* ***Braza mariposa:*** estilo de natación en el que los brazos se mueven simultáneamente hacia adelante por encima del agua.
mariposeador, ra *adj.* y *s.* Inconstante.
mariposear *intr. fig.* Pasar de una cosa o de una persona a otra, ser muy versátil.
mariposeo *s. m.* Acción de mariposear.
mariposón *s. m. fam.* Hombre muy galanteador e inconstante.
mariquita *s. f.* Insecto pequeño cuya especie más común posee élitros de color anaranjado con siete puntos negros. || *s. m. fam.* Hombre afeminado.
marisabidilla *s. f. fam.* Mujer que se las da de muy sabia o entendida.
mariscador *s. m.* Pescador de mariscos.
mariscal *s. m.* General francés a quien se le ha concedido la dignidad de este título por sus victorias militares. || *loc.* ***Mariscal de campo:*** oficial general llamado hoy general de división.
mariscalía *s. f.* Dignidad o cargo de mariscal.
marisco *s. m.* Animal marino invertebrado, especialmente el crustáceo y molusco comestible.
marisma *s. f.* Terreno bajo anegadizo situado a orillas del mar o de los ríos.
marismeño, ña *adj.* De las marismas.
marisquero, ra *s.* Persona que pesca o vende mariscos.
marital *adj.* Del marido.
marítimo, ma *adj.* Relativo al mar. || Que está a orillas del mar. *Fue un inolvidable paseo marítimo.*
marjal *s. m.* Terreno pantanoso.
marjoleto *s. m.* Espino arbóreo de fruto aovado.
marmita *s. f.* Olla de metal con tapadera.
marmitón *s. m.* Pinche de cocina.
mármol *s. m.* Piedra caliza metamórfica, de textura compacta y cristalina, susceptible de buen pulimento. || *fig.* Obra artística de mármol. || *loc. fig.* ***De mármol:*** frío, insensible. *Esa mujer tiene un temperamento de mármol.*
marmolería *s. f.* Conjunto de mármoles que hay en un edificio. || Taller de marmolista.
marmolista *s. com.* El que labra o vende obras de mármol.
marmóreo, a *adj.* De mármol.
marmota *s. f.* Mamífero roedor del tamaño de un gato, que pasa el invierno durmiendo. || *fig.* Persona que duerme mucho. || *fam.* Criada.
maro *s. m.* Planta labiada, de olor muy fuerte y sabor amargo.
marojal *s. m.* Plantío de marojos.
maroma *s. f.* Cuerda gruesa. || *Amér.* Ejercicio acrobático.
maromear *intr. Amér.* Ejecutar acrobacias en la maroma.
maromero, ra *s. Amér.* Volatinero, acróbata.
marometa *s. f. Méx.* Voltereta, maroma.
marplatense *adj.* y *s. com.* De Mar del Plata, ciudad de Argentina.
marquense *adj.* y *s. com.* De San Marcos, departamento de Guatemala.
marqués, quesa *s. m.* Título nobiliario, intermedio entre los de conde y duque. || *s. f.* Mujer o viuda del marqués, o la que tiene un marquesado.

|| Marquesina. || Sillón bajo y amplio para dos personas.
marquesado *s. m.* Dignidad de marqués.
marquesina *s. f.* Cobertizo, generalmente de cristal, que avanza sobre una puerta, escalinata, etc., para resguardar de la lluvia.
marquesote *s. m. Amér. C.* y *Méx.* Pan elaborado con harina de arroz o de maíz, con huevo, azúcar, anís, etc.
marquetería *s. f.* Obra de taracea. || Ebanistería.
marrajo, ja *adj.* Taimado, malicioso. || *fig.* Hipócrita, astuto. || *s. m.* Tiburón.
marranada o **marranería** *s. f. fig.* y *fam.* Cochinada, acción indecente o ruin.
marrano, na *s.* Puerco, cerdo. || *fig.* y *fam.* Persona sucia y desaseada o que se porta mal. || Pieza de madera muy resistente que se usa en ciertos armazones. || Converso que conservaba las prácticas de los judíos de manera disimulada.
marrar *t.* e *intr.* Faltar, errar.
marras *adv.* Antaño, en tiempo antiguo. || *loc.* ***De marras:*** consabido. *El individuo de marras.*
marrasquino *s. m.* Licor hecho con cerezas amargas y azúcar.
marro *s. m. Méx.* Mazo.
marrón *adj.* y *s. m.* Castaño.
marroquí *adj.* y *s. com.* De Marruecos. || *s. m.* Tafilete.
marroquinería *s. f.* Tafiletería.
marroquinero *s. m.* Tafiletero.
marrullería *s. f.* Astucia con que, halagando a uno, se pretende engañarle.
marrullero, ra *adj.* y *s.* Astuto, taimado.
marsellés, llesa *adj.* y *s.* De Marsella, ciudad de Francia.
marsopa *s. f.* Mamífero parecido al delfín, muy voraz, común en el Atlántico, donde con frecuencia sigue a los buques.
marsupial *adj.* y *s. m.* Relativo a los mamíferos cuya hembra posee una bolsa ventral, o marsupio, que contiene las mamas y está destinada a recibir las crías después de su nacimiento.
marsupio *s. m.* o **marsupia** *s. f.* Bolsa de las hembras de los marsupiales donde las crías completan su desarrollo.
marta *s. f.* Mamífero carnicero, de pelaje espeso y suave muy estimado. || *loc.* ***Marta cebellina:*** especie de marta algo menor que la común, de piel muy apreciada.
martajar *t. Amér. C.* y *Méx.* Triturar maíz.
martes *s. m.* Tercer día de la semana.
martillar *t.* Dar martillazos. *Martillaba el hierro para darle forma.* || *fig.* Oprimir, atormentar.
martillazo *s. m.* Golpe de martillo.
martillear *t.* Martillar.
martilleo *s. m.* Acción y efecto de martillear. || *fig.* Ruido parecido al de los martillazos. || Bombardeo intenso. || Repetición monótona de una asonancia.
martillo *s. m.* Herramienta de percusión formada por una cabeza de acero duro templado y un mango dispuestos en forma de «T». || En anatomía, primer huesecillo del oído medio. || Pieza que en armas portátiles y cañones golpea sobre la cápsula o el percutor. || En deportes, esfera metálica provista de un cable de acero y una empuñadura que lanzan los atletas. || En música, macillo.
martinete *s. m.* Ave zancuda parecida a la garza con un penacho blanco en la cabeza, y este penacho. || Macillo del piano. || Martillo mecánico de potencia inferior a la del martillo pilón. || Cante flamenco acompañado sólo por los golpes de un martillo en un yunque.
martingala *s. f.* Lance del juego del monte. || Combinación para ganar en los juegos de azar. || *fig.* Artimaña, astucia para engañar.
martiniqués, quesa *adj.* y *s.* De la isla Martinica.
mártir *adj.* y *s.* Que prefiere morir que renunciar a su fe. || *fig.* Que ha padecido grandes sufrimientos e incluso la muerte por defender sus opiniones. || Que sufre mucho.
martirio *s. m.* Tormento o muerte padecidos por la fe o un ideal. *El martirio de San Bartolomé.* || *fig.* Sufrimiento muy grande y largo.
martirizador, ra *adj.* y *s.* Que martiriza.
martirizar *t.* Hacer sufrir el martirio. || *fig.* Afligir; hacer padecer grandes sufrimientos.
martirologio *s. m.* Lista de mártires. || Lista de víctimas.
marxismo *s. m.* Conjunto de las teorías socialistas de Karl Marx y sus seguidores, fundadas en la doctrina del materialismo dialéctico e histórico.
marxista *adj.* y *s. com.* Partidario del marxismo.
marzo *s. m.* Tercer mes del año.
mas *conj.* Pero.
más[1] *adv.* Denota mayor cantidad numérica o mayor intensidad de las cualidades y acciones. || Equivale a «tan» en exclamaciones de ponderación. *¡Qué cosa más buena!* || Denota preferencia o predilección con verbos como «querer», «desear», etc. *Más quiero perderlo que rogarle.*
más[2] *s. m.* Suma, adición || Signo de la adición que se representa por una cruz (+) y que se coloca entre las cantidades que se quieren sumar. || *loc.* ***A lo más:*** hasta el límite máximo a que algo puede llegar. *Habrá diez kilómetros a lo más.* || ***Más o menos:*** aproximadamente. || ***Ni más ni menos:*** precisa, exactamente.
masa *s. f.* Mezcla resultante de la incorporación de un líquido a una materia sólida o pulverizada. || Aglomeración de personas o cosas. || *Arg.* Pastelito. || En física, magnitud que expresa la cantidad de materia que contiene un cuerpo. || *pl.* Las clases trabajadoras y populares. || ***En masa:*** en conjunto, todos a la vez. || ***Masa crítica:*** cantidad mínima de una sustancia fisible para que una reacción en cadena pueda producirse espontáneamente y mantenerse por sí sola.
masacre *s. f.* Matanza.
masaje *s. m.* Fricción del cuerpo, con fines terapéuticos. *Da masajes muy relajantes.*
masajista *s. com.* Persona que da masajes.
masayense o **masaya** *adj.* y *s.* De Masaya.
mascabado, da *adj.* Aplícase al azúcar de segunda producción.
mascada *s. f. Méx.* Pañuelo de seda que se lleva al cuello.
mascadura *s. f.* Acción de mascar.
mascar *t.* Desmenuzar los alimentos con los dientes. || Masticar. *Mascaba tabaco, por eso padece cáncer.* || *fig.* y *fam.* Mascullar.
máscara *s. f.* Figura de cartón pintado o de otra materia con que se tapa uno el rostro para disfrazarse. || Traje extravagante para disfrazarse. || Careta de protección contra los productos tóxicos. *Máscara de gas.* || Aparato de protección que usan los colmeneros, los esgrimidores, los pescadores submarinos, etc. || Mascarilla. || *fig.* Apariencia engañosa. || *loc. fig.* ***Quitarse la máscara:*** dejar de disimular.
mascarada *s. f.* Fiesta de personas enmascaradas. || Comparsa de máscaras. || *fig.* Cosa falsa.
mascarilla *s. f.* Máscara que sólo tapa la parte superior de la cara. || Vaciado de yeso sacado sobre el rostro de una persona o escultura, particularmente de un cadáver. || Producto utilizado para los cuidados estéticos del rostro. || Aparato utilizado por los anestesistas, que se coloca sobre la nariz y la boca del paciente.
mascarón *s. m.* Máscara grande. || Máscara esculpida de carácter fantástico o grotesco que sirve de adorno en cerraduras, fuentes, muebles, etc. || *loc.* ***Mascarón de proa:*** figura de adorno en el tajamar de los barcos.
mascota *s. f.* Fetiche, objeto, persona o animal que da suerte.
masculinidad *s. f.* Carácter o calidad de masculino.
masculinización *s. f.* Aparición en la mujer de algunas características secundarias del varón.
masculinizar *t.* Dar carácter masculino.
masculino, na *adj.* Perteneciente o relativo al macho. || *fig.* Viril. *Posee*

una voz masculina. || Aplícase al género gramatical que corresponde a los varones o a las cosas consideradas como tales.
mascullar *t. fam.* Hablar entre dientes, de manera poco clara.
masetero *adj.* y *s. m.* Aplícase al músculo que sirve para accionar la mandíbula inferior.
masía *s. f.* Masada, finca.
masilla *s. f.* Mezcla de yeso y aceite de linaza usada para sujetar los cristales en los bastidores de las ventanas o para tapar agujeros.
masita *s. f. Amér. Merid.* y *R. Dom.* Pastelito.
masivo, va *adj.* Aplícase a la dosis medicinal inmediatamente inferior al límite máximo de tolerancia. || Que reúne gran número de personas. *Fue una manifestación masiva.* || Que se refiere a gran cantidad de cosas. *Producción masiva de productos chatarra.*
masón *s. m.* Miembro de la masonería.
masonería *s. f.* Asociación, en parte secreta, cuyos miembros profesan principios de fraternidad y se dividen en grupos denominados logias.
masónico, ca *adj.* De la masonería. *Dibujó unos signos masónicos en un cuaderno.*
masoquismo *s. m.* Perversión sexual del que busca el placer en el dolor.
masoquista *adj.* Relativo al masoquismo. || *s. com.* Que padece masoquismo.
masticación *s. f.* Acción de triturar los alimentos sólidos.
masticador, ra *adj.* Que sirve para la masticación.
masticar *t.* Triturar los alimentos sólidos con los dientes. || *fig.* Pensar profunda y repetidamente una cosa.
masticatorio *adj.* y *s. m.* Sustancia que se masca para excitar la secreción de la saliva.
mástil *s. m.* Palo de una embarcación. || Mastelero. || Palo derecho para mantener una cosa. || Astil de la pluma del ave. || Tallo de una planta. || Mango de la guitarra y otros instrumentos de cuerda.
mastín *s. m.* Perro grande que se utiliza para guardar los ganados.
mastodonte *s. m.* Mamífero fósil de fines de la era Terciaria y principios de la Cuaternaria, parecido al elefante. || *fig.* Persona o cosa de gran tamaño.
mastoideo, a *adj.* Relativo a la apófisis mastoides.
mastoides *adj.* De forma de pezón. || Dícese de la apófisis del hueso temporal de los mamíferos, situada detrás del pabellón de la oreja.
mastoiditis *s. f.* Inflamación de la apófisis mastoides.
mastuerzo *s. m.* Planta crucífera, de sabor picante, que se come en ensalada. || *fig.* y *fam.* Bobo, majadero, estúpido.
masurio *s. m.* Tecnecio.
mata *s. f.* Arbusto de poca altura, de tallo leñoso muy ramificado. || Cualquier planta herbácea o arbusto. || Matorral. || *loc. fig.* y *fam.* ***A salto de mata:*** al día, de manera insegura. *Vivió a salto de mata.* || ***Mata de pelo:*** gran parte o conjunto del cabello de una persona.
matadero *s. m.* Sitio donde se sacrifica el ganado para el consumo. || *fig.* y *fam.* Trabajo muy difícil y cansado. *Esto es un matadero.*
matado, da *adj.* y *s. Méx.* Dícese de las personas que trabajan o estudian mucho.
matador, ra *adj.* Que mata. || *fig.* y *fam.* Difícil y cansado. *Fue una labor matadora.* || Agotador, muy pesado. *Un niño matador.*
matadura *s. f.* Llaga que se hacen las bestias con el aparejo.
matagalpino, na *adj.* y *s.* De Matagalpa, ciudad de Nicaragua.
matalón, lona *adj.* y *s.* Aplícase al caballo muy flaco y cubierto de mataduras.
matamata *s. f.* Tortuga de América del Sur.
matamba *s. f.* Palmácea de las selvas tropicales americanas.
matambre *s. m. Arg.* Lonja de carne que se saca de entre el cuero y el costillar del ganado vacuno. || Fiambre hecho, por lo común, con esa capa de carne, rellena y adobada.
matamoscas *s. m.* Instrumento para matar moscas. || Cualquier sustancia para el mismo uso.
matancero, ra *adj.* y *s.* De Matanzas, ciudad de Cuba.
matanza *s. f.* Acción de matar a una o varias personas. || Exterminio, hecatombe. || Operación que consiste en matar los cerdos y preparar su carne. || Época en que se hace.
matapalo *s. m.* Árbol americano cauchero de corteza fibrosa.
matapolillas *s. m.* Producto para destruir la polilla.
matar *t.* Quitar la vida de manera violenta. || Provocar la muerte. *El alcoholismo la mató.* || Destruir. *El hielo mata las plantas.* || *fig.* Apagar. *El ácido mató el brillo del metal.* || Echar agua a la cal o al yeso. || Achaflanar, redondear. *Mató una arista que afeaba la pared.* || Poner el matasellos. || Arruinar la salud. *Esta vida me mata.* || Echar abajo. *Maté el negocio y emprendí uno unevo.* || Fastidiar, importunar. *Lo mataron a preguntas.* || Cansar mucho física o moralmente. *El ruido me mata.* || Hacer más llevadero, distraer. *Mataba el tiempo viendo televisión.* || Rebajar un color. || En el juego, echar una carta superior a la del contrario. *Me mataron un as y perdí el juego.* || *pr. fig.* Fatigarse mucho. *Se mata trabajando.* || Desvivirse. *Se mata por complacer a sus amigos.* || *loc.* ***Matarlas callando:*** llevar a cabo el propósito perseguido con disimulo, sin el menor ruido. || *fig.* y *fam.* ***¡No me mates!:*** ¡no me fastidies!
matarife *s. m.* El que por oficio mata las reses.
matarratas *s. m.* Raticida. || *fam.* Aguardiente muy fuerte.
matasanos *s. com. fig.* Médico malo.
matasellar *t.* Poner el matasellos.
matasellos *s. m.* Marca hecha en los sobres por el servicio de correos para inutilizar los sellos.
matasiete *s. m. fig.* y *fam.* Espadachín, valentón, fanfarrón.
matasuegras *s. m.* Broma usada en carnaval consistente en un tubo de papel enrollado en espiral que se extiende al soplar por un extremo.
matazón *s. f. Amér.* Gran mortandad.
mate[1] *adj.* Que carece de lustre, apagado, sin brillo.
mate[2] *s. m.* Lance del juego de ajedrez que pone término a la partida.
mate[3] *s. m. Amér. Merid.* Infusión de yerba mate. || Calabaza que se utiliza para preparar esa infusión. || *fig.* Cabeza humana. || Juicio, talento, capacidad.
mateada *s. f. Arg. Bol. Chil. Py.* y *Uy.* Acción de matear. || *Arg. Chil. Py.* y *Uy.* Reunión donde se toma mate.
matear *intr.* Ramificarse o macollar las matas de trigo. || Registrar las matas el perro para descubrir la caza. || Tomar una infusión de mate.
matemática *s. f.* Disciplina que por medio de la deducción estudia las propiedades de entes abstractos como números y figuras geométricas, así como las relaciones entre ellos.
matemático, ca *adj.* Relativo a las matemáticas. *Ciencias matemáticas.* || *fig.* Riguroso, preciso. *Lo hizo con exactitud matemática.* || *s.* Persona que es especialista en matemáticas. || *s. f.* Ciencia que estudia por razonamiento deductivo las propiedades de los seres abstractos (números, figuras geométricas, etc.) y las relaciones entre sí.
materia *s. f.* Sustancia, realidad constituyente de los cuerpos dotada de propiedades físicas. || Sustancia particular de la que está hecha una cosa provista de unas características determinadas. *El petróleo es una materia combustible.* || Lo que constituye el fondo o el sujeto de un discurso o de una obra. || Lo que es objeto de enseñanza o de conocimiento. *Profundizó en una materia y se doctoró.* || *loc.* ***En materia de:*** respecto a (de), por lo que concierne a. *En materia de sanidad.* || ***Entrar en materia:*** empezar a tratar un asunto después de algún preliminar. || ***Materias primas:*** materias de origen natural que

intervienen por transformación o consumición en los procesos de fabricación.
material *adj.* Formado por materia. || Que no es espiritual. *Los bienes materiales son su única preocupación.* || *fig.* Grosero, sin ingenio ni agudeza. || Demasiado apegado a las cosas materiales. *Es dueña de un espíritu material.* || *s. m.* Conjunto de instrumentos, herramientas o máquinas necesarios para la explotación de una finca, de una industria, etc. || Materia con que se hace una cosa. *Material de construcción.* || Cuero.
materialidad *s. f.* Calidad de material. *La materialidad del cuerpo.* || Apariencia de las cosas. || Realidad.
materialismo *s. m.* Doctrina filosófica que considera la materia como la única realidad. || Manera de comportarse de los que sólo se preocupan por las satisfacciones corporales.
materialista *adj.* Del materialismo. *Sólo enseña doctrinas materialistas.* || *s. com.* Partidario del materialismo.
materialización *s. f.* Acción y efecto de materializar.
materializar *t.* Considerar como material una cosa que no lo es. *Materializó su alma y olvidó todo lo demás.* || Volver material, sensible. *El pintor materializa sus sueños.* || Concretar, hacer realidad.
maternidad *s. f.* Estado o calidad de madre. || Establecimiento hospitalario donde se efectúan los partos.
materno, na *adj.* Relativo a la madre o propio de ella. *El amor materno sólo proviene de una persona.* || Nativo. *El castellano es mi lengua materna.*
matero, ra *adj.* y *s. Amér.* Aficionado a tomar mate.
matinal *adj.* De la mañana.
matinée *s. f.* Función que se da por la mañana o a primeras horas de la tarde.
matiz *s. m.* Cada una de las gradaciones que puede tomar un color. || *fig.* Pequeña diferencia que existe entre cosas parecidas. *Hay muchos matices en este partido.* || Aspecto. *Este texto tiene cierto matiz poético.* || Rasgo. *No hay genio sin un matiz de locura.*
matización *s. f.* Acción y efecto de matizar.
matizar *t.* Juntar o casar con armonía diversos colores. || Dar a un color un matiz determinado. || *fig.* Graduar con cuidado sonidos, expresiones, conceptos, afectos, etc.
matlazinca *adj.* y *s. com.* Grupo indígena que habitaba el Valle de Toluca, en México.
matojo *s. m.* Matorral.
matón *s. m. fig.* y *fam.* Pendenciero, bravucón.
matonear *intr.* Chulear.
matonería *s. f.* Fanfarronería.
matorral *s. m.* Campo inculto lleno de matas y maleza. || Grupo de arbustos bajos y ramosos.
matraca *s. f.* Instrumento de madera compuesto de un tablero y uno o más mazos que, al sacudirlo, produce un ruido fuerte y opaco. || Rueda de tablas con badajos de madera entre las paletas, que al girar producen un ruido fuerte y estridente. || *fig.* y *fam.* Insistencia molesta en un tema o pretensión. || Machacón, persona pesada.
matraquear *intr.* Hacer ruido continuado con la matraca. || *fig.* y *fam.* Ser pesado, importunar.
matraqueo *s. m.* Ruido hecho con la matraca. || *fig.* y *fam.* Molestia. || Porfía, insistencia.
matraz *s. m.* Recipiente esférico de vidrio o de cristal terminado en un tubo estrecho y recto, que se emplea en los laboratorios químicos.
matrerear *intr. Arg.* y *Uy.* Llevar vida de matrero. || *fam. Arg.* y *Uy.* Jugar los niños libremente.
matrería *s. f.* Astucia, suspicacia.
matrero, ra *adj.* Astuto. || *Amér.* Suspicaz, receloso. || *Arg. Bol. Chil. Per.* y *Uy.* Dícese del individuo que anda por los montes huyendo de la justicia.
matriarcado *s. m.* Sistema social propio de algunos pueblos basado en la primacía del parentesco por línea materna.
matriarcal *adj.* Del matriarcado. *Antiguamente había sociedades matriarcales.*
matricida *s. com.* Asesino de su madre. *Nerón fue un matricida.*
matricidio *s. m.* Delito de matar uno a su madre.
matrícula *s. f.* Inscripción en algún registro de una persona o cosa con el número que se le atribuye para facilitar su identificación. *La matrícula de un coche ayuda a identificarlo.* || Documento o registro en que se acredita esta inscripción. || Inscripción en un centro de enseñanza. || Placa metálica en los vehículos automóviles que indica el número de inscripción. || Este número. || En marinería, tripulación.
matriculación *s. f.* Matrícula.
matricular *t.* Inscribir en algún registro o matrícula. || *pr.* Inscribirse en la matrícula. *Se matriculó en la facultad.*
matrimonial *adj.* Del matrimonio. *Hicimos nuestra promesa matrimonial hace diez años.*
matrimoniar *intr.* Casarse.
matrimonio *s. m.* Unión legítima de hombre y mujer. *Contrajeron matrimonio el sábado.* || Celebración de esta unión. *El matrimonio civil tendrá verificativo mañana.* || Sacramento indisoluble que establece esta unión. || *fam.* Marido y mujer. *Ambos forman un matrimonio joven.*
matritense *adj.* y *s. com.* Madrileño, de Madrid, capital de España.
matriz[1] *adj.* y *s. f.* Principal, generador. *La casa matriz del banco está en Londres.*
matriz[2] *s. f.* En anatomía, útero. || Parte del talonario que queda encuadernada al separar los cheques, títulos u otros documentos que lo forman. || En estadística, disposición ordenada de un conjunto de elementos. || En tecnología, molde en hueco o en relieve, que sirve para reproducir un objeto.
matrona *s. f.* Madre de familia, respetable y de cierta edad. || Partera. || Empleada de las aduanas que registra a las mujeres.
maturín, rina *adj.* y *s.* De Maturín, ciudad de Venezuela.
matusalén *s. m.* Hombre de mucha edad.
matute *s. m.* Contrabando.
matutear *intr.* Contrabandear.
matutero, ra *s.* Contrabandista.
matutino, na *adj.* Que aparece por la mañana. *Una hermosa estrella matutina.* || Que ocurre o se hace por la mañana. *La prensa matutina.*
maula *s. f.* Cosa inútil. || Retal. || Engaño. || *s. com. fam.* Mal pagador. || Persona perezosa. || Persona astuta y tramposa.
maullar *intr.* Dar maullidos.
maullido *s. m.* Voz del gato.
mauritano, na *adj.* y *s.* De Mauritania, país africano.
máuser *s. m.* Fusil de repetición inventado por Walther L. Mauser en 1872.
mausoleo *s. m.* Sepulcro magnífico y suntuoso.
maxilar *adj.* y *s. m.* Relativo a la mandíbula.
máxima *s. f.* Sentencia o proposición general que sirve de precepto. || Temperatura más alta en un sitio y tiempo determinados.
máxime *adv.* Principalmente.
máximo, ma *adj.* Aplícase a lo más grande en su género, mayor. *El círculo máximo de una esfera.* || *s. m.* Límite superior de una cosa. || Valor mayor de una cantidad variable entre ciertos límites. || *loc.* ***Hacer el máximo:*** hacer todo lo posible. || ***Máximo común divisor:*** el mayor de los divisores comunes de varios números.
maxwell o **maxvelio** *s. m.* Unidad de inducción magnética en el sistema cegesimal. Su símbolo es Mx.
maya *adj.* y *s. com.* Individuo de una de las tribus indias que hoy habitan en Yucatán. || *s. m.* Lengua hablada por estos indios.
mayagüezano, na *adj.* y *s.* De Mayagüez, ciudad de Puerto Rico.
mayate *s. m.* Insecto coleóptero mexicano.
mayestático, ca *adj.* De la majestad.
mayo *s. m.* Quinto mes del año. || Árbol que se adorna en el mes de

mayo y al pie del cual vienen a bailar los chicos y chicas.

mayólica *s. f.* Loza cubierta por una capa vidriada metálica.

mayonesa o **mahonesa** *s. f.* Salsa fría compuesta por una emulsión de yema de huevo y aceite.

mayor *adj.* Que excede a una cosa en cantidad o calidad. *Esta casa es mayor que la tuya.* || De más edad. *El mayor de los hijos.* || Que es mayor de edad. *Sus hijos ya son mayores.* || Entrado en años. *Una señora mayor.* || Calificativo de ciertos grados y dignidades. *Oficial mayor del Congreso.* || *loc.* ***Al por mayor:*** en grandes cantidades. || ***Mayor edad:*** edad a partir de la cual, según la ley, una persona tiene la plena capacidad de ejercer sus derechos y es considerada responsable de todos sus actos. || *s. m.* Oficial superior o jefe. || Entre dos cantidades, signo (>) que indica que la primera es superior a la segunda. || *pl.* Abuelos y demás progenitores. || Antepasados.

mayoral *s. m.* Encargado que cuida de los rebaños o de las manadas de toros. || En las diligencias, el que conducía el tiro de mulas. || Capataz de trabajadores del campo. || *ant.* Mampostero. || *Amér.* Cobrador de tranvía.

mayorazgo *s. m.* Institución destinada a perpetuar en una familia la posesión de ciertos bienes transmitiéndolos al hijo mayor. || Estos bienes. || Posesor de un mayorazgo. || *fam.* Primogenitura.

mayordomía *s. f.* Empleo y oficina del mayordomo.

mayordomo *s. m.* Criado principal en una casa grande. || Oficial de ciertas cofradías. || El encargado de administrar los bienes de una parroquia. || *loc.* ***Mayordomo de palacio:*** en Francia, alto dignatario en la corte de los merovingios con influencia política muy grande.

mayoreo *s. m.* Comercio al por mayor.

mayoría *s. f.* Cualidad de mayor. || Parte mayor de los componentes de un conjunto, colectividad o asamblea. || Mayor número de votos. || Partido o conjunto de partidos que, en una asamblea, representan el mayor número. || *loc.* ***Mayoría absoluta:*** la mitad más uno de los votos. || ***Mayoría relativa:*** la del candidato que obtiene mayor número de votos.

mayorista *adj.* Se dice del comercio en que se vende y compra al por mayor. || *s. com.* Comerciante al por mayor.

mayoritario, ria *adj.* Que pertenece a la mayoría o que se apoya en ella. *El actual es un gobierno mayoritario en el Congreso.* || Se dice del sistema electoral basado en el triunfo de la mayoría.

mayúsculo, la *adj.* Muy grande. || *s. f.* Letra de mayor tamaño que las otras y de forma distinta, por oposición a minúscula.

maza *s. f.* Arma contundente antigua. || Insignia de los maceros. || Instrumento para machacar el cáñamo. || Pieza que en el martinete sirve para golpear. || Palillo con una pelota de cuero en una extremidad que sirve para tocar el bombo. || Extremo más grueso del taco, en el juego de billar.

mazacote *s. m.* Hormigón, mezcla de piedra, mortero de cal y arena. || *fig.* Objeto de arte tosco o pesado. || *fig.* y *fam.* Hombre molesto y pesado. || *fig.* y *fam.* Cosa seca, dura y pegajosa. || *Arg.* Pasta hecha de los residuos del azúcar que quedan adheridos en el fondo y en las paredes de la caldera al elaborarlo.

mazahua *adj.* y *s. com.* Grupo indígena que habita en el Estado de México y Michoacán, México.

mazamorra *s. f.* Gachas de harina de maíz con leche y azúcar o sal.

mazapán *s. m.* Pasta de almendra y azúcar cocida al horno.

mazateco, ca *adj.* y *s.* De Mazatenango, ciudad de Guatemala. || Indígena mexicano del noroeste del estado de Oaxaca.

mazazo *s. m.* Golpe dado con una maza o mazo.

mazdeísmo *s. m.* Religión del antiguo Irán basada en dos principios, el Bien y el Mal, entre los cuales el hombre tiene que escoger.

mazmorra *s. f.* Calabozo subterráneo.

mazo *s. m.* Martillo grande de madera. || Manojo, puñado. || Maza para tocar el bombo.

mazorca *s. f.* Panoja del maíz, del cacao. || *fig. Chil.* Grupo de personas que forman un gobierno dictatorial. || Nombre dado en Buenos Aires a la Sociedad Popular Restauradora durante la dictadura de Rosas.

mazorquero *s. m. fig. Chil.* Miembro de una mazorca. || Partidario de la violencia.

mazurca *s. f.* Baile y música de tres tiempos de origen polaco.

mbuyapeyense *adj.* y *s.* De Mbuyapey, distrito de Paraguay.

me *pron.* Forma del pronombre personal de primera persona del singular que funciona como complemento directo e indirecto y se usa con verbos pronominales; va pospuesto y unido al verbo cuando acompaña a un infinitivo, gerundio o imperativo. *Me saludó pero no quiso darme la mano.*

meada *s. f. vulg.* Emisión de orina. || Orina evacuada de una vez.

meadero *s. m. vulg.* Urinario.

meados *s. m. pl. vulg.* Orines.

meandro *s. m.* Curva que forma el curso de un río.

mear *t. intr.* y *pr. vulg.* Orinar.

meato *s. m.* Intersticio entre ciertas células vegetales. || Orificio o conducto. *Meato urinario.*

mecachis *interj. fam.* ¡Caramba!, ¡caray!

mecánica *s. f.* Ciencia que estudia las fuerzas y sus acciones. || Obra que trata de esta ciencia. || Estudio de las máquinas, de su construcción y de su funcionamiento. || Combinación de órganos propios para producir un movimiento. *La mecánica de un aparato.* || Faenas interiores del cuartel del ejército. || *loc.* ***Mecánica celeste:*** estudio de las leyes que rigen los movimientos de los astros. || ***Mecánica ondulatoria:*** teoría concebida en 1924 por L. de Broglie, según la cual la materia y la luz contienen corpúsculos que van asociados a unas ondas.

mecanicismo *s. m.* Sistema que explica los fenómenos vitales por las leyes de la mecánica.

mecánico, ca *adj.* De la mecánica. *Debo aprender algunos principios mecánicos.* || Perteneciente a los oficios manuales. *Las artes mecánicas.* || Efectuado con una máquina. *Lavado mecánico de automóviles.* || Maquinal. *Un ademán mecánico.* || Que obra con arreglo a las leyes del movimiento y de las fuerzas, que no tiene efecto químico. *La acción mecánica de los vientos.* || *s.* Persona que maneja y arregla máquinas.

mecanismo *s. m.* Combinación de piezas para producir un movimiento. || *fig.* Conjunto de varios órganos que concurren a una misma tarea. *Se implementó un nuevo mecanismo administrativo.* || Funcionamiento, modo de obrar. *El mecanismo de un razonamiento.*

mecanización *s. f.* Utilización de las máquinas para sustituir al hombre. *La mecanización de la agricultura.* || Transformación en una cosa mecánica. || loc. ***Mecanización contable:*** utilización de máquinas contables para establecer documentos administrativos y comerciales.

mecanizar *t.* Dotar de aparatos mecánicos. || Conferir las características de una máquina. *La Revolución Industrial mecanizó al obrero.* || Dotar una unidad militar de vehículos para el transporte y combate.

mecano *s. m.* Juguete que consiste en diferentes piezas metálicas que pueden sujetarse con tornillos y con el que se arman diferentes construcciones y máquinas.

mecanografía *s. f.* Arte de escribir con máquina.

mecanografiar *t.* Escribir con máquina.

mecanográfico, ca *adj.* Referente a la mecanografía.

mecanógrafo, fa *s.* Persona que escribe con máquina.

mecapal *s. m. Amér. C.* y *Méx.* Faja de cuero con dos cuerdas en los extremos que, puesta sobre la frente, sirve para llevar carga a cuestas.
mecapalero *s. m. Méx.* Mozo de cordel.
mecatazo *s. m. Méx.* Latigazo dado con el mecate. || Trago. *Se dio un mecatazo.*
mecate *s. m. Amér. C. Méx.* y *Ven.* Cuerda, cordel de pita.
mecatear *t. Méx.* Golpear con un mecate.
mecatero *s. m. Méx.* Persona que hace mecates.
mecatona *s. f. fam. Méx.* Comida. *Trabajar por la mecatona.*
mecedor, ra *adj.* Que mece. || *s. m.* Columpio. || Paleta de madera para agitar el vino, el jabón, etc., en las cubas. || *s. f.* Silla de brazos para mecerse.
mecenas *s. m.* Protector de literatos, científicos y artistas.
mecenazgo *s. m.* Protección dispensada por una persona a un escritor, un científico o un artista.
mecer *t.* Mover, menear, balancear acompasadamente. *Mecía a su hijo hasta que se dormía.* || Agitar, remover un líquido. || *pr.* Balancearse.
mecha *s. f.* Conjunto de hilos torcidos de una lámpara o vela al cual se prende fuego. || Cuerda combustible para prender fuego a cohetes, minas, barrenos, etc. || Tela de algodón para encender cigarros. || Gasa retorcida que se emplea en cirugía para facilitar la salida del exudado de una herida. || Lonjilla de tocino para mechar la carne. || Manojillo de pelo. || Espiga, parte central de un palo de barco. || *loc. fam.* ***Aguantar mecha:*** sufrir con resignación. || ***A toda mecha:*** rápidamente.
mechar *t.* Poner mechas o lonjillas de tocino en la carne.
mechero *s. m.* Encendedor. || Dispositivo simple en el cual el combustible arde en una mecha o en un manguito.
mechón *s. m.* Mecha grande. || Manojillo de pelos, de lana.
mechudo, da *adj.* y *s. Méx.* Que tiene el pelo largo y disparejo. || *s. m.* Utensilio para fregar el piso que tiene un mango largo y flecos de cordel o tela.
mecida *s. f.* o **mecimiento** *s. m.* Balanceo.
meclascal *s. m. Méx.* Tortilla hecha con la sustancia blanda del maguey.
meco, ca *adj. Méx.* De color bermejo con mezcla de negro. || *s. Méx.* Indio salvaje.
mecual *s. m. Méx.* Raíz del maguey.
medalla *s. f.* Pieza de metal, de forma redonda, acuñada con alguna figura o emblema. || Pieza de metal que se concede como recompensa en exposiciones y certámenes, por algún mérito, etc. || Motivo decorativo circular o elíptico que suele encerrar un bajorrelieve.
medallista *s. com.* Grabador de medallas.
medallón *s. m.* Medalla grande. || Joya circular u ovalada en la cual se guardan retratos, rizos u otros recuerdos. || En arquitectura, medalla.
médano *s. m.* Duna en las costas. || Banco o montón de arena casi a flor de agua.
medellinense *adj.* y *s. com.* De Medellín, ciudad de Colombia.
media *s. f.* Cantidad que resulta del promedio de otras. || Prenda de vestir interior femenina de tejido fino que cubre el pie y la pierna hasta la cintura. || Prenda de vestir de punto que cubre el pie y la pierna hasta la rodilla.
mediacaña *s. f.* Moldura cóncava de perfil semicircular. || Listón de madera con molduras. || Formón de boca arqueada. || Lima de sección semicircular. || Tenacillas de rizar.
mediación *s. f.* Intervención destinada a producir un arbitraje o un acuerdo. || En derecho, procedimiento que consiste en proponer a las partes litigantes una solución sin imponérsela.
mediado, da *adj.* Medio lleno. || *loc.* ***A mediados de:*** hacia la mitad.
mediador, ra *adj.* y *s.* Que media. || Intermediario.
mediagua *s. f. Amér.* Tejado inclinado en una sola dirección y construcción con este tejado.
medialuna *s. f.* Panecillo en forma de media luna.
mediana *s. f.* En un triángulo, línea que une un vértice con el punto medio del lado opuesto.
medianería *s. f.* Pared común a dos casas o fincas contiguas.
medianero, ra *adj.* Dícese de la cosa que está en medio de otras dos. || *s.* Intercesor.
medianía *s. f.* Término medio entre dos extremos. || Situación económica modesta. *Viví en la medianía pero progresé.* || *fig.* Persona corriente, que carece de prendas relevantes.
mediano, na *adj.* De calidad intermedia. || Ni muy grande ni muy pequeño. *Es mediana de cuerpo.* || Ni bueno ni malo, regular. || Que divide una cosa en dos partes iguales.
medianoche *s. f.* Hora en que el Sol está en el punto opuesto al de mediodía. || Las doce de la noche. || *fig.* Emparedado de jamón.
mediante[1] *adj.* Que media o intercede. *Lo conseguiremos, Dios mediante.*
mediante[2] *prep.* Gracias a. *Mediante esta ayuda.*
mediar *intr.* Llegar a la mitad de una cosa concreta o no. || Estar en medio. *Entre las casas media un jardín.* || Interponerse entre personas que están en desacuerdo. || Interceder. *Medió en favor de él.* || Transcurrir el tiempo. *Entre esos acontecimientos mediaron tres años.*
mediatinta *s. f.* Tono medio entre lo claro y lo oscuro.
mediatizar *t.* Reducir un país a la dependencia de otro dejándole sólo la soberanía nominal. || *fig.* Influir, dominar.
mediatriz *s. f.* Perpendicular levantada en el punto medio de un segmento de recta.
médica *s. f.* Mujer que ejerce la medicina. || Esposa del médico.
medicación *s. f.* Empleo de medicamentos con fin terapéutico determinado. || Conjunto de medicamentos.
medicamentar *t.* Medicinar.
medicamento *s. m.* Sustancia empleada para curar una enfermedad.
medicamentoso, sa *adj.* Que tiene propiedades análogas a las de un medicamento.
medicar *t.* Dar un medicamento.
medicastro *s. m.* Médico ignorante. || Curandero.
medicina *s. f.* Ciencia que se ocupa de precaver y curar las enfermedades. || Profesión de médico. || Sistema empleado para curar. *La medicina homeopática tiende más hacia lo natural.* || Medicamento. *Tomaba muchas medicinas.* || *loc.* ***Medicina legal*** o ***forense:*** la aplicada a dar informaciones de carácter médico a los tribunales de justicia para ayudarles en su trabajo.
medicinal *adj.* Que sirve de medicina. *Las aguas de aquel río son medicinales.* || *loc.* ***Balón medicinal:*** el lleno y pesado que se utiliza para ejercicios gimnásticos.
medicinar *t.* Administrar o dar medicamentos al enfermo. || *pr.* Tomar medicamentos.
medición *s. f.* Determinación de las dimensiones de una cosa.
médico, ca *adj.* Relativo a la medicina. *Fui a hacerme un reconocimiento médico.* || *s.* Persona que ejerce la medicina. || *loc.* ***Médico de apelación, consultor*** o ***de consulta:*** aquel a quien llama un colega para consultarle en los casos graves. || ***Médico de cabecera*** o ***de familia:*** el que asiste generalmente a una familia. || ***Médico espiritual:*** director de conciencia. || ***Médico forense:*** el encargado de hacer todos los exámenes que necesitan las autoridades administrativas o judiciales.
medida *s. f.* Acción de medir. || Expresión numérica del resultado de medir. || Unidad para medir magnitudes como la longitud, área o volumen. || Disposición, prevención. || Moderación en las palabras o acciones. || Grado, proporción, intensidad. || *loc.* ***A (la) medida:*** que se corresponde con las características de la

persona o cosa. || ***A medida que:*** al mismo tiempo, a la vez, según. || ***En gran medida:*** mucho.
medidor, ra *adj.* y *s.* Que mide. || *s. m. Amér.* Contador de gas, de agua o de electricidad.
mediero, ra *s.* Persona que hace o vende medias. || Persona que va a medias con otra. || Aparcero.
medieval *adj.* De la Edad Media.
medievalismo *s. m.* Estudio de la Edad Media.
medievalista *s. com.* Persona que se dedica al estudio de lo medieval.
medievo *s. m.* Edad Media.
medina *s. f.* Ciudad árabe.
medio[1] *s. m.* Punto central entre dos extremos. || Cosa que sirve para conseguir un determinado fin. || Elemento o conjunto de factores que condicionan la vida de un ser. || Ambiente, grupo, sector. || Dedo de la mano y del pie situado entre el índice y el anular. || Jugador que coordina el juego entre la delantera y la defensa de un equipo. || *pl.* Bienes de alguien. || *loc.* ***De medio a medio:*** completamente. || ***El justo medio:*** cosa convenientemente alejada de los extremos. || ***En medio de:*** a) En un lugar igualmente distante de los extremos, entre dos cosas; entre. *Vivir en medio de los hombres.* b) A pesar de. *En medio de eso.* || ***Estar de por medio:*** estar entre los dos. || ***Medios de transporte:*** modos de locomoción que permiten desplazarse en una ciudad o en un país. || ***Meterse*** o ***ponerse de por medio:*** interponerse en una pelea o un asunto. || *fig.* ***Poner tierra de por medio:*** alejarse, largarse. || ***Por medio de:*** en medio de; gracias a, mediante. || *fam.* ***Quitar de en medio a uno:*** apartarlo de delante alejándolo o matándolo.
medio[2] *adv.* No completamente. *Una botella medio llena.*
medio, dia *adj.* Que es la mitad de lo que se expresa. *Media docena de naranjas.* || Imperfecto, incompleto. *A media luz y muy románticos.* || Que corresponde a los caracteres o condiciones más generales de un grupo. *Aquél es un ciudadano medio.* || *fam.* Gran cantidad o número. *Vino medio pueblo y acabó con toda la comida.* || Situado entre dos extremos. || *loc.* ***A medias:*** a) A la mitad, no del todo. *Entregar un trabajo a medias.* b) Que aportan la misma parte proporcional en la realización de algo. *Emprendió un negocio a medias con alguien.*
mediocre *adj.* Mediano.
mediocridad *s. f.* Medianía.
mediodía *s. m.* Mitad del día. *Vendré al mediodía.* || Sur. *Se fue al mediodía de Francia.*
medioeval *adj.* Medieval.
medioevo *s. m.* Medievo.
medir *t.* Determinar la longitud, extensión, volumen o capacidad de una cosa. *Midió la casa que después compraría.* || Tomar las dimensiones de una persona. || Tener cierta dimensión. *Su barco mide cinco metros.* || Ver si tienen los versos la medida adecuada. || *fig.* Comparar una cosa con otra. *Midió fuerzas y mejor se retiró.* || Examinar detenidamente. *No midió las consecuencias de sus actos.* || Moderar. *Mide tus palabras.* || *loc. fig.* ***Medir sus pasos:*** ir con tiento. || *pr.* Moderarse. || *fig.* Luchar, pelearse.
meditabundo, da *adj.* Pensativo. || Que medita en silencio.
meditación *s. f.* Reflexión.
meditador, ra *adj.* Que medita.
meditar *t.* Someter a una profunda reflexión. *Con frecuencia meditaba sobre el pasado.* || Proyectar, planear.
meditativo, va *adj.* Que medita. *Juvencio es un joven meditativo.*
mediterráneo, a *adj.* Rodeado de tierras. *El mar Mediterráneo.* || Relativo a este mar o a las tierras que baña. *A la ciudad la baña un clima mediterráneo.*
médium *s. com.* Entre los espiritistas, persona que pretende comunicarse con los espíritus.
medrar *intr.* Crecer los animales y plantas. || *fig.* Progresar. *Es una empresa que ha medrado mucho.* || Enriquecerse. *Este hombre ha medrado toda su vida.* || *fam.* ***¡Medrados estamos!:*** en mala situación nos encontramos.
medroso, sa *adj.* y *s.* Miedoso, tímido. || Horroroso.
médula o **medula** *s. f.* Sustancia grasa, blanquecina o amarillenta, que se halla dentro de los huesos. || Sustancia esponjosa de los troncos y tallos de diversas plantas. || *fig.* Sustancia principal de una cosa no material. || *loc.* ***Médula espinal:*** parte del sistema cerebroespinal que ocupa la cavidad de la columna vertebral.
medular *adj.* De la médula.
medusa *s. f.* Celentéreo de cuerpo gelatinoso en forma de campana y provisto de tentáculos.
mefistofélico, ca *adj.* De Mefistófeles. || Diabólico. *Tiene una risa mefistofélica.*
mefítico, ca *adj.* Fétido.
megaciclo *s. m.* Unidad de frecuencia en ondas de radiodifusión, equivalente a un millón de ciclos.
megáfono *s. m.* Bocina para reforzar la voz.
megalítico, ca *adj.* Dícese de las construcciones prehistóricas hechas con grandes bloques de piedra. *Los dólmenes y los menhires son monumentos megalíticos.*
megalito *s. m.* Piedra monumental levantada por los hombres de la edad del cobre o del bronce.
megalocéfalo, la *adj.* De cabeza muy grande.
megalomanía *s. f.* Delirio de grandezas, manía de poder.
megalómano, na *adj.* y *s.* Persona que padece megalomanía.
megaterio *s. m.* Mamífero desdentado fósil que vivía en América del Sur durante la era Cuaternaria.
megatón *s. m.* Unidad de potencia de los proyectiles y bombas nucleares, equivalente a un millón de toneladas de trinitrotolueno.
megohmio *s. m.* En electricidad, unidad de resistencia, equivalente a un millón de ohmios. Su símbolo es MW.
meiosis *s. f.* División celular en la cual las células hijas tienen cada una la mitad del número de cromosomas de la célula madre.
meitnerio s.m. Elemento químico transuránico, que se obtiene artificialmente por bombardeo de bismuto con iones de hierro. Su vida media es tan corta que se mide en milisegundos. Su número atómico es 109 y su símbolo *Mt.*
mejilla *s. f.* Cada una de las dos partes laterales que hay en el rostro humano debajo de los ojos.
mejillón *s. m.* Molusco acéfalo lamelibranquio, de color negro azulado por fuera, comestible.
mejor *adj.* Más bueno. || Más conveniente, preferible. || De manera más conforme a lo bueno o lo conveniente. || *loc. fam.* ***A lo mejor:*** indica que algo no es seguro, aunque posible. || ***Mejor que mejor:*** mucho mejor. || ***Tanto mejor:*** mejor todavía.
mejora *s. f.* Cambio hacia algo mejor. *Ha habido mejora en mi situación.* || Progreso, adelanto. *Las mejoras derivadas de la civilización.* || Aumento. *Mejora del sueldo.* || Puja.
mejoramiento *s. m.* Mejora. || Acción de volverse la temperatura más templada.
mejorana *s. f.* Planta aromática de la familia de las labiadas.
mejorar *t.* Volver mejor. *Mejoró la situación en cuanto comencé a trabajar.* || Hacer recobrar la salud a un enfermo. *La cura lo mejoró mucho.* || Aumentar. *Mejoraron mi sueldo y me ascendieron.* || Traer ventaja. *La nueva ley mejora a los funcionarios.* || Pujar los licitadores. || *intr.* Irse reponiendo el enfermo. || Ponerse el tiempo más benigno. *Mejoró el día y pudimos salir al cine.* || Prosperar. || Volverse mejor. *Este niño mejoró la economía.*
mejoría *s. f.* Cambio favorable, mejora. || Alivio de una enfermedad. || Ventaja.
mejunje *s. m.* Medicina, generalmente mala, que resulta de la mezcla de varios productos. || *fig.* Bebida mala, bebistrajo.
melancolía *s. f.* Tristeza profunda cuyo motivo es impreciso. || Gran depresión moral y física.

melancólico, ca *adj.* y *s.* Que padece melancolía. *Tiene un carácter melancólico.* || Que infunde melancolía o está impregnado de ella. *Aquél es un canto melancólico.*
melancolizar *t.* Volver melancólico, entristecer.
melanesio, sia *adj.* y *s.* De Melanesia, un extenso territorio geográfico de Oceanía que abarca a Nueva Guinea y varias islas.
melanina *s. f.* Pigmento negro que produce la coloración de la piel, del pelo y de la coroides.
melar *t.* Cocer por segunda vez el zumo de la caña para darle consistencia de miel.
melaza *s. f.* Residuo de la cristalización del azúcar.
melcocha *s. f.* Miel caliente que se echa en agua fría y adquiere una consistencia muy correosa. || Pasta comestible hecha con esa miel. || *Méx.* Producto del jugo cocido de las tunas.
melena *s. f.* Cabello largo y colgante. || Crin del león. || *fig.* Cabello muy abundante.
melense *adj.* y *s.* De Melo, ciudad de Uruguay.
melenudo, da *adj.* Que tiene cabello muy abundante y largo.
melgar *s. m.* Campo de mielgas.
melífero, ra *adj.* Que produce o lleva miel. *La abeja es un insecto melífero.*
melificación *s. f.* Elaboración de la miel por las abejas.
melificar *t.* Hacer las abejas la miel.
melifluidad *s. f. fig.* Calidad de melifluo.
melifluo, flua *adj.* Que tiene o destila miel. || *fig.* Dulce y tierno en el trato o en el modo de hablar. *Su meliflua voz encanta sólo de escucharla.*
melillense *adj.* y *s.* De o relativo a Melilla, ciudad de España.
melindre *s. m.* Buñuelo de miel. || Pastelito de mazapán bañado en azúcar blanco. || *fig.* Delicadeza afectada. *Hacía melindres al caminar.*
melindrería *s. f.* Afectación.
melindroso, sa *adj.* y *s.* De una delicadeza afectada y ridícula.
melinita *s. f.* Explosivo a base de ácido pícrico.
mella *s. f.* Rotura o hendidura en el borde de un objeto. || Hueco que deja una cosa que falta del lugar que ocupaba. || *fig.* Merma, menoscabo. || *loc.* ***Hacer mella:*** producir impresión en el ánimo.
mellado, da *adj.* Que tiene el borde estropeado. *Me sirvió en un plato mellado.* || Falto de algún diente. *Tenía la boca mellada.*
melladura *s. f.* Mella.
mellar *t.* Hacer mellas a una cosa. *Melló la espada durante la batalla.* || *fig.* Menoscabar. *Melló su fama sin querer.* || *pr.* Perder dientes.
mellizo, za *adj.* y *s.* Gemelo.
melocotón *s. m.* Melocotonero. || Su fruto, de sabor agradable y pulpa jugosa.
melocotonar *s. m.* Terreno plantado de melocotoneros.
melocotonero *s. m.* Árbol rosáceo, variedad del pérsico.
melodía *s. f.* Sucesión de sonidos que forman una frase musical. || Composición vocal o instrumental con acompañamiento o sin él. || Sucesión de sonidos que halagan el oído. || Serie de palabras o frases agradables al oído.
melódico, ca *adj.* Relativo a la melodía.
melodioso, sa *adj.* Dulce y agradable al oído. *Leí unos versos melodiosos.*
melodrama *s. m.* Drama de carácter popular, de acción complicada con situaciones patéticas. || Drama con acompañamiento de música. || *fig.* Situación patética.
melodramático, ca *adj.* Relativo al melodrama. || Enfático y exagerado. *Utiliza un tono melodramático cuando lee poemas.*
melojo *s. m.* Árbol fagáceo, semejante al roble.
melomanía *s. f.* Amor excesivo a la música.
melómano, na *adj.* y *s.* Aficionado a la música de una manera a veces exagerada.
melón *s. m.* Planta cucurbitácea, de fruto esferoidal u ovalado, de carne dulce y olorosa. || Fruto de esta planta. || *fig.* y *fam.* Calabaza, tonto. || Meloncillo.
melonar *s. m.* Terreno plantado de melones.
meloncillo *s. m.* Melón pequeño.
melonero, ra *s.* Persona que vende o cultiva melones.
melopea *s. f.* Melopeya. || *fam.* Borrachera.
melopeya *s. f.* Canto rítmico que acompaña la declamación. || Arte de la melodía.
melosidad *s. f.* Dulzura, suavidad.
meloso, sa *adj.* Dulce como la miel. || *fig.* De una dulzura afectada.
memada *s. f. fam.* Memez.
membrana *s. f.* Tejido fino y elástico que forma, cubre o tapiza algunos órganos. || Lámina delgada.
membranoso, sa *adj.* Compuesto de membranas. || Parecido a la membrana.
membrete *s. m.* Inscripción estampada en la parte superior del papel de escribir que indica el nombre y señas de una persona, oficina, etc. || Nota o apunte.
membrillar *s. m.* Terreno plantado de membrillos.
membrillero *s. m.* Membrillo.
membrillo *s. m.* Arbusto rosáceo de fruto amarillo, de carne áspera y granujienta. || Su fruto. || *loc.* ***Carne de membrillo:*** dulce de membrillo.
membrudo, da *adj.* Robusto.
memela *s. f. Méx.* Tortilla gruesa de maíz.
memez *s. f.* Necedad, idiotez.
memo, ma *adj.* y *s.* Simple, tonto, bobo, necio.
memorable *adj.* Digno de ser recordado. *Mi fiesta fue un suceso memorable.*
memorándum o **memorando** *s. m.* Cuaderno pequeño donde se anota lo que se quiere recordar. || Informe o comunicación donde se exponen hechos o razones para que se tengan en cuenta en determinados asuntos.
memoria *s. f.* Facultad de recordar algo vivido o aprendido. *Tenía mala memoria con sus deudas.* || Recuerdo. *Guardé memoria de aquel acontecimiento.* || Reputación buena o mala que queda de uno después de su muerte. || Lista de gastos, factura. || Disertación científica o literaria. || Estudio breve sobre alguna materia. || Informe de una asamblea. || Órgano esencial de las calculadoras electrónicas capaz de almacenar datos y de restituirlos en el momento oportuno. || *pl.* Relación escrita de ciertos acontecimientos públicos o privados. || Recuerdos, saludos a un ausente por escrito o por tercera persona. *Dele memorias a su padre.* || *loc.* ***De memoria:*** conservando una cosa en la memoria. || ***Flaco de memoria:*** olvidadizo. || ***Hacer memoria:*** recordar voluntariamente.
memorial *s. m.* Petición escrita en que se solicita un favor o gracia. || Libro donde se apuntan hechos memorables. || Boletín, publicación.
memorialista *s. com.* El que escribe memoriales u otros documentos por cuenta ajena.
memorioso, sa o **memorista** *adj.* y *s.* Que tiene memoria.
memorización *s. f.* Acción de fijar metódicamente algo en la memoria, por medio de repeticiones sistemáticas.
memorizar *intr.* Aprender de memoria.
mena *s. f.* Mineral metalífero.
menaje *s. m.* Mobiliario de una casa. || Ajuar. || Utensilios de cocina. || Material pedagógico.
mención *s. f.* Acción de referir un hecho o nombrar una persona. || *loc.* ***Mención honorífica:*** recompensa inferior al premio y al accésit.
mencionar *t.* Hacer mención, hablar de una cosa o persona. *En su novela menciona a sus padres.*
menda *pron. fam.* Forma de la primera persona para designar al que habla. *Este menda ya se va.*
mendaz *adj.* Mentiroso.
mendelevio *s. m.* Elemento químico transuránico. Metal del grupo de los actínidos, se obtiene artificialmente por bombardeo del einstenio con

partículas alfa. Su vida media es de 90 minutos y todos sus isótopos son radiactivos. Su número atómico es 101 y su símbolo *Md*.
mendeliano, na *adj.* Relativo al mendelismo.
mendelismo *s. m.* Concepción de J. G. Mendel sobre la transmisión de ciertos caracteres hereditarios, que condujo a la teoría cromosómica y a la noción de los genes.
mendicante *adj.* y *s. com.* Que mendiga. || Aplícase a las órdenes religiosas fundadas o reorganizadas en el siglo XIII, que tienen por instituto vivir de limosna.
mendicidad *s. f.* Acción de mendigar. || Condición de mendigo.
mendigante *adj.* y *s. com.* Mendicante.
mendigar *t.* Pedir limosna. || *fig.* Pedir con insistencia y bajeza. *Mendigaba aprobaciones de todos sus profesores.*
mendigo, ga *s.* Persona que pide limosna.
mendocino, na *adj.* y *s.* De Mendoza, ciudad de Argentina.
mendrugo *s. m.* Trozo de pan duro. || *fig.* ***Por un mendrugo de pan:*** por muy poco dinero.
menear *t.* Agitar, mover. *Menea el café o te sabrá amargo.* || *fig.* Manejar, dirigir. *Meneaba un negocio aquí y otro allá.* || *fig.* y *fam.* ***Peor es menearlo*** o ***meneallo:*** es preferible no volver a tratar de algo que causó disgustos o desavenencias o que podría causarlos. || *pr.* Moverse. || *fig.* y *fam.* Hacer todas las diligencias o esfuerzos necesarios para conseguir algo.
meneo *s. m.* Movimiento, agitación. || Contoneo al andar. || *fig.* y *fam.* Dificultad, obstáculo. *Los meneos de la vida.* || Paliza. *Darle un meneo a uno.* || Abucheo. *A ese actor le dieron un meneo en su última función.*
menester *s. m.* Necesidad de una cosa. || Ocupación, empleo o ministerio. *Atendía a sus menesteres con mucha responsabilidad.* || *pl.* Necesidades corporales. || *fam.* Instrumentos de trabajo, enseres. || *loc.* ***Haber menester una cosa:*** necesitarla. || ***Ser menester una cosa:*** ser necesaria.
menesteroso, sa *adj.* y *s.* Indigente.
menestra *s. f.* Guisado de carnes acompañado de varias hortalizas. || Legumbres secas.
menestral *s. m.* Artesano, obrero que hace un trabajo manual.
menfita *adj.* y *s. com.* De Menfis, capital del antiguo imperio de Egipto.
mengano, na *s.* Nombre indeterminado que se usa después de «Fulano» y antes de «Zutano» para designar a una persona sin nombrarla.
mengua *s. f.* Reducción, disminución. || Falta. || Pobreza. || Descrédito. || *loc.* ***En mengua de:*** en perjuicio de. *En mengua de sus derechos.*
menguado, da *adj.* y *s.* Cobarde, tímido, pusilánime. || Estúpido, tonto. || Ruin, avaro. || Reducido. *Obtuvo menguados éxitos.*
menguante *adj.* Que mengua.
menguar *t.* Reducir, disminuir. || Rebajar. *Esto no mengua en nada su fama.* || *intr.* Disminuir, bajar. *El calor ha menguado lo suficiente para poder salir.* || Reducirse la parte visible de la Luna. || Hacer los menguados en una labor de punto. || *fig.* Decaer, venir a menos.
menhir *s. m.* Megalito formado por una piedra larga fijada en el suelo. *Son famosos los menhires de Bretaña.*
menina *s. f.* Mujer que desde niña servía a la reina o a las infantas.
meninge *s. f.* Membrana que protege el encéfalo y la médula espinal. Son tres: piamadre, aracnoides y duramadre.
meníngeo, a *adj.* De las meninges.
meningitis *s. f.* Inflamación de las meninges de origen infeccioso o vírico.
meningococo *s. m.* Microbio causante de la meningitis y otras enfermedades.
menisco *s. m.* Lámina cartilaginosa situada entre los huesos de una articulación, como la rodilla, para facilitar el movimiento. || Lente convexa por un lado y cóncava por el otro.
mennonita o **menonita** *s. m.* Miembro de una secta anabaptista fundada en el siglo XVI por el holandés Mennon Simmons.
menopausia *s. f.* Cese definitivo de la ovulación y la menstruación. || Época en que se produce.
menor *adj.* Más pequeño. *El menor ruido.* || Que no ha llegado a la mayor edad legal. *Tribunal de menores.* || Más joven. *Soy menor que tú.* || Aplícase a una de las dos escalas musicales, predominantes en el sistema de tonos. || Dícese de las cuatro primeras órdenes de la jerarquía eclesiástica, que son: portero, lector, exorcista y acólito. || *loc.* ***Al por menor:*** en pequeñas cantidades. || ***Menor que:*** signo matemático (<) que, colocado entre dos cantidades, indica ser menor la primera que la segunda. || ***Por menor:*** por extenso, con todo detalle; al por menor.
menorquín, quina *adj.* y *s.* De Menorca, una de las islas principales de las Islas Baleares.
menorragia *s. f.* Menstruación excesiva.
menos[1] *adv.* Indica menor cantidad o intensidad. *Desde que está a dieta come menos.* || Sobre todo. *No vendrá esta tarde, y menos si llueve.* || *loc.* ***Al*** o ***(a) lo*** o ***cuando*** o ***por lo menos:*** como mínimo. || ***A menos que:*** introduce una salvedad a lo dicho antes. *No iré a menos que me acompañes.* || ***Echar de menos:*** notar la ausencia de una cosa o persona, generalmente con pesar. || ***En menos:*** en menor cantidad o grado. || ***Menos de:*** indica un número ligeramente inferior al expresado. *Pueblo de menos de mil habitantes.* || ***No ser para menos:*** ser bastante importante. || ***Poco más o menos:*** aproximadamente. || ***Ser lo de menos:*** no importar. || ***Tener en menos:*** despreciar. || ***Venir a menos:*** perder categoría, decaer.
menos[2] *s. m.* Resta, sustracción. || Signo (–) de la resta. $5 - 3 = 2$.
menos[3] *prep.* Excepto. *Vinieron todos menos el hijo menor.*
menoscabar *t.* Disminuir, reducir, mermar. || *fig.* Desacreditar, desprestigiar, deslustrar.
menoscabo *s. m.* Mengua, disminución. *Ha sufrido menoscabo en su fortuna.* || Daño, perjuicio. *Hacer algo en menoscabo de otra cosa.* || *fig.* Descrédito.
menospreciable *adj.* Despreciable, que se puede despreciar.
menospreciador, ra *adj.* Que desprecia.
menospreciar *t.* Apreciar en menos de lo que realmente vale una cosa o a una persona. || Despreciar, desdeñar.
menospreciativo, va *adj.* Que implica o revela menosprecio.
menosprecio *s. m.* Poco aprecio, poca estimación. *Hizo menosprecio de tu regalo.* || Desprecio, desdén.
mensaje *s. m.* Recado de palabra que envía una persona a otra. || Comunicación oficial entre poderes públicos. || Comunicación importante que se considera como una revelación. *El Evangelio es el mensaje de Cristo.* || Significado o aportación de una obra o de un escritor o artista. *El mensaje de un poeta.*
mensajería *s. f.* Servicio de transporte para viajeros y mercancías. || Su oficina. || Transporte rápido de mercaderías por ferrocarril, camiones o mar.
mensajero, ra *adj.* y *s.* Que transmite mensajes. || *loc.* ***Paloma mensajera:*** la que por volver fácilmente a su nido se emplea para llevar mensajes.
menso, sa *adj. Méx.* Tonto, pesado, bobo.
menstruación *s. f.* Eliminación periódica de sangre y materia celular procedente de la matriz de la mujer y de algunas hembras de otros mamíferos.
menstrual *adj.* Relativo al menstruo. *Padece flujo menstrual.*
menstruar *intr.* Realizar la menstruación.
menstruo *s. m.* Flujo de líquido sangriento que evacuan periódicamente las mujeres.

M

mensual *adj.* Que sucede o se repite cada mes. *La publicación es mensual.* || Que dura un mes.
mensualidad *s. f.* Sueldo o salario de un mes. || Cantidad abonada cada mes.
mensualización *s. f.* Pago mensual de los salarios precedentemente pagados por hora.
mensualizar *t.* Efectuar la mensualización de los salarios.
ménsula *s. f.* Adorno arquitectónico que sobresale de un plano vertical y sirve de soporte. *La ménsula del tejado posee cierta estética.*
mensurable *adj.* Que se puede medir.
mensuración *s. f.* Dimensión.
mensurar *t.* Medir.
menta *s. f.* Hierbabuena.
mentado, da *adj.* Famoso, célebre. || Mencionado.
mental *adj.* Relativo a la mente. *Está en uso de sus facultades mentales.* || Que se hace en la mente. || *loc.* ***Enajenación mental:*** locura, demencia. || ***Higiene mental:*** conjunto de medidas adecuadas para mantener inalteradas las funciones psíquicas. || ***Restricción mental:*** reserva tácita, omisión voluntaria.
mentalidad *s. f.* Modo de pensar.
mentar *t.* Mencionar.
mente *s. f.* Pensamiento, potencia intelectual. *Tenía algo en la mente pero lo olvidé.* || Intención, propósito.
mentecatada, mentecatería o **mentecatez** *s. f.* Simpleza, necedad, tontería.
mentecato, ta *adj.* y *s.* Necio.
mentidero *s. m. fam.* Lugar donde se reúne la gente ociosa para conversar y criticar.
mentir *intr.* Afirmar lo que se sabe que es falso o negar la verdad. *Miente como un sacamuelas.* || *fig.* Inducir a error, engañar.
mentira *s. f.* Declaración intencionadamente falsa. || Cuento, historia falsa. *Siempre está contando mentiras.* || *fig.* y *fam.* Manchita blanca en las uñas.
mentiroso, sa *adj.* Que tiene costumbre de mentir. || Engañoso, falaz.
mentís *s. m.* Negación de lo que otra persona afirma. *El presidente dio un mentís a la prensa.*
mentol *s. m.* Alcohol sólido antineurálgico sacado de la esencia de la menta.
mentolado, da *adj.* Que contiene mentol.
mentón *s. m.* Barbilla.
mentor *s. m. fig.* Persona que otro toma como guía o consejero.
menú *s. m.* Lista de los platos que componen una comida. || Lista detallada de platos que pueden elegirse en un restaurante. || Comida de precio fijo que se sirve en un restaurante. || En informática, lista de opciones que aparecen en la pantalla de una computadora.
menudear *t.* Hacer una cosa repetidas veces. || Contar algo detalladamente. || Contar menudencias. || *intr.* Acaecer algo con frecuencia. *Menudean las averías en aquel departamento.*
menudencia *s. f.* Pequeñez. || Esmero, exactitud. || Cosa de poca importancia.
menudeo *s. m.* Acción de menudear, frecuencia. || *loc.* ***Venta al menudeo:*** venta al por menor.
menudillo *s. m.* En los cuadrúpedos, articulación entre la caña y la cuartilla. || *pl.* Sangre, higadillo, molleja, madrecilla y otras vísceras de las aves.
menudo, da *adj.* Pequeño, delgado. || Despreciable, de poca importancia. || Aplícase al dinero en monedas pequeñas. || Exacto, minucioso. || Usado irónica y enfáticamente significa enorme, difícil, grave, increíble. *En menudo estado estaba cuando entramos.* || *s. m. pl.* Entrañas y sangre de las reses. || Pescuezo, alones, patas y menudillos de las aves. || *loc.* ***A menudo:*** frecuentemente. || ***La gente menuda:*** los niños.
meñique *adj.* Aplícase al dedo quinto y más pequeño de la mano.
meollo *s. m.* Seso, masa nerviosa de la capacidad del cráneo. || Médula. || *fig.* Sustancia, lo principal de una cosa. *El meollo de la cuestión.* || Entendimiento, juicio.
mequetrefe *s. com. fam.* Persona entrometida, de poca importancia y de poco juicio.
mercachifle *s. m.* Buhonero. || *desp.* Comerciante de poco fuste.
mercadear *intr.* Comerciar.
mercader *s. m.* Comerciante.
mercadería *s. f.* Mercancía.
mercado *s. m.* Lugar público cubierto o al aire libre donde se venden y se compran mercancías. *En aquella esquina está el mercado de pescado.* || Comerciantes que se reúnen en cierto sitio y fecha para vender sus productos. *Aquí hay mercado cada domingo.* || Concurrencia de gente en estos sitios. *El mercado se alborotó.* || Salida económica. *El mercado de ultramar.* || Situación de la oferta y la demanda. *El mercado de valores está en retroceso.* || *loc.* ***Mercado negro:*** comercio ilícito y clandestino a precio elevado de mercancías cuya venta está regulada.
mercadotecnia *s. f.* Operaciones coordinadas para el desarrollo de las ventas de un producto o de un servicio.
mercancía *s. f.* Todo lo que se vende o compra.
mercante *adj.* Mercantil.
mercantil *adj.* Relativo al comercio. *La especulación mercantil comenzó con la devaluación.* || *fig.* Que tiene afán de lucro.
mercantilismo *s. m.* Espíritu mercantil aplicado a cualquier cosa. || Doctrina económica de los siglos XVI y XVII, según la cual la riqueza de los Estados descansaba en la posesión de metales preciosos.
mercantilista *adj.* Del mercantilismo. || *s. com.* Partidario del mercantilismo. || Experto en materia de Derecho mercantil.
mercantilizar *t.* Valorar todo en función del dinero que representa. || Comercializar.
mercar *t.* Comprar.
merced *s. f.* Favor, gracia. || Voluntad, arbitrio. *Estaba a la merced del director.* || Tratamiento de cortesía. *Vuestra merced.* || Orden real y militar instituida por Jaime el Conquistador y fundada en Barcelona en 1218 por San Pedro Nolasco y San Raimundo de Peñafort. Su objeto era rescatar cautivos cristianos. || *loc.* ***Merced a:*** gracias a.
mercenario, ria *adj.* Que se hace sólo por dinero. || Aplícase al soldado o tropa que presta sus servicios a un gobierno extranjero que le paga.
mercería *s. f.* Comercio de objetos menudos que se utilizan para la costura y otras labores femeninas, como alfileres, botones, cintas, etc.
mercerizar *t.* Tratar los hilos y tejidos de algodón con sosa cáustica para aumentar en resistencia y darles un aspecto brillante.
mercero, ra *s.* Persona que comercia en mercería.
merchel *s.m.* Ununpentio.
mercurial *adj.* Del mercurio.
mercurialismo *s. m.* Intoxicación por el mercurio.
mercúrico, ca *adj.* Relativo al mercurio.
mercurio *s. m.* Elemento químico, metal poco abundante en la corteza terrestre, que se encuentra nativo o, combinado con el azufre, en el cinabrio. Es líquido en condiciones normales, de color blanco brillante, muy pesado, tóxico, mal conductor del calor y muy bueno de la electricidad. Se utiliza en la fabricación de plaguicidas, instrumentos, espejos y, aleado con el oro y la plata, en odontología. Su número atómico es 80 y su símbolo *Hg.*
merecedor, ra *adj.* Que merece. *Martín es merecedor de elogios por su trabajo.*
merecer *t.* Ser o hacerse digno de algo. *Merecía el premio, pero otro lo ganó.* || Presentar los requisitos necesarios para una cosa. *El documento merece aprobación.* || Tener suficiente importancia. *Esta noticia merece ser comprobada.*
merecido *s. m.* Castigo que merece uno. *Se llevó su merecido.*
merecimiento *s. m.* Mérito.

merendar *t.* Comer en la merienda. *Merendé una manzana.* || *intr.* Tomar la merienda. *Merendar a las cuatro de la tarde.* || *loc. fig.* y *fam.* ***Merendarse una cosa:*** lograrla fácilmente.
merendero *s. m.* Sitio, establecimiento donde se pueden tomar consumiciones y a veces bailar.
merengue *s. m.* Dulce elaborado con claras de huevo batidas y azúcar en polvo cocido al horno. || Persona empalagosa por lo dulce o amable. || Baile y música popular de la República Dominicana. || *fig.* y *fam. Arg. Py.* y *Uy.* Lío, desorden, trifulca.
meretriz *s. f.* Prostituta.
meridano, na *adj.* y *s.* De la ciudad de Mérida, en México.
meridense *adj.* y *s. com.* De Mérida, ciudad de Venezuela.
merideño, ña *adj.* y *s.* De Mérida, ciudad de España y estado de Venezuela.
meridiano *s. m.* Plano definido por la vertical local y el eje del mundo. || Círculo máximo de la esfera terrestre que pasa por los polos. || Círculo máximo de la esfera celeste que pasa por los polos y por el cenit y nadir del punto de la Tierra al que se refiere.
meridiano, na *adj.* Relativo al mediodía. || *fig.* Muy claro. *Dijo una verdad meridiana.*
meridiem *loc. adv.* **ante** y **post:** Antes o después de mediodía. Se escriben generalmente en abreviaturas: «a. m.» y «p. m.».
meridional *adj.* Del Sur o Mediodía. *El río Amazonas corre a través de la América meridional.*
merienda *s. f.* Comida ligera que se toma por la tarde. || Comida fría que se lleva para irse de excursión o de viaje. *Se llevó su merienda al trabajo.*
merino, na *adj.* y *s.* Dícese de los carneros y ovejas de lana muy fina, corta y rizada.
mérito *s. m.* Acción que hace al hombre digno de premio o estima. *Trataron a la secretaria según sus méritos.* || Calidad apreciable de una persona o cosa. *Este chico tiene mucho mérito.* || *loc.* ***De mérito:*** de valor. || ***Hacer méritos:*** esmerarse o dar pruebas de sus aptitudes.
meritorio, ria *adj.* Digno de elogio, premio o galardón. || *s. m.* Aprendiz de un despacho.
merluza *s. f.* Pez teleósteo marino de carne blanca muy sabrosa. || *fam.* Borrachera.
merma *s. f.* Disminución. || Pérdida, desgaste.
mermar *t.* Reducir. *Mermaron la ración diaria, por la escasez.* || Empezar a gastar. *Mermó el capital familiar.* || *fig.* Rebajar. *Mermó su reputación con esa conducta.* || *intr.* Disminuir.
mermelada *s. f.* Dulce de fruta triturada, cocida y mezclada con azúcar o miel.
mero[1] *s. m.* Pez óseo que puede medir hasta 2 m y pesar hasta 100 kg. Su carne es muy apreciada.
mero[2] *adv. Méx.* Pronto, casi. *Ya mero llega.* || *Méx.* De manera precisa, justa, exacta.
mero, ra *adj.* Solo, simple, sin nada más. || Propio, mismo. || *loc. fam. Méx.* ***Ser el mero mero:*** ser alguien la persona principal, la más importante en cierto lugar o en cierta circunstancia.
merodeador, ra *adj.* y *s.* Que merodea, vagabundo.
merodear *t.* Andar por los campos robando frutas y legumbres.
merodeo *s. m.* Robo de frutas y legumbres en los campos.
merolico *s. m. Méx.* Vendedor callejero que con su labia atrae a los transeúntes. || *fig. Méx.* Parlanchín, persona que habla mucho.
mes *s. m.* Cada una de las doce divisiones del año. || Espacio de treinta días. || Mensualidad, salario mensual. *Cobra a fin de mes.* || Menstruo de la mujer.
mesa *s. f.* Mueble formado por una superficie plana horizontal sostenida sobre una o varias patas, y destinada a varios usos (comer, escribir, etc.). || Mesa preparada con todo lo necesario para comer. || Comida. *Ana es una amante de la buena mesa.* || Conjunto de personas que forman la junta directiva de una corporación. *La mesa aceptó la propuesta.* || Conjunto de personas que presiden un acto. || En geografía, terreno elevado y llano, de gran extensión, rodeado de valles y barrancos. *loc.* ***Mesa de noche:*** mesa pequeña que se coloca junto a la cabecera de la cama. || ***Mesa de operaciones:*** mesa articulada sobre la que se sitúa al enfermo para intervenirle quirúrgicamente.
mesada *s. f. Arg.* Cobertura de los espacios auxiliares de las cocinas, encimera.
mesalina *s. f. fig.* Mujer disoluta.
mesana *s. f.* Mástil de popa en un barco. || Vela que se coloca en este palo.
mesar *t.* Arrancar o estrujar el cabello o la barba con las manos.
mescal *s. m.* Mezcal.
mescolanza *s. f.* Mezcolanza.
mesenterio *s. m.* Pliegue del peritoneo, formado con tejido conjuntivo, que une el intestino delgado con la pared posterior del abdomen.
mesero, ra *s. fig. Col. Ecua. Guat.* y *Méx.* Camarero de un restaurante.
meseta *s. f.* Descansillo de una escalera. || Llanura extensa en la cumbre de una altura. *La meseta castellana.*
mesiánico, ca *adj.* Del Mesías o del mesianismo.
mesianismo *s. m.* Creencia en la existencia y venida del Mesías. || *fig.* Esperanza inmotivada en la solución de problemas políticos o sociales por una sola persona.
mesías *s. m.* Futuro redentor y libertador de Israel. || Para los cristianos, Cristo. || Aquel a quien se espera impacientemente para que resuelva todos los males.
mesilla *s. f.* Mesa pequeña.
mesiote *s. m. Méx.* Fina capa exterior del maguey, empleada por los aztecas como papel.
mesnada *s. f.* Antigua compañía de soldados u hombres de armas. || *fig.* Grupo, junta, congregación.
mesoamericano, na *adj.* y *s.* De Mesoamérica, que comprende la parte de México y de América Central donde se asentaron culturas precolombinas.
mesocarpio *s. m.* Parte intermedia situada entre la epidermis y el hueso en los frutos carnosos.
mesocéfalo *adj.* Dícese de la persona cuyo cráneo tiene las proporciones intermedias entre la braquicefalia y la dolicocefalia.
mesodermo *s. m.* Capa u hoja embrionaria situada entre el endodermo y el ectodermo.
mesolítico *adj.* Dícese del periodo comprendido entre el paleolítico y el neolítico.
mesolote *s. m. Méx.* Especie de maguey doble.
mesón *s. m.* Posada, venta, establecimiento donde se da albergue. || Restaurante generalmente decorado a la usanza antigua. || En física, masa intermedia entre el protón y el electrón, producida por el bombardeo de los rayos cósmicos.
mesonero, ra *adj.* Relativo al mesón. || *s.* Propietario o encargado de un mesón.
mesopotámico, ca *adj.* y *s.* De Mesopotamia.
mesosfera *s. f.* Capa atmosférica superior a la estratosfera.
mesotórax *s. m.* Segmento medio del coselete de los insectos.
mesozoico, ca *adj.* Aplícase a los terrenos de la época secundaria.
mesta *s. f.* Antigua asociación española de propietarios de ganado trashumante. *La Mesta fue abolida en 1836.*
mester *s. m. ant.* Oficio, arte. *Mester de clerecía, de juglaría.*
mestizaje *s. m.* Unión fecunda entre hombres y mujeres de grupos humanos que presentan cierto grado de diferenciación genética. || Conjunto de mestizos. || Cruce de animales de la misma especie, pero de razas diferentes. || Cruce de variedades vegetales diferentes, pero pertenecientes a la misma especie.
mestizar *t.* Cruzar dos razas.

mestizo, za *adj.* y *s.* Se dice de la persona de padre y madre de razas diferentes. || En biología, se dice del híbrido obtenido a partir de dos variedades diferentes de la misma especie.
mesura *s. f.* Gravedad y compostura, en la actitud y semblante. || Moderación, comedimiento.
mesurado, da *adj.* Moderado.
mesurar *t.* Infundir mesura, moderar. || *pr.* Contenerse, moderarse o comedirse.
meta *s. f.* Final de una carrera. || En futbol, portería y guardameta. || *fig.* Finalidad, objetivo.
metabolismo *s. m.* En biología, conjunto de transformaciones materiales que se efectúa constantemente en las células del organismo vivo y que se manifiestan en dos fases diferentes: una de carácter constructor, anabólico, y otra de carácter destructor, catabólico.
metacarpiano *adj.* y *s. m.* Dícese de cada uno de los cinco huesos del metacarpo.
metacarpo *s. m.* Parte de la mano, comprendida entre el carpo y los dedos.
metafase *s. f.* Segunda fase de la división celular por mitosis.
metafísica *s. f.* Ciencia de los principios primeros y de las primeras causas. *La metafísica aristotélica.* || Filosofía, teoría general y abstracta. *Metafísica del lenguaje.*
metafísico, ca *adj.* Relativo a la metafísica. *Pruebas metafísicas de la existencia divina.* || *fig.* Demasiado abstracto.
metáfora *s. f.* Traslación del sentido recto de una palabra a otro figurado. *Se llama león a un hombre valiente por metáfora.*
metafórico, ca *adj.* Relativo a la metáfora.
metaforizar *t.* Usar metáforas o alegorías.
metagoge *s. f.* Tropo que consiste en aplicar a cosas inanimadas voces o cualidades que son propias de los sentidos.
metal *s. m.* Cuerpo simple, dotado de un brillo particular, en general buen conductor del calor y de la electricidad y que posee además la propiedad de dar como mínimo un óxido básico al combinarse con el oxígeno. || Material constituido por uno de estos elementos químicos o por una aleación de varios de ellos. || *fig.* Timbre de la voz. || En música, conjunto de instrumentos de viento que están fabricados con un material constituido por uno de estos elementos.
metaldehído *s. m.* En química cuerpo sólido, blanco, polímero del aldehído acético, usado como combustible.
metalenguaje *s. m.* Lenguaje especializado que se utiliza para describir una lengua natural. || En informática, lenguaje formal que emplea símbolos especiales, utilizado para describir la sintaxis de los lenguajes de programación.
metálico, ca *adj.* De metal o parecido a él. *Se escuchó un fuerte ruido metálico.* || Que contiene metal. || Relativo a las medallas. || *s. m.* Dinero en monedas o billetes, por oposición a cheques. *Pagué en metálico porque no aceptaban tarjeta de crédito.*
metalífero, ra *adj.* Que contiene metal. *Se descubrió un yacimiento metalífero.*
metalistería *s. f.* Técnica del trabajo con metales.
metalización *s. f.* Acción y efecto de metalizar.
metalizar *t.* Dar un brillo metálico. || Cubrir con una capa de metal o de aleación. || *pr. fig.* Tener un interés desmesurado por el dinero.
metaloide *s. m.* Cuerpo simple, mal conductor del calor y de la electricidad, que combinado con el oxígeno produce compuestos ácidos o neutros (son: flúor, cloro, bromo, yodo, oxígeno, azufre, selenio, teluro, nitrógeno, fósforo, arsénico, carbono, silicio y boro).
metalurgia *s. f.* Arte de extraer, elaborar y tratar los metales.
metalúrgico, ca *adj.* Relativo a la metalurgia. *La industria metalúrgica de Vizcaya.* || *s. m.* El que se dedica a la metalurgia.
metalurgista *s. com.* Metalúrgico.
metamorfismo *s. m.* En geología, conjunto de transformaciones que sufren las rocas en el interior de la corteza terrestre por efecto de la temperatura y la presión.
metamorfosear *t.* Transformar profundamente.
metamorfosis *s. f.* Transformación que experimenta una persona o cosa. || En biología, conjunto de transformaciones que experimentan algunos vertebrados, como los anfibios y ciertos insectos, en el transcurso de su desarrollo biológico.
metano *s. m.* Gas incoloro que arde en el aire.
metaplasmo *s. m.* Cambio fonético que consiste en la alteración de una palabra por la supresión, adición o transposición de algunas letras.
metástasis *s. f.* En medicina, foco patológico secundario debido a la propagación de un foco primitivo.
metatarso *s. m.* Parte del esqueleto del pie comprendida entre el tarso y las falanges.
metate *s. m.* Molino de mano utilizado por diversos pueblos amerindios.
metátesis *s. f.* Alteración del orden de las letras o sílabas de una palabra, por ejemplo, «perlado» por «prelado», «dejalde» por «dejadle».
metatórax *s. m.* Parte posterior del tórax de los insectos, situada entre el mesotórax y el abdomen.
metazoo *s. m.* Animal constituido por células diferentes.
meteco *s. m.* En la antigua Grecia, extranjero que se establecía en Atenas. || Advenedizo. || Forastero.
metedor *s. m.* Pañal que se pone a los niños debajo del principal.
metedura *s. f. fam.* Acción de meter algo. || *loc. fam.* ***Metedura de pata:*** dicho o hecho poco adecuado.
metempsicosis *s. f.* Supuesta reencarnación de las almas de un cuerpo a otro.
metense *adj.* y *s. com.* De Meta, departamento de Colombia.
meteórico, ca *adj.* Perteneciente o relativo a los meteoros.
meteorito *s. m.* Fragmento de piedra o metálico que viene de los espacios interplanetarios.
meteorización *s. f.* Conjunto de modificaciones causadas en las rocas por los agentes atmosféricos.
meteorizar *t.* Causar meteorismo. || *pr.* Padecerlo.
meteoro *s. m.* Cualquier fenómeno atmosférico: acuoso, como la lluvia, la nieve, el granizo; aéreo, como los vientos; luminoso, como el arcoiris, el parhelio, la paraselene; eléctrico, como el rayo, la aurora boreal. || *fig.* Persona o cosa que brilla con resplandor fugaz.
meteorología *s. f.* Estudio de los fenómenos atmosféricos, especialmente para la previsión del tiempo.
meteorológico, ca *adj.* Perteneciente a la meteorología. *Dieron el parte meteorológico temprano.*
meteorologista *s. com.* o **meteorólogo, ga** *s.* Especialista en meteorología.
meter *t.* Ingresar dinero en una entidad bancaria. || Invertir dinero en un negocio. *Metió cuanto tenía en la fábrica.* || Internar una persona que tiene autoridad a otra en un centro determinado. *Meter en la cárcel.* || Hacer intervenir a alguien en un asunto desagradable. *Me metió en un lío.* || Causar, motivar o provocar algo. *Meter miedo.* || *t.* y *pr.* Poner una cosa en el interior de otra o entre otras. || *pr.* Entrometerse, intervenir en cuestiones ajenas sin haber sido solicitado. || Seguir una persona una vocación. || *loc.* ***Meterse con alguien:*** provocarlo, molestarlo.
metiche *adj.* y *s. com. Méx.* Entremetido.
meticulosidad *s. f.* Carácter meticuloso.
meticuloso, sa *adj.* Minucioso, muy concienzudo, muy escrupuloso. || Miedoso. || Muy delicado, que requiere mucho cuidado.
metido, da *adj.* Abundante en ciertas cosas. || *s. m.* Empujón. || Puñetazo.

Le dio un metido. || Metedor, pañal. || Tela embebida en una costura.
metileno *s. m.* Radical químico formado por carbono e hidrógeno.
metílico, ca *adj.* Aplícase a ciertos cuerpos derivados del metano, especialmente el alcohol.
metilo *s. m.* Radical monovalente, derivado del metano.
metlapil *s. m. Méx.* Rodillo para moler el maíz en el metate.
metódico, ca *adj.* Hecho con método. *Compré una Enciclopedia Metódica.* || Que obra con método. *Pedro es una persona metódica en su trabajo.*
metodismo *s. m.* Doctrina de la comunidad protestante fundada en 1729 en Oxford por John Wesley, de gran rigidez de principios.
metodizar *t.* Poner método.
método *s. m.* Modo de decir o hacer una cosa con orden y según ciertos principios. *Obró con método y terminó el trabajo en poco tiempo.* || Modo de obrar. *Cambió de método al cobrar a los clientes.* || Procedimiento filosófico racional para llegar al conocimiento de la verdad y enseñarla. || Obra que reúne según un sistema lógico los principales elementos de un arte o ciencia. *Aprendí un método de lectura rápida.*
metodología *s. f.* Parte de una ciencia que estudia los métodos que ella emplea.
metomentodo *s. com. fam.* Persona entremetida.
metonimia *s. f.* Procedimiento estilístico que consiste en designar una cosa con el nombre de otra con la cual tiene cierta relación, por ejemplo «el laurel» por «la gloria», «las canas» por «la vejez».
metopa *s. f.* Espacio arquitectónico que hay entre los triglifos del friso dórico.
metraje *s. m.* Longitud de una cinta cinematográfica. *Es un largometraje que merece el «Óscar».*
metralla *s. f.* Pedazos de hierro y clavos con que se cargaban los cañones. || Fragmento en que se divide un proyectil al estallar.
metralleta *s. f.* Pistola ametralladora.
métrica *s. f.* Estudio del ritmo, estructura y combinación de los versos. || Sistema de versificación propio de un poeta, movimiento, lengua, país, etc.
métrico, ca *adj.* Relativo a la métrica. || Relativo al metro o al sistema de medidas que tiene como base el metro.
metrificación *s. f.* Versificación.
metrificar *t.* e *intr.* Versificar.
metritis *s. f.* Inflamación de la matriz o del útero.
metro¹ *s. m.* Unidad de medida de longitud. || Instrumento que sirve para medir longitudes que tiene marcado un metro y sus divisores. || En poesía, medida peculiar de cada clase de versos.
metro² *s. m.* Ferrocarril eléctrico, generalmente subterráneo, utilizado como medio de transporte rápido de pasajeros en las grandes ciudades.
metrónomo *s. m.* Instrumento para medir el tiempo y marcar el compás de las composiciones musicales.
metrópoli o **metrópolis** *s. f.* Estado o ciudad en relación con sus colonias. || Ciudad importante de una provincia, región o estado por su extensión.
metropolitano, na *adj.* Relativo a la metrópoli. || *s. m.* Metro, ferrocarril.
mexica *adj.* y *s. com.* Azteca.
mexicanismo *s. m.* Voz o giro propio de los mexicanos.
mexicano, na *adj.* y *s.* De México. || *s. m.* Lengua azteca.
meyolote *s. m. Méx.* Cogollo fresco del maguey.
meyosis o **meiosis** *s. f.* Proceso de división celular de una célula madre en cuatro células hijas, que sólo tienen la mitad de cromosomas de la célula inicial.
mezcal *s. m.* Variedad de pita. || Aguardiente que se saca de esta planta.
mezcalismo *s. m. Méx.* Hábito de ingerir botones de mezcal (peyote), que producen alucinaciones.
mezcla *s. f.* Acción y efecto de mezclar o mezclarse. || Agregación de varias sustancias. *Una mezcla de licores.* || Reunión de cosas diversas. *La vida es una mezcla de acontecimientos felices e infelices.* || Reunión de personas muy diferentes. || Tejido hecho con hilos de diferentes clases y colores. || Argamasa. || Asociación de varios cuerpos químicos, sin que exista combinación de los mismos. || Grabación simultánea en la cinta sonora cinematográfica de todos los sonidos necesarios (palabras, música, etc.).
mezclable *adj.* Que puede ser mezclado.
mezcladamente *adv.* Unidamente, de manera conjunta.
mezclador, ra *s.* Persona que mezcla, une e incorpora una cosa con otra. || *s. f.* Máquina o aparato que se utiliza para mezclar diferentes cosas.
mezclar *t.* Juntar, incorporar una cosa con otra. *Mezclaba licores de forma magistral.* || Reunir personas o cosas distintas. || Desordenar, revolver. *Mezclaba papeles y después no los encontraba.* || *pr.* Introducirse, meterse uno entre otros. || Intervenir, participar en una cosa. *Se mezcló en mis asuntos.*
mezclilla *s. f. Méx.* Tela basta de algodón, por lo general de color azul, que se emplea principalmente en la confección de jeans.
mezcolanza *s. f. fam.* Mezcla confusa. || Batiburrillo.
mezontete *s. m. Méx.* Tronco hueco de maguey, raspado y seco.
mezote *s. m.* Maguey seco.
mezquicopal *s. m. Méx.* Goma del mezquite.
mezquinar *t.* Dar poco de algo, obrar con mezquindad. *Le mezquinó un plato de sopa.*
mezquindad *s. f.* Calidad de mezquino, avaricia. || Cosa mezquina.
mezquino, na *adj.* Avaro, tacaño. || Falto de nobleza y de magnanimidad. || Escaso.
mezquita *s. f.* Edificio religioso musulmán. *La mezquita de Córdoba.*
mezquite *s. m. Méx.* Árbol parecido a la acacia de cuyas hojas se saca un extracto para el tratamiento de las oftalmias.
mezzo soprano *s. m.* Voz de mujer entre soprano y contralto.
mi¹ *adj.* Forma del adjetivo posesivo de la primera persona del singular, que se usa cuando va antepuesto al nombre; indica que la persona, animal o cosa designados por el nombre al que precede pertenecen al emisor en un acto de comunicación (son de su propiedad, tienen un parentesco con él, están asociados a él, etc.). *Mi libro; mi amiga.*
mi² *s. m.* Nota musical.
mí *pron.* Forma del pronombre personal de primera persona del singular; funciona como complemento precedido de preposición. *A mí me gusta.* || *loc.* ***A mí qué:*** expresión con que alguien manifiesta que algo le es indiferente, o que quiere desentenderse de ello. || ***Para mí:*** según yo creo.
miaja *s. f.* Migaja.
miasma *s. m.* Emanación perniciosa de las sustancias pútridas.
miau *s. m.* Onomatopeya del maullido del gato.
mica *s. f.* Mineral hojoso de brillo metálico, compuesto de silicato de aluminio y de potasio, que forma parte integrante de varias rocas.
micado *s. m.* Emperador del Japón.
micción *s. f.* Acción de orinar.
micelio *s. m.* Aparato de nutrición de los hongos.
micenio, nia o **micénico, ca** *adj.* y *s.* De Micenas, ciudad de la antigua Grecia.
michoacano, na *adj.* y *s.* Del estado mexicano de Michoacán.
micifuz *s. m. fam.* Gato.
mico *s. m.* Mono pequeño de cola larga. || *fig.* y *fam.* Persona muy fea. || Persona presumida o coqueta. || Mequetrefe. || Hombre pequeño.
micoate *s. m. Méx.* Culebra que se lanza desde los árboles sobre su presa.
micología *s. f.* Parte de la botánica que trata de los hongos.
micosis *s. f.* Infección provocada por hongos parásitos.

micra *s. f.* Unidad de medida de longitud equivalente a la millonésima parte de un metro. Su símbolo es μ.
microamperio *s. m.* Millonésima parte del amperio. Su símbolo es mA.
microbiano, na *adj.* Relativo a los microbios. *Eduardo padece una enfermedad microbiana.*
microbio *s. m.* Organismo microscópico unicelular, animal o vegetal. || *fig.* y *fam.* Persona pequeña e insignificante.
microbiología *s. f.* Ciencia que estudia los microbios.
microbús *s. m.* Pequeño autobús.
microcefalia *s. f.* Tamaño de la cabeza inferior a lo normal.
microcéfalo, la *adj.* y *s.* De cabeza más pequeña que la normal.
microchip *s. m.* En electrónica, chip de tamaño muy pequeño.
microcircuito *s. m.* Circuito eléctrico o electrónico de dimensiones muy pequeñas.
microcosmo *s. m.* En filosofía, el hombre considerado como reflejo y resumen del universo o macrocosmo. || Mundo pequeño.
microfaradio *s. m.* Millonésima parte de un faradio. Su símbolo es mF.
microfilm o **microfilme** *s. m.* Película constituida por fotografías muy pequeñas para la reproducción de documentos.
microfísica *s. f.* Física del átomo y de los electrones.
micrófono *s. m.* Aparato eléctrico que recoge y transmite los sonidos aumentando su intensidad.
microhmio *s. m.* Millonésima parte del ohmio. Su símbolo es mW.
micrométrico, ca *adj.* Relativo al micrómetro.
micrómetro *s. m.* Instrumento para medir cantidades lineales o angulares muy pequeñas.
micrón *s. m.* Micra.
micronesio, sia *adj.* y *s.* De Micronesia.
microómnibus *s. m.* Autobús de pequeñas dimensiones.
microonda *s. f.* Onda electromagnética de una longitud comprendida entre 1 m y 1 mm.
microondas *s. m.* Horno de cocina muy rápido en que el calor está generado por ondas de alta frecuencia.
microorganismo *s. m.* Microbio.
microprocesador *s. m.* Procesador de la información miniaturizado, compuesto por microcircuitos electrónicos integrados.
microscópico, ca *adj.* Hecho con el microscopio. *Las observaciones microscópicas favorecen la investigación médica.* || Que sólo puede verse con el microscopio. || *fig.* Muy pequeño.
microscopio *s. m.* Instrumento óptico para observar de cerca objetos extremadamente pequeños. || *loc.* ***Microscopio electrónico:*** aquel en que los rayos luminosos son sustituidos por un flujo de electrones y que permite un aumento muy grande.
microsegundo *s. m.* Millonésima parte de un segundo. Su símbolo es Ms.
miedo *s. m.* Sentimiento de gran inquietud suscitado por un peligro real o imaginario. *Tiene miedo a los fantasmas.* || *loc. fam.* ***De miedo:*** extraordinario, estupendo. || ***De un feo que da miedo:*** muy feo. || ***Meter miedo:*** asustar. || ***Miedo cerval:*** el muy grande. || *fig.* ***Morirse de miedo:*** padecer gran miedo.
miedoso, sa *adj. fam.* Que se asusta por todo.
miel *s. f.* Sustancia dulce, perfumada, espesa y viscosa, que preparan ciertos insectos con el néctar de las flores, principalmente las abejas. || Jugo o jarabe de la caña de azúcar. || *fig.* Dulzura. || *loc. fig.* ***Luna de miel:*** los primeros tiempos del matrimonio. || ***Miel sobre hojuelas:*** cosa que viene muy bien después de otra que ya era buena.
mielga *s. f.* Planta leguminosa usada como forraje.
mielina *s. f.* Sustancia que envuelve las fibras nerviosas.
mielitis *s. f.* Inflamación de la médula espinal.
miembro *s. m.* Apéndice del tronco del ser humano o de los animales vertebrados, útil para las funciones de locomoción y prensión. || Estructura en forma de apéndice. || Persona que forma parte de una corporación o colectividad. || Parte de un todo. || En matemáticas, cada una de las dos expresiones de una igualdad o de una desigualdad.
miente *s. f.* Pensamiento. || *loc.* ***Parar mientes:*** reflexionar. || ***Traer a las mientes:*** recordar.
mientras *adv.* y *conj.* Durante el tiempo en que. *Mientras yo trabajo, él juega.* || *loc.* ***Mientras más:*** cuanto más. || ***Mientras tanto:*** durante ese tiempo. || ***Mientras que:*** indica la oposición entre dos cosas.
miércoles *s. m.* Cuarto día de la semana.
mierda *s. f. vulg.* Excremento. || *fig.* Suciedad. || Cosa sin valor.
mies *s. f.* Cereal maduro. || Tiempo de la siega y cosecha. || *pl.* Los sembrados.
miga *s. f.* Parte interior y blanda del pan, que está recubierta por la corteza. || Migaja, porción pequeña de cualquier cosa. || *fig.* y *fam.* Contenido sustancial o esencial de algo. *Un discurso con mucha miga.* || *loc. fam.* ***Hacer buenas*** o ***malas migas:*** avenirse, o no avenirse, una persona con otra.
migaja *s. f.* Trozo muy pequeño de pan o de comida. || Porción pequeña de cualquier cosa. || *fig.* Nada o casi nada. || *pl.* Sobras, residuos.
migajón *s. m.* Migaja grande.
migración *s. f.* Desplazamiento de individuos de un sitio a otro por razones económicas, sociales o políticas. *Cada año aumentan las migraciones internacionales.* || Viaje periódico de ciertos animales, en particular de las aves de paso.
migratorio, ria *adj.* Relativo a las migraciones. *El movimiento migratorio de las aves.* || Que efectúa migraciones.
migueleño, ña *adj.* y *s.* De San Miguel, departamento de El Salvador.
mijo *s. m.* Planta gramínea originaria de la India. || Su semilla.
mikado *s. m.* Micado.
mil *adj.* Diez veces ciento. || Milésimo. *El año mil.* || *fig.* Gran número. *Pasé mil angustias hasta que te encontré.* || *s. m.* Signo o conjunto de signos con que se representa el número mil. || Millar. || *fig.* y *fam.* ***A las mil y quinientas:*** demasiado tarde, a deshora.
milagro *s. m.* Hecho sobrenatural. *Los milagros de Jesucristo.* || Cosa extraordinaria que la razón no puede explicar. *Todo es milagro en la naturaleza.* || Cosa magnífica. *Los milagros de la ciencia.* || Drama religioso de la Edad Media. || *loc. fig.* y *fam.* ***Vivir uno de milagro:*** vivir con mucha dificultad; haber escapado de un gran peligro.
milagroso, sa *adj.* Debido a un milagro. *Experimentó una curación milagrosa.* || Que hace milagros. || *fig.* Maravilloso.
milanés, nesa *adj.* y *s.* De Milán, ciudad de Italia.
milano *s. m.* Ave rapaz diurna de plumaje rojizo. || Azor.
mildiu *s. m.* Enfermedad de la vid producida por un hongo microscópico que se desarrolla en las hojas.
milenario, ria *adj.* Que contiene mil unidades. || Que tiene mil años. *Es un hermoso edificio milenario.* || *fig.* Muy antiguo. || *s. m.* Periodo de mil años. || Milésimo aniversario.
milenio *s. m.* Periodo de mil años.
milenrama *s. f.* Planta compuesta.
milésimo, ma *adj.* Que ocupa el lugar indicado por el número mil. *El milésimo año.* || *s. m.* Cada una de las mil partes iguales de un todo.
milhojas *s. m.* Pastel de hojaldre y merengue. || Milenrama.
miliamperímetro *s. m.* Amperímetro para medir los miliamperios.
miliamperio *s. m.* Milésima parte del amperio. Su símbolo es mA.
miliar *adj.* Parecido a un grano de mijo. || Dícese de una fiebre caracterizada por la erupción de vejiguillas semejantes a granos de mijo. || Aplícase a la columna o mojón que se colocaba en las vías romanas para marcar cada mil pasos.

milibar *s. m.* Milésima parte del bar. Su símbolo es mb.

milicia *s. f.* Gente armada que no forma parte del ejército activo y es una fuerza auxiliar. || Cuerpo de organización militar nacional. || Profesión militar. || Servicio militar. || Grupo de personas que defienden un ideal. *Las milicias de la paz.* || *loc.* ***Milicias universitarias:*** servicio militar especial hecho en España por los estudiantes.

miliciano, na *adj.* Relativo a la milicia. || *s.* Persona perteneciente a una milicia.

milico, ca *s. desp. Amér. Merid.* Militar, soldado.

miligramo *s. m.* Milésima parte de un gramo. Su símbolo es mg.

mililitro *s. m.* Milésima parte de un litro. Su símbolo es ml.

milimétrico, ca *adj.* Relativo al milímetro. || Graduado en milímetros.

milímetro *s. m.* Milésima parte de un metro. Su símbolo es mm.

milimicra *s. f.* Milésima parte de la micra. Su símbolo es m .

militancia *s. f.* Actitud, actividad e ideología de la persona que milita, especialmente en un partido político o en un sindicato.

militante *adj.* y *s. com.* Que milita, que lucha para el triunfo de una idea o partido. *Pablo es un político militante.* || *loc.* ***Iglesia militante:*** reunión de los fieles que viven en la fe católica.

militar[1] *adj.* Relativo a las fuerzas armadas o a la guerra. || *s. com.* Persona que pertenece al ejército.

militar[2] *intr.* Formar parte de una milicia o ejército. || Participar activamente en un partido o colectividad que se propone determinados fines.

militarismo *s. m.* Influencia de los militares en el gobierno del Estado. || Doctrina que lo defiende. || Actitud militarista.

militarista *adj.* Favorable al militarismo. || *s. com.* Partidario del militarismo.

militarización *s. f.* Organización militar. || Sumisión a la disciplina y al espíritu militar.

militarizar *t.* Infundir la disciplina o el espíritu militar. || Dar una organización militar. || Someter a la disciplina a personas o agrupaciones civiles.

milivatio *s. m.* Milésima parte del vatio. Su símbolo es mW.

milivoltio *s. m.* Milésima parte del voltio. Su símbolo es mV.

milla *s. f.* Medida itineraria marina que equivale a 1 852 m. || Medida itineraria inglesa que equivale a 1 609 m. || Medida itineraria romana que equivale a 1 375 m.

millar *s. m.* Conjunto de mil unidades. || *fig.* Número grande indeterminado. *Acudieron millares de personas.*

millón *s. m.* Mil millares. || *fig.* Número muy grande, indeterminado. *Se lo he dicho millones de veces.* || Mucho dinero. *Tiene millones.*

millonada *s. f.* Cantidad aproximada de un millón. || *fig.* Cantidad muy grande. *Gastó una millonada.*

millonario, ria *adj.* y *s.* Muy rico, que posee varios millones.

millonésimo, ma *adj.* y *s.* Dícese de cada una del millón de partes iguales en que se divide un todo. || Que ocupa el lugar indicado por el número un millón.

milonga *s. f.* Canción y baile popular de la Argentina.

milonguero, ra *s.* Persona que canta o baila milongas.

milpa *s. f.* Parcelas individuales dedicadas al cultivo del maíz. || *Amér. C.* y *Méx.* Maizal.

milpear *intr. Méx.* Trabajar la tierra.

milpiés *s. m.* Cochinilla.

miltomate *s. m. Guat.* y *Méx.* Tomate verde.

mimar *t.* Tratar con mucho cariño o demasiada indulgencia. *Mima mucho a sus nietos.* || Expresar algo con gestos y ademanes.

mimbre *s. m.* Mimbrera, arbusto. || Rama de la mimbrera.

mimbrear *intr.* Moverse o agitarse con flexibilidad, como el mimbre.

mimbreño, ña *adj.* De la naturaleza del mimbre.

mimbrera *s. f.* Arbusto salicáceo, cuyas ramas largas, delgadas y flexibles se utilizan en cestería.

mimbreral *s. m.* Sitio poblado de mimbreras.

mimeografiar *t.* Reproducir en copias con el mimeógrafo.

mimeógrafo *s. m.* Multicopista para reproducir textos o figuras.

mimetismo *s. m.* Parecido que llegan a tener o que tienen ya algunas especies animales o vegetales con lo que les rodea o con otras especies con las cuales están en contacto. || Reproducción maquinal de gestos o ademanes.

mimetizar *intr.* y *pr.* Adoptar un ser vivo el aspecto y los colores que le hacen confundirse con el entorno.

mímico, ca *adj.* Relativo al mimo o a la mímica. || Que expresa una acción con gestos o ademanes. || *s. f.* Arte de imitar o de darse a entender por medio de gestos y ademanes.

mimo *s. m.* Entre griegos y romanos, farsante del género bufo y comedia de estilo realista en la que se imitaba la vida y las costumbres de la época. || Representación en la que el actor manifiesta con gestos y ademanes la acción o los sentimientos. || Este actor. || Cariño, demostración excesiva de ternura. || Indulgencia exagerada que se manifiesta a un niño.

mimosa *s. f.* Planta originaria del Brasil de la familia de las mimosáceas, llamada también «sensitiva».

mimosácea *s. f. pl.* Familia de plantas leguminosas que comprende la acacia y la mimosa.

mimoso, sa *adj.* Melindroso. || Muy cariñoso. *Las niñas suelen ser mimosas.* || Delicado, regalón. || Mimado, consentido.

mina *s. f.* Excavación para extraer del subsuelo sustancias minerales útiles. || Conjunto de instalaciones para la extracción y tratamiento de las sustancias minerales. || Barrita cilíndrica que forma el eje de un lápiz y está constituida por una materia que deja una traza sobre el papel. || *fig.* Persona o cosa que proporciona mucho provecho. *Este negocio es una mina.* || Carga explosiva que suele camuflarse en la tierra o en el mar para explotar al paso del enemigo. || *Arg.* y *Uy.* Mujer.

minador, ra *adj.* Que mina. || *s. m.* Barco para colocar minas. || Ingeniero que abre minas. || Soldado especializado en la instalación y manejo de minas, también llamado «zapador».

minar *t.* Cavar lentamente por debajo. *El agua mina las piedras.* || *fig.* Ir consumiendo poco a poco. *La tuberculosis le minaba el organismo.* || Colocar minas.

minarete *s. m.* Alminar.

mineral *adj.* Relativo a los cuerpos inorgánicos. || *s. m.* Cuerpo inorgánico, sólido a la temperatura normal, que constituye las rocas de la corteza terrestre. || Elemento del terreno que contiene metales o metaloides aprovechables.

mineralización *s. f.* Transformación de un metal en mineral al combinarse con otro cuerpo. || Estado del agua que contiene sustancias minerales disueltas.

mineralizar *t.* Comunicar a una sustancia las propiedades de mineral. *En este filón el azufre mineraliza el hierro.* || *pr.* Convertirse en mineral. || Cargarse el agua de sustancias minerales.

mineralogía *s. f.* Ciencia que trata de los minerales.

mineralógico, ca *adj.* Relativo a la mineralogía.

mineralogista *s. com.* Especialista en mineralogía.

minería *s. f.* Arte de explotar las minas. || Conjunto de individuos que se dedican a este trabajo. || Conjunto de las minas e industria minera de un país.

minero, ra *adj.* Relativo a las minas. *La producción minera desbancó a la petrolera.* || Referente a la explotación de las minas. || *s.* Quien trabaja en las minas.

minga *s. f. Arg. Bol. Chil. Col. Ecua. Py.* y *Per.* Reunión de amigos para trabajar en común, a cambio de una comida que ofrece quien solicita el trabajo.

mingitorio *s. m.* Urinario.
mingo *s. m.* Bola que, al comenzar el juego de billar, se coloca a la cabecera de la mesa.
miniatura *s. f.* Letra o dibujo de color rojo que encabezaba los manuscritos antiguos. || Pintura de pequeñas dimensiones, por lo común hecha sobre vitela o marfil. || Reproducción de un objeto en tamaño reducido. || *fig.* Objeto diminuto y frágil. || *loc.* ***En miniatura:*** en pequeño.
miniaturista *s. com.* Artista que pinta miniaturas.
minibús *s. m.* Pequeño autobús urbano.
minifalda *s. f.* Falda que llega encima de la rodilla.
minifundio *s. m.* Finca rústica de poca extensión.
mínima *s. f.* Cosa muy pequeña. || Nota musical equivalente a la mitad de la semibreve. || Temperatura más baja en un tiempo y lugar dados.
minimizar *t.* Reducir algo al mínimo. || *fig.* Quitar importancia a algo. *Minimizó aquel incidente y su trato siguió igual.*
mínimo, ma *adj.* Muy pequeño. || Minucioso. || Que ha llegado al mínimo. || *s. m.* Religioso de la orden fundada en Italia por san Francisco de Paula. || Mínimum. || *loc.* ***Mínimo común múltiplo:*** el menor de los múltiplos comunes de dos o más números. || ***Mínimo vital:*** lo imprescindible para la subsistencia de una persona o familia.
minino, na *s.* Gato.
minio *s. m.* Óxido de plomo de color rojo anaranjado, utilizado para proteger el hierro contra el orín.
ministerial *adj.* Relativo al ministerio o al ministro. *Por decreto ministerial aumentaron los impuestos.*
ministerio *s. m.* Misión, función. *El ministerio del sacerdocio requiere vocación.* || Conjunto de los ministros de un gobierno. || Empleo de ministro. || Cada uno de los departamentos en que se divide el gobierno de un Estado. *El ministerio de Guerra alista voluntarios.* || Edificio donde se encuentra la oficina del ministro. || *loc.* ***Ministerio público:*** el fiscal.
ministro *s. m.* Hombre de Estado encargado de un ministerio. || Oficial inferior de justicia. || Pastor en la Iglesia reformada. || *loc.* ***Ministro plenipotenciario:*** agente diplomático inferior al embajador. || ***Ministro sin cartera:*** el que ayuda al Gobierno en su trabajo sin regentar ningún departamento especial. || ***Primer ministro:*** jefe del Gobierno.
minoico, ca *adj.* Cretense.
minoración *s. f.* Disminución.
minorar *t.* Disminuir.
minoría *s. f.* Conjunto de personas que se encuentran en número menor al de la mayoría. || Parte de la población de un estado que difiere de la mayoría en etnia, lengua o religión. || En derecho, en las asambleas, juntas, etc., conjunto de personas cuya opinión es distinta a la de la mayoría. || Conjunto de votos de dichas personas en alguna elección, etc. || *loc.* ***Minoría de edad:*** condición de la persona que no ha cumplido la edad legal para disfrutar de los derechos civiles o políticos.
minorista *adj.* Se dice del comercio al por menor. || *s. com.* Persona que vende al por menor.
minoritario, ria *adj.* Que pertenece a una minoría o que se apoya en ella.
minuano, na *adj.* y *s.* De Lavalleja, departamento del Uruguay, y en particular de su capital Minas.
minucia *s. f.* Menudencia, cosa de poco aprecio e importancia. || Detalle, pormenor.
minuciosidad *s. f.* Minucia, esmero, primor.
minucioso, sa *adj.* Que hace las cosas con detenimiento y cuidando los más mínimos detalles. *Leyó al grupo un relato minucioso.*
minué *s. m.* Baile francés del siglo XVII ejecutado por dos personas. || Su música.
minuendo *s. m.* En una resta, cantidad de la que ha de restar otra llamada «sustraendo».
minúsculo, la *adj.* Diminuto, muy pequeño. || *s. f.* Letra ordinaria de menor tamaño que la mayúscula.
minuta *s. f.* Cuenta de los derechos u honorarios que presenta un profesional por el trabajo prestado, especialmente los abogados. || Lista de los platos de un restaurante. || Extracto o borrador de un documento o contrato antes de su escritura definitiva, en el que se anotan las cláusulas o partes esenciales. || Anotación de una cosa para tenerla presente.
minutería *s. f.* Interruptor eléctrico automático.
minutero *s. m.* Manecilla del reloj que señala los minutos.
minuto *s. m.* Cada una de las sesenta partes iguales en que se divide una hora. || Sexagésima parte de un grado de círculo. Su símbolo es m o ′.
mío, mía *adj.* y *pron. pos.* De mí. *Este libro es mío.* || *loc. fig.* y *fam.* ***Ésta es la mía:*** significa que ha llegado el momento de lograr lo que se pretende. || ***Los míos:*** mi familia.
miocardio *s. m.* Parte musculosa del corazón de los vertebrados, situada entre el pericardio y el endocardio.
miocarditis *s. f.* Inflamación del miocardio.
mioceno *adj.* y *s. m.* Cuarto periodo de la era Terciaria, entre el oligoceno y el plioceno, en que aparecieron los mamíferos evolucionados, como simios, rumiantes, mastodontes y dinoterios.
miope *adj.* y *s. com.* Corto de vista. || *fig.* Que no ve las cosas por muy patentes que estén.
miopía *s. f.* Defecto de la vista que sólo permite ver los objetos próximos al ojo. || *fig.* Incapacidad de la inteligencia para ver con perspicacia.
miosota o **miosotis** *s. f.* En botánica, raspilla.
miquelete *s. m.* Miguelete.
mira *s. f.* Pieza de las armas de fuego para asegurar la puntería. || Regla graduada que se coloca verticalmente en los puntos del terreno que se quiere nivelar. || Obra elevada de fortificación que servía de atalaya. || *fig.* Intención, objetivo. *Tener miras altas.* || *loc.* ***Con miras a:*** con la idea de. || *loc. fig.* ***Poner la mira en una cosa:*** hacer la elección de ella o desearla.
mirabel *s. m.* Planta ornamental quenopodiácea. || Planta de girasol.
mirada *s. f.* Acción y manera de mirar, vista. *Una mirada aguda.* || Ojos. *Tener la mirada azul.* || Ojeada. *Echar una mirada a un libro.*
mirado, da *adj.* Circunspecto, cauto, prudente. *Héctor es un hombre muy mirado.* || Cuidadoso. *Ser muy mirado con sus cosas personales.* || Tenido en buena o mala estima.
mirador, ra *adj.* y *s.* Que mira. || *s. m.* Lugar desde donde se contempla un paisaje. || Balcón cubierto cerrado con cristales.
miraguano *s. m.* Palmera de América y Oceanía cuyo fruto se usa para rellenar almohadas. || *fig.* ***Parecer una persona,*** o ***cosa, de miraguano:*** ser muy delicada.
miramiento *s. m.* Acción de mirar. || Consideración, circunspección, reparo, prudencia. *Procedió con miramiento.* || *pl.* Respeto, deferencia, consideración. *Tiene miramientos con las personas mayores.*
mirandense *adj.* y *s.* Del estado de Miranda, en Venezuela.
mirandés, esa *adj.* y *s.* De Miranda de Ebro, ciudad de España.
mirar *t.* Fijar atentamente la mirada en. *Miraba de cerca, para no perder detalle de la película.* || Estar orientado hacia. *La casa mira al sur.* || Buscar, considerar, interesarse por. *Sólo mira a su provecho.* || *fig.* Juzgar, estimar. || Examinar, reflexionar, considerar. || Cuidar, ocuparse de. *Miraba por sus negocios todo el tiempo.* || Averiguar, inquirir, informarse. *Mire usted si ya llegó.* || *loc. fig.* y *fam.* ***De mírame y no me toques:*** dícese de las personas delicadas de salud o de las cosas frágiles. || ***Mirar de arriba abajo:*** hacerlo con aire impertinente y cierto desprecio. || ***Mirar por una cosa:*** tener cuidado de ella.
mirasol *s. m.* Girasol.
miríada *s. f.* Cantidad muy grande, pero indefinida. *Las estrellas se cuentan por miríadas.*

miriámetro *s. m.* Medida de diez mil metros. Su símbolo es Mm.
miriápodo *s. m.* Animal articulado que tiene uno o dos pares de patas en cada uno de sus numerosos artejos. || *pl.* Clase de estos animales.
mirífico, ca *adj.* En lenguaje poético, que es o parece demasiado maravilloso.
mirilla *s. f.* Abertura muy discreta en una puerta para ver quién llama sin ser visto. || Abertura pequeña que sirve para observar el interior de una caldera, máquina, etc.
miriñaque *s. m.* Armadura de alambre o ballenas que llevaban las mujeres para ahuecar las faldas.
mirlo *s. m.* Pájaro de plumaje oscuro, parecido al tordo. || *loc. fig.* y *fam.* ***Ser un mirlo blanco:*** ser una persona muy difícil de encontrar por sus cualidades excepcionales.
mirón, rona *adj.* Curioso.
mirra *s. f.* Gomorresina aromática empleada para hacer incienso y fabricar perfumes.
mirtáceas *s. f. pl.* Familia de plantas angiospermas dicotiledóneas.
mirto *s. m.* Arrayán.
misa *s. f.* Ceremonia religiosa en la que el sacerdote católico, ante el altar, ofrece a Dios Padre el sacrificio del cuerpo y la sangre de Jesucristo bajo las especies de pan y vino. || *loc.* ***Decir misa:*** celebrarla el sacerdote.
misal *s. m.* Devocionario, libro que leen los fieles cuando se celebra la misa. || Libro que lee el sacerdote durante la misa.
misantropía *s. f.* Odio a los hombres y a la sociedad.
misantrópico, ca *adj.* Propio de los misántropos.
misántropo *s. m.* Hombre huraño que huye del trato humano.
miscelánea *s. f.* Mezcla de cosas diversas. || *Méx.* Tienda pequeña. *Compras en la miscelánea.*
miscible *adj.* Que puede formar con otro cuerpo una mezcla homogénea. || Mezclable.
miserable *adj.* Malvado, infame. *Aquella fue una acción miserable.* || Pobre, de pocos recursos. *Una familia miserable sobrevive con muy poco.* || Ínfimo, escaso. *Su sueldo es aún miserable.* || Mísero. *¡Miserable de mí!* || Lastimoso. *Estaba en un estado miserable.* || *s. com.* Tacaño, mezquino.
miseria *s. f.* Desgracia, infortunio. *Sufrió muchas miserias en su infancia.* || Pobreza extremada. *Vivía en la miseria hasta que ganó la lotería.* || Avaricia, mezquindad. || Piojos que cría una persona. || *fig.* y *fam.* Cosa de muy poco valor. *Pagó con una miseria.*
misericordia *s. f.* Virtud que nos inclina a ser compasivos. || Perdón. *Pedí misericordia y la obtuve.* || Ménsula en los asientos movibles del coro de las iglesias para descansar medio sentado en ella.
misericordioso, sa *adj.* y *s.* Inclinado a la compasión y al perdón.
mísero, ra *adj.* y *s.* Desgraciado. || Tacaño.
misia o **misiá** *s. f. Amér. Merid.* Tratamiento de cortesía equivalente a «señora».
misil *s. m.* Cohete, proyectil balístico.
misión *s. f.* Acción encomendada a una persona. || Expedición científica encargada de cumplir una tarea concreta. || Obra que una persona o colectividad se sienten obligadas a realizar. || Comisión temporal dada por un estado a un diplomático o agente especial para un fin determinado. *El ministro viajó en una misión comercial.* || Evangelización llevada a cabo por miembros de la Iglesia, generalmente en países de mayoría no cristiana. || Casa, capilla o centro de los misioneros. *Acudió a la misión muy temprano.*
misionero, ra[1] *adj.* Relativo a la misión evangélica. || *s.* Persona que predica la religión cristiana en las misiones.
misionero, ra[2] *adj.* y *s.* De Misiones, provincia de Argentina y departamento de Paraguay.
misiva *s. f.* Carta, mensaje.
mismo, ma *adj.* Denota identidad, similitud o paridad. *Su mismo padre lo hizo.* || Se agrega a los pronombres personales y a algunos adverbios para darles más fuerza. *Yo mismo iré a resolver la situación.* || Hasta, incluso. *Sus mismos hermanos la odian.* || *loc.* ***Ahora mismo:*** en el acto. || ***Así mismo:*** también; de la misma manera. || ***Estar en las mismas:*** no haber ocurrido ningún cambio. || ***Lo mismo:*** la misma cosa. || ***Lo mismo da:*** no importa. || ***Por lo mismo:*** por esta razón, a causa de ello. || ***Volver a las mismas:*** caer uno en los mismos errores que antes.
misoginia *s. f.* Aversión u odio a las mujeres.
misógino *adj.* y *s. m.* Que rehúye el trato con las mujeres.
misterio *s. m.* Conjunto de doctrinas y prácticas religiosas que sólo deben conocer los iniciados. || En la religión cristiana, cosa inaccesible a la razón y que debe ser objeto de fe. *El misterio de la Santísima Trinidad.* || *fig.* Cosa incomprensible. *El corazón tiene sus misterios.* || Lo que sólo puede ser comprendido por unos pocos iniciados. *Los misterios de la poesía.* || Cosa secreta. *Andar siempre con misterios.* || Obra teatral de la Edad Media de asunto religioso, que trataba principalmente de la Pasión de Jesucristo.
misterioso, sa *adj.* Que encierra en sí misterio. *Se cometió un crimen misterioso.* || Que anda siempre con misterios. *Horacio es un hombre misterioso.*
mística *s. f.* Parte de la teología que trata de la vida espiritual y contemplativa. || Literatura mística.
misticismo *s. m.* Estado de la persona que se dedica a la contemplación de Dios o de las cosas espirituales. || Unión inefable, entre el alma y Dios por medio del amor, que puede ir acompañada de éxtasis y revelaciones. || Doctrina filosófica y religiosa, según la cual se puede comunicar directamente con Dios en la visión intuitiva o el éxtasis. || Corriente literaria cuyos principales representantes son san Juan de la Cruz y santa Teresa de Jesús, caracterizada por la adoración y contemplación de Dios.
místico, ca *adj.* Que se refiere a los misterios cristianos y a las realidades invisibles. || Que pertenece al misticismo. || De sentido oculto, figurado o alegórico.
mistificación *s. f.* Falseamiento.
mistificar *t.* Falsear, falsificar. || Burlarse, engañar.
mistol *s. m. Arg. Bol.* y *Py.* Planta espinosa con cuyo fruto se elabora arrope.
mistral *s. m.* Viento frío y seco que sopla del Norte en las costas del Mediterráneo.
mita *s. f.* En la América colonial, repartimiento forzado de la población india para realizar los diversos servicios personales del comercio, agricultura y minería, especialmente el trabajo en las minas del Perú. || En el imperio inca, servicio personal que realizaban los súbditos del inca en los servicios públicos o en las tierras del inca para satisfacer los impuestos.
mitad *s. f.* Cada una de las dos partes iguales en que se divide un todo. || Punto o parte que equidista o dista aproximadamente igual de sus extremos. *La encontré a mitad del camino.* || Unidad social basada en el parentesco, en aquellos casos en que la tribu está dividida en dos partes.
mitayo *s. m.* En América, indio sorteado para el trabajo. || Indio que llevaba lo recaudado en la mita.
mítico, ca *adj.* Relativo a los mitos o parecido a ellos.
mitigación *s. f.* Acción y efecto de mitigar o mitigarse.
mitigar *t.* Aplacar, disminuir, calmar. *Mitigó su hambre y prosiguió su peregrinar.* || Suavizar una cosa áspera. *El agua mitigó la acidez del limón.* || Hacer menos riguroso. *Llorar mitigó su pena.* || Moderar.
mitin *s. m.* Reunión pública de asuntos políticos o sociales. *Se efectuó un mitin electoral.* || *loc. fig.* y *fam.* ***Dar el mitin:*** llamar mucho la atención.
mito *s. m.* Relato de los tiempos fabulosos y heroicos, de sentido ge-

neralmente simbólico. *Quedé asombrado con los mitos griegos.* || Relato alegórico basado en una generalidad histórica, filosófica o física. || *fig.* Cosa que no tiene realidad concreta. *El mito de la Atlántida.*

mitocondria *s. f.* Parte de las células que se encarga de la producción de energía.

mitología *s. f.* Historia fabulosa de los dioses, semidioses y héroes de la Antigüedad. *La mitología escandinava es poco conocida.* || Ciencia e interpretación de los mitos.

mitológico, ca *adj.* Relativo a la mitología.

mitomanía *s. f.* Tendencia patológica a mentir o a relatar cosas fabulosas.

mitómano, na *adj.* y *s.* Que sufre de mitomanía.

mitón *s. m.* Guante de punto o de malla sin dedos.

mitosis *s. f.* Proceso de división indirecta de la célula que se caracteriza por la duplicación de todos sus elementos y un reparto igualatorio entre las dos células hijas. Comprende cuatro fases: profase, metafase, anafase y telofase.

mitote *s. m. Amér.* Fiesta casera. || Aspaviento, demostración exagerada. *El desfile pasó con mucho mitote.* || *Méx.* Situación donde impera el desorden o en la que hay mucho ruido o alboroto. *La celebración se transformó en un mitote.*

mitotear *intr. Amér. fig.* Hacer melindres.

mitotero, ra *adj.* y *s. Amér.* Que hace mitotes o melindres. || Bullanguero, amigo de diversiones. || *Amér.* Que realiza mitotes, pendenciero. *Ese provocador es un mitotero.*

mitra *s. f.* Toca puntiaguda de los antiguos persas. || Toca alta y en punta que llevan los prelados en las solemnidades. || *fig.* Dignidad de arzobispo u obispo.

mitrado, da *adj.* Que usa o puede usar mitra. || *s. m.* Arzobispo u obispo.

mitral *adj.* En forma de mitra. || Dícese de la válvula que existe entre la aurícula y el ventrículo izquierdos del corazón.

mituano, na o **mituense** *adj.* y *s.* De Mitú, municipio de Colombia.

mixe *adj.* y *s. com.* Grupo étnico de los estados de Oaxaca, Veracruz y Chiapas, México.

mixiote *s. m.* Membrana de la penca del maguey. Los antiguos aztecas la usaron para su escritura.

mixomatosis *s. f.* Enfermedad infecciosa del conejo.

mixomicete *adj.* y *s. m.* Relativo a una clase de hongos que forman masas gelatinosas que se alimentan de vegetales en descomposición.

mixteca *adj.* y *s. com.* Indígena mexicano, del sur de México, en los estados de Oaxaca, Guerrero y Puebla.

mixtificación *s. f.* Mistificación.

mixtificar *t.* Mistificar.

mixto, ta *adj.* Mezclado e incorporado con una cosa. || Compuesto de elementos de distinta naturaleza. || Híbrido, mestizo. || Que sirve de transición entre dos cosas. || Que comprende personas de ambos sexos o pertenecientes a grupos distintos. *Mi hija estudia en una escuela mixta.* || *loc.* ***Tren mixto:*** el que transporta viajeros y mercancías. || *s. m.* Fósforo, cerilla. || Sustancia inflamable empleada en la guerra, en pirotecnia, etc. || Fulminante.

mixtura *s. f.* Mezcla.

mízcalo *s. m.* Hongo comestible.

mnemónico, ca *adj.* Mnemotécnico. || *s. f.* Mnemotecnia.

mnemotecnia *s. f.* Arte de cultivar la memoria mediante ejercicios apropiados. || Empleo de procedimientos científicos para fijar en la memoria datos difíciles de recordar.

mnemotécnico, ca *adj.* Relativo a la mnemotecnia. || *s. f.* Mnemotecnia.

moaré *s. m.* Muaré.

mobiliario, ria *adj.* Mueble. || *s.* Transmisible. || *s. m.* Conjunto de los muebles.

moblaje *s. m.* Mobiliario.

moca *s. m.* Café originario de la ciudad de Moka, en Arabia.

mocasín *s. m.* Calzado plano, flexible y sin cordones. || Calzado de los indios norteamericanos, hecho de piel sin curtir. || Ofidio de América y Asia.

mocedad *s. f.* Juventud, edad comprendida entre la niñez y la edad adulta.

mocerío *s. m.* Conjunto de mozos.

mocetón, tona *s.* Persona joven, alta y fuerte.

moche *s. com.* Individuo de un pueblo amerindio que se desarrolló en la costa norte del Perú.

mochica *adj.* y *s. com.* Individuo de un pueblo indígena de la costa norte del antiguo Perú.

mocho, cha *adj.* Que no tiene la punta o el remate ordinarios. || *Méx.* Se dice de la persona mojigata, fanática de sus creencias religiosas.

mochuelo *s. m.* Ave rapaz nocturna que se alimenta principalmente de roedores y reptiles. || *fig.* y *fam.* Cualquier cosa difícil o molesta. *Le cargaron el mochuelo.* || *fig.* ***Cada mochuelo a su olivo:*** ha llegado el momento de ir a su casa o de ocuparse cada uno de sus asuntos.

moción *s. f.* Proposición que se hace en una asamblea. *Presenté una moción de censura.*

moco *s. m.* Sustancia pegajosa y viscosa segregada por las glándulas mucosas, especialmente la que fluye de la nariz. || Extremo del pabilo de una vela encendida. || Escoria que sale al batir el hierro. || Palo corto de un barco, situado verticalmente debajo del bauprés. || *loc.* ***Llorar a moco tendido:*** llorar sin parar.

mocoano, na *adj.* y *s.* De Mocoa, municipio de Colombia.

mocoso, sa *adj.* Que tiene la nariz llena de mocos. || *adj.* y *s. fig.* Aplícase a los niños mal educados o demasiado presumidos.

moda *s. f.* Manera de actuar, vivir y pensar ligada a un ambiente o a una época determinados. || Conjunto de ropa y complementos que siguen el gusto del momento. *La moda parisina invade al mundo.* || Comercio e industria del diseño de ropa. || En estadística, valor del elemento que se presenta con mayor frecuencia en un conjunto de datos. || *loc.* ***A la*** o ***de moda:*** según el gusto del momento.

modal *adj.* Relativo al modo, especialmente al gramatical. || *s. m. pl.* Conjunto de gestos, expresiones y actitudes conforme a lo que es considerado correcto o distinguido por determinado grupo social.

modalidad *s. f.* Modo, forma particular de ser o de manifestarse una cosa.

modelado *s. m.* Acción de modelar. || Relieve de las formas en escultura y pintura.

modelador, ra *adj.* Que modela. || *s.* Artista que modela, escultor.

modelar *t.* Formar con barro, cera, etc., una figura o adorno. || Pintar una figura con relieve por medio de claroscuro. || *fig.* Adaptar. *Modeló su conducta a la de sus compañeros.* || *pr. fig.* Ajustarse a un modelo.

modelista *s. com.* Operario encargado de los moldes para el vaciado de piezas de metal, cemento, etc. || Persona que dibuja modelos de costura.

modelo *adj. inv.* Perfecto en su género, digno de ser imitado. *Aquella es una escuela modelo.* || *s. m.* Objeto que se reproduce o se imita. *Esa casa me sirvió de modelo para la mía.* || Representación de alguna cosa en pequeña escala. || Persona, animal u objeto que reproduce el pintor o escultor. *Un modelo clásico de automóvil de lujo.* || Obra de arte de barro o cera que se reproduce luego en forma de escultura. || Persona o cosa digna de ser imitada. *Eva es un modelo de virtudes.* || Vestido original en una colección de alta costura. || Construcción de una o varias piezas para hacer el molde en el cual se vaciarán los objetos. || *s. f.* Mujer que en las casas de modas exhibe los nuevos modelos de costura. *El desfile de modelos estuvo muy concurrido.* || *loc.* ***Modelo para armar:*** pasatiempo que consiste en un modelo a escala que viene en piezas que deben pegarse para construirlo.

módem o **modem** *s. m.* En informática, dispositivo que convierte la información que recibe de una forma

generalmente digital en otra forma transmisible a través de una línea del teleproceso, y viceversa.
moderación *s. f.* Virtud que consiste en permanecer igualmente alejado de ambos extremos. *Ejercía el poder con moderación pero fue depuesto.* || Cordura, sensatez.
moderado, da *adj.* Que tiene moderación. *Sergio es moderado en sus ambiciones.* || Que no es excesivo. *Un precio moderado atrae a más clientes.* || En política, alejado de los partidos radicales o extremistas.
moderador, ra *adj.* y *s.* Que modera. || Aplícase a la sustancia o al mecanismo que frena, regula o atenúa las acciones demasiado enérgicas.
moderar *t.* Templar, reducir la intensidad. *Se debe moderar la velocidad en los cruces.* || Contener en unos límites razonables, fuera de todo exceso. *Si moderas tus pasiones, conservarás la virtud.* || *pr.* Contenerse.
moderato *adv.* En música, con movimiento moderado.
modernidad *s. f.* Modernismo.
modernismo *s. m.* Cualidad de moderno. || Afición, gusto por lo moderno. || En bellas artes, movimiento artístico, especialmente arquitectónico y decorativo, desarrollado entre finales del siglo XIX y principios del XX. || En literatura, movimiento literario desarrollado en Hispanoamérica y España entre finales del siglo XIX y principios del XX.
modernista *adj.* Relativo al modernismo. || *s. com.* Partidario del modernismo.
modernización *s. f.* Acción y efecto de modernizar.
modernizar *t.* Dar forma o aspecto moderno a las cosas antiguas.
moderno, na *adj.* Que pertenece a la época actual o existe desde hace poco tiempo. || Que representa el gusto actual. *Gusta de los muebles modernos.* || *loc.* ***Edad Moderna:*** tiempo posterior a la Edad Media, que va desde la toma de Constantinopla (1453) o desde el descubrimiento de América (1492), hasta fines del siglo XVIII. || *s. m.* Lo que es moderno, actual.
modestia *s. f.* Virtud por la cual uno no habla ni piensa con orgullo de sí mismo. || Sencillez. || Pudor.
modesto, ta *adj.* y *s.* Que da pruebas de modestia.
modicidad *s. f.* Calidad de módico o moderado.
módico, ca *adj.* Limitado, reducido, escaso, de poca importancia.
modificación *s. f.* Cambio.
modificador, ra *adj.* y *s.* Que modifica.
modificar *t.* Cambiar una cosa sin alterar su naturaleza misma. *Modificó su propuesta y acepté el empleo.* || Determinar o cambiar el sentido de una palabra. *El adverbio se usa para modificar el verbo.* || *pr.* Cambiar.
modismo *s. m.* Frase o locución características de una lengua, cuyo significado no se deduce de los significados aislados de las palabras que la forman.
modista *s. com.* Persona que hace prendas de vestir para señoras. || *s. f.* Mujer que tiene una tienda de modas.
modistería *s. f. Amér.* Tienda de modas.
modisto *s. m.* Barbarismo por «modista», sastre para señoras.
modo *s. m.* Manera variable de presentarse una cosa. || Forma de realizar algo. || En gramática, categoría gramatical del verbo que hace referencia a la manera en que se presenta el proceso verbal. En español hay cuatro modos: indicativo, condicional o potencial, subjuntivo e imperativo. || *pl.* Gestos, expresiones o comportamiento adecuados a lo que se considera correcto dentro de una determinada sociedad. || *loc.* ***Modo de vida:*** conjunto de actividades regulares y repetidas de un grupo humano en función de un hábitat determinado. || *Méx.* ***Ni modo:*** Indica que no se puede hacer nada ante algo que no tiene remedio. *Ni modo, ya se nos hizo tarde.*
modorra *s. f.* Sueño pesado, sopor. || Enfermedad parasitaria del ganado lanar.
modosidad *s. f.* Calidad de modoso. || Recato.
modoso, sa *adj.* Que tiene buenos modales, formal. || Recatado.
modulación *s. f.* Acción de modular la voz o el tono. || Variación en el tiempo de una de las características de una onda (amplitud, frecuencia, fase) con arreglo a una ley determinada.
modulador, ra *adj.* y *s. m.* Que modula.
modular[1] *adj.* Relativo al módulo. || Que está formado por un conjunto de módulos.
modular[2] *intr.* En música, pasar melódicamente de una tonalidad a otra, dentro de un mismo fragmento de una composición. || Ejecutar modulaciones al cantar o al tocar un instrumento. || En telecomunicaciones, hacer variar la amplitud, la frecuencia o la fase de una onda portadora en relación con una señal.
módulo *s. m.* Proporción que existe entre las dimensiones de los elementos de un cuerpo u obra que se considera perfecta. || Unidad de medida que se toma para establecer esta proporción. || Elemento tipo que se utiliza en construcciones prefabricadas.
mofa *s. f.* Burla, befa.
mofador, ra *adj.* y *s.* Que se mofa o burla.
mofar *intr.* Burlarse.
mofeta *s. f.* Gas irrespirable que se desprende de las minas y canteras. || Gas carbónico que emana en las regiones volcánicas después de las erupciones. || Mamífero carnicero de América parecido a la comadreja, que cuando se ve perseguido lanza un líquido hediondo.
moflete *s. m. fam.* Carrillo.
moghrebino, na *adj.* y *s.* Maghrebino.
mogol, la *adj.* y *s.* Mongol. || *loc.* ***Gran Mogol:*** título de los soberanos de una dinastía mahometana en la India.
mogólico, ca *adj.* Mongólico, de Mongolia.
mogollón *s. m.* Entremetimiento. || *loc. fam.* ***De mogollón:*** por casualidad, sin méritos, gratuitamente.
mogón, gona *adj.* Dícese de la res vacuna descornada.
mogrevino, na *adj.* y *s.* Maghrebino.
mohair *s. m.* Pelo de cabra de Angora. || Tejido hecho con este pelo.
mohawk *s. m.* Pueblo indígena norteamericano.
mohicano, na *adj.* y *s.* Dícese del individuo de una tribu india de Connecticut, Estados Unidos.
mohín *s. m.* Mueca o gesto de desagrado o mal humor.
mohíno, na *adj.* Enfadado, de mal humor. || Triste. || Dícese del macho o mulo nacidos de caballo y burra. || Aplícase a las caballerías que tienen el pelo, sobre todo el hocico, de color muy negro. || *s. f.* Enfado, disgusto, enojo.
moho *s. m.* Hongo muy pequeño que se cría en la superficie de ciertos cuerpos orgánicos. || Capa de óxido que se forma en la superficie de algunos metales, como el hierro y el cobre.
mohoso, sa *adj.* Cubierto de moho o herrumbre.
moisés *s. m.* Cuna de mimbre.
mojadá *s. f.* Mojadura.
mojado, da *adj.* y *s.* Se dice del mexicano residente ilegal en los Estados Unidos de América.
mojador, ra *adj.* Que moja. || *s. m.* Cosa que sirve para mojar. || Depósito en que se mojan las hojas de papel antes de la impresión. || Cepillo o esponja usado para mojar la ropa.
mojadura *s. f.* Acción y efecto de mojar o mojarse.
mojama *s. f.* Cecina de atún.
mojar *t.* Humedecer una cosa con agua u otro líquido. || *fig.* y *fam.* Celebrar con vino un acontecimiento feliz. || *fig.* Introducirse o tener parte en un negocio.
mojarra *s. f.* Pez marino de color gris plateado con tornasoles y grandes fajas transversales negras. || *Arg.* Pez pequeño que abunda en aguas dulces de América del Sur.

mojicón *s. m.* Bizcocho de mazapán bañado. || Bollo para tomar chocolate. || *fam.* Puñetazo.
mojiganga *s. f.* Fiesta pública de máscaras. || Obrilla dramática muy breve parecida a la farsa. || *fig.* Burla, broma.
mojigatería *s. f.* Hipocresía. || Beatería.
mojigato, ta *adj.* y *s.* Hipócrita. || Santurrón, beato. || Gazmoño.
mojo, ja *adj.* y *s.* Indio boliviano de la familia de los arawakos.
mojón *s. m.* Hito, poste o señal para indicar los límites. || Señal que sirve de guía en un camino. || Excremento humano.
moka *s. m.* Moca.
mol *s. m.* Molécula gramo.
mola *s. f.* Harina de cebada tostada y mezclada con sal que usaban los gentiles en sus sacrificios.
molar *adj.* Relativo a la muela. || *loc.* ***Diente molar:*** dícese de cada uno de los dientes posteriores a los caninos.
molcajete *s. m.* Mortero grande, generalmente de piedra, con tres apoyos en su base.
molcajetear *t. Méx.* Moler o machacar una cosa en el molcajete.
moldar *t.* Amoldar. || Moldurar, hacer molduras.
moldavo, va *adj.* y *s.* De Moldavia.
molde *s. m.* Pieza en la que se hace en hueco la figura del objeto que se quiere estampar o reproducir. || Instrumento que sirve para dar forma a una cosa. || *fig.* Modelo. || *loc.* ***Letra de molde:*** la impresa.
moldeable *adj.* Que se puede moldear.
moldeado *s. m.* Operación que consiste en moldear un objeto.
moldeador, ra *adj.* y *s. m.* Que moldea o sirve para moldear.
moldear *t.* Sacar el molde de un objeto. || Vaciar en un molde. || *fig.* Dar cierta forma o carácter. *La vida nos moldea.*
moldura *s. f.* Parte saliente, de perfil uniforme, que sirve para adornar obras de arquitectura, carpintería, etc.
moldurar *t.* Hacer molduras.
mole *s. f.* Cuerpo pesado y enorme. || Corpulencia, especialmente de una persona. || *s. m. Méx.* Salsa espesa elaborada con diferentes especias y otros ingredientes. || Guiso de carne de pollo, guajolote o cerdo que se prepara con esta salsa.
molécula *s. f.* Partícula formada de átomos que representa la cantidad más pequeña de un cuerpo que pueda existir en estado libre. *Una molécula de hidrógeno.* || *loc.* ***Molécula gramo:*** masa representada por la fórmula de un cuerpo químico.
molecular *adj.* Relativo a las moléculas.
moler *t.* Reducir el grano u otros materiales a polvo o pequeños fragmentos mediante golpes, presión o frotamiento. || Maltratar físicamente a alguien. *Lo molieron a palos, por ladrón.* || Desmenuzar o triturar un mineral pasándolo por el molino. || *fam. Méx.* Molestar, fastidiar. *Ya no me muelas, déjame trabajar.* || *intr. fig.* Cansar o fatigar mucho. *La caminata lo molió.*
molestar *t.* Causar molestia, incomodar. *¿Le molesta el humo?* || Fastidiar, importunar. *Le molesta hacer visitas.* || Ofender, herir. *Lo que le dije le molestó.* || Hacer daño. *Me molestan estos zapatos.* || *pr.* Tomarse la molestia de hacer algo. *No se ha molestado en ayudarme.* || Picarse, ofenderse. *Se molesta por cualquier cosa.*
molestia *s. f.* Contrariedad, disgusto. *Su carácter le acarreó muchas molestias.* || Fastidio. *Es una molestia ir a ese sitio ahora.* || Trabajo. *Tomarse la molestia de ir a hacer un recado.* || *pl.* Achaques de salud. *Tener molestias en una pierna.*
molesto, ta *adj.* Que causa molestia. *Una pregunta molesta.* || *fig.* Que la siente, incómodo. *Estuve molesto en aquel sillón.* || Enfadado, enojado. *Estoy molesto con ellos.*
moleta *s. f.* Piedra o guijarro para moler drogas, colores, etc. || Instrumento que sirve para machacar materias duras.
molibdenita *s. f.* Sulfuro natural de molibdeno.
molibdeno *s. m.* Elemento químico, metal escaso en la corteza terrestre, que se encuentra generalmente en forma de sulfuro. Es de color gris o negro y brillo plateado, pesado y con un elevado punto de fusión, blando y dúctil en estado puro, pero quebradizo si presenta impurezas. Se utiliza en la fabricación de aceros y filamentos resistentes a altas temperaturas. Su número atómico es 42 y su símbolo *Mo.*
molicie *s. f.* Blandura. || *fig.* Mucha comodidad, regalo. *Vivió con molicie hasta el fin de sus días.*
molido, da *adj. fig.* Muy cansado. *Estoy molido de tanto trabajar.* || Maltrecho.
molienda *s. f.* Acción de moler. || Cantidad molida de una vez. ||Tiempo que dura la acción de moler, especialmente la caña.
molinar *s. m.* Sitio donde están reunidos varios molinos.
molinería *s. f.* Conjunto de molinos. || Industria que transforma en harina los granos.
molinero, ra *adj.* Relativo al molino o a la molinería. || *s.* Persona que tiene un molino o trabaja en él.
molinete *s. m.* Ruedecilla de aspas colocada en las vidrieras para que se renueve el aire. || Juguete de papel u otro material que gira a impulsos del viento. || Figura de baile. || Movimiento circular que se hace con el bastón o espada para defenderse. || Galicismo por «torniquete».
molinillo *s. m.* Utensilio doméstico para moler. || Aparato para medir la velocidad de las corrientes de agua. || Molinete, juguete infantil.
molino *s. m.* Máquina para moler o estrujar. || Edificio donde está instalada esta máquina. *El molino de viento produce energía.* || *fig.* Persona bulliciosa o muy molesta. || *loc. fig.* ***Molinos de viento:*** enemigos fantásticos o imaginarios.
molla *s. f.* Parte carnosa del cuerpo. || *pl.* Gordura, exceso de carne.
mollar *adj.* Blando y fácil de partir o quebrantar. || Aplícase a ciertos frutos blandos.
molle *s. m.* Nombre vulgar de un árbol terebintáceo de América, llamado también «árbol del Perú».
molleja *s. f.* Estómago muscular de las aves. || Apéndice carnoso formado las más de las veces por infarto de las glándulas.
mollendino, na *adj.* y *s.* De Mollendo, ciudad del Perú.
mollera *s. f.* Cabeza, en especial la parte más alta de la misma. || Fontanela situada en la parte más alta de la frente. || *fig.* Inteligencia, entendimiento. || *loc. fam.* ***Cerrado*** o ***duro de mollera.*** Testarudo o lento para comprender algo.
mollete *s. m.* Panecillo esponjoso de forma ovalada.
moloc *s. m.* Saurio de Australia cubierto de púas, de unos 20 cm.
molón, lona *adj. fam. Méx.* Fastidioso, molesto.
molonquear *t. Méx.* Golpear a otro.
molote *s. m. Amér. C. Ants. Col.* y *Méx.* Alboroto, escándalo. || *Méx.* Moño. || Empanada rellena de carne, papas, cebolla, queso, etc. || Envoltura alargada, lío.
molto *adv.* En música, mucho. *Allegro molto.*
molturación *s. f.* Molienda.
molturar *t.* Moler.
moluscos *s. m. pl.* Tipo de animales metazoos invertebrados, de cuerpo blando protegido a menudo por una concha, como el caracol, la ostra, el pulpo, la jibia, etc.
momentáneo, a *adj.* Que sólo dura un momento. || Provisional.
momento *s. m.* Espacio de tiempo breve, no especificado. || Instante, punto definido en el tiempo. *Prohibido hablar a partir de este momento.* || Ocasión, circunstancia que se da para que se produzca algo. *Ahora es el momento oportuno.* || Periodo de duración indeterminada en que se hace cierta cosa o sucede algo. *Los momentos felices de nuestra vida.* || Tiempo presente, época de la que se trata. || *loc.* ***Al momento:*** inmediatamente. || ***De un momento a otro:*** pronto, inminentemente.

momia *s. f.* Cadáver conservado por medio de sustancias balsámicas. || Cadáver que se deseca sin entrar en putrefacción. || *fig.* Persona muy seca y delgada.
momificación *s. f.* Acción y efecto de momificar o momificarse.
momificar *t.* Convertir en momia un cadáver.
monacal *adj.* De los monjes.
monacato *s. m.* Estado de monje. || Institución monástica.
monada *s. f.* Gesto o acción propia de un mono. || Cosa bonita, graciosa y pequeña. || Gesto o mueca afectada. || *fig.* Acción tonta e impropia de personas sensatas. || Mimo o halago afectuoso y zalamero. || Gesto o acción graciosa de los niños.
mónada *s. f.* En el sistema filosófico de Leibniz, sustancia simple, activa e indivisible de que se componen todos los seres.
monaguense *adj.* y *s.* Del estado de Monagas, en Venezuela.
monaguillo *s. m.* Niño que ayuda al sacerdote en las ceremonias religiosas.
monarca *s. com.* Rey, jefe soberano de un Estado, elegido o hereditario.
monarquía *s. f.* Estado regido por un monarca. || Forma de gobierno en que el poder supremo está entre las manos de una sola persona. || Régimen político en que el jefe del Estado es un rey o un emperador hereditario. || *fig.* Tiempo durante el cual ha perdurado este régimen político en un país.
monárquico, ca *adj.* Del monarca o de la monarquía. || *s.* Partidario de la monarquía.
monarquismo *s. m.* Adhesión a la monarquía.
monasterio *s. m.* Convento.
monástico, ca *adj.* De los monjes o del monasterio.
monda *s. f.* Operación consistente en mondar árboles, frutas o legumbres. || Mondadura, desperdicio. || Limpia. *La monda de un pozo.* || Exhumación de huesos que de vez en cuando se hace en los cementerios. || *fam.* ***Ser la monda:*** ser el colmo; ser muy divertido.
mondadientes *s. m.* Palo pequeño y alargado, generalmente de madera, rematado en punta, que sirve para sacar lo que se mete entre los dientes.
mondadura *s. f.* Monda, acción de mondar. || Desperdicio que queda al mondar las frutas y legumbres.
mondante *adj. fam.* Muy divertido.
mondar *t.* Limpiar una cosa quitando lo inútil. || Pelar las frutas y las legumbres. *Mondaré una naranja.* || Podar, escamondar los árboles. || Limpiar el cauce de un río o canal o el fondo de un pozo. || Cortar el pelo. || *fig.* y *fam.* Quitarle a uno lo que tiene. *La mondaron en el juego.* || *loc.* ***Mondar a palos:*** pegar muy fuerte. || *pr. fam.* ***Mondarse de risa:*** partirse de risa.
mondo, da *adj.* Limpio y libre de otras cosas. || Pelado. *Con la cabeza monda.* || Sin dinero. *Quedé mondo después de haber pagado.* || *loc. fam.* ***Mondo y lirondo:*** limpio, sin añadidura alguna.
mondongo *s. m.* Intestinos y panza de un animal, especialmente del cerdo. || *fam.* Intestinos de una persona. || *Méx.* Guiso que se elabora con panza de res, menudo.
mondonguero, ra *s.* Persona que vende, compone o guisa mondongos.
moneda *s. f.* Instrumento legal de los pagos. || Pieza de metal acuñada por cuenta del Estado que facilita las transacciones comerciales. || Billete de banco. || *fig.* y *fam.* Dinero, caudal. || Casa de moneda. || *loc.* ***Moneda corriente:*** la legal, usual. || ***Moneda divisionaria*** o ***fraccionaria:*** la que equivale a una fracción exacta de la unidad monetaria. || ***Moneda fiduciaria:*** la que representa un valor que intrínsecamente no tiene. || ***Moneda menuda*** o ***suelta:*** piezas de escaso valor. || *fig.* y *fam.* ***Pagar con la misma moneda:*** corresponder a una mala acción con otra semejante. || ***Ser moneda corriente:*** ser muy frecuente.
monedero *s. m.* Hombre que acuña moneda. || Bolsa pequeña donde se guardan las monedas.
monegasco, ca *adj.* y *s.* Del principado de Mónaco.
monema *s. m.* En lingüística, unidad mínima significativa. || Término que integra un sintagma.
monera *s. f.* Organismo unicelular sin núcleo diferenciado.
monería *s. f.* Monada.
monetario, ria *adj.* Relativo a la moneda. *El caduco sistema monetario agravó la crisis.*
monetización *s. f.* Acción y efecto de monetizar.
monetizar *t.* Dar curso legal a los billetes de banco u otros signos pecuniarios. || Convertir en moneda.
mongol, la *adj.* y *s.* De Mongolia. || *s. m.* Lengua hablada por los mongoles.
mongólico, ca *adj.* y *s.* Mongol. || Que padece mongolismo.
mongolismo *s. m.* Enfermedad caracterizada por la deformación congénita del rostro, que suele ser redondo con los ojos hendidos, y por retraso mental.
mongoloide *adj.* De tipo mongólico.
monigote *s. m.* Lego de convento. || *fig.* Muñeco ridículo. || Pintura o dibujo mal hecho. || *fam.* Persona despreciable y sin personalidad.
monismo *s. m.* Doctrina filosófica que considera que el ser está hecho de una sustancia única.
monista *adj.* Relativo al monismo. || *s. com.* Partidario de la teoría del monismo.
monitor *s. m.* El que amonesta o avisa. || El que enseña gimnasia y algunos deportes como la esgrima, el esquí, etc. || Dispositivo en cuya pantalla se observan las imágenes generadas o enviadas por una computadora, una cámara de vigilancia o un equipo de medición. || Buque de guerra con espolón de acero a proa.
monitos *s. m. pl. Méx.* Historieta, tebeo. *Se la pasa leyendo monitos.*
monja *s. f.* Mujer que pertenece a una orden religiosa.
monje *s. m.* Fraile. || Solitario o anacoreta. || Paro carbonero, ave.
monjil *adj.* Propio de monje o monja. || *fig.* Muy recatado.
mono, na *adj. fig.* Bonito, gracioso, pulido. || *Col.* Rubio. || *s. m.* Simio. || *fig.* Persona muy fea. || *Esp.* Prenda de una sola pieza que cubre el torso y extremidades. || *fig.* Dibujo o pintura, generalmente humorístico. || *Méx.* Muñeco. *Un mono de peluche.*
monoatómico, ca *adj.* Que sólo contiene un átomo.
monobase *s. f.* Cuerpo que solamente posee una función básica.
monobásico, ca *adj.* Dícese de los cuerpos que sólo tienen una función básica.
monobloque *adj.* De una sola pieza o bloque.
monocamerismo *s. m.* Sistema parlamentario que tiene sólo una asamblea legislativa.
monocarril *adj.* Que se desplaza por un solo carril.
monoclínico *adj.* Aplícase al sistema cristalino cuyas formas se caracterizan por tener un eje de simetría binario.
monocorde *adj.* En música, de una sola cuerda. || Monótono.
monocotiledóneo, a *adj.* Dícese de las plantas angiospermas de un solo cotiledón.
monocromático, ca *adj.* Dícese de una radiación compuesta de vibraciones de igual frecuencia.
monocromo, ma *adj.* De sólo un color.
monóculo, la *adj.* Que tiene un solo ojo. || *s. m.* Lente para un solo ojo.
monocultivo *s. m.* Cultivo en un terreno de un solo producto.
monodia *s. f.* Canto para una sola voz y sin acompañamiento.
monofásico, ca *adj.* Aplícase a las tensiones o a las corrientes alternas simples, así como a los aparatos que producen o utilizan estas corrientes.
monogamia *s. f.* Calidad de monógamo. || Sistema según el cual una persona sólo puede tener un cónyuge legal a la vez.

M

monógamo, ma *adj.* Que practica la monogamia. || Que sólo se ha casado una vez.

monografía *s. f.* Estudio particular sobre un tema determinado de una ciencia, historia, etc., o acerca de una persona.

monográfico, ca *adj.* Relativo a la monografía.

monograma *s. m.* Cifra formada con las principales letras de un nombre. || Señal o firma abreviada.

monolingüe *adj.* Que habla una lengua. || Escrito en un solo idioma.

monolítico, ca *adj.* Relativo al monolito. || Hecho de un solo bloque.

monolito *s. m.* Monumento de piedra de una sola pieza.

monólogo *s. m.* Escena dramática en que sólo habla un personaje. || Discurso que se hace uno a sí mismo. || En una reunión, discurso de una persona que no deja hablar a las demás.

monomanía *s. f.* Trastorno mental en el que una sola idea parece absorber todas las facultades intelectuales.

monomaniaco, ca *adj.* y *s.* Que sufre monomanía.

monómero *adj.* y *s. m.* Dícese del compuesto constituido por moléculas simples.

monometalismo *s. m.* Sistema monetario en que rige un patrón metálico único, el oro o la plata.

monometalista *adj.* Del monometalismo. || *s. com.* Partidario del monometalismo.

monomio *s. m.* En matemáticas, expresión algebraica que comprende un solo término.

monomotor *adj.* y *s. m.* Aplícase al vehículo movido por un solo motor.

monopétalo, la *adj.* De un solo pétalo.

monoplaza *adj.* y *s. m.* Aplícase al vehículo de una sola plaza.

monopolio *s. m.* Privilegio exclusivo para la venta, la fabricación o explotación de una cosa. || *fig.* Posesión exclusiva. *Atribuirse el monopolio de la verdad.*

monopolista *s. com.* Que ejerce monopolio.

monopolización *s. f.* Acción de monopolizar.

monopolizador, ra *adj.* y *s.* Que monopoliza.

monopolizar *t.* Adquirir o atribuirse un monopolio. || *fig.* Acaparar, reservarse. *Monopoliza la atención de todos.*

monóptero, ra *adj.* Aplícase al templo, u otro edificio redondo, que tiene, en vez de muros, un círculo de columnas que sustentan el techo.

monosacáridos *s. m. pl.* Azúcares como la glucosa, etc.

monosépalo, la *adj.* De un solo sépalo.

monosilábico, ca *adj.* Que sólo consta de una sílaba. || Que está constituido sólo por palabras monosílabas.

monosilabismo *s. m.* Carácter de las palabras que constan de una sola sílaba y de las lenguas formadas exclusivamente con estas voces. || Manía de hablar con monosílabos.

monosílabo, ba *adj.* y *s. m.* Dícese de la palabra que consta de una sola sílaba.

monospermo, ma *adj.* Aplícase al fruto que sólo contiene una semilla.

monoteísmo *s. m.* Doctrina teológica que reconoce a un solo Dios.

monoteísta *adj.* Relativo al monoteísmo. || *s. com.* Que profesa el monoteísmo.

monotipia *s. f.* Procedimiento de composición tipográfica por medio del monotipo.

monotipista *s. com.* Persona que compone con el monotipo.

monotipo *s. m.* Máquina de componer en imprenta que funde los tipos por separado a medida que son necesarios.

monotonía *s. f.* Uniformidad de tono o de entonación. || Falta de variedad.

monótono, na *adj.* Que está casi siempre en el mismo tono. || Demasiado uniforme.

monovalente *adj.* De una sola valencia.

monroísmo *s. m.* Doctrina surgida de una idea de John Quincy Adams que promovió el presidente estadounidense James Monroe con la frase «América para los americanos», con la que se oponía a la intervención de Europa en América y a la inversa.

monseñor *s. m.* Tratamiento que se da en Italia a los prelados y en Francia a los obispos y a otras personas de alta dignidad.

monserga *s. f. fam.* Discurso pesado. ||Tostón, pesadez. *No me vengas con monsergas.* || Cuento, mentira. *Todo eso no son más que monsergas.*

monstruo *adj. fig.* Enorme, colosal, prodigioso. || *s. m.* Ser que presenta una malformación importante. || Ser fantástico de la mitología o la leyenda. || *fig.* Persona perversa y cruel. || Persona o cosa muy fea. *Se casó con un monstruo. ¡Pobre!* || Animal u objeto enorme. *Los monstruos marinos habitan las profundidades abisales.*

monstruosidad *s. f.* Calidad de monstruoso. || *fig.* Acción sumamente cruel. *Cometió grandes monstruosidades.* || Fealdad muy grande.

monstruoso, sa *adj.* Que es contra el orden de la naturaleza. || *fig.* Extraordinario. || Excesivo. || Espantoso. *Se cometió un crimen monstruoso en el vecindario.* || Muy feo.

monta *s. f.* Acción y efecto de montar. || Arte de montar a caballo. || Acaballadero. || Suma, total de varias partidas. || *fig.* Importancia, valor. *Es una persona de poca monta.*

montacargas *s. m.* Aparato elevador que sirve para el transporte de cosas.

montado, da *adj.* Que va a caballo. || Dícese del caballo dispuesto para poder montarlo. || Puesto, instalado. *La escultura fue montada con gran lujo.*

montador, ra *s.* Persona que monta. || Operario, operaria que monta máquinas, aparatos, etc. || Especialista en el montaje de películas cinematográficas.

montadura *s. f.* Acción de montar.

montaje *s. m.* Operación que consiste en unir las distintas piezas de un objeto, particularmente de una máquina. || Organización. || Selección y unión en una banda definitiva de las secuencias cinematográficas que se han rodado.

montanera *s. f.* Pasto de bellotas del ganado de cerda. || Tiempo en que este ganado está pastando.

montante *adj.* Que monta. || *s. m.* Elemento vertical de un entrepaño, bastidor o estructura, que sirve de soporte o refuerzo. || Jamba. || *Esp.* Importe total de una cuenta, de una factura o de una suma cualquiera.

montaña *s. f.* Elevación natural grande del terreno con un fuerte desnivel entre la cima y la base. || Región montañosa. *Pasamos las vacaciones en la montaña.* || Acumulación grande de algún material. *Hay una montaña de escombros.* || *loc.* ***Montaña rusa:*** atracción de feria que consiste en un circuito de carriles con desniveles por los que se deslizan vehículos a gran velocidad.

montañero, ra *s.* Persona que practica el montañismo.

montañés, ñesa *adj.* y *s.* Natural o habitante de una montaña. || Que ha nacido o vive en la Montaña de Santander, en España.

montañismo *s. m.* Práctica de las ascensiones de montaña.

montañoso, sa *adj.* Relativo a las montañas. || Cubierto de montañas.

montar *t.* Armar, ajustar, ensamblar o poner en su lugar las piezas o elementos de una estructura, aparato, máquina, etc. *Montar un andamiaje.* || Poner las cosas necesarias en una casa para habitarla, o en un negocio o industria para que empiece a funcionar. *Montar un bar.* || Importar o sumar una cantidad de dinero las facturas, deudas, etc. *Los daños montan unos tres millones.* || Poner las piedras preciosas en su montura o soporte de metal. || Poner en escena una obra teatral. || Realizar el montaje de una película o un programa de televisión. || Cubrir el macho a la hembra. || *Esp.* Batir la clara del huevo o la nata hasta ponerla esponjosa y consistente. || *t.*

e *intr.* Ir sobre una caballería, dirigiéndola. *Saber montar a caballo.* || *t. intr.* y *pr.* Subir sobre un animal. || Colocar o estar una cosa encima de otra. || *Esp.* Subir a un vehículo. *Montó en la bicicleta y se fue.*
montaraz *adj.* Que se cría o anda por los montes. || Salvaje.
montazgo *s. m.* Tributo pagado por el paso del ganado por un monte.
monte *s. m.* Gran elevación natural de terreno. || Tierra inculta cubierta de árboles, arbustos o matas. || Cierto juego de naipes, de envite y azar. || Naipes que quedan por robar después del reparto. || *loc.* ***Monte alto:*** el de árboles grandes, como pinos, encinas, etc. || ***Monte bajo:*** el poblado de arbustos, matas o hierbas. || ***Monte de piedad:*** establecimiento público que hace préstamos sobre ropa o alhajas.
montenegrino, na *adj.* y *s.* De Montenegro, país de Europa.
montepío *s. m.* Establecimiento de socorros mutuos público o privado. || *Amér.* Monte de piedad.
montera *s. f.* Tocado, gorro. || Gorro de los toreros. || Cubierta de cristales en un patio. || Parte superior del alambique. || *fam.* ***Ponerse el mundo por montera:*** obrar a su antojo sin preocuparse de nada.
montería *s. f.* Caza mayor. || Arte de cazar.
monteriano, na *adj.* y *s.* De Montería, ciudad de Colombia.
monterilla *s. m.* Alcalde de pueblo. || Vela triangular.
montero *s. m.* El que busca, ojea y persigue la caza en el monte.
montés, tesa *adj.* Que anda, vive o se cría en el monte, salvaje.
montevideano, na *adj.* y *s.* De Montevideo.
montículo *s. m.* Monte pequeño.
monto *s. m.* Monta, importe total.
montón *s. m.* Conjunto de cosas acumuladas sin orden unas encima de otras. || *fig.* y *fam.* Número considerable, gran cantidad de algo. *Te dije un montón de veces.* || *loc.* ***A montones:*** con abundancia, en gran cantidad. || ***Del montón:*** vulgar, no destacado.
montonero, ra *adj. fam. Méx.* Se dice de la persona que actúa junto con otros en contra de alguien. || *s. m.* Miembro de la caballería federal durante las guerras que siguieron a la independencia del virreinato del Río de la Plata. || *s. f.* Montón. || *Amér. Merid.* Guerrilla de la época de las luchas de la independencia. || *Col.* Montón de hierba o paja.
montubio, bia *s. Ecua.* y *Per.* Campesino de la costa.
montuno, na *adj.* Del monte. || *Amér.* Montaraz.
montuoso, sa *adj.* De los montes. || Cubierto de montes.
montura *s. f.* Cabalgadura. || Conjunto de arreos de una caballería. || Silla para montar a caballo. || Montaje de una máquina. || Armadura, soporte.
monumental *adj.* Relativo al monumento. || *fig.* Excelente, extraordinario. *El edificio del Banco Central es una obra monumental.* || Gigantesco, descomunal. *La estatua monumental es de Carlos V.* || *fam.* Enorme. || Estupendo. *Una chica monumental.*
monumento *s. m.* Obra arquitectónica o escultórica destinada a recordar un acontecimiento o a un personaje ilustre. *Un monumento a Bolívar.* || Edificio público considerable. *El Partenón es el monumento más hermoso de Atenas.* || Construcción que cubre una sepultura. || Altar en que se guarda la Eucaristía el Jueves Santo. || *fig.* Obra digna de perdurar por su gran valor. *El Quijote, un monumento de la literatura universal.* || *fam.* Cosa o persona magnífica. *Esa chica es un monumento.*
monzón *s. m.* Nombre dado a unos vientos que soplan, sobre todo en la parte sureste de Asia, alternativamente hacia el mar y hacia la tierra durante varios meses.
moña *s. f.* Lazo que las mujeres se ponen en el tocado. || Moño. || Cintas de colores que se colocan en la divisa de los toros o se atan a la guitarra. || Lazo de la coleta de los toreros. || Muñeca, juguete. || *fig.* y *fam.* Borrachera.
moño *s. m.* Cabello sujeto y arrollado detrás, encima o a los lados de la cabeza. || Lazo. || Penacho de algunos animales. || *pl.* Adornos superfluos o de mal gusto. || *loc. fam. Méx.* ***Ponerse sus moños:*** ponerse alguien pesado, hacerse de rogar.
moqueguano, na *adj.* y *s.* De Moquegua, departamento del Perú.
moqueo *s. m. fam.* Secreción nasal abundante.
moquero *s. m.* Pañuelo.
moqueta *s. f.* Tela fuerte aterciopelada de lana o algodón para alfombrar.
moquillo *s. m.* Catarro de los perros y gatos. || Pepita de las aves. || *fam.* ***Pasar el moquillo:*** padecer mucho.
mora *s. f.* Fruto del moral o de la morera. || Zarzamora. || En derecho, demora, tardanza.
morabito *s. m.* Ermitaño mahometano. || Ermita donde vive.
morácea *s. f. pl.* Familia de plantas dicotiledóneas de las regiones calientes entre las cuales se encuentran el moral, la morera, la higuera, etc.
morada *s. f.* Casa, sitio donde se vive. || Estancia en un lugar.
morado, da *adj.* Se dice del color violeta oscuro. || Que es de este color. *Las berenjenas moradas.* || *s. m.* Nombre de ese color.
morador, ra *adj.* y *s.* Que vive en un sitio. *El único morador de la casa es muy egoísta.*
moral *adj.* Relativo a las costumbres o a las reglas de conducta. *Los valores morales se aprenden en la niñez.* || Que es conforme o favorable a las buenas costumbres. || Relativo al pensamiento o conciencia, en oposición a lo físico y material. || *s. f.* Conjunto de reglas de conducta propuestas por una determinada doctrina o inherentes a una determinada condición. || Situación psicológica, estado de ánimo o disponibilidad para soportar algo. || En filosofía, ética. || *s. m.* Árbol originario de Asia, con tronco grueso y recto, hojas dentadas y acorazonadas y flores unisexuales, cuyo fruto, la mora, es comestible.
moraleja *s. f.* Enseñanza que se saca de un cuento, fábula, etc.
moralidad *s. f.* Conformidad con los preceptos de la moral. *La moralidad de una novela.* || Buenas costumbres. *Tu novio es una persona de reconocida moralidad.* || Moraleja.
moralista *adj.* y *s. com.* Filósofo que se dedica a la moral. || Autor de obras que tienden a moralizar.
moralización *s. f.* Acción de moralizar.
moralizador, ra *adj.* y *s.* Que moraliza.
moralizar *t.* Volver conforme a la moral. || Reformar las malas costumbres enseñando las buenas. || *intr.* Hacer reflexiones morales.
morar *intr.* Residir, vivir.
moratoria *s. f.* En derecho, suspensión de la exigibilidad de los créditos y del curso de las acciones judiciales.
moravo, va *adj.* y *s.* De Moravia. || Perteneciente a una secta fundada en Bohemia en el siglo XV.
morazanense *adj.* y *s.* De Morazán, departamento de El Salvador.
morazaneño, ña *adj.* y *s.* De Francisco Morazán, departamento de Honduras.
morbidez *s. f.* Calidad o estado de mórbido.
morbididad *s. f.* Morbilidad.
mórbido, da *adj.* Relativo a la enfermedad. || Moralmente desequilibrado. || Malsano. || Blando, suave, delicado.
morbilidad *s. f.* Porcentaje de enfermos con relación a la cifra de población. || Calidad de mórbido.
morbo *s. m.* Enfermedad.
morbosidad *s. f.* Calidad o condición de morboso.
morboso, sa *adj.* Enfermo, enfermizo. || Mórbido. || Que causa enfermedad.
morcilla *s. f.* Embutido de sangre y manteca de cerdo cocidas. || *fig.* y *fam.* Añadido que hace un actor a su papel. || *fam.* ***¡Que te den morcilla!:*** ¡vete a paseo!
morcillero, ra *s.* Persona que hace o vende morcillas. || *fig.* y *fam.* Actor

M

que mete morcillas en el papel que interpreta.
mordacidad *s. f.* Calidad de mordaz. *La mordacidad de sus palabras.*
mordaz *adj.* Corrosivo. || Áspero, picante al paladar. || *fig.* Cáustico, sarcástico.
mordaza *s. f.* Pañuelo o cualquier objeto que se aplica a la boca de una persona para que no pueda gritar. || Aparato para detener la cadena del ancla en un barco. || Nombre de diversos aparatos usados para apretar.
mordedor, ra *adj.* Que muerde.
mordedura *s. f.* Acción de morder. || Herida hecha al morder.
mordente *s. m.* Mordiente.
morder *t.* Clavar los dientes en una cosa. *Mordió una manzana y se le cayó la dentadura.* || Coger con la boca. *El pez mordió el anzuelo.* || Hacer presa en algo. || Gastar poco a poco. *La lima muerde el acero.* || Someter una plancha grabada a la acción del agua fuerte. || *fig.* Atacar, criticar mucho. || *fig.* y *fam.* ***Morder el polvo:*** ser vencido en un combate. || *intr.* Atacar una plancha grabada el agua fuerte. || *Méx.* Exigir indebidamente un funcionario dinero para prestar un servicio. || *pr. fig.* ***Morderse los dedos*** o ***los puños:*** arrepentirse.
mordido, da *adj. fig.* Menoscabado, desfalcado. || *s. f. Méx.* Cantidad que pide un funcionario para dejarse sobornar.
mordiente *adj.* Que muerde. || *s. m.* Agua fuerte que usan los grabadores. || Sustancia que en tintorería sirve para fijar los colores. || Barniz que permite fijar en los metales panes de oro.
mordiscar o **mordisquear** *t.* Morder frecuente o ligeramente.
mordisco *s. m.* Acción de mordiscar. || Mordedura ligera. || Bocado que se saca de una cosa mordiéndola.
mordisqueo *s. m.* Acción de mordisquear.
moreliana *s. f. Méx.* Dulce de leche quemada entre dos hojas de oblea.
moreliano, na *adj.* y *s.* De la ciudad mexicana de Morelia, capital del estado de Michoacán.
morena *s. f.* Pez teleósteo parecido a la anguila, muy voraz y de carne estimada. || Hogaza o pan moreno. || Montón de mieses segadas. || Morrena.
moreno, na *adj.* y *s.* De color oscuro tirando a negro. || De tez muy tostada por el sol. || De pelo negro o castaño. || De tez muy oscura y pelo negro o castaño. || *fig.* y *fam.* Negro, mulato. || *loc.* ***Pan moreno:*** el que contiene mucho salvado.
morera *s. f.* Árbol moráceo, pero distinto al moral por el fruto blanco y cuya hoja sirve de alimento al gusano de seda.
morería *s. f.* Barrio moro. || País de moros.
moretón *s. m. fam.* Hematoma, ruptura de vasos sanguíneos bajo la piel producida por un golpe, presión, etc.
morfema *s. m.* En lingüística, unidad mínima de significado.
morfina *s. f.* Medicamento narcótico y estupefaciente derivado del opio, muy venenoso.
morfinomanía *s. f.* Hábito morboso de tomar morfina u opio para conseguir un estado eufórico.
morfinómano, na *adj.* y *s.* Que tiene el hábito de abusar de la morfina o del opio.
morfología *s. f.* Parte de la biología que estudia la forma y la estructura de los seres vivos. || Aspecto exterior de alguien o algo. || Geomorfología. || En lingüística, parte de la gramática que estudia la flexión, la composición y la derivación de las palabras.
morfológico, ca *adj.* Relativo a la morfología.
morganático, ca *adj.* Dícese del matrimonio de un príncipe con una mujer que no pertenece a la nobleza. || Aplícase al que contrae este matrimonio.
morgue *s. f.* Depósito de cadáveres.
moribundo, da *adj.* y *s.* Que se está muriendo.
moriche *s. m.* Árbol de la América intertropical de la familia de las palmas. || Pájaro americano parecido al turpial, de canto agradable.
morigeración *s. f.* Templanza o moderación en las costumbres.
morigerado, da *adj.* De buenas costumbres.
morigerar *t.* Templar, refrenar los excesos.
morilla *s. f.* Cierto hongo comestible.
morir *intr.* Perder la vida. *Murió de muerte natural.* || *fig.* Dejar de existir. *Los imperios nacen y mueren.* || Desaparecer. *La envidia es algo que no muere.* || Sentir violentamente alguna pasión. *Murió de amor no correspondido.* || Sufrir mucho. *Morir de hambre es común en países subdesarrollados.* || Hablando del fuego o de la luz, apagarse. || *pr.* Dejar de vivir. *Murió de viejo.* || Querer mucho. *Ese chico se muere por ti.* || *loc. fig.* ***Morir con las botas puestas*** o ***vestido:*** morir violentamente. || *fig.* ***Morirse de miedo:*** tener mucho miedo. || ***Morirse de risa:*** desternillarse de risa. || ***¡Muera!:*** interjección para manifestar el deseo de que desaparezca alguna persona o cosa.
morisco, ca *adj.* Aplícase a los moros bautizados que permanecieron en España después de la Reconquista. || Relativo a ellos.
morisma *s. f. Méx.* Cierta danza folclórica en la que los personajes son moros.
morisqueta *s. f.* Mueca. || Ardid.
morlaco, ca *adj.* y *s.* Taimado. || *s. m. fam.* Toro de lidia. || *Amér.* Peso, moneda. || Dinero.
mormado, da *adj.* Dícese de la persona que tiene la nariz tapada y respira con dificultad.
mormarse *intr.* Taparse la nariz y respirar con dificultad debido a ello.
mormón, mona *s.* Persona que profesa el mormonismo.
mormónico, ca *adj.* De los mormones.
mormonismo *s. m.* Secta religiosa fundada en los Estados Unidos por Joseph Smith en 1830, que constituye la «Iglesia de Jesucristo de los Santos de los Últimos Días», y quien profesó la poligamia hasta 1890. || Doctrina de los mormones.
moro, ra *adj.* y *s.* De la antigua Mauritania. || Musulmán. || Dícese de los árabes que invadieron España. || Indígena mahometano de Mindanao y de otras islas de Malasia.
morocho, cha *adj. Arg. Per.* y *Uy.* Se dice de la persona que tiene pelo negro y tez blanca.
morona *s. f. Col.* y *Méx.* Migaja de pan.
moronga *s. f. Guat. Hond.* y *Méx.* Morcilla.
morosidad *s. f.* Lentitud, dilación, demora. || Falta de puntualidad. || Pereza, desidia, inacción. || Retraso en el pago.
moroso, sa *adj.* Tardo, lento. || Perezoso. || Que tarda en pagar sus deudas.
morral *s. m.* Saco para el pienso que se cuelga de la cabeza de una caballería, para que coma cuando no está en el pesebre. || Bolsa que usan los pastores, cazadores y soldados para llevar la caza, provisiones, etc.
morralla *s. f.* Pescado menudo. || *fig.* Conjunto de personas despreciables. || Conjunto de cosas inútiles y sin valor. || *Méx.* Dinero menudo.
morrena *s. f.* Montón de piedras arrastradas y depositadas por los glaciares.
morrillo *s. m.* Porción carnosa que tienen las reses en la parte superior y anterior del cuello. || *fig.* Cogote muy grueso. || Canto rodado.
morriña *s. f. fig.* y *fam.* Tristeza, melancolía. || Nostalgia.
morrión *s. m.* Casco de bordes levantados usado en el siglo XVI.
morro *s. m.* Extremidad redonda de una cosa. || Montículo redondo. || Extremo de un malecón. || Guijarro redondo. || *fig.* Hocico de un animal. || *fam.* Labio abultado de una persona. || Parte anterior de un coche, avión o cohete. || *loc. fam.* ***Estar de morros:*** estar enfadados. || ***Romper los morros:*** romper la cara.
morrocotudo, da *adj. fam.* Imponente. || Muy grande. *Me llevé un susto morrocotudo.*

morrocoy o **morrocoyo** *s. m.* Galápago grande de Cuba.
morrón *adj.* Aplícase al pimiento de punta roma.
morsa *s. f.* Mamífero pinnípedo anfibio de los mares árticos.
morse *s. m.* Sistema telegráfico que utiliza un alfabeto convencional de puntos y rayas. || Este alfabeto.
mortadela *s. f.* Embutido hecho con carne de cerdo, de ternera y tocino.
mortaja *s. f.* Sábana o lienzo en que se envuelve el cadáver antes de enterrarlo. || Muesca.
mortal *adj.* Que ha de morir. *El hombre es mortal.* || Que puede provocar la muerte. *Sufrió una caída mortal.* || Que hace perder la gracia de Dios. || *fig.* Que llega hasta desear la muerte, encarnizado. || Excesivo, penoso. || Aburrido, abrumador. || *s.* Ser humano.
mortalidad *s. f.* Condición de mortal. || Número proporcional o estadística de defunciones en una población o tiempo determinados.
mortandad *s. f.* Gran número de muertes causadas por epidemia, guerra, cataclismo, etc.
mortecino, na *adj.* Dícese del animal muerto naturalmente. || *fig.* Apagado y sin vigor. || Que está apagándose.
mortero *s. m.* Recipiente que sirve para machacar en él especias, semillas, drogas, etc. || Pieza de artillería de cañón corto, destinado a tirar proyectiles por elevación. || Muela fija de un molino. || Argamasa de yeso, arena y agua.
mortífero, ra *adj.* Que ocasiona o puede ocasionar la muerte.
mortificación *s. f.* Acción de mortificar o mortificarse. || *fig.* Lo que mortifica, humillación.
mortificador, ra o **mortificante** *adj.* Que mortifica.
mortificar *t.* Castigar el cuerpo con ayunos y austeridades. || Dominar o reprimir por privaciones voluntarias. || Privar de vitalidad alguna parte del cuerpo. || *fig.* Atormentar, molestar mucho. *Siempre me está mortificando.* || Afligir, humillar, causar pesadumbre. || *pr. Méx.* Avergonzarse.
mortuorio, ria *adj.* Relativo al muerto o a los funerales.
morueco *s. m.* Carnero padre.
moruno, na *adj.* Moro.
mosaico, ca *adj.* De Moisés. || *s. m.* Aplícase a la obra taraceada de piedras, vidrios, baldosas, generalmente de varios colores.
mosca *s. f.* Insecto volador, especialmente el que pertenece al orden dípteros. || *fam.* Dinero. || *fig.* y *fam.* Persona pesada y molesta. || *loc.* ***Mosca muerta:*** persona de apariencia inofensiva o amable, pero que encubre malas intenciones ó mal carácter. || ***Cazar*** o ***papar moscas:*** entretenerse en cosas inútiles. || ***Estar con*** (o ***tener***) ***la mosca en la oreja*** o ***estar mosca:*** estar receloso. || ***Por si las moscas:*** por si acaso.
moscarda *s. f.* Mosca mayor que la común que se alimenta de carne muerta. || Huevecillos de las abejas.
moscardear *intr.* Poner la reina de las abejas sus huevos. || *fig.* y *fam.* Ser curioso.
moscardón *s. m.* Mosca parásita de los rumiantes y solípedos. || Moscón. || Avispón. || Abejón, zángano. || *fig.* y *fam.* Hombre pesado, impertinente.
moscardoneo *s. m.* Zumbido.
moscareta *s. f.* Pájaro insectívoro, de canto agradable.
moscatel *adj.* Aplícase a una uva muy delicada, al viñedo que la produce y al vino que se hace con ella.
moscón *s. m.* Mosca de la carne.
mosconear *t.* Molestar con pesadez, importunar. || *intr.* Zumbar como el moscón. || *fig.* Porfiar, ser obstinado.
mosconeo *s. m.* Zumbido. || *fig.* Insistencia, porfía.
moscovita *adj.* y *s. com.* De Moscú.
moscovítico, ca *adj.* De los moscovitas.
mosqueado, da *adj.* Sembrado de pintas. || *fig.* Receloso. || Enfadado.
mosqueador *s. m.* Instrumento a modo de abanico para espantar las moscas. || *fig.* y *fam.* Cola de caballo o de vaca.
mosquear *t.* Espantar las moscas. || *pr. fig.* Sospechar. || Resentirse, enfadarse, picarse, enojarse mucho.
mosqueo *s. m.* Acción de mosquear. || *fig.* Irritación, despecho.
mosquero *s. m. Méx.* Gran cantidad de moscas. *Con el calor siempre aparece un mosquero terrible.*
mosquetazo *s. m.* Disparo de mosquete. || Herida que hace.
mosquete *s. m.* Arma de fuego portátil antigua, parecida al fusil.
mosquetero *s. m.* Soldado armado de mosquete. || En los antiguos corrales de comedias, espectador que se quedaba de pie en la parte posterior del patio.
mosquetón *s. m.* Arma de fuego individual parecida a la carabina, pero más corta. || Anilla que se abre y cierra con un muelle.
mosquita *s. f.* Pájaro parecido a la curruca. || *loc. fig.* y *fam.* ***Mosquita muerta:*** persona hipócrita que aparenta ser lo que no es en realidad.
mosquitero *s. m.* Cortina de gasa o tul con que se cubre la cama para impedir que entren los mosquitos.
mosquito *s. m.* Insecto díptero, de cuerpo cilíndrico, patas largas y finas y alas transparentes, cuya hembra pica la piel de las personas y de los animales para chupar la sangre. || Mosca pequeña. || Larva de la langosta.
mostacho *s. m.* Bigote.
mostachón *s. m.* Bollo pequeño de almendras, canela y azúcar.
mostacilla *s. f.* Perdigón o munición pequeña para la caza menor.
mostaza *s. f.* Planta crucífera, cuya semilla tiene sabor picante y se emplea como condimento. || Condimento hecho con esta semilla. || Mostacilla, munición.
mostillo *s. m.* Mosto cocido con harina y especias.
mosto *s. m.* Zumo de la uva antes de fermentar. || Zumo de otros frutos, empleado para la fabricación del alcohol, sidra, etc. || *fam.* Vino.
mostrador, ra *adj.* y *s.* Que muestra o enseña alguna cosa. || *s. m.* Mesa larga para presentar los géneros en las tiendas o servir las consumiciones en los bares.
mostrar *t.* Exponer a la vista, enseñar. || Demostrar. *Su contestación muestra que es inteligente.* || Manifestar, dejar ver algo inmaterial. || *pr.* Portarse de cierta manera. *Se mostró generoso con ella.* || Exponerse a la vista.
mostrenco, ca *adj.* Dícese de los bienes sin propietario conocido. || *fig.* y *fam.* Aplícase al que no tiene casa ni hogar. || Ignorante, rudo.
mota *s. f.* Partícula de cualquier materia perceptible sobre un fondo. || Dibujo pequeño y redondeado sobre un tejido. *Un vestido verde con motas blancas.* || Nudo pequeño que se forma en un tejido. || *Amér. Merid.* Cabello corto, ensortijado y crespo. || *fam. Méx.* Marihuana.
mote *s. m.* Apodo.
moteado *s. m.* Motas de un tejido.
motear *t.* Dibujar o poner motas.
motejador, ra *adj.* y *s.* Que moteja.
motejar *t.* Acusar, tachar.
motel *s. m.* Hotel situado en las cercanías de las carreteras de gran circulación, especialmente dispuesto para albergar a automovilistas.
motete *s. m.* Breve composición musical que se suele cantar en las iglesias con o sin acompañamiento.
motilidad *s. f.* Movilidad.
motilón, lona *adj.* y *s.* Indio de Colombia y Venezuela.
motín *s. m.* Movimiento sedicioso del pueblo o de las tropas.
motivación *s. f.* Acción y efecto de motivar. || Conjunto de motivos que nos hacen actuar.
motivador, ra *adj.* Que provoca.
motivar *t.* Dar motivo, provocar. || Explicar la razón o motivo que se ha tenido para actuar de cierta manera.
motivo *s. m.* Causa o razón que mueve a actuar de cierta manera. || Tema de una composición musical o pictórica. || Dibujo ornamental repetido.
moto *s. f.* Apócope de motocicleta.
motobomba *s. f.* Bomba accionada por un motor.
motocarro *s. m.* Vehículo de tres ruedas con motor.

motocicleta *s. f.* Vehículo de dos ruedas dotado de un motor de explosión de una cilindrada superior a 125 cm^3.
motociclismo *s. m.* Afición a la motocicleta y deporte efectuado con este vehículo.
motociclista *adj.* Relativo a la motocicleta. || *s. com.* Motorista.
motocross *s. m.* Carrera de motocicletas en un terreno accidentado.
motocultivador *s. f.* o **motocultor** *s. m.* Arado pequeño provisto de un motor de arrastre.
motocultivo *s. m.* Cultivo con máquinas agrícolas, especialmente las movidas por motores o tractores.
motonáutico, ca *adj.* Relativo a la motonáutica. || *s. f.* Deporte de la navegación en pequeñas embarcaciones de vapor.
motonave *s. f.* Barco de motor.
motopropulsión *s. f.* Propulsión por motor.
motor, ra *adj.* Que produce movimiento o lo transmite. || *s. m.* Lo que comunica movimiento, como el viento, el agua, el vapor. || Sistema material que permite transformar cualquier forma de energía en energía mecánica. || *fig.* Instigador. *Fue el motor de la rebelión.* || Causa. || *loc.* ***Motor de explosión:*** el que toma su energía de la explosión de una mezcla gaseosa. || ***Motor de reacción:*** aquel en el que la acción mecánica está producida por la proyección hacia fuera a gran velocidad de chorros de gases.
motora *s. f.* Lancha de motor.
motorismo *s. m.* Motociclismo. || Deporte de los aficionados al automóvil.
motorista *s. com.* Persona que conduce una motocicleta.
motorización *s. f.* Generalización del empleo de vehículos automóviles de transporte en el ejército, industria. || Colocación de un motor en un vehículo.
motorizado, da *adj.* Provisto de motor.
motorizar *t.* Generalizar el empleo de vehículos automóviles de transporte en el ejército, industria, etc. || Dotar de un motor. || *pr. fig.* y *fam.* Tener un vehículo automóvil.
motorreactor *s. m.* Tipo de motor de reacción.
motosierra *s. f.* Sierra para madera provista de motor.
motovolquete *s. m.* Dispositivo mecánico para descargar de una sola vez un vagón, etc.
motozintleca *adj.* y *s. com.* Individuo de una tribu de la familia maya.
motricidad *s. f.* Conjunto de las funciones desempeñadas por el esqueleto, los músculos y el sistema nervioso que permiten los movimientos y el desplazamiento.
motriz *adj.* y *s. f.* Motora.
motu proprio *adv.* Por propia y libre voluntad.
motudo, da *adj. Arg.* y *Chil.* Dícese del pelo con motas, muy ensortijado. || *Arg.* y *Chil.* Dícese de la persona que tiene ese tipo de pelo.
movedizo, za *adj.* Fácil de ser movido. || Inseguro, que no está firme. || *fig.* Inconstante, cambiadizo.
movedor, ra *adj.* y *s.* Que mueve.
mover *t.* Poner en movimiento. *El émbolo mueve la máquina.* || Cambiar de sitio o de posición. *Mueve un poco el sillón.* || Menear, agitar. *Movía el brazo hasta que la vio.* || *fig.* Incitar. || Excitar, picar. || Dar motivo para alguna cosa, causar. *Aquel mal chiste movió a risa.* || Provocar, ocasionar. || Hacer obrar. *Movía a las masas con su elocuencia.* || Conmover. || *intr.* En arquitectura, arrancar un arco o bóveda. || *pr.* Ponerse en movimiento. *No te muevas.* || Agitarse. *Este niño se mueve mucho en la cama.* || Cambiar de sitio, trasladarse. *El enfermo se mueve con dificultad.* || *fam.* Hacer todo lo posible para conseguir algo. *En la vida hay que moverse.* || Darse prisa.
movible *adj.* Que puede moverse. || *fig.* Variable, poco constante.
movido, da *adj. fig.* Activo, inquieto. || Agitado. || Aplícase a la fotografía muy borrosa o confusa. || *s. f. Esp.* Jaleo. || *Méx.* Asunto, maniobra. *¿Entendiste la movida?* || *Méx.* Amante. *Los jueves nunca está porque sale con su movida.*
móvil[1] *adj.* Que puede moverse o ser movido. || Que no tiene estabilidad o permanencia.
móvil[2] *s. m.* Teléfono portátil autónomo. || Cuerpo en movimiento. || Motivo, causa. || Tipo de obra de arte, ideada por Calder, cuyos componentes, por lo general metálicos, se mueven por la acción del viento. || En derecho, causa psicológica de un acto.
movilidad *s. f.* Capacidad de moverse. || *fig.* Variable, inconstante.
movilización *s. f.* Conjunto de las disposiciones que ponen a las fuerzas armadas en pie de guerra y adaptan la estructura económica y administrativa del país a las necesidades de la guerra.
movilizar *t.* Efectuar la movilización, poner en pie de guerra. || *fig.* Reunir fuerzas. *Los sindicatos movilizaron a todos sus afiliados.*
movimiento *s. m.* Estado de un cuerpo cuya posición cambia continuamente respecto de un punto fijo. *El movimiento del péndulo.* || Acción o manera de moverse. *Tenía unos movimientos llenos de gracia.* || Animación, vida. *El movimiento de la calle.* || Corriente de opinión o tendencia artística de una época determinada. || Vivacidad en el estilo. || Variedad de las líneas en una composición pictórica o escultórica. || Variación numérica en las estadísticas, cuentas, precios, etc. || Curso real o aparente de los astros. || *fig.* Sublevación. || Sentimiento fuerte y pasajero. *Un movimiento de cólera.* || En música. velocidad del compás. || Parte de una composición musical. || *loc.* ***Movimiento acelerado:*** aquel en que la aceleración no es nula. || ***Movimiento de rotación:*** aquel en que un cuerpo se mueve alrededor de un eje. || ***Movimiento de tierras:*** excavación. || ***Movimiento perpetuo:*** el que debería continuarse perpetuamente sin ayuda exterior. || ***Movimiento uniforme:*** aquel en que la velocidad es constante.
moyuelo *s. m.* Salvado muy fino.
moza *s. f.* Muchacha joven. || Soltera. || Criada. || Concubina. || Pala de las lavanderas. || Pieza de las trébedes para asegurar el rabo de la sartén. || Última mano en algunos juegos de naipes.
mozambiqueño, ña *adj.* y *s.* De Mozambique.
mozárabe *adj.* Cristiano de España que vivía entre los árabes. || Relativo a los mozárabes, a su arte y literatura (siglo X y principios del XI).
mozo, za *adj.* y *s.* Joven. || Soltero. || *s. m.* Criado. || Camarero. || Joven alistado para el servicio militar. || Maletero en una estación. || Percha para colgar la ropa. || Tentemozo de un carro. || *loc.* ***Buen mozo:*** hombre de buena estatura y presencia. || ***Mozo de cordel*** o ***de cuerda:*** el que lleva bultos. || ***Mozo de estación:*** maletero. || ***Mozo de estoques:*** el que está al servicio de un torero y le da los trastos de matar.
mozuelo, la *s.* Chico o chica joven.
mu *s. m.* Mugido.
muaré *s. m.* Tejido que forma aguas o visos.
mucamo, ma *s. Amér. Merid.* Criado, sirviente. || *Arg.* En hospitales y hoteles, persona encargada de la limpieza.
muchachada *s. f.* Acción propia de los muchachos. || Grupo o bandada de jóvenes.
muchachería *s. f.* Muchachada.
muchacho, cha *s.* Niño o niña. || Joven. || *s. f.* Sirvienta en una casa.
muchedumbre *s. f.* Multitud, gran cantidad de gente o cosas.
mucho, cha *adv.* Con gran intensidad o frecuencia. *Llovió mucho y se inundó la casa.* || En grado elevado. *El cine le gusta mucho.* || *loc.* ***Ni con mucho.*** Expresa la gran diferencia que hay de una cosa a otra. || ***Ni mucho menos:*** se usa para negar rotundamente. || ***Por mucho que:*** aunque.
mucílago *s. m.* Sustancia viscosa que se encuentra en ciertos vegetales y tiene la propiedad de hincharse al entrar en contacto con el agua.

mucosidad *s. f.* Humor espeso secretado por las membranas mucosas.
mucoso, sa *adj.* Parecido al moco. || Relativo a las mucosidades.
múcura *s. f. Bol. Col.* y *Ven.* Ánfora de barro para transportar agua y conservarla fresca.
mucus *s. m.* Mucosidad, moco.
mucuyita *s. f. Méx.* Ave parecida a la tórtola.
muda *s. f.* Acción de mudar una cosa. || Conjunto de ropa blanca que se muda de una vez. || Época en que mudan las plumas las aves o la piel otros animales. || Nido del ave de rapiña. || Cambio de voz de los muchachos en la pubertad. || Traslado de domicilio, mudanza.
mudable *adj.* Cambiadizo.
mudanza *s. f.* Cambio. || Traslado de domicilio. || Movimiento del baile. || Variación en los afectos o en las ideas.
mudar *t.* Destituir a alguien de un empleo, puesto. || Realizar la muda ciertos animales. || *t.* e *intr.* Cambiar el aspecto, la naturaleza, el estado, etc. || *t.* y *pr.* Quitar a alguien la ropa que viste y ponerle otra, en especial limpia. || *intr.* y *pr.* Trasladar los muebles o enseres de un lugar a otro por cambio de domicilio. || *pr. fam.* Irse alguien del lugar en que estaba.
mudéjar *adj.* y *s. m.* Dícese del mahometano que se quedó en España después de la Reconquista sin cambiar de religión, vasallo de los reyes cristianos. || Aplícase al estilo arquitectónico que floreció desde el siglo XII al XVI, caracterizado por el empleo de elementos del arte cristiano y de la ornamentación árabe.
mudez *s. f.* Imposibilidad física de hablar. || *fig.* Silencio.
mudo, da *adj.* Privado de la facultad de hablar. || Que no quiere hablar. *Se quedó mudo en toda la reunión.* || Que pierde momentáneamente el uso de la palabra. *El miedo lo dejó mudo.* || Callado, silencioso. *Dolor mudo.* || Aplícase a los mapas que no llevan ningún nombre escrito. || Dícese de las películas cinematográficas que no van acompañadas de sonido. || *loc.* ***Letra muda:*** la que no se pronuncia.
mueblaje *s. m.* Mobiliario.
mueble *adj.* Dícese de los bienes que se pueden trasladar. || *s. m.* Cualquier objeto que sirve para la comodidad o el adorno de una casa. *Tiene muebles de caoba en su oficina.*
mueblería *s. f.* Fábrica o tienda de muebles.
mueblista *s. com.* El que fabrica muebles o los vende.
mueca *s. f.* Contorsión del rostro, generalmente burlesca o de dolor.
muecín *s. m.* Almuédano.
muela *s. f.* Piedra superior en los molinos con la que se tritura el grano, etc. || Piedra de asperón para afilar. || Diente, particularmente cada uno de los grandes situados detrás de los caninos. || Diente, en sentido general. *Tengo dolor de muelas.* || Cerro con la cima plana. || *loc.* ***Muela del juicio*** o ***cordal:*** cada una de las cuatro que salen en el fondo de la boca en edad adulta.
muelle *adj.* Blando, cómodo. || *s. m.* Resorte, pieza elástica capaz de desarrollar una fuerza aprovechable al deformarse y recuperar su posición natural. || Orilla de un curso de agua o de un puerto especialmente dispuesta para la circulación de vehículos y para la carga y descarga de mercancías. || Andén de una estación ferroviaria. || Instalación fija o móvil, a la misma altura que la caja de un camión o un vagón de tren, que facilita la carga y descarga de mercancías.
muera *s. f.* Sal.
muérdago *s. m.* Planta que vive como parásita en las ramas de los árboles.
muerte *s. f.* Acción o hecho de morir o dejar de vivir. *Falleció de muerte natural.* || Homicidio. || Personificación de la muerte, generalmente en forma de esqueleto llevando una guadaña. || *fig.* Destrucción, aniquilamiento. *Había un panorama de desolación y muerte.* || *loc.* ***A muerte:*** a) Hasta la total destrucción de una de las partes. *Combate a muerte.* b) En extremo. *Odiarse a muerte.* || ***De mala muerte:*** se dice de lo que tiene poco valor o importancia. *Un antro de mala muerte.*
muerto, ta *adj.* y *s.* Que ha dejado de vivir. || Que está privado de animación, con poca gente y poca actividad. *La ciudad parece muerta los fines de semana.* || *loc.* ***Echarle*** a alguien ***el muerto:*** a) Atribuirle la culpa de algo. b) Hacerle cargar con un trabajo o responsabilidad que otros no quieren. || ***Medio muerto:*** muy cansado. || ***Muerto de hambre:*** persona miserable o sin recursos.
muesca *s. f.* Entalladura que hay o se hace en una cosa para que encaje otra. || Corte que se hace al ganado en la oreja como señal.
muestra *s. f.* Letrero en la fachada de una tienda que anuncia la naturaleza del comercio o el nombre del comerciante. || Pequeña cantidad de una mercancía o de un producto para darla a conocer o estudiarla. || Exposición de los productos de un comercio. || Modelo. *Visitamos un piso de muestra.* || *fig.* Señal. *Al final del día mostraba cansancio.* || Prueba. *Una sonrisa es, a veces, muestra de simpatía.* || Ejemplo. *Nos dio una muestra de su saber.* || En el ejército, revista. || Parada que hace el perro para levantar la caza. || Esfera del reloj. || En los juegos de naipes, carta que se vuelve para indicar el palo.
muestrario *s. m.* Colección de muestras.
muestreo *s. m.* Selección de muestras.
mufla *s. f.* Hornillo donde se someten los cuerpos a la acción del calor sin que los toque la llama. || Horno para cocer porcelana.
mugido *s. m.* Voz del toro y de la vaca. || *fig.* Bramido del viento o de dolor.
mugir *intr.* Dar mugidos.
mugre *s. f.* Suciedad grasienta.
mugriento, ta *adj.* Lleno de mugre o suciedad.
mugrón *s. m.* Tallo de la vid que se entierra parcialmente para que arraigue. || Vástago de otras plantas. || Brote.
muguete *s. m.* Planta liliácea, con florecitas blancas globosas.
muina *s. f. Méx.* Enojo, rabieta.
muisca o **mosca** *adj.* y *s.* Otro nombre de los indios chibchas.
mujer *s. f.* Persona del sexo femenino. || La que ha llegado a la edad de la pubertad. || Esposa.
mujeriego, ga *adj.* Mujeril. || Dícese del hombre a quien le gustan mucho las mujeres.
mujeril *adj.* Relativo a la mujer. || Afeminado.
mujerío *s. m.* Conjunto de mujeres. *El mujerío del pueblo.*
mujic *s. m.* Campesino ruso.
mújol *s. m.* Pez marino acantopterigio, de carne muy apreciada.
mula *s. f.* Hembra del mulo. || Calzado de los papas. || Zapatilla sin talón. || *fam.* Bruto, idiota. || Testarudo. || *Méx.* Ficha de dominó con el mismo número en ambos lados. || *s. com. Méx.* Persona malintencionada que busca perjudicar a los demás.
mulada *s. f. fig.* y *fam.* Tontería, enormidad.
muladar *s. m.* Sitio donde se echa el estiércol o las basuras. || *fig.* Cosa que ensucia o inficiona moral y materialmente.
muladí *adj.* y *s. com.* Cristiano español que durante la dominación árabe se hacía musulmán.
mulato, ta *adj.* y *s.* Nacido de negra y blanco o viceversa. || De color moreno.
muleta *s. f.* Palo con un travesaño en el extremo superior que se coloca debajo del sobaco para apoyarse al andar. || *fig.* Cosa que sostiene otra. || En tauromaquia, palo del que cuelga un paño encarnado con el cual el matador cansa al toro antes de matarle.
muletilla *s. f.* Muleta de torero. || Botón de pasamanería. || Bastón que sirve de muleta. || *fig.* Voz o frase que una persona repite por hábito vicioso en la conversación. || Palabra o fórmula inútil y ajena al asunto de que se trata.

M

muletón *s. m.* Tela gruesa de lana o algodón muy tupida.
mulita *s. f.* Armadillo.
mullido, da *adj.* Blando y cómodo. *Tengo una cama mullida.*
mullir *t.* Batir una cosa para que esté blanda y suave. || Cavar la tierra para que sea más ligera.
mulo *s. m.* Cuadrúpedo híbrido nacido de burro y yegua o de caballo y burra. || *fam.* Bruto, animal. || Testarudo. || Idiota. || *loc.* ***Trabajar como un mulo:*** trabajar mucho.
multa *s. f.* Pena pecuniaria. *Le pusieron una multa y salió de la cárcel.*
multar *t.* Imponer una multa.
multicelular *adj.* Formado de varias células.
multicolor *adj.* De muchos colores.
multicopia *s. f.* Reproducción de un escrito.
multicopiar *t.* Reproducir un escrito con la multicopista.
multicopista *s. f.* Máquina para sacar varias copias de un escrito.
multifamiliar *s. m. Méx.* Edificio grande y con muchos departamentos destinado a la vivienda.
multiforme *adj.* Que tiene o puede tomar varias formas.
multígrafo *s. m. Ven.* Multicopista.
multilateral *adj.* Concertado entre varias partes. || Que atañe a varios Estados o grupos sociales. *Se logró un acuerdo multilateral que llevó a la pacificación.*
multimedia *adj.* Que utiliza varios medios de comunicación. *Es una enciclopedia multimedia e interactiva.* || *s. m.* Conjunto de técnicas y productos que permiten la utilización simultánea e interactiva de varios modos de representación de la información (textos, sonidos, imágenes fijas o animadas).
multimillonario, ria *adj.* y *s.* Que posee muchos millones.
multinacional *adj.* Se dice de la empresa o grupo industrial, comercial o financiero cuyas actividades y capitales se distribuyen entre varios países.
multípara *adj.* y *s. f.* Que tiene varias crías de una vez. *La jabalina es multípara.* || Aplícase a la mujer que ha dado a luz varias veces.
múltiple *adj.* Vario, que no es simple. || *pl.* Diversos, muchos, varios.
multiplex *adj.* Dícese del dispositivo telegráfico que transmite simultáneamente varios telegramas por la misma línea.
multiplicable *adj.* Que se puede multiplicar.
multiplicación *s. f.* Aumento en número. || Operación matemática que consiste en multiplicar dos cantidades. || Aumento de velocidad de una rueda dentada arrastrada por otra de mayor tamaño.
multiplicador, ra *adj.* Que multiplica. || *s. m.* Número o cantidad que multiplica.
multiplicando *adj.* y *s. m.* Número o cantidad que se multiplica.
multiplicar *t.* Aumentar en número. *Multiplicaron los trámites y sobrevino el disgusto general.* || Repetir una cantidad llamada multiplicando tantas veces como unidades contiene otra llamada «multiplicador» para obtener una cantidad llamada «producto». || *intr.* Engendrar. || *pr.* Afanarse, ser muy activo. *Se multiplica en el trabajo.* || Reproducirse.
multiplicidad *s. f.* Variedad, diversidad. || Número considerable.
múltiplo, pla *adj.* y *s. m.* Aplícase al número que contiene a otro un número exacto de veces. *Quince es un múltiplo de tres y de cinco.*
multisecular *adj.* Muy viejo.
multitud *s. f.* Número considerable de personas o cosas. || *fig.* Muchedumbre.
multitudinario, ria *adj.* Relativo a la multitud.
mundanal *adj.* Mundano. *El mundanal ruido.*
mundano, na *adj.* Relativo al mundo. || Relativo a la vida de sociedad. || Muy aficionado a las cosas del mundo. || Que alterna mucho con la alta sociedad. || *loc.* ***Mujer mundana:*** prostituta.
mundial *adj.* Universal, relativo al mundo entero. || *s. m.* Campeonato mundial.
mundillo *s. m.* Arbusto de la familia de las caprifoliáceas con flores blancas agrupadas en forma de globos. || Enjugador. || Almohadilla para hacer encaje. || *fig.* Mundo, grupo determinado. *El mundillo de la política.*
mundo *s. m.* Universo o conjunto de todo lo que existe. || Cada parte, real o imaginaria, en que puede dividirse todo lo que existe. *El mundo de las ideas.* || Conjunto de los seres humanos. || Conjunto de los seres humanos considerado en un momento de la historia o según sus creencias, costumbres, etc. *El mundo pagano.* || Conjunto de personas que tienen la misma profesión o realizan la misma actividad. || Tierra, planeta. *Dio la vuelta al mundo en 80 días.* || Globo que representa la esfera terrestre. || *loc.* ***El otro mundo:*** la vida de ultratumba. || ***Medio mundo:*** mucha gente o gran extensión. || ***No ser nada del otro mundo:*** no ser alguien o algo excepcional. || ***Por nada del*** o ***en el mundo:*** indica que alguien no está dispuesto, bajo ningún concepto, a hacer una cosa. || ***Todo el mundo:*** generalidad de personas de un ambiente determinado.
mundología *s. f.* Experiencia y conocimiento del mundo y de los hombres. || Reglas mundanas, usos sociales.
munición *s. f.* Todo lo necesario para el abastecimiento de un ejército o de una plaza fuerte. || Carga de las armas de guerra. || Perdigones, carga para la escopeta de caza.
municionar *t.* Aprovisionar de municiones.
municipal *adj.* Relativo al municipio. || *s.* Guardia municipal.
municipalidad *s. f.* Municipio, ayuntamiento de una población.
municipalización *s. f.* Acción y efecto de municipalizar.
municipalizar *t.* Hacer depender del municipio. *Municipalizaron el transporte urbano.*
municipio *s. m.* División territorial administrada por un alcalde y un concejo. || Conjunto de habitantes de este territorio. || Ayuntamiento, alcaldía. || Concejo. || Entre los romanos, ciudad libre que se gobernaba por sus propias leyes y cuyos vecinos podían obtener los privilegios y derechos de la ciudad de Roma.
munificencia *s. f.* Generosidad, largueza, liberalidad. *Debemos todo a su gran munificencia.*
munificente o **munífico, ca** *adj.* Muy liberal o generoso.
muniqués, quesa *adj.* y *s.* De Munich, ciudad de Alemania.
muñeca *s. f.* Figura de niña o de mujer, que sirve de juguete. || Parte del cuerpo humano que corresponde a la articulación del antebrazo con los huesos del carpo. || Pequeño bulto de trapos de forma redondeada que, empapado en una sustancia, se emplea para frotar algo, especialmente para barnizar muebles. || *Arg. Bol. Per.* y *Uy.* Habilidad y sutileza para manejar situaciones diversas.
muñeco *s. m.* Figurilla de niño que sirve de juguete. || Figurilla humana hecha de pasta, trapo, etc. || *fig.* y *fam.* Joven afeminado. || Persona que se deja llevar por otra. || Dibujo mal hecho.
muñequera *s. f.* Manilla o correa ancha para apretar la muñeca. || Correa del reloj de pulsera.
muñequilla *s. f.* Muñeca para barnizar.
muñón *s. m.* Parte que queda de un miembro amputado. || Espiga o gorrón con que un órgano mecánico se fija en un soporte, conservando la libertad de movimiento de rotación sobre sí mismo. *Los dos muñones de la cureña sostienen el cañón.*
mural *adj.* Que se aplica o coloca sobre el muro. || *s. m.* En pintura, fresco. *Los murales de Orozco.*
muralla *s. f.* Muro muy grueso y elevado que rodea una plaza fuerte para protegerla. *Las murallas de la ciudad de Ávila.*
murar *t.* Rodear con muros.
murciano, na *adj.* y *s.* De la ciudad de Murcia, en España.
murciélago *s. m.* Mamífero nocturno de alas membranosas, cuyo cuerpo es parecido al del ratón.
murena *s. f.* Morena, pez.
murga *s. f.* Banda de músicos callejeros. || *fam.* Lata, cosa pesada. || Persona muy pesada.

múrice *s. m.* Molusco gasterópodo marino del que se sacaba la púrpura. || En poesía, color de púrpura.
múrido *s. m. pl.* Familia de mamíferos que comprende ratas, ratones, etc.
murmullo *s. m.* Ruido sordo que se hace hablando bajo. || Rumor del agua que corre, del viento, etc. || Zumbido.
murmuración *s. f.* Conversación en que se critica a un ausente.
murmurador, ra *adj.* y *s.* Que murmura, maldiciente.
murmurar *intr.* Hacer un ruido sordo y apacible. || *fig.* Hablar o quejarse entre dientes. || *fig.* y *fam.* Criticar.
murmurio *s. m.* Murmullo. || *fig.* y *fam.* Crítica.
muro *s. m.* Pared o tapia hecha de fábrica, especialmente la que sirve para sostener o soportar cargas. || Muralla. || *loc.* ***Muro del calor:*** conjunto de los fenómenos caloríficos que se producen con las grandes velocidades y pueden limitar la rapidez de los vehículos aéreos. || ***Muro del sonido:*** conjunto de fenómenos aerodinámicos que se producen cuando un cuerpo se mueve en la atmósfera a una velocidad próxima a la del sonido (340 m por segundo) y que dificultan el aumento de esta velocidad.
murria *s. f. fam.* Tristeza, melancolía, morriña. *Tiene murria y pasa el día acostado.*
murucuyá *s. f.* Granadilla.
mus *s. m.* Juego de naipes.
musa *s. f.* Cada una de las nueve deidades mitológicas que habitaban el Parnaso y presidían las artes liberales y las ciencias. || *fig.* Numen, inspiración de un poeta. *La musa de Píndaro.* || Poesía.
musácea *s. f. pl.* Familia de plantas monocotiledóneas parecidas a las palmas, a la que pertenecen el plátano y el abacá.
musaraña *s. f.* Pequeño mamífero insectívoro, parecido a un ratón, con el hocico puntiagudo. || Bicho, sabandija, animalejo. || *loc. fig.* y *fam.* ***Mirar uno a las musarañas:*** estar distraído. || ***Pensar en las musarañas:*** no atender a lo que se hace o dice.
musculación *s. f.* Conjunto de ejercicios para desarrollar los músculos. || *Amér.* Musculatura.
muscular *adj.* De los músculos.
musculatura *s. f.* Conjunto de los músculos. || Desarrollo de los músculos. *Tiene una gran musculatura.*
músculo *s. m.* Órgano fibroso que al contraerse o distenderse produce los movimientos en un ser vivo.
musculoso, sa *adj.* Que tiene músculos.
muselina *s. f.* Tejido muy ligero y medio transparente.
museo *s. m.* Colección pública de objetos de arte o científicos. *Museo de Historia Natural abre los domingos.* || Edificio en que se guardan estas colecciones. *El Museo del Prado.*
musgo *s. m.* Planta briofita formada por varios tallos menudos y apiñados que crece en lugares sombríos. || *pl.* Familia de estas plantas.
musgoso, sa *adj.* Cubierto de musgo.
música *s. f.* Arte de combinar los sonidos conforme a las normas de la melodía, armonía y ritmo. || Teoría de este arte. || Concierto de instrumentos o voces o de ambas cosas a la vez. || Conjunto de músicos, banda. || Papeles en que está escrita la música. || *pl. fam.* Monsergas, latas. *Déjate de músicas.* || *loc. fam.* ***Irse con la música a otra parte:*** marcharse. || ***Mandar con la música a otra parte:*** mandar a paseo. || ***Música de cámara:*** la escrita para un número pequeño de instrumentos. || *fig.* y *fam.* ***Música celestial:*** palabras vanas. || ***Música instrumental:*** la escrita para instrumentos. || ***Música ligera:*** la melodiosa, fácil y sin pretensiones. || ***Música vocal:*** la escrita expresamente para ser cantada.
musical *adj.* Relativo a la música. || Armonioso.
musicalidad *s. f.* Calidad de lo que es musical.
músico, ca *adj.* Relativo a la música. || *s.* Persona que compone o ejecuta obras de música. || *s. m. Amér.* Ave canora de canto agradable.
musicógrafo, fa *s.* Persona que escribe sobre música.
musicología *s. f.* Estudio científico de la teoría y de la historia de la música.
musicólogo, ga *s.* Especialista en musicología.
musicomanía *s. f.* Afición muy grande por la música, melomanía.
musicómano, na *adj.* y *s.* Melómano.
musiquilla *s. f. fam.* Música fácil, sin valor artístico.
musitar *t.* e *intr.* Susurrar o hablar entre dientes.
muslo *s. m.* Parte de la pierna, desde la juntura de la cadera hasta la rodilla.
mustango *s. m.* Caballo que vive en estado de semilibertad en las pampas de América del Sur.
mustela *s. f.* Tiburón muy parecido al cazón, de carne comestible y cuya piel se usa como lija. || Comadreja.
mustélido *s. m. pl.* Familia de mamíferos carniceros como la comadreja, el armiño, la nutria, el visón, etc.
musteriense *adj.* Aplícase al periodo del paleolítico medio, asociado al hombre de Neandertal y caracterizado por el uso del sílex y del hueso.
mustiarse *pr.* Marchitarse.
mustio, tia *adj.* Melancólico, triste. || Ajado, marchito. || *Méx.* Hipócrita.
musulmán, mana *adj.* y *s.* Mahometano.
mutabilidad *s. f.* Capacidad de sufrir mutaciones.
mutable *adj.* Que puede sufrir mutaciones.
mutación *s. f.* Cambio. || Cambio escénico en una obra teatral. || Variación atmosférica brusca. || En biología, cambio brusco y hereditario que aparece en el fenotipo de los seres vivos y ocasiona una nueva especie.
mutacionismo *s. m.* En biología, teoría de la evolución que considera que las mutaciones tienen un papel esencial en la aparición de especies nuevas.
mutatis mutandis *loc.* Haciendo los cambios necesarios.
mutilación *s. f.* Corte o supresión de una parte de una cosa. *El soldado sufrió varias mutilaciones.*
mutilado, da *adj.* y *s.* Aplícase al que ha sufrido mutilación.
mutilador, ra *adj.* y *s.* Que mutila.
mutilar *t.* Cortar un miembro u otra parte de un cuerpo vivo. || Destruir parcialmente. *Los vándalos mutilaron la estatua.* || Cortar parte de una cosa, deformar. *Mutilaron un texto por considerarlo ofensivo.*
mutis *s. m.* Indicación de que un actor debe retirarse de la escena. || Acción de retirarse de cualquier lugar. || *loc.* ***Hacer mutis:*** a) Salir de la escena o de otro lugar. b) Callarse.
mutismo *s. m.* Silencio voluntario u obligatorio. || Incapacidad patológica de hablar.
mutro, tra *adj.* y *s. Chil.* Dícese de la persona muda o tartamuda. || *Chil.* Tonto, bobo.
mutual *adj.* Mutuo, recíproco. || *s. f.* Mutualidad.
mutualidad *s. f.* Sistema de prestaciones mutuas que sirve de base a algunas asociaciones del mismo nombre.
mutualismo *s. m.* Conjunto de asociaciones basadas en la mutualidad. || Doctrina según la cual la humanidad se considera como una asociación de servicios mutuos.
mutualista *adj.* Relativo a la mutualidad. || *s. com.* Miembro o socio de una mutualidad.
mutuamente *adv.* Con recíproca correspondencia. *Las dos personas se ayudaron mutuamente.*
mutuo, tua *adj.* Recíproco. || *loc.* ***Seguro mutuo:*** sociedad cuyos miembros se aseguran mutuamente. || *s. f.* Mutualidad.
muy *adv.* Marca la intensidad de un adjetivo o de un adverbio llevada a su grado más alto. *Muy bueno su trabajo, muy mal que lo haya entregado a destiempo.*
my *s. f.* Duodécima letra del alfabeto griego (Μ, μ) que corresponde a la «m» castellana.

M

n

n *s. f.* Decimocuarta letra del alfabeto español y undécima de sus consonantes. Representa el sonido nasal alveolar. || Signo con que se nombra a alguien indeterminado. || En matemáticas, exponente de una potencia indeterminada.

nabab *s. m.* Gobernador de una provincia en la India. || *fig.* Hombre muy rico.

nabo *s. m.* Planta crucífera cuya raíz, carnosa y de color blanco, es comestible.

naborí *s. com.* Criado indio en la América colonial.

naboría *s. f.* Repartimiento de indios para el servicio doméstico en la América colonial.

nacaomense *adj.* y *s. com.* De Nacaome, ciudad de Honduras.

nácar *s. m.* Sustancia dura, brillante, irisada, que se forma en la concha de algunos moluscos.

nacarado, da o **nacarino, na** *adj.* Que tiene aspecto de nácar.

nacatamal *s. m. Amér. C.* y *Méx.* Tamal relleno de carne y salsa de chile.

nacatamalera *s. f. Amér. C.* y *Méx.* Vendedora de nacatamales.

nacer *intr.* Salir un ser vivo del vientre de la madre, del huevo, de la semilla o de la tierra. || Salir el vello, el pelo o la pluma en los animales, o las hojas, flores, fruto o brotes en las plantas. || *fig.* Tener alguien o algo su origen en otra persona o cosa. *Su desdén nace de su inseguridad.* || Aparecer el Sol o la Luna en el horizonte. || Tener principio una cosa en otra. *El Ebro nace en Fontibre.* || Pasar a existir algo. *Ha nacido un nuevo estilo musical.* || Tener una propensión o habilidad natural para aquello que se indica. *Nació para la música.*

nacido, da *adj.* Connatural y propio de una cosa. || Apto y a propósito para algo. || *adj.* y *s.* Humano, hombre.

nacimiento *s. m.* Acción de nacer. || Origen, lugar o momento en que algo empieza a manifestarse. *El nacimiento del cabello, de un río.* || Estirpe, ascendencia familiar. *De noble nacimiento.* || En el catolicismo, representación de la venida al mundo de Jesús por medio de figuras.

nación *s. f.* Comunidad de personas, por lo general asentada en un mismo territorio, que comparte etnia, lengua, historia y tradiciones, lo cual crea una conciencia de destino común. || Comunidad de personas que viven en un mismo territorio gobernado por el mismo gobierno. || Territorio de este mismo país.

nacional *adj.* Relativo a la nación o natural de ella. *Bandera nacional, lengua nacional.* || *s. m. pl.* Totalidad de los individuos de una nación. || Conciudadanos.

nacionalidad *s. f.* Condición o cualidad de pertenecer a la comunidad de una nación. || Grupo de individuos que tienen idéntico origen o por lo menos historia y tradiciones comunes. || En derecho, vínculo que asocia a una persona individual o jurídica con un Estado.

nacionalismo *s. m.* Exaltación de las características propias de la nación a la que se pertenece. || Doctrina que reivindica la preeminencia de la nación por encima de los intereses de los grupos, las clases y los individuos que la constituyen. || Movimiento político de los individuos que toman conciencia de constituir una comunidad nacional en razón de los vínculos históricos, étnicos, lingüísticos, culturales, económicos, etc., que los unen.

nacionalista *adj.* Perteneciente o relativo al nacionalismo. *Doctrina nacionalista.* || *s. com.* Partidario del nacionalismo.

nacionalización *s. f.* Acción y efecto de nacionalizar o nacionalizarse. || Transferencia a la colectividad de la propiedad de ciertos medios de producción privados, que se realiza o bien por interés público, para preservar la independencia del Estado, o bien por razones de seguridad nacional o interés social, como puede ser asegurar el suministro de determinados bienes o servicios básicos.

nacionalizar *t.* Transferir al estado medios de producción y servicios privados de interés público. || Transferir a los naturales de un país bienes, medios de producción, etc., que estaban en manos extranjeras. || *t.* y *pr.* Conceder a alguien la nacionalidad de un país que no es el propio. || Introducir y emplear en un país usos y costumbres de otros.

nacionalsocialismo *s. m.* Doctrina nacionalista y racista, especialmente antisemita, establecida por Adolfo Hitler, basada en la teoría de la supremacía de la raza germánica.

nacionalsocialista *adj.* Relativo al nacionalsocialismo. || *s. com.* Partidario del nacionalsocialismo.

nacom *s. m.* Sacerdote maya vitalicio, encargado de sacar el corazón a los sacrificados.

nada[1] *s. f.* El no ser. || Cosa mínima. *Por nada se asusta.* || *loc.* ***Sacar de la nada:*** crear. || ***Reducir a nada:*** anular.

nada[2] *adv.* En absoluto. *No me gusta nada.* || *loc.* ***Como si nada:*** sin tener en cuenta lo ocurrido o dicho. || ***De nada:*** expresión usada para responder a quien dice «gracias». || ***Nada más:*** sólo, únicamente. || ***Nada menos:*** se dice para resaltar la importancia de lo que se expresa a continuación.

nada[3] *pron.* Ninguna cosa, ninguna cantidad. || Muy poca cosa, algo sin importancia.

nadador, ra *adj.* y *s.* Que nada. *Ave nadadora.* || Persona que practica la natación.

nadar *intr.* Mantenerse y avanzar en el agua por medio de ciertos movimientos de las extremidades. || Flotar algo, mantenerse en la superficie de un líquido. || *fig.* Tener mucho de la cosa que se expresa. || *fam.* Estar una cosa demasiado holgada dentro de otra. || *fig.* ***Nadar en la opulencia:*** ser muy rico. || ***Nadar entre dos aguas:*** procurar agradar a dos partidos adversos.

nadería *s. f.* Cosa sin importancia, pequeñez.

nadie[1] *s. m. fig.* Persona insignificante, de ninguna importancia. || *loc. fam.* ***No ser nadie:*** no tener importancia. || ***Un don nadie:*** una persona insignificante.

nadie[2] *pron.* Ninguna persona. *No ha venido nadie.*

nadir *s. m.* En astronomía, punto de la esfera celeste diametralmente opuesto al cenit.

nado *loc.* **A nado:** Nadando.

nafta *s. f.* Carburo de hidrógeno obtenido del petróleo. || *Amér.* Gasolina.

naftaleno *s. m.* Hidrocarburo bencénico sólido, blanco, aromático y cristalino, usado en la fabricación de perfumes, colorantes y plásticos.

naftalina *s. f.* Preparado comercial de naftaleno.

naftol *s. m.* Fenol derivado del naftaleno.
nagual *s. m. Amér. C.* y *Méx.* Brujo, hechicero, que se supone puede transformarse en algún animal. || *Guat. Hond. Méx.* y *Nic.* Animal tutelar de una persona, que es el compañero o protector espiritual durante toda su vida.
nagualear *intr. Méx.* Contar mentiras.
naguas *s. f. pl.* Prenda interior femenina, por lo general de algodón, que también se usa como pollera o falda.
nahua *adj.* y *s. com.* De un pueblo amerindio de América Central, que constituye el grupo étnico más importante numéricamente de México. || *s. m.* Lengua de la familia uto-azteca que en época precolombina fue la mayor lengua de civilización de México.
náhuatl *s. m.* Lengua derivada del nahua hablada en gran parte de México en el momento de la conquista española. *Varias palabras del español, como «tomate» y «aguacate», provienen del náhuatl.*
nahuatlaca *adj.* y *s. com.* Nahua.
nahuatlano *adj.* y *s. m.* Grupo lingüístico de la familia yutoazteca.
nahuatlismo *s. m.* Voz náhuatl introducida en el castellano.
nahuatlista *s. com.* Persona especializada en la lengua náhuatl.
nailon *s. m.* Fibra textil sintética a base de resina poliamida.
naipe *s. m.* Cada una de las cartulinas rectangulares que sirve para jugar a las cartas. || *pl.* Baraja. || *loc. fig.* y *fam.* ***Castillo de naipes:*** proyecto quimérico.
naja *s. f.* Género de serpientes venenosas al que pertenecen la cobra y el áspid.
nalga *s. f.* Cada una de las dos partes carnosas y posteriores del muslo que constituyen el trasero.
nalgada *s. f.* Golpe dado en las nalgas.
nalguear *t. Guat. Hond.* y *Méx.* Dar nalgadas a alguien.
nana *s. f.* Canto con que se duerme a los niños. || *Amér. C. Méx.* y *Ven.* Niñera, nodriza. || *Amér. C.* Madre.
nananché *s. m.* Arbusto malpigiáceo. || Su fruto, con el cual se hace chicha.
nanay *interj. fam.* ¡Ni hablar!, ¡nada de eso!
nance *s. m. C. R. Hond. Méx. Nic.* y *Salv.* Arbusto de fruto comestible. || Fruto de ese arbusto.
nanche *s. m. Méx.* Nance.
nanismo *s. m.* Enfermedad de los enanos, generalmente de origen endocrino.
nao *s. f.* Nave, barco.
napalm *s. m.* Gasolina gelificada con palmitato de sodio o de aluminio, con la que se cargan las bombas incendiarias.
napias *s. f. pl. fam.* Narices.
napoleónico, ca *adj.* Relativo a Napoleón.
napolitano, na *adj.* y *s.* De Nápoles.
naranja *adj.* y *s. m.* Anaranjado. || *s. f.* Fruto comestible del naranjo, de color entre amarillo y rojo. || *loc. fig.* y *fam.* ***Media naranja:*** la esposa.
naranjada *s. f.* Bebida refrescante elaborada con zumo de naranja, agua y azúcar.
naranjal *s. m.* Sitio plantado de naranjos.
naranjero, ra *adj.* De la naranja. *Exportación naranjera.* || Dícese del arma de fuego de calibre grande y cañón de forma acampanada. || *s.* Cultivador o vendedor de naranjas.
naranjilla *s. f. Amér.* Fruto del naranjillo.
naranjillo *s. m. Amér. C.* y *Méx.* Nombre de algunas ulmáceas, solanáceas y ramnáceas.
naranjo *s. m.* Árbol frutal de las regiones cálidas, de hojas coriáceas y perennes. || Madera de este árbol.
narcisismo *s. m.* Amor excesivo y patológico de sí mismo o de lo hecho por uno.
narcisista *adj.* Relativo al narcisismo. || *s. com.* Narciso.
narciso *s. m.* Planta amarilidácea ornamental, de flores blancas o amarillas con corona dorada. || *fig.* Hombre enamorado de sí mismo y que cuida excesivamente su persona.
narco *adj.* y *s. com.* Narcotraficante.
narcoanálisis *s. m.* Procedimiento de investigación del subconsciente de una persona mediante la inyección de un narcótico.
narcosis *s. f.* Sueño producido por la administración de un narcótico.
narcótico, ca *adj.* Relativo a la narcosis. || Que provoca la aparición del sueño.
narcotina *s. f.* Alcaloide extraído del opio, de acción sedativa.
narcotismo *s. m.* Estado de adormecimiento, que procede del uso de los narcóticos. || Conjunto de efectos causados en el organismo por los narcóticos.
narcotización *s. f.* Adormecimiento mediante la administración de narcóticos.
narcotizador, ra *adj.* Que narcotiza.
narcotizante *adj.* Que narcotiza.
narcotizar *t.* Adormecer por medio de un narcótico. || Producir narcotismo por el uso excesivo de narcóticos.
narcotraficante *adj.* y *s. com.* Que se dedica al narcotráfico.
narcotráfico *s. m.* Tráfico ilegal de estupefacientes.
nardo *s. m.* Planta liliácea de flores blancas aromáticas, dispuestas en espiga.
narguile *s. m.* Pipa oriental formada por un tubo flexible que atraviesa un frasco lleno de agua perfumada.
narigón, gona *adj.* y *s.* Narigudo. || *s. m.* Nariz grande.
narigudo, da *adj.* De narices muy grandes. || De figura de nariz.
nariguera *s. f.* Pendiente que se cuelgan de la ternilla de la nariz algunos indios.
nariñense *adj.* y *s. com.* Del departamento de Nariño, en Colombia.
nariz *s. f.* Parte saliente de la cara, entre la boca y la frente, que es el órgano del olfato. (Se usa también en plural.) || Cada uno de los orificios de la nariz. || Olfato. *Este perro tiene nariz.* || Parte delantera de un barco, de un avión o de un cohete. || *loc.* ***En mis, tus,*** etc., ***propias narices:*** en presencia de la persona de que se trata. || *fam.* ***Meter*** o ***asomar las narices:*** entrometerse. || ***No ver más allá de sus narices:*** ser poco perspicaz. || ***Darse de narices:*** tropezar. || ***Dejar a uno con un palmo de narices:*** dejar a uno burlado. || ***Estar hasta las narices:*** estar harto. || ***Meter las narices en todo:*** curiosear, entrometerse. || ***Romper las narices:*** romper la cara. || ***Romperse las narices:*** caerse.
narizón, zona *adj. fam.* Narigudo, con mucha nariz.
narizota *s. f. fam.* Nariz grande y fea. || *s. m. fam.* Hombre con mucha nariz, narigudo.
narración *s. f.* Relato, exposición detallada de una serie de hechos.
narrador, ra *adj.* Que narra. || *s.* Persona que narra. *Homero fue un gran narrador.*
narrar *t.* Relatar, referir, contar. *Narrar un combate.*
narrativo, va *adj.* Relativo a la narración. *Género narrativo, estilo narrativo.* || *s. f.* Habilidad para narrar. || Narración.
narria *s. f.* Carrito fuerte y bajo para arrastrar grandes pesos.
nasa *s. f.* Arte de pesca consistente en una manga de red. || Cesta en que echan los pescadores los peces.
nasal *adj.* Relativo a la nariz. *Huesos nasales.* || *adj.* y *s. f.* En gramática, dícese del sonido modificado por la vibración del aire en las narices. *Pronunciación nasal.*
nasalidad *s. f.* Calidad de nasal.
nasalización *s. f.* Pronunciación nasal de un sonido.
nasalizar *t.* Hacer nasal, o pronunciar de esta manera un sonido o letra.
násico *s. m.* Mono de nariz larga y blanda de Borneo.
nasofaringe *s. f.* Parte de la faringe situada encima del velo del paladar y detrás de las fosas nasales.
nasofaríngeo, a *adj.* De la nasofaringe.
nata *s. f.* Sustancia constituida por glóbulos de materia grasa que se encuentra emulsionada en la leche. || Capa que se forma en la superfi-

cie de algunos líquidos, debido a las sustancias grasas que hay en ellos. || *fig.* Lo mejor y más selecto. || *Esp.* Leche batida.

natación *s. f.* Acción de nadar considerada como ejercicio. *La natación es un deporte muy completo.*

natal *adj.* Del nacimiento.

natalicio *s. m.* Nacimiento. || Cumpleaños.

natalidad *s. f.* Relación entre el número de nacimientos y el de habitantes de una región en un momento determinado.

natatorio, ria *adj.* De la natación. || Que sirve para nadar. *Aletas natatorias.*

natillas *s. f. pl.* Dulce de huevo, leche y azúcar.

natividad *s. f.* Fiesta que conmemora el nacimiento de Jesucristo, de la Virgen María o de San Juan Bautista. || Navidad.

nativismo *s. m.* Innatismo. || *Amér.* Indigenismo.

nativista *adj.* y *s. com.* Relativo al nativismo o su partidario. || *Amér.* Indigenista.

nativo, va *adj.* Relativo o perteneciente al país o lugar de que se trata. *Costumbres nativas.* || Indígena, nacido en el país de que se trata. || Innato, natural. || Se dice del metal que se encuentra en la naturaleza en estado puro, no combinado.

nato, ta *adj.* Que va anejo a un cargo o persona. *Presidente nato de una junta.* || *fig.* De nacimiento. *Es un español nato.*

natura *s. f.* Naturaleza. *Ir contra natura.*

natural *adj.* Conforme al orden de la naturaleza. *Ley natural.* || Que aparece en la naturaleza. || Fresco. *Fruta natural.* || Que se trae al nacer. *Posee una simpatía natural.* || Inherente, propio. *El escándalo es natural en él.* || Instintivo. *La medicina le provocó una repulsa natural.* || Conforme con la razón o el uso. *Es natural pagar a quien trabaja.* || Que no está cohibido. *Estuvo muy natural.* || Que carece de afectación, sencillo. *Sus modales son naturales.* || Nativo. *Natural de Málaga.* || Nacido fuera del matrimonio, ilegítimo. *Hijo natural.* || *loc.* ***Ciencias naturales:*** las derivadas del estudio de la naturaleza (Física, Química, Geología). || ***Historia natural:*** ciencia que describe y clasifica los seres vivos. || ***Muerte natural:*** la que no es debida a accidente. || ***Tono natural:*** en música, el que no está modificado por ningún signo. || *s. m.* Cosa que se toma por modelo en pintura o escultura. *Tomado del natural.* || Índole, carácter, condición. *Su agresividad es natural.* || *pl.* Habitantes originarios de un país.

natural *adv.* Naturalmente. || *loc. Al natural:* sin artificio; dícese de los frutos en conserva enteros.

naturaleza *s. f.* Conjunto de los seres y cosas que constituyen el Universo, el mundo físico. || Realidad física que existe independientemente del ser humano y por oposición a cultura. || Conjunto de características fundamentales propias de un ser o de una cosa. || Conjunto de inclinaciones e instintos de una persona. || Complexión del cuerpo. *Es de naturaleza robusta.* || En derecho, cualidad que permite ser tenido por natural de un país para ciertos efectos civiles. || *loc.* ***Naturaleza muerta:*** en bellas artes, representación de animales muertos, frutos, objetos, flores, etc.

naturalidad *s. f.* Calidad natural. || Ausencia de afectación, sencillez. *Comportarse con naturalidad.* || Conformidad de las cosas con las leyes naturales. || Derecho inherente a los naturales de una nación.

naturalismo *s. m.* Movimiento literario y artístico del siglo XIX que, por medio de la aplicación al arte de los métodos de la ciencia positivista, trata de reproducir la realidad con absoluta objetividad, incluso en los aspectos más ínfimos. || En filosofía, doctrina que no admite otra realidad que la naturaleza.

naturalista *adj.* Relativo al naturalismo. *Escritor naturalista, filósofo naturalista.* || *s. com.* Persona que estudia la historia natural. || Escritor o filósofo adepto al naturalismo.

naturalización *s. f.* Acción y efecto de naturalizar o naturalizarse.

naturalizar *t.* Dar a un extranjero los derechos de ciudadanía en una nación que no es la suya. *Se naturalizó peruano.* || Aclimatar animales o vegetales. || Introducir en una lengua voces extranjeras. || Introducir y hacer que arraiguen en un país las costumbres o usos de otro.

naturalmente *adv.* Probablemente. || De un modo natural. || Fácilmente, sencillamente.

naturismo *s. m.* Doctrina higiénica y deportiva que propugna la vida al aire libre. || Desnudismo.

naturista *adj.* Del naturismo. *Revista naturista.* || *s. com.* Partidario del naturismo o que lo practica. || Desnudista.

naufragar *intr.* Hundirse o destruirse una embarcación en el agua. || *fig.* Fracasar un intento o asunto. *Naufragar un negocio.*

naufragio *s. m.* Hundimiento de un barco. || *fig.* Fracaso.

náufrago, ga *adj.* y *s.* Dícese del barco o de las personas que han padecido naufragio.

náusea *s. f.* Estado patológico caracterizado por una sensación penosa, localizada en el epigastrio y mediastino, que provoca ganas de vomitar. || *fig.* Repugnancia física o moral que causa una cosa.

nauseabundo, da *adj.* Que produce náuseas. *Hedor nauseabundo.*

náutico, ca *adj.* Relativo a la navegación. *Arte náutico.* || *s. f.* Ciencia o arte de navegar. *Escuela de náutica.*

nautilo *s. m.* Argonauta, molusco cefalópodo con concha espiral.

nauyaca *s. f.* Ofidio venenoso de México, que recibe también el nombre de «cuatro narices».

navaja *s. f.* Cuchillo cuya hoja se puede doblar para que el filo quede oculto entre las dos cachas que forman el mango. || *fig.* Aguijón cortante de algunos insectos. || Molusco lamelibranquio de cuerpo alargado, encerrado en dos largas valvas con los extremos abiertos. || *loc.* ***Navaja de afeitar:*** cuchillo plegable de acero, de filo agudísimo, que se emplea para rasurar la barba.

navajada *s. f.* o **navajazo** *s. m.* Cuchillada con la navaja. || Herida que produce.

navajo *adj.* y *s. m.* Indígena norteamericano de Nuevo México y Arizona.

naval *adj.* Relativo a las naves y a la navegación. *Agregado naval, arquitecto naval, ingeniero naval; táctica naval, combate naval.* || *loc.* ***Escuela naval:*** la de formación de los oficiales de la marina militar.

nave *s. f.* Embarcación grande de vela o motor, especialmente la que tiene cubierta. || Vehículo aéreo grande como un avión, un helicóptero, un transbordador, etc. || Espacios que se extienden entre los muros o las filas de columnas a lo largo de los templos, fábricas, almacenes, etc. || *loc. fig.* ***Quemar las naves:*** tomar una determinación extrema e irrevocable.

navegable *adj.* Aplícase al río, lago, canal, etc., donde pueden circular barcos.

navegación *s. f.* Viaje en una nave. *Navegación marítima, fluvial, aérea.* || Arte del navegante. || *loc.* ***Navegación costera*** o ***de cabotaje:*** la que se efectúa sin alejarse de la costa. || ***Navegación de altura:*** la de alta mar.

navegador *s. m.* En informática, *software* cliente para la presentación de páginas *web* en formato HTML, que permite la activación de vínculos hipertextuales para ir de sitio en sitio.

navegante *adj.* Que navega. || *s. com.* Persona que navega.

navegar *intr.* Viajar alguien sobre el agua, por el aire o por la atmósfera. || Moverse una nave, un globo, etc., por el agua, el aire o la atmósfera. || *fig.* Ir de un sitio a otro, errar. || En informática, pasar de una información a otra dentro de un documento de hipertexto o hipermedia, de un sitio a otro de internet o en una red intranet.

naveta *s. f.* Nave pequeña. || Vaso para guardar incienso. || Gaveta, cajón. || Cada uno de los monumentos funerarios que se encuentran en la isla de Menorca, en forma de nave.

navidad *s. f.* Nacimiento de Jesucristo y día en que el catolicismo lo celebra. || Época de esta fiesta.

navideño, ña *adj.* Relativo a la Navidad. *Fiestas navideñas.*

naviero, ra *adj.* Relativo a las naves o a la navegación. *Compañía, empresa naviera.* || *s. m.* Propietario de uno o más barcos, armador. || *s. f.* Compañía de navegación.

navío *s. m.* Antiguo bajel de guerra, de tres palos, con dos o tres puentes y otras tantas baterías de cañones. || Hoy, buque grande de guerra. || Barco de alta mar.

náyade *s. f.* En mitología, divinidad que presidía los ríos y fuentes.

nazareno, na *adj.* y *s.* De Nazaret. || Dícese del que entre los antiguos hebreos se consagraba al culto de Dios. || *s. m.* Nombre que daban los judíos a los primeros cristianos. || Penitente en las procesiones de Semana Santa. || Árbol ramnáceo americano usado en tintorería.

nazi *adj.* y *s. com.* Nacionalsocialista.

nazismo *s. m.* Nacionalsocialismo.

neblina *s. f.* Niebla espesa y baja.

neblinear *impers. Chil.* Lloviznar.

neblinoso, sa *adj.* Con neblina.

nebulosa *s. f.* Nube de gas y polvo interestelares.

nebulosidad *s. f.* Pequeña oscuridad, sombra. || Proporción de nubes en el cielo, nubosidad. || *fig.* Falta de claridad.

nebuloso, sa *adj.* Oscurecido por las nubes o la niebla. *Cielo nebuloso, día nebuloso.* || *fig.* Sombrío. || Difícil de comprender. || Falto de claridad. *Estilo nebuloso.* || *s. f.* Materia cósmica que aparece en el firmamento como una nube difusa y luminosa.

necedad *s. f.* Calidad de necio. || Tontería, acción o palabra necia.

necesario, ria *adj.* Indispensable, que hace absolutamente falta. *El aire es necesario para vivir.* || Que sucede o ha de suceder inevitablemente. *La consecuencia necesaria de una acción.* || Que no puede dejar de ser. *Esa es una verdad necesaria.*

neceser *s. m.* Bolsa, estuche o maletín con los utensilios de aseo personal, costura, etc.

necesidad *s. f.* Cualidad de necesario. || Falta de las cosas necesarias para vivir. *Trabajar por necesidad.* || Situación de alguien que precisa de auxilio o ayuda. *Ayudar a alguien en una necesidad.* || Evacuación de orina o excrementos. (Suele usarse en plural.) *Hacer sus necesidades.* || *loc.* ***De necesidad*** o ***por necesidad:*** necesariamente.

necesitado, da *adj.* y *s.* Pobre, que carece de lo necesario.

necesitar *t.* e *intr.* Haber menester de una persona o cosa. *Necesito dinero; necesitamos de usted.*

necio, cia *adj.* y *s.* Ignorante. || Tonto.

necrófago, ga *adj.* Se dice del animal que se nutre de cadáveres.

necrología *s. f.* Escrito o discurso consagrado a un difunto. || Notificación de las muertes en una sección de un periódico.

necrológico, ca *adj.* Relativo a la necrología. *El periódico publicó hoy una nota necrológica.*

necromancia *s. f.* Nigromancia.

necrópolis *s. f.* Cementerio grande adornado con monumentos funerarios. || Grupo de sepulturas prehistóricas o de la antigüedad de mayor o menor carácter monumental, alineadas como las casas o los edificios de una ciudad.

necropsia *s. f.* Examen de un cadáver que por lo general se hace para conocer la causa de la muerte.

necrosis *f.* En medicina, muerte o gangrena de un tejido en una zona anatómica.

néctar *s. m.* Bebida de los dioses mitológicos. || *fig.* Licor delicioso, exquisito. || Líquido azucarado segregado por los nectarios de las flores.

nectáreo, a *adj.* Que destila néctar o sabe a él.

nectario *s. m.* Glándula de las flores de ciertas plantas que segrega néctar.

nectartén *s. m.* Ununhexio.

necton *s. m.* En biología, conjunto de organismos acuáticos que pueden desplazarse por sí mismos. *A diferencia del plancton, los peces y otros componentes del necton tienen movilidad.*

necuazcual *s. m.* Especie de hormiga de México.

neerlandés, desa *adj.* y *s.* De los Países Bajos. || *s. m.* Lengua germánica hablada en los Países Bajos y en el norte de Bélgica.

nefando, da *adj.* Indigno, execrable.

nefasto, ta *adj.* Triste, funesto, desgraciado. *Su muerte fue un hecho nefasto.*

nefrectomía *s. f.* Ablación quirúrgica de un riñón.

nefrítico, ca *adj.* Relativo a los riñones. *Absceso nefrítico.* || *adj.* y *s.* Que padece de nefritis.

nefritis *s. f.* Inflamación de los riñones.

negable *adj.* Que se puede negar o desmentir.

negación *s. f.* Acción y efecto de negar. || Carencia o falta total de una cosa. *Es la negación del arte.* || En gramática, partícula o voz que sirve para negar, por ejemplo *no, ni.*

negado, da *adj.* y *s.* Incapaz o inepto para una cosa.

negar *t.* Decir que una cosa no es cierta, desmentir. *Negar un hecho.* || Dejar de reconocer una cosa, no admitir su existencia. *Negar a Dios.* || Denegar. *Negar una gracia.* || Prohibir, vedar. *Negar un permiso.* || No confesar una falta, un delito. *Negar ante el juez.* || *pr.* Rehusarse a hacer una cosa. *Víctor se niega a comer.*

negativo, va *adj.* Que incluye o supone negación o contradicción. *El papá dio una contestación negativa.* || *s. m.* Cliché fotográfico. || *s. f.* Respuesta negativa, negación. *Carmen contestó con una negativa.* || No concesión de lo que se pide. || *loc.* ***Cantidad negativa:*** en matemáticas, la precedida del signo menos (–). || ***Electricidad negativa:*** en física, una de las dos formas de electricidad estática.

negatón *s. m.* Electrón negativo.

negligencia *s. f.* Abandono.

negligente *adj.* y *s. com.* Descuidado.

negociable *adj.* Que se puede negociar. *Giro negociable.*

negociación *s. f.* Acción y efecto de negociar.

negociado *s. m.* Cada una de las dependencias en que se divide una oficina. || *Amér. Merid.* Negocio de importancia, ilícito e indecente.

negociador, ra *adj.* y *s.* Que negocia. *Negociador de la paz.*

negociante *s. com.* Persona que negocia. || Comerciante. || *fig.* Interesado.

negociar *intr.* Dedicarse a los negocios o a cierto negocio. || *t.* e *intr.* Hacer alguna operación con un valor bancario o de bolsa. || Hablar una persona con otras para resolver algo o gestionarlo. || Tratar asuntos, especialmente de carácter público. || En derecho, ajustar el traspaso o descuento de un efecto comercial. || *t.* Entregar un efecto de comercio a un banco, para que tramite su pago antes de la fecha de su vencimiento.

negocio *s. m.* Transacción comercial que comporta una utilidad o una pérdida. || Operación comercial ventajosa. || Provecho o ganancia que se obtiene en lo que se trata o comercia. || Ocupación, empleo o trabajo. || Establecimiento comercial o industrial.

negrada *s. f. Amér.* Multitud de negros. || *Cub.* Conjunto de esclavos negros de que disponía una finca o plantación. || *Arg.* y *Uy.* Cosa o hecho de mal gusto.

negrear *intr.* Ponerse negro. || Tirar a negro.

negrecer *intr.* Ponerse negro.

negrero, ra *adj.* y *s.* Que se dedicaba a la trata de negros. *Aquél era un barco negrero.* || *fig.* Cruel, inhumano, duro con sus subordinados. || Explotador.

negrilla *s. f.* En tipografía, letra más gruesa y entintada que la usual.

negrito *s. m.* Individuo de una raza del archipiélago malayo.
negritud *s. f.* Condición de las personas de raza negra. || Conjunto de valores culturales de los pueblos negros. *Se debe respetar la negritud.*
negro, gra[1] *adj.* Se dice del color de tonalidad más oscura, debido a la ausencia o a la absorción total de los rayos luminosos, como el del carbón. || Que es de este color. || Se dice de algo que tiene una tonalidad más oscura que la corriente en su especie. *Pocas panaderías venden pan negro.* || Oscurecido, privado de luz. *La noche negra.* || *fig.* Triste, desgraciado. *Mi negra suerte.* || Se dice de la raza que se caracteriza por el color oscuro de la piel, el pelo rizado y los labios gruesos, y es originaria de algunas zonas de África y Oceanía. || Relativo a las personas de raza negra o a su cultura. *La música negra posee un ritmo pegajoso.* || *loc.* ***Pasarlas negras:*** pasarlo muy mal.
negro, gra[2] *s.* Persona de raza negra. || Pigmento colorante de color negro. || *loc. fam.* ***Trabajar como negro:*** trabajar mucho, sin descanso.
negroide *s. com.* Propio de la raza negra o que se semeja mucho a ella.
negrura *s. f.* Calidad de negro.
negruzco, ca *adj.* Que tira a negro.
neguamel *s. m. Méx.* Cierta especie de maguey.
neguilla *s. f.* Planta cariofilácea. || Semilla de esta planta.
negus *s. m.* Título dado al emperador de Etiopía.
nematelmintos *s. m. pl.* Clase de gusanos de cuerpo fusiforme sin apéndices locomotores, como la lombriz intestinal.
nematodo *adj.* y *s. m.* Dícese de los gusanos nematelmintos provistos de tubo digestivo, casi todos parásitos. || *pl.* Orden que forman.
nemoroso, sa *adj.* En poesía, relativo o perteneciente al bosque.
nemotecnia *s. f.* Mnemotecnia.
nemotécnico, ca *adj.* Mnemotécnico.
nene, na *s. Esp.* y *Méx.* Niño pequeño.
nenúfar *s. m.* Planta acuática ornamental de la familia de las ninfeáceas, que se cultiva en los estanques de los jardines.
neocelandés, desa *adj.* y *s.* De Nueva Zelanda.
neoclasicismo *s. m.* Corriente literaria y artística inspirada en la Antigüedad clásica.
neoclásico, ca *adj.* y *s.* Propio del neoclasicismo o su partidario.
neocolonialismo *s. m.* Forma moderna de colonialismo, cuyo objetivo es dominar económicamente a los países que han accedido a la independencia.
neocolonialista *adj.* Propio del neocolonialismo. || *s. com.* Partidario del neocolonialismo.
neodarwinismo *s. m.* Teoría de la evolución basada en las mutaciones y en la selección natural.
neodimio *s. m.* Elemento químico, metal del grupo de las tierras raras, escaso en la corteza terrestre. Se encuentra muy disperso y siempre asociado a otros lantánidos. Es de color blanco plateado, amarillea al contacto con el aire, y sus sales son de color rosa y fluorescentes. Se utiliza, puro o aleado, en metalurgia y sus óxidos se emplean en la industria del vidrio. Su número atómico es 60 y su símbolo *Nd.*
neófito, ta *s.* Persona recién convertida a una religión. || Persona que ha adoptado recientemente una opinión o partido. || *fig.* Principiante en cualquier actividad. *Carrera de neófitos.*
neógeno *s. m.* Periodo final de la era Terciaria, subdividido en mioceno y plioceno.
neogongorismo *s. m.* Movimiento literario surgido en 1927 en España con motivo del tercer centenario de Góngora, y que se inspiró en este poeta.
neogótico, ca *adj.* y *s.* Aplícase a un estilo arquitectónico del siglo XIX que se inspiró en el gótico.
neoimpresionismo *s. m.* Último periodo del impresionismo, llamado también «puntillismo».
neokantismo *s. m.* Movimiento filosófico derivado del kantismo, nacido a mediados del siglo XIX.
neolatino, na *adj.* Procedente o derivado de los latinos. || Aplícase especialmente a las lenguas derivadas del latín, como el castellano, el catalán, el francés, el portugués, el italiano, el rumano, etc.
neoliberalismo *s. m.* Doctrina económica que pretende renovar el liberalismo mediante la intervención limitada del Estado en lo jurídico y en lo económico.
neolítico, ca *adj.* y *s. m.* Se dice de la fase del desarrollo técnico de las sociedades prehistóricas (piedra pulimentada, cerámica) que coincide con su acceso a una economía productiva (agricultura, ganadería).
neológico, ca *adj.* Relativo al neologismo.
neologismo *s. m.* Palabra, expresión o acepción de creación reciente que aparece o se adopta en una lengua.
neomaltusianismo *s. m.* Teoría derivada de la de Thomas Malthus, que defiende la utilización de todos los medios anticonceptivos con fines demográficos.
neón *s. m.* Elemento químico, gas noble escaso en la Tierra, pero muy abundante en el Universo. Está presente en la atmósfera en pequeña proporción y, como todos los elementos de su grupo, es químicamente inactivo. Se utiliza como gas de llenado de tubos fluorescentes. Su número atómico es 10 y su símbolo *Ne.*
neoplatonicismo *s. m.* Escuela filosófica de Alejandría (siglos III y IV), cuyo principal representante fue Plotino.
neoplatónico, ca *adj.* Relativo al neoplatonicismo. || *s.* Que sigue esta doctrina.
neopositivismo *s. m.* Sistema filosófico derivado del de Auguste Comte, que insiste en la crítica de la ciencia y en la búsqueda del análisis lógico.
neosegoviano, na *adj.* y *s.* De Nueva Segovia, departamento de Nicaragua.
neotoma *s. f.* Mamífero roedor americano.
neotomismo *s. m.* Doctrina filosófica moderna cuyo origen está en la de santo Tomás de Aquino.
neoyorquino, na *adj.* y *s.* De Nueva York, ciudad de los Estados Unidos de América.
neozelandés, desa *adj.* y *s.* Neocelandés.
neozoico, ca *adj.* En geología, aplícase a la era Terciaria.
nepalés, lesa *adj.* y *s.* Del Nepal.
neperiano, na *adj.* Aplícase a los logaritmos inventados por el matemático John Neper.
nepote *s. m.* Pariente y privado del Papa.
nepotismo *s. m.* Política adoptada por algunos papas que consistía en favorecer particularmente a sus parientes. || Abuso de poder o reparto de cargos en favor de parientes y amigos.
neptunio *s. m.* Elemento químico radiactivo, metal del grupo de los actínidos, de color blanco plateado. Se asemeja al uranio en sus propiedades químicas. Se utiliza en la industria nuclear y se obtiene artificialmente por bombardeo de uranio con neutrones. Su número atómico es 93 y su símbolo *Np.*
nereida *s. f.* En mitología, cualquiera de las ninfas del mar que personificaban el movimiento de las olas.
neroniano, na *adj.* Propio de Nerón, emperador de la antigua Roma. || *fig.* Cruel, sanguinario.
nervadura *f.* En arquitectura, moldura saliente de una bóveda. || En botánica, conjunto de los nervios de una hoja.
nervio *s. m.* Cordón blanquecino compuesto de fibras nerviosas que conducen los mensajes motores desde el sistema nervioso central a los órganos, y los mensajes sensitivos y sensoriales en sentido inverso. || Tendón o tejido blanco, duro y resistente. || *fig.* Fuerza, vigor. || Parte de algo considerada la fuente de su vita-

lidad. || Hacecillo fibrovascular del peciolo de las hojas. || En zoología, tubo quitinoso que da rigidez a las alas de los insectos. || *pl.* Nerviosismo. || *loc. fig.* ***Ser un manojo de nervios:*** ser muy nervioso. || ***Tener los nervios de punta:*** estar muy nervioso.

nerviosidad *s. f.* Inquietud, excitación, falta de calma o aplomo.

nerviosismo *s. m.* Nerviosidad. || Debilidad nerviosa, irritabilidad.

nervioso, sa *adj.* Que tiene nervios. *Tejido nervioso.* || Relativo a los nervios. *Estela padece un dolor nervioso.* || De nervios irritables. || Irritado. || *fig.* Que tiene vivacidad, inquieto. *Román es un niño nervioso.* || *loc.* ***Centros nerviosos:*** el encéfalo y la médula. || ***Sistema nervioso:*** conjunto de nervios, ganglios y centros nerviosos que recogen las excitaciones sensoriales y coordinan los actos vitales.

nervosidad *s. f.* Carácter o estado de la persona nerviosa. || Fuerza y actividad nerviosa. || *fig.* Fuerza de un razonamiento.

nervudo, da *adj.* De nervios robustos y bien templados.

nesga *s. f.* Pieza triangular que se añade a un vestido para ensancharlo o darle mayor vuelo.

nesgar *t.* Poner nesgas. || Cortar una tela al bies en la dirección de los hilos.

neto, ta *adj.* Dícese de un ingreso del que ya se han hecho los descuentos correspondientes. *Sueldo neto.* || Dícese del beneficio o ganancia de un comerciante una vez hechos los descuentos en concepto de cargas o gravámenes. || Aplícase al peso de una mercancía después de quitar el de los embalajes, envases o todo lo que no sea la misma mercancía. || *fam. Méx.* Claro, sin disfraz. *Pedro dijo la neta.* || *s. m.* En arquitectura, pedestal de una columna, sin considerar las molduras alta y baja.

neumático, ca *adj.* Relativo al aire o a los gases. *Colchón neumático.* || Que funciona con la ayuda de aire comprimido. *Martillo neumático.* || Se dice de los huesos huecos de las aves, cuya cavidad está llena de aire procedente de los sacos aéreos. || *s. m.* Cubierta resistente de caucho u otro material semejante que protege las llantas de las ruedas de ciertos vehículos y sirve de superficie de rodamiento.

neumococo *s. m.* En medicina, microbio diplococo que produce la pulmonía y otras infecciones.

neumogástrico, ca *adj.* y *s. m.* Dícese del nervio que se extiende por los bronquios, el corazón y el aparato digestivo.

neumología *s. f.* Parte de la medicina que se ocupa de las enfermedades pulmonares.

neumólogo, ga *s.* Médico especialista en neumología.

neumonía *s. f.* Inflamación del parénquima pulmonar causada por una bacteria (neumococo) o por un virus.

neumotórax *s. m.* Enfermedad producida por la entrada del aire en la cavidad de la pleura. || *loc.* ***Neumotórax artificial:*** método de tratamiento de la tuberculosis pulmonar, que implica la inyección de nitrógeno o aire en la cavidad de la pleura.

neuquino, na *adj.* y *s.* De Neuquén, provincia patagónica de Argentina.

neuralgia *s. f.* Dolor intenso que se localiza en el trayecto de un nervio.

neurálgico, ca *adj.* Relativo a la neuralgia. || *fig.* Se dice del lugar, momento o situación que es muy importante. *El centro neurálgico de la crisis de 1929.*

neurastenia *s. f.* Enfermedad producida por debilidad del sistema nervioso.

neurasténico, ca *adj.* Relativo a la neurastenia. || *adj.* y *s.* Que padece neurastenia.

neurita *s. f.* Fibra nerviosa.

neuritis *s. f.* Inflamación de un nervio.

neurocirugía *s. f.* Cirugía del sistema nervioso.

neurocirujano, na *s.* Cirujano del sistema nervioso y del cerebro.

neurología *s. f.* Parte de la medicina que estudia el sistema nervioso y sus enfermedades.

neurológico, ca *adj.* Relativo al sistema nervioso y a la neurología.

neurólogo, ga *s.* Médico especialista en neurología.

neuroma *s. m.* Tumor que se forma en el tejido de los nervios.

neurona *s. f.* Célula nerviosa que no presenta fenómenos de división por carecer de centrosoma.

neurópata *adj.* y *s. com.* Que padece una enfermedad nerviosa.

neuropatía *s. f.* Afección nerviosa.

neuropatología *s. f.* Ciencia que estudia las enfermedades del sistema nervioso.

neuróptero *adj.* y *s. m.* Dícese del orden de insectos que tienen dos pares de alas membranosas y reticulares, como el comején.

neurosis *s. f.* Enfermedad nerviosa que se caracteriza por el trastorno de la personalidad y de la conducta social, sin aparente lesión física del sistema nervioso.

neurótico, ca *adj.* Relativo a la neurosis. || *s.* Que padece neurosis.

neurovegetativo, va *adj.* Aplícase al sistema nervioso que regula la vida vegetativa.

neutonio *s. m.* En física, unidad de medida de fuerza. Recibe también el nombre de «newton», en honor al físico Isaac Newton.

neutral *adj.* Que no está a favor de uno ni de otro. *Rodrigo es un hombre neutral.* || Que no interviene en los conflictos promovidos por otros.

neutralidad *s. f.* Calidad de neutral. || Situación de un Estado que permanece al margen de un conflicto armado entre dos o más países.

neutralismo *s. m.* Doctrina que no admite la adhesión a una alianza militar.

neutralista *adj.* Relativo al neutralismo. || *s. com.* Partidario del neutralismo.

neutralización *s. f.* Acción y efecto de neutralizar o neutralizarse. || Concesión de un estatuto de no beligerancia a un territorio, una ciudad, etc.

neutralizante *adj.* y *s. m.* Que neutraliza.

neutralizar *t.* Hacer neutral. || En química, hacer neutra una sustancia. *Neutralizar un ácido con una base.* || *fig.* Anular el efecto de una causa mediante una acción contraria. *Neutralizar un ataque.* || *pr.* Anularse, hacer equilibrio.

neutrino *s. m.* En física, partícula eléctricamente neutra.

neutro, tra *adj.* Se dice de lo que no presenta ni uno ni otro de dos caracteres opuestos. || Que no está definido o determinado. || En física, se dice del cuerpo que no presenta ningún fenómeno eléctrico o magnético, y del conductor por el que no circula corriente. || En lingüística, se dice de un tercer género que no es ni masculino ni femenino, y de la palabra que tiene este género. *Género neutro; adjetivo neutro.* || En química, que no tiene carácter ácido ni básico.

neutrón *s. m.* Partícula eléctricamente neutra que constituye, con los protones, el núcleo del átomo. || *loc.* ***Bomba de neutrones:*** carga termonuclear que, en comparación con las otras bombas, tiene una radiación neutrónica superior pero una onda de choque y una emisión de calor y de radiactividad más reducidas.

nevado, da *adj.* Cubierto de nieve. || *fig.* Blanco como la nieve. *Cabeza nevada.* || *s. m. Amér.* Alta cumbre cubierta de nieve. *El nevado de Sajama.* || *s. f.* Acción y efecto de nevar. || Nieve caída.

nevar *impers.* Caer nieve.

nevasca *s. f.* Nevada. || Ventisca, borrasca de viento y nieve.

nevatilla *s. f.* Aguzanieve.

nevazón *s. f. Arg.* y *Chil.* Temporal de nieve.

nevera *s. f.* Sitio donde se guarda o conserva nieve. || *fig.* Habitación muy fría. || *Esp.* Refrigerador.

nevería *s. f. Méx.* Heladería.

nevero, ra *s. Méx.* Persona que vende helados. || *s. m.* En geología, ventisquero.

nevisca *s. f.* Nevada ligera.

neviscar *impers.* Nevar poco.

nevoso, sa *adj.* Que tiene nieve. || Que va a nevar. *Habrá tiempo nevoso por la tarde.*

newton *s. m.* Unidad de medida de equivalente a la fuerza que comunica a un cuerpo de 1 kg de masa una aceleración de 1 m por segundo.
newtoniano, na *adj.* Relativo al sistema de Newton.
nexmel *s. m. Méx.* Cierta clase de maguey que tiene color de ceniza.
nexo *s. m.* Lazo, vínculo, unión. || Relación. *Palabras sin nexo.*
ni *conj.* Partícula negativa y conjuntiva que enlaza palabras y frases que denotan negación, precedida o seguida de otra u otras. *Ni actúa ni deja actuar; ni Juan ni Pedro han estado aquí.* || *loc.* ***Ni que:*** expresión enfática. *¡Ni que yo fuese tonto!*
nibelungo *s. m.* En la mitología germánica, hijo de la Niebla.
nicaragüense *adj.* Perteneciente o relativo a esta república de América Central. *Política nicaragüense.* || *s. com.* Natural de Nicaragua. *Los nicaragüenses son centroamericanos.*
nicarao *adj.* y *s. m.* Aplícase a una tribu indígena existente en Nicaragua antes de que el país fuese descubierto por los españoles.
nicho *s. m.* Hueco practicado en los muros de un cementerio para colocar los ataúdes o las urnas funerarias. || En bellas artes, hornacina. || En comercio, segmento del mercado de perfil bien definido, donde no entran en competencia productos genéricos y de amplia distribución.
nicotina *s. f.* Alcaloide muy venenoso del tabaco.
nicotinismo o **nicotismo** *s. m.* Conjunto de trastornos morbosos causados por el abuso del tabaco.
nictabac *s. m.* Ciervo o venado de Yucatán, México.
nictaginácea *s. f. pl.* Familia de plantas tropicales cuyo tipo es el dondiego.
nictálope *adj.* y *s. com.* Que padece nictalopía.
nictalopía *s. f.* Anomalía de los ojos por la cual la visión es débil durante el día y aumenta de grado por la noche.
nidada *s. f.* Nido. || Conjunto de los huevos o de la cría en el nido.
nidal *s. m.* Ponedero de gallinas u otras aves domésticas.
nidificar *t.* Hacer un nido.
nido *s. m.* Pequeño refugio o abrigo que hacen las aves para poner sus huevos, empollarlos y tener sus crías. || Cavidad o lugar resguardado que aprovechan las aves para el mismo fin. || Lugar donde algunos animales viven agrupados. *Un nido de ratas.* || *fig.* Casa, hogar. || Asentamiento protegido para armas de infantería. *Nido de ametralladora.*
niebla *s. f.* Nube estratificada que está en contacto con la superficie terrestre. || *fig.* Confusión u oscuridad en algún asunto. || Nube, mancha en la córnea.
nieto, ta *s.* Hijo del hijo de una persona. || Descendiente de una línea genealógica a partir de la tercera generación. *Nieto segundo.*
nietzscheano, na *adj.* Relativo a Nietzsche o a su doctrina. || *s.* Partidario de esta doctrina.
nieve *s. f.* Precipitación de agua cristalizada, que cae en forma de copos blancos y ligeros. || Nevada. (Suele usarse en plural.) *Año de nieves, año de bienes.* || *fig.* Blancura. || *fig.* y *fam.* Cocaína. || *Cub. Méx.* y *P. Rico.* Sorbete helado. || En televisión, manchas o puntos pequeños e intermitentes que se observan a veces en los televisores a causa de interferencias o de debilidad de la señal.
nife *s. m.* En geología, núcleo hipotético de la Tierra formado por una materia pesada a base de níquel y hierro.
nigeriano, na *adj.* y *s.* De Nigeria.
nigerio, ria *adj.* y *s.* Del Níger.
nigromancia *s. f.* Adivinación supersticiosa del futuro por medio de la evocación de los muertos. || *fam.* Magia negra o diabólica.
nigromante *s. com.* Persona que ejerce la nigromancia.
nigromántico, ca *adj.* Relativo a la nigromancia. || *s. m.* Nigromante.
nigua *s. f. Amér.* Insecto parecido a la pulga, pero más pequeño, que suele causar mucha picazón y úlceras graves en la piel del ser humano y los animales.
niguatero o **nigüero** *s. m. Amér.* Lugar donde hay niguas.
nihilismo *s. m.* En filosofía, negación de toda creencia o de todo principio político y social.
nihilista *adj.* y *s. com.* Partidario del nihilismo.
nilón *s. m.* Nailon.
nimbo *s. m.* Aureola, círculo luminoso que se suele poner sobre la cabeza de las imágenes de santos. || Nube baja formada por la aglomeración de cúmulos. || Círculo que rodea a veces un astro.
nimiedad *s. f.* Cualidad de nimio. || Cosa nimia. *Mi papá se enojó por una nimiedad.*
nimio, mia *adj.* Que es insignificante o muy poco importante. || Se dice de la persona que hace las cosas con gran minuciosidad o escrupulosidad.
ninfa *s. f.* En mitología, divinidad femenina que vivía en las fuentes, los bosques, los montes y los ríos. || *fig.* Joven hermosa. || Prostituta. || Insecto que ha pasado del estado de larva. || *loc. fig.* ***Ninfa Egeria:*** persona que discreta o sigilosamente aconseja a otra, en alusión a la ninfa que, se suponía, inspiraba las decisiones de Numa Pompilio, rey de la Roma Antigua.
ninfea *s. f.* Nenúfar.
ninfeácea *s. f. pl.* Familia de dicotiledóneas dialipétalas acuáticas a la que pertenecen el nenúfar y el loto.
ninfomanía *s. f.* Deseo sexual violento en la mujer o en las hembras de los animales.
ningún *adj.* Apócope de *ninguno;* se emplea antepuesto a sustantivos masculinos en singular. *No tiene ningún caso; Elsa no quiere ningún regalo.*
ninguno, na *adj.* y *pron.* Denota negación total de lo expresado por el nombre al que se aplica o al que se refiere en última instancia. *Ninguno de los asistentes a la junta protestó.* || Equivale a «uno» con valor determinado en oraciones negativas. *Nora no buscaba ninguna recompensa.* || Equivale a «nadie», pero añade siempre la idea de individualización respecto a los elementos de un conjunto. *Ninguno (de ellos) dijo nada cuando debía hacerlo.*
niña *s. f.* Pupila del ojo. || *loc. fig.* y *fam.* ***Niñas*** o ***niña de los ojos:*** persona o cosa muy querida.
niñada o **niñería** *s. f.* Acción de niños o propia de ellos.
niñear *intr.* Hacer niñerías.
niñera *s. f.* Criada encargada del cuidado de los niños.
niñería *s. f.* Acción de un niño o propia de él. || Dicho o hecho de poca importancia. *Ernesto se enojó por una niñería.*
niñez *s. f.* Período de la vida humana comprendido desde el nacimiento hasta la pubertad. || Niñería.
niño, ña *s.* y *adj.* Persona en la etapa de la niñez. || *fig.* Persona joven. || Ingenuo, de poca experiencia o que obra irreflexivamente. || *loc. fig.* ***Estar como niño con zapatos nuevos:*** muy contento.
niobio *s. m.* Elemento químico, metal escaso en la corteza terrestre, presente en algunos minerales, siempre junto al tantalio. Es de color gris brillante, blando, dúctil, maleable y resistente a la corrosión. Se utiliza en la industria nuclear y, aleado con hierro, en metalurgia. También se conoció como «columbio». Su número atómico es 41 y su símbolo *Nb.*
nipón, pona *adj.* y *s.* Japonés.
níquel *s. m.* Elemento químico, metal escaso en la corteza terrestre. Junto con el hierro, constituye el núcleo de la Tierra y se encuentra nativo en meteoritos. De color blanco grisáceo, brillante, duro, es tenaz y resistente a la corrosión. Se utiliza en el recubrimiento de superficies o niquelado, así como en la fabricación de baterías y, aleado, para fabricar monedas y aceros inoxidables. Su número atómico es 28 y su símbolo *Ni.* || Moneda de níquel.
niquelado *s. m.* Acción y efecto de niquelar.
niquelar *t.* Cubrir un metal con un baño de níquel.

nirvana *s. m.* En el pensamiento oriental, principalmente el budismo, desaparición del dolor unida a la posesión de la verdad.
níspero *s. m. Amér.* Zapote. || *Esp.* Arbusto espinoso en estado silvestre, de hojas grandes y flores blancas, que produce un fruto comestible.
nistamal *s. m. Méx.* Nixtamal.
nitidez *s. f.* Cualidad de nítido. *La nitidez de un espejo refleja mejor las imágenes.* || Calidad de un cliché o una copia fotográfica que permite apreciar y distinguir los detalles de la imagen.
nítido, da *adj.* Limpio, transparente. *La atmósfera nítida invitaba a meditar.* || De contornos bien definidos. *Gracias a la tecnología digital las imágenes se ven muy nítidas.*
nitración *s. f.* Tratamiento químico por el ácido nítrico.
nitratación *s. f.* Acción de nitrificar. || Transformación del ácido nitroso en ácido nítrico o de los nitritos en nitratos.
nitrato *s. m.* En química, sal que resulta de la combinación del ácido nítrico con un radical. *El nitrato de plata es un agente antiséptico de la vejiga.*
nítrico, ca *adj.* Relativo al nitro o al nitrógeno. || *loc.* ***Ácido nítrico:*** líquido ácido formado por nitrógeno, oxígeno e hidrógeno.
nitrificación *s. f.* Conversión del amoniaco y de sus sales en nitratos.
nitrificador, ra *adj.* Que produce la nitrificación.
nitrificar *t.* Transformar en nitrato. || *pr.* Cubrirse algo de nitro.
nitrilo *m.* En química, compuesto orgánico que tiene el radical CN.
nitrito *s. m.* Sal de ácido nitroso.
nitro *s. m.* Salitre o nitrato de potasio.
nitrobenceno *s. m.* En química, derivado nitrado del benceno.
nitrocelulosa *s. f.* En química, éster nítrico de la celulosa empleado en la fabricación de sustancias explosivas y de materias plásticas.
nitrogenado, da *adj.* Que tiene nitrógeno. *Abonos nitrogenados.*
nitrógeno *s. m.* Elemento químico, gas incoloro, inodoro e insípido, abundante en la corteza terrestre. Constituye las cuatro quintas partes del aire atmosférico en su forma molecular N_2 y está presente en todos los seres vivos. Se utiliza como refrigerante, en la fabricación de amoniaco, ácido nítrico y sus derivados, explosivos y fertilizantes. Su número atómico es 7 y su símbolo *N.*
nitroglicerina *s. f.* En química, cuerpo oleaginoso formado por la acción del ácido nítrico sobre la glicerina. Es un explosivo muy potente.
nitroso, sa *adj.* Que tiene nitro o salitre. || En química, dícese de los compuestos oxidados del nitrógeno con menos proporción de éste que el ácido nítrico.
nitrotolueno *s. m.* En química, derivado nitrado del tolueno utilizado en la preparación de colorantes sintéticos y de explosivos.
nivel *s. m.* Grado de elevación de una línea o un plano en relación con una superficie horizontal de referencia. || Grado social, intelectual, moral, de clases, de categoría, de mérito. *Ema está al mismo nivel intelectual que sus compañeros.* || Fase o etapa del sistema educacional con unos objetivos y tipo de estudios que la caracterizan. *Nivel básico; nivel medio superior; nivel superior o universitario.* || Situación de una cosa en relación con otra, equilibrio. *El nivel de precios rebasó el índice de inflación que se esperaba.* || Valor alcanzado por una magnitud. || Grado de elevación de la superficie de un líquido. || Instrumento que sirve para comprobar la horizontalidad de un plano o para determinar la diferencia de altura entre dos puntos. || *loc.* ***Nivel de vida:*** valoración cuantitativa y objetiva de los medios de existencia de un grupo social. || ***Nivel mental:*** grado de evolución intelectual.
nivelación *s. f.* Acción y efecto de nivelar.
nivelador, ra *adj.* y *s.* Que nivela. || *s. f.* Máquina niveladora.
nivelar *t.* Comprobar con el nivel la horizontalidad de una cosa. || Allanar, poner un plano en posición horizontal. *Nivelar un camino.* || Hallar la diferencia de altura entre dos puntos de un terreno. || *fig.* Igualar una cosa con otra, material o inmaterial. *El gobierno prometió nivelar las exportaciones con las importaciones.*
níveo, a *adj.* En lenguaje poético, de nieve o semejante a ella.
nivoso, sa *adj.* Níveo. || *s. m.* Cuarto mes del calendario republicano francés, que abarca del 21, 22 o 23 de diciembre al 19, 20 o 21 de enero del calendario gregoriano.
nixcómil *s. m. Méx.* Olla en que se prepara el maíz para tortillas.
nixtamal *s. m. Amér. C.* y *Méx.* Maíz preparado para hacer tortillas.
no¹ *adv.* Expresa la idea de negación o rechazo, y es opuesta a «sí». || Se usa en frases interrogativas para expresar duda o extrañeza, o para pedir la confirmación de algo que ya se sabe o supone. *¿No vienes mañana?* || *loc.* ***¿A que no?:*** desafío que se dirige a uno. || ***¿Cómo no?:*** forma amable de contestar afirmativamente. || ***No bien:*** tan pronto como, en seguida que. || ***No más:*** solamente. || ***No ya:*** no solamente.
no² *s. m.* Negación. *Carmen contestó con un «no».*
nobelio *s. m.* Elemento químico transuránico, metal de la serie de los actínidos. Se obtiene artificialmente por bombardeo de curio con núcleos de carbono, nitrógeno o boro. Su número atómico es 102 y su símbolo *No.*
nobiliario, ria *adj.* Relativo a la nobleza. *«Marqués» es un título nobiliario.* || *s. m.* Libro que trata de la nobleza de un país.
noble *adj.* Preclaro, ilustre. || Generoso, magnánimo. *Carolina tiene un corazón muy noble.* || Que tiene algún título de nobleza. || Honroso, estimable. *Propósito noble es honrar a los padres.* || De calidad muy fina. *El oro y la plata son metales nobles.* || Aplícase al estilo armonioso, grave y digno. || Dícese de los animales, como el perro y el caballo, muy amigos del hombre.
nobleza *s. f.* Calidad de noble. || Conjunto de nobles de un país o Estado. *El conde Richelieu abatió a la nobleza.* || Elevación, grandeza. *Gustavo tiene nobleza de miras.*
noche *s. f.* Tiempo comprendido entre la puesta y la salida del sol. || Oscuridad que reina durante este tiempo. *Se hizo de noche mientras viajábamos.* || *fig.* Tristeza. || *loc.* ***A la noche:*** al atardecer. || ***Ayer noche:*** anoche. || ***Cerrar la noche:*** hacerse completamente de noche. || ***De la noche a la mañana:*** en muy poco tiempo. || ***Hacer noche:*** dormir en cierto sitio. || ***Hacerse de noche:*** anochecer. || *fig.* ***La noche de los tiempos:*** en tiempos muy remotos. || ***Pasar en claro la noche:*** pasarla sin poder dormir. || ***Ser la noche y el día:*** ser del todo distinto.
nochebuena *s. f.* Para el catolicismo, noche del 24 de diciembre, vigilia de Navidad.
nochecita *s. f. Amér.* Crepúsculo vespertino.
nochero, ra *s. Amér.* Vigilante nocturno, sereno.
nochevieja *s. f.* Noche del 31 de diciembre, última del año.
noción *s. f.* Conocimiento o idea de algo. *Sin darme cuenta, perdí la noción del tiempo.* || Conocimiento elemental; suele usarse en plural. *Necesito repasar algunas nociones de gramática.*
nocividad *s. f.* Calidad de dañoso o nocivo.
nocivo, va *adj.* Dañoso, perjudicial. *El tabaquismo es nocivo para la salud.*
noctambulismo *s. m.* Cualidad de noctámbulo.
noctámbulo, la *adj.* y *s.* Que le gusta andar de noche.
noctiluca *s. f.* Luciérnaga. || Infusorio que produce fosforescencia en el agua del mar.
nocturnidad *s. f.* En derecho, circunstancia agravante que resulta de ejecutarse un delito por la noche.
nocturno, na *adj.* Relativo a la noche. *Trabajo en horario nocturno.* || Que se hace o sucede durante la noche. || Aplícase a las plantas cuyas flores se

abren sólo de noche y a los animales que de día están ocultos. || *s. m.* Cada una de las tres partes del oficio de maitines. || Pieza musical de carácter melancólico. *Los nocturnos de Chopin están impregnados de mucho romanticismo.*
nodal *adj.* Relativo al nodo acústico.
nodo *s. m.* En astronomía, cada uno de los dos puntos opuestos en que la órbita de un astro corta la eclíptica. *Nodo ascendente, descendente.* || En física, punto de intersección de dos ondulaciones sonoras u ópticas. || En medicina, tumor óseo.
nodriza *s. f.* Ama de cría. || Dispositivo mecánico que suministra combustible al motor del automóvil, sin necesidad de dar presión al depósito. || En aposición a «nave», «avión», «barco», etc., vehículo de aprovisionamiento para otros de menor tamaño.
nódulo *s. m.* Concreción de poco volumen.
nogal *s. m.* Árbol juglandáceo de madera dura y apreciada, cuyo fruto es la nuez. || *adj.* y *s. m.* Color ocre de la madera de este árbol.
nogalina *s. f.* Sustancia sacada de la cáscara de la nuez que se usa para barnizar maderas o muebles.
noguera *s. f.* Nogal.
nogueral *s. m.* Plantío de nogales.
nómada o **nómade** *adj.* y *s. com.* Se dice del pueblo o de la persona que practica el nomadismo. || Que no tiene residencia fija. || Relativo al nomadismo.
nomadismo *s. m.* Vida de los nómadas.
nomás *adv. Arg. Bol. Méx.* y *Ven.* Se emplea en oraciones exhortativas para añadir énfasis. *Pase nomás y póngase cómodo.* || *Arg. Méx.* y *Ven.* Solo, nada más, únicamente. *Nomás me quedan dos días de vacaciones.* || *Arg.* y *Ven.* Apenas, precisamente. || *Méx.* Apenas, inmediatamente después. *Nomás llegó su hijo y se fue a dormir.*
nombradía *s. f.* Reputación, fama.
nombrado, da *adj.* Célebre, famoso. || Citado.
nombramiento *s. m.* Acción y efecto de nombrar. || Documento en que se faculta para ejercer un cargo u oficio.
nombrar *t.* Citar o decir el nombre de alguien o algo. *Natasha nos nombró en la conversación.* || Elegir a una persona para desempeñar un cargo o empleo. *Lo nombraron cónsul honorífico.*
nombre *s. m.* Palabra que sirve para designar un ser o una cosa material o inmaterial. || Palabra o palabras que preceden al apellido y designan personalmente a una persona, como «Pilar», «Pedro», «José Manuel», etc. || Conjunto formado por el nombre de pila y los apellidos de una persona. || Apodo, mote. || Fama, reputación. || En lingüística, categoría del núcleo del sintagma nominal. || *loc.* ***Decir*** o ***llamar las cosas por su nombre:*** expresarse con gran franqueza y sin rodeos. || ***Nombre común:*** el que conviene a las personas o cosas de una misma clase. || ***Nombre de pila:*** el que se recibe en el bautismo. || ***Nombre propio:*** el que se da a persona o cosa para distinguirla de las demás de su especie.
nomenclátor *s. m.* Lista de nombres sobre un tema determinado (calles, pueblos, etc.).
nomenclatura *s. f.* Conjunto de voces técnicas de una ciencia. *La nomenclatura química es un poco complicada.* || Catálogo, lista detallada. || En biología, denominación regular de los animales y plantas, establecida según leyes aceptadas internacionalmente.
nomeolvides *s. inv.* Planta herbácea de jardín que tiene flores pequeñas y azules con una estrella amarilla en el centro.
nómina *s. f.* Lista de nombres de personas o cosas. || Relación del personal contratado por una empresa, en la que figuran para cada perceptor los importes íntegros de sus retribuciones y emolumentos. || Esos importes. || *loc.* ***Estar en nómina:*** formar parte del personal fijo.
nominación *s. f.* Nombramiento.
nominal *adj.* Relativo al nombre. || Que es o existe sólo de nombre, pero no en realidad. || *loc.* ***Valor nominal:*** el inscrito en una moneda, en un efecto de comercio o en un título, y que no coincide con el real.
nominar *t.* Nombrar. || Designar para un puesto o cargo.
nominativo, va *adj.* Aplícase a los títulos o valores bancarios que llevan el nombre de su propietario. || *s. m.* En gramática, caso de la declinación que designa el sujeto de la oración.
non *adj.* y *s. com.* Impar, indivisible por dos. *El nueve es un número non.*
non plus ultra Locución latina que significa «no más allá». || *loc. fig.* ***Ser algo*** o ***alguien el non plus ultra:*** ser el colmo.
nonada *s. f.* Poco o muy poco. || Fruslería, pequeñez.
nonagenario, ria *adj.* y *s.* Que ha cumplido la edad de noventa años.
nonagésimo, ma *adj.* Que ocupa el lugar noventa. || *s. m.* Cada una de las noventa partes iguales en que se divide un todo.
nonato, ta *adj.* No nacido.
noningentésimo, ma *adj.* Que ocupa el lugar novecientos. || *s. m.* Cada una de las 900 partes iguales en que se divide un todo.
nonio *s. m.* Reglilla graduada móvil para medir calibres muy pequeños y exactos.
nono, na[1] *adj.* Noveno.
nono, na[2] *s. Arg.* y *Uy.* Abuelo.
nopal *s. m.* Planta cactácea que crece en países cálidos de América, con el tallo carnoso, erizado de espinas y flores grandes, con muchos pétalos, cuyo fruto es comestible. || Penca de esa planta.
nopalera *s. f.* Terreno sembrado de nopales.
noquear *t.* En boxeo o lucha, dejar al contrario fuera de combate o *K.O.* (*knock out*).
norabuena *s. f.* Enhorabuena.
noramala *adv.* Enhoramala.
nordeste *s. m.* Punto del horizonte entre el norte y el este. || Viento que sopla de esta parte.
nórdico, ca *adj.* y *s.* Del Norte. || Aplícase especialmente a los pueblos escandinavos y a sus lenguas. *Dinamarca, Finlandia, Islandia, Noruega y Suecia son países nórdicos.*
noreste *s. m.* Nordeste.
noria *s. f.* Máquina para sacar agua de un pozo, formada por una rueda vertical con cangilones y otra horizontal, movida por una caballería, que engrana con aquélla. || Pozo donde se coloca esta máquina. || Recreo de feria que consiste en varias vagonetas colocadas a manera de cangilones que giran sobre un eje horizontal.
norma *s. f.* Regla que se debe seguir. *Las normas escolares deben acatarse.* || Modelo a que se ajusta un trabajo.
normal *adj.* Natural. *El manzano creció en su estado normal.* || Aplícase a las escuelas para preparar maestros: *La escuela normal inició operaciones el siglo pasado.* || En geometría, perpendicular.
normalidad *s. f.* Calidad o condición de normal. *Efraín volvió pronto a la normalidad.*
normalización *s. f.* Acción y efecto de normalizar. || Conjunto de normas técnicas adoptadas por acuerdo entre productores y consumidores cuyo fin es unificar y simplificar el uso de determinados productos y facilitar la fabricación.
normalizar *t.* Hacer normal. || Regularizar, poner en buen orden lo que no lo estaba. || Estandardizar, aplicar normas nacional o internacionalmente adaptadas a la industria.
normando, da *adj.* y *s.* De Normandía. || De ciertos pueblos del norte de Europa.
normativo, va *adj.* Que da normas, reglas.
nornordeste *s. m.* Punto del horizonte que se halla situado entre el norte y el nordeste. || Viento que sopla de esta parte.
nornoroeste o **nornorueste** *s. m.* Punto del horizonte situado entre el norte y el norueste. || Viento que sopla de esta parte.

noroeste *s. m.* Punto del horizonte entre el norte y el oeste. || Viento que sopla de esta parte.
norte *s. m.* Polo ártico. || Uno de los puntos cardinales hacia donde está la Estrella Polar. || Viento que sopla de esta parte. || *fig.* Objetivo, meta, dirección. *Perdió el norte y se dedicó a otra cosa.*
norteado, da *adj. fam. Méx.* Desorientado, perdido.
norteamericano, na *adj.* Relativo a América del Norte. || *adj.* y *s.* Estadounidense. *Las tropas norteamericanas invadieron aquella isla.*
nortear *pr. Méx.* Perder la orientación. *Al caer la noche se norteó y se salió del camino.*
norteño, ña *adj.* y *s.* Del Norte. *La flora y fauna de la región norteña.*
nortino *adj.* y *s. Chil.* y *Per.* Norteño.
noruego, ga *adj.* y *s.* De Noruega. || *s. m.* Lengua noruega.
nos *pron.* Forma del pronombre de primera persona del plural que funciona como complemento directo e indirecto y se usa con verbos pronominales cuando el sujeto es de primera persona del plural; va pospuesto y unido al verbo cuando acompaña a un infinitivo, gerundio o imperativo. *Creo que nos vio; para darnos el premio estuvo el director de la institución.* || En ciertos casos se utiliza en lugar de *nosotros. «Ruega por nos.»*
nosotros, tras *pron.* Forma de la primera persona del plural. Designa al emisor asociado a una o más personas en un acto de comunicación. Funciona como sujeto, predicado nominal o como complemento precedido de una preposición. *Nosotros lo hicimos; todo lo hizo por nosotros; a nosotros nos tiene sin cuidado.* || Sustituye a «yo» como plural de modestia.
nostalgia *s. f.* Tristeza que se siente al encontrarse lejos del país natal o de algún lugar querido. || Tristeza con que una persona recuerda épocas o personas del pasado a las que se siente vinculada afectivamente. *La invadió la nostalgia por sus excompañeros de escuela.*
nostálgico, ca *adj.* Relativo a la nostalgia. || *adj.* y *s.* Que padece nostalgia.
nota *s. f.* Escrito breve hecho para recordar algo o con intención de desarrollarlo después. || Noticia o comunicación breves. || Calificación expresada en palabras o en números sobre la conducta o el trabajo de un alumno, un empleado, etc. *Sacó buenas notas y sus papás lo premiaron.* || Cuenta, factura global o detallada de gastos. *Pedí la nota al camarero y no la ha traído.* || Aspecto, detalle, elemento que tiene determinado carácter que se expresa. *La tolerancia es la nota más destacada de su carácter.* || Fama, reputación, especialmente cuando es negativa. *Aquella es una casa de mala nota.* || *Méx.* Documento que se da como comprobante de pago de una compra o servicio. || En música, signo convencional que representa gráficamente un sonido musical; sonido representado por este signo. || *fam.* ***Dar la nota:*** llamar la atención haciendo algo extravagante, raro o poco habitual.
notabilidad *s. f.* Calidad de notable. || Persona ilustre o notable.
notable *adj.* Digno de nota, reparo, atención o cuidado. *Una obra arquitectónica notable.* || Grande, excesivo. || *s. m.* Persona principal. *Se celebrará una reunión de notables.* || Calificación de los exámenes, inferior al sobresaliente.
notación *s. f.* Acción de indicar por medio de signos convencionales. *Notación musical, notación química,* etc.
notar *t.* Ver, sentir o advertir una cosa. *A través del espejo noté que me miraba.* || *pr.* Ser perceptible. *Se nota que estás cansado.* || *loc.* ***Hacerse notar:*** hacer alguien algo para atraer hacia sí la atención de los demás.
notaría *s. f.* Empleo y oficina de notario.
notariado, da *adj.* Legalizado ante notario. || *s. m.* Carrera, profesión o ejercicio de notario. || Conjunto formado por los notarios.
notarial *adj.* Relativo al notario. *El bufete notarial abre a las diez.* || Autorizado por notario. *Tenía un acta notarial y con eso ganó el juicio.*
notario *s. m.* Funcionario público que da fe de los contratos, escrituras de compra y venta, testamentos y otros actos extrajudiciales.
noticia *s. f.* Comunicación o información, en especial de un acontecimiento reciente. || Noción, conocimiento elemental.
noticiar *t.* Dar noticia o hacer saber una cosa.
noticiario *s. m.* Programa de radio o televisión o película cinematográfica en que se transmiten o dan noticias.
noticiero *s. m.* Periódico de noticias.
noticioso, sa *adj.* Que tiene o contiene noticia de algo. || Erudito. || *s. m. Amér.* Programa de radio o de televisión en el que se transmiten noticias.
notificación *s. f.* Acción de notificar. || Documento en que se notifica o se hace constar algo. || En derecho, acto por el que se pone en conocimiento de la persona interesada una resolución o acto que le concierne.
notificar *t.* Comunicar o dar una noticia. || En derecho, hacer una notificación.
notoriedad *s. f.* Calidad de notorio. || Nombradía, fama.
notorio, ria *adj.* Conocido por todos. || Evidente, patente.
novación *s. f.* Sustitución de un título de crédito por otro nuevo que anula el anterior.
novador, ra *adj.* Que innova.
novatada *s. f.* Broma o vejamen hecho en colegios, academias y cuarteles a los individuos de nuevo ingreso. || Acción propia de un novato. || *loc.* ***Pagar la novatada:*** tropezar por inexperiencia.
novato, ta *adj.* y *s.* Se dice de la persona nueva en algún sitio o principiante en cualquier actividad u oficio.
novecientos, tas *adj.* y *s. m.* Nueve veces cien.
novedad *s. f.* Cualidad de nuevo. || Cosa nueva. || Cambio introducido o surgido en una cosa. || Suceso reciente, noticia. || Género o mercancía de moda. (Suele usarse en plural.) || *loc.* ***Sin novedad:*** normalmente.
novedoso, sa *adj. Amér.* Nuevo.
novel *adj.* y *s. com.* Nuevo, principiante. *Evaristo es un escritor novel.*
novela *s. f.* Obra de ficción que consiste en una narración en prosa de considerable extensión, cuyo interés estriba en la descripción de aventuras, el estudio de costumbres o de caracteres y el análisis de sentimientos o de pasiones. || Género literario constituido por esta clase de narraciones. *La novela de aventuras gusta cada vez a más personas.*
novelador, ra *s.* Novelista.
novelar *t.* Dar forma de novela. *Dos historiadores novelaron la revolución.* || *intr.* Componer o escribir novelas. || *fig.* Referir cuentos y patrañas.
novelería *s. f.* Acción o inclinación a novedades. || Afición a las novelas. || Cuentos, chismes, habladurías.
novelero, ra *adj.* Amigo de ficciones, imaginativo. || Aficionado a leer novelas y cuentos.
novelesco, ca *adj.* Que tiene características propias de novela por ser fantástico, interesante o extraordinario. *Lo que dices suena a aventura novelesca.* || Relativo a la novela.
novelista *s. com.* Autor de novelas.
novelístico, ca *adj.* Relativo a la novela. || *s. f.* Tratado histórico o preceptivo de la novela. || Género de las novelas.
novelón *s. m.* Novela extensa, muy dramática y mal escrita.
novena *s. f.* Ejercicio devoto que se practica durante nueve días. || Libro donde constan las oraciones de una novena.
novenario *s. m.* Espacio de nueve días. || Novena en honor de algún santo, con sermones. || Los nueve primeros días del luto. || Funeral celebrado el noveno día después de la muerte.
noveno, na *adj.* Que sigue en orden a lo octavo. || *s. m.* Cada una de las nueve partes iguales en que se divide un todo.

noventa *adj.* y *s. m.* Nueve veces diez. || Nonagésimo.
noventavo, va *adj.* y *s.* Nonagésimo.
noventón, tona *adj.* y *s. fam.* Nonagenario.
noviazgo *s. m.* Relación que mantiene una pareja de novios. || Periodo de tiempo que dura esa relación. *Un largo noviazgo y finalmente le propuso matrimonio.*
noviciado *s. m.* Estado de los novicios antes de profesar. || Tiempo que dura este estado. || Casa en que residen los novicios. *El noviciado de los jesuitas comienza después de un año de prenoviciado.* || *fig.* Aprendizaje. *El noviciado de la tauromaquia.*
novicio, cia *adj.* y *s.* Religioso que aún no ha tomado el hábito. || Principiante en un arte u oficio.
noviembre *s. m.* Undécimo mes del año.
novillada *s. f.* Conjunto de novillos. || Corrida en que sólo se torean novillos. *La novillada de feria.*
novillero *s. m.* El que cuida de los novillos. || Torero de novillos. || *fam.* Muchacho que hace novillos.
novillo, lla *s.* Res vacuna de dos o tres años. || *s. m. pl.* Novillada. || *loc.* ***Hacer novillos:*** faltar sin motivo al colegio.
novio, via *s.* Persona que mantiene relaciones amorosas con otra, con vistas a casarse. || Cada uno de los contrayentes el día de la boda. || Recién casado. || *s. m. Col. Ecua.* y *Ven.* Planta geraniácea de flores rojas, muy común en los jardines.
novísimo, ma *adj.* Último en orden. *La Novísima Recopilación.*
novocaína *s. f.* Producto derivado de la cocaína, de propiedades analgésicas.
novohispano, na *adj.* y *s.* De Nueva España. *Los virreyes novohispanos.*
nubada o **nubarrada** *s. f.* Aguacero. || *fig.* Abundancia de algo.
nubarrón *s. m.* Nube grande.
nube *s. f.* Conjunto de finas partículas de agua, líquidas o sólidas, mantenidas en suspensión por corrientes de aire ascendentes, que forma una masa de color variable según incida en ella la luz solar. || Lo que forma una masa. *Nube de humo, nube de insectos.* || Mancha que se forma en el exterior de la córnea. || *fig.* Cualquier cosa que oscurece la vista. || Lo que ofusca la inteligencia o altera la serenidad. || Multitud de personas o cosas juntas. *Una nube de fotógrafos.* || *loc. fig.* ***Andar por*** o ***estar en las nubes:*** estar distraído, ser muy ignorante; ser muy caro. || ***Caído de las nubes:*** de forma imprevista. || ***Poner por las nubes:*** elogiar mucho a una persona o cosa.
núbil *adj.* Que tiene edad de contraer matrimonio. *Martha es una mujer núbil.*
nubilidad *s. f.* Calidad de núbil.
nublado *s. m.* Ocultación del cielo por las nubes. || *fig.* Multitud.
nublar *t.* Anublar. || Ocultar. || *pr.* Cubrirse el cielo de nubes. || Volverse poco claro. *Nublarse la vista.*
nublazón *s. f. Amér.* Nublado.
nubloso, sa *adj.* Con nubes.
nubosidad *s. f.* Estado o condición de nuboso.
nuboso, sa *adj.* Cubierto de nubes. || Nubloso.
nuca *s. f.* Parte posterior del cuello en que la columna vertebral se une con la cabeza.
nuclear *adj.* Relativo a un núcleo. || Relativo al núcleo del átomo y a la energía que se desprende de él. *Física nuclear.* || Se dice de la familia que comprende sólo a la pareja y a sus hijos. || En biología, relativo al núcleo de la célula. || *loc.* ***Arma nuclear:*** Arma que utiliza la energía nuclear.
nucleico, ca *adj.* Se dice de cada uno de los dos ácidos fosforados, que son constituyentes fundamentales del núcleo de la célula. Existen dos tipos: el «ácido desoxirribonucleico» (ADN) y el «ácido ribonucleico» (ARN).
núcleo *s. m.* Parte central de una cosa material, de densidad distinta a la de la masa. || Parte alrededor de la cual se organiza un grupo, un conjunto o un sistema. *El núcleo del sintagma nominal es el nombre.* || Pequeño grupo de personas que forman un elemento esencial de un grupo. *El ejército disolvió los núcleos de resistencia que operaban en el norte.* || En astronomía, parte de un cometa que, junto con la cabellera, constituye la cabeza. || En biología, cuerpo esférico de la célula formado por una nucleoproteína, la cromatina, y por uno o varios nucléolos. || En física, parte central de un átomo, formada por protones y neutrones, donde está concentrada la casi totalidad de su masa. || En geología, parte central del globo terrestre.
nucleoeléctrico, ca *adj.* Relacionado con la generación de electricidad por medio de procesos nucleares. *Central nucleoeléctrica, energía nucleoeléctrica.*
nucléolo *s. m.* Cuerpo esférico rico en ácido ribonucleico (ARN) que se encuentra en el interior del núcleo de la célula.
nucleón *s. m.* En física, corpúsculo que constituye el núcleo de un átomo. Hay «nucleones positivos» o protones, y «nucleones neutros» o neutrones.
nucleónico, ca *adj.* Relativo a los nucleones. || *s. f.* Parte de la física que estudia las trasmutaciones de los núcleos atómicos.
nudillo *s. m.* Articulación de los dedos.
nudismo *s. m.* Desnudismo.
nudo *s. m.* Entrelazamiento fuerte de uno o más cuerpos flexibles, como cuerda, hilo, etc. *Me ordenaron hacer un nudo marinero.* || Punto donde se cruzan o de donde arrancan varias cosas. *En la sierra existe un nudo de comunicaciones.* || Porción dura o abultamiento en un sólido. || Punto del tallo de una planta o árbol en que se insertan a la vez una hoja o un grupo de hojas, una rama o un grupo de ramas, o al menos una yema axilar, y donde las fibras leñosas toman una nueva orientación. || Excrecencia leñosa que se produce en el tronco y las ramas de algunos árboles. || Unidad de medida de velocidad utilizada en navegación, equivalente a 1 852 m por hora o una milla marina por hora. || *fig.* Vínculo que une a las personas entre sí. || Punto principal de un problema que hay que resolver. *El nudo de la cuestión se esclareció con la explicación que dio.* || Momento de una obra teatral o de una novela en que la intriga llega a su punto de máximo interés, pero en el que todavía no se conoce el desenlace.
nudosidad *s. f.* En medicina, concreción pequeña que se forma en el cuerpo.
nudoso, sa *adj.* Que tiene nudos.
nuececilla *s. f.* En botánica, cualquier pequeño fruto o semilla semejante a una nuez.
nuera *s. f.* Hija política, esposa del hijo propio.
nuestro, tra *adj.* y *pron.* Forma de la persona del plural. Indica que la persona, animal o cosa designados por el nombre al que acompaña o sustituye pertenecen al emisor y una o más personas asociadas a él en un acto de comunicación (son de su propiedad, tienen un parentesco con él, están asociados a él, etc.). *Nuestra casa, nuestros padres.*
nuestro, tra *adj.* y *pron.* De nosotros. || *loc.* ***Los nuestros:*** los de nuestro partido, los de nuestra profesión, etc.
nueva *s. f.* Noticia, información que se desconocía previamente.
nueve *adj.* Ocho y uno. || Noveno día del mes. || *s. m.* Cifra que representa el número nueve. || Naipe con nueve figuras. *El nueve de espadas.*
nuevo, va *adj.* Que se ve u oye por primera vez. *Un nuevo sistema.* || Que sucede a otra cosa en el orden natural. *El nuevo parlamento eligió a su presidente.* || Novicio, inexperto. *Sergio es nuevo en el curso de natación.* || Recién llegado. *Noel es nuevo en esta plaza.* || *fig.* Poco usado. *Usé un traje nuevo en la fiesta.* || *loc.* ***Año nuevo:*** primer día del año. || ***De nuevo:*** nuevamente. || ***El Nuevo Mundo:*** América. || ***El Nuevo Testamento:***

los libros sagrados posteriores a Jesucristo. || *fig.* ***Quedar como nuevo:*** quedar muy bien, perfectamente.
nuez *s. f.* Fruto del nogal. || Fruto de otros árboles. *Nuez de coco, nuez moscada.* || Prominencia de la laringe en el varón adulto.
nulidad *s. f.* Cualidad de nulo. || *fig.* Persona nula, incapaz. || En derecho, ineficacia de un acto jurídico por ausencia de uno de los requisitos señalados por la ley para su validez.
nulo, la *adj.* Que carece de efecto legal. *El primer fallo quedó nulo en segunda instancia.* || Incapaz, inútil, inepto. *Honorio es un hombre nulo.* || *loc.* ***Combate nulo:*** tablas, empate.
numen *s. m.* Inspiración. *El numen poético de Andrés está en su mejor momento.* || En mitología, divinidad fabulosa de los gentiles.
numeración *s. f.* Acción y efecto de numerar. || Sistema de escritura y de enunciación de los números. || *loc.* ***Numeración arábiga:*** sistema de numeración de uso casi universal, basado en los diez signos de origen arábigo y su valor absoluto y posición relativa. || ***Numeración romana:*** la que expresa los números por medio de siete letras del alfabeto latino.
numerado, da *adj.* Que tiene número.
numerador *s. m.* En matemáticas, término que indica cuántas partes de la unidad contiene un quebrado. || Aparato para numerar correlativamente.
numeral *adj.* Relativo al número. *Letra numeral, adjetivo numeral.*
numerar *t.* Contar por el orden de los números. || Poner número a una cosa. *Debo numerar las páginas del ensayo.* || Expresar numéricamente la cantidad.
numerario, ria *adj.* Numeral, relativo al número. || Dícese del valor legal de la moneda. || *s. m.* Dinero efectivo.
numérico, ca *adj.* Relativo a los números. *Valor numérico; ecuación numérica.* || Compuesto de números. *Cálculo numérico.*
número *s. m.* Concepto matemático que expresa la cantidad de los elementos de un conjunto o el lugar que ocupa un elemento en una serie. || Cifra, signo que representa gráficamente cada uno de estos conceptos. || Cantidad indeterminada. *Había un gran número de estudiantes.* || Categoría o clase. *Se halló en el número de los escogidos.* || Billete para una rifa o lotería. || Cifra con que se designa el tamaño de ciertas cosas que forman una serie correlativa. *Mi hermano calza un número más pequeño que yo.* || Parte de un espectáculo ejecutada en escena por un artista. || En lingüística, categoría gramatical que permite la oposición entre singular y plural. || En matemáticas, noción fundamental que permite contar, clasificar los objetos o medir magnitudes, pero que no puede ser objeto de definición rigurosa. || *loc.* ***Número redondo:*** el que tiene unidades completas y representa algo aproximadamente. || ***Números rojos:*** saldo negativo en una cuenta bancaria. || ***Ser el número uno:*** ser alguien o algo el mejor. || ***Sin número:*** en gran cantidad. || ***Número arábigo:*** el que pertenece a la numeración decimal. || ***Número atómico:*** el que caracteriza a un elemento por el número de protones del núcleo de sus átomos. || ***Número cardinal:*** cada uno de los números enteros en abstracto. || ***Número entero:*** el que se compone sólo de unidades. || ***Número imaginario:*** el que se produce al extraer la raíz cuadrada de un número negativo. || ***Número impar:*** el entero que no es exactamente divisible por dos. || ***Número irracional:*** el real que no es racional. *π (pi) es un número irracional.* || ***Número mixto:*** el que se compone de entero y quebrado. || ***Número ordinal:*** el que expresa orden o sucesión. *1º, 2º, 3º.* || ***Número par:*** el entero que es exactamente divisible por dos. || ***Número quebrado:*** el que expresa una o varias partes proporcionales de la unidad. *1/3; 2/8, 7/10.* || ***Número romano:*** el que se representa con letras del alfabeto latino.
numeroso, sa *adj.* Que incluye gran número de cosas. *Al concierto asistió un público numeroso.* || *pl.* Muchos. *Son muy numerosos los que votaron en contra.*
numismática *s. f.* Ciencia que trata de las monedas y medallas.
numismático, ca *adj.* Relativo a la numismática. || *s.* Persona que se dedica a esta ciencia.
numulita o **nummulites** *s. f.* Protozoo fósil de la era terciaria, de forma lenticular.
nunca *adv.* En ningún tiempo, ninguna vez. *Nunca lo haré.* || En frases interrogativas, alguna vez. *¿Has visto nunca algo semejante?* || *loc.* ***Nunca jamás:*** expresión enfática de negación. || ***Nunca más:*** expresión enfática que indica que algo no se volverá a repetir.
nunciatura *s. f.* Cargo de nuncio. || Palacio del nuncio. || Tribunal de la Rota, en España.
nuncio *s. m.* Mensajero. || Representante diplomático del Papa. *El nuncio apostólico cumple las funciones de un embajador.* || *fam.* Personaje imaginario a quien se refiere por burla. *Aunque lo diga el nuncio no me iré del puesto que ocupo.* || *fig.* Anuncio o señal. *La cigüeña es nuncio de la primavera.*
nuncupativo *adj.* En derecho, aplícase al testamento en que el testador declara formalmente que lo testado corresponde exactamente a su última voluntad.
nupcial *adj.* Relativo a las bodas. *La ceremonia nupcial fue breve pero muy hermosa.*
nupcias *s. f. pl.* Boda.
nutación *s. f.* Oscilación periódica del eje de la Tierra causada principalmente por la atracción lunar.
nutria *s. f.* Mamífero carnívoro de la familia de los mustélidos. Es de color pardo rojizo y vive a orillas de los ríos y arroyos. Su piel es muy apreciada en peletería.
nutricio, cia *adj.* Nutritivo. || Que nutre o procura alimento para otra persona.
nutrición *s. f.* Conjunto de funciones orgánicas por las que los alimentos son transformados y hechos aptos para el crecimiento y la actividad de un ser viviente, animal o vegetal.
nutricionista *s. com.* Especialista en nutrición. *Para bajar de peso, lo mejor es consultar con el nutricionista.*
nutrido, da *adj. fig.* Lleno, abundante. *El estudio estuvo nutrido de datos.*
nutriente *adj.* y *s.* Que nutre. *La sobreexplotación agrícola eliminó los nutrientes naturales.*
nutrimento o **nutrimiento** *s. m.* Nutrición. || Sustancia asimilable de un alimento. || *fig.* Cosa que mantiene o fomenta algo.
nutrir *t.* y *pr.* Proporcionar alimento a un organismo vivo. || *fig.* Proporcionar una cosa a otra lo necesario para su funcionamiento, enriquecimiento o conservación.
nutritivo, va *adj.* Que nutre, alimenticio.
nuvilunio *s. m.* Luna nueva.
ny *s. f.* Decimotercera letra del alfabeto griego (Ν, ν) que equivale a la «n» castellana.
nylon *s. m.* Marca registrada de una fibra textil sintética fabricada a base de resina poliamida.

N

ñ

ñ *s. f.* Decimoquinta letra del alfabeto español, y duodécima de sus consonantes.

ña *s. f. Amér.* Tratamiento que se da a ciertas mujeres.

ñacaniná *s. f. Arg.* Víbora grande y venenosa.

ñacundá *s. m. Arg.* Ave nocturna de color pardo.

ñacurutú *s. m. Amér.* Búho.

ñame *s. m.* Planta herbácea de tallos endebles, hojas grandes, flores pequeñas y verdosas en espigas axilares, y raíz comestible del mismo nombre, grande, tuberosa, de corteza casi negra y carne parecida a la de la batata.

ñamera *s. f.* Planta del ñame.

ñancu *s. m. Chil.* Ave falcónida.

ñandú *s. m.* Ave corredora parecida al avestruz pero de menor tamaño, de plumaje pardo y patas con tres dedos, que vive en las pampas de Sudamérica.

ñandubay *s. m.* Árbol mimosáceo de América, cuya madera, rojiza y dura, se emplea en obras públicas.

ñandutí *s. m. Amér. Merid.* Encaje que imita la tela de araña.

ñango, ga *adj. Amér.* Desgarbado. || Débil, anémico.

ñañigo, ga *adj.* y *s. Cub.* Dícese de los miembros de una sociedad secreta de negros.

ñaño, ña *adj. Col.* y *Pan.* Consentido, mimado en demasía. || *Ecua.* y *Per.* Unido por una amistad íntima. || *s. fam. Arg.* y *Chil.* Hermano, compañero. || *Per.* Niño.

ñapa *s. f. Amér.* Propina. || *Amér.* Añadidura, yapa.

ñapango, ga *adj.* y *s. Col.* Mestizo, mulato.

ñapindá *s. m. Arg.* y *Uy.* Arbusto, parecido a la acacia, de flores amarillas.

ñapo *s. m. Chil.* Junco.

ñata *s. f. Amér. Merid.* Nariz.

ñato, ta *adj. Amér. Merid.* Que tiene la nariz pequeña o roma, chato.

ñeque *s. m. Amér.* Fuerza, vigor. || *Méx.* Bofetada. || *adj. Amér.* Fuerte, vigoroso.

ñilbo *s. m. Chil.* Andrajo.

ñizca *f. Per.* Pequeña cantidad de algo.

ñoclo *s. m.* Especie de melindre o bizcocho.

ñoco, ca *adj.* y *s. Col. R. Dom. P. Rico* y *Ven.* Se dice de la persona manca de una mano o sin alguno de sus dedos.

ñoñería *s. f.* Acción o dicho ñoño. || *fam. Méx.* Chochez, cursilada.

ñoño, ña *adj.* y *s.* Se dice de la persona muy recatada o remilgada.

ñoqui[1] *s. m.* Bolita de pasta de harina de sémola (a la romana) o de puré de papas (a la piamontesa) que se come hervido en agua con sal.

ñoqui[2] *s. m. Arg. fig.* y *desp.* Empleado público que asiste al lugar de trabajo sólo en fecha de cobro.

ñorbo *s. m. Ecua.* y *Per.* Planta de adorno. || Su flor.

ñu *s. m.* Antílope africano de gruesa cabeza con barba y crin, cuernos curvados.

ñuco, ca *adj.* y *s. Amér.* Dícese de la persona que perdió los dedos o parte de ellos.

ñudo *s. m. ant.* Nudo.

ñufla *s. f. Chil.* Cosa sin valor.

ñutir *t. Col.* Refunfuñar.

ñuto *adj. Ecua.* Triturado.

O

o[1] *s. f.* Decimosexta letra del abecedario español y cuarta de sus vocales.
o[2] *conj.* Indica exclusión, alternativa o contraposición. *Se puede ser un buen o un mal estudiante.* || Indica equivalencia. *Ese guiso puede llevar ají verde o chile.*
oasis *s. m.* Lugar con vegetación y con agua en medio del desierto. || *fig.* Sitio de reposo y bienestar en medio de otro agitado.
oaxaqueño, ña *adj.* y *s.* Del estado mexicano de Oaxaca.
obcecación *s. f.* u **obcecamiento** *s. m.* Ofuscación tenaz.
obcecar *t.* Cegar, ofuscar.
obedecer *t.* e *intr.* Cumplir lo que otro manda. *Los soldados deben obedecer las órdenes que reciben.* || Originar, provenir. *El médico necesita saber a qué obedece la inflamación.*
obediencia *s. f.* Hecho de obedecer, de cumplir con lo que otro manda. *La obediencia de mi perro se debe a su educación.*
obediente *adj.* Que obedece.
obelisco *s. m.* Monumento cuadrangular en forma de aguja y terminado en pirámide. *El obelisco de Luxor.*
obenque *s. m.* Cada uno de los cabos que sujetan la cabeza de los palos de una embarcación.
oberón *s.m.* Ununoctio.
obertura *s. f.* Trozo de música instrumental con que se da principio a una ópera, oratorio u otra composición.
obesidad *s. f.* Estado de una persona muy gorda. *La obesidad es muy peligrosa para la salud.*
obeso, sa *adj.* Relativo a la persona demasiado gruesa o gorda.
óbice *s. m.* Obstáculo.
obispado *s. m.* Dignidad y cargo del obispo. || Diócesis.
obispal *adj.* Episcopal.
obispo *s. m.* Hombre con un alto puesto en la Iglesia Católica y en las iglesias de rito oriental que tiene a su cargo una diócesis. || Hombre con un cargo superior en la mayoría de las iglesias protestantes.
óbito *s. m.* En el lenguaje de los abogados, fallecimiento, muerte.
obituario *s. m.* Palabras que se escriben en relación con una persona recién fallecida. *Hoy se publicó un obituario por la muerte del poeta.*
objeción *s. f.* Inconveniente que se opone contra un plan o idea. *Mi objeción para no ir de paseo es que tengo gripe.* || *loc.* ***Objeción de conciencia:*** negación por motivos religiosos o éticos, para hacer el servicio militar.
objetable *adj.* Se dice de algo que puede ser rechazado. *Los argumentos de Daniel fueron objetables.*
objetante *adj.* y *s. m.* Aplícase al que objeta.
objetar *t.* Oponerse a algo. *El abogado objetó la decisión del juez.*
objetivación *s. f.* Acción de objetivar.
objetivar *t.* Hacer objetiva una idea o un sentimiento.
objetividad *s. f.* Cualidad de juzgar las cosas tal como son. *La objetividad periodística otorga credibilidad.*
objetivismo *s. m.* Doctrina filosófica que sostiene que existe una realidad independiente de la mente del ser humano, y que éste es capaz de conocerla a través de sus sentidos. *El objetivismo rechaza al misticismo.*
objetivo *s. m.* Lente de una cámara, un microscopio u objeto parecido, que se dirige hacia lo que se quiere fotografiar u observar.
objetivo, va *adj.* Que juzga las cosas o situaciones como son en realidad, sin dejarse llevar por sus ideas personales. *Los jueces deben ser objetivos.* || Fin, propósito. *El objetivo del ajedrez es dar jaque mate al rey del jugador contrario.*
objeto *s. m.* Cosa material y determinada. *El escritorio está lleno de objetos y hasta un radio.* || Motivo, finalidad. *El objeto de sacar mi ropa es que voy a desechar la que ya no uso.*
objetor, ra *adj.* y *s.* Que se opone a algo. || *loc.* ***Objetor de conciencia:*** el que se niega a hacer el servicio militar por razones de orden político o religioso.
oblación *s. f.* Ofrenda hecha a Dios. || Sacrificio.
oblea *s. f.* Hoja muy delgada de harina y agua, cocida en un molde, y con la que se hacen las hostias. || Sello para tomar medicinas.
oblicuángulo, la *adj.* Se aplica a las figuras geométricas que no tienen ningún ángulo recto. *Un pentágono es un oblicuángulo.*
oblicuar *t.* Dar a una cosa dirección oblicua.
oblicuidad *s. f.* Calidad de oblicuo. || Dirección al sesgo, al través, con inclinación.
oblicuo, cua *adj.* Sesgado, inclinado al través o desviado de la horizontal. || En geometría, dícese del plano o línea que se encuentra con otro u otra y forma con él o ella un ángulo que no es recto.
obligación *s. f.* Aquello que se está obligado a hacer. *Los padres tienen la obligación de educar a sus hijos.* || Documento en el que se reconoce una deuda o se promete su pago.
obligacionista *s. com.* Poseedor de obligaciones negociables.
obligado, da *adj.* Se dice de lo que la costumbre ha hecho prácticamente obligatorio. *Es obligado saludar cuando llegas al trabajo.* || Se aplica a la persona que tiene una deuda de agradecimiento con otra. *Nora se siente obligada con Francisco porque la salvó de morir ahogada.*
obligar *t.* y *pr.* Imponer como deber por medio de una ley, una norma, etc. *El gobierno obliga a pagar impuestos.* || Comprometerse a cumplir una cosa. *Me obligué a terminar la tarea, por eso me desvelé.* || Forzar. *Lo obligaron a asistir a la escuela, aunque no le gustaba.*
obligatoriedad *s. f.* Calidad de lo que es obligatorio. *Esos requisitos tienen obligatoriedad.*
obligatorio, ria *adj.* Que debe hacerse de manera forzosa, que no permite elegir. *Es obligatorio hacer examen de admisión para la universidad.*
obliterar *t.* En medicina, obstruir o cerrar un conducto o cavidad.
oblongo, ga *adj.* Que es más largo que ancho.
obnubilación *s. f.* Ofuscamiento.
oboe *s. m.* Instrumento músico de viento semejante a la dulzaina, provisto de doble lengüeta. || Oboísta.
oboísta *s. com.* El que toca el oboe.
óbolo *s. m.* Contribución pequeña a algo. *Dio su óbolo.*
obra *s. f.* Cosa producida por una persona. *La mesa es obra de un carpintero.* || Producto resultante de una actividad literaria o artística. *En el museo se exhiben muchas obras.* || Edificio en construcción. *Bloquearon la calle porque están haciendo una*

obra. || Reforma en un edificio. *La cocina está en obra porque se rompió un tubo.*
obrador *s. m. Méx.* Lugar donde se procesa carne de cerdo para hacer embutidos y venderlos. *Compro en el obrador de la colonia porque venden más barato.*
obraje *s. m.* Trabajo que se hace en la industria. || *Arg. Bol.* y *Par.* Establecimiento de una explotación forestal. || *Méx.* Obrador, despacho público de carnes porcinas.
obrar *t.* e *intr.* Hacer una cosa o trabajar en ella. || Causar un efecto. *La nueva medicina obró buenos efectos en tu salud.* || Comportarse de una manera determinada. *Eduardo obró mal cuando acusó a Julio injustamente.* || Existir una cosa en un sitio determinado. *La escritura de la casa obra en poder del notario.* || *fam.* Evacuar el vientre.
obrerismo *s. m.* Conjunto de medidas enfocadas a mejorar la condición económica y social de los obreros.
obrerista *adj.* Relativo al obrerismo. || *s. com.* Partidario del obrerismo.
obrero, ra *s.* Trabajador manual que gana un salario. *Los obreros trabajan en tres turnos distintos.*
obscenidad *s. f.* Acción o palabra obscena.
obsceno, na *adj.* Deshonesto, contrario al pudor o a la decencia.
obscurantismo *s. m.* Oscurantismo.
obscurantista *adj.* y *s. com.* Oscurantista.
obscurecer *t.* Oscurecer.
obscuridad *s. f.* Oscuridad.
obscuro, ra *adj.* Oscuro.
obseder *t.* Provocar obsesión.
obsequiador, ra *adj.* y *s.* Que obsequia.
obsequiar *t.* Agasajar con atenciones o regalos. *Obsequiar a los invitados con un vino de honor.* || Galantear.
obsequio *s. m.* Agasajo. || Regalo. || Deferencia, afabilidad. *Se deshizo en obsequios.*
obsequiosidad *s. f.* Atención, cortesía. || Amabilidad excesiva.
obsequioso, sa *adj.* Cortés, amable, complaciente.
observación *s. f.* Hecho de mirar con atención algo para conocerlo y estudiarlo. *Carlos pasa horas en la observación de insectos.* || Advertencia, consejo. *El director hizo algunas observaciones al maestro.*
observador, ra *adj.* Que mira con cuidado.
observancia *s. f.* Cumplimiento exacto de lo que se manda. *La observancia de las leyes evita problemas.*
observante *adj.* Que sigue lo que se manda.
observar *t.* Examinar con atención. || Advertir, darse cuenta. *He observado que estás muy distraído en clase.* || Hacer lo que manda una ley, un reglamento, etc. *Al visitar un museo debo observar la regla de no tocar nada.*
observatorio *s. m.* Sitio apropiado para hacer observaciones, especialmente astronómicas o meteorológicas. *El observatorio fue construido en lo alto de un monte.*
obsesión *s. f.* Idea fija que se apodera del espíritu.
obsesionar *t.* Causar obsesión. *Le obsesiona la muerte.*
obsesivo, va *adj.* Que obsesiona.
obseso, sa *adj.* Que está dominado por una obsesión. *Matías es un hombre obseso por el dinero.*
obsidiana *s. f.* Vidrio volcánico de color negro o verde muy oscuro. *En México la obsidiana se utilizaba para hacer objetos cortantes.*
obsolescencia *s. f.* Pérdida de efectividad o de valor de un equipo técnico o industrial a causa de los adelantos tecnológicos. *La obsolescencia de estas computadoras exige comprar nuevas.*
obsolescente *adj.* Que pronto será obsoleto. *Las reproductoras de videocintas ya son obsolescentes.*
obsoleto, ta *adj.* Anticuado.
obstaculizar *t.* Poner obstáculos. || Obstruir.
obstáculo *s. m.* Impedimento, estorbo, inconveniente. *Es una ruta llena de obstáculos.* || Lo que estorba el paso. || Cada una de las vallas en la pista de algunas carreras.
obstante *loc.* **No obstante:** Sin que estorbe ni sea impedimento para algo. *Me parece bien tu idea, no obstante déjame analizarla a fondo.*
obstar *intr.* Impedir, estorbar. || *impers.* Oponerse o ser contraria una cosa a otra. *Eso no obsta.*
obstetricia *s. f.* Parte de la medicina que trata del embarazo, el parto y el puerperio.
obstinación *s. f.* Porfía, terquedad, empeño.
obstinado, da *adj.* Porfiado.
obstinarse *pr.* Empeñarse.
obstrucción *s. f.* Acción de obstruir. || Atascamiento de un conducto natural. || En una asamblea, táctica que retarda o impide los acuerdos. *La oposición acordó obstruir el proyecto.*
obstruccionismo *s. m.* Táctica política para impedir que se llegue a acuerdos o resoluciones. *El obstruccionismo es costumbre de aquel partido.*
obstruccionista *adj.* y *s. com.* Relativo al obstruccionismo o que lo practica. *Las actitudes obstruccionistas impiden la aprobación de leyes.*
obstruir *t.* y *pr.* Estorbar el paso, cerrar un conducto. *Un autobús descompuesto obstruyó la calle.*
obtemperar *t.* Asentir.
obtención *s. f.* Consecución.
obtener *t.* Alcanzar, conseguir, lograr lo que se quiere. *Obtuvo un premio gracias a su desempeño.* || Llegar a un resultado.
obturación *s. f.* Obstrucción.
obturador, ra *adj.* Que sirve para obturar. || *s. m.* En fotografía, aparato que cierra el objetivo y puede abrirse durante un tiempo determinado para dar paso a la luz.
obturar *t.* Tapar, cerrar, obstruir una abertura o conducto.
obtusángulo *adj.* Se dice del triángulo que tiene un ángulo obtuso.
obtuso, sa *adj.* Que no tiene punta. *La maestra encargó a todos que trajeran tijeras obtusas.* || Torpe, lento de comprensión. || Se dice del ángulo mayor que el recto.
obús *s. m.* Cañón corto adecuado para el tiro vertical o el tiro oblicuo. || Proyectil de artillería.
obviar *t.* Hacer a un lado una posible dificultad y obstáculo. *Podemos obviar algunos trámites para agilizar la compra.*
obvio, via *adj.* Que resulta claro o evidente. *Es obvio que nuestro hijo necesita zapatos nuevos.*
oca *s. f.* Ánsar. || Juego que se practica con dos dados y un cartón sobre el cual van pintadas casillas que representan objetos diversos y un ganso u oca cada nueve de ellas.
ocarina *s. f.* Instrumento músico de viento de forma ovoide, con ocho agujeros.
ocasión *s. f.* Oportunidad. || Causa, motivo. *Tuvo la ocasión de quejarse y no lo hizo.* || Momento, circunstancia. *En aquella ocasión lloré de alegría.* || Peligro, riesgo. || Mercancía de lance. || *loc.* ***Coger la ocasión por los cabellos:*** aprovecharla. || ***Dar ocasión:*** dar lugar. || ***De ocasión:*** de lance. || ***En cierta ocasión:*** una vez. || ***En ocasiones:*** algunas veces.
ocasional *adj.* Accidental.
ocasionar *t.* Ser causa o motivo para que suceda una cosa. *Su decisión ocasionó grandes males.*
ocaso *s. m.* Puesta del Sol tras el horizonte. || Occidente. || *fig.* Decadencia. *El ocaso de un régimen.*
occidental *adj.* Relativo al Occidente. || *adj.* y *s. m.* Dícese de los pueblos de Occidente, por oposición a los del Este de Europa.
occidentalismo *s. m.* Calidad de occidental.
occidentalizar *t.* y *pr.* Dar a algo características propias de Occidente o adoptarlas. *Después de la Segunda Guerra Mundial, Japón se occidentalizó.*
occidente *s. m.* Punto cardinal por donde se oculta el Sol, oeste. || Parte del hemisferio Norte situada hacia donde se pone el Sol. || Conjunto de los Estados del Oeste de Europa, por oposición a los del Este y a los de Asia.

occipital *adj.* Relativo al occipucio. *La región occipital está detrás de la cabeza.* || *s. m.* Hueso que forma la pared posterior e inferior del cráneo.
occipucio *s. m.* Parte posterior e inferior de la cabeza.
occisión *s. f.* Muerte violenta.
occiso, sa *adj.* y *s.* En lenguaje forense, persona que sufrió una muerte violenta. *El occiso presenta señales de estrangulamiento.*
oceánico, ca *adj.* Relativo al océano. || De Oceanía.
océano *s. m.* Masa total de agua que cubre las tres cuartas partes de la Tierra. || Cada una de sus cinco grandes divisiones. *América está entre los océanos Atlántico y Pacífico.* || *fig.* Inmensidad, infinitud. *Un océano de amargura.*
oceanografía *s. f.* Estudio de los océanos, el fondo del mar y la vida marina. *Jacques Cousteau dedicó su vida a la oceanografía.*
oceanográfico, ca *adj.* Relativo a la oceanografía.
oceanógrafo, fa *s.* Especialista en oceanografía.
ocelado, da *adj.* Que tiene en la piel manchas en forma de ojos.
ocelo *s. m.* Ojo simple de los artrópodos, como los insectos y las arañas. *El ojo de una mosca está formado por muchos ocelos pequeños.*
ocelote *s. m.* Mamífero carnívoro, parecido al leopardo, de aproximadamente 65 cm de largo, piel brillante gris claro con dibujos rojizos rodeados por una línea negra, muy apreciada para hacer prendas de vestir.
ocio *s. m.* Estado de la persona que no trabaja. *Rafael lleva en el ocio cuatro meses.* || Tiempo libre. *Es muy constructivo dedicar los momentos de ocio a la lectura.*
ociosidad *s. f.* Condición de los ociosos. *«La ociosidad es la madre de todos los vicios».*
ocioso, sa *adj.* y *s.* Persona que no tiene una ocupación o que tiene mucho tiempo libre. *Don Juvencio estaba ocioso desde que se jubiló.*
ocluir *t.* y *pr.* Cerrar u obstruir un conducto del organismo.
oclusión *s. f.* Hecho de cerrarse de forma anormal un conducto del organismo. *Una oclusión intestinal requiere cirugía.*
oclusivo, va *adj.* Sonido consonántico que se pronuncia cerrando momentáneamente el paso del aire en la boca, como el que representan «p», «t», «k», «b», «d» y «g».
ocotal *s. m. Méx.* Lugar plantado de ocotes.
ocote *s. m. Méx.* Especie de pino.
ocozoal *s. m. Méx.* Serpiente de cascabel.
ocozol *s. m. Méx.* Árbol cuyo tronco y ramas exudan el liquidámbar.
ocre *adj.* y *s. m.* Dícese del color amarillo oscuro. *Papel ocre.* || *s. m.* Tierra arcillosa amarilla que contiene un óxido férreo hidratado y se emplea en pintura. || *loc.* ***Ocre rojo:*** el almagre.
octaédrico, ca *adj.* De forma de octaedro.
octaedro *s. m.* Sólido geométrico de ocho caras que son triángulos.
octagonal *adj.* Del octágono.
octágono, na *adj.* y *s. m.* Octógono.
octanaje *s. m.* Cantidad de octanos que existe en un combustible. *La gasolina debe tener un octanaje adecuado al tipo de motor.*
octano *s. m.* Hidrocarburo saturado líquido existente en el petróleo.
octante *s. m.* En astronomía y marinería, instrumento de la especie del quintante y del sextante cuyo sector comprende sólo la octava parte del círculo.
octava *s. f.* Los ocho días que siguen a ciertas fiestas religiosas. || Último día de estos ocho. *Octava de Corpus.* || Combinación métrica de ocho versos. || En música, intervalo de ocho grados.
octavilla *s. f.* Octava parte de un pliego de papel. || Impreso de propaganda política o social. || Estrofa de ocho versos.
octavo, va *adj.* Que sigue en orden a lo séptimo. || *s. m.* Cada una de las ocho partes iguales en que se divide un todo.
octeto *s. m.* En música, composición para ocho instrumentos o voces. || Conjunto de estos instrumentos o voces.
octingentésimo, ma *adj.* Que ocupa el lugar ochocientos. || *s. m.* Cada una de las 800 partes iguales en que se divide un todo.
octogenario, ria *adj.* y *s.* Que ha cumplido la edad de ochenta años y no llega a la de noventa.
octogésimo, ma *adj.* y *s.* Adjetivo ordinal que corresponde en orden al número ochenta.
octogonal *adj.* Del octógono.
octógono, na *adj.* y *s. m.* En geometría, dícese del polígono de ocho lados y ángulos.
octosílabo, ba *adj.* y *s.* Se dice del verso de ocho sílabas. *«El viento cruzó el bosque» es un verso octosílabo.*
octubre *s. m.* Décimo mes del año.
óctuple u **óctuplo, pla** *adj.* Que contiene una cantidad ocho veces. *El número 32 es óctuplo del 4.*
ocular *adj.* Relativo a los ojos o a la vista. || *loc.* ***Testigo ocular:*** el que ha presenciado lo que refiere. || *s. m.* En los aparatos ópticos, lente a que aplica el ojo el observador.
oculista *adj.* y *s. com.* Médico especialista de los ojos.
ocultación *s. f.* Acción de ocultar u ocultarse.
ocultador, ra *adj.* Que oculta. || *s.* Encubridor.
ocultar *t.* Impedir que sea vista una persona o cosa. || Esconder. *Ocultar el dinero.* || Encubrir, disfrazar. *Ocultar un delito.* || Callar. *Ocultar la verdad.*
ocultismo *s. m.* Estudio y práctica de fenómenos que no pueden ser demostrados de manera científica.
ocultista *s. com.* Persona que practica el ocultismo.
oculto, ta *adj.* Escondido. || Misterioso. *Influencia oculta.* || *loc.* ***Ciencias ocultas:*** la alquimia, la magia, la nigromancia, la astrología, la cábala, etc. || ***En oculto:*** en secreto, sin publicidad.
ocume *s. m.* Okume.
ocumo *s. m. Ven.* Planta comestible de tallo corto y flores amarillas.
ocupación *s. f.* Acción y efecto de ocupar. *La ocupación de una ciudad.* || Trabajo que impide emplear el tiempo en otra cosa. || Empleo, oficio, dignidad. *Se dedicó a sus ocupaciones.* || *loc.* ***Ocupación militar:*** permanencia en un territorio del ejército de otro Estado, que interviene y dirige su vida pública.
ocupacional *adj.* Relativo a la ocupación en su aspecto laboral.
ocupado, da *adj.* Se aplica a quien realiza una actividad que le impide dedicarse a otras. *Ahora estoy ocupada, no puedo salir.* || Se dice del lugar que está siendo utilizado por alguien. *Ese asiento está ocupado.* || Se aplica a la línea telefónica que, por estar siendo utilizada, da una señal específica. *Intenté llamarte pero tu teléfono estaba ocupado.*
ocupador, ra *adj.* y *s.* Que ocupa o toma una cosa.
ocupante *s. com.* Persona que se instala en un lugar, en especial en una casa o un asiento. *Los ocupantes de ese edificio corren peligro después del sismo.*
ocupar *t.* y *pr.* Tomar posesión. *Los nazis ocuparon varios países de Europa.* || Llenar un espacio o lugar. *Los papeles ocupan todo el espacio disponible.* || Ejercer un empleo o cargo. *Julia ocupa el puesto de secretaria.* || Proporcionar trabajo. *Don José va a ocuparme para que le ayude a pintar su casa.* || Encargarse, cuidar. *Hoy nos ocuparemos de estudiar los números negativos.*
ocurrencia *s. f.* Idea que se le ocurre a alguien, por lo general buena. *Mi tío tuvo la ocurrencia de salir a jugar futbol.* || Hecho de decir cosas graciosas, simpáticas u originales. *Aunque parece muy serio, mi jefe tiene unas ocurrencias divertidísimas.*
ocurrente *adj.* y *s. com.* Que tiene muchas ocurrencias.
ocurrir *intr.* y *pr.* Suceder, pasar o acontecer algo. *La historia cuenta lo que ocurrió en el pasado.* || Venir a la

mente una idea. *Arquímedes concibió la idea del volumen de los cuerpos en el agua.*

ochenta *adj.* y *s. m.* Ocho veces diez. || Octogésimo.

ochentón, tona *adj.* y *s. fam.* Octogenario.

ocho *adj.* Siete y uno, o dos veces cuatro. || Octavo. *El año ocho.* || *s. m.* Aplícase a los días del mes. *El ocho de marzo.* || La cifra del número ocho.

ochocientos, tas *adj.* y *s. m.* Ocho veces ciento. || Octingentésimo. || Conjunto de signos que representan el número ochocientos.

oda *s. f.* Composición poética de tema lírico. *Beethoven utilizó la letra de la «Oda a la Alegría».*

odalisca *s. f.* Esclava dedicada al servicio del harén del sultán. || Mujer del harén.

odeón *s. m. ant.* Teatro de espectáculos musicales en Atenas. || Nombre de ciertos teatros modernos.

odiar *t.* Sentir odio, aborrecer. *Odiar de muerte.*

odio *s. m.* Aversión hacia una persona o cosa cuyo mal se desea.

odiosidad *s. f.* Calidad de odioso. || Odio, antipatía.

odioso, sa *adj.* Digno de odio. *Es un hombre odioso con todos.* || Abominable, desagradable. *Hace un tiempo odioso.* || *Amér.* Fastidioso.

odisea *s. f.* Viaje o serie de sucesos penosos y molestos, llamados así por los viajes del personaje Odiseo o Ulises de las obras de Homero, «La Ilíada» y «La Odisea». *Nuestro viaje fue una verdadera odisea.*

odontalgia *s. f.* Dolor de muelas.

odontología *s. f.* Estudio de los dientes y de su tratamiento. *Miguel estudió odontología.*

odontólogo, ga *s.* Médico que se especializa en el estudio y tratamiento de los dientes.

odorífero, ra *adj.* Que huele bien, oloroso.

odre *s. m.* Cuero para contener líquidos. *Era común tener en las casas odres llenos de vino.*

oersted u **oerstedio** *s. m.* En electricidad, unidad de intensidad del campo magnético en el sistema cegesimal (C.G.S.).

oeste *s. m.* Occidente, poniente. || Viento que sopla de esta parte. || Punto cardinal situado donde se pone el Sol. || País situado al Oeste. || *loc.* ***Película del Oeste:*** la que relata la colonización de América del Norte.

ofender *t.* Injuriar, agraviar a uno. || *pr.* Picarse o enfadarse por un dicho o hecho. || Reñir. *Se ofendió con su amigo.*

ofendido, da *adj.* y *s.* Que ha recibido una ofensa.

ofensa *s. f.* Palabra o hecho que agravia a uno, injuria.

ofensivo, va *adj.* Que ofende o puede ofender. || Que sirve para atacar. *Arma ofensiva.* || *s. f.* Actitud o estado del que trata de ofender o atacar. || *loc.* ***Pasar a la ofensiva:*** atacar al enemigo.

ofensor, ra *adj.* y *s.* Que ofende. || Causante de un daño.

oferente *adj.* y *s. com.* Que ofrece.

oferta *s. f.* Proposición de un contrato a otra persona. *Recibí una oferta de empleo muy interesante.* || Ofrecimiento de un bien o de un servicio que puede ser vendido a un precio determinado. *La ley de la oferta y la demanda.* || La cosa ofrecida. *Me hizo una oferta pero no la acepté.* || Promesa de regalar o de ejecutar algo. || Mercancía a costo rebajado.

offset *s. m.* Procedimiento de impresión en el cual la plancha entintada imprime un cilindro de caucho que traslada la impresión al papel. || *adj.* y *s.* Dícese de la máquina que aplica este procedimiento.

oficial *adj.* Que procede del gobierno o de la autoridad competente. *La noticia fue confirmada por medios oficiales.* || *s. m.* Persona que en algún oficio tiene el grado intermedio entre aprendiz y maestro. *Se pasó un año como aprendiz y ahora ya es oficial.* || Militar o miembro de un cuerpo de seguridad que posee un grado o empleo, desde alférez o subteniente hasta capitán.

oficialidad *s. f.* Conjunto de oficiales del ejército o de parte de él. || Calidad de oficial.

oficialismo *s. m. Amér.* Conjunto de tendencias y grupos que apoyan a un gobierno. *La gobernadora abandonó el oficialismo porque el gobierno no la apoyó.*

oficialista *adj.* y *s. com.* Perteneciente al oficialismo o simpatizante de éste. || *Arg. Chile* y *Uy.* Partidario o servidor incondicional del gobierno.

oficialización *s. f.* Acción y efecto de oficializar.

oficializar *t.* Dar valor oficial a una norma, documento, etc. *Ayer se oficializó el aumento de impuestos.*

oficiante *s. com.* El que oficia en el altar.

oficiar *t.* Celebrar los oficios religiosos. || Comunicar oficialmente por escrito. || Obrar, hacer el papel de. *Oficiar de mediador.*

oficina *s. f.* Despacho, departamento donde trabajan hombres de negocios, los empleados de una administración o de una empresa, etc. || Establecimiento público. *Oficina de atención al público.*

oficinesco, ca *adj.* Propio de las oficinas o de los oficinistas.

oficinista *s. com.* Persona empleada en una oficina.

oficio *s. m.* Profesión manual o mecánica. || Función, papel. *Desempeñar su oficio.* || Comunicación escrita de carácter oficial. || Función propia de una cosa. || Rezo diario a que están obligados los eclesiásticos. || Conjunto de plegarias y ceremonias litúrgicas. *Oficio de difuntos.* || Antecocina, *office.* || *loc.* ***Buenos oficios:*** diligencias en favor de alguien. || ***De oficio:*** automáticamente, sin necesidad de una orden especial. *La gratificación se concedió de oficio a todos los empleados.*

oficiosidad *s. f.* Calidad de oficioso.

oficioso, sa *adj.* Que proviene del gobierno pero que no tiene carácter oficial. *Un diario oficioso divulgó la noticia pero el gobierno no la ha confirmado.*

ofidios *s. m. pl.* Orden de reptiles que comprende las culebras y las serpientes.

ofrecer *t.* Prometer, asegurar. *Ofrecer ayuda.* || Presentar o dar voluntariamente una cosa. *Le ofrecí un cigarrillo.* || Tener, mostrar, presentar ventajas. *Esto ofrece muchas ventajas.* || Decir lo que uno está dispuesto a pagar por algo. || *pr.* Proponerse. *Ofrecerse para hacer un trabajo.* || Ocurrir. *¿Qué se te ofrece?*

ofrecido, da *adj. Méx.* Que se pone a disposición de los demás para ayudarlos, por lo general con actitud servil. *Genaro es un ofrecido y siempre hace favores a sus jefes.*

ofrecimiento *s. m.* Acción y efecto de ofrecer u ofrecerse.

ofrenda *s. f.* Cosa que se da en señal de gratitud, en especial a Dios o a un ser divino. *En México se ponen ofrendas a los difuntos el 1 y 2 de noviembre.*

ofrendar *t.* Hacer una ofrenda. *Ofrendar a Dios o a los santos.* || Sacrificar. *Ofrendó su vida por su patria.* || Contribuir con dinero u otros dones a un fin.

oftalmía *s. f.* En medicina, inflamación del ojo. *La oftalmía de Rosaura es porque pasa demasiado tiempo en la computadora.*

oftálmico, ca *adj.* De los ojos.

oftalmología *s. f.* Especialidad médica que trata las enfermedades de los ojos.

oftalmólogo, ga *s.* Médico especializado en el tratamiento de las enfermedades de los ojos.

ofuscación *s. f.* Condición en la cual se turba la razón o la vista. *En su ofuscación, Celso insultó a Cristina.*

ofuscado, da *adj.* Preso de la ofuscación.

ofuscamiento *s. m.* Ofuscación.

ofuscante *adj.* Que ofusca. *«La burocracia es ofuscante», se quejó un ciudadano.*

ofuscar *t.* y *pr.* Impedir algo que funcione adecuadamente la vista o la razón. *El amor del príncipe lo ofuscó y le impidió ver que era una bruja disfrazada.*

ogro *s. m.* En mitología, gigante que devoraba a las personas. || *fig.* Persona muy cruel o muy fea o muy poco sociable.
oh *interj.* Señala por lo general asombro, alegría o dolor. *¡Oh!, ya son las ocho y no desperté a tiempo para ir a la escuela.*
ohm *s. m.* Ohmio.
ohmio *s. m.* Unidad de medida de resistencia eléctrica en el Sistema Internacional.
oída *s. f.* Acción y efecto de oír. || *loc.* ***De*** o ***por oídas:*** por haber oído hablar de una cosa.
oído *s. m.* Sentido del oír. *Tener el oído fino.* || Aparato de la audición, especialmente su parte interna. *Me duelen los oídos.* || Agujero de la recámara de algunas armas de fuego. || Orificio del barreno por donde pasa la mecha. || *loc. fig.* ***Abrir los oídos:*** escuchar con atención. || ***Al oído*** o ***de oído:*** sin más auxilio que la memoria auditiva. *Tocar el piano de oído.* || ***Dar oídos:*** dar crédito a lo que se oye. || ***Hacer oídos de mercader*** u ***oídos sordos:*** hacer como quien no oye. || ***Ser todo oídos:*** escuchar atentamente. || ***Tener oído*** o ***buen oído:*** tener disposición para la música.
oidor, ra *adj.* y *s.* Que oye. || *s. m.* Ministro o juez togado que sentenciaba las causas y pleitos.
oír *t.* Percibir los sonidos. *Oír un ruido.* || Acceder a los ruegos de uno. *Oír sus súplicas.* || Darse por enterado. || Asistir a misa. || *loc. fig.* y *fam.* ***Como quien oye llover:*** sin hacer caso.
ojal *s. m.* Corte o abertura en una tela, por donde entra el botón.
ojalá *interj.* Denota vivo deseo de que suceda una cosa. *¡Ojalá hubiera paz en el mundo!*
ojeada *s. f.* Hecho de ojear. *Después de darle una ojeada a la revista, se la presté a Susana.*
ojeador *s. m.* El que ojea la caza.
ojear[1] *t.* Dirigir los ojos hacia algo para mirar de manera rápida y superficial. *El profesor ojeó el patio escolar en busca de algún alumno perdido.* || Mirar a determinada parte. || Aojar.
ojear[2] *t.* Espantar la caza con voces para que vaya al sitio donde están los cazadores.
ojeo *s. m.* Acción y efecto de ojear la caza.
ojera *s. f.* Sombra que aparece bajo el párpado inferior. *Las ojeras de Martha eran indicio de que no había dormido.*
ojeriza *s. f. fam.* Antipatía, mala disposición que se tiene hacia alguien. *El director le tiene ojeriza al conserje.*
ojeroso, sa *adj.* Que tiene ojeras.
ojete *s. m.* Ojal redondo, por lo general con borde metálico, para meter por él un cordón. *Pasa las agujetas por todos los ojetes del zapato.* || *vulg. Méx.* Persona muy mala o abusiva.
ojiva *s. f.* En arquitectura, figura formada por dos arcos de círculo iguales cruzados en ángulo. || Arco de esta forma. || Parte frontal de los proyectiles de perfil cónico.
ojival *adj.* Que tiene figura de ojiva. *Arco ojival.*
ojo *s. m.* Órgano de la vista. *Tener algo ante los ojos.* || Agujero de ciertos objetos. *Ojo de la aguja, ojo de la cerradura.* || Aplícase al agujero de las herramientas por donde pasa el mango o a los de las tijeras por donde se meten los dedos. || Dícese de los agujeros del pan, del queso, de las gotas redondas de grasa que hay en el caldo, etc. || Abertura de un arco de puente. *Puente de cuatro ojos.* || Mano de jabón cuando se lava. *Dar un ojo a la ropa.* || Perspicacia, acierto. *Tiene mucho ojo en los negocios.* || Palabra que se dice o pone como señal al margen de un escrito para llamar la atención de algo. || *loc. fig.* ***Abrir el ojo:*** estar sobre aviso. || ***A*** (los) ***ojos de:*** según. || ***A ojo:*** a bulto, sin medir ni contar. || *fam.* ***A ojo de buen cubero:*** aproximadamente. || *fig.* ***A ojos cerrados:*** sin reflexionar. || ***A ojos vistas:*** claramente. || ***Bailarle a uno los ojos:*** ser uno muy alegre y vivo. || ***Cerrarle los ojos a uno:*** asistirlo en la muerte. || ***Clavar los ojos en:*** mirar fijamente. || *fam.* ***Comerse con los ojos:*** mirar con amor, codicia, etc. || *fig.* ***Con mucho ojo:*** con cuidado. || *fam.* ***Costar un ojo de la cara:*** costar muy caro. || ***Dichosos los ojos que te ven:*** expresión de sorpresa y alegría cuando se ve a una persona después de mucho tiempo. || *fig.* ***Echar el ojo a algo:*** mirarlo con deseo de tenerlo. || ***En un abrir y cerrar de ojos:*** con gran rapidez. || ***Estar ojo alerta*** o ***avizor:*** estar sobre aviso. || ***Írsele los ojos por*** o ***tras:*** desear ardientemente. || ***Mirar con buenos*** o ***malos ojos:*** mirar con simpatía o enemistad. || ***No pegar*** (el) ***ojo:*** no poder dormir. || ***No quitar los ojos de encima:*** no apartarlos de una persona o cosa. || ***¡Ojo!*** o ***¡mucho ojo!:*** ¡cuidado! || ***Ojo de buey:*** ventana o claraboya circular. || ***Poner los ojos en blanco:*** volverlos dejando ver lo blanco. || *fig.* ***Saltar a los ojos:*** ser evidente. || ***Ser todo ojos:*** mirar muy atentamente. || ***Tener buen ojo:*** ser perspicaz. || ***Tener entre ojos a uno:*** odiarlo.
ojolote *s. m. Méx.* Planta de cuya fibra se saca el hilo de este nombre.
ojota *s. f. Amér. Merid.* Calzado rústico a modo de sandalia. *Las ojotas son usadas por los indígenas de Río de la Plata.*
okapí *s. m.* Antílope africano que forma la transición entre la jirafa y la cebra.
okume *s. m.* Árbol africano con cuya madera de color rosa se hacen contrachapados.
ola *s. f.* Onda de gran amplitud en la superficie de las aguas. || Fenómeno atmosférico que produce variación repentina de la temperatura de un lugar. *Ola de frío, ola de calor.* || *fig.* Multitud, oleada. *Ola de gente.*
olán *s. m. Méx.* Adorno de cortinas o vestidos que consiste en una franja de tela con la costura fruncida para que haga pliegues.
olé u **ole** *interj.* Exclamación con que se anima y aplaude, originada en las corridas de toros.
oleáceo, a *adj.* y *s. f.* Dícese de las plantas dicotiledóneas a que pertenecen el olivo, el fresno, el jazmín, la lila. || *s. f. pl.* Familia de estas plantas.
oleada *s. f.* Golpe de una ola grande contra la costa. *Las sucesivas oleadas han desgastado las rocas.* || Muchedumbre en movimiento. *Las oleadas de gente nos impidieron pasar.*
oleaginosidad *s. f.* Calidad de oleaginoso.
oleaginoso, sa *adj.* Que tiene la naturaleza del aceite o que contiene aceite. *El maíz es una planta oleaginosa.*
oleaje *s. m.* Movimiento continuo y sucesivo de las olas.
oleicultura *s. f.* Cultivo del olivo o producción de aceite.
oleína *s. f.* Sustancia líquida que se encuentra en las grasas de animales y vegetales.
óleo *s. m.* Pintura hecha con colores disueltos en aceite secante. *Algunos pintores prefieren pintar óleos.* || Técnica para pintar y obra que se realiza utilizando el tipo de pintura llamada óleo.
oleoducto *s. m.* Tubería para conducir petróleo.
oleosidad *s. f.* Calidad de aceitoso. *La piel absorbe mejor cremas faciales con baja oleosidad.*
oleoso, sa *adj.* Se dice de lo que contiene aceite o es aceitoso. *Este filtro solar es demasiado oleoso.*
oler *t.* Percibir los olores. *Oler mal.* || *fig.* Figurarse, imaginarse, sospechar una cosa. *Olerse un peligro.* || Curiosear. || *intr.* Exhalar olor. *Oler a tabaco.* || *fig.* Tener aspecto de una cosa. *Eso huele a mentira.*
olfatear *t.* Oler mucho. || *fig.* y *fam.* Sospechar. || Ventear los perros.
olfateo *s. m.* Acción de olfatear.
olfativo, va *adj.* Perteneciente o relativo al olfato.
olfato *s. m.* Sentido que permite la percepción de los olores. *Germán tiene muy buen olfato.*
oligarca *s. com.* Persona que es miembro de una oligarquía. *La ambición de los oligarcas arruinó la economía del país.*

oligarquía *s. f.* Forma de gobierno en la que el poder es controlado por un pequeño grupo de individuos o una clase social.
oligárquico, ca *adj.* Relativo a la oligarquía. *Gobierno oligárquico.*
oligisto *s. m.* Óxido natural de hierro.
oligoceno *adj.* y *s. m.* Relativo al tercer periodo geológico de la era Terciaria.
oligoelemento *s. m.* Sustancia necesaria, en muy pequeña cantidad, para el funcionamiento de los organismos vivos.
oligofrenia *s. f.* Deficiencia mental que se manifiesta por un desarrollo intelectual muy inferior al normal. *La oligofrenia tiene causas orgánicas o genéticas.*
oligopolio *s. m.* Característica del mercado en el que hay pocos productores o vendedores y muchos compradores. *El oligopolio de alimentos perjudica a los consumidores.*
olimpiada u **olimpíada** *s. f.* Entre los griegos, fiesta o juego que se celebraba cada cuatro años en la ciudad de Olimpia. || Periodo de cuatro años entre estas fiestas. || Juegos olímpicos.
olímpico, ca *adj.* Relativo al Olimpo o a Olimpia. || Propio de los Juegos Olímpicos. || *fig.* Altanero, orgulloso. *Olímpico desdén.*
olimpo *s. m.* En la mitología griega, residencia de los dioses.
oliscar u **olisquear** *t.* Olfatear de manera ligera. *El gato primero oliscó y luego tragó su comida.* || Curiosear. *Me enojé con mi hermana porque oliscó en mi cartera.*
olisqueo *s. m.* Olor. || Curioseo.
oliva *s. f.* Aceituna. *Aceite de oliva.* || Lechuza.
oliváceo, a *adj.* Aceitunado.
olivar *s. m.* Terreno poblado de olivos.
olivarero, ra *adj.* Relativo al cultivo y aprovechamiento del olivo. || Que se dedica a este cultivo.
olivo *s. m.* Árbol oleáceo propio de la región mediterránea, cuyo fruto es la aceituna. || *loc.* ***Olivo silvestre:*** acebuche.
olmeca *adj.* y *s. com.* Pueblo y cultura prehispánicos de México que se localizaron en la zona costera de los actuales estados de Tabasco y Veracruz.
olmeda *s. f.* u **olmedo** *s. m.* Sitio poblado de olmos.
olmo *s. m.* Árbol ulmáceo que crece hasta 20 o 30 m y da excelente madera.
ológrafo, fa *adj.* Aplícase al testamento de puño y letra del testador. || Autógrafo.
olomina *s. f. Amér. C.* Pez pequeño de río, no comestible.
olor *s. m.* Emanación transmitida por un fluido (aire, agua) y percibida por el olfato. || Sensación producida por esta emanación. *Despide un olor agradable.* || *loc. fig.* ***Al olor de:*** atraído por. || ***Morir en olor de santidad:*** morir en estado de perfección cristiana.
oloroso, sa *adj.* Que despide buen olor.
olote *s. m. Amér. C.* y *Méx.* Parte de la mazorca de maíz que queda después de quitarle los granos.
olvidadizo, za *adj.* Desmemoriado, que olvida con facilidad. || *fig.* Ingrato. || *loc.* ***Hacer el olvidadizo:*** aparentar no acordarse.
olvidar *t.* Perder el recuerdo de una cosa. *Olvidar su nombre.* || Dejar por inadvertencia. *Olvidé el paraguas.* || Dejar el cariño que antes se tenía. *Olvidó muy pronto a su novia.* || No agradecer. *Olvidó todos mis favores.* || No pensar en una cosa. *Olvidemos el pasado.*
olvido *s. m.* Falta de memoria. *El olvido de un hecho.* || Cesación del cariño que se tenía, desapego. || *loc.* ***Dar*** (o ***echar***) ***al olvido*** o ***en olvido:*** olvidar. || *fig.* ***Enterrar en el olvido:*** olvidar para siempre.
olla *s. f.* Vasija redonda de barro o metal, con dos asas, que sirve para cocer. || Guisado de carne, hortalizas y legumbres secas. || *loc. fam.* ***Olla de grillos:*** lugar donde hay mucho desorden y confusión. || ***Olla de presión*** o ***exprés:*** recipiente hermético para cocer con rapidez los alimentos a más de 100 °C. || ***Olla podrida:*** cocido. || *Arg.* y *Uy.* ***Olla popular:*** comida que realizan grupos sociales con grandes carencias económicas, a veces como acto de protesta.
ollar *s. m.* Orificio de la nariz de las caballerías.
ombligo *s. m.* Cicatriz profunda que queda en el vientre después de que se cae el cordón umbilical. *Limpia tu ombligo con algodón mojado en crema.* || *fam.* Centro, lugar o persona importante. *Evaristo se siente el ombligo del mundo.*
ombliguero *s. m.* Venda que se pone a los recién nacidos para mantener el ombligo.
ombú *s. m.* Árbol de la América meridional, de la familia de las fitolacáceas, de madera fofa y corteza blanda y gruesa.
omega *s. f.* Última letra del abecedario griego (φ) correspondiente a la «o larga». La mayúscula [б] es el símbolo del ohmio y la minúscula el de la velocidad angular. || *loc.* ***Alfa y omega:*** el principio y el fin.
omento *s. m.* Redaño.
ómicron *s. f.* O breve del alfabeto griego.
ominoso, sa *adj.* Que acarrea cosas negativas, que trae mala suerte. *Ronda por el barrio un vagabundo de presencia ominosa.*
omisión *s. f.* Abstención de hacer o decir. || Lo omitido. *Disculpa, cometí una omisión involuntaria.* || Olvido.
omiso, sa *adj.* Flojo y descuidado. || *loc.* ***Hacer caso omiso:*** no hacer caso; prescindir.
omitir *t.* Dejar de hacer una cosa. || Pasar en silencio una cosa; excluirla de lo que se habla o escribe. *Omitió un párrafo introductorio en su tarea.*
ómnibus *s. m.* Vehículo para el transporte público de viajeros. || *loc.* ***Tren ómnibus:*** el que se detiene en todas las estaciones.
omnímodo, da *adj.* Total, absoluto, que abraza y comprende todo.
omnipotencia *s. f.* Poder omnímodo. *La omnipotencia divina.*
omnipotente *adj.* Todopoderoso. || Cuya autoridad es absoluta. *Monarca omnipotente.*
omnipresencia *s. f.* Presencia constante. || Ubicuidad.
omnipresente *adj.* Que está siempre presente en cualquier lugar.
omnisapiente *adj.* Omnisciente.
omnisciencia *s. f.* Conocimiento de todas las cosas.
omnisciente *adj.* Que todo lo sabe. || Que tiene conocimiento de muchas cosas.
omnívoro, ra *adj.* y *s.* Aplícase a los animales que se nutren con toda clase de sustancias orgánicas.
omóplato u **omoplato** *s. m.* En anatomía, cada uno de los dos huesos anchos y casi planos y triangulares situados a uno y otro lados de la espalda, donde se articulan los húmeros y las clavículas.
onagro *s. m.* Mamífero intermedio entre el caballo y el asno, que vive en estado salvaje en las praderas asiáticas. *Los onagros tienen la piel de color claro y la crin oscura.*
onanismo *s. m.* Masturbación.
once *adj.* Diez y uno. *Once niños.* || Undécimo: *Alfonso XI.* || *s. m.* Equipo de once jugadores de futbol. || Cifra que representa el número once.
onceavo, va *adj.* Undécimo.
oncología *s. f.* Parte de la medicina que trata de los tumores.
oncólogo, ga *s.* Médico especialista en oncología.
onda *s. f.* Cada una de las elevaciones que se producen al perturbar la superficie de un líquido. *Cuando un objeto cae al agua se forman ondas.* || Cada una de las curvas de una superficie o línea sinuosa. || *fam. Méx.* Asunto, tema. *La onda de este curso es aprender a elaborar muñecos.* || *loc.* ***Onda corta:*** en radio, la que tiene una longitud comprendida entre 10 y 50 m. || ***Onda de choque:*** la que acompaña a los proyectiles más rápidos que el sonido y que al pasar cerca de un observador, producen un chasquido. || ***Onda larga:*** en radio, la de 1 000 m o menos. || ***Onda***

luminosa: la que se origina de un cuerpo luminoso y que transmite su luz, como una bombilla o foco. || ***Onda sonora:*** la que se origina en un cuerpo elástico y transmite su sonido, como la cuerda de una guitarra.

ondeante *adj.* Que ondea.

ondear *intr.* Hacer ondas el agua impelida del aire. || Ondular. *Ondeaba al viento.* || *fig.* Formar ondas una cosa. *Ondear el pelo.*

ondeo *s. m.* Acción de ondear.

ondina *s. f.* Ninfa que, según la mitología escandinava y germánica, habitaba en las aguas profundas.

ondulación *s. f.* Acción y efecto de ondular u ondularse. *Algunas serpientes hacen ondulaciones muy pronunciadas en la arena.*

ondulado, da *adj.* Con forma de curvas u ondas. *Gilberto tiene el pelo ondulado.*

ondulante *adj.* Que ondula. *Vimos un arrecife con ondulantes corales blandos multicolores.*

ondular *t.* e *intr.* Hacer curvas u ondas. || Moverse formando curvas u ondas.

ondulatorio, ria *adj.* Que se mueve formando ondas.

oneroso, sa *adj.* Que cuesta dinero, gravoso.

ónice *s. m.* Variedad de ágata, mineral de la familia del cuarzo, con vetas de diversos colores y tonos.

onírico, ca *adj.* Relativo a los sueños. *Para el psicoanálisis son importantes las experiencias oníricas.*

onirismo *s. m.* Alteración de la conciencia en la que, aunque se esté despierto, se pierde el sentido de la realidad y se tienen fantasías semejantes a las de los sueños. *Un síntoma del onirismo son las alucinaciones visuales.*

ónix *s. m.* Ónice.

onomástico *s. m.* Día en que una persona celebra su santo. *Como me llamo Carmen mi onomástico es el 16 de julio.*

onomástico, ca *adj.* Relativo a los nombres propios de persona.

onomatopeya *s. f.* Palabra que imita el sonido de la cosa. *¡Paf!, ¡guau, guau!, ¡runrún!, ¡tarará!, etc., son onomatopeyas.* || Empleo de estas palabras.

onomatopéyico, ca *adj.* Relativo a la onomatopeya.

ontogenia *s. f.* Desarrollo de un ser vivo, desde que es engendrado hasta que nace.

ontología *s. f.* Parte de la metafísica que trata del ser en general.

ontológico, ca *adj.* Relativo a la ontología.

ontologismo *s. m.* En filosofía, razonamiento basado en la ontología.

onza[1] *s. f.* Animal mamífero parecido al leopardo pero más pequeño, originario de África y Asia.

onza[2] *s. f.* Medida de peso o de volumen, equivalente a cerca de 30 g. *El bebé toma cinco onzas de leche cada cuatro horas.*

onzavo, va *adj.* y *s.* Undécimo.

oosfera *s. f.* En botánica, célula sexual femenina correspondiente en el reino vegetal al óvulo de los animales.

oosporo *s. m.* Huevo de las algas y hongos.

ooteca *s. f.* Saquito de cáscara dura que contiene los huevos de los insectos ortópteros.

opa *adj.* y *s. com. Arg. Bol.* y *Uy.* Tonto, idiota. *Quedé como un opa ante mis compañeros por no saber una respuesta.*

opacar *t.* y *pr. Amér.* Oscurecer. || *Cub. Méx.* y *Uy.* Demostrar ser mejor que alguien.

opacidad *s. f.* Calidad de opaco.

opacle *s. m. Méx.* Hierba que suele usarse en la fermentación del pulque.

opaco, ca *adj.* No transparente, que no deja pasar la luz. || *fig.* Poco lúcido o brillante.

opal *s. m.* Tejido fino de algodón parecido a la batista.

opalescencia *s. f.* Brillo del ópalo.

opalescente *adj.* Que cambia de colores como el ópalo. *Jorge regaló a su madre un hermoso florero de vidrio opalescente.*

opalino, na *adj.* Relativo al ópalo. || De color entre blanco y azulado con irisaciones. || *s. f.* Labor de vidrio cuya materia imita la del ópalo verdadero.

ópalo *s. m.* Piedra semipreciosa, variedad de sílice que presenta diversos colores.

opata *adj.* y *s. com.* Dícese del individuo de una tribu de México del grupo sonora. || Dícese de una lengua indígena de América Central y México.

opción *s. f.* Facultad de elegir. *De postre hay dos opciones: helado o panqué.* || Elección. *Nora se decidió por la mejor opción educativa para ella.*

ópera *s. f.* Obra dramática escrita para ser cantada y representada con acompañamiento de orquesta. *Mozart fue un gran maestro de la ópera.* || Lugar donde se representa la obra llamada ópera. *La gente se vestía de gala para asistir a la ópera.*

operación *s. f.* Realización de una cosa con un fin determinado. || Intervención quirúrgica con fines curativos. *La operación de apéndice fue un éxito.* || Realización de un cálculo. *Para repartir diez dulces entre cinco niños, la operación que debo hacer es una división.*

operacional *adj.* Relativo a las operaciones militares. || *loc.* ***Investigación operacional:*** método de análisis científico cuyo objeto es determinar las decisiones más convenientes para obtener el mejor resultado.

operado, da *adj.* y *s.* Aplícase a la persona que ha sufrido una operación quirúrgica.

operador, ra *adj.* y *s.* Técnico encargado de hacer funcionar una máquina. *Hoy los operadores trabajarán sólo medio turno.* || Persona que atiende una central telefónica. *Pedí a la operadora del servicio de despertador que me llamara a las cinco de la mañana.*

operante *adj.* Que produce un efecto.

operar *t. intr.* y *pr.* Practicar, producir un resultado. *La nueva carretera ha operado un beneficio para los conductores.* || Practicar o someterse a una intervención quirúrgica. || Negociar. || Realizar cálculos matemáticos.

operario, ria *s.* Obrero. *Los operarios de la fábrica harán doble turno esta semana.*

operativo, va *adj.* Se dice de lo que funciona y surte efecto.

operatorio, ria *adj.* Relativo a las operaciones quirúrgicas.

opérculo *s. m.* Pieza generalmente redonda, que tapa o cierra las celdillas de los panales de miel, la cápsula de varios frutos y algunos musgos, la concha de ciertos moluscos, las agallas de los peces, etc.

opereta *s. f.* Obra musical de teatro de carácter frívolo y alegre. *Una opereta de Franz Lehar.*

opimo, ma *adj.* Abundante.

opinable *adj.* Que se pueden tener distintas opiniones. *Materia opinable.*

opinante *adj.* y *s. com.* Que opina.

opinar *intr.* Pensar, formar o tener opinión. || Expresarla. *Opinaba sobre cualquier tema.* || Hacer conjeturas.

opinión *s. f.* Parecer, concepto, manera de pensar. *Daniela dio su opinión.* || Concepto que se forma de una cosa. || Fama en que se tiene a una persona o cosa. *Esa chica no me merece buena opinión.* || *loc.* ***Opinión pública:*** parecer compartido por la mayoría de la gente.

opio *s. m.* Droga narcótica que se obtiene del jugo desecado de las cabezas de adormideras.

opiomanía *s. f.* Afición enfermiza a tomar opio.

opiómano, na *s.* El que tiene el hábito de tomar opio.

opíparo, ra *adj.* Abundante, espléndido, copioso. *Fue una cena opípara.*

oponente *adj.* y *s. com.* Que se opone.

oponer *t.* Poner una cosa contra otra para estorbarla o impedirle su efecto. || Poner enfrente. || *fig.* Objetar, opugnar. *Opuso buenos argumentos.* || *pr.* Ser una cosa contraria a otra. || Estar una cosa enfrente de otra. || Mostrarse contrario. *Oponerse a una decisión le costó el empleo.*

oponible *adj.* Que se puede oponer.
oporto *s. m.* Vino de color oscuro y algo dulce fabricado en Oporto, Portugal.
oportunidad *s. f.* Lo que sucede en el momento adecuado o lo que permite hacer algo. *Sin esperarlo, se le presentó a Irma una buena oportunidad en el extranjero.*
oportunismo *s. m.* Actitud de los que, incluso violando sus propios principios, buscan la manera de sacar provecho de alguna circunstancia.
oportunista *adj.* y *s. com.* Que actúa con oportunismo. *Ese oportunista se aprovechó de su enfermedad para vivir de gratis.*
oportuno, na *adj.* Que se hace o sucede en el tiempo adecuado, en el lugar o circunstancia conveniente. *La herencia que recibió fue muy oportuna: tenía muchas deudas.* || Ingenioso. *Daniel siempre es oportuno para hacer bromas.*
oposición *s. f.* Hecho de estar en contra de algo o alguien. || Concurso que consiste en una serie de ejercicios a los que se someten los aspirantes a un cargo o empleo. *Para dar clases en la universidad, el profesor tuvo que ganar un concurso de oposición.* || Grupo o partido contrario a la política de un gobierno.
opositor, ra *adj.* y *s.* Que se opone a otro, sobre todo en cuestiones ideológicas.
opossum *s. m.* Mamífero de América, del orden de los marsupiales, de piel muy estimada.
opresión *s. f.* Hecho de ejercer presión. || Hecho de someter a alguien con rigor y violencia.
opresivo, va *adj.* Que oprime. *El pobre hombre trabajaba en un ambiente opresivo.*
opresor, ra *adj.* y *s.* Que oprime para someter. *Los pueblos se independizan de sus opresores.*
oprimido, da *adj.* Que está sujeto a opresión, sea física o moral.
oprimir *t.* Ejercer presión, apretar. *El doctor le oprimió el vientre al enfermo.* || Someter mediante el rigor excesivo o la violencia. *Los nazis oprimieron a muchos judíos.* || Causar ahogo o angustia. *Micaela sintió que algo muy pesado le oprimía el pecho y no podía respirar.*
oprobio *s. m.* Deshonor, vergüenza. *La gente irresponsable es un oprobio para la sociedad.*
oprobioso, sa *adj.* Que causa oprobio, vergonzoso.
optar *intr.* Elegir entre varias cosas. || Aspirar a algo. *Puede optar a ese cargo.*
optativo, va *adj.* Que admite opción. || *s. m.* Modo verbal que expresa el deseo. || *s. f. pl.* Oraciones que expresan deseo.
óptico, ca *adj.* Relativo a la óptica. || *s. m.* Comerciante en instrumentos de óptica. || *loc.* ***Nervio óptico:*** el que une el ojo al encéfalo. || *s. f.* Parte de la física que estudia las leyes y los fenómenos de la luz. || Aparato óptico. || Arte de hacer microscopios, lentes e instrumentos de óptica. || Tienda de aparatos de óptica. || *fig.* Punto de vista, enfoque. *Según la óptica con que se mire.*
optimar *t.* Buscar la mejor manera de ejecutar una actividad.
optimismo *s. m.* Sistema de Leibniz y otros filósofos que afirma que nuestro mundo es el mejor de los mundos posibles. || Propensión a ver en las cosas el aspecto más favorable.
optimista *adj.* y *s. com.* Que es partidario del optimismo. || Que tiende a ver las cosas bajo el aspecto más favorable.
optimizar *t.* Hacer que una actividad o procedimiento rinda el mejor resultado posible. *Optimizaron sus métodos de trabajo y ahora ganan más.*
óptimo, ma *adj.* Muy bueno.
optometría *s. f.* Rama de la oftalmología que determina y atiende los problemas de refracción en los ojos.
optometrista *s. com.* Especialista en optometría.
opuesto, ta *adj.* Que está colocado enfrente. || Enemigo o contrario. *Intereses opuestos.*
opugnación *s. f.* Oposición.
opugnador *s. m.* El que opugna.
opugnar *t.* Hacer oposición con fuerza y violencia. || *fig.* Rebatir, impugnar, contradecir.
opulencia *s. f.* Gran riqueza.
opulento, ta *adj.* Que vive en la opulencia, muy rico. || Abundante. *Tiene una opulenta cabellera.*
opus *s. m.* En música, número de cada una de las obras de un compositor.
opúsculo *s. m.* Obra impresa de breve extensión. *Un opúsculo de veinte páginas sobre las propiedades curativas del ajo.*
oquedad *s. f.* Espacio vacío en el interior de un cuerpo. *Nos refugiamos en la oquedad de una roca.*
oquedal *s. m.* Monte de árboles.
ora *conj.* Expresa relación de alternancia entre acciones. *Enrique estaba inquieto; ora leía, ora paseaba.*
oración *s. f.* Discurso. *El ministro pronunció la oración fúnebre por la muerte del presidente.* || Hecho de dirigirse a Dios o a un ser divino para expresarle adoración, una petición o agradecimiento. *La madre hizo una oración a Dios.* || Conjunto de elementos lingüísticos que forman una unidad sintáctica independiente y completa. *«El día es hermoso» es una oración con sujeto, verbo y predicado.*
oráculo *s. m.* Respuesta que, según creían los paganos, hacían los dioses a las preguntas que les dirigían las pitonisas. || La propia divinidad. *Consultaron al oráculo.* || *fig.* Persona considerada como sabia y de gran autoridad.
orador, ra *s.* Persona que pronuncia un discurso en público. || *loc.* ***Orador sagrado:*** predicador.
oral *adj.* Expresado verbalmente. || *s. m.* Examen o parte de un examen que solamente consta de preguntas de viva voz.
orangután *s. m.* Mono antropomorfo de Sumatra y Borneo, que mide unos 2 m de altura y tiene brazos muy largos. || *fig.* y *fam.* Hombre feo y peludo.
orante *adj.* Que ora.
orar *intr.* Hacer oración. || Hablar en público.
orate *s.* Loco, demente. || *fam.* Persona con poco juicio y prudencia.
oratoria *s. f.* Arte de hablar con elocuencia. *Organizaron un concurso de oratoria en la escuela.*
oratoriano *s. m.* Miembro de la congregación del Oratorio.
oratorio *s. m.* Lugar destinado para orar.
oratorio, ria *adj.* Relativo a la oratoria o al orador.
orbe *s. m.* Universo o mundo. *La información llega a todo el orbe gracias a los satélites y computadoras.* || Esfera celeste o terrestre.
órbita *s. f.* Curva cerrada que describe un cuerpo celeste alrededor de otro. *La Luna describe una órbita alrededor de la Tierra.* || Cavidad del ojo.
orbital *adj.* Relativo a la órbita. *La Tierra tarda un año en completar su recorrido orbital.*
orbitar *t.* Girar un planeta o un satélite artificial alrededor de otro cuerpo celeste. *Una sonda espacial orbita Marte.*
orca *s. f.* Animal marino de gran tamaño, parecido a la ballena, negro por el lomo y blanco por el vientre, que vive en el océano Atlántico Norte.
orchilla *s. f. Chil. Ecua.* y *Per.* Cierto liquen tintóreo que vive a orillas del mar.
órdago *s. m.* Envite del resto, en el juego de mus. || *loc.* ***De órdago:*** excelente, magnífico.
ordalías *s. f. pl.* Juicio de Dios.
orden *s. f.* Mandato que se debe obedecer. *El director dio la orden para que iniciara la ceremonia.* || Cuerpo de personas unidas por alguna regla común o por una distinción honorífica. *Entregaron la Orden de Honor en el salón principal.* || *loc.* ***Orden del día:*** la dada diariamente a los cuerpos de un ejército. || ***Orden de pago:*** documento en el que se dispone que sea pagada una cantidad

al portador o nominalmente. || *s. m.* Organización y disposición regular de las cosas. *Quien acostumbra el orden evita pérdidas de tiempo.* || Normalidad, tranquilidad. *La policía preserva el orden público.* || Cada uno de los estilos de la arquitectura clásica. *Las columnas clásicas son de tres órdenes: dórico, jónico y corintio.* || Categoría de clasificación de plantas y animales, intermedia entre la clase y la familia. || *loc.* ***Sin orden ni concierto:*** desarregladamente.

ordenación *s. f.* Disposición, arreglo. || Ceremonia en que se confieren las sagradas órdenes. *La ordenación de presbíteros fue ayer.* || Mandato, orden. *Ordenación de pagos.* || Aprovechamiento de los recursos naturales.

ordenado, da *adj.* Que presenta orden. *Josefina es una niña muy ordenada.* || *s. f.* En matemáticas, la coordenada vertical.

ordenador *s. m. Esp.* Máquina electrónica de gran capacidad de memoria, dotada de métodos de tratamiento de la información. || Computadora.

ordenador, ra *adj.* Que ordena.

ordenamiento *s. m.* Acción y efecto de ordenar. || Ley, ordenanza que da el superior para que se observe una cosa. || Conjunto de leyes dictadas al mismo tiempo o sobre la misma materia.

ordenando *s. m.* El que va a recibir las órdenes sagradas.

ordenanza *s. f.* Conjunto de preceptos dictados para la reglamentación de una comunidad. *Seguir las ordenanzas resulta en un ambiente más cordial.* || *s. m.* Empleado de oficina encargado de la mensajería interna y externa. *El ordenanza salió a entregar paquetes.*

ordenar *t.* Poner en orden. *Ordena esos papeles.* || Mandar. *Ordena que venga tu secretaria.* || Destinar y dirigir a un fin. || En matemáticas, disponer los términos de un polinomio de manera que sus grados vayan decreciendo o aumentando constantemente. || Conferir las sagradas órdenes. *Se ordenó un presbítero de aquella parroquia.* || *pr.* Recibir las órdenes sagradas. *Para ordenarse de sacerdote se necesita vocación.*

ordeña *s. f. Méx.* y *Nic.* Ordeño, acción y efecto de ordeñar.

ordeñador, ra *adj.* y *s.* Que ordeña. || *s. f.* Máquina que ordeña.

ordeñar *t.* Extraer la leche de la ubre de los animales. || Coger la aceituna. || *fig.* Explotar.

ordeñe *s. m. Arg. Py.* y *Uy.* Acción y efecto de ordeñar.

ordeño *s. m.* Acción y efecto de ordeñar.

ordinal *adj.* Del orden. || Dícese del adjetivo numeral que expresa orden o sucesión.

ordinariez *s. f. fam.* Grosería, vulgaridad.

ordinario, ria *adj.* Común, corriente, usual. || Basto, vulgar. *Hay mucha gente ordinaria en aquel lugar.* || Que no se distingue por ninguna calidad. *De paño ordinario.* || Diario. *Dame sólo mi gasto ordinario.* || *s. m.* Recadero, cosario. || Obispo que posee la jurisdicción ordinaria en su diócesis.

ordovícico, ca *adj.* y *s.* Segundo periodo de la era Paleozoica.

orear *t.* Poner una cosa al aire y al sol para que se ventile o se seque.

orégano *s. m.* Planta herbácea aromática, que se usa como condimento.

oreja *s. f.* Oído en su parte externa. || Parte lateral de ciertos objetos. || Apéndice que tienen a veces en la punta las herramientas. || Orejera de la gorra. || Parte del zapato en la que se ponen los cordones. || Saliente, al lado del respaldo, que tienen algunos sillones para apoyar la cabeza. || Asa de una vasija. || *loc.* ***Aguzar las orejas:*** a) Levantarlas las caballerías. *fig.* b) Prestar mucha atención. || ***Asomar, enseñar*** o ***descubrir la oreja:*** poner de manifiesto la verdadera naturaleza de uno. || ***Bajar las orejas:*** darse por vencido humildemente. || *Amér. Merid. Guat.* y *Méx.* ***Parar la oreja:*** prestar atención, atender.

orejear *intr. Méx.* y *P. Rico.* Desconfiar.

orejera *s. f.* Pieza de la gorra que cubre las orejas. || Laterales del respaldo de algunos sillones, oreja. || Cada una de las dos piezas encajadas lateralmente en el dental del arado para ensanchar el surco. || Rodaja llevada por algunos indios en la oreja.

orejón *s. m.* Trozo de durazno o albaricoque secado al aire o al sol, que se consume como dulce.

orejón, jona *adj.* Que tiene las orejas grandes.

orejudo, da *adj.* Que tiene orejas largas y grandes. *Los perros más orejudos son los sabuesos de la raza Basset Hound.*

oreo *s. m.* Soplo ligero de aire. || Ventilación. || Salida a airearse.

orfanato *s. m.* Asilo de huérfanos.

orfanatorio *s. m. Méx.* Orfanato.

orfandad *s. f.* Estado de huérfano. || Pensión que reciben algunos huérfanos. || *fig.* Desamparo, falta de protección.

orfebre *s. m.* El que hace o vende objetos de orfebrería.

orfebrería *s. f.* Obra de oro o de plata. || Oficio de orfebre.

orfelinato *s. m.* Asilo de huérfanos.

orfeón *s. m.* Grupo organizado de personas que forman un coro de cantantes. *Desde niño ha cantado en el orfeón de su escuela.*

orfeonista *s. com.* Miembro de un orfeón.

organdí *s. m.* Tela de algodón ligera y transparente, de consistencia algo rígida. *Para hacer el disfraz de hada, necesito organdí y satín de color azul.*

orgánico, ca *adj.* Relativo a los órganos o a los organismos animales o vegetales. || Dícese de las sustancias cuyo componente constante es el carbono. || *fig.* Aplícase a la constitución de las entidades colectivas o a sus funciones. || *loc.* ***Enfermedad orgánica:*** aquella en que la alteración funcional acarrea una lesión de los órganos. || ***Funciones orgánicas:*** las de la nutrición. || ***Ley orgánica:*** la destinada a desarrollar los principios expuestos en otra. || ***Química orgánica:*** parte de la química dedicada al estudio del carbono y sus compuestos.

organigrama *s. m.* Cuadro en el que se representa con una gráfica la estructura de una organización. *Toda empresa debe tener un organigrama.*

organillero, ra *s.* Persona que toca el organillo u órgano portátil con una manivela. *El organillero toca en la plaza pública.*

organillo *s. m.* Órgano portátil, movido por una manivela.

organismo *s. m.* Ser vivo. || Conjunto de órganos y funciones del cuerpo animal o vegetal. *En ocasiones, el organismo humano es frágil.* || *fig.* Conjunto de oficinas, dependencias o empleos que forman un cuerpo o institución.

organista *s. com.* Persona que toca el órgano.

organización *s. f.* Acción de organizar, preparación. *La organización de un banquete.* || Disposición de los órganos de un cuerpo animal o vegetal. || Orden, arreglo. || Apelación de ciertas instituciones internacionales. *Organización Internacional del Trabajo.*

organizado, da *adj.* Orgánico, con aptitud para la vida. || Que tiene la estructura y composición de los seres vivos. || *fig.* Que ha recibido una organización. *Sociedad bien organizada.* || Constituido, dispuesto.

organizador, ra *adj.* y *s.* Que organiza o es apto para organizar.

organizar *intr.* Fundar, establecer. *Organizó una escuela.* || Preparar. *Organizar una despedida.* || *pr.* Tomar una forma regular. || Arreglarse. *Yo sé organizarme.* || Formarse. *Se organizó un desfile.* || *fig.* Armarse. *Se organizó un congreso.*

órgano *s. m.* En los seres vivos, parte del cuerpo destinada a realizar una función determinada. *El corazón es un órgano vital.* || Instrumento musical de viento y teclado. *Bach escribió muchas piezas para órgano.*

orgánulo *s. m.* Estructura o parte de una célula, que cumple la función de un órgano de dicha célula.

orgasmo *s. m.* Culminación del placer sexual.
orgía *s. f.* Festín en que se come y bebe sin moderación. || *fig.* Desenfreno en la satisfacción de apetitos y pasiones. || Exceso.
orgiástico, ca *adj.* De la orgía.
orgullo *s. m.* Exceso de estimación propia, presunción, vanidad. || *fig.* Sentimiento elevado de la dignidad personal. || Cosa o persona de la cual la gente está muy ufana. *Sergio es el orgullo de la familia.*
orgulloso, sa *adj.* y *s.* Que tiene orgullo.
orientación *s. f.* Posición de un objeto o edificio con relación a los puntos cardinales.
orientador, ra *adj.* y *s.* Que orienta.
oriental *adj.* Relativo al oriente. *Visitamos una tienda de artículos orientales.*
orientalismo *s. m.* Conocimiento de las civilizaciones y costumbres de los pueblos orientales. || Predilección por las cosas de Oriente. || Carácter oriental.
orientalista *s. com.* Especialista en cosas de Oriente.
orientalizar *t.* y *pr.* Dar a algo características propias de Oriente, o adoptarlas.
orientar *t.* y *pr.* Colocar una cosa en posición determinada respecto a los puntos cardinales. || Determinar dónde está la dirección que se ha de seguir. *Debo orientarme para saber si voy a la derecha o a la izquierda.* || Dirigir una persona, cosa o acción hacia un fin determinado. *El maestro orientó a sus alumnos todo el año.*
oriente *s. m.* Punto cardinal del horizonte por donde aparece el Sol. *Su casa da hacia el oriente.* || Asia y las partes de Europa y África contiguas al Continente Asiático. *Un viaje por el Oriente incluye países como Japón, China, India, Arabia y Rusia.*
orificio *s. m.* Boca o agujero. *Los ratones entraban y salían por un orificio en la pared.*
oriflama *s. f.* Estandarte.
origen *s. m.* Principio de una cosa. *El origen del mundo.* || Causa, motivo. *El origen de un mal.* || Procedencia. *El origen de nuestras ideas.* || Ascendencia, clase social de donde procede una persona. *De origen humilde.* || Patria. *Es de origen español.* || Etimología. *El origen de una palabra.*
original *adj.* Relativo al origen. || Singular, fuera de lo común. || *s. m.* Lo que no es copia, imitación o traducción.
originalidad *s. f.* Calidad de original.
originar *t.* y *pr.* Ser motivo u origen de algo. *Para curar una enfermedad, se debe saber qué la originó.* || Iniciarse algo, comenzar. *Muchos incendios se originan por descuido.*
originario, ria *adj.* Que es origen o principio de algo. *En su forma originaria esta casa era pequeña.* || Procedente, oriundo. *El jitomate es originario de América.*
orilla *s. f.* Borde de una superficie. || Parte de la tierra contigua a un río, mar, etc. *Vivir a orillas del mar.* || Acera de las calles. || Orillo. || *loc. fam.* ***A orilla de:*** al lado.
orillar *t. fig.* Arreglar un asunto. *Orillar una diferencia.* || Evitar, sortear una dificultad. || Reforzar el borde de una tela con una faja estrecha.
orillero, ra *s. Amér. C. Arg. Cub. Uy.* y *Ven.* Propio de las orillas o barrios pobres de una ciudad.
orillo *s. m.* Faja estrecha con que se refuerza el borde de una tela.
orín *s. m.* Herrumbre. || *pl.* Orina.
orina *s. f.* Líquido amarillento expulsado por los riñones.
orinal *s. m.* Recipiente para recoger la orina.
orinar *intr.* y *pr.* Vaciar del organismo la orina acumulada.
oriundez *s. f.* Procedencia.
oriundo, da *adj.* Que es nativo o viene de cierto lugar. *Pablo Neruda fue oriundo de Chile.*
órix *s. m.* Antílope de África y el Cercano Oriente que se caracteriza por unos largos cuernos rectos.
orla *s. f.* Adorno que se pone en los bordes de una prenda de vestir, un documento, un tapiz o un cortinaje. *Para renovar las cortinas, mi mamá les puso orlas con una tela de otro color.*
orlar *t.* Adornar algo poniéndole una orla.
ornamentación *s. f.* Adorno.
ornamental *adj.* Relativo a la ornamentación o adorno.
ornamentar *t.* Adornar.
ornamento *s. m.* Adorno. || Conjunto de piezas accesorias que sirven para decorar. || *fig.* Calidades y prendas morales. || *pl.* Vestiduras sagradas de los sacerdotes y adornos del altar.
ornar *t.* Adornar.
ornato *s. m.* Adorno.
ornitología *s. f.* Parte de la zoología que estudia las aves.
ornitólogo, ga *s.* Persona dedicada al estudio de las aves.
ornitomancia *s. f.* Predicción por el vuelo o el canto de las aves.
ornitorrinco *s. m.* Mamífero australiano, de pico parecido al del pato, patas palmeadas y cola ancha. *El ornitorrinco se reproduce por medio de huevos.*
oro *s. m.* Elemento químico, metal escaso y precioso de color amarillo brillante, que se encuentra nativo y muy disperso. Es el más dúctil y maleable de todos los metales, muy buen conductor del calor y la electricidad, y uno de los más pesados. Se utiliza como metal precioso en joyería y en la fabricación de monedas y, aleado con platino o paladio, en odontología. Su número atómico es 79 y su símbolo *Au.* || Moneda de este metal. || Joyas y adornos de esta especie. || Color amarillo. || Cualquiera de los naipes del palo de oros. || *pl.* Palo de la baraja española, en cuyos naipes aparecen una o varias monedas de oro. || *loc. fig.* ***No todo lo que brilla es oro:*** no hay que fiarse de las apariencias. || ***Oro negro:*** petróleo. || ***Valer su peso en oro:*** valer mucho. || ***Apalear oro:*** ser muy rico. || ***Corazón de oro:*** persona buena y generosa. || ***Pagar a peso de oro:*** muy caro. || *fig.* y *fam.* ***Pedir el oro y el moro:*** pedir cosas exageradas.
orogénesis *s. f.* Proceso de formación de los sistemas montañosos. *La orogénesis de los Alpes comenzó hace unos 62 millones de años.*
orogenia *s. f.* Parte de la geología que estudia la formación de los sistemas montañosos.
orogénico, ca *adj.* Relativo a la orogenia.
orografía *s. f.* Estudio de la superficie de la Tierra y de sus accidentes, tales como montañas, llanos, altiplanos, etc. *La orografía es una parte de la geografía.*
orográfico, ca *adj.* Perteneciente o relativo a la orografía. *Los mapas orográficos muestran las cadenas montañosas y los desiertos.*
orondo, da *adj. fig.* y *fam.* Lleno de vanidad, engreído, ufano.
oropel *s. m.* Lámina de latón que imita el oro. || *fig.* Cosa de mucha apariencia y escaso valor.
oropéndola *s. f.* Pájaro dentirrostro de plumaje amarillo, con alas y cola negras.
oroya *s. f.* Cesta de cuero utilizada para cruzar algunos ríos de América.
orozuz *s. m.* Planta papilionácea, de rizomas que contienen un jugo usado como pectoral y emoliente.
orquesta *s. f.* Conjunto de músicos que ejecutan una obra instrumental. || En los teatros, espacio entre el escenario y los espectadores, destinado para estos músicos. || *loc.* ***Orquesta de cámara:*** la integrada por solamente unos quince músicos, generalmente de instrumentos de cuerda y de viento.
orquestación *s. f.* Acción y efecto de orquestar.
orquestar *t.* Instrumentar para orquesta. *Orquestar una partitura.*
orquestina *s. f.* Pequeña orquesta con instrumentos variados que suele ejecutar música de baile.
orquidáceo, a *adj.* y *s. f.* Dícese de las plantas monocotiledóneas con hermosas flores de forma y coloración muy raras. || *s. f. pl.* Familia que forman.

orquídea *s. f.* Planta herbácea de flores muy vistosas. || Flor de la planta llamada orquídea.
orquitis *s. f.* Inflamación de los testículos.
ortega *s. f.* Ave gallinácea, algo mayor que la perdiz, de plumaje rojizo.
ortiga *s. f.* Planta urticácea, cuyas hojas segregan un líquido que pica.
ortigal *s. m.* Terreno con ortigas.
orto *s. m.* Salida del Sol o de otro astro en el horizonte.
ortodoncia *s. f.* Rama de la odontología que se ocupa de corregir los defectos de la dentadura. *«Sus dientes necesitan ortodoncia», me dijo el dentista.*
ortodoncista *s. com.* Dentista que se ocupa de corregir defectos dentales.
ortodoxia *s. f.* Conjunto de doctrinas conformes con el dogma de alguna religión. || Conjunto de las iglesias cristianas orientales. *El arte religioso de la ortodoxia cristiana se caracteriza por bellas pinturas sobre fondo dorado.* || Conformidad con las ideas tradicionales de alguna ciencia o de la sociedad.
ortodoxo, xa *adj.* y *s.* Conforme a los principios de una determinada doctrina que se considera cierta. || Relativo a ciertas iglesias católicas de la Europa Oriental, que se separaron de la romana en 1054, como la griega o la rusa.
ortoedro *s. m.* En geometría, paralelepípedo recto rectangular.
ortogonal *adj.* Dícese de lo que está en ángulo recto.
ortografía *s. f.* Parte de la gramática que enseña a escribir correctamente.
ortografiar *t.* Escribir una palabra según su ortografía.
ortográfico, ca *adj.* Relativo a la ortografía.
ortología *s. f.* Arte de pronunciar bien y hablar con propiedad.
ortopedia *s. f.* Arte de corregir o de evitar las deformaciones del cuerpo humano por medio de ciertos aparatos o de ejercicios corporales.
ortopédico, ca *adj.* Relativo a la ortopedia. || *s.* Persona que se dedica a la ortopedia.
ortopedista *s. com.* Ortopédico.
ortóptero, ra *adj.* y *s.* Relativo a un orden de insectos masticadores con metamorfosis incompleta, como el grillo.
oruga *s. f.* Larva típica de las mariposas, en forma de gusano. *La oruga adulta se transforma en un bello insecto.* || Banda sin fin compuesta de placas metálicas articuladas e interpuesta entre el suelo y las ruedas de un vehículo para que éste pueda avanzar por cualquier terreno.
orujo *s. m.* Residuo que se obtiene de prensar la uva, aceituna, etc. || Aguardiente que se fabrica con el residuo de la uva llamado orujo.
orzar *intr.* Dirigir la proa por donde viene el viento.
orzuela *s. f.* Fragilidad y debilidad del cabello que hace que se divida en las puntas. *Iré a cortarme el cabello porque tengo orzuela.*
orzuelo *s. m.* Pequeño divieso en el borde de los párpados.
os *pron.* Pronombre personal de segunda persona del plural, que funciona como complemento directo e indirecto. *«Os agradezco vuestro homenaje», dijo el escritor.*
osa *s. f.* Hembra del oso.
osadía *s. f.* Atrevimiento, valor. || Descaro, desfachatez.
osado, da *adj.* y *s.* Atrevido, audaz. || Descarado, insolente.
osamenta *s. f.* Esqueleto. || Conjunto de huesos de que se compone el esqueleto.
osar *intr.* Atreverse a algo.
osario *s. m.* En los cementerios, lugar destinado para enterrar los huesos sacados de las sepulturas.
oscilación *s. f.* Hecho de moverse algo de manera alternativa de un lado para el otro. *La oscilación del péndulo de un reloj marca los segundos.*
oscilador *s. m.* Aparato que produce oscilaciones, sean mecánicas, eléctricas o electromagnéticas.
oscilante *adj.* Que oscila. *El movimiento oscilante del ventilador hace que el aire se reparta mejor.*
oscilar *intr.* Moverse de manera alternativa un cuerpo a un lado y otro. || Variar, cambiar algunas cosas dentro de unos límites. *La temperatura oscila entre los 21 y los 30 °C.*
oscilatorio, ria *adj.* Aplícase al movimiento de oscilación y a las corrientes eléctricas alternas.
oscilógrafo *s. m.* Instrumento que registra las variaciones de una corriente en función del tiempo.
osco, ca *adj.* y *s.* Dícese del individuo y de la lengua de un pueblo de Italia central.
ósculo *s. m.* Beso.
oscurantismo *s. m.* Oposición a que se difunda la instrucción entre el pueblo.
oscurantista *adj.* y *s. com.* Partidario del oscurantismo.
oscurecer *t.* Privar de luz y claridad. || Debilitar el brillo de una cosa. || *fig.* Quitar claridad a la mente. || Dar mucha sombra a una parte de una pintura para hacer resaltar el resto. || *intr.* Anochecer. || *pr.* Nublarse el cielo, la vista.
oscurecimiento *s. m.* Acción y efecto de oscurecer u oscurecerse.
oscuridad *s. f.* Falta de luz o de claridad. || Sitio sin luz. || *fig.* Humildad, bajeza en la condición social. || Falta de claridad en lo que se escribe o habla.
oscuro, ra *adj.* Que no tiene luz o claridad. || De color casi negro. *El azul marino es un color oscuro.* || Que carece de brillo. || Nublado. *Hace un día oscuro.* || De noche. *Llegamos ya oscuro.* || *fig.* Poco conocido, humilde. || Confuso, incomprensible. *Estilo oscuro e incomprensible.* || Turbio. *Tiene algunos proyectos oscuros.* || Incierto. *El porvenir es muy oscuro.* || *loc.* ***A oscuras:*** a) Sin luz, sin ver. b) *fig.* Sin entender.
óseo, a *adj.* Del hueso. || De la naturaleza del hueso.
osezno *s. m.* Cachorro del oso.
osificación *s. f.* Acción y efecto de osificarse.
osificarse *pr.* Convertirse en hueso o adquirir la consistencia de tal una materia orgánica.
osmio *s. m.* Elemento químico, metal escaso en la corteza terrestre, que se encuentra nativo en minerales de cromo, hierro, cobre y níquel. De color blanco azulado, duro y poco dúctil, tiene un punto de fusión elevado y es el elemento más denso. Se utiliza en la fabricación de filamentos incandescentes y como catalizador. Su número atómico es 76 y su símbolo *Os.*
ósmosis u **osmosis** *s. f.* Separación de dos sustancias que tienen distinta densidad al pasar o hacerlas pasar a través de una membrana permeable.
osmótico, ca *adj.* Relativo a la ósmosis.
oso *s. m.* Mamífero carnicero plantígrado, de cuerpo pesado, espeso pelaje, patas recias con grandes uñas ganchudas, que vive en los países fríos. || *fig.* Hombre peludo y feo. || Hombre poco sociable. || *loc. fig.* y *fam.* ***Hacer el oso:*** hacer el idiota.
osornino, na *adj.* y *s.* De Osorno, ciudad de Chile.
ostealgia *s. f.* Dolor de huesos.
osteína *s. f.* Oseína.
osteítis *s. f.* Inflamación de un hueso.
ostensible *adj.* Que puede manifestarse. || Manifiesto, visible.
ostensivo, va *adj.* Que muestra. *Su antipatía por ti es ostensiva.*
ostentación *s. f.* Acción de ostentar. || Jactancia y vanagloria. *Hace mucha ostentación de sus riquezas.* || Magnificencia exterior y visible.
ostentador, ra *adj.* Que ostenta. || *s.* Presumido.
ostentar *intr.* Mostrar o hacer patente una cosa. *Ostenta sus joyas por la calle.* || Hacer gala de grandeza, lucimiento y boato. || Manifestar. *Ostentaba ideas revolucionarias hasta que obtuvo un empleo en el gobierno.* || Poseer, tener. *Ostenta un título aristocrático.*
ostentoso, sa *adj.* Magnífico, lujoso. || Claro, manifiesto, patente. *Su simpatía es ostentosa.*
osteoblasto *s. m.* Célula embrionaria del tejido óseo.

osteocito *s. m.* Célula madura del tejido óseo.
osteoclasto *s. m.* Célula formadora del tejido óseo.
osteología *s. f.* Parte de la medicina y la anatomía que estudia los huesos.
osteólogo, ga *s.* Especialista en osteología.
osteoma *s. m.* En medicina, tumor de naturaleza ósea.
osteomielitis *s. f.* Enfermedad inflamatoria de los huesos y la médula ósea. *La osteomielitis es causada por un estafilococo.*
osteoplastia *s. f.* Sustitución de un hueso o parte de él con otro hueso.
osteoporosis *s. f.* Fragilidad de los huesos provocada por pérdida de minerales. *La osteoporosis ataca más a las mujeres.*
ostión *s. m.* Ostra comestible, de carne color gris claro y concha rugosa de forma alargada. *Los ostiones frescos son un deleite al paladar.*
ostionería *s. f. Méx.* Restaurante especializado en ostiones y otros moluscos.
ostra *s. f.* Molusco lamelibranquio comestible que vive adherido a las rocas por una valva de su concha. || *fig.* y *fam.* ***Aburrirse como una ostra:*** aburrirse mucho.
ostracismo *s. m.* Destierro político. || Apartamiento de alguien de la vida pública.
ostral *s. m.* Criadero de ostras.
ostrero, ra *adj.* Relativo a las ostras. || *s.* Persona que vende ostras. || *s. m.* Ostral.
ostrícola *adj.* De la cría y conservación de las ostras.
ostricultura *s. f.* Cría de ostras.
osuno, na *adj.* Del oso.
otalgia *s. f.* Dolor en el oído. *La otalgia de Memo era por una inflamación.*
otaria *s. f.* Mamífero pinnípedo del Pacífico, parecido a la foca, pero con orejas cortas y miembros más desarrollados.
otario, ria *adj. Arg.* y *Uy.* Se dice la persona ingenua, fácil de engañar. *Gil se vio como todo un otario, la cámara que compró no sirve para nada.*
otate *s. m. Méx.* Planta gramínea de corpulencia arbórea, cuyos tallos sirven para fabricar bastones.
otear *t.* Observar desde un lugar muy alto. *Desde la cima de la montaña oteamos un pueblo a lo lejos.* || Mirar con mucha atención, buscar algo con la mirada. *Los padres oteaban el patio buscando a sus respectivos hijos.*
otero *s. m.* Cerro aislado.
otitis *s. f.* Inflamación del oído.
otólogo, ga *s.* Médico especialista de las enfermedades del oído.
otomano, na *adj.* y *s.* Originario de Turquía. *El Imperio Otomano controló gran parte de Asia.*
otomí *adj.* Dícese de una de las lenguas de México, la más importante después del náhuatl. || *s. com.* Indio de México establecido en los estados de Querétaro y Guanajuato.
otoñal *adj.* Relacionado con el otoño. *El ocre, el marrón y el anaranjado son colores otoñales.*
otoño *s. m.* Estación del año, comprendida entre el verano y el invierno. *Durante el otoño se caen las hojas de los árboles.*
otorgamiento *s. m.* Permiso, concesión, licencia.
otorgante *adj.* y *s. com.* Que otorga.
otorgar *t.* Consentir, conceder una cosa que se pide. *Otorgaron un indulto.* || Dar, atribuir. *Otorgar poderes para gestionar una compra.* || Disponer ante notario. *Otorgar un testamento.*
otorrinolaringología *s. f.* Parte de la medicina que trata de las enfermedades del oído, nariz y laringe.
otorrinolaringólogo, ga *s.* Médico especialista en otorrinolaringología.
otredad *s. f.* En filosofía, condición de ser otro. *Hay personas que no comprenden la otredad.*
otro, tra[1] *adj.* Distinto de aquello de lo que se habla. *«No fue usted con quien hablé ayer, fue otra persona», le dije a una secretaria.* || *loc.* ***Por otra parte:*** además.
otro, tra[2] *pron.* Alguien o algo distinto. *Me gusta esta novela, pero preferiría leer la otra.*
otrora *adv.* En otro tiempo.
otrosí *adv.* Además.
ovación *s. f.* Aplauso ruidoso del público.
ovacionar *t.* Aclamar, aplaudir ruidosamente.
oval *adj.* Que tiene la forma de un óvalo o huevo. *La Oficina Oval está en la Casa Blanca.*
ovalado, da *adj.* Oval.
ovalar *t.* Dar a una cosa forma de óvalo.
óvalo *s. m.* Curva cerrada semejante a la de un círculo aplastado.
ovárico, ca *adj.* Perteneciente o relativo al ovario.
ovario *s. m.* Órgano de reproducción femenino de algunos animales y plantas, que contiene los óvulos.
oveja *s. f.* Hembra del carnero. || *Amér.* Llama, mamífero. || *loc. fig.* ***Oveja descarriada:*** persona que no sigue el buen ejemplo. || ***Oveja negra:*** persona que en una familia o colectividad desdice de las demás.
overo, ra *adj.* y *s. Amér.* Dícese del animal blanco con manchas extensas de otro color.
overol *s. m. Amér.* Vestimenta para trabajos duros que cubre todo el cuerpo.
óvidos *s. m. pl.* Familia de mamíferos rumiantes, que comprende los carneros, cabras, etc.
oviducto *s. m.* Canal por donde salen los huevos del ovario fuera del cuerpo del animal. || En la especie humana, trompa de Falopio.
ovillar *t.* Hacer ovillos. || *pr. fig.* Encogerse, hacerse un ovillo.
ovillo *s. m.* Bola de hilo que se forma al devanar una fibra textil. || *fig.* y *fam.* ***Hacerse uno un ovillo:*** encogerse, acurrucarse; embarullarse, confundirse.
ovino, na *adj.* y *s. m.* Aplícase al ganado lanar.
ovíparo, ra *adj.* y *s.* Relativo al animal que se reproduce por medio de huevo.
ovni *s. m.* Iniciales de Objeto Volador No Identificado, que designa un objeto volante de origen y naturaleza desconocidos. *Muchos afirman haber visto ovnis.*
ovoide *adj.* Que tiene forma de huevo.
ovovivíparo, ra *adj.* y *s.* Dícese de los animales que conservan sus huevos fecundados en el interior de sus cuerpos durante algún tiempo.
ovulación *s. f.* Desprendimiento natural del óvulo en el ovario. *La menstruación anuncia la ovulación.*
ovular *intr.* Desprenderse los óvulos de los ovarios para la reproducción.
óvulo *s. m.* Célula femenina destinada a ser fecundada. *El óvulo femenino y el espermatozoide se unen y se produce un nuevo ser.* || Sustancia química en forma de huevo pequeño que se utiliza como método anticonceptivo para las mujeres.
oxalato *s. m.* Combinación química del ácido oxálico y un radical.
oxálico, ca *adj.* Relativo a las acederas. || *loc.* ***Ácido oxálico:*** en química, ácido orgánico que da a la acedera su gusto particular.
oxalidáceo, a *adj.* y *s. f.* Dícese de una familia de plantas dicotiledóneas y herbáceas. || *pl.* Familia que forman.
oxhídrico, ca *adj.* Compuesto de oxígeno e hidrógeno.
oxiacetilénico, ca *adj.* Relativo a la mezcla de oxígeno y acetileno.
oxidable *adj.* Que se oxida.
oxidación *s. f.* Proceso por el cual se forma una capa de óxido en los metales a causa del contacto con el oxígeno. *La oxidación del cobre lo hace verse de color verde.*
oxidante *adj.* y *s. m.* Condición o sustancia que provoca la oxidación. *El escultor utilizó un ácido como oxidante.*
oxidar *t.* y *pr.* Combinar un elemento con el oxígeno. *El aire oxida rápidamente las manzanas.* || Formarse una capa de óxido. *Se oxidó mi bicicleta porque la dejé en el patio.*
óxido *s. m.* Compuesto que resulta de la combinación de un metal u otro elemento con el oxígeno. || Capa rojiza, verdosa o amarillenta del com-

puesto llamado óxido, que se forma sobre los metales expuestos al aire o a la humedad.
oxigenación *s. f.* Acción y efecto de oxigenar u oxigenarse. *Una cura de oxigenación.*
oxigenado, da *adj.* Que contiene oxígeno. *Agua oxigenada.* || Rubio con agua oxigenada. *Pelo oxigenado.*
oxigenar *t.* y *pr.* Oxidar, combinar un elemento o compuesto con oxígeno. || Airearse, ventilarse.
oxígeno *s. m.* Elemento químico gaseoso, presente en la atmósfera terrestre. Constituye casi una quinta parte del aire atmosférico en su forma molecular O_2. Forma parte del agua, de los óxidos, de casi todos los ácidos y sustancias orgánicas, y está presente en todos los seres vivos. Gas indispensable para la respiración y para activar los procesos de combustión. Su número atómico es 8 y su símbolo *O.*
oxigenoterapia *s. f.* Tratamiento medicinal mediante inhalaciones de oxígeno.
oxihemoglobina *s. f.* Combinación inestable de una molécula de hemoglobina y otra de oxígeno que da el color rojo vivo a la sangre que sale del aparato respiratorio.
oxiuro *s. m.* Gusano pequeño, de aproximadamente 1 cm de largo, que parasita el intestino del ser humano y de algunos animales.
oyamel *s. m. Méx.* Conífera empleada en la industria.
oyamel u **oyamelete** *s. m.* Árbol que crece en México y América Central, apreciado por su madera.
oyente *adj.* Que oye. || *adj.* y *s. com.* Dícese del alumno asistente a una clase sin estar matriculado. || *pl.* Auditores.
ozonar *t.* Ozonizar.
ozonificación *s. f.* Ozonización.
ozonización *s. f.* Transformación en ozono. || Esterilización de las aguas por el ozono.
ozonizar *t.* Convertir, transformar en ozono.
ozono *m.* Estado alotrópico del oxígeno. || *loc.* ***Capa de ozono:*** franja de la atmósfera donde se concentra el ozono y sirve de filtro para los rayos ultravioleta.

P

p *s. f.* Decimoséptima letra del abecedario español. Su nombre es «pe».

pabellón *s. m.* Edificio aislado que forma parte de un conjunto. *En los jardines del castillo estaba el pabellón de juegos del príncipe.* || Bandera de un país. *En la plaza central ondea un gran pabellón nacional.* || Parte exterior de la oreja. *Hilda se pone cinco aretes en el pabellón de la oreja derecha.*

pabilo o **pábilo** *s. m.* Mecha de una vela. *Para apagar la vela presiona el pabilo con los dedos húmedos.*

pábulo *s. m.* Pasto, comida. || *fig.* Lo que sustenta una cosa inmaterial. *Dio pábulo a las críticas.*

paca *s. f.* Fardo o bulto prensado y atado de lana, algodón, etc. *El camión trajo pacas de hierba para alimento de las vacas.*

pacana *s. f.* Árbol yuglandáceo propio de América del Norte.

pacato, ta *adj.* Tranquilo en exceso. *Es desesperante que tanta gente camina pacata por la calle.* || Mojigato, demasiado conservador. *Un alcalde pacato prohibió los bikinis en la playa.* || Insignificante, apocado.

pacaya *s. f. Amér. C.* Palmera cuyos cogollos se toman como legumbre. *Rellenos de pacaya.* || *fig. Guat.* Trabajo difícil, complicado.

paceño, ña *adj.* Originario de La Paz, capital de Bolivia.

pacer *intr.* Comer hierba el ganado en prados o campos.

pacha *s. f. Hond. Méx.* y *Nic.* Petaca para llevar bebidas alcohólicas. || *Guat. Hond. Nic.* y *Salv.* Biberón.

pachamanca *s. f. Amér.* Carne asada entre piedras caldeadas.

pachanga *s. f.* Fiesta, jolgorio, diversión. *Organizamos una pachanga muy divertida.*

pachiche *adj. Méx.* Viejo.

pachocha *s. f. Chil. Col. Cub. Pan.* y *Per.* Lentitud, calma. || *Méx. fam.* Dinero.

pachón, chona *adj. Chil. Hond. Méx.* y *Nic.* Peludo, lanudo. *El sofá pachón es muy agradable para recostarse.*

pachorra *s. f.* Lentitud para hacer algo aunque sea necesario apresurarse. *Sacúdete la pachorra y dúchate, para irnos.*

pachorriento, ta *adj. Amér. Merid.* Lento, pesado.

pachorrudo, da *adj.* Lento, pesado, que hace las cosas muy despacio. *Elías es tan pachorrudo que tarda horas en hacer un trabajo.*

pachucho, cha *adj.* Falto de frescura, que ya se pasó de maduro. || *fam.* Decaído, un poco enfermo. *Juan se siente pachucho porque está recuperándose de su enfermedad.*

pachulí *s. m.* Planta labiada aromática de Asia y Oceanía. || Su perfume. || *fam.* Perfume malo.

paciencia *s. f.* Virtud del que sabe sufrir con resignación. *Con paciencia se gana el cielo.* || Capacidad para esperar con tranquilidad las cosas. *Ten paciencia que ya llegará tu turno.* || Capacidad para soportar cosas pesadas. *No tiene suficiente paciencia para armar rompecabezas.* || Lentitud, tardanza.

paciente[1] *adj.* Que tiene paciencia. *Es un doctor muy paciente y atento.* || En gramática, el sujeto de las oraciones pasivas. *En la frase «La casa fue construida por el arquitecto», «la casa» es el paciente de la oración y «el arquitecto» es el agente.*

paciente[2] *s.*Enfermo que sigue un tratamiento. *El hospital siempre tiene muchos pacientes.*

pacificación *s. f.* Obtención de la paz. || *fig.* Apaciguamiento.

pacificador, ra *adj.* y *s.* Que pacifica.

pacificar *t.* Apaciguar, obtener la paz. *Pacificar los ánimos, el país.* || *pr.* Sosegarse, calmarse. *Los vientos se pacificaron.*

pacífico, ca *adj.* Quieto, tranquilo, amigo de la paz. *Persona pacífica.* || Apacible. *Temperamento pacífico.* || Que transcurre en paz. *Reinado, periodo pacífico.*

pacifismo *s. m.* Doctrina encaminada a mantener la paz. *El pacifismo se opone al uso de las armas.*

pacifista *adj.* Relacionado con el movimiento a favor de la paz. *Gandhi fue un líder pacifista.* || *s.* Persona que está a favor de la paz y no de la guerra. *Muchos pacifistas organizan manifestaciones en contra de la guerra.*

paco *s. m.* Alpaca, rumiante. || *fig.* Guerrillero, sobre todo el rifeño. || *Amér.* Mineral de plata de ganga ferruginosa. || Policía.

pacota *s. f. Méx.* Pacotilla.

pacotilla *s. f.* Porción de mercancías que la gente de mar puede embarcar por su cuenta libre de flete. || Mercancía de poca calidad. *Muebles de pacotilla.*

pacotillero *s. m.* El que comercia con pacotilla. || *Amér.* Buhonero.

pactar *t.* y *pr.* Hacer un pacto, llegar a un arreglo. *Al final de la guerra se pactó la paz entre los dos bandos.*

pacto *s. m.* Acuerdo entre dos o varias partes. *Mi hermano y yo hicimos un pacto para prestarnos nuestros juguetes.*

pacuache *adj.* y *s.* Dícese del individuo de una tribu de Coahuila, México.

padecer *t.* e *intr.* Recibir la acción de algo que causa dolor físico o moral. *Olivia visitó al cardiólogo porque padece del corazón.* || Soportar, aguantar. *El joven padeció desvelos, pero al fin se graduó.*

padecimiento *s. m.* Alteración más o menos grave de la salud. *La señora Suárez sufre un padecimiento desde hace muchos años.*

padrastro *s. m.* Marido de una mujer respecto de los hijos que ella tiene de un matrimonio anterior. *Mi padrastro me cuida desde que mi padre murió.*

padrazo *s. m.* Padre indulgente.

padre *adj. fam.* Muy grande, extraordinario. *Llevarse un susto padre.* || *adj. Méx.* Muy bueno, lindo, fenomenal. || *s. m.* Hombre respecto de sus hijos, o cualquier macho respecto de sus crías. *Mi padre me enseñó a ser ordenado.* || Creador de algo. *Luis Pasteur es considerado el padre de la bacteriología moderna.* || Título dado a ciertos religiosos. *Doña Filomena se confiesa con un padre dominico.* || *pl.* El padre y la madre. *Mis padres se llaman Roberto y Juana.* || *loc. fam.* **De padre y muy señor mío:** muy grande, extraordinario. || ***Nuestros padres:*** nuestros antepasados. || ***Padre de familia:*** cabeza de una casa o familia. || ***Padre nuestro:*** la oración dominical. || ***Padre político:*** suegro.

padrear *intr.* Procrear.

padrinazgo *s. m.* Acción de asistir como padrino a un bautizo o a una función pública. || Cargo de padrino. || *fig.* Protección que uno dispensa a otro.

padrino *s. m.* Hombre que asiste a otro a quien se administra un sacramento. *Padrino de pila, de boda.* || El que presenta y acompaña a otro que recibe algún honor, grado, etc. || El que asiste a otro en un certamen, torneo, desafío, etc. || *fig.* El que ayuda a otro en la vida, protector. || *pl.* El padrino y la madrina. || *fig.* Influencias.

padrón *s. m.* Lista de vecinos de una población, censo. *Padrón de habitantes.* || Patrón, modelo o dechado. *Padrón de virtudes.* || *fig.* Nota pública de infamia. *Padrón de ignominia.* || *Amér.* Caballo semental.

padrote *s. m. Méx.* Alcahuete.

paella *s. f.* Plato de arroz con carne y pescado, mariscos, legumbres, etc. *Paella valenciana.*

paf *onomat.* Palabra que imita el ruido que hace una persona o cosa al caer.

paga *s. f.* Acción de pagar. || Sueldo de un empleado. *La paga en esa fábrica es muy baja.*

pagable *adj.* Pagadero.

pagadero, ra *adj.* Que debe o puede pagarse en un tiempo determinado. *Compre hoy y su saldo será pagadero a tres meses.*

pagado, da *adj.* Engreído, antipático, que hace ostentación de lo que no tiene.

pagador, ra *adj.* y *s.* Dícese del que paga.

pagaduría *s. f.* Oficina donde se paga. *Pagaduría del Estado.*

paganismo *s. m.* Para el cristianismo, a partir del siglo IX d. C. religión de los paganos, culto politeísta.

paganización *s. f.* Proceso de introducción o adopción del paganismo en un grupo social. *En varios países europeos se han dado corrientes de paganización.*

paganizar *t.* y *pr.* Introducir en un grupo social o adoptar creencias paganas.

pagano, na *s.* Seguidor de los cultos politeístas de la antigüedad, en particular del politeísmo grecolatino. || Seguidor de una religión fetichista o politeísta.

pagar *t.* e *intr.* Dar uno a otro lo que le debe. *Pagaré el sueldo a los obreros.* || Dar cierta cantidad por lo que se compra o disfruta. *Paga cinco mil euros al mes por su piso.* || Satisfacer una deuda, un derecho, impuesto, etc. || Costear. *Sus padres no pueden pagarle los estudios.* || *fig.* Corresponder. *Paga los favores recibidos.* || Expiar. *Pagar un crimen.* || *loc. fam.* ***El que la hace la paga:*** el que causa daño sufre siempre el castigo correspondiente. || ***¡Me las pagarás!:*** ya me vengaré del mal que me has hecho. || ***Pagar a escote:*** pagar cada uno su parte. || ***Pagar al contado, a crédito*** o ***a plazos:*** pagar inmediatamente, poco a poco. || *fam.* ***Pagar el pato*** o ***los vidrios rotos*** o ***los platos rotos:*** sufrir las consecuencias de un acto ajeno. || ***Pagarla*** o ***pagarlas:*** sufrir el castigo merecido o las consecuencias inevitables de una acción. || *pr.* Comprar.

pagaré *s. m.* Obligación escrita de pagar una cantidad en tiempo determinado. *Un pagaré a sesenta días.*

pagaya *s. f.* Remo corto.

página *s. f.* Cada una de las dos planas de la hoja de un libro o cuaderno. *Un libro de quinientas páginas.* || Lo escrito o impreso en cada una de ellas. *Una nota al pie de la página.* || *fig.* Obra literaria o musical. *Una página muy inspirada.* || Suceso, lance o episodio en el curso de una vida o de una empresa. *Página gloriosa de nuestra juventud.*

paginación *s. f.* Numeración de las páginas.

paginar *t.* Numerar páginas.

pago[1] *s. m.* Entrega de lo que una persona debe a otra, en especial dinero. *No me han dado el pago por la traducción que hice.* || Recompensa. *Como pago, a Braulio le dieron una importante suma de dinero.*

pago[2] *s. m. Arg. Per. Py.* y *Uy.* Lugar donde ha nacido o habita una persona. *En las vacaciones iré a mi pago para visitar a los abuelos.*

pagoda *s. f.* En algunos países de Oriente, templo.

pagro *s. m.* Pez parecido al pagel.

pagua *s. f. Méx.* Fruto de una variedad de aguacate.

paila *s. f.* Vasija grande de metal, redonda y poco profunda. *Preparamos el arroz en una paila.* || *Amér. C.* y *Amér. Merid.* Utensilio ancho y de poca profundidad utilizado por lo general para freír alimentos.

pailero, ra *s. Amér.* Fabricante o vendedor de pailas. || Persona que trabaja con la paila.

paipai *s. m.* Abanico de palma.

pairar *intr.* Estar quieta la nave con las velas tendidas.

pairo *s. m.* Acción de pairar. || ***Al pairo:*** quieta la nave y con las velas tendidas.

país *s. m.* Territorio que constituye una unidad geográfica o política. *Venezuela es un país de América.*

paisaje *s. m.* Extensión de terreno visto desde un sitio determinado. *Desde la ventana se ve un paisaje muy bello hacia el valle.* || Pintura o dibujo que representa el espacio de un terreno llamado paisaje. *José María Velasco fue uno de los mejores pintores de paisajes en México.*

paisajismo *s. m.* Género del arte pictórico que se especializa en representar paisajes.

paisajista *adj.* y *s. com.* Artista que dibuja o pinta paisajes.

paisanaje *s. m.* Conjunto de paisanos. || Circunstancia de ser de un mismo país.

paisano *s. m.* Campesino. || Persona que no es militar. *Los domingos, los militares se visten de paisanos para salir a la calle.* || *loc.* ***Traje de paisano:*** el que no es un uniforme.

paisano, na *adj.* y *s.* Persona que nació en el mismo país que otra, en especial en una región o provincia. *Cuando fui a España, reconocí a un paisano uruguayo.*

paja *s. f.* Caña de las gramíneas después de seca y separada del grano. || Pajilla para sorber líquidos. || *fig.* Cosa de poca entidad. || Lo inútil y desechable de una cosa. *En su artículo hay mucha paja.* || *loc. Amér. C.* ***Paja de agua:*** conducto de agua que llega a una edificación. || *Amér. C.* Grifo.

pajar *s. m.* Almacén de paja.

pájara *s. f.* Pájaro, ave pequeña. || Cometa, juguete. || Pajarita de papel. || *fig.* Mujer astuta o mala.

pajarear *intr.* Cazar pájaros. || *fam.* Holgazanear. || *Amér.* Espantarse una caballería. || Ahuyentar a pedradas a los pájaros en los sembrados. || Estar distraído. || *Méx.* Oír con disimulo.

pajarera *s. f.* Jaula grande donde se crían pájaros. *Mi tía Amelia tiene una gran pajarera con muchos canarios.*

pajarería *s. f.* Banda de pájaros. || Tienda donde se venden pájaros.

pajarero, ra *adj.* Relativo a los pájaros. || *s.* Persona que cría pájaros y comercia con ellos. *El pajarero fue un tramposo: me vendió un pájaro pintado de rojo como si fuera un cardenal.*

pajarita *s. f.* Figura de papel doblado que tiene forma de pájaro. || Corbata anudada en forma de mariposa.

pájaro *s. m.* Cualquier ave con capacidad para volar. || *fig.* Persona que sobresale o es muy astuta o muy mala. || *loc.* ***Más vale pájaro en mano que ciento volando:*** más vale una cosa pequeña segura que una grande insegura. || ***Matar dos pájaros de un tiro:*** hacer o lograr dos cosas con una sola diligencia. || *fig.* ***Pájaro de cuenta*** o ***de cuidado:*** persona muy astuta, capaz de hacer cualquier cosa y que ha de tratarse con cuidado. || ***Pájaro gordo:*** persona importante. || *fam.* ***Tener pájaros en la cabeza:*** no ser nada sensato; ser distraído.

pajarraco *s. m. desp.* Cualquier pájaro grande. *Algunos pajarracos se comieron parte del trigo.*

pajaza *s. f.* Desecho de la paja que deja el caballo.

paje *s. m.* Criado joven que en la antigüedad servía a la nobleza. *Cenicienta llegó al baile acompañada por sus pajes.*

pajero, ra *adj.* y *s. Arg. Bol. Per. Salv.* y *Uy.* Que se masturba.

pajilla *s. f.* Cigarro liado con hoja de maíz. || Caña de gramínea o tubo artificial utilizado para sorber refrescos.

pajizo, za *adj.* De paja.

pajolero, ra *adj. fam. Esp.* Maldito, molesto, desagradable. *Un pajolero oficio.* || Puntilloso.

pajonal *s. m. Amér. Merid.* Paraje poblado por alta vegetación herbácea.

pajuela *s. f.* Paja o varilla, bañada en azufre, que se emplea para encender.

pajuerano, na *adj.* y *s. Arg. Bol.* y *Uy.* Procedente del campo y que se comporta torpemente en la ciudad.

pakistaní *adj.* y *s. com.* Paquistaní.

pala *s. f.* Instrumento compuesto de una plancha de hierro, más o menos combada, prolongada por un mango. || Contenido de este instrumento. || Hoja metálica de la azada, del azadón, etc. || Tabla con mango para jugar a la pelota vasca, al béisbol. || Raqueta. *Pala de ping pong.* || Parte plana del remo. || Parte ancha del timón. || Cada uno de los elementos propulsores de una hélice. || Parte del calzado que abraza el pie por encima. || Parte puntiaguda del cuello de una camisa. || Cuchilla de los curtidores. || Lo ancho y plano de los dientes. || *loc.* ***Pala mecánica:*** máquina de gran potencia para excavar y recoger materiales y cascotes.

palabra *s. f.* Conjunto ordenado de sonidos o de letras que representan un ser, una idea o una cosa. || Facultad de hablar. *La palabra es exclusiva del ser humano.* || Promesa. *Sebastián dio su palabra a la maestra de que no volvería a copiar en un examen.* || *loc.* ***Comprender con medias palabras:*** captar sin que sea necesaria una explicación larga. || ***Decir con medias palabras:*** insinuar. || ***Dejar a uno con la palabra en la boca:*** volverle la espalda sin escucharle. || ***De palabra:*** verbalmente. || *fig.* ***Empeñar la palabra:*** dar su palabra de honor. || ***En cuatro palabras:*** muy brevemente. || ***Medir las palabras:*** hablar con prudencia. || ***No tener más que una palabra:*** mantener lo dicho. || ***No tener palabra:*** faltar uno a sus promesas. || ***¡Palabra!:*** se lo aseguro. || ***Palabra de honor:*** expresión con que se asegura que se cumplirá lo que se dice. || ***Palabra de honor:*** promesa verbal y formal. || ***Palabra por palabra:*** literalmente. || ***Palabras cruzadas:*** crucigrama. || ***Palabras encubiertas:*** aquellas que no dicen claramente lo que se quiere anunciar. || ***Palabras mayores:*** las injuriosas. || *fig.* ***Tener unas palabras con alguien:*** pelearse con él. || ***Tratar mal de palabra a uno:*** injuriarle. || ***Última palabra:*** lo que está más de moda.

palabrear *t. Bol.* y *Chil.* Insultar. || *Bol. Chil. Col. Cub. Ecua.* y *Per.* Tratar algún asunto verbalmente.

palabreo *s. m.* Acción de hablar mucho y en vano. *Me molesta su palabreo de hombre de mundo.*

palabrería *s. f.* Abundancia de palabras sin contenido. *Ese discurso me pareció pura palabrería.*

palabrero, ra *adj.* y *s.* Que habla mucho. || Que promete mucho y no cumple nada.

palabrita *s. f.* Palabra que lleva segunda intención. *Le dijo cuatro palabritas al oído.*

palabrota *s. f.* Juramento, maldición o insulto groseros. *Ese comerciante no puede hablar sin decir alguna palabrota.*

palacete *s. m.* Casa particular lujosa. || Pequeño palacio.

palaciego, ga *adj.* Relativo a palacio. *Estilo palaciego.* || *s.* Cortesano.

palacio *s. m.* Casa suntuosa, especialmente la que sirve de residencia a los reyes y nobles. *Palacio real.* || Residencia de ciertas asambleas, tribunales, etc. *Palacio de las Cortes.*

palada *s. f.* Lo que la pala coge de una vez. *Una palada de mortero.*

paladar *s. m.* Parte interior y superior de la boca. || *fig.* Capacidad para apreciar el sabor de lo que se come. *Tiene buen paladar.*

paladear *t.* Tomar poco a poco el gusto de una cosa, saborear.

paladeo *s. m.* Saboreo.

paladial *adj.* y *s. f.* Palatal.

paladín *s. m.* Caballero valeroso. *Don Quijote era un paladín de causas perdidas.* || Defensor de una persona o causa. *Nelson Mandela ha sido un paladín de los derechos de los negros.*

paladino, na *adj.* Público; claro y patente. || *s. m.* Paladín.

paladio *s. m.* Metal blanco, dúctil y maleable, que se usa como catalizador. Su número atómico es 46 y su símbolo *Pd.*

palafito *s. m.* Casa que se construye sobre una plataforma sostenida por postes de madera, propia de lugares cercanos a ríos o lagos. *Los palafitos fueron un tipo de vivienda típico de la Edad del Bronce.*

palafrén *s. m.* Caballo manso en que solían montar las damas, los reyes y los príncipes. || Caballo en que monta el criado o lacayo de un jinete.

palafrenero *s. m.* Criado que lleva del freno el caballo. || Mozo de caballos.

palanca *s. f.* Barra rígida, móvil alrededor de un punto de apoyo, que sirve para transmitir un movimiento, para levantar grandes pesos. || Pértiga para llevar una carga entre dos. || Plataforma flexible colocada a cierta altura al borde de una piscina, para efectuar saltos. || *fig.* y *fam.* Apoyo, influencia. || Fortín construido con estacas y tierra. || *loc.* ***Palanca de mando:*** barra para manejar un avión.

palangana *s. f.* Vasija ancha y poco profunda que sirve para asearse. *El granjero llena la palangana con agua y se lava la cara.*

palanganero *s. m.* Mueble donde se coloca la palangana.

palangre *s. m.* Cordel con varios anzuelos para pescar.

palanquear *t. Arg. Col. Chil.* y *Uy. fam.* Emplear alguien su influencia para conseguir algo.

palanquera *s. f.* Valla de madera.

palanqueta *s. f. Méx.* Dulce en forma de barra hecho con cacahuates, nueces o semillas de calabaza mezcladas con miel de azúcar o de abeja.

palanquín *s. m.* Silla de manos usada en los países de Oriente. *El chino millonario viajaba en un palanquín que cargaban sus criados.*

palapa *s. f. Méx.* Tipo de construcción a base de postes cubiertos por un techo de hojas de palma. *Las palapas abundan en las cercanías de las playas.*

palatal *adj.* Relativo al paladar. *Por un defecto palatal mi amigo pronuncia de forma rara las palabras con «ese»: parece que dice «ede».* || Relativo al sonido que se articula con la lengua en el paladar, como el de la «ñ».

palatalización *s. f.* Modificación de un fonema cuya articulación se hace aplicando el dorso de la lengua al paladar duro.

palatalizar *t.* Dar a un fonema sonido palatal.

palatinado *s. m.* En Alemania, antigua dignidad de elector palatino. || Territorio de los príncipes palatinos.

palatino, na *adj.* Del paladar. *Huesos palatinos.* || Perteneciente a palacio. *La etiqueta palatina.*

palco *s. m.* En los teatros y plazas de toros, especie de departamento con balcón donde hay varios asientos. || Tabladillo en que se pone la gente para asistir a un espectáculo. || *loc.* ***Palco de platea:*** el que está en la planta baja de un teatro.

palear *t.* Apalear, aventar el grano con la pala.

palenque *s. m.* Valla de madera para defender o cerrar un terreno. || *Amér. Merid.* Madero al que se atan los animales. || *Méx.* Ruedo donde se realizan peleas de gallos u otros espectáculos.

paleoceno, na *adj.* y *s.* Relativo al primer periodo geológico de la era Terciaria. *El paleoceno tuvo lugar hace aproximadamente 60 millones de años.*

paleogeografía *s. f.* Ciencia que se dedica a reconstruir hipotéticamente la distribución de los mares y continentes en el curso de las épocas geológicas.

paleografía *s. f.* Arte de leer la escritura y signos de los libros y documentos antiguos.

paleográfico, ca *adj.* Relativo a la paleografía. *Examen paleográfico.*

paleógrafo, fa *s.* Especialista en paleografía.

paleolítico, ca *adj.* y *s.* Primer periodo de la Edad de Piedra. *En el museo hay objetos del arte paleolítico.*

paleología *s. f.* Ciencia que estudia la historia primitiva del lenguaje.
paleólogo, ga *s.* Que conoce las lenguas antiguas.
paleontografía *s. f.* Descripción de los seres orgánicos que vivieron en la Tierra y cuyos restos o vestigios se encuentran fósiles.
paleontográfico, ca *adj.* De la paleontografía.
paleontología *s. f.* Ciencia que estudia los fósiles de los seres orgánicos.
paleontológico, ca *adj.* Relacionado con la paleontología. *En el trabajo paleontológico se realizan investigaciones de campo.*
paleontólogo, ga *s.*Especialista en paleontología. *De grande quiere ser paleontólogo.*
paleoterio *s. m.* Mamífero perisodáctilo fósil.
paleozoico, ca *adj.* Relativo a la segunda era geológica de la historia de la Tierra, dividida en seis periodos que abarcan desde hace 570 millones de años hasta hace 300 millones de años. Durante esta era aparecieron los primeros grandes animales con caparazón.
palero, ra *s. Méx.* Persona que se mezcla entre el público de ciertos espectáculos o actos públicos para apoyar a quienes los protagonizan. *Los paleros se dedicaron a aplaudir al cantante.*
palestino, na *adj.* y *s.* Originario de Palestina, región asiática.
palestra *s. f.* Sitio donde se lidia o lucha. || *fig.* En poesía, lucha, competición. || Sitio donde se celebran certámenes literarios o reuniones públicas. || *loc. fig.* ***Salir a la palestra:*** entrar en liza.
paleta *s. f.* Pala pequeña. || Tabla pequeña con un agujero por donde se introduce el pulgar y en la cual el pintor tiene preparados los colores que usa. || Espátula. || Utensilio de cocina a modo de pala. || Badil para revolver la lumbre. || Llana de albañil. || Raqueta de ping pong. || En anatomía, paletilla. || Álabe de la rueda hidráulica. || Pala de hélice, ventilador, etc. || *Méx.* Polo helado. || *Amér. C. R. Dom. Méx.* y *P. Rico* Caramelo o helado hincado en un palito que sirve como mango.
paletilla *s. f.* Omóplato, hueso del hombre. || Ternilla en que termina el esternón y que corresponde a la región de la boca del estómago.
paleto, ta *adj.* y *s. fig. Esp.* Palurdo, rústico, cateto.
paletón *s. m.* Parte de la llave en que están los dientes y guardas. || Diente grande de la mandíbula superior.
pali *s. m.* Lengua sagrada de Ceilán, derivada del sánscrito.
paliacate *s. m. Méx.* Pañuelo grande hecho de tela estampada, que sirve para adornar el cuello o cubrir la cabeza. *Guillermo se vistió con pantalones vaqueros, botas, un paliacate y un sombrero.*
paliar *t.* Atenuar un sufrimiento. *El médico le recetó a mi maestra un medicamento para paliar su dolor.* || Disminuir la importancia de algo. *Los trabajos de prevención paliaron los efectos del terremoto.*
paliativo, va *adj.* y *s. m.* Dícese de lo que puede paliar. || *fig.* Capaz de disimular.
palidecer *intr.* Ponerse pálido. *Palidecer de emoción.* || *fig.* Perder una cosa su importancia. *Palidecer la fama de un artista.*
palidez *s. f.* Amarillez, descaecimiento del color natural.
pálido, da *adj.* Amarillo, macilento o descaecido de su color natural. || *fig.* Falto de colorido o expresión. *Estilo pálido.*
paliducho, cha *adj. fam.* Algo pálido. *Persona paliducha.*
palier *s. m.* En algunos vehículos, cada una de las dos mitades en que se divide el eje de las ruedas motrices.
palillero, ra *s.* Persona que hace o vende palillos. || *s. m.* Canuto donde se guardan los mondadientes. || Portaplumas.
palillo *s. m.* Instrumento de madera o plástico que sirve para limpiar los dientes. *Algunos piensan que es de mal gusto limpiarse los dientes con un palillo.* || Varita con que se toca el tambor. *Los chicos de la banda movían los palillos al mismo tiempo.*
palimpsesto *s. m.* Manuscrito antiguo en que se ven huellas de una escritura anterior.
palíndromo *s. m.* o **palíndroma** *s. f.* Escrito o palabra que tiene el mismo significado al ser leído de izquierda a derecha que a la inversa. *Las palabras «anilina» y «radar» son palíndromos.*
palingenesia *s. f.* Regeneración, resurrección de los seres.
palinodia *s. f.* Retractación pública de lo que se había dicho.
palio *s. m.* Especie de cubierta colocada sobre cuatro o más varas largas utilizada para cubrir a ciertas personas importantes como un rey o a imágenes religiosas. *Un rey chino que iba bajo un palio cargado por cuatro esclavos.*
palique *s. m. fam.* Conversación sin importancia. *Estar de palique.*
paliquear *intr. fam.* Charlar.
palisandro *s. m.* Madera del guayabo, compacta y de color rojo oscuro, empleada en la fabricación de muebles de lujo.
palito *s. m.* Palo pequeño. || *loc. Arg.* ***Pisar el palito:*** caer en la trampa.
palitroque *s. m.* Palo pequeño. || Palote, en escritura. || Banderilla.
paliza *s. f.* Serie de golpes o azotes. *En esa casa le dieron una paliza al perro para que dejara de aullar.* || *fam.* Derrota con una gran diferencia entre el ganador y el perdedor. *El equipo visitante le dio una paliza de siete cero al equipo de casa.*
palizada *s. f.* Valla hecha de estacas. || Sitio cercado de estacas.
palla *s. f. Amér.* Entre los incas, mujer de sangre real.
palma *s. f.* Palmera. || Hoja de este árbol. || Datilera. || Palmito. || Parte interna de la mano desde la muñeca hasta los dedos. || Parte inferior del casco de las caballerías. || *pl.* Palmadas, aplausos. *Batir las palmas.* || Palmáceas. || *loc. fig.* ***Conocer como la palma de la mano:*** conocer muy bien. || ***Llevarse la palma:*** sobresalir, ser el mejor en alguna cosa.
palmáceo, a *adj.* y *s. f.* Dícese de ciertas plantas monocotiledóneas, de tallo simple, llamado estipe, con grandes hojas en forma de penacho, características de los países tropicales. || *pl.* Familia que forman.
palmada *s. f.* Golpe que se da con la palma de la mano. *Le abrazó dándole palmadas en la espalda.* || Ruido que se hace golpeando las manos abiertas. *Dar palmadas para aplaudir.*
palmar[1] *adj.* Relativo a la palma de la mano. *La gitana dice que puede hacer una lectura palmar para adivinar el futuro.* || *s. m.* Terreno poblado de palmas. *Detrás del palmar está la playa.* || *loc. fam.* ***Más viejo que un palmar:*** muy viejo.
palmar[2] *intr. fam.* Morir. *Don Fernando palmó hace tres meses.*
palmarés *s. m.* Lista de vencedores en una competición. || Historial de una persona. *El atleta tiene en su palmarés cinco medallas de oro.*
palmario, ria *adj.* Patente.
palmatoria *s. f.* Especie de candelero bajo.
palmeado, da *adj.* De figura de palma. *Hojas palmeadas.*
palmear *intr.* Aplaudir batiendo palmas. *Palmear a un cantante.*
palmer *s. m.* Instrumento de precisión con tornillo micrométrico para medir objetos de poco grueso.
palmera *s. f.* Árbol palmáceo cuyo fruto es el dátil. También se llama «palmera datilera». || Cualquier árbol de la familia de las palmáceas. || Especie de galleta.
palmeral *s. m.* Plantío de palmas.
palmeta *s. f.* Especie de regla con que los maestros de escuela castigaban a los alumnos. || Palmetazo.
palmetazo *s. m.* Golpe dado con la palmeta. || Palmada.
palmiche *s. m.* Palma real. || Su fruto.
palmípedo, da *adj.* y *s.* Relativo a un grupo de aves nadadoras, con dedos que están unidos por una membrana. *Los patos son aves palmípedas.*
palmita *s. f.* Médula dulce de las palmeras. || *loc. fam.* ***Llevar*** o ***traer***

en palmitas a uno: tratarle con miramiento.

palmito *s. m.* Palmera pequeña con hojas en forma de abanico. || Brote tierno comestible de la planta llamada palmito. *Los palmitos se pueden comer preparados en ensalada.*

palmo *s. m.* Medida de longitud, cuarta parte de la vara (21 cm), equivalente aproximadamente al largo de la mano del hombre extendida. || *loc. fig.* ***Conocer algo a palmos:*** conocerlo bien. || ***Crecer a palmos:*** crecer muy rápidamente. || *fam.* ***Dejar con un palmo de narices:*** dejar burlado. || *fig.* ***Palmo a palmo:*** poco a poco; minuciosamente. || *fam.* ***Quedarse con dos palmos de narices:*** no conseguir lo que se esperaba.

palmotear *intr.* Aplaudir.

palmoteo *s. m.* Acción de palmotear. || Acción de dar o pegar la palmeta.

palo *s. m.* Trozo de madera cilíndrico. *En vez de bastón llevaba un palo.* || Golpe dado con este objeto. *Matar a palos.* || Madera. *Cuchara de palo.* || Estaca, mango. *El palo de la escoba.* || En tauromaquia, banderilla. || En marinería, mástil del barco. *Embarcación de dos palos.* || Cada una de las cuatro series de naipes de la baraja. *Palo de oros, palo de bastos.* || Trazo grueso de algunas letras como la «b» y la «d». || En botánica, voz que entra en el nombre de varios vegetales: «palo áloe», «palo bañón» o «de bañón», «palo brasil» o «del Brasil», «palo campeche» o «de Campeche», «palo corteza», «palo de jabón». || *loc. fig.* ***A palo seco:*** sin adornos. || ***Dar palos de ciego:*** dar golpes sin reflexionar; tantear. || ***Dar un palo:*** criticar; cobrar muy caro. || ***De tal palo tal astilla:*** de tal padre, tal hijo.

paloduz *s. m.* Orozuz.

palofierro *s. m. Méx.* Nombre que se da a un árbol cuya madera es de una dureza excepcional.

paloma *s. f.* Ave de cabeza pequeña, cola ancha y pico corto. *La plaza siempre está llena de palomas.* || *Méx.* Petardo de forma triangular hecho con papel y pólvora.

palomar *s. m.* Sitio donde se crían palomas.

palomear *t. Méx.* Poner signo de aprobación.

palometa *s. f.* Pez comestible, parecido al jurel. || Tuerca que tiene forma de mariposa.

palomilla *s. f.* Mariposa pequeña, en especial las nocturnas. *En el sótano hay palomillas y por la noche revolotean alrededor de las bombillas.* || Tuerca con dos partes sobresalientes laterales en las que se apoyan los dedos para darle vueltas. *Las patas de algunas mesas se fijan con tornillos y palomillas.* || *fam. Méx.* Banda, pandilla, grupo de amigos. *Cuando era niño pertenecía a una palomilla de quince amigos en el barrio.*

palomina *s. f.* Excremento de paloma.

palomino *s. m.* Pollo de paloma. || *fig.* Joven inexperto, ingenuo. || *fam.* Mancha de excremento en los calzoncillos.

palomita *s. f.* Grano de maíz que se abre al tostarlo. *Me preparé una gran bolsa de palomitas para ver una película.*

palomo *s. m.* Macho de la paloma.

palotazo *s. m.* Varetazo.

palote *s. m.* Palo pequeño. || Trazo recto que hacen los niños en el colegio para aprender a escribir. || *Méx.* Horcajo de madera para la caballería de tiro.

palpable *adj.* Que puede palparse. || *fig.* Manifiesto, evidente. *Hecho, verdad palpable.*

palpar *t.* Tocar una cosa con las manos para reconocerla. || *fig.* Conocer realmente. *Palpar los resultados de una reforma.* || Percibir, notar. *Palpar el descontento.*

palpitación *s. f.* Latido. || Pulsación rápida.

palpitante *adj.* Que palpita. || *fig.* y *fam.* Interesante, emocionante. *Cuestión palpitante.*

palpitar *intr.* Contraerse y dilatarse alternativamente. *El corazón palpita.* || Latir muy rápidamente. || *fig.* Manifestarse algún sentimiento en las palabras o actos.

pálpito *s. m.* Corazonada.

palpo *s. m.* Pequeño apéndice móvil que, formado en pares, tienen los artrópodos a los lados de la boca.

palqui *s. m.* Arbusto americano de la familia de las solanáceas.

palta *s. f. Amér. Merid.* Fruto de forma ovalada, con cáscara verde o negra y pulpa cremosa color verde claro.

palto *s. m. Amér. Merid.* Árbol originario de América cuyo fruto es la palta.

palúdico, ca *adj.* Relativo a los lagos y pantanos. || Dícese de la fiebre causada por el microbio procedente de los terrenos pantanosos y transmitido por el anofeles. || Que padece paludismo.

paludismo *s. m.* Enfermedad del que padece fiebres palúdicas.

palurdo, da *adj.* y *s. fam.* Paleto, cateto.

palustre *adj.* Relativo a los pantanos. || *s. m.* Paleta o llana de albañil.

pamba *s. f. Méx.* Serie de golpes leves que se dan con la palma de la mano en la cabeza de alguien en tono festivo fingiendo un castigo. *Cuando fallé el gol, mis compañeros me dieron pamba.*

pambazo *s. m. Méx.* Antojito elaborado a base de pan blanco cubierto de salsa de chile rojo y relleno de papas o carne molida con lechuga y queso.

pame *adj.* y *s.* Dícese del individuo de una tribu otomí de México, llamada también «chichimeca». || Uno de los dialectos del otomí.

pamela *s. f.* Sombrero flexible femenino de ala ancha.

pampa *adj.* y *s. Arg.* Indio de origen araucano de la Pampa. || *s. f.* Llanura extensa que no tiene árboles, propia de algunas zonas de América Meridional. *A los gauchos se les representa galopando por la pampa en sus caballos.*

pámpana *s. f.* Hoja de la vid.

pámpano *s. m.* Brote de la vid. || *Méx.* Pez marino comestible.

pampeano, na *adj.* y *s.* Pampero, relativo a la pampa.

pampear *intr. Amér.* Recorrer la pampa.

pampeño, ña *adj.* y *s.* Pampero.

pamperada *s. f.* Viento pampero que dura mucho.

pampero *s. m.* Viento fuerte, frío y seco que sopla en el Río de la Plata.

pampero, ra *adj.* y *s.* De La Pampa, provincia de Argentina, o de la llanura llamada pampa.

pampino, na *adj.* y *s. Chil.* Relativo a la pampa. || Habitante de la pampa salitrera.

pamplina *s. f.* Álsine, planta cariofilácea. || Planta de la familia de las papaveráceas. || *fig.* y *fam.* Simpleza, tontería. *Eso es una pamplina.* || Cosa sin importancia.

pamplinada *s. f. fam.* Pamplina, tontería, bobería.

pamplinero, ra o **pamplinoso, sa** *adj.* y *s.* Tonto, necio, bobo.

pamplonés, nesa o **pamplonica** *adj.* y *s.* De Pamplona.

pamporcino *s. m.* Planta herbácea de la familia de las primuláceas cuyo rizoma comen los cerdos y se usa en medicina. || Su fruto.

pan *s. m.* Alimento hecho de harina amasada, fermentada y cocida en el horno. *Pan blanco, moreno.* || Alimento en general. *Ganarse el pan de cada día.* || Masa para pasteles y empanadas. || Masa de otras cosas a las cuales se da una forma en un molde. *Pan de higos, de jabón, de sal.* || Trigo. *Año de mucho pan.* || Hoja de oro o plata muy batida. || *loc. fig.* ***A falta de pan buenas son tortas:*** hay que conformarse con lo que se tiene. || ***A pan y agua:*** con muy poco alimento. || ***Con su pan se lo coma:*** que se las arregle como pueda. || ***Llamar al pan pan y al vino vino:*** decir las cosas claramente. || ***Pan ázimo:*** el que no tiene levadura. || ***Pan candeal:*** el hecho con harina de este trigo. || *fig.* ***Pan comido:*** cosa fácil de resolver. || ***Pan de azúcar:*** montaña de granito a la cual la erosión ha dado una forma cónica. || *Amér. C.* y *Méx.* ***Pan de caja:*** pan de elaboración industrial, por lo común de miga, cortado y envasado. || ***Pan de molde:*** el que tiene mucha miga y poca corteza. || ***Pan de yuca:*** cazabe. || *Arg.* ***Pan lactal*** (marca registrada): pan blanco de elaboración industrial enriquecido con leche. || *fig.* y *fam.* ***Ser un pedazo de pan*** o ***más bueno que el pan:*** ser muy bondadoso.

pana *s. f.* Tela gruesa parecida al terciopelo. *Víctor se puso un traje de gruesa pana gris.* || *Chil.* Hígado de los animales. *La pana de res contiene mucho hierro y proteínas.* || *Chil.* Conjunto de desperfectos que provocan el mal funcionamiento de una máquina. || *Chil.* Detención de un vehículo por alguna falla en su motor. || *fam. Ecua. P. Rico* y *Ven.* Amigo, compañero.

panacea *s. f.* Medicamento que se creía podía curar todas las enfermedades. || *loc.* ***Panacea universal:*** remedio que buscaban los antiguos alquimistas contra todos los males físicos o morales.

panadería *s. f.* Establecimiento donde se hace o vende el pan. || Oficio del panadero.

panadero, ra *s.* Persona que hace o vende pan.

panadizo *s. m.* Inflamación aguda del tejido celular de los dedos, principalmente junto a la uña.

panafricanismo *s. m.* Doctrina encaminada a promover la unión y la solidaridad entre todos los países de África.

panafricano, na *adj.* Relativo a los países del continente africano.

panal *s. m.* Conjunto de celdillas prismáticas hexagonales de cera que forman las abejas para depositar en ellas la miel.

panamá *s. m.* Sombrero de paja muy flexible, jipijapa. || *Amér.* Negocio fraudulento, generalmente el hecho en perjuicio del Estado.

panameño, ña *adj.* y *s.* Originario de Panamá, país de América Central.

panamericanismo *s. m.* Movimiento encaminado a mejorar y desarrollar las relaciones entre los pueblos americanos, en especial las que existen entre Latinoamérica y los Estados Unidos de Norteamérica.

panamericanista *adj.* y *s. com.* Relacionado con el panamericanismo o partidario de este movimiento.

panamericano, na *adj.* Relativo a América. *Hace años surgió el proyecto de la Carretera Panamericana.* || Perteneciente al panamericanismo.

panana *adj. Chil.* Pesado, torpe, lento.

panarabismo *s. m.* Doctrina que preconiza la unión de todos los países de lengua y civilización árabes.

panca *s. f. Bol.* y *Per.* Conjunto de hojas que envuelve la mazorca de maíz.

pancarta *s. f.* Cartel, letrero.

panceta *s. f.* Tejido grasoso del cerdo en el que están alternadas franjas de grasa y de carne. *La sopa de verduras con un poco de panceta sabe muy bien.*

pancho, cha *adj. fam.* Tranquilo, que no se conmueve por nada. || *s. m.* Cría del besugo. || *fam.* Panza.

pancista *adj.* y *s. com. fam.* Aplícase a la persona que, por interés propio, procura siempre estar en buenas relaciones con aquellos que mandan o gobiernan para medrar.

pancita *s. f. Méx.* y *Per.* Guiso que se elabora con el estómago de los rumiantes en un caldo condimentado con ajo, comino y picante.

páncreas *s. m.* Glándula abdominal localizada detrás del estómago cuyo jugo contribuye a la digestión, y que produce también la secreción hormonal interna llamada insulina.

pancreático, ca *adj.* Relativo al páncreas. *Jugo pancreático.*

pancreatitis *s. f.* Inflamación del páncreas que produce un gran dolor repentino en el abdomen, vómitos y su resultado es casi siempre mortal.

pancromático, ca *adj.* Aplícase a las películas o placas fotográficas cuya sensibilidad es casi igual para todos los colores.

panda *s. m.* Mamífero carnívoro parecido al oso, de pelaje blanco y negro. *Es difícil que nazcan pandas en cautiverio.*

pandear *intr.* y *pr.* Torcerse una cosa encorvándose.

pandectas *s. f. pl.* Recopilación de leyes hecha por orden de Justiniano. || Conjunto del Digesto y del Código. || Cuaderno con abecedario que sirve de repertorio.

pandemia *s. f.* En medicina, enfermedad epidémica que se extiende a varios países.

pandemónium *s. m.* Capital imaginaria del Infierno. || *fig.* Sitio donde hay mucho ruido y agitación.

pandeo *s. m.* Alabeo, combadura.

pandereta *s. f.* Pandero. *Tocar la pandereta.*

panderete *s. m.* Tabique hecho con ladrillos puestos de canto.

pandero *s. m.* Instrumento de percusión formado por un redondel de piel sujeto a un aro con sonajas.

pandilla *s. f.* Grupo de personas que se reúne para algún fin. *Con su pandilla de amigos juega futbol por las tardes.* || Unión de varias personas formada generalmente con mala intención.

pandillaje *s. m.* Influjo de personas reunidas en pandillas para fines poco lícitos.

pandillista *s. com.* El que fomenta una pandilla o forma parte de ella.

pandino, na *adj.* y *s.* De Pando o natural de Pando, ciudad de Uruguay.

pandit *s. m.* Título dado en la India a los brahmanes eruditos.

pando, da *adj. Méx.* Torcido, encorvado. *Como montaba mucho a caballo, tiene las piernas pandas.*

panecillo *s. m.* Pan pequeño. || *loc.* ***Venderse como panecillos:*** venderse en gran cantidad.

panegírico *adj.* Hecho en alabanza de una persona. *Discurso panegírico.* || *s. m.* Discurso de alabanza. *«Panegírico de Trajano», por Plinio el Joven.* || *fig.* Grandes elogios.

panegirista *s. com.* El que pronuncia el panegírico. || *fig.* El que hace grandes elogios de una persona.

panegirizar *t.* Hacer el panegírico.

panel *s. m.* Cada uno de los compartimientos en que se dividen los lienzos de pared, las hojas de puertas, etc. || Tabla de madera en que se pinta.

panela *s. f.* Azúcar sólida y no refinada, vendida por lo general en forma de cono.

panera *s. f.* Cesta o especie de caja que sirve para transportar o guardar el pan. *Traje pan, si quieres uno, tómalo de la panera.*

paneslavismo *s. m.* Sistema político que tiende a la agrupación de todos los pueblos de origen eslavo.

paneslavista *adj.* y *s. com.* Relativo al paneslavismo o su partidario.

panetela *s. f.* Especie de sopa espesa con pan rallado. || Cigarro puro largo y delgado.

paneuropeo, a *adj.* Relativo a toda Europa. *Unión paneuropea.*

panfilismo *s. m.* Simpleza o bondad extremada.

pánfilo, la *adj.* y *s.* Muy calmoso. || Tonto, bobo.

panfletista *s. com.* Anglicismo por «libelista».

panfleto *s. m.* Anglicismo por «libelo».

pangermanismo *s. m.* Doctrina que propugna la unión de todos los pueblos de origen germánico.

pangermanista *adj.* y *s. com.* Partidario del pangermanismo o relativo a esta doctrina.

pangolín *s. m.* Mamífero desdentado de África y Asia, con piel cubierta de escamas.

panhelenismo *s. m.* Doctrina que propugna la unión de todos los griegos de los Balcanes, del mar Egeo y de Asia Menor en una sola nación.

pánico, ca *adj.* Relativo a Pan. *Fiestas pánicas.* || Aplícase al terror grande, sin causa justificada. || *s. m.* Miedo súbito y excesivo. *Sembraron el pánico entre la muchedumbre.*

panícula *s. f.* Panoja o espiga de las flores.

panículo *s. m.* Capa de tejido adiposo situada debajo de la piel de los vertebrados.

paniego, ga *adj.* Que come mucho pan. || Aplícase al terreno que produce trigo.

panificable *adj.* Que se puede panificar.
panificación *s. f.* Fabricación del pan. *En la panificación, la levadura permite elaborar pan esponjoso.*
panificadora *s. f.* Lugar donde se hace pan. *La familia de Manuel tiene varias panificadoras.*
panificar *t.* Hacer pan.
panislamismo *s. m.* Doctrina que propugna la unión de todos los pueblos musulmanes.
panizo *s. m.* Planta anual, de la familia de las gramíneas, cuyo grano se emplea como alimento para aves. || Maíz.
panocha o **panoja** *s. f.* Mazorca del maíz. || Conjunto de más de dos pescados pequeños que se fríen unidos por las colas.
panoja *s. f.* Mazorca.
panoplia *s. f.* Armadura completa. || Colección de armas y tabla donde se colocan.
panorama *s. m.* Vista pintada en la superficie de un gran cilindro hueco en cuya parte central se coloca el espectador. || Vista de un horizonte muy extenso. || *fig.* Estudio rápido, vista de conjunto. *El panorama del estado económico.*
panorámico, ca *adj.* Relativo al panorama. *Vista panorámica.* || *s. f.* Procedimiento cinematográfico que consiste en hacer girar la cámara sobre un eje horizontal o vertical durante la toma de vistas.
panqué *s. m. Méx.* Bizcocho alargado cocido en un molde de papel encerado. *Hay panqués de nuez, pasas y almendras.*
panqueque *s. m. Amér. C.* y *Amér. Merid.* Torta delgada de harina, leche y huevos, rellena con ingredientes dulces o salados.
pantagruélico, ca *adj.* Palabra derivada de Pantagruel, personaje del escritor francés François Rabelais, que se usa para referirse a las comidas en las que hay exceso de manjares. *En su fiesta, mi amiga ofreció un menú pantagruélico.*
pantaletas *s. f. pl. Col. Méx.* y *Ven.* Ropa interior femenina que cubre de la cintura al inicio de las piernas.
pantalla *s. f.* Lámina de diversas formas que se coloca delante o alrededor de la luz. || Mampara que se pone delante de la lumbre. || Telón blanco sobre el cual se proyectan imágenes cinematográficas o diapositivas, o parte delantera de los televisores donde aparecen las imágenes. || Cinematógrafo. *Actriz de la pantalla.* || *fig.* Persona que se pone delante de otra tapándola. || Persona que encubre a otra. *Sólo sirve de pantalla para su «amigo».* || *loc.* ***La pantalla pequeña:*** la televisión.
pantalón *s. m.* Prenda de vestir dividida en dos piernas que cubre desde la cintura hasta los tobillos. || Prenda de ropa interior femenina.
pantalonera *s. f.* Costurera que hace pantalones. || *Méx.* Pantalón del traje charro.
pantano *s. m.* Hondonada natural donde se acumulan aguas. || Marisma. || Embalse.
pantanoso, sa *adj.* Lleno de pantanos. || Cenagoso.
panteísmo *s. m.* En filosofía, sistema según el cual Dios se identifica con el mundo. *El panteísmo de Spinoza.*
panteísta *adj.* y *s. com.* Seguidor, partidario de la doctrina del panteísmo.
panteón *s. m.* Templo consagrado antiguamente por los griegos y romanos a todos sus dioses. || Conjunto de los dioses de una religión politeísta. *El panteón azteca.* || Monumento nacional donde se guardan los restos de hombres ilustres. || Monumento funerario donde se entierran varias personas. *El panteón de una familia.*
panteonero, ra *s. Amér.* Sepulturero.
pantera *s. f.* Mamífero carnívoro de África y Asia, de cuerpo esbelto, zarpas con uñas muy filosas y fuertes y piel con manchas negras o totalmente negra.
pantimedia *s. f. Méx.* Medias que se unen por la cadera, como mallas. *Las pantimedias comenzaron a usarse con la moda de la minifalda.*
pantocrátor *s. m.* Representación de Jesús sentado en un trono y en actitud de bendecir, característica del arte bizantino y románico.
pantógrafo *s. m.* Instrumento que sirve para ampliar, copiar o reducir dibujos.
pantomima *s. f.* Arte de expresarse por medio de gestos y movimientos, sin recurrir a la palabra. || Representación teatral sin palabras. || *Arg.* Zanco.
pantorrilla *s. f.* Parte carnosa y abultada de la pierna por debajo de la corva.
pantufla *s. f.* o **pantuflo** *s. m.* Calzado casero sin orejas ni talón.
panucho *s. m. Méx.* Pan formado por dos tortillas rellenas con frijoles y carne picada.
panza *s. f.* En los animales, espacio en el que están los intestinos y otras vísceras. || *fam.* Vientre de las personas, en especial cuando es grande. *Abundio toma mucha cerveza, por eso tiene una gran panza.*
panzada *s. f.* o **panzazo** *s. m.* Golpe dado con la panza. *Al tirarse de cabeza se dio un panzazo en el agua.* || *fam.* Hartazgo. *Una panzada de arroz.*
panzón, zona *adj.* Que tiene un vientre muy grande. *Norma está panzona por sus ocho meses de embarazo.*
pañal *s. m.* Prenda absorbente que se pone a los bebés a manera de calzón, mientras no han aprendido a ir al baño. *Antes los pañales sólo eran de tela; ahora hay desechables.* || *loc. fam.* ***Dejar en pañales:*** dejar muy atrás. || ***Estar en pañales:*** tener uno poco o ningún conocimiento de una cosa.
pañalera *s. f. Arg.* Industria que hace pañales. || *Méx.* Bolsa con asa para llevar los pañales y otros objetos del bebé. *En la pañalera traigo crema para limpiar al niño.*
pañería *s. f.* Comercio o tienda de paños. || Conjunto de estos paños.
pañero, ra *adj.* De los paños. *La industria pañera.* || *s.* Persona que vende paños.
paño *s. m.* Tejido de lana muy tupida. || Tela. || Ancho de una tela. || Tapiz o colgadura. || Trapo para limpiar. || Cada una de las divisiones de una mesa de juego. || Mancha oscura en la piel, especialmente del rostro. || Lienzo de pared. || Enlucido. || Impureza que empaña el brillo de una cosa. || En marinería, vela. || *pl.* Vestiduras y ropas que caen en pliegues en retratos y estatuas. || Trozos de tela para varios usos médicos. || *loc. fig.* y *fam.* ***Paños menores:*** prendas interiores.
pañol *s. m.* Cualquiera de los compartimientos del buque donde se guardan víveres, municiones, pertrechos, etc.
pañoleta *s. f.* Pañuelo femenino doblado en triángulo que abriga o adorna el cuello. || Corbata estrecha que llevan los toreros.
pañolón *s. m.* Mantón.
pañuelo *s. m.* Pedazo de tela pequeño y cuadrado para diferentes usos. || El que sirve para limpiarse las narices.
papa[1] *s. f. Amér.* Planta herbácea originaria de América, de flores blancas o moradas y con raíces fibrosas que tienen tubérculos carnosos comestibles. || *Amér.* Tubérculo comestible de la planta llamada papa. || *Chil.* y *Méx.* Mentira, embuste. *Deja de decir papas y explícame la verdad.* || *Arg. Chil. Per.* y *Uy.* Agujero en la media. *Daniela tiene una papa porque su perro la mordió mientras jugaba.*
papa[2] *s. m.* Sumo pontífice de la Iglesia católica. *El Papa Benedicto XVI.*
papá o **papa** *s. m.* Manera familiar de decir «padre». *Cuando éramos niños mi papá nos cargaba.*
papable *adj.* Se aplica al cardenal que tiene posibilidades de llegar a ser Papa.
papachar *t. Méx.* Hacer papachos.
papacho *s. m. Méx.* Caricia.
papacla *s. f. Méx.* Hoja ancha del maíz.
papada *s. f.* Abultamiento anormal de carne que se desarrolla debajo de la barba. || Pliegue cutáneo del cuello de ciertos animales.
papado *s. m.* Pontificado.

papafigo *s. m.* Ave de plumaje pardo verdoso.
papagaya *s. f.* Hembra del papagayo.
papagayo *s. m.* Ave prensora de colores brillantes y pico grueso y curvo, que puede imitar el habla humana. || *Arg.* Orinal de cama para varones.
papaína *s. f.* Diastasa del látex del papayo.
papal *adj.* Relativo al Papa. *Corte papal.* || *s. m. Amér.* Terreno plantado de papas.
papalote *s. m. Ants.* y *Méx.* Cometa que se lanza al aire. || *Méx.* Mariposa.
papamoscas *s. m.* Pájaro pequeño insectívoro. || *fig.* y *fam.* Papanatas.
papanatas *s. fam.* Persona simple y crédula.
papar *t.* Comer cosas blandas que no necesitan masticarse, como puré o sopa.
paparrucha *s. f. fam.* Noticia falsa y desatinada. *Esa revista publica puras paparruchas y engaña al público.*
papaveráceo, a *adj.* y *s. f.* Dícese de las plantas dicotiledóneas y herbáceas como la adormidera. || *pl.* Familia que éstas forman.
papaverina *s. f.* Alcaloide del opio, usado como estupefaciente y antiespasmódico.
papaya *s. f.* Fruto del papayo, de forma oblonga, carne dulce de color amarillo o anaranjado y pequeñas semillas oscuras. || *vulg. Chil. Cub.* y *Méx.* Órgano sexual femenino.
papayo *s. m.* Pequeño árbol tropical cuyo fruto es la papaya.
papel *s. m.* Lámina hecha con pasta de fibras vegetales, que puede ser de diferentes grosores. *El papel se obtiene de los árboles.* || Trozo u hoja hecha del material llamado papel. *Saquen un papel y escriban su nombre.* || Parte de la obra que representa cada actor. *Gonzalo tiene el papel más importante de la obra.* || Función que uno cumple. *El papel de la maestra es enseñar y el de los alumnos aprender.* || Documento. *Debo llevar algunos papeles, como un comprobante de domicilio y una identificación.* || *loc.* ***Papel biblia:*** el muy fino. || ***Papel carbón:*** el usado para sacar copias. || ***Papel cebolla:*** el de seda muy fino. || ***Papel couché:*** el muy satinado y barnizado. || ***Papel de estaño*** o ***de plata:*** laminilla de este metal que se usa para envolver y conservar ciertos productos. || ***Papel de estraza:*** el moreno muy basto, para envolver. || ***Papel de filtro:*** el poroso y sin cola. || ***Papel de fumar:*** el empleado para liar cigarrillos. || ***Papel de lija:*** el fuerte con polvos de esmeril, de vidrio, etc., para pulir. || ***Papel de música:*** el pautado para escribir música. || ***Papel moneda:*** el creado por un gobierno para reemplazar la moneda metálica. || ***Papel secante:*** el esponjoso y sin cola para secar lo escrito.
papelazo *s. m. Méx. fam.* Ridículo, papel deslucido. *El cantante olvidó la letra de una canción e hizo un papelazo.*
papelear *intr.* Revolver papeles. *Papelear para hallar un dato.* || *fig.* y *fam.* Querer aparentar, presumir.
papeleo *s. m.* Conjunto de trámites para resolver un asunto. *Es un largo proceso de papeleo para obtener un permiso.*
papelera *s. f.* Cesto para echar papeles inservibles. *Arturo usa la papelera como canasta de baloncesto.*
papelería *s. f.* Tienda donde se vende papel y otros artículos de escritorio. *Voy a la papelería a comprar lápices.*
papelerío *s. m. Amér.* Documentación excesiva y molesta en los trámites administrativos. *Si no se paga a tiempo, hay que pasar por un papelerío terrible para que no cobren recargos.*
papelero, ra *adj.* y *s.* Relativo al papel. *La industria papelera tala muchos bosques para producir papel.* || Persona que vende o fabrica papel. *En algunos países, a los vendedores de diarios les llaman papeleros.*
papeleta *s. f.* Papel en que se acredita un derecho. *Marqué la papeleta para votar y la introduje en la urna.*
papelillo *s. m.* Cigarro de papel. || Confeti.
papelón *s. m. fam.* Comportamiento ridículo de alguien ante una situación. *Irma hizo un papelón al reclamar a la maestra por su baja calificación.*
papera *s. f.* Bocio. || *pl.* Parotiditis. || Escrófulas, lamparones.
papi *s. m. fam.* Papá.
papiamento *s. m.* Lengua criolla hablada en Curazao.
papila *s. f.* Prominencia más o menos saliente de la piel y las membranas mucosas. *Las papilas gustativas.* || Prominencia formada por el nervio óptico en el fondo del ojo y desde donde se extiende a la retina. || Prominencia de ciertos órganos vegetales.
papilar *adj.* De las papilas.
papilionáceo, a *adj.* Amariposado. || Aplícase a las plantas leguminosas caracterizadas por su corola amariposada. || *s. f. pl.* Familia que forman.
papilla *s. f.* Papas que se dan a los niños. || *fig.* Astucia, cautela. || *loc. fig.* y *fam.* ***Hecho papilla:*** destrozado; muy cansado.
papiloma *s. m.* Verruga en forma de papila. *Algunos tipos de papiloma se transmiten al mantener relaciones sexuales sin protección.*
papiro *s. m.* Planta ciperácea de Oriente, cuya médula empleaban los antiguos para escribir. || Hoja de papiro escrita. *Un papiro sánscrito.*
papiroflexia *s. f.* Arte de elaborar figuras doblando el papel.
papirotazo *s. m.* Capirotazo.
papirusa *s. f. Arg.* Muchacha hermosa, linda.
papisa *s. f.* Voz que significa «mujer papa», y se usa para designar al personaje fabuloso llamado «la papisa Juana».
papismo *s. m.* Nombre dado por los protestantes y cismáticos a la Iglesia Católica.
papista *adj.* y *s. com.* Entre los protestantes y cismáticos, aplícase al católico romano. || *loc. fam.* ***Ser uno más papista que el Papa:*** mostrar más celo en un asunto que el mismo interesado.
papo *s. m.* Parte abultada del cuello del animal entre la barba y el cuello. || Buche de las aves. || Bocio.
páprika *s. m.* Pimentón rojo molido que se usa como condimento. *El páprika es muy aromático y ligeramente picante.*
papúa o **papú** *adj.* y *s. com.* Pueblo polinesio que habita Nueva Guinea y las islas cercanas. *Los papúes hacen magníficas tallas en madera.*
pápula *s. f.* Tumor eruptivo que se forma en la piel.
papusa *s. f. Arg.* y *Uy.* Muchacha joven y bonita.
paquebote *s. m.* Transatlántico.
paquete *s. m.* Lío o envoltorio. *Paquete de cigarrillos.* || Paquebote. || Persona que va en el *sidecar* de una moto. || Mentira, embuste. *Dar un paquete.* || Cosa pesada y fastidiosa. *¡Vaya un paquete!* || Trozo de composición tipográfica en que entran unas mil letras. || *loc. Guat.* y *Méx.* ***Darse paquete:*** darse tono.
paquetero, ra *adj.* y *s.* Aplícase a la persona que hace paquetes.
paquidermo *adj.* y *s. m.* Aplícase a los animales de piel muy gruesa y dura, como el elefante, el rinoceronte y el hipopótamo. || *pl.* Suborden de estos animales.
paquistaní *adj.* y *s. com.* Del Paquistán.
par *adj.* Relativo al número exactamente divisible entre dos. *El número diez es par porque se puede dividir exactamente entre dos y da cinco.* || Se aplica al órgano o miembro del cuerpo, o de otra cosa, de los que hay dos iguales. *Los riñones, los pulmones y los ojos son órganos pares.* || *loc.* ***A la par:*** además, a la vez. *Ramiro estudia a la par que trabaja.* || *s. m.* Conjunto de dos personas o cosas. *Rodrigo se compró un par de camisas.* || *fam.* Cantidad pequeña que no se determina. *¿Quieres ir a tomar un par de cafés?* || *loc.* ***De par en par:*** Dejar totalmente abierta una puerta, ventana u otra cosa parecida. *Daniel salió tan de prisa que dejó de abierta*

par en par la puerta. || ***Sin par:*** sin igual, único.

para *prep.* Denota utilidad, fin o destino de una acción. *El sacacorchos sirve para sacar los corchos de las botellas.* || Señala el tiempo en que finaliza u ocurre algo. *«Su vestido estará listo para el jueves», me dijo la costurera.* || Con relación a. *Le pagan poco para lo mucho que trabaja.* || Con el fin de. *Preparé un postre para regalárselo a mi madre.*

parabién *s. m.* Felicitación, elogio. *El estudiante recibió los parabienes de su familia por el premio que recibió.*

parábola *s. f.* Narración de la que se deduce una enseñanza moral. *La parábola del samaritano.* || Línea curva cuyos puntos son todos equidistantes de un punto fijo llamado «foco», y de una recta igualmente fija llamada «directriz». || Curva descrita por un proyectil.

parabólica *s. f.* Antena cuyo receptor, en forma de parábola, puede captar y emitir señales a través de un satélite.

parabólico, ca *adj.* Relativo a la parábola. *Movimiento parabólico.* || Que tiene forma de parábola. *Faro parabólico.*

parabolizar *t.* Representar con parábolas.

parabrisas *s. m.* Cristal delantero de un vehículo. *Es importante limpiar el parabrisas antes de viajar.*

paraca *s. f. Amér.* Viento fuerte del Pacífico.

paracaídas *s. m.* Dispositivo hecho con tela resistente que cuando se extiende toma forma de sombrilla y está destinado a suavizar la caída de una persona o cosa desde las alturas, o para frenar un avión o automóvil cuando falta espacio para hacerlo de manera normal. *Para lanzarse en paracaídas se necesita no temer a las alturas.*

paracaidismo *s. m.* Técnica o deporte de salto con paracaídas.

paracaidista *s. com.* Persona entrenada para saltar en paracaídas. *El paracaidista saltó del avión antes y cayó en un árbol.*

parachoques *s. m.* Pieza delantera y trasera de algunos vehículos que los protege contra posibles golpes. *Fue un golpe ligero que sólo abolló un poco el parachoques del automóvil.*

paracumbé *s. m. Cub.* Baile popular (siglos XVII y XVIII).

parada *s. f.* Acción de parar o detenerse. *El autobús hace parada en la esquina siguiente.* || Sitio donde se para. *Bajaré del tren en la siguiente parada.* || Desfile. *Celebrarán el día de la independencia con una parada militar.* || En ciertos deportes, detención del balón por el guardameta. || *loc. Méx.* ***Hacer la parada:*** hacer una seña a un vehículo de pasajeros para que se detenga. *Le hice la parada al taxi pero ya venía ocupado.*

paradero *s. m.* Sitio donde se para o se va a parar. *Desconozco el paradero de mi amigo Iván.* || *Amér. Merid.* y *Méx.* Lugar donde se detiene el ferrocarril o parada de autobuses. *Algunas personas se alistaron para bajar en el paradero.*

paradigma *s. m.* Ejemplo que sirve de norma. *El dirigente hindú Gandhi es el paradigma del pacifismo.* || En lingüística, conjunto de formas que sirven de modelo en los diversos tipos de flexión.

paradigmático, ca *adj.* Relativo al paradigma.

paradisiaco, ca *adj.* Relativo al Paraíso. *Felicidad paradisiaca.*

parado, da *adj.* Se dice de lo que está detenido, que no está en movimiento. *Baja del ómnibus hasta que está parado totalmente.* || *Amér.* De pie. *Había muchas personas paradas esperando el autobús.* || *Chil. Per.* y *P. Rico.* Orgulloso, engreído. *El parado de Joel se pasa el tiempo hablando de su nueva ropa.* || *Esp.* Que no tiene empleo. *Mi madre está parada desde que clausuraron la tienda.* || *loc.* ***Dejar mal parado:*** dejar en mal estado.

paradoja *s. f.* Idea extraña u opuesta a la opinión común. || Aserción inverosímil o absurda, que se presenta con apariencias de verdadera. || En filosofía, contradicción a la que llega, en ciertos casos, el razonamiento abstracto. *Las paradojas de Zenón de Elea.* || Figura que consiste en emplear expresiones o frases que encierran una contradicción.

paradójico, ca *adj.* Que incluye paradoja o usa de ella. *Razonamiento paradójico.*

parador, ra *adj.* Que para o se para. || Aplícase al caballo que se para con facilidad. || *s. m.* Posada, mesón. || Hoy, hotel de lujo, administrado por el Estado y generalmente instalado en un viejo castillo.

paraestatal *adj.* Empresa u organismo que, sin formar parte de la administración pública, coopera con un Estado. *En América Latina son paraestatales varias empresas petroleras.*

parafernales *adj. pl.* Aplícase a los bienes de la mujer que no están comprendidos en la dote, y los obtenidos más tarde por herencia o donación.

parafernalia *s. f.* Usos y objetos que se emplean en una ceremonia.

parafina *s. f.* En química, sustancia sólida, blanca, inodora, insoluble en el agua, resistente a los agentes químicos, que se extrae de los aceites del petróleo.

parafinado *s. m.* Acción y efecto de cubrir con parafina.

parafinar *t.* Impregnar de parafina.

parafrasear *t.* Hacer la paráfrasis de un texto o de un escrito.

paráfrasis *s. f.* Explicación o interpretación amplia de un texto. || Traducción libre en verso.

paragoge *s. f.* En gramática, adición una letra al final de un vocablo, como «huéspede» por «huésped».

paragógico, ca *adj.* Que se añade por paragoge.

paragolpe o **paragolpes** *s. m.* Parachoques.

paragolpes *s. m. Arg. Py.* y *Uy.* Parachoques.

parágrafo *s. m.* Párrafo.

paraguas *s. m.* Utensilio portátil semejante a una sombrilla que sirve para protegerse de la lluvia. *Es importante cargar siempre un paraguas.*

paraguayano, na *adj.* y *s.* Paraguayo.

paraguayo, ya *adj.* y *s.* Originario de Paraguay, país de América del Sur.

paragüera *s. f. Amér.* Paragüero.

paragüería *s. f.* Tienda donde se venden paraguas.

paragüero *s. m.* Mueble en el que se colocan los paraguas. *A la entrada de la casa había un paragüero.*

paragüey *s. m. Ven.* Yugo que se pone a los bueyes de labranza.

parahipnosis *s. f.* En medicina, sueño anormal.

parahúso *s. m.* Instrumento para taladrar consistente en una barrena cilíndrica movida por dos correas que se arrollan y desenrollan al subir y bajar alternativamente un travesaño al cual están atadas.

paraíso *s. m.* En el cristianismo, el judaísmo y otras religiones, lugar donde las almas de los justos residen después de morir. || *fig.* Lugar donde uno se encuentra muy a gusto. *Esa pequeña playa es todavía un paraíso.* || En el teatro, localidades del piso más alto. || *loc.* ***Ave del paraíso:*** pájaro de Nueva Guinea, cuyo macho lleva un plumaje de colores vistosos. || ***Paraíso terrenal:*** según la Biblia, jardín de las delicias donde Dios puso a Adán y Eva.

paraje *s. m.* Lugar, sitio o estancia. *Paraje solitario.* || Estado de una cosa. *Encontrar en buen* o *mal paraje.*

paralaje *s. f.* Diferencia entre las posiciones aparentes de un astro según el punto desde donde se observa.

paralelepípedo *s. m.* En geometría, sólido de seis caras iguales y paralelas de dos en dos, y cuya base es un paralelogramo.

paralelismo *s. m.* Calidad de paralelo.

paralelo *s. m.* En geografía, círculo del globo terrestre paralelo al ecuador. *Los paralelos de la Tierra.* || Comparación, parangón. *Hacer un paralelo entre dos autores.* || En geometría, cada una de las secciones de una superficie de revolución al ser ésta cortada por planos perpendiculares a su eje. *Paralelos de revolución.*

paralelo, la *adj.* En geometría, aplícase a las líneas o a los planos que se mantienen, cualquiera que sea su prolongación, equidistantes entre sí. || Correspondiente, correlativo, semejante. *Acción paralela.* || Aplícase al mercado que, contrariamente a lo legislado, mantiene unos precios más elevados que los oficiales. || *s. f.* Línea paralela a otra. *Trazar paralelas.* || *pl.* En gimnasia, utensilio compuesto de dos barras paralelas. *Ejercitarse en las paralelas.*
paralelogramo *s. m.* Cuadrilátero de lados opuestos de paralelos.
parálisis *s. f.* Privación o disminución muy grande del movimiento de una parte del cuerpo. *Sufrió un ataque de parálisis.* || *fig.* Paralización. *Parálisis de trabajo.*
paralítico, ca *adj.* y *s.* Enfermo de parálisis.
paralización *s. f. fig.* Detención que experimenta una cosa dotada normalmente de movimiento. *La paralización del tráfico.*
paralizador, ra o **paralizante** *adj.* Que paraliza.
paralizar *t.* Causar parálisis. || *fig.* Detener, impedir la acción y movimiento de una cosa o persona. *Con el bloqueo de las calles, paralizaron el comercio.*
paramagnético, ca *adj.* En física, dícese de una sustancia que se imana en el mismo sentido que el hierro, pero que posee mucho menos intensidad.
paramecio *s. m.* Protozoo ciliado común en aguas estancadas.
paramento *s. m.* Adorno con que se cubre una cosa. || Mantillas o sobrecubiertas del caballo. || Cualquiera de las dos caras de una pared o muro. || Cara de un sillar labrado. || *pl.* Vestiduras sacerdotales y adornos del altar.
paramera *s. f.* Región donde abundan los páramos.
parámetro *s. m.* En geometría, cantidad distinta de la variable a la cual se puede fijar un valor numérico y que entra en la ecuación de algunas curvas, especialmente en la parábola. || *fig.* Dato que se considera fijo en el estudio de una cuestión.
paramilitar *adj.* Que imita la organización y la disciplina militar. *Formación paramilitar.*
páramo *s. m.* Terreno yermo, raso y desabrigado. || *fig.* Lugar solitario, frío.
parangón *s. m.* Comparación. || Modelo, dechado.
parangonar *t.* Comparar una cosa con otra. || Justificar en una línea las letras de cuerpos desiguales.
paraninfo *s. m.* Padrino de las bodas. || En las universidades, el que hacía el discurso de apertura del año escolar. || Salón de actos académicos en algunas universidades.
paranoia *s. f.* Enfermedad mental crónica caracterizada por la fijación de ideas obsesivas en la mente. *La vecina sufre de paranoia pues piensa que todo el mundo la odia.*
paranoico, ca *adj.* y *s.* Relativo a la paranoia. *Tu actitud es paranoica.*
paranomasia *s. f.* Paronomasia..
paranormal *adj.* Se dice del fenómeno que no puede explicarse por medio de principios científicos reconocidos. *Algunos psicólogos consideran la telepatía como un fenómeno paranormal.*
parapetarse *pr.* Resguardarse con parapetos. || *fig.* Precaverse de un riesgo por algún medio de defensa, protegerse.
parapeto *s. m.* Barandilla o antepecho. *Parapeto de un puente.* || Terraplén para protegerse de los golpes del enemigo.
paraplejía *s. f.* Parálisis de la mitad inferior del cuerpo.
parapléjico, ca *adj.* Relativo a la paraplejía. || *adj.* y *s.* Afectado de esta enfermedad.
parar *t. intr.* y *pr.* Cesar en el movimiento o en la acción. *El caballo de repente se paró porque lo asustó una serpiente.* || *Amér.* Estar o ponerse de pie. *Cuando la maestra entró los alumnos se pararon en señal de respeto.* || Llegar a un fin. *Todavía no se sabe dónde va a parar el problema de la contaminación.* || Detener un movimiento o acción. *A las ocho de la noche los obreros paran las máquinas.* || Alojarse, hospedarse. *Cuando Gerardo viene a la ciudad para en mi casa.* || *Amér.* Ponerse de pie. || *Méx.* Levantarse después de dormir. || *loc.* ***Ir a parar:*** llegar. || ***No parar:*** trabajar mucho. || *fig.* ***No pararse en barras:*** no detenerse ante ningún obstáculo. || ***Parar de:*** cesar o dejar de. || *fig.* y *fam.* ***Parar los pies a uno:*** detenerle antes de que se propase. || ***Pararse a pensar:*** reflexionar. || ***Sin parar:*** sin sosiego, sin descanso.
pararrayos *s. m.* Dispositivo de protección contra los rayos. *Benjamín Franklin inventó el pararrayos.*
parasimpático, ca *adj.* y *s.* Relativo a una de las dos partes del sistema nervioso vegetativo. *El sistema parasimpático reduce el ritmo del corazón.*
parasitario, ria *adj.* Relativo a los parásitos. || Provocado por parásitos. *Enfermedad parasitaria.*
parasitismo *s. m.* Condición de parásito. || *fig.* Costumbre o vida de los parásitos.
parásito, ta *adj.* y *s. m.* Aplícase al animal o planta que se alimenta o crece con sustancias producidas por otro a quien vive asido. || *fig.* Dícese de la persona que vive a expensas de los demás. || *pl.* En física, dícese de las interferencias que perturban una transmisión radioeléctrica.
parasol *s. m.* Quitasol.
paratífico, ca *adj.* Relativo a la paratifoidea. || *adj.* y *s.* Que padece esta enfermedad.
paratifoidea *s. f.* Infección intestinal que ofrece los síntomas de la fiebre tifoidea, pero de carácter menos grave.
paratiroides *adj. inv.* Dícese de las glándulas de secreción interna situadas alrededor del tiroides, cuya principal función es regular el metabolismo del calcio.
parca *s. f.* Personificación de la muerte en la poesía y la pintura. *La parca se representa como un esqueleto.*
parcela *s. f.* Superficie pequeña que resulta de la división de un terreno. || En el catastro, nombre de cada una de las tierras de distinto dueño que forman un pago o término. || Partícula, porción pequeña, átomo.
parcelable *adj.* Que puede parcelarse.
parcelación *s. f.* División en parcelas. *Parcelación de tierras.*
parcelar *t.* Dividir un terreno en parcelas.
parcelario, ria *adj.* Relativo a las parcelas del catastro. || Concentración parcelaria.
parchar *t.* Poner parche a alguna cosa.
parche *s. m.* Sustancia medicamentosa pegada a un lienzo que se aplica a la parte enferma. || Pedazo de tela, papel, etc., que se pega sobre una cosa para arreglarla. || Pedazo de goma para componer un neumático que se ha pinchado. || *fig.* Piel del tambor o el mismo tambor. || Cosa añadida a otra y que desentona. || Retoque mal hecho en pintura. || *fam.* ***Pegar un parche a uno:*** dejarle burlado o engañarle sacándole dinero.
parchís o **parchesi** *s. m.* Juego que se hace sobre un tablero dividido en cuatro casillas y varios espacios por donde han de pasar las fichas de los jugadores.
parcial *adj.* Relativo a una parte de un todo. || No completo. *Eclipse parcial.* || Que procede o juzga con parcialidad, sin ecuanimidad. *Autor parcial.* || Partidario, seguidor.
parcialidad *s. f.* Facción, bando. || Preferencia injusta, falta de ecuanimidad.
parco, ca *adj.* Sobrio, sin adornos. *Prefiero los vestidos parcos a los que tienen muchos adornos.* || Escaso. *Como tenían poco dinero, la comida era parca.*
pardal *s. m.* Nombre antiguo del leopardo. || Gorrión. || Pardillo.
pardiez *interj.* ¡Por Dios!
pardillo, lla *s. m.* Pájaro de color pardo rojizo, con el pecho y cabeza rojos, granívoro y de canto agradable.
pardo, da *adj.* y *s.* Del color de la tierra. *La piel de algunos animales es*

parda. || Oscuro. *Esas nubes pardas son anuncio de lluvia.*

pardusco, ca o **parduzco, ca** *adj.* Se dice de lo que tira a color pardo. *Esas cortinas están tan percudidas que se ven parduscas.*

pareado, da *adj.* y *s.* Relativo a la estrofa compuesta por dos versos que riman entre sí. *«Entre la capa azul y la roja, su majestad escoja», es un verso pareado.*

parear *t.* Comparar dos cosas juntándolas entre sí. *Cuando el vendedor los pareó, vimos que los floreros eran diferentes.* || Formar una pareja con dos cosas. *Mi hermana y yo ayudamos a mamá a parear los calcetines lavados.*

parecer[1] *intr.* Aparecer, mostrarse. *Pareció el Sol.* || Encontrarse lo que estaba perdido. *Pareció el libro.* || Suscitar cierta opinión. *¿Qué te parece esta novela?* || Tener cierta apariencia. *Parece cansado.* || Convenir. *Allá iremos si le parece.* || Existir cierta posibilidad. *Parece que va a nevar.* || *pr.* Tener alguna semejanza. *Se parece mucho a su madre; parecerse en el carácter.* || *loc.* ***Al parecer:*** según lo que se puede ver o juzgar.

parecer[2] *s. m.* Opinión, juicio, dictamen. *A nuestro parecer.* || Aspecto, facciones. *Tener buen parecer.*

parecido, da *adj.* Algo semejante. *Parecido a su padre.* || Que tiene cierto aspecto. *Persona bien parecida o mal parecida.* || *s. m.* Semejanza, similitud. *Tener parecido con uno.*

pared *s. f.* Obra de fábrica levantada a plomo para cerrar un espacio. *Las paredes de una habitación.* || Superficie lateral de un cuerpo. *La pared de un vaso.* || *loc. fig.* y *fam.* ***Estar pegado a la pared:*** estar sin un dinero. || ***Las paredes oyen:*** hay que tener cuidado de que alguien oiga lo que se quiere mantener secreto. || ***Pared por medio:*** contiguo.

paredón *s. m.* Pared muy grande o muy gruesa. || Pared que queda en pie, en un edificio en ruinas.

pareja *s. f.* Conjunto de dos personas, animales o cosas, en especial si son varón y mujer. *Ruth y Luis son una pareja dispareja: ella es muy alta y él es muy bajo.* || *loc.* ***Por parejas:*** de dos en dos.

parejo, ja *adj.* Igual, semejante. *Eduardo y yo estamos parejos pues los dos medimos lo mismo.* || Liso, llano. *La mesa de trabajo de los arquitectos debe ser pareja.* || *loc.* ***Correr parejas:*** ser iguales dos cosas.

paremiología *s. f.* Tratado de refranes.

paremiólogo *s. m.* El que se dedica a la paremiología.

parénquima *s. m.* Tejido que forma las glándulas. || Tejido vegetal que realiza funciones de fotosíntesis y almacenamiento.

parental *adj.* Perteneciente o relativo a los padres o los parientes. La vigilancia y control parentales son necesarios en la educación de los hijos.

parentela *s. f.* Conjunto de los parientes de alguien. *Toda mi parentela viene a la casa para las fiestas de fin de año.*

parentesco *s. m.* Unión que existe entre personas de la misma familia. *Acabo de descubrir el parentesco que tengo con Aurelio.*

paréntesis *s. m.* Frase que se intercala en un discurso, con sentido independiente del mismo. *El orador hizo un paréntesis para hablar de la historia del museo.* || Signo ortográfico ( ) en que suele encerrarse la frase llamada paréntesis. || Signo que aísla una expresión algebraica.

pareo *s. m.* Trozo rectangular de tela que se usa para envolver el cuerpo, formando una prenda de vestir. *Los pareos se pueden anudar en el pecho o en la cadera.*

pargo *s. m.* Pez marino comestible de carne apreciada. *Un pargo mide más o menos medio metro de largo.*

parhelio *s. m.* Aparición simultánea de varias imágenes del Sol reflejadas en las nubes.

paria *s. com.* En la India, individuo que no pertenece a ninguna casta y está excluido de la sociedad. || Hombre despreciado y rechazado por los demás.

parida *adj.* y *s.* Aplícase a la hembra que acaba de parir.

paridad *s. f.* Igualdad o semejanza. || Comparación de una cosa con otra por ejemplo o símil. || Relación existente entre una unidad monetaria y su equivalencia en peso de metal.

pariente, ta *s.* Persona unida con otra por lazos de consanguinidad o afinidad. || *s. m. fam.* El marido. || *s. f. fam.* La mujer, respecto del marido.

parietal *adj.* y *s. m.* Aplícase a cada uno de los dos huesos situados en las partes medias o laterales del cráneo. *Huesos parietales.*

parietaria *s. f.* Planta urticácea que suele crecer junto a las paredes.

parigual *adj.* Igual.

parihuelas *s. f. pl.* Angarillas, utensilio para transportar, entre dos, pesos o cargas, enfermos, etc.

parir *t. fig.* Producir una cosa. || *t.* e *intr.* En las especies vivíparas, expeler la cría que ha concebido la hembra. || *fig.* Salir a luz lo que estaba oculto.

parisiense *s. com.* o **parisino, na** *adj.* y *s.* De París.

parisílabo, ba *adj.* De igual número de sílabas. *Verso parisílabo.*

paritario, ria *adj.* Aplícase a los organismos compuestos de igual número de patronos y obreros. *Comité paritario.*

parlamentar *intr.* Conversar unos con otros. || Discutir para ajustar algo. || Negociar el vencido la rendición de una plaza o fuerza militar.

parlamentario, ria *adj.* Relativo al Parlamento. || *loc.* ***Régimen parlamentario:*** régimen político en el que los ministros son responsables ante el Parlamento. || *s. m.* Miembro de un Parlamento.

parlamentarismo *s. m.* Doctrina o sistema parlamentario.

parlamento *s. m.* En Francia, nombre de ciertas asambleas antiguas provistas de extensos poderes. Hoy, reunión del Senado y de la Cámara de Diputados. || En Inglaterra, la Cámara de los Lores y la de los Comunes. || Nombre aplicado a las asambleas que ejercen el Poder legislativo. || Entre actores, relación larga en verso o prosa. || *fam.* Charla.

parlanchín, china *adj.* y *s. fam.* Muy hablador, platicador. *Desde pequeño Rubén ha sido un niño parlanchín.*

parlante *adj.* Que habla. *Regalaron a Rosina una muñeca parlante.*

parlar *intr.* Hablar.

parlería *s. f.* Verbosidad. || Chisme, habladuría.

parlotear *intr. fam.* Hablar mucho y sin sustancia. *En ese programa de radio, los conductores sólo parlotean.*

parloteo *s. m.* Acción de parlotear. *Liliana se encerró porque el parloteo de sus hermanos no la dejaba concentrarse.*

parmesano *s. m.* Tipo de queso duro y salado, de leche de vaca. *El queso parmesano tuvo su origen en la ciudad de Parma, Italia.*

parnasianismo *s. m.* Movimiento literario de los parnasianos.

parnasiano, na *adj.* Relativo al Parnaso. || Dícese en Francia de los poetas que, como Théophile Gautier, Leconte de Lisle, Baudelaire y José María de Heredia, reaccionaron desde 1850 contra el lirismo romántico y propugnaron «el arte por el arte», reflejado por la perfección de la forma.

parnaso *s. m.* Conjunto de todos los poetas de una lengua, país o época.

paro *s. m.* Hecho de parar, de hacer que algo se detenga. *El rayo ocasionó un paro en el suministro de energía eléctrica.* || *Esp.* Situación del que no tiene trabajo. *El gobierno da una pequeña cantidad de dinero a las personas que están en paro.* || Huelga. || Nombre genérico de varios pájaros, como el herrerillo y el pájaro moscón. || *loc.* ***Paro carbonero:*** ave insectívora.

parodia *s. f.* Burla humorística que se hace imitando algo o a alguien. *Ese cómico se especializa en parodias de cantantes famosos.*

parodiar *t.* Hacer una imitación burlesca.

paródico, ca *adj.* Relativo a la parodia. *Vimos una película paródica de las aventuras de capa y espada.*

parodista *s. com.* Autor o autora de parodias.
parónimo, ma *adj.* y *s. m.* Palabra que se parece a otra por su sonido, su forma o su ortografía. *«Rodear» y «rodar» son parónimos; también «junta» y «punta».*
paronomasia *s. f.* Parecido de las palabras por su sonido, su ortografía o su forma.
paronomasia *s. f.* Semejanza fonética entre vocablos que tienen todas las letras iguales, salvo alguna vocal, como «lago» y «lego». || Conjunto de vocablos que tienen esta semejanza o parecido.
parótida *s. f.* Glándula salival situada debajo del oído y detrás de la mandíbula inferior.
parotiditis *s. f.* Inflamación de la parótida, paperas.
paroxismo *s. m.* En medicina, exacerbación o acceso violento de una enfermedad. || *fig.* Exaltación extrema.
parpadear *t.* Abrir y cerrar los párpados muchas veces seguidas.
parpadeo *s. m.* Acción de parpadear. || *fig.* Centelleo.
párpado *s. m.* Cada una de las membranas movibles que sirven para resguardar el ojo.
parque *s. m.* Lugar arbolado, de cierta extensión, para caza o para recreo. || Lugar en el que estacionan los vehículos transitoriamente. || En milicia, recinto donde se custodian cañones, municiones, automóviles, etc. || Cuadrilátero formado por una barandilla donde se ponen los niños muy pequeños.
parqué *s. m.* Entarimado hecho de trozos de madera con forma de figuras geométricas.
parqueadero *s. m. Chil. Col. Ecua. Guat. Per.* y *Ven.* Lugar de estacionamiento.
parquear *t. Amér.* Estacionar.
parquedad *s. f.* Moderación en el uso de algo. || Parsimonia, ahorro.
parqueo *s. m. Amér. C. Bol. Chil. Col. Ecua.* y *Per.* Acción y efecto de estacionar. || *Amér. C. Bol. Chil. Col. Ecua.* y *Per.* Lugar de estacionamiento.
parquet *s. m.* Parqué.
parquímetro *s. m.* Máquina que regula el tiempo para el pago del estacionamiento.
parra *s. f.* Vid, viña trepadora. || *loc. fam.* ***Subirse uno a la parra:*** encolerizarse, enfadarse; ser exigente.
parrafada *s. f.* Párrafo muy largo. *El escrito era una colección de parrafadas.* || Discurso largo, vehemente y sin pausas. *El orador llevaba una hora con su parrafada.*
parrafear *intr.* Hablar sin gran necesidad y confidencialmente.
párrafo *s. m.* Cada una de las divisiones de un escrito separada del resto por un punto y aparte. *Le escribí una carta de tres párrafos.*
parral *s. m.* Conjunto de parras sostenidas por una armazón. || Sitio sembrado de parras. *Ese parral es de uvas blancas.*
parranda *s. f.* Diversión ruidosa, juerga, en especial cuando se va de un lugar a otro. *Suele irse de parranda los sábados.*
parrandear *intr.* Andar de parranda.
parrandeo *s. m.* Juerga.
parrandero, ra *adj.* Se aplica a la persona que sale de parranda con frecuencia. *David es muy parrandero.*
parricida *s. com.* Persona que mata a uno de sus progenitores, padre o madre, a su cónyuge o a su hijo. *Edipo mató a su padre sin saber quién era y así se convirtió en parricida.*
parricidio *s. m.* Acción criminal del parricida.
parrilla *s. f.* Utensilio de cocina en forma de rejilla, que sirve para asar o tostar los alimentos. *Los muchachos sacaron la parrilla al jardín para preparar carne asada.*
parrillada *s. f.* Guiso compuesto por diversas clases de carnes o pescados, asados sobre una parrilla. || *Arg. Chil.* y *Uy.* Carne de vacuno asada en una parrilla.
párroco *s. m.* Cura, sacerdote encargado de una feligresía. *Cura párroco.*
parroquia *s. f.* Territorio que está bajo la jurisdicción espiritual de un cura párroco. || Conjunto de feligreses y clero de dicho territorio. || Su iglesia. *La parroquia madrileña de Atocha.* || Conjunto de los clientes de una persona, tienda o empresa. *La parroquia de una tienda, de un médico.*
parroquial *adj.* Relativo a la parroquia. *Clero, iglesia parroquial.*
parroquiano, na *s.* Cliente. *Una tienda que tiene muchos parroquianos.*
parsec *s. m.* En astronomía, unidad de distancia correspondiente a 3.26 años luz, o sea 30.84 billones de kilómetros.
parsimonia *s. f.* Moderación extrema en los gastos. || Circunspección, templanza.
parsimonioso, sa *adj.* Ahorrativo, cicatero.
parte *s. f.* Porción indeterminada de un todo. *Una parte de la casa está sin amueblar.* || Lo que toca a uno en el reparto de algo. *Parte proporcional.* || Lugar. *Vivir en la parte norte de México.* || Cada una de las divisiones de una obra. *La segunda parte del Quijote.* || Cada una de las personas que participan en un negocio o en un pleito. *Las partes contratantes de un acuerdo.* || Lado, partido. *Ponerse de parte de los insurrectos.* || Papel representado por el actor en una obra dramática, y este mismo actor. || Rama de una familia. *Primos por parte de madre.* || *pl.* Facción o partido. || En anatomía, órganos de la generación. || *loc.* ***De parte a parte:*** de un lado al otro. || ***De parte de:*** en nombre de. || ***En parte:*** parcialmente. || ***Ir a la parte con alguien:*** estar asociado con él. || ***Parte de la oración:*** en gramática, cada una de las palabras que tienen diferente oficio en la oración (artículo, sustantivo, adjetivo, pronombre, verbo, adverbio, preposición, conjunción e interjección). || ***Parte por parte:*** sistemáticamente. || *s. m.* Escrito breve que se envía a una persona para informarla de algo. || Comunicación telefónica, telegráfica o radiofónica. || Informe o comunicado breve. *Parte meteorológico.* || *loc.* ***Dar parte:*** comunicar, avisar, informar. || ***Parte de boda:*** tarjeta en la que se comunica un matrimonio. || ***Parte de guerra:*** boletín oficial sobre las operaciones militares en una jornada. || ***Parte facultativo:*** informe periódico sobre el estado de salud de un enfermo.
parteaguas *s. m.* Hecho que marca una diferencia entre lo que ocurrió antes que él y lo que ocurrirá después. *La Segunda Guerra Mundial fue un parteaguas en la historia.*
parteluz *s. m.* Columna que divide en dos un hueco de ventana.
partenogénesis *s. f.* Reproducción de ciertos organismos vivos que se realiza a partir de un óvulo no fecundado.
partenogenético, ca *adj.* Dícese de la reproducción por partenogénesis.
partenueces *s. m. inv.* Cascanueces.
partero, ra *s.* Persona que ayuda a las mujeres al momento del parto. *En algunos pueblos las parteras atienden los nacimientos.*
parterre *s. m.* Cuadro de jardín adornado con flores y césped. || En teatros y cines, patio de butacas.
partición *s. f.* División. || Reparto. || En matemáticas, división.
participación *s. f.* Acción de participar y su resultado. || Parte. *Participación de boda.* || Aviso, notificación. || Sistema mediante el cual los empleados de una empresa son asociados a sus beneficios y eventualmente a su gestión.
participante *adj.* y *s. com.* Dícese del que participa en algo. *Los participantes en un concurso.*
participar *t.* Dar parte, notificar, comunicar. *Participar una buena noticia.* || *intr.* Intervenir. *Participar en un trabajo.* || Compartir. *Participar de la misma opinión.* || Recibir parte de algo. *Participar de una herencia.* || Tener algunas de las características de algo. *El mulo participa del burro y del caballo.*
partícipe *adj.* y *s. com.* Que tiene parte o interés en una cosa.
participio *s. m.* Forma no personal del verbo que se usa a veces como adjetivo y otras como verbo propia-

P

mente dicho. Hay dos clases de participios, el «activo» o de «presente», y el «pasivo» o de «pretérito». Los participios activos regulares acaban en «ante», «ente» o «iente». Los participios pasivos regulares de la primera conjugación terminan en «ado», y en «ido» los de la segunda y tercera. Algunos verbos tienen un participio pasivo regular y otro irregular como, por ejemplo, «freír» («freído» y «frito»). *El participio «muerto» funciona como adjetivo en la oración «estaba muerto» y como sustantivo en «descubrí un muerto».*

partícula *s. f.* Porción pequeña de algo. || *fig.* Cada uno de los elementos que constituyen el átomo (electrón, protón, neutrón). || Parte invariable de la oración como los adverbios, sufijos, etc. || *loc.* ***Partícula alfa:*** la emitida por los cuerpos radiactivos y que consta de dos protones y un neutrón.

particular *s. m.* Propio y privativo de una cosa, característico. *Planta particular de un país.* || Individual, opuesto a general. *El interés particular.* || Especial, extraordinario. *Tener una habilidad particular.* || Determinado. *En ciertos casos particulares.* || Privado, no público. *Domicilio particular; correspondencia particular.* || Separado, distinto. *Habitación particular.* || *loc.* ***En particular:*** especialmente; separadamente. || *s. m.* Individuo que no tiene ningún título especial. || Asunto, cuestión de que se trata. *No sé nada de este particular.*

particularidad *s. f.* Carácter particular. || Circunstancia particular.

particularismo *s. m.* Preferencia excesiva que se da al interés particular sobre el general. || Individualismo.

particularizar *t.* Expresar una cosa con todas sus circunstancias y detalles. || Caracterizar, dar carácter particular. || Referirse a un caso determinado. || *pr.* Distinguirse, singularizarse en una cosa. *Particularizarse por sus modos.*

partida *s. f.* Marcha, salida. *Tuvimos que aplazar la partida.* || Asiento en los libros del registro civil o de las parroquias, o su copia certificada. *Partida de nacimiento, de matrimonio, de defunción.* || Cada uno de los artículos o cantidades parciales que contiene una cuenta o presupuesto. || Cantidad de mercancía entregada de una vez. *Una partida de papel.* || Expedición, excursión. *Partida de caza.* || Guerrilla, bando, parcialidad. *Partida carlista.* || Grupo de gente armada. *Partida facciosa.* || Pandilla. *Partida de niños.* || Mano de juego. *Una partida de ajedrez.* || *loc. fig.* ***Mala partida:*** mala jugada. || ***Partida simple, doble:*** métodos de contabilidad.

partidario, ria *adj.* y *s.* Adicto, que sigue o se muestra a favor de un partido, sistema, régimen, persona, etc. *Partidario de la República.* || *s. m.* Guerrillero.

partidario, ria *adj.* y *s.* Persona que apoya o defiende a una persona, idea, etc., por considerarla buena. *Yo soy partidario de que haya paz en el mundo.*

partidismo *s. m.* Actitud exagerada a favor de un partido político u opinión.

partidista *adj.* Relativo a un partido político. *Luchas partidistas.* || *s. com.* Quien se inclina o es afecto a un partido político en particular.

partido *s. m.* Agrupación de personas que defiende unas ideas e intereses determinados. *Ese diputado no pertenece a partido político alguno.* || Provecho. *Sacó buen partido de la venta de juguetes.* || Competencia deportiva entre dos jugadores o equipos. *Durante el campeonato los equipos juegan varios partidos para seleccionar al mejor.* || Novio, futuro marido. *Un buen partido.*

partidor *s. m.* El que divide o reparte una cosa. || El que rompe algo. *Partidor de leña.* || Instrumento para romper ciertas cosas. *Partidor de nueces.* || En matemáticas, divisor.

partir *t. intr.* y *pr.* Separar en partes. *Mi mamá partió el pollo en ocho trozos.* || Repartir. *Esteban partió su comida con sus compañeros que no llevaban nada para comer.* || En matemáticas, dividir. || Rajar, romper. *Durante la mudanza se partió un hermoso y antiguo florero.* || Alejarse de un lugar. *Ulises partió a la guerra de Troya.* || *loc. fam. fig.* ***Partir el corazón:*** causar gran aflicción. || *fig.* ***Partir por el eje*** o ***por en medio*** o ***por la mitad a uno:*** fastidiarle. || ***Partirse de risa:*** Reírse mucho. *El filme que vimos fue tan divertido que nos partimos de risa.*

partisano, na *s.* Miembro de un grupo civil armado que lucha contra un ejército invasor. *Durante la ocupación de Francia hubo un grupo importante de partisanos que se opuso a los nazis.*

partitivo, va *adj.* y *s. m.* Se dice del sustantivo y del adjetivo numeral que expresan una parte determinada de un todo. *Un medio, un cuarto, un quinceavo y un milésimo son ejemplos de partitivos.*

partitura *s. f.* Texto escrito de una obra musical, que contiene el conjunto de todas las partes vocales e instrumentales. *El director de la orquesta tiene su propia partitura.*

parto *s. m.* Acción de parir. *Mi hermanito no nació por parto natural.*

parto, ta *adj.* De Partia. || *s. m.* Individuo de un antiguo pueblo escita, en el sur de Hircania, que creó en 250 a. C. un poderoso imperio que duró hasta 226 de nuestra era, año en que se incorporó al Imperio persa de los sasánidas.

parturienta *adj.* y *s. f.* Mujer que está pariendo o acaba de parir. *A las parturientas se les recomienda descansar durante cuarenta días después de que ha nacido su bebé.*

parva *s. f.* Mies tendida en la era para la trilla.

parvada *s. f. Méx.* Conjunto de pájaros o murciélagos que vuelan juntos.

parvedad *s. f.* Pequeñez.

parvo, va *adj.* Pequeño.

párvulo, la *adj.* y *s.* Niño pequeño. *Colegio de párvulos.*

pasa *s. f.* Uva secada al sol.

pasable *adj.* Galicismo por «pasadero», «mediano», «aceptable».

pasacalle *s. m.* Marcha popular de compás muy vivo.

pasada *s. f.* Paso, acción de pasar de una parte a otra. || Cada aplicación de una operación a una cosa. || Congrua suficiente para mantenerse. || Sitio por donde se puede pasar. || *loc.* ***De pasada:*** de paso. || *fam.* ***Mala pasada:*** mal comportamiento, jugarreta.

pasadero, ra *adj.* Transitable. || Mediano. || Medianamente bueno de salud. || Aguantable.

pasadizo *s. m.* Paso estrecho, pasillo. || Calle estrecha y corta.

pasado, da *adj.* Aplícase a la fruta y la carne estropeadas por ser ya viejas, al guisado demasiado cocido, etc. || Dícese del tiempo anterior. *El día, el mes, el año pasado.* || Anticuado. || Descolorido. || *s. m.* Tiempo anterior al presente y cosas que sucedieron. *Un pasado glorioso.*

pasador *s. m.* Barra pequeña de hierro que se corre para cerrar puertas, ventanas, etc. || Varilla de metal que sirve de eje para el movimiento de las bisagras. || Horquilla grande con la cual las mujeres se sujetan el pelo. || Sortija que se pone a ciertas corbatas. || Imperdible para colgar condecoraciones y medallas. || Colador. || Especie de punzón. || *pl.* Gemelos, botones de camisa.

pasaje *s. m.* Acción de pasar de una parte a otra. || Derecho que se paga por pasar por un paraje. || Sitio por donde se pasa. || Precio de un viaje marítimo o aéreo. || Totalidad de los viajeros que van en un mismo barco o avión. || Trozo o lugar de un escrito. *Un pasaje emocionante.* || Paso entre dos calles. *El barcelonés pasaje del Reloj.* || En música, paso de un tono a otro. || *Amér.* Billete para un viaje.

pasajero, ra *adj.* Aplícase al sitio por donde pasa mucha gente. *Calle pasajera.* || Que dura poco. *Capricho pasajero.* || Que utiliza un medio de transporte, viajero.

pasamanería *s. f.* Obra, oficio y taller del pasamanero.

pasamanero, ra *s.* Persona que hace pasamanos o los vende.

pasamano *s. m.* Especie de galón o trencilla de oro, seda, etc., que se usa como adorno. || Barandilla. *El pasamano de una escalera.*

pasamontañas *s. m. inv.* Prenda que cubre toda la cabeza y el cuello menos los ojos y la nariz. *Algunos alpinistas usan pasamontañas para protegerse la cara del intenso frío.*

pasante *adj.* Que pasa. || *s. com.* En los colegios, profesor auxiliar. || El que asiste a un abogado, profesor, etc., para adquirir práctica en la profesión.

pasantía *s. f.* Ejercicio de pasante. || Tiempo que dura este ejercicio, aprendizaje.

pasaportar *t.* Dar o expedir pasaporte. || *fam.* Matar. || Despachar. *Pasaportar un trabajo, un expediente.* || Expedir.

pasaporte *s. m.* Documento para pasar de un país a otro en que consta la identidad del que lo tiene. || Documento, con indicación de un itinerario, de que se provee a los militares. || *fig.* Licencia franca o libertad de ejecutar una cosa.

pasapuré *s. m.* Utensilio usado para hacer puré con las patatas y otras verduras.

pasar *t.* Llevar, conducir, trasladar de un lugar a otro. || Atravesar, cruzar. *Pasar un río.* || Enviar, transmitir. *Pasar un recado.* || Introducir géneros prohibidos. *Pasar contrabando.* || Poner en circulación. *Pasar moneda falsa.* || Contagiar una enfermedad. *Le pasé mi gripe.* || Cerner, tamizar. || Colar un líquido. || Adelantar. *Pasar un coche.* || Aprobar un examen. || Volver. *Pasar las hojas de una revista.* || *fig.* Rebasar, ir más allá. *Pasar los límites.* || Superar, aventajar. || Padecer. *Pasar angustias, frío.* || Ocupar el tiempo. *Pasé la noche desvelado.* || Omitir, silenciar. || Tolerar, consentir. *No es bueno pasar tantas cosas a los hijos.* || Secar una cosa al sol. || *intr.* Ir. *Pasaré por tu casa.* || Entrar. *Dígale que pase.* || Moverse una cosa de una parte a otra. *Pasó el tren.* || Poder entrar. *Este sobre no pasa por debajo de la puerta.* || Transcurrir. *El tiempo pasa muy rápido.* || Ocurrir, suceder. *¿Qué pasó?* || Divulgarse, propagarse. || Cesar. *Todo pasa.* || Morir. *Pasar a mejor vida.* || Volverse. *El joven pasó de pronto a hombre.* || Dejar alguna actividad para comenzar otra. *Ahora vamos a pasar al estudio del último punto.* || Ser considerado. *Su hermano pasa por ser muy listo.* || Conformarse. *Puedo pasar sin coche, pero no sin casa.* || Ser creído. *Esta bola conmigo no pasa.* || En algunos juegos, no jugar por no tener naipe o ficha conveniente. || *pr.* Cambiar de partido. *Pasarse al bando contrario.* || Olvidarse, borrarse de la memoria. *Se me pasó lo que me dijiste.* || Ser visto. *A este niño no se le pasa nada.* || Acabarse. || Excederse uno. *Pasarse de listo.* || Echarse a perder las frutas, carnes, etc. || Marchitarse las flores. || Filtrarse un líquido por los poros de una vasija. || Ir a un sitio por poco tiempo. *Me pasaré por tu casa.* || *loc.* ***Ir pasando:*** vivir con estrechez. || ***Pasar en blanco*** o ***en silencio*** o ***por alto una cosa:*** omitirla. || ***Pasarlo bien:*** divertirse. || ***Pasarlo mal:*** aburrirse; tener dificultades. || ***Pasar de largo:*** atravesar por un sitio sin detenerse; no reparar en lo que se trata. || ***Pasar de moda:*** quedarse anticuado. || ***Pasar por algo:*** sufrirlo; tolerarlo. || ***Pasar sin algo:*** no necesitarlo.

pasarela *s. f.* Puente pequeño o provisional. || En los barcos, puentecillo ligero delante de la chimenea. || En los teatros, pequeña prolongación del escenario en forma más o menos circular para mostrarse las artistas, especialmente las bailarinas.

pasatiempo *s. m.* Diversión, entretenimiento. *Un pasatiempo favorito de Patricia es leer.*

pascal *s. m.* Unidad de presión en el Sistema Internacional.

pascola *s. f.* Danza ritual de los grupos indígenas del noroeste de México. || Máscara de madera con crines largas que se utiliza en esta danza.

pascua *s. f.* Fiesta más solemne de los hebreos para conmemorar su salida de Egipto. || Fiesta de la Iglesia católica, en memoria de la resurrección de Cristo. || Cualquiera de las fiestas de Navidad, de la Epifanía y de Pentecostés. || *pl.* Tiempo que media entre Navidad y los Reyes inclusive.

pascual *adj.* Relativo a la Pascua. *Fiestas pascuales.*

pase *s. m.* Permiso para que se use de un privilegio. *Tener un pase para entrar todos los días en el museo.* || Salvoconducto. *Pase de favor.* || En esgrima, finta. || En tauromaquia, cada uno de los lances en que el matador cita al toro con la muleta y le deja pasar. || Movimiento que hace con las manos el hipnotizador. || En ciertos deportes, envío del balón a un jugador. || Acción y efecto de pasar en el juego.

paseante *adj.* y *s. com.* Que pasea o se pasea.

pasear *t.* Llevar de una parte a otra, hacer pasear. *Pasear a un niño.* || *intr.* Andar a pie, en coche, etc., por diversión o para tomar el aire. *Pasearse por el campo.*

paseo *s. m.* Acción de pasear o pasearse. *Dar un paseo.* || Sitio por donde suele pasearse la gente. || Distancia corta. || *loc.* ***Mandar a paseo a uno:*** despedirle con severidad o enfado.

paseriforme *adj.* y *s.* Relativo a un orden de aves de talla pequeña que tienen patas con cuatro dedos, como el ruiseñor.

pasiego, ga *adj.* y *s.* Del valle de Pas, en Santander, España. || *s. f. fam.* Nodriza, ama de cría.

pasiflora *s. f.* Enredadera de flores muy llamativas y frutos ovoides que tiene usos medicinales. *La pasiflora es un ingrediente de los calmantes para los nervios.*

pasifloráceo, a *adj.* y *s. f.* Dícese de ciertas plantas tropicales a las que pertenece la pasionaria. || *pl.* Familia que forman.

pasillo *s. m.* Corredor, pieza alargada por donde se pasa para ir a las distintas habitaciones de un edificio. || En teatro, paso breve. *La representación de un pasillo.*

pasión *s. f.* Perturbación o efecto violento y desordenado del ánimo. *Estaba dominado por la pasión.* || Inclinación muy viva y su objeto. *Su hija es su pasión.* || Afición vehemente y su objeto. *Tiene una gran pasión por la lectura.* || Prevención a favor o en contra de una persona o cosa. *Hay que juzgar sin pasión.* || En religión, en el Evangelio, relato de la condenación, agonía y muerte de Jesucristo. *La Pasión, según san Mateo.*

pasional *adj.* Relativo a la pasión, especialmente amorosa.

pasionaria *s. f.* Pasiflora.

pasividad *s. f.* Cualidad de lo que no opone resistencia o de lo que recibe la acción de otro.

pasivo, va *adj.* Que recibe la acción de otro. || Que no opone resistencia. *Es un animal muy pasivo que no responde a premios ni castigos.* || Se dice de la forma verbal integrada por el auxiliar «ser» y el participio del verbo cuya acción se expresa. *Si digo «el niño se comió una pera», es voz activa; si digo «la pera fue comida por el niño», es pasiva.* || *s. m.* Conjunto de obligaciones y deudas de una persona, empresa, etc.

pasmado, da *adj.* Estupefacto.

pasmar *t.* Enfriar mucho o bruscamente. || *fig.* Asombrar mucho, dejar estupefacto. *Tan descarada contestación le pasmó.* || *pr.* Enfriarse mucho. || *Méx.* Lastimar la silla el lomo del caballo. || *fig.* Quedarse asombrado o estupefacto. || Helarse las plantas. || Contraer el pasmo o tétanos.

pasmarote *s. m. fam.* Bobo, tonto.

pasmo *s. m.* Efecto de un enfriamiento que se manifiesta por resfriado, dolor de huesos, etc. || Tétanos. || *fig.* Asombro, estupefacción muy grande.

pasmoso, sa *adj. fig.* Asombroso, que causa pasmo.

paso *s. m.* Movimiento de cada uno de los pies al caminar. *Cuando el niño cumplió un año dio sus primeros pasos solo.* || Longitud del movimiento que se hace con los pies al caminar. *Para cruzar ese charco hay que dar un paso muy largo.* || Lugar por donde se pasa o se puede pasar. *El paso para entrar al cine es por el lado derecho.* || Cada uno de los movimientos del pie en un baile o danza. *Los pasos en el tango son largos y lentos.* || Trámites que se realizan para obtener algo. *Para inscribirse es necesario seguir varios pasos.* || Acontecimiento en la vida de alguien. *La boda es un paso muy importante.* || *loc.* ***A buen paso:*** rápidamente. || ***A cada paso:*** continuamente. || ***A dos pasos:*** muy cerca. || ***A ese paso:*** de esta manera; andando con esta velocidad. || ***Al paso:*** al pasar, sin detenerse, pausadamente. || ***Al paso que:*** al tiempo que. || ***Abrir*** o ***abrirse paso:*** quitar lo que estorba el paso o conseguir una situación buena en la vida. *Se abrió paso con su trabajo y su constancia.* || ***Ceder el paso:*** dejar pasar. || ***De paso:*** para poco tiempo. || ***Estar sólo de paso en un sitio:*** al tratar de otro asunto, incidentalmente. || ***Mal paso:*** dificultad, apuro. || ***Marcar el paso:*** figurarlo en su compás. || ***Paso a nivel:*** sitio en que un ferrocarril cruza un camino o una carretera al mismo nivel que él. || ***Paso a paso:*** poco a poco. || ***Paso en falso:*** acción contraproducente. || ***Paso a paso:*** poco a poco, de manera lenta. *La maestra nos explicó paso a paso el lenguaje de álgebra.* || ***Salir al paso:*** detener algo antes de que produzca alguna consecuencia o ir al encuentro de alguien para detenerlo. *Mi hermano salió al paso para defenderme.* || ***Salir del paso:*** librarse de un asunto, compromiso o dificultad. *No sabía cómo negarse pero salió del paso diciendo que estaba enferma.*

pasodoble *s. m.* Música de marcha de compás 4/4. || Baile de movimiento muy vivo.

paspadura *s. f. Arg. Py.* y *Uy.* Agrietamiento de la piel. *Josefina tiene paspadura por haber pasado varios días en una ciudad con clima frío.*

pasparse *pr. Arg. Bol. Py.* y *Uy.* Agrietarse la piel a causa del frío, el roce o la sequedad.

pasqueño, ña *adj.* y *s.* De Cerro de Pasco, ciudad de Perú.

pasquín *s. m.* Escrito anónimo en el que se critica algo, que suele colocarse en lugares públicos o se da a conocer de mano en mano.

pasta *s. f.* Masa hecha de una o diversas cosas machacadas. *Pasta de anchoas; pasta de papel.* || Masa de harina y manteca o aceite, que se emplea para hacer pasteles, hojaldres, etc. || Cartón cubierto de tela o piel para encuadernar. *Encuadernación en pasta.* || *fam.* Dinero. || *pl.* Masa de harina de trigo y agua que se presenta en forma de fideos, tallarines, etc. *Pastas alimenticias.* || Galletas pequeñas, pastelillos. *Tomar el té con pastas.* || *loc.* ***Pasta de dientes:*** dentífrico. || *fam.* ***Ser de buena pasta:*** ser bondadoso.

pastaflora *s. f.* Masa muy delicada de harina, azúcar y huevo.

pastal *s. m. Amér.* Pastizal.

pastar *t.* Llevar el ganado al pasto. || *intr.* Pacer el ganado en el campo.

pastel *s. m.* Masa de harina, azúcar, huevos, etc., cocida al horno. *A Beatriz le prepararon un pastel de chocolate.* || Barrita de pasta de color. *Esa pintora gusta de trabajar con pasteles.* || *loc. fam.* ***Descubrirse el pastel:*** quedar a la vista algo que se quería ocultar. *Patricia no quería decirnos a dónde iría pero se descubrió el pastel cuando llegó al cine.*

pastelería *s. f.* Arte de elaborar tortas o pasteles, tartas y otras clases de dulces. || Comercio o lugar donde se preparan y venden tortas o pasteles, tartas y toda clase de productos de repostería. *En la pastelería había dos gelatinas que se me antojaron.* || Conjunto de tartas y tortas o pasteles. *En ese lugar los precios son altos porque hacen pastelería fina.*

pastelero, ra *adj.* y *s.* Relativo a la pastelería. *Compré unos moldes pasteleros en forma de estrella.* || Persona que prepara o vende tortas o pasteles.

pastelillo *s. m.* Pastel de tamaño pequeño, por lo general relleno de algún tipo de crema. *Corina sirvió unos deliciosos pastelillos de vainilla y caramelo.*

pastelista *s. com.* Pintor al pastel.

pasterización o **pasteurización** *s. f.* Operación que consiste en calentar entre 75° y 85° ciertas sustancias alimenticias (leche, cerveza), para destruir los microbios sin alterar el gusto.

pasterizar o **pasteurizar** *t.* Esterilizar los alimentos por pasterización.

pastiche *s. m.* En pintura, imitación de un estilo que pretende ser una creación original.

pastilla *s. f.* Pequeña porción de pasta endurecida, de forma redonda o cuadrangular. *La pastilla de jabón del baño huele a rosas.* || Caramelo. *Las pastillas de menta sirven para combatir el mal aliento.* || Pequeña porción de pasta medicinal comprimida y endurecida. *Siempre carga pastillas de analgésicos en su cartera.*

pastizal *s. m.* Terreno abundante en pastos.

pasto *s. m.* Acción de pastar. || Hierba que pace el ganado. || Prado o campo en que pasta. || *fig.* Hecho, noticia u ocasión que sirve para fomentar algo. *Fue pasto de las críticas.* || Alimento. *Su pasto son las novelas.* || Enseñanza espiritual. || *loc. fam.* ***A todo pasto:*** copiosamente; frecuentemente. || ***Ser pasto de las llamas:*** ser destruido por un incendio.

pastor, ra *s.* Persona que guarda y apacienta el ganado. || *s. m.* Prelado, sacerdote.

pastoral *adj.* Pastoril. *Costumbres pastorales.* || De los prelados. *Visita pastoral.* || Relativo a la poesía pastoril. *Poema pastoral.* || *s. f.* Especie de drama bucólico.

pastorear *t.* Apacentar el ganado. || *fig.* Cuidar los prelados de sus feligreses.

pastorela *s. f.* Género poético que narra cómo un caballero encuentra a una pastora y se enamora de ella. *Las pastorelas se originaron en el siglo* XII. || *Méx.* Función teatral en la que se representan supuestas situaciones alrededor del nacimiento del niño Jesús.

pastoreo *s. m.* Acción de pastorear el ganado.

pastoría *s. f.* Oficio de los pastores. || Conjunto de pastores.

pastoril *adj.* Relativo a los pastores, a su vida y actividad de cuidar ganado.

pastosidad *s. f.* Calidad de pastoso o blando.

pastoso, sa *adj.* Blando, suave y suficientemente espeso. *Sustancia pastosa.* || Dícese de la voz de timbre suave. *Voz pastosa.* || Dícese de la boca o lengua secas.

pastura *s. f.* Pasto.

pata *s. f.* Pie y pierna de los animales. *Le enseñé a mi perra a levantar la pata cuando alguien se lo pida.* || Pieza que soporta un mueble. *Hay que reparar la pata rota de la mesa.* || *loc. fam.* ***A cuatro patas:*** a gatas. || ***A la pata coja:*** modo de andar saltando en un solo pie y llevando el otro encogido. || *fam.* ***A pata:*** a pie; descalzo. || ***Estirar la pata:*** morirse. || ***Mala pata:*** mala suerte. *¡Qué mala pata! Cuando ya iba a vender la casa el comprador se arrepintió.* || ***Meter la pata:*** intervenir inoportunamente, cometer un desacierto. || ***Pata de gallo:*** planta gramínea; tela de textura cruzada que forma cuadros de varios colores; arruga que se forma en el ángulo externo de cada ojo; despropósito. || *fig.* y *fam.* ***Patas arriba:*** en desorden. || ***Poner a uno de patas en la calle:*** echarle.

pataca *s. f.* Aguaturma y su fruto.

patada *s. f.* Golpe dado con el pie o con la pata. *Los futbolistas deben evitar dar patadas a sus contrincantes.* || *loc. fig.* y *fam.* ***A patadas:*** con excesiva abundancia; muy mal, sin cuidado. || ***En dos patadas:*** muy rápidamente. || *Méx. fam.* ***De la patada:*** muy mal. *Desde que perdió el empleo a Ernesto le va de la patada y tiene muchas deudas.*

patagón, gona *adj.* y *s.* De la Patagonia, región que abarca Argentina y Chile.

patagónico, ca *adj.* Relativo a la Patagonia o a los patagones.

patagua *s. f.* Árbol de Chile, de madera ligera usada en carpintería.

patajú *s. m. Amér.* Planta herbácea cuyas anchas hojas recogen el agua de lluvia.

patalear *intr.* Agitar las piernas. *Para nadar se necesita patalear y mover los brazos.* || Golpear el suelo con los pies de manera violenta. *Ese niño comenzó a llorar y a patalear.*
pataleo *s. m.* Acción de patalear. || Ruido que se hace de esa manera. || *loc. fig.* y *fam.* ***El derecho de pataleo:*** el de quejarse y desahogarse.
pataleta *s. f.* Enfado violento y poco duradero producido en general por algo sin importancia. *Es un niño maleducado que cada cinco minutos hace una pataleta.*
patán *s. m. fam.* Campesino, rústico. || Hombre zafio y grosero.
patanería *s. f. fam.* Zafiedad, rustiquez, ignorancia.
pataplún *interj.* ¡Cataplún!
patata *s. f. Esp.* Papa, planta herbácea de tubérculos comestibles. || Tubérculo de esta planta.
patatal o **patatar** *s. m.* Campo plantado de patatas.
patatero, ra *adj.* Relativo a la patata. || *s.* Vendedor de patatas.
patatús *s. m. fam.* Desmayo.
patay *s. m. Amér.* Pan de algarroba negra.
patear *t. fam.* Dar golpes con los pies. || *fig.* y *fam.* Tratar ruda y desconsideradamente. || Abuchear dando patadas. || Reprender. || *intr. fam.* Dar patadas en señal de dolor, cólera, impaciencia. || *fig.* y *fam.* Andar mucho para conseguir algo.
patena *s. f.* En el catolicismo, platillo de oro o plata en el cual se pone la hostia.
patentado, da *adj.* Que tiene una patente.
patentar *t.* Conceder y expedir patentes. *Patentar un invento.* || Obtener patentes.
patente *adj.* Manifiesto, evidente. *Una injusticia patente.* || *s. f.* Documento por el cual se confiere un derecho o privilegio. || Documento que acredita haberse satisfecho el impuesto para el ejercicio de algunas profesiones o industrias. *Patente industrial, profesional.* || *Amér. Merid.* Matrícula de un vehículo. || *loc.* ***Patente de corso:*** autorización dada a un barco para hacer el corso contra el enemigo. || ***Patente de invención:*** certificado por el cual un gobierno da a un autor el derecho exclusivo de explotar industrialmente su invento. || ***Patente de navegación:*** certificado que se entrega al barco que sale de un puerto para acreditar su nacionalidad.
patentizar *t.* Hacer patente o manifiesta una cosa.
pateo *s. m.* Pataleo.
paterfamilias *s. m.* En la antigua Roma, el jefe de la familia.
paternal *adj.* Aplícase al afecto, cariño o solicitud propios de los padres. *Amor paternal.* || Como de padre. *Cuidados paternales.*
paternalismo *s. m.* Carácter paternal. || Doctrina social según la cual las relaciones entre el patrono y sus empleados deben ser parecidas a las que existen entre los miembros de una misma familia.
paternalista *adj.* Que tiene las características del paternalismo. || *s. com.* Quien actúa con paternalismo. *Para mejorar la economía, el Estado debe dejar de ser paternalista.*
paternidad *s. f.* Calidad de padre. *Los deberes de la paternidad.* || *fig.* Creación. *La paternidad de un libro.* || Lazo jurídico que une al padre con sus hijos.
paterno, na *adj.* Del padre.
patético, ca *adj.* Que conmueve o impresiona mucho.
patetismo *s. m.* Cualidad de patético.
patiabierto, ta *adj. fam.* De piernas muy abiertas y torcidas.
patibulario, ria *adj.* Que por su aspecto o condición produce horror y recelo, haciendo pensar en los criminales. *Cara patibularia.* || Relativo al patíbulo o cadalso. *Drama patibulario.*
patíbulo *s. m.* Tablado o lugar en que se ejecuta la pena de muerte.
paticojo, ja *adj.* y *s.* Cojo.
patidifuso, sa *adj. fam.* Atónito, asombrado. *La noticia de que ganó el primer lugar la dejó patidifusa.*
patilla *s. f.* Franja de pelo que crece por delante de las orejas. *Elvis Presley puso de moda las patillas largas.* || Cada una de las dos varillas del armazón de las gafas. *Se sentó encima de sus anteojos y rompió una de las patillas.*
patilludo, da *adj.* Que tiene patillas espesas y largas.
patín *s. m.* Plancha de metal provista de una cuchilla que se adapta a la suela del zapato para deslizarse sobre el hielo (con ruedas permite patinar sobre pavimento duro). || Aparato con flotadores paralelos para deslizarse sobre el agua. || Parte del tren de aterrizaje de un avión. || Ave palmípeda marina. || Calzado de niños pequeños. || Juguete de niño que se compone de una plancha montada sobre dos ruedas y de un manillar.
pátina *s. f.* Especie de barniz verdoso que se forma en los objetos antiguos de bronce u otros metales. || Tono sentado y suave que toman con el tiempo las pinturas.
patinador, ra *adj.* y *s.* Que patina.
patinaje *s. m.* Acción de patinar.
patinar *t.* Dar pátina a un objeto. || *intr.* Deslizarse por el hielo o el suelo con patines. || Resbalar las ruedas de un vehículo. || Deslizarse intempestivamente un órgano mecánico.
patinazo *s. m.* Acción y efecto de patinar bruscamente la rueda de un coche. || *fig.* y *fam.* Planchazo, desliz.
patineta *s. f. Arg. Chil. Méx.* y *Uy.* Juguete que consiste en una plataforma montada sobre cuatro ruedas, la cual se impulsa con un pie.
patinete *s. m.* Juguete compuesto de una plancha con ruedas y un manillar para conducirlo.
patinillo *s. m.* Patio pequeño.
patio *s. m.* Espacio descubierto en el interior de un edificio. *El patio de la escuela, de un cuartel.* || Piso bajo de teatro. *Patio de butacas.*
patitieso, sa *adj. fam.* Que no puede moverse o no siente alguna parte del cuerpo. *Me sentí patitiesa cuando me levanté.* || *fam.* Que se queda sorprendido. *Me quedé patitieso cuando supe que tenía una baja nota en el examen.*
patizambo, ba *adj.* Que tiene las piernas torcidas hacia afuera.
pato *s. m.* Ave acuática palmípeda, de pico ancho en la punta y tarsos muy cortos, que puede ser domesticada. || *loc. fam.* ***Pagar el pato:*** llevar un castigo injusto.
patochada *s. f. fam.* Disparate.
patógeno, na *adj.* Dícese de lo que causa las enfermedades. *Gérmenes patógenos.*
patojo, ja *adj. Amér. C.* y *Amér. Merid.* Falto de una pierna, que cojea. *Daniel está patojo desde que sufrió un accidente.* || *s. Col.* y *Guat.* Niño, muchacho.
patología *s. f.* Parte de la medicina que trata del estudio de las enfermedades. || *loc.* ***Patología vegetal:*** parte de la botánica que trata de las enfermedades de las plantas.
patológico, ca *adj.* Relativo a la patología. *Un caso patológico.*
patólogo, ga *s.* Especialista que se dedica a la patología.
patoso, sa *adj. fam.* Rústico, que presume de gracioso sin serlo. || Cargante, latoso.
patota *s. f. Amér. Merid.* Pandilla de jóvenes que causa daños. *Una patota rompió los vidrios de la tienda.*
patotear *t. Arg. Py.* y *Uy.* Adoptar una actitud agresiva y provocativa.
patotero, ra *adj.* y *s. Amér. Merid.* Que manifiesta o posee los caracteres propios de una pandilla de bribones o patota, o que es miembro de ella.
patraña *s. f. fam.* Embuste.
patria *s. f.* País en que se ha nacido. *Defender su patria.* || *loc.* ***Madre patria:*** país de origen. || ***Patria chica:*** pueblo o ciudad de nacimiento.
patriarca *s. m.* En el Antiguo Testamento, nombre de los primeros jefes de familia. || *fig.* Anciano respetable. || Título de dignidad de algunos prelados sin ejercicio ni jurisdicción. *El patriarca de las Indias.* || Título de ciertos obispos y de los jefes de la Iglesia griega. || Nombre que se da a los fundadores de algunas órdenes religiosas.

patriarcado *s. m.* Dignidad de patriarca y territorio de su jurisdicción. || Organización social caracterizada por la supremacía del padre sobre los otros miembros de la tribu.

patriarcal *adj.* Relativo al patriarca. *Iglesia patriarcal.* || *fig.* Ejercido con sencillez y benevolencia. *Gobierno, autoridad patriarcal.*

patriciado *s. m.* Dignidad o condición de patricio. || En Roma, conjunto o clase de los patricios.

patricio, cia *adj.* Relativo a los patricios. *Dignidad, clase patricia.* || *s.* En Roma, descendiente de los primeros senadores instituidos por Rómulo. || Noble. || *s. m.* Individuo que descuella por sus virtudes o talento.

patrimonial *adj.* Relativo al patrimonio. *Bienes patrimoniales.*

patrimonio *s. m.* Hacienda que se hereda del padre o de la madre. *Patrimonio familiar.* || *fig.* Bienes propios adquiridos por cualquier motivo. || Lo que es privativo de un grupo de gente. *La vitalidad es el patrimonio de la juventud.* || *loc.* ***Patrimonio nacional:*** totalidad de los bienes de una nación.

patrio, tria *adj.* Relativo a la patria. *El territorio patrio.* || Perteneciente al padre. || *loc.* ***Patria potestad:*** autoridad de los padres sobre los hijos menores no emancipados.

patriota *adj.* y *s. com.* Que tiene amor a su patria y procura su bien.

patriotería *s. f. fam.* Alarde propio del patriotero.

patriotero, ra *adj.* y *s. fam.* Que presume de modo excesivo e inoportuno de patriotismo.

patriótico, ca *adj.* Relativo al patriota o a la patria.

patriotismo *s. m.* Amor a la patria. *De acendrado patriotismo.*

patrística *s. f.* Ciencia que tiene por objeto el conocimiento de la doctrina, obras y vidas de los Padres de la Iglesia.

patrístico, ca *adj.* Relativo a la patrística. *Estudio patrístico.*

patrocinador, ra *adj.* y *s.* Persona o empresa que paga los gastos para la realización de una actividad. *Muchos escritores sueñan con encontrar un patrocinador.*

patrocinar *t.* Proteger, favorecer. *Muchos reyes han patrocinado a sabios y artistas.* || Pagar los gastos que origina la realización de una actividad. *Para hacer un filme se necesita encontrar alguien que lo patrocine.*

patrocinio *s. m.* Hecho de patrocinar. *El atleta busca un patrocinio para seguir entrenando.*

patrón *s. m.* Lo que sirve de modelo o referencia para hacer otra cosa igual. *En esta tienda venden patrones para hacer vestidos de varios tipos.* || Hombre que gobierna una embarcación menor. || *loc. fam.* ***Cortados por el mismo patrón:*** muy parecidos. *Ambos hermanos están cortados por el mismo patrón.*

patrón, trona *s.* Amo, señor. *El patrón visitaba y supervisaba regularmente sus tierras.* || Dueño de una casa en que alguien se aloja. || En la tradición católica, santo bajo cuya protección se halla una iglesia, un pueblo, un grupo de personas, etc. *San Cristóbal es el patrón de los viajeros y caminantes.*

patronal *adj.* Relativo al patrono o al patronato. *Sindicatos patronales.*

patronato *s. m.* Derecho, poder o facultad del patrón. *El socio más importante de la empresa hizo valer su patronato.* || Corporación que forman los patronos. *El patronato de industriales se reúne cada mes.* || Fundación benéfica. *Se creó un patronato para proteger a niños pobres.*

patronazgo *s. m.* Patrocinio.

patronímico, ca *adj.* Relativo al apellido familiar que en la antigüedad se formaba del nombre de los padres. *El nombre patronímico de Gonzalo es González.*

patrono, na *s.* Persona que tiene empleados trabajando por su cuenta. || Santo titular de una iglesia o pueblo. || Patrón, protector de una iglesia o corporación.

patrulla *s. f.* En milicia, partida de soldados, en corto número, que ronda para mantener el orden y seguridad en las plazas y campamentos. || Escuadrilla de buques o aviones de vigilancia. || *Amér.* Auto que emplea la policía para realizar labores de vigilancia. || *fig.* Grupo o cuadrilla de personas.

patrullar *intr.* Rondar una patrulla. || Hacer servicio de patrulla.

patrullero, ra *adj.* Que patrulla. || Aplícase al buque o avión destinado a patrullar. || *s. m. Arg. Bol. Cub. Ecua. Nic.* y *Uy.* Auto que emplea la policía para realizar labores de vigilancia. || *Col. C. R. Méx. Salv. Uy.* y *Ven.* Agente de la policía que realiza sus labores en auto.

paují o **paujil** *s. m.* Ave del Perú, especie de pavo silvestre, de carne parecida a la del faisán.

paulatino, na *adj.* Que procede u obra progresivamente.

paulista *adj.* y *s. com.* Del estado de São Paulo, en Brasil.

pauperismo *s. m.* Fenómeno social caracterizado por la gran pobreza de un país o población. || Existencia de gran número de pobres en un país.

pauperización *s. f.* proceso de empobrecimiento de una clase social o de una población. *Las políticas económicas equivocadas se manifiestan en la pauperización de la clase media.*

pauperizar *t.* y *pr.* Empobrecer a la población. *Las nuevas medidas económicas pauperizaron a la clase media.*

paupérrimo, ma *adj.* Muy pobre, escaso de recursos.

pausa *s. f.* Breve interrupción. || Tardanza, lentitud. || En música, breve intervalo en que se deja de cantar o tocar. || Signo que lo indica.

pausado, da *adj.* Hecho con lentitud. *Ser pausado en el hablar.*

pauta *s. f.* Cada una de las rayas trazadas en el papel en que se escribe o se hace la notación musical o conjunto de ellas. || Regla para rayar el papel en que aprenden los niños a escribir. || *fig.* Lo que sirve de regla o norma para hacer una cosa. || Dechado, modelo.

pautar *t.* Rayar papel con la pauta. || *fig.* Dar reglas para la ejecución de algo.

pava *s. f. Amér. Merid.* Recipiente de metal con asa en la parte superior usado para calentar agua. *Pon a calentar la pava con agua para preparar café.*

pava *s. f.* Hembra del pavo. || *fig.* y *fam.* Mujer sosa y desgarbada.

pavada *s. f. Arg. Per.* y *Uy.* Tontería, estupidez.

pavana *s. f.* Danza española antigua de sociedad, lenta y grave. || Su música. || Especie de esclavina.

pavear *intr. Arg. Chil.* y *Uy.* Decir o hacer pavadas.

pavero, ra *adj. fig.* Presumido, vanidoso. || *s.*Persona que cría o vende pavos.

pavesa *s. f.* Partícula que salta de una materia encendida y acaba por convertirse en ceniza. *La chimenea tiene una reja para proteger los muebles de las pavesas que puedan saltar.*

pavimentación *s. f.* Acción de pavimentar. || Pavimento, revestimiento del suelo.

pavimentar *t.* Revestir el suelo con baldosas, adoquines, cemento u otros materiales. *Aún no han pavimentado la calle.*

pavimento *s. m.* Firme de las carreteras.

pavipollo *s. m.* Pollo del pavo. || *fam.* Que carece de gracia, bobo.

pavo, va *s.* Ave de la familia de las gallinas originaria de América del Norte, con la cabeza y el cuello cubiertos de carnosidades rojas colgantes. *En muchos países occidentales la gente cena pavo en la Nochebuena.* || *Amér.* Polizón. *El capitán del barco encontró un pavo escondido en la bodega.* || *loc.* ***Pavo real:*** ave de la familia de las gallinas cuyo macho posee una larga cola de plumaje de muchos colores que extiende en forma de abanico.

pavón *s. m.* Pavo real. || Mariposa. || En tecnología, color azul con que se

cubren objetos de hierro y acero para protegerlos contra la oxidación.
pavonado, da *adj.* De color azulado oscuro. || *s. m.* En tecnología, pavón.
pavonar *t.* Dar pavón a los objetos de hierro o acero.
pavonear *t.* Engañar. || *intr.* Hacer ostentación, presumir, vanagloriarse.
pavonear *intr.* y *pr.* Presumir, lucirse o mostrar actitud de superioridad ante los demás. *Como se siente el más guapo, Erick camina pavoneándose.*
pavoneo *s. m.* Ostentación.
pavor *s. m.* Temor muy grande.
pavoroso, sa *adj.* Que da pavor.
paya *s. f. Arg.* y *Chil.* Composición poética dialogada que improvisan los payadores.
payacate *s. m. Méx.* Paliacate.
payada *s. f. Arg. Chil.* y *Uy.* Canto del payador.
payador *s. m.* Pájaro originario de América Meridional, de pico curvo y que vive en los árboles. || *Arg. Chil.* y *Uy.* Cantor popular que acompañándose con una guitarra, improvisa sobre temas variados.
payaguaes *s. m. pl.* Indios aborígenes del Paraguay, establecidos en Asunción.
payanar *t. Méx.* Ablandar algo, quebrar el maíz.
payanés, nesa *adj.* y *s.* De Popayán, ciudad de Colombia. || Popayanense.
payar *intr. Arg.* y *Chil.* Cantar payadas.
payasada *s. f.* Bufonada, farsa.
payasear *intr.* Hacer payasadas.
payaso *s. m.* Artista que hace de gracioso en las ferias o circos. || *fig.* Persona poco seria.
payo, ya *adj.* y *s.* Aldeano, campesino ignorante y rudo. || *fam.* Tonto, mentecato. || Para los gitanos aplícase a cualquier persona que no es de su raza.
paz *s. f.* Situación de un país que no sostiene guerra con ningún otro. || Unión, concordia entre los miembros de un grupo o de una familia. *Vivir en paz con sus vecinos.* || Convenio o tratado que pone fin a una guerra. *Firmar la paz.* || Sosiego, tranquilidad. *La paz de un monasterio.* || Descanso. *Dejar dormir en paz.* || Reconciliación. *Hacer las paces los reñidos.* || Sosiego o tranquilidad del alma. *Tener la conciencia en paz.* || Reliquia que besan los fieles. || *loc.* ***Dar paz:*** dar tranquilidad. || ***Dejar en paz:*** no inquietar ni molestar. || *fig.* ***Descansar en paz:*** estar muerto. || ***Estar en paz:*** no deberse nada.
pazguatería *s. f.* Tontería, simpleza, candidez.
pazguato, ta *adj.* y *s.* Simple, bobo, mentecato.
pazo *s. m.* En Galicia, casa solariega, y especialmente la edificada en el campo.
pazote *s. m.* Planta americana quenopodiácea cuyas hojas y flores se toman en infusión.
PC *s. f.* Abreviatura de *Personal Computer* (computadora personal), que designa a la computadora de capacidad relativamente reducida.
pche o **pchs** *interj.* Denota indiferencia o reserva.
pe *s. f.* Nombre de la letra «p». || *loc. fig.* ***De pe a pa:*** desde el principio hasta el final.
peaje *s. m.* Derecho de tránsito que se paga en ciertas autopistas, carreteras o puentes.
peana *s. f.* Plataforma o zócalo para colocar encima una estatua u otra cosa. || Tarima delante del altar, arrimada a él.
peatón, tona *s.* El que camina a pie, transeúnte. || Cartero, valijero o correo de a pie.
pebeta *s. f. Arg.* y *Uy.* Muchacha, chica joven.
pebete, ta *s. Arg.* Muchacho, pibe. *Esos pebetes deberían estudiar más y jugar menos.*
pebetero *s. m.* Perfumador, recipiente donde se queman perfumes.
pebre *s. com.* Salsa de vinagre con pimienta, ajo, perejil. || Pimienta.
peca *s. f.* Mancha que sale en la piel, pequeña y de color pardo o marrón. *Cuando Blanca se asolea un poco le salen pecas en la cara.*
pecado *s. m.* Según las religiones, transgresión voluntaria y consciente de la ley de Dios. || *fam.* Cualquier cosa que no es justa, correcta o conveniente. *Es pecado no alimentar a los niños pobres del mundo.*
pecador, ra *adj.* y *s.* Persona que comete pecados por hábito o por gusto.
pecaminoso, sa *adj.* Relacionado con el pecado o con los pecadores. *Por los ojos que puso un hombre supe que tenía pensamientos pecaminosos.*
pecar *intr.* Cometer un pecado. || *fam.* Cometer cualquier tipo de falta. *Muchas personas pecan al contaminar el ambiente.* || *fam.* Tener en exceso una cualidad o defecto. *Saúl peca de ingenuo.*
pecarí *s. m. Amér. Merid.* Mamífero de América parecido al cerdo salvaje o jabalí.
pecblenda *s. f.* Óxido natural de uranio, el más importante y rico de los minerales de uranio (del 40 al 90%), del que también se extrae el radio.
pecera *s. f.* Recipiente de cristal lleno de agua donde se tienen peces vivos, sobre todo los de colores.
pechar *t.* Pagar pecho o tributo. || *intr. fam.* Asumir una carga. *Él pechó con el trabajo.*
pechblenda *s. f.* Pecblenda.
pechera *s. f.* Parte de la camisa que cubre el pecho. || Chorrera de camisa. || Petral de las caballerías de tiro. || *fam.* Pecho de la mujer.
pechina *s. f.* Venera, concha. || *Arq.* Triángulo curvilíneo que forma el anillo de la cúpula con los arcos torales.
pechirrojo *s. m.* Pardillo, pájaro.
pecho *s. m.* Parte interna y externa del cuerpo humano que se extiende desde el cuello hasta el vientre. || Parte anterior del tronco de los cuadrúpedos entre el cuello y las patas anteriores. || Cada una de las mamas de la mujer. *Dar el pecho al hijo.* || Repecho, cuesta. || *fig.* Corazón. || Valor, ánimo. *Hombre de mucho pecho.* || Calidad o duración de la voz. *Voz de pecho; dar el do de pecho.* || *loc. fig.* ***Abrir su pecho a alguien:*** sincerarse con él, descubrirle algún secreto propio. || ***A lo hecho: pecho:*** hay que arrostrar las consecuencias de una acción y no pensar más en ella. || ***A pecho descubierto:*** indefenso. || ***Dar el pecho:*** a) Dar de mamar. b) *fig.* Afrontar un peligro. || *fig.* ***De pecho:*** aplícase al niño que mama. || ***Echarse*** o ***tomarse algo a pecho:*** tomarlo con gran interés; ofenderse por ello. || *fam.* ***Entre pecho y espalda:*** en el estómago. || ***Tomar el pecho:*** mamar el niño.
pecho *s. m.* Tributo que pagaban al señor sus vasallos plebeyos.
pechuga *s. f.* Pecho de las aves. *Comer pechuga de pollo.* || *fig.* y *fam.* Pecho del hombre o de la mujer.
pechugón, gona *adj. fam.* Que tiene mucho pecho.
pecíolo o **peciolo** *s. m.* Rabillo de la hoja.
pécora *s. f.* Res de ganado lanar. || *loc. fig.* y *fam.* ***Mala pécora:*** mujer astuta y mala.
pecoso, sa *adj.* Que tiene pecas.
pectina *s. f.* En química, sustancia gelatinosa que se encuentra en el zumo de muchos frutos maduros.
pectoral *adj.* Relativo al pecho. *Cavidad pectoral.* || Bueno para el pecho. *Tomar un pectoral.* || *s. m.* Adorno suspendido o fijado en el pecho. || Cruz que llevan sobre el pecho los obispos y prelados. || Ornamento sagrado que llevaba en el pecho el sumo sacerdote judío.
pectosa *s. f.* En química, sustancia sacada de los frutos antes de su maduración.
pecuario, ria *adj.* Relativo al ganado.
peculado *s. m.* Delito que consiste en malversar los fondos públicos. *Hacen falta penas más severas contra el peculado.*
peculiar *adj.* Propio o privativo de cada persona o cosa.
peculiaridad *s. f.* Condición de peculiar.
peculio *s. m.* Bienes que el padre deja al hijo para su uso. || *fig.* Dinero particular de cada uno.
pecuniario, ria *adj.* Relativo al dinero. *El aspecto pecuniario de un asun-*

P

to. || Que consiste en dinero. *Pena pecuniaria.*

pedagogía *s. f.* Ciencia de la educación. || Arte de enseñar o educar a los niños. || Método de enseñanza.

pedagógico, ca *adj.* Relativo a la pedagogía. *Método pedagógico.*

pedagogo, ga *s.* Ayo. || Maestro de escuela. || Educador.

pedal *s. m.* Palanca que se mueve con el pie. *Los pedales de la bicicleta.* || Cada uno de los juegos del órgano, que se mueven con el pie.

pedalear *intr.* Accionar los pedales.

pedaleo *s. m.* Acción de pedalear.

pedáneo *adj.* Aplícase al alcalde o juez de limitada jurisdicción.

pedanía *s. f. Amér.* Distrito.

pedante *adj.* y *s. com.* Aplícase a la persona que hace alarde de sus conocimientos.

pedantear *intr.* Hacerse el pedante. || Hacer alarde de erudición.

pedantería *s. f.* Afectación propia del pedante.

pedantesco, ca *adj.* Relativo a los pedantes o a su estilo.

pedantismo *s. m.* Pedantería.

pedazo *s. m.* Parte o porción de una cosa separada del todo. || *loc.* ***A pedazos:*** por partes. || *fig.* y *fam.* ***Caerse a pedazos:*** andar de manera muy desgarbada; estar muy cansado físicamente. || ***Comprar una cosa por un pedazo de pan:*** comprarla muy barato.

pederasta *s. m.* El hombre que comete pederastia.

pederastia *s. f.* Abuso deshonesto con un niño.

pedernal *s. m.* Variedad de cuarzo de color amarillento, que da chispas al ser golpeado con el eslabón. || *fig.* Cosa muy dura.

pedestal *s. m.* Cuerpo compuesto de base y cornisa que sostiene una columna, estatua, etc. || *fig.* Lo que permite encumbrarse, apoyo. *Le sirvió de pedestal para entrar en la vida política.*

pedestre *adj.* Que anda a pie. || Dícese del deporte que consiste en andar o correr. *Carrera pedestre.* || *fig.* Llano, sin relieve. || Vulgar, ramplón, sin valor. *Sus versos no pueden ser más pedestres.*

pedestrismo *s. m.* Deporte de las carreras a pie.

pediatra *s. com.* Médico especialista de las enfermedades infantiles.

pediatría *s. f.* Parte de la medicina relativa a las enfermedades infantiles.

pedicurista *s. com. Méx.* y *Salv.* Pedicuro, callista.

pedicuro, ra *s.* Callista.

pedido *s. m.* Encargo de géneros hecho a un fabricante o vendedor. *Hacer un pedido.* || Petición.

pedidor, ra *adj.* y *s.* Dícese de la persona que pide.

pedigrí o **pedigree** *s. m.* Genealogía de un animal. || Documento en que consta.

pedigüeño, ña *adj.* Que pide con frecuencia e importunidad.

pedimento *s. m.* Petición, demanda. || En derecho, documento que se presenta ante un juez o tribunal reclamando una cosa.

pedinche *adj.* y *s. com. Méx.* Pedigüeño.

pedir *t.* Solicitar a una persona que dé o haga cierta cosa. *Le pedí a mi hermano que me ayudara.* || Requerir algo como necesario o conveniente. *Los dueños de esa casa piden muchísimo dinero por ella.* || *loc. fig.* y *fam.* ***A pedir de boca:*** a medida del deseo. || ***Pedir la Luna*** o ***pedir peras al olmo:*** pedir cosas imposibles de conseguir. || ***Venir a pedir de boca:*** ser una cosa la mejor o lo más oportuna que se podía esperar.

pedo *s. m. vulg.* Gas maloliente que se expele por el ano. || *fam. vulg.* Borrachera. || *fam. vulg. Méx.* Problema, lío.

pedofilia *s. f.* Atracción sexual enfermiza que un adulto siente por los niños. || Delito que consiste en tener actividad sexual con niños.

pedófilo, la *s.* Adulto que se siente atraído sexualmente por los niños.

pedorrera *s. f. vulg.* Acción de expeler repetidamente ventosidades por el ano. || *vulg.* Serie de ventosidades expelidas por el ano.

pedorro, rra *adj.* y *s. vulg.* Que expele ventosidades por el ano con frecuencia o sin importarle con quién esté.

pedrada *s. f.* Acción de arrojar una piedra. || Golpe dado con ella y herida producida. *Recibió una pedrada en la cabeza.* || *fig.* Cosa que se dice con intención de molestar.

pedrea *s. f.* Acción de apedrear. || Lucha a pedradas. || Granizo. || *fig.* y *fam.* Conjunto de los premios de muy poco valor en la lotería.

pedregal *s. m.* Lugar pedregoso.

pedregoso, sa *adj.* Lleno de piedras.

pedregullo *s. m.* Conjunto de piedras menudas.

pedrera *s. f.* Cantera, lugar de donde se sacan las piedras.

pedrería *s. f.* Conjunto de piedras preciosas.

pedrisca *s. f.* Granizo.

pedrisco *s. m.* Granizo grueso que cae en abundancia. || Pedrea, piedras arrojadas en abundancia. || Multitud de piedras sueltas.

pedrusco *s. m. fam.* Piedra tosca.

pedunculado, da *adj.* Que tiene pedúnculo.

pedúnculo *s. m.* Pezón, rabillo en las plantas.

peer *intr.* y *pr.* Expeler por el ano los gases que se han acumulado en el intestino.

pega *s. f.* Pegadura. || Baño que se da con la pez a las vasijas, odres, pellejos, etc. || *fam.* Chasco, engaño. *Dar una pega.* || Zurra. *Le dio una pega de patadas.* || Pregunta difícil en los exámenes. *Poner una pega a un alumno.* || Dificultad. *No me vengas con pegas.* || Urraca, ave. || Rémora, pez. || *loc. fam.* ***De pega:*** falso, fingido, para engañar.

pegada *s. f.* En deportes, manera de pegar a la pelota.

pegadizo, za *adj.* Que se pega fácilmente. || Pegajoso. || *fig.* Cargante, parásito. || Contagioso. *Risa pegadiza.* || Que se retiene fácilmente. *Música pegadiza.*

pegado *s. m.* Parche, emplasto. || Lo que se pega de un guisado.

pegado, da *adj. fig.* y *fam.* Sin saber qué decir o qué hacer. || Ignorante. *Estar pegado en matemáticas.*

pegador *s. m.* El que en las minas y canteras pega fuerte a las mechas de los barrenos. || Boxeador que tiene buena pegada.

pegadura *s. f.* Acción de pegar. || Unión de las cosas que se han pegado.

pegajosidad *s. f.* Viscosidad.

pegajoso, sa *adj.* Que se pega con facilidad. || Viscoso. *Manos pegajosas.* || Contagioso. *Enfermedad pegajosa; vicio pegajoso.* || *fig.* y *fam.* Meloso, empalagoso. || Cargante, pesado. *Amigo pegajoso.*

pegamento *s. m.* Producto para pegar.

pegamiento *s. m.* Pegadura, encoladura.

pegar *t. intr.* y *pr.* Unir una cosa a otra con pegamento, cola, etc., de modo que no puedan separarse. *Pegué el asa rota de la taza con un pegamento especial.* || Contagiar. *Zaria me pegó su gripe.* || Maltratar con golpes. *Se nota que a ese animal le han pegado mucho.* || Combinar, hacer juego una cosa con otra: *Como los colores de este pantalón y esta blusa pegan, los voy a usar juntos.* || Arrimar, juntar. *El cachorro se pegaba a su mamá en busca de calor.* || *loc. fig.* ***No pegar ojo:*** no dormir. || ***Pegar fuego:*** prender, incendiar algo. || *fig.* y *fam.* ***Pegársela a uno:*** engañarle. || ***Pegársele a uno las sábanas:*** dormir hasta muy entrada la mañana. || ***Pegarse una buena vida:*** llevar una vida muy agradable, pasarlo muy bien. || *fig.* ***Pegarse un tiro:*** suicidarse.

pegaso *s. m.* Pez del océano Índico, de aletas pectorales muy desarrolladas y en forma de alas.

pegatina *s. f.* Lámina de papel adhesivo con un dibujo o letrero impreso en ella.

pegote *s. m.* Emplasto. || *fig.* y *fam.* Guiso apelmazado por haber sido mal preparado. || Parásito, gorrón. || Cosa que no va con otra a la cual ha sido añadida.

peguntoso, sa *adj.* Pegajoso.
pehuén *s. m. Arg.* y *Chil.* Araucaria.
peinado, da *adj. fam.* Dícese del hombre que se adorna con esmero mujeril. || *fig.* Aplícase al estilo muy retocado. || *s. m.* Arreglo del pelo. *Un peinado complicado.* || Acción de peinar los textiles.
peinador, ra *s.* Persona que peina. *Voy a la peinadora.* || *s. m.* Prenda que usan las mujeres para protegerse los hombros cuando se peinan. || Prenda parecida empleada por los hombres al peinarse o afeitarse. || *s. f.* Máquina para peinar la lana.
peinar *t.* Desenredar o componer el cabello. || Desenredar o limpiar la lana. || Rozar ligeramente. || *loc. fig.* y *fam.* ***Peinar canas:*** ser ya viejo.
peinazo *s. m.* Travesaño horizontal en las puertas y ventanas.
peine *s. m.* Utensilio de concha, plástico, hueso, etc., con púas, para desenredar, limpiar o componer el cabello. || Carda para la lana. || Pieza del telar por cuyas púas pasan los hilos de la urdimbre. || *fig.* y *fam.* Persona astuta. *¡Menudo peine eres!* || Enrejado de poleas situado en el telar de los escenarios de teatro en el que se cuelgan las decoraciones.
peineta *s. f.* Peine de adorno, alto y encorvado, que usan las mujeres.
peinilla *s. f. Col. Ecua. Pan.* y *Uy.* Peine. || *Col. Ecua. Pan.* y *Ven.* Machete corto.
pejelagarto *s. m.* Pez de agua dulce que vive en los ríos de la vertiente del Golfo de México.
pejerrey *s. m. Arg. Chil.* y *Uy.* Nombre de diversos peces marinos o de agua dulce muy apreciados por su carne, que tienen una banda plateada a lo largo del costado.
pejesapo *s. m.* Pez marino acantopterigio, comestible, de cabeza muy grande.
pejiguera *s. f. fam.* Cosa molesta, engorrosa.
pekinés, nesa *adj.* y *s.* Pequinés.
pela *s. f. Méx.* Azotaina, zurra.
peladez *s. f. Méx.* Acto o dicho grosero, insultante. *Los jugadores terminaron gritándose peladeces.*
peladilla *s. f.* Almendra confitada.
pelado, da *adj.* Que se ha quedado sin pelo. *Hombre de cabeza pelada.* || Que no tiene piel. *Fruta pelada.* || Que no tiene carne. *Hueso pelado.* || *fig.* Descubierto, desnudo de vegetación. *Monte, campo, peñasco pelado.* || Escueto. *Discurso pelado.* || Aplícase al número que tiene decenas, centenas o millares justos. *El veinte pelado.* || *fam.* ***Estar pelado:*** estar sin dinero. || *s. m.* Corte de pelo. || Operación que consiste en pelar las frutas industrialmente. || *Arg. Bol. Cub. Ecua.* y *Uy.* Calvo. || *Hond. Méx.* y *Salv.* Grosero, mal educado, persona de clase social baja.
peladura *s. f.* Acción de pelar frutas o descortezar árboles. || Mondadura. *Peladuras de patatas.*
pelafustán, tana *s. fam.* Perezoso.
pelagatos *s. inv. fig.* y *fam.* Que carece de posición social o económica.
pelágico, ca *adj.* Relativo al mar. || Dícese de los animales y plantas que viven en alta mar pero no a grandes profundidades.
pelagra *s. f.* Enfermedad por falta de vitaminas que produce lesiones en la piel y trastornos de los nervios y el sistema digestivo. *La pelagra es una enfermedad endémica en algunas zonas.*
pelaje *s. m.* Conjunto de pelos de un animal. *El pelaje de los linces es uno de los más bellos que hay.* || Naturaleza y calidad del pelo de un animal. *En la primavera los zorros cambian de pelaje.*
pelambre *s.*Gran cantidad de pelo. || Conjunto de pelo arrancado o cortado.
pelambrera *s. f.* Sitio donde se apelambran las pieles. || Porción de pelo o vello espeso y crecido. || Cabellera. *Tiene una pelambrera abundante.* || Alopecia.
pelanas *s. inv. fam.* Persona de muy poca importancia.
pelandusca *s. f.* Prostituta.
pelar *t.* y *pr.* Cortar el pelo. *En la escuela le dijeron a Eduardo que se fuera a pelar.* || Desplumar. *Mataron una gallina, la pelaron y la guisaron con verduras.* || Quitar la piel o corteza a una cosa. *Antes de comerse el mango debes pelarlo.* || Levantarse la piel por haber tomado mucho tiempo el sol. *A Santiago se le peló la nariz después de volver de la playa.* || *Arg.* y *Uy.* Desenvainar un arma. *El gaucho peló su daga y se dispuso a defenderse del feroz zorro.* || Sacar, exhibir algo de manera rápida y sorpresiva. *Peló la billetera para pagar y salió corriendo de la tienda.* || *fam. Chil.* Hablar mal de alguien. *Ayer que faltó al trabajo, sus compañeros pelaron a Víctor.* || *fam. Méx.* Hacer caso a alguien, prestar atención. *Por más que Jacinto declaraba su amor a Irma, ella nunca lo peló.* || *loc. fig.* y *fam.* ***Duro de pelar:*** difícil de hacer o de convencer. || ***Un frío que pela:*** mucho frío. || ***Pelárselas por una cosa:*** hacer todo lo posible para conseguirla.
pelásgico, ca *adj.* Relativo a los pelasgos.
pelasgo, ga *adj.* y *s.* Aplícase a un pueblo de oscuro origen que se estableció en Asia Menor, Grecia e Italia.
peldaño *s. m.* Cada uno de los travesaños o escalones de una escalera.
pelea *s. f.* Combate, batalla, contienda. || Riña de animales. *Una pelea de gallos.*
peleador, ra *adj.* Que pelea. || Aficionado a pelear.
pelear *intr.* Batallar, combatir, contender. || Reñir de palabra. || *fig.* Combatir entre sí u oponerse las cosas unas a otras. || Luchar para vencer las pasiones y apetitos. || Afanarse. *Pelear por conseguir una cosa.* || *pr.* Reñir dos o más personas. *Pelearse a puñetazos.* || *fig.* Desavenirse, enemistarse. *Pelearse dos amigos.*
pelechar *intr.* Echar o mudar el pelo o plumas los animales. || *fig.* y *fam.* Empezar a recobrar la salud. *Ya va el enfermo pelechando.*
pelele *s. m.* Muñeco de paja y trapos que se mantea en carnaval. || *fig.* y *fam.* Persona sin carácter que se deja manejar por otra. *Ser un pelele en las manos de otro.* || Traje de punto de una pieza que llevan los niños para dormir.
peleón, leona *adj.* Aficionado a pelear.
peleonero, ra *adj.* y *s. Col. Méx.* y *Salv.* Pendenciero.
pelerina *s. f.* Especie de esclavina. || *Méx.* Capa militar de gala.
peletería *s. f.* Oficio y tienda del peletero. || Arte de preparar las pieles. || Conjunto de pieles finas.
peletero, ra *s.* Quien tiene por oficio trabajar en pieles finas o venderlas.
peliagudo, da *adj.* Dícese del animal de pelo largo y delgado. || *fig.* y *fam.* Muy difícil, arduo, intrincado. *Asunto peliagudo.*
pelicano, na *adj.* Canoso.
pelícano o **pelicano** *s. m.* Ave acuática palmípeda, de pico muy largo y ancho que lleva en la mandíbula inferior una membrana a modo de bolsa donde deposita los peces de que se alimenta. || Instrumento para sacar muelas.
pelicorto, ta *adj.* De pelo corto.
película *s. f.* Piel muy delgada y delicada. || Hollejo de la uva. || Cinta delgada de acetato de celulosa, revestida de una emulsión sensible de gelatinobromuro de plata que se emplea en fotografía y cinematografía. || Cinta cinematográfica. *Película sonora.* || *loc. fam.* ***De película:*** extraordinario, sensacional. || ***Película del oeste:*** la que cuenta las aventuras de los pioneros en los Estados Unidos en el siglo XIX.
peliculero, ra *s. fam.* Hombre del cine. || Aficionado al cine. || Cuentista, mentiroso.
peligrar *intr.* Estar en peligro.
peligro *s. m.* Riesgo inminente de que suceda algún mal. || *loc.* ***Correr peligro:*** estar expuesto a él.
peligrosidad *s. f.* Condición de lo que es peligroso.
peligroso, sa *adj.* Que ofrece peligro. *Viaje peligroso.* || *fig.* Arriesgado, poco seguro. *Empresa peligrosa.*
pelilargo, ga *adj.* De pelo muy largo.
pelillo *s. m. fig.* y *fam.* Motivo muy leve de disgusto. || *loc. fam.* ***Echar***

P

pelillos a la mar: reconciliarse. || ***No tener pelillos en la lengua:*** hablar sin rodeos. || ***Pararse en pelillos:*** resentirse por cosas muy leves o insignificantes.
pelinegro, gra *adj.* De pelo negro.
pelirrojo, ja *adj.* De pelo rojo.
pella *s. f.* Masa de cualquier material, de forma redondeada. || Manteca del cerdo tal como se saca de este animal.
pellada *s. f.* Porción de yeso o cal que cabe en la llana del albañil.
pelleja *s. f.* Piel de un animal. || *fam.* Ramera.
pellejero, ra *s.* Persona que tiene por oficio adobar o vender pieles.
pellejo *s. m.* Piel de un animal, por lo general separada del cuerpo. || Piel, por lo general de cabra o de cerdo, cosida de manera que pueda contener líquidos. || *fam.* Piel del hombre. *Me caí de la bicicleta y se me levantó el pellejo de la pierna.*
pellín *s. m. Arg.* y *Chil.* Haya de madera muy dura. || *fig. Chil.* Persona o cosa muy fuerte.
pelliza *s. f.* Prenda de abrigo hecha o forrada de pieles finas.
pellizcar *t.* Apretar la piel con dos dedos. || Tomar una pequeña cantidad de una cosa. *Pellizcar uvas, un pastel.*
pellizco *s. m.* Acción de pellizcar y señal en la piel que resulta de ello. || Porción pequeña que se coge de una cosa. || *fig.* Pena fugaz pero aguda. *Pellizco en el corazón.* || *loc.* ***Pellizco de monja:*** el dado con las uñas y retorciendo.
pelma o **pelmazo** *adj.* y *s. m. fig.* y *fam.* Dícese de una persona muy pesada.
pelo *s. m.* Filamento cilíndrico, sutil, de naturaleza córnea, que nace y crece en diversos puntos de la piel del hombre y de los animales. || Filamento parecido que crece en los vegetales. *Pelos del maíz.* || Conjunto de estos filamentos. || Cabello. *Cortarse el pelo.* || Plumón de las aves. || Hebra delgada de seda, lana, etc. || Color de la piel de los caballos. || Defecto en un diamante o en una pieza. || *fig.* Cosa de muy poca importancia. || *loc.* ***A contra pelo:*** en dirección contraria a la del pelo. || *fig.* ***Agarrarse a un pelo:*** aprovechar la más mínima oportunidad para conseguir lo que se quiere. || ***Al pelo:*** a) Según el lado del pelo en las telas. b) *fig.* Muy bien; muy oportunamente. || *fig.* ***Con pelos y señales:*** con muchos detalles. || ***De medio pelo:*** poco fino, de poca categoría. || ***Echar pelos a la mar:*** olvidar. || ***Estar hasta los pelos*** o ***hasta la punta de los pelos:*** estar harto. || ***Hombre de pelo en pecho:*** el muy valiente. || ***No tener pelo de tonto:*** no ser nada tonto. || ***No tener pelos en la lengua:*** decir sin rodeos lo que uno piensa. || ***No verle el pelo a uno:*** no verlo. || ***Ponérsele a uno los pelos de punta:*** sentir mucho miedo. || ***Por los pelos:*** por muy poco. || ***Tomar el pelo a uno:*** burlarse de él. || ***Un pelo:*** muy poco. *Faltó un pelo para que se cayera.*
pelón, lona *adj.* y *s.* Calvo o con poco pelo en la cabeza. || Con el pelo cortado al rape.
pelota *s. f.* Bola hecha con distintos materiales, generalmente elástica y redonda, que sirve para jugar. || Juego que se hace con ella. || *fam.* Balón. || Bola de cualquier materia blanda. *Hacer una pelota con un papel.* || *fam.* Cabeza. || *loc. fam.* ***En pelota:*** desnudo. || ***Pelota vasca:*** juego originario del país vasco, en que el jugador *(pelotari)* lanza una pelota contra una pared *(frontón)* con la mano, con una raqueta *(pala)* o con una cesta especial *(chistera).*
pelotari *s. com.* Jugador de pelota vasca.
pelotear *t.* Repasar las partidas de una cuenta. || *intr.* Jugar a la pelota por diversión o entrenamiento sin hacer partido. *Los dos jugadores de tenis peloteaban.* || *fig.* Reñir, disputar.
peloteo *s. m.* En el tenis, acción de jugar a la pelota sin hacer partido. || *fig.* Intercambio. *Peloteo de notas diplomáticas.*
pelotera *s. f. fam.* Pelea. *Armar una pelotera.*
pelotero *adj.* y *s. m.* Dícese del escarabajo que hace bolas de estiércol. *Escarabajo pelotero.* || *Amér. C. Ants. Col. Ecua. Méx.* y *Ven.* Jugador de pelota, especialmente de béisbol.
pelotilla *s. f. fam.* Adulación.
pelotilleo *s. m. fam.* Adulación.
pelotillero *s. m. fam.* Adulón.
pelotón *s. m.* Conjunto de pelos o hilos enmarañados. || Grupo pequeño de soldados. || *fig.* Aglomeración de personas. || Grupo de participantes en una carrera. || *loc.* ***Pelotón de ejecución:*** grupo de soldados encargados de ejecutar a un condenado.
pelotudo, da *adj. Arg. Py.* y *Uy. vulg.* Estúpido, imbécil.
peltre *s. m.* Aleación de cinc, plomo y estaño, que se usa en la industria para elaborar diferentes utensilios. *Mi tía compró un recipiente de peltre para calentar la leche.*
peluca *s. f.* Cabellera postiza.
peluche *s. m.* Felpa.
peludo, da *adj.* Que tiene mucho pelo. || *s. m. Arg. Chil. Per.* y *Uy.* Especie de armadillo. || *fam. Arg.* y *Uy.* Borrachera.
peluquear *t. Méx.* Cortar el pelo.
peluquear *t.* y *pr. C. R.* y *Méx.* Cortar o arreglar el cabello. *Mi mamá fue a que la peluquearan.*
peluquería *s. f.* Oficio del peluquero. || Establecimiento donde cortan y arreglan el pelo. *Fui a la peluquería de la esquina.*
peluquería *s. f.* Tienda u oficio del peluquero.
peluquero, ra *s.*Persona que tiene por oficio peinar o cortar el pelo. *Ese peluquero sólo corta el pelo a los hombres.*
peluquín *s. m.* Peluca pequeña que sólo cubre una parte de la cabeza.
pelusa *s. f.* Vello muy fino de las plantas. || Pelo menudo que se desprende de las telas. || *fam.* Envidia, celos.
pelusilla *s. f.* Vellosilla, planta. || *fam.* Celos, envidia.
pelvi *adj.* y *s. m.* Dícese de una lengua derivada del antiguo persa.
pelviano, na *adj.* Relativo a la pelvis. *Cavidad pelviana.*
pelvis *s. f.* Cavidad del cuerpo humano en la parte inferior del tronco, determinada por los dos coxales, el sacro y el cóccix.
pena *s. f.* Castigo impuesto por un delito o falta. *Pena correccional.* || Pesadumbre, tristeza, aflicción. *La muerte de su amigo le dio mucha pena.* || Dificultad, trabajo. *Lo ha hecho con mucha pena.* || Lástima. *Es una pena que no hayas podido venir.* || Cinta que llevaban al cuello las mujeres como adorno. || Pluma mayor del ave. || *Amér.* Timidez. || *loc.* ***A duras penas:*** con mucha dificultad. || ***No valer*** o ***merecer la pena:*** no merecer una cosa el trabajo que cuesta. || *fig.* ***Pasar la pena negra:*** pasar muchas dificultades. || ***Pena capital:*** la de muerte. || ***Sin pena ni gloria:*** medianamente.
penacho *s. m.* Grupo de plumas que tienen en la parte superior de la cabeza ciertas aves. || Adorno de plumas de un casco, morrión, etc. || *fig.* Cosa en forma de plumas. *Penacho de humo, de vapor.* || *fig.* y *fam.* Vanidad, orgullo.
penado, da *adj.* Penoso. || Dícese de una vasija antigua muy estrecha de boca. || *s.* Delincuente condenado a una pena.
penal *adj.* Relativo a la pena o que la incluye. *Derecho, código penal.* || *s. m.* Lugar en que los penados cumplen condenas mayores que las del arresto. *Penal de Ocaña.*
penalidad *s. f.* Trabajo, dificultad. *Sufrir penalidades.* || En derecho, sanción impuesta por la ley penal, las ordenanzas, etc. || En deportes, penalización.
penalista *s. com.* Especialista en derecho penal. || Abogado en asuntos que implican delito.
penalización *s. f.* Sanción. || En deportes, desventaja que sufre un jugador por haber cometido falta.
penalizar *t.* Infligir penalización.
penalty *s. m.* En el futbol, sanción contra un equipo que ha cometido una falta dentro del área de gol.
penar *t.* Infligir una pena a uno. *Penar a un delincuente.* || *intr.* Padecer, su-

frir. || Sufrir las almas del Purgatorio. || *loc. fig.* ***Penar uno por una cosa:*** desearla con ansia.

penates *s. m. pl.* Dioses domésticos de los etruscos y romanos. || *fig.* Hogar. *Volver a los penates.*

penca *s. f.* Hoja carnosa de ciertas plantas como la de la pita o maguey. || Tallo de ciertas hortalizas. *Mi madre quitó las pencas a varias hojas de acelga y las guisó.* || *Amér.* Racimo de plátanos.

penco *s. m. fam.* Jamelgo.

pendejada *s. f. Col. fam.* Dicho o acción torpe, necedad. || *vulg. Méx.* Chuchería, cosa de poco valor. || *Col.* y *Méx. desp. fam.* Tontería, idiotez.

pendejear *intr. Col.* y *Méx. vulg.* Hacer o decir necedades o tonterías.

pendejo *s. m.* Vello del pubis y las ingles. || *desp. vulg. Méx.* Tonto. || *fam. Per.* Astuto, mañoso.

pendencia *s. f.* Contienda, disputa, pelea. *Armar una pendencia.*

pendenciar *intr.* Reñir.

pendenciero, ra *adj.* y *s.* Aficionado a pendencias.

pender *intr.* Colgar. *Las peras penden de las ramas.* || Depender. *Esto pende de tu decisión.* || *fig.* Estar por resolverse un pleito o negocio o asunto.

pendiente *adj.* Que cuelga. || *fig.* Que está sin resolver. *Problemas pendientes.* || Que depende de algo. *Estoy pendiente de sus decisiones.* || *s. Méx.* Preocupación, aprensión. || Arete para adornar las orejas, la nariz, etc. || En minería, cara superior de un criadero. || *s. f.* Cuesta o declive de un terreno. || Inclinación de un tejado. || *fig.* Inclinación, tendencia, propensión. *Estar en la pendiente del vicio.*

péndola *s. f.* Péndulo de los relojes. || Madero de la armadura del tejado que va de la solera a la lima tesa. || Cada una de las varillas verticales que sostienen el piso de un puente colgante u otra obra parecida. || En poesía, pluma de escribir.

pendolista *s. com.* Persona que escribe con buena letra, calígrafo. || *fig.* Chupatintas.

pendón *s. m.* Insignia militar que consistía en una bandera más larga que ancha. || Bandera, estandarte pequeño. || Estandarte de una iglesia o cofradía, usado en las procesiones. || Vástago que sale del tronco principal del árbol. || *fig.* y *fam.* Persona muy alta, desaseada y de mal aspecto. || Mujer de mala vida, ramera.

pendonear *intr. fam.* Vagabundear, callejear.

pendular *adj.* Del péndulo o relativo a él. *Movimiento pendular.*

péndulo, la *adj.* Pendiente, colgante. || *s. m.* Cuerpo pesado que oscila por la acción de la gravedad alrededor de un punto fijo del cual está suspendido por un hilo o varilla.

pene *s. m.* Miembro viril.

peneque *adj. fam.* Borracho. || *Méx.* Tortilla guisada rellena de queso.

penetrabilidad *s. f.* Calidad de lo penetrable.

penetrable *adj.* Que se puede penetrar. || *fig.* Que puede comprenderse, adivinarse.

penetración *s. f.* Acción de penetrar. || *fig.* Perspicacia, sagacidad, clarividencia.

penetrador, ra *adj. fig.* Agudo, perspicaz, sagaz.

penetrante *adj.* Que penetra. *Bala penetrante.* || *fig.* Profundo, agudo. *Inteligencia penetrante.* || Hablando de un sonido, agudo. *Voz penetrante.* || Que ve muy bien. *Ojos penetrantes.*

penetrante *adj.* Que penetra. *Ese perfume tiene un olor muy penetrante y molesto.*

penetrar *t. intr.* y *pr.* Introducir una cosa en el interior de otra. *El café penetró poco a poco el terrón de azúcar, hasta que éste se volvió de color marrón y se deshizo.* || Introducirse en el interior de un espacio. *Los policías penetraron en el bosque para buscar a los ladrones.* || Comprender bien, profundizar. *Mi maestro penetró en el estudio de la historia de la India.*

penicilina *s. f.* Antibiótico que se extrae de una clase de moho, usado para combatir las enfermedades infecciosas. *Alexander Fleming descubrió la penicilina en 1928.*

penicillium *s. m.* Moho verde que se desarrolla en los quesos, frutos agrios y en otros medios nutritivos, una de cuyas especies es el *Penicillium notatum* que produce la penicilina.

penillanura *s. f.* Meseta que resulta de la erosión de una región montañosa.

península *s. f.* Tierra rodeada de agua excepto por una parte que comunica con otra tierra de extensión mayor. *La península Ibérica, del Labrador, de Yucatán.*

peninsular *adj.* Relativo a una península. || *s. com.* Natural o habitante de una península. || *Amér.* Español.

penique *s. m.* Antigua moneda inglesa, duodécima parte del chelín.

penitencia *s. f.* En el catolicismo, sacramento en el cual, por la absolución del sacerdote, se perdonan los pecados. || Pena impuesta por el confesor al penitente. *Dar la penitencia.* || Castigo público que imponía la Inquisición. || Mortificaciones que se impone uno a sí mismo. *Hacer penitencia.* || Arrepentimiento por haber ofendido a Dios. || *fig.* Castigo.

penitenciar *t.* Imponer una penitencia.

penitenciaría *s. f.* Tribunal eclesiástico de la curia romana. || Dignidad, oficio o cargo de penitenciario. || Penal, prisión correccional.

penitenciario, ria *adj.* Encargado de confesar en una iglesia. || Relativo a las cárceles. *Establecimiento penitenciario.* || *s. m.* Cardenal presidente del tribunal de la penitenciaría en Roma. *Penitenciario mayor.*

penitente *adj.* Relativo a la penitencia. || Que hace penitencia. || *s. com.* Persona que se confiesa. || En las procesiones, persona que viste cierta túnica en señal de penitencia.

penoso, sa *adj.* Trabajoso, difícil. *Tarea penosa.* || Que causa pena. *Una impresión penosa.* || Triste, afligido. *Viudo penoso.*

pensado, da *adj.* Con el adverbio «mal», que tiene tendencia a interpretar en mal sentido las palabras o acciones ajenas.

pensador, ra *adj.* Que piensa. || Que reflexiona o medita con intensidad. || *s. m.* Hombre dedicado a estudiar y meditar profundamente sobre problemas trascendentales. || *loc.* ***Libre pensador:*** librepensador, libre de toda creencia religiosa.

pensamiento *s. m.* Facultad de pensar. || Cosa que se piensa. *No se pueden conocer los pensamientos ajenos.* || Idea. || Sentencia, máxima. *Los «Pensamientos» de Pascal.* || Mente. *Una idea extraña le vino al pensamiento.* || Intención. *Tenía el pensamiento de salir esta tarde.* || *fig.* Sospecha, recelo. || Trinitaria.

pensante *adj.* y *s. com.* Que piensa. *Los humanos somos seres pensantes.*

pensar *t.* e *intr.* Formar y ordenar en la mente ideas y conceptos. *Hemos pensado ir a Río de Janeiro.* || Examinar con cuidado una idea, asunto, etc. *Tienes que pensar bien antes de tomar una decisión.* || Hacer proyectos para poner en práctica alguna cosa. *Elena dijo que piensa venir mañana.* || Imaginar, suponer. *Todos pensábamos que el mayordomo era el asesino.*

pensativo, va *adj.* Que está sumergido en sus pensamientos. *Felipe ha estado muy pensativo.*

pensión *s. f.* Cantidad anual o mensual asignada a uno por servicios prestados anteriormente. *Pensión civil, militar.* || Dinero percibido por una renta impuesta sobre una finca. || Cantidad que se da a una persona para que realice estudios. || Casa de huéspedes. || Cantidad que se paga por albergarse en ella. || *fig.* Gravamen. || *loc.* ***Media pensión:*** en un hotel, régimen del cliente que paga la habitación, el desayuno y una sola comida; en un colegio, régimen del alumno que come al mediodía.

pensionado, da *adj.* y *s.* Que goza de una pensión. *Pensionado del Estado.* || *s. m.* Colegio de alumnos internos.

pensionar *t.* Conceder una pensión. *Pensionar a un estudiante.* || Imponer

una pensión o un gravamen. *Pensionar una hacienda.*
pensionista *s. com.* Persona que goza de una pensión. || Persona que paga pensión en un colegio, casa de huéspedes, etc. || *loc.* ***Medio pensionista:*** alumno que paga media pensión.
pentadáctilo *adj.* Que tiene cinco dedos en la mano o en el pie.
pentaedro *s. m.* En geometría, sólido de cinco caras.
pentagonal *adj.* En geometría, pentágono.
pentágono, na *adj.* En geometría, dícese del polígono de cinco ángulos y cinco lados.
pentagrama o **pentágrama** *s. m.* Rayado de cinco líneas paralelas en las cuales se escribe la música.
pentámero, ra *adj.* Dícese de un insecto cuyo tarso se divide en cinco partes. || Aplícase a los seres u órganos de simetría radiada en cinco partes o elementos. *La flor de la prímula es pentámera.*
pentámetro *s. m.* Verso de cinco pies en la poesía griega y latina.
pentano *s. m.* En química, hidrocarburo saturado.
pentarquía *s. f.* Gobierno de cinco personas.
pentasílabo, ba *adj.* De cinco sílabas. *Versos pentasílabos.*
pentatlón *s. m.* Conjunto de cinco ejercicios atléticos que son actualmente 200 y 1 500 m lisos, salto de longitud y lanzamientos del disco y jabalina.
Pentecostés *s. m.* Fiesta de los judíos que conmemora el día en que entregó Dios a Moisés las Tablas de la Ley en el monte Sinaí. || Fiesta celebrada por la Iglesia católica en memoria de la venida del Espíritu Santo cincuenta días después de la Pascua de Resurrección (entre el 10 de mayo y el 13 de junio).
pentedecágono *s. m.* Polígono de quince ángulos y quince lados.
pentodo *s. m.* En física, válvula electrónica de cinco electrodos.
pentotal *s. m.* Hipnótico barbitúrico que impide al paciente darse cuenta de lo que dice.
penúltimo, ma *adj.* y *s.* Inmediatamente anterior a lo último.
penumbra *s. f.* Falta de luz sin llegar a la completa oscuridad.
penumbroso, sa *adj.* Sombrío.
penuria *s. f.* Escasez.
peña *s. f.* Roca. || Monte o cerro peñascoso. || Grupo, círculo, reunión. *Una peña literaria de café.*
peñascal *s. m.* Lugar donde abundan los peñascos.
peñasco *s. m.* Peña grande. || Múrice, molusco del cual se saca la púrpura. || Porción del hueso temporal que encierra el oído interno.
peñascoso, sa *adj.* Cubierto de peñascos. *Monte peñascoso.*
péñola *s. f.* Pluma de ave utilizada para escribir.
peñón *s. m.* Peña grande. *El peñón de Ifach.* || Monte peñascoso.
peón *s. m.* Obrero no especializado. *Cada año contratan peones temporales para la cosecha de la uva.* || En los juegos de ajedrez y damas, pieza con menos valor. *Por lo general la primera pieza que se mueve en un juego de ajedrez es un peón.*
peonada *s. f.* Trabajo que hace un peón en un día. || Jornal del peón. || *Amér.* Conjunto de peones.
peonaje *s. m.* Conjunto de peones.
peonería *s. f.* Lo que labra un peón en un día.
peonía *s. f.* Saltaojos. || *Amér.* Planta leguminosa medicinal.
peonza *s. f.* Juguete de madera de forma cónica, con una púa de hierro que se hace girar con una cuerda, trompo. || *fig.* y *fam.* Persona pequeña que se agita mucho. *Ser una peonza.*
peor *adv.* Más mal. *Cada día escribe peor.* || *loc.* ***Peor que peor*** o ***tanto peor:*** peor todavía.
pepena *s. f. Méx.* Acción de pepenar.
pepenador, ra *s. Méx.* Persona que vive de recoger desechos de papel, metal, etc., que pueden venderse otra vez.
pepenar *t. Méx.* Recoger. || *Amér.* En las minas, separar el metal del cascajo.
pepenar *t. Amér. C.* y *Méx.* Recoger cosas del suelo o de la basura con el fin de venderlas.
pepinar *s. m.* Plantío de pepinos.
pepinazo *s. m. fam.* Explosión de un proyectil. || En futbol, tiro muy fuerte.
pepinillo *s. m.* Pepino pequeño que se conserva en vinagre y se come como condimento.
pepino *s. m.* Planta cucurbitácea, de fruto comestible cilíndrico y alargado. || *fam.* Obús. || *loc. fig.* y *fam.* ***No importar un pepino:*** no tener ninguna importancia.
pepita *s. f.* Simiente de algunas frutas. *Pepitas de melón, de pera, de tomate.* || Tumorcillo que se forma en la lengua de las gallinas. || En minería, trozo rodado de metal nativo, particularmente de oro. || *Amér.* Almendra de cacao.
pepito *s. m.* Pequeño bocadillo de carne. || *Amér.* Lechuguino, pisaverde.
pepitoria *s. f.* Guisado de carne de pollo o gallina con salsa a base de yema de huevo. || *fam.* Conjunto de cosas mezcladas con poco orden.
peplo *s. m.* En Grecia y Roma túnica de mujer sin mangas, abrochada en el hombro.
pepona *s. f.* Muñeca de cartón.
pepsina *s. f.* Una de las diastasas del jugo gástrico.
péptico, ca *adj.* Relativo a la digestión o que ayuda a ella.
peptona *s. f.* Sustancia producida por la transformación de los albuminoides mediante la acción de la pepsina del jugo gástrico.
pequeñez *s. f.* Calidad de pequeño. || Infancia, corta edad. || *fig.* Bajeza, mezquindad. || Cosa insignificante. *No pararse en pequeñeces.*
pequeño, ña *adj.* De tamaño reducido. *Un piso pequeño.* || De corta edad. *Estar en la clase de los pequeños.* || *fig.* De poca importancia. *Una pequeña molestia.* || Bajo, mezquino. || *loc. fig.* ***Dejar pequeño a uno:*** superarle.
pequinés, nesa *adj.* y *s.* De Pequín. || *s. m.* Perrito de pelo largo y hocico chato.
pera *s. f.* Fruto del peral, comestible. || *fig.* Pequeña barba en punta que se deja crecer en la barbilla. || Empleo lucrativo y descansado. || Objeto de forma parecida a este fruto, como ciertos interruptores eléctricos, el dispositivo adaptado a los pulverizadores, etc. || *loc. fig.* y *fam.* ***Pedir peras al olmo:*** pedir a uno cosas que no puede dar. || ***Ponerle a uno las peras a cuarto:*** reprenderle.
peral *s. m.* Árbol rosáceo cuyo fruto es la pera.
peraleda *s. f.* Terreno poblado de perales.
peraltar *t.* En arquitectura, levantar la curva de un arco, bóveda o armadura más de lo que corresponde al semicírculo. || Levantar el carril exterior en las curvas de ferrocarriles. || Hacer el peralte en las carreteras. *Curva peraltada.*
peralte *s. m.* En carreteras, vías de tren, etc., mayor elevación de la parte exterior de una curva con respecto a la interior. *El peralte de las curvas le da mayor seguridad a las personas que viajan por carretera.*
peralto *s. m.* Altura de una figura geométrica desde su base.
perborato *s. m.* Sal que se produce mediante la oxidación del borato.
perca *s. f.* Pez acantopterigio de río, de carne comestible.
percal *s. m.* Tela corriente de algodón.
percalina *s. f.* Percal ligero y aprestado utilizado como forro.
percance *s. m.* Gaje eventual sobre el sueldo o salario. || Contratiempo, ligero accidente que sirve de estorbo. *Sufrir un percance.*
percatarse *pr.* Advertir, reparar, darse cuenta. || Enterarse.
percebe *s. m.* Crustáceo cirrópodo que vive adherido a las rocas y es comestible. || *fam.* Torpe, ignorante.
percepción *s. f.* Acción de percibir el mundo exterior por los sentidos. || Idea. || Recaudación, cobro de dinero.
perceptibilidad *s. f.* Cualidad de lo que puede ser percibido.

perceptible *adj.* Que se puede percibir. *Un sonido débil, pero perceptible.* || Que puede ser cobrado o recibido.
perceptivo, va *adj.* Que tiene virtud de percibir. *Facultades perceptivas.*
perceptor, ra *adj.* y *s.* Dícese del o de lo que percibe.
percha *s. f.* Soporte de forma adecuada, provisto de un gancho, que sirve para colgar trajes. || Perchero. || Utensilio con varios ganchos de los que se cuelgan cosas. || Alcándara de las aves. || Lazo para cazar aves. || Perca, pez.
perchero *s. m.* Soporte, con uno o varios brazos que sirve para colgar abrigos, sombreros, etc.
percherón, rona *adj.* Aplícase al caballo y yegua de raza corpulenta y robusta que se emplea para el tiro.
percibir *t.* Apreciar la realidad exterior por los sentidos. *Percibir un sonido.* || Recibir o cobrar. *Percibir el dinero, la renta.*
perclorato *s. m.* Sal del ácido perclórico y una base.
percloruro *s. m.* Cloruro que contiene la cantidad máxima de cloro.
percolador *s. m.* Cafetera muy grande de vapor.
percusión *s. f.* Golpe dado por un cuerpo que choca contra otro. || En medicina, método de examen clínico que permite conocer el estado de un órgano al escuchar el sonido producido por los golpes leves dados en la superficie del cuerpo. || *loc.* ***Arma de percusión:*** la de fuego que emplea percusor y fulminante. || ***Instrumentos de percusión:*** los que se tocan dándoles golpes (tambor, triángulo, platillos, etc.).
percusionista *s. com.* Músico especialista en tocar instrumentos de percusión.
percutiente *adj.* Que produce percusión.
percutir *t.* Golpear una superficie o algo con una cosa, por lo general con un objeto adecuado. *Es muy especial el sonido que produce la baqueta al percutir el cuero del tambor.* || En medicina, auscultar dando leves golpes en la espalda y el pecho de la persona enferma.
percutor o **percusor** *s. m.* Pieza que golpea, en especial la que provoca la explosión de la carga en las armas de fuego.
perdedor, ra *adj.* y *s.* Aplícase al que pierde.
perder *t.* Verse privado de una cosa que se poseía o de una cualidad física o moral. *Perder su empleo.* || Estar separado por la muerte. *Perder a sus padres.* || Extraviar. *Perder las llaves.* || No poder seguir. *Perder las huellas de uno.* || Disminuir de peso o dimensiones. *Ha perdido cinco kilos en un mes.* || Ser vencido. *Perder la batalla.* || *fig.* Desaprovechar. *Perder una oportunidad.* || Malgastar, desperdiciar. *Perder su tiempo.* || No poder alcanzar o coger. *Perder el tren.* || No poder disfrutar de algo por llegar tarde. *Perdimos la exposición por llegar tarde.* || Faltar a una obligación. *Perder el respeto.* || Deslucir, deteriorar, ocasionar un daño. || Arruinar. || Ser perjudicado. *En todos los negocios salgo perdiendo.* || Perjudicar. *Su excesiva bondad la pierde.* || *intr.* Desinflarse. || Sufrir una desventaja. *Hemos perdido mucho con la marcha de este profesor.* || Decaer de la estimación en que se estaba. *Para mí, Eduardo perdió mucho después de la grosería que me hizo.* || *pr.* Errar el camino, extraviarse. *Perderse en la selva.* || *fig.* Naufragar, irse a pique. || Estropearse. *Este guiso se va a perder.* || No percibirse claramente. *Su voz se pierde entre las de sus compañeros.* || *fig.* Corromperse. || Conturbarse. || Entregarse completamente a los vicios. || Amar con pasión ciega. || No seguir la ilación de un discurso. *Perderse en consideraciones.* || *loc.* ***Echar a perder:*** estropear, deteriorar. || ***Perder de vista:*** dejar de ver; olvidar. || ***Perder el aliento:*** respirar con ansia. || *fig.* ***Perder la cabeza:*** desatinar; volverse loco. || ***Perder pie:*** dejar de alcanzar el fondo del agua con los pies. || ***Perder terreno:*** retroceder.
perdición *s. f.* Pérdida. || *fig.* Ruina. *Ir uno a su perdición.* || Lo que perjudica a uno. *Esta mujer será su perdición.* || Condenación eterna. || Costumbres desarregladas. *Esta ciudad es un lugar de perdición.* || Desdoro, deshonra. || Pérdida de la honradez.
pérdida *s. f.* Privación de lo que se poseía. || Lo que se pierde. *Tener grandes pérdidas.* || Muerte. *Sentir la pérdida de un amigo.* || Menoscabo, daño. || Diferencia desventajosa entre el costo de una operación comercial o financiera y la ganancia. *Vender con pérdida.* || Mal empleo. *Pérdida de tiempo.* || *pl.* Bajas, conjunto de los militares puestos fuera de combate como consecuencia de una batalla.
perdido, da *adj.* Extraviado. || *fam.* Muy sucio. *Ponerse perdido de barro.* || Consumado, rematado. *Tonto perdido.* || Licencioso. || *loc. fig.* ***Estar perdido:*** estar en un trance tan difícil que se tienen pocas posibilidades de superarlo. || ***Estar perdido por una persona:*** estar muy enamorado de ella. || *s. m. fam.* Golfo, calavera.
perdigón *s. m.* Pollo de la perdiz. || Perdiz joven. || Perdiz macho que usan los cazadores como reclamo. || Cada uno de los granos de plomo que forman la munición de caza. || *fam.* Perdedor. || Derrochador. || Partícula de saliva que se despide al hablar.
perdigonada *s. f.* Tiro de perdigones. || Herida que provoca.
perdiguero, ra *adj.* Dícese del animal que caza perdices. *Perro perdiguero.* || El que vende caza.
perdiz *s. f.* Ave gallinácea, con cuerpo grueso y plumaje ceniciento rojizo, de carne estimada.
perdón *s. m.* Remisión de pena o deuda. || Indulgencia, misericordia, remisión de los pecados.
perdonable *adj.* Que se puede perdonar. *Falta perdonable.*
perdonador, ra *adj.* y *s.* Que perdona.
perdonar *t.* Remitir una deuda, ofensa, falta, delito, etc. *Perdonar a uno el daño que nos ha hecho.* || Autorizar a uno para que no cumpla una obligación. *Perdonar el pago de un arancel.* || *loc.* ***Enfermedad que no perdona:*** enfermedad mortal. || ***No perdonar alguna cosa:*** no omitirla. *No perdonar un detalle.* || ***Perdonar la vida a uno:*** indultarle.
perdonavidas *s. com. fig.* y *fam.* Bravucón.
perdurable *adj.* Perpetuo o que dura siempre. *Una obra perdurable.*
perdurar *intr.* Durar mucho, subsistir. *Perdurar el buen tiempo.*
perecedero, ra *adj.* Poco duradero. *Productos perecederos.*
perecer *intr.* Morir una persona o animal. *En el terremoto pereció la mitad de la población.* || Desaparecer una cosa. || *fig.* Sufrir grave ruina moral o espiritual. || Padecer mucho.
perecuación *s. f.* Reparto equitativo de las cargas entre los que las soportan.
peregrinación *s. f.* Viaje por tierras extranjeras. *Peregrinación a América.* || Viaje a un santuario. *Peregrinación a Montserrat.* || *fig.* La vida humana considerada como paso para la eterna.
peregrinaje *s. m.* Peregrinación.
peregrinar *intr.* Ir a un santuario por devoción o por voto. || Andar por tierras extrañas, de pueblo en pueblo. || *fig.* Estar en esta vida camino de la eterna.
peregrino, na *adj.* Aplícase a las aves de paso. || Que viaja por tierras extrañas. || *fig.* Extraño, singular, raro. *Una idea peregrina.* || Extraordinario. *Peregrina belleza.* || *s.* Persona que por devoción visita algún santuario. *Peregrinos a Fátima.*
perejil *s. m.* Planta umbelífera, cuya hoja de color lustrosa se utiliza mucho de condimento.
perendengue *s. m.* Adorno de escaso valor. || Arete, pendiente.
perengano, na *s.* Palabra con que se llama a una persona cuyo nombre se desconoce o no se quiere decir. Se utiliza después de haber empleado «Fulano», «Mengano» y «Zutano».
perenne *adj.* Indefinido, relativo a la cosa que no muere después de algún tiempo como ocurre con otras

de la misma especie. *En la tumba de Kennedy arde una llama perenne que no se apaga nunca.* || En botánica, relativo a la planta que puede vivir tres años o más. *Los pinos son un ejemplo de árboles perennes.*

perennidad *s. f.* Perpetuidad.

perentoriedad *s. f.* Calidad de perentorio.

perentorio, ria *adj.* Aplícase al último plazo concedido. *Un plazo perentorio de diez días.* || Apremiante, urgente. || Terminante, tajante. *Tono perentorio.*

pereza *s. f.* Repugnancia al trabajo, al esfuerzo, a cumplir las obligaciones del cargo de cada uno. || Flojedad, falta de ánimo para hacer algo. || Lentitud. || *loc.* ***Sacudir la pereza:*** vencerla.

perezosa *s. f. Arg. Per.* y *Uy.* Silla articulada y extensible con asiento y respaldo de lona.

perezoso, sa *adj.* Que tiene pereza. *Guillermo es un perezoso que pasa todo el día viendo televisión.* || Lento o pesado. *Con movimientos perezosos el vendedor se levantó para mostrarme unos zapatos.* || *s. m.* Mamífero originario de América del Sur, de unos 60 cm de largo, con cabeza pequeña, que se mueve con gran lentitud. *Los perezosos pasan mucho tiempo colgados de los árboles.*

perfección *s. f.* Cualidad de perfecto. *Laura habla francés a la perfección.* || Cosa perfecta. *Muchos consideran el «David», de Miguel Ángel, como una perfección escultórica.*

perfeccionamiento *s. m.* Acción de perfeccionar o perfeccionarse. *Alejandra fue a tomar unos cursos de perfeccionamiento en el idioma inglés.*

perfeccionar *t.* y *pr.* Terminar una obra con el mayor grado de perfección posible. || Mejorar algo buscando su perfección. *El escultor perfeccionó la obra que había hecho su alumno.*

perfeccionismo *s. m.* Búsqueda excesiva de la perfección en todo.

perfeccionista *adj.* y *s. com.* Persona que busca la perfección en todo. *Pedro es muy perfeccionista y nunca se da por satisfecho.*

perfectible *adj.* Que puede perfeccionarse.

perfectivo, va *adj.* Que perfecciona. || En gramática, se aplica al aspecto verbal que implica la terminación de una acción.

perfecto, ta *adj.* Que tiene todas las cualidades requeridas. *Josefina es perfecta para el puesto de secretaria.* || Se aplica al tiempo verbal que expresa la acción como acabada. *La frase «yo he comido» está escrita en presente perfecto.*

perfidia *s. f.* Falta de lealtad.

pérfido, da *adj.* Desleal, infiel o traidor. || Que implica perfidia. *Una propuesta pérfida.*

perfil *s. m.* Contorno aparente de una persona o cosa puesta de lado. *Retratar a una persona de perfil.* || Silueta, contorno. *El perfil del campanario se destacaba en el cielo.* || Corte que permite conocer la disposición y la naturaleza de las capas de un terreno. || Figura geométrica que presenta un cuerpo cortado por un plano vertical. || Corte o sección. || Adorno delicado en el borde de algunas cosas. || Línea delgada de una letra manuscrita. || *fig.* Retrato moral de una persona. || Barra de acero laminada. || *pl. fig.* Miramientos en el trato social. || *loc.* ***De perfil:*** de lado. || ***Medio perfil:*** postura del cuerpo en que se ve el perfil y parte de la frente.

perfilado, da *adj.* Aplícase al rostro delgado y alargado. || Bien proporcionado.

perfilar *t.* Sacar y retocar el perfil de una pintura. || *fig.* Perfeccionar, rematar con esmero una cosa. || *pr.* Ponerse de perfil. || *fam.* Destacarse. *El campanario se perfila en el cielo.* || Empezar a tomar forma. *Se perfila el resultado final.*

perforación *s. f.* Acción de perforar. *La perforación de un túnel.* || Taladro. || Rotura de las paredes de algunos órganos o partes del cuerpo. *Perforación intestinal.*

perforado *s. m.* Acción de perforar o taladrar.

perforador, ra *adj.* Que perfora u horada. || *s. f.* Herramienta de barrena rotativa, generalmente accionada por aire comprimido, que sirve para taladrar las rocas. || Instrumento para perforar el papel. || Máquina que, en las tarjetas perforadas, traduce los datos en forma de taladros.

perforar *t.* Horadar, taladrar. *Perforar papel, una roca.*

performance *s. m.* Representación artística en la que se involucran varios medios de expresión. *Un grupo de actores presentó un performance que incluía música, sonidos, danza y teatro.*

perfumador *s. m.* Recipiente para quemar perfumes. || Pulverizador para perfumes.

perfumar *t.* Impregnar una cosa con materias olorosas. || *intr.* Exhalar perfume.

perfume *s. m.* Composición química que exhala un olor agradable. *Un frasco de perfume.* || Este mismo olor. *El perfume del jazmín.* || *fig.* Lo que despierta un recuerdo o una idea agradable. *Un perfume de dulzura.*

perfumería *s. f.* Fábrica o tienda de perfumes.

perfumero, ra *s.* o **perfumista** *s. com.* Persona que fabrica o vende perfumes.

perfusión *s. f.* En medicina, introducción lenta y continua de una sustancia medicamentosa o de sangre en un organismo o un órgano.

pergamino *s. m.* Piel de cabra o de carnero preparada especialmente para que se pueda escribir en ella. || Documento escrito en esta piel. || *pl. fig.* y *fam.* Títulos de nobleza. || Diplomas universitarios. *Está orgulloso de sus pergaminos.*

pergeñar *t.* Esbozar.

pérgola *s. f.* Galería formada por columnas en las que se apoyan maderos a modo de emparrado.

periantio *s. m.* En botánica, perigonio.

periastro *s. m.* Punto de la órbita de un astro más próximo de otro alrededor del cual gira.

pericardio *s. m.* Tejido membranoso que envuelve el corazón.

pericarditis *s. f.* Inflamación del pericardio.

pericarpio *s. m.* Parte exterior del fruto de las plantas, que cubre las semillas.

pericia *s. f.* Habilidad en una ciencia o arte adquirida por la experiencia.

pericial *adj.* Relativo al perito.

periclitar *intr.* Decaer, declinar. *Periclitar un régimen.* || Peligrar, estar en peligro. *Periclitar una civilización.*

perico *s. m.* Nombre dado a varios loros originarios de América, pequeños y de diferentes colores, que habitan en las regiones selváticas.

pericón *s. m.* Abanico grande. || *Arg.* Baile criollo en cuadrilla.

peridoto *s. m.* Silicato de magnesia y hierro, de color verdoso, que abunda en las rocas eruptivas.

periferia *s. f.* Circunferencia. || Contorno de una figura curvilínea. || *fig.* Alrededores de una población. *La periferia de Buenos Aires.*

periférico, ca *adj.* Relativo a la periferia. *Paseo periférico.*

perifollo *s. m.* Planta umbelífera usada como condimento. || *pl. fam.* Adornos femeninos excesivos y generalmente de mal gusto.

perifrasear *intr.* Usar perífrasis o circunloquios.

perífrasis *s. f.* Circunlocución, circunloquio.

perifrástico, ca *adj.* Relativo a la perífrasis.

perigeo *s. m.* Punto de la órbita de la Luna o de un satélite artificial más cerca de la Tierra.

perigonio *s. m.* Envoltura de los órganos sexuales de una planta.

perihelio *s. m.* Punto en que un planeta se halla más cerca del Sol.

perilla *s. f.* Adorno en figura de pera. || Porción de pelo que se deja crecer en la punta de la barba. || Parte inferior no cartilaginosa de la oreja. || Interruptor eléctrico.

perimétrico, ca *adj.* Relativo al perímetro.

perímetro *s. m.* Línea que limita una figura. *La circunferencia es el perímetro del círculo.* || Su dimensión.

Calcular el perímetro de un rectángulo. || Contorno. *El perímetro de una ciudad.*

perinatal *adj.* Relativo al tiempo de gestación e inmediatamente posterior al nacimiento. *La atención perinatal es importante para las mujeres embarazadas.*

perinatología *s. f.* Rama de la medicina que se ocupa de atender al feto y al bebé recién nacido. *La perinatología moderna atiende a los bebés antes de que nazcan.*

perinatólogo, ga *s.* Médico especialista en perinatología.

perineo o **periné** *s. m.* Región comprendida entre el ano y los órganos genitales externos.

perinola *s. f.* Juguete pequeño que se hace bailar con los dedos.

periodicidad *s. f.* Condición de lo que es periódico. *La periodicidad de los cometas.*

periódico, ca *adj.* Que se repite a intervalos determinados. *Movimiento periódico.* || Que se edita en época fija. *Publicación periódica.* || En matemáticas, dícese de la función que tiene el mismo valor cada vez que su variable aumenta de una cantidad fija llamada «periodo» o de un múltiplo de éste. || Aplícase a la fracción decimal en la cual una misma cifra o grupo de cifras se repite indefinidamente. || *s. m.* Diario.

periodismo *s. m.* Profesión de periodista. || Conjunto de periodistas. || Prensa periódica.

periodista *s. com.* El que tiene por oficio el escribir en periódicos.

periodístico, ca *adj.* Relativo a periódicos y periodistas.

periodo o **período** *s. m.* Espacio de tiempo después del cual se reproduce alguna cosa. || Tiempo de revolución de un astro. *Periodo lunar.* || Espacio de tiempo, época. *Periodo histórico.* || En matemáticas, en las divisiones inexactas, cifras repetidas indefinidamente, después del cociente entero. || Conjunto de oraciones que enlazadas entre sí forman un sentido cabal. *Periodo gramatical.* || Fase de una enfermedad. || Menstruación.

periostio *s. m.* Membrana fibrosa adherida a los huesos y que sirve para su nutrición.

periostitis *s. f.* En medicina, inflamación del periostio.

peripatético, ca *adj.* Que se refiere a o que sigue la filosofía de Aristóteles.

peripatetismo *s. m.* Sistema filosófico de Aristóteles.

peripecia *s. f.* En el drama o en otras composiciones literarias, mudanza repentina de situación. || *fig.* Acontecimiento imprevisto en la vida real. *Las peripecias de un viaje.*

periplo *s. m.* Circunnavegación. || Obra antigua que relata un viaje de circunnavegación. || Viaje turístico.

peripuesto, ta *adj. fam.* Ataviado con gran esmero y elegancia.

periquete *loc. fam.* **En un periquete:** En un tiempo muy breve. *En un periquete Ana preparó la cena.*

periscópico, ca *adj.* Relativo al periscopio.

periscopio *s. m.* Aparato óptico instalado en la parte superior de un tubo que usan para ver lo que pasa en el exterior los barcos submarinos y los soldados en las trincheras.

perisístole *s. f.* Intervalo que media entre la sístole y la diástole.

perisodáctilos *s. m. pl.* Suborden de los mamíferos ungulados imparidígitos, como el caballo y el rinoceronte.

peristáltico, ca *adj.* Que tiene la capacidad de contraerse. || *loc.* ***Movimiento peristáltico:*** contracción del intestino que permite el avance de los alimentos.

peristilo *s. m.* En arquitectura, galería de columnas aisladas alrededor de un edificio o de un patio. || Conjunto de las columnas de un edificio.

peritación o **peritaje** *s. m.* Trabajo o informe que hace un perito. || Estudios o carrera de perito.

perito, ta *adj.* Experimentado, competente en un arte o ciencia. || *s.* Persona autorizada legalmente por sus conocimientos para dar su opinión acerca de una materia. || Grado inferior en las carreras técnicas o mercantiles.

peritoneo *s. m.* Membrana serosa que cubre la superficie interior del vientre.

peritonitis *s. f.* Inflamación del peritoneo.

perjudicado, da *adj.* Víctima de un daño.

perjudicar *t.* Causar perjuicio moral o material.

perjudicial *adj.* Que perjudica.

perjuicio *s. m.* Daño material o moral. *Causar perjuicio a uno.* || *loc.* ***Sin perjuicio de*** o ***que:*** sin descartar la posibilidad de.

perjurar *intr.* Jurar en falso. || No cumplir un juramento. || Jurar mucho.

perjurio *s. m.* Juramento en falso.

perjuro, ra *adj.* y *s.* Dícese del que jura en falso o no cumple un juramento.

perla *s. f.* Concreción esferoidal nacarada, de reflejos brillantes, que suele formarse en el interior de las conchas de diversos moluscos, particularmente de las madreperlas. || Objeto parecido fabricado artificialmente. || Carácter de letra de imprenta de cuatro puntos. || *fig.* Persona o cosa excelente. *Esta niña es una perla.* || *loc.* ***De perlas:*** muy bien. *Hablar de perlas; venir de perlas.*

perlero, ra *adj.* Relativo a la perla. *Industria perlera.*

permanecer *intr.* Estarse cierto tiempo en un mismo sitio, estado o calidad. *Permanecer inmóvil.* || Seguir en el mismo estado. *Permaneció despierto toda la noche.*

permanencia *s. f.* Inmutabilidad, duración constante. *La permanencia de las leyes.* || Estancia en un mismo lugar. *No ha aprovechado su permanencia en el extranjero.* || Perseverancia.

permanente *adj.* Que permanece. || *s. f.* Ondulación del cabello. *Hacerse la permanente.* || *s. m. Méx.* Ondulado permanente.

permanganato *s. m.* Sal formada por la combinación del ácido derivado del manganeso con una base.

permeabilidad *s. f.* Calidad de permeable. *La permeabilidad del terreno.* || *loc.* ***Permeabilidad magnética:*** propiedad de un cuerpo que se deja atravesar por un flujo magnético.

permeable *adj.* Que puede ser atravesado por el agua u otro fluido, las radiaciones, etc. || *fig.* Influenciable.

pérmico, ca *adj.* y *s. m.* En geología, aplícase al último periodo de la era Primaria, que siguió inmediatamente al carbonífero.

permisible *adj.* Que se puede permitir.

permisivo, va *adj.* Que incluye la facultad o licencia de hacer una cosa, sin preceptuarla.

permiso *s. m.* Autorización. *Pedir permiso para salir.* || Licencia, documento. *Permiso de conducir, de caza.* || Autorización escrita que se concede a un militar o a otra persona para ausentarse de su cuerpo o empleo por tiempo limitado.

permitido, da *adj.* Lícito, autorizado.

permitir *t.* Dar su consentimiento a una persona para que haga algo. *No permite a su hija que salga por la noche.* || Tolerar. *¿Cómo permite a sus hijos que se porten tan mal?* || Dar cierta posibilidad. *Esto permite vivir bien.* || *pr.* Tomarse la libertad de hacer algo.

permuta *s. f.* Intercambio. *Hice una permuta: le di diez caramelos y Juan me dio cinco lápices.*

permutable *adj.* Que se puede permutar.

permutación *s. f.* Cambio, trueque. || En matemáticas, transformación que consiste en sustituir el orden de cierto número de objetos por otro, sin que cambien su naturaleza ni su número. *El número de permutaciones posibles de «n» objetos (Pn) es n!* (factorial de n).

permutar *t.* Cambiar una cosa por otra. *Antiguamente las personas permutaban, por ejemplo, grano a cambio de un animal.* || Variar el orden. *Los factores de una suma pueden permutarse.*

pernear *intr.* Agitar violentamente las piernas.

P

pernera *s. f.* Cada una de las dos partes del pantalón que cubren las piernas. *El vaquero usaba perneras de cuero para protegerse de las reses.*
pernicioso, sa *adj.* Peligroso o muy perjudicial. *El uso de drogas es pernicioso para la salud.*
pernil *s. m.* Anca y muslo de un animal, en especial la del cerdo. *Faustina preparó un pernil de cerdo.*
perniquebrar *t.* Romper, quebrar una pierna.
perno *s. m.* Clavo corto con cabeza redonda por un extremo y que por el otro se asegura con una tuerca.
pernoctar *intr.* Pasar la noche en un sitio fuera de su casa.
pero[1] *conj.* Expresa contraposición u oposición. *María es muy inteligente pero le da flojera trabajar.* || Se usa encabezando algunas frases para darle más peso a lo que se dice. *Pero, ¿cómo es posible que haya reprobado si estudié mucho?*
pero[2] *s. m.* Defecto, inconveniente. *Al trabajo de Samuel no podía encontrársele ningún pero.* || Variedad de manzano. || Su fruto.
perogrullada *s. f.* Verdad demasiado conocida, por lo que resulta inútil o tonto repetirla. *«Debemos pensar que la vida es corta y hay que aprovecharla», es una perogrullada.*
perogrullesco, ca *adj.* Tan evidente como una perogrullada.
perol *s. m.* Vasija semiesférica de metal. || Cacerola.
peroné *s. m.* Hueso largo y delgado de la pierna, detrás de la tibia, con la cual se articula.
peroración *s. f.* Última parte o conclusión del discurso.
perorar *intr.* Pronunciar un discurso. || *fam.* Hablar en tono oratorio y pomposo.
perorata *s. f.* Discurso largo.
peróxido *s. m.* En la serie de los óxidos de un cuerpo, el que tiene la mayor cantidad de oxígeno.
perpendicular *adj.* En geometría, aplícase a la línea o el plano que forma ángulo recto con otro. || *s. f.* Línea perpendicular.
perpetración *s. f.* Cumplimiento, ejecución.
perpetrador, ra *adj.* y *s.* Que perpetra. *Perpetrador de un crimen.*
perpetrar *t.* Cometer.
perpetua *s. f.* Planta amarantácea, cuyas flores se conservan mucho tiempo. || Flor de esta planta.
perpetuación *s. f.* Acción de perpetuar o perpetuarse una cosa.
perpetuar *t.* Hacer perpetua.
perpetuidad *s. f.* Duración sin fin. || *loc.* ***A perpetuidad:*** para siempre.
perpetuo, tua *adj.* Que permanece para siempre. *Las nieves perpetuas del Aconcagua.* || Que dura toda la vida. *Cadena perpetua.* || Constante. *Un sinvivir perpetuo.* || Dícese de ciertos cargos vitalicios. *Secretario perpetuo.*
perplejidad *s. f.* Irresolución, estado de una persona que no sabe qué partido tomar.
perplejo, ja *adj.* Vacilante, irresoluto.
perra *s. f.* Hembra del perro. || *fig.* y *fam.* Dinero. *Estar sin una perra.* || Rabieta. *Coger una perra.* || Obstinación, deseo vehemente.
perrada *s. f.* Grupo de perros. || *fam.* Mala jugada, perrería.
perrera *s. f.* Sitio donde se guardan o encierran los perros. *En algunas perreras se puede adoptar un perro.*
perrería *s. f.* Conjunto de perros. || *fam.* Mala pasada.
perrero, ra *s.* El que cuida perros de caza. || El que recoge los perros errantes.
perrilla *s. f. Méx.* Pequeño grano que aparece en el borde del párpado. *Por más pomada que se puso en el párpado le salió una perrilla enorme.*
perritos *s. m. pl. Méx.* Plantas escrofulariáceas leguminosas y ornamentales.
perro *s. m.* Mamífero doméstico carnicero de la familia de los cánidos, de tamaño, forma y pelaje muy diversos, según las razas. *Perro de lanas, pachón, podenco.* || *fig.* Nombre dado antiguamente por afrenta a moros y judíos. || *loc. fig.* ***A otro perro con ese hueso:*** dícese para indicar que no se cree lo que otra persona acaba de decir. || ***Allí no atan los perros con longanizas:*** allí la vida no es tan fácil como parece. || ***Andar como perros y gatos:*** llevarse muy mal varias personas. || ***De perros:*** muy malo. *Hoy hace un tiempo de perros.* || ***Humor de perros:*** muy mal humor. || ***Morir como un perro:*** morir abandonado y miserable. || ***Perro caliente:*** bocadillo de salchichas calientes. || ***Ser perro viejo:*** haber adquirido astucia por la experiencia.
perro, rra *adj. fam.* Muy malo. *¡Qué vida más perra llevamos!*
perruno, na *adj.* Relativo al perro. *Raza perruna.*
persa *adj.* y *s. com.* De o relativo a Persia, hoy Irán.
persecución *s. f.* Tormentos, especialmente los que sufrieron los primeros cristianos. *Las persecuciones de Nerón.* || Acosamiento. *Ir en persecución de uno.*
persecutorio, ria *adj.* Relativo a la persecución. || *loc.* ***Manía persecutoria:*** la que padecen las personas que creen que todo el mundo les quiere hacer daño.
perseguidor, ra *adj.* y *s.* Aplícase al que persigue.
perseguimiento *s. m.* Persecución, acoso.
perseguir *t.* Seguir al que huye, intentando alcanzarle. *Perseguir al adversario.* || Atormentar con medidas tiránicas y crueles. *Perseguir a los cristianos.* || *fig.* Acosar, estar siempre detrás de una persona. *Perseguirle a todas horas, en todas partes.* || Atormentar, no dejar en paz. *El recuerdo de sus faltas le persigue.* || Importunar. *Perseguir con sus demandas.* || Intentar porfiadamente conseguir. *Perseguir un puesto en el ministerio; perseguir el bienestar del pueblo.* || Ocurrir varias veces seguidas. *Lo persiguen las desgracias.* || En derecho, proceder judicialmente contra uno. *Perseguir al moroso, al delincuente.*
perseverancia *s. f.* Constancia para hacer las cosas. *Es fundamental tener perseverancia en todo.*
perseverante *adj.* Que es constante y firme. *Elisa es una niña perseverante en la escuela.*
perseverar *intr.* Mantenerse firme en una actitud u opinión. *Marcela perseveró y logró caminar de nuevo después del accidente.*
persiana *s. f.* Especie de celosía formada de tablillas movibles por entre las cuales pueden entrar la luz y el aire, pero no el sol.
pérsico, ca *adj.* Persa, de Persia. *El Golfo Pérsico.* || *s. m.* Árbol frutal rosáceo. || Su fruto, comestible.
persignarse *pr.* Santiguarse.
persistencia *s. f.* Constancia en un propósito o acción. *Persistencia en el error, en los estudios.* || Larga duración de una cosa.
persistente *adj.* Muy duradero.
persistir *intr.* Mantenerse firme o constante. *Persistir en sus trabajos.* || Perdurar. *Persistir la fiebre.*
persona *s. f.* Individuo de la especie humana, hombre o mujer. *Su familia se compone de cinco personas.* || Personaje de una obra literaria. || En derecho entidad física o moral que tiene derechos y obligaciones. *Persona jurídica.* || Accidente gramatical que indica quién es el agente o paciente de la oración («primera persona», la que habla; «segunda persona», aquella a quien se habla; «tercera persona», aquella de quien se habla). || En teología, el Padre, el Hijo o el Espíritu Santo. || *loc.* ***En persona:*** a) Personalmente. *Vino el ministro en persona.* b) *fig.* Personificado. *Este niño es el demonio en persona.*
personaje *s. m.* Persona notable. *Un personaje ilustre.* || Ser humano o simbólico que se representa en una obra literaria. *El personaje principal de una novela.*
personal *adj.* Propio de una persona. *Calidades personales.* || Presentado o hecho por la persona misma de que se trata. *No le quiso conceder una entrevista personal.* || Subjetivo. *Es un juicio muy personal.* || *loc.* ***Pronombres personales:*** los que designan a las tres personas del verbo. || *s. m.* Conjunto de personas

que trabajan en un sitio. *Hay mucho personal en esta empresa.* || *fam.* Gente. *¡Qué de personal había en los almacenes!*
personalidad *s. f.* Individualidad consciente. || Carácter original que distingue a una persona de las demás. *Tiene una gran personalidad.* || En filosofía, conjunto de cualidades que constituyen el supuesto inteligente. || En derecho, aptitud legal. *Personalidad jurídica.* || Persona notable por sus funciones o actividad. *En la ceremonia había muchas personalidades.*
personalizar *t.* Dar carácter personal a una cosa. *Personalizar la virtud, el vicio.* || Dirigir lo expresado particularmente a una persona determinada. || En gramática, usar como personal un verbo impersonal.
personarse *pr.* Presentarse personalmente en una parte. *Se personó en la oficina.* || Reunirse. || En derecho, comparecer. *Se personó ante el juez de instrucción.*
personificación *s. f.* Acción y efecto de personificar. || Símbolo, representación viva. *Es la personificación de la bondad.*
personificar *t.* Atribuir sentimientos o acciones de personas a los irracionales o a las cosas. *Personificar los animales, los elementos.* || Simbolizar, representar perfectamente. *Nerón personifica a la crueldad.* || Aludir a personas determinadas en un escrito o discurso.
perspectiva *s. f.* Arte de representar en una superficie los objetos en la forma, tamaño y disposición con que aparecen a la vista. || Conjunto de cosas que se presentan ante la vista en la lejanía. *Mirando por aquí se tiene una bonita perspectiva.* || *fig.* Contingencia previsible. *Buenas perspectivas económicas.* || Distancia. *No tenemos suficiente perspectiva para juzgar.*
perspicacia *s. f.* Agudeza y penetración de la vista. || *fig.* Penetración del entendimiento, sagacidad, clarividencia. *Las mujeres suelen tener mucha perspicacia.*
perspicaz *adj.* Agudo, penetrante. *Vista perspicaz.* || *fig.* Sagaz, clarividente.
persuadir *t.* Inducir a uno a creer o hacer algo. *La persuadí de mi sinceridad.* || *pr.* Convencerse de una cosa.
persuasión *s. f.* Acción de persuadir. || Convicción, certeza.
persuasivo, va *adj.* Que persuade. || *s. f.* Aptitud para persuadir.
persuasor, ra *adj.* y *s.* Que sabe persuadir a los demás.
pertenecer *intr.* Ser una cosa de la propiedad de uno. *Esta hacienda pertenece a mi padre.* || Formar parte de. *Estas plantas pertenecen a la familia de las solanáceas.* || Ser una cosa del cargo u obligación de uno. *La facultad de sumariar pertenece al juez.*
pertenencia *s. f.* Propiedad. *Reivindicar la pertenencia de algo.* || Espacio o territorio que toca a uno por jurisdicción o propiedad. || Cosa accesoria de otra. *Las pertenencias de un palacio.* || Concesión minera de una hectárea cuadrada. || Adhesión. *La pertenencia a un partido.*
pértiga *s. f.* Vara larga. || *loc.* ***Salto de pértiga:*** prueba atlética en la que hay que pasar un listón situado a cierta altura con la ayuda de una pértiga.
pertiguero *s. m.* Empleado encargado de las cuestiones materiales de una iglesia.
pertinacia *s. f.* Obstinación, tenacidad, terquedad. || *fig.* Larga duración, persistencia.
pertinaz *adj.* Duradero, persistente. *Tengo dos días con un dolor pertinaz de cabeza.* || Obstinado, terco. *A veces se necesita ser pertinaz en el trabajo para obtener buenos resultados.*
pertinencia *s. f.* Cualidad de lo que es adecuado para una situación. *Hizo una pregunta sin pertinencia con el tema del que hablábamos.* || Cualidad de lo que se refiere o es relativo a una cosa.
pertinente *adj.* Oportuno, adecuado. *Fue una visita muy pertinente porque la anciana estaba sola y necesitaba ayuda.* || Que hace referencia o que tiene relación con una cosa o persona que se expresa. *En lo pertinente al caso del robo, las autoridades informaron que ya capturaron a los ladrones.*
pertrechar *t.* Abastecer de pertrechos o municiones. *Pertrechar a una tropa.* || *fig.* Preparar lo necesario para la ejecución de una cosa.
pertrechos *s. m. pl.* Municiones, armas y demás cosas necesarias para los soldados o las plazas fuertes. *Pertrechos de guerra.* || Utensilios propios para determinada cosa. *Pertrechos de labranza, de pescar.*
perturbación *s. f.* Desorden. *Sembrar la perturbación.* || Disturbio. *Perturbaciones sociales.* || Emoción.
perturbador, ra *adj.* Que perturba, trastorna, desasosiega. || Conmovedor. || *s.* Agitador, amotinador.
perturbar *t.* Trastornar. *Perturbar el orden público.* || Quitar el sosiego. *Perturbar los ánimos.* || Alterar, modificar. *Perturbar el tiempo, los proyectos.*
perú o **pirú** *s. m. Méx.* Planta anacardiácea peruana aclimatada en México.
peruanismo *s. m.* Voz o giro propios del Perú.
peruano, na *adj.* Natural del Perú. || Relativo o perteneciente a este país de América. *Las cimas de los Andes peruanos.*
peruétano, na *adj. Col. Cub.* y *Méx.* Mequetrefe.
perulero, ra *adj.* y *s.* Peruano. || *s.* Persona que regresa a España del Perú tras de haber hecho fortuna.
peruviano, na *adj.* y *s.* Peruano.
perversidad *s. f.* Maldad. *Su alma está llena de perversidad porque no conoce la compasión.*
perversión *s. f.* Corrupción. *Perversión de la juventud.* || En medicina, alteración de una función normal. || Anormalidad que se manifiesta en ciertas tendencias. *El sadismo es una perversión sexual.*
perverso, sa *adj.* y *s.* Que por placer realiza actos crueles o que dañan a los demás. *Es una niña perversa a quien le gusta maltratar a los animales.*
pervertido, da *adj.* y *s.* Que tiene costumbres sexuales no aceptadas por la sociedad.
pervertidor, ra *adj.* y *s.* Que pervierte. *Literatura pervertidora.*
pervertimiento *s. m.* Perversión.
pervertir *t.* Viciar con malas doctrinas o ejemplos. *Pervertir las costumbres, el gusto.* || Desnaturalizar, alterar. *Pervertir un texto literario.* || *pr.* Corromperse. *Pervertirse en el vicio.*
pervinca *s. f.* Planta herbácea de la familia de las apocináceas.
pervivencia *s. f.* Supervivencia.
pervivir *intr.* Sobrevivir.
pesa *s. f.* Pieza de determinado peso, que sirve para evaluar en una balanza el que tienen las cosas que se pesan. || Pieza de determinado peso que sirve para dar movimiento a ciertos relojes, o de contrapeso para subir y bajar lámparas, etc. || Aparato de teléfono que permite hablar mientras se escucha. || *pl.* Haltera.
pesabebés *s. m.* Balanza para pesar niños pequeños.
pesacartas *s. m.* Balanza para pesar cartas.
pesada *s. f.* Cantidad que se pesa de una vez. || *Arg.* Unidad de peso para cueros en los saladeros (75 libras) y en las barracas de cueros secos (35 a 40 libras).
pesadez *s. f.* Peso. *La pesadez de un paquete.* || Gravedad. *La pesadez de los cuerpos.* || *fig.* Obesidad. || Obstinación, terquedad. || Cachaza, lentitud. || Sensación de peso. *Pesadez de estómago, de cabeza.* || Molestia. *¡Qué pesadez este trabajo!* || Aburrimiento. *¡Qué pesadez de novela!*
pesadilla *s. f.* Opresión del corazón y dificultad de respirar durante el sueño. || Ensueño angustioso y tenaz. || Preocupación intensa y continua. || *fam.* Persona o cosa fastidiosa.
pesado, da *adj.* De mucho peso. *Un paquete pesado.* || *fig.* Obeso. || Intenso, profundo. *Sueño pesado.* || Difícil de digerir. *Comida pesada.* || Aplícase a los órganos en que se siente pe-

sadez. *Tener la cabeza pesada.* || Caluroso y cargado. *Tiempo pesado.* || Tardo, lento. *Animal pesado.* || Molesto, cargante. *Un amigo pesado.* || Aburrido. *Una película pesada.* || Molesto por ser de mal gusto. *Broma pesada.*

pesador, ra *adj.* y *s.* Aplícase al que pesa.

pesadumbre *s. f.* Pesadez, calidad de pesado. || *fig.* Tristeza, pesar.

pesaje *s. m.* Galicismo por *peso.*

pesaleche *s. m.* Areómetro para medir la densidad de la leche.

pésame *s. m.* Expresión del sentimiento que se tiene por la aflicción de otro. *Dar su sentido pésame.*

pesantez *s. f.* Gravedad, fuerza que atrae los cuerpos hacia el centro de la Tierra.

pesar[1] *s. m.* Sentimiento o dolor interior. *Me contó todos sus pesares.* || Arrepentimiento. *Tener pesar por haber actuado mal.* || *loc.* ***A pesar de:*** contra la voluntad de. || ***A pesar mío:*** haciendo caso omiso de. || ***A pesar de que:*** aunque.

pesar[2] *t.* Determinar el peso de una cosa o persona por medio de un aparato adecuado. || *fig.* Examinar cuidadosamente. *Pesar el pro y el contra.* || *intr.* Tener peso. *Esta maleta pesa diez kilos.* || Tener mucho peso. *Este diccionario pesa.* || Hacer sentir su peso. *Este abrigo de pieles me pesa.* || *fig.* Ser sentido como una carga. *Le pesa la educación de sus hijos.* || Recaer. *Todas las responsabilidades pesan sobre él.* || Tener influencia. *En su decisión han pesado mis argumentos.* || Causar tristeza o arrepentimiento. *Me pesa que no haya venido.* || *loc.* ***Pesar sus palabras:*** hablar con circunspección. || ***Pese a:*** a pesar de. || ***Pese a quien pese:*** a todo trance.

pesario *s. m.* Aparato para mantener la matriz en posición normal. || Dispositivo contraceptivo que cierra el cuello de la matriz.

pesaroso, sa *adj.* Que se arrepiente de una cosa. || Que tiene pesadumbre, afligido, triste.

pesca *s. f.* Acción, efecto y arte de pescar. *La pesca es una industria importante.*

pescada *s. f.* Merluza, pez.

pescadera *s. f. Amér. C.* y *Méx.* Pecera.

pescadería *s. f.* Sitio donde se vende pescado. *Siempre voy a la misma pescadería.*

pescadero, ra *s.* Persona que tiene por oficio vender pescado.

pescadilla *s. f.* Especie de merluza pequeña.

pescado *s. m.* Pez comestible sacado del agua. *Algunos pescados son cubiertos con sal.*

pescador, ra *adj.* y *s.* Se dice de la persona que pesca o se dedica a pescar.

pescante *s. m.* En los carruajes, asiento exterior en la parte delantera que usa el conductor. *El conductor iba sentado en el pescante de la diligencia.*

pescar *t.* Coger con redes, cañas u otros instrumentos, peces, mariscos, etc. *Pescar gambas.* || *fig.* y *fam.* Encontrar por suerte. *Pesqué un buen puesto.* || Sorprender a alguno o agarrarle. *Pescar a un ladronzuelo.* || Coger, pillar. *Pescar un resfriado.* || Lograr algo ansiado. *Pescar un marido.* || Coger en falta. *Estudiante difícil de pescar en geografía.*

pescozón *s. m.* Manotazo en el pescuezo o en la cabeza.

pescozudo, da *adj.* Que tiene muy grueso el pescuezo.

pescuezo *s. m.* Parte del cuerpo desde la nuca hasta el tronco.

pesebre *s. m.* Especie de cajón donde se pone la comida para las bestias.

pesero *s. m. Méx.* Sistema de taxis que cobraba un peso por persona.

peseta *s. f.* Antigua unidad monetaria en España. *La peseta fue declarada moneda nacional en 1868.* || *Méx.* Veinticinco centavos.

pesimismo *s. m.* Propensión a ver siempre el lado malo de las cosas.

pesimista *adj.* y *s. com.* Que tiende a ver las cosas con pesimismo.

pésimo, ma *adj.* Muy malo. *Hizo un tiempo pésimo.*

peso *s. m.* Efecto de la gravedad sobre las moléculas de un cuerpo. || Su medida tomando como punto de comparación unidades determinadas. *La cama tiene un peso de diez kilos.* || Balanza. || Acción de pesar. *Proceder al peso de los boxeadores.* || Unidad monetaria de varios países americanos dividida en cien centavos. *El peso argentino, mexicano, cubano, colombiano, dominicano, uruguayo.* || Unidad monetaria de Filipinas, dividida en centavos. || Nombre de diversas monedas españolas antiguas. *Peso duro, peso fuerte, peso sencillo.* || Esfera metálica de 7,257 kg que se lanza con una mano en los juegos atléticos. || *fig.* Carga. *El peso de los años.* || Importancia o eficacia. *Argumento de peso.* || *loc. fig.* ***A peso de oro:*** muy caro. || ***Caerse de su peso:*** ser evidente. || ***En peso:*** en el aire. || ***Peso atómico:*** el del átomo-gramo de un elemento. || ***Peso bruto:*** el total sin descontar la tara. || ***Peso específico de un cuerpo:*** gramos que pesa un cm^3 de este cuerpo. || ***Peso molecular:*** el de una molécula-gramo de un cuerpo. || ***Peso muerto:*** carga inútil. || ***Peso pluma, gallo, ligero, mosca, semipesado, pesado:*** categorías en el boxeo y otros deportes.

pespita *s. f.* Ave de México. || *Guat.* Mucoqueta.

pespuntar *t.* Pespuntear.

pespunte *s. m.* Cierta costura en la cual se pone la aguja por el sitio mismo por donde se han sacado dos puntadas antes.

pespuntear *t.* Coser con pespuntes.

pesquería *s. f.* Serie de actividades relacionadas con la pesca. || Sitio donde se pesca. *Al norte de la playa hay una pesquería de atún.*

pesquero, ra *adj.* Relativo a la pesca. *La actividad pesquera es parte importante de la economía de varios países.* || *s. m.* Barco de pesca.

pesquisa *s. f.* Averiguación.

pesquisidor, ra *adj.* y *s.* Dícese de la persona que pesquisa.

pestaña *s. f.* Cada uno de los pelos del borde de los párpados. || Parte que sobresale al borde de ciertas cosas. || Ceja del libro encuadernado. || Reborde que tienen las ruedas de las locomotoras y de los vagones para que no puedan salirse de los carriles. || *pl.* En botánica, cilios. || *loc. fig.* ***No mover pestaña:*** no pestañear. || ***No pegar pestaña:*** no poder dormir. || ***Quemarse las pestañas:*** estudiar mucho, especialmente por la noche.

pestañear *intr.* Mover los párpados. || *loc.* ***Sin pestañear:*** quedándose impasible.

pestañeo *s. m.* Movimiento rápido y repetido de los párpados.

pestazo *s. m. fam.* Hedor.

peste *s. f.* Enfermedad infecciosa y contagiosa causada por el bacilo de Yersin que transmiten las ratas y las pulgas. || *fig.* y *fam.* Mal olor, fetidez. || Depravación, corrupción. || Persona malvada. *Esta niña es una peste.* || Cosa mala. || Plaga, cosa demasiado abundante. || *pl.* Palabras de crítica. *Echar pestes contra uno.* || *loc. fig.* y *fam.* ***Decir*** o ***hablar pestes de uno:*** hablar muy mal de él.

pestífero, ra *adj.* Que emana mal olor. *Esa casa abandonada se convirtió en un pestífero basural.*

pestilencia *s. f.* Olor muy desagradable. *Del basurero emana una pestilencia insoportable.*

pestilente *adj.* Que huele mal, que apesta. *Salió un olor pestilente del refrigerador por algo que estaba echado a perder.*

pestillo *s. m.* Pasador con que se asegura una puerta, corriéndolo a modo de cerrojo. || Pieza prismática de la cerradura que entra en el cerradero.

pestiño *s. m.* Especie de buñuelo.

pesto *s. m.* Pasta hecha a base de albahaca, piñones y ajo que se mezcla con aceite de olivo y se usa como condimento.

pestorejo *s. m.* Cogote.

pestoso, sa *adj.* Que huele mal.

petaca *s. f.* Estuche para el tabaco o los cigarrillos. || Arca o baúl. || *Méx.* Maleta. || *pl. Méx.* Nalgas.

petacoate *s. m. Méx.* Nudo de culebras cuando están en celo.
pétalo *s. m.* Cada una de las hojas que componen la corola de la flor.
petanca *s. f.* Juego de bolos.
petardear *t.* Derribar una puerta con petardos. || *fig.* Pedir prestado, dar sablazos. *Petardear a un incauto.*
petardista *s. com. fam.* Sablista.
petardo *s. m.* Morterete para batir o hacer saltar puertas. || Cohete cargado de pólvora que explota con ruido. || *fig.* Estafa que consiste en pedir dinero prestado con la intención de no devolverlo. *Pegar un petardo.* || *fig.* y *fam.* Mujer muy fea.
petate *s. m.* Lío de ropa de los marineros, soldados, etc. || *Méx.* Tejido flexible más largo que ancho y hecho de palma, que se usa para dormir sobre él. *Durante la revolución los soldados cargaban un petate para descansar.* || *loc. fig.* y *fam.* ***Liar el petate:*** marcharse de un sitio; morir.
petatearse *pr. Méx.* Morir.
petatillo *s. m. Amér.* Tejido fino de esparto.
petazol o **petasol** *s. m. Méx.* Petate gastado.
petenera *s. f.* Cante popular andaluz. || *loc. fam.* ***Salir por petenera:*** decir algo que no tiene nada que ver con la cosa de que se trata.
petición *s. f.* Acción de pedir, demanda, ruego. *Hacer una petición.* || Solicitud, escrito en que se pide algo a una autoridad. *Elevar una petición al gobierno.* || En derecho, pedimento. *Presentar una petición al juez.* || *loc.* ***Petición de principio:*** razonamiento vicioso que consiste en dar como seguro precisamente lo que se tiene que demostrar.
peticionario, ria *adj.* y *s.* Aplícase al que pide oficialmente algo.
petimetre, tra *s.* Persona joven, presumida y demasiado preocupada por ir siempre vestida a la última moda.
petirrojo *s. m.* Pájaro de color aceitunado cuyo cuello, frente, garganta y pecho son de color rojo.
petiso, sa o **petizo, za** *adj.* y *s. Arg. Bol. Chil. Ecua. Py. Per.* y *Uy.* Que es de baja estatura. || *s. m. Arg. Chil. Py.* y *Uy.* Caballo de poca alzada.
petitorio, ria *adj.* De la petición. || *s. m. fam.* Petición repetida e impertinente. || *fam.* Lista de los medicamentos de que debe haber surtido en las farmacias.
petizo, za *adj.* y *s. Amér. Merid.* Caballo de poca altura. || *Amér. Merid.* Persona pequeña, baja de estatura. *Diego Armando Maradona es petizo de piernas cortas, pero muy ágil.*
peto *s. m.* Pieza del vestido que se coloca sobre el pecho.
petrarquesco, ca *adj.* Relativo a Petrarca.
petrarquismo *s. m.* Estilo poético de Petrarca.
petrarquista *s. com.* Admirador o imitador de Petrarca.
petrel *s. m.* Ave con los dedos de las patas unidos por una membrana, de unos 20 cm de largo, que pasa la mayor parte de su vida en alta mar y va a tierra únicamente para reproducirse.
pétreo, a *adj.* De piedra.
petrificación *s. f.* Transformación en piedra.
petrificante *adj.* Que petrifica.
petrificar *t.* Transformar en piedra. || *fig.* Dejar inmóvil de sorpresa o asombro.
petrogénesis *s. f.* Proceso geológico de formación de las rocas.
petroglifo *s. m.* Dibujo o grabado realizado sobre una piedra. *Los petroglifos mayas narran historias.*
petrografía *s. f.* Parte de la petrología que describe y clasifica las rocas.
petróleo *s. m.* Líquido oleoso negro, constituido por una mezcla de hidrocarburos y otros compuestos orgánicos que se encuentra nativo en el interior de la Tierra.
petroleoquímico, ca *adj.* Que utiliza el petróleo como materia prima para obtener productos químicos.
petrolero, ra *adj.* Relativo al petróleo. *Industria, producción petrolera.* || *adj.* y *s. m.* Dícese del barco dedicado a transportar petróleo. || *s.* Vendedor de petróleo al por menor. || Persona que incendia con petróleo.
petrolífero, ra *adj.* Que contiene petróleo. *Terreno petrolífero; zona petrolífera.*
petroquímica *s. f.* Rama del conocimiento especializada en los usos del petróleo.
petulancia *s. f.* Presunción vana y ridícula.
petulante *adj.* y *s. com.* Vanidoso, presumido. *Palabras muy petulantes.*
petunia *s. f.* Planta solanácea, de hermosas flores olorosas.
peul *adj.* y *s.* Individuo de un pueblo de África establecido en la cuenca del Níger.
peyorativo, va *adj.* Despectivo.
peyote *s. m.* Pequeña planta cactácea del norte de México y sur de Estados Unidos de Norteamérica, sin espinas, cubierta de pelos sedosos, que contiene una sustancia alucinógena llamada mescalina.
pez¹ *s. f.* Materia oscura y pegajosa que se obtiene como residuo en la destilación de la trementina y otros productos.
pez² *s. m.* Animal vertebrado acuático, de respiración branquial, de piel cubierta de escamas y con extremidades en forma de aleta. *El pez globo de Japón puede ser venenoso.* || *loc.* ***Estar como pez en el agua:*** estar muy a gusto. || ***Pez espada:*** acantopterigio marino, cuya mandíbula superior tiene forma de espada que puede alcanzar 1 m. || *fam.* ***Pez gordo:*** persona importante.
pezón *s. m.* Parte central y más saliente de la glándula mamaria, de color un poco más oscuro que la piel. *Los bebés succionan el pezón materno para extraer la leche.* || Rabillo de la hoja, la flor o el fruto de las plantas.
pezonera *s. f.* Chaveta que atraviesa la punta del eje de los carruajes. || Pieza de goma que algunas mujeres tienen que ponerse en los pezones cuando crían.
pezuña *s. f.* En los animales de pata hendida, conjunto de los pesuños de una misma pata.
phi *s. f.* Fi, letra griega (Φ, φ) correspondiente a la «f» castellana.
pi *s. f.* Letra del alfabeto griego (π) que equivale a la «p» del alfabeto español. || Signo que representa la relación entre el diámetro de una circunferencia y su longitud (aproximadamente 3.1416).
piadoso, sa *adj.* Que tiene o muestra piedad, devoto, religioso. *Alma piadosa.* || Compasivo, misericordioso. || Que mueve a compasión.
piafar *intr.* Golpear violentamente y repetidas veces el caballo el suelo con las manos.
piamadre o **piamáter** *s. f.* Membrana serosa intermedia de las tres que envuelven el encéfalo y la médula espinal.
piamontés, tesa *adj.* y *s.* Del Piamonte, región de Italia. || *s. m.* Dialecto hablado en el Piamonte.
pianísimo *adv.* En música, piano.
pianista *s. com.* Persona que se dedica a tocar el piano. || Fabricante de pianos.
pianístico, ca *adj.* Aplícase a las composiciones musicales escritas para piano.
piano¹ *s. m.* Instrumento musical de teclado y cuerdas.
piano² *adv.* Suavemente. *Cantar, tocar piano.* || *fam.* Despacio, poco a poco. *Ir piano piano.*
pianoforte *s. m. ant.* Piano.
pianola *s. f.* Piano mecánico.
piar *intr.* Emitir su voz los pollos y algunas aves. || *fam.* Llamar o pedir con insistencia. *Siempre estaba piando.*
piara *s. f.* Manada de cerdos.
pibe, ba *s. Arg.* y *Uy.* Muchacho, chico, joven. *Los pibes juegan futbol en el parque.*
piberío *s. m. Arg.* Chiquillos.
pibil *adj. Méx.* Se dice de lo asado en el horno.
pica *s. f.* Vara para picar los toros. || Lanza larga que en la antigüedad usaban los soldados de infantería. || *pl.* Palo de la baraja francesa. *Las picas tienen forma de corazón negro con rabo.*
picacho *s. m.* Cumbre puntiaguda y escarpada de algunos montes.

picada *s. f. Amér. C. Arg. Bol. C. R. Py.* y *Uy.* Senda que se abre en un bosque o en un monte espeso. || *Amér. C. Arg. Bol. Chil. C. R. Py.* y *Uy.* Carrera ilegal de automóviles que se realiza en la vía pública. || *Arg.* Aperitivo, alimento ligero que se come antes de la comida fuerte. || *fam. Col.* Punzada, dolor agudo.

picadero *s. m.* Escuela de equitación.

picadillo *s. m.* Guiso que se prepara con carne picada. *El picadillo con arroz y bananas fritas es un guiso propio del Caribe.*

picado *s. m.* Picadillo, guiso. || Acción y efecto de picar. || En música, modo de tocar separando muy claramente el sonido de cada nota. || Descenso casi vertical del avión. *Descender en picado.* || Martilleo anormal de los pistones de un motor de explosión.

picador *s. m.* Torero de a caballo que hiere al toro con la garrocha. || El que doma caballos. || Minero que arranca el mineral por medio del pico. || Tajo de la cocina.

picadora *s. f.* Aparato que pica alimentos. *Los ingredientes se ponen en la picadora antes de hornear.*

picadura *s. f.* Acción de picar una cosa. || Pinchazo. || Mordedura. *La picadura de una avispa.* || Caries en la dentadura. || Hoyuelo en la piel dejado por la viruela. || Tabaco picado. *Picadura al cuadrado.*

picafigo *s. m.* Papafigo, ave.

picaflor *s. m.* Colibrí, pequeña ave que vuela velozmente, se alimenta del néctar de las flores y puede suspenderse en el aire. || *Amér. C.* y *Amér. Merid.* Hombre enamoradizo y que hace de galán. *Le dije a Heraclio que es un picaflor; por eso no le di el beso que me pidió.*

picamaderos *s. m. inv.* Pájaro carpintero, ave trepadora.

picana *s. f. Amér.* Aguijón o aguijada del boyero.

picante *adj.* Que pica. *Bicho picante.* || *fig.* Mordaz. *Palabras picantes.* || Gracioso. *Chiste picante.* || *s. m.* Sabor de lo que pica. || *fig.* Acrimonia o mordacidad en el decir. || Pimiento. || *Méx.* Chile o salsa hecha con chile.

picapedrero *s. m.* Cantero, el que labra las piedras.

picapica *s. f.* Planta cuya fruta produce escozor. || Nombre que se da a varias sustancias que producen picazón. *Echar polvos de picapica.*

picapleitos *s. com. fam.* y *desp.* Abogado, sobre todo el que hace mal su trabajo.

picaporte *s. m.* Aldaba, pieza que se fija a las puertas para llamar. || Perilla de las puertas.

picar *t. intr.* y *pr.* Morder las aves, los insectos y ciertos reptiles. *Ramón fue a la costa y le picaron los mosquitos.* || Morder los peces el anzuelo. *¡Por fin picó un pez!* || Cortar una cosa en trozos muy pequeños. *Para preparar esa sopa hay que picar las verduras.* || Herir al toro con una pica desde el caballo. *Durante una corrida los picadores pican a los toros.* || Sentir escozor en alguna parte del cuerpo. *Las piernas le pican porque se asoleó.* || Agujerearse, cariarse. *Las manchas oscuras en un diente son señal de que se ha picado.* || *fam.* Enfadarse. *Valentín se picó porque su hermano se llevó su bicicleta sin pedírsela.* || Engancharse en alguna actividad de manera irracional. *Dijo que jugaría sólo unos minutos pero se picó y siguió jugando.* || *Méx.* Producir picor en la boca una sustancia irritante como ají o chile al comerla. *La salsa que le puse a la carne pica mucho.*

picaraza *s. f.* Urraca, ave.

picardear *t.* Corromper, pervertir. || *intr.* Decir o hacer picardías. || *pr.* Resabiarse, adquirir algún vicio o mala costumbre.

picardía *s. f.* Manera de obrar hábil y con cierto engaño. || Dicho o hecho en el que hay malicia o intención pícara.

picardo, da *adj.* y *s.* De Picardía, región de Francia. || *s. m.* Dialecto de la lengua de oíl.

picaresca *s. f.* Pandilla de pícaros. || Vida de pícaro.

picaresco, ca *adj.* Relativo a los pícaros. || *loc.* ***Novela picaresca:*** novela que consiste en un relato supuestamente autobiográfico en el que algún pícaro narra sus aventuras. *La novela picaresca española más famosa es «El Lazarillo de Tormes».*

pícaro, ra *adj.* y *s.* Persona que comete engaños para sobrevivir. *Esteban es un pícaro, pide dinero para los medicamentos de su madre, pero ella no está enferma.* || *fam.* Astuto.

picarón, rona *adj. fam.* Pícaro, pillo, en buen sentido.

picatoste *s. m.* Rebanada de pan, tostada con manteca o frita.

picaza *s. f.* Urraca, ave.

picazón *s. f.* Desazón y molestia que causa algo que pica en una parte del cuerpo. || *fig.* y *fam.* Enojo, enfado producido por una vejación.

picea *s. f.* Árbol parecido al abeto.

piche *s. m. Amér.* Armadillo. || *Arg.* y *Cub.* Miedo.

pichí *s. m. fam. Arg. Chil.* y *Uy.* En el lenguaje que se habla a los niños, orina.

pichicatear *intr. Hond.* y *Méx.* Escatimar.

pichicato, ta *adj.* y *s. Hond.* y *Méx.* Escatimador, mezquino.

pichichi *s. m.* Pato de los lagos de México.

pichinchense *adj.* y *s. com.* De Pichincha, provincia de Ecuador.

pichón *s. m.* Pollo de la paloma.

pichona *s. f. fam.* Nombre cariñoso que se da a las mujeres.

picnic *s. m.* Comida que se hace en el campo. *Para celebrar el fin de cursos hicimos un picnic.*

pícnico *adj. s. m.* Aplícase al tipo constitucional humano de cuerpo rechoncho y miembros cortos.

pico *s. m.* Punta, parte saliente en la superficie de algunas cosas. *La mesa tiene cuatro picos.* || En el borde de una falda, parte más larga que el resto. || Zapapico, herramienta de cantero y cavador. *Trabajar de pico y pala.* || Parte saliente de la cabeza de las aves, con dos piezas córneas en punta para tomar el alimento. || Parte de algunas vasijas por donde se vierte el líquido. || Punta del candil. || Paño de forma triangular que se pone a los niños entre las piernas. || Cumbre aguda de una montaña. *El pico de la Maladeta.* || Montaña de cumbre puntiaguda. *El pico de Teide.* || Parte pequeña que excede de un número redondo. *Dos mil euros y pico.* || Extremo del pan. || Panecillo de forma alargada. || *fam.* Facundia, facilidad en el hablar. *Tiene buen pico.* || *pl.* Uno de los palos de la baraja francesa. || *loc. fam.* ***Andar a*** (o ***de***) ***picos pardos:*** estar de juerga. || ***Cerrar el pico:*** no hablar; acallar. || ***Hincar el pico:*** morir. || ***Irse del pico:*** hablar demasiado, descubrir lo que se debía mantener secreto. || ***Pico carpintero:*** pájaro carpintero. || *fig.* ***Pico de oro:*** persona elocuente.

picón, cona *adj. fam.* Que se pica u ofende fácilmente. || *s. m.* Carbón muy menudo para los braseros.

picor *s. m.* Escozor, picazón. || *fig.* Enojo, desabrimiento.

picoso, sa *adj. Méx.* Picante. || *fig.* Vivaracho, mordaz.

picota *s. f.* Poste o columna donde se exponían las cabezas de los ajusticiados o los reos a la vergüenza pública. || Juego de muchachos. || Clase de cereza.

picotada *s. f.* o **picotazo** *s. m.* Golpe dado por las aves con el pico. || Señal que deja.

picotear *t.* Picar o herir con el pico las aves. || *fig.* Picar. *Picotear almendras, avellanas, aceitunas.* || *intr.* Mover la cabeza el caballo de arriba abajo. || *fig.* y *fam.* Hablar mucho y sin sustancia. || *pr.* Reñir las mujeres.

picoteo *s. m.* Acción de picotear.

picotero, ra *adj.* y *s. fam.* Que habla mucho, parlanchín.

picto, a *adj.* y *s.* Dícese del indígena de la antigua Escocia.

pictografía *s. f.* Tipo de escritura en la que se dibujan los objetos que se desea expresar. *En los aeropuertos se usa la pictografía.*

pictográfico, ca *adj.* Relativo a la pictografía.

pictograma *s. m.* Dibujo de una escritura pictográfica.

pictórico, ca *adj.* Relativo a la pintura. *Desde niño José Antonio tiene intereses pictóricos.*
picudilla *s. f.* Ave zancuda que vive en los parajes húmedos.
picudo, da *adj.* En forma de pico. || *fam.* Dícese de la persona que habla mucho y sin sustancia. || *Méx.* Astuto.
pie *s. m.* Extremidad de cada una de las piernas del hombre o de las patas del animal que sirve para sostener el cuerpo y andar. *Tener los pies planos.* || Pata, cada una de las piezas en que se apoyan los muebles o cosas semejantes. *Los pies de la mesa.* || Base, parte inferior. *El pie de la montaña.* || Tronco de los árboles o tallo de las plantas. || Planta. *Un pie de clavel.* || Parte de las medias, calcetas, etc., que cubre el pie. || En geometría, punto de encuentro de una perpendicular a una recta o plano. || Cada una de las partes en que se divide un verso para su medición. || Metro de la poesía castellana. || Medida de longitud usada en varios países, con distintas dimensiones. || Parte que está al final de un escrito. *Pie de página; al pie de la carta.* || Explicación que se pone debajo de una foto, grabado, etc. || *fig.* Fundamento, origen o base de una cosa. || Modo. *Tratar en un pie de igualdad.* || Nombre de varias plantas. || *Chil.* Parte del precio que se paga en el momento de convenir una compra. || *pl.* Parte opuesta a la cabecera. *Estar a los pies de la cama.* || *fig.* Agilidad para andar. *Tener buenos pies.* || *loc.* ***A cuatro pies:*** a gatas. || *fig.* ***Al pie de la letra:*** textualmente, exactamente. || ***A pie:*** andando. || ***A pie firme:*** sin moverse. || ***A pie juntillas:*** con los pies juntos. *Saltar a pie juntillas;* firmemente, sin la menor duda. *Creer algo a pie juntillas.* || *fig.* ***Buscarle tres pies al gato:*** buscar dificultades donde no las hay. || ***Con buen pie:*** con suerte, bien. || ***Con los pies:*** muy mal. *Hacer algo con los pies.* || ***Con pies de plomo:*** con mucha prudencia. || ***Dar pie:*** dar ocasión para algo. || ***De a pie:*** que no va a caballo ni montando en un vehículo. || ***De pies a cabeza:*** enteramente, completamente. || ***Echar pie en tierra:*** descabalgar o bajar de un vehículo. || *fig.* ***En pie de guerra:*** dícese del ejército preparado para entrar en campaña. || ***Entrar con buen pie en un negocio:*** iniciarlo con acierto. || ***Estar en pie un problema:*** plantearse. || ***Faltarle a uno los pies:*** perder el equilibrio. || ***Hacer pie:*** no estar cubierta por el agua una persona. || ***Írsele los pies a uno:*** ser muy sensible a la música de baile; resbalar. || ***Levantarse con el pie izquierdo:*** levantarse de muy mal humor. || ***Nacer de pie:*** tener buena suerte. || ***No dar pie con bola:*** hacerlo todo desacertadamente. || ***No tener pies ni cabeza:*** no tener sentido alguno. || ***Pararle los pies a uno:*** ponerlo en su sitio, reprenderle. || ***Pie de atleta:*** infección del pie causada por un hongo. || ***Pie de imprenta:*** indicación, en una obra, del nombre del impresor, de la fecha y lugar de impresión. || ***Pie quebrado:*** verso corto que alterna con otros más largos. || *fig.* ***Poner pies en polvorosa:*** huir. || ***Saber de qué pie cojea uno:*** conocer sus defectos. || ***Tener un pie en el sepulcro:*** estar próximo a la muerte.
piedad *s. f.* Devoción a las cosas santas. *Prácticas de piedad.* || Amor respetuoso a los padres. *Piedad filial.* || Lástima, compasión. *Piedad para el prójimo.* || Representación artística de la Virgen de las Angustias. *La «Piedad», de Miguel Ángel.*
piedra *s. f.* Sustancia mineral, más o menos dura y compacta. *Una estatua, un edificio de piedra.* || Pedazo de esta sustancia. *Tirar una piedra.* || En medicina, cálculo, piedrecilla que se forma en la vejiga o en la vesícula biliar. || Granizo. *El mes pasado cayó mucha piedra.* || Pedernal de las armas o de los instrumentos de chispa. *La piedra de un mechero.* || Muela de molino. || Sitio donde se dejaba a los niños expósitos. || *loc. fig.* ***Cerrar a piedra y lodo:*** cerrar herméticamente. || ***Corazón de piedra:*** corazón insensible. || ***No dejar piedra por mover:*** hacer todas las diligencias posibles para conseguir algo. || ***No dejar piedra sobre piedra:*** destruirlo todo. || ***Piedra angular:*** a) Sillar que forma esquina. b) *fig.* Base, fundamento. || ***Piedra de toque:*** a) La que usan los ensayadores de oro. b) *fig.* Lo que permite conocer el valor de algo o alguien. || ***Piedra pómez:*** piedra volcánica, muy ligera y dura, que sirve como abrasivo. || ***Piedra preciosa:*** la dura, transparente y rara que, tallada, se usa en joyería. || *fig.* ***Tirar la piedra y esconder la mano:*** obrar disimuladamente.
piel *s. f.* Membrana que cubre el cuerpo del hombre y de los animales. *Hombre de piel blanca.* || Cuero curtido. *Artículos de piel.* || Parte exterior que cubre la pulpa de las frutas y algunas partes de las plantas. *La piel de las ciruelas.* || *pl.* Piel de animal con su pelo para hacer prendas de abrigo. || *loc.* ***Piel roja:*** nombre dado al indio de América del Norte. || *fig.* y *fam.* ***Ser la piel del diablo:*** ser muy agitado y perverso.
piélago *s. m.* Parte del mar profunda y alejada de la costa. *En el piélago habitan animales marinos.*
pienso *s. m.* Alimento que se da al ganado.
piéride *s. f.* Mariposa de alas blancas con varias manchas negras.
pierna *s. f.* Cada uno de los miembros inferiores del hombre. || Pata de los animales. || Muslo de los cuadrúpedos y aves. || Cada una de las partes de una cosa que gira alrededor de un eje o de un centro. *Las piernas de un compás.* || Trazo fuerte, vertical o ligeramente inclinado, de algunas letras. *Pierna de la «p».*
pieza *s. f.* Cada parte en que se divide una cosa, particularmente una máquina. *Las piezas de un motor.* || Moneda. *Pieza de cuproníquel.* || Alhaja u obra de arte trabajada con esmero. *Una maravillosa pieza de joyería.* || Cada unidad de una serie. *En su colección tiene magníficas piezas.* || Trozo de tela para hacer un remiendo. *Poner una pieza a un pantalón.* || Habitación, cuarto. *Piso de cuatro piezas.* || Animal de caza o pesca. || Nombre genérico de las fichas o figurillas que se utilizan en ciertos juegos. *Piezas de ajedrez.* || Obra dramática. *Una pieza en tres actos.* || Composición musical. *Pieza para orquesta.* || Unidad de presión, equivalente a la presión que, aplicada uniformemente en una superficie plana de 1 m^3, produce una fuerza total de un estenio. || *loc. fig.* y *fam.* ***Buena pieza:*** persona maliciosa. || ***Pieza de artillería:*** arma de fuego no portátil. || ***Pieza de recambio*** o ***de repuesto:*** pieza suelta que puede sustituir en un mecanismo otra semejante que ha sido estropeada. || *fam.* ***Quedarse de una pieza:*** quedarse estupefacto.
piezoelectricidad *s. f.* Conjunto de los fenómenos eléctricos que se manifiestan en un cuerpo sometido a presión o a deformación.
pífano *s. m.* Flautín de tono muy agudo. || Persona que lo toca.
pifia *s. f. fam.* Error, descuido. *Ese periodista sólo critica las pifias de los personajes famosos.* || *fam.* Dicho o hecho indiscreto. *Ernesto cometió la pifia de preguntar a su novia cuántos kilos pesaba.*
pifiar *t.* e *intr.* Cometer un error o una indiscreción.
pigargo *s. m.* Especie de águila de cola blanca. *El pigargo figura en el escudo de los Estados Unidos.*
pigmentación *s. f.* Formación y acumulación del pigmento en un tejido, especialmente en la piel.
pigmentar *t.* Colorar con un pigmento.
pigmentario, ria *adj.* Relativo al pigmento.
pigmento *s. m.* Materia colorante que se encuentra en el protoplasma de muchas células vegetales y animales. || Sustancia pulverizable con la cual se da color a las pinturas.
pigmeo, a *s.* Individuo de una raza de pequeña estatura que habita el África central y meridional. || *fig.* Hombre muy pequeño.

pignoración *s. f.* Acción y efecto de pignorar.
pignorar *t.* Empeñar, dar una cosa en prenda. *Pignorar alhajas, títulos del Estado.*
pignoraticio, cia *adj.* Relativo a la pignoración o al empeño. *Contrato pignoraticio.*
pija *s. f. Méx.* Tornillo para madera.
pijama *s.* Pantalón bombacho de tela muy ligera que se lleva en la India. || Traje ancho y ligero compuesto de chaqueta y pantalón usado para dormir.
pijota *s. f.* Merluza pequeña.
pijotada *s. f. fam.* Pijotería.
pijotería *s. f. fam.* Menudencia molesta. || Tontería.
pijotero, ra *adj.* y *s. desp.* Pesado. *Este pijotero niño.*
pila *s. f.* Recipiente donde cae o se echa el agua para varios usos. *La pila de la cocina, de una fuente.* || En las iglesias, sitio donde se administra el sacramento del bautismo. || Recipiente donde se guarda el agua bendita. || Montón, rimero. *Una pila de leña.* || *fam.* Gran cantidad. *Tener una pila de niños.* || En arquitectura, machón que sostiene los arcos de un puente. || En física, generador de electricidad que convierte la energía química en energía eléctrica. || *loc.* ***Nombre de pila:*** el que precede a los apellidos. *Su nombre de pila es Carmen.* || ***Pila atómica:*** reactor nuclear, generador de energía que utiliza la fisión nuclear. || ***Sacar de pila:*** ser padrino de un niño el día de su bautismo.
pilar *s. m.* Elemento vertical macizo que sirve de soporte a una construcción. || Pilón de una fuente. || Hito o mojón. || Pila de puente. || *fig.* Apoyo.
pilastra *s. f.* Columna cuadrada, generalmente adosada a una pared.
pilca *s. f. Amér.* Tapia de piedras y barro.
pilcha *s. f. Amér. Merid.* Prenda de vestir, a veces pobre o en mal estado. || *Arg.* Prenda de vestir. *Recoge tus pilchas y lávalas porque toda tu habitación ya huele a mugre.*
píldora *s. f.* Medicamento de forma de bolita. *Píldora purgante.* || *loc. fig.* y *fam.* ***Dorar la píldora:*** presentar una mala noticia bajo un aspecto agradable. || ***Tragar la píldora:*** creer un embuste.
pileta *s. f. Arg. Py.* y *Uy.* Pila de cocina o de lavar. *En la pileta se acumulan los platos sucios que habrá que lavar.* || *loc. Arg.* y *Uy.* ***Pileta de natación:*** piscina.
pilgüije *adj. Méx.* Miserable.
pilífero, ra *adj.* Que lleva pelos.
pillada *s. f. fam.* Pillería.
pillaje *s. m.* Robo. || Saqueo que hacen los soldados en país conquistado. *Someter a pillaje.*
pillapilla *s. m.* Juego de niños.
pillar *t.* Saquear. || *fig.* y *fam.* Alcanzar, coger. *Pillar a un ladrón.* || Atropellar. *Cuidado que no te pille un coche.* || Coger. *El engranaje le pilló un dedo.* || Descubrir. *Pilló a su hijo fumando.* || Coger, agarrar. *Pillar un resfriado.*
pillastre *s. m. fam.* Pillo.
pillear *intr. fam.* Hacer pillerías. || Llevar una vida de pillo.
pillería *s. f. fam.* Conjunto de pillos. || Acción propia de pillo.
pillo, lla *adj.* y *s. fam.* Pícaro.
pilluelo, la *adj.* y *s. fam.* Pícaro.
pilmama *s. f. Méx.* Nodriza, niñera, nana.
pilocarpo *s. m.* Planta rutácea de América del Sur. || Nombre que se da a las hojas del jaborandi.
pilón *s. m.* Columna, pilar. || Abrevadero de las fuentes. || *Méx.* Mercancía extra que el comerciante regala al cliente. *Compré manzanas y el vendedor me dio un pilón de dos ciruelas.* || *loc. Méx.* ***De pilón:*** por añadidura, además. *Nos perdimos y de pilón llovía.*
piloncillo *s. m. Méx.* Azúcar sólida y no refinada, vendida por lo general en forma de cono.
pilongo, ga *adj.* Flaco.
pilórico, ca *adj.* Relativo al píloro. *Glándulas pilóricas.*
píloro *s. m.* Abertura inferior del estómago por la cual entran los alimentos en los intestinos.
piloso, sa *adj.* Relativo al pelo.
pilotaje *s. m.* Acción de pilotar. *Pilotaje sin visibilidad.* || Derecho pagado por los servicios del piloto en los puertos donde se necesitan.
pilotar *t.* Dirigir un buque. || Guiar un automóvil, un avión.
pilote *s. m.* Madero puntiagudo que se hinca en tierra para consolidar cimientos, servir de soporte a una construcción, etc. *Casa construida sobre pilotes.*
pilotear *t.* Pilotar.
piloto[1] *adj.* Aplícase a lo que sirve de modelo. *Granja, fábrica piloto.*
piloto[2] *s. m.* El que dirige un buque o guía un automóvil, un avión, etc. || El segundo en un buque mercante. || *fig.* Luz roja en la parte posterior de un vehículo. *Dejar el piloto encendido al aparcar.* || Pequeña lámpara que sirve para indicar que funciona un aparato. || Llama que sirve para encenderlos. *El piloto del calentador de agua.* || *loc.* ***Piloto automático:*** conjunto de mecanismos (giroscopios, servomotores, etc.) que desempeñan las funciones del piloto en un avión o vehículo espacial. || ***Piloto de pruebas:*** el que está encargado de comprobar el resultado y la resistencia de un avión nuevo.
piltra *s. f.* Cama.
piltrafa *s. f.* Parte de carne flaca en la que casi todo es pellejo. *Elena sólo le da de comer a su perro piltrafas.* || Conjunto de residuos menudos de cualquier cosa. || *fam.* Persona de poca consistencia física o moral. || *loc. Méx. fam.* ***Estar hecho una piltrafa:*** estar agotado. *Estoy hecho una piltrafa porque no he parado de trabajar desde las cinco de la mañana.*
pilucho, cha *adj. Chil.* Desnudo. *Hubo un terremoto y varios vecinos salieron piluchos a la calle.*
pima *adj.* y *s.* Grupo indígena que vive en el norte de México.
pimental *s. m.* Plantío de pimientos. *Extensos pimentales.*
pimentero *s. m.* Arbusto trepador piperáceo, cuyo fruto es la pimienta. || Recipiente en que se pone la pimienta molida.
pimentón *s. m.* Polvo de pimientos secos encarnados. || En algunas partes, pimiento.
pimienta *s. f.* Fruto del pimentero, de gusto picante, usado como condimento. || *fig.* Gracia, agudeza.
pimiento *s. m.* Planta solanácea cuyo fruto es una baya hueca, generalmente cónica, al principio verde y después roja. || Fruto de esta planta, picante en algunas variedades, muy usado como alimento. || Pimentero. || Pimentón, pimiento molido. || *loc. fig.* y *fam.* ***Me importa un pimiento:*** me da igual. || ***Pimiento morrón:*** el más grueso y dulce de todos.
pimpante *adj.* Vestido con elegancia, peripuesto.
pimpinela *s. f.* Planta rosácea de sabor aromático y flores purpurinas.
pimpollo *s. m.* Vástago que echan las plantas. || Árbol nuevo. || Capullo de rosa. || *fig.* y *fam.* Niño o niña, muchacho o muchacha que se distinguen por su belleza.
pinacate *s. m. Méx.* Escarabajo de color negro que despide un olor desagradable cuando es atacado. *El pinacate suele criarse en lugares húmedos de América Central.*
pinacoteca *s. f.* Galería o museo de pintura. *La pinacoteca de Munich.*
pináculo *s. m.* Parte más elevada de un edificio monumental o templo. || *fig.* Cumbre, cima, auge. || Juego de naipes. || *loc. fig.* ***Poner a uno en el pináculo:*** ensalzarlo.
pinar *s. m.* Bosque de pinos.
pincel *s. m.* Instrumento hecho con pelos atados a un mango y con que el pintor asienta los colores. || Instrumento parecido con el cual se untan otras cosas, como el alquitrán. || *fig.* Estilo de un pintor. *El pincel de Goya, de Picasso.* || Pintor, el que pinta.
pincelada *s. f.* Trazo o toque que se da con el pincel. || *fig.* Expresión concisa de una idea o de un rasgo muy característico. || *loc. fig.* ***Dar la última pincelada:*** perfeccionar o concluir una obra.
pincelar *t.* Pintar.
pincelazo *s. m.* Pincelada.

pinchadura *s. f.* Pinchazo.
pinchar *t.* Picar, punzar con una cosa aguda o punzante. *Pinchar con un alfiler.* || *fig.* Irritar, provocar. || Enojar, picar. || *intr.* Perforarse una cámara de aire. || *loc. fig.* ***Ni pincha ni corta:*** no tiene ninguna autoridad en el asunto.
pinchazo *s. m.* Punzadura o herida que se hace con un objeto que pincha. || Perforación que provoca la salida del aire de un neumático, balón, etc.
pinche *adj. Méx. fam. vulg.* Despreciable, miserable, de mala calidad. || *s.* Ayudante de cocina. *Después de ser pinche varios años, Andrés llegó a ser jefe de cocina.* || *Chil. fam.* Persona con quien se forma pareja en una relación amorosa informal y de corta duración.
pincho *s. m.* Punta aguda de una cosa. *¡Ten cuidado! El cuchillo tiene un afilado pincho.* || Aperitivo que se sirve con un mondadientes o palillo, o con un pincho.
pindonga *s. f. fam.* Mujer callejera o azotacalles.
pindonguear *intr. fam.* Callejear la mujer.
pineal *adj.* Dícese de una glándula pequeña, de forma ovalada, situada encima del cerebro medio.
pineda *s. f.* Pinar.
pínfano *s. m.* Barbarismo por «tímpano», instrumento músico.
pingajo *s. m. fam.* Harapo.
pingo *s. m.* Pingajo. || *Arg. Chil.* y *Uy.* Caballo. || *Méx.* Muchacho travieso. *Ese niño es un pingo.*
pingorotudo, da *adj. fam.* Empinado, alto o elevado, erguido. || Encopetado.
ping-pong *s. m.* Juego de tenis sobre una mesa.
pingüe *adj.* Grasoso, mantecoso. || Abundante. *Pingües ganancias.* || Fértil.
pingüino *s. m.* Ave que vive en la zona del círculo antártico, de color negro y blanco y con alas pequeñas e inútiles para volar. *Los pingüinos machos empollan los huevos que ponen las hembras.*
pinitos *s. m. pl.* Primeros pasos del niño. || *fig.* Principios.
pinnípedo, da *adj.* Dícese de los mamíferos marinos de patas palmeadas, como la foca, el otario, la morsa. || *s. m. pl.* Orden formado por estos animales.
pino *s. m.* Árbol conífero con tronco de madera resinosa, hojas siempre verdes, y cuyo fruto es la piña y el piñón su semilla. || *Chil.* Relleno de la empanada.
pino, na *adj.* Empinado.
pinol o **pinole** *s. m. Amér. C.* y *Méx.* Harina de maíz o amaranto tostado que se mezcla con cacao, azúcar y canela y se come como golosina o se usa para preparar una bebida refrescante y otros alimentos.
pinolate *s. m. Méx.* Bebida de pinole, azúcar y cacao, con agua.
pinolero, ra *adj.* y *s. fam. Amér.* Nicaragüense.
pinolillo *s. m. Méx.* Larva de una especie de garrapata.
pinsapar *s. m.* Plantío poblado de pinsapos.
pinsapo *s. m.* Árbol conífero parecido al abeto.
pinta *s. f.* Medida de capacidad de poco menos o poco más de medio litro. *En Inglaterra miden la cerveza en pintas.*
pinta *s. f.* Mota, lunar, mancha. || Apariencia. *Con su bata blanca, ese hombre tiene pinta de médico.* || *loc. fam. Méx.* ***Irse de pinta:*** faltar a clases en la escuela sin tener permiso para ello. *Los jóvenes piensan irse de pinta al lago.* || *loc.* ***Hacer una pinta:*** dibujar o escribir un letrero en una pared.
pintada *s. f.* Gallina de Guinea.
pintado, da *adj.* Naturalmente matizado de diversos colores. || *fig.* Exacto. *Es su padre pintado.* || *loc. fig.* ***El más pintado:*** el más listo. || ***Venir como pintado:*** venir muy bien. || *s. m.* Acción de pintar. || Acción y efecto de pintar en las paredes expresiones, por lo común políticas. || *loc. fig. Arg. Cub. Hond. Nic. Py. Per. Uy.* y *Ven.* ***Estar alguien pintado (en las paredes):*** no tener presencia ni autoridad real.
pintalabios *s. m.* Barra para pintarse los labios.
pintamonas *s. com. fig.* y *fam.* Mal pintor.
pintar *t.* Representar cosas o seres vivos con líneas y pinturas. *Pintar un paisaje.* || Cubrir con pintura. *Pintó su coche de rojo.* || *fam.* Dibujar. *Pintar monigotes.* || Escribir. *Pintar el acento.* || *fig.* Describir. *Pintar un carácter, una escena.* || *fig.* y *fam.* Tener importancia o influencia. *Tú aquí no pintas nada.* || *intr.* Empezar a tomar color y madurar ciertos frutos. || *fam.* Mostrarse la calidad de algunas cosas. || *pr.* Darse colores y cosméticos. *Pintarse los labios, las mejillas.* || *fig.* Manifestarse, dejarse ver. *La felicidad se pintaba en su rostro.*
pintarrajar o **pintarrajear** *t. fam.* Pintorrear.
pintarroja *s. f.* Lija, pez selacio.
pintiparado, da *adj.* Muy parecido. *Es su madre pintiparada.* || Muy adecuado u oportuno. *Esto me viene pintiparado.* || Adornado, emperejilado. *Iba muy pintiparado.*
pintiparar *t.* Comparar una cosa con otra.
pinto, ta *adj.* Pintado.
pintor, ra *s.* Persona que se dedica a la pintura. || *loc.* ***Pintor de brocha gorda:*** a) El de puertas y ventanas. b) *fig.* Mal pintor.
pintoresco, ca *adj.* Que atrae la vista por su belleza o particularidad. *Un pueblo pintoresco.* || *fig.* Vivo, muy gráfico y expresivo. *Lenguaje, estilo pintoresco.* || Original. *Un traje pintoresco.*
pintoresquismo *s. m.* Calidad de pintoresco.
pintorrear *t.* Pintar sin arte.
pintura *s. f.* Arte de pintar. *Pintura al óleo, al fresco, al temple, a la aguada.* || Obra pintada. *Una pintura de Fra Angélico.* || Sustancia colorada con que se pinta. *Pintura verde.* || *fig.* Descripción. *Hacer la pintura de las costumbres de un pueblo.* || *loc.* ***No poder ver a uno ni en pintura:*** no poder aguantarlo. || ***Pintura rupestre:*** la prehistórica, que se encuentra en cavernas o sobre rocas. *Son famosas las pinturas rupestres de Altamira (España).*
pinturero, ra *adj.* y *s. fam.* Dícese del que presume de bien parecido o elegante. *Joven pinturera.*
pinzas *s. f.* Instrumento de metal a modo de tenacillas para coger o sujetar cosas pequeñas. *Pinzas de relojero, de cirugía.* || Órgano prensil de los crustáceos, insectos y otros animales. *Las pinzas del cangrejo, del alacrán.* || Pliegue hecho en el interior de la ropa para estrecharla o como adorno.
pinzón *s. m.* Pájaro insectívoro y cantor, del tamaño de un gorrión.
piña *s. f.* Fruto del pino y otros árboles, de forma aovada. || Ananás. || *fam.* Puñetazo. || *fig.* Conjunto de personas o cosas estrechamente unidas. || *Arg. Bol. Chil. Cub. Py.* y *Uy.* Golpe, puñetazo, porrazo.
piñal *s. m. Amér.* Terreno plantado de piñas o ananás.
piñata *s. f.* Olla adornada con papel, que se llena de dulces u otros regalos y se cuelga para ser rota con un palo durante algunas fiestas populares. *Quebraron dos piñatas en la fiesta.*
piñazo *s. m. Méx.* Modalidad delictiva de asalto a la salida de un banco.
piñón *s. m.* Simiente del pino, dulce y comestible en el pino piñonero. || Esta simiente bañada en azúcar. || Último burro de la recua. || Arbusto americano euforbiáceo. || Pieza del disparador de las armas de fuego. || Huesecillo terminal del ala de las aves. || La menor de las dos ruedas dentadas de un engranaje. || *fig.* y *fam.* ***Estar uno a partir un piñón con otro:*** estar los dos en muy buenos términos.
piñonata *s. f.* o **piñonate** *s. m.* Dulce a base de piñones y azúcar.
piñonero *adj. s. m.* Aplícase a una variedad de pino de gran altura y de piñones comestibles. || Pinzón real.
pío *s. m.* Voz del pollo de cualquier ave. || *loc. fig.* y *fam.* ***No decir ni pío:*** no decir nada.
pío, a *adj.* Devoto, inclinado a la piedad. || Compasivo. || Aplícase a la

P

caballería que tiene la piel de varios colores. || *loc.* ***Obra pía:*** obra de beneficencia.
piocha *s. f. Méx.* Barba terminada en punta que cubre únicamente la barbilla.
piojillo *s. m.* Insecto parásito de las aves.
piojo *s. m.* Género de insectos hemípteros, anopluros, parásitos en el hombre y en los animales.
piojoso, sa *adj.* Que tiene muchos piojos. || *fig.* Mezquino, avaro. || Sucio y harapiento.
piola *s. f.* Pequeño cabo formado de dos o tres filásticas. || Juego en el que los jugadores saltan, alternativamente, unos por encima de otros. *Jugar a la piola.* || *adj.* y *s. fam. Arg. Py.* y *Uy.* Agradable, simpático. || *Arg.* y *Uy.* Astuto, pícaro.
piolet *s. m.* Bastón de montañero.
piolín *s. m. Amér. C.* y *Amér. Merid.* Cordel delgado de cáñamo, algodón u otra fibra.
pión, piona *adj.* y *s.* Que pía mucho.
pionero, ra *s.* Persona que abre el camino a otras, adelantado.
piorrea *s. f.* Flujo de pus, especialmente en las encías.
pipa *s. f.* Semilla de algunas frutas como la sandía y el melón. || *s. f.* Utensilio formado por una cazoleta y una boquilla, usado para fumar. *Existen pipas de diferentes tipos de madera.* || Tonel para líquidos. *En la bodega hay una pipa llena de vino.* || *Méx.* Camión que lleva un depósito grande para transportar líquidos. *Algunas pipas transportan agua potable.*
piperáceo, a *adj.* y *s. f.* Aplícase a las plantas dicotiledóneas a que pertenece el pimentero. || *pl.* Familia que forman.
pipermín *s. m.* Bebida alcohólica de menta.
pipeta *s. f.* Tubo de cristal ensanchado en su parte media, que sirve para transvasar pequeñas porciones de líquidos. *Pipeta de laboratorio.*
pipí *s.fam.* Orina. *¡Mamá, la perra se hizo pipí en mi cama!*
pipián *s. m. Méx.* Salsa que se prepara con pepitas de calabaza molidas, chile y especias. *El pato en pipián es un platillo clásico de la cocina mexicana.*
pipil *adj.* y *s.* Individuo de un antiguo pueblo nahua de El Salvador y Guatemala.
pípila *s. m. Méx.* Guajolote, pavo.
pipiolo *s. m.* Miembro del Partido Liberal chileno de 1823 a 1829. || *fam.* Novato, inexperto.
pipirigallo *s. m.* Planta papilionácea.
pipirigaña *s. f.* Pizpirigaña.
pique *s. m.* Resentimiento, enfado. || Sentimiento de emulación o rivalidad. || Amor propio. || Varenga en forma de horquilla. || *Amér.* Nigua, insecto. || Senda estrecha. || *loc.* ***A pique:*** a punto de, próximo a; a plomo, perpendicularmente. || ***Echar a pique:*** a) Hundir una embarcación. b) *fig.* Destruir una empresa. || ***Irse a pique:*** a) Hundirse una embarcación. b) *fig.* Fracasar una empresa, arruinarse, gastarse completamente la fortuna.
piqué *s. m.* Tela de algodón que forma dibujos en relieve, especialmente en forma de canutillos, y que se emplea en prendas o ropa de vestir.
piquera *s. f.* Agujero de los toneles y alambiques. || En los altos hornos, agujero por donde sale el metal fundido. || Mechero de una lámpara. || Agujero en uno de los dos frentes de las colmenas. || *Cub.* Parada de taxis. || *Méx.* Taberna de inferior calidad.
piquero *s. m.* Soldado armado de pica. || *Chil.* y *Per.* Ave palmípeda de la cual procede el guano de las islas Chinchas.
piqueta *s. f.* Zapapico.
piquete *s. m.* Picadura, pinchazo. || Agujero pequeño que se hace en las ropas u otras cosas. || Jalón pequeño. || Número reducido de soldados empleados para ciertos servicios. *Piquete de ejecución.* || *loc.* ***Piquete de huelga:*** grupo de huelguistas que se colocan a la entrada de un lugar de trabajo y cuidan de la buena ejecución de las consignas de huelga.
pira *s. f.* Hoguera.
piragua *s. f.* Embarcación larga y estrecha, en general de una pieza, usada en América y Oceanía. || Canoa o kayac. *Carrera de piraguas.*
piragüero, ra *s.* El que conduce una piragua.
piramidal *adj.* De figura de pirámide. || Dícese de cada uno de dos músculos pares que producen la abducción del fémur.
pirámide *s. f.* Sólido que tiene por base un polígono y cuyas caras son triángulos que se reúnen en un mismo punto llamado vértice. || Monumento que tiene la forma de este sólido. *Las pirámides de Gizeh, de Cholula.* || Montón de objetos que tiene la misma forma. || *loc.* ***Pirámide regular:*** la que tiene como base un polígono regular y como caras triángulos isósceles iguales. || ***Pirámide truncada:*** la que no tiene vértice y cuya parte superior es paralela a su base.
piraña *s. f.* Pez muy voraz, propio de los ríos de Amazonia.
pirarse *pr. fam.* Largarse, irse, marcharse. *Alejandro estuvo sólo media hora en la fiesta y luego se piró.* || *fam. Méx.* Morirse. || *fam. Méx.* Perder la cabeza, enloquecer.
pirata[1] *adj.* Clandestino, ilegal. *En ese mercado venden casetes piratas.*
pirata[2] *s.*Persona que asalta y roba a barcos en el mar. *Sir Francis Drake fue uno de los piratas más famosos.*
piratear *intr.* Perpetrar actos propios de un pirata. *Los corsarios y bucaneros pirateaban en los mares.* || Cometer delitos que lesionan la propiedad intelectual. *Ese productor de televisión pirateó una novela, y tendrá que pagar una fuerte multa.*
piratería *s. f.* Actividad del pirata. *La piratería consiste en el saqueo y destrucción de bienes ajenos.* || Clandestinidad, ilegalidad.
pirausta *s. f.* Mariposilla que, según los antiguos, vivía en el fuego.
piraya *s. f. Amér.* Piraña.
pirenaico, ca *adj.* Relativo a los Pirineos. *Cordillera pirenaica.*
pirex *s. m.* Cristal poco fusible y muy resistente al calor.
pirexia *s. f.* Estado febril.
pirindola *s. f.* Perinola.
pirindolo *s. m.* Adorno de remate en forma de bola. || *fig.* y *fam.* Cosa, chisme.
pirinola *s. f. Méx.* Perinola.
pirita *s. f.* En minería, sulfuro natural de hierro o de cobre (calcopirita) que se obtiene en forma de cristales con reflejos dorados.
piroelectricidad *s. f.* Electricidad engendrada en un cuerpo por variaciones de temperatura.
pirofosfato *s. m.* Sal del ácido pirofosfórico.
pirofosfórico *adj.* y *s. m.* Aplícase a un ácido que se obtiene al calentar el ácido fosfórico.
pirograbado *s. m.* Procedimiento de grabar en la madera o el cuero por medio de una punta de platino incandescente.
pirólisis *s. f.* En química, descomposición producida por el calor.
piromancia o **piromancía** *s. f.* Adivinación por el color y la forma de la llama.
pirómano, na *adj.* y *s.* Que tiene la manía de provocar incendios.
piropear *t. fam.* Echar piropos. *Todos la piropean.*
piropo *s. m. fam.* Requiebro, galantería. *Decir o echar piropos muy graciosos.*
pirosfera *s. f.* Masa candente que se suponía que ocupaba el centro de la Tierra.
pirosis *s. f.* Sensación de ardor desde el estómago hasta la faringe.
pirotecnia *s. f.* Arte de preparar explosivos y fuegos artificiales.
pirotécnico, ca *adj.* Relativo a la pirotecnia. || *s. m.* El que se dedica a la pirotecnia.
piroxena *s. f.* o **piroxeno** *s. m.* Silicato de hierro, cal y magnesia, que forma parte de varias rocas volcánicas.
pirrarse *pr. fam.* Tener mucha afición o ganas. *Pirrarse por la música, por ir.*
pírrico, ca *adj.* y *s.* Aplícase a una danza militar de la antigua Grecia. || *loc.* ***Victoria pírrica:*** la que se logra

con muchos sacrificios; éxito obtenido con excesivas pérdidas.
pirrónico, ca *adj.* y *s.* Escéptico. *Escuela pirrónica.*
pirronismo *s. m.* Escepticismo.
pirú *s. m.* Árbol de tronco torcido y fruto globoso, cuya semilla tiene un sabor parecido a la pimienta. *Se dice que si uno se duerme bajo un pirú le dolerá la cabeza.*
pirueta *s. f.* Vuelta ágil y rápida hecha sobre la punta de un pie. *La bailarina podía dar 40 piruetas sin parar ni perder el equilibrio.*
pirul *s. m. Méx.* Pirú.
pirulero *adj.* Voz de un juego infantil hispanoamericano. *Juan Pirulero.*
pirulí *s. m.* Caramelo montado sobre un palito.
pirulo *s. m.* Botijo.
pis *s. fam.* Orina. *El niño se hizo pis.*
pisa *s. f.* Acción de pisar. || Cantidad de aceituna o uva que se pisa de una vez. || *fam.* Zurra, paliza.
pisada *s. f.* Huella que deja el pie en la tierra. || Ruido que hace una persona al andar. *Se oían sus pisadas.* || Aplastamiento. || *loc. fig.* ***Seguir las pisadas de uno:*** imitarle.
pisador, ra *adj.* Que pisa. || Aplícase al caballo que pisa con fuerza y estrépito. || *s. m.* El que pisa la uva.
pisadura *s. f.* Pisada, huella de pasos.
pisapapeles *s. m.* Objeto pesado que se pone sobre los papeles para que no se muevan.
pisar *t.* Poner el pie sobre algo. *Me has pisado el pie.* || Apretar o estrujar con el pie, o con un instrumento. *Pisar la uva, los paños, la tierra.* || Entre las aves, cubrir el macho a la hembra. *Pisar el palomo la paloma.* || Cubrir una cosa parte de otra. || En música, pulsar las teclas o cuerdas de un instrumento. || *fig.* Pisotear. *Pisar la Constitución, las leyes.* || Aprovechar una cosa anticipándose a otra persona. *Pisarle el puesto a uno.*
pisaverde *s. m. fam.* Joven muy presumido y coqueto.
piscícola *adj.* Relativo a la piscicultura.
piscicultor, ra *s.* Persona dedicada a la piscicultura.
piscicultura *s. f.* Arte de criar y fomentar la reproducción de los peces en los ríos y estanques.
piscifactoría *s. f.* Establecimiento piscícola.
pisciforme *adj.* Que tiene forma de pez.
piscina *s. f.* Estanque artificial para nadar y bañarse.
piscle *s. m. Méx.* Caballo malo.
pisco *s. m. Bol. Chil.* y *Per.* Aguardiente de uva. || *Col.* y *Ven.* Pavo.
piscolabis *s. m. fam. Esp.* Refrigerio o aperitivo. *El piscolabis que comí me abrió más el apetito.*
piso *s. m.* Suelo de un edificio, habitación o terreno. *Piso de baldosines; el piso de una carretera.* || Cada una de las plantas de una casa. *Primer, último piso.* || Vivienda. *Un piso de cinco habitaciones.* || En geología, cada una de las capas que se distinguen en un terreno.
pisón *s. m.* Instrumento pesado con el cual se golpea el suelo para apretar la tierra o el hormigón para igualar los adoquines, etc.
pisotear *t.* Pisar repetidamente. *Este periódico ha sido pisoteado en el suelo.* || *fig.* Humillar, maltratar de palabra. *Pisotear al vencido.* || Hacer caso omiso de, infringir. *Pisotear las leyes.*
pisoteo *s. m.* Acción de pisotear.
pisotón *s. m. fam.* Pisada muy fuerte sobre el pie de otro.
pispiar o **pispar** *t. Amér. Merid.* Observar lo que otros hacen sin ser visto.
pista *s. f.* Rastro o huellas de los animales en la tierra por donde han pasado. *La pista del jabalí.* || Sitio destinado a las carreras y otros ejercicios. *La pista de un hipódromo, de un circo.* || Sitio adecuadamente allanado para ciertas cosas. *Pista de baile.* || Terreno destinado al despegue y aterrizaje de los aviones. || Camino carretero provisional. *Pista militar.* || *fig.* Conjunto de indicios que puede conducir a la averiguación de un hecho. || En tecnología, parte de la cinta magnética en que se graban los sonidos.
pistache *s. m. Méx.* Pistachero. || Pistacho.
pistachero *s. m.* Alfóncigo, árbol.
pistacho *s. m.* Fruto del alfóncigo.
pistilo *s. m.* Órgano femenino de la flor, que consta de ovario y estigma, y a veces de estilo.
pisto *s. m.* Jugo de carne. || Fritada de pimientos, tomates, cebolla y varias hortalizas más. || *Amér. C.* Dinero. || *loc. fig.* y *fam.* ***Darse pisto:*** darse importancia.
pistola *s. f.* Arma de fuego pequeña, de cañón corto y que se dispara con una sola mano. || Pulverizador para pintar. || *loc. fam. Méx.* ***Por mis pistolas:*** a la fuerza.
pistolera *s. f.* Estuche de cuero para guardar la pistola.
pistolero *s. m.* Bandido armado de pistola. || Asesino al servicio de otra persona.
pistoletazo *s. m.* Tiro de pistola. || Herida producida.
pistón *s. m.* Émbolo. || Cápsula, mixto para escopeta o para hacer el efecto de explosión en las pistolas de juguete. || En música, llave en forma de émbolo que tienen ciertos instrumentos. *Corneta de pistón.* || Corneta de llaves.
pistonudo, da *adj. fam.* Excelente, magnífico, estupendo.
pistují *s. m. Méx.* Ave de la familia de los tiránidos.
pita *s. f.* Planta amarilidácea, oriunda de México, de hojas grandes y carnosas, una de cuyas variedades produce un líquido azucarado con el cual se hace el pulque. || Hilo que se hace con las flores de esta planta. || Canica, bolita. || Acción de pitar, abucheo. *Al entrar recibió una pita.*
pitada *s. f.* Sonido del pito. || *fig.* Pita, silbido, abucheo. || *Arg. Bol. Chil. Ecua. Py. Per.* y *Uy.* Acción de inhalar y exhalar el humo de un cigarro.
pitagórico, ca *adj.* Relativo a Pitágoras, a su filosofía o a su escuela. || *loc.* ***Tabla pitagórica:*** la de multiplicar.
pitagorismo *s. m.* Doctrina de Pitágoras.
pitahaya *s. f. Amér.* Planta cactácea trepadora, de hermosas flores.
pitanza *s. f.* Reparto diario de alimento en las comunidades. || *fam.* Alimento cotidiano. || Sueldo.
pitar *t.* Manifestar desaprobación o descontento mediante silbidos. *Pitar a un torero.* || Distribuir la pitanza. || *Amér. fam.* Fumar. || *intr.* Tocar el pito. || *fig.* y *fam.* Ir algo a medida de los deseos de uno. *Mi negocio pita.* || *loc. fam.* ***Salir pitando:*** irse a todo correr.
pitazo *s. m. Méx.* Aviso, soplo. *Lo arrestaron gracias a un pitazo.*
pitecántropo *s. m.* Nombre de un primate fósil con muchos rasgos humanos del cual se encontraron restos en Java.
pitia *s. f.* Pitonisa.
pítico, ca *adj.* Pitio.
pitido *s. m.* Silbido.
pitillera *s. f.* Cigarrera que hace pitillos. || Estuche donde se guardan los cigarrillos.
pitillo *s. m.* Cigarrillo.
pitiminí *s. m.* Rosal de flor pequeña.
pitio, tia *adj.* Relativo a Apolo o a Pitia. || *loc.* ***Juegos pitios:*** los celebrados en Delfos en honor de Apolo.
pitirrojo *s. m.* Petirrojo.
pito *s. m.* Instrumento que al ser soplado produce un sonido agudo. *Los pitos que les dieron a los niños hacían mucho ruido.* || *vulg.* Pene, miembro viril. || *loc. fig.* ***No importar un pito:*** no importar nada. || ***No tocar pito en un asunto:*** no tener nada que ver. || ***No valer un pito*** o ***tres pitos:*** no valer nada. || ***Por pitos o flautas:*** por una razón o por otra.
pitón *s. m.* Cuerno que empieza a salir a ciertos animales. *El pitón del toro, del cordero, del cabrito.* || Pitorro de las vasijas. || *fig.* Pequeño bulto que sale en la superficie de alguna cosa. || Renuevo del árbol. || Especie de clavo utilizado en montañismo. || Reptil de Asia y África no venenoso, que alcanza hasta 10 m de longitud.
pitonazo *s. m.* Cornada.
pitonisa *s. f.* Sacerdotisa de Apolo.
pitorrearse *pr. fam.* Burlarse. *Es un hombre bobo que se pitorrea de todo y de todos.*

pitorreo *s. m.* Hecho de burlarse o hacerle bromas a otro. *Adrián pasa de un pitorreo a otro.*

pitorro *s. m.* En los botijos y porrones, tubo para la salida del líquido.

pitpit *s. m.* Pájaro insectívoro, de plumaje pardo.

pituco, ca *adj.* y *s. Amér. Merid.* Cursi. *Vi unos muebles carísimos y pitucos en la tienda.* || *Arg.* Persona vestida de manera elegante. *Los pitucos sólo piensan en comprar ropa cara.*

pituita *s. f.* Mucosidad que segregan las membranas de la nariz y los bronquios.

pituitario, ria *adj.* Que segrega pituita. || *loc.* ***Membrana pituitaria:*** la mucosa de la nariz.

pituso, sa *adj.* Dicho de un niño, gracioso, lindo. || *s. fam.* Niño.

piurano, na *adj.* y *s.* De Piura, ciudad del Perú.

piure *s. m. Chil.* Primitivo animal marino comestible que vive en colonias junto a la costa.

pivotante *adj.* Aplícase a la raíz central de ciertas plantas que profundiza verticalmente en la tierra. *La raíz pivotante del nabo.*

pivote *s. m.* En tecnología, pieza cilíndrica que gira sobre un soporte. || Soporte en el que puede girar algo. || En baloncesto, delantero centro.

pixel *s. m.* Abreviatura de «Picture Element» (elemento pictórico), el menor de los elementos de una imagen al que se puede aplicar color o intensidad.

piyama *s. m.* Pijama. En América se emplea frecuentemente en femenino.

pizarra *s. f.* Roca sedimentaria de color gris o azulado. *Las casas de montaña tienen tejados de pizarra.* || Trozo de la roca llamada pizarra preparado para escribir sobre él. *Antes cada niño tenía una pequeña pizarra y una tiza para trabajar en la escuela.*

pizarral *s. m.* Sitio donde hay pizarras.

pizarreño, ña *adj.* Relativo a la pizarra o parecido a ella.

pizarrín *s. m.* Lápiz para escribir en la pizarra.

pizarrón *s. m. Méx.* Pizarra, encerado. *La maestra escribió en el pizarrón lo que debíamos copiar.*

pizarroso, sa *adj.* Que contiene pizarra o es parecido a ella.

pizca *s. f. fam.* Porción muy pequeña de una cosa. *Comer una pizca de pan.* || *Méx.* Recolección de frutos. *La pizca del maíz.* || *loc. fam.* ***Ni pizca:*** nada. *Este cuadro no me gusta ni pizca.*

pizote *s. m. Amér. C.* Tejón, coatí.

pizpereta o **pizpireta** *adj.* y *s. f. fam.* Aplícase a la mujer vivaracha, alegre y simpática.

pizza *s. f.* Alimento italiano a base de masa delgada de pan a la que se le pone encima tomate, queso e ingredientes variados.

pizzicato *s. m.* En música, modo de ejecución en los instrumentos de arco que consiste en pellizcar las cuerdas con los dedos. || Trozo ejecutado de esta manera.

placa *s. f.* Lámina, plancha u hoja delgada y rígida. || Lámina de cristal o de metal sensibilizada que sirve para obtener una prueba fotográfica negativa. || Electrodo de un tubo electrónico. || En medicina, mancha en la piel o en una mucosa provocada por una dolencia. || Insignia de ciertas órdenes y profesiones. *Placa de policía.* || Rótulo. || *Méx.* Matrícula de un auto. || *loc.* ***Placa tectónica:*** en geografía, sección de gran tamaño de la corteza terrestre que flota sobre el manto.

placard *s. m. Arg. Chil. Py.* y *Uy.* Armario empotrado, clóset.

placear *t.* Vender géneros comestibles al por menor. || *fig.* Ejercitarse el torero en plazas. || Ejercitarse cualquier persona para adquirir experiencia.

pláceme *s. m.* Felicitación.

placenta *s. f.* Órgano ovalado y aplastado que une el feto con la superficie del útero. || Parte vascular del fruto de las plantas a la que están unidas las semillas.

placentario, ria *adj.* Relativo a la placenta. || *s. m. pl.* Mamíferos que están provistos de placenta.

placentero, ra *adj.* Agradable.

placer *intr.* Agradar.

placer *s. m.* Sentimiento experimentado a causa de algo que agrada. *La música le causa mucho placer.* || Gusto. *Le ayudaré con sumo placer.* || Diversión, entretenimiento. *Los placeres de la vida.* || Voluntad. *Tal es mi placer.* || Banco de arena en el mar. || Yacimiento superficial aurífero. || Pesquería de perlas en América. || *loc.* ***A placer:*** a medida de sus deseos; lentamente, poco a poco.

placero, ra *adj.* Relativo a la plaza. || *s.* Aplícase a la persona que vende comestibles en la plaza. || *fig.* Ocioso, callejero.

plácet *s. m.* Asentimiento de un gobierno al nombramiento de un agente diplomático extranjero.

placidez *s. f.* Calma, apacibilidad.

plácido, da *adj.* Tranquilo, apacible. *Un hombre plácido.* || Sosegado y agradable. *Llevar una vida plácida.*

plafón *s. m.* Sofito.

plaga *s. f.* Calamidad grande que aflige a un pueblo. *Las plagas de Egipto.* || *fig.* Abundancia de una cosa nociva o buena. *Plaga de moscas, de frutas.* || Azote que daña la agricultura. *Plaga de langosta, de la filoxera.* || Infortunio, desgracia. || Enfermedad.

plagar *t.* Cubrir de algo perjudicial. *Plagar de heridas, de pústulas.* || Llenar. *Texto plagado de errores.* || *loc.* ***Plagado de deudas:*** abrumado, lleno de deudas.

plagiar *t.* Copiar o imitar obras ajenas dándolas como propias. *Plagiar a Cervantes.*

plagiario, ria *adj.* y *s.* Dícese de la persona que plagia.

plagio *s. m.* Copia o imitación de una obra ajena. || *Amér.* Secuestro.

plagióstomos *s. m. pl.* Orden de peces selacios que tienen la boca en la parte inferior de la cabeza, como el tiburón.

plaguicida *adj.* y *s. m.* Que se emplea para combatir las plagas.

plan *s. m.* Estructura general de una obra. *El plan de una novela.* || Intención, proyecto. *No tengo ningún plan para esta tarde.* || Programa, detalle de las cosas que hay que hacer para la ejecución de un proyecto. *Plan de trabajo.* || Conjunto de medidas gubernamentales o intergubernamentales tomadas para organizar y desarrollar la actividad económica. *Plan quinquenal.* || Altitud o nivel. || En marinería, parte inferior y más ancha de la bodega de un barco. || En medicina, régimen y tratamiento. *Estar a plan.* || En minería, piso de una mina. || *fam.* Chico o chica con quien uno sale. *Pedro tiene un plan estupendo para el domingo.* || *loc.* **En plan de:** en concepto de.

plana *s. f.* Cara de una hoja de papel. || Página de escritura hecha por los niños. || Extensión llana, llanura. *La plana del Ampurdán.* || Llana de albañil. || En imprenta, página de composición. || *Méx.* Compromiso político de carácter revolucionario. *El Plan de Iguala.* || *loc. fig.* **Enmendar la plana:** encontrar correcciones que hacer en lo que otro ha realizado. || ***Titular a toda plana:*** en un periódico, titular que ocupa toda la anchura de la página.

plancha *s. f.* Lámina o placa de metal. || Utensilio consistente en una superficie metálica calentada generalmente por una resistencia eléctrica y un asa que sirve para planchar la ropa. || Conjunto de ropa planchada. || Pasarela que se tiende de una embarcación al muelle. || Modo de nadar, flotando en el agua de espaldas. *Hacer la plancha.* || *fig.* Metedura de pata, equivocación molesta. *Tirarse una plancha.*

planchado *s. m.* Acción de planchar. || Ropa planchada o que se ha de planchar.

planchador, ra *s.* Persona cuyo oficio consiste en planchar ropa blanca o vestidos.

planchar *t.* Desarrugar la ropa con la plancha caliente o una máquina especial. || *fam.* Dejar a uno esperando. || *Amér.* Adular.

planchazo *s. m.* Planchado rápido. || En el futbol, calzo. || *fam.* Metedura de pata. *Tirarse un planchazo.*

plancton *s. m.* Conjunto de los organismos microscópicos que viven en suspensión en las aguas marinas o dulces.

planeador *s. m.* Avión sin motor que vuela aprovechando las corrientes atmosféricas.

planeamiento *s. m.* Acción y efecto de planear.

planear *t.* Trazar el plan de una obra. || Proyectar. *Planear un viaje, una reforma.* || Preparar, organizar. *Planear una conspiración.* || *intr.* Cernerse en el aire como las aves. || Hacer planes o proyectos. || *loc.* ***Vuelo planeado:*** el de un avión que vuela sin motor o con el motor parado.

planeo *s. m.* Vuelo planeado.

planeta *s. m.* Cuerpo celeste opaco que gira alrededor del Sol. || *loc.* ***Planetas externos:*** los planetas del sistema solar que se hallan más alejados del Sol que de la Tierra. || ***Planetas internos:*** los planetas del sistema solar que se encuentran entre la Tierra y el Sol.

planetario, ria *adj.* Relativo a los planetas. *Sistema planetario.* || Relativo a todo el mundo. *A escala planetaria.* || *s. m.* Aparato mecánico con el cual se imita el movimiento de los planetas. || Planetarium. || En un mecanismo diferencial, piñón montado directamente en los árboles mandados por los satélites de la corona. *Engranaje planetario.*

planetarium *s. m.* Dispositivo para reproducir los movimientos de los cuerpos celestes en una bóveda que figura el firmamento.

planicie *s. f.* Llanura. || Meseta.

planificación *s. f.* Establecimiento de programas detallados para el buen desarrollo de una actividad. *La planificación del trabajo.*

planificador, ra *adj.* y *s.* El que se ocupa de la planificación.

planificar *t.* Establecer un plan o programa para organizar una actividad. *Planificar la economía.*

planilla *s. f. Amér.* Lista, nómina.

planilla *s. f.* Documento que se rellena con datos. || *Méx.* Cada uno de los grupos que contienden en un proceso electoral. *Aspiran a ocupar la mesa directiva dos planillas, la roja y la azul.*

planimetría *s. f.* Representación en un plano de una porción de la Tierra.

planímetro *s. m.* Instrumento para medir áreas de figuras planas.

planisferio *s. m.* Mapa en que están representadas la esfera celeste o la terrestre.

plano, na *adj.* Llano, de superficie lisa. || En geometría, relativo al plano. *Geometría plana.* || Aplícase al ángulo que es igual a dos rectos. || *s. m.* En geometría, superficie plana limitada. || Representación gráfica de las diferentes partes de una ciudad, un edificio, una máquina, etc. *Un plano de Barcelona, del museo del Prado.* || Distancia relativa de los objetos representados en un cuadro o fotografía. *Plano de fondo.* || Elemento de una película fotografiado en una sola toma de vistas. *Primer plano, plano general, medio.* || *fig.* Esfera, terreno. || *loc.* ***De plano:*** claramente, sin rodeos; cuan largo es uno. ***Caer de plano:*** de lleno. || ***Levantar un plano:*** representar un terreno reduciendo proporcionalmente sus dimensiones. || ***Plano inclinado:*** superficie oblicua utilizada para facilitar la elevación de ciertos pesos.

planta *s. f.* Nombre genérico de todo lo que vive adherido al suelo por medio de raíces. *Planta herbácea, textil, de adorno.* || Plantío. || Parte del pie o de la pata que se apoya en el suelo. || Plano. *La planta de un templo.* || Proyecto, plan. || Piso. *Vivir en la primera planta.* || Pie de una perpendicular. || Plantilla de una empresa. || Fábrica, instalación. *Planta embotelladora; planta eléctrica.* || *fam.* Presencia. *Tener buena planta.* || *loc.* ***Planta baja:*** piso de una casa situado al nivel del suelo.

plantación *s. f.* Acción de plantar. || Conjunto de lo plantado. || Explotación agrícola generalmente de un solo cultivo. *Plantación de tabaco, naranjera.*

plantador, ra *adj.* y *s.* Aplícase al que se dedica a la plantación. || *s. m.* Instrumento para plantar. || *s. f.* Máquina para plantar.

plantagináceo, a *adj.* y *s. f.* Dícese de las plantas dicotiledóneas a las que pertenece el llantén. || *pl.* Familia que forman.

plantaina *s. f.* Llantén.

plantar *adj.* De la planta del pie. *Músculo plantar.*

plantar *intr.* Meter en tierra una planta o un vástago para que arraigue. *Plantar vides, patatas.* || *fig.* Clavar en tierra. *Plantar postes.* || Colocar. *Plantar su tienda en un campo.* || Establecer, fundar. || *fig.* y *fam.* Asestar un golpe. *Plantar un bofetón.* || Poner con violencia. *Le plantaron en la calle, en la cárcel.* || Dejar a uno burlado. || Abandonar. *Le plantó la novia.* || Dejar callado; acallar. || *pr. fig.* Ponerse de pie firme en un sitio. *Plantarse ante la puerta.* || *fig.* y *fam.* Llegar a un sitio sin tardar mucho. *En una hora me plantaré en tu casa.* || Pararse un animal sin querer seguir adelante. *Plantarse el caballo.* || Quedarse parado. *Se plantó en medio de la calzada.* || En ciertos juegos, no querer un jugador pedir más cartas. || No querer confesar una persona su verdadera edad. *Plantarse en los treinta y cinco.* || *loc. fam.* ***Dejar plantado:*** abandonar.

plante *s. m.* Confabulación entre varios que están en la misma situación para rechazar o exigir algo. *Un plante de presos, de empleados.*

planteamiento *s. m.* Acción y efecto de plantear.

plantear *t.* Proponer o exponer un problema, un tema, etc. *Mi padre está planteando la posibilidad de cambiar de trabajo.* || Idear un proyecto, madurarlo.

plantel *s. m.* Institución donde se forman personas hábiles para cierta cosa. *En el plantel sur enseñan carreras como filosofía y literatura.* || Criadero de plantas. || *Arg.* Conjunto de animales que pertenecen a un establecimiento ganadero. || *Arg.* Conjunto de integrantes de una empresa, equipo deportivo, etcétera.

planteo *s. m.* Planteamiento.

plantificación *s. f.* Establecimiento.

plantificar *t.* Establecer, implantar. || *fig.* Meter. || Dejar plantado. || *pr. fig.* y *fam.* Llegar pronto a un lugar. *Plantificarse en dos horas en Málaga.*

plantígrado, da *adj.* Relativo al cuadrúpedo que al andar apoya en el suelo toda la planta del pie. *El plantígrado más conocido es el oso.*

plantilla *s. f.* Pieza usada como modelo. *Mi madre utilizó una plantilla de papel para hacer un vestido.* || Personal fijo de una empresa. || Pieza que cubre la planta del calzado. *En invierno mi mamá usa unas plantillas térmicas.* || Conjunto de los empleados y trabajadores de una empresa o de un servicio público. || Lista de estos empleados.

plantío *s. m.* Lugar plantado de vegetales.

plantón *s. m.* Acto de dejar a alguien esperando inútilmente. || *Méx.* Grupo de gente que se reúne en un lugar público para protestar por algo. *Los empleados organizaron un plantón callejero.*

plántula *s. f.* Planta recién germinada que todavía se alimenta de las reservas de la semilla. *Los germinados de soya son plántulas.*

plañidero, ra *adj.* Lloroso. *Voz plañidera.* || *s. f.* Mujer contratada para llorar en los entierros.

plañido o **plañimiento** *s. m.* Lamento, queja lastimera.

plañir *intr.* Gemir y llorar sollozando o quejándose.

plaqué *s. m.* Chapa delgada de oro o plata con que se cubre otro metal de menos valor.

plaqueta *s. f.* Placa pequeña. || Elemento celular de la sangre.

plasenciano, na *adj.* y *s.* De Plasencia, ciudad de España.

plasma *s. m.* Líquido claro donde están los glóbulos de la sangre y de la linfa.

plasmar *t.* Dar forma. *Plasmar un jarrón.* || *fig.* Dar forma concreta. || *pr. fig.* Concretarse.
plasta *s. f.* Masa blanda. || Cosa aplastada. || *fig.* y *fam.* Cosa desacertada o mal hecha. *Aquel discurso fue una plasta.*
plástica *s. f.* Arte de modelar una sustancia blanda, como la arcilla, la cera, etc. || Aspecto de una persona o cosa desde el punto de vista de la estética.
plasticidad *s. f.* Calidad de plástico, moldeable.
plasticina *s. f. Chil. C. R.* y *Uy.* Plastilina.
plástico, ca *adj.* Relativo a la plástica. *Artes plásticas.* || Moldeable. *Materia plástica.* || Expresivo. *Fuerza plástica.* || *s. m.* Materia sintética, consistente, por lo general, en resina artificial, susceptible de ser modelada o moldeada en caliente o a presión. || Explosivo amasado con plastificantes que tiene la consistencia de la masilla.
plastificación *s. f.* o **plastificado** *s. m.* Acción y efecto de plastificar.
plastificadora *s. f.* Máquina utilizada para plastificar.
plastificante *s. m.* Producto que se agrega a una materia para aumentar su plasticidad.
plastificar *t.* Recubrir un papel u otra cosa entre dos capas de plástico. *Plastificar una tarjeta.*
plastilina *s. f. Méx.* Sustancia parecida a una pasta suave que sirve para hacer figuras. *Las niñas hicieron muñecos con plastilina de distintos colores.*
plasto *s. m.* Orgánulo de las células vegetales que puede cargarse de diversas sustancias nutritivas o de pigmentos.
plata *adj.* Del color de la plata. || *s. f.* Metal precioso, de un color blanco brillante, inalterable y muy dúctil. Su número atómico es 47 y su símbolo *Ag.* || Vajilla u otros objetos de este metal. *Limpiar la plata.* || *fig.* Moneda o monedas de este metal. *Cobrar, pagar en plata.* || *Amér.* Dinero. *Tiene mucha plata.*
platabanda *s. f.* Porción alargada de terreno en que se plantan flores. || En arquitectura, moldura plana y lisa.
plataforma *s. f.* Tablero horizontal más elevado que lo que le rodea. || Parte de un tranvía o de un autobús en la que se viaja de pie. || Vagón descubierto y con bordes de poca altura. || Suelo o azotea de ciertas construcciones. || Obra de tierra donde se coloca una batería. || Conjunto de ideas, programa. *Plataforma electoral.* || *fig.* Lo que sirve para conseguir algún fin. *Esto le servirá de plataforma para alcanzar los máximos honores.* || *loc.* ***Plataforma continental:*** zona marina que bordea los continentes y alcanza una profundidad generalmente inferior a 200 m. || ***Plataforma petrolera:*** construcción de gran tamaño para buscar y extraer petróleo del subsuelo marítimo.
platanáceo, a *adj.* y *s. f.* Dícese de las plantas angiospermas dicotiledóneas, como el plátano. || *pl.* Familia que forman.
platanal o **platanar** *s. m.* Terreno plantado de plátanos.
platanera *s. f.* Platanar. || Vendedora de plátanos.
platanero *s. m.* Plátano, árbol.
platanillo *s. m. Méx.* Nombre genérico que reciben varias plantas similares al plátano.
plátano *s. m.* Planta musácea, cultivada en los países tropicales cuyos frutos, agrupados en racimos, tienen un sabor dulce y agradable. || Fruto de esta planta. || Árbol de adorno de la familia de las platanáceas cuya corteza se cae en placas irregulares.
platea *s. f.* Patio del teatro. || *Palco de platea.*
plateado, da *adj.* De color de plata. *Bronce plateado.* || *s. m.* Acción de platear.
plateadura *s. f.* Plateado.
platear *t.* Cubrir con plata.
platelminto *adj.* y *s. m.* Dícese de un grupo de gusanos que tienen el cuerpo en forma de cinta, como la tenia. || *pl.* Este grupo.
platense *adj.* y *s. com. Arg.* Del Plata, en alusión a la cuenca del Rio de la Plata, o de La Plata, ciudad de Argentina.
plateresco, ca *adj.* Aplícase al estilo español de ornamentación de los plateros del siglo XVI con elementos clásicos y ojivales. || Dícese del estilo arquitectónico en que se emplean estos adornos.
platería *s. f.* Tienda donde se fabrican o venden artículos de plata. *Cerca de las minas de plata hay muchas platerías.*
platero, ra *s.* Persona que vende objetos hechos con plata. *Le compraré al platero un regalo.*
plática *s. f.* Conversación, charla. || Conferencia o charla sobre un tema religioso.
platicar *intr.* Conversar, hablar. *Platicamos gustosamente la tarde entera de todo lo divino y humano.* || *Amér.* Decir.
platija *s. f.* Pez marino comestible parecido al lenguado, pero de escamas más fuertes y de color pardo.
platillo *s. m.* Pieza pequeña semejante al plato. *La balanza tiene dos platillos.* || Pieza metálica circular que forma un instrumento musical de percusión. *Las bandas militares usan platillos y tambores.* || *Méx.* Alimento preparado. *El banquete consistió de siete platillos y cinco postres.* || *loc.* ***Platillo volante*** o ***volador:*** objeto que vuela, supuestamente extraterrestre. *Rogelio asegura que vio un platillo volador.*
platina *s. f.* En física, mesa donde se pone la campana en la máquina neumática. || En el microscopio, sitio donde se coloca el objeto que se observa. || Superficie plana de la máquina de imprimir donde se coloca la forma.
platinado *s. m.* Operación consistente en cubrir metales con una capa de platino.
platinar *t.* Cubrir con una capa de platino. || Dar a una cosa el color del platino.
platino *s. m.* Metal precioso de color blanco grisáceo, el más pesado de todos los metales. Su número atómico es 78 y su símbolo *Pt.* || Pieza del motor del vehículo que sirve para que éste se encienda.
platirrinos *s. m. pl.* División de los monos que tienen la nariz muy aplastada.
plató *s. m.* Escenario de un estudio de cine o televisión.
plato *s. m.* Recipiente generalmente redondo donde se echa la comida. *Plato llano, sopero.* || Manjar, guiso. *Poner carne como plato fuerte.* || Objeto en forma de disco. *Plato de la bicicleta.* || Platillo de la balanza. || Objeto circular móvil con que se ejercita la puntería. || En arquitectura, ornato que se pone en el friso dórico sobre la metopa. || *fig.* Tema de murmuración. || *loc. fig.* ***Comer en el mismo plato:*** ser muy íntimas dos personas. || ***Parece que no ha roto un plato:*** parece que es incapaz de hacer una cosa mala. || ***Plato de segunda mesa:*** aplícase a una cosa ya conocida o usada. || ***Ser plato del gusto de uno:*** serle grata una persona o cosa.
platónico, ca *adj.* Relativo a Platón. *Filosofía, escuela platónica.* || Ideal, puramente espiritual. *Amor platónico.* || Que carece de efecto. *Protesta platónica.*
platonismo *s. m.* Escuela y doctrina filosófica de Platón y sus discípulos. || Calidad de platónico.
platudo, da *adj. Amér.* Rico.
plausible *adj.* Que se puede admitir o aprobar. *Motivos plausibles.*
playa *s. f.* Extensión llana, cubierta de arena o guijarros, a orillas del mar o de un río.
playera *s. f. Méx.* Camiseta.
playero, ra *adj.* De playa. *Tomará un crucero por el Caribe y necesita ropa playera.*
playo, ya *adj. Arg.* y *Uy.* De poco fondo. *Un plato playo, una fuente playa.*
plaza *s. f.* Lugar espacioso rodeado de casas en el interior de un poblado. *La plaza de la Cibeles en Madrid.* || Sitio parecido en un parque, etc. || Mercado. *Ir a la plaza a hacer las compras.* || Ciudad fortificada. *Plaza fuerte.* ||

Inscripción en un libro del que quiere ser soldado. *Sentar plaza.* || Población donde se hacen operaciones de comercio de cierta importancia. *La Bolsa de la plaza de París.* || Oficio, puesto o empleo. *Tener una buena plaza.* || Sitio. *Un aparcamiento de quinientas plazas.* || Suelo del horno. || *loc.* ***Plaza de armas:*** aquella donde se hacen ejercicios militares. || ***Plaza de toros:*** circo donde se verifican las corridas de toros. || *fig.* ***Sentar plaza de:*** ser considerado como.

plazo *s. m.* Tiempo máximo concedido para pagar una suma o hacer una cosa. *En un plazo de un año.* || Vencimiento del término. || Cada parte de una cantidad pagadera en varias veces. || *loc.* ***A plazos:*** pagando en dos o más veces y en fechas sucesivas.

plazoleta o **plazuela** *s. f.* Plaza pequeña.

pleamar *s. f.* Marea alta.

plebe *s. f.* En la antigua Roma, la multitud de los ciudadanos, por oposición a los patricios. || Pueblo bajo, populacho.

plebeyez *s. f.* Calidad de plebeyo.

plebeyo, ya *adj.* Propio de la plebe. || Que no es noble ni hidalgo. *Hombre plebeyo.* || *fig.* Grosero, ordinario, popular. *Gustos plebeyos.*

plebiscitar *t.* Someter a plebiscito. *Plebiscitar un régimen político.* || Ratificar por un plebiscito.

plebiscitario, ria *adj.* Del plebiscito.

plebiscito *s. m.* Ley establecida por la plebe de Roma a propuesta de su tribuno. || Resolución tomada por todos los habitantes de un país a pluralidad de votos. *Los plebiscitos de la Confederación helvética.* || Votación de todos los ciudadanos para legitimar algo.

pleca *s. f.* Raya que se pone en un impreso para separar bloques de texto o para decorar la página.

plectognatos *s. m. pl.* Orden de peces teleósteos con la mandíbula superior fija, como el orbe y el pez luna.

plectro *s. m.* Púa con que los antiguos tocaban ciertos instrumentos músicos de cuerda.

plegable *adj.* Que puede plegarse. *Cama plegable.* || Flexible.

plegadera *s. f.* Cortapapeles, utensilio para plegar o cortar papel.

plegadizo, za *adj.* Fácil de plegar o doblar.

plegado *s. m.* Acción de plegar. || Tableado de una tela.

plegador, ra *adj.* y *s.* Aplícase al que pliega. || *s. m.* Utensilio para plegar. || *s. f.* Máquina para plegar papel.

plegadura *s. f.* Plegado.

plegamiento *s. m.* En geología, deformación de las capas de la corteza terrestre.

plegar *t.* Hacer pliegues en una cosa. *Plegar una falda.* || Doblar especialmente los pliegos. *Plegar un libro.* || *pr.* Cederse, someterse. *Plegarse a la voluntad ajena.*

plegaria *s. f.* Súplica ferviente, oración. || Toque de campanas a mediodía, para llamar a oración.

pleistoceno, na *adj.* y *s. m.* En geología, dícese del primer periodo de la era Cuaternaria del que quedan restos humanos y obras del hombre y que corresponde al paleolítico.

pleita *s. f.* Trenza de esparto.

pleiteante *adj.* y *s. com.* Que pleitea.

pleitear *intr.* Litigar o contender judicialmente sobre una cosa.

pleitesía *s. f.* Pacto, convenio. || Muestra de acatamiento. *Rendir pleitesía.*

pleito *s. m.* En derecho, contienda, diferencia, litigio judicial entre dos partes. *Armar un pleito.* || Proceso. *Pleito civil, criminal.* || Contienda o lid que se resuelve por las armas. || Disputa o riña doméstica o privada.

plenario, ria *adj.* Completo, en que participan todos los miembros. *Asamblea plenaria.* || *loc.* ***Indulgencia plenaria:*** remisión total de las penas debidas a los pecados.

plenilunio *s. m.* Luna llena.

plenipotenciario, ria *adj.* y *s.* Aplícase a la persona enviada por su gobierno a otro con plenos poderes para tratar.

plenitud *s. f.* Totalidad. || Abundancia. || *fig.* Completo desarrollo.

pleno, na *adj.* Lleno, completo. *Respirar a pleno pulmón.* || *s. m.* Reunión plenaria. *El pleno del Congreso.* || *loc.* ***En pleno verano:*** en medio del verano. || ***Plenos poderes:*** delegación temporal del poder legislativo por el Parlamento a un gobierno; capacidad para negociar o concertar un acuerdo.

pleonasmo *s. m.* Repetición de palabras de sentido equivalente, lo cual a veces da más fuerza a la expresión y otras resulta redundante. *Entrar adentro, subir arriba.*

pleonástico, ca *adj.* Que encierra pleonasmo.

plesiosauro *s. m.* Reptil marino fósil de la era secundaria.

pletina *s. f.* Placa de hierro muy aplastada.

plétora *s. f.* Gran abundancia de alguna cosa. *La cosecha fue espléndida y el pueblo pasó por una etapa de plétora.* || En medicina, abundancia de sangre o humores en el cuerpo.

pletórico, ca *adj.* Pleno, lleno. *En la mesa hay una cesta pletórica de frutas de muchos tipos.*

pleura *s. f.* Cada una de las membranas serosas que en ambos lados del pecho cubren las paredes de la cavidad torácica y la superficie de los pulmones.

pleural *adj.* Pleurítico.

pleuresía *s. f.* Inflamación de la pleura, cuyo principal síntoma es el dolor de costado al respirar y toser.

pleurítico, ca *adj.* y *s.* En medicina, que padece pleuresía. || Relativo a la pleura. *Derrames pleuríticos.*

pleuritis *s. f.* En medicina, inflamación de la pleura.

pleuronectos *s. m. pl.* Género de peces planos que nadan de costado, como la platija.

pleuroneumonía *s. f.* En medicina, Inflamación simultánea de la pleura y del pulmón.

plexiglás *s. m.* Resina sintética transparente, incolora y flexible que se emplea principalmente como vidrio de seguridad.

plexo *s. m.* En anatomía, red de filamentos nerviosos o vasculares, entrelazados. *El plexo solar está situado detrás del estómago.*

plica *s. f.* Sobre cerrado y sellado que no ha de abrirse hasta fecha u ocasión determinada. *Las plicas de un concurso.*

pliego *s. m.* Papel doblado por la mitad. || Hoja de papel. || Carta o documento que se manda cerrado. || Parte de una hoja de papel doblada 16 o 32 veces en los impresos. || Memorial, resumen. || *loc.* ***Pliego de condiciones:*** documento en que constan las condiciones que rigen un contrato, servicio, subasta, etc.

pliegue *s. m.* Doblez en una cosa normalmente lisa o plana. || Tabla. *Los pliegues de una falda.* || En geología, ondulación del terreno. *Pliegue anticlinal (convexo); pliegue sinclinal (cóncavo).*

plinto *s. m.* En arquitectura, cuadrado sobre el que descansa la columna. || Base cuadrada de poca altura. || Especie de taburete alargado de superficie almohadillada para ejercicios gimnásticos.

plioceno, na *adj.* y *s. m.* En geología, aplícase al último periodo de la era Terciaria, que sucede al mioceno.

plisado *s. m.* Acción y efecto de plisar.

plisadora *s. f.* Máquina de plisar tejidos.

plisar *t.* Hacer pliegues regulares. *Plisar una falda.*

plomada *s. f.* Pesa de plomo colgada de un hilo que sirve para determinar la línea vertical. || Sonda. || Plomos que se ponen en la red de pescar.

plomar *t.* Sellar con plomo un documento o diploma.

plomazo *s. m.* Herida de perdigón. || *Méx.* Balazo.

plombagina *s. f.* Grafito.

plomería *s. f.* *Amér.* Oficio del plomero. || Lugar donde el plomero tiene su taller. *¡Llama a la plomería, se está tirando el agua del baño!*

plomero *s. m.* *Amér.* Fontanero. *Hay que llamar al plomero para que arregle el lavabo.*

plomífero, ra *adj.* Que contiene plomo. *Terreno plomífero.* || *fig.* Pesado, fastidioso.
plomizo, za *adj.* Que tiene plomo. *Ya no se usa la pintura plomiza en la cerámica.* || De color o consistencia semejante al plomo. *El cielo está plomizo, seguro que va a llover.*
plomo *s. m.* Metal pesado, de color gris azulado, dúctil y maleable. Su número atómico es 82 y su símbolo *Pb.* || Fusible de hilo de plomo. || Plomada. || *fam.* Persona o cosa pesada e insoportable.
pluma *s. f.* Órgano que forma parte de la piel de las aves, formado por un tubo provisto de barbas. *Las plumas protegen a los pájaros del agua y son su abrigo.* || *Méx.* Instrumento con tinta para escribir. || Escritor. || Oficio de escritor. || Parte de la grúa de donde cuelga la polea para levantar cargas. || *loc. fig.* ***Al correr de la pluma*** o ***a vuela pluma:*** muy rápidamente, sin fijarse en el estilo. || ***Dejar correr la pluma:*** escribir sin mucho cuidado o con demasiada extensión. || ***Pluma estilográfica:*** la que contiene un depósito para la tinta en el interior del mango.
plumada *s. f.* Plumazo.
plumado, da *adj.* Con plumas.
plumaje *s. m.* Conjunto de plumas que cubren el cuerpo de un ave. *El plumaje de la cacatúa forma un bonito penacho en su cabeza.*
plumajería *s. f.* Cúmulo o agregado de plumajes de adorno.
plumajero, ra *s.* Persona que hace o vende plumajes de adorno.
plumario, ria *adj.* Se aplica al arte de hacer mosaicos con plumas de ave. *El arte plumario en la época prehispánica era muy popular.*
plumazo *s. m.* Colchón o almohada grande llena de pluma. || Trazo de pluma en el papel. *Tachar de un plumazo.* || *loc. fig.* y *fam.* ***De un plumazo:*** de modo expeditivo.
plumazón *s. m.* Plumajería. || Plumaje.
plúmbeo, a *adj.* De plomo. || *fig.* Pesado como el plomo. || Pesado, cargante. || Dicho del sueño, el profundo.
plumeado *s. m.* Conjunto de rayas paralelas o cruzadas en un dibujo o pintura para sombrearlos.
plumear *t.* Sombrear con trazos de pluma.
plumería *s. f.* Conjunto o abundancia de plumas.
plumero *s. m.* Conjunto de plumas reunidas y atadas a un mango que sirve para quitar el polvo. || Estuche para lápices y plumas. || Penacho de plumas. || *Amér.* Pluma, portaplumas.
plumífero, ra *adj.* En poesía, que tiene plumas. || *s. m. fam.* Escribiente, chupatintas. || Persona que se gana la vida escribiendo.
plumilla *s. f.* Pluma, parte de la estilográfica que sirve para escribir.
plumón *s. m.* Pluma fina de las aves que se encuentra bajo el plumaje exterior. || Utensilio usado para rotular. *Haz el anuncio con plumones gruesos de colores atractivos.*
plural *adj.* y *s. m.* En gramática, dícese del número que se refiere a dos o más personas o cosas.
pluralidad *s. f.* Gran número, multitud. *Pluralidad de pareceres.* || Hecho de existir más de uno. *La pluralidad de los mundos.* || *loc.* ***A pluralidad de votos:*** por mayoría.
pluralismo *s. m.* Multiplicidad. || Sistema político que se basa en la coexistencia de grupos u organismos diferentes e independientes. || Doctrina filosófica que sólo reconoce la existencia de seres múltiples e individuales.
pluralización *s. f.* Acción de pluralizar.
pluralizar *t.* En gramática, dar el número plural a palabras que ordinariamente no lo tienen, como «los Ciros», «los Héctores». || Aplicar a varios sujetos lo que sólo es propio de uno. *No hay que pluralizar.*
pluricelular *adj.* Que está formado por varias células. *Animal, planta pluricelular.*
pluricultural *adj.* Relativo a varias culturas. *Vivimos en un mundo pluricultural.*
pluriempleado, da *adj.* y *s.* Dícese de las personas que trabajan en más de un empleo.
pluriempleo *s. m.* Trabajo de una persona en varios empleos o lugares diferentes.
plus *s. m.* Cualquier cantidad suplementaria, en especial la que se aplica al salario. *Con el plus que me dieron por trabajar los fines de semana voy a abrir una cuenta de ahorros.*
pluscuamperfecto *s. m.* Tiempo del verbo que expresa una acción pasada que se ha producido antes que otra acción pasada. *En la frase «Cuando el niño llegó ya había comido», «había comido» es el pluscuamperfecto del verbo «comer».*
plusmarca *s. f.* Récord deportivo.
plusmarquista *s. com.* Persona que tiene un récord o plusmarca.
plusvalía *s. f.* o **plusvalor** *s. m.* Aumento del valor de un bien, por razones distintas al trabajo. *Las casas de esa zona adquirieron plusvalía por las nuevas estaciones del metro.*
plutirio *s. m.* Roentgenio.
plutocracia *s. f.* Gobierno en que el poder está en manos de la clase de los ricos.
plutócrata *s. com.* Persona que tiene poder o influencia por su riqueza.
plutocrático, ca *adj.* Relativo a la plutocracia. *Gobierno, régimen plutocrático.*
plutonio *s. m.* Elemento químico radiactivo, altamente tóxico. Su número atómico es 94 y su símbolo Pu.
pluvial *adj.* Relativo a la lluvia. *Agua, régimen pluvial.*
pluviometría *s. f.* Medición de la cantidad de lluvia caída en un sitio durante cierto periodo de tiempo.
pluviométrico, ca *adj.* Relativo a la pluviometría.
pluviómetro *s. m.* Aparato para medir la cantidad de lluvia.
pluviosidad *s. f.* Abundancia de lluvia. || Cantidad de lluvia caída en lugar y tiempo determinados.
pluvioso, sa *adj.* Lluvioso. || *s. m.* Quinto mes del calendario republicano francés (del 20, 21 o 22 de enero al 19, 20 o 21 de febrero).
poblacho *s. m.* Pueblo de poca categoría.
población *s. f.* Conjunto de los habitantes de un país, región o ciudad. *Madrid tiene una población de más de tres millones de habitantes.* || Conjunto de los individuos de una misma categoría. *Población rural.* || Aglomeración, agrupación de casas que puede llegar a formar un lugar o una ciudad. *Vive en la población.* || Acción de poblar.
poblado, da *adj.* Habitado. *Barrio muy poblado.* || Arbolado. *Monte poblado.* || Espeso. *Barba poblada.* || *s. m.* Población.
poblador, ra *adj.* y *s.* Que puebla, habita. *Los pobladores de una isla.* || Aplícase al que funda una colonia.
poblano, na *adj.* y *s.* Del estado de Puebla, en México. || *Amér.* Campesino.
poblar *t.* Establecer hombres, animales o vegetales en un lugar donde no los había. *Poblar un río de peces, un monte de árboles.* || Ocupar un sitio y asentarse en él. *Los iberos poblaron España.* || *pr.* Llenarse de hombres, animales, vegetales o cosas. || Crecer, desarrollarse mucho. || Cubrirse los árboles de hojas por la primavera.
pobre *adj.* Que no tiene lo necesario para vivir. *Hombre, pueblo pobre.* || *fig.* Que tiene algo en muy poca cantidad. *Pobre en vitaminas.* || Estéril. *Un terreno pobre.* || De poco valor o entidad. *Libro pobre de contenido.* || Desdichado. *El pobre de tu padre.* || *s.* Mendigo. *Dar limosna a un pobre.* || *loc.* ***Más pobre que una rata:*** sumamente pobre.
pobretear *intr.* Comportarse como un pobre.
pobreza *s. f.* Condición del que no tiene lo necesario para vivir. || Falta, escasez. *Pobreza de medios, de recursos.* || Abandono voluntario de todos los bienes propios. *Voto de po-*

breza. || *fig.* Falta de magnanimidad. *Pobreza de ánimo, de sentimientos.* || Falta de entidad o de valor. *La pobreza de un tema.* || Esterilidad de un terreno.
pocchile *s. m. Méx.* Chile seco, ahumado, que se come con tortillas.
pocero *s. m.* El que hace o limpia pozos. || Alcantarillero.
pochismo *s. m. Méx.* Calidad de pocho.
pocho, cha *s.Méx.* Persona de origen mexicano que vive en Estados Unidos de Norteamérica y ha adoptado las costumbres de ese país.
pochoclo *s. m. Arg.* y *Uy.* Maíz inflado.
pochote *s. m. C. R. Hond.* y *Méx.* Árbol silvestre muy espinoso, cuyo fruto encierra una especie de algodón con el que se rellenan almohadas.
pocilga *s. f.* Establo para los cerdos. || *fig.* y *fam.* Lugar muy sucio.
pocillo *s. m.* Vasija pequeña.
pócima *s. f.* Medicamento preparado para ser bebido. || *fig.* Bebida de mal sabor.
poción *s. f.* Bebida medicinal. || Cocimiento de hierbas medicinales.
poco *adv.* En pequeña cantidad. *Beber poco.* || Indica también corta duración. *Se quedó poco aquí.* || Insuficientemente. *Este guiso está poco salado.* || *loc.* ***Dentro de poco:*** pronto. || ***Poco a poco:*** progresivamente, despacio. || ***Poco más o menos:*** aproximadamente. || ***Por poco:*** casi.
poco, ca *adj.* Limitado en cantidad. *Poco pan; pocos árboles.* || *s. m.* Cantidad pequeña. *Un poco de vino.* || *loc.* ***A poco:*** poco tiempo después. || ***De poco más o menos:*** de poca entidad, insignificante. || ***Ser poca cosa:*** tener poca importancia.|| ***Tener en poco:*** tener en poca estima, despreciar.
poda *s. f.* Acción y efecto de podar. || Época en que se poda.
podadera *s. f.* Instrumento para podar.
podador, ra *adj.* y *s.* Que poda.
podagra *s. f.* En medicina, gota en el pie.
podar *t.* Cortar las ramas inútiles de los árboles y arbustos. || *fig.* Quitar de una cosa lo inútil. *Podar el texto de lo innecesario.*
podenco, ca *adj.* y *s.* Dícese de una variedad de perros de caza de pelo largo y orejas gachas.
poder[1] *s. m.* Capacidad para hacer algo. *Elías tiene poder para convencerme de jugar cuando me siento triste.* || Dominio o influencia. *Elena tiene más poder en la empresa.* || Gobierno de un Estado. *El poder de un país está representado por su presidente.* || Fuerza de una cosa para producir cierto efecto. *Los detergentes tienen poder limpiador y desengrasante.* || *loc.* ***Dar poder:*** autorizar. || ***Poder absoluto*** o ***arbitrario:*** autoridad absoluta de un monarca; despotismo. || ***Poder adquisitivo:*** cantidad de cosas o servicios que se pueden comprar con cierta suma de dinero. *El poder adquisitivo ha disminuido mucho.* || ***Poder disuasivo:*** conjunto de las armas más modernas que permiten responder a una agresión. || ***Poder ejecutivo:*** el que se encarga de aplicar las leyes hechas por el poder legislativo. || ***Poder judicial:*** el encargado de impartir justicia con base en las leyes que elabora el poder legislativo. || ***Poder legislativo:*** el que discute, aprueba, elabora y reforma las leyes que se aplican en un país.
poder[2] *t. intr. e impers.* Tener la facultad de hacer una cosa. || Ser posible que suceda una cosa. *Puedes encontrar a mi hermano en esa escuela.* || Ser capaz. || Ser contingente o posible una cosa. *Puede que llueva.* || *loc.* ***A más no poder:*** en sumo grado. *Avaro a más no poder.* || ***Hasta más no poder:*** hasta la saciedad. || ***No poder con uno:*** no conseguir hacerle obedecer o entrar en razón. ***No puedo con este niño:*** no aguantar. || ***No poder más:*** estar muy cansado. || ***No poder menos:*** ser necesario, forzoso. || *fig.* ***No poder tragar*** (o ***ver***) ***a uno:*** tenerle aversión, aborrecerle. || ***Poder con:*** ser capaz de llevar algo. *Ella no puede con toda la casa.* || ***¿Se puede?:*** frase que se emplea para saber si se puede entrar en un sitio.
poderdante *s. com.* Persona que faculta a otra para que lo represente, dándole poderes.
poderhabiente *s. com.* Persona que recibe los poderes de otra para representarla.
poderío *s. m.* Poder, dominio. *El poderío de Roma se extendió a toda Europa.* || Conjunto de bienes, de los recursos económicos de un país, empresa o persona. *Japón es un país con gran poderío en todo el mundo.* || Fuerza, energía física. *Los leones poseen gran poderío.*
poderoso, sa *adj.* Activo, eficaz. *Te voy a dar una píldora poderosa que te aliviará.* || Que tiene mucho poder o riquezas. *Solimán el Magnífico fue uno de los hombres más poderosos del mundo en el siglo XVI.* || *s.*Persona que tiene mucho poder o riquezas.
podio *s. m.* En el circo, sitio donde se ponían los senadores y los principales magistrados romanos. || En arquitectura, pedestal en que descansan varias columnas. || Pequeña plataforma de dos niveles a donde se suben los tres primeros vencedores en una prueba deportiva.
podredumbre *s. f.* Putrefacción, estado de un cuerpo podrido. || Cosa podrida. || Pus, humor.
podredura *s. f.* Putrefacción.
podrido, da *adj.* Echado a perder. || *fig.* Viciado, corrompido.
podzol *s. m.* Terreno característico de las regiones frías y húmedas.
poema *s. m.* Obra en verso de alguna extensión. *Poema lírico, épico.* || Obra en prosa de tema poético. *Los poemas en prosa de Baudelaire.* || *loc.* ***Poema sinfónico:*** en música, composición para orquesta escrita sobre un tema poético.
poemario *s. m.* Serie de poemas.
poemático, ca *adj.* Relativo al poema.
poesía *s. f.* Arte de componer versos. *Dedicarse a la poesía.* || Cada uno de los géneros de este arte. *Poesía lírica, épica, dramática.* || Composición en verso, generalmente corta. || Carácter de lo que produce una emoción afectiva o estética. *La poesía de un paisaje.* || Conjunto de las obras poéticas y de sus autores en un tiempo determinado. *La poesía de la Edad Media.*
poeta *s. m.* El que compone obras poéticas.
poético, ca *adj.* Relativo a la poesía. *Composición poética.* || Propio de la poesía. *Lenguaje poético.* || Que podría inspirar a un poeta. *Un asunto poético.* || Que produce una emoción afectiva o estética. || *s. f.* Tratado sobre los principios y reglas de la poesía.
poetisa *s. f.* Mujer que compone obras poéticas.
poetizar *t.* Dar carácter poético, embellecer.
poetastro *s. m. fam.* Mal poeta.
pogrom *s. m.* Movimiento dirigido por las autoridades zaristas para la exterminación de los judíos. Se dice también «pogromo».
poiquilotermo, ma *adj.* y *s.* Se aplica a los animales que no tienen una temperatura corporal constante. *Los reptiles son poiquilotermos.*
poise *s. m.* Décima parte del poiseuille. Su símbolo es Po.
poiseuille *s. m.* Unidad de viscosidad dinámica, de símbolo Pl en el sistema cegesimal.
póker *s. m.* Juego de cartas de envite, de origen norteamericano. || Juego de dados. || Conjunto de cuatro cartas o dados del mismo valor. *Póker de ases.*
polaco, ca *adj.* De Polonia. || *s. m.* Lengua eslava hablada por los polacos. || *s. f.* Prenda de vestir militar. || Danza.
polaina *s. f.* Prenda que cubre la parte superior del pie y la pierna hasta la rodilla. *Polaina de paño, de cuero.*
polar *adj.* Relativo a los polos. *Mar polar; círculos polares.* || Relativo a los polos de un imán o pila eléctrica. || *loc.* ***Estrella polar:*** estrella cuya posición en el cielo se encuentra muy cercana al Polo Norte de la Tierra.

polaridad *s. f.* En física, cualidad que permite distinguir entre sí cada uno de los polos de un imán o de un generador eléctrico.

polarímetro *s. m.* Aparato destinado a medir la rotación del plano de polarización de la luz.

polariscopio *s. m.* Instrumento que sirve para comprobar si una luz se halla o no polarizada.

polarización *s. f.* En física, propiedad que presenta un rayo luminoso, después de sufrir la reflexión o la refracción, de producir vibraciones localizadas desigualmente alrededor de este rayo. || En electricidad, fenómeno producido por la aparición de dos polos en una cosa. || Hecho de llevar algo a los extremos. *La polarización de los partidos políticos impide que lleguen a un acuerdo.*

polarizado, da *adj.* Que está en el extremo de una posición o punto de vista. *Las discusiones sobre el aborto están polarizadas: algunos piden legalizarlo y lo rechazan.* || Se dice de los vidrios cubiertos por una capa que hace que por fuera se vean oscuros y desde adentro se pueda ver hacia afuera. *Algunos automóviles tienen vidrios polarizados.*

polarizador, ra *adj.* y *s. m.* Dícese de lo que polariza la luz.

polarizar *t.* y *pr.* Concentrar la atención en una cosa. *La bella modelo polarizó la atención de todos los asistentes.* || Hacer que las posiciones se radicalicen, se hagan extremas.

polca o **polka** *s. f.* Danza de origen polaco que se baila por parejas. *El acordeón se utiliza para tocar polcas.*

pólder *s. m.* En Holanda, región recuperada por el hombre en el mar a lo largo de las costas o constituida por terrenos pantanosos desecados.

polea *s. f.* Rueda de madera o metal, de canto acanalado, móvil sobre su eje, por la que corre una cuerda. || Rueda de llanta plana por la que pasa una correa.

polémico, ca *adj.* Relativo a la polémica. *Una crítica polémica.* || *s. f.* Controversia, discusión.

polemista *s. com.* Persona que sostiene polémica.

polemizar *intr.* Sostener o entablar una polémica.

polen *s. m.* Polvillo fecundante de los estambres de las flores.

polenta *s. f.* Gachas de harina de maíz.

poli *s. m. fam.* Agente de policía. || *s. f. fam.* Cuerpo de policía.

poliandra *adj.* Se aplica a la mujer que tiene varios maridos simultáneamente.

poliandria *s. f.* Estado de una mujer casada de forma legítima con varios hombres. *La poliandria es a la mujer lo que la poligamia es al hombre.*

poliarquía *s. f.* Gobierno ejercido por muchos.

polichinela *s. m.* Personaje cómico de las farsas italianas y del teatro de marionetas. || *fig.* Hombre muy cambiadizo.

policía *s. f.* Conjunto de las reglas cuya observancia garantiza el mantenimiento del orden y la seguridad de los ciudadanos. *Una ordenanza de policía.* || Cuerpo encargado de mantener este orden. *Cuerpo de policía.* || Conjunto de los agentes de este cuerpo. *Han llamado a la policía.* || Cortesía, urbanidad. *Persona de mucha policía.* || Limpieza, aseo. || *s. m.* Agente de policía.|| *loc.* ***Policía secreta:*** aquella cuyos individuos no llevan uniforme. || ***Policía urbana:*** la encargada de la vía pública dentro del municipio.

policiaco, ca o **policíaco, ca** *adj.* Relativo a la policía. *Servicio policiaco; novela policiaca.*

policial *adj.* Relativo a la policía. *Investigación policial.*

policlínica *s. f.* Consultorio donde están reunidas varias especialidades médicas.

policroísmo *s. m.* Característica de algunos minerales de presentar diferentes colores según la dirección de la luz.

policromía *s. m.* Mezcla de varios colores.

policromo, ma o **polícromo, ma** *adj.* De varios colores.

policultivo *s. m.* Cultivo simultáneo de varias especies.

poliédrico, ca *adj.* En geometría, relativo al poliedro.

poliedro *s. m.* En geometría, dícese de un sólido de caras planas y de los ángulos formados por estas caras. || Sólido limitado por varias caras planas.

poliéster *s. m.* Materia que se obtiene mediante la condensación de poliácidos con polialcoholes o glicoles.

polifacético, ca *adj.* De varios aspectos. || Aplícase a la persona que tiene aptitudes muy variadas.

polifonía *s. f.* Conjunto simultáneo de voces o instrumentos musicales independientes sujetos a leyes armónicas.

polifónico, ca *adj.* Relativo a la polifonía.

poligamia *s. f.* Condición del hombre casado simultáneamente con varias mujeres. *La poligamia es un delito en muchos países.* || Condición de las plantas polígamas.

polígamo, ma *adj.* Dícese del hombre casado simultáneamente con varias mujeres. || Aplícase a las plantas que tienen en la misma mata flores masculinas, femeninas y hermafroditas, como la parietaria, el fresno y el almez.

poliglotía *s. f.* Conocimiento de varios idiomas.

polígloto, ta *adj.* Escrito en varias lenguas. *Biblia políglota.* || Dícese de la persona que conoce y habla varios idiomas.

poligonal *adj.* En geometría, relativo al polígono. || Dícese del prisma o pirámide cuyas bases son polígonos.

polígono, na *adj.* En geometría, poligonal. || *s. m.* Figura plana de varios ángulos limitada por líneas rectas o curvas. *Un polígono regular.* || Campo de tiro y de maniobras de la artillería. || *loc.* ***Polígono industrial:*** zona industrial.

poligrafía *s. f.* Ciencia del polígrafo. || Arte de escribir y descifrar los escritos secretos.

polígrafo, fa *s.* Autor que ha escrito sobre muy diversas materias.

polilla *s. f.* Insecto nocturno cuyas larvas destruyen los tejidos y la madera. *Fumigaremos la casa porque la polilla se está comiendo los muebles de madera.*

polimerización *s. f.* Transformación de moléculas de poca masa molecular en otras moléculas gigantes.

polimerizar *t.* En química, efectuar la polimerización.

polímero *s. m.* Compuesto químico que tiene un peso molecular elevado.

polimetría *s. f.* Variedad de metros usados en una misma composición poética.

polimorfismo *s. m.* Presencia en una sola especie de individuos de formas muy diferentes. *El grupo de los perros muestra polimorfismo; los hay chicos, grandes, peludos, etc.*

polimorfo, fa *adj.* Que puede tener varias formas.

polinesio, sia *adj.* y *s.* De la Polinesia, parte de Oceanía que comprende archipiélagos desde Nueva Zelanda hasta la Isla de Pascua, pasando por Hawai.

polinización *s. f.* En botánica, transporte del polen de un estambre hasta el estigma para fecundar una flor.

polinomio *s. m.* Expresión algébrica que consta de varios términos.

polio *s. f. fam.* Poliomielitis.

poliomielítico, ca *adj.* Relativo a la poliomielitis. || *s.* Que padece poliomielitis.

poliomielitis *s. f.* Enfermedad contagiosa del hombre, producida por un virus fijado en los centros nerviosos, en particular en la médula espinal, y que provoca parálisis mortal si alcanza los músculos respiratorios. || *loc.* ***Poliomielitis aguda:*** parálisis que ataca a los niños.

polipasto *s. m.* Aparejo formado por dos o más poleas.

polipero *s. m.* Formación calcárea arborescente producida por colonias de pólipos.

pólipo *s. m.* Celentéreo. || Pulpo, molusco. || En medicina, tumor blando, fibroso, debido a la hipertrofia de las membranas mucosas. *Pólipo nasal, del útero, etc.*

políptico *s. m.* Pintura con más tableros plegables que el tríptico.

polis *s. f.* Ciudad-Estado de la antigua Grecia. || Estado.

polisacárido *s. m.* Glúcido formado por la unión de varias moléculas de azúcar, como el almidón, la celulosa, etc.

polisacáridos *s. m. pl.* Hidratos de carbono.

polisemia *s. f.* Propiedad de una palabra que tiene diferentes significados. *La palabra «cabeza» es un ejemplo de polisemia pues tiene varias acepciones.*

polisémico, ca *adj.* Relativo a la polisemia.

polisílabo, ba *adj.* Aplícase a la palabra que tiene varias sílabas. *Voz polisílaba.*

polisíndeton *s. m.* Figura retórica que consiste en repetir las conjunciones que unen los elementos de una enumeración. *«Comimos sopa de verduras y arroz y huevo y queso y fruta», es una oración que tiene polisíndeton.*

polisón *s. m.* Armazón para abultar la parte de atrás de la falda que se usó durante el siglo XIX. *El corsé y el polisón daban a la silueta femenina un aspecto de cintura pequeñísima.* || Miriñaque.

polispasto *s. m.* Polipasto.

polista *s. com.* Jugador de polo.

polistilo, la *adj.* En arquitectura, que tiene muchas columnas. *Pórtico polistilo.* || En botánica, de muchos estilos. *Flor polistila.*

politécnico, ca *adj.* Que comprende muchas ciencias o artes. *Escuela politécnica.* || *s.* Alumno de esta escuela.

politeísmo *s. m.* Doctrina de los que creen en la existencia de varios dioses.

politeísta *adj.* Relativo al politeísmo. || *s. com.* Dícese del que adora a muchos dioses.

político, ca *adj.* Relativo a la organización y al gobierno de los asuntos públicos. || Relativo a un concepto particular del gobierno de un país. *Credos políticos.* || Dícese de la persona que se ocupa de los asuntos públicos, del gobierno de un Estado. || Sensato, juicioso. *Su actuación ha sido poco política.* || Educado, cortés, urbano. || Dícese del parentesco por afinidad. *Tío, hermano político.* || *s. f.* Arte de gobernar que tienen los Estados. || Conjunto de los asuntos que interesan al Estado. *Política interior, exterior.* || Manera de dirigir los asuntos de un Estado. *Una política liberal.* || *fig.* Manera de obrar, de llevar un asunto. *Llevar una buena política.* || Prudencia, sensatez. || Cortesía, urbanidad.

politiquear *intr. fam.* Intervenir en política y bastardear los fines de ésta o envilecer sus modos.

politiqueo *s. m.* o **politiquería** *s. f.* Intervención en política con propósitos turbios.

politización *s. f.* Acción de dar carácter político.

politizar *t.* Dar carácter u orientación política.

politología *s. f.* Ciencia que estudia los fenómenos políticos.

politólogo, ga *s.* Especialista en politología. *Varios politólogos participaron en una mesa redonda.*

poliuretano *s. m.* Resina sintética y de baja densidad.

poliuria *s. f.* Secreción y excreción excesiva de orina.

polivalente *adj.* Que tiene varios usos o valores. || En química, se dice del elemento que tiene varias valencias. *El carbono es un ejemplo de elemento polivalente.*

póliza *s. f.* Documento en que consta un contrato de seguros. || Sello que hay que poner en ciertos documentos, solicitudes, anuncios públicos, etc., para satisfacer un impuesto.

polizón *s. m.* El que se embarca clandestinamente en un buque o avión. || El ocioso que anda de corrillo en corrillo.

polizonte *s. m. desp.* Policía.

poljé *s. m.* En las regiones de relieve calcáreo, vasta depresión de forma ovalada debida a la presencia de una fosa tectónica.

polla *s. f.* Gallina joven. || Puesta, en algunos juegos de naipes. || Apuesta en carreras. || *fam.* Mocita. || *Arg.* Carrera de dos o más jinetes en un hipódromo.

pollada *s. f.* Conjunto de pollos que de una vez sacan las aves, especialmente la gallina.

pollastre *s. m. fam.* Pollastro.

pollastro, tra *s.* Pollo crecido. || *fam.* Astuto. || Jovenzuelo.

pollear *intr.* Empezar los muchachos y muchachas a salir unos con otros.

pollera *s. f. Amér. Merid.* Prenda de vestir, en especial femenina, que cae de la cintura hacia abajo.

pollería *s. f.* Tienda donde se venden pollos y huevos. *Ve a la pollería y compra una pechuga.*

pollerío *s. m.* Mocerío.

pollero, ra *s.* Persona que tiene por oficio criar o vender pollos. || *Méx.* Dícese de quien se dedica a transportar personas a los Estados Unidos de Norteamérica.

pollerón *s. m. Arg.* Falda de amazona, para montar a caballo.

pollino, na *s.* Asno joven y sin domar.

pollito, ta *s. fig.* y *fam.* Muchacho o muchacha de corta edad. || *s. m.* Pollo chico.

pollo *s. m.* Cría de las aves. *Los pollos de las águilas se llaman aguiluchos.* || Gallo joven. *El hombre vivía de vender pollos en su tienda.*

pollona *s. f. Amér.* Polla que todavía no es gallina.

polluelo, la *s.* Pollo que tiene pocos días de nacido. *Los polluelos chillaban porque tenían hambre.*

polo *s. m.* Cada uno de los dos extremos de un eje imaginario alrededor del cual gira la esfera celeste en veinticuatro horas. || Cada uno de los extremos del eje de la Tierra. *Polo Norte, Polo Sur.* || Cada uno de los extremos de un generador o receptor eléctrico, utilizado para las conexiones con el circuito exterior. || Cada uno de los extremos de un imán en el que se encuentra la fuerza magnética. || *fig.* Lo que atrae, centro. *Polo de atención.* || Término en completa oposición con otro. *El error y la verdad están en dos polos diferentes.* || Zona de desarrollo agrícola e industrial. || Camisa de sport de punto y con mangas largas. || Juego practicado a caballo y en el que los jinetes impulsan la pelota con una maza. También existe otro juego de polo, llamado «acuático», en que participan dos equipos de siete nadadores. || Bloque de helado que se sostiene con un palo para chuparlo. || Variedad de cante flamenco.

pololear *intr. Bol.* y *Chil.* Galantear, coquetear.

pololo *s. m. Chil.* Insecto que al volar produce un zumbido como el moscardón. || Individuo que sigue a una mujer con fines amorosos.

polonesa *s. f.* Danza de Polonia. || Composición musical que acompaña a esta danza.

polonio *s. m.* Elemento químico radiactivo, raro. Se usa como fuente de radiaciones y en instrumentos de calibración. Su número atómico es 84 y su símbolo *Po.*

poltrón, trona *adj.* Perezoso. || *s. f.* Silla baja y cómoda, con brazos.

poltronear *intr.* Haraganear.

poltronería *s. f.* Pereza, haraganería, aversión al trabajo.

polución *s. f.* Derrame del semen. || Contaminación. *La polución atmosférica.*

poluto, ta *adj.* Manchado.

polvareda *s. f.* Cantidad de polvo que se levanta de la tierra, agitada por el viento o por otra causa. || *fig.* Perturbación, efecto provocado entre la gente por dichos o hechos que apasionan. *Aquel discurso levantó gran polvareda.*

polvera *s. f.* Caja o estuche de las mujeres para guardar polvos de tocador.

polvo *s. m.* Conjunto de partículas de tierra fina que se levanta en el

P

aire. *Una nube de polvo.* || Materia dividida en partículas muy pequeñas. *Polvo de carbón; polvos dentífricos.* || Cantidad de una sustancia pulverizada que se toma con los dedos. *Polvo de rapé.* || *fig.* Restos del hombre después de su muerte. *«Eres polvo y en polvo te convertirás.»* || *pl.* Mezcla de productos minerales destinados a la protección y al embellecimiento del rostro de las mujeres. || *loc. fig.* ***Hacer polvo:*** hacer trizas, destrozar. || ***Hacer polvo a alguien:*** cansarle mucho; fastidiarle enormemente; derrotarle. || ***Limpio de polvo y paja:*** dícese de una cantidad exenta de cualquier deducción. || ***Morder el polvo:*** quedar derrotado o humillado. || ***Polvos de la madre Celestina:*** remedio milagroso. || ***Polvo cósmico:*** partículas de hielo y piedra que se hallan en el espacio y son un elemento fundamental para la formación de cuerpos celestes. || *fig.* y *fam.* ***Sacudir el polvo a uno:*** darle una paliza.

pólvora *s. f.* Sustancia explosiva que se emplea para impulsar un proyectil en las armas de fuego o propulsar un cohete. || Conjunto de fuegos artificiales. || *fig.* Polvorilla. || Viveza, actividad. || *loc. fig.* ***Gastar la pólvora en salvas:*** valerse de medios inútiles para un fin. || ***No haber inventado la pólvora:*** ser poco listo. || ***Pólvora negra:*** pólvora compuesta de salitre, carbón y azufre. || ***Pólvora sin humo:*** pólvora a base de nitrocelulosa.

polvoriento, ta *adj.* Cubierto o lleno de polvo. *Senda polvorienta.*

polvorín *s. m.* Almacén de explosivos. || Pólvora fina.

polvorón *s. m.* Dulce que se deshace en polvo al comerlo.

pomáceo, a *adj.* y *s.* Planta rosácea, de fruto en pomo, como el peral y el manzano. || *s. f. pl.* Familia de estas plantas.

pomada *s. f.* Ungüento de uso medicinal y de aplicación externa. *Ponte pomada en el músculo.*

pomelo *s. m.* Árbol parecido al naranjo, cultivado en los países cálidos. || Fruto del árbol llamado pomelo, mayor que las naranjas y de sabor un poco amargo y ácido.

pómez *loc.* **Piedra pómez:** Roca volcánica muy porosa y ligera, variedad del feldespato.

pomo *s. m.* Fruto con mesocarpio y endocarpio carnosos, como la manzana y la pera. || Remate redondeado de algunas cosas. || Tirador de una puerta, cajón, etc., que sirve para abrirlos. || Frasco de perfume. || Extremo del puño de la espada, de un bastón.

pompa *s. f.* Acompañamiento suntuoso y de gran aparato. *Función, casamiento, entierro con gran pompa.* || Esplendor, magnificencia. *La pompa real.* || Burbuja de aire que se forma con un líquido. *Pompa de jabón.* || *pl.* Vanidades, vanos placeres del mundo. *Renunciar a Satanás, a sus pompas y a sus obras.* || *loc.* ***Pompas fúnebres:*** ceremonias celebradas en honor de un difunto.

pompón *s. m.* Borla.

pomponearse *pr.* Presumir.

pomposidad *s. f.* Calidad de pomposo u ostentoso.

pomposo, sa *adj.* Con mucha magnificencia, suntuoso, esplendoroso. *Fiesta pomposa.* || De una solemnidad excesiva que presupone cierta vanidad. *El aspecto pomposo de su vestimenta.* || Que emplea términos enfáticos y exagerados. *Lenguaje pomposo.* || Altisonante. *Nombre muy pomposo.*

pómulo *s. m.* Hueso de cada una de las mejillas. || Saliente que forma en el rostro este hueso.

ponchadura *s. f. Col. Guat.* y *Méx.* Picadura en un neumático, balón o cualquier otro objeto que se infle con aire o gas. *No pudieron seguir jugando porque el balón sufrió una ponchadura.*

ponchar *t.* y *pr. Col. Guat.* y *Méx.* Pincharse un neumático, balón o cualquier otro objeto que se infle con aire o gas. *Se ponchó un neumático del auto y llegamos retrasados a la cita.* || En el béisbol, mandar a la banca el lanzador de un equipo al bateador del contrario.

ponchazo *s. m. Cub.* Pinchazo.

ponche *s. m.* Bebida hecha con agua caliente, frutas, azúcar y a veces licor. *Mi mamá prepara un delicioso ponche de manzana.*

ponchera *s. f.* Recipiente grande en que se prepara y sirve el ponche.

poncho *s. m.* Manta cuadrada de lana o tela gruesa, con una abertura para pasar la cabeza y usarla sobre el cuerpo para abrigarse.

ponderable *adj.* Que puede pesarse. || Alabable, elogiable.

ponderación *s. f.* Prudencia, moderación, reflexión. *Hablar con ponderación.* || Exageración, encarecimiento.

ponderado, da *adj.* Mesurado, que procede con tacto y prudencia.

ponderador, ra *adj.* y *s.* Que pondera.

ponderar *t.* Considerar, examinar detenidamente una cosa. || Celebrar mucho, alabar.

ponderativo, va *adj.* Que pondera o encarece una cosa. || Reflexivo. *Persona ponderativa.*

ponedero, ra *adj.* Que se puede poner. || *s. f.* Aplícase a las aves que ya ponen huevos. || *s. m.* Sitio donde las gallinas ponen los huevos.

ponedora *adj.* y *s. f.* Ponedera.

ponencia *s. f.* Cargo de ponente. || Informe o proyecto presentado por el ponente. || Comisión ponente.

ponente *adj.* y *s. com.* Aplícase al magistrado, funcionario o miembro de un cuerpo colegiado o a la comisión designada por éste para que redacte un informe o presente una propuesta o proyecto para que sea discutido.

poner *t.* Colocar en un lugar determinado una persona o cosa. *Pon este libro en el estante.* || Adoptar. *Poner cara de mal genio.* || Preparar, disponer. *Poner la mesa.* || Pensar, suponer. *Pongamos que sucedió así.* || Vestir. *No tengo qué ponerle.* || Apostar. *Pongo cien pesos a que no lo haces.* || Tardar. *Puso dos horas en venir.* || Instalar. *Poner un piso, el gas.* || Montar. *Puse una tienda.* || Hacer que funcione. *Poner la radio.* || Colocar en un empleo. *A Juan lo pusieron de secretario.* || Representar. *Poner una comedia clásica, una película de miedo.* || Causar un efecto. *El sol pone moreno.* || Exponer. *Poner en un peligro.* || Calificar, tratar de. *Poner a alguien de mentiroso.* || Asignar, establecer. *Poner precio.* || Dar. *Poner un nombre.* || Contribuir. *Poner en la suscripción mucho dinero.* || Invertir. *Poner su capital en el negocio.* || Hacer. *No pone nada de su parte.* || Escribir o enviar. *Le pondré dos letras.* || Presentar. *Poner por testigo.* || Enunciar. *Poner sus condiciones.* || Soltar el huevo las aves. || *pr.* Colocarse, situarse. *Ponerse de pie.* || Volver. *Ponerse enfermo.* || Vestirse. *Ponerse el abrigo.* || Mancharse. *Ponerse de grasa hasta los pelos.* || Ocultarse los astros tras el horizonte. *Ponerse el sol.* || Posarse las aves. || Llegar a un lugar determinado. *En diez minutos me pongo en tu casa.* || *loc.* ***Poner bien a uno:*** encomiarle. || ***Poner casa:*** instalarse. || ***Poner ceño:*** fruncir el ceño. || ***Poner de su parte*** o ***de su lado:*** contribuir personalmente al buen éxito de una empresa. || ***Poner en claro*** (o ***en limpio***) ***un asunto:*** aclararlo. || ***Poner en duda:*** dudar. || ***Poner mal a uno:*** dejarlo en mal lugar o hablar mal de él. || ***Ponerse a:*** empezar. || ***Ponerse al corriente:*** enterarse, informarse. || *fig.* ***Ponerse colorado:*** avergonzarse.

poney *s. m.* Caballo pequeño y con el pelo largo.

pongo *s. m.* Orangután. || *Amér.* Criado o doméstico indio. || Paso estrecho de un río.

poniente *s. m.* Occidente, oeste. || Viento procedente del Oeste.

pontazgo *s. m.* Peaje que se paga por pasar algunos puentes.

pontevedrés, dresa *adj.* y *s.* De Pontevedra, ciudad de España.

pontificado *s. m.* Dignidad y ejercicio de pontífice. || Tiempo que dura. *El pontificado de Juan XXIII.*

pontifical *adj.* Relativo al sumo pontífice. *Ornamentos pontificales.* || *s. m.* Ritual del Papa.

pontificar *intr.* Ser pontífice u obtener la dignidad pontificia. || *fam.*

Obrar, hablar con solemnidad, enfáticamente.

pontífice *s. m.* Papa, jefe supremo de la Iglesia católica romana. || Magistrado sacerdotal que presidía los ritos y ceremonias religiosas en la antigua Roma.

pontificio, cia *adj.* Relativo al pontífice. *Dignidad pontificia.*

pontón *s. m.* Barco chato para pasar los ríos o construir puentes. || Puente flotante.

pontonero *s. m.* El que construye pontones o el que los conduce.

ponzoña *s. f.* Veneno. || *fig.* Lo que es dañino, nocivo.

ponzoñoso, sa *adj.* Venenoso. || *fig.* Nocivo, dañino, perjudicial.

popa *s. f.* Parte posterior de una embarcación. || *fig.* y *fam.* Trasero, nalgas. || *loc. fig.* ***De popa a proa:*** entera o totalmente.

pope *s. m.* Sacerdote de rito oriental entre rusos, serbios y búlgaros.

popelín *s. m.* o **popelina** *s. f.* Tejido de algodón, seda, etc., hecho con hilos finos, lisos y muy apretados, empleado para camisas, pijamas, vestidos.

popote *s. m. Méx.* Tubo delgado para sorber líquidos.

populachería *s. f.* Fácil popularidad alcanzada entre el vulgo.

populachero, ra *adj.* Relativo al populacho. *Demostraciones populacheras.* || Propio para halagar al populacho. *Discurso populachero.*

populacho *s. m.* Lo ínfimo de la plebe o bajo pueblo.

popular *adj.* Relativo al pueblo. *Escuela popular.* || Propio del pueblo. *La voz popular.* || Grato al pueblo. *Persona, autor muy popular.* || Muy extendido. *Deporte, fiesta popular.*

popularidad *s. f.* Aceptación y aplauso que uno tiene en el pueblo. || Fama, renombre. *Gozar de popularidad.*

popularización *s. f.* Acción y efecto de popularizar.

popularizar *t.* Propagar entre el pueblo, hacer popular. *Popularizar una canción.* || Hacer grato al pueblo. *Popularizar una obra, una institución, un programa.* || *pr.* Adquirir popularidad.

populismo *s. m.* Política gubernamental que promete beneficiar a los sectores populares como una manera de acercarse los gobernantes al pueblo.

populista *adj.* Relativo al pueblo. *Partido populista.* || *s. com.* Partidario del populismo.

pópulo *s. m. fam.* Pueblo.

populoso, sa *adj.* Se dice del lugar muy poblado. *Ésta es la zona más populosa de la ciudad.*

popurrí o **potpurrí** *s. m.* Composición musical que consiste en una serie de fragmentos de obras diversas. *El domingo la banda tocó un popurrí de canciones de moda.* || Mezcolanza de cosas diversas. *Antonia hizo un popurrí con pétalos de diferentes flores.*

popusa *s. f. Bol. Guat.* y *Salv.* Tortilla de maíz con queso o trocitos de carne.

poquedad *s. f.* Escasez, cortedad. *La poquedad de sus recursos.* || Timidez, apocamiento. || Cosa de ningún valor, pequeñez.

póquer *s. m.* Póker.

por *prep.* Forma el complemento agente de las oraciones pasivas. *La puerta fue abierta por el ladrón.* || Determina el paso a través de un lugar. *Cuando fuimos a Europa viajamos por varios países.* || Indica fecha aproximada. *Por el día cinco del mes tengo que pagar una deuda.* || Indica parte o lugar concreto. *Jazmín tomó la cacerola por las asas.* || Indica causa de algo. *Ese hombre está detenido por el robo de un auto.* || Indica medio o modo de ejecutar una cosa. *Debes estudiar una materia cada vez, si realmente deseas aprender.* || Señala multiplicación de números. *Cinco por cinco es igual a veinticinco.* || *loc.* ***Por qué:*** por cuál causa o motivo. *¿Por qué no viniste a la escuela ayer?* || ***Por tanto:*** por consiguiente.

porcelana *s. f.* Producto cerámico de masa vitrificada muy compacta, blanca y translúcida, por lo general revestida con un esmalte fino, incoloro y transparente. || Objeto hecho con esta loza.

porcentaje *s. m.* Tanto por ciento. *Porcentaje de natalidad, de mortalidad.* || Índice.

porcentual *adj.* Calculado en tantos por ciento.

porche *s. m.* Soportal, cobertizo.

porcino, na *adj.* Relativo al cerdo. *El ganado porcino.* || *s. m.* Cerdo pequeño.

porción *s. f.* Cantidad separada de otra mayor. || Cantidad de un alimento o de otra cosa que corresponde en un reparto. *Dar o tocar a uno su porción.* || Parte con la que contribuye alguien a algo.

porcuno, na *adj.* Relativo al cerdo. *Carne porcuna.* || *s. m.* Ganado porcino.

pordiosear *intr.* Mendigar, pedir limosna. || *fig.* Pedir una cosa con insistencia.

pordiosero, ra *adj.* y *s.* Mendigo, mendicante. *Llevó siempre una vida pordiosera.*

porfía *s. f.* Empeño, insistencia. *Porfía inútil.* || Disputa insistente. || *loc.* ***A porfía:*** con emulación, en competencia.

porfiado, da *adj.* y *s.* Obstinado, terco.

porfiar *intr.* Disputarse con obstinación. || Insistir mucho para lograr algo. || Empeñarse en hacer una cosa. *Porfiar en abrir la puerta.*

pórfido *s. m.* Roca compacta y dura, formada por una sustancia amorfa, con grandes cristales de feldespato y cuarzo, a la que se da las mismas aplicaciones decorativas que el mármol.

porfiriano, na *s.* o **porfirista** *adj.* y *s. com. Méx.* Aplícase a lo relacionado con la época de gobierno de Porfirio Díaz.

pormenor *s. m.* Detalle, conjunto de circunstancias menudas. *Los pormenores del caso.* || Cosa secundaria en un asunto.

pormenorizar *t.* Detallar.

pornografía *s. f.* Obscenidad.

pornográfico, ca *adj.* Obsceno.

pornógrafo *s. m.* Escritor de obras pornográficas.

poro *s. m.* Espacio hueco en las moléculas de los cuerpos. || Intersticio entre las partículas de los sólidos. || Cada uno de los orificios que hay en la piel. || *Méx.* Planta comestible de la familia del ajo.

porongo *s. m. Arg. Py.* y *Uy.* Calabaza. || *Bol. Chil. Pan. Py.* y *Uy.* Vasija para guardar la chicha u otro líquido. || *Per.* Recipiente metálico para vender leche.

pororó *s. m.* Rosetas de maíz tostado.

pororoca *s. f.* Fenómeno que se presenta en ciertos ríos de América cuando se produce el choque de la marea ascendiente con la corriente del río.

porosidad *s. f.* Calidad, naturaleza de un cuerpo poroso.

poroso, sa *adj.* Que tiene poros. *Una piedra porosa.*

poroto *s. m. Amér. Merid.* Planta leguminosa con frutos que crecen en forma de vaina y dentro de los cuales hay varias semillas comestibles con forma de riñón. || *Amér. Merid.* Semilla de la planta llamada poroto, es comestible y se come seca o verde.

porque *conj.* Por causa o razón de algo. *Eduardo no vino porque estaba enfermo.* || Para que. *Trabajamos porque no nos falte nada.*

porqué *s. m. fam.* Causa, razón o motivo. *Debes conocer el porqué de la conducta de tu novia.*

porquería *s. f. fam.* Suciedad, basura. *Quita esta porquería de en medio.* || Acción sucia o indecente. || *fam.* Indecencia. *Siempre cuenta porquerías.* || Mala jugada. *Me hizo una porquería.* || Cosa insignificante, de poco valor o mala. *Este reloj es una porquería.*

porqueriza *s. f.* Pocilga.

porquerizo, za o **porquero, ra** *s.* El que cuida cerdos.

porra *s. f.* Palo más grueso por un extremo que por el otro. *El policía lleva una porra para intimidar a los delincuentes.* || *Arg.* Maraña de cerdas, tierra y abrojos que se forma en la cola y crines de los caballos. || *Arg. fam.* Pelo abundante y enmarañado. *Los cantantes del nuevo grupo traen una porra que parecen leones.* || *Méx.* Frases fijas que se dicen con fuerza para animar a alguien. *La multitud en el estadio animaba al equipo con porras.* || Conjunto de seguidores de un equipo deportivo. *Los de la porra van a los juegos vestidos con los colores de su equipo favorito.*

porrada *s. f.* Porrazo; golpe dado con la porra. || *fig.* y *fam.* Idiotez. || Abundancia, montón de cosas.

porrazo *s. m.* Golpe que se da con una porra o con otra cosa. || *fig.* Golpe que se recibe al caer o tropezar.

porretada *s. f.* Porrada, cantidad.

porrillo *s. m.* Maza de cantero.

porrista *s.com. Méx.* Hincha. *Los porristas del equipo local hicieron mucha bulla.*

porrón, rrona *adj. fam.* Necio, pesado. || *s. m.* Vasija de vidrio con pitón largo para beber vino a chorro. *Porrón catalán.*

porta *loc.* **Vena porta:** En anatomía, la que lleva la sangre al hígado.

portaaviones *s. m. inv.* Portaviones.

portabandera *s. f.* Especie de tahalí con un seno o bolsa en que se encaja el asta de la bandera para llevarla con comodidad.

portada *s. f.* En arquitectura, obra de ornamentación en la puerta de un edificio. || *fig.* Frontispicio de una cosa. || Primera página de un libro impreso en la cual figura el título de la obra, el nombre del autor, etc.

portadilla *s. f.* Anteportada.

portador, ra *adj.* Dícese de la persona que lleva consigo una cosa o está en posesión de algo. || Dícese de la persona encargada de entregar una carta, un mensaje. *Portador de malas noticias.* || *s.* Persona en favor de quien se ha suscrito o girado un efecto de comercio. *Cheque al portador.* || Persona o cosa que lleva con ella los agentes contagiosos de una infección. *Portador de gérmenes.*

portaequipajes *s. m. inv.* Parte de un vehículo en que se ponen los equipajes.

portaestandarte *s. com.* Persona que lleva la bandera de un regimiento, de una asociación, etc. || *fig.* Abanderado.

portafolio o **portafolios** *s. m. Amér.* Cartera de documentos.

portaherramientas *s. m. inv.* Pieza que sirve para sujetar la herramienta en una máquina.

portal *s. m.* Zaguán o vestíbulo a la puerta de entrada de una casa. || Belén, nacimiento. *Portal del Niño Jesús.* || En informática, sitio genérico de internet que vincula con otros lugares de información más detallada.

portalámparas *s. m. inv.* Pieza hueca en la cual penetra el casquillo de las bombillas eléctricas.

portalápiz *s. m.* Estuche o tubo de metal para resguardar la punta de los lápices o para cogerlo mejor.

portallaves *s. m. inv.* Utensilio para guardar las llaves. *El portallaves estaba junto a la puerta.*

portalón *s. m.* Puerta grande. || Abertura a manera de puerta en el costado del buque.

portamaletas *s. m. inv.* Maletero de un coche.

portamantas *s. m. inv.* Conjunto de dos correas con asa para llevar a mano las mantas de viaje.

portaminas *s. m. inv.* Lápiz en que se puede cambiar la mina.

portamonedas *s. m. inv.* Bolsa o cartera en la que se guarda el dinero, monedero.

portañica *s. f.* Portañuela.

portañola *s. f.* En los barcos, cañonera, tronera.

portañuela *s. f.* Tira de tela que oculta la bragueta de los pantalones. || *Col.* y *Méx.* Puerta de carruaje.

portaobjeto *s. m.* Placa de cristal en los microscopios en la que se coloca el objeto que se va a observar.

portaplumas *s. m. inv.* Palillero, mango para colocar la pluma.

portar *t.* Traer el perro la pieza de caza cobrada. || *pr.* Conducirse, obrar. *Portarse bien.* || Distinguirse, quedar airoso. *Portarse con lucimiento.*

portarretrato *s. m.* Marco en que se colocan retratos.

portátil *adj.* Que se puede transportar. *Máquina de escribir portátil.*

portaviandas *s. m. inv.* Fiambrera.

portaviones *s. m. inv.* Barco de guerra que transporta aviones, que despegan y aterrizan en su cubierta.

portavoz *s. m.* El que representa o lleva la voz de una colectividad. *El portavoz de un gobierno, de un partido.* || Bocina, megáfono.

portazgo *s. m.* Derechos pagados por pasar por ciertos caminos.

portazo *s. m.* Golpe fuerte dado por la puerta al cerrarse. || Acción de cerrar la puerta para desairar a uno o despreciarle.

porte *s. m.* Transporte, traslado. *Porte de mercancías.* || Cantidad pagada por el transporte de una cosa de un lugar a otro. *Franco de porte.* || Facha, aspecto. *Porte distinguido.* || Conducta, modo de proceder. *Persona de buen* (*o mal*) *porte.* || Capacidad de transporte de un buque mercante o de otra cosa. || Dimensión, tamaño.

porteador, ra *adj.* y *s.* Transportista, que se dedica a portear.

portear *t.* Transportar.

portento *s. m.* Prodigio, persona, cosa o acción extraordinaria. *Un portento de inteligencia.*

portentoso, sa *adj.* Prodigioso, que causa admiración o terror. *Talento portentoso; maldad portentosa.*

porteño, ña *adj.* y *s.* De Buenos Aires, capital de Argentina, país de América del Sur. || De Valparaíso, en Chile, país de América del Sur. || Originario de algún puerto.

porteo *s. m.* Transporte, porte.

portería *s. f.* Cuarto en el que está el portero o portera de una casa. || En algunos deportes, como el futbol, meta, espacio limitado por dos postes provistos de una red por donde hay que hacer pasar el balón.

portería *s. f.* Parte de un edificio donde está el portero o cuidador. *Toca en la portería y ahí entregas el paquete.* || En ciertos deportes, armazón por donde ha de entrar el balón. *El portero impide que el balón entre en la portería.*

portero, ra *s.*Persona que custodia la puerta de una casa o edificio. *El portero limpia las escaleras del edificio.* || En ciertos deportes, jugador que defiende su portería. *Los porteros deben tener reflejos rápidos.*

portezuela *s. f.* Puerta de un coche. || Puerta pequeña.

pórtico *s. m.* Lugar cubierto y con columnas que se construye delante de la puerta de un edificio. *El pórtico de una catedral.* || Galería con arcadas o columnas a lo largo de una fachada, patio, etc.

portilla *s. f.* En marinería, cada una de las aberturas pequeñas que sirven de ventanas en los costados del buque.

portillo *s. m.* Abertura en una pared, muralla o tapia. || Derivación de un río para tomar agua. || Postigo en una puerta o ventana. || Puerta pequeña en ciertas poblaciones amuralladas. || Paso estrecho entre dos alturas. || Mella. *El portillo de una taza, de un diente.* || *fig.* Resquicio, lugar de entrada.

pórtland *s. m.* Cierto cemento hidráulico obtenido por calcinación de una mezcla artificial de arcilla y caliza. *Piso de pórtland.*

portón *s. m.* Puerta grande.

portorriqueño, ña *adj.* y *s.* Puertorriqueño.

portuario, ria *adj.* Referente a los puertos. *Obras portuarias.*

portugués, guesa *adj.* y *s.* De Portugal. || *s. m.* Lengua que se habla en este país.

portuguesismo *s. m.* Lusitanismo.

portulano *s. m.* Atlas marítimo.

porvenir *s. m.* Suceso o tiempo futuro.

pos *adv.* **En pos:** Tras, detrás. *Ir en pos de algo.*

posada *s. f.* Hospedería, fonda. || Hospedaje. *Dar posada.* || *Méx.* Fiesta popular que se celebra nueve días antes de Navidad.

posadeño, ña *adj.* y *s.* De Posadas, ciudad de Argentina.
posaderas *s. f. pl.* Nalgas. *Mario trae adoloridas las posaderas, pues resbaló y se dio un sentón.*
posadero, ra *s.* Persona que tiene casa de huéspedes.
posar *t.* Colocar, poner. *Posó la mano sobre mis hombros.* || Dirigir. *Posó su vista en mi automóvil.* || Dejar, poner. *Pósalo aquí.* || *intr.* Detenerse los pájaros para descansar. || Ponerse una persona delante del pintor o escultor para servirle de modelo. || Colocarse una persona en postura para que sea fotografiada. || Galicismo por darse tono, presumir. || *pr.* Depositarse en el fondo las sustancias que están en suspensión en un líquido o en un objeto las partículas que están en el aire. || Aterrizar aeronaves o astronaves.
posbélico, ca *adj.* Que sigue a la guerra.
poscomunión *s. f.* Oración de la misa después de la comunión.
posdata *s. f.* Lo que se añade a una carta ya firmada.
pose *s. f.* Actitud afectada. || Sesión de un modelo. || *fig.* Afectación, poca naturalidad.
poseedor, ra *adj.* y *s.* Que posee.
poseer *t.* Ser propietario. *Posee muchos bienes.* || Tener en su poder. *Él posee la llave.* || Tener. *Posee un carácter endiablado.* || Contar con, disponer de. *Poseer excelentes comunicaciones.* || Conocer a fondo. *Poseo tres idiomas.* || Gozar de los favores de una mujer. *Nunca llegó a poseerla.* || Detentar. *Poseer un récord.* || *pr.* Ser dueño de sí mismo.
poseído, da *adj.* y *s.* Poseso. || *fig.* Furioso, dominado por la ira. || Engreído, creído de sí mismo. *Es una persona muy poseída.*
posesión *s. f.* Acto de poseer una cosa, facultad de disponer de un bien. || La cosa poseída. || Colonia de un Estado. || Disfrute de un bien no fundamentado en un título de plena propiedad. || Estado de la persona sobre cuyo espíritu ejerce perniciosa influencia un espíritu malo. || Ayuntamiento carnal con una mujer. || *Amér.* Finca rústica. || *loc.* ***Dar posesión de un cargo a uno:*** conferirle el cargo. || ***Tomar uno posesión de un cargo:*** empezar a ejercerlo.
posesionar *t.* Dar posesión de una cosa. || *pr.* Tomar posesión de una cosa. *Posesionarse de los bienes heredados.*
posesivo, va *adj.* Que denota posesión. || Posesorio. || *loc.* ***Adjetivo posesivo:*** en gramática, el que determina el sustantivo añadiendo una idea de posesión. || ***Pronombres posesivos:*** en gramática, los que van en lugar del nombre y denotan posesión o pertenencia.
poseso, sa *adj.* y *s.* Endemoniado. *Poseso del demonio.*
posesor, ra *adj.* y *s.* Poseedor.
posesorio, ria *adj.* En derecho, relativo o perteneciente a la posesión.
posguerra *s. f.* Tiempo posterior a la guerra.
posibilidad *s. f.* Calidad de posible. || Aptitud, potencia u ocasión para ser o existir las cosas. || Facultad para hacer o no una cosa. || Probabilidad. *Calcular las posibilidades de éxito.* || *pl.* Aquello que se puede esperar de alguien o de algo. *Contar con posibilidades de ganancia.*
posibilitar *t.* Hacer posible. || Permitir.
posible *adj.* Que puede ser o suceder; que se puede ejecutar. || *s. m.* Posibilidad, facultad. || *pl.* Bienes, rentas, fortuna. *Una persona de muchos posibles.* || *loc.* ***Hacer todo lo posible:*** no omitir diligencia alguna.
posiblemente *adv.* Con gran posibilidad. *Posiblemente iré.* || Es posible.
posición *s. f.* Lugar preciso en que está colocada una cosa. *La casa de Blanca, dada su posición, tiene una vista magnífica.* || Postura, manera de estar situada una persona. *Posición tendida.* || Zona de terreno ocupada por una unidad militar encargada de su defensa. *Posición de combate.* || *fig.* Situación relativa a un objetivo, a circunstancias particulares. *Posición difícil.* || Condición económica o social de una persona. *Álvaro tiene una buena posición.* || Opinión, partido que se adopta en una situación determinada o ante un problema preciso.
posicional *adj.* Relativo a la posición. *Luz posicional; negociaciones posicionales.*
positivado *s. m.* Acción de sacar copias positivas de un negativo.
positivismo *s. m.* Sistema filosófico que no admite otra realidad aparte de los hechos que pueden captarse por los sentidos y la experiencia. *El positivismo floreció en Europa en la segunda mitad del siglo* XIX.
positivista *adj.* y *s. com.* Relativo al positivismo o partidario de esta filosofía.
positivo *s. m.* Copia fotográfica obtenida de un negativo.
positivo, va *adj.* Que se basa en los hechos. || Se dice del polo en que hay falta de electrones. || Se dice de los números reales mayores de cero. *Cuatro (4) es un número positivo y menos cuatro (–4) es número negativo.* || Afirmativo. *El banco le dio una respuesta positiva a Carlos.* || Se dice de la persona que siempre busca algo bueno en las cosas o situaciones.
positón o **positrón** *s. m.* Electrón positivo.
posma *adj.* y *s.* Pesado, engorroso. || *s. f.* Pesadez, lentitud.
posmodernidad o **postmodernidad** *s. f.* En la cultura occidental, periodo que se inició en el último tercio del siglo XX; su característica es que durante él se pierden los valores del modernismo.
posmoderno, na o **postmoderno, na** *adj.* y *s.* Relativo a la posmodernidad o al posmodernismo. || Partidario de estas tendencias.
poso *s. m.* Asiento de alguna sustancia que se halla mezclada con el líquido contenido en una vasija. *Antes de tomar un café turco hay que dejar que el poso del café se deposite en el fondo de la taza.*
posología *s. f.* Estudio de las dosis y de las vías de administración de los medicamentos.
posoperatorio, ria o **postoperatorio, ria** *adj.* y *s.* Suceso o fenómeno que ocurre en el periodo inmediatamente posterior a una intervención quirúrgica. || Cuidados especiales que deben tenerse con un paciente que acaba de ser sometido a una cirugía.
posponer *t.* Colocar una persona o cosa después de otra. *Posponer el sujeto al verbo.* || *fig.* Estimar a una persona o cosa menos que a otra. || Diferir, aplazar.
posposición *s. f.* Colocación después. || Acción de posponer.
pospretérito *s. m.* Tiempo verbal del modo indicativo que indica la posibilidad que algo pase en el futuro. *En la oración «Podría cambiarme de casa si tuviera dinero», el verbo «poder» está en pospretérito.*
posromanticismo *s. m.* Movimiento literario de transición entre el romanticismo y el realismo.
posromántico, ca *adj.* y *s.* Posterior al romanticismo. *Escuela posromántica.*
post *prep.* Pos. Significa «después de» o «detrás de». || *loc.* ***Post scriptum:*** posdata, postscriptum. || ***Post meridiem:*** posterior al mediodía, postmeridiano. Se abrevia «p. m.».
posta *s. f.* Conjunto de caballerías que se apostaban en los caminos a cierta distancia para mudar los tiros, especialmente de los correos. || Lugar donde estaban las postas. || Distancia de una posta a otra. || Bala pequeña de plomo. || *loc.* ***A posta:*** expresamente, adrede.
postal *adj.* Relativo al correo. *Servicio, tren, avión postal.* || *s. f.* Tarjeta postal. *Enviar una postal como recuerdo.*
postbalance *s. m.* Estado después de haber hecho el balance. *Venta postbalance.*
postdata *s. f.* Posdata.
postdiluviano, na *adj.* Sucedido después del diluvio universal.
postdorsal *adj.* Aplícase al sonido que se forma con la parte posterior del dorso de la lengua y a las letras que lo tienen como la «h».

poste *s. m.* Madero, pilar de hierro o de hormigón colocado verticalmente para servir de apoyo o señal. *Poste telegráfico, indicador.*
poste restante *s. f. Amér.* Lista de correos.
postema *s. f.* Absceso que supura.
póster *s. m.* Cartel.
postergación *s. f.* Retraso. || Relegación. || Olvido.
postergar *t.* Hacer sufrir atraso, dejar atrasada una cosa. *Postergar un asunto.* || Perjudicar a un empleado dando a otro más moderno el ascenso. || Dejar de lado.
posteridad *s. f.* Descendencia de aquellos que tienen un mismo origen. || Conjunto de las generaciones futuras. || Fama póstuma.
posterior *adj.* Que viene después en orden al tiempo. *Acto posterior.* || Que está detrás. *La parte posterior.* || *s. m. fam.* Trasero.
posterioridad *s. f.* Estado de una cosa posterior a otra.
postguerra *s. f.* Posguerra.
postigo *s. m.* Puerta falsa. || Puerta pequeña abierta en otra mayor. || Tablero de madera o de metal con que se cierran las ventanas o puertaventanas. || Puerta de una sola hoja. || Portillo de ciudad.
postilla *s. f.* Costra que se cría en las llagas o granos cuando se van secando.
postillón *s. m.* Mozo que iba a caballo guiando a los que corrían la posta, o montando en uno de los delanteros de una diligencia.
postín *s. m.* Presunción. *Se da mucho postín.* || Elegancia. *Un traje de mucho postín.*
postinero, ra *adj.* Presumido, que se da postín. || Elegante.
postizo, za *adj.* Que no es natural, sino agregado, sobrepuesto. *Diente, moño postizo.* || *fig.* Falso. *Cortesía postiza.* || *s. m.* Pelos artificiales en forma de moño o de mechones que se pueden añadir a la cabellera natural.
postmeridiano *adj.* Relativo a la tarde.
postmodernismo *s. m.* Movimiento literario surgido como una reacción conservadora dentro del modernismo y que aconseja la sencillez lírica.
postónico, ca *adj.* Situado después del acento. *Sílaba postónica.*
postoperatorio, ria *adj.* Que se verifica después de una operación. *Tratamiento postoperatorio.*
postor *s. m.* Licitador. || *loc.* ***Mejor postor:*** el que hace la oferta más ventajosa.
postpalatal *adj.* Aplícase a la consonante para cuya pronunciación choca la base de la lengua contra el velo del paladar y a las letras que la poseen.
postración *s. f.* Abatimiento por enfermedad o aflicción. *Hallábase en un grado extremo de postración.*
postrador, ra *adj.* Que postra.
postrar *t.* Debilitar, abatir, quitar el vigor a uno. *Postrado por la calentura, la desgracia.* || *pr.* Hincarse de rodillas. *Postrarse al pie del altar.* || Humillarse.
postre *s. m.* Fruta o dulce que se toma al fin de la comida. || *loc.* ***A la postre:*** en definitiva. || ***Para postre:*** para colmo.
postremo, ma *adj.* Último.
postrer *adj.* Apócope de «postrero». *El postrer aliento.*
postrero, ra *adj.* y *s.* Último en orden. *El año postrero del siglo.* || Que está o viene detrás.
postrimería *s. f.* Último periodo o últimos años de la vida. || En teología, la muerte o cada una de las tres últimas cosas que esperan al alma del hombre después de muerto: «juicio», «infierno» y «gloria». || *pl.* Final, término. *En las postrimerías del siglo pasado.*
postrimero, ra *adj.* Postrero.
postromanticismo *s. m.* Posromanticismo.
postromántico, ca *adj.* Posromántico.
postscriptum *s. m.* Posdata.
postsincronización *s. f.* Grabación del sonido de una película después de la toma de vistas.
postsincronizar *t.* Grabar el sonido de una película cinematográfica después de la toma de vistas.
postulación *s. f.* Acción y efecto de postular. || Colecta.
postulado *s. m.* Proposición que hay que admitir sin pruebas para establecer una demostración. *El postulado de Euclides.* || Principio muy claro y evidente.
postulador *s. m.* Encargado en la curia romana de la beatificación o canonización de alguien.
postulante, ta *adj.* y *s.* Que postula, pretendiente. || Que aspira a ingresar en una comunidad religiosa. || Que hace una colecta.
postular *t.* Pretender, pedir. || Encomiar, aconsejar. *Postular medidas.* || *intr.* Pedir públicamente para una obra, hacer una colecta.
póstumo, ma *adj.* Nacido o publicado después de la muerte del padre o del autor. *Hija póstuma, composiciones póstumas.*
postura *s. f.* Posición, actitud, disposición de una persona, animal o cosa. *Una postura incómoda.* || Opinión, comportamiento. *Su postura no es muy clara.* || Precio que se pone a una cosa. || Precio ofrecido por el comprador en una subasta. || Puesta, cantidad que se juega en una apuesta. || Función de poner huevos las gallinas. || Planta o arbolillo que se trasplanta. || *fig.* Condición, situación. *Estar en mala postura.* || Actitud, posición. *Postura elegante.*
postventa *adj.* Dícese del servicio comercial que asegura el cuidado de las máquinas vendidas.
potable *adj.* Que puede beberse. || *fam.* Admisible, más o menos bueno, regular.
potaje *s. m.* Caldo del cocido. || Guiso hecho con legumbres secas y verduras. || El que lleva una especie de bastón que lanza al aire y recoge al frente de la banda en algunos desfiles militares. || La función que realiza y el mismo bastón. || *fig.* Mezcolanza, batiburrillo.
potasa *s. f.* En química, hidróxido de potasio, denominado también «potasa cáustica», cuerpo blanco, muy soluble en el agua. || Nombre dado al cloruro de potasio, utilizado como abono, y al carbonato de potasio.
potásico, ca *adj.* En química, relativo al potasio. *Sales potásicas.*
potasio *s. m.* Metal alcalino ligero cuyos compuestos se usan como abono. Su número atómico es 19 y su símbolo *K.*
pote *s. m.* Vasija cilíndrica con asa. || Envase con tapa.
potencia *s. f.* Fuerza capaz de producir un efecto. *La potencia del viento.* || Poder, fuerza de un Estado. *Potencia militar.* || Estado soberano. *Las grandes potencias.* || Virtud generativa, virilidad. || En filosofía, posibilidad, virtualidad. *Pasar de la potencia al acto.* || En física, cociente del trabajo hecho por una máquina dividido por el tiempo que ha tardado en efectuarlo. || En matemáticas, cada uno de los productos que resultan de multiplicar una cantidad por sí misma tantas veces como su exponente indica. *Elevar un número a la potencia cuatro.* || En mecánica, lo que produce movimiento. || En minería, espesor de una capa o filón de mineral. || *loc.* ***En potencia:*** de modo potencial. || ***Potencias del alma:*** la memoria, la inteligencia y la voluntad.
potenciación *s. f.* En matemáticas, operación que tiene por objeto el cálculo de la potencia de un número.
potencial *adj.* Que tiene en sí potencia. *Energía potencial.* || Posible, que puede suceder o existir. *Enemigo potencial.* || En gramática, que enuncia la acción como posible. *Modo potencial.* || *s. m.* En electricidad, grado de electrización de un conductor. *La diferencia de potencial engendra una corriente eléctrica.* || *fig.* Poder, fuerza disponible. *El potencial militar de un país.* || *loc.* ***Potencial eléctrico:*** voltaje. || ***Potencial industrial:*** capacidad de producción de una industria o país.
potencialidad *s. f.* Capacidad de la potencia, independiente del acto. || Potencia, poderío.
potenciar *t.* Dar potencia. || Hacer posible. || Dar más posibilidades, facilitar, fomentar.

potenciómetro *s. m.* Instrumento empleado para medir las diferencias de potencial.
potentado *s. m.* Príncipe soberano, pero que depende de otro superior. || Persona poderosa o de gran influencia. || Muy rico o acaudalado.
potente *adj.* Que tiene poder o potencia. *Un estado potente; una máquina potente.* || Capaz de engendrar. || *fam.* Grande, desmesurado. *Voz potente.*
potestad *s. f.* Facultad de mandar, poder, autoridad. || Espíritu celestial del sexto coro de los ángeles. || *loc.* ***Patria potestad:*** autoridad que los padres tienen sobre los hijos no emancipados.
potestativo, va *adj.* Facultativo, que puede hacerse o no.
potingue *s. m. fam.* Medicamento de sabor desagradable. || *fam.* Cosmético, en especial cremas y tratamientos. *Macaria se llena de potingues antes de irse a dormir.*
poto *s. m. Arg. Bol. Chil.* y *Per. fam.* Nalgas, trasero. || *Per.* Vasija hecha de calabaza seca que se usa para contener líquido.
potosí *s. m.* Riqueza extraordinaria. *Durante la Conquista los españoles esperaban encontrar un potosí lleno de oro en cada población.*
potosino, na *adj.* De Potosí, ciudad de Bolivia, o del estado de San Luis Potosí, en México.
potpurrí *s. m.* Popurrí.
potra *s. f.* Yegua joven. || *fam.* Hernia. || *fig.* y *fam.* Suerte.
potrada *s. f.* Reunión de potros de una yeguada o de un dueño.
potranca *s. f.* Yegua que no pasa de tres años de edad.
potranco *s. m.* Potro.
potrero *s. m. Amér.* Terreno cercado destinado a criar ganado. *Los caballos y las vacas pastan en el potrero.* || *Arg.* y *Uy.* Terreno sin construir ubicado en la ciudad.
potrillo *s. m.* Potro de menos de tres años de edad.
potro *s. m.* Caballo joven de menos de cuatro años y medio de edad. || Aparato de gimnasia para ejecutar diferentes saltos. || Aparato de madera con el que se daba tormento. || Máquina de madera donde se sujetan los animales para herrarlos o curarlos.
potroso, sa *adj.* y *s.* Herniado. || *fam.* Afortunado, con suerte.
poyal *s. m. P. Rico.* Manglar.
poyete o **poyo** *s. m.* Banco de piedra contra la pared y junto a las puertas de las casas.
poza *s. f.* Charca.
pozo *s. m.* Hoyo profundo, generalmente circular y recubierto de mampostería, abierto en la tierra para llegar a la capa acuífera procedente de manantiales subterráneos. || Sitio en que un río tiene más profundidad. || Hoyo profundo por donde se baja a una mina. || Sentina. || *fig.* Manantial abundante. *Pozo de sabiduría, de maldades.* || Compartimiento en que tiene que permanecer un jugador, en el juego de la oca, hasta que caiga otro que lo libere. || Bote en los juegos de naipes. || *loc.* ***Pozo artesiano:*** aquel en el que el agua sube naturalmente hasta la superficie. || ***Pozo de petróleo:*** el excavado para extraer este mineral. || ***Pozo negro:*** hoyo en que se recogen las inmundicias en los lugares donde no existe alcantarillado. || *fig.* ***Pozo sin fondo:*** aplícase a la persona o cosa en las que se está siempre gastando dinero y recaban cada vez más.
pozole *s. m. Guat.* Alimento que se les da a las aves de corral. || *Méx.* Guiso que consiste en un caldo hecho con granos de maíz, carne de cerdo o pollo y condimentado con ají o chile, cebolla, lechuga, rábano y orégano.
pozongo *s. m. Arg.* y *Méx.* Especie de maraca.
práctica *s. f.* Aplicación, ejecución de las reglas, de los principios de una ciencia, de una técnica, de un arte, etc. *Poner en práctica un método.* || Cumplimiento de un deber moral, social. *La práctica de la caridad.* || Observación de los deberes del culto. *Práctica religiosa.* || Experiencia creada por la repetición de actos. *Tiene mucha práctica en hacer diccionarios.* || Realización de un ejercicio. *La práctica de un deporte.* || Costumbre, uso. *Prácticas funerarias.* || *pl.* Clases en que los alumnos hacen aplicación de los conocimientos adquiridos teóricamente. || *loc.* ***En la práctica:*** en la realidad. || ***Llevar a la*** o ***poner en práctica:*** ejecutar lo que se tiene pensado. || ***Periodo de prácticas:*** tiempo durante el cual una persona adquiere experiencia en el ramo en el que trabajará más tarde.
practicable *adj.* Que puede ser realizado. || Transitable. *Un camino practicable.* || *s. m.* Decorado teatral que consiste en objetos reales y no de imitación.
practicante *adj.* y *s. com.* Que lleva a cabo las obligaciones impuestas por su religión. || Dícese de la persona que hace las curas, pone inyecciones y realiza otras intervenciones de cirugía menor. En este sentido se emplea a veces el femenino «practicanta». || Auxiliar de farmacia.
practicar *t.* Aplicar, ejecutar, poner en práctica. *Practica todas las virtudes.* || Ejercer. *Practicar la medicina.* || Observar los deberes del culto. *Practicar la religión.* || Ejercitarse. *Practicar un idioma.* || Realizar por costumbre. *Practica los deportes.* || Abrir, hacer. *Practicó una ventana en la pared.*
práctico, ca *adj.* Relativo a la acción, a la aplicación (por oposición a *teórico*). *Medicina práctica.* || Que es adecuado para conseguir un fin; de aplicación o de uso cómodo o fácil. *Un horario muy práctico.* || Dícese de la persona que tiene un gran sentido de la realidad. || Diestro, experto en una actividad. || *s. m.* Marino que conoce muy bien los peligros de la navegación en cierto sitio y dirige el rumbo de un barco para entrar en un puerto, costear, etc. || *loc.* ***Práctico facultativo:*** médico.
pradera *s. f.* Prado extenso. || Sitio que sirve de paseo.
pradial *adj.* Relativo a los prados. || *s. m.* Noveno mes del calendario republicano francés (del 20 de mayo al 18 de junio).
prado *s. m.* Terreno en que se deja crecer hierba para pasto de los ganados.
pragmática *s. f.* En lingüística, estudio de las relaciones del lenguaje, quienes lo usan y las condiciones en que se usan.
pragmático, ca *adj.* Relativo a la acción y no a la teoría. *El ministro de Educación realizará la parte pragmática de la ley educativa.* || Relativo a la pragmática y al pragmatismo.
pragmatismo *s. m.* Doctrina filosófica propagada por el filósofo estadounidense William James (1842-1910), en la que el criterio para tomar algo como verdadero depende de su aplicación práctica. || Habilidad para adaptarse rápidamente a diferentes condiciones.
pragmatista *adj.* y *s. com.* Relativo al pragmatismo o partidario de él.
praseodimio *s. m.* Metal del grupo de las tierras raras, de color verde y propiedades paramagnéticas. Su número atómico es 59 y su símbolo *Pr.*
praxis *s. f.* Práctica, en oposición a teoría. *Una parte de la praxis de la medicina es el diagnóstico de enfermedades.*
preámbulo *s. m.* Prefacio, introducción, prólogo. *El preámbulo de un libro.* || Rodeo, digresión. *Dímelo sin preámbulos.*
preaviso *s. m.* Aviso obligatorio antes de la realización de un acto.
prebenda *s. f.* Renta aneja a ciertas dignidades eclesiásticas. || *fig.* y *fam.* Empleo muy ventajoso.
prebendado, da *adj.* y *s.* Aplícase al que disfruta una prebenda.
preboste *s.* Jefe de una asociación.
precámbrico, ca *adj.* y *s.* Primera era geológica de la historia de la Tierra, que empezó hace 600 millones de años y terminó hace 570 millones de años, aproximadamente. En esta era aparecieron las primeras formas de vida.
precario, ria *adj.* De poca estabilidad o duración.
precarización *s. f.* Acción y efecto de precarizar. *La precarización profesional atenta contra la seguridad social.*

precarizar *t.* Hacer que algo, como el empleo, se vuelva inseguro o de baja calidad.
precaución *s. f.* Prudencia, cautela, prevención. *Tomar precauciones.*
precaucionarse *pr.* Precaverse, prevenirse.
precaver *t.* Prevenir un riesgo o evitar un daño o un peligro. || *pr.* Protegerse. *Precaverse contra un robo.*
precavido, da *adj.* Que evita o sabe precaver los peligros. *Persona precavida.* || Sagaz, astuto.
precedencia *s. f.* Anterioridad en el tiempo o en el espacio. || Preferencia, en el lugar o asiento. || Primacía, superioridad.
precedente *adj.* Que precede. *El día precedente a éste.* || *s. m.* Antecedente. *Sentar un precedente.*
preceder *t.* Ir delante en tiempo, orden o lugar. *La banda municipal precedía el desfile.* || *fig.* Tener una persona o cosa más importancia que otra u otras.
preceptista *adj.* Que da o enseña preceptos y reglas. || *s. com.* Dícese del profesor de preceptiva literaria.
preceptivo, va *adj.* Obligatorio. || Que incluye o encierra en sí preceptos. *La parte preceptiva de la Biblia.* || *s. f.* Conjunto de preceptos aplicables a determinada materia. *La preceptiva literaria trata de los preceptos relativos a retórica y poética.*
precepto *s. m.* Disposición, orden, mandato. *Los preceptos de la ley constitucional.* || Regla, método.
preceptor, ra *s.* Maestro o maestra; persona que se encarga de la educación de los niños.
preceptuar *t.* Ordenar.
preces *s. f. pl.* Oraciones. || Súplicas, ruegos.
precesión *s. f.* Reticencia.
preciado, da *adj.* Valioso, de gran estimación, apreciado. *El preciado líquido.*
preciar *t.* Apreciar, estimar. || *pr.* Presumir, dárselas, estar orgulloso. *Preciarse de orador.* || Considerarse, estimarse. *Como todo español que se precie.*
precintado *s. m.* Colocación de un precinto.
precintar *t.* Poner un sello de plomo, banda pegada o cualquier otra cosa que se rompe cuando se intenta abrir lo que debía mantenerse cerrado.
precinto *s. m.* Plomo sellado, banda pegada o cualquier otra cosa parecida con que se cierran los cajones, baúles, paquetes, puertas, etc., para que no se abran. *Precinto de garantía.*
precio *s. m.* Valor venal de una cosa respecto a su venta o a su compra; valoración en dinero o en algo similar a éste. *Precio de una mercancía.* || *fig.* Lo que cuesta obtener una ventaja cualquiera. *¡Qué precio pagó por su libertad!* || Valor, importancia. *Hombre de gran precio.* || *loc. fig.* ***Al precio de:*** a costa de. || ***No tener precio algo:*** tener un gran valor. || ***Precio alambicado*** o ***estudiado:*** el que se ha establecido cuidadosamente para que no sea muy elevado. || ***Precio alzado:*** el establecido por el total de un trabajo sin entrar en el coste de los diferentes conceptos. || ***Precio de fábrica*** o ***de coste:*** aquel en el que no hay ningún margen de beneficio. || ***Precio prohibitivo:*** el que es muy elevado. || ***Precio tope:*** el máximo que se puede poner.
preciosidad *s. f.* Condición de precioso. || Cosa preciosa o muy bonita. *Esta pulsera es una preciosidad.* || Afectación en el estilo.
preciosismo *s. m.* Afectación extremada en el estilo.
preciosista *adj.* y *s. com.* Afectado.
precioso, sa *adj.* De mucho valor, valioso. *Piedra preciosa.* || Muy bonito. *Jardín precioso.* || Guapo. *Su hija es preciosa.*
preciosura *s. f. fam.* Preciosidad.
precipicio *s. m.* Lugar hondo y escarpado. *Caer al precipicio.* || *fig.* Peligro muy grande, abismo. *Estar al borde del precipicio.*
precipitación *s. f.* Acción y efecto de precipitar o precipitarse. || Acción química en la cual el cuerpo que se encuentra en una solución se deposita en el fondo. || En meteorología, agua atmosférica que, en forma de lluvia, nieve o granizo, se deposita sobre la tierra. *Las grandes precipitaciones arrastraron el puente.*
precipitado, da *adj.* Que obra con mucha prisa o que sucede rápidamente. || *s. m.* Sedimento que se deposita en el fondo del recipiente a causa de una reacción química.
precipitar *t.* Hacer caer una cosa desde un lugar elevado. || Hacer caer, tirar. *Lo precipitó por tierra.* || *fig.* Apresurar, acelerar. *Precipitar los acontecimientos.* || Llevar. *Precipitó el país a la ruina.* || En química, aislar del líquido en que estaba disuelta una sustancia y hacer que ésta se sedimente en el fondo del recipiente. || *pr.* Caer impetuosamente desde un lugar elevado. || Evolucionar con rapidez, tender a su fin. *Los acontecimientos se precipitan.* || Lanzarse, arrojarse. *Precipitarse contra el enemigo.* || Decir o hacer algo con apresuramiento, con irreflexión.
precisar *t.* Necesitar. *Construir una casa precisa del trabajo de mucha gente.* || Expresar algo con detalle y exactitud. *La maestra precisó que las preguntas del examen sólo abarcarían un tema.*
precisión *s. f.* Calidad de preciso, necesario. || Exactitud. *La precisión de los relojes ha aumentado con el paso de los años.* || *loc.* ***Instrumento de precisión:*** el que es muy exacto.
preciso, sa *adj.* Necesario. *Es preciso terminar este asunto pues ya no hay más tiempo.* || Exacto, justo. *Esperé mucho al carpintero y llegó en el preciso momento en que yo salía.* || Claro. *Las instrucciones de la receta fueron precisas.*
precitado, da *adj.* Antedicho.
preclaro, ra *adj.* Insigne.
precocidad *s. f.* Condición de precoz.
precolombino, na *adj.* Relativo a la América anterior a la llegada de Cristóbal Colón. *El cacao, la papa y el jitomate son cultivos que datan de tiempos precolombinos.*
preconcebido, da *adj.* Pensado o meditado de antemano.
preconcebir *t.* Pensar o proyectar una cosa de manera previa a su realización. *Después de que el director preconcibió el nuevo plan de trabajo, lo expuso a los gerentes.*
preconizador, ra *adj.* y *s.* Que preconiza.
preconizar *t.* Recomendar con intensidad algo de interés general. *La campaña preconiza la importancia de lavarse las manos antes de comer y después de defecar.*
precortesiano, na *adj.* Relativo a épocas anteriores a la conquista de México por Hernán Cortés.
precoz *adj.* Que se produce, desarrolla o madura antes de tiempo. *Mozart fue un niño precoz: a los cuatro años ya tocaba el piano y el violín.*
precursor, ra *adj.* y *s.* Que precede o va adelante. *Signos precursores de la tormenta.* || *fig.* Que enseña doctrinas adelantándose a su época. *Los precursores del socialismo.*
predador, ra *adj.* y *s.* Depredador, animal que caza para alimentarse. *Aunque sean domésticos, los gatos nunca pierden sus instintos predadores.*
predecesor, ra *s.* Antecesor. *Mi predecesor en el cargo.*
predecible *adj.* Que se puede predecir. *Tus respuestas son siempre predecibles.*
predecir *t.* Anunciar algo que ha de suceder.
predestinación *s. f.* Destinación anterior de algo. || Por antonomasia, ordenación de la voluntad divina con que desde la eternidad tiene elegidos a los que han de lograr la gloria. || Determinación que tendrán los hechos futuros. *Predestinación al vicio.*
predestinado, da *adj.* y *s.* En teología, destinado por Dios desde la eternidad para lograr la gloria. || Que tiene que acabar en algo ya sabido. *Predestinado a ser sacrificado, glorificado, etc.*
predestinar *t.* Destinar anticipadamente para un fin. *Estaba predestinado para obispo.* || En teología, destinar y elegir Dios desde la eternidad a los que han de alcanzar la salvación.

predeterminación *s. f.* Acción y efecto de predeterminar.
predeterminar *t.* Determinar con anticipación una cosa.
predial *adj.* Relativo a los predios, a las propiedades. *Es tiempo de pagar el impuesto predial.*
prédica *s. f.* Sermón.
predicación *s. f.* Acción de predicar, sermón.
predicaderas *s. f. pl. fam.* Dotes para predicar.
predicado *s. m.* Lo que se afirma del sujeto en una proposición filosófica. || En gramática, parte de la oración que dice algo del sujeto. *En la frase «La contaminación está muy alta», «está muy alta» es el predicado y el sujeto es «la contaminación».*
predicador, ra *adj.* y *s.* Miembro de alguna religión o secta que se dedica a difundir verbalmente las enseñanzas de ésta. *En algunos países hay predicadores en la radio y la televisión.*
predicamento *s. m.* Prestigio, influencia de una persona sobre otras a causa del cariño que despierta. || Problema. *Fabiola está en un predicamento porque la invitaron a salir dos muchachos y no sabe con quién ir.*
predicar *t.* Publicar o manifestar algo. *La frase más conocida de don Benito Juárez predica «el respeto al derecho ajeno es la paz».* || Anunciar o enseñar la palabra de Dios. || *fam.* Reprender, regañar. *Mi maestra predicó acerca del respeto a los profesores.* || *loc. fig.* ***Predicar con el ejemplo:*** hacer uno mismo lo que se aconseja a los demás que hagan. || ***Predicar en el desierto:*** decir algo de lo cual nadie hace el menor caso.
predicativo, va *adj.* En gramática, relativo al predicado.
predicción *s. f.* Presagio.
predilección *s. f.* Preferencia.
predilecto, ta *adj.* Preferido.
predio *s. m.* Finca, casa, terreno o cualquier posesión inmueble. *Ser propietario de un predio implica tener las escrituras oficiales.*
predisponer *t.* Disponer anticipadamente algunas cosas o preparar el ánimo para un fin. || Inclinar a favor o en contra de algo o alguien.
predisposición *s. f.* Inclinación, propensión, aptitud. *Predisposiciones para la música.* || Tendencia a adquirir ciertas enfermedades.
predominante *adj.* Que predomina, que sobresale.
predominar *t.* e *intr.* Prevalecer, dominar, sobresalir.
predominio *s. m.* Imperio, superioridad, poder, ascendiente, influjo. *El predominio de la ciencia.* || Dominio, preponderancia. *Predominio de la tendencia moderada.*
predorsal *adj.* Situado en la parte anterior de la columna vertebral. || En fonética, dícese del sonido que se articula aplicando contra el paladar la parte anterior del dorso de la lengua.
preeminencia *s. f.* Privilegio, prerrogativa. *Preeminencias sociales.* || Superioridad, supremacía. *La preeminencia del espíritu.*
preeminente *adj.* Superior, destacado. *Lugar preeminente.*
preescolar *adj.* Que precede a lo escolar. || *loc.* ***Educación preescolar:*** primer nivel educativo que precede a la escolarización obligatoria. *A los cuatro años los niños empiezan su educación preescolar.*
preestablecido, da *adj.* Establecido de antemano.
preexistencia *s. f.* Existencia anterior.
preexistente *adj.* Que existe anteriormente.
preexistir *intr.* Existir antes.
prefabricación *s. f.* Sistema de construcción que permite ejecutar ciertas obras valiéndose de elementos hechos de antemano que se unen entre sí siguiendo un plan establecido. *Prefabricación de viviendas.*
prefabricado, da *adj.* Dícese de un elemento de construcción que no se fabrica en la obra y que se monta después en ella. *Bloques de hormigón prefabricados.* || Dícese de una construcción realizada exclusivamente con elementos hechos anteriormente. *Casa prefabricada.*
prefacio *s. m.* Texto que se pone al principio de un libro para presentarlo a los lectores. || Parte de la misa que precede inmediatamente al canon. || *fig.* Lo que precede, prepara. *Prefacio de las fiestas.* || Lo que es causa de. *El despotismo es el prefacio de las revoluciones.*
prefecto *s. m.* Entre los romanos, título de varios jefes militares o civiles. || Nombre de dignidades militares o políticas en diversos países. || Inspector, vigilante. *Prefecto de estudios.*
prefectoral *adj.* Del prefecto o de la prefectura.
prefectura *s. f.* Dignidad, cargo, territorio y oficina del prefecto.
preferencia *s. f.* Tendencia favorable hacia una persona o cosa. *Mucha gente tiene preferencia por los alimentos picantes.*
preferente *adj.* Que establece una preferencia en beneficio de alguien o algo. *Tarifa preferente.*
preferible *adj.* Más ventajoso, mejor. *Es preferible que te calles.*
preferido, da *adj.* y *s.* Que goza de preferencia. *Es el preferido de su padre.*
preferir *t.* y *pr.* Gustar más una persona o cosa que otra. *Gracias por la invitación, pero prefiero quedarme en casa.*
prefigurar *t.* Dar a conocer anticipadamente algo. || *pr.* Figurarse.
prefijar *t.* Determinar previamente.
prefijo *s. m.* Partícula antepuesta a ciertas palabras para modificar su sentido añadiendo una idea secundaria. *«in» en «inconsciente» es un prefijo que indica «falta de».*
pregón *s. m.* Anuncio que se hace de una mercancía en la calle y a gritos. || Anuncio que se hace todavía en ciertos pueblos, por medio de los pregoneros, de una orden o comunicación del ayuntamiento. || Discurso literario pronunciado por alguien para inaugurar ciertas fiestas. *Pregón de Semana Santa.*
pregonar *t.* Anunciar algo por medio de un pregón. || *fig.* Decir algo para que lo sepa todo el mundo. *Pregonar una noticia.* || Poner de manifiesto. *Sus actos pregonan su bondad.* || *loc. fig.* y *fam.* ***Pregonar a alguien:*** insultarlo públicamente.
pregonero, ra *adj.* y *s.* Divulgador indiscreto de noticias. || *s. m.* Empleado del ayuntamiento que anuncia los pregones.
preguerra *s. f.* Periodo anterior a una guerra.
pregunta *s. f.* Proposición que uno formula para que otro la responda. *Hacer una pregunta.* || Interrogatorio. || *loc. fig.* y *fam.* ***Andar, estar, quedar a la cuarta pregunta:*** estar escaso de dinero.
preguntar *t.* Hacer uno preguntas. || Exponer en forma de interrogación una duda. || Examinar, interrogar. *Preguntar a un candidato.* || *pr.* Dudar de algo.
preguntón, tona *adj.* y *s.* Que pregunta mucho. *Niño preguntón.*
prehelénico, ca *adj.* Anterior a la Grecia clásica.
prehispánico, ca *adj.* Se dice de las culturas que se desarrollaron en América antes de la llegada de los españoles. *Dos culturas prehispánicas sobresalientes fueron la maya y la incaica.*
prehistoria *s. f.* Historia de la humanidad desde la aparición del hombre sobre la Tierra hasta los primeros escritos.
prehistoriador, ra *s.* Persona especializada en prehistoria.
prehistórico, ca *adj.* Relacionado con la prehistoria. *En los tiempos prehistóricos las familias habitaban en cavernas.* || *fam.* Muy antiguo. *La máquina de escribir que uso es prehistórica pues me la heredó mi abuela.*
prehomínidos *s. m. pl.* Grupo de primates de principios de la era cuaternaria, intermediarios entre el mono antropoideo y el hombre.
preincaico, ca *adj.* Anterior a la dominación incaica.
preindustrial *adj.* Que es anterior a la sociedad industrial.
prejuicio *s. m.* Actitud discriminatoria hacia personas de otra clase social

o de otra raza. *Prejuicio racial.* || Opinión preconcebida.
prejuzgar *t.* Juzgar de las cosas antes del tiempo oportuno o sin tener cabal conocimiento de ellas.
prelación *s. f.* Anterioridad, preferencia. *Orden de prelación.*
prelado *s. m.* Superior eclesiástico, como abad, obispo, arzobispo, etc. || Superior de un convento.
prelatura *s. f.* Dignidad y oficio de prelado.
preliminar *adj.* Que sirve de antecedente, preámbulo o proemio para tratar una materia. *Palabras preliminares.* || *s. m. pl.* En derecho internacional, artículos generales que sirven de fundamento para un tratado de paz.
preludiar *t. fig.* Preparar o iniciar algo. || *intr.* Ejecutar preludios musicales.
preludio *s. m.* Lo que precede o sirve de entrada o preparación a alguna cosa. *Preludio de la guerra.* || Composición musical que sirve de introducción a una composición vocal o instrumental. || Pieza independiente, de forma libre. *Un preludio de Chopin.*
prematuro, ra *adj.* Que no está maduro. || *fig.* Hecho antes de tiempo. *Decisión prematura.* || Que ocurre antes de tiempo. *Lluvia prematura.* || Dícese del niño que nace, viable, antes del término del embarazo.
premeditación *s. f.* Acción de premeditar. || En derecho, una de las circunstancias agravantes de la responsabilidad criminal de los delincuentes. *Cometer un crimen con premeditación.*
premeditado, da *adj.* Realizado con premeditación. *Crimen premeditado.*
premeditar *t.* Pensar reflexivamente, planear una cosa antes de ejecutarla.
premenstrual *adj.* Se dice del periodo que precede a la menstruación. *Algunas mujeres sufren incomodidades premenstruales antes de menstruar.*
premiación *s. f. Amér.* Acto en donde se da algo como reconocimiento o recompensa. *La ceremonia de premiación al final de la competencia.*
premiado, da *adj.* y *s.* Que ha ganado un premio. *Premiado en la lotería, en un certamen.*
premiar *t.* e *intr.* Dar algo a alguien como reconocimiento o recompensa. *En mi escuela premian a quien obtenga las mejores calificaciones.*
premier *s. m.* Primer ministro inglés.
premio *s. m.* Aquello que se da como reconocimiento o recompensa. *El señor Ramírez ganó el premio en el concurso de diseño de muebles.* || *loc. fam.* ***Premio gordo:*** premio mayor de la lotería.
premiosidad *s. f.* Molestia, dificultad. || Falta de soltura al hablar o escribir. || Calma, lentitud.
premioso, sa *adj.* Molesto, incómodo, gravoso. || Que apremia; urgente. *Orden premiosa.* || Calmoso, lento. || Que habla o escribe sin soltura.
premisa *s. f.* Supuesto a partir del cual se deduce una cosa.
premolar *s. m.* Cada uno de los dientes situados entre los caninos y los molares.
premonición *s. f.* Señal premonitoria, presentimiento.
premonitorio, ria *adj.* En medicina, dícese del síntoma precursor de ciertas enfermedades.
premura *s. f.* Apremio, urgencia. *Pedir algo con premura.* || Escasez. *Premura de espacio.*
prenatal *adj.* Relativo a lo que ocurre antes del nacimiento. *Las futuras madres deben tener cuidados prenatales.*
prenda *s. f.* Lo que se da en garantía de una obligación. || Cualquiera de las alhajas, muebles o enseres de uso doméstico. || Cualquiera de las partes que componen el vestido y calzado. *Prenda interior, de abrigo.* || *fig.* Cosa que sirve de prueba de una cosa. *En prenda de fidelidad.* || Lo que se ama intensamente, como mujer, hijos, etc. || Cualidad, virtud, perfección moral de una persona. *Mujer de muchas prendas.* || *loc.* ***En prenda:*** en fianza, en señal. || ***Juego de prendas:*** juego casero en que tiene que dar una prenda todo el que se equivoca.
prendar *t.* Enamorar. *Estaba muy prendado de sus cualidades.*
prendedero *s. m.* Broche o alfiler. || Cinta con que se aseguraba el pelo.
prendedor *s. m.* Broche. || Prendedero. *Prendedor de estilográfica.*
prender *t.* Asir, agarrar, sujetar una cosa. || Apresar a una persona, metiéndola en la cárcel. *Prender a un ladrón.* || Enganchar. *Prender un clavel en el pelo.* || *Amér.* Encender. *Prender fuego, incendiar.* || *intr.* Arraigar una planta. || Empezar a arder la lumbre. || Comunicarse el fuego. || Surtir efecto la vacuna. || *fig.* Propagarse. *Doctrina que prendió en la juventud.* || *pr.* Encenderse, ser presa del fuego.
prendería *s. f.* Tienda en que se adquieren y venden alhajas o muebles usados.
prendero, ra *s.* Dueño de una prendería.
prendimiento *s. m.* Prisión, captura.
prensa *s. f.* Máquina que sirve para comprimir, y cuya forma varía según los usos a que se aplica. *Prensa para estrujar frutos, estampar, imprimir papel o telas, hidráulica.* || *fig.* Imprenta. || Conjunto de las publicaciones periódicas, especialmente diarias. *Prensa de información.*
prensado *s. m.* Acción y efecto de prensar.
prensar *t.* Apretar en la prensa. || Estrujar la uva, las aceitunas, etc.
prensil *adj.* Que sirve para asir.
prensor, ra *adj.* Aplícase a ciertas aves con pico robusto, el superior encorvado desde la base, como el guacamayo, el loro. || *s. f. pl.* Orden de estas aves.
prenupcial *adj.* Anterior al matrimonio.
preñado, da *adj.* Dícese de la mujer o hembra fecundada. || *fig.* Aplícase a la pared que forma panza. || Lleno, cargado. *Nube preñada de agua.*
preñar *t. fam.* Fecundar a una hembra. || Embarazar a una mujer. || *fig.* Llenar, henchir.
preñez *s. f.* Estado de la mujer o hembra preñada.
preocupación *s. f.* Cuidado, desasosiego, desvelo.
preocupado, da *adj.* Inquieto.
preocupar *t. fig.* Ocupar el ánimo de uno algún temor, sospecha, etc. *La salud de su hijo le preocupa.* || Dar importancia. *No le preocupa lo que digan los demás.* || *pr.* Estar prevenido en favor o en contra de una persona o cosa. || Inquietarse. *No preocuparse por nada.* || Tener cuidado, prestar atención. *No me preocupo más del asunto.* || Encargarse. *Preocúpese de que cumplan las órdenes.*
preparación *s. f.* Acción de preparar o prepararse. || Cosa preparada. || Conjunto de conocimientos. *Tiene una buena preparación científica.* || Aquello que se examina en el microscopio. || Preparado farmacéutico.
preparado *s. m.* Medicamento.
preparador, ra *adj.* Que prepara. *Asistente preparador.* || *s.* Entrenador deportivo.
preparar *t.* Prevenir, disponer algo para un fin. *Preparar la cena, un medicamento, una sorpresa.* || Prevenir a uno para una acción. *Preparar los ánimos.* || Poner en estado. *Preparar un piso.* || Estudiar una materia. *Preparar el bachillerato.* || Dar clase. *Me preparo para la oposición.* || Tramar, organizar. *Preparar un complot.* || En química, hacer las operaciones necesarias para obtener un producto. *Preparar un medicamento.* || *pr.* Disponerse para ejecutar una cosa. *Prepararse para un examen.* || Existir síntomas. *Se prepara una tormenta.*
preparativo, va *adj.* Preparatorio. || *s. m.* Cosa dispuesta y preparada. *Preparativos de guerra.*
preparatorio, ria *adj.* Que prepara o dispone. *Escuela preparatoria de ingenieros.* || *s. m.* Curso escolar que existe antes de ingresar en ciertas carreras.
preponderancia *s. f.* Importancia mayor de una cosa respecto de otra.
preponderante *adj.* Que tiene más importancia, más autoridad.
preponderar *intr.* Predominar, pesar una cosa más que otra. || *fig.* Prevalecer una opinión. *Preponderar la razón,*

la cordura. || Ejercer un influjo decisivo o un crédito superior. *Preponderar en el ánimo del pueblo.*
preposición *s. f.* En gramática, parte invariable de la oración que indica la relación entre dos palabras.
prepositivo, va *adj.* Relativo a la preposición.
prepotencia *s. f.* Abuso de poder. *Con prepotencia estacionó su automóvil donde no debía y produjo un congestionamiento vial.*
prepotente *adj.* y *s. com.* Que abusa de su poder. *Es un prepotente al impedr que se le acerquen sus seguidores.*
prepucio *s. m.* Piel móvil que recubre el glande del pene de los animales machos y el hombre.
prerrafaelismo *s. m.* Arte y estilo pictóricos anteriores a Rafael de Urbino. || Escuela que imita este arte y que surgió en Inglaterra en la segunda mitad del siglo XIX.
prerrafaelista *adj.* Aplícase al arte y estilo pictórico anteriores a Rafael de Urbino. || *s. com.* Partidario del prerrafaelismo.
prerrogativa *s. f.* Privilegio anexo a una dignidad o cargo. *Las prerrogativas de la magistratura.*
prerromanticismo *s. m.* Movimiento literario de transición entre el neoclasicismo y el romanticismo.
prerromántico, ca *adj.* Dícese del autor o estilo anteriores al romanticismo.
presa *s. f.* Acción de prender o tomar una cosa. || Cosa apresada, botín. *Presa de guerra; presa de caza.* || Muro o dique construido a través de un río con objeto de regular su caudal o embalsar agua para aprovecharla para el riego o la producción de fuerza hidráulica. || Conducto por donde se lleva el agua a los molinos. || *loc.* ***De presa:*** rapaz (ave). || *fig.* ***Hacer presa:*** agarrar. || ***Ser presa de la calumnia:*** ser víctima de ella. || ***Ser presa de las llamas:*** ser destruido por ellas.
presagiar *t.* Predecir, prever.
presagio *s. m.* Anuncio de un suceso favorable o contrario. || Presentimiento, conjetura.
presagioso, sa *adj.* Que presagia o contiene presagio.
presbicia *s. f.* Trastorno visual en el que los objetos cercanos se ven mal enfocados. *Marcos tiene presbicia, ve mejor de lejos que de cerca.*
présbita *adj.* y *s. com.* Que adolece de presbicia.
presbiterado *s. m.* Sacerdocio.
presbiteral *adj.* Del presbítero.
presbiterianismo *s. m.* Doctrina de los presbiterianos.
presbiteriano, na *adj.* Dícese del protestante ortodoxo que en Inglaterra, Escocia y América sólo reconoce la autoridad eclesiástica a un sínodo o presbiterio. || Concerniente a esta doctrina.
presbiterio *s. m.* Área del altar mayor hasta el pie de las gradas. || Reunión de presbíteros y laicos en la Iglesia presbiteriana.
presbítero *s. m.* Sacerdote.
prescindir *intr.* Hacer caso omiso de una persona o cosa; pasarla en silencio, omitirla. || Renunciar a ella, evitarla. *Ya no puedo prescindir de su ayuda.*
prescribir *t.* Preceptuar, ordenar, mandar una cosa. || Recetar el médico. || En derecho, adquirir la propiedad de una cosa por prescripción. || Caducar un derecho por haber transcurrido el tiempo señalado por la ley.
prescripción *s. f.* Acción y efecto de prescribir. *Las prescripciones de la ley, de la moral.* || Modo de adquirir la propiedad de una cosa por haberla poseído durante el tiempo fijado por las leyes. || *loc.* ***Prescripción facultativa:*** receta del médico.
prescrito *adj.* Señalado, ordenado. *Prescrito por las ordenanzas.*
preselección *s. f.* Selección previa. *Preselección de un equipo.*
presencia *s. f.* Acción de estar presente. || Asistencia personal. *Hacer acto de presencia.* || Aspecto exterior. *Persona de buena* (o *mala*) *presencia.* || *loc.* ***En presencia de:*** delante de. || ***Presencia de ánimo:*** serenidad, entereza.
presencial *adj.* Relativo a la presencia. *Testigos presenciales.*
presenciar *t.* Estar presente en un acontecimiento, espectáculo, etc. *Presenciar un accidente.*
presentable *adj.* Que está en condiciones de presentarse o ser presentado. *Niño presentable.*
presentación *s. f.* Acción de presentar, exhibición. || Aspecto. *Su presentación es siempre impecable.* || Acción de trabar conocimiento, por medio de alguien, con otra persona. || Arte de representar con propiedad y perfección. *Presentación de una comedia, una ópera.* || *Amér.* Demanda, memorial, súplica. || *loc.* ***Carta de presentación:*** la de introducción.
presentador, ra *adj.* y *s.* Dícese de la persona que presenta. *El presentador de un espectáculo.*
presentar *t.* Mostrar, poner algo para que sea visto. *Presentar los modelos de la colección.* || Exhibir ante el público. *Presentar una película.* || Hacer conocer una persona a otra. *Le presenté a mi hermana.* || Proponer para un cargo. *Presentaron su candidatura.* || Dar. *Le presentó sus disculpas.* || Ofrecer a la vista. *Presentaba un aspecto poco agradable.* || Explicar, hacer ver. *Presenta sus doctrinas de modo hábil.* || En milicia, poner las armas para rendir honores. || Tener. *El problema presenta muchas dificultades.* || Tener cierto aspecto. *Presenta mal sus deberes escolares.* || Poner ante alguien. *Le presenté una bandeja con diferentes licores.* || Hacer. *Presentó una solicitud.* || Librar. *El ejército presentó batalla en el llano.* || *pr.* Llegar a un lugar. *Se presentaron en mi casa.* || Aparecer. *Presentarse un obstáculo difícil de salvar.* || Tener cierto aspecto. *El porvenir se presenta amenazador.* || Comparecer. *Presentarse ante sus jefes.* || Acudir. *Se presentó ante el tribunal de justicia.* || Sufrir. *No se presentó al examen.* || Visitar. *Preséntate a él de mi parte.* || *loc.* ***Presentarse en sociedad:*** comenzar una joven a hacer vida mundana asistiendo a su primer baile de sociedad.
presente[1] *adj.* Que está en un lugar determinado o en presencia de alguien. *Había sólo tres alumnos presentes en el salón.* || Que ocurre en el momento en que se está hablando. *En el presente los adelantos tecnológicos son impresionantes.* || *loc.* ***Hacer presente:*** informar, dar conocimiento. || ***Tener presente:*** acordarse.
presente[2] *s. m.* El tiempo actual. *Hay que vivir el presente recordando el pasado y preparándose para el futuro.* || Tiempo verbal que indica que la acción expresada por el verbo se realiza en la actualidad. *Si digo «yo como», estoy expresándome en presente.* || Regalo. *Sus amigos le llevaron muchos presentes a Rodolfo.*
presentemente *adv.* Actualmente, por ahora.
presentimiento *s. m.* Presagio.
presentir *t.* Prever por cierto movimiento interior del ánimo lo que ha de suceder.
preservación *s. f.* Acción de preservar.
preservador, ra *adj.* y *s.* Que preserva.
preservar *t.* Poner a cubierto anticipadamente a una persona o cosa de algún daño o peligro. *Preservar una planta del frío, del calor.*
preservativo *s. m.* Funda de goma con que se cubre el pene durante las relaciones sexuales para prevenir el embarazo, infecciones y enfermedades como el sida.
presidario *s. m.* Presidiario.
presidencia *s. f.* Dignidad o cargo de presidente. *La presidencia de la República.* || Acción de presidir. *Ejercer la presidencia.* || Sitio que ocupa el presidente. || Edificio en que reside el presidente. *La presidencia del Gobierno.* || Tiempo que dura el cargo.
presidenciable *adj.* Con posibilidades de ser presidente.
presidencial *adj.* Relativo a la presidencia. *Palacio presidencial.*
presidencialismo *s. m.* Sistema de gobierno en que el presidente de la

República es también el jefe del Gobierno o del Poder Ejecutivo.
presidencialista *adj.* Relativo al presidencialismo. || *s. com.* Partidario del presidencialismo.
presidente, ta *s. m.* El que preside. *El presidente de la asamblea.* || Cabeza o superior de un consejo, tribunal, junta, etc. || En las repúblicas, jefe electivo del Estado. || *s. f.* Mujer del presidente.
presidiario *s. m.* Condenado a presidio.
presidio *s. m.* Cárcel, prisión, establecimiento penitenciario. || Conjunto de presidiarios. || Pena de prisión. || Guarnición militar en un castillo o plaza fuerte.
presidir *t.* Ocupar el primer puesto en una junta, asamblea, consejo o tribunal. || Predominar, tener influjo una cosa principal. *La tolerancia preside la conducta del verdadero demócrata.*
presidium *s. m.* Presidencia del Consejo Supremo de los Soviets en la ex Unión Soviética.
presilla *s. f.* Cordón que sirve de ojal. || Entre sastres, punto de ojal. || *Amér.* Charretera.
presión *s. f.* Acción de apretar o comprimir. || *fig.* Coacción o violencia que se ejerce sobre una persona. || En física, cociente de la fuerza ejercida por un fluido sobre determinada superficie y esta misma superficie. || *loc.* ***Presión atmosférica:*** la que el aire ejerce al nivel del suelo y que se mide con el barómetro. || ***Presión*** o ***tensión arterial:*** la producida por la sangre en la pared de las arterias.
presionar *t.* Apretar, oprimir. *Presione el botón.* || *fig.* Hacer presión, coaccionar.
preso, sa *adj.* y *s.* Aplícase a la persona que está en la cárcel o prisión.
prestación *s. f.* Acción de prestar. || Renta o tributo. *Prestación por maternidad.* || Servicio exigible por la ley. || Obligación de hacer algo. *Prestación de juramento.*
prestamista *s. com.* Persona que presta dinero.
préstamo *s. m.* Acto de prestar o tomar prestado. || Lo prestado.
prestancia *s. f.* Compostura distinguida.
prestar *t.* Entregar algo a uno con obligación de restituirlo. *Le presté diez mil euros.* || Contribuir al logro de una cosa. *Prestar ayuda.* || Dar. *Prestar alegría.* || *pr.* Avenirse a algo. || Acceder, consentir. || Dar lugar a. *Esto se presta a errores.* || *loc.* ***Prestar atención:*** estar muy atento. || ***Prestar auxilio*** o ***socorro:*** auxiliar, socorrer. || ***Prestar oídos:*** escuchar con atención. || ***Tomar prestado:*** obtener en concepto de préstamo.
prestatario, ria *adj.* y *s.* Que recibe dinero a préstamo.
presteza *s. f.* Prontitud.
prestidigitación *s. f.* Arte de hacer juego de manos.
prestidigitador, ra *s.* Persona que hace juegos de manos.
prestigiar *t.* Dar prestigio.
prestigio *s. m.* Buena fama.
prestigioso, sa *adj.* Que tiene prestigio.
presto *adv.* Pronto, en seguida. *Debemos encontrar una presta solución al problema.*
presto, ta *adj.* Dispuesto para hacer algo. *Ricardo se mostró presto a partir de inmediato.* || Rápido para hacer cosas, diligente. *Daniel acudió presto al hospital para visitar a su madre.*
presumible *adj.* Probable.
presumido, da *adj.* y *s.* Que presume.
presumir *t.* Suponer, figurarse algo. *Presumí que vendría.* || *intr.* Vanagloriarse, alardear, jactarse. *Presumir de enterado, de valiente.* || Ser vanidoso. || Vestir o arreglarse con elegancia exagerada o muy llamativa.
presunción *s. f.* Fatuidad, engreimiento, vanagloria. || Suposición. || En derecho, cosa que por ley se tiene como verdad.
presuntivo, va *adj.* Apoyado en presunciones, supuesto.
presunto, ta *adj.* Supuesto. *Presunto autor de un crimen.* || Aplícase al heredero probable de un trono. *Presunto heredero.*
presuntuosidad *s. f.* Presunción.
presuntuoso, sa *adj.* Lleno de presunción y orgullo. || Pretencioso.
presuponer *t.* Dar por supuesta una cosa.
presuposición *s. f.* Suposición.
presupuestar *t.* Hacer un presupuesto.
presupuestario, ria *adj.* Relativo al presupuesto.
presupuesto *s. m.* Cálculo anticipado del gasto o del coste de una obra. || Cálculo de los gastos e ingresos de una colectividad o Estado.
presurización *s. f.* Acción de presurizar.
presurizar *t.* Mantener una presión normal en el interior de un avión que vuela a mucha altura, en una atmósfera rarificada.
presuroso, sa *adj.* Que tiene prisa. || Ligero, veloz.
pretencioso, sa *adj.* Presumido, presuntuoso. || Que pretende ser lujoso o elegante.
pretender *t.* Solicitar una cosa. *Pretender un cargo.* || Procurar, intentar, tratar de. *Pretendía engañarme.* || Asegurar algo que no es demasiado cierto. *Pretender haber sido el primero.* || Cortejar a una mujer para casarse con ella.
pretendido, da *adj.* Presunto.
pretendiente *adj.* y *s. com.* Aspirante, persona que pretende o solicita algo. *Pretendiente a un cargo.* || Aplícase al hombre que corteja a una mujer con idea de casarse con ella. || Dícese del príncipe que pretende tener algunos derechos para ocupar un trono.
pretensión *s. f.* Reclamación de un derecho, reivindicación. || Precio pedido por un trabajo, por un objeto en venta. || Intención, designio. *No tengo la pretensión de convencerle.* || Afirmación carente de verdad. *Tiene la pretensión de haber sido mejor que los otros.* || Aspiración desmedida por algo.
preterir *t.* Prescindir, excluir a una persona o cosa. || Omitir a un heredero forzoso en un testamento.
pretérito *s. m.* Tiempo verbal que presenta la acción como realizada en el pasado. *La palabra «comí» es un verbo en tiempo pretérito.*
pretérito, ta *adj.* Pasado. *En tiempos pretéritos la ciudad era chica y sin medios de transporte.*
pretextar *t.* Utilizar un pretexto. *Pretextar una dolencia.*
pretexto *s. m.* Motivo o causa simulada para excusarse de hacer algo. *Buscar, hallar un pretexto.*
pretil *s. m.* Antepecho a los lados de un puente y otros sitios semejantes para impedir que se caigan los transeúntes. || *Amér.* Atrio delante de un templo o monumento.
pretina *s. f.* Correa con hebilla para ceñir una prenda a la cintura. || Cintura donde se sujeta la pretina.
pretor *s. m.* Magistrado que ejercía funciones judiciales en Roma.
pretoría *s. f.* Dignidad de pretor.
pretorianismo *s. m.* Influencia de los militares en el gobierno.
pretoriano, na *adj.* Del pretor. || *s.* Aplícase a los soldados de la guardia de los pretores y después de los emperadores romanos. *Cohorte pretoriana.*
prevalecer *intr.* Dominar, predominar, triunfar una persona o cosa. *Su opinión prevaleció.* || *pr.* Prevalerse.
prevaler *intr.* Prevalecer. || *pr.* Valerse, tratar de sacar provecho. *Prevalerse de su alcurnia.*
prevaricación *s. f.* Acción del que falta a las obligaciones de su cargo o empleo.
prevaricador, ra *adj.* y *s.* Que prevarica. *Funcionario prevaricador.*
prevaricar *intr.* Faltar a sabiendas y voluntariamente a la obligación de su cargo. || Cometer una infracción en los deberes.
prevaricato *s. m.* Prevaricación.
prevención *s. f.* Precaución. || Conjunto de medidas tomadas con vistas a evitar accidentes de la circulación o del trabajo. || Desconfianza. || Prejuicio, opinión desfavorable. *Tener prevención contra uno.* || Puesto de policía. || Detención de un reo antes

del juicio. *Cumplir seis meses de prevención.* || En milicia, guardia del cuartel.
prevenido, da *adj.* Dispuesto para una cosa. || Advertido, prudente, receloso, cuidadoso. *Hombre prevenido vale por dos.*
prevenir *t.* Preparar, disponer con anticipación. || Precaver, evitar. *Prevenir una enfermedad.* || Prever, conocer de antemano. *Prevenir una dificultad.* || Advertir, informar, avisar. *Prevenir a la autoridad de un peligro.* || Predisponer, inclinar el ánimo de alguien en favor o en contra de algo. || En derecho, instruir el juez las primeras diligencias. || *pr.* Prepararse con lo necesario. || Precaverse, tomar precauciones. *Prevenirse contra toda eventualidad.* || Tomar una actitud contraria.
preventivo, va *adj.* Que previene. *Medida preventiva contra cualquier desmán de la multitud.*
preventorio *s. m.* Establecimiento hospitalario en el que se cuidan preventivamente ciertas enfermedades, principalmente la tuberculosis.
prever *t.* Pensar de antemano las medidas, las precauciones necesarias para hacer frente a lo que va a ocurrir. *Previó todo lo que pudiera suceder.*
previo, via *adj.* Anticipado. *Autorización previa; previo aviso.* || *s. m.* Grabación del sonido antes de tomar la imagen en una película cinematográfica.
previsible *adj.* Que se puede prever, probable. *Paro previsible.*
previsión *s. f.* Acción de prever, precaución. || Lo que se prevé. || Calidad de previsor, prudencia, precaución. || Cálculo anticipado. *Previsión de gastos.*
previsor, ra *adj.* y *s.* Que prevé y sabe tomar precauciones con vistas al porvenir.
previsto, ta *adj.* Sabido de antemano.
prez *amb.* Honor. *Para honra y prez de la familia.*
prieto, ta *adj.* y *s. Amér.* Se dice del color entre marrón y negro. *La mula prieta es la más fuerte de la recua.* || *fam. desp. Méx.* Persona de color de piel muy moreno, casi negro.
prima *s. f.* Dinero que se da como estímulo o como recompensa. || Pago que da una persona o empresa a la compañía de seguros con quien han contratado un seguro.
prima *s. f.* Primera cuerda de algunos instrumentos.
primacía *s. f.* Preeminencia, prioridad, lo que ocupa el primer lugar. *Hay que dar primacía a este asunto.* || Dignidad de primado.
primada *s. f. fam.* Tontería.
primado, da *adj.* Dícese del arzobispo u obispo más antiguo o más preeminente de una nación. *El arzobispo de Toledo es el primado de España.* || Del primado. *Sede primada.*
primar *t.* Conceder primacía. *Para mí, prima la honradez.* || *intr.* Imponerse, predominar. *Primó la justicia.*
primaria *s. f. Méx.* Educación básica que consiste en los seis primeros grados que cursa un niño después de salir del nivel preescolar.
primario, ria *adj.* Primordial, básico, fundamental. *Necesidad primaria.* || Relativo al grado elemental de instrucción. *Enseñanza primaria.* || *fam.* Que tiene poca cultura o conocimientos. || Dícese del sector de actividades económicas de producción de materias primas, principalmente de la agricultura y de las industrias extractoras. || Dícese de la corriente o del circuito inductor de una bobina de inducción. || Aplícase al periodo, el más largo de la época prehistórica, que se acabó aproximadamente hace unos 200 millones de años.
primate *s. m.* Personaje distinguido, prócer. || *pl.* Orden de mamíferos superiores que comprende principalmente a los monos, y al cual algunos autores incluyen el hombre.
primavera *s. f.* Estación del año que corresponde en el hemisferio boreal a los meses de marzo, abril y mayo, y en el austral a los de octubre, noviembre y diciembre. || Pájaro de la familia de los túrdidos, común en México. || Planta primulácea de flores amarillas. || *fig.* Juventud. *La primavera de la vida.* || Año. *Tiene 16 primaveras.* || *s. m. fig.* y *fam.* Incauto.
primaveral *adj.* Relativo a la primavera. *Día primaveral.*
primer *adj.* Apócope de *primero*, empleado delante de un nombre masculino. *Primer actor, ministro.*
primerizo, za *adj.* Novicio, principiante. || Aplícase sobre todo a la mujer que da a luz por primera vez.
primero *adv.* Ante todo, en primer lugar. *Le digo primero que no se marche.* || Antes, más bien. *Primero morir que vivir en la esclavitud.* || Antes. *Llegué primero.*
primero, ra *adj.* Que precede a los demás en el tiempo, en el lugar, en el orden. *Primera prueba de imprenta.* || Anterior a los demás en categoría, dignidad, mérito. *Los primeros magistrados de la ciudad.* || Refiriéndose a cosas, que tiene más importancia, más valor. *Ganar la primera prueba.* || Que es más esencial, más necesario, más urgente. *Las primeras disposiciones.* || Que señala el comienzo. *Primeras nociones de una ciencia.* || *s. m.* Piso que está después del entresuelo. || Primer año de estudios. || *s. f.* La menor de las velocidades de un automóvil. || Cierto juego de naipes. || Clase mejor en los ferrocarriles, buques y aviones. *Yo viajo casi siempre en primera.* || *loc.* ***De primera:*** muy bien, excelentemente.
primicias *s. f. pl.* Primeros frutos de la tierra. || Primeros productos. *Las primicias de su ingenio.* || Primera noticia. *Tener las primicias de algún acontecimiento.*
primigenio, nia *adj.* Primitivo, originario.
primitivismo *s. m.* Calidad de primitivo, de poco evolucionado.
primitivo, va *adj.* Primero en su línea, o que no tiene ni toma origen de otra cosa. || Antiguo. *Armas primitivas.* || Poco civilizado. *Costumbres primitivas.* || Dícese del pintor o escultor anterior al Renacimiento. || En geología, dícese del terreno de la primera solidificación de la corteza terrestre. *Terrenos primitivos.*
primo, ma[1] *adj.* Primero. || *fig.* y *fam. Esp.* Tonto, cándido, incauto.|| *loc.* ***Materias primas:*** productos naturales que no han sido aún labrados o manufacturados. || ***Número primo:*** el que es sólo divisible por sí mismo y por la unidad.
primo, ma[2] *s.* Respecto a una persona, hijo de un tío suyo. *Enrique se divierte mucho con su primo.*
primogénito, ta *adj.* y *s.* Dícese del hijo que nace primero.
primogenitura *s. f.* Condición o derecho de primogénito.
primoinfección *s. f.* Primer síntoma de infección producido por un germen.
primor *s. m.* Cuidado, esmero en hacer una cosa. || Belleza. *Esta chica es un primor.*
primordial *adj.* Principal, fundamental. *Esto es primordial.*
primoroso, sa *adj.* Delicado, hecho con primor. *Labor primorosa.* || Encantador, muy lindo. *Niño primoroso.* || Diestro, muy hábil.
primuláceo, a *adj.* y *s. f.* Dícese de las plantas herbáceas angiospermas dicotiledóneas, como el pamporcino y la primavera. || *pl.* Familia que forman.
princeps *adj.* Príncipe, primera edición de una obra.
princesa *s. f.* Mujer del príncipe o hija de él o que posee un principado. || En España, la heredera del trono. *La princesa de Asturias.*
principado *s. m.* Dignidad de príncipe. || Territorio gobernado por un príncipe. *El principado de Mónaco.* || Primacía, superioridad. || *pl.* Espíritus celestes que forman el séptimo coro de los ángeles.
principal *adj.* Primero en estimación o importancia. *El personaje principal de una obra.* || Ilustre, esclarecido. *Varón muy principal.* || Esencial o fundamental. *Asunto, tema principal.* || Aplícase a la planta que se halla entre

P

la planta baja y el primer piso. *Piso principal.* || *loc.* ***Oración principal:*** en gramática, la que no depende de ninguna y de la cual dependen otras.
príncipe *adj.* Aplícase a la primera edición de un libro. *Edición príncipe.* || *s. m.* El primero y el superior en una cosa. *El príncipe de los poetas, de las letras.* || Por antonomasia, primogénito del rey, heredero de su corona. *El príncipe de Gales.* || Individuo de familia real o imperial. *Príncipe de sangre.* || Soberano de un Estado. *El príncipe de Liechtenstein.* || Título nobiliario que dan los reyes. || *loc.* ***Príncipe azul:*** personaje de los cuentos de hadas.
principesco, ca *adj.* Propio de príncipes. || *fig.* Espléndido. *Comida principesca.*
principiante, ta *adj.* y *s.* Que principia. || Que empieza a estudiar o ejercer un arte u oficio.
principiar *t.* e *intr.* Comenzar.
principio *s. m.* Primera parte de una cosa o acción, comienzo. *El principio del mes; el principio de las negociaciones.* || Causa primera, origen. || Base, fundamento. *Los principios de la moral.* || Rudimento. *Principios de metafísica.* || Regla de conducta, norma de acción. *Un hombre sin principios.* || Plato que se sirve entre el cocido y los postres. || Ley general cuyas consecuencias rigen toda una parte de la física. *El principio de Arquímedes.* || Cuerpo que figura en la composición de una mezcla natural. || *loc.* ***A los principios*** o ***al principio:*** al comenzar una cosa. || ***A principios de:*** en los primeros días. || ***De principios:*** sujeto a normas morales. || ***En principio:*** dícese de lo que se acepta provisionalmente. || ***En un principio:*** al empezar, al principio.
pringada *s. f.* Trozo de pan empapado con pringue. || En el cocido, tocino, chorizo, morcilla y carne.
pringar *t.* Empapar con pringue. || Ensuciar con grasa o pringue. || *fig.* y *fam.* Comprometer, hacer intervenir a alguien en un asunto. || *intr. fam.* Trabajar denodadamente. || Sacar provechos ilícitos en un negocio. || *Amér.* Lloviznar. || *pr.* Ensuciarse, mancharse. || *fig.* Tomar parte en un asunto poco limpio.
pringoso, sa *adj.* Que tiene pringue, grasiento.
pringue *s.* Grasa. || *fig.* Suciedad, porquería.
priodonte *s. m.* Género de mamíferos desdentados de América del Sur parecidos a un armadillo de gran tamaño.
prior, ra *s.* Superior de algunas comunidades religiosas.
priorato *s. m.* Dignidad o cargo de prior o priora. || Su jurisdicción. || Comunidad religiosa gobernada por un prior. || Convento de los monjes de San Benito. || Vino tinto muy célebre del Priorato, de la provincia de Tarragona, en España.
priorazgo *s. m.* Priorato.
prioridad *s. f.* Preferencia, primacía. *Él tiene prioridad.* || Anterioridad.
prioritario, ria *adj.* Que tiene prioridad.
prisa *s. f.* Apresuramiento, prontitud, rapidez. *Trabajar con prisa.* || Apremio, precipitación. *Éstos son los días de más prisa.* || Afluencia. *Hay muchas prisas en los trenes en esa época.* || *loc.* ***A prisa*** o ***de prisa:*** con prontitud. || ***A toda prisa:*** con gran rapidez. || ***Correr prisa:*** ser urgente una cosa. || ***Darse prisa:*** apresurarse. || ***De prisa y corriendo:*** con rapidez, atropelladamente. || ***Estar de*** o ***tener prisa:*** tener que hacer algo con urgencia. || ***Meter prisa:*** mandar hacer las cosas apresuradamente.
prisco *s. m. Amér. C.* y *Méx.* Durazno pequeño.
prisión *s. f.* Cárcel, casa de detención. *Estar en prisión.* || Estado del que está preso o prisionero. || Pena de privación de libertad, inferior a la reclusión y superior a la de arresto. || *fig.* Lugar triste, sombrío, solitario. *Esta casa es una verdadera prisión.* || Lo que encierra o retiene algo. *El cuerpo humano es la prisión del alma.* || *pl.* Grillos, cadenas.
prisionero, ra *adj.* y *s.* Dícese de la persona detenida por cualquier enemigo. *Prisionero de guerra.* || *fig.* Dícese de la persona que no tiene libertad para moverse. *Prisionero en su habitación.* || Cautivo de un afecto o pasión. *Prisionero de un amor, del vicio.*
prisma *s. m.* Cuerpo geométrico limitado por dos polígonos paralelos e iguales, llamados *bases,* y por tantos paralelogramos como lados tenga cada base. || Sólido triangular de materia transparente que desvía y descompone los rayos luminosos. || *fig.* Lo que nos deslumbra y nos hace ver las cosas diferentes a lo que son. *Contemplar algo a través del prisma de sus intereses.*
prismático, ca *adj.* De forma de prisma. *Cristal prismático.* || *s. m. pl.* Anteojos en cuyo interior los rayos luminosos son desviados por medio de prismas.
prístino, na *adj.* Antiguo, original. *Su prístina beldad.* || Puro, limpio, sin par.
privación *s. f.* Hecho de ser privado o de privarse de algo. *Privación del olfato, de los derechos de ciudadanía, etc.* || Falta, ausencia, desaparición. || *pl.* Carencia o falta de las cosas necesarias. *Pasaron muchas privaciones.*
privado, da *adj.* Que no es público, relativo a la intimidad de una persona. *Correspondencia privada.* || Particular, personal. *Mi domicilio privado.* || *s. m.* Hombre que goza de la confianza de un gobernante, favorito. *Los privados españoles en la monarquía.* || *s. f. Méx.* Calle estrecha, de una manzana, generalmente cerrada.
privanza *s. f.* Situación del privado o favorito.
privar *t.* Quitar o rehusar a uno la posesión, el goce de algo. *Le privaron de sus bienes.* || Quitar a una cosa todas o parte de sus propiedades características. *Privar a mis frases de todo sentido.* || Impedir. *No le prives de ver a sus amigos.* || Gustar mucho. *Me privan las películas del oeste.* || Estar en boga, de moda. *En la colección privan los trajes ajustados.* || *pr.* Dejar o abandonar voluntariamente algo. *Se priva de todo en beneficio de sus hijos.*
privativo, va *adj.* Que causa privación. *Disposición privativa.* || Propio, especial, peculiar de una cosa o persona, y no de otras. *Son ideas privativas del genio.*
privilegiar *t.* Conceder privilegio.
privilegio *s. m.* Ventaja o excepción especial que se concede a uno. *Privilegio de fabricación, de importación.* || Documento en que consta. || Derecho, prerrogativa. *Gozar de un privilegio.* || *fig.* Don natural. *La razón es el privilegio del hombre.*
pro *prep.* En favor de. *Irma trabaja en una asociación pro ciegos.* || *loc.* ***En pro:*** en favor. || ***No estar ni en pro ni en contra:*** no tomar partido. || ***Pro indiviso:*** en derecho, aplícase a los bienes que se poseen en común.
pro *s.* Provecho, utilidad que ofrece alguna cosa o situación. || *loc.* ***El pro y el contra:*** lo favorable y lo adverso. || ***Hombre de pro:*** hombre de bien.
proa *s. f.* Parte delantera de la embarcación, con la cual corta las aguas. || Parte delantera del avión. || *Loc.* ***Poner proa a:*** dirigirse a.
probabilidad *s. f.* Calidad de probable. *Hay pocas probabilidades de verlo.* || Verosimilitud. || *loc.* ***Cálculo de probabilidades:*** conjunto de las reglas que permiten determinar si un fenómeno ha de producirse, fundando la suposición en el cálculo, las estadísticas o la teoría.
probabilismo *s. m.* Sistema filosófico según el cual toda opinión tiene un cierto grado de probabilidad, sin ser jamás ni totalmente falsa ni totalmente cierta. || Doctrina teológica según la cual en la calificación de las acciones humanas se puede seguir lícitamente la opinión probable, en contraposición de la más probable.
probabilista *adj.* y *s. com.* Partidario del probabilismo.
probable *adj.* Que es fácil que ocurra, verosímil.
probado, da *adj.* Acreditado por la experiencia. *Remedio probado.* || En derecho, acreditado como verdad en los autos. *Lo alegado y probado.*

probador, ra *adj.* y *s.* Que prueba. || *s. m.* Sala donde los clientes se prueban los trajes.
probar *t.* Demostrar indudablemente la certeza de un hecho o la verdad de una afirmación. *Probar lo que se dice.* || Indicar. *Eso prueba tu malestar.* || Experimentar las cualidades de una persona, animal o cosa. *Probar un método, la resistencia de un puente.* || Poner para ver si tiene la medida o proporción adecuada. *Probar un traje.* || Gustar un manjar. *Probar la salsa.* || *intr.* Intentar, tratar algo. *Probó a levantarse y no pudo.* || Ser o no conveniente para un fin. *Este régimen me prueba bien.* || *pr.* Ver si una prenda sienta bien. *Probarse un vestido.*
probatorio, ria *adj.* Que sirve para probar.
probeta *s. f.* En química, tubo de cristal cerrado por un extremo y destinado a contener líquidos o cosas. *Una probeta graduada.*
problema *s. m.* Cuestión o proposición dudosa que se trata de aclarar. *Resolver un problema.* || Cosa difícil de explicar. *Un problema complicado.* || Cosa que presenta una dificultad. *Los problemas económicos.* || En matemáticas, proposición dirigida a averiguar el modo de obtener un resultado, conociendo ciertos datos.
problemático, ca *adj.* Dudoso, incierto. || *s. f.* Serie ordenada de problemas que se estudian sobre un asunto.
probo, ba *adj.* Que tiene probidad, íntegro. *Probo empleado.*
proboscidio *adj.* y *s. m.* Dícese de los mamíferos ungulados que tienen trompa prensil y cinco dedos en cada una de las cuatro extremidades, como el elefante. || *pl.* Orden que forman.
procacidad *s. f.* Insolencia, desvergüenza, atrevimiento.
procariota *s. m.* Organismo unicelular cuyo núcleo no está completamente separado del citoplasma. *Las bacterias son procariotas.*
procaz *adj.* Desvergonzado, grosero. *Tulio habla de una manera procaz todo el tiempo.*
procedencia *s. f.* Principio, origen de una cosa. || Punto de salida o escala de un barco, avión, tren o persona. || Conformidad con la moral, la razón y el derecho. || Fundamento legal de una demanda o recurso.
procedente *adj.* Que procede, dimana o trae su origen de una persona o cosa. || Que llega de un sitio. *El tren procedente de Barranquilla.* || Arreglado a la prudencia, a la razón o al fin que se persigue. || Conforme a derecho, mandato o conveniencia. *Demanda, recurso procedente.*
proceder *intr.* Derivarse, provenir u originarse una cosa de otra. *Esta palabra procede del latín.* || Tener su origen. *Los que proceden de España.* || Obrar con cierto orden. *Proceder con método.* || Conducirse bien o mal una persona. *Proceder con corrección.* || Empezar a ejecutar una cosa. *Proceder a la elección del presidente.* || Convenir. *Proceder a tomar otro rumbo.* || Ser sensato, pertinente. || Ser conforme a derecho. || *loc.* ***Proceder contra uno:*** en derecho, iniciar procedimiento judicial contra él.
proceder *s. m.* Comportamiento, conducta.
procedimiento *s. m.* Manera de hacer o método práctico para hacer algo. *Procedimiento muy ingenioso.* || Conducta, modo de obrar o actuar. || Manera de seguir una instancia en justicia. *Ley de procedimiento civil.*
proceloso, sa *adj.* Tempestuoso, agitado. *Mar proceloso.*
prócer *adj.* Ilustre, eminente, elevado. || *s. m.* Personaje de alta distinción, hombre ilustre. *Los próceres de la patria.*
procesado, da *adj.* En derecho, aplícase al escrito y letra empleada en un proceso. || Sometido a un proceso judicial. *Procesado por sedición.*
procesal *adj.* Relativo al proceso. *Derecho procesal; costas procesales.* || *s. m.* Derecho procesal.
procesar *t.* Enjuiciar, someter a proceso judicial.
procesión *s. f.* Marcha ordenada de un grupo de personas, generalmente con carácter religioso. *La procesión del Corpus.* || *fig.* y *fam.* Una o más hileras de personas o animales que van de un sitio a otro. *Una procesión de acreedores.*
procesional *adj.* Ordenado en forma de procesión.
procesionaria *s. f.* Nombre dado a las orugas de varias mariposas que suelen ir en fila.
proceso *s. m.* Progreso, curso del tiempo. *El proceso de los años.* || Conjunto de las fases de un fenómeno en evolución. *Proceso de una enfermedad.* || Procedimiento. *Proceso de fabricación.* || En derecho, conjunto de los autos y escritos de una causa criminal o civil. || Causa criminal, juicio. *Proceso por robo.*
proclama *s. f.* Notificación pública. || Alocución política o militar. *Proclama al vecindario, a las tropas.* || *pl.* Amonestaciones matrimoniales o sacerdotales.
proclamación *s. f.* Publicación solemne de un decreto, bando o ley. *Proclamación de la Constitución.* || Conjunto de ceremonias públicas con que se inaugura un régimen. *Proclamación de la República.*
proclamar *t.* Publicar en alta voz una cosa para que sea conocida por todos. *Proclamar una ley.* || Dar a conocer públicamente por un acto oficial. || Declarar solemnemente el principio de un reinado, república, etc. || Reconocer públicamente. *Proclamar los principios democráticos.* || Aclamar. *Proclamar un campeón.* || *fig.* Dar señales de una pasión. *Proclamar uno su amor, sus ideas.* || Mostrar. *Esto proclama la verdad.* || *pr.* Declararse uno investido de un cargo, autoridad o mérito. *Proclamarse dictador.*
proclítico, ca *adj.* Aplícase a las palabras no acentuadas que se apoyan en la palabra que las sigue para formar una unidad fonética. Es el caso de los artículos, de los pronombres posesivos y de las preposiciones. Las palabras contrarias se llaman «enclíticas».
proclive *adj.* Propenso.
proclividad *s. f.* Inclinación.
procónsul *s. m.* Gobernador de una provincia entre los romanos.
proconsulado *s. m.* Dignidad y cargo de procónsul. || Tiempo de su duración.
procordado *adj.* y *s. m.* Dícese de los animales cordados que carecen de encéfalo y de esqueleto, respiran por branquias y viven en el mar. || *pl.* Subtipo que forman.
procreación *s. f.* Acción y efecto de procrear.
procreador, ra *adj.* y *s.* Que procrea.
procrear *t.* Engendrar, multiplicar una especie, dar vida.
procura *s. f.* Procuración.
procuración *s. f.* Poder dado a otro para que éste obre en nombre de aquél. || Cargo y oficina del procurador.
procurador, ra *adj.* y *s.* Que procura. || *s.* Persona que, con habilitación legal, representa en juicio a cada una de las partes. *Procurador de los tribunales.*
procuraduría *s. f.* Cargo y oficina del procurador.
procurar *t.* Hacer diligencias y esfuerzos para conseguir lo que se desea, intentar hacer algo. || Proporcionar, facilitar. *Le ha procurado un piso muy bueno.* || *pr.* Conseguir. *Procurarse el alimento, medios de vida.*
prodigalidad *s. f.* Derroche, gasto excesivo. || Abundancia.
prodigar *t.* Derrochar, malgastar, disipar. *Prodigar el caudal.* || Dar con profusión y abundancia. || *fig.* Dispensar profusa y repetidamente. *Prodigar favores, elogios,* etc. || *pr.* Excederse en la exhibición personal. || Empeñarse, insistir con tesón.
prodigio *s. m.* Suceso extraordinario que excede los límites de lo natural. || Maravilla. *Un prodigio del arte.* || Milagro. *Su curación fue un prodigio.*
prodigiosidad *s. f.* Condición de prodigioso.
prodigioso, sa *adj.* Maravilloso, extraordinario. || Excelente, exquisito. *Cocina prodigiosa.*

P

pródigo, ga *adj.* y *s.* Malgastador, manirroto, despilfarrador. || Generoso, muy dadivoso. || Que dispensa con liberalidad. *Pródigo de* (o *con*) *alabanzas.* || *loc.* ***Hijo pródigo:*** el que regresa a su familia, después de una larga ausencia y de haber llevado una vida irregular.
pródromo *s. m.* En medicina, síntoma de una enfermedad. || *fig.* Preámbulo de una cosa. || *pl. fig.* Anuncios o principios de algo.
producción *s. f.* Acción de producir. || Cosa producida. || Conjunto de los productos del suelo o de la industria. *La producción agrícola, industrial.* || Organismo que facilita el capital para asegurar la realización de una película cinematográfica.
producir *t.* Dar. *Árbol que produce muchos frutos.* || Hacer, realizar. *Producir obras artísticas.* || Fabricar. *El taller produce pocos muebles por mes.* || Dar interés. *Capital que produce poco.* || Hacer ganar, dar beneficio. *Su negocio le produce mucho.* || Causar. *Producir gran alegría* o *entusiasmo, picor.* || Ocasionar, originar. *La guerra produce grandes males.* || Ser causante. *Una mosca produce la enfermedad del sueño.* || Financiar una película cinematográfica. || Generar, dar lugar. *Producir un cierto malestar.* || Enseñar pruebas o documentos en un proceso judicial. || *pr.* Explicarse, expresarse. *Producirse en la Asamblea.*
productividad *s. f.* Facultad de producir. || Cantidad producida teniendo en cuenta el trabajo efectuado o el capital invertido.
productivo, va *adj.* Que produce. *Tierra productiva.* || Que da beneficios. *Negocio productivo.*
producto *s. m.* Lo que crea cualquier actividad de la naturaleza, del hombre. *Producto de la tierra, industrial.* || Resultado de una operación. *Los productos de la destilación del petróleo.* || Riqueza, cosa material a la que el hombre le ha dado valor por medio del trabajo. *Producto nacional bruto.* || En matemáticas, resultado de la multiplicación. || Resultado de una operación comercial. *Éste ha sido el producto de las ventas.* || Sustancia destinada al cuidado de algo. *Producto de limpieza, de belleza, de tocador.* || *fig.* Creación. *Producto clásico de la época moderna.*
productor, ra *adj.* Dícese de lo que produce o de las personas que producen. || Obrero, trabajador. *Las clases productoras.* || *s.* Persona que tiene la responsabilidad económica de la realización de una película cinematográfica.
proemio *s. m.* Introducción de un libro.
proeza *s. f.* Hazaña, acción hecha por un héroe. *El caballero realizó una proeza al acabar con el dragón.*
profanación *s. f.* Acción de profanar las cosas sagradas. *La profanación de una iglesia.*
profanador, ra *adj.* y *s.* Que profana.
profanar *t.* Tratar una cosa sagrada o digna de respeto sin la debida consideración. *Unos ladrones profanaron tumbas en busca de un tesoro.*
profano, na *adj.* Que no forma parte de cosas sagradas, que no le corresponde a la religión. || Que no conoce algún tema. *Marcos es profano en el uso de la computadora.*
profase *s. f.* En biología, primera fase de la división de la célula por mitosis.
profecía *s. f.* Predicción de un acontecimiento por inspiración divina. || Cualquier predicción por conjetura.
proferir *intr.* Pronunciar, articular, decir palabras con violencia. *Proferir insultos, blasfemias.*
profesar *t.* Ejercer o enseñar un arte, ciencia u oficio. *Profesar la medicina.* || Hacer votos en una orden religiosa. || Tener un sentimiento o creencia. *Profesar un principio, una doctrina.* || *fig.* Sentir algún afecto, inclinación o interés. *Profesar amor, amistad.*
profesión *s. f.* Empleo u oficio de una persona. *Ejercer la profesión de abogado.* || *loc.* **De profesión:** por oficio. || ***Hacer profesión de:*** vanagloriarse o preciarse. || ***Profesión de fe:*** declaración pública de su credo religioso o de sus opiniones políticas.
profesional *adj.* Que cobra por ejercer su profesión. *Isela ahora es una bailarina profesional.* || Que es responsable en su trabajo. *Noé es un hombre profesional que nunca falta.* || *s.* Persona que ejerce una profesión. *Los profesionales del diseño se reunieron en París.*
profesionalismo *s. m.* Cultivo de ciertas disciplinas, artes o deportes como medio de lucro.
profesionista *s. com. Méx.* Persona que ejerce una profesión, profesional.
profeso, sa *adj.* y *s.* Que ha profesado en una comunidad religiosa.
profesor, ra *s.* Persona que enseña una lengua, una ciencia, un arte, etc.
profesorado *s. m.* Cargo de profesor. || Cuerpo de profesores. *El profesorado universitario.*
profesoral *adj.* Del profesor.
profeta *s. m.* Persona que anuncia la palabra divina o el futuro por inspiración sobrenatural. || *fig.* Persona que predice un acontecimiento.
profético, ca *adj.* Relativo a la profecía o al profeta.
profetisa *s. f.* Mujer con don de profecía. *La profetisa Débora.*
profetizar *t.* Predecir por inspiración divina. || *fig.* Predecir, conjeturar.
profiláctico, ca *adj.* Relativo a la profilaxis. *Medidas profilácticas.* || *s. f.* Profilaxis.
profilaxis *s. f.* Conjunto de medidas destinadas a impedir la aparición y la propagación de enfermedades. *La profilaxis para prevenir el cólera consiste en practicar la higiene.*
prófugo, ga *adj.* Dícese del que huye de la justicia o de la autoridad. || Dícese del que se ausenta o se oculta para eludir el servicio militar.
profundidad *s. f.* Distancia que media entre el fondo y la superficie, hondura. *La profundidad de un río.* || Una de las tres dimensiones de un cuerpo; las otras son «longitud» y «anchura». || Extensión longitudinal. *Tantos metros de ancho y tantos de profundidad.* || *fig.* Carácter de lo que es profundo, rico de significado y difícil de comprender. *Las profundidades del ser humano.*
profundizar *t.* Ahondar una cosa para que esté más profunda. || *fig.* Examinar atentamente para llegar a su perfecto conocimiento. *Profundizar una idea.*
profundo, da *adj.* Hondo, que tiene el fondo distante del borde o boca de la cavidad. *Piscina profunda.* || Que penetra mucho. *Corte profundo; raíz profunda.* || *fig.* Grande, muy vivo, intenso. *Pesar profundo.* || Difícil de comprender. *Enigma profundo.* || Que dice cosas de gran alcance. *Un escritor profundo.* || Grande, extremo. *Respeto profundo.* || No superficial. *Influencia profunda.* || Esencial. *Transformación profunda.* || Intenso. *Profunda oscuridad.*
profusión *s. f.* Gran abundancia.
profuso, sa *adj.* Copioso, abundante con exceso.
progenie *s. f. fam.* Conjunto de hijos, descendencia. *La progenie de aquellos mastines asciende ya a 40 cachorros.*
progenitor, ra *s.* Pariente en línea recta ascendente. || Madre o padre de alguien. || *pl.* Padre y madre de una persona. *Mis progenitores se llaman Estela y Benjamín.*
progenitura *s. f.* Progenie.
progesterona *s. f.* Hormona producida por el ovario de las hembras y la mujer.
prognatismo *s. m.* Condición de prognato.
prognato, ta *adj.* y *s.* Dícese de la persona que tiene las mandíbulas salientes.
prognosis *s. f.* Conocimiento anticipado de algún suceso. Se aplica a la previsión del tiempo.
programa *s. m.* Escrito que indica los detalles de un espectáculo, de una ceremonia, etc. || Exposición que fija la línea de conducta que ha de seguirse. *El programa de un partido político.* || Proyecto determinado. *Seguir un programa.* || Plan detallado de las materias correspondientes a un curso o a un examen. || Conjun-

to de instrucciones preparadas de modo que una calculadora, máquina herramienta u otro aparato automático puedan efectuar una sucesión de operaciones determinadas.
programación *s. f.* Establecimiento de un programa. || Preparación del programa de una calculadora u otro equipo automático.
programador, ra *adj.* y *s.* Que establece un programa. || *s. m.* Aparato acoplado a una calculadora, en el cual se inscribe el programa de las operaciones que la máquina ha de resolver para hallar la solución del problema planteado.
programar *t.* Fijar un programa. || Proyectar. *Programar una reforma.* || Descomponer los datos de un problema que ha de efectuar una calculadora electrónica en una sucesión de instrucciones codificadas propias para ser interpretadas y ejecutadas por dicha máquina.
progresar *intr.* Hacer progresos o adelantos en una materia.
progresión *s. f.* Acción de avanzar o de proseguir una cosa. || Serie no interrumpida, movimiento progresivo. || *loc.* ***Progresión aritmética:*** serie de números en que los términos consecutivos difieren en una cantidad constante. *1, 3, 5, 7, 9,* etc. || ***Progresión geométrica:*** serie de números en que cada uno es igual al anterior multiplicado por una cantidad constante. *1, 3, 9, 27, 81, 243,* etc.
progresismo *s. m.* Doctrina política y social que favorece el progreso y los avances científicos y tecnológicos, con el afán de producir bienestar para la población.
progresista *adj.* y *s. com.* De ideas avanzadas.
progresivo, va *adj.* Que progresa o avanza. *Esta serie de ejercicios tiene una dificultad progresiva.*
progreso *s. m.* Acción de ir hacia adelante. || Desarrollo favorable. *Néstor ha tenido progresos en su clase de música.*
prohibición *s. f.* Acción de prohibir, interdicción.
prohibicionista *adj.* y *s. com.* Que es partidario de la prohibición de bebidas alcohólicas.
prohibido, da *adj.* Vedado, que no está permitido. *Actividades prohibidas; dirección prohibida.*
prohibir *t.* Vedar o impedir el uso o ejecución de una cosa.
prohibitivo, va o **prohibitorio, ria** *adj.* Que prohíbe.
prohijamiento *s. m.* Adopción.
prohijar *t.* Adoptar como hijo al que no lo es naturalmente. || *fig.* Admitir como propias ideas de otro.
prohombre *s. m.* Hombre eminente, ilustre.
proindivisión *s. f.* Estado y situación de los bienes «pro indiviso».
prójimo *s. m.* Cualquier persona respecto de otra. *Respetar, amar al prójimo.* || *fam.* Individuo, persona. || *s. f. fam.* Mujer. || Esposa. || *fam.* Fulana.
prolactina *s. f.* Hormona encargada de la secreción de leche materna en las hembras y la mujer.
prole *s. f.* Hijos, descendencia. *Maura salió de vacaciones con su esposo y su prole.*
prolegómenos *s. m. pl.* Introducción.
proletariado *s. m.* Clase social formada por personas que venden su trabajo a cambio de un salario.
proletario, ria *adj.* Relativo al proletariado. *Hubo un desfile proletario el de mayo para celebrar el Día del Trabajo.* || *s.* Miembro del proletariado. *Para la doctrina de Carlos Marx los proletarios y los burgueses forman las dos clases sociales opuestas.*
proletarización *s. f.* Acción de proletarizar.
proletarizar *t.* Reducir a los productores independientes (agricultores, artesanos, comerciantes, etc.) a la condición de proletarios o trabajadores asalariados.
proliferación *s. f.* Multiplicación del huevo fecundado y de sus derivados celulares. || *fig.* Multiplicación. *Proliferación de instalaciones.*
proliferar *intr.* Reproducirse o multiplicarse rápidamente.
prolífero, ra *adj.* Que se multiplica o reproduce.
prolífico, ca *adj.* Que tiene virtud de engendrar. || Que se reproduce con rapidez. *Los conejos son muy prolíficos.* || *fig.* Aplícase a un escritor o artista de producción abundante. *Autor prolífico.*
prolijidad *s. f.* Extensión, dilatación. || Esmero.
prolijo, ja *adj.* Demasiado largo y detallado. *Efraín dio una explicación tan prolija que todo mundo sospechó que mentía.* || Exhaustivo. || Muy detallado. || Esmerado.
prologar *t.* Redactar un prólogo. *Prologar un libro.*
prólogo *s. m.* Escrito que antecede a una obra para explicarla o presentarla al público. || *fig.* Preámbulo, preliminar.
prologuista *s. com.* Autor o autora del prólogo.
prolongación *s. f.* Acción de prolongar o prolongarse. || Tiempo que se añade a la duración normal.
prolongamiento *s. m.* Prolongación, alargamiento.
prolongar *t.* Alargar. || Hacer que una cosa dure más de lo debido.
promediar *t.* Dividir una cosa en dos partes iguales. || *intr.* Llegar a su mitad un espacio de tiempo determinado. *Antes de promediar el mes de junio.*
promedio *s. m.* Término medio.
promesa *s. f.* Expresión de la voluntad de dar a uno o hacer por él una cosa. || Ofrecimiento piadoso hecho a Dios o a los santos. || *fig.* Augurio, señal. || Cosa o persona que promete.
prometedor, ra *adj.* y *s.* Que promete, que tiene buenas perspectivas. *Futuro prometedor.*
prometer *t.* Obligarse a hacer, decir o a dar alguna cosa. *Prometió escribir.* || Asegurar, afirmar, certificar. *Le prometí que iría.* || Augurar, hacer creer. *Los viñedos prometen muchas uvas.* || *intr.* Dar muestras de precocidad o aptitud. *Este niño promete.* || Tener buenas perspectivas. *Negocio que promete.* || *pr.* Esperar mucho de una cosa. *Prometérselas felices.* || Darse formalmente palabra de casamiento.
prometido, da *s.* Futuro esposo, novio. || *s. m.* Promesa.
prometio *s. m.* Elemento químico radiactivo, metal del grupo de las tierras raras, que se utiliza en la fabricación de pinturas luminiscentes y en fuentes de rayos X. Su número atómico es 61 y su símbolo *Pm.*
prominencia *s. f.* Elevación de una cosa sobre lo que la rodea.
prominente *adj.* Que sobresale.
promiscuidad *s. f.* Mezcla, confusión. || Vida conjunta y heterogénea de personas de sexo diferente, de condiciones o de nacionalidades diversas.
promiscuo, cua *adj.* Mezclado.
promisión *s. f.* Promesa. || *loc.* ***Tierra de Promisión:*** la prometida por Dios al pueblo de Israel.
promisorio, ria *adj.* Que encierra en sí promesa.
promoción *s. f.* Acción de elevar a una o varias personas a una dignidad o empleo superior. || Conjunto de personas que efectúan los mismos estudios en el mismo establecimiento y durante el mismo periodo. || Conjunto de individuos que al mismo tiempo han obtenido un grado, título, empleo. || Accesión a un nivel de vida superior, a la cultura. *Promoción social.* || *loc.* ***Promoción de ventas:*** técnica propia para acrecentar el volumen de negocios de una empresa por medio de una red de distribución.
promocionar *t.* Acrecentar la venta de un producto. || Elevar a un empleo superior.
promontorio *s. m.* Altura considerable de tierra, especialmente la que avanza dentro del mar.
promotor, ra *adj.* y *s.* Que promueve, da impulso a una cosa. *Promotor de disputas, de una obra.* || Nombre de algunos magistrados. *Promotor fiscal.* || *s. m.* Sustancia que incrementa con su presencia la actividad de un catalizador.
promovedor, ra *adj.* y *s.* Promotor.
promover *t.* Iniciar, dar impulso a una cosa. *Promover una fundación.* || Ascender a uno a una dignidad o empleo superior. *Promover a general, a*

cardenal. || Ocasionar. *Promovió un escándalo.*
promulgación *s. f.* Acción y efecto de promulgar.
promulgador, ra *adj.* y *s.* Que promulga.
promulgar *t.* Publicar una cosa solemnemente. *Promulgar la Constitución.* || *fig.* Divulgar una cosa. || En derecho, publicar formalmente una ley para que sea aplicada y cumplida.
pronación *s. f.* Movimiento de rotación de la mano hacia dentro.
pronaos *s. m.* Parte anterior de un templo antiguo.
prono, na *adj.* Echado sobre el vientre. *Decúbito prono.* || Propenso.
pronombre *s. m.* En gramática, parte de la oración que sustituye al nombre o lo determina. *Los pronombres personales son yo, tú, él, ella, nosotros, ustedes o vosotros y ellos.*
pronominal *adj.* En gramática, relativo al pronombre. || Se dice del verbo que en todas sus personas se conjuga con pronombres personales. *Los verbos «peinarse» y «bañarse» son pronominales.*
pronosticador, ra *adj.* y *s.* Que pronostica o presagia.
pronosticar *t.* Conocer o conjeturar por algunos indicios lo futuro. *Pronosticar buen tiempo.*
pronóstico *s. m.* Señal por la que se conjetura o adivina una cosa futura. *Pronóstico del tiempo.* || Calendario en que se incluye el anuncio de los fenómenos astronómicos y meteorológicos. || Juicio que da el médico respecto de una enfermedad. *Pronóstico clínico.* || *loc.* ***Pronóstico reservado:*** el que se reserva el médico a causa de las contingencias posibles de una lesión.
prontitud *s. f.* Celeridad, presteza en ejecutar una cosa. *Prontitud en el trabajo.* || Viveza de ingenio, de imaginación.
pronto *adv.* En seguida. *Debo vestirme pronto o llegaré tarde a la escuela.*
pronto, ta *adj.* Rápido, inmediato. *Espero el pronto retorno de mi hermano.* || Dispuesto, preparado. *La secretaria siempre está pronta para ayudar al jefe.* || *loc.* ***De pronto:*** de repente. *Hacía un sol intenso y de pronto el cielo se nubló.* || ***Hasta pronto:*** hasta ahora. || ***Por de*** (o ***lo***) ***pronto:*** entre tanto; por ahora.|| ***Tan pronto como:*** en el mismo momento. *Tan pronto como suene mi despertador te llamaré.*
prontuario *s. m.* Resumen sucinto de datos, notas, etc. || Compendio de una ciencia. || Agenda.
pronunciable *adj.* Que se pronuncia fácilmente.
pronunciación *s. f.* Acción y efecto de pronunciar o articular fonemas o palabras. || *loc.* ***Pronunciación figurada:*** transcripción que indica el modo de pronunciar una palabra, especialmente extranjera.
pronunciado, da *adj.* Acusado. *Pendiente pronunciada.*
pronunciamiento *s. m.* Levantamiento militar. *El pronunciamiento de Riego.* || En derecho, cada una de las declaraciones, condenas o mandatos del juzgador. *Absuelto con todos los pronunciamientos de la ley.*
pronunciar *t.* Emitir y articular sonidos para hablar. *Pronunciar palabras.* || Echar. *Pronunciar un discurso.* || Determinar, resolver. || En derecho, publicar la sentencia o auto. *El tribunal pronunció su fallo.* || *pr.* Sublevarse, rebelarse. || Declarar su preferencia. *Se pronunciaron por la negativa.* || Acentuarse, agrandarse.
propagación *s. f.* Multiplicación de los seres por vía de reproducción. *La propagación de la especie.* || *fig.* Difusión. *La propagación de las ideas.* || En física, modo de transmisión de las ondas sonoras o luminosas.
propagador, ra *adj.* y *s.* Que propaga. *Propagador de noticias falsas.*
propaganda *s. f.* Toda acción organizada para difundir una opinión, una religión, una doctrina, etc. || Publicidad dada a un producto comercial para fomentar su venta. || Prospectos, anuncios, etc., con que se hace esta publicidad.
propagandista *adj.* y *s. com.* Dícese de la persona que hace propaganda. *Propagandista político.*
propagandístico, ca *adj.* Relativo a la propaganda. *Trabajo propagandístico.*
propagar *t.* Multiplicar por generación u otra vía de reproducción. *Propagar una raza, una especie animal.* || *fig.* Difundir una cosa. *Propagar una noticia, la fe, una doctrina.* || Extender el conocimiento de una cosa o la afición a ella. || Divulgar algo secreto. || *pr.* Extenderse el fuego, una epidemia, una rebelión.
propalador, ra *adj.* Que propala o difunde.
propalar *t.* Divulgar, difundir. *Propalar un secreto, un rumor.*
propano *s. m.* Hidrocarburo gaseoso usado como combustible.
propasar *t.* Rebasar el límite conveniente. || *pr.* Extralimitarse, excederse uno de lo razonable. *Propasarse uno en sus palabras.*
propedéutica *s. f.* Instrucción preparatoria para el estudio de una ciencia.
propelente *adj.* y *s. m.* Producto químico que se utiliza para propulsar. *El combustible de los cohetes espaciales es propelente.*
propender *intr.* Tener propensión o inclinación a una cosa.
propeno *s. m.* En química, tipo de hidrocarburo.
propensión *s. f.* Inclinación, tendencia, afición a una cosa. *Sentir propensión por el dibujo, la pintura, por una persona.* || Predisposición a una enfermedad.
propenso, sa *adj.* Que tiene propensión a algo.
propergol *s. m.* Sustancia o mezcla de sustancias cuya reacción química produce, sin la intervención del oxígeno atmosférico, gases calientes que mantienen el movimiento de un cohete espacial.
propiciación *s. f.* Sacrificio hecho a un dios.
propiciador, ra *adj.* y *s.* Que propicia.
propiciar *t.* Aplacar la ira de uno captando su voluntad. || Hacer propicio. || Patrocinar.
propiciatorio, ria *adj.* Que tiene la virtud de hacer propicio. *Sacrificios propiciatorios.*
propicio, cia *adj.* Benigno, benévolo. || Favorable. *Momento propicio.* || Adecuado. *Es la persona más propicia para este trabajo.*
propiedad *s. f.* Derecho de gozar y disponer de una cosa con exclusión de otra persona. || Cosa en la que recae este derecho, especialmente si son bienes raíces inmuebles. *Ha comprado una gran propiedad en Salamanca.* || Característica o cualidad particular. *La propiedad del imán es atraer el hierro.* || Semejanza perfecta, exactitud. *Imitación hecha con gran propiedad.* || En gramática, significado exacto de las palabras. *Emplear una palabra con propiedad.* || *loc.* ***Propiedad horizontal:*** la que un copropietario goza en su piso, en un edificio de varias plantas. || ***Propiedad industrial:*** derecho exclusivo de usar de un nombre comercial, de una marca, de una patente, de un dibujo, de un modelo de fabricación, etc. || ***Propiedad intelectual:*** derecho exclusivo que tiene un artista o escritor (y sus inmediatos sucesores) de sacar una renta de la explotación de su obra.
propietario, ria *adj.* y *s.* Que tiene derecho de propiedad sobre una cosa. *Propietario de bienes inmuebles.* || Que tiene un empleo o cargo en propiedad. || Dueño de una casa o finca en oposición al inquilino o arrendatario.
propileno *s. m.* En química, propeno.
propileo *s. m.* En arquitectura, pórtico de un templo.
propilo *s. m.* En química, radical monovalente del propano.
propina *s. f.* Dinero dado a una persona como gratificación por prestar un servicio. *Los empleados que cargan el equipaje esperan una propina por su trabajo.* || *loc. fam.* ***De propina:*** por añadidura.
propinar *t.* Dar. *Graciela se sintió ofendida y le propinó una bofetada a Rodrigo.*
propincuidad *s. f.* Cercanía.

propincuo, cua *adj.* Cercano.
propio, pia *adj.* Que pertenece a uno en propiedad. *Su propio hogar.* || Característico, particular, peculiar. *No ser propio de una persona inteligente.* || Conveniente, adecuado, a propósito para un fin. *Propio para curar.* || Natural, no postizo. *Cabello propio; dentadura propia.* || Mismo. *Escrito de su propio puño y letra.* || Dícese del significado original de una palabra. *En su sentido propio y no en el figurado.* || *fam.* Semejante. *Es su imagen propia.* || Aplícase al quebrado cuyo numerador es menor que el denominador. || En filosofía, dícese del accidente que se sigue naturalmente o es inseparable de la esencia y naturaleza de las cosas. || En gramática, dícese del nombre que se da a persona, país, etc. *Nombre propio.* || *s. m.* Hombre que se envía con un mensaje, carta, etc.
propóleos *s. m.* Especie de cera con que las abejas revisten las colmenas.
proponedor, ra *adj.* y *s.* Que propone.
proponer *t.* Manifestar algo para inducir a un acto. *Proponer una solución.* || Tener intención de hacer una cosa. *Se propone ir a Madrid.* || Indicar o presentar a uno para un empleo o beneficio. *Proponer un candidato.* || Hacer una propuesta.
proporción *s. f.* Relación, correspondencia de las partes entre ellas o con el todo. *Las proporciones entre las partes de un edificio.* ||Tamaño, dimensión. *Obra de grandes proporciones.* || Importancia. *No se saben aún las proporciones de las pérdidas.* || En matemáticas, igualdad de dos razones.
proporcionado, da *adj.* Regular, adecuado, conveniente. || Que tiene las proporciones debidas.
proporcional *adj.* Relativo a la proporción o que la incluye en sí. *Distribución proporcional.* || En matemáticas, dícese de las cantidades que están en proporción con otras cantidades del mismo género.
proporcionalidad *s. f.* Proporción. || Relación entre dos series de cantidades proporcionales.
proporcionar *t.* Disponer y ordenar con la debida proporción. *Proporcionar sus gastos a sus recursos.* || Facilitar, poner a disposición de uno lo que necesite o le conviene. *Proporcionar medios de subsistencia; proporcionar un buen empleo.* || Dar. *Esto proporciona animación.* || *pr.* Conseguir.
proposición *s. f.* Acción de proponer o someter a un examen. || Cosa que se propone para la deliberación. *Proposiciones de paz.* || Oferta. || En gramática, oración. *Proposición subordinada.* || En matemáticas, teorema o problema que se ha de demostrar o resolver. || Exposición del asunto que ha de ser objeto de demostración. *Proposición universal.*
propósito *s. m.* Intención, ánimo, designio de hacer o no hacer una cosa. *Propósito de estudiar.* || Objetivo, mira. *Su propósito es derrocarlo.* || *loc.* ***A propósito:*** oportunamente; adecuado; a posta. || ***De propósito:*** de intento; expresamente. || ***Fuera de propósito:*** inoportunamente, sin venir al caso.
propuesta *s. f.* Idea, proyecto, proposición que se expone y ofrece para un fin. || Proyecto hecho a un superior para que dé su aprobación. || Indicación de alguien para un empleo o beneficio.
propugnación *s. f.* Defensa.
propugnar *t.* Defender.
propulsar *t.* Impeler, empujar hacia adelante. || Impulsar. *Propulsar el desarrollo industrial.*
propulsión *s. f.* Acción de impeler o empujar hacia adelante. || *loc.* ***Propulsión a chorro*** o ***por reacción:*** la de un avión, cohete o proyectil para que avance por medio de la reacción.
propulsor, ra *adj.* y *s.* Que propulsa.
prorrata *s. f.* Parte proporcional que toca a cada uno en un reparto. || *loc.* ***A prorrata:*** mediante prorrateo, en proporción.
prorratear *t.* Dividir de manera proporcional. *El costo del agua del edificio se prorratea entre todos.*
prorrateo *s. m.* Repartición proporcional de una obligación, o de una cantidad de dinero, entre varias personas. *Los avalúos de condominios se hacen por prorrateo.*
prórroga *s. f.* Aplazamiento. *René no pudo pagar a tiempo y le concedieron una prórroga.*
prorrogable *adj.* Que puede aplazarse. *El plazo es prorrogable.*
prorrogación *s. f.* Prórroga.
prorrogar *t.* Alargar la duración de algo. *Felizmente para ella, prorrogaron la fecha del examen.*
prorrumpir *intr.* Emitir un grito, suspiro, etc. *Una abeja picó a la niña y ella prorrumpió en llanto.*
prosa *s. f.* Forma natural del lenguaje, opuesta a la rima y al verso. *Cuando hablamos con los demás lo hacemos en prosa.*
prosaico, ca *adj.* Vulgar, sin gracia o interés.
prosaísmo *s. m.* Falta de armonía poética en los versos. || *fig.* Vulgaridad, carácter prosaico.
prosapia *s. f.* Abolengo, linaje.
proscenio *s. m.* Espacio en el teatro griego y romano entre la escena y la orquesta. || Hoy, parte del escenario más inmediata al público. *Palco de proscenio.*
proscribir *t.* Desterrar, expulsar a uno de su patria. || *fig.* Prohibir.
proscripción *s. f.* Destierro, expatriación. || *fig.* Prohibición.
proscrito, ta *adj.* y *s.* Desterrado, que ha sido expulsado de su patria, expatriado.
prosecución *s. f.* Continuación. || Seguimiento, persecución. *La prosecución de un fin.*
proseguimiento *s. m.* Prosecución, continuación.
proseguir *t.* Seguir, continuar lo empezado. *Proseguir una narración, su camino.*
proselitismo *s. m.* Celo de ganar prosélitos.
proselitista *adj.* y *s. com.* Encaminado a ganar prosélitos.
prosélito *s. com.* Recién convertido a una religión. || *fig.* Adepto.
prosénquima *s. m.* Tejido fibroso de las plantas o de los animales.
prosificar *t.* Poner en prosa. *Prosificar un poema.*
prosista *s. com.* Escritor o escritora de obras en prosa.
prosodia *s. f.* Parte de la gramática que enseña la correcta pronunciación y acentuación.
prosódico, ca *adj.* Relativo a la prosodia. *Las reglas prosódicas contribuyen a que todos entendamos lo que decimos.*
prosopopeya *s. f.* Figura del lenguaje que consiste en atribuir cualidades de los seres animados a los seres inanimados y abstractos.
prospección *s. f.* Exploración de los yacimientos minerales de un terreno. || Estudio de posibilidades futuras basado en indicios presentes.
prospectar *t.* Realizar prospecciones.
prospectiva *s. f.* Ciencia que estudia las posibles condiciones científicas y sociales de la sociedad futura.
prospectivo, va *adj.* Relativo al futuro.
prospecto *s. m.* Anuncio breve de una obra, espectáculo, etc. || Impreso informativo que acompaña a un medicamento, máquina, etc., para explicar cómo debe usarse. *Antes de tomar el medicamento es importante leer el prospecto.*
prospector *s. m.* Que hace prospecciones de terreno.
prosperar *intr.* Tener o gozar prosperidad. *Prospera la industria, el comercio.* || Mejorar de situación económica. || Ganar partidarios, abrirse camino. *Prosperar en la política, en los negocios.*
prosperidad *s. f.* Bienestar material. || Buena marcha de los asuntos.
próspero, ra *adj.* Que se desenvuelve favorablemente. *Una industria próspera.*
próstata *s. f.* Glándula secretora situada entre la vejiga de la orina y la uretra.
prostático, ca *adj.* Relativo a la próstata. || Enfermo de la próstata.
prostatitis *s. f.* En medicina, inflamación de la próstata.

prosternarse *pr.* Postrarse.
próstesis *s. f.* En gramática, prótesis.
prostíbulo *s. m.* Mancebía.
próstilo *adj.* y *s. m.* Dícese del edificio que tiene columnas en la fachada. *Templo próstilo.*
prostitución *s. f.* Acción por la que una persona tiene relaciones sexuales con un número indeterminado de otras mediante remuneración. || Existencia de lupanares y de mujeres públicas. *Prohibir la prostitución.* || *fig.* Corrupción.
prostituir *t.* Entregar a la prostitución. *Madre que prostituye a su hija.* || *fig.* Envilecer, hacer uso de algo de manera deshonrosa. *Prostituir su talento.* || Degradar por un uso indigno. *Prostituir la justicia.*
prostituta *s. f.* Mujer que se entrega por dinero.
protactinio *s. m.* Elemento químico radiactivo, metal raro que se encuentra en minerales de uranio. Su número atómico es 91 y su símbolo *Pa.*
protagonista *s. com.* Personaje principal de cualquier obra literaria o dramática, de una película. || *fig.* Persona que desempeña el papel principal en un suceso. *El protagonista de un crimen.*
protagonizar *t.* Representar el papel de protagonista.
prótasis *s. f.* Oración que en una frase constituye un antecedente de la que sigue. || Exposición de la acción al principio de una obra dramática.
protección *s. f.* Acción de proteger. || Lo que protege.
proteccionismo *s. m.* Sistema económico que defiende la protección de la producción nacional frente a los productos extranjeros. || Régimen aduanero basado en esta doctrina.
proteccionista *adj.* Relativo al proteccionismo. *Política proteccionista.* || *s. com.* Partidario de este sistema.
protector, ra o **triz** *adj.* y *s.* Que protege. || Encargado de cuidar los intereses de una comunidad. || *s. m.* Aparato que sirve para proteger los dientes de los boxeadores. || Título que tomó en Inglaterra Oliver Cromwell en 1653 y que otorgaron los Estados de Corrientes, Entre Ríos, la Banda Oriental y todos los federales al general uruguayo Artigas, en 1815, los peruanos a San Martín en 1821 y el que usó Santa Cruz en la Confederación Perubolíviana en 1834.
protectorado *s. m.* Dignidad, cargo y función de protector. *El protectorado de Artigas.* || Nombre dado en Inglaterra al gobierno de Cromwell entre 1653 y 1659. || Parte de soberanía que un Estado ejerce en territorio extranjero puesto bajo su dependencia. *El antiguo protectorado de España y Francia en Marruecos.*
protectoría *s. f.* Ejercicio del protectorado.
proteger *t.* Poner al amparo, resguardar, defender. *Proteger del sol; proteger una ciudad.* || Ayudar, socorrer. *Proteger a los huérfanos.* || Patrocinar, velar por. *Proteger un candidato.* || Favorecer, alentar. *Protegió las letras.* || Defender, sostener el mercado nacional contra los productos extranjeros. || *pr.* Ponerse al amparo, defenderse.
protegido, da *adj.* y *s.* Que posee un protector.
proteico, ca *adj.* Que cambia de forma, ideas o aspecto. || Relativo a las proteínas.
proteína *s. f.* Sustancia química que forma parte de la célula. *Las proteínas son importantes para la formación de los tejidos del organismo.*
proteínico, ca *adj.* Relativo a las proteínas.
protervo, va *adj.* y *s.* Perverso, malvado.
prótesis *s. f.* En medicina, adición artificial para sustituir un órgano del cuerpo. *Arturo usa prótesis para caminar porque perdió una pierna en un accidente.* || En gramática, adición de una letra al principio de una palabra.
protesta *s. f.* Acción y efecto de protestar. || Promesa. *Protesta de amistad.* || En derecho, declaración jurídica para mantener un derecho.
protestante *s. com.* Persona que sigue las ideas del protestantismo.
protestantismo *s. m.* Conjunto de las iglesias y comunidades cristianas surgidas del movimiento llamado Reforma iniciado por el religioso Martín Lutero en el siglo XVI. || Doctrina de las iglesias y comunidades cristianas surgidas de la Reforma luterana.
protestar *t.* e *intr.* Mostrar con decisión un desacuerdo. *¡Protesto!, no estoy de acuerdo con Araceli.* || Quejarse. *Mi hermano siempre protesta cuando le toca lavar el baño.* || Jurar. *Elena protestó como médica durante una ceremonia.*
protesto *s. m.* Protesta. || Diligencia notarial al no ser aceptada una letra de cambio. || Testimonio por escrito del mismo requerimiento.
prótido *s. m.* Proteína.
protista *s. m.* Organismo unicelular que tiene el núcleo diferenciado. *Las amebas y los paramecios son ejemplos de protistas.*
protocolar o **protocolario, ria** *adj.* Relativo al protocolo. || Formulario; de cumplido. *Visita protocolaria.*
protocolización *s. f.* Acción y efecto de protocolizar.
protocolizar *t.* Incorporar al protocolo. *Protocolizar una escritura, un documento.*
protocolo *s. m.* Serie ordenada de escrituras matrices o de los documentos que un notario autoriza y custodia. || Libro en el que se consignan las actas de un congreso, de un acuerdo diplomático. || Ceremonial, etiqueta. *El protocolo real.* || Expediente que tiene un médico de cada paciente que cuida.
protofita *adj.* y *s. f.* Dícese de un tipo de plantas unicelulares reproducidas por escisión.
protohistoria *s. f.* Periodo intermedio entre la prehistoria y la historia propiamente dicha.
protomártir *s. m.* El primero de los mártires, san Esteban. || Primer mártir.
protón *s. m.* Partícula elemental cargada de electricidad positiva. Constituye con el neutrón uno de los dos elementos contenidos en los núcleos de todos los átomos.
protónico, ca *adj.* Relativo al protón.
protoplasma *s. m.* Sustancia que forma la parte viva de una célula.
protórax *s. m.* El primero de los tres segmentos del tórax de los insectos.
prototipo *s. m.* Primer ejemplar, modelo. *En la exposición presentaron el prototipo de un avión.* || Persona o cosa que tiene la mayor parte de las características de algo. *Por sus habilidades, Manuel es el prototipo de futbolista.*
protóxido *s. m.* Primer grado de oxidación de algunos cuerpos.
protozoario, ra o **protozoo** *adj.* Se dice de los seres microscópicos unicelulares de núcleo diferenciado, sin clorofila, como los ciliados o infusorios, los flagelados, los rizópodos, el hematozoario del paludismo, etc. || *s. m. pl.* Subreino que forman.
protráctil *adj.* Aplícase a la lengua de algunos reptiles que puede proyectarse mucho fuera de la boca, como en el camaleón.
protuberancia *s. f.* Saliente en forma de bulto en la superficie de un cuerpo. *Las protuberancias del cráneo.*
protuberante *adj.* Saliente.
protutor, ra *s.* En derecho, persona encargada por la ley de intervenir las funciones de la tutela.
provecho *s. m.* Beneficio, fruto, ganancia, utilidad que se saca de algo. *Comercio de mucho provecho.* || Aprovechamiento, fruto. *Estudiar con provecho.* || Ventaja. *Todo lo hace en su provecho.* || *loc.* ***De provecho:*** útil.
provechoso, sa *adj.* Benéfico.
provecto, ta *adj.* Avanzado, viejo. *Hombre de provecta edad.*
proveedor, ra *s.* Persona que abastece de lo necesario a un ejército, colectividad, etc. *Proveedor del Estado.*
proveeduría *s. f.* Cargo de proveedor. || Casa donde se almacenan las provisiones.
proveer *t.* Abastecer, suministrar lo necesario para un fin. *Proveer a uno de ropa, de alimentos.* || Subvenir,

atender. *Ella proveía a sus necesidades.* || Cubrir un cargo o empleo. *Proveer una notaría.* || Disponer. || En derecho, dictar el juez un fallo. || *pr.* Aprovisionarse, abastecerse.
proveimiento *s. m.* Provisión.
proveniente *adj.* Procedente.
provenir *intr.* Proceder, venir.
provenzal *adj.* y *s.* De Provenza, antigua provincia de Francia. || *s. m.* Lengua hablada por los provenzales.
provenzalista *s. com.* Especialista en lengua y literatura provenzales.
proverbial *adj.* Relativo al proverbio. *Frase proverbial.* || Muy conocido, habitual. *Su bondad es proverbial.*
proverbio *s. m.* Refrán, máxima o adagio. *Libro de proverbios castellanos.* || Obra dramática de teatro cuyo tema principal es un proverbio.
providencia *s. f.* Disposición, medida para lograr un fin. *Tomar las providencias necesarias.* || Según la religión, suprema sabiduría de Dios que rige el orden del mundo. || Dios. *Los decretos de la Divina Providencia.* || *fig.* Persona que cuida de otra. *Ser la providencia de los pobres.* || En derecho, resolución del juez.
providencial *adj.* Relativo a la Providencia. || *fig.* Oportuno. *Un acontecimiento providencial.*
providente *adj.* Próvido.
próvido, da *adj.* Que da lo necesario. || Prudente, previsor. || Propicio, benévolo.
provincia *s. f.* Cada una de las grandes divisiones administrativas de un Estado. *España se divide en 50 provincias, la Argentina en 23.* || En la antigüedad romana, territorio conquistado fuera de Italia, administrado por un gobernador. *Provincias Tarraconense, Galias, etc.* || Conjunto de conventos de una misma orden religiosa en cierto territorio. || *pl.* Todo el país, salvo la capital. *Residir, trabajar en provincias.*
provincial *adj.* Relativo a la provincia. *Diputación, asamblea provincial.* || Dícese del religioso superior general de todos los conventos de una provincia. *El provincial de los franciscanos.*
provincialismo *s. m.* Predilección por los usos y costumbres de una provincia. || Voz, giro o manera de hablar característico de una provincia.
provincianismo *s. m.* Condición de provinciano.
provinciano, na *adj.* y *s.* Que vive en una provincia. || *fig.* Atrasado, poco acostumbrado a la vida de las grandes urbes.
provisión *s. f.* Suministro, abastecimiento. || Acopio de cosas necesarias o útiles. *Provisión de víveres, de carbón.* || Disposición, medida. || *loc.* ***Provisión de fondos:*** existencia de fondos en poder del pagador para hacer frente a una letra de cambio, cheque, etc.
provisional *adj.* Que no es definitivo, interino. *Gobernador, alcalde provisional.* || Dícese del oficial militar que no ejerce su empleo más que temporalmente, en tiempos de guerra. *Alférez provisional.*
provisor, ra *s.* Proveedor, abastecedor. || *s. m.* Juez eclesiástico en quien el obispo delega su autoridad y jurisdicción. || *s. f.* Administradora de un convento.
provisorio, ria *adj. Amér.* Provisional.
provocación *s. f.* Reto, desafío. || Incitación a cometer actos reprensibles.
provocador, ra *adj.* y *s.* Que provoca disturbios, alborotador. || *loc.* ***Agente provocador:*** el que suscita movimientos sediciosos para justificar las represalias.
provocante *adj.* Que provoca.
provocar *t.* Incitar o inducir a uno a que haga algo. *Provocar a la rebelión.* || Irritar, excitar. *Provocar con ademanes.* || Desafiar, retar. *Provocar al adversario.* || Mover. *Provocar la risa.* || Causar, originar. *Le provocó la muerte.* || Ayudar, facilitar. *El opio provoca el sueño.* || Excitar una mujer el deseo de los hombres. || *fam. Ven.* Apetecer.
provocativo, va *adj.* Que irrita, excita o incita. *Un vestido provocativo.* || Provocador.
proxeneta *s. com.* Alcahuete.
proxenetismo *s. m.* Actividad del proxeneta.
próximamente *adv.* Pronto.
proximidad *s. f.* Cercanía.
próximo, ma *adj.* Que está cerca en el tiempo o en el espacio. *Casa próxima a la carretera.* || *loc.* ***El año próximo:*** el año que viene.
proyección *s. f.* Acción de lanzar un cuerpo pesado, un líquido, un fluido. || En geometría, figura que resulta en una superficie al proyectar en ella los puntos de un sólido u otra figura. *Proyección de un prisma.* || Imagen que se hace visible, por medio de un foco luminoso, en una superficie plana. *Proyección luminosa.* || Acción de proyectar una película. *Proyección cinematográfica.* || *fig.* Influencia, influjo poderoso. *La proyección de la cultura.*
proyectar *t.* Arrojar, lanzar a distancia. || Preparar o trazar un plan, concebir un proyecto. *Proyectar una operación militar.* || Hacer los planos de una obra de ingeniería o arquitectura. || Hacer ver una película en la pantalla. || Exhibir una película en un cine. || Trazar la proyección de una figura geométrica sobre un plano.
proyectil *s. m.* Todo cuerpo al cual se comunica una velocidad cualquiera y es lanzado en una dirección determinada, como bala, granada, bomba, cohete, etc.
proyectista *s. com.* Persona que hace proyectos de ingeniería, etc.
proyecto *s. m.* Plan, designio de hacer algo, intención. *Proyecto de estudiar.* || Conjunto de planos y documentos explicativos, con indicación de costes que se hace previamente a la construcción de una obra. || Esbozo, bosquejo, esquema. *Un proyecto de novela.* || Texto de ley elaborado por el Gobierno y que se somete a la aprobación del Parlamento.
proyector, ra *adj.* Que sirve para proyectar. || *s. m.* Reflector destinado a lanzar en una dirección determinada un haz de luz muy fuerte. || Aparato para proyectar imágenes sobre una pantalla.
prudencia *s. f.* Calidad de la persona que obra con moderación y sensatez para evitar aquello que le puede causar perjuicio. || Una de las cuatro virtudes cardinales.
prudencial *adj.* De la prudencia. || Prudente. *Prórroga prudencial.* || *fam.* No excesivo. *Cantidad prudencial de azúcar.*
prudente *adj.* Que obra con prudencia. *Un consejero prudente.* || Razonable. *Una hora prudente.*
prueba *s. f.* Razón o argumento con que se demuestra una cosa. *Dar una prueba de lo que se afirma.* || Ensayo, experiencia. *Pruebas nucleares.* || Una de las partes en que se divide un examen. *Prueba de física.* || *fig.* Señal, testimonio. *Prueba de amistad.* || Tratándose de comida o bebida, degustación. || Acción de ponerse un traje que se está haciendo para que el sastre o la costurera compruebe si le va bien al cliente. || Competición deportiva. || Operación matemática mediante la cual se comprueba la exactitud del resultado de un problema o cálculo cualquiera. *La prueba del nueve.* || Justificación del derecho de las partes. *Prueba pericial.* || Primera impresión que se saca para corregir las erratas. *Prueba de imprenta.* || *pl.* Ejercicios acrobáticos. || *loc.* ***A prueba:*** que se puede probar. || *fig.* ***A prueba de bomba, de agua, etc.:*** muy resistente, capaz de resistir las bombas, el agua, etc. || ***Poner a prueba:*** probar, ensayar.
prurito *s. m.* Picazón, comezón. *Me intoxiqué y siento un prurito insoportable.* || Deseo persistente de hacer una cosa lo mejor posible. *Pablo tiene el prurito de la perfección.*
prusiano, na *adj.* y *s.* De Prusia. *Ejército prusiano.*
prusiato *s. m.* Sal del ácido prúsico, cianuro.
prúsico, ca *adj.* Se dice del ácido en cuya composición interviene el carbono, el nitrógeno y el hidrógeno, veneno poderoso.
pseudo *adj.* Seudo.
psi *s. f.* Vigésima tercera letra del alfabeto griego (Ψ, ψ).

P

psicastenia *s. f.* En medicina, astenia mental o moral.
psico Prefijo griego que entra en la composición de palabras como «psicosis», «psicópata», etc. También se prescinde de la «p» inicial, por ejemplo «sicosis», «sicópata», etc.
psicoanálisis *s. m.* Exploración psicológica del pasado moral y mental de un enfermo por el método de Sigmund Freud. || Método de tratamiento de las enfermedades nerviosas de origen psíquico, basado en esta exploración.
psicoanalista *s. com.* Especialista en psicoanálisis.
psicología *s. f.* Ciencia que estudia los procesos mentales como la percepción, la memoria, el pensamiento y los sentimientos. *La psicología utiliza pruebas de inteligencia.*
psicológico, ca *adj.* Referente a la psicología. *Estado psicológico.*
psicólogo, ga *s.* Especialista en psicología. *Hay cada vez mayor necesidad de psicólogos.*
psicometría *s. f.* Medición de los fenómenos psíquicos.
psicópata *s. com.* Enfermo mental.
psicopatía *s. f.* En medicina, enfermedad mental.
psicopático, ca *adj.* Relativo a la psicopatía o que la padece.
psicopatología *s. f.* Patología de las enfermedades mentales.
psicosis *s. f.* Nombre genérico de las enfermedades mentales. || Estado anímico colectivo originado por una conmoción de carácter social. *Psicosis de pavor.*
psicosis *s. f.* Trastorno mental grave que hace perder contacto con la realidad a quien lo sufre.
psicosomático, ca *adj.* Se aplica a la enfermedad o trastorno que, aunque tiene un origen mental, se manifiesta con síntomas orgánicos. *Los cólicos que le dan a Elisa son psicosomáticos.*
psicotecnia *s. f.* Estudio de las reacciones psíquicas y fisiológicas del hombre. Se utiliza a menudo para la orientación profesional.
psicotécnico, ca *adj.* Referente a la psicotecnia.
psicoterapeuta *s. com.* Especialista en psicoterapia.
psicoterapia *s. f.* Conjunto de medios utilizados para el tratamiento y cura de problemas psíquicos o mentales.
psicótico, ca *s.* Enfermo mental. *Descubrieron que el vecino es psicótico.*
psique *s. f.* Conjunto de las funciones sensitivas, afectivas y mentales de un individuo.
psiquiatra o **psiquíatra** *s. com.* Doctor especializado en el tratamiento de enfermedades mentales. *El psiquiatra le dijo a Elda que su problema no es serio.*
psiquiatría *s. f.* Parte de la medicina que estudia, previene y trata las enfermedades mentales y problemas emocionales y de conducta.
psiquiátrico, ca *adj.* Relativo a la psiquiatría.
psíquico, ca *adj.* Relativo al alma, al espíritu, a la conciencia.
psiquismo *s. m.* Conjunto de los caracteres psicológicos de alguien.
psitacismo *s. m.* Método de enseñanza basado en el exclusivo ejercicio de la memoria.
psoriasis *s. f.* En medicina, dermatosis caracterizada por la formación de escamas blanquecinas.
pteridofita *adj.* y *s. f.* Dícese de las plantas criptógamas fibrovasculares de generación alternante, como los helechos. || *pl.* Tipo que forman.
pterodáctilo *s. m.* Reptil volador de la era secundaria.
pterópodos *s. m. pl.* Clase de moluscos gasterópodos que tienen el pie muy ancho y que les sirve de aletas.
ptialina *s. f.* Diastasa de la saliva que convierte el almidón en maltosa.
ptolemaico, ca *adj.* De Ptolomeo. *Templo ptolemaico.*
ptosis *s. f.* Caída o prolapso de un órgano como consecuencia de una laxitud de los músculos o ligamentos que lo sujetan.
púa *s. f.* Objeto delgado y rígido que termina en punta aguda. || Diente de un peine o de la carda. || Pincho del erizo, del puerco espín, etc. || Chapa triangular de concha para tocar la guitarra o la bandurria. || Hierro del trompo. || Vástago de un árbol que se injerta en otro. || *fig.* Causa de padecimiento o pesadumbre. || *Arg.* y *P. Rico.* Espolón de ave.
púber, ra *adj.* y *s.* Adolescente, que ha entrado en la pubertad.
pubertad *s. f.* Inicio de la adolescencia. *En la pubertad empiezan a manifestarse cambios físicos.*
pubescencia *s. f.* Pubertad.
pubescente *adj.* En botánica, velloso, cubierto de vello. *Hoja pubescente.* || *s. com.* Púber.
pubiano, na *adj.* Del pubis.
pubis *s. m.* Parte inferior del vientre que se cubre de vello en la pubertad. || Hueso que se une al ilion y al isquion para formar el hueso innominado.
publicación *s. f.* Acción y efecto de publicar. *La publicación de un libro.* || Obra publicada. *Publicación literaria que alcanzó en su época una gran difusión.*
publicador, ra *adj.* y *s.* Que publica.
publicar *t.* Hacer pública una cosa. *Publicar un aviso, una ley.* || Imprimir y poner en venta un escrito. *Publicar un periódico, un libro.* || Correr las amonestaciones o proclamas para el matrimonio y las órdenes sagradas. || Divulgar lo secreto.
publicidad *s. f.* Notoriedad pública. *Dar demasiada publicidad a un escándalo.* || Carácter de lo que se hace en presencia del público. *Publicidad de una causa criminal.* || Conjunto de medios empleados para dar a conocer una empresa comercial, industrial, etc., para facilitar la venta de los artículos que produce. || Anuncio. *Agencia, sección de publicidad.*
publicista *s. com.* Persona que escribe artículos, libros, etc. || Persona que escribe de derecho público, de política o de asuntos sociales.
publicitario, ria *adj.* Referente a la publicidad, a la propaganda.
público, ca *adj.* Relativo a una colectividad. *Interés público.* || Común, que es de todos. *Monumento público.* || Relativo al gobierno de un país. *Funciones públicas.* || Que puede ser utilizado por todos. *Vía pública.* || Que puede asistir cualquiera. *Sesión pública.* || Notorio, manifiesto, que no es secreto. *Mantener relaciones públicas de amistad.* || Dícese de una parte del derecho que trata de los intereses generales del Estado. || *s. m.* Todo el mundo en general, el pueblo. *Aviso al público.* || Concurrencia de personas reunidas para oír, ver, juzgar. *Dirigirse al público de un teatro.* || Conjunto de personas que leen, ven, oyen una obra literaria, dramática, musical, etc. *Este escritor tiene su público.* || *fig.* ***Dar al público:*** publicar. || *loc.* ***En público:*** con asistencia de un gran número de personas.
pucará *s. m. Amér.* Fortín precolombino en Bolivia y Perú.
pucherazo *s. m.* Golpe dado con un puchero. || *fig.* y *fam.* Fraude electoral.
puchero *s. m. Amér. Merid. Esp.* y *Méx.* Guiso, cocido. *Mi mamá prepara puchero de pollo con verduras y arroz.* || *pl.* Gesto facial que ocurre antes que el llanto. *El bebé hace pucheros.*
pucho *s. m. Amér. Merid.* Colilla de cigarrillo. || *Amér. Merid.* Pequeña cantidad que sobra de alguna cosa.
pudding *s. m.* Pudín.
pudelación *s. f.* o **pudelado** *s. m.* Operación de pudelar.
pudelar *t.* Convertir el hierro colado en acero o en hierro dulce, quemando parte del carbono que tiene en hornos de reverbero.
pudendo, da *adj.* Que causa pudor. || *loc.* ***Partes pudendas:*** las partes genitales.
pudibundez *s. f.* Mojigatería.
pudibundo, da *adj.* Pudoroso. || Gazmoño, mojigato.
púdico, ca *adj.* Casto, pudoroso. *Mirada púdica.*
pudiente *adj.* y *s. com.* Acomodado, rico, con dinero.
pudín *s. m.* Pastel hecho generalmente con harina, pasas de Corinto, etc.

pudor *s. m.* Vergüenza, recato.
pudoroso, sa *adj.* Con pudor.
pudridero *s. m.* Vertedero de basuras. || Cámara o sepultura provisional. *El pudridero de El Escorial.*
pudrimiento *s. m.* Putrefacción.
pudrir *t.* Corromper una materia orgánica. || *fig.* Consumir, inquietar, irritar.
pueblada *s. f. Arg. Col. Per.* y *Uy.* Motín, gentío.
pueblerino, na *adj.* Lugareño, aldeano. || *fig.* Propio de los que viven en pueblos. *Tener gustos pueblerinos.*
pueblo *adj.* y *s.* Indio del suroeste de Estados Unidos y norte de México. || *s. m.* Población, villa, aldea o lugar pequeño. *Un pueblo de diez mil habitantes.* || Conjunto de los habitantes en un lugar o país. *El pueblo mexicano.* || Gente común de una población. *El pueblo barcelonés, bonaerense.* || Nación. *El pueblo inca.*
puelche *s. m. Chil.* Viento que sopla de la cordillera andina. || Indio que vivía en la parte oriental de los Andes, en el sur de la Pampa.
puente *s. m.* Obra destinada a poner en comunicación dos puntos separados por un obstáculo o que permite que pasen sin cruzarse al mismo nivel dos corrientes de circulación. || Dispositivo eléctrico que tiene cuatro elementos de circuitos colocados según los cuatro lados de un cuadrilátero cuyas diagonales poseen una fuente de corriente y un aparato de medida. *Puente de Wheatstone, de Maxwell.* || Ejercicio de acrobacia que consiste en arquear el cuerpo hacia atrás apoyándose en los dos pies y en las dos manos. || Plataforma elevada desde la cual el oficial de guardia da las órdenes de mando a la tripulación de un barco. || Cubierta en la que están las baterías en un barco de guerra. || Parte de las gafas que cabalga sobre la nariz. || Tablilla que mantiene levantadas las cuerdas de un instrumento músico. || Aparato de prótesis dental que consiste en la inserción de un diente o muela artificial entre dos sanos. || *fig.* Existencia de dos días de fiesta separados por uno de trabajo y que se aprovecha para declarar de asueto los tres días. || *loc. fig.* ***Hacer puente:*** considerar como festivo el día intermedio entre dos que lo son. || ***Puente aéreo:*** enlace aéreo con una ciudad cuando las comunicaciones terrestres o marítimas son demasiado lentas o imposibles. || ***Puente colgante:*** el sostenido por cables o cadenas de hierro. || ***Puente levadizo:*** el que hay en un foso de una fortaleza y puede levantarse y bajarse a voluntad.
puercada *s. f. Amér. C.* y *Méx. fam.* Porquería, injusticia.
puerco, ca *adj.* Sucio. || *s. m.* Cerdo. || *fig.* y *fam.* Hombre sucio y grosero. || *s. f.* Hembra del puerco. || Cochinilla (crustáceo). || Escrófula. || *fig.* y *fam.* Mujer desaliñada, sucia o grosera. || *loc.* ***Puerco espín:*** mamífero roedor que tiene el cuerpo cubierto de púas. || *Amér.* ***Puerco salvaje:*** pecarí.
puercoespín *s. m.* Puerco espín.
puericia *s. f.* Edad entre la niñez y la adolescencia, es decir, desde los siete a los catorce años.
puericultor, ra *s.* Médico especialista de niños.
puericultura *s. f.* Estudio de los cuidados que deben proporcionarse a los niños pequeños.
pueril *adj.* Propio de un niño. || Insignificante, sin importancia.
puerilidad *s. f.* Condición de pueril. || Acción o dicho infantil. || *fig.* Cosa insignificante.
puérpera *s. f.* Recién parida.
puerperal *adj.* Propio del puerperio. || *loc.* ***Fiebre puerperal:*** la infecciosa que padecen algunas mujeres después del parto.
puerperio *s. m.* Estado de una mujer después del parto.
puerro *s. m.* Planta liliácea de raíz bulbosa comestible.
puerta *s. f.* Abertura que permite el paso a un lugar cerrado o vallado. *La puerta de la casa, de un jardín.* || Armazón de hierro o madera que, sujeto a un marco, sirve para dar o impedir el paso entre dos habitaciones, una casa, a través de una verja o vallado, o para cerrar un armario o mueble. || Entrada. *En las puertas de la ciudad.* || *fig.* Medio de acceso, introducción. *Las puertas del saber.* || Espacio comprendido entre dos piquetes que ha de salvar un esquiador en las pruebas de habilidad. || Portería, meta en futbol. || *loc.* ***A las puertas de:*** a punto de. || ***A puerta cerrada:*** en secreto. || ***Cerrársele a uno todas las puertas:*** faltarle todos los recursos. || ***Dar a uno con la puerta en las narices:*** desairarle cerrándole la puerta cuando quiere entrar. || ***De puerta en puerta:*** mendigando. || ***Puerta accesoria:*** la que sirve en el mismo edificio que tiene otra u otras principales.
puerto *s. m.* Lugar en la costa defendido de los vientos y dispuesto para seguridad de las naves y para las operaciones de tráfico, carga y descarga y armamento. *Puerto natural; artificial.* || Paso estrecho entre montañas. *El puerto de Roncesvalles.* || *fig.* Asilo, refugio. *Puerto de salvación.* || *loc.* ***Puerto franco*** o ***libre:*** el que goza de franquicia de derechos de aduana.
puertorriqueñismo *s. m.* Vocablo o giro propio del habla de Puerto Rico.
puertorriqueño, ña *s.* Originario de Puerto Rico, isla del Caribe.
pues *conj.* Expresa causa o consecuencia. *Rosa dijo que se dormiría temprano pues no iría a la fiesta.* || Introduce expresiones exclamativas. *¡Pues si no quieres, no me importa!*
puesta *s. f.* Acción de ponerse u ocultarse un astro. *La puesta del Sol.* || Cantidad que se apuesta en un juego de azar. || Acción de poner. *Puesta en órbita, puesta al día, etc.* || Funcionamiento. *La puesta en marcha de un motor.* || Cantidad de huevos que ponen las aves. || *loc.* ***Puesta en escena:*** escenificación de una obra de teatro.
puesto, ta *adj.* Se dice de quien va bien vestido o arreglado. *El maestro de ceremonias se veía muy puesto con su traje negro.* || *s. m.* Lugar que ocupa o debe ocupar una persona o cosa. || Cargo, empleo. *Recomendaron a Walter para un buen puesto.* || Pequeña tienda, por lo general ambulante. *Me gustan los helados que venden en los puestos afuera de mi escuela.* || *Arg. Chil.* y *Uy.* Cada una de las partes en que se divide una estancia o hacienda agrícola y ganadera. || *loc.* ***Puesto que:*** expresión que introduce una oración con sentido de causa. *No como carne de cerdo puesto que no me gusta.*
puf[1] *s. m.* Taburete bajo con asiento acolchado.
puf[2] *interj.* Denota repugnancia o asco o el sonido de un choque.
púgil *s. m.* Boxeador. *El púgil con el calzoncillo azul es el campeón.*
pugilato *s. m.* Deporte de la antigua Grecia en el cual dos hombres combatían usando los puños. *El pugilato es un antecesor del boxeo moderno.*
pugilismo *s. m.* Boxeo.
pugilista *s. com.* Púgil.
pugna *s. f.* Lucha.
pugnacidad *s. f.* Belicosidad.
pugnar *intr.* Luchar, batallar, pelear, contender, reñir. || *fig.* Solicitar con ahínco, porfiar.
puja *s. f.* Acción y efecto de pujar los licitadores en una subasta. || Cantidad que un licitador ofrece.
pujador, ra *s.* Licitador, persona que puja en una subasta.
pujante *adj.* Que tiene pujanza. *Industria pujante.*
pujanza *s. f.* Fuerza, vigor.
pujar *t.* Hacer esfuerzos para pasar adelante o proseguir una acción. *Pujé para abrirme paso en la vida.* || Ofrecer un licitador en una subasta más dinero que el anunciado por su predecesor. || *intr.* Experimentar dificultad en expresarse. || Vacilar en algo. || *fam.* Hacer los gestos propios cuando no se puede contener el llanto.
pujo *s. m.* Dolor que a veces se siente al orinar o evacuar el cuerpo. || *fig.* Gana irresistible de reír o llorar. || *fig.* Conato, aspiración. *Tenía pujos de ser pintor.* || Deseo grande de una cosa.
pulcinella *s. m.* Polichinela.

P

pulcritud *s. f.* Esmero en el aseo. *Vestir con pulcritud.* || Cuidado. *Labor hecha con pulcritud.* || *fig.* Delicadeza, decoro. *Pulcritud en la conducta.*

pulcro, cra *adj.* Aseado, limpio. *Persona pulcra.* || Delicado, fino. *Pulcro en el hablar.* || Cuidado, esmerado. *Trabajo pulcro.*

pulga *s. f.* Insecto díptero que vive parásito en el cuerpo del hombre y de algunos animales chupándoles la sangre. || *loc.* ***Cada uno tiene su modo de matar pulgas:*** cada uno tiene su modo de proceder particular. || ***Tener malas pulgas:*** tener mal genio, resentirse fácilmente.

pulgada *s. f.* Medida que es la duodécima parte del pie, algo más de 23 mm. || Medida de longitud inglesa equivalente a 25.4 mm.

pulgar *adj.* Dícese del dedo primero y más grueso de la mano.

pulgarada *s. f.* Papirotazo, golpe dado con el dedo pulgar. || Porción. *Una pulgarada de tabaco.*

pulgón *s. m.* Insecto hemíptero cuyas hembras y larvas viven parásitas en las plantas, apiñadas en las hojas y brotes tiernos.

pulguero *s. m. Amér.* Lugar donde hay muchas pulgas. || *fam. Méx.* La cárcel.

pulguiento, ta *adj.* y *s.* Dícese de los animales infestados de pulgas. || *fig.* Aplícase a lo que es de muy mala calidad.

pulguillas *s. m. inv. fig.* y *fam.* Persona susceptible y pronta a irritarse por cualquier cosa o motivo.

pulguitas *s. f. pl. Méx.* Frijolitos rojinegros.

pulido, da *adj.* Pulcro, muy cuidado, primoroso. || *s. m.* Pulimento.

pulidor, ra *adj.* Que pule o da brillo a una cosa. || *s. m.* Instrumento para pulir. || Máquina de pulir.

pulimentar *t.* Pulir.

pulimento *s. m.* Acción y efecto de pulir. || Lo que sirve para pulimentar.

pulir *t.* Alisar o dar brillo. *Pulir el mármol, el vidrio, un metal.* || Perfeccionar, dar la última mano. *Pulir un mueble.* || *fig.* Corregir, hacer más elegante. *Pulir un escrito, el estilo.* || Civilizar, quitar la rudeza a uno. *Pulir a un lugareño.* || *fam.* Vender o empeñar. || Hurtar, robar.

pulla *s. f.* Dicho ocurrente con que se zahiere a uno. *Lanzar pullas.*

pullman *s. m.* Coche de lujo en ciertas líneas de ferrocarril.

pulmón *s. m.* Órgano de la respiración del hombre y de los vertebrados que viven o pueden vivir fuera del agua y que está en la cavidad torácica. || Órgano respiratorio en forma de cámara o saco de algunos arácnidos y moluscos. || *pl. fig.* y *fam.* Voz potente, facultad de gritar mucho.

pulmonado, da *adj.* Aplícase al animal articulado que tiene pulmones, como la araña, la babosa.

pulmonar *adj.* Referente a los pulmones. *Congestión pulmonar.*

pulmonía *s. f.* En medicina, inflamación del pulmón producida por un neumococo.

pulóver *s. m. Arg.* y *Uy.* Jersey, suéter.

pulpa *s. f.* Tejido parenquimatoso que constituye la casi totalidad de algunos frutos carnosos. || Tejido conjuntivo embrionario contenido en el interior de los dientes. || Tira delgada de remolachas o de cañas de azúcar de las que se ha extraído el azúcar. || Médula de las plantas leñosas. || Parte tierna y carnosa de la carne, de las verduras o de las frutas.

pulpejo *s. m.* Masa carnosa. *El pulpejo del lóbulo, de los dedos.* || Sitio blando y flexible en los cascos de las caballerías.

pulpería *s. f. Amér. C.* y *Amér. Merid.* Tienda rural donde se vendían bebidas alcohólicas y artículos diversos.

pulpero *s. m. Amér.* El que tiene una pulpería.

pulpitis *s. f.* Inflamación de la pulpa dental.

púlpito *s. m.* En las iglesias, tribuna desde la cual el predicador se dirige a los fieles. || Actividad de predicador.

pulpo *s. m.* Molusco cefalópodo con ocho tentáculos provistos de dos filas de ventosas. || *fam.* Persona molesta. *Es un pulpo.* || Tiras de goma que sirven para fijar los bultos en la baca de un coche.

pulposo, sa *adj.* Abundante en pulpa.

pulque *s. m. Méx.* Bebida alcohólica obtenida del jugo del maguey fermentado, que suele mezclarse con jugos de frutas.

pulquería *s. f. Méx.* Local popular donde se vende y bebe pulque.

pulquero, ra *s.* Vendedor de pulque.

pulquérrimo, ma *adj.* Superlativo irregular de pulcro, muy limpio.

pulsación *s. f.* Cada uno de los latidos de una arteria. || Movimiento vibratorio y periódico en los fluidos elásticos. || Cada uno de los golpes que se da al teclado de una máquina de escribir, de un piano, etc.

pulsador, ra *adj.* Que pulsa. || *s. m.* Interruptor que mantiene cerrado un circuito mientras se oprime su botón. *El pulsador del timbre eléctrico.*

púlsar *s. m.* Estrella que despide su energía de forma parecida a un latido breve y regular.

pulsar *t.* Tocar, tañer. *Pulsar una guitarra.* || Presionar. *Pulsar un botón eléctrico.* || Tomar el pulso a un enfermo. || *fig.* Tantear un asunto. *Pulsar la opinión pública.* || *intr.* Latir las arterias o el corazón.

pulsátil *adj.* Que pulsa.

pulseada *s. f. Arg. Bol. Chil. Ecua. Py. Per.* y *Uy.* Acción y efecto de pulsear.

pulsear *intr.* Echar un pulso.

pulsera *s. f.* Joya que se pone en la muñeca. *Pulsera de perlas.*

pulso *s. m.* Transmisión de la onda provocada por la contracción cardiaca en un vaso de la circulación, perceptible principalmente en la muñeca por un latido intermitente. *Tomar el pulso.* || Parte de la muñeca donde se siente este latido. || *fig.* Seguridad y destreza en la ejecución de ciertos trabajos de precisión. *Hay que tener mucho pulso para dibujar.* || Tacto, discreción, cuidado. *Obrar con mucho pulso.* || *loc.* ***A pulso:*** a) Sin apoyar el brazo en ningún sitio. b) *fig.* A fuerza de esfuerzos, sin ayuda de nadie. || ***Echar un pulso:*** agarrarse dos personas las manos, apoyadas en los codos, para intentar derribar el brazo del contrincante.

pulsorreactor *s. m.* Motor de reacción, de funcionamiento intermitente, en el que sólo están en movimiento las válvulas.

pululante *adj.* Que pulula.

pulular *intr.* Multiplicarse rápidamente y en abundancia. || Abundar en un sitio.

pulverización *s. f.* División de un sólido o de un líquido en corpúsculos o gotas.

pulverizador *s. m.* Aparato que se pone en el extremo de un tubo que sirve para proyectar al exterior un líquido en forma de gotas o un sólido en forma de polvo. || Surtidor del carburador de un automóvil.

pulverizar *t.* Reducir a polvo una cosa. || Proyectar un líquido en gotitas. || *fig.* Hacer añicos. *Pulverizar un vaso.* || Aniquilar, destruir. *Pulverizó al enemigo.* || Sobrepasar en mucho. *Pulverizar un récord.* || Quitar todo su valor. *Pulverizar una teoría.* || Despilfarrar, tirar. *Pulverizó su fortuna.*

pulverulento, ta *adj.* Polvoriento. || En forma de polvo.

pum *interj.* Onomatopeya que expresa ruido o golpe.

puma *s. m.* Mamífero carnívoro americano de cuerpo esbelto y musculoso, con la cabeza corta y ancha, pelo similar al del león, cola larga y pequeñas orejas redondas. *Los pumas pueden pesar 100 kg y medir 2 m de longitud.*

puna *s. f. Amér. C.* y *Amér. Merid.* Tierra alta próxima a una cordillera. || *Amér. C.* y *Amér. Merid.* Páramo. || *Amér. C.* y *Amér. Merid.* Malestar que se siente en sitios altos.

punción *s. f.* Operación quirúrgica que consiste en introducir un instrumento punzante en una cavidad llena de un líquido para vaciarla o extraer cierta cantidad del mismo con fines de diagnóstico. || Punzada, dolor.

puncionar *t.* Hacer punciones en una parte o cavidad.

pundonor *s. m.* Amor propio.

pundonoroso, sa *adj.* Que tiene pundonor, caballeroso. *Persona pundonorosa.*

puneño, ña *adj.* y *s.* De Puno, ciudad del Perú.

punible *adj.* Castigable.

punicácea *adj.* y *s. f.* Dícese de ciertas plantas angiospermas cuyo tipo es el granado. || *pl.* Familia que forman.

punición *s. f.* Castigo.

púnico, ca *adj.* Relativo a los cartagineses.

punir *t.* Castigar.

punitivo, va *adj.* Relativo al castigo. *Expedición punitiva.*

punitorio, ria *adj. Amér.* Aplicado como castigo.

punta *s. f.* Extremo puntiagudo de una cosa. *Punta de una aguja, de una espada.* || Extremo de una cosa que disminuye de anchura o espesor. *La punta de los pelos, de una torre.* || Pico de una parte de una prenda de vestir. *La punta del cuello.* || Lengua de tierra que penetra en el mar. *La punta de Tarifa.* || Clavo pequeño. *Fijar una franja con unas puntas.* || Punzón que emplean los tipógrafos para sacar las letras del molde. || Parte final del cuerno de un toro. || Parte inferior del escudo de armas. || Colilla. *Puntas de cigarrillos.* || Gusto agrio del vino que se avinagra. || Porción del ganado que se separa del rebaño. || Multitud, gran número de personas o cosas. || Extremo más delgado de un madero. || Postura de la bailarina que danza sobre el extremo de los dedos de los pies. || Detención del perro de caza cuando se para la pieza perseguida. || *fig.* Un poco, algo, pequeña cantidad de. *Tiene puntas de escritor dramático.* || *loc.* ***Bailar de puntas:*** dicho de una bailarina, en equilibrio en la punta de sus zapatillas. || ***De punta a cabo*** (o ***a punta***), del principio al fin. || *fig.* ***De punta en blanco:*** muy arreglado en el vestir. || ***Hasta la punta de los pelos:*** harto. || ***Horas*** (*de*) ***punta:*** aquellas en que hay mucho tráfico. || ***Poner los nervios de punta:*** crispar los nervios.

puntada *s. f.* Cada uno de los agujeros hechos al coser. || Porción de hilo que ocupa el espacio entre los agujeros hechos al coser. *Dale unas puntadas al dobladillo de tu vestido.* || *Méx. fam.* Chiste, gracia. *Joaquín me hace reír todo el tiempo con sus puntadas.*

puntal *s. m.* Madero sólido que sirve para sostener un muro o techo. *Para detener la pared los albañiles pusieron unos puntales.*

puntapié *s. m.* Golpe dado con la punta del pie. *Al jugar futbol es fácil recibir o dar algún puntapié.*

puntazo *s. m.* Herida hecha con la punta de un arma. || Herida penetrante causada por el toro con la punta del cuerno, y la cornada que la produce. || *fig.* Pulla, indirecta. *Tirar puntazos.*

punteado *s. m.* Acción y efecto de puntear la guitarra o de marcar puntos. || Serie de puntos.

puntear *t.* e *intr.* Marcar o dibujar puntos en una superficie. || *Arg. Chil.* y *Uy.* Remover la tierra con la punta de una pala. || Tocar un instrumento pulsando cada cuerda con un dedo. || *Amér. Merid.* y *Méx.* Marchar a la cabeza de un grupo de personas o animales.

punteo *s. m.* Modo de tocar la guitarra u otro instrumento músico semejante hiriendo las cuerdas con un dedo.

puntera *s. f.* Remiendo en el calzado, en los calcetines y las medias, etc., por la parte de la punta del pie. || Contrafuerte de cuero en la punta de algunos zapatos. || Contera que se pone en la punta de un lápiz. || Punta del pie. || *fam.* Puntapié. || Golpe dado al balón con la punta del pie.

puntería *s. f.* Operación que consiste en orientar convenientemente un arma de fuego para que el proyectil dé en el objetivo. || Dirección en que se apunta el arma. *Rectificar la puntería.* || Destreza del tirador. *Tener buena puntería.*

puntero, ra *adj.* Que sobresale en alguna actividad. *Japón ha desarrollado una industria tecnológica puntera en el mundo.* || *Amér. Merid.* y *Méx.* Se dice de la persona o animal que va delante de un grupo. || *s. m.* Palo terminado en punta usado para señalar. || *Amér. Merid.* y *Méx.* En algunos deportes, el que juega en primera fila.

punterola *s. f.* Barra de punta acerada utilizada en las minas.

puntiagudo, da *adj.* En punta.

puntilla *s. f.* Encaje fino. || Clavo pequeño. || Cachetero, puñal para matar reses o el empleado para rematar al toro. || Punzón utilizado por los carpinteros para marcar. || *loc. fig.* ***Dar la puntilla:*** rematar, acabar con una persona. || ***De puntillas:*** sobre las puntas de los pies. *Andar de puntillas.*

puntillero *s. m.* El que remata al toro con la puntilla.

puntillismo *s. m.* Procedimiento de pintura de los neoimpresionistas, consistente en descomponer los tonos por pinceladas separadas.

puntillista *adj.* Relativo al puntillismo. *Pintor puntillista.* || *s. com.* Adepto del puntillismo.

puntillo *s. m.* Cosa de poca entidad, cosilla. || Pundonor exagerado. *Hombre de mucho puntillo.* || Signo de música consistente en un punto colocado a la derecha de una nota, que aumenta su duración en la mitad de su valor.

puntilloso, sa *adj.* Susceptible, quisquilloso, reparón.

punto *s. m.* Señal de pequeña dimensión. *Marcar con un punto.* || Pequeño signo ortográfico que se pone sobre la «i» y la «j». || Signo de puntuación (.) que, empleado solo, indica el fin de una frase; cuando son dos, situados verticalmente (:), se ponen al final de una frase para anunciar una cita, una palabra, una explicación, una consecuencia. || Signo. *Punto de interrogación, de admiración.* || Lugar del espacio sin extensión. *Punto geométrico.* || Intersección de dos líneas. || Sitio determinado. *Punto de contacto, de reunión.* || Asunto de una materia. *Estar de acuerdo en un punto.* || Parte o división de algo. *Habló de todos los puntos de interés.* || Aspecto. *Punto filosófico.* || Aquello que es esencial, importante, delicado; tema, pregunta. *El punto capital de un asunto.* || Estado, situación. *Encontrarse en el mismo punto que antes.* || Momento, instante. *Al llegar a este punto se fue.* || Cosa muy pequeña, parte mínima. *Esto tiene su punto de acidez.* || Cada unidad de una nota que sirve para estimar la conducta y los conocimientos de un alumno. *Obtener muchos puntos en el examen escrito.* || En arquitectura, arco o bóveda de curvatura semicircular. *Arco de medio punto.* || Determinación de la posición geográfica de un barco, de un avión. || Parada de coche de alquiler. || Unidad de medida utilizada en tipografía para expresar el tamaño del cuerpo de los caracteres, equivalente a 0.375 mm. || Valor que se atribuye a cada carta de la baraja, variable según los juegos. || Número de puntos que figura en las fichas de dominó o en cada cara de un lado. || As de cada palo en ciertos juegos de naipes. || Unidad de cálculo que sirve para saber los derechos adquiridos en ciertos regímenes basado en el reparto. *Puntos de subsidios familiares.* || Unidad, sin especificación de medida o de valor, utilizada en numerosos deportes para designar el vencedor. || Superficie elemental de análisis de la imagen que hay que transmitir o que se recibe en televisión. || Mira de las armas de fuego. || Grado de temperatura en que se produce un fenómeno físico. *Punto de fusión.* || Lo que se pone en los labios de una herida para cerrarla. *Le echaron diez puntos.* || Puntada al coser o al bordar. || Clase de tejido hecho con mallas entrelazadas formadas con agujas especiales (de jersey, de medias, etc.) y manera de combinar los hilos en este tejido. || Carrera pequeña en las medias. *Un punto corrido.* || Agujero o cualquier otra cosa que permite graduar algo. *Los puntos que tiene un cinturón.* || Persona que juega contra el banquero en los juegos de azar. || *fam.*

P

Persona sin muchos escrúpulos, de poca vergüenza. *¡Está hecho un buen punto!* || *loc.* ***Al punto:*** inmediatamente, en el acto. || ***A punto:*** a tiempo, oportunamente; preparado, dispuesto. || ***A punto de:*** muy cerca de. || *fig.* ***Con puntos y comas:*** con todo detalle. || ***En punto:*** exactamente. *Llegar a la hora en punto.* || *fig.* ***En su punto:*** de la mejor manera que puede estar. || ***Estar a punto de hacer algo:*** estar próximo a realizarlo. || ***Hasta cierto punto:*** en cierto modo. || ***Punto álgido:*** punto culminante, apogeo. || ***Punto cardinal:*** el Norte, el Sur, el Este y el Oeste. || ***Punto crítico:*** momento preciso en que sucede o en el que hay que realizar algo. || ***Punto de apoyo:*** punto fijo en el cual se apoya una palanca. || ***Punto de arranque*** o ***de partida:*** el que señala el principio de algo. || ***Punto de caramelo:*** grado de concentración que se da al almíbar. || ***Punto de ebullición, de fusión, de liquefacción:*** temperatura a la cual empieza a hervir, a fundirse o a licuarse un cuerpo. || ***Punto de vista:*** a) Punto en que se coloca el observador para examinar algo. b) *fig.* Criterio, modo de ver. || *fig.* ***Punto flaco:*** debilidad. || ***Punto menos que:*** casi. || ***Punto muerto:*** a) Posición de la palanca del cambio de velocidades cuando el automóvil está parado. b) *fig.* Estado de un asunto o negociación en que no se realizan progresos. || ***Punto por punto:*** detalladamente. || ***Punto y aparte:*** signo de puntuación que se pone para separar dos párrafos.

puntuación *s. f.* Acción y manera de puntuar. || Conjunto de signos gráficos que señalan las separaciones entre los diversos elementos de una oración. Los signos de puntuación son: coma (,), punto (.), punto y coma (;), dos puntos (:), puntos suspensivos (...), de interrogación (¿ ?), de admiración (¡ !), paréntesis ( ), corchetes [ ], diéresis o crema (¨), comillas («...»), guión (-), raya (—), punto y raya (.—) y doble raya (=).

puntual *adj.* Que llega a la hora debida. *Ser puntual.* || Que cumple con sus obligaciones, con sus deberes. || Exacto, preciso, detallado. *Hacer un puntual relato.*

puntualidad *s. f.* Condición de puntual, de ser exacto. || Precisión, exactitud. *Puntualidad en el decir.*

puntualizar *t.* Concretar, precisar, determinar con exactitud. *Puntualicemos el lugar de la cena.*

puntuar *t.* Escribir los signos de puntuación. || Sacar puntos en una competición deportiva o en cualquier prueba. || Poner puntos o notas. *Profesor que puntúa mal en los exámenes.*

punzada *s. f.* Dolor súbito y agudo. *Roberto sintió una fuerte punzada y luego se supo que tenía apendicitis.* || *loc. fam. Méx.* ***Edad de la punzada:*** pubertad. *Adrián está en la edad de la punzada.*

punzante *adj.* Que pincha. || Que da punzadas. || *fig.* Mordaz, hiriente.

punzar *t.* Pinchar. || Dar punzadas. || *fig.* Provocar un sentimiento penoso.

punzón *s. m.* Instrumento de acero puntiagudo que sirve para perforar chapas de metal, abrir ojetes, etc. || Buril. || Troquel de la punzonadora para acuñar monedas, medallas, etc. || Pieza cónica que sirve para regular el paso de un líquido por un orificio. *Punzón del carburador.*

punzonadora *s. f.* Máquina de perforar chapa mediante un punzón impulsado mecánicamente.

puñada *s. f.* Puñetazo.

puñado *s. m.* Porción de cualquier cosa que cabe en el puño. *Un puñado de cerezas.* || *loc. fig.* ***A puñados:*** con abundancia, muchos.

puñal *s. m.* Arma blanca de corto tamaño y con punta acerada. || *loc fig.* ***Poner el puñal en el pecho:*** coaccionar por medio de amenazas.

puñalada *s. f.* Herida hecha con el puñal. *Dar una puñalada.* || *fig.* Pesadumbre, pena muy grande. *Las puñaladas del dolor.* || *loc. fig.* y *fam.* ***Coser a puñaladas:*** acribillar a puñaladas.

puñetazo *s. m.* Golpe dado con el puño. *Me dieron un gran puñetazo.*

puño *s. m.* Mano cerrada. || Parte de las prendas de vestir que rodea la muñeca. *Los puños de la camisa.* || Empuñadura de ciertas cosas. *El puño de la espada, del bastón.* || Mango para agarrar una vasija, etc. || Ángulo inferior de una vela. || *fig.* Fuerza, esfuerzo. || *loc.* ***De su puño y letra:*** con su propia mano.

pupa *s. f.* Erupción en los labios, calentura. || Postilla, llaga pequeña. || En el lenguaje infantil, daño, dolor.

pupila *s. f.* Abertura del iris del ojo por donde entra la luz. || Huérfana menor de edad respecto de su tutor.

pupilaje *s. m.* Condición de pupilo o de pupila. || Casa de huéspedes y precio que éstos pagan por estar hospedados en ella.

pupilar *adj.* Relativo al pupilo. || Relativo a la niña del ojo. *Movimiento pupilar.*

pupilo *s. m.* Huérfano respecto de su tutor. || Individuo que se hospeda en una pensión. || *fig.* Protegido.

pupitre *s. m.* Mueble con tapa en forma de plano inclinado que hay en las escuelas.

pupo *s. m. Amér.* Ombligo.

puquio *s. m. Amér.* Manantial.

purana *s. m.* Cada uno de los dieciocho poemas sánscritos, comentario de los Vedas, que contiene la teogonía y la cosmogonía de la India antigua.

puré *s. m.* Alimento que se obtiene moliendo y pasando por un pasapurés legumbres previamente cocidas. *Puré de patatas, de lentejas.* || *loc. fig.* y *fam.* ***Hecho puré:*** hecho polvo, hecho trizas.

purépecha *adj.* y *s. com. Méx.* Paria, desheredado, pobre entre los indios tarascos.

pureza *s. f.* Condición de puro. *La pureza de la imagen.* || *fig.* Inocencia.

purga *s. f.* Medicamento que sirve para exonerar el vientre. || Residuos de operaciones industriales. || Acción de purgar, de vaciar el agua, el aire, el gas de un tubo, de un recipiente, etc. || *fig.* Eliminación de elementos políticamente indeseables. *Las purgas nazis.*

purgación *s. f.* En medicina, blenorragia.

purgador *s. m.* Dispositivo para evacuar de una canalización o de una máquina un fluido cuya presencia puede dificultar el funcionamiento normal.

purgante *adj.* Que purga. || *s. m.* Medicamento que purga. *Los calomelanos son purgantes.*

purgar *t.* Administrar un purgante para exonerar el vientre. || Destruir, borrar por medio de la purificación. *Purgar sus pecados.* || Sufrir el alma las penas del purgatorio. || Limpiar una cosa de algo dañoso o innecesario. || Expiar, pagar una falta. *Purgar una condena en un penal.* || Eliminar de una canalización o de una máquina un fluido cuya presencia puede dificultar el funcionamiento normal. || *pr.* Tomar una purga. *Purgarse con aceite de ricino.*

purgativo, va *adj.* Que purga.

purgatorio *s. m.* Lugar donde las almas de los justos, incompletamente purificadas, acaban de purgar sus culpas antes de ir a la gloria. || Esta penalidad. || *fig.* Sitio en que se padece mucho. *Esta fábrica es un purgatorio.*

purificación *s. f.* Acción y efecto de purificar o purificarse.

purificador, ra *adj.* y *s.* Que purifica.

purificar *t.* Quitar las impurezas a una cosa. *Purificar el aceite, la sangre.* || Purgar. *Purificar un metal.* || *fig.* Limpiar de toda mancha moral. *Purificar el alma.*

purificatorio, ria *adj.* Que sirve para purificar.

purismo *s. m.* Calidad de purista.

purista *adj.* y *s. com.* Que escribe o habla con pureza. *Azorín fue un purista de la lengua castellana.*

puritanismo *s. m.* Secta y doctrina de los puritanos. *El puritanismo escocés.* || Calidad de puritano. || *fig.* Rigorismo excesivo en las costumbres.

puritano, na *adj.* y *s.* Aplícase al miembro de una secta de presbiterianos, rigurosos observadores de la letra del Evangelio que, perseguidos por los Estuardos, emigraron en gran número a América. || Dícese del que

real o afectadamente profesa gran austeridad de principios.
puritito, ta *adj. Méx.* Completo, entero, todo. *Es la puritita verdad.*
puro, ra *adj.* Que no está mezclado con ninguna otra cosa. *Agua pura.* || Que no está alterado con nada. *Atmósfera pura.* || Que no está disminuido por ninguna suciedad. *Sustancia pura.* || Que es exclusivamente lo que se expresa. *Una pura coincidencia.* || Sin mancha moral alguna. *Alma pura.* || Casto. *Joven pura.* || Conforme a las reglas del lenguaje, castizo. *Hablar un castellano muy puro.* || Perfecto, bello. *Cara con facciones puras.* || Exclusivamente teórico. *Matemáticas puras.* || Íntegro, moral, recto. *Conducta pura.* || *s. m.* Cigarro hecho con una hoja de tabaco enrollada.
púrpura *s. f.* Molusco gasterópodo marino que segrega un líquido amarillo que, por oxidación, se transforma en rojo, muy usado por los antiguos en tintorería y pintura. || Tinte rojo muy costoso que sacaban los antiguos de este animal. || Tela teñida con este color. *Un manto de púrpura.* || Color rojo oscuro algo morado. || En poesía, sangre. || *fig.* Dignidad imperial, consular, cardenalicia, etc. || En medicina, enfermedad cutánea caracterizada por la aparición de manchas rojas.
purpurado *s. m.* Cardenal.
purpurar *t.* Teñir o vestir de púrpura.
purpúreo, a *adj.* De color de púrpura. *Clavel purpúreo.* || Relativo a la púrpura.
purpurina *s. f.* Polvo finísimo dorado o plateado usado en pintura.
purpurino, na *adj.* Purpúreo.
purua *s. m.* Ceñidor de lana que usan los indígenas tarahumaras de México.
purulencia *s. f.* Supuración.
purulento, ta *adj.* Con pus.
pus *s. m.* Humor espeso, amarillento, que se produce en los tejidos inflamados, tumores, llagas, etc., y está formado por leucocitos y microbios muertos.
pusilánime *adj.* Apocado, de poco ánimo, cobarde. *Tiene un carácter muy pusilánime.*
pusilanimidad *s. f.* Falta de valor, cobardía.
pústula *s. f.* En medicina, vesícula inflamatoria de la piel, llena de pus.
pustuloso, sa *adj.* Con pústulas. *Erupción pustulosa.*
puta *s. f.* Ramera, prostituta.
putativo, va *adj.* Tenido por padre, hermano, etc., no siéndolo. *Padre putativo.*
puteada *s. f. Amér.* Acción y efecto de putear. || *vulg.* Insulto grosero.
putear *t. fam.* Fastidiar, perjudicar a alguien. || *fam. Méx.* Golpear, reprender fuertemente. || *fam. Méx.* Vencer de forma apabullante. *Putear al rival.* || *intr.* Tener relaciones con prostitutas. || *fam. Arg. Bol. Chil. Py. Per.* y *Uy.* Insultar groseramente.
putiza *s. f. Méx. vulg.* Golpiza, paliza.
putrefacción *s. f.* Descomposición de las materias orgánicas.
putrefacto, ta *adj.* Podrido.
putrescible *adj.* Que puede pudrirse o se pudre fácilmente.
putridez *s. f.* Estado de pútrido.
pútrido, da *adj.* Podrido.
putsch *s. m.* Alzamiento de un grupo político armado.
puya *s. f.* Punta de la garrocha del picador con la que pica a las reses. || *loc. Méx.* ***Meter puya:*** incitar a la pelea.
puyar *t. Amér.* Herir con puya. || *Méx.* y *P. Rico.* Molestar.
puyazo *s. m.* Herida hecha con la puya. || *fig.* Pulla.
puyón *s. m. Méx.* Púa o punta del trompo.
puyonazo *s. m. Méx.* Pinchazo.
puzcua *s. f. Méx.* Maíz cocido con cal, para tortillas o atole.
puzolana *s. f.* Roca volcánica silícea de estructura alveolar que se encuentra en Puzol y se emplea para mortero hidráulico.
puzzle *s. m.* Rompecabezas.
pyme Siglas de «Pequeña y Mediana Empresa».

q

q *s. f.* Decimoctava letra del abecedario español. Su nombre es «cu».

quanto, quantum o **cuanto** *s. m.* En física, cantidad mínima de energía que puede ser emitida, propagada o absorbida.

quásar *s. m.* Astro en estado de actividad muy intenso que tiene la apariencia de una estrella y emite radiaciones muy potentes. *Los quásares son los objetos más lejanos del Universo que se han podido observar.*

qué¹ *adj.* Adjetivo interrogativo que se utiliza para preguntar algo de manera directa o indirecta. *¿Qué vestido usarás esta noche?*

qué² *pron.* Pronombre interrogativo que se utiliza para preguntar algo de manera directa o indirecta. *No sé qué dijo Andrés.* || Se utiliza para dar énfasis. *¡Qué bellas son las flores!* || *loc.* ***¿Qué tal?:*** se utiliza como saludo. *¡Hola!, ¿qué tal?*

que¹ *conj.* Introduce oraciones subordinadas. *Quiero que vengas a comer a mi casa.* || Se utiliza para hacer comparaciones. *Me gusta más el frío que el calor.* || Se utiliza para expresar una consecuencia. *Habla tan rápido que no se entiende lo que dice.*

que² *pron.* Pronombre relativo que sirve para reemplazar a un nombre o a otro pronombre que se ha mencionado con anterioridad. *Ése es el perro que me mordió.*

quebrachal *s. m. Amér. Merid.* Lugar poblado por árboles llamados quebrachos.

quebracho *s. m.* Árbol americano muy alto, de madera dura usada en la construcción.

quebrada *s. f.* Abertura estrecha entre montañas. *Por esa quebrada pasaron los alpinistas.*

quebradero *loc. fam.* **Quebradero de cabeza:** Problema o preocupación grande. *Mi quebradero de cabeza es por no saber cómo pagaré mis impuestos.*

quebradizo, za *adj.* Fácil de quebrarse o romperse.

quebrado *s. m.* Número que expresa una o varias partes proporcionales de la unidad. *Tres cuartos (3/4) es un quebrado.*

quebrado, da *adj.* Desigual, tortuoso. *Caminamos por un terreno muy quebrado.* || *Méx.* Relativo al cabello ondulado. *Mi hermana tiene el cabello quebrado.* || Que su economía ha fracasado. *Está quebrado porque no llevó bien el negocio.*

quebradura *s. f.* Hendidura, rotura. || Grieta. || En medicina, hernia.

quebrantado, da *adj.* Debilitado, en proceso de destrucción. *Tiene la salud muy quebrantada.*

quebrantahuesos *s. m.* Ave rapaz diurna de gran tamaño, parecida al halcón, de plumaje gris oscuro y cabeza blanca.

quebrantamiento *s. m.* Acción y efecto de quebrantar. || Violación, infracción. *Quebrantamiento de la ley.*

quebrantar *t.* y *pr.* Romper o dañar algo sin llegar a deshacerlo. *La vieja fotografía se quebrantó y dañó por el paso de los años.* || Violar una ley, palabra u obligación. *El mal empleado quebrantó la confianza que su jefe tenía en él.* || *fam.* Hacer perder o debilitar la fuerza o la resistencia. *Tantos problemas le quebrantaron el ánimo.*

quebranto *s. m.* Daño o pérdida en la salud, en la profesión o en la economía.

quebrar *t. intr.* y *pr.* Romper con violencia. *El jarrón se cayó y se quebró.* || *fam. Méx.* Matar, asesinar. || Doblar o torcer. *Con un viento tan fuerte se quebrarán las ramas.* || Suspender una actividad o negocio. *La tienda de Marcos quebró.* || Entrecortarse la voz. *Por el llanto se le quebró la voz.*

quebrazón *s. f. Amér. C. Chil. Col.* y *Méx.* Destrozo grande de objetos de vidrio o loza.

quechua o **quichua** *adj.* y *s. com.* Pueblo amerindio localizado en el norte y el centro de la región de los Andes, en Sudamérica. *Los quechuas fundaron la civilización incaica.* || *s. m.* Lengua precolombina que fue la dominante de América del Sur.

quechuismo *s. m.* Voz procedente del quechua, empleada en otra lengua. *«Cóndor», «pampa» y «totora» son quechuismos.*

queda *s. f.* Hora de la noche señalada para que los habitantes de las ciudades se retiren a sus casas. *Las autoridades establecen el toque queda cuando peligra la población.*

quedada *adj.* y *s. f. desp. Méx.* Mujer que no se casó.

quedar *intr.* y *pr.* Permanecer en cierto lugar o estado. *Quédate aquí, regresaré pronto.* || Haber todavía existencia de cierta cosa. *Ve a ver si todavía queda algo de arroz.* || Resultar algo de cierta situación o estado. *El plato de plástico quedó torcido por el calor.* || Acordar, convenir. *Todos quedamos en ir a la playa.* || *pr.* Apoderarse de algo. *Le presté un libro y se quedó con él.* || *fam. Arg. Chil. Méx.* y *Uy.* Morirse, fallecer. *Se quedó a la mitad de la operación.* || *desp. Méx.* Permanecer soltera una mujer. || *loc.* ***¿En qué quedamos?:*** expresión con que se invita a tomar una decisión o aclarar un punto dudoso. || ***Quedar en ridículo:*** resultarlo, hacer el ridículo. || ***Quedar para:*** faltar. *Queda una hora para la salida del tren.* || ***Quedar por:*** subsistir, faltar. || *fig.* ***Quedarse ahí:*** morir. || ***Quedarse a oscuras:*** no comprender nada. || *fig.* y *fam.* ***Quedarse con una cosa:*** preferirla a otra. || *fig.* ***Quedarse corto:*** no calcular bien; hablar de algo o alguien menos de lo que se merece. || ***Quedarse helado:*** quedarse muy sorprendido, estupefacto. || ***Quedarse limpio:*** quedarse enteramente sin dinero.

quedo, da *adj.* Suave, silencioso. *Habla con una voz tan queda que casi nadie la escucha.*

quehacer *s. m.* Ocupación, negocio.

queísmo *s. m.* Sustitución incorrecta de la secuencia (preposición-conjunción) «de que», por la conjunción «que». *Si alguien dice «antes que regrese» en lugar de «antes de que regrese», está cayendo en el queísmo.*

queja *s. f.* Expresión de dolor o pena. *El herido emitía algunas quejas porque sentía dolor.* || Manifestación de desacuerdo. *Ponga su queja en la oficina correspondiente.*

quejar *pr.* Expresar el dolor o la pena que se siente. *Se quejaba de una punzada en la mano.* || Manifestar disgusto o inconformidad. *El televisor no funcionó; llamé a la tienda para quejarme.*

quejica *s. m.* o **quejicoso, sa** *adj.* y *s.* Que se queja mucho.

quejido *s. m.* Exclamación lastimosa de pena o dolor.

quejoso, sa *adj.* Que se queja mucho.

quejumbre *s. f.* Queja continuada.

quejumbroso, sa *adj.* Persona que se queja de todo, que todo critica. *Es desagradable tratar con él porque es muy quejumbroso.* || Que expresa queja.
quelícero *s. m.* Especie de uña que hay en la cabeza de los arácnidos. *Los quelíceros de algunas arañas sirven para inyectar el veneno.*
quelite *s. m. Méx.* Hierba silvestre, tierna y comestible.
quelonio *s. m.* Orden de reptiles de cuerpo protegido por un caparazón duro, como la tortuga.
quema *s. f.* Acción y efecto de quemar o quemarse. || Incendio, fuego. || *Arg.* Lugar donde se queman basuras o residuos.
quemado, da *adj. Arg. Méx.* y *Uy.* Que tiene la piel morena por haber tomado el sol. || *fam. Méx.* Desacreditado. || *s. f.* Parte del monte quemado. || *fam. Arg. Méx.* y *Uy.* Acción que pone en ridículo. *Quiso contradecirla y se dio la quemada de su vida.*
quemador, ra *adj.* y *s.* Dícese de lo que quema. || *s. m.* Aparato en el cual se efectúa la combustión del gas de alumbrado, del alcohol, del *fuel-oil*, etc.
quemadura *s. f.* Herida, señal o destrozo causado por el fuego o por algo que quema. *El aceite caliente le produjo una quemadura.*
quemante *adj.* Que quema o produce sensación de quemadura. *La picadura de algunas arañas produce una sensación quemante.*
quemar *t. intr.* y *pr.* Consumir o destruir con fuego. *Antes de morir quemó todas sus fotografías.* || Estropearse por exceso de fuego. *Olvidé quitar la carne del fuego y se quemó.* || Causar lesión algo muy caliente. || Estar una cosa muy caliente. *El sol en la playa quema durante el verano.* || *fam. Méx.* Hacer el ridículo. || *loc.* ***Quemar las naves:*** tomar una determinación extrema y decisiva.
quemarropa *loc.* **A quemarropa:** A poca distancia, muy cerca. *Le dispararon a quemarropa; murió en ese instante.*
quemazón *s. f.* Calor excesivo. || Sensación de ardor o picor.
quemón *s. m. Méx.* Pifia, chasco.
quena *s. f.* Flauta de carrizo usada por los pueblos andinos.
quenopodiáceo, a *adj.* y *s. f.* Aplícase a las plantas angiospermas dicotiledóneas, como la espinaca, la remolacha y la barrilla. || *pl.* Familia que forman.
quepis o **kepis** *s. m.* Gorro militar con visera.
querandí *adj.* y *s. com.* Individuo de un pueblo indio de América del Sur.
queratina *s. f.* Sustancia que interviene en la constitución de las uñas, pelo, plumas de aves, etc. *La falta de queratina en las uñas provoca que se debiliten.*
queratitis *s. f.* En medicina, inflamación de la córnea.
queratosis *s. f.* En medicina, enfermedad caracterizada por un engrosamiento de la capa córnea.
querella *s. f.* Oposición de maneras de pensar o de opinar. *En «Romeo y Julieta» las familias Montesco y Capuleto tenían una querella antigua y muy profunda.* || Acusación presentada ante el juez o tribunal. *Presentó una querella contra su vecino.*
querellante *s. com.* Persona que presenta una queja ante un juez u otra autoridad.
querellar *pr.* Presentar queja o reclamación contra alguien en un juicio. *Se querelló con el juez por los agravios que le hizo el acusado.*
querencia *s. f.* Acción de amar o querer bien. || Tendencia de personas y animales a volver al lugar donde se criaron. *Vivió en el extranjero pero su querencia la hizo regresar a su pueblo.*
querendón, dona *adj. Amér.* Relativo a la persona muy cariñosa.
querer[1] *s. m.* Persona por la que se siente cariño. *Su primera novia fue su verdadero querer.*
querer[2] *t.* Desear o apetecer. *¿Quieres salir conmigo?* || Amar, tener cariño. *Querer a sus abuelos.* || Resolver, decidir. *Querer terminar sus estudios.* || Intentar, procurar, pretender. *Quiere dárselas de listo.* || Necesitar, requerir. *Esta planta quiere agua.* || Conformarse al intento, deseo u orden de otro. *¿Quieren callarse?* || Pedir cierto precio. *¿Cuánto quieres por tu tocadiscos?* || Aceptar el envite en el juego. || *impers.* Estar a punto de ocurrir algo. *Quiere llover.* || *pr.* Experimentar un cariño recíproco. *Se quieren como tórtolos.* || *loc.* ***Como quien no quiere la cosa:*** simulando no darle importancia a lo que se hace o dice. || ***Como quiera que:*** dado que; de cualquier modo. || ***Cuando quiera:*** en cualquier momento. || ***Donde quiera:*** en cualquier sitio. || ***Que quiera que no quiera*** o ***quiera o no quiera:*** de grado o por fuerza. || ***Querer decir:*** significar. || ***Queriendo:*** intencionadamente. || ***Quien bien te quiere te hará llorar:*** refrán que enseña que el verdadero cariño puede acompañarse de una severidad razonable. || ***Sin querer:*** sin intención, inadvertidamente.
queretano, na *adj.* y *s.* Del estado mexicano de Querétaro.
querido, da[1] *adj.* Alguien o algo a lo que se le tiene afecto. *Mañana vendrá mi querida tía Eneida.*
querido, da[2] *s.* Amante. *Aquel hombre tiene una querida e hijos con ella.*
quermes *s. m.* Insecto hemíptero parecido a la cochinilla.
quermés *s. f.* Kermés.
quermese *s. f.* Kermés.
querosén *s. m. Amér.* Especie de nafta o gasolina.
queroseno *s. m.* Hidrocarburo obtenido como producto intermedio entre la nafta o gasolina y el gasóleo.
querubín *s. m.* En la tradición cristiana, ángel de segundo rango de la primera jerarquía. || *fam.* Niño de gran belleza y buen comportamiento.
quesadilla *s. f. Ecua.* y *Hond.* Pan de maíz relleno de queso y azúcar y frito en manteca. || *Méx.* Tortilla de maíz doblada, rellena de queso u otros guisos que se come frita o asada. *Las quesadillas son uno de los alimentos más populares en México.*
quesera *s. f.* Utensilio con una cubierta en forma de campana, por lo general de cristal o plástico, en el que se guarda y se sirve el queso.
quesería *s. f.* Tienda donde se vende queso.
quesero, ra *adj.* Relativo al queso. || *s.* Persona que elabora quesos.
quesillo *s. m. Méx.* Tipo de queso cuya masa hace hebras y se funde con facilidad.
queso *s. m.* Alimento elaborado a partir de la leche cuajada.
quesquémetl *s. m.* Prenda típica de México, de forma triangular, que cubre los hombros.
quetro *s. m. Arg.* y *Chil.* Pato grande con alas sin plumas.
quetzal *s. m.* Ave de vistoso plumaje que combina los colores verde y rojo escarlata. *Los quetzales son originarios de los bosques del sur de México y de Centroamérica.* || Moneda de Guatemala.
quevedos *s. m. pl.* Gafas que se sujetan sólo en la nariz.
quezalteco, ca *adj.* y *s.* De Quezaltenango, departamento de Guatemala.
quianti *s. m.* Vino tinto que se elabora en Toscana, Italia.
quiasma *s. m.* En anatomía, cruce en forma de «X». *El quiasma de los nervios ópticos.*
quiché *adj.* y *s. com.* Pueblo amerindio que habita en Guatemala. || *s. m.* Lengua hablada por este pueblo.
quichua *adj.* y *s. com.* Quechua.
quichuismo *s. m.* Quechuismo.
quicio *s. m.* Parte de una puerta o ventana en que se asegura la parte que se mueve. || *loc. fig.* ***Fuera de quicio:*** fuera del estado normal. || ***Sacar de quicio:*** desesperar a alguien.
quid *s. m.* Punto más delicado o importante. *El quid del problema era que el niño no veía bien.* || *loc.* ***Dar con el quid:*** acertar.
quídam *s. m. fam.* Individuo cualquiera. || Sujeto insignificante.
quiebra *s. f.* Rotura, abertura. || Hendedura de la tierra. *Una quiebra profunda.* || Estado del comerciante que no puede satisfacer las deudas que

sobre él pesan y cuya buena fe no es reconocida. *Declararse en quiebra.* || Procedimiento legal para resolver la situación de este comerciante. || En economía, hundimiento en el mercado de valores. || *fig.* Fallo, fracaso. *La quiebra de los valores humanos.*
quiebro *s. m.* Movimiento que se hace doblando el cuerpo por la cintura. *Las bailarinas de ballet hacen quiebros muy bellos.* || Trino o gorgorito hecho con la voz.
quien *pron.* Pronombre relativo que se refiere a personas. *Ésta es la mujer de quien te hablé.* || Pronombre indefinido que equivale a «el que», y carece de antecedente expreso. *Puedes casarte con quien tú quieras.*
quién *pron.* Pronombre interrogativo que introduce frases. *¿Quién llama a la puerta?* || Introduce frases exclamativas. *¡Quién lo hubiera dicho!*
quienquiera *pron.* Pronombre indefinido que señala a una persona indeterminada. *Quienquiera que haya sido debe recibir un castigo.*
quietismo *s. m.* Inacción, inercia.
quieto, ta *adj.* Que no se mueve ni cambia de lugar. || Pacífico, tranquilo.
quietud *s. f.* Falta de movimiento. || Sosiego, reposo.
quihubo *interj. Méx. fam.* Forma de saludo informal equivalente a «hola». *¡Quihubo, Fernando!, ¿cómo has estado?* || Llamada de atención. *¡Quihubo, quihubo, no empujen!*
quihúbole *interj. fam. Méx.* Quihubo.
quijada *s. f.* Cada uno de los dos huesos del cráneo de los mamíferos en que están encajados los dientes y muelas.
quijotada *s. f.* Acción propia de un quijote.
quijote *s. m.* Hombre que interviene en asuntos que no le conciernen, en defensa de la justicia.
quijotería *s. f.* Quijotada. || Quijotismo.
quijotesco, ca *adj.* Dícese de la acción propia de un quijote.
quijotismo *s. m.* Exageración en los sentimientos caballerosos.
quilate *s. m.* Unidad de peso para perlas y piedras preciosas, que equivale a 205 mg. || Cantidad de oro puro contenido en una aleación de este metal. *Esa cadena es de oro de 24 quilates.*
quilífero, ra *adj.* Aplícase a los vasos linfáticos de los intestinos que absorben el quilo.
quilificación *s. f.* Parte de la digestión durante la cual se forma el quilo.
quilificar *t.* Transformar en quilo el alimento.
quilla *s. f.* Pieza que va de proa a popa del barco y forma su base. *En las lanchas la quilla sirve para dirigir el rumbo.*
quillango *s. m. Arg.* y *Chil.* Manta hecha con retazos de pieles, usada por algunos pueblos indígenas. || Cobertor confeccionado con pieles.
quillay *s. m. Arg. Bol.* y *Chil.* Árbol de gran tamaño cuya corteza se emplea como jabón.
quilo[1] *s. m.* Kilo, kilogramo.
quilo[2] *s. m.* Líquido blanquecino, resultado de la digestión de los alimentos en el intestino delgado. || *Chil.* Arbusto de tallos trepadores y fruto dulce. || Fruto del arbusto llamado quilo.
quilombo *s. m. vulg. Arg.* y *Uy.* Desorden, lío, pleito. || *Amér. Merid.* Casa de mujeres públicas. || *Ven.* Cabaña campestre.
quilómetro *s. m.* Kilómetro.
quimba *s. f. Amér.* Contoneo al andar o al bailar. || *Col.* Apuro. || *Col. Ecua.* y *Ven.* Calzado rústico, ordinario.
quimbayá *adj.* y *s. com.* De un pueblo amerindio actualmente extinto que ocupó el valle central del río Cauca, en Colombia.
quimbo *s. m. Cub.* Cuchillo grande que se utiliza para desmontar, abrirse paso en bosques y selvas y para cortar leña.
quimera *s. f.* Monstruo fabuloso con cabeza de león, vientre de cabra y cola de dragón. || Creación de la mente, que se toma como algo real.
quimérico, ca *adj.* Imaginario, irreal. || Sin fundamento, imposible.
química *s. f.* Ciencia que estudia las propiedades, composición y transformación de los cuerpos. || *loc.* ***Química general:*** la que trata de las leyes relativas al conjunto de los cuerpos químicos. || ***Química industrial:*** la que estudia las operaciones que interesan más particularmente a la industria. || ***Química inorgánica:*** la que estudia los cuerpos simples y compuestos sin carbono. || ***Química orgánica:*** la que estudia los compuestos del carbono.
químico, ca *adj.* Relativo a la química. || *s.* Especialista en química.
quimificación *s. f.* Parte de la digestión en la cual los alimentos ingeridos se transforman en quimo.
quimificar *t.* Transformar en quimo los alimentos por medio de la digestión.
quimioterapia *s. f.* Tratamiento de las enfermedades mediante sustancias químicas. *La quimioterapia se aplica en algunos casos de cáncer.*
quimo *s. m.* Líquido contenido en el estómago, que resulta de la digestión de los alimentos.
quimono *s. m.* Túnica japonesa muy amplia de una sola pieza, que se cruza por delante y se sujeta con un ancho cinturón.
quina *s. f.* Árbol con corteza amarga que tiene propiedades medicinales, sobre todo contra la fiebre.
quinado, da *adj.* Preparado con quina. *Vino quinado.*
quinario *adj.* Compuesto de cinco elementos, unidades o guarismos. || Que tiene por base el número cinco.
quincalla *s. f.* Artículo de metal, de poco precio o escaso valor.
quincallería *s. f.* Fábrica y tienda de quincalla.
quincallero, ra *s.* Persona que fabrica o vende quincalla.
quince *adj.* y *s. m.* Número que resulta de sumar diez y cinco.
quinceavo, va *adj.* Relativo a cada una de las quince partes iguales en que se divide un todo. *Me tocó la quinceava parte de la sandía.*
quincena *s. f.* Serie de quince días consecutivos. *El mes se divide en dos quincenas.* || Sueldo que se paga cada quince días.
quincenal *adj.* Que se repite cada quince días.
quinceno, na *adj.* Que ocupa el lugar número quince en una sucesión, decimoquinto.
quincha *s. f. Amér. Merid.* Tejido o trama de junco con que se afianza un techo o pared. || *Arg. Chil.* y *Per.* Pared hecha de cañas o juncos recubiertos de barro.
quinchar *t. Amér. Merid.* Cercar o cubrir con quinchas.
quinchihue *s. m.* Planta herbácea americana olorosa y de usos medicinales.
quincho *s. m. Arg.* y *Uy.* Cobertizo para comidas al aire libre.
quinchoncho *s. m.* Arbusto de semillas comestibles, originario de la India y cultivado en América.
quincuagenario, ria *adj.* De cincuenta unidades. || Cincuentón, de cincuenta años. *Un quincuagenario.*
quincuagenario, ria *adj.* y *s.* Persona que ha llegado a los cincuenta años.
quincuagésimo, ma *adj.* Adjetivo ordinal que corresponde en orden al número cincuenta.
quingentésimo, ma *adj.* Que ocupa el lugar quinientos. || *s. m.* Cada una de las quinientas partes iguales en que se divide un todo.
quingombó *s. m.* Planta herbácea originaria de África y cultivada en América por sus frutos.
quiniela *s. f.* Juego de apuestas sobre los resultados del futbol. || *Arg. Py. R. Dom.* y *Uy.* Juego que consiste en apostar a las últimas cifras de los premios mayores de la lotería.
quinielista *adj.* y *s. com.* Aplícase a la persona que hace quinielas.
quinientos, tas *adj.* Cinco veces cien. *En 1992 se cumplieron quinientos años de la llegada de los españoles a América.* || *s.* Número que corresponde en orden al quinientos. || *loc.* ***A las quinientas:*** muy tarde. *Anoche se fue a una fiesta y llegó a las quinientas.*
quinina *s. f.* Sustancia sacada de la quina, empleada para bajar la fiebre.

quino *s. m.* Árbol americano rubiáceo cuya corteza es la quina. || Zumo de varios vegetales empleado como astringente. || Quina.
quinoa *s. f. Arg. Bol. Col. Chil.* y *Per.* Nombre de diversas plantas anuales de hojas tiernas comestibles y flores pequeñas en racimos.
quinoto *s. m. Arg.* y *Uy.* Arbusto de flores y pequeños frutos color anaranjado, que se usan para preparar dulces y licores. || *Arg.* Fruto del arbusto llamado quinoto.
quinqué *s. m.* Lámpara con un depósito de aceite o petróleo, que tiene un tubo de cristal para proteger la llama.
quinquecahue *s. m. Amér.* Instrumento músico de los mapuches.
quinquenal *adj.* Que sucede o se repite cada cinco años. || Que dura un quinquenio.
quinquenio *s. m.* Periodo de cinco años.
quinquina *s. f.* Quina.
quinta *s. f.* Finca de recreo en el campo. || En música, intervalo de cinco notas. *Toqué la quinta de «do», o sea un «sol», y después la tercera, o sea un «mi».*
quintacolumnista *adj.* y *s. com.* Dícese del que pertenecía a la quinta columna.
quintaesencia *s. f.* Lo mejor, el más alto grado, lo más perfecto.
quintaesenciar *t.* Refinar, apurar. || Alambicar, sutilizar.
quintal *s. m.* Antigua unidad de peso. || *loc.* ***Quintal métrico:*** peso de 100 kg.
quinteto *s. m.* Estrofa de cinco versos. || En música, conjunto de cinco voces o cinco instrumentos.
quintilla *s. f.* Combinación métrica de cinco versos aconsonantados, generalmente octosílabos.
quintillizo, za *adj.* y *s.* Cada uno de los cinco hermanos nacidos juntos en un parto quíntuple.
quintillón *s. m.* Quinta potencia del millón (10^{30}).
quinto, ta *adj.* Adjetivo ordinal que corresponde en orden al número cinco. || Cada una de las cinco partes iguales en que se divide un todo.
quintuplicación *s. f.* Multiplicación de algo por cinco.
quintuplicar *t.* Hacer cinco veces mayor.
quíntuplo, pla *adj.* Que contiene un número cinco veces exactamente. *El número veinticinco es quíntuplo de cinco.*
quinua *s. f. Amér.* Quinoa.
quinzavo, va *adj.* Quinceavo.
quiosco *s. m.* Pabellón abierto que decora terrazas y jardines. || Pequeña construcción donde se venden diarios, flores, etc.
quiote *s. m. Méx.* Bohordo del maguey.
quipe *s. m. Per.* Lío, atado.
quipu *s. m.* Conjunto de cuerdas con nudos que los habitantes del Perú precolombino utilizaban para contar o anotar cosas.
quiquiriquí *s. m.* Palabra con la que se imita el canto del gallo.
quirófano *s. m.* Sala donde se hacen operaciones. *En el quirófano todo debe estar muy limpio.*
quirógrafo, fa *adj.* Aplícase al documento en que consta un contrato que no está autorizado por notario.
quiromancia o **quiromancía** *s. f.* Sistema de adivinación basado en el estudio de las líneas de la mano.
quiromántico, ca *s.* Persona que se supone adivina el futuro leyendo la palma de la mano.
quiromasaje *s. m.* Técnica de masaje que se realiza sólo con las manos.
quiromasajista *s. com.* Especialista en quiromasaje.
quiropráctica *s. f.* Terapia que consiste en la manipulación externa de las vértebras.
quiropráctico, ca *s.* Persona especializada en quiropráctica.
quiróptero, ra *adj.* Relativo a un orden de mamíferos adaptados para el vuelo, como el murciélago.
quirquincho *s. m. Amér. Merid.* Especie de armadillo, relativamente cubierto de cerdas sobre su caparazón. *Los quirquinchos son mamíferos que no tienen dientes.*
quirúrgico, ca *adj.* Relativo a la cirugía. *Quitar el apéndice es un procedimiento quirúrgico.*
quiscal *s. m.* Ave de América, de plumaje negro con reflejos metálicos.
quisicosa *s. f. fam.* Acertijo que debe adivinarse a partir de unos datos que se dan en forma indirecta a veces en forma de verso. || *fam.* Cosa extraña.
quisquilla *s. f.* Pequeñez, menudencia, cosa insignificante. || Dificultad de poca importancia. || Tipo de camarón de tamaño más pequeño que los normales.
quisquilloso, sa *adj.* Que le da mucha importancia a pequeñeces.
quiste *s. m.* Formación patológica con contenido líquido, que se desarrolla en diferentes regiones del cuerpo. *Los médicos retiraron un quiste que tenía debajo de la piel, en la espalda.*
quitaesmalte *s. m.* Líquido a base de alcohol amílico y acetona que se emplea para disolver el esmalte para uñas.
quitamanchas *s. m.* Sustancia que se utiliza para quitar manchas de la ropa o muebles.
quitanieves *s. m.* Aparato móvil para quitar la nieve de las carreteras, vías férreas, etc., mediante una especie de reja o una turbina.
quitapesares *s. m. fam.* Consuelo.
quitapiedras *s. m.* Dispositivo que llevan las locomotoras en su parte delantera para quitar las piedras u otros obstáculos que pudieran haber caído en la vía.
quitar *t.* y *pr.* Separar o apartar una cosa de otra o de donde estaba. *Quita tu abrigo de ahí.* || Desaparecer o hacer desaparecer algo. *Había ahí un restaurante pero ya lo quitaron.* || Privar de una cosa. *Mi mamá me quitó el televisor que había en mi habitación.* || Impedir. || Apartarse de un lugar. *Jaime se quitó de la banca del jardín.* || *pr.* Despojarse de una prenda. *Quitarse el abrigo.* || *loc.* ***De quita y pon:*** que fácilmente se quita y se pone, amovible. || ***Quitar a uno de encima*** o ***de enmedio:*** librarse de él; matarle. || ***Quitar la vida:*** matar; causar grandes disgustos. || ***Quitarse años:*** rejuvenecerse. || ***Quitarse de en medio:*** irse, marcharse. *Se quitó de en medio cuando estalló la guerra.*
quitasol *s. m.* Sombrilla de gran tamaño. *En la playa había quitasoles.*
quitasueño *s. m. fam.* Preocupación que causa desvelo.
quite *s. m.* Movimiento con que se evita un golpe o ataque. || *loc. fam. Méx.* ***Entrar al quite:*** ayudar para alguna actividad.
quiteño, ña *adj.* y *s.* Originario de Quito, capital de Ecuador.
quitina *s. f.* Sustancia orgánica que da dureza al caparazón de ciertos animales. *Los escarabajos tienen un caparazón duro gracias a la quitina.*
quitinoso, sa *adj.* Que tiene quitina. *Caparazón quitinoso.*
quizá o **quizás** *adv.* Expresa posibilidad o duda.
quórum *s. m.* Número de miembros que una asamblea debe reunir para que sea válida una votación o deliberación. *No pudieron escoger un representante porque no había quórum.*
qwerty *s. m.* Nombre del tipo de teclado para máquinas de escribir y computadoras más común, que proviene de la distribución de las primeras seis letras en la primera fila horizontal.

r

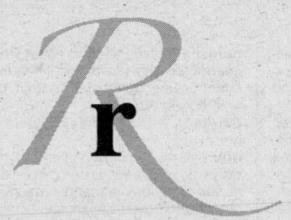

r *s. f.* Decimonovena letra del abecedario español; su nombre es «erre».
rabadilla *s. f.* Punta o extremidad de la columna vertebral. || Parte saliente de las aves que se encuentra sobre el ano.
rabanillo *s. m.* Planta crucífera, muy común en los sembrados. || Rábano pequeño.
rabaniza *s. f.* Simiente del rábano.
rábano *s. m.* Planta crucífera, de raíz carnosa comestible. || Esta raíz. || *loc. fig.* ***Tomar el rábano por las hojas:*** interpretar torcidamente una cosa.
rabear *intr.* Mover el rabo.
rabí *s. m.* Título dado a los doctores de la ley judía.
rabia *s. f.* Enfermedad infecciosa que se transmite al hombre por mordedura de algunos animales, y caracterizada por fenómenos de excitación, luego por parálisis y muerte. || Enfermedad del garbanzo. || *fig.* Ira, cólera, furia. *Dijo algo lleno de rabia.* || Enojo, enfado. *Le da rabia trabajar.* || *loc. fig.* ***Tenerle rabia a uno:*** tenerle odio.
rabiar *intr.* Encolerizarse, enojarse. || Padecer un intenso dolor. || *loc. fig.* ***A rabiar:*** mucho. *Me gusta a rabiar.* || ***Estar a rabiar con uno:*** estar muy enojado con él. || ***Rabiar de hambre*** o ***de sed:*** tener mucha hambre, mucha sed.
rabicorto, ta *adj.* De rabo corto. *Es un simpático perro rabicorto.* || *fig.* Que viste faldas más cortas que lo regular. *Una niña rabicorta.*
rabieta *s. f. fam.* Enfado o llanto corto y violento, por lo general causado por motivos sin importancia.
rabihorcado *s. m.* Ave palmípeda de los países tropicales.
rabilargo, ga *adj.* Que tiene el rabo largo. || *fig.* Que trae las vestiduras demasiado largas. || *s. m.* Pájaro de plumaje leonado, negro y azul pálido.
rabillo *s. m.* Parte final del tallo de una planta. || Prolongación en forma de rabo de una cosa. || *loc.* ***Mirar con el rabillo del ojo:*** mirar de forma disimulada.
rabino *s. m.* Jefe religioso, guía espiritual y ministro de culto de una comunidad judía.
rabión *s. m.* Corriente impetuosa de un río en sitios estrechos o de mucho declive.
rabioso, sa *adj.* Que padece rabia. || *fam.* Que está furioso. || Vehemente, excesivo, violento. *Ganas rabiosas de irse.* || Chillón. *Viste de verde rabioso.*
rabo *s. m.* Cola de algunos animales. || Parte final del tallo de una planta. || *loc.* ***Irse*** (o ***salir***), ***con el rabo entre las piernas:*** irse avergonzado, sin haber conseguido lo que se quería.
rabón, bona *adj.* Relativo al animal sin rabo o de rabo corto. || *Méx.* Se dice de la prenda de vestir que queda corta.
rabudo, da *adj.* De rabo muy grande.
racha *s. f.* Ráfaga. *Racha de aire.* || *fig.* Serie. *Una racha de triunfos.* || *fig.* y *fam.* Periodo breve en que sólo ocurren cosas buenas, o al contrario, acontecimientos malos. *Tener buena o mala racha.*
racial *adj.* Relativo a la raza.
racimo *s. m.* Conjunto de frutos unidos a un mismo tallo como en las uvas, la grosella, los plátanos, los dátiles, etc. || Inflorescencia en que las flores están insertadas por pedúnculos sobre un eje común. || *fig.* Conjunto de cosas o personas apelotonadas. *Un racimo de lindas muchachas.*
raciocinación *s. f.* Razonamiento, reflexión, facultad de la mente.
raciocinar *intr.* Pensar para, a partir de unas ideas, obtener otras.
raciocinio *s. m.* Capacidad de pensar. *Si usáramos nuestro raciocinio, se evitarían muchas peleas.*
ración *s. f.* Porción de alimento que se reparte a cada persona. *Una ración de cocido.* || Cantidad de una cosa que se vende a cierto precio. *Compré una ración de calamares.*
racionabilidad *s. f.* Aptitud, capacidad para juzgar.
racional *adj.* Relativo a la razón. *Mejor soluciona los problemas de manera racional.* || Dotado de razón. *El ser humano es el único animal racional.* || Se dice del número entero.
racionalismo *s. m.* Carácter de lo que se fundamenta sólo en la razón. || Filosofía del conocimiento basada en la razón. *René Descartes inició el racionalismo moderno en el siglo* XVII.
racionalista *s. com.* Seguidor del racionalismo.
racionalización *s. f.* Organización sistemática del trabajo para obtener un mejor rendimiento. *Racionalización industrial.*
racionalizar *t.* Organizar las cosas de acuerdo a cálculos razonados. || Hacer un proceso productivo más eficiente y menos costoso.
racionamiento *s. m.* Distribución de cantidades limitadas de bienes que escasean por varias razones. *En tiempo de guerra hay racionamiento de víveres.*
racionar *t.* En milicia, distribuir raciones a la tropa. || Someter a racionamiento. *Racionar el pan.*
racismo *s. m.* Ideología basada en la creencia de la superioridad de un grupo racial respecto a los demás.
racista *adj.* Relativo al racismo. || *s.m.* El que cree que una raza es superior a otra.
racor *s. m.* Pieza metálica que sirve para empalmar dos tubos.
rada *s. f.* Ensenada que puede servir de puerto natural.
radar *s. m.* Dispositivo para detectar aviones, buques, costas, obstáculos, etc., por medio de ondas radioeléctricas.
radiación *s. f.* En física, acción y efecto de emitir un cuerpo luz u otra energía. *Exponerse mucho a la radiación solar provoca quemaduras y cáncer.* || Exposición a los rayos de una bomba de cobalto, con el fin de curar enfermedades como el cáncer.
radiactividad *s. f.* En física, emisión de radiaciones de energía provocada por la desintegración de un núcleo atómico. *Exponerse a grados altos de radiactividad es perjudicial.*
radiactivo, va *adj.* Que emite radiaciones.
radiado, da *adj.* Compuesto de rayos divergentes. || Dispuesto en forma de rayos. || Difundido por radio. *La noticia ya fue radiada.* || En las plantas compuestas, dícese de la cabezuela formada por flósculos en el centro y por semiflósculos en la circunferencia, como la panoja de la avena. || *s. m. pl.* Animales invertebrados de cuerpo dispuesto en forma de radios alrededor de un centro, como la estrellamar, la medusa, el pólipo, etc.
radiador *s. m.* Aparato de calefacción que consta de varios elementos huecos por los que circula agua o aceite caliente, vapor, etc. || En mecánica, dispositivo para refrigerar el agua en un motor de explosión.

radial *adj.* En geometría, relativo al radio. || *Arg. Chil. Col.* y *Uy.* Relativo a la radiodifusión.
radián *s. m.* En geometría, unidad de medida angular que corresponde a un arco de longitud igual a su radio.
radiante *adj.* En física, que radia. *Calor radiante.* || *fig.* Resplandeciente. || Que denota buena salud, satisfacción. || *loc.* ***Radiante de alegría:*** rebosante de gozo, de dicha.
radiar *t.* y *pr.* Irradiar. || Difundir por radio. || En física, despedir radiaciones.
radical *adj.* Relativo a la raíz. || Que afecta al origen mismo de una cosa o que se produce de manera completa. *El cáncer requiere de un tratamiento radical.* || Tajante, intransigente. *Por ser tan radical, Fernando no escucha a los demás.* || *s. m.* En gramática, parte de una palabra que, contrariamente a la desinencia, queda invariable. *El radical del verbo comer es «com».* || En matemáticas, signo ($\surd$) con que se indica la operación de extraer raíces. || En química, átomo o grupo de átomos que sirve de base para la formación de combinaciones.
radicalismo *s. m.* Calidad de radical. || Actitud radical. || Principios o doctrinas políticas de los radicales.
radicando *s. m.* En matemáticas, número o expresión algebraica de la cual se extrae la raíz.
radicar *intr.* y *pr.* Establecerse en algún lugar. *Arturo radicará en la costa, donde consiguió un buen trabajo.* || Estribar, consistir. *El problema radica en que es necesario saber francés.*
radícula *s. f.* Parte de una plántula que, cuando ésta crezca, será su raíz.
radiestesia *s. f.* Facultad de percibir las radiaciones electromagnéticas.
radiestesista *s. com.* Persona que utiliza la radiestesia.
radio[1] *s. f.* Apócope de «radiodifusión». *Algunas personas escuchan la radio en su trabajo.* || Apócope de «radioemisora». *Esa radio organizó un concurso que puedes ganar.*
radio[2] *s. m.* El más corto de los dos huesos del antebrazo. || Aparato por el que se escuchan música, noticias, programas, etc. || En una circunferencia, distancia entre uno de sus puntos y el centro. || Cada varilla que une la rueda con el eje. || *loc.* ***En un radio de cien kilómetros:*** a cien kilómetros a la redonda. || ***Radio de acción:*** a) Distancia máxima a la cual puede alejarse un avión, barco u otro vehículo sin aprovisionarse en combustible y conservando lo necesario para volver a su punto de partida. b) *fig.* Esfera de actividad, zona de influencia.
radio[3] *s. m.* Elemento químico radiactivo, de color brillante y radiotoxicidad muy elevada. Se usa en la industria nuclear y en la fabricación de pinturas fosforescentes. Su número atómico es 88 y su símbolo *Ra.*
radioaficionado, da *s.* Persona que comunica con otra u otras por medio de una emisora de radio privada.
radioastronomía *s. f.* Estudio de los astros según la emisión de sus ondas electromagnéticas.
radiocobalto *s. m.* Isótopo radiactivo del cobalto.
radiocomunicación *s. f.* Transmisión radioeléctrica de imágenes, textos, signos y sonidos. || Comunicación mediante ondas electromagnéticas.
radiodetección *s. f.* Detección por medio de las radiaciones.
radiodiagnosis *s. f.* o **radiodiagnóstico** *s. m.* Diagnóstico que se hace con la radioscopia o la radiografía.
radiodifundir *t.* Emitir por medio de la radiotelefonía.
radiodifusión *s. f.* Transmisión por ondas hertzianas de música, noticias, reportajes y otros programas destinados al público. || *loc.* ***Estación de radiodifusión:*** emisora.
radiodifusor, ra *adj.* Que emite por radio. *Estación radiodifusora.*
radioelectricidad *s. f.* Técnica de la transmisión a distancia de sonidos e imágenes por medio de ondas electromagnéticas.
radioeléctrico, ca *adj.* Relativo a la radioelectricidad.
radioelemento *s. m.* Elemento radiactivo.
radioemisora *s. f.* Emisora radiofónica.
radioescucha *s. com.* Radioyente.
radiofaro *s. m.* Emisora radioeléctrica que determina la ruta en la navegación marítima o aérea.
radiofonía *s. f.* Radiotelefonía.
radiofónico, ca *adj.* Relativo a la radiofonía. *Emisión radiofónica.*
radiofotografía *s. f.* Fotografía transmitida por radio.
radiofrecuencia *s. f.* Frecuencia utilizada para las ondas radiofónicas, y superior a 10 000 ciclos por segundo.
radiogoniometría *s. f.* Método que permite localizar la dirección y posición de un aparato emisor de radio. || Método de navegación que utiliza el radiogoniómetro.
radiogoniómetro *s. m.* Aparato que permite a un barco o avión determinar su posición por medio de las ondas radioeléctricas.
radiografía *s. f.* Fotografía interna del cuerpo por medio de los rayos X. || Cliché así obtenido.
radiografiar *t.* Fotografiar por medio de los rayos X.
radiográfico, ca *adj.* Relativo a la radiografía.
radiograma *s. m.* Despacho transmitido por radiotelegrafía.
radioisótopo *s. m. fig.* Isótopo radiactivo de un elemento natural.
radiolarios *adj.* y *s. m.* Dícese de los protozoos marinos provistos de un esqueleto silíceo con seudópodos filiformes y radiantes. || *pl.* Clase que forman.
radiolocalización *s. f.* Determinación de la posición de un obstáculo mediante ondas electromagnéticas reflejadas por el mismo.
radiología *s. f.* Empleo terapéutico de los rayos X.
radiólogo, ga *s.* Especialista en radiología.
radionavegación *s. f.* Navegación que utiliza las propiedades de las ondas radioeléctricas para la dirección y detección de barcos y aviones.
radionavegante *s. com.* El que se encarga de mantener los contactos por radio en un barco o avión.
radiorreceptor *s. m.* Aparato receptor de las ondas del radiotransmisor.
radioscopia *s. f.* Examen de un objeto o de un órgano del ser humano por medio de la imagen que proyectan en una pantalla fluorescente al ser atravesados por los rayos X.
radioseñalización *s. f.* Señalización de la ruta de los barcos y aviones por radio.
radiosonda *s. f.* Conjunto de aparatos registradores automáticos que transmiten desde un globo informaciones meteorológicas por medios radioeléctricos.
radiosondeo *s. m.* Exploración de la atmósfera por radiosondas.
radiotaxi *s. m.* Taxi que lleva un aparato de radio que permite al conductor enviar y recibir mensajes de una central.
radioteatro *s. m.* Programa radiofónico que emite piezas teatrales. || *Arg. Bol. Chil. Col. Cub. Méx. Per.* y *Uy.* Serial radiofónico.
radiotecnia o **radiotécnica** *s. f.* Técnica de la radioelectricidad.
radiotelefonía *s. f.* Telefonía sin hilos.
radiotelegrafía *s. f.* Telegrafía sin hilos.
radiotelescopio *s. m.* Aparato receptor utilizado en radioastronomía.
radioterapia *s. f.* Tratamiento de las enfermedades por medio de radiaciones. *Algunos tumores cancerosos se tratan con radioterapia.*
radiotransmisión *s. f.* Emisión que se efectúa a través de radioondas.
radiotransmisor *s. m.* Aparato transmisor que envía y recibe ondas radioeléctricas.
radiotransmitir *t.* Transmitir por radio.
radioyente *s. com.* Persona que escucha las emisiones de radio.
radón *s. m.* Elemento químico radiactivo, presente en el aire en pequeñísima cantidad, incoloro, muy pesado y radiotóxico. Se utiliza en radioterapia. Su número atómico es 86 y su símbolo *Rn.*

raedera *s. f.* Utensilio para raer o raspar. || Azada pequeña de los mineros.
raedor, ra *adj.* y *s.* Que rae. || *s. m.* Rasero.
raedura *s. f.* Acción de raer. || Parte raída.
raer *t.* Raspar, arrancar lo adherido a la superficie de una cosa con instrumento áspero o cortante. *Raer una piel.*
ráfaga *s. f.* Movimiento violento y rápido del aire. *Una ráfaga de aire.* || Golpe de luz vivo y de poca duración. || Serie de disparos sucesivos y rápidos de un arma automática. *Una ráfaga de ametralladora.*
rafia *s. f.* Palmera de África y América que produce una fibra muy resistente y flexible. || Esta fibra.
raga *s. m.* Tipo de melodía hindú.
raglán *s. m.* Gabán de hombre con esclavina. || *loc.* ***Manga raglán:*** la que arranca del cuello y no tiene costura en el hombro.
ragua *s. f.* Extremo superior de la caña de azúcar.
raicilla *s. f.* Raíz secundaria o más pequeña de las plantas.
raid *s. m.* Incursión rápida en terreno enemigo. || Vuelo a larga distancia.
raído, da *adj.* Muy gastado por el uso. *Traía un abrigo raído y sucio.*
raigambre *s. f.* Conjunto de raíces generalmente entrecruzadas. || *fig.* Conjunto de antecedentes, tradición, hábitos o afectos, etc., que vinculan una cosa a otra. *Es una costumbre de honda raigambre en Yucatán.*
raigón *s. m.* Raíz grande. || Raíz de las muelas y dientes o trozo que queda de ella.
raíl *s. m.* Riel, carril de las vías del ferrocarril.
raíz *s. f.* Parte de los vegetales que está en la tierra, de donde saca las sustancias nutritivas. *Las raíces de un árbol.* || Parte de un órgano animal implantado en un tejido. *La raíz de un diente, de un pelo.* || *fig.* Origen, principio. *La raíz de un mal.* || En gramática, elemento de una palabra a partir del cual se derivan todas las que son de la misma familia. *«Cant» es la raíz de «cantar», «cantante», etc.* || En matemáticas, cada uno de los valores que puede tener la incógnita de una ecuación. || En medicina, prolongación profunda de ciertos tumores. || *loc.* ***A raíz de:*** inmediatamente, después de. || *fig.* ***Arrancar*** o ***cortar de raíz:*** eliminar del todo. || ***De raíz:*** completamente. || *fig.* ***Echar raíces:*** fijarse, instalarse para mucho tiempo en un lugar. || ***Raíz cuadrada:*** en matemáticas, cantidad que se ha de multiplicar por sí misma una vez para obtener un número determinado. || ***Raíz cúbica:*** en matemáticas, cantidad que se ha de multiplicar por sí misma dos veces para obtener un número determinado. || *fig.* ***Tener raíces:*** estar arraigado.
raja *s. f.* Porción de poco espesor cortada a lo largo de un melón, sandía, salchichón, etc. || Hendidura que se hace en una cosa. || Grieta. || Parte de un leño que resulta al abrirlo con un hacha, una cuña, etc.
rajá *s. m.* Antiguo soberano de la India. *El rajá de Kapurtala.*
rajadiablo o **rajadiablos** *adj.* y *s. Chil.* Dícese de la persona aficionada a hacer picardías y travesuras.
rajado, da *adj.* y *s. fig.* y *fam.* Cobarde, miedoso. || Que no cumple la palabra dada. || *s. f. Méx.* Abertura larga y fina. *La lámpara quedó con una rajada después de caerse.*
rajadura *s. f.* Hendidura.
rajar *t.* Partir en rajas. *Rajó la sandía.* || Hender, partir, abrir. *Rajar un mueble.* || *intr. fig.* y *fam.* Jactarse, presumir de valiente. || Hablar mucho. || Refunfuñar. || *pr. fig.* y *fam.* Retractarse, desistir de una cosa por acobardamiento. || *Amér.* Huir, escapar.
rajatabla *loc.* **A rajatabla:** Con todo rigor, a como dé lugar. *Impuso su opinión a rajatabla.*
rajón, jona *adj.* y *s.* Rajado. || *Amér.* Fanfarrón, ostentoso.
ralea *s. f. desp.* Especie, categoría. *Gente de la misma ralea.* || Raza, estirpe, casta. *Persona de baja ralea.*
ralentí *s. m.* Número de revoluciones por minuto del motor de un vehículo cuando trabaja a su menor capacidad.
ralentizar *t.* Hacer más lento el movimiento de un motor.
rallado, da *adj.* Desmenuzado, pulverizado. *Queso rallado.* || *s. m.* Acción de rallar.
rallador *s. m.* Utensilio de cocina para desmenuzar pan, queso, etc.
ralladura *s. f.* Surco que deja el rallador en una cosa. || Trozo desmenuzado que resulta de una cosa rallada. *Ralladuras de queso.*
rallar *t.* Desmenuzar una cosa restregándola con el rallador. *Rallar pan, queso.*
rally *s. m.* Competición deportiva en la cual los participantes, a pie o motorizados, deben reunirse en un sitio determinado después de haber realizado varias pruebas.
ralo, la *adj.* Poco espeso. *Pelo ralo; tela rala.* || Muy separado. *Dientes ralos.*
RAM Abreviatura de «Random Access Memory» (memoria de acceso directo), término de computación que se usa para designar lo relativo a la memoria cuyo contenido puede ser leído, borrado o modificado a voluntad. *La computadora necesita mucha memoria RAM para los programas de diseño.*
rama *s. f.* Cada una de las partes nacidas del tronco o tallo principal de la planta. || *fig.* Cada una de las familias procedentes de un mismo tronco. || Cada una de las subdivisiones de una cosa. *Las diferentes ramas del saber.* || En geometría, parte de una curva que se aleja hasta el infinito. || División primaria del reino animal. || *loc. fig.* y *fam.* ***Andarse por las ramas:*** desviarse del tema de que se trata. || ***En rama:*** dícese de ciertas materias no manufacturadas.
ramada *s. f. Amér. C.* y *Amér. Merid.* Cobertizo hecho con ramas de árboles. || *Chil.* Puesto de feria construido con ramas.
ramadán *s. m.* Noveno mes del año musulmán, dedicado al ayuno.
ramaje *s. m.* Conjunto de las ramas de un árbol. *El viento mecía el ramaje de los pinos.*
ramal *s. m.* Cada uno de los cabos de que están formadas las cuerdas, sogas, etc. || Parte que arranca de la línea principal de algo. *Este camino es un ramal de la carretera.*
ramalazo *s. m.* Golpe dado con un ramal. || Dolor repentino. || Leve locura. || *fam.* Golpe fuerte.
rambla *s. f.* Lecho natural de las aguas de lluvia. || Avenida, paseo.
ramera *s. f.* Prostituta.
ramificación *s. f.* División de una planta en ramas. || Bifurcación de las arterias, venas o nervios. || *fig.* Consecuencia derivada de algún hecho. || Subdivisión. *Las ramificaciones de una ciencia.*
ramificarse *pr.* Dividirse en ramas. || *fig.* Subdividirse.
ramillete *s. m.* Conjunto de flores o de hierbas olorosas. *Un ramillete de claveles.* || *fig.* Plato de dulces que forman un conjunto vistoso. || Centro de mesa. || Colección de cosas selectas. *Ramillete de máximas.* || Grupo, reunión. *Ramillete de muchachas.*
ramiza *s. f.* Conjunto de ramas cortadas.
ramnáceo, a *adj.* Aplícase a las plantas dicotiledóneas, como el cambrón y la aladierna. || *s. f. pl.* Familia que forman.
ramo *s. m.* Rama pequeña. || Ramillete de flores. *Ramo de gladíolos.* || Manojo de hierbas. || Ristra. || *fig.* Cada una de las subdivisiones de una cosa principal. *Ramo del saber.* || Enfermedad incipiente o poco determinada. *Ramo de locura.*
ramón *s. m.* Ramiza.
ramonear *t.* Podar los árboles. || Pacer los animales las hojas y la punta de las ramas.
ramoneo *s. m.* Acción de ramonear. || Tiempo en que se ramonea.
ramoso, sa *adj.* Que tiene muchas ramas.
rampa *s. f.* Terreno en declive. *Subir por la rampa.* || Superficie inclinada. || *loc.* ***Rampa de lanzamiento:*** plano inclinado para el lanzamiento de

aviones, proyectiles o cohetes de propulsión.
rampante *adj.* Aplícase al animal heráldico con la mano abierta y las garras en ademán de asir. *El león rampante aparece en muchos escudos.*
ramplón, plona *adj.* Vulgar, ordinario.
ramplonería *s. f.* Condición de ramplón, vulgaridad, falta de gusto.
rana *s. f.* Batracio saltador, de piel verdosa, perteneciente al orden de los anuros y que vive cerca de las aguas estancadas. || Juego que consiste en arrojar una moneda o un tejo por la boca abierta de una rana de hierro. || *loc. fig.* y *fam.* ***Cuando las ranas críen*** o ***tengan pelos:*** nunca.
ranchear *intr.* Formar ranchos en un sitio, acampar.
ranchera *s. f.* Canción popular mexicana.
ranchería *s. f. Méx.* Población pequeña en el campo.
ranchero, ra *s.* Persona que habita, trabaja o posee y administra un rancho.
ranchito *s. m. Amér.* Chabola.
rancho *s. m.* Casa pobre construida con madera o paja, que se encuentra fuera de las ciudades. || *Ants.* y *Méx.* Lugar donde se crían caballos y otros cuadrúpedos. *En las vacaciones fui a un rancho.* || Comida diaria que se hace para muchas personas, en especial a los soldados y presos. *En los cuarteles hay soldados cocineros que preparan el rancho.* || *loc. fig.* y *fam.* ***Hacer rancho aparte:*** llevar una vida aislada de los demás.
ranciar *t.* Volver rancio.
rancidez o **ranciedad** *s. f.* Calidad de rancio.
rancio, cia *adj.* Aplícase al vino y a ciertos comestibles grasientos que con el tiempo adquieren sabor y olor fuertes. *Tocino rancio.* || *fig.* Antiguo. *Es de rancia nobleza.* || Anticuado, pasado de moda. *Una solterona un poco rancia.* || *s. m.* Olor muy fuerte propio de un comestible rancio. || Suciedad grasienta de los paños.
rango *s. m.* Clase, categoría, lugar que ocupa una persona en una jerarquía. *Mantuvo su rango a pesar de que fue transferido.* || Situación social. *Persona de alto rango.* || *Amér.* Generosidad, liberalidad.
ránido *adj.* y *s. m.* Dícese de los batracios anuros que comprende la rana común. || *s. m. pl.* Clase que forman.
ranilla *s. f.* Parte blanca del casco de las caballerías, entre los dos pulpejos. || Enfermedad del ganado vacuno.
ránula *s. f.* Tumor que se forma debajo de la lengua.
ranunculáceo, a *adj.* y *s. f.* Aplícase a las plantas dicotiledóneas que tienen por tipo el acónito, la anémona y la peonía. || *pl.* Familia que forman.
ranúnculo *s. m.* Planta ranunculácea de flores amarillas.
ranura *s. f.* Hendidura estrecha hecha en un madero, una pieza metálica, etc. || Pequeña abertura alargada donde se introduce una moneda o una ficha. *La ranura de una máquina tragaperras.*
rapabarbas *s. m. fam.* Barbero, rapador.
rapacejo *s. m.* Muchacho. || *Méx.* Fleco que adorna el rebozo.
rapacería *s. f.* Rapacidad. || Muchachada.
rapacidad *s. f.* Avidez grande, codicia de ganancias. *La rapacidad de un usurero.* || Inclinación al robo.
rapadura *s. f.* o **rapamiento** *s. m.* Acción y efecto de rapar o raparse.
rapapolvo *s. m. fam.* Reprensión.
rapar *t.* Afeitar la barba. || Cortar el pelo al rape. || *fig.* y *fam.* Hurtar, robar.
rapaz *adj.* Dado al robo, hurto o rapiña. || *s.* Muchacho o muchacha de corta edad. || *s. f. pl.* Orden de aves carnívoras, de pico corvo, uñas grandes y aceradas, como el águila, el halcón, el buitre, etc. || *s. com. fig.* Ávido de ganancias. *Es un comerciante rapaz.* || Aplícase al ave de rapiña.
rape *s. m.* Afeitado rápido y sin cuidado. || Pejesapo. || *loc.* ***Al rape:*** casi a raíz, muy corto. *Se cortó el pelo al rape.*
rape *s. m.* Pez comestible que puede medir 2 m de largo, de cabeza enorme y cubierto de espinas. *El rape es común en las costas mediterráneas y atlánticas.*
rapé *adj.* Aplícase al tabaco en polvo.
rapel o **rápel** *s. m.* Técnica de alpinismo para descender paredes verticales con ayuda de una cuerda. *Los cadetes descendieron a rapel por las paredes de su escuela.*
rapidez *s. f.* Cualidad de la persona que lo hace todo en poco tiempo o de las cosas que ocurren o se efectúan muy pronto.
rápido, da *adj.* Veloz, que recorre mucho espacio en poco tiempo. *Era una corriente rápida y arrasó con todo.* || Que se realiza o ejecuta en un momento. *Obtuvo una victoria rápida.* || Que hace las cosas en poco tiempo. *La modista trabaja muy rápido.* || Que se hace con poco cuidado. *Haremos la lectura rápida de un manuscrito.* || *s. m.* Tren de gran velocidad. *El rápido de Barcelona a Madrid.* || Parte de un río muy impetuosa. *Los rápidos del Niágara.*
rapiña *s. f.* Robo o saqueo. *El pueblo conquistado sufrió la rapiña de los soldados vencedores.* || *loc.* ***Ave de rapiña:*** ave rapaz.
rapiñar *t. fam.* Robar cosas de poca importancia.
raposa *s. f.* Zorra.
raposear *intr.* Usar de engaños o trampas, como la raposa.
raposo *s. m.* Zorro.
rapsoda *s. m.* En la Antigua Grecia, persona que iba de pueblo en pueblo recitando poemas. || Poeta, persona que escribe poemas.
rapsodia *s. f.* Fragmento de un poema que se suele recitar de una vez. || Pieza musical de forma libre en la que se juntan temas de caracteres diferentes y origen común, en general popular, en la que prevalece la improvisación.
raptar *t.* Capturar y retener de manera ilegal a una persona, en especial para obtener un rescate.
rapto *s. m.* Captura y retención ilegal de una persona en contra de su voluntad, casi siempre para obtener un rescate. *Hay muchos delincuentes dedicados al rapto de personas ricas.* || *fig.* Éxtasis, arrobamiento. || Arrebato, ataque rápido y violento. *Rapto de locura.* || Impulso.
raptor, ra *adj.* y *s.* Delincuente que realiza capturas y retenciones ilegales de personas en contra de su voluntad, casi siempre para obtener dinero.
raqueta *s. f.* Pala provista de una red, utilizada para jugar al tenis y a otros juegos de pelota.
raquianestesia *s. f. En medicina,* anestesia de los miembros inferiores y de los órganos de la pelvis mediante una inyección de procaína en el conducto raquídeo.
raquídeo, a *adj.* De la columna vertebral o raquis. *En el conducto raquídeo está la médula espinal.*
raquis *s. m.* En anatomía, columna vertebral. || En botánica, eje de una espiga o racimo.
raquítico, ca *adj.* Que está enfermo de raquitismo. || *fig.* Endeble, poco robusto. || Débil, mezquino.
raquitismo *s. m.* Enfermedad infantil caracterizada por deformaciones y debilidad en los huesos.
rarámuri *adj.* y *s. m.* Tarahumara, pueblo amerindio que habita en la sierra del estado de Chihuahua, México.
rarefacción *s. f.* Enrarecimiento.
rarefacer *t.* Enrarecer, disminuir la densidad o la presión de un gas.
rareza *s. f.* Calidad de raro.
rarificar *t.* Enrarecer, rarefacer.
raro, ra *adj.* Poco frecuente. *El arco iris es un fenómeno raro.* || Singular, poco corriente. || Extraño, extravagante, estrafalario. *Paco es una persona muy rara.* || Extraordinario, poco común. *De raro mérito.* || *loc.* ***Gases raros:*** los que, en pequeña cantidad, forman parte de la atmósfera, como el helio, el neón, el argón, el criptón, el xenón.
ras *s. m.* Igualdad de nivel. || *loc.* ***A ras de:*** casi tocando. || ***Ras con ras:***

al mismo nivel; rasando o rozando ligeramente una cosa a otra.
rasante *adj.* Que rasa. || *loc.* ***Tiro rasante:*** tiro de trayectoria nunca superior en altura a la del objetivo. || ***Vuelo rasante:*** el que se efectúa casi rasando el suelo.
rasar *t.* Igualar con el rasero las medidas de los áridos. || Pasar muy cerca. *El avión casi rasó el suelo.*
rascacielos *s. m.* Edificio en forma de torre y con gran número de pisos. *Los rascacielos de Nueva York son famosos en todo el mundo.*
rascadera *s. f.* Rascador. || *fam.* Almohaza para las caballerías.
rascador *s. m.* Utensilio para rascar o para raer.
rascadura *s. f.* o **rascamiento** *s. m.* Acción y efecto de rascar o rascarse. || Señal que queda.
rascar *t.* y *pr.* Restregar algo con una cosa aguda o áspera. || Mitigar la comezón, frotando la piel con las uñas.
rascatripas *s. m. fam.* Violinista malo.
rascón, cona *adj.* Áspero. || *s. m.* Polla de agua, ave zancuda.
rascuache *adj. desp. fam. Méx.* Lugar pobre, miserable. || Cosa de baja calidad.
rasero, ra *adj.* Rasante. || *s. m.* Palo cilíndrico o en forma de rasqueta para rasar las medidas de los áridos. || *loc. fig.* ***Medir por el mismo rasero a dos personas:*** tratarlas con igualdad.
rasgado, da *adj.* Muy alargado y con los ángulos algo prolongados. *Tiene unos bellos ojos rasgados.* || *s. m.* Rasgón.
rasgadura *s. f.* Acción de rasgar.
rasgar *t.* Romper, destrozar una cosa tirando de ella en varias direcciones. *El perro rasgó la tela.*
rasgo *s. m.* Línea trazada, especialmente la de adorno. || *fig.* Expresión acertada. *Rasgo de humor.* || Acción notable. *Un rasgo de heroísmo, de generosidad.* || Característica, peculiaridad. *Es un rasgo de su carácter.* || *pl.* Facciones de la cara. *Rasgos finos.* || *loc.* ***A grandes rasgos:*** rápidamente, sin pararse en minucias. *Explorar algo a grandes rasgos.* || ***Rasgo de ingenio:*** idea genial, genialidad.
rasgón *s. m.* Rotura que se hace cuando se rasga alguna cosa.
rasgueado *s. m.* Rasgueo.
rasguear *t.* Tañer un instrumento rozando sus cuerdas con las puntas de los dedos.
rasgueo *s. m.* Manera de tocar la guitarra rasgueándola.
rasguñar *intr.* Hacer heridas superficiales en la piel con las uñas o algún instrumento puntiagudo.
rasguño *s. m.* Corte o herida superficial hecha con las uñas o por un roce violento con una superficie áspera o cortante.
rasilla *s. f.* Tela de lana muy fina. || Ladrillo delgado y hueco. *Tabique de rasilla.*
raso, sa *adj.* Llano, liso, despejado. *Terreno raso.* || Sin nubes, desencapotado. || Lleno hasta el borde. || Que casi toca el suelo. *Vuelo raso.* || Aplícase al asiento sin respaldo. *Silla rasa.* || Dícese del que en su empleo no tiene ni título ni categoría especial. *Un soldado raso.* || *loc.* ***Al raso:*** al aire libre, en el campo. || *s. m.* Tela de seda, lisa y brillante.
raspa *s. f.* Espina de un pescado. || Arista del grano de trigo y otros cereales. || Escobajo de la uva. || Eje o pedúnculo de un racimo o espiga. || Filamento desprendido de algo. *Esta pluma tiene raspa.* || *fig.* y *fam.* Persona desabrida. || *Amér.* Reprimenda. || *Arg.* Ratero. || *Méx.* Baile popular de origen jarocho.
raspadilla *s. f. Per.* Refresco con hielo raspado y jarabe.
raspado *s. m.* Acción y efecto de raspar. || Operación que consiste en quitar con un instrumento quirúrgico cuerpos extraños o productos mórbidos del interior de una cavidad natural (útero) o patológico (absceso óseo). || *Méx.* Hielo rallado al que se añade jarabe de frutas para comerlo como helado.
raspador *s. m.* Instrumento para raspar.
raspadura *s. f.* Acción de raspar. *El albañil hará una raspadura para quitar la pintura vieja.* || Partículas que salen al raspar algo. || Señal que queda cuando algo se raspa. *El auto sólo quedó con una raspadura en la portezuela.*
raspar *t.* e *intr.* Frotar o rascar una superficie. || *Ven.* Dar a un alumno una calificación menor a la que debe obtener para aprobar una materia.
raspear *intr.* Deslizarse con dificultad la pluma y arañar el papel de escribir.
raspón *s. m.* Rayadura en una superficie o en la piel, lastimadura. || *Méx.* Raspadura ligera en la piel. *Al caer se hizo un raspón en la rodilla.*
rasposo, sa *adj.* Áspero al tacto. || *Arg.* y *Uy.* Se dice de la prenda de vestir raída y en mal estado, y también de la persona que lleva la ropa en mal estado.
rasqueta *s. f.* Planchuela de hierro de cantos afilados y con mango, para raer y limpiar los palos, cubiertas y costados de las embarcaciones. || Almohaza.
rasquetear *t.* y *pr. Amér. Merid.* Cepillar el pelo a un caballo.
rasquiña *s. f. Amér. C.* y *Méx.* Picor, escozor.
rastacuero *s. com.* Persona que sabe aprovecharse de las circunstancias para vivir bien.
rastra *s. f.* Huella. || En agricultura, grada. || Rastro, rastrillo. || Carro fuerte para arrastrar grandes pesos. || Sarta de fruta seca. || Cuerda o red que se arrastra por el fondo del agua para recuperar objetos sumergidos. || *Amér. Merid.* Adorno, generalmente de plata, que los gauchos llevan en el cinturón a manera de hebilla. || *loc.* ***A la rastra*** o ***a rastras:*** a) Arrastrando. b) *fig.* De mal grado. || *fig.* ***Ir a rastras de uno:*** seguirle siempre. || ***Llevar un trabajo a rastras:*** tenerlo sin terminar.
rastreador, ra *adj.* Que rastrea o busca.
rastrear *t.* Buscar a una persona, animal o cosa siguiendo su rastro. *El perro rastrea la caza.* || Llevar arrastrando por el fondo del agua un arte de pesca o una rastra. || Vender la carne en el rastro al por mayor. || *fig.* Averiguar una cosa valiéndose de varios indicios, indagar. || *intr.* Ir volando casi a ras del suelo.
rastreo *s. m.* Acción y efecto de rastrear.
rastrero, ra *adj.* Que se va arrastrando. *Animal rastrero.* || Dícese del tallo de una planta que, tendido por el suelo, echa raicillas. || *fig.* Bajo, vil, despreciable.
rastrillada *s. f.* Lo que se recoge con el rastrillo. || *Amér.* Huellas.
rastrillado *s. m.* Acción y efecto de rastrillar.
rastrillador, ra *adj.* Aplícase al que rastrilla. || *s. f.* Máquina agrícola consistente en un rastro grande, de dientes corvos, para recoger el heno, la paja, etc.
rastrillar *t.* Limpiar con el rastrillo. *Rastrillar el lino, el cáñamo.* || Recoger con el rastrillo. *Rastrillar las hierbas.* || Pasar la grada por el suelo labrado.
rastrillo *s. m.* Instrumento de jardinería formado de un palo largo cruzado en su extremo inferior por un travesaño con púas que sirve para recoger la broza, paja, etc. || Utensilio parecido usado en las mesas de juego para recoger el dinero apostado. || Especie de carda para limpiar el cáñamo o el lino. || Compuerta formada con una reja levadiza a la entrada de algunas plazas de armas. || Caja del alumbrado superior del escenario.
rastro *s. m.* Rastrillo, instrumento de jardinería. || Especie de azada con dientes en vez de pala. || Mugrón. || Lugar donde se vende la carne al por mayor. || Matadero. || Huella, pista. *Seguir el rastro de un animal.* || *fig.* Señal que queda de una cosa, vestigio, indicio. *No dejar rastro.*
rastrojar *t.* En agricultura, arrancar el rastrojo.
rastrojera *s. f.* Conjunto de tierras que han quedado en rastrojo.
rastrojo *s. m.* Paja de la mies que queda en la tierra después de segar. || El campo después de segada la mies.

rasurada *s. f. Méx.* Afeitada. *Neftalí ya necesita una buena rasurada.*
rasurador *s. m.* Maquinilla de afeitar eléctrica.
rasurar *t.* y *pr.* Afeitar, quitar los vellos.
rata *s. f.* Mamífero roedor, de cola larga, muy voraz y perjudicial, originario de Asia. || *loc. fig.* y *fam.* ***Más pobre que una rata:*** muy pobre. || ***No había ni una rata:*** no había nadie. || ***Rata de sacristía:*** persona excesivamente devota.
ratania *s. f.* Arbusto del Perú cuya corteza se emplea como astringente.
ratear *t.* Disminuir a proporción o prorrata. || Repartir proporcionalmente. || Hurtar con destreza cosas pequeñas.
rateo *s. m.* Prorrateo.
ratería *s. f.* Hurto.
raterismo *s. m, fam.* Ratería.
ratero, ra *adj.* Dícese del ladrón que hurta con maña cosas de poco valor.
raticida *s. m.* Sustancia química para matar ratas y ratones.
ratificación *s. f.* Aprobación, confirmación de lo que se ha hecho o prometido. || Documento en que consta.
ratificador, ra *adj.* y *s.* Dícese del que ratifica.
ratificar *t.* Aprobar o confirmar lo que se ha hecho o prometido. *Ratificar un tratado, un acuerdo.*
rato *s. m.* Espacio de tiempo, especialmente cuando es de corta duración, momento. *Salió hace un rato.* || *loc.* ***A ratos:*** a veces. || ***De rato en rato:*** de vez en cuando. || *fam.* ***Haber para rato:*** tardar mucho tiempo. || ***Pasar el rato:*** entretenerse.
ratón *s. m.* Mamífero roedor menor que la rata, dañino por lo que come, roe y destruye. || En informática, aparato que se utiliza para mover con rapidez el cursor por la pantalla de una computadora.
ratona *s. f.* Hembra del ratón.
ratonera *s. f.* Trampa para cazar ratones o ratas. || Agujero que hace el ratón. || Madriguera de ratones. || *fig.* Trampa. *Caí en la ratonera.* || *Amér.* Cuchitril.
ratonero, ra *adj.* Ratonesco. || Dícese de la música mala, generalmente cacofónica.
ratonesco, ca o **ratonil** *adj.* Relativo a los ratones.
raudal *s. m.* Corriente violenta de agua. || *fig.* Gran cantidad.
raudo, da *adj.* Rápido.
raulí *s. m. Chil.* Árbol fagáceo.
ravioles o **ravioli** *s. m.* Pasta alimenticia en forma de pequeñas empanadas rellenas de algún alimento.
raya *s. f.* Línea recta. *Las cinco rayas del pentagrama.* || Lista. *Camisa a rayas.* || Término o límite de una nación, provincia, etc. || Separación de los cabellos hecha con el peine. || Pliegue del pantalón. || Cada una de las estrías en espiral del cañón de un arma de fuego, cuyo objeto es dar al proyectil un movimiento de rotación para estabilizarlo en su trayectoria. || Cierto tipo de vino de Jerez. || Señal larga del alfabeto Morse, equivalente a tres puntos por su duración. || En gramática, guión algo más largo que el corriente que separa oraciones incidentales o indica el diálogo. || Pez marino selacio, de cuerpo aplastado y romboidal, y cola larga y delgada. || *Méx.* Sueldo, paga. || *loc. fig.* ***A raya:*** dentro de los límites adecuados. *Mantener a raya a alguien.* || ***Pasarse de la raya:*** exagerar, propasarse.
rayadillo *s. m.* Cierta tela basta de algodón rayada.
rayado, da *adj.* Que tiene rayas o listas. || *s. m.* Conjunto de rayas. *El rayado de una tela, papel, etc.* || Acción de rayar.
rayador *s. m.* Ave marina americana, de pico aplanado y parte superior más corta que la inferior.
rayadura *s. f.* Acción y efecto de rayar.
rayano, na *adj.* Que confina o linda con una cosa. || Que está en la raya que divide dos territorios. || *fig.* Cercano, próximo. *Rayano en lo ridículo.*
rayar *t.* e *intr.* Hacer rayas sobre una superficie. || Dañar algo haciéndole rayas. *Al mover los muebles se rayó un poco el piso.* || Tachar lo escrito. || Limitar, lindar. *Carlos tiene dos terrenos que rayan uno con otro.* || *Méx.* Pagar el salario al obrero o al campesino. *Los sábados rayan los obreros.* || *fam.* Hacer garabatos sin un sentido claro. *El niño se puso a rayar las hojas del cuaderno.*
ráyido, da *adj.* y *s. m.* Dícese de los peces selacios de cuerpo plano, cola larga y delgada, como el torpedo y la raya.
rayo *s. m.* Haz de luz que procede de un cuerpo luminoso, especialmente del Sol. *Los rayos solares.* || Línea de propagación de la energía. *Rayos caloríficos.* || Chispa eléctrica de gran intensidad entre dos nubes o entre una nube y la Tierra. *Cayó un rayo en el campanario.* || Radio de una rueda. || *fig.* Persona muy viva. *Este chico es un rayo.* || Cosa o desgracia imprevista. *La noticia le cayó como un rayo.* || *loc. fig.* ***Con la velocidad de un rayo:*** muy rápidamente. || ***Echar rayos:*** estar muy irritado. || ***¡Que le parta un rayo!:*** maldición proferida contra alguien con quien se está muy enfadado. || ***Rayos alfa*** (a), ***beta*** (b) y ***gamma*** (g), los emitidos por los cuerpos radiactivos. || ***Rayos cósmicos:*** los que proceden del espacio sideral. || ***Rayos infrarrojos:*** radiación cuya longitud de onda es mayor que la de la luz visible. || ***Rayos ultravioleta:*** radiación cuya longitud de onda es menor que la de la luz visible. || ***Rayos X*** o ***de Röntgen:*** los que atraviesan fácilmente muchos cuerpos opacos y se utilizan en medicina como medio de investigación y tratamiento.
rayón *s. m.* Fibra textil elaborada a base de celulosa. *Las prendas de rayón lucen mucho.*
rayuela *s. f.* Juego que consiste en tirar piedras o monedas a una raya pintada en el piso, en el que gana la moneda que se acerque más a la raya.
raza *s. f.* Grupo de individuos cuyos caracteres biológicos son constantes y se perpetúan por herencia. *Raza blanca, amarilla, negra.* || Conjunto de los ascendientes y descendientes de una familia, de un pueblo. *La raza de David.* || Subdivisión de una especie. *Razas humanas.*
razia o **razzia** *s. f.* Exploración de un área buscando algo o a alguien. *La policía hizo una razia y atrapó a varios ladrones.*
razia *s. f.* Incursión o correría hecha en territorio enemigo para sacar botín. || Saqueo. || *fig.* Redada de policía.
razón *s. f.* Facultad propia del hombre por la que puede pensar. *Los seres humanos poseemos razón, a diferencia de otros seres vivos.* || Acierto en lo que se hace o dice. *Juan tiene razón en lo que dice.* || Causa, motivo. *No entiendo la razón por la que estás enojado.* || Conjunto de palabras con que se expresa un pensamiento o argumento. *Dio sus razones y nos convenció.* || Resultado de una división. *La razón entre 10 y 5 es 2.* || *loc.* ***A razón de:*** al precio de; según la proporción de. || ***Dar la razón:*** reconocer que uno ha dicho la verdad o ha actuado de manera adecuada. || ***Meter, poner*** o ***hacer entrar en razón a uno:*** obligarle a actuar razonablemente, convencerle de lo justo y razonable. || ***Perder la razón:*** enloquecer. || ***Perder la razón:*** volverse loco. || ***Razón de Estado:*** consideraciones basadas en las conveniencias políticas que se invocan para justificar acciones ilegales o injustas. || ***Razón social:*** denominación con que se da a conocer una sociedad comercial.
razonable *adj.* Conforme a la razón. *Leopoldo me hizo una propuesta razonable para un negocio.*
razonado, da *adj.* Que se basa en razones o en documentos. *El proveedor nos presentó una factura bien razonada.*
razonador, ra *adj.* y *s.* Aficionado a razonar o discurrir.
razonamiento *s. m.* Acción y efecto de razonar, de pensar. || Serie de conceptos encaminados a demostrar una cosa.
razonar *t.* e *intr.* Pensar. *En esa escuela les piden a los niños aprender*

R

y razonar. || Ofrecer razones en apoyo de algo.

re *s. m.* Segunda nota de la escala musical de *do. El «re» está entre el «do» y el «mi».*

reabsorber *intr.* Volver a absorber.

reabsorción *s. f.* Nueva absorción. || En medicina, absorción interna, penetración de sustancias en los tejidos.

reacción *s. f.* Acción provocada por otra y de sentido contrario. *Todo exceso suscita una reacción.* || En política, acción de un partido opuesto a todas las innovaciones políticas o sociales y empeñado en resucitar las instituciones del pasado; partido que tiene estas opiniones. || En psicología, comportamiento de un ser vivo en presencia de un estímulo externo o interno. || En física, expansión progresiva de un fluido (agua, vapor, gas). || En fisiología, acción orgánica que tiende a producir un efecto contrario al del agente que la provoca. || En química, fenómeno por el cual, del contacto de dos o más cuerpos, resulta la formación de cuerpos diferentes. || *loc.* ***Avión de reacción:*** el propulsado por un motor de reacción. || ***Motor de reacción:*** el que eyecta unos chorros de gases a gran velocidad y, en virtud del principio de la acción y de la reacción, hace avanzar un vehículo en sentido opuesto al de la eyección. || ***Reacción en cadena:*** reacción química o nuclear en la cual unos átomos liberan una energía suficiente para desencadenar la misma reacción entre los átomos vecinos.

reaccionar *intr.* Producirse una reacción, especialmente entre dos cuerpos químicos o en respuesta a un estímulo. || *fig.* Oponerse, resistir. *Reaccionaron contra el odio.*

reaccionario, ria *adj.* y *s. desp.* En política, pensamiento o acción contrario a cualquier reforma. || Que es contrario a los cambios o progresos.

reacio, cia *adj.* Que se resiste con tenacidad a hacer una cosa. *Se mostró reacio a admitir el argumento.*

reactancia *s. f. En electricidad,* cantidad que, sumada a la resistencia de un circuito de corriente alterna, permite determinar su impedancia.

reactivación *s. f.* Acción de reactivar. *La reactivación de un suero.*

reactivar *t.* Regenerar, dar nuevo impulso o fuerza. *Se reactivó la economía y hubo más empleos.*

reactivo, va *adj.* Que reacciona o produce reacción. || *s. m.* Sustancia química empleada para determinar la naturaleza de los cuerpos por las reacciones que produce en ellos.

reactor *s. m.* Motor de reacción. || Avión con motor de reacción. || Instalación industrial donde se efectúa una reacción química en presencia de un catalizador. || *loc.* ***Reactor nuclear:*** fuente de energía que utiliza la fisión.

readaptación *s. f.* Acción de readaptar o readaptarse.

readaptar *t.* Adaptar otra vez, devolver a condiciones que se tenían con anterioridad y se perdieron.

readmisión *s. f.* Nueva admisión después de una expulsión.

readmitir *t.* Volver a admitir. *Readmitieron a tres empleados.*

reafirmación *s. f.* Acción de volver a afirmar.

reafirmar *t.* y *pr.* Afirmar de nuevo, ratificar.

reagravar *t.* Volver a agravar, empeorar. || *pr.* Agravarse de nuevo, ponerse peor. *Reagravarse el enfermo.*

reagrupación *s. f.* Nueva agrupación.

reagrupar *t.* Agrupar de nuevo.

reajustar *t.* Volver a ajustar. *Hay que llevar el automóvil al taller para que lo reajusten.* || Aumentar o disminuir salarios, impuestos, etc.

reajuste *s. m.* Nuevo cambio realizado sobre una cosa. *Hicieron reajuste en la empresa y despidieron a varios empleados.*

real *adj.* Que tiene existencia verdadera y efectiva. || Del rey o de la realeza. *Corona, casa, familia real.* || Aplícase a algunos animales y cosas superiores en su clase. *Tigre real, pavo real.* || *fig.* Regio, suntuoso. || Hermoso. *Un real mozo.* || *s. m.* Moneda española que equivalía a la cuarta parte de la peseta. || *loc. fam.* ***No valer un real:*** no valer nada. || *Méx.* ***Real de minas:*** pueblo donde hay minas de plata. || *fig.* ***Sentar sus reales:*** fijarse, establecerse.

realce *s. m.* Adorno, labor de relieve. *Es un hermoso bordado de realce.* || *fig.* Lustre, esplendor. *Con su presencia, dio realce a la fiesta.* || Relieve. *Poner de realce.*

realengo, ga *adj.* Aplícase a los pueblos que no eran de señorío ni de las órdenes. || Dícese de los terrenos propiedad del Estado. *Bienes de realengo.*

realeza *s. f.* Dignidad o soberanía real. || Magnificencia.

realidad *s. f.* Existencia efectiva de una cosa. *La realidad del mundo físico.* || Cosa concreta. *Nuestros deseos se han convertido en realidad.* || Mundo real. *Vivir fuera de la realidad.* || Verdad. *La realidad de un hecho.*

realismo *s. m.* Doctrina filosófica que afirma la realidad de las ideas (realismo espiritualista) o que considera que el mundo, tal y como lo vemos, es la única realidad (realismo materialista). || Doctrina literaria y artística basada en la descripción precisa y objetiva de los seres y de las cosas. || Doctrina política favorable a la monarquía.

realista *adj.* y *s. com.* Partidario del realismo. || Partidario de la realeza.

realizable *adj.* Que puede realizarse, hacedero.

realización *s. f.* Acción y efecto de realizar o realizarse. *Algunas mujeres ven su realización en ser madres.* || Obra hecha por alguien. *Ese cuadro es una realización del siglo pasado.*

realizador, ra *s.* Persona que produce o dirige películas o programas de radio y televisión.

realizar *t.* y *pr.* Hacer, llevar a cabo. *Los niños realizaron una excursión.* || Dirigir la preparación y la ejecución de una película o de una emisión radiofónica o televisada. || Vender, convertir en dinero mercaderías lo más pronto posible, incluso con depredación. || Cumplir las propias aspiraciones. *Descubre lo que te gusta y realízate en esa actividad.*

realquilar *t.* Subarrendar.

realzar *t.* y *pr.* Hacer que algo o alguien parezca mayor, mejor o más importante.

reanimar *t.* Dar vigor, restablecer las fuerzas. *Esta medicina la reanimó.* || Restablecer las funciones vitales. *Reanimaron al desmayado antes de llevarlo al hospital.* || *fig.* Levantar el ánimo. || Reanudar, reavivar. *Reanimó la conversación y fue más divertida.*

reanudación *s. f.* Continuación de algo interrumpido.

reanudar *t.* Continuar lo interrumpido. *Reanudaron el trato que no tuvieron muchos años.* || Proseguir un trabajo, volver a sus labores después de las vacaciones o de una ausencia. *Reanudaron las clases y volvió el tráfico.* || Restablecer.

reaparecer *intr.* Volver a aparecer. *Reapareció la revista para beneplácito de muchos.* || Volver a escena un actor o a ocupar un puesto público un hombre político.

reaparición *s. f.* Vuelta a aparecer. *La reaparición del periódico fue el motivo de la reunión.*

reapertura *s. f.* Acción de abrir de nuevo un establecimiento, una actividad, un expediente o cualquier cosa que hubiera sido cerrada con anterioridad. *Muchas celebridades acudieron a la reapertura del teatro.*

rearmar *t.* Dotar de un armamento nuevo, más moderno o importante.

rearme *s. m.* Acción de rearmar. *El rearme del país costó muchos millones.*

reasegurar *t.* Hacer un reaseguro.

reaseguro *s. m.* Contrato por el cual un asegurador toma a su cargo, completamente o en parte, un riesgo ya cubierto por otro asegurador.

reasumir *t.* Volver a encargarse de algo que se había dejado. *Reasumió el cargo y fue más firme.*

reata *s. f.* Cuerda que se usa para atar caballerías. *Los vaqueros utilizan reatas para lazar al ganado.*

reavivar *t.* Volver a avivar.
rebaba *s. f.* Resalto formado de materia sobrante en los bordes de un objeto o en el filo de una cuchilla amolada.
rebaja *s. f.* Descuento, disminución del precio. *Vendieron con rebaja y hubo más clientes.*
rebajado, da *adj.* Aplícase al arco o bóveda cuya altura es inferior a la mitad de su anchura. || *s. m.* Soldado dispensado de algún servicio.
rebajador *s. m.* Baño que se usa para rebajar la intensidad de las fotografías.
rebajamiento *s. m.* Acción de rebajar. || *fig.* Humillación.
rebajar *t.* Volver algo más bajo de lo que era. || Disminuir, reducir. *Me rebajaron el sueldo sin justificación.* || Dar a un arco o bóveda una forma rebajada. || Oscurecer o disminuir la intensidad de un color en pintura o fotografía. || *fig.* Abatir, hacer que disminuya. *Rebajó su soberbia y tuvo más amigos.* || Humillar. || *loc.* ***Rebajar de rancho:*** entregar el rebaje de rancho a un soldado. || *pr. fig.* Humillarse. || Quedar dispensado un militar de una obligación. || Darse de baja por enfermo.
rebaje *s. m. En milicia,* dispensa de alguna obligación.
rebalsar *intr. Arg. Chil.* y *Uy.* Rebosar, salir de los bordes. *Cierra el grifo antes de que el agua rebalse el vaso.*
rebalse *s. m.* Presa.
rebanada *s. f.* Porción delgada, ancha y larga, que se saca de alguna cosa. *Una rebanada de pan.*
rebanar *t.* Hacer rebanadas. || Cortar. *La cuchilla le rebanó un dedo.*
rebañadura *s. f.* Lo que queda en el fondo de una cacerola o de un plato.
rebañar *t.* Recoger los residuos de alguna cosa comestible hasta apurarla. *Rebañar un plato.*
rebaño *s. m.* Hato de ganado, especialmente lanar. *Rebaño de ovejas.* || *fig.* Congregación de los fieles respecto de sus pastores espirituales. *El rebaño de la parroquia.*
rebasar *t.* Pasar de cierto límite. *Rebasar una cantidad.* || *fig.* Ir más allá de lo previsto, superar, exceder. *El éxito rebasó nuestros pronósticos.*
rebatible *adj.* Refutable.
rebatimiento *s. m.* Refutación.
rebatinga *s. f. Méx.* Rebatiña.
rebatiña *s. f.* Acción de luchar con empeño por algo que varios se disputan. *Las hienas estaban en la rebatiña por el animal muerto.*
rebatir *t.* Refutar, impugnar.
rebato *s. m.* Toque de alarma dado por medio de campana u otra señal cuando sobreviene un peligro o un incendio.
rebautizar *t.* Volver a bautizar.
rebeca *s. f.* Cierto tipo de suéter, chompa o jersey abrochado por delante.
rebelarse *pr.* Alzarse contra la autoridad, sublevarse. *Se rebeló contra la dictadura.* || *fig.* Negarse a obedecer. *Rebelarse contra sus padres.* || Protestar, oponer resistencia. *Hay que rebelarse contra cualquier injusticia.*
rebelde *adj.* y *s. com.* Que se rebela. || Que se niega a obedecer a la autoridad legítima. *Las tropas rebeldes dieron golpe de Estado.* || Que no comparece ante el tribunal para ser juzgado. || *fig.* Indócil, recalcitrante. *Un niño rebelde.*
rebeldía *s. f.* Calidad de rebelde. || Insubordinación, indisciplina. || En derecho, oposición del reo a comparecer ante el tribunal. *Condenado en rebeldía.*
rebelión *s. f.* Resistencia violenta contra la autoridad.
rebenque *s. m. Amér. Merid.* Látigo de jinete.
rebenquear *t. Amér.* Azotar con el rebenque.
reblandecer *t.* Ablandar.
reblandecimiento *s. m.* Acción de reblandecer. || Estado de una cosa reblandecida. || Alteración de los tejidos orgánicos, caracterizada por la disminución de su consistencia. *Tiene un reblandecimiento cerebral.*
rebobinar *t.* Enrollar al revés una tira de película o cinta, de manera que quede como estaba antes de usarse.
rebollo *s. m.* Árbol cupulífero.
reborde *s. m.* Borde saliente. *La cicatriz de Jimena tiene un reborde donde antes tenía la herida.*
rebordear *t.* Hacer un reborde. || Doblar el borde de una chapa para reforzarlo o evitar que sea cortante.
reborujar *t. Méx.* Desordenar, desarreglar. *Los niños reborujaron todo en la casa.*
reborujo *s. m. Méx.* Desorden, desarreglo.
rebosadero *s. m.* Sitio por donde sale el líquido que rebosa.
rebosadura *s. f.* o **rebosamiento** *s. m.* Salida de un líquido que rebosa.
rebosante *adj.* Lleno hasta el desbordamiento. *Mi vaso estaba rebosante de leche.*
rebosar *t. intr.* y *pr.* Salirse un líquido por los bordes de un recipiente. *El agua rebosó del vaso.* || Abundar con exceso. *El bebé rebosa alegría cuando está sano.*
rebotar *intr.* Botar repetidamente un cuerpo, ya sobre el suelo, ya chocando con otros cuerpos. *Divertía al bebé rebotando una pelota.* || *Méx.* Ser rechazado un documento, sobre todo con el que se cobra dinero. *El banco rebotó el cheque sin fondos.*
rebote *s. m.* Acción de rebotar. *El rebote de una pelota, de una bala.* || *loc. fig.* ***De rebote:*** de rechazo.
rebotica *s. f.* Trastienda de una farmacia.
rebozar *t.* y *pr.* Cubrir el rostro. || Pasar un alimento por huevo batido, harina, pan rallado, etc., y luego freírlo.
rebozo *s. m.* Parte de una prenda de vestir con que se cubre la cara. || *Amér. C.* y *Méx.* Manto amplio que usan las mujeres para cubrir la espalda, brazos y, en ocasiones, la cabeza.
rebrote *s. m.* Retoño.
rebueno, na *adj. fam.* Sumamente bueno.
rebujar *t.* Arrebujar.
rebujo *s. m.* Embozo.
rebullir *intr.* Empezar a moverse lo que estaba quieto. || *pr.* Moverse, agitarse.
rebusca *s. f.* Acción de rebuscar.
rebuscado, da *adj.* Afectado. *Posee un estilo muy rebuscado.*
rebuscamiento *s. m.* Afectación. *Rebuscamiento en el lenguaje.*
rebuscar *t.* y *pr.* Buscar algo con minuciosidad. *Mi hermana rebuscó y encontró su arete perdido.*
rebusco *s. m.* Rebusca.
rebusque *s. m. fam. Arg. Py.* y *Uy.* Solución ingeniosa con que se evitan o arreglan las dificultades cotidianas.
rebuznar *intr.* Dar rebuznos.
rebuzno *s. m.* Voz del asno.
recabar *t.* Conseguir con insistencia o súplicas lo que se desea. *Recabaron fondos e hicieron la fiesta.* || Pedir. *Recabaron ayuda para los damnificados.*
recadero, ra *adj.* y *s.* Persona encargada de hacer recados.
recado *s. m.* Mensaje que se da o envía a otro. || Encargo, compra, etc., que debe hacer una persona. *Como debía hacer varios recados, el mensajero salió temprano.* || *Amér. C.* y *Amér. Merid.* Silla de montar. || *Nic.* Picadillo con que se rellenan las empanadas.
recaer *intr.* Caer nuevamente enfermo. || Volver a cometer errores anteriores o retomar algún vicio. || Ir a parar sobre alguien cierta cosa. *La responsabilidad del trabajo recaerá sobre ti.*
recaída *s. f.* Reaparición de una enfermedad que no había sido completamente curada. *Tuvo una recaída.* || Reincidencia, acción de volver a incurrir en los mismos vicios o defectos.
recalada *s. f.* Llegada del barco a un punto de la costa.
recalar *t.* Penetrar poco a poco un líquido por los poros de un cuerpo empapándolo. || *intr.* Llegar un barco a un punto de la costa. || Bucear, nadar bajo el agua.
recalcar *t.* Apretar mucho una cosa con o sobre otra. || *fig.* Destacar mucho las palabras al pronunciarlas. *Recalcó sus frases.* || Repetir, machacar. *Siempre está recalcando lo mismo.* || Subrayar. *Recalcar la importancia.*
recalcificación *s. f.* Procedimiento para mejorar la fijación del calcio en el organismo.

recalcificar *t.* Aumentar la cantidad de calcio en el organismo.
recalcitrante *adj.* Obstinado en el error, terco. || Reacio.
recalcitrar *intr.* Retroceder, dar un paso atrás. || *fig.* Resistirse tenazmente a obedecer.
recalentado *s. m. Méx.* Sobras de un guiso que se comen al día siguiente. *Hoy comeremos recalentado del mole que se sirvió ayer.*
recalentador *s. m.* Aparato que sirve para elevar la temperatura de una cosa ya caliente. || En los generadores de vapor, sistema para desecar el vapor y aumentar su temperatura.
recalentamiento *s. m.* Acción de recalentar. || Condición inestable de un cuerpo cuya temperatura rebasa la del equilibrio que corresponde a dicho estado. || Estado de un líquido cuya temperatura es superior a su punto de ebullición. || Calentamiento excesivo de un metal.
recalentar *t.* y *pr.* Calentar algo de nuevo. || Calentar demasiado.
recamado *s. m.* Bordado hecho de realce.
recamar *t.* Hacer bordados realzados. *Están recamando el vestido de novia con perlas artificiales.*
recámara *s. f.* Habitación contigua a la principal. || Parte del arma de fuego donde se coloca el proyectil. || *Amér. C. Col.* y *Méx.* Alcoba, habitación, dormitorio.
recamarera *s. f. Méx.* Sirvienta o empleada que se ocupa de la limpieza de las recámaras. *En el nuevo hotel están contratando recamareras.*
recambiable *adj.* Dícese de la pieza que puede ser cambiada.
recambiar *t.* Cambiar de nuevo. || Girar la letra de resaca.
recambio *s. m.* Acción de recambiar. || Pieza que puede sustituir a otra semejante.
recapacitar *t.* e *intr.* Reflexionar, pensar. || Rememorar.
recapitulación *s. f.* Repetición sumaria, resumen.
recapitular *t.* Resumir, recordar sumariamente.
recapitulativo, va *adj.* Que recapitula.
recarga *s. f.* Pieza de recambio. *La recarga de un bolígrafo.*
recargar *t.* Volver a cargar o aumentar excesivamente la carga. || Adornar excesivamente. || Aumentar la cantidad que hay que pagar. *Recargaron los impuestos.* || Agravar la pena de un reo. || *fig.* Cargar excesivamente. *Recargó su memoria y aprendió más cosas.*
recargo *s. m.* Nueva carga o aumento de carga. || Aumento en los impuestos o precios. || Sobretasa. || Agravación de una pena. || En medicina, aumento de calentura. || En milicia, tiempo de servicio suplementario.
recatado, da *adj.* Circunspecto, prudente. || Modesto. || Honesto.
recatar *t.* Encubrir lo que no se quiere que se sepa. || *pr.* Mostrar temor o recelo. *Se recata de la gente que no conoce.*
recato *s. m.* Honestidad, modestia, pudor. || Cautela, reserva.
recauchaje *s. m. Chil.* Acción de volver a cubrir con caucho o hule un neumático desgastado.
recauchutado *s. m.* Acción y efecto de recauchutar.
recauchutar o **recauchar** *t.* Revestir un neumático gastado con una disolución de caucho.
recaudación *s. f.* Acción de cobrar contribuciones, tasas, impuestos. || Oficina donde se recaudan caudales públicos. || Cantidad recaudada.
recaudador, ra *adj.* y *s. m.* Encargado de la cobranza de caudales públicos. *Recaudador de contribuciones.* || Cobrador en un banco.
recaudamiento *s. m.* Recaudación, recaudo.
recaudar *t.* Cobrar o percibir caudales públicos o efectos. || Recibir cantidades de dinero por varios conceptos. *Recaudar donativos para los huérfanos.*
recaudería *s. f. Méx.* Tienda donde se venden frutas y verduras. *Iré a la recaudería por cilantro.*
recaudo *s. m.* Precaución, cuidado. || Recaudación. || *loc.* ***A buen recaudo:*** bien cuidado o guardado.
recelar *t.* Sospechar. || Temer. *Recelo que le suceda alguna desgracia.* || *intr.* Desconfiar. *Recela de todo.*
recelo *s. m.* Suspicacia. || Desconfianza. || Miedo, temor.
receloso, sa *adj.* Suspicaz, desconfiado. *Es muy receloso hasta con sus amigos.* || Temeroso.
recensión *s. f.* Reseña de una obra en un periódico o revista.
recental *adj.* y *s.* Aplícase a ciertos animales de leche.
recepción *s. f.* Acción de recibir. || Admisión en una asamblea o corporación acompañada de una ceremonia. *Se anunció la recepción de un nuevo miembro.* || Ceremonia oficial en que un alto personaje acoge a los diplomáticos, miembros del gobierno, etc. || Gran fiesta en una casa particular. || Sitio donde se recibe a los clientes en un hotel. || En derecho, examen de testigos. || En comunicaciones, acción de captar una emisión de ondas hertzianas.
recepcionista *s. com.* Persona encargada de la recepción en un hotel, congreso, oficina, etc.
receptáculo *s. m.* Cavidad que puede contener o que contiene cualquier cosa. || Extremo del pedúnculo donde se insertan los verticilos de la flor o de las mismas flores. || *fig.* Acogida, refugio.
receptividad *s. f.* Predisposición a contraer una enfermedad. || Aptitud para recibir impresiones. *La receptividad del público.* || Cualidad de un radiorreceptor capaz de captar ondas de longitudes muy distintas.
receptivo, va *adj.* Dícese del que posee gran receptividad, que recibe o es capaz de recibir. *Enrique es muy receptivo para las matemáticas.*
receptor, ra *adj.* Que recibe. || *s. m.* Aparato que recibe las señales eléctricas, telegráficas, telefónicas, radiotelefónicas o televisadas. *Es un buen receptor de televisión.* || Órgano de una máquina que, bajo la acción de una energía cualquiera, produce otro efecto energético. || Elemento sensorial, como las células visuales de la retina. || Persona que por medio de una transfusión recibe parte de la sangre de un donante. || Enfermo que recibe el implante de un órgano de otra persona. || *loc.* ***Receptor universal:*** sujeto perteneciente a un grupo sanguíneo (AB) que le permite recibir la sangre de cualquier tipo de grupo.
recesión *s. f.* Disminución de la actividad económica. *En la recesión muchos pierden sus empleos.*
recesivo, va *adj.* Que causa recesión. || Que tiende a la recesión. *Los movimientos de la bolsa de valores hacen temer una nueva etapa recesiva.* || *loc.* ***Gen recesivo:*** gen cuya información sólo se manifiesta en condiciones especiales.
receso *s. m.* Separación, desvío. || *Amér.* Suspensión temporal de actividades en ciertas organizaciones, asambleas, etc., y tiempo que dura esta suspensión. *Acordaron que hubiera un receso de dos horas.*
receta *s. f.* Escrito en el que el médico escribe los nombres de los medicamentos e instrucciones que recomienda a su paciente. *Rita llevó la receta, pero no encontró los medicamentos.* || Apunte que indica el nombre de los ingredientes de un guiso y el modo de prepararlo. *Alicia sigue los pasos de la receta con mucho cuidado.*
recetar *t.* Ordenar el médico que un paciente tome un medicamento o siga un tratamiento para curarlo de su enfermedad. *El médico también le recetó descanso al enfermo.*
recetario *s. m.* Talonario de recetas con el nombre y la dirección de un médico, en el que se escribe el nombre de los medicamentos que debe tomar un enfermo. || Colección de recetas de cocina. *Georgina guarda el recetario de su abuela.*
rechazamiento *s. m.* Acción de rechazar, repulsa, negativa. *Rechazamiento de una oferta.*
rechazar *t.* Obligar a retroceder. || Resistir victoriosamente. *La policía rechazó un asalto.* || *fig.* No ceder

a, apartar. *Rechaza los malos pensamientos.* || Rehusar, no aceptar. *Rechazaron la propuesta por insuficiente.* || No atender. || Despedir, desairar. *¿Rechazaste a tu pretendiente?* || Refutar, denegar. || Negar. *Rechazo la acusación.*

rechazo *s. m.* Retroceso de un cuerpo al chocar con otro. || *fig.* Rechazamiento, negativa. || No aceptación de un injerto por un organismo.

rechifla *s. f.* Burla colectiva con la que se reciben las palabras o la actuación de alguien.

rechiflar *t.* Silbar con insistencia. || *pr.* Burlarse.

rechinamiento *s. m.* Acción y efecto de rechinar.

rechinar *intr.* Producir cierto ruido el roce de algunos objetos, como un cuchillo en un plato. || *loc.* ***Rechinar los dientes:*** entrechocarse los dientes por dolor o rabia.

rechinido *s. m.* Ruido molesto que se produce al rozarse algunos objetos.

rechistar *intr.* Chistar. || *loc.* ***Sin rechistar:*** sin contestar; sin protestar.

rechoncho, cha *adj. fam.* Grueso y de poca altura.

rechupete *loc. fam.* **De rechupete:** Muy bueno, muy agradable. *Mi tía preparó un guisado y le quedó de rechupete.*

recibido, da *adj.* Que terminó un ciclo de estudios. *Sólo están empleando abogados recibidos.*

recibidor *s. m.* Habitación que da entrada a un piso o al salón principal de una casa.

recibidor, ra *adj.* y *s.* Aplícase al que recibe.

recibimiento *s. m.* Acogida. *El candidato tuvo un recibimiento apoteósico.* || Recepción, fiesta. || Entrada, vestíbulo. || Salón. || Antesala.

recibir *t.* y *pr.* Tomar uno lo que le dan o envían. *Regina recibió flores el día de su cumpleaños.* || Padecer uno el daño que otro le hace o que le sucede por casualidad. *Recibirá un castigo por su desobediencia.* || Salir al encuentro de alguien que llega. *Recibieron en el aeropuerto al primo que regresaba.* || Terminar un ciclo de estudios. *El viernes se recibirá mi hija.*

recibo *s. m.* Documento en el que alguien declara haber recibido dinero u otra cosa. *Al cobrar debo firmar un recibo.*

reciclable *adj.* Que puede ser reciclado. *El papel es un material reciclable.* || Reconvertible.

reciclado, da *adj.* Que se vuelve a utilizar. *Usar papel reciclado contribuye al cuidado de la ecología.*

reciclaje *s. m.* Proceso mediante el cual se recicla un material. *El vidrio y el papel son aptos para el reciclaje.*

reciclar *t.* Someter una cosa a un proceso para que vuelva a ser utilizable.

recidivar *t.* Aparecer nuevamente una enfermedad que se consideraba curada. *El cáncer recidiva con frecuencia.*

reciedumbre *s. f.* Fuerza, vigor.

recién *adv.* Sucedido poco antes. *Este bebé es un recién nacido.* || *Amér.* Se emplea con todos los tiempos verbales indicando que la acción expresada por el verbo se acaba de realizar. *Llegamos al cine y la película recién había empezado.*

reciente *adj.* Que acaba de suceder o hacerse. *De fecha reciente.*

recinto *s. m.* Espacio encerrado entre ciertos límites. *El recinto de la ciudad.*

recio *adv.* Fuerte, alto. *Gritar recio.* || Con ímpetu. *Llover recio.*

recio, cia *adj.* Fuerte, robusto, vigoroso. *Hombre recio.* || Grueso. || Riguroso, difícil de soportar. *Habrá un invierno recio.* || Fuerte, riguroso. *La lluvia está recia.* || Veloz, impetuoso.

recipiendario *s. m.* El que es recibido solemnemente en una corporación, academia, etc., para formar parte de ella.

recipiente *adj.* Que recibe. || *s. m.* Receptáculo, vaso u otro utensilio propio para recibir o contener fluidos, objetos, etc.

reciprocidad *s. f.* Correspondencia mutua de una persona o cosa con otra. || Retorsión, represalia.

recíproco, ca *adj.* Mutuo. *El amor de los novios es recíproco.* || *loc.* ***Verbo recíproco:*** el que expresa la acción de varios sujetos unos sobre otros. || *s. f.* Acción semejante o equivalente a la que se hizo.

recitación *s. f.* Acción y efecto de recitar.

recitado *s. m.* Forma intermedia entre la declamación y el canto.

recitador, ra *adj.* y *s.* Aplícase a la persona que recita, particularmente la que comenta la acción escénica en un teatro o cine.

recital *s. m.* Función dada por un solo artista con un solo instrumento. *Hubo un recital de piano.* || Cualquier función artística en que sólo interviene un actor.

recitar *t.* Decir de memoria y en voz alta. *Recitaré un poema.*

recitativo *s. m.* En música, recitado.

reclamación *s. f.* Acción de reclamar, petición, solicitud. || Impugnación, oposición o contradicción.

reclamador, ra *adj.* y *s.* Aplícase al que reclama.

reclamar *t.* Pedir o exigir con derecho o con instancia una cosa. *Reclamé un pago pendiente.* || Reivindicar. *Reclamó su parte del botín.* || Llamar a las aves con el reclamo. || *intr.* Clamar contra una cosa, protestar. *Debes reclamar contra el fallo.*

reclamo *s. m.* Voz con que un ave llama a otra, sobre todo en época de apareamiento. *El reclamo de los pavos reales es muy escandaloso.* || Cosa que atrae la atención hacia otra, en especial para invitar a comprarla.

reclinar *t.* y *pr.* Inclinar una cosa apoyándola en otra. *La niña se reclinó en mi hombro y se durmió.*

reclinatorio *s. m.* Silla baja para arrodillarse y rezar.

recluir *t.* y *pr.* Encerrar o encerrarse alguien en un lugar.

reclusión *s. f.* Pena de carácter aflictivo que consiste en la privación de libertad y somete a prisión al penado. || Prisión, cárcel. || Estado de una persona que vive solitaria y sitio en que está reclusa.

recluso, sa *s.* Preso.

recluta *s. f.* Reclutamiento. || *s. com.* Quien hace el servicio militar. || Quien se alista voluntariamente en el ejército.

reclutador, ra *adj.* y *s.* Aplícase al que recluta.

reclutamiento *s. m.* Acción de alistar personas para alguna actividad.

reclutar *t.* Alistar para el servicio militar. *El gobierno recluta jóvenes sanos para el ejército.* || Reunir personas para algún fin. *La asociación recluta personas para ayudar a los damnificados.*

recobrar *t.* Volver a tener lo que antes se tenía. *Recobraré las alhajas que empeñé.* || *pr.* Recuperarse físicamente. || *loc.* ***Recobrar el sentido:*** volver al estado normal después de haber perdido el conocimiento.

recocer *t.* Cocer de nuevo.

recochinearse *pr. fam.* Regodearse. || Burlarse con regodeo.

recochineo *s. m. fam.* Regodeo. || Burla acompañada de regodeo.

recocido *s. m.* Acción y efecto de cocer de nuevo.

recodar *intr.* Descansar sobre el codo. *Se recodó en el brazo del sillón.* || Formar recodo un río, un camino, etc.

recodo *s. m.* Ángulo, vuelta. *Los recodos de un camino.* || Esquina, ángulo. *La casa tiene muchos recodos.*

recogedor *s. m.* Utensilio en forma de pala doblada que sirve para recoger la basura que se ha barrido.

recogepelotas *s. com.* Chiquillo que recoge las pelotas en un partido de tenis.

recoger *t.* Volver a coger o levantar una cosa caída. *Recogió el pañuelo del suelo.* || Juntar cosas dispersas. *Recogí los documentos y salí de ahí.* || Ir juntando. *No he recogido suficiente dinero para el viaje.* || Cosechar. || Arremangar. *Se recoge la falda porque está muy larga.* || Encoger, ceñir, estrechar. || Guardar. *Recoge la plata y compra los dulces.* || Coger y retener. *Esta casa recoge todo el polvo.* || Dar asilo, acoger. || Ir a buscar. *Lo recogeré a las ocho.* || Retirar

R

de la circulación, confiscar. || *fig.* Obtener. *Hasta ahora sólo ha recogido disgustos.* || Captar, enterarse y, eventualmente, valerse de algo. *Los niños recogen todo lo que se dice.* || *pr.* Refugiarse, acogerse a una parte. || Retirarse a dormir o descansar. *Yo me recojo tarde.* || *fig.* Ensimismarse, abstraerse el espíritu de lo que pueda impedir la meditación o contemplación. *Recogerse en sí mismo.*

recogido, da *adj.* Que vive retirado de la gente. || Aplícase al animal de tronco corto. || *s. f.* Acción de recoger. *La recogida de la basura es por la noche.* || Confiscación de un periódico. || Acción de recoger las cartas de un buzón.

recogimiento *s. m.* Acción y efecto de recoger o recogerse. || Concentración del espíritu.

recolección *s. f.* Recopilación, resumen. *La recolección de datos terminó.* || Cosecha. *La recolección de la aceituna.* || Cobranza, recaudación. || Observancia muy estricta de la regla en ciertos conventos. || Recogimiento dedicado a la meditación.

recolectar *t.* Cosechar. *Recolectaron la naranja y la vendieron.* || Recaudar fondos.

recolector, ra *adj.* Que recolecta. *Un camión recolector de basura.* || *s. m.* Recaudador.

recoleto, ta *adj.* Se dice de la persona que lleva una vida retirada y austera. || Relativo a un sitio solitario y apartado donde hay tranquilidad.

recomendable *adj.* Digno de ser recomendado, estimable. || Conveniente, aconsejable.

recomendación *s. f.* Acción de recomendar, especialmente con elogios, hecha de una persona a otra para que se ocupe de ella. *Se valió de mi recomendación para trabajar ahí.* || Escrito en que constan estos elogios. || Alabanza, elogio. *Es una obra digna de recomendación.* || Consejo.

recomendado, da *s.* Persona que goza de una recomendación.

recomendar *t.* Aconsejar. *Le recomiendo llevar paraguas.* || Encargar, encomendar. *Le recomendé que cuidara bien a mi hija.* || Hablar en favor de uno. *Recomendé a mi amigo.*

recomenzar *t.* Comenzar de nuevo.

recompensa *s. f.* Favor o premio que se otorga a uno para agradecerle los servicios prestados, una buena acción, etc. *Dio una recompensa al niño por obediente.* || Premio que se da al vencedor de una competición.

recompensar *t.* Otorgar una recompensa.

recomponer *t.* Volver a componer, arreglar. *Fui a que recompusieran mi reloj.*

recomposición *s. f.* Acción de recomponer, arreglo.

reconcentración *s. f.* o **reconcentramiento** *s. m.* Concentración muy grande.

reconcentrar *t.* Concentrar, reunir. *Las fuerzas del país se reconcentraron en la ciudad.* || Centrar algo en una cosa o persona excluyendo a las demás. *Reconcentrémonos en el tema.* || *fig.* Disimular, contener un sentimiento. || *pr.* Ensimismarse.

reconciliación *s. f.* Acción y efecto de reconciliar.

reconciliador, ra *adj.* y *s.* Dícese de la persona o cosa que reconcilia.

reconciliar *t.* Volver a las amistades, acordar los ánimos desunidos. *Reconcilié a los adversarios.* || *pr.* Volver a trabar amistad con uno.

reconcomerse *pr.* Estar muy a disgusto por celos, envidia o algo similar, y no manifestarlo.

reconcomio *s. m. fig.* Estado del que se reconcome. || Recelo, sospecha. || Rencor. || Remordimiento.

recondenado, da *adj. fam.* Maldito. *¡Recondenada vida!*

recóndito, ta *adj.* Muy escondido, oculto. *Lo más recóndito de un asunto.* || Profundo, íntimo.

reconducción *s. f. En derecho,* prórroga.

reconducir *t.* Prorrogar tácita o expresamente un contrato de arrendamiento.

reconfortante *adj.* Aplícase a lo que reconforta.

reconfortar *t.* Dar nuevas fuerzas físicas. || Dar ánimo, consolar, reanimar.

reconocedor, ra *adj.* y *s.* Aplícase a la persona que reconoce.

reconocer *t.* Ver que una persona o cosa es cierta, determinada. *No reconoció a su hermano, por su aspecto.* || Confesar, admitir como cierto. *Reconoció su error.* || Admitir la legalidad o existencia de algo. *La oposición reconoció al gobierno.* || Examinar detenidamente. *Fuimos a reconocer el terreno.* || Declarar oficialmente la legitimidad de alguien o de algo. *La reconocieron como heredera.* || Agradecer. *Supo reconocer los favores recibidos.* || *pr.* Dejarse conocer fácilmente una cosa. || Confesarse. *Se reconoció culpable.*

reconocible *adj.* Fácil de reconocer.

reconocido, da *adj.* Agradecido. *Le estoy muy reconocida.*

reconocimiento *s. m.* Acción de reconocer o admitir como cierto. *Hubo el reconocimiento del error.* || Confesión. || Gratitud, agradecimiento. *En reconocimiento a sus servicios.* || Acto de admitir como propio. *Hizo el reconocimiento del niño como su hijo.* || Examen detallado, registro, inspección. || Operación militar encaminada a obtener información sobre el enemigo. || *loc.* ***Reconocimiento médico:*** examen facultativo.

reconquista *s. f.* Acción de reconquistar.

reconquistar *t.* Recuperar, volver a conquistar.

reconstitución *s. f.* Acción y efecto de reconstituir.

reconstituir *t.* Volver a formar. *Reconstituirán el partido.* || En medicina, volver un organismo cansado a su estado normal. || Volver a dar su forma inicial a algo. || Reproducir un suceso a partir de los datos que se tienen. *El juez pidió reconstituir el crimen.*

reconstituyente *adj.* Que reconstituye. || *s. m.* Aplícase especialmente al remedio que reconstituye el organismo.

reconstrucción *s. f.* Reedificación de las construcciones ruinosas o destruidas.

reconstruir *t.* Volver a construir. *Reconstruirán la ciudad después de la guerra.* || Reconstituir.

recontar *t.* Contar algo otra vez, o varias veces, para asegurarse de su cantidad o valor.

recontento, ta *adj.* Muy contento. || *s. m.* Alegría muy grande.

reconvención *s. f.* Cargo, reproche, censura.

reconvenir *t.* Hacer cargo o reproche a uno de algo. || Ejercitar el demandado acción contra el promovedor del juicio.

reconversión *s. f.* Adaptación de la producción de guerra a la producción de paz, y, por extensión, de una producción antigua a una nueva. *Se anunció la reconversión de la empresa.* || Nueva formación de una persona para que pueda adaptarse a otra actividad.

reconvertir *t.* Proceder a una reconversión.

recopilación *s. f.* Reunión de varios escritos, a veces resumidos.

recopilador, ra *s.* Quien recopila o reúne.

recopilar *t.* Juntar, recoger o unir diversas cosas.

récord *s. m.* Marca deportiva que supera las anteriores. *En los Juegos Olímpicos se superará ese récord.* || Cualquier cosa que supera una realización anterior.

recordar *t.* Traer a la mente. *Esa canción me recuerda mi juventud.* || Mover a uno a que tenga presente una cosa. *Le recordé su obligación.* || Parecerse, hacer pensar. *Esta muchacha recuerda a su madre.* || *intr. ant.* Despertar el dormido. *Recuerde el alma dormida.*

recordatorio *s. m.* Aviso, advertencia para hacer recordar alguna cosa. || Estampa de primera comunión, primera misa, en recuerdo de los difuntos, etc.

recorrer *t.* Andar cierta distancia. *Recorrió muchos kilómetros en poco tiempo.* || Transitar por un espacio, atravesarlo en un extremo a otro. *Recorreremos la ciudad en automóvil.* ||

Leer rápidamente. *Recorrí un escrito y no me gustó.* || Registrar. || En imprenta, ajustar la composición pasando letras de una línea a otra.

recorrido *s. m.* Espacio que recorre una persona o cosa, trayecto. || *fam.* Paliza. || En imprenta, disposición de un texto tipográfico al lado de una ilustración. || Carrera, distancia que recorre un órgano mecánico animado por un movimiento de vaivén. *El recorrido del émbolo.*

recortar *t.* Cortar lo que sobra de una cosa. *Recorta el borde de una pieza.* || Cortar el papel u otro material en varias figuras. || En pintura, señalar los perfiles de algo. || *pr.* Destacarse, perfilarse. *La torre de la iglesia se recortaba en el cielo.*

recorte *s. m.* Acción de recortar y fragmento cortado. || Cartulina donde están dibujadas figuras para que se entretengan los niños en recortarlas. || Trozo cortado de un escrito en que hay algo interesante. || *pl.* Residuos de cualquier material recortado.

recostar *t.* Reclinar la parte superior del cuerpo el que está de pie o sentado. *Se recostó en el sillón.* || Inclinar una cosa apoyándola en otra.

recoveco *s. m.* Curva o vuelta en una calle, pasillo, etc. || Sitio escondido, rincón.

recreación *s. f.* Diversión, manera de pasar el tiempo libre. *Rodrigo pasa sus horas de recreación en el gimnasio.*

recrear *t.* y *pr.* Crear de nuevo. || Divertir, deleitar.

recreativo, va *adj.* Que sirve para entretener o divertir. *Las actividades recreativas son necesarias.*

recrecer *intr.* Aumentar, acrecentar. || *pr.* Reanimarse, cobrar bríos.

recreo *s. m.* Actividad que se realiza para divertirse y tiempo que se dedica a esta diversión. || Descanso en medio del horario de clases para que los alumnos coman algo y jueguen.

recría *s. f.* Acción de recriar.

recriador, ra *s.* Quien recría.

recriar *t.* Engordar animales, generalmente procedentes de otra región.

recriminación *s. f.* Acción de recriminar, reproche.

recriminador, ra *adj.* y *s.* Que recrimina.

recriminar *t.* Reprochar, reconvenir. *Le recriminé su mala conducta.* || *pr.* Criticarse dos o más personas, hacerse cargos mutuamente.

recriminatorio, ria *adj.* Que supone recriminación.

recrudecer *intr.* y *pr.* Aumentar un mal. *Si no te abrigas, tu resfrío recrudecerá y será peor.*

recrudecimiento *s. f.* Empeoramiento de algo desagradable o molesto. *Esta semana hubo recrudecimiento del frío.*

recta *s. f.* Línea que no está torcida ni doblada. *Las rectas se trazan con una regla.*

rectal *adj.* Relativo al recto. *Los supositorios se aplican por vía rectal.*

rectangular *adj.* Que tiene la forma de un rectángulo. *Cara rectangular de un poliedro.* || Que tiene uno o más ángulos rectos.

rectangular *adj.* En geometría, que tiene forma de rectángulo.

rectángulo *s. m.* Paralelogramo de cuatro ángulos rectos y lados contiguos desiguales.

rectángulo, la *adj.* Que tiene uno o más ángulos rectos. *En clase trazamos un triángulo rectángulo.*

rectificación *s. f.* Corrección de una cosa inexacta. *Pedí la rectificación de mi cuenta.* || En electricidad, transformación de una corriente alterna en corriente continua. || En mecánica, operación consistente en afinar por amoladura la superficie de piezas ya labradas. || En química, destilación de un líquido para repasar sus constituyentes o purificarlo.

rectificador, ra *adj.* Que rectifica. || *s. m.* Aparato que transforma una corriente eléctrica alterna en continua. || Alambique para rectificar. || *s. f.* En mecánica, máquina herramienta que sirve para rectificar.

rectificar *t.* Corregir una cosa inexacta. *Rectificaré la cuenta porque hay un error.* || *fig.* Contradecir a alguien por haber formulado un juicio erróneo. || Volver recto o plano. *Rectificaron el trazado del camino.* || Transformar una corriente eléctrica alterna en otra de dirección constante. || En mecánica, efectuar la rectificación de una pieza. || En química, purificar por una nueva destilación.

rectificativo, va *adj.* Que rectifica o corrige. || *s. m.* Documento en que consta una rectificación.

rectilíneo, a *adj.* Que se compone de líneas rectas. *Un cuadrado es una figura rectilínea.*

rectitud *s. f.* Cualidad de recto, justo. *La rectitud debe ser una cualidad de los jueces.* || Conformidad con la razón.

recto, ta *adj.* Que no está quebrado, inclinado o torcido, ni hace ángulos o curvas. *Esa carretera es recta, no tiene curvas.* || Justo, honrado. *Aquel abogado es un hombre recto.* || Relativo al ángulo de 90°. || *s. m.* Parte donde termina el intestino. *Al final del recto está el ano.*

rector, ra *adj.* Que rige o gobierna. *La unidad es la fuerza rectora del grupo.* || *s.* Superior de un colegio, comunidad, etc. || Superior de una universidad. || *s. m.* Párroco. || *fig.* Dirigente.

rectorado *s. m.* Cargo y oficina del rector.

rectoral *adj.* Relativo al rector. || *s. f.* Casa del párroco.

rectoría *s. f.* Oficio y oficina del rector. || Casa del cura.

recua *s. f.* Conjunto de animales de carga que sirve para transportar cosas. *Lleva la recua de burros para acarrear leña.*

recuadrar *t.* Cuadrar o cuadricular.

recuadro *s. m.* En una pared, puerta o ventana, superficie limitada por una línea en forma de cuadrado o rectángulo. || En los diarios, revistas y libros, parte del texto que va enmarcada para hacerla destacar.

recubrir *t.* Volver a cubrir. || Cubrir completamente.

recuento *s. m.* Segunda cuenta que se hace de una cosa. || Enumeración, cálculo. *Recuento de votos.*

recuerdo *s. m.* Impresión que se queda en la memoria de un suceso. *Tengo un recuerdo muy vivo de aquel accidente.* || Regalo hecho en memoria de una persona o suceso. || Objeto que se vende a los turistas en los lugares muy concurridos. *Ve a la tienda de recuerdos por uno.* || *pl.* Saludos. *Da recuerdos a tu madre.*

reculada *s. f.* Retroceso.

recular *intr.* Retroceder. *Reculó en su decisión.* || *fig.* Transigir, ceder uno de su opinión o dictamen.

recular *intr.* Caminar hacia atrás una persona o cosa. *Cuando el lobo vio el fuego reculó con miedo.*

reculones *loc. fam.* **A reculones:** Andando hacia atrás.

recuperable *adj.* Que se puede recuperar o volver a usar. *Las botellas de vidrio son recuperables.*

recuperación *s. f.* Hecho de volver a tener algo. || Hecho de sanar. *La recuperación de mi abuelo fue rápida.*

recuperador, ra *adj.* y *s.* Que recupera. || *s. m.* Aparato que sirve para recuperar calor o energía.

recuperar *t.* y *pr.* Tener otra vez algo que se había perdido. *Edna recuperó a su gato después de una semana.* || Sanar de una enfermedad o de un accidente. *Los niños se recuperan rápido cuando enferman.*

recuperativo, va *adj.* Que permite recuperar.

recurrente *adj.* Dícese de la persona que entabla un recurso. || Que vuelve atrás. *Tiene nervios recurrentes.*

recurrir *intr.* Buscar ayuda con alguien o en algo. *Debes recurrir a un buen amigo si tienes problemas.*

recurso *s. m.* Medio del que se echa mano para lograr algo. *El abogado utilizó como recurso a varios testigos.* || *pl.* Conjunto de bienes o medios materiales. || *loc.* ***Recursos naturales:*** elementos que produce la naturaleza y que el hombre aprovecha para su beneficio. || ***Recursos naturales no renovables:*** los que no se producen de manera continua e interminable. *Los recursos naturales como el petróleo se acaban.* || ***Recursos***

R

naturales renovables: los que se producen de manera continua, como los bosques.

recusable *adj.* Que se puede recusar.

recusación *s. f.* Acción y efecto de recusar.

recusar *t. En derecho,* poner tacha legítima a la competencia de un tribunal, juez, perito, etc. || No querer admitir o aceptar una cosa.

recusar *t.* Rechazar. *Norma recusó la invitación a la fiesta.*

red *s. f.* Aparejo para pescar o cazar hecho con hilos entrelazados en forma de mallas. || Cualquier labor de mallas, como la que se tiende en medio de un campo de tenis, detrás de los postes de la portería de futbol, etc. || Redecilla para sujetar el pelo. || *fig.* Engaño, trampa. *Sin darse cuenta, cayó en la red.* || Conjunto de vías de comunicación, líneas telegráficas, cañerías para el abastecimiento de agua, etc. *La red ferroviaria en México data del porfirismo.* || Conjunto de calles que se entrelazan en un punto. *La red de San Luis en Madrid.* || Conjunto de personas o cosas estrechamente relacionadas entre sí para algún fin. *Había toda una red de espionaje en la casa presidencial.*

redacción *s. f.* Acción y efecto de redactar. *En clase de español hacemos ejercicios de redacción.* || Oficina donde se redacta. *Las noticias pasan primero por la redacción del diario.* || Conjunto de redactores de una publicación periódica. *Tres personas forman la redacción de la revista.*

redactar *t.* Escribir cartas, artículos, discursos, etc. *Francisco redacta los discursos del ministro.*

redactor, ra *s.* Persona que trabaja en la redacción de un diario, revista, etc.

redada *s. f.* Cantidad de pescado que se atrapa cada vez que se echa la red. || Acción de capturar de una sola vez a un conjunto de personas. *La policía hizo una redada en el barrio.*

redaño *s. m.* Prolongación del peritoneo.

redecilla *s. f.* Labor de malla en que se recoge el pelo. || En los vehículos, red para colocar el equipaje. || Bolsa de mallas para la compra. || Segunda cavidad del estómago de los rumiantes.

redecilla *s. f.* Tejido de malla con el que se hacen las redes. || Cavidad del estómago de los rumiantes.

rededor *s. m. ant.* Contorno. || *loc.* ***Al*** o ***en rededor:*** alrededor.

redención *s. f.* Rescate. *La redención de los cautivos.* || Por antonomasia, la del género humano por Jesucristo con su pasión y muerte. *El misterio de la Redención.* || *fig.* Remedio.

redentor, ra *adj.* y *s.* Aplícase al que redime.

redescuento *s. m.* Nuevo descuento. *Redescuento de valores.*

redil *s. m.* Aprisco cercado con estacas para el ganado. || *loc. fig.* ***Volver al redil:*** volver al buen camino.

redilas *s. f. pl. Méx.* Estacas que forman una especie de redil que rodea la caja de un camión de carga.

redimir *t.* Rescatar o sacar de esclavitud. *Redimir a un cautivo.* || Hablando de Jesucristo, salvar al género humano. || Librar de una obligación. *Lo redimieron del servicio militar.* || Dejar libre una cosa hipotecada o empeñada. || *fig.* Sacar de una mala situación.

redingote *s. m.* Gabán a modo de levita, con las mangas ajustadas.

rédito *s. m.* Interés, beneficio que da un capital. *Prestó dinero a rédito y obtuvo ganancias.*

redituar *t.* Dar rédito.

redivivo, va *adj.* Que parece haber resucitado. || *fig.* Que se parece mucho a una persona muerta.

redoblado, da *adj.* Más fuerte, más grueso o más resistente de lo normal.

redoblamiento *s. m.* Acción de redoblar o redoblarse.

redoblar *t.* y *pr.* Aumentar, intensificar algo. *Redoblaron esfuerzos y rescataron a más víctimas.*

redoble *s. m.* Toque vivo y sostenido en el tambor. *En el circo un redoble anuncia un ejercicio arriesgado.*

redoma *s. f.* Recipiente de laboratorio, ancho de base y estrecho de cuello.

redomado, da *adj.* Muy cauteloso y astuto. *La policía no logra atrapar a ese delincuente redomado.* || Experto. *Pánfilo es un redomado futbolista: ¡mete muchos goles!*

redonda *s. f.* En música, figura que equivale a cuatro negras. || En tipografía, las letras que no muestran inclinación y que se usan con mayor frecuencia. || *loc.* ***A la redonda:*** alrededor. *Diez kilómetros a la redonda.*

redondeado, da *adj.* Se aplica a lo que tiene forma más o menos redonda.

redondear *t.* y *pr.* Poner redondo. *La cocinera redondeó las porciones de carne para hacer hamburguesas.* || Acercar un número a la decena más cercana.

redondel *s. m.* Espacio donde se lidian los toros en las plazas. || Círculo o circunferencia.

redondeo *s. m.* Acción y efecto de redondear, particularmente cantidades.

redondez *s. f.* Forma, estado de lo que es redondo. *La redondez de la Tierra.* || Superficie de un cuerpo redondo.

redondilla *s. f.* Estrofa de cuatro versos octosílabos. || Letra de mano o imprenta que es derecha y circular.

redondo, da *adj.* De forma circular o esférica. *Una pelota redonda.* || *fig.* Noble por los cuatro costados. || Claro, sin rodeo. || Total, rotundo. *Tuvo un éxito redondo.* || *s. m.* Cosa de forma circular o esférica. || *loc. fig.* ***Caerse redondo:*** caer sin movimiento. || ***En redondo:*** dando una vuelta completa; rotundamente, categóricamente. *Negarse en redondo.* || *fam.* ***Negocio redondo:*** negocio magnífico. || ***Número redondo:*** el aproximado que sólo expresa unidades completas. || *fig.* ***Virar en redondo:*** cambiar completamente de orientación o dirección.

redova *s. f. Méx.* Instrumento musical parecido a un tambor pequeño.

reducción *s. f.* Disminución, aminoración. *Reducción de la pobreza.* || Sometimiento, represión. *La reducción de una sublevación.* || Durante la colonización de América, pueblos de indios convertidos al cristianismo. || Copia reducida. *La reducción de una escultura.* || En matemáticas, disminución del tamaño de una figura. *Compás de reducción.* || Conversión de una cantidad en otra equivalente, pero más sencilla. *Hicimos la reducción de fracciones a un común denominador.* || En química, operación mediante la cual se quita el oxígeno a un cuerpo que lo contiene. || Compostura de los huesos rotos.

reducible *adj.* Que puede ser reducido o convertido en una forma más simple.

reducido, da *adj.* Pequeño, limitado. *Mis ahorros tuvieron un rendimiento reducido.*

reducir *t.* Disminuir. *Redujeron el número de empleados.* || Disminuir las dimensiones, la intensidad o la importancia. || Cambiar una cosa en otra. || Concentrar por medio de ebullición. *Reducir una solución.* || Copiar o reproducir disminuyendo. *Mandé reducir una foto.* || Resumir, compendiar. *Redujeron la película a media hora de proyección.* || Cambiar unas monedas por otras. *Reducir euros a dólares.* || En matemáticas, convertir una cantidad en otra equivalente. *Tuvimos que reducir varios quebrados a un común denominador.* || Componer los huesos rotos o descompuestos. || En química, separar de un cuerpo el oxígeno. || *fig.* Someter, vencer. *Fueron a reducir una sublevación.* || Sujetar, obligar. *Reducir al silencio.* || *pr.* Resumirse, equivaler. *Todo esto se reduce a nada.* || Limitarse. *Se redujo a lo más importante.*

reductible *adj.* Reducible.

reducto *s. m.* Obra de fortificación cerrada.

reductor *adj.* y *s. m.* En química, dícese de los cuerpos que tienen la propiedad de desoxidar. *El carbón es un reductor.* || En mecánica, aplícase a un mecanismo.

reductor, ra *adj.* Que reduce o sirve para reducir. || Que disminuye la velocidad de rotación de un árbol.
redundancia *s. f.* Empleo de palabras inútiles.
redundante *adj.* Que demuestra redundancia. *Es un estilo demasiado redundante.*
redundar *intr.* Resultar una cosa beneficiosa o nociva. *Esto redunda en contra mía.*
reduplicación *s. f.* Acción de reduplicar.
reduplicar *t.* Redoblar.
reedición *s. f.* Nueva edición.
reedificación *s. f.* Reconstrucción.
reedificar *t.* Construir o edificar de nuevo.
reeditar *t.* Volver a editar.
reeducación *s. f.* Método que permite a algunos convalecientes recobrar el uso de sus miembros o de sus facultades. *Su caso se soluciona con reeducación psíquica.*
reeducar *t.* Aplicar la reeducación. || *pr.* Hacer la reeducación.
reelección *s. f.* Nueva elección.
reelegible *adj.* Que puede ser reelegido.
reelegir *t.* Volver a elegir. *Reeligieron al diputado.*
reembarcar *t.* Embarcar de nuevo.
reembarque *s. m.* Acción y efecto de reembarcar.
reembolsable *adj.* Que puede o debe ser reembolsado.
reembolsar *t.* Devolver una cantidad desembolsada. || *pr.* Recuperar lo desembolsado.
reembolso *s. m.* Acción de reembolsar. *Recibí el reembolso de una deuda.*
reemplazar *t.* Sustituir una cosa por otra. *Reemplazar el azúcar con la sacarina.* || Poner una cosa en lugar de otra. *Reemplazaré el neumático desgastado.* || Ocupar el puesto de otro, desempeñando sus funciones. *Reemplazaron al profesor porque está enfermo.*
reemplazo *s. m.* Acción de reemplazar una cosa por otra o a una persona en un empleo. || En milicia, renovación parcial y periódica del contingente activo del ejército. || Hombre que sirve en lugar de otro en la milicia.
reencarnación *s. f.* Nueva encarnación, metempsícosis.
reencarnar *t.* Volver a encarnar.
reencauchadora *s. f. Amér. C. Col. Ecua. Per.* y *Ven.* Instalación o máquina para reencauchar llantas o cubiertas.
reencauchaje *s. m. Per.* Acción y efecto de reencauchar.
reencauchar *t. Amér. C. Col. Ecua. Per.* y *Ven.* Recauchutar.
reencauche *s. m. Amér. C. Col. Ecua. Per.* y *Ven.* Acción y efecto de reencauchar.
reencuentro *s. m.* Encuentro o choque de una cosa con otra.
reenganchamiento *s. m.* Reenganche.
reenganchar *t.* En milicia, volver a enganchar un soldado. || *pr.* Engancharse o alistarse de nuevo un soldado.
reenganche *s. m.* En milicia, acción de reenganchar o reengancharse. || Dinero que se da al soldado que se reengancha.
reensayo *s. m.* Nuevo ensayo de una máquina. || Segundo ensayo de una obra de teatro.
reenviar *t.* Volver a enviar.
reenvidar *t.* Envidar sobre lo envidado.
reenvío *s. m.* Reexpedición.
reestrenar *t.* Proyectar una película en un cine de reestreno.
reestreno *s. m.* Pase de una película al segundo circuito de exhibición. *Cine de reestreno.*
reestructuración *s. f.* Acción de dar una nueva estructura u organización.
reestructurar *t.* Dar una nueva estructura o reorganizar.
reexaminar *t.* Volver a examinar. *Reexaminaron mi proyecto y lo aprobaron.*
reexpedición *s. f.* Envío de una cosa que se ha recibido.
reexpedir *t.* Expedir al remitente o a otro algo que se ha recibido. *El cartero reexpidió la carta al remitente porque el destinatario cambió de domicilio.*
reexportación *s. f.* Acción de reexportar.
reexportar *t.* Exportar lo que se ha importado.
refacción *s. f. Col.* y *Méx.* Pieza de repuesto. *Es difícil conseguir refacciones para automóviles viejos.*
refaccionar *t. Amér.* Recomponer, reparar.
refaccionar *intr.* y *pr.* Comprar las cosas necesarias. *Los turistas se refaccionaron de alimentos.* || *Guat.* Comer entremeses o aperitivos.
refaccionaria *s. f. Méx.* Tienda donde venden partes para aparatos mecánicos, principalmente vehículos.
refajo *s. m.* Saya interior que usan las mujeres de los pueblos para abrigo. || Falda corta.
refalosa *s. f. Arg.* y *Chil.* Antiguo baile popular. || *Chil.* Pancutra, tipo de comida tradicional.
refalosa *s. f. Chil.* Baile popular.
refección *s. f.* Compostura, reparación, restauración. *Trabajan en la refección de la carretera.* || Colación.
refectorio *s. m.* Comedor de una comunidad o colegio.
referencia *s. f.* Mención que se hace a algo. *El jefe hizo una referencia elogiosa del director.* || En un libro, catálogo de una biblioteca u otra cosa parecida, nota que sirve para señalar otro sitio donde se puede obtener más información sobre lo que se está buscando. || Informe sobre las cualidades de alguien o algo. *El banco pidió referencias de mi hermano.* || *loc.* ***Hacer referencia a:*** aludir a. || ***Punto de referencia:*** señal o indicio que permite.
referendo o **referéndum** *s. m.* Procedimiento por el que se somete al voto popular una ley o asunto. *Algunas decisiones del gobierno deberían someterse a un referendo.*
referente *adj.* Que se refiere a una cosa, relativo a ella.
referí o **réferi** *s. com. Amér.* Juez en una competencia o competición deportiva.
referir *t.* Dar a conocer, relatar o narrar un hecho. *Las autoridades refirieron el resultado de la investigación.* || Relacionar una cosa con otra. || Dirigir, guiar hacia cierto fin. || *pr.* Tener cierta relación. *Esto se refiere a lo que dije ayer.* || Aludir. *No me refiero a usted.*
refilón *loc.* **De refilón:** De lado. *El gato pasó de refilón y me arañó en la pierna.* || De forma superficial. *En la tienda miré de refilón un libro.*
refinación *s. f.* Proceso industrial para purificar una sustancia o un metal. *La refinación del petróleo es un proceso complejo.*
refinación *s. f.* Refinado.
refinado, da *adj.* Fino, elegante. *La decoración de aquella casa es de un gusto refinado.* || Puro, que no tiene impurezas. *Algunos minerales pasan por un proceso de refinado.*
refinador, ra *adj.* y *s.* Aplícase a la persona que refina.
refinamiento *s. m.* Elegancia, cuidado, esmero.
refinar *t.* Hacer más pura una cosa quitándole los defectos. *Para elaborar el gasóleo se refina el petróleo.*
refinería *s. f.* Instalación industrial donde se refina un producto. *La refinería está cerca del pozo petrolero.*
refino, na *adj.* Muy fino o acendrado. || *s. m.* Refinado, refinación. *El refino del oro.*
refistolero, ra *adj.* y *s. Méx. Ecua.* y *P. Rico.* Presumido.
reflectante *adj.* Que reflecta o refleja. *Superficie reflectante.*
reflectar *t.* Reflejar.
reflector, ra *adj.* Que refleja. || *s. m. En física,* aparato para reflejar los rayos luminosos, el calor u otra radiación.
reflejar *t.* Hacer retroceder o cambiar de dirección los rayos luminosos, caloríficos, acústicos, etc., oponiéndoles una superficie lisa. *El espejo refleja los rayos luminosos.* || *fig.* Expresar, manifestar. *Una cara que refleja la bondad.* || *pr. fig.* Dejarse ver una cosa en otra. *Se refleja su temperamento en sus obras.* || Repercutirse.

reflejo, ja *adj.* Que ha sido reflejado. || Dícese de un movimiento involuntario. || Reflexivo. *Verbo reflejo.* || *s. m.* Luz reflejada. *Reflejos en el agua.* || *fig.* Representación, imagen. || Conjunto de una excitación sensorial transmitida a un centro por vía nerviosa y de la respuesta motriz o glandular, siempre involuntaria, que aquélla provoca. || Reacción rápida y automática ante un hecho repentino o imprevisto. *Tienes buenos reflejos.* || *loc.* ***Reflejo condicionado:*** aquel en el cual se ha sustituido experimentalmente el excitante normal por otro.
reflexión *s. f.* Acción y efecto de reflejar. *Las imágenes que resultan de la reflexión en el agua se ven distorsionadas.* || Acción y efecto de reflexionar. *Necesito algún tiempo de reflexión.* || *loc.* ***Ángulo de reflexión:*** el que hace el rayo incidente con la normal en el punto de incidencia.
reflexionar *t.* Pensar o considerar algo con cuidado. *Santiago no ha reflexionado en la importancia del ahorro.*
reflexivo, va *adj.* Que refleja. || Que habla o actúa con reflexión. *Es un hombre reflexivo que habla después de pensar.* || Relativo al pronombre personal átono que designa la misma persona o cosa que el sujeto. *En la frase «yo me siento», «me» es un pronombre reflexivo.* || Relativo al verbo cuya acción recae sobre el sujeto. *«Peinarse» es un verbo reflexivo.*
reflexología *s. f.* Estudio de los reflejos.
reflujo *s. m.* Movimiento de descenso de la marea. || Trastorno de la digestión que consiste en que los jugos gástricos o la comida regresan por el esófago.
refocilación *s. f.* Alegría, diversión, recreo, regodeo.
refocilar *t.* y *pr.* Disfrutar de algo que hace daño a otros.
reforestación *s. f.* Renovación de un bosque al plantar árboles pequeños criados en viveros, o por la siembra directa de semilla. *El gobierno realizó una reforestación de la montaña.*
reforestar *t.* Volver a plantar árboles en un lugar. *En muchos países reforestan las áreas taladas.*
reforma *s. f.* Acción que modifica algo para mejorarlo. *Los vecinos han hecho reformas a su casa.*
reformable *adj.* Que puede o debe reformarse.
reformación *s. f.* Reforma.
reformado, da *adj.* Aplícase a la religión protestante y a los que la siguen.
reformador, ra *adj.* y *s.* Aplícase a la persona que reforma.
reformar *t.* y *pr.* Dar una nueva forma, modificar, enmendar. *Reformaron las leyes.* || Modificar algo con el fin de que mejore. *Los profesores han sugerido reformar los libros de texto.* || Enmendar, corregir la conducta.
reformatorio *s. m.* Establecimiento para corregir a delincuentes menores de edad.
reformismo *s. m.* Doctrina orientada a la transformación gradual de las estructuras políticas y sociales.
reformista *adj.* y *s. com.* Relativo al reformismo o partidario de él.
reforzado, da *adj.* Que tiene refuerzo.
reforzar *t.* y *pr.* Añadir nuevas fuerzas a algo. *El entrenador reforzará el equipo con jugadores nuevos.* || Dar más vigor o fuerza. *Hay que reforzar el pantalón con más tela.*
refracción *s. f.* Cambio de dirección de una onda al pasar de un medio a otro.
refractar *t.* y *pr.* Producir refracción. *La luz se refracta al pasar por el agua.*
refractario, ria *adj.* Opuesto a una idea, proyecto, etc. || Que resiste la acción del fuego o que transmite mal el calor. *Puse la tarta en un plato refractario y la metí a cocer al horno.*
refrán *s. m.* Proverbio.
refranero *s. m.* Colección de refranes. *El refranero español.*
refrangibilidad *s. f.* Calidad de refrangible.
refrangible *adj.* Capaz de refracción.
refregar *t.* Estregar una cosa con otra. || *fig.* y *fam.* Echar en cara a uno una cosa. *Siempre me está refregando lo que hizo por mí.*
refreír *t.* Volver a freír. || Freír mucho una cosa.
refrenable *adj.* Contenible.
refrenamiento *s. m.* Contención.
refrenar *t.* Sujetar y reducir un caballo con el freno. || *fig.* Contener, reprimir, corregir.
refrendar *t.* Legalizar un documento. *Refrendaré mi pasaporte.* || Aprobar. *Refrendaron una ley.*
refrendario *s. m.* El que refrenda o firma un documento después del superior.
refrendo *s. m.* Firma que da autenticidad a un documento. || Aprobación. *La ley fue sometida al refrendo.*
refrescante *adj.* Que refresca.
refrescar *t.* Hacer bajar el calor. *Refrescaré el vino.* || *fig.* Reavivar, renovar. *Aquel suceso refrescó algunos de mis recuerdos.* || *intr.* Disminuir el calor. *El tiempo refresca.* || *pr.* Beber algo refrescante. || Tomar el fresco. || *loc.* ***Refrescar la memoria:*** recordar a uno.
refresco *s. m.* Bebida fría. || Agasajo, refrigerio. || *loc.* ***De refresco:*** de nuevo. *Tropas de refresco.*
refriega *s. f.* Combate de poca importancia. || Riña.
refrigeración *s. f.* Conjunto de técnicas y aparatos para producir frío o eliminar el calor. *El sistema de refrigeración que compré es excelente.*
refrigerador *s. m. Méx.* Aparato que produce frío. *Guarda el pescado en el refrigerador .*
refrigerante *adj.* y *s. m.* Instalación, aparato o sustancia para enfriar. *El gas freón es un refrigerante.*
refrigerar *t.* y *pr.* Hacer que las cosas se enfríen. || Enfriar. *Refrigerar un motor.*
refrigerio *s. m.* Comida ligera que se hace para reparar fuerzas. *A las doce los obreros toman un refrigerio.*
refringencia *s. f.* Capacidad de los cuerpos transparentes para refractar la luz. *El vidrio posee refringencia.*
refringente *adj.* En física, se dice del cuerpo que refracta la luz. *Un prisma de cristal es refringente.*
refringir *t.* Refractar.
refrito, ta *adj.* y *s.* Comida vuelta a freír para recalentarla. *Hoy desayuné frijoles refritos.* || *fam.* Canción o escrito hecho a partir de piezas sustraídas de otro. *Esa novela es un refrito.*
refuerzo *s. m.* Acción y efecto de reforzar. || *Uy.* Emparedado, sándwich de pan francés.
refugiado, da *s.* Persona que se ve obligada a buscar asilo fuera de su país por razones políticas, sociales, etc. *Cuando hay guerra muchas personas se convierten en refugiados.*
refugiar *t.* Brindar protección o refugio. || *pr.* Protegerse, acogerse. *Durante el huracán muchas personas se refugiaron en la escuela.*
refugio *s. m.* Lugar o construcción que sirve para resguardarse del mal tiempo. *Los turistas buscaron un refugio.* || Lugar para refugiarse de algún peligro, ataque, etc.
refulgencia *s. f.* Resplandor que emite un cuerpo luminoso.
refulgente *adj.* Resplandeciente, que emite resplandor.
refulgir *intr.* Resplandecer.
refundición *s. f.* Nueva fundición de los metales. || Obra literaria que adopta nueva forma.
refundidor, ra *s.* Persona que refunde.
refundir *t.* Volver a fundir o liquidar los metales. || *fig.* Dar nueva forma a una obra literaria. *Refundieron un libro y se volvió un éxito.* || Comprender, incluir.
refunfuñador, ra *adj.* Que refunfuña.
refunfuñadura *s. f.* Gruñido de enojo o desagrado.
refunfuñar *intr.* Emitir voces confusas en señal de enojo. *La vendedora refunfuña cuando llegan los niños haciendo alboroto.*
refunfuñón, ñona *adj.* y *s. fam.* Que emite voces en señal de enojo y se queja de todo. *El taxista era refunfuñón.*

refutable *adj.* Que se puede refutar.
refutación *s. f.* Acción de refutar. || Prueba o argumento para impugnar las razones del contrario. || Parte del discurso en que se responde a las objeciones.
refutar *t.* Contradecir, impugnar con argumentos o razones lo que otro asegura.
regadera *s. f.* Utensilio portátil para regar. *Salió con la regadera a echar agua a las macetas del patio.* || *Méx.* Ducha, aparato que rocía el agua en forma de chorro o de lluvia para limpiar o refrescar el cuerpo.
regaderazo *s. m. Méx.* Duchazo ligero y rápido. *Me doy un regaderazo y voy para allá.*
regadío *adj.* Relativo al terreno que se cultiva a base de riego. *La agricultura de la región es de regadío, pues las lluvias son escasas.*
regador, ra *adj.* y *s.* Que riega.
regalado, da *adj.* Agradable, con muchas comodidades o placeres. *Víctor lleva una vida regalada desde que recibió su herencia.* || *fam.* Muy barato. *Compré unos discos regalados.*
regalar *t.* y *pr.* Dar algo a alguien como muestra de afecto o agradecimiento. *Lourdes regaló sesenta rosas a su mamá.* || Halagar, dar muestras de afecto o admiración. || Procurarse uno comodidad. *Paola se regaló con un calentador.*
regalía *s. f.* Cantidad fija que alguien paga al poseedor de un derecho para explotarlo. *La editorial pagará a los autores sus regalías.*
regaliz *s. m.* Planta leguminosa de raíz comestible y medicinal con sabor parecido al del anís. *En Europa los niños comen caramelos de regaliz.*
regalo *s. m.* Cosa que se obsequia. *Romina recibió muchos regalos.* || Comodidad o gusto que algo proporciona. *Escuchar música es un regalo para mí.*
regañadientes *loc.* **A regañadientes:** De manera forzada, de mala gana. *Mi hermano fue a la escuela a regañadientes.*
regañar *t. fam.* Reñir. *La mamá regañó a sus hijos.* || *intr.* Gruñir el perro sin ladrar y enseñando los dientes. || Abrirse ciertas frutas cuando maduran. || Dar muestras de enfado o enojo.
regañina *s. f. fam.* Regaño.
regaño *s. m.* Reprensión.
regañón, ñona *adj.* y *s.* Que regaña sin motivo y a menudo.
regar *t.* Echar agua por el suelo para limpiarlo o refrescarlo. *Regaré la calle.* || Dar agua a las plantas. *Ve a regar el huerto.* || Atravesar un río o canal, una comarca o territorio. *El Ebro riega a Zaragoza.* || *fig.* Desparramar, esparcir. *Regó con lágrimas una carta que escribió.* || Acompañar una comida con vino, rociar.
regata *s. f.* Competición entre varias lanchas o embarcaciones.
regate *s. m.* Movimiento rápido que se hace apartando el cuerpo de manera brusca para evitar un golpe.
regateador, ra *adj.* y *s. fam.* Que regatea mucho.
regatear *t.* Debatir el comprador y el vendedor el precio de una cosa puesta en venta. || *fam.* Poner dificultades para hacer algo. *No regatea el apoyo a una empresa.* || *intr.* Hacer regates o fintas. || En futbol, burlar al adversario, llevando la pelota en rápidos pases sucesivos, driblar.
regateo *s. m.* Discusión entre comprador y vendedor sobre el precio de una mercancía.
regazo *s. m.* Parte del cuerpo de una persona sentada que va desde la cintura a la rodilla. *Tenía al niño en su regazo.* || *fig.* Amparo, cobijo, refugio.
regencia *s. f.* Gobierno de un Estado durante la menor edad del soberano. || Tiempo que dura. || Cargo de regente.
regeneración *s. f.* Reconstitución de un órgano destruido o perdido, o de un tejido lesionado. || Tratamiento para volver utilizables determinadas materias usadas. || Recuperación moral.
regenerador, ra *adj.* y *s.* Que regenera.
regenerar *t.* Restablecer, reconstituir una cosa que degeneró. *Regenerar un tejido orgánico lesionado.* || *fig.* Renovar moralmente. *Regenerar una nación.* || Tratar materias usadas para que puedan servir de nuevo. *Regenerar caucho, pieles.*
regenta *s. f.* Mujer del regente.
regentar *t.* Dirigir.
regente *adj.* Que rige o gobierna. *Reina regente.* || *s com.* Jefe del Estado durante la menor edad del soberano. *La regente María Cristina de Habsburgo.*
regicida *adj.* y *s. com.* Persona que mata a un monarca. *El regicida será juzgado según las leyes.*
regicidio *s. m.* Delito que consiste en el asesinato de un rey o una reina.
regidor, ra *adj.* y *s.* Que gobierna o rige. || Concejal, funcionario de un ayuntamiento. *Los regidores se reunirán para tratar la remodelación del parque central.*
regiduría *s. f.* Oficio de regidor.
régimen *s. m.* Conjunto de normas que rigen una cosa o una actividad. *Elena y Marco se casaron bajo régimen de bienes separados.* || Forma de gobierno. *Varios países de Europa tienen un régimen monárquico.* || Conjunto de medidas sobre alimentación que ha de seguir una persona por motivos de salud, para adelgazar, etc. *Debes llevar un régimen alimenticio de pocas grasas.* || Hecho de regir cierto complemento a un verbo, sustantivo, etc.
regimiento *s. m.* *En milicia,* cuerpo de varios batallones, escuadrones o baterías al mando de un coronel.
regio, gia *adj.* Relativo al rey. || Lujoso, espléndido. *Son regias las habitaciones de ese hotel.* || *adj.* y *adv. fam. Arg. Chil.* y *Uy.* Se dice de lo que es magnífico o está hecho de manera estupenda. *Fuimos a la playa y la pasamos regio.*
regiomontano, na *adj.* y *s.* De la ciudad de Monterrey, en México.
región *s. f.* Parte de un territorio que debe su unidad a causas de orden geográfico (clima, vegetación, relieve) o humano (población, economía, administración, etc.). || Circunscripción territorial militar, aérea o naval. || Espacio determinado de la superficie del cuerpo. *La región pectoral.*
regional *adj.* Relativo a la región. *Se celebró la exposición regional ganadera.*
regionalismo *s. m.* Doctrina política que propugna la concesión de la autonomía a las regiones de un Estado. *Los regionalismos catalán y vasco del siglo XIX.* || Amor a determinada región. || Giro o vocablo propio de una región. *«Saudade» es un regionalismo gallego.* || Carácter de la obra de un escritor regionalista.
regionalista *adj.* Relativo al regionalismo. *Literatura regionalista.* || *s. com.* Partidario del regionalismo. || Dícese del escritor cuyas obras se localizan en una región determinada.
regionalización *s. f.* Acción y efecto de regionalizar.
regionalizar *t.* Adaptar a las necesidades de una región. || Asentar en regiones diferentes. || Aumentar los poderes de las regiones administrativas.
regir *t.* e *intr.* Gobernar. *Ese presidente rigió su país por seis años.* || En lingüística, tener una palabra bajo su dependencia otra palabra de la oración. *El verbo «volver» rige las preposiciones «a» y «de».* || Estar vigente. *La pena de muerte rige en varios países.*
registrado, da *adj.* Documento, marca comercial, diseño, modelo, etc., que se somete a registros legales para protegerlo de falsificaciones.
registrador, ra *adj.* y *s.* Dícese de un aparato que anota automáticamente medidas, cifras, fenómenos físicos. *La caja registradora está al fondo.* || Que registra o inspecciona. || *s. m.* Funcionario encargado de un registro. *Registrador público.*
registrar *t.* y *pr.* Examinar con cuidado en busca de alguien o algo. *Registraron a los pasajeros antes de que abordaran el avión.* || Grabar la imagen o el sonido. *Los ingenieros registraron el concierto.* || Inscribir en un libro, diario, lista, registro, etc. *Al llegar al hotel te registras.*

registro *s. m.* Acción y efecto de registrar. *La policía registró la casa del ladrón.* || Libro en que se anotan hechos y datos. *En la administración llevan un registro de los clientes.* || Lugar u oficina en donde se registra. || *loc.* ***Registro civil:*** libro y oficina donde se guardan los datos de los nacimientos, matrimonios y defunciones de una comunidad.

regla *s. f.* Listón largo, de sección rectangular o cuadrada, para trazar líneas rectas. || *fig.* Principio, base, precepto que se ha de seguir. *Las reglas de la gramática.* || Norma. *Regla de conducta.* || Pauta, modelo. || Disciplina. *Restablecer la regla en un convento.* || Estatutos de una orden religiosa. *La regla de san Benito.* || Operación de aritmética. *Las cuatro reglas (suma, resta, multiplicación, división).* || Menstruación. || *loc.* ***En regla:*** en la forma debida, como se debe. || ***Por regla general:*** como sucede ordinariamente, en la mayoría de los casos. || ***Regla de cálculo:*** instrumento que permite efectuar ciertos cálculos aritméticos con rapidez mediante el deslizamiento de una regla graduada movible sobre otra fija.

reglaje *s. m.* Reajuste de las piezas de un mecanismo.

reglamentación *s. f.* Acción de reglamentar. || Conjunto de reglas o medidas legales que rigen una cuestión.

reglamentar *t.* Sujetar a reglamento.

reglamentario, ria *adj.* Que sigue el reglamento.

reglamento *s. m.* Colección ordenada de reglas o preceptos. *Reglamento de policía.* || Conjunto de prescripciones dictadas para la conducta de los militares, ordenanzas. || Conjunto de reglas que rigen un juego o competición. *Reglamento de futbol, de tenis.*

regocijado, da *adj.* Que muestra regocijo o alegría.

regocijador, ra *adj.* y *s.* Que regocija.

regocijar *t.* Alegrar, dar gusto o placer. || *pr.* Recrearse, divertirse mucho.

regocijo *s. m.* Júbilo, alegría.

regodearse *pr.* Deleitarse. *Se regodeó con una lectura.* || Recrearse, alegrarse. *Regodearse con la desgracia ajena es inhumano.*

regodeo *s. m.* Acción y efecto de regodearse, regocijo. || Deleite.

regoldar *intr. fam.* Eructar.

regresar *t.* e *intr.* Volver de nuevo al lugar de donde se había salido. *El médico regresó al pueblo donde nació.* || *Amér.* Devolver a su dueño algo que prestó o que había perdido. *David regresó su libro a Lorenzo.*

regresión *s. f.* Retroceso, disminución. *La regresión de las exportaciones afectó la economía.* || En biología, vuelta de un tejido, órgano o individuo a un estado anterior. || En geología, retirada del mar de una zona sumergida.

regresivo, va *adj.* Se dice de lo que implica retroceso o hace retroceder.

regreso *s. m.* Vuelta, retorno. *Los regresos siempre felices, no así las despedidas.*

regüeldo *s. m. fam.* Eructo.

reguera *s. f.* Atarjea o canal para el riego.

reguero *s. m.* Chorro o arroyo pequeño. || *fam.* Tiradero, desorden. *El niño dejó un reguero de juguetes.* || *loc. fig.* ***Propagarse una noticia como un reguero de pólvora:*** extenderse muy rápidamente.

regulación *s. f.* Acción de regular, ordenar o controlar. *La regulación del mercado.* || Acción de regular la marcha de un mecanismo, reglaje. || Conjunto de mecanismos que permiten mantener constante una función.

regulado, da *adj.* Regular.

regulador, ra *adj.* Que regula. || *s. m.* Mecanismo para regular automáticamente el funcionamiento de una máquina o mantener constante la tensión de un circuito eléctrico, etc.

regular[1] *adj.* Sujeto y conforme a una regla. || Sin cambios bruscos. *Asiste a clases de manera regular.* || Mediano. *Fue un día regular.* || Se aplica a las palabras formadas según la regla general de su clase. *«Comer» es un verbo regular.* || Relacionado con la figura en que los ángulos, lados, etc., son iguales entre sí. *El triángulo equilátero es una figura regular.*

regular[2] *t.* Poner en orden. *Un policía regula la circulación.* || Ajustar algo, en especial el funcionamiento de una máquina. *El técnico tiene que regular mi reloj.*

regularidad *s. f.* Calidad de regular. || Exacta observancia de la regla de un instituto religioso.

regularización *s. f.* Acción y efecto de regularizar.

regularizador, ra *adj.* y *s.* Que regulariza.

regularizar *t.* Regular, ajustar, poner en orden. *Regularizar una situación.*

regulativo, va *adj.* Que regula, dirige o concierta.

régulo *s. m.* Reyezuelo. || Basilisco, animal.

regusto *s. m. fam.* Dejo, sabor.

rehabilitación *s. f.* Acción y efecto de rehabilitar. *La rehabilitación de un condenado.* || En medicina, reeducación. *Tratamiento de rehabilitación para paralíticos.*

rehabilitar *t.* Restablecer a una persona en sus derechos, capacidad, situación jurídica de los que fue desposeída. *Rehabilitar a un militar degradado.* || *fig.* Devolver la estimación pública. *Rehabilitar la estima del calumniado.* || En medicina, reeducar.

rehacer *t.* Volver a hacer. || Reponer, reparar, restablecer. *Rehicieron el muro caído.* || *pr.* Reforzarse, fortalecerse. || *fig.* Serenarse, aplacarse. *Se rehizo del enojo.* || Dominarse.

rehecho, cha *adj.* Hecho de nuevo.

rehén *s. com.* Persona que queda como prenda en poder de un adversario. *Rehén de guerra.*

rehervir *intr.* Volver a hervir.

rehilandera *s. f.* Molinete.

rehilete *s. m.* Flechilla de papel con púa para tirar al blanco. || Banderilla que se clava al toro.

rehilete o **reguilete** *s. m. Méx.* Juguete para niños que consiste en una varilla en cuya punta hay una estrella de papel que gira movida por el viento.

rehogar *t.* Cocinar a fuego lento en manteca o aceite.

rehuida *s. f.* Acción de rehuir.

rehuir *t.* Tratar de eludir, de soslayar. *Rehuyó un compromiso.* || Evitar una cosa por temor o repugnancia. *Rehuía pasar por esos barrios.* || Rehusar, negarse. *Rehuyó hacer el trabajo.* || *pr.* Apartarse de algo, evitarlo.

rehumedecer *t.* Humedecer de nuevo.

rehusar *t.* No aceptar una cosa ofrecida. *Rehusé el favor por pena.* || Negarse a hacer algo. *Rehusó trabajar en malas condiciones.* || No conceder lo que se pide. *Rehusaron su solicitud.*

reimportación *s. f.* Importación de lo que ya se había exportado.

reimportar *t.* Importar en un país lo que se había exportado de él.

reimpresión *s. f.* Nueva impresión. || Obra reimpresa.

reimprimir *t.* Imprimir de nuevo. *Reimprimieron el libro por el éxito que tuvo.*

reina *s. f.* Esposa del rey. || La que ejerce la potestad real por derecho propio. *La reina de Inglaterra, de Holanda.* || Pieza del juego de ajedrez, la más importante después del rey. || Hembra fértil de cualquier sociedad de insectos (abejas, hormigas, comejenes). || *fig.* Mujer que sobresale entre las demás. *Reina de belleza.*

reinado *s. m.* Tiempo en que gobierna un rey o reina. *El reinado de Luis XIV en Francia.* || *fig.* Predominio, influencia.

reinante *adj.* Que reina.

reinar *intr.* Regir un rey o príncipe un Estado. *Cuando reinaba Carlos III.* || *fig.* Predominar, prevalecer. *Esta costumbre reina en el país.* || Existir, imperar, persistir. *El silencio reinaba en la asamblea.* || Hacer estragos una enfermedad, una calamidad, etc.

reincidencia *s. f.* Reiteración de una misma culpa o delito. || En derecho, situación de una persona que, condenada anteriormente por un delito, comete otro.

reincidente *adj.* y *s. com. En derecho,* que reincide, que comete un delito análogo al que ocasionó su condena anterior.
reincidir *intr.* Incurrir de nuevo en un error, falta o delito. *Reincidió en el mismo vicio.* || Recaer en una enfermedad o dolencia.
reincorporación *s. f.* Nueva incorporación.
reincorporar *t.* Volver a incorporar.
reineta *s. f.* Cierta clase de manzanas de mesa.
reingresar *intr.* Volver a ingresar. *Reingresaré en el ejército.*
reingreso *s. m.* Acción y efecto de reingresar.
reino *s. m.* Territorio sujeto a un rey. *El reino de Marruecos.* || Cada uno de los tres grandes grupos en que se dividen los seres naturales. *Reino animal, vegetal, mineral.*
reinstalación *s. f.* Nueva instalación.
reinstalar *t.* Volver a instalar.
reintegrable *adj.* Que se puede o se debe reintegrar.
reintegración *s. f.* Acción y efecto de reintegrar o reintegrarse.
reintegrar *t.* Restituir o devolver íntegramente una cosa. *Le reintegraron una suma importante.* || Volver a ocupar. *Reintegrarán al conserje en su cargo.* || Poner en un documento las pólizas que señala la ley. || *pr.* Recobrarse enteramente de lo perdido o gastado.
reintegro *s. m.* Reintegración. || Pago de dinero. || Premio de la lotería que consiste en la devolución de dinero que se había jugado. *Cobré el reintegro.* || Pólizas que, según la ley, deben ponerse en un documento.
reír *intr.* Mostrar alegría o regocijo mediante ciertos movimientos de la boca acompañados de expiraciones más o menos ruidosas. *Reía y reía a carcajadas.* || Manifestar alegría. *Sus ojos ríen.* || *fig.* Hacer burla, mofarse. || Ofrecer una cosa un aspecto placentero y risueño. *Una fuente que ríe.* || *t.* Celebrar con risa una cosa. || *pr.* Burlarse. || *loc.* ***Dar que reír:*** ser motivo de risa o de burla.
reiteración *s. f.* Acción y efecto de reiterar. || En derecho, reincidencia.
reiterar *t.* Volver a decir o ejecutar, repetir.
reiterativo, va *adj.* Que tiene la propiedad de reiterarse. || Que denota reiteración.
reivindicable *adj.* Que se puede reivindicar.
reivindicación *s. f.* Acción y efecto de reivindicar.
reivindicar *t.* Reclamar uno lo que le pertenece o aquello a que tiene derecho. *Reivindicaron la herencia.* || En derecho, recuperar uno lo que le pertenece.
reivindicatorio, ria *adj.* Relativo a la reivindicación.
reja *s. f.* Pieza del arado que abre el surco y remueve la tierra. || Conjunto de barras de hierro que se ponen en las ventanas para su defensa o adorno. || Labor o vuelta que se da a la tierra con el arado. || *Méx.* Zurcido en la ropa. || *loc. fam.* ***Entre rejas:*** en la cárcel.
rejego, ga *adj.* y *s. Méx.* Reacio, indócil.
rejilla *s. f.* Enrejado, red de alambre, celosía o tela metálica que se pone en una abertura. || Ventanilla de confesionario. || Trama hecha con tiritas de mimbre u otros tallos vegetales flexibles con que se forman asientos de sillas. || Parte de las hornillas y hornos que sostiene el combustible. || Redecilla donde se coloca el equipaje en los vagones de ferrocarril. || En una lámpara de radio, electrodo, en forma de pantalla, para regular el flujo electrónico.
rejo *s. m.* Punta o aguijón de hierro. || Clavo grande. || En botánica, raicilla del embrión de la planta. || En zoología, aguijón de la abeja. || *Amér.* Látigo.
rejón *s. m.* Barra de hierro que remata en punta. || En tauromaquia, palo con una punta de hierro empleada para rejonear. || Especie de puñal. || Púa del trompo.
rejonazo *s. m.* Golpe de rejón.
rejoneador, ra *s.* Torero que rejonea a caballo.
rejonear *t.* En la lidia a caballo, herir al toro con el rejón. || *intr.* Torear a caballo.
rejoneo *s. m.* Acción de rejonear.
rejuvenecedor, ra *adj.* Que rejuvenece.
rejuvenecer *t.* Remozar, dar a uno la fuerza y vigor de la juventud. *Los aires del campo la han rejuvenecido.* || *fig.* Renovar, modernizar. *Rejuveneció un estilo pasado de moda.* || *pr.* Quitarse años.
rejuvenecimiento *s. m.* Acción de rejuvenecer o rejuvenecerse.
relación *s. f.* Conexión de una cosa con otra. *Relación entre la causa y el efecto.* || Correspondencia, trato entre personas por razones de amistad o de interés. *Las relaciones comerciales entre dos países.* || Narración, relato. || Lista, catálogo. *Publicaron una relación de víctimas del sismo.* || Informe. || En gramática, enlace entre dos términos de una oración. || En matemáticas, razón, cociente de dos cantidades. || *pl.* Personas conocidas, amistades. *Tenía muchas relaciones, hasta que quebró su negocio.* || Noviazgo. *Tiene una relación seria.* || *loc.* ***Con relación a:*** respecto a, en comparación con. || ***Relaciones públicas:*** método empleado para la información del público y departamento de un organismo o persona encargado de aplicarlo.
relacionar *t.* Hacer relación de un hecho. *Relacionaré el suceso.* || Poner en relación dos o más personas o cosas. || *pr.* Tener conexión o enlace. || Referirse.
relajación *s. f.* Aflojamiento, disminución del ardor, de la severidad, etc. || Disminución de la tensión de los músculos, del ánimo. || En medicina, estado de laxitud. *Relajación del útero.* || Soltura del vientre. || Distensión de los músculos para obtener descanso. *Haré algunos ejercicios de relajación.* || *fig.* Depravación. *Vivimos una relajación de las costumbres.*
relajador, ra *adj.* Que relaja. || *fig.* Divertido.
relajamiento *s. m.* Relajación.
relajar *t.* Aflojar, laxar, ablandar. *Relajar los músculos te aliviará el estrés.* || *fig.* Esparcir, divertir el ánimo con algún descanso. *Este espectáculo relaja.* || Hacer menos riguroso. *Relajaron la severidad en la escuela.* || En derecho, relevar de un voto o juramento. || Aliviar la pena o castigo. || *ant.* Entregar el juez eclesiástico un reo de muerte al poder civil. || *pr.* Aflojarse. || *fig.* Viciarse, depravarse. *Relajaron las costumbres y todo cambió.* || Distender uno los músculos para obtener un descanso completo. *Se relaja uno tumbado en la hamaca.*
relajo *s. m. fam. Méx.* Diversión ruidosa.
relamer *t.* Lamer algo con insistencia. || *pr.* Lamerse los labios una o muchas veces. || *fig.* Arreglarse, componerse demasiado el rostro. || Mostrar grandemente. *Se relamió de alegría ante la noticia.*
relamer *t.* y *pr.* Lamer algo con insistencia. *El niño relamía su paleta de caramelo.* || Lamerse los labios para saborear algo.
relamido, da *adj.* Se dice de la persona que exagera su arreglo personal. *Javier llegó muy relamido a la cita.*
relámpago[1] *adj.* Muy rápido o corto. *Fue una guerra relámpago.*
relámpago[2] *s. m.* Resplandor intenso y breve producido en las nubes por una descarga eléctrica. *Primero se ve el relámpago y después se escucha el trueno.* || *loc. Amér.* ***Cierre relámpago:*** cremallera de prendas de vestir. || *fig.* ***Pasar como un relámpago:*** pasar muy rápidamente.
relampaguear *intr.* Aparecer relámpagos en el cielo. *Relampaguea y las nubes están muy oscuras.*
relampagueo *s. m.* Serie de relámpagos.
relapso, sa *adj.* y *s.* Que comete de nuevo un pecado o herejía.
relatador, ra *adj.* y *s.* Dícese de la persona que relata. || Narrador.
relatar *t.* Referir.
relatividad *s. f.* Calidad por la que una cosa puede ser valorada de distintas maneras. || *loc.* ***Teoría de la***

R

relatividad: en física, teoría formulada por el científico Albert Einstein sobre la imposibilidad de encontrar un sistema de referencia absoluto.
relativismo *s. m.* Doctrina que niega la existencia de verdades absolutas.
relativo, va *adj.* Que hace relación a una persona o cosa. *En lo relativo a su conducta.* || Que no es absoluto. *Todo es relativo.* || *loc.* ***Pronombres relativos:*** los que se refieren a personas o cosas de las que ya se hizo mención.
relato *s. m.* Hecho de relatar, de contar. *En su relato, el testigo denunció a los ladrones.* || Narración breve. *Los niños escribieron un relato sobre sus vacaciones.*
relator, ra *adj.* y *s.* Que relata. || En un congreso o asamblea, persona encargada de hacer relación verbal de los asuntos tratados. *El relator hizo un resumen de la asamblea.*
relatoría *s. f.* Cargo o función de relator.
relé *s. m.* Repetidor.
releer *t.* Volver a leer.
relegación *s. f.* Destierro, confinamiento, acción de relegar.
relegar *t.* Apartar, dejar de lado.
relente *s. m.* Humedad de la atmósfera en las noches serenas.
relevación *s. f.* Acción de relevar. || Alivio de carga.
relevador *s. m.* Repetidor.
relevancia *s. f.* Condición o cualidad de relevante, de sobresaliente. *La relevancia de este tema justifica que se publique.*
relevante *adj.* Excelente. *La relevante actuación de esa actriz mereció un premio.* || Importante, significativo. *El señor Domínguez tiene un puesto relevante en la empresa.*
relevar *t.* Quitar a alguien un cargo y dárselo a otro. *Relevaron a Manuel de su puesto.* || Sustituir a una persona con otra. *El segundo corredor relevó al primero en el quinto kilómetro.*
relevo *s. m.* Acción de relevar, de sustituir. || *loc. pl.* ***Carrera de relevos:*** competencia en la que participan varios corredores.
relicario *s. m.* Estuche o medallón, generalmente de metal precioso, para custodiar reliquias o un recuerdo.
relieve *s. m.* Lo que resalta sobre el plano. *Bordados en relieve.* || Conjunto de desigualdades en la superficie de un país. *El relieve de España.* || Escultura tallada en una sola parte de la superficie. || Apariencia de bulto en una pintura. || *pl.* Sobras de una comida. || *loc.* ***Alto relieve:*** aquel en que las figuras salen del plano más de la mitad de su bulto. || ***Bajo relieve:*** bajorrelieve. || *fig.* ***Dar relieve a algo:*** darle importancia. || ***De relieve:*** importante. *Un personaje de relieve.* || ***Medio relieve:*** aquel en que las figuras salen del plano la mitad de su grueso. || *fig.* ***Poner de relieve:*** hacer resaltar.
religión *s. f.* Conjunto de creencias y de dogmas que definen la relación del hombre con lo sagrado. || Conjunto de prácticas y ritos que son propios de cada una de las creencias llamadas religión. || Seguimiento de una doctrina religiosa.
religiosidad *s. f.* Fiel observancia de las obligaciones religiosas. || *fig.* Puntualidad, exactitud en hacer, observar o cumplir una cosa. *Pagaré con religiosidad.*
religioso, sa *adj.* Relativo a la religión y a quien la practica. || *s.* Persona que ha entrado a una orden religiosa.
relimpio, pia *adj. fam.* Muy limpio.
relinchar *intr.* Emitir con fuerza su voz el caballo.
relincho *s. m.* Voz del caballo.
relindo, da *adj. fam.* Muy lindo o hermoso.
reliquia *s. f.* Parte del cuerpo de un santo o lo que por haberle tocado es digno de veneración. *Las reliquias de santa Genoveva.* || *fig.* Huella, restos, vestigio de cosas pasadas. *Una reliquia de la civilización incaica.* || Dolor o achaque que queda de una enfermedad o accidente. || *loc.* ***Guardar como una reliquia:*** guardar muy cuidadosamente.
rellano *s. m.* Descansillo de la escalera. || Llano que interrumpe la pendiente de un terreno.
rellena *s. f. Méx.* Embutido compuesto de sangre de cerdo y arroz con cebollas, cocidos y condimentados.
rellenar *t.* Volver a llenar. || Escribir un impreso. *Rellenaré una solicitud de empleo.* || Llenar de carne picada u otro manjar. *Rellenar una empanada.* || Llenar con una materia más o menos compresible. *Debo rellenar el sillón.* || Colmar un hueco o una brecha. || Terraplenar.
relleno, na *adj.* Muy lleno o lleno de algún manjar. || *s. m.* Picadillo sazonado para rellenar aves, pescados, etc. || Acción de rellenar. || Materias que se usan para rellenar, como borra para los asientos, escombros para las brechas, etc. || *fig.* Parte superflua que alarga una oración o un escrito.
reloj *s. m.* Máquina dotada de movimiento uniforme, que sirve para medir el tiempo en horas, minutos y segundos. || *loc.* ***Carrera contra reloj:*** aquella en que los corredores no compiten en línea, sino que vence el que emplea menos tiempo. || *fig.* ***Funcionar como un reloj:*** marchar muy bien. || ***Reloj de arena:*** el compuesto de dos ampolletas unidas por el cuello y que mide la duración del tiempo por el paso de una determinada cantidad de arena de una a otra. || ***Reloj de pulsera:*** el que se lleva en la muñeca. || ***Reloj de sol*** o ***solar:*** artificio para saber la hora diurna, basado en la proyección de la sombra de un vástago.
relojería *s. f.* Arte y comercio del relojero. || Taller o tienda del relojero. || *loc.* ***Mecanismo de relojería:*** el que pone en funcionamiento un dispositivo a una hora determinada.
relojero, ra *s.* Persona que hace, compone o vende relojes.
reluciente *adj.* Que reluce, brillante. *Es una perla reluciente y hermosa.*
relucir *intr.* Despedir luz una cosa resplandeciente. *El sol reluce.* || Lucir, resplandecer, brillar. || *fig.* Sobresalir, destacarse. || *loc. fam.* ***Sacar a relucir:*** a) Citar, mentar. *Siempre saca a relucir los favores que me hizo.* b) Poner de relieve. || ***Salir a relucir:*** aparecer.
relumbrante *adj.* Que relumbra o resplandece.
relumbrar *intr.* Dar viva luz, resplandecer mucho.
relumbrón *s. m.* Golpe de luz vivo y pasajero, chispazo. || Oropel.
remachar *t.* Machacar la punta o cabeza de un clavo para darle mayor firmeza. || *fig.* Recalcar, subrayar, afianzar.
remache *s. m.* Acción y efecto de remachar.
remanencia *s. f.* Propiedad de los cuerpos ferromagnéticos de conservar cierta imantación después de la supresión del campo magnético.
remanente *s. m.* Resto.
remangar *t.* Arremangar.
remansarse *pr.* Detenerse la corriente del agua u otro líquido. *Esa roca hace que el agua del río se remanse.*
remanso *s. m.* Detención de la corriente del agua u otro líquido. || *fig.* Sitio tranquilo. *Tu casa es un remanso de paz.*
remar *intr.* Mover los remos para que ande la embarcación.
rematado, da *adj.* Dícese de la persona que se halla en tan mal estado que no tiene remedio. *Es una loca rematada.*
rematador, ra *s.* Persona que remata en una subasta pública. || En futbol, jugador que remata.
rematar *t.* Finalizar una cosa. *Remataron una famosa traducción.* || Poner fin a la vida de la persona o animal que está agonizando. *El torero remató al toro.* || Afianzar la última puntada de una costura. || Hacer remate de algo. *Sorpresivamente remataron una venta.* || *intr.* Terminar o fenecer. || En futbol, tirar a gol. || *loc. fig.* y *fam.* ***¡Ahora sí que lo has rematado!:*** has metido la pata aún más.
remate *s. m.* Fin. || Conclusión de una cosa. || Coronamiento de la parte superior de un edificio. || Postura última en una subasta. || *fig.* Lo que termina una cosa, acabamiento, final, colofón. *El remate de su carrera.* ||

En deportes, tiro a gol. || En derecho, adjudicación en subasta. || *loc.* ***De remate:*** absolutamente. *Era un loco de remate.*
rembolsar *t.* Reembolsar.
rembolso *s. m.* Reembolso.
remedador, ra *adj.* y *s.* Imitador. *Remedador de textos clásicos.*
remedar *t.* Imitar.
remediable *adj.* Que puede remediarse.
remediador, ra *adj.* Que remedia.
remediar *t.* Poner remedio al daño o perjuicio. || Socorrer una necesidad. || Evitar, impedir que se ejecute algo de que se sigue daño. *No pude remediarlo.* || Enmendar, subsanar, arreglar. *Remedió la situación.*
remedio *s. m.* Cualquier sustancia que sirve para prevenir o combatir una enfermedad. *Toma este remedio casero.* || *fig.* Medio que se toma para reparar o prevenir cualquier daño. || Enmienda, corrección. || Recurso, auxilio o refugio. || Lo que sirve para calmar un padecimiento moral. *Pondré remedio a mi tristeza.* || *loc.* ***No haber remedio*** (o ***más remedio***): ser forzosa o inevitable una cosa. || *fam.* ***No tener para un remedio:*** no tener nada.
remedo *s. m.* Imitación.
remembranza *s. f.* Recuerdo.
remembrar *t.* Rememorar.
rememoración *s. f.* Recuerdo.
rememorar *t.* Recordar.
rememorativo, va *adj.* Recordatorio, que hace recordar.
remendado, da *adj.* Con remiendos. *Usa pantalones remendados para trabajar.*
remendar *t.* Reforzar con remiendo lo viejo o roto.
remendón, dona *adj.* y *s.* Aplícase al que remienda o compone por oficio.
remera *s. f. Arg.* y *Uy.* Camiseta de manga corta.
remero, ra *s.* Persona que rema. *Los remeros de una lancha.* || *s. f.* Cada una de las plumas largas que terminan las alas de las aves.
remesa *s. f.* Envío que se hace de una cosa de una parte a otra. || Lo enviado.
remeter *t.* Volver a meter o meter más adentro.
remezón *s. m. Amér. C.* y *Amér. Merid.* Sismo de poca intensidad.
remiendo *s. m.* Pedazo de tela que se cose a lo viejo o roto. || Compostura de una cosa deteriorada. || Mancha en la piel de los animales. || *fig.* Enmienda o añadidura que se introduce en una cosa.
remilgado, da *adj.* Que afecta suma compostura, delicadeza. || *loc.* ***Hacer el remilgado:*** ser exigente o melindroso.
remilgarse *pr.* Hacer ademanes y gestos afectados. *Se remilga mucho cuando habla en público.*
remilgo *s. m.* Gesto y ademán afectado. || Melindre.
remilgoso, sa *adj. Méx.* Persona que muestra remilgos o delicadeza exagerada. *Verónica es muy remilgosa, no le gustó la comida.*
remilitarizar *t.* Guarnecer nuevamente con tropas una zona desmilitarizada; dar de nuevo carácter militar. *Remilitarizaron la zona fronteriza.*
reminiscencia *s. f.* Recuerdo inconsciente, vago. || Lo que se parece o es igual a lo escrito por otro autor. *Hicieron una reminiscencia de Virgilio.*
remirar *t.* Volver a mirar una cosa o examinarla con atención. || *pr.* Esmerarse mucho en una cosa.
remise *s. f. Arg. y Uy.* Automóvil de alquiler.
remisible *adj.* Que puede perdonarse. *Pena remisible.*
remisión *s. f.* Envío, expedición. *La remisión de un paquete.* || Perdón. *La remisión de los pecados.* || En un libro, indicación para que el lector acuda a otro párrafo o página. || En medicina, atenuación momentánea de los síntomas de una enfermedad. || *loc.* ***Sin remisión:*** de manera implacable.
remiso, sa *adj.* Poco entusiasta, reacio, reticente. || Irresoluto. || *loc.* ***No ser remiso en:*** estar completamente dispuesto a hacer algo.
remisor, ra *adj.* Remitente.
remisorio, ria *adj.* Absolutorio; que remite o perdona.
remite *s. m.* Indicación con el nombre y dirección del que escribe que se pone en la parte posterior del sobre. || Remitente.
remitente *adj.* Que remite o perdona. || *s. com.* Persona que envía algo por correo. || *loc.* ***Fiebre remitente:*** la que tiene alternativas de aumento y disminución en su intensidad.
remitir *t.* Enviar. *Remitiré un giro postal.* || Perdonar. || Condonar una pena o liberar de una obligación. *Remitieron mi castigo por buena conducta.* || Aplazar, diferir, suspender. *Remitieron la resolución por ser día feriado.* || Entregar. *Remitió un pedido a tiempo.* || Confiar al juicio de otro una resolución. *Remitirán el caso a la discreción del juez.* || Indicar en un escrito otro pasaje relacionado con el que se estudia. || *intr.* Perder una cosa parte de su intensidad. *La fiebre remitió.* || *pr.* Atenerse a lo dicho o hecho, referirse. *Me remito a la decisión de mi jefe.* || Confiar en.
remo *s. m.* Instrumento en forma de pala larga y estrecha que sirve para mover las embarcaciones haciendo fuerza en el agua. || Deporte acuático que se practica en embarcaciones ligeras. || Brazo o pierna, en el hombre y en los cuadrúpedos, o ala de las aves.
remoción *s. f.* Hecho de agitar algo o de moverlo del lugar donde estaba. || Retiro, despido.
remodelación *s. f.* Restauración de edificios y de obras de un lugar.
remodelar *t.* Realizar restauraciones y reformas a algo que ya estaba hecho. *Remodelaron el centro histórico.*
remojar *t.* y *pr.* Empapar o cubrir con agua una cosa. *Habrá que dejar la ropa remojando en jabón.*
remojo *s. m.* Acción de poner en agua. || *fam. Méx.* Festejo por el estreno de algo nuevo que se ha comprado. ***loc. Echar*** (o ***poner***) a (o ***en***) ***remojo:*** a) Remojar. b) *fig.* Diferir, no tratar un asunto hasta que esté maduro o en mejor disposición.
remojón *s. m.* Mojadura causada por un accidente como la lluvia o la caída en un sitio con agua.
remolacha *s. f.* Planta con raíz carnosa de la que se extrae azúcar. *De la remolacha se obtiene azúcar.*
remolachero, ra *adj.* Concerniente a la remolacha. || Que cultiva remolacha.
remolcador *s. m.* Buque diseñado especialmente para funciones de remolque. *El remolcador llevó al buque hasta el puerto.*
remolcar *t.* Llevar una embarcación a otra. || Llevar por tierra un vehículo a otro. *La grúa tuvo que remolcar el automóvil.*
remoler *intr. Chil.* y *Per.* Irse de fiesta, divertirse. || *Guat.* Fastidiar, incomodar, molestar.
remolino *s. m.* Movimiento giratorio y rápido del aire, agua, polvo, humo, etc. || Retorcimiento del pelo en redondo. || *fig.* Apiñamiento de gente. *Los remolinos de la muchedumbre.*
remolón, lona *adj.* y *s.* Perezoso. || Persona que se hace del rogar.
remolonear *intr. fam.* Mostrarse remolón, holgazanear.
remolque *s. m.* Hecho de remolcar, de llevar un vehículo a otro tirando de él. || Cosa o vehículo que es remolcado. || *loc. fig.* ***Ir a remolque de alguien:*** seguirle por la fuerza de las circunstancias.
remontar *t.* Encumbrar, enaltecer. || Subir o volar muy alto las aves o aviones. *El águila remontó el vuelo y se perdió de vista.* || *pr. fig.* Elevarse hasta el origen de una cosa. *Nos remontaremos hasta la época prehistórica.*
rémora *s. f.* Pez marino acantopterigio cuya cabeza está provista de un disco cartilaginoso que le permite adherirse fuertemente a los objetos flotantes. || *fig.* y *fam.* Cualquier cosa que detiene o dificulta algo. *Una rémora para el progreso.*
remorder *t.* Volver a morder o morderse uno a otro. || *fig.* Desasosegar una cosa, causar remordimiento. *El recuerdo de su crimen le remuerde la conciencia.*

R

remordimiento *s. m.* Inquietud, pesar interno que queda después de ejecutar una mala acción. *La tortura el remordimiento.*
remosquearse *pr. fam.* Mostrarse receloso.
remoto, ta *adj.* Distante, apartado, alejado. *Fuimos a un lugar remoto.* || Lejano en el tiempo. *En la más remota antigüedad.* || *fig.* Inverosímil, poco probable. *Ni la más remota posibilidad.*
remover *t.* Trasladar una cosa de un lugar a otro. || Agitar, mover un líquido. || Quitar, apartar, obviar. *Removieron el obstáculo y pudieron pasar los vehículos.* || Deponer de su empleo. *Removieron al funcionario por corrupto.* || *fig.* Traer a la mente. || *pr.* Agitarse.
remozamiento *s. m.* Rejuvenecimiento.
remozar *t.* Rejuvenecer. || *fig.* Poner como nuevo. || Revigorizar.
remplazar *t.* Reemplazar.
remplazo *s. m.* Reemplazo.
remullir *t.* Hacer mullido.
remunerable *adj.* Pagable.
remuneración *s. f.* Precio o pago de un trabajo, de un servicio.
remunerador, ra *adj.* Que proporciona un beneficio.
remunerar *t.* Retribuir, pagar. *Remuneraron mi trabajo en especie.* || Recompensar, premiar, galardonar.
remunerativo, va *adj.* Remunerador.
remuneratorio, ria *adj.* Que hace las veces de recompensa.
renacentista *adj. inv.* Relativo al Renacimiento. *Es un hermoso edificio estilo renacentista.* || *s. com.* Dícese de la persona de la época del Renacimiento.
renacer *intr.* Nacer de nuevo. || *fig.* Recobrar lo perdido. *Renació la alegría en casa.* || Reaparecer.
renacimiento *s. m.* Acción de renacer. || Renovación; vuelta; reaparición. || Recuperación, resurgimiento de un país. || Movimiento literario, artístico y científico que se produjo en Europa en los siglos XV y XVI. || *adj.* Relativo a la época o al estilo renacentista.
renacuajo *s. m.* Larva de la rana desde que sale del huevo hasta que desaparece su cola. *En el lago hay muchos renacuajos.* || *desp.* Persona pequeña o raquítica.
renal *adj.* Relativo a los riñones.
renano, na *adj.* y *s.* Relativo a los territorios bañados por el Rin.
rencilla *s. f.* Rencor.
rencilloso, sa *adj.* Rencoroso.
renco, ca *adj.* Cojo por lesión de las caderas.
rencor *s. m.* Resentimiento.
rencoroso, sa *adj.* Que guarda rencor.
rendición *s. f.* Acción y efecto de rendirse o hacer acto de sumisión al vencedor. *La rendición de un ejército.*
rendido, da *adj.* Sumiso, obsequioso. *Rendido servidor.* || Muy cansado, agotado. *Estoy rendido de por tanto trabajar.* || *loc.* ***Rendido de amor:*** muy enamorado.
rendija *s. f.* Hendidura natural en un cuerpo sólido. *La rendija de una pared.*
rendimiento *s. m.* Agotamiento, cansancio. || Sumisión, humildad. || Obsequiosidad, respeto. || Producción o utilidad de una cosa. *El rendimiento de la tierra.* || Utilidad que da un trabajador manual o intelectual. || Relación entre el trabajo útil que se obtiene y la cantidad de energía que se suministra. *El rendimiento del motor.*
rendir *t.* Vencer al enemigo y obligarle a entregarse. || Someter al dominio de uno. *Se rindió la plaza y terminó el conflicto.* || Dar o devolver a uno lo que le corresponde. *Rindieron honores a la bandera.* || Dar fruto o utilidad una cosa. *Mi cuenta bancaria rindió pocos intereses.* || Cansar, fatigar, agotar. *El paseo me rindió.* || Presentar. *Rendirá cuentas el munícipe.* || Vomitar, devolver. || En milicia, pasar una cosa a la vigilancia de otro. *Rendiré la guardia a las once.* || *loc.* ***Rendir gracias:*** agradecer. || ***Rendir las armas:*** entregarse, capitular.
renegado, da *adj.* y *s.* Que renuncia a una fe para abrazar otra.
renegador, ra *adj.* y *s.* Que reniega.
renegar *t.* Volver a negar. *Todo lo niega y reniega.* || *intr.* Cometer apostasía, abjurar. *Renegó de su fe.* || Negarse a reconocer como tal, abandonar. *No debes renegar de tu familia.* || Decir injurias, blasfemar.
renegrido, da *adj.* Ennegrecido por el humo o la mugre. *Las paredes de la chimenea están renegridas por el hollín.* || Relativo a la piel muy oscura. *Estuve en la playa y regresé renegrido.*
renglón *s. m.* Línea escrita o impresa. || Partida de una cuenta. || Parte en un gasto, capítulo. *Su mantenimiento cuesta mucho dinero.* || *pl. fig.* y *fam.* Cualquier escrito o impreso. *¿Qué le parecen estos renglones?* || *loc.* ***A renglón seguido:*** a continuación, inmediatamente después. || *fig.* ***Dejar entre renglones una cosa:*** no acordarse de ella. || ***Leer entre renglones:*** penetrar la intención oculta de un escrito.
renglonadura *s. f.* Conjunto de líneas horizontales señaladas en el papel de escribir.
rengo, ga *adj.* Renco.
renguear *intr. Amér.* Renquear.
renguera *s. f. Arg. Chil. Col. Méx. Py. Per.* y *Uy.* Cojera.
reniego *s. m.* Blasfemia, juramento. || Dicho injurioso.
renio *s. m.* Elemento químico, metal raro en la corteza terrestre. Tiene las mismas propiedades que el platino. Se utiliza en la construcción de termopares, para fabricar contactos eléctricos y como catalizador. Su número atómico es 75 y su símbolo *Re.*
reno *s. m.* Mamífero rumiante parecido al ciervo, de astas muy ramosas y pelaje espeso, que vive en Siberia, Escandinavia, Groenlandia y Canadá.
renombrado, da *adj.* Célebre.
renombre *s. m.* Fama, celebridad. *Es una ciudad de mucho renombre.* || Sobrenombre.
renovable *adj.* Que se puede prolongar.
renovación *s. f.* Acción y efecto de renovar. *Renovarán mi pasaporte.* || Prórroga. *No haré la renovación del arrendamiento.* || Reemplazo. || Transformación. || Renacimiento.
renovador, ra *adj.* y *s.* Que renueva.
renovar *t.* Hacer como de nuevo una cosa o volverla a su primer estado. *Renovaron el local.* || Sustituir lo viejo por lo nuevo. || Reemplazar, cambiar. *Renovarán el personal de la empresa.* || Reanudar, restablecer. *Renovaron su alianza los partidos políticos.* || Reiterar, repetir. *Te renuevo mi petición.* || Volver a poner de moda. *Renovaron una costumbre antigua.*
renquear *intr.* Cojear, caminar con dificultad. *Marisela renquea porque se torció el tobillo.*
renqueo *s. m.* Cojera.
renta *s. f.* Beneficio anual que rinde una cosa. *La familia de Manolo se mantiene de sus rentas.* || *Chil.* y *Méx.* Lo que se paga por un arrendamiento. *El dueño de la casa cobra la renta el primer día de cada mes.* || *loc.* ***A renta:*** en arrendamiento. || ***Renta nacional:*** conjunto de las rentas públicas y privadas de un país. || ***Renta pública:*** cantidades que cobra el Estado, sea de los impuestos, sea de sus propiedades. || ***Renta vitalicia:*** pensión pagada mientras vive el beneficiario.
rentabilidad *s. f.* Carácter de lo que produce un beneficio.
rentabilizar *t.* Hacer que produzca un beneficio.
rentable *adj.* Que produce ganancias.
rentar *t.* Producir algo algún beneficio. *El dinero en el banco renta muy pocas ganancias.* || Pagar una cantidad por habitar u ocupar un lugar. *Los Ramírez rentaron un apartamento.*
rentero, ra *adj.* Tributario. || *s.* Arrendatario de finca.
rentista *s. com.* Persona que tiene rentas o que vive de ellas. *Era un lugar de recreo para los rentistas.*
rentístico, ca *adj.* Financiero.
renuevo *s. m.* Vástago de un árbol. || *fig.* Renovación.
renuncia *s. f.* Acto por el cual una persona hace abandono de una cosa,

un derecho, un cargo, una función. || Documento en que consta.
renunciable *adj.* Que puede renunciarse.
renunciación *s. f.* o **renunciamiento** *s. m.* Renuncia.
renunciante *adj.* y *s. com.* Que renuncia.
renunciar *t.* Hacer dejación voluntaria de una cosa. *Renunciaré al proyecto.* || Dejar de pretender. *Renunciaron a los honores.* || Abandonar. || En algunos juegos de naipes, no servir el palo que se juega teniendo cartas de él.
renvalsar *t.* Hacer un renvalso. *Renvalsar una puerta.*
renvalso *s. m.* Rebajo del canto de las hojas de puertas y ventanas para que encajen en el marco o unas con otras.
reñidero *s. m.* Lugar donde se verifican las riñas de gallos.
reñido, da *adj.* Discutido, peleado. *El primer premio del concurso fue muy reñido.*
reñidor, ra *adj.* Pendenciero.
reñir *t.* e *intr.* Reprender, regañar. || Discutir, pelear. || Enemistarse, deshacer la amistad que se tenía con otro.
reo, a *s.* Acusado, persona culpable de un delito. || El demandado en juicio. || *loc.* ***Reo de Estado:*** el que ha cometido un delito contra la seguridad del Estado.
reojo *loc.* **Mirar de reojo:** Mirar con disimulo, sin volver la cabeza. *El inspector miró de reojo a los alumnos que jugaban.*
reología *s. f.* Parte de la física que estudia cualidades de la materia como la viscosidad, la plasticidad y la elasticidad.
reómetro *s. m.* Instrumento que sirve para medir la velocidad de la corriente de un fluido.
reordenación *s. f.* Nueva ordenación.
reorganización *s. f.* Acción y efecto de reorganizar. || Cambio. *Se efectuó una reorganización en el gobierno.*
reorganizador, ra *adj.* Que organiza de nuevo.
reorganizar *t.* Volver a organizar. *Reorganizarán el ejército.* || Cambiar algunos miembros de un gobierno.
reóstato *s. m.* Instrumento que sirve para hacer variar la resistencia en un circuito eléctrico.
repantigarse o **repanchigarse** *pr.* Extenderse o acomodarse en el asiento con comodidad. *La joven se repantigó en la silla.*
reparable *adj.* Que puede repararse. || Digno de atención.
reparación *s. f.* Acción y efecto de reparar, componer o enmendar. || Desagravio. *La reparación de una ofensa.*
reparada *s. f.* Movimiento brusco del caballo.
reparador, ra *adj.* Que repara o mejora una cosa. || Que restablece las fuerzas. *Necesito un descanso reparador.* || *s.* Persona que compone o arregla algo roto.
reparar *t.* Componer una cosa. *Deben reparar ya esa máquina.* || *fig.* Advertir, ver. *Repararé mi error.* || Enmendar, corregir. || Desagraviar. || Restablecer las fuerzas. || *intr.* Hacer caso, atender, ver. *Nadie reparó en él.* || Mirar cuidadosamente. *Reparó sólo en un detalle.* || Advertir, notar. *Reparar en un error.* || *loc.* ***Sin reparar en gastos:*** sin tener en cuenta los gastos.
reparo *s. m.* Advertencia, observación. || Crítica, objeción. *Pones reparos a todo.* || Reticencia, dificultad, reserva. *Aprobar algo con cierto reparo.* || Restauración o remedio. || Obra que se hace para restaurar un edificio. || En esgrima, parada o quite. || *loc. fig.* ***No andar*** (o ***andarse***) ***con reparos:*** no vacilar, no considerar los inconvenientes. || ***Sin reparos:*** sin escrúpulos.
repartible *adj.* Divisible.
repartición *s. f.* Reparto.
repartidor, ra *adj.* Que reparte. || *s.* Empleado que lleva a domicilio las mercancías.
repartimiento *s. m.* Reparto. Durante la colonización española de América recibieron el nombre de *repartimientos* las concesiones de indios hechas a favor de los conquistadores, quienes, en contrapartida a los derechos adquiridos, contraían la obligación de proteger e instruir a aquellos que estaban sometidos a su jurisdicción.
repartir *t.* Distribuir entre varios una cosa dividiéndola en partes. *Se repartió el patrimonio familiar.* || Distribuir, entregar a domicilio. *El cartero repartió el correo.* || Dividir una contribución o gravamen por partes. || *fam.* Dar, administrar. *Repartieron golpes y fueron a la cárcel.*
reparto *s. m.* Distribución. *Se hizo el reparto de premios.* || Entrega a domicilio. || División. *El reparto de Polonia.* || Distribución de papeles entre los actores de una obra teatral o cinematográfica. || *Cub.* Terreno urbanizado. Se dice especialmente de la ciudad de La Habana. || Barrio.
repasador *s. m. Arg. Py.* y *Uy.* Tela de cocina.
repasar *t.* Volver a examinar, estudiar o mirar algo. *Esteban repasó los temas para su examen.* || Volver a pasar por un mismo lugar.
repaso *s. m.* Acción de examinar de nuevo.
repatriación *s. f.* Hecho de hacer que alguien que se había ido, vuelva a su patria. *La repatriación es un proceso muy complejo.*
repatriado, da *adj.* y *s.* Exiliado o expatriado que regresa a su país de origen.
repatriado, da *adj.* y *s.* Que vuelve a su patria.
repatriar *t. intr.* y *pr.* Hacer que uno regrese a su patria. *El gobierno repatrió a algunas familias.*
repechar *t.* Subir por un repecho, escalar.
repecho *s. m.* Cuesta muy empinada, pero corta.
repeinar *t.* Volver a peinar. || *pr.* Peinarse cuidadosamente, con esmero.
repelar *intr. Méx.* Rezongar, protestar por algo que no se está dispuesto a hacer o aceptar.
repelente *adj.* Que repele.
repeler *t.* Rechazar. || Arrojar, echar. *Repelió a los intrusos.* || Contradecir, objetar. *Para repeler algo se necesitan argumentos sólidos.* || *fig.* Disgustar. || Repugnar, asquear.
repellar *t.* Cubrir de yeso o cal la pared.
repello *s. m.* Acción de repellar.
repelón, lona *adj. Méx.* Que rezonga o que refunfuña.
repelús o **repeluzno** *s. m.* Escalofrío producido por temor, asco, etc.
repente *s. m. fam.* Movimiento súbito. || Arrebato. *Un repente de ira.* || Presentimiento brusco. || *loc.* ***De repente:*** de pronto, súbitamente.
repentino, na *adj.* Pronto, súbitamente, imprevisto.
repercusión *s. f.* Acción de repercutir. || *fig.* Consecuencia. *El hecho puede tener graves repercusiones.* || Alcance, eco. *Su discurso tuvo mucha repercusión.*
repercusivo, va *adj.* Que repercute.
repercutir *intr.* Retroceder o rebotar un cuerpo al chocar con otro. || Producir eco el sonido. *El estallido repercutió en la pared.* || *fig.* Trascender, causar efecto una cosa en otra. *La medida repercutió en los precios.*
repertorio *s. m.* Índice, registro, en que las materias están ordenadas de forma que puedan encontrarse fácilmente. || Colección de obras de una misma clase. *Es un repertorio de autores clásicos.* || Conjunto de las obras que representa una compañía de teatro o una orquesta o un músico. || *fig.* Conjunto de conocimientos. *Todo el repertorio de mis recuerdos.*
repetición *s. f.* Acción de repetir varias veces la misma idea o la misma palabra. || Reproducción de la misma acción. || Mecanismo de ciertos relojes que les permite dar la hora al apoyar en un botón. || *loc.* ***Arma de repetición:*** arma de fuego que puede hacer varios disparos sin recargarse.
repetidor, ra *adj.* y *s.* Que repite. || Que vuelve al mismo curso de estudios por no haber aprobado. *Es un alumno repetidor.* || *s. m.* El que repasa a otro la lección. || Amplificador telefónico para comunicaciones muy lejanas. || Estación de radio o televi-

sión que retransmite por ondas hertzianas las señales recibidas de una estación principal.
repetir *t.* Volver a hacer o decir lo que se había hecho o dicho. *Repitan las palabras conmigo*... || Volver al mismo curso escolar por no haber aprobado. || Tomar de nuevo de un plato de comida. || En derecho, reclamar contra tercero. || En teatro, reestrenar. || *intr.* Venir a la boca el sabor de lo que se ha comido o bebido. *El ajo repite.* || *pr.* Usar siempre las mismas palabras, formas, etc. || Volver a suceder un acontecimiento.
repicar *t.* Picar mucho una cosa, reducirla a partes muy menudas. || Tañer rápidamente y al compás las campanas en señal de fiesta. || *intr.* Tocar el tambor con golpes ligeros y rápidos. || *loc.* ***No se puede repicar y andar en la procesión:*** no se pueden hacer dos cosas al mismo tiempo.
repintar *t.* Pintar de nuevo. || *pr.* Maquillarse cuidadosamente. *Repintarse el rostro le llevó más tiempo.*
repique *s. m.* Toque de campanas.
repiquetear *intr.* Repicar con mucha viveza las campanas, el tambor u otro instrumento sonoro. || *fig.* Golpear del mismo modo. *La lluvia repiqueteaba en los cristales.*
repiqueteo *s. m.* Acción y efecto de repiquetear. *El repiqueteo de las campanas.* || Ruido producido por los disparos de una ametralladora.
repisa *s. f.* Ménsula de más longitud que vuelo, en la cual se asienta un balcón, o propia para sostener un objeto de adorno. || Estante, anaquel.
replanteamiento *s. m.* Acción y efecto de replantear.
replantear *t. En arquitectura,* trazar en el terreno la planta de una obra ya proyectada. || Plantear de nuevo. *Replantear una táctica.*
repleción *s. f.* Condición de repleto, saciedad, hartura.
replegar *t.* Plegar o doblar muchas veces. || Ocultar, hacer desaparecer un órgano mecánico saliente. *El piloto replegó el tren de aterrizaje del avión.* || *pr.* En milicia, retirarse en buen orden las tropas avanzadas.
repleto, ta *adj.* Muy lleno. *La calle está repleta de gente.* || Rechoncho. || Ahíto.
réplica *s. f.* Respuesta, argumento o discurso con que se replica. *El ponente dio una réplica adecuada.* || Copia exacta de una obra artística. *Una réplica de la Venus Capitolina.*
replicar *intr.* Responder. || Poner objeciones a lo que se dice o manda.
repliegue *s. m.* Pliegue doble. || *fig.* Recoveco, profundidad. *Los repliegues del alma.* || En milicia, retirada de las tropas.
repoblación *s. f.* Acción y efecto de repoblar. || *loc.* ***Repoblación forestal:*** plantación sistemática de árboles en una zona o región.
repoblar *t.* Volver a poblar con personas un país, con alevines un estanque o un río, con árboles una zona.
repollo *s. m.* Cabeza formada por las hojas de algunas plantas. || Variedad de col que tiene las hojas muy apretadas.
reponer *t.* Volver a poner. *Repusieron al funcionario en su puesto:* || Volver a representar una obra dramática. *Repondrán la comedia.* || Replicar, responder. || Completar lo que falta de una cosa. *Hay que reponer aquel mueble.* || Hacer recobrar la salud. || *pr.* Recobrar la salud o la hacienda. || Recuperarse, volver a tener tranquilidad. *Se repuso del susto y se fue.*
reportaje *s. m.* Artículo periodístico basado en las informaciones suministradas por uno o más reporteros. *Reportaje gráfico, radiofónico.*
reportar *t.* Alcanzar, lograr. *Reportaron el triunfo opositor.* || *Amér. C.* y *Méx.* Acusar, denunciar. || *pr.* Reprimirse, contenerse. || Serenarse, calmarse.
reporte *s. m. Méx.* Informe. *El presidente pidió un reporte después del huracán.*
reportero, ra *s.* Periodista que acude al sitio donde se genera una noticia.
reportista *s. m.* Litógrafo que hace reportes.
reposado, da *adj.* Calmado, tranquilo, lento. || Relativo a los licores añejados.
reposapiés *s. m. inv.* Soporte donde el pasajero de una moto coloca los pies.
reposar *intr.* y *pr.* Tomar un descanso, recostarse. *Adriana fue a reposar un rato.* || Depositarse una sustancia en el fondo de un líquido. *Hay que dejar reposar el café antes de tomarlo.*
reposera *s. f. Arg. Py.* y *Uy.* Silla que se extiende.
reposición *s. f.* Restablecimiento. || Renovación, acción y efecto de reemplazar lo viejo por lo nuevo. || Representación de una obra teatral o cinematográfica ya antigua.
reposo *s. m.* Suspensión del movimiento, inmovilidad. || Descanso, tranquilidad, quietud.
repostar *t.* y *pr.* Reponer provisiones, combustible, etc.
repostería *s. f.* Oficio y técnica de hacer postres, tartas, dulces, etc.
repostero, ra *s.* Persona que tiene por oficio hacer dulces, postres, tartas, etc. *Enrique estudia para repostero.*
reprender *t.* Amonestar a uno, regañarlo. *El maestro reprendió al alumno.* || Censurar, criticar. *Le reprendió su mala conducta.*
reprensible *adj.* Que merece reprensión. *Cometiste un acto reprensible.*
reprensión *s. f.* Acción de reprender, reproche que se hace a uno por una falta que ha cometido.
reprensivo, va *adj.* Digno de reprensión. *Habló en tono reprensivo.*
represa *s. f.* Estancamiento del agua corriente. || Embalse, presa.
represalia *s. f.* Derecho que se arroga un combatiente de causar al enemigo igual o mayor daño que el recibido. *Tomar, ejercer represalias.*
representable *adj.* Que puede representarse o hacer visible. *Es una comedia representable.*
representación *s. f.* Acción de representar una obra teatral, función. *Asistí a la representación teatral.* || Idea que nos formamos del mundo exterior o de un objeto determinado. || Expresión artística de la realidad. || Conjunto de personas que representan una colectividad. *Acudió una representación del Ayuntamiento.* || Derecho de una persona a ocupar, para la sucesión de una herencia, el lugar de otra difunta. || Acción de negociar por cuenta de una casa comercial.
representador, ra *adj.* Que representa.
representante *adj.* Que representa. || *s. com.* Persona que representa a un ausente o a un cuerpo o colectividad. *Enviar un representante a un entierro.* || Agente comercial encargado de la venta de un producto en una plaza o zona. || Actor de teatro. || *Amér.* Diputado, en algunos países.
representar *t.* Hacer presente algo en la imaginación por medio de palabras o figuras, figurar. *Este dibujo representa una casa.* || Ejecutar en público una obra teatral. *Representaron un drama.* || Desempeñar un papel. || Sustituir a uno o hacer sus veces. *Representará al presidente.* || Ser imagen o símbolo de una cosa. *Pérez Galdós representa el realismo en España.* || Aparentar, parecer. *Representa menos edad.* || Equivaler. *Esta obra representa diez años de trabajo.* || *pr.* Volver a presentar. || Darse cuenta, imaginarse. *No me represento su asombro.* || Imaginarse. *No me represento a Juan con sotana.*
representativo, va *adj.* Que representa otra cosa. || *fig.* Importante. *Es una pieza representativa.* || Singular. *Ejemplar muy representativo de la fauna polar.* || *loc.* ***Gobierno representativo:*** aquel en que la nación delega al Parlamento el ejercicio del Poder Legislativo.
represión *s. f.* Acción de reprimir. *La represión de los delitos.* || Relegación al subconsciente de ciertas tendencias consideradas como condenables.
represivo, va *adj.* Que reprime. *Las nuevas leyes son muy represivas.*
represor, ra *adj.* y *s.* Que reprime o domina.

reprimenda *s. f.* Reprensión severa, corrección.
reprimir *t.* Contener, detener el efecto o progreso de algo. *El ejército reprimió la sublevación.*
reprivatización *s. f.* Proceso y hecho de volver a la actividad privada a una industria que había sido absorbida por el Estado. *Se decretó la reprivatización de los ingenios azucareros.*
reprivatizar *t.* Regresar a la actividad privada una industria que se había nacionalizado. *El presidente anunció que reprivatizará la central siderúrgica.*
reprobación *s. f.* Rechazo, censura.
reprobado, da *adj.* Que no fue aprobado, que no alcanzó la calificación suficiente en un examen. *Tendrá que repetir el año, porque está reprobado.*
reprobador, ra *adj.* Que censura o condena.
reprobar *t.* Censurar o no aprobar, dar por malo. || *Amér.* No aprobar un curso o examen. *Si no estudias reprobarás.*
reprobatorio, ria *adj.* Reprobador, que reprueba.
réprobo, ba *adj.* y *s.* Condenado a las penas del infierno.
reprochable *adj.* Que merece reproche.
reprochador, ra *s.* Persona que reprocha.
reprochar *t.* Criticar, echar en cara, censurar. *Reprochar a uno sus vicios.*
reproche *s. m.* Lo que se dice a una persona para expresarle su descontento o avergonzarla. *Aguantó muchos reproches injustos.*
reproducción *s. f.* Proceso biológico por el que dos seres vivos perpetúan la especie. Puede ser sexual, por la unión de dos gametos, o asexual o vegetativa, sin intervención de gametos. || Copia o imitación de una obra literaria o artística. *Es la hermosa reproducción de un Goya.* || *loc.* ***Derecho de reproducción:*** el del autor o propietario de una obra literaria o artística para autorizar su difusión y obtener un beneficio de ella.
reproducible *adj.* Que puede reproducirse.
reproducir *t.* Volver a producir. || Imitar, copiar. *Reproducirá un cuadro.* || Volver a hacer presente. *Reprodujeron los mismos argumentos.* || *pr.* Perpetuarse por medio de la generación.
reproductivo, va *adj.* Que favorece una nueva producción.
reproductor, ra *adj.* Que sirve a la reproducción. || *s.* Animal empleado para la reproducción y destinado a mejorar la raza.
reprografía *s. f.* Reproducción de documentos por medios mecánicos como la fotocopia, la fotografía, etc.
reptante *s. f.* Que repta.
reptar *intr.* Andar arrastrándose como los reptiles.
reptil *adj.* y *s. m.* Aplícase a los animales vertebrados que caminan rozando la tierra con el vientre.
república *s. f.* Forma de gobierno representativo en el que el poder reside en el pueblo, personificado éste por un presidente elegido por la nación o sus representantes. *La República Francesa.* || Gobierno del Estado, cosa pública. *La prosperidad de la república.* || *loc.* ***La república de las letras:*** conjunto de los escritores.
republicanismo *s. m.* Condición de republicano. || Afecto a la forma de gobierno republicana.
republicanizar *t.* Dar carácter republicano.
republicano, na *adj.* Relativo a la república. *Sistema, régimen republicano.* || *s.* Partidario de la república.
repúblico *s. m.* Estadista. || Patriota, buen patricio.
repudiable *adj.* Que merece ser repudiado.
repudiación *s. f.* Acción y efecto de repudiar.
repudiar *t.* Rechazar legalmente a la propia esposa. || Renunciar voluntariamente. *Repudiar una sucesión.* || *fig.* Condenar, rechazar. *Repudia los métodos violentos.*
repudio *s. m.* Repudiación.
repuesto *s. m.* Provisión de víveres u otros artículos guardados para usarlos en determinada ocasión. || Recambio, pieza de un mecanismo que sustituye a otra que se ha averiado o que se ha acabado. *Necesito un repuesto de mi bolígrafo.* || *loc.* ***De repuesto:*** cosa preparada para sustituir a la que ya se descompuso o dañó.
repuesto, ta *adj.* Que se ha recuperado de una enfermedad. *Volvió a su trabajo muy repuesto.*
repugnancia *s. f.* Oposición, contradicción. *Existe una repugnancia intrínseca entre el odio y la caridad.* || Aversión, repulsión, antipatía. *Siento repugnancia hacia los sapos.*
repugnante *adj.* Que repugna.
repugnar *intr.* Causar asco o disgusto una cosa.
repujado *s. m.* Técnica con la que se labran a martillo chapas metálicas o cuero. *Los artesanos hacen billeteras con repujado.*
repujar *t.* Labrar a martillo chapas metálicas o cuero.
repulir *t.* Volver a pulir. || Acicalar con afectación.
repulsa *s. f.* Condena enérgica.
repulsar *t.* Desechar.
repulsión *s. f.* Acción y efecto de repeler, de producir rechazo. *La sangre le causa repulsión a Iris.* || Repugnancia. *Con repulsión la mujer descubrió una rata muerta.*
repulsivo, va *adj.* Que produce repugnancia.
repuntar *t. Arg. Chil.* y *Uy.* Reunir el ganado que está disperso. || *Arg. Chil. Col. Hond, Méx.* y *Uy.* Recobrar intensidad un hecho o fenómeno que había disminuido. || *Arg. Chil.* y *Uy.* Recuperar una posición favorable.
repunte *s. m.* En economía, recuperación de una posición favorable.
reputación *s. f.* Fama, opinión común sobre algo.
reputado, da *adj.* Célebre.
reputar *t.* Considerar, formar juicio. || Apreciar, estimar. *Reputo en mucho su inteligencia.*
requebrar *t.* Volver a quebrar. || *fig.* Galantear, piropear. || Adular, lisonjear.
requemado, da *adj.* Tostado.
requemar *t.* Volver a quemar. || Tostar mucho. *Se requemó la tez.* || Privar el calor de jugo a las plantas, secarlas. || Resquemar, causar picor en la boca algunas sustancias. || *fig.* Encender de modo excesivo la sangre. || *pr.* Quemarse o tostarse mucho. *No dejes que se requemen las plantas.* || *fig.* Consumirse interiormente y sin darlo a conocer. *Se requemó de pena.*
requeridor, ra *adj.* y *s.* Que requiere.
requerimiento *s. m.* Acto judicial por el que se intima que se haga o se deje de hacer algo. || Demanda, solicitación.
requerir *t.* Intimar, avisar a la autoridad pública. || Necesitar, tener precisión de algo. *Este enfermo requiere muchos cuidados.* || Exigir, precisar. *Las circunstancias lo requieren.* || *pr.* Exigirse. *Para optar al cargo se requiere la nacionalidad española.* || *loc.* ***Requerir de amores a una mujer:*** cortejarla.
requesón *s. m.* Queso hecho con leche cuajada sin el suero. || Cuajada, después de hecho el queso.
requetebién *adv. fam.* Muy bien. *Me parece requetebién.*
requetelleno, na *adj. fam.* Atestado, muy lleno.
requiebro *s. m.* Piropo. *Decir requiebros a una joven.*
réquiem *s. m.* Oración que reza la Iglesia católica por los difuntos. *Misa de réquiem.* || Su música. *El réquiem de Mozart.*
requintar *t. Amér. C.* y *Méx.* Apretar mucho.
requinto *s. m.* Guitarra pequeña de sonido más agudo que la normal. || Clarinete pequeño, de sonido agudo, que se usa sobre todo en las bandas de música.
requirente *adj.* y *s. com.* Quien demanda justicia.
requisa *s. f.* Examen, inspección. || Requisición.
requisar *t.* Hacer una requisición. *Requisaron varios vehículos porque eran ilegales.*
requisición *s. f.* Acción de la autoridad que exige de una persona o de

una entidad la prestación de una actividad o el goce de un bien (vehículo, fábrica, edificio, etc.).

requisito *s. m.* Circunstancia, condición. *Para votar es requisito ser mayor de edad.* || Formalidad. *Cumplí con todos los requisitos.*

requisitorio, ria *adj.* Dícese del despacho en que un juez requiere a otro para que ejecute un mandamiento del requirente.

res *s. f.* Cualquier animal cuadrúpedo de ciertas especies domésticas, como el ganado vacuno, lanar, porcino, etc., o de algunas salvajes, como el venado, jabalí, etc. || *Amér.* Buey o vaca.

resabiado, da *adj.* Que tiene resabios.

resabiar *t.* Hacer tomar un vicio o adquirir mala costumbre. || *pr.* Disgustarse o desazonarse.

resabido, da *adj. fam.* Que se las da de muy sabio y enterado. || Sabido de todos.

resabio *s. m.* Sabor desagradable. *Esa lechuga deja un resabio un poco amargo.* || Vicio o mala costumbre. *Tiene el resabio de guardar húmedas las toallas de cocina.*

resaca *s. f.* Movimiento de retroceso de las olas. *Cuando hay resaca es peligroso nadar en el mar.* || Malestar que se siente al día siguiente de haber bebido alcohol en exceso. *Cuando la gente toma alcohol no piensa en la resaca.*

resaltador *s. m. Arg. Col. Cub. Ecua. Py.* y *Uy.* Marcador, instrumento para escribir o dibujar.

resaltar *intr.* Rebotar. || Destacarse, hacer contraste. *El negro resalta sobre el blanco.* || Sobresalir de una superficie. *Los balcones resaltan en la fachada del edificio.* || *fig.* Distinguirse, descollar. *Resaltar uno por su mérito.*

resalte *s. m.* Resalto en una pared.

resalto *s. m.* Parte que sobresale de la superficie de una casa. *Los resaltos de una fachada.*

resanar *t.* Cubrir con oro las partes defectuosas de un dorado. || Restaurar cualquier cosa dañada.

resane *s. m. Méx.* Acción de reparar una superficie.

resarcible *adj.* Indemnizable.

resarcimiento *s. m.* Indemnización, compensación de daños.

resarcir *t.* Indemnizar, reparar, compensar. *Resarcir de un daño o agravio.*

resbalada *s. f. Amér.* Resbalón.

resbaladero, ra *adj.* Resbaladizo. || *s. m.* Lugar resbaladizo.

resbaladilla *s. f. Méx.* Tobogán pequeño para niños. *En el parque hay resbaladillas.*

resbaladizo, za *adj.* Que se resbala o escurre con facilidad. *La piel de los peces es resbaladiza.* || Relativo al lugar donde es fácil resbalar. *La lluvia hizo resbaladiza la calle.*

resbalamiento *s. m.* Resbalón.

resbalar *intr.* y *pr.* Deslizarse o escurrirse algo. *La puerta corrediza necesita aceite para que resbale bien.* || Perder el equilibrio al andar sobre una superficie húmeda, lisa, helada, etc. *El piso estaba mojado y se resbaló.*

resbalín *s. m. Chil.* Tobogán pequeño para niños.

resbalón *s. m.* Acción de deslizarse algo sobre una superficie de manera violenta. *Por el resbalón terminó sentado en el suelo.*

resbaloso, sa *adj.* Resbaladizo. *El piso quedó muy resbaloso después de haberlo encerado.*

rescacio *s. m.* Pez marino acantopterigio cuya cabeza lleva espinas agudas y que suele esconderse en la arena.

rescatador, ra *adj.* y *s.* Que rescata.

rescatar *t.* Recobrar mediante pago, redimir. *Rescataron al cautivo.* || Libertar. || Salvar, recuperar. || *fig.* Librar, aliviar. *Me rescató de la desesperación.* || Sacar. *Rescatar del olvido.*

rescate *s. m.* Acción y efecto de rescatar. || Dinero con que se rescata. *Impusieron un rescate.*

rescatista *s. com.* Persona especialista en rescatar a las víctimas de una catástrofe.

rescindible *adj.* Que se puede rescindir.

rescindir *t.* Dejar sin efecto un contrato, obligación, etc.

rescisión *s. f.* Anulación de un contrato.

rescisorio, ria *adj.* Que rescinde o anula.

rescoldo *s. m.* Brasa menuda envuelta en la ceniza. || *fig.* Lo que queda de algo, resto. *Aún queda un rescoldo de esperanza.*

resecar *t.* Secar mucho. || Efectuar la resección de un órgano.

resección *s. f.* Operación quirúrgica que consiste en separar o cortar parte de un órgano.

reseco, ca *adj.* Muy seco.

resentido, da *adj.* Que siente molestia o dolor como consecuencia de algún padecimiento pasado. || Debilitado. *Los árboles están resentidos por las heladas del invierno.* || Molesto, rencoroso. *Francisco está resentido con Beatriz y no le habla.*

resentimiento *s. m.* Sentimiento de molestia o disgusto con algo de tristeza.

resentirse *pr.* Debilitarse. *Las paredes se resintieron después del terremoto.* || Sentir dolor o molestia a causa de una enfermedad pasada. *Con la caída se resintió su vieja fractura.* || Sentir disgusto o pena por algo. *Leonor resintió la deslealtad de su novio.*

reseña *s. f.* Relato, narración sucinta, artículo. *Haremos una reseña biográfica.* || Descripción del aspecto exterior de una persona para conocerla fácilmente.

reseñar *t.* Hacer una reseña.

resequedad *s. f.* Acción y efecto de la desecación.

reserva *s. f.* Acción de reservar; cosa reservada. || En los museos y bibliotecas, parte de las colecciones que no pueden ser utilizadas por el público. || Guarda, custodia de algo. *Teníamos provisiones en reserva.* || Acción de reservar un asiento en un vehículo de transporte público, una habitación en un hotel, localidad para un espectáculo, etc. || *fig.* Limitación, restricción. *Habló sin reservas.* || Salvedad que se hace o condición que se pone a algo. *Prometió ayudar pero con muchas reservas.* || Discreción, comedimiento. *Obraré con reserva.* || Cautela, circunspección. *Acogieron la noticia con mucha reserva.* || Terreno reservado para la repoblación. *Reserva zoológica.* || Territorio reservado a los indígenas en ciertos países. *Las reservas de indios en Canadá y Estados Unidos.* || Parte del ejército que no está en servicio activo y puede ser movilizada, y situación de los que pertenecen a ella. || Acción de reservar el Santísimo Sacramento. || Reservado, eucaristía. || En derecho, fondo creado por las empresas mercantiles constituido por parte de los beneficios. || *s. com.* En deportes, jugador que sustituye en un equipo a su titular. *Alinearon a muchos reservas.* || *pl.* *En fisiología,* sustancias almacenadas en los órganos o tejidos para su utilización ulterior. || *loc.* ***De reserva:*** guardado para caso de necesidad. || ***Reserva legal:*** en derecho, legítima. || ***Reserva mental:*** salvedad que se hace mentalmente al prometer o afirmar algo. || ***Sin reserva:*** con toda franqueza, abiertamente; sin restricción. || ***Reserva de la biosfera:*** zona natural controlada y destinada a la preservación del ambiente natural.

reservable *adj.* Susceptible de ser reservado.

reservación *s. f.* Acción de reservar, reserva.

reservado, da *adj.* Discreto, comedido, callado, poco comunicativo. || No seguro. *Su estado es de pronóstico reservado.* || *s. m.* Sacramento de la Eucaristía que se conserva en el sagrario. || Departamento en algún sitio como restaurante, vagón de ferrocarril, etc., destinado a personas que quieren mantenerse apartadas de las demás.

reservar *t.* Guardar una cosa para disponer de ella más adelante. *Reservaré caudal para mi vejez.* || Retener una habitación en un hotel, un asiento en un barco, avión, una localidad en un espectáculo, etc. || Callar una cosa. *Reservo mi opinión.* || Dejar. *Reservó una salida.* || Encubrir el Santísimo Sacramento en el sagrario. || *pr.* Esperar, conservarse para mejor ocasión. *Me reservo para mañana.* || Cuidarse. || *loc.* ***Reservarse su juicio acerca de algo:*** hacer reservas o salvedades antes de asentir a algo.

reservista *adj.* y *s. com.* Dícese del militar perteneciente a la reserva. *Llamaron a los reservistas ante el peligro de guerra.*

resfriado, da *adj.* Acatarrado. || *s. m. En medicina,* indisposición causada por el frío, enfriamiento.

resfriamiento *s. m.* Enfriamiento.

resfriar *t.* Enfriar. || Causar un resfriado. *Esta corriente me resfría.* || *pr.* Acatarrarse.

resguardar *t.* Defender, proteger, abrigar. *Una mampara resguarda del viento.* || *fig.* Defender, amparar. || *pr.* Precaverse contra un daño. *Nos resguardamos del frío.* || Obrar con cautela.

resguardo *s. m.* Defensa, custodia, amparo. || Documento que acredita la entrega a una persona de una suma, un objeto, etc. *Resguardo de una entrega hecha en el banco.* || Talón. *Resguardo de un recibo.* || Vale.

residencia *s. f.* Acción y efecto de residir. *La residencia de Néstor en ese país es temporal.* || Lugar en que se reside o habita. *Antonio fijó su residencia en provincia.* || Casa donde residen y conviven personas afines. || *fam. Méx.* Casa grande de personas con mucho dinero. *Mi amigo vive en una zona de residencias.*

residencial *adj. Méx.* Relativo a residencias, a casas para habitar. *El servicio de teléfono residencial cuesta menos que el comercial.*

residenciar *t.* Investigar un juez la conducta de un funcionario o de otro juez. || Pedir cuentas a alguien en cualquier otra materia.

residente *adj.* y *s. com.* Persona que reside o vive en un lugar. *Xóchitl es mexicana, pero residente en los Estados Unidos de América.*

residir *intr.* Vivir de manera habitual en un lugar. *Paula residió ocho años en el extranjero.* || *fig.* Radicar en un punto lo esencial de una cuestión. *Ahí reside el problema.* || *loc.* ***Residir en:*** corresponder a. *El Poder Legislativo reside en el Parlamento.*

residual *adj.* Que queda como residuo. || *loc.* ***Aguas residuales:*** las que arrastran residuos o detritos.

residuo *s. m.* Parte que queda de un todo. || Lo que resulta de la descomposición, combustión o destrucción de una cosa. || En matemáticas, resultado de la operación de restar.

resignación *s. f.* Renuncia a un derecho, a un cargo, en favor de alguien. || *fig.* Conformidad, acción de soportar algo sin protestar.

resignar *t.* Renunciar a un cargo a favor de alguien. || Entregar una autoridad el gobierno a otra. *Resignar el mando.* || *pr.* Conformarse con lo irremediable, someterse. *Debe resignarse con su suerte.*

resiliencia *s. f.* En mecánica, índice de resistencia de un material a los choques. *La resiliencia de este plástico es mayor que la del acero.*

resina *s. f.* Sustancia viscosa insoluble en el agua, soluble en el alcohol, inflamable, que fluye de ciertas plantas (coníferas, terebintáceas).

resinero, ra *adj.* Relativo a la resina. *La industria resinera decayó el año pasado.*

resinífero, ra *adj.* Que produce resina. || Resinoso.

resinoso, sa *adj.* Que tiene o destila resina.

resistencia *s. f.* Propiedad que tiene un cuerpo de reaccionar contra la acción de otro cuerpo. || Fuerza que se opone al movimiento. || Fuerza que permite sufrir el cansancio, el hambre, etc. *Tiene una gran resistencia física.* || Capacidad de defensa del organismo contra la agresión microbiana. || Defensa contra un ataque. *Opuso resistencia al enemigo.* || Oposición, repugnancia a obedecer. *Encontramos resistencia entre la gente.* || Durante la Segunda Guerra Mundial, conjunto de las organizaciones o movimientos que combatieron al invasor alemán. *La Resistencia francesa.* || Obstrucción que hace un conductor al paso de la corriente eléctrica. || Conductor que se emplea para aprovechar dicha resistencia con algún fin. *La resistencia de una plancha.* || *loc.* ***Resistencia del aire:*** fuerza que el aire, incluso inmóvil, opone al avance de un cuerpo, especialmente de un proyectil. || ***Resistencia de materiales:*** ciencia que tiene por objeto determinar las dimensiones de los distintos elementos de una construcción para que puedan soportar los esfuerzos a que se han de hallar sometidos. || ***Resistencia pasiva:*** la que consiste en oponerse al adversario mediante la desobediencia o la no cooperación.

resistente *adj.* Que resiste al cansancio, al dolor, etc. || Que tiene resistencia o solidez. *Madera resistente.* || *s. com.* Patriota miembro de la Resistencia en la Segunda Guerra Mundial.

resistir *t.* Sufrir, soportar. *Tendremos que resistir el calor.* || Aguantar, tolerar. *No puedo resistir a Edith.* || Desafiar, rivalizar. *El precio resiste toda competencia.* || *intr.* Hablando de personas, oponer la fuerza a la fuerza, defenderse. *Resistiremos al enemigo.* || Soportar físicamente. *Resiste bien al cansancio.* || Mostrarse firme no aceptando algo que atrae. *Debes resistir las pasiones.* || *pr.* Debatirse, forcejear. || Rehusar. *Se resiste a morir.* || No estar dispuesto a hacer una cosa, no consentir. *Me resisto a creerlo.*

resistividad *s. f.* Producto que da la multiplicación de la resistencia de un conductor eléctrico por el cociente que resulta de dividir la sección del cable por su longitud.

resma *s. f.* Conjunto de 500 pliegos u hojas de papel.

resobado, da *adj.* Muy trillado.

resobar *t.* Manosear.

resol *s. m.* Reverberación solar.

resolana *s. f. Amér.* Luz y calor producidos por el reflejo del sol. *La resolana también broncea la piel.*

resollar *intr.* Respirar con ruido. || *fig.* y *fam.* Ponerse de manifiesto, dar noticia de sí.

resoluble *adj.* Que se puede resolver. *Es un problema resoluble.*

resolución *s. f.* Acción de resolverse. || Decisión, determinación. *Tomaré una resolución mañana.* || Calidad de resuelto, arresto, valor, ánimo. || Texto votado por una asamblea. || Cosa resuelta por una autoridad. *Me entregaron la resolución judicial.* || En derecho, extinción de un contrato por la voluntad de las partes. || Nitidez de una imagen en el monitor de la computadora.

resolutivo, va *adj.* Dícese del método en que se procede analíticamente o por resolución. || En medicina, que tiene virtud para resolver un tumor o inflamación.

resoluto, ta *adj.* Resuelto.

resolutorio, ria *adj.* Que extingue un contrato.

resolver *t.* Decidir, tomar una determinación. *Resolvió marcharse primero.* || Encontrar la solución. *Resolveré el problema.* || Fallar en una diferencia o disputa. || Descomponer un cuerpo en sus distintos constituyentes. || En medicina, hacer desaparecer poco a poco. *Los médicos resolvieron el tumor.* || *pr.* Deshacerse, disgregarse. *El agua se resuelve en vapor.* || Tomar una decisión. *Resuélvete a intervenir.* || En medicina, desaparecer una inflamación o tumor. || *loc.* ***Resolver una ecuación:*** calcular sus raíces. || ***Resolver un triángulo:*** calcular todos sus elementos a partir de los que ya se conocen.

resonador, ra *adj.* Que resuena. || *s. m.* Aparato o dispositivo que entra en vibración por resonancia. *Compré un resonador acústico.*

resonancia *s. f.* Propiedad de aumentar la duración o la intensidad de un sonido. *La resonancia de una sala.* || Modo de transmisión de las ondas sonoras por un cuerpo. || En física, gran aumento de la amplitud

de una oscilación bajo la influencia de impulsiones regulares de la misma frecuencia. || *fig.* Repercusión, importancia, divulgación. *El discurso tuvo gran resonancia.*
resonante *adj.* Que resuena. || *fig.* Importante. *Conseguimos un triunfo resonante.*
resonar *intr.* Reflejar el sonido aumentando su intensidad. || Sonar mucho, ser muy sonoro. *Resonaron las campanas.* || *fig.* Tener repercusiones un hecho.
resoplar *intr.* Dar resoplidos.
resoplido *s. m.* Resuello fuerte.
resorber *t.* Reabsorber.
resorción *s. f.* Reabsorción.
resorte *s. m.* Muelle. || Relajación de un miembro tenso. || *fig.* Medio material o inmaterial de que se vale uno para lograr un fin. *Me quedan muchos resortes por tocar.*
resortera *s. f. Méx.* Juguete que consiste en una vara en forma de "Y" a la que se le pone una cinta elástica y sirve para disparar pequeños proyectiles.
respaldar *s. m.* Respaldo.
respaldar *t.* Escribir algo en el respaldo de un escrito. || *fig.* Proteger, amparar. *Sus amigos lo respaldan.* || Servir de garantía. || *pr.* Apoyarse con las espaldas. *Respaldarse contra un árbol.*
respaldo *s. m.* Parte del asiento en que se apoyan las espaldas. || Vuelta, verso del escrito en que se anota algo. || Lo que allí se escribe. || *fig.* Protección, amparo. || Garantía. *Cuenta con el respaldo del banco.*
respectar *t.* Tocar, corresponder, atañer. *Por lo que respecta a mí.*
respectivamente *adv.* Correspondientemente. *París y Madrid son las capitales de Francia y España, respectivamente.*
respectivo, va *adj.* Que atañe a persona o cosa determinada. *Los alumnos iban con sus respectivos padres.*
respecto *s. m.* Relación. || *loc.* ***Al respecto*** (o ***a este***) ***respecto:*** en relación con la cosa de que se trata. || ***Con respecto a*** (o ***respecto a*** o ***de***), en relación con.
respetabilidad *s. f.* Condición de respetable, dignidad.
respetable *adj.* Que merece respeto. *Es una persona muy respetable.* || *fig.* Muy grande, enorme. *Estaba a una distancia respetable.* || *s. m. fam.* Público de un espectáculo.
respetar *t.* Tener respeto por alguien. *Respeta a las autoridades.* || Cumplir, acatar. *Todos debemos respetar las leyes.* || Tomar en consideración. *Respeto tu punto de vista.* || No ir contra. *Respeta el bien ajeno.* || Tener cuidado con, tratar cuidadosamente, tener en cuenta. *Algunos no respetan el carácter sagrado del lugar.* || No molestar, no perturbar. *Respeta el sueño de tu padre.* || Conservar, no destruir. *Respetaron las antiguas murallas.*
respeto *s. m.* Sentimiento que induce a tratar a alguien con deferencia, a causa de su edad, superioridad o mérito. *Los mayores merecen respeto.* || Sentimiento de veneración que se debe a lo que es sagrado. *Respeto al recuerdo de un difunto.* || Actitud que consiste en no ir en contra de algo. *Respeto de los bienes ajenos.* || Acatamiento, cumplimiento. *Respeto de las leyes.* || Miramiento, consideración, atención. *Faltarle el respeto a uno.* || Cosa que se tiene de repuesto. *Caja de respeto de un fusil.* || *pl.* Manifestaciones de cortesía, de urbanidad. *Preséntale mis respetos.* || *loc.* ***De respeto:*** grande.
respetuosidad *s. f.* Deferencia, respeto.
respetuoso, sa *adj.* Que respeta. *Es respetuoso con sus padres.* || Conveniente, adecuado. *Ubícate a una distancia respetuosa.* || Considerado, atento. *Saludos respetuosos.*
respingar *intr.* Sacudirse la bestia y gruñir. || Elevarse indebidamente el borde de la falda o de la chaqueta. || *fig.* y *fam.* Resistir, hacer gruñendo una cosa. *Respingó por esa orden.*
respingo *s. m.* Salto o sacudida violenta del cuerpo. *Dio un respingo.* || *fig.* y *fam.* Movimiento o expresión de enfado con que uno muestra su repugnancia a cumplir una orden.
respingona *adj.* y *s. f. fam.* Aplícase a la nariz de punta ligeramente levantada.
respirable *adj.* Que se puede respirar.
respiración *s. f.* Función vital de los seres vivos que consiste en absorber y expulsar aire. || *loc.* ***Respiración artificial:*** tratamiento de la asfixia o de las parálisis respiratorias mediante la provocación manual o mecánica de las contracciones de la caja torácica, de modo que se restablezca la circulación del aire en los pulmones.
respiradero *s. m.* Abertura o conducto por donde entra o sale el aire. *El gas se esparció por el respiradero de la cocina.* || Abertura de las cañerías para dar salida al aire.
respirador *s. m.* Aparato para realizar la respiración asistida.
respirar *t.* e *intr.* Absorber y expulsar el aire los seres vivos. *El perro todavía respira, se puede salvar.* || *loc. fig.* y *fam.* ***No dejar respirar a uno:*** no dejarlo un solo momento, no darle descanso. || ***No respirar:*** no decir nada. || ***Sin respirar:*** sin descanso.
respiratorio, ria *adj.* Que facilita la respiración o que se relaciona con ella. *Hicimos algunos ejercicios respiratorios en el bosque.*
respiro *s. m.* Descanso en el trabajo. *En un respiro que tuvo se tomó un café.* || *fam.* Alivio. *Tus palabras fueron un respiro en mis momentos tristes.*
resplandecer *t.* Brillar. *Aquel objeto resplandecía a lo lejos.* || *fig.* Mostrar, rebosar, despedir. *Su rostro resplandece de felicidad.* || Sobresalir, descollar.
resplandeciente *adj.* Que resplandece. || *fig.* Radiante, rebosante. *Resplandece de salud.*
resplandecimiento *s. m.* Resplandor.
resplandor *s. m.* Luz muy intensa o brillo que despide el Sol u otro cuerpo luminoso. || *fig.* Brillo.
responder *t.* Dar a conocer alguien, después de una pregunta, su pensamiento por medio de la voz o de un escrito. || Afirmar, asegurar. *Le respondo que es así.* || *intr.* Dar una respuesta. *No responde nadie.* || Replicar en lugar de obedecer. *No respondas a tus padres.* || Enviar una carta en correspondencia a otra. || Decir la opinión de uno, replicar. *Es un argumento difícil de responder.* || Contestar a la llamada de alguien. *Toqué y nadie respondió.* || Presentarse, personarse alguien cuando ha sido requerido. *Respondió al llamamiento militar.* || Deberse. *¿A qué responde tanta insistencia?* || *fig.* Salir fiador, garantizar. *Responde de su solvencia.* || Corresponder, devolver. *Responde a los favores recibidos.* || No frustrar, no defraudar. *Respondió a las esperanzas depositadas en él.* || Obrar de cierta forma. *El ejército responderá a la fuerza con la fuerza.* || Asumir la responsabilidad, ser responsable de. *No respondo de lo que pueda hacer en ese caso.*
respondón, dona *adj.* y *s.* Que replica mucho. *¡Qué muchacho tan respondón!*
responsabilidad *s. f.* Obligación de responder de los actos que alguien ejecuta o que otros hacen. *Cargaré con la responsabilidad.* || *loc.* ***Responsabilidad civil:*** obligación impuesta por la ley de reparar los daños y perjuicios causados a otro por el incumplimiento de un contrato o por un acto delictuoso.
responsabilizarse *pr.* Asumir la responsabilidad.
responsable *adj.* Que es responsable de los actos que ejecuta uno u otra persona.
responsiva *s. f. Méx.* Fianza. || *loc.* ***Responsiva médica:*** responsabilidad que un médico contrae ante las autoridades sobre el paciente que tenga a su cuidado.
responso *s. m.* Oración que se hace por los muertos. *El sacerdote dijo un responso ante la tumba.*
respuesta *s. f.* Palabra o escrito dirigidos en correspondencia a lo que se ha dicho, escrito o preguntado. *Me dio una respuesta categórica.* ||

Carta escrita para responder a otra. *Mi respuesta sólo tenía diez líneas.* || *fig.* Contestación. *La indiferencia es la mejor respuesta a sus groserías.* || Reacción. *La respuesta de los agredidos no se hizo esperar.* || *loc. fig.* ***Dar la callada por respuesta:*** no dignarse contestar.

resquebradura *s. f.* Grieta.

resquebrajadizo, za *adj.* Que se agrieta fácilmente.

resquebrajadura *s. f.* o **resquebrajamiento** *s. m.* Grieta.

resquebrajar *t.* Hender ligera o superficialmente algunos cuerpos duros, como la loza, la madera. || Grietear la pintura.

resquebrar *t.* Resquebrajar.

resquemor *s. m.* Escozor. || Desazón, inquietud, desasosiego. || Enfado, disgusto. || Remordimiento.

resquicio *s. m.* Abertura estrecha entre el quicio y la puerta. || Cualquier abertura estrecha. || *fig.* Posibilidad. *Todavía hay un resquicio de esperanza.*

resta *s. f.* Sustracción, operación de restar. || Su resultado.

restablecer *t.* Volver a poner en el primer estado. *Restablecieron las comunicaciones.* || Recuperar la salud. *Raúl quedó ya restablecido de su enfermedad.* || Volver a colocar a alguien en su puesto, categoría, clase, empleo. || Hacer renacer, instaurar. *Se restableció el orden en la sala.* || *pr.* Recobrar la salud.

restablecimiento *s. m.* Acción y efecto de restablecer o restablecerse.

restallar *intr.* Chasquear, producir un ruido seco. *El látigo restallaba en el aire.*

restante *adj.* Que resta o queda. *El único restante de la familia.* || *loc.* ***Lo restante:*** el resto.

restañadero *s. m.* Estuario.

restañadura *s. f.* o **restañamiento** *s. m.* Acción de volver a estañar. || Detención de la salida de la sangre de una herida.

restañar *t.* Volver a estañar. || Detener la salida de la sangre de una herida. || *fig.* Reparar, curar. *Restañar las heridas de la guerra.*

restaño *s. m.* Restañadura.

restar *t.* Sustraer, hallar la diferencia entre dos cantidades. *Restar cinco de diez.* || Quedar. *Nos resta algo de vino.* || *fig.* Quitar. *Restar importancia, autoridad.* || En el tenis, devolver la pelota. || *intr.* Quedar o faltar. *En lo que resta del año.*

restauración *s. f.* Acción y efecto de restaurar. *La restauración de un cuadro.* || Restablecimiento de un régimen político en un país. *La restauración de la monarquía.*

restaurador, ra *adj.* Dícese de la persona que restaura, especialmente obras de arte y objetos antiguos.

restaurant *s. m.* Restaurante.

restaurante *s. m.* Establecimiento público donde se sirven comidas. || *loc.* ***Coche*** o ***vagón restaurante:*** coche de ferrocarril dispuesto como comedor.

restaurar *t.* Restablecer en el trono. *Restaurar a los Estuardos.* || Reparar, arreglar, poner nuevamente en su primitivo aspecto. *Restaurar un edificio, una obra de arte.*

restirador *s. m. Méx.* Mesa que puede cambiar de inclinación, usada por los dibujantes y los arquitectos. *Trabajó toda la noche sobre el restirador en su proyecto arquitectónico.*

restirar *t. Méx.* Estirar hasta el límite.

restitución *s. f.* Devolución de una cosa a quien la poseía.

restituible *adj.* Que se debe restituir.

restituidor, ra *adj.* Que restituye o devuelve.

restituir *t.* Devolver lo que ha sido tomado o que se posee indebidamente. || Poner de nuevo una cosa en el estado que ya estuvo. || *pr.* Volverse al lugar, empezar de nuevo la actividad, etc., después de una ausencia.

restitutorio, ria *adj.* Relativo a la restitución.

resto *s. m.* Aquello que queda, que subsiste de un conjunto del que se ha quitado una o varias partes. || Lo que hay además de algo. *Sé una parte y sabré pronto el resto.* || Resultado de una sustracción. || En la división, diferencia entre el dividendo y el producto del divisor por el cociente. || Jugador que en el tenis devuelve la pelota lanzada por el que saca. || Envite en que se juega toda la cantidad de dinero que se arriesga en una partida de cartas. || *fig.* Lo que queda en poca cantidad. *Aún hay un resto de esperanza.* || *pl.* Ruinas, vestigios de un monumento. || Cuerpo humano después de muerto. *Los restos mortales.* || Desperdicios, desechos, sobras. *Restos de comida.* || *fig.* Huella. || *loc.* ***Echar el resto:*** a) Poner un jugador todo el dinero que le queda en una jugada. b) *fig.* y *fam.* realizar el máximo esfuerzo para obtener algo.

restorán *s. m.* Restaurante.

restregadura *s. f.* Acción de restregar o restregarse. || Señal que queda. || Refregadura.

restregar *t.* Frotar con fuerza una cosa con otra. *Restregar el suelo con un cepillo, la ropa.* || *fig.* y *fam.* Echar en cara repetidamente los favores que se han hecho. *Siempre me está restregando su ayuda económica.*

restregón *s. m.* Restregadura.

restricción *s. f.* Limitación. *Restricción de la libertad.* || Disminución de los gastos. || *pl.* Medidas de racionamiento decretadas en época de escasez. *Restricciones eléctricas.* || *loc.* ***Restricción mental:*** negación que se hace mentalmente para no cumplir lo que se dice.

restrictivo, va o **restringente** *adj.* Que restringe. *El contrato contiene varias cláusulas restrictivas.*

restringir *t.* Disminuir, limitar, reducir a menores límites. *Restringir los privilegios.* || Reducir los gastos.

resucitado, da *adj.* Que vuelve a la vida.

resucitador, ra *adj.* y *s.* Que hace resucitar.

resucitar *t.* Hacer que un muerto vuelva a la vida. *El evangelio dice que Cristo resucitó a Lázaro.* || En medicina, reanimar a un muerto aparente. || *fig.* Restablecer, hacer revivir, renovar. *Resucitar una vieja costumbre.* || Reanimar. *Este vinillo resucita a un muerto.* || *intr.* Volver a la vida, revivir. *Cristo resucitó al tercer día.*

resuello *s. m.* Aliento o respiración, especialmente la violenta. || *loc. fig.* y *fam.* ***Meterle a uno el resuello en el cuerpo:*** intimidarle.

resuelto, ta *adj.* Solucionado. *Nuestro problema económico ya quedó resuelto.* || Que actúa con decisión, audaz. *Gonzalo es un hombre resuelto.*

resulta *s. f.* Efecto, consecuencia. || *loc.* ***De resultas de:*** a causa de, a consecuencia de.

resultado *s. m.* Efecto o consecuencia de algo. *Hoy informaron el resultado del sorteo mayor.*

resultando *s. m.* En derecho, cada uno de los párrafos que enuncian los fundamentos de hecho en que se basan las decisiones o sentencias judiciales. *Los resultandos de una sentencia.*

resultante *adj.* Que resulta o procede de una cosa. *El beneficio resultante es de dos millones de pesos.* || Se aplica a la fuerza o vector que produce los mismos efectos que un conjunto de fuerzas o vectores.

resultar *intr.* Producirse una cosa como consecuencia o efecto de otra cosa. *La casa con tres dormitorios resultó pequeña.* || Producir algo un efecto positivo o negativo. *Mi respuesta resultó la correcta.* || Ocurrir algo que no se esperaba o no se tenía previsto. *La señora que conocí ayer resultó ser una tía lejana.* || Tener una cosa un resultado, por lo general se usa en sentido positivo. *Si el negocio de mi papá resulta, iremos de viaje a Europa.*

resumen *s. m.* Exposición en pocas palabras de algo que es más largo. *En la clase nos pidieron hacer un resumen de dos páginas.* || *loc.* ***En resumen:*** en pocas palabras.

resumidero *s. m. Amér.* Conducto por el que se desechan las aguas residuales o de lluvia.

resumir *t.* y *pr.* Exponer algo extenso de forma más breve. *No me cuentes todo, mejor resúmelo.*
resurgimiento *s. m.* Acción de resurgir. || Renacimiento, regeneración. *El resurgimiento de la economía.*
resurgir *intr.* Surgir de nuevo, volver a aparecer. || *fig.* Resucitar. *Una moda que resurge.*
resurrección *s. f.* Acción de resucitar. || Por antonomasia, la de Jesucristo. || En el catolicismo, la de todos los muertos en el día del Juicio final. *La resurrección de la carne.*
retablo *s. m.* Elemento arquitectónico que se coloca encima de un altar y que sirve para su decoración. || Conjunto de figuras pintadas o de talla que representan en serie una historia. || Representación teatral de un pasaje de la historia sagrada.
retaco *s. m.* Escopeta corta muy reforzada en la recámara. || En el billar, taco más corto que los demás. || *fam.* Hombre rechoncho.
retacón, cona *adj. Amér.* Se dice de la persona baja y robusta.
retador, ra *adj.* Que desafía.
retaguardia *s. f.* Espacio que se extiende detrás de una formación militar en guerra. || Parte de la zona de los ejércitos, entre la zona de vanguardia y la del interior del país, en la que están los almacenes, establecimientos y servicios de las tropas en campaña. || Parte rezagada de una formación militar que atiende a cualquier necesidad de las unidades que están en la línea del frente.
retahíla *s. f.* Serie de cosas que están, suceden o se mencionan por su orden. *Una retahíla de triunfos.*
retal *s. m.* Pedazo que sobra de una tela, piel, chapa, etc.
retama *s. f.* Arbusto papilionáceo, de pequeñas flores amarillas.
retar *t.* Provocar, desafiar a duelo o contienda. || Acusar de alevosía. *Retar de conjurado.*
retardar *t.* Diferir, retrasar, hacer que una cosa ocurra más tarde. *Retardar la salida de un tren.* || Frenar, obstaculizar. *Retardar el avance del enemigo.* || *loc.* ***Bomba de efecto retardado:*** la que está provista de un dispositivo para que la explosión se produzca cierto tiempo después de que se encienda.
retardatario, ria *adj.* Que tiende a producir retraso.
retardatriz *adj.* y *s. f.* Que retarda o retrasa. *Fuerza retardatriz.*
retardo *s. m.* Retraso, demora.
retazo *s. m.* Retal o pedazo de una tela. || *fig.* Fragmento de un escrito o discurso.
retejer *t.* Tejer muy tupido.
retemblar *intr.* Temblar.
retén *s. m.* Grupo de hombres o tropa acuartelados con objeto de prestar un servicio colectivo en caso de necesidad. *Retén de bomberos.* || En tecnología, pieza que sirve para inmovilizar a otra. || Repuesto, provisión. *Tener azúcar de retén.*
retención *s. f.* Conservación de algo en la memoria. || Acción de retener o retenerse. || Parte que se retiene de un sueldo o salario. || En medicina, conservación de un líquido, que debe normalmente ser expulsado, en una cavidad del cuerpo. *Retención de orina.*
retener *t.* Impedir que uno se vaya, obligar a que alguien permanezca en un lugar. *Quiso emigrar, pero su familia lo retuvo.* || Guardar uno lo que es de otro. *Retener los bienes ajenos.* || No dejar pasar, conservar. *Este montículo retiene el agua.* || Deducir, descontar. *Retener una cantidad en un sueldo.* || Detener, parar, aguantar. *Retén a este caballo antes de que se escape.* || Impedir la manifestación de algo, contener. || No dejar obrar. *Le retuvo el miedo.* || Conservar en la memoria. *Retener un nombre, una dirección.* || Contener. *Retener el aliento.* || *pr.* Moderarse, contenerse.
retentivo, va *adj.* y *s.* Capaz de retener. || *s. f.* Facultad de acordarse, memoria.
reticencia *s. f.* Omisión voluntaria de lo que se debería o pudiera decir, con intención malévola.
reticente *adj.* Que usa reticencias o contiene reticencia. || Reacio.
rético, ca *adj.* y *s.* De la antigua Retia. || *s. m.* Lengua románica hablada en Suiza oriental, (antiguamente Retia), el Tirol y Friul.
retícula o **retículo** *s.* Tejido en forma de red.
reticulado, da *adj.* Reticular.
reticular *adj.* Se aplica a lo que tiene forma de red. *El tul es un textil reticular, parece una red.*
retículo *s. m.* Tejido de forma de red. || En física, anillo provisto de hilos finísimos que se cruzan perpendicularmente y que, montado en un instrumento óptico, permite precisar la visual. || En los rumiantes, segunda de las cuatro cavidades del estómago.
retina *s. f.* Membrana interna del globo ocular, sensible a la luz. *A Daniel se le desprendió la retina.*
retiniano, na *adj.* Relativo a la retina.
retinol *s. m.* Uno de los nombres de la vitamina A.
retintín *s. m.* Tono irónico o malicioso con que se dice una cosa. *Me dijo, con cierto retintín, que llegaría puntual.* || Sonido que queda en los oídos después de escuchar sonar una campana u otro objeto similar.
retinto, ta *adj.* Se aplica al animal de color castaño oscuro.
retirado, da *adj.* Apartado, alejado, poco frecuentado. *Es un barrio muy retirado.* || Solitario. *Vida retirada.* || *s.* Dícese de los militares o empleados que han dejado ya de prestar servicio activo. || *s. f.* Retroceso de un ejército. || Retreta, toque militar. *Tocar retirada.* || Acción de retirar. *La retirada de una moneda.* || Estado de lo que vuelve atrás. *La retirada del mar.* || Acto por el cual se da fin a una actividad. *La retirada de un actor, de un torero.* || Abandono en una competición. *La retirada de un equipo.*
retirar *t.* Apartar, quitar. *Retirar los platos de la mesa.* || Sacar. *Retirar dinero del banco.* || Quitar de la circulación. *Retirar una moneda.* || Jubilar. *Retirar anticipadamente a un empleado.* || *fig.* Desdecirse, retractarse. *Retiro lo dicho.* || Dejar de otorgar. *Retirar la confianza a uno.* || *pr.* Dejar el trato con la gente. *Retirarse en un convento.* || Cesar un funcionario o empleado sus actividades, jubilarse. *Retirarse del ejército.* || Abandonar una competición. *Se retiró del campeonato.* || Recogerse, irse. *Retirarse a dormir.*
retiro *s. m.* Acción de abandonar un empleo, los negocios, el servicio activo. || Situación del militar o del funcionario retirado. *Llegar a la edad del retiro.* || Pensión que se cobra en este caso. || Lugar apartado donde uno se retira. || Alejamiento de las cosas profanas durante un cierto periodo de tiempo para dedicarse a ejercicios piadosos y a la meditación.
reto *s. m.* Hecho de retar o desafiar. *Juan retó a Pablo a un juego de ajedrez.* || *Bol.* y *Chil.* Insulto, injuria.
retobado, da *adj. Amér.* Que tiene por costumbre replicar o responder a todo lo que se le dice. *Tu hija es una niña retobada y grosera.* || Que es indómito u obstinado. || Que está enojado o airado.
retobar *t. Méx.* Rezongar o responder de mala gana.
retocado *s. m.* Retoque.
retocar *t.* Dar la última mano a una cosa, perfeccionarla, hacer correcciones o modificaciones. *Retocar un texto.* || Corregir en una pintura, un grabado, una fotografía las pequeñas imperfecciones. || Tocar de nuevo o insistentemente. || Rectificar una prenda de vestir para adaptarla mejor al comprador.
retomar *t.* Volver sobre algo que había quedado inconcluso.
retoñar o **retoñecer** *intr.* Echar nuevos brotes una planta.
retoño *s. m.* Vástago o tallo que echa de nuevo la planta, brote. || *fig.* Hijo de poca edad.
retoque *s. m.* Modificación hecha para mejorar. *Retoque de fotografías.* || Rectificación de un traje de confección hecha después de que se lo ha probado el comprador. || Pincelada de corrección que hace el pintor en un cuadro propio o en otro que restaura.

retorcedura *s. f.* Retorcimiento.
retorcer *t.* Torcer mucho una cosa dándole vueltas. *Retorcer un alambre.* || *fig.* Volver un argumento contra aquel que lo emplea. || Tergiversar, dar un significado falso a lo afirmado por otro. || *pr.* Doblarse, enrollarse. *El cordón se retorció.* || *loc. fig.* ***Retorcerse de dolor:*** manifestar visiblemente un dolor muy violento. || ***Retorcerse de risa:*** reír mucho.
retorcido, da *adj. fig.* Tortuoso, maligno, perverso. *Tenía una mentalidad muy retorcida.* || Rebuscado, afectado. *Lenguaje retorcido.*
retórica *s. f.* Arte que enseña a expresarse de manera correcta para deleitar, conmover o convencer.
retoricismo *s. m.* Uso exagerado de las reglas de retórica.
retórico, ca *adj.* Relativo a la retórica. || *fig.* Afectado, amanerado, atildado. || Dícese de la persona especialista en retórica. || *s. f.* Conjunto de reglas y principios referentes al arte de hablar o escribir de manera elegante. || *fig.* Grandilocuencia afectada. || Palabrería. *Todo eso es retórica.* || *loc.* ***Figura retórica:*** forma de expresión acuñada para, usando de cierta forma el lenguaje, conseguir un efecto.
retornar *t.* Devolver, restituir. *Retornar lo prestado.* || *intr.* Volver.
retorno *s. m.* Acción de retornar.
retorrómanico, ca o **retorromano, na** *adj.* y *s. m.* Rético.
retorsión *s. f.* Acción de volver un argumento contra el que lo emplea. || Represalia. *Medidas de retorsión.*
retorta *s. f.* Vasija de laboratorio con cuello largo y encorvado.
retortero *s. m.* Vuelta. || *loc. fam.* ***Andar al retortero:*** tener demasiadas cosas a que atender al mismo tiempo. || ***Traer a uno al retortero:*** hacerle ir de un lado para otro.
retortijón *s. m.* Dolor agudo en el abdomen.
retostado, da *adj.* Oscuro.
retostar *t.* Volver a tostar o tostar mucho una cosa. || Broncear la piel.
retozador, ra *adj.* Retozón.
retozar *intr.* Saltar de forma alegre. *Cuando llego a casa mi perro retoza por el gusto de verme.*
retozo *s. m.* Acción de retozar.
retozón, zona *adj.* Que retoza mucho.
retracción *s. f.* Acción y resultado de retraer. || En medicina, reducción del volumen en ciertos tejidos orgánicos.
retractable *adj.* Que se puede o debe retractar.
retractación *s. f.* Acción de desdecirse de lo dicho o hecho.
retractar *t.* y *pr.* Retirar lo dicho o hecho, desdecirse de ello. *Retractarse de una opinión.* || Ejercitar el derecho de retracto.
retráctil *adj.* Contráctil, que puede retirarse y quedar oculto. *Las uñas retráctiles de los félidos.* || Dícese de un órgano mecánico saliente que se puede hacer desaparecer u ocultar cuando no funciona. *Tren de aterrizaje retráctil.*
retractilidad *s. f.* Condición de retráctil.
retracto *s. m.* Derecho que tienen ciertas personas de adquirir, por el tanto de su precio, la cosa vendida a otro.
retraer *t.* Volver a traer. || Retirar contrayendo, encoger. *El caracol retrae los cuernos.* || Ejercitar el derecho de retracto. || *pr.* Acogerse, ampararse, refugiarse. *Retraerse a lugar sagrado.* || Hacer vida retirada, aislarse. || Apartarse temporalmente. *Retraerse de sus funciones.*
retraído, da *adj.* Decíase de la persona refugiada en lugar sagrado. || *fig.* Que gusta de la soledad, solitario. || Poco comunicativo, corto, tímido.
retraimiento *s. m.* Acción de retraerse. || *fig.* Cortedad, reserva.
retranquear *t.* Bornear.
retransmisión *s. f.* Acción y efecto de retransmitir.
retransmitir *t.* Volver a transmitir. *Retransmitir un mensaje.* || Difundir directamente un concierto, un espectáculo, por radio o por televisión.
retrasado, da *adj.* Que va atrás de los demás. *Este alumno va un poco retrasado porque estuvo enfermo.* || Que llega con retraso. || Dícese del reloj que señala una hora anterior a la que realmente es. || *loc.* ***Retrasado mental:*** que tiene deficiencias mentales.
retrasar *t. intr.* y *pr.* Hacer que algo suceda, se realice, etc., más tarde de lo planeado. *El gobernador retrasó su regreso.* || Llegar tarde. || Hacer obrar más lentamente que lo que se debía. *Esto retrasa mi trabajo.* || Poner las agujas de un reloj a una hora inferior a la que realmente es. || *intr.* Funcionar un reloj a un ritmo inferior al del paso del tiempo.
retraso *s. m.* Hecho de suceder algo con retardo, después de la hora programada. *El tren llegó con retraso de una hora.* || Atraso, condición de los pueblos poco desarrollados. || Tiempo que retrasa un reloj.
retratar *t.* Pintar, dibujar o fotografiar la figura de alguna persona o cosa. || *fig.* Describir con exactitud a una persona o cosa. *Retratar las costumbres gauchas.* || *pr.* Reflejarse. || Sacarse una fotografía.
retratería *s. f. Amér.* Estudio de fotógrafo.
retratista *s. com.* Persona que hace retratos.
retrato *s. m.* Representación de la figura de una persona, animal o cosa hecha en dibujo, pintura o fotografía. || *fig.* Descripción, física o moral, de una persona o de una cosa. || Lo que se parece mucho. *Es el vivo retrato de su madre.*
retrechería *s. f. fam.* Encanto.
retrechero, ra *adj. fam.* Encantador, simpático.
retrepado, da *adj.* Inclinado o echado hacia atrás.
retreparse *pr.* Echar hacia atrás la parte superior del cuerpo.
retreta *s. f.* Toque militar para anunciar la retirada y para que la tropa se recoja por la noche en el cuartel. || Fiesta nocturna militar. || *Amér.* Serie, retahíla.
retrete *s. m.* Cuarto de baño. || Recipiente de loza con forma de asiento que sirve para defecar y orinar.
retribución *s. f.* Recompensa o pago por un servicio o trabajo. *Me parece justa la retribución que pidió el herrero.*
retribuir *t.* Recompensar o pagar por un servicio o trabajo.
retributivo, va *adj.* Que retribuye.
retroacción *s. f.* Retroactividad.
retroactividad *s. f.* Posibilidad de que una cosa tenga aplicación y efectividad sobre otras ya pasadas.
retroactivo, va *adj.* Que obra o tiene fuerza sobre lo que ya ha pasado. *Las autoridades decidieron implantar una ley retroactiva.*
retroalimentación *s. f.* Método en el cual se revisan constantemente los elementos de un proceso y sus resultados, a fin de mantenerlos eficientes. *Las juntas son parte de la retroalimentación en la empresa.*
retroceder *intr.* Volver hacia atrás. || *fig.* Ceder, desistir. || Remontarse. *Retroceder al siglo pasado.* || Ceder, retirarse ante el enemigo. || Pasar a una velocidad inferior el vehículo. || Tener retroceso un arma de fuego.
retrocesión *s. f.* Retroceso. || Acción y efecto de ceder a uno el derecho o cosa que él había cedido.
retrocesivo *adj.* Que supone retrocesión.
retroceso *s. m.* Acción y efecto de retroceder. || Movimiento hacia atrás que hace un arma de fuego al dispararla. || *fig.* Regresión. || En medicina, recrudescencia de una enfermedad.
retrocohete *s. m.* Cohete que frena a otro cohete en astronáutica.
retrogradación *s. f.* Retroceso de los planetas en su órbita.
retrogradar *intr.* Retroceder, volver atrás. || Retroceder aparentemente los planetas en su órbita, vistos desde la Tierra.
retrógrado, da *adj.* Que va hacia atrás. *Movimiento retrógrado de un planeta.* || *fig.* Reaccionario, opuesto al progreso. *Hombre retrógrado.* || En astronomía y mecánica, dícese de un movimiento en el mismo sentido que el de las agujas de un reloj.
retrogresión *s. f.* Retroceso.

retropropulsión *s. f.* Frenado, mediante un cohete, de un vehículo espacial.

retrospección *s. f.* Mirada o examen retrospectivo.

retrospectivo, va *adj.* Que se refiere a un tiempo pasado.

retrotraer *t. En derecho,* considerar una cosa como sucedida antes del tiempo en que realmente ocurrió. || Retroceder a un tiempo o hecho anterior para explicar algo.

retrovender *t.* Devolver el comprador una cosa al mismo de quien la compró, devolviéndole éste el precio.

retroventa *s. f.* Acción de retrovender.

retroversión *s. f.* Desviación hacia atrás de algún órgano del cuerpo. *Retroversión de la matriz.*

retrovirus *s. m.* Tipo de virus que contiene una molécula de ácido ribonucleico.

retrovisor *s. m.* Espejo de un vehículo que permite al conductor ver lo que hay detrás. *Al conducir debes mirar el retrovisor con frecuencia.*

retrucar *intr. fam. Arg. Chil. Per.* y *Uy.* Replicar con acierto y energía. *El entrevistado retrucó hábilmente a la pregunta del periodista.*

retruécano *s. m.* Figura de retórica que consiste en poner una frase al revés, repitiendo las palabras de que se compone con orden y régimen inversos, lo que trae consigo que el sentido cambie completamente. *Ni son todos lo que están, ni están todos los que son.* || Juego de palabras que se hace con el empleo de vocablos parónimos, pero con distintos significados.

retumbante *adj.* Que retumba. || *fi g* Aparatoso, ostentoso.

retumbar *intr.* Resonar. *La sala retumbaba con los aplausos.* || Hacer gran ruido. *Retumbó el trueno.*

reúma o **reuma** *s. amb.* Reumatismo. *Aquejado de reúma.*

reumático, ca *adj.* Que padece reumatismo. || Relativo a esta enfermedad. *Padece una enfermedad reumática.*

reumatismo *s. m.* Enfermedad caracterizada por dolores en las articulaciones, los músculos, las vísceras, etc. *Reumatismo articular.*

reunificación *s. f.* Acción y efecto de reunificar.

reunificar *t.* Volver a unir.

reunión *s. f.* Acción de reunir o reunirse. || Conjunto de personas reunidas. *Reunión sindical, política.*

reunir *t.* Volver a unir. *Reunir los fragmentos de una vasija rota.* || Hacer de dos o más cosas una sola. *Reunir dos pisos.* || Juntar, congregar. *Reunir a los asociados.* || Tener ciertas condiciones. *Los que reúnan estos requisitos pueden venir.* || Recoger, coleccionar. *Reunir sellos.* || Concentrar, coordinar. *Reunir sus fuerzas.* || *pr.* Juntarse.

reutilizar *t.* Utilizar de nuevo una cosa.

revacunación *s. f.* Acción y efecto de revacunar.

revacunar *t.* Vacunar al que ya está vacunado.

reválida *s. f.* Examen final para obtener un grado universitario. *Reválida de bachillerato.*

revalidación *s. f.* Acción y efecto de revalidar.

revalidar *t.* Ratificar, dar nuevo valor y firmeza a una cosa. *Revalidar un título académico.* || *pr.* Recibirse o aprobarse en una facultad. *Revalidarse en medicina, en farmacia.*

revalorar *t.* Devolver el valor a algo. || Aumentar a algo su valor.

revalorización *s. f.* Acción de dar a una moneda devaluada todo o parte del valor que tenía. || Acción de paliar los efectos de una devaluación monetaria en los ingresos fijos.

revalorizar *t.* Revalorar.

revaluar *t.* y *pr.* Aumentar su valor la moneda de un país respecto de las extranjeras. *El yen se revaluó frente al dólar.*

revancha *s. f.* Desquite.

revanchista *adj.* y *s. com.* Que tiene grandes deseos de tomarse la revancha.

revelación *s. f.* Acción de revelar aquello que era secreto u oculto y cosa revelada. || Aquello que una vez conocido hace descubrir otras cosas. || Persona que pone de manifiesto en un momento determinado sus excelentes cualidades para algo. *Fue la revelación de la temporada.* || En religión, acción de Dios que manifiesta a los hombres verdades inasequibles a la sola razón. || La religión revelada.

revelado *s. m.* Operación de revelar una película fotográfica.

revelador, ra *adj.* Que pone de manifiesto. *Fue una carta reveladora.* || Dícese de la persona que revela algo. || *s. m.* Baño que permite transformar la imagen latente de una película fotográfica en imagen visible.

revelar *t.* Dar a conocer lo que estaba secreto, oculto o desconocido. || Divulgar. || Ser señal o indicio de. *Su cara revelaba terror.* || Dar a conocer por revelación divina. || Mostrar, poner de manifiesto. *Estos dibujos revelan su estilo vanguardista.* || Hacer visible, con ayuda de un revelador, la imagen latente obtenida en una película fotográfica. || *pr.* Manifestarse. *Se reveló un gran artista.*

revendedor, ra *adj.* y *s.* Dícese de la persona que vende con lucro lo que ha comprado.

revender *t.* Vender lo que se ha comprado con fines de lucro.

reventa *s. f.* Venta, con fines de lucro, de lo que se ha comprado.

reventadero *s. m. Chil.* Lugar donde las olas del mar se deshacen. *Los bañistas se sentaron cerca del reventadero.* || *Méx.* Manantial del que brota el agua a borbollones.

reventado, da *adj.* Se dice de lo que se rompe estallando, que explota. || Cansado. *Los viernes Fabián termina reventado por todo el trabajo de la semana.* || *fam. Méx.* Que asiste a muchas fiestas, sobre todo nocturnas y comete excesos en el baile y la bebida.

reventador, ra *s.* Persona que va al teatro o a otro espectáculo para mostrar su desagrado ruidosamente.

reventar *t. intr.* y *pr.* Abrirse una cosa de manera violenta por un impulso interior. *El globo se reventó sorpresivamente.* || Deshacer o aplastar con violencia. || *fam.* Fastidiar. *Me revienta que los perros aúllen por la noche.* || Cansar, fatigar. *Aunque reviente debo terminar el trabajo.*

reventón *s. m.* Acción de reventar, pinchazo de un neumático. || *fig.* Fatiga grande. || Trabajo intenso. || Muerte. || *Amér.* Afloramiento de un filón.

reverberación *s. f.* Reflexión de la luz o del calor. || Persistencia de las sensaciones auditivas en un local después de la emisión de un sonido.

reverberar *intr.* Reflejarse la luz en un objeto brillante. || *t.* Reflejar, proyectar la luz, el calor. || *pr.* Reflejarse. *El sol se reverberaba en las casas blancas.*

reverbero *s. m.* Espejo reflector, generalmente de metal, que se adapta a una lámpara para hacer converger la luz en un punto. || Farol de cristal para iluminar. || *Amér.* Infiernillo, cocinilla. || *loc.* ***Horno de reverbero:*** horno en que la carga se calienta indirectamente por medio de una bóveda o techo a gran temperatura.

reverdecer *t.* Hacer que cobre nueva importancia. *Allí reverdeció sus antiguas glorias.* || *intr.* Ponerse verdes otra vez las plantas, los campos. || *fig.* Renovarse, tomar nuevo vigor. *Reverdecían las nuevas doctrinas totalitarias.*

reverencia *s. f.* Profundo respeto. || Movimiento del cuerpo que se hace para saludar ya sea inclinándose, ya sea doblando las rodillas. || Título honorífico que se daba a los religiosos que eran sacerdotes.

reverenciar *t.* Honrar, respetar, venerar, tratar con reverencia.

reverendísimo, ma *adj.* Tratamiento que se da a los cardenales, arzobispos y algunas otras altas dignidades eclesiásticas.

reverendo, da *adj.* y *s.* Tratamiento que se da a las dignidades eclesiásticas. || *fam.* Descomunal, tremendo, enorme. *Una reverenda porquería.*

reverente *adj.* Respetuoso. || Que es demasiado ceremonioso.

reversa *s. f. Chil. Col.* y *Méx.* Marcha hacia atrás de un vehículo. *Para salir tienes que meter reversa.*

reversibilidad *s. f.* Condición de reversible.

reversible *adj.* Que puede volver al estado anterior. *Esa decisión es reversible.* || Se dice de las prendas que pueden usarse por el derecho y también por el revés. *El abrigo que compré es reversible.*

reversión *s. f.* Derecho que tiene el donante de recuperar los bienes de que se había desposeído.

reverso *s. m.* Revés de una moneda o medalla.

revertir *intr.* Volver una cosa al estado que tuvo antes. *La nueva rutina del atleta revirtió su óptima condición física.* || Volver una cosa a la propiedad del dueño que tuvo antes.

revés *s. m.* Lado opuesto al principal. *En el revés de mi cuaderno anoté el teléfono del museo.* || Golpe que se da con el dorso de la mano o con una raqueta. *Ese tenista tiene un poderoso golpe de revés.* || Desgracia, contratiempo. *Adolfo haría un viaje pero algunos reveses se lo impidieron.* || *loc.* ***Al revés:*** de manera opuesta o contraria a la normal. || ***Al revés de:*** al contrario de. || ***Del revés:*** con lo de arriba abajo, con lo que debe ir al interior al exterior, etc.

revestido, da *adj.* Con revestimiento. *Las paredes del salón están revestidas de madera.*

revestimiento *s. m.* Capa con la que se recubre algo. || Parte que se ve de una calzada, acera, etc.

revestir *t.* Cubrir con una capa. || Ponerse un traje. || *fig.* Cubrir, dar un aspecto. || *pr. fig.* Armarse, ponerse en disposición de ánimo para conseguir un fin. *Revestirse de paciencia.*

revigorar o **revigorizar** *t.* Dar nuevo vigor.

revisable *adj.* Que se puede revisar.

revisar *t.* Volver a ver, someter una cosa a nuevo examen para corregirla. *Revisar un texto.* || Examinar con objeto de arreglar, de hacer que funcione bien. *Hacer revisar el coche.* || Controlar. *Revisar los pasaportes.*

revisión *s. f.* Control de los billetes en un transporte público. || Verificación. *Revisión de cuentas.* || Inspección. *Revisión de armamento.* || Examen para ver el estado de funcionamiento de algo. *Revisión del coche.* || Modificación de un texto jurídico para adaptarlo a una situación nueva. *Revisión de la Constitución.*

revisionismo *s. m.* Actitud de los que discuten las bases de una doctrina.

revisionista *adj.* Relativo al revisionismo. || *s. com.* Partidario de él.

revisor, ra *adj.* Que revisa o inspecciona. || *s. m.* Empleado que comprueba que los viajeros tienen billete.

revista *s. f.* Examen detallado de algo, enumeración. *Pasar revista a sus errores.* || Publicación periódica sobre una o varias materias. *Revista cinematográfica.* || Sección en un periódico encargada de hacer una reseña de carácter crítico. || Inspección de los efectivos, armas y materiales de una tropa. *Pasar revista a un regimiento.* || Formación de un cuerpo de ejército para que sea inspeccionado. || Espectáculo teatral de carácter frívolo compuesto de cuadros sueltos.

revistar *t.* Pasar revista.

revistero, ra *s.* Persona que escribe revistas en un periódico. *Revistero taurino, teatral, cinematográfico.*

revitalizar *t.* Dar nueva vida.

revivificación *s. f.* Reanimación.

revivificar *t.* Reavivar, reanimar, dar nueva vida.

revivir *t.* Evocar, recordar, vivir de nuevo. *No quisiera revivir aquellos apuros.* || *intr.* Resucitar. || Volver en sí el que parecía muerto. || Renovarse o reproducirse una cosa. *Revivió la lucha.*

revocabilidad *s. f.* Condición de revocable.

revocable *adj.* Que puede ser revocado.

revocación *s. f.* Medida disciplinaria tomada contra un funcionario por la que éste se ve desposeído de su función en la administración pública. || Anulación de una disposición de una autoridad por otra distinta. || Acto jurídico con el que una persona anula los efectos de una medida tomada por ella anteriormente. *Revocación de un testamento.*

revocador, ra *adj.* Que revoca. || *s. m.* Albañil que revoca las paredes.

revocadura *s. f.* Revoque.

revocar *t.* Anular, declarar nulo. *Revocar un testamento, una orden.* || Poner fin a las funciones por medida disciplinaria. *Revocar a un funcionario.* || Enlucir y pintar de nuevo las paredes exteriores de un edificio.

revoco *s. m.* Revoque.

revolcadero *s. m.* Lugar donde suelen revolcarse los animales.

revolcar *t.* Derribar por tierra, echar al suelo. || *fig.* Apabullar en una discusión. || Ser infinitamente superior en una contienda. || Suspender en un examen. || *pr.* Tirarse o echarse en el suelo y dar vueltas sobre sí mismo. *Revolcarse en el barro.* || *loc. fig.* y *fam.* ***Revolcarse de risa:*** reír mucho.

revolcón *s. m.* Revuelco. || Caída. *Sufrir un revolcón sin consecuencias.*

revolear *t. Arg.* Hacer giros con un lazo o una correa. || *intr.* Revolotear.

revolotear *intr.* Volar alrededor de algo. *Los pájaros revoloteaban de flor en flor.* || Ir dando vueltas por el aire una cosa. *El viento hacía revolotear las hojas secas.*

revoloteo *s. m.* Vuelo alrededor de algo. || *fig.* Revuelo, agitación.

revoltijo o **revoltillo** *s. m.* Conjunto de muchas cosas desordenadas. *Laura tiene su ropa hecha un revoltijo.*

revoltoso, sa *adj.* Travieso, inquieto. *La maestra siempre castiga a Bernardo porque es el más revoltoso.* || Rebelde, alborotador. *Los revoltosos aprovecharon el desfile para saquear tiendas.*

revoltura *s. f. Méx.* Mezcla confusa, desorden. *El cuarto de Dimas es una revoltura.*

revolución *s. f.* Cambio violento en la estructura social o política de un Estado. *La revolución cubana derrocó a Fulgencio Batista.* || Cambio total y radical. *El uso de la energía eléctrica fue una revolución en la historia de la industria.* || Giro que da una pieza sobre su eje. *Antes había discos de acetato que tocaban a 33 revoluciones por minuto.*

revolucionar *t.* Alborotar, alterar el orden establecido. || Cambiar, mejorar. *El invento de las computadoras revolucionó el desarrollo de la tecnología.*

revolucionario, ria *adj.* Relativo a la revolución. *La lucha revolucionaria de México duró de 1810 a 1821.* || Originado por ellas. *Gobierno revolucionario.* || Que favorece o provoca una revolución, un cambio completo. *Teoría revolucionaria.* || *s.* Partidario de la revolución.

revolvedora *s. f. Méx.* Máquina en forma de recipiente giratorio que sirve para mezclar los materiales de construcción.

revólver *s. m.* Pistola cuya recámara está formada por un tambor detrás del cañón que contiene varias balas.

revolver *t.* Remover, mover lo que estaba junto. *Revolver papeles.* || Crear el desorden en algo que estaba ordenado. *Revolver el cajón.* || Pensar, reflexionar. *Lo revolvía en la cabeza.* || Confundir, mezclar sin orden ni concierto. *Tiene una serie de conocimientos revueltos.* || Alterar, turbar. *Revolver los ánimos.* || Irritar, indignar. *Esta noticia me revolvió.* || Causar trastornos. *Esto me revuelve el estómago.* || *pr.* Agitarse, moverse. *Revolverse en la cama.* || Encararse, hacer frente. *El toro se revolvió con bravura.* || Revolcarse. *Revolverse en la hierba.*

revoque *s. m.* Acción de revocar las paredes. || Mezcla de cal y arena u otro material con que se revoca.

revuelco *s. m.* Acción de revolcar o revolcarse.

revuelo *s. m.* Segundo vuelo de las aves. || *fig.* Turbación, agitación, emoción. *La noticia produjo gran revuelo en los ánimos.* || *Amér.* Golpe que da el gallo de pelea con el espolón.

revuelto, ta *adj.* En desorden. *Pelo revuelto.* || Revoltoso, excitado, turbulento. *Los niños están revueltos.* || Mezclado. *Viven revueltos unos con otros.* || Turbio, poco claro. *Líquido revuelto.* || Trastornado. *Tiempo revuelto.* || Agitado. *Mar revuelto.* || Levantisco, alborotado. *El pueblo está revuelto con esas medidas.* || Dícese de los huevos que, batidos, se cuajan ligeramente en la sartén. || *s. f.* Vuelta. *Daba vueltas y revueltas por el mismo sitio.* || Cambio de dirección de un camino, carretera, calle. || Motín, alteración del orden público. || Altercado, disputa.

revulsión *s. f.* Irritación local provocada para hacer cesar la congestión o inflamación de una parte del cuerpo o para estimular el sistema nervioso.

revulsivo, va *adj.* y *s. m.* Aplícase al medicamento que produce revulsión. || *fig.* Reacción, cosa que hace reaccionar.

rey *s. m.* Monarca o príncipe soberano de un Estado. *Rey constitucional.* || *fig.* El que sobresale entre los demás de su clase. *El león es el rey de la selva.* || El que tiene la supremacía en un campo de actividad. *El rey del petróleo.* || Pieza principal en el juego del ajedrez. || Carta duodécima de un palo de la baraja española. *El rey de copas.* || *loc. fig.* ***A cuerpo de rey:*** muy bien. *Tratado a cuerpo de rey.* || ***Día de Reyes:*** la Epifanía.

reyecito *s. m.* Pajarillo negro de México.

reyerta *s. f.* Riña, pelea.

reyezuelo *s. m.* Pájaro cantor, de alas cortas y plumaje vistoso. || Rey de un pequeño Estado.

rezagado, da *adj.* y *s.* Que se queda atrás.

rezagar *t.* Dejar atrás. || Aplazar, diferir por algún tiempo la ejecución de una cosa. || *pr.* Quedarse atrás, retrasarse.

rezar *t.* Dirigir a la divinidad alabanzas o súplicas. *Rezar a Dios.* || Recitar una oración. || Decir la misa sin cantarla. || *fam.* Decir, anunciar. *El calendario reza buen tiempo.* || *intr.* Ser aplicable. *Esta ley no reza para los agricultores.* || *loc.* ***Esto no reza conmigo:*** esto no me concierne.

rezno *s. m.* Larva de un insecto díptero que vive parásito en el buey, el caballo u otros mamíferos.

rezo *s. m.* Acción de rezar, oración. || Oficio eclesiástico que se reza diariamente.

rezoca *s. f. Méx.* Retoño después del segundo corte de la caña de azúcar.

rezongador, ra *adj.* y *s. fam.* Que rezonga o refunfuña mucho.

rezongar *intr.* Gruñir, refunfuñar. *Aunque rezongues tendrás que comerte esta sopa.*

rezongón, gona *adj.* y *s. fam.* Rezongador.

rezumadero *s. m.* Sitio por donde se rezuma algo. || Lo rezumado.

rezumar *intr.* y *pr.* Salir un líquido a través de los poros del recipiente que lo contiene. *Como la olla de barro no estaba barnizada rezumaba el agua.*

rho *s. f.* Decimoséptima letra del alfabeto griego (Ρ, ρ), equivalente a la «r» castellana.

ría *s. f.* Valle bajo en la desembocadura de un río, que está parcialmente invadido por el mar.

riachuelo *s. m.* Río pequeño que lleva poca cantidad de agua. *Este año el riachuelo se secó.*

riada *s. f.* Crecida repentina del caudal, es decir, de la cantidad de agua que lleva un río. || Inundación que provoca la crecida del río.

ribera *s. f.* Orilla, borde o margen del mar, de un lago, de un río. || Tierra que se riega con el agua de un río.

ribereño, ña o **riberano, na** *adj.* Relativo a la ribera de un río, de un lago, de un mar. *Predio ribereño.* || Habitante de la ribera.

ribete *s. m.* Cinta con que se adorna la orilla de una prenda de vestir, calzado, etc. || *pl. fam.* Indicios, asomos de la cosa que se expresa. *Hugo tiene ribetes de artista.* || *loc.* ***De ribete:*** además de, encima.

ribeteado, da *adj.* Guarnecido con un ribete. || *loc.* ***Ojos ribeteados de rojo:*** con el borde de los párpados rojo. || *s. m.* Conjunto de ribetes.

ribetear *t.* Poner ribetes en una cosa. *En vez de hacer dobladillos, ribeteó los bajos con la misma tela.*

riboflavina *s. f.* Otro nombre para la vitamina B.

ribosoma *s. m.* Partícula interna de las células vivas que asegura la síntesis de las proteínas.

ricachón, chona *adj.* y *s. fam. desp.* Muy rico.

ricamente *adv.* Con riqueza. || Muy bien, muy a gusto, de maravilla, con toda comodidad. *Estaba viviendo muy ricamente.*

ricino *s. m.* Planta euforbiácea de cuyas semillas se extrae un aceite purgante o lubricante.

rico, ca *adj.* Que tiene mucho dinero o bienes. *Rico propietario.* || Que posee en sí algo abundantemente. *Persona rica de virtudes; mineral rico en plata.* || Fértil. *Tierras ricas.* || Abundante. *Viaje rico en aventuras.* || De mucho precio. *Adornado con ricos bordados.* || Exquisito, delicioso. *Pastel muy rico.* || Mono, agradable, lindo. *¡Qué niño más rico!* || Empléase como expresión de cariño. *Come, rico.* || *s.* Persona que posee muchos bienes. || *loc.* ***Nuevo rico:*** persona que ha conseguido hace poco una gran fortuna y que conserva aún sus antiguos modales poco distinguidos y se vanagloria siempre de su bienestar material.

ricota *s. f. Arg.* y *Uy.* Requesón.

rictus *s. m.* Contracción espasmódica de los músculos de la cara que da a ésta la apariencia de la risa, del dolor, de la amargura, etc.

ricura *s. f.* Condición de bueno de sabor o de bonito, lindo.

ridiculez *s. f.* Cosa que provoca la risa o la burla. || Cosa muy pequeña, sin ninguna importancia.

ridiculizar *t.* Poner en ridículo, mover a risa o burla. || *pr.* Hacer el ridículo.

ridículo, la *adj.* Digno de risa, de burla. *Decir cosas ridículas.* || Escaso, parco. *Una ganancia ridícula.* || *s. m.* Ridiculez, acto o dicho ridículo. || *loc.* ***Hacer el ridículo:*** conducirse de una manera que provoca la risa o la burla.

riego *s. m.* Acción y efecto de regar. *Riego por aspersión.* || *loc.* ***Riego sanguíneo:*** cantidad de sangre que nutre los órganos y los tejidos del cuerpo.

riel *s. m.* Barra pequeña de metal. *La reja se abre y se cierra con un riel clavado al techo.* || Carril de tren.

rielar *intr.* Brillar con luz trémula. *La Luna en el mar riela.*

rielero *s. m. Méx.* Ferroviario.

rienda *s. f.* Cada una de las dos correas para conducir las caballerías. *Para manejar un caballo hay que dominarlo con las riendas.* || *pl.* Dirección o gobierno de algo. *Cuando el padre murió su hijo tomó las riendas de la familia.* || *loc. fam.* ***A rienda suelta:*** sin freno ni regla. || ***Aflojar las riendas:*** disminuir la severidad o el cuidado. || ***Dar rienda suelta a:*** dar libre curso a, no contener. || ***Empuñar las riendas:*** tomar la dirección. || ***Llevar las riendas:*** ser el que manda. || ***Tirar de la rienda:*** reprimir, contener.

riente *adj.* Que ríe. || *fig.* Alegre. *Riente jardín.*

riesgo *s. m.* Peligro, contratiempo posible. *Correr riesgo; exponerse a un riesgo.* || Daño, siniestro eventual garantizado por las compañías de seguros mediante pago de una prima. *Seguro a todo riesgo.* || *loc.* ***A riesgo de:*** exponiéndose a.

riesgoso, sa *adj. Amér.* Arriesgado, peligroso.

rifa *s. f.* Sorteo de una cosa entre varios por medio de papeletas numeradas.

rifar *t.* Sortear en una rifa. || *fig.* y *fam.* Ser objeto de disputa. *Esta joven se rifa entre todos los hombres.*

rifeño, ña *adj.* Del Rif, región de Marruecos.

rifirrafe *s. m. fam.* Riña, gresca.

rifle *s. m.* Fusil en el que el interior del cañón tiene estrías.

rigidez *s. f.* Condición de rígido. *La rigidez de una barra de hierro.* || *fig.* Gran severidad, austeridad. *La rigidez de los jefes.*

rígido, da *adj.* Inflexible, falto de elasticidad, difícil de doblar. || *fig.* Riguroso, severo. *Padre muy rígido.* || Inexpresivo. *Rostro rígido.*

rigodón *s. m.* Danza en la que las parejas hacen todas las mismas figuras.

rigor *s. m.* Severidad, dureza, inflexibilidad. *El rigor de un juez.* || Gran exactitud. *El rigor de una demostración.* || Intensidad, inclemencia, crudeza. *El rigor del clima polar.* || *loc.* ***De rigor:*** indispensable, obligatorio; consabido. || ***En rigor:*** en realidad. || *fig.* ***Ser el rigor de las desdichas:*** ser muy desgraciado.

rigorismo *s. m.* Exceso de rigor o severidad.

rigorista *adj.* y *s. com.* Extremadamente severo.

rigurosidad *s. f.* Rigor.

riguroso, sa *adj.* Muy severo, inflexible, cruel. *Gobernante riguroso.* || Estricto. *Aplicación rigurosa de la ley.* || Duro, difícil de soportar. *Pena rigurosa.* || Austero, rígido. *Moral rigurosa.* || Rudo, extremado. *Invierno riguroso.* || Exacto, preciso. *En un sentido riguroso.* || Indiscutible, sin réplica. *Principios rigurosos.* || Completo. *Luto riguroso.*

rija *s. f.* Fístula que se forma algunas veces debajo del lagrimal. || Pendencia.

rijo *s. m.* Lujuria.

rijosidad *s. f.* Condición de rijoso.

rijoso, sa *adj.* Pendenciero, camorrista. || Susceptible. || Alborotado a vista de la hembra. *Caballo rijoso.* || Lujurioso, sensual.

rima *s. f.* Identidad de sonido en las terminaciones de dos o más versos. || Composición en verso. *Las rimas de Góngora, de Lope.*

rimado *adj.* Que está escrito con rima.

rimador, ra *adj.* y *s.* Poeta que se distingue por su rima.

rimar *t.* Hacer rimar una palabra con otra. *Rimar «hebraica» con «judaica».* || *intr.* Componer en verso. || Ser una voz asonante o consonante de otra: *astro* rima con *castro.* || *fam.* Pegar, ir bien junto. *Una cosa no rima con la otra.* || Venir. *¿Y esto a qué rima?*

rimbombancia *s. f.* Condición de rimbombante.

rimbombante *adj.* Enfático, aparatoso, grandilocuente. *Estilo rimbombante.* || Llamativo, ostentoso. *Vestido rimbombante.*

rímel *s. m.* Nombre comercial de una pasta cosmética que se aplica en las pestañas. *Eva sólo se pone rímel y un ligero toque de color en los labios.*

rimero *s. m.* Conjunto de cosas puestas unas sobre otras, montón. *Rimero de libros.*

rin *s. m. Méx.* Aro metálico de la rueda de un automóvil al cual se ajusta el neumático.

rincón *s. m.* Ángulo entrante que se forma en el encuentro de dos superficies o dos paredes. || Lugar apartado. *Retirarse en un rincón de Castilla.*

rinconera *s. f.* Mesita, armario o estante que se pone en un rincón. || Parte de una pared entre una esquina y el hueco más próximo.

ring *s. m.* Cuadrilátero, espacio de forma cuadrada limitado por cuerdas, donde se llevan a cabo los combates de boxeo o de lucha. *Cuando el campeón de boxeo subió al ring el público lo ovacionó de pie.*

ringlera *s. f.* Fila o línea de cosas puestas unas tras otras.

ringlero *s. m.* Cada una de las rayas o líneas del papel pautado utilizado para aprender a escribir.

rinitis *s. f.* Inflamación de las mucosas de las fosas nasales.

rinoceronte *s. m.* Mamífero paquidermo con uno o dos cuernos cortos y encorvados en la línea media de la nariz según pertenezca a la especie asiática o africana, respectivamente.

rinofaringe *s. f.* Parte de la faringe que está situada a continuación de las fosas nasales.

rinofaringitis *s. f.* Inflamación de la rinofaringe.

riña *s. f.* Pelea, disputa.

riñón *s. m.* Cada uno de los dos órganos glandulares secretorios de la orina, situados en la región lumbar, uno a cada lado de la columna vertebral. || Este mismo órgano en los animales, con el que se hace un plato culinario. *Riñones al jerez.* || *fig.* Interior, centro. *El riñón de España.* || Fondo, lo principal. *El riñón del asunto.* || Trozo redondeado de mineral. || *pl.* Región lumbar. *Dolor de riñones.* || *loc. fig.* y *fam.* ***Costar un riñón:*** ser muy caro. || ***Tener riñones:*** ser enérgico.

riñonada *s. f.* Tejido adiposo que envuelve los riñones. || Lugar del cuerpo en que están los riñones. || Guisado de riñones. || *loc. fig.* y *fam.* ***Costar una riñonada:*** costar mucho.

río *s. m.* Corriente de agua continua y más o menos caudalosa que va a desembocar en otra o en el mar. *El Nilo y el Amazonas son los ríos más largos del globo.* || *fig.* Gran abundancia de una cosa. *Río de sangre, de palabras, de oro.* || *loc. fig.* ***A río revuelto, ganancia de pescadores:*** censura a los que saben aprovechar los desórdenes para sacar provecho. || ***Cuando el río suena, agua lleva:*** todo rumor tiene su fundamento. || ***Pescar en río revuelto:*** aprovechar el desorden en beneficio suyo.

riobambeño, ña *adj.* y *s.* De Riobamba, ciudad de Ecuador.

riohachero, ra *adj.* y *s.* De Riohacha, ciudad de Colombia.

riojano, na *adj.* y *s.* De La Rioja, provincia de Argentina y comunidad autónoma de España.

rioplatense *adj.* y *s. com.* Del Río de la Plata. *La región rioplatense se extiende por Argentina y Uruguay.*

ripiar *t.* Llenar de grava.

ripio *s. m.* Palabra innecesaria que se emplea para completar un verso. *Los malos poetas usan ripios para crear versos sin esfuerzo.* || *Arg. Chil.* y *Per.* Piedra menuda que se usa para pavimentar.

riqueza *s. f.* Abundancia de bienes, prosperidad. || Fecundidad, fertilidad. *La riqueza de la tierra.* || Condición de una materia que da un rendimiento abundante. *La riqueza de un mineral.* || Carácter que da valor a algo. *La riqueza de una joya.* || Lujo, esplendor. *La riqueza del decorado.* || Abundancia de términos y locuciones en una lengua. *La riqueza del castellano.* || *pl.* Bienes de gran valor, especialmente en dinero o en valores. *Amontonar riquezas.* || Objetos de gran valor. *El museo tiene inestimables riquezas.* || Productos de la actividad económica de un país; sus recursos naturales.

risa *s. f.* Manifestación de un sentimiento de alegría que se produce al contraer ciertos músculos del rostro y que va acompañada por una expiración espasmódica y ruidosa. *Se oyeron risas de contento.* || Irrisión, objeto de burla. *Ser la risa de todo el mundo.* || *loc.* ***Caerse, desternillarse, morirse de risa:*** reír mucho y ruidosamente. || ***Risa nerviosa:*** la incontenible. || ***Ser algo cosa de risa*** o ***ser de risa:*** ser divertido.

riscal *s. m.* Lugar peñascoso.

risco *s. m.* Peñasco, roca escarpada.

riscoso, sa *adj.* Peñascoso.

risibilidad *s. f.* Condición de risible, facultad de reír.

risible *adj.* Que provoca risa, cómico, ridículo. *Postura risible.*

risorio, ria *adj.* Dícese de un músculo que contrae las comisuras labiales y ayuda a la risa.

risotada *s. f.* Carcajada. *Soltar una risotada.*

ríspido, da *adj.* Áspero.

ristra *s. f.* Trenza de ajos o cebollas. || *fig.* y *fam.* Conjunto de cosas encadenadas, serie.

ristre *s. m.* Hierro del peto de la armadura donde se afianzaba el cabo de la lanza. *Lanza en ristre.*

risueño, ña *adj.* Sonriente. *Cara risueña.* || Que es propenso a reírse. *Persona risueña.* || *fig.* De aspecto alegre. *Fuente risueña.* || Prometedor, halagüeño, favorable. *Porvenir risueño.*

ritmar *t.* Acompasar con ritmo.

rítmico, ca *adj.* Relativo al ritmo o sujeto a ritmo o a compás. *Gimnasia rítmica.*

ritmo *s. m.* Orden armonioso de un conjunto de sonidos, un movimiento, una acción, etc. || Orden y tiempo en la sucesión de algo. *Victoria no puede caminar al ritmo de Bertha.* || En el lenguaje, armonía entre los diferentes tipos de sílabas, en especial en un verso. || En música, proporción de los tiempos. *Los bailarines danzan al ritmo de la música.*

rito *s. m.* Conjunto de ceremonias que se llevan a cabo en una religión. || Costumbre o hábito. || En algunas sociedades, acto o ceremonia mágica que se repite y está destinada a orientar una fuerza oculta hacia una acción determinada.

ritual *adj.* Que se lleva a cabo según determinado rito. *Javier compró un disco de música ritual.* || *s. m.* Conjunto de ritos de una religión. || Conjunto de comportamientos basados en la creencia.

ritualismo *s. m.* Tendencia de los que quieren aumentar la importancia de las ceremonias del culto. || Movimiento surgido en el seno de la Iglesia anglicana con el propósito de restaurar el ceremonial católico. || *fig.* Exageración en el cumplimiento de las normas y trámites prescritos.

ritualista *adj.* y *s. com.* Seguidor del ritualismo.

rival *adj.* y *s. com.* Competidor, que aspira a las mismas ventajas que otro. *Como pintor es superior a sus rivales.*

rivalidad *s. f.* Competencia entre dos o más personas que aspiran a obtener una misma cosa. || Oposición, antagonismo.

rivalizar *intr.* Competir. *Rivalizar en méritos.*

rivense *adj.* y *s. com.* De Rivas, departamento de Nicaragua.

riverense *adj.* y *s. com.* De Rivera, departamento de Uruguay.

rizado, da *adj.* Ensortijado, que forma rizos. *Pelo rizado.* || Dícese del mar movido, con ondas. || *s. m.* Acción y efecto de rizar o rizarse.

rizal *adj.* Ricial.

rizar *t.* Formar rizos o bucles en el cabello. || Mover el viento la mar, formando olas pequeñas. || Hacer dobleces menudos. *Rizar telas, papel,* etc. || *pr.* Ensortijarse el cabello naturalmente.

rizicultura *s. f.* Cultivo del arroz.

rizo, za *adj.* Rizado. || *adj.* y *s. m.* Dícese del terciopelo que forma cordoncillo. || *s. m.* Mechón de pelo ensortijado. *Un rizo rubio.* || Looping, acrobacia aérea que consiste en dar una vuelta completa sobre un plano vertical. *Rizar el rizo.* || En marinería, cada uno de los cabos para acortar las velas cuando arrecia el viento.

rizófago, ga *adj.* Se refiere al animal que se alimenta de raíces. *Las larvas de algunos insectos son rizófagas.*

rizoide *s. m.* Filamento unicelular que en algunas algas y en los líquenes hace las veces de raíz.

rizoma *s. m.* Tallo horizontal y subterráneo de ciertas plantas. *Los lirios y otras plantas similares tienen rizomas.*

rizópodo, da *adj.* y *s. m.* Dícese de los cuatro grandes grupos de los protozoos, susceptibles de emitir seudópodos. || *pl.* Clase que forman.

ro *interj.* Se usa, repetida, para arrullar a los niños.

roano, na *adj.* Aplícase al caballo de pelo mezclado de blanco, gris y bayo.

roast-beef *s. m.* Rosbif.

róbalo o **robalo** *s. m.* Especie de pez marino comestible de hasta 1 m de longitud, de piel color gris con aspecto metálico.

robar *t.* Tomar para sí con violencia lo ajeno. || Hurtar de cualquier modo que sea. || Raptar a una mujer o a un niño. || Llevarse los ríos las tierras de los márgenes. || En ciertos juegos de naipes y de dominó, tomar algunas cartas o fichas de las que quedan sin repartir. || *fig.* Causar preocupación, quitar. *Robar el sueño.* || Cobrar muy caro. *En esa tienda te roban.* || Conquistar, embelesar. *Robar el alma, el corazón.*

robinsón *s. m. fig.* Hombre que vive solo y sin ayuda ajena.

robladura *s. f.* Remache.

roblar *t.* Doblar o remachar una pieza de hierro para que esté más firme. *Roblar un perno.*

roble *s. m.* Árbol de la familia de las fagáceas, de hojas lobuladas y madera muy dura, cuyo fruto es la bellota, y que puede alcanzar hasta 40 m de altura. || *fig.* Persona o cosa muy resistente. || *loc. fig.* ***Más fuerte que un roble:*** muy fuerte, muy resistente.

robleda *s. f.* **robledal** *s. m.* o **robledo** *s. m.* Sitio poblado de robles.

roblón *s. m.* Clavo de hierro cuya punta se remacha. || Lomo que forman las tejas ya colocadas por su parte convexa.

robo *s. m.* Delito cometido por el que se apropia indebidamente del bien ajeno. *Cometer un robo.* || Producto del robo. || Acción de vender muy caro. || En ciertos juegos de naipes o de dominó, cartas o fichas que se toman del monte.

robot *s. m.* Máquina de aspecto humano o que es capaz de realizar algunas funciones humanas. *Leonor sueña con el día en que un robot haga toda la limpieza de su casa.*

robótica *s. f.* Conjunto de teorías y técnicas destinadas al diseño, construcción y utilización de robots. *La robótica japonesa se distingue por manufacturar robots en miniatura.*

robustecer *t.* Dar robustez.

robustecimiento *s. m.* Acción de robustecer. || Fortalecimiento, consolidación.

robustez *s. f.* Fuerza, vigor.

robusto, ta *adj.* Fuerte, vigoroso, recio. *Es de complexión robusta.* || Que tiene fuertes miembros y firme salud. *Niño robusto.* || Gordo.

roca *s. f.* Cualquier masa mineral que forma parte de la corteza terrestre. *Roca sedimentaria, cristalina, metamórfica.* || Peñasco que se levanta en la tierra o en el mar. || *fig.* Cosa muy dura o muy firme. *Corazón de roca o inconmovible.*

rocalla *s. f.* Conjunto de trozos desprendidos de la roca al tallarla.

roce *s. m.* Acción y efecto de tocar suavemente la superficie de una cosa. || *fig.* Trato frecuente. *Hay que evitar el roce con gente mala.* || Choque, desavenencia. *Roces entre dos naciones.*

rociada *s. f.* Acción y efecto de rociar con un líquido. || Rocío. || *fig.* Conjunto de cosas que se esparcen al arrojarlas. *Una rociada de perdigones.* || Reprensión áspera. *Echar una rociada a uno.* || Serie, sarta. *Una rociada de insultos.*

rociadura *s. f.* o **rociamiento** *s. m.* Rociada.

rociar *t.* Esparcir un líquido en gotas menudas. || Regar en forma de lluvia. *Rociar las flores.* || *fig.* Acompañar una comida con alguna bebida. *Una comida rociada con una botella de clarete.* || Arrojar cosas de modo que se dispersen al caer. || *intr.* Caer sobre la tierra el rocío o la lluvia menuda.

rocín *s. m.* Penco, caballo malo.

rocinante *s. m. fig.* Rocín matalón, caballo flaco.

rocío *s. m.* Conjunto de gotitas menudas, formadas al condensarse el vapor de agua atmosférico, que se depositan de noche sobre la tierra o las plantas. || Llovizna.

rock *s. m.* Estilo musical derivado del jazz y del blues. || Baile que se practica con la música del mismo nombre.

rococó *adj.* y *s. m.* Estilo artístico europeo del siglo XVIII que se caracterizó por ser exagerado y amanerado en los adornos.

rocoso, sa *adj.* Roqueño, abundante en rocas. *Paraje rocoso.*

rocote *s. m. Amér.* Variedad de ají grande.

rodaballo *s. m.* Pez marino de cuerpo aplanado, cuya carne es muy estimada. || *fam.* Hombre taimado.

rodada *s. f.* Señal que deja impresa la rueda en el suelo al pasar. *Las rodadas de las bicicletas prueban que por aquí pasaron.*

rodado *s. m. Arg. Chil. Py.* y *Uy.* Cualquier vehículo de ruedas.

rodado, da *adj.* Relacionado con el tránsito de vehículos de ruedas.

rodador *s. m.* Mosquito de América que cae al suelo y rueda al chupar la sangre.

rodaja *s. f.* Disco plano de madera, metal u otra materia. || Tajada circular de ciertas frutas, pescados, embutidos. *Rodaja de limón, de merluza, de* *salchichón.* || Estrellita de la espuela. || Ruedecilla.

rodaje *s. m.* Conjunto de ruedas. *El rodaje de un reloj.* || Acción de filmar una película. || Periodo en el cual las piezas de un motor nuevo no han de soportar grandes esfuerzos hasta que por frotamiento se realice su ajuste.

rodamiento *s. m.* Pieza que permite que gire un determinado dispositivo.

rodante *adj.* Que rueda.

rodapié *s. m.* Cenefa, zócalo de una pared. || Tabla o celosía que se pone en la parte inferior del balcón. || Paramento con que se cubren los pies de las camas, mesas y otros muebles.

rodar *t. intr.* y *pr.* Dar vueltas un cuerpo alrededor de su eje. || Moverse por medio de ruedas. *Las ruedas de las bicicletas ruedan al mover los pedales.* || Caer dando vueltas. *Roberto rodó y se golpeó en los escalones.* || Llevar a cabo el rodaje de un filme. *Paulina rodará en escenarios naturales.* || *loc.* ***Andar rodando una cosa:*** estar en cualquier sitio y no ordenada. || *fig.* ***Echarlo todo a rodar:*** echar todo a perder por falta de paciencia o por una imprudencia.

rodear *t.* Poner alrededor, ceñir. *Rodear un huerto con tapias.* || Cercar. *Las fuerzas del orden rodearon la guarida de los malhechores.* || Dar la vuelta. *La carretera rodea la montaña.* || Tratar con mucho miramiento. *Rodear de cuidados.* || *Amér.* Reunir el ganado en un sitio por medio de caballos que lo acorralan. || *pr.* Llegar a tener en torno a sí. *Se rodeó de comodidades.* || *loc.* ***Rodearse de precauciones:*** obrar con prudencia.

rodela *s. f.* Escudo redondo. || *Chil.* y *Méx.* Rosca, rodete.

rodeno, na *adj.* Dícese de una clase de pino de hojas muy largas.

rodeo *s. m.* Camino más largo o desvío de un camino recto. *Jesús tuvo que dar un rodeo para llegar a la escuela.* || Forma indirecta de hacer o decir algo. *Ana hace muchos rodeos antes de pedir algo.* || *Arg. Chil.* y *Uy.* Acción de contar o separar el ganado. || Fiesta de vaqueros donde se montan vaquillas, se hacen suertes con lazos, etc., similar a las fiestas mexicanas de charros. || *loc. pl.* ***Andarse*** (alguien) ***con rodeos:*** no decir algo de manera directa.

rodera *s. f.* Carril, rodada.

rodericense *adj.* y *s. com.* De Ciudad Rodrigo, municipio de España.

rodete *s. m.* Moño que se hace con trenzas de cabello recogidas en la parte alta de la cabeza. *La muchacha se hizo un rodete y lo adornó con flores de seda.* || Rosca de tela que se coloca sobre la cabeza para llevar bultos. *El hombre se puso un rodete, y encima de éste una caja.*

rodezno *s. m.* Rueda hidráulica horizontal con paletas curvas.

rodilla *s. f.* Parte del cuerpo donde se une el muslo con la pierna. || En los cuadrúpedos, articulación del antebrazo con la caña. || *loc.* ***De rodillas:*** con las rodillas dobladas y apoyadas en el suelo. || *fig.* ***Doblar*** (o ***hincar***) ***la rodilla:*** humillarse a otro.

rodillazo *s. m.* Golpe dado con la rodilla.

rodillera *s. f.* Lo que se pone por comodidad, defensa o adorno en la rodilla. *Las rodilleras de un guardameta.* || Remiendo en las rodillas de un pantalón. || Bolsa que forma el pantalón viejo en las rodillas.

rodillo *s. m.* Cilindro macizo que sirve para diversos usos. || Cilindro de caucho duro que soporta el golpe de las teclas de las máquinas de escribir, máquinas contables, calculadoras y tabuladoras. || Cilindro de caucho que sirve para dar masajes. || Cilindro que se utiliza para el entintado de las formas en las máquinas de imprimir. *Rodillos entintadores.* || Instrumento para allanar o apisonar la tierra. *Pasar el rodillo en un campo de tenis.* || Objeto de forma cilíndrica que se utiliza en vez de la brocha para pintar. || Cilindro de madera de un telar. || Cilindro utilizado para extender y laminar en la fabricación de cristales. || Cilindro de madera que se emplea en repostería para alisar la masa. || Cilindro de madera que se emplea para transportar algo poniéndolo encima de él.

rodio *s. m.* Elemento químico, metal escaso en la corteza terrestre. Es de color plateado, dúctil, maleable y muy pesado. Se utiliza como catalizador y para fabricar espejos especiales. Su número atómico es 45 y su símbolo *Rh.*

rododendro *s. m.* Arbusto de montaña cultivado por sus flores que se usan como adorno. || Flor de la planta llamada rododendro.

rodonita *s. f.* Mineral de manganeso, que se encuentra en el estado de Puebla, en México.

rodrigar *t.* Poner rodrigones o tutores a las plantas.

rodrigón *s. m.* Palo o caña que se pone al pie de una planta para sujetarla. || *fig.* y *fam.* Criado anciano que acompañaba a las damas.

roedor, ra *adj.* Que roe. || *fig.* Que conmueve o agita el ánimo. *Una pasión roedora.* || Dícese de un orden de mamíferos con dos incisivos en cada mandíbula, cuyo crecimiento es continuo y sirven para roer, como la ardilla, el ratón, el castor, el conejo, el conejillo de Indias, la marmota, etc. || *s. m. pl.* Este orden de animales.

roedura *s. f.* Acción de roer. || Señal que queda en la parte que ha sido roída.

roentgen *s. m.* Röntgen.

roentgenio *s. m.* Elemento sintético radioactivo, de apariencia desconocida, probablemente sólido. Su número atómico es 111 y su símbolo *Rg* .

roer *t.* Cortar y desmenuzar con los dientes. *Roer una galleta.* || Raspar con los dientes. *El perro roe un hueso.* || *fig.* Concomer, atormentar, desazonar. *El remordimiento le roe.* || Ir gastando poco a poco. *Roer su fortuna.* || *loc. fig.* y *fam.* ***Dar que roer a uno:*** costarle trabajo. || ***Duro de roer:*** difícil, arduo.

rogación *s. f.* Acción de rogar. || *pl.* Letanías que se hacen en procesiones públicas.

rogar *t.* Pedir, suplicar como favor o gracia. *Le ruego que venga.* || Instar con súplicas. *Se lo ruego.* || *loc.* ***Hacerse (de) rogar:*** resistirse a las súplicas.

rogativa *s. f.* Oración pública que se hace para conseguir de Dios o de un santo el remedio de alguna grave necesidad.

rogatorio, ria *adj.* Que implica ruego. || *loc.* ***Comision rogatoria:*** comisión que un tribunal dirige a otro para que haga, dentro de su jurisdicción, un acto de procedimiento o instrucción que él mismo no puede hacer. Se dice también del auto que da un juez a un oficial de policía para verificar algunos actos de la instrucción.

rogón, gona *adj.* y *s. fam. Méx.* Persona que ruega mucho.

rojear *intr.* Tirar a rojo. || Enrojecer.

rojez *s. f.* Condición de rojo.

rojizo, za *adj.* Que tira a rojo.

rojo, ja *adj.* Encarnado muy vivo, del color de la sangre. || Aplícase al pelo de un rubio casi colorado. || En política, dícese de la persona de ideas muy izquierdistas. || Temperatura a partir de la cual los cuerpos entran en incandescencia y emiten este color. *Poner un metal al rojo.* || Color característico de las señales de peligro o detención. *El disco está en rojo.* || Cosmético de color rojo. *Rojo de labios.* || *loc.* ***Al rojo vivo:*** a) En estado de incandescencia. b) *fig.* En estado de gran excitación en un periodo crítico. *La situación está al rojo vivo.* || ***Ponerse rojo de ira:*** encolerizarse mucho. || *s. m.* Uno de los colores fundamentales de la luz, el menos refrangible.

rojura *s. f.* Rojez.

rol *s. m.* Lista de nombres. || Licencia que lleva el capitán y donde consta la lista de la tripulación. || *Amér.* Galicismo por *papel* de un actor, *intervención* en un asunto.

rolar *intr.* Dar vueltas en círculos, sobre todo los barcos. || *fam. Méx.* Andar sin rumbo fijo. *Estuve rolando unos meses otros países.*

roldana *s. f.* Canalón por donde corre la cuerda de una polea.

rollizo, za *adj.* Redondo, cilíndrico. || Robusto y gordo. *Moza rolliza.* || *s. m.* Madero en rollo.

rollo *s. m.* Objeto cilíndrico formado por una cosa arrollada. *Rollo de pa-*

pel. || Carrete de película. || Envoltijo de cuerda, alambre, cable, etc. || Cilindro de madera, rulo, rodillo. *Rollo de pastelero.* || Manuscrito enrollado antiguo. || Madero redondo sin labrar. *Madero en rollo.* || *fam.* Carne grasa alrededor de un miembro del cuerpo. || Persona o cosa pesada. *La conferencia fue un rollo.* || *loc. fig.* y *fam.* ***Soltar el rollo:*** pronunciar un discurso o alegato largo y pesado.
ROM *s. f.* Abreviatura de «Read Only Memory» (memoria de sólo lectura) que designa en informática a la memoria cuya información no puede ser modificada una vez introducida en una computadora.
romadizo *s. m.* Catarro nasal.
romana *s. f.* Instrumento para pesar, compuesto de una barra de brazos desiguales, con el fiel sobre el punto de apoyo, y un pilón que corre por el brazo mayor, donde se halla trazada la escala de los pesos.
romance *adj.* y *s. m.* Dícese de cada una de las lenguas modernas derivadas del latín, como el castellano, el catalán, el francés, el portugués, el italiano, el rumano, el provenzal, etc. || *s. m.* Idioma castellano. *Hablar o escribir en romance.* || Novela de caballerías. || Composición poética que consiste en repetir al fin de todos los versos pares una asonancia y en no dar a los impares rima de ninguna especie. || *pl. fig.* y *fam.* Habladurías. || Excusas, disculpas. || *loc. fig.* y *fam.* ***Hablar en romance:*** explicarse con claridad.
romancero, ra *s.* Persona que canta romances. || *s. m.* Colección de romances poéticos.
romanche *s. m.* Idioma rético.
romanesco, ca *adj.* Romano.
románico, ca *adj.* Aplícase al arte que predominó en los países latinos en los siglos XI y XII. || Neolatino. *Lenguas románicas.*
romanismo *s. m.* Conjunto de la civilización romana.
romanista *adj.* y *s. com.* Aplícase al filólogo especialista en lenguas romances. || Dícese del tratadista de derecho romano.
romanización *s. f.* Difusión de la civilización romana.
romanizar *t.* Difundir la civilización, leyes y costumbres romanas, o la lengua latina. || *pr.* Ser influido por la civilización romana.
romano, na *adj.* De la antigua Roma. *El imperio romano.* || De la Roma actual. || Dícese de la Iglesia católica. || *loc.* ***Números romanos:*** las letras numerales I, V, X, L, C, D y M.
romanticismo *s. m.* Movimiento intelectual y artístico surgido en Europa a fines del siglo XVIII. || Calidad de romántico, sentimental.
romántico, ca *adj.* Relativo al romanticismo. *Goethe es uno de los más famosos escritores románticos de la literatura.* || Sentimental. *Carmen anda muy romántica.* || *s.* Escritor, pintor, arquitecto, etc., que refleja el carácter del romanticismo.
romanticón, cona *adj.* Muy sentimental.
romantizar *t.* Dar carácter romántico.
romanza *s. f.* Canción de carácter sencillo y tierno.
rombo *s. m.* Paralelogramo que tiene los lados iguales y dos de sus ángulos mayores que los otros dos.
romboedro *s. m.* Prisma cuyas bases y caras son rombos.
romboidal *adj.* De forma de romboide.
romboide *s. m.* Paralelogramo cuyos lados son paralelos e iguales cada uno con el opuesto.
romeral *s. m.* Terreno poblado de romeros.
romería *s. f.* Viaje o peregrinación que se hace por devoción a un santuario. *Romería a Montserrat.* || Fiesta popular con motivo de una peregrinación. *La romería de San Isidro en Madrid.* || *fig.* Serie continuada y abundante de personas a un sitio.
romerillo *s. m. Amér.* Planta silvestre de cuyas especies muchas se usan en medicina.
romeritos *s. m. pl. Méx.* Hierba de hojas delgadas, parecida al romero pero mucho más tierna, que se come guisada. *Los romeritos con mole y tortas de camarón son un platillo típico de la cuaresma.*
romero, ra *adj.* y *s.* Peregrino. || *s. m.* Planta labiada, aromática y de flores con propiedades estimulantes.
romo, ma *adj.* Sin filo. *Punta roma.* || De nariz pequeña y poco puntiaguda.
rompecabezas *s. m.* Juego que consiste en componer determinada figura repartida en pedazos, en cada uno de los cuales hay una parte de la figura. *A Germán le gustan los rompecabezas muy complicados.* || *fam.* Cualquier cosa que resulta difícil de entender o resolver. *La policía se enfrentó con un rompecabezas por ese crimen tan misterioso.*
rompedor, ra *adj.* y *s.* Que rompe o destroza mucho.
rompehielos *s. m.* Barco con proa reforzada, acondicionado para romper el hielo y abrirse paso.
rompehuelgas *s. m.* Esquirol.
rompeolas *s. m.* Dique en la parte exterior de un puerto o rada para protegerlos contra el oleaje.
rompeplatos *s. m.* Campánula, flor común en México.
romper *t.* Separar con violencia las partes de un todo. *Romper una silla.* || Hacer pedazos, quebrar una cosa. *Romper la vajilla.* || Rasgar. *Romper un papel.* || Gastar, destrozar. *Romper el calzado.* || Roturar. *Romper un terreno.* || *fig.* Interrumpir. *Romper la monotonía.* || Abrir, iniciar. *Romper las hostilidades.* || Surcar. *El velero rompe las aguas.* || Quebrantar. *Romper el ayuno, un contrato.* || *intr.* Estrellarse, deshacerse en espuma las olas. || Dejar de ser amigos, novios, etc. *Juan y Pilar han roto.* || Quitar toda relación. *Romper con el pasado.* || Empezar bruscamente. *Rompió a hablar.* || Prorrumpir. *Romper en llanto.* || Brotar, abrirse las flores. || *pr.* No funcionar, tener una avería. *Se me rompió el coche.* || *loc.* ***Al romper el alba*** o ***el día:*** al amanecer. || *fig.* ***De rompe y rasga:*** dícese de la persona muy decidida, resuelta. || ***Romper con uno:*** disgustarse con él. || ***¡Rompan filas!:*** en milicia, voz de mando empleada para que se disuelvan las tropas. || ***Romper el fuego:*** empezar a disparar. || ***Romper el saque:*** en el tenis, ganarle el juego al jugador que tiene el servicio del saque. || *fig.* y *fam.* ***Romper la cara*** o ***las narices*** o ***la crisma a uno:*** pegarle muy fuerte. || *fig.* y *fam.* ***Romperse las narices:*** encontrar mucha dificultad o fracasar. || ***Romperse la cabeza:*** reflexionar mucho.
rompible *adj.* Que puede romperse.
rompiente *s. m.* Bajo, escollo en que rompen las olas del mar o la corriente de un río.
rompimiento *s. m.* Ruptura.
rompope *s. m. Amér. C.* y *Méx.* Bebida alcohólica suave hecha con aguardiente, huevos, leche, azúcar y vainilla. *Brindamos por los novios con champaña y los niños con rompope.*
ron *s. m.* Bebida alcohólica obtenida de la caña de azúcar. *Cuba es un importante productor de ron.*
ronca *s. f.* Bramido del ciervo.
roncador, ra *adj.* y *s.* Que ronca. || *s. m.* Pez marino teleósteo. || *s. f. Amér.* Espuela de rodaja muy grande.
roncar *intr.* Respirar haciendo con la garganta y las narices un ruido sordo mientras se duerme. || Llamar el ciervo a la hembra cuando está en celo. || *fig.* Producir un sonido sordo e intenso, mugir. *Roncar el mar, el viento.*
roncear *intr.* Remolonear. || *fam.* Adular para obtener algo. || Ir un barco muy lentamente. || *Amér.* Espiar, acechar.
roncha *s. f.* Bultillo enrojecido que se levanta sobre la piel después de una picadura.
ronco, ca *adj.* Que tiene o padece ronquera, afónico. *Estar ronco.* || Bronco, áspero. *Ruido ronco.*
ronda *s. f.* Vuelta dada para vigilar. || Patrulla que ronda. || Grupo de jóvenes que andan rondando por la noche. || Estudiantina, tuna, conjunto musical de estudiantes. || Trayecto que efectúa el cartero repartiendo el correo. || Mano en el juego de cartas. || Giro, vuelta. || Espacio entre la parte

interior de la muralla y las casas de una ciudad fortificada. || Camino de circunvalación en una población. || *fam.* Invitación de bebida o tabaco a varias personas. *Pagar una ronda.* || Juego del corro.
rondador, ra *adj.* y *s.* Que hace una ronda. || *s. m. Ecua.* Especie de zampoña.
rondalla *s. f.* Grupo de músicos con instrumentos de cuerda que suele tocar por las calles y plazas. *Rondalla estudiantil.*
rondar *t. fig.* Dar vueltas alrededor de una cosa. || *fig.* Amagar, empezar a manifestarse. *El sueño, la gripe le está rondando.* || Rayar en. *Rondar la cincuentena.* || Andar en pos de uno solicitando algo. || Cortejar, galantear. || *loc.* ***Rondar la calle:*** ir y venir. || *intr.* Recorrer de noche una población para vigilar. || Pasear de noche los mozos por las calles donde viven las mozas a quienes galantean.
rondeño, ña *adj.* y *s.* De Ronda, ciudad de España. || *s. f.* Aire popular de Ronda, semejante al fandango.
rondó *s. m.* Cierta composición musical cuyo tema se repite varias veces.
rondón *loc. adv.* **De rondón:** Sin avisar, sin previo aviso. *Entró de rondón.*
ronquear *intr.* Estar ronco.
ronquedad *s. f.* Aspereza o bronquedad de la voz o del sonido.
ronquera *s. f.* Afección de la laringe que cambia el timbre de la voz, haciéndolo bronco.
ronquido *s. m.* Ruido que se hace roncando. || *fig.* Sonido ronco. *El ronquido del viento.*
ronronear *intr.* Emitir el gato cierto sonido ronco. *Cuando ronronea el gato, se escucha como si tuviera dentro un pequeño motor.*
ronroneo *s. m.* Ruido que producen los gatos cuando están contentos.
röntgen, roentgen o **roentgenio** *s. m.* Unidad de cantidad de radiación X o g. Su símbolo es *R*.
röntgenterapia *s. f.* Radioterapia.
ronzal *s. m.* Cuerda que se ata al cuello o a la cabeza de las caballerías.
ronzar *t.* Mascar cosas duras con algún ruido.
roña *s. f.* Sarna del ganado lanar. || Suciedad, mugre. || Moho de los metales. || *fig.* y *fam.* Roñosería. || *s. m. fam.* Persona tacaña. || *Méx.* Cierto juego infantil.
roñería *s. f. fam.* Roñosería.
roñica *adj.* y *s. fam.* Tacaño.
roñosería *s. f. fam.* Tacañería.
roñoso, sa *adj.* Que tiene roña. *Carnero roñoso.* || Sucio, mugriento. || Oxidado, mohoso. || *fig.* y *fam.* Avaro, cicatero, miserable, tacaño. || *Méx.* y *P. Rico.* Rencoroso.
ropa *s. f.* Cualquier prenda de tela. *En el centro abrieron una nueva tienda de ropa.* || Prenda de vestir. *Irma tiene debilidad por la ropa de seda.* || *loc.* ***Ropa blanca:*** la de uso doméstico, como sábanas y toallas. || ***Ropa de cama:*** conjunto de sábanas, mantas, etc., para la cama. || ***Ropa interior:*** conjunto de prendas que se llevan debajo del vestido o del traje exterior. || *fig.* ***Ropa vieja:*** cierto guisado de carne.
ropaje *s. m.* Vestido elegante usado en ocasiones y ceremonias solemnes. || Conjunto de ropas.
ropaje *s. m.* Vestidura larga y vistosa. || Conjunto de ropas. || *fig.* Apariencia, pretexto. *Traicionar a uno bajo el ropaje de la amistad.*
ropavejería *s. f.* Tienda de ropavejero, prendería.
ropavejero, ra *s.* Persona que tiene por oficio comprar y vender ropa, baratijas y otras cosas usadas.
ropería *s. f.* Tienda de ropa hecha.
ropero *adj.* y *s. m.* Armario o habitación en la que se guarda ropa. *A Felisa le gusta guardar pastillas de jabón en su ropero.* || *Méx. fam.* Persona muy corpulenta, grande y gruesa.
roque *s. m.* Torre del ajedrez. || Torre figurada en un blasón. || *fig.* y *fam.* ***Estar roque:*** estar dormido. || ***Quedarse roque:*** dormirse profundamente.
roqueda *s. f.* o **roquedal** *s. m.* Lugar donde hay muchas rocas.
roquefort *s. m.* Tipo de queso de olor y sabor fuerte, debido al moho azul con que lo elaboran. *El queso roquefort se llama así por la región francesa donde lo produjeron primero.*
roqueño, ña *adj.* Rocoso.
rorcual *s. m.* Especie de ballena con aleta dorsal y pecho estriado, propia de los mares árticos.
rorro *s. m.* Niño que aún mama. || *Méx.* Muñeca.
rosa *adj.* Que tiene un color rojo claro. *Traje rosa.* || *fig.* ***Novela rosa:*** la que narra aventuras amorosas siempre felices. || *s. f.* Flor del rosal. *Ramo de rosas.* || Adorno que tiene forma de rosa. || *loc. fig.* ***Estar como las propias rosas:*** encontrarse muy a gusto. || ***La vida no es senda de rosas:*** la vida tiene muchos momentos amargos. || ***No hay rosa sin espinas:*** todo placer exige un sacrificio. || ***Rosa de Jericó:*** planta crucífera, con flores blancas, propia de los desiertos de Oriente. || ***Rosa de los vientos*** o ***náutica:*** círculo en forma de estrella dividido en treinta y dos partes iguales cuyas puntas señalan las direcciones del horizonte. || ***Rosa de té:*** la de color amarillo rojizo. || ***Vivir en un lecho de rosas:*** vivir placenteramente. || *s. m. Méx.* Color que se obtiene de la combinación del rojo y el blanco. *El rosa es más claro que el rojo.* || *loc.* ***Pintar las cosas color de rosa:*** describirlas de manera muy optimista. . || *fig.* ***Verlo todo de color de rosa:*** ver siempre las cosas de manera muy optimista.
rosáceo, a *adj.* De color semejante al de la rosa. || Aplícase a las plantas dicotiledóneas a que pertenecen el rosal, el almendro, la fresa, el escaramujo y el peral. || *s. f. pl.* Familia que forman.
rosado, da *adj.* Relativo al color de la rosa. *Mis mejillas pálidas se pusieron rosadas por el sol.*
rosal *s. m.* Arbusto espinoso cultivado por sus flores bellas y aromáticas. *En el jardín frente a su casa Edith tiene dos rosales.*
rosaleda o **rosalera** *s. f.* Sitio plantado de rosales.
rosarino, na *adj.* y *s.* De Rosario, ciudades de Argentina, Paraguay, Uruguay.
rosario *s. m.* Rezo en que se conmemoran los quince misterios de la Virgen. || Rezo abreviado de éste en que sólo se celebran cinco misterios de la Virgen. || Sarta de cuentas separadas de diez en diez por otras más gruesas que se usa para este rezo. || *fig.* Sarta, serie. *Un rosario de desdichas.*
rosbif *s. m.* Trozo de carne de buey o de vaca cocinado de modo que el interior queda algo crudo. *Las rebanadas de rosbif se ven rosadas en el centro y color marrón en los bordes.*
rosca *s. f.* Resalto helicoidal de un tornillo, o estría helicoidal de una tuerca. || Pan, bollo o torta de forma circular con un espacio vacío en medio. || Carnosidad de las personas gruesas alrededor de cualquier parte del cuerpo. || Círculo que hace el humo en el aire. || Rodete. || *loc. fig.* ***Hacer la rosca a uno:*** adularle, darle la coba. || ***Hacerse una rosca:*** hacerse un ovillo. || ***Pasarse de rosca:*** a) No entrar bien un tornillo en su rosca. b) *fig.* Pasarse de los límites, excederse, exagerar.
roscado, da *adj.* En forma de rosca. || *s. m.* Aterrajado, operación que consiste en labrar roscas.
roscar *intr.* Labrar roscas.
rosco *s. m.* Roscón. || Rosca de pan. || Rosca de carne. || Flotador que se ponen alrededor del cuerpo los que no saben nadar. *Isabel y Alejandro sólo se atrevían a nadar con el rosco.*
roscón *s. m.* Bollo en forma de rosca.
rosedal *s. m. Arg.* y *Uy.* Sitio plantado de rosales.
róseo, a *adj.* Rosa.
roséola *s. f.* Erupción cutánea de manchas rosáceas.
roseta *s. f.* Rosa pequeña. || Chapeta. || *Arg.* Rodaja de espuela. || *pl.* Granos de maíz tostado y abiertos en forma de flor; palomitas.
rosetón *s. m.* Roseta grande. || En arquitectura, ventana redonda y calada con adornos, frecuente en las iglesias góticas. || Adorno circular que

se coloca en el centro de los techos. || Mancha roja en la cara.
rosicler *s. m.* Color rosado del cielo en la aurora. || Plata roja.
rosillo, lla *adj.* Roano.
rosoli *s. m.* Licor compuesto de aguardiente mezclado con azúcar, canela, anís, etc.
rosolí *s. m.* Planta droserácea.
rosquilla *s. f.* Bollo o pan dulce en forma de rosca pequeña, con un hoyo en el centro.
rosticería *s. f. Chil. Méx.* y *Nic.* Lugar público donde se asan y venden pollos.
rostrado, da o **rostral** *adj.* Que acaba en punta semejante al pico del pájaro o al espolón de la nave.
rostro *s. m.* Cara, semblante. *Un rostro alegre, risueño.* || Pico del ave. || Cosa en punta parecida a él. || *loc. fig.* y *fam.* ***Tener rostro:*** ser muy atrevido. || ***Torcer el rostro:*** poner mala cara. || ***Salvar el rostro:*** salvar la cara.
rota *s. f.* Palma de la India y de Malasia cuyos tallos sirven para hacer bastones, labores de cestería, etc.
rotación *s. f.* Movimiento de un cuerpo alrededor de un eje real o imaginario. *La rotación de la Tierra.* || Empleo metódico y sucesivo de material, de mercancías, de procedimientos, etc. || Frecuencia de los viajes de un barco, avión, etc., en una línea regular. || *loc.* ***Rotación de cultivos:*** sistema de cultivo en que se alternan las especies vegetales que se siembran.
rotativo, va *adj.* Que da vueltas. || Dícese de la máquina tipográfica formada por dos cilindros cubiertos por una plancha estereotipada y entintada entre los que se desliza el papel que se va a imprimir. || *s. m.* Periódico impreso en estas máquinas.
rotatorio, ria *adj.* Que gira.
rotavirus *s. m.* Virus que causa diarrea grave, especialmente en niños pequeños.
rotería *s. f. Chil.* Plebe.
rotisería *s. f. Arg. Chil.* y *Uy.* Tienda donde se venden fiambres, carnes asadas, vinos, etc.
roto, ta *adj.* Que ha sufrido rotura. || *fig.* Destrozado, deshecho. *Una vida rota por el destino.* || *Chil.* Dícese de la persona de muy baja condición social. || *fam. Arg.* Chileno. || *Méx.* Petimetre del pueblo. || *s. m.* Rotura, desgarrón. || *loc. fig.* ***Nunca falta un roto para un descosido:*** la gente pobre o desgraciada siempre encuentra a alguien que sufre las mismas desventuras.
rotograbado *s. m.* Huecograbado.
rotonda *s. f.* Edificio circular con una cúpula. || Plaza circular.
rotor *s. m.* Parte móvil en un motor, generador eléctrico, turbina, etc. || Sistema de palas giratorias de un helicóptero que sirve para sustentarlo.
rotoso, sa *s. desp. Chil.* Persona de baja condición cultural o social.
rótula *s. f.* Hueso plano situado en la parte anterior de la rodilla. || *En mecánica,* articulación de forma esférica. *Cojinete de rótula.*
rotulación *s. f.* o **rotulado** *s. m.* Composición de un letrero.
rotulador, ra *adj.* y *s.* Que dibuja rótulos.
rotular *adj.* Perteneciente o relativo a la rótula.
rotular *t.* Poner un rótulo.
rótulo *s. m.* Inscripción que se pone a una cosa indicando lo que es. || Cartel, letrero, anuncio público. *Rótulo luminoso.*
rotundidad *s. f.* Redondez, esfericidad. *La rotundidad de la Tierra.* || *fig.* Sonoridad del lenguaje. || Carácter categórico, terminante.
rotundo, da *adj.* Redondo. || *fig.* Expresivo, lleno y sonoro. *Lenguaje rotundo.* || Terminante, categórico. *Afirmación rotunda; negativa rotunda.* || Completo, patente. *Éxito rotundo.*
rotura *s. f.* Ruptura, acción de romperse. || Quiebra. || Desgarradura en un tejido orgánico. || Fractura de un hueso.
roturación *s. f.* Primer arado de una tierra.
roturador, ra *adj.* y *s.* Que rotura. || *s. f.* Máquina para roturar la tierra.
roturar *t.* Arar por primera vez una tierra inculta para ponerla en cultivo.
round *s. m.* En el boxeo, cada uno de los episodios de tres minutos en que se divide una pelea: *El campeón del mundo venció a su contrincante en el tercer round.*
roya *s. f.* Enfermedad provocada por hongos que afecta sobre todo a los cereales. *Hay roya en este plantío.*
royalty *s. m.* Derecho que se paga al propietario de una patente, a un escritor, a un editor o al propietario de un terreno donde se explotan minas o pozos de petróleo o por el que pasa un oleoducto.
rozadura *s. f.* Rasguño superficial, raspadura. *La bala le hizo una rozadura en el casco.* || Erosión superficial de la piel. *Rozadura en el talón.*
rozagante *adj.* Vistoso, de mucha apariencia. || *fig.* Despabilado, despierto. *Estaba rozagante hasta altas horas de la noche.* || Espléndido, magnífico. *Tiene una salud rozagante.* || Peripuesto. || Presumido. || Orgulloso.
rozamiento *s. m.* Roce. || Fricción, resistencia al movimiento de un cuerpo o de una pieza mecánica debida al frotamiento. || *fig.* Enfado, disgusto leve. || Roce, trato.
rozar *t.* Pasar una cosa tocando ligeramente la superficie de otra. *La rueda rozó con el bordillo de la acera.* || Pasar muy cerca. *Rozaba las paredes.* || Raspar, tocar o arañar levemente. || Limpiar una tierra de matas y hierbas para cultivarla. || Cortar los animales con los dientes la hierba para comerla. || *fig.* Rayar en. *Rozaba la cuarentena.* || Escapar por poco, estar muy cerca. *Rozó el accidente.* || Tener cierta relación con. *Su actitud roza el descaro.* || *pr.* Sufrir una rozadura. *Se rozó con un alambre.* || Desgastarse por el roce. *Los bajos del pantalón se rozan.* || Herirse un pie con otro las caballerías. || *fam.* Tener trato, tratarse. *No me rozo más que con gente de importancia.*
rozón *s. m.* Roce ligero. *El autobús sólo le dio un ligero rozón a la portezuela del automóvil.*
rúa *s. f.* Calle.
ruana *s. f. Col. Ecua.* y *Ven.* Especie de poncho.
rubefacción *s. f.* Mancha roja en la piel producida por un medicamento irritante o por alteraciones de la circulación de la sangre.
rubéola o **rubeola** *s. f.* Enfermedad eruptiva, contagiosa y epidémica, parecida al sarampión.
rubescente *adj.* Rojizo.
rubí *s. m.* Piedra preciosa transparente, variedad del corindón (alúmina cristalizada), de color rojo y brillo intenso.
rubia *s. f.* Planta rubiácea cuya raíz contiene una sustancia colorante roja usada en tintorería. || Pez teleósteo de agua dulce. || *fam.* Furgoneta automóvil, de carrocería de madera.
rubiáceo, a *adj.* y *s. f.* Dícese de las plantas dicotiledóneas a que pertenecen la rubia, el café, etc. || *pl.* Familia que forman.
rubiales *s. com. pl. fam.* Persona rubia. *Joven rubiales.*
rubicán, cana *adj.* Dícese del caballo con el pelo mezclado de blanco y rojo.
rubicundez *s. f.* Condición de rubicundo. || En medicina, color rojo de origen morboso en la piel y en las membranas mucosas.
rubicundo, da *adj.* Rubio que tira a rojo. || Aplícase a la persona de cara de color rojo encendido. || *fig.* Rebosante de salud.
rubidio *s. m.* Elemento químico, metal raro en la corteza terrestre presente en algunas aguas minerales, en ciertas plantas y en minerales de potasio. Es de color blanco plateado, blando y pesado, muy reactivo y de oxidación rápida. Se utiliza para fabricar células fotoeléctricas. Su peso atómico es 37 y su símbolo *Rb.*
rubio, bia *adj.* De color rojo claro parecido al del oro. *Cabello rubio.* || *s.* Persona que tiene el pelo rubio. || *s. m.* Este color. || Pez marino acantopterigio, de hocico prominente.
rubor *s. m.* Color que sube al rostro por vergüenza. *Cuando la gente le dice que es guapa, a Alejandra se le sube*

el rubor a la cara. || Vergüenza. || *Méx.* Maquillaje que se pone en las mejillas para que se vean rosadas.
ruborizar *t.* Causar rubor o vergüenza a alguien. || *pr. fig.* Sentir vergüenza, avergonzarse, ponerse colorado.
ruboroso, sa *adj.* Vergonzoso.
rúbrica *s. f.* Rasgo o rasgos que suelen poner cada cual después de su nombre al firmar. || *fig.* Firma, nombre. *Escrito bajo su rúbrica.* || Título, epígrafe de un capítulo o sección en un periódico, revista, etc. || Abreviatura que se pone delante de algo que se escribe para anunciar de lo que se trata. || Regla de las ceremonias y ritos de la Iglesia.
rubricado, da *adj.* Firmado.
rubricar *t.* Poner uno su rúbrica después de la firma. || Firmar y sellar un documento. || *fig.* Dar testimonio de algo. || Concluir, coronar. *Rubricó su carrera con el doctorado.* || Firmar, dar por suyo. *Rubricar un documento.*
rubro *s. m. Amér. C.* y *Amér. Merid.* Título o rótulo. *En el rubro de «Postres» encontré la receta que necesitaba.* || *Amér. Merid.* y *Méx.* Conjunto de artículos de consumo de un mismo tipo. *En el inventario que hicimos pusimos los cosméticos en el rubro de perfumería.*
rucho *s. m.* Pollino, borrico.
rucio, cia *adj.* De color gris o pardo claro. *Caballo rucio.* || *fam.* Entrecano, gris. *Persona rucia.* || *s. m.* Asno. Se dice especialmente del de Sancho Panza.
ruco, ca *adj.* y *s. Amér. C.* Viejo, inútil, en particular referido a las caballerías. || *fam. desp. Méx.* Relativo a la persona de edad, a los ancianos.
ruda *s. f.* Planta rutácea medicinal de flores amarillas.
rudeza *s. f.* Aspereza, brusquedad. || Grosería, falta de educación.
rudimentario, ria *adj.* Elemental, poco desarrollado.
rudimento *s. m.* Estado primero de un órgano. || *pl.* Nociones elementales de una ciencia o profesión. *Rudimentos de astronomía.* || Libro en que están.
rudo, da *adj.* Tosco, sin pulimento, basto. || Duro, difícil, penoso. *Trabajo rudo.* || Brusco, sin artificio. *Franqueza ruda.* || Fuerte, severo. *Los rudos golpes de la vida.*
rueca *s. f.* Instrumento utilizado antiguamente para hilar que consistía en una varilla en cuya parte superior se coloca el copo.
rueda *s. f.* Órgano plano de forma circular destinado a girar alrededor de su centro y que permite que un vehículo se mueva o que, en una máquina, transmite el movimiento mediante los dientes que rodean su contorno. || Corro. *Rueda de personas.* || Abanico que forma el pavo real cuando extiende la cola. || Tajada. *Rueda de merluza.* || Rodaja. *Rueda de salchichón.* || Suplicio antiguo. || Tambor que contiene los números en un sorteo de lotería. *Rueda de la fortuna.* || Pez marino plectognato, de forma casi circular, no comestible. || *loc. fig.* y *fam.* ***Comulgar con ruedas de molino:*** creer uno las cosas más inverosímiles. || ***Hacer la rueda:*** a) Hacer un semicírculo el palomo en celo delante de la hembra; extender la cola en forma de abanico el pavo. b) *fig.* Cortejar, rondar a alguien. || *fig.* ***Ir como sobre ruedas:*** no encontrar ningún obstáculo. || ***La rueda de la fortuna*** o ***del destino:*** las vicisitudes humanas. || ***Rueda de molino:*** muela. || ***Rueda de prensa:*** reunión de varios periodistas para interrogar a una persona. || ***Rueda hidráulica:*** la provista de paletas movidas por el agua y que acciona un molino o cualquier otra máquina.
ruedo *s. m.* Parte inferior o contorno de una cosa redonda. *El ruedo de un vestido.* || Esterilla redonda que se pone delante de las puertas para limpiarse los pies, felpudo. || Redondel, espacio de las plazas de toros para lidiar. || *loc. fig.* ***Echarse al ruedo:*** entrar en liza, intervenir.
ruego *s. m.* Súplica, petición. *A ruego mío.* || *loc. fig.* ***Ruegos y preguntas:*** en una reunión, final de ella en que los asistentes interpelan a su presidente.
rufián *s. m.* El que comercia con la prostitución. || *fig.* Hombre sin honor y despreciable, sinvergüenza.
rufianesco, ca *adj.* Característico de los rufianes. || *s. f.* Hampa, mundo de los rufianes.
rugby *s. m.* Deporte que se practica con un balón ovalado que se impulsa con manos y pies. *El rugby es un juego con características del futbol soccer y del futbol americano.*
rugido *s. m.* Grito del león. || *fig.* Grito fuerte y desagradable de reprobación. || Bramido, ruido del viento, de la tempestad. || Borborigmo, ruido de las tripas.
rugiente *adj.* Que ruge.
rugir *intr.* Dar rugidos el león, el tigre y otras fieras. || *fig.* Bramar, producir un ruido fuerte y ronco el viento, la tempestad. || Dar gritos muy fuertes una persona. *Rugir de cólera, de dolor.*
rugosidad *s. f.* Condición de rugoso. || Arruga.
rugoso, sa *adj.* Que tiene arrugas o asperezas.
ruibarbo *s. m.* Planta poligonácea originaria de Asia Central cuya raíz se emplea como purgante.
ruido *s. m.* Conjunto de sonidos inarticulados y confusos. *El ruido de la calle.* || *fig.* Escándalo, jaleo. *Esta noticia va a armar mucho ruido.* || *loc. fig.* ***Hacer*** o ***meter ruido una cosa:*** dar lugar a que se hable mucho de ella. || ***Mucho ruido y pocas nueces:*** dícese de una cosa que aparenta más de lo que es. || ***Ruido de fondo:*** cualquier acción parásita que acompaña a uno que se reproduce en discos, en el teléfono, o emisión de radio, etc.
ruidoso, sa *adj.* Aplícase a lo que hace o donde hay mucho ruido. || *fig.* Que da mucho que hablar. *Publicidad ruidosa.*
ruin *adj.* Vil, abyecto, despreciable, bajo. *Una traición ruin.* || De mala presentación. *Persona de ruin aspecto.* || Malo, malvado. *Hombre ruin.* || Mezquino y avariento, tacaño. *Sueldo ruin.* || Dícese del animal vicioso.
ruina *s. f.* Destrucción, natural o no, de una construcción. *Caer en ruinas.* || *fig.* Pérdida de la fortuna, de la prosperidad, del honor. *Vamos a la ruina.* || Pérdida. *Labrar su ruina.* || Decadencia moral. || Caída, derrumbamiento. *La ruina del régimen político establecido.* || Persona en estado de gran decadencia física o moral. *Lo encontré hecho una ruina.* || *pl.* Restos de una o más construcciones hundidas. *Ruinas de Sagunto.*
ruindad *s. f.* Vileza, abyección, bajeza. || Maldad. || Tacañería.
ruinoso, sa *adj.* Que provoca la ruina. *Gastos ruinosos.* || Que amenaza ruina. *Castillo ruinoso.*
ruipóntico *s. m.* Planta poligonácea de hojas comestibles y raíz purgante, análoga al ruibarbo.
ruiseñor *s. m.* Pájaro insectívoro, de la familia de los túrdidos, de plumaje pardo rojizo y canto muy melodioso.
rulero *s. m. Amér. Merid.* Rulo, cilindro para rizar el pelo.
ruleta *s. f.* Juego de azar en el que el ganador es designado por una bola que gira sobre una rueda con casillas numeradas. || *loc.* ***Ruleta rusa:*** juego suicida en el que dos o más personas se disparan por turnos con un revólver que tiene sólo una bala, hasta que una de ellas muere.
ruletear *intr. fam. Méx.* y *Ven.* Conducir un taxi.
ruletero, ra *s. fam. Méx.* y *Ven.* Taxi. *Evaristo tiene un ruletero que maneja todos los días.* || Persona que conduce un taxi. *Los ruleteros deben conocer muchos nombres de calles y avenidas.*
rulo *s. m.* Rizo de cabello. *Marisol tenía la cabeza cubierta de rulos.* || Cilindro hueco para rizar el cabello. *Isabel se pone rulos después de lavarse el pelo.*
rumano, na *adj.* y *s.* Originario de Rumania, país de Europa Oriental. || *s. m.* Lengua románica hablada en Rumania.
rumba *s. f.* Baile popular cubano de origen africano y música de dicho baile.

rumbear *intr. Amér.* Orientarse, tomar un rumbo. || Bailar la rumba.
rumbero, ra *s.* Persona que baila, canta o toca la rumba.
rumbo *s. m.* Cada una de las 32 partes iguales en que se divide la rosa náutica. || Dirección del barco o del avión. *Navegar rumbo a Montevideo.* || *fig.* Camino que uno se propone seguir. *Tomar otro rumbo.* || *loc.* ***Abatir el rumbo:*** cambiarlo el barco hacia sotavento. || ***Hacer rumbo a un sitio:*** dirigirse a él. || *fig.* ***Perder el rumbo:*** desorientarse. || ***Sin rumbo fijo:*** al azar.
rumboso, sa *adj. fam.* Desprendido, generoso.
rumiante *adj.* Que rumia. || *s. m.* Dícese de los mamíferos ungulados que carecen de dientes incisivos en la mandíbula superior, y tienen cuatro cavidades en el estómago, como el buey, el camello, el ciervo, el carnero, etc. || *pl.* Suborden que forman.
rumiar *t.* Hablando de los rumiantes, masticar por segunda vez los alimentos que ya estuvieron en el estómago volviéndolos a la boca. || *fig.* y *fam.* Reflexionar con mucha detención una cosa. *Rumiar una venganza.* || Refunfuñar, rezongar. *Siempre estás rumiando palabras extrañas.*
rumor *s. m.* Ruido confuso de voces. *El rumor del público.* || Noticia vaga que corre entre la gente. *Rumores contradictorios.* || Ruido sordo y confuso. *El rumor de las aguas.* || *loc.* ***Rumor público*** o ***general:*** opinión de toda la gente.
rumorear *t.* e *intr.* Hablar de, hacer crítica de. || *pr.* Correr un rumor entre la gente. *Se rumorea que va a haber una revolución.*
rumoroso, sa *adj.* Que produce rumor o ruido.
runa *s. f.* Cada carácter de la escritura rúnica. *Se cree que las runas son una derivación modificada del alfabeto etrusco.* || *Arg.* y *Bol.* Papa pequeña que necesita mucho tiempo para cocerse.
rúnico, ca *adj.* Tipo de escritura que usaron los pueblos germánicos del norte de Europa. *La escritura rúnica se utilizó desde el siglo* II *hasta el* XVII.
runrún *s. m. fam.* Rumor, ruido confuso. *Hay el runrún de que el director va a renunciar.* || *Arg. Col. Chil.* y *Per.* Juguete que se hace girar para que produzca un zumbido.
runrunear *t.* e *intr.* Correr el runrún, rumorear.
runruneo *s. m.* Runrún, rumor.
rupachical *s. m. Amér.* Lugar de rupachicos u ortigas.
rupachico *s. m. Amér.* Ortiga.
rupestre *adj.* Relativo a las rocas. *Planta rupestre.* || Dícese de los dibujos y pinturas de la época prehistórica existentes en algunas rocas y cavernas. *El arte rupestre.*
rupicabra o **rupicapra** *s. f.* Gamuza.
ruptor *s. m. En electricidad,* interruptor de una bobina de inducción como el que se emplea en los automóviles para obtener la chispa en las bujías.
ruptura *s. f.* Rompimiento, desavenencia. *Ruptura conyugal.* || Suspensión, anulación. *Ruptura de un contrato.* || Separación, discontinuidad, oposición de las cosas. *La mentalidad de hoy está en ruptura con la del pasado.* || En milicia, operación que da como resultado la apertura de una brecha en el dispositivo defensivo del adversario. *Ruptura del frente enemigo.* || En medicina, rotura, fractura.
rural *adj.* Relativo al campo. *Problemas rurales.* || Que vive en poblaciones del campo. *Médico, cura rural.* || De tierra cultivable. *Propietario rural.* || *Amér.* Rústico, campesino.
ruralismo *s. m.* Condición de rural. || *fig.* Incultura.
rusificación *s. f.* Carácter ruso.
rusificar *t.* Hacer o dar carácter ruso.
ruso, sa *adj.* y *s.* Natural de Rusia o relativo a ella. || Dícese de la ensalada de diferentes verduras y patatas cortadas en trocitos cuadrados y con mayonesa. || *s. m.* Lengua eslava que se habla en Rusia. || Albornoz de paño grueso.
rusófilo, la *adj.* y *s.* Que ama lo ruso.
rusticano, na *adj.* Rústico, rural. *Caballería rusticana.*
rusticidad *s. f.* Condición de rústico, carácter basto.
rústico, ca *adj.* Relativo al campo. *Fincas rústicas.* || Campesino. || *fig.* Tosco, grosero, basto, poco refinado. *Costumbres rústicas.* || *loc.* ***En*** (o ***a la***) ***rústica:*** encuadernado con tapas de papel o cartulina.
ruta *s. f.* Camino e itinerario de un viaje. *La ruta del canal de Panamá.* || Rumbo. || *fig.* Medio para llegar a un fin, derrotero. || *Carretera, camino.*
rutáceo, a *adj.* y *s. f.* Dícese de las plantas dicotiledóneas como el naranjo, el limonero. || *pl.* Familia que forman.
rutenio *s. m.* Elemento químico, metal raro en la corteza terrestre, perteneciente al grupo del platino. De color grisáceo, duro y quebradizo, se utiliza como catalizador y endurecedor en joyería y odontología. Su número atómico es 44 y su símbolo *Ru.*
ruteno, na *adj.* y *s.* De Rutenia, región de Europa del Este.
rutherfordio *s. m.* Elemento químico transuránico que se obtiene artificialmente. Es el primer elemento posterior al grupo de los actínidos. Su número atómico es 104 y su símbolo *Rf.*
rutilante *adj.* Brillante.
rutilar *intr.* Brillar mucho, resplandecer.
rutilo *s. m.* Óxido natural de titanio.
rutina *s. f.* Costumbre de hacer las cosas por mera práctica y sin razonarlas.
rutinario, ria *adj.* Que se hace por rutina. *Procedimiento rutinario.* || Que obra siguiendo la rutina.
rutinero, ra *adj.* y *s.* Rutinario.
rútulo, la *adj.* y *s.* De un *antiguo* pueblo del Lacio, de origen etrusco.

S

s *s. f.* Vigésima letra del abecedario español. Su nombre es «ese».
sábado *s. m.* Sexto día de la semana, empezando a contar a partir del lunes. *El sábado me voy a la playa y regreso el domingo.*
sabaleta *s. f. Col. C. R.* y *Ecua.* Pez propio de los ríos andinos.
sábalo *s. m.* Pez teleósteo marino que desova en la desembocadura de los ríos.
sabana *s. f.* Espacio natural extenso con pocos árboles y vegetación formada por hierbas y arbustos. *En la sabana africana viven cebras, leones, elefantes y otros animales.*
sábana *s. f.* Pieza o lienzo de tela que se usa como ropa de cama. *Con la sábana de abajo se cubre el colchón.* || *loc. fig.* y *fam.* ***Pegársele a uno las sábanas:*** quedarse uno dormido por la mañana más de lo debido o acostumbrado.
sabandija *s. f.* Bicho generalmente asqueroso, como ciertos reptiles e insectos. *Esta casa vieja está llena de sabandijas.* || *fig.* Persona despreciable.
sabanear *intr. Amér.* Recorrer la sabana para reunir el ganado o vigilarlo.
sabanero, ra *adj.* Aplícase a la persona que vive en la sabana. || Relativo a la sabana.
sabañón *s. m.* Lesión inflamatoria de los pies, manos y orejas, provocada por el frío y caracterizada por ardor y picazón.
sabático, ca *adj.* Relativo al sábado. || Relativo al sabbat. || *loc.* ***Año sabático:*** año de descanso que tienen los investigadores de las universidades cada seis años. *Durante el año sabático los investigadores cobran su sueldo pero no tienen que ir al lugar de trabajo.*
sabatino, na *adj.* Del sábado. *Javier se inscribió a los cursos sabatinos de inglés.*
sabbat *s. m.* Para el judaísmo, día de descanso obligatorio y consagrado a Dios, que va de la noche del viernes a la noche del sábado de cada semana.
sabedor, ra *adj.* Enterado.
sabelotodo *s. com. fam.* Persona que cree tener siempre una respuesta para todo porque piensa que sabe mucho.
saber[1] *s. m.* Sabiduría. *Hombre de profundo saber.*
saber[2] *t.* Conocer una cosa o tener noticia de ella. *Supe que había venido.* || Ser docto en una materia. *Saber griego.* || Haber aprendido de memoria. *Saber su lección.* || Tener habilidad. *Saber dibujar.* || Ser capaz. *Saber contentarse con poco.* || *intr.* Ser muy sagaz y advertido. *Sabe más que la zorra.* || *Arg. Bol. Cub. Ecua. Guat. Py. Per.* y *Uy.* Soler, acostumbrar. *Sabe venir por aquí de vez en cuando.* || Tener sabor una cosa. *Esto sabe a miel.* || Parecer. *Los consuelos le saben a injurias.* || *loc.* ***A saber:*** es decir. || ***Hacer saber:*** comunicar. || ***Que yo sepa:*** según mis conocimientos. || ***¡Quién sabe!:*** quizá, tal vez. || *fig.* ***No saber uno dónde meterse:*** estar avergonzado. || ***No saber uno por dónde se anda:*** no tener ni idea de lo que se hace. || ***Saber de:*** a) Tener noticias de. *Hace un mes que no sé de él.* b) Entender en. *Sabe de mecánica.* || ***Saber latín:*** ser muy astuto. || ***Se las sabe todas:*** está muy al tanto; tiene experiencia. || ***Un no sé qué:*** algo inexplicable. || ***Saber mal:*** a) Tener mal sabor. b) *fig.* Disgustar. || *fam.* ***¡Vete a saber!:*** nadie sabe.
sabicú *s. m.* Árbol leguminoso cubano de flores blancas olorosas, parecido a la acacia.
sabidillo, lla *adj.* y *s.* Dícese de la persona que presume de entendida y docta sin serlo o sin venir a cuento.
sabido, da *adj.* Conocido. *Como es sabido.* || *fam.* Que sabe mucho o presume de saber. *Hombre sabido.*
sabiduría *s. f.* Conocimientos profundos en ciencias, letras o artes. || Prudencia.
sabiendas *loc.* **A sabiendas:** De un modo cierto o consciente. *Braulio me regaló unas botas a sabiendas de que me encanta tener muchos pares de zapatos.*
sabihondez *s. f. fam.* Pedantería.
sabihondo, da o **sabiondo, da** *adj.* y *s. fam.* Se aplica a la persona que presume de saber mucho pero que en realidad no sabe tanto.
sabino, na *adj.* y *s.* De un antiguo pueblo latino que habitaba cerca de Roma.
sabio, bia *adj.* y *s.* Aplícase a la persona que tiene conocimientos científicos profundos y suele dedicarse a la investigación. *Un sabio ruso.* || Sensato, prudente. *Una sabia medida.* || *adj.* Que instruye. *Sabia lectura.* || Habilidoso, amaestrado. *Un perro sabio.*
sabiondo, da *adj.* y *s.* Sabihondo.
sablazo *s. m.* Golpe dado con el sable y herida que este golpe produce. *El pirata recibió un sablazo en la pierna.* || *fam.* Hecho de obtener con maña dinero de otro. *Ten cuidado con Pedro pues sólo te busca para darte un sablazo.*
sable *s. m.* Arma blanca un poco curva parecida a la espada pero con un solo filo.
sableador, ra *s. fam.* Sablista.
sablear *intr. fam.* Pedir dinero a otro, ya sea prestado o regalado.
sablero, ra *adj. fam. Chil.* Sablista, que pide sin intención de devolver.
sablista *adj.* y *s. com.* Persona que pide dinero prestado sin intención de pagarlo. *Arturo es un sablista que nunca paga.*
saboneta *s. f.* Reloj de bolsillo de tapa articulada.
sabor *s. m.* Sensación que ciertos cuerpos producen en el órgano del gusto. *Sabor a limón.* || *fig.* Impresión que una cosa produce en el ánimo. *Dejar mal sabor.* || Carácter, estilo. *Poema de sabor clásico.* || *pl.* Cuentas de acero que se ponen en el bocado del caballo para refrescar la boca del animal.
saboreamiento *s. m.* Saboreo.
saborear *t.* Disfrutar detenidamente y con deleite el sabor de una cosa. *Saborear café.* || *fig.* Deleitarse con algo. *Saborear el triunfo.* || Dar sabor a algo.
saboreo *s. m.* Acción de saborear.
sabotaje *s. m.* Daño o deterioro que para perjudicar a los patronos hacen los obreros en la maquinaria, productos, etc. || Daño que se hace como procedimiento de lucha contra las autoridades, las fuerzas de ocupación o en conflictos sociales o políticos. || *fig.* Entorpecimiento de la buena marcha de una actividad.
saboteador, ra *adj.* y *s.* Aplícase a la persona que sabotea.
sabotear *t.* Cometer actos de sabotaje.
saboteo *s. m.* Sabotaje.
sabroso, sa *adj.* De sabor agradable. *Un plato muy sabroso.* || *fig.* Delicioso, deleitable. || Lleno de enjundia.

Diálogo sabroso. || Gracioso. *Un chiste muy sabroso.* || *Méx.* Fanfarrón.
sabrosón, sona *adj. Méx.* Con mucho sabor. *La dueña de casa preparó un guisado picante pero sabrosón.* || Con mucho ritmo, muy agradable. *La música tropical es sabrosona.*
sabucal *s. m.* Terreno plantado de sabucos.
sabuco o **sabugo** *s. m.* Saúco.
sabueso *s. m.* Perro de olfato y oído muy finos. *Los sabuesos persiguieron al zorro.* || *fam.* Persona que tiene gran habilidad para investigar crímenes y seguir las pistas para localizar delincuentes. *El sabueso seguía de cerca al ladrón.*
saburra *s. f.* Capa blanquecina y espesa que aparece sobre la lengua. *La saburra es una manifestación de algún problema en nuestro sistema digestivo.*
saburroso, sa *adj.* Cubierto de saburra.
saca *s. f.* Bolsa grande, más larga que ancha, hecha de tela fuerte y rústica. *La saca se usa para transportar la correspondencia.*
sacabala *s. f.* Especie de pinzas que usaban los cirujanos para sacar las balas de las heridas.
sacabocados *s. m.* Instrumento cuya punta hueca de contorno afilado sirve para hacer perforaciones. *Con un sacabocados Lalo le hizo más agujeros a su cinturón.*
sacabotas *s. m. inv.* Tabla con una hendedura en un extremo para quitarse las botas.
sacabuche *s. m.* Especie de trompeta que se alarga y acorta para producir los sonidos. || Músico que toca este instrumento. || *Méx.* Cuchillo de punta.
sacaclavos *s. m. inv.* Instrumento para quitar clavos.
sacacorchos *s. m. inv.* Instrumento formado por un mango y una punta con forma de espiral, que sirve para quitar los tapones de corcho que cierran las botellas. *No pudimos abrir la botella de vino porque olvidamos el sacacorchos.*
sacacuartos, sacadineros o **sacadinero** *s. com. fam.* Cosa de poco valor, pero muy atractiva. || El que tiene arte para sacar dinero.
sacador, ra *adj.* y *s.* Dícese del o de lo que saca o extrae. || *s. m.* Jugador que saca.
sacafaltas *s. com. fam.* Criticón, que todo lo censura.
sacaleche *s. m.* Aparato para extraer leche del pecho de la mujer.
sacaliña *s. f.* Garrocha, vara. || *fig.* Socaliña.
sacamanchas *s. m. inv.* Quitamanchas.
sacamiento *s. m.* Acción de sacar una cosa de un sitio.
sacamuelas *s. m. inv. fam.* Dentista. || *fig.* Charlatán, hablador.
sacapuntas *s. m.* Instrumento con una navaja en el que se introduce la punta del lápiz para afilarlo.
sacar *t.* Hacer salir algo o a alguien fuera del lugar o situación en que estaba. *Sacaré los pantalones que ya no uso y los regalaré.* || En matemáticas, resolver un problema, operación, etc. *Dorotea sacó la cuenta para pagar.* || Conseguir, obtener. *El aceite de olivo se saca de las aceitunas.* || Dar a conocer algo que había estado oculto. *Teresa sacó sus cualidades de cantante durante la fiesta.* || *Arg.* y *Uy.* Excluir algo de un todo. *Sacando los semitonos, la escala musical tiene siete notas.* || Inventar, crear. *Los diseñadores sacaron unos modelos de ropa muy bonitos.* || Poner en juego el balón durante un partido. *El equipo que saca es el de los «Tigers».* || Ganar en determinados juegos de azar. *Rosario se sacó la lotería.* || Copiar algo. *Saqué este poema en cartulina.* || Captar una imagen con una cámara fotográfica. *Los exploradores sacaron fotografías del volcán.* || Mencionar un tema en la conversación. *No saques el tema de la comida podrida.* || *loc.* ***Sacar adelante:*** llevar a buen fin. *La viuda sacó adelante a sus hijos al morir su esposo.* || ***Sacar a bailar:*** pedir el hombre a la mujer que baile con él. || *fig.* ***Sacar adelante:*** dicho de personas, cuidar de su educación; aplicado a negocios, llevarlos a buen término. || ***Sacar a luz:*** publicar, descubrir. || ***Sacar de quicio*** o ***de sus casillas:*** hacer que alguien pierda el control de sí mismo. || ***Sacar en claro*** o ***en limpio un asunto:*** dilucidarlo. || *fig.* y *fam.* ***Sacar los pies del plato:*** perder el recato o la timidez. || ***Sacar partido*** o ***provecho:*** aprovechar. || ***Sacar una foto:*** hacerla, fotografiar.
sacárido *s. m.* Nombre genérico que se da a los azúcares y sus derivados.
sacarífero, ra *adj.* Que contiene azúcar o la produce. *El jugo de caña es sacarífero.*
sacarificación *s. f.* Conversión en azúcar.
sacarificar *t.* Convertir en azúcar. *Sacarificar almidón.*
sacarímetro *s. m.* Instrumento con que se determina la proporción de azúcar en un líquido.
sacarina *s. f.* Endulzante artificial que no tiene relación con el azúcar y carece de calorías e hidratos de carbono. *La sacarina fue descubierta en el año 1879.*
sacaromicetos *s. m. pl.* Levadura que produce la fermentación alcohólica de los zumos azucarados y que interviene en la elaboración del vino, cerveza, sidra, etc.
sacarosa *s. f.* Azúcar de caña o de remolacha.
sacatapón *s. m.* Sacacorchos.
sacavueltas *s. com. fam. Chil.* Persona que rehúye una obligación.
sacerdocio *s. m.* Dignidad y funciones de un sacerdote.
sacerdotal *adj.* Relacionado con el sacerdocio o con los sacerdotes. *La vestimenta sacerdotal de los curas católicos es diferente según la celebración.*
sacerdote *s. m.* Ministro de una religión.
sacerdotisa *s. f.* Mujer o joven consagrada al culto de una divinidad.
sachadura *s. f.* Escarda.
sachar *t.* Escardar la tierra sembrada. *Sachar un campo.*
saciable *adj.* Referido a lo que puede satisfacerse.
saciar *t.* y *pr.* Satisfacer el hambre o la sed. *En cuanto el jinete sació su hambre continuó su viaje.* || *fam.* Satisfacer de manera plena las ambiciones o deseos. *Juana sació sus ganas de bailar moviéndose ella sola al compás de un disco.*
saciedad *s. f.* Condición de quien está satisfecho o harto. *Edgar comió tanto, que la saciedad le produjo sueño.*
saco *s. m.* Bolsa grande hecha de tela, cuero u otro material, que se usa para transportar cosas. *Usaré este saco vacío para poner la ropa sucia.* || Cualquier órgano con forma de bolsa. *El saco amniótico es la bolsa llena de agua que guarda al feto.* || Prenda de vestir que se pone sobre la camisa, cubre la espalda y los brazos, y por adelante se cierra con botones. *Los empleados deben ir vestidos con saco y corbata.* || *loc.* ***Entrar a saco:*** saquear. || ***No echar en saco roto:*** no olvidar algo, tenerlo en cuenta para poder obtener algún provecho. *No eches en saco roto los consejos de tu abuelo.* || ***Saco de dormir:*** bolsa de tejido impermeable que sirve para dormir cuando se está de viaje en el campo. || ***Saco de viaje:*** bolsa alargada y con asa que se utiliza como maleta. || ***Saco de dormir:*** especie de edredón cerrado con cremallera en el cual se introduce uno para dormir.
sacón, cona *adj.* y *s.* Cobarde, gallina. *Es un sacón, no se atreve a reclamar.*
sacralizar *t.* Dar carácter sagrado a una cosa que no lo era.
sacramental *adj.* Relativo a los sacramentos de la Iglesia Católica.
sacramentar *t.* Convertir el pan en el cuerpo de Nuestro Señor Jesucristo. || Administrar a un enfermo el viático y la extremaunción.
sacramentario, ria *adj.* y *s.* Aplícase a la secta luterana que negaba la presencia real de Jesucristo en la Eucaristía, y a sus partidarios.
sacramento *s. m.* En el catolicismo, acto religioso destinado a santificar algún suceso en la vida de las per-

sonas. *La Iglesia Católica tiene siete sacramentos.*
sacratísimo, ma *adj.* Superlativo de *sagrado.*
sacrificador, ra *adj.* y *s.* Aplícase a la persona que sacrificaba a las víctimas.
sacrificar *t.* y *pr.* Ofrecer a una divinidad una víctima en sacrificio. *Los antiguos romanos sacrificaban animales a sus dioses.* || Matar animales para consumirlos como alimento o porque se encuentran muy enfermos y no van a sanar. || Dejar de hacer algo importante para hacer otra cosa. *Horacio sacrificó toda la tarde en un trámite.* || Renunciar a algo por generosidad hacia otro. *Enrique se sacrificó y dejó su lugar a Octavio.*
sacrificio *s. m.* Ofrenda hecha a una divinidad, en especial la inmolación de víctimas. || Hecho de matar un animal para consumirlo como alimento o porque se encuentra muy enfermo y no va a sanar. *El sacrificio de las reses se realiza en un lugar especial.* || Aquello que necesita de mucho esfuerzo para realizarse. *Atravesar ese desierto a pie sería un gran sacrificio.* || Acto de generosidad en el que se renuncia a algo para beneficiar a otro.
sacrilegio *s. m.* Profanación de leyes, objetos, imágenes o personas que se consideran sagradas.
sacrílego, ga *adj.* y *s.* Se dice de la persona o hecho que comete o representa sacrilegio.
sacristán *s. m.* En los templos católicos, empleado encargado de la conservación de una iglesia y de los objetos de culto. *El sacristán cierra las puertas de la iglesia por la noche.*
sacristanía *s. f.* Cargo u oficio de sacristán.
sacristía *s. f.* Lugar de los templos católicos donde se guardan los ornamentos y las ropas de los sacerdotes.
sacro *s. m.* Hueso situado en el extremo inferior de la columna vertebral. *El sacro es un hueso duro.*
sacro, cra *adj.* Sagrado. || Relativo al hueso situado en el extremo inferior de la columna vertebral. *El hueso sacro está formado por varias vértebras unidas.*
sacrosanto, ta *adj. fam.* Que es objeto de un respeto casi religioso.
sacudida *s. f.* Movimiento fuerte de alguna cosa de un lado a otro. *El terremoto provocó fuertes sacudidas.* || *fam.* Impresión fuerte que causa un daño en la salud o en un orden establecido. *Saber que tenía esa grave enfermedad fue una sacudida para Eliseo.*
sacudido, da *adj. fig.* Huraño, arisco. || Desenfadado, resuelto.
sacudidor *s. m.* Instrumento con que se sacude el polvo de las casas. *Utilizo un sacudidor para limpiar los muebles.*
sacudidura *s. f.* o **sacudimiento** *s. m.* Acción de sacudir una cosa. *Sacudidura del polvo.*
sacudir *t.* y *pr.* Agitar en el aire una cosa o golpearla con fuerza para limpiarla. *Sacudimos la ropa de cama para quitarle el polvo.* || Mover con fuerza algo hacia uno y otro lado. || *fam.* Golpear, pegar. *Si no te portas bien, perro travieso, te voy a sacudir de un manazo.* || *fam.* Causar una impresión fuerte. || Quitarse una cosa de encima con violencia. *Andrés se sacudió la araña que había subido a su brazo.* || *loc. fig.* ***Sacudir el polvo:*** pegar una paliza. || ***Sacudir el yugo:*** librarse de la opresión.
sacudón *s. m. Amér.* Sacudida rápida y violenta.
sádico, ca *adj.* y *s.* Referido a la persona que disfruta haciendo sufrir a otras.
sadismo *s. m.* Perversión sexual de quien siente placer al hacer sufrir a otros.
saduceísmo *s. m.* Doctrina de los saduceos que negaba la inmortalidad del alma y la resurrección del cuerpo humano.
saduceo, a *adj.* Perteneciente o relativo al saduceísmo. || Partidario de esta doctrina.
saeta *s. f.* Flecha, arma arrojadiza. || Manecilla del reloj. || Brújula. || Copla breve y desgarrada que se canta principalmente en Andalucía ante los pasos de la Semana Santa.
saetada *s. f.* o **saetazo** *s. m.* Acción de disparar una saeta. || Herida hecha con ella.
saetear *t.* Asaetear.
saetera *s. f.* Aspillera para disparar saetas. || *fig.* Ventanilla estrecha.
saetín *s. m.* En los molinos, canal por donde se precipita el agua desde la presa hasta la rueda hidráulica para hacerla andar.
safari *s. m.* En África, expedición de caza mayor.
safárida *adj.* y *s. com.* De la dinastía persa que reinó de 863 a 903.
safena *s. f.* En anatomía, cada una de las dos venas principales que van a lo largo de la pierna.
sáfico, ca *adj.* Aplícase a un verso endecasílabo grecolatino.
safismo *s. m.* Inversión sexual en la mujer.
saga *s. f.* Cada una de las leyendas mitológicas de la antigua Escandinavia contenidas en los Eddas. *Las sagas se redactaron principalmente en Islandia en los siglos* XII *y* XIV. || Hechicera.
sagacidad *s. f.* Perspicacia.
sagaz *adj.* Perspicaz, prudente, precavido. *Un político muy sagaz.*
sagital *adj.* De forma de saeta.
sagitaria *s. f.* Planta alismácea.
sagitario *adj.* y *s.* Se aplica a la persona nacida bajo el signo del zodiaco, comprendido entre el 22 o 23 de noviembre y el 21 de diciembre.
sagrado, da *adj.* Que tiene relación con lo divino. *El Corán es el libro sagrado de la religión islámica.* || Se aplica a lo que merece respeto. *Para mí la amistad es algo sagrado.*
sagrario *s. m.* Parte interior de un templo, donde se depositan y guardan los objetos sagrados.
sagú *s. m.* Palmera de la India y Malasia. || Fécula muy nutritiva que se obtiene del tronco de esta palmera.
saguaipé *s. m. Arg. y Uy.* Gusano parásito. || *Arg.* Sanguijuela.
saguntino, na *adj.* y *s.* De Sagunto.
sahariana *s. f.* Chaqueta holgada y fresca.
sahariano, na o **sahárico, ca** *adj.* y *s.* Del Sáhara.
sahuaté *s. m. Méx.* Enfermedad del ganado ocasionada por la larva de solitaria.
sahumado, da *adj. Amér.* Achispado, algo borracho.
sahumador *s. m.* Perfumador, recipiente para quemar perfumes. || Secador para la ropa.
sahumadura *s. f.* Sahumerio.
sahumar *t.* Dar humo aromático a una cosa para que huela bien.
sahumerio *s. m.* Acción y efecto de sahumar o sahumarse. || Humo aromático. || Sustancia aromática.
saimirí *s. m.* Mono pequeño de América Central y del Sur, de cola larga y prensil.
sainete *s. m.* Obra teatral corta, de asunto jocoso y carácter popular. *Los sainetes de Lope de Rueda.*
sainetero, ra *s.* Autor de sainetes.
sainetesco, ca *adj.* Relativo al sainete, cómico, jocoso.
saíno *s. m.* Mamífero paquidermo de América del Sur, parecido al jabato, sin cola, con cerdas largas y una glándula en lo alto del lomo por donde segrega un humor fétido.
sajadura *s. f.* Incisión o corte hecho en la carne con fines curativos. *Le practicaron una sajadura en el brazo para sacar la espina.*
sajar *t.* Hacer cortes en la carne como medida curativa, en especial en un grano o tumor para limpiarlo. *Fue necesario sajar las espinillas infectadas de su rostro.*
sajón, jona *adj.* y *s.* Relativo a lo que es de Sajonia, pueblo de origen alemán que invadió Gran Bretaña en el siglo V.
sajú *s. m.* Mono capuchino.
sal *s. f.* Sustancia cristalina de gusto acre, soluble en el agua, que se emplea como condimento y para conservar la carne o el pescado. || En química, compuesto que resulta de la acción de un ácido o de un óxido ácido sobre una base, o de la acción de

un ácido sobre un metal. || *fig.* Agudeza, gracia. *Sátira escrita con mucha sal.* || Garbo, salero. *Una mujer con mucha sal.* || *pl.* Sales volátiles, generalmente amoniacales, que se dan a respirar con objeto de reanimar. || Sustancias cristaloides, perfumadas, que se mezclan con el agua del baño. || *loc.* ***Sal amoniaco:*** clorhidrato de amoniaco. || ***Echar la sal:*** dar mala suerte, provocar desgracias.

sala *s. f.* Pieza principal de una casa. *Sala de recibir, de estar.* || Local para reuniones, fiestas, espectáculos, etc. *Sala de espera, de cine.* || Dormitorio en un hospital. *Sala de infecciosos.* || Sitio donde se constituye un tribunal de justicia. *Sala de lo criminal.* || Conjunto de magistrados o jueces que entienden sobre determinadas materias. || *loc.* ***Sala de armas:*** la destinada al aprendizaje de la esgrima. || ***Sala de fiestas:*** establecimiento público donde se puede bailar y donde suelen presentarse espectáculos de variedades.

salacidad *s. f.* Inclinación a la lujuria.

salacot *s. m.* Sombrero en forma de casco fabricado con tejido de tiras de cañas de uso en países tropicales.

saladería *s. f. Arg.* Industria de salar carnes.

saladero *s. m.* Lugar destinado para las carnes o pescados. || *Arg.* y *Uy.* Matadero grande.

saladilla *s. f.* Planta común de los litorales mexicanos.

saladillo *adj.* y *s. m.* Aplícase al tocino fresco poco salado.

salado, da *adj.* Que tiene sal. *Mantequilla salada.* || Aplícase a los alimentos que tienen sal en exceso. *La sopa está salada.* || Dícese del terreno estéril por ser demasiado salitroso. || *fig.* Gracioso. *Un niño muy salado.* || *Amér.* Desgraciado.

salador, ra *adj.* y *s.* Aplícase a la persona que sala. || *s. m.* Saladero. *Salador de carnes.*

salamanca *s. f. Arg.* Salamandra de cabeza chata.

salamandra *s. f.* Batracio urodelo que vive en los sitios oscuros y húmedos y se alimenta principalmente de insectos. || En mitología, ser fantástico considerado como espíritu elemental del fuego. || Estufa de combustión lenta para calefacción doméstica.

salamanquesa *s. f.* Saurio terrestre parecido a la lagartija.

salame *s. m. Arg.* y *Uy.* Salami. || *desp. Arg. Py.* y *Uy.* Persona tonta o ingenua.

salami *s. m.* Alimento hecho de carne muy salada metida en una tripa alargada y gruesa, que se corta en rebanadas redondas y delgadas y se come frío. *El salami es de color rojo oscuro con manchas blancas.*

salamín *s. m. Arg. Py.* y *Uy.* Variedad de salami de tamaño más pequeño y molido más fino que el normal.

salar[1] *s. m. Arg.* Salina, saladar.

salar[2] *t.* Echar en sal. *Salar tocino.* || Poner sal. *Salar la comida.* || *Amér.* Echar a perder, estropear. || Deshonrar.

salariado *s. m.* Modo de remuneración del trabajador por medio del salario exclusivamente.

salarial *adj.* Del salario.

salariar *t.* Asalariar.

salario *s. m.* Remuneración de la persona que trabaja por cuenta ajena en virtud de un contrato laboral. *Un salario insuficiente.* || *loc.* ***Salario base*** o ***básico:*** cantidad mensual utilizada para calcular las prestaciones familiares y sociales. || ***Salario mínimo:*** el menor que se puede pagar a un trabajador según la ley.

salaz *adj.* Lujurioso.

salazón *s. f.* Acción y efecto de salar o curar con sal carnes, pescados, etc. || Carnes o pescados salados. || Industria y comercio que se hace con ellos. || *Amér. C. Cub.* y *Méx.* Desgracia, mala suerte.

salceda *s. f.* Lugar plantado de sauces.

salchicha *s. f.* Embutido, en tripa delgada, de carne de cerdo bien picada y sazonada. || Fajina alargada empleada en fortificaciones. || Cartucho alargado de lienzo para hacer explotar las minas.

salchichería *s. f.* Tienda en que se venden salchichas y otros productos sacados del cerdo.

salchichero, ra *s.* Persona que hace o vende productos sacados del cerdo.

salchichón *s. m.* Embutido de jamón, tocino y pimiento en grano, prensado y curado, que se come crudo.

salchichonería *s. f. Méx.* Tienda donde se vende jamón, salami, salchichón, salchicha y otras carnes frías.

salcochar *t.* Cocer un alimento sólo con agua y sal. *Antes de guisar el pollo Bertha lo salcochó.*

salcocho *s. m. Amér.* Preparación de un alimento cociéndolo sólo con agua y sal.

saldar *t.* Liquidar una deuda que se tiene. *Al fin saldé el auto nuevo.* || Vender a bajo precio una mercancía. *Saldar los géneros de fin de temporada.* || *fig.* Liquidar, acabar con.

saldista *s. com.* Persona que compra y vende saldos.

saldo *s. m.* Diferencia entre lo que se suma y se resta en una cuenta. *Mi cuenta de banco tiene saldo a favor.* || Mercancía que se vende a bajo precio porque es lo último que queda de una cantidad grande que ya se vendió. *Elena compró unos vestidos de saldo.*

saledizo *adj.* Saliente, que sobresale. || *s. m.* En arquitectura, salidizo.

salernitano, na *adj.* y *s.* De Salerno, ciudad de Italia.

salero *s. m.* Frasco o recipiente para servir o guardar la sal. || *fig.* y *fam.* Gracia, donaire. *Muchacha de mucho salero.*

saleroso, sa *adj. fam. Esp.* Se dice de quien tiene simpatía al hablar y gracia al moverse.

salgar *t.* Dar sal al ganado.

salicáceo, a *adj.* y *s. f.* Dícese de árboles y arbustos angiospermos y dicotiledóneos, como el sauce, el álamo y el chopo. || *pl.* Familia que forman.

salicílico, ca *adj.* Relativo a un ácido que posee propiedades curativas, en especial para evitar infecciones e inflamaciones. *Ese ungüento contiene ácido salicílico.*

salicina *s. f.* Glucósido que se extrae de la corteza del sauce.

salicíneo, a *adj.* y *s. f.* En botánica, salicáceo.

sálico, ca *adj.* Relativo a los salios o francos. || *loc.* ***Ley sálica:*** la que excluía a las hembras de la sucesión a la tierra y a la corona.

salida *s. f.* Acción de salir. *Presenciar un accidente a la salida del trabajo.* || Parte por donde se sale de un sitio. *Salida de emergencia.* || Despacho o venta de los géneros. *Dar salida a una mercancía.* || Posibilidad de venta. *Buscar salida a los productos.* || Publicación, aparición. *La salida de un periódico.* || *fig.* Posibilidad abierta a la actividad de alguien. *Las carreras técnicas tienen muchas salidas.* || Escapatoria, evasiva. || Solución. *No veo salida a este asunto.* || *fig.* y *fam.* Ocurrencia. *Tener una buena salida.* || Dinero sacado de una cuenta para pagar las deudas contraídas. || Campo contiguo a las puertas de una población. || Parte que sobresale algo. || *loc.* ***Salida de baño:*** especie de albornoz. || ***Salida de tono:*** inconveniencia.

salidero, ra *adj.* Aficionado a salir de paseo, andariego. || *s. m.* Espacio para salir.

salidizo *s. m.* En arquitectura, parte de una construcción que sobresale de la pared maestra, como balcón, tejadillo, etc.

salido, da *adj.* Saliente, que sobresale. || Dícese de las hembras de los mamíferos cuando están en celo o propenden al coito.

salidor, ra *adj.* y *s. Arg. Chil. Cub. Méx. Py. Uy.* y *Ven.* Andariego, callejero.

saliente *adj.* Que sale. *Ángulo saliente.* || *s. m.* Parte que sobresale en la superficie de algo. || Voladizo.

salificar *t.* Convertir en sal una sustancia.

salina *s. f.* Yacimiento de sal gema. || Sitio donde se evapora el agua del mar para obtener sal.

salinero *s. m.* Persona que fabrica, extrae, vende o transporta sal.
salinidad *s. f.* Calidad de salino. || Proporción de sales en el agua del mar.
salino, na *adj.* Que contiene sal. *Agua salina.*
salio, lia *adj.* y *s.* Dícese de los individuos de un antiguo pueblo franco de Germania. *Los «salios» se establecieron a orillas del Yssel.* || Relativo a los sacerdotes de Marte. || *s. m.* Sacerdote de Marte en la Roma antigua.
salir *intr.* Pasar de la parte de adentro a la de afuera. *Salir al jardín.* || Abandonar un sitio donde se había estado cierto tiempo. *Salir del hospital.* || Marcharse. *Saldremos para Barcelona.* || Dejar cierto estado. *Salir de la niñez.* || Escapar, librarse. *Salir de apuros.* || Haberse ido fuera de su casa. *La señora ha salido.* || Ir de paseo. *Salir con los amigos.* || Dentro de un mismo recinto, ir a otro sitio para efectuar cierta actividad. *Salir a batirse, a escena.* || Verse con frecuencia un chico y una chica, generalmente como etapa previa al noviazgo. *Conchita sale ahora mucho con Ricardo.* || Franquear cierto límite. *Salir del tema.* || Aparecer. *Ha salido el sol.* || Brotar, nacer. *Ya ha salido el maíz.* || Quitarse, desaparecer una mancha. || Sobresalir, resaltar. *Esta cornisa sale mucho.* || Resultar. *El arroz ha salido muy bueno.* || Proceder. *Salir de la nobleza.* || Presentarse. *Me salió una buena oportunidad.* || Deshacerse de una cosa. *Ya he salido de esta mercancía.* || Mostrarse en público. *Mañana saldré en la televisión.* || Costar. *Cada ejemplar me sale a veinte euros.* || Iniciar un juego. || Encontrar la solución. *Este problema no me sale.* || Presentarse al público, aparecer. *Ha salido un nuevo periódico.* || Hablar u obrar de una manera inesperada. *¿Ahora sales con eso?* || Deducirse. *De esta verdad salen tres consecuencias.* || Tener buen o mal éxito algo. *Salir bien en un concurso.* || Dar cierto resultado un cálculo. *Esta operación me ha salido exacta.* || Parecerse una persona a otra. *Este niño ha salido a su padre.* || Ser elegido por suerte o votación. *Rodríguez salió diputado.* || Ser sacado en un sorteo. *Mi billete de lotería no ha salido.* || Dar, desembocar. *Este callejón sale cerca de su casa.* || Manifestar. *El descontento le sale a la cara.* || *pr.* Irse un fluido del sitio donde está contenido, por filtración o rotura. *El gas se sale.* || Dejar escaparse el fluido que contenía un recipiente. *Esta botella se sale.* || Rebosar un líquido al hervir. *La leche se salió.* || Dejar de pertenecer. *Ricardo se salió del Partido Socialista.* || *loc.* **A lo que salga** o ***salga lo que salga:*** sin preocuparse de lo que pueda resultar. || ***Salir adelante:*** vencer las dificultades. || ***Salir a relucir:*** surgir en la conversación. || ***Salir con:*** conseguir. *Ha salido con lo que quería.* || ***Salir del paso:*** cumplir una obligación como se puede. || ***Salir ganando en algo:*** ser beneficiado. || ***Salir mal con uno:*** enfadarse con él. || *fam.* ***Salir pitando:*** irse muy rápidamente. || ***Salir por:*** defender a alguien. || ***Salirse con la suya:*** conseguir lo que uno deseaba. || ***Salirse de lo normal:*** ser extraordinario, desbordarse. || ***Salirse por la tangente:*** soslayar una pregunta difícil.
salitrado, da *adj.* Compuesto o mezclado con salitre.
salitral *adj.* Salitroso. || *s. m.* Yacimiento de salitre.
salitre *s. m.* Nitrato de potasio. || Sustancia salina que brota en las paredes y tierras húmedas.
salitrera *s. f.* Sitio donde abunda el salitre. *Alrededor de esa laguna hay una salitrera.* || *Chil.* Instalación industrial para la explotación del salitre.
salitrería *s. f.* Fábrica de salitre.
salitrero, ra *adj.* Relativo al salitre. || *s. m.* Obrero que fabrica salitre. || *s. f.* Salitral.
salitroso, sa *adj.* Que tiene salitre.
saliva *s. f.* Líquido que se produce en la boca y que se mezcla con los alimentos al masticarlos. || *loc. fig.* y *fam.* ***Gastar saliva en balde:*** hablar para nada. || ***Tragar saliva:*** tener que guardar silencio uno ante algo que le molesta u ofende.
salivación *s. f.* Secreción de saliva.
salivadera *s. f. Amér. Merid.* Recipiente para escupir.
salivajo *s. m. fam.* Escupitajo.
salival o **salivar** *adj.* Relativo al líquido transparente llamado saliva que se produce en la boca. *Las glándulas salivales producen la saliva.*
salivar *intr.* Producir saliva. *Cuando tengo hambre y pienso en comida empiezo a salivar mucho.*
salivazo *s. m.* Porción de saliva que se escupe de una sola vez.
salivera *s. f. Amér.* Escupidera.
salivoso, sa *adj.* Que segrega mucha saliva.
salmista *s. m.* Compositor de salmos. || El que los canta.
salmo *s. m.* Cántico litúrgico formado por una serie de versos que varían en la métrica. *Los salmos del rey David pueden recitarse o cantarse.*
salmodia *s. f.* Canto monótono.
salmodiar *t.* Cantar de manera monótona y monocorde. || *t.* e *intr.* Rezar o cantar salmos.
salmón *s. m.* Pez fluvial y marino teleósteo, parecido a la trucha, de carne rosa pálido muy estimada. || *adj.* Del color del salmón, asalmonado. *El torero iba vestido con un traje salmón y oro.*
salmonado, da *adj.* Asalmonado, de color salmón.
salmonela *s. f.* Género de bacterias que producen infecciones intestinales.
salmonelosis *s. f.* Infección causada por salmonelas. *El pollo y el huevo en mal estado pueden provocar una salmonelosis.*
salmonete *s. m.* Pez marino teleósteo rojizo de carne muy sabrosa.
salmónido *adj.* y *s. m.* Aplícase a los peces acantopterigios del mismo tipo que el salmón, la trucha, etc. || *pl.* Familia que forman.
salmuera *s. f.* Agua que contiene mucha sal. || Líquido salado en el cual se conservan carnes y pescados.
salobral *adj.* Dícese del terreno que contiene sal.
salobre *adj.* Que contiene sal o tiene sabor de sal. *Agua salobre.*
salobridad *s. f.* Calidad de salobre. *La salobridad del agua del mar.*
salomón *s. m. fig.* Hombre de gran sabiduría.
salomónico, ca *adj.* Relativo a Salomón.
salón *s. m.* Sala grande. *Salón de actos.* || En una casa, cuarto donde se reciben las visitas. || Nombre dado a ciertos establecimientos. *Salón de té, de peluquería.* || Exposición. *Salón del automóvil.* || *loc.* ***Salón literario:*** tertulia de escritores, filósofos, políticos, etc., que se celebra en el domicilio de alguna persona conocida.
saloncillo *s. m.* Salón de descanso en un teatro.
salpicada *s. f. Méx.* Salpicadura.
salpicadera *s. f. Méx.* Protección que cubre las ruedas de los automóviles y de las bicicletas para que al moverse no salpiquen la suciedad que hay en el camino.
salpicadero *s. m.* Tablero en el automóvil, delante del conductor, donde se encuentran situados algunos mandos y testigos de control.
salpicadura *s. f.* Mancha que deja un líquido al caer sobre una superficie.
salpicar *t.* e *intr.* Dispersar en gotas un líquido. *El agua salpica en la fuente.* || Esparcir una cosa. *Salpiqué algunos pétalos de rosa sobre la mesa como adorno.*
salpicón *s. m.* Plato frío consistente en carne picada o deshebrada que se mezcla con verduras y se adereza con sal, aceite y vinagre. || *Ecua.* Refresco que se elabora con jugos de frutas mezclados.
salpimentar *t.* Sazonar algo con sal y pimienta. *Heraclio salpimentó los trozos de pollo.*
salpullido *s. m.* Granos pequeños y rojos que salen en la piel a causa de una intoxicación. *El salpullido es una reacción alérgica pasajera.*
salpullir *t.* Sarpullir.
salsa *s. f.* Mezcla líquida o pastosa hecha de especias y algunos comestibles que se usa para acompañar ciertas comidas. *A Darío le gusta la*

carne con salsa de tomate. || *Méx.* Mezcla picante con la que se condimentan algunas comidas. || *fam.* Aquello que hace que algo sea más agradable. *La presencia de Gonzalo fue la salsa de la fiesta.* || Género musical que resulta de la unión de varios tipos de ritmos que se tocan en los pueblos del Caribe. *Cuando el grupo empezó a tocar salsa todos se pusieron a bailar.*

salsamentaría *s. f. Col.* Establecimiento donde se venden embutidos y fiambres.

salsera *s. f.* Recipiente en que se sirve la salsa.

salserilla o **salseruela** *s. f.* Tacita muy chata en que el pintor mezcla y deslíe los colores.

salsifí *s. m.* Planta compuesta de raíz fusiforme, blanca y comestible.

salsoláceo, a *adj.* y *s. f.* Dícese de las plantas quenopodiáceas cuyo tipo es la acelga. || *pl.* Grupo que forman.

saltable *adj.* Que se puede saltar, franqueable.

saltado, da *adj. Amér. Merid.* Se refiere al alimento cocido o crudo que se fríe un poco para calentarlo.

saltador, ra *adj.* Que salta. || *s.* Persona que salta. *Saltador de altura.* || *s. m.* Comba, cuerda para saltar.

saltamontes *s. m.* Insecto de color pardo o verde, con dos pares de alas y las patas de atrás largas y grandes que usa para saltar.

saltaojos *s. m.* Planta ranunculácea, de hermosas flores rosadas.

saltaperico *s. m. Amér.* Cohete rastrero y estrepitoso.

saltar *t.* Franquear de un salto. *Saltar una valla.* || Hacer explotar. *Saltar un puente.* || Hacer desprenderse algo del sitio donde estaba alojado. *Le saltó un ojo.* || Cubrir el macho a la hembra. || *fig.* Omitir algo al leer o escribir. *Saltar un renglón.* || *loc. fam.* ***Estar a la que salta:*** estar preparado para aprovechar la ocasión. || ***Hacer saltar:*** lograr expulsar a alguien de un puesto; enfadar a uno. || *fig.* ***Saltar a la vista:*** ser muy evidente. || *fig.* ***Saltar la tapa de los sesos a uno:*** pegarle un tiro en la cabeza. || ***Saltársele a uno las lágrimas:*** empezar a llorar. || *intr.* Levantarse del suelo con impulso y ligereza o lanzarse de un lugar a otro. *Saltar de alegría.* || Botar una pelota. || Levantarse rápidamente. *Al oír eso saltó de la cama.* || Moverse ciertas cosas con gran rapidez. *Una chispa saltó de la chimenea.* || Brotar un líquido con violencia. *Saltó el champán.* || Estallar, explotar. *El polvorín saltó.* || Desprenderse algo de donde estaba sujeto. *Saltó un botón de la americana.* || Romperse, resquebrajarse. *El vaso saltó al echarle agua caliente.* || Salir con ímpetu. *El equipo de futbol saltó al terreno.* || *fig.* Pasar bruscamente de una cosa a otra. *El conferenciante saltaba de un tema a otro.* || Pasar de un sitio a otro sin seguir el orden establecido. *El alumno saltó de cuarto a sexto.* || Decir algo inesperado o inadecuado. *Saltó con una impertinencia.* || Reaccionar vigorosamente ante alguna acción o palabra. *Saltó al oír semejantes insultos.* || Salir despedido o expulsado. *El ministro ha saltado.*

saltarín, rina *adj.* y *s.* Propenso a danzar o saltar.

salteado *s. m.* Alimento sofrito a fuego vivo. *Un salteado de ternera.*

salteador, ra *s.* Persona que saltea y roba en los caminos o despoblados.

salteamiento *s. m.* Acción de saltear.

saltear *t.* Robar en despoblado a los viajeros. || Hacer algo de una forma discontinua. || Sofreír un manjar a fuego vivo. *Saltear patatas.*

salteño, ña *adj.* y *s.* De Salta, provincia de Argentina. || De Salto, ciudad de Uruguay.

salterio *s. m.* Colección de los salmos de la Biblia. || En música, instrumento antiguo de forma triangular y cuerdas metálicas, parecido a la cítara.

saltimbanco o **saltimbanqui** *s. m. fam.* Titiritero.

saltimbanqui *s. fam.* Persona que realiza ejercicios de acrobacia. *Los saltimbanquis hacen equilibrios en la cuerda floja, saltan y caminan sobre pelotas.*

salto *s. m.* Hecho de levantar los pies del suelo con impulso para caer en otro lado o en el mismo lugar. *La pulga da unos saltos enormes para su tamaño.* || Acto de lanzarse alguien desde una parte alta. *No puedo bajar la escalera de un salto.* || Espacio o distancia que se salta. *El salto del atleta fue de dos metros.* || Lugar que no se puede atravesar sin saltar. || Omisión de una parte de algo. *Di un salto en la lectura de la novela y leí el final.* || Caída del agua de un río desde una altura. || *loc.* ***Salto mortal:*** brinco en el que se da vuelta de cabeza en el aire. *El clavadista dio un triple salto mortal antes de llegar al agua.* || *loc. fig.* ***A salto de mata:*** huyendo y escondiéndose; a lo loco. || ***A saltos:*** sin continuidad. || ***En un salto:*** muy rápidamente. || ***Salto de agua:*** instalación hidroeléctrica movida por el agua que cae de un desnivel. || ***Salto de cama:*** bata ligera y amplia que se pone la mujer al levantarse. || ***Salto mortal:*** aquel en que el cuerpo da la vuelta completa en el aire. || ***Triple salto:*** prueba de atletismo en que hay que franquear la mayor distancia posible en tres saltos.

saltón, tona *adj.* Se dice de lo que sobresale de lo demás. *Ese chico tiene ojos saltones.*

salubre *adj.* Saludable.

salubridad *s. f.* Calidad de salubre. *Salubridad del aire.*

salud *s. f.* Buen estado físico. *Gozar de buena salud.* || Estado del organismo. *Tener buena salud.* || Estado de gracia espiritual. *La salud del alma.* || Salvación. *La salud eterna.* || *loc.* ***Beber a la salud de uno:*** brindar por él. || *fig.* ***Curarse en salud:*** precaverse. || ***Gastar salud:*** gozarla. || *fig.* y *fam.* ***Vender salud:*** ser robusto.

saluda *s. m.* Esquela que se redacta en tercera persona y sin firma en la que figura impresa la palabra «saluda».

saludable *adj.* Bueno para la salud corporal. *Clima muy saludable.* || Provechoso para un fin.

saludar *t.* Dar una muestra exterior de cortesía o respeto a una persona que se encuentra o de quien se despide uno. *Saludar a un superior.* || Enviar saludos. || Curar por arte de magia. || *fig.* Aclamar. *Saludar el advenimiento de la República.* || *fam.* Mirar. *El alumno no había saludado la lección.* || Arriar los barcos por breve tiempo sus banderas en señal de bienvenida o buen viaje. || En milicia, dar señales de saludo con descargas, toques de instrumentos, etc.

saludo *s. m.* Acción o manera de saludar.

salutación *s. f.* Saludo.

salutífero, ra *adj.* Bueno para la salud.

salva *s. f.* Serie de disparos que se hace para rendir honores o saludos. *En la conmemoración patriótica se dispararon salvas con cañones.* || *loc.* ***Bala de salva:*** disparo que suena pero que no lanza un proyectil. *En las películas usan balas de salva para fingir los tiroteos.* || *loc. fig.* ***Gastar la pólvora en salvas:*** emplear los medios en cosas inútiles. || ***Una salva de aplausos:*** aplausos repetidos y unánimes.

salvabarros *s. m. inv.* Guardabarros.

salvación *s. f.* Acción y efecto de salvar o salvarse. || En el catolicismo, gloria eterna. *La salvación del alma.* || *loc. fig.* ***No tener salvación:*** no tener remedio.

salvado *s. m.* Cascarilla que envuelve el trigo.

salvador, ra *adj.* y *s.* Dícese de la persona que salva. *El salvador de un país.*

salvadoreñismo *s. m.* Palabra o giro propio de El Salvador.

salvadoreño, ña *adj.* y *s.* De El Salvador.

salvaguarda *s. f.* Acción de salvaguardar. *La misión fundamental de los ejércitos es la salvaguarda de sus respectivos países.* || En computación, procedimiento de guardar periódicamente la información que se está trabajando para evitar que se pierda.

salvaguardar *t.* Hacer algo para evitar que un bien o una persona sean dañados. *El policía vigila para salvaguardar el banco de los ladrones.*
salvaguardia *s. f.* Salvoconducto que se da a uno para que no sea molestado o detenido. || *fig.* Protección, defensa, garantía. *Salvaguardia de la paz.*
salvajada *s. f.* Hecho o dicho cruel o que demuestra poca educación.
salvaje *adj.* Referido al terreno cuya vegetación crece de forma natural. *Los terrenos salvajes tienen un equilibrio ecológico natural.* || Se aplica al animal que no está domesticado. *El puma es un animal salvaje en peligro de extinción.* || Relativo a la persona que vive en estado primitivo, sin contacto con la civilización. *Los guaica son un pueblo salvaje del Amazonas.* || *fam.* Se dice de la persona cruel o que demuestra poca educación.
salvajino, na *adj.* Dícese de la carne de los animales salvajes. || *s. f.* Conjunto de animales salvajes. || Carne o piel de estos animales.
salvajismo *s. m.* Manera de comportarse de una persona cruel o que demuestra poca educación.
salvamanteles *s. m. inv.* Objeto de madera, loza u otro material que se coloca sobre la mesa para apoyar las ollas. *Si no pones el salvamanteles la sartén caliente va a quemar el mantel.*
salvamento *s. m.* Acción y efecto de salvar o salvarse. || Liberación de un peligro. *Organizar el salvamento de los náufragos.* || Lugar en que uno se asegura de un peligro.
salvamiento *s. m.* Salvamento.
salvapantallas *s. m. inv.* Programa informático que evita que la pantalla permanezca con una misma imagen mucho tiempo.
salvar *t.* Librar de un peligro. *Salvar a un náufrago.* || Sacar de una desgracia. *Salvar de la miseria.* || Poner en seguro. *Salvar una obra de arte.* || Dar la salvación eterna. *Salvar el alma.* || Evitar, soslayar. *Salvar una dificultad.* || Recorrer la distancia que separa dos puntos. || Franquear. *Salvar un charco.* || *fig.* Conservar intacto. *Salvar su honra.* || Exceptuar, excluir. || Poner una nota al pie de un documento para que valga lo enmendado o añadido. || *pr.* Librarse de un peligro. || Alcanzar la gloria eterna. || *loc.* ***Sálvese quien pueda:*** grito con que se indica en momentos de gran peligro que cada uno puede emplear el medio que quiera para ponerse a salvo.
salvavidas *adj.* y *s. inv.* Dícese de la boya, chaleco o bote utilizados en caso de naufragio. || Dispositivo de seguridad colocado en las ruedas delanteras de los tranvías para evitar las consecuencias de un atropello.
salve *interj.* Se emplea en poesía como saludo. || *s. f.* Oración de salutación a la Virgen.
salvedad *s. f.* Advertencia que excusa o limita el alcance de lo que se va a decir. || Excepción. *Un reglamento sin salvedad.* || Nota para salvar una enmienda en un documento.
salvia *s. f.* Planta aromática con flores de tonos azules. *La salvia es una hierba que se usa como condimento en algunas comidas.*
salvilla *s. f.* Bandeja que tiene huecos donde se encajan las copas o tazas que se ponen en ella. *Una salvilla de plata.*
salvo *prep.* Menos, excepto. *Salvo Eduardo, todos vinieron a la fiesta.* || *loc.* ***Salvo que:*** a no ser que. *Iré a la playa, salvo que llueva.*
salvo, va *adj.* Se aplica a quien se ha librado de un peligro sin lastimarse. *Todos los accidentados se encuentran sanos y salvos.* || *loc.* ***A salvo:*** fuera de peligro. *Durante la tormenta nos pusimos a salvo bajo un techo.*
salvoconducto *s. m.* Documento expedido por una autoridad para que quien lo posea pueda transitar libremente por determinado territorio. *En épocas de guerra son necesarios los salvoconductos.*
samán *s. m.* Árbol mimosáceo americano parecido al cedro.
samandoca *s. f. Méx.* Especie de planta liliácea.
sámara *s. f.* Fruto seco de pericarpio prolongado en forma de ala. *La sámara del fresno.*
samario *s. m.* Elemento químico, metal del grupo de las tierras raras, escaso en la corteza terrestre. De color duro y quebradizo, se emplea en la industria electrónica, del vidrio y de la cerámica. Su número atómico es 62 y su símbolo *Sm.*
samba *s. f.* Música y baile originarios de Brasil. *La samba es una danza de ritmo rápido.*
sambenito *s. m.* Capotillo o escapulario que se ponía a los penitentes por la Inquisición cuando volvían al seno de la Iglesia. || Anuncio que se colocaba en las iglesias con el nombre y castigo de los condenados por la Inquisición. || *fig.* Nota infamante, descrédito. *Colgar a uno el sambenito de embustero.*
sambumbia *s. f. Cub.* y *P. Rico.* Refresco de miel de caña. || En el suroeste de México, refresco de piña.
samovar *s. m.* Especie de tetera de cobre con hornillo y chimenea interior usada en Rusia para calentar el agua.
sampán *s. m.* Pequeña embarcación china o japonesa movida por pagaya y utilizada a veces como vivienda.
samurái o **samuray** *s. m.* Miembro de una antigua clase de guerreros japoneses que se regía por un estricto código de honor. *Los samuráis peleaban con una espada llamada katana.*
samuro *s. m. Col.* y *Ven.* Ave parecida al buitre, de gran tamaño, plumaje negro y cabeza pelada. *El samuro es un ave rapaz que come carroña y caza.*
san *adj.* Apócope de santo.
sanalotodo *s. m.* Cierto emplasto de color negro. || *fig.* Panacea, remedio que se cree útil para todo.
sanar *t.* Restituir a uno la salud perdida. *Sanar a un enfermo.* || *intr.* Recobrar la salud, curarse. *El enfermo sanó rápidamente.*
sanatorio *s. m.* Establecimiento destinado a tratamiento médico en que residen los enfermos.
sanchopancesco, ca *adj.* Propio de Sancho Panza. || Prosaico.
sanción *s. f.* Acto solemne por el que un jefe de Estado confirma una ley o estatuto. || Autorización, aprobación. *La sanción de un acto.* || Pena o castigo que la ley establece para el que la infringe. || *fig.* Medida de represión aplicada por una autoridad. *Sanciones tomadas contra los huelguistas.*
sancionable *adj.* Que merece sanción o castigo.
sancionado, da *adj.* y *s.* Aplícase a la persona que ha sufrido sanción.
sancionador, ra *adj.* y *s.* Dícese del que o de lo que sanciona.
sancionar *t.* Dar la sanción a algo. *El congreso sancionó la Constitución.* || Autorizar, aprobar. *Palabra sancionada por el uso.* || Aplicar una sanción, castigar. *Sancionar un delito.*
sancochar *t. Arg.* Preparar un guiso con sobrantes de comida. || *Méx.* Cocer de manera ligera un alimento antes de condimentarlo.
sancocho *s. m. Amér.* Tipo de cocido que lleva carne, yuca, plátano y otros ingredientes.
sancta *s. m.* Parte anterior del tabernáculo de los judíos en el desierto, y del templo de Jerusalén, separada por un velo de la interior o sanctasanctórum.
sanctasanctórum *s. m.* Parte interior y más sagrada del tabernáculo de los judíos, y del templo de Jerusalén, separada del sancta por un velo. || *fig.* Lo que una persona tiene en mayor aprecio. || Lo que está muy reservado en un sitio.
sandalia *s. f.* Calzado consistente en una suela de cuero sostenida por correas.
sándalo *s. m.* Planta labiada que se cultiva en los jardines. || Árbol santoláceo de madera aromática. || Esta misma madera.
sandáraca *s. f.* Resina del enebro y de otras coníferas.
sandez *s. f.* Necedad, tontería.
sandía *s. f.* Planta cucurbitácea de fruto comestible. || Fruto de ésta.
sandiego *s. m. Méx.* Planta enredadera de flores purpúreas.

sandillita *s. f. C. R.* y *Méx.* Planta cucurbitácea.
sandio, dia *adj.* y *s.* Necio, simple, tonto.
sandunga *s. f. fam.* Gracia, donaire, salero. || *Chil. Méx.* y *Per.* Parranda, jolgorio. || Cierto baile de Tehuantepec, región del sureste de México.
sandunguero, ra *adj. fam.* Que tiene sandunga, saleroso.
sándwich *s. m.* Alimento hecho con dos rebanadas de pan de caja que encierran un relleno de jamón y queso u otros ingredientes. *Cuando vamos de paseo llevamos sándwiches.*
saneado, da *adj.* Aplícase a los bienes libres de cargas. || *fig.* Dícese del beneficio obtenido en limpio. *Ingresos muy saneados.*
saneamiento *s. m.* Dotación de condiciones de salubridad a los terrenos o edificios desprovistos de ellas. *Hay que efectuar el saneamiento de las regiones tropicales.*
sanear *t.* Hacer desaparecer las condiciones de insalubridad en un sitio. *Sanear una región pantanosa.* || Desecar un terreno. || Equilibrar, estabilizar. *Sanear la moneda.* || Hacer que las rentas o bienes estén libres de gravámenes.
sanedrín *s. m.* Consejo supremo de los judíos en el que se trataban y decidían los asuntos de Estado y de religión.
sangradera *s. f.* Lanceta. || Vasija para recoger la sangre. || *fig.* Acequia derivada de otra principal. || Compuerta o portillo por donde se da salida al agua sobrante de un caz o canal.
sangrado *s. m.* Hemorragia, emisión de sangre. *Roberto tenía sangrado en la nariz.*
sangrador *s. m.* El que sangra por oficio. || *fig.* Abertura para dar salida al líquido de un depósito, de la presa de un río, etc.
sangradura *s. f.* Sangría, parte del brazo opuesta al codo. || Cisura de la vena para sangrar. || *fig.* Salida artificial que se da a las aguas de un río, un canal o un terreno encharcado.
sangrante *adj.* Se aplica a lo que despide sangre. *Llegó al hospital con una herida sangrante.*
sangrar *t.* e *intr.* Salir sangre del cuerpo. *Sergio sangraba mucho, por eso llamaron al médico.* || En trabajos de imprenta, comenzar a escribir la primera línea de un párrafo un poco más adentro que las otras.
sangre *s. f.* Líquido de color rojo que circula por las venas y arterias del cuerpo. *La sangre se compone de plasma, glóbulos rojos, glóbulos blancos y plaquetas.* || Líquido del organismo de los animales invertebrados. *El color de la sangre de muchos insectos depende del medio en que vivan.* || Familia a la que se pertenece. *Uno de los rasgos característicos de mi sangre es un lunar en la frente.* || *loc.* ***A sangre fría:*** con tranquilidad. || *fig.* y *fam.* ***Bullirle a uno la sangre:*** tener mucha energía, exaltarse. || ***Caballo pura sangre:*** el que es de raza pura. || *fig.* ***Chuparle a uno la sangre:*** llegar a arruinarle. || ***Encenderle*** (o ***quemarle***) ***a uno la sangre:*** exasperarle. || ***Hacer sangre:*** herir. || ***Lavar una afrenta con sangre:*** matar o herir al ofensor para vengarse. || ***Llevar una cosa en la sangre:*** ser esta cosa innata o hereditaria. || ***No llegar la sangre al río:*** no tener una cosa consecuencias graves. || ***Sangre azul:*** familia de la nobleza. *Los reyes y sus familiares fueron considerados de sangre azul.* || ***Sangre fría:*** serenidad. *Durante el incendio una madre actuó con sangre fría y logró salvar a su hijo.* || *fig. Amér.* ***Sangre ligera:*** persona simpática. || ***Sangre pesada:*** persona antipática, pesada. || *fam.* ***Sudar sangre:*** hacer muchos esfuerzos. || ***Tener la sangre gorda:*** ser muy lento o parsimonioso. || *fig.* ***Tener mala sangre:*** ser malo y vengativo. || ***Tener sangre de horchata:*** ser muy flemático o calmoso; no tener energía.
sangría *s. f.* Abertura que se hace en una vena para sacar sangre. *Antiguamente los médicos hacían sangrías como método de curación.* || Bebida refrescante compuesta de vino, azúcar, limón y otros ingredientes.
sangriento, ta *adj.* Se dice de lo que echa sangre o está manchado de sangre. *Después del combate las armas sangrientas quedaron tiradas.* || Se aplica a los hechos en que se derrama sangre. *El encuentro de boxeo fue una pelea sangrienta y cruel.*
sangripesado, da *adj. Col.* y *Cub.* Antipático.
sangrón, grona *adj. Méx. fam.* Pesado, antipático. *Ese niño es un sangrón, por eso nadie se junta con él.*
sanguaraña *s. f. Ecua.* y *Per.* Circunloquio, rodeo para decir una cosa. || *Chil.* y *Per.* Baile popular.
sanguificación *s. f.* Oxidación de la hemoglobina, por la que la sangre venosa se convierte en sangre arterial.
sanguijuela *s. f.* Gusano anélido de boca chupadora, que vive en las lagunas y arroyos, y que se utilizaba en medicina para hacer sangrías. || *fig.* y *fam.* Persona que saca hábilmente dinero a otra.
sanguinaria *s. f.* Especie de ágata, de color rojo.
sanguinario, ria *adj.* Feroz, cruel. *Espíritu sanguinario.*
sanguíneo, a *adj.* Relativo a la sangre. *Grupo sanguíneo.* || De color de sangre. *Rojo sanguíneo.* || Dícese de la complexión caracterizada por la riqueza de sangre y la dilatación de los vasos capilares que da un color rojo a la piel. || *loc.* ***Vasos sanguíneos:*** las arterias y las venas.
sanguino, na *adj.* Sanguíneo. || *s. f.* Lápiz rojo fabricado con hematites. || Dibujo hecho con este lápiz. || Fruto de carne más o menos roja. *Naranja sanguina.*
sanguinolencia *s. f.* Estado de sanguinolento.
sanguinolento, ta *adj.* Sangriento, mezclado o teñido de sangre. *Llaga sanguinolenta; ojos sanguinolentos.*
sanidad *s. f.* Calidad de sano. || Salubridad. *Medidas de sanidad.* || Conjunto de servicios administrativos encargados de velar por la salud pública.
sanitario, ria *adj.* Relativo a la sanidad. *Medidas sanitarias.* || *s. m.* Miembro del cuerpo de Sanidad. || *Méx.* Excusado.
sanjosense *adj.* y *s. com.* De San José, departamento de Uruguay.
sano, na *adj.* Que goza de salud. *Persona sana.* || Saludable. *Alimentación sana; aire sano.* || *fig.* En buen estado, sin daño. *Fruto sano; madera sana.* || Libre de error o de vicio. *Principios sanos.* || Sensato, justo. *Estar en su sano juicio.* || Entero, no roto ni estropeado. *Toda la vajilla está sana.* || Saneado. *Un negocio muy sano.* || *loc. fig.* ***Cortar por lo sano:*** emplear el medio más expeditivo para conseguir algo o zanjar una cuestión. || ***Sano y salvo:*** sin lesión ni menoscabo.
sánscrito, ta *adj.* y *s. m.* Idioma antiguo y sagrado de los brahmanes o sacerdotes de la India. *El sánscrito es un idioma que ya no habla nadie.*
sanseacabó *interj. fam.* Expresión con que se da por acabada una discusión o un asunto. *Si no te gusta el pantalón no lo uses y sanseacabó.*
sansimoniano, na *adj.* Relativo al sansimonismo. || Partidario de esta doctrina.
sansimonismo *s. m.* Doctrina socialista de Saint-Simon y de sus discípulos.
sansón *s. m. fig.* Hombre muy fuerte.
santaláceo, a *adj.* y *s. f.* Aplícase a las plantas dicotiledóneas de flores pequeñas, apétalas, como el guardalobo y el sándalo de la India. || *pl.* Familia que forman.
santanica *s. f. Cub.* y *Méx.* Hormiga de color pardo.
santarrita *s. f. Arg.* y *Uy.* Planta trepadora de hojas ovaladas y flores de color morado, rojo, amarillo o blanco de tres pétalos, que se siembra para adornar los jardines.
santarroseño, ña *adj.* y *s.* De Santa Rosa, departamento de Guatemala y ciudad de El Salvador.
santateresa *s. f.* Mantis, insecto de color verde, con patas anteriores prensoras.
santería *s. f. Cub.* Práctica religiosa ritual derivada de antiguos cultos africanos.

santero, ra *adj.* y *s. Cub.* Persona que practica la santería. *Los santeros se visten de blanco.*
santiagueño, ña *adj.* y *s.* De Santiago del Estero, provincia de Argentina.
santiaguero, ra *adj.* y *s.* De Santiago, ciudad de Cuba.
santiaguino, na *adj.* y *s.* De Santiago, capital de Chile.
santiamén *loc. fam.* **En un santiamén:** En un instante. *En un santiamén Regina guardó sus útiles y fue al cine con sus amigas.*
santidad *s. f.* Estado de santo. || *loc.* ***Su Santidad:*** tratamiento honorífico que se da al Papa. *Su Santidad Benedicto XVI.*
santificación *s. f.* Acción y efecto de santificar.
santificador, ra *adj.* y *s.* Aplícase al que o a lo que santifica.
santificante *adj.* Que santifica. *La gracia santificante.*
santificar *t.* Hacer a uno santo. *La gracia santifica al hombre.* || Consagrar a Dios una cosa. || Venerar como santo. *Santificar el nombre de Dios.* || Guardar el descanso dominical y el de los días de fiesta o precepto.
santiguamiento *s. m.* Acción y efecto de santiguar o santiguarse.
santiguar *t.* Hacer con la mano derecha la señal de la cruz desde la frente al pecho y desde el hombro izquierdo al derecho. || Hacer cruces sobre uno supersticiosamente. || *fig.* y *fam.* Pegar, abofetear. || *pr.* Persignarse. || *fig.* y *fam.* Persignarse en señal de asombro.
santo, ta *adj.* Divino; dícese de todo lo que se refiere a Dios. *El Espíritu Santo.* || Aplícase a las personas canonizadas por la Iglesia católica. En algunos casos, se utiliza la forma apocopada «san» antes de los nombres. *San Juan Bosco, Santo Tomás de Aquino, etc.* || Conforme con la moral religiosa. *Llevar una vida santa.* || Aplícase a la semana que empieza el domingo de Ramos y termina el domingo de Resurrección. *Semana Santa, Viernes Santo.* || Inviolable, sagrado. *Lugar santo.* || *fig.* Dícese de la persona muy buena o virtuosa. *Este hombre es un santo.* || Que tiene un efecto muy bueno. *Remedio santo; hierba santa.* || *fig.* y *fam.* Antepuesto a ciertos sustantivos, refuerza el significado de éstos, con el sentido de real, mismísimo, gran. *Hizo su santa voluntad; el maestro tiene una santa paciencia.* || *s. m.* Imagen de un santo. *Un santo de madera.* || Día del santo cuyo nombre se lleva y fiesta con que se celebra. *Mi santo cae el 30 de mayo.* || Ilustración, grabado con motivo religioso. || *loc.* ***¿A santo de qué?:*** ¿por qué razón o motivo? || ***Írsele a uno el santo al cielo:*** olvidar lo que se iba a hacer o decir. || ***No ser santo de su devoción:*** no caer en gracia una persona a otra. || ***Quedarse para vestir santos:*** quedarse soltera. || ***Santo oficio:*** tribunal de la Iglesia católica derivado de la Inquisición. || ***Santo y seña:*** en milicia, contraseña que hay que dar a requerimiento del centinela.
santomadero *s. m. Méx.* Tina de madera en la que se prepara el pulque curado.
santón *s. m.* Asceta mahometano. || *fig.* y *fam.* Santurrón, hipócrita. || Persona influyente y exageradamente respetada en una colectividad. *Un santón de la política.*
santónico *s. m.* Planta compuesta de cabezuelas medicinales. || Cada una de estas cabezuelas.
santonina *s. f.* Vermífugo que se extrae del santónico.
santoral *s. m.* Libro que contiene vidas de santos. || Libro de coro que contiene los introitos y antífonas de los oficios de los santos. || Lista de los santos que se celebran cada día.
santuario *s. m.* Templo donde se venera la imagen o reliquia de un santo. || Sancta del Templo de Jerusalén. || Ermita lejos de una población.
santurrón, rrona *s.* Beato.
santurronería *s. f.* Beatería.
saña *s. f.* Furor ciego. || Ensañamiento. *Perseguir a uno con saña.*
sañoso, sa o **sañudo, da** *adj.* Enfurecido. || Ensañado.
sao *s. m. Cub.* Pradera arbolada con algunos matorrales.
sapajú *s. m. Amér.* Saimirí, mono.
sapidez *s. f.* Condición de sápido.
sápido, da *adj.* Que tiene algún sabor. *Fruta, bebida sápida.*
sapiencia *s. f.* Sabiduría. || Libro de la Sabiduría, de Salomón.
sapiencial *adj.* Relativo a la sabiduría. *Libro sapiencial.*
sapiente *adj.* y *s.* Sabio.
sapillo *s. m.* Afta, tumorcillo lingual en los niños de pecho.
sapindáceo, a *adj.* y *s. f.* Aplícase a las plantas dicotiledóneas con flores en espiga, pedunculadas, y fruto capsular, como el farolillo y el jaboncillo. || *pl.* Familia que forman.
sapo *s. m.* Batracio anuro insectívoro, parecido a la rana, de piel gruesa y verrugosa. || *fig.* Persona con torpeza física. || *loc. fig.* y *fam.* ***Echar sapos y culebras:*** jurar, blasfemar, renegar.
saponáceo, a *adj.* Jabonoso.
saponaria *s. f.* Planta cariofilácea con flores rosas cuyas raíces contienen saponina.
saponificable *adj.* Que se puede convertir en jabón.
saponificación *s. f.* Transformación de una grasa en jabón. *Una forma de saponificación es cuando se combina amoniaco con alguna grasa.*
saponificar *t.* Transformar una grasa en jabón.
saponina *s. f.* Sustancia contenida en la saponaria, el palo de Panamá, etc., que se disuelve en el agua volviéndola jabonosa y puede emulsionar materias insolubles.
sapotáceo, a *adj.* y *s. f.* Aplícase a las plantas dicotiledóneas gamopétalas que tienen por tipo el zapote. || *pl.* Familia que forman.
sapote *s. m.* Zapote.
saprófago, ga *adj.* y *s.* Se dice del animal que se alimenta de materias orgánicas en descomposición. *Los carroñeros como hienas y buitres son saprófagos.*
saprofitismo *s. m.* Forma de vida de los vegetales y microorganismos saprofitos.
saprofito, ta *adj.* y *s.* Se aplica al vegetal que extrae su alimento de sustancias orgánicas en descomposición. || Microorganismo no patógeno que se alimenta de materia orgánica muerta.
saque *s. m.* En algunos deportes, acción de sacar la pelota para iniciar el juego o para cambiar de turno entre jugadores o equipos. || *loc.* ***Línea de saque:*** raya desde donde se saca la pelota. || ***Saque de esquina:*** acción de volver a poner la pelota en juego desde uno de los ángulos dirigiendo el tiro hacia la portería.
saqueamiento *s. m.* Saqueo.
saquear *t.* Apoderarse los soldados de lo que encuentran en país enemigo. || *fig.* y *fam.* Llevarse todo lo que hay en un sitio. *Los alumnos saquearon la biblioteca.*
saqueo *s. m.* Acción y efecto de saquear, robo.
saquería *s. f.* Fábrica o tienda de sacos. || Conjunto de sacos.
saquero, ra *s.* Fabricante o vendedor de sacos.
saraguato *s. m.* Mono de América Central que se caracteriza por sus gritos.
sarampión *s. m.* Enfermedad infecciosa propia de la infancia, que se caracteriza por fiebre alta y por la aparición de manchas rojas en la piel.
sarandí *s. m. Arg.* Arbusto euforbiáceo de ramas largas y flexibles.
sarandisal *s. m. Arg.* Terreno plantado de sarandíes.
sarao *s. m.* Reunión o fiesta nocturna con baile y música.
sarape *s. m. Guat.* y *Méx.* Manta de lana o algodón con franjas de colores vivos, que puede o no tener una abertura al centro para pasar la cabeza.
sarapia *s. f.* Árbol leguminoso de América del Sur, de semilla aromática, cuya madera se emplea en carpintería.
sarapico *s. m.* Zarapito.
sarasa *s. m. fam. Esp.* Marica.
sarazo, za *adj. Col. Cub. Méx.* y *Ven.* Fruto que comienza a madurar. *Los tomates están sarazos, ya van*

S

tomando color. || *Méx.* Achispado, ligeramente ebrio.
sarcasmo *s. m.* Mofa acerba, escarnio. || Ironía amarga.
sarcástico, ca *adj.* Que denota sarcasmo. *Reflexión sarcástica.* || Que emplea sarcasmos. *Autor sarcástico.*
sarcocele *s. m.* Tumor duro y crónico del testículo.
sarcófago *s. m.* Sepulcro.
sarcolema *s. f.* Membrana muy fina que rodea cada fibra muscular.
sarcoma *s. m.* Tumoración maligna del tejido conjuntivo. *El sarcoma de Kaposi es una de las manifestaciones de la etapa avanzada del sida.*
sarcomatoso, sa *adj.* Relativo al sarcoma. *Tumor sarcomatoso.*
sardana *s. f.* Danza popular catalana que se baila en corro.
sardina *s. f.* Pez teleósteo marino parecido al arenque, pero de menor tamaño, de consumo muy extendido. || *fam.* Caballo en la plaza de toros. || *loc. fig.* y *fam.* ***Como sardinas en lata:*** muy apretados.
sardinal *s. m.* Red para la pesca de la sardina.
sardinero, ra *adj.* Relativo a las sardinas. *Barca sardinera.* || *s.* Persona que vende sardinas.
sardo, da *adj.* Dícese de la res vacuna de pelaje negro, blanco y colorado. || *s.* De Cerdeña, isla mediterránea de Italia. || *s. m.* Lengua hablada en esta isla.
sardonia *s. f.* Planta cuyo jugo venenoso, aplicado a la cara, produce una convulsión y contracción parecida a la risa.
sardónice *s. f.* Ágata de color amarillo con fajas oscuras.
sardónico, ca *adj.* Aplícase a la risa provocada por la contracción convulsiva de ciertos músculos de la cara. || *fig.* Irónico, sarcástico. *Risa sardónica.*
sarga *s. f.* Tela tejida en forma de rayas diagonales. *La sarga es más resistente a las arrugas y fácil de cuidar que otras telas.*
sargazo *s. m.* Tipo de alga grande, de color marrón, que tiene vesículas llenas de aire que la mantienen a flote.
sargentear *intr.* Ejercer el oficio de sargento. || *fig.* y *fam.* Mandonear, mandar con imperio.
sargento *s. m.* Suboficial que manda un pelotón y que depende directamente de un teniente o alférez. || *Méx.* Especie de pato que abunda en los lagos del interior del país.
sargo *s. m.* Pez teleósteo marino de color plateado y rayas negras.
sari *s. m.* Atuendo de mujer típico de India, que consiste en una sola pieza de tela que se va plegando sobre el cuerpo, sin coserla ni usar alfileres.
sarmentar *intr.* Recoger los sarmientos podados.
sarmentera *s. f.* Lugar donde se almacenan los sarmientos.
sarmentoso, sa *adj.* Parecido al sarmiento. *Planta sarmentosa.*
sarmiento *s. m.* Vástago nudoso de la vid.
sarna *s. f.* Enfermedad contagiosa de la piel, que se manifiesta por la aparición de vesículas y pústulas que causan picazón intensa y cuyo agente es el ácaro u arador. || *loc.* ***Sarna con gusto no pica, pero mortifica:*** las incomodidades que se han aceptado de grado no producen disgusto, si bien son causa de cierta inquietud.
sarnoso, sa *adj.* y *s.* Que tiene sarna. *Gato sarnoso.*
sarpullido *s. m.* Salpullido.
sarpullir *t.* Levantar sarpullido. || *pr.* Llenarse de sarpullido.
sarraceno, na *adj.* y *s.* Musulmán, especialmente los que invadieron España en 711.
sarro *s. m.* Sedimento que se adhiere en las paredes de un conducto de líquido o en el fondo de una vasija. || Sustancia calcárea que se pega al esmalte de los dientes. || Capa amarillenta que cubre la parte superior de la lengua provocada por trastornos gástricos. || Roya de los cereales.
sarroso, sa *adj.* Con sarro.
sarta *s. f.* Serie de cosas metidas por orden en un hilo, cuerda, etc. || *fig.* Porción de gentes o cosas que van unas tras otras. || Serie de sucesos o cosas no materiales semejantes, retahíla. *Sarta de desdichas, de disparates.*
sartén *s. amb.* Utensilio de cocina hecho de metal, redondo y poco profundo con mango largo. *El sartén se usa para freír los alimentos.* || *loc.* ***Salir de la olla para caer en la sartén:*** salir de una situación mala para caer en otra peor. *Quise reconciliarme con mi amiga pero salí de la olla para caer en la sartén y ahora ya no quiere ni hablar conmigo.* || ***Tener la sartén por el mango:*** tener el control de una situación.
sartenada *s. f.* Lo que se fríe de una vez en la sartén. *Una sartenada de boquerones.*
sartenazo *s. m.* Golpe dado con la sartén. || *fig.* y *fam.* Golpe recio dado con una cosa.
sartorio *adj.* y *s. m.* Relativo al músculo de la parte delantera del muslo. *El sartorio permite abrir y cerrar la pierna en los movimientos laterales.*
sasafrás *s. m.* Árbol lauráceo americano con cuya corteza se hace una infusión empleada como sudorífico.
sasánida *adj.* y *s. f.* De una dinastía que gobernó en Persia de 226 a 651.
sascab *s. m. Méx.* Tierra blanca y caliza empleada en la construcción.
sascabera *s. f.* Cantera de sascab.
sastra *s. f.* Mujer del sastre. || Mujer que confecciona o arregla trajes de hombre.
sastre *s. m.* El que tiene por oficio cortar y coser trajes. || Traje femenino compuesto de chaqueta y falda.
sastrería *s. f.* Oficio de sastre. || Taller de sastre.
satánico, ca *adj.* Propio de Satanás o del demonio. || *fig.* Muy malo o perverso. *Soberbia satánica.*
satanismo *s. m.* Perversidad satánica.
satélite *s. m.* Astro sin luz propia que gira alrededor de un planeta. *La Tierra tiene un solo satélite llamado Luna.* || *loc.* ***Satélite artificial:*** vehículo espacial que se lanza al espacio exterior para que dé vueltas alrededor de un planeta. *Los satélites artificiales registran los cambios que sufre la Tierra.*
satén o **satín** *s. m.* Tela de seda o algodón parecida al raso. *El satén es una tela brillosa.*
satín *s. m.* Madera americana parecida al nogal.
satinado, da *adj.* De aspecto análogo al satén. *Papel satinado.* || Sedoso, brillante. || *s. m.* Acción y efecto de satinar.
satinado, da *adj.* Se dice de lo que tiene superficie brillosa o sedosa. *Los papeles satinados reproducen mejor las imágenes en color.*
satinar *t.* Dar brillo a una superficie. *Para satinar la madera el carpintero usa un barniz brillante.*
sátira *s. f.* Composición poética, escrito o dicho en que se censura o ridiculiza a personas o cosas.
satírico, ca *adj.* Perteneciente a la sátira. *Discurso satírico.* || Dícese del escritor que cultiva la sátira. *Los satíricos griegos.* || Burlón, mordaz. || Propio del sátiro.
satirizante *adj.* Que satiriza.
satirizar *t.* Ridiculizar, hacer a alguien o algo objeto de sátira. || *intr.* Escribir sátiras, utilizar la sátira.
sátiro *s. m.* Semidiós mitológico que tiene orejas puntiagudas, cuernos y la parte inferior del cuerpo de macho cabrío. || *fig.* Individuo dado a las manifestaciones eróticas sin respeto al pudor.
satisfacción *s. f.* Estado que resulta de la realización de lo que se pedía o deseaba. *La satisfacción del deber cumplido.* || Reparación de un agravio o daño. || Presunción, vanagloria. *Tener satisfacción de sí mismo.* || Gusto, placer. *Es una satisfacción para mí poder ayudarte.* || Cumplimiento de la penitencia impuesta por el confesor. || *loc.* ***A mi entera satisfacción:*** cumpliendo mis exigencias. *Este empleado ha trabajado dos años a mi entera satisfacción.* || *fig.* y *fam.* ***Reventar de satisfacción:*** estar muy contento.
satisfacer *t.* Conseguir lo que se deseaba. *Satisfacer un capricho.* || Dar a alguien lo que esperaba. *Satisfacer*

a sus profesores. || Pagar lo que se debe. *Satisfacer una deuda.* || Saciar. *Satisfacer el hambre.* || Colmar. *Satisfacer la curiosidad, una pasión.* || Cumplir la pena impuesta por un delito. *Satisfacer una pena.* || Llenar, cumplir. *Satisfacer ciertas condiciones.* || Bastar. *Esta explicación no me satisface.* || Gustar. *Ese trabajo no me satisfizo.* || Reparar un agravio u ofensa. *Satisfacer la honra.* || En matemáticas, cumplir las condiciones de un problema o una ecuación. || *pr.* Vengarse de un agravio. || Contentarse. *Me satisfago con poco.*

satisfactorio, ria *adj.* Que satisface, conveniente. || Que puede satisfacer una duda o deshacer un agravio. *Explicación satisfactoria.* || Grato, próspero. *Situación satisfactoria.*

satisfecho, cha *adj.* Contento, complacido. *Darse por satisfecho.* || Pagado de sí mismo.

sátrapa *s. m.* En la antigua Persia, gobernador de una provincia. || *fig.* y *fam.* Persona que vive de un modo fastuoso o que gobierna despóticamente.

satrapía *s. f.* Dignidad de sátrapa. || Territorio gobernado por el sátrapa.

saturable *adj.* Que puede saturarse.

saturación *s. f.* En química, resultado de haber mojado un cuerpo hasta su máxima capacidad o de haber disuelto en un líquido la mayor cantidad posible de una sustancia. *La esponja ha absorbido tanta agua que se encuentra en estado de saturación.*

saturado, da *adj.* En química, se dice de un líquido en el que se ha disuelto una sustancia a tal grado que ya no se puede disolver más. *Esta solución de agua ya está saturada de sal.* || *fam.* Se aplica a lo que está lleno o tiene mucho de algo. *Eduardo está saturado de trabajo.*

saturar *t.* o *pr.* Llenar algo por completo. *Los cargadores han saturado de muebles el camión de la mudanza.* || En química, disolver en un líquido la mayor cantidad posible de una sustancia o mojar un cuerpo hasta su máxima capacidad. *El niño le puso tanta azúcar a su leche que la saturó.*

saturnino, na *adj.* Del plomo. || En medicina, dícese de la enfermedad por intoxicación debida a sales de plomo.

saturnismo *s. m.* Intoxicación crónica por sales de plomo. *El saturnismo es una enfermedad típica de los mineros.*

saturno *s. m.* Nombre que los alquimistas daban al plomo.

sauce *s. m.* Árbol salicáceo que suele crecer en las márgenes de los ríos. || *loc.* ***Sauce llorón:*** el de ramas que cuelgan hasta el suelo.

sauceda, *s. f.* **saucedal** *s. m.* o **saucera** *s. f.* Salceda, plantío de sauces.

saúco *s. m.* Arbusto caprifoliáceo de flores blancas aromáticas y frutos negruzcos. || Segunda tapa del casco de las caballerías.

saudade *s. f.* Añoranza, nostalgia.

saudí o **saudita** *adj.* y *s.* Del Estado asiático de Arabia Saudí.

saudoso, sa *adj.* Nostálgico.

sauna *s. f.* Baño de calor seco que hace sudar al cuerpo. *Para tomar una sauna es necesario desnudarse y cubrirse con una toalla.* || Construcción de madera que tiene un mecanismo para generar calor seco, al que entran las personas para darse un baño de calor.

sauquillo *s. m.* En botánica, mundillo.

saurio *adj.* y *s. m.* Dícese de los reptiles con cuatro extremidades cortas y piel escamosa con tubérculos, que comprende los lagartos, cocodrilos, etc. || *pl.* Orden que forman.

sauzgatillo *s. m.* Arbusto verbenáceo con flores azules.

savia *s. f.* Líquido nutritivo de los vegetales que corre por los vasos y fibras de las plantas. || *fig.* Lo que da fuerza, energía o impulso. *La savia de la juventud.*

saxífraga *s. f.* Planta saxifragácea, de flores grandes, que crece en los sitios frescos.

saxifragáceo, a *adj.* y *s. f.* Dícese de las plantas angiospermas dicotiledóneas, como la saxígrafa y la hortensia. || *pl.* Familia que forman.

saxofón o **saxófono** *s. m.* Instrumento musical de viento, hecho de metal, con forma de «J», que tiene una boquilla y varias llaves para producir el sonido.

saxofonista *s. com.* Músico que toca el saxofón.

saya *s. f.* Falda, prenda de vestir femenina que cubre la cadera y las piernas. *A mi hermana le gusta ponerse una saya roja con blusa blanca.*

sayal *s. m.* Tela muy basta de lana.

sayo *s. m.* Prenda de vestir que cubre los brazos y el cuerpo, larga hasta debajo de las caderas y sin botones. || *fam.* Cualquier vestido amplio. *Las mujeres lavan sus sayos en el río cercano.*

sazón *s. f.* Punto o madurez de las cosas. *Fruta en sazón.* || *fig.* Ocasión, oportunidad, coyuntura. || Gusto y sabor que se percibe en los alimentos. || *s. m. Amér.* Buen gusto; buen modo de cocinar.|| *loc.* ***A la sazón:*** entonces, en aquella ocasión. || ***En sazón:*** oportunamente, a tiempo. || ***Fuera de sazón:*** inoportunamente.

sazonado, da *adj.* Bien condimentado o aderezado. || *fig.* Aplícase al dicho o estilo sustancioso y expresivo.

sazonar *t.* Condimentar, aderezar, dar sazón a un guiso. || *fig.* Poner las cosas en el punto y madurez que deben tener. || Adornar, amenizar, ornar. *Su carta estaba sazonada con unos versos.* || *pr.* Madurarse. || Estar en sazón la tierra.

scherzo *s. m.* En música, trozo vivo y alegre.

script *s. m.* Tipo de letra impresa semejante a la escritura manual.

se *pron.* Pronombre personal de tercera persona, forma reflexiva que funciona como complemento directo e indirecto y equivale a «él», «ella», «ellos» y «ellas». *El niño se lava las manos con agua y jabón.* || Marca impersonalidad o indeterminación. *Se ruega no fumar.* || Forma del objeto indirecto en combinación con el objeto directo. *Se lo di porque sabía que necesitaba el libro.*

seaborgio *s. m.* Elemento químico sintético cuya naturaleza es similar a la del wolframio. Tiene una vida media de 2.4 minutos. Su número atómico es 106 y su símbolo *Sg.*

sebáceo, a *adj.* Que tiene la naturaleza del sebo.

sebo *s. m.* Grasa sólida y dura que se saca de los animales herbívoros. *Jabón, vela de sebo.* || Grasa, gordura.

sebón, bona *adj. Arg.* Holgazán.

seborrea *s. f.* Aumento patológico de la secreción de las glándulas sebáceas de la piel.

seborucal *s. m. Cub.* Lugar cubierto de seborucos.

seboruco *s. m. Cub.* Piedra muy porosa. || *Méx.* Lugar de rocas ásperas y puntiagudas.

seboso, sa *adj.* Grasiento. || Untado con sebo o grasa.

sebucán *s. m.* Colador cilíndrico con que se separa el yare del almidón de la yuca en Venezuela.

seca *s. f.* Época en que no llueve. *Durante la seca la tierra no produce hierba.*

secadal *s. m.* Secano.

secadero *s. m.* Lugar donde se pone algo a secar. *El patio es el secadero de la ropa mojada.*

secado *s. m.* Hecho de que deja de estar mojado algo que lo estaba. *El secado de la ropa lavada se hace colgándola en un lugar ventilado.*

secador *s. m.* Nombre que se da a varios aparatos que sirven para secar el pelo, la ropa, las manos, etc. *El secador de pelo de mi mamá parece una pistola que echa aire.*

secadora *s. f.* Máquina en la que se mete la ropa lavada para secarla. *En la lavandería hay secadoras que funcionan con aire caliente.*

secamiento *s. m.* Secado.

secano *s. m.* Terreno para siembra que no se riega sino que produce con el agua de lluvia que recibe de manera natural. *En el secano han sembrado trigo.*

secante *adj.* Se dice de lo que es tan absorbente que puede usarse para secar algo. *Fidelia usó una tela se-*

cante para recoger el agua que había derramado. || En matemáticas, se refiere a la línea o superficie que corta a otra. *El profesor pidió que trazáramos una línea secante.*

secar *t.* y *pr.* Dejar o quedar sin líquido algo que estaba húmedo o mojado. *Después de bañarme uso una toalla para secarme.* || Consumirse el jugo de un cuerpo. *Las flores se secaron porque no las regué.* || Evaporarse el agua que había en un lugar. *El río se seca cuando no llueve.* || Endurecerse una sustancia. *No cerré la tapa del frasco y se secó el pegamento.*

secar *t.* Extraer la humedad de un cuerpo. *Secar la ropa de la colada.* || Ir consumiendo el jugo en los cuerpos. *El sol seca las plantas.* || Enjugar. *Secar las lágrimas.* || *pr.* Evaporarse la humedad de algo. *La toalla se ha secado.* || Quedar sin agua. *Secarse una fuente, un río, un pozo.* || Perder una planta su verdor o lozanía. || Curarse y cerrarse una llaga o pústula. || Enflaquecer y extenuarse. *Secarse una persona, un animal.* || *fig.* Tener mucha sed. || Hacerse insensible. *Secarse el corazón, los buenos sentimientos.*

secativo, va *adj.* Secante. *Tinta secativa.*

sección *s. f.* En cirugía, corte, cortadura. *La sección de un tendón.* || Cada una de las partes en que se divide un todo continuo o un conjunto de cosas. || Cada una de las partes en que se divide un conjunto de personas. *Sección administrativa, de fabricación, de ventas.* || Dibujo de perfil. *Sección de un terreno, de un edificio, de una máquina,* etc. || División hecha de una obra escrita. *Libro dividido en tres secciones principales.* || Categoría introducida en cualquier clasificación. || En geometría, figura que resulta de la intersección de una superficie o de un sólido con otra superficie. *Sección cónica.* || En milicia, parte de una compañía o escuadrón, mandada por un oficial.

seccionar *t.* Fraccionar, dividir en partes o secciones.

secesión *s. f.* Acción de separarse de una nación parte de su pueblo o territorio. *La guerra de secesión en los Estados Unidos ocurrió entre los años 1860 y 1865.*

secesionismo *s. m.* Tendencia que defiende la secesión política.

secesionista *adj.* Relativo a la secesión. *Campaña secesionista.* || *s. com.* Partidario de ella.

seco, ca *adj.* Que no tiene humedad. *Aire seco, clima seco.* || Carente de agua. *Pozo, río seco.* || Sin caldo. *Guiso seco.* || Sin lluvia. *Tiempo seco.* || Que ya no está verde. *Ramas, hojas secas.* || Muerto. *Árbol seco.* || Que se ha quitado la humedad para conservar. *Higos secos.* || Que no está mojado o húmedo. *El campo está seco.* || Flaco, descarnado. *Persona seca.* || Desprovisto de secreciones humorales. *Piel seca.* || *fig.* Desabrido, adusto, poco sensible. *Carácter seco.* || Estricto, que no tiene sentimientos. *Respuesta, verdad, justicia seca.* || Tajante, categórico. *Un no seco.* || Sin nada más. *A pan seco.* || Escueto. *Una explicación seca de lo ocurrido.* || Aplícase a los vinos y aguardientes sin azúcar. *Jerez, anís seco.* || Ronco, áspero. *Tos, voz seca.* || Aplícase al golpe o ruido brusco y corto. *Porrazo seco.* || Que está solo. || Árido, falto de amenidad. *Prosa seca.* || *loc.* ***A palo seco:*** sin acompañamiento. || ***A secas:*** solamente. || *fig.* ***Dejar a uno seco:*** dejarle muerto en el acto.

secoya *s. f.* Árbol cupresáceo que puede alcanzar 150 m de alto y 10 m de diámetro.

secreción *s. f.* Función de un cuerpo vivo por la cual una célula o tejido produce una sustancia necesaria para el organismo. *La secreción de saliva se realiza en la boca.* || Sustancia necesaria para el organismo producida por una célula o tejido. *El sudor es una secreción que producen las glándulas sudoríparas.*

secreta *s. f.* Examen que se sufría antiguamente en las universidades para obtener el título de licenciado. || Cada una de las oraciones que se dicen en la misa después del ofertorio y antes del prefacio. || *fam.* Cuerpo de policía cuyos agentes visten de paisano. *Inspector de la secreta.*

secretar *t.* Producir las glándulas del cuerpo ciertas sustancias necesarias para el funcionamiento del organismo. *El hígado secreta la bilis.*

secretaría *s. f.* Institución del gobierno que se encarga de una parte de la administración del Estado. *La Secretaría de Salud organiza y administra los hospitales de todo el país.* || Oficina en la que se llevan a cabo labores de administración. *En la secretaría de la escuela se realizan las inscripciones de los alumnos.*

secretariado *s. m.* Carrera secretarial. *Mirna estudiará secretariado.* || Cargo o empleo de secretario. || Cuerpo de secretarios de un organismo público o privado.

secretarial *adj.* Relativo a la profesión y actividad de los secretarios y secretarias.

secretario, ria *s.* Persona encargada de organizar las citas, llamadas telefónicas y asuntos administrativos de otra para quien trabaja. *Me atendió la secretaria del director.* || Persona que dirige una parte de la administración del Estado. *El secretario de Educación Pública dará un discurso a los maestros.*

secretear *intr. fam.* Hablar una persona a otra al oído o en voz muy baja. *Deyanira secreteaba con Lila sobre su novio.*

secreteo *s. m. fam.* Cuchicheo.

secreter *s. m.* Mueble parecido a un pequeño armario, con cajones y un tablero para escribir que por lo general puede ocultarse con una tapa.

secretina *s. f.* Hormona segregada por la mucosa del duodeno.

secreto *s. m.* Lo que se tiene oculto. *La vieja dama guardó el secreto del apoyo que enviaba al joven artista.* || *loc.* ***Secreto a voces:*** el conocido por muchos. || ***Secreto de Estado:*** aquel cuya divulgación perjudicaría los intereses del país.

secreto, ta *adj.* Referido a lo que sólo algunos conocen y no se comunica a los demás. *El científico tenía una fórmula secreta.*

secretor, ra o **secretorio, ria** *adj.* Que segrega o secreta.

secta *s. f.* Reunión de personas que profesan una misma doctrina, especialmente aquella que se aparta de la tradicional.

sectario, ria *adj.* Que sigue una secta. || Intolerante, fanático. *Espíritu sectario.*

sectarismo *s. m.* Carácter de una persona o de tendencias sectarias.

sector *s. m.* Parte delimitada de un todo. *Un sector de la ciudad se quedó sin luz a causa de la lluvia.* || Parte de una clase de cosas, de una comunidad o de una actividad que presenta caracteres peculiares. || En matemáticas, porción de círculo limitado por dos radios y el arco que los une. *Al marcar el sector de una circunferencia vi que se parecía a una porción de queso redondo.*

sectorial *adj.* Relativo a un sector, a una categoría profesional.

sectorización *s. f.* Acción y resultado de sectorizar. *Hizo una buena sectorización de las oficinas.*

sectorizar *t.* Dividir algo en sectores. *Será necesario sectorizar las áreas de venta.*

secuaz *adj.* y *s. com.* Aplicado a la persona que sigue el partido o doctrina de otro.

secuela *s. f.* Consecuencia.

secuencia *s. f.* Serie de cosas que van unas tras otras. || Serie de imágenes o de escenas de una película cinematográfica que constituyen un conjunto. || Himno que se canta en ciertas misas después del gradual.

secuestración *s. f.* Secuestro.

secuestrador, ra *adj.* y *s.* Que secuestra.

secuestrar *t.* Depositar judicial o gubernativamente una cosa en poder de un tercero hasta que se decida a quién pertenece. || Embargar una cosa por medio de un mandato judicial. || Prender indebidamente, raptar

a una persona para exigir dinero por su rescate. || Recoger la tirada de un periódico o publicación por orden superior.
secuestro *s. m.* Privación de la libertad a una persona o acción de apoderarse de una nave para exigir dinero u otra cosa por su rescate. *El secuestro es un delito grave.*
secular *adj.* Se dice de lo que dura cien años o sucede cada cien años. *En ese bosque hay muchos árboles seculares.* || Se dice de lo que no es religioso.
secularización *s. f.* Acción y resultado de secularizar o secularizarse.
secularizar *t.* y *pr.* Convertir una cosa eclesiástica o religiosa en laica o civil. *Los bienes de la Iglesia se secularizaron con la república.* || Dar permiso a un religioso o a una religiosa para vivir fuera de clausura.
secundar *t.* Ayudar, apoyar.
secundario, ria *adj.* Que viene en segundo lugar en una serie. *Enseñanza secundaria.* || *fig.* Derivado, accesorio. *Efecto secundario.* || Dícese de la corriente eléctrica inducida y del circuito por donde pasa. || En geografía, aplícase a los terrenos triásicos, jurásicos o cretáceos. || Dícese de los fenómenos patológicos subordinados a otros. *Fiebre secundaria.* || *loc.* ***Era secundaria:*** tercer periodo geológico, en el que aparecen los mamíferos. || ***Sector secundario:*** actividades económicas tendentes a la transformación de materias primas en bienes productivos o de consumo.
secundinas *s. f. pl.* En anatomía, placenta y membranas que envuelven el feto.
secuoya o **secoya** *s. f.* Árbol conífero que llega a medir hasta 140 m de altura y vivir dos mil años.
sed *s. f.* Necesidad de beber. *Tengo sed, siento la boca seca.* || *fam.* Ansia por conseguir algo, deseo fuerte. *Ese deportista tiene sed de triunfo.*
seda *s. f.* Sustancia viscosa que, en forma de hilos, segregan las glándulas de algunos animales artrópodos. *La oruga y la araña producen seda.* || Hilo formado con la sustancia llamada seda. *Con la seda se tejen bellas y finas telas.* || Tejido fabricado con el hilo llamado seda. *La seda tiene un brillo y una suavidad inconfundibles.*
sedal *s. m.* Hilo de la caña de pescar. *Se le rompió el sedal de la caña de pescar y el pez logró huir.*
sedán *s. m.* Automóvil de carrocería cerrada, de cuatro plazas. *Un sedán gasta menos gasolina.*
sedante o **sedativo, va** *adj.* y *s.* Relativo a lo que adormece o apacigua.
sedar *t.* Hacer que alguien deje de estar nervioso o inquieto, en particular usando algún medicamento.
sedativo, va *adj.* y *s. m.* Aplícase a aquello que tiene virtud de calmar o sosegar la excitación nerviosa. *Agua sedativa.*
sede *s. f.* Lugar donde tiene su domicilio principal una empresa, organismo, etc. *La Oficina Nacional de Derechos Humanos tiene su sede en la capital.* || Lugar donde se realiza un evento importante. *En 1992 la sede de las Olimpiadas fue Barcelona, en España.*
sedentario, ria *adj.* Referido al oficio o modo de vida de poco movimiento. *Muchas personas llevan una vida sedentaria.* || Aplicado a quien permanece sentado mucho tiempo y prefiere no salir. *La mayoría de los ancianos son sedentarios.* || Relativo a las comunidades que permanecen en un lugar fijo. *Los pueblos se volvieron sedentarios cuando comenzaron a cultivar la tierra.*
sedentarismo *s. m.* Hecho de permanecer una comunidad en un lugar fijo. || Modo de vida de poco movimiento. *La vida moderna obliga al sedentarismo.*
sedentarización *s. f.* Acción de sedentarizar o sedentarizarse. *La sedentarización del hombre propició el cultivo de cereales y leguminosas.*
sedente *adj.* Referido a quien está sentado. *La escultura de Rodin «El Pensador» representa a un hombre sedente.*
sedería *s. f.* Comercio de la seda. || Tienda donde se venden géneros de seda. || Mercería.
sedero, ra *adj.* De la seda. *Industria sedera.* || *s.* Persona que trabaja en la seda o comercia con ella. || Mercero.
sedicente *adj.* Se aplica a la persona que se atribuye a sí misma un titulo del que carece o una profesión que no practica. *El sedicente abogado fue descubierto.*
sedición *s. f.* Rebelión violenta contra la autoridad. *Los actos de sedición son ilegales.*
sedicioso, sa *adj.* y *s.* Aplicado a la persona que promueve o participa en una rebelión contra la autoridad. *Los sediciosos corrieron a esconderse porque la policía los perseguía.*
sediente *adj.* Dícese de los bienes raíces.
sediento, ta *adj.* Que tiene sed. || *fig.* Aplícase al campo que necesita riego. *Terreno sediento.* || Ávido. *Persona sedienta de poder.*
sedimentación *s. f.* Formación de sedimentos. *Terreno de sedimentación.*
sedimentar *t.* Depositar sedimento un líquido. || *pr. fig.* Aquietarse, estabilizarse. *Sus conocimientos se han sedimentado.*
sedimentario, ria *adj.* De la naturaleza del sedimento. *Depósito sedimentario.*
sedimento *s. m.* Materia que, habiendo estado suspensa en un líquido se posa en el fondo. || Depósito natural dejado por el agua o viento. *Sedimento marino, fluvial.* || *fig.* Lo que queda de algo. *Un sedimento de nostalgia.*
sedoso, sa *adj.* Que tiene el aspecto o el tacto de la seda.
seducción *s. f.* Acción de seducir. || Atractivo, encanto.
seducir *t.* Engañar con maña; persuadir a hacer mal. || Conseguir un hombre los favores de una mujer. || Sobornar, corromper. *Seducir a un funcionario.* || Cautivar con algún atractivo. *Seducir con su palabra, con su belleza.*
seductivo, va *adj.* Que seduce.
seductor, ra *adj.* y *s.* Que seduce. *Mujer seductora.*
sefardí o **sefardita** *adj.* y *s. com.* Dícese de los judíos de origen español.
segador, ra *s.* Persona que siega o corta las mieses. || *s. m.* Arácnido pequeño, de patas muy largas. || *s. f.* Máquina que siega. *Máquina segadora.*
segar *t.* Cortar mieses o hierba con la hoz, la guadaña o una máquina. *Segar un campo de trigo.* || Cortar la parte superior de una cosa. *Segar la cabeza, el cuello.* || *fig.* Impedir bruscamente el desarrollo de algo. *Segar las ilusiones.*
seglar *adj.* Relativo a la vida, estado o costumbre del siglo o mundo. *Clero seglar.* || Laico, sin órdenes clericales.
segmentación *s. f.* División en segmentos. || Conjunto de las divisiones de la célula huevo que constituyen la primera fase del embrión.
segmento *s. m.* Parte cortada de una cosa. || En geometría, parte del círculo comprendida entre un arco y su cuerda. || Parte de la esfera cortada por un plano que no pasa por el centro. *Segmento esférico.* || Aro metálico que asegura el cierre hermético de un émbolo del motor. || Cada una de las partes que forman el cuerpo de los gusanos y artrópodos.
segoviano, na *adj.* y *s.* De Segovia, ciudad de España.
segregación *s. f.* Secreción. *La segregación de la saliva.* || Separación de las personas de origen, raza o religión diferentes practicada en un país. *Segregación racial.*
segregacionismo *s. m.* Política o doctrina de segregación racial.
segregacionista *adj.* y *s. com.* Relativo a la segregación racial o partidario de la misma.
segregar *t.* Separar o apartar una cosa de otra u otras. *Segregar un municipio.* || Secretar, expulsar. *Segregar saliva.*
segregativo, va *adj.* Secretor.
segualca *s. f. Méx.* Calabaza.

seguamil *s. m. Méx.* Milpa sembrada.
segueta *s. f.* Sierra pequeña.
seguetear *intr.* Serrar con segueta.
seguida *s. f.* Acción y efecto de seguir. || Serie, orden, continuación. || *loc.* ***De seguida*** o ***en seguida:*** inmediatamente.
seguidilla *s. f.* Composición poética de cuatro o siete versos usada en cantos populares o festivos. || Danza popular española y música que la acompaña. || *Amér.* Sucesión rápida de hechos semejantes.
seguido *adv.* En línea recta.
seguido, da *adj.* Continuo, sucesivo, consecutivo. *Dos números seguidos.* || Muy cerca unos de otros. *Tiene tres niños seguidos.* || Sin interrupción. *Ataques muy seguidos.* || Que está en línea recta. *Carretera seguida.* || *loc.* ***Acto seguido:*** inmediatamente después.
seguidor, ra *adj.* y *s.* Que sigue. || Partidario. *Un seguidor del Real Madrid.* || Discípulo, secuaz. *Los seguidores de Kant.*
seguimiento *s. m.* Prosecución.
seguir *t.* Ir después o detrás de uno. || Ir en busca de una persona o cosa. *Seguir su rastro.* || Ir en compañía de uno. *Seguirle siempre.* || Continuar. *Sigue haciendo frío.* || Perseguir, acosar. *Seguir un animal.* || Espiar. *Seguir su conducta.* || Caminar, ir. *Seguir el mismo camino.* || Observar. *Seguir el curso de una enfermedad.* || Ser partidario o adepto. *Seguir un partido.* || Prestar atención. *Seguir a un orador.* || Obrar, conducirse de acuerdo a. *Sigues lo que dicta tu propia conciencia.* || Suceder. *La primavera sigue al invierno.* || Cursar. *Seguir la carrera de medicina.* || Reanudar, proseguir. *Cuando escampe seguiremos la marcha.* || *intr.* Ir derecho, sin apartarse. *Siga por este camino y llegará.* || Estar aún. *Sigue en París.* || *pr.* Deducirse una cosa de otra. || Suceder una cosa a otra. || Derivarse. *De este conflicto se siguieron consecuencias inesperadas.*
seguiriya *s. f.* Seguidilla flamenca.
según *prep.* De acuerdo con. *Según el investigador, los anillos de Saturno son de materia en estado gaseoso.* || Indica que dos cosas están sucediendo al mismo tiempo. *Según tu novia, estabas enfermo.* || *loc.* ***Según como*** o ***según y como:*** depende de. *¿Aceptas este cargo? Según y como.*
segunda *s. f.* En las cerraduras y llaves, vuelta doble. || Segunda intención. *Hablar con segundas.* || Segunda velocidad en un automóvil. *Bajé la pendiente en segunda.* || Segunda clase en ferrocarril.
segundero *s. m.* Aguja que señala los segundos en un reloj.
segundilla *s. f.* Campanilla de un convento.
segundo, da *adj.* Que sigue inmediatamente en orden al o a lo primero. *Capítulo segundo.* || Otro. *Para mí ha sido un segundo padre.* || De segundo grado. *Tío segundo.* || *s. m.* Sexagésima parte del minuto. || *fig.* Instante. *Préstame un segundo tu pluma.* || Unidad de medida angular. || El que sigue en importancia al principal. *Segundo de la empresa, de a bordo.* || Piso más arriba del primero en una casa. *Habitamos en el segundo.* || Asistente de un boxeador en un combate.
segundogénito, ta *adj.* Dícese del hijo nacido después del primogénito.
segundogenitura *s. f.* Estado o derecho del segundogénito.
segundón *s. m.* Hijo segundo de una familia. || *fig.* Cualquier hijo que no sea el primogénito.
seguntino, na *adj.* y *s.* De Sigüenza.
segur *s. f.* Hacha grande que formaba parte de los lictores romanos. || Hoz.
seguramente *adv.* Probablemente, acaso.
seguridad *s. f.* Calidad de seguro. *La seguridad de un avión.* || Certidumbre en la realización de algo. *Tiene seguridad en la victoria.* || Confianza, situación de lo que está a cubierto de un riesgo. *El dinero está guardado con toda seguridad.* || Aplomo. *Hablar con mucha seguridad.* || Confianza. *Seguridad en sí mismo.* || Fianza que se da como garantía de algo. || *loc.* ***Con seguridad:*** seguramente. || ***De seguridad:*** a) Aplícase a los dispositivos destinados a evitar accidentes. *Lámpara de seguridad.* b) Relativo al orden público. *Dirección General de Seguridad.* || ***Seguridad Social:*** conjunto de leyes y de los organismos que las aplican, que tienen por objeto proteger a la sociedad contra determinados riesgos (accidentes, enfermedad, paro, vejez, etc.).
seguro, ra *adj.* Relativo a lo que está libre de todo daño, peligro o riesgo. || Aplicado a lo que no admite duda. *Mira qué grises están las nubes, seguro lloverá.* || Se dice de lo que es firme o estable. || *s. m.* Contrato por el que se garantiza una compensación a una persona o cosa en caso de sufrir algún daño o perjuicio. *El automóvil tiene seguro.* || Dispositivo que impide el funcionamiento de una máquina, mecanismo, etc., para evitar accidentes. *La pistola tiene el seguro puesto.* || *Méx.* Alfiler de seguridad que se cierra quedando la punta protegida para que no lastime.
seibo *s. m. Arg.* y *Uy.* Árbol de flores rojas.
seibón *s. m.* Ceibón.
seis *adj.* Cinco y uno. *Un niño de seis años.* || Sexto. *Año seis.* || *s. m.* Signo que representa el número seis. || El sexto día de un mes. *El seis de agosto.* || Naipe de seis puntos. *El seis de oros.* || *P. Rico.* Baile popular zapateado. || *s. f. pl.* La hora seis de la mañana o de la tarde.
seisavo, va *adj.* y *s.* Sexto.
seiscientos, tas *adj.* Seis veces ciento. *Seiscientas cabezas de vacunos.* || Sexcentésimo. *El número seiscientos.* || *s. m.* Número que lo representa.
seise *s. m.* Cada uno de los monaguillos que en ciertas solemnidades bailan y cantan en la catedral de Sevilla.
seisillo *s. m.* En música, grupo de seis notas de igual valor que se ejecutan en el tiempo correspondiente a cuatro de ellas.
seísmo *s. m.* Terremoto, movimiento brusco de la corteza terrestre producido por causas internas.
seje *s. m. Amér.* Árbol de la familia de las palmas, semejante al coco.
selacio *adj.* y *s. m.* Dícese de los peces cartilaginosos con el cuerpo fusiforme y deprimido, como el tiburón, la tintorera y la raya. || *pl.* Orden que forman.
selección *s. f.* Elección de una persona o cosa entre otras. *Selección de personal.* || Conjunto de cosas o personas elegidas. *La selección nacional de futbol.* || Colección de obras escogidas de un autor, antología. || *loc.* ***Selección natural:*** la que, según Charles Darwin, realiza la naturaleza durante el tiempo para dar continuidad y evolución a las formas de vida capaces de adaptarse al medio y para extinguir las que no lo son.
seleccionado, da *adj.* y *s.* Dícese del jugador deportivo o de la persona escogida para representar a una colectividad. || *s. m. Amér.* Selección.
seleccionador, ra *adj.* y *s.* Dícese de la persona encargada de formar una selección.
seleccionar *t.* Elegir, escoger. *Seleccionó a los mejores.*
selectividad *s. f.* Calidad de un aparato selectivo.
selectivo, va *adj.* Que supone una selección. || Aplícase al aparato de radio capaz de captar una emisión evitando las interferencias procedentes de ondas vecinas. || *s. m.* Curso que precede a una carrera especial técnica.
selecto, ta *adj.* Que es o se reputa por mejor entre otras cosas de su especie. *Un círculo de gente selecta.* || Exquisito, superior, excelente. *Música selecta.* || Distinguido. *Público selecto.*
selector *s. m.* Dispositivo de selección. *El selector de un cambio de velocidades.*
selenio *s. m.* Elemento químico no metálico, escaso en la corteza terrestre. Presenta varias formas alotrópicas de color rojo y una de color gris. Se utiliza en la fabricación de equipos electrónicos y para dar color rojo en

la industria del vidrio, los esmaltes y la cerámica. Su número atómico es 34 y su símbolo *Se.*

selenita¹ *s. f.* Yeso cristalizado en láminas.

selenita² *s. com.* Supuesto habitante de la Luna. *Los libros de ciencia ficción hablan de selenitas.*

seleniuro *s. m.* En química, combinación del selenio con un cuerpo simple.

selenografía *s. f.* En astronomía, descripción de la Luna.

selenosis *s. f.* Mancha blanca en las uñas, mentira.

seleúcida *adj.* y *s. f.* Dícese de una dinastía helenística que reinó en Asia Menor de 305 a 64 a.C.

sellado, da *adj.* Revestido de un sello. *Carta sellada.* || *s. m.* Acción de sellar.

sellador, ra *adj.* y *s.* Que sella. || *s. f.* Máquina de sellar.

selladura *s. f.* Sellado.

sellar *intr.* Imprimir el sello. *Sellar un documento.* || *fig.* Estampar una cosa en otra. || Concluir una cosa. *Sellar una amistad.* || Cerrar, tapar.

sello *s. m.* Plancha de metal o de caucho usada para estampar armas, divisas, letras, etc., grabadas en él. || Señal que deja esta plancha. || *fig.* Carácter distintivo de algo. *Un sello de nobleza.* || Disco de plomo o cera, con un símbolo estampado, que se unía por medio de hilos a ciertos documentos. || Tira que a modo de precinto cierra un sobre o caja. || Viñeta de papel que se usa como señal del pago de algún derecho. *Sello postal, fiscal, móvil.* || Sortija con escudo o iniciales. || En medicina, conjunto de dos obleas entre las que se pone un polvo medicamentoso para evitar así el sabor desagradable.

selva *s. f.* Terreno extenso, inculto y muy poblado de árboles. *Las selvas del Brasil.* || *fig.* Abundancia desordenada de algo. || Cuestión intrincada. || *loc.* ***Selva virgen:*** la que no ha sido aún explorada.

selvático, ca *adj.* Relativo a la selva. || *fig.* Salvaje, rústico.

selyúcida o **selyúkida** *adj.* y *s. f.* Dícese de una dinastía turcomana que dominó en Asia Occidental del siglo XI al XIII.

semáforo *s. m.* Aparato eléctrico que se coloca en las esquinas de las calles para regular la circulación por medio de señales luminosas de diferentes colores. *Cuando el semáforo está en rojo los automóviles deben detenerse.*

semana *s. f.* Periodo de siete días consecutivos fijado por el calendario. *Para algunos, la semana laboral es de lunes a viernes.* || *loc.* ***Entre semana:*** los días de lunes a viernes. *A la escuela se va entre semana.* || ***Fin de semana:*** los días sábado y domingo. *Los fines de semana salimos de paseo.* || ***Semana Santa:*** para los católicos, la última semana de la Cuaresma, que comienza el domingo de Ramos y termina el domingo de Resurrección y conmemora la muerte y resurrección de Jesucristo.

semanal *adj.* Se dice de lo que dura una semana o se repite cada semana.

semanario, ria *adj.* Semanal. || *s. m.* Publicación que aparece cada semana. *Mi padre está leyendo el semanario.*

semántica *s. f.* Ciencia que estudia el significado de las palabras.

semántico, ca *adj.* Relativo al significado de las palabras. *La tarea que me dejaron plantea un problema semántico muy interesante.*

semasiología *s. f.* Semántica.

semblante *s. m.* Apariencia del rostro. *Gonzalo trae el semblante risueño.*

semblantear *t.* e *intr. Arg. Chil. Méx. Nic. Py. Salv.* y *Uy.* Mirar a alguien a la cara para adivinar sus intenciones y pensamientos.

semblanza *s. f.* Breve historia que cuenta la vida y obra de alguien. *Redactaremos una semblanza de Simón Bolívar.*

sembrado *s. m.* Terreno sembrado.

sembrador, ra *adj.* Aplícase a la persona que siembra. || *s. f.* Máquina para sembrar.

sembradura *s. f.* Siembra.

sembrar *t.* Echar las semillas en la tierra para que germinen. *Sembramos trigo, maíz, patatas.* || *fig.* Derramar, distribuir. *Sembrar dinero.* || Propagar. *Sembrar el odio, la discordia.* || Difundir. *Sembrar a los cuatro vientos.* || Publicar una especie para que se divulgue. *Sembrar noticias.* || Hacer algo que posteriormente pueda producir un fruto. *El que siembra, recoge.* || Echar por el suelo. *Sembrar el camino de flores.* || Poner, estar lleno. *Senda sembrada de dificultades.*

semejante *adj.* Análogo, igual, que semeja a una persona o cosa. *Me ocurrió un caso semejante al tuyo.* || Úsase en sentido de comparación o ponderación. *No es lícito valerse de semejantes medios.* || Tal. *No he visto a semejante persona.* || *s. m.* Hombre o animal en relación con los demás. *Amar a sus semejantes.*

semejanza *s. f.* Parecido, analogía, similitud.

semejar *intr.* Parecer. *Semejarse una persona a otra.*

semen *s. m.* Sustancia segregada por las glándulas genitales masculinas que contiene los espermatozoos, esperma.

semental *adj.* y *s. m.* Animal macho destinado a padrear.

sementera *s. f.* Terreno sembrado de algo. *Desde lo alto del monte podían verse las sementeras.* || Lo que se sembró. *Ayer desyerbaron la sementera de trigo.*

semestral *adj.* Que ocurre o se repite cada semestre. || Que dura seis meses.

semestre *s. m.* Periodo de seis meses. || Renta que se cobra o paga cada semestre.

semiárido, da *adj.* Clima próximo al del desierto. *El clima semiárido también es llamado semidesértico.* || Zona cuyas características se aproximan a las de un desierto.

semiautomático, ca *adj.* Parcialmente automático.

semibreve *s. f.* En música, nota que vale un compasillo entero, redonda.

semicilíndrico, ca *adj.* Relativo al semicilindro. || De figura de semicilindro.

semicilindro *s. m.* Cada una de las dos mitades de un cilindro separadas por un plano que pasa por el eje.

semicircular *adj.* Relativo al semicírculo o a lo que se parece a un semicírculo.

semicírculo *s. m.* En geometría, cada una de las dos mitades del círculo. *Cuando la Luna está en cuarto creciente parece un semicírculo brillante.*

semicircunferencia *s. f.* En geometría, cada una de las dos mitades de la circunferencia.

semicoma *s. m.* En medicina, coma leve.

semiconductor *s. m.* Cuerpo no metálico que conduce imperfectamente la electricidad y cuya resistividad disminuye al aumentar la temperatura.

semiconsonante *adj.* y *s. f.* En gramática, aplícase a las vocales «i», «u» en principio de diptongo o triptongo, como en «hielo», «piedra», «diablo», «huerto», «averiguáis», etc.

semicoque *s. m.* Producto de la destilación de hulla a baja temperatura (550 °C), de aspecto poroso.

semicorchea *s. f.* En música, nota que dura la mitad de una corchea. *Dos corcheas equivalen a una negra.*

semidestilación *s. f.* Destilación de la hulla a baja temperatura (entre 500 y 600 °C), para producir alquitrán, semicoque y gas del alumbrado.

semidiós, diosa *s. m.* Héroe de la mitología griega a quien los antiguos colocaban entre sus dioses aunque su origen era humano. *En la mitología romana Hércules era un semidiós.*

semidormido, da *adj.* Se dice del que no está del todo despierto ni del todo dormido. *El niño estaba semidormido pero despertó cuando el perro ladró.*

semieje *s. m.* En geometría, cada una de las dos mitades del eje separadas por el centro. || Cada uno de los dos árboles que transmiten el movi-

miento del diferencial a las ruedas motrices.
semiesfera *s. f.* Hemisferio, media esfera.
semiesférico, ca *adj.* En forma de semiesfera.
semifinal *s. f.* Uno de los dos últimos partidos de un campeonato.
semifinalista *adj.* y *s. com.* Competidor que llega a participar en una prueba semifinal. *En la competencia de hoy participan doce semifinalistas.*
semifusa *s. f.* En música, nota que dura la mitad de una fusa.
semilla *s. f.* Cada uno de los cuerpos que forman parte del fruto que da origen a una nueva planta. || *fig.* Germen, origen. *Semilla de la discordia.* || *pl.* Granos que se siembran, exceptuados el trigo y la cebada.
semillero *s. m.* Sitio donde se siembran los vegetales que después han de trasplantarse. || Lugar donde se guardan las semillas. || *fig.* Origen, fuente, germen, causa de algunas cosas. *Semillero de pleitos, de vicios.* || Cantera. *Semillero de hombres ilustres.*
semimanufacturado, da *adj.* Dícese de los productos no terminados, de la materia prima parcialmente transformada.
seminal *adj.* De la semilla o del semen. || *loc.* ***Conducto seminal:*** en anatomía, conducto por el que pasa el semen.
seminario *s. m.* Casa destinada a la educación de los jóvenes que se dedican al estado eclesiástico. || Curso práctico de investigación en las universidades, anejo a la cátedra. *Seminario de Derecho Comparado.*
seminarista *s. m.* Alumno de un seminario.
seminífero, ra *adj.* Que contiene o lleva semen. *Glándula seminífera.*
semínima *s. m.* Nota musical que vale la mitad de una mínima.
seminómada *adj.* y *s. m.* Dícese de los pueblos que alternan la ganadería nómada con una agricultura ocasional.
semioculto, ta *adj.* Oculto en parte o parcialmente.
semioficial *adj.* Que no es completamente oficial.
semiótica o **semiología** *s. f.* Ciencia que estudia las diferentes formas de lenguaje y comunicación, su estructura y funcionamiento.
semipesado *adj.* Dícese de una de las categorías de boxeadores cuyo límite es de 79.378 kg.
semiplano *s. m.* En matemáticas, porción de un plano limitado por una recta. *Al trazar una línea dividiendo este rectángulo hemos creado dos semiplanos.*
semiproducto *s. m.* Producto semimanufacturado.
semirrecta *s. f.* En geometría, cada una de las dos partes de una recta dividida en un punto. *Podemos convertir una línea en dos semirrectas con sólo marcar un pequeño punto.*
semirrecto, ta *adj.* y *s. m.* En geometría, dícese del ángulo de 45 grados.
semirremolque *s. m.* Remolque que carece de ruedas delanteras y se articula en el vehículo tractor.
semirrígido, da *adj.* Dícese de una estructura rígida con una cubierta flexible. *Dirigible semirrígido.*
semisuma *s. f.* Suma total dividida por dos.
semita *adj.* y *s. com.* Se aplica a los árabes, hebreos, sirios y otros pueblos similares. *Los semitas son llamados así porque se cree que son descendientes del personaje bíblico Sem.* || *s. f. Méx.* Pan redondo no muy dulce, que contiene anís y está espolvoreado de harina de maíz molida con azúcar y canela.
semítico, ca *adj.* Relativo a los pueblos semitas. *El profesor está tomando un curso de cultura semítica.*
semitismo *s. m.* Conjunto de las doctrinas, instituciones y costumbres de los pueblos semíticos. || Giro o vocablo propio de las lenguas semíticas. || Sionismo.
semitono *s. m.* En música, mitad del intervalo de un tono. *Entre «do» y «re» hay un tono, y entre «si» y «do» hay un semitono.*
semitransparente *adj.* Translúcido.
semivocal *adj.* y *s. f.* En gramática, dícese de las vocales «i» o «u» al final de un diptongo. *«Aire», «aceite» y «feudo», son palabras con semivocal.* || Aplícase a la consonante que puede pronunciarse sin que se perciba el sonido de una vocal, como la «efe».
semnopiteco *s. m.* Género de monos de la India, que viven en grupos o manadas.
sémola *s. f.* Pasta de harina o fécula de trigo molida en granos muy finos. *La sémola se usa para hacer ravioles, macarrón, espagueti y otro tipo de pastas.*
semoviente *loc. adj.* **Bienes semovientes:** en derecho, el ganado.
sempiterno, na *adj.* Eterno, que tiene duración muy larga. *La cumbre de esa montaña está cubierta por nieves sempiternas.*
senado *s. m.* Asamblea de patricios que formaba el Consejo Supremo de la Roma antigua. || En los Estados modernos de régimen parlamentario bicameral, la asamblea formada de personalidades designadas o elegidas por su notabilidad. || Edificio en el que se reúne la asamblea de los senadores.
senador *s. m.* Miembro del Senado.
senaduría *s. f.* Función de senador.
senatorial o **senatorio, ria** *adj.* Del Senado o del senador.
sencillez *s. f.* Calidad de sencillo. || Poca dificultad. *Mecanismo de gran sencillez.* || *fig.* Ingenuidad.
sencillo, lla *adj.* De un solo elemento. *Una hoja sencilla.* || Simple, fácil. *Operación sencilla.* || Poco complicado. *Mecanismo sencillo.* || Que carece de adornos. *Traje sencillo.* || De menos cuerpo que otra cosa de su especie. *Tafetán sencillo.* || *fig.* Franco en el trato, llano. *Hombre sencillo.* || Carente de refinamiento o artificio. *Una comida sencilla.*
sencillote *adj. fam.* Campechano, de trato sencillo.
senda *s. f.* Camino más estrecho que la vereda. || *fig.* Camino, vía o medio para hacer algo.
sendecho *s. m. Méx.* Bebida hecha con maíz cocido, azúcar y licor.
sendero *s. m.* Senda.
sendos, das *adj. pl.* Uno o una para cada cual de dos o más personas o cosas. *Los trescientos soldados llevaban sendos fusiles.*
senectud *s. f.* Vejez.
senegalés, lesa *adj.* y *s.* Del Senegal.
senequismo *s. m.* Doctrina moral y filosófica de Séneca y su aplicación a la conducta de las personas.
senescencia *s. f.* Edad senil.
senescente *adj.* Que empieza a envejecer.
senil *adj.* Propio de los viejos o de la vejez. *Debilidad senil.*
seno *s. m.* Concavidad, cavidad. || En anatomía, cavidad existente en el espesor de un hueso. || Matriz, útero, claustro materno. || Pecho de mujer, mama. || Hueco que queda entre el pecho y el vestido. || Cualquiera cavidad interior del cuerpo del animal. || *fig.* Parte interna de una cosa. *El seno de una sociedad.* || En geografía, golfo. *Un seno de la costa.* || En geometría, perpendicular tirada de uno de los extremos del arco al radio que pasa por el otro extremo. *El seno del arco AM es MP.*
sensación *s. f.* Impresión que recibimos por medio de los sentidos. *Sensación visual, auditiva, olfativa, táctil.* || Emoción causada en el ánimo. *Su libro produjo sensación.*
sensacional *adj.* Impresionante, que causa sensación o emoción. *Noticia sensacional.* || *fig.* y *fam.* Extraordinario, muy bueno.
sensacionalismo *s. m.* Tendencia de algunos medios de comunicación que informan cosas que escandalizan o asombran. *El sensacionalismo es un recurso para ganar público y dinero.*
sensacionalista *adj.* y *s. amb.* Medio informativo orientado al sensacionalismo. *En épocas de crisis económica y social surgen periódicos sensacionalistas.*
sensatez *s. f.* Buen sentido, cordura. *Hombre lleno de sensatez.*

sensato, ta *adj.* Acertado, juicioso, cuerdo, razonable.
sensibilidad *s. f.* Facultad de sentir, privativa de los seres animados. || Propensión del hombre a dejarse llevar por los afectos de compasión y ternura. *La sensibilidad humana.* || Carácter de una cosa que recibe fácilmente las impresiones exteriores. *La sensibilidad de un termómetro.* || Receptividad para determinados efectos. *La sensibilidad de la placa fotográfica.* || Capacidad para sentir emociones. *Sensibilidad artística.*
sensibilización *s. f.* Acción de sensibilizar. || Acción de volver impresionable una película fotográfica.
sensibilizador, ra *adj.* Que hace sensible a la acción de la luz o de cualquier otro agente. *Sensibilizador fotográfico.*
sensibilizar *t.* Hacer sensible una película fotográfica.
sensible *adj.* Capaz de sentir física y moralmente. *Corazón sensible.* || Fácil de conmover, sentimental. *Persona sensible.* || Que puede ser conocido por medio de los sentidos. *El mundo sensible.* || Perceptible, manifiesto, patente al entendimiento. *Adelanto sensible.* || Que causa pena o dolor. *Una pérdida sensible.* || Lamentable. *Es muy sensible perder esta oportunidad.* || *fig.* Capaz de señalar o registrar muy leves diferencias. *Termómetro sensible.* || Dícese de las placas o películas fotográficas que se ennegrecen por la acción de la luz.
sensiblería *s. f.* Exageración en la manera de sentir una emoción. *Esa novela provoca la sensiblería del público.*
sensiblero, ra *adj.* Aplicado a quien exagera en su manera de sentir una emoción.
sensitivo, va *adj.* Relativo a los sentidos corporales. *Tacto, dolor sensitivo.* || Capaz de sensibilidad. || Que excita la sensibilidad. || *s. f.* Género de plantas mimosáceas de América Central cuyas hojuelas se marchitan o se caen al tocarlas.
sensor *s. m.* Dispositivo que capta las variaciones de temperatura, sonido, luz, etcétera. *Las puertas eléctricas de esa tienda funcionan con sensores.*
sensorial *adj.* Relativo a la sensibilidad. *Aparato sensorial.*
sensual *adj.* Sensitivo, relativo a los sentidos. || Aplícase a los gustos y deleites de los sentidos, a las cosas que los incitan o satisfacen y a las personas sensibles a ellos. *Mujer sensual; placeres sensuales.* || Carnal. *Apetito sensual.*
sensualidad *s. f.* Propensión, apego a los placeres de los sentidos.
sensualismo *s. m.* Sistema filosófico que defiende que la única fuente de los conocimientos son las sensaciones exteriores. *El sensualismo de Condillac.* || Sensualidad.
sensualista *adj.* y *s. com.* Relativo al sensualismo o partidario del mismo.
sensuntepequense *adj.* y *s. com.* De Sensuntepeque, ciudad de El Salvador.
sentada *s. f.* Tiempo en el que se permanece sentado. || *loc.* ***De una sentada:*** sin interrupción.
sentado, da *adj.* Juicioso, sesudo, quieto. *Un hombre muy sentado.* || Aplícase al pan correoso. || Aplícase a las hojas, flores y demás partes de la planta que carecen de pedúnculo. || *loc.* ***Dar algo por sentado:*** considerar algo como cierto o definitivo.
sentar *t. intr.* y *pr.* Poner a alguien o ponerse uno en un sitio, apoyado sobre las nalgas. *La señora sentó al niño para darle de comer.* || Colocar algo de manera firme en el lugar donde debe estar. *Los albañiles sentaron las rocas que servirían de mampostería.* || Establecer algo de forma definitiva. *Primero hay que sentar las reglas del juego.* || *fam.* Caer bien o mal una cosa. *Este medicamento te sentará bien.*
sentencia *s. f.* Dicho grave y sucinto que encierra doctrina o moralidad. *Una sentencia de Marco Aurelio.* || Resolución del tribunal, juez o árbitro. *Sentencia benigna.* || Decisión cualquiera. *Las sentencias del vulgo.* || *loc.* ***Sentencia en rebeldía:*** la pronunciada sin que el reo esté presente.
sentenciador, ra *adj.* Que sentencia.
sentenciar *t.* Dar o pronunciar sentencia. || Condenar. *Sentenciaron al acusado a cadena perpetua.*
sentencioso, sa *adj.* Aplícase al dicho o escrito que contiene una sentencia o máxima. || Dícese de la persona que habla con afectada gravedad. *Un viejo sentencioso.*
sentido *s. m.* Cada una de las capacidades que tiene un organismo vivo para recibir información sobre el medio exterior a través de ciertos órganos. *Los seres humanos tenemos cinco sentidos.* || Capacidad de darse cuenta de lo que sucede. *Isabel perdió el sentido a causa de su caída.* || Capacidad para hacer o entender algo. *Nicolás tiene un gran sentido de la orientación.* || Significado de las palabras. *No me gusta que me hablen con doble sentido.* || Razón de ser de algo. *Llueve mucho, no tiene sentido salir.* || Lado de un cuerpo o dirección de una cosa. *Esta calle es de un solo sentido.* || *loc.* ***Abundar en un sentido:*** ser muy partidario de él. || *fig.* y *fam.* ***Con todos*** (o ***con***) ***sus cinco sentidos:*** con la máxima atención y cuidado. || ***En buen sentido:*** en buena parte. || ***No estar alguien en sus cinco sentidos:*** tener en mal estado sus facultades mentales. || ***Perder el sentido:*** desmayarse. || *fig.* y *fam.* ***Quitar el sentido:*** ser algo extraordinario en su género. || ***Sentido común:*** sensatez, cordura, juicio apropiado.
sentido, da *adj.* Referido a lo que contiene sentimiento. *El cantante tiene una manera sentida de interpretar sus canciones.*
sentimental *adj.* Que pone de manifiesto sentimientos tiernos. *Música sentimental.* || Dícese de la persona inclinada a experimentar muchos sentimientos afectivos. *Persona muy sentimental.*
sentimentalismo *s. m.* Estado de una persona embargada por lo sentimental.
sentimentaloide *adj.* y *s. com.* Que expresa o tiene emociones de modo exagerado o ridículo. *Esa novela me desagradó por sentimentaloide.*
sentimiento *s. m.* Conocimiento. *El sentimiento de la realidad.* || Estado afectivo. *Sentimiento de tristeza, de satisfacción.* || Inclinación buena o mala. *Tener sentimientos nobles, perversos.* || Pena, aflicción. *Le acompaño en el sentimiento.*
sentina *s. f.* Parte inferior de un buque en la que se almacena agua y suciedad.
sentir *s. m.* Sentimiento. *El sentir unánime de la nación.* || Parecer, opinión. *En mi sentir.*
sentir *t.* Experimentar una impresión física. *Sentir un dolor violento.* || Tener una impresión moral. *Siento una inmensa alegría.* || Experimentar cierto sentimiento. *Siento un gran amor por ella.* || Darse cuenta. *Sentir el descontento del pueblo.* || Ser sensible a. *No siente la dulzura de esos momentos.* || Pensar. *Se lo dije como lo sentía.* || Lamentar. *Todos sentimos su muerte.* || Oír. *Sentía ruidos extraños.* || Apreciar. *Sentir la poesía.* || Prever, presentir. *Sintió el mal tiempo.* || *loc.* ***Lo siento*** (o ***lo siento mucho***), fórmula de disculpa. *Lo siento, pero usted no puede estar aquí.* || ***Sin sentir:*** sin darse cuenta. || *pr.* Encontrarse, hallarse. *Me siento muy feliz.* || Considerarse. *Me siento forzado a hacerlo.*
sentón *s. m. Méx.* Caída de nalgas y golpe que resulta de ésta. *Anabel se dio un sentón.*
seña *s. f.* Detalle de una cosa que la distingue de otras. *En la fiesta, Hilario le puso una seña a su vaso para no confundirlo con otros.* || Gesto o ademán para comunicarse. *Rocío hizo una seña para indicarle a Ignacio que guardara silencio.* || *pl.* Calle y número donde vive alguien. *Dame tus señas, así podré ir a visitarte.* || *loc.* ***Hablar por señas:*** hablar por medio de gestos. || ***Por más señas:*** para

mayor precisión. || ***Señas personales:*** datos referentes a una persona.

señal *s. f.* Aquello que indica la existencia de algo. *No hay señales de enfermedad en los análisis médicos.* || Detalle de una cosa que la distingue de otras. *Ese árbol es la señal para encontrar el camino de regreso.* || Gesto o ademán para comunicarse. *Te hice la señal de que no quiero.* || Signo que se pone en una cosa para advertir, anunciar o indicar algo. *Las señales de tránsito previenen accidentes.* || Restos que quedan de una cosa y que permiten saber qué fue o qué sucedió. *Esta ceniza es la señal de que aquí hubo una hoguera.* || Huella que queda en la piel después de una herida o de una enfermedad. *Este niño tiene una señal en su pierna desde que se cayó del árbol.* || *loc.* ***En señal:*** en prueba o prenda de una cosa. || ***No dejar ni señal:*** no dejar ni rastro. || ***Señal de alarma:*** dispositivo de seguridad en los vehículos públicos para ordenar la detención de los mismos en caso de emergencia.

señalada *s. f. Arg.* y *Uy.* Acción de señalar el ganado. || *Arg.* Ceremonia campesina norteña que acompaña la marca del ganado.

señalado, da *adj.* Extraordinario, notable. *Condonar esa deuda fue un señalado favor que el empresario le hizo a su cliente.*

señalador *s. m. Arg. Méx.* y *Uy.* Tira de papel, tela u otro material que se pone entre las páginas de un libro para marcar el lugar en que se suspendió la lectura.

señalador, ra *adj.* y *s.* Que señala.

señalamiento *s. m.* Acto de señalar. *El señalamiento de los sospechosos se hará a través de un espejo oscuro.*

señalar *t.* Ser señal o indicio de algo. *Las huellas indicaban el paso de alguien.* || Hacer o poner marcas para reconocer o recordar algo. *Antes de cerrar el libro señalé la página que estaba leyendo.* || Poner signos para advertir, anunciar o indicar algo. *Mi maestro señala las faltas de ortografía con un lápiz rojo.* || Llamar la atención sobre algo con un gesto o con palabras. *El niño señaló el juguete que quiere.* || Determinar algo con una finalidad.

señalización *s. f.* Conjunto de señales. *Las señalizaciones en las carreteras ayudan a evitar accidentes.* || Instalación de señales de tránsito en una carretera, en una vía de ferrocarril o en un aeropuerto. *La señalización de las calles está hecha con un sistema moderno.*

señalizar *t.* Poner señales de tránsito en una calle, carretera, vía de ferrocarril o aeropuerto. *Las autoridades señalizan la calle pintando flechas y líneas amarillas o blancas.*

señero, ra *adj.* Único, distinguido. *Figura señera de la pintura actual.*

señor, ra *adj.* Noble, distinguido, señorial. *Un gesto muy señor.* || *fam.* Grande, hermoso. Úsase antepuesto al sustantivo. *Tiene una señora fortuna.* || *s.* Dueño, amo, propietario. *El señor de la casa; un señor feudal.* || Título nobiliario correspondiente al que posee un señorío. *El señor de Bembibre.* || *fig.* Persona distinguida, noble. *Con este sombrero está hecho un gran señor.* || Hombre, mujer, cuando se habla de persona desconocida. *Una señora nos recibió amablemente.* || Tratamiento que actualmente se antepone al apellido de toda persona o al cargo que desempeña. *El señor Martínez; la señora de Martínez; el señor ministro.* || Tratamiento que, seguido de «don», o «doña», se antepone al nombre y apellido de una persona. || *s. f. fam.* Esposa, mujer. *Dé recuerdos a su señora.* || *loc.* ***A lo gran señor:*** por todo lo grande. || ***A tal señor, tal honor:*** según es la persona, así debemos honrarla. || *fam.* ***De padre y muy señor mío:*** enorme. *Se está comiendo un bocadillo de padre y muy señor mío.*

señorear *t.* Dominar, mandar en una cosa como dueño de ella. *El barón que señoreaba en aquel feudo.* || Apoderarse de una cosa, sujetarla a su dominio y mando. *Señorear por derecho de conquista.* || *fig.* Sujetar a la razón. *Señorear la virtud sobre el vicio.* || Dominar, estar una cosa a mayor altura que otra. *La ermita señorea el valle.*

señoría *s. f.* Tratamiento que se da a personas que ocupan un puesto importante, como el de juez.

señorial *adj.* Se refiere a lo que es majestuoso. *Algunas casas señoriales tienen veinte habitaciones.*

señoril *adj.* Concerniente al señor o al señorío. *Tierras señoriles.*

señorío *s. m.* Dominio o mando sobre algo. *El anciano padre todavía ejerce su señorío sobre la familia.* || Elegancia propia de un noble.

señorita *s. f.* Término de cortesía aplicado a la mujer soltera. *La señorita Carmen.* || Mujer soltera y joven. *Colegio de señoritas.*

señoritingo, ga *s. desp.* Señorito.

señoritismo *s. m. fam.* Condición de señorito. || Conducta propia del señorito.

señorito *s. m. desp.* Joven acomodado y ocioso. *Los señoritos del lugar.*

señorón, rona *adj.* y *s.* Muy señor. || Que afecta grandeza. *Vive como un señorón.*

señuelo *s. m.* Cualquier cosa que sirve para atraer las aves. || Cimbel, figura de ave para atraer a otras. || *fig.* Trampa, engaño. *Caer en el señuelo.* || Cebo, espejuelo. *Tras el señuelo de hacerse con una fortuna.* || *Arg.* Cabestro para conducir el ganado.

sépalo *s. m.* Cada una de las hojas del cáliz de la flor.

separación *s. f.* Acción y efecto de separar o separarse. || Espacio que media entre dos cosas distantes. || Lo que sirve a dividir, a separar. || En derecho, interrupción de la vida conyugal sin llegar a romper el lazo matrimonial.

separador, ra *adj.* y *s.* Que separa.

separar *t.* Poner a una persona o cosa fuera del contacto o proximidad de otra. *Separar lo bueno de lo malo.* || Desunir lo que estaba junto. *Separar un sello de un sobre.* || Apartar a dos o más personas que luchan entre sí. || Considerar aparte. *Separar varios significados de un vocablo.* || Dividir. *El canal de Panamá separa América en dos.* || Destituir de un empleo. *Separar a un funcionario.* || *pr.* Retirarse, apartarse. *Separarse de la política.* || Alejarse. *Se separaba más del fin buscado.* || Dejar de cohabitar los esposos por decisión judicial, sin romper el vínculo matrimonial.

separata *s. f.* Tirada aparte.

separatismo *s. m.* Opinión de los separatistas. || Partido separatista. *El separatismo irlandés.*

separatista *adj.* y *s. com.* Dícese de la tendencia o de la persona que labora por separar un territorio o colonia de un Estado. *Un separatista irlandés; doctrina separatista.*

separo *s. m. Méx.* Lugar, en una delegación de policía, donde se aísla temporalmente a los presuntos delincuentes.

sepelio *s. m.* Ceremonias religiosas propias de un entierro.

sepia[1] *adj.* Referido a lo que tiene un color entre marrón y amarillo.

sepia[2] *s. f.* Animal marino parecido al calamar. *La sepia produce una materia colorante que se usa en pintura.*

septembrino, na *adj.* De septiembre. *Una soleada mañana, tarde septembrina.*

septembrista *adj.* y *s. com.* Aplícase a los conjurados que intentaron asesinar a Bolívar en la noche del 25 de septiembre de 1828.

septenado *s. m.* Septenio.

septenario, ria *adj.* Aplícase al número compuesto de siete unidades o que se escribe con siete guarismos. || *s. m.* Tiempo de siete días dedicados a un culto. *El septenario de la Virgen de la Merced.*

septenio *s. m.* Periodo de tiempo de siete años.

septentrión *s. m.* Norte, punto cardinal. || En astronomía, Osa Mayor.

septentrional *adj.* Al o del Norte. *Regiones septentrionales.*

septeto *s. m.* En música, composición para siete instrumentos o voces. || Orquesta de siete instrumentos o coro de siete voces.

septicemia *s. f.* En medicina, infección de la sangre, causada por la presencia de gérmenes patógenos.
septicémico, ca *adj.* De la septicemia. || *s.* Persona que la padece.
séptico, ca *adj.* Portador de gérmenes patógenos.
septiembre *s. m.* Noveno mes, de treinta días, del año actual. Es frecuente en América, y también en España, la grafía «setiembre».
séptimo, ma *adj.* Que sigue inmediatamente en orden a lo sexto. || *s. m.* Cada una de las siete partes en que se divide un todo. || *s. f.* Intervalo musical de siete grados. || Una de las posiciones en esgrima.
septingentésimo, ma *adj.* Que ocupa el lugar setecientos. || *s. m.* Cada una de las setecientas partes iguales en que se divide un todo.
septuagenario, ria *adj.* y *s.* Que ha cumplido setenta años sin llegar a los ochenta.
septuagésimo, ma *adj.* Que ocupa el lugar setenta. || Cada una de las setenta partes iguales en que se divide un todo. || *s. f.* Domínica que celebra la Iglesia Católica tres semanas antes del primer domingo de cuaresma.
septuplicar *t.* Multiplicar por siete una cantidad.
séptuplo, pla *adj.* y *s. m.* Dícese de la cantidad que incluye en sí siete veces a otra.
sepulcral *adj.* Relativo al sepulcro. *Inscripción sepulcral.* || *fig.* Lúgubre. *Voz sepulcral.*
sepulcro *s. m.* Obra que se construye para la sepultura de uno o varios cuerpos. || *loc.* ***Ser un sepulcro:*** ser poco amigo de hablar por discreción. || ***Tener un pie en el sepulcro:*** estar medio muerto.
sepultar *t.* Poner en la sepultura. *Sepultar a los muertos.* || *fig.* Enterrar. *Los cascotes sepultaron a los obreros.* || *pr. fig.* Sumergirse, abismarme. *Sepultarse en su triste melancolía.*
sepultura *s. f.* Entierro, inhumación de un cadáver. *Dar sepultura a los muertos.* || Fosa donde se entierra el cadáver. || *loc.* ***Dar sepultura:*** sepultar, enterrar. || *fig.* ***Estar con un pie aquí y otro en la sepultura:*** estar medio muerto. || ***Genio y figura hasta la sepultura:*** el carácter y modo de ser no se cambian en toda la vida.
sepulturero *s. m.* Enterrador, el que entierra a los muertos.
sequedad *s. f.* Calidad de seco.
sequía *s. f.* Falta de lluvia.
séquito *s. m.* Grupo de personas que acompaña a otra principal en sus viajes. *El séquito del rey.* || *fig.* Secuela, acompañamiento. *La guerra y su séquito de horrores.*
sequoia *s. f.* Secoya.
ser¹ *s. m.* Principio propio de las cosas que les da vida o existencia. || Lo que tiene vida. *En la Tierra vivimos miles de millones de seres.* || Persona. *Rosalía es un ser muy amable.*
ser² *intr.* Verbo auxiliar que sirve para la conjugación de todos los verbos en la voz pasiva. *En la oración «El diamante ha sido robado» el verbo «ser» está conjugado en voz pasiva.* || Haber o existir. *Los fantasmas no son de este mundo.* || Suceder, ocurrir un hecho. *El cumpleaños de Marcos fue ayer.* || Pertenecer a uno. *Esta bicicleta era de mi hermana.* || Servir para algo. *El lápiz es para escribir.* || Corresponder, tener relación una cosa con otra. *El comportamiento de Alberto es como el de una persona mayor.* || Formar parte de algo. *Cuando era pequeña fui alumna de la escuela de mi barrio.* || Tener una naturaleza o un modo de ser determinado. *Rosaura es una mujer honesta.* || Provenir de un lugar. *La familia de Roberto es de Colombia.* || Tener las propiedades, condiciones, etc., que se expresan con un sustantivo, adjetivo o participio. *El hombre había sido honesto hasta que robó.* || Se utiliza para indicar tiempo. *Eran las dos de la mañana cuando oímos gritos.* || Valer algo una cantidad de dinero. *¿Cuánto es por las manzanas?* || Tener como resultado. *Cuatro más cuatro son ocho.* || *loc.* ***A no ser que:*** salvo. *Mañana vendré, a no ser que llueva.* || ***Como sea:*** de cualquier modo. || ***Es más:*** incluso. *No me gusta el bacalao; es más, lo detesto.* || ***No es nada:*** no tiene importancia. || ***No ser quién*** (o ***nadie***) ***para algo:*** carecer de conocimiento o autoridad para algo. *Felipe no es quién para informar a la prensa.* || ***Por si fuera poco:*** para colmo. *Por si fuera poco, nos quedamos sin gasolina.* || ***Puede ser:*** quizá, tal vez. || ***Sea... sea:*** expresión disyuntiva equivalente a ya... ya, ora... ora. || ***Ser alguien:*** ser persona importante. || ***Un sí es no es:*** un poco, una cantidad pequeña.
sera *s. f.* Espuerta grande sin asas.
seráfico, ca *adj.* Relativo o parecido al serafín. *Ardor seráfico.* || Angelical. || Epíteto que suele darse a San Francisco de Asís y a su Orden. *El santo seráfico; la orden seráfica.* || *fig.* y *fam.* Pobre, humilde. || Bondadoso. *Sonrisa seráfica.*
serafín *s. m.* Cada uno de los espíritus bienaventurados que forman el segundo coro de los ángeles. || *fig.* Persona muy bella.
serbio, bia *adj.* y *s.* Originario de Serbia, país de Europa. || *s. m.* Idioma que se habla en Serbia, país de Europa.
serena *s. f.* Composición poética o musical de los trovadores, que se cantaba de noche.
serenar *t.* Apaciguar, sosegar, tranquilizar una cosa. *Serenar el viento.* || *fig.* Aquietar, apaciguar. *Serenar los ánimos.* || Templar o moderar. *Serenar la ira, una pasión.*
serenata *s. f.* Música o canciones que se ejecutan por la noche, al aire libre o debajo de la ventana de alguien para rendirle homenaje. || Composición poética que se canta de noche. || *fig.* y *fam.* Lata, fastidio. *Dar la serenata.*
serenidad *s. f.* Quietud, calidad de sereno. *La serenidad de la noche.* || Sangre fría, calma, tranquilidad. *Mostrar serenidad.* || Título de honor de algunos príncipes. *Su Serenidad.*
serenísimo, ma *adj.* Muy sereno. || Título de honor que se da a ciertos príncipes y a algunos Estados. *Su Alteza Serenísima el Príncipe Carlos.*
sereno, na *adj.* Aplícase al cielo despejado, sin nubes. *Cielo sereno.* || *fig.* Sosegado, tranquilo, apacible. || *s. m.* Humedad de la atmósfera por la noche. || Vigilante que en ciertas poblaciones ronda las calles durante la noche. *Los serenos de Madrid.* || *loc.* ***Al sereno:*** al aire libre por la noche.
seri *adj.* y *s. m.* Pueblo amerindio localizado en la costa del estado de Sonora y en la Isla Tiburón, México.
serial *adj.* Se dice de lo que ocurre en serie. || *s. m.* Serie de radio o de televisión que se transmite por episodios. *Pasarán un serial de diez capítulos sobre la vida de Francisco de Goya.*
seriar *t.* Poner en orden un conjunto de cosas relacionadas entre sí. *La secretaria serió los billetes de la rifa del uno al mil.*
sericícola *adj.* De la sericicultura. *Industria sericícola.*
sericicultor, ra o **sericultor, ra** *s.* Persona que se dedica a la cría de gusanos de seda.
sericicultura o **sericultura** *s. f.* Técnica e industria de la cría de gusanos de seda y la producción de esta fibra. *La sericicultura pasó del Oriente a Europa y de allí a América.*
serie *s. f.* Conjunto de cosas relacionadas que van una detrás de otra. *Leopoldo tomó una serie de lecciones de ajedrez.* || Programa de radio o televisión que se transmite por partes. *Ayer me perdí el capítulo de mi serie favorita de televisión.* || *loc.* ***En serie:*** se aplica a la forma de fabricar muchos objetos iguales entre sí. || ***Fuera de serie:*** dícese del artículo comercial que queda sin vender de una serie y suele venderse a precio rebajado; dícese también de las personas o cosas extraordinarias. *Un torero fuera de serie.*
seriedad *s. f.* Capacidad y voluntad que se tiene para cumplir con las responsabilidades. *La seriedad del joven inspiró confianza a su nuevo jefe.* || Actitud o comportamiento serios, falta de sentido del humor. *¿A qué se debe tanta seriedad?*

S

serigrafía *s. f.* Método de impresión que consiste en hacer pasar la tinta a través de una pantalla de seda, o de un tamiz o colador metálico fino sobre el que está dibujada una figura. *En el museo de estampas vimos unas hermosas serigrafías japonesas.*
seringa *s. f. Amér.* Siringa.
serio, ria *adj.* Se aplica a quien no se ríe. *Felipe es demasiado serio.* || Se refiere a quien actúa con responsabilidad. *Eduardo es un estudiante serio que siempre obtiene buenas calificaciones.* || Importante, grave, digno de consideración. *El médico ha dicho que José padece una enfermedad seria.* || *loc.* ***En serio:*** seriamente, con seriedad.
sermón *s. m.* Discurso religioso pronunciado en el púlpito por un sacerdote. || *fig.* Discurso moral, reprensión. *Echar un sermón.*
sermonear *t. fam.* Reprender. || Aconsejar moralmente.
sermoneo *s. m. fam.* Reprensión.
serología *s. f.* Estudio de las propiedades y aplicaciones de los sueros. *La serología es una rama de la inmunología.*
serón *s. m.* Sera grande.
seropositivo, va *adj.* y *s.* Se aplica al análisis de sangre o al enfermo que presenta un diagnóstico positivo de enfermedad, en particular para el virus del sida. *Los seropositivos pueden vivir en forma normal antes de enfermar de sida.*
serosidad *s. f.* Líquido análogo al suero sanguíneo que segregan ciertas membranas del cuerpo. || Humor que se acumula en las ampollas de la epidermis formadas por quemaduras, cáusticos o ventosas.
seroso, sa *adj.* Relativo al suero o a la serosidad. *Líquido seroso.* || *s. f.* En anatomía, membrana fina que cubre ciertos órganos o cavidades del cuerpo y segrega un líquido.
seroterapia *s. f.* En medicina, sueroterapia, tratamiento con sueros.
serpentario *s. m.* Lugar acondicionado especialmente para la cría y exhibición serpientes. *En el serpentario del zoológico hay una boa enorme.*
serpenteado, da *adj.* Ondulado.
serpenteante *adj.* Que serpentea. *Esa mujer tiene un movimiento serpenteante al bailar.*
serpentear o **serpear** *intr.* Moverse formando ondulaciones. *Las víboras serpentean mientras avanzan.* || Tener una trayectoria que va y viene de un lado a otro. *El camino serpentea rodeando la montaña.*
serpenteo *s. m.* Movimiento sinuoso, zigzag.
serpentín *s. m.* Tubo de forma espiral del alambique en el que se condensan los productos de la destilación. || Pieza antigua de artillería.
serpentina *s. f.* Tira de papel enrollada que se lanza en las fiestas. *El patio de la escuela quedó cubierto de serpentinas de colores por el festival.*
serpiente *s. f.* Cualquier reptil ofidio, generalmente de gran tamaño. || Culebra. || El demonio. || *fig.* Persona pérfida y mala. || *loc.* ***Serpiente de cascabel:*** crótalo. || ***Serpiente pitón:*** la de gran tamaño con cabeza cubierta de escamas, propia de Asia y África.
serpollo *s. m.* Renuevo, retoño.
serrador, ra *adj.* y *s.* Aserrador.
serraduras *s. f. pl.* Serrín.
serrallo *s. m.* Harén.
serrana *s. f.* Composición parecida a la serranilla.
serranía *s. f.* Espacio de terreno cruzado por montañas y sierras.
serraniego, ga *adj.* Serrano.
serranilla *s. f.* Composición poética de asunto rústico, escrita en metros cortos. *Las serranillas del Arcipreste de Hita.*
serrano, na *adj.* De la sierra. || *loc.* ***Jamón serrano:*** el curado al aire de la montaña.
serrar *t.* Aserrar.
serrátil *adj.* Dícese de la juntura que tiene forma de dientes de sierra. || Aplícase al pulso desigual.
serrato *adj.* y *s. m.* Aplícase al músculo que tiene forma de dientes de sierra.
serrería *s. f.* Aserradero.
serrín *s. m.* Partículas finas de madera que se desprenden al serrarla.
serrote *s. m. Méx.* Herramienta que consta de un mango de madera y de una hoja de metal ancha y corta con dientes y que se usa para cortar madera.
serruchar *t. Arg. Chil. Cub. Méx. Per. P. Rico* y *Uy.* Cortar algo usando un serrucho.
serrucho *s. m.* Herramienta que consta de un mango y de una hoja de metal con dientes, ancha y corta, que se usa para cortar madera. *Utiliza un serrucho para cortar la rama del árbol.*
sertão *s. m.* Zona semiárida del Nordeste brasileño, poco poblada y dedicada a la cría extensiva del ganado.
serventesio *s. m.* Cuarteto endecasílabo con rima consonante entre los versos primero y tercero, segundo y cuarto.
servible *adj.* Que puede servir.
servicial *adj.* Que sirve con cuidado y diligencia. *Muchacho servicial.* || Pronto a complacer y servir a otros.
servicio *s. m.* Acción y efecto de servir. || Manera de servir o atender. *En este hotel el servicio es muy malo.* || Estado de sirviente. *Muchacha de servicio.* || Servidumbre. *Ahora es difícil encontrar servicio.* || Mérito que se hace sirviendo al Estado. *Hoja de servicio.* || Culto. || Utilidad que se saca de una cosa. *Este coche me presta buen servicio.* || Turno. *El jueves estoy de servicio.* || Disposición. *Estar al servicio de alguien.* || Conjunto de la vajilla o de la mantelería. *Servicio de mesa.* || Lavativa, ayuda. || Organismo que forma parte de un conjunto en una administración o en una actividad económica. *Servicio de publicidad, de correos.* || En un hotel, restaurante o bar, porcentaje que se añade a la cuenta en concepto de la prestación hecha por los mozos o camareros. *Allí el servicio es de un 15%.* || En el tenis, saque de la pelota. || *pl.* Parte de un alojamiento dedicada a la servidumbre. || Lavabo, aseo. || Producto de la actividad del hombre que no se presenta en forma material (transportes, espectáculos, etc.). || *loc.* ***Escalera de servicio:*** la que utiliza la servidumbre en una casa. || ***Hacer un flaco servicio:*** perjudicar. || ***Servicio militar:*** el que tienen que prestar los ciudadanos durante un cierto tiempo para contribuir a la defensa del país. || ***Servicio secreto:*** el de seguridad del Estado, contraespionaje.
servidor, ra *s.* Persona que sirve a otra. || Término de cortesía. *Su seguro servidor.* || En milicia, soldado que sirve una pieza de artillería. || En informática, computadora que controla una red conectada a internet. || *loc.* ***Servidor público:*** persona que trabaja en la administración pública. || ***Un servidor:*** en lenguaje respetuoso equivale a «yo» y concuerda con el verbo en tercera persona. *Un servidor no sabe nada.*
servidumbre *s. f.* Conjunto de criados. *La servidumbre de palacio.* || Estado o condición de siervo. *Vivir en la servidumbre.* || *fig.* Obligación o dependencia pesada. || Dominación del hombre por las pasiones.
servil *adj.* Relativo a los siervos y criados. || Vil, rastrero. *Hombre servil.* || Que sigue demasiado de cerca un modelo. *Traducción servil.* || En España, apodo que daban los liberales del primer tercio del siglo XIX a los absolutistas.
servilismo *s. m.* Sumisión ciega.
servilleta *s. f.* Pieza de tela o papel usada por los comensales para limpiarse la boca.
servilletero *s. m.* Aro para enrollar la servilleta.
servio, via *adj.* y *s.* Serbio.
servir *t.* e *intr.* Desempeñar ciertas funciones o cumplir con unos deberes para con una persona o colectividad. *Servir como doméstico, a la República.* || Vender, suministrar mercancías. *Servir un pedido.* || Ser útil. *Este aparato no sirve para nada.* || Ser uno apto para algo. *Yo no sirvo para periodista.* || Ser soldado en activo. *Servir en filas.* || Asistir con naipe del mismo palo. *Servir una car-*

ta. || Poder utilizarse. *Servir de instrumento.* || En tenis, hacer el saque. || Poner en la mesa. *Servir el almuerzo.* || Presentar o dar parte de un manjar a un convidado. *Sírvase más paella.* || Ser favorable. *Esta reforma sirve sus intereses.* || Estar encargado del manejo de una pieza de artillería. || Dar culto. *Servir a Dios.* || Obrar en favor de otra persona. *Servir de introductor.* || *pr.* Valerse de una cosa. *Servirse de las manos.* ||Tener a bien. *Sírvase venir conmigo.* || Beneficiarse de. *Servirse de sus amistades.*

servodirección *s. f.* Servomando que facilita el esfuerzo para hacer girar las ruedas motrices de un automóvil.

servofreno *s. m.* Servomando que facilita el funcionamiento del freno de un automóvil.

servomando *s. m.* Mecanismo auxiliar que amplifica una fuerza débil para hacer funcionar una máquina o un dispositivo cualquiera.

servomecanismo *s. m.* Mecanismo que, provisto de un programa, funciona automáticamente y corrige por sí mismo los errores.

servomotor *s. m.* En tecnología, servomando a distancia, como el de los timones de los buques.

sésamo *s. m.* Planta herbácea de flores blancas de cuyas semillas se saca aceite. || *loc.* ***Ábrete sésamo:*** se aplica a un recurso infalible para vencer todos los obstáculos.

sesear *intr.* Pronunciar la «ce» o la «zeda» como «ese». *Los andaluces e hispanoamericanos suelen sesear.*

sesenta *adj.* Seis veces diez. || Sexagésimo. *Número, año sesenta.* || *s. m.* Número equivalente a seis veces diez.

sesentavo, va *adj.* y *s. m.* Dícese de cada una de las sesenta partes iguales en que se divide un todo.

sesentón, tona *adj.* Persona que ha llegado a los sesenta años.

seseo *s. m.* Pronunciación de la «ce» o la «zeda» como «ese». *El seseo existe en casi toda Andalucía, Extremadura, Murcia, Alicante y Canarias, así como en los países hispanoamericanos.*

sesera *s. f. fam.* Parte de la cabeza en la que está el cerebro o sesos.

sesgadura *s. f.* Corte al sesgo.

sesgar *t.* Cortar en forma inclinada o torcida. *Un clavo sesgó la tela de tu vestido cuando pasaste cerca de la pared.*

sesgo, ga *adj.* Referido a lo que está cortado o colocado en forma inclinada o torcida.

sesión *s. f.* Tiempo durante el cual permanece reunido un grupo que habla o trabaja sobre un tema. *Los socios del club celebraron una sesión para hablar sobre la las canchas de tenis.* || Representación que se realiza ante un público. *Cada tarde hay dos sesiones de cine.*

sesionar *intr. Amér.* Celebrar sesión.

seso *s. m.* Masa encefálica. *Los sesos son la masa de tejido nervioso que forma el cerebro de los animales.* || *fam.* Sensatez, buen juicio. *Paola no quiere a ese muchacho de poco seso.*

sesquicentenario *s. m.* Celebración del ciento cincuenta aniversario. *El sesquicentenario de un acontecimiento histórico.*

sesquióxido *s. m.* En química, óxido que contiene la mitad más de oxígeno que el protóxido.

sesteadero *s. m.* Lugar donde sestea el ganado.

sestear *intr.* Dormir la siesta. *No hagan ruido porque el abuelo está sesteando.* || Recogerse el ganado a la sombra durante el calor. *Al mediodía las vacas sestean junto al árbol.*

sesteo *s. m.* Acción de sestear.

sestercio *s. m.* Moneda de plata romana que valía dos ases y medio.

sesudo, da *adj.* Se dice de la persona que es inteligente, juiciosa y reflexiva para actuar.

set *s. m.* En algunos deportes como el tenis, el pimpón y el volibol, cada una de las partes en que se divide un partido. *En este juego de tenis jugaron cinco sets.* || En cine y televisión, escenario que se construye dentro de un estudio o local cerrado.

seta *s. f.* Hongo con forma de sombrero sostenido por un pie. *Algunas setas son comestibles.*

setecientos, tas *adj.* Siete veces ciento. || Septingentésimo. *Número, año setecientos.* || *s. m.* Número equivalente a siete veces ciento.

setenta *adj.* Siete veces diez. || Septuagésimo. *Número, año setenta.* || *s. m.* Número equivalente a siete veces diez.

setentavo, va *adj.* y *s. m.* Septuagésima parte de un todo.

setentón, tona *adj.* Persona que ha llegado a los setenta años.

setiembre *s. m.* Septiembre.

sétimo, ma *adj.* y *s.* Séptimo.

seto *s. m.* Cercado, valla. || *loc.* ***Seto vivo:*** el hecho con plantas vivas.

seudónimo *s. m.* Nombre adoptado por un autor o artista en vez del suyo. *«Fígaro» fue el seudónimo de Larra.*

seudópodo *s. m.* Parte del protoplasma de una célula que se prolonga y le sirve para desplazarse o para prender a otros microorganismos. *Los leucocitos y las amebas tienen seudópodos.*

severidad *s. f.* Exigencia y rigidez en el cumplimiento de las reglas. *Todos los alumnos temían a ese maestro por su gran severidad.*

severo, ra *adj.* Referido a quien es exigente e inflexible en el cumplimiento de las reglas o de las obligaciones. *La directiva del club contrató a un entrenador más severo.* || Aplicado a lo que no tiene adornos. *La vieja mansión estaba decorada con un gusto severo.*

seviche *s. m.* Ceviche.

sevicia *s. f.* Crueldad excesiva. || Malos tratos.

sevillano, na *adj.* y *s.* De Sevilla. || *s. f. pl.* Danza y música que la acompaña propias de la provincia de Sevilla.

sexagenario, ria *adj.* y *s.* Dícese de la persona que ha cumplido sesenta años y tiene menos de setenta. *Un empleado sexagenario.*

sexagésima *s. f.* Domínica segunda antes de cuaresma.

sexagesimal *adj.* Aplícase al sistema de contar o de subdividir de sesenta en sesenta.

sexagésimo, ma *adj.* Que ocupa el lugar sesenta. || *s. m.* Cada una de las sesenta partes iguales en que se divide un todo.

sex-appeal *s. m.* Atractivo.

sexcentésimo, ma *adj.* Que ocupa el lugar seiscientos. || *s. m.* Cada una de las seiscientas partes iguales en que se divide un todo.

sexenal *adj.* Relativo a lo que dura seis años o sucede cada seis años. *En México las elecciones presidenciales son sexenales.*

sexenio *s. m.* Periodo que dura seis años. *Los ingenieros presentaron un proyecto que tardó un sexenio en construirse.*

sexismo *s. m.* Actitud de rechazo de los hombres hacia las personas de sexo femenino o de las mujeres hacia las personas de sexo masculino. *La lucha contra el sexismo incluye obtener igualdad de derechos en el trabajo.*

sexista *adj.* y *s. com.* Persona que discrimina a otras por razón de su sexo.

sexo *s. m.* Diferencia en la forma del cuerpo y en la constitución física de un ser vivo que distingue al macho de la hembra y al hombre de la mujer. *No pude averiguar de qué sexo es mi tortuga.* || Conjunto de individuos que son todos machos o todas hembras. *Esta tienda de ropa se especializa en prendas para el sexo femenino.* || Conjunto de los órganos sexuales externos masculinos y femeninos. *Un cuadro con la imagen de Adán y Eva muestra sus sexos cubiertos con hojas de parra.*

sexología *s. f.* Estudio de la sexualidad y de los diferentes comportamientos relacionados con ella.

sexólogo, ga *s.* Persona que se especializa en el estudio de la sexualidad y de los diferentes comportamientos relacionados con ella.

sexta *s. f.* En música, intervalo que separa una nota de la sexta ascendiente o descendiente en la escala.

sextante *s. m.* Instrumento astronómico formado por un sector de 60

grados, que se utiliza para determinar la latitud de los astros.
sexteto *s. m.* En música, composición para seis instrumentos o seis voces. || Orquesta de seis instrumentos o coro de seis voces.
sextilla *s. f.* Estrofa de seis versos aconsonantados de arte menor.
sextina *s. f.* Estrofa de seis versos endecasílabos que riman como un serventesio más un pareado. || Composición poética formada por seis estrofas, como la descrita, y rematada por una estrofa de tres versos.
sexto, ta *adj.* y *s.* Que sigue inmediatamente al o a lo quinto. || *s. m.* Cada una de las seis partes iguales en que se divide un todo. || *fam.* Sexto mandamiento.
sextuplicación *s. f.* Multiplicación por seis.
sextuplicar *t.* Multiplicar por seis una cantidad. || Hacer seis veces mayor una cosa.
séxtuplo, pla *adj.* Que incluye en sí seis veces una cantidad. || *s. m.* Número seis veces mayor que otro. *El séxtuplo de 5 es 30.*
sexuado, da *adj.* Que tiene diferenciación fisiológica de sexo. *Flor sexuada.*
sexual *adj.* Relativo al sexo.
sexualidad *s. f.* Conjunto de condiciones anatómicas y fisiológicas que caracterizan a cada sexo.
sha *s. m.* Título que llevaban por los soberanos de Irán.
shakesperiano, na *adj.* Relativo a Shakespeare.
sheriff *s. m.* En los Estados Unidos, oficial de administración elegido por un distrito, con cierto poder judicial.
sherpa *adj.* y *s. m.* Dícese de un pueblo del Himalaya (Nepal) cuyos miembros son excelentes montañeros.
shock *s. m.* En medicina, impresión violenta e imprevista que trastorna a una persona. *El paciente se encuentra en estado de shock.*
short *s. m.* Pantalón corto que llega arriba de las rodillas. *Se puso un short y una camiseta para ir a la playa.*
shoshone *adj.* y *s. m.* Grupo étnico del oeste de Estados Unidos.
show *s. m.* Espectáculo en el que hay cantos, bailes y otras variedades. *El show del cómico hizo reír a todo el público.*
shuar *adj.* y *s. m.* Grupo étnico que habita en las provincias de Zamora, Morona Santiago y Pastaza, en Ecuador.
shullo *s. m. Per.* Gorro con orejeras usado por los indios.
sí¹ *adv.* Responde de manera afirmativa a una pregunta. *Sí, puedes ir a jugar.* || Sirve para aumentar la fuerza de una afirmación. *Jorge sí que es divertido.* || *loc.* ***Claro que sí:*** manera de afirmar rotundamente. || *fam.* ***Eso sí que no:*** manera de negar rotundamente. || ***Porque sí:*** respuesta afirmativa a algo sin querer dar la razón. *¿Por qué insistes tanto? Porque sí.* || ***¡Pues sí...!:*** ¡vaya!, estamos listos. *Ya no hay más dinero. ¡Pues sí...!*
sí² *pron.* Pronombre personal, forma reflexiva de la tercera persona que se usa para referirse a *él, ella, ellos* o *ellas. El niño arrastraba un camión de juguete tras de sí.* || *loc.* ***Dar de sí:*** alargarse, estirarse. || ***De por sí*** o ***de sí:*** por la naturaleza misma de la cosa o persona de que se trata. || ***Para sí:*** mentalmente. || ***Volver en sí:*** recobrar el sentido.
si¹ *s. m.* Séptima nota de la escala musical de *do. En la escala ascendente, después de «la» sigue «si».*
si² *conj.* Expresa la condición necesaria para que se produzca algo. *Saldrás a jugar si antes ordenas tu habitación.* || Introduce oraciones interrogativas indirectas. *Los médicos todavía no saben si sanaré.* || Indica una afirmación. *Si dijiste que te gusta el chocolate, ¿por qué ahora dices que no?* || Después de «como», indica comparación. *Ese muchacho camina como si pisara huevos.* || Se usa para aumentar la fuerza de una expresión. *¡Si seré distraída! El libro estaba sobre la mesa.* || *loc.* ***Si no:*** de lo contrario. *Toma el medicamento porque si no seguirás enfermo.*
sial *s. m.* Parte superficial y sólida de la corteza terrestre, de 10 a 15 km de espesor, y de densidad de 2.7 a 3, formada por rocas cristalinas, principalmente silicatos alumínicos.
siamés, mesa *adj.* y *s.* De Siam. || *loc.* ***Hermanos siameses:*** nombre dado a los mellizos que nacen unidos por cualquier parte del cuerpo.
sibarita *adj.* y *s. com.* De Síbaris, antigua ciudad ubicada en la región de Calabria, en Italia. || *fig.* Aficionado a los placeres y regalos exquisitos.
sibarítico, ca *adj.* Relativo a la ciudad de Síbaris. || *fig.* Sensual.
sibaritismo *s. m.* Vida regalada y sensual.
siberiano, na *adj.* y *s.* De Siberia.
sibila *s. f.* Entre los antiguos, mujer a la que se atribuía espíritu profético. || *fig.* Adivina.
sibilante *adj.* Que se pronuncia a modo de silbo. || *s. f.* Dícese de la letra que se pronuncia de esta manera, como la «s».
sibilino, na *adj.* De las sibilas. *Oráculo sibilino.* || *fig.* Profético. *Frase sibilina.* || De sentido misterioso u oculto. *Expresión sibilina.*
sic *adv.* Indica que una cita es textual aunque parezca incorrecta. *En su nota el periodista puso un sic entre paréntesis para indicar que fue el entrevistado quien dijo «subir para arriba».*
sicalipsis *s. f.* Pornografía.
sicalíptico, ca *adj.* Pornográfico, erótico.
sicario, ria *s.* Asesino asalariado.
siciliano, na *adj.* y *s.* De Sicilia, región de Italia.
sicoanálisis *s. m.* Psicoanálisis.
sicodélico, ca *adj.* Dícese del estado causado por la absorción de ciertos alucinógenos.
sicodelismo *s. m.* Estado de sueño provocado por el uso de alucinógenos.
sicofanta o **sicofante** *s. m.* Calumniador.
sicofísica *s. f.* Psicofísica.
sicología *s. f.* Psicología.
sicológico, ca *adj.* Psicológico.
sicólogo *s. m.* Psicólogo.
sicomoro o **sicómoro** *s. m.* Especie de higuera de Egipto, de madera incorruptible que los antiguos usaban para las cajas de sus momias. || Plátano falso.
sicópata *s. com.* Psicópata.
sicopatía *s. f.* Psicopatía.
sicosis *s. f.* Psicosis.
sicoterapia *s. f.* Psicoterapia.
sicu *s. m. Amér. Merid.* Instrumento musical de viento formado por dos hileras de tubos de carrizo ordenados en forma decreciente para obtener las notas graves y las agudas.
sicuri *s. m. Arg. Bol.* y *Per.* Tañedor de sicu. || *Arg.* y *Per.* Sicu.
sida *s. m.* Enfermedad de transmisión sexual o sanguínea que altera y destruye el sistema de defensa del organismo. *Hasta ahora el sida es incurable.*
sidecar *s. m.* Vehículo de una sola rueda unido a una motocicleta.
sideral o **sidéreo, a** *adj.* Relativo a los astros. *Espacio sideral.*
siderita *s. f.* Planta labiada de flores amarillas. || En minería, siderosa.
siderosa *s. f.* En minería, carbonato ferroso de color pardo amarillento.
siderosis *s. f.* Intoxicación producida por la absorción de polvo de los minerales de hierro.
siderurgia *s. f.* Arte de extraer el hierro, de fundirlo y de elaborar acero.
siderúrgico, ca *adj.* Relativo a la siderurgia. *Producción, industria siderúrgica.*
sidra *s. f.* Bebida alcohólica obtenida por la fermentación del zumo de las manzanas.
sidrería *s. f.* Tienda donde se vende sidra.
siega *s. f.* Corte de las mieses. || Temporada en que se cortan las mieses. || Mieses cortadas.
siembra *s. f.* Acción de sembrar y tiempo en que se hace. || Sembrado, terreno.
siempre *adv.* En todo o cualquier tiempo. *Yo siempre me acuesto a las 11.* || En todo caso. *Este título siempre te servirá.* || Naturalmente. *Siempre es más cómodo ir en coche.* || *Amér. C. Col.* y *Méx.* Con seguridad. || *loc.* ***Siempre que*** o ***siempre y cuando:*** con tal que, si.

siempreviva *s. f.* En botánica, perpetua.
sien *s. f.* Cada una de las dos partes laterales de la cabeza, comprendidas entre la frente, la oreja y la mejilla.
sierpe *s. f.* Serpiente. || *fig.* Persona muy mala o fea. || Cosa que se mueve con ondulaciones como si fuese una serpiente. || Vástago que brota de las raíces leñosas.
sierra *s. f.* Herramienta consistente en una banda de acero con dientes que sirve para cortar madera, piedra, etc. *Sierra de mano, mecánica.* || Cordillera de montes. *La Sierra Nevada, la Sierra Madre.* || Nombre de diversos peces del golfo de México.
siervo, va *s.* Esclavo. || Persona que profesa en algunas órdenes religiosas.
sieso *s. m.* Parte inferior y terminal del intestino recto acabada por el ano.
siesta *s. f.* Tiempo de la tarde en que aprieta mucho el calor. || Sueño durante este tiempo.
siete *adj.* Seis más uno. || Séptimo. *El día siete.* || *s. m.* Número equivalente a seis más uno. || Carta o naipe de siete puntos. *Siete de copas.* || *fam.* Desgarradura en forma de ángulo. *Un siete en el pantalón.* || *fig. Amér.* Ano. || *loc. fig.* ***Más que siete:*** mucho. *Habla más que siete.*
sietecueros *s. m. inv. Amér.* Flemón en la palma de la mano o en la planta de los pies.
sietemesino, na *adj.* y *s.* Dícese del niño nacido a los siete meses de engendrado. || *fig.* y *fam.* Aplícase a la persona enclenque.
sífilis *s. f.* Enfermedad venérea contagiosa provocada por un treponema que se transmite generalmente por vía sexual y que se manifiesta por un chancro cutáneo y por afecciones viscerales.
sifilítico, ca *adj.* Relativo a la sífilis. *Chancro sifilítico.* || Enfermo de sífilis.
sifilografía *s. f.* Parte de la medicina que estudia la sífilis.
sifón *s. m.* Tubo en el que se hace el vacío y sirve para trasegar líquidos de un recipiente a otro. || Dispositivo consistente en un tubo acodado, que siempre contiene agua, y sirve para aislar de los malos olores en las cañerías de fregaderos, retretes, etc. || Botella de agua gaseosa provista de un tubo acodado y de una espita para vaciarla. || *fam.* Agua de ácido carbónico. *Échame un poco de sifón.*
sigilar *t.* Sellar, imprimir con sello. || Callar, ocultar o encubrir una cosa.
sigilo *s. m.* Actitud que se toma al tratar una cosa o asunto para que nadie más lo sepa. *La policía llevó el caso con mucho sigilo.* || Actitud que se toma para realizar un movimiento sin hacer ruido o sin hacerse notar. *El gato caminaba con sigilo para que el ratón no lo oyera.*
sigilografía *s. f.* Ciencia que estudia los sellos.
sigiloso, sa *adj.* Que actúa con sigilo.
sigla *s. f.* Letra inicial de un nombre propio, que se usa como abreviatura. *Margarita Paredes firma con sus siglas: «M. P.»* || Palabra que se forma con las letras iniciales de varias palabras que significan algo. *Ovni es una sigla formada con las iniciales de Objeto Volador No Identificado.*
siglo *s. m.* Periodo de cien años. *El siglo XIX comenzó el 1 de enero de 1801 y terminó el 31 de diciembre de 1900.*
sigma *s. f.* Decimoctava letra del alfabeto griego (Σ, σ) equivalente a la «s» castellana.
signar *t.* Escribir a mano el nombre de uno al pie de un documento o de un escrito. *Cuatro testigos signaron el testamento.*
signatario, ria *adj.* y *s.* Persona que firma una carta o documento. *Los signatarios debemos ser todos los habitantes de este edificio.*
signatura *s. f.* Señal. || Señal que se pone a un libro para clasificarlo en una biblioteca.
significación *s. f.* Significado. || Importancia. *Persona de mucha significación.* || Tendencia política. *Persona de significación socialista.*
significado, da *adj.* Conocido, importante, reputado. *Hombre significado.* || *s. m.* Sentido. *El significado de un término.*
significador, ra *adj.* Aplícase al que o a lo que significa algo.
significar *t.* Ser una cosa representación o indicio de otra. *La bandera blanca significa la rendición.* || Representar una palabra, una idea o una cosa material. *Rezar significa rogar a Dios.* || Equivaler. *Esto significaría la derrota.* || Hacer saber, indicar. *Significar a uno sus intenciones.* || *intr.* Representar, tener importancia. *Esto no significa nada para mí.* || *pr.* Hacerse notar, distinguirse. *Significarse por su probidad.*
significativo, va *adj.* Que tiene significado claro. *Un hecho muy significativo.* || Que tiene importancia. *Persona muy significativa en el mundillo político.*
signo *s. m.* Cosa que representa la idea de otra. *La risa es un signo de alegría.* || Letra o símbolo usado en la escritura. *La coma, el punto y coma y el punto son signos de puntuación.* || En matemáticas, símbolo que representa una operación. *El signo + se usa para sumar.* || Cada una de las doce divisiones del zodiaco y la figura que la representa. *Aries es el primer signo del zodiaco.*
siguiente *adj.* Se aplica a lo que ocurre en orden después de otro. *El número siguiente al 2 es el 3.*
sílaba *s. f.* Sonido articulado que se emite de una sola vez. *La voz «casa» tiene dos sílabas.*
silabar *intr.* Silabear.
silabario *s. m.* Libro que se usa para enseñar a leer con palabras divididas en sílabas. *Mi abuela aprendió a leer con un silabario.*
silabear *intr.* Pronunciar por separado las sílabas de una palabra. *Para saber dónde tengo que cortar la palabra silabeo en voz baja.*
silabeo *s. m.* Pronunciación de las sílabas por separado.
silábico, ca *adj.* Relativo a las sílabas que forman una palabra. *La maestra nos enseñó sobre la división silábica.*
silampa *s. f. Amér. C.* Llovizna.
silba *s. f.* Pita, acción de silbar.
silbador, ra *adj.* Se aplica a la persona, animal o cosa que silba. *Muchos pájaros son silbadores.*
silbante *adj.* Se refiere a lo que produce un sonido agudo con el paso del aire. *Las copas silbantes de los árboles se movían con la caricia del viento.*
silbar *t.* e *intr.* Producir sonidos agudos haciendo pasar el aire por la boca o las manos. *Víctor silbaba una canción.* || Producir un elemento duro un sonido muy agudo al cortar el aire. *La flecha silbó en su trayectoria veloz.* || *fam.* Manifestar desaprobación con silbidos. *El público silbó la mala actuación del cantante.*
silbatina *s. f. Amér. Merid.* Acción de silbar para mostrar disgusto o desaprobación.
silbato *s. m.* Instrumento que produce un silbido al soplar por él. *El árbitro sopló su silbato para marcar una falta.*
silbido o **silbo** *s. m.* Sonido agudo que hace el aire o se produce con la boca o las manos. *Erasto dio un fuerte silbido para llamar a sus amigos.* || Voz aguda de algunos animales.
silenciador *s. m.* Aparato que sirve para disminuir el ruido de un motor. *Esa motocicleta no tiene silenciador.*
silenciar *t.* Estarse callado o hacer callar.
silencio *s. m.* Ausencia de todo ruido. *De noche la casa permanece en silencio.* || Hecho de estar callado. *En los hospitales debemos guardar silencio.* || En música, pausa. || *loc.* ***En silencio:*** sin hablar. *Hicimos todo el trabajo en silencio para concentrarnos mejor.*
silencioso, sa *adj.* Se aplica a lo que no produce ruido. *El andar del gato es silencioso.* || Se refiere al que no habla. *Federico ha estado muy silencioso toda la tarde.*
silente *adj.* Se aplica a la persona, animal o cosa que permanece sin hacer ruido. *Durante la ceremonia los asistentes eran figuras silentes e inmóviles.*

silepsis *s. f.* En gramática, figura de construcción que consiste en quebrantar las leyes de la concordancia para atender más al sentido que al género o número de una palabra. *Una silepsis es: «la mayoría han votado en contra».* || Empleo de una palabra a la vez en sentido recto y figurado. *«Poner a uno más suave que un guante».*
silesio, sia *adj.* y *s.* De Silesia, región de Polonia.
sílex *s. m.* Pedernal, sílice.
sílfide *s. f.* Ninfa, espíritu elemental del aire femenino. || *fig.* Mujer guapa y esbelta.
silicato *s. m.* Sal compuesta de ácido silícico y una base.
sílice *s. f.* En química, óxido de silicio. Si es anhidra forma el cuarzo, y si es hidratada, el ópalo.)
silíceo, a *adj.* Que contiene sílice o tiene la misma naturaleza.
silícico, ca *adj.* Relativo a la sílice.
silicio *s. m.* Elemento químico abundante en la corteza terrestre, principalmente en la forma de sílice y de silicatos. Posee un elevado punto de fusión y se utiliza en la industria electrónica y como detector de radiaciones. Su número atómico es 14 y su símbolo *Si.*
silicona *s. f.* Nombre genérico de sustancias análogas a los cuerpos orgánicos, en las que el silicio reemplaza el carbono.
silicosis *s. f.* En medicina, neumoconiosis producida por el polvo de sílice.
silla *s. f.* Asiento individual con respaldo y por lo general cuatro patas. *Silla de rejilla.* || Aparejo para montar a caballo. *Silla inglesa.* || Sede de un prelado. *La silla de Toledo.* || Dignidad de papa y otras eclesiásticas. *La silla pontificia.* || *loc.* ***Silla de manos:*** antiguo vehículo de lujo montado en angarillas llevadas por dos hombres. || ***Silla de tijera:*** la que es plegable y tiene patas cruzadas en forma de aspa. || ***Silla eléctrica:*** asiento donde se ejecuta a los condenados a muerte por medio de la electrocución.
sillar *s. m.* Piedra grande labrada usada en construcción. || Parte del lomo de la caballería donde se pone la silla, albarda, etc.
sillería *s. f.* Conjunto de sillas o demás asientos de una misma clase. *La sillería de una habitación.* || Conjunto de asientos, generalmente unidos, del coro de una iglesia. || Taller y tienda de sillas. || Construcción hecha con sillares.
sillero, ra *s.* Persona que hace, vende o arregla sillas.
silletazo *s. m.* Golpe dado con una silla.
silletero *s. m.* Cada uno de los portadores de la silla de manos. || *Amér.* Sillero.
sillín *s. m.* Asiento estrecho y alargado de bicicleta y vehículos parecidos. || Silla de montar más ligera que la común.
sillón *s. m.* Silla de brazos, mayor y más cómoda que la ordinaria. *Sillón de orejeras.* || Silla de montar en que la mujer puede ir sentada como en una silla común.
sillonero, ra *adj. Amér.* Aplícase al caballo que acepta fácilmente la silla de montar.
silo *s. m.* Lugar subterráneo y seco donde se guarda el trigo u otros granos o forrajes. || Edificio que sirve para almacén de granos.
silogismo *s. m.* Argumento de lógica que consta de tres proposiciones, la última de las cuales (conclusión) se deduce de las otras dos (premisas).
silogístico, ca *adj.* Relativo al silogismo. *Razonamiento silogístico.*
silueta *s. f.* Dibujo sacado siguiendo los contornos de la sombra de un objeto. || Figura, líneas generales del cuerpo. *Silueta esbelta.* || Imagen de un objeto de color uniforme cuyo contorno se dibuja claramente sobre el fondo. *La silueta de la iglesia se dibujaba en el horizonte.*
siluetear *t.* Dibujar una silueta.
silúrico *adj.* y *s.* Tercer periodo de la era Paleozoica, comprendido entre los periodos Ordovícico y Devónico.
siluro *s. m.* Pez malacopterigio de agua dulce, parecido a la anguila.
silva *s. f.* Colección de varias materias o especies, escritas sin método ni orden. || Combinación métrica muy libre, en la que alternan los versos endecasílabos y heptasílabos.
silvestre *adj.* Que se cría o crece sin cultivo en selvas o campos. *Fruta silvestre.* || *fig.* Rústico.
silvicultor, ra *s.* El que se dedica a la silvicultura.
silvicultura *s. f.* Ciencia que se ocupa del cultivo y de la conservación de los bosques.
sima *s. f.* Abismo, cavidad muy profunda en la tierra. || Zona intermedia de la corteza terrestre, entre el nife y el sial, en que se supone predominan los silicatos ferromagnésicos.
simarubáceo, a *adj.* y *s. f.* Aplícase a las plantas dicotiledóneas, como la cuasia, propia de países cálidos. || *pl.* Familia que forman.
simbionte *adj.* y *s. m.* Nombre que se da en biología a cada uno de los seres que se han asociado en una simbiosis.
simbiosis *s. f.* Asociación de organismos de distinta especie en la que cada individuo saca provecho de la vida en común. *La simbiosis entre pájaros y animales como los búfalos, permite a los primeros alimentarse, y a los segundos estar limpios de parásitos.*
simbiótico, ca *adj.* Relativo a la asociación de organismos de distinta especie. *La convivencia simbiótica de animales y plantas permite la vida equilibrada.*
simbólico, ca *adj.* Relativo al símbolo o expresado por medio de él. *Lenguaje simbólico.* || Que sólo tiene apariencia y no realidad. *Entrega simbólica.*
simbolismo *s. m.* Sistema de símbolos con que se representa alguna cosa. *El simbolismo de las religiones.* || Movimiento poético, literario y artístico francés de fines del siglo XIX, que fue una reacción contra el naturalismo.
simbolista *adj.* Relativo al simbolismo. *Poeta simbolista.* || *s. com.* Partidario del simbolismo.
simbolización *s. f.* Representación de una idea por un símbolo.
simbolizar *t.* Representar una idea por medio de un símbolo. *La bandera simboliza la patria.*
símbolo *s. m.* Cosa que se toma convencionalmente como representación de un concepto. *El laurel es el símbolo de la victoria.* || En química, letra o letras adoptadas para designar los cuerpos simples. *«Pt» es el símbolo del platino.* || En teología, fórmula que contiene los principales artículos de la fe. *El símbolo de los apóstoles.*
simbombo, ba *adj. Cub.* Tonto, lelo.
simetría *s. f.* Proporción que guardan entre sí las partes de un cuerpo que ha sido dividido por una línea central. *El lado derecho del cuerpo guarda una relación de simetría con el izquierdo.*
simétrico, ca *adj.* Relativo a lo que es igual de un lado y del otro de una línea central. *Las alas de las mariposas son simétricas.*
simiente *s. f.* Semilla de la que nacerá una nueva planta. *El granjero aparta las mejores simientes del trigo.*
simiesco, ca *adj.* Relativo al mono o a lo que tiene aspecto de mono. *El andar simiesco del actor hacía reír mucho a los niños.*
símil *s. m.* Comparación entre dos cosas. *El maestro explicó las fases de la luna haciendo un símil con un balón y una lámpara.*
similar *adj.* Se dice de lo que se parece a algo. *Estos dos medicamentos producen un efecto similar.*
similitud *s. f.* Parecido que hay entre dos o más cosas.
simio, mia *s.* Animal de rostro desnudo y cuerpo peludo, con manos que le sirven para colgarse de las ramas de los árboles y que anda en dos o cuatro patas. *Los simios son mamíferos con un cerebro muy desarrollado.*
simonía *s. f.* Comercio con las cosas espirituales.

simoniaco, ca o **simoniático, ca** *adj.* Relativo a la simonía. || Que es culpable de simonía.
simonillo *s. m.* Planta de México, usada por los indígenas como vomitivo.
simpa *s. f. Arg. Bol.* y *Per.* Trenza.
simpatía *s. f.* Modo de ser de una persona que la hace agradable para otras personas. *Tomás tiene tanta simpatía que muchos amigos lo visitan.* || Inclinación o afecto natural que se siente por una persona. *Verónica me inspira una gran simpatía.*
simpático, ca *adj.* Que inspira simpatía. *Una persona simpática.* || Animado por la simpatía, agradable. *Una reunión simpática.* || En música, dícese de la cuerda que resuena por sí sola cuando se hace sonar otra.
simpatizante *adj.* y *s. com.* Dícese de la persona que tiene simpatías por una doctrina, un partido, etc., sin llegar por eso hasta la adhesión completa.
simpatizar *intr.* Sentir simpatía hacia alguien o algo. *Simpatizar con una teoría.*
simple *adj.* Se aplica a lo que no está compuesto de partes o combinado con otra cosa. *Los elementos químicos son cuerpos simples.* || Se dice de lo que es poco complicado o no tiene adornos. *Quisiera unos muebles más simples.* || Se aplica a quien no tiene malicia. *Héctor es tan simple que no se da cuenta cuando le están jugando una broma.*
simpleza *s. f.* Cualidad de lo que no está compuesto de partes o no es complicado. *La simpleza del curso me ayudó a aprender muy rápido.* || Tontería, bobería o cosa sin importancia.
simplicidad *s. f.* Calidad de simple o sencillo. *Era un problema de tal simplicidad que lo resolvió muy pronto.*
simplificable *adj.* Se aplica a lo que puede volverse más sencillo. *Estas ecuaciones matemáticas no son simplificables.*
simplificación *s. f.* Hecho de volver algo más sencillo. *La simplificación nos permitió ahorrar tiempo.*
simplificador, ra *adj.* Referido a lo que hace más sencillo algo. *Los aparatos de uso doméstico son simplificadores del trabajo de las amas de casa.*
simplificar *t.* Hacer o volver algo más sencillo o más fácil. *La computadora simplifica la investigación.*
simplismo *s. m.* Condición de simplista.
simplista *adj.* Aplícase al razonamiento, acto o teoría carente de base lógica y que pretende resolver fácilmente lo que de suyo es complicado. *La venta de los cuadros para ayudar a los pobres es una solución simplista.* || Dícese de la persona que tiende a ver soluciones fáciles en todo.
simplón, plona *adj.* y *s.* Bobo, tonto, ingenuo. *Un transeúnte simplón fue engañado por el prestidigitador callejero.*
simposio o **simposium** *s. m.* Conjunto de trabajos o estudios sobre determinada materia realizados por distintas personas. || Reunión de especialistas diversos para estudiar a fondo algún asunto. *Un simposio de cirugía estética.*
simulación *s. f.* Acción de simular o fingir.
simulacro *s. m.* Acción por la que se aparenta algo. *Un simulacro de ataque.* || Visión, ilusión.
simulado, da *adj.* Fingido.
simulador, ra *adj.* y *s.* Aplícase al que o a lo que simula algo.
simular *t.* Dar la apariencia de algo que no es.
simultanear *t.* Realizar en el mismo espacio de tiempo dos o más cosas. *Simultanear varios trabajos.* || Cursar al mismo tiempo dos o más asignaturas de distintos años o diferentes facultades. || *pr.* Realizarse al mismo tiempo varias cosas.
simultaneidad *s. f.* Existencia simultánea de varias cosas.
simultáneo, a *adj.* Dícese de lo que se hace u ocurre al mismo tiempo que otra cosa. *Las dos explosiones fueron casi simultáneas.*
simún *s. m.* Viento muy caliente y fuerte que sopla en el desierto. *Los camellos resisten el simún, pero los caballos, no.*
sin *prep.* Sirve para indicar que algo falta o no está. *Yolanda salió sin sus llaves.* || Indica que una acción no se realiza. *Federico pasó la noche sin dormir.* || Además de, fuera de. *El perfume cuesta cien pesos sin impuestos.*
sinagoga *s. f.* Edificio donde se lleva a cabo el culto de la religión judía.
sinalagmático, ca *adj.* Bilateral, que liga por igual las dos partes. *Pacto sinalagmático.*
sinalefa *s. f.* Pronunciación en una sola sílaba de la vocal final de una palabra y la vocal inicial de la siguiente. *En la frase «hacía alarde de su fuerza» hay una sinalefa entre las palabras «hacía» y «alarde».*
sinapismo *s. m.* Cataplasma.
sinapsis *s. f.* Región en la que dos neuronas hacen contacto. *En la sinapsis se transmiten impulsos de una neurona a otra.*
sinartrosis *s. f.* Articulación, como la de los huesos del cráneo, que no es móvil.
sincerar *t.* Justificar la no culpabilidad de uno.
sinceridad *s. f.* Cualidad de sincero. *Lo dijo con gran sinceridad.*
sincero, ra *adj.* Dícese de quien habla o actúa sin doblez o disimulo.
sinclinal *s. m.* Parte hundida de un pliegue simple del terreno.
sincolote *s. m. Méx.* Cesto grande.
síncopa *s. f.* Supresión de un sonido o grupo de sonidos en el interior de una palabra. *La palabra «Navidad» es una síncopa de la palabra «natividad».* || En música, nota que se toca en un tiempo débil y continúa en un tiempo fuerte. *Una línea curva que en el pentagrama une dos notas por arriba indica que allí se forma una síncopa.*
sincopado, da *adj.* Se aplica a la nota musical que forma síncopa, o al ritmo que tiene este tipo de notas.
sincopar *t.* Hacer síncopa. || *fig.* Abreviar.
síncope *s. m.* Suspensión repentina de la actividad del corazón y de la respiración, con pérdida del conocimiento. *El hombre sufrió un síncope y fue trasladado al hospital.*
sincretismo *s. m.* Sistema que trata de conciliar doctrinas diferentes u opuestas.
sincrociclotrón *s. m.* Aparato acelerador de partículas electrizadas análogo al ciclotrón pero que permite alcanzar energías mayores.
sincronía *s. f.* Coincidencia de época de varios acontecimientos.
sincrónico, ca *adj.* Dícese de las cosas que suceden al mismo tiempo. *Dos sucesos sincrónicos.* || Dícese de dos o más mecanismos que funcionan al mismo tiempo. *Relojes sincrónicos.*
sincronismo *s. m.* Circunstancia de ocurrir varias cosas al mismo tiempo. *El sincronismo de dos sucesos, de dos acontecimientos.*
sincronización *s. f.* Acción de sincronizar. || Concordancia entre las imágenes y el sonido de una película cinematográfica.
sincronizada *s. f. Méx.* Comida hecha con tortilla de harina de trigo rellena de queso y jamón.
sincronizar *t.* Hacer que coincidan en el tiempo varios movimientos o fenómenos. || En cinematografía, hacer coincidir la imagen con el sonido.
sincrotrón *s. m.* Acelerador de partículas electrizadas parecido a la vez al ciclotrón y al betatrón.
sindáctilo *adj.* y *s. m.* Aplícase a los pájaros que tienen el dedo extremo pegado al medio. || *pl.* Suborden que forman.
sindéresis *s. f.* Capacidad natural para juzgar rectamente.
sindicación *s. f.* Adhesión a un sindicato.
sindicado, da *adj.* Que pertenece a un sindicato. *Trabajador sindicado.* || *s. m.* Junta de síndicos.
sindical *adj.* Relativo a la organización de trabajadores. *Los obreros eligen a sus representantes sindicales.*
sindicalismo *s. m.* Sistema de organización obrera por sindicatos. *El sindicalismo surgió como una forma de defender sus derechos los trabajadores.*

sindicalista *adj.* y *s. com.* Relativo al sindicato. || Militante de un sindicato.
sindicar *t.* Organizar en sindicato a las personas de una misma profesión. || *pr.* Afiliarse a un sindicato.
sindicato *s. m.* Agrupación de trabajadores formada para defender los intereses profesionales comunes. *El sindicato consiguió que la empresa aumentara los salarios.*
síndico *s. m.* Persona elegida por una asociación de trabajadores para cuidar de sus intereses.
síndrome *s. m.* Conjunto de síntomas característicos de una enfermedad. *Síndrome clínico.*
sinécdoque *s. f.* Procedimiento que consiste en tomar una parte por el todo o el todo por una parte, o la materia de una cosa por la cosa misma, como «el pan», por «toda clase de alimento»; «cuarenta velas», por «cuarenta naves».
sinecura *s. f.* Empleo bien retribuido y de poco trabajo.
sinéresis *s. f.* Reducción a una sílaba de dos vocales contiguas o separadas por h, como «aho-ra», por «a-ho-ra».
sinergia *s. f.* Combinación de varias acciones para lograr el mejor resultado posible. *En la sinergia se busca mayor eficacia y menos gasto de recursos.*
sinérgico, ca *adj.* Relativo a la sinergia.
sinfín *s. m.* Abundancia de algo. *El niño le hizo un sinfín de preguntas a su papá.*
sinfonía *s. f.* En música, conjunto de voces, instrumentos, o ambas cosas, que suenan a la vez. || Sonata para orquesta caracterizada por la multiplicidad de músicos y la variedad de timbres de los instrumentos. *La Séptima sinfonía de Beethoven.* || *fig.* Acorde de varias cosas que producen una sensación agradable. *Una sinfonía de luces y colores.*
sinfónico, ca *adj.* Relativo a la sinfonía. *Poema sinfónico.*
sinfonista *s. com.* Compositor de sinfonías. || Músico que las ejecuta.
singladura *s. f.* Distancia recorrida por una nave en veinticuatro horas. || *fig.* Rumbo.
singlar *intr.* Navegar un barco con rumbo determinado.
singular *adj.* Único, solo, sin par. *Un singular monumento gótico.* || *fig.* Fuera de lo común, excepcional, raro. *Un hecho singular.* || Aplícase al número de una palabra que se atribuye a una sola persona o cosa o a un conjunto de personas o cosas. || *loc. fig.* ***En singular:*** en particular.
singularidad *s. f.* Condición de singular. || Particularidad.
singularizar *t.* Distinguir o particularizar una cosa entre otras. || Poner en singular una palabra que normalmente se emplea en plural, como el *rehén.* || *pr.* Distinguirse. *Singularizarse en una reunión.*
sinhueso *s. f. fam.* Lengua, como órgano de la palabra. *Soltar la sinhueso.*
siniestrado, da *adj.* y *s.* Dícese de la persona o cosa víctima de un siniestro. *Siniestrados de guerra.*
siniestro, tra *adj.* Izquierdo. *Lado siniestro.* || *fig.* Avieso, mal intencionado. *Hombre siniestro.* || Infeliz, funesto. *Año siniestro.* || *s. m.* Catástrofe que acarrea grandes pérdidas materiales y hace entrar en acción la garantía del asegurador. *Siniestro de incendio, de naufragio,* etc. || *s. f.* La mano izquierda.
sinnúmero *s. m.* Número incalculable o muy grande. *En este bosque hay un sinnúmero de árboles.*
sino[1] *s. m.* Fatalidad o poder superior que decide los sucesos, la vida de una persona, etc. *El sino de los ríos es bajar de la montaña y llegar al mar.*
sino[2] *conj.* Contrapone a un concepto negativo y otro afirmativo. *Este regalo no lo traje yo sino Roberto.* || Indica una excepción. *Este secreto no lo sabe nadie, sino tú.* || Después de la forma «no sólo», sirve para agregar algo a lo que ya se dijo. *Este niño no sólo es amable, sino también inteligente.*
sinodal *adj.* Del sínodo. *Asamblea sinodal.* || *Méx.* Vocal de un tribunal académico.
sinódico, ca *adj.* Relativo al sínodo. *Periodo sinódico.*
sínodo *s. m.* Reunión de eclesiásticos celebrada para estudiar los asuntos de una diócesis o de la Iglesia Universal. || Asamblea de pastores protestantes. || *loc.* ***El Santo Sínodo:*** asamblea suprema de la Iglesia rusa instituida por Pedro I el Grande.
sinojaponés, nesa *adj.* Relativo a China y Japón.
sinología *s. f.* Estudio de la lengua y cultura chinas.
sinólogo, ga *adj.* y *s.* Especialista en sinología.
sinonimia *s. f.* Circunstancia de ser sinónimos dos o más vocablos. || En retórica, figura consistente en emplear voces sinónimas para dar amplitud o energía a la expresión.
sinónimo, ma *adj.* Aplícase a los vocablos que tienen una significación completamente idéntica o muy parecida.
sinopsis *s. f.* Compendio de una ciencia expuesto en forma sinóptica.
sinóptico, ca *adj.* Dícese de lo que permite apreciar a primera vista las diversas partes de un todo. *Tabla sinóptica.*
sinovia *s. f.* Líquido viscoso y transparente que sirve como lubricante a las articulaciones del cuerpo.
sinovial *adj.* Relativo a la sinovia. *Las membranas sinoviales secretan el líquido que mantiene lubricadas las articulaciones.*
sinovitis *s. f.* Inflamación de la membrana sinovial.
sinrazón *s. f.* Acción hecha contra justicia, abuso de poder.
sinsabor *s. m.* Pesar, disgusto.
sinsonte *s. m.* Pájaro americano parecido al mirlo, de plumaje pardo y canto melodioso.
sintáctico, ca *adj.* Relativo a la sintaxis. *Análisis sintáctico.*
sintagma *s. m.* En lingüística, unidad elemental con la que se construye una frase u oración.
sintaxis *s. f.* Parte de la gramática que estudia el orden de las palabras y cómo se relacionan entre sí en la estructura de la oración.
sinterizar *t.* Soldar o conglomerar metales pulverulentos sin alcanzar la temperatura de fusión.
síntesis *s. f.* Razonamiento que va de lo simple a lo compuesto. || Exposición que reúne los distintos elementos de un conjunto. *Hacer la síntesis de unas discusiones.* || Composición de un cuerpo o de un conjunto a partir de sus elementos separados. || En química, formación artificial de un cuerpo compuesto mediante la combinación de sus elementos.
sintético, ca *adj.* Relativo a la síntesis. *Método sintético.* || Obtenido por síntesis. *Caucho sintético; gasolina sintética.*
sintetizable *adj.* Que puede ser sintetizado.
sintetizador *s. m.* Instrumento musical electrónico parecido al órgano, que sirve para imitar el sonido de muchos otros instrumentos musicales. *El sintetizador moderno puede imitar hasta el sonido de la voz humana.*
sintetizar *t.* Preparar por síntesis. *Sintetizar una materia.* || Resumir, compendiar. *Sintetizar un relato, un discurso.*
sintoísmo *s. m.* Religión tradicional del Japón, anterior al budismo. *En el sintoísmo se rinde culto a los antepasados.*
sintoísta *adj.* Relativo al sintoísmo. *En Japón hay varios templos sintoístas.* || *s. com.* Persona que profesa el sintoísmo.
síntoma *s. m.* Fenómeno revelador de una enfermedad. *Los síntomas del paludismo.* || *fig.* Indicio, señal. *Síntomas de descontento.*
sintomático, ca *adj.* Relativo al síntoma. || *fig.* Que revela algo.
sintomatología *s. f.* Parte de la medicina que estudia los síntomas de las enfermedades para el diagnóstico y el tratamiento.
sintonía *s. f.* Vibración de dos circuitos eléctricos al tener la misma frecuencia. || Adaptación de un aparato receptor de radio o televisión a la longitud de onda de la emisora. ||

Música característica que anuncia el comienzo de una emisión radiofónica o televisada.
sintonización *s. f.* Pulsación de los mandos adecuados para poner un receptor en sintonía.
sintonizador *s. m.* Dispositivo de mando en un receptor que permite sintonizar con las diversas emisoras de radio o televisión.
sintonizar *t.* Hacer vibrar dos circuitos eléctricos por tener la misma frecuencia. || Poner el receptor de radio o de televisión en sintonía con la estación emisora.
sinuosidad *s. f.* Calidad de sinuoso. || Seno, concavidad. || *fig.* Rodeo. *Las sinuosidades de la diplomacia.*
sinuoso, sa *adj.* Que tiene senos, ondulaciones o recodos. *Camino sinuoso.* || *fig.* Tortuoso, poco claro. *Una manera sinuosa de actuar.*
sinusitis *s. f.* Inflamación de la parte interna de los senos frontales del cráneo donde se produce el moco. *Eva está enferma de sinusitis.*
sinusoidal *adj.* Relativo o parecido a la sinusoide.
sinusoide *s. f.* Curva plana que representa las variaciones del seno cuando varía el arco.
sinvergonzón, gona *adj.* y *s. fam.* Sinvergüenza, pícaro.
sinvergüenza *adj.* y *s.* Se aplica a la persona que actúa en provecho propio sin importarle perjudicar a otros o se comporta con descaro. *Ese sinvergüenza dice que es suyo el libro que le presté.*
sionismo *s. m.* Movimiento que propugnaba el establecimiento de un Estado judío autónomo en Palestina.
sionista *adj.* Relativo al sionismo. || *s. com.* Adepto a este movimiento.
sioux *adj.* y *s. m.* Grupo étnico de Estados Unidos.
siquiatra o **siquíatra** *s. m.* o *s. f.* Psiquíatra.
siquiatría *s. f.* Psiquiatría.
síquico, ca *adj.* Psíquico.
siquiera *conj.* Equivale a *bien que, aunque.* || *adv.* Por lo menos. *Déjame siquiera un poco.* || *loc.* ***Ni siquiera:*** ni. *Ni siquiera se dignaron a hablarme.*
sirca *s. f. Amér.* Terreno o roca que resiste la erosión.
sirena *s. f.* Ser mitológico con busto de mujer y cuerpo de pez que atraía a los navegantes con su canto melodioso. || *fig.* Mujer seductora. || Señal acústica que emite un sonido intenso y se utiliza para avisar la entrada y salida en las fábricas, para anunciar una alarma aérea, en los coches de bombero y ambulancias, etc. || Aparato para contar el número de vibraciones correspondiente a cada sonido.
sirénido o **sirenio** *adj.* y *s. m.* Aplícase a los mamíferos pisciformes sin extremidades abdominales y con las torácicas en forma de aletas, como el manatí o vaca marina. || *pl.* Orden que forman.
sirga *s. f.* Cable o maroma para halar barcos, redes, etc., especialmente en la navegación fluvial.
sirgar *t.* Halar con la sirga.
siringa *s. f.* Árbol sudamericano de gran tamaño, del que se extrae un jugo lechoso que produce un caucho o hule de excelente calidad. || Instrumento musical de viento compuesto de varias flautas de carrizo ordenadas para producir los sonidos agudos y graves. *El pastor toca la siringa mientras las ovejas pastan.*
siringuero, ra *s.* Peón que practica incisiones en las siringas para recoger el látex.
sirio, ria *adj.* y *s.* Originario de Siria, país de Asia. *El territorio sirio se encuentra limitado por Turquía, Iraq, Jordania, Israel y Líbano.*
siroco *s. m.* Viento fuerte, seco y cálido que sopla desde el desierto del Sahara hacia el mar Mediterráneo. *El siroco levanta la arena del desierto y entonces se vuelve difícil respirar.*
sirope *s. m.* Jarabe muy espeso que se usa para endulzar bebidas. *El sirope tiene más contenido de azúcar que el almíbar.*
sirte *s. f.* Banco o bajo de arena.
sirvienta *s. f.* Criada.
sirviente *adj.* Que sirve a otra persona. *Personal sirviente.* || *s. m.* Servidor, criado. || Servidor de una pieza de artillería.
sisa *s. f.* Parte que se hurta en la compra diaria o en otras cosas menudas. || Sesgadura hecha en algunas prendas de vestir para que ajusten bien al cuerpo. *La sisa de la manga.* || Bermellón mezclado con aceite de linaza utilizado por los doradores para fijar los panes de oro. || Antiguo tributo que se cobraba sobre géneros comestibles.
sisador, ra *adj.* y *s.* Aplícase a la persona que sisa.
sisal *s. m.* Variedad de agave de México, con cuyas fibras se hacen cuerdas, sacos, etc. || Fibra de esta planta.
sisar *t.* Hurtar algo, principalmente al comprar por cuenta ajena. || Hacer sisas en las prendas de vestir. || Preparar con la sisa lo que se ha de dorar.
sisear *t.* e *intr.* Pronunciar el sonido de «s» y «ch», para llamar a alguien o para expresar desaprobación.
siseo *s. m.* Acción de sisear.
sismicidad *s. f.* Frecuencia de la actividad sísmica. *En las zonas de alta sismicidad no deben construirse edificios altos.*
sísmico, ca *adj.* Relativo a los movimientos que sacuden la corteza terrestre. *Se produjo un movimiento sísmico que provocó daños en algunas casas.*
sismo *s. m.* Movimiento que hace temblar la superficie terrestre. *El sismo sacudió la ciudad.*
sismógrafo *s. m.* Aparato que registra la amplitud de los movimientos que hacen temblar la tierra.
sismograma *s. m.* Gráfico obtenido con el sismógrafo.
sismología *s. f.* Ciencia que estudia los movimientos que hacen temblar la superficie terrestre. *La sismología es una parte de la geología.*
sismológico, ca *adj.* Relativo a la ciencia que estudia los movimientos que hacen temblar la superficie terrestre. *El sismógrafo es un instrumento sismológico.*
sisón *s. m.* Ave zancuda de Europa, común en España.
sisón, sona *adj. fam.* Que acostumbra sisar. *Una criada sisona.*
sistema *s. m.* Conjunto de pasos ordenados que deben seguirse para lograr algo. *Este maestro tiene un nuevo sistema para enseñar inglés.* || Conjunto de órganos conectados entre sí para realizar una determinada función. *El cerebro forma parte del sistema nervioso.* || Conjunto de elementos que cumplen juntos una función determinada. *El Sistema Solar está formado por ocho planetas.* || *loc.* ***Sistema operativo:*** en informática, programa o conjunto de programas que efectúan los procesos básicos de una computadora y permiten la ejecución de otros programas.
sistemático, ca *adj.* Relativo a un sistema o que se ajusta a él. *La enseñanza de las matemáticas requiere de un programa sistemático.*
sistematización *s. f.* Hecho de unir distintos elementos para que formen un conjunto ordenado que cumpla una función. *La sistematización de la biblioteca hace más fácil localizar los libros.*
sistematizar *t.* Organizar distintos elementos, ideas o cosas para que formen un conjunto ordenado que cumpla una función. *El investigador sistematizó sus ideas para poder exponerlas.*
sístole *s. f.* Periodo de contracción del músculo cardiaco que provoca la circulación de la sangre. || Licencia poética que consiste en usar como *breve* una sílaba *larga.*
sistro *s. m.* En música, instrumento de metal, en forma de aro o de herradura y atravesado por varillas, que usaban los antiguos egipcios.
sitiado, da *adj.* y *s.* Aplícase al que o a lo que está cercado. *Los sitiados carecían de agua.*
sitiador, ra *adj.* y *s.* Aplícase al que sitia una plaza o fortaleza.
sitial *s. m.* Asiento para una gran dignidad en ciertas ceremonias.
sitiar *t.* Cercar una plaza o fortaleza. || *fig.* Acorralar. *Sitiar a un bandido.*
sitio *s. m.* Lugar, espacio que ocupa una persona o cosa. *Dejar algo en un*

sitio visible. || Casa campestre. *El real sitio de La Granja.* || *Méx.* Lugar de estacionamiento de taxis. || Cerco. *El sitio de Buenos Aires por los ingleses.* || *Cub.* Estancia pequeña para la cría de animales domésticos. || *Arg.* y *Chil.* Solar. || *Col.* Poblado. || *loc. fig.* ***Dejar en el sitio:*** dejar muerto en el acto. || ***Hacer sitio a alguien:*** apretarse para dejarle un hueco. || *fig.* ***Poner a alguien en su sitio:*** hacerle ver lo impropio de su familiaridad o lo infundado de su superioridad. || ***Poner sitio:*** sitiar. || ***Sitio arqueológico:*** lugar donde hay vestigios arqueológicos.

sito, ta *adj.* Situado.

situación *s. f.* Posición. *La situación de una casa.* || Postura. *Situación embarazosa.* || Condición. *Una situación próspera.* || Estado de los asuntos políticos, diplomáticos, económicos, etc. *La situación política internacional.* || Estado característico de los personajes de una obra de ficción. *Situación dramática.* || *loc. fig.* ***No estar en situación de:*** no tener la posibilidad de.

situado *s. m.* Renta sobre algunos bienes productivos.

situar *t.* Poner, colocar una persona o cosa en determinado sitio o situación. *Situar una ciudad en un lugar equivocado.* || Poner a una persona en cierta posición. *Este concierto lo sitúa entre los mejores compositores.* || Colocar dinero en algún sitio. *Situar algún dinero en Suiza.* || *pr.* Ponerse. *Situarse a la cabeza de la clasificación.* || Abrirse camino en la vida. *Luchar duramente hasta situarse.*

siútico, ca *adj. Chil. fam.* Cursi, que afecta finura.

siutiquería o **siutiquez** *s. f. fam. Chil.* Cursilería.

siux *adj.* y *s. m.* Dícese de los individuos de una tribu india de los Estados Unidos establecida en el Estado de Iowa.

slalom *s. m.* Descenso en esquíes por un camino sinuoso. || Prueba de habilidad que hacen los esquiadores sobre un recorrido en pendiente jalonado de banderas que hay que franquear en zigzag.

slip *s. m.* Prenda interior masculina usada en lugar de calzoncillos, de los que se diferencia por su brevedad.

slogan *s. m.* eslogan.

smog *s. m.* esmog.

smoking *s. m.* esmoking.

snob *adj.* y *s.* esnob.

snobismo *s. m.* esnobismo.

so[1] *adv.* Se usa solamente seguido de adjetivos despectivos para reforzar su sentido. *So tonto, so bruto.*

so[2] *prep.* Bajo. Úsase en las frases «so capa de», «so calor de», «so pena de», etc.

so[3] *interj.* La emplean los carreteros para que se detengan las caballerías.

soasar *t.* Medio asar o asar ligeramente.

soba *s. f.* Manoseo repetido o prolongado. || Acción de sobar algo para amasarlo o ablandarlo. || *fig.* Zurra, paliza.

sobaco *s. m.* Concavidad que forma el arranque del brazo con el cuerpo. || En botánica, axila de una rama.

sobadero, ra *adj.* Que puede ser sobado. || *s. m.* Sitio para sobar las pieles.

sobado, da *adj.* Rozado, gastado. *Cuello de camisa muy sobado.* || *fig.* Manido, trillado. *Argumento muy sobado.* || *s. m.* Soba.

sobador *s. m.* Utensilio para sobar las pieles.

sobadura *s. f.* Soba.

sobajar *t. Méx.* Rebajar el orgullo de alguien.

sobajear *t. Amér.* Manosear.

sobandero *s. m. Col.* Persona que se dedica a arreglar los huesos dislocados.

sobaquera *s. f.* Abertura del vestido en el sobaco. || Pieza de refuerzo que se pone al vestido en el sobaco. || Pieza con que se protegen los vestidos del sudor en la parte del sobaco. || Pieza de la armadura que cubría el sobaco.

sobaquina *s. f.* Sudor de los sobacos, de olor desagradable.

sobar *t.* Manejar, manosear una cosa repetidamente. || Manejar algo para amasarlo o ablandarlo. *Sobar las pieles.* || *fig.* Dar una paliza. || Manosear, palpar a una persona. || *fig.* y *fam.* Molestar, fastidiar. || *Amér.* Componer un hueso dislocado.

sobarba *s. f.* Muserola del caballo. || Papada, sotabarba.

soberanía *s. f.* Calidad de soberano, autoridad suprema. *La soberanía de la nación.* || Territorio de un príncipe soberano o de un país. *Plazas de soberanía.* || Poder supremo del Estado. || Poder político de una nación o de un organismo que no está sometido al control de otro Estado u organismo. || *loc.* ***Soberanía nacional:*** en régimen democrático, la del pueblo, de quien emanan todos los poderes públicos.

soberano, na *adj.* Que ejerce o posee la autoridad suprema. *Príncipe soberano.* || Que se ejerce sin control, que ejerce un poder supremo. *Potencia soberana.* || *fig.* Extremo, muy grande. *Una soberana lección.* || Excelente, no superado. *Una superioridad soberana.* || *s. m.* Moneda de oro inglesa, libra esterlina. || Jefe de un Estado monárquico. *El soberano belga, noruego.*

soberbia *s. f.* Orgullo y amor propio desmedidos. *La soberbia de un príncipe.* || Magnificencia extrema. || Demostración de ira o enojo.

soberbio, bia *adj.* Que muestra soberbia, orgulloso, altivo, arrogante. *Persona soberbia.* || *fig.* Grandioso, magnífico. *Soberbia catedral.* || Colérico, iracundo. *Un niño muy soberbio.* || Fogoso. *Caballo soberbio.*

sobo *s. m.* Soba.

sobón, bona *adj.* y *s. fam.* Que se hace fastidioso por sus excesivas caricias.

sobornable *adj.* Que se puede sobornar.

sobornador, ra *adj.* y *s.* Que soborna.

sobornar *t.* Inducir a uno a obrar mal valiéndose de dádivas. *Sobornar a un guardián.*

soborno *s. m.* Corrupción de alguien por medio de dádivas o regalos para inducirlo a obrar mal. || Dádiva con que se soborna.

sobra *s. f.* Resto, demasía y exceso en cualquier cosa. || Demasía, injuria, agravio. || *pl.* Lo que queda de la comida al levantar la mesa. || Desperdicios, desechos. || Dinero que queda al soldado una vez pagado el rancho. || *loc adv.* ***De sobra:*** a) Más que lo necesario, con exceso. *Con 100 pesos tengo de sobra para comer.* b) Perfectamente. *Sé de sobra su capacidad.*

sobradillo *s. m.* Tejadillo de un balcón o de una ventana.

sobrado, da *adj.* Demasiado, suficiente, bastante, que sobra. *Tener sobrados motivos de queja; con sobrada razón.* || *s. m.* Desván. || *Arg.* Vasar.

sobrador, ra *adj.* y *s. Arg. Bol. Chil. Py.* y *Uy.* Que sobra, muestra superioridad.

sobrante *adj.* Que sobra. || *s. m.* Resto, restante, exceso.

sobrar *intr.* Estar una cosa de más. *Lo que dices sobra.* || Haber más de lo que se necesita. *Sobraron personas.* || Quedar, restar. *Sobró mucho pescado.* || *Arg. Bol. Chil. Py.* y *Uy.* Mostrar superioridad burlona.

sobrasada *s. f.* Sobreasada.

sobre[1] *s. m.* Bolsa plana de papel que se usa para meter una carta o documento que va a enviarse por correo. || Envoltura pequeña de papel. *Bertha colecciona sobres de azúcar.*

sobre[2] *prep.* Señala una posición superior a la de otra cosa. *Irma puso el florero sobre la mesa.* || Significa acerca de. *El examen será sobre la Primera Guerra Mundial.* || Indica que una cosa se sumó a otra. *Catalina cometió un error sobre otro.* || Expresa superioridad. *Sobre todos los sabores prefiero el de vainilla.* || Señala aproximación en una cantidad o número. *Llegaremos sobre las tres de la tarde.* || *loc.* ***Ir sobre seguro:*** no arriesgar. || ***Sobre todo:*** principalmente. *Alemania es sobre todo un país industrial.*

sobreabundancia *s. f.* Abundancia excesiva.

sobreabundante *adj.* Excesivo.

sobreabundar *intr.* Abundar mucho.

sobreactuar *intr.* Realizar un actor una interpretación exagerada y carente de naturalidad.
sobrealimentación *s. f.* Hecho de comer o de dar de comer más de lo normal. *La sobrealimentación puede causar enfermedades.*
sobrealimentar *t.* y *pr.* Dar de comer a alguien más de lo normal.
sobreañadir *t.* Añadir más.
sobreasada *s. f.* Embutido grueso de carne de cerdo picada y sazonada con sal y pimiento molido. *Sobreasada mallorquina.*
sobrebota *s. f. Amér.* Polaina.
sobrecalentamiento *s. m.* Calentamiento intenso de un material o maquinaria. *El tráfico provocó el sobrecalentamiento del motor de varios autos.*
sobrecalentar *t.* y *pr.* Calentar demasiado. *La contaminación contribuye a que el planeta se sobrecaliente.*
sobrecama *s. f.* Pieza de tela que se pone en las camas como adorno para cubrir las sábanas y almohadas. *La sobrecama que hay en mi dormitorio es de tela floreada.*
sobreçaña *s. f.* Tumor óseo formado en las patas delanteras de las caballerías.
sobrecarda *s. f. Méx.* Abrir surcos en la milpa del maíz, cuando ya tiene medio metro, para permitir el desagüe.
sobrecarga *s. f.* Peso o carga más grande de lo normal. *El camión transportaba una sobrecarga de mercancía y por eso se volcó.*
sobrecargar *t.* Poner en algo más peso o carga de la que puede soportar. *Si sobrecargas la barca, se hundirá.*
sobrecargo *s. com.* Miembro de la tripulación de un avión o barco encargado de atender a los pasajeros o de cuidar el cargamento. *Las sobrecargos sirvieron café poco después del despegue.*
sobreceja *s. f.* Parte de la frente inmediata a las cejas.
sobreceño *s. m.* Ceño.
sobrecogedor, ra *adj.* Se refiere a lo que causa una impresión fuerte o sorprende. *Vi un programa de televisión que me pareció sobrecogedor.*
sobrecoger *t.* y *pr.* Tomar por sorpresa a alguien que está desprevenido. *El sonido de los cañones sobrecogió a los soldados.* || Sorprenderse o asustarse por algo. *El niño se sobrecogía cada vez que escuchaba los truenos de la tormenta.*
sobrecogimiento *s. m.* Emoción que se tiene al ser sorprendido o asustado por algo.
sobrecomprimir *t.* Mantener una presión normal en la cabina de un avión que vuela a gran altura.
sobrecubierta *s. f.* Segunda cubierta de una cosa. || Cubierta de papel que protege un libro.
sobredorado, da *adj.* Recubierto de una capa de oro.
sobredorar *t.* Recubrir con una capa de oro.
sobredosis *s. f.* Dosis mayor de la necesaria que se toma de un medicamento o de una droga. *Una sobredosis de píldoras para dormir puede causar la muerte.*
sobreedificar *t.* Construir sobre otra construcción.
sobreehtender *t.* y *pr.* Sobrentender.
sobreentendido, da *adj.* Que se sobrentiende, implícito.
sobreentrenamiento *s. m.* Entrenamiento excesivo.
sobreentrenar *t.* Entrenar con exceso a un deportista.
sobreesdrújulo, la *adj.* y *s.* Sobresdrújulo.
sobreestadía *s. f.* Sobrestadía.
sobreestimar *t.* Considerar algo o a alguien por encima de su verdadero valor. *Los Márquez sobreestimaban su casa y querían venderla muy cara.*
sobreexceder *t.* Sobrexceder.
sobreexcitación *t.* Sobrexcitación, excitación excesiva.
sobreexcitar *t.* Sobrexcitar.
sobreexplotación *s. f.* Acción y efecto de sobreexplotar.
sobreexplotar *t.* Abusar de un recurso natural.
sobreexponer *t.* Exponer más tiempo de lo debido una placa fotográfica.
sobreexposición *s. f.* Exposición excesiva de una placa fotográfica.
sobregirado, da *adj.* Se dice del cheque o de la orden de pago que sobrepasa el límite de los fondos disponibles en una cuenta. *El banco no paga los cheques sobregirados.*
sobregirar *t.* Sobrepasar el límite de los fondos de una cuenta bancaria al hacer un cheque o una orden de pago.
sobregiro *s. m.* Hecho de exceder un cheque o una orden de pago la cantidad de fondos de la que se dispone en una cuenta bancaria. *El sobregiro te costará una multa del banco.*
sobrehilado *s. m.* Puntadas en la orilla de una tela para que no se deshilache.
sobrehilar *t.* Dar puntadas en la orilla de una tela cortada para que no se deshilache.
sobrehílo *s. m.* Sobrehilado.
sobrehumano, na *adj.* Referido a lo que supera las fuerzas humanas.
sobrellenar *t.* Llenar demasiado o en abundancia.
sobrellevar *t.* Soportar una dificultad con paciencia. *El jefe tiene mal carácter pero ella lo sobrelleva.*
sobremanera *adv.* Muy o mucho más de lo normal.
sobremesa *s. f.* Tiempo después de comer que se está todavía en la mesa, charlando. *Durante la sobremesa conversaron sobre asuntos sin importancia.*
sobrenadar *intr.* Flotar.
sobrenatural *adj.* Se refiere a lo que no sigue las leyes de la naturaleza. *El protagonista del cuento tenía poderes sobrenaturales.*
sobrenombre *s. m.* Nombre usado para distinguir de manera especial a una persona que se llama de otra manera.
sobrentender *t.* Entender una cosa que no está expresa, pero que se deduce.
sobrepaga *s. f.* Cantidad que se añade al sueldo. *Recibió una sobrepaga por las horas extras que laboró.* || Aumento de paga.
sobrepasar *t.* Superar una cosa a otra en algún sentido. *El automóvil sobrepasa a la bicicleta en velocidad.*
sobrepelliz *s. f.* Vestidura blanca de lienzo que se pone el sacerdote sobre la sotana.
sobrepelo *s. m. Arg.* Sudadero del caballo.
sobrepeso *s. m.* Peso o carga más grande de lo normal. || Aumento de la grasa del cuerpo que hace que la persona tenga un peso superior al normal.
sobrepoblación *s. f.* Hecho de volverse excesiva una población humana o animal. *La sobrepoblación en las grandes ciudades es causa de múltiples problemas.*
sobreponer *t.* Poner una cosa encima de otra. || *fig.* Anteponer. *Debes sobreponer tu educación a cualquier otra actividad.* || *pr.* Dominar, ser superior a los obstáculos y adversidades.
sobreproducción *s. f.* Conjunto de cosas que se producen o se fabrican por encima de la cantidad normal. *Este año ha habido una sobreproducción de café.*
sobrepujar *t.* Aventajar, superar, exceder.
sobresaliente *adj.* Que sobresale. || *s. m.* Calificación máxima en los exámenes. *Obtener un sobresaliente.* || *s. com. fig.* Persona destinada a suplir la falta de otra, como un comediante, un torero.
sobresalir *intr.* Exceder una persona o cosa a otras en figura, tamaño, etc. *El niño sobresalía por su estatura.* || Ser más saliente, resaltar. *La cornisa sobresalía medio metro.* || *fig.* Destacarse o distinguirse por algo.
sobresaltar *t.* Asustar, dar miedo, acongojar, sobrecoger a uno repentinamente. || *intr.* Resaltar, destacarse.
sobresalto *s. m.* Sensación que proviene de un acontecimiento repentino. *Tener un sobresalto.* || Temor, susto repentino.
sobresaturación *s. f.* Obtención de una disolución más concentrada

que la que corresponde al punto de saturación.

sobresaturar *t.* Producir la sobresaturación.

sobresdrújulo, la *adj.* y *s.* En gramática, aplícase a las voces que llevan un acento en la sílaba anterior a la antepenúltima. *«Habiéndoseme» es una palabra sobresdrújula.*

sobreseer *intr.* Renunciar una persona a hacer una cosa. || Incumplir una obligación. || En derecho, dejar de tramitar una causa o un proceso. *El tribunal ha sobreseído el caso.*

sobreseimiento *s. m.* Acción y resultado de sobreseer.

sobrestadía *s. f.* Cada uno de los días de prórroga después del plazo fijado para cargar o descargar un buque. || Cantidad que cuesta esta demora.

sobrestante *s. m.* Técnico a cuyas órdenes trabaja un grupo de obreros y que a su vez realiza otro trabajo dirigido por un técnico superior.

sobrestimación *s. f.* Hecho de apreciar algo o a alguien más de lo que en realidad vale o merece. *La sobrestimación de las cualidades de su novio puede causarle desilusión.*

sobrestimar *t.* Apreciar algo o a alguien por encima de su valor. *Roberto sobrestimó las posibilidades del negocio.*

sobresueldo *s. m.* Gratificación. || Cantidad que se añade al sueldo usual o fijo. *Recibió un sobresueldo por ser fin de año.*

sobretasa *s. f.* Tasa suplementaria.

sobretensión *s. f.* En electricidad, aumento anormal de la tensión en un circuito eléctrico.

sobretiro *s. m.* Separata o impresión por separado de un artículo o capítulo de una revista o un libro.

sobretodo *s. m.* Prenda de vestir parecida a un saco grande y largo que se pone sobre el traje o el vestido. *En invierno Raúl usa un sobretodo para cubrirse del frío.*

sobrevenir *intr.* Ocurrir una cosa además o después de otra. || Suceder de improviso.

sobreviviente *adj.* y *s. com.* Superviviente.

sobrevivir *intr.* Vivir uno más que otro o después de un determinado suceso o plazo.

sobrevolar *t.* Volar sobre un lugar. *El helicóptero sobrevolaba en busca de los niños perdidos.*

sobrevuelo *s. m.* Acción de sobrevolar. *Realizaron un sobrevuelo en la zona afectada por las lluvias.*

sobrexceder *t.* Exceder, aventajar a otro.

sobrexcitación *s. f.* Excitación excesiva.

sobrexcitar *t.* Excitar más de lo normal. *Sobrexcitar los nervios.*

sobriedad *s. f.* Moderación.

sobrino, na *s.* Hijo o hija del hermano o hermana (sobrinos carnales) o del primo o la prima (sobrinos segundos).

sobrio, bria *adj.* Templado, moderado en comer y beber. *Un hombre sobrio.* || *fig.* Moderado. *Sobrio de palabras.* || Despejado de adornos superfluos. *Estilo sobrio.*

socaire *s. m.* En marinería, abrigo o defensa que ofrece una cosa en su lado opuesto a aquel de donde sopla el viento. || *loc.* ***Al socaire de:*** al abrigo de. *Estaba al socaire del peligro.*

socaliña *s. f.* Ardid o maña para sacar a uno lo que no está obligado a dar.

socaliñar *t.* Sacar a uno con socaliña una cosa.

socarrar *t.* Chamuscar, tostar superficialmente algo.

socarrón, rrona *adj.* y *s.* Burlón, malicioso. *Una sonrisa socarrona.* || Taimado, astuto.

socarronería *s. f.* Malicia, burla. || Astucia.

socava *s. f.* Excavación. || Hoyo al pie de un árbol para facilitar el riego.

socavación *s. f.* Excavación.

socavar *t.* Excavar, cavar. || Hacer un hueco por debajo de un terreno o dejándole en falso. *El agua socavó los cimientos.* || *fig.* Minar, debilitar. *Socavar los principios democráticos.*

socavón *s. m.* Excavación, hoyo en la ladera de un cerro o monte. || Hundimiento del suelo. *Los socavones de las calles.*

sochimecate *s. m.* Cuerda de flores que forma parte de un baile tradicional mexicano.

sociabilidad *s. f.* Condición de sociable.

sociable *adj.* Que gusta y busca la compañía de sus semejantes. *El hombre es un ser sociable.* || De trato amable. *Persona muy sociable.* || Fácil de tratar con él. *Hombre muy sociable.*

social *adj.* Relativo a la sociedad. *La vida social.* || Relativo a una compañía mercantil o sociedad. *Capital social; sede social.*

socialdemocracia *s. f.* En algunos países, movimiento o partido socialista de tendencia moderada o reformista.

socialdemócrata *adj.* Relativo a la socialdemocracia. || *s. com.* Partidario de ella.

socialismo *s. m.* Conjunto de ideas políticas que dan más importancia a los intereses colectivos que a los particulares. *El socialismo propone reducir la diferencia entre ricos y pobres.*

socialista *adj.* y *s. com.* Referido a la persona que es partidaria del socialismo.

socialización *s. f.* Proceso por el cual pasan a ser propiedad colectiva las instituciones que pertenecían a la propiedad privada. *La socialización de los hospitales ha beneficiado.*

socializar *t.* Poner al servicio del conjunto de la sociedad determinados medios de producción o de intercambio, desposeyendo a los propietarios mediante adquisición o expropiación por parte del Estado.

sociedad *s. f.* Reunión de hombres o de animales sometidos a leyes comunes. *Las sociedades primitivas.* || Medio humano en el que está integrada una persona. *Deberes para con la sociedad.* || Asociación de personas sometidas a un reglamento común, o dirigidas por convenciones tendentes a una actividad común o en defensa de sus intereses. *Sociedad literaria, deportiva.* || Reunión de personas formada por el conjunto de los seres humanos con quienes se convive. *Huir de la sociedad por misantropía.* || Conjunto de personas más distinguidas, afortunadas y de alta categoría social. *Pertenecer a la alta sociedad.* || Contrato por el que dos o más personas ponen en común ya sea capitales, ya sea capacidades industriales con objeto de alcanzar unos beneficios que se repartirán más tarde entre ellas. || Persona moral o entidad creada por este contrato. || *loc.* ***Sociedad anónima:*** la constituida por acciones transferibles y en las que la responsabilidad económica se limita al valor de dichas acciones. || ***Sociedad colectiva:*** la mercantil en la que los socios responden con el valor de las acciones y con su fortuna personal. || ***Sociedad comanditaria*** o ***en comandita:*** forma intermedia entre la anónima y la colectiva en que hay dos clases de socios, unos que poseen los mismos derechos y obligaciones que los de una sociedad colectiva y otros, denominados comanditarios, que tienen limitados los beneficios y la responsabilidad. || ***Sociedad comercial*** o ***mercantil:*** la formada con el fin de explotar un negocio. || ***Sociedad conyugal:*** la constituida por el marido y la esposa. || ***Sociedad de responsabilidad limitada:*** sociedad comanditaria.

socio, cia *s.* Miembro de una sociedad, de un club. *Socio capitalista, de una asociación deportiva, etc.* || *fam.* Individuo, persona. *¡Vaya un socio!*

socioeconómico, ca *adj.* Que se refiere a la sociedad considerada en términos económicos.

sociología *s. f.* Ciencia que estudia las sociedades humanas.

sociológico, ca *adj.* Relativo a la sociología.

sociólogo, ga *s.* Persona que estudia las sociedades humanas, sus problemas y relaciones.

socolar *t. Amér. C. Col.* y *Ecua.* Desmalezar un terreno.

soconusco *s. m.* Chocolate muy fino aromatizado con vainilla.
socorredor, ra *adj.* y *s.* Que socorre.
socorrer *t.* Ayudar a uno en un momento de peligro o necesidad. *Socorrer a los desvalidos.*
socorrido, da *adj.* Dispuesto a socorrer al prójimo. || *fam.* Común y trillado. *Argumento socorrido.* || Práctico. *Un traje muy socorrido.*
socorrismo *s. m.* Método para prestar los primeros auxilios en caso de accidente. *Curso de socorrismo.*
socorrista *s. com.* Miembro de una sociedad de socorrismo o diplomado en socorrismo.
socorro *s. m.* Ayuda, auxilio, asistencia prestada en un peligro, en caso de necesidad. || Lo que se da para ayudar o asistir. || Medio o métodos empleados para ayudar o asistir a una víctima o persona en peligro. || En milicia, refuerzo. || *loc.* ***Casa de socorro:*** clínica de urgencia donde se prestan los primeros cuidados. || ***¡Socorro!:*** ¡auxilio!
socrático, ca *adj.* Relativo a Sócrates. *Filosofía socrática.* || Que sigue las doctrinas de Sócrates. *Filósofo socrático.*
socratismo *s. m.* Conjunto de las doctrinas de Sócrates.
soda *s. f.* Agua efervescente que contiene una combinación de carbono y oxígeno. *La soda es una bebida gaseosa.*
sódico, ca *adj.* De sodio. *Cloruro sódico; sales sódicas.*
sodio *s. m.* Elemento químico, metal abundante en la corteza terrestre. Es de color blanco brillante, blando, muy ligero y con un punto de fusión muy bajo. Se utiliza para fabricar células fotoeléctricas y, aleado con plomo, como antidetonante de las gasolinas. Su número atómico es 11 y su símbolo *Na.*
sodomía *s. f.* Relación sexual entre personas del mismo sexo.
sodomita *adj.* y *s. com.* De Sodoma. || Homosexual.
soez *adj.* Se dice de lo que resulta grosero o de mal gusto. *Sus palabras soeces hicieron sonrojar de vergüenza a quienes lo escuchaban.*
sofá *s. m.* Asiento con respaldo y brazos para dos o más personas. || *loc.* ***Sofá cama:*** el que, llegado el momento, puede convertirse en cama.
sofisma *s. m.* Razonamiento con que se quiere defender lo que es falso. *Valerse de sofismas.*
sofista *adj.* y *s. com.* Que utiliza sofismas. || *s. m.* En la Grecia antigua, todo el que se dedicaba a la filosofía. Los más famosos fueron Protágoras y Gorgias.
sofisticación *s. f.* Afectación excesiva, falta de naturalidad.
sofisticado, da *adj.* Desprovisto de naturalidad, artificioso, afectado. *Una muchacha muy sofisticada.*
sofisticar *t.* Adulterar, falsificar con sofismas. || Quitar naturalidad a una persona a base de artificio.
sofístico, ca *adj.* Aparente, engañoso. || *s. f.* Escuela de los sofistas.
soflama *s. f.* Llama tenue o reverberación del fuego. || Bochorno, rubor en el rostro. || *fig.* Engaño. || Discurso, perorata, alocución.
sofocación *s. f.* Sentimiento ansioso de opresión que molesta la respiración. || *fig.* Enojo grande.
sofocante *adj.* Que sofoca.
sofocar *t.* Ahogar, impedir la respiración. *Un calor que sofoca.* || Apagar, dominar, extinguir. *Sofocar un incendio.* || *fig.* Avergonzar, abochornar. *Los sofocó con sus groserías.* || Acosar, importunar demasiado a uno. || Dominar, reducir. *Sofocar una rebelión.* || *pr.* Acalorarse, irritarse. *Se sofoca fácilmente.*
sofoco *s. m.* Sofocación. || Sensación de ahogo. || *fig.* Vergüenza, rubor. || Grave disgusto. *Dar, recibir un sofoco.*
sofocón *s. m.* o **sofoquina** *s. f. fam.* Disgusto grande.
sofreír *t.* Freír ligeramente.
sofrenar *t.* Reprimir el jinete a la caballería tirando violentamente de las riendas. || *fig.* Regañar enérgicamente. || Reprimir, refrenar una pasión.
sofrito *s. m.* Manjar sofrito.
software *s. m.* Conjunto de programas de una computadora. *El sistema operativo de una computadora forma parte del software.*
soga *s. f.* Cuerda gruesa y trenzada de esparto. || En arquitectura, parte de un sillar o ladrillo que queda al descubierto en el paramento de la fábrica. || *loc.* ***Estar con la soga al cuello:*** estar en situación apurada o amenazado de peligro.
soja o **soya** *s. f.* Planta de flores violetas o blancas, parecida al poroto o frijol, de cuyas semillas se obtienen aceite, harina y otros productos alimenticios. *En ese restaurante japonés sirven salsa de soja para aderezar los guisos.*
sojuzgador, ra *adj.* Que sojuzga.
sojuzgar *t.* Avasallar, dominar, mandar con violencia.
sol¹ *s. m.* Estrella luminosa, centro de un sistema planetario. *La Tierra gira alrededor del Sol.* || *fam.* Luz y calor que llega a la Tierra desde el Sol. *Paula puso a secar la ropa al sol.* || *fam.* Persona muy querida y amable. || *loc.* ***De sol a sol:*** todo el día. || ***No dejar a uno ni a sol ni a sombra:*** seguir sus pasos para conseguir lo que se pretende. || ***Más hermoso que un sol:*** muy bello.
sol² *s. m.* En música, quinta nota de la escala musical de «do».
solado *s. m.* Solería.
solador *s. m.* Persona que tiene por oficio enlosar o entarimar pisos.
solamente *adv.* Únicamente, y no más. *Me duele solamente la cabeza.*
solana *s. f.* Lugar en el que da el sol. || Galería para tomar el sol. || Sol fuerte. *Ahora hay mucha solana.*
solanáceo, a *adj.* y *s. f.* Dícese de las plantas con flores acampanadas y fruto en baya, como la tomatera, la patata, la berenjena, el pimiento y el tabaco. || *pl.* Familia que forman.
solanera *s. f.* Quemadura de sol. || Solana.
solano *s. m.* Viento que sopla de donde nace el sol. || Hierba mora, planta solanácea.
solapa *s. f.* Parte de la chaqueta o abrigo, junto al cuello, que se dobla hacia fuera. || Parte del sobre de carta que sirve para cerrarla. || Prolongación lateral de la sobrecubierta de un libro que se dobla hacia dentro. || Carterilla de un bolsillo. || *fig.* Disimulo.
solapado, da *adj.* Hipócrita.
solar¹ *adj.* Relativo al Sol y a la energía que proporciona. *Muchos procesos vitales de los animales y las plantas se realizan por la luz solar.* || *s. m.* Terreno en que está construido un edificio o en el que se va a construir algo. *Esos ladrillos en el solar son para construir la casa.*
solar² *t.* Revestir el suelo con ladrillos, losas u otro material. *Los albañiles solarán el piso de la casa la próxima semana.* || Ponerle suelas a los zapatos. *El zapatero sueló mis zapatos.*
solariego, ga *adj.* Del patrimonio familiar. *Casa solariega.*
solarium o **solario** *s. m.* Lugar habilitado para tomar el sol.
solaz *s. m.* Recreo, esparcimiento.
solazar *t.* Dar solaz, distraer, recrear. *Solazar a alguien con su compañía.*
solazo *s. m. fam.* Luz y calor del sol muy fuertes. *El solazo que había en la playa me quemó la piel.*
solcuate *s. m.* Serpiente venenosa de México.
soldada *s. f.* Sueldo, especialmente el haber del soldado.
soldadera *s. f. Méx.* Mujer que acompañaba a los soldados durante la Revolución Mexicana.
soldadesco, ca *adj.* De los soldados. || *s. f.* En milicia, ejercicio y profesión de soldado. || Conjunto de soldados, especialmente los que cometen desmanes.
soldadito *s. m.* Juguete de plomo que representa un soldado.
soldado *s. m.* Persona que sirve en el ejército, militar. || Militar sin graduación. *Soldado voluntario, bisoño.* || *fig.* Partidario, defensor, servidor.
soldador, ra *s.* Obrero que suelda. || Instrumento para soldar. *Soldador eléctrico.*
soldadura *s. f.* Modo de unión permanente de dos piezas metálicas o de determinados productos sintéti-

cos ejecutados por medios térmicos. *Soldadura autógena.* || Aleación fusible a baja temperatura, a base de estaño, utilizada para realizar la unión de dos metales. || Juntura de dos piezas soldadas.

soldar *t.* Unir por medio de una soldadura. || *pr.* Pegarse, unirse. *Soldarse dos huesos rotos.*

solear *t.* Poner al sol.

solecismo *s. m.* Vicio de dicción consistente en una falta de sintaxis o en el empleo incorrecto de una palabra o expresión.

soledad *s. f.* Vida solitaria; estado de una persona retirada del mundo o momentáneamente sola. || Lugar en que se vive alejado del trato de los hombres. || Sitio solitario, desierto. *En las soledades de la Pampa.* || *fig.* Estado de aislamiento. *Soledad moral.* || Pesadumbre y nostalgia por la ausencia, pérdida o muerte de alguien o algo queridos.

solemne *adj.* Celebrado públicamente con pompa o ceremonia. *Sesión solemne.* || Acompañado de actos públicos o por formalidades importantes. *Compromiso solemne.* || Enfático, grave, majestuoso. *Tono solemne.* || *fig.* Enorme, descomunal. *Ha dicho un solemne disparate.*

solemnidad *s. f.* Carácter solemne. || Acto solemne. *Celebrar una fiesta con solemnidad.* || Cada una de las formalidades de un acto solemne. *Solemnidad de un pacto.* || Gravedad. *La solemnidad del momento.* || Énfasis, majestuosidad.

solemnizar *t.* Celebrar de una manera solemne un suceso. *Solemnizar el nacimiento del primer hijo.* || Engrandecer, encarecer, aplaudir una cosa.

solenoide *s. m.* En física, circuito eléctrico consistente en un alambre arrollado en forma de hélice sobre un cilindro, uno de cuyos extremos vuelve hacia atrás en línea recta paralela al eje de la hélice.

sóleo *s. m.* Músculo de la pantorrilla unido a los gemelos por su parte inferior para formar el tendón de Aquiles.

soler *intr.* Acostumbrar (seres vivos). || Ser frecuente (hechos o cosas). *Suele llover en primavera.*

solera *s. f.* Viga. || Piedra plana que sirve de asiento. || Muela fija del molino que está fijada debajo de la volandera. || Suelo del horno. || Reserva, madre o lía del vino. || *fig.* Tradición familiar. *Un torero de solera.* || *Méx.* Ladrillo.

solería *s. f.* Material para solar. || Conjunto de baldosas que cubren el suelo de una casa.

soleta *s. f. Méx.* Galleta dulce de forma parecida a la suela de un zapato pero pequeña, es esponjosa y crujiente. *Las soletas pueden comerse solas o en algún postre.*

solfa *s. f.* Solfeo. || *fam.* Paliza. *Le dio una solfa monumental.*

solfatara *s. f.* En los terrenos volcánicos, abertura por la que se escapan vapores sulfurosos.

solfear *t.* Cantar marcando el compás y pronunciando el nombre de las notas. || *fam.* Dar una paliza.

solfeo *s. m.* Disciplina que constituye la base principal de la enseñanza de la música. || *fig.* y *fam.* Paliza.

solicitación *s. f.* Ruego insistente. || Tentación.

solicitante *adj.* y *s. com.* Que solicita.

solicitar *t.* Pedir una cosa con diligencia. *Solicitar un favor, una plaza.* || Hacer una solicitud para algo. || Requerir. *Está muy solicitado.* || Cortejar a una mujer. || Llamar la atención, atraer. || En física, atraer una o más fuerzas a un cuerpo.

solícito, ta *adj.* Cuidadoso, diligente. *Una madre muy solícita.* || Atento. *Mostrarse solícito con él.*

solicitud *s. f.* Diligencia o instancia cuidadosa. || Petición. || Escrito en que se solicita alguna cosa, instancia. *Una solicitud de gracia, de autorización,* etc.

solidaridad *s. f.* Circunstancia de ser solidario de un compromiso. || Adhesión circunstancial a la causa o empresa de otros. *Solidaridad con los perseguidos injustamente.* || Responsabilidad mutua.

solidario, ria *adj.* Aplícase a las obligaciones contraídas por varias personas de modo que deban cumplirse enteramente por cada una de ellas. *Compromiso solidario.* || Aplícase a la persona que ha adquirido este compromiso con relación a otra u otras. *El marido y la mujer son solidarios.* || Adherido a la causa, empresa u opinión de otro. *Solidario de una acción política.* || Dícese de una pieza de un mecanismo unida a otra de manera rígida.

solidarizar *t.* Hacer solidario. || *pr.* Unirse solidariamente con otros o con una actitud. *Solidarizarse con los huelguistas.*

solidez *s. f.* Calidad de sólido.

solidificación *s. f.* Paso del estado líquido o gaseoso al sólido.

solidificar *t.* Hacer pasar al estado sólido. *Solidificar un líquido, un gas.*

sólido, da *adj.* Firme, macizo, denso. *Cuerpos sólidos.* || Aplícase al cuerpo cuyas moléculas tienen entre sí mayor cohesión que la de los líquidos. *El fósforo es un cuerpo sólido.* || *fig.* Asentado, establecido con razones fundamentales. *Un argumento sólido.* || Fuerte, resistente. *Muro sólido.* || Firme, estable. *Terreno sólido.* || Inalterable, que no destiñe. *Colores sólidos.* || Vasto, grande. *Una sólida formación.* || *s. m.* En geometría, espacio limitado por superficies.

soliloquio *s. m.* Monólogo.

solio *s. m.* Trono con dosel propio de un soberano o príncipe o papa.

solípedo, da *adj.* y *s. m.* Dícese de los mamíferos ungulados que tienen el pie con un solo dedo o pezuña, como el caballo. || *pl.* Orden de estos animales.

solipsismo *s. m.* Doctrina idealista según la cual el sujeto no puede afirmar ninguna existencia excepto la suya propia como percepción o representación de su conciencia. || Estado mental de la persona que se encierra en sí misma y rehúye toda influencia exterior.

solipsista *adj.* y *s. com.* Del solipsismo filosófico. || Se aplica a la persona que padece solipsismo.

solista *s. com.* Músico o cantante que toca o canta una pieza musical solo, sin acompañamiento.

solitaria *s. f.* Gusano largo y plano que vive en el intestino de algunos animales y puede contagiarse al ser humano.

solitario, ria *adj.* y *s.* Se aplica al que está solo, sin compañía. *En toda la llanura un árbol grande y solitario daba su sombra generosa.* || Se refiere al lugar donde no hay gente o que no está habitado. *Después del ruido nocturno el bar permanece silencioso por la mañana.* || Se dice del que ama la soledad. *En esa casita en la montaña, vive un hombre solitario.* || *s. m.* Juego de baraja que puede jugar una sola persona. *Ya me cansé de jugar solitario, le hablaré a mi amigo para jugar con él.*

soliviantar *t.* Excitar el ánimo de una persona para inducirle a rebeldía. || Exasperar, indignar.

sollo *s. m.* Esturión, pez.

sollozar *intr.* Emitir sollozos.

sollozo *s. m.* Contracción del diafragma con emisión ruidosa de aire, que se produce al llorar. *Romper en sollozos.*

solo *s. m.* Composición musical que canta o toca una sola persona. *Ya casi empieza el solo de violín.*

sólo *adv.* Solamente, nada más. *Sólo faltan dos días para que empiecen las vacaciones.*

solo, la *adj.* Relativo a lo que es único en su especie y no hay otro igual. *En el florero hay una sola rosa.* || Se refiere a quien está sin compañía. *Rodrigo quiere estar solo para estudiar.* || Se aplica a algo a lo que no se le agrega nada. *A Carlos le gusta el pan solo.*

solomillo *s. m.* En los animales de consumo, carne que se extiende por entre las costillas y el lomo.

solsticio *s. m.* Época en que el Sol se halla en uno de los dos trópicos. *Solsticio de invierno.*

soltar *t.* Desatar, desceñir. *Soltar el cinturón.* || Dejar en libertad. *Soltar a* un prisionero. || Desasir lo que estaba sujeto. *Soltar la espada.* || Desprender. *Esta camisa ha soltado mucha mugre.* || Dar salida a lo que estaba detenido. *Soltar la barca.* || Ablandar, laxar. *Soltar el vientre.* || Iniciar, romper. *Soltó el llanto, la risa.* || Descifrar, resolver. *Soltar una dificultad.* || *fam.* Decir. *Soltar un juramento, un disparate.* || Asestar, propinar. *Le solté una bofetada.* || *pr.* Adquirir soltura en hacer algo. *El niño se está soltando en andar.* || Empezar a hablar. *Me estoy soltando en inglés.* || Despacharse, hacer algo sin ninguna retención. *Se soltó a su gusto.* || *loc.* ***No soltar prenda:*** no decir nada. || *fam.* ***Soltar la mosca:*** pagar. || || *fam.* ***Soltarse el pelo:*** a) Mostrar todo lo que uno es capaz de hacer; independizarse, hacer su santa voluntad. *Esta niña se soltó el pelo.* b) Animarse, quitarse los complejos. *El tímido Juanito se soltó el pelo en la fiesta.*

soltería *s. f.* Condición de soltero.

soltero, ra *adj.* Dícese de la persona que no se ha casado.

solterón, rona *adj.* Soltero ya entrado en años. *Mujer solterona.*

soltura *s. f.* Acción de soltar. || Agilidad, desenvoltura, prontitud. *Moverse con soltura.* || *fig.*, Descaro, desvergüenza. || Facilidad y claridad de dicción. *Soltura en el hablar.*

solubilidad *s. f.* Condición de soluble.

solubilizar *t.* Hacer soluble.

soluble *adj.* Que se puede disolver o desleír. *Sustancia soluble.* || *fig.* Que se puede resolver. *Problema soluble.*

solución *s. f.* Operación por la que un cuerpo se disuelve en un líquido, disolución. *Solución de ácido sulfúrico.* || Líquido que contiene un cuerpo disuelto. || Modo de resolver una dificultad. *No sé qué solución darle a este lío.* || Desenlace, conclusión. *La solución de un drama, de un proceso, de un asunto.* || En matemáticas, valor de las incógnitas en una ecuación. || Indicación de las operaciones que hay que efectuar sirviéndose de los datos de un problema para resolverlo. || Conjunto de estas operaciones. || *loc.* ***Solución de continuidad:*** interrupción.

solucionar *t.* Hallar la solución, resolver. *Solucionar un conflicto, un pleito, un problema.*

soluto *s. m.* En química, sustancia que se halla en disolución. *En un vaso de agua endulzada con azúcar, ésta es el soluto y el agua el solvente.*

solvencia *s. f.* Hecho de pagar una deuda. *La solvencia de la deuda debe hacerse antes de que termine el mes.* || Capacidad de pagar lo que se debe. *El banco no me prestó porque consideró que no tengo solvencia.*

solventar *t.* Dar solución a una dificultad. *Mauricio es capaz de solventar el problema.* || Pagar una deuda. *Yo no voy a solventar tus gastos.*

solvente *adj.* Se aplica a quien está libre de deudas o puede pagarlas. *Ese cliente tiene crédito en la tienda porque es una persona solvente.* || *s. m.* Sustancia líquida que sirve para deshacer o disolver otros materiales.

soma *s. m.* Cuerpo, por oposición a «espíritu» o «psique».

somalí *adj.* y *s. com.* De Somalia.

somático, ca *adj.* Perteneciente al cuerpo. *Células somáticas.*

somatología *s. f.* Estudio comparativo de la estructura y desarrollo del cuerpo humano.

sombra *s. f.* Falta de luz. *La casa se veía en sombras.* || Imagen oscura que proyecta un cuerpo del lado opuesto al que le llega la luz. *Si te colocas delante de la luz tu sombra me cubre.* || Nombre de algunos colores oscuros usados en pintura. *Éste es un retrato pintado a base de sombras.* || *loc.* ***A la sombra:*** en la cárcel. *Pedro estuvo a la sombra tres años.* || *fig.* ***Buena*** o ***mala sombra:*** gracia o poca gracia. || ***Hacer sombra a alguien:*** hacer que una persona pierda en estima por la comparación con otra. || *fam.* ***Meter a la sombra:*** meter en prisión. || ***Sombras chinescas*** o ***teatro de sombras:*** espectáculo teatral en que los personajes son siluetas negras fuertemente iluminadas por detrás, y que aparecen en una pantalla translúcida. *En el teatro de sombras sólo se ven las siluetas de figuras que se mueven detrás de la pantalla.*

sombreado, da *adj.* y *s. m.* Gradación del color en pintura.

sombreador, ra *adj.* Que sombrea o da sombra.

sombrear *t.* e *intr.* Dar o producir sombra. *Es muy agradable caminar bajo los árboles que sombrean el camino.* || Poner tonos oscuros a un dibujo para que dé la impresión de tener volumen. *El pintor sombreaba su dibujo utilizando un lápiz negro.* || Empezar a crecer el bigote o la barba. *Sergio tiene catorce años y ya le sombrea el bigote.*

sombrerazo *s. m.* Saludo consistente en quitarse el sombrero.

sombrerería *s. f.* Fábrica de sombreros. || Tienda en la que se venden. || Oficio de hacer sombreros.

sombrerero, ra *s.* Persona que hace sombreros o los vende. || *s. f.* Caja donde se guarda el sombrero.

sombrerete *s. m.* Sombrero pequeño. || Caperuza de algunos hongos. || Parte superior de una chimenea.

sombrerillo *s. m.* Parte superior de ciertos hongos. || Ombligo de Venus, planta crasulácea.

sombrero *s. m.* Prenda para cubrir la cabeza, compuesta de copa y ala. || Tejadillo que cubre el púlpito de la iglesia. || En botánica, sombrerillo de los hongos. || Privilegio que tenían los grandes de España de guardar puesto el sombrero ante el rey. || En marinería, parte superior del cabrestante formada por una pieza circular de madera. || Parte superior de ciertas piezas mecánicas. || *loc. fig.* y *fam.* ***Quitarse el sombrero:*** demostrar admiración. || ***Sombrero de copa:*** el de ala estrecha y copa alta casi cilíndrica usado en ceremonias solemnes. || ***Sombrero de jipijapa:*** el hecho con paja. || ***Sombrero hongo:*** el de copa redonda de fieltro duro.

sombrilla *s. f.* Objeto análogo al paraguas, destinado a protegerse de los rayos solares, quitasol.

sombrío, a *adj.* Aplícase al sitio poco iluminado. *Un lugar sombrío.* || *fig.* Melancólico, triste. *Aspecto sombrío.*

somero, ra *adj.* A poca profundidad. || *fig.* Poco detallado o profundo, superficial.

someter *t.* Reducir a la obediencia, sojuzgar. *Roma sometió a medio mundo.* || Proponer la elección, hacer enjuiciar a. *Someter un proyecto a alguien.* || Hacer que alguien o algo reciba cierta acción. *Someter a alguien a tratamiento médico.* || *pr.* Rendirse en un combate. || Ceder, conformarse. *Someterse a la decisión tomada.* || Recibir alguien determinada acción. *Someterse a una intervención quirúrgica.*

sometimiento *s. m.* Sumisión.

somier *s. m.* Bastidor metálico elástico para sostener el colchón de la cama.

sommelier *s. m.* Encargado de servicio del vino en un restaurante. || Sumiller, bodeguero.

somnambulismo *s. m.* Sonambulismo.

somnámbulo, la *adj.* y *s.* Sonámbulo.

somnífero, ra *adj.* Que causa sueño. *Abusar de los somníferos.* || *fig.* Muy aburrido.

somnolencia *s. f.* Pesadez, torpeza de los sentidos producida por el sueño. || *fig.* Amodorramiento, torpeza, falta de actividad.

somnoliento, ta *adj.* Soñoliento.

somorgujar *t.* Sumergir. || *intr.* Bucear.

somorgujo *s. m.* Ave palmípeda que mantiene la cabeza largo tiempo bajo el agua.

somoteño, ña *adj.* y *s.* De Somoto, ciudad de Nicaragua.

son *s. m.* Sonido agradable. *El son del violín.* || *fig.* Rumor de una cosa. *El son de la voz pública.* || Tenor o manera. *A este* (o *aquel*) *son.* || Motivo, pretexto. *Con este son.* || Tono, atmósfera. *En este mismo son transcurrió la fiesta.* || *loc. fig.* y *fam.* ***Bailar uno al son que le tocan:*** adaptarse a cualquier circunstancia. || ***En son de:*** en actitud de. *En son de guerra.* || ***Sin ton ni son:*** sin ningún motivo.

sonado, da *adj.* Famoso, célebre, renombrado. *Sonada victoria.* || Divulgado, de que se habla mucho. *Noticia sonada.*

sonador, ra *adj.* Que suena o hace ruido. || *s. m.* Pañuelo.

sonaja *s. f.* Par de chapas metálicas que, atravesadas por un alambre, se ponen en algunos juguetes o instrumentos músicos. || Sonajero.

sonajero *s. m.* Juguete con un mango que sostiene una esfera o cilindro cerrado en cuyo interior hay cascabeles. *El sonajero hace un ruido que distrae al bebé cuando está llorando.*

sonambulismo *s. m.* Estado histérico en el cual la persona anda a pesar de estar dormida natural o artificialmente.

sonámbulo, la *adj.* Dícese de la persona que, estando dormida, anda y ejecuta actos propios de una persona despierta.

sonante *adj.* Sonoro, que suena. || *loc.* ***Dinero sonante:*** metálico, dinero en monedas de metal.

sonar *t.* Tocar un instrumento o hacer que suene una cosa. *Sonar las campanas.* || Limpiar de mocos las narices. || *intr.* Causar un sonido. *Instrumento músico que suena bien* (o *mal*). || Pronunciarse, tener una letra valor fónico. *La «h» no suena.* || Mencionarse, citarse. *Su nombre suena en los medios literarios.* || Tener cierto aspecto, causar determinado efecto. *Todo eso suena a una vulgar estafa.* || Llegar, suceder. *Cuándo sonará el momento de la libertad.* || *fam.* Recordarse vagamente, decir algo, ser familiar. *No me suena ese apellido, esa cara.* || Dar. *Sonar las horas.*

sonar *s. m.* Aparato de detección submarino por medio de ondas ultrasonoras.

sonata *s. f.* Composición musical para instrumentos formada por tres o cuatro partes diferentes. *Mozart compuso sonatas muy hermosas.*

sonatina *s. f.* Composición musical para instrumentos, más corta que la sonata.

sonda *s. f.* Instrumento utilizado para medir las profundidades del agua en un lugar determinado y que da al mismo tiempo indicaciones de la naturaleza del fondo. *Sonda ultrasónica.* || Instrumento médico que se introduce en cualquier vía orgánica para evacuar el líquido que contiene, inyectar una sustancia medicamentosa o simplemente para explorar la región que se estudia. || Aparato de meteorología utilizado para la exploración vertical de la atmósfera. || Aparato con una gran barra metálica que se emplea para perforar a mucha profundidad en el suelo. *Con la sonda se inyecta lodo en las perforaciones petrolíferas.*

sondable *adj.* Que se puede sondar.

sondar *t.* Echar el escandallo o sonda al agua para averiguar la profundidad y explorar el fondo. || Averiguar la naturaleza del subsuelo. || Introducir en el cuerpo sondas o instrumentos para diversos fines.

sondear *t.* Sondar, explorar la profundidad del agua o del terreno. || *fig.* Tratar de conocer el pensamiento ajeno. || Tantear, estudiar las posibilidades. *Sondear un mercado.*

sondeo *s. m.* Acción de sondear el agua, el aire o el terreno. || *fig.* Procedimiento utilizado para conocer la opinión pública, las posibilidades de un mercado, etc.

sonero *s. m. Amér.* Músico que interpreta el son.

sonetista *s. com.* Autor de sonetos.

soneto *s. m.* Composición poética de catorce versos endecasílabos distribuidos en dos cuartetos y dos tercetos.

songo, ga *adj. Col.* y *Méx.* Tonto, taimado. || *s. f. Amér.* Ironía, burla. || *Méx.* Chocarrería.

songuero, ra *s. Méx.* Amigo de songas.

sonidista *s. com. Méx.* Persona que trabaja grabando sonidos. *El sonidista graba las voces, los ruidos y la música de un filme.*

sonido *s. m.* Sensación auditiva originada por una onda acústica. || Vibración acústica capaz de engendrar una sensación auditiva. || Cualquier emisión de voz, simple o articulada.

soniquete *s. m.* Sonsonete.

sonora *adj.* y *s.* Individuo de un pueblo que ocupaba el noroeste de México y el hoy suroeste de Estados Unidos de Norteamérica.

sonoridad *s. f.* Calidad de lo que es sonoro. || Propiedad que tienen ciertos cuerpos u objetos de producir sonidos intensos o de amplificar los sonidos.

sonórido, da *adj.* y *s.* Uno de los grupos en que suelen dividirse los indígenas pobladores de Sonora, en México.

sonorización *s. f.* Aumento de la potencia de los sonidos para mejorar su difusión. || Acción de poner sonido a una película cinematográfica. || Fenómeno fonético consistente en el paso de una consonante a una sonora.

sonorizar *t.* Instalar un equipo amplificador de sonidos. || Poner el sonido. *Sonorizar una película.* || Convertir una consonante sorda en sonora.

sonoro, ra *adj.* Que produce un sonido. *Instrumento sonoro.* || Que causa un sonido. *Golpes sonoros.* || Que tiene un sonido intenso. *Voz sonora.* || Que resuena. *Iglesia sonora.* || Dícese de cualquier fonema que hace vibrar las cuerdas vocales para articularlo. || *loc.* ***Banda sonora:*** zona de la cinta cinematográfica en la que va grabado el sonido. || ***Cine sonoro:*** el hablado; posible gracias al montaje de una banda sonora.

sonreír *intr.* Reírse levemente y sin ruido. *Sonreír irónicamente.* || *fig.* Tener aspecto agradable y atractivo. || Favorecer. *Si la fortuna me sonríe.*

sonriente *adj.* Que sonríe.

sonrisa *s. f.* Esbozo de risa, acción de sonreírse.

sonrojar *t.* Ruborizar, hacer salir los colores al rostro. *Sonrojar de vergüenza.*

sonrojo *s. m.* Vergüenza, rubor.

sonrosado, da *adj.* De color rosado. *Rostro sonrosado.*

sonsacador, ra *adj.* y *s.* Se aplica a quien consigue algo con maña y disimulo. *Eres un sonsacador y quieres que te diga el secreto que me contaron.*

sonsacar *t.* Lograr de alguien algo con cierta insistencia. *Le sonsacó todo lo que quería.* || Hacer que alguien diga o haga lo que uno quiere. *Me sonsacó la verdad completa.* || Atraer a un empleado o servidor de otra persona para hacer lo que uno quiere.

sonsera *s. f. Amér.* Tontería.

sonso, sa *adj.* y *s. Amér.* Tonto.

sonsonete *s. m.* Sonido repetido y monótono. *Traigo el sonsonete de esa canción pero no recuerdo el título.*

soñador, ra *adj.* y *s.* Que sueña mucho. || *fig.* y *fam.* Que cuenta mentiras o las cree fácilmente. || *fig.* Que imagina cosas fantásticas reñidas con la realidad.

soñar *t.* Ver en sueño. *Soñé que habías venido.* || Imaginar, figurarse. *Nunca dije eso, usted lo soñó.* || *intr.* Pensar cosas cuando se duerme. *Soñé que me casaba.* || *fig.* Estar distraído, dejar vagar la imaginación. *Siempre está soñando durante las clases.* || Pensar, reflexionar con tranquilidad. *En la vida hay que dejar un cierto tiempo para soñar.* || Decir cosas poco juiciosas, extravagantes. *Usted sueña cuando habla de paz universal.* || Desear con ardor. *Sueño con un futuro mejor.* || *loc.* ***¡Ni lo sueñe!:*** ¡ni pensarlo! || *fig.* ***Soñar con los angelitos:*** dormir plácidamente. || ***Soñar despierto:*** imaginar como existente lo que en realidad es irreal.

soñolencia *s. f.* Somnolencia.

soñoliento, ta *adj.* Presa del sueño o que dormita. || Que causa sueño o adormece. || *fig.* Lento o perezoso.

sopa *s. f.* Pedazo de pan empapado en cualquier líquido. || Guiso consistente en un caldo alimenticio en el que figuran trozos de pan o arroz, fideos, féculas, pastas, etc. || Comida que se da a los mendigos en los conventos, cuarteles y colegios. || *pl.* Trozos o rebanadas de pan que se echan en la sopa. || *loc.* ***Encontrarse a uno hasta en la sopa:*** verlo en to-

das partes. || ***Estar como una sopa:*** estar muy mojado.
sopaipilla *s. f. Arg. Bol.* y *Chil.* Tortilla delgada de harina.
sopapear *t.* Dar golpes sobre la cara con la mano abierta.
sopapo *s. m.* Golpe dado entre la barbilla y la nariz con la mano abierta.
sopar o **sopear** *t.* Echar trozos de pan en la leche, caldo, etc.
sope *s. m. Méx.* Tortilla de maíz gruesa cubierta con algún guiso, crema, salsa picante y queso.
sopear *t.* Mojar el pan en la leche o en otro líquido. *Felipe sopea su galleta en el café con leche.*
sopero, ra *adj.* y *s.* Hondo. *Plato sopero.* || *s. f.* Recipiente para servir la sopa.
sopesar *t.* Levantar una cosa para calcular su peso. || *fig.* Valorar, calcular las dificultades. *Sopesar el pro y el contra.*
sopetear *t.* Mojar repetidamente el pan en el caldo o salsa.
sopetón *s. m.* Golpe fuerte dado con la mano. || *loc.* ***De sopetón:*** de repente.
sopicaldo *s. m.* Caldo claro.
sopitipando *s. m. fam.* Soponcio.
soplado, da *adj. fig.* y *fam.* Demasiado compuesto o pulido. || Engreído, estirado. || Borracho. || *s. m.* Operación de soplar el vidrio. || En minería, cavidad profunda del terreno.
soplador, ra *adj.* Que sopla. || *s. m.* Soplillo. || Operario que sopla el vidrio.
soplamocos *s. m. fig.* y *fam.* Golpe dado en las narices, bofetada.
soplar *t.* Dirigir el soplo hacia una cosa para activar, apagar, llenar de aire. *Soplar el fuego, una vela.* || Apartar con el soplo. *Soplar el polvo.* || Dar forma al vidrio mediante el aire expelido por la boca. || *fig.* Inspirar. *Soplado por las musas.* || *fig.* Apuntar. *Soplar a los compañeros lo que tienen que decir.* || Dar. *Le sopló un par de bofetadas.* || Comerse una pieza del contrario en las damas cuando ésta no hizo lo propio con una que tenía a su alcance. || *fig.* y *fam.* Hurtar, birlar, quitar. *Le sopló la cartera.* || Denunciar, acusar. *Soplar el nombre del criminal a la policía.* || *intr.* Echar el aire por la boca o por un fuelle con cierta fuerza. || Correr. *El viento sopla.* || *loc. fam.* ***¡Cómo sopla!:*** ¡cómo come o bebe! || *pr.* Comer o beber en abundancia. *Me soplé un pollo, una garrafa de vino, de agua.*
soplete *s. m.* Aparato que produce una llama al hacer pasar una mezcla de aire o de oxígeno y un gas inflamable por un tubo. *Soplete oxhídrico.*
soplido *s. m.* Soplo.
soplillo *s. m.* Instrumento que sirve para remover o echar aire.
soplo *s. m.* Viento que se produce al echar aire por la boca. || Movimiento del aire. || Sonido mecánico u orgánico parecido al producido por la respiración o por un fuelle. *Soplo del corazón.* || *fig.* Inspiración. *Los soplos de la Providencia.* || Momento, instante. *Llegó en un soplo.* || Denuncia, delación. || *loc.* ***Dar el soplo:*** delatar.
soplón, plona *adj. fam.* Que acusa en secreto. *Un niño soplón.* || *s. fam.* Delator. || *Méx.* Gendarme.
soplonear *intr. fam.* Delatar.
soponcio *s. m. fam.* Pérdida de la conciencia a causa de un susto o de una impresión fuerte.
sopor *s. m.* Adormecimiento, somnolencia. *Un profundo sopor.*
soporífero, ra o **soporífico, ca** *adj.* Que incita al sueño o lo causa. || *fig.* y *fam.* Pesado, aburrido. *Fue una película soporífica.* || *s. m.* Somnífero, medicamento que hace dormir.
soportable *adj.* Tolerable.
soportal *s. m.* Pórtico en la entrada de algunas casas. || *pl.* Arcadas, espacio cubierto en una calle o plaza a lo largo de las fachadas de los edificios. *Los soportales de la Plaza Mayor de Madrid.*
soportar *t.* Sostener por debajo, llevar la carga de. *Pilares que soportan un edificio.* || *fig.* Tener a su cargo. *Soportar una responsabilidad.* || Sobrellevar, resistir, sufrir. *Soportó valientemente su desgracia.* || Resistir, aguantar. *Tendré que soportar el frío.* || Tolerar, admitir. *No soporto ese olor nauseabundo.* || *pr.* Tolerarse. *Se soportan mutuamente.*
soporte *s. m.* Apoyo que sostiene por debajo. || Pieza, en un aparato mecánico, destinada a sostener un órgano en la posición de trabajo. || *fig.* Lo que sirve para dar una realidad concreta. *Estos son los soportes de su doctrina.*
soprano *s. com.* Voz más aguda entre los humanos que corresponde a la más alta de las mujeres o niños. || Cantante que tiene esta voz. *Soprano lírica.*
soquete *s. m. Arg. Chil. Py.* y *Uy.* Prenda de vestir que cubre el pie hasta el tobillo.
sor *s. f.* Hermana religiosa (úsase sólo como tratamiento). *Sor Juana Inés de la Cruz.*
sorber *t.* Beber aspirando. *Sorber huevos.* || Aspirar con la nariz. || Absorber, chupar. || *loc. fig.* y *fam.* ***Sorber el seso a uno:*** tenerlo muy enamorado.
sorbete *s. m.* Helado.
sorbo *s. m.* Líquido que se bebe de una vez. *Un sorbo de café.* || Cantidad pequeña de líquido.
sordera *s. f.* Privación o disminución del sentido del oído. *Sordera parcial.*
sordidez *s. f.* Miseria, suciedad. || Tacañería, avaricia.
sórdido, da *adj.* Miserable y sucio, repugnante. *Vivienda sórdida.* || *fig.* Vil, bajo, mezquino.
sordina *s. f.* Nombre dado a determinados recursos mecánicos de diferentes tipos que sirven para amortiguar el sonido de un instrumento.
sordo, da *adj.* Que tiene el sentido del oído más o menos atrofiado. || Que no quiere comprender. *¿Está usted sordo?* || Dícese de aquello cuyo sonido está apagado. *Ruido, voz, golpe sordo.* || *fig.* Que no quiere hacer caso, insensible a. *Sordos a nuestras súplicas.* || Que se verifica secretamente, sin manifestaciones exteriores. *Guerra sorda entre los dos clanes.* || Dícese de un fonema cuya emisión no hace vibrar las cuerdas vocales. *Las consonantes sordas son «p», «z», «s», «k», «c», «q» y «j».* || *loc. fig.* ***Hacerse el sordo:*** no querer escuchar ni comprender. || ***Más sordo que una tapia:*** muy sordo. || ***No hay peor sordo que el que no quiere oír:*** es mucho más difícil hacerse comprender por una persona que no quiere mantener ninguna clase de diálogo que por uno que sea verdaderamente sordo.
sordomudez *s. f.* Calidad de sordomudo.
sordomudo, da *adj.* y *s.* El mudo por ser sordo de nacimiento.
sorgo *s. m.* Gramínacea parecida al maíz.
soriano, na *adj.* y *s.* De Soria, provincia de España.
sorna *s. f.* Tono burlón al hablar.
sorocharse *pr. Amér.* Tener soroche. || *Chil.* Ruborizarse.
soroche *s. m. Amér. Merid.* Dificultad para respirar que se siente en ciertos lugares elevados.
sorprendente *adj.* Asombroso.
sorprender *t.* Coger en el momento de verificar un hecho. *Sorprendí al atracador.* || Ocurrir inesperadamente. *La sorprendió la noche mientras viajaba.* || Asombrar. *Todo me sorprende este día.* || Descubrir inopinadamente o por artificio. *Sorprendido por un secreto.*
sorprendido, da *adj.* Cogido de improviso.
sorpresa *s. f.* Impresión producida por algo que no se esperaba. || Asombro, sentimiento experimentado al ser sorprendido. *Pasados los momentos de sorpresa.* || Gusto inesperado que se le da a alguien. *Le voy a dar una gran sorpresa.* || Operación de guerra que coge al enemigo desprevenido. || Haba que se pone en la rosca de Reyes.
sorpresivo, va *adj. Amér.* Sorprendente, imprevisto.
sorrascar *t. Méx.* Asar carne a medias sobre brasas.
sortear *t.* Hacer un sorteo. *Sortearon los premios.* || *fig.* Evitar, esquivar. *Sortear las dificultades.* || Driblar, regatear en deportes.

sorteo *s. m.* Acción de sacar los números en una lotería. || Procedimiento utilizado antiguamente para designar los quintos que habían de hacer el servicio militar.
sortija *s. f.* Aro de metal, generalmente precioso, que se pone como adorno en cualquier dedo. || Ejercicio de destreza que consiste en ensartar en una vara, corriendo a caballo, una sortija pendiente de una cinta. *Correr sortija.*
sortilegio *s. m.* Adivinación de los hechiceros. || *fig.* Magia, hechicería. || Atractivo, seducción, embrujo. *El sortilegio de sus ojos.*
sosa *s. f.* Hidróxido de sodio. *La sosa se utiliza para limpiar el alcantarillado.*
sosaina *s. com. fam.* Soso.
sosegado, da *adj.* Tranquilo.
sosegar *t.* Aplacar, pacificar. *Sosegar los ánimos.* || *fig.* Aquietar el espíritu. || *intr.* Descansar, reposar.
sosera o **sosería** *s. f.* Cosa que no tiene gracia, insulsa.
sosia o **sosias** *s. m.* Persona muy parecida a otra.
sosiego *s. m.* Quietud, tranquilidad, serenidad, calma.
soslayar *t.* Evitar una dificultad.
soslayo *loc.* **De soslayo:** De costado, de manera oblicua. *La joven miró de soslayo a Ricardo.*
soso, sa *adj.* y *s.* Se refiere a lo que le falta sal o sabor. *Este caldo de pollo está soso.* || Aplicado a lo que no tiene gracia. *Ese hombre tiene una conversación muy sosa.*
sospecha *s. f.* Opinión poco favorable respecto a una persona. *Conducta exenta de sospechas.* || Simple conjetura, idea vaga, indicio. *Tener sospechas.*
sospechar *t.* Tener la creencia de que alguien sea el autor de un delito. *Todo el vecindario sospechaba de él.* || Creer, tener indicios. *Sospecho que Pedro miente.* || Imaginar. *No sospechaba su gran iniquidad.*
sospechoso, sa *adj.* Que da lugar a sospechas. || Que no es de fiar.
sosquil *s. m. Méx.* Fibra del henequén.
sostén *s. m.* Persona o cosa que sujeta, apoya o mantiene algo. *La columna es el sostén del techo.* || Prenda interior femenina que se usa para sujetar y cubrir el pecho.
sostenedor, ra *adj.* y *s.* Que sostiene. || Defensor. *Sostenedor de la fe, de un ideal.*
sostener *t.* y *pr.* Sujetar a alguien o algo para impedir que caiga. *Al cruzar el río, su mamá lo sostuvo de la mano.* || Defender con firmeza una posición o idea. *Sostengo mi opinión de que es mala idea.* || Mantener en lo económico. *No tiene a nadie que la sostenga.*
sostenido, da *adj.* Se refiere a la nota musical con entonación que es un semitono más alta que la de su sonido natural. *El re sostenido es un poco más agudo que el re natural.* || Se dice de lo que dura mucho. *Rafael puede correr durante una hora a velocidad sostenida.* || *s. m.* Signo que indica que una nota musical es un semitono más alta que la de su sonido natural. *En música, el sostenido se indica con el signo #.*
sostenimiento *s. m.* Sostén. || Mantenimiento. *Sostenimiento de una opinión, de una tesis.* || Alimentación, manutención.
sota *s. f.* Décima carta de la baraja española que tiene la figura de un paje.
sotabanco *s. m.* Alojamiento que se encuentra encima de la cornisa general de la casa. || Serie de ladrillos encima de la cornisa para levantar los arranques de un arco o bóveda.
sotabarba *s. f.* Papada. || Barba por debajo del mentón.
sotana *s. f.* Vestidura de los eclesiásticos. || *fam.* Zurra.
sótano *s. m.* Parte subterránea de un edificio, entre los cimientos.
sotavento *s. m.* Costado de la nave opuesto al barlovento, es decir, en la parte opuesta al lado de donde viene el viento.
sotechado *s. m.* Cobertizo.
soterraño, ña o **soterrado, da** *adj.* Oculto, enterrado. *Un recuerdo soterrado.*
soterrar *t.* Meter debajo de la tierra. *Osvaldo cavó un hoyo para soterrar un poste.* || Esconder una cosa.
soto *s. m.* Arboleda en las orillas de un río. || Terreno lleno de matas y árboles, monte bajo.
sotol *s. m. Méx.* Especie de palma. || *Méx.* Aguardiente obtenido de esta planta.
sotole *s. m. Méx.* Palma gruesa que se emplea para fabricar chozas.
sotreta *s. m. Arg. y Uy.* Rocín, matalón. || Individuo inútil.
soufflé *adj.* Dícese de un plato de consistencia esponjosa preparado en el horno.
soviet *s. m.* Consejo de los delegados de obreros, campesinos y soldados en la ex Unión Soviética.
soya *s. f.* Soja.
spaghetti *s. m.* Espagueti.
spray *s. m.* Envase para líquidos que en su parte superior tiene un botón para permitir la salida del líquido mezclado con un gas a presión. *El líquido sale del spray en forma de nube de gotas pequeñísimas.*
stand *s. m.* En una exposición, feria, etc., sitio reservado a los expositores.
standard *s. m.* Estándar.
standardización *s. f.* Estandarización.
standardizar *t.* Estandarizar.
sténcil *s. m.* Cliché para copias múltiples.
stock *s. m.* Existencias, cantidad de mercancías en depósito.
stradivarius *s. m.* Violín fabricado por Stradivarius.
stupa *s. m.* Monumento funerario de origen indio.
su, sus Adjetivo posesivo de la tercera persona singular y plural. Esta forma es apócope de «suyo», «suyos» y se emplea sólo cuando precede al nombre. *Su vestido es de color amarillo.*
suasorio, ria *adj.* Que persuade, propio para persuadir.
suato, ta *adj. Méx.* Tonto.
suave *adj.* Se aplica a lo que es liso y blando al tacto. *El terciopelo es una tela suave.* || Referido a lo que resulta agradable. *La luz de la vela es más suave que la luz eléctrica.* || Se dice de lo que no opone resistencia. *Al bailar, mueve tu mano de manera suave.*
suavidad *s. f.* Calidad de aquello que al tocarse resulta liso y blando. *La suavidad de la seda contrasta con la aspereza de la lana.* || Característica que hace que algo resulte agradable. *La suavidad de esta pieza musical invita a relajarse y descansar.*
suavizador, ra *adj.* Que suaviza. || *s. m.* Cuero con que se suaviza el filo de las navajas y cuchillas de afeitar.
suavizante *adj.* Se refiere a lo que hace que algo pierda su aspereza. || *s. m.* Producto que se usa para remojar la ropa después de lavarla con jabón, para que ésta quede blanda al tacto y más fácil de planchar.
suavizar *t.* y *pr.* Hacer liso algo áspero. *Con un papel de lija, Federico suavizó la superficie de la madera.* || Hacer blando algo duro. *Suavicé este trozo de cuero frotándolo contra un palo.*
suba *s. f. Arg. Chil. Py. Per.* y *Uy.* Alza, subida de precios.
subacuático, ca *adj.* Que ocurre o se realiza debajo del agua. *La fotografía subacuática es una actividad apasionante.*
subafluente *s. m.* Corriente de agua que desemboca en un afluente.
subalimentación *s. f.* Situación en que los alimentos que se ingieren son insuficientes en cantidad o calidad. *La subalimentación provoca serios trastornos del crecimiento.*
subalpino, na *adj.* En las faldas de los Alpes.
subalterno, na *adj.* Inferior, subordinado, que depende de otro. *Personal subalterno.* || Secundario. *Cuestión subalterna.* || En milicia, de servicios auxiliares.
subarrendador, ra *s.* Persona que subarrienda algo.
subarrendar *t.* Dar o tomar en arriendo una cosa de manos de otro arrendatario de ella, realquilar.
subarrendatario, ria *s.* Persona que toma algo en subarriendo.

subarriendo *s. m.* Contrato por el que se subarrienda algo. || Precio en que se hace.

subasta *s. f.* Procedimiento de venta pública en la que el adjudicatario es el mejor postor. *Sacar a pública subasta.* || Contrata pública ofrecida al candidato que haga la oferta más ventajosa.

subastar *t.* Vender u ofrecer una contrata en pública subasta.

subatómico, ca *adj.* Referido a las partículas que integran el átomo.

subcampeón, peona *adj.* y *s.* Se aplica al deportista o al equipo que obtiene el segundo lugar en una competencia. *El subcampeón olímpico gana la medalla de plata.*

subclase *s. f.* Categoría de clasificación de animales o plantas ubicada entre la clase y el orden.

subcomisión *s. f.* Grupo de individuos de una comisión con cometido especial. *Una subcomisión parlamentaria.*

subconjunto *s. m.* En matemáticas, conjunto que tiene la característica de que todos sus elementos pertenecen a otro conjunto mayor. *El conjunto de los números pares es un subconjunto de los números naturales.*

subconsciencia *s. f.* Estado de la conciencia en que la persona no se da cuenta de ciertas percepciones y estímulos que recibe. *Los instintos pertenecen al mundo de la subconsciencia del ser humano.*

subconsciente *adj.* y *s. m.* Conjunto de contenidos de la mente que no están presentes en la conciencia de la persona. *El psicoanálisis explora el subconsciente humano.*

subcostal *adj.* Que está debajo de las costillas. *Músculo subcostal.*

subcultura *s. f.* Parte de una cultura que tiene características propias como el lenguaje, la moda o las normas sociales, que la distinguen de la totalidad, y que suele originarse en grupos minoritarios.

subcutáneo, a *adj.* Se refiere a lo que está, se introduce o se desarrolla debajo de la piel. *Esta inyección es de aplicación subcutánea.*

subdelegación *s. f.* Distrito, oficina y empleo del subdelegado. *Subdelegación de Hacienda.*

subdelegado, da *adj.* y *s.* Que sirve inmediatamente a las órdenes del delegado o lo sustituye.

subdelegar *t.* En derecho, trasladar o dar el delegado su jurisdicción a otro.

subdesarrollado, da *adj.* Dícese del país o de la región caracterizado por el bajo nivel de vida originado por la escasa explotación de los recursos naturales y la insuficiencia de las industrias y del transporte.

subdesarrollado, da *adj.* Se aplica a los países o zonas del mundo que no tienen muchos recursos económicos ni grandes industrias.

subdesarrollo *s. m.* Falta de desarrollo o crecimiento. *El subdesarrollo de algunos niños se debe a la falta de alimentación.* || Situación de atraso y pobreza en que viven algunas zonas del mundo.

subdirección *s. f.* Cargo del subdirector y oficina en que despacha.

subdirector, ra *s.* Persona que sustituye y ayuda a quien dirige una empresa, una escuela o alguna organización. *Cuando el director no está, el subdirector tiene la máxima autoridad.*

súbdito, ta *adj.* y *s.* Sujeto a una autoridad soberana con obligación de obedecerla. *Los súbditos de un rey.* || *s.* Natural o ciudadano de un país.

subdividir *t.* Dividir lo ya dividido.

subdivisión *s. f.* Acción y efecto de subdividir o subdividirse. || Cada parte que resulta.

subempleado, da *adj.* Se aplica a la persona que tiene poco trabajo o que, debido a la falta de oportunidades de empleo, ocupa un puesto inferior al que le correspondería.

subempleo *s. m.* Falta o escasez de trabajo para la población que está en edad de trabajar.

súber *s. m.* Corteza del alcornoque, corcho. || Corteza de cualquier árbol.

suberificarse *pr.* Transformarse en súber.

subespecie *s. f.* Grupo resultado de la división de una especie.

subestación *s. f.* Conjunto de la instalación y los aparatos destinados a la alimentación de una red de distribución de energía eléctrica.

subestimar *t.* y *pr.* Estimar a alguien o algo en menos de lo que vale. *El boxeador subestimó a su contrario y perdió la pelea.*

subgénero *s. m.* Cada uno de los grupos taxonómicos en que se dividen los géneros de plantas y animales.

subibaja o **sube y baja** *s. m.* Barra larga de metal o madera que está apoyada en el centro sobre un soporte y que se mueve de arriba hacia abajo cuando dos personas se sientan cada una en un extremo.

subida *s. f.* Ascensión. *La subida de una montaña.* || Camino que va subiendo, cuesta. || *fig.* Alza. *Subida de precios, de valores.*

subido, da *adj. fig.* Muy vivo. *Rojo subido.* || Muy fuerte. *Olor subido.* || Muy elevado. *Precio subido.* || *loc.* ***Subido de tono:*** impertinente, atrevido.

subíndice *s. m.* En matemáticas, letra o número que, colocado bajo un símbolo, lo completa.

subinspector, ra *s. m.* Jefe inmediato después del inspector.

subir *t.* Recorrer de abajo arriba. *Subir una escalera, una cuesta.* || Llevar a un lugar más alto. *Subir una maleta al desván.* || Poner un poco más arriba. *Subir en la pared un cuadro.* || Poner más alto. *Subir el sonido de la radio.* || Dar más fuerza o vigor. *Subir los colores.* || Aumentar. *La empresa subió los salarios.* || Levantar. *Subir los hombros.* || Aumentar la altura de un líquido. *Subir el termómetro agitándolo.* || *intr.* Ascender, ir de un lugar a otro más alto. *Subir al quinto piso, a un árbol, en una silla.* || Montar en un vehículo, en un animal. *Subir en un avión, en un caballo.* || *fig.* Ascender, alcanzar una categoría más alta. *Subir en el escalafón.* || Elevarse. *Avión que sube muy alto.* || Ser superior de nivel. *El río sube; la fiebre sube.* || Incrementarse, acrecentarse. *La curiosidad de todo el mundo subía.* || Aumentar. *Subieron los precios, el sueldo.* || Alcanzar, importar, elevarse. *La cuenta subió más de lo que creía.*

súbito, ta *adj.* Inesperado, imprevisto, repentino. *Ataque súbito.* || Impulsivo. *Carácter súbito.*

subjefe, fa *s.* Segundo jefe.

subjetividad *s. f.* Lo que hace que alguien sólo tenga en cuenta los hechos desde un punto de vista personal. *Un buen juez debe evitar la subjetividad para actuar de manera justa.*

subjetivismo *s. m.* Actitud subjetiva. *Asumir un subjetivismo extremo impide buscar el bien común.* || Doctrina o actitud filosófica según la cual la realidad se ofrece al sujeto como producto de su propio pensamiento, del cual emana el único criterio de verdad.

subjetivista *adj.* Del subjetivismo. || *s. com.* Partidario del subjetivismo.

subjetivización *s. f.* Hecho de interpretar las cosas de manera afectiva y de transformar los fenómenos en personales y subjetivos.

subjetivizar *t.* y *pr.* Dar carácter subjetivo a algo. || Tomar algo carácter subjetivo.

subjetivo, va *adj.* Relativo a la propia forma de pensar o sentir. *Su narración fue bastante subjetiva.*

subjuntivo, va *adj.* y *s.* Se aplica al modo del verbo que sirve para formar oraciones que expresan duda, deseo o posibilidad. *En la oración «deseo que seas feliz», «seas» es el presente de subjuntivo del verbo «ser».*

sublevación *s. f.* o **sublevamiento** *s. m.* Desacato violento de la ley o contra la autoridad constituida.

sublevado, da *adj.* Insubordinado, insurrecto. *Los sublevados se rindieron a la autoridad.*

sublevar *t.* Alzar en sedición o motín. *Sublevar a las tropas, al pueblo.* || *fig.* Excitar indignación o protesta. *Esta injusticia me subleva.* || *pr.* Alzarse en rebelión. *Las tropas se sublevaron.*

sublimación *s. f.* Acción y efecto de sublimar. *Sublimación química.*
sublimado *s. m.* Producto químico obtenido por sublimación.
sublimar *t.* Engrandecer, exaltar, ensalzar o poner en alto. *Sublimar el amor a la patria.* || En química, volatilizar un cuerpo sólido, sin pasar por el estado líquido, o viceversa. *Sublimar arsénico, alcanfor.*
sublime *adj.* Excelso, eminente.
sublimidad *s. f.* Condición de sublime.
sublingual *adj.* Debajo de la lengua. *Glándula sublingual.*
submarinista *s. com.* Tripulante de un submarino.
submarino, na *adj.* Que está o se desarrolla debajo de la superficie del mar. *Fauna, flora submarina.* || *s. m.* Embarcación capaz de navegar bajo el agua. *El submarino de Monturiol se llamaba «el Ictíneo».*
submaxilar *adj.* Bajo la mandíbula inferior. *Ganglio submaxilar.*
submúltiplo, pla *adj.* Aplícase al número contenido exactamente en otro dos o más veces. *4 es submúltiplo de 28.*
subnormal *adj.* Dícese del niño cuyo desarrollo intelectual es deficiente.
suboficial *s. com.* Categoría militar entre la de oficial y cabo.
suborden *s. m.* Cada una de las subdivisiones de un orden bajo el cual se clasifican las plantas y los animales.
subordinación *s. f.* Dependencia de alguien hacia una autoridad a la que debe obediencia. *La subordinación de los soldados a su jefe es una obligación militar.*
subordinado, da *adj.* Se refiere a quien depende de una persona a la que debe obediencia. || *s. f.* Oración que depende de otra para completar su significado. *En la oración «la obra de teatro que te recomiendo trata sobre un viaje espacial», «que te recomiendo» es una oración subordinada.*
subordinar *t.* y *pr.* Hacer que una persona dependa de otra y la obedezca. *Cuando el nuevo director asumió su cargo, subordinó al personal que no cumplía con su trabajo.* || Depender uno de una persona a quien se obedece.
subprefecto *s. m.* Jerarquía inmediatamente inferior al prefecto.
subprefectura *s. f.* Cargo, oficina y jurisdicción del subprefecto.
subproducción *s. f.* Producción inferior al promedio normal.
subproducto *s. m.* Producto secundario que se obtiene durante el proceso de elaboración o extracción de uno principal. *La petroquímica es una de las industrias de las que salen más subproductos, pues del petróleo se obtienen desde combustibles y lubricantes hasta cosméticos.*
subrayado, da *adj.* y *s.* Se refiere a la palabra escrita que tiene una línea por debajo y a la letra que en un impreso va en cursiva. *Debo buscar en el diccionario el significado de todas estas palabras subrayadas.*
subrayar *t.* Trazar una línea por debajo de una palabra escrita. *Subrayé con un lápiz verde todos los verbos que aparecen en este texto.* || Decir o expresar algo insistiendo en su importancia. *Subrayó que no le gustaba la idea de que saliera de la ciudad.*
subreino *s. m.* Cada uno de los dos grupos (metazoos y protozoos) en que se divide el reino animal.
subrepticio, cia *adj.* Se dice de lo que está oculto o de lo que se hace a escondidas. *Los dos amigos hicieron un trato subrepticio.*
subrogación *s. f.* Sustitución.
subrogar *t.* y *pr.* Poner a una persona o una cosa en lugar de otra, en una relación jurídica. *Se subrogó en el contrato de su hermano.*
subsanable *adj.* Disculpable. || Remediable, corregible.
subsanar *t.* Reparar un daño o corregir un error.
subscribir *t.* Suscribir.
subsecretaría *s. f.* Cargo y oficina del subsecretario.
subsecretario, ria *s.* Ayudante de un secretario. || Persona que desempeña las funciones de secretario general de un ministro.
subseguir *intr.* Seguir una cosa a otra. || *pr.* Deducir, inferirse.
subsidiario, ria *adj.* Que se da en socorro o subsidio de uno. *Indemnización subsidiaria.* || Aplícase a la acción que suple a otra principal. *Razón subsidiaria.*
subsidio *s. m.* Socorro o auxilio extraordinario. *Subsidio de paro forzoso.* || Prestación efectuada por un organismo para completar los ingresos de un individuo o familia. *Subsidios familiares.*
subsiguiente *adj.* Que se subsigue. || Después del siguiente.
subsistencia *s. f.* El hecho de subsistir. *La subsistencia de la nación.* || Estabilidad y conservación de las cosas. *La subsistencia de ciertas leyes.* || Conjunto de medios necesarios para vivir. *Las subsistencias de un pueblo.* || *loc.* ***Agricultura de subsistencia:*** agricultura que sólo rinde para alimentar a quien la practica.
subsistente *adj.* Que subsiste. *Una costumbre aún subsistente.*
subsistir *intr.* Permanecer, durar, conservarse. *Subsistir una constitución política.* || Vivir. *Subsistir un pueblo.* || Estar en vigor. *Subsistir un reglamento.*
subsónico, ca *adj.* De velocidad inferior a la del sonido.
substancia *s. f.* Sustancia.
substantivo *s. m.* Sustantivo.
substituir *t.* Sustituir y sus derivados.
substraer *t.* Sustraer.
substrato *s. m.* Sustrato.
subsuelo *s. m.* Terreno que está debajo de una capa de tierra laborable. *Subsuelo calcáreo.* || Parte profunda del terreno ajena a la propiedad del dueño de la superficie.
subte *s. m. Arg.* Apócope de subterráneo, tren que circula por debajo de las calles de la ciudad.
subterfugio *s. m.* Pretexto, evasiva, escapatoria.
subterráneo, a *adj.* Que está debajo de la tierra. *Aguas subterráneas.* || *s. m.* Cualquier lugar o espacio que está debajo de la tierra. *El subterráneo de una casa.* || *Arg.* Metropolitano.
subtiaba *adj.* y *s. com.* Indígena centroamericano, cuyas tribus dispersas viven en México y Guatemala.
subtipo *s. m.* Cada uno de los grupos taxonómicos en que se dividen los tipos de plantas y animales.
subtitular *t.* Poner subtítulo.
subtítulo *s. m.* Título secundario puesto después del principal. *Los subtítulos de un trabajo literario.* || Traducción resumida de una película cinematográfica en versión original situada debajo de la imagen.
subtropical *adj.* Situado bajo los trópicos. *Región subtropical.*
suburbano, na *adj.* Relativo al terreno o la zona que está muy cerca de la ciudad, sin formar parte de ésta.
suburbio *s. m.* Barrio situado en los alrededores de una ciudad. *Eduardo vive en un suburbio y le toma dos horas llegar al centro de la ciudad.*
subvalorar *t.* Valorar en menos.
subvención *s. f.* Cantidad dada por el Estado o por una colectividad, etc., a una sociedad, empresa o individuo. *Subvención teatral.* || Cantidad de dinero dada por el Estado a los productores o vendedores de determinados bienes o servicios de los sectores público o privado para obtener artificialmente una disminución del precio de venta o de coste.
subvencionar *t.* Favorecer con una subvención. *Subvencionar una fundación.*
subvenir *t.* Venir en auxilio, ayuda o socorro. *Subvenir a los gastos de una expedición.*
subversión *s. f.* Acto de destruir o echar por tierra lo constituido. *La subversión del orden público.*
subversivo, va *adj.* Capaz de subvertir o que tiende a ello. *Gritos subversivos.*
subvertir *t.* Trastornar.
subyacente *adj.* Que está debajo, oculto. *Músculos subyacentes.*
subyugación *s. f.* Avasallamiento.
subyugador, ra *adj.* y *s.* Que subyuga.

subyugar *t.* Avasallar, dominar. *Subyugar a un pueblo.* || *fig.* Dominar. *Subyugar las pasiones.*
succino *s. m.* Ámbar amarillo.
succión *s. f.* Acción de chupar.
succionar *t.* Chupar.
sucedáneo, a *adj.* Aplícase a cualquier sustancia con la que se sustituye otra. || *s. m.* Producto con el que se sustituye otro. *Los sucedáneos del café.*
suceder *intr.* Venir después de, a continuación de, en lugar de. *Un gran desencanto sucedió a todas las ilusiones.* || Ser heredero. *Sucedió a su abuelo en el cargo.* || Estar una cosa a continuación de otra. *A las pequeñas lomas sucedía una inmensa cordillera.* || *impers.* Ocurrir, pasar, verificarse, resultar, realizarse, producirse. *Sucedió lo que tenía que suceder.* || *pr.* Ocurrir una cosa después de otra.
sucedido *s. m.* Suceso.
sucesión *s. f.* Serie de hechos que ocurren uno después de otro y que están relacionados entre sí. *Recibió una sucesión de visitas en el hospital.* || Serie de cosas que van una después de otra, siguiendo un orden. *La escala musical es una sucesión de siete notas.* || Conjunto de bienes materiales que pasan a ser propiedad de los hijos cuando los padres mueren. *El abogado llamó a la familia del difunto para la sucesión.*
sucesivo, va *adj.* Se refiere a lo que sucede o sigue a otra cosa. *Enrique escribió tres cartas sucesivas a su novia.* || *loc.* ***En lo sucesivo:*** de ahora en adelante.
suceso *s. m.* Hecho que sucede u ocurre, en especial si tiene algún interés. *Los diarios publican los sucesos del día.*
sucesor, ra *adj.* y *s.* Se aplica a la persona que sigue o sucede a otra en un trabajo o herencia. *El dueño de la fábrica ha muerto y los sucesores piensan venderla.*
sucesorio, ria *adj.* Relativo a una herencia o sucesión. *En el juicio sucesorio se definirá a quién corresponden las propiedades.*
suchicopal *s. m. Méx.* Árbol del copal o incienso.
suchil *s. m.* Nombre que se aplica a algunas flores de México. || Culebra venenosa en tierra caliente de México.
suchitepesano, na *adj.* y *s.* De Suchitepéquez, departamento de Guatemala.
suciedad *s. f.* Calidad de sucio. *La suciedad de la playa.* || Porquería. *Hay un poco de suciedad en el carburador.* || *fig.* Dicho o hecho sucio. *Escribir suciedades.*
sucinto, ta *adj.* Se refiere a lo que se dice en pocas palabras. *Mi padre me explicó de manera sucinta cómo nacen los niños.*
sucio, cia *adj.* Se aplica a lo que tiene manchas o no está limpio. *Tu camisa está sucia.* || Se dice de lo que se ensucia de manera fácil. *Los colores oscuros no son tan sucios como los claros.* || Se aplica a quien no cuida de su aseo personal. *No seas sucio, deja de arrojar basura en la calle.* || Referido a lo que está fuera de la ley. *Ese jugador es muy sucio.*
sucrense *adj.* y *s.* Del estado de Sucre, en Venezuela. || Sucreño.
sucreño, ña *adj.* y *s.* De Sucre, ciudad de Bolivia.
sucucho *s. m. Amér. Merid.* Vivienda o habitación pequeña y precaria.
suculencia *s. f.* Condición de suculento.
suculento *adj.* Muy nutritivo, sabroso. *Comida suculenta.*
sucumbir *intr.* Ceder, rendirse, someterse. *Sucumbir ante la fuerza.* || Morir, perecer. || *fig.* No resistir. *Sucumbió a sus pasiones.*
sucursal *adj.* y *s. f.* Establecimiento comercial dependiente de uno central.
sud Prefijo de «sur». *Sudáfrica, sudoeste, sudamericano.* || *s. m. Amér.* Sur.
sudación *s. f.* Producción de sudor.
sudadera *s. f. Méx.* Prenda de vestir deportiva hecha de algodón, que cubre el pecho, la espalda y los brazos.
sudadero *s. m.* Manta que se pone a los caballos debajo de la silla. || En ciertos baños, sala destinada para sudar.
sudafricano, na *adj.* y *s.* De África del Sur.
sudamericano, na *adj.* y *s.* De América del Sur.
sudanés, nesa *adj.* y *s.* Del Sudán.
sudar *t.* Empapar en sudor. *Sudar una camisa.* || *fig.* Lograr con un gran esfuerzo. *Sudamos el aprobado en los exámenes.* || *loc. fig.* ***Sudar la gota gorda*** o ***el quilo*** o ***tinta:*** sudar mucho; costar algo gran trabajo. || *intr.* Transpirar, eliminar el sudor. || *fig.* Destilar jugo ciertas plantas. || Rezumar humedad. *Sudar un cántaro, una pared.* || *fig.* y *fam.* Trabajar con gran esfuerzo y desvelo. *Sudamos para acabar este diccionario.*
sudario *s. m.* Lienzo en que se envuelven los cadáveres.
sudestada *s. f. Arg.* y *Uy.* Viento fuerte acompañado de lluvia que viene del sureste.
sudeste o **sureste** *s. m.* Punto del horizonte situado entre el sur y el este.
sudista *s. com.* Partidario de la esclavitud en los Estados del Sur durante la Guerra de Secesión de los Estados Unidos (1861-1865).
sudoeste o **suroeste** *s. m.* Punto del horizonte situado entre el sur y el oeste. *Las ventanas de esa habitación dan al sudoeste.*
sudor *s. m.* Líquido transparente y salado que sale por los poros de la piel. *Usó un pañuelo para secarse el sudor de la frente.* || *loc.* ***Con el sudor de su frente:*** con gran trabajo.
sudoración *s. f.* Secreción de sudor, especialmente si es abundante. *Usa un antitranspirante por su excesiva sudoración.*
sudorífico, ca *adj.* Que hace sudar. *Muchas personas toman sudoríficos baños de vapor.*
sudoríparo, ra *adj.* Se refiere a lo que produce o segrega sudor. *El cuerpo humano tiene glándulas sudoríparas.*
sudoroso, sa *adj.* Se refiere al que está cubierto de sudor. *Corrió y llegó a su casa sudoroso.*
sudsudeste *s. m.* Punto del horizonte entre el sur y el sudeste, y viento que sopla de esta parte.
sudsudoeste *s. m.* Punto del horizonte entre el sur y el sudoeste, y viento que sopla de esta parte.
sueco, ca *adj.* y *s.* Originario de Suecia, país de Europa. *Estocolmo es una ciudad sueca.* || *s. m.* Idioma hablado en Suecia.
suegro, gra *s.* Con respecto a una persona casada, padre y madre de su esposo o esposa. *Mis abuelos maternos son los suegros de mi papá.*
suela *s. f.* Parte del zapato que toca el suelo. *Las suelas de sus zapatos están gastadas de tanto caminar.* || *loc. fig.* y *fam.* ***De siete suelas:*** redomado, de la peor especie. *Un granuja de siete suelas.* || ***Estar como una suela:*** dícese de la carne muy dura. || ***No llegarle a uno a la suela del zapato:*** serle muy inferior.
suelazo *s. m. Amér.* Batacazo.
sueldo *s. m.* Retribución de un empleado, un militar, un funcionario, etc., que se da a cambio de un trabajo regular. *El sueldo del mes.* || Nombre de distintas monedas antiguas. || *loc.* ***A sueldo:*** pagado. *Asesino a sueldo.*
suelo *s. m.* Superficie en la que se ponen los pies para andar. *El suelo está resbaladizo.* || Tierra, campo, terreno. *Suelo árido, fértil.* || País. *El suelo patrio.* || Piso de una casa. *Tiene el suelo embaldosado.* || Fondo de un recipiente. || *loc. fig.* ***Arrastrar a uno por los suelos:*** hablar muy mal de él. || ***Arrastrarse por el suelo:*** humillarse. || ***Besar el suelo:*** caer de bruces. || ***Echar por el suelo un plan:*** desbaratarlo, malograrlo. || ***Estar una cosa por los suelos:*** ser muy poco estimada; ser muy barata. || ***Medir el suelo*** o ***dar consigo en el suelo:*** caer por tierra. || ***Poner*** o ***tirar por los suelos:*** hablar mal. || ***Venirse al suelo:*** hundirse, frustrarse.
suelto, ta *adj.* No sujeto, libre. *Los perros estaban sueltos en el jardín.* || Desabrochado. *El botón está suelto.*

S

|| Desatado. *Con los cordones del calzado sueltos.* || Sin recoger. *Con el pelo suelto.* || Separado del conjunto de que forma parte. *Trozos sueltos de una obra literaria.* || Que no hace juego. *Calcetines sueltos.* || Poco ajustado, holgado. *Llevaba un traje suelto.* || Libre, atrevido. *Empleaba un lenguaje muy suelto.* || Desenvuelto. *Estuvo muy suelto hablando con sus superiores.* || Fácil, natural, ágil. *Un estilo suelto.* || Poco compacto, que no está pegado. *Arroz suelto.* || Esponjoso, sin apelmazar. *Una pasta muy suelta.* || Que no está empaquetado. *Comprar legumbres secas sueltas.* || Por unidades. *Vender cigarrillos sueltos.* || Dícese del dinero en moneda fraccionaria. || Aislado. *Éstos no son más que hechos sueltos.* || Que hace deposiciones blandas. *Tener el vientre suelto.* || *loc.* ***Estar suelto en algo:*** dominarlo. *Ya está muy suelto en inglés.* || *fig.* ***Tener la lengua muy suelta:*** hablar sin ninguna retención. || *s. m.* Moneda fraccionaria. *No tengo suelto.* || Reseña periodística de poca extensión. *Ha publicado un suelto en el diario.* || *s. f.* Acción de lanzar. *Suelta de palomas.*

sueño *s. m.* Acto de dormir. *Los adultos hablaban en voz baja para no turbar el sueño de los niños.* || Hecho de imaginar cosas o sucesos mientras se duerme. *Anoche tuve un sueño en el que viajaba en un globo.* || Ganas de dormir. *El bebé llora porque tiene sueño.* || Fantasía, cosa que no se puede realizar. *Su sueño era ser astronauta.* || *loc.* ***Coger el sueño:*** dormirse. || *fig.* ***Descabezar un sueño:*** dormirse un momento. || ***En sueños:*** soñando. || ***Enfermedad del sueño:*** enfermedad contagiosa, endémica en África ecuatorial y occidental, provocada por un tripanosoma inoculado por la mosca tse-tsé. || *fig.* y *fam.* ***Ni por*** (o ***en***) ***sueños:*** jamás en la vida. || *fig.* ***Sueño dorado:*** la mayor ilusión. || ***Sueño de los justos:*** periodo en que están en el paraíso hasta el día del Juicio Final las personas que se han salvado. || ***Sueño eterno:*** la muerte.

suero *s. m.* Líquido hecho con agua, sales y otras sustancias que se inyecta en la sangre como medicina o se bebe como alimento. *Le pusieron suero mientras no podía comer.* || *loc.* ***Suero artificial*** o ***fisiológico:*** solución salina que se inyecta para alimentar los tejidos.

sueroterapia *s. f.* Método terapéutico consistente en la inyección de sueros para combatir las infecciones y las intoxicaciones o para prevenirlas.

suerte *s. f.* Fuerza que hace que las cosas sucedan de una manera determinada. *La suerte ha sido cruel con mi vecino.* || Casualidad a la que se fía la resolución de una cosa. *Lo dejaron a la suerte y echaron una moneda al aire.* || Fuerza que hace que algo resulte favorable o contrario para alguien. *Tengo mala suerte y nunca gano nada.* || Género o clase de cosas. *En esa tienda venden toda suerte de vestidos.* || *loc.* ***De suerte que:*** de tal modo que. || ***Echar (a) suertes:*** sortear. || ***Entrar en suerte:*** participar en un sorteo. || ***La suerte está echada:*** todo está decidido. || ***Por suerte:*** casualidad favorable. *Por suerte te encuentro.*

suertero, ra *adj. Amér.* Afortunado, dichoso.

suertudo, da *adj. fam.* Se aplica a la persona que tiene muy buena suerte.

sueste *s. m.* Sudeste. || Sombrero impermeable de los marinos.

suéter *s. m.* Prenda de vestir tejida, por lo general de lana, que cubre el pecho, la espalda y los brazos. *Se puso un suéter porque hace frío.*

suevo, va *adj.* y *s.* Individuo de un pueblo germánico establecido en el siglo III entre el Rin, Suabia y el Danubio.

suficiencia *s. f.* Aptitud o habilidad que se tiene para hacer algo. || Creencia que tiene uno de ser mejor que los demás.

suficiente *adj.* Relativo a lo que no es ni mucho ni poco. *Hay leche suficiente para todos.* || Se refiere a lo que sirve para una cosa. || *s. m.* Calificación de aprobado. *Raquel obtuvo suficiente en el examen.*

sufijo *s. m.* Elemento que se coloca al final de ciertas palabras para modificar su sentido o función. *Los sufijos -ito e -ita sirven para expresar que algo es pequeño, como «osito», «perrita».*

sufragáneo, a *adj.* Que depende de la jurisdicción de otro. *Obispo sufragáneo.*

sufragar *t.* Costear, satisfacer. *Sufragar los gastos de un proceso.* || Ayudar o favorecer. *Sufragar un proyecto.* || *intr. Amér.* Dar su voto a un candidato.

sufragio *s. m.* Voto. *Emitir un sufragio.* || Sistema electoral para la provisión de cargos. *Sufragio directo.* || Ayuda, auxilio. || Obra pía. *Misa en sufragio de las almas.*

sufragismo *s. m.* Movimiento político que preconizaba el derecho de voto a la mujer.

sufragista *s. com.* Persona partidaria del voto femenino.

sufrido, da *adj.* Se aplica a la persona que soporta con paciencia algo. *La hija mayor era la más sufrida.*

sufridor, ra *adj.* Que sufre.

sufrimiento *s. m.* Sensación de tristeza o de dolor. *La muerte de mi tío me causó sufrimiento.*

sufrir *t.* e *intr.* Sentir dolor o tristeza a causa de algo. *Le aplicaron un tranquilizante para que no sufriera.* || Soportar algo doloroso o difícil. *No tienes por qué sufrir su mal humor.*

sugerencia *s. f.* Sugestión, proposición, idea que se sugiere.

sugerente *adj.* Que sugiere.

sugerir *t.* Hacer entrar en el ánimo de uno una idea o especie. *Sugerir a alguien una resolución.*

sugestión *s. f.* Insinuación, instigación. || Especie sugerida. *Las sugestiones del diablo.* || Acción y efecto de sugestionar. *La sugestión hipnótica.*

sugestionable *adj.* Fácil de sugestionar. || Que se deja influir por otro. *Persona sugestionable.*

sugestionar *t.* Inspirar a una persona hipnotizada. || Captar o dominar la voluntad ajena.

sugestivo, va *adj.* Que sugiere o sugestiona. || *fig.* Atractivo, cautivante. *Espectáculo sugestivo.*

suicida *adj.* y *s. com.* Se aplica a las acciones que pueden ocasionar la muerte de la persona que las lleva a cabo. *Cruzar caminando un desierto tan grande es un acto suicida.*

suicidarse *pr.* Quitarse la vida de manera voluntaria. *Hay quienes se suicidan por alguna decepción.*

suicidio *s. m.* Acción de quitarse de manera voluntaria la vida. *Entre la antigua nobleza del Japón, el suicidio era una manera de conservar el honor.*

suite *s. f.* Alojamiento de lujo en un hotel, que tiene varias habitaciones con un área de comunicación entre ellas. *Una suite se parece a un apartamento, pero más lujosa.* || En música, selección de fragmentos sinfónicos extraídos de una obra mayor para tocarlos en un concierto. *La parte central del programa fue la suite del «Cascanueces».*

suizo, za *adj.* y *s.* De Suiza. || *s. m.* Bollo esponjoso de forma ligeramente ovalada.

sujeción *s. f.* Ligadura, unión firme. *La sujeción de algo en un fardo o paquete.* || *fig.* Dependencia, acatamiento. *Con sujeción a las leyes.* || Figura retórica que consiste en hacer el orador o escritor preguntas a las que él mismo responde.

sujetador *s. m. Esp.* Prenda de vestir femenina que sujeta el pecho y se usa debajo de la ropa.

sujetalibros *s. m. inv.* Accesorio para sostener los libros.

sujetapapeles *s. m. inv.* Pinzas u otro objeto para sujetar papeles.

sujetar *t.* Afirmar o contener por la fuerza. *Sujetar con cuerdas un objeto.* || Fijar. *El cuadro está sujeto por un clavo.* || Agarrar. *Sujetar a uno por el brazo.* || Inmovilizar, retener. *Sujetar a dos contendientes.* || *fig.* Someter al dominio o mando de alguien. *Sujetar a un pueblo.* || *pr.* Acatar, someterse, obedecer. *Suje-*

tarse a la Constitución. || Agarrarse. *Sujetarse a una rama.*
sujeto, ta *adj.* Referido a lo que está puesto de tal manera que no se mueve o no se cae. *La tabla está sujeta con clavos.* || Se dice de lo que depende de otra cosa o puede recibir el efecto de algo. *El plan del viaje está sujeto a cualquier idea nueva.* || *s. m.* Persona, sin especificar quién. *Es importante no hablar con cualquier sujeto.* || Palabra o conjunto de palabras sobre las que el predicado enuncia algo y función que realizan en la oración. *En la oración «todos esos jóvenes tocan piano», «todos esos jóvenes» es el sujeto.*
sulfamida *s. f.* Conjunto de compuestos de acción antibacteriana empleados en el tratamiento de las enfermedades infecciosas.
sulfatación *s. f.* Sulfatado.
sulfatado *s. m.* Operación consistente en pulverizar con sulfato de cobre o de hierro las plantas para combatir ciertas enfermedades.
sulfatador, ra *adj.* Que sulfata. || *s.* Máquina que sirve para pulverizar el sulfato.
sulfato *s. m.* Sal o éster del ácido sulfúrico.
sulfhidrato *s. m.* En química, sal del ácido sulfhídrico.
sulfhídrico, ca *adj.* En química, aplícase a un ácido, compuesto de azufre e hidrógeno, incoloro, de olor a huevos podridos y soluble en el agua.
sulfito *s. m.* En química, sal formada por el ácido sulfuroso.
sulfurado, da *adj.* En química, en estado de sulfuro. || *fig.* Enojado, irritado. *Estar uno sulfurado.*
sulfurar *t.* En química, combinar un cuerpo con el azufre. || *fig.* Encolerizar. || *pr.* Irritarse, enojarse. *Se sulfura por poco.*
sulfúrico, ca *adj.* En química, dícese de un ácido oxigenado derivado del azufre, que constituye un corrosivo muy fuerte.
sulfuro *s. m.* En química, combinación del azufre con un cuerpo. || Sal del ácido sulfhídrico. || *loc.* ***Sulfuro de carbono:*** ácido utilizado en la vulcanización del caucho, como insecticida, para la extracción del perfume de las plantas, etc.
sulfuroso, sa *adj.* Que contiene azufre. *Agua sulfurosa.* || *loc.* ***Anhídrido sulfuroso:*** en química, compuesto oxigenado derivado del azufre, que se emplea como decolorante y desinfectante.
sultán *s. m.* Emperador turco. || Príncipe o gobernador mahometano.
sultanado *s. m.* Sultanato.
sultanato *s. m.* o **sultanía** *s. f.* Territorio donde ejerce su mando un sultán.
suma *s. f.* En matemáticas, adición. || Resultado de una adición. || Determinada cantidad de dinero o de cualquier cosa. || Conjunto, reunión de ciertas cosas. *Una suma de conocimientos.* || Título de algunas obras que estudian abreviadamente el conjunto de una ciencia, de una doctrina. *La «Suma Teológica» de Santo Tomás de Aquino.* || *loc.* ***En suma:*** en resumen.
sumaca *s. f. Amér.* Embarcación pequeña de cabotaje.
sumador, ra *adj.* Que suma.
sumando *s. m.* Cada una de las cantidades parciales que se suman.
sumar *t.* Reunir en un solo número las unidades o fracciones contenidas en varias otras. || Hacer un total de. *Los participantes sumaban más de un centenar.* || Elevarse, ascender a. *Suma millones de dólares.* || *pr. fig.* Agregarse. *Sumarse a una conversación.* || Adherirse. || *loc.* ***Suma y sigue:*** frase que se pone al final de una página para indicar que la suma de la cuenta continúa en la siguiente.
sumarial *adj.* Del sumario.
sumariar *t.* Instruir un sumario judicial.
sumario, ria *adj.* Abreviado, resumido. *Un discurso sumario.* || Aplícase a los procesos civiles de justicia en los que se prescinde de algunas formalidades para que sean más rápidos. || *s. m.* Resumen, compendio, análisis abreviado. || Epígrafe que se pone al principio de una revista o de un capítulo con la relación de los puntos que se tratan o estudian. || Conjunto de actuaciones judiciales que estudian todos los datos que van a ser dirimidos en un proceso. || *s. f.* Proceso escrito. || Sumario en un proceso militar.
sumarísimo, ma *adj.* En derecho, dícese de ciertos juicios que por su gravedad se tramitan con un procedimiento muy breve.
sumergible *adj.* Que puede sumergirse. || *s. m.* Submarino.
sumergir *t.* Meter una cosa debajo del agua o de otro líquido. || *fig.* Abismar, hundir.
sumerio, ria *adj.* y *s.* De Sumeria.
sumersión *s. f.* Inmersión.
sumidero *s. m.* Alcantarilla. || Pozo negro.
sumiller *s. m.* Jefe en ciertas oficinas de palacio. || Sommelier, persona encargada de los vinos y licores en un establecimiento público.
suministrador, ra *adj.* y *s.* Que suministra.
suministrar *t.* Abastecer, surtir, proveer a uno de algo.
suministro *s. m.* Abastecimiento. *Suministro de víveres.* || *pl.* En milicia, víveres y utensilios para la tropa.
sumir *t.* y *pr.* Poner algo dentro de un líquido hasta que esté totalmente cubierto por dicho líquido. *Ulises sumió las verduras en el agua y las puso a hervir.* || Meterse en el agua. *El delfín dio un salto y volvió a sumirse.* || *Méx.* Abollar alguna cosa. *Con el golpe, se sumió la cacerola.*
sumisión *s. f.* Sometimiento. || Rendimiento. *La sumisión del enemigo fue total.*
sumiso, sa *adj.* Obediente, subordinado. *Sumiso a los superiores.* || Rendido.
sumo, ma *adj.* Se aplica a lo que es muy grande o muy superior. *Si vas a mover cosas de vidrio, hazlo con sumo cuidado.* || *loc.* ***A lo sumo:*** si acaso, al límite que puede llegar algo o alguien.
sumo, ma *adj.* Supremo, altísimo, que no tiene superior. *El Sumo Pontífice.* || *fig.* Muy grande. *Ignorancia suma.* || *loc.* ***A lo sumo:*** a lo más, cuando más, si acaso. || ***En sumo grado:*** en el más alto grado.
sunna *s. f.* Colección de preceptos obligatorios entre los mahometanos. || Ortodoxia musulmana.
sunnita *s. com.* Musulmán ortodoxo.
sunsún *s. m. Ants.* Colibrí.
sunsuniar *t. Méx.* Zurrar.
suntuario, ria *adj.* Relativo al lujo o fausto. *Gastos suntuarios.*
suntuosidad *s. f.* Grandiosidad, magnificencia, lujo.
suntuoso, sa *adj.* De gran magnificencia, lujoso, espléndido, magnífico. *Casa suntuosa.*
supeditación *s. f.* Subordinación, dependencia.
supeditar *t.* Someter, subordinar, hacer depender una cosa de otra. *Mi viaje está supeditado al resultado de los exámenes.* || *pr.* Someterse. *No tengo por qué supeditarme a su interés.*
súper *adj. fam.* Superior.
super ego *s. m.* En psicología, entidad superior al *yo.*
superable *adj.* Que puede superarse.
superabundancia *s. f.* Gran abundancia, copiosidad excesiva.
superabundante *adj.* Que abunda mucho, de abundancia extraordinaria.
superabundar *intr.* Ser muy abundante.
superación *s. f.* Exceso. || Resolución. *Superación de las dificultades.* || Circunstancia de hacer mejor las cosas.
superalimentación *s. f.* Sobrealimentación.
superalimentar *t.* Sobrealimentar.
superar *t.* Sobrepujar, aventajar, ser mayor, exceder. *Superar una marca deportiva.* || Pasar, dejar atrás, salvar. *La época del colonialismo está superada.* || Vencer, resolver. *Superar una dificultad.* || *loc.* ***Estar superado algo:*** estar fuera de uso por haberse encontrado algo mejor. *Esta técnica está superada.* || *pr.* Hacer algo mejor que lo acostumbrado. *El artista se superó en su trabajo.*

S

superávit *s. m.* Diferencia favorable entre los ingresos y los gastos. *La empresa ganó cinco mil pesos y gastó tres mil, así que tuvo un superávit de dos mil pesos.*
supercarburante *s. m.* Gasolina superior de un índice de octano próximo a 100.
supercherÍa *s. f.* Engaño, fraude.
superciliar *adj.* Que está por encima de las cejas. *Arco superciliar.*
supercompresión *s. f.* Aumento de la compresión.
superdirecta *s. f.* En ciertas cajas de cambio de automóviles, combinación que proporciona al árbol de transmisión una velocidad de rotación superior a la del árbol motor.
supereminencia *s. f.* Superioridad, máxima elevación.
supereminente *adj.* Muy superior, muy eminente.
superestructura *s. f.* Conjunto de instituciones, ideas o cultura de una sociedad, por oposición a «infraestructura» o base material y económica de esa sociedad. || Conjunto de construcciones hechas encima de otras.
superficial *adj.* Referente a la superficie. *Medidas superficiales.* || Poco profundo. *Herida superficial.* || Falto de fondo. *Examen, noción superficial.* || *fig.* Frívolo, fútil.
superficialidad *s. f.* Carencia de profundidad. || Futilidad, frivolidad.
superficie *s. f.* Extensión, medida de un espacio limitado por una línea. La superficie de un triángulo. || Parte superior de una masa líquida. *La superficie de un estanque.* || Cualquier parte superior de algo. *Superficie de tierra, del globo terrestre, de un alojamiento.* || *fig.* Apariencia, aspecto externo.
superfino, na *adj.* Muy fino.
superfluidad *s. f.* Condición de superfluo. || Cosa superflua.
superfluo, a *adj.* No necesario, que está de más, inútil.
superfortaleza *s. f.* Avión bombardero pesado.
superfosfato *s. m.* En química, fosfato ácido de cal, usado como abono.
superheterodino *adj.* Dícese de un radiorreceptor en el que las oscilaciones eléctricas engendradas en la antena son amplificadas y filtradas muy fácilmente por un oscilador local.
superhombre *s. m.* Nombre dado por Nietzsche a un tipo de hombre muy superior por la voluntad. || *fig.* Hombre excepcional.
superintendente *s. com.* Persona encargada de la dirección suprema de algo.
superior *adj.* Se refiere a lo que está situado encima de otra cosa. *La parte superior de un árbol es la copa.* || Aplicado a lo que es de más calidad o categoría. *Roberto se cree superior a los demás.* || Relativo a quien tiene personas bajo su mando. *El director de la escuela ocupa un puesto superior al de los maestros.* || *s. m.* Persona que tiene a otros bajo su mando. *Para solucionar esta queja, el empleado debe consultar con el superior.*
superior, ra *adj.* y *s.* Aplicado a quien dirige una comunidad religiosa.
superioridad *s. f.* Estado o condición de lo que tiene más calidad o cantidad. *Ellos están en superioridad numérica porque son siete y nosotros tres.*
superlativo, va *adj.* y *s.* Relativo a lo que es muy grande o excelente en su línea. *En la oración «Julieta es simpatiquísima», «simpatiquísima» es el superlativo de «simpática».*
supermercado *s. m.* Establecimiento comercial de grandes dimensiones. *En el supermercado puedes comprar artículos para el hogar.*
supernumerario, ria *adj.* Que excede o está fuera del número señalado. *Funcionario supernumerario.* || Dícese de los militares en situación análoga a la de excedencia. || *s.* Persona que trabaja en una oficina sin figurar en la plantilla.
superpoblación *s. f.* Población excesiva.
superpoblado, da *adj.* Muy poblado.
superponer *t.* Poner encima, sobreponer.
superponible *adj.* Que se puede superponer.
superposición *s. f.* Acción y efecto de superponer o superponerse.
superproducción *s. f.* Exceso de producción. || Película cinematográfica en la que se han hecho elevadas inversiones.
superpuesto, ta *adj.* Puesto uno encima de otro.
superrealismo *s. m.* Surrealismo.
supersaturar *t.* En química, saturar un líquido en exceso.
supersónico, ca *adj.* De velocidad superior a la del sonido.
superstición *s. f.* Desviación de la creencia religiosa fundada en el temor o la ignorancia y que confiere a ciertas circunstancias carácter sagrado. || Presagio infundado originado sólo por sucesos fortuitos.
supersticioso, sa *adj.* Relativo a la superstición. *Prácticas supersticiosas.* || Que cree en ella. *Un pueblo supersticioso.*
supervaloración *s. f.* Valoración excesiva.
supervalorar *t.* Valorar en más.
supervisar *t.* Revisar un trabajo. || Hacer la inspección general de algo.
supervisión *s. f.* Revisión. || Inspección general.
supervisor, ra *adj.* y *s.* Que supervisa.
supervivencia *s. f.* Acción y efecto de sobrevivir.
superviviente *adj.* y *s. com.* Que sobrevive. *Los supervivientes de un accidente.*
supervivir *intr.* Sobrevivir.
supinación *s. f.* Posición horizontal de una persona tendida sobre el dorso, o de la mano con la palma para arriba.
supinador, ra *adj.* y *s. m.* Dícese de un músculo de la mano.
supino, na *adj.* Tendido sobre el dorso. *Posición decúbito supino.* || Aplícase a la falta absoluta de conocimientos que se deberían tener. *Ignorancia supina.* || *s. m.* Una de las formas nominales del verbo en latín.
suplantación *s. f.* Sustitución.
suplantar *t.* Ocupar el lugar de otro. *Suplantar a un rival.*
suplementario, ria *adj.* Que sirve de suplemento, que se añade. *Crédito, tren suplementario.* || *loc.* ***Ángulos suplementarios:*** los que suman dos rectos.
suplemento *s. m.* Lo que sirve para completar algo, para hacer desaparecer la insuficiencia o carencia de algo. *Suplemento de información.* || Cantidad que se da de más en un teatro, tren, avión, hotel, etc., para tener más comodidad o velocidad. *Suplemento de lujo.* || Lo que se añade a un libro para completarlo. || Páginas independientes añadidas a una publicación periódica para tratar de un asunto especial. *Suplemento deportivo, económico.* || Publicación que completa otra. *Suplemento del Gran Larousse Enciclopédico.* || En geometría, ángulo que falta a otro para llegar a constituir dos rectos. || Arco de este ángulo.
suplencia *s. f.* Sustitución temporal o permanente.
suplente *adj.* y *s. com.* Que suple, sustituto. *Suplente de un equipo.*
supletorio, ria *adj.* Que sirve de suplemento. *Camas supletorias.*
súplica *s. f.* Petición, ruego. || Oración religiosa. || Escrito o instancia en que se suplica. *Elevar una súplica al gobierno.* || En derecho, cláusula final de un escrito.
suplicación *s. f.* Petición. || En derecho, apelación de una sentencia.
suplicado, da *adj.* Dícese de la carta que se envía a una persona para que a su vez la remita a otra.
suplicante *adj.* Que suplica.
suplicar *t.* Rogar, pedir con instancia y humildad.
suplicatorio, ria *s.* Comunicación que pasa un tribunal a otro superior.
suplicio *s. m.* Pena corporal acordada por decisión de la justicia. *Suplicio de la pena de muerte.* || *fig.* Dolor físico violento. || Sufrimiento moral muy penoso. *Oír esa música es para él un suplicio.*

suplir *t.* Completar lo que falta, añadir. || Sustituir. *Suplir a un profesor.* || Compensar. *Suplir el desconocimiento con la experiencia.* || Poner en el mismo lugar. *Súplanse los puntos suspensivos con las letras que faltan.*

suponer[1] *s. m.* Suposición. *Esto es un suponer.*

suponer[2] *t.* Admitir por hipótesis. *Supongamos que es verdad lo que se dice.* || Creer, presumir, imaginar. *Puedes suponer lo que quieras.* || Confiar. *Suponía su buena fe.* || Implicar, llevar consigo. *Esta obra supone mucho trabajo.* || Costar. *El alquiler me supone un porcentaje grande de mi sueldo.* || Significar, representar. *Esta molestia no me supone nada.* || Tener importancia, significar. *Su colaboración supone mucho en nuestra labor.* || Demostrar, indicar. *Su actitud supone que tiene poco interés en el proyecto.* || *loc.* ***Esto es de suponer:*** esto es probable.

suposición *s. f.* Conjetura, hipótesis. *Hacer suposiciones.* || *loc.* ***Suposición gratuita:*** la que carece de base o fundamento.

supositorio *s. m.* En medicina, preparado farmacéutico sólido, de forma cónica u ovoide, que se administra por vía rectal.

supramundo *s. m.* En algunas cosmogonías, como la maya, mundo superior donde habitan los dioses.

supranacional *adj.* Que está por encima de los gobiernos de cada país. *La Organización de las Naciones Unidas es un organismo supranacional.*

suprarrealismo *s. m.* Surrealismo.

suprarrenal *adj.* Que está por encima de los riñones. *Cápsula suprarrenal.*

supremacía *s. f.* Grado más alto de superioridad. *La supremacía del ajedrecista fue notable.*

supremo, ma *adj.* Relativo al grado máximo de algo.

supresión *s. f.* Acción y efecto de suprimir. || Lo que se suprime. *Esas marcas indican supresiones.*

suprimir *t.* Hacer que desaparezca algo. *Suprime algunos adjetivos y tu poema será más impactante.*

supuesto, ta *adj.* y *s.* Se refiere a lo que se considera cierto aunque no sea verdadero o a lo que todavía no se ha comprobado que es verdad. *Para elaborar una teoría, los científicos deben comprobar que sus supuestos son verdaderos.* || *loc.* ***Dar algo por supuesto:*** considerarlo cierto y admitido. || ***Por supuesto:*** sin ninguna duda, claro que sí. || ***Supuesto táctico:*** grandes maniobras militares.

supuración *s. f.* Producción de pus en una herida. *Está tomando antibióticos para detener la supuración.*

supurante *adj.* y *s. m.* Que supura o hace supurar.

supurar *intr.* Salir pus de una herida. *Como no se lavó después de que se lastimó, su herida supura.*

supurativo, va *adj.* y *s.* Que hace supurar. *Pomada supurativa.*

sur *s. m.* Punto cardinal del horizonte opuesto al Polo Norte. || Parte de un país que está más cerca del Polo Sur que las otras. *El sur de Argentina.* || *adj.* Situado al sur. *Parte sur de México.* || Que viene del sur. *Viento sur.*

sura *s. m.* Cada uno de los capítulos en que se divide el Corán.

suramericano, na *adj.* y *s.* Sudamericano.

surcar *t.* Hacer surcos en la tierra. || Hacer rayas en una cosa. || *fig.* Navegar un barco. || Cruzar el aire un avión.

surco *s. m.* Hendidura que hace el arado en la tierra. || Señal que deja una cosa sobre otra. *Las ruedas del carro han formado un surco en la tierra.* || Arruga en el rostro. || Ranura grabada en un disco fonográfico con el estilete para reproducir los sonidos.

surero, ra *Arg.* y *Bol.* o **sureño, ña** *adj.* y *s. Chil.* Natural del Sur. || *s. m.* Viento del sur.

sureste *s. m.* Punto del horizonte situado entre el sur y el este.

surgidero *s. m.* En marinería, fondeadero.

surgir *intr.* Surtir, brotar el agua. || Aparecer, presentarse, llevarse. *La mole de la catedral surgía entre las casas pequeñas.* || *fig.* Nacer, manifestarse. *Surgió un conflicto.* || En marinería, dar fondo la nave.

suriano, na *adj.* y *s. Méx.* Del sur, sureño.

suripanta *s. f. fam.* Figurante o corista de teatro. || *fam.* Mujer de vida alegre.

surmenaje *s. m.* Agotamiento producido por un exceso de trabajo intelectual.

suroeste *s. m.* Sudoeste.

surrealismo *s. m.* Movimiento literario y artístico que se inició en Europa a principios del siglo XX y que intentaba expresar el pensamiento puro sin valerse de la lógica, la moral o la estética. *Algunos representantes del surrealismo son André Bréton y Paul Éluard en literatura, y Salvador Dalí y René Magritte en pintura.*

surrealista *adj.* y *s. com.* Relativo al surrealismo, así como a los partidarios de este movimiento.

surtidero *s. m.* Desagüe de un estanque. || Surtidor, chorro.

surtido, da *adj.* Que tiene abundancia y variedad, aprovisionado. *Tienda bien surtida.* || Que tiene diferentes clases o variedades de un mismo artículo. *Caramelos surtidos.* || *s. m.* Conjunto de cosas variadas del artículo de que se habla. *Tenemos un gran surtido de trajes de baño.*

surtidor, ra *adj.* Abastecedor, que surte. || *s. m.* Chorro de agua que sale despedido hacia arriba. *Los surtidores de una fuente.* || Aparato que sirve para distribuir un líquido. *Surtidor de gasolina.* || Orificio calibrado en las canalizaciones del carburador de un vehículo automóvil por el que sale la gasolina pulverizada.

surtir *t.* Abastecer, aprovisionar, proveer. *Surtir un mercado.* || *loc.* ***Surtir efecto:*** a) Dar resultado. *El medicamento surtió efecto.* b) Entrar en vigor. *La ley surtirá efecto dentro de un mes.* || *intr.* Salir chorros de agua proyectados hacia arriba.

surubí *s. m.* Pez de agua dulce, muy común en los ríos de las zonas templadas de América Meridional. *El surubí es un pez comestible que abunda en el río Paraná.*

surumbo, ba *adj. Guat. Hond.* y *Salv.* Tonto, lelo, aturdido.

susceptibilidad *s. f.* Propensión a sentirse ofendido por la menor ofensa al amor propio.

susceptible *adj.* Que puede ser modificado. || Que se ofende fácilmente, sensible, quisquilloso.

suscitar *t.* Ser causa de.

suscribir *t.* Firmar al fin de un escrito. *Suscribir un contrato.* || Convenir con el dictamen de uno. *Suscribir una opinión.* || *pr.* Abonarse a un periódico o publicación. *Suscribirse a una enciclopedia.* || Obligarse uno a contribuir con otros al pago de una cantidad. *Suscribirse por mil euros anuales.*

suscripción *s. f.* Abono. *Suscripción a una revista.*

suscriptor, ra *s.* Persona que suscribe o se suscribe.

sushi *s. m.* Plato tradicional de la comida japonesa que consiste en rodajas de hojas de alga enrolladas con arroz, pescado crudo y alguna verdura en su interior.

susodicho, cha *adj.* Dicho, citado, mencionado antes.

suspender *t.* Colgar en alto. *Suspender una tabla en un andamio.* || Detener por algún tiempo. *Suspender una sesión.* || Dejar sin aplicación. *Suspender las garantías constitucionales.* || Privar a uno temporalmente de su empleo o cargo. *Suspender a un funcionario.* || Declarar a alguien no apto en un examen. *Suspender a un alumno.* || *fig.* Producir gran admiración, enajenar el ánimo. *Suspender al auditorio.* || *pr.* Alzarse el caballo con los brazos en el aire.

suspendido, da *adj.* y *s. Méx.* Aplazado en los estudios. || *s. m. Méx.* Nota de aplazo.

suspensión *s. f.* Acción y efecto de suspender. *Suspensión de empleo, de garantías políticas.* || Dispositivo para reunir la caja del automóvil al chasis y para amortiguar las sacudidas en marcha. *Suspensión helicoidal.* ||

En química, estado de un cuerpo dividido en partículas muy finas y mezclado con un fluido sin disolverse en él. || *fig.* Estado de emoción provocado por algo que suspende el ánimo. || *loc.* ***En suspensión:*** dícese de las partículas de un cuerpo que no llegan a disolverse dentro de un fluido. *Polvo y humo en suspensión.* || ***Suspensión de pagos:*** situación jurídica del comerciante que no puede atender temporalmente al pago de sus obligaciones.

suspensivo, va *adj.* Que suspende, que detiene de manera temporal. || *loc.* ***Puntos suspensivos:*** signo ortográfico (...) que indica una pausa en la lectura más o menos larga, o que algo queda en suspenso.

suspenso, sa *adj.* Suspendido, colgado. *Suspenso de un cable.* || Se refiere al estado de expectación impaciente y ansiosa que se crea al seguir el desarrollo de un suceso del que no se sabe el final. *Vimos un filme de suspenso que nos hizo sentir muy nerviosos.* || *loc.* ***En suspenso:*** pendiente de resolución.

suspensores *s. m. pl. Chil. Per.* y *P. Rico.* Par de tirantes que sujetan los pantalones.

suspensorio *s. m.* Prenda interior masculina de material elástico que sirve para sostener y proteger los testículos. *Los deportistas suelen usar suspensorio para no lastimarse.*

suspicacia *s. f.* Recelo, desconfianza.

suspicaz *adj.* Propenso a sospechar, receloso. *Hombre suspicaz.*

suspirado, da *adj. fig.* Deseado con ansia.

suspirar *intr.* Dar suspiros. *Suspirar de dolor.* || *fig.* Desear mucho. *Suspira por un coche de lujo.* || *loc.* ***Suspirar de amor:*** estar locamente enamorado.

suspiro *s. m.* Respiración fuerte y prolongada causada por un dolor, una emoción intensa, etc. *Dar un suspiro.* || Cierta golosina hecha con harina, huevo y azúcar. || En música, pausa breve. || *Arg.* y *Chil.* Planta convolvulácea cuya flor tiene forma de campanilla. || *loc.* ***Dar*** o ***exhalar el último suspiro:*** morir.

sustancia *s. f.* Lo que hay permanente en un ser. || Cada una de las diversas clases de la materia de que están formados los cuerpos, que se distinguen por un conjunto de propiedades. *Sustancia mineral, vegetal, etc.* || Parte esencial de una cosa. *La sustancia de la carne.* || Jugo. *La sustancia de la fruta.* || Hacienda, caudal. || *fig.* Juicio, madurez. *Un libro de mucha sustancia.* || *loc.* ***En sustancia:*** en compendio. || ***Sustancia gris:*** materia gris.

sustancial *adj.* Relativo a la sustancia. || Sustancioso, nutritivo. *Alimento sustancial.* || Lo más esencial e importante de una cosa. *Lo sustancial de un discurso.*

sustanciar *t.* Compendiar, extractar. || En derecho, conducir un juicio por la vía procesal hasta ponerlo en estado de sentencia.

sustancioso, sa *adj.* Que tiene sustancia. *Alimento sustancioso.*

sustantivar *t.* En gramática, dar a una palabra valor de sustantivo. *Sustantivar un verbo.*

sustantividad *s. f.* Condición de sustantivo.

sustantivo, va *adj.* Que tiene existencia real, independiente, individual. || *loc.* ***Verbo sustantivo:*** el verbo «ser». || *s. m.* En gramática, cualquier palabra que designa un ser o un objeto. *Sustantivo común, propio.*

sustentación *s. f.* o **sustentamiento** *s. m.* Acción y efecto de sustentar o sustentarse. || Sustentáculo, apoyo. || *loc.* ***Plano de sustentación:*** ala del avión.

sustentáculo *s. m.* Apoyo, sostén.

sustentador, ra *adj.* Que sustenta.

sustentar *t.* Mantener o sostener algo. *La columna sustenta el techo.* || Alimentar. *Sustentar a la familia.* || *fig.* Mantener, alimentar. *Sustentar la esperanza de los sitiados.* || *pr.* Alimentarse.

sustento *s. m.* Lo que sirve para sustentar, alimento. *El sustento del hombre.* || *loc.* ***Ganarse el sustento:*** ganar para vivir.

sustitución *s. f.* Reemplazo, cambio. *La sustitución de un empleado.* || En derecho, nombramiento de heredero en reemplazo de otro.

sustituible *adj.* Que puede sustituirse.

sustituidor, ra *adj.* y *s.* Que sustituye.

sustituir *t.* Poner a una persona o cosa en lugar de otra. *Sustituir a un ministro.*

sustitutivo, va *adj.* Dícese de la sustancia que puede reemplazar a otra en el uso.

sustituto, ta *s.* Suplente, persona que hace las veces de otra en un empleo o servicio. *Buscar un sustituto.*

susto *s. m.* Impresión repentina de miedo causado por algo inesperado. *El ruido del trueno me dio un susto.* || *loc. fig.* y *fam.* ***Dar un susto al miedo:*** ser muy feo.

sustracción *s. f.* Robo, hurto. *La sustracción de una cartera.* || En matemáticas, resta.

sustraendo *s. m.* En matemáticas, cantidad que se resta.

sustraer *t.* Separar, apartar, extraer. || Quitar, hurtar, robar. *Sustraer una joya.* || En matemáticas, restar. || *pr.* Eludir, evitar, evadir. *Sustraerse a* (o *de*) *una obligación.*

sustrato *s. m.* En filosofía, esencia, sustancia de una cosa. || En geología, terreno que queda bajo una capa superpuesta. || *fig.* Origen profundo. *El sustrato ibérico de la población.*

susurrar *intr.* Hablar bajo, musitar, murmurar. || Empezar a divulgar una cosa secreta. *Se susurra que fue asesinado.* || *fig.* Producir un ruido suave.

susurro *s. m.* Murmullo, ruido suave que resulta de hablar bajo. || *fig.* Ruido suave de algo.

sutil *adj.* Delgado, delicado, tenue. *Tejido sutil.* || *fig.* Suave y penetrante. *Viento, aroma sutil.* || Agudo, perspicaz. *Espíritu sutil.*

sutileza o **sutilidad** *s. f.* Condición de sutil. *La sutileza de un aroma.* || *fig.* Agudeza, perspicacia.

sutilizador, ra *adj.* y *s.* Que sutiliza.

sutilizar *t.* Adelgazar. || *fig.* Pulir y perfeccionar. || Discurrir con agudeza.

sutura *s. f.* Costura con que se cierra una herida de operación. *En una semana le quitarán los puntos de la sutura.*

suturar *t.* Hacer una sutura.

suyo, ya *pron.* Señala que una cosa pertenece a la tercera persona del singular o del plural. *Ellos dicen que el perro es suyo.* || *loc.* ***De suyo:*** de por sí. *De suyo no es mala persona.* || ***Hacer de las suyas:*** hacer algo bueno (o malo), pero de acuerdo con el carácter de la persona de quien se trata. || ***Hacer suyo:*** adoptar. *Hizo suya la idea de levantar un monumento.* || ***Los suyos:*** su familia; sus partidarios. || *fig.* y *fam.* ***Salirse con la suya:*** conseguir lo que uno quiere.

suyuntu *s. m. Amér.* Zopilote.

svástica *s. f.* Símbolo religioso de la India en forma de cruz con brazos iguales, cuyas extremidades están dobladas como la letra gamma y que en el siglo XX fue adoptado por los nazis.

sweater *s. m.* Suéter.

t

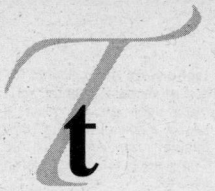

t *s. f.* Vigésima primera letra del abecedario español; su nombre es «te».

taba *s. f.* Astrágalo, hueso del pie. || Juego de muchachos que se hace con tabas de carnero.

tabacal *s. m.* Terreno plantado de tabaco.

tabacalero, ra *adj.* Se refiere al cultivo, industrialización y venta del tabaco.

tabachín *s. m. Méx.* Flamboyán, árbol de flores rojas.

tabaco *s. m.* Arbusto originario de América, con grandes hojas que se emplean para fabricar cigarros, cigarrillos, etc. *En algunos usos como en lociones contra las reumas el tabaco tiene propiedades medicinales.* || Hoja de la planta del tabaco. *Con las hojas de tabaco picadas se elaboran los cigarrillos.* || Cigarro o cigarrillo. *Mi tío fue a la tienda a comprar una caja de tabacos.*

tábano *s. m.* Insecto díptero, parecido a la mosca, que molesta con sus picaduras, especialmente a las caballerías.

tabaquera *s. f.* Caja para meter tabaco en polvo. || Parte de la pipa donde se pone el tabaco. || *Amér.* Petaca.

tabaquería *s. f. Cub.* y *Méx.* Taller donde se elaboran los cigarros o puros. || Tienda o espacio de una tienda donde se venden cigarrillos, cigarros o puros y tabaco.

tabaquero, ra *adj.* Tabacalero.

tabaquismo *s. m.* Enfermedad de quienes son adictos al tabaco.

tabardillo *s. m.* Fiebre tifoidea. || *fam.* Insolación. || *fig.* y *fam.* Engorro, pesadez. || Persona pesada.

tabardo *s. m.* Abrigo parecido al capote y de tejido basto.

tabarra *s. f. fam.* Pesadez, molestia, lata. *Dar la tabarra.*

tabarrera *s. f.* Avispero, nido de avispas. || *fam.* Tabarra.

tabarro *s. m.* Tábano. || Avispa.

tabasqueño, ña *adj.* y *s.* Del estado de Tabasco, en México.

taberna *s. f.* Sitio donde se venden y consumen vinos y licores.

tabernáculo *s. m.* Entre los hebreos, tienda en que se colocaba el arca del pacto. || Sagrario. || Tienda en que habitaban los antiguos hebreos.

tabernario, ria *adj.* Propio de la taberna o del que la frecuenta. || *fig.* Bajo, grosero.

tabernero, ra *s.* Persona que tiene o está encargada de una taberna.

tabes *s. f.* En medicina, enfermedad caracterizada por una supresión progresiva de la coordinación de los movimientos.

tabicar *t.* Cerrar con tabique. || Tapiar. *Tabicar una puerta.*

tabique *s. m.* Pared delgada. || *Méx.* Ladrillo de caras rectangulares. || Cosa plana que separa dos espacios. *El deportista se cayó y se le fracturó el tabique nasal.*

tabla *s. f.* Trozo de madera plano y de poco grosor. *Cubrieron las ventanas con tablas para atenuar los embates del huracán.* || Pliegue que se hace como adorno a la tela de los vestidos y las faldas o polleras. || Lista de cosas dispuestas en un determinado orden. *Durante la educación básica se enseñan las tablas de multiplicar.* || *loc. fig.* y *fam.* ***A raja tabla:*** cueste lo que cueste. || ***Hacer tabla rasa:*** dar al olvido algo pasado, prescindir de ello. || ***Tabla de lavar:*** la de madera donde se frota la ropa al enjabonarla. || *fig.* ***Tabla de salvación:*** último recurso para salir de un apuro. || *pl.* En los juegos de ajedrez y damas, situación en que nadie puede ganar la partida. || Escenario de un teatro. || *loc.* ***Tener tablas:*** tener soltura al hablar o actuar en público.

tablada *s. f. Arg.* Lugar donde se reúne y reconoce el ganado que se destina al matadero.

tablado *s. m.* Suelo hecho de tablas construido en alto. *El profesor se dirigió a los alumnos desde un tablado construido para la ceremonia.*

tablajería *s. f.* Establecimiento donde se vende carne. || Oficio del tablajero.

tablajero, ra *s.* Persona que se dedica a la venta de carne.

tablar *s. m.* Cuadro de una huerta.

tablazo *s. m.* Golpe dado con una tabla. || Parte de mar o de río ancho y poco profundo.

tablazón *s. f.* Conjunto de tablas.

tableado, da *adj.* Que está plegado con tablas. || *s. m.* Acción y efecto de tablear. *La costurera dedicó buena parte de la tarde al tableado de esa blusa.*

tablear *t.* Hacer tablas cortando un madero. || Plegar una tela en tablas.

tablero *adj.* Dícese del madero adecuado para dividirlo en tablas. || *s. m.* Superficie plana formada por tablas reunidas para evitar que se combe. || Tabla, pieza plana. || Cartelera para fijar anuncios. || En un coche o avión, conjunto de los órganos que permiten al conductor vigilar la marcha de su vehículo. || Cureña de la ballesta. || Tabla escaqueada para jugar a las damas, al ajedrez y a otros juegos similares. || Plataforma de un puente. || Encerado en las escuelas. || Mostrador de tienda. || Especie de bandeja en que exponen sus mercancías los vendedores ambulantes. || En arquitectura, plano resaltado con molduras o liso. || Cuadro de una puerta. || *fig.* Campo. *En el tablero político.*

tablestaca *s. f.* Tabla estrecha de madera o metálica que se clava en el suelo para formar junto con otras una pantalla de impermeabilización, un muro de contención, etc.

tableta *s. f.* Píldora. *Este medicamento puede tomarse en tabletas o inyecciones.* || Barra de chocolate que tiene el tamaño de una porción individual.

tableteado *s. m.* Ruido producido al tabletear.

tabletear *intr.* Producir ruido haciendo chocar tabletas. || *fig.* Hacer ruido continuo los disparos de un arma de fuego.

tableteo *s. m.* Ruido del choque de tabletas. || *fig.* Ruido de un arma automática. *El tableteo del fusil ametrallador.*

tablilla *s. f.* Tabla pequeña. || Trozo de baranda de la mesa de billar entre dos troneras. || Plancha de madera para fijar anuncios, etc. || Pieza de madera para sujetar los huesos fracturados. || *loc.* ***Tablillas de San Lázaro:*** las de madera que hacían sonar los mendicantes lazaristas.

tablón *s. m.* Tabla grande o gruesa. || Tablilla de anuncios. || Trampolín. || *fam.* Borrachera. || *Arg. Col. R. Dom.* y *Uy.* y *Ven.* Faja de tierra preparada para la siembra.

tabú *s. m.* Aquello que no se puede hacer, mencionar o tratar debido a ciertas reglas sociales, prejuicios, etc. *Para algunas personas hablar sobre el sexo es un tabú.*
tabulador, ra *s. m.* En las máquinas de escribir, dispositivo que facilita la disposición de cuadros, columnas, cantidades o palabras. || *s. f.* Máquina que transcribe las informaciones de las cartas perforadas.
tabular *adj.* De forma de tabla.
taburete *s. m.* Asiento individual sin brazos ni respaldo. *Me senté en el taburete de la sala.*
tac Onomatopeya de un ruido seco. *El tac tac del corazón.*
tacada *s. f.* Golpe dado con el taco a la bola de billar. || Serie de carambolas seguidas.
tacalate *s. m. Méx.* Planta y fruto del tacalote.
tacalote *s. m.* Leguminosa medicinal de México.
tacamaca *s. f.* Árbol de la familia de las burseráceas de cuya corteza los indios hacen canoas.
tacamadún *s. m.* Pez del golfo de México.
tacana *s. f.* Mineral de plata negruzco. || *Bol.* Escalón cultivado en las laderas de los Andes.
tacañear *intr. fam.* Obrar como un tacaño, cicatear.
tacañería *s. f.* Ruindad, mezquindad, avaricia.
tacaño, ña *adj.* y *s.* Mezquino, avaro, cicatero. || Astuto, bellaco.
tacataca o **tacatá** *s. m.* Sillita de tela, montada en una armazón con ruedas, con dos agujeros para que pasen las piernas los niños que aprenden a andar.
tacha *s. f.* Falta, imperfección, defecto. *Una vida sin tacha.* || Clavo algo mayor que la tachuela. || *Amér.* Tacho, vasija de metal.
tachadura *s. f.* Raya o borradura que se hace sobre una palabra para suprimirla. || *fig.* Censura.
tachar *t.* Borrar o rayar lo escrito. *Tachar algunos párrafos.* || *fig.* Censurar. *Tachar el proceder de uno.* || Atribuirle a uno algún defecto. *Tachar de avaricia.* || En derecho, alegar una incapacidad legal.
tache *s. m. Méx.* Tachadura, marca en forma de «X» que se pone en un escrito para eliminar algo, o para indicar una mala calificación. *Pedro vio que la maestra le puso tache en su trabajo.*
tachero *s. m. Amér.* Operario que maneja los tachos en los ingenios de azúcar.
tachigual *s. m. Méx.* Cierto tejido de algodón.
tachirense *adj.* y *s. com.* Del estado de Táchira, en Venezuela.
tacho *s. m. Amér. Merid.* Recipiente que sirve para calentar agua y para otros usos en la cocina. || *Amér. Merid.* Recipiente para depositar la basura. || *fam. Arg.* Taxi. || *Arg.* y *Chil.* Cualquier recipiente de latón, plástico, etc.
tachón *s. m.* Tachadura que se nota mucho en un escrito. *En una sola página tienes tres tachones.* || Tachuela grande de cabeza dorada.
tachonar *t.* Adornar una cosa con tachones. *Ángel tachonó una vieja caja de madera.*
tachuela *s. f.* Clavo corto y de cabeza ancha. *Fijé la fotografía en la pared con tachuelas.*
tácito, ta *adj.* Sobrentendido, no expresado formalmente. *Acuerdo tácito.* || *loc.* ***Tácita reconducción:*** renovación automática de un contrato cuando no ha sido rescindido en tiempo oportuno.
taciturnidad *s. f.* Condición de taciturno. || Actitud taciturna.
taciturno, na *adj.* Callado, no aficionado a hablar. *Persona taciturna.* || Triste, apesadumbrado.
tacneño, ña *adj.* y *s.* De Tacna, departamento del Perú.
taco *s. m.* Pedazo de madera que se usa para rellenar un orificio, fijar algo, etc. *Tapé el agujero en la pared con un taco de madera.* || Palo del billar. || *Amér. Merid.* y *P. Rico.* Pieza de la suela de los zapatos que corresponde al talón. *Laura usa zapatos con tacos muy altos.* || *fam. Esp.* Mala palabra, grosería. *Javier no puede hablar sin soltar un taco cada dos palabras.* || *Méx.* Tortilla de maíz a la que se le pone una porción de cualquier guiso y se enrolla para comerla.
tacómetro *s. m.* Instrumento que mide la cantidad de revoluciones por minuto que desarrolla una máquina en movimiento.
tacón *s. m.* Pieza de la suela del calzado correspondiente al talón. *Marcela usa tacones tan altos que le cuesta caminar.*
taconazo *s. m.* Golpe con el tacón.
taconear *intr.* Caminar sonando los tacones. || Zapatear mientras se baila.
taconeo *s. m.* Ruido que se hace con los tacones al caminar o bailar. *En la música flamenca los taconeos suelen acompañar al canto y la música.*
tacopate *s. m. Méx.* Nombre de varias plantas enredaderas.
tacotal *s. m. Méx.* Plantío de tacotes.
tacote *s. m. Méx.* Marihuana.
táctica *s. f.* Arte de dirigir una batalla combinando la acción de los medios de combate para alcanzar algún objetivo. || *fig.* Medios empleados para lograr un fin.
táctico, ca *adj.* Relativo a la táctica. *Unidad táctica de infantería.* || *s. m.* Experto en ella. *Táctico naval.*
táctil *adj.* Relativo al tacto.
tactismo *s. m.* Movimiento de atracción (tactismo positivo) o de repulsión (tactismo negativo) experimentado por un ser viviente bajo la influencia de ciertas sustancias químicas o ciertas formas de la energía (luz, calor, electricidad).
tacto *s. m.* Uno de los cinco sentidos que permite, por contacto directo, conocer la forma y el estado exterior de las cosas. || Acción de tocar. || *fig.* Tiento, delicadeza. *Contestar con mucho tacto.*
tacuache *s. m. Cub.* y *Méx.* Mamífero insectívoro nocturno.
tacuacín *s. m. Amér.* Zarigüeya.
tacuara *s. f. Arg. Py.* y *Uy.* Especie de bambú de cañas muy resistentes.
tacuche *s. m. Méx.* Envoltorio.
tacurú *s. m. Arg.* y *Py.* Hormiga pequeña. || Nido resistente y muy alto que hacen las hormigas o las termitas con sus excrementos mezclados con tierra y saliva como material de construcción.
taekwondo *s. m.* Deporte coreano de combate en el que se golpea con las manos y los pies.
tafeta *s. f.* Tela delgada y ligera de poliéster, de consistencia parecida a la de la seda. *La tafeta se utiliza para confeccionar los forros de sacos, faldas y otras prendas.*
tafetán *s. m.* Tela tupida de seda. *El tafetán es una de las telas favoritas para hacer ropa elegante.*
tafia *s. f.* Aguardiente de caña.
tafilete *s. m.* Cuero de cabra curtido y teñido. *El tafilete se utiliza para encuadernar libros.*
tafiletear *t.* Adornar o cubrir con tafilete.
tafiletería *s. f.* Arte de curtir el tafilete. || Tienda donde se vende esta piel.
tagalo *s. m.* Lengua nacional de Filipinas.
tagarnina *s. f.* Cardillo. || *fam.* Puro, cigarrillo o tabaco de mala calidad. || *Amér.* Borrachera.
tagarote *s. m.* Halcón. || *fig.* Escribiente de notario o escribano. || *fam.* Hidalgo pobre. || Hombre alto y desgarbado. || *Amér. C.* Hombre de bien.
tagua *s. f.* Corozo o marfil vegetal. || Especie de fúlica.
tahalí *s. m.* Tira de cuero u otra materia que va del hombro derecho al costado izquierdo y de la cual pende la espada. || Pieza de cuero que sostiene el machete, la bayoneta, etc. || Caja de cuero en que se solían llevar reliquias.
tahitiano, na *adj.* y *s.* De Tahití. || *s. m.* Lengua de Polinesia de la familia malaya.

tahona *s. f.* Molino de harina movido por caballería. || Panadería.

tahonero, ra *s.* Persona propietaria de una tahona o que está encargada de ella.

tahúr *s. m.* Jugador empedernido, especialmente el fullero.

tahurería *s. f.* Garito. || Afición exagerada al juego. || Fullería.

taifa *s. f.* Bandería, facción. *Reino de taifa.* || *fig.* y *fam.* Reunión de gente de mala vida. *Una taifa de ladrones.*

taiga *s. f.* Formación vegetal constituida por bosques de coníferas y abedules. *La taiga es propia de las regiones frías con veranos cortos.*

tailandés, desa *adj.* y *s.* Originario de Tailandia, país del sureste asiático.

taimado, da *adj.* y *s.* Astuto y disimulado. *Persona taimada.*

taimería *s. f.* Astucia, disimulación, picardía.

taíno o **taino, na** *adj.* De un pueblo amerindio que durante la época de la llegada de Colón a América habitaba en La Española, Puerto Rico, el este de Cuba y parte de Jamaica.

tairona *adj.* y *s.* Decíase de una población indígena del norte de Colombia.

taita *s. m. fam. Arg. Chil. C. R.* y *Ecua.* Padre, abuelo o cualquier otro hombre de edad que merece respeto. *El taita de Dionisio nos invitó al zoológico.*

taiwanés, nesa *adj.* y *s.* Originario de Taiwán, isla de Asia Oriental.

tajada *s. f.* Porción que se corta de una cosa. *Una tajada de melón.* || *fam.* Cruda, borrachera. || *loc. fig.* y *fam.* ***Sacar tajada:*** sacar provecho, aprovecharse.

tajado, da *adj.* Cortado verticalmente. *Roca, peña tajada.* || Dícese del escudo heráldico partido diagonalmente. || *fam.* Borracho, embriagado.

tajadura *s. f.* Corte.

tajalápiz *s. m.* Herramienta para afilar la punta del lápiz.

tajamar *s. m.* Tablón de forma curva que corta el agua cuando navega la embarcación. || *Arg.* y *Per.* Zanja en la ribera de los ríos para hacer menos grave el efecto de las crecidas. || *Arg. Chil. Ecua.* y *Per.* Muralla que protege la entrada de un puerto.

tajante *adj.* Se aplica a la cosa que corta. || Que no admite discusión. || Sin término medio.

tajar *t.* Cortar con un instrumento afilado. *Arturo usó una navaja para tajar la punta del lápiz.*

tajea *s. f.* Atarjea. || Alcantarilla para el paso del agua debajo de los caminos.

tajo *s. m.* Corte hecho con un instrumento afilado. || Corte profundo y vertical del terreno.

tajón *s. m.* Tajo para cortar la carne. *El tajón del carnicero.* || *fam.* Borrachera, tajada.

tal[1] *adj.* Semejante. *Nunca se ha visto tal cinismo.* || Así. *Tal es su opinión.* || Tan grande. *Tal es su fuerza que todos le temen.* || Este, esta. *No me gusta hacer tal cosa.* || Calificativo que se aplica a una persona o cosa de nombre desconocido u olvidado. *Fulana de Tal; en la calle tal.* || *pron.* Tal cosa. *No dije tal.* || Alguno. *Tal habrá que lo sienta así.*

tal[2] *adv.* Así. *Tal estaba de emocionado que no me vio.* || De este modo. *Cual el Sol ilumina la Tierra, tal ilumina las estrellas.* || *loc.* ***Con tal de*** o ***que:*** con la condición que; siempre que. || ***¿Qué tal?:*** ¿cómo está usted?; ¿cómo va la cosa?; ¿qué le parece? || ***Tal cual:*** sin cambio; regular, ni bien ni mal; alguno que otro. || ***Tal vez:*** quizás. || ***Y tal y cual:*** etcétera.

tala *s. f.* Corte de un árbol por el pie. || Poda. || Destrucción, estrago. || Juego de niños que se hace con un palito de madera. || Defensa hecha con árboles cortados. || *Arg.* Árbol espinoso de madera empleada en carpintería y en ebanistería.

talabartería *s. f.* Taller o tienda de talabartero.

talabartero, ra *s.* Guarnicionero.

talabricense *adj.* y *s.* De Talavera de la Reina, municipio de España.

talacha *s. f. fam. Méx.* Tarea pequeña, en especial la relacionada con el cuidado de algo. *No es complicado lo que debo hacer, pero sí es talacha aburrida.* || Reparación, en especial la de automóviles. || *loc.* ***Hacer talacha:*** hacer pequeños trabajos, sobre todo en reparaciones o cuidado de las cosas.

talacho *s. m. Méx.* Zapapico, azada, útil de labranza.

talador, ra *adj* y *s.* Que tala.

taladrador, ra *adj.* y *s.* Que taladra. || *s. f.* Máquina de taladrar o perforar metales.

taladrar *t.* Agujerear con el taladro. || *fig.* Herir los oídos un sonido agudo.

taladro *s. m.* Barrena u otro instrumento con que se perfora u horada una cosa. || Agujero hecho con estos instrumentos.

tálamo *s. m.* Cama conyugal. *Tálamo nupcial.* || Receptáculo de una flor. || En anatomía, parte del encéfalo situada en la base del cerebro.

talán *s. m.* Sonido de la campana.

talanquera *s. f.* Valla o pared que sirve de defensa.

talante *s. m.* Humor, disposición de ánimo. *Estar de buen* (o *mal*) *talante.* || Voluntad, grado. *Hacer algo de buen talante.*

talar[1] *adj.* Dícese de la vestidura que llega a los talones. *Traje talar.*

talar[2] *t.* Cortar por el pie. *Talar árboles.* || Podar, cortar las ramas inútiles. || Destruir, arrasar. *Talar campos, edificios, etc.*

talasocracia *s. f.* Dominio de una nación en los mares.

talasoterapia *s. f.* Uso terapéutico de los baños o del aire de mar.

talavera *s. f.* Porcelana de Talavera, España.

talco *s. m.* Silicato natural de magnesio, de textura hojosa, suave al tacto, que se usa en farmacia reducido a polvo.

talega *s. f.* Saco de tela fuerte para envasar o transportar cosas. *Talega de pan.* || Su contenido. *Una talega de arroz.* || Bolsa de tafetán usada antes por las mujeres para preservar el peinado. || *fig.* y *fam.* Caudal, dinero. || Pecados que se confiesan. || Saco, persona rechoncha.

talegada *s. f.* Contenido de una talega. || Talegazo.

talegazo *s. m.* Golpe dado con una talega. || *fam.* Caída.

talego *s. m.* Talega.

taleguilla *s. f.* Talega pequeña. || Calzón de torero. *El matador iba con la taleguilla rota.*

talento *s. m.* Moneda de los antiguos griegos y romanos. || Aptitud natural para hacer una cosa determinada. *Pintor de gran talento.* || Entendimiento, inteligencia. *Hace falta mucho talento para hacerlo.*

talentoso, sa o **talentudo, da** *adj.* Que tiene talento. *Es un pianista talentoso.*

talero *s. m. Arg. Chil.* y *Uy.* Látigo para azotar a los caballos, formado por un mango corto y una tira ancha de cuero.

talgüen o **talhuén** *s. m. Chil.* Arbusto de madera fuerte.

talio *s. m.* Elemento químico, metal escaso en la corteza terrestre. Es de color blanco azulado, ligero y muy tóxico. Se utiliza como catalizador y en la fabricación de vidrios protectores, insecticidas y raticidas. Su número atómico es 81 y su símbolo *Tl.*

talión *s. m.* Castigo en el que alguien sufre el mismo daño que ha causado. *La ley del talión dice «ojo por ojo y diente por diente».*

talismán *s. m.* Objeto al que se atribuye un poder protector sobrenatural.

talla *s. f.* Hecho de dar forma a los objetos al desgastarlos con instrumentos rasposos y cortantes. || Escultura. *En un pequeño taller artesanal compró una talla rústica de madera.* || Estatura. *Artemisa es de talla mayor que sus compañeras.* || Importancia. *En ese filme actúan personajes de la talla del famoso Laurence Olivier.* || Medida de una prenda de vestir. *Catalina hizo dieta y logró bajar dos tallas.* || *loc. fig.* ***De talla:*** de importancia.

tallado *s. m.* Acción y efecto de tallar. *El tallado de piedras requiere precisión.*

tallador, ra *s.* Persona que talla. *Un ebanista es un tallador que diseña figuras con madera.* || *Arg. Chil. Guat. Méx. Per.* y *Uy.* Persona que da las cartas o lleva las apuestas en una mesa de juego.

talladura *s. f.* Entalladura.

tallar *t.* y *pr.* Dar forma a un material al desgastarlo con un instrumento rasposo y cortante. *A Ricardo le gusta tallar pequeñas esculturas de madera.* || Medir la estatura. || *Méx.* Restregar, frotar. *Por más que Cenicienta tallaba el piso, éste seguía sucio.*

tallarín *s. m.* Pasta de harina de trigo en forma de listón delgado.

talle *s. m.* Cintura de una persona. *En el siglo XIX estuvieron de moda los talles esbeltos.* || Disposición del cuerpo humano.

taller *s. m.* Lugar en el que se hace un trabajo manual. *Taller de sastre, de pintura y carrocería.*

tallista *s. com.* Persona que talla en madera. || Persona que graba metales.

tallo *s. m.* En botánica, órgano del vegetal que lleva las hojas, las flores y los frutos. || Renuevo, brote. || Germen. || Tallo de los líquenes.

talludo, da *adj.* De tallo grande. || *fig.* Muy crecido, alto para su edad. || Dícese de la persona que ya ha dejado de ser joven.

talma *s. f.* Esclavina.

talmud *s. m.* Colección de libros del judaísmo que reúne comentarios sobre la ley de Moisés, a partir de las enseñanzas de las grandes escuelas rabínicas.

talmúdico, ca *adj.* Del Talmud.

talmudista *s. com.* Persona que sigue la doctrina del Talmud o que la estudia.

talo *s. m.* Cuerpo de algunas plantas en el que no se diferencian raíz, tallo y hojas.

talofito, ta *adj.* Relativo a las plantas con cuerpo constituido por un talo, como las algas.

talón *s. m.* Parte posterior del pie. || Parte del zapato o calcetín que la cubre. || Pulpejo del casco de las caballerías. || Parte del arco de un instrumento músico de cuerda inmediata al mango. *El talón de un arco de violín.* || Moldura cóncava por abajo y convexa por arriba. || Cada uno de los bordes reforzados de la cubierta del neumático. || Parte que se arranca de cada hoja de un talonario. || Patrón monetario. *El talón oro.* || Extremo posterior de la quilla del barco. || *loc. fig.* y *fam.* ***Pisarle a uno los talones:*** seguirle de muy cerca; estar a punto de igualarle.

talonario *s. m.* Libro de cheques. *A mi padre pidió un nuevo talonario al banco.* || Libro de recibos que tiene talones para comprobar y controlar los documentos que se entregan, como los de honorarios.

talonazo *s. m.* Golpe con el talón.

talonera *s. f.* Refuerzo que se pone en el talón de las medias o calcetines o en la parte baja de los pantalones.

talque *s. m.* Tierra refractaria con la que se suelen fabricar crisoles.

talquera *s. f.* Recipiente donde se guardan los polvos de talco.

talquino, na *adj.* y *s.* De Talca, ciudad de Chile.

talquita *s. f.* Roca pizarrosa formada sobre todo de talco.

talud *s. m.* Inclinación del paramento de un muro o de un terreno. *El talud de una vía férrea.*

tamal *s. m. Amér.* Harina de maíz mezclada con manteca y rellena de carne de cerdo, pollo o alguna fruta, que se envuelve en una hoja de maíz o banano y se cuece al vapor. *Los tamales pueden ser de sabor dulce o salado.*

tamalada *s. f. Amér.* Comida a base de tamales.

tamalear *t. Méx.* Hacer o comer tamales.

tamalería *s. f. Méx.* Tienda donde se venden tamales.

tamalero, ra *s.* Persona cuyo oficio es preparar y vender tamales.

tamanduá *s. m.* Mamífero desdentado parecido al oso hormiguero, aunque más pequeño.

tamango *s. m. fam. Arg. Bol. Chil. Per.* y *Uy.* Zapato, por lo general grande o viejo.

tamaño, ña *adj.* Tal, tan grande o tan pequeño. *No me vengas con tamaña historia.* || *s. m.* Dimensiones o volumen. *El tamaño de un libro.*

támara *s. f.* Palmera de Canarias. || Terreno poblado de estas palmeras. || *pl.* Dátiles en racimo. || Leña menuda.

tamarindo *s. m.* Árbol tropical que da frutos con vaina dura y quebradiza, pulpa agridulce y semillas redondas. || Fruto comestible de ese árbol.

tamarisco o **tamariz** *s. m.* Taray.

tamarugal *s. m. Chil.* Terreno plantado de tamarugos.

tamarugo *s. m. Chil.* Especie de algarrobo que hay en la pampa.

tamaulipeco, ca *adj.* y *s.* Del estado mexicano de Tamaulipas.

tamba *s. f. Ecua.* Chiripá usado por los indios.

tambache *s. m. fam. Méx.* Bulto grande o montón de cosas que se cargan. *Con este tambache de cajas, apenas si pude subir las escaleras.*

tambaleante *adj.* Vacilante, titubeante. || Inestable. || *fig.* Poco firme. *Instituciones tambaleantes.*

tambalear *intr.* Moverse a uno y otro lado como si se fuese a caer. *Tambalearse al andar.* || Ser inestable. *Mueble que se tambalea.* || *fig.* Perder su firmeza. *Las estructuras de esta organización se han tambaleado.*

tambaleo *s. m.* Falta de estabilidad. || Titubeo.

tambarria *s. f. Amér.* Parranda.

tambero *s. m. Amér.* Dueño de un tambo. || *adj. Amér. Merid.* Relativo al tambo. || *s. Amér. Merid.* Persona que tiene un tambo o se encarga de él. || *Arg.* Manso. *Ganado tambero.* || *Arg.* y *Chil.* Que posee vacas lecheras.

tambero, ra[1] *adj. Amér. Merid.* Relativo al tambo. || *s. Amér. Merid.* Persona que tiene un tambo o se encarga de él.

también *adv.* Afirma la relación de una cosa con otra. *Rosario quiere ir al cine y Alicia también.*

tambo *s. m. Arg.* Establecimiento ganadero destinado a ordeñar vacas y vender su leche. || *Per.* Posada, casa donde se hospedan viajeros. || *Méx.* Recipiente cilíndrico de gran capacidad para basura, agua, etc.

tambor *s. m.* Instrumento músico de percusión, de forma cilíndrica, hueco, cerrado por dos pieles tensas y que se toca con dos palillos. || El que lo toca. *Los tambores de una banda de música.* || Cilindro hueco, de metal, para diversos usos. *Tambor para tostar café, de una máquina de lavar.* || Depósito cilíndrico con una manivela que lo hace girar y que sirve para meter las bolas de una rifa o lotería. || Cilindro en que se enrolla un cable. || Aro de madera en que se extiende la tela que se borda. || Cilindro giratorio donde se ponen las balas de un revólver. || Tamiz del pastelero para cernir el azúcar. || Tímpano del oído. || En arquitectura, recinto hecho con tabiques dentro de otro. || Muro cilíndrico que sirve de base a una cúpula. || Cada uno de los bloques cilíndricos que forman el fuste de una columna. || En marinería, cabrestante del timón. || En mecánica, rueda de canto liso, de más espesor que la polea. || Pieza circular de acero, solidaria de la rueda, en cuyo interior actúan las zapatas del freno. || *Amér.* Bote o barrilete que sirve de envase. || *Méx.* Colchón de muelles.

tambora *s. f. Amér.* Grupo de músicos con instrumentos de percusión.

tamborear *intr.* Tamborilear.

tamboreo *s. m.* Tamborileo.

tamboril *s. m.* Tambor más largo y estrecho que el corriente, y que se toca con un solo palillo.

tamborilada *s. f.* o **tamborilazo** *s. m. fig.* y *fam.* Golpe que se da al caer en el suelo. || Manotazo dado en la cabeza o en las espaldas.

tamborilear *t.* Celebrar, alabar, ponderar. || *intr.* Tocar el tambor o el tamboril. || Imitar el ruido del tambor, repiquetear. *Tamborilear en la mesa con los dedos.*
tamborileo *s. m.* Acción de tocar el tambor o tamboril y ruido producido.
tamborilero *s. m.* El que toca el tambor o el tamboril.
tamborito *s. m.* Baile nacional de Panamá, de origen africano.
tameme *s. m. Chil. Méx.* y *Per.* Mozo de cuerda indio.
tamil o **tamul** *adj.* y *s. m.* Dícese de un grupo étnico del sur de la India (Madrás y Ceilán).
tamiz *s. m.* Especie de colador con orificios muy pequeños.
tamizar *t.* Colar algo pasándolo por el tamiz. *La cocinera tamizó el puré de zanahoria.* || Depurar algo seleccionando sus mejores partes.
tampoco *adv.* Sirve para expresar una segunda negación. *Tampoco te lo daré.*
tampón *s. m.* Almohadilla que se usa para manchar de tinta o humedecer los dedos. || Artículo higiénico femenino en forma de cilindro pequeño, usado durante la menstruación.
tam-tam *s. m.* En música, tantán.
tamujal *s. m.* Terreno poblado de tamujos.
tamujo *s. m.* Planta euforbiácea existente en las orillas de los ríos.
tamul *adj.* y *s.* Tamil. || *s. m.* Lengua hablada por los tamiles.
tan[1] *adv.* Apócope de *tanto,* que da carácter aumentativo al significado de un adjetivo o un adverbio. *Es un automóvil tan caro que nunca podré comprarlo.* || Denota idea de equivalencia o igualdad. *El acero es tan duro como el hierro.* || *loc.* ***Tan siquiera:*** siquiera.
tan[2] *s. m.* Ruido producido al tocar el tambor u otro instrumento parecido. || Corteza de encina.
tanaceto *s. m.* Planta vermífuga.
tanagra *s. f.* Pequeño pájaro cantor de la América tropical. || Estatuita de terracota que se fabricaba en Tanagra (Beocia).
tanate *s. m. Amér. C.* y *Méx.* Cesto cilíndrico de palma o tule tejidos. *En mi casa usan un tanate hecho con bejuco para poner el pan.* || *Amér. C.* Lío, envoltorio. || *pl. Amér. C.* Conjunto de trastos, de objetos viejos.
tanatología *s. f.* Ciencia que estudia la muerte, sus causas y fenómenos que la acompañan.
tanatólogo, ga *s.* Especialista en tanatología.
tanatorio *s. m.* Edificio destinado a servicios funerarios, velatorio.
tancolote *s. m. Méx.* Cesto.
tanda *s. f.* Turno, partida. || Serie de cosas que se dan seguidas. || Gran cantidad. *Tanda de azotes.* || *Amér.* Sesión de una representación teatral. *Teatro por tandas.*
tándem *s. m.* Bicicleta para dos o más personas.
tanga *s. f.* Parte inferior de tamaño mínimo, de una malla o traje de baño. || Prenda interior muy pequeña que sólo cubre los genitales.
tanganero, ra *adj.* y *s. Méx.* Holgazán.
tanganillas *adv.* **En tanganillas:** Muy poco seguro; en equilibrio inestable.
tanganillo *s. m.* Objeto para sostener una cosa que va a caerse.
tangencia *s. f.* Estado de lo que es tangente. *La tangencia de dos círculos.* || *loc.* ***Punto de tangencia:*** punto único en que dos líneas o superficies se tocan.
tangencial *adj.* Relativo a la tangente. *Fuerza tangencial.* || Tangente. *Línea tangencial.*
tangente *adj.* Aplícase a las líneas y superficies que se tocan en un solo punto sin cortarse. *Dos circunferencias tangentes.* || *s. f.* Recta que toca en un solo punto a una curva o a una superficie. || Relación entre el seno y el coseno de un ángulo. Su símbolo es *tg.* || *loc. fig.* y *fam.* ***Irse*** (o ***salir***) ***por la tangente:*** salir hábilmente de un apuro; contestar con evasivas a una pregunta embarazosa.
tangerino, na *adj.* y *s.* De Tánger, ciudad de Marruecos.
tangible *adj.* Que se puede tocar. || *fig.* Sensible, real.
tango *s. m.* Baile argentino de ritmo lento y muy marcado. *Carlos Gardel fue el cantante de tangos más famoso de la historia.* || *loc. fam. Méx.* ***Hacer un tango:*** hacer una rabieta con gritos y actitudes exageradas.
tangram *s. m.* Juego de rompecabezas formado por piezas en forma de cuadrados, rectángulos y triángulos. *Aunque un tangram tiene pocas piezas, pueden hacerse muchísimas figuras con ellas.*
tanguear *intr. Arg.* y *Uy.* Cantar y tocar tangos.
tanguero, ra *adj.* Relativo al tango. || *adj.* y *s. Arg.* y *Uy.* Que gusta del tango. || *s. Arg.* y *Uy.* Autor o cantor de tangos.
tanguillo *s. m.* Baile y canción andaluza.
tanguista *s. com.* Persona que canta o baila en un cabaret. || *fig.* Persona de vida alegre y libertina.
tanino *s. m.* Sustancia astringente que se usa para curtir pieles y fabricar tinta. *El tanino se encuentra en la corteza de árboles como el roble y el castaño.*
tano, na *adj. fam. Arg. Py.* y *Uy.* Relativo a Italia. || *s. fam. Arg. Py.* y *Uy.* Natural de Italia.
tanque *s. m.* Vehículo terrestre muy resistente de uso militar. || Depósito de agua u otro líquido preparado para su transporte. || Aljibe. *Tanque para almacenar agua.*
tantalio *s. m.* Tántalo.
tántalo *s. m.* Elemento químico, metal escaso en la corteza terrestre. Es de color gris, pesado, duro, dúctil y muy resistente a la corrosión. Se utiliza para fabricar material quirúrgico y dental, así como prótesis e injertos, y como catalizador, así como en la industria electrónica. Su número atómico es 73 y su símbolo *Ta.* || Ave zancuda tropical, de plumaje blanco con las remeras negras, semejante a la cigüeña.
tantán *s. m.* En África, especie de tambor que se toca con las manos. || Batintín, gong.
tanteada *s. f. Méx.* Doblez, mala pasada.
tanteador *s. m.* El que tantea en el juego. || Marcador en que se apuntan los tantos de los contendientes en un encuentro deportivo o juego de naipes.
tantear *t.* Apuntar los tantos en el juego. || Ver si una cosa ajusta bien con otra. || En derecho, dar por una cosa, en virtud de cierto derecho, el precio en que se adjudicó a otro en pública subasta. || *fig.* Examinar una cosa detenidamente antes de decidirse. *Tantear un asunto.* || Probar. *Tantear el terreno.* || Explorar la intención de uno. *Tantear a una persona.* || *Amér.* Calcular aproximadamente. || *intr.* Andar a tientas. || *pr.* En derecho, pagar la cantidad en que una cosa está arrendada o rematada. || Someterse a prueba.
tanteo *s. m.* Ensayo, prueba. || Número de tantos que se apuntan los jugadores o competidores. || Cálculo aproximado de algo. || Derecho que tiene alguien para comprar una cosa por el mismo precio en que fue vendida al que la acaba de adquirir. || *loc.* ***Al tanteo:*** al cálculo, de manera aproximada. *Mi hermano me dijo al tanteo cuántas monedas había en mi bolsa.*
tanto[1] *adv.* Hasta tal punto. *No griten tanto que después les va a doler la garganta.* || *loc.* ***Al tanto:*** al corriente. *Estar al tanto de todo lo que pasa.* || ***En tanto*** (o ***entre***) ***tanto:*** mientras. || ***Por lo tanto:*** por consiguiente. || ***Por tanto:*** por eso, por lo que. || ***Tanto como:*** lo mismo que. || ***Tanto mejor:*** expresión que denota satisfacción. || ***Tanto peor:*** expresión que denota la resignación ante un hecho desafortunado. || ***¡Y tanto!:*** expresión usada para reforzar un asentimiento. *Creo que te gustó mucho la película. ¡Y tanto!*

T

tanto² *s. m.* Unidad de cuenta en muchos juegos o deportes. *El equipo visitante acaba de anotar un tanto.* || Copia de un escrito. || *loc.* ***Tanto por ciento:*** porcentaje.

tanto, ta¹ *adj.* En correlación con «como», introduce una comparación de igualdad. *Mauricio come tantas golosinas como su papá.* || Expresa una cantidad o número indeterminado. *Le pregunté cuánto costaba y me dijo que tanto.* || *loc.* ***Algún tanto:*** un poco.

tanto, ta² *pron.* Equivale a *eso. A tanto llega su ambición.* || *loc.* ***No ser para tanto:*** no ser tan grave ni tan importante. || ***Otro tanto:*** lo mismo.

tañedor, ra *s.* Persona que tañe un instrumento músico. *Tañedor de guitarra.*

tañer *t.* Tocar un instrumento músico, como la guitarra, la flauta, etc. || *intr.* Repicar las campanas. *Tañer a muerto.* || Tabalear.

tañido *s. m.* Sonido de cualquier instrumento que se tañe. *El tañido del arpa.*

tao *s. m.* Concepción del orden del universo según la filosofía china antigua. *La palabra «tao» significa «camino» en chino.*

taoísmo *s. m.* Antiguo sistema filosófico y religioso de China, que rinde culto a la naturaleza y a los antepasados. *El taoísmo surgió de las doctrinas del filósofo chino Lao Tsé.*

taoísta *adj.* Relativo al taoísmo. *La doctrina taoísta.* || *s. com.* Persona que profesa el taoísmo.

tapa *s. f.* Pieza que cierra la abertura de un recipiente. *No olvides ponerle una tapa al guiso.* || Cubierta de un libro. *El libro es tan viejo que ya perdió la tapa.* || *Esp.* Pequeña cantidad de comida que se sirve como aperitivo. *Como tapas hay jamón, setas y calamares.* || *loc. fam.* ***La tapa de los sesos:*** el cráneo. || ***Levantarse*** (o ***saltarse***) ***la tapa de los sesos:*** suicidarse de un tiro en la cabeza.

tapaboca *s. m. Cub. Méx.* y *Uy.* Trozo rectangular de tela, que se sostiene en la orejas, para cubrir nariz y boca. *Una prenda distintiva de los cirujanos es el tapaboca.*

tapacubos *s. m.* Tapa de la cara exterior de la rueda de un vehículo. *Compró unos tapacubos de metal brillante.*

tapadera *s. f.* Pieza que sirve para cubrir de manera ajustada la boca de un recipiente. *La tapadera de la olla tiene un asa aislante del calor.*

tapadillo *s. m.* Acción de taparse el rostro las mujeres con el manto. || Registro del órgano. || *fam.* Asunto del cual se habla secretamente. || *loc.* ***De tapadillo:*** a escondidas.

tapado, da *adj.* y *s. Arg.* Dícese de la caballería sin mancha en su capa. || *Col.* Comida de carne preparada en barbacoa. || *Amér.* Entierro, tesoro oculto. || Abrigo de mujer o niño. || *Méx.* Presunto candidato, especialmente en elecciones presidenciales, cuyo nombre se guarda en secreto hasta última hora.

tapadura *s. f.* o **tapamiento** *s. m.* Acción y efecto de tapar o taparse.

tapajuntas *s. m. inv.* Listón de madera con que se tapan las juntas de puertas, ventanas o cualquier otra cosa que sirve para lo mismo.

tápalo *s. m. Méx.* Chal o mantón.

tapanco *s. m. Méx.* Piso de madera que se pone sobre vigas o columnas en habitaciones con gran altura, para dividirlas a lo alto en dos espacios. *En el tapanco hay una cama.*

tapar *t.* y *pr.* Cubrir o cerrar lo que está descubierto o abierto. *Tapa el recipiente para que el pan no se endurezca.* || Encubrir, ocultar. *El empresario tapó el escándalo de su principal colaborador.* || Abrigar o cubrir con ropas. *Hoy el niño se tapó con el abrigo porque hace más frío que ayer.*

tapara *s. f.* Fruto del taparo.

taparo *s. m. Amér.* Árbol parecido a la güira.

taparrabos *s. inv.* Pieza de tela, piel, etc., con que los miembros de ciertos pueblos se tapan los órganos genitales. *En la ciudad se vería raro alguien que sólo usara un taparrabos.*

tapatío, tía *adj.* y *s. Méx.* De la ciudad de Guadalajara, en México.

tapayaxín *s. m. Méx.* Reptil de la familia de los iguánidos; sapo cornudo.

tape *adj.* y *s. fam. desp. Arg.* y *Uy.* Persona que parece indígena.

tapera *s. f.* En América, ruinas de un pueblo. || Vivienda ruinosa y abandonada.

tapete *s. m.* Cubierta pequeña o mediana hecha con tela o algún tejido, que no se fija al piso. *A la entrada de su casa tiene un pequeño tapete.* || Tela que se pone sobre la mesa. *Encima de la mesa de madera hay un tapete.* || *loc. fig.* ***Estar una cosa sobre el tapete:*** estar en discusión o en estudio.

tapetí *s. m.* Lepórido de Argentina y Brasil.

tapia *s. f.* Pared de tierra amasada y apisonada en un molde. || Cerca. *Saltar la tapia.* || *loc. fig.* y *fam.* ***Más sordo que una tapia:*** muy sordo.

tapiar *t.* Cercar con tapias.

tapicería *s. f.* Conjunto de tapices. || Lugar donde se guardan tapices. *La tapicería nacional.* || Arte del tapicero. || Su tienda. || Tela con que se cubren los sillones, los asientos de un coche, etc.

tapicero, ra *s.* Persona que teje tapices. || Persona cuyo oficio consiste en tapizar muebles y paredes, poner cortinajes, etc.

tapioca *s. f.* Sustancia harinosa comestible obtenida de la mandioca.

tapir *s. m.* Mamífero de cabeza grande, trompa pequeña y orejas redondas, propio de Asia y de América.

tapisca *s. f. Amér. C.* y *Méx.* Recolección del maíz.

tapiscar *t. Amér. C.* y *Méx.* Cosechar el maíz.

tapiz *s. m.* Paño tejido de lana o seda, con dibujos de varios colores, con que se adornan las paredes. *Tapiz de los gobelinos.* || Alfombra.

tapizar *t.* Cubrir las paredes con tapices. || *fig.* Forrar cualquier superficie, las paredes, el suelo o los sillones con tela. || Cubrir, alfombrar.

tapón *s. m.* Pieza que tapa la boca de botellas y otros recipientes. *Se perdió el tapón de la botella.* || Acumulación de cera en el oído. *Para que mi tío pudiera oír mejor el médico le extrajo un tapón de cera del oído.* || *Méx.* Tapa de la cara exterior de la rueda de un vehículo.

taponamiento *s. m.* Obstrucción de una herida con tapones. || Tapón de circulación.

taponar *t.* Cerrar con tapón un orificio. *Taponar una botella.* || Obstruir con tapones una herida o los orificios del oído. || *fig.* Obstruir. *Taponar una brecha.*

taponazo *s. m.* Golpe o estampido que da el tapón de una botella al destaparse bruscamente.

taponería *s. f.* Fábrica o tienda de tapones. || Industria taponera.

taponero, ra *adj.* Relativo a los tapones. *Industria taponera.* || *s.* Persona que fabrica o vende tapones.

tapujo *s. m.* Embozo, disfraz que disimula una parte de la cara. || *fig.* y *fam.* Rodeo, disimulo. || Secreto. *Andar siempre con tapujos.*

tapuya *adj.* y *s.* Aplícase a los indios que ocupaban casi la totalidad del Brasil.

taquear *intr. Méx.* Comer tacos.

taquera *s. f.* Estante donde se guardan los tacos de billar.

taquería *s. f. Méx.* Restaurante o casa de comidas donde se preparan y venden tacos.

taquero, ra *s. Méx.* Vendedor de tacos.

taquete *s. m. Méx.* Trozo pequeño y cilíndrico de madera, o dispositivo expandible de plástico o metal, para fijar los tornillos en las paredes. *Esta pesada repisa habrá que colgarla con taquetes.*

taquia *s. f. Bol.* Excrementos de llama usados en las mesetas andinas como combustible.

taquicardia *s. f.* Ritmo demasiado rápido de las contracciones cardiacas.

taquigrafía *s. f.* Escritura formada por signos convencionales que permite escribir a la velocidad de la palabra.
taquigrafiar *t.* Escribir taquigráficamente.
taquigráfico, ca *adj.* Relativo a la taquigrafía. *Texto taquigráfico.*
taquígrafo, fa *s.* Persona capaz de utilizar la taquigrafía. *Trabaja de taquígrafo.*
taquilla *s. f.* Ventana pequeña donde se venden billetes para transporte o entradas para un espectáculo. *Había una larga fila en la taquilla para entrar al concierto.* || Armario pequeño en que se guardan objetos personales o papeles. || *Amér. C.* Taberna. || *Chil. C. R.* y *Ecua.* Clavo pequeño.
taquillazo *s. m. Méx.* Éxito monetario en la venta de boletos para algún espectáculo.
taquillero, ra *adj.* Se dice del artista o del espectáculo que tiene mucho éxito con el público y venden muchas entradas para sus presentaciones. *Esa actriz es muy taquillera.* || *s.* Empleado que se encarga de vender los billetes o entradas en una taquilla.
taquimecanógrafo, fa *s.* Persona que escribe utilizando la taquigrafía y la mecanografía.
taquimetría *s. f.* Arte de levantar planos con el taquímetro.
taquímetro *s. m.* Instrumento parecido al teodolito que sirve para medir a un tiempo ángulos y distancias. || Contador de velocidad, velocímetro.
tara *s. f.* Defecto físico o psíquico grave. || *s. f.* Peso de un envase o recipiente sin incluir el de su contenido, o de un vehículo sin incluir la carga. *El fabricante de mermelada primero saca la tara del frasco y luego lo llena con el producto.* || *Chil.* y *Per.* Arbusto de cuya madera se extrae un tinte. || *Col.* Serpiente venenosa. || *Ven.* Langosta de tierra de mayor tamaño que la común.
tarabilla *s. f.* Serie de palabras que se dicen tan rápido que no se entienden.
taracea *s. f.* Obra de incrustaciones sobre madera.
taracear *t.* Adornar con taraceas. *Caja de caoba taraceada.*
tarado, da *adj.* Defectuoso, estropeado.
tarahumara *adj.* y *s. com.* Indígena mexicano de una tribu que vive en la sierra de Chihuahua.
taraje *s. m.* Taray, árbol.
tarambana *adj.* y *s. com. fam.* Aplícase a la persona alocada.
tarantela *s. f.* Baile del sur de Italia, de movimiento muy vivo. || Su música.
tarántula *s. f.* Araña muy grande, de picadura venenosa.
tarapaqueño, ña *adj.* y *s.* De Tarapacá, departamento de Chile.
tarar *t.* Determinar el peso de la tara. *Tarar un género.*
tararear *t.* Canturrear.
tarareo *s. m.* Acción de tararear.
tararira *s. f. Arg.* y *Uy.* Pez que vive en los grandes ríos de América del Sur, de carne muy apreciada por su sabor.
tarasca *s. f. Chil.* y *C. R.* Boca grande.
tarascada *s. f.* Mordida. *En cuanto el león vio la carne que le acercaban lanzó una gran tarascada.*
tarasco *adj.* y *s. m.* Nombre que los conquistadores españoles dieron al pueblo purépecha del estado de Michoacán, México.
tarascón *s. m. Arg. Bol. Chil. Ecua.* y *Per.* Mordedura. *En medio de la pelea Ricardo le dio un tarascón a Pedro.*
taray *s. m.* Arbusto tamaricáceo común en las orillas de los ríos.
tarayal *s. m.* Terreno poblado de tarayes.
tarazana *s. f.* o **tarazanal** *s. m.* Atarazana.
tarco *s. m. Arg.* Árbol saxifragáceo, de madera utilizada en la fabricación de muebles.
tardado, da *adj. Méx. fam.* Lento. *Es una cocinera buena, pero muy tardada.*
tardanza *s. f.* Hecho de retrasarse o tardarse. *Me preocupa la tardanza de Estela.*
tardar *intr.* y *pr.* Invertir un tiempo determinado en hacer una cosa. *¿Cuánto vas a tardar en salir?* || Emplear más tiempo del previsto en hacer algo. *Verónica se está tardando mucho.*
tarde[1] *adv.* A una hora avanzada del día o la noche. *Se quedaron trabajando hasta muy tarde.* || Después del momento previsto. *Siempre llegas tarde a tus citas.*
tarde[2] *s. f.* Tiempo desde el mediodía hasta el anochecer. *Quedamos de vernos por la tarde.* || *loc.* ***Buenas tardes:*** saludo que se emplea por la tarde. || ***De tarde en tarde:*** de vez en cuando, raras veces.
tardecer *t.* Atardecer.
tardígrado, da *adj.* y *s. m.* Aplícase a los animales que caminan con lentitud.
tardío, día *adj.* Relativo a los frutos que tardan más que otros de su misma clase en madurar. || Que ocurre o se realiza después del tiempo debido.
tardísimo *adv.* Muy tarde.
tardo, da *adj.* Lento o tardado en sus acciones o su modo de hablar. *Con paso tardo, el anciano se dirigió a la parada del autobús.*
tardón, dona *adj.* y *s.* Tardo.
tarea *s. f.* Labor, obra, trabajo. *Una tarea difícil.* || Trabajo en un tiempo limitado. || Deberes de un colegial.
tarifa *s. f.* Escala de precios, derechos o impuestos. *Tarifas arancelarias.*
tarifar *t.* Aplicar una tarifa. || *intr. fam.* Enfadarse dos personas.
tarima *s. f.* Plataforma movible de poca altura. *La mesa del orador estaba sobre una tarima.* || Banquillo para los pies.
tarja *s. f. Méx.* Pila del fregadero de cocina. *Las tarjas son más o menos hondas.*
tarjar *t.* Marcar en la tarja lo que se vende fiado. || *Chil.* Tachar lo escrito.
tarjeta *s. f.* Cartulina rectangular con el nombre de una persona y generalmente con su actividad y dirección. *Tarjeta de visita.* || Cartulina que lleva impreso o escrito un aviso, permiso, invitación, etc. *Tarjeta comercial, de invitación.* || Membrete de los mapas. || Adorno arquitectónico que suele llevar inscripciones o emblemas. || *loc.* ***Tarjeta postal:*** cartulina generalmente ilustrada por una cara que se suele mandar sin sobre.
tarjeteo *s. m.* Intercambio frecuente de tarjetas.
tarjetero *s. m.* Cartera en que se llevan tarjetas, billetero.
tarjetón *s. m.* Tarjeta grande.
tarlatana *s. f.* Tela de algodón.
tarquino, na *adj.* y *s. Arg.* Aplícase al animal vacuno de raza fina. *Vacas tarquinas.*
tarraja *s. f.* En mecánica, terraja.
tarramenta *s. f. Cub.* y *Méx.* Cornamenta.
tarro *s. m.* Vasija cilíndrica de barro o vidrio. *Un tarro de mermelada.* || *Arg.* Vasija de lata. || *Ants. Méx.* y *Uy.* Cuerno.
tarsana *s. f. Per.* Corteza de quillay que contiene saponina.
tarso *s. m.* Parte posterior del pie que contiene siete huesos y se articula con la pierna. || Parte de las patas de las aves que corresponde al tarso humano. || Corvejón de los cuadrúpedos.
tarta *s. f.* Pastel compuesto de una masa plana y fina cubierta de nata, frutas cocidas, mermelada, etc. || *loc. Arg.* y *Uy.* ***Tarta pascualina:*** la salada hecha de masa hojaldrada, espinaca, cebolla y salsa blanca.
tártago *s. m.* Planta euforbiácea utilizada como purgante y emético.
tartajear *intr.* Articular impropiamente las palabras por algún defecto o por mera torpeza.
tartajeo *s. m.* Mala articulación al hablar.
tartajoso, sa *adj.* Dícese de la persona que tartajea.
tartamudear *intr.* Hablar con pronunciación entrecortada, repitiendo las sílabas.
tartamudeo *s. m.* Pronunciación entrecortada de las palabras con repetición de las sílabas.

tartamudez *s. f.* Defecto del tartamudo.
tartamudo, da *adj.* Persona que tartamudea.
tartán *s. m.* Conglomerado de amianto, caucho y materias plásticas inalterable a la acción del agua, con el que se revisten las pistas de atletismo.
tartana *s. f.* Pequeña embarcación empleada para la pesca y el cabotaje en el Mediterráneo. || Carro de dos ruedas cubierto por un toldo y con asientos laterales.
tartárico, ca *adj.* Tártrico.
tártaro *s. m.* Tartrato de potasio impuro que forma una costra en las vasijas. || Sarro en los dientes.
tártaro, ra *adj.* y *s.* De un conjunto de pueblos de origen mongol y turco.
tartera *s. f.* Fiambrera. || Cazuela de barro.
tartrato *s. m.* En química, sal del ácido tártrico.
tártrico, ca *adj.* Dícese del ácido que se saca del tártaro.
taruga *s. f.* Especie de ciervo de América del Sur.
tarugo *s. m.* Pedazo grueso y corto de madera o pan. || *fam. desp. Méx.* Tonto.
tarumá *s. m. Arg.* y *Uy.* Árbol verbenáceo de fruto oleaginoso.
tarumba *adj. fam.* Aturdido, atolondrado. || Loco. *Esta chica le ha vuelto tarumba.*
tas *s. m.* Yunque pequeño.
tasa *s. f.* Tasación. || Documento en que se indica esta tasación. || Precio fijado oficialmente para ciertas mercancías. *Tasa de importación.* || Medida, norma. *Obrar sin tasa.* || Índice. *Tasa de natalidad.*
tasación *s. f.* Justiprecio, estimación del precio de algo.
tasador, ra *adj.* Dícese de la persona que tasa.
tasajear *t.* Cortar carne en tiras y ponerla a secar para hacer tasajo. || *Cub.* y *Méx.* Herir o cortar con cuchillo repetidas veces. || *Méx.* y *Salv.* Criticar con dureza.
tasajo *s. m.* Carne que se pone a secar untada con sal como conservador.
tasar *t.* Poner precio a una cosa. *Tasar el pan.* || Valorar, estimar el valor de una cosa. || *fig.* Restringir algo por prudencia o avaricia. *Tasar la comida al enfermo.*
tasca *s. f.* Taberna. || Garito.
tascar *t.* Espadar. *Tascar el cáñamo, el lino.* || *fig.* Mascar ruidosamente la hierba las bestias al pacer. || *loc. fig.* ***Tascar el freno:*** aguantar con impaciencia contenida una sujeción.
tasmanio, nia *adj.* y *s.* De Tasmania, isla de Oceanía y estado de Australia.
tata *s. m. Amér.* Padre, papá y a veces, abuelo.
tatarabuelo, la *s.* Padre o madre del bisabuelo o de la bisabuela.
tataranieto, ta *s.* Hijo o hija del biznieto o de la biznieta.
tataré *s. m.* Árbol del Paraguay, de excelente madera amarilla.
tátaro, ra o **tártaro, ra** *adj.* y *s.* De Tartaria. || De la actual Tataria o república de los Tátaros.
tate *interj.* ¡Cuidado! || ¡Poco a poco!, ¡despacio! || ¡Ya caigo!, ¡ya caí en la cuenta!
tatemar *t. Méx.* Requemar, dorar en exceso alguna cosa.
tatetí *s. m. Arg.* y *Uy.* Juego de mesa, tres en raya. *El tatetí también es conocido como «gato».*
tatito *s. m. fam. Amér.* Tata, papá.
tato *s. m. fam.* Hermano mayor.
tatole *s. m. fam. Méx.* Acuerdo, convenio. || Conspiración.
tatú *s. m. Arg. Bol. Chil. Py.* y *Uy.* Especie de armadillo de gran tamaño.
tatuaje *s. m.* Impresión de dibujos en la piel humana.
tatuar *t.* Imprimir en la piel humana, bajo la epidermis, dibujos indelebles hechos con una aguja y una materia colorante o quemados con pólvora.
tatusa *s. f. Arg.* Mujerzuela.
tau *s. f.* Decimonovena letra del alfabeto griego (Τ, τ), que corresponde a la «t» castellana. || Tao, insignia de ciertas órdenes.
taumaturgia *s. f.* Facultad de hacer prodigios.
taumaturgo, ga *s.* Persona capaz de hacer milagros o cosas prodigiosas.
taurino, na *adj.* Relativo a las corridas de toros. *Fiestas taurinas.*
tauro *adj.* y *s.* Se dice de las personas nacidas bajo el segundo signo del zodiaco, comprendido entre el 20 de abril y el 21 de mayo.
taurófilo, la *adj.* y *s.* Aficionado a las corridas de toros.
taurómaco, ca *adj.* Tauromáquico. || Entendido en tauromaquia.
tauromaquia *s. f.* Arte de lidiar los toros, toreo.
tauromáquico, ca *adj.* De la tauromaquia.
tautología *s. f.* Repetición inútil de un mismo pensamiento. *Decir «un abridor abre» es una tautología.*
tautológico, ca *adj.* Pleonástico, de repetición viciosa.
taxáceo, a *adj.* y *s. f.* Aplícase a las plantas coníferas que son de la familia del tejo. || *s. f. pl.* Familia que forman.
taxativo, va *adj.* Limitado al sentido preciso de un término o a una de sus acepciones.
taxi *s. m.* Automóvil público con chofer. *Cuando llueve es imposible conseguir un taxi.*
taxidermia *s. f.* Arte de disecar animales muertos y arreglarlos en posiciones parecidas a las que tenían cuando estaban vivos.
taxidermista *s. com.* Persona que diseca animales muertos.
taxífono *s. m.* Aparato telefónico que funciona con la introducción de una ficha o moneda.
taxímetro *s. m.* Contador que, en los taxis, indica el precio que se debe pagar por la distancia recorrida.
taxista *s. com.* Chofer de taxi.
taxón *s. m.* Unidad básica de clasificación de las especies biológicas.
taxonomía *s. f.* Ciencia que se ocupa de la clasificación de las especies animales y vegetales, ordenándolos de acuerdo con sus características.
taxonomista *s. com.* Especialista en taxonomía.
tayuyá *s. f. Arg.* Planta cucurbitácea medicinal.
taza *s. f.* Vasija pequeña con asa que sirve para beber. *Una taza de porcelana.* || Pila, recipiente de las fuentes. || Recipiente de un retrete. || Pieza cóncava del puño de la espada. || *Chil.* Palangana, jofaina.
tazol *s. m. Amér. C.* Tlazol del maíz.
tazón *s. m.* Taza grande, generalmente sin asa.
te *s. f.* Nombre de la letra «t». || Instrumento de dibujo para trazar líneas rectas paralelas.
té *s. m.* Arbusto teáceo de Asia, originario de China, con cuyas hojas se hace una infusión en agua hirviente. || Hoja sacada de este arbusto. || Infusión hecha con estas hojas. || Reunión por la tarde en la que se suele servir té, galletas, etc. *Convidar a alguien para el té.* || *loc.* ***Té de los jesuitas*** o ***del Paraguay:*** mate.
te Pronombre personal masculino y femenino de la segunda persona del singular, que funciona como complemento directo e indirecto. *¿Te tomas un café?*
tea *s. f.* Pedazo de madera resinosa que sirve para encender el fuego o como antorcha.
teatral *adj.* Relativo al teatro. *Revista teatral.* || Exagerado, que quiere impresionar, efectista. *Tono teatral.*
teatralidad *s. f.* Calidad de teatral. *Su teatralidad me indigna.*
teatro *s. m.* Edificio destinado a la representación de obras dramáticas y a otros espectáculos. || Profesión de actor. *Persona dedicada al teatro.* || Literatura dramática. *El arte del teatro.* || Conjunto de obras dramáticas. *El teatro de Lope; el teatro griego.* || Lugar de un suceso, escenario. *El teatro de la batalla.* || *loc.* ***Teatro de operaciones:*** zona donde se desarrollan las operaciones militares. || *fig.* y *fam.* ***Tener*** (o ***hacer*** o ***echar***)

mucho teatro: tener cuento, simular o exagerar las cosas, ser muy comediante.
tebaico, ca *adj.* y *s.* De Tebas, antigua capital de Egipto.
tebano, na *adj.* y *s.* De Tebas, ciudad de Grecia.
tebeo *s. m. Esp.* Cómic, revista infantil con historietas. *De niño le encantaba leer tebeos.*
teca *s. f.* Árbol verbenáceo cuya madera se usa para construir naves. || Célula en cuyo interior se forman las esporas de ciertos hongos. || *Chil.* Cereal desconocido que cultivaban los indios mapuches.
tecali *s. m. Méx.* Alabastro de colores vivos procedente de la población mexicana de Tecali, en Puebla.
techado *s. m.* Tejado.
techar *t.* Poner a un edificio un techo o tejado.
techcatl *s. m.* Entre los aztecas, piedra de los sacrificios humanos.
techichi *s. m. Méx.* Especie de perro que no ladraba y que los indígenas utilizaban como alimento, antes de la Conquista.
technicolor *s. m.* Tecnicolor.
techo *s. m.* Parte interior y superior de un edificio, de un aposento o de un vehículo. *Techo artesonado; el techo corredizo de un coche.* || Tejado. *Techo de pizarras.* || *fig.* Casa, domicilio, hogar. *El techo familiar.* || Altura máxima, tope. *Avión con un techo de 10 000 metros.*
techumbre *s. f.* Cubierta de un edificio.
tecla *s. f.* Cada una de las piezas que se pulsan con los dedos para accionar las palancas que hacen sonar un instrumento músico o hacen funcionar otros aparatos. *Tecla de órgano, de piano.* || *fig.* Cuestión que hay que tratar con mucho tacto. *Negocio de muchas teclas.* || Recurso. *Sólo le queda una tecla por tocar.* || *loc. fig.* y *fam.* ***Dar en la tecla:*** dar en el blanco, acertar.
tecladista *s. com.* Músico que toca un instrumento de teclado. *Buscan un buen tecladista para el nuevo conjunto de rock.*
teclado *s. m.* Grupo ordenado de teclas de un instrumento o aparato. *La maestra de piano le sugirió a Felipe que consiguiera un teclado.* || Dispositivo formado por teclas que se utiliza para introducir datos y dar órdenes a una computadora.
tecleado *s. m.* Acción de teclear en un instrumento o máquina.
teclear *t.* Oprimir las teclas.
tecleño, ña *adj.* y *s.* De Santa Tecla, ciudad de El Salvador.
tecleo *s. m.* Acción de teclear. || Manera de teclear. || Ruido producido al teclear.
tecnecio *s. m.* Elemento químico radiactivo, metal del grupo del manganeso. Uno de sus isótopos se usa para diagnosticar tumores. También se conoce como masurio. Su número atómico es 43 y su símbolo *Tc.*
técnica *s. f.* Conjunto de procedimientos propios de un arte, ciencia u oficio. *La técnica del agua fuerte.* || Habilidad con que se utilizan esos procedimientos. *Pintor con mucha técnica.* || *fig.* Método, habilidad, táctica. *Conoce muy bien la técnica del repujado.*
tecnicidad *s. f.* Carácter técnico. *La tecnicidad de una palabra.*
tecnicismo *s. m.* Carácter técnico. || Palabra técnica propia de un arte, ciencia u oficio. *El idioma se ve invadido cada día más de tecnicismos.*
técnico, ca *adj.* Relativo a las aplicaciones prácticas de las ciencias y las artes. *Instituto técnico.* || Propio del lenguaje de un arte, ciencia u oficio. *Vocabulario técnico.* || *s.* Especialista que conoce la técnica de una ciencia, arte u oficio. *Los técnicos de la industria textil.*
tecnicolor *s. m.* Nombre comercial de un procedimiento de cinematografía en color.
tecnificación *s. f.* Acción y efecto de tecnificar.
tecnificado, da *adj.* Provisto de técnica moderna.
tecnocracia *s. f.* Sistema político en que predomina la influencia de los técnicos en la administración y en la economía. *El gobierno de la tecnocracia.*
tecnócrata *adj.* y *s. com.* Especialista o técnico en administración o economía que ejerce algún cargo público. || Partidario de la tecnocracia.
tecnología *s. f.* Conjunto de los instrumentos, procedimientos y métodos empleados en las distintas ramas industriales. || Conjunto de los términos técnicos propios de un arte, ciencia u oficio.
tecnológico, ca *adj.* Relativo a la tecnología.
tecnólogo, ga *s.* Técnico.
tecol *s. m. Méx.* Gusano que se cría en el maguey.
tecolines *s. m. pl. fam. Méx.* Cuartos, dinero.
tecolote *s. m. Amér. C.* y *Méx.* Búho.
tecomate *s. m. Guat.* y *Méx.* Planta de aplicaciones medicinales, de fruto comestible y corteza utilizada para hacer vasijas. || *Méx.* Vasija de forma similar a la jícara, por lo general hecha con el fruto del tecomate.
teconete *s. m.* Reptil de México.
tecpaneca *adj.* y *s. m.* Decíase de un pueblo indio del valle de México, anterior a los aztecas, y fundador de Azcapotzalco.
tectónico, ca *adj.* Relativo a la corteza terrestre. *Cuando las capas tectónicas se acomodan se producen sismos.* || *s. f.* Parte de la geología que estudia las deformaciones de la corteza terrestre y los movimientos que han originado estas deformaciones. *Los sismólogos deben conocer sobre tectónica.*
tedéum *s. m.* Cántico católico de acción de gracias.
tedio *s. m.* Aversión, repugnancia. || Aburrimiento, fastidio, hastío.
tedioso, sa *adj.* Fastidioso, enojoso, aburrido.
tegenaria *s. f.* Araña de patas largas, común en las casas.
tegucigalpense *adj.* y *s. com.* Originario de Tegucigalpa, capital de Honduras.
tegumentario, ria *adj.* Del tegumento. *Lesión tegumentaria.*
tegumento *s. m.* Tejido que recubre algunas partes de un ser vivo.
tehuelche *adj.* y *s. m.* Pueblo amerindio prácticamente extinto que, junto con los ona, habitó en la parte meridional de América del Sur, desde la cordillera chilena hasta Tierra del Fuego.
tehuistle *s. m.* Planta de México que se utiliza en medicina y en la industria.
teína *s. f.* Sustancia estimulante que se encuentra en el té. *La teína tiene efectos parecidos a los de la cafeína.*
teísmo *s. m.* Doctrina que afirma la existencia personal y única de un Dios creador y conservador del mundo.
teísta *adj.* y *s. com.* Seguidor del teísmo.
teja *s. f.* Pieza de barro cocido o de cualquier otro material en forma de canal con que se cubren los tejados. || Cada una de las dos hojas de acero que envuelven el alma de la espada. || *fam.* Sombrero de los eclesiásticos. || En marinería, hueco hecho en un palo para empalmarlo con otro. || Peineta muy grande. || *loc. fig.* y *fam.* ***A toca teja:*** al contado.
tejadillo *s. m.* Tejado pequeño. *El tejadillo de una puerta.*
tejado *s. m.* Parte superior y exterior de un edificio cubierta comúnmente por tejas. || *loc. fig.* ***Empezar la casa por el tejado:*** emprender las cosas por donde deben acabarse.
tejamanil *s. m. Cub. Méx.* y *P. Rico.* Tabla delgada que se coloca como teja en los techos de las casas.
tejar[1] *s. m.* Fábrica de tejas y ladrillos.
tejar[2] *t.* Poner tejas.
tejate *s. m.* Bebida refrescante, que se hace con maíz molido y cacao, típica de Oaxaca, México.
tejaván *s. m.* o **tejavana** *s. f. Méx.* Cobertizo.

tejedera *s. f.* Tejedora. || Tejedor, insecto.

tejedor, ra *adj.* Que teje o sirve para tejer. || *s.* Persona que teje por oficio. *Los tejedores de Sabadell.* || *fam. Amér.* Intrigante. || *s. m.* Insecto hemíptero acuático, de cuerpo alargado y de patas traseras muy largas. || Pájaro de América Central.

tejeduría *s. f.* Arte de tejer. || Taller donde trabajan los tejedores y donde están los telares.

tejemaneje *s. m. fam.* Afán con que se hace una cosa. || Chanchullo, enredo, lío, intriga. *No sé qué tejemanejes se traen entre manos.*

tejer *t.* Entrelazar regularmente hilos para formar un tejido, trencillas, esteras, etc. || Formar su tela la araña, el gusano de seda, etc. || *fig.* Preparar cuidadosamente, tramar. *Tejer una trampa.* || Construir poco a poco, labrar. *Él mismo tejió su ruina.* || *Amér.* Intrigar.

tejería *s. f.* Tejar.

tejero *s. m.* Fabricante de tejas y ladrillos.

tejido *s. m.* Acción de tejer. || Textura de una tela. *Un tejido muy apretado.* || Cosa tejida, tela. *Tejido de punto.* || Cualquiera de los diversos agregados de elementos anatómicos de la misma estructura y función. *Tejido conjuntivo.* || *fig.* Serie, retahíla. *Un tejido de embustes.*

tejo *s. m.* Trozo redondo de varias materias que sirve para jugar. || Chito, juego. || Juego de niñas que se hace dibujando unas rayas en el suelo. || Disco de metal para monedas. || Árbol taxáceo siempre verde.

tejocote *s. m. Méx.* Planta de fruto amarillo comestible y sabor agridulce.

tejolote *s. m. Méx.* Mano de piedra del almirez.

tejón *s. m.* Mamífero carnicero plantígrado, de la familia de los mustélidos, común en Europa. || *Amér.* Mapache o coendú.

tejotlale *s. m.* Tierra azul empleada en México para decorar platos y jícaras.

tejuelo *s. m.* Tejo pequeño. || Trozo rectangular de papel que se pega en el lomo de un libro y donde se inscribe el rótulo.

tela *s. f.* Tejido de muchos hilos entrecruzados. *Tela de lino.* || Membrana. *Las telas del cerebro.* || Película que se forma en la superficie de un líquido como la leche. || Piel interior del fruto. *Las telas de la cebolla.* || Especie de red que forman algunos animales con los filamentos que elaboran. *Tela de araña.* || Nube del ojo. || *fig.* Materia. *Hay tela para rato.* || *fam.* Dinero, cuartos. || Galicismo por *lienzo, cuadro.* || *loc.* ***Tela de juicio:*** discusión o examen de una cosa sobre la cual existe una duda. *Poner en tela de juicio la seriedad de alguien.* || ***Tela metálica:*** malla de alambre.

telar *s. m.* Máquina para tejer. *Telar automático.* || Fábrica de tejidos. || Parte superior del escenario de un teatro. || Parte del vano de una puerta más cercana al paramento exterior de la pared. || Aparato en que cosen los libros los encuadernadores.

telaraña *s. f.* Tela que teje la araña. || *fig.* Cosa de poca importancia. || *fig.* y *fam.* ***Tener telarañas en los ojos:*** no ser capaz de ver las cosas más evidentes.

telarañoso, sa *adj.* Cubierto de telarañas.

tele *s. f. fam.* Televisión.

telecabina *s. f.* Teleférico monocable.

telecinematógrafo *s. m.* Dispositivo para transmitir películas cinematográficas por televisión.

telecomunicación *s. f.* Emisión, transmisión o recepción de signos, señales, imágenes, sonidos o informaciones de todas clases por hilo, radioelectricidad, medios ópticos, etc.

telediario *s. m.* Diario televisado.

teledifusión *s. f.* Radiodifusión.

teledinámico, ca *adj.* Que transmite a distancia una fuerza o potencia. || *s. f.* Transmisión de una fuerza mecánica a distancia.

teledirección *s. f.* Telemando.

teledirigido, da *adj.* Dirigido a distancia. *Proyectil teledirigido.*

teledirigir *t.* Dirigir un vehículo a distancia, generalmente por medio de servomotores instalados a bordo que, impulsados por ondas hertzianas, actúan sobre los órganos de dirección.

telefax *s. m.* Aparato que permite transmitir documentos e imágenes por las líneas telefónicas.

teleférico *s. m.* Medio de transporte de personas o mercancías constituido por una cabina y uno o varios cables aéreos por donde se desliza la misma.

telefilme *s. m.* Película proyectada por la televisión.

telefonazo *s. m. fam.* Llamada telefónica.

telefonear *t.* Decir algo por teléfono. *Te telefonearé los resultados.* || *intr.* Llamar por teléfono. *Telefonéame por la mañana.*

telefonema *s. m.* Despacho telefónico.

telefonía *s. f.* Sistema de telecomunicaciones para la transmisión de la palabra. || *loc.* ***Telefonía inalámbrica*** o ***sin hilos:*** transmisión de la palabra utilizando las propiedades de las ondas electromagnéticas.

telefónico, ca *adj.* Relativo al teléfono o a la telefonía. *Comunicación telefónica.* || *s. f.* Compañía Telefónica y edificio donde está.

telefonista *s. com.* Persona encargada de las conexiones telefónicas. || Persona encargada de una centralita de teléfonos.

teléfono *s. m.* Instrumento que permite a dos personas, separadas por cierta distancia, mantener una conversación. || *loc.* ***Teléfono móvil:*** aparato telefónico portátil que se comunica con otros a través de ondas electromagnéticas.

telegrafía *s. f.* Sistema de telecomunicación para la transmisión de mensajes escritos o documentos por medio de un código de señales o por otros medios adecuados. || *loc.* ***Telegrafía sin hilos:*** transmisión de mensajes por medio de ondas electromagnéticas.

telegrafiar *t.* Transmitir por medio del telégrafo. *Telegrafiar una noticia.* || *intr.* Mandar un telegrama. *Te telegrafiaré a mi llegada a Buenos Aires.*

telegráfico, ca *adj.* Relativo al telégrafo o a la telegrafía. *Giro telegráfico.*

telegrafista *s. com.* Persona encargada de la transmisión manual y de la recepción de telegramas.

telégrafo *s. m.* Dispositivo para la transmisión rápida a distancia de las noticias, despachos, etc.

telegrama *s. m.* Despacho transmitido por telégrafo.

teleguiar *t.* Teledirigir.

teleimpresor *s. m.* Teletipo.

telele *s. m. fam.* Desmayo ostentoso.

telemando *s. m.* Dirección a distancia de una maniobra mecánica. || Sistema que permite efectuarla. || Aparato o mecanismo utilizado para el mando automático a distancia.

telemecánico, ca *adj.* Relativo a la telemecánica. || *s. f.* Dirección o accionamiento a distancia de órganos mecánicos.

telemetría *s. f.* Medida de las distancias con el telémetro.

telémetro *s. m.* Instrumento óptico que permite medir la distancia que separa un punto de otro alejado del primero.

telenovela *s. f.* Novela filmada para retransmitir por televisión.

teleobjetivo *s. m.* Objetivo para fotografiar objetos lejanos.

teleología *s. f.* Doctrina filosófica de las causas finales.

teleósteo *adj.* y *s. m.* Aplícase a los peces que tienen esqueleto óseo, opérculos que protegen las branquias y escamas delgadas, como la carpa, la trucha, la sardina, el atún, etc.

telepático, ca *adj.* Relativo a la telepatía. *Fenómeno telepático.*

telera *s. f. Cub.* Galleta delgada y de forma rectangular. || *Méx.* Pan blanco, de forma ovalada y con hendiduras a lo largo. *Comí una telera rellena de jamón y queso.*

telerradar *s. m.* Empleo combinado del radar y la televisión.

telerradiografía *s. f.* Radiografía obtenida cuando se sitúa la pantalla de rayos X lejos del sujeto (2 a 3 m) evitando así la deformación cónica de la imagen.

telescópico, ca *adj.* Que sólo se ve con la ayuda del telescopio. *Estrella telescópica.* || Hecho con el telescopio. *Observaciones telescópicas.* || Aplícase al objeto cuyos elementos encajan o empalman unos en otros. *Antena telescópica.*

telescopio *s. m.* Anteojo para observar los astros.

teleseñalización *s. f.* Señales transmitidas desde lejos.

telesilla *s. f.* Teleférico que consta de sillas suspendidas a un cable aéreo único.

telespectador, ra *s.* Persona que mira un espectáculo televisado.

telesquí *s. m.* Dispositivo teleférico que permite a los esquiadores subir a un sitio elevado con los esquís puestos.

teletrabajo *s. m.* Modalidad de trabajo a distancia, en la que el trabajador hace su labor desde su casa. *El teletrabajo se ha ido generalizando gracias a internet.*

televidente *s. com.* Persona que ve la televisión. *La nueva serie capta millones de televidentes.*

televisado, da *adj.* Transmitido a través de la televisión. *Muchos acontecimientos son televisados en el momento en que ocurren.*

televisar *t.* Transmitir por televisión. *Ayer televisaron las competencias de natación.*

televisión *s. f.* Transmisión a distancia de imágenes y sonidos. || Aparato que recibe a distancia sonidos e imágenes en movimiento. *Enciende la televisión para ver las noticias.*

televisivo, va *adj.* Relativo a la televisión.

televisor *s. m.* Aparato que recibe a distancia sonidos e imágenes en movimiento. *Hay quienes gustan viendo el televisor.*

telilla *s. f.* Tela ligera o de poco cuerpo. || Tejido de lana muy poco espeso. || Capa delgada en la superficie de los líquidos.

telofase *s. f.* Última fase de la mitosis celular.

telón *s. m.* Lienzo grande pintado que se pone en el escenario de un teatro de modo que pueda subirse o bajarse para ocultar el escenario al público (telón de boca) o para constituir un decorado (telón de fondo).

telonero, ra *adj.* y *s.* Dícese del artista que empieza la función. || Aplícase al partido deportivo o combate que precede a otro más importante.

telsón *s. m.* Último segmento del cuerpo de los artrópodos.

telúrico, ca *adj.* Relativo a la Tierra. *Sacudida telúrica.* || Del telurismo.

telurio *s. m.* Elemento químico escaso en la corteza terrestre. Es de color blanco grisáceo o pardo, con propiedades similares a las del azufre. Se utiliza como aditivo en la metalurgia, y como colorante en las industrias cerámicas y del vidrio. Su número atómico es 52 y su símbolo *Te.*

telurismo *s. m.* Influencia del suelo de una región sobre sus habitantes.

teluro *s. m.* Telurio.

tema *s. m.* Asunto o materia sobre el cual se habla, se escribe o se realiza una obra artística. *El tema de una conversación, de una tesis.* || En gramática, forma fundamental que sirve de base a una declinación o conjugación. || En música, motivo melódico que sirve de base para una composición. || Traducción inversa. || Idea fija, manía.

temario *s. m.* Programa, lista de temas. *El temario de una reunión.*

temático, ca *adj.* Relativo al tema. || Porfiado, obstinado. || *s. f.* Conjunto de temas. || Doctrina, ideología, filosofía.

temazate *s. m.* Especie de ciervo que vive en México.

temazcal *s. m.* En México y América Central, construcción de piedra y argamasa en la que se toman baños de vapor. *En el temazcal se echa agua a las piedras calientes para producir vapor.*

tembetá *s. m. Arg.* Palillo que se ensartan algunos indios en el labio inferior.

tembladal *s. m.* Tremedal.

tembladera *s. f.* Tembleque, temblor. *Le dio una tembladera.* || Vasija de dos asas tan delgada que parece que tiembla. || Tembleque, joya. || Torpedo, pez. || Planta gramínea. || *Amér.* Tremedal. || *Arg.* Enfermedad que ataca a los animales en los Andes.

tembladeral *s. m. Arg.* Tremedal.

temblar *intr.* Estremecerse, agitarse involuntariamente con pequeños movimientos convulsivos frecuentes. *Temblar de frío.* || Estar agitado de pequeñas oscilaciones. *El suelo tiembla.* || Vacilar. *Temblar la voz.* || *fig.* Tener mucho miedo de algo o de alguien. *Temblar como un azogado.*

tembleque *s. m.* Temblor intenso. *Me dio un tembleque.* || Persona o cosa que tiembla mucho. || Joya montada en alambre y que tiembla al moverse la persona que la lleva.

temblequear *intr.* Temblar.

temblequeteo *s. m. fam.* Temblor frecuente.

tembletear *intr.* Temblar.

temblón, blona *adj.* y *s.* Que tiembla. || *loc.* ***Álamo temblón:*** especie de chopo, cuyas hojas tiemblan al menor soplo de aire.

temblor *s. m.* Movimiento del o de lo que tiembla. *Temblor de manos.* || *loc.* ***Temblor de tierra:*** terremoto. En América se dice sencillamente temblor.

tembloroso, sa *adj.* Que tiembla mucho. || Entrecortado. *Voz temblorosa.*

temedor, ra *adj.* y *s.* Que teme, temeroso.

temer *t.* Tener miedo. *Temer a sus padres.* || Respetar. *Temer a Dios.* || Sospechar con cierta inquietud. *Me temo que venga.* || Recelar un daño. *Temer el frío.* || *intr.* Sentir temor.

temerario, ria *adj.* Que actúa con temeridad. *Joven temerario.* || Inspirado por la temeridad. *Acto temerario.* || *loc.* ***Juicio temerario:*** el que se hace o expresa contra uno sin pruebas suficientes.

temeridad *s. f.* Atrevimiento que raya en la imprudencia. || Acción temeraria. || Juicio temerario.

temeroso, sa *adj.* Que inspira temor. || Medroso, cobarde. *Un niño temeroso.* || Que recela un daño.

temible *adj.* Digno de ser temido, peligroso. *Arma temible.*

temolote *s. m. Méx.* Piedra para moler los ingredientes del guiso del chilmole.

temor *s. m.* Aprensión ante lo que se considera peligroso o molesto. *El temor a la guerra.* || Recelo de un daño futuro.

témpano *s. m.* Pedazo plano de cualquier cosa dura. *Témpano de hielo.* || En música, timbal. || Lonja de tocino. || Piel del pandero, del tambor. || Tapa de cuba o tonel. || Corcho que sirve de tapa a las colmenas. || *loc. fig.* ***Ser un témpano:*** ser muy fría una persona.

temperamental *adj.* Del temperamento. || Dícese de la persona de reacciones intensas y que cambia a menudo de estado de ánimo.

temperamento *s. m.* Estado fisiológico de un individuo que condiciona sus reacciones psicológicas y fisiológicas. *Temperamento linfático.* || *fig.* Manera de ser, carácter. *Temperamento tranquilo; hombre de mucho temperamento.* || Sistema músico que divide la octava en cierto número de notas. || Temperie.

temperancia *s. f.* Templanza.

temperante *adj.* Que tempera. *Carácter temperante.*

temperar *t.* Volver más templado. *Temperar el agua del baño.* || Moderar. *Temperar el rigor de la justicia.* || Calmar, disminuir. *Temperar la excitación nerviosa.*

temperatura *s. f.* Grado de calor en los cuerpos. *Aumentar la temperatura.* || Grado de calor del cuerpo humano. *Tomar la temperatura.* || Fiebre, calentura. || Grado de calor de la atmósfera. || *loc.* ***Temperatura absoluta:*** la prácticamente igual a la temperatura centesimal aumentada de 273,15 grados. || ***Temperatura máxima:*** el mayor grado de calor durante cierto periodo de observación. || ***Temperatura mínima:*** el menor grado de calor durante cierto periodo de observación.

temperie *s. f.* Estado de la atmósfera o del tiempo.

tempero *s. m. Agr.* Sazón y buena disposición de la tierra para la siembra.

tempeschitle *s. m. Méx.* Planta que se utiliza en la industria y como alimento.

tempestad *s. f.* Gran perturbación de la atmósfera caracterizada por lluvia, granizo, truenos, descargas eléctricas, etc. *El tiempo amenaza tempestad.* || Perturbación de las aguas del mar, causada por la violencia de los vientos. *La tempestad nos cogió en el golfo de Valencia.* || *fig.* Turbación del alma. || Explosión repentina, profusión. *Tempestad de injurias.* || Agitación, disturbio. *Tempestad revolucionaria.*

tempestivo, va *adj.* Oportuno.

tempestuoso, sa *adj.* Que causa tempestades o está expuesto a ellas. *Tiempo tempestuoso.*

tempilole *s. m.* Piedrecilla que usaban los aztecas colgada del labio inferior.

tempisque *s. m.* Planta de México, de fruto comestible.

templa *s. f.* Líquido para desleír los colores de la pintura al temple.

templado, da *adj.* Moderado en sus apetitos. *Persona templada.* || Ni frío ni caliente. *Clima templado.* || Dícese del estilo que no es elevado ni vulgar. || Hablando de un instrumento, afinado. || *fig.* Firme. *Un carácter templado.*

templador, ra *adj.* Que templa. || *s. m.* Afinador, llave con que se templan ciertos instrumentos de cuerda. || Aquel cuyo oficio es templar esos instrumentos.

templadura *s. f.* Afinado de ciertos instrumentos. || Temple de los metales, del cristal, etc.

templanza *s. f.* Virtud cardinal que consiste en moderar los apetitos, pasiones, etc. || Sobriedad, moderación en el comer y el beber. || Benignidad del clima. || En pintura, armonía de los colores.

templar *t.* Moderar. *Templar las pasiones.* || Moderar la temperatura de una cosa, en particular la de un líquido. *Templar el agua de una bañera.* || Suavizar la luz, el color. || Endurecer los metales o el cristal sumergiéndolos en un baño frío. *Acero templado.* || Dar la debida tensión a una cosa. *Templar una cuerda.* || *fig.* Mezclar una cosa con otra para disminuir su fuerza. || Aplacar. *Templar la ira, la violencia.* || Afinar un instrumento músico. *Templar un violín.* || En pintura, disponer armoniosamente los colores. || *intr.* Suavizarse. *Ha templado el tiempo.* || *pr.* Moderarse.

templario *s. m.* Miembro de una orden militar y religiosa fundada en 1119 y suprimida en 1312 por Felipe IV el Hermoso de Francia.

temple *s. m.* Temperatura. || Endurecimiento de los metales y del vidrio por enfriamiento rápido. || *fig.* Humor. *Estar de buen temple.* || Firmeza, energía. || Término medio entre dos cosas. || Armonía entre varios instrumentos músicos. || *loc.* ***Pintura al temple:*** la hecha con colores desleídos en clara o yema de huevo, miel o cola.

templete *s. m.* Construcción pequeña en forma de templo. *Pusieron un templete en el jardín.* || Quiosco. || Plataforma. *Para el espectáculo montaron el templete en la plaza principal.*

templo *s. m.* Edificio público destinado a un culto. *Un templo católico, protestante, judío.* || Edificio religioso elevado por Salomón. *El templo de Jerusalén.* || *fig.* Sitio real o imaginario en que se rinde culto al saber, la bondad, la justicia, etc. *Templo a la ciencia.*

temporada *s. f.* Espacio de tiempo de cierta duración. *Hace una temporada que no trabaja.* || Estancia en un sitio. *Pasar una temporada en el extranjero.* || Época. *Temporada teatral.* || Momento del año en que hay más turistas. *Tarifa de fuera de temporada.*

temporal *adj.* Que no es eterno. *La vida temporal del hombre.* || Relativo a las cosas materiales. *Los bienes temporales.* || Que no es duradero. *Empleo temporal.* || En anatomía, de las sienes. *Músculos, arterias temporales.* || Dícese de cada uno de los dos huesos del cráneo correspondientes a las sienes. || *s. m.* Tempestad. || Tiempo de lluvia persistente. || Obrero temporero. || *loc. Méx.* ***Tierra de temporal:*** terreno agrícola que no es de riego y depende de las lluvias.

temporalidad *s. f.* Calidad de temporal.

temporalizar *t.* Hacer que lo eterno sea temporal.

temporáneo, a o **temporario, ria** *adj.* Temporal.

temporero, ra *adj.* y *s.* Que desempeña temporalmente un oficio o cargo o que sólo trabaja en ciertas temporadas.

temporización *s. f.* Acción y efecto de temporizar.

temporizar *intr.* Contemporizar. || Ocuparse en algo por simple pasatiempo.

tempranero, ra *adj.* Temprano, adelantado.

temprano *adv.* En las primeras horas del día o de la noche. || Muy pronto. *El niño empezó a caminar temprano, a los once meses.*

temprano, na *adj.* Que es el primero en aparecer. *El vino más ácido es el que se hace con la uva temprana.*

temu *s. m. Chil.* Árbol de la familia de las mirtáceas.

tenacidad *s. f.* Calidad de tenaz.

tenacillas *s. f. pl.* Tenazas pequeñas. *Tenacillas de rizar.* || Pinzas.

tenar *s. m.* Eminencia del lado exterior de la palma de la mano hacia el pulgar.

tenaz *adj.* Que adhiere mucho. *La pez es muy tenaz.* || Que resiste a la ruptura o a la deformación. *Metal tenaz.* || Difícil de extirpar o suprimir. *Prejuicios tenaces.* || *fig.* Firme. || Perseverante, obstinado. *Persona tenaz.*

tenaza *s. f.* Instrumento de metal compuesto de dos brazos articulados en un eje para asir o apretar. || Utensilio de metal utilizado para coger la leña o el carbón en las chimeneas. || Cada una de las dos partes de la boca de un torno. || Despabiladeras. || Obra exterior situada delante de la cortina de una fortificación. || Extremidad de las dos patas mayores de los cangrejos, langostas, etc.

tenca *s. f.* Pez teleósteo de agua dulce, comestible.

tencolote *s. m. Méx.* Jaula en la que se encierran aves.

tendajón *s. m. Méx.* Comercio pequeño. *Buscó un tendajón donde comprar cigarrillos.*

tendal *s. m.* Toldo. || Lienzo en que se recogen las aceitunas.

tendedero *s. m.* Lugar donde se tienden algunas cosas.

tendencia *s. f.* Fuerza que dirige un cuerpo hacia un punto. || Fuerza que orienta la actividad del hombre hacia un fin determinado. *Tendencia al bien.* || *fig.* Dirección, orientación de un movimiento. *Tendencias impresionistas.* || Parte organizada de un grupo sindical o político. *Tendencia conservadora.*

tendencioso, sa *adj.* Que tiende hacia un fin determinado.

tender *t.* Desdoblar, desplegar. || Alargar, extender. *Tender la mano.* || Echar y extender algo por el suelo. || Colgar o extender la ropa mojada para que se seque. || Echar. *Tender las redes.* || Disponer algo para coger una presa. *Tender un lazo, una emboscada.* || Instalar. *Tender una vía, un puente.* || Revestir con una capa de cal, de yeso o de mortero. || *intr.* Encaminarse a un fin determinado. *Tender a la acción.* || *pr.* Tumbarse, acostarse. || Encamarse las mieses.

ténder *s. m.* Vagón que sigue la locomotora y lleva el combustible y el agua necesarios.

tenderete *s. m. fam.* Tenducha.

tendero, ra *s.* Comerciante que vende al por menor.

tendido, da *adj.* Extendido. || Aplícase al galope del caballo cuando éste se tiende. || *s. m.* Instalación. *El tendido de un puente.* || En las plazas de toros, gradería próxima a la barrera. *Tendido de sombra, de sol.* || Parte del tejado entre el caballete y el alero.

tendinoso, sa *adj.* Que tiene tendones. *Carne tendinosa.*

tendón *s. m.* Haz de fibras conjuntivas que une los músculos a los huesos. || *loc.* ***Tendón de Aquiles:*** el grueso y fuerte que, en la parte posterior e inferior de la pierna, une el talón con la pantorrilla.

tenducha *s. f.* o **tenducho** *s. m.* Tienda de mal aspecto y pobre.

tenebrismo *s. m.* Tendencia de la pintura barroca que acentuaba los contrastes de luz y sombra.

tenebrosidad *s. f.* Calidad de tenebroso.

tenebroso, sa *adj.* Cubierto de tinieblas. *Calabozo tenebroso.* || Sombrío, negro. || *fig.* Secreto y pérfido. *Tenebrosos proyectos.* || Oscuro, difícil de comprender.

tenedor, ra *s.* El que tiene o posee una cosa. *Tenedor de una letra de cambio.* || Utensilio de mesa con varios dientes para coger los alimentos. || *loc.* ***Tenedor de libros:*** el encargado de los libros de contabilidad en una casa de comercio.

teneduría *s. f.* Cargo y oficina del tenedor de libros. || *loc.* ***Teneduría de libros:*** arte de llevar los libros de contabilidad.

tenencia *s. f.* Posesión de una cosa. || Cargo u oficio de teniente. || Oficina en que lo ejerce. *Tenencia de alcaldía.*

teneño, ña *adj.* y *s.* De Tena, ciudad de Ecuador.

tener *t.* y *pr.* Poseer algo. || Asir, sujetar. || Contener, guardar. *Esta lata tiene azúcar.* || Expresa una relación de cercanía física, intelectual, etc., entre el sujeto y el complemento. *El niño tuvo miedo por los relámpagos.* || Estimar, considerar. *Su jefe lo ha tenido siempre por un gran empleado.* || Con «que» y un infinitivo, expresa obligación. *Tienes que venir a mi fiesta de cumpleaños.* || *loc. fig.* y *fam.* ***No tenerlas todas consigo:*** tener miedo o recelo. || ***No tener donde caerse muerto:*** ser sumamente pobre. || ***Tener a bien:*** juzgar conveniente; tener la amabilidad de. || ***Tener a menos:*** desdeñar, despreciar. || ***Tener en cuenta:*** tomar en consideración. || ***Tener para sí:*** tener cierta opinión sobre una materia. || ***Tener parte en:*** participar en. || ***Tener presente una cosa:*** recordarla. || ***Tener que ver:*** existir alguna relación o semejanza entre las personas o cosas.

tenería *s. f.* Oficio de curtir pieles. *Algunas sustancias que se usan en tenería producen olores desagradables.* || Establecimiento donde se curten pieles.

tenescle *s. m. Méx.* Piedra quemada y hecha cenizas.

tenia *s. f.* Solitaria, gusano plano, parásito del intestino delgado de los mamíferos. *Las tenias causan mareos, diarreas y malestar general.*

tenientazgo *s. m.* Tenencia, cargo de teniente.

teniente *adj.* Que tiene o posee. || Dícese de la fruta verde. || *fam.* Algo sordo. || *fig.* Miserable, avaro, tacaño. || *s. com.* El que actúa como sustituto. || En milicia, oficial de grado inmediatamente inferior al de capitán.

tenis *s. m.* Deporte en que los adversarios, provistos de una raqueta y separados por una red, se lanzan la pelota de un campo a otro. || Espacio dispuesto para este deporte. || *loc.* ***Tenis de mesa*** (o ***ping pong***), juego parecido al tenis y practicado en una mesa.

tenista *s. com.* Persona que juega al tenis.

tenocha *adj.* y *s. com.* Indígena azteca. Los tenochas fueron los fundadores de Tenochtitlan.

tenor *s. m.* Constitución de una cosa. || Texto literal de un escrito. || En música, voz media entre contralto y barítono, y hombre que tiene esta voz. || *loc.* ***A tenor:*** por el estilo.

tenorio *s. m. fam.* Galanteador, seductor, Don Juan.

tensar *t.* Poner tenso.

tensión *s. f.* Estado emocional de la persona que siente temor, angustia, etc. *En las ciudades grandes mucha gente sufre de tensión.* || Estado de un cuerpo sometido a la acción de dos fuerzas contrarias. *Si se estira demasiado una liga la tensión puede llegar a romperla.* || Diferencia de potencial eléctrico. || *loc.* ***Tensión arterial:*** presión de la sangre sobre las arterias. *Después de los cuarenta años de edad es prudente medirse la tensión arterial.*

tenso, sa *adj.* En estado de tensión. *Cuerda tensa.*

tensor, ra *adj.* Que produce la tensión. || Dícese de los músculos que tienen esta capacidad. || *s. m.* Dispositivo para tensar cables.

tentación *s. f.* Sentimiento de atracción hacia una cosa prohibida. *Hay que evitar las tentaciones.* || Deseo. *Tentación de hacer una cosa.* || *fig.* Sujeto que induce o persuade. *Eres mi tentación.*

tentaculado, da *adj.* Que tiene tentáculos.

tentacular *adj.* Relativo a los tentáculos. *Apéndices tentaculares.*

tentáculo *s. m.* Cada uno de los apéndices móviles y blandos que tienen muchos moluscos, crustáceos, zoófitos, etc., y que les sirven como órganos táctiles o de presión. *Los tentáculos del pulpo.*

tentadero *s. m.* Sitio o corral cerrado donde se hace la tienta de toros. || Tienta de toros o becerros.

tentador, ra *adj.* Que tienta.

tentalear *t. Méx.* Reconocer mediante el sentido del tacto.

tentar *t.* Palpar o tocar, examinar una cosa por medio del tacto. || Instigar, atraer. *Tentar a una persona.* || Intentar, tratar de realizar. || Examinar, probar a uno. || Reconocer con la tienta la cavidad de una herida.

tentativa *s. f.* Intento. *Tentativa infructuosa.* || En derecho, principio de ejecución de un delito que no se lleva a cabo. *Tentativa de robo.*

tentempié *s. m. fam.* Alimento ligero que se toma entre comidas para calmar el hambre por un rato. *Cómete un tentempié mientras está lista la comida.*

tenue *adj.* Delicado, muy delgado. *Los hilos tenues del gusano de seda.* || De poca importancia. || Débil. *Luz tenue.*

tenuidad *s. f.* Calidad de tenue.

tenuirrostro *adj.* Dícese del pájaro de pico alargado, recto y siempre sin dientes. || *s. m. pl.* Suborden de estos animales, como la abubilla y los pájaros moscas.

teñido *s. m.* o **teñidura** *s. f.* Operación consistente en impregnar algo de materia tintórea.

teñir *t.* Cambiar el color de una cosa o dar color a lo que no lo tiene. *Teñir el pelo.* || Rebajar un color con otro. || *loc. fig.* ***Estar teñido de:*** estar impregnado. *Un discurso teñido de demagogia.* || *pr.* Cambiar el color del pelo. *Teñirse de rubio.*

teobromina *s. f.* Alcaloide contenido en el cacao y el té.

teocali o **teocalli** *s. m.* Templo del México prehispánico. *En lo alto de algunas pirámides solía haber teocalis dedicados a diferentes dioses.*

teocote *s. m.* Planta de México cuya raíz empleaban los aztecas como incienso en sus ceremonias religiosas.

teocracia *s. f.* Gobierno en que el poder supremo está entre las manos del clero.
teocrático, ca *adj.* Relativo a la teocracia. *Gobierno teocrático.*
teodicea *s. f.* Conocimiento de Dios por la teología natural.
teodolito *s. m.* Instrumento de geodesia para medir ángulos en sus planos respectivos.
teogonía *s. f.* Genealogía de los dioses del paganismo. || Conjunto de las divinidades de un pueblo politeísta.
teogónico, ca *adj.* Relativo a la teogonía. *Doctrina teogónica.*
teologal *adj.* Relativo a la teología. || *loc.* ***Virtudes teologales:*** fe, esperanza y caridad.
teología *s. f.* Ciencia que estudia la religión y las cosas divinas. *La teología católica.* || Doctrina teológica. *Teología dogmática, moral, natural.* || Obra teológica.
teológico, ca *adj.* Relativo a la teología. *Discusión teológica.*
teologismo *s. m.* Abuso de las discusiones teológicas.
teologizar *intr.* Discurrir sobre cuestiones teológicas.
teólogo, ga *adj.* Teologal. || *s.* Persona que se dedica a la teología. *El teólogo Tomás de Aquino.* || Estudiante de teología.
teomel *s. m. Méx.* Especie de maguey que produce pulque fino.
teopacle *s. m. Méx.* Ungüento sagrado de los sacerdotes aztecas.
teorema *s. m.* Proposición científica que puede demostrarse.
teorético, ca *adj.* Relativo al teorema. || Contemplativo, especulativo, intelectual.
teoría *s. f.* Conocimiento de las reglas de una ciencia, independiente de toda aplicación. *En la clase de química primero se estudia la teoría y luego se practica.* || Conjunto de teoremas sometidos a la verificación experimental y encaminados a una demostración científica.
teórico, ca *adj.* Relativo a la teoría o que tiene conocimientos de algo sin practicarlo. *José tiene amplios conocimientos teóricos sobre música.*
teorizante *adj.* Que teoriza.
teorizar *intr.* Formular una teoría sobre algo. *En siglos pasados, muchos teorizaron sobre la posibilidad de viajar al espacio.*
teosofía *s. f.* Doctrina religiosa que tiene por objeto el conocimiento de Dios por la naturaleza y la elevación del espíritu hasta la unión con la Divinidad.
teósofo, fa *s.* El que profesa la teosofía.
tepache *s. m. Méx.* Bebida refrescante hecha a base de cáscaras de piña y otras frutas puestas a fermentar con azúcar morena o piloncillo. *El tepache sabe mejor si se bebe muy frío.*
tepalcate *s. m. Méx. fam.* Trasto de barro, sobre todo si está maltratado.
tepalcatero, ra *s. Méx.* Alfarero.
tepalcuana *s. f. fig. Méx.* Persona que come con voracidad. || *pl. fam. Méx.* Nalgas.
tepaneca *adj.* y *s. com.* Tecpaneca.
tepantechuatzin *s. m.* Sacerdote azteca, encargado de vigilar la enseñanza en las escuelas.
tepe *s. m.* Trozo cuadrado de tierra con césped empleado en la construcción de paredes y malecones.
tepehuano *s. m.* Pueblo amerindio que vive en los estados mexicanos de Chihuahua, Durango y Nayarit.
tepeizcuinte *s. m. C. R.* y *Méx.* Paca, roedor.
tepetate *s. m. Méx.* Piedra amarillenta, porosa, que cortada en bloques se usa en construcción.
tepezcuintle *s. m. C. R.* y *Méx.* Roedor de tamaño similar al de un conejo, con piel color amarillo rojizo y orejas pequeñas.
tepochcalli *s. m.* Escuela de guerreros de los aztecas.
teponastle *s. m. Méx.* Árbol burseráceo empleado para la construcción. || Instrumento de percusión de madera.
teporingo *s. m.* Variedad de conejo que habita en los cerros del Valle de México.
teporocho, cha *adj.* y *s. Méx.* Alcohólico indigente que vaga por las calles.
tequesquite *s. m. Méx.* Salitre propio de las tierras lacustres.
tequila *s. m.* Bebida alcohólica mexicana que se obtiene por la destilación de los jugos de una especie de agave, llamado maguey tequilero.
tequio *s. m. Méx.* Trabajo colectivo, de carácter temporal. || *Amér. C.* Molestia, incomodidad.
tera Prefijo que indica una multiplicación por un millón de millones (10^{12}).
terapeuta *adj.* Dícese de los miembros de una secta judía extendida por Egipto y cuyas doctrinas recuerdan la de los esenios. || *s. com.* Médico que estudia particularmente la terapéutica, que experimenta los medicamentos y los tratamientos.
terapéutico, ca *adj.* Relativo al tratamiento de las enfermedades. *Agentes terapéuticos.* || *s. f.* Parte de la medicina que estudia el tratamiento de las enfermedades.
teratología *s. f.* Parte de la historia natural y de la biología que trata de las anomalías y las monstruosidades del organismo animal o vegetal.
terbio *s. m.* Elemento químico, metal del grupo de las tierras raras, muy escaso en la corteza terrestre. Es de brillo metálico y muy reactivo, forma sales incoloras y se utiliza en la producción de rayos láser. Su número atómico es 65 y su símbolo *Tb.*
tercer *adj.* Apócope de *tercero,* sólo empleado antes del sustantivo. *Tercer mes; el tercer piso.*
tercero, ra *adj.* y *s.* Que sigue en orden al segundo. *Víctor es el tercero de la clase.* || Que sirve de mediador. *Servir de tercero en un pleito.* || *s. m.* El que profesa la regla de la tercera orden de San Francisco, Santo Domingo o del Carmelo. || Persona ajena a un asunto. *Causar daño a un tercero.* || El tercer piso. *Vivo en el tercero.* || El tercer curso de un colegio, liceo o academia. || En geometría, cada una de las 60 partes en que se divide el segundo de círculo. || *s. f.* Reunión, en ciertos juegos, de tres cartas seguidas del mismo palo. || Alcahueta, celestina. || En música, consonancia que comprende un intervalo de dos tonos y medio. || Dítono.
terceto *s. m.* Combinación métrica de tres versos endecasílabos. || Tercerilla. || En música, composición para tres voces o instrumentos. || Conjunto de tres cantantes o tres músicos, trío.
terciado, da *adj.* Aplícase a la azúcar morena. || Aplícase al toro de mediana estatura.
terciador, ra *adj.* y *s.* Mediador, que tercia.
tercianas *s. f. pl.* Fiebre intermitente que repite al tercer día.
terciar *t.* Poner una cosa atravesada diagonalmente. *Terciar la capa, el fusil.* || Dividir en tres partes. || Equilibrar la carga sobre la acémila. || Dar la tercera labor a las tierras. || *Amér.* Aguar. *Terciar un líquido.* || *intr.* Mediar en una discusión, ajuste, etc. *Terciar en una contienda.* || Participar en una cosa. || Completar el número de personas necesario para una cosa. || Llegar la Luna a su tercer día. || *pr.* Ocurrir. *Terciarse la oportunidad.*
terciario, ria *adj.* Tercero. || En arquitectura, aplícase a un arco de las bóvedas formadas con cruceros. || Aplícase a la era inmediatamente anterior a la Cuaternaria, caracterizada por grandes movimientos tectónicos. || *s.* Miembro de una de las terceras órdenes.
terciero, ra *adj.* y *s. Méx.* Aparcero al tercio.
tercio, cia *adj.* Tercero. || *s. m.* Tercera parte.
terciopelo *s. m.* Tela de seda o algodón velluda por una de sus dos caras.
terco, ca *adj.* Obstinado.
terebenteno *s. m.* Hidrocarburo de la esencia de trementina.
terebintáceas *s. f. pl.* En botánica, anacardiáceas.

terebinto *s. m.* Arbusto anacardiáceo que produce una trementina blanca muy olorosa.

tergal *s. m.* Nombre comercial de un hilo, fibra o tejido de poliéster.

tergiversable *adj.* Que puede ser tergiversado.

tergiversación *s. f.* Falsa interpretación.

tergiversador, ra *adj.* y *s.* Que interpreta las cosas de una manera errónea.

tergiversar *t.* Deformar la realidad o el sentido de algo. *Tergiversar una doctrina, un hecho.*

termal *adj.* Relativo a las termas o caldas. *Estación termal.*

termal *adj.* Relativo a las termas. || *loc.* ***Aguas termales:*** Aguas de manantiales calientes, utilizadas para el tratamiento de algunas enfermedades.

termas *s. f. pl.* Baños públicos de los antiguos romanos. *En Bath, una ciudad de Inglaterra, hay ruinas de unas termas romanas.*

termes *s. m.* Comején.

termia *s. f.* Cantidad de calor necesaria para elevar 1 °C la temperatura de una tonelada de agua tomada a 14.5 °C, bajo la presión atmosférica normal. *Una termia equivale a un millón de calorías.*

térmico, ca *adj.* Relativo al calor. *Energía térmica.*

termidor *s. m.* Undécimo mes del calendario republicano francés (del 20 de julio al 18 de agosto).

terminación *s. f.* Final, completa ejecución. || Parte final. *La terminación de una obra literaria.* || En gramática, parte variable de una palabra. || Última fase de una enfermedad.

terminal *adj.* Final, último, que pone término. || Que está en el extremo de cualquier parte de la planta. *Yema terminal.* || En electricidad, extremo de un conductor que facilita las conexiones. || *s.* En el casco urbano, sitio a donde llegan y de donde salen los autocares que hacen el empalme entre la ciudad y el aeropuerto.

terminante *adj.* Que termina. || Claro, tajante. || Concluyente.

terminar *t.* Poner fin. *Terminar una conferencia.* || Poner al final. *Terminó su carta con una frase muy amable.* || Llevar a su término. *Terminar la obra empezada.* || *intr.* Llegar a su fin. *La función termina a medianoche.* || Reñir. *Esos novios terminaron.* || En medicina, entrar una enfermedad en su última fase. || *pr.* Encaminarse a su fin.

término *s. m.* Punto en que acaba algo. *Término de un viaje.* || Objetivo, fin. || Expresión, palabra. *Términos groseros.* || Mojón, límite. *Cruz de término.* || Territorio contiguo a una población. *Término municipal.* || Línea que separa los Estados, provincias, distritos, etc. || Lugar señalado para algo. || Plazo determinado. *En el término de un mes.* || Estado en que se encuentra una persona o cosa. || Cada una de las partes de una proposición o silogismo. || En matemáticas, cada una de las cantidades que componen una relación, una suma o una expresión algébrica. *Los términos de la fracción son el numerador y el denominador.* || Plano en un cuadro, foto o escenario. || Términus, fin de línea de transporte. || *pl.* Relaciones. *Está en malos términos con sus padres.* || *loc.* ***En propios términos:*** con las palabras adecuadas. || ***Poner término a:*** acabar. || ***Término medio:*** término igualmente alejado de varios términos extremos.

terminología *s. f.* Conjunto de términos propios de una profesión, ciencia o materia.

termita *s. f.* Comején.

termitero *s. m.* Nido de termes.

termo *s. m.* Botella que conserva la temperatura de lo que contiene. *En las mañanas llena el termo con café caliente y lo bebe durante el día.*

termocauterio *s. m.* Cauterio que se mantiene candente por una corriente de aire carburado.

termodinámica *s. f.* Parte de la física que trata de las relaciones entre los fenómenos mecánicos y caloríficos.

termoelectricidad *s. f.* Energía eléctrica producida por la conversión del calor. || Parte de la física que estudia esta energía.

termoeléctrico, ca *adj.* Relativo a la termoelectricidad. *Par termoeléctrico.* || Aplícase al aparato en que se produce electricidad por la acción del calor.

termógeno, na *adj.* Que produce calor.

termógrafo *s. m.* Instrumento que registra las variaciones de las temperaturas.

termométrico, ca *adj.* Del termómetro. *Escala termométrica.*

termómetro *s. m.* Instrumento para medir la temperatura. || *loc.* ***Termómetro centígrado:*** el que comprende 100 divisiones entre el 0, correspondiente a la temperatura del hielo en fusión, y el 100, que corresponde a la temperatura del vapor de agua hirviendo. || ***Termómetro clínico:*** el dividido en décimas de grados entre 32 °C y 44 °C para tomar la temperatura a los enfermos.

termonuclear *adj.* Aplícase a las reacciones nucleares, entre elementos ligeros, realizadas gracias al empleo de temperaturas de millones de grados. || *loc.* ***Bomba termonuclear, bomba de hidrógeno*** o ***bomba H:*** la atómica fabricada entre 1950 y 1954 realizada por la fusión del núcleo de los átomos ligeros, tales como el hidrógeno, cuyo efecto es mil millones de veces mayor que el de la bomba Atómica de 1945.

termoplástico, ca *adj.* Aplícase a las sustancias que se ablandan cuando son calentadas.

termopropulsión *s. f.* Propulsión de un móvil por la sola energía calorífica sin previa transformación mecánica.

termoquímica *s. f.* Parte de la química que trata de los fenómenos térmicos que se producen en las reacciones.

termorregulador *s. m.* Aparato para regular y mantener una temperatura constante en el interior de un recinto.

termosifón *s. m.* Dispositivo usado para la calefacción en el cual el agua circula por las variaciones de temperatura. || Calentador de agua que distribuye el líquido caliente en las pilas de una cocina, bañera, lavabo, etc.

termostato *s. m.* Aparato que mantiene constante una temperatura en el interior de un recinto. || Sistema automático en que cada maniobra es función de la temperatura.

termoterapia *s. f.* Tratamiento terapéutico por el calor.

terna *s. f.* Conjunto de tres personas propuestas para un cargo.

ternario, ria *adj.* Compuesto de tres elementos. *Compuesto ternario.* || En matemáticas, dícese del sistema de numeración que tiene el número tres como base. || En música, dícese del compás compuesto de tres tiempos o de un múltiplo de tres.

ternero, ra *s. m.* Cría macho de la vaca. || *loc.* ***Ternero recental:*** el de leche. || *s. f.* Cría hembra de la vaca. || Carne de ternera o ternero. *Filete de ternera.*

terneza *s. f.* Ternura.

ternilla *s. f.* Tejido cartilaginoso de los animales vertebrados. *La ternilla de la nariz.*

terno *s. m.* Conjunto de tres cosas de una misma especie. || Pantalón, chaleco y chaqueta hechos de la misma tela. *Un terno azul.* || Suerte de tres números en la lotería primitiva. || Voto, juramento. *Echar ternos.*

ternura *s. f.* Sentimiento de amor, cariño o profunda amistad. || Muestra de cariño, requiebro. || Blandura, especialmente de la carne.

tero *s. m. Arg.* y *Uy.* Ave zancuda de alrededor de 30 cm de largo, de plumaje color blanco mezclado con negro y pardo.

terpeno *s. m.* Nombre genérico de los hidrocarburos cuyo tipo es el terebenteno.

terquedad *s. f.* Obstinación, porfía, testarudez. || *Ecua.* Despego.

terracería *s. f. Méx.* Tierra que se acumula en caminos en construcción. || *loc. Méx.* ***Camino de terracería:*** el que no está asfaltado.
terracota *s. f.* Escultura de barro cocido.
terrado *s. m.* Azotea.
terraja *s. f.* Tabla recortada para hacer molduras de yeso. || Instrumento para labrar las roscas de los tornillos.
terraje *s. m.* Terrazgo.
terrajero *s. m.* Terrazguero.
terral *adj.* y *s. m.* Aplícase al viento que procede del interior de la tierra. *El terral de Málaga.*
terramicina *s. f.* Antibiótico poderoso que se saca de un hongo.
terranova *s. m.* Perro de pelo oscuro y patas palmeadas, originario de Terranova, en la costa oriental de Canadá.
terraplén *s. m.* Macizo de tierra con que se rellena un hueco o que se levanta para hacer una plataforma que servirá de asiento a una carretera, vía de ferrocarril, construcción, etc.
terraplenar *t.* Llenar de tierra un vacío o hueco. || Amontonar tierra para levantar un terraplén.
terráqueo, a *adj.* Compuesto de tierra y agua. *El globo terráqueo.*
terrario *s. m.* Instalación especial en la que se exhiben algunos animales. || Botella o caja de cristal en la que se ha creado un pequeño jardín.
terrateniente *s. com.* Propietario de tierras o fincas rurales de gran extensión.
terraza *s. f.* Terrado, azotea. || Parte de la acera a lo largo de un café donde se colocan mesas y sillas. || Bancal, terreno cultivado en forma de grada retenida por un pequeño muro.
terrazgo *s. m.* Pedazo de tierra para sembrar. || Renta que se paga al propietario de una tierra.
terrazguero, ra *s.* Labrador que paga el terrazgo.
terregal *s. m. Méx.* Tierra suelta que flota en el aire, polvareda.
terremoto *s. m.* Movimiento de tierra. *Nicaragua, México y Haití han sufrido fuertes terremotos.*
terrenal *adj.* Relativo a la Tierra, en contraposición a *celestial. Bienes terrenales.*
terreno, na *adj.* Terrestre. *La vida terrena.* || *s. m.* Porción más o menos grande de la corteza terrestre de cierta época, cierta naturaleza o cierto origen. *Terreno aurífero, jurásico, de acarreo.* || Espacio de tierra. *Terreno para edificar.* || Lugar donde se disputa un partido. *Terreno de deportes.* || *fig.* Campo, sector. *En el terreno político.* || *loc.* ***Ganar terreno:*** ir avanzando poco a poco. || *fig.* ***Minarle a uno el terreno:*** actuar solapadamente para desbaratar a uno sus planes. || ***Reconocer*** (o ***tantear***) ***el terreno:*** procurar descubrir el estado de las cosas o de los ánimos. || ***Sobre el terreno:*** en el lugar mismo donde está ocurriendo algo. || ***Vehículo todo terreno:*** el capaz de circular por carretera y por diferentes terrenos, jeep, campero.
térreo, a *adj.* De tierra. || Parecido a ella.
terrero, ra *adj.* Relativo a la tierra. *Neblina terrera.* || De tierra. *Saco terrero.* || Aplícase al vuelo rastrero de algunas aves. || Relativo al caballo que levanta poco las patas al caminar. || *fig.* Bajo, de humilde condición. || Que sirve para llevar tierra. *Espuerta terrera.* || *s. m.* Montón de tierra. || Terrado, azotea. || Montón de broza o escombros. || Tierra de aluvión. || *s. f.* Terreno escarpado. || Alondra, ave.
terrestre *adj.* Relativo a la Tierra. *La esfera terrestre.* || Que vive sobre la parte sólida del globo terráqueo. *Animales terrestres.*
terrible *adj.* Que causa terror, espantoso. *Visión terrible.* || *fig.* Violento, fuerte. *Tempestad terrible.* || En sentido peyorativo, desmesurado, extraordinario. *Un terrible comilón.*
terrícola *adj.* Que vive en la tierra. *La lombriz es un animal terrícola.* || *s. com.* Habitante de la Tierra.
terrier *s. m.* Raza de perros de caza cuyo tipo es el foxterrier.
territorial *adj.* Relativo al territorio. *Límites territoriales.*
territorialidad *s. f.* Condición de lo que está dentro del territorio de un Estado. *La territorialidad de España.* || Ficción jurídica en virtud de la cual los buques y las residencias de los representantes diplomáticos se consideran como parte del territorio de la nación a que pertenecen.
territorio *s. m.* Extensión de tierra que depende de un Estado, una ciudad, una jurisdicción, etc. *El territorio de un municipio.* || *Arg.* Demarcación sujeta al mando de un gobernador designado por el jefe del Estado. *El territorio de la Tierra del Fuego.*
terrizo, za *adj.* Hecho de tierra. || *s.* Barreño, lebrillo.
terrón *s. m.* Masa pequeña de tierra compacta. *Destripar terrones.* || Masa pequeña y suelta de otras sustancias. *Terrón de azúcar, de sal.* || Orujo que queda en los capachos de los molinos de aceite.
terror *s. m.* Miedo grande, pavor de algo que se teme. || Persona o cosa que infunde este sentimiento. *El terror de un país.* || Violencias y crímenes ejercidos contra un grupo para infundirle miedo. *Gobernar por el terror.*
terrorífico, ca *adj.* Que infunde terror.
terrorismo *s. m.* Conjunto de actos de violencia que pretenden crear inseguridad o derribar al gobierno establecido. *Los actos de terrorismo sólo siembran muerte y destrucción.*
terrorista *adj.* y *s. com.* Relativo a la persona o agrupación que se dedica a hacer actos de violencia para derribar al gobierno establecido.
terrosidad *s. f.* Calidad de terroso.
terroso, sa *adj.* Parecido a la tierra. *Cara terrosa.* || Que contiene tierra.
terruño *s. m.* País o comarca natal. *La nostalgia del terruño.* || Terrón o porción de tierra.
terso, sa *adj.* Limpio, claro. || Resplandeciente, bruñido. || Liso, sin arrugas. *Piel tersa.* || *fig.* Aplícase al lenguaje o estilo, etc., muy puro, fluido.
tersura *s. f.* Resplandor, bruñido. || Lisura. *La tersura del cutis.* || *fig.* Pureza del lenguaje o estilo.
tertulia *s. f.* Reunión de personas para hablar, discutir de un tema o jugar. *Tertulia de café, política, literaria.* || Sala trasera de un bar donde están los billares y demás juegos. || Corredor que había en la parte alta de los teatros antiguos.
terutero o **teruteru** *s. m. Arg.* Ave zancuda de color blanco.
tesalio, lia *adj.* y *s.* De Tesalia.
tesalonicense *adj.* y *s. com.* De Tesalónica.
tescal *s. m. Méx.* Terreno cubierto de basalto.
tesina *s. f.* Tesis de menos importancia que la doctoral que se presenta para obtener la licenciatura.
tesis *s. f.* Proposición que se apoya con razonamientos. *No consiguió defender su tesis.* || Disertación escrita sobre una materia para doctorarse. *Presentar una tesis en la Universidad de Madrid.* || *fig.* Primer término de un sistema dialéctico (los otros son la antítesis y la síntesis). || *loc.* ***Teatro*** o ***novela de tesis:*** obras destinadas a demostrar lo bien fundado de una teoría.
tesitura *s. f.* En música, altura propia de cada voz o de cada instrumento. *Tesitura grave, aguda.* || *fig.* Estado de ánimo. || Circunstancia. *En esta tesitura.*
tesla *s. m.* Unidad de inducción magnética.
tesón *s. m.* Firmeza, inflexibilidad. *Sostener sus convicciones con tesón.* || Tenacidad, perseverancia. *Trabajar con tesón.*
tesonería *s. f.* Perseverancia.
tesonero, ra *adj.* Tenaz, perseverante. *Trabajo tesonero.* || Obstinado, terco.
tesorería *s. f.* Empleo y oficina del tesorero.
tesorero, ra *s.* Persona encargada de recaudar y distribuir los capitales

de una persona o entidad. *El tesorero de un banco, de una asociación.*
tesoro *s. m.* Conjunto de dinero, alhajas u otras cosas de valor que se guarda en un sitio seguro. *El tesoro de un banco.* || Sitio donde se guarda. || Cosas de valor que han sido escondidas y que uno encuentra por casualidad. || En una iglesia, sitio donde se guardan las reliquias y otros objetos preciosos. *El tesoro de la catedral de Toledo.* || Erario público. || *fig.* Persona o cosa que se quiere mucho o que es de gran utilidad. *Esta chica es un tesoro; juventud, divino tesoro.*
tesqui *adj.* y *s. f. Méx.* India semisalvaje.
test *s. m.* Prueba para valorar alguna cosa. *Debes presentar unos tests psicológicos.*
testa *s. f. fam.* Cabeza.
testador, ra *s.* Persona que hace un testamento.
testaferro *s. m. fam.* El que presta su nombre para el negocio de alguien que no quiere hacer constar el suyo.
testal *s. f. Méx.* Porción de masa de maíz con que se hace cada tortilla.
testamentario, ria *adj.* Relativo al testamento. *Ejecutor testamentario.* || *s.* Albacea, persona encargada del cumplimiento de lo dispuesto en un testamento por el testador.
testamento *s. m.* Declaración escrita en la que uno expresa su última voluntad y dispone de sus bienes para después de la muerte. *Murió después de hacer su testamento.* || *fig.* Resumen de las ideas o de la doctrina que un escritor, artista, científico o político quiere transmitir a su fallecimiento. *Testamento literario, político.* || *loc.* ***Testamento abierto*** o ***auténtico*** o ***público:*** el dictado ante notario en presencia de testigos. || ***Testamento cerrado:*** el hecho por escrito, entregado en un sobre sellado al notario en presencia de testigos, que no debe abrirse hasta la muerte del testador. || ***Testamento ológrafo:*** el escrito, fechado y firmado por el propio testador.
testar *intr.* Hacer testamento.
testarazo *s. m.* Cabezazo.
testarudez *s. f.* Obstinación.
testarudo, da *adj.* y *s.* Obstinado, terco.
testero, ra *s. m.* Testera, frente. *El testero de la cama.* || Lienzo de pared. || Macizo de mineral con dos caras descubiertas. || *s. f.* Asiento en que se va de frente en un coche. || Adorno para la frente de las caballerías. || Parte anterior y superior de la cabeza del animal. || Pared del horno de fundición.
testicular *adj.* Relativo a los testículos.
testículo *s. m.* En anatomía, cada una de las dos glándulas genitales masculinas que producen los espermatozoides.
testificación *s. f.* Testimonio. || Atestación.
testifical *adj.* En derecho, de los testigos. *Prueba testifical.*
testificante *adj.* Que testifica.
testificar *t.* Afirmar o probar de oficio, presentando testigos o testimonios. || Atestiguar algo un testigo. || *fig.* Demostrar, probar. || *intr.* Declarar como testigo. *Testificar ante el juez lo que vio.*
testigo *s. com.* Persona que, por haber presenciado un hecho, puede dar testimonio de ello. *Ser testigo de un accidente.* || Persona que da testimonio de algo ante la justicia. *Testigo de cargo, de descargo.* || Persona que asiste a otra en ciertos actos. *Testigo matrimonial.* || *s. m.* Prueba material. *Estos restos son testigos de nuestra civilización.* || Hito que se deja en una excavación para evaluar la cantidad de tierra extraída. || Individuo, animal, planta u objeto utilizado como término de comparación con otros de la misma clase sometidos a ciertas experiencias. || En una carrera de relevos, objeto en forma de palo que se transmiten los corredores.
testimonial *adj.* Que sirve de testimonio. *Prueba testimonial.*
testimoniar *t.* Testificar.
testimonio *s. m.* Declaración hecha por una persona de lo que ha visto u oído. *Dar testimonio de un suceso.* || Instrumento legalizado en que se da fe de un hecho. *Testimonio hecho por escribano.* || Prueba. *Testimonio de gratitud, de amistad.* || *loc.* ***Falso testimonio:*** deposición falsa para culpar a una persona que uno sabe que es inocente.
testosterona *s. f.* Hormona sexual masculina.
testuz *s. m.* En algunos animales, la frente, y en otros, la nuca.
tesura *s. f.* Tiesura.
teta *s. f.* Cada uno de los órganos glandulosos que segregan la leche en las hembras de los mamíferos. || Mama. || Pezón. || *pl.* Par de colinas de aspecto mamiforme.
tetania *s. f.* Enfermedad producida por insuficiencia de la secreción de las glándulas paratiroides, caracterizada por contracciones musculares espasmódicas.
tetánico, ca *adj.* En medicina, relativo al tétanos.
tetanismo *s. m.* Tetania.
tétano o **tétanos** *s. m.* Enfermedad infecciosa que produce contracciones convulsivas de los músculos. *Raquel se cortó con un clavo oxidado y la vacunaron contra el tétano.*
tetelque *adj. Amér. C.* y *Méx.* Desabrido, de sabor desagradable.
tetepón, pona *adj.* y *s. Méx.* Persona gruesa y de baja estatura.
tetera *s. f.* Vasija para hacer y servir té. *Rosalía tiene una tetera china de porcelana con asa de mimbre.* || *Amér. C.* y *P. Rico.* Tetilla de la botella que se usa para dar de beber a los niños pequeños.
tetero *s. m. Col.* Utensilio que se usa para dar de beber a los niños pequeños.
tetilla *s. f.* Teta de los mamíferos machos. || Tetilla de la botella que se usa para dar de beber a los niños pequeños.
tetlachihue *s. m.* Hechicero, brujo, entre los aztecas, que todavía practica sus tradiciones.
tetón *s. m.* Trozo de la rama podada que queda unido al tronco.
tetona *adj.* y *s. f. fam.* Tetuda.
tetraciclina *s. f.* Medicamento antibiótico.
tetracordio *s. m.* En música, serie de cuatro sonidos en que, entre el primero y el último, hay un intervalo de cuarta.
tetracromía *s. f.* Reproducción de imágenes coloreadas por superposición de tres imágenes en tres colores primarios y otra en negro.
tetraédrico, ca *adj.* En geometría, relativo al tetraedro. || De figura de tetraedro.
tetraedro *s. m.* En geometría, sólido limitado por cuatro planos triangulares.
tetragonal *adj.* Perteneciente o relativo al tetrágono. || Cuadrangular, con forma de tetrágono.
tetrágono *s. m.* En geometría, cuadrilátero. || *s. m.* Aplícase al polígono de cuatro ángulos.
tetralogía *s. f.* Conjunto de cuatro obras dramáticas que presentaban los antiguos poetas griegos en los concursos públicos. || En música, conjunto de cuatro óperas.
tetrámero, ra *adj.* Dividido en cuatro partes. *Verticilo, insecto tetrámero.*
tetramotor *adj.* y *s. m.* Cuatrimotor.
tetrarca *s. m.* Gobernador de una tetrarquía.
tetrarquía *s. f.* Dignidad de tetrarca. || En el Imperio Romano, territorio que resultaba de la división de otro mayor o de un reino, y especialmente el dividido por Diocleciano entre cuatro emperadores.
tetrasílabo, ba *adj.* De cuatro sílabas, cuatrisílabo. *Palabra tetrasílaba.* || Aplícase al verso cuatrisílabo.
tetrástrofo, fa *adj.* y *s. m.* Aplícase a la composición poética que tiene cuatro estrofas. *Tetrástrofo monorrimo.*
tetravalente *adj.* y *s. m.* Dícese del elemento químico que tiene cuatro de valencia.

tétrico, ca *adj.* Triste.
tetrodo *s. m.* Válvula electrónica de cuatro electrodos.
tetuaní *adj.* y *s. com.* De Tetuán, ciudad de Marruecos.
tetuda *adj.* y *s. f.* De tetas o mamas muy grandes.
teucali *s. m.* Teocali.
teutón, tona *adj.* Relativo a la antigua Germania. || Habitante de este país. || *fam.* Alemán. || *s. m.* Nombre dado a la lengua germánica en la Alta Edad Media.
teutónico, ca *adj.* De los teutones. *Lenguas teutónicas.*
texano, na *adj.* y *s.* De Texas, en los Estados Unidos de Norteamérica.
textil *adj.* Que puede ser tejido. *Fibras textiles.* || Relativo a la fabricación de tejidos. *Producción textil.* || *s. m.* Materia textil. *Los textiles artificiales.*
texto *s. m.* Lo dicho o escrito inicialmente por un autor. *Texto claro; añadir comentarios a un texto.* || Contenido exacto de una ley u ordenanza. *Atenerse al texto legal.* || Escrito. *Corregir un texto.* || Trozo sacado de una obra literaria. *Leer un texto.* || Sentencia de la Sagrada Escritura. *Texto bíblico.* || *loc.* ***Libro de texto:*** el que escoge un maestro para su clase y hace comprar a sus alumnos.
textual *adj.* Conforme con el texto. || Exacto. *Ésta fue su contestación textual.*
textura *s. f.* Manera de entrelazarse los hilos en una tela. || Operación de tejer. || *fig.* Disposición de las distintas partes que forman un todo, estructura. *La textura de una comedia, de un cuerpo.*
teyú *s. m. Arg.* y *Uy.* Iguana.
tez *s. f.* Piel del rostro humano, sobre todo desde el punto de vista de su color. *Tez cetrina.*
tezontle *s. m. Méx.* Piedra volcánica de color rojizo usada en la construcción.
theta *s. f.* Octava letra del alfabeto griego (Θ, θ), que en latín y otras lenguas modernas se representa con «th», y en castellano sólo con «t».
ti Pronombre personal de la segunda persona singular, que funciona como complemento con preposición. *A mí me regalaron un libro por mi cumpleaños, ¿y a ti?*
tía *s. f.* Respecto de una persona, hermana o prima del padre o de la madre. || En los pueblos, tratamiento que se da a las mujeres casadas o de edad. *La tía Gertrudis.* || *fam.* Tratamiento despectivo dado a una mujer cualquiera. || *fam.* Prostituta. || *loc. fig.* y *fam.* ***Cuéntaselo a tu tía:*** expresión que denota incredulidad de uno frente a lo que otro dice. || ***No hay tu tía:*** no hay medio de lograr lo que uno espera.
tialina *s. f.* Ptialina.
tianguero, ra *adj.* y *s. Méx.* Vendedor en un tianguis.
tianguis *s. m. Méx.* Mercado, principalmente el que se instala de manera periódica en la calle. *Los jueves llega un tianguis al barrio donde vivo.*
tiara *s. f.* Entre los antiguos persas, tocado de los soberanos. || Mitra de tres coronas superpuestas que lleva el Papa en las solemnidades. || Dignidad pontificia.
tibetano, na *adj.* y *s.* Del Tíbet. || *s. m.* Lengua de los tibetanos.
tibico *s. m. Méx.* Levadura.
tibieza *s. f.* Calor templado. || *fig.* Falta de entusiasmo.
tibio, bia *adj.* Templado, ni caliente ni frío. *Baño tibio.* || *fig.* Poco fervoroso, falto de entusiasmo. *Tibio recibimiento.* || Poco afectuoso. *Relaciones tibias.* || Flojo, descuidado. || Tirante. || *s. f.* Hueso principal y anterior de la pierna.
tiburón *s. m.* Nombre dado a los peces selacios de cuerpo fusiforme y aletas pectorales grandes cuya boca, en la parte inferior de la cabeza, tiene forma de media luna y está provista de varias filas de dientes cortantes.
tic *s. m.* Contracción convulsiva habitual e involuntaria de ciertos músculos, principalmente del rostro. || *fig.* Manía, acción que uno hace frecuentemente sin darse siquiera cuenta.
ticazo *s. m. Méx.* Bebida fermentada hecha de maíz y algo semejante a la chicha.
ticholo *s. m. Arg.* y *Uy.* Dulce de caña de azúcar o de guayaba en forma de tableta.
tico, ca *adj.* y *s. fam. Amér. C.* Costarricense.
tictac *s. m.* Ruido acompasado producido por ciertos mecanismos. *El tictac del reloj.*
tiempo *s. m.* Duración determinada por la sucesión de los acontecimientos y particularmente de los días, las noches y las estaciones. *El tiempo transcurre muy rápido.* || Parte de esta duración. *Este trabajo me ha tomado mucho tiempo.* || Época. *En los tiempos de Bolívar.* || Periodo muy largo. *Hace tiempo que no le veo.* || Momento libre. *Si tengo tiempo lo haré.* || Momento oportuno, ocasión propicia. *Es preciso hacer las cosas en su tiempo.* || Estación del año. *Fruta del tiempo.* || Edad. *¿Qué tiempo tiene su hijo?* || Estado de la atmósfera. *Tiempo espléndido.* || Cada una de las divisiones de una acción compleja. *Motor de cuatro tiempos.* || En deporte, división de un partido. *Un partido de futbol consta de dos tiempos.* || En música, división del compás. || En gramática, cada una de las formas verbales que indican el momento en que se verificó la acción. *Tiempos simples, compuestos.* || Temporal en el mar. *Aguantar la nave un tiempo.* || *loc.* ***Al mal tiempo buena cara:*** hay que saber aguantar con valor las desgracias o dificultades que nos depara la fortuna. || ***A tiempo:*** antes de que sea demasiado tarde. *Llegó a tiempo para salvarle;* en el momento oportuno. || ***A un tiempo:*** a la vez, juntamente. || ***Andando el tiempo:*** más tarde. || ***Con tiempo:*** sin tener que darse prisa; con antelación. *Hay que sacar las entradas con tiempo.* || *fig.* ***Darse buen tiempo:*** darse buena vida. || ***Dar tiempo al tiempo:*** no ser demasiado impaciente. || ***De tiempo en tiempo:*** a intervalos. || ***Dejar algo al tiempo:*** confiar en que con el tiempo todo se arreglará. || ***En tiempos del rey que rabió*** o ***de Maricastaña:*** en una época muy lejana. || ***Engañar*** (o ***matar***) ***el tiempo:*** entretenerse en cosas poco interesantes para no quedar desocupado. || ***Estar a tiempo de:*** tener todavía la posibilidad de. || ***Fuera de tiempo:*** inoportunamente. || ***Ganar tiempo:*** adelantar en lo que uno está haciendo; aplazar alguna acción complicada esperando que con el tiempo se le va a encontrar solución. || ***Hacer tiempo:*** entretenerse esperando la hora de hacer algo. || ***Perder el tiempo:*** no aprovecharlo; permanecer ocioso.
tienda *s. f.* Armazón de palos hincados en tierra y cubiertos con tela, lona o piel sujeta con cuerdas, que se arma en el campo para alojarse. *Madre e hija estaban en la tienda de campaña.* || Toldo que protege del sol. || Establecimiento comercial donde se vende cualquier mercancía. *Tienda de artículos fotográficos.* || Establecimiento donde se venden comestibles. || *Amér.* Tienda de tejidos al por menor, prendas de vestir, etc. || *loc.* ***Tienda de oxígeno:*** en medicina, dispositivo destinado a aislar al enfermo del medio ambiente y suministrarle oxígeno puro. || *Méx.* ***Tienda de raya:*** comercio que existía en los grandes latifundios de la época porfiriana y vendía a crédito para tener cautivos a los peones.
tienta *s. f.* Instrumento para explorar cavidades, heridas, etc. || Operación para probar la bravura del ganado destinado a la lidia. *Tienta de becerros.* || *fig.* Habilidad, sagacidad. || *loc.* ***A tientas:*** a) Guiándose por el tacto. b) *fig.* Con incertidumbre.
tiento *s. m.* Ejercicio del sentido del tacto. || Bastón de ciego. || Balancín o contrapeso de volatinero. || Pulso, seguridad en la mano. *Tener tiento.* || *fig.* Prudencia, tacto. *Andar con tiento.* || *fig.* y *fam.* Golpe, porrazo. ||

Trago, bocado. *Dar un tiento a la botella, al jamón.* || Floreo que se hace antes de empezar a tocar un instrumento músico para ver si está afinado. || Palillo en que el pintor apoya la mano. || En zoología, tentáculo. || *pl.* Cante y baile andaluz. || *loc.* ***A tiento:*** a tientas.

tierno, na *adj.* Blando, fácil de cortar. *Carne tierna.* || Reciente. *Pan tierno.* || Claro, delicado. *Color tierno.* || *fig.* Sensible, propenso al cariño o al amor. *Corazón tierno.* || Cariñoso. *Miradas tiernas.* || Joven. || Propenso al llanto. *Ojos tiernos.* || *Amér.* Que no está maduro. *Fruta tierna.* || *loc.* ***Tierna edad:*** los primeros años de la juventud.

tierra *s. f.* Planeta que habitamos. En este sentido esta palabra debe escribirse con mayúscula. || Parte sólida de la superficie de este planeta. *La tierra no ocupa tanta extensión como el mar en el globo.* || Capa superficial del globo que constituye el suelo natural. || Suelo. *Echar por tierra.* || Terreno cultivable. *Tierra de labor, de secano.* || Patria. *Mi tierra.* || País, región, comarca. *La tierra andaluza.* || Contacto entre un circuito eléctrico y la tierra. *Toma de tierra.* || *loc. fig.* y *fam.* ***Besar la tierra:*** caerse. || ***Dar en tierra:*** dejar caer; caerse. || *fig.* ***Echar por tierra:*** derrumbar; aniquilar, frustrar. *Esto echa por tierra todos mis proyectos;* destruir, reducir a nada. *Objeción que echa por tierra un razonamiento.* || ***Echarse por tierra:*** humillarse. || ***Echar tierra a un asunto:*** silenciarlo, echarlo en olvido. || *fig.* y *fam.* ***Estar comiendo*** (o ***mascando***) ***tierra:*** estar muerto y enterrado. || *fig.* ***Poner tierra de por medio:*** marcharse, alejarse. || ***Tierra adentro:*** lejos de la costa. || ***Tierra de nadie:*** territorio no ocupado entre las primeras líneas de dos beligerantes. || ***Tierra firme:*** continente. || ***Tierra rara:*** óxido de ciertos metales que existe en muy pocas cantidades y tiene propiedades semejantes a las del aluminio. || ***Tomar tierra:*** arribar una nave, aterrizar un avión. || *fig.* ***Venir*** (o ***venirse***) ***a tierra:*** fracasar.

tierrafría *s. com. Col.* Habitante del altiplano.

tierruca *s. f.* Diminutivo de «tierra». || Terruño.

tieso, sa *adj.* Erguido, firme. || Rígido. *Pierna tiesa.* || Tenso. || *fig.* Estirado, afectadamente grave. || Terco. || *fam.* Sin dinero. *Dejarle a uno tieso.*

tiesto *s. m.* Maceta donde se crían plantas. *Un tiesto de geranios.* || Pedazo de una vasija de barro.

tiesura *s. f.* Rigidez. || *fig.* Gravedad exagerada y afectada.

tifáceo, a *adj.* y *s. f.* Dícese de las plantas monocotiledóneas acuáticas a que pertenece la espadaña. || *pl.* Familia que forman.

tífico, ca *adj.* Del tifus. || Que padece tifus.

tifo *s. m.* En medicina, tifus.

tifoideo, a *adj.* Relativo al tifus o a la fiebre tifoidea. || Dícese de una fiebre infecciosa provocada por la ingestión de alimentos que tienen bacilos de Eberth.

tifón *s. m.* Ciclón tropical del Pacífico occidental y del mar de China.

tifus *s. m.* Enfermedad febril, epidémica y contagiosa debida a un microbio transmitido por un piojo y que se caracteriza por manchas rojas en la piel llamadas exantemas. Se llama también tifus exantemático. || *fig.* y *fam.* Conjunto de personas que asisten gratuitamente a un espectáculo.

tigra *s. f. Amér.* Jaguar hembra.

tigre *s. m.* Mamífero carnicero del género félido y de piel de color amarillo anaranjado rayado de negro que vive en el continente asiático, Sumatra y Java. || *fig.* Persona cruel y sanguinaria. || *Amér.* Jaguar.

tigrero *s. m. Amér.* Cazador de jaguares.

tigresa *s. f.* Galicismo por «tigre hembra».

tigrillo *s. m. Ecua.* y *Ven.* Mamífero carnicero americano del género félido más pequeño que el tigre.

tigüilote *s. m. Amér. C.* Árbol cuya madera se emplea en tintorería.

tijera *s. f.* Instrumento para cortar, compuesto de dos piezas de acero articuladas en un eje. *Tijeras para las uñas.* || *fig.* Nombre que califica diferentes objetos formados por dos piezas articuladas. *Catre, asiento, escalera de tijera.* || Zanja para desecar las tierras húmedas. || Aspa en que se apoya el madero para aserrarlo o labrarlo. || Pluma primera de las alas del halcón. || En deportes, llave en la lucha y también manera de saltar. || *fig.* y *fam.* Persona muy murmuradora. *Buena tijera está hecha esta mujer.*

tijereta *s. f.* Insecto de cuerpo alargado y abdomen terminado en pinzas. || Ave migratoria de América Meridional, con una cola parecida a los brazos u hojas de la tijera.

tijeretada *s. f.* o **tijeretazo** *s. m.* Corte hecho de una vez con las tijeras.

tijeretear *t.* Dar tijeretazos. || *fig.* y *fam.* Entremeterse en negocios ajenos y disponer en ellos.

tijereteo *s. m.* Acción de tijeretear. || Ruido hecho por las tijeras al cerrarse.

tijerilla o **tijeruela** *s. f.* Tijereta de la vid.

tila *s. f.* Flor del tilo. || Infusión hecha con esta flor. *Una taza de tila.* || Tilo.

tílburi *s. m.* Carruaje ligero y descubierto de dos plazas.

tilcoate *s. m.* Culebra de México.

tildar *t.* Poner tilde a una letra. || Tachar algo escrito. || *fig.* Acusar a uno de algún defecto.

tilde *s. f.* Signo que se pone sobre la letra *ñ* y algunas abreviaturas. || Acento. || *fig.* Cosa insignificante. || Nota denigrativa.

tildío *s. m.* Ave migratoria propia de México.

tiliáceo, a *adj.* y *s. f.* Dícese de las plantas dicotiledóneas cuyo tipo es el tilo. || *pl.* Familia que forman.

tiliche *s. m. Amér. C.* y *Méx.* Baratija, cachivache. *Esa caja está llena de tiliches inservibles.*

tilico, ca *adj. Bol.* Débil, cobarde. || *Bol.* y *Méx.* Flaco, enclenque.

tilín *s. m.* Sonido de la campanilla. || *loc. fig.* y *fam. Chil. Col.* y *Ven.* ***En un tilín:*** en un tris. || *fam.* ***Hacer tilín:*** gustar.

tilingo, ga *adj. Arg.* y *Uy.* Que dice tonterías y se comporta de manera fingida, como si estuviera actuando.

tillandsia *s. f.* Planta americana de la familia de las bromeliáceas.

tilma *s. f. Méx.* Manta hecha de tela de algodón que llevaban los hombres del campo, a modo de capa, anudada sobre el hombro.

tilo *s. m.* Árbol tiliáceo de flores blanquecinas y medicinales.

timador, ra *s.* Estafador.

tímalo *s. m.* Pez malacopterigio parecido al salmón.

timanejo, ja *adj.* De Timaná, municipio de Colombia.

timar *t. fam.* Estafar. *Le timaron mil pesos.* || Engañar, hacer concebir esperanzas que no serán colmadas. || *pr. fam.* Hacerse señas o cambiar miradas galanteadoras un hombre con una mujer.

timba *s. f. fam.* Partida de juego de azar. || Casa de juego.

timbal *s. m.* Tambor con caja de cobre semiesférica. || Atabal, tambor pequeño. || Empanada rellena de carne u otras viandas.

timbalero, ra *s.* Músico que toca el timbal.

timbero, ra *adj.* y *s. Arg. Bol. Chil. Py.* y *Uy.* Jugador empedernido.

timbiriche *s. m. Méx.* Árbol rubiáceo mexicano de fruto comestible. || Tendejón de bebidas alcohólicas del mismo nombre.

timbó *s. m. Arg.* y *Py.* Árbol leguminoso de madera muy sólida. || *Hond.* Animal fantástico que figura en leyendas autóctonas.

timbón, bona *adj. Amér. C.* y *Méx.* Se aplica a las personas de barriga grande. *En sólo un año Anastasio se puso timbón.*

timbrado, da *adj.* Aplícase al papel con un sello que se utiliza para extender documentos oficiales. || Dícese del papel con membrete de una persona o entidad.

timbrar *t.* Estampar un timbre, sello o membrete en un documento. || Poner timbre en el escudo de armas.

timbrazo *s. m.* Toque fuerte del timbre.

timbre *s. m.* Sello para estampar especialmente en seco. *Timbre en relieve.* || Sello que indica el pago de derechos fiscales en algunos documentos oficiales. *Timbre fiscal, móvil.* || Aparato de llamada. *Timbre eléctrico.* || Sonido característico de una voz o instrumento. *Timbre metálico.* || *fig.* Acción que ennoblece a la persona que la hace. *Timbre de gloria, de lealtad.*

timbú *adj.* y *s. m.* Dícese del individuo de una tribu india que vivía en la orilla oeste del Paraná.

timeleáceo, a *adj.* y *s. f.* Dícese de las plantas dicotiledóneas que tienen por tipo el torvisco. || *pl.* Familia que forman.

timidez *s. f.* Falta de seguridad en sí mismo, vergüenza de hablar o actuar en presencia de personas poco conocidas.

tímido, da *adj.* Que se encuentra cohibido en presencia de personas con quienes no tiene confianza. *Esta niña es muy tímida.*

timo *s. m.* Engaño, estafa. || Glándula que se ubica delante de la tráquea y que sólo está desarrollada en los niños y animales jóvenes. *El timo es importante para el funcionamiento del sistema inmunitario.*

timón *s. m.* Pieza móvil colocada verticalmente en el codaste de la embarcación para gobernarla. || Dispositivo para la dirección de un avión, cohete, etc. *Timón de dirección, de profundidad.* || Palo derecho del arado, que va de la cama al yugo y en el que se fija el tiro. || Varilla del cohete. || *Amér. C. Col. Cub. Per.* y *Ven.* Volante del automóvil. || *fig.* Dirección, gobierno. *Manejar el timón de un negocio.* || *loc.* ***Caña del timón:*** en marinería, palanca que permite gobernar el timón.

timonear *intr.* Manejar el timón.

timonel *s. m.* En marinería, hombre que maneja el timón.

timonero, ra *adj.* Aplícase al arado de timón. || *s. m.* Timonel. || *s. f.* Aplícase a las plumas grandes de la cola de las aves. || En una nave, sitio donde estaba el pinzote o barra del timonel.

timorato, ta *adj.* Que tiene el temor de Dios. || Tímido. || Que no se atreve a actuar por demasiado escrupuloso.

timote *adj.* y *s. com.* Dícese de un indio de la región andina de Venezuela.

timpánico, ca *adj.* Relativo al tímpano del oído.

timpanismo *s. m.* **timpanitis** o **timpanización** *s. f.* Abultamiento del vientre por acumulación de gases en el tubo intestinal.

timpanizarse *pr.* Abultarse el vientre por la acumulación de gases.

tímpano *s. m.* En música, atabal, tamboril. || Instrumento formado por varias tiras de vidrio o cuerdas que se golpean con un macillo de corcho. || Membrana del oído que separa el conducto auditivo del oído medio. || En arquitectura, espacio triangular comprendido entre las dos cornisas inclinadas de un frontón y la horizontal de su base.

timúridas *adj.* y *s. pl.* Dícese de los descendientes de Tamerlán o Timur Lenk que reinaron en Persia y en Transoxiana (Turquestán) de 1447 a 1517.

tina *s. f.* Tinaja. || Recipiente grande de madera u otro material que sirve para diversos usos. *Tina de fotógrafo, de tintorero.* || Baño, bañera.

tinaco *s. m. Amér. C.* y *Méx.* Depósito de agua situado sobre el techo de la casa. *Hay que lavar los tinacos al menos una vez por año.*

tinaja *s. f.* Vasija grande de barro donde se guarda el agua, el aceite u otros líquidos. || Su contenido.

tinamú *s. m.* Ave gallinácea de América del Sur.

tincar *t. Amér.* Lanzar con la uña del pulgar la bolita o canica. || Dar papirotazos.

tincazo *s. m. Amér.* Papirotazo.

tinerfeño, ña *adj.* y *s.* De Tenerife, isla de España.

tinga *s. f. Méx.* Guiso a base de carne deshebrada de res, pollo o cerdo con cebolla y chile chipotle. *La tinga suele comerse sobre tostadas de maíz.*

tingitano, na *adj.* y *s.* Tangerino. || De Tánger, ciudad de Marruecos.

tinglado *s. m.* Cobertizo. || Tablado, puesto hecho de madera o lona. || *fig.* Artificio, intriga. || Lío, embrollo. *¡Menudo tinglado se ha formado!* || *Méx.* Laúd, tortuga marina.

tinieblas *s. f. pl.* Oscuridad. *Las tinieblas de la noche.* || *fig.* Ignorancia, incertidumbre, confusión.

tino *s. m.* Puntería con un arma. *Tener mucho tino.* || *fig.* Acierto, habilidad. || Juicio y cordura. *Razonar con tino.* || Moderación. *Comer con tino.* || Tina. || Lagar. || *loc.* ***A tino:*** a tientas. || *fig.* ***Perder el tino:*** perder el juicio. || ***Sacar de tino:*** sacar de quicio; exasperar. || ***Sin tino:*** sin moderación; de manera insensata.

tinta *s. f.* Color con que se tiñe. || Tinte. || Líquido empleado para escribir con pluma. || Líquido que los cefalópodos vierten para ocultarse de sus perseguidores. *Tinta de calamar.* || *pl.* Colores para pintar. || Matices. *Pintar el porvenir con tintas negras.* || *loc.* ***Media tinta:*** color que une los claros con los oscuros. || *fig.* y *fam.* ***Medias tintas:*** dícese de lo impreciso, vago. || ***Recargar las tintas:*** exagerar. || ***Saber de buena tinta:*** estar informado por fuentes fidedignas. || ***Sudar tinta:*** hacer algo con mucho esfuerzo. || ***Tinta china:*** la hecha con negro de humo y que sirve para los dibujos a la aguada.

tinte *s. m.* Operación de teñir. || Colorante con que se tiñe. *Tinte muy oscuro.* || Establecimiento donde se tiñen y limpian en seco las telas y la ropa. *Llevar un vestido al tinte.* || *fig.* Tendencia, matiz. *Tener un tinte político.* || Barniz. *Un ligero tinte de cultura.*

tinterillo *s. m. desp. Amér.* Abogado poco hábil, picapleitos.

tintero *s. m.* Recipiente en que se pone la tinta de escribir. || Mancha negra en los dientes del caballo. || *loc. fig.* y *fam.* ***Dejarse*** o ***quedársele a uno en el tintero una cosa:*** olvidarla u omitirla al escribir.

tintillo *adj.* y *s. m.* Aplícase al vino tinto claro.

tintín *s. m.* Sonido del timbre, del cristal, de una campanilla, de la esquila, etc. *Se oía el alegre tintín de los vasos.*

tintinar o **tintinear** *intr.* Sonar la campanilla u otro objeto que produce un ruido semejante.

tintineo *s. m.* Tintín.

tinto, ta *adj.* Que está teñido. *El hombre accidentado tenía la camisa tinta en sangre.* || Se dice del vino de color oscuro. *Mucha gente acostumbra tomar vino tinto cuando come carne roja.* || *s. m. Col.* Infusión de café.

tintóreo, a *adj.* Aplícase a las plantas y a las sustancias usadas para teñir.

tintorería *s. f.* Oficio, taller y tienda del tintorero.

tintorero, ra *s.* Persona que tiene por oficio teñir o limpiar en seco las telas y la ropa. || *s. f.* Tiburón parecido al cazón. || *Amér.* Hembra del tiburón.

tintorro *s. m. fam.* Vino tinto bastante malo.

tintura *s. f.* Tinte, sustancia colorante que sirve para teñir. || *fig.* Conocimientos superficiales. *Tener una tintura de historia literaria.* || Producto farmacéutico que resulta de la disolución de una sustancia en alcohol o éter. *Tintura de yodo.*

tiña *s. f.* Arañuelo que daña las colmenas. || Enfermedad producida por diversos parásitos en la piel y el cuero cabelludo que provoca la caída del pelo. || *fam.* Suciedad, porquería. || Mezquindad, tacañería.

tiñería *s. f. fam.* Tiña, tacañería.
tiñoso, sa *adj.* y *s.* Que padece tiña. || *fig.* y *fam.* Tacaño, mezquino. || Sucio, puerco.
tío *s. m.* Respecto de una persona, hermano o primo del padre o de la madre. || *fam.* Hombre casado o de cierta edad. *El tío Juan.* || Persona digna de admiración. *¡Qué tío!* || Individuo despreciable.
tiónico, ca *adj.* Dícese de una serie de ácidos oxigenados del azufre.
tiovivo *s. m.* Diversión infantil en la que una plataforma giratoria arrastra caballitos de madera u otras figuras en los que se montan los niños.
tipa *s. f.* Árbol leguminoso americano cuya madera se utiliza en ebanistería. || *fig.* Mujer despreciable.
tiparraco, ca o **tipejo, ja** *s.* Persona ridícula o despreciable.
tipazo, za *s.* Persona alta y apuesta. || *fam. Méx.* Persona muy agradable y simpática.
típico, ca *adj.* Propio de un sitio, persona o cosa. *Lo típico del país.* || Que corresponde a un tipo determinado. *Un español típico.*
tipificación *s. f.* Clasificación. || Standardización, normalización.
tipificar *t.* Estandardizar, normalizar.
tipismo *s. m.* Carácter típico.
tiple *s. m.* La más aguda de las voces humanas. || Guitarra muy pequeña de sonidos muy agudos. || *s. com.* Cantante con voz de tiple.
tipo *s. m.* Modelo. *Este tipo de automóvil utiliza mucho combustible.* || Conjunto de las características que distinguen entre una raza y otra. *Esa muchacha tiene tipo de oriental.* || Silueta del cuerpo de una persona. *Silvia luce la ropa porque su tipo alto y delgado le ayuda.* || *fam.* Persona, individuo. *Hay un tipo sospechoso en la esquina.*
tipografía *s. f.* Parte del proceso de impresión en el que se hace la composición y la compaginación.
tipográfico, ca *adj.* Relativo a la tipografía. *Carácter tipográfico.*
tipógrafo, fa *s.* Persona que compone con tipos móviles lo que se ha de imprimir.
tipología *s. f.* Estudio de los caracteres morfológicos del hombre comunes a las distintas razas.
tipometría *s. f.* Medición de los puntos tipográficos.
tipómetro *s. m.* Regla para medir los puntos tipográficos.
tipoy *s. m.* Túnica suelta y sin mangas de las indias y campesinas del Río de la Plata.
típula *s. f.* Insecto díptero semejante al mosquito, que se alimenta del jugo de las flores.
tique *s. m.* Árbol euforbiáceo de Chile.
tíquet o **tiquete** *s. m.* Ticket.
tiquismiquis *s. m. pl. fam.* Reparos nimios. || Cortesías ridículas o afectadas, remilgos. || Discusiones por motivos ridículos.
tiquismo *s. m. Amér. C.* Costarriqueñismo.
tira *s. f.* Pedazo largo y estrecho de una materia. *La costurera cortó una tira de tela para el cinturón.* || *s. m. fam. Chil.* y *Méx.* Policía. || Agente de policía.
tirabala *s. m.* Taco, juguete.
tirabotas *s. m. inv.* Gancho para ponerse las botas.
tirabuzón *s. m.* Sacacorchos. || *fig.* Rizo de cabello retorcido como un sacacorchos. || Salto de trampolín en el que el cuerpo del atleta se retuerce como un tirabuzón. || Acrobacia aérea consistente en bajar rápidamente el avión describiendo una curva como si fuera una hélice. || *loc. fig.* y *fam.* ***Sacar con tirabuzón:*** sacar con mucha dificultad.
tirachinas *s. m.* Juguete en forma de «Y» con mango y dos gomas elásticas para disparar piedras.
tirada *s. f.* Distancia bastante grande en el espacio o el tiempo. *De mi casa al trabajo hay una tirada.* || Serie de cosas que se escriben o dicen de una sola vez. *Tirada de versos.* || Impresión de una obra y número de ejemplares que se tiran a la vez. *Segunda tirada; una tirada de veinte mil ejemplares.* || Lo que se imprime en una jornada de trabajo. *La tirada diaria.* || Galicismo por *trozo, pasaje.* || *loc.* ***De*** (o ***en***) ***una tirada:*** de una vez; seguido.
tiradero *s. m. Méx.* Aglomeración de cosas desordenadas. *Dejé la casa hecha un tiradero.*
tirado, da *adj.* Aplícase a las cosas muy baratas o que abundan. *Este reloj está tirado.* || Muy fácil. *Esta lección está tirada.* || Aplícase a la letra escrita con soltura. || Dícese del buque de mucha eslora y poca altura de casco.
tirador, ra *s.* Persona que tira con un arma. *Un tirador de arco excelente.* || Persona que estira los metales. || *s. m.* Asidero para abrir los cajones o las puertas. || Cordón o cadenilla para tirar de una campanilla. || Tiragomas. || Máquina con la cual se estiran los metales. || *Arg.* Cinturón de cuero del gaucho en el cual lleva dinero, tabaco, el facón, etc.
tirafondo *s. m.* Instrumento para sacar de las heridas los cuerpos extraños. || Tornillo largo usado para sujetar los rieles o carriles en las traviesas.
tiragomas *s. m. inv.* Juguete para tirar pequeños objetos, tales como piedrecillas, etc.
tiralíneas *s. m. inv.* Instrumento de metal, a modo de pinzas, cuya separación se gradúa con un tornillo, que sirve para trazar líneas más o menos gruesas según esta separación.
tiranía *s. f.* Gobierno ejercido por un tirano. *La tiranía de Pisístrato.* || *fig.* Abuso de autoridad. || Dominio excesivo que tienen ciertas cosas sobre los hombres. *La tiranía del amor.*
tiranicida *s. com.* Que mata a un tirano.
tiranicidio *s. m.* Muerte dada a un tirano.
tiránico, ca *adj.* Que tiene el carácter de una tiranía. *Poder, gobierno tiránico.* || *fig.* Que ejerce una influencia irresistible, fuerte. *El poder tiránico de la belleza.*
tiranizar *t.* Gobernar como un tirano. *Tiranizar al pueblo.* || Oprimir, ejercer una autoridad tiránica. *Tiranizar a su esposa.*
tirano, na *adj.* y *s.* Aplícase al que tenía el poder absoluto en la antigua Grecia, generalmente por usurpación. || Dícese del soberano despótico, injusto y cruel. || *fig.* Dícese del que abusa de su autoridad. *Ser un tirano para su familia.* || Dícese de lo que domina el ánimo. || *s. m.* Pájaro de América del Sur.
tiranosaurio *s. m.* Especie de dinosaurio carnívoro de gran tamaño.
tirante *adj.* Tenso. || *fig.* Que puede conducir a una ruptura. *Situación tirante.* || *s. m.* Correa que sirve para tirar de un carruaje. || Cada una de las dos tiras elásticas con las cuales se sujetan los pantalones. || Cada una de las dos tiras que sujetan las prendas interiores femeninas. || En arquitectura, pieza de la armadura de un tejado que impide que se separen los pares. || Riostra, pieza de madera o metal que sirve para reunir otras dos y evitar que se separen. || *loc. fig.* ***Estar tirante con uno:*** tener relaciones tensas con él.
tirantez *s. f.* Tensión. *La tirantez de una cuerda.* || En arquitectura, dirección de los planos de hilada de un arco o de una bóveda. || *fig.* Desacuerdo, situación que puede conducir a un conflicto. *Tirantez entre dos países.*
tirar *t.* Soltar algo de la mano. *Tirar un libro al suelo.* || Echar. *Tirar agua en la mesa.* || Echar, deshacerse. *Tirar viejos objetos.* || Arrojar, lanzar en dirección determinada. *Tirar el disco.* || Derribar, echar abajo. *Tirar un árbol.* || Traer hacia sí. *Tirar la puerta.* || Estirar o extender. *Tirar una cuerda.* || Trazar. *Tirar curvas, una perpendicular.* || Dar. *Tirar un pellizco.* || Disipar, malgastar. *Tirar dinero.* || Imprimir. *Tirar cinco mil ejemplares de un libro.* || Reproducir en positivo un cliché fo-

tográfico. || Sacar una foto. || *fam.* Hablar mal. *Este chico siempre me está tirando.* || Vender barato. || Chutar el balón. *Tirar un saque de esquina.* || *intr.* Atraer. *El imán tira del hierro.* || Arrastrar. *El caballo tira del coche.* || Disparar un arma. *Tirar con la ametralladora.* || Producir aspiración de aire caliente. *Esta chimenea tira mal.* || *fam.* Andar, funcionar. *Este motor tira muy bien.* || *fig.* Atraer. *La sangre siempre tira.* || Torcer. *Tirar a la izquierda.* || Coger. *Si tiráramos por este camino, llegaríamos antes.* || Durar o conservarse una cosa. *El abrigo tirará todo este invierno.* || Mantenerse. *Tira con tres mil euros al mes.* || Tender, tener propensión. *Tirar por una persona.* || Parecerse. *Este color tira a rojo.* || *pr.* Abalanzarse. *Se tiró sobre él.* || Arrojarse, precipitarse. *Se tiró al río.* || Tumbarse. *Tirarse en la cama.* || *fig.* Pasar. *Se tiró todo el día corrigiendo.* || Tener que aguantar. *Tirarse un año de cárcel.* || Hacer. *Tirarse un planchazo.* || En deportes, abalanzarse el portero sobre el balón. || *loc.* ***Dejar tirado a uno:*** dejarle plantado; superarle; dejarle pasmado. || ***Ir tirando:*** vivir modestamente; estar regular, no ir ni bien ni mal. || ***Tirando a:*** acercándose a. || ***Tirando por bajo:*** por lo menos. || ***Tirar a matar:*** criticar violentamente. || ***Tira y afloja:*** sucesión del rigor por la suavidad. || *fig.* ***Tirarse a matar:*** estar muy enemistados y hablar muy mal una persona de otra.

tirilla *s. f.* Tira pequeña. || Tira de lienzo que se pone en el cuello de las camisas para sujetarlo.

tirio, ria *adj.* y *s.* De Tiro, ciudad del Líbano. || *loc. fig.* ***Tirios y troyanos:*** partidarios de opiniones contrarias.

tiritar *intr.* Temblar por efecto del frío o de la fiebre.

tiritera *s. f.* Tiritona.

tirito *s. m.* Pez de los lagos de Michoacán, en México.

tiritón *s. m.* Escalofrío producido por el frío o la fiebre.

tiritona *s. f.* Temblor causado por el frío o la fiebre. *Tener una tiritona en todo el cuerpo.*

tiro *s. m.* Acción o arte consistente en disparar un arma. *Tiro al blanco, al pichón.* || Disparo. *Tiro de pistola.* || Estampido producido al disparar. *Se oían tiros.* || Huella o herida dejada por una bala. *Se veían en la pared muchos tiros.* || Carga de un arma de fuego. *Fusil de cinco tiros.* || Manera de disparar. *Tiro oblicuo.* || Pieza o cañón de artillería. || Alcance de un arma arrojadiza. *A tiro de ballesta.* || Medida de distancia. *A un tiro de piedra.* || Sitio donde se tira al blanco. *Línea de tiro.* || Longitud de una pieza de tejido. || Anchura del traje por delante y de hombro a hombro. || Holgura entre las perneras del pantalón. || Tramo. *Tiro de escalera.* || Aspiración de aire caliente que se produce en un conducto, especialmente en una chimenea. || Tronco. *Tiro de caballos.* || Tirante del coche. || Cuerda para subir algo con garrucha. || *fam.* En futbol, patada. *Hizo gol de un soberbio tiro.* || *fig.* Chasco, burla. || Robo. || En minería, pozo abierto en el suelo de una galería. || Profundidad de un pozo. || Vicio de algunas caballerías que chocan los dientes con el pesebre. || *pl.* Correas de que cuelga la espada. || *loc.* ***A tiro limpio:*** por la fuerza de las armas. || *fig.* y *fam.* ***De tiros largos:*** muy bien vestido. || ***Ni a tiros:*** de ninguna manera. || ***Ponerse a tiro:*** ponerse al alcance. || ***Salirle a uno el tiro por la culata:*** obtener un resultado completamente opuesto al que se esperaba. || ***Tiro de gracia:*** el que se da al gravemente herido para rematarle.

tiroidectomía *s. f.* Ablación total o parcial de la glándula tiroides.

tiroides *adj.* y *s. f.* En anatomía, glándula endocrina en la región faríngea que produce una hormona, la tiroxina, que interviene en el crecimiento y el metabolismo.

tirol *s. m. Méx.* Recubrimiento que se emplea en el acabado de paredes y techos.

tirolés, lesa *adj.* y *s.* Del estado de Tirol, en Austria. || *s. f.* Aire popular de Tirol.

tirón *s. m.* Sacudida. || Estirón. || Agarrotamiento de un músculo. || *fig.* y *fam.* Atracción vaga por algo o alguien de que uno está separado. *El tirón de la patria chica, de la familia.* || Distancia grande. *Hay un tirón de aquí a tu casa.* || *loc.* ***A tirones:*** por intermitencia. || ***De un tirón:*** sin interrupción. *Leer una novela de un tirón.*

tirotear *t.* Disparar tiros.

tiroteo *s. m.* Acción de tirotear.

tiroxina *s. f.* Hormona segregada por la glándula tiroides.

tirria *s. f. fam.* Antipatía injustificada, ojeriza. *Tener tirria a uno.*

tisana *s. f.* Bebida que se obtiene por infusión de hierbas medicinales.

tisanuro *adj.* y *s. m.* Aplícase a los insectos que carecen de alas y tienen varios apéndices en el abdomen, como la lepisma. || *pl.* Orden que forman.

tísico, ca *adj.* Aplícase a la persona que padece tisis.

tisiología *s. f.* Estudio de la tisis.

tisis *s. f.* Tuberculosis pulmonar.

tisú *s. m.* Tela de seda con hilos de oro o de plata.

tita *s. f. fam.* Tía.

titán *s. m.* En mitología, gigante. || *fig.* Persona de mucha fuerza o de mucha grandeza.

titánico, ca *adj.* Relativo a los titanes. || *fig.* Desmesurado, muy grande, enorme. *Trabajo titánico.*

titanio *s. m.* Elemento químico, metal abundante en la corteza terrestre. Es de color gris oscuro, de gran dureza, resistente a la corrosión y de propiedades físicas parecidas a las del acero. Se utiliza en la fabricación de equipos para la industria química y, en combinación con otros metales, en la industria aeronáutica y aeroespacial. Su número atómico es 22 y su símbolo *Ti.*

títere *s. m.* Figurilla de madera o cartón a la que se mueve con cuerdas o con la mano. *Teatro de títeres.* || *fig.* y *fam.* Persona sin carácter que se deja dominar por otra. || Persona informal o necia. || *fig.* *No quedar títere con cabeza,* quedar todo destrozado.

tití *s. m.* Mono arborícola de América del Sur, muy pequeño y con una cola larga.

tití *s. m.* Pequeño mono arborícola de América del Sur. *El cuerpo de un tití mide cerca de 20 cm.*

titilación *s. f.* Acción de titilar, ligero temblor. || Parpadeo de luz, centelleo.

titilador, ra o **titilante** *adj.* Que titila.

titilar o **titilear** *intr.* Temblar ligeramente ciertas partes del cuerpo. || Centellear un cuerpo luminoso. *Titilan las estrellas.*

titileo *s. m.* Titilación, centelleo.

titipuchal *s. m. Méx.* Conjunto integrado por una gran cantidad de elementos. *Llegó un titipuchal de personas.*

titiritar *intr.* Tiritar.

titiritero, ra *s.* Persona que maneja los títeres. || Volatinero, saltimbanqui.

titubeante *adj.* Que titubea u oscila. *Paso titubeante.* || Que farfulla. || *fig.* Que duda.

titubear *intr.* Tambalearse. *Anda titubeando.* || Farfullar. || *fig.* Dudar en lo que se va a hacer o decir. *Titubea en venir.*

titubeo *s. m.* Acción de titubear, vacilación. || *fig.* Indeterminación, duda, indecisión.

titulado, da *adj.* y *s.* Aplícase a la persona que tiene un título académico. *Titulado en Medicina.* || *Amér.* Supuesto. *El titulado doctor en Letras.*

titular[1] *adj.* y *s.* Aplícase al que posee cualquier título. || Dícese del que ejerce un cargo para el que tiene el correspondiente título. *Profesor, obispo titular.* || Aplícase al jugador de un equipo deportivo que no es suplente. || *s. m. pl.* Letras mayúsculas usadas en títulos y encabezamiento que se hace con ellas. *Los titulares de un periódico.*

titular[2] *t.* Poner un título. *Titular una obra, un artículo.* || *intr.* Conseguir un

título nobiliario. || *pr.* Llamarse, darse el nombre, tener por título.
titularización *s. f.* Acción y efecto de titularizar.
titularizar *t.* Hacer titular de un cargo. *Titularizar a un funcionario temporero.*
título *s. m.* Palabra o frase que se pone al frente de un libro, de un capítulo, etc., para indicar el asunto de que trata o para calificarlo. || Dignidad nobiliaria. *Título de marqués.* || Persona que la posee. *Un rancio título de la nobleza.* Escritura auténtica que establece un derecho. *Título de propiedad.* || Fundamento jurídico de un derecho. || Atestado representativo de un valor mobiliario, que puede ser nominativo o al portador. *Título de renta.* || División principal de un texto legal. *Título primero, segundo.* || Nombre que expresa un grado, una profesión. *Título de doctor en Letras.* || Diploma, documento en que viene acreditado. *Título de bachiller.* || Calificación de una relación social. *El título de amigo.* || Calidad, capacidad, mérito. || *loc.* ***A título de:*** en calidad de. || ***¿Con qué título?:*** ¿con qué motivo?
tiza *s. f.* Arcilla blanca que se usa para escribir en los encerados. || Compuesto de yeso y greda con que se unta la suela de los tacos de billar.
tizate *s. m. Amér. C.* y *Méx.* Tiza.
tizaxóchitl o **tizasúchil** *s. m.* Planta ornamental de México.
tizna *s. f.* Cualquier cosa que puede tiznar.
tiznado, da *adj.* y *s. Amér. C.* y *Arg.* Ebrio.
tiznadura *s. f.* Acción de tiznar. || Tiznón.
tiznar *t.* Manchar con tizne, hollín o cualquier cosa. *Tiznar una pared.* || *fig.* Deslumbrar, manchar. *Tiznar la fama.* || *pr. Amér.* Emborracharse.
tizne *amb.* Hollín, humo que se adhiere a las vasijas que se ponen al fuego.
tiznón *s. m.* Mancha de tizne u otra cosa parecida.
tizón *s. m.* Palo a medio quemar. || Honguillo parásito de los cereales. || *Arq.* Parte del sillar que entra en la fábrica. || *fig.* Mancha en la reputación, desdoro.
tlachique *s. m. Méx.* Pulque sin fermentar.
tlaco *s. m. Méx.* Moneda antigua que valía la octava parte del real.
tlaconete *s. m. Méx.* Babosa, molusco gasterópodo.
tlacopacle *s. m. Méx.* Aristoloquia, planta.
tlacoyo *s. m. Méx.* Tortilla grande de frijoles.
tlacoyote *s. m.* Especie de tejón de México.
tlacuache *s. m. Méx.* Zarigüeya, mamífero marsupial. *Algunas clases de tlacuaches están en peligro de extinción.*
tlacuilo *s. m. Méx.* Entre los nahuas, individuo que se dedicaba a dibujar los signos de la escritura náhuatl.
tlapalería *s. f. Méx.* Establecimiento comercial donde se venden pinturas, artículos de ferretería, albañilería y material eléctrico. *Necesito ir a la tlapalería a comprar clavos y tuercas.*
tlapsi *s. m.* Carraspique, planta.
tlatoani *s. m.* Jerarca máximo en la cultura azteca.
tlaxcalteca *adj.* y *s. m.* Pueblo amerindio del grupo nahua, actualmente extinguido. || Del estado mexicano de Tlaxcala.
tlazol *s. m. Méx.* Extremo de la caña de maíz y de azúcar.
toa *s. f. Amér.* Maroma para atoar.
toalla *s. f.* Paño para secarse después de lavarse. *Toalla de felpa.*
toallero *s. m.* Soporte para colgar las toallas.
toba *s. f.* Piedra caliza o de origen volcánico muy porosa y ligera. || Sarro que se forma en los dientes.
tobera *s. f. Tecn.* Abertura por donde se inyecta el aire en un horno metalúrgico. || Parte posterior de un motor de reacción donde se efectúa la expansión del gas de combustión.
tobiano, na *adj. Arg. Chil.* y *Uy.* Relativo al caballo con pelaje que presenta manchas blancas en la parte superior del cuerpo.
tobillera *f. Méx.* Calcetín corto.
tobillo *s. m.* Protuberancia formada por las apófisis inferiores o maléolo, de la tibia y el peroné a cada lado de la garganta del pie. || *loc. fig.* ***No llegarle a uno al tobillo:*** serle muy inferior.
tobogán *s. m.* Deslizadero en declive por el que los niños se lanzan como diversión. *Isabel, Mariví y Alejandro van a tirarse por el tobogán que hay en el jardín.* || Dispositivo semejante al borde de las piscinas para lanzarse al agua. || Trineo bajo sobre patines para deslizarse por pendientes de nieve. || Pista utilizada para los descensos en la nieve. || Rampa de madera, rectilínea o helicoidal, utilizada para el descenso de las mercancías.
toca *s. f.* Prenda femenina para cubrirse la cabeza. || Prenda de lienzo blanco con que se cubren la cabeza algunas monjas. || Tela ligera con que se suelen hacer éstas.
tocable *adj.* Que se puede tocar.
tocadiscos *s. m.* Aparato empleado para reproducir los sonidos grabados en un disco.
tocado, da *adj. fam.* Chiflado. || *s. m.* Peinado o adorno de la cabeza femenina. || Prenda con que se cubre la cabeza.
tocador, ra *adj.* y *s.* Dícese del que toca un instrumento musical. *Tocador de arpa.* || *s. m.* Mueble con un espejo para el aseo o peinado de la mujer. || Cuarto destinado a este fin. || Neceser.
tocante *adj.* Que toca, contiguo. || *loc.* ***Tocante a:*** referente a.
tocar *t.* Estar o entrar en contacto con una cosa. *Tocar un objeto caliente con la mano.* || Remover. *Yo no he tocado tus cosas.* || Estar próximo a, contiguo. *Su jardín toca el mío.* || Hacer sonar un instrumento músico. *Tocar el piano.* || Anunciar por un toque de trompeta. *Tocar retreta.* || Hacer sonar un timbre, una campana, etc. || Poner un disco para escucharlo. || En esgrima, alcanzar al adversario. || Ensayar con la piedra de toque. || Arribar de paso a un lugar. *El barco tocará los siguientes puertos.* || *fig.* Abordar o tratar superficialmente. *Tocar un asunto arduo.* || Impresionar. *Supo tocarle el corazón.* || *intr.* Llamar. *Tocar a la puerta.* || Sonar una campana. || Pertenecer, por algún derecho o título. *No le toca a usted hacer esto.* || Corresponder parte de una cosa que se distribuye entre varios. *Tocar algo en un reparto.* || Caer en suerte. *Me tocó el gordo en la lotería.* || Llegar el turno. *A ti te toca jugar.* || Llegar el momento oportuno. *Ahora toca pagar.* || Ser pariente de uno. *¿Qué te toca Vicente?* || *pr.* Cubrirse la cabeza con un sombrero, pañuelo, etc. || Peinarse. || *loc.* ***A toca teja:*** al contado. || ***Tocar a rebato:*** dar la señal de alarma. || ***Por lo que a mí me toca:*** por lo que se refiere a mí. || ***Tocar a su fin:*** estar a punto de acabar o de morir.
tocata *s. f.* Forma de composición musical, por lo general para instrumentos de teclado como el piano o el órgano. *La obra «Tocata y fuga en re menor» es obra de Juan Sebastián Bach.*
tocayo, ya *s.* Persona con el mismo nombre que otra. *La maestra es mi tocaya: también se llama Rosa, como yo.*
tochimbo *s. m. Per.* Horno de fundición.
tocho, cha *adj.* Tosco. || Necio. || *s. m.* Lingote de hierro.
tocinería *s. f.* Tienda donde se despacha tocino y otros productos del cerdo.
tocinero, ra *s.* Persona encargada o dueña de una tocinería.
tocineta *s. f. Col. C. R. Cub. Ecua. Guat. Nic. Per. P. Rico* y *Ven.* Tocino.
tocino *s. m.* Carne gorda del cerdo. || En el juego de la comba, saltos muy rápidos.
toco *s. m. Per.* Hornacina. || Nicho.

tocología *s. f.* Obstetricia.
tocólogo, ga *s.* Médico que ejerce la obstetricia.
tocomate *s. m.* Tecomate.
tocón *s. m.* Parte del tronco de un árbol cortado que queda unida a la raíz. || Muñón de un miembro amputado.
tocuyo *s. m. Amér.* Tela ordinaria de algodón.
todavía *adv.* Aún, desde un tiempo anterior hasta el momento actual. *Duerme todavía.* || *loc.* ***Todavía más:*** en mayor grado.
todito, ta *adj. fam.* Encarece el sentido de todo. *Ha llorado todita la noche.*
todo, da *adj.* Expresa lo que se toma entero sin excluir nada. *Todas las casas estaban cerradas.* || Cada. *El alquiler es de cien dólares todos los meses.* || Empleado hiperbólicamente, indica la abundancia de lo expresado por el complemento. *La calle era toda baches.* || Real, cabal. *Es todo un mozo.* || *pl.* Todas las personas mencionadas. *Todos vinieron.* || *loc.* ***A toda velocidad*** (o ***marcha***)***:*** muy de prisa. || ***A todo esto:*** mientras tanto; hablando de esto. || ***Ante todo:*** principalmente. || ***Así y todo:*** a pesar de eso. || ***Con todo*** (o ***con todo y con eso***)***:*** sin embargo, a pesar de todo. || ***Del todo:*** enteramente. || ***En todo y por todo:*** completamente, absolutamente. || ***Ser todo ojos, todo oídos:*** mirar, escuchar con suma atención. || ***Sobre todo:*** especialmente. || ***Todo lo más:*** como máximo. || *s. m.* Cosa entera. *Esto forma un todo.* || *loc.* ***Jugarse el todo por el todo:*** arriesgarse a perderlo todo intentando ganarlo todo.
todopoderoso, sa *adj.* Omnipotente, que todo lo puede.
todoterreno *s. m.* Deporte de aventura que consiste en atravesar terrenos accidentados con auto, bicicleta o motocicleta. || Vehículo diseñado para transitar por terrenos muy irregulares. *Los todoterreno tienen suspensiones muy resistentes.*
tofu *s. m.* Queso suave y ligero que se hace con leche de soya.
toga *s. f.* Prenda que los antiguos romanos llevaban sobre la túnica. || Vestidura talar de ceremonia que usan los magistrados y catedráticos.
togado, da *adj.* y *s.* Aplícase a la persona que viste toga, especialmente a los magistrados superiores.
tojolabal *adj.* y *s. m.* De un pueblo amerindio de México y Guatemala.
tolanos *s. m. pl.* Inflamación que padecen los animales en las encías. || *fam.* Pelos cortos que crecen en la nuca.
toldería *s. f.* Campamento de algunos pueblos amerindios de Argentina, Bolivia y Chile, formado por toldos, casas hechas de pieles y ramas.
toldilla *s. f.* Cubierta parcial que tienen algunos buques en la parte de popa a la altura de la borda.
toldillo *s. m.* Silla de manos cubierta. || *Amér.* Mosquitero.
toldo *s. m.* Cubierta de tela que se tiende en un patio o una calle, sobre un escaparate, etc., para darle sombra. || Cubierta de lona o hule sostenida sobre un carro o camión mediante unos arcos, que sirve para resguardar del sol y de la lluvia el contenido del vehículo. || *Arg.* Choza que hacen los indios con pieles y ramas.
tolemaico, ca *adj.* Del astrónomo Ptolomeo. *Sistema tolemaico.*
tolerable *adj.* Que puede tolerarse, aguantable.
tolerancia *s. f.* Respeto hacia las opiniones o prácticas de los demás aunque sean contrarias a las nuestras. *La tolerancia es el signo del hombre civilizado.* || Indulgencia. *Tolerancia hacia sus hijos.* || Capacidad del organismo de soportar sin perjuicio ciertos remedios. || Margen de imprecisión consentido en el peso o las dimensiones de una cosa fabricada.
tolerante *adj.* Propenso a la tolerancia.
tolerar *t.* Consentir, no prohibir terminantemente. *Tolerar los abusos.* || Soportar, aguantar. *Tolerar el estómago bebidas fuertes.*
tolete *adj.* y *s. Cub.* Persona torpe, lenta de entendimiento. || *s. m. Amér. C. Col. Cub.* y *Ven.* Garrote corto.
tolita *s. f.* Explosivo obtenido por nitración del tolueno.
toloache *s. m.* Planta de México, de tallos ramosos y grandes flores blancas.
tololoche *s. m. Méx.* Contrabajo.
tolondro, dra *adj.* y *s.* Aturdido, alocado. || *s. m.* Chichón.
tolondrón *s. m.* Tolondro, chichón. || *fig.* ***A tolondrones:*** a ratos.
tolteca *adj.* y *s. m.* Pueblo amerindio prehispánico que habitó parte de los estados mexicanos de Hidalgo, Puebla y México, entre los siglos VIII y X. *Los atlantes de Tula son un ejemplo de la cultura tolteca.*
tolueno *s. m.* Hidrocarburo líquido análogo al benceno, empleado como disolvente y en la preparación de colorantes, medicamentos y del trinitrotolueno (TNT).
tolva *s. f.* En los molinos, recipiente en forma de cono invertido por donde se echa el grano. || Depósito en forma de tronco de pirámide invertido para almacenar minerales, mortero, etc. || Abertura de un cepillo, de una urna.
tolvanera *s. f.* Polvareda.
toma *s. f.* Porción de una cosa tomada de una sola vez. *El año próximo le tocará al niño otra toma de la vacuna.* || Conquista, ocupación. *Muchos moros y cristianos murieron en la toma de Granada, en España.* || Acción y efecto de filmar. *En una sola toma del filme se llevaron dos días.* || *Col.* Cauce, canal. || *loc.* ***Toma de conciencia:*** hecho de llegar uno a ser consciente de su papel, de su personalidad, etc. || ***Toma de hábito:*** ceremonia durante la cual toma el hábito religioso una persona. || ***Toma de posesión:*** acto por el cual una persona empieza a ejercer un cargo importante. || ***Toma de sangre:*** pequeña sangría destinada a un análisis o una transfusión. || ***Toma de sonido, de vistas:*** grabación fonográfica, cinematográfica. || ***Toma de tierra:*** conexión conductora entre un aparato eléctrico y el suelo; aterrizaje de un avión o llegada al suelo de un paracaidista.
tomacorriente *s. m. Arg. Per.* y *Uy.* Enchufe de corriente eléctrica.
tomadero *s. m.* Agarradero, asidero. || Toma de agua.
tomado, da *adj.* Aplícase a la voz un poco ronca. || *fam.* Borracho.
tomador, ra *s. Amér.* Aficionado a la bebida. *Rafael no conserva ningún trabajo porque es tomador.*
tomadura *loc.* **Tomadura de pelo:** Engaño, broma pesada.
tomaína *s. f.* Alcaloide sumamente venenoso resultante de la putrefacción de las materias orgánicas.
tomar *t. intr.* y *pr.* Agarrar, asir, coger. *Toma esta taza y colócala en su lugar.* || Aceptar, admitir algo. *El muchacho tomó la propina que le di.* || Comer, beber. *La invitaron a tomar un café.* || Beber alcohol. *Germán toma mucho y siempre acaba borracho.* || Utilizar un medio de transporte público. *Si tomas un taxi llegarás antes.* || Conquistar, ocupar. *Los nazis tomaron varios países europeos.* || Filmar, fotografiar. *Los fotógrafos toman mucho a las modelos.* || Seguir una dirección determinada. *Tomen la primera calle a la derecha.* || *loc.* ***Tomar a bien*** o ***a mal:*** interpretar algo en buen o en mal sentido. *No le tomo a mal que sea sincera conmigo.* || ***Tomar afecto a uno:*** encariñarse con él. || ***Tomar conciencia de algo:*** darse cuenta de su existencia. || ***Tomar el pecho:*** mamar una criatura. || ***Tomar el pelo a uno:*** burlarse de él. || ***Tomar en serio una cosa:*** darle la importancia debida. || ***Tomar estado:*** casarse; ingresar en una orden religiosa. || ***Tomar frío:*** resfriarse. || ***Tomarla*** (o ***tomarlas***) ***con uno:*** meterse con él; criticarle. || ***Tomar las lecciones:*** decir a un niño que las recite. || ***Tomar parte:*** participar. || ***Tomar por:*** a) Confundir, equivocarse. *Tomar a una persona por otra.* b) Juzgar equivocadamente. *¿Por quién me tomas?* || ***Tomar sobre sí***

una cosa: cargar con las responsabilidades que implica. || ***Tomar tierra:*** aterrizar. || ***Tomar una fotografía:*** sacarla. || ***Toma y daca:*** expresión que se emplea cuando hay reciprocidad de servicios o favores; trueque.
tomatada *s. f.* Fritada de tomate.
tomatal *s. m.* Sitio donde se han plantado tomateras. *Gregorio regresó del tomatal con canastos llenos de tomates.*
tomatazo *s. m.* Golpe dado lanzando un tomate. *Le dio un tomatazo.*
tomate *s. m.* Planta herbácea originaria de América que se cultiva por su fruto, el tomate. || Fruto rojo de la tomatera, comestible y carnoso. *Prepararé una ensalada de tomate.*
tomatero, ra *s.* Persona que vende tomates. || *adj. m.* Aplícase a un pollo pequeño. || *s. f.* Planta herbácea cuyo fruto es el tomate. *Rodrigo sembró una tomatera en el jardín.*
tomavistas *s. m. Esp.* Cámara de filmar para uso doméstico.
tómbola *s. f.* Rifa pública en la que no se gana dinero sino objetos. *Tómbola benéfica.*
tómbolo *s. m.* Franja de arena que une una isla a la costa.
tomillar *s. m.* Lugar plantado de tomillo.
tomillo *s. m.* Planta labiada aromática. *El tomillo salsero se emplea como condimento.*
tomismo *s. m.* Conjunto de las doctrinas teológicas y filosóficas de santo Tomás de Aquino.
tomista *adj.* Relativo al tomismo. || *s. com.* Seguidor del tomismo.
tomístico, ca *adj.* Propio de santo Tomás de Aquino.
tomiza *s. f.* Soga de esparto.
tomo *s. m.* División de una obra que forma generalmente un volumen completo. *Un Larousse en dos tomos.* || Barbarismo por «volumen». || *loc. fig.* y *fam.* ***De tomo y lomo:*** muy grande, notable. *Un sinvergüenza de tomo y lomo.*
tomografía *s. f.* Exploración del cuerpo por medios radiológicos. *Las modernas tomografías permiten ver mejor el interior del organismo.*
tompeate *s. m. Méx.* Canasta tejida con palma por los indígenas.
ton *s. m.* Apócope de «tono». || *loc.* ***Sin ton ni son:*** sin sentido.
tonada *s. f.* Composición métrica hecha para ser cantada, y música que la acompaña. || *Amér.* Tonillo, acento, dejo.
tonadilla *s. f.* Canción corta, cuplé. || Especie de entremés con música muy en boga en España en el siglo XVIII.
tonadillero, ra *s.* Persona que compone o canta tonadillas.
tonal *adj.* En música, relativo al tono o la tonalidad. *Sistemas tonales.*
tonalidad *s. f.* Tono determinado en el cual está basada una composición musical. || Tinte, matiz. || Calidad de un receptor radioeléctrico que reproduce perfectamente los tonos graves y agudos.
tonante *adj.* En poesía, que truena. *Júpiter tonante.*
tondoi *s. m.* Instrumento músico de los indios peruanos formado por un tronco que se golpea.
tonel *s. m.* Recipiente de madera, compuesto de duelas aseguradas con aros y dos bases circulares llanas. || Su contenido. *Un tonel de vino.* || Medida antigua para el arqueo de las naves, equivalente a cinco sextos de tonelada.
tonelada *s. f.* Unidad de peso equivalente a 1 000 kg. Su símbolo es t. *Tonelada métrica.* || Medida para el arqueo de las naves, igual a 2.83 m^3 o 100 pies cúbicos en el sistema inglés. *Tonelada de arqueo.* || Derecho que pagaban las embarcaciones. || Tonelería, conjunto de toneles.
tonelaje *s. m.* Capacidad de un buque expresada en toneladas de arqueo. || Derecho que pagaban las embarcaciones.
tonelería *s. f.* Arte y taller del tonelero. || Conjunto o provisión de toneles.
tonelero, ra *s.* Fabricante o vendedor de toneles. || *adj.* Relativo a los toneles.
tonelete *s. m.* Tonel pequeño. || Falda corta que usaban los niños. || Parte de la armadura antigua que tenía esta forma. || Faldilla de bailarina.
tóner *s. m.* Tinta en polvo. *El tóner se utiliza para impresiones de computadora y fotocopiadora.*
tonga *s. f.* Tongada. || *Cub.* Pila.
tongada *s. f.* Capa de una cosa. *Tongada de ladrillos.*
tongo *s. m.* En las carreras de caballos, partidos de pelota, etc., hecho de aceptar dinero uno de los participantes para dejarse vencer. || *Chil.* y *Per.* Sombrero hongo.
tonicidad *s. f.* Propiedad que tienen los músculos del cuerpo vivo de poseer tono.
tónico, ca *adj.* Que se pronuncia acentuado. *Vocal tónica.* || Dícese de un medicamento que fortalece o estimula la actividad de los órganos. *Un tónico cardiaco.* || En música, aplícase a la primera nota de una escala. || *s. f. fig.* Tendencia general, tono. *Marcar la tónica.* || *loc.* ***Acento tónico:*** la mayor intensidad con que se pronuncia una de las sílabas de una palabra.
tonificación *s. f.* Acción y efecto de tonificar.
tonificador, ra o **tonificante** *adj.* Que tonifica. *Régimen tonificador o tonificante.*
tonificar *t.* Fortificar, dar vigor al organismo.
tonillo *s. m.* Tono monótono. || Dejo, acento. || Entonación enfática al hablar.
tonina *s. f.* Atún fresco. || Delfín, cetáceo.
tono *s. m.* Grado de elevación de la voz o del sonido de un instrumento músico. *Tono grave, agudo.* || Inflexión de la voz. *Tono arrogante.* || Grado de intensidad de los colores. || Contracción parcial y permanente de un músculo. || *fam.* Vigor, energía. || En música, intervalo entre dos notas de la escala que se siguen. || Escala de un trozo. *Tono mayor, menor.* || Pieza que se muda en ciertos instrumentos para cambiar el tono. || *fig.* Carácter, tendencia. *Reunión de tono netamente anarquista.* || *loc.* ***A este tono:*** en este caso, de este modo. || *fig.* ***Bajar el tono:*** comedirse, moderarse. || *fam.* ***Darse tono:*** engreírse. || ***De buen*** (o ***mal***) ***tono:*** propio (o no) de personas distinguidas. || *fig.* ***Estar a tono:*** corresponder una cosa o persona con otra, no desentonar. || ***Mudar el tono:*** moderarse al hablar. || ***Ponerse a tono con alguien:*** adoptar la misma manera de pensar o de obrar. || ***Salida de tono:*** despropósito, inconveniencia. || *fig.* ***Subir*** (o ***subirse***) ***de tono:*** insolentarse, adoptar un tono arrogante.
tonsura *s. f.* Ceremonia de la Iglesia Católica en que se corta al aspirante a sacerdote un poco de cabello en la coronilla al conferirle el primer grado del sacerdocio. || Parte del pelo así cortada.
tonsurado, da *adj.* y *s.* Aplícase al que ha recibido el grado de tonsura.
tonsurar *t.* Hacer la tonsura eclesiástica. || Conferir el primer grado del sacerdocio. || Cortar el pelo o la lana.
tontada *s. f.* Tontería.
tontaina, tontainas o **tontarrón, rrona** *adj.* y *s.* Dícese de la persona muy tonta.
tontear *intr.* Hacer o decir tonterías. || *fam.* Flirtear.
tontedad o **tontera** *s. f.* Falta de inteligencia.
tontería *s. f.* Falta de inteligencia, de juicio. || Acción o palabra tonta, necedad. *Este chico no dice más que tonterías.* || *fig.* Cosa sin importancia, nadería. *Enfadarse por tonterías.*
tontillo *s. m.* Faldellín emballenado que llevaban las mujeres para ahuecar las faldas.
tonto, ta *adj.* Falto de juicio y de entendimiento. *Una acción, una persona tonta.* || Estúpido. *Un accidente tonto.* || Aplícase a los débiles mentales. || *loc.* ***A tontas y a locas:*** sin

orden ni concierto. || ***Hacer el tonto:*** tontear. || ***Hacerse el tonto:*** hacerse el distraído. || ***Ponerse tonto:*** mostrar vanidad, presumir; exagerar. || ***Tonto de capirote*** o ***de remate:*** sumamente tonto.

topacio *s. m.* Piedra preciosa de color amarillo, muy dura y transparente, que es un silicato de aluminio fluorado.

topada *s. f.* Topetada.

topar *t.* e *intr.* Chocar una cosa con otra. *Topar dos vehículos.* || Encontrar casualmente algo o a alguien. *Topar con un amigo.* || *intr.* Topetear los carneros. || *fig.* Radicar, consistir. *La dificultad topa en eso.* || Tropezar. *Topar con una dificultad.* || Acertar, salir bien. *Lo pediré por si topa.*

tope *s. m.* Parte por donde pueden topar las cosas. || Pieza que impide la acción o el movimiento de un mecanismo. || Pieza metálica circular colocada en los extremos de los vagones de tren o al final de una línea férrea para amortiguar los choques. || *fig.* Freno, obstáculo, límite. *Poner tope a sus ambiciones.* || Límite, máximo. *Precio tope, fecha tope.* || Riña, reyerta. || *loc.* ***A tope:*** enteramente. || ***Estar hasta el tope:*** estar harta de algo una persona.

topear *t. Chil.* Empujar con el caballo un jinete a otro para desplazarlo.

topera *s. f.* Madriguera del topo.

topetada *s. f.* Golpe que dan con la cabeza los animales cornudos. *Las cabras se dan topetadas.* || Golpe dado con la cabeza.

topetar *intr.* Topetear.

topetazo *s. m.* Golpe dado con la cabeza o con un tope.

topetón *s. m.* Choque de dos cosas. || Topetada.

tópico, ca *adj.* Dícese de los medicamentos que se aplican sobre la piel y, a veces, sobre las mucosas. || *s. m.* Lugar común. *Discurso lleno de tópicos.*

topinambur o **topinambo** *s. m. Arg.* y *Bol.* Aguaturma.

topinera *s. f.* Topera.

topo *s. m.* Pequeño mamífero insectívoro de pelo negro, de ojos casi invisibles, de patas anteriores muy fuertes, que abre galerías subterráneas donde se alimenta de gusanos y larvas. || *fig.* y *fam.* Persona que ve poco o es muy torpe.

topografía *s. f.* Arte de representar en un plano las formas del terreno y los principales detalles naturales o artificiales del mismo. || Conjunto de particularidades que presenta la superficie de un terreno.

topográfico, ca *adj.* Relativo a la topografía. *Plano topográfico.*

topógrafo, fa *s.* El que se dedica a la topografía.

topología *s. f.* Parte de la geometría relativa a las propiedades de las superficies que, mediante las necesarias deformaciones, pueden transformarse unas en otras.

topometría *s. f.* Conjunto de las operaciones efectuadas en un terreno para la determinación métrica de los elementos de un mapa.

toponimia *s. f.* Estudio lingüístico o histórico de los nombres de lugar de un país.

toponímico, ca *adj.* Relativo a la toponimia.

topónimo *s. m.* Nombre propio de un lugar.

toque *s. m.* Acción de tocar leve y momentáneamente. || Golpecito. || Sonido de las campanas o de ciertos instrumentos músicos con que se anuncia algo. *Toque de corneta.* || Pincelada ligera. || Ensayo que se hace para apreciar la ley de un objeto de oro o plata. || Aplicación ligera de una sustancia medicamentosa en un punto determinado. *Dar unos toques en la garganta.* || *loc. fig.* ***Dar el último toque a una cosa:*** hacer las últimas operaciones para que quede terminada una cosa. || ***Toque de atención:*** advertencia que se hace a uno. || ***Toque de balón:*** manera de golpearlo. || ***Toque de difuntos:*** toque de campanas que anuncia la muerte de alguien. || ***Toque de queda:*** señal que indica que hay que recogerse en su casa y apagar las luces.

toquetear *t.* e *intr.* Tocar repetidamente.

toqueteo *s. m.* Toques repetidos.

toqui *s. m. Chil.* Entre los araucanos, jefe de Estado en tiempos de guerra.

toquilla *s. f.* Pañuelo triangular, generalmente de punto, que llevan las mujeres en la cabeza o el cuello. || *Amér.* Palmera con cuyas hojas se hacen los sombreros de jipijapa.

tora *s. f.* Cierto tributo que pagaban los judíos por familias. || Nombre dado por los judíos a la ley mosaica y al Pentateuco que la contiene.

toracentesis *s. f.* Punción efectuada en el tórax.

torácico, ca *adj.* Relativo al tórax. || *loc.* ***Caja torácica:*** cavidad formada por las vértebras, las costillas y el esternón, limitadas en su parte inferior por el diafragma, y que encierra los órganos del tórax.

toracoplastia *s. f.* Operación que consiste en modificar la estructura de la caja torácica mediante escisión de una o varias costillas.

torada *s. f.* Manada de toros.

tórax *s. m.* Cavidad de los vertebrados limitada por las costillas y el diafragma, y que contiene los pulmones y el corazón. || Región intermedia del cuerpo de los arácnidos y crustáceos entre la cabeza y el abdomen.

torbellino *s. m.* Remolino de viento. || Movimiento circular rápido del agua. || Cualquier cosa arrastrada en movimiento giratorio. *Torbellino de nieve.* || *fig.* Lo que arrastra irresistiblemente a los hombres. *El torbellino de las pasiones.* || Abundancia de acontecimientos que ocurren a un mismo tiempo. *Un torbellino de desgracias.* || *fig.* y *fam.* Persona muy viva, bulliciosa e inquieta. *Este muchacho es un torbellino.*

torca *s. f.* Hondonada entre rocas y peñas.

torcal *s. m.* Terreno donde hay torcas.

torcaz *adj.* y *s.* Dícese de una variedad de paloma silvestre que lleva una especie de collar blanco.

torcecuello *s. m.* Ave trepadora de cuello muy movible.

torcedura *s. f.* Acción de torcer. || Desviación, encorvamiento. *La torcedura de una línea.* || Distensión de las partes blandas que rodean las articulaciones de los huesos. || Desviación de un miembro u órgano de su colocación normal.

torcer *t.* Dar vueltas a un cuerpo por sus dos extremidades en sentido inverso. *Torcer cuerdas, hilos.* || Doblar, encorvar. *Torcer el cuerpo.* || Intentar desviar violentamente un miembro de su posición natural. *Torcer el brazo.* || Desviar. *Torcer la mirada.* || Doblar. *Le vi al torcer la esquina.* || *fig.* Interpretar mal. *Torcer las intenciones de uno.* || Sobornar, hacer que una autoridad no obre con rectitud. || *Ants.* Enrollar el tabaco. || *intr.* Cambiar de dirección. *Torcer a la izquierda.* || *pr.* Sufrir la torcedura de un miembro. *Me torcí un pie.* || Agriarse el vino. || Cortarse la leche. || Ladearse o combarse una superficie. || *fig.* Desviarse del buen camino, pervertirse. *Este muchacho se torció.* || Frustrarse. *Se torcieron mis esperanzas.* || Cambiar en mal. *Se me torció la suerte.* || *loc.* ***Torcer el gesto, el semblante:*** dar muestras de desagrado.

torcido, da *adj.* Que no es recto. *Piernas torcidas.* || Oblicuo, inclinado. || *fig.* Que no obra con rectitud, hipócrita. || *s. f.* Mecha de lámparas, velones, candiles, etc. || Hinchada.

torcijón *s. m.* Retortijón.

torcimiento *s. m.* Torcedura.

tórculo *s. m.* Prensa manual que se usa para estampar grabados.

tordillo, lla *adj.* y *s.* Aplicado a una caballería, torda.

tordo, da *adj.* y *s.* Dícese de la caballería que tiene el pelo mezclado de color negro y blanco. || *s. m.* Pájaro de Europa, de lomo gris aceitunado y

vientre blanco con manchas pardas, que se alimenta de insectos y frutos. || *Amér. C. Arg.* y *Chil.* Estornino.
toreador *s. m.* Torero.
torear *t.* e *intr.* Lidiar los toros en la plaza. *Toreaba con gran valor.* || *fig.* Entretener a uno engañándole en sus esperanzas. || Burlarse de uno con disimulo. || Llevar como se quiere a una persona o un asunto particularmente difícil.
toreo *s. m.* Acción y arte de torear. || *fig.* Burla.
torería *s. f.* Gremio o conjunto de los toreros. || *fam.* Travesura.
torero, ra *adj.* Relativo al toreo o a los toreros. *Llevar sangre torera.* || *s. m.* El que se dedica a torear. || *s. f.* Chaquetilla corta y ceñida. || *loc. fig.* y *fam.* ***Saltarse algo a la torera:*** no hacer ningún caso de ello.
toril *s. m.* En la plaza de toros, sitio en que se encierran los toros que han de lidiarse.
torio *s. m.* Elemento químico radiactivo, metal del grupo de los actínidos, escaso en la corteza terrestre. Es de color plomizo, dúctil y maleable, y arde fácilmente en el aire. Se utiliza en la industria nuclear y, aleado, para proporcionar dureza a algunos metales. Su número atómico es 90 y su símbolo *Th.*
torita *s. f.* Silicato hidratado natural de torio.
torito *s. m. Amér.* Plato de criadillas de toro. || *Ants.* Pez cofre.
tormenta *s. f.* Tempestad en el mar. || Agitación violenta del aire acompañada de lluvia, truenos, relámpagos. || *fig.* Adversidad, desgracia. *Las tormentas de la vida.* || Agitación o alteración del ánimo. *La tormenta de las pasiones.*
tormento *s. m.* Dolor físico muy intenso. || Tortura a que se sometía al reo para obligarle a confesar o como castigo. *Dar tormento.* || Antigua máquina de guerra para disparar proyectiles. || *fig.* Congoja, desazón, preocupación constante. || Persona o cosa que la ocasiona. *Este niño enfermo es mi tormento.*
tormentoso, sa *adj.* Que amenaza tormenta. *Tiempo tormentoso.*
torna *s. f.* Regreso. || Abertura hecha en las huertas para llevar el agua desde las regueras a las eras.
tornada *s. f.* Regreso. || Vuelta, repetición de un viaje. || Enfermedad del carnero producida por el desarrollo de un cisticerco en el encéfalo del animal.
tornadizo, za *adj.* Que cambia fácilmente de opinión.
tornado *s. m.* Huracán.
tornar *t.* Devolver, restituir. || Volver, transformar. *Tornar a uno alegre.* || *intr.* Regresar. *Tornar a su patria.* || Hacer otra vez, repetir. *Tornar a hablar.* || *pr.* Volverse, convertirse, hacerse. *Tornarse loco; su duda se había tornado en admiración.*
tornasol *s. m.* Girasol, planta compuesta. || Reflejo o viso. *Los tornasoles de una tela.* || Materia colorante vegetal azul violácea que se torna roja con los ácidos y sirve de reactivo químico.
tornasolado, da *adj.* Que tiene o hace visos o tornasoles.
tornasolar *intr.* Hacer tornasoles una cosa.
tornavía *s. f.* Placa giratoria en los ferrocarriles.
tornavoz *s. m.* Dispositivo, como el techo de encima del púlpito, destinado a recoger y reflejar los sonidos para que se oigan mejor.
torneado, da *adj.* Labrado con el torno. || *fig.* De curvas suaves. *Brazos torneados.* || *s. m.* En tecnología, acción de labrar al torno.
torneador *s. m.* Tornero. || Luchador en un torneo.
torneadura *s. f.* Viruta de un objeto torneado. || Torneado.
tornear *t.* Labrar algo con el torno. *Tornear una pata de silla.* || *intr.* Dar vueltas alrededor de algo. || Combatir en un torneo.
torneo *s. m.* Fiesta en que combatían caballeros armados. || Certamen, encuentro amistoso entre dos o más equipos.
tornería *s. f.* Oficio del tornero. || Taller y tienda del tornero.
tornero, ra *s.* El que labra objetos al torno. || Recadero de las monjas. || *s. f.* Monja encargada del torno.
tornillo *s. m.* Pieza cilíndrica de metal parecida a un clavo, pero con rosca o espiral. *Hay que apretar los tornillos de la puerta.* || *loc. fig.* ***Apretarle a uno los tornillos:*** tratarle con severidad y obligarle a obrar en determinado sentido. || *fig.* y *fam.* ***Faltarle a uno un tornillo*** o ***tener flojos los tornillos:*** estar medio loco. || ***Tornillo de Arquímedes:*** artificio para elevar un líquido, consistente en un cilindro inclinado de forma helicoidal movido por un eje. || ***Tornillo de banco:*** torno que se fija al banco del carpintero o del herrador.
torniquete *s. m.* Cruz que gira sobre un eje vertical y se coloca en las entradas por donde sólo han de pasar una a una las personas. || Instrumento para comprimir las arterias y contener las hemorragias.
torniscón *s. m. fam.* Golpe dado en el rostro o en la cabeza con el revés de la mano.
torno *s. m.* Cilindro horizontal móvil alrededor del cual se arrolla una cuerda y sirve para levantar pesos. || Armario giratorio empotrado en una pared en los conventos, las casas de expósitos, los comedores, y que sirve para pasar objetos de una habitación a otra sin verse las personas. || Máquina herramienta que sirve para labrar piezas animadas de un movimiento rotativo, arrancando de ellas virutas. || Instrumento compuesto de dos mordazas que se acercan mediante un tornillo para sujetar las piezas que hay que labrar. || Máquina provista de una rueda que se usaba para hilar. || Recodo de un río. || Movimiento circular. || *loc.* ***En torno a:*** alrededor de.
toro *s. m.* Mamífero rumiante, armado de cuernos, que es el macho de la vaca. *El toro castrado es el buey.* || *fig.* Hombre fuerte y robusto. || Hombre corpulento. || En arquitectura, bocel. || En geometría, sólido engendrado por una circunferencia que gira alrededor de un eje situado en su mismo plano pero que no pasa por el centro. || *loc.* ***Coger al toro por los cuernos:*** arrostrar resueltamente una dificultad. || ***Toro corrido:*** persona difícil de engañar por su mucha experiencia. || ***Toro de lidia:*** el destinado a las corridas de toros. || *fig.* ***Ver los toros desde la barrera:*** presenciar un acontecimiento sin tomar parte en él.
toronja *s. f.* Especie de cidra de forma parecida a la naranja pero de sabor semejante más bien al del limón.
toronjil *s. m.* Planta labiada antiespasmódica y digestiva, común en España.
toronjo *s. m.* Árbol cuyo fruto es la toronja.
torote *s. m.* Nombre de varias plantas de México, resinosas y ricas en tanino.
torozón *s. m.* Cólico de las caballerías.
torpe *adj.* Que se mueve con dificultad. || Falto de habilidad y destreza. *Ser torpe para dibujar.* || Necio, tardo en comprender.
torpedeamiento *s. m.* Torpedeo.
torpedear *t.* Lanzar torpedos. *Torpedear un barco.* || *fig.* Poner obstáculos, hacer fracasar. *Torpedear un proyecto.*
torpedeo *s. m.* Acción y efecto de torpedear.
torpedero *s. m.* Barco de guerra, pequeño y rápido, destinado a lanzar torpedos.
torpedo *s. m.* Pez marino selacio carnívoro, de cuerpo aplanado y provisto, cerca de la cabeza, de un órgano eléctrico con el cual puede producir una conmoción a la persona o animal que lo toca. || Proyectil automotor submarino, cargado de explosivos, utilizado contra objetivos marítimos por barcos o aerona-

ves. || Automóvil descubierto que se podía cerrar con una capota y dos cortinas laterales.

torpeza *s. f.* Falta de destreza. || Pesadez. || Necedad, falta de inteligencia. || Bajeza. || Palabra desacertada.

torpor *s. m.* En medicina, entorpecimiento profundo.

torrado *s. m.* Garbanzo tostado.

torrar *t.* Tostar.

torre *s. f.* Edificio alto y estrecho que sirve de defensa en los castillos, de adorno en algunas casas y donde están las campanas de las iglesias. || Casa muy alta, rascacielos. || En algunas partes, casa de campo, quinta. || En los buques de guerra, reducto acorazado que se levanta sobre la cubierta y en donde están las piezas de artillería. || Pieza del juego del ajedrez. || *loc.* ***Torre de control:*** edificio que domina las pistas de un aeropuerto y de donde proceden las órdenes de despegue, de vuelo y de aterrizaje. || ***Torre de perforación:*** armazón metálica que sostiene la sonda de perforación de un pozo de petróleo. || *fig.* ***Vivir en una torre de marfil:*** aislarse una persona, ocupada en perfeccionar su obra, y mostrarse indiferente a los problemas actuales y a los demás.

torrefacción *s. f.* Tostadura.

torrefactar *t.* Tostar el café.

torrefacto, ta *adj.* Tostado, aplicado particularmente al café.

torrencial *adj.* Perteneciente a los torrentes. *Aguas torrenciales.* || Tumultuoso como un torrente. *Río torrencial.* || Que cae a torrentes. *Lluvias torrenciales.*

torrente *s. m.* Curso de agua rápido, de régimen irregular y dotado de una gran fuerza de erosión, propio de los terrenos montañosos. || Curso de la sangre en el aparato circulatorio. || *fig.* Abundancia, copia. *Torrente de lágrimas, de injurias.* || *loc. fig.* ***A torrentes:*** en abundancia.

torrentera *s. f.* Cauce de un torrente.

torrentoso, sa *adj.* Que tiene la fuerza de un torrente.

torreón *s. m.* Torre grande de los castillos o fortalezas.

torrero *s. m.* Encargado de una atalaya o un faro. || Granjero, el que se ocupa de una torre.

torreta *s. f.* Torre pequeña. || Reducto blindado, generalmente orientable, en el que se colocan las piezas de artillería de una fortaleza, barco o avión de guerra o carro de combate.

torrezno *s. m.* Pedazo de tocino frito. *Pan con torreznos.*

tórrido, da *adj.* Muy caluroso. *Clima tórrido.* || *loc.* ***Zona tórrida:*** parte de la Tierra situada entre los dos trópicos.

torrija *s. f.* Rebanada de pan mojada en vino o leche, rebozada en huevo, frita y bañada después en azúcar, en miel o en almíbar.

torsión *s. f.* Acción y efecto de torcer o torcerse en sentido helicoidal. *La torsión de un cable.* || Deformación que sufre un cuerpo sometido a dos pares de fuerzas que actúan en direcciones opuestas y en planos paralelos.

torso *s. m.* Tronco del cuerpo humano. || Obra de arte que representa el tronco sin la cabeza ni los miembros.

torta *s. f.* Masa de harina que se cuece a fuego lento. || *fam.* Bofetada. *La mujer se molestó y le dio una torta al ofensor.* || *Arg. Chil.* y *Uy.* Postre hecho con pan relleno de crema o frutas y decorado. *De postre comimos una torta de chocolate.* || *Méx.* Pieza de pan blanco rellena de huevo, jamón, queso u otros ingredientes.

tortada *s. f.* Torta grande rellena de carne o dulce.

tortazo *s. m. fam.* Bofetada, golpe en la cara. *De improviso, un tipo se acercó al conferencista y le propinó un buen tortazo.* || *loc. fig.* y *fam.* ***Pegarse un tortazo:*** caerse; chocar.

tortícolis *s. f.* Dolor de los músculos del cuello. *Dormí torcido y me levanté con una fuerte tortícolis.*

tortilla *s. f.* Guiso hecho con huevos batidos y fritos. *La tortilla española se prepara con huevos, papas y cebolla.* || *Amér. C. Ants.* y *Méx.* Pieza delgada y circular de masa de maíz cocida. *En México la tortilla es muy importante en la alimentación.* || *Arg.* y *Chil.* Panecillo en forma de disco chato, por lo común salado, hecho con harina de trigo o maíz y cocido.

tortillería *s. f. Amér. C. Ants.* y *Méx.* Establecimiento donde se hacen y venden tortillas. *Fui a la tortillería y compré un kilo de tortillas.*

tórtola *s. f.* Ave del género de la paloma, pero más pequeña.

tórtolo *s. m.* Macho de la tórtola. || *pl. fig.* y *fam.* Pareja muy enamorada.

tortosino, na *adj.* y *s.* Perteneciente a Tortosa, ciudad de España. || Natural de esta ciudad.

tortuga *s. f.* Nombre común de todos los reptiles quelonios de cuerpo corto encerrado en un caparazón óseo. || *fig.* ***A paso de tortuga:*** muy despacio.

tortuguismo *s. m. Arg. C. R. Méx.* y *Nic.* Actitud burocrática que retrasa y complica la solución de trámites y asuntos. *El tortuguismo suele ir ligado con la corrupción y la ineptitud.*

tortuosidad *s. f.* Estado de lo que es tortuoso.

tortuoso, sa *adj.* Que da vueltas y rodeos. *Senda tortuosa.* || *fig.* Solapado, que carece de franqueza. *Conducta tortuosa.*

tortura *s. f.* Tormento. *Someter un reo a la tortura.* || *fig.* Dolor, angustia o sufrimiento profundo.

torturar *t.* Atormentar, dar tortura.

torvisco *s. m.* Planta timeleácea, de aproximadamente un metro de altura, de flores blancas, olorosas.

torvo, va *adj.* Inquietante, amenazador. *Mirada torva.*

torzal *s. m.* Cordoncillo torcido de seda que se usa para coser y bordar. || *fig.* Conjunto de cosas torcidas o trenzadas entre sí. || *Arg.* y *Chil.* Lazo hecho con una trenza de cuero.

torzón *s. m.* Torozón.

tos *s. f.* Expulsión violenta y ruidosa del aire contenido en los pulmones, producida por la irritación de las vías respiratorias. || *loc.* ***Tos ferina:*** enfermedad infantil contagiosa, caracterizada por accesos de tos sofocantes.

tosco, ca *adj.* Grosero, sin pulimento, hecho con poco cuidado o con cosas de poco valor. *Una silla tosca.* || *fig.* Inculto, falto de educación o de instrucción.

tosedera *s. f. Cub. Méx. Nic. Pan.* y *Salv.* Ataque de tos.

toser *intr.* Tener o padecer tos.

tosferina *s. f.* Tos ferina.

tósigo *s. m.* Ponzoña, veneno. || *fig.* Angustia grande.

tosquedad *s. f.* Calidad de basto. || *fig.* Ignorancia. || Incultura.

tostada *s. f.* Rebanada de pan tostada con mantequilla, mermelada, etc. || *Méx.* Tortilla de maíz frita hasta quedar rígida. || *Méx.* Plato que se prepara con tortillas tostadas sobre las que se colocan diferentes tipos de manjares.

tostadero *s. m.* Sitio donde se tuesta. *Tostadero de café.*

tostado, da *adj.* Aplícase al color ocre oscuro. || Bronceado. *Tez tostada.* || *s. m.* Acción y efecto de tostar. || *Amér.* Alazán oscuro.

tostador, ra *adj.* y *s.* Aplícase a la persona que tuesta. || *s. m.* Instrumento para tostar café, almendras, etc. || Pequeño utensilio de cocina, provisto de una resistencia eléctrica, para tostar pan.

tostadura *s. f.* Tostado.

tostar *t.* Someter una cosa a la acción del fuego hasta que tome color dorado y se deseque sin quemarse. *Tostar almendras.* || *fig.* Calentar demasiado. || Curtir, broncear la piel. || Zurrar.

tostón *s. m.* Garbanzo tostado. || Tostada mojada en aceite. || Cosa demasiado tostada. || Cochinillo asado. || *fam.* Cosa fastidiosa, pesada, rollo. *Esta película es un tostón.* || Persona pesada. || Moneda mexicana de 50 centavos. || *loc. fam.* ***Dar el tostón:*** fastidiar, ser pesado.

total[1] *adj.* Completo. *Triunfo total.* || *s. m.* Conjunto de varias partes que forman un todo. || Suma, resultado de la operación de sumar.

total[2] *adv.* En conclusión, en resumen, finalmente. *Total, que me marché.* || *loc.* ***En total:*** en conjunto.

totalidad *s. f.* Todo, conjunto.

totalitario, ria *adj.* Aplícase a los regímenes políticos en los cuales todos los poderes del Estado están concentrados en el gobierno de un partido único o pequeño grupo de dirigentes, y los derechos individuales son abolidos.

totalitarismo *s. m.* Régimen, sistema totalitario.

totalizador, ra *adj.* Que totaliza. || *s. m.* Aparato que da mecánicamente el total de una serie de operaciones.

totalizar *t.* Sumar.

totay *s. m.* Especie de palmera americana.

tótem *s. m.* En ciertas tribus primitivas, animal considerado como antepasado de la raza o protector de la tribu. || Representación de este animal.

totémico, ca *adj.* Relativo al tótem. || *loc.* ***Clan totémico:*** clan o tribu basados en la creencia en el tótem.

totemismo *s. m.* Creencia en los tótemes.

totoaba *s. f. Méx.* Pez de gran tamaño, propio del golfo de California.

totoloque *s. m.* Juego de los antiguos mexicanos, que recuerda el del tejo.

totonaca o **totonaco** *adj.* y *s. m.* Pueblo prehispánico de México que se desarrolló en la región central del estado de Veracruz.

totopo *s. m. Méx.* Trozo en forma de cuña de tortilla de maíz, que se tuesta o fríe para que esté crujiente. *Los totopos se comen como botana o acompañando platillos.*

totora *s. f. Amér. Merid.* Especie de junco que crece a orillas de los lagos y junto al mar.

totoral *s. m.* Sitio cubierto de totoras.

totuma *s. f. Amér. C.* y *Ants.* Fruto del totumo. || *Amér. C.* y *Ants.* Vasija hecha con el fruto llamado totumo.

totumo *s. m. Amér. C.* y *Amér. Merid.* Planta cuyo fruto es una calabaza.

toxicidad *s. f.* Calidad de tóxico. || Grado de virulencia de un tóxico.

tóxico, ca *adj.* Venenoso. *Sustancia tóxica.* || *s. m.* Veneno, tósigo. *Ingerir un tóxico.*

toxicología *s. f.* Rama de la medicina que trata de los venenos y de sus modos de acción.

toxicológico, ca *adj.* Relativo a la toxicología.

toxicólogo, ga *s.* Especialista en toxicología.

toxicomanía *s. f.* Adicción a ingerir sustancias tóxicas. *La toxicomanía puede causar la muerte.*

toxicómano, na *s.* Persona que es adicta a alguna sustancia tóxica.

toxina *s. f.* Sustancia tóxica que producen los seres vivos. *Muchas toxinas se eliminan a través de la orina y el sudor.*

toxoplasmosis *s. f.* Enfermedad causada por el protozoo «Toxoplasma gondii», que parasita las células. *La toxoplasmosis puede afectar a casi todos los mamíferos.*

tozudez *s. f.* Obstinación, testarudez, empeño, terquedad.

tozudo, da *adj.* y *s.* Obstinado, terco, testarudo, cabezón.

traba *s. f.* Unión, lazo. || Ligadura con que se atan las manos y los pies de las caballerías para dificultar su marcha. || *fig.* Estorbo, impedimento. *Poner trabas a una negociación.* || En derecho, embargo de bienes.

trabado, da *adj.* Dícese de la caballería que tiene blancas las dos manos o una mano y un pie situados de distinto lado.

trabadura *s. f.* Traba, ligadura.

trabajado, da *adj.* Cansado, molido del trabajo. || Hecho con mucho trabajo y esmero. *Prosa muy trabajada.*

trabajador, ra *adj.* Que trabaja. || Inclinado a trabajar. || *s.* Obrero, operario.

trabajar *t.* Labrar. *Trabajar el hierro, la piedra, la tierra.* || Hacer algo con mucho esmero. *Trabajar el estilo de una obra.* || *fig.* Molestar, inquietar. || Amaestrar un caballo. || *intr.* Desarrollar una actividad. *Es demasiado joven para trabajar.* || Realizar o participar en la realización de algo. *Trabaja en una obra.* || Ejercer un oficio. *Trabajaré de sastre.* || Esforzarse. *Trabaja en imitar a tu maestro.* || *fam.* Actuar en el teatro o el cine. || *fig.* Funcionar activamente. *Imaginación que trabaja.* || Producir un efecto. *El tiempo trabaja a nuestro favor.* || Torcerse, alabearse. *Tabla de madera que trabaja.* || *pr.* Ocuparse y estudiar algo con cuidado. *Me estoy trabajando este asunto.* || *fig.* Atraerse la simpatía o el favor de alguien.

trabajo *s. m.* Esfuerzo, actividad. *Trabajo manual, intelectual.* || Ocupación retribuida. *Abandonar su trabajo.* || Obra hecha o por hacer. *Distribuir el trabajo entre varias personas.* || Manera de interpretar su papel un actor. || En economía política, uno de los factores de la producción. || Estudio, obra escrita sobre un tema. *Un trabajo bien documentado.* || Fenómenos que se producen en una sustancia y cambian su naturaleza o su forma. *Trabajo de descomposición.* || Producto de la intensidad de una fuerza por la distancia que recorre su punto de aplicación. || Efecto aprovechable de una máquina. || *fig.* Dificultad, esfuerzo. *Hizo la tarea con mucho trabajo.* || *pl.* Penas, miserias. *Pasé muchos trabajos.* || *loc.* ***Accidente de trabajo:*** el ocurrido durante las horas de labor o durante el trayecto desde el domicilio al lugar de trabajo. || ***Darle duro al trabajo:*** trabajar mucho. || ***Darse*** o ***tomarse el trabajo de:*** hacer un esfuerzo para; tomarse la molestia de. || ***Trabajos forzados*** o ***forzosos:*** pena a que se somete a los presidiarios.

trabajosamente *adv.* Con dificultad o esfuerzo.

trabajoso, sa *adj.* Que cuesta trabajo, difícil. *Trabajoso de hacer.* || Molesto, penoso. || Falto de espontaneidad, complicado.

trabalenguas *s. m. inv.* Palabra o frase difícil de pronunciar.

trabamiento *s. m.* Trabazón.

trabar *t.* Juntar o ensamblar una cosa con otra. *Trabar dos maderos.* || Atar, ligar. || Poner trabas a un animal. || Espesar, dar consistencia u homogeneidad. *Trabar una salsa.* || *fig.* Empezar, emprender. *Trabar una discusión.* || Entablar. *Trabar amistad con uno.* || *pr.* Enredarse los pies, las piernas. || Tomar consistencia u homogeneidad una salsa, etc. || *loc.* ***Se le trabó la lengua:*** ha empleado una palabra por otra, tiene dificultad para hablar.

trabazón *s. f.* Unión existente entre varias cosas. || Ensambladura. || Homogeneidad o consistencia dada a una salsa, masa, etc. || *fig.* Enlace entre las cosas.

trabilla *s. f.* Tira de tela o cuero que sujeta los bordes del pantalón por debajo del pie. || Tira que se pone detrás en la cintura de los abrigos, chaquetas, etc.

trabucar *t.* Trastornar, desordenar. *Ha trabucado todos mis planes.* || Trastornar el entendimiento. || Confundir, trastocar. *Siempre trabuca nuestros nombres.* || Al hablar, no poner las letras o palabras en el sitio que les corresponde.

trabucazo *s. m.* Disparo de trabuco. || Tiro dado con él.

trabuco *s. m.* Antigua máquina de guerra usada para lanzar piedras contra las murallas. || Arma de fuego más corta y de mayor calibre que la escopeta ordinaria. || *loc.* ***Trabuco naranjero:*** el de boca acampanada.

traca *s. f.* Petardos colocados en una cuerda que estallan sucesivamente.
trácala *s. f. fam. Méx.* y *P. Rico.* Trampa, engaño. *La trácala consistió en hacer pasar como nuevo un ventilador usado.*
tracalada *s. f. Amér.* Muchedumbre, multitud, cáfila.
tracalero, ra *adj.* y *s. Méx.* y *P. Rico.* Tramposo, deshonesto, embaucador.
tracción *s. f.* Acción de tirar, de mover un cuerpo arrastrándolo hacia adelante. *Tracción animal, de vapor.* || Fuerza que obra axialmente en un cuerpo y tiende a alargarlo.
tracio, cia *adj.* y *s.* De Tracia, región ubicada en la península de los Balcanes.
tracoma *s. f.* En medicina, conjuntivitis granulosa, endémica en ciertos países cálidos.
tractivo, va *adj.* Que tira.
tracto *s. m.* Espacio de tiempo, lapso. || Versículos que se cantan o rezan, en la misa, antes del Evangelio. || Serie de fibras u órganos que forman un conjunto alargado. *Tracto genital.*
tractor *s. m.* Vehículo automotor utilizado, sobre todo en la agricultura, para arrastrar otros.
tractorista *s. com.* Persona que conduce un tractor.
tradición *s. f.* Transmisión de doctrinas, leyendas, costumbres, etc., durante largo tiempo, por la palabra o el ejemplo. || Costumbre transmitida de generación en generación. *Las tradiciones de una provincia.* || Transmisión oral o escrita de los hechos o doctrinas que se relacionan con la religión. || En derecho, entrega.
tradicional *adj.* Basado en la tradición. *Fiesta tradicional.* || Que ha pasado a ser una costumbre.
tradicionalismo *s. m.* Apego a la tradición. || Sistema político fundado en la tradición. || En España, carlismo. || Opinión filosófica o teológica que, en el conocimiento de la verdad, da más importancia a la revelación que a la razón.
tradicionalista *adj.* y *s. com.* Partidario del tradicionalismo. || En España, carlista. *Partido tradicionalista.*
traducción *s. f.* Acción de traducir, de verter a otro idioma. *La traducción de un discurso.* || Obra traducida. *Leer una traducción de Sófocles.* || Interpretación. *La traducción del pensamiento de una persona.* || *loc.* ***Traducción automática:*** traducción de un texto mediante máquinas electrónicas. || ***Traducción directa:*** la realizada del idioma extraño al propio. || ***Traducción inversa:*** la realizada del idioma propio al extraño.
traducible *adj.* Que se puede traducir.
traducir *t.* Expresar en una lengua lo escrito o expresado en otra. *Traducir del francés.* || *fig.* Expresar. *No saber traducir un estado de ánimo.* || Interpretar. *Tradujo mal lo que le dije.*
traductor, ra *adj.* y *s.* Aplícase a la persona que se dedica a traducir. *Traductor jurado.*
traer *t.* Trasladar una cosa al sitio en que se encuentra una persona. *Traer una carta.* || Llevar. *Hoy trae un abrigo nuevo.* || Transportar consigo de vuelta de un viaje. *Trajo cigarros puros de La Habana.* || Acarrear. *Eso le trajo muchos disgustos.* || Atraer. || Tener. *El mes de junio trae treinta días.* || Contener. *El periódico trae hoy una gran noticia.* || *loc. fam.* ***Me trae sin cuidado:*** me da igual, no me importa. || ***Traer a las mentes:*** recordar. || ***Traer a mal a una persona:*** maltratarla; molestarla. || ***Traer aparejado*** (o ***consigo***)***:*** ocasionar forzosamente. || *fig.* y *fam.* ***Traer cola:*** tener consecuencias. || ***Traer de cabeza a uno:*** causarle muchas preocupaciones. || ***Traer frito a uno:*** molestarle mucho. || ***Traer y llevar:*** chismear. || ***Traerse algo entre manos:*** ocuparse de ello, estar planeándolo, intrigar. || *fig.* y *fam.* ***Traérselas:*** ser muy difícil o fuera de lo corriente. *Una persona, un trabajo que se las trae.*
trafagar *intr.* Traficar.
tráfago *s. m.* Tráfico. || Negocios, trajín, ocupaciones, faenas.
traficante *adj.* y *s. com.* Aplícase a la persona que trafica, muchas veces en negocios poco recomendables.
traficar *intr.* Negociar, realizar operaciones comerciales, generalmente ilícitas y clandestinas. *Traficar con drogas.* || *fig.* Hacer indebidamente uso de algo. *Traficar con su crédito.* || Viajar, errar por países, correr mundo.
tráfico *s. m.* Comercio ilegal y clandestino. *Tráfico de divisas, de negros.* || Tránsito, circulación de vehículos. *Calle de mucho tráfico.* || *loc.* ***Tráfico rodado:*** circulación de vehículos por calles o carreteras.
tragacanto *s. m.* Arbusto papilionáceo, cuyo tronco produce una goma usada en farmacia, confitería, etc.
tragaderas *s. f. pl. fam.* Esófago, faringe.
tragadero *s. m. fam.* Tragaderas. || Agujero.
tragador, ra *adj.* y *s.* Tragón.
tragahombres *s. m. inv. fam.* Perdonavidas, bravucón.
tragahumo *s. com. Méx.* Bombero.
tragaldabas *s. inv. fam.* Persona muy tragona.
tragaluz *s. m.* Ventana pequeña abierta en un tejado o en lo alto de una pared.
tragamonedas *s. f. Arg. Hond. Méx.* y *Uy.* Máquina de juegos que funciona introduciéndole monedas.
tragante *adj.* Que traga. || *s. m.* Abertura en la parte superior de los hornos de cuba y los altos hornos.
tragaperras *s. Esp.* Máquina de juego que funciona con monedas.
tragar *t.* Hacer que una cosa pase de la boca al esófago. *No poder tragar.* || Comer mucho o con voracidad. *¡Hay que ver lo que traga este chico!* || Absorber. *Suelo que traga rápidamente el agua.* || *fig.* Hacer desaparecer en su interior. *Barco tragado por el mar.* || Creer fácil y neciamente. *Se traga cuanto le dicen.* || Soportar algo vejatorio. *Tragarse un insulto.* || *loc. fig.* y *fam.* ***No poder tragar a uno:*** sentir por él profunda aversión. || ***Tenerse tragada una cosa:*** presentir que ha de suceder algo desagradable. || ***Tragar el anzuelo:*** dejarse engañar. || ***Tragar la píldora*** o ***tragársela:*** creer un embuste; soportar alguna cosa desagradable.
tragasantos *s. inv. fam.* Persona excesivamente beata.
tragavenado *s. f.* Serpiente no venenosa de Venezuela y Colombia parecida a la boa.
tragedia *s. f.* Obra dramática en la que intervienen personajes ilustres, capaz de infundir lástima o terror por su desenlace generalmente funesto. || Género formado por esta clase de obras. || *fig.* Suceso fatal, catástrofe. *La muerte de su padre fue una tragedia.*
trágico, ca *adj.* Relativo a la tragedia. *Poesía trágica.* || *fig.* Terrible, desastroso. *Desenlace trágico.* || *s. m.* Autor o actor de tragedias. || *loc.* ***Ponerse trágico:*** dicho de una situación, tomar un aspecto grave; aplicado a una persona, adoptar una actitud exageradamente patética.
tragicomedia *s. f.* Obra dramática en que se mezclan los géneros trágico y cómico. || Obra jocoseria escrita en forma de diálogo pero no destinada a ser representada. *La tragicomedia de Calixto y Melibea.* || *fig.* Suceso que provoca a la vez risa y compasión.
tragicómico, ca *adj.* Relativo a la tragicomedia. || A la vez serio y cómico.
trago *s. m.* Cantidad de líquido que se bebe de una vez. *Echar un trago de vino.* || *fam.* Bebida. *Aficionado al trago.* || *fig.* y *fam.* Disgusto, contratiempo. *Un mal trago.* || Prominencia triangular de la oreja, delante del conducto auditivo. || *loc.* ***A tragos:*** poco a poco.
tragón, gona *adj.* y *s. fam.* Que come con voracidad y en gran cantidad. *Mateo es un tragón.*

traición *s. f.* Violación de la fidelidad debida, deslealtad. *Hacer traición a la fe jurada.* || Delito que se comete sirviendo al enemigo. || *loc.* ***Alta traición:*** delito cometido contra la seguridad del Estado. || ***A traición:*** alevosamente.
traicionar *t.* Hacer traición. *Traicionar al país, al amigo.* || *fig.* Descubrir, revelar. *Su gesto traiciona sus intenciones.* || Deformar, desvirtuar. *Traicionar el pensamiento de un autor.* || Fallar. *Le traicionó el corazón.*
traicionero, ra *adj.* Que traiciona o ataca alevosamente. || Hecho a traición.
traído, da *adj.* Aplícase principalmente a la ropa gastada. *Abrigo muy traído.* || *loc.* ***Traído por los pelos:*** poco natural, demasiado rebuscado. || ***Traído y llevado:*** manoseado. || *s. f.* Acción de traer.
traidor, ra *adj.* Aplícase a la persona que comete traición. || Pérfido, que hace daño pareciendo inofensivo.
tráiler *s. m.* Remolque de un camión. *El chofer del tráiler daba las vueltas con mucha precaución.* || *Esp.* y *Méx.* Avance de un filme.
traílla *s. f.* Cuerda o correa con que se lleva atado el perro a la caza. || Par o conjunto de pares de perros que se llevan de esta manera. || Tralla, látigo. || Apero de labranza para allanar terrenos.
traillar *t.* Allanar el terreno con la traílla.
traína *s. f.* Nombre de varias redes de fondo, particularmente para la pesca de las sardinas.
trainera *s. f.* Barca que pesca con traína.
traje *s. m.* Vestido exterior completo de alguien. *Para su examen profesional Ricardo se puso un traje nuevo.* || Forma de vestir la gente de un determinado país o de una época. || *loc.* ***Traje de baño:*** prenda que se utiliza para bañarse en piscinas, playas, etc.
trajeado, da *adj. fam.* ***Bien*** (o ***mal***) ***trajeado.*** Bien (o mal) vestido.
trajín *s. m.* Tráfico. || Actividad, trabajo, quehaceres. *El trajín de la casa.* || *fam.* Ajetreo, idas y venidas. || Amiguita, querida.
trajinante *adj.* y *s.* Aplícase a la persona que trajina.
trajinar *t.* Llevar mercancías de un lugar a otro. || *intr. fam.* Andar de un sitio a otro, con cualquier ocupación, ajetrearse. || Trabajar. *Siempre está trajinando.*
trajinera *s. f. Méx.* Especie de lancha impulsada por una vara larga. *En Xochimilco, en la Ciudad de México, las mujeres venden flores en trajineras.*
tralla *s. f.* Cuerda, soga. || Trencilla de cuero colocada en la punta del látigo para que restalle.
trallazo *s. m.* Golpe dado con la tralla. || Restallido de la tralla.
trama *s. f.* Conjunto de hilos horizontales que al cruzarse con otros verticales forman una tela. *La trama del vestido es de cuatro colores.* || Disposición interna de las partes de un asunto. || Argumento de una obra. *La trama del filme es muy complicada.* || Enredo, confabulación. *Nunca se descubrirá completamente la trama detrás del asesinato de John F. Kennedy.*
tramado *s. m.* En artes gráficas, retícula a base de puntos o líneas que se utiliza para dar variedad de tono a las imágenes. *El tramado suaviza la transición de un tono a otro.*
tramador, ra *s.* Persona que trama la tela.
tramar *t.* Cruzar los hilos de la trama, o sea los horizontales con los verticales o urdimbre, para tejer una tela. || Preparar algo de manera oculta. *Algo tramas, pues estás muy silencioso.*
tramitación *s. f.* Acción de tramitar. *La tramitación de un proceso.* || Serie de trámites necesarios para resolver un asunto.
tramitar *t.* Dar los pasos necesarios para resolver un asunto. *Voy a tramitar mi pasaporte.*
trámite *s. m.* Conjunto de pasos o acciones que hay que realizar para la resolución de un asunto. *Desde que entró ese nuevo director los trámites se han multiplicado.*
tramo *s. m.* Parte de una línea o de una superficie más larga que ancha. *En un tramo de carretera están haciendo trabajos de mantenimiento.*
tramontana *s. f.* Viento del norte, frío y seco.
tramontano, na *adj.* Del otro lado de los montes.
tramoya *s. f.* Maquinaria teatral con la que se realizan los cambios de decorado y los efectos especiales. *La tramoya para esa ópera es muy complicada y costosa.*
tramoyista *s. com.* Persona que se ocupa de la tramoya en los teatros. *Un tramoyista puede manejar la escenografía.*
trampa *s. f.* Puerta abierta en el suelo que comunica con una habitación inferior. || Instrumento usado para cazar animales. *Al oso quedó atrapado en la trampa.* || Plan para engañar a alguien. *Los estafadores le tendieron una trampa a la viuda rica.* || Truco malicioso en el juego o la competencia con el fin de obtener provecho. *Cuando juega naipes Mariana siempre hace trampa.* || *loc. fig.* ***Caer en la trampa:*** dejarse engañar. || ***Hacer trampas:*** cometer fraude. *Engañar en el juego.*
trampantojo *s. m.* Técnica pictórica que utiliza la luz y perspectiva para crear la ilusión de escenas u objetos en tercera dimensión. *Los trampantojos se utilizan en los decorados teatrales.*
trampear *t. fam.* Usar artificios para engañar a otro. || *intr. fam.* Pedir prestado o fiado con la intención de no pagar. || Ir tirando. *Va trampeando.*
trampería *s. f.* Trampa, ardid.
trampero, ra *adj.* y *s. Méx.* Tramposo. || *s. m.* El que caza poniendo trampas.
trampilla *s. f.* Abertura en el suelo de una habitación. || Portezuela del fogón de cocina. || Portañuela.
trampista *adj.* y *s. com.* Tramposo.
trampolín *s. m.* Plano inclinado y generalmente elástico en que toma impulso el gimnasta, el nadador o el esquiador para saltar. || *fig.* Lo que sirve para obtener un resultado.
tramposo, sa *adj.* y *s.* Embustero. || Mal pagador, que contrae deudas que no puede pagar. || Dícese del que suele hacer trampas.
tranca *s. f.* Palo grueso y fuerte que se usa como bastón o con que se asegura una puerta o ventana cerradas, poniéndolo cruzado detrás de ellas. || *fam.* Borrachera. || *loc.* ***A trancas y barrancas:*** mal que bien, pasando como se puede todos los obstáculos.
trancada *s. f.* Tranco.
trancazo *s. m.* Golpe dado con una tranca. *El pastor hizo huir a trancazos al coyote.* || *Cub.* Trago largo de licor. || *fam. Méx.* Golpe muy fuerte. *Elías le dio a Rubén un trancazo en la cara.*
trance *s. m.* Momento crítico. *Un trance desagradable.* || Situación apurada, mal paso. *Sacar a uno de un trance.* || Estado hipnótico del médium. || En derecho, apremio judicial, embargo. || *loc.* ***A todo trance:*** a toda costa, resueltamente. || ***El postrer*** (o ***último*** o ***mortal***) ***trance:*** los últimos momentos de la vida. || ***En trance de muerte:*** a punto de morir.
tranco *s. m.* Paso largo, salto. *Avanzar a trancos.* || Umbral. *El tranco de la puerta.* || *loc. fig.* ***A trancos:*** de prisa y corriendo. || ***En dos trancos:*** en un momento.
tranquear *intr.* Dar trancos. || *fig.* Ir tirando.
tranquera *s. f. Amér. Merid.* Puerta rústica de un alambrado, hecha con maderos.
tranquero *s. m.* Piedra con que se forman jambas y dinteles.
tranquilidad *s. f.* Quietud, sosiego, estado de tranquilo.
tranquilizante *adj.* Que calma, que tranquiliza. *La voz de mi mamá es*

T

grave y tranquilizante. || *s. m.* Sustancia química que tranquiliza, que calma. *El psiquiatra le recetó un tranquilizante.*

tranquilizar *t.* Poner tranquilo, calmar, sosegar.

tranquillo *s. m. fam.* Procedimiento que permite hacer una cosa con más facilidad, truco. *Coger o dar con el tranquillo.*

tranquilo, la *adj.* Quieto, no agitado. *Mar tranquilo.* || Apacible, sosegado, sin preocupación. *Vida tranquila.* || Sin remordimiento. *Conciencia tranquila.* || *loc.* ***Quedarse tan tranquilo:*** guardar toda la calma.

transa *adj.* y *s. com. fam. Méx.* Engaño, en especial el que se hace para despojar a alguien de sus bienes. || Persona que engaña o tima. *Ese comerciante es un transa.*

transacción *s. f.* Operación comercial o bursátil. || Acuerdo basado en concesiones recíprocas.

transaccional *adj.* Relativo a la transacción.

transalpino, na *adj.* Del otro lado de los Alpes. *Regiones transalpinas.*

transandino, na *adj.* Del otro lado de los Andes. *Zona transandina.* || Que atraviesa los Andes.

transar *t. intr.* y *pr.* Ceder, tolerar cierta cosa o situación. || *fam. Méx.* Despojar a uno de algo mediante trampas. *El carpintero transó a José cuando le pidió dinero adelantado.*

transatlántico, ca *adj.* Situado del otro lado del Atlántico. || Que cruza el Atlántico. || *s. m.* Buque de grandes dimensiones que hace la travesía del Atlántico o simplemente viajes muy largos.

transbordador, ra *adj.* Que sirve para transbordar. || *s. m.* Barco grande preparado para transportar vehículos de una orilla a otra. || *loc.* ***Transbordador espacial:*** vehículo espacial capaz de colocar satélites en órbita, de recogerlos y de volver a la Tierra.

transbordar *t.* Trasladar personas o mercancías de un barco o vehículo a otro. || *intr.* Cambiar de tren o de tren metropolitano en un sitio determinado.

transbordo *s. m.* Acción y efecto de transbordar. *Hacer transbordo en el metro.*

transcendencia *s. f.* Trascendencia.

transcendental *adj.* Trascendental. || En filosofía, que traspasa los límites de la ciencia experimental.

transcendentalismo *s. m.* Escuela filosófica norteamericana que se caracteriza por un misticismo panteísta.

transcendente *adj.* Trascendente.

transcender *t.* Trascender.

transcontinental *adj.* Que atraviesa un continente.

transcribir *t.* Copiar un escrito. || Poner por escrito una cosa que se oye. || Escribir con las letras de determinado alfabeto lo que está escrito con las de otro. || En música, arreglar para un instrumento lo escrito para otro u otros. || *fig.* Expresar por escrito un sentimiento o impresión.

transcripción *s. f.* Acción de transcribir un escrito o una obra musical. || Cosa transcrita.

transcriptor, ra *s.* El que transcribe. || Aparato para transcribir.

transculturación *s. f.* Proceso de difusión o de influencia de la cultura de una sociedad al entrar en contacto con otra que está menos evolucionada.

transcurrir *intr.* Pasar el tiempo. *Transcurrieron dos años; la ceremonia transcurrió sin incidente.*

transcurso *s. m.* Paso del tiempo. *En el transcurso de los años.* || Espacio de tiempo. *En el transcurso del mes.*

transeúnte *s. com.* Persona que transita o pasa por un lugar. || Persona que está de paso, que no reside sino transitoriamente en un lugar. *Residente transeúnte.*

transferencia *s. f.* Acción de transferir un derecho de una persona a otra. || Operación bancaria consistente en transferir una cantidad de una cuenta a otra. || Documento en que consta.

transferible *adj.* Que puede ser transferido.

transferidor, ra *adj.* y *s.* Aplícase al que transfiere.

transferir *t.* Trasladar una cosa de un lugar a otro. *Transferir la dirección de Sevilla a Madrid.* || Ceder o traspasar un derecho a otra persona. *Transferir un título de propiedad.*

transfiguración *s. f.* Cambio de figura.

transfigurar *t.* Hacer cambiar de figura o de aspecto. *La alegría le transfiguraba.*

transformable *adj.* Que se puede transformar.

transformación *s. f.* Cambio de forma o de aspecto. || En rugby, acción de enviar el balón por encima de la barra transversal, después de un ensayo.

transformador, ra *adj.* y *s.* Aplícase al o a lo que transforma. || *s. m.* Aparato que obra por inducción electromagnética y sirve para transformar un sistema de corrientes variables en uno o varios sistemas de corrientes variables de la misma frecuencia, pero de intensidad o de tensión generalmente diferentes.

transformar *t.* Dar a una persona o cosa una forma distinta de la que tenía antes. *Circe transformó los compañeros de Ulises en cerdos.* || Convertir. *Transformar vino en vinagre.* || Cambiar, mejorando. *Su viaje la ha transformado.* || En rugby, convertir en tanto un ensayo. || En matemáticas, transformar una ecuación; cambiarla en otra equivalente, pero de forma distinta. || *pr.* Sufrir un cambio, una metamorfosis. || Cambiar de costumbres, de carácter, etc., una persona.

transformismo *s. m.* Doctrina biológica que sostiene que las especies animales y vegetales se van transformando en otras en el transcurso de los tiempos.

transformista *adj.* Relativo al transformismo. *Teoría transformista.* || *s. com.* Seguidor de esta doctrina.

tránsfuga *s. com.* Persona que pasa de un partido a otro.

transfundir *t.* Trasvasar un líquido de un recipiente a otro. || *fig.* Propagar, difundir noticias, etc.

transfusión *s. f.* Operación consistente en hacer pasar cierta cantidad de sangre de las venas de un individuo a las de otro.

transfusor, ra *adj.* Aplícase a lo que sirve para hacer una transfusión sanguínea. *Aparato transfusor.*

transgredir *t.* Infringir, quebrantar, violar.

transgresión *s. f.* Violación, infracción, quebrantamiento. *La transgresión de las leyes.*

transgresor, ra *adj.* Dícese de la persona que comete una transgresión.

transiberiano, na *adj.* Que atraviesa Siberia. || Aplícase a la gran línea férrea, hoy electrificada, construida de 1895 a 1904 en Rusia que pone en comunicación las ciudades de Cheliabinsk y Vladivostok.

transición *s. f.* Cambio de un estado a otro. *Transición lenta, brusca.* || Estado o fase intermedio. *Periodo de transición.* || Paso progresivo de una idea o razonamiento a otro.

transido, da *adj.* Entorpecido, aterido. *Transido de frío.* || Afligido, conmovido. *Transido de dolor.*

transigir *intr.* Llegar a un acuerdo mediante concesiones recíprocas. *Da mejor resultado transigir que discutir.* || Tolerar.

transilvano, na *adj.* y *s.* De Transilvania, región de Rumania.

transistor *s. m.* Dispositivo basado en el uso de los semiconductores que, del mismo modo que un tubo electrónico, puede ampliar corrientes eléctricas, provocar oscilaciones y ejercer a la vez las funciones de modulación y de detección. || Aparato receptor de radio provisto de estos dispositivos.

transistorizado, da *adj.* Dícese de un aparato en el cual se han sustituido los tubos electrónicos por transistores.

transitable *adj.* Dícese del sitio por donde se puede transitar. *Camino transitable.*

transitar *intr.* Pasar por una vía pública. *Transitar por la calle.*

transitivo, va *adj.* Aplícase al verbo o forma verbal que expresa una acción que se realiza directamente del sujeto en el complemento.

tránsito *s. m.* Acción de transitar, paso. *El tránsito de los peatones.* || Circulación, de vehículos y gente. *Calle de mucho tránsito.* || Acción de pasar por un sitio para ir a otro. *Viajeros, mercancías de tránsito.* || Sitio de parada en un viaje. || *loc.* ***De tránsito:*** de paso. || ***Tránsito rodado:*** tráfico de vehículos por calles o carreteras.

transitoriedad *s. f.* Condición de transitorio.

transitorio, ria *adj.* Pasajero, temporal. *Las cosas de este mundo son transitorias.* || Que sirve de transición. *Régimen transitorio.*

translación *s. f.* Traslación.

translaticio, cia *adj.* Traslaticio.

translativo, va *adj.* Traslativo.

translimitar *t.* Pasar los límites de algo. *Translimitar lo que la ley dispone.* || Pasar inadvertidamente o con autorización al Estado vecino, en una operación militar, sin violar por esto su territorio. *Translimitar la frontera.*

transliteración *s. f.* Representación de los sonidos de una lengua con los signos alfabéticos de otra.

translucidez *s. f.* Condición de traslúcido.

translúcido, da *adj.* Dícese del cuerpo que deja pasar la luz, pero no permite ver lo que hay detrás.

translucirse *pr.* Traslucirse.

transmediterráneo, a *adj.* Que atraviesa el Mediterráneo.

transmigración *s. f.* Traslado de un pueblo a otro país. || Según ciertos filósofos, como Pitágoras, paso del alma a otro cuerpo.

transmigrar *intr.* Abandonar su país para ir a vivir en otro. *El pueblo hebreo transmigró a Egipto.* || Según ciertas creencias, pasar el alma de un cuerpo a otro.

transmisible *adj.* Que se puede transmitir. *Enfermedad transmisible.*

transmisión *s. f.* Cesión, paso de una persona a otra. *Transmisión de bienes.* || Tratándose de herencia, comunicación de ciertos caracteres de padres a hijos. || Paso de una enfermedad de un individuo enfermo a otro sano. || Propagación. *Transmisión del calor.* || Comunicación de un mensaje telegráfico o telefónico. || Comunicación del movimiento de un órgano a otro. || Órgano que transmite el movimiento. || Conjunto de órganos que, en un automóvil, sirven para comunicar el movimiento del motor a las ruedas motrices. || *pl.* Servicio encargado de los enlaces (teléfono, radio, etc.) en un ejército. || *loc.* ***Transmisión del pensamiento:*** telepatía. || ***Transmisión de poderes:*** operación por la cual los poderes de una persona que ejerce cierta autoridad pasan a su sucesor.

transmisor, ra *adj.* Que transmite. || *s. m.* Dispositivo para transmitir las señales eléctricas, telegráficas o telefónicas.

transmitir *t.* Hacer llegar a alguien, comunicarle. *Transmitir una noticia.* || Difundir por radio. || Traspasar, dejar a otro. *Transmitir un derecho, un título.* || Comunicar a otro una enfermedad, una calidad o un defecto. || Comunicar. *Transmitir un mensaje por teléfono.* || *pr.* Propagarse. *El sonido se transmite por vibración de la materia.*

transmutación *s. f.* Cambio de una cosa en otra.

transmutar *t.* Transformar una cosa en otra.

transmutativo, va o **transmutatorio, ria** *adj.* Que tiene el poder de transmutar.

transoceánico, ca *adj.* Al otro lado del océano. *Tierras transoceánicas.* || Que atraviesa el océano.

transpacífico, ca *adj.* Del otro lado del Pacífico. || Que atraviesa el Pacífico. *Buque transpacífico.*

transparencia *s. f.* Propiedad de lo transparente. || Diapositiva.

transparentarse *pr.* Pasar la luz u otra cosa a través de un cuerpo transparente. || Ser transparente. *Este vestido se transparenta.* || *fig.* Dejarse adivinar. *Transparentarse la verdad.*

transparente *adj.* Que se deja atravesar fácilmente por la luz y permite ver distintamente los objetos a través de su masa. *El agua es un cuerpo transparente.* || Translúcido. || *fig.* Cuyo sentido oculto se deja adivinar fácilmente. *Una alusión muy transparente.* || *s. m.* Tela o papel que se coloca delante de una ventana para mitigar la luz. || Cortina que deja pasar la luz atenuándola.

transpiración *s. f.* Salida del sudor por los poros de la piel.

transpirar *intr.* Echar sudor por los poros de la piel. || Expeler vapor de agua las plantas.

transpirenaico, ca *adj.* Del otro lado de los Pirineos. || Que atraviesa los Pirineos.

transplantar *t.* Trasplantar.

transplante *s. m.* Trasplante.

transponer *t.* Cambiar de sitio. *Transponer una palabra dentro de una frase.* || Desaparecer detrás de algo. *El Sol transpuso la montaña.* || *pr.* Ocultarse a la vista, pasando al otro lado de un obstáculo. || Ponerse el Sol detrás del horizonte. || Quedarse algo dormido.

transportable *adj.* Que puede ser transportado.

transportador, ra *adj.* Que transporta o sirve para transportar. *Cinta transportadora.* || *s. m.* Semicírculo graduado empleado para medir o trazar ángulos. || Instalación para el transporte mecánico aéreo. || *loc.* ***Transportador de cinta:*** cinta flexible sinfín para transportar materias a granel o paquetes.

transportar *t.* Llevar de un sitio a otro. *Transportar viajeros.* || En música, pasar una composición de un tono a otro. || *pr.* Extasiarse, enajenarse, estar muy conmovido. *Transportarse de alegría.*

transporte *s. m.* Acción de llevar de un sitio a otro, acarreo. *Transporte de mercancías.* || Barco de guerra destinado a transportar tropas, pertrechos o víveres. || *fig.* Arrebato, entusiasmo, emoción muy viva. || En música, cambio del tono de una composición. || *pl.* Conjunto de los diversos medios para trasladar personas, mercancías, etc. *Transportes urbanos, colectivos.*

transportista *s. com.* Persona que se dedica a hacer transportes.

transposición *s. f.* Acción de transponer una cosa. || Puesta de un astro. || Alteración del orden natural de las palabras en la oración. || Cambio de posición, dentro de una palabra, de uno solo de sus sonidos. || En matemáticas, operación consistente en hacer pasar un término de un miembro a otro de la ecuación o de la desigualdad. || En música, reproducción de una composición en un tono diferente.

transpositivo, va *adj.* Relativo a la transposición. || Que puede transponerse.

transubstanciación *s. f.* En la Eucaristía, cambio del pan y del vino en el cuerpo y sangre de Jesucristo.

transubstanciar *t.* Transformar completamente una sustancia en otra.

transuránico, ca *adj.* y *s. m.* Se dice del elemento químico de número atómico superior a 92, que es el del uranio. *Los elementos transuránicos se caracterizan por su inestabilidad.*

transvasar *t.* Trasegar. *Transvasar vino.*

transversal *adj.* Que está dispuesto de través. *Tejido con listas transversales.* || Perpendicular a una dirección principal. *Cordillera transversal.* || *s. f.* Recta que corta una figura geométrica, especialmente un triángulo. || Calle perpendicular a otra.

transverso, sa *adj.* Transversal, colocado al través.

tranvía *s. m.* Ferrocarril urbano de tracción eléctrica que circula por rieles especiales empotrados en el pavimento de las calles.

tranviario, ria o **tranviero, ra** *adj.* Relativo a los tranvías. *Líneas tranviarias.* || *s. m.* Empleado en el servicio de tranvías. || Conductor de tranvía.

trapacear *intr.* Usar de trapacerías.

trapacería *s. f.* Engaño, embuste, trampa. || Fraude. || Astucia, pillería.

trapacero, ra *adj.* y *s.* Dícese de la persona que usa de trapacerías.

trapajoso, sa *adj.* Harapiento, andrajoso. || *loc. fig.* ***Tener la lengua trapajosa:*** pronunciar difícilmente.

trápala *s. f.* Ruido, alboroto. || Ruido acompasado del trote o galope de un caballo. || *fam.* Embuste, engaño. || *s. m. fam.* Flujo de palabras insustanciales. || *fig.* y *fam.* Charlatán, hablador. || Embustero, trapacero.

trapalear *intr.* Hacer ruido con los pies al andar. || *fam.* Mentir, decir embustes. || Parlotear, hablar mucho y de cosas insustanciales.

trapalero, ra *adj. Amér.* Tramposo.

trapatiesta *s. f. fam.* Alboroto, jaleo, confusión. *Armar una trapatiesta.* || Riña, pelea.

trapeador *s. m. Chil.* y *Méx.* Tela o utensilio para limpiar el suelo.

trapear *t. Amér.* Fregar el suelo con un trapo o un utensilio especial. *Me falta trapear.*

trapecio *s. m.* Aparato de gimnasia formado por dos cuerdas verticales que cuelgan de un pórtico y están reunidas por una barra horizontal. || Músculo plano situado en la parte posterior del cuello y superior de la espalda. || Hueso de la segunda fila del carpo. || En geometría, cuadrilátero que tiene dos lados desiguales y paralelos llamados *bases.*

trapecista *s. com.* Gimnasta o acróbata que trabaja en el trapecio.

trapero, ra *s.* Persona que recoge trapos viejos para venderlos. || Basurero. || *s. f.* ***Puñalada trapera:*** la traidora.

trapezoidal *adj.* Relativo al trapezoide. || Que tiene su forma.

trapezoide *s. m.* Cuadrilátero cuyos lados opuestos no son paralelos. || En anatomía, hueso del carpo situado al lado del trapecio.

trapiche *s. m.* Molino de aceituna o caña de azúcar. || *Amér.* Ingenio de azúcar. || Molino para pulverizar los minerales.

trapichear *intr. fam.* Ingeniarse más o menos lícitamente para lograr algo. || Comerciar al menudeo.

trapicheo *s. m. fam.* Tejemanejes, enredos, actividades sospechosas. *Andar con trapicheos.* || Maniobras turbias, intrigas. *Trapicheos electorales.*

trapisonda *s. f. fam.* Bulla, jaleo o riña. || Lío, enredo.

trapisondear *intr. fam.* Armar trapisondas.

trapisondista *s. com.* Amigo de trapisondas, alborotador. || Lioso.

trapo *s. m.* Pedazo de tela viejo y roto. || Trozo de tela que se emplea para quitar el polvo, secar los platos, etc. || En marinería, velamen. || *pl. fam.* Vestidos de mujer. *Hablar de trapos.* || *loc.* ***A todo trapo:*** a) A toda vela. b) *fig.* Con mucha rapidez. || *fig.* ***Los trapos sucios se lavan en casa:*** las cosas íntimas no deben exhibirse. || ***Poner a uno como un trapo:*** insultarle o desacreditarle.

tráquea *s. f.* En el hombre y los vertebrados de respiración aérea, conducto formado por anillos cartilaginosos que empieza en la laringe y lleva el aire a los bronquios y pulmones.

traqueal *adj.* Relativo a la tráquea. *La respiración traqueal.*

traquearteria *s. f.* Tráquea.

traqueítis *s. f.* Inflamación de la tráquea.

traqueotomía *s. f.* Operación quirúrgica que consiste en practicar una incisión en la tráquea para impedir la asfixia de ciertos enfermos.

traquetear *t.* Mover, agitar, sacudir. *Traquetear una botella.* || *fig.* y *fam.* Manosear una cosa. || *intr.* Hacer ruido como un cohete. || Dar tumbos acompañados de ruido. *Coche que traquetea.*

traqueteo *s. m.* Ruido del disparo de los cohetes. || Serie de sacudidas o tumbos acompañados de ruido. *El traqueteo de una diligencia.*

traquido *s. m.* Ruido producido por un disparo. || Chasquido.

tras *prep.* Detrás de. *Tras la puerta.* || Después de. *Tras una larga ausencia.* || Más allá. *Tras los Pirineos.* || En pos de. *Corrieron tras el ladrón.* || Además. *Tras ser malo, es caro.*

trasalpino, na *adj.* Transalpino.

trasandino, na *adj.* Transandino.

trasatlántico, ca *adj.* Transatlántico.

trasbordador, ra *adj.* y *s. m.* Transbordador.

trasbordar *t.* Transbordar.

trasbordo *s. m.* Transbordo.

trascendencia *s. f.* Calidad de trascendente. || *fig.* Importancia, alcance. *Asunto de trascendencia.*

trascendental *adj.* Que se extiende a otras cosas. || *fig.* De suma importancia. *Acontecimiento trascendental.* || Elevado. *Principio trascendental.*

trascendente *adj.* Que trasciende de, superior en su género. || Fuera de la acción o del conocimiento. *Filosofía trascendente.* || Aplícase a cualquier número que no es la raíz de una ecuación algébrica de coeficientes enteros. *«p» es un número trascendente.* || *fig.* Sumamente importante.

trascender *intr.* Despedir olor muy subido y penetrante. *El jardín trasciende a jazmín.* || Empezar a ser conocida una cosa, divulgarse. *Trascendió la noticia.* || Extenderse, comunicarse los efectos de unas cosas a otras. *La huelga ha trascendido a todas las ramas de la industria.* || En filosofía, traspasar los límites de la ciencia experimental.

trascoro *s. m.* Espacio situado detrás del coro en las iglesias.

trascribir *intr.* Transcribir.

trascripción *s. f.* Transcripción.

trascurrir *intr.* Transcurrir.

trascurso *intr.* Transcurso.

trasegar *t.* Revolver, trastornar. || Mudar una cosa de sitio, y particularmente cambiar un líquido de recipiente. *Trasegar vino.*

trasero, ra *adj.* Situado detrás. *Parte trasera de una casa.* || *s. m.* Parte posterior e inferior del animal o persona. || *s. f.* Parte posterior.

trasferencia *s. f.* Transferencia.

trasfiguración s. f. Transfiguración.

trasformar *t.* Transformar.

trasfusión *s. f.* Transfusión.

trasgredir *t.* Transgredir.

trasfondo *s. m.* Lo que se encuentra más allá del fondo visible o de la apariencia o intención de una acción.

trásfuga *s. com.* Tránsfuga.

trasgo *s. m.* Duendecillo.

trashumancia *s. f.* Sistema de explotación ganadera que consiste en trasladar los rebaños de un sitio a otro para que aprovechen los pastos de invierno y los estivales.

trashumante *adj.* Que trashuma.

trashumar *intr.* Pasar el ganado en verano a las montañas o a pastos distintos de los de invierno.

trasiego *s. m.* Acción de trasegar líquidos. || *fig.* Traslado. *Trasiego de funcionarios.*

traslación *s. f.* Acción de mudar de sitio a una persona o cosa, traslado. || Traducción. || En gramática, empleo de un tiempo verbal por otro. || Metáfora. || En matemáticas, movimiento de un sólido cuyas partes conservan una dirección constante. || *loc.* ***Movimiento de traslación:*** el que sigue un astro al recorrer su órbita.

trasladar *t.* Llevar de un lugar a otro a una persona o cosa. *Trasladar viajeros, muebles.* || Cambiar de oficina

o cargo. *Trasladar a un funcionario, a una autoridad.* || Aplazar el día de una reunión, de una función, etc. || Traducir. *Trasladar del catalán al castellano.* || Copiar. *Trasladar un escrito.* || *pr.* Cambiar de sitio.
traslado *s. m.* Copia. *Traslado de un escrito.* || Traslación. *Traslado de un preso.* || Cambio de destino. *Traslado de un funcionario.* || Mudanza. *El traslado de los muebles.*
traslaticio, cia *adj.* Aplícase al sentido figurado de una palabra.
traslativo, va *adj.* Que transfiere. *Título traslativo de propiedad.*
traslimitar *t.* Translimitar.
traslucidez *s. f.* Translucidez.
traslúcido, da *adj.* Translúcido.
traslucirse *pr.* Ser traslúcido un cuerpo. *La porcelana se trasluce.* || *fig.* Transparentarse, adivinarse. *En su tono de voz se trasluce su emoción.*
trasluz *s. m.* Luz que pasa a través de un cuerpo translúcido. || Luz reflejada oblicuamente. || *loc.* ***Al trasluz:*** por transparencia.
trasmallo *s. m.* Arte de pesca formada de varias redes superpuestas.
trasmano *loc.* **A trasmano:** Fuera del alcance habitual, de manera incómoda o en un sitio poco frecuentado. *Ese poblado se encuentra a trasmano de las rutas principales.*
trasmigración *s. f.* Transmigración.
trasmisión *s. f.* Transmisión.
trasmutación *s. f.* Transmutación.
trasnochado, da *adj.* Estropeado por ser del día anterior. *Comida trasnochada.* || *fig.* Macilento, desmedrado. || Sin novedad, viejo. *Chiste trasnochado.*
trasnochador, ra *adj.* y *s.* Dícese de la persona que acostumbra trasnochar.
trasnochar *intr.* Pasar una noche en vela. || Pernoctar. || Acostarse tarde.
traspapelar *t.* Extraviar un papel entre otros.
trasparencia *s. f.* Transparencia.
trasparentarse *pr.* Transparentarse.
trasparente *adj.* Transparente.
traspasable *adj.* Susceptible de ser traspasado.
traspasar *t.* Atravesar de parte a parte. *La bala le traspasó el brazo.* || Pasar hacia otra parte. *Traspasar el río.* || Vender o ceder a otro una cosa. *Traspasar un piso.* || Transgredir una ley o reglamento. || Rebasar, pasar de ciertos límites. || Transferir un jugador profesional a otro equipo. || *fig.* Producir un dolor físico o moral sumamente violento. || *loc. fig.* ***Traspasar el corazón:*** causar viva aflicción.
traspaso *s. m.* Cesión, transferencia de un local o negocio. || Cantidad pagada por esta cesión. || Local traspasado. || Transferencia de un jugador profesional a otro equipo.
traspatio *s. m. Amér.* Patio interior de la casa, situado tras el patio principal.
traspié *s. m.* Resbalón, tropezón. || Zancadilla.
traspiración *s. f.* Transpiración.
traspirar *intr.* Transpirar.
traspirenaico, ca *adj.* Transpirenaico.
trasplantar *t.* Mudar un vegetal de un terreno a otro. *Trasplantar un árbol.* || En medicina, hacer un trasplante. || *pr. fig.* Abandonar una persona su país de origen.
trasplante *s. m.* Acción y efecto de trasplantar o trasplantarse. || En medicina, injerto de tejido humano o animal o de un órgano completo. *Trasplante de córnea, del corazón.*
trasponer *t.* Transponer.
traspontín o **trasportín** *s. m.* Traspuntín.
trasportable *adj.* Transportable.
trasportador, ra *adj.* y *s. m.* Transportador.
trasportar *t.* Transportar.
trasporte *s. m.* Transporte.
trasportista *s. com.* Transportista.
trasposición *s. f.* Transposición.
traspositivo, va *adj.* Transpositivo.
traspunte *s. m.* El que avisa a cada actor de teatro cuando ha de salir a escena y le apunta las primeras palabras.
traspuntín *s. m.* Asiento supletorio y plegable de ciertos coches grandes y de las salas de espectáculos.
trasquilado, da *adj.* y *s. fam.* Tonsurado. || *loc. fig.* ***Salir trasquilado:*** salir malparado.
trasquilador, ra *s.* El que trasquila.
trasquiladura *s. f.* Acción y efecto de trasquilar.
trasquilar *t.* Cortar mal el pelo. || Esquilar. *Trasquilar ovejas.* || *fig.* y *fam.* Mermar.
trasquilón *s. m. fam.* Trasquiladura. || Corte desigual en el pelo. || *fig.* y *fam.* Dinero que se le saca a uno con maña.
trastada *s. f. fam.* Jugarreta.
trastazo *s. m. fam.* Porrazo, golpe.
traste *s. m.* Cada uno de los salientes colocados a lo largo del mástil de una guitarra u otro instrumento de cuerda. || Utensilio de cocina. *Necesito un traste hondo para este guisado.* || *vulg.* Trasero, nalgas. || *loc. fam.* ***Dar al traste con una cosa:*** romperla, estropearla; aplicado a proyectos, planes, etc., hacerlos fracasar; acabar con algo.
trastear *t.* e *intr.* Poner los trastes a la guitarra o a otro instrumento musical. || Pisar las cuerdas de los instrumentos musicales de trastes. || Mover trastos de un lado a otro. || Hacer travesuras.
trasteo *s. m.* Acción de trastear al toro o a una persona.
trastero, ra *adj.* Aplícase al cuarto donde se guardan trastos viejos o inútiles. || *s. f. Méx.* Alacena de aparador donde se guardan los trastos de uso diario.
trastienda *s. f.* Local situado detrás de la tienda. || *fig.* y *fam.* Cautela, astucia. *Hombre de mucha trastienda.*
trasto *s. m.* Mueble o utensilio, generalmente inútil. || Cada uno de los bastidores de las decoraciones del escenario. || *fig.* y *fam.* Persona inútil. *Es un trasto viejo.* || Persona informal. || *pl.* Espada, daga y otras armas. || Útiles, instrumentos, utensilios de un arte. *Trastos de pescar.* || *loc. fig.* y *fam.* ***Tirarse los trastos a la cabeza:*** pelearse, reñir.
trastocar *t.* Trastornar, desordenar, revolver. || *pr.* Perturbarse, volverse loco.
trastornador, ra *adj.* Que trastorna, bullicioso. || Emocionante. || *s.* Agitador, perturbador.
trastornar *t.* Revolver las cosas desordenadas. *Trastornó todos los papeles.* || *fig.* Perturbar los sentidos. *Trastornar la razón.* || Impresionar, emocionar. *Este espectáculo la ha trastornado.* || Inspirar una pasión viva. *Esta mujer trastorna a todos los hombres.* || Alterar la salud. || Hacer fracasar un proyecto, plan, etc. || Hacer cambiar de opinión. || *pr.* Turbarse. || Estar conmovido. || *fig.* Volverse loco.
trastorno *s. m.* Desorden, confusión. || Cambio profundo. || Disturbio. *Trastornos políticos.* || *fig.* Turbación, perturbación. || Anomalía en el funcionamiento de un órgano, sistema. *Trastornos digestivos, mentales.*
trastocamiento *s. m.* Confusión. || Transformación.
trastocar *t.* Invertir el orden, intercambiar, confundir. || Transformar.
trastrueque *s. m.* Trastocamiento.
trastumbar *t. Méx.* Trasponer. *El sol trastumba la montaña.*
trasudación *s. f.* Acto de trasudar.
trasudar *t.* e *intr.* Sudar ligeramente. || Pasar un líquido a través de los poros de un cuerpo.
trasudor *s. m.* Sudor ligero.
trasuntar *t.* Copiar un escrito. || Compendiar, hacer un resumen. || *fig.* Reflejar, mostrar, dejar adivinar.
trasunto *s. m.* Copia o traslado. || Imagen exacta de una cosa.
trasvasar *t.* Transvasar.
trasvase *s. m.* Trasiego. || Acción de llevar las aguas de un río a otro para su mayor aprovechamiento.
trasvasijo *s. m. Chil.* Transvase de líquidos.
trasverberación *s. f.* Transverberación.
trasversal *adj.* Transversal.

trasverso, sa *adj.* Transverso.
trata *s. f.* Antiguo comercio que se hacía con los negros que se vendían como esclavos. || *loc.* ***Trata de blancas:*** tráfico de mujeres que consiste en atraerlas a los centros de prostitución para especular con ellas.
tratable *adj.* Que se puede o deja tratar. || Amable.
tratadista *s. com.* Autor de tratados sobre una materia determinada.
tratado *s. m.* Convenio escrito y concluido entre dos gobiernos. *Tratado de amistad, de no agresión.* || Obra que trata de un tema artístico o científico. *Tratado de álgebra.*
tratamiento *s. m.* Trato. *Buenos tratamientos.* || Título de cortesía. *Tratamiento de señoría.* || Conjunto de medios empleados para la curación de una enfermedad. *Tratamiento hidroterapéutico.* || Conjunto de operaciones a que se someten las materias primas. *Tratamiento químico.*
tratante *s. com.* Persona que comercia.
tratar *t. intr.* y *pr.* Comportarse con alguien de una determinada manera. *Da gusto ver la dulzura con que Adela trata a su abuela.* || Dirigirse a una persona de una forma determinada. *No me trates de usted.* || Someter a cuidados médicos. *Las heridas deben tratarse con antibióticos.* || Discutir sobre un asunto. *Los profesores trataron con el director el tema de los salarios.* || Relacionarse con alguien. *Elia y Alfonso se han tratado desde niños.* || Hablar o escribir sobre cierto asunto. *La novela trata sobre las relaciones entre padres e hijos.* || Intentar o pretender algo. *El vendedor trató de engañarme.* || *loc.* ***Tratar de:*** dar uno un título de cortesía; intentar, procurar. *Tratar de salir de un apuro.* || ***Tratar de*** o ***sobre una cuestión:*** hablar o escribir sobre ella. || ***Tratar en:*** comerciar. *Tratar en vinos.*
trato *s. m.* Manera de portarse con uno. *Un trato inhumano.* || Relación, frecuentación. *Tengo trato con ellos.* || Modales, comportamiento. *Un trato muy agradable.* || Acuerdo, contrato. *Cerrar un trato.* || *pl.* Negociaciones. || *loc.* ***Trato de gentes:*** experiencia y habilidad en las relaciones con los demás. || ***Trato hecho:*** fórmula con que se da por definitivo un acuerdo.
trauma *s. m.* Herida que provoca un objeto en cualquier parte del cuerpo de manera accidental. || Trastorno emocional. *El choque le ocasionó a Mario un fuerte trauma.*
traumar *t.* Traumatizar.
traumático, ca *adj.* Que ocasiona un trauma. *De niño sufrió una experiencia traumática.*
traumatismo *s. m.* Herida provocada por un golpe, accidente, etc. *Sufrió un traumatismo en la cabeza.*
traumatizante *adj.* Se dice de lo que provoca un trauma. *Vivió una experiencia traumatizante.*
traumatizar *t.* y *pr.* Provocar un trauma.
traumatología *s. f.* Parte de la medicina que estudia las heridas y lesiones. *Al hospital de traumatología llegan muchos accidentados.*
traumatólogo, ga *s.* Médico especialista en traumatología. *Un traumatólogo operó el codo fracturado del tenista.*
través *s. m.* Inclinación o torcimiento. || *fig.* Revés, contratiempo, suceso adverso. || *loc.* ***A través*** o ***al través:*** a) De un lado a otro. *Un árbol tumbado a través de la carretera.* b) Por entre. *A través de una celosía.* c) Mediante. *Reembolsar un empréstito a través de un banco.* || ***De través:*** oblicua o transversalmente. || ***Mirar de través:*** mirar sin volver la cabeza; bizquear.
travesaño *s. m.* En una armazón, pieza horizontal que atraviesa de una parte a otra. || Almohada cilíndrica y alargada para la cama.
travesear *intr.* Cometer travesuras.
travesero, ra *adj.* Colocado de través. || *s. m.* Travesaño.
travesía *s. f.* Viaje por mar. *La travesía del Pacífico.* || Calleja que atraviesa entre calles principales. || Camino transversal. || Parte de una carretera que atraviesa una población. || Distancia entre dos puntos de tierra o de mar. || Conjunto de traveses de una fortificación. || *Arg.* Llanura extensa y árida entre dos sierras.
travestir *t.* Vestir una persona con la ropa del sexo opuesto.
travesura *s. f.* Acción reprensible verificada con picardía para divertirse, diablura. *Travesura de niño.* || Calidad de travieso.
traviesa *s. f.* Madero colocado perpendicularmente a la vía férrea en que se asientan los rieles. || En arquitectura, cada uno de los cuchillos de armadura que sostienen un tejado. || Pared maestra que no está en fachada ni medianería. || En minería, galería transversal.
travieso, sa *adj.* Atravesado o puesto de través. || *fig.* Turbulento, bullicioso, que hace travesuras. *Niño travieso.*
trayecto *s. m.* Espacio que hay que recorrer para ir de un sitio a otro. || Acción de recorrerlo.
trayectoria *s. f.* Línea descrita en el espacio por un punto u objeto móvil. *La trayectoria de un planeta.* || Recorrido que sigue un proyectil disparado. *La trayectoria de una bala.* || *fig.* Tendencia, orientación.
traza *s. f.* Proyecto, plano o diseño de una obra. *La traza de un edificio.* || *fig.* Recurso utilizado para conseguir un fin. || Aspecto, apariencia. *Hombre de buena traza.* || Huella, señal, rastro. || Intersección de una línea o superficie con cualquiera de los planos de proyección. || *loc. fig.* y *fam.* ***Darse trazas:*** ingeniarse. || ***Llevar trazas de:*** parecer.
trazado *s. m.* Acción de trazar. || Representación por medio de líneas de un plano, dibujo, etc. *El trazado de una figura.* || Recorrido de una carretera, canal, etc.
trazador, ra *adj.* y *s.* Aplícase a la persona que traza.
trazar *t.* Tirar las líneas de un plano, dibujo, etc. || Escribir. *Trazar letras.* || *fig.* Describir, pintar. *Trazar una semblanza.* || Indicar. *Ha trazado las grandes líneas del programa.* || *loc.* ***Trazar planes:*** hacer proyectos.
trazo *s. m.* Línea. *Trazo rectilíneo, seguro.* || Parte de la letra manuscrita. || *loc.* ***Al trazo:*** aplícase al dibujo hecho sólo con líneas. || ***Trazo magistral:*** el grueso que forma la parte principal de una letra.
trazumarse *pr.* Rezumarse.
trébedes *s. f. pl.* Utensilio de hierro con tres pies para poner vasijas al fuego del hogar.
trebejo *s. m.* Trasto o utensilio. *Los trebejos de la cocina.*
trébol *s. m.* Planta herbácea papilionácea, de flores blancas, rojas o moradas que se cultiva para forraje. || Uno de los palos de la baraja francesa. || En arquitectura, adorno geométrico que se compone de tres lóbulos. || En una autopista, cruce a distintos niveles que tiene forma de trébol de cuatro hojas.
trece *adj.* Diez y tres. *El día trece.* || Decimotercero. *León XIII (trece).* || *s. m.* Número equivalente a diez y tres. || *loc. fig.* y *fam.* ***Mantenerse en sus trece:*** aferrarse obstinadamente a una idea o empeño.
trecha *s. f.* Voltereta.
trecho *s. m.* Espacio de tiempo. *Esperar largo trecho.* || Distancia. || Tramo, trozo de un camino, carretera, etc. *Un trecho peligroso.* || *loc.* ***A trechos:*** a intervalos, de modo discontinuo. || ***De trecho a trecho*** o ***en trecho:*** con intervalos de tiempo o de distancia.
trefilado *s. m.* Acción de trefilar.
trefilador *s. m.* Obrero que trefila.
trefilar *t.* Reducir un metal a alambre o hilo, pasándolo por una hilera.
trefilería *s. f.* Fábrica o taller de trefilado.
tregua *s. f.* Suspensión temporal de hostilidades entre los beligerantes.

Acordaron una tregua. || *fig.* Intermisión, descanso temporal. *Su trabajo no le da tregua.*
treinta *adj.* Tres veces diez. *Tiene treinta años.* || Trigésimo.
treintavo, va *adj.* y *s.* Trigésimo.
treintena *s. f.* Conjunto de treinta unidades. || Treintava parte de un todo.
treinteno, na *adj.* Trigésimo.
tremadal *s. m.* Tremedal.
trematodo, da *adj.* y *s. m.* Aplícase a los gusanos de cuerpo plano, que viven parásitos en el cuerpo de los vertebrados. || *s. m. pl.* Orden que forman.
tremebundo, da *adj.* Terrible, espantoso, que hace temblar.
tremedal *s. m.* Terreno pantanoso.
tremendo, da *adj.* Terrible, espantoso, capaz de aterrorizar. *Un espectáculo tremendo.* || *fig.* y *fam.* Muy grande, extraordinario. *Llevarse un desengaño tremendo.* || *loc. fam.* ***Tomarlo por la tremenda:*** tomar una cosa por el lado más violento o desagradable.
trementina *s. f.* Resina semilíquida que se extrae de los pinos, alerces y terebintos.
tremielga *s. f.* Pez torpedo.
tremolar *t.* Enarbolar y agitar en el aire. *Tremolar una bandera, un pendón.* || *intr.* Ondear.
tremolina *s. f.* Movimiento ruidoso del aire. || *fig.* y *fam.* Bulla, griterío, alboroto, gran jaleo.
trémolo *s. m.* En música, sucesión rápida de notas cortas iguales.
tremor *s. m.* Temblor.
trémulo, la *adj.* Tembloroso.
tren *s. m.* Sucesión de vehículos remolcados o en fila. *Tren de camiones.* || Conjunto formado por los vagones de un convoy y la o las locomotoras que los arrastran. || Conjunto de órganos mecánicos semejantes acoplados con algún fin. *Tren de laminar.* || *Méx.* Tranvía. || Conjunto de material que un ejército lleva consigo en campaña. || *fig.* Paso, marcha. *Ir a buen tren.* || *loc.* ***Tren de aterrizaje:*** dispositivo de aterrizaje de un avión. || *fig.* ***Tren de vida:*** manera de vivir en cuanto a comodidades, etc. || ***Tren directo*** o ***expreso:*** el muy rápido que no se para más que en las estaciones principales. || ***Tren rápido:*** el que tiene mayor velocidad que el expreso. || *fig.* y *fam.* ***Vivir a todo tren:*** vivir con mucho lujo, espléndidamente, muy bien.
trenca *s. f.* Cada uno de los palos atravesados en la colmena para sostener los panales. || Raíz principal de una cepa. || Abrigo corto impermeable, con capucha.
trencilla *s. f.* Galoncillo de algodón, seda o lana.
trencillar *t.* Adornar con trencilla.
trenista *s. com. Méx.* Ferroviario.
trenza *s. f.* Entrelazamiento de tres o más fibras, hebras, etc. *Trenza de esparto.* || Entrelazamiento hecho con el pelo largo dividido en varias partes.
trenzado *s. m.* Trenza. || En ciertos bailes, salto ligero cruzando los pies en el aire. || Paso que da el caballo piafando.
trenzar *t.* Hacer una trenza. || *intr.* Hacer trenzadas el caballo o el que baila.
trepado *s. m.* Línea de puntos taladrados a máquina en un documento para poder separar fácilmente sus distintas partes. *El trepado de un sello.*
trepador, ra *adj.* y *s.* Que trepa. || Que trepa sin escrúpulos en un medio social. *Es un trepador que no repara en nada con tal de ascender.* || Dícese de ciertas plantas de tallo largo, como la hiedra, que trepan por las paredes, las rocas, etc. || Aplícase a las aves que pueden trepar a los árboles, como el papagayo, el pico carpintero, etc. || *s. f. pl.* Orden que forman estas aves. || *s. m.* Cada uno de los garfios con dientes que se sujetan con correas a cada pie y se utilizan para subir a los postes telegráficos o a cualquier otra cosa.
trepanación *s. f.* Operación quirúrgica que consiste en la perforación de un hueso, especialmente de la cabeza, para tener acceso a una cavidad craneana, con objeto de extirpar un tumor o disminuir la tensión existente en la misma.
trepanar *t.* Horadar el cráneo u otro hueso con fin terapéutico. *Trepanar a un herido.*
trépano *s. m.* Instrumento quirúrgico propio para trepanar. || Aparato de sondeo que ataca el terreno en toda la superficie del agujero hecho por la perforadora.
trepar *t.* Taladrar, horadar. || *intr.* Subir a un lugar elevado valiéndose de los pies y las manos. *Trepar a los árboles.* || Crecer una planta agarrándose a otra, a una pared, etc.
trepidación *s. f.* Temblor.
trepidante *adj.* Que trepida.
trepidar *intr.* Temblar, moverse con sacudidas pequeñas y rápidas, estremecerse.
treponema *s. m.* Espiroqueta de la sífilis. || Microbio en forma de espiral.
tres *adj.* Dos y uno. *Tiene tres hermanos.* || Tercero. || *s. m.* Número equivalente a dos más uno. || Naipe que tiene tres figuras. *El tres de oros.* || *s. f. pl.* Tercera hora después del mediodía o de la medianoche. *Las tres de la madrugada.* || *loc.* ***Regla de tres:*** cálculo de una cantidad desconocida a partir de otras tres conocidas de las cuales dos varían en proporción directa o inversa. || ***Tres en raya:*** rayuela, juego de niños.
trescientos, tas *adj.* Tres veces ciento. || Tricentésimo. || *s. m.* Guarismo que representa el número equivalente a tres veces ciento.
tresillo *s. m.* Conjunto de un sofá y dos butacas. || En música, grupo de tres notas de igual valor que se ejecutan en el tiempo correspondiente a dos de ellas.
tresnal *s. m.* Montón de haces de mies en forma de pirámide.
treta *s. f.* Artificio, ardid empleado para lograr una cosa. || Finta, golpe fingido en esgrima para engañar al adversario.
trezavo, va *adj.* Dícese de cada una de las trece partes iguales en que se divide un todo.
tríada *s. f.* Conjunto de tres unidades, de tres personas, etc.
trianero, ra *adj.* y *s.* Vecino del barrio de Triana, en Sevilla.
triangulación *s. f.* Operación que consiste en dividir una superficie terrestre en una red de triángulos para medir una línea geodésica o levantar el plano de un territorio.
triangulado, da *adj.* De forma triangular.
triangular[1] *adj.* De figura de triángulo. *Pirámide, músculo triangular.* || Cuya base es un triángulo. *Prisma triangular.*
triangular[2] *t.* Efectuar la triangulación de un territorio.
triángulo *s. m.* Figura geométrica delimitada por tres líneas que se cortan mutuamente. || Instrumento de percusión que tiene la forma de esta figura y se golpea con una varilla. || *loc.* ***Triángulo equilátero:*** el que tiene sus tres lados iguales. || ***Triángulo escaleno:*** el que tiene los tres lados desiguales. || ***Triángulo rectángulo:*** el que tiene un ángulo recto.
triar *t.* Escoger, entresacar.
triásico, ca *adj.* y *s.* Primer periodo de la era Mesozoica, en el que evolucionaron los reptiles que después originaron a los dinosaurios y a los reptiles voladores, además de los antepasados de mamíferos.
triatómico, ca *adj.* En física, aplícase a los cuerpos cuya molécula contiene tres átomos.
tribal *adj.* Relativo a la tribu.
tribásico, ca *adj.* En química, aplícase al cuerpo que posee tres funciones básicas.
tribu *s. f.* Cada una de la agrupaciones en que se dividían ciertos pueblos antiguos. *Las doce tribus de Israel.* || Conjunto de familias que

están bajo la autoridad de un mismo jefe. *Tribu gitana.* || En historia natural, subdivisión de la familia.

tribulación *s. f.* Adversidad, pena.

tribuna *s. f.* Plataforma elevada desde donde hablan los oradores. || Galería o especie de balcón que hay en ciertas iglesias y grandes salas públicas. || Espacio generalmente cubierto y provisto de gradas, desde donde se asiste a manifestaciones deportivas, carreras de caballos, etc. || *fig.* Oratoria.

tribunado *s. m.* Dignidad de tribuno, en Roma. || Tiempo que duraba. || Cuerpo legislativo en el régimen consular francés.

tribunal *s. m.* Lugar donde se administra justicia. *Tribunal militar.* || Magistrados que administran justicia. *El tribunal ha fallado.* || Conjunto de personas capacitadas para juzgar a los candidatos de unos exámenes, oposiciones, etc. *Un tribunal compuesto de cinco profesores.*

tribuno *s. m.* Magistrado romano encargado de defender los derechos de la plebe y con facultad de poner el veto a las resoluciones del Senado. || *fig.* Orador político muy elocuente.

tributable *adj.* Que puede tributar.

tributación *s. f.* Tributo. || Sistema tributario.

tributante *adj.* y *s. com.* Contribuyente, que tributa.

tributar *t.* Pagar tributo. || *fig.* Manifestar, profesar. *Tributar respeto, gratitud, homenaje.*

tributario, ria *adj.* Relativo al tributo. *Sistema tributario.* || Que paga tributo. || *fig.* Dícese de un curso de agua con respecto al río o al mar en el cual desemboca. *El Jalón es tributario del Ebro.*

tributo *s. m.* Lo que un Estado paga a otro en señal de dependencia. || Lo que se paga para contribuir a los gastos públicos, impuesto. *Tributo municipal.* || Censo. *Tributo enfitéutico.* || *fig.* Lo que se da por merecido o debido. *Tributo de respeto a la ancianidad.*

tricéfalo, la *adj.* Que tiene tres cabezas. *Un monstruo tricéfalo.*

tricentenario *s. m.* Espacio de tiempo de trescientos años. || Fecha en que se cumplen trescientos años de un suceso famoso, como el nacimiento o muerte de algún personaje. || Fiestas que se celebran con este motivo.

tricentésimo, ma *adj.* Que ocupa el lugar trescientos. || *s. m.* Cada una de las trescientas partes iguales en que se divide un todo.

tríceps *adj.* y *s. m.* Dícese del músculo que tiene tres porciones o cabezas. *Tríceps braquial.*

triciclo *s. m.* Vehículo de tres ruedas. *Regalar un triciclo a un niño.*

triclínico, ca *adj.* Dícese de los cristales cuyo único elemento de simetría es el centro.

triclinio *s. m.* Comedor de los antiguos romanos, que contenía tres camas alrededor de una mesa. || Cada una de estas tres camas.

tricolor *adj.* De tres colores.

tricorne *adj.* Con tres cuernos.

tricornio *adj.* Tricorne. || Dícese del sombrero cuyos bordes replegados forman tres picos.

tricot *s. m.* Tejido de género de punto.

tricota *s. f. Arg. Chil.* y *Uy.* Prenda tejida que sirve para cubrir la parte superior del cuerpo.

tricotar *t.* e *intr.* Hacer prendas de vestir de punto, tejidas. *Cada vez menos niñas aprenden a tricotar, ahora la ropa tejida se compra ya hecha.*

tricotomía *s. f.* En botánica, división en tres partes. *Tricotomía de un tallo.* || En lógica, clasificación en que las divisiones y subdivisiones tienen tres partes.

tricótomo, ma *adj.* Dividido en tres partes.

tricotosa *s. f.* Máquina con la que se hacen géneros de punto.

tricromía *s. f.* Impresión tipográfica con tres colores fundamentales.

tridáctilo, la *adj.* De tres dedos.

tridente *adj.* De tres dientes. || *s. m.* Horca de tres puntas o dientes. || Cetro en forma de arpón de tres dientes del dios Neptuno.

tridimensional *adj.* Que tiene tres dimensiones.

triedro, dra *adj.* y *s. m.* En geometría, dícese del ángulo formado por tres planos o caras que concurren en un punto del ángulo.

trienal *adj.* Que dura tres años. || Que sucede cada tres años.

trienio *s. m.* Espacio de tiempo de tres años.

trifásico, ca *adj.* Aplícase a un sistema de corrientes eléctricas polifásicas constituido por tres corrientes monofásicas que tienen una diferencia de fase de un tercio de periodo.

trifolio *s. m.* En botánica. trébol.

triforme *adj.* De tres formas.

trifulca *s. f.* Aparato para accionar los fuelles en los hornos metalúrgicos. || *fig.* y *fam.* Disputa, riña o pelea. *Armaron una trifulca.*

trifurcarse *pr.* Dividirse una cosa en tres ramales, brazos o puntas. *Trifurcarse la rama de un árbol.*

trigal *s. m.* Plantío de trigo.

trigarante *adj.* Que incluye tres garantías.

trigémino, na *adj.* Dícese de cada uno de los tres nacidos en el mismo parto. || *s. m.* Dícese del nervio del quinto par craneal que se divide en tres ramas que son el nervio oftálmico y los nervios maxilares inferior y superior.

trigésimo, ma *adj.* Que ocupa el lugar treinta. || *s. m.* Cada una de las treinta partes iguales en que se divide un todo.

triglifo o **tríglifo** *s. m.* En arquitectura, ornamento del friso dórico en forma de rectángulo saliente surcado por tres canales verticales, que alterna con las metopas.

trigo *s. m.* Planta gramínea anual con espigas de cuyos granos molidos se saca la harina. || *loc. fig.* y *fam.* ***No ser trigo limpio:*** ser dudoso o sospechoso un asunto o una persona.

trigonocéfalo *s. m.* Serpiente muy venenosa de Asia y América.

trigonometría *s. f.* Parte de las matemáticas que trata del estudio de las relaciones numéricas entre los elementos de los triángulos.

trigonométrico, ca *adj.* Relativo a la trigonometría. *Líneas trigonométricas.*

trigueño, ña *adj.* De color del trigo. *Tez trigueña.*

triguero, ra *adj.* Relativo al trigo. *Producción triguera.* || Que crece o anda entre el trigo. *Pájaro triguero.* || Aplícase al terreno en que se cultiva muy bien el trigo. *Tierra triguera.* || *s. m.* Criba para el trigo. || El que comercia con trigo. || Ave de México. || *s. f.* Planta gramínea parecida al alpiste.

trilateral o **trilátero, ra** *adj.* De tres lados.

trilingüe *adj.* Que tiene tres lenguas. *País trilingüe.* || Que habla tres lenguas. || Escrito en tres lenguas.

trilita *s. f.* Trinitrotolueno (TNT).

trilito *s. m.* Dolmen compuesto de dos piedras verticales que sostienen otra horizontal.

trilla *s. f. Arg.* Acción de trillar y temporada en que se efectúa. || Salmonete, pez. || *Amér.* Paliza.

trillado, da *adj. fig.* Que no presenta ninguna originalidad, muy conocido. *Asunto trillado.*

trillador, ra *adj.* y *s.* Aplícase al que trilla. || *s. f.* Máquina para trillar.

trillar *t.* Quebrantar la mies con el trillo o la trilladora para separar el grano de la paja.

trillizo, za *s.* Cada uno de los tres hermanos o hermanas nacidos en un mismo parto.

trillo *s. m.* Utensilio para trillar. || *Arg. C. R. Cub. R. Dom. Esp. Nic. Pan.* y *Uy.* Camino angosto, abierto por el continuo tránsito.

trillón *s. m.* Un millón de billones, que se expresa por la unidad seguida de dieciocho ceros.

trilobites *s. m. inv.* Artrópodo marino fósil propio de la era primaria.
trilobulado, da *adj.* En arquitectura, que tiene tres lóbulos. *Arco trilobulado.*
trilogía *s. f.* En Grecia, conjunto de tres tragedias que debían presentar cada uno de los autores que participaban en los concursos dramáticos. || Conjunto de tres obras dramáticas o novelísticas que tienen entre sí cierto enlace.
trimestral *adj.* Que se vuelve a hacer cada trimestre. *Publicación trimestral.*
trimestre *s. m.* Espacio de tiempo de tres meses. || Cantidad que se cobra o se paga cada tres meses. || Conjunto de los números de un periódico o revista publicados durante tres meses seguidos.
trimorfo, fa *adj.* Aplícase a una sustancia capaz de cristalizar en tres formas distintas.
trimotor *adj.* Aplícase al avión provisto de tres motores.
trinar *intr.* En música, hacer trinos. || Gorjear las aves. || *fam.* Rabiar, estar muy enfadado o furioso. *Está que trina.*
trinca *s. f.* Reunión de tres personas o cosas. || Grupo de tres candidatos en una oposición. || Ligadura. || Cabo utilizado para trincar. || *Cub. Méx.* y *P. Rico.* Borrachera.
trincar *t.* Quebrantar, romper, desmenuzar. || Atar fuertemente con trincas o cabos. || Inmovilizar a alguien con los brazos o las manos. || *fig.* y *fam.* Comer. || Beber. || Coger, tomar. || Hurtar, robar. || *Amér.* Apretar, oprimir.
trinchador *s. m.* Mueble del comedor donde se puede partir la comida antes de servirla.
trinchar *t.* Partir en trozos la comida antes de servirla. *Beatriz trinchó la carne y la sirvió.*
trinche *s. m. Chil.* y *Ecua.* Mueble en el que se trincha. || *Col. Ecua.* y *Méx.* Tenedor.
trinchera *s. f.* Zanja que permite a los soldados circular y disparar a cubierto. || Excavación hecha en el terreno para hacer pasar un camino, con taludes a ambos lados. || Abrigo impermeable.
trineo *s. m.* Vehículo provisto de patines para desplazarse sobre la nieve o el hielo.
trinidad *s. f.* Conjunto de tres divinidades que tienen entre sí cierta unión.
trinitaria *s. f.* Planta violácea, de hermosas flores, llamada vulgarmente «pensamiento».
trinitrotolueno *s. m.* Derivado del tolueno obtenido por nitrificación, que constituye un explosivo muy poderoso llamado «tolita». Se abrevia TNT.
trino, na *adj.* Que contiene en sí tres cosas distintas. || *s. m.* En música, adorno que consiste en la sucesión rápida y alternada de dos notas de igual duración.
trinomio *s. m.* Expresión algebraica compuesta de tres términos.
trinquete *s. m. Méx.* Maniobra sucia que se hace para obtener algo. *El contador de la empresa hizo un trinquete con el dinero de los impuestos.* || En navegación, palo de proa. || Palo mayor de una embarcación y vela que se sujeta a él. *La vela que se sujeta al trinquete se llama trinquetera.*
trinquetero, ra *s.* Persona embaucadora.
trinquis *s. m. fam.* Trago de vino o licor. *Echar un trinquis.*
trío *s. m.* En música, terceto, composición para tres instrumentos o voces. || Conjunto de tres músicos o cantantes. || Grupo de tres personas o tres cosas. *Trío de ases.*
tríodo, da *adj.* y *s. m.* Aplícase al tubo electrónico de tres electrodos.
trióxido *s. m.* Cuerpo químico que resulta de la combinación de un radical con tres átomos de oxígeno.
tripa *s. f.* Intestino. || *fam.* Vientre. *Dolor de tripa.* || Barriga. *Ya tienes mucha tripa.* || Panza, parte abultada de un objeto. || Relleno del cigarro puro. || Cuerda hecha con los intestinos de ciertos animales. *Raquetas fabricadas con tripas de gato.* || *pl.* Partes interiores de ciertos frutos. || *fig.* Lo interior de un mecanismo, de un aparato complicado, etc. *Le gusta verle las tripas a todo.* || *Col.* y *Ven.* Cámara de las ruedas del automóvil. || *Esp.* Parte abultada de algún objeto. || *loc. fig.* y *fam.* ***Echar tripa:*** engordar. || ***Echar uno las tripas:*** vomitar mucho. || ***Hacer de tripas corazón:*** esforzarse por aguantar o en hacer de buen grado una cosa desagradable. || ***Revolverle la tripa a uno:*** causarle repugnancia, náuseas.
tripajal *s. m. Méx.* Conjunto de tripas salidas de un animal.
tripanosoma *s. m.* Protozoo parásito de la sangre que produce, entre otras enfermedades, la del sueño.
tripanosomiasis *s. f.* Enfermedad causada por el tripanosoma.
tripartición *s. f.* División de una cosa en tres partes.
tripartismo *s. m.* Gobierno formado por la asociación de tres partidos políticos.
tripartito, ta *adj.* Dividido en tres partes. || Formado por la asociación de tres partidos. *Coalición tripartita.* || Realizado entre tres. *Acuerdo, pacto tripartito.* || *loc.* ***Comisión tripartita:*** la que está integrada por los representantes del Estado, los patronos y los trabajadores o bien por los productores, los consumidores y los representantes del Estado.
tripería *s. f.* Tienda donde se venden tripas. || Conjunto de tripas.
tripero, ra *s.* Persona que vende tripas o tripicallos. || *s. m. fam.* Faja que se pone para abrigo del vientre.
tripicallero, ra *s.* Persona que vende tripicallos.
tripicallos *s. m. pl.* Callos, trozos de tripas de res guisados.
triplano *s. m.* Avión cuyas alas están formadas de tres planos.
triplaza *adj.* De tres plazas.
triple *adj.* Que contiene tres veces una cosa. || Dícese del número que contiene a otro tres veces. *El triple de cuatro es doce.* || *loc.* ***Triple salto:*** prueba de salto de longitud en la que un atleta debe salvar la mayor distancia posible en tres saltos seguidos.
tripleta *s. f.* Bicicleta de tres asientos. || Conjunto de tres personas o cosas.
triplex *s. m.* Vidrio de seguridad constituido por una hoja de acetato de celulosa colocada entre dos hojas de cristal.
triplicación *s. f.* Acción de triplicar.
triplicado *s. m.* Segunda copia o tercer ejemplar de un acta, manuscrito, etc. || *loc.* ***Por triplicado:*** en tres ejemplares.
triplicar *t.* Multiplicar por tres. *La población de esta ciudad se ha triplicado.* || Hacer tres veces una misma cosa.
triplicidad *s. f.* Calidad de triple.
triplo, pla *adj.* y *s. m.* Triple.
trípode *adj.* De tres pies. *Mesa, asiento trípode.* || Dícese de un mástil metálico, asegurado por otros dos palos inclinados, en ciertos barcos modernos. || *s. m.* Banquillo de tres pies, particularmente aquel en que la pitonisa de Delfos daba los oráculos. || Armazón de tres pies para sostener un cuadro, ciertos instrumentos fotográficos, geodésicos, etc.
trípoli *s. m.* Roca silícea para pulir, usada también como absorbente de la nitroglicerina.
tripolitano, na *adj.* y *s.* De Trípoli.
tripón, pona *adj.* y *s. fam.* Tripudo, barrigón.
tripsina *s. f.* Enzima del jugo pancreático.
tríptico *s. m.* Pintura, grabado o relieve en tres hojas de las cuales las

dos laterales se doblan sobre la del centro. || Obra literaria o tratado dividido en tres partes. || Documento de tres hojas que permite a un automovilista pasar una frontera con su coche, sin tener que pagar derechos de aduana.
triptongar *t.* En gramática, formar o pronunciar un triptongo.
triptongo *s. m.* En gramática, conjunto de tres vocales que forman una sílaba, como «uai», «uei».
tripudo, da *adj.* y *s.* De tripa abultada.
tripulación *s. f.* Personal dedicado a la maniobra y servicio de una embarcación o avión.
tripulado, da *adj.* Conducido, guiado por una tripulación.
tripulante *s. com.* Miembro de la tripulación.
tripular *t.* Prestar la tripulación su servicio en un barco o avión. || Conducir.
trique *adj.* y *s. Méx.* Indígena de una tribu mazateca. || *s. m.* Estallido, chasquido. || *Méx.* Cacharro, vasija.
triquina *s. f.* Gusano parásito que vive adulto en el intestino del hombre y del cerdo y, en estado larvario, en sus músculos.
triquinosis *s. f.* Enfermedad causada por las triquinas.
triquiñuela *s. f. fam.* Treta, artimaña, truco. *Las triquiñuelas del oficio.* || Subterfugio, evasiva.
triquis *s. m. Méx.* Trique.
triquitraque *s. m.* Ruido como de golpes desordenados y repetidos. || Estos golpes. || Tira de papel con pólvora que se quema como cohete.
trirrectángulo *adj.* y *s. m.* Que tiene tres ángulos rectos.
trirreme *s. m.* Galera antigua con tres órdenes de remos.
tris *s. m. fig.* y *fam.* Poca cosa, casi nada. || *loc. fig.* y *fam.* ***Estar en un tris de*** o ***que:*** estar a punto.
triscador, ra *adj.* y *s.* Bullicioso, alborotador. || *s. m.* Utensilio para triscar los dientes de las sierras.
triscar *t.* Mezclar una cosa con otra. || *fig.* Torcer alternativamente los dientes de una sierra hacia uno y otro lado para que corte fácilmente. || *intr.* Hacer ruido con los pies. || *fig.* Retozar, travesear.
trisección *s. f.* División en tres partes iguales. *La trisección de un ángulo sólo con regla y compás es un problema insoluble.*
trisemanal *adj.* Que se repite tres veces por semana o cada tres semanas.
trisílabo, ba *adj.* y *s. m.* Dícese de la palabra o término que consta de tres sílabas.
triste *adj.* Afligido, apesadumbrado. *Triste por la muerte de un ser querido.* || Melancólico. *De carácter triste.* || Que expresa o inspira tristeza. *Ojos tristes; tiempo triste.* || Falto de alegría. *Calle triste.* || Que aflige. *Triste recuerdo.* || Lamentable, deplorable. *Fin triste; es triste no poder ayudar a uno.* || *fig.* Insignificante, insuficiente. *Un triste sueldo.* || Simple. *Ni siquiera un triste vaso de agua.* || *s. m.* Canción popular de tono melancólico y amoroso de la Argentina, Perú y otros países sudamericanos, que se canta con acompañamiento de guitarra.
tristeza *s. f.* Estado natural o accidental de pesadumbre, melancolía. *Esta noticia le llenó de tristeza.* || Impresión melancólica o poco agradable producida por una cosa. *La tristeza de un paisaje.*
tristón, tona *adj.* Algo triste.
tristura *s. f.* Tristeza.
tritio *s. m.* Isótopo radiactivo del hidrógeno, de número de masa 3.
tritón *s. m.* Batracio de cola aplastada que vive en los estanques.
trituración *s. f.* Quebrantamiento, desmenuzamiento.
triturador, ra *adj.* Que tritura. || *s. f.* Máquina para triturar rocas, minerales, etc. || *s. m.* Máquina para triturar desperdicios, papeles, etc. *Poner un triturador en la pila de la cocina.*
triturar *t.* Moler, desmenuzar, quebrar una cosa dura o fibrosa. *Triturar rocas, caña de azúcar.* || Desmenuzar una cosa, mascándola. *Triturar los alimentos.* || *fig.* Maltratar, dejar maltrecho. *Triturar a palos.* || Criticar severamente. *Triturar un texto.*
triunfador, ra *adj.* y *s.* Dícese de la persona que triunfa.
triunfal *adj.* Relativo al triunfo. *Arco, marcha triunfal.*
triunfante *adj.* Que triunfa.
triunfar *intr.* Ser victorioso. *Triunfar sobre el enemigo.* || *fig.* Ganar. *Triunfar en un certamen.* || Tener éxito. *Triunfar en la vida.* || En algunos juegos, jugar del palo del triunfo.
triunfo *s. m.* Victoria, éxito militar. *Los triunfos de Bolívar.* || *fig.* Gran éxito. *Triunfo teatral; el triunfo de una política.* || Trofeo, despojo. || Carta del palo considerado de más valor en algunos juegos. *Triunfo mayor.* || Entrada solemne de un general romano victorioso. || *Arg.* y *Per.* Cierta danza popular.
triunviral *adj.* Perteneciente o relativo a los triunviros.
triunvirato *s. m.* Dignidad y función de triunviro. || Tiempo que duraba. || Gobierno de los triunviros. || *fig.* Unión de tres personas en una empresa.
triunviro *s. m.* Cada uno de los tres magistrados romanos que, en ciertas ocasiones, compartieron el poder.
trivalencia *s. f.* Calidad de trivalente.
trivalente *adj.* En química, que posee la valencia 3.
trivial *adj.* Vulgar, común, sabido de todos, que carece de novedad. || Ligero, insustancial, superficial. *Conversación trivial.*
trivialidad *s. f.* Calidad de trivial. || Cosa trivial o insustancial.
trivio o **trivium** *s. m.* En la Edad Media, conjunto de las tres artes liberales (gramática, retórica y dialéctica). || División de un camino en tres ramales.
triza *s. f.* Pedazo muy pequeño. *Hacer trizas un cacharro.* || Driza. || *loc. fig.* ***Hacer trizas a una persona:*** dejarla malparada o herida.
trocamiento *s. m.* Trueque.
trocánter *s. m.* Nombre de dos apófisis del fémur, donde se insertan los músculos que mueven el muslo. || La segunda de las cinco piezas de las patas de un insecto.
trocar *t.* Cambiar una cosa por otra. *Trocar un caballo por un par de mulas.* || Mudar, transformar, convertir. *Trocar una piedra en oro.* || *fig.* Tomar o decir una cosa por otra, confundir. *Trocar las palabras.* || *pr.* Transformarse. || Cambiarse, mudarse. *Trocarse la fortuna.*
trocear *t.* Dividir en trozos.
troceo *s. m.* División en trozos.
trocha *s. f.* Vereda muy estrecha, sendero. || Atajo. || *Amér.* Vía del ferrocarril.
trochemoche *adv. fam.* **A trochemoche:** A tontas y a locas, de manera disparatada.
trocla o **trócola** *s. f.* Polea.
trofeo *s. m.* Despojo del enemigo vencido. || Representación de armas como motivo decorativo. || Monumento, insignia, etc., que conmemora una victoria. *Ganó múltiples trofeos en competiciones deportivas.*
troglodita *adj.* y *s. com.* Aplícase a la persona que vive en cavernas. || *fig.* Dícese del hombre bárbaro y tosco.
troglodítico, ca *adj.* Relativo a los trogloditas. || Subterráneo.
trogo *s. m.* Ave de México, de vistoso plumaje.
troica *s. f.* Trineo o carro ruso muy grande tirado por tres caballos.
troj *s. f.* Granero.
troje *s. f.* Troj.
trola *s. f. fam.* Mentira, embuste.
trole *s. m.* Pértiga articulada por donde los trenes o tranvías eléctricos y trolebuses toman la corriente del cable conductor. || *loc. fig. Méx.* ***Estar trole:*** estar borracho.
trolebús *s. m.* Autobús que se mueve mediante un mecanismo eléctrico. *Los trolebuses no contaminan.*
trolero, ra *adj.* y *s. fam.* Embustero, mentiroso.
tromba *s. f.* Columna de agua o vapor que se eleva desde el mar con

movimiento giratorio muy rápido por efecto de un torbellino de aire.
trombina *s. f.* Enzima de la sangre que actúa en la coagulación, cambiando el fibrinógeno en fibrina.
trombo *s. m.* Coágulo de sangre que se forma en un vaso sanguíneo o en el interior de una de las cavidades del corazón.
trombocito *s. m.* Plaqueta sanguínea.
trombón *s. m.* Instrumento músico de viento. || *s. com.* Músico que lo toca.
trombosis *s. f.* Formación de coágulos en los vasos sanguíneos. || Oclusión de un vaso por un coágulo.
trompa *s. f.* Instrumento músico de viento que consta de un tubo enroscado y de tres pistones. *Trompa de caza.* || Prolongación muscular tubular larga y flexible de la nariz de ciertos animales. *La trompa del elefante, del tapir.* || Aparato chupador de algunos insectos. *La trompa de la mariposa.* || Prolongación de la parte anterior del cuerpo de muchos gusanos. || Trompo, peonza, juguete. || Trompo de metal hueco que suena al girar. || En arquitectura, porción de bóveda que sale en el ángulo de un edificio y sostiene una parte construida en desplome. || Ventilador hidráulico para las forjas. || Bohordo de cebolla. || *fam.* Borrachera. *Coger una trompa.* || Trompazo, puñetazo. || Hocico. || *Arg. Bol. Chil. Col. Cub. Per. Salv.* y *Uy.* Labios prominentes de una persona.|| *loc. fam.* ***Estar trompa:*** estar borracho. || ***Trompa de Eustaquio:*** canal que comunica la faringe con el tímpano. || ***Trompa de Falopio:*** cada uno de los conductos, situados al lado del útero, destinados a conducir los óvulos desde el ovario a la matriz.
trompada *s. f.* Trompazo.
trompazo *s. m.* Golpe fuerte, porrazo. || *fam.* Puñetazo.
trompeta *adj. Arg.* Aplícase al animal vacuno que ha perdido un cuerno. || *s. f.* Instrumento músico de viento, metálico, con pistones o sin ellos, de sonido muy fuerte. || *s. com.* El que toca este instrumento.
trompetazo *s. m.* Sonido muy fuerte producido con la trompeta o con cualquier instrumento análogo. || Golpe dado con la trompeta. || Grito violento de reprimenda.
trompetear *intr. fam.* Tocar la trompeta.
trompeteo *s. m.* Toque dado con la trompeta.
trompetería *s. f.* Conjunto de trompetas.
trompetero, ra *s.* El que toca la trompeta. || El que hace trompetas.
trompetilla *s. f.* Aparato en forma de trompeta que suelen emplear los sordos para mejorar la audición. || *Cub. Méx.* y *P. Rico.* Sonido burlesco.
trompetilla *s. f.* Instrumento en forma de trompeta que empleaban los sordos para oír mejor. || *Méx.* Gesto de burla que consiste en hacer ruido al sacar con fuerza el aire de la boca colocando la lengua entre los labios.
trompetista *s. com.* Persona que toca la trompeta.
trompeto, ta *adj.* y *s. Méx.* Borracho, ebrio.
trompicar *t.* Hacer tropezar. || *intr.* Tropezar.
trompicón *s. m.* Tropezón. || *fam.* Mojicón. || *loc.* ***A trompicones:*** con intermitencias, sin continuidad.
trompillo *s. m.* Arbusto de la América tropical.
trompiza *s. f. Méx.* Golpiza.
trompo *s. m.* Peón o peonza, juguete de madera. || Molusco gasterópodo marino, de concha cónica. || *fig.* Torpe, ignorante. || Juguete de madera de forma cónica al que se le enrolla una cuerda para lanzarlo y gira sobre una extremidad en punta.
trompudo, da *adj. Amér.* Se dice de la persona de labios prominentes. || *fam. Méx.* De mal humor, enojado. *Óscar anda trompudo porque no le dieron permiso de ir al cine.*
trompudo, da *adj. Méx.* Que tiene la boca muy prominente, bembón.
tronado, da *adj. fam.* Deteriorado por el uso. || Sin dinero.
tronador, ra *adj.* Que truena.
tronante *adj.* Que truena.
tronar *impers.* Producirse o sonar truenos. *Parece que hay una tormenta eléctrica porque se escuchan tronar las nubes.* || *fam. Méx.* No aprobar un curso un estudiante. *Valentina tronó física.* || Romper relaciones una pareja. *Mi novio y yo ya tronamos.*
tronazón *s. f. Amér.* Tempestad de truenos.
troncar *t.* Truncar.
troncha *s. f. Amér.* Lonja.
tronchar *t.* Partir, romper algo doblándolo con violencia. *Tronchar una planta.*
troncho *s. m.* Tallo de las hortalizas, como las lechugas, coles, etc.
tronco *s. m.* Parte de un árbol desde el arranque de las raíces hasta el de las ramas. *El tronco del pino es muy recto.* || El cuerpo humano, o el de cualquier animal, prescindiendo de la cabeza y de los miembros superiores e inferiores. || Fragmento del fuste de una columna. || Conjunto de caballerías que tiran de un carruaje. || *fig.* Origen de una familia. || Persona estúpida o inútil, zoquete. || *loc. fig.* y *fam.* ***Dormir como un tronco*** o ***estar hecho un tronco:*** dormir profundamente. || ***Tronco de cono, de pirámide:*** porción del volumen de un cono, de una pirámide, comprendida entre la base y un plano paralelo a dicha base. || ***Tronco de prisma:*** porción del volumen de un prisma comprendida entre dos secciones planas no paralelas entre sí que cortan todas las aristas laterales.
troncocónico, ca *adj.* En forma de tronco de cono.
tronera *s. f.* Abertura en el costado de un barco o en el parapeto de una muralla para disparar. || Ventana muy pequeña. || Agujero de una mesa de billar por donde pueden entrar las bolas. || *fam.* Calavera, persona de vida desarreglada.
tronido *s. m.* Estampido, ruido del trueno.
trono *s. m.* Sitial con gradas y dosel, usado por los soberanos y altos dignatarios en los actos solemnes. *El trono real, pontificio.* || Tabernáculo donde se expone el Santísimo Sacramento. || Lugar donde se coloca la efigie de un santo para honrarle con mayor solemnidad. || *fig.* Dignidad del rey o soberano. *Ocupar el trono de Inglaterra.*
tronzador *s. m.* Sierra de tronzar con un mango en cada extremo.
tronzar *t.* Dividir, partir en trozos la madera, barras de metal.
tropa *s. f.* Reunión de gente. || Grupo de militares. *Las tropas enemigas.* || Conjunto de todos los militares que no son oficiales ni suboficiales. *Hombre de tropa.* || Toque para que los militares tomen las armas y formen. || *Amér.* Recua de ganado.
tropear *t. Arg.* Preparar el ganado en rebaño para su traslado.
tropel *s. m.* Muchedumbre desordenada. || Prisa, precipitación, atropellamiento. || Montón de cosas mal ordenadas. || *loc.* ***En tropel:*** yendo muchos juntos y con precipitación.
tropelía *s. f.* Prisa confusa y desordenada. || Atropello, abuso de la fuerza o de la autoridad, violencia.
tropero *s. m. Arg.* y *Uy.* Encargado de guiar ganado. *Los troperos se coordinaron muy bien y las vacas atravesaron el río sin percances.*
tropezar *intr.* Dar involuntariamente con los pies en un obstáculo. *Tropezar con* o *contra una piedra.* || *fig.* Encontrar un obstáculo. *Tropezar con una dificultad.* || Encontrar por casualidad. *Tropezar con un amigo.* || Cometer una falta. || *pr.* Rozarse las bestias una pata con otra.
tropezón, zona *adj. fam.* Que tropieza. *Caballería tropezona.* || *s. m.* Paso en falso, traspiés. || *fig.* Tropiezo, desliz, desacierto. *Dar un tropezón.* || *pl.* Trozos pequeños de jamón o de otra carne que se pone en las sopas o legumbres. || *loc.* ***A tropezones:*** con intermitencias, sin continuidad.

T

tropical *adj.* Relativo a los trópicos. *Fauna, flora tropical.*

trópico, ca *adj.* Relativo al tropo, figurado. || Concerniente a la posición exacta del equinoccio. || *s. m.* Cada uno de los dos círculos menores de la esfera celeste paralelos al ecuador, y entre los cuales se efectúa el movimiento anual aparente del Sol alrededor de la Tierra. || *loc.* ***Trópico de Cáncer:*** el del hemisferio Norte por donde pasa el Sol al cenit el día del solsticio de verano. || ***Trópico de Capricornio:*** el del hemisferio Sur por donde pasa el Sol al cenit el día del solsticio de invierno.

tropiezo *s. m.* Cosa en que se tropieza, estorbo. || *fig.* Desliz, equivocación, falta. *Dar un tropiezo.* || Impedimento, dificultad. || Contratiempo. *Llegó sin tropiezo.*

tropilla *s. f. Arg. Chil.* y *Uy.* Conjunto de caballos de un mismo dueño.

tropillo *s. m. Amér.* Aura, ave.

tropismo *s. m.* Movimiento de un organismo en una dirección determinada por el estímulo de agentes físicos o químicos (luz, calor, humedad, etc.).

tropo *s. m.* Figura retórica que consiste en emplear una palabra en sentido figurado.

troposfera *s. f.* Primera capa de la atmósfera, en contacto con la superficie de la Tierra.

troquel *s. m.* Molde que sirve para acuñar monedas y medallas o estampar sellos, etc.

troquelar *t.* Acuñar, estampar con troquel.

troqueo *s. m.* Pie de la poesía griega y latina, compuesto de dos sílabas, la primera larga y la segunda breve. || En la poesía castellana, pie compuesto de una sílaba tónica y otra átona, como *prado.*

troquiter *s. m.* La tuberosidad mayor del húmero.

trotacalles *s. inv. fam.* Azotacalles.

trotaconventos *s. f. inv. fam.* Alcahueta.

trotada *s. f.* Carrera, trayecto.

trotador, ra *adj.* Que trota bien o mucho. *Yegua trotadora.*

trotamundos *s. com.* Persona aficionada a viajar.

trotar *intr.* Andar el caballo al trote. || Cabalgar sobre un caballo que anda de esta manera. || *fig.* y *fam.* Andar mucho dirigiéndose a varios sitios una persona.

trote *s. m.* Modo de andar una caballería, intermedio entre el paso y el galope, levantando a la vez la mano y el pie opuestos. || *fam.* Actividad muy grande y cansada. *Ya no estoy para estos trotes.* || Asunto complicado, enredo. *No quiero meterme en esos trotes.* || *loc.* ***Al trote:*** a) trotando. b) *fig.* Muy de prisa.

trotón, tona *adj.* Aplícase al caballo que acostumbra andar al trote. || *fig.* De uso diario. || *s. m.* Caballo.

trotskista *adj.* y *s. com.* Partidario o discípulo de León Trotsky.

trova *s. f.* Verso. || Poesía, composición métrica escrita generalmente para ser cantada. || Canción o poesía amorosa de los trovadores.

trovador, ra *adj.* Que trova o hace versos. || *s.* Poeta, poetisa. || *s. m.* Poeta provenzal de la Edad Media, que trovaba en lengua de oc.

trovadoresco, ca *adj.* Relativo a los trovadores.

trovar *intr.* Componer versos y trovas.

trovero *s. m.* Poeta francés de la Edad Media que componía versos en lengua de oil.

troyano, na *adj.* y *s.* De Troya, antigua ciudad de Asia Menor.

trozo *s. m.* Pedazo de una cosa separado del resto. *Un trozo de papel.* || Parte, fragmento de una obra literaria o musical. *Un libro de trozos escogidos.*

trucaje *s. m.* Artificio cinematográfico que consiste en emplear trucos.

trucar *t.* Arreglar las cartas para hacer trampas en los juegos de naipes, o hacer trucos en el juego de billar. *Melesio trucaba los dados para que siempre salieran los números que él quería.* || Alterar o falsificar una cosa, como documentos. *En el filme de espías había un especialista en trucar pasaportes.* || *intr.* Hacer el primer envite en el juego del truque.

trucha *s. f.* Pez salmónido de agua dulce, de carne muy estimada.

truchero, ra *adj.* Donde hay truchas. *Río truchero.* || *s.* Pescador o vendedor de truchas.

truchimán, mana *s. fam.* Trujamán.

trucho, cha *adj. Arg. Chil. Py.* y *Uy.* Falso, fraudulento, de mala calidad.

trucidar *t.* Despedazar. || Matar.

truco *s. m.* Engaño o trampa para lograr un fin. *Germán utilizó el viejo truco del dolor de estómago para faltar a la escuela.* || Procedimiento para producir un efecto que no es real pero que se ve como verdadero. *Vimos un mago que hacía trucos espectaculares.* || *Arg.* y *Uy.* Juego de naipes.

truculencia *s. f.* Aspecto terrible o espantoso.

truculento, ta *adj.* Terrible, espantoso, atroz. *Relato truculento.*

trueno *s. m.* Estampido que acompaña al relámpago. || Ruido fuerte del tiro de un arma o cohete. || *fam.* Muchacho atolondrado, calavera.

trueque *s. m.* Acción de trocar, cambio.

trufa *s. f.* Hongo comestible muy apreciado, de color negruzco y forma redonda, que crece bajo tierra. || Golosina de chocolate con forma parecida al hongo de ese nombre.

trufar *t.* Rellenar de trufas. *Trufar un pavo.* || *intr.* Mentir, decir trufas. || Engañar.

truhan, na o **truhán, hana** *adj.* y *s.* Granuja.

truhanada *s. f.* Truhanería.

truhanear *intr.* Engañar.

truhanería *s. f.* Acción propia de un truhán. || Conjunto de truhanes.

truhanesco, ca *adj.* Propio de un truhán.

truismo *s. m.* Verdad tan evidente que no merecería siquiera ser enunciada.

trujamán, mana *s.* Intérprete. || *s. m.* El que, por su experiencia, da consejos a otras personas en ciertos tratos o negocios.

trujillano, na *adj.* y *s.* De Trujillo, nombre de ciudades de España, Honduras, Perú y de uno de los estados de Venezuela.

trujillense *adj.* y *s. com.* De Trujillo, en Venezuela.

truncado, da *adj.* Aplícase a las cosas a las que se ha quitado alguna parte esencial. *Obra truncada.* || *loc.* ***Cono truncado, pirámide truncada:*** en geometría, cono o pirámide a los que les falta el vértice.

truncamiento *s. m.* Acción y efecto de truncar.

truncar *t.* Quitar alguna parte esencial. *Truncar una estatua, un libro.* || *fig.* Romper, cortar. *Truncar las ilusiones de uno.* || Interrumpir. *Este accidente ha truncado su vida.*

trupial *s. m.* Turpial, pájaro.

trusa *s. f. Méx.* y *Per.* Prenda interior que usan los hombres debajo de los pantalones. *Ernesto traía puesta una trusa de corazoncitos rojos.*

trust *s. m.* Unión de grandes empresas con objeto de reducir los gastos de producción, evitar la competencia y acaparar el mercado de ciertos productos. || En la ex Unión Soviética, conjunto industrial bajo una dirección única.

tsetse *s. f.* Mosca africana que transmite la enfermedad del sueño.

tsunami *s. m.* Ola gigantesca producida por un movimiento sísmico. *Un tsunami es un fenómeno muy destructivo.*

tu, tus *adj.* Apócope del adjetivo posesivo «tuyo», cuando va antepuesto al nombre. *¿Cuál es tu nombre?*

tú *pron.* Forma personal masculino y femenino que indica la segunda persona del singular y funciona como sujeto. *¿Tú qué crees?* || *loc. fig.* ***Estar de tú a tú con uno:*** tener trato de confianza con él. || *fam.* ***Más lo eres tú:*** frase con que se aplica una calificación injuriosa a la persona misma que fue la primera en emplearla. || ***Tratar de tú:*** tutear.

tuareg *s. m. pl.* Pueblo nómada del Sáhara, de raza beréber.
tuatúa *s. f.* Árbol euforbiáceo americano cuyas hojas y semillas se usan como purgantes.
tuba *s. f.* Licor alcohólico filipino que se saca de la nipa, el coco, el burí y otras palmeras. || Instrumento músico de viento, de tubo cónico con cilindros o pistones, cuyo tono corresponde al del contrabajo.
tuberáceo, a *adj.* y *s. f.* Aplícase a los hongos ascomicetos completamente subterráneos, como la trufa y la criadilla de tierra. || *pl.* Familia que forman.
tuberculina *s. f.* Extracto glicerinado de cultivos de bacilos de Koch, usado en el diagnóstico de las enfermedades tuberculosas.
tuberculización *s. f.* Infección de un organismo u órgano por la tuberculosis.
tuberculizar *t.* Producir tubérculos.
tubérculo *s. m.* Excrecencia feculenta en cualquier parte de una planta, particularmente en la parte subterránea del tallo, como la patata, la batata, etc. || Tumorcillo que se forma en el interior de los tejidos y es característico de la tuberculosis. || Protuberancia en las partes duras del dermoesqueleto de algunos animales.
tuberculosis *s. f.* Enfermedad infecciosa y contagiosa del hombre y de los animales, causada por el bacilo de Koch y caracterizada por la formación de tubérculos en los órganos. *Tuberculosis pulmonar, ósea, renal.*
tuberculoso, sa *adj.* Relativo al tubérculo. || Que tiene tubérculos. *Raíz tuberculosa.* || En medicina, relativo a la tuberculosis. *Virus tuberculoso.* || Aplícase a la persona que padece tuberculosis.
tubería *s. f.* Conjunto de tubos o conductos utilizados para el transporte de un fluido, cañería. *Tubería de agua.* || Fábrica, taller o comercio de tubos.
tuberiforme *adj.* Que tiene forma o aspecto de tubérculo.
tuberización *s. f.* Transformación en tubérculos de la parte inferior del tallo de ciertas plantas.
tuberosidad *s. f.* Tumor, abultamiento. || Protuberancia de un hueso donde se sujetan músculos y ligamentos.
tuberoso, sa *adj.* Que tiene tuberosidades. || *s. f.* Nardo, planta.
tubo *s. m.* Pieza cilíndrica hueca. *El tubo del agua.* || En anatomía, conducto natural. *Tubo digestivo, intestinal.* || Parte inferior de los cálices o de las corolas gamopétalas. *Tubo polínico.* || Recipiente alargado, metálico o de cristal, de forma más o menos cilíndrica, destinado a contener pintura, pasta dentífrica, píldoras, etc. || Chimenea de cristal de las lámparas. || En radioelectricidad, lámpara. *Tubo catódico.* || *loc.* ***Tubo de escape:*** tubo de evacuación de los gases quemados en un motor. || ***Tubo de ensayo:*** el de cristal, cerrado por uno de sus extremos, usado para los análisis químicos.
tubular *adj.* Que tiene forma de tubo o está hecho con tubos. *Corola tubular.*
tucán *s. m.* Ave trepadora originaria de América, con plumaje colorido y pico muy grande. *Los tucanes son una especie en peligro de extinción.*
tucano, na *adj.* y *s.* Dícese de los miembros de una tribu indígena que vive en la zona fronteriza situada entre Perú, Colombia y Brasil.
tucho, cha *s. Méx.* Mono araña. || Persona fea.
tuco *Arg. Chil.* y *Uy.* Salsa de tomate cocida con cebolla, orégano, perejil, ají o chile y otros ingredientes. || *Per.* Especie de búho.
tucumá *s. m.* Palmera de la que se obtiene una fibra textil, de su fruto se extrae aceite. *Los tucumás crecen en la cuenca de los ríos Orinoco y Amazonas.*
tucumano, na *adj.* y *s.* De Tucumán, provincia de Argentina.
tucúquere *s. m. Chil.* Especie de búho de gran tamaño.
tucutuco *s. m. Amér. Merid.* Mamífero roedor de unos 20 cm de largo, similar al topo, que vive en túneles subterráneos. *Los tucutucos viven en América del Sur.*
tucutuzal *s. m. Arg.* Terreno socavado por los tucutucos.
tuerca *s. f.* Pieza con un orificio labrado en espiral en que encaja la rosca de un tornillo.
tuerto, ta *adj.* Torcido. || Aplícase a la persona que no tiene vista en un ojo. *Dejar, quedarse tuerto.* || *s. m.* Agravio.
tuétano *s. m.* Médula. || *fig.* Sustancia, lo más importante o interesante de una cosa. || *loc. fig.* y *fam.* ***Hasta los tuétanos:*** hasta lo más íntimo o profundo de una persona; muy profundamente. *Calado hasta los tuétanos.*
tufarada *s. f.* Racha de olor o calor repentina y poco duradera.
tufillo *s. m.* Olor ligero.
tufo *s. m.* Emanación gaseosa que se desprende de ciertas cosas. || Mal olor. *Tufo de alcantarilla.* || Mechón de pelo que se peina o riza delante de las orejas. || Toba, piedra caliza. || *pl. fig.* Soberbia, presunción, vanidad. *¡Este chico tiene unos tufos!*
tugurio *s. m.* Choza de pastores. || *fig.* Habitación o casa miserable.
tui *s. m. Arg.* Loro pequeño.
tuición *s. f.* En derecho, defensa.
tuitivo, va *adj.* En derecho, que defiende o protege.
tul *s. m.* Tejido fino, ligero y transparente de algodón o seda que forma una red de mallas redondas.
tule *s. m. Méx.* Planta de tallos largos y rectos que crece a la orilla de los ríos y lagos.
tulio *s. m.* Elemento químico del grupo de las tierras raras, muy escaso en la corteza terrestre. Es de brillo metálico, denso y fácilmente inflamable. Se utiliza en la industria nuclear y como fuente de rayos X. Su número atómico es 69 y su símbolo Tm.
tulipa *s. f.* Pantalla de cristal de forma parecida a la del tulipán.
tulipán *s. m.* Planta liliácea de raíz bulbosa y hermosas flores ornamentales. || Su flor.
tulipanero o **tulipero** *s. m.* Árbol ornamental de la familia de las magnoliáceas, oriundo de América.
tullecer *t.* Tullir, lisiar. || *intr.* Quedarse tullido.
tullidez *s. f.* Tullimiento.
tullido, da *adj.* Baldado, imposibilitado, que no puede mover algún miembro. || *fig.* Muy cansado.
tullimiento *s. m.* Estado de tullido, parálisis.
tullir *t.* Dejar tullido, lisiar. || *fig.* Cansar mucho. || *pr.* Quedarse imposibilitado o tullido. || Paralizarse un miembro.
tulpa *s. f. Amér.* Piedra de fogón campestre.
tumba *s. f.* Sepultura, sitio donde está enterrado un cadáver. || Ataúd que se coloca para la celebración de las honras fúnebres. || Cubierta arqueada de ciertos coches. || *Col.* y *Méx.* Cortar las plantas de un terreno.
tumbaga *s. f.* Aleación de cobre y cinc. || Sortija hecha de esta materia y, por extensión, de cualquier metal.
tumbal *adj.* Relativo a la tumba. *Piedra, inscripción tumbal.*
tumbar *t.* Hacer caer, derribar. *Tumbar a uno al suelo.* || Inclinar mucho. *El viento ha tumbado las mieses.* || *fig.* y *fam.* Suspender en un examen. *Le tumbaron en latín.* || Pasmar. *Lo dejé tumbado de asombro.* || *intr.* Caer al suelo, desplomarse. || Dar de quilla un barco. || *pr.* Echarse. *Tumbarse en la cama.* || Repantigarse. *Tumbarse en un sillón.*
tumbo *s. m.* Vaivén violento, sacudida de algo que va andando o rodando. *El coche daba tumbos por el camino mal empedrado.*
tumbona *s. f.* Silla extensible y articulada para estar recostado. *Alrededor de la piscina había unas tumbonas.*
tumefacción *s. f.* Hinchazón.
tumefacto, ta *adj.* Hinchado.
tumescencia *s. f.* Tumefacción.
tumescente *adj.* Que se hincha.

túmido, da *adj.* Hinchado.
tumor *s. m.* En medicina, multiplicación anormal de las células que produce un desarrollo patológico de los tejidos.
tumoroso, sa *adj.* Que tiene uno o varios tumores.
tumulario, ria *adj.* Relativo al túmulo. *Inscripción tumularia.*
túmulo *s. m.* Sepulcro levantado encima del nivel del suelo. || Montecillo artificial con que se cubrían las sepulturas. || Catafalco, armazón cubierta de paños negros sobre la que se coloca un ataúd.
tumulto *s. m.* Motín, disturbio, alboroto. || *fig.* Agitación, confusión ruidosa.
tumultuario, ria *adj.* Tumultuoso.
tumultuoso, sa *adj.* Que promueve tumultos, alborotado, agitado. *Una asamblea tumultuosa.* || Acompañado de tumulto. *Protestas tumultuosas.*
tuna[1] *s. f.* Estudiantina, grupo de estudiantes que cantan y tocan instrumentos musicales.
tuna[2] *s. f.* Fruto de la chumbera o nopal.
tunal *s. m.* Nopal. || Sitio poblado de tunas.
tunantada *s. f.* Granujada.
tunante, ta *adj.* y *s.* Pícaro.
tunantear *intr.* Bribonear.
tunantería *s. f.* Picardía, granujada, acción propia de un tunante. || Conjunto de tunantes.
tunantesco, ca *adj.* Propio de los tunantes.
tunco, ca *adj. Guat. Hond.* y *Méx.* Persona que ha perdido un brazo o una mano, manco.
tunda *s. f.* Acción y efecto de tundir los paños. || *fam.* Paliza, soba. *Dar una tunda.*
tundición *s. f.* o **tundido** *s. m.* Tunda de los paños.
tundidor *s. m.* El que tunde.
tundidora *adj. s. f.* Aplícase a la máquina que sirve para tundir paños. || La que tunde.
tundidura *s. f.* Acción de tundir.
tundir *t.* Cortar e igualar con tijera el pelo de los paños. || *fam.* Pegar, golpear, dar una tunda.
tundra *s. f.* En las regiones polares, particularmente en Siberia y Alaska, formación vegetal consistente en musgos, líquenes, árboles enanos.
tunear *intr.* Llevar una vida de tuno o hacer tunanterías. || *t. Méx.* Cosechar tunas.
tunecino, na *adj.* y *s.* De Túnez.
túnel *s. m.* Galería subterránea abierta para dar paso a una vía de comunicación.
tunería *s. f.* Calidad o manera de portarse del tunante.
tungsteno *s. m.* Elemento químico, metal escaso en la corteza terrestre de color gris acerado, muy duro y denso. Se utiliza en los filamentos de las lámparas incandescentes, en resistencias eléctricas y, aleado con el acero, para fabricar herramientas. Su número atómico es 74 y su símbolo *W*.
túnica *s. f.* Prenda interior a modo de camisa amplia sin mangas que llevaban los antiguos. || Cualquier vestidura amplia y larga. || En anatomía, membrana fibrosa que envuelve algunos órganos. *Túnicas vasculares.* || En botánica, envoltura, particularmente de un bulbo. *La túnica de la cebolla.*
tunicado, da *adj.* Envuelto por una o varias túnicas. *Bulbo tunicado.* || *s. m. pl.* Clase de protocordados que comprende animales marinos con cuerpo cubierto por una túnica de forma de saco.
tunjano, na *adj.* y *s.* De Tunja, ciudad de Colombia.
tuno, na *adj.* y *s.* Tunante, bribón. || *s. com.* Estudiante perteneciente a una tuna.
tuntún *loc. adv. fam.* **Al tuntún** o **al buen tuntún:** Sin reflexión, a la buena de Dios, sin datos seguros. *Decir algo al buen tuntún.*
tupé *s. m.* Copete. || *fig.* y *fam.* Desfachatez, caradura.
tupido, da *adj.* Apretado, espeso. *Paño tupido.* || Denso.
tupíguaraní *adj.* y *s. m.* Grupo de pueblos amerindios de América del Sur que abarca Brasil, Paraguay, la cuenca del río Amazonas y la costa atlántica de esa parte del continente americano. || Conjunto de lenguas amerindias de América del Sur, habladas por los pueblos del mismo nombre.
tupinambá *adj.* y *s. m.* Dícese de un pueblo indígena de la familia tupí establecido en el litoral atlántico del Bajo Amazonas.
tupinambo *s. m.* En botánica, aguaturma.
tupir *t.* Apretar mucho.
turba *s. f.* Combustible fósil que resulta de materias vegetales más o menos carbonizadas. || Estiércol mezclado con carbón vegetal. || Muchedumbre generalmente bulliciosa.
turbación *s. f.* Confusión, desasosiego, perplejidad. || Desorden.
turbador, ra *adj.* Que turba. || *s.* Que provoca disturbios o desórdenes.
turbal *s. m.* Turbera.
turbamiento *s. m.* Turbación.
turbamulta *s. f. fam.* Muchedumbre confusa y desordenada.
turbante *s. m.* Tocado de los orientales consistente en una faja larga de tela arrollada alrededor de la cabeza. || Cualquier tocado parecido.
turbar *t.* Enturbiar, alterar la transparencia natural. *Turbar el agua.* || *fig.* Causar desorden, perturbar. *Turbar la paz pública.* || Desconcertar, confundir. *Esta pregunta le turbó visiblemente.* || Trastornar. *Turbar la razón.* || Interrumpir. *Turbar el silencio.* || *pr. fig.* Perder la serenidad, el aplomo.
turbelario *adj.* Dícese de los gusanos de cuerpo aplanado, que viven en aguas marinas o dulces o sobre la tierra húmeda. || *s. m. pl.* Clase que forman.
turbera *s. f.* Yacimiento de turba.
turbidez *s. f.* Calidad de túrbido o turbio.
túrbido, da *adj.* Turbio.
turbiedad *s. f.* Estado de un líquido turbio. || Opacidad. || Ofuscamiento.
turbina *s. f.* Motor constituido por una rueda móvil de álabes sobre la cual actúa la fuerza viva de un fluido (agua, vapor, gas, etc.). *Las turbinas de vapor reemplazan cada vez más las antiguas máquinas de émbolo.* || Aparato para separar por centrifugación los cristales de azúcar de otros componentes que hay en la melaza.
turbinto *s. m.* Árbol anacardiáceo de América Meridional.
turbio, bia *adj.* Que ha perdido su transparencia natural. *Líquido turbio.* || *fig.* Equívoco, poco claro. *Negocio turbio.* || Agitado. *Periodo turbio.* || Falto de claridad. *Estilo turbio; vista turbia.*
turbión *s. m.* Aguacero con viento fuerte, chaparrón. || *fig.* Multitud, alud de cosas o sucesos.
turboalternador *s. m.* Grupo generador de electricidad, constituido por una turbina y un alternador acoplados en un mismo eje.
turbobomba *s. f.* Bomba centrífuga acoplada a una turbina.
turbocompresor *s. m.* Compresor rotativo centrífugo que tiene alta presión.
turbodinamo *s. m.* Acoplamiento hecho con una turbina y una dinamo.
turbogenerador *s. m.* Turbina de vapor directamente acoplada a un generador eléctrico.
turbohélice *s. f.* Turbopropulsor.
turbomotor *s. m.* Turbina accionada por el aire comprimido que funciona como motor.
turbonada *s. f.* Aguacero, chaparrón. || *Arg.* Vendaval.
turbopropulsor *s. m.* Propulsor constituido por una turbina de gas acoplada a una o varias hélices por medio de un reductor de velocidad.
turborreactor *s. m.* Motor de reacción constituido por una turbina de gas cuya expansión a través de una o varias toberas produce un efecto de propulsión por reacción.
turbosina *s. f. Méx.* Combustible especial para aviones a reacción.

turboventilador *s. m.* Ventilador accionado por una turbina.
turbulencia *s. f.* Agitación ruidosa, alboroto, bullicio. *La turbulencia de los niños.* || Agitación desordenada de un fluido que corre. *La turbulencia del agua del mar.*
turbulento, ta *adj.* Turbio. || *fig.* Bullicioso, alborotado, agitado.
turco, ca *adj.* y *s.* De Turquía. || *s. m.* Lengua turca. || *loc.* ***Cabeza de turco:*** cabeza. || ***Cama turca:*** la que no tiene cabecera ni pies. || ***Silla turca:*** en anatomía, cavidad del esfenoides donde está la hipófisis.
turcomano, na *adj.* y *s.* Aplícase a un pueblo uraloaltaico de raza turca, establecido en Turkmenistán, Uzbekistán, Afganistán e Irán.
turdetano, na *adj.* y *s.* Dícese de un antiguo pueblo del bajo valle del Guadalquivir, en España.
turgencia *s. f.* En medicina, aumento patológico del volumen de un órgano.
turgente *adj.* Hinchado.
túrgido, da *adj.* Turgente.
turismo *s. m.* Acción de viajar por distracción y recreo. || Organización, desde el punto de vista técnico, financiero y cultural, de los medios que facilitan estos viajes. *Oficina de turismo.* || Industria que se ocupa de la satisfacción de las necesidades del turista. *El turismo es buen proveedor de divisas extranjeras.* || Automóvil de uso privado y no comercial o taxi que no lleva marcado su carácter público.
turista *s. com.* Persona que viaja por distracción y recreo.
turístico, ca *adj.* Relativo al turismo. *Excursión turística.* || Frecuentado por los turistas. *Playa turística.* || Hecho con miras al turismo. *Espectáculo turístico.*
turma *s. f.* Criadilla de tierra, hongo.
turmalina *s. f.* Mineral de color variable que se presenta en forma de prismas alargados.
turnar *intr.* Alternar o establecer un turno con otras personas. *Turnarse para cuidar a un enfermo.*
turno *s. m.* Orden establecido entre varias personas para la ejecución de una cosa. *Turno de día, de noche; hablar en su turno.* || Cuadrilla, equipo a quien toca trabajar. || *loc.* ***De turno:*** dícese de la persona a quien corresponde actuar.
turón *s. m.* Mamífero carnicero mustélido de olor fétido.
turpial *s. m.* Pájaro americano parecido a la oropéndola.
turquesa *s. f.* Piedra preciosa, de color azul verdoso.
turquino, na *adj.* Aplícase al azul muy oscuro.
turrar *t.* Tostar.
turrón *s. m.* Dulce hecho de almendras, avellanas o nueces, tostadas y mezcladas con miel u otros ingredientes. *Turrón de Jijona, de Alicante.* || *fig.* y *fam.* Cargo público o pensión que se obtiene del Estado.
turronería *s. f.* Tienda donde se venden turrones.
turronero, ra *s.* Persona que hace o vende turrón.
turulato, ta *adj. fam.* Estupefacto, pasmado. || Atolondrado por un golpe.
tusa *s. f. Arg.* y *Chil.* Crin recortada del caballo. || *Arg.* y *Chil.* Acción de tusar, de cortar las crines a los caballos. || *Bol. Col.* y *Ven.* Mazorca de maíz desgranada. || *Chil.* Conjunto de filamentos o pelos de la mazorca del maíz. || *Col.* Marca de viruela. || *Cub.* Cigarrillo que se prepara utilizando hojas de maíz. || *Cub.* Mazorca de maíz.
tusar *t. Amér.* Cortar mal el pelo, el vellón o la lana. *Mi hermano fue al peluquero y lo tusaron.* || *Arg.* y *Chil.* Cortar las crines al caballo.
tusfrano *s. m.* Ununtrio.
tusilago *s. m.* Fárfara.
tuso, sa *adj. Col.* y *P. Rico.* Dícese de la persona con el pelo cortado al ras. || *Col.* y *Ven.* Dícese de la persona que está picada de viruelas.
tute *s. m.* Juego de naipes en el cual hay que reunir los cuatro reyes o caballos. || Reunión de estos naipes.
tuteamiento *s. m.* Tuteo.
tutear *t.* Dirigirse a una persona hablándole de tú.
tutela *s. f.* Autoridad conferida por la ley para cuidar de la persona y bienes de un menor. || Función de tutor. || *fig.* Protección, defensa, salvaguardia. *Estar bajo tutela.*
tutelar *adj.* Protector. *Divinidad tutelar.* || Que ejerce tutela.
tuteo *s. m.* Acción de tutear o tutearse.
tutía *s. f.* Óxido de cinc.
tutor, ra *s.* Persona encargada de la tutela de un menor o de un incapacitado. || *s. m.* Rodrigón.
tutoría *s. f.* Cargo de tutor.
tutriz *s. f.* Tutora.
tutti frutti *s. m.* Helado que se hace con varias frutas.
tutú *s. m. Arg.* Ave de rapiña de plumaje verde y azul.
tutulxiu *adj.* y *s. m.* Indio tolteca.
tutuma *s. f. Chil.* Bulto que sobresale en el cuerpo de una persona o en su vestimenta.
tutuma *s. f. Per.* Calabaza. || *fig. Per.* Cabeza. || *Chil.* Chichón, bulto, grano.
tuxapa *s. m.* Junco de los lagos de Michoacán, en México.
tuxpacle *s. m. Méx.* Planta morácea medicinal.
tuya *s. f.* Árbol conífero de América que se cultiva en parques.
tuyo *s. m. Chil.* Ñandú.
tuyo, ya Pronombre posesivo que indican que algo pertenece a la segunda persona del singular. *Éste es mi pedazo de tarta, ¿cuál es el tuyo?*
tuyuyú *s. m. Arg.* Especie de cigüeña.
tuza *s. f. Méx.* Pequeño roedor parecido al topo que también construye túneles por abajo de la tierra.
tuzteco, ca *adj.* y *s.* Indígena de México, en el estado de Guerrero.
tweed *s. m.* Tejido de lana, generalmente de dos colores, utilizado para la confección de trajes sport.
tzeltal *adj.* y *s. m.* De un pueblo amerindio que habita en la frontera de México y Guatemala.
tzinapu *s. m. Méx.* Obsidiana.
tzompantli *s. m.* Sitio de los templos prehispánicos de México donde se colocaban los cráneos de los sacrificados.
tzotzil *adj.* y *s. com.* Indígena mexicano, en el estado de Chiapas.

T

U u

u *s. f.* Vigésima segunda letra del abecedario español y quinta de sus vocales.
u *conj.* Se emplea en vez de «o» ante palabras que empiezan con «o» o con «ho». *No puedes comprar los dos chocolates, tienes que escoger uno u otro.*
uahabita *adj.* y *s. com.* Wahabita.
uapití *s. m.* Ciervo de gran tamaño que vive en Alaska y Siberia.
ubérrimo, ma *adj.* Que es muy abundante en frutos. *Las ubérrimas tierras de esa región producen miles de toneladas de uvas al año.*
ubicación *s. f.* Lugar donde se encuentra algo o alguien. *El chofer del taxi no ubicaba la ruta a mi casa.*
ubicado, da *adj.* Situado en algún lugar. *El museo está ubicado cerca del centro de la ciudad.* || *Arg.* y *Méx.* Centrado, sensato. *Pese a su juventud Renata es muy ubicada.* || *Cub. Nic.* y *Uy.* Propio, que se comporta de acuerdo a la situación.
ubicar *t. intr.* y *pr.* Estar o encontrarse en un lugar o espacio. *Dime dónde se ubica la casa en la que será la fiesta del viernes.* || *Amér.* Situar o instalar algo en determinado espacio o lugar.
ubicuidad *s. f.* Cualidad de poder estar en todos los lugares al mismo tiempo.
ubicuo, cua *adj.* Que está en todos los sitios a la vez. || *fig.* Muy activo, que quiere estar presente en todas partes.
ubre *s. f.* Cada una de las tetas de las hembras de los mamíferos.
ucase *s. m.* Decreto del zar. || *fig.* Orden autoritaria.
ucraniano, na o **ucranio, nia** *adj.* y *s.* De Ucrania.
ucumari *s. m.* Cierto oso del Perú.
uf *interj.* Expresa cansancio, fastidio, sofocación, repugnancia. *¡Uf! ¡Qué calor hace hoy!*
ufanarse *pr.* Engreírse, vanagloriarse, jactarse. *Ufanarse con* (o *de*) *sus riquezas.*
ufanía *s. f.* Orgullo.
ufano, na *adj.* Orgulloso. *Estar ufano con un título.* || Soberbio.
ugandés, desa *adj.* y *s.* De Uganda.
ugrofinés, nesa *adj.* Dícese de los finlandeses o de otros pueblos de lengua parecida. || Aplícase a un grupo de lenguas uraloaltaicas como el estoniano, el finlandés, el húngaro.
uguate *s. m. Méx.* Caña verde del maíz.
uistití *s. m. Méx.* Tití, mono.
ujier *s. m.* Portero de un palacio o edificio de tribunales. || Empleado de un organismo público que se encarga de dar seguimiento a determinados trámites.
újule *interj. fam. Méx.* Expresión que indica sorpresa, delicadeza exagerada o queja. *¡Újule!, ¡Subió el precio del litro de leche hoy!*
ukase *s. m.* Ucase.
ulala *s. f.* En botánica, especie de cacto.
ulano *s. m.* En los antiguos ejércitos austriaco, alemán y ruso, soldado de caballería armado de lanza.
úlcera *s. f.* En medicina, pérdida de sustancia de la piel o de las mucosas a consecuencia de un proceso patológico de destrucción molecular o de una gangrena. *Úlcera del estómago, varicosa.* || Lesión de los tejidos vegetales.
ulceración *s. f.* Formación de una úlcera. *Ulceración de las varices.*
ulcerante *adj.* Que ulcera. || *fig.* Ofensivo.
ulcerar *t.* Causar úlcera. *Ulcerar una llaga.* || *fig.* Ofender, herir. *Crítica que ulcera.* || *pr.* Convertirse en úlcera. *Ulcerarse una llaga.*
ulcerativo, va *adj.* Que ulcera.
ulceroso, sa *adj.* Que tiene úlceras. || De la naturaleza de la úlcera. *Llaga ulcerosa.*
ulcoate *s. m.* Serpiente venenosa de México.
ulema *s. m.* Jurista y teólogo que es doctor de la ley musulmana.
uliginoso, sa *adj.* Se aplica a los lugares húmedos y a las plantas que crecen en este tipo de lugares.
ulmáceo, a *adj.* y *s. f.* Dícese de las plantas dicotiledóneas, como el olmo. || *pl.* Familia que forman.
ulmén *s. m. Chil.* Entre los araucanos, hombre rico e influyente.
ulmo *s. m. Chil.* Árbol grande de flores blancas cuya corteza se emplea para curtir. || Madera del árbol de ese nombre.
ulpo *s. m. Arg.* y *Chil.* Mazamorra hecha con harina tostada.
ulterior *adj.* Que está en la parte de allá, en oposición con *citerior.* || Que ocurre después de otra cosa, en oposición con «anterior».
ultimación *s. f.* Fin, terminación.
ultimadamente *adv. Méx.* Por último, para terminar.
ultimar *t.* Acabar, finalizar, terminar, concluir. *Ultimar un trabajo.* || Concertar. *Ultimaron el tratado.* || *Amér.* Matar, rematar.
ultimátum *s. m.* En el lenguaje diplomático, resolución terminante comunicada por escrito. || *fam.* Decisión definitiva.
último, ma *adj.* Aplícase a lo que, en una serie, no tiene otra cosa después de sí. *Diciembre es el último mes del año.* || Dícese de lo más reciente. *Las últimas noticias.* || Relativo a lo más remoto, retirado o escondido. *Vive en el último rincón de la Argentina.* || Peor. *El último de los hombres.* || Extremo. *Recurriré a él en último caso.* || Más bajo. *Éste es mi último precio.* || *loc. fam.* ***Estar en las últimas:*** estar muriéndose, en el fin de su vida. || ***Por último:*** después de todo.
ultra *adj.* Relativo a las ideas o pensamientos que llevan al extremo sus opiniones. || *s.* Persona que tiene ideas o pensamientos radicales.
ultracentrifugadora *s. f.* Aparato de centrifugación que tiene un régimen de rotación muy elevado (más de 60 000 revoluciones por minuto).
ultracorrección *s. f.* Vicio lingüístico que consiste en deformar las palabras pretendiendo ser correcto en su uso. *Una ultracorrección frecuente es que la gente diga o escriba «bacalado» en vez de «bacalao».*
ultracorrecto, ta *adj.* Que ha sufrido ultracorrección. *Es ultracorrecto pronunciar la «v» como si fuera labiodental.*
ultracorto, ta *adj.* Dícese de la onda cuya longitud es inferior a 1 m.
ultrafiltración *s. f.* Filtración que se obtiene haciendo pasar a presión una disolución por los poros de una membrana.
ultraísmo *s. m.* Movimiento poético contrario al modernismo surgido en España en 1918 y que también se dio en Latinoamérica. *Borges fue uno de los escritores ligados al ultraísmo.*
ultraísta *adj.* y *s. com.* Perteneciente o relativo al ultraísmo.
ultrajador, ra *adj.* y *s.* Que ofende o humilla.

ultrajante *adj.* Que constituye un ultraje. *Me parece ultrajante que me desplacen por un recomendado.*
ultrajar *t.* Agredir, ofender de manera grave. || Humillar.
ultraje *s. m.* Ofensa o humillación grave. *Violar los derechos de los niños es un ultraje a su dignidad.*
ultraligero, ra *adj.* Muy ligero. || *s. m.* Pequeño avión de estructura simplificada y pequeño motor. *Los ultraligeros pesan menos de 170 kg.*
ultramar *s. m.* País o territorio situado al otro lado del mar. *Para los habitantes de América, las cosas que llegan de Europa son productos de ultramar.*
ultramarino, na *adj.* Que está del otro lado del mar. || *s. m. pl.* Comestibles traídos de otros continentes. || Tienda o comercio de comestibles.
ultramicroscópico, ca *adj.* Infinitamente pequeño.
ultramicroscopio *s. m.* Instrumento óptico más potente que el microscopio común, gracias a un sistema de iluminación lateral que hace que los objetos aparezcan como puntos brillantes sobre un fondo negro.
ultramoderno, na *adj.* Muy moderno.
ultramontano, na *adj.* Que está más allá o de la otra parte de los montes. || *s. fig.* Reaccionario, muy conservador.
ultranza *loc.* **A ultranza:** Firme, sin detenerse ante las dificultades. *Manuel es ecologista a ultranza.*
ultrapresión *s. f.* Presión muy elevada.
ultrarrápido, da *adj.* Muy rápido.
ultrarrealista *adj.* y *s. com.* Monárquico acérrimo.
ultrarrojo, ja *adj.* Infrarrojo.
ultrasensible *adj.* De gran sensibilidad.
ultrasónico, ca *adj.* Relativo al ultrasonido.
ultrasonido *s. m.* En física, onda sonora no audible para el oído humano, que se usa, entre otras cosas, para hacer estudios médicos. *Le hicieron un ultrasonido a la mujer embarazada.*
ultratumba *s. f.* Aquello que se cree está más allá de la tumba y de la muerte. *Los espiritistas afirman que pueden comunicarse con voces de ultratumba.*
ultraviolado *adj.* Ultravioleta.
ultravioleta *adj.* Relativo a las radiaciones situadas en el espectro más allá del violeta. *Causa daño la continua exposición a los rayos ultravioleta.*
ultravirus *s. m.* Virus muy pequeño que atraviesa los filtros de porcelana. *Ultravirus de la rabia, de la poliomielitis, etc.*
ulúa *s. f.* Pez de las costas occidentales de México.
úlula *s. f.* Autillo, ave.
ulular *intr.* Aullar, dar aullidos, clamar. || *fig.* Aullar el viento.
ulva *s. f.* Alga verde lameliforme.
umbela *s. f.* Forma parecida a un paraguas en que se agrupan las flores de ciertas plantas.
umbelífero, ra *adj.* Relativo a una familia de plantas con flores dispuestas en umbelas, como la zanahoria y otras muy usadas en la alimentación y la medicina.
umbilicado, da *adj.* Que tiene la forma de ombligo.
umbilical *adj.* Relativo al ombligo. *Mi sobrino tenía una leve infección umbilical.* || *loc.* ***Cordón umbilical:*** especie de tripa que une el ombligo del bebé que aún no ha nacido, al cuerpo de la madre.
umbral *s. m.* Parte inferior del vano de la puerta, contrapuesta al dintel. *Estaba en el umbral de su casa.* || *fig.* Principio, origen. *En el umbral de la vida.* || En fisiología y psicología, valor mínimo de un estímulo para producir una reacción. *Umbral de audibilidad.*
umbrío, bría *adj.* Se dice del lugar donde da poco el sol. *La selva es umbría a causa de las ramas de los frondosos árboles.*
umbroso, sa *adj.* Se aplica a lo que produce sombra.
un *adj.* Número cardinal apócope de *uno*. *Fui a la tienda y compré un dulce.*
un, una *art.* Sirve para indicar una persona o cosa de un modo indeterminado. *Había una vez, hace mucho tiempo, un niño que se llamaba Juan.*
unánime *adj.* Conforme, que coinciden en la misma opinión o sentimiento. *Todos estaban unánimes en marcharse.* || General, sin excepción. *Acuerdo unánime.*
unanimidad *s. f.* Conformidad entre varios pareceres. || *loc.* ***Por unanimidad:*** de manera unánime. *Decisión tomada por unanimidad.*
unciforme *adj.* Dícese de uno de los huesos de la segunda fila del carpo.
unción *s. f.* Acción y efecto de ungir. || Ceremonia católica en la que se administran los santos óleos o aceites santificados a los moribundos. *El sacerdote le administró la unción a la tía Julia antes de que muriera.*
uncir *t.* Sujetar al yugo a los bueyes u otros animales de trabajo.
undécimo, ma *adj.* Que ocupa el lugar once. || *s. m.* Cada una de las once partes iguales en que se divide un todo.
undulación *s. f.* Ondulación.
undulante *adj.* Ondulante.
undular *intr.* Ondular.
ungido *s. m.* Rey o sacerdote a quien se ha aplicado óleo sagrado.
ungimiento *s. m.* Unción.
ungir *t.* y *pr.* Untar. || Hacer la señal de la cruz con aceite santificado sobre una persona. *Para ordenar sacerdotes, los ungen con los santos óleos.*
ungüento *s. m.* Sustancia que sirve para untar, en especial con fines curativos. *Para el dolor muscular le recetaron un ungüento.*
unguiculado, da *adj.* y *s.* Relativo a los animales con dedos que terminan en uñas.
unguis *s. m.* Huesecillo de la parte anterior e interna de cada una de las órbitas que contribuye a formar los conductos lagrimal y nasal.
ungulado, da *adj.* y *s.* Relativo a los mamíferos con dedos que terminan en cascos o pezuñas. *Los burros y los caballos son animales ungulados.*
ungular *adj.* De la uña.
unicameral *adj.* Que tiene una sola cámara.
unicaule *adj.* De un solo tallo.
unicelular *adj.* Relativo al organismo formado por una sola célula.
unicidad *s. f.* Condición de único.
único, ca *adj.* Solo en su especie. *Es mi única preocupación.* || Solo entre varios. *Es el único culpable.* || *fig.* Extraño, extraordinario. *Caso único; único en su género.*
unicolor *adj.* De un solo color.
unicornio *s. m.* Animal fabuloso de cuerpo de caballo con un cuerno en mitad de la frente. || Rinoceronte. || *loc.* ***Unicornio marino:*** narval.
unidad *s. f.* Cada una de las cosas que forman un conjunto. *Mi novio me regaló una caja de chocolates que contenía diez unidades.* || Magnitud tomada como término de comparación para medir otra de la misma especie. *El kilogramo es una unidad de peso.* || Propiedad de lo que constituye un todo que no se divide. *La unidad entre todos los vecinos es necesaria.* || *loc.* ***Unidad monetaria:*** moneda legal que sirve de base al sistema monetario de un país.
unido, da *adj.* Se aplica a las personas que conviven con armonía y se entienden bien entre ellas. *Los miembros de ese equipo son muy unidos.*
unifamiliar *adj.* Que corresponde a una sola familia.
unificador, ra *adj.* Que unifica. *Se espera que los esfuerzos unificadores del líder terminen con las discordias.*
unificante *adj.* Unificador. *El español ha sido una lengua unificante en América Latina.*
unificar *t.* y *pr.* Reunir varias cosas o personas para crear un todo sin divisiones. *Varios reinos europeos se unificaron para formar lo que hoy es Italia.* || Eliminar las diferencias entre determinadas cosas. *Las autoridades unificarán los programas de estudio.*

uniformado, da *adj.* y *s.* Igualado con otras cosas. *Estas mediciones se harán a partir de parámetros uniformados.* || *Arg. Méx.* y *Ven.* Agente de seguridad pública, policía. *Los uniformados vigilarán las entradas a la ciudad.*

uniformador, ra *adj.* Que uniforma.

uniformar *t.* Igualar varias cosas entre sí. || Poner uniforme a alguien. *La dirección del colegio decidió que los alumnos deberán uniformarse.*

uniforme *adj.* Se dice de dos o más cosas que tienen la misma forma. *Durante el desfile los soldados marcharon de manera uniforme.* || *s. m.* Vestido distintivo e igual de un cuerpo militar, colegio, etc. *En esa escuela tienen un uniforme para todos los días y otro de gala.*

uniformidad *s. f.* Hecho de tener la misma forma. *Mi letra tiene uniformidad gracias a que hago ejercicios de caligrafía.*

uniformizar *t.* Hacer que un conjunto de personas o cosas muestre un aspecto uniforme.

unigénito, ta *adj.* Dícese del hijo único. || *s. m.* El Verbo Eterno, el Hijo de Dios.

unilateral *adj.* Dícese de lo que se refiere a una parte o aspecto de una cosa. *Decisión unilateral.* || Situado en sólo una parte. *Estacionamiento unilateral.* || En botánica, que está colocado solamente a un lado. *Panojas unilaterales.* || En derecho, que compromete sólo a una de las partes. *Pactos unilaterales.*

unilateralidad *s. f.* Carácter unilateral.

uninominal *adj.* Que sólo contiene o indica un nombre.

unión *s. f.* Reunión, asociación de dos o varias cosas en una sola. *La unión del alma y del cuerpo.* || Asociación, conjunción, enlace entre dos o más cosas. *¡Qué difícil es la unión de tantas cualidades dispares!* || Asociación de personas, de sociedades o colectividades con objeto de conseguir un fin común. *Unión de productores.* || Conformidad de sentimientos y de ideas. *Unión de corazones.* || Casamiento, matrimonio. *Unión conyugal.* || Acto que une bajo un solo gobierno varias provincias o Estados. || Provincias o Estados así reunidos. *La Unión Americana.* || Asociación por la que dos o varios Estados vecinos suprimen la aduana en las fronteras que les son comunes. *Unión arancelaria.* || *Med.* Restablecimiento de la continuidad de los tejidos lesionados. *Unión de los labios de una herida.* || *Tecn.* Cierta clase de juntas, empalmes, manguitos, etc. || *loc.* ***En unión de:*** en compañía de.

unionismo *s. m.* Doctrina de los unionistas.

unionista *adj.* y *s. com.* Partidario de cualquier idea de unión.

unipersonal *adj.* Que consta de una sola persona. *Gobierno unipersonal.* || Individual, de una sola persona. *Propiedad unipersonal.* || Aplícase a los verbos que únicamente se emplean en la tercera persona y en el infinitivo, pero, a diferencia de los impersonales, tienen sujeto expreso. *Acaecieron graves disturbios en la ciudad.*

unir *t.* Juntar dos o varias cosas. *Unió los dos pisos.* || Asociar. *Unir dos empresas, dos Estados.* || Establecer un vínculo de afecto, de cariño, de amistad. *Tantos pesares compartidos me unían mucho a ella.* || Hacer que se verifique un acercamiento. *Las desgracias de la guerra unieron a los dos Estados.* || Casar. *Los unió el arzobispo.* || Mezclar, trabar. *Unir una salsa.* || En medicina, juntar los labios de una herida. || *pr.* Asociarse, juntarse.

unisexual *adj.* Dícese de las flores que tienen sólo estambres o sólo pistilos y, a veces, de animales de un solo sexo.

unisón *adj.* Unísono.

unisonancia *s. f.* En música, concurrencia de dos o más voces o instrumentos de un mismo tono.

unísono, na *adj.* Que tiene el mismo tono o sonido que otra cosa. || *s. m.* Unisonancia. || *loc.* ***Al unísono:*** a) En el mismo tono. b) *fig.* Al mismo tiempo, de acuerdo, armónicamente.

unitario, ria *adj.* Compuesto de una sola unidad. *Estado unitario.* || *s.* Partidario de la unidad y de la centralización política. *Los unitarios argentinos de 1819 se oponían a los federalistas.* || Hereje que sólo reconocía una persona en Dios, como los socinianos.

unitarismo *s. m.* Doctrina profesada por los unitarios.

univalvo, va *adj.* Aplícase al molusco de una sola valva. || Dícese del fruto cuya cáscara no tiene más que una sutura.

universal *adj.* Relativo al Universo o al espacio celeste. *Isaac Newton descubrió la ley de la gravitación universal.* || Que se extiende a todos los casos posibles. *Cervantes ha sido uno de los grandes novelistas de la literatura universal.* || Que se refiere o es común a todo el mundo, todas las épocas o todos los hombres. *Los derechos humanos deben ser universales.*

universalidad *s. f.* Carácter de universal. *Una característica de los derechos humanos es su universalidad.*

universalismo *s. m.* Ideología política o religiosa que persigue unificar todos los poderes e instituciones mundiales bajo una sola cabeza.

universalista *adj.* y *s. com.* Partidario del universalismo.

universalización *s. f.* Acción y efecto de universalizar.

universalizar *t.* Generalizar, hacer universal.

universidad *s. f.* Institución y edificio donde se imparte la enseñanza superior o universitaria. *Raúl quiere estudiar en la universidad.*

universitario, ria *adj.* Relacionado con la universidad. *Los directores de las facultades forman parte del congreso universitario.* || *s.* Persona que asiste a una universidad. *Mi hermano es universitario.* || Persona que asistió a una universidad. *Los universitarios de la generación 1960-1964 se reunieron ayer.*

universo *s. m.* Todo lo que existe en lo material. *Hasta donde se sabe, en el universo somos los únicos seres racionales.* || Conjunto de todo lo que existe en lo inmaterial. *Estudio matemáticas porque me gusta mucho el universo de los números.*

unívoco, ca *adj.* Dícese de lo que tiene el mismo significado para todas las cosas a las cuales se aplica.

uno *s. m.* El primero de todos los números. *El uno.* || Unidad. *Uno y tres son cuatro; tiene dos hermanos y yo uno.*

uno, na *adj.* Que no se puede dividir. *La patria es una.* || Idéntico, semejante. || Dícese de la persona o cosa profundamente unida con otra. *Estas dos personas no son más que una.* || Que corresponde a la unidad. *Este trabajo duró un día.* || *pl.* Algunos. *Unos amigos.* || Un par de. *Unos guantes.* || Aproximadamente. *Unos cien kilómetros.*

uno, na *pron.* Dícese de una persona indeterminada o cuyo nombre se ignora. *Uno me lo afirmó esta tarde.* || Úsase también contrapuesto a otro. *Uno tocaba y el otro cantaba.* || *loc.* **A una:** simultáneamente, a la vez. || ***Cada uno:*** cada persona considerada separadamente. || ***De uno en uno, uno a uno, uno por uno:*** uno tras otro. || ***En uno:*** reunidos en uno solo. || ***La una:*** la primera hora después de mediodía o medianoche. || ***Una de dos:*** dícese para contraponer dos ideas. *Una de dos: o tú te vas o yo me voy.* || ***Uno a otro:*** recíprocamente. || ***Uno de tantos:*** una persona o cosa cualquiera. || ***Uno que otro:*** algunos. || ***Unos cuantos:*** algunos, no muchos.

untadura *s. f.* o **untamiento** *s. m.* Untura. || Cosa con que se unta.

untar *t.* Cubrir con una materia grasa o pastosa. *Untar con aceite una máquina.* || *fig.* y *fam.* Sobornar a uno con dádivas. || *loc. fig.* y *fam.* ***Untar la mano a uno:*** sobornarle. || *pr.* Mancharse con una materia untuosa. || *fig.* y *fam.* Sacar provecho ilícito de las cosas que se manejan.

unto *s. m.* Materia que se emplea para untar, en especial si es comida o medicamento. || *Chil.* Betún para limpiar el calzado.
untuosidad *s. f.* Calidad de untuoso. *La untuosidad con que me tratas me hace sospechar que tienes alguna mala intención.*
untuoso, sa *adj.* Que es pegajoso y se desliza, como el jabón o la grasa. || Persona o actitudes de una persona que son demasiado suaves y empalagosos.
untura *s. f.* Acción de untar. || Ungüento, unto.
ununbio *s. m.* Elemento químico sintético radiactivo, probablemente sólido, de apariencia desconocida y que no está presente en la naturaleza. Su número atómico es 112 y su símbolo *Uub*.
ununhexio *s. m.* Elemento químico muy pesado, de apariencia desconocida y de corta vida. Su número atómico es 116 y su símbolo *Uuh*.
ununoctio *s. m.* Elemento químico sintético de apariencia desconocida, muy pesado y de corta vida. Su número atómico es 118 y su símbolo *Uuo*.
ununpentio *s. m.* Elemento químico de apariencia desconocida, probablemente sólido. Su número atómico es 115 y su símbolo *Uup*.
ununquadio *s. m.* Elemento químico sintético, sólido y de apariencia desconocida. Su número atómico es 114 y su símbolo *Uuq*.
ununseptio *s. m.* Elemento químico sintético, de apariencia desconocida. Su número atómico es 117 y su símbolo *Uus*.
ununtrio *s. m.* Elemento químico radiactivo, sintético, de apariencia desconocida y probablemente sólido, que no está presente en la naturaleza. Su número atómico es 113 y su símbolo *Uut*.
uña *s. f.* Lámina curva que recubre la parte superior de la punta de los dedos de ciertos animales y el hombre. *Hace una semana se me cayó la uña que tengo lastimada.* || Casco de los animales que no tienen dedos separados. || Parte de una hoja que sobresale del canal de un libro para poder abrirlo por una página determinada. || *loc. fam.* ***Enseñar*** *o* ***mostrar las uñas:*** amenazar o dejar ver que se tiene carácter agresivo. *Juana es muy tranquila pero enseña las uñas cuando alguien la molesta.* || ***Ser uña y carne dos personas:*** ser muy amigas.
uñero *s. m.* Inflamación de la raíz de la uña. || Herida que produce una uña cuando crece introduciéndose en la carne.
uñeta *s. f.* Uña pequeña.
upa *interj.* Se utiliza para animar o estimular a hacer un esfuerzo.
upar *t.* Aupar.
ura *s. f. Arg.* Larva de una mosca que se mete bajo la piel de los animales.
uralaltaico, ca *adj.* Aplícase a un grupo de lenguas que comprende el mogol, el turco y el ugrofinés.
uralita *s. f.* Silicato natural de ciertas rocas básicas. || Nombre comercial de un material análogo al fibrocemento y utilizado en la construcción.
uraloaltaico, ca *adj.* Dícese de una familia etnográfica que comprende los búlgaros, húngaros, etc. || Uralaltaico.
uranato *s. m.* Sal del ácido uránico. *Uranato sódico.*
uranífero, ra *adj.* Con uranio.
uranio *s. m.* Elemento químico radiactivo, abundante en la corteza terrestre. De color blanco argénteo, muy pesado, dúctil y maleable, es inflamable, tóxico y se puede fisionar. Se utiliza como combustible nuclear. Su número atómico es 92 y su símbolo *U*.
urano *s. m.* Óxido de uranio.
urato *s. m.* Sal del ácido úrico.
urbanidad *s. f.* Comportamiento que demuestra buena educación. *Leí un manual de urbanidad que indica cómo comportarse.*
urbanismo *s. m.* Grupo de conocimientos y acciones que se ocupa de la construcción y desarrollo de las ciudades y de sus espacios.
urbanista *s. com.* Especialista en urbanización.
urbanístico, ca *adj.* Relativo al urbanismo. *El crecimiento de esa ciudad fue planeado con criterios urbanísticos racionales y humanistas.*
urbanización *s. f.* Hecho de acondicionar terrenos para construir zonas habitacionales.
urbanizador, ra *adj.* y *s.* Dícese de la persona o empresa que urbaniza.
urbanizar *t.* Acondicionar un terreno para crear una ciudad o agrandar la que ya existe. *En las afueras de la ciudad quieren urbanizar una zona montañosa.*
urbanizar *t.* Hacer urbano y sociable a uno. *Urbanizar a un palurdo.* || Hacer que un terreno pase a ser población abriendo calles y dotándolo de luz, alcantarillado y otros servicios municipales. *Urbanizar los alrededores de una ciudad.*
urbano, na *adj.* Relativo a la ciudad. *Soy una persona urbana que siempre ha vivido en la ciudad.*
urbe *s. f.* Ciudad de gran tamaño e importancia. *Londres es una gran urbe europea.*
urco *s. m. Amér.* Macho de la llama.
urdidera *s. f.* Especie de devanadera utilizada para la urdimbre.
urdidor, ra *adj.* y *s.* Que urde. *Es un gran urdidor de intrigas palaciegas.* || *s. f.* Urdidera.
urdimbre *s. f.* Conjunto de hilos paralelos colocado en el telar entre los que pasa la trama para formar el tejido. || Estambre urdido para tejerlo. || *fig.* Maquinación, intriga, trama.
urdir *t.* Preparar los hilos de la urdimbre para ponerlos en el telar. || *fig.* Maquinar, preparar, tramar. *Urdir un pronunciamiento.*
urea *s. f.* Sustancia que se halla en la orina.
uremia *s. f.* Aumento de la cantidad de urea en la sangre. *La uremia se origina en el mal funcionamiento de los riñones.*
urémico, ca *adj.* Que presenta uremia.
uréter *s. m.* Cada uno de los dos conductos por los que la orina va de los riñones a la vejiga.
uretra *s. f.* Conducto por el que se expulsa la orina de la vejiga.
uretral *adj.* De la uretra.
uretritis *s. f.* Inflamación de la uretra. *La uretritis es muy dolorosa.*
urgencia *s. f.* Emergencia. *Los médicos siempre deben estar preparados para atender las llamadas de urgencia.* || Prisa. *Se fue porque tenía urgencia de ir al banco.* || *pl.* Zona de los hospitales donde se atienden casos de gravedad. *La ambulancia llevó al atropellado a urgencias.* || *loc.* ***Cura de urgencia:*** primeros auxilios prestados a un herido o enfermo.
urgente *adj.* Que urge, apremiante. *Labor urgente.* || Que se cursa con rapidez. *Correo urgente.*
urgir *t.* Compeler, apremiar. *Los delegados urgieron al Congreso para tomar estas medidas.* || *intr.* Exigir una cosa su pronta ejecución, correr prisa. *El asunto urge.* || Ser inmediatamente necesario. *Me urge mucho.*
úrico, ca *adj.* Relativo a la orina o al ácido incoloro y poco soluble que se halla en la orina.
urinario, ria *adj.* De la orina. *Conducto urinario.* || *s. m.* Lugar destinado para orinar en sitios públicos, como calles, salas de espectáculos, etc.
urinífero, ra *adj.* Que conduce orina. *Tubos uriníferos del riñón.*
urna *s. f.* Vasija usada para guardar las cenizas de los muertos. *Después de la cremación me entregaron las cenizas en una urna.* || Caja de cristal para guardar objetos. || Para elecciones, caja de algún material transparente usada para depositar los votos. *Al final de la votación vaciaron las urnas para contar los votos.* || *loc.* ***Ir a las urnas:*** votar.
uro *s. m.* Especie de toro salvaje común en Europa en la Edad Media y desaparecido desde el siglo XVII.
urodelo *adj.* y *s. m.* Aplícase a los batracios de cuerpo largo, miembros cortos y cola larga, como la salamanquesa y el tritón. || *pl.* Género que forman.

urogallo *s. m.* Ave gallinácea de plumaje pardo negruzco, que vive en los bosques de Europa.
urogenital *adj.* Relativo a los órganos genitourinarios.
urografía *s. f.* Radiografía de las vías urinarias y de los riñones, tomada después de la inyección intravenosa de un producto yodado opaco a los rayos X.
urología *s. f.* Parte de la medicina que estudia particularmente el aparato urinario.
urólogo, ga *s.* Especialista en urología.
urraca *s. f.* Pájaro domesticable, de plumaje blanco y negro y larga cola, que remeda palabras y sonidos musicales. || *fig.* y *fam.* Persona aficionada a hablar, cotorra.
urticáceo, a *adj.* y *s. f.* Aplícase a las plantas dicotiledóneas, como la ortiga. || *pl.* Familia que forman.
urticante *adj.* Que produce irritación y picor ardoroso en la piel. *Algunas orugas están cubiertas de pelillos urticantes.*
urticaria *s. f.* Erupción cutánea, por lo general en forma de ronchas rojizas, que produce gran picazón y aparece como reacción alérgica. *La carne de cerdo le produce urticaria a Eva.*
urubú *s. m.* Ave rapaz diurna de América del Sur, parecida al buitre.
urucú *s. m. Arg. Bol.* y *Py.* Árbol de poca altura, flores rojas y fruto oval.
uruguayismo *s. m.* Palabra o giro propio del Uruguay.
uruguayo, ya *adj.* y *s.* Originario de Uruguay, país de América del Sur.
urundey o **urunday** *s. m. Arg* y *Uy.* Árbol terebintáceo cuya madera se emplea en la construcción.
urundi *adj.* y *s. m.* Dícese de un pueblo de Burundi, en África central.
urutaú *s. m. Arg. Py.* y *Uy.* Ave nocturna de plumaje pardo oscuro, muy similar a la lechuza.
urutí *s. m. Arg.* Pajarito cuyo plumaje es de colores variados.
usado, da *adj.* Gastado por el uso. *Un traje usado.* || Empleado, utilizado.
usagre *s. m.* Erupción pustulosa que aparece en el rostro de ciertos niños durante la primera dentición.
usanza *s. f.* Uso, moda, costumbre. *Fui a una fiesta disfrazada a la usanza del siglo XVII.*
usapuca *s. f. Arg.* Ácaro de color rojizo que se fija en la piel humana y produce una fuerte picazón. Es llamado también «piojo colorado».
usar *t. intr.* y *pr.* Hacer que sirva una cosa para algún fin. *Usa las escaleras porque el ascensor está descompuesto.* || Consumir. *El automóvil usa mucho aceite.* || Llevarse, estar de moda. *El sombrero es una prenda que ahora se usa poco.*
usía *s. com.* Contracción de «useñoría».
usina *s. f. Arg. Bol. Chil. Col. Nic. Py.* y *Uy.* Instalación industrial, en especial la destinada a producir gas, energía eléctrica, etc.
uso *s. m.* Acción y efecto de usar. *A causa del uso las suelas de mis zapatos ya están desgastadas.* || Capacidad para usar algo. *La quemadura que tiene le impide el uso de la mano derecha.* || Modo de usar algo. *Lee el instructivo para que sepamos si ese aparato tiene otro uso.* || Costumbre propia de un país. *El uso en México es que los días 2 de noviembre se recuerde a los muertos.* || *loc.* ***Al uso:*** que se estila; de moda; a usanza de. *Al uso aragonés.* || ***En buen uso:*** en buen estado. || ***En uso de:*** valiéndose de. || ***Fuera de uso:*** que ya no se utiliza. || ***Ser de uso:*** emplearse; llevarse. || ***Tener uso de razón:*** haber pasado de la infancia y ser capaz de discernimiento.
usted *pron.* Forma personal de masculino y femenino de la segunda persona, que se emplea como tratamiento de respeto y se usa con el verbo y formas pronominales en tercera persona. *Por favor pase, está usted en su casa.*
usual *adj.* Que es de uso o se hace habitualmente.
usuario, ria *adj.* y *s.* Aplícase a la persona que emplea cierto servicio. *Los usuarios del gas, de la carretera.* || En derecho, aplícase a la persona que disfruta del uso de algo.
usucapión *s. f.* En derecho, adquisición de una cosa por haberla poseído durante cierto tiempo determinado por la ley sin que la reclame su legítimo dueño.
usucapir *t. def.* En derecho, adquirir una cosa por usucapión.
usufructo *s. m.* Derecho de uso que tiene una persona sobre el bien de otra, percibiendo los beneficios. || Utilidad o provecho que se obtiene de alguna cosa.
usufructuar *t.* Disfrutar de un bien en usufructo. *Las obras de la carretera impedirá que los agricultores usufructúen sus tierras por un año.*
usufructuario, ria *adj.* y *s.* Persona que posee algo y disfruta de los beneficios que ello produce.
usupuca *s. f. Arg.* Garrapata.
usura *s. f.* Infracción cometida al prestar dinero cobrando un alto interés. *La usura es ilegal.*
usurario, ria *adj.* Que implica usura. *Préstamo usurario.*
usurero, ra *s.* Persona que presta dinero cobrando un alto interés.
usurpación *s. f.* Acción de usurpar. *Usurpación de poderes.* || Cosa usurpada. || Delito que se comete apoderándose con violencia o intimidación de una propiedad o derecho ajeno.
usurpador, ra *adj.* y *s.* Aplícase a la persona que usurpa bienes o derechos ajenos.
usurpar *t.* Apoderarse o disfrutar indebidamente de un bien o derecho ajeno. *Usurpar el poder.*
usuta *s. f. Amér.* Ojota.
ut *s. m. ant.* «Do», nota musical.
uta *s. m.* Saurio de la familia de los iguánidos que se encuentra desde Nuevo México hasta Baja California.
utensilio *s. m.* Objeto de uso manual destinado a realizar ciertas operaciones. *Las cacerolas y los cucharones son utensilios de cocina.*
uterino, na *adj.* Relativo al útero.
útero *s. m.* Órgano de la gestación en la mujer y en las hembras de los mamíferos. *Los bebés y los cachorros se forman y crecen dentro del útero de sus madres.*
útil *adj.* Que produce provecho o sirve para algo. || *s. m.* Utensilio, herramienta. *El martillo, el serrucho y la sierra son útiles del carpintero.*
utilería *s. f.* Conjunto de objetos y decorados que se utilizan para las escenografías en teatro y cine. *La utilería sirve para dar el ambiente adecuado a las representaciones teatrales.*
utilidad *s. f.* Calidad de útil. || Provecho que se obtiene de una cosa. *La computadora ha sido de gran utilidad desde que se inventó.*
utilitario, ria *adj.* Que antepone la utilidad a todo lo demás. *Pánfilo es un utilitario sin sentimientos: sólo le importan las cosas materiales.*
utilitarismo *s. m.* Modo de pensar que tiene a la utilidad como fundamento de cualquier acción.
utilitarista *adj.* y *s. com.* Persona que practica el utilitarismo o simpatiza con ese modo de pensar.
utilizable *adj.* Que puede utilizarse.
utilización *s. f.* Uso, empleo. *Por más que leí el manual de utilización, no entiendo cómo funciona este aparato.*
utilizador, ra *adj.* Aplícase a la persona que utiliza o se sirve de algo.
utilizar *t.* y *pr.* Valerse de alguien o algo de forma útil. *Para preparar el postre utilicé huevos, leche y harina.*
utillaje *s. m.* Conjunto de herramientas, instrumentos o máquinas utilizado en una industria.
uto-azteca *adj.* y *s.* Dícese de una familia de indios americanos que habitaba desde las Montañas Rocosas hasta Panamá.
utopía *s. f.* Concepción imaginaria de un gobierno ideal. || Proyecto cuya realización es imposible.
utópico, ca *adj.* Relativo a la utopía. *Ideas utópicas.* || *loc.* ***Socialismo utópico:*** doctrina socialista fundada en un ideal sentimentalista y reformador, como en el caso del furie-

rismo, por oposición al «socialismo científico».

utopista *s. com.* Persona inclinada a imaginar utopías o a creer en ellas.

uturunco *s. m. Arg.* Jaguar.

utzupec *s. m.* Planta mexicana de látex blanco. || Jazmín de perro.

uva *s. f.* Fruto de la vid consistente en bayas blancas o moradas que forman un racimo. || Cada una de estas bayas. || Fruto del agracejo. || *loc. fig.* y *fam.* ***Estar de mala uva:*** estar de mal humor. || ***Uva moscatel:*** la de sabor dulce y de grano redondo y liso. || ***Uva pasa:*** la secada al sol.

uve *s. f.* Nombre de la letra «v». *El profesor pidió que escribiéramos cinco palabras con uve.* || *loc.* ***Uve doble:*** nombre de la letra «w».

úvea *s. f.* Capa pigmentaria del iris del ojo.

uveítis *s. f.* Inflamación de la úvea.

uveral *s. m. Amér.* Terreno plantado de uveros.

uvero, ra *adj.* Relativo a las uvas. *Producción uvera.* || *s.* Persona que vende uvas. || *s. m.* Árbol poligonáceo de las Antillas y América Central, cuyo fruto es la uva de playa.

úvula *s. f.* Apéndice carnoso y móvil que cuelga de la parte posterior del velo palatino.

uvular *adj.* Relativo a la úvula. || Aplícase al sonido articulado en la úvula.

uxoricida *adj.* y *s. m.* Que comete uxoricidio.

uxoricidio *s. m.* Delito que comete el hombre que mata a su mujer.

uy *interj.* Expresa dolor, sorpresa o agrado. *¡Uy! ¡Qué guapa te ves hoy!*

V

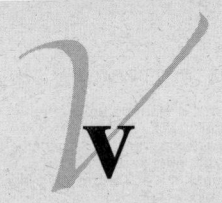

v *s. f.* Vigésima tercera letra del abecedario español. Su nombre es «ve».
vaca *s. f.* Hembra del toro. *Vaca lechera.* || Carne de res vacuna que sirve de alimento. *Estofado de vaca.* || Cuero de vaca o buey después de curtido. *Un cinturón de vaca.* || *fam.* Asociación de varias personas para jugar dinero en común, por ejemplo en la lotería. También se dice «vaquita». || *loc.* ***Vaca de San Antón:*** mariquita, insecto. || ***Vaca marina:*** el manatí. || *fig.* ***Vacas flacas, vacas gordas:*** expresiones que se emplean para aludir a épocas de escasez o de abundancia, respectivamente.
vacabuey *s. m. Cub.* Árbol de fruto comestible y de madera empleada en construcción.
vacación *s. f.* Suspensión temporal del trabajo o de los estudios por descanso y tiempo que dura esta suspensión. *Esteban irá a la playa en las vacaciones de verano.*
vacacional *adj.* Relativo a las vacaciones. *En la próxima temporada vacacional iremos a las montañas.*
vacacionar *intr.* Salir de vacaciones. *Vacacionará porque necesita descansar.*
vacacionista *s. com. Cub. Hond. Méx. Salv.* y *Ven.* Persona que visita lugares en vacaciones. *Las playas estuvieron atiborradas de vacacionistas.*
vacada *s. f.* Manada de ganado vacuno.
vacancia *s. f.* Vacante.
vacante *adj.* Relativo al empleo, cargo o plaza que está desocupado. *Hay un puesto vacante en la empresa.* || *s. f.* Puesto disponible para ocuparse. *Fue a preguntar si había vacantes.*
vacar *intr.* Quedar un cargo o empleo sin persona que lo desempeñe. *En la universidad vacan dos cátedras.* || Cesar uno por algún tiempo en sus habituales negocios o estudios. || Carecer. *No vacó de misterio, de preocupaciones.*
vacaray *s. m. Arg.* Ternero nonato.
vacatura *s. f.* Tiempo que está vacante un empleo o cargo.
vaciadero *s. m.* Sitio donde se vacía una cosa. || Conducto por donde se vacía.
vaciado *s. m.* Acto de vaciar determinado material en un molde para reproducir algún objeto, como una escultura, joya, etc.
vaciado, da *adj. fam. Méx.* Simpático, divertido, chistoso. *En la reunión había un muchacho vaciado que nos hizo reír.*
vaciador *s. m.* Operario que vacía. || Instrumento para vaciar.
vaciar *t. intr.* y *pr.* Dejar algo vacío, quitar el contenido de un recipiente. *Cuando se vacíe la olla de sopa, iré por más.* || Desaguar en alguna parte los ríos o corrientes. *El gran río Amazonas se vacía en el océano Atlántico.*
vaciedad *s. f.* Sandez, dicho necio, tontería. *La actriz respondió una serie de vaciedades durante la entrevista.*
vacilación *s. f.* Duda, titubeo, indecisión. *En un examen es fácil saber quién no ha estudiado porque muestra vacilación.*
vacilada *s. f. fam. Méx.* Broma o dicho poco serio. *Lo que te contaron es una vacilada.*
vacilante *adj.* Se dice de la persona que no toma una decisión. *Mis padres tuvieron una actitud vacilante cuando les pedí permiso.*
vacilar *intr.* Moverse una cosa por falta de estabilidad. *Las lámparas de la calle vacilaban por el fuerte viento.* || Dudar, estar indeciso. *Gerardo vacila entre estudiar física o química.* || *Amér. C.* y *Méx.* Divertirse, estar de juerga, hablar en broma. *Los viernes sale con sus amigos a vacilar a alguna fiesta.*
vacile *s. m. fam.* Broma que se hace para engañar, burla.
vacilón *s. m. Amér. C.* y *Méx.* Juerga, fiesta, diversión. *René y Sergio se fueron de vacilón.*
vacío *s. m.* Espacio en el que no hay atmósfera. *Los astronautas flotan en el vacío.* || Espacio libre. *Tengo mucha hambre, siento un vacío en el estómago.* || Abismo, precipicio. *Perdió el equilibrio y cayó al vacío.* || *loc. fig.* ***Caer en el vacío una cosa:*** no hacerle el menor caso. || *fig.* ***Hacer el vacío a uno:*** dejarlo aislado. || ***Tener un vacío en el estómago:*** tener hambre.
vacío, cía *adj.* Falto de contenido. *La botella de leche está vacía, voy a comprar otra.* || Desocupado, que está sin gente o con muy pocas personas. *Cuando llegaron a la sala de cine, todavía estaba vacía.* || *loc. fig.* ***Cabeza vacía:*** sin ideas. || ***Volver con las manos vacías:*** volver sin haber conseguido lo que se pretendía.
vacuidad *s. f.* Estado de una cosa o de un órgano vacío.
vacuna *s. f.* Enfermedad de la vaca o del caballo, caracterizada por una erupción pustulosa, transmisible al hombre, a quien le hace inmune contra la viruela. || Preparación microbiana atenuada en su virulencia que, inoculada a una persona o a un animal, le inmuniza contra una enfermedad determinada. *Vacuna antidiftérica, antirrábica.*
vacunación *s. f.* Inmunización contra alguna enfermedad por medio de una vacuna. *La vacunación fue descubierta por Jenner.*
vacunada *s. f. Chil. C. R. Méx.* y *Salv.* Vacunación.
vacunar *t.* Poner una vacuna a una persona para inmunizarla de una enfermedad. *Vacunar contra las viruelas.* || *fig.* y *fam.* Inmunizar contra un mal, preparar para afrontar cualquier dificultad.
vacuno, na *adj.* Relativo a los bueyes y vacas. *Ganado vacuno.* || *s. m.* Res vacuna.
vacunoterapia *s. f.* Conjunto de métodos terapéuticos fundado en la aplicación de vacunas.
vacuo, a *adj.* Insustancial, sin interés, frívolo. || Vacío. || Vacante.
vacuola *s. f.* Cavidad del citoplasma de las células que encierra diversas sustancias en un líquido.
vadeable *adj.* Que se puede vadear. *Río vadeable.* || *fig.* Que puede resolverse o superarse.
vadear *t.* Atravesar un río por el vado. || *fig.* Vencer, superar, esquivar una dificultad. || Tantear las disposiciones de uno. || *pr.* Manejarse.
vademécum *s. m.* Libro en el que se hallan los datos o las nociones de una materia empleados más frecuentemente. || Cartapacio, carpeta en que llevan los estudiantes sus libros y papeles.
vado *s. m.* Lugar de un río en donde hay poca profundidad y que se puede pasar sin perder pie. || Rebajamiento del bordillo de una acera de una calle para facilitar el acceso de un vehículo a una finca urbana. || *fig.* Recurso, solución en un asunto.
vagabundear *intr.* Llevar vida de vagabundo.

vagabundeo *s. m.* Acción de vagabundear, vagancia. || Vida de vagabundo.

vagabundo, da *adj.* Que va sin dirección fija, que anda errante de una parte a otra. *Vida vagabunda.* || *fig.* Desordenado, sin orden. *Imaginación vagabunda.* || *s.* Persona que no tiene domicilio determinado ni medios regulares de subsistencia.

vagancia *s. f.* Estado del que no tiene domicilio ni medios de subsistencia lícitos. *La vagancia es un delito.* || Ociosidad, pereza.

vagar *intr.* Andar errante, sin rumbo. *Vagar por el pueblo.* || Andar ocioso. || Estar sin oficio y no tener domicilio legal.

vagido *s. m.* Gemido o grito débil del niño recién nacido.

vagina *s. f.* Conducto que en las hembras de los mamíferos se extiende desde la vulva hasta la matriz. || En ciertas plantas, vaina ensanchada y envolvente de algunas hojas.

vaginal *adj.* Relativo a la vagina. *Mucosa vaginal.*

vaginismo *s. m.* Contracción espasmódica y dolorosa de los músculos de las paredes de la vagina causada por trastornos neuróticos.

vaginitis *s. f.* Inflamación de la mucosa de la vagina.

vagneriano, na *adj.* Wagneriano.

vago, ga *adj.* Que anda de una parte a otra sin dirección fija. *No he podido localizar a Mauricio porque es muy vago.* || Falto de precisión. *No pude llegar porque me dio indicaciones muy vagas.* || Poco trabajador. *Los vagos siempre buscan pretextos para no hacer nada.* || *loc.* ***Nervio vago:*** décimo nervio craneal o cerebral que sale del sistema nervioso central por orificios existentes en la base del cráneo, desciende por las partes laterales del cuello, penetra en las cavidades del pecho y el vientre, y termina en el estómago y el plexo solar.

vagón *s. m.* Coche de ferrocarril para el transporte de viajeros o de mercancías. *Vagón de primera clase, vagón cisterna.* || Carro grande de mudanzas.

vagoneta *s. f.* Vagón pequeño y descubierto usado para transporte de tierras, carbón, etc.

vagotonía *s. f.* Excitación anormal del nervio vago.

vaguada *s. f.* Parte más honda de un valle por donde van las aguas. *Desde lo alto de la montaña la vaguada parecía un hilo de plata.*

vaguear *intr.* Vagar.

vaguedad *s. f.* Calidad de vago. *La vaguedad de sus palabras.* || Expresión poco precisa. *Perderse en vaguedades.*

vaguido *s. m.* Vahído.

vaharada *s. f.* Acto de echar aliento o vaho por la boca. || Golpe súbito de un olor que llega con el viento.

vahído *s. m.* Desvanecimiento, desmayo, pérdida momentánea del conocimiento. *El vahído que sufrió Araceli se debió a que no había comido.*

vaho *s. m.* Vapor que despiden los cuerpos. *El agua hirviendo despide mucho vaho.* || Aliento. *Eché vaho en la ventana y se empañó el vidrio.*

vaina *s. f.* Funda de algunas armas. *El guerrero sacó un gran sable de su vaina.* || *Amér.* Contrariedad, molestia. *Esto es una vaina, me pidieron que fuera a trabajar el domingo.* || Envoltura en la que están las semillas de ciertas leguminosas, como la arveja o chícharo. *Para preparar las arvejas, deben sacarse de sus vainas y ponerse a cocer en agua con sal.*

vainica *s. f.* Deshilado menudo que hacen por adorno las costureras en la tela.

vainilla *s. f.* Planta trepadora que se cultiva por su fruto. *La vainilla se cultiva en las zonas tropicales de América, África y Asia.* || Fruto de la planta llamada vainilla, usado como condimento y aromatizante.

vainillina *s. f.* Principio aromático de la vainilla, utilizado en perfumería y pastelería, que se obtiene por síntesis.

vaivén *s. m.* Balanceo, movimiento de un objeto que oscila. *El vaivén del péndulo del reloj de pared.* || *fig.* Alternativa, variedad de las cosas. *Los vaivenes políticos, de la suerte.*

vajilla *s. f.* Conjunto de vasos, tazas, platos, fuentes, etc., para el servicio de la mesa.

valdepeñas *s. m.* Vino tinto de Valdepeñas, en España.

valdiviano, na *adj.* y *s.* De Valdivia, ciudad de Chile.

vale *s. m.* Papel que se canjea por ciertos artículos. *A mi hermana le dan vales para que compre alimentos.* || Nota firmada que se da en una entrega para certificarla y hacerla válida. *Joaquín firmó un vale por el dinero que le debe a Manuel.*

valedero, ra *adj.* Válido, con capacidad para producir su efecto.

valedor, ra *s.* Persona que favorece o protege a otra. || *Méx.* Compañero, camarada. *Efraín es mi valedor.*

valencia *s. f.* En química, número máximo de átomos de hidrógeno que pueden combinarse con un átomo de cuerpo simple.

valenciana *s. f. Méx.* Dobladillo en la parte baja del pantalón.

valentía *s. f.* Calidad de valiente. *Se necesita mucha valentía para trabajar con leones en el circo.* || Hecho heroico. *La valentía del bombero lo llevó a a salvar al niño atrapado en el incendio.*

valentón, tona *adj.* y *s. desp.* Persona que fanfarronea presumiendo de ser muy valiente.

valentonada *s. f.* Demostración o prueba de valor.

valer[1] *s. m.* Valor, valía.

valer[2] *t.* e *intr.* Tener las cosas un precio determinado. *¿Cuánto vale un kilo de peras?* || Equivaler. *En matemáticas, dos cuartos valen lo mismo que un medio.* || Ser válido, estar permitido. *No valió la salida de los corredores porque uno arrancó antes.* || Ser útil. *Esos billetes no valen porque son de juguete.* || Tener ciertas cualidades. *El filme vale mucho por el vestuario que se utilizó.* || Servirse de algo o de alguien, utilizar. *Desde que se rompió la pierna, mi amigo se vale de muletas para caminar.* || *loc.* ***Hacer valer sus derechos:*** hacerlos reconocer. || ***No poder valerse:*** estar imposibilitado por la edad o los achaques para hacerse sus propias cosas.|| ***No valer para nada una persona o cosa:*** ser inútil. || *Esp.* ***Vale:*** está bien, conforme; basta. || ***Valer la pena una cosa:*** merecer el trabajo que en ella se emplea. || *fig.* ***Valer uno*** o ***una cosa lo que pesa en oro*** o ***tanto oro como pesa:*** valer mucho. || ***¡Válgame Dios!:*** exclamación de sorpresa, susto, compasión, etc. || ***Valer por:*** tener el mismo valor. *Este hombre vale por tres.*

valeriana *s. f.* Planta valerianácea, de flores rosas, blancas o amarillentas, que se usa como antiespasmódico.

valerianáceo, a *adj.* y *s. f.* Dícese de unas plantas dicotiledóneas y gamopétalas que tienen por tipo la valeriana. || *pl.* Familia que forman.

valerianato *s. m.* Sal del ácido valeriánico usada como calmante.

valeriánico, ca *adj.* Se aplica al ácido que hay en la raíz de la valeriana.

valeroso, sa *adj.* Valiente, que tiene valor o coraje. *Un soldado valeroso.*

valet *s. m.* Sota o jota en la baraja francesa.

valetudinario, ria *adj.* y *s.* Enfermizo, de salud achacosa.

valí *s. m.* En un Estado musulmán, gobernador de una provincia.

valía *s. f.* Valor, estimación. *Orador de gran valía.* || *fig.* Privanza o valimiento.

valichú *s. m. Arg. y Uy.* Gualichú, espíritu maligno entre los indios.

validación *s. f.* Acción de validar. *La validación de una elección.*

validar *t.* Hacer válida una cosa, certificarla, ratificarla. *Validar un acta.*

validez *s. f.* Calidad de válido. *La validez de un argumento.* || Tiempo en que un documento es válido. *La validez del pasaporte.*

valido, da *adj.* Que goza de valimiento. || *s. m.* Favorito, el que goza de la gracia de un poderoso, privado.

válido, da *adj.* Robusto, sano. *Hombre válido.* || *fig.* Que satisface los requisitos legales para producir efecto. *Contrato válido.*
valiente *adj.* Valeroso, que está dispuesto a arrostrar los peligros, esforzado. *Un soldado muy valiente.* || Valentón, bravucón, baladrón. || *fig.* Grande. *¡Valiente frío!* || Úsase irónicamente con el significado de menudo. *¡Valiente amigo tienes!*
valija *s. f.* Utensilio para transportar objetos personales durante un viaje. *Como se iba de viaje, llevaba dos valijas.* || Saco de cuero donde se lleva el correo. *Llegó el cartero con la valija llena.* || *loc.* ***Valija diplomática:*** conjunto de paquetes transportados por correo diplomático y que están dispensados del registro en las aduanas.
valijero *s. m.* El que conduce la correspondencia de una caja principal de correos a los pueblos de travesía. || El que lleva la valija diplomática.
valimiento *s. m.* Privanza, favor de que disfruta una persona por parte de otra. *Favorito que tiene valimiento con el rey.*
valioso, sa *adj.* De mucho valor. *Una joya valiosa.* || Estimado, muy apreciado. *Un asesoramiento valioso.*
valla *s. f.* Cerca que se pone alrededor de algo para defensa o protección o para establecer una separación. || Obstáculo artificial puesto en algunas carreras o pruebas deportivas. *100 metros con vallas.* || *fig.* Obstáculo, estorbo, impedimento.
valladar *s. m.* Valla, obstáculo.
vallado *s. m.* Valla.
vallar *t.* Cercar un sitio con una valla. *Vallar un terreno con alambres de púas.*
valle *s. m.* Llanura entre dos montañas o cordilleras. *Un valle suizo, andino.* || Cuenca de un río. || *loc. fig.* ***Valle de lágrimas:*** este mundo.
valor *s. m.* Cualidad de una persona o cosa por la que merece ser apreciada. *Julieta tiene muchos valores.* || Importancia. *Las palabras de aliento de mi maestra fueron de gran valor.* || Cualidad de quien afronta sin miedo los peligros. *Luis se lanzó con gran valor a la piscina para salvar al niño.* || Precio de una cosa. *El valor de este diamante es muy alto.* || En matemáticas, una de las determinaciones posibles de una magnitud o cantidad variables.|| Duración de una nota musical. || *pl.* Conjunto de títulos o acciones bancarias. *Andrés no tiene dinero en efectivo pues todo lo tiene invertido en valores.* || *loc.* ***Valor adquisitivo:*** el de una moneda con relación al poder de compra de mercancías.
valoración *s. f.* Evaluación, atribución de un valor. *Para ingresar a esa escuela, se debe hacer una valoración previa.*
valorar *t.* Fijar el precio de una cosa. *Han valorado la casa en ochocientos mil pesos.* || Apreciar el valor de alguien o algo. *La crítica valoró la obra de ese nuevo pintor.*
valorativo, va *adj.* Que valora. *El nutriólogo elaboró un examen valorativo de la falta de hierro en los niños.*
valorización *s. f.* Acción de valorizar.
valorizador, ra *adj.* Que valoriza.
valorizar *t.* Valorar, evaluar. || Acrecentar el valor de una cosa.
valquiria *s. f.* Cada una de ciertas divinidades de la mitología escandinava. *Las valquirias elegían a los héroes que debían morir en una batalla.*
vals *s. m.* Baile y música de origen austriaco, de ritmo vivo y rápido. *Uno de los compositores más famosos de valses fue Johann Strauss.*
valsador, ra *s.* Persona que baila el vals.
valsar *intr.* Bailar el vals.
valuación *s. f.* Valoración.
valuar *t.* Valorar.
valva *s. f.* Cada una de las dos piezas que constituyen la concha de los moluscos bivalvos. || Ventalla de los frutos de ciertas plantas.
válvula *s. f.* Dispositivo empleado para regular el flujo de un líquido, un gas, una corriente, etc., de modo que sólo pueda ir en un sentido. || Mecanismo que se pone en una tubería para regular, interrumpir o restablecer el paso de un líquido. || Obturador colocado en un cilindro de un motor de modo que el orificio por el que se aspira la mezcla del carburador se halle abierto mientras baja el émbolo en el cilindro y cerrado cuando se verifica la combustión. || Obturador para dejar pasar el aire en un neumático cuando se infla con una bomba. || Lámpara de radio. *Válvula de rejilla.* || En anatomía, repliegue membranoso de la capa interna del corazón o de un vaso que impide el retroceso de la sangre o de la linfa. *Válvula mitral, auriculoventricular.* || *loc. fig.* y *fam.* ***Válvula de escape:*** recurso que queda para salir de un apuro. || ***Válvula de seguridad:*** a) La que tiene la caldera para permitir que escape el vapor cuando la presión es muy fuerte. b) *fig.* Aquella que se tiene para asegurar su propia seguridad.
valvulina *s. f.* Lubricante hecho con residuos del petróleo.
vampiresa *s. f.* Estrella cinematográfica que desempeña papeles de mujer fatal. || Mujer liviana.
vampirismo *s. m.* Creencia en los vampiros. || *fig.* Codicia de los que se enriquecen con bienes ajenos.
vampiro *s. m.* Espectro que, según creencia popular de ciertos países, salía por la noche de las tumbas para chupar la sangre a los vivos. || Mamífero quiróptero de la América tropical, parecido al murciélago, que se alimenta con insectos y chupa la sangre de los mamíferos dormidos. || *fig.* Persona codiciosa que se enriquece con el trabajo ajeno.
vanadio *s. m.* Elemento químico, metal escaso en la corteza terrestre. Es de color gris claro, dúctil y resistente a la corrosión. Se utiliza como catalizador y, aleado con aluminio o con hierro, mejora las propiedades del acero y el titanio. Su número atómico es 23 y su símbolo *V.*
vanagloria *s. f.* Alabanza de sí mismo, presunción, envanecimiento.
vanagloriarse *pr.* Jactarse, presumir, mostrarse orgulloso. *Se pasaba la vida vanagloriándose de sus conocimientos.*
vandalaje *s. m. Amér.* Vandalismo. || Bandidaje.
vandálico, ca *adj.* Propio de los vándalos o del vandalismo.
vandalismo *s. m. fig.* Espíritu de destrucción, barbarie.
vándalo, la *adj.* y *s.* Dícese del individuo de un *ant.* pueblo germánico que invadió las Galias, España y África en los siglos V y VI. || *s. m. fig.* Bárbaro, persona que destruye con placer las obras de arte, etc. || Persona desconsiderada, de mala educación.
vanguardia *s. f.* Parte de un ejército que va delante del cuerpo principal. *Las tropas que marchaban a la vanguardia iban apoyadas por tanques.* || Aquello que se anticipa a su propio tiempo. *Ese diario defendía ideas de vanguardia.*
vanguardismo *s. m.* Posición adelantada a su tiempo.
vanguardista *adj.* y *s. com.* Que abre nuevos caminos en el arte, la ciencia, etc.
vanidad *s. f.* Calidad de vano. *Es una vanidad que sólo te preocupes por tu aspecto físico.* || Orgullo inspirado en un alto concepto de los propios méritos. *La vanidad le impide aceptar las críticas.*
vanidoso, sa *adj.* Que se cree más inteligente y guapo que los demás. *Es una mujer vanidosa.*
vanilocuencia *s. f.* Locuacidad, palabrería presuntuosa, insustancial.
vanílocuo, a *adj.* y *s.* Hablador presuntuoso.
vano, na *adj.* Falto de realidad, sustancia o entidad. *Joel hace proyectos vanos que nunca se realizan.* || Sin fundamento, sin razón. || Presuntuoso, frívolo. *Es un hombre vano que sólo habla de sí mismo.* || *loc.* ***En vano:*** de manera inútil, de manera ineficaz. || *s. m.* Hueco de una pared.
vapor *s. m.* Gas en que se transforma un líquido o un sólido al absorber calor. *El vapor del agua caliente en la ducha empañó los cristales.* || Embarcación que se mueve gracias al vapor.

Para ir de la ciudad de Venecia a la estación de tren se toma un vapor. || *loc. fig.* ***A todo vapor:*** muy rápidamente. || ***Al vapor:*** dícese de las legumbres cocidas mediante el vapor, en una olla de presión. *Papas al vapor.* || ***Máquina, barco de vapor:*** máquina, barco que funciona con ayuda de la energía suministrada por el vapor de agua.

vaporización *s. f.* Hecho de aspirar el vapor que despide el agua hirviendo mezclada con alguna medicina, con fines curativos. *El médico me recomendó hacer vaporizaciones para curar la enfermedad respiratoria.*

vaporizador *s. m.* Aparato que expulsa algún líquido en gotas muy pequeñas.

vaporizar *t.* y *pr.* Convertir un líquido en vapor. *Cuando llueve y hace calor al mismo tiempo, el agua se vaporiza.* || Dispersar en gotas muy pequeñas.

vaporoso, sa *adj.* Ligero y muy fino o transparente.

vapulear *t.* Azotar, golpear, dar una paliza. *Vapulear a un niño.* || *fig.* Criticar severamente.

vapuleo *s. m.* Paliza. || *fig.* Crítica severa.

vaquear *intr. Arg.* Buscar el ganado cimarrón.

vaquería *s. f.* Establo de vacas. || Establecimiento para la cría de vacas y la producción lechera. || Vacada, rebaño de vacas. || Baile popular de vaqueros en el sureste de México.

vaquerillo *s. m. Méx.* Parte trasera de la silla de montar.

vaquerizo, za *adj.* Relativo al ganado bovino. || *s.* Vaquero. || *s. f.* Establo de bovinos.

vaquero, ra *adj.* Relativo a los pastores de ganado bovino. || *loc.* ***Pantalón vaquero:*** pantalón ceñido, de tela gruesa.

vaqueta *s. f.* Piel de ternera curtida y adobada.

vaquetón, tona *s. fam. Méx.* Persona floja, vaga o dejada. *Es un vaquetón que ya tiene 28 años y su familia todavía lo mantiene.*

vaquilla *s. f.* Toro o vaca jóvenes toreados por aficionados. || *Arg.* y *Chil.* Ternera de año y medio a dos años de edad.

váquiro *s. m. Col.* y *Ven.* Pecarí.

vaquita *s. f.* Dinero jugado en las cartas, dados, etc. || *loc.* ***Vaquita de San Antón:*** vaca de San Antón, insecto.

vara *s. f.* Rama delgada, larga y sin hojas. || Palo largo. || *loc.* ***Tener vara alta:*** tener autoridad, influencia o ascendiente. || ***Varita mágica:*** a) En los cuentos, vara a la que se le atribuyen poderes mágicos; vara pequeña que usan los prestidigitadores en sus actos. b) *fig.* Cosa o situación que provoca un resultado sorprendente. *La entrada del delantero fue la varita mágica.*

varadero *s. m.* Lugar donde varan los barcos para carenarlos.

varadura *s. f.* En marinería, encalladura.

varal *s. m.* Vara muy larga. || Cada uno de los palos en que encajan los travesaños de los costados del carro. || Artificio en los teatros para poner las luces. || *Arg.* Armazón de palos para secar la carne.

varamiento *s. m.* Encallamiento.

varano *s. m.* Lagarto carnívoro de lengua bífida y cuerpo robusto que puede medir hasta 3 m de largo. *Los varanos viven en Australia, Asia y África.*

varapalo *s. m.* Palo largo. || Paliza. || *fig.* Rapapolvo, reprimenda. || Contratiempo, disgusto.

varar *t. intr.* y *pr.* Sacar del mar a la playa una embarcación. *Vararon ese barco porque tienen que hacerle reparaciones.* || Atorarse o encallar una embarcación. *Si no regresan pronto, la lancha se varará en el banco de arena.* || Detenerse, inmovilizarse, atascarse. *Obtenía muy buenas notas, pero de pronto se varó y empezó a reprobar exámenes.*

varazo *s. m.* Golpe dado con la vara. || Pica puesta al toro.

vareado *s. m.* Vareo.

vareador *s. m.* El que varea.

varear *t.* Derribar los frutos del árbol con una vara. *Varear las nueces.* || Golpear, sacudir con vara o palo. *Varear la lana.* || Picar a los toros. || Medir o vender por varas. *Varear paño.* || *Arg.* Preparar al caballo para la carrera.

varec *s. m.* Alga abundante en las costas atlánticas de Europa que se utiliza para extraer yodo.

vareo *s. m.* Acción de varear los árboles. *El vareo de las nueces.*

vareta *s. f.* Vara pequeña.

varetazo *s. m.* Cornada de lado que da el toro, paletazo.

varetón *s. m.* Ciervo joven cuya cornamenta tiene una sola punta.

varga *s. f.* Parte más pendiente de una cuesta. || Especie de congrio en las islas Baleares.

vargueño *s. m.* Bargueño.

varí *s. m. Amér.* Especie de halcón.

variabilidad *s. f.* Disposición a cambiar.

variable *adj.* Que varía o es capaz de variar. *Tiene un carácter muy variable.* || *s. f.* Término indefinido que puede tomar distintos valores. *Para tu investigación tienes que tomar en cuenta variables como el clima, la población y la salud.*

variación *s. f.* Cambio, acción y efecto de variar. *Las variaciones de la atmósfera.* || Imitación melódica de un tema musical. || Cambio de valor de una cantidad o de una magnitud.

variado, da *adj.* Diverso, que tiene variedad. *Cocina variada.*

variante *adj.* Variable, que varía. || *s. f.* Forma diferente. *Las infinitas variantes del mismo tema.* || Texto de un libro que difiere del escrito por el autor o de otra edición. *Las variantes de las ediciones clásicas.*

variar *t.* e *intr.* Hacer que una cosa sea diferente a como era antes. *Para variar, por qué no llegas tú a mi casa.* || Dar variedad. || Cambiar, ser diferente. *El agua varía según el estado en el que se encuentre.*

varice, várice o **variz** *s. f.* Dilatación o hinchazón permanente de una vena provocada por la acumulación de la sangre en ella a causa de un defecto de la circulación. Se produce generalmente en las piernas.

varicela *s. f.* Enfermedad eruptiva y contagiosa de carácter leve, frecuente en la infancia, parecida a la viruela benigna.

varicocele *s. m.* En medicina, tumor formado por la dilatación varicosa de las venas del escroto y del cordón espermático en el hombre y de las venas de los ovarios en la mujer.

varicoso, sa *adj.* y *s.* Relativo a las várices. *Permanecer de pie o sentado demasiado tiempo, propicia que las venas de las piernas se hagan varicosas.*

variedad *s. f.* Calidad de vario, de distinto. || Cada una de las distintas clases de algo. *En ese mercado hay una variedad amplia de verduras.* || *pl.* Espectáculo compuesto por diversos números. *Ese programa de variedades presenta cantantes, entrevistas y reportajes.*

varilla *s. f.* Vara larga y delgada. || Cada una de las piezas metálicas que forman la armazón del paraguas o de madera o marfil en un abanico, un quitasol, etc. || *fam.* Cada uno de los dos huesos que forman la mandíbula. || Barra delgada de metal. *Varilla de cortina.* || Barra para posarse los pájaros en las jaulas.

varillaje *s. m.* Conjunto de las varillas de un abanico o paraguas.

vario, ria *adj.* Diverso, diferente, variado. *De varias telas.* || Inconstante, cambiadizo. || *pl.* Algunos, unos cuantos. *Varios niños.*

varios, rias *pron. pl.* Forma indefinida que significa algunas personas. *Varios piensan que.*

varón *s. m.* Hombre, persona del sexo masculino. *La familia se compone de una hija y tres varones.* || Hombre de edad viril. || Hombre de respeto, de autoridad. *Ilustre varón.*

varonía *s. f.* Descendencia por línea de varón.

varonil *adj.* Relativo al varón, al sexo masculino, viril. || Esforzado, valeroso, digno de un varón. *Carácter* *varonil.* || Como de hombre. *Mujer algo varonil.*

vasallaje *s. m.* Condición de vasallo. || Tributo pagado por el vasallo. *Pagar vasallaje.* || Estado de servilismo, de sujeción, sumisión.

vasallo, lla *adj.* y *s.* Dícese de la persona que estaba sujeta a un señor por juramento de fidelidad o del país que dependía de otro. *Estados vasallos.* || Súbdito. *Los vasallos del rey.*

vasar *s. m.* Estante en las cocinas y despensas donde se ponen fuentes, vasos, platos, etc.

vasco, ca *adj.* y *s.* Del País Vasco, en España.

vascuence *s. m.* Lengua del País Vasco.

vascular *adj.* Relativo a los vasos sanguíneos. *Sistema vascular.* || Que tiene vasos. *Planta vascular.*

vascularización *s. f.* Disposición de los vasos en un órgano. *Vascularización del hígado, de una planta.*

vasectomía *s. f.* Corte de los vasos deferentes en la ingle para esterilizar a un hombre.

vaselina *s. f.* Sustancia grasa translúcida que se obtiene del aceite mineral y se usa en farmacia y en perfumería.

vasija *s. f.* Cualquier recipiente para contener líquidos o materias alimenticias.

vaso *s. m.* Recipiente cóncavo y cilíndrico que sirve para beber. || Conducto por donde circula un líquido orgánico. *Los vasos sanguíneos de los ancianos no son tan flexibles como los de los jóvenes.* || *loc. fam.* ***Ahogarse en un vaso de agua:*** preocuparse mucho por algo que no tiene importancia. || *loc. pl.* ***Vasos comunicantes:*** vasos unidos por conductos que permiten el paso de un líquido de unos a otros.

vasoconstricción *s. f.* Estrechamiento de los vasos sanguíneos. *La vasoconstricción ocasiona que el flujo de sangre sea menor o más lento.*

vasoconstrictor *adj.* y *s.* Que contrae o sirve para contraer los vasos sanguíneos. *El exceso de tabaco y cafeína puede provocar efectos vasoconstrictores.*

vasodilatación *s. f.* Ensanchamiento de los vasos sanguíneos. *Cuando hacemos ejercicio, la vasodilatación aumenta el flujo sanguíneo.*

vasodilatador, ra *adj.* y *s.* Que ensancha o sirve para ensanchar los vasos sanguíneos. *Las personas que padecen asma suelen necesitar medicamentos vasodilatadores.*

vasomotor, ra *adj.* Aplícase a los nervios que producen la contracción o la dilatación de los vasos sanguíneos.

vástago *s. m.* Renuevo, brote, tallo nuevo que brota en un árbol o planta. || *fig.* Hijo, descendiente. *El último vástago de una ilustre familia.* || En mecánica, varilla o barra que transmite el movimiento. *Vástago del émbolo.*

vastedad *s. f.* Inmensidad, amplitud.

vasto, ta *adj.* De gran extensión, grande. *Una vasta región.*

vate *s. m.* Poeta.

vaticano, na *adj.* Relativo al Vaticano. *Sede vaticana, política vaticana.* || *s. m.* Corte pontificia. || *s. f.* Biblioteca Vaticana.

vaticinador *adj.* Que vaticina.

vaticinar *t.* Pronosticar, presagiar, predecir algo que ocurrirá.

vaticinio *s. m.* Predicción.

vatímetro *s. m.* Aparato que sirve para medir la potencia en vatios de un circuito eléctrico.

vatio *s. m.* Unidad de potencia eléctrica, equivalente a un julio o a 107 ergios por segundo. Su símbolo es W.

vatio-hora *s. m.* Unidad de energía eléctrica equivalente al trabajo realizado por un vatio en una hora. Su símbolo es Wh.

vaudeville *s. m.* Vodevil.

vecinal *adj.* Relativo al vecindario, a los vecinos. || Municipal. *Impuestos vecinales.* || *loc.* ***Camino vecinal:*** carretera secundaria que pone en comunicación pequeñas poblaciones.

vecindad *s. f.* Calidad de vecino, de cercano. *La vecindad de esas casas permite que compartan el jardín.* || Conjunto de personas que viven en un mismo edificio o barrio. *La falta de agua afecta a toda la vecindad.* || *Méx.* Conjunto de viviendas populares con patio común. *Muchas viejas vecindades del centro de la ciudad se dañaron durante el último sismo.*

vecindario *s. m.* Población, habitantes de una ciudad. *El vecindario de Madrid.* || Conjunto de personas que viven en la misma casa o en el mismo barrio. *Acudió todo el vecindario.*

vecino, na *adj.* Cercano. *La población vecina está a una hora de distancia.* || *s.* Persona que vive en la misma casa o barrio. *Mi familia tiene una relación respetuosa con los vecinos.* || Persona que tiene casa en una población. *Desde hace muchos años es vecino de esta ciudad.*

vector *s. m.* Segmento de recta en el que se distingue un origen y un extremo. *En la clase de física se estudian los vectores.*

vectorial *adj.* Relativo a los vectores. *Definir una magnitud vectorial requiere un valor numérico, una dirección y un sentido del vector.*

veda *s. f.* Prohibición de cazar o pescar en cierto sitio o en una época determinada. || Tiempo que dura.

vedado, da *adj.* Prohibido, no permitido. || Dícese del campo o sitio acotado por ley, ordenanza o mandato. *Coto vedado. Vedado de caza, de pesca.*

vedar *t.* Prohibir.

vedette *s. f.* Artista de fama, estrella.

védico, ca *adj.* De los Vedas.

vedismo *s. m.* Forma primitiva de la religión india contenida en los Vedas.

veedor *s. m.* Inspector encargado de examinar ciertas cosas. *Veedor de caminos.* || Cargo antiguo de palacio. *Veedor de vianda.*

veeduría *s. f.* Cargo del veedor. || Oficina del veedor.

vega *s. f.* Huerta, parte de tierra baja, en la parte inferior de un río, llana y fértil. *La vega granadina.* || *Cub.* Plantación de tabaco. || *Chil.* Terreno muy húmedo.

vegetación *s. f.* Conjunto de plantas. *Campo de gran vegetación.* || Conjunto de vegetales de una región o terreno determinado. *La vegetación de los trópicos.* || En medicina, excrecencia morbosa que se desarrolla en una parte del cuerpo.

vegetal *adj.* Relativo a las plantas. *El reino vegetal.* || *loc.* ***Carbón vegetal:*** el de leña. || ***Tierra vegetal:*** la impregnada de gran cantidad de elementos orgánicos. || *s. m.* Ser orgánico que crece y vive incapaz de sensibilidad y movimientos voluntarios.

vegetalina *s. f.* Manteca de coco.

vegetalismo *s. m.* Régimen de alimentación de las personas que no toman carnes ni cualquier producto de origen animal, como huevos, leche, mantequilla, etc.

vegetalista *adj.* Relativo al vegetalismo. || *s. com.* Dícese de la persona que sigue las normas dictadas por el vegetalismo.

vegetante *adj.* Que vegeta.

vegetar *intr.* Germinar y desarrollarse las plantas. || *fig.* Vivir una persona con vida muy precaria, oscura o disminuida. *Vegetar en un cargo subalterno.*

vegetarianismo *s. m.* Régimen alimenticio en el que está prohibido el consumo de la carne o los derivados inmediatos de ésta y que sólo acepta las sustancias vegetales.

vegetariano, na *adj.* Relativo al vegetarianismo. *Cocina vegetariana.* || *s.* Dícese de la persona que sigue las normas aconsejadas por el vegetarianismo.

vegetativo, va *adj.* Que concurre a las funciones vitales comunes a plantas y animales (nutrición, desarrollo, etc.), independientemente de las actividades psíquicas voluntarias. || *fig.* Disminuido, que se reduce a la satisfacción de las necesidades esenciales. *Vida vegetativa.* || *loc.* ***Reproducción vegetativa:*** en las plantas, la asexuada. || ***Sistema nervioso vegetativo:*** conjunto de los sistemas nerviosos simpático y parasimpático, que gobiernan el funcionamiento de los órganos.

vegoso, sa *adj. Amér.* Dícese del terreno que se conserva húmedo como el de las vegas.
veguero, ra *adj.* De la vega. || *s. m.* Cultivador de una vega. || Cigarro puro hecho de una sola hoja.
vehemencia *s. f.* Movimiento impetuoso y violento. *Hablar con vehemencia.*
vehemente *adj.* Que obra o se mueve con ímpetu y violencia. *Persona vehemente.* || Que se expresa con pasión y entusiasmo. *Orador, escritor vehemente.* || Fundado, fuerte. *Sospechas vehementes.*
vehículo *s. m.* Medio de transporte terrestre, aéreo o acuático. *El avión, el tren y el automóvil son vehículos modernos.* || Aquello que sirve de transmisor o conductor de algo. *El agua es el vehículo de muchos minerales.*
veintavo, va *adj.* y *s.* Vigésimo. *La veintava parte.*
veinte *adj.* Dos veces diez. || Vigésimo. *La página veinte.* || *s. m.* Cantidad de dos decenas de unidades. || Número veinte. *Jugar el veinte.* || Casa que tiene el número veinte. || Día vigésimo del mes. *Llegaré aproximadamente el día veinte.* || *fam. Méx.* Moneda de veinte centavos.
veintena *s. f.* Conjunto de veinte unidades. || Conjunto aproximado de veinte cosas o personas. *Una veintena de años.*
veinteno, na *adj.* y *s.* Vigésimo. *Fue el veinteno de la clase.*
veinteñal *adj.* Que tiene una duración de veinte años.
veinticinco *adj.* Veinte y cinco. || Vigésimo quinto. || *s. m.* Conjunto de signos con que se representa el número veinticinco.
veinticuatro *adj.* Veinte y cuatro. || Vigésimo cuarto. || *s. m.* Regidor de ayuntamiento en algunas ciudades de Andalucía.
veintidós *adj.* Veinte y dos. || Vigésimo segundo.
veintinueve *adj.* Veinte y nueve. || Vigésimo nono.
veintiocho *adj.* Veinte y ocho. || Vigésimo octavo.
veintiséis *adj.* Veinte y seis. || Vigésimo sexto.
veintisiete *adj.* Veinte y siete. || Vigésimo séptimo.
veintitantos, tas *adj.* Más de veinte y menos de treinta. *Estábamos a veintitantos de junio; veintitantas personas.*
veintitrés *adj.* Veinte y tres. || Vigésimo tercero.
veintiún *adj.* Apócope de *veintiuno* delante de los sustantivos. *Veintiún casos graves.*
veintiuno, na *adj.* Veinte y uno. || Vigésimo primero. || *s. f.* Juego de naipes o de dados.
vejación *s. f.* Acción de herir la susceptibilidad de alguien.
vejador, ra *adj.* y *s.* Que veja.
vejamen *s. m.* Vejación.
vejar *t.* Maltratar, ofender, humillar. *Vejar a uno con reprensiones injustificadas.*
vejarrón, rrona *adj.* y *s.* Viejo.
vejatorio, ria *adj.* Dícese de lo que veja o puede vejar. *Condiciones, medidas vejatorias.*
vejestorio *s. m.* Persona o cosa muy vieja. *Esa mujer (o ese hombre) es un vejestorio.*
vejete *adj.* y *s. m. fam.* Viejo. || En teatro, viejo ridículo.
vejez *s. f.* Calidad de viejo. || Último periodo de la vida humana. || *loc. fig.* ***¡A la vejez viruelas!:*** expresión que se aplica a los que les ocurren cosas que no corresponden a su edad.
vejiga *s. f.* Receptáculo abdominal en el que se acumula la orina. || Ampolla en la epidermis. || *loc.* ***Vejiga natatoria:*** bolsa llena de aire que tienen muchos peces en el abdomen.
vejigatorio, ria *adj.* y *s. m.* Dícese de un emplasto irritante que se aplica en la piel para levantar vejigas.
vejigazo *s. m.* Golpe dado con una vejiga llena de aire.
vejiguilla *s. f.* Vejiga pequeña. || Ampolla pequeña en la piel.
vela *s. f.* Cilindro de cera con pabilo que puede encenderse e iluminar un lugar. || Lona fuerte que sirve para impulsar una embarcación por la acción del viento. *Las velas se rasgaron por la fuerza de la tormenta.* || *loc.* ***A toda vela*** o ***a velas desplegadas*** o ***tendidas:*** en marinería, navegando con mucho viento y gran rapidez. || ***Alzar velas*** o ***dar la vela*** o ***hacerse a la vela:*** zarpar. || *fig.* y *fam.* ***Derecho como una vela:*** muy erguido. || ***En vela:*** quedarse despierto por la noche. *Se pasaron la noche en vela estudiando.* || ***No darle a uno vela en un entierro:*** no permitirle que intervenga en un asunto. || ***Recoger velas:*** contenerse, moderarse, atenuar lo dicho, desistir de un propósito.
velación *s. f.* Acción de pasar la noche acompañando a un muerto.
velado, da *adj.* Cubierto con un velo. || Indirecto. *Me hizo una insinuación velada.* || Dícese de la voz sorda, sin timbre. || *s. f.* Reunión nocturna. *Pasamos una velada muy divertida en casa de Clara.*
velador *s. m. Amér. Merid.* Mesa de noche. *Puso en el velador una lámpara para leer cuando está acostada.* || *Arg.* Lámpara que suele colocarse en la mesilla de noche. || *Méx.* Vigilante nocturno. *El velador trabaja desde las diez de la noche hasta las seis de la mañana.*
veladora *s. f. Uy.* Lámpara que suele colocarse en la mesilla de noche. || *Méx.* Vela gruesa y corta que se prende ante un santo por devoción.
velamen *s. m.* Conjunto de las velas de una embarcación.
velar[1] *adj.* Dícese de las letras cuyo punto de articulación está situado en el velo del paladar como la «c» (delante de las vocales «a», «o», «u»), «k», «q», «j», «g», «o» y «u». || Relativo al velo del paladar. *Con el golpe se hizo una herida en la región velar y no puede hablar bien.* || Relativo al sonido cuyo punto de articulación es el velo del paladar, como el que representan «u» y «k».
velar[2] *t.* e *intr.* Asistir de noche a un enfermo o pasar la noche con un difunto. *En algunos lugares se acostumbra velar al difunto toda la noche.* || Permanecer despierto por la noche. *Se quedó velando anoche porque tenía un examen hoy.* || *loc.* ***Velar las armas:*** hacer guardia una noche para meditar el que iba a ser armado caballero. || Cubrir con un velo. *Para pasar desapercibida, se puso un velo en la cara.* || Borrarse una imagen fotográfica. *Abrió la cámara con el rollo puesto y se velaron varias fotos.*
velatorio *s. m.* Vela de un difunto.
velazqueño, ña *adj.* Propio del pintor Diego Velázquez.
veleidad *s. f.* Voluntad no realizada, deseo vano. || Inconstancia, ligereza, versatilidad.
veleidoso, sa *adj.* Inconstante, versátil, voluble.
velero, ra *adj.* Aplícase a la embarcación que navega mucho. *Barco velero.* || *s. m.* Barco de vela. *Un velero de dos palos.* || El que hace velas de buques. || El que hace y vende velas para alumbrar.
veleta *s. f.* Pieza metálica giratoria colocada en la cumbre de una construcción para indicar la dirección del viento. || Plumilla en el corcho de las cañas de pescar que indica el tirón dado por el pez al picar. || *s. com. fig.* y *fam.* Persona inconstante, cambiadiza.
velillo *s. m.* Velo ligero.
velís *s. m. Méx.* Maleta de mano.
veliz o **velís** *s. m. Méx.* Maleta de mano de cuero o de metal. *Cargó sus velices y se fue de la casa.*
vello *s. m.* Pelo corto y fino que hay en algunas partes del cuerpo. || Pelusilla de algunas frutas o plantas.
vellocino *s. m.* Vellón; lana o piel de carnero.
vellón *s. m.* Toda la lana del carnero u oveja que sale junta al esquilarla. || Zalea. || Vedija de lana. || Moneda de cobre. || Aleación de plata y cobre con que se labraba moneda.
vellosidad *s. f.* Vello. || Abundancia de vello.
vellosilla *s. f.* Planta compuesta de flores amarillas, llamada también

«oreja de ratón», «pelosilla» y «pelusilla».
velloso, sa *adj.* Que está cubierto de vellos. || Parecido al vello.
velludillo *s. m.* Terciopelo de algodón de pelo muy corto.
velludo, da *adj.* Muy velloso. || *s. m.* Felpa, terciopelo.
velo *s. m.* Tela fina y transparente con que se cubre una cosa. || Prenda de tul, gasa o encaje con que las mujeres se cubren la cabeza, a veces el rostro, en determinadas circunstancias. *Ponerse un velo para ir a la iglesia.* || Especie de manto que las monjas y novicias llevan en la cabeza. || Banda de tela que cubre la cabeza de la mujer y los hombros del hombre en la ceremonia de las velaciones después de contraer matrimonio. || *fig.* Todo aquello que oculta o impide la visión. || Lo que encubre el conocimiento de algo. *Levantar el velo que nos oculta los misterios de la naturaleza.* || Apariencia, medio de que uno se sirve para encubrir la realidad. *Los velos púdicos de la censura.* || Cualquier cosa ligera que oculta algo. || Aquello que impide que alguien pueda comprender con claridad algo. || *loc. fig.* y *fam.* ***Correr* (o *echar*) *un velo* (o *un tupido velo*) *sobre una cosa:*** callarla, omitirla. || ***Descubrir el velo:*** enseñar la realidad, dejar ver. || ***Velo del paladar:*** membrana que separa las fosas nasales de la boca.
velocidad *s. f.* Magnitud física que representa el espacio recorrido en una unidad de tiempo. *En clase de física resuelven problemas en los que calculan la velocidad de un automóvil.* || Ligereza o prontitud en el movimiento. *Caminó a gran velocidad porque le urgía ir al baño.* || Cada una de las combinaciones de engranaje de un motor de automóvil. || *loc.* ***Carrera de velocidad:*** carrera en pista, generalmente de poca distancia. || ***Velocidad media:*** relación entre el espacio recorrido y el tiempo empleado.
velocímetro *s. m.* Indicador de velocidad de los vehículos de motor. *El velocímetro del autobús marcaba que se habían sobrepasado los 120 km por hora.*
velocipedismo *s. m.* Ciclismo.
velocípedo *s. m.* Vehículo con ruedas que se hacían girar por un mecanismo movido por los pies.
velocista *s. com.* Atleta especializado en las carreras de velocidad.
velódromo *s. m.* Pista cubierta o al aire libre para carreras de bicicletas.
velomotor *s. m.* Motocicleta ligera o bicicleta provista de un motor de 50 a 125 cm^3 de cilindrada.
velón *s. m.* Lámpara de aceite con uno o varios mecheros y un eje por el que puede girar, subir y bajar.
velonero *s. m.* Fabricante o vendedor de velones.
velorio *s. m.* Sesión nocturna en la que se vela a un difunto. || Acto y lugar donde se vela a un difunto.
veloz *adj.* Rápido, ligero. *Automóvil veloz.* || Ágil y pronto en discurrir o hacer algo. *Veloz como el rayo.*
veludillo *s. m.* Velludillo.
vemberécua *s. f. Méx.* Planta anacardiácea.
vena *s. f.* Vaso que conduce la sangre o la linfa al corazón. || Filón de roca o de una masa mineral encajado en una roca de distinta naturaleza. *En la mina acaban de descubrir una importante vena de oro.* || Nervio de la hoja de las plantas. *Por las venas de las hojas fluye la savia.* || *loc. fig.* y *fam.* ***Darle a uno la vena de hacer cierta cosa:*** sentirse repentinamente dispuesto a hacerla. || ***Estar en vena:*** estar en un estado de ánimo propicio para hacer algo; estar inspirado.
venablo *s. m.* Arma arrojadiza, especie de dardo o jabalina.
venadear *t. Méx.* Sorprender a alguien como a un venado, cazar.
venado *s. m.* Ciervo. || Nombre de algunos cérvidos de América.
venal *adj.* De las venas, venoso. || Que se adquiere por medio de dinero. *Amor venal.* || Sobornable, que se puede corromper por el interés. *Autoridad venal.*
venalidad *s. f.* Carácter de aquello que se vende o se deja sobornar.
venatorio, ria *adj.* Cinegético.
vencedor, ra *adj.* y *s.* Triunfador, ganador, que vence.
vencejo *s. m.* Pájaro insectívoro semejante a la golondrina. || Atadura de las mieses.
vencer *t. intr.* y *pr.* Derrotar al enemigo. || Resultar el primero en una competencia. || Producir su efecto en uno aquello a lo que es difícil resistir. *La venció el sueño a las seis de la tarde.* || Dominar las pasiones. *Evaristo logró vencer su timidez y habló en público.* || Terminar un plazo.
vencetósigo *s. m.* Planta asclepiadácea de raíz medicinal.
vencible *adj.* Que puede derrotarse.
vencido, da *adj.* Que ha sido derrotado. || *loc.* ***Darse por vencido:*** desistir de un intento, rendirse. || *s. f.* Vencimiento. || *fig.* ***A la tercera va la vencida:*** con paciencia se llega a obtener todo lo que se desea.
vencimiento *s. m.* Cumplimiento de un plazo. *Tiene que pagar el alquiler al vencimiento del mes.* || Victoria, triunfo. || Derrota. || Acción de ceder por efecto de un peso. || *fig.* Paso, acción de salvar un obstáculo.
venda *s. f.* Banda de gasa con la que se cubre una herida o de tela para sujetar un miembro o hueso roto. || *loc. fig.* ***Caérsele a uno la venda de los ojos:*** desaparecer lo que impedía ver la realidad de las cosas. || ***Tener una venda en los ojos:*** desconocer la verdad por ofuscación del entendimiento.
vendaje *s. m.* Conjunto de la venda y de la cura o apósito fijado o sujeto por ésta.
vendar *t.* Poner una venda. || *fig.* Cegar el entendimiento. *La pasión le venda los ojos.*
vendaval *s. m.* Viento fuerte. || *fig.* Huracán. *El vendaval de las pasiones.*
vendedor, ra *adj.* y *s.* Que vende. *Se oían por la calle los gritos de los vendedores de periódicos.*
vender *t.* Traspasar a otro la propiedad de una cosa por algún precio. *Vender una casa.* || Exponer al público las mercancías para el que las quiere comprar. *Vender naranjas.* || *fig.* Sacrificar por dinero cosas que no tienen valor material. *Vender su conciencia.* || Traicionar, delatar por interés. *Vender al amigo.* || *pr.* Ser vendido. *El terreno se vende hoy caro.* || Dejarse sobornar. *Venderse al enemigo.* || Descubrir lo oculto, traicionarse. || *loc. fig.* ***Vender cara una cosa:*** hacer que cueste mucho trabajo conseguirla. || ***Vender salud:*** gozar de muy buena salud. || *fig.* ***Venderse caro uno:*** escatimar su amistad, su compañía, etc., por orgullo.
vendetta *s. f.* Enemistad causada por una ofensa y que en Córcega se transmite a todos los parientes de la víctima.
vendimia *s. f.* Cosecha de la uva. || Tiempo en que se hace.
vendimiador, ra *s.* Persona que vendimia.
vendimiar *t.* Recoger la uva de las viñas. || *fig.* Sacar provecho o disfrutar de algo.
venduta *s. f. Arg.* y *Cub.* Subasta.
veneciano, na *adj.* y *s.* De Venecia.
venenillo *s. m. Méx.* Nombre de varias plantas de México, algunas de ellas medicinales.
veneno *s. m.* Cualquier sustancia que, introducida en el organismo, ocasiona la muerte o graves trastornos funcionales. || En particular, líquido tóxico segregado por ciertos animales, que se comunica por picadura o mordedura. *Veneno de víbora.* || *fig.* Cualquier cosa nociva a la salud. *El tabaco es un veneno.* || Lo que puede producir un daño moral. *El veneno de la envidia.* || Maldad en lo que se dice. *Sus palabras destilan veneno.*
venenosidad *s. f.* Condición de venenoso.
venenoso, sa *adj.* Que contiene veneno y es capaz de envenenar. *Hongo venenoso; serpiente venenosa.* || *fig.* Malo, malintencionado. *Crítica venenosa.*

venera *s. f.* Concha semicircular de dos valvas de cierto molusco comestible que llevaban cosida en la capa los peregrinos que volvían de Santiago. || Insignia que llevan colgada del pecho los caballeros de ciertas órdenes. *La venera de Santiago.* || Venero, manantial.
venerable *adj.* Que merece veneración, respeto. *Un venerable anciano.*
veneración *s. f.* Respeto profundo que se siente por ciertas personas o por las cosas sagradas. || Amor profundo.
venerar *t.* Tener gran respeto y devoción por una persona. *Venerar a sus padres.* || Dar culto a Dios, a los santos o a las cosas sagradas. *Venerar reliquias.*
venéreo, a *adj.* Relativo a la cópula carnal. || Aplícase a las enfermedades contraídas por contacto sexual.
venero *s. m.* Manantial. *De las entrañas de ese monte brota un venero de agua clarísima.* || Fuente de conocimientos. *Los sitios de internet son veneros de datos, pero hay que tener criterio para seleccionar la información.* || Filón, yacimiento, criadero de mineral.
véneto, ta *adj.* y *s.* Veneciano.
venezolanismo *s. m.* Palabra o expresión propias de Venezuela.
venezolano, na *adj.* y *s.* Originario de Venezuela, país de América del Sur.
vengador, ra *adj.* Que venga o se venga. *Un hombre vengador.*
venganza *s. f.* Satisfacción que se toma del agravio o daño recibidos. *Tomar, gritar venganza contra alguien.*
vengar *t.* Obtener por la fuerza reparación de un agravio o daño. *Vengar una ofensa; vengarse de una afrenta.*
vengativo, va *adj.* Predispuesto a vengarse. *Un hombre de espíritu vengativo.*
venia *s. f.* Permiso, autorización. *Con la venia del profesor.* || Perdón de la ofensa o culpa. || Saludo hecho inclinando la cabeza. || *Amér.* Saludo militar. || En derecho, licencia que, por indicación de un tribunal competente, se concedía a un menor de edad para que pudiera administrar su hacienda.
venial *adj.* Sin gravedad. *Culpa venial.*
venialidad *s. f.* Calidad de venial.
venida *s. f.* Acción de venir, llegada. *La venida de la primavera.* || Regreso. || *loc.* ***Idas y venidas:*** idas.
venidero, ra *adj.* Futuro, que ha de venir. *Los años, los siglos venideros.*
venir *intr.* y *pr.* Moverse, trasladarse de allá para acá. || Estar próximo en el tiempo. *El año que viene vamos a hacer un viaje a Alaska.* || Tener su origen. *El cabello rizado de Julio le viene de familia.* || Llegar al sitio donde está quien habla. *Vinieron a visitarnos al campo mis primos de la ciudad.* || Seguir inmediatamente una cosa de otra. || Suceder, ocurrir. *Después de que abandonó la escuela le vinieron grandes dificultades.* || Ajustarse, acomodarse bien o mal. *Ese pantalón te viene muy bien, no dudes en comprarlo.* || Estar, hallarse, encontrarse. *¿Ya viste la fotografía de Amalia que viene en el diario?* || Regresar. || *loc.* ***¿A qué viene esto?:*** ¿para qué dice o hace esto? || ***En lo por venir:*** de aquí en adelante; en lo futuro. || ***Venga lo que viniere:*** expresión con que uno muestra la determinación de emprender una cosa sin reparar en sus consecuencias. || ***Venir a las manos:*** pelearse. || ***Venir al caso:*** tener que ver. || ***Venir al mundo:*** nacer. || *fam.* ***Venir al pelo*** (o ***a punto***)***:*** ser muy oportuno. || *fig.* ***Venir a menos:*** decaer, empeorar. || ***Venir ancha una cosa a uno:*** ser superior a la capacidad o méritos de uno. || ***Venir a parar:*** llegar a cierta consecuencia. *La inflación vino a parar en una catástrofe.* || ***Venir a ser:*** equivaler. || ***Venir a un acuerdo:*** llegar finalmente a él. || ***Venir con:*** acompañar. *Venga con él.* || *fig.* y *fam.* ***Venir de perillas*** (o ***de perlas,*** o ***de primera***) ***una cosa:*** resultar muy conveniente u oportuna. || ***Venir en:*** resolver, acordar. *Venir en decretar.* || ***Venir en conocimiento de uno:*** llegar a ser sabido. || *fig.* ***Venirle a la cabeza*** (o ***a la memoria***) ***de uno:*** acordarse. || *fig.* y *fam.* ***Venir rodado algo:*** suceder, sin haberlo pensado, algo que resulta conveniente. || ***Verle venir a uno:*** adivinar sus intenciones. || ***Venirse abajo*** (o ***al suelo*** o ***a tierra***) ***una cosa:*** a) Caerse, hundirse. b) *fig.* Frustrarse, malograrse. *Todos sus proyectos se han venido abajo.*
venoso, sa *adj.* Relativo a las venas. *La sangre venosa tiene bajo contenido de oxígeno.*
venta *s. f.* Convenio por el cual una parte (vendedor) se compromete a transferir la propiedad de una cosa o de un derecho a otra persona (comprador) que ha de pagar el precio ajustado. *La venta puede ser al contado, a crédito, a plazos o por cuotas, en pública subasta.* || Función en una empresa de aquellos que están encargados de dar salida a los productos fabricados o comprados para este efecto. || Servicio comercial de esta función. || Condición de aquello que se vende bien o mal. *Artículo de fácil venta.* || Cantidad de cosas que se venden. *En invierno la venta de bañadores disminuye.* || Albergue, posada fuera de una población.
ventaja *s. f.* Superioridad de una persona o cosa respecto de otra. *Tiene la ventaja de ser más hábil.* || Hecho de ir delante de otro en una carrera, competición, etc. *Llevar 20 metros de ventaja a uno.* || Ganancia anticipada que da un jugador a otro. || En el tenis, punto marcado por uno de los jugadores cuando se encuentran empatados a 40. *Ventaja al saque.* || *loc.* ***Sacar 10 metros de ventaja a uno:*** ganar a uno por 10 metros de diferencia.
ventajear *t. Arg. Col. Guat.* y *Uy.* Obtener ventaja de alguien mediante procedimientos no correctos.
ventajero, ra *s. m.* y *s. f. Amér.* Ventajista.
ventajismo *s. m. Amér.* Actitud del ventajista.
ventajista *adj.* y *s. com.* Se aplica a la persona que busca por medios no siempre lícitos obtener ventaja de las circunstancias.
ventajoso, sa *adj.* Que representa un beneficio, una ventaja. *Le propusieron una compra muy ventajosa.*
ventalla *s. f.* En botánica, cada una de las dos o más partes de la cáscara o vaina de un fruto reunidas por una sutura.
ventana *s. f.* Abertura que se deja en una pared para dar paso al aire y a la luz. || Armazón con que se cierra. || Ventanilla de la nariz. || *loc. fig.* ***Tirar una cosa por la ventana:*** desperdiciarla, derrocharla.
ventanal *s. m.* Ventana grande.
ventanilla *s. f.* Ventana pequeña. || Ventana en los coches, trenes, aviones, barcos, etc. || Taquilla de las oficinas, de despacho de billetes. || Abertura tapada con papel transparente que tienen los sobres para que pueda verse la dirección escrita en la misma carta. || Cada uno de los orificios de la nariz.
ventanillo *s. m.* Postigo pequeño. || Mirilla de una puerta. || Tragaluz en el techo. || Ventanilla de los barcos, aviones.
ventano *s. m.* Ventana pequeña.
ventarrón *s. m.* Viento fuerte.
ventear *impers.* Soplar el viento o hacer aire fuerte. || *t.* Olfatear los animales el viento para orientarse con el olfato. || Poner al viento, airear. *Ventear la ropa de la cama.* || *fig.* Olerse, sospechar.
ventero, ra *adj.* Que ventea o toma el viento. *Perro ventero.* || *s.* Dueño o encargado de una venta, albergue o posada.
ventila *s. f. Méx.* Ventanilla de un automóvil. || Ventana pequeña abierta en otra para permitir el paso de la ventilación.
ventilación *s. f.* Aireación. *La ventilación de un túnel, de una sala.* || Abertura para ventilar un local. || Corriente de aire que se establece al ventilarlo. || *loc.* ***Ventilación pulmonar:*** movimientos del aire en los pulmones.
ventilador *s. m.* Aparato que produce una corriente de aire y sirve para ventilar.

ventilar *t.* y *pr.* Exponer al viento. *Colgué la ropa en el patio para que se ventile.* || Renovar el aire de un lugar. *Por las mañanas es bueno ventilar las habitaciones.* || *fam.* Hacer que la gente conozca un asunto privado. *Nina ventila sus problemas matrimoniales.*
ventisca *s. f.* Borrasca de nieve.
ventiscar o **ventisquear** *impers.* Nevar con viento fuerte.
ventiscoso, sa *adj.* Que hay muchas ventiscas o borrascas.
ventisquero *s. m.* Ventisca. || Altura de un monte expuesta a las ventiscas. || Helero, lugar de un monte en el que se acumulan y conservan la nieve y el hielo. || Masa de hielo o nieve acumulada en este sitio.
ventolera *s. f.* Racha de viento fuerte. || Molinete, juguete. || *fig.* y *fam.* Manía, capricho. || Pensamiento extravagante. *Le dio la ventolera de cambiar de oficio.*
ventolina *s. f.* Viento ligero y fresco en el mar.
ventosa *s. f.* Campana de vidrio en cuyo interior se hace el vacío y que produce un aflujo de sangre en el lugar donde se aplica sobre la piel. || Abertura hecha para dar ventilación. || Órgano con el que algunos animales se adhieren a la superficie de los cuerpos sólidos. *Las ventosas de los tentáculos del pulpo.*
ventosear *intr.* Expulsar gases intestinales por el ano.
ventosidad *s. f.* Gases intestinales expelidos por medio del ano.
ventoso, sa *adj.* Que hace viento. *Día ventoso.*
ventrada *s. f. Arg.* Ventregada.
ventral *adj.* Del vientre.
ventregada *s. f.* Conjunto de animalillos que han nacido en un parto.
ventrera *s. f.* Faja para abrigar o ceñir el vientre. || Armadura que cubría el vientre. || Cincha del caballo.
ventricular *adj.* Del ventrículo.
ventrículo *s. m.* Cada una de las dos cavidades inferiores del corazón, de donde parten las arterias aorta y pulmonar. || Cada una de las cuatro cavidades del encéfalo en que se encuentra el líquido cefalorraquídeo.
ventriculografía *s. f.* Radiografía de los ventrículos cerebrales mediante una inyección de aire previa trepanación.
ventrílocuo, a *adj.* Dícese de la persona que puede hablar de tal modo que la voz no parece venir de su boca ni de su persona.
ventriloquia *s. f.* Facultad de hablar como los ventrílocuos.
ventrudo, da *adj.* De vientre abultado.
ventura *s. f.* Felicidad. *Los invitados desearon todo tipo de venturas a los recién casados.* || Suerte. *Su padre le deseó a Julián buena ventura en sus estudios.* || Casualidad. *Si por ventura llegas a ver a Laura en la escuela, salúdala de mi parte.* || *loc.* ***A la ventura*** o ***a la buena ventura:*** al azar. || ***Por ventura:*** por casualidad; afortunadamente. || ***Probar ventura:*** tentar la suerte.
venturina *s. f.* Cuarzo amarillento que tiene en la masa laminitas de mica dorada.
venturoso, sa *adj.* Afortunado.
venus *s. f. fig.* Mujer muy bella.
ver[1] *s. m.* Sentido de la vista. *Para algunas personas, ver es más importante que oír.* || Aspecto, apariencia. *Es una joven de buen ver, bien vestida y arreglada.*
ver[2] *t.* y *pr.* Percibir mediante el sentido de la vista. *Mi abuelo está anciano y no ve bien de lejos.* || Observar, examinar. *En clase de biología vimos unas bacterias a través del microscopio.* || Comprender, entender, darse cuenta de algo. *Genaro no quiere ver que su esposa no lo quiere.* || Considerar, juzgar. || Visitar a otra persona. *Quiero ver a mi tía Angélica esta semana.* || Hallarse en determinada situación. *Sin quererlo, de pronto se vio envuelto en una situación difícil en el trabajo.* || Someterse a control por parte de un técnico o especialista. *Es importante que lo vea el médico.* || *loc.* ***A ver:*** expresión empleada para pedir algo que se quiere examinar o para manifestar sorpresa o incredulidad. || ***Darse a ver:*** mostrarse. || ***Esto está por ver*** (o ***habrá que verlo***)***:*** esto hay que comprobarlo. || ***Ni visto ni oído:*** rápida y repentinamente. || *fig.* y *fam.* ***No poder ver a uno ni en pintura*** (o ***ni pintado***)***:*** detestarlo. || *fig.* ***No tener nada que ver con:*** no tener ninguna relación con. || *fig.* y *fam.* ***No ver ni jota:*** ser muy miope. || ***Por lo visto*** (o ***por lo que se ve***)***:*** al parecer, según las apariencias. || *fam.* ***Que no veo*** (***ves,*** etc.)***:*** mucho. *Tengo un hambre que no veo.* || ***Ser de ver una cosa:*** ser digna de atención. || *fig.* ***Te veo venir:*** adivino tus intenciones. || ***Ver de:*** intentar, procurar. *Ya veremos de satisfacerle.* || *fig.* ***Veremos:*** expresión que se usa para diferir la ejecución de una cosa. || ***Ver mundo:*** viajar mucho. || ***Verse negro:*** encontrarse en gran apuro.
vera *s. f.* Orilla de un mar, río, etc. || *loc.* ***A la vera:*** bajo la protección. *Joaquín vivió la infancia a la vera de su padrino.*
veracidad *s. f.* Realidad.
veranada *s. f.* Entre los ganaderos, temporada del verano.
veranda *s. f.* Galería o balcón que corre a lo largo de las casas de la India y del Extremo Oriente. || Balcón cubierto con cierre de cristales, mirador.
veraneante *s. com.* Persona que pasa el verano en un sitio.
veranear *intr.* Pasar las vacaciones de verano en cierto sitio. *Solía veranear todos los años en Torremolinos, cerca de Málaga.*
veraneo *s. m.* Acción de veranear. *Ir de veraneo.* || Vacaciones de verano. *Organizar el veraneo.*
veraniego, ga *adj.* Relativo al verano. *Temporada veraniega.* || *fig.* Ligero, que se lleva en verano. *Traje veraniego.*
veranillo *s. m.* Tiempo breve en que suele hacer calor a finales de septiembre. *El veranillo de San Miguel, del membrillo (España), de San Juan (América).*
verano *s. m.* Estío, estación más calurosa del año. En el hemisferio septentrional, el verano comprende los meses de junio, julio y agosto. En el hemisferio austral, los meses de diciembre, enero y febrero. En el Ecuador, la temporada de sequía, que dura unos seis meses.
veras *s. f. pl.* Realidad, verdad en las cosas que se dicen o hacen. || *loc.* ***De veras:*** a) Realmente, de verdad. *Enfermo, feo de veras.* b) En serio, no en broma. *Lo digo de veras.*
veraz *adj.* Que dice la verdad. *La información que dio ese diario fue veraz.*
verbal *adj.* Relativo a la palabra. *Pedro tiene una expresión verbal muy buena.* || Relativo al verbo. *En clase de lengua española estudiamos modos verbales.* || Que se hace de palabra y no por escrito. *Me dijo de manera verbal que el libro estaba aprobado.*
verbalismo *s. m.* Propensión a dar más importancia a las palabras que a los conceptos.
verbalizar *t.* Expresar con palabras. *A veces cuesta trabajo verbalizar lo que sentimos.*
verbasco *s. m.* En botánica, gordolobo.
verbena *s. f.* Planta verbenácea de hermosas flores usadas en farmacia. || Feria y fiesta popular nocturna. *La verbena de San Juan.*
verbenáceo, a *adj.* y *s. f.* Dícese de las plantas dicotiledóneas como la verbena, la hierba luisa y el sauzgatillo. || *pl.* Familia que forman.
verbenero, ra *adj.* Referente a la verbena. *Noche verbenera.*
verbigracia *adv.* Por ejemplo.
verbo *s. m.* Palabra. *Los escritores usan el verbo con maestría.* || En gramática, categoría lingüística que expresa dentro de la oración la acción o estado del sujeto. *«Correr» es un verbo escrito en modo infinitivo.*
verborrea *s. f. fam.* Tendencia a utilizar más palabras de las necesarias.
verdad *s. f.* Condición de lo que es verdadero. *La verdad es que no puede hacerlo.* || Conformidad de lo que se dice con lo que se siente o se

piensa. *Decir la verdad.* || Cosa cierta. *Esto es verdad.* || Veracidad, autenticidad, certeza. *Verdad histórica, científica, filosófica.* || Sinceridad, buena fe. *Un acento de verdad.* || *loc.* ***Bien es verdad que*** (o ***verdad es que***)***:*** expr. que se usa para explicar o atenuar. || *fam.* ***Cantarle*** (o ***decirle***) ***a uno cuatro verdades*** (o ***las verdades del barquero***)***:*** criticarle crudamente o con franqueza. || ***De verdad:*** de veras, realmente; verdadero, auténtico. *Un susto de verdad;* en serio, no en broma. *¿Lo dices de verdad?* || ***En verdad:*** por cierto, verdaderamente. || ***¿Verdad?:*** ¿es cierto? || ***Verdad de Perogrullo:*** perogrullada, cosa sabida por todos y que es ocioso repetir.

verdadero, ra *adj.* Conforme a la verdad, a la realidad. *Nada hay de verdadero en lo que afirma.* || Auténtico, que tiene los caracteres esenciales de su naturaleza. *Un topacio verdadero.* || Real, principal. *El verdadero motivo de su acción.* || Conveniente, adecuado. *Éste es su verdadero sitio.*

verdal *adj.* Aplícase a algunas frutas que conservan el color verde aun después de maduras. *Aceitunas verdales.*

verdasca *s. f.* Vara verde.

verde *adj.* De color semejante al de la hierba fresca, la esmeralda, etc., y que resulta de una mezcla de azul y amarillo. || Que tiene savia y no está seco. *Leña verde.* || Fresco. *Hortalizas verdes.* || Que aún no está maduro. *Uvas verdes.* || *fig.* Inmaduro, en sus comienzos. *El negocio está aún verde.* || Libre, escabroso, licencioso. *Chiste verde.* || Que tiene inclinaciones galantes a pesar de su edad. *Viejo verde.* || *s. m.* Color verde. *No me gusta el verde.* || Verdor de la planta. || Conjunto de hierbas del campo. || Follaje. || *fig.* Carácter escabroso. *Lo verde de sus palabras.* || *Arg* y *Uy.* Mate, infusión. || *loc. fig.* y *fam.* ***Poner verde a uno:*** insultarle o desacreditarle.

verdear *t.* Coger la aceituna. || *intr.* Volverse una cosa de color verde. || Tirar a verde. || Empezar a cubrirse de plantas. *Verdeaban los campos.*

verdeceledón *s. m.* Color verde claro de ciertas telas.

verdecer *intr.* Cubrirse de verde los campos o los árboles.

verdemar *adj.* Dícese del color verdoso parecido al del mar.

verdeo *s. m.* Recolección de la aceituna.

verdeoscuro, ra *adj.* Verde de color oscuro.

verderón *s. m.* Ave canora parecida al gorrión, con plumaje verde y amarillo. || Berberecho.

verdín *s. m.* Algas verdes o mohos que se crían en un lugar húmedo o cubierto de agua. || Cardenillo. || Color verde claro.

verdinegro, gra *adj.* De color verde muy oscuro.

verdolaga *s. f.* Planta cariofilácea cuyas hojas se comen en ensalada.

verdón *s. m.* Verderón, pájaro.

verdor *s. m.* Color verde. || Color verde vivo de las plantas. || *fig.* Vigor, lozanía, juventud. *En el verdor de mi vida.*

verdoso, sa *adj.* Que tira a verde. || Muy pálido. *Tenía la tez verdosa y era muy delgado.*

verdugo *s. m.* Ministro de la justicia que ejecuta las penas de muerte. || Brote, vástago de árbol. || Vara flexible para azotar. || Verdugón o señal en la piel. || Prenda de punto para abrigar que cubre la cabeza a modo de capucha. || Alcaudón. || Serie horizontal de ladrillos en una construcción de tierra o de mampostería. || *fig.* Persona muy cruel; que castiga sin piedad. *Este maestro es un verdugo.* || Cosa que mortifica mucho. || *Méx.* Pájaro arriero.

verdugón *s. m.* Señal o roncha, coloreada o hinchada, que deja en el cuerpo un latigazo o un golpe. *Su piel estaba cubierta de verdugones.* || Verdugo de árbol.

verduguillo *s. m.* Ronchita que se levanta en las hojas de algunas plantas. || Navaja pequeña de afeitar.

verdulería *s. f.* Tienda donde se venden verduras. || *fam.* Palabra o acción escabrosa, verde. || Obscenidad.

verdulero, ra *s.* Persona que vende verduras. || *fig.* Persona verde o escabrosa. || *s. f. fig.* y *fam.* Mujer ordinaria y vulgar. *Habla y se conduce como si fuese una verdulera.*

verdura *s. f.* Hortaliza, legumbre verde. || Verdor, color verde.

verdusco, ca *adj.* Verdoso.

verecundia *s. f.* Vergüenza.

verecundo, da *adj.* Vergonzoso, que se avergüenza fácilmente.

vereda *s. f.* Senda, camino estrecho. || *Amér.* Acera de las calles. || *loc. fig.* ***Hacer entrar*** (o ***meter***) ***a uno en vereda:*** hacerle seguir una vida muy seria cumpliendo con sus deberes.

veredicto *s. m.* En derecho, declaración en la que un jurado responde a las preguntas hechas por el presidente del tribunal. *Veredicto de culpabilidad.* || Juicio, parecer dado sobre cualquier asunto. *El veredicto de la opinión pública.*

verga *s. f.* Miembro genital de los mamíferos. || Arco de acero de la ballesta. || En marinería, palo colocado horizontalmente en un mástil para sostener la vela.

vergajazo *s. m.* Golpe dado con un vergajo o con una vara.

vergajo *s. m.* Verga del toro que, seca y retorcida, sirve de látigo.

vergel *s. m.* Huerto con variedad de flores y árboles frutales.

vergonzante *adj.* Que tiene o que produce vergüenza. *Pobre vergonzante.*

vergonzoso, sa *adj.* Que causa vergüenza. *La maestra le dijo a Pedro que engañar a la gente es vergonzoso.* || Propenso a sentir vergüenza. *Maura es vergonzosa, por eso no usa vestidos cortos.*

vergüenza *s. f.* Sentimiento ocasionado por alguna falta cometida o por el temor a la humillación. *Como estaba de visita, le dio mucha vergüenza derribar un jarrón.* || Timidez. *A Federico le da mucha vergüenza hablar en público.* || *pl. fam.* Órganos genitales. || *loc. fig.* ***Caérsele a uno la cara de vergüenza:*** tener mucha vergüenza. || ***Dar vergüenza:*** ser motivo de vergüenza. || ***Perder la vergüenza:*** descararse, insolentarse. || ***Señalar a uno a la vergüenza pública:*** hacer públicas sus faltas.

vericueto *s. m.* Caminillo estrecho, tortuoso y escarpado por donde se anda con dificultad. || *fig.* Complicación, lío, enredo.

verídico, ca *adj.* Conforme con la verdad. *Historia verídica; lo que digo es verídico.*

verificación *s. f.* Comprobación, acción de asegurarse de la exactitud de algo.

verificador, ra *adj.* Encargado de verificar, de controlar algo. || *s. m.* Aparato que sirve para verificar.

verificar *t.* Comprobar la verdad o exactitud de una cosa. *Verificar la declaración de un testigo; el resultado de una operación.* || Realizar, ejecutar, efectuar. *Verificar un sondeo.* || *pr.* Efectuarse. *El acto se verificó hace tiempo.* || Resultar cierto y verdadero lo que se dijo o pronosticó. *Se verificó su predicción.*

verificativo, va *adj.* Que pone de manifiesto la certeza de algo.

verija *s. f. Amér. C.* y *Amér. Merid.* Lugar entre las costillas y el hueso de la cadera.

verijón, jona *adj. Méx.* Perezoso, flojo, vago.

verismo *s. m.* Veracidad, realismo. || Nombre dado en Italia a una escuela literaria y musical que procura llevar el realismo al extremo.

verista *adj.* y *s. com.* Relativo al verismo o su partidario.

verja *s. f.* Enrejado metálico utilizado para cerrar una casa, un parque, etc.

vermicida *adj.* y *s. m.* En medicina, vermífugo.

vermiculado, da *adj.* En arquitectura, dícese de los adornos irregulares de un paramento semejantes a las roeduras de gusanos.

vermicular *adj.* Que tiene o cría gusanos. || Que posee forma de gusano.

vermiforme *adj.* Con forma de gusano.
vermífugo, ga *adj.* y *s. m.* Que mata las lombrices intestinales. *Administrar un vermífugo.*
vermut o **vermú** *s. m.* Licor aperitivo hecho con vino blanco y varias sustancias amargas o tónicas. || Función de cine o teatro por la tarde.
vernáculo, la *adj.* Propio del país de quien se habla. *Idioma vernáculo.*
vernier *s. m.* Nonio.
vero *s. m.* Mofeta.
verónica *s. f.* Planta escrofulariácea de flores azules en espigas.
verosímil *adj.* Que parece verdadero y puede creerse.
verosimilitud *s. f.* Lo que parece verdad. || Probabilidad.
verraco *s. m.* Cerdo padre. || *Amér.* Cerdo de monte o pécari. || *loc. fam.* ***Gritar como un verraco:*** gritar muy fuerte.
verraquear *intr. fam.* Gruñir como el cerdo. || *fig.* y *fam.* Berrear, llorar los niños con rabia.
verraquera *s. f. fam.* Llorera rabiosa de los niños.
verriondo, da *adj.* Dícese del cerdo y otros animales cuando están en celo. || Aplícase a las verduras mal cocidas.
verrón *s. m.* Verraco que se echa a las puercas para cubrirlas.
verruga *s. f.* Excrecencia cutánea pequeña formada por hipertrofia de las papilas dérmicas.
verrugata *s. f. Méx.* Nombre de algunos peces de la costa del Pacífico.
verrugoso, sa *adj.* Con verrugas. *Manos verrugosas.*
versado, da *adj.* Entendido, enterado, instruido.
versal *adj.* y *s. f.* Mayúscula. *Letra versal.*
versalilla o **versalita** *adj.* y *s. f.* Mayúscula pequeña.
versallesco, ca *adj.* Relativo a Versalles, y sobre todo a la corte allí establecida cuyo apogeo tuvo lugar en el siglo XVIII. || *fam.* Muy afectado o refinado. *Modos versallescos.*
versar *intr.* Dar vueltas, girar alrededor de una cosa. || *loc.* ***Versar sobre:*** tratar de, referirse a. *Conversación, libro que versa sobre música.*
versátil *adj.* Que cambia con facilidad de gustos, opiniones o sentimientos. || *Méx.* Artista que domina varias artes como la danza, el canto, la actuación, etc. *Pablo Picasso fue un artista versátil: dominaba la pintura, la escultura y la cerámica.*
versatilidad *s. f.* Capacidad de presentar distintos aspectos.
versículo *s. m.* Cada una de las divisiones breves de un capítulo de la Biblia y de otros libros sagrados. || Cada uno de los versos de un poema sin rima ni metro fijo y determinado.
versificación *s. f.* Arte de hacer versos. *Dominar la versificación no es igual a ser poeta.*
versificador, ra *adj.* y *s.* Persona que compone versos. *Ni todos los versificadores son poetas, ni todos los poetas hacen buenos versos.*
versificante *adj.* Que versifica.
versificar *t.* e *intr.* Componer versos. || Poner en verso un escrito que estaba en prosa.
versión *s. f.* Traducción. *Versión castellana de «La Odisea».* || Modo que tiene cada uno de referir o interpretar un mismo suceso. || En medicina, operación para cambiar la postura del feto que no se presenta bien para el parto.
verso *s. m.* Conjunto de palabras combinadas según ciertas reglas, y sujetas a un ritmo. *La obra teatral «Don Juan Tenorio», del escritor José Zorrilla, está escrita en verso.* || *loc.* ***Verso blanco*** o ***suelto:*** el que no rima con otros. || ***Verso libre:*** el que no está sujeto a rima ni a metro fijo.
versta *s. f.* Medida itineraria rusa, equivalente a 1 067 m.
versus *prep.* Por oposición a, frente a.
vértebra *s. f.* Cada uno de los huesos cortos que, enlazados entre sí, forman la columna vertebral.
vertebrado, da *adj.* y *s. m.* Aplícase a los animales que tienen vértebras. || *pl.* División o tipo del reino animal que forman estos animales y que comprende los peces, los reptiles, los batracios, las aves y los mamíferos.
vertebral *adj.* Relativo a las vértebras. *Columna vertebral.*
vertedera *s. f.* Orejera del arado que voltea la tierra levantada por la reja.
vertedero *s. m.* Desagüe. *Esa fábrica tiene vertederos capaces de desalojar una gran cantidad de agua.* || *Esp.* Basurero, lugar donde se acumula basura. *A ese vertedero llegan cada día toneladas de desperdicios.*
vertedor, ra *adj.* y *s.* Que vierte. || *s. m.* Canal o tubo por donde se vierte o evacua cualquier líquido. *Vertedor de aguas residuales.*
verter *t. intr.* y *pr.* Vaciar un líquido fuera del recipiente que lo contiene. || Desembocar una corriente de agua en otra, o en el mar.
vertical *adj.* Que tiene la dirección de la plomada. || En geometría, aplícase a la recta o plano perpendicular al horizonte. || *s. m.* Cualquiera de los círculos máximos que se consideran en la esfera celeste perpendiculares al horizonte.
verticalidad *s. f.* Estado o calidad de lo vertical.
vértice *s. m.* En geometría, punto en que concurren los dos lados de un ángulo. || Punto donde se unen tres o más planos. || Cúspide de un cono o pirámide. || *fig.* Parte más elevada de la cabeza humana.
verticidad *s. f.* Capacidad de moverse a varias partes o de girar.
verticilo *s. m.* Conjunto de hojas, flores o ramas situados a la misma altura alrededor de un tallo.
vertiente *adj.* Que vierte. || *s. f.* Cada una de las pendientes de una montaña. *La vertiente norte de los Andes.* || Cada una de las partes inclinadas de un tejado. || *fig.* Aspecto, lado. *Examinar una cuestión por vertientes opuestas.*
vertiginosidad *s. f.* Calidad de vertiginoso.
vertiginoso, sa *adj.* Que causa vértigo. *Altura vertiginosa.* || Relativo al vértigo. || Aplicado a velocidad, muy grande.
vértigo *s. m.* Sensación de pérdida del equilibrio, vahído, mareo. *Padecer vértigo.* || *fig.* Ataque de locura momentáneo. || Apresuramiento o actividad anormalmente intensos. || En veterinaria, enfermedad de los caballos que se traduce por trastornos en los movimientos.
vertimiento *s. m.* Derrame.
vesania *s. f.* Locura, furia.
vesánico, ca *adj.* y *s.* Dícese de la persona que padece vesania.
vesical *adj.* Relativo a la vejiga. *Órganos vesicales.*
vesicante *adj.* y *s. m.* Dícese de la sustancia que produce ampollas en la piel.
vesicatorio, ria *adj.* y *s. m.* Vejigatorio.
vesícula *s. f.* Vejiguilla, ampolla en la epidermis, generalmente llena de líquido seroso. || Bolsa membranosa parecida a una vejiga. *La vesícula biliar.* || Ampolla llena de aire que tienen ciertas plantas acuáticas.
vesicular *adj.* De forma de vesícula.
vesiculoso, sa *adj.* Que tiene vesículas o forma parecida a ellas.
vesperal *adj.* De la tarde, vespertino. *Luz vesperal.*
véspero *s. m.* Lucero de la tarde, el planeta Venus.
vespertino, na *adj.* De la tarde. *Crepúsculo vespertino.*
vesre *s. m. Arg.* y *Uy.* Creación de palabras por inversión de sílabas. *«Gotán» es el vesre de «tango».*
vestal *s. f.* Cada una de las sacerdotisas consagradas al culto de la diosa Vesta.
vestíbulo *s. m.* Sala o pieza que da entrada a un edificio o casa y generalmente a sus distintas habitaciones. || En los grandes hoteles, sala muy grande situada cerca de la entrada del edificio. || Cavidad irregular del laberinto óseo del oído interno que comunica con la caja del tímpano por las ventanas oval y redonda.
vestido *s. m.* Prenda usada para cubrir el cuerpo humano. *Los hombres*

primitivos hacían sus vestidos con la piel de los animales. || Estas prendas consideradas como género. *Historia del vestido.* || Prenda de vestir de mujer compuesta de cuerpo y falda montados en una sola pieza.

vestidura *s. f.* Vestido. || *pl.* Ornamentos eclesiásticos usados para el culto divino.

vestigio *s. m.* Huella, señal, resto. *Los vestigios de una civilización.*

vestimenta *s. f.* Conjunto de las prendas de vestir llevadas por una persona. *Una vestimenta ridícula y estrafalaria.*

vestir *t.* Cubrir el cuerpo con vestidos. *Vestir a su hermano.* || Proveer de vestidos. *Vestir a sus hijos.* || Hacer la ropa para alguien. *Este sastre viste a toda la familia.* || Cubrir. *Vestir un sillón de cuero; las hojas nuevas visten ya los árboles.* || *fig.* Dar mayor consistencia y elegancia a un discurso o escrito. || Disimular, encubrir una cosa con otra. || Adoptar cierto gesto. *Vestir su rostro de maldad.* || *intr.* Ir vestido. *Vestir bien o mal.* || Ser elegante, ser apropiado para una fiesta o solemnidad. *La seda viste mucho; un traje de vestir.* || *fig.* y *fam.* Dar categoría. *Tener un coche deportivo viste mucho.* || *pr.* Cubrirse. *El cielo se vistió de nubarrones.* || *loc. fig.* y *fam.* ***Quedarse una mujer para vestir imágenes*** o ***santos:*** quedarse soltera.

vestuario *s. m.* Conjunto de los trajes de una persona. || Conjunto de trajes para una representación teatral o cinematográfica. || Sitio del teatro donde se visten los actores. || Uniforme de la tropa.

vesubiano, na *adj.* Relativo al Vesubio.

veta *s. f.* Filón, yacimiento de mineral de forma alargada. || Vena de ciertas piedras y maderas.

vetado, da *adj.* Veteado.

vetar *t.* Poner el veto. *Vetar una proposición.*

vetarro, rra *adj.* y *s. Méx.* Viejo.

veteado, da *adj.* Que tiene vetas. *Mármol veteado.*

veteranía *s. f.* Antigüedad.

veterano, na *adj.* y *s. m.* Entre los romanos, soldado que obtenía su licencia. || Aplícase al hombre que ha desempeñado mucho tiempo el mismo empleo. *Periodista veterano.* || Dícese del soldado que lleva muchos años de servicio.

veterinario, ria *adj.* Referente a la veterinaria. || *s. m.* El que se dedica a la veterinaria. || *s. f.* Arte de curar las enfermedades de los animales.

vetiver *s. m.* Planta gramínea de la India y de las Antillas, de cuyas raíces se extrae un perfume.

veto *s. m.* Derecho que tienen algunos jefes de Estado de oponerse a la promulgación de una ley y algunas grandes potencias de declararse en contra de la adopción de una resolución que ha sido aprobada por la mayoría de los votantes en ciertas organizaciones internacionales. || Oposición, denegación. *Padre que pone el veto a un proyecto de casamiento.*

vetustez *s. f.* Estado de deterioro causado por el tiempo. *La vetustez de un edificio.*

vetusto, ta *adj.* Muy viejo, desgastado por el tiempo. *Casa vetusta.*

vez *s. f.* Cada realización de un suceso en momentos distintos. *Repitan diez veces los ejercicios.* || Tiempo en que se ejecuta una acción. *Vi el mar por primera vez cuando cumplí quince años.* || *loc.* ***A la vez:*** de manera simultánea. *Veía el filme sin parpadear, a la vez que comía pizza.* || ***A su vez:*** por su turno. || ***Algunas veces*** o ***a veces:*** no siempre, en ciertas circunstancias. || ***De una vez:*** de un golpe, en una sola acción. || ***De vez en cuando:*** de cuando en cuando, en ocasiones. || ***En vez de:*** en sustitución de. || ***Érase una vez:*** fórmula con que empiezan muchos cuentos infantiles. || ***Hacer las veces de:*** servir de. || ***Muchas veces:*** con mucha frecuencia. || ***Rara vez:*** raramente. || ***Tal vez:*** de manera posible. *Tal vez salga de vacaciones, aún no lo sé con seguridad.* || ***Una*** (o ***alguna***) ***que otra vez:*** en pocas ocasiones.

vía[1] *s. f.* Camino, recorrido que conduce de un punto a otro. *Por esa vía llegas al parque.* || Riel del ferrocarril. *La vía del tren es de acero.* || Medio de transporte o comunicación. *Como ese país tiene muchos ríos, la vía fluvial es de las más utilizadas.* || Sistema para realizar una cosa. *La única vía para conseguir el dinero es pedir un préstamo.* || *loc.* ***Estar en vías de:*** estar en curso de. || ***Por vía de:*** a modo de. || ***Vía de comunicación:*** cualquier camino terrestre, línea marítima o aérea que permite la circulación de personas y objetos. || ***Vía férrea:*** ferrocarril. || ***Vía húmeda:*** en química, método de análisis en que se opera con disolventes. || ***Vía muerta:*** vía férrea sin salida. || ***Vías de hecho:*** en derecho, malos tratos que no constituyen violencias sino más bien afrenta. || ***Vía seca:*** en química, procedimiento analítico en que se recurre al calor.

vía[2] *prep.* Pasando por. *Madrid-Londres vía París.*

viabilidad *s. f.* Calidad de viable.

viable *adj.* Que puede vivir. *Una criatura viable.* || *fig.* Dícese de lo que reúne las condiciones necesarias para realizarse o llevarse a cabo. *No hemos encontrado ningún proyecto viable.*

viaducto *s. m.* Puente construido sobre una hondonada para el paso de una carretera o del ferrocarril.

viajador, ra *s.* Viajero.

viajante *adj.* y *s. com.* Dícese de la persona que viaja. || *s.* Empleado comercial que viaja para vender mercancías en varias plazas.

viajar *intr.* Efectuar uno o varios viajes. *No le gusta viajar en avión; viajar por España.*

viaje *s. m.* Ida de un sitio a otro bastante alejado. *Hacer un viaje a América.* || Ida y venida. *Mudas todo el piso en tres viajes.* || Cantidad de una cosa que se transporta de una vez. || Relato hecho por un viajero. || *fam.* Ataque con arma blanca. *Tirar viajes.*

viajero, ra *adj.* Que viaja. || *s.* Persona que viaja.

vial *adj.* Relativo a la vía. || *s. m.* Frasco que contiene un medicamento inyectable.

vialidad *s. f.* Lo relacionado con las vías públicas. *El encargado de la vialidad está ausente.*

vianda *s. f.* Cualquier clase de alimento preparado para las personas.

viandante *s. com.* Caminante, persona que anda a pie por una calle o camino. *Cuando hay fiesta en el pueblo, la carretera se llena de viandantes.*

viático *s. m.* Dinero o provisiones que se entregan para un viaje. Se usa sobre todo en plural. *El gerente entregó los viáticos a los empleados comisionados fuera de la ciudad.*

víbora *s. f.* Serpiente venenosa, de cabeza triangular, que vive en los lugares pedregosos y soleados. || *fig.* Persona maldiciente, que murmura o habla mal de los demás.

viborear *t. Méx.* Hablar mal de alguien.

viborezno *s. m.* Víbora pequeña.

vibración *s. f.* Rápido movimiento oscilatorio. || Movimiento de vaivén y periódico de un cuerpo alrededor de su posición de equilibrio. || Tratamiento que se aplica al hormigón recién vaciado y que consiste en someterlo a vibraciones para hacerlo más compacto.

vibrador, ra *adj.* Que vibra. || *s. m.* Aparato que transmite las vibraciones eléctricas.

vibráfono *s. m.* Instrumento musical formado por placas metálicas sujetas a un soporte, las cuales vibran al ser tocadas por una baqueta. *La diferencia entre vibráfono y xilófono es que las placas del primero son de metal y las del segundo, de madera.*

vibrar *t.* Dar un movimiento rápido de vaivén a alguna cosa larga, delgada y elástica. || *intr.* Hallarse un cuerpo sujeto a vibraciones. || *fig.* Conmoverse.

vibrátil *adj.* Que puede vibrar. || *loc.* ***Pestaña vibrátil:*** filamento proto-

plasmático de las células y protozoos que les permite trasladarse en un medio líquido.
vibrato *s. m.* En música, leve vibración de tono producida por un movimiento de oscilación del arco en los instrumentos de cuerda.
vibratorio, ria *adj.* Que vibra.
vibrión *s. m.* Bacteria en forma de coma. *El vibrión del cólera.*
vicaría *s. f.* Dignidad de vicario. || Territorio de su jurisdicción. || Oficina o residencia del vicario.
vicarial *adj.* De la vicaría.
vicariato *s. m.* Vicaría y tiempo que dura.
vicario *s. m.* Cura párroco. || El que sustituye a otro.
vicealmirantazgo *s. m.* Dignidad de vicealmirante.
vicealmirante *s. m.* Oficial general de marina, inferior al almirante. Equivale a teniente general en el ejército de tierra.
vicecanciller *s. m.* Cardenal de la curia romana que preside el despacho de bulas y breves. || El que hace las veces de canciller.
vicecancillería *s. f.* Cargo de vicecanciller. || Su oficina.
vicecónsul *s. com.* Funcionario inmediatamente inferior al cónsul.
viceconsulado *s. m.* Cargo de vicecónsul. || Su oficina.
vicegobernador, ra *s.* El que hace las veces de gobernador.
vicejefe, fa *s.* El que sustituye o reemplaza al jefe.
vicepresidencia *s. f.* Cargo de vicepresidente o vicepresidenta.
vicepresidente, ta *s.* Persona que suple al presidente o a la presidenta.
vicerrector, ra *s.* Funcionario que suple al rector o a la rectora. *Vicerrector de la Universidad.*
vicesecretaría *s. f.* Cargo de vicesecretario. || Su oficina.
vicesecretario, ria *s.* Persona que suple al secretario o a la secretaria.
vicetiple *s. f.* Corista.
viceversa *adv.* Recíprocamente, inversamente.
vichar *t. fam. Arg.* y *Uy.* Observar con disimulo.
viche *s. m.* Nombre de varias leguminosas de México.
viciado, da *adj.* Pervertido, corrompido. *Como no hay ventilación, el aire se siente viciado.*
viciar *t.* y *pr.* Alterar, falsear. || Hacer que alguien tome malos hábitos. || Aficionarse con exceso a algo.
vicio *s. m.* Afición excesiva por algo. *Su excesivo gusto por los chocolates llega al vicio.* || Costumbre censurable. *Ismael cayó víctima del vicio de la televisión.* || *loc. fig.* ***Llorar, quejarse de vicio:*** llorar, quejarse sin motivo. || ***Vicio oculto:*** defecto de una cosa vendida que el comprador desconoce.
vicioso, sa *adj.* Que tiene una afición excesiva por algo. || *loc.* ***Círculo vicioso:*** situación de la que no se puede salir. || *s.* Persona que tiene algún vicio.
vicisitud *s. f.* Sucesión de cosas opuestas. || *pl.* Sucesión de acontecimientos felices o desgraciados. *Las vicisitudes de la fortuna, de la vida.*
víctima *s. f.* Persona o animal sacrificado a los dioses. *Víctima propiciatoria.* || *fig.* Persona que se sacrifica voluntariamente. *Víctima del deber.* || Persona que padece por culpa ajena o suya. *Fue víctima de una estafa.* || Persona dañada por algún suceso. *Ser víctima de un accidente.*
victimario *s. m.* El que preparaba las víctimas y las sujetaba durante el sacrificio.
victorear *t.* Vitorear.
victoria *s. f.* Ventaja sobre el contrario en la guerra o cualquier contienda. *La victoria de un ejército, de un equipo.* || *fig.* Dominio de los vicios o pasiones. || Coche de caballos descubierto, de cuatro ruedas. || Género de plantas ninfeáceas. || *loc.* ***Cantar uno victoria:*** jactarse del triunfo. || ***Victoria pírrica:*** la obtenida con muchas pérdidas.
victorioso, sa *adj.* Que ha conseguido una victoria. *Ejército, equipo victorioso.* || Que ha conducido a la victoria. *La batalla de Stalingrado fue victoriosa para los rusos.*
vicuña *s. f.* Mamífero originario de los Andes, de color leonado, apreciado por su fina lana. *Las vicuñas son parientes de las llamas.* || Lana del animal de ese nombre. *Le regalaron un abrigo de vicuña de Bolivia.* || Tejido fabricado con lana del animal llamado vicuña. *La vicuña calienta más que la lana de oveja.*
vid *s. f.* Planta vitácea trepadora, de tronco retorcido, vástagos muy largos, nudosos y flexibles, hojas grandes alternas, cuyo fruto es la uva.
vida *s. f.* Conjunto de las propiedades características de los seres humanos, animales y plantas, que se transmiten a la descendencia. *La madre y el padre dieron vida a un pequeño niño que acaba de nacer.* || Espacio de tiempo entre el nacimiento y la muerte. *Toda su vida la pasó en un pequeño pueblo.* || Duración de las cosas. *Se calcula que la vida de ese sartén es de cinco años.* || Modo de vivir. *Como tiene dinero, lleva una vida sin preocupaciones.* || Energía, vigor. *El paisaje que pintó ese artista tiene mucha vida.* || Biografía. *La maestra nos contó la vida de un héroe del país.* || Persona o ser humano. *Los médicos se sienten satisfechos cuando salvan una vida.* || *loc.* ***Buscarse la vida:*** tratar de conseguir los medios necesarios para vivir. || ***Dar mala vida a alguien:*** maltratarlo, molestarle constantemente. || ***Darse buena vida:*** llevar una vida muy agradable y fácil. || ***De por vida:*** para siempre. || ***De toda la vida:*** de siempre. || *fam.* ***Echarse a la vida*** o ***ser una mujer de la vida:*** dedicarse a la prostitución. || ***En la vida:*** nunca. || ***Entre la vida y la muerte:*** en gran peligro de muerte. || ***Escapar con vida:*** librarse de un gran peligro. || *fam.* ***Hacer uno por la vida:*** comer. || ***Pasar a mejor vida:*** morir. || *fig.* y *fam.* ***Tener la vida pendiente de un hilo:*** estar en peligro de muerte. || *fig.* ***Vender cara su vida:*** defenderse porfiadamente, hasta la muerte. || ***Vida de perros:*** la muy dura y miserable.
vidalita *s. f. Arg.* y *Uy.* Canción popular de carácter melancólico.
vidente *adj.* y *s.* Que ve. || Aplícase a la persona que pretende ver lo pasado y lo futuro.
vídeo *s. m.* Técnica de grabación y reproducción de imágenes y sonidos a través de una cámara, un televisor y un aparato que registra y reproduce el sonido y las imágenes en una cinta. || Cinta grabada con esa técnica. || Aparato que graba o reproduce sobre una cinta grabada. *Se descompuso mi vídeo y no he podido ver la grabación de mi boda.*
videocámara *s. f.* Cámara para filmar en soportes magnéticos.
videoclip *s. m.* Película de cortometraje basada en el tema de una canción y que dura lo mismo que ésta.
videoconferencia *s. f.* Sistema que permite que personas que se encuentran en diferentes lugares sostengan una conferencia por medio de señales televisadas.
videograbadora *s. f.* Aparato para grabar imágenes en movimiento.
videoteca *s. f.* Colección de vídeos. *En esa biblioteca tienen una buena sección de videoteca.* || Mueble o lugar donde se guardan los vídeos.
vidorra *s. f. fam.* Vida comodona.
vidriado, da *adj.* Vidrioso, quebradizo. || Barnizado. || *s. m.* Revestimiento vítreo con que se cubren las piezas de alfarería para hacerlas impermeables y mejorar su aspecto. || Loza cubierta con este barniz vítreo.
vidriar *t.* Cubrir la loza con barniz vítreo. || *pr. fig.* Ponerse vidriosa una cosa.
vidriera *s. f.* Bastidor con vidrios con que se cierran puertas y ventanas. *Puerta vidriera.* || Ventana grande cerrada por esta clase de bastidor con vidrios generalmente de colores. *Las vidrieras de una catedral.* || *Amér.* Escaparate de una tienda.
vidriería *s. f.* Taller donde se fabrican o venden el vidrio y los cristales.
vidriero *s. m.* El que fabrica vidrios. || El que coloca o arregla cristales. || *Amér.* Dueño de un escaparate.

vidrio *s. m.* Sustancia dura, frágil y transparente que proviene de la fusión de la sílice con potasa o sosa. *Fibra de vidrio.* || Objeto hecho con esta sustancia. || *Arg.* Cristal de ventana. || *loc. fig.* y *fam.* ***Pagar uno los vidrios rotos:*** ser el único en sufrir injustamente las consecuencias de un acto cometido con o por otras personas.
vidriosidad *s. f.* Calidad de vidrioso.
vidrioso, sa *adj.* Quebradizo como el vidrio. || *fig.* Resbaladizo. || Delicado, difícil de tratar, espinoso. *Tema vidrioso.* || Susceptible, que se ofende fácilmente. || Dícese de los ojos que ya no brillan, que no tienen transparencia.
vieira *s. f.* Molusco comestible muy común en Galicia, España, cuya concha es la venera. || Esta concha.
vieja *s. f.* Pez del Pacífico, de unos 10 cm de largo, de cabeza grande y tentáculos cortos sobre las cejas. || Nombre de algunos peces del golfo de México.
viejo, ja *adj.* Antiguo. *Hay una tienda de muebles viejos aquí cerca.* || Deslucido, estropeado. *Ese abrigo está muy viejo.* || De mucha edad. *El hombre más viejo del pueblo tiene 98 años.* || *s.* Persona de mucha edad. || *Amér.* Apelativo cariñoso que se aplica a los padres y también entre cónyuges y amigos. *Mis viejos se quedaron en el pueblo.* || *loc.* ***Hacerse viejo:*** envejecer. || ***Viejo verde:*** viejo que quiere adoptar modales de mozo, especialmente en galanteos.
vienés, nesa *adj.* y *s.* De la ciudad de Viena, en Austria.
viento *s. m.* Aire que se desplaza. *El viento sopla frío en esta mañana de invierno.* || *loc. fig.* ***Beber los vientos por una persona*** o ***cosa:*** desvivirse por ella. || ***Contra viento y marea:*** a pesar de todos los obstáculos. || ***Como el viento:*** muy de prisa. || ***Correr malos vientos:*** ser las circunstancias adversas. || ***Gritar algo a los cuatro vientos:*** decirlo para que se entere todo el mundo. || ***Instrumentos de viento:*** instrumentos musicales que se tocan soplando en ellos. *La trompeta y la flauta son instrumentos de viento.* || *fig.* ***Lleno de viento:*** vacío; vanidoso. || ***Quien siembra vientos recoge tempestades:*** el que suscita discordias acaba por ser víctima de ellas. || ***Sembrar a los cuatro vientos:*** divulgar por todas partes. || *fig.* ***Viento en popa:*** con buena suerte, sin obstáculos.
vientre *s. m.* Cavidad del cuerpo donde están los intestinos. || Región donde está situada esta cavidad. *Dar una puñalada en el vientre.* || Conjunto de las vísceras contenidas en esta cavidad. || *fig.* Estómago. *Tener el vientre vacío.* || Panza que tiene una vasija. || Parte más ancha de una onda estacionaria. || *loc.* ***Bajo vientre:*** hipogastrio. || ***Evacuar, exonerar, hacer de*** o ***del vientre:*** expeler el excremento.
viernes *s. m.* Sexto día de la semana.
vierteaguas *s. m. inv.* Superficie inclinada en la parte baja de puertas y ventanas para que por ella escurra el agua de la lluvia.
vietnamita *adj.* y *s. com.* De Vietnam.
viga *s. f.* Pieza larga de madera, metal o cemento que se utiliza para sostener techos o pisos en las construcciones. || Pieza arqueada que en algunos coches enlazaba el juego delantero con el trasero. || Madero para prensar en los molinos de aceite y las fábricas de paños. || *loc.* ***Viga maestra:*** la que soporta el peso de otras vigas o de los cuerpos superiores de un edificio.
vigencia *s. f.* Calidad de vigente. *La vigencia de una constitución.*
vigente *adj.* Que se usa o es válido en el momento de que se trata. *Leyes, ordenanzas, costumbres vigentes.*
vigesimal *adj.* Que tiene como base el número veinte.
vigésimo, ma *adj.* Que ocupa el lugar veinte. || *s. m.* Cada una de las veinte partes iguales en que se divide un todo. *Vigésimo de lotería.*
vigía *s. f.* Atalaya. || Acción de vigilar. || *s. m.* Centinela en la arboladura de un barco. || Hombre dedicado a vigilar o atalayar el mar o la campiña.
vigilancia *s. f.* Cuidado y atención extremados en lo que está a cargo de uno. || Servicio encargado de vigilar.
vigilante *adj.* Que vigila. || Que vela o está despierto. || *s. com.* Persona encargada de velar por la seguridad de algo. *El vigilante nocturno de una calle, de una fábrica.* || *s. m.* Agente de policía, guardia.
vigilar *t.* e *intr.* Velar con mucho cuidado por una persona o cosa procurando que no ocurra nada perjudicial. *Vigilar un trabajo, a los presos.*
vigilia *s. f.* Estado del que está despierto o en vela. || Privación voluntaria o no de sueño durante la noche. || Víspera de una festividad religiosa importante. || Oficio que se reza en esos días. || Oficio de difuntos que se canta o reza en la iglesia. || Comida con abstinencia por precepto de la Iglesia.
vigor *s. m.* Fuerza física. *Joven de mucho vigor.* || Vitalidad de las plantas. || Energía. *Actuar con vigor.* || *fig.* Fuerza de expresión. *Estilo lleno de vigor.* || *loc.* ***Estar en vigor:*** estar vigente, en estado de surtir efecto.
vigorizar *t.* Dar vigor.
vigorosidad *s. f.* Vigor, fuerza.
vigoroso, sa *adj.* Que tiene vigor. *Un anciano vigoroso.* || Hecho con vigor. *Defensa vigorosa.*
viguería *s. f.* Conjunto de vigas de una construcción.
vigueta *s. f.* Viga pequeña.
VIH *s. m.* Siglas de Virus de Inmunodeficiencia Humana, nombre del virus causante del sida.
vihuela *s. f.* Instrumento músico de cuerda parecido a la guitarra, muy en boga durante el siglo XVI.
vihuelista *s. com.* Persona que toca la vihuela.
vikingo *s. m.* Pirata escandinavo que, del siglo XI al siglo XII, hizo incursiones por Europa.
vil *adj.* Bajo, despreciable. *Conducta vil.* || Indigno, infame. *Hombre vil.*
vilano *s. m.* Apéndice de filamentos que rodea las semillas de algunas plantas compuestas y les sirve para ser transportadas por el viento. || Flor del cardo.
vileza *s. f.* Bajeza, ruindad. || Acción vil, indigna.
vilipendiador, ra *adj.* y *s.* Que vilipendia.
vilipendiar *t.* Tratar con vilipendio.
vilipendio *s. m.* Desprecio, denigración de una persona o cosa.
vilipendioso, sa *adj.* Que causa o implica vilipendio.
villa *s. f.* Población pequeña, menor que la ciudad y mayor que la aldea. || Casa de recreo, en el campo. || *loc. Arg.* ***Villa miseria:*** barrio de viviendas precarias en los suburbios.
villamelón *adj.* y *s. com. Méx.* Aficionado a los toros, la música, el deporte u otras disciplinas de las que no tiene un conocimiento profundo.
villanada *s. f.* Vileza.
villanaje *s. m.* Gente del estado llano. || Condición de villano.
villancico *s. m.* Composición poética popular con estribillo, de asunto religioso, que se suele cantar por Navidad. || Forma de poesía tradicional castellana parecida al zéjel.
villanería *s. f.* Villanía. || Villanaje, estado de villano.
villanesco, ca *adj.* Relativo a los villanos. *Vestido, estilo villanesco.* || *s. f.* Cancioncilla y danza rústicas antiguas.
villanía *s. f.* Condición de villano. || *fig.* Vileza, acción ruin. || Expresión indecente.
villano, na *adj.* y *s.* Que es vecino de una villa o aldea, y pertenece al estado llano. || *fig.* Rústico, grosero. || Ruin.
villorrio *s. m.* Aldehuela, pueblo pequeño o falto de comodidad.
vilo *loc.* **En vilo:** Sin apoyo, suspendido en el aire. *Dos guardias tomaron al hombre en vilo y lo sacaron.*
vinagre *s. m.* Producto que resulta de la fermentación acética del vino y que se emplea como condimento. || *fig.* y *fam.* Persona de mal genio.
vinagrero, ra *s.* Persona que hace o vende vinagre. || *s. f.* Vasija para el

vinagre. || Acedera. || *Amér.* Acedía de estómago.
vinagreta *s. f.* Salsa de aceite, cebolla y vinagre.
vinagrillo *s. m. Méx.* Arácnido de cuerpo prolongado en un apéndice postabdominal.
vinajera *s. f.* Cada uno de los dos jarrillos en que se sirven en la misa el vino y el agua. || *pl.* Conjunto de estos dos jarrillos y de la bandeja donde se colocan.
vinatero, ra *adj.* Relativo al vino. *Industria vinatera.* || *s.* Comerciante en vinos.
vinaza *s. f.* Vino inferior que se saca de las heces.
vinazo *s. m. fam.* Vino espeso de sabor fuerte. || Vino malo.
vinca *s. f. Arg.* Nopal.
vincapervinca *s. f.* Planta apocinácea de flores azules, llamada también «hierba doncella».
vincha *s. f. Amér. Merid.* Cinta o pañuelo que se ciñe a la cabeza para sujetar el pelo.
vinchuca *s. f. Amér.* Especie de chinche con alas. || *Méx.* Chinche hocicona.
vinculable *adj.* Que se puede vincular.
vinculación *s. f.* Relación.
vinculado, da *adj.* Relacionado. *La biología está vinculada con la química.*
vincular *t.* y *pr.* Unir con vínculos una cosa con otra.
vínculo *s. m.* Unión o atadura que une una persona o cosa con otra. *El sacerdote subrayó que los vínculos matrimoniales son permanentes.* || En informática, marca que permite ir directamente de una información a otra.
vindicación *s. f.* Acción y efecto de vindicar o vindicarse. *Luego de su vindicación, el ex prisionero demandará a quien lo calumnió.*
vindicador, ra *adj.* y *s.* Dícese de la persona que vindica, vengador.
vindicar *t.* y *pr.* Tomar venganza. || Defender o rehabilitar a quien ha sido acusado de manera injusta.
vindicar *t.* Vengar. || Defender, generalmente por escrito, al que ha sido calumniado. || Reivindicar.
vindicativo, va *adj.* Vengativo, predispuesto a vengarse. || Que vindica. *Discurso vindicativo.*
vindicatorio, ria *adj.* Que sirve para vindicar.
vindicta *s. f.* Venganza.
vinería *s. f. Amér.* Despacho de vinos.
vínico, ca *adj.* Que se saca del vino. *Alcohol vínico.*
vinícola *adj.* Relativo al cultivo de la vid y a la fabricación del vino. *Industria vinícola.* || *s. m.* Viticultor.
vinicultor, ra *s.* Persona que se dedica a la vinicultura.
vinicultura *s. f.* Elaboración de vinos.
vinífero, ra *adj.* Que produce vino. *Región vinífera.*
vinificación *s. f.* Transformación del mosto de la uva en vino por fermentación.
vinílico, ca *adj.* Compuesto químico, y material elaborado con él, que contiene vinilo. *Las losetas vinílicas para pisos son resistentes y fáciles de limpiar.*
vinillo *s. m. fam.* Vino muy flojo. || Vino que uno considera muy bueno.
vinilo *s. m.* Radical químico derivado del etileno. || Material plástico que contiene este radical. *El vinilo se utiliza para fabricar discos fonográficos y juguetes.*
vino *s. m.* Bebida alcohólica que se obtiene por fermentación del zumo de las uvas. *Vino tinto.* || Zumo sacado de otras plantas. || Preparación medicinal en la que el vino sirve de excitante. || *loc.* ***Tener mal vino:*** ser agresivo en la embriaguez. || ***Vino blanco:*** el de color dorado, obtenido por fermentación del mosto sin el hollejo de la uva. || ***Vino de honor:*** el ofrecido a un personaje importante o para celebrar algo. || ***Vino de mesa:*** el corriente y poco fuerte que se suele beber durante las comidas. || ***Vino generoso:*** el más fuerte y añejo que el común. || ***Vino seco:*** el que no tiene sabor dulce. || ***Vino tinto:*** el de color rojo oscuro, que se obtiene dejando el hollejo de la uva en contacto con el líquido durante la fermentación.
vinorama *s. f. Méx.* Árbol de hasta 6 m de altura, con varas largas delgadas y espinosas, al que se le atribuyen propiedades medicinales.
vinosidad *s. f.* Carácter de las sustancias vinosas.
vinoso, sa *adj.* Que tiene las propiedades o apariencias del vino. *Color vinoso.*
vinote *s. m.* Líquido que queda en la caldera del alambique después de hecho el aguardiente.
vintén *s. m.* Nombre de monedas de níquel uruguayas.
viña *s. f.* Sitio plantado de vides.
viñador, ra *s.* Cultivador de viñas.
viñal *s. m. Arg.* Viñedo.
viñamarino, na *adj.* y *s.* De Viña del Mar.
viñatero, ra *s. Amér.* Viñador.
viñedo *s. m.* Terreno extenso plantado de vides.
viñeta *s. f.* Dibujo o estampita puesto como adorno al principio o al final de un libro o capítulo, o en las márgenes de las páginas.
viola *s. f.* Instrumento músico de cuerda parecido al violín, aunque algo mayor, equivalente al contralto.
violáceo, a *adj.* Violado. || Aplícase a las plantas angiospermas dicotiledóneas, como la violeta. || *s. f. pl.* Familia que forman.
violación *s. f.* Penetración en un lugar en contra de la religión, la ley o la moral. *La violación de una iglesia.* || Quebrantamiento de la ley social o moral. || Delito que consiste en abusar de una mujer o menor de edad mediante violencia.
violado, da *adj.* De color de violeta.
violador, ra *adj.* y *s.* Dícese de la persona que viola. *Violador de los derechos más sagrados.*
violar *t.* Infringir, quebrantar. *Violar la ley.* || Abusar de una mujer o menor de edad por violencia o por astucia. || Entrar en un sitio prohibido o sagrado. *La fuerza pública violó su domicilio.*
violatorio, ria *adj. Amér.* Que viola alguna ley o precepto. *El dictador impuso una serie de medidas violatorias de los derechos humanos.*
violencia *s. f.* Ímpetu o gran fuerza de alguien o algo. *La violencia del huracán derrumbó varias casas.* || Manera de actuar agresiva y brutal con el propósito de cambiar algo por la fuerza o de destruirlo. *La violencia no es la manera de resolver los conflictos.*
violentar *t. intr.* y *pr.* Hacer que algo ceda mediante la fuerza y la violencia. *Los ladrones violentaron la cerradura.* || Obligar a alguien a que haga algo en contra de su voluntad. || *fam. Méx.* Enojarse mucho. *Se violenta de una manera irracional cuando alguien lo critica.*
violento, ta *adj.* Que se hace o sucede con brusquedad. *Salió de la habitación de manera violenta.* || *s.* Persona, carácter o acción que tiende a dañar haciendo uso de la fuerza. || *loc.* ***Muerte violenta:*** la que ocurre de repente y en circunstancias trágicas.
violeta *s. f.* Planta apreciada por sus flores. || Flor de esa planta. || Color que resulta de la combinación del azul y el rojo. *El violeta es como un morado claro.*
violetero, ra *s. m.* Florero para poner violetas. || *s. f.* Vendedora de violetas por la calle.
violín *s. m.* Instrumento músico derivado de la viola, de cuatro cuerdas templadas de quinta en quinta («sol», «re», «la», «mi»), que se toca con un arco. || Violinista.
violinista *s. com.* Persona que toca el violín.
violón *s. m.* Contrabajo, instrumento músico de cuatro cuerdas, parecido al violín, pero de mayor tamaño y tono más grave. || Persona que lo toca. || *loc. fig.* y *fam.* ***Tocar el violón:*** hablar u obrar fuera de propósito.
violonchelista *s. com.* Músico que toca el violonchelo. *Los violonchelistas tocan sentados.*
violonchelo *s. m.* Instrumento musical de cuerda y arco, más pequeño que el contrabajo y más grande que el violín y la viola. *Pablo Casals ha*

sido uno de los ejecutantes de violonchelo más conocidos.

viperino, na *adj.* Relativo a la víbora o que se le parece. || *loc. fig.* ***Lengua viperina:*** persona muy maldiciente. || *s. f. Méx.* Planta leguminosa medicinal.

vira *s. f.* Flecha delgada y aguda. || Banda de tela o badana cosida entre la suela y la pala del zapato.

viravira *s. f. Arg. Chil. Per.* y *Ven.* Planta cubierta de una pelusa blanca, que se emplea en infusión o té para curar la tos.

virada *s. f.* En marinería, acción de virar.

virago *s. f.* Mujer varonil.

viraje *s. m.* Cambio de dirección de un vehículo. || Curva en una carretera. || *fig.* Cambio completo de orientación, de conducta. *Ciertos acontecimientos marcaron un viraje en la historia.*

viral *adj.* Relativo a los virus. *La gripe, la hepatitis y el sida son enfermedades virales.*

virar *t.* e *intr.* Girar un vehículo cambiando de dirección. || *loc. fig.* ***Virar en redondo:*** cambiar completamente de ideas.

viraró *s. m. Arg.* y *Uy.* Árbol de la familia de las leguminosas, de hojas brillosas, que llega a medir 20 m de altura.

virgen *adj.* Dícese de la persona que no ha tenido contacto sexual. *Una mujer virgen.* || *fig.* Intacto, íntegro. *Nieve virgen.* || *loc.* ***Aceite virgen:*** el que se saca de las aceitunas sin presión. || ***Cera virgen:*** la no fundida ni trabajada. || ***Selva virgen:*** la que está sin explorar. || ***Tierra virgen:*** la que nunca ha sido cultivada.

virginal *adj.* Relativo a una virgen. || Propio de una virgen. *Candor virginal.* || *fig.* Puro.

virgíneo, a *adj.* Virginal.

virginidad *s. f.* Entereza corporal de la persona que no ha tenido contacto sexual. || *fig.* Pureza, candor.

virgo *adj.* y *s.* Se dice de los nacidos en el signo del zodiaco de ese nombre, comprendido del 21 de agosto al 22 de septiembre. || *s. m.* Membrana genital que está intacta en las vírgenes y se rompe cuando dejan de serlo.

vírgula *s. f.* Varilla. || Rayita o línea muy delgada. || En medicina, bacilo que provoca el cólera.

virgulilla *s. f.* Signo ortográfico como la coma, el apóstrofe, la cedilla y la tilde. || Rayita muy delgada.

viril *adj.* Varonil.

virilidad *s. f.* Calidad de viril.

virola *s. f.* Casquillo, abrazadera de metal que se ajusta en el extremo de algunos instrumentos, como navajas, etc. || Anillo en la punta de la garrocha para evitar que penetre demasiado. || *Arg.* y *Méx.* Rodaja de plata con que se adornan los arreos de las caballerías.

viroleño, ña *adj.* y *s.* De Zacatecoluca, ciudad de El Salvador.

virote *s. m.* Flecha gruesa provista de un casquillo. || Hierro que se colgaba del cuello a los esclavos que solían fugarse. || *Amér.* Tonto.

virreina *s. f.* Mujer del virrey.

virreinal *adj.* Relacionado con el periodo histórico en el que había virreyes, durante las colonias españolas en América. *La arquitectura virreinal de la Nueva España produjo magníficos edificios.*

virreinato *s. m.* Cargo de virrey. || Territorio gobernador por un virrey. *El virreinato de la Nueva España fue de los más importantes.*

virreino *s. m.* Virreinato.

virrey *s. m.* Hombre que con este título gobierna en nombre del rey. *En las colonias americanas, el rey de España estaba representado por el virrey.*

virtual *adj.* Que es en potencia pero no en la realidad. *A escasos minutos de que termine el partido, el ganador virtual es el equipo local.* || *loc.* ***Realidad virtual:*** simulación de algo real por medio de imágenes y sonidos de video.

virtualidad *s. f.* Posibilidad.

virtud *s. f.* Disposición constante a hacer el bien. *La mayor parte de las religiones promueve la virtud.* || Facultad de producir un efecto. *Ese maestro tiene la virtud de despertar el interés de sus alumnos.* || Castidad, pureza. || *loc.* ***En virtud de:*** debido a.

virtuosismo *s. m.* Habilidad excepcional en un arte o ejercicio. *El solista del violín mostró un verdadero virtuosismo.*

virtuoso, sa *adj.* y *s.* Que tiene disposición a hacer el bien. || Artista que sobresale en la técnica de su arte.

viruela *s. f.* Enfermedad viral muy contagiosa, que se manifiesta con la aparición de marcas rojas. *Muchos indios americanos murieron por la viruela que trajeron los españoles a América.*

virulencia *s. f.* Estado de lo que es virulento.

virulento, ta *adj.* Violento, mordaz. *El diputado de oposición pronunció un discurso virulento.* || Ocasionado por un virus. *El sida es una enfermedad de origen virulento.* || Infectado, que tiene pus. *El doctor tiene que curar esta herida virulenta.*

virus *s. m.* Microorganismo no celular que sólo puede desarrollarse en el interior de una célula viva. *La mayor parte de los resfríos y las gripes son producidos por virus.* || Programa que se introduce en la memoria de una computadora y produce daños en dicha memoria. *Un virus destruyó la información del disco duro de su computadora.*

viruta *s. f.* Laminilla de madera o metal que salta al cepillar un objeto o al someterlo a una operación semejante.

vis *s. f.* Fuerza. *Vis cómica.*

visa *s. f. Amér.* Visado.

visado, da *adj.* Que ha sido visado. || *s. m.* Visto bueno o autorización que se hace constar en ciertos documentos, especialmente pasaportes, para darles validez.

visaje *s. m.* Gesto, mueca.

visar *t.* Examinar un documento, poniéndole el visto bueno para darle validez. *Visar un pasaporte.* || Dirigir la puntería.

víscera *s. f.* Cualquiera de los órganos situados en las principales cavidades del cuerpo como el estómago, el corazón, los pulmones, el hígado, etc.

visceral *adj.* De las vísceras.

visco *s. m.* Liga para coger pájaros. || Nombre de varias plantas parásitas de México.

viscosa *s. f.* Celulosa sódica empleada en la fabricación de rayón, fibrana y películas fotográficas.

viscosidad *s. f.* Propiedad que tiene un fluido de resistir a un movimiento uniforme de su masa.

viscoso, sa *adj.* Pegajoso, peguntoso. *Una piel viscosa.* || Que tiene viscosidad.

visera *s. f.* Parte del yelmo, generalmente movible, que cubría el rostro, parcial o totalmente. || Parte delantera de la gorra, del quepis, etc., para proteger los ojos. || Trozo de cartón o plástico de forma parecida empleada para el mismo uso.

visibilidad *s. f.* Calidad de visible. || Posibilidad de ver a cierta distancia. || En meteorología, grado de transparencia del aire.

visible *adj.* Perceptible con la vista. *Estrella visible.* || *fig.* Evidente, manifiesto. *Enojo visible.* || *fam.* En disposición de recibir, presentable. *No estar visible.*

visigodo, da *adj.* y *s.* Dícese del individuo de una parte del pueblo godo que fundó un reino en España. || Visigótico.

visigótico, ca *adj.* Relativo a los visigodos. *Reino visigótico.*

visillo *s. m.* Cortinilla transparente que se pone detrás de los cristales de las ventanas.

visión *s. f.* Percepción por medio del órgano de la vista. *Visión de cerca, de lejos; binocular.* || Vista. *Perdió la visión de un ojo.* || Percepción imaginaria de objetos irreales. *Tener visiones.* || *fig.* y *fam.* Esperpento, persona fea.

visionario, ria *adj.* y *s.* Que ve visiones.

visir *s. m.* Ministro de un príncipe musulmán.

visita *s. f.* Acción de ir a visitar a alguien. *Visita de cumplido, de pésame.* || Acción de ir a ver con interés alguna cosa. *La visita de un museo.* || Persona que visita. *Recibir visitas.* || Acción de ir a ver el médico a un enfermo. || Reconocimiento médico. || Cualquier clase de inspección. *Visita de aduana, de hospitales, de cárceles.* || *loc.* ***Derecho de visita:*** autorización de ir a ver a sus hijos los cónyuges separados.

visitador, ra *adj.* y *s.* Dícese de la persona que hace o es aficionada a hacer visitas. || *s. m.* Funcionario encargado de hacer visitas de inspección.

visitante *adj.* y *s. com.* Que visita.

visitar *t.* Ir a ver a uno en su casa. || Recorrer para ver. *Visitar un museo, una exposición.* || Ir a ver como turista. *Visitar Francia.* || Ir a un templo o santuario por devoción. || Ir el médico a casa del enfermo para reconocerle. || Inspeccionar. || Registrar en las aduanas, etc.

vislumbrar *t.* Ver un objeto confusamente. || *fig.* Tener indicios de algo.

vislumbre *s. f.* Reflejo o tenue resplandor de una luz lejana. || Indicio.

viso *s. m.* Reflejo cambiante y en forma de ondas que aparece en la superficie de algunas cosas lisas. *Tela de seda azul con visos morados.* || Reflejo. || Forro de color que llevan las mujeres debajo de un vestido transparente. || Capa o toque ligero de color. || Altura o eminencia desde donde se descubre mucho terreno. || *fig.* Apariencia. *Visos de verdad.* || Tendencia.

visón *s. m.* Mamífero carnívoro parecido a la nutria, muy apreciado por su piel.

visor *s. m.* Dispositivo óptico que sirve para enfocar con máquinas fotográficas o cinematográficas o para apuntar con armas de fuego, etc.

víspera *s. f.* Día inmediatamente anterior a otro. *El lunes es la víspera del martes.* || *pl.* Una de las divisiones del día romano, que correspondía al crepúsculo. || Una de las horas del oficio canónico. || *loc.* ***En vísperas:*** cerca de, próximo a.

vista[1] *s. f.* Sentido corporal localizado en los ojos, mediante el cual es posible percibir la luz, los objetos, etc. || Mirada. *Iba distraído y con la vista baja.* || Aspecto, apariencia. *El automóvil que compró Adela tiene buena vista.* || Habilidad para percibir las cosas. *Ese doctor tiene buena vista para diagnosticar enfermedades.* || *loc.* ***A la vista:*** a su presentación. *Pagadero a la vista.* || ***A la vista de:*** en vista de. || ***A primera*** (o ***simple***) ***vista:*** sin examen. || ***A vista de:*** en presencia de. || ***A vista de pájaro:*** desde un punto elevado, desde el aire. || *fig.* ***Aguzar la vista:*** mirar con mucha atención. || ***Apartar la vista de algo:*** dejar de mirarlo o procurar no verlo. || *fig.* y *fam.* ***Comerse con la vista:*** mirar a uno con ansia. || ***Con vistas a:*** con el propósito de. || ***Conocer a una persona de vista:*** conocerla sólo por haberla visto alguna vez. || ***En vista de:*** en consideración a, dado. *En vista de las circunstancias.* || ***Estar a la vista:*** a) Ser evidente; fácil de ver, visible. b) *fig.* ocupar una situación de primer plano. || *fig.* ***Hacer la vista gorda:*** fingir uno que no se da cuenta de una cosa. || ***Hasta la vista:*** hasta pronto, fórmula de despedida. || ***Hasta perderse de vista:*** muy lejos. || *fig.* ***Írsele a uno la vista tras algo:*** tener muchos deseos de algo. || ***No perder de vista:*** tener siempre en cuenta; vigilar mucho a una persona o cosa. || ***Perder de vista:*** dejar de ver. || *fig.* ***Punto de vista:*** criterio, modo de ver. || *fig.* ***Saltar una cosa a la vista:*** ser muy visible o evidente. || ***Ser corto de vista:*** a) Ser miope. b) *fig.* Ser poco perspicaz. || ***Tener a la vista:*** tener en perspectiva. *Tengo un viaje a la vista;* vigilar; ver. || ***Vista cansada:*** la del présbita. || ***Vista corta:*** la del miope. || *fig.* ***Vista de águila*** o ***de lince:*** la muy penetrante.

vista[2] *s. m.* Empleado que se encarga de registrar en las aduanas.

vistazo *s. m.* Ojeada, mirada rápida y superficial. *El director echó un rápido vistazo a los alumnos.*

visto, ta *adj.* En derecho, juzgado, fórmula con que se da por concluida la vista pública de una causa. *Visto para sentencia.* || Muy conocido. *Esta clase de espectáculos están muy vistos.* || *loc.* ***Bien*** (o ***mal***) ***visto:*** considerado bien (o mal). || ***Está visto:*** expresión con que se da una cosa por cierta y segura. || ***No visto*** o ***nunca visto:*** raro, extraordinario. || ***Por lo visto:*** por lo que se ve; según parece, aparentemente. || ***Visto bueno:*** fórmula que se pone, generalmente abreviada (V° B°), al pie de ciertos documentos para autorizarlos. || ***Visto que:*** pues que, una vez que.

vistosidad *s. f.* Apariencia alegre y llamativa.

vistoso, sa *adj.* Que atrae mucho la atención, llamativo. *Vestido vistoso.* || Que agrada a la vista.

visual *adj.* Relativo a la visión. *Imagen visual.* || *s. f.* Línea recta que se considera tirada desde el ojo del espectador hasta el objetivo. || *loc.* ***Memoria visual:*** la que conserva recuerdo de lo que se ha visto, por oposición a «memoria auditiva».

visualidad *s. f.* Vistosidad.

visualización *s. f.* Acción y efecto de visualizar.

visualizar *t.* Imaginar con rasgos visibles algo que no se ve. || Formar en la mente una imagen visual de algo abstracto. || Representar con imágenes ópticas fenómenos de otro carácter.

vital *adj.* Relativo a la vida. *Es común referirse al agua como «el vital líquido».* || Muy importante. *Es vital que apruebes los exámenes.* || Dotado de grandes ganas de vivir, de desarrollarse o de actuar. *La señora Genoveva es una persona muy vital.*

vitalicio, cia *adj.* Que dura desde que se obtiene hasta el fin de la vida.

vitalidad *s. f.* Circunstancia de ser muy importante una cosa. || Gran energía para hacer cosas.

vitalismo *s. m.* Doctrina fisiológica que explica los fenómenos orgánicos por la acción de las fuerzas vitales.

vitalista *adj.* Del vitalismo. || *s. com.* Dícese del partidario del vitalismo o que sigue sus doctrinas.

vitalizar *t.* Infundir fuerza o vigor. *Pepe está haciendo ejercicios especiales para vitalizar sus piernas.*

vitamina *s. f.* Cada una de las sustancias químicas orgánicas existentes en los alimentos en cantidades muy pequeñas y necesarias al metabolismo animal.

vitaminado, da *adj.* Que tiene una o varias vitaminas.

vitamínico, ca *adj.* Relativo a las vitaminas. *Pastilla vitamínica.*

vitaminización *s. f.* Preparación de una vitamina.

vitela *s. f.* Pergamino muy fino y liso en el que se pinta o escribe.

vitelina *adj.* Dícese de la membrana espesa, transparente, que envuelve el óvulo, o gameto hembra de los animales.

vitelo *s. m.* Citoplasma o parte fundamental de las células de los animales.

vitícola *adj.* Relativo al cultivo de la vid. || *s. com.* Viticultor.

viticultor, ra *s.* Persona dedicada a la viticultura.

viticultura *s. f.* Cultivo de la vid.

vitiligo *s. m.* Enfermedad cutánea caracterizada por manchas blancas debidas a una despigmentación de la piel.

vitivinícola *adj.* Relativo a la vitivinicultura. || *s. com.* Vitivinicultor.

vitivinicultor, ra *s.* Persona dedicada a la vitivinicultura.

vitivinicultura *s. f.* Arte de cultivar las vides y elaborar el vino.

vitola *s. f.* Anillo de papel con dibujos que rodea al cigarro puro. || Plantilla para calibrar balas de cañón o de fusil. || Regla metálica para medir las vasijas en las bodegas. || *fig.* Facha o traza de una persona. || Aspecto.

vítor *s. m.* Grito de aclamación o aplauso. *Dar vítores a un héroe.* || *interj.* Expresa alegría o aclamación.

vitorear *t.* Aplaudir, dar vivas, aclamar con vítores. *Vitorear a un campeón.*
vitral *s. m.* Vidriera.
vítreo, a *adj.* De vidrio o semejante a él. *Roca vítrea.* || *loc.* ***Humor vítreo:*** líquido intraocular detrás del cristalino y antes de la retina.
vitrificable *adj.* Que se puede convertir en vidrio.
vitrificación *s. f.* o **vitrificado** *s. m.* Acción y efecto de vitrificar.
vitrificar *t.* Convertir, mediante fusión, una sustancia en materia vítrea. || Dar a los entarimados una capa de materia plástica que los protege. || Dar a algo aspecto de vidrio. || *pr.* Convertirse en vidrio.
vitrina *s. f.* Armario o caja con puertas de cristales en que se exponen objetos de arte.
vitriólico, ca *adj.* Relativo al vitriolo.
vitriolo *s. m.* Nombre dado antiguamente a todos los sulfatos.
vituallas *s. f. pl.* Víveres.
vituperable *adj.* Censurable, reprochable.
vituperación *s. f.* Censura, reproche.
vituperador, ra *adj.* y *s.* Que vitupera.
vituperante *adj.* Que vitupera.
vituperar *t.* Censurar, reprender duramente a una persona, desacreditarla.
vituperio *s. m.* Censura, reproche. || Vergüenza, baldón, oprobio.
viudal *adj.* Perteneciente o relativo a la viudez.
viudedad *s. f.* Viudez. || Pensión que cobran las viudas.
viudez *s. f.* Condición de viudo.
viudita *s. f. Arg.* y *Uy.* Ave de plumaje blanco que tiene el extremo de la cola y los bordes de las alas de color negro.
viudito, ta *adj.* y *s. f.* Monito de América. || *Arg.* y *Chil.* Ave insectívora, parecida al loro, con plumaje blanco y cola de color negro. || *Méx.* Ave zancuda acuática de color pardo.
viudo, da *adj.* y *s.* Relativo a la persona a quien se le ha muerto su cónyuge, mientras que no vuelve a casarse.
viva *interj.* Expresa alegría y aplauso. *¡Viva!, gritaron los invitados cuando los novios salieron.*
viva *s. m.* Grito de aclamación. *Dar vivas a la patria.* || *interj.* Expresa aclamación.
vivac o **vivaque** *s. m.* Campamento provisional que instalan los viajeros para dormir.
vivace *adj.* o *adv.* En música, vivo, rápido, animado. *Allegro vivace.*
vivacidad *s. f.* Rapidez en obrar, en comprender, viveza.
vivales *s. m. fam.* Persona que vive a costa de los demás o que se aprovecha de los demás. *Es un vivales, siempre se las arregla para no pagar sus cuentas.*
vivaquear *intr.* Acampar la tropa al aire libre.
vivar *s. m.* Lugar donde viven los conejos de campo. || Vivero de peces.
vivaracho, cha *adj. fam.* Que es joven y de carácter alegre y travieso. *La nueva empleada de la tienda es vivaracha y amable.*
vivario *s. m.* Lugar donde se conservan pequeños animales vivos para su estudio o exhibición.
vivaz *adj.* Eficaz, vigoroso. || Perspicaz, agudo, que muestra vivacidad. || Relativo a las plantas que viven varios años, pero cuyos órganos aéreos mueren cada dos años.
vivencia *s. f.* Hecho o experiencia propios de cada persona. *Ese niño ha tenido vivencias muy difíciles.*
víveres *s. m. pl.* Comestibles.
vivero *s. m.* Terreno a que se trasladan las plantas desde la almáciga para recriarlas. || Lugar donde se crían o guardan vivos dentro del agua peces, moluscos, etc. || *fig.* Semillero, cantera. *Un vivero de artistas.* || Manantial, fuente. *Vivero de disgustos.*
viveza *s. f.* Prontitud en las acciones o agilidad en la ejecución. *La viveza de los niños.* || Perspicacia, sagacidad, agudeza. *La viveza del ingenio.* || Realismo, carácter expresivo. || Brillo vivo, intensidad. *La viveza de un color.* || Expresión en la mirada. *Ojos llenos de viveza.*
vivido, da *adj.* Dícese de lo que es producto de la inmediata experiencia del sujeto. *Historia vivida.*
vívido, da *adj.* Expresivo, vivaz.
vividor, ra *adj.* Que vive. || Vivaz. || Muy trabajador. || *s.* Aprovechón, persona que vive a costa de los demás o a quien le gusta vivir bien, cómodamente.
vivienda *s. f.* Lugar donde habitan una o varias personas, morada. || Acción de alojarse. *Crisis de la vivienda.* || Casa. *Bloque de viviendas lujosas.*
viviente *adj.* Dotado de vida. *Los seres vivientes.*
vivificación *s. f.* Acción de vivificar o vivificarse.
vivificador, ra y **vivificante** *adj.* Que vivifica o da vida.
vivificar *t.* Dar fuerzas o energía, animar. *El Sol vivifica la naturaleza.*
viviparidad *s. f.* Reproducción de los animales vivíparos.
vivíparo, ra *adj.* Aplícase a los animales que paren los hijos ya desarrollados y sin envoltura, en oposición a los ovíparos, como los mamíferos.
vivir *t.* Estar presente. *Viví en México horas inolvidables.* || Participar, tomar parte. *Los que vivimos una juventud dorada.* || Pasar. *Vivimos tantas horas felices.* || *intr.* Estar vivo. *Quién sabe si mañana vivirá.* || Gozar, disfrutar los placeres de la vida. *Vivió agradablemente.* || Estar tranquilo, sosegado. *Vivir con pocas preocupaciones.* || Durar, subsistir. *Sus hazañas vivirán siempre en el recuerdo de todos.* || Habitar, residir. *Vivo en París.* || Mantenerse. *Gana para poder vivir; vivir de esperanzas.* || Conducirse, portarse. *Vivir austeramente.* || Llevar cierto género de vida. *Vivir como un santo.* || Tratar. *Hay que vivir con todo el mundo.* || Cohabitar. *Vivo con mi hermana.* || Aceptar y adoptar las costumbres sociales. *Allí aprendí a vivir.* || *loc.* ***Ir viviendo:*** vivir con estrechez. || ***No dejar vivir a uno:*** molestarle, no dejarle tranquilo. || ***¿Quién vive?:*** voz de alarma del centinela cuando se acerca alguien. || ***Saber vivir:*** saber tratar con la gente, conocer las reglas mundanas. || ***Vivir al día:*** vivir con lo que se gana o se tiene cada día, sin preocuparse del porvenir.
vivisección *s. f.* Disección de los animales vivos para el estudio de los fenómenos fisiológicos.
vivisector *s. m.* El que hace vivisecciones.
vivito, ta *adj. fam.* Que está muy vivo. || *loc. fam.* ***Vivito y coleando:*** muy vivo; vivaracho; dicho de un asunto, de actualidad, vigente.
vivo, va *adj.* Que está en vida, que vive. *Los seres vivos. Los vivos y los muertos.* || Fuerte, intenso. *Dolor muy vivo.* || Agudo. *Olor vivo.* || Brillante. *Luz viva; colores vivos.* || Rápido, ágil en sus movimientos. || *fig.* Que concibe pronto. *Ingenio vivo.* || Rápido en enfadarse. || Despabilado, despierto, listo. *Un niño muy vivo.* || Astuto, hábil. *Eres un vivo.* || Expresivo, realista, que da la impresión de la vida. *Ojos vivos; una descripción viva.* || Grande. *Tenía una viva curiosidad en verle.* || Duradero, que sobrevive, que no ha desaparecido. *Un recuerdo vivo.* || Dícese de la arista, filo o ángulo muy agudos. || Dícese de las lenguas que se hablan todavía. || *loc.* ***En carne viva:*** dícese de la carne de un ser vivo que no está cubierta por la piel a causa de una herida, etc. || ***Lo vivo:*** la parte más sensible, el punto más delicado. *Tocar en lo vivo.*
vizcacha *s. f.* Mamífero roedor semejante a la liebre, de cola larga, que vive en el Perú, Bolivia, Chile y Argentina.
vizcachera *s. f.* Madriguera de la vizcacha. || *Arg.* Cuarto de los trastos viejos.
vizcondado *s. m.* Título, dignidad y territorio de vizconde.
vizconde *s. m.* Título nobiliario inferior al de conde.
vizcondesa *s. f.* Mujer del vizconde. || La que tiene este título.
vocablo *s. m.* Palabra.
vocabulario *s. m.* Conjunto de palabras utilizadas en una lengua, en el lenguaje de una colectividad. *Vocabulario castellano.* || Conjunto de palabras empleado por una persona,

por un escritor. || Conjunto de términos propios de una ciencia, de una técnica. || Diccionario abreviado que sólo tiene cierta clase de palabras (usuales, técnicas, etc.).

vocación *s. f.* Destino natural del hombre. *La vocación de cualquier persona es la de ser útil a sus semejantes.* || Inclinación, tendencia que se siente por cierta clase de vida, por una profesión. *Tener vocación para el teatro.* || Inclinación a la vida sacerdotal o religiosa.

vocacional *adj.* Relativo a la vocación.

vocal *adj.* Relativo a la voz. *Cuerdas vocales.* || *s. f.* Sonido del lenguaje producido por la vibración de la laringe mediante una simple aspiración. || Letra que representa un sonido vocálico. *El alfabeto castellano tiene cinco vocales.* || *s. com.* Miembro de una junta, consejo, etc., que no tiene asignado un cargo o función especial en el organismo a que pertenece.

vocálico, ca *adj.* Dícese de cualquier emisión de voz o de elemento fónico sonoro. || Relativo a las vocales.

vocalismo *s. m.* Naturaleza de los elementos vocálicos en el sistema de vocales de una lengua.

vocalista *s. com.* Artista que canta en una orquesta.

vocalización *s. f.* Transformación de una consonante en vocal. || Acción de vocalizar. || Pieza de música compuesta para enseñar a vocalizar.

vocalizador, ra *adj.* y *s.* Que vocaliza.

vocalizar *intr.* Hacer ejercicios de canto sin decir las notas ni las palabras, pronunciando sólo una misma vocal, que es casi siempre la *a.* || Transformarse en vocal una consonante.

vocativo *s. m.* En gramática, forma que toma una palabra cuando se utiliza para llamar a una persona o cosa personificada. || Caso que tiene esta palabra en las lenguas que poseen una declinación.

voceador, ra *s. Méx.* Vendedor callejero de diarios.

vocear *t.* e *intr.* Anunciar algo en voz alta. || Dar voces o gritos.

voceo *s. m.* Acción y efecto de vocear, gritos.

voceras *s. m. inv. fam.* Boceras.

vocerío *s. m.* Conjunto de voces confusas que se escuchan a un tiempo. *No me gusta el vocerío de los vendedores ambulantes en las calles.*

vocero, ra *s.* Persona que habla en nombre de otro u otros. *El vocero declaró que el presidente haría un viaje de trabajo.*

vociferación *s. f.* Acción y efecto de vociferar.

vociferador, ra *adj.* y *s.* Que vocifera.

vociferante *adj.* Que vocifera. *La multitud vociferante exigía justicia y respeto a los derechos.*

vociferar *t.* e *intr.* Hablar a grandes voces o dando gritos. *Los vecinos se pelean y se les escucha vociferar.*

vocinglería *s. f.* Ruido de muchas voces, gritería. || Clamor.

vocinglero, ra *adj.* y *s.* Que grita o habla muy alto.

vodevil *s. m.* Comedia alegre y ligera.

vodka *s. m.* Aguardiente de centeno muy común en Rusia y Polonia.

voivoda *s. m.* En los países balcánicos y en Polonia, alto dignatario civil o militar. || En Polonia y Yugoslavia, capital de una región administrativa.

voladizo, za *adj.* En arquitectura, dícese de la parte de un edificio que sobresale de la pared. *Cornisa voladiza.*

volado, da *adj.* Que parece volar. *La escalera de la casa de mi tío es volada, no tiene barandales.* || *loc.* **Hacer algo volado:** hacerlo con mucha rapidez. || *s. m. Méx. fam.* Hecho de lanzar una moneda al aire e intentar adivinar que lado mostrará.

volador, ra *adj.* Que vuela. *Los peces voladores salen del agua y vuelven a sumergirse.*

voladura *s. f.* Acción de volar una cosa con un explosivo. *La voladura de un puente.* || Explosión. *La voladura de una caldera.*

volandas *loc.* **En volandas:** Por el aire, sin que toquen los pies el suelo. *Lo llevaban en volandas.* || *fig.* y *fam.* En seguida. *Iré en volandas a hacer lo que me mandan.*

volandero, ra *adj.* Dícese de las cosas que no están fijas, móvil. || Aplícase a la hoja impresa o de escritura que no está unida a otra y que corre de mano en mano. *Octavillas volanderas.* || Accidental, casual. || Que no se establece en ningún lugar, inestable.

volando *adj. fam.* Rápidamente. *Ir, llegar volando.*

volante *s. m.* Rueda de mano que sirve para accionar y guiar el mecanismo de dirección de un automóvil. *El automovilista giró un poco el volante para dar vuelta a la derecha.* || Hoja de papel en que se manda un aviso. *Un chico reparte en las calles volantes del circo.* || Adorno de tela en una prenda de vestir. *Le hicieron un amplio vestido de volantes.*

volantín *s. m.* Cordel con varios anzuelos, que se usa para pescar. || Juego mecánico para niños, consistente en un poste central del que salen trapecios para colgarse, girando.

volantón, tona *adj.* y *s.* Aplícase al ave que comienza a volar. || *fig.* Que cambia constantemente de sitio o lugar.

volapuk *s. m.* Lengua universal inventada y difundida en 1880 por el sacerdote alemán Johann Martin Schleyer (1831-1912).

volar *t. intr.* y *pr.* Ir, moverse o mantenerse en el aire. *Leonardo da Vinci diseñó inventos para volar, pero nunca logró elevarse.* || Transcurrir rápidamente el tiempo. *Como estuvimos tan contentos, el tiempo voló.* || *fam. Méx.* Sustraer, robar. *¡Me volaron mi billetera!*

volatería *s. f.* Cetrería.

volátil *adj.* Que se volatiliza o se evapora. *Alcohol volátil.* || *fig.* Que vuela o es capaz de volar. || *fig.* Inconstante, cambiadizo, mudable.

volatilidad *s. f.* Condición de volátil. *La volatilidad del éter.*

volatilizable *adj.* Que se volatiliza. *Mineral volatilizable.*

volatilización *s. f.* Evaporación.

volatilizar *t.* Transformar un cuerpo sólido o líquido en gaseoso.

volatín *s. m.* Acrobacia.

volatinero, ra *s.* Acróbata.

vol-au-vent *s. m.* Volován.

volcán *s. m.* Montaña formada por lavas y otras materias procedentes del interior del globo y expulsadas por una o varias aberturas del suelo. || *fig.* Persona de carácter ardiente, fogoso, apasionado. || Pasión ardiente. || Cosa muy agitada. *Mi cabeza era un volcán.* || Situación tranquila en apariencia, pero que encierra un peligro. *Estamos sobre un volcán.*

volcancito *s. m. Amér.* Volcán pequeño que arroja lodo caliente.

volcanicidad *s. f.* Volcanismo.

volcánico, ca *adj.* Relativo al volcán. *Relieve volcánico.* || *fig.* Agitado, ardiente, fogoso. *Pasión volcánica.* || *fig.* Muy ardiente.

volcanismo *s. m.* Conjunto de los fenómenos volcánicos y de las teorías que explican sus causas.

volcanización *s. f.* Formación de rocas volcánicas o eruptivas. || Vulcanismo.

volcar *t.* Inclinar o invertir un objeto, de modo que caiga su contenido. *Volcar un vaso.* || Tumbar, derribar. *Volcar a un adversario.* || Turbar la cabeza un olor muy fuerte. || *fig.* Hacer mudar de parecer. *Le volcó con sus argumentos.* || *intr.* Caer hacia un lado un vehículo. *El camión volcó.* || *pr. fig.* Poner uno el máximo interés y esfuerzo para algún fin. *Se volcó para conseguir el cargo.* || Extremar, hacer el máximo de. *Se volcó en atenciones.*

volea *s. f.* En algunos deportes, acción de golpear el balón antes de que bote.

volear *t.* Dar a una cosa en el aire para impulsarla. || Sembrar a voleo. || *intr.* Hacer voleas con la pelota.

voleibol *s. m.* Deporte que se disputa entre dos equipos, lanzando un balón que se golpea con la mano por encima de una red.

voleo *s. m.* Golpe dado en el aire a algo antes de que caiga.

volframio *s. m.* Tungsteno.
volición *s. f.* Acto de voluntad.
volitivo, va *adj.* De la voluntad.
volley-ball *s. m.* Voleibol.
volován *s. m.* Pan de pasta de hojaldre en forma de canastita, que se rellena con diferentes carnes y verduras picadas.
volquetazo *s. m. fam.* Vuelco.
volquete *s. m.* Vehículo utilizado para el transporte de materiales que se descarga haciendo girar sobre el eje la caja que sostiene el bastidor.
volt *s. m.* Voltio en la nomenclatura internacional.
voltaico, ca *adj.* En física, aplícase a la pila eléctrica de Volta y a los efectos que produce.
voltaje *s. m.* Tensión eléctrica. *El voltaje usado en Europa es distinto al que se usa en América.*
voltámetro *s. m.* Aparato utilizado para medir una corriente basándose en la cantidad de metal o gas depositado por un electrólito al paso de la electricidad. || Cualquier aparato donde se produce una electrólisis.
voltamperio *s. m.* Unidad de potencia aparente de las corrientes alternas, equivalente a la potencia de una corriente de un amperio cuya tensión alterna es de un voltio.
volteado, da *s. m. Méx.* Sodomita, afeminado, invertido. || *s. f. Arg.* Operación que consiste en separar una parte del ganado acorralándolo los jinetes.
volteador, ra *adj.* Que voltea. || *s.* Acróbata.
voltear *t.* y *pr.* Dar vueltas a una persona o cosa hasta colocarla al revés de como estaba. *Voltea el vaso bocabajo para que no le caiga polvo.* || *Amér. Merid.* y *Méx.* Derribar con violencia, derramar. *Luciano volteó la jarra con el agua dentro.* || *Amér.* Volver, cambiar la posición o dirección de algo. *Cuando volteó, vi que no era mi prima.*
volteo *s. m.* Acción de voltear. || *loc. Méx.* ***Camión de volteo:*** camión que puede vaciar su carga cambiando el ángulo de la caja.
voltereta *s. f.* Trecha, vuelta dada con el cuerpo en el aire, apoyando las manos en el suelo. *Dar volteretas.* || *fig.* Cambio repentino, pirueta.
volteriano, na *adj.* Relativo a Voltaire, a sus ideas, a su filosofía. || Dícese del partidario de Voltaire o de su filosofía. || *fig.* Que denota impiedad.
voltímetro *s. m.* Instrumento para medir la diferencia de potencial eléctrico entre dos puntos.
voltio *s. m.* Unidad de fuerza electromotriz y de diferencia de potencial o tensión, equivalente a la diferencia de potencial existente entre dos puntos de un conductor por el cual pasa una corriente de un amperio cuando la potencia perdida entre los mismos es de un vatio. Su símbolo es V.
volubilidad *s. f.* Versatilidad, inconstancia.
volúbilis *s. m.* En botánica, enredadera ornamental.
voluble *adj.* Versátil, cambiante, tornadizo. *Su mayor defecto era su carácter voluble.*
volumen *s. m.* Espacio y medida del espacio ocupado por un cuerpo. *La maestra nos pidió calcular el volumen de un cubo.* || Cuerpo material de un libro. *Como esa novela es muy larga se publicó en tres volúmenes.* || Intensidad de los sonidos o de la voz. *Está muy alto el volumen del aparato de sonido.*
volumetría *s. f.* Ciencia que trata de la medida de los volúmenes.
voluminoso, sa *adj.* Que tiene un gran volumen o tamaño.
voluntad *s. f.* Capacidad de determinarse a hacer o no hacer algo. *Con la fuerza de voluntad que posee, estoy seguro que dejará de fumar.* || Energía con la que se ejerce la facultad llamada voluntad. *Como tiene la voluntad de tener éxito, trabaja mucho.* || Deseo, aquello que se quiere. *Hizo los ejercicios por su propia voluntad.* || *loc.* ***A voluntad:*** si se quiere o cuando se quiere. || ***Buena voluntad:*** intención de hacer bien las cosas. || ***Ganar la voluntad de uno:*** lograr su cariño o convencerle de lo que se quiere o desea. || ***Mala voluntad:*** deseo contrario a que se haga cierta cosa; antipatía hacia alguien. || ***Última voluntad:*** testamento, deseos de una persona expresados antes de su muerte. || *fig.* ***Zurcir voluntades:*** entremeterse entre varias personas para arreglar sus disgustos.
voluntariado *s. m.* Alistamiento voluntario para efectuar el servicio militar.
voluntariedad *s. f.* Libertad, espontaneidad de una decisión. || Carácter facultativo de una cosa.
voluntario, ria *adj.* Que nace de la propia voluntad. *Acto voluntario.* || Hecho por la propia voluntad. *Movimiento voluntario.* || Voluntarioso. || Dícese de la persona que realiza voluntariamente un acto. *Soldado voluntario.*
voluntarioso, sa *adj.* Lleno de buena voluntad, de buenos deseos.
voluptuosidad *s. f.* Placer de los sentidos, goce intenso.
voluptuoso, sa *adj.* Que inspira la voluptuosidad o la hace sentir. *Vida voluptuosa.* || Dado a los placeres sensuales.
voluta *s. f.* Adorno en forma de espiral o caracol que decora los capiteles de orden jónico. || Que tiene forma de espiral. *Voluta de humo.*
volver *t. intr.* y *pr.* Dar la vuelta, cambiar de sentido o dirección. *Volvió a casa porque había olvidado la lista de las compras.* || Cambiar o hacer que alguien o algo cambie de estado. *Se ha vuelto una pesada; antes no era así.* || Regresar al lugar del que se salió. *Después de vivir en el extranjero, volvió a su país natal.* || Repetirse un suceso, situación, etc. *Llovió ayer y hoy volvieron las nubes y otra tormenta.* || *loc. fig.* ***Volver loco a uno:*** trastornarle la razón. || ***Volver en sí:*** recobrar el conocimiento después de un desmayo. || ***Volverse atrás:*** a) Retroceder. b) *fig.* Desdecirse.
vómer *s. m.* Hueso fino en la parte superior del tabique de la nariz.
vómico, ca *adj.* Vomitivo, que hace vomitar. || *loc.* ***Nuez vómica:*** semilla de la que se extrae la estricnina.
vomitar *t.* Arrojar violentamente por la boca lo contenido en el estómago. *Vomitar la comida.* || *fig.* Arrojar de sí una cosa algo que tiene dentro. *Los volcanes vomitan lava.* || *fig.* y *fam.* Decir de modo violento. *Vomitar insultos.* || Confesar, revelar lo que se mantenía callado. || Devolver, restituir.
vomitivo, va *adj.* Aplícase a un medicamento que hace vomitar.
vómito *s. m.* Acción de devolver o arrojar por la boca lo que se tenía en el estómago. || Sustancias vomitadas.
vomitón, tona *adj. fam.* Que vomita frecuentemente. || *s. f. fam.* Vómito muy abundante.
vomitorio, ria *adj.* y *s. m.* Vomitivo. || *s. m.* En los circos o teatros romanos, y actualmente en los estadios o plazas de toros, puerta de acceso y de salida en los graderíos.
voracidad *s. f.* Gran avidez para comer. *La voracidad del lobo.* || *fig.* Avidez, ansia.
vorágine *s. f.* Remolino impetuoso que forma el agua.
voraz *adj.* Que devora o come con avidez. *Persona voraz.* || *fig.* Destructor. *Un voraz incendio.*
vórtice *s. m.* Torbellino, remolino. || Centro de un ciclón. || Huracán.
vorticela *s. f.* Protozoo ciliado de agua dulce que se adhiere a las plantas sumergidas por medio de un pedúnculo contráctil.
vos *pron.* Forma personal masculina y femenina de la segunda persona, antigua forma de tratamiento en lugar de *usted.* || *Amér.* Tú.
vosear *t.* Hablar de usted. || *Amér.* Tutear.
voseo *s. m.* Empleo hispanoamericano de *vos* por *tú. En Guatemala, El Salvador, Uruguay y Argentina se usa el voseo.*

vosotros, tras *pron. Esp.* Forma personal de la segunda persona del plural, que funciona como sujeto o como complemento con preposición. *Yo no quiero ir, pero id vosotras.*

votación *s. f.* Acción de votar. *Modo de votación.* || Operación consistente en expresar cada uno su opinión en una asamblea. *Votación a mano alzada.* || Conjunto de votos emitidos.

votador, ra *adj.* y *s.* Votante.

votante *s. com.* Dícese del que vota.

votar *intr.* Dar uno su voto en una deliberación o elección. *Votar puestos en pie, con papeletas.* || Echar votos o juramentos, blasfemar. || *t.* Decidir o pedir por un voto. *Votar la candidatura de uno.* || Sancionar por una votación. *Votar la ley agraria.*

votivo, va *adj.* Ofrecido por voto. *Altar votivo.*

voto *s. m.* Opinión emitida por cada una de las personas que votan, sufragio. *Diez votos a favor y tres en contra.* || Derecho a votar. *Tener uno voz y voto.* || Votante, persona que da su voto. || Deseo ardiente. *Formular un voto; votos de felicidad.* || Juramento, reniego, blasfemia. *Echar votos.* || Promesa hecha a Dios, a la Virgen o a los santos por devoción o para obtener determinada gracia. || Cada una de las tres promesas de renunciamiento (pobreza, castidad y obediencia) que se pronuncian al tomar el hábito religioso. || *loc.* ***Voto de calidad:*** el que, por ser de persona de mayor autoridad, decide la cuestión en caso de empate. || ***Voto de confianza:*** aprobación que da la Cámara a la actuación del Gobierno en determinado asunto.

voz *s. f.* Sonido emitido por el hombre y los animales. *Le está cambiando la voz.* || Manera de expresarse una colectividad. *Ese diario se ha convertido en la voz de un amplio sector de la población.* || Grito. *Llamó a voces a su hijo.* || Derecho a opinar. *Las mujeres han hecho escuchar su voz.* || Palabra, vocablo. *«Jitomate» es una voz de origen náhuatl.* || Forma que adopta el verbo según la acción sea realizada o sufrida por el sujeto. *La frase «yo como tarta» está en voz activa.* || *loc.* ***A media voz:*** en voz poco fuerte. || ***A una voz:*** de modo unánime. || ***A voces:*** a gritos. || ***A voz en cuello:*** gritando. || ***Ahuecar la voz:*** hacerla más grave o ronca. || *fig.* ***Anudársele a uno la voz:*** no poder hablar de emoción. || ***Dar una voz a uno:*** llamarle gritando. || ***De viva voz:*** hablando, de palabra. || ***Levantar la voz a uno:*** hablarle con tono insolente. || ***Llevar uno la voz cantante:*** ser el que manda. || ***No tener voz ni voto:*** no tener influencia alguna. || ***Pedir a voces:*** tener gran necesidad. || ***Tomarse la voz:*** ponerse ronca. || ***Voz pública:*** la opinión general. || ***Voz y voto:*** facultad de votar en una asamblea.

vozarrón *s. m.* Voz gruesa y sonora.

vudú *s. m.* Culto muy difundido entre los negros de las Antillas y de los estados del sur de Estados Unidos de Norteamérica.

vuecelencia o **vuecencia** *s. com.* Metaplasmo de «vuestra excelencia».

vuelapluma *loc.* **A vuelapluma:** Escrito con rapidez y sin pensar demasiado. *El reportero apuntó a vuelapluma algunos detalles.*

vuelco *s. m.* Acción y efecto de volcar un vehículo, una embarcación. || Caída. || Mareo. || *fig.* Cambio. || Ruina, hundimiento. *Este negocio va a dar un vuelco.* || *loc. fig.* ***Darle a uno un vuelco el corazón:*** sobresaltarse, estremecerse.

vuelo *s. m.* Hecho de volar. *El vuelo de la cometa no duró mucho tiempo.* || Desplazamiento en el aire de diversos animales, por medio de alas. *Las golondrinas remontan el vuelo.* || Espacio que de una vez se recorre volando. *El vuelo en avión entre las dos ciudades lleva dos horas.* || Amplitud de un vestido. *Las faldas de muchos trajes típicos tienen mucho vuelo.* || *loc.* ***Al vuelo:*** a) Durante el vuelo. b) *fig.* Con presteza, diestramente; sagazmente. *Coger al vuelo.* || ***Alzar*** (o ***emprender*** o ***levantar***) ***el vuelo:*** a) Echarse a volar. b) *fig.* Marcharse. || *fig.* ***Cortar los vuelos a uno:*** ponerle trabas, privarle de hacer lo que se le antoja. || ***De mucho vuelo:*** de mucha importancia o amplitud. || ***De*** (o ***en***) ***un vuelo:*** con mucha rapidez. || ***Tocar a vuelo las campanas:*** tocarlas al mismo tiempo. || *fig.* ***Tomar vuelo una cosa:*** desarrollarse, tomar importancia.

vuelto, ta *s. m. Amér.* Cambio, dinero sobrante de un pago. || *s. f.* Movimiento circular completo de un cuerpo alrededor de un punto o sobre sí mismo. *Dos pasos adelante, uno para atrás y luego das una vuelta a la derecha.* || Paseo. *Vayamos a dar una vuelta.* || Regreso, retorno. *No comas nada, a la vuelta preparamos algo.* || Repetición. *No sigas dándole vueltas al asunto.* || Dinero sobrante que se devuelve al pagar algo. || *loc.* ***A la vuelta de:*** de regreso de; después de. *A la vuelta de diez años.* || *fig.* ***A la vuelta de la esquina:*** muy cerca; en cualquier sitio. || ***A vuelta de correo:*** en el mismo día en que se recibe una carta. || *fig.* ***Buscarle a uno las vueltas:*** intentar cogerle en falta. || ***Cogerle las vueltas a alguien o a algo:*** llegar a conocerlo bien. || ***Dar la vuelta de campana:*** dar una vuelta completa en el aire. || *fig.* ***Darle cien vueltas:*** superarlo con mucho. || ***Dar vueltas:*** girar; pensar mucho en algo, examinarlo. *Dar vueltas a un asunto.* || ***Estar de vuelta de todo:*** saber las cosas por experiencia y sentir por esto cierto desengaño. || ***No andar con vueltas:*** no andarse con rodeos. || ***No hay que darle vueltas:*** no hay por qué pensarlo más. || ***No tener vuelta de hoja:*** ser evidente, indiscutible. || ***Ponerle a uno de vuelta y media:*** insultarle; hablar muy mal de él. || ***Tener muchas vueltas:*** ser muy complicado.

vuestro, tra[1] *adj.* Adjetivo posesivo que indica posesión de o pertenencia a la segunda persona.

vuestro, tra[2] *pron.* Pronombre posesivo que indica pertenencia de la segunda persona. *Éste es mi carruaje, ¿y el vuestro dónde está?*

vulcanismo *s. m.* Actividad de los volcanes. || Plutonismo.

vulcanita *s. f.* Material duro y aislante obtenido por la acción del azufre sobre el caucho.

vulcanización *s. f.* Operación de añadir azufre al caucho para darle mayor elasticidad, impermeabilidad y duración.

vulcanizado, da *adj.* Que ha sido tratado por vulcanización. *Caucho vulcanizado.*

vulcanizador *s. m.* Aparato para vulcanizar. || *Méx.* Persona que se dedica a reparar neumáticos.

vulcanizadora *s. f. Méx.* Negocio en el que se arreglan los neumáticos de automóvil.

vulcanizar *t.* Hacer el caucho o hule más impermeable y duradero, al combinarlo con azufre.

vulcanología *s. f.* Parte de la geología que estudia los volcanes.

vulgar *adj.* Característico del vulgo. || Que carece de educación, de distinción. *Hombre vulgar.* || Poco distinguido. *Gusto muy vulgar.* || Corriente, ordinario. *Llevar una vida vulgar.* || Que no es especial o técnico. *Niña del ojo es el nombre vulgar de pupila.* || Dícese de la lengua hablada por el pueblo, por oposición a la lengua literaria. *Latín vulgar.*

vulgaridad *s. f.* Carácter del que o de lo que carece de distinción. *La vulgaridad de su conducta.* || Cosa vulgar. *Decir vulgaridades.*

vulgarismo *s. m.* Término o giro empleado por gente poco educada.

vulgarización *s. f.* Acción de dar a conocer a gentes sin gran cultura nociones difíciles o complejas.

Revista de vulgarización. || Acción de dar un carácter vulgar, de mal gusto.

vulgarizador, ra *adj.* y *s.* Que expone de un modo simple los conocimientos complejos de algo. *Vulgarizador científico.*

vulgarizar *t.* y *pr.* Hacer algo poco refinado, vulgar. || Divulgar, hacer del conocimiento o del acceso general aspectos relacionados con una ciencia o arte.

vulgo *s. m.* La mayoría de los hombres, la masa, el pueblo. || Conjunto de personas que desconoce la materia de que se trata.

vulnerabilidad *s. f.* Carácter vulnerable.

vulnerable *adj.* Que puede ser herido. || Que puede ser atacado. || Defectuoso, que puede ser perjudicado.

vulneración *s. f.* Violación. *La vulneración de un tratado.* || Herida.

vulnerar *t.* Herir. || *fig.* Dañar, perjudicar. || Violar, infringir una ley, un contrato. || Lesionar. *Vulnerar un derecho.*

vulnerario *adj.* y *s. m.* Que cura las llagas y heridas. || *s. f.* Planta papilionácea de flores amarillas que se emplea para curar heridas.

vulpeja *s. f.* Zorra, mamífero.

vultúrido, da *adj.* y *s. m.* Dícese de las aves rapaces diurnas como el buitre, cóndor, urubú, etc. || *pl.* Familia que forman.

vulva *s. f.* Órgano genital externo de la mujer.

vulvario, ria *adj.* De la vulva.

vulvitis *s. f.* Inflamación producida en la vulva.

W

w *s. f.* Vigésima cuarta letra del abecedario español, llamada «uve doble», «doble u» o «doble ve».
wagneriano, na *adj.* Relativo a la obra del compositor alemán Richard Wagner. *La temporada de ópera este año está dedicada a las óperas wagnerianas.*
wahàbita o **uahabita** *adj.* y *s. com.* Miembro de una secta islámica fundada en Arabia (Nedjd), al final del siglo XVIII, por Mohamed Abdul Wahab.
walaby *s. m.* Pequeño marsupial australiano parecido al canguro. *Los walaby parecen canguritos de cola delgada.*
wapití *s. m.* Ciervo grande de América del Norte y de Siberia.
water *s. m.* Lugar y recipiente en el que se defeca y se orina. *¿Dónde queda el water?*
waterpolo *s. m.* Deporte acuático en el que juegan dos equipos y que consiste en introducir un balón en la portería contraria. *Para jugar waterpolo hay que saber nadar bien.*
watt *s. m.* Nombre del vatio en la nomenclatura internacional. *Mi tía María Luisa utiliza bombillas de pocos watts.*
wau *s. f.* Nombre dado en lingüística a la «u» cuando se la considera como semiconsonante explosiva, agrupada con la consonante anterior (guarda), o como semivocal implosiva agrupada con la vocal precedente (auto).
web *s. f.* Red informática formada por un gran sistema de documentos de hipertexto enlazados y accesibles a través de internet. *La palabra «web» es la forma abreviada de World Wide Web o Red Global Mundial.* || *loc.* ***Página web:*** documento escrito en lenguaje HTML, específico para internet, al que se accede por un enlace de hipertexto. || ***Sitio web:*** dirección de internet formada por un grupo de archivos o páginas web ligados entre sí por enlaces de hipertexto. *Voy a acceder al sitio web del colegio para inscribirme.*
weber *s. m.* Unidad de medida de flujo magnético en el Sistema Internacional, nombrada así en honor del físico alemán Wilhelm Eduard Weber, quien en 1846 formuló la ley de las fuerzas que ejercen las partículas electrizadas en movimiento. Su símbolo es Wb.
weberio *s. m.* Weber.
week-end *s. m.* Fin de semana.
wellingtonia *s. f.* Secoya.
welter *s. m.* En boxeo, semimedio.
western *s. m.* Película de cowboys o vaqueros del oeste norteamericano.
whisky *s. m.* Licor obtenido de la fermentación de cereales. *Se considera que el whisky escocés es de los mejores del mundo.*
winchester *s. m.* Fusil de repetición de origen norteamericano.
wolframio *s. m.* Tungsteno.
wormiano *adj.* Dícese de cada uno de los huesecillos irregulares entre las suturas del cráneo.
wurmiense *adj.* Relativo a la última glaciación cuaternaria.

X

x *s. f.* Vigésima quinta letra del abecedario español. Su nombre es «equis». || *loc.* ***«X» o «y»:*** uno u otro, sin importar cuál. *Voy a comer «x» o «y» guiso, lo que me importa es comer algo.* || *s. f.* En matemáticas, signo de la incógnita. *El maestro de matemáticas pidió que encontráramos el valor de «x».*

xantofila *s. f.* En botánica, pigmento amarillo de la clorofila. *Sin la «xantofila», las plantas que tienen clorofila se verían azules en vez de verdes.*

xantoma *s. m.* Tumor benigno lleno de colesterol formado en la piel o debajo de ella, principalmente en los párpados.

xenofilia *s. f.* Admiración excesiva por la cultura y costumbres extranjeras. *La xenofilia de algunas personas les impide ver las cosas buenas que hay en sus propios países.*

xenófilo, la *adj.* Que admira excesivamente lo extranjero. *Ricardo es tan xenófilo que sólo va al cine a ver películas extranjeras.*

xenofobia *s. f.* Odio o desprecio hacia los extranjeros. *En tiempos de guerras, los pueblos desarrollan un alto nivel de xenofobia.*

xenófobo, ba *adj.* Que odia o desprecia a los extranjeros. *La actitud xenófoba provoca conflictos terribles.*

xenón *s. m.* Elemento químico, gas inerte, incoloro e inodoro, presente en el aire en pequeñísima cantidad. Se emplea como gas de llenado de lámparas y tubos electrónicos. Su número atómico es 54 y su símbolo *Xe.*

xerocopia *s. f.* Copia obtenida por un tipo de impresión con el que se hacen fotocopias. *Saqué una xerocopia de mi pasaporte, pues la necesitaba para un trámite.*

xerocopiar *t.* Reproducir en copia xerográfica.

xerodermia *s. f.* Enfermedad congénita caracterizada por un endurecimiento de la piel con descamación abundante.

xerófilo, la *adj.* Se dice de las plantas que viven en medios secos. *Los cactos son xerófilas que almacenan gran cantidad de agua.*

xeroftalmia *s. f.* En medicina, enfermedad de los ojos en la cual disminuye la transparencia de la córnea. *La xeroftalmia se origina por falta de vitamina A.*

xerografía *s. f.* Procedimiento de impresión seca por medios electrostáticos. *Muchas fotocopiadoras funcionan por xerografía.*

xerografiar *t.* Reproducir textos o imágenes por la xerografía.

xerográfico, ca *adj.* Relativo a la xerografía u obtenido por medio de ella.

xi *s.f.* Decimocuarta letra del alfabeto griego (Χ, χ), que corresponde a la «equis» castellana.

xifoideo, a *adj.* Relativo al apéndice xifoides.

xifoides *adj.* Aplícase al apéndice situado en la extremidad inferior del esternón.

xihuitl *s. m.* Año azteca, compuesto de 20 meses.

xileno *s. m.* Hidrocarburo bencénico que se extrae del alquitrán de hulla.

xilócopo *s. m.* Insecto himenóptero, parecido a la abeja, con cuerpo negro y alas azuladas, llamado también «abeja carpintera» porque fabrica sus panales en troncos de árboles.

xilófago, ga *adj.* y *s.* Se aplica a los insectos que roen la madera. *Las termitas son xilófagas.*

xilófono *s. m.* Instrumento musical de percusión compuesto de láminas de madera o metal.

xilografía *s. f.* Impresión o grabado que se realiza con la ayuda de una plancha de madera grabada.

xilográfico, ca *adj.* De la xilografía.

xilógrafo *s. m.* Artista que graba en madera.

xilol *s. m.* Xileno.

xiloxóchitl *s. m.* Nombre de varias leguminosas y otras plantas de México.

xiuhmolpilli *s. m.* Siglo azteca, equivalente a 52 años.

xochimilca *adj.* y *s. com.* Individuo de la tribu nahua de este nombre. que fundó el señorío de Xochimilco, en el valle de México.

xoconostle *s. m. Méx.* Tuna pequeña de sabor muy ácido. *Los xoconostles son ingrediente de muchos guisos mexicanos.*

xocoyote *s. m. Méx.* Benjamín, último de los hijos de una familia. *La mamá juega mucho con el xocoyote de cinco años.*

xoxalero, ra *s. Méx.* Hechicero, brujo. *La palabra xoxalero se deriva del náhuatl «xoxalli», que significa «tumor».*

xtabentún *s. m. Méx.* Licor preparado con las flores de la enredadera llamada xtabentún. *El xtabentún es un licor típico del estado de Yucatán.*

y

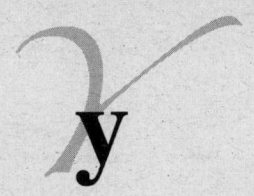

y[1] *f.* Vigésima sexta letra del abecedario español. Su nombre es «ye» o «i griega».

y[2] *conj.* Une palabras, sintagmas u oraciones con la misma función. *Compró peras y manzanas para mezclarlas con yogur y cereal.*

ya[1] *adv.* Expresa el tiempo pasado. *Para el examen, el maestro nos dio un repaso de los temas que ya habíamos estudiado.* || Indica el tiempo presente pero con relación al pasado. *Hace algunos años era pobre pero ahora ya es rico.* || En tiempo u ocasión futura. *Ahora no puedo conversar contigo, pero ya tendremos tiempo de hacerlo.* || *loc.* ***¡Ya caigo!:*** estoy en ello, he comprendido.

ya[2] *conj.* Indica que cada una de varias alternativas conduce a la misma consecuencia. *Ya con gozo, ya con dolor, el poeta siempre escribe versos.* || *loc.* ***Pues ya:*** por supuesto, ciertamente. || ***Si ya:*** si, siempre que. || ***Ya mismo:*** ahora mismo. || ***Ya no*** (o ***no ya***)***:*** no solamente. || ***Ya que:*** puesto que, dado que.

yaacabó *s. m.* Pájaro insectívoro de América del Sur, con pico y uñas fuertes, y cuyo canto suena como su nombre.

yaazkal *s. m.* Planta ornamental de México.

yaba *s. f. Amér.* Árbol papilionáceo cuya madera se usa en la construcción.

yabirú *s. m. Arg.* Jabirú.

yabuna *s. f. Cub.* Hierba muy abundante en las sabanas que da sus frutos en espiga.

yac *s. m.* Yak.

yacamar *s. m.* Pájaro de la América tropical.

yacaré *s. m. Arg. Bol. Py.* y *Uy.* Reptil parecido al cocodrilo pero de menor tamaño. *Los yacarés se alimentan sobre todo de peces.*

yácata *s. f.* Restos arquitectónicos de la arqueología tarasca, en México.

yacente *adj.* Que está acostado. *En el pasado, se acostumbraba poner sobre las tumbas lujosas estatuas yacentes de los difuntos.*

yacer *intr.* Estar acostado o tendido. *Cuando llegué a su casa, él yacía en una cómoda hamaca leyendo.* || Estar enterrado. *Bajo este sepulcro yacen los restos de mis antepasados.*

yachting *s. m.* Navegación de recreo.

yaciente *adj.* Yacente.

yacija *s. f.* Camastro, lecho muy pobre. *En el calabozo, el prisionero sólo tenía una yacija con colchón relleno de paja.*

yacimiento *s. m.* Acumulación natural de minerales, rocas o fósiles. *Acaban de descubrir un gran yacimiento de restos de dinosaurios.*

yacio *s. m.* Árbol euforbiáceo propio de los bosques de la América tropical y de cuyo látex se obtiene goma elástica.

yack *s. m.* Yak.

yaco *s. m. Per.* Nutria.

yacolla *s. f. Per.* Manta que se echaban sobre los hombros los indios.

yacú *s. m. Arg.* Ave negra del tamaño de una gallina pequeña.

yacusi o **jacuzzi** *s. m.* Bañera de hidromasaje. *Pasé un buen rato bañándome en un yacusi.*

yagan o **yamana** *adj.* y *s.* Indio de una *antigua* tribu del litoral de la Tierra del Fuego.

yagua *s. f. Ven.* Palma de la que se obtienen fibras textiles. || *Cub.* y *P. Rico.* Tejido fibroso que envuelve la parte más tierna de las palmas llamadas reales.

yagual *s. m. Amér. C.* y *Méx.* Especie de anillo que se hace con tela u otro material y se coloca sobre la cabeza para cargar cosas. *La mujer se puso su yagual y con él cargó una vasija llena de agua.*

yaguané[1] *adj. Arg. Py.* y *Uy.* Referido al ganado vacuno o caballar que tiene el pescuezo y los costillares de distinto color al del resto del cuerpo.

yaguané[2] *s. m. Arg. Py.* y *Uy.* Mamífero de pelaje negro con blanco, originario de América que arroja un líquido apestoso cuando se siente perseguido.

yaguar o **jaguar** *s. m.* Mamífero carnívoro americano, parecido al leopardo, que mide alrededor de 150 m de longitud.

yaguareté *s. m. Arg. Py.* y *Uy.* Jaguar.

yaguarú *s. m. Arg.* Nutria.

yaguarundi o **jaguarundí** *s. m.* Felino de color café rojizo o negro opaco, con las patas cortas y las orejas redondeadas, que habita en sabanas, selvas y bosques del continente americano, desde el sur de Estados Unidos hasta Argentina.

yaguasa *s. f. Cub. Hond.* y *P. Rico.* Ave acuática similar al pato salvaje.

yaguré *s. m. Amér.* Mofeta.

yaití *s. m. Cub.* y *Méx.* Árbol de madera muy dura, con flores pequeñas y amarillas.

yak *s. m.* Animal asiático de gran tamaño, de largo pelaje, que se utiliza como animal de carga y para montura. *Los yaks parecen toros peludos.*

yamana *adj.* y *s.* Yagan.

yámbico, ca *adj.* Relativo al yambo. *Versos yámbicos.*

yambo *s. m.* Pie de la poesía griega y latina compuesto de una sílaba breve y otra larga. || Árbol mirtáceo de las Antillas.

yambucear *t. Méx.* Entre los mineros, trabajar mal.

yanacón, cona *adj.* y *s.* Dícese del indio que estaba al servicio personal de los españoles en algunos países de América Meridional. || *s. m. Bol.* y *Per.* Indio aparcero de una finca.

yancófilo, la *adj.* y *s. Amér.* Admirador de los Estados Unidos de América.

yanomami *adj.* y *s. m.* Pueblo indígena del Amazonas.

yanqui *adj.* y *s. fam.* Originario de los Estados Unidos de Norteamérica.

yantar[1] *m. ant.* Comida.

yantar[2] *t. ant.* Comer, sobre todo al mediodía. Se usa más en literatura. *El dueño del castillo yantó con sus invitados el jabalí que había cazado.*

yapa *s. f. Amér. C.* y *Amér. Merid.* Propina, añadidura.

yapar *t. Amér.* Hacer un regalo o yapa.

yaqui *adj.* y *s. m.* Pueblo amerindio que vive en el estado mexicano de Sonora.

yarará *s. f. Amér. Merid.* Serpiente venenosa, de 150 m de longitud, de color pardo claro con dibujos más oscuros, cuya mordedura puede ser mortal.

yaraví *s. m. Bol.* y *Per.* Canto melancólico de origen incaico.

yarda *s. f.* Medida inglesa de longitud equivalente a 914 cm.

yare *s. m.* Jugo venenoso de la yuca amarga.

yareta *s. f. Amér. Merid.* Planta que crece en los páramos de los Andes. *La yareta es una planta pequeña.*

yarey *s. m. Cub.* Palmera con cuyas fibras se tejen sombreros.
yaro *s. m.* Aro, planta aroidea.
yaruma *s. f. Col.* Palma moriche.
yatagán *s. m.* Especie de sable de doble curvatura que usaban los turcos y los árabes.
yataí o **yatay** *s. m. Arg. Py.* y *Uy.* Planta de cuyos frutos se obtiene aguardiente y sus yemas terminales son utilizadas como alimento para el ganado.
yátaro *s. m. Col.* Tucán, ave.
yate *s. m.* Embarcación de vela o motor que se usa para pasear. *Es dueño de un gran yate.*
yaurí *s. m. Amér.* Serpiente coral.
yautía *s. f. Amér.* Planta tropical de tubérculos feculentos.
yayo, ya *s. fam.* Abuelo. *Yayo, léeme un cuento, dijo la niña y el anciano sacó un viejo libro.*
ye *s. f.* Nombre de la *y*.
yeco *s. m. Chil.* Especie de cuervo marino.
yedra *s. f.* Hiedra, planta trepadora que vive adherida a las paredes o a los árboles. *Reconocerás fácilmente mi casa porque la fachada está cubierta de yedras.*
yegua *adj.* y *s. com. Amér. C.* y *P. Rico.* Estúpido, tonto. || *s. f.* Hembra del caballo. *La yegua acaba de parir un lindo potrillo.* || *Amér. C.* Colilla de cigarrillo.
yeguada *s. f.* Conjunto de ganado caballar. *La yeguada está pastando en un prado cercano.* || *Amér. C.* y *P. Rico.* Disparate, tontería. *Ese conferencista quiso presumir de conocedor y dijo puras yeguadas.*
yeguar *adj.* De las yeguas.
yeguarizo, za *adj. Arg.* y *Uy.* Caballar, relativo al caballo.
yegüería *s. f.* Yeguada.
yegüerizo, za *adj.* Yeguar. || *s. m.* Yegüero.
yegüero *s. m.* El que guarda o cuida las yeguas.
yeísmo *s. m.* Pronunciación de la «elle» como «ye», diciendo, por ejemplo, «caye» por «calle», «poyo» por «pollo».
yeísta *adj.* Relativo al yeísmo. || *s. com.* Que practica el yeísmo.
yelmo *s. m.* Parte de la armadura que se usaba para cubrirse la cabeza y la cara. *Los soldados medievales usaban yelmos.*
yema *s. f.* Parte central, casi siempre de color amarillo, del huevo de los animales. *La yema de huevo tiene una alta concentración de colesterol.* || Dulce de azúcar y yema de huevo. || Parte del dedo opuesta a la uña. *En la yema de los dedos están las huellas dactilares.* || Brote que aparece en el tallo de las plantas.
yemení o **yemenita** *adj.* y *s. com.* Del Yemen.
yerba *f.* Planta pequeña de tallo tierno. *Pusimos el mantel sobre la yerba y nos dispusimos a comer.* || *Arg.* Producto industrializado, elaborado a partir de la planta yerba mate, que se consume como bebida caliente. *Mi amiga argentina bebió yerba y yo, café.* || *loc. Arg. Py.* y *Uy.* ***Yerba mate:*** planta americana de hojas lampiñas y aserradas, fruta roja y flores blancas, con sus hojas se prepara una infusión. || *fam. Méx.* Marihuana.
yerbabuena *s. f.* Hierbabuena.
yerbajo *s. m. desp.* Yerba.
yerbal *s. m. Amér.* Campo de hierba mate. || Herbazal.
yerbatero, ra *adj. Arg.* y *Uy.* Relativo a la yerba mate o a sus usos industriales. || *Chil. Col. Ecua. Méx. P. Rico.* y *Ven.* Relativo al médico o curandero que cura con hierbas. || *s. Chil. Col. Ecua. Méx. P. Rico.* y *Ven.* Vendedor de hierbas para alimentar al ganado. || *Arg.* y *Uy.* Persona que se dedica al cultivo, industrialización o venta de la yerba mate.
yerbear *intr. Arg.* Tomar mate.
yerbero, ra *s. Méx.* Curandero. || *s. f. Arg. Py.* y *Uy.* Recipiente en el que se guarda la yerba mate. || *Arg. Py.* y *Uy.* Conjunto de dos recipientes para la yerba y el azúcar con que se prepara el mate.
yermar *t.* Dejar yermo.
yermo, ma *adj.* Despoblado, inhabitado. *A lo largo de la carretera vimos un paisaje yermo.*
yerno *s. m.* Respecto de una persona, marido de su hija.
yero *s. m.* Planta leguminosa que se emplea para alimento del ganado y de las aves.
yerra *s. f. Arg.* y *Uy.* Hecho de marcar con hierro el ganado.
yerro *s. m.* Falta o equivocación. *Hay que reconocer y corregir los yerros.* || *loc.* ***Deshacer*** (o ***enmendar***) ***un yerro:*** borrar sus consecuencias.
yérsey *s. m. Amér.* Jersey.
yerto, ta *adj.* Tieso, rígido. *Ahí estaba el cadáver de la víctima, yerto y frío.* || *loc. fig.* ***Quedarse yerto:*** quedarse horrorizado o espantado de una cosa.
yesal o **yesar** *s. m.* Terreno abundante en mineral de yeso. || Cantera de donde se extrae yeso.
yesca *s. f.* Material muy seco en el que prende cualquier chispa. *Muchos exploradores cargan yesca para encender fogatas.*
yesería *s. f.* Lugar donde se fabrica y vende yeso. || Conjunto de elementos artísticos de yeso que decoran una pared o techo.
yesero, ra *adj.* Relativo al yeso. *La industria yesera está en auge.* || *s. Méx.* Trabajador de la construcción especializado en hacer recubrimientos y decoraciones con yeso. *Mañana vendrá el yesero para renovar el revoque de esa pared.*
yeso *s. m.* Sulfato de calcio que se emplea en escultura, construcción, etc. *Después de colocar las placas de hormigón, las paredes y el techo se cubren con yeso.*
yesoso, sa *adj.* Parecido al yeso. *Alabastro yesoso.* || Abundante en yeso. *Terreno yesoso.*
yesquero *s. m.* Fabricante o vendedor de yesca. *El yesquero nos explicó que para hacer yesca usa madera carcomida por el ataque de hongos.* || *Arg.* y *Uy.* Encendedor. *María utilizó el yesquero de Manuel para enceder el cigarrillo.*
yeta *s. f. Arg.* y *Uy.* Desgracia, mala suerte. *Bruno dice que pasar bajo una escalera es yeta.*
yeyuno *s. m.* Parte del intestino delgado que se encuentra a continuación del duodeno.
yezgo *s. m.* Planta caprifoliácea parecida al saúco, que despide olor fétido.
yidish *s. m.* Idioma que hablaban las comunidades judías del centro de Europa. *El yidish toma el alfabeto hebreo para su escritura.*
yira *s. f. Arg.* Prostituta.
yo¹ *s. m.* Lo que constituye la personalidad, la individualidad.
yo² *pron.* Forma personal de primera persona del singular, masculino y femenino que funciona como sujeto. *Yo quisiera ser bailarina algún día.*
yod *s. f.* En lingüística, sonido «i» semiconsonante o semivocal, según el sonido al que está agrupado.
yodado, da *adj.* Que tiene yodo. *La sal yodada ayuda a prevenir desórdenes como la escasez en el rendimiento intelectual y productivo.*
yodhídrico, ca *adj.* Aplícase a un ácido compuesto de yodo e hidrógeno.
yódico, ca *adj.* Dícese de un ácido que resulta de la oxidación del yodo.
yodo o **iodo** *s. m.* Elemento químico relativamente escaso en la corteza terrestre. Es un cuerpo simple no metálico de color gris negruzco, que se sublima fácilmente y desprende vapores azules y olor penetrante. Se utiliza como colorante, desinfectante y reactivo en química y fotografía. Su número atómico es 53 y su símbolo *I.*
yodoformo *s. m.* Compuesto químico amarillento y de olor fuerte, constituido por un átomo de carbono, otro de hidrógeno y tres de yodo, que se emplea en medicina como antiséptico. *Deberías ponerte yodoformo en esa herida para que no se infecte.*
yodurado, da *adj.* Que contiene yoduro o está cubierto por él. *La fotografía antigua usaba planchas de metal yoduradas para fijar en ellas las imágenes.*
yodurar *t.* En química, convertir en yoduro o añadirlo a una sustancia.
yoduro *s. m.* Producto que resulta de la unión de yodo con otro elemento. *Los yoduros de sodio y potasio se usan para tratar la tiroides.*

yoga *s. m.* Disciplina espiritual y corporal hindú destinada a alcanzar la perfección del espíritu a través de técnicas de concentración mental. *Julián practica yoga y además es vegetariano.*
yogui *s. m.* Persona que practica yoga. *Los yoguis avanzados son capaces de hacer posturas que parecerían casi imposibles.*
yoguismo *s. m.* Práctica del sistema filosófico y ascético de yoga.
yogur *s. m.* Producto lácteo preparado con leche fermentada. *Todas las mañanas Rocío desayuna yogur con frutas y miel.*
yogurtera *s. f.* Aparato electrodoméstico para hacer yogur. *Me regalaron una yogurtera.*
yola *s. f.* Embarcación estrecha y ligera que se puede hacer avanzar con remos o velas.
yoloxóchitl *s. m.* Nombre de algunas plantas ornamentales y medicinales de México.
yoruba *adj.* y *s.* Pueblo de África occidental que fundó importantes reinos como Benín en el siglo XV. *La santería cubana está basada en la religión yoruba.*
yoyo *s. m.* Juguete que consiste en un disco con un canal, al que se hace subir y bajar a lo largo de un hilo atado a su eje.
yoyote *s. m.* Nombre de algunas plantas mexicanas de semillas venenosas.
yperita *s. f.* Iperita.
ypsilón *s. f.* Ipsilon.
yterbio *s. m.* Iterbio.
ytrio *s. m.* Itrio.
yubarta *s. f.* Roncual.
yuca *s. f.* Planta americana que se cultiva por sus raíces, las cuales sirven para elaborar una harina alimenticia.
yucal *s. m.* Campo de yuca.
yucateco, ca *adj.* y *s.* Del estado mexicano de Yucatán.
yudo *s. m.* Judo.
yugada *s. f.* Superficie de tierra que ara una yunta de bueyes en un día. || Medida agraria equivalente a unas 32 hectáreas. || Yunta de bueyes.
yuglandáceo, a *adj.* Dícese de las plantas angiospermas con fruto en drupa, como el nogal. || *s. f. pl.* Familia que forman.
yugo *s. m.* Instrumento de madera que se fija a la cabeza de los animales de tiro. *Los bueyes van unidos por un yugo.* || *loc. fig.* ***Sacudir el yugo:*** librarse de la tiranía o de una dependencia molesta o afrentosa.
yugoslavo, va *adj.* y *s.* Originario de la antigua Yugoslavia, país de Europa.
yugular[1] *adj.* De la garganta. *Arteria yugular.* || *s. f.* Vena yugular. *Le cortó la yugular.*
yugular[2] *t.* Reprimir, impedir o detener el desarrollo. *Yugular un movimiento popular.*
yumbo, ba *adj.* y *s.* Indio del oriente de Quito.
yunga *adj.* Aplícase a aquellos que habitan los valles cálidos del Perú, Bolivia y Ecuador. || *s. f.* Nombre que se da a esos valles.
yunque *s. m.* Bloque de hierro sobre el que se forjan los metales. *El herrero golpea el metal caliente sobre el yunque.* || Segundo huesecillo del oído medio.
yunta *s. f.* Par de bueyes o mulas que sirven en la labor del campo. *El campesino va detrás de la yunta.*
yuntero *s. m.* Yuguero.
yuquerí *s. m. Arg.* Planta leguminosa muy espinosa, de fruto parecido a la zarzamora.
yuracare *adj.* y *s.* Individuo de un pueblo indio de Bolivia.
yurta *s. f.* Tienda de campaña ligera y desmontable, que utilizan los mongoles.
yuruma *s. f. Ven.* Médula de una palma con que hacen pan los indios.
yurumí *s. m. Amér. Merid.* Tipo de oso hormiguero.
yusera *s. f.* Piedra que sirve de asiento a la volandera en los molinos de aceite.
yusión *s. f.* Mandato, orden.
yute *s. m.* Planta herbácea y fibrosa de flores amarillas y fruto en cápsula que se cultiva en regiones tropicales. *La producción de yute procede en su mayoría de India y Bangladesh.* || Material textil que se obtiene de la corteza interior de esta planta. *El yute se emplea para hacer cuerdas y tejidos para sacos.* || Tela realizada con este material. *El yute se usa menos que las fibras sintéticas.*
yuto-azteca *adj.* y *s.* Uto-azteca.
yuxtalineal *adj.* Línea por línea.
yuxtaponer *t.* y *pr.* Colocar una cosa junto a otra o colocar dos cosas juntas.
yuxtaposición *s. f.* Unión de palabras u oraciones sin utilizar preposiciones ni conjunciones. || Colocación de una cosa junto a otra de modo que se unan.
yuyal *s. m. Amér. Merid.* Lugar donde abundan los yuyos.
yuyero, ra *adj. Arg.* y *Uy.* Aficionado a las hierbas medicinales. || *Arg.* y *Uy.* Se dice del curandero que utiliza hierbas medicinales.
yuyo *s. m. Amér. Merid.* Hierba. || *Per.* Conjunto de hierbas tiernas comestibles.
yuyuba *s. f.* Azufaifa, fruto.

Z

z *s. f.* Vigésima séptima letra del abecedario español. Su nombre es «zeta».

zaachila *adj.* y *s. com.* Indígena mexicano del grupo zapoteca.

zaborda *s. f.* **zabordamiento** o **zabordo** *s. m.* En marinería, encallamiento.

zabordar *intr.* En marinería, varar o encallar el barco en tierra.

zacahuil *s. m. Méx.* Tamal de considerable tamaño, relleno de grandes trozos de carne de cerdo o de guajolote, envuelto en hojas de plátano y cocido en un horno de leña. *Los zacahuiles proceden de la Huasteca y pueden medir hasta cinco metros.*

zacamecate *s. m. Méx.* Estropajo.

zacapela *s. f.* Disputa con escándalo y griterío. *Después del partido hubo una zacapela que dejó a tres heridos.*

zacatal *s. m. Amér. C.* y *Méx.* Lugar donde abunda el zacate, pastizal. *Los vaqueros llevaron al ganado al zacatal.*

zacate *s. m. Amér. C.* y *Méx.* Hierba, pasto, alimento para el ganado. || *Méx.* Estropajo, trozo de algún material como plástico o fibra que se usa para lavar el cuerpo u otra superficie. *Cuando se duchan, algunas personas usan zacate en lugar de esponja.*

zacatilla *s. f. Méx.* Cochinilla negra.

zacatón *s. m. Amér. C.* y *Méx.* Tipo de hierba alta que se utiliza para pasto y para fabricar escobas y cepillos. *El zacatón se desarrolla en regiones semidesérticas y desérticas.*

zacatonal *s. m. Méx.* Campo donde crece el zacatón.

zafacón *s. m. P. Rico.* Cubo de hojalata para la basura.

zafado, da *adj. Amér.* Descarado. || Vivo, despierto. || *s. m.* Hueso descoyuntado.

zafado, da *adj.* y *s. Arg.* Atrevido, descarado. || *Méx.* Loco, chiflado.

zafadura *s. f. Amér.* Dislocación o luxación.

zafar *t.* En marinería, soltar; desasir lo que estaba sujeto. *Zafar un ancla.* || *intr. Amér.* Irse, marcharse. || *pr.* Escaparse. || *fig.* Esquivar, librarse de una molestia. *Zafarse de una obligación.* || Evitar mañosamente. *Zafarse de una pejiguera.* || Librarse de una persona molesta. *Zafarse de un pelma.* || Salir con éxito. *Zafarse de una situación delicada.* || Salirse de la rueda una correa de transmisión. || *Amér.* Dislocarse un hueso.

zafarrancho *s. m.* Acción de quitar estorbos de una parte del barco para realizar una maniobra. *Zafarrancho de limpieza.* || *fig.* y *fam.* Riña, alboroto, reyerta. *Se armó un zafarrancho.* || Desorden que resulta.

zafiedad *s. f.* Tosquedad.

zafio, fia *adj.* Grosero, tosco, basto. *Modales zafios.*

zafirino, na *adj.* De color azul como el zafiro. || *s. f.* Calcedonia azul, piedra.

zafiro *s. m.* Piedra preciosa que es una variedad transparente de corindón, de color azul.

zafra *s. f.* Cosecha de la caña de azúcar. || Fabricación de azúcar. || Tiempo que dura esta fabricación. || Vasija de metal con agujeros en el fondo en la que se ponen a escurrir las medidas de aceite. || Vasija grande de metal para guardar aceite. || En minería, escombro, derribo.

zafre *s. m.* Óxido de cobalto que se usa en la industria para dar color azul a la cerámica y al vidrio.

zaga *s. f.* Parte trasera de una cosa. || Carga dispuesta en la parte trasera de un carruaje. || En deportes, defensa de un equipo. || *loc.* ***A la zaga*** o ***en zaga:*** detrás. || *fig.* ***No irle uno en zaga a otro:*** no serle inferior.

zagal *s. m.* Muchacho, adolescente. || Pastor joven a las órdenes del mayoral.

zagala *s. f.* Muchacha. || Pastora.

zagalón, lona *s.* Muchacho muy alto y robusto.

zagua *s. f.* Arbusto quenopodiáceo.

zagual *s. m.* Remo corto con pala plana y ovalada que se maneja sin fijarlo en la embarcación.

zaguán *s. m.* Habitación cubierta, inmediata a la entrada de un edificio o una casa. *Esa casa tiene un zaguán en el que tienen muchas plantas.* || *Méx.* Puerta grande para entrar al patio o garaje de una casa.

zaguanete *s. m.* Habitación donde estaba la guardia en algunos palacios. || Escolta de guardias que acompañaba a las personas reales. || Zaguán pequeño.

zaguero, ra *adj.* Que va detrás. || *s.* Jugador que tiene la defensiva en un equipo.

zagüí *s. m. Arg.* Mono pequeño.

zaheridor, ra *adj.* y *s.* Que zahiere o reprende. || Burlón.

zaherimiento *s. m.* Crítica, reprensión, censura. || Burla. || Mortificación.

zaherir *t.* Herir el amor propio, escarnecer, mortificar. || Burlarse.

zahína *s. f.* Planta graminácea alimenticia originaria de África, de la India y de China.

zahones *s. m. pl.* Especie de calzón de cuero, con perniles abiertos, que llevan los cazadores y los hombres del campo encima de los pantalones para resguardarlos.

zahorí *s. com.* Persona capaz de descubrir lo que está oculto, particularmente aguas subterráneas. || *fig.* Adivinador, persona muy perspicaz.

zahúrda *s. f.* Cobertizo para guardar cerdos. || Vivienda sucia y miserable.

zaida *s. f.* Ave zancuda semejante a la grulla.

zaino, na *adj.* Traidor, falso. || Relacionado con la caballería de pelaje color castaño oscuro. *Le prestaron una yegua zaina para cruzarla con el caballo negro.* || Relacionado con la res vacuna de color negro.

zajones *s. m. pl.* Zahones.

zalagarda *s. f.* Emboscada. || *fig.* y *fam.* Ardid, maña. *Valerse de zalagardas.* || Pelea, riña, pendencia ruidosa. *¡Menuda zalagarda se armó!* || Alboroto, trapatiesta.

zalama *s. f.* Zalamería.

zalamate *s. m.* o **zalamería** *s. f.* Halago afectado y empalagoso, carantoña, arrumaco.

zalamero, ra *adj.* y *s.* Halagador, adulador, lisonjero.

zalea *s. f.* Piel de oveja o de carnero curtida con su lana.

zalema *s. f. fam.* Reverencia hecha en señal de sumisión. || Zalamería.

zamacuco, ca *s.* Persona cazurra. || *s. f. fam.* Borrachera.

zamacueca *s. f.* Cueca.

zamarra *s. f.* Pelliza, prenda de abrigo en forma de chaquetón hecha con piel de carnero. || Zalea.

zamarrear *t.* Sacudir, zarandear a un lado y a otro. || *fig.* y *fam.* Maltratar a uno con violencia. || Golpearle. || Mostrar alguien su superioridad, por medio de preguntas, en una discusión. || *pr. fam.* Hacer, realizar.

zamarreo o **zamarreón** *s. m.* Acción de zamarrear, sacudimiento. || *fig.* y *fam.* Trato malo. || Paliza.

zamarrilla *s. f.* Planta labiada aromática y medicinal que crece en lugares secos.
zamarro *s. m.* Zamarra. || Zalea. || *fig.* y *fam.* Hombre astuto. || *pl. Amér.* Zahones para montar a caballo.
zamba *s. f. Amér. Merid.* Danza popular que se baila en pareja suelta y con revuelo de pañuelos.
zambaigo, ga *adj.* y *s. Méx.* Aplícase al mestizo de chino e india o viceversa.
zambardo *s. m. Arg.* Suerte, casualidad, chiripa, principalmente en el juego.
zambo, ba *adj.* y *s.* Dícese de la persona que tiene las piernas torcidas hacia fuera desde las rodillas. || *Amér.* Mestizo de negro e india, o al contrario. || *s. m.* Mono cinocéfalo americano, muy feroz.
zambomba[1] *s. f.* Instrumento musical popular que produce un sonido fuerte y áspero.
zambomba[2] *interj.* Expresión de sorpresa. *¡Zambomba! ¡No me había dado cuenta de la hora!*
zambombazo *s. m. fam.* Porrazo. || Explosión. || Cañonazo. || Gran ruido.
zambra *s. f.* Fiesta morisca con baile. || Fiesta con baile y cante flamencos de los gitanos. || *fam.* Jaleo, alboroto.
zambullida *s. f.* Acción de zambullirse. || Treta de esgrima. || *loc.* ***Darse una zambullida:*** bañarse.
zambullir *t.* Sumergir bruscamente en un líquido. || *pr.* Meterse en el agua para bañarse. *Zambullirse en la piscina.* || Tirarse al agua de cabeza. || *fig.* Esconderse en alguna parte. *Zambullirse en la sombra.* || Meterse de pronto en alguna actividad. *Zambullirse en el trabajo.*
zambullo *s. m. Amér.* Gran cubo de basuras.
zambullón *s. m. Amér. Merid.* Zambullida.
zambutir *t. Méx.* Introducir algo, forzándolo, en un lugar estrecho. *Ernestina zambutió demasiada ropa en ese cajón.*
zampa *s. f.* Estaca, pilote.
zampabollos *s. inv. fam.* Zampatortas.
zampar *t.* Meter o esconder rápidamente una cosa en otra de suerte que no se vea. || Comer de prisa, con avidez. *Zamparon el almuerzo en un decir amén.* || Arrojar, tirar. *Zampó el vino por el suelo.* || Dar, estampar. *Le zampó un par de bofetadas.* || Poner. *Le zampo un cero a quien no sepa la lección.* || *pr.* Meterse bruscamente en alguna parte. || Engullir, tragar.
zampatortas *s. inv. fam.* Persona glotona. || *fig.* y *fam.* Persona de muy poca gracia, patosa.
zampeado *s. m.* Obra de mampostería o de hormigón armado asentada sobre pilotes que, en los terrenos húmedos o poco firmes, sirve de cimiento a una construcción.
zampear *t.* Afirmar un terreno con zampeados.
zampoña *s. f.* Instrumento musical rústico a modo de flauta o gaita.
zamuro *s. m. Col.* y *Ven.* Especie de buitre del tamaño de una gallina, negro, con las patas rojizas y cabeza y cuello rojoazulados.
zanahoria *s. f.* Planta umbelífera de raíz roja y fusiforme, rica en azúcar y comestible. || Su raíz.
zanate *s. m. C. R. Guat. Hond. Méx.* y *Nic.* Pájaro de plumaje negro que se alimenta de semillas. *El campesino puso un espantapájaros para evitar que los zanates se comieran su cosecha.*
zanca *s. f.* Pata de las aves, considerada desde el tarso hasta la juntura del muslo. || *fig.* y *fam.* Pierna del hombre o de cualquier animal cuando es muy larga y delgada. || En arquitectura, elemento resistente que sirve de apoyo a los escalones de una escalera. || Pieza de hormigón armado o metálica que, hincada en el suelo y sujeta con bridas y tirafondos a un poste, lo mantienen en su posición.
zancada *s. f.* Paso largo.
zancadilla *s. f.* Acción de derribar a una persona enganchándola con el pie. *Echar* (o *poner*) *la zancadilla a uno.* || *fig.* y *fam.* Estratagema, manera hábil pero poco leal de suplantar a alguien.
zancadillear *t.* Echar la zancadilla a uno. || *fig.* Armar una trampa para perjudicar a uno. || *pr. fig.* Perjudicarse, crearse obstáculos a uno mismo.
zancajo *s. m.* Hueso que forma el talón. || Parte del pie en la que está el talón.
zanco *s. m.* Cada uno de los dos palos largos con soportes para los pies, que sirven para andar a cierta altura del suelo, generalmente por juego. || *Amér.* Comida espesa sin caldo ni salsa.
zancón, cona *adj. Col. Guat. Méx.* y *Ven.* Se refiere a la ropa demasiado corta para la persona que la usa.
zancudo *s. m. Amér.* Mosquito.
zancudo, da *adj.* Relativo a las aves de largas patas. *Los flamencos y las garzas son aves zancudas.*
zanfonía *s. f.* Instrumento músico de cuerdas que se tocaba dando vueltas con un manubrio a un cilindro provisto de púas.
zanganada *s. f.* Majadería.
zanganería *s. f.* Holgazanería.
zángano *s. m.* Abeja macho. *Los zánganos fecundan a la abeja reina y después mueren.*
zángano, na *s. fam.* Persona holgazana que vive del trabajo de otras. *La pobre mujer no sabía que el hombre aquél es un zángano que no hace nada.*
zangolotino, na *adj.* y *s. fam.* Dícese de un muchacho grandullón que hace cosas propias de niño.
zanguanga *s. f. fam.* Enfermedad simulada para no trabajar. *Hacer la zanguanga.* || Zalamería, remilgo.
zanguangada *s. f.* Acción o dicho propio de un zanguango.
zanguango, ga *s. Amér. Merid.* Persona que se comporta de manera estúpida y torpe.
zanja *s. f.* Excavación larga y estrecha que se hace en la tierra. *Como era de noche no vio la zanja y cayó en ella.* || *Amér. C.* y *Amér. Merid.* Surco que abre en la tierra la corriente de un arroyo.
zanjadora *s. f.* Máquina utilizada para abrir zanjas.
zanjar *t.* Abrir zanjas. *Los trabajadores zanjaron el terreno donde se colocarán los cables telefónicos.* || Resolver un asunto o problema. *Edith zanjó el problema porque encontró una solución conveniente.*
zanjear *t. Amér.* Zanjar.
zanjón *s. m. Chil.* Precipicio, despeñadero.
zanquear *intr.* Torcer las piernas al andar. || Ir a grandes pasos o con prisa de una parte a otra.
zanquilargo, ga *adj.* y *s. fam.* De piernas largas.
zapa *s. f.* Pala pequeña y cortante que usan los zapadores. || Excavación de una galería. || Piel del vientre de la lija u otro pez selacio. || Piel labrada de modo que forme grano como la de la lija. || *loc. fig.* ***Labor*** o ***trabajo de zapa:*** acción llevada a cabo ocultamente con determinado objeto.
zapador *s. m.* Soldado de un cuerpo destinado a las obras de excavación o de fortificación.
zapallito *s. m. Arg.* y *Uy.* Calabacín, calabacita. *Me gustan los fideos con zapallitos y crema.*
zapallo *s. m. Amér. Merid.* Calabaza, planta herbácea, trepadora o rastrera, de tallo largo y hueco. || *Amér. Merid.* Fruto de la planta del zapallo.
zapapico *s. m.* Herramienta para cavar con mango de madera y cabeza con un extremo de corte y otro puntiagudo. *Después de varios golpes de zapapico, el pavimento se rompió.*
zapaplote *s. m. Méx.* Plátano de fruto largo. || Maguey de tequila.
zapar *t.* e *intr.* Trabajar con la zapa. *Zapar una posición enemiga.* || *fig.* Minar, hacer un trabajo de zapa. *Zapar su reputación.*
zapata *s. f.* Zapatilla de grifos. || Parte de un freno por la que éste entra en fricción con la superficie interna del tambor. || Dispositivo de un vehículo eléctrico por el que éste recoge la corriente de un cable conductor. || En arquitectura, pieza corta y resistente, que se coloca horizontalmente entre una viga y un soporte, utilizada

para distribuir la carga sobre un área mayor. || Falsa quilla de la misma longitud que ésta que se pone debajo para proteger las embarcaciones en las varadas y facilitar la operación de ponerlas a flote de nuevo. || Pedazo de madera que se pone en la uña del ancla para protegerla.

zapatazo *s. m.* Golpe dado con el zapato. || *fam.* Golpe recio que se da con cualquier cosa. || Sacudida violenta de la vela de una embarcación. || *loc. fam.* ***Tratar a uno a zapatazos:*** tratarle muy duramente.

zapateado *s. m.* Baile español con zapateo. || Su música.

zapateador, ra *adj.* y *s.* Que zapatea.

zapatear *t.* Golpear el suelo con los zapatos o los pies calzados. || *fig.* Maltratar a uno, pisotearle. || *intr.* Dar zapatazos las velas. || En ciertos bailes, golpear el suelo con los zapatos al compás de la música y con ritmo muy vivo. || En esgrima, tocar varias veces al adversario con el botón o zapatilla. || Mover aceleradamente las patas un caballo, sin mudar de sitio. || *pr. fam.* Quitarse de encima una cosa o a una persona. || *fam.* ***Saber zapateárselas:*** saber arreglárselas.

zapateo *s. m.* Acción de zapatear en el baile.

zapatería *s. f.* Taller donde se hacen o arreglan zapatos. || Tienda donde se venden. || Oficio de hacer zapatos.

zapatero, ra *adj.* Duro, correoso después de guisado. *Bistec zapatero; patatas zapateras.* || *s. com.* Persona que hace, repara o vende zapatos. || *s. m.* Pez acantopterigio que vive en los mares de la América tropical. || *fam.* El que se queda sin hacer baza en el juego. || *loc.* ***¡Zapatero a tus zapatos!:*** cada uno ha de juzgar solamente de lo que entiende. || ***Zapatero de viejo*** o ***remendón:*** el que se dedica a componer zapatos.

zapateta *s. f.* Golpe que se da con la mano en el pie o en el zapato saltando en señal de alegría. *Mi hermano se puso tan contento por su gol que hizo una bonita zapateta.* || Brinco o cabriola que se hace chocando un pie con otro. *Los payasos del circo hacían zapatetas muy cómicas.* || *pl.* En algunos bailes, golpes que se dan con el pie en el suelo. *La maestra de baile nos dijo que debíamos acompasar las zapatetas.*

zapatiesta *s. f. fam.* Alboroto. *Armar una zapatiesta.*

zapatilla *s. f.* Zapato cómodo para estar en casa. || Calzado deportivo. || Zapatos especiales para bailar ballet.

zapatismo *s. m. Méx.* Movimiento militar y campesino de la época de la Revolución Mexicana, que seguía las ideas de Emiliano Zapata.

zapatista *adj.* y *s. com.* Seguidor del zapatismo.

zapato *s. m.* Calzado que no pasa del tobillo, generalmente de cuero, y con suela en la parte inferior. || *loc. fig.* ***Saber uno donde le aprieta el zapato:*** saber lo que le conviene.

zapatón *s. m. fam.* Zapato grande y tosco.

zape[1] *s. m. Méx.* Golpe que se da con la mano abierta en la parte posterior de la cabeza.

zape[2] *interj. fam.* Expresión que se usa para ahuyentar a los gatos.

zapear *t.* Ahuyentar a un gato diciéndole «¡zape!».

zapirón *s. m.* Gato.

zapotal *s. m.* Terreno donde hay gran cantidad de zapotes. *Me gusta estar solo en el zapotal leyendo libros de aventuras.*

zapotazo *s. m. Hond.* y *Méx.* Golpe.

zapote *s. m.* Árbol americano con fruto esférico y blando que es comestible y de sabor muy dulce, con una pulpa suave. *Mi tía Lilia prepara dulce de zapote con jugo de naranja.*

zapoteca o **zapoteco** *adj.* y *s. m.* Pueblo amerindio que habita en el estado de Oaxaca, parte de Veracruz, Chiapas y Guerrero, en México. *La cultura zapoteca tuvo su centro más importante en Monte Albán.*

zapotero *s. m.* Árbol del zapote. *Algunas variedades de zapotero tienen látex en sus troncos.*

zapoyol *s. m. C. R.* Hueso del fruto del zapote.

zapoyolito *s. m. Amér. C.* Ave trepadora parecida al perico pequeño.

zapping *s. m.* Acción de cambiar continuamente, con el control remoto, los canales del televisor.

zapupe *s. m. Méx.* Nombre de varias plantas amarilidáceas textiles.

zapupo *s. m. Méx.* Fibra textil del zapupe.

zaque[1] *s. m.* Cacique chibcha en Tunja, ciudad de Colombia.

zaque[2] *s. m.* Odre pequeño. || *fig.* y *fam.* Borracho.

zaquizami *s. m.* Desván. || Cuchitril, cuarto pequeño. || Tugurio.

zar *s. m.* Título que tenían el emperador de Rusia o el rey de Bulgaria.

zarabanda *s. f.* Danza picaresca de España en los siglos XVI y XVII. || Su música. || *fig.* Jaleo, alboroto, estrépito.

zarabandista *adj.* y *s. com.* Persona que baila la zarabanda. || *fig.* Persona muy alegre y animada.

zaragata *s. f. fam.* Jaleo, tumulto.

zaragate *s. m. Amér.* Dícese de quien es despreciable, bribón.

zaragatero, ra *adj.* y *s. fam.* Peleón, pendenciero.

zaramullo *s. m. Hond.* y *Ven.* Hombre despreciable.

zaranda *s. f.* Cedazo.

zarandajas *s. f. pl. Esp.* y *Méx.* Cualquier cosa de la que no vale la pena ocuparse. *Deja esas zarandajas y ponte a hacer algo de provecho.*

zarandear *t.* y *pr.* Mover a alguien o algo de un lado a otro con rapidez y energía. *La tormenta hizo que el barco se zarandeara.* || *Chil. Méx. Per. P. Rico* y *Ven.* Caminar moviendo mucho los hombros y las caderas.

zarandeo *s. m.* Movimiento enérgico y rápido. *Los zarandeos de los viajes en avión me ponen nervioso.*

zarandillo *s. m.* Zaranda pequeña. || *fig.* Persona que se mueve mucho.

zarape *s. m.* Sarape, poncho. || *fig.* y *fam.* Hombre afeminado.

zarapito *s. m.* Ave zancuda de pico delgado y encorvado, que vive en las playas y sitios pantanosos.

zarcear *t.* Limpiar con zarzas los conductos y las cañerías. || *intr.* Entrar el perro en los zarzales para hacer salir la caza.

zarceño, ña *adj.* De las zarzas.

zarcero, ra *adj.* y *s.* Dícese del perro que se mete en las zarzas para cazar.

zarceta *s. f.* Cerceta, ave.

zarcillo *s. m.* Pendiente o arete en forma de aro. || Hoja o brote en forma de hilo que se enrosca alrededor de un soporte.

zarco, ca *adj.* Azul claro. *Ojos zarcos.* || *Arg.* Dícese del animal que tiene ojos albinos.

zarevich o **zarevitz** *s. m.* Heredero del zar de Rusia.

zariano, na *adj.* Del zar.

zarigüeya *s. f.* Mamífero marsupial parecido a la rata. *Las zarigüeyas tienen una cola prensil y cargan a sus crías sobre su lomo.*

zarina *s. f.* Esposa del zar. || Emperatriz de Rusia.

zarismo *s. m.* Gobierno absoluto de los zares.

zarista *adj.* Del zarismo. || *s. com.* Partidario de los zares.

zarpa *s. f.* Garra de ciertos animales como el tigre, el león, etc. || Acción de zarpar el ancla del barco. || *loc. fig.* y *fam.* ***Echar uno la zarpa a una cosa:*** apoderarse de ella con violencia.

zarpada *s. f.* Zarpazo.

zarpar *intr.* Levar el ancla un barco, hacerse a la mar. *Colón zarpó del puerto de Palos.*

zarpazo *s. m.* Golpe dado con la zarpa. || *fam.* Caída, costalada.

zarpear *t. Amér. C.* Salpicar de barro.

zarposo, sa *adj.* Lleno de barro.

zarrapastroso, sa *adj.* y *s. fam.* Se dice de las personas que visten con ropa sucia y descuidada.

zarza *s. f.* Arbusto rosáceo muy espinoso cuyo fruto es la zarzamora. || *fam.* Zarzaparrilla.

zarzal *s. m.* Terreno cubierto de zarzas. || Matorral de zarzas.

zarzamora *s. f.* Fruto comestible de la zarza, de color negro violáceo. || Zarza.

zarzaparrilla *s. f.* Planta liliácea oriunda de México, cuya raíz, rica en saponina, se usa como depurativo. || Bebida refrescante preparada con las hojas de esta planta.
zarzaperruna *s. f.* En botánica, escaramujo.
zarzarrosa *s. f.* Rosa silvestre o flor del escaramujo.
zarzo *s. m.* Tejido fabricado con varas, cañas o mimbres entrecruzados formando una superficie plana.
zarzuela *s. f.* Género musical, genuinamente español, en el que alternan la declamación y el canto. || Su música. || Plato de pescados aderezados con salsa picante.
zarzuelero, ra *adj.* De la zarzuela. *Música zarzuelera.* || *s.* Zarzuelista.
zarzuelista *s. com.* Autor de la letra o compositor de zarzuelas.
zas *interj.* Se usa para indicar un golpe o algo que sucede de forma brusca. *Estábamos muy contentos dibujando y ¡zas!, que se va la luz.*
zascandil *s. m. fam.* Tarambana, botarate, persona informal.
zascandilear *intr. fam.* Curiosear, procurar saber todo lo que ocurre. *Andar zascandileando.* || Vagar, callejear. || Obrar con poca seriedad.
zascandileo *s. m. fam.* Curioseo. || Falta de seriedad. || Callejeo.
zeda *s. f.* Zeta.
zedilla *s. f.* Cedilla.
zegrí *adj.* y *s.* Miembro de una antigua familia mora del reino de Granada, enemiga de los abencerrajes.
zéjel *s. m.* Composición poética popular de origen hispanoárabe, propia de la Edad Media. *Los zéjeles del Cancionero de Aben Guzmán, de finales del siglo* XI.
zelandés, desa *adj.* De Zelanda o Zelandia. || Relativo a esta provincia de Holanda.
zelayense *adj.* y *s. com.* De Zelaya, Argentina.
zempasúchil *s. m. Méx.* Cempasúchil.
zen *s. m.* Sistema filosófico budista basado en la sencillez y la meditación. *El budismo zen se originó en China.*
zendo, da *adj.* y *s. m.* Dícese de un idioma de la familia indoeuropea del norte de Persia y en el que está escrito el texto del Avesta.
zenit *s. m.* Cenit.
zepelín *s. m.* Globo dirigible rígido de estructura metálica inventado por el conde Ferdinand Zepelin.
zeta *s. f.* Nombre de la letra «z». || *loc.* ***X, y o z:*** uno u otro, lo que no se conoce.
zeugma o **zeuma** *s. f.* Construcción que consiste en unir gramaticalmente dos o varios sustantivos a un adjetivo o a un verbo que, propiamente, no se refiere más que a uno de los sustantivos o que está tomado con sentidos diferentes.
zigoma *s. m.* Hueso del pómulo.
zigomático, ca *adj.* En anatomía, cigomático.
zigoto *s. m.* Cigoto.
zigurat *s. m.* Pirámide escalonada en cuya cumbre hay un templo. *Los zigurats son característicos de la arquitectura de la antigua Mesopotamia.*
zigzag *s. m.* Línea hecha por segmentos que forman alternativamente ángulos entrantes y salientes.
zigzaguear *intr.* Moverse en zigzag. *Para bajar de un cerro es mejor ir zigzagueando.* || Estar algo en forma de zigzag.
zigzagueo *s. m.* Zigzag. *Hacer zigzagueos.*
zimasa *s. f.* Enzima de la levadura de cerveza que provoca la descomposición de la glucosa en alcohol y en gas carbónico en la fermentación alcohólica.
zinc *s. m.* Cinc.
zincuate *s. m.* Reptil ofidio de México.
zíngaro, ra *adj.* y *s.* Gitano nómada húngaro.
zingiberáceas *s. f. pl.* Cingiberáceas.
zinnia *s. f.* Planta compuesta originaria de México, cultivada por sus flores ornamentales.
zipa *s. m.* Cacique chibcha de Bogotá.
zíper *s. m. Méx.* Cremallera, cierre. *Niño, traes el zíper del pantalón abierto.*
zipizape *s. m. fam.* Riña, discusión. *En el noticiero informaron de un zipizape que hubo entre policías y ladrones.*
zircón *s. m.* Circón.
zirconio *s. m.* Circonio.
zis, zas *interj. fam.* Voces con que se expresa un ruido de golpes repetidos.
ziszás *s. m.* Zigzag.
zoantropía *s. f.* Manía por la que el enfermo se cree convertido en animal.
zócalo *s. m.* Cuerpo inferior de un edificio, que sirve para elevar los basamentos o cimientos a un mismo nivel. || Banda que se coloca en la pared a ras de suelo. *El piso de la habitación tendrá un zócalo de color negro.* || *Méx.* Plaza central de una ciudad. *El festival se llevó a cabo en el zócalo de la capital.* || *loc.* ***Zócalo continental:*** plataforma continental.
zocato, ta *adj.* y *s.* Zurdo.
zoclo *s. m.* Zueco, chanclo.
zoco, ca *adj.* y *s. fam.* Zocato, zurdo. *Mano zoca.* || *s. m.* En Marruecos, mercado.
zodiacal *adj.* Del Zodiaco. *Estrellas, constelaciones zodiacales.*
zodiaco o zodíaco *s. m.* Zona de la esfera celeste que se extiende en 8.5° a ambas partes de la eclíptica y en la cual se mueven el Sol, en su movimiento aparente, la Luna y los planetas. || *loc.* ***Signo del zodiaco:*** cada una de las doce partes, de 30° de longitud, en que se divide el Zodiaco, y que tiene el nombre de las constelaciones que allí se encontraban hace 2000 años (Aries, Tauro, Géminis, Cáncer, Leo, Virgo, Libra, Escorpión, Sagitario, Capricornio, Acuario y Piscis).
zoilo *s. m. fig.* Crítico presuntuoso y lleno de envidia.
zollipar *intr. fam.* Sollozar.
zompantli *s. m.* Figura arquitectónica de los templos aztecas donde se colocaban en fila los cráneos de los sacrificados.
zompopo *s. m. Amér. C.* Hormiga de cabeza grande que se alimenta de hojas.
zona *s. f.* Extensión de territorio cuyos límites están determinados por razones administrativas, económicas, políticas, etc. *Zona fiscal, militar, vinícola.* || *fig.* Todo lo que es comparable a un espacio cualquiera. *Zona de influencia.* || Cada una de las grandes divisiones de la superficie de la Tierra determinadas por los círculos polares y los trópicos: la zona tórrida o tropical entre los dos trópicos, dos zonas templadas entre los trópicos y los círculos polares, y dos zonas glaciales, más allá de los círculos polares. || Cualquier parte determinada de la superficie terrestre o de otra cosa. || En geometría, parte de una superficie de la esfera comprendida entre dos planos paralelos. || En medicina, enfermedad debida a un virus, que se caracteriza por una erupción de vesículas en la piel, sobre el trayecto de ciertos nervios sensitivos. || *loc.* ***Zona de libre cambio*** o ***de libre comercio:*** conjunto de dos o más territorios o países entre los que han sido suprimidos los derechos arancelarios. || ***Zona franca:*** parte de un país que, a pesar de estar situada dentro de las fronteras de éste, no está sometida a las disposiciones arancelarias vigentes para la totalidad del territorio y tiene un régimen administrativo especial. || ***Zona monetaria:*** conjunto de países entre los cuales las monedas pueden transferirse libremente. *Zona del dólar, de la libra, del euro, del rublo.* || ***Zonas verdes:*** superficies reservadas a los parques y jardines en una aglomeración urbana.
zonación *s. f.* En biogeografía, distribución de animales y vegetales en zonas según factores climáticos. *La zonación vertical es muy típica de las costas rocosas.*
zonal *adj.* Que presenta zonas o fajas transversales coloreadas.
zoncear *intr. Amér.* Tontear.

zoncera *s. f. Amér.* Comportamiento tonto. *A algunos niños les da por hacer zonceras.* || *Arg.* Dicho, hecho u objeto de poco o ningún valor.
zonchiche *s. m. Amér. C.* Zopilote, especie de buitre.
zonda *s. m. Arg.* Viento cálido y seco proveniente del oeste, que sopla en el área de la cordillera y alcanza particular intensidad en la región argentina de Cuyo.
zongolica *s. f.* Anacardiácea ornamental de México.
zonificación *s. f.* División de un territorio o área en zonas. *Los médicos de las brigadas de salud hicieron una zonificación de la región.*
zonistac *s. m. Méx.* Carnívoro parecido a la comadreja.
zonzapote *s. m. Méx.* Zapote.
zonzo, za *adj.* y *s.* Tonto.
zoo *s. m.* Abreviatura de «parque zoológico». *El domingo fuimos al zoo y nos divertimos mucho.*
zoófago, ga *adj.* Que se alimenta de materias animales. *Los humanos somos zoófagos porque comemos reses, conejos y otros animales.*
zoófito *adj.* y *s. m.* Aplícase a algunos animales en los que se creía reconocer caracteres propios de los seres vegetales. || *s. m. pl.* Grupo de la antigua clasificación zoológica, que comprendía los animales con aspecto de plantas, como medusas, pólipos, etc.
zoofobia *s. f.* Temor patológico a los animales.
zoogenia o **zoogonía** *s. f.* Parte de la zoología que estudia el desarrollo de los animales y de sus órganos.
zoogeografía *s. f.* Estudio de la repartición geográfica de los animales en la Tierra.
zoográfico, ca *adj.* De la zoografía. *Descripción zoográfica.*
zoolatría *s. f.* Culto religioso de los animales. *Egipto practicaba la zoolatría.*
zoolito *s. m.* Parte fósil o petrificada de un animal.
zoología *s. f.* Rama de las ciencias naturales que estudia los animales.
zoológico *s. m.* Establecimiento especial donde viven animales salvajes, que pueden ser visitados por el público. || *loc.* ***Parque zoológico:*** establecimiento acondicionado para que vivan en él animales salvajes a fin de exponerlos al público. *Iremos al parque zoológico a ver un par de cachorros de león recién nacidos.*
zoológico, ca *adj.* Relativo a la zoología.
zoólogo, ga *s.* Especialista en zoología. *Los zoólogos estudian la forma, clasificación, costumbres, migraciones y hábitos reproductivos de los animales.*
zoom *s. m.* Objetivo de una cámara fotográfica, de cine o de televisión, que puede moverse para hacer acercamientos o alejamientos.
zoomorfo, fa *adj.* Con forma de animal. *Casi todas las culturas prehispánicas de América hicieron vasijas zoomorfas.*
zoospora *s. m.* Célula reproductora, provista de cilios vibrátiles que le permiten moverse, que tienen las algas y los hongos acuáticos.
zoosporangio *s. m.* En botánica, esporangio que produce zoosporas.
zootecnia *s. f.* Ciencia que estudia la cría y mejoramiento de los animales domésticos.
zootécnico, ca *adj.* De la zootecnia o de su objeto. *Estudio zootécnico.* || *s.* Persona que se dedica a la zootecnia.
zooterapéutico, ca *adj.* Relativo a la zooterapia. || *s. f.* Zooterapia.
zooterapia *s. f.* Terapéutica aplicada al tratamiento de los animales.
zootomía *s. f.* Anatomía de los animales.
zopenco, ca *adj.* y *s. fam.* Tonto, bruto, cernícalo.
zopilote *s. m. C. R. Guat. Hond. Méx.* y *Nic.* Ave de color negro parecida al buitre pero de menor tamaño.
zopo, pa *adj.* Dícese del pie o mano torcidos o de la persona que los tiene así. || Torpe.
zoquete *adj.* y *s. com. fam.* Torpe, tardo para entender. *s. m.* Trozo de madera que sobra del extremo de un madero cuando éste ha sido cortado.
zoquiqui *s. m. Méx.* Lodo, fango.
zorito, ta *adj.* Zurito.
zoroastrismo *s. m.* Mazdeísmo, religión de los antiguos persas.
zorollo *adj.* Blanducho, sin haber llegado a madurar. *Trigo zorollo.*
zorongo *s. m.* Pañuelo que llevan arrollado en la cabeza los labradores aragoneses y navarros. || Moño aplastado y ancho. || Baile popular andaluz. || Su música y canto.
zorra *s. f.* Mamífero carnicero de la familia de los cánidos, de cola peluda y hocico puntiagudo, que ataca a las aves y otros animales pequeños. || Hembra de esta especie. || Carro bajo para transportar cosas pesadas. || *fig.* y *fam.* Borrachera. *Coger una zorra; dormir la zorra.* || Prostituta. || Hombre astuto y taimado.
zorrastrón, trona *adj.* y *s.* Dícese de una persona astuta y taimada.
zorrear *intr. fam.* Conducirse astutamente. || Llevar una vida disoluta, licenciosa.
zorrera *s. f.* Guarida de zorros. || *fig.* Habitación con la atmósfera cargada de humo.
zorrería *s. f. fam.* Astucia.
zorrero, ra *adj.* Aplícase a la embarcación que navega pesadamante. || *fig.* Astuto, hipócrita.
zorrilla *s. f.* Vehículo que rueda sobre rieles y que se usa para la inspección de las vías férreas y para algunas obras.
zorrillo o **zorrino** *s. m. Amér.* Mamífero carnívoro que se defiende de sus enemigos lanzando un líquido fétido por vía anal. *El olor del zorrillo puede percibirse a 50 m de distancia.*
zorro *s. m.* Macho de la zorra. || Piel de la zorra empleada en peletería. || *fig.* y *fam.* Hombre astuto y taimado. || Perezoso, remolón que se hace el tonto para no trabajar. || *Amér.* Mofeta. || *pl.* Utensilio para sacudir el polvo hecho con tiras de piel, paño, etc., sujetas a un mango. || *fig.* y *fam.* ***Hacerse el zorro:*** aparentar ignorancia o distracción, hacerse el tonto. || ***Hecho unos zorros:*** molido, reventado, muy cansado.
zorronglón, glona *adj.* y *s. fam.* Aplícase a la persona reacia cuando se le manda algo, protestón.
zorruno, na *adj.* Relativo a la zorra. || Dícese de lo que huele a humanidad.
zorullo *s. m.* Zurullo.
zorzal *s. m.* Ave de formas esbeltas, color grisáceo o marrón y canto melodioso.
zorzalear *t. Chil.* Engañar, trampear.
zote *adj.* y *s.* Tonto, zopenco.
zoyatanate *s. m. Méx.* Cesta o bolsa hecha de zoyate.
zoyate *s. m. Méx.* Nombre de algunas plantas textiles de México.
zozobra *s. f.* Naufragio de un barco. || Vuelco. || *fig.* Intranquilidad, desasosiego, inquietud, ansiedad. *Vivir en una perpetua zozobra.*
zozobrar *intr.* Naufragar, irse a pique un barco. || Volcarse. || *fig.* Fracasar, frustrarse una empresa, unos proyectos, etc. || *pr.* Acongojarse, estar desasosegado, afligirse.
zuaca *s. f. Méx.* Azotaina.
zuavo *s. m.* Soldado de infantería francés perteneciente a un cuerpo creado en Argelia en 1831.
zueco *s. m.* Zapato de madera de una sola pieza. || Zapato de cuero con suela de madera o de corcho.
zuindá *s. m. Arg.* Ave parecida a la lechuza.
zuinglianismo *s. m.* Doctrina de Ulrico Zuinglio, líder de la reforma protestante en Suiza.
zulacar *t.* Tapar con zulaque.
zulaque *s. m.* Pasta hecha con estopa, cal, aceite y escorias que se emplea para tapar juntas de cañerías.
zuliano, na *adj.* y *s.* Del estado de Zulia, en Venezuela.
zulú *adj.* y *s. com.* Dícese del individuo perteneciente a un pueblo negro de África austral (Natal), de lengua bantú.
zumacal o **zumacar** *s. m.* Tierra plantada de zumaque.
zumaque *s. m.* Arbusto anacardiáceo que contiene mucho tanino y se emplea como curtiente.

zumaya *s. f.* Autillo, ave. || Chotacabras. || Ave zancuda de paso de pico negro y patas amarillentas.
zumba *s. f.* Cencerro que lleva la caballería delantera de una recua. || *fig.* Chanza, burla, broma, guasa. || *Amér.* Paliza. || *loc.* ***Hacer zumba a uno:*** burlarse de él.
zumbador, ra *adj.* y *s.* Que zumba. *Este insecto zumbador es muy molesto.* || *Méx.* Colibrí. || Dispositivo electrónico que emite un zumbido. *Instalamos una alarma con zumbador que se activa cuando detecta humo.* || *s. f. Hond.* y *Salv.* Serpiente de color negro en el dorso y blanco en el vientre, muy agresiva aunque no venenosa para el hombre, que emite un zumbido con la cola.
zumbar *intr.* Producir un sonido sordo y continuado ciertos insectos al volar, algunos objetos dotados de un movimiento giratorio muy rápido, etc. *Un abejorro, un motor, una peonza que zumba.* || *Amér.* Lanzar, arrojar. || *t.* Asestar, dar, propinar. *Zumbarle una bofetada.* || Pegar a uno. || Burlarse de uno. || *pr.* Pegarse mutuamente varias personas. || *loc. fam.* ***Ir zumbando:*** ir con mucha rapidez. || ***Zumbarle a uno los oídos:*** tener la sensación de oír un zumbido.
zumbel *s. m.* Cuerda para hacer bailar el trompo.
zumbido *s. m.* Sonido producido por lo que zumba. *El zumbido de un motor.* || Ruido sordo y continuo. *Zumbido de oídos.*
zumbón, bona *adj. fam.* Burlón, guasón. || Divertido, jocoso.
zumeles *s. m. pl. Chil.* Botas de potro de los indios araucanos.
zumo *s. m.* Jugo, líquido que se saca de las hierbas, flores o frutas exprimiéndolas. *Zumo de naranja.* || *fig.* Jugo, utilidad, provecho. *Sacar zumo a un capital.* || *loc. fam.* ***Sacarle el zumo a uno:*** sacar de él todo el provecho posible.
zuna *s. f.* Doctrina religiosa de los mahometanos.
zunchado *s. m.* Operación consistente en unir o reforzar con zunchos.
zunchar *t.* Mantener con un zuncho.
zuncho *s. m.* Abrazadera, anillo de metal que sirve para mantener unidas dos piezas yuxtapuestas o para reforzar ciertas cosas, como tuberías, pilotes, etcétera.
zunzún *s. m.* Sunsún.
zunzuncillo *s. m. Cub.* Pájaro mosca, una de las aves más pequeñas que se conocen.
zurcido *s. m.* Cosido, remiendo. || *loc. fig.* ***Un zurcido de mentiras:*** hábil combinación de mentiras que dan apariencia de verdad.
zurcidor, ra *adj.* y *s.* Que zurce. || *fig.* ***Zurcidor, zurcidora de voluntades:*** alcahuete, alcahueta.
zurcir *t.* Coser la rotura o desgaste de una tela. || *loc. fig.* y *fam.* ***¡Anda y que te zurzan!:*** expresión de enfado para desentenderse de uno. || ***Zurcir voluntades:*** alcahuetear.
zurdazo *s. m.* Golpe dado con la mano o con el pie izquierdos. *Pepe metió gol de un zurdazo.*
zurdera o **zurdería** *s. f.* Calidad de zurdo.
zurdo, da *s.* Persona que usa la mano o el pie izquierdos para hacer lo que, en general, se hace con la derecha o el derecho.
zurear *intr.* Emitir la paloma sus arrullos. *En la cornisa del edificio las palomas zurean toda la mañana.*
zureo *s. m.* Arrullo de la paloma.
zurito, ta *adj.* Aplícase a las palomas y palomos silvestres.
zuro, ra *adj.* Zurito. || *s. m.* Raspa de la mazorca del maíz.
zurra *s. f.* Acción de zurrar o curtir las pieles. || *fam.* Paliza, tunda.
zurrador, ra *adj.* y *s.* Curtidor.
zurrapa *s. f.* Poso, sedimento que depositan los líquidos. *La zurrapa del café.* || *fig.* y *fam.* Desecho, cosa despreciable.
zurrapiento, ta o **zurraposo, sa** *adj.* Que tiene zurrapas, turbio, aplicado a un líquido.
zurrar *t.* Golpear a una persona o animal. || Curtir las pieles. || *fam. Méx.* Defecar.
zurriaga *s. f.* Zurriago, látigo. || Alondra, ave.
zurriagar *t.* Pegar con el zurriago.
zurriagazo *s. m.* Golpe dado con el zurriago. || *fig.* Desgracia, acontecimiento desgraciado, imprevisto. || Caída, costalazo.
zurriago *s. m.* Látigo que se emplea para golpear.
zurribanda *s. f. fam.* Zurra.
zurriburri *s. m. fam.* Mezcolanza de personas, populacho. || Jaleo, barullo.
zurrido *s. m.* Sonido desagradable y confuso. || *fam.* Golpe, porrazo.
zurrir *intr.* Sonar desagradablemente.
zurrón *s. m.* Bolsa para llevar o guardar la caza o provisiones. *Los marineros usan zurrones para guardar sus pertenencias.*
zurubí *s. m. Arg.* Pez de agua dulce, semejante al bagre, de carne muy sabrosa.
zurullo *s. m. fam.* Mojón.
zurumbela *s. f. Amér.* Ave de canto armonioso.
zurupeto *s. m. fam.* Corredor de bolsa no matriculado. || Intruso en la profesión notarial.
zutano, na *s.* Una persona cualquiera, en correlación con «fulano» o «mengano».

Compendio de gramática

Los prefijos son partículas que se añaden al principio de algunas palabras para formar otras nuevas. Ejemplos: geo-grafía, tele-visión.
Los sufijos son partículas que se añaden al final de una palabra para formar otras nuevas. Ejemplos: Guatemala + teco = guatemalteco, hierba + voro = herbívoro.
A continuación relacionamos algunos de los prefijos y sufijos del Español que son más comunes.

Prefijos

aero- De origen griego, llegado a través del latín, forma numerosos vocablos con el significado de 'aire': *aerobio, aeróbico.*

anarco- De origen griego, forma algunas voces propias de la política con el significado de 'falta de gobierno', 'desorden': *anarquía, anárquico, anarquismo, anarquizar.*

anfi- De origen griego, forma algunos cultismos con el significado de 'alrededor': *anfiteatro;* 'a uno y otro lado': *anfipróstilo;* 'doble': *anfibio.*

angio- De origen griego, interviene en la formación de numerosos términos médicos con el significado de 'de los vasos sanguíneos o linfáticos': *angiografía, angiología, angioma.*

ante- De origen latino, aparece en numerosas voces para expresar anterioridad en el tiempo o en el espacio: *anteayer, antebrazo, antecapilla, antediluviano.* También toma la forma ***ant-*** en *antaño.*

archi- De origen griego, forma algunos sustantivos con el significado de 'preeminencia' o 'superioridad': *archiduque, archidiácono.* Con adjetivos se emplea en lenguaje familiar y significa 'muy': *archinotable.* Toma también las formas **arce-:** *arcediano;* ***arci-:*** *arcipreste;* ***arqui-:*** *arquitecto;* ***arz-:*** *arzobispo.*

audio- De origen latino, forma palabras con el significado de 'sonido' o 'audición': *audífono, audiometría, audiovisual.*

auto- De origen griego, interviene en la formación de numerosos vocablos con el significado de 'propio' o 'por uno mismo': *autobiografía, autocracia, autocrítica, automóvil, automotor, autosugestión.* Con el significado de 'automóvil' forma muchos compuestos relacionados con él: *autobús, autódromo, autopista, autotransporte.*

bi- De origen latino, forma numerosas palabras con el significado de 'dos': *bifocal,* o 'dos veces': *bimensual.* También toma las formas ***bis-*** o ***biz:*** *bisnieto, bizcocho.*

biblio- De origen griego, forma parte de numerosos cultismos con el significado de 'libro': *bibliografía, bibliófilo, biblioteca.*

bio- o **-bio** De origen griego, forma numerosos cultismos con el significado de 'vida': *biografía, biológico, bioquímica, anaerobio, microbio.*

centi- De origen latino, interviene en la formación de vocablos propios del sistema métrico decimal con el significado de 'centésima parte': *centilitro, centímetro,* o de *'cien': centígrado, centimano.*

ciber- De origen inglés, forma numerosas voces con el significado de 'cibernético': *ciberespacio, cibernauta, cibercafé.*

contra- De origen latino, forma numerosas voces con el significado de 'oposición' o 'contrariedad': *contraponer, contraindicación;* 'refuerzo': *contraventana; 'segundo lugar': contralmirante.*

cromo- o **-cromo, ma** De origen griego, al comienzo o final de palabra forma parte de algunos cultismos con el significado de 'color': *monocromo, policromo.* A veces toma las formas ***cromato-*** y ***cromat-:*** *cromatismo, cromatografía.*

cuadri- De origen latino, forma parte de numerosos cultismos con el significado de 'cuatro': *cuadrifolio, cuadrilátero.* Toma también las formas ***cuatri-:*** *cuatrimotor, cuatrillizo,* y ***cuadru-:*** *cuadrúpedo, cuadruplicar.*

dactilo- De origen griego, forma algunas palabras con el significado de 'dedo': *dactilografía, dactilopintura.*

deca- De origen griego, aparece en la formación de algunos cultismos, como en la nomenclatura del sistema métrico decimal, con el significado de 'diez': *decaedro, decagramo, decalitro, decámetro, decálogo.*

deci- De origen latino, interviene en la formación de vocablos propios del sistema métrico decimal con el significado de 'décima parte': *decigramo, decilitro, decímetro.*

deut- De origen griego, forma parte de unos pocos cultismos, sobre todo palabras científicas, con el significado de 'segundo': *deutóxido.* Toma también las formas ***deutero-*** y ***deuter-:*** *deuteragonista, deuteronomio.*

di- De origen griego, interviene en la formación de numerosos cultismos con el significado de 'dos': *dicotiledón, dimorfo, díptero, disílabo.*

eco- De origen griego, llegado a través del latín. ***1*** Forma algunas voces científicas o técnicas con el significado de 'sonido u onda reflejado': *ecografía, ecolocación, ecolalia.* ***2*** Aparece en diversos términos con el significado de 'casa', 'morada' o 'ámbito vital': *ecología, ecosistema.*

electro- De origen griego, llegado a través del latín, entra en la formación de numerosas voces con el significado de 'electricidad' o 'eléctrico': *electrodinámica, electrodoméstico, electroforesis, electromecánico.*

endeca- De origen griego, interviene en la formación de algunos cultismos con el significado de 'once': *endecasílabo.*

endo- De origen griego, forma varios cultismos, particularmente médicos, con el significado de 'dentro', 'en el interior de': *endocrinología, endógeno, endovenoso.*

enea- De origen griego, participa en la formación de cultismos con el significado de 'nueve': *eneasílabo.*

equi- De origen latino, forma parte de un número considerable de cultismos con el significado de 'igual': *equidistante, equilátero, equivalencia.*

estereo- De origen griego, entra en la formación de cultismos con el significado de 'sólido': *estereografía, estereoscopio.*

etno- De origen griego, interviene en la formación de cultismos con el significado de 'pueblo o raza': *etnocentrismo, etnografía.*

euro- De origen reciente en las lenguas romances, participa en la formación de algunos vocablos con el significado de 'europeo' o 'perteneciente o relativo a la Comunidad Europea': *eurodiputado, eurodólar*.

fago- o **-fago, ga** De origen griego, colocado al comienzo o final de palabra, forma cultismos con el significado de 'que come': *fagocito, antropófago, ictiófago, necrófago*.

fisio- De origen griego, forma cultismos con el significado de 'naturaleza': *fisiografía, fisiología, fisioterapia*.

fito- o **-fito, ta** De origen latino, colocado al comienzo o al final de palabra, forma parte de numerosos cultismos con el significado de 'planta' o 'vegetal': *fitografía, fitopatología, fitoplancton, briófito, micrófito, saprófito*.

fono- o **-fono, na** De origen griego, colocado al comienzo o al final de palabra, aparece en numerosos tecnicismos con el significado de 'voz, sonido': *fonología, fonometría, fonoteca, audífono, micrófono, teléfono*.

foto- De origen griego, forma parte de numerosas voces científicas o técnicas con el significado de 'luz': *fotobiología, fotograbado, fototropismo*, o de 'fotografía': *fotocomposición, fotogénico, fotógrafo*.

geo- o **-geo** De origen griego, forma parte de numerosas voces científicas y técnicas con el significado de 'la tierra': *geografía, geología, geomancia*. En menor medida se halla al final de palabra: *apogeo, hipogeo*.

giga- De origen latino, participa en la formación de algunos tecnicismos con el significado de 'de mil millones': *gigabyte*.

hebdo- De origen griego, forma parte de algunos cultismos con el significado de 'siete': *hebdomadario*.

hecto- De origen griego, aparece en vocablos propios del sistema métrico decimal con el significado de 'cien': *hectogramo, hectolitro, hectómetro*.

helio-, heli- De origen griego, entra en la formación de algunos cultismos con el significado de 'sol': *heliograbado, heliofísica*.

hemato- De origen griego, interviene en la formación de numerosos vocablos propios de la medicina con el significado de 'sangre': *hematocrito, hematólogo*. Puede también adoptar las formas ***hemo-, hema-*** o ***hemat-***: *hemofilia, hematermo*.

hemi- De origen griego, participa en la formación de algunos cultismos con el significado de 'medio', 'mitad': *hemiciclo, hemistiquio*.

hepta- De origen griego, forma parte de algunos cultismos con el significado de 'siete': *heptágono, heptasílabo*.

hetero- De origen griego, entra en la formación de algunos cultismos con el significado de 'otro', 'desigual', 'diferente': *heterogéneo, heterosexual*.

hexa- De origen griego, forma parte de algunos cultismos con el significado de 'seis': *hexágono, hexasílabo, hexámetro*.

hidro- De origen griego, entra en la formación de numerosos vocablos con el significado de 'agua': *hidroavión, hidrocarburo, hidrofobia*.

higro- De origen griego, interviene en la formación de algunos cultismos con el significado de 'humedad': *higrómetro*.

hiper- De origen griego, interviene en la formación de numerosas voces con el significado de 'superioridad' o 'exceso': *hipertensión, hipermercado, hipersensible*.

hipo- De origen griego, participa en la formación de algunos cultismos con el significado de 'debajo de': *hipodérmica* o 'escasez de': *hipotensión, hipoglucemia*.

holo- De origen griego, forma parte de algunos cultismos con el significado de 'todo': *holocausto, holografía, holosérico*.

homeo- De origen griego, entra en la formación de algunos cultismos con el significado de 'semejante': *homeopatía, homeóstasis*.

homo- De origen griego, interviene en la formación de algunos cultismos con el significado de 'igual': *homófono, homogéneo*.

infra- De origen latino, forma parte de diversos vocablos con el significado de 'inferior' o 'debajo': *infraestructura, infrahumano, infrarrojo*.

iso- De origen griego, entra en la formación de numerosas voces científicas y técnicas con el significado de 'igual': *isobara, isoglosa, isomorfo, isósceles, isotérmico*.

kilo- De origen griego, aparece en la formación de vocablos propios del sistema métrico decimal con el significado de 'mil': *kilómetro, kilovatio, kilolitro*.

leuco- De origen griego, interviene en algunas voces, por lo común de biología, con el significado de 'blanco' o 'de color claro': *leucocito, leucoma, leucocoria*.

macro- De origen griego, forma algunas voces científicas con el significado de 'grande': *macrobiótica, macrocefalia, macrocosmos*.

magneto- De origen latino, forma numerosas voces científicas y técnicas con el significado de 'magnetismo': *magnetocaloría, magnetómetro, magnetoscopio*.

mega- De origen griego, participa en la formación de algunos cultismos con el significado de 'grande': *megafonía, megalópolis, megalómano*, y de 'un millón': *megaciclo, megatonelada*.

meta- De origen griego, entra en la formación de voces científicas y técnicas con el significado de 'junto a', 'después de', 'entre' o 'con': *metabolismo, metafísico, metáfora, metalenguaje, metatórax*.

micro- De origen griego, aparece en numerosas voces científicas y técnicas con el significado de 'pequeño': *microbio, microcefalia, microcirugía, microeconomía*. Por extensión se ha formado *micrófono*.

mili- De origen latino, forma parte de palabras propias del sistema métrico decimal con el significado de 'la milésima parte de una unidad (10–3)': *milibar, mililitro, milímetro*.

mini- De origen latino, entra en la formación de numerosas voces con el significado de 'pequeño', 'breve' o 'corto': *minifalda, minifundio, minirrecorrido*.

miria- De origen griego, forma parte de algunos cultismos con el significado de 'innumerables' o 'muy numerosos': *miríada, miriápodo*.

mono- De origen griego, entra en la formación de numerosos cultismos con el significado de 'único' o 'uno solo': *monografía, monolingüe, monólogo, monopolizar*.

morfo- o **-morfo, fa** De origen griego, colocado al comienzo o al final de palabra, forma diversos cultismos con el significado de 'forma': *morfología, amorfo, antropomorfo, zoomorfo*.

moto- De origen latino, forma voces con el significado de 'que actúa a motor': *motocicleta, motonave, motosierra*.

multi- De origen latino, interviene en la formación de numerosas voces con el significado de 'mucho': *multifacético, multifilamento, multinacional*.

narco- De origen griego, interviene en la formación de diversas palabras con el sentido de 'modorra, embotamiento de la sensibilidad': *narcosis, narcótico, narcotina*. Por extensión, interviene en la formación de neologismos con el significado de 'narcótico, droga': *narcodelincuencia, narcodemocracia, narcodictadura, narcodólar, narcoguerrilla.*

necro- De origen griego, entra en la formación de algunos cultismos con el significado de 'muerto': *necrofagia, necrofilia, necrología.*

neo- De origen latino, forma parte de numerosos cultismos con el significado de 'reciente', 'nuevo': *neoclásico, neófito, neolítico, neonatología, neoplasia.*

oligo- De origen griego, entra en la formación de numerosos cultismos con el significado de 'poco', 'insuficiente': *oligofrénico, oligopolio, oligotrófico.*

orto- De origen griego, entra en la formación de numerosas voces con el significado de 'recto' o 'correcto': *ortodoncia, ortofonía, ortografía, ortopedia.*

paleo- De origen griego, interviene en la formación de diversos cultismos con el significado de 'antiguo' o 'primitivo': *paleocristiano, paleografía, paleolítico, paleólogo.*

pan- De origen griego, aparece en la formación de numerosos cultismos con el significado de 'totalidad': *pandemónium, panorama, panteísmo, pantógrafo.*

penta- De origen griego, interviene en la formación de algunas voces con el significado de 'cinco': *pentadáctilo, pentágono, pentasílabo.*

pico- De origen griego, antepuesto a nombre de unidad expresa la billonésima (10–12) parte de esta: *picofaradio, picogramo.*

piro- De origen griego, se emplea en la formación de diversos cultismos con el significado de 'fuego': *piroelectricidad, pirógeno, pirograbado, piróscafo.*

pluri- De origen latino, interviene en la formación de diversos cultismos con el significado de 'varios': *pluricelular, plurilingüe, plurivalente.*

podo- o **-podo, da** De origen griego, colocado a comienzo o al final de palabra, forma numerosas voces con el significado de 'pie': *podólogo, podómetro, podología, anfípodo, cefalópodo, octópodo.*

poli- De origen griego, entra en la formación de numerosos cultismos con el significado de 'pluralidad', 'abundancia': *poliarquía, polideportivo, polimorfo, politraumatismo.*

proto- De origen griego, participa en la formación de algunos cultismos con el significado de 'primero': *protohistoria, protoplasma;* 'reciente': *protoplaneta;* 'superioridad': *protomédico.*

psico- De origen griego, aparece en la formación de numerosas voces, muchas de ellas propias de la psicología y la psiquiatría, con el significado de 'alma', 'mente': *psicoanálisis, psicofármaco, psicosomática.*

ptero- o **-ptero, ra** De origen griego, colocado al comienzo o al final de palabra, forma algunos cultismos con el significado de 'ala': *hemíptero, neuróptero, pterodáctilo.*

quiro- De origen griego, se emplea en la formación de pocos cultismos con el significado de 'mano': *quirófano, quiromancia, quiróptero.*

radio- De origen reciente en las lenguas romances, entra en la formación de voces científicas con el significado de 'radiación' o 'radiactividad': *radiografía, radioscopia.*

re- De origen latino, se usa en la formación de numerosas voces con los siguientes significados: a) *'repetición' o 'volver a': rehacer, recomponer.* b) *'Movimiento hacia atrás': refluir.* c) *'Intensificación' o 'encarecimiento': recargar, relindo.* d) *'Oposición' o 'resistencia': rechazar.* e) *'Negación': reprobar.*

retro- De origen latino, aparece en la formación de algunos cultismos con el significado de 'llevar hacia atrás': *retroactivo, retroactividad, retrogradar.*

rino- De origen griego, forma parte de algunos cultismos con el significado de 'nariz': *rinólogo, rinología, rinoceronte.*

sarco- De origen griego, entra en la formación de algunos cultismos con el significado de 'carne': *sarcocarpio, sarcófago, sarcolema, sarcoma.*

semi- De origen latino, aparece en la formación de numerosas voces con el significado de 'medio': *semibreve, semicírculo, semidormido.*

servo- De origen latino, participa en la formación de algunas voces técnicas con el significado de 'sistema auxiliar', 'mecanismo': *servofreno, servomotor.*

sesqui- De origen latino, se usa en la formación de algunos cultismos con los que se señala una unidad y media: *sesquilátero, sesquicentenario, sesquipedal.*

seudo- De origen griego, entra en la formación de algunos cultismos con el significado de 'falso', 'que cumple la función de': *seudología, seudónimo, seudópodo.*

sobre- De origen latino, aparece en la formación de numerosas voces con el significado de 'superposición', como en *sobrearco,* pero es más común con el de 'en exceso', 'de cantidad' o 'calidad superior a lo deseable': *sobreabundancia, sobrealimentar, sobrecargar.*

socio- De origen latino, forma parte de numerosas voces con el significado de 'social', 'sociedad': *sociolingüística, socióloga, sociometría.*

super- De origen latino, entra en la formación de numerosas voces con el significado de 'encima de': *superestructura,* y 'muy', 'mucho': *superabundante, superdotado, supereficiente.*

supra- De origen latino, interviene en la formación de diversos vocablos con el significado de 'superior' o 'sobre': *suprasensible, suprarrenal, supranacional.*

tele- De origen griego, se emplea en la formación de numerosas voces con el significado de 'a distancia': *telecomunicación, teledirigido, televisión.* Por especialización de sentido significa también 'televisión': *teleespectador, teleaudiencia, teleplatea.*

termo- o **-termo, ma** De origen griego, puesto al comienzo o al final de palabra, forma diversos cultismos con el significado de 'calor': *termodinámica, termología, termométrica, hemotermo, isotermo.*

tetra- De origen griego, aparece en la formación de cultismos con el significado de 'cuatro': *tetrabronquial, tetraedro, tetralogía.*

trans- De origen latino, aparece en la formación de numerosos cultismos con el significado de 'a través de', 'del otro lado': *transandino, transatlántico, transbordador.*

tri- De origen latino, entra en la formación de diversos cultismos con el significado de 'tres': *tríada, triángulo, trisílabo.*

turbo- De origen latino, se usa en la formación de voces técnicas con el significado de 'turbina': *turboalternador, turbohélice, turbopropulsión.*

ultra- De origen latino, forma parte de numerosas voces con los significados de: 'al otro lado de': *ultramar, ultra-*

tumba; y de 'muy', 'en exceso': *ultrarrápido, ultramicroscopio, ultraligero.*

vice- De origen latino, se emplea en la formación de algunos vocablos con el significado de 'cargo inmediatamente inferior': *vicedirector, viceministro, vicepresidente.*

xero- De origen griego, aparece en diversos cultismos con el significado de 'seco': *xerófilo, xeroftalmia, xerografía.*

xilo- De origen griego, entra en la formación de cultismos con el significado de 'madera': *xilografía, xiloprotector, xilórgano.*

zoo- o **-zoo** De origen griego, colocado al comienzo y al final de palabra, forma numerosos cultismos con el significado de 'animal': *zoófito, zoología, zoológico, espermatozoo.*

Sufijos

-algia De origen griego, forma términos propios de la medicina con el significado de 'dolor': *dermalgia, mialgia, neuralgia.*

-cefalia De origen griego, aparece en términos médicos con el significado de 'estado o cualidad de la cabeza': *dolicocefalia, hidrocefalia, mesocefalia.*

-cida De origen latino, participa con el significado de 'matador' o 'exterminador': *callicida, herbicida, homicida, insecticida.*

-cola De origen latino, forma algunos cultismos con el significado de 'que cultiva o cría' y 'que habita en': *arborícola, avícola, cavernícola, frutícola, terrícola.*

-cracia De origen griego, interviene en la formación de numerosos cultismos con el significado de 'dominio' o 'poder': *aristocracia, democracia, fisiocracia, teocracia.*

-dromo De origen griego, participa en la formación de algunos vocablos con el sentido de 'carrera': *hipódromo, velódromo, autódromo.*

-fagia De origen griego, entra en la formación de algunos cultismos para indicar la acción de 'comer' o 'devorar': *aerofagia, antropofagia, disfagia.*

-fero, ra De origen latino, forma parte de diversos cultismos con el significado de 'que lleva, que contiene o que produce': *lucífero, mamífero, sanguífero.*

-ficar De origen latino, entra en la formación de numerosos verbos que significan hacer, convertir en, producir: *codificar, panificar, petrificar, sacrificar.*

-fico, ca De origen latino, interviene en la formación de algunos cultismos con el significado de 'que hace, produce o convierte en': *benéfico, lapidífico.*

-filia De origen griego, entra en la formación de numerosos términos con el significado de 'afición, gusto por': *anglofilia, bibliofilia, colombofilia.*

-fobia De origen griego, interviene en la formación de numerosos cultismos, en particular médicos, con el significado de 'temor patológico': *claustrofobia, fotofobia, xenofobia.*

-fobo, ba De origen griego, participa en la formación de numerosos cultismos con el significado de 'que siente temor patológico o aversión': *claustrófobo, fotófobo, hidrófobo, xenófobo.*

-forme De origen latino, entra en la formación de algunos cultismos con el significado de 'en forma de': *arboriforme, cruciforme, falciforme.*

-foro, ra De origen griego, aparece al final de algunos cultismos con el significado de 'portador', 'que lleva': *cromóforo, melanóforo, semáforo.*

-fugo, ga De origen latino, interviene en la formación de cultismos con el significado de 'que ahuyenta', 'que evita' o 'que huye de' lo expresado por la base: *centrífugo, febrífugo, ignífugo, lucífugo.*

-genia De origen griego, aparece en algunos cultismos con el significado de 'origen' o 'proceso de formación': *filogenia, primigenia.*

-geno, na De origen griego, forma cultismos con el significado de 'que produce, genera o provoca': *cancerígeno, electrógeno, exógeno, tusígeno.*

-gono De origen griego, interviene en la formación de voces, en especial de las propias de la geometría, con el significado de 'ángulo'. Suele anteponerse otro elemento que indica número o cantidad: *pentágono, polígono, octógono.*

-grafía De origen griego, forma numerosas voces con los significados de 'escritura' y de 'descripción': *biografía, caligrafía, geografía, lexicografía, taquigrafía.*

-grafo, fa De origen griego, entra en la formación de numerosos cultismos con el significado de 'que escribe' o 'que describe': *biógrafo, bolígrafo, geógrafo, mimeógrafo, sismógrafo.*

-hídrico De origen griego, fue adoptado en la nomenclatura química para designar los ácidos que no contienen oxígeno, como el *clorhídrico* o el *sulfhídrico.*

-landia De origen inglés, forma parte de unos pocos vocablos con el significado de 'país', 'sitio de', 'lugar de': *Disneylandia.*

-latría De origen griego, entra en la formación de algunos cultismos con el significado de 'adoración': *egolatría, iconolatría.*

-lisis De origen griego, aparece en diversos cultismos con el significado de 'disolución', 'descomposición': *análisis, catálisis, diálisis, hemólisis, electrólisis.*

-logía De origen griego, interviene en la formación de numerosos cultismos con el significado de 'tratado', 'estudio', 'ciencia': *biología, ginecología, lexicología, mineralogía, simbología.*

-mancia o **-mancía** De origen griego, aparece en la formación de diversos cultismos con el significado de 'adivinación' o 'práctica de predecir': *quiromancia, cartomancia.*

-mano, na De origen griego, entra en la formación de cultismos con el significado de 'apasionado': *bibliómano, musicómano.* En el campo de la medicina ha especializado su sentido en 'afición patológica': *cleptómano, cocainómano.*

-metría De origen griego, aparece en la formación de numerosos cultismos con el significado de 'medida' o 'medición': *geometría, hidrometría, simetría, sociometría.*

-metro De origen griego, entra en la formación de numerosos cultismos con el significado de 'unidad de medida': *centímetro, kilómetro, milíme-*

tro, o 'aparato para medir': *telémetro, termómetro, velocímetro.*

-oide De origen griego, aparece en numerosos cultismos con el significado de 'parecido a', 'en forma de': *androide, asteroide.* Toma también las formas ***-oideo:*** *lipoideo, ovoideo,* ***-oides:*** *cuboide, deltoides* y ***-oidal:*** *romboidal.*

-paro, ra De origen latino, forma cultismos, particularmente del campo de la biología, con el significado de 'reproducción': *multípara, ovíparo, vivíparo.*

-patía De origen griego, entra en la formación de numerosos cultismos con el significado de 'sentimiento': *empatía, antipatía,* y también con el de 'afección o dolencia': *artropatía, cardiopatía, osteopatía.*

-plastia De origen griego, forma parte de unos pocos cultismos con el significado de 'reconstrucción', 'modelado': *autoplastia, rinoplastia, galvanoplastia.*

-rragia De origen griego, se emplea en la formación de algunos cultismos con el significado de 'fluir', 'brotar': *verborragia, hemorragia.*

-rrea De origen griego, interviene en la formación de algunos cultismos con el significado de 'flujo': *seborrea, verborrea.*

-scopia De origen griego, entra en la formación de algunos términos médicos con el significado de 'examen, vista, exploración': *laparoscopia, radioscopia.*

-sfera De origen griego, interviene en la formación de cultismos con el significado de 'capa de la Tierra o zona estelar': *barisfera, biosfera, cromosfera, atmósfera o atmosfera, ionosfera, pirosfera, estratosfera, litosfera.*

-stático, ca De origen griego, entra en la formación de adjetivos técnicos con los significados de 'relacionado con el equilibrio en': *aerostática, hidrostático,* o 'que detiene': *bacteriostático, hemostático,* lo designado por el primer elemento.

-teca De origen griego, entra en la formación de algunos cultismos con el significado de 'lugar donde se guarda': *biblioteca, filmoteca, hemeroteca.*

-teco, ca De origen náhuatl, se aplica a nombres propios de lugar para formar los gentilicios correspondientes: *guatemalteco, mazateco, yucateco, zacateco.*

-tomía De origen griego, forma numerosas voces científicas, particularmente médicas, con el significado de 'incisión o corte': *laringotomía, neurotomía, traqueotomía.*

-tomo, ma De origen griego, entra en la formación de algunos cultismos con el significado de 'que corta' o 'que se corta o divide': *átomo, dicótomo, neurótomo.*

-valente De origen latino, pospuesto a otro prefijo de valor numeral, señala la valencia de un elemento o radical, esto es el número de enlaces con que puede combinarse: *monovalente, bivalente, trivalente.*

-voro, ra De origen griego, interviene en la formación de numerosos cultismos con el significado de 'que devora', 'que come': *carnívoro, herbívoro, omnívoro.*

Sobre acentos

1. Acento de intensidad, acento prosódico o acento

Se llama así a la mayor intensidad con la que se pronuncia una sílaba dentro de una palabra. El acento está unido, también, a una elevación en el tono de voz o a una mayor duración en la emisión de la sílaba a la que se denomina ***sílaba tónica***. Las sílabas sobre las que no recae el acento se denominan ***sílabas átonas***.

El acento es muy importante porque, según la sílaba en la que recae, diferencia palabras de similar forma gráfica y diverso significado, por ejemplo: *hábito* (costumbre), *habito* (pres. de indic.,1ª del sing. del verbo *habitar*), *habitó* (pretérito de indicativo, 3ª del singular del verbo *habitar*).

2. Palabras tónicas y palabras átonas

No todas las palabras del español se pronuncian con acento, por lo tanto pueden ser clasificadas en dos grandes grupos: ***tónicas*** (poseen acento) y ***átonas*** (sin acento). La mayoría de las palabras son tónicas excepto un pequeño grupo: los artículos determinantes (*la – las – el – los – lo*), las formas pronominales (*me – te – se – la – lo – le – las – los – les*), los pronombres posesivos apocopados (*mi – tu – su*) y algunas preposiciones monosilábicas (*de – a*).

3. Clasificación de palabras según el acento

Existen cuatro grupos:

a) agudas u oxítonas

Son las palabras polisílabas con la última sílaba tónica: *pared, puré, sacar, trombón.*

b) graves, llanas o paroxítonas

Son las palabras polisílabas con la penúltima vocal acentuada: *ámbar, cuaderno, mármol, examen.*

La mayoría de las palabras en español son llanas.

c) esdrújulas o proparoxítonas

Son las palabras polisílabas que se acentúan en la antepenúltima sílaba: *máquina, exámenes, cantábamos, rápido.*

d) sobresdrújulas o superparoxítonas

Son las palabras polisílabas que por composición o por tener dos o más enclíticos, llevan acento en sílaba anterior a la antepenúltima. Por ejemplo, los casos de verbos imperativos seguidos por pronombres enclíticos: *escríbeselo, llévatelo, alcánzaselo.*

4. Acentuación gráfica o tildación: reglas generales

Para señalar la sílaba tónica, en algunos casos se emplea una señal gráfica (´) llamada ***tilde*** o ***acento gráfico***, que se coloca según reglas establecidas por la Real Academia Española.

a) agudas que terminan en vocal o en consonante *n* o *s*: *sentí, encontré, sofá, tomó, solución.*

No llevan tilde las agudas que terminan en cualquier otra letra: *reptil, pared, cantor, reloj.* Tampoco llevan tilde las palabras agudas terminadas en *s* cuando esta se encuentra precedida por otra consonante: *robots.*

b) graves acabadas en consonante que no sea *n* o *s*: *útil, césped, mártir, lápiz.*

Por lo tanto, una palabra grave terminada en vocal o en las consonantes *n* o *s* no lleva tilde: *mano, resumen, mesas, ala.* Sin embargo, cuando una palabra terminada en *s* es precedida de consonante (como *bíceps* y *fórceps*) lleva acento escrito.

c) esdrújulas y sobresdrújulas.

Estas palabras llevan siempre tilde, no importa en qué letra terminen: *política, sábado, miércoles, sácaselo.*

d) monosílabos.

Por regla general, salvo las excepciones de la ***tilde diacrítica***, estos vocablos no llevan tilde.

5. Diptongo y triptongo

Dos vocales juntas (una abierta —*a, e, o*— y una cerrada —*i, u*—, una cerrada y una abierta o dos cerradas) forman ***diptongo***. Tres vocales juntas (una abierta entre dos cerradas) forman ***triptongo***.

a) Las palabras con diptongos o triptongos llevan tilde de acuerdo con las reglas generales; por ejemplo: *canción, después, huésped, archipiélago.*

La tilde se coloca sobre la vocal abierta. Si son dos vocales cerradas, se coloca en la segunda: *cuídense.*

b) ***grupo -ui-.***

Este grupo vocálico, como ocurre con los infinitivos de la 3ª conjugación acabados en *-uir* (*destruir, instruir,* incluir) y en los participios correspondientes (*destruido, instruido, incluido*) no se escribe con tilde, aunque se pronuncie en dos sílabas, por ser voces graves. En cambio sigue las reglas generales de acentuación si el vocablo es agudo (*benjuí*), o esdrújulo (*jesuítico, casuística*).

c) ***verbos en -cuar y -guar.***

Los verbos terminados en *-guar* o en *-cuar* como *averiguar* o *adecuar,* por lo regular forman diptongo (/a-be-*ri*-guo/, /a-*de*-kuo/).

d) ***grupo de u o de i seguidos por vocal fuerte.***

Aunque generalmente se pronuncian sin formar diptongo, palabras como *monstruoso* (/monstru-*o*-so/), *fastuoso* (/fas-tu-*o*-so/), *aliado* (/a-li*a*-do/), *altruismo* (al-tru-*is*-mo/), se escriben sin tilde. Tampoco la llevan las formas verbales que se hallan en el mismo caso, como: *riera* (/ri-era/) o *riamos* (/ri-*a*-mos/).

6. Hiato

Se llama hiato a la secuencia de vocales que se pronuncian en sílabas distintas: *poeta* (/po-eta/), *maestra* (/ma-*es*-tra/). Para el correcto uso de la tilde, se deben considerar dos tipos distintos de hiato:

a) El formado por dos vocales abiertas iguales (*Saavedra*) o distintas (*mareo*). Las palabras que contienen este tipo de hiato siguen las reglas generales, por ejemplo: *aureola, león, zoólogo.*

b) El formado por una vocal abierta átona más una vocal cerrada tónica (*país*) o al revés (*grúa*). Las palabras que presentan este tipo de hiatos no responden a las reglas generales. *Raúl* y *reír* son palabras agudas, terminadas en consonante que no es *n* ni *s; tía, cantarían, podrías* son palabras graves que terminan en vocal, en *n* y en *s*. En estos casos la tilde cumple la función de señalar el hiato e indicar la pronunciación de la palabra.

7. Casos especiales de tildación

Se denominan de esta manera los casos que no corresponden a las reglas generales. Los más frecuentes corresponden a los siguientes empleos:

Tilde diacrítica

Del griego *diakritikós* cuyo significado es 'que distingue'. Se da el nombre de tilde diacrítica a aquel que tiene como finalidad diferenciar dos palabras de igual forma pero de significados y funciones gramaticales diferentes.

El acento escrito, en algunos casos, no influye en la pronunciación.

– sólo / solo

Esta palabra puede funcionar como adjetivo:

Juan vive solo.

También puede utilizarse como adverbio, en lugar de 'solamente'.

Comen sólo pan.

En caso de duda respecto de su función gramatical, lleva tilde cuando cumple la función de adverbio.

Luis trabaja solo en su oficina.

(Es decir, trabaja sin compañía).

Luis trabaja sólo en su oficina.

(Es decir, en el único lugar que trabaja es en la oficina).

– aún / aun

La tilde diacrítica se utiliza en este caso para diferenciar dos grupos de significaciones:

- Cuando significa 'todavía' se escribe con tilde.

Aún no se recibió.

- Se escribe sin tilde cuando significa 'también', 'incluso' o 'siquiera':

Aun a mi madre le pareció bien. Lo criticaron todos, aun sus amigos más queridos. Ni aun cenizas quedaron.

Lo mismo ocurre cuando forma parte de la locución conjuntiva *aun cuando.*

No obedecería aun cuando lo castigara.

Otros casos de tilde diacrítica son:

– *él,* 'pronombre personal' – *el* 'artículo'.

Él pide el pan de cada día.

– *sí* 'adverbio de afirmación y pronombre personal' – *si* 'conjunción'.

Sí, lo quiere para sí, si no perjudica a nadie.

– *dé* 'verbo dar' – *de* 'preposición'.

Dé su casa de fin de semana para los que no tienen vivienda.

– *sé* 'verbos ser y saber' – *se* 'pronombre personal'.

Yo sé que Juan se dijo a sí mismo: Sé un buen amigo.

– *tú* 'pronombre personal' – *tu* 'pronombre posesivo'.

Tú eres tu propio enemigo.

– *qué, quién, cuál* cuando funcionan como pronombres interrogativos o exclamativos, para diferenciarlos de los pronombres relativos *que, quien, cual.*

¿Quién vino y qué quiere?

¿Cuál es su nombre?

La casa que compré a quien no debía trajo problemas, por lo cual nunca fue habitada.

Las formas con tilde también aparecen en oraciones interrogativas o exclamativas indirectas.

Me preguntó quién era, para qué lo quería y cuál de sus nombres era el verdadero.

– *mí* 'pronombre personal' – *mi* 'pronombre posesivo'.

Mi amor es todo para mí.

– *más* 'adverbio de cantidad – conjunción copulativa' y *mas* 'conjunción adversativa'.

Quiero mucho más, mas no me alcanza tu propuesta de un millón de dólares más otro millón.

– *té* 'sustantivo' – *te* 'pronombre personal'.

¿Te sirvo otra taza de té?

Tilde en monosílabos

Por regla general, ya que el acento sólo puede recaer en la única sílaba, las palabras monosílabas no llevan tilde, excepto en los casos en que esta es necesaria para diferenciar significados y funciones gramaticales (tilde diacrítica).

Tilde y pronombres demostrativos (éste, ése y aquél, con sus femeninos y plurales)

En este caso la elección de colocar la tilde se relaciona con la posible ambigüedad del significado dentro de un contexto particular.

Tradicionalmente fue de uso preceptivo el acentuar ortográficamente los pronombres demostrativos para diferenciarlos de los adjetivos.

Aquellos (adjetivo) *libros son míos.*

Aquéllos (pronombre) *son los tuyos.*

Puesto que en este caso no hay riesgo de ambigüedad, de acuerdo con las normas académicas de 1956 y de 1999, no existe la obligación de escribirlas con tilde. En el ejemplo siguiente, en cambio, la posibilidad de error en la interpretación hace obligatoria la tilde: *"Afirma que esta mañana se casará"* no significa lo mismo que *"Afirma que ésta mañana se casará"*. La presencia o ausencia de la tilde guía la interpretación, dado que, en el primer caso, *esta* funciona como adjetivo del sustantivo *mañana* y, en el segundo caso, *ésta* funciona como sustantivo sujeto del verbo *casará*. Las formas de género neutro de los pronombres demostrativos (*esto, eso, aquello*) siempre se escriben sin tilde, porque siempre son pronombres y nunca hay ambigüedad.

Tilde y pronombres interrogativos y exclamativos

Los pronombres interrogativos y exclamativos aparecen en oraciones interrogativas y exclamativas directas (escritas entre los signos correspondientes) o indirectas (escritas sin signos).

Me preguntó cuánto tiempo había pasado.

No sabemos dónde se escondió.

Todos comentan cuánta bondad ha tenido.

Estos pronombres (*qué, quién, cuál, cuándo, cuánto, cómo, dónde, adónde*) se pronuncian enfáticamente, son palabras tónicas y llevan tilde a diferencia de sus homógrafos, los pronombres relativos *que, quien, cual, cuando, cuanto, como, donde* que no llevan acento escrito.

Acento y tilde en palabras compuestas

Las palabras compuestas, desde el punto de vista fónico, tienen una doble acentuación. En lo concerniente a la tildación, por lo regular, se consideran como una sola palabra y, por lo tanto, siguen las reglas generales y particulares, con independencia de cómo se tilden o no sus formantes por separado: *cien + pies = ciempiés; décimo + séptimo = decimoséptimo; río + platense = rioplatense*. La regla puede expresarse de otra manera: cuando se unen dos palabras para formar una compuesta, mantiene la tilde solamente la última, en caso de tenerlo. Cuando el segundo de los elementos es un monosílabo, el resultado será una palabra aguda que seguirá las reglas generales (el caso de *ciempiés*).

Tilde y adverbios terminados en -mente

Estos adverbios responden a una regla especial: mantienen la tilde del adjetivo que forma la primera parte de la palabra: *cómoda + mente = cómodamente; sagaz + mente = sagazmente.*

Tilde y palabras compuestas con guión

En esta situación se encuentran los casos de dos o más adjetivos unidos con guión. Cada una de las partes conserva su identidad gráfica como unidad independiente y, por lo tanto, conserva su tilde, en el caso de poseerlo previamente: *teórico-crítico, hispano-belga, franco-alemán.*

Tilde y verbos unidos a pronombres enclíticos

De acuerdo con la última reforma ortográfica de las academias (1999), los verbos unidos a pronombres enclíticos llevan tilde según las reglas generales: *borrose* no lleva tilde porque es palabra grave terminada en vocal. En cambio *escapándose, devolviómelo, cayéndosenos* la llevan porque son palabras esdrújulas o sobresdrújulas.

Tilde y palabras de otros idiomas

Las palabras de origen latino, se tildan de acuerdo con las reglas generales: *ítem, memorándum, alma máter.* Esta regla solamente se aplica a las voces y locuciones que son de empleo general. Si se trata de palabras que provienen de otras lenguas que por carecer de una adaptación a la nuestra se escriben entre comillas o en letra cursiva, no se utiliza tilde, a menos que existiera en el idioma al que pertenecen: *catering.* Si se trata de palabras ya incorporadas a nuestra lengua o adaptadas a su pronunciación y escritura, llevan tilde de acuerdo con las reglas generales: *láser, béisbol.*

Tilde y mayúsculas

Las mayúsculas llevan tilde según las reglas generales: *Álvarez, OCÉANO ÍNDICO.*

Sobre sintaxis

Elementos Básicos

La sintaxis es la parte de la gramática que estudia la manera como se combinan y ordenan las palabras para formar oraciones; analiza las funciones que aquéllas desempeñan, así como los fenómenos de concordancia que pueden presentar entre sí. La unidad mínima de estudio de la sintaxis es la oración.

Dentro de la oración, las palabras adquieren un significado preciso y cumplen una función sintáctica determinada:

Se lastimó la **muñeca** izquierda mientras jugaba a la pelota.

La **muñeca** que le regalé a mi hija cierra los ojos.

Aisladamente, la palabra *muñeca* tiene varias acepciones, pero en cada oración sólo toma una de ellas; además, esta misma palabra cumple una función distinta, en la primera oración es objeto directo y en la segunda, es sujeto.

Oración

Oración es la unidad que expresa un sentido completo y está constituida por sujeto y predicado. El sujeto es de quien se habla en la oración y muchas veces es el agente de la acción del verbo. El predicado es lo que se dice sobre el sujeto:

Los astronautas llegarán a la Tierra el próximo martes.

Los avestruces corren a gran velocidad.

El progreso técnico ha creado peligros ecológicos.

El sujeto y el predicado de las oraciones anteriores son:

Sujeto	**Predicado**
Los astronautas	llegarán a la Tierra el próximo martes.
Los avestruces	corren a gran velocidad.
El progreso técnico	ha creado peligros ecológicos.

Las oraciones que están constituidas por sujeto y predicado se llaman bimembres. La oración también recibe el nombre de enunciado.

Existen expresiones que equivalen a una oración, pero en las cuales no es posible distinguir el sujeto y el predicado; es el caso de las interjecciones, los saludos, las despedidas y las oraciones formadas por verbos meteorológicos. A este tipo de oraciones se les llama unimembres, porque constituyen una unidad indivisible:

¡Madre mía!

¡Hola!

¡Adiós!

¡Fuego!

Anocheció pronto.

Llueve intensamente.

Frase

Existen expresiones que no siempre llegan a constituir una oración porque les falta la presencia de un verbo, de ahí que no posean un sentido completo; estas construcciones se llaman frases:

Una mañana de septiembre.

La bicicleta verde de mi padre.

Con mucha simpatía.

Por si acaso.

De vez en cuando.

Sintagma

Sintagma es una unidad conformada por una palabra que es la más importante y que funciona como núcleo; éste puede ir acompañado de complementos o modificadores y juntos forman un bloque. Es posible distinguir el núcleo en los sintagmas porque éste es imprescindible y las palabras que lo acompañan pueden omitirse. Existen diferentes tipos de sintagmas, dependiendo de la categoría gramatical del núcleo:

a) Sintagma nominal. Tiene como núcleo un nombre o sustantivo; también puede ser un pronombre o una palabra sustantivada:

El **nido** de las palomas.

La saludable **comida** vegetariana de mis amigos.

La **maestra.**

Ella misma.

Lo **bueno.**

El núcleo de los sintagmas nominales puede tener artículos y adjetivos funcionando como sus complementos o modificadores directos; estos elementos siempre concuerdan en género y número con el núcleo:

Ríos *anchos* y *profundos.*

La **tierra** *estéril.*

Un **barco** *fantasmal.*

También es posible encontrar otro tipo de complementos nominales que modifican indirectamente al núcleo sustantivo; se trata de sintagmas prepositivos o preposicionales:

Un **punto** *de apoyo.*

El **color** *de la cerveza.*

La **bufanda** peruana *de colores llamativos.*

Una **mujer** *con vestido verde.*

b) Sintagma adjetivo. Tiene como núcleo un adjetivo, el cual puede ir acompañado de un adverbio o sintagma adverbial que funciona como su complemento o modificador:

Bastante **solidario.**

Sospechosamente **amable.**

Muy **enojado.**

Demasiado mal **redactado.**

El núcleo adjetivo también puede tener como complemento o modificador indirecto un sintagma prepositivo:

Fácil *de convencer.*

Apto *para las ventas.*

Digno *de confianza.*

c) Sintagma adverbial. Su núcleo es un adverbio que puede ser modificado por otro adverbio:

Muy **cerca.**

Bastante **pronto.**

Tan **ingratamente.**

d) Sintagma prepositivo o preposicional. Está constituido por una preposición, que es el núcleo, y un sintagma nominal que recibe el nombre de término, el cual funciona como complemento de la preposición:

Por *su culpa.*

Con *singular alegría.*

En *la orilla del río.*

Dado que el término es un sintagma nominal, dentro de él es posible encontrar un núcleo sustantivo con modificadores directos e indirectos:

De gran trascendencia.

Núcleo del sintagma prepositivo: *de*

Término: *gran trascendencia*

Núcleo del término: *trascendencia*

Modificador directo del núcleo del término: *gran*

Con un ramito de yerbabuena.

Núcleo del sintagma prepositivo: *con*

Término: *un ramito de yerbabuena*

Núcleo del término: *ramito*

Modificador directo del núcleo del término: *un*

Modificador indirecto del núcleo del término: *de yerbabuena*

e) Sintagma verbal. Tiene como núcleo un verbo y por ello, siempre constituye el predicado de una oración; sus complementos son el objeto directo, el indirecto, los circunstanciales, el predicativo y el agente:

Rompió *la taza.*

Dedicó *su vida a esa causa.*

Cantamos *toda la noche.*

Es *sorprendente.*

Fue vista *por todos los vecinos.*

ORACIONES SIMPLES Y COMPUESTAS

Las oraciones pueden ser simples o compuestas; las primeras son las que tienen un solo verbo, ya sea simple o perifrástico:

El acusado **quiere** un jurado imparcial.

La marea **estaba** muy alta.

Anoche todos **durmieron** inquietos y preocupados.

El unicornio sólo **ha existido** en la imaginación.

Voy a viajar a Singapur.

Las oraciones compuestas son las que tienen dos o más verbos, simples o perifrásticos, es decir, están formadas por dos o más oraciones:

Cuando **oímos** los ruidos, se nos **cortó** la respiración.

Te **había dicho** que me **enojaría** mucho si lo **hacías.**

Si **pierdes** esa esperanza **será** necesario que **vuelvas a comenzar.**

Los mosquitos nos **molestaron** por la noche y **desaparecieron** al amanecer.

El debate se **realizó** ayer pero nosotras no lo **escuchamos.**

CLASIFICACIÓN DE LAS ORACIONES

Las oraciones pueden clasificarse de acuerdo con dos criterios básicos:

a) Desde el punto de vista de la actitud del hablante, son: enunciativas, interrogativas, exclamativas, imperativas, desiderativas, dubitativas.

b) De acuerdo con el tipo de verbo que tengan, son: copulativas, transitivas, intransitivas, reflexivas, recíprocas, pasivas, impersonales.

A) Oraciones desde el punto de vista de la actitud del hablante

Oraciones enunciativas

Se llaman también declarativas o aseverativas porque el hablante sólo enuncia un juicio, una idea, una opinión; estas oraciones informan de algo que está sucediendo, que sucedió en el pasado o que está por ocurrir. Pueden ser afirmativas o negativas:

Mañana olvidaremos todas estas ofensas.

Está fatigada de mirar el mismo paisaje.

No quería que te fijaras en detalles.

No has dicho nada grave.

Oraciones interrogativas

Expresan una pregunta sobre algo que el hablante desconoce. En la comunicación oral una pregunta se reconoce por la entonación, pero en la lengua escrita es necesario representarla gráficamente por los signos de interrogación, abierto al principio y cerrado al final:

¿Cómo puede irritarte algo tan simple?

¿Quién se quedará con las cosas que amas?

¿Volvió a contar la misma mentira?

¿Recibiste mi mensaje?

Existen, además, oraciones de este tipo que no se escriben entre signos de interrogación; se llaman oraciones interrogativas indirectas y se reconocen por la presencia de un adverbio o pronombre interrogativo que va acentuado:

No sabía **cómo** empezar.

Me pregunto **quiénes** estarán satisfechos con esa decisión.

Ignoramos **dónde** está escondido el tesoro.

Oraciones exclamativas

Expresan la emoción del hablante, que puede ser de sorpresa, de dolor, de miedo, de alegría, de ira. Se reconocen en el lenguaje oral por la entonación y, en la escritura, por la presencia de los signos de admiración, al principio y al final de la oración:

¡Qué hermosa mañana!

¡Ah, tú siempre improvisando!

¡Ay!

¡Bravo!

¡Cuánto he esperado este momento!

Oraciones imperativas

También reciben el nombre de exhortativas o de mandato; expresan una petición, una orden, un ruego o una súplica:

No fumes en este lugar.

Te pido por segunda vez que me pongas atención.

Sal inmediatamente de aquí.

No me abandones en estos momentos difíciles.

Oraciones desiderativas

Con estas oraciones, el hablante expresa el deseo de que ocurra algo, sin pedirlo directamente a alguien. En general, se construyen con el verbo en modo subjuntivo:

Ojalá sople el viento.

Que tengas un feliz cumpleaños.

Quisiera tu suerte y tu dinero.

Oraciones dubitativas

Expresan la duda que tiene el hablante de que ocurra algo; con estas oraciones no se afirma ningún hecho, sólo se marca la vacilación y, en algunos casos, la posibilidad de que suceda o haya sucedido:

Habrán sido las ocho cuando supe que no volvería.

Acaso llueva mañana.

Quizá Laura comience a recuperarse.

B) Oraciones según el tipo de verbo

Las distintas clases semánticas a las que los verbos pueden pertenecer determinan el tipo de oración. Esta clasificación de verbos, según su significado, está desarrollada en el apartado de Morfología.

Oraciones copulativas

Son las que se construyen con verbos copulativos:

La fiesta **fue** divertida.

Los animales del zoológico **están** asustados.

Oraciones transitivas

Son las que tienen un verbo transitivo:

Rosina **bebe** agua de frutas.

Ismael **mató** un insecto.

Oraciones intransitivas

Se construyen con verbos intransitivos:

María **estornudó** tres veces.

Tatiana **nada** muy bien.

Oraciones reflexivas

Son oraciones que tienen un verbo reflexivo:

Él se **admira** a sí mismo.

Ayer te **bañaste** en el río.

Oraciones recíprocas

Se construyen con un verbo recíproco:

Felipe y Vicente se **gritaron** injurias.

Madre e hija se **besaron** cariñosamente.

Oraciones pasivas

Son las oraciones que tienen el verbo en voz pasiva, ya sea en forma perifrástica o refleja:

Una dieta baja en grasas **ha sido recomendada** por los nutriólogos.

Se registraron movimientos sísmicos.

Oraciones impersonales

Estas oraciones tienen un verbo impersonal:

Se lucha por la democracia.

La semana pasada **granizó.**

EL VERBO

El verbo es la parte de la oración que expresa la acción que realiza el sujeto. Por ejemplo, al decir "Eduardo juega en el jardín" observamos la importancia del verbo, que en este caso es jugar. Esa expresión muestra, además, que el verbo puede variar dependiendo del número, el tiempo, el modo y el aspecto.

Algunos tipos de verbos

Verbos regulares. Son los que, al conjugarlos, no alteran la raíz del infinitivo o su desinencia, como en bailar: bailo, bailas, bailan...

Verbos irregulares. Muestran alteraciones en alguno de sus tiempos verbales, como en dar: doy, das, da...; crecer: crezco, creces, crece..., o morir: muero, mueres, muere...

Transitivos. Son aquellos en los que la acción recae sobre una persona o cosa, expresa o tácita. Ejemplo: Damián tocó el timbre.

Intransitivos. Son los que no poseen complemento directo. Por ejemplo, en la oración "Sin saber para dónde, nos echamos a andar", andar es verbo intransitivo.

Pronominales. Son aquellos que, para su conjugación, requieren algún pronombre como en "Miguel se acostó a las ocho". Existen también los que son pronominales por sí solos, como arrepentirse.

Verbos auxiliares. Son los que sirven para formar los tiempos compuestos de la conjugación. "Haber" es un buen ejemplo de verbo auxiliar, como en "ha llegado", donde complementa al verbo llegar.

ELEMENTOS DE LA ORACIÓN

El sujeto

El sujeto es la palabra o frase que se refiere a una idea, un concepto, una persona, un animal o una cosa, de los cuales se dice algo; es de quien se habla en la oración; el sujeto, generalmente, realiza la acción del verbo. Se puede identificar con las preguntas *¿quién o qué realiza la acción?* o *¿de qué o de quién se habla?*:

La silueta de la muchacha se reflejó en el espejo.

Las hormigas trabajan afanosamente.

El viento y la lluvia golpeaban las ventanas.

Otra manera de reconocer los sujetos es que siempre concuerdan en número (singular o plural) con el verbo:

Los gatos *prefieren* la carne cruda. (Plural)

El pintor de acuarelas *regaló* todos sus cuadros. (Singular)

Me *duelen* **las piernas.** (Plural)

Los árboles de mi tierra *tienen* un extraño color amarillo. (Plural).

Le *preocupaba* **la guerra.** (Singular)

El sujeto puede encontrarse al principio, en medio o al final de la oración:

Las primas de Silvestre piensan viajar disfrazadas.

Mañana **nosotros** prepararemos una cena al estilo italiano.

Comenzarán a trabajar **todos los amigos de Leopoldo.**

El sujeto puede estar constituido por:

a) Un pronombre o un sustantivo con o sin modificadores; es decir, por un sintagma nominal:

Tú atenderás las llamadas.

En ese momento **todos** levantaron la mano.

Ellas controlaban la situación.

Nos llegaron **rumores.**

Orfeo se enamoró de Eurídice.

El viaje de los astronautas terminó bien.

La historia del mundo registra muchas guerras.

Los árabes invadieron España en el siglo VIII.

La fiebre y el hambre lo hacían delirar.

b) Una oración:

El que llegue primero enfrentará esa dificultad.

Atenuar el dolor es el objetivo de todos.

Quien pide compasión no merece ser oído.

Me indigna **que exista todavía la pena de muerte.**

En ocasiones el sujeto puede omitirse; en estos casos se dice que es morfológico y se reconoce por la desinencia del verbo; también se le conoce como sujeto tácito. Por ejemplo:

Olvid*amos* el asador en el bosque. (Sujeto: nosotros)

Fing*irás* cortesía durante toda tu vida. (Sujeto: tú)

Se cans*ó* muy pronto de sus impertinencias. (Sujeto: él o ella)

Cort*é* unas naranjas agrias. (Sujeto: yo)

Núcleo y modificadores del sujeto

Todo sujeto explícito que sea sintagma nominal tiene un núcleo que es la palabra más importante; puede estar acompañado de modificadores:

La misteriosa caja de música encantó a la familia.

La palabra más importante es el sustantivo *caja;* concuerda en número con el verbo y es la palabra imprescindible; si se suprime, la oración pierde sentido: *la misteriosa de música encantó a la familia.*

El núcleo del sujeto siempre es un sustantivo, un pronombre o una palabra sustantivada:

Me gustan **los** *postres* **de frutas.**	(Núcleo: sustantivo)
Los *autos* **de carreras** enloquecen a los jóvenes.	(Núcleo: sustantivo)
Ellas pensaron en ti.	(Núcleo: pronombre)
En esta casa trabajamos *nosotros.*	(Núcleo: pronombre)
Llegaron **los** *indeseables.*	(Núcleo: adjetivo sustantivado)
El *porqué* **de esa actitud** nos preocupaba.	(Núcleo: conjunción sustantivada)

Es posible que en el sujeto aparezcan dos o más núcleos:

El *escritor* **y el** *crítico* **literario** se reunieron en una cafetería.

Continuaron firmes **la** *oscuridad,* **el** *silencio* **y la** *llovizna.*

Tú **y** *yo* padeceremos las consecuencias.

El núcleo del sujeto puede estar acompañado por modificadores directos e indirectos:

a) **Modificadores directos.** Acompañan al nombre para agregar algo a su significado o para precisarlo; deben concordar con él en género y número. Esta función la desempeñan el artículo y el adjetivo:

Los **espejos** reflejan la imagen.

Un leve **temblor** lo delataba.

Una ligera **brisa** *marítima* refrescaba el ambiente.

Sus **pasos** *cansados* resonaban en medio del silencio.

Sus **palabras** *precisas* **y** *oportunas* llegaron a todos.

Tres **desconocidos** anunciaron el trágico accidente.

Es posible encontrar sintagmas adjetivos formados por un adjetivo y un adverbio, el cual, a su vez, puede tener como modificador otro adverbio. En estos casos, todo el sintagma adjetivo cumple la función de modificador directo:

Una avenida *muy amplia* atravesaba la ciudad.

Dos hombres *terriblemente crueles* se burlaban de los animales en el zoológico.

El sobre lo trajo **un mensajero** *bien vestido.*

Una explicación *bastante mal fundamentada* provocó desagrado.

Una alimentación *muy bien balanceada* evita enfermedades.

b) **Modificadores indirectos.** Son sintagmas preposítivos o preposicionales que modifican al núcleo del sujeto. Se introducen mediante una preposición; también se llaman complementos adnominales:

La casa *de mi niñez* ya no existe.

El estudio *de los astros* empezó hace mucho tiempo.

Una mujer *con larga melena* tocó a mi puerta.

El libro *sin pastas* tiene ilustraciones extrañas.

Los modificadores indirectos están constituidos por una preposición y un sintagma nominal que funciona como complemento de la preposición y que recibe el nombre de término; la estructura de este último puede ser simple:

Los dulces *de México* son exquisitos.

El aullido *de los lobos hambrientos* nos despertó.

Su estructura es compleja si dentro tiene otro modificador indirecto:

Los vidrios **de las grandes ventanas** *del edificio* se estremecieron por el impacto.

El cielo **con nubes** *de color gris* parecía amenazante.

Existe otro tipo de complemento de los nombres que se llama aposición; es un sintagma nominal que se caracteriza por escribirse entre comas y por ser intercambiable con el núcleo del sujeto:

Jorge, *mi hermano,* practica varios deportes.

Los dos estudiantes de mi curso, *Rolando y José,* trajeron un instrumento extraño.

Simón Bolívar, *el Libertador,* nació en Caracas.

Esos indígenas, *los tarahumaras,* recorren a pie grandes distancias.

El predicado

El predicado es la parte de la oración que expresa la acción que realiza el sujeto o los diferentes estados en los que éste puede encontrarse; es decir, es todo lo que se dice del sujeto. Está formado por un verbo y sus complementos:

Los asistentes del médico **guardaron silencio durante la operación.**

Por la mañana circuló la noticia sobre el secuestro.

Los fuegos artificiales **estallarán a la hora exacta.**

En el vado del río crecen cipreses.

El verbo puede aparecer sin complementos y constituir, por sí solo, un predicado:

Unos desconocidos **cantaban.**

Cociné.

El predicado puede estar al principio o al final de la oración; también puede encontrarse dividido, porque el sujeto se ha colocado en medio:

Apareció en la mirada del científico un destello de malicia.

Un destello de malicia **apareció en la mirada del científico.**

Apareció un destello de malicia **en la mirada del científico.**

A) Núcleo del predicado

El núcleo del predicado siempre es un verbo, simple o perifrástico; es la palabra más importante y concuerda en número y persona con el núcleo del sujeto:

La familia de mis primos no **asistió** al funeral.

Sara nunca **ha visto** un eclipse.

El lunes yo **voy a preparar** una comida tailandesa.

Maribel y Elvira **contaron** la historia detalladamente.

Ahora tú **tendrás que aclarar** las dudas.

La concordancia del núcleo del predicado con el del sujeto permite reconocer a éste en las oraciones, sobre todo, en aquéllas en las que el sujeto no es agente de la acción verbal:

Te **enferma** *la miseria.*

A Sonia le **repugnaban** *los reptiles.*

Se **dañaron** *las tuberías.*

El rey **fue derrocado** por el pueblo.

En los ejemplos anteriores, los sujetos son *la miseria, los reptiles, las tuberías* y *el rey,* puesto que de ellos se habla en las oraciones y concuerdan con los verbos, aunque ninguno sea agente de la acción.

B) Predicado verbal y predicado nominal

El predicado verbal es aquél que tiene como núcleo un verbo con significado pleno; es decir, por sí mismo puede predicar o dar información. Casi todos los verbos son de este tipo:

quemar	mirar	sospechar	salir
hervir	pensar	volver	arreglar
trabajar	reír	sacar	explicar
escribir	vivir	decidir	calzar
pagar	dormir	protestar	regar
intentar	cruzar	votar	ocultar

El predicado nominal se construye con verbos copulativos, los cuales se caracterizan por no tener un significado pleno; se acompañan de un adjetivo o un sustantivo que es el que aporta la información del predicado. En estas oraciones el verbo sólo cumple la función de enlazar el sujeto con el predicado, de ahí que reciba el nombre de copulativo. Los verbos copulativos más comunes son *ser* y *estar:*

Él **es** *el doctor.*

Algunos detalles **son** *caóticos.*

Su rostro **estaba** *triste.*

Los lujos **fueron** *su ruina.*

Es frecuente encontrar verbos plenos funcionando como copulativos; en ese caso necesitan apoyarse en un adjetivo, el cual modifica al sujeto y, generalmente, concuerda en género y número con él:

Eva **permaneció** *quieta.*

Julio **caminaba** *distraído.*

Todas las empleadas **llegaron** *preocupadas.*

Los colegas se **mostraron** *encantados.*

C) Complementos del núcleo del predicado

La estructura del predicado está conformada por el verbo que funciona como núcleo y por los complementos de éste.

Los complementos del verbo son: objeto o complemento directo, objeto o complemento indirecto, complemento circunstancial, predicativo o atributo y complemento agente.

Objeto o complemento directo

El complemento directo se refiere a la persona, animal o cosa que recibe directamente la acción del verbo; se conoce también como paciente, dado que es el que resulta afectado o modificado por la acción del verbo. Se presenta con verbos transitivos:

Mi hermano *construyó* **un helicóptero de madera.**

El enfermo *abandonó* **su rutina alimentaria.**

Todos *asumieron* **su destino trágico** con entereza.

Roberto *arrojó* **los papeles** en el cesto de la basura.

Armida nunca *leía* **el periódico.**

El complemento directo puede estar formado por:

a) Un pronombre: *me, te, se, lo, la, los, las, nos, os, todo, algo,* etc.

Me asaltaron anoche.

Te trajeron a la fuerza.

Mi sobrino **se** cubre con una manta.

La noticia **los** dejó satisfechos.

Nos han olvidado.

Os arrojaron al abismo.

El economista negó **todo.**

b) Un sintagma nominal, constituido por un sustantivo con o sin modificadores:

Esa canción transmitía **alegría.**

Una sombra cubre **mis ojos.**

Ella extendió **sus largos y blancos brazos.**

El mago se subió **el cuello de la camisa.**

c) Un sintagma preposicional introducido por la preposición *a;* esta forma sólo se usa cuando el objeto se refiere a personas o seres personificados o singularizados:

Visité **a mi prima.**

Buscaban **a los estudiantes.**

Encontramos **al perro.**